| 全注全译本 | 国际儒学联合会教育系列丛书 | 史记 |

丛书指导委员会主任
——滕文生 张岂之 李学勤
总主编
——钱逊
执行总主编
——于建福
组编
——国际儒学联合会
——国家教育行政学院国学教育研究中心
本书主编 张新科 赵望秦

第一册　本纪

济南出版社　汉唐书局

图书在版编目（CIP）数据

史记 / 张新科，赵望秦主编 . —济南：济南出版社，2022.9

ISBN 978-7-5488-5209-4

Ⅰ.①史… Ⅱ.①张… ②赵… Ⅲ.①中国历史—古代史—纪传体 ②《史记》—注释 ③《史记》—译文 Ⅳ.① K204.2

中国版本图书馆 CIP 数据核字（2022）第 164694 号

出 版 人	田俊林
图书策划	冀瑞雪
责任编辑	冀瑞雪　殷　剑
图书审读	刘志伟
装帧设计	王铭基

出版发行	济南出版社
地　　址	济南市二环南路1号（250002）
编辑热线	0531-86131747（编辑室）
发行热线	82709072　86131747　86131729　86131728（发行部）
印　　刷	山东彩峰印刷股份有限公司
版　　次	2022年10月第1版
印　　次	2022年10月第1次印刷
成品尺寸	170 mm×240 mm　16开
印　　张	247.5
字　　数	4170千
定　　价	1686.00元（全9册）

（济南版图书，如有印装错误，请与出版社联系调换。联系电话：0531-86131736）

丛书指导委员会

主　　任　　滕文生　张岂之　李学勤

委　　员　　张立文　陈　来　郭齐勇　周桂钿　董金裕
　　　　　　张学智　李存山　朱汉民　杨朝明　桂晓风
　　　　　　牛喜平　王志民　王大千

丛书编写委员会

总 主 编　　钱　逊
执行总主编　于建福
委　　员　　（按姓氏笔画排序）
　　　　　　于述胜　于建福　王钧林　冯焕珍　朱荣智　刘长允
　　　　　　刘嘉庚　李　山　杨　明　杨朝明　吴　光　张　践
　　　　　　张圣洁　张新科　单承彬　耿建华　钱　逊　殷　慧
　　　　　　黄朴民　常　森　舒大刚　温海明　颜炳罡　冀瑞雪

本书主编　　张新科　赵望秦
委　　员　　（按姓氏笔画排序）
　　　　　　马　倩　王　璐　刘彦青　李云飞　李月辰　汪雯雯
　　　　　　张海燕　张焕玲　赵望秦　袁方愚　曹祎黎　蔡　丹
　　　　　　蔡亚玮

丛书审读委员会

主　　任　牟钟鉴

委　　员　（按姓氏笔画排序）

马世年　马恒君　王　杰　王　珏　王殿卿　朱汉民

刘示范　刘志伟　孙尚勇　杜　勇　李岩(男)　杨海峥

吴　光　张　涛　陈　昇　陈　曦　周海生　赵生群

钟书林　俞家庆　骆承烈　郭齐家　韩　星　踪训国

序　言

安平秋

中华民族历来有尊经重史的文化传统。《史记》是"二十四史"之首，也是我们民族第一部正史，历来备受重视。生活在汉武帝时期的司马迁，秉持"究天人之际，通古今之变，成一家之言"的宗旨，以卓越的德、识、才、学，继承父志，发凡起例，创立了以人物为核心的纪传体史书体例，完成了从黄帝到汉武帝的通史叙事。

《史记》是一部百科全书，思想丰富，内涵深刻。它采用本纪、表、书、世家、列传五种体例，在历史记录中涵括了政治经济、思想文化、典章制度、天文地理、科学技术等广阔的内容，全面、立体地反映了社会生活的方方面面。《史记》第一次全面记录了中华民族历经艰难曲折走向统一的历史进程。《史记》通过人物传记的形式，展示众生百态，形象地描绘了分布于社会不同阶层的数以千计的历史人物，借助他们的人生经历和奋斗历程构建了中华民族刚健奋发、积极有为、自强不息的民族精神。同时，它也深刻揭示了人性中的真善美与假恶丑，给后人以多方面的警示。

《史记》是中国文化史上一座巍峨的丰碑。司马迁"不虚美，不隐恶"、秉笔直书的"实录"精神，成为后世史家的精神信仰；他创立的纪传体史书编纂方法，成为后世正史书写的标准样式；他雄肆奔放、高简疏荡的文章风格，代表着汉代散文的最高成就，成为唐宋以来文章家学习的典范；

他卓越的叙事艺术与写人技巧也被明清小说家所推崇，成为他们取资和借鉴的宝藏。作为一部文史巨著，《史记》表现出永久的魅力与生命力，成为世界文化宝库中一颗璀璨的明珠。

《史记》是中华优秀传统文化的代表。习近平总书记在2014年文艺工作座谈会的讲话中说："中华优秀传统文化是中华民族的精神命脉，是涵养社会主义核心价值观的重要源泉，也是我们在世界文化激荡中站稳脚跟的坚实根基。"《史记》所蕴含的思想观念、人文精神、道德规范是我们民族宝贵的精神财富，在当今仍然有重要的现实意义。

由于古今字音字义、句式语法等方面的差异，现代人在阅读和传承中华优秀传统文化经典时面临一定的困难。推广普及优秀传统文化是新时代知识分子需要承担的重要责任。从这个角度看，《史记》的普及推广有十分重要的意义。当前学界出版过不少《史记》普及版本。与其他版本相比，张新科、赵望秦两位先生主编的《史记》全注全译本具有鲜明的特色，即它不仅像其他全注全译本一样包括了《史记》全文、注释、大意等内容，为广大读者提供了一种新的版本，作者还充分利用其多年的学术研究心得，在每篇正文前设立"题解"，介绍该篇的内容、主旨、创作手法、特色价值等，可谓是一种阅读提要。同时正文后设置了具有一定深度的"释疑解惑""思考辨析题"，尝试对《史记》篇章中存在的疑点、难点及学术热点等进行解读、分析，并提出具有启发性和引导性的问题。这样的设置使得该书兼顾了普及性与学术性，为更广泛的读者提供方便，从而能够产生更加积极的社会意义。张新科、赵望秦两位先生是当今研究《史记》的名家、大家。他们数十年致力于《史记》的研究和普及，笔耕不辍，孜孜以求，已取得了丰硕的研究成果。他们主编的这部全注全译本，从广阔的文化视野中对《史记》做了多角度、多层面的考察，深入探寻《史记》的文化意蕴和文化价值。本书材料丰富、条目清晰，为《史记》的深入研究和普及提供了有益的参考。

《史记》是司马迁用心血铸成的历史性文化长城,是我们民族文化的不朽经典,常读常新!期望这部全注全译本的《史记》能够给读者的阅读带来有益的帮助。

2022年9月9日于北京

(安平秋:全国古籍整理出版规划领导小组副组长,全国高校古籍整理研究工作委员会荣誉主任,中国史记研究会名誉会长,北京大学中国古文献研究中心教授。)

导 读

张新科　赵望秦

司马迁（前145—？），字子长，左冯翊夏阳（今陕西韩城）人，是我国西汉时期伟大的史学家、思想家、文学家。他的巨著《史记》，是我国第一部纪传体通史，记载了从黄帝到汉武帝时期中华民族三千多年的历史，体现了中华民族的智慧和力量，展现了中华民族维护统一、积极进取、坚韧不拔、革故鼎新、忧国爱国等民族精神。司马迁以"究天人之际，通古今之变，成一家之言"（《报任少卿书》）为宗旨，突破传统，大胆创新，开辟了中国史学的新纪元，在中国文化史上树立了一座巍峨的丰碑。《史记》也是世界文化宝库中一颗璀璨的明珠，唐代以前已经传入朝鲜半岛、日本，而且产生重要影响，此后在欧美国家也得到广泛传播和研究。1956年，司马迁被列为世界文化名人。

《史记》是我国历史上一部划时代的著作。全书包括本纪、表、书、世家、列传五个部分，共一百三十篇。本纪叙述历代帝王的事迹，表是各个历史时期的大事记，书是关于天文、历法、水利、经济、军事、法律等方面的专题述评，世家主要叙述贵族王侯的历史，列传是不同类型、不同阶层人物的传记。这五个部分构成了一个完整的体系。在司马迁之前，我国虽已有了《春秋》《左传》《国语》《战国策》等不同形式的史书，但它们都未能全面记述从古到今、包括各个方面内容的历史。《史记》五个部分互相补充，互相配合，使三千年历史历历如在目前。后代的正史，都采用《史记》创立的纪传体形式，可见其影响之深远。正如清人赵翼所说："司马迁参酌古今，发凡起例，创为全史……自此例一定，历代作史者，遂不能出其范围，信史家之极则也。"(《廿二史札记》卷一) 鲁迅先生在《汉文学史纲要》中称《史记》为"史家之绝唱，无韵之《离骚》"，对《史记》在史学和文学上的地位予以高度评价。

《史记》的人物传记不是一般的历史记载，具有深刻的思想意蕴和不朽的历史价值。司马迁以"不虚美、不隐恶"的实录精神，写出了三千年历史的变化。他以自己对历史和现实的敏锐观察和深刻分析，选择人物、材料，通过不同阶层人物的活动，勾勒社会的发展，反映历史的变化。更重要的是，他通过对历史人物的记载表达自己的思想，要"究天人之际，通古今之变，成一家之言"。"究天人之际"，就是探讨"天"与"人"之间的关系。司马迁继承了古代"天人相分"的朴素唯物主义思想，把人作为历史的主体来写，讲人事，讲"时""势"，认为支配历史发展的是人而不是天，这是一种进步的社会历史观。"通古今之变"，就是要探讨古今历史发展变化的因果关系，要"原始察终，见盛观衰"(《太史公自序》)，要"稽其成败兴坏之理"(《报任少卿书》)。虽然司马迁还没有完全摆脱历史循环论的影响，但从总体上看，他承认历史是发展的、变化的，"变"是其历史观的核心。所谓"成一家之言"，就是要通过《史记》，表达自己对历史的看法，表达自己的理想。他把笔墨伸向社会各类人物，上至帝王将相，下到平民百姓，甚至游侠、刺客、商人等；他还把视线投向社会的各个方面，政治、经济、文化、天文、地理、医学等。这样就立体地展示出社会的面貌，使《史记》成为一部百科全书。此外，司马迁冲决旧观念，把四夷纳入他的巨大体系之内，记载了汉族与其他民族的交往……总之，《史记》开辟了中国史学的新纪元，不愧为"史家之绝唱"！

《史记》在文学史上也具有重要地位。司马迁在历史真实基础上施展文学才华，叙事写人具有典型性、戏剧性、完整性、多样性，并且把个人的人生体验渗透在字里行间，使《史记》具有强烈的抒情性，对后代传记、散文、小说、戏曲等文学形式都产生了深远影响。司马迁的"发愤著书"理论也对中国古代文学理论思想产生了重要影响。《史记》以其独特的叙事写人艺术和语言表达方式，成为中国古代叙事文学的一座高峰，成为后代文学家学习的典范。

为了帮助读者阅读、理解《史记》，本书按照以下体例进行编写：

1.《史记》一百三十篇，每篇前有题解，介绍该篇的主要内容和写作特点，之后是《史记》原文、注释、大意（翻译），尽量扫除读者阅读中的障碍。每篇之后有"释疑解惑"，对读者阅读本篇时可能存在的疑惑问题进行分析解释，以帮助读者更好地理解原文。每篇最后留有思考辨析题，启发读者进一步思考有关问题，加深对作品的理解。

2. 为方便读者全面认识《史记》百科全书的特点和在中国文化史上的价值，我们对一百三十篇原文全部进行了翻译、解读。《史记》五种体例是一个完整的系统，不能偏废任何一种体例。即使是"十表"，也能体现司马迁的史学思想，体现"古今之变"，所以我们对"十表"原文也进行了翻译（以前很少有人翻译），使全书保持体例的一致性。

3.《史记》在流传过程中，有后人续补的情况。今本《史记》中有汉代褚少孙的补续篇章或段落，为了保持今本的整体原貌，本书对这部分内容也予以注译、解读。

4. 全书基本采用简体字，个别人名、地名则保留繁体字，避免误解。对于个别生僻字、古今异读字、通假字和多音字，适当加注汉语拼音，以帮助读者阅读原文。

目录

第一册

五帝本纪第一	001
夏本纪第二	026
殷本纪第三	052
周本纪第四	073
秦本纪第五	128
秦始皇本纪第六	175
项羽本纪第七	250
高祖本纪第八	295
吕太后本纪第九	350
孝文本纪第十	374
孝景本纪第十一	405
孝武本纪第十二	416

史　记

第二册

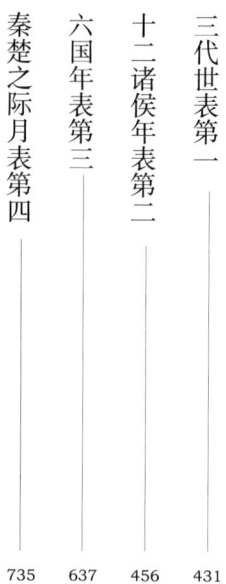

三代世表第一　　　　735
十二诸侯年表第二　　637
六国年表第三　　　　456
秦楚之际月表第四　　431

目 录

第三册

汉兴以来诸侯王年表第五	775
高祖功臣侯者年表第六	832
惠景间侯者年表第七	981
建元以来侯者年表第八	1045
建元已来王子侯者年表第九	1101

表書

第四册

- 礼书第一 …… 1187
- 乐书第二 …… 1257
- 律书第三 …… 1273
- 历书第四 …… 1317
- 天官书第五 …… 1334
- 封禅书第六 …… 1374
- 河渠书第七 …… 1427
- 平准书第八 …… 1489
- 汉兴以来将相名臣年表第十 …… 1500

目录

第五册

吴太伯世家第一	1531
齐太公世家第二	1560
鲁周公世家第三	1608
燕召公世家第四	1647
管蔡世家第五	1666
陈杞世家第六	1685
卫康叔世家第七	1702
宋微子世家第八	1726
晋世家第九	1755
楚世家第十	1826
越王句践世家第十一	1885
郑世家第十二	1908

第六册

赵世家第十三	1939
魏世家第十四	2007
韩世家第十五	2044
田敬仲完世家第十六	2062
孔子世家第十七	2096
陈涉世家第十八	2145
外戚世家第十九	2166
楚元王世家第二十	2194
荆燕世家第二十一	2201
齐悼惠王世家第二十二	2211

目　录

世家

萧相国世家第二十三　2235
曹相国世家第二十四　2249
留侯世家第二十五　2265
陈丞相世家第二十六　2290
绛侯周勃世家第二十七　2312
梁孝王世家第二十八　2330
五宗世家第二十九　2347
三王世家第三十　2364

史 记

列传 第七册

伯夷列传第一	2387
管晏列传第二	2394
老子韩非列传第三	2402
司马穰苴列传第四	2418
孙子吴起列传第五	2425
伍子胥列传第六	2440
仲尼弟子列传第七	2459
商君列传第八	2506
苏秦列传第九	2522
张仪列传第十	2566
樗里子甘茂列传第十一	2605

目　录

穰侯列传第十二　2623
白起王翦列传第十三　2635
孟子荀卿列传第十四　2650
孟尝君列传第十五　2662
平原君虞卿列传第十六　2682
魏公子列传第十七　2702
春申君列传第十八　2717
范雎蔡泽列传第十九　2734
乐毅列传第二十　2769
廉颇蔺相如列传第二十一　2782
田单列传第二十二　2804
鲁仲连邹阳列传第二十三　2813
屈原贾生列传第二十四　2836
吕不韦列传第二十五　2860
刺客列传第二十六　2873

列传 第八册

李斯列传第二十七	2903
蒙恬列传第二十八	2939
张耳陈馀列传第二十九	2951
魏豹彭越列传第三十	2975
黥布列传第三十一	2986
淮阴侯列传第三十二	3003
韩信卢绾列传第三十三	3035
田儋列传第三十四	3051
樊郦滕灌列传第三十五	3063
张丞相列传第三十六	3089
郦生陆贾列传第三十七	3111
傅靳蒯成列传第三十八	3133

目录

列传

刘敬叔孙通列传第三十九 —— 3141
季布栾布列传第四十 —— 3160
袁盎晁错列传第四十一 —— 3171
张释之冯唐列传第四十二 —— 3190
万石张叔列传第四十三 —— 3203
田叔列传第四十四 —— 3218
扁鹊仓公列传第四十五 —— 3232
吴王濞列传第四十六 —— 3273
魏其武安侯列传第四十七 —— 3296
韩长孺列传第四十八 —— 3318
李将军列传第四十九 —— 3332
匈奴列传第五十 —— 3351

列传 第九册

卫将军骠骑列传第五十一	3399
平津侯主父列传第五十二	3434
南越列传第五十三	3466
东越列传第五十四	3482
朝鲜列传第五十五	3492
西南夷列传第五十六	3501
司马相如列传第五十七	3511
淮南衡山列传第五十八	3563
循吏列传第五十九	3598
汲郑列传第六十	3606
儒林列传第六十一	3623
酷吏列传第六十二	3645

目 录

大宛列传第六十三	3679
游侠列传第六十四	3711
佞幸列传第六十五	3724
滑稽列传第六十六	3731
日者列传第六十七	3755
龟策列传第六十八	3769
货殖列传第六十九	3817
太史公自序第七十	3848
后记	3901

五帝本纪
第一

　　《五帝本纪》是《史记》的开篇，是有关黄帝、颛顼（zhuān xū）、帝喾（kù）、尧、舜五位上古帝王的合传。整体来看，本篇文本可分为七个部分：前五部分依次记叙黄帝、颛顼、帝喾、尧、舜五人的事迹；第六部分总收五帝，又带叙三代；最后以"太史公曰"为结，发表评论。本篇以传世文献、实地考察和口头传说为三个材料来源，其中以传世文献为主。本篇主要是以《五帝德》《尚书》为内容框架，借助《帝系姓》构建起来的。本篇对历史的叙述中蕴含着司马迁卓越的历史观念，可谓《史记》全书的一个缩影。太史公著《五帝本纪》冠于全书，又以黄帝为始，期望通过此书拨乱反正，实现其"成一家之言"的目的。儒家经典《尚书》记事起于尧舜，而司马迁将历史向前推进了一大步——他通过相关历史的记载，将黄帝树立为民族始祖。司马迁以上古五位帝王的历史记载，为全书所述的数千年历史建立了考量国家治平的根本原则。他通过五帝的前后相承，揭示了上古帝王"天下为公"的伟大精神。在本篇中，司马迁十分推崇五帝尚让、尚德的一面。黄帝以身作则，修行德业，达到了德政对执政者自身的要求；整顿军旅，研究四时节气变化，种植五谷，安抚民众，丈量四方的土地，达到了德政对体恤百姓的政策要求。帝喾的德政，既达到了执政者仁德、威严、温和、守信等道德修养的要求，又实施了体民忧、解民急的政策，故而帝喾治理天下，"日月所照，风雨所至，莫不从服"。尧、舜更是尚德的典范。尧大公无私，未将帝位传于子，而传于有德的舜，成为禅让制的典范，被后世传为美谈。舜以德行为先导，以和谐为依归，从政之前就能很好地孝顺父母，从政后又勤勉国事，举荐十六族，流放四凶，知人善任，使人尽其能，"四海之内咸戴帝舜之功"。联系司马迁所处的秦汉专制的政治现实，尧、舜无疑是《史记》中最令人尊崇的理想帝王。本篇语言庄重整练，排句学《国语》，秀句用子书，古句奥句仿照经书。在叙事上，详略得当，变化有止。尧、舜二纪，载录《尚书》《孟子》原文，略改字面，对文献资料的删改、缀合毫无痕迹，使全篇节节照应，处处通关，高古典质，一丝不苟。

　　黄帝者，少典①之子，姓公孙，名曰轩辕。生而神灵②，弱③而能言，幼而徇齐④，长而敦敏⑤，成而聪明⑥。

◎**注释**　①〔少典〕传说中有熊氏部落的首领。②〔神灵〕神奇灵敏。③〔弱〕婴儿未满七十天曰弱，此处意为幼小。④〔徇齐〕疾速，指思虑敏捷。⑤〔敦敏〕敦厚而通达事理。⑥〔聪明〕指明察事理、明辨是非。聪,善听。明,善视。

◎**大意** 黄帝是少典族的后裔,姓公孙,名叫轩辕。他生来神奇灵敏,几个月便会说话,年幼时思虑敏捷,长大后敦厚而通达事理,成年后明辨是非。

  轩辕之时,神农氏世衰。诸侯相侵伐,暴虐百姓,而神农氏弗能征。于是轩辕乃习用干戈,以征不享①,诸侯咸来宾从。而蚩尤最为暴,莫能伐。炎帝欲侵陵诸侯,诸侯咸归轩辕。轩辕乃修德振兵,治五气②,艺五种③,抚④万民,度四方,教熊罴貔貅䝙虎⑤,以与炎帝战于阪泉之野。三战,然后得其志。蚩尤作乱,不用⑥帝命。于是黄帝乃征师诸侯,与蚩尤战于涿鹿之野,遂禽杀蚩尤。而诸侯咸尊轩辕为天子,代神农氏,是为黄帝。天下有不顺者,黄帝从而征之,平者去之,披山通道⑦,未尝宁居。

◎**注释** ①〔享〕进贡。②〔治五气〕研究季节气候。③〔艺五种〕种植五谷。艺,种植。④〔抚〕安抚。⑤〔熊罴(pí)貔貅(pí xiū)䝙(chū)虎〕皆猛兽名。此指以这几种猛兽为图腾的各部落。⑥〔不用〕不听从。⑦〔披山通道〕开启山林,凿通道路。

◎**大意** 轩辕的时候,神农氏后世子孙衰弱。各部落之间互相侵凌讨伐,残害百姓,而神农氏无力征讨他们。于是轩辕便操练士兵,以征讨不进贡的部落首领,各部首领都来归从。只有蚩尤最为强暴,没有谁能讨伐他。炎帝想侵犯各部首领,各部首领皆归附轩辕。轩辕于是实行德政,训练军队,研究季节气候,教民种植五谷,安抚各地民众,丈量规划四方土地;并率领以熊罴、貔貅、䝙虎为图腾的各部落,与炎帝在阪泉之野展开战斗。经过多次交战,取得最后的胜利。后来蚩尤又发动战乱,不听从黄帝的教令。于是黄帝便征调各部落的兵力,与蚩尤在涿鹿展开决战,捕杀了蚩尤。从此各部落皆尊奉轩辕为天子,以代替神农氏,这就是黄帝。天下有不归顺的人,黄帝便前去征讨,平服之后就带兵离开,开辟山林,凿通道路,未曾安逸过。

东至于海，登丸山，及岱宗。西至于空桐，登鸡头。南至于江，登熊、湘。北逐荤粥①，合符釜山，而邑于涿鹿之阿②。迁徙往来无常处，以师兵为营卫。官名皆以云命，为云师。置左右大监，监③于万国。万国和，而鬼神山川封禅与为多焉。获宝鼎，迎日推策④。举⑤风后、力牧、常先、大鸿以治民。顺天地之纪⑥，幽明之占⑦，死生之说⑧，存亡之难⑨。时播百谷草木，淳化⑩鸟兽虫蛾，旁罗⑪日月星辰水波土石金玉，劳勤心力耳目，节用水火材物。有土德之瑞⑫，故号黄帝。

◎**注释** ①〔荤粥（xūn yù）〕我国古代北方少数民族名。②〔阿（ē）〕指山下的平地。③〔监〕监督。④〔迎日推策〕用蓍草推算日月朔望。⑤〔举〕任用。⑥〔顺天地之纪〕顺应天地四季运行的规律。⑦〔幽明之占〕预测阴阳的变化。⑧〔死生之说〕研究养生送死的仪制。⑨〔存亡之难〕探究安危存亡的道理。⑩〔淳化〕驯养。⑪〔旁罗〕广泛观察。⑫〔有土德之瑞〕古人把金、木、水、火、土五行看成五德，以解释王朝兴衰。土德是五德之一。本句意为黄帝在位时有象征土德的瑞兆出现。

◎**大意** 黄帝向东到达大海，登上丸山及泰山。他向西到达空桐，登上鸡头山。他向南到达长江，登上熊山、湘山。他向北驱逐荤粥，在釜山召集各部落首领，验证符契，然后在涿鹿山下的平原上建造都邑。黄帝经常率领各部落迁徙，而不在一处定居，所到之处让士兵筑起营垒来自卫。他所封之官都用云命名，军队叫云师。他设置左大监和右大监，以监督各部落。各部落和睦相处，登临名山祭祀鬼神山川之事也就多了。黄帝又获得宝鼎，用蓍草推算日月朔望。他任用风后、力牧、常先、大鸿治理人民。他顺应天地四季运行的规律，预测阴阳的变化，研究养生送死的仪制，探究安危存亡的道理。他按季节种植百谷草木，驯养鸟兽蚕蛾，广泛地观察研究日月星辰的运行和水流土石金玉的物质性能，尽心竭力做事，节用水火木材和各类物品。他在位时有象征土德的瑞兆出现，所以称为黄帝。

黄帝二十五子，其得姓者十四人。

◎**大意** 黄帝有二十五个儿子，先后获得姓氏的有十四人。

黄帝居轩辕之丘，而娶于西陵之女，是为嫘祖。嫘祖为黄帝正妃，生二子，其后①皆有天下：其一曰玄嚣，是为青阳，青阳降居江水②；其二曰昌意，降居若水。昌意娶蜀山氏女，曰昌仆，生高阳，高阳有圣德焉。黄帝崩，葬桥山。其孙昌意之子高阳立，是为帝颛顼也。

◎**注释** ①〔后〕后代。②〔降居江水〕被分封到江水立国。降居，谓天子之子出为诸侯。

◎**大意** 黄帝住在轩辕丘，娶西陵氏之女为妻，她就是嫘祖。嫘祖是黄帝的正妃，生了两个儿子。他们的后代都成为天下之主：一个叫玄嚣，就是青阳，青阳被封在江水；另一个叫昌意，被封在若水。昌意娶蜀山氏女儿为妻，叫昌仆，生了高阳，高阳品行高尚。黄帝逝世后，安葬于桥山。他的孙子，也就是昌意的儿子高阳即位，这就是帝颛顼。

帝颛顼高阳者，黄帝之孙而昌意之子也。静渊①以有谋，疏通而知事②；养材以任地③，载时以象天④，依鬼神以制义⑤，治气以教化，絜（洁）诚以祭祀⑥。北至于幽陵，南至于交阯，西至于流沙，东至于蟠木。动静之物，大小之神，日月所照，莫不砥属⑦。

◎**注释** ①〔静渊〕深沉稳重。②〔疏通而知事〕通达而知时务。③〔养材以任地〕杂植各种作物以尽地力。④〔载时以象天〕观察天文星象以记载时令。⑤〔依鬼神以制义〕顺从鬼神的启示来制定礼仪。⑥〔絜（jié）诚以祭祀〕指通过斋戒沐浴清洁自身，诚心地祭祀天地神灵。⑦〔砥属〕归附。

◎**大意**　高阳是黄帝的孙子，也就是昌意的儿子。他镇静深沉而有谋略，通达而识时务；杂植各种作物以尽地力，观察天象变化以记载时令，顺从鬼神的启示以制定礼仪，用教化来陶冶人民的气质，斋戒沐浴来诚心地祭祀天地神灵。他往北到达幽陵，往南到达交阯，往西到达流沙，往东到达蟠木。各种动物植物，各处山岳河流之神，凡是阳光所照耀的地方，没有谁不归附他。

　　帝颛顼生子曰穷蝉。颛顼崩，而玄嚣之孙高辛立，是为帝喾。

◎**大意**　帝颛顼生的儿子名叫穷蝉。颛顼逝世后，玄嚣的孙子高辛登位，就是帝喾。

　　帝喾高辛者，黄帝之曾孙也。高辛父曰蟜极，蟜极父曰玄嚣，玄嚣父曰黄帝。自玄嚣与蟜极皆不得在位，至高辛即帝位。高辛于颛顼为族子①。

◎**注释**　①〔族子〕堂侄。
◎**大意**　帝喾高辛，是黄帝的曾孙。高辛的父亲叫蟜（jiǎo）极，蟜极的父亲叫玄嚣，玄嚣的父亲便是黄帝。自玄嚣到蟜极都没有登上帝位，到高辛才即帝位。高辛是颛顼的堂侄。

　　高辛生而神灵，自言其名。普施利物，不于其身①。聪以知远，明以察微。顺天之义，知民之急。仁而威，惠而信，修身而天下服。取地之财而节用之，抚教万民而利诲之，历日月而迎送之②，明鬼神而敬事之。其色郁郁，其德嶷嶷③。其动也时，其服也士④。帝喾溉执中而遍天下⑤，日月所照，风雨所至，莫不从服。

◎**注释** ①〔不于其身〕不顾念自身。②〔历日月而迎送之〕根据日月运行的规律定出历法，并按时举行迎送节气的祭祀礼。③〔其色郁郁，其德嶷嶷（nì）〕郁郁，端庄静穆的样子。嶷嶷，形容道德高尚。④〔其动也时，其服也士〕他的举止适合时宜，衣着朴素如士人。⑤〔溉（gài）执中而遍天下〕治理天下像流水灌溉大地一样均匀中正，恩德遍及天下。

◎**大意** 高辛生下来就显出神灵，说出了自己的名字。他广施恩泽，普利众人，不顾念自身。他耳聪善听，能了解远方的情况，目明善察，能通晓精微的道理。他顺应上天的旨意，深知民众的急需。他仁爱而威严，宽厚而守信，洁身自好而天下归服。他从土地上获取物产而能节约使用，安抚教育民众并能因势利导，根据日月运行的规律定出历法，并按时迎送节气，了解鬼神而恭敬地侍奉他们。他神态端庄，品德高尚。他举止适合时宜，衣着朴素如同士人。帝喾治理天下像流水灌溉大地一样均匀中正，恩德遍及天下，凡日月照耀、风雨润泽的地方，没有不归附他的。

　　帝喾娶陈锋氏女，生放勋。娶娵訾氏女，生挚。帝喾崩，而挚代立。帝挚立，不善，崩，而弟放勋立，是为帝尧。

◎**大意** 帝喾娶了陈锋氏的女子，生了放勋。娶了娵訾（jū zī）氏的女子，生了挚。帝喾逝世后，由挚继位。帝挚即位后，不能很好地治理国家，死后由其弟放勋继位，就是帝尧。

　　帝尧者，放勋。其仁如天，其知（智）如神。就之如日，望之如云①。富而不骄，贵而不舒②。黄收纯（缁）衣③，彤车乘白马，能明驯德，以亲九族。九族既睦，便（辨）章百姓④。百姓昭明，合和万国。

◎**注释** ①〔就之如日，望之如云〕接近他像太阳一样温暖，远望他如云霞一样灿烂。就，接近。②〔舒〕松懈。③〔黄收纯（zī）衣〕收，冠名。纯，通"缁"，黑色丝织物。④〔便章百姓〕此句意为明确划分百官的职责。便章，辨别、彰明。便，通"辨"。百姓，百官。

◎**大意**　帝尧，就是放勋。他像天一样仁爱，像神一样聪明。接近他像太阳一样温暖，远望他如云霞一样灿烂。他富有而不骄纵，尊贵而不傲慢。他头戴黄帽子，身穿黑色的衣服，坐着白马拉的红车。他能够倡明自己恭顺高尚的品德，使众多的族姓亲近和睦。众多的族姓和睦以后，又明确划分百官的职责。百官各尽其职，各地部落都和睦合作。

乃命羲、和，敬顺昊天①，数法日月星辰，敬授民时。分命羲仲，居郁夷，曰旸谷②。敬道日出，便（辨）程东作③。日中④，星鸟⑤，以殷⑥中春。其民析⑦，鸟兽字微（尾）⑧。申命羲叔，居南交。便（辨）程南为，敬致⑨。日永⑩，星火⑪以正中夏。其民因，鸟兽希革⑫。申命和仲，居西土，曰昧谷⑬。敬道日入，便（辨）程西成⑭。夜中⑮，星虚⑯，以正中秋。其民夷易⑰，鸟兽毛毨⑱。申命和叔，居北方，曰幽都。便（辨）在伏物⑲。日短⑳，星昴㉑，以正中冬。其民燠㉒，鸟兽氄毛㉓。岁三百六十六日，以闰月正四时㉔。信饬㉕百官，众功皆兴。

◎**注释**　①〔敬顺昊天〕恭敬地顺应上天的旨意。②〔旸（yáng）谷〕日出之谷。③〔敬道（dǎo）日出，便程东作〕恭敬地迎接朝阳的升起，有秩序地安排好春季的耕种。道，引导，这里有迎接之意。便程，分派，安排。便，通"辨"。程，规定日期。东作，春季的耕作。古人以东、南、西、北分别对应四季中的春、夏、秋、冬。④〔日中〕昼夜等长，即春分日。⑤〔星鸟〕指南方朱雀七宿。⑥〔殷〕判定。⑦〔析〕分散耕作。⑧〔字微〕交尾生育。字，生育。微，通"尾"，交尾，交配。⑨〔便程南为，敬致〕有秩序地安排好夏季的农事，恭敬地祭日并记下日影的长短以不违农时。南为，夏季的农事活动。⑩〔日永〕白昼时间最长，即夏至日。⑪〔星火〕指二十八宿中的心宿。⑫〔鸟兽希革〕鸟兽的羽毛变得稀疏了。⑬〔昧谷〕日落之处。⑭〔西成〕秋收工作。⑮〔夜中〕秋分日。⑯〔星虚〕指二十八宿中的虚宿。⑰〔夷易〕安逸愉快。⑱〔鸟兽毛毨（xiǎn）〕鸟兽长出了新羽毛。毨，鸟兽毛羽更生整齐貌。⑲〔便在伏物〕注意安排好收藏过冬物资的工作。⑳〔日短〕白昼最短，即冬至日。㉑〔星昴（mǎo）〕指二十八宿中的昴宿。㉒〔燠（yù）〕取暖。㉓〔鸟兽氄（rǒng）毛〕鸟兽长出了御寒的细绒毛。㉔〔以闰月正四时〕用置闰的办法调节四季时令的误差。㉕〔信饬〕告诫，整饬。

◎**大意** 尧于是命令羲氏、和氏，恭敬地顺应上天的旨意，根据日月星辰的运行规律定出历法，郑重地教导百姓耕种收割的时令。尧命羲仲住在郁夷，那地方叫**旸谷**。羲仲恭敬地迎接朝阳的升起，有秩序地安排好春季的耕种。羲仲根据春分那一天黄昏时正南方鸟星的出现，确定仲春的节候。春天民众分散耕作，鸟兽交尾生育。尧命令羲叔住在南交，让他有秩序地安排好夏季的农事，恭敬地祭日并记下日影的长短以不违农时。羲叔根据夏至那一天心宿出现在正南方，确定仲夏的节候。夏天人们仍在田间耕作，鸟兽的羽毛变得稀疏了。尧又命令和仲住在西方叫昧谷的地方，让他恭敬地礼送太阳落下去，有秩序地安排好秋收工作。和仲根据秋分那一天虚宿出现在正南方，确定仲秋的节候。秋天民众生活安逸愉快，鸟兽长出了新羽毛。尧再命令和叔住在北方叫幽都的地方，让他注意收藏过冬的物资。和叔根据冬至那一天昴宿出现在正南方，确定仲冬的节候。冬天人们入室取暖，鸟兽也长出了御寒的细绒毛。尧确定一年有三百六十六天，用置闰的办法调节四季时令的误差。尧还按时告诫百官，各种事业都欣欣向荣。

尧曰："谁可顺此事①？"放齐曰："嗣子丹朱开明。"尧曰："吁！顽凶②，不用。"尧又曰："谁可者？"讙兜曰："共工旁聚布功③，可用。"尧曰："共工善言④，其用僻⑤，似恭漫天⑥，不可。"尧又曰："嗟，四岳⑦，汤汤⑧洪水滔天，浩浩怀山襄陵，下民其忧，有能使治者？"皆曰鲧⑨可。尧曰："鲧负命毁族⑩，不可。"岳曰："异哉，试不可用而已。"尧于是听岳用鲧。九岁，功用不成⑪。

◎**注释** ①〔谁可顺此事〕谁能继承我的事业。②〔顽凶〕顽劣好争辩。③〔旁聚布功〕广泛地聚集民众开展工作。④〔善言〕巧言善辩。⑤〔用僻〕用心邪僻。

⑥〔似恭漫天〕貌似恭顺，实则连天都敢欺骗。漫，骗。⑦〔四岳〕指四方部落首领。⑧〔汤汤（shāng）〕水势浩大的样子。⑨〔鲧（gǔn）〕尧臣，禹的父亲。⑩〔负命毁族〕违背教化命令，毁败同族人。⑪〔功用不成〕没有成就。

◎**大意**　尧说："谁能继承我的事业？"放齐说："你的长子丹朱通达聪明。"尧说："唉！他顽劣好争辩，不可任用。"尧又问："谁可以？"谨（huān）兜说："共工广泛地聚集民众开展工作，可以任用。"尧说："共工巧言善辩，而用心邪僻，外表好似恭顺，但内心连天都敢欺骗，不可任用。"尧又问："哎，四方部落首领啊，洪水滔天，浩浩荡荡，包围山岭，淹没高地，居于低下之地的人民十分忧愁，有谁能去治理水患？"都说鲧可以胜任。尧说："鲧违背教化命令，毁败同族人，不可任用。"四方部落首领都说："鲧不同于其他人，就让他试试吧。"尧于是听从四方部落首领的意见，让鲧治水。结果治水九年，一无所成。

　　尧曰："嗟！四岳：朕在位七十载，汝能庸命①，践朕位？"岳应曰："鄙德忝帝位②。"尧曰："悉举贵戚及疏远隐匿者③。"众皆言于尧曰："有矜（鳏）④在民间，曰虞舜。"尧曰："然，朕闻之。其何如？"岳曰："盲者子。父顽，母嚚⑤，弟傲，能和以孝，烝烝治⑥，不至奸。"尧曰："吾其试哉。"于是尧妻之二女，观其德于二女。舜饬下二女于妫汭⑦，如妇礼。尧善之，乃使舜慎和五典，五典能从⑧。乃遍入百官，百官时序⑨。宾于四门，四门穆穆⑩，诸侯远方宾客皆敬。尧使舜入山林川泽，暴风雷雨，舜行不迷。尧以为圣，召舜曰："女（汝）谋事至而言可绩⑪，三年矣。女（汝）登帝位。"舜让于德，不怿⑫。正月上日，舜受终于文祖⑬。文祖者，尧大祖也。

◎**注释**　①〔庸命〕按天命行事。②〔鄙德忝（tiǎn）帝位〕鄙陋无德，恐怕辱没了帝王的职位。忝，有愧于。③〔悉举贵戚及疏远隐匿者〕推举所有亲近的贵戚及疏远隐居的人。④〔矜（guān）〕通"鳏"，无妻或丧妻的男子，这里指无妻。

⑤〔嚚(yín)〕愚昧而顽固。⑥〔烝烝(zhēng)治〕以厚道治身。烝烝，宽厚貌。⑦〔舜饬下二女于妫汭(guī ruì)〕舜让尧的两个女儿放下身份住在妫水北岸。饬，安排。妫，妫水。汭，妫水北的河流。⑧〔慎和五典，五典能从〕审慎地宣扬五种伦理道德，百姓都能遵从。五典，指古代的五种伦理道德。⑨〔遍入百官，百官时序〕总领百官职事，各种职事都办得井井有条。⑩〔宾于四门，四门穆穆〕让他到明堂四方之门主持接待宾客事宜，四门的人对客人庄重和睦。⑪〔谋事至而言可绩〕考虑事情详尽周到，并且说了的事情都能取得成效。⑫〔舜让于德，不怿(yì)〕让于德，谦让地说德行不够。不怿，指舜因感力不胜任而不乐。怿，乐。⑬〔舜受终于文祖〕舜在文祖庙接受尧的禅让。

◎**大意** 尧说："唉！各位首领：我在位已七十年，谁能按天命行事，继承我的职位？"首领们回答说："我们鄙陋无德，恐怕辱没了帝王的职位。"尧说："那就请你们推举所有亲近的贵戚及疏远隐居的人。"大家都对尧说："民间有个单身之人，名叫虞舜。"尧说："对，我听说过。他怎么样？"首领们说："他是一个盲人的儿子。父亲不讲德义，母亲愚昧顽固，弟弟傲慢，但是舜以孝悌之道与他们和睦相处，使他们能以厚道治身，不做坏事。"尧说："让我考验一下他吧！"于是尧把自己的两个女儿嫁给舜，从舜对待他两个女儿的行事中考察舜的德行。舜让尧的两个女儿放下身份住在妫水北岸，遵守做媳妇的礼节。尧认为舜这样做很好，于是让他审慎地宣扬五种伦理道德，百姓都能遵从。尧又让舜总领百官职事，各种职事都办得井井有条。让他到明堂四方之门主持接待宾客事宜，四门的人对客人庄重和睦，前来朝拜的部落首领和远方的客人都敬重他。尧使舜进入山林川泽，遇到暴风雷雨，他从不迷失方向。尧认为舜具有高超的智慧和道德，召见他说："你考虑事情详尽周到，并且说了的事情都能取得成效，已经过了三年。你继承帝位吧。"舜谦让说德行还不够，因不能胜任而不乐。正月初一，舜在文祖庙接受尧的禅让。文祖，是尧的始祖。

于是帝尧老，命舜摄行天子之政，以观天命。舜乃在璇玑玉衡①，以齐七政②。遂类于上帝，禋于六宗③，望于山川，辩（遍）于群神④。揖（辑）五瑞⑤，择吉月日，见四岳诸牧⑥，班瑞⑦。岁二月，东巡狩，至于岱宗，柴⑧，望秩于山川⑨。遂见东方君长，合时月正日⑩，同律度量衡，修五礼，五玉三帛二生一死为挚⑪，如五器⑫，卒乃复。五月，南巡狩；八月，西巡狩；十一月，北巡狩：皆如初。归，至于祖祢庙⑬，用特牛礼⑭。五岁一巡狩，群后四朝⑮。遍告以言⑯，明试以功⑰，车服以庸⑱。肇十有（又）二州⑲，决川⑳。象以典刑㉑，流宥五刑㉒，鞭作官刑㉓，扑作教刑㉔，金作赎刑㉕。眚灾过，赦㉖；怙终贼，刑㉗。钦㉘哉，钦哉，惟刑之静㉙哉！

◎**注释** ①〔璇（xuán）玑玉衡〕用玉装饰的观天仪器。②〔七政〕指日月及金木水火土五星。七政运行正常，表明舜受禅合天意。③〔类于上帝，禋（yīn）于六宗〕类，祭名。禋，祭名。六宗，古代尊祀的六神。④〔望于山川，辩于群神〕遥祭名山大川，遍祭群神。望，遥祭。辩，通"遍"。⑤〔揖（jí）五瑞〕揖，同"辑"，聚集。五瑞，古代诸侯用作符信的五种玉。⑥〔四岳诸牧〕四方诸侯。⑦〔班瑞〕把收集的玉颁发下去。班，颁发。⑧〔柴〕烧柴祭天。⑨〔望秩于山川〕按次第遥祭东方名山大川。⑩〔合时月正日〕协调季节和月份，校正每日的时刻。⑪〔修五礼，五玉三帛二生一死为挚〕制定了五种礼仪，并规定诸侯用五玉三帛、卿大夫用二牲、士用死雉作为相见时所执的礼物。⑫〔如五器〕如，验证。五器，指诸侯拜会的礼物玉器。⑬〔祖祢（nǐ）庙〕祖庙和父庙。⑭〔用特牛礼〕用一头整牛作为祭品。⑮〔群后四朝〕四方诸侯四年来京师朝见一次。后，此处指诸侯。⑯〔遍告以言〕讲明治理国家的方法。⑰〔明试以功〕公开考察他们的政绩。⑱〔车服以庸〕赐给成绩突出者车骑和服饰。庸，效用、成绩。⑲〔肇十有二州〕始分天下为十二州。肇，始。⑳〔决川〕疏通河道。㉑〔象以典刑〕指把正常的刑律刻在器物上。㉒〔流宥五刑〕用流放的办法从宽处理触犯五刑的人。㉓〔鞭作官刑〕官府治事用鞭刑。㉔〔扑作教刑〕学校管理用戒尺处罚。扑，戒尺。㉕〔金作赎刑〕犯轻罪的人可用金钱赎罪。㉖〔眚（shěng）灾过，赦〕对无意犯过而造成灾害的人，予以赦免。眚，过失。㉗〔怙（hù）终贼，刑〕对作恶不改的人，绳之以法。㉘〔钦〕谨慎。㉙〔静〕平稳公正。

◎**大意** 这时帝尧年老，让舜代替他执行天子的政事，以观察天意。舜便用玉装饰的观天仪器来审视天象，定准日月五星的方位。他祭祀上帝，祭祀六类神祇，遥祭名山大川，遍祭群神。他收集五种玉器符信，选择吉月吉日，召见四方诸侯，颁发收集的玉器符信。这年二月，舜前去东方巡视，一直到达泰山，烧柴祭天，按次第遥祭东方名山大川。他召见东方各诸侯，协调季节和月份，校正每日的时刻，统一音律和度量衡，制定了五种礼仪，规定诸侯用五玉三帛、卿大夫用二牲、士用死雉作为相见时所执的礼物，并验证诸侯拜会的礼物玉器，礼毕后仍还给他们。五月，他到南方视察；八月，到西方视察；十一月，到北方视察：都像开始视察东方一样。舜回来后，到祖庙和文庙里祭祀，用一头整牛作为祭品。舜每五年到各地巡视一次，四方诸侯四年来京师朝见一次。舜向每位诸侯讲明治理国家的方法，公开考察他们的政绩，赐给成绩突出者车骑和服饰。舜开始分天下为十二州，疏通河道。他把正常的刑律刻在器物上，用流放的办法从宽处理触犯五刑的人，官府治事用鞭刑，学校管理用戒尺处罚，犯轻罪的人可用金钱赎罪。他对无意犯过而造成灾害的人，予以赦免；对作恶不改的人，绳之以法。谨慎啊，谨慎啊，施用刑罚千万要平稳公正！

　　谨兜进言共工，尧曰不可，而试之工师①，共工果淫辟②。四岳举鲧治鸿水，尧以为不可，岳强请试之，试之而无功，故百姓不便。三苗在江淮、荆州数为乱。于是舜归而言于帝，请流共工于幽陵，以变北狄③；放驩兜④于崇山，以变南蛮；迁三苗于三危⑤，以变西戎；殛⑥鲧于羽山，以变东夷：四罪⑦而天下咸服。

◎**注释**　①〔工师〕职掌百工之官。②〔淫辟〕放纵邪僻。③〔变北狄〕改变北狄的风俗。④〔驩兜〕即谨兜。⑤〔三危〕山名。⑥〔殛(jí)〕流放。⑦〔四罪〕依法惩处四个罪人。

◎**大意**　谨兜向尧推荐共工，尧说不可重用，试用为工师，共工果然放纵邪僻。四岳推举鲧治水，尧认为不可，四岳一再请求试用，结果毫无成就，所以百姓都认为鲧不称职。三苗在江淮流域、荆州一带多次作乱。此时舜视察归来便向尧报告，请求把共工流放到幽陵，让他改变北狄的风俗；把谨兜流放到崇山，让他改变南蛮的风俗；把三苗驱逐到三危，让他改变西戎的风俗；把鲧流放到羽山，让他改变东夷的风俗：依法惩处了这四个罪人，天下人都心悦诚服。

尧立七十年得舜，二十年而老，令舜摄行天子之政，荐之于天①。尧辟位②凡二十八年而崩。百姓悲哀，如丧父母。三年，四方莫举乐，以思尧。尧知子丹朱之不肖③，不足授天下，于是乃权授舜。授舜，则天下得其利而丹朱病④；授丹朱，则天下病而丹朱得其利。尧曰"终不以天下之病而利一人"，而卒授舜以天下。尧崩，三年之丧毕，舜让辟丹朱于南河之南⑤。诸侯朝觐者不之丹朱而之舜，狱讼者不之丹朱而之舜，讴歌者不讴歌丹朱而讴歌舜。舜曰："天也夫！"而后之中国⑥践天子位焉，是为帝舜。

◎**注释** ①〔荐之于天〕向上天推荐舜。②〔辟位〕退位。③〔不肖〕不贤。④〔病〕受害，痛苦。⑤〔舜让辟丹朱于南河之南〕舜让位给丹朱，而自己躲到南河的南岸。⑥〔中国〕国之中心，即都城。

◎**大意** 尧在位七十年而得到舜，二十年后退位，令舜执行天子之职，并向上天推荐舜。尧退位后二十八年去世。百姓悲伤哀痛，像是父母去世一样。三年内，四方无人奏乐，以表示对尧的哀思。当初尧深知儿子丹朱不贤，不能把天下大权交给他，于是采取权宜之计让位给舜。让位给舜，天下人受益而丹朱痛苦；传位给丹朱，天下人受害而丹朱获利。尧说"绝对不能使天下人受害而让一人得利"，最终把天下传给了舜。尧去世后，三年丧期结束，舜让位给丹朱，而自己躲到南河的南岸。朝拜的诸侯不到丹朱那里去却来朝见舜，打官司的人不去找丹朱而去找舜，歌功颂德的人不歌颂丹朱而歌颂舜。舜说："这是天意吧！"于是前往都城登上天子位，便是帝舜。

虞舜者，名曰重华。重华父曰瞽叟①，瞽叟父曰桥牛，桥牛父曰句望，句望父曰敬康，敬康父曰穷蝉，穷蝉父曰帝颛顼，颛顼父曰昌意：以至舜七世矣。自从穷蝉以至帝舜，皆微为庶人②。

◎**注释** ①〔瞽（gǔ）叟〕有眼疾的老头。②〔皆微为庶人〕都是地位卑微的百姓。

◎**大意** 虞舜，名叫重华。重华的父亲叫瞽叟，瞽叟的父亲名叫桥牛，桥牛的父亲名叫句望，句望的父亲名叫敬康，敬康的父亲名叫穷蝉，穷蝉的父亲就是帝颛顼，颛顼的父亲名叫昌意：到舜已经七代了。从穷蝉到舜，都是地位卑微的百姓。

舜父瞽叟盲，而舜母死，瞽叟更娶妻而生象，象傲。瞽叟爱后妻子，常欲杀舜，舜避逃；及有小过，则受罪。顺事①父及后母与弟，日以笃谨②，匪有懈③。

◎**注释** ①〔顺事〕恭顺地侍奉。②〔笃谨〕诚恳谨慎。③〔匪有懈〕从不懈怠。

◎**大意** 舜的父亲瞽叟眼睛瞎了，舜的母亲死后，瞽叟又娶妻生了个儿子名叫象，象为人傲慢。瞽叟偏爱后妻的儿子，常想杀死舜，舜都逃过了；遇到自己有小过失，舜便接受处罚。他恭顺地侍奉父亲、后母和弟弟，每天都诚恳谨慎，从不懈怠。

舜，冀州之人也。舜耕历山，渔雷泽，陶河滨，作什器①于寿丘，就时于负夏②。舜父瞽叟顽③，母嚚，弟象傲，皆欲杀舜。舜顺适不失子道④，兄弟孝慈。欲杀，不可得；即求，尝（常）在侧。

◎**注释** ①〔什（shí）器〕生活用品。②〔就时于负夏〕在负夏经商。就时，指把握时机谋利，即经商。③〔顽〕凶暴。④〔舜顺适不失子道〕舜顺从不失为子之道。

◎**大意** 舜，是冀州人。他曾在历山耕地，在雷泽捕鱼，在黄河岸边制作陶器，在寿丘制作生活用品，在负夏经商。他的父亲瞽叟凶暴，后母愚顽，弟弟象为人傲慢，都想杀死他。舜顺从而不失为子之道，对弟弟尽兄长之道，对父母尽孝道。他们想要杀他，怎么也抓不着；如果有事找他，他又常常在身边。

舜年二十以孝闻。三十而帝尧问可用者，四岳咸荐虞舜，曰可。于是尧乃以二女妻舜以观其内①，使九男与处以观其外②。舜居妫汭，内行弥谨③。尧二女不敢以贵骄事舜亲戚，甚有妇道。尧九男皆益笃④。舜耕历山，历山之人皆让畔⑤；渔雷泽，雷泽上人皆让居⑥；陶河滨，河滨器皆不苦（盬）窳⑦。一年而所居成聚，二年成邑，三年成都。尧乃赐舜𫄨衣与琴，为筑仓廪，予牛羊。瞽叟尚复欲杀之，使舜上涂廪⑧，瞽叟从下纵火焚廪。舜乃以两笠自扞而下⑨，去，得不死。后瞽叟又使舜穿井，舜穿井为匿空旁出⑩。舜既入深，瞽叟与象共下土实井，舜从匿空出，去。瞽叟、象喜，以舜为已死。象曰："本谋者象。"象与其父母分，于是曰："舜妻尧二女与琴，象取之；牛羊仓廪，予父母。"象乃止舜宫居，鼓其琴。舜往见之。象鄂（愕）不怿⑪，曰："我思舜正郁陶⑫！"舜曰："然，尔其庶⑬矣！"舜复事瞽叟，爱弟弥谨⑭。于是尧乃试舜五典百官⑮，皆治。

◎**注释** ①〔观其内〕观察他怎样治家。②〔观其外〕观察他怎样处世。③〔内行弥谨〕在家里行为认真不苟。④〔益笃〕更加诚实厚道。⑤〔让畔〕谦让田地边界。⑥〔让居〕谦让居住的地方。⑦〔苦窳（gǔ yǔ）〕粗制滥造。苦，通"盬"，不坚固。窳，粗劣。⑧〔涂廪〕用泥涂抹粮仓屋顶。⑨〔以两笠自扞（hàn）而下〕用两顶斗笠护住身体往下跳。扞，防护。⑩〔为匿空旁出〕在井壁上打了一个可以藏身和升出的支洞。⑪〔鄂不怿〕愕然不快。⑫〔郁陶〕愁闷苦痛。⑬〔庶〕庶几，差不多。⑭〔弥谨〕更加仔细小心。⑮〔试舜五典百官〕试用舜推行五教，治理百官。

◎**大意** 舜二十岁以孝闻名。舜三十岁时，尧问任用谁治理天下，四岳都推荐舜，说他可以。于是尧把两个女儿嫁给舜，来观察他怎样治家；又派了九个儿子与舜相处，以观察他怎样处世。舜居住在妫水北岸，在家里行为认真不苟。尧的两个女儿不敢因为身份高贵而骄横地对待舜的家人，遵守做媳妇的礼节。尧的九个儿子也都更加诚实厚道。舜在历山耕种，历山的人都互让田地边界；在雷泽捕鱼，雷泽周围的人都互让居住的地方；在黄河岸边制作陶器，生产的陶器没有粗制滥造的。他居住的地方一年间成了村落，两年成了集镇，三年成为都市。尧于是赐给舜细葛做的衣服和琴，而且给他修筑粮仓，赐予他牛羊。瞽叟还是想杀死舜，他让舜用泥涂抹粮仓屋顶，自己却在下面纵火烧仓。舜拿着两顶斗笠护持自己往下跳，逃走了，没被烧死。后来瞽叟又让舜打井，舜在井壁上打了一个可以藏身和升出的支洞。舜凿到深处以后，瞽叟与象一起倒土填井，舜从藏身的支洞走出，脱了险。瞽叟和象很高兴，以为舜已死。象说："出主意的是我。"象和他的父母瓜分舜的财物，这时象说："舜的妻子和琴，由我收取；牛羊和仓廪，分给父母。"于是象在舜的屋中住下，弹着舜的琴。舜前去见他，象愕然不快，说："我想念你正想得愁闷苦痛！"舜说："这样的话，你就差不多像个弟弟了！"舜以后侍奉瞽叟、友爱弟弟更加仔细小心。于是尧便试用舜推行五教，治理百官，舜都做得很好。

昔高阳氏有才子①八人，世得其利，谓之"八恺"。高辛氏有才子八人，世谓之"八元"。此十六族者，世济其美，不陨其名②。至于尧，尧未能举。舜举八恺，使主后土③，以揆百事④，莫不时序。举八元，使布五教⑤于四方，父义，母慈，兄友，弟恭，子孝，内平外成⑥。

◎**注释** ①〔才子〕德才兼备的人。②〔世济其美，不陨其名〕世世代代都能发扬他们的美德，没有损伤过他们的声誉。③〔主后土〕掌管农业。④〔揆百事〕规划安排各种事务。⑤〔布五教〕传布五伦之教。⑥〔内平外成〕家内和睦，邻里融洽。
◎**大意** 从前高阳氏有八位才德兼备的人，世人得其利，把他们叫作"八恺"。

高辛氏有八位德才兼备的人，世人称作"八元"。这十六个家族，世世代代都能发扬他们的美德，没有损伤过他们的声誉。到尧的时候，尧没有起用他们。舜任用八恺，让他们掌管农业，他们计划安排各种事务，都井井有条。舜任用八元，让他们到四方传布五伦之教，使父亲威严，母亲慈爱，哥哥友善，弟弟恭敬，儿子孝顺，家内和睦，邻里融洽。

昔帝鸿氏有不才子，掩义隐贼①，好行凶慝②，天下谓之浑沌。少暤氏有不才子，毁信恶忠，崇饰恶言，天下谓之穷奇。颛顼氏有不才子，不可教训，不知话言③，天下谓之梼杌④。此三族世忧之。至于尧，尧未能去。缙云氏有不才子，贪于饮食，冒于货贿，天下谓之饕餮。天下恶之，比之三凶。舜宾于四门，乃流四凶族，迁于四裔，以御螭魅⑤，于是四门辟⑥，言毋⑦凶人也。

◎**注释** ①〔掩义隐贼〕毁弃道义而包庇奸邪。②〔好行凶慝（tè）〕好做凶暴邪恶之事。慝，邪恶。③〔不可教训，不知话言〕不可教导训诫，不懂什么是对他有益的善言。④〔梼杌（táo wù）〕传说中远古时期的恶人。⑤〔以御螭（chī）魅〕用以抵挡作恶之人。螭魅，传说中害人的怪物，这里指恶人。⑥〔辟〕畅通无阻。⑦〔毋〕无，没有。

◎**大意** 从前帝鸿氏有个不成材的后代，毁弃道义而包庇奸邪，好做凶暴邪恶之事，天下人叫他浑沌。少暤氏有个不成材的后代，毁坏信义而憎恶忠直，宣扬粉饰各种恶言恶语，天下人叫他穷奇。颛顼氏有个不成材的后代，不可教训，不懂什么是对他有益的善言，天下人叫他梼杌。对于这三个家族，世人感到忧虑。在尧的时代，尧没能除掉他们。缙云氏有个不成材的后代，沉溺酒食，贪爱财物，天下人叫他饕餮。天下人讨厌他，把他和上面的三凶同等看待。舜在四门主持接待宾客时，便流放了这四个凶恶的家族，把他们迁到四方边远之地，用以抵挡作恶之人。于是四门畅通无阻，再没有恶人了。

舜入于大麓，烈风雷雨不迷，尧乃知舜之足授天下。尧老，使舜摄行天子政，巡狩。舜得举，用事二十年，而尧使摄政。摄政八年而尧崩。三年丧毕，让丹朱，天下归舜。而禹、皋陶、契、后稷、伯夷、夔、龙、垂、益、彭祖自尧时而皆举用①，未有分职②。于是舜乃至于文祖，谋于四岳，辟四门，明通四方耳目，命十二牧论帝德，行厚德，远佞人，则蛮夷率服。舜谓四岳曰："有能奋庸美尧之事者③，使居官相事④？"皆曰："伯禹为司空，可美帝功。"舜曰："嗟，然！禹，汝平水土，维是勉哉。"禹拜稽首，让于稷、契与皋陶。舜曰："然，往矣。"舜曰："弃，黎民始饥，汝后稷⑤，播时百谷。"舜曰："契，百姓不亲，五品不驯⑥，汝为司徒，而敬敷⑦五教，在宽。"舜曰："皋陶，蛮夷猾夏⑧，寇贼奸轨（宄）⑨，汝作士，五刑有服，五服三就⑩；五流有度，五度三居⑪：维明能信⑫。"舜曰："谁能驯予工⑬？"皆曰垂可。于是以垂为共工。舜曰："谁能驯予上下草木鸟兽？"皆曰益可。于是以益为朕虞⑭。益拜稽首，让于诸臣朱虎、熊罴。舜曰："往矣，汝谐。"遂以朱虎、熊罴为佐。舜曰："嗟！四岳，有能典朕三礼⑮？"皆曰伯夷可。舜曰："嗟！伯夷，以汝为秩宗，夙夜维敬⑯，直哉维静洁⑰。"伯夷让夔、龙。舜曰："然。以夔为典乐，教稚子，直而温，宽而栗⑱，刚而无虐⑲，简而无傲⑳；诗言意，歌长言，声依永，律和声，八音能谐，毋相夺伦，神人以和㉑。"夔曰："於！予击石拊石，百兽率舞。"舜曰："龙，朕畏忌谗说殄伪㉒，振惊朕众，命汝为纳言㉓，夙夜出入朕命，惟信㉔。"舜曰："嗟！女（汝）二十有（又）二人，敬哉，惟时相天事㉕。"三岁一考功㉖，三考绌陟㉗，远近众功咸兴。分北㉘三苗。

◎**注释** ①〔举用〕被推举任事。②〔未有分职〕没有分配专门的职守。③〔有能奋庸美尧之事者〕有谁能奋力光大尧的事业。奋庸,意为努力建立功业。美,指发扬光大。④〔使居官相事〕让他担任官职辅佐我办事。相,佐助。⑤〔后稷〕主管农业。后,此处意为主管。稷,代指农事。⑥〔五品不驯〕父母兄弟子女间关系不融洽。五品,即五伦。驯,顺,融洽。⑦〔敬敷〕认真施行。⑧〔猾夏〕扰乱华夏。⑨〔寇贼奸轨〕盗贼犯法作乱。⑩〔五刑有服,五服三就〕判处五刑时要轻重适中,判刑后要在三个不同的场所执行。⑪〔五流有度,五度三居〕将流放者依罪行轻重分为五等,五种流放之人按远近流徙到三个地方。⑫〔维明能信〕只有公正严明才能叫人信服。⑬〔谁能驯予工〕谁能替我主管百工事务。⑭〔虞〕掌管山泽的官职。⑮〔三礼〕祭祀天地宗庙的典礼。⑯〔夙夜维敬〕每天早晚都要虔诚恭敬。⑰〔直哉维静洁〕只有清明才能正直。⑱〔宽而栗〕宽厚而严谨。⑲〔刚而无虐〕刚正而不暴虐。⑳〔简而无傲〕简朴而不倨傲。㉑〔毋相夺伦,神人以和〕互不干扰,这样就会使神与人和谐。㉒〔畏忌谗说殄(tiǎn)伪〕痛恨诬陷别人的坏话和残暴的行为。㉓〔纳言〕传达王命的职务。㉔〔信〕真实。㉕〔惟时相天事〕顺应天时天命来行事。㉖〔考功〕考核政绩。㉗〔绌(chù)陟〕绌,降职。陟,提升。㉘〔分北〕分离、分化。

◎**大意** 舜进入山林,遇到暴风雷雨而不迷失方向,尧于是知道舜足以托付天下。尧老了,让舜代替他执行天子的政务,到各地视察。舜被推举,任事二十年,尧便让他代行天子之职。八年后尧逝世。服完三年之丧以后,舜让位给丹朱,但天下人都归顺于舜。禹、皋陶、契、后稷、伯夷、夔、龙、垂、益、彭祖从尧在位时就被推举任事了,但没有分配给他们专门的职守。于是舜便来到文祖庙,征求四岳的意见,并大开四门,倾听各方的意见,命令十二州的长官讨论帝王应有的品德,认为实行宽厚的政令,疏远谄媚的小人,就可使四方部族相率归服。舜对四岳说:"有谁能奋力光大尧的事业,就让他担任官职辅佐我办事。"都说:"伯禹担任司空,可以光大尧的事业。"舜说:"啊,好!禹,你负责治理水土,希望你努力啊!"禹叩头致谢,要让给后稷、契和皋陶。舜说:"众人推举你是对的,你就前去就职吧。"舜说:"弃,老百姓挨饥受饿,你负责播种百谷。"舜说:"契,百姓不和睦,父母兄弟子女不融洽,你去做司徒,认真施行五教,慢慢感化他们。"舜说:"皋陶,蛮夷之人侵扰华夏,盗贼犯法作乱,你去担任主管刑法的长官,判处五刑时要轻重适中,判刑后要在三个不同的场所执行；将流放者依罪行轻重分为五等，五种流放之人按远近流徙到三个地方；只有公正严明才能叫人信服。"舜说："谁能替我主管百工事务？"都说垂可以。于是任命垂担任共工。舜说："谁能管理山林川泽草木鸟兽？"都说益可以。于是任命益担任掌管山泽的官职。益跪拜，要让给朱虎、熊罴等大臣。舜说："前去就任吧，你很合适。"便任命朱虎、熊罴作益的助手。舜说："啊！四位诸侯领袖，有谁能主持祭祀天地宗庙的典礼？"都说伯夷可以。舜说："啊！伯夷，命你担任主持郊庙祭祀的职务，你每天都要虔诚恭敬，只有清明才能正直。"伯夷要把职务让给夔、龙。舜说："好。我命夔主管音乐，教育贵族子弟，使他们正直而温和，宽厚而严谨，刚正而不暴虐，简朴而不倨傲；用诗来表达思想感情，用歌咏来延长诗的音节，依照歌来制定乐曲，用音律使乐曲和谐，八种乐器的声音都能和谐，互不干扰，这样就会使神与人和谐。"夔说："啊！我敲打起各种石制乐器来，大家都会跳起狩猎舞。"舜说："龙，我痛恨诬陷别人的坏话和残暴的行为，它惊扰我的人民，我命你担任传达王命的职务，每天传达我的旨意，力求真实。"舜说："啊！你们这二十二人，要严肃认真地任职，顺应天时天命来行事。"舜每三年考核一次大家的成绩，根据三次考核的情况分别给予降职或提升，无论远近，各种工作都振兴起来。又分化治理三苗部族。

此二十二人咸成厥功：皋陶为大理，平，民各伏（服）得其实①；伯夷主礼，上下咸让；垂主工师，百工致功②；益主虞，山泽辟；弃主稷，百谷时茂；契主司徒，百姓亲和；龙主宾客，远人至；十二牧行而九州莫敢辟违；唯禹之功为大，披九山，通九泽，决九河，定九州，各以其职来贡，不失厥宜③。方五千里，至于荒服。南抚交阯、北发，西戎、析枝、渠廋、氐、羌，北山戎、发、息慎，东长、鸟夷，四海之内咸戴帝舜之功。于是禹乃兴《九招》之乐④，致异物，凤皇来翔。天下明德皆自虞帝始。

◎**注释** ①〔民各伏得其实〕民众都心悦诚服于他断狱符合实际情况。伏，通

"服"。②〔百工致功〕各种工匠都做出了成绩。③〔不失厥宜〕一切都不违背当地的实际。④〔《九招》之乐〕《九招》，即《九韶》。舜时乐舞名。

◎**大意**　这二十二位大臣都做出了他们的成绩：皋陶掌管司法，判断公平，民众都心悦诚服于他断狱符合实际情况；伯夷主持礼仪，上下都互相谦让；垂掌管工匠，各种工匠都做出了成绩；益管山泽，山泽都得到开发利用；弃掌管农事，各种谷类都长得茂盛；契主管教化，百姓都亲近和睦；龙主管迎宾送客的礼仪，远方之人都前来归服；十二州的地方长官尽力办事而全国各地没有谁敢逃避违抗；禹的成就最大，他开辟九州的山岭，治理九州的湖泽，疏通九州的河流，划定九州地界，九州长官各自以其职务来朝贡，一切都不违背当地的实际。全国方圆五千里，疆域扩展到边陲的荒服。向南安抚交阯、北发之地的民众，向西安抚戎、析枝、渠廋、氐、羌等部族，向北安抚山戎、发、息慎等部族，向东安抚长、鸟夷等部族，全国上下都推崇帝舜的功德。于是禹制作《九招》乐曲，招致珍奇异物，凤凰在国都上空飞翔。天下的文明德政都从虞舜时代开始。

　　舜年二十以孝闻，年三十尧举之，年五十摄行天子事，年五十八尧崩，年六十一代尧践帝位。践帝位三十九年，南巡狩，崩于苍梧之野。葬于江南九疑，是为零陵。舜之践帝位，载天子旗，往朝父瞽叟，夔夔唯谨①，如子道。封弟象为诸侯。舜子商均亦不肖，舜乃豫荐禹于天。十七年而崩。三年丧毕，禹亦乃让舜子，如舜让尧子。诸侯归之，然后禹践天子位。尧子丹朱，舜子商均，皆有疆土，以奉先祀。服其服②，礼乐如之。以客见天子，天子弗臣，示不敢专③也。

◎**注释**　①〔夔夔（kuí）唯谨〕恭敬谨慎。夔夔，虔敬慎重的样子。②〔服其服〕穿着各自祖传的服饰。③〔专〕独享帝位。

◎**大意**　舜二十岁时以孝顺闻名，三十岁时被尧起用，五十岁时代理天子政务，五十八岁时尧逝世，六十一岁时接替尧登上帝位。登帝位后三十九年，舜到南方巡狩，在苍梧之野逝世。舜被葬在长江以南的九疑山，就是零陵。舜登上帝位时，车上插着天子的旗帜，前去朝见父亲瞽叟，恭敬谨慎，很合乎做儿子的礼节。封弟弟象为诸侯。舜的儿子商均不成材，舜便预先向上天推荐禹。十七年后舜逝世。三年丧服完毕，禹让位给舜的儿子，像舜让位给尧的儿子一样。但诸侯都归附禹，然后禹登上天子位。尧的儿子丹朱、舜的儿子商均都有封地，以祭祀他们的祖先。他们穿着各自祖传的服饰，用他们祖先的礼乐。他们以宾客的身份拜见天子，禹不把他们当作臣民对待，表示自己不敢专位。

自黄帝至舜、禹，皆同姓而异其国号，以章明德①。故黄帝为有熊，帝颛顼为高阳，帝喾为高辛，帝尧为陶唐，帝舜为有虞。帝禹为夏后而别氏，姓姒氏。契为商，姓子氏。弃为周，姓姬氏。

◎**注释** ①〔以章明德〕以显示光明的德行。
◎**大意** 从黄帝到舜、禹，同出一姓而国号不同，以显示各自光明的德行。所以黄帝号有熊，帝颛顼号高阳，帝喾号高辛，帝尧号陶唐，帝舜号有虞。帝禹号夏后而另有姓氏，姓姒（sì）。契是商代的祖先，姓子。弃是周代的祖先，姓姬。

太史公曰：学者多称五帝，尚矣。然《尚书》独载尧以来；而百家言黄帝，其文不雅驯①，荐（搢）绅先生②难言之。孔子所传《宰予问五帝德》及《帝系姓》，儒者或不传。余尝西至空桐，北过涿鹿，东渐于海，南浮江淮矣，至长老皆各往往称黄帝、尧、舜之处，风教固殊焉，总之不离古文者③近是。予观《春秋》《国语》，其发明《五帝德》《帝系姓》章矣，顾弟弗深考④，其所表见皆不虚。《书》缺有间矣⑤，其轶乃时时见于他说。非好学深思，心知其意，固难为浅见寡闻道也⑥。余并论次⑦，择其言尤雅者，故著为本纪书首。

◎ **注释** ①〔雅驯〕典雅可信。②〔荐(jìn)绅先生〕代指士大夫。荐,通"搢"。③〔古文者〕指《春秋》《国语》《宰予问五帝德》《帝系姓》《尚书》等古书。④〔顾弟弗深考〕只是人们没有深入考察。弟,只是。⑤〔《书》缺有间矣〕《尚书》的记载已残缺多年了。有间,有一定时间。⑥〔固难为浅见寡闻道也〕本来就难以给孤陋寡闻之人陈述这些事。⑦〔论次〕研究,编排。

◎ **大意** 太史公说:学者多称述五帝,五帝的年代很久远了。而《尚书》只记载了尧以来的历史;其他各家谈到黄帝,文字不够典雅可信,士大夫难以讲解。孔子传下来的《宰予问五帝德》和《帝系姓》,有的儒生未传习过。我曾经西到空桐,北过涿鹿,东到海滨,南渡江淮,所到之处的长者常常谈论黄帝、尧、舜的事迹,不同地方风俗教化本来就有所不同,总的说来不背离古书记载的事比较接近事实。我阅读《春秋》《国语》,它们把《五帝德》《帝系姓》阐释得很明了,只是人们没有深入考察,它们的记述都不虚妄。《尚书》的记载有些早已缺失,那些散失的史料往往可以在别的著作中看到。不好学深思,心领神会,本来就难以给孤陋寡闻之人陈述这些事。我搜集编排各种资料,选择其中较典雅合理的说法加以记载,写成本纪,放在全书的开篇。

◎ **释疑解惑**

《五帝本纪》所列五帝以黄帝为始,对之前的帝王系统则阙而不列,仅说其为"少典之子"。《史记》之前,文献中存在不少对上古帝王系统的记录:《山海经》中,东方有帝俊、帝舜、少昊、太皞几系,西方有黄帝、炎帝两大系统,南方则有伯夷、南岳、祝融几系。《庄子》中有容成氏、大庭氏、伯皇氏、中央氏、粟陆氏、骊畜氏、轩辕氏、赫胥氏、尊卢氏、祝融氏、伏羲氏、神农氏(共十二氏)。《战国策》中有包牺(伏羲)、神农、黄帝、尧、舜。《吕氏春秋》有太皞、炎帝、黄帝、少皞、颛顼。各种文献中对上古帝王系统的记录十分混乱,不限于五位帝王,即便如《战国策》《吕氏春秋》《周易》所记数量为五位,具体内容也与《史记》不同。司马迁结合传世文献、实地考察结果及口头传说,本着严肃的态度撰写史书,认为从黄帝开始的历史是真实可信的,黄帝之前的历史则年世渺邈,既没有太多传世文献,流传下来的传说也多是荒诞不经的。

清代林伯桐分析认为："古来制作自黄帝而定，《礼记·祭法》曰：'黄帝正名百物。'孔疏云：'上虽有百物而未有名，黄帝为物作名，正名其体也。'然则《史记》托始自有深意（仓颉始作字，亦黄帝之史也），既以黄帝为始，故当援《大戴礼·五帝之论》为据，不容任意增损。后来胡五峰、刘道原谓'五帝当冠以伏羲、神农，而削去颛顼、帝喾'，论似近正，然非史公自黄帝始之意矣。又以秦博士'天皇地皇'之议为三皇定名，此则载在《秦始皇纪》中，而史公终不以为据者，顾欲拾其所弃以相难，不亦异乎？"林伯桐对司马迁选择从黄帝开始撰写史书的认识应该说很深刻。大量古代文献中对黄帝制作名物的记载，是《五帝本纪》以黄帝为始的重要原因。顾颉刚说："《六艺》中的《尚书》是始于尧舜的；还有《礼》家杂记的《五帝德》和《帝系姓》，虽然'儒者或不传'，究竟还为一部分的儒者所信，这两篇中的历史系统是从黄帝开始的。司马迁在他自己所立的标准之下，根据了这些材料来写史，所以他的书也起于黄帝。黄帝以前，他已在传说中知道有神农氏（《五帝本纪》）、伏羲（《自序》）、无怀氏和泰帝（《封禅书》），但他毅然以黄帝为断限，黄帝以前的一切付之不闻不问。这件事看似容易，其实甚难；我们只要看唐司马贞忍不住替他补作《三皇本纪》，就可知道他在方士和阴阳家极活动的空气之中排斥许多古帝王是怎样的有眼光与有勇气了。"顾说也有助于我们理解司马迁《史记》以黄帝为始的用心及其重大意义。

◎ 思考辨析题

1. 《五帝本纪》选择以黄帝为始有什么重大意义？
2. 司马迁对尧舜禅让制的记录在汉代有什么现实意义？

夏本纪
第二

《夏本纪》记事的核心内容是有关禹的事迹，从其远祖谱系开始，到禹将帝位禅让于益结束。禹纪讲述了禹的出生、去世及生平事迹，显得十分完整。禹之后的夏代君王则相对简略：对启、太康、中康、孔甲的某一件事有简单记载，其他夏代帝王则以"……崩……立"的形式略过，对其事件不做记录。对于夏代最后一个帝王夏桀，则记载其被商汤取代的过程。禹纪首先列禹的谱系，将禹的先祖一直追溯到黄帝。这与《五帝本纪》的相关帝位记载模式相同，其材料来源为《尚书》。禹纪的记事内容包括鲧禹治水、大禹列九州、舜与禹对话、禹代舜为天子以及禹将帝位禅让于益的事迹，其中又以鲧禹治水、大禹列九州、舜与禹对话三件事比较详细。《夏本纪》紧随《五帝本纪》之后，是"本纪"的第二篇。与《五帝本纪》

夏本纪第二

以黄帝、颛顼、帝喾、尧、舜合传命名的方式不同，《夏本纪》以朝代的方式命名，与其后的《殷本纪》《周本纪》《秦本纪》连贯成为朝代史，《夏本纪》是朝代史的第一篇。这样的命名方式标志着司马迁所认定的重大社会变迁。夏朝是司马迁所认定的中国第一个王朝，《夏本纪》的记载，蕴涵着司马迁关于"朝代"内涵的思考，其重点内容是朝代如何更迭、君主怎样产生的问题，这也正是他所谓"通古今之变"所关注的核心问题。在《五帝本纪》中，司马迁记载的五帝之间虽然存在某种血缘关系，但是帝位大致通过禅让承袭。从大禹开始，禅让制度遭到破坏，"公天下"开始变为"私天下"，政权的更迭自此之后发生在家族内部。考察继任统治者不再像《五帝本纪》中那样以德与才为首要因素，血统成为考察君位最重要，甚至是唯一的因素。在对历史文献的解读中，司马迁敏锐地发现了这一重大的社会变迁，并将其通过《夏本纪》表现出来。应该说，面对这种历史的变迁，司马迁是失望的。这一方面表现在《五帝本纪》中对五帝的高度赞扬，另一方面表现在本篇以极大篇幅叙述有关大禹的事迹。大禹的一生正是对厚生爱民的注释，他治水时"劳身焦思，居外十三年，过家门不敢入"，为后世树立了一个勤政爱民的理想帝王形象。本篇另一段记载详细的内容是商汤伐桀，也进一步揭示了君主德与才的重要性。另外，本篇主要采用载录《尚书》相关文本的方式汇编而成，在文本资料的采录选择上蕴含着深刻的现实意义。如果说《禹贡》对地理的记录和税赋的划分与司马迁时代的大一统精神相统一，司马迁出于对大禹时代的憧憬和对政治的热情而全文录入的话，那么他录入《皋陶谟》《益稷》，则是因为这两篇中有关"慎身""知人""安民"等内容，对汉代的现实政治有重要的启发价值。本篇的文法重在两方面：一是叙事详略得当。"自古创业之功，莫高于大禹；而中兴之功，莫盛于少康"，所以司马迁在本篇，记载最详细的是大禹治水的内容，从启到中康的记事内容则十分简略，而对少康中兴的内容，又加以详细叙述。文本详略，自有深意。二是对文本的改写贴切得当。司马迁整合了来源不同的文献资料，稍加改写，为己所用，其改写既能尊重原始文本的记事内容，又能紧紧围绕《夏本纪》的主旨，从而建构自己的历史观念。

　　夏禹，名曰文命。禹之父曰鲧，鲧之父曰帝颛顼，颛顼之父曰昌意，昌意之父曰黄帝。禹者，黄帝之玄孙而帝颛顼之孙也。禹之曾大父①昌意及父鲧皆不得在帝位，为人臣。

◎**注释**　①〔曾大父〕曾祖父。
◎**大意**　夏禹，名叫文命。禹的父亲叫鲧，鲧的父亲叫颛顼帝，颛顼的父亲叫昌意，昌意的父亲叫黄帝。禹是黄帝的玄孙和颛顼的孙子。禹的曾祖父昌意和父亲鲧都没有登过帝位，给别人做臣下。

　　当帝尧之时，鸿水滔天，浩浩怀山襄陵①，下民其忧。尧求能治水者，群臣四岳皆曰鲧可。尧曰："鲧为人负命毁族，不可。"四岳曰："等之未有贤于鲧者，愿帝试之。"于是尧听四岳，用鲧治水。九年而水不息，功用不成。于是帝尧乃求人②，更得舜。舜登用③，摄行天子之政，巡狩。行视鲧之治水无状④，乃殛⑤鲧于羽山以死。天下皆以舜之诛为是。于是舜举鲧子禹，而使续鲧之业。

◎**注释** ①〔怀山襄陵〕（洪水）包围了山岳，漫没了丘陵。②〔求人〕寻求人才。③〔登用〕被任用。④〔无状〕没有成绩。⑤〔殛（jí）〕流放。

◎**大意** 帝尧在位之时，洪水滔滔，浩浩荡荡地包围了山岳，漫没了丘陵，老百姓陷在愁苦中。尧急于找到能治水的人，群臣四岳都说鲧可以。尧说："鲧是个违背上命、败坏同族的人，不可用。"四岳说："比较起来，没有比鲧贤能的人，希望您任用他试试。"于是尧听从四岳的意见，用鲧治水。九年过去了而洪水依旧泛滥不止，没有成功。于是帝尧就寻求人才，得到了舜。舜被任用，替尧代行治理天下之事，巡行视察诸侯所守的疆土。巡行中发现鲧治水没有成绩，便把他流放到羽山，直到他死在那里。天下人都认为舜惩罚得当。这时舜推荐鲧的儿子禹，让他继续完成鲧治水的事业。

　　尧崩，帝舜问四岳曰："有能成美尧之事者使居官？"皆曰："伯禹为司空，可成美尧之功。"舜曰："嗟，然！"命禹："女（汝）平水土，维是勉之。"禹拜稽首①，让于契、后稷、皋陶。舜曰："女（汝）其往视尔事②矣。"

◎**注释** ①〔稽（qǐ）首〕叩头。②〔尔事〕你负责的职事。

◎**大意** 尧逝世后，帝舜问四岳说："有谁能发扬光大帝尧的事业而能担任官职呢？"都说："伯禹任司空，可以光大尧的事业。"舜说："嗯，对！"命令禹说："你平治水土，努力去做吧。"禹叩头拜谢，推让给契、后稷、皋陶。舜说："你还是前去上任办事吧。"

　　禹为人敏给克勤①；其德不违，其仁可亲，其言可信；声为律，身为度，称以出②；亹亹穆穆③，为纲为纪。

◎**注释** ①〔敏给（jǐ）克勤〕聪敏勤奋。②〔声为律，身为度，称以出〕语音合于音律，举止合于法度，办事先衡量轻重再行动。③〔亹亹（wěi）穆穆〕勤勉端庄。

◎**大意** 禹为人聪敏勤奋；遵守道德，仁慈可亲，说话讲信用；语音合于音律，举止合于法度，办事先衡量轻重再行动；勤勉端庄，是为人的典范。

禹乃遂与益、后稷奉帝命，命诸侯百姓兴人徒以傅土①，行山表木②，定高山大川。禹伤先人父鲧功之不成受诛，乃劳身焦思③，居外十三年，过家门不敢入。薄衣食，致孝于鬼神④。卑宫室，致费于沟淢（洫）⑤。陆行乘车，水行乘船，泥行乘橇，山行乘檋⑥。左准绳，右规矩⑦，载四时，以开九州，通九道，陂九泽，度九山⑧。令益予众庶稻，可种卑湿。命后稷予众庶难得之食⑨。食少，调有余相给，以均诸侯。禹乃行相⑩地宜所有以贡，及山川之便利。

◎**注释** ①〔兴人徒以傅土〕发动民力动土治水。②〔行山表木〕循山勘测线路，立木以为标记。③〔劳身焦思〕勤劳奔走，焦苦思虑。④〔致孝于鬼神〕对祖先神明的祭祀丰厚尽礼。⑤〔致费于沟淢（xù）〕把财力全用在开沟挖渠上。淢，同"洫"，沟渠。⑥〔檋（jú）〕一种有铁齿的鞋子，登山时用。⑦〔左准绳，右规矩〕左手拿着测定直线的绳索，右手拿着画方圆的规矩。⑧〔以开九州，通九道，陂（bēi）九泽，度九山〕开辟了九州的土地，疏通了九州的河道，修筑了九州湖泊的堤坝，凿通了九州的大山。陂，堤防。⑨〔难得之食〕欠缺的粮食。⑩〔相（xiàng）〕考察。

◎**大意** 于是禹与益、后稷秉承帝舜之命，让诸侯百官发动民力动土治水，循山勘测线路，并立木以为标记，测定高山大川的位置。禹为父亲鲧治水失败受到惩罚而伤心，于是勤劳奔走，焦苦思虑，在外十三年，经过自家门口都不敢进去探视。他节衣缩食，对祖先神明的祭祀却丰厚尽礼。他居处简陋，把财力全用在开沟挖渠上。他坐着车子在陆路上奔波，乘船在水上前行，坐着橇在泥沼里往来，穿着有铁齿的鞋子翻山越岭。他左手拿着测定直线的绳索，右手拿着画方圆的规矩，一年四季不违背时宜，终于开辟了九州的土地，疏通了九州的河道，修筑了九州湖泊的堤坝，凿通了九州的大山。他命益发给民众稻种，可以种植在低湿的地方。他命后稷发给民众欠缺的粮食。缺粮少食的地方，便从粮食较多的地方调配供给，使诸侯各国的粮食均衡。然后禹巡视各地，考察各地所宜生产的物品，以制定向中央交纳的贡赋，并考察各地交通运输是否便利。

禹行自冀州始。冀州：既载壶口，治梁及岐。既修太原，至于岳阳。覃怀致功①，至于衡漳。其土白壤②。赋上上错③，田中中④。常、卫既从，大陆既为⑤。鸟夷皮服⑥。夹右碣石，入于海。

◎**注释**　①〔覃怀致功〕治理覃怀的工程完毕。②〔白壤〕指盐渍之土。③〔赋上上错〕赋税整体上是第一等，间杂有第二等。错，间杂。按，《禹贡》将赋税和田地分为上上、上中、上下、中上、中中、中下、下上、下中、下下九等。④〔田中中〕田地在九州中属第五等。⑤〔大陆既为〕一片大平原形成了。⑥〔鸟夷皮服〕鸟夷之人以皮衣进贡。

◎**大意**　禹的治水活动从冀州开始。禹在冀州：治理好壶口之后，又治理梁山和岐山。修治好太原之后，又修治岳阳山。修治好覃怀之后，又修治了衡漳水一带。这里的土壤是盐渍土。缴纳的赋税整体上是第一等，间杂有第二等，田地在九州中属第五等。常水、卫水疏通了，一片大平原也形成了。鸟夷之人以皮衣进贡。冀州的贡赋绕过右边的碣石山，入海运输。

济、河维沇州：九河既道①，雷夏既泽，雍、沮会同，桑土既蚕，于是民得下丘居土。其土黑坟②，草繇木条③。田中下，赋贞④，作十有（又）三年乃同。其贡漆丝，其篚织文⑤。浮于济、漯，通于河。

◎**注释**　①〔道（dǎo）〕疏导。②〔黑坟〕褐色沃土。③〔草繇（yáo）木条〕水草茂盛，林木高大。④〔田中下，赋贞〕田地属第六等，赋税居第九位。金履祥曰："'贞'字本'下下'字。"下下，即第九等。⑤〔其篚（fěi）织文〕用竹器盛装的丝织品。筐，盛物的竹器。

◎ **大意** 济水、黄河之间是沇州：境内九条河道都疏通了，雷夏蓄积成一个湖泊，雍水、沮水合流入湖，在土地上栽桑养蚕，于是人民得以从山上迁到平地居住。这里的土质色黑而肥沃，水草茂盛，林木高大。田地属第六等，赋税居第九位，治水后经营了十三年，纳贡才与其他各州相等。这里的贡物是漆和蚕丝，进贡的丝织品用竹器盛装。进贡道路经济水、漯水，直达黄河。

海、岱维青州：嵎夷既略①，潍、淄既道。其土白坟，海滨广潟②，厥田斥卤③。田上下，赋中上。厥贡盐絺④，海物⑤维错，岱畎⑥丝、枲⑦、铅、松、怪石，莱夷⑧为牧，其筐酓丝⑨。浮于汶，通于济。

◎ **注释** ①〔嵎（yú）夷既略〕嵎夷，古地名。略，治理。②〔广潟（xì）〕宽广而含盐质。潟，盐碱地。③〔斥卤〕盐碱地。④〔絺（chī）〕细葛布。⑤〔海物〕海产品。⑥〔岱畎（quǎn）〕岱，泰山。畎，山谷。⑦〔枲（xǐ）〕线麻的雄株，也泛指麻。⑧〔莱夷〕居于莱地的夷人。⑨〔其筐酓（yǎn）丝〕用竹筐盛装的柞蚕丝。酓，山桑，即柞树。

◎ **大意** 大海与泰山之间的地区是青州：嵎夷已经平治，潍水、淄水也都疏通了。这里的土是含盐质的白色土，海滨宽广而含盐质，田多盐碱。田属第三等，赋税居第四位。贡物是盐、细葛布，还有各种海产品，以及泰山山谷出产的丝、麻、铅、松木、怪石，莱夷人在这里放牧，还有用竹筐盛装的柞蚕丝。贡品由汶水船运，通往济水。

海、岱及淮维徐州：淮、沂其治，蒙、羽其艺①。艺大野既都，东原厎平②。其土赤埴坟③，草木渐包（苞）④。其田上中，赋中中。贡维土五色，羽畎夏狄⑤，峄阳孤桐，泗滨浮磬，淮夷蠙珠臮（暨）鱼⑥，其筐玄纤缟⑦。浮于淮、泗，通于河。

◎**注释** ①〔艺〕种植庄稼。②〔厎（dǐ）平〕得以平复。③〔赤埴坟〕红色黏土。④〔包〕通"苞"，草木丛生。⑤〔夏狄〕野鸡名。⑥〔蠙（pín）珠臮（jì）鱼〕蚌珠和鱼类。蠙，蚌的别称。臮，同"暨"，和。⑦〔其篚玄纤缟〕用竹筐装盛的黑色丝绸。

◎**大意** 大海、泰山与淮水之间的地区是徐州：淮水、沂水治理完毕，蒙山、羽山开垦后也开始种植庄稼。大野泽蓄水后成为一个湖泊，东原地区得以平复。这里的土质是红色黏土，草木丛生覆盖大地。田属第二等，赋税居第五等。贡物是五色泥土、羽山谷中的野鸡、峄山南部的特产梧桐、泗水边浮石制的磬、淮夷的珠蚌和鱼类，以及用竹筐装盛的黑色丝绸。贡品从淮河、泗水船运，通向黄河。

淮、海维扬州：彭蠡既都，阳鸟所居。三江既入，震泽致定①。竹箭既布②。其草惟夭，其木惟乔，其土涂泥。田下下，赋下上上杂。贡金三品，瑶、琨、竹箭，齿、革、羽、旄，岛夷卉服③，其篚织贝④，其包橘、柚锡贡。均江海，通淮、泗。

◎**注释** ①〔震泽致定〕震泽地区获得安定。②〔竹箭既布〕箭竹密布。③〔岛夷卉服〕岛夷人穿的麻织衣服。④〔其篚织贝〕用竹筐装盛的贝锦。

◎**大意** 淮河与大海之间是扬州：彭蠡汇成了湖泊，鸿雁在那里栖居。三江被疏通流入大海，震泽地区获得安定。箭竹密布。这里野草肥嫩，树木高大，土质湿润。田属第九等，赋税居第七位或第六位。贡物是三种金属，还有美玉、宝石、竹箭，和象牙、犀皮、羽毛、旄牛尾，以及岛夷人穿的麻织衣服，还有用竹筐装盛的贝锦，有时还根据命令进贡包裹着的橘子、柚子。贡品沿大海长江，运到淮水、泗水。

荆及衡阳维荆州：江、汉朝宗于海。九江甚中，沱、涔已道，云土、梦为治。其土涂泥。田下中，赋上下。贡羽、旄、齿、革，金三品，杶、榦、栝、柏①，砺、砥、砮、丹②，维箘簵、楛③，三国致贡其名，包匦菁茅④，其篚玄纁玑组⑤，九江入赐大龟。浮于江、沱、涔、汉，逾于雒，至于南河。

◎**注释** ①〔杶（chūn）、榦（gàn）、栝（kuò）、柏〕杶，即香椿树。榦，即柘木。栝，即桧树。②〔砺、砥、砮（nǔ）、丹〕砺，粗的磨刀石。砥，细的磨刀石。砮，可做箭镞的石头。丹，即朱砂。③〔维箘簵（jùn lù）、楛（hù）〕箘簵，竹名。楛，木名。④〔包匦（guǐ）菁茅〕包好放进匣子的菁茅。匦，匣子。菁茅，香草名。⑤〔其篚玄纁玑组〕用竹筐装盛的紫黑色丝绸和成串的珠玉。玑，珍珠类。组，丝带。

◎**大意** 荆山与衡山之间是荆州：长江、汉水从这里奔流入海。长江中段在州中分成九道，沱水、涔水已疏通，云泽、梦泽已修治。这里的土质很湿润。田属第八等，赋税居第三位。贡物是羽毛、旄牛尾、象牙、皮革，三种金属，杶木、榦木、栝木、柏木，粗细磨石、镞石、丹砂，特别是三个诸侯国所贡的特产箘簵、楛木，以及包好放进匣子的菁茅，有时还根据命令进贡九江的大龟。贡品由长江、沱水、涔水、汉水北运，经过雒水，运到南河。

荆河惟豫州：伊、雒、瀍①、涧既入于河，荥播既都，道荷泽，被明都。其土壤②，下土坟垆③。田中上，赋杂上中。贡漆、丝、絺、纻，其篚纤絮④，锡贡磬错⑤。浮于雒，达于河。

◎**注释** ①〔瀍（chán）〕水名，在今河南省。②〔其土壤〕这里的土质疏松细软。③〔坟垆〕坚硬的黑土。④〔其篚纤絮〕用竹筐装盛的细丝绵。⑤〔锡贡磬错〕有时根据命令进贡磨磬的砺石。

◎**大意** 荆山和黄河之间是豫州：伊水、雒水、瀍水、涧水都已流入黄河，荥播汇成湖泊，荷泽疏通了，水覆盖了明都。这里的土质疏松细软，低洼处是坚硬的黑土。田属第四等，赋税居第二位或第一位。贡物是漆、丝、细葛布、纻麻，还有用竹筐装盛的细丝绵，有时根据命令进贡磨磬的砺石。贡品由雒水运到黄河。

华阳、黑水惟梁州：汶、嶓既艺，沱、涔既道，蔡、蒙旅①平，和夷厎绩。其土青骊②。田下上，赋下中三错③。贡璆④、铁、银、镂、砮、磬，熊、罴、狐、狸、织皮⑤。西倾因桓是来，浮于潜，逾于沔，入于渭，乱⑥于河。

◎**注释** ①〔旅〕陈列祭品而祭。此处指祭祀山神。②〔其土青骊〕这里的土呈青黑色。③〔赋下中三错〕赋税居第八位，有时居第七位或第九位。④〔璆（qiú）〕一种美玉。⑤〔织皮〕用兽毛织成的毡毯。⑥〔乱〕横渡。

◎**大意** 华山南面和黑水之间是梁州：汶山、嶓冢山都已能种植，沱水、涔水都已疏通，在蔡山、蒙山祭祀山神已告成功，和夷地区有了收益。这里的土呈青黑色。田属第七等，赋税居第八位，有时居第七位或第九位。贡物是美玉、铁、银、钢、砮石、磬，及熊、罴、狐、狸、毡毯。西倾山的贡品由桓水运出，经潜水，越过沔水，转入渭水，横渡黄河。

黑水、西河惟雍州：弱水既西，泾属渭汭。漆、沮既从，沣水所同。荆、岐已旅，终南、敦物至于鸟鼠。原隰厎绩，至于都野①。三危既度②，三苗大序③。其土黄壤。田上上，赋中下。贡璆、琳、琅玕④。浮于积石，至于龙门西河，会于渭汭。织皮昆仑、析支、渠搜，西戎即序。

◎**注释** ①〔原隰（xí）厎绩，至于都野〕高原和低地，直到都野泽边，都有了收益。隰，低湿的地方。厎绩，取得功绩。都野，泽名。②〔度〕宅，居住。③〔序〕秩序安定。④〔琅玕（láng gān）〕似玉的美石。

◎**大意** 黑水和西河之间是雍州：弱水已经疏通西流，泾水流入渭水。漆水、沮水合流注入渭水，沣水同样流入渭水。已经开始在荆山、岐山举行祭祀，终南山、敦物山一直到鸟鼠山都已治理完毕。高原和低地都有了收益，直到都野泽边。三危地区开发后已能够居住，三苗族的秩序也安定了。这里的土质色黄而细柔。田属第一等，赋税居第六位。贡物是璆、琳、琅玕等玉石。贡品由积石山运到龙门山下的西河，汇集到渭水湾内。其中有昆仑、析支、渠搜等部族进贡的毛织品，西戎也安定和睦了。

道九山：汧及岐至于①荆山，逾于河；壶口、雷首至于太岳；砥柱、析城至于王屋；太行、常山至于碣石，入于海；西倾、朱圉、鸟鼠至于太华；熊耳、外方、桐柏至于负尾；道②嶓冢，至于荆山；内方至于大别；汶山之阳至于衡山，过九江，至于敷浅原。

◎**注释** ①〔至于〕到达，直通。②〔道〕取道，这里指凿通。
◎**大意** 然后循行九州各山：汧山、岐山直通荆山，越过黄河；壶口山、雷首山直通太岳山；砥柱山、析城山直通王屋山；太行山、常山直通碣石山，伸入海中；西倾山、朱圉山、鸟鼠山直通太华山；熊耳山、外方山、桐柏山直通负尾山；凿通嶓冢山，直通荆山；内方山通到大别山；汶山南面直通衡山，越过九江，到达敷浅原。

道九川：弱水至于合黎，余波入于流沙。道黑水，至于三危，入于南海。道河积石，至于龙门，南至华阴，东至砥柱，又东至于盟津，东过雒汭，至于大邳①，北过降水，至于大陆，北播为九河，同为逆河，入于海。嶓冢道漾②，东流为汉，又东为苍浪之水，过三澨③，入于大别，南入于江，东汇④泽为彭蠡，东为北江，入于海。汶山道江，东别为沱，又东至于醴，过九江，至于东陵，东迆北⑤会于汇，东为中江，入于海。道沇水，东为济，入于河，泆（溢）为荥，东出陶丘北，又东至于荷，又东北会于汶，又东北入于海。道淮自桐柏，东会于泗、沂，东入于海。道渭自鸟鼠同穴，东会于沣，又东北至于泾，东过漆沮，入于河。道雒自熊耳，东北会于涧、瀍，又东会于伊，东北入于河。

◎**注释** ①〔大邳（pī）〕山名，在今河南省内。②〔瀁（yàng）〕古水名。③〔三澨（shì）〕水名，在今湖北省内。④〔汇〕汇合。⑤〔迤北〕斜流往北。

◎**大意** 又巡视九州各水：弱水流至合黎，余波流进流沙泽。疏通黑水，使其流到三危地区，再流入南海。疏通黄河，从积石山直至龙门山，南流到华山北面，东流至砥柱山，又东流到盟津，又东流汇入雒水，流到大邳山，再北过降水，流到大陆泽，向北分为九条河道，然后合流，名叫逆河，流入大海。从嶓冢山疏导瀁水，东流成为汉水，再东流成为苍浪水，过三澨水，流经大别山，向南流入长江，再向东汇流成彭蠡泽，又东流成为北江，流进大海。从汶山疏导长江，向东分出的支流名沱水，再东流到达醴水，过九江，到达东陵，再往东又斜流往北汇入彭蠡泽，又东流叫中江，再流入大海。疏导沇水，东流叫济水，注入黄河，河水泛滥汇成荥泽，然后东流经陶丘北面，又东流到达荷泽，又向东北汇流汶水，再向东北流入大海。从桐柏山疏导淮河，东流汇合泗水、沂水，向东流入大海。从鸟鼠同穴山疏导渭水，东流汇入沣水，再东北流入泾水，再东过漆水和沮水，流入黄河。从熊耳山疏导雒水，向东北流汇入涧水、瀍水，又东流汇入伊水，再向东北流入黄河。

于是九州攸同①，四奥既居②，九山刊旅③，九川涤原④，九泽既陂⑤，四海会同⑥。六府甚修⑦，众土交正⑧，致慎财赋，咸则三壤⑨，成赋⑩中国，赐土、姓："祗台德先，不距（拒）朕行⑪。"

◎**注释** ①〔九州攸(yōu)同〕九州同一。攸，于是，乃。②〔四奥既居〕四方的土地都已能让百姓安居。奥，可居住的地方。后作"墺"。③〔刊旅〕削木为记，以利通行。刊，削。④〔涤原〕水源通畅。⑤〔既陂〕筑起了堤防。⑥〔会同〕归服统一。⑦〔六府甚修〕六府，指金、木、水、火、土、谷六物，借指各种生产、生活资料。甚修，指各种生产、生活资料丰富流通。⑧〔交正〕订正、校正。⑨〔则三壤〕以土地肥瘠为准则。古时按土质肥瘠将耕地分为上、中、下三品，称为三壤。⑩〔成赋〕应纳的赋税。⑪〔祗台(yí)德先，不距朕行〕恭敬和悦崇尚德行，不要违背我的政令。台，喜悦，后作"怡"。距，通"拒"，违背。

◎**大意** 于是九州同一，四方已可令百姓安居，九州的名山已削木为记，以利通行，九州的河道已水源通畅，九州的湖泊已筑起了堤防，天下归服统一。各种生产、生活资料丰富流通，各地土壤根据肥瘠高下订正了等级，慎重地征取税赋，均以土地肥瘠为准则，确定九州土地应纳的赋税，赐给诸侯百官土地和姓氏："恭敬和悦崇尚德行，不要违背我的政令。"

令天子之国以外五百里甸服①：百里赋纳总②，二百里纳铚③，三百里纳秸服④，四百里粟，五百里米。甸服外五百里侯服：百里采⑤，二百里任国⑥，三百里⑦诸侯。侯服外五百里绥服⑧：三百里揆文教⑨，二百里奋武卫⑩。绥服外五百里要服⑪：三百里夷⑫，二百里蔡⑬。要服外五百里荒服⑭：三百里蛮，二百里流⑮。

◎**注释** ①〔甸服〕国都以外五百里的地域为甸服。②〔总(zǒng)〕成捆的禾秆。③〔铚(zhì)〕镰刀。此处指用镰刀割下的禾穗。④〔秸服〕秸，去了芒的禾穗。"服"字疑衍。⑤〔采〕指替天子服各种差役。⑥〔任国〕指替国家服一定的差役。任，担任，服事。⑦〔三百里〕指二百里以外至五百里以内的地区。⑧〔绥服〕安抚的区域。绥，安。⑨〔揆(kuí)文教〕指依据情况实行中央的政令教化。揆，揣度。文教，政治教化。⑩〔奋武卫〕奋扬武威，为天子的藩卫。⑪〔要(yāo)服〕需要约束羁縻的地区。要，约束。⑫〔夷〕平。指要守平常之法。⑬〔蔡〕法。指要遵守刑法。⑭〔荒服〕替天子守边的荒远地区。⑮〔流〕安置判处流放刑的罪犯。

◎**大意** 命令天子国都以外五百里的地域为甸服：其中距离国都一百里以内的地方的赋税是缴纳成捆的禾秆，二百里内的要缴纳禾穗，三百里内的要缴纳去掉了芒的禾穗，四百里内的要缴纳谷粒，五百里内的要缴纳米粒。甸服以外五百里内的地域为侯服：距离甸服一百里的地区为采地，一百里外二百里以内是替国家服役的地区，其余三百里地封诸侯。侯服以外五百里内的地域称为绥服：其中内三百里地区推行教化，外二百里地区靠武力保护。绥服以外五百里地域为要服：其中内三百里地区住夷族，外二百里地区则安置判刑的罪犯。要服以外五百里地域为荒服：其中内三百里地区住蛮族，外二百里地区则安置判处流放刑的罪犯。

　　东渐①于海，西被②于流沙③，朔、南暨④：声教讫⑤于四海。于是帝⑥锡禹玄圭，以告成功于天下。天下于是太平治。

◎**注释** ①〔渐（jiān）〕入。②〔被〕延及。③〔流沙〕指流沙泽。④〔朔、南暨〕疑文字有脱讹。据上下文，本句要表达的应是北方和南方也都到达了遥远的地方。朔，北方。暨，到。⑤〔讫〕到达。⑥〔帝〕指帝舜。

◎**大意** 东方入海，西方伸展到流沙泽，北方、南方也到达了遥远的地方：四海之内都感受到声威教化。于是帝舜赐给禹黑色的玉圭，向天下宣告治水成功。天下当时被治理得很好。

　　皋陶作士以理民。帝舜朝①，禹、伯夷、皋陶相与②语帝前。皋陶述其谋曰："信③其道德，谋明辅和。"禹曰："然，如何？"皋陶曰："於④！慎其身修，思长，敦序⑤九族，众明⑥高翼，近可远在已⑦。"禹拜美言，曰："然。"皋陶曰："於！在知人，在安民。"禹曰："吁！皆若是，惟帝其难之。知人则智，能官人⑧；能安民则惠，黎民怀之。能知能惠，何忧乎驩兜⑨，何迁乎有苗，何畏乎巧言善色⑩佞人？"皋陶曰："然，於！亦行有九德，亦言其有德。"乃言曰："始事事⑪，宽而栗，柔而立，愿而共（恭），治而敬，扰而毅，直而温，简而廉，刚而实，强而义，章其有常，吉哉。日宣三德，蚤（早）夜翊明有家⑫。日严振敬六德，亮⑬采⑭有国。翕⑮受普施，九德咸事，俊乂⑯在官，百吏肃谨。毋教邪淫奇谋。非其人居其官，是谓乱天事⑰。天讨有罪，五刑⑱五用哉。吾言厎⑲可行乎？"禹曰："女（汝）言致可绩行。"皋陶曰："余未有知，思赞道哉。"

◎ **注释** ①〔朝〕上朝。②〔相与〕相互之间。③〔信〕果真。④〔於（wū）〕叹词。⑤〔序〕顺从。⑥〔明〕指贤明的人。⑦〔近可远在已〕由近及远，完全在于从这里做起。已，兹，此。⑧〔官人〕任人为官。⑨〔驩（huān）兜〕即谨兜，尧的大臣，因违背尧的旨意擅自使用骄纵邪恶的共工而被流放。⑩〔善色〕和善谄媚的面色。⑪〔始事事〕是说检验一个人的品德要从他所从事的事情开始。前一个"事"是动词，从事；后一个"事"是名词，事情。⑫〔翊（yì）明有家〕翊，恭谨。家，卿大夫的家族。⑬〔亮〕辅助。⑭〔采〕事务。⑮〔翕（xī）〕聚合。⑯〔俊乂（yì）〕才德出众。⑰〔天事〕上天安排的大事，即天下大事。⑱〔五刑〕指墨、劓、刖、宫、大辟五种酷刑。⑲〔厎〕必，一定。

◎ **大意** 皋陶担任刑狱官治理百姓。舜帝上朝，禹、伯夷、皋陶在舜的面前相互交谈。皋陶陈述他的主张说："如果人君保有德行，那么就会谋划明朗、臣下协和。"禹说："对，怎样才能这样呢？"皋陶说："啊！严格要求自身，遇事深加思索，仁厚地团结各氏族，众多贤明人才努力辅佐，由近及远，完全在于从这里做起。"禹拜谢皋陶美好的言论，说："说得对。"皋陶说："啊！治理天下在于能知人善任，在于能安定百姓。"禹说："唉！都像这样做，恐怕帝尧也感到困难吧。能了解人可称得上明智，也就能恰当地任人为官；能安定民众可称得上仁爱，也就能得到民众的爱戴。既明智又仁爱，何必担心驩兜呢，何必放逐有苗呢，又何必畏惧那些巧言令色的小人？"皋陶说："对，唉！做事有九种美德，我说说那些美德吧。"他于是说："用所从事的事来验证，态度宽大而严谨，性情温和而又有主见，行为善良而端恭，办事有条理而认真，对上服从而坚定，待人正直而温和，行为简约而廉洁，刚强而笃定，敢为而合理，修明此九德能持之以恒，这样办事就会吉利。每日修明三德，从早到晚恭谨努力，就可以为卿大夫。每天能严肃、奋发、恭敬地修明六德，就可以辅佐天子而为诸侯。天子综合九德并加以施行，完全从事九德的实践，便可使才德出众的人担任官职，并使所有的官吏都严肃恭谨地办事，不让人们走歪门邪道。没有才德的人为官理事，就叫作乱天事。上天惩罚有罪的人，五刑要施于当受五刑的人。我的话行得通吗？"禹说："你的话实行后一定会产生实绩。"皋陶说："我没有什么才智，只是想协助治理国家。"

帝舜谓禹曰："女（汝）亦昌言①。"禹拜曰："於，予何言！予思日孳孳②。"皋陶难③禹曰："何谓孳孳？"禹曰："鸿水滔天，浩浩怀山襄陵，下民皆服④于水。予陆行乘车，水行乘舟，泥行乘橇，山行乘檋，行山刊木⑤。与益予众庶稻鲜⑥食。以决九川致四海，浚畎⑦浍⑧致之川。与稷予众庶难得之食⑨。食少，调有余补不足，徙居。众民乃定，万国为治。"皋陶曰："然，此而美也。"

◎ **注释** ①〔昌言〕发表精当的言论。②〔孳孳（zī）〕即孜孜，努力不懈息。③〔难〕诘问。④〔服〕陷落，被包围。⑤〔刊木〕指立表为记。⑥〔鲜〕新杀的鸟兽。⑦〔畎〕田间水沟。⑧〔浍（kuài）〕田间大渠。⑨〔难得之食〕难得的五谷新种。

◎ **大意** 帝舜对禹说："你也说说你的好意见。"禹作揖说："啊，我有什么可说的呢！我只不过是考虑每天怎样勤勉地工作。"皋陶诘问禹说："怎样勤勉地工作啊？"禹说："滔天的洪水，浩浩荡荡包围山岳，淹没高地，人们都在洪水中生活。我走旱路坐车，走水路坐船，走泥泞的路坐橇，走山路用鞋底有齿的檋，缘山勘察立表为记。我和益发给百姓稻谷和生鲜食物。疏通九州河道，使它们流归大海，疏通田亩的水渠，使之流向河川。我和稷一道发给百姓欠缺的粮食。缺粮少食的地方，从有余粮的地方调拨粮食来补其不足，或者迁移贫民到粮食充足的地方。民众这才安定下来，各个地区得到治理。"皋陶说："对，这是你的美德。"

禹曰："於，帝！慎乃在位，安尔止。辅德，天下大应。清意①以昭待上帝命，天其重命用休②。"帝曰："吁，臣哉，臣哉！臣作朕股肱耳目③。予欲左右④有民，女（汝）辅之。余欲观古人之象⑤，日月星辰，作文绣服色⑥，女（汝）明之。予欲闻六律、五声、八音⑦，来始滑⑧，以出入五言⑨，女（汝）听⑩。予即辟，女（汝）匡拂（弼）予⑪。女（汝）无面谀，退而谤予。敬四辅臣⑫。诸众谗嬖臣⑬，君德诚施皆清矣。"禹曰："然。帝即不时（是）⑭，布同善恶则毋功。"

◎**注释** ①〔清意〕清心正意。②〔休〕美好，幸福。③〔股肱（gōng）耳目〕比喻得力助手。股，大腿。肱，肩至肘的手臂部分。④〔左右〕帮助。⑤〔象〕绘制在衣服上表示身份等级的图像，如日月、星辰、五彩等。⑥〔文绣服色〕绣上花纹的彩色服装。⑦〔六律、五声、八音〕六律，古代乐音标准名，指黄钟、太簇、姑洗（xiǎn）、蕤（ruí）宾、夷则、无射（yì）。五声，古乐的五声音阶，即宫、商、角（jué）、徵（zhǐ）、羽。八音，古代的八种乐器，即金、石、丝、竹、匏、土、革、木。⑧〔来始滑〕三字难以理解，疑有讹误。当从《尚书·益稷》作"在治忽"，指通过音乐来考察政治上的得失。在，考察。忽，荒怠。⑨〔出入五言〕意为听取各方言论意见。五言，东西南北中五方的言论，即各地民众的言论和意见。⑩〔女听〕谓你们要负责使我听到（各方民众的声音）。听，使动用法。⑪〔予即辟，女匡拂（bì）予〕即，若。辟，邪僻，过失。匡，纠正。拂，通"弼"，辅佐。⑫〔敬四辅臣〕我敬重身旁的四位辅臣。古代天子身边有四臣，前曰疑，后曰丞，左曰辅，右曰弼。⑬〔谗嬖（bì）臣〕进谗邀宠的奸臣。嬖，宠幸。⑭〔帝即不时〕君主如果不能这样。时，通"是"，此，这。

◎**大意** 禹说："啊，帝舜！谨慎地对待您的职位，做您应做的事。有德的人辅佐您，天下就会顺应您。用诚意来宣扬和接受上天的命令，上天就会不断赐福给您。"帝舜说："啊，好臣子啊，好臣子啊！臣子是我的得力助手。我希望身边有治理民众的人，你们来辅佐我。我想效法古人服装的彩绘，观察日月星辰，制作有不同花纹色彩的衣服器物，你们要替我明确规定等级。我想听六律、五声、八音，用音乐来考察政治上的得失，听取全国各地民众的意见，你们负责使我听到。我如果有过失，你们要纠正、帮助我。你们不要当面颂扬讨好我，退下去就在背地里诽谤我。我敬重前后左右的大臣。那些进谗言邀宠幸的奸臣，只要君主的德行真正施行，他们就会被清除。"禹说："是啊。君主如果不能这样，好人坏人同时任用，那么就不会有成绩。"

帝曰："毋若丹朱傲，维慢游是好①，毋水行舟②，朋淫于家③，用绝其世④。予不能顺是⑤。"禹曰："予娶涂山⑥，辛壬癸甲⑦，生启，予不子⑧，以故能成水土功。辅成五服，至于五千里，州十二师⑨，外薄⑩四海，咸建五长⑪，各道有功。苗顽不即功⑫，帝其念哉。"帝曰："道吾德，乃女（汝）功序之也。"

◎**注释**　①〔维慢游是好〕只喜欢浪荡遨游。此句为倒装句，即"维好慢游"。②〔毋水行舟〕在无水的陆地上行船。这是说丹朱很任性。毋，无，没有。③〔朋淫于家〕成群结伙在家中放纵享乐。④〔用绝其世〕因而不能继承尧的事业。用，因而。⑤〔顺是〕顺从、容忍这样的情况。⑥〔涂山〕古部族名。⑦〔辛壬癸甲〕古以干支记日，这里表示前后的四天。禹辛日娶妻，甲日就离家去治水。⑧〔子〕抚育。⑨〔州十二师〕禹治水置九州，舜又分九州中的冀州为冀、并、幽三州，分青州为青、营二州，共十二州。师，指在各州设立长官。⑩〔薄〕迫近。⑪〔五长〕每五个诸侯国设置一个统领，称为方伯。⑫〔不即功〕不肯接受分派的工作。

◎**大意**　帝舜说："不要像丹朱那样骄傲，只知爱好游乐，在无水的陆地上也要行船游乐，在家里也结伙放纵享乐，因而不能继承尧的事业。我们不能容忍这样的行为。"禹说："我娶涂山氏的女儿是在辛日，到了甲日就离家去治水，生下儿子启，我没有回家抚育他，因此才能平治水土。（我辅佐您）设置五服来辅卫京城，周围伸展到五千里远的地方，全国十二个州都任命了长官，京城之外一直管辖到四方边境，每五个诸侯国设置一个长官来管理，他们各自遵循职守取得功绩。南方苗民顽劣不肯接受分派的工作，请您斟酌吧。"帝舜说："能推行我的德行，是靠你的功劳才逐步做到的啊。"

皋陶于是敬禹之德，令民皆则①禹。不如言，刑从之②。舜德大明。

◎**注释** ①〔则〕效法。②〔不如言，刑从之〕不遵守命令的，就施加刑罚。
◎**大意** 皋陶因此敬重禹的功德，命令大家都以禹为榜样。对不遵守命令的，施用刑罚。舜的德政于是进一步发扬光大。

于是夔①行乐，祖考至②，群后③相让④，鸟兽翔舞，《箫韶》九成⑤，凤皇来仪⑥，百兽率舞，百官信谐⑦。帝用此作歌曰："陟天之命，维时⑧维几⑨。"乃歌曰："股肱喜⑩哉，元首起哉，百工⑪熙⑫哉！"皋陶拜手稽首扬言曰："念⑬哉，率为兴事，慎乃宪，敬哉！"乃更为歌曰："元首明哉，股肱良哉，庶事康哉⑭！"又歌曰："元首丛脞⑮哉，股肱惰哉，万事堕哉！"帝拜曰："然，往钦哉⑯！"于是天下皆宗⑰禹之明度数声乐，为山川神主。

◎**注释** ①〔夔（kuí）〕人名，舜时的乐官。②〔祖考至〕祖先和亡父的灵魂降临。考，对亡父的称呼。③〔群后〕各个诸侯国君。④〔相让〕彼此揖让，即宾主行相见礼。⑤〔《箫韶》九成〕《箫韶》，舜时乐曲名。九成，变更九次才算结束。成，终。每曲一终，必更奏另一曲。⑥〔凤皇来仪〕凤凰来舞而有容仪。⑦〔信谐〕真诚和谐。⑧〔时〕顺时。⑨〔几〕微，慎。⑩〔喜〕乐于尽忠。⑪〔百工〕百官。⑫〔熙〕兴盛。⑬〔念〕牢记教导。⑭〔庶事康哉〕众事安宁啊！⑮〔丛脞（cuǒ）〕

细碎，烦琐。⑯〔往钦哉〕你们各自去努力干吧！⑰〔宗〕尊奉，推崇。

◎ **大意**　这时夔奏起乐曲，祖先和亡父的灵魂降临，诸侯互相礼让，鸟兽也飞翔起舞，当《箫韶》演奏完九章时，凤凰来舞，百兽也相率舞蹈，百官和谐。帝舜因此作歌唱道："敬奉上天的命令，时时事事都要小心谨慎。"又唱道："大臣乐于尽忠，国君才能大有作为，百官的各种事业才能办好！"皋陶跪拜大声说："你们要牢记国君的教导，带领大家努力工作，谨慎地遵守法度，始终要严肃认真。"于是作歌唱和道："国君英明啊，大臣才会贤能，才会众事安宁！"又唱道："国君忙于烦琐的小事，大臣便会懒惰，各种事业便会废弛！"帝舜拜谢说："对啊，你们恭谨地各赴其职吧！"从此天下都遵循和采用禹所设立的法度和制作的乐曲，尊奉他为山川神灵的主宰。

帝舜荐禹于天，为嗣①。十七年而帝舜崩。三年丧毕，禹辞辟②舜之子商均于阳城。天下诸侯皆去商均而朝禹。禹于是遂即天子位，南面③朝天下，国号曰夏后，姓姒氏。

◎ **注释**　①〔嗣〕继承人。②〔辞辟〕辞，辞让。辟，避。③〔南面〕天子坐北向南接受臣下朝拜。

◎ **大意**　帝舜向上天推荐禹作继承人。十七年后帝舜崩逝。三年服丧完毕，禹把天子之位让给舜的儿子商均而自己退避到阳城。天下诸侯都离开商均而去朝拜禹，禹于是登上天子位，坐北面南接受天下臣民的朝拜，国号为夏后，姓姒氏。

帝禹立而举皋陶荐之，且①授政焉，而皋陶卒。封皋陶之后于英、六②，或在许③。而后举益，任之政。

◎ **注释**　①〔且〕将要。②〔英、六〕古地名。英在今湖北英山境，六在今安徽六安北。③〔许〕古国名，在今河南许昌。

◎ **大意**　禹帝即位后把皋陶推荐给上天，准备把政权交给他，但皋陶未及即位便去世了。禹把皋陶的后代分封在英、六两地，也有封在许国的。然后推举益，让他担任官职处理政务。

十年，帝禹东巡狩，至于会稽①而崩。以天下授益。三年之丧毕，益让帝禹之子启，而辟居箕山②之阳。禹子启贤，天下属意③焉。及禹崩，虽授益，益之佐禹日浅，天下未洽④。故诸侯皆去益而朝启，曰"吾君帝禹之子也"。于是启遂即天子之位，是为夏后帝启。

◎**注释** ①〔会（kuài）稽〕地名，在今浙江绍兴东南。②〔箕（jī）山〕山名，在今河南登封东南。③〔属（zhǔ）意〕归心，归向。④〔洽〕融洽。
◎**大意** 过了十年，帝禹巡视东方，到会稽时崩逝。把天下交给了益。三年服丧完毕，益把帝位让给帝禹的儿子启，自己退居在箕山南面。禹的儿子启贤明，天下人都归附于他。等到禹崩逝，尽管把天下传给了益，但由于益辅佐禹的时间不长，还没取得天下的信服。所以诸侯都离开益而去朝拜启，说："这是我的君王帝禹的儿子啊。"于是启登上天子位，就是夏后帝启。

夏后帝启，禹之子，其母涂山氏之女也。

◎**大意** 夏后帝启，是禹的儿子，他的母亲是涂山氏的女儿。

有扈氏①不服，启伐之，大战于甘②。将战，作《甘誓》③，乃召六卿申之④。启曰："嗟！六事之人⑤，予誓告女（汝）：有扈氏威侮五行⑥，怠弃三正⑦，天用⑧剿绝其命。今予维共（恭）行天之罚。左⑨不攻于左，右⑩不攻于右，女（汝）不共命。御非其马之政⑪，女（汝）不共命。用命，赏于祖⑫；不用命，僇（戮）于社⑬，予则帑僇（孥戮）⑭

女（汝）。"遂灭有扈氏。天下咸朝。

◎**注释** ①〔有扈（hù）氏〕姒姓部族中的一个氏族，在今陕西鄠邑一带。②〔甘〕地名，在有扈国的南郊。③〔《甘誓》〕甘地战前誓词的记录，今《尚书》中存此篇。④〔乃召六卿申之〕六卿，天子六军的长官。申，申饬，告诫。⑤〔六事之人〕六卿所统属的军吏及士卒，即全体将士。⑥〔威侮五行〕想用暴力手段改变五行之规律。威侮，暴逆。⑦〔三正〕天、地、人的正道。⑧〔用〕因此。⑨〔左〕车左的士兵。⑩〔右〕车右的士兵。⑪〔非其马之政〕不能正确地驾驭车马自如作战。⑫〔祖〕指祖庙的神主。天子亲征，必携之同行。⑬〔僇于社〕僇，通"戮"。社，指社中神主，天子亲征时也携之同行。⑭〔帑（nú）僇〕即"孥戮"，或罚为奴隶，或处死。帑，通"孥"，奴隶。

◎**大意** 有扈氏不归服，启去讨伐他，在甘地大战。临战，启作《甘誓》，召集六军将领进行训诫。启说："哎！统帅六军的人们，我向你们宣布誓言：有扈氏欲用暴力改变五行的规律，抛弃天、地、人的正道，上天因此要斩绝它的国命。现在我奉行上天的惩罚。车左的士兵不从左边进攻敌人，车右的士兵不从右边进攻敌人，便是你们不执行命令。驾车的人不能自如地去作战，也是你们不执行命令。努力奉行命令的，就在祖庙里奖赏；不努力奉行命令的，就在社坛里处决，或罚为奴隶。"于是灭掉了有扈氏。天下都前来朝见。

夏后帝启崩，子帝太康立。帝太康失国①，昆弟五人，须②于洛汭③，作《五子之歌》④。

◎**注释** ①〔帝太康失国〕太康嗜田猎，不理国政，被有穷国君后羿阻挡返国，失去了帝位。②〔须〕等待。③〔洛汭〕洛水北岸。④〔《五子之歌》〕古文《尚书》篇名，是太康的五个弟弟在洛水北岸等待时，所作对太康的指责和怨恨之词。

◎**大意** 夏后帝启崩逝，儿子太康继位。帝太康失去了国家，他的五个兄弟，在洛水北岸等待他，绝望而作《五子之歌》。

太康崩，弟中康①立，是为帝中康。帝中康时，羲、和湎淫②，废时乱日③。胤④往征之，作《胤征》⑤。

◎**注释** ①〔中（zhòng）康〕即仲康。②〔羲、和湎淫〕羲、和，羲氏、和氏，主管天地四时历数的官。湎，沉迷在饮酒中。淫，过分，过度。③〔废时乱日〕搞乱了四时节令。④〔胤（yìn）〕国名。这里指胤的国君。他受仲康之命去征讨羲、和。⑤〔《胤征》〕古文《尚书》中篇名。

◎**大意** 太康崩逝后，弟弟仲康继位，这就是帝仲康。帝仲康在位时，掌管天文四时的羲氏、和氏沉湎于酒，搞乱了季节日期。胤国国君去讨伐他们，作《胤征》。

中康崩，子帝相立。帝相崩，子帝少康立。帝少康崩，子帝予立。帝予崩，子帝槐立。帝槐崩，子帝芒立。帝芒崩，子帝泄立。帝泄崩，子帝不降立。帝不降崩，弟帝扃立。帝扃崩，子帝廑立。帝廑崩，立帝不降之子孔甲，是为帝孔甲。帝孔甲立，好方鬼神①，事淫乱。夏后氏德衰，诸侯畔（叛）之。天降龙二，有雌雄，孔甲不能食②，未得豢龙氏③。陶唐④既衰，其后有刘累⑤，学扰⑥龙于豢龙氏，以事孔甲。孔甲赐之姓曰御龙氏，受豕韦⑦之后。龙一雌死，以食夏后。夏后使求，惧而迁去。

◎**注释** ①〔好方鬼神〕喜欢方术，迷信鬼神。方，指医卜星相等方术。②〔食（sì）〕饲养。③〔豢（huàn）龙氏〕有养龙技术的氏族。豢，喂养。④〔陶唐〕古邑名，在今山东定陶西北。相传尧最初居住在这里。⑤〔刘累〕诸侯名，唐尧的后代，故城在今河南偃师南。⑥〔扰〕驯养。⑦〔豕韦〕祝融氏的后代，防姓氏族。殷代武丁灭豕韦，以刘累的后裔代之。

◎**大意** 帝仲康崩逝，儿子相继位。帝相崩逝，儿子少康继位。帝少康崩逝，儿子予继位。帝予崩逝，儿子槐继位。帝槐崩逝，儿子芒继位。帝芒崩逝，儿子泄继位。帝泄崩逝，儿子不降继位。帝不降崩逝，弟弟扃继位。帝扃崩逝，儿子廑继位。帝廑崩逝，立了帝不降的儿子孔甲，就是帝孔甲。帝孔甲即位后，喜欢方术鬼神，做事淫乱。夏后氏的道德威望从此下降，诸侯叛离。上天降下两条龙，雌雄各一，孔甲不会饲养，又找不到豢龙氏的后代。陶唐氏衰败后，后代中有一个叫刘累的，向豢龙氏学得了养龙的技术，就来给孔甲饲养这两条龙。孔甲赏赐他姓御龙氏，并把豕韦后代的封地授给他。一条雌龙死了，刘累献给夏后吃。夏后又使刘累求龙，刘累惧而逃去。

孔甲崩，子帝皋立。帝皋崩，子帝发立。帝发崩，子帝履癸立，是为桀。帝桀之时，自孔甲以来而诸侯多畔（叛）夏，桀不务德而武伤①百姓②，百姓弗堪。乃召汤而囚之夏台③，已而释之。汤修德，诸侯皆归汤，汤遂率兵以伐夏桀。桀走鸣条④，遂放而死。桀谓人曰："吾悔不遂杀汤于夏台，使至此。"汤乃践天子位，代夏朝天下。汤封夏之后，至周封于杞⑤也。

◎**注释** ①〔武伤〕用暴力伤害。②〔百姓〕指诸侯、百官。③〔夏台〕监狱名，在今河南禹州。④〔鸣条〕地名，在今山西夏县。⑤〔杞（qǐ）〕地名，在今河南杞县。

◎**大意** 孔甲崩逝，儿子帝皋继位。帝皋崩逝，儿子发继位。帝发崩逝，儿子履癸继位，就是帝桀。帝桀在位时，从孔甲以来诸侯多已叛离夏朝，桀即位后不讲求德治而用武力伤害诸侯、百官，诸侯、百官不能忍受。桀把汤召来囚禁在夏台，不久又释放了他。汤勤修德业，天下诸侯都归服汤，汤就率兵讨伐夏桀，桀逃到鸣条，被流放而死。桀对人说："我悔恨当初没在夏台把汤杀掉，使得我落到这种地步。"汤于是登上天子位，取代了夏朝。汤封夏朝的后代为诸侯，到了周朝，夏的后代被封于杞。

太史公曰：禹为姒姓，其后分封，用国为姓①，故有夏后氏、有扈氏、有男氏、斟寻氏、彤城氏、褒氏、费氏、杞氏、缯氏、辛氏、冥氏、斟戈氏。孔子正②夏时③，学者多传《夏小正》④云。自虞、夏⑤时，贡赋备矣⑥。或言禹会诸侯江南，计功⑦而崩，因葬焉，命曰会稽。会稽者，会计⑧也。

◎ **注释** ①〔用国为姓〕禹的后代相继受封为诸侯，所以各自以国名为姓。②〔正〕校正。③〔夏时〕指记载夏朝节令、历法的文献。④〔《夏小正》〕关于夏朝节令、历法的一种文献，收在《大戴礼记》中。⑤〔虞、夏〕指舜、禹。⑥〔贡赋备矣〕贡赋的制度很完备了。⑦〔计功〕计议各个诸侯的功绩。⑧〔会计〕会集诸侯计功封爵。

◎ **大意** 太史公说：禹为姒姓，他的后代被封到各处，用国号为姓，所以有夏后氏、有扈氏、有男氏、斟寻氏、彤城氏、褒氏、费氏、杞氏、缯氏、辛氏、冥氏、斟戈氏。孔子校正夏历时，学者多传《夏小正》。自舜、禹时代以来，贡赋制度就很完备了。有人说夏禹在江南大会诸侯，论功行赏时逝世，于是葬在那里，并将那里命名会稽。会稽，就是会集诸侯计功封爵之意。

◎ **释疑解惑**

《史记》的宗旨之一是"通古今之变"，这一目标的实现需要借助完整的历史梳理，在对历史的完整梳理中发现政治的兴衰，总结历史的经验教训。在《夏本纪》中，司马迁对从禹至桀的夏代帝王谱系进行了完整的编排，这种完整性表现在即使一些君王在位时间很短，并没有什么作为，能够搜集到的资料很少，司马迁依然将其载入本篇，使夏代帝王谱系完整地呈现出来。这种帝王谱系的完整编排同样表现在《殷本纪》和《周本纪》中。《史记》所载夏、商、周三代帝王世系资料很大程度上是取自《世本》。历代史籍都不怀疑夏朝的存在，然而从晚清开始，疑古学风兴起，一批学者质疑夏朝的存在。王国维通过殷墟甲骨卜辞考证认为"《史记》所述商一代世系，以卜辞证之，虽不免小有舛驳，而大致不误，可知《史记》所据之《世本》全是实录。而由殷、周世系之确实，因推想夏后氏世系之确实，此又当然之事也"。《殷本纪》所载商代帝王世系与甲骨卜辞的契合，印证了司马迁在文本生成中对客观性的追求。司马迁在利用《世本》等材料进行编排的过程中并没有对夏、商、周的帝王世系进行省略，尽可能保持了其世系的完整性。司马迁对夏朝帝王世系的整理既表达了他的历史观念，也为后世留下了难得的研究夏史的材料。

◎ **思考辨析题**

1. 司马迁为何在本篇用大篇幅完整载录《尚书·禹贡》？
2. 请思考司马迁的"德政"思想在本篇是如何传达出来的。

殷本纪
第三

殷朝最初被称为商朝，盘庚迁殷，始称殷。《殷本纪》从契开始记载，至帝纣结束，可谓系统地记录了殷王朝兴起、发展直至灭亡的完整历史。整个《殷本纪》重点记录了契、成汤、太甲和帝纣等殷代帝王，及殷五兴五衰的经过。《殷本纪》表现出来的特点，一是系统地记录了殷代帝王谱系，二是对历代帝王事迹的记录多采用《尚书》相关篇目序言。本篇在结构方式上以"兴""衰"二字为眼目，其中以殷代五兴五衰的起伏经纬全篇。本篇在叙事上较为简单，但其中有关开国帝王成汤、中兴之主盘庚，以及亡国之君殷纣的叙写较为详细。本篇从具有神话色彩的契的诞生开始记载，借契将殷民族追溯到以黄帝为始祖的谱系之中，借此完成了包含殷民族的民族大一统历史的设定。成汤纪是殷本纪正式记事的开始，也是《殷

《本纪》记事的重点。主要记载成汤伐桀的过程，其内容在《夏本纪》的最后有简单记载，《殷本纪》则对其进行详细记录。成汤纪主要通过《尚书》中《汤征》《汤誓》《汤诰》三篇的记载来讲述成汤一生的事迹。《殷本纪》记太甲事迹的方式主要是载录《尚书》中与太甲有关的《伊训》《肆命》《徂后》《太甲训》等篇目，但《史记》并没有录入这些篇目的具体内容，而是只列这些篇目的序言。这些序言中有记事性成分，在司马迁看来，是可信的史料。司马迁对从太甲至纣期间殷的发展过程进行了分段，并通过"殷复兴""殷复衰"等提示性话语进行了总结。这些提示性话语，当为司马迁所注。而这种对兴衰的注释可谓把握住了殷代发展的关键。纣是商代最后一个帝王，他的传记也是《殷本纪》中较为详细的一个。纣纪包含帝纣失诸侯、西伯修德、帝纣失亲族和武王伐纣四件事情。一方面记纣的无道，另一方面记载周的崛起。纣纪既是对帝纣本人的记事，也是对帝纣失国、周代殷的过程的记录。所以帝纣纪中西伯、武王事所占分量较大。此外《殷本纪》中还对太甲悔过返善、太戊不信妖而修德、武丁虚心访贤任用傅说等事迹进行了热情的歌颂。这突出地表现了司马迁对理想君道与德政仁政的追求与向往。

　　殷契，母曰简狄，有娀氏之女，为帝喾次妃。三人行浴，见玄鸟①堕其卵，简狄取吞之，因孕生契。契长而佐禹治水有功。帝舜乃命契曰："百姓②不亲，五品③不训④，汝为司徒而敬敷五教⑤，五教在宽⑥。"封于商，赐姓子氏。契兴于唐、虞、大禹之际，功业著于百姓，百姓以平⑦。

◎**注释** ①〔玄鸟〕燕子。因燕子的羽毛是黑色的,所以称为玄鸟。玄,黑色。②〔百姓〕百官。③〔五品〕即五伦,指父子、君臣、夫妇、长幼、朋友之间的关系。品,品秩,等级。④〔训〕顺。⑤〔敬敷五教〕敬,谨慎,小心。敷,设,施行。五教,即五伦的教育。⑥〔宽〕和缓,指慢慢地进行。⑦〔平〕安定。

◎**大意** 殷的始祖契,他的母亲叫简狄,是有娀氏的女儿,帝喾的次妃。简狄等三人外出洗澡,看见燕子生下一颗蛋,简狄取来吞下,因而怀孕生下了契。契长大后辅佐禹治理洪水有功。帝舜便命令契说:"百官不相亲睦,五种人伦关系不和顺,由你担任司徒认真施行五伦教育,推行五教的方法要和缓。"并把他封在商,赐他这一族姓子。契在唐尧、虞舜、夏禹之时兴起,功绩显著,百官得以安定。

契卒,子昭明立。昭明卒,子相土立。相土卒,子昌若立。昌若卒,子曹圉立。曹圉卒,子冥立。冥卒,子振立。振卒,子微立。微卒,子报丁立。报丁卒,子报乙立。报乙卒,子报丙立。报丙卒,子主壬立。主壬卒,子主癸立。主癸卒,子天乙立,是为成汤。

◎**大意** 契逝世,儿子昭明继立。昭明逝世,儿子相土继立。相土逝世,儿子昌若继立。昌若逝世,儿子曹圉继立。曹圉逝世,儿子冥继立。冥逝世,儿子振继立。振逝世,儿子微继立。微逝世,儿子报丁继立。报丁逝世,儿子报乙继立。报乙逝世,儿子报丙继立。报丙逝世,儿子主壬继立。主壬逝世,儿子主癸继立。主癸逝世,儿子天乙继立,他就是成汤。

成汤,自契至汤八迁①。汤始居亳,从②先王③居,作《帝诰》④。

◎**注释** ①〔八迁〕殷从契至汤共十四世,曾经八次迁都。②〔从〕跟从,追随。③〔先王〕指殷的始祖帝喾。④〔《帝诰》〕《尚书》篇名,已亡佚。

◎**大意** 成汤,从契到成汤先后八次迁徙国都。成汤开始居住在亳地,这是追随先王所居之地，写下了《帝诰》篇。

汤征①诸侯。葛伯②不祀③，汤始伐之。汤曰："予有言：人视水见形，视民知治不（否）④。"伊尹曰："明哉！言能听，道乃进。君国⑤子民⑥，为善者皆在王官⑦。勉⑧哉，勉哉！"汤曰："汝不能敬命⑨，予大罚殛⑩之，无有攸⑪赦。"作《汤征》⑫。

◎**注释** ①〔征〕征伐。②〔葛伯〕葛国的国君。③〔祀〕祭祀天地祖先。④〔治不〕指政治是否清明。治，治理得好。不，同"否"。⑤〔君国〕做国君，治理国家。⑥〔子民〕以民为子，意思是抚育万民。⑦〔王官〕天子之官，朝廷的官职。⑧〔勉〕努力。⑨〔敬命〕指敬顺天命。⑩〔罚殛〕诛罚，惩罚。⑪〔攸〕用法同"所"。⑫〔《汤征》〕《尚书》篇名，已亡佚。

◎**大意** 成汤征伐诸侯。葛伯不祭祀天地祖先，成汤征伐他。成汤说："我曾经说过：人照一照水可以了解自己的形象，人君听一听民众的议论可以知道政治是否清明。"伊尹说："英明啊！能听从好的建议，道德才能进步。国君治理国家要爱护人民，把为善的人安排在朝廷做官。努力吧，努力吧！"成汤说："你们要是不敬重天命，我就要用重刑惩治，决不宽赦。"于是写下《汤征》。

伊尹名阿衡。阿衡欲奸①汤而无由②，乃为有莘氏媵臣③，负鼎俎④，以滋味说⑤汤，致⑥于王道。或曰，伊尹处士⑦，汤使人聘迎之，五反（返），然后肯往从汤，言素王⑧及九主⑨之事。汤举任以国政。伊尹去汤适⑩夏。既丑⑪有夏，复归于亳。入自北门，遇女鸠、女房，作《女鸠》《女房》⑫。

◎**注释** ①〔奸（gān）〕求见。②〔由〕道路，门径。③〔媵（yìng）臣〕古代贵族女子出嫁时陪嫁的人。④〔鼎俎〕古代烹饪的器具。鼎，用来煮东西的器具。

俎，切肉用的砧板。⑤〔说〕劝说。⑥〔致〕送达，这里有进言的意思。⑦〔处士〕古代有德才而隐居不出来做官的人。⑧〔素王〕指远古帝王。⑨〔九主〕指三皇、五帝和大禹。⑩〔适〕到……去。⑪〔丑〕以……为丑，憎恶。⑫〔《女鸠》《女房》〕《尚书》篇名，已亡佚。

◎**大意** 伊尹名叫阿衡。阿衡想求见商汤而没有门路，于是便充当有莘氏陪嫁的奴仆，带着鼎和砧板，用烹调的滋味比喻为政的方法来劝说商汤，叫汤实行王道。有人说，伊尹是一个隐士，汤派人聘请迎接他，往来五次，伊尹才答应前去跟随汤，与汤谈论远古帝王的事迹和九位君主的作为。汤推举他掌管国家政务。伊尹曾经离开汤前往夏朝。他认为夏朝政治丑恶，又回到亳。他从北门入城，遇到女鸠、女房两位贤臣，写下《女鸠》《女房》。

汤出，见野张网四面，祝①曰："自天下四方皆入吾网。"汤曰："嘻，尽之矣！"乃去其三面，祝曰："欲左②，左；欲右③，右。不用命④，乃入吾网。"诸侯闻之，曰："汤德至矣，及禽兽。"

◎**注释** ①〔祝〕祝祷，祷告。②〔左〕这里意思是向左。③〔右〕向右。④〔用命〕从命。

◎**大意** 汤外出，看见野外有猎人四面张着罗网，猎人祈祷说："愿天下四方的鸟兽都进入我的罗网。"汤说："哎，一网打尽了！"于是叫张网的人撤去三面的网，并命他祈祷说："想往左的，就往左；想往右的，就往右。不听从命令的，就进入我的罗网。"诸侯听到这件事，说："汤的恩德达到顶点了，甚至推广到了禽兽身上。"

当是时，夏桀为虐政淫荒，而诸侯昆吾氏①为乱。汤乃兴师率诸侯，伊尹从汤，汤自把钺②以伐昆吾，遂伐桀。汤曰："格③女（汝）众庶④，来，女（汝）悉听朕言。匪台小子敢行举乱⑤，有夏多罪，予维闻女（汝）众言，夏氏有罪。予畏上帝，不敢不正（征）。今夏多罪，天命殛之。今女（汝）有众⑥，女（汝）曰'我君不恤我众，舍我穑（穑）事而割政'⑦。女（汝）其⑧曰'有罪，其奈何？'夏王率⑨止众力，率夺夏国。有众率怠不和⑩，曰'是日何时丧？予与女（汝）皆亡！'夏德若兹，今朕必往。尔尚（倘）⑪及予一人致天之罚，予其大理（赉）⑫女（汝）。女（汝）毋不信，朕不食言。女（汝）不从誓言，予则帑僇（孥戮）女（汝），无有攸赦。"以告令师，作《汤誓》⑬。于是汤曰"吾甚武⑭"，号曰武王。

◎**注释** ①〔昆吾氏〕古部族名。②〔钺（yuè）〕古代兵器，类似大斧。③〔格〕来。④〔众庶〕众人。⑤〔匪台（yí）小子敢行举乱〕不是我敢于兴兵作乱。匪，非。台，我。小子，汤自称。举乱，作乱。⑥〔有众〕众人。⑦〔舍我穑事而割政〕穑，通"穑"，收割庄稼。割政，害民之政。本句指让百姓放弃农事去打仗。⑧〔其〕或许。⑨〔率〕相率，都。这里指君臣一起。⑩〔不和〕指不与夏王合作。和，和洽。⑪〔尚〕通"倘"，如果。⑫〔理（lài）〕通"赉"，赏赐。⑬〔《汤誓》〕《尚书》篇名。⑭〔武〕勇武，能征善战。

◎**大意** 正当这个时候，夏桀以荒淫暴虐之道治国，诸侯昆吾氏作乱。汤于是发兵率领诸侯（讨伐昆吾氏），伊尹跟着他，汤亲自拿着大斧讨伐昆吾，接着又讨伐夏桀。汤说："你们众人，来，都来听我的话。不是我敢于兴兵作乱，夏桀确实作恶多端，我听说你们有抱怨的话，但夏桀有罪。我敬畏上天，不敢不去征讨。现在夏朝多有罪过，上天命我惩罚他。现在你们也许会说'我们的君王不体恤我们，让我们放弃农事去打仗'，你们也许还会说'夏桀有罪，又能拿他怎么样呢？'夏之君臣相率耗尽了民力，掠夺民众的资财。民众则相率消极怠工且不与夏桀协作，说'这个太阳何时消亡？我愿跟你一起灭亡！'夏桀的德行坏到了这个地步，现在我一定前去征伐。希望你们跟随我执行上天对夏桀的惩罚，我将重重赏赐你们。你们不要不相信，我决不自食其言。你们如果不服从誓言，我就罚你们为奴隶或者处死，决不宽赦。"汤把这些话告诉传令官，写下了《汤誓》。汤说"我很勇武"，于是称为武王。

桀败于有娀之虚（墟）①，桀奔②于鸣条，夏师败绩。汤遂伐三㚇③，俘厥④宝玉，义伯、仲伯作《典宝》⑤。汤既胜夏，欲迁⑥其社⑦，不可，作《夏社》⑧。伊尹报。于是诸侯毕服，汤乃践⑨天子位，平定海内。

◎**注释** ①〔虚〕同"墟"，旧址。②〔奔〕奔逃。③〔三㚇（zōng）〕忠于桀的一个诸侯国，在今山东定陶。④〔厥〕其，他的，他们的。⑤〔《典宝》〕《尚书》篇名，已亡佚。⑥〔迁〕变置。⑦〔社〕社神，即土神。⑧〔《夏社》〕《尚书》篇名，已亡佚。⑨〔践〕踩、踏，引申为登临。

◎**大意** 夏桀在有娀氏的旧地被打败，他逃到鸣条，夏军溃败。汤于是讨伐三㚇国，缴获了那里的宝玉，义伯、仲伯因此作了《典宝》。汤战胜夏桀后，想改变夏人建立的社神，但不能，于是作了《夏社》。伊尹向诸侯通报夏灭汤兴。于是诸侯都归服，汤就登上天子位，平定了全国。

汤归至于泰卷陶①，中𠱩②作诰。既绌（黜）③夏命，还亳，作《汤诰》④："维三月，王自至于东郊。告诸侯群后⑤：'毋不有功于民，勤⑥力乃事。予乃大罚殛女（汝），毋予怨。'曰：'古禹、皋陶久劳于外，其有功乎民，民乃有安。东为江，北为济，西为河，南为淮，四渎⑦已修，万民乃有居。后稷降播⑧，农殖百谷。三公⑨咸有功于民，故后有立。昔蚩尤与其大夫作乱百姓，帝乃弗予⑩，有状⑪。先王言不可不勉。'曰：'不道⑫，毋之⑬在国⑭，女（汝）毋我怨。'"以令诸侯。伊尹作《咸有一德》⑮，咎单作《明居》⑯。

◎**注释** ①〔泰卷陶〕地名。《索隐》认为"陶"是衍文。②〔中𠱩（huǐ）〕又作"仲虺"，汤的左相。③〔绌〕通"黜"，废止，废弃。④〔《汤诰》〕《尚书》篇名。⑤〔群后〕指各诸侯国的国君。后，君主。⑥〔勤〕尽力、努力。⑦〔四渎〕指江、河、济、淮四条大河。浚，大河。⑧〔降播〕教人民播种。降，赐。⑨〔三公〕指禹、皋陶、后稷。⑩〔予〕这里指赐福，保佑。⑪〔有状〕指有这样的事例。⑫〔不道〕无道。⑬〔之〕到……去。⑭〔在国〕指各诸侯所在的国家。⑮〔《咸有一德》〕《尚书》篇名。⑯〔《明居》〕《尚书》篇名，已亡佚。

◎ **大意**　汤回国到达泰卷时，仲虺作诰命。汤废除夏朝的政令后，回到亳，作《汤诰》说："三月，商王亲自到东郊。告谕诸侯国君：'你们必须多为民众做事，努力做好自己的工作。否则我要重罚你们，你们不要怨我。'又说：'古代夏禹、皋陶长期勤劳在外，对民众有功劳，人民才能安居乐业。东边开发长江，北边疏导济水，西边疏通黄河，南边治理淮河，四条大河治理好以后，万民才能安居。后稷教民播种，农民才能生产百谷。这三位前贤都有功于民，所以他们的后代才能立国。从前蚩尤跟他的臣下危害百姓，上帝就不保佑他，这有历史为证。先王的话不能不努力照办。'接着说：'如果无道，就不让你们统治国家，你们可不要怨我。'"汤用这些话告诫诸侯。伊尹作《咸有一德》，咎单作《明居》。

汤乃改正朔①，易服色②，上（尚）③白，朝会以昼④。

◎ **注释**　①〔改正（zhēng）朔〕指改用新历法。正，每年的一月。朔，每月的第一天。正朔即新年的第一天。②〔易服色〕改变车马、祭祀用的牲畜、服饰等的颜色。③〔上〕同"尚"，崇尚。④〔朝会以昼〕在白天举行朝会。诸侯拜见天子为"朝"，天子接见诸侯为"会"。

◎ **大意**　汤于是实行新历法，改变车马、祭祀用的牲畜、服饰等的颜色，崇尚白色，在白天举行朝会。

汤崩，太子太丁未立而卒，于是乃立太丁之弟外丙，是为帝外丙。帝外丙即位三年，崩，立外丙之弟中壬，是为帝中壬。帝中壬即位四年，崩，伊尹乃立太丁之子太甲。太甲，成汤適（嫡）长孙也，是为帝太甲。帝太甲元年，伊尹作《伊训》，作《肆命》，作《徂后》①。

◎**注释**　①〔作《伊训》，作《肆命》，作《徂后》〕《伊训》，古文《尚书》有此篇。《肆命》《徂后》，《尚书》篇名，皆亡佚。

◎**大意**　汤逝世，太子太丁尚未即位就逝世了，于是便立太丁的弟弟外丙，这就是帝外丙。帝外丙即位三年，逝世，立外丙的弟弟仲壬，这就是帝仲壬。帝仲壬即位四年，逝世，伊尹于是立太丁的儿子太甲。太甲，是成汤的嫡长孙，这就是帝太甲。帝太甲元年，伊尹作《伊训》《肆命》《徂后》。

　　帝太甲既立三年，不明，暴虐，不遵汤法，乱德，于是伊尹放①之于桐宫②。三年，伊尹摄③行政当国④，以朝诸侯⑤。

◎**注释**　①〔放〕流放。②〔桐宫〕商之离宫，在今河南偃师西南。③〔摄〕代理。④〔当国〕掌管国家政权。⑤〔朝诸侯〕使诸侯来朝，即接见诸侯。

◎**大意**　帝太甲即位三年后，昏乱不明，暴虐无道，不遵守汤的法制，败坏道德，于是伊尹把他放逐到桐宫。三年之中，伊尹代理国家政务，接受诸侯的朝见。

　　帝太甲居桐宫三年，悔过自责，反（返）①善，于是伊尹乃迎帝太甲而授之政。帝太甲修德，诸侯咸归殷，百姓以宁。伊尹嘉②之，乃作《太甲训》三篇③，褒帝太甲，称太宗。

◎**注释**　①〔反〕同"返"，归向。②〔嘉〕嘉许，赞美。③〔《太甲训》三篇〕古文《尚书》有《太甲》上、中、下三篇。

◎**大意**　帝太甲在桐宫住了三年，悔改过错并责备自己，回心向善，于是伊尹便迎接帝太甲回朝并把政权交给他。帝太甲修养德行，诸侯都归服殷朝，百姓因此得到了安宁。伊尹赞赏他，便写了《太甲训》三篇，赞扬帝太甲，尊称他为太宗。

太宗崩，子沃丁立。帝沃丁之时，伊尹卒。既葬伊尹于亳，咎单遂训①伊尹事，作《沃丁》②。

◎**注释** ①〔训〕顺，这里有根据、按照的意思。②〔《沃丁》〕《尚书》篇名，已亡佚。
◎**大意** 太宗逝世，儿子沃丁继立。帝沃丁在位时，伊尹逝世。把伊尹安葬在亳之后，咎单根据伊尹的事迹，写了《沃丁》。

沃丁崩，弟太庚立，是为帝太庚。帝太庚崩，子帝小甲立。帝小甲崩，弟雍己立，是为帝雍己。殷道衰，诸侯或①不至。

◎**注释** ①〔或〕有的，有些。
◎**大意** 沃丁逝世，弟弟太庚继立，就是帝太庚。帝太庚逝世，儿子帝小甲继立。帝小甲逝世，弟弟雍己继立，就是帝雍己。殷朝的政治衰败，有些诸侯就不来朝见了。

帝雍己崩，弟太戊立，是为帝太戊。帝太戊立伊陟为相。亳有祥①，桑穀②共生于朝，一暮大拱③。帝太戊惧，问伊陟。伊陟曰："臣闻妖不胜德，帝之政其有阙（缺）④与？帝其修德。"太戊从之，而祥桑枯死而去。伊陟赞言于巫咸。巫咸治王家⑤有成，作《咸艾》，作《太戊》⑥。帝太戊赞伊陟于庙，言弗臣⑦。伊陟让，作《原命》⑧。殷复兴，诸侯归之，故称中宗。

◎**注释** ①〔祥〕吉凶的征兆，这里指凶兆。②〔穀（gǔ）〕落叶乔木，又称楮树。③〔拱〕两手合围，表示树的粗细。④〔阙〕同"缺"，缺点、过失。⑤〔王家〕指朝廷、国家。⑥〔作《咸艾（yì）》，作《太戊》〕《尚书》篇名，今皆亡佚。⑦〔弗臣〕意思是不以臣下相待。⑧〔《原命》〕《尚书》篇名，今亡佚。

◎**大意** 帝雍己逝世，弟弟太戊继立，就是帝太戊。帝太戊任命伊陟做宰相。亳都发生了凶兆，朝堂上桑树和楮树合抱而生，一夜之间长得有两手合抱那么大。帝太戊很害怕，去问伊陟。伊陟说："我听说怪异的事物敌不过好的德行，难道是您治理国家有什么失误吗？希望您修养德行。"太戊听从了他，怪桑树就枯死而消失了。伊陟向巫咸赞美讲述了这件事。巫咸辅佐治国很有成绩，作《咸艾》《太戊》两篇。帝太戊在宗庙里称赞伊陟，不把他当臣下看待。伊陟谦让不敢当，作《原命》篇。殷朝复兴，诸侯归服，所以尊称太戊为中宗。

中宗崩，子帝中丁立。帝中丁迁于隞。河亶甲居相。祖乙迁于邢。帝中丁崩，弟外壬立，是为帝外壬。《中丁》书阙不具。帝外壬崩，弟河亶甲立，是为帝河亶甲。河亶甲时，殷复衰。

◎**大意** 中宗逝世，儿子中丁继立。帝中丁把都城迁到隞（áo）。河亶甲定都相。祖丁又迁到邢。帝中丁逝世，弟弟外壬继立，就是帝外壬。《中丁》所载今已亡佚不可见。帝外壬逝世，弟弟河亶甲继立，就是帝河亶甲。河亶甲在位时，殷朝又衰败了。

河亶甲崩，子帝祖乙立。帝祖乙立，殷复兴。巫贤任职。

◎**大意** 河亶甲逝世，儿子祖乙继立。帝祖乙在位时，殷朝又兴盛起来。这时有巫贤任职。

祖乙崩，子帝祖辛立。帝祖辛崩，弟沃甲立，是为帝沃甲。帝沃甲崩，立沃甲兄祖辛之子祖丁，是为帝祖丁。帝祖丁崩，立弟沃甲之子南庚，是为帝南庚。帝南庚崩，立帝祖丁之子阳甲，是为帝阳甲。帝阳甲之时，殷衰。

◎**大意** 祖乙逝世，儿子祖辛继立。帝祖辛死后，弟弟沃甲继立，就是帝沃甲。帝沃甲逝世，立沃甲的哥哥祖辛的儿子祖丁为君，就是帝祖丁。帝祖丁逝世，立沃甲的儿子南庚为君，就是帝南庚。帝南庚逝世，立帝祖丁的儿子阳甲为君，就是帝阳甲。帝阳甲在位时，殷朝衰落。

自中丁以来，废適（嫡）而更①立诸弟子，弟子或争相代立，比②九世乱，于是诸侯莫朝。

◎**注释** ①〔更〕改。②〔比〕连续，接连。
◎**大意** 自中丁以来，废弃嫡长子继位的制度而改立诸弟兄和他们的儿子，王弟和王子有时互相争夺继承权，接连九代动乱，于是诸侯没有谁来朝见了。

帝阳甲崩，弟盘庚立，是为帝盘庚。帝盘庚之时，殷已都河北，盘庚渡河南，复居成汤之故居，乃五迁①，无定处。殷民咨②胥皆③怨，不欲徙。盘庚乃告谕诸侯大臣曰："昔高后④成汤与尔之先祖俱定天下，法则可修。舍而弗勉，何以成德！"乃遂涉河南，治亳，行汤之政，然后百姓由⑤宁，殷道复兴。诸侯来朝，以其遵成汤之德也。

◎**注释** ①〔五迁〕指汤至盘庚前后五次迁都。②〔咨〕嗟叹。③〔胥皆〕全都。④〔高后〕对成汤的敬称。⑤〔由〕因而。
◎**大意** 帝阳甲逝世，弟弟盘庚继立，就是帝盘庚。帝盘庚在位时，殷朝已经迁都到黄河以北，盘庚要渡河南下，重新定居在成汤的故地，（从汤至盘庚）先后五次迁都，没有固定的地方。殷朝的民众都愁叹怨恨，不愿再迁徙。盘庚就告谕诸侯和大臣说："从前先王成汤与你们的先祖一起平定天下，他们的法则是可以遵循的。舍弃这些法则而不去努力实行，靠什么来实行德政！"于是就渡河南迁，修治亳都，遵行汤的政令，百姓从此生活安宁，殷朝又兴盛起来。诸侯前来朝见，这是盘庚遵循成汤德政的缘故。

帝盘庚崩，弟小辛立，是为帝小辛。帝小辛立，殷复衰。百姓思盘庚，乃作《盘庚》三篇①。帝小辛崩，弟小乙立，是为帝小乙。

◎**注释** ①〔《盘庚》三篇〕《尚书》有《盘庚》上、中、下三篇。
◎**大意** 帝盘庚逝世，弟弟小辛继立，就是帝小辛。小辛即帝位后，殷朝重又衰落。百姓思念盘庚，就作了《盘庚》三篇。帝小辛逝世，弟弟小乙继立，就是帝小乙。

帝小乙崩，子帝武丁立。帝武丁即位，思复兴殷，而未得其佐①。三年不言，政事决定于冢宰，以观国风②。武丁夜梦得圣人，名曰说。以梦所见视群臣百吏，皆非也。于是乃使百工③营求④之野，得说于傅险（岩）中。是时说为胥靡⑤，筑于傅险。见⑥于武丁，武丁曰是也⑦。得而与之语，果圣人，举以为相，殷国大治。故遂以傅险姓之⑧，号曰傅说。

◎**注释** ①〔佐〕指辅佐的大臣。②〔国风〕国家的风尚、风气。③〔百工〕这里指百官。④〔营求〕设法寻找。营，谋求。⑤〔胥靡〕刑徒。因犯法而服劳役的人。⑥〔见〕使拜见，被引荐。⑦〔是也〕就是他。"也"是语气词。⑧〔姓之〕给他姓，指用傅险作为他的姓。
◎**大意** 帝小乙逝世，儿子武丁继立。武丁即帝位后，想复兴殷朝，但没有找到辅佐的大臣。他三年不说话，政事由冢宰决定，以此来观察民情风俗。武丁夜里做梦遇到了一个圣人，名叫说。他按梦中所看到的相貌来观察各位大臣和官吏，都不能跟梦中所见的人相合。于是他就派百官到郊野去寻找，终于在傅险找到了说。这时说是刑徒，在傅险筑路。说被引见给武丁，武丁说就是他。武丁跟他交谈，发现他果然是个圣人，就提拔为宰相，殷朝被他治理得非常好。于是就用傅险作为他的姓，称他为傅说。

帝武丁祭成汤，明日，有飞雉①登鼎耳而呴②，武丁惧。祖己曰："王勿忧，先修政事。"祖己乃训王曰："唯天监③下典厥义④，降年⑤有永有不永，非天夭民⑥，中绝其命。民有不若⑦德，不听罪，天既附⑧命正⑨厥德，乃曰其奈何。呜呼！王嗣⑩敬民，罔非⑪天继⑫，常祀毋礼于弃道⑬。"武丁修政行德，天下咸欢，殷道复兴。

◎**注释**　①〔雉〕野鸡。②〔呴（gòu）〕野鸡叫。③〔监〕监察。④〔典厥义〕即以厥义为典，以他们的道义为标准。典，常则、标准。⑤〔降年〕上天赐给人的寿命。⑥〔夭民〕使人夭折。夭，夭折，短命。⑦〔若〕顺从，遵循。⑧〔附〕附着，这里是使……附着，有降下的意思。⑨〔正〕使……正，即端正、纠正。⑩〔嗣〕继承，继位。⑪〔罔非〕没有什么不是。⑫〔天继〕天的后代。⑬〔弃道〕不合乎道理。

◎**大意**　帝武丁祭祀成汤，第二天，飞来一只野鸡落在鼎耳上鸣叫，武丁很害怕。祖己说："大王不要担忧，先办好政事。"祖己于是告诫王说："上天监察下民而以他们的道义作为标准，赐给人的寿命有长有短，不是天要使人夭折，而是人本身的行为断送了自己的生命。有的人不遵循道德，不承认罪恶，等到上天已经按照他的表现给了他相应的命运，才说怎么办。唉！大王应该慎重对待民事，大家都是天的后代，祭祀有常规而不要不合乎道理。"武丁整理政务推行德政，天下人都很高兴，殷朝国势又兴盛起来。

帝武丁崩，子帝祖庚立。祖己嘉武丁之以祥雉为德，立其庙为高宗，遂作《高宗肜日》①及《训》②。

◎**注释** ①〔《高宗肜（róng）日》〕《尚书》篇名。肜，殷商时的祭祀名。②〔《训》〕即《高宗之训》，《尚书》篇名，已亡佚。

◎**大意** 帝武丁逝世，儿子祖庚继立。祖己赞赏武丁以怪异的野鸡为契机推行德政，为他立庙称作高宗，并写下《高宗肜日》和《高宗之训》。

帝祖庚崩，弟祖甲立，是为帝甲。帝甲淫乱，殷复衰。

◎**大意** 帝祖庚逝世，弟弟祖甲继立，就是帝甲。帝甲荒淫暴乱，殷朝又衰落了。

帝甲崩，子帝廪辛立。帝廪辛崩，弟庚丁立，是为帝庚丁。帝庚丁崩，子帝武乙立。殷复去亳，徙河北。

◎**大意** 帝甲逝世，儿子廪辛继立。帝廪辛逝世，弟弟庚丁继立，就是帝庚丁。帝庚丁逝世，儿子武乙继立。殷朝再次离开亳，迁到黄河北岸。

帝武乙无道，为偶人①，谓之天神。与之博②，令人为行③。天神不胜，乃僇辱④之。为革囊，盛血，卬（仰）而射之，命曰"射天"。武乙猎于河渭之间，暴雷，武乙震死。子帝太丁立。帝太丁崩，子帝乙立。帝乙立，殷益衰。

◎**注释** ①〔偶人〕土或木制成的人像。②〔博〕古代一种赌输赢的游戏，类似下棋。③〔为（wèi）行〕为之行，即替"天神"博棋。④〔僇辱〕侮辱。
◎**大意**　帝武乙昏庸无道，做了一个木（土）偶人，把他叫作"天神"。他跟"天神"玩博戏，命令人代"天神"走博棋。"天神"输了，就侮辱他。他又用皮革做袋子，盛了血，仰面射它，称为"射天"。武乙在黄河和渭水之间田猎，天忽然打雷，武乙被雷震死。儿子太丁继立。帝太丁逝世，儿子乙继立。乙即帝位后，殷朝更加衰弱了。

　　帝乙长子曰微子启，启母贱①，不得嗣。少子辛，辛母正后②，辛为嗣。帝乙崩，子辛立，是为帝辛，天下谓之纣。

◎**注释**　①〔贱〕地位低，这里指不是正后。②〔正后〕王后。
◎**大意**　帝乙的长子叫微子启。启的母亲地位低下，因此启不能继承王位。帝乙的小儿子名叫辛，辛的母亲是正后，所以辛可以继承王位。帝乙逝世，儿子辛继立，就是帝辛，天下人称他为纣。

　　帝纣资①辨（辩）捷疾，闻见甚敏；材力过人，手格②猛兽；知（智）足以距（拒）谏，言足以饰非；矜③人臣以能，高天下以声，以为皆出己之下④。好酒淫⑤乐，嬖⑥于妇人。爱妲己，妲己之言是从。于是使师涓⑦作新淫声⑧，北里之舞⑨，靡靡之乐⑩。厚⑪赋税以实鹿台⑫之钱，而盈钜桥⑬之粟。益收狗马奇物，充仞⑭宫室。益广沙丘苑台，多取野兽蜚（飞）鸟置其中。慢⑮于鬼神。大冣（聚）乐戏于沙丘，以酒为池，县（悬）肉为林，使男女倮（裸）相逐其间，为长夜⑯之饮。

◎**注释**　①〔资〕资质，天生的禀分。②〔格〕格斗，格杀。③〔矜〕夸耀。④〔出己之下〕意思是比不上自己。⑤〔淫〕过度，无节制。⑥〔嬖〕宠爱。⑦〔师涓〕乐师名。⑧〔淫声〕指与雅乐相对而言的俗乐。⑨〔北里之舞〕古代舞曲名。

⑩〔靡靡之乐〕指柔弱的音乐。⑪〔厚〕加重。⑫〔鹿台〕朝歌城内的高台。⑬〔钜桥〕仓名。⑭〔充牣〕充满。⑮〔慢〕傲慢,不敬。⑯〔长夜〕通夜,通宵。

◎**大意** 帝纣天生善辩敏捷,耳目都很灵敏;他勇力过人,能徒手跟猛兽格斗;智慧足够用来驳斥劝谏,口才足够用来掩饰过错;他向臣下夸耀自己的才能,以名声来压倒天下,认为所有的人都不如自己。他喜欢喝酒并沉迷享乐,宠爱妇女。他尤其宠爱妲己,只听从妲己的话。他让师涓创作了新的淫俗的音乐、放荡的舞蹈、颓废的旋律。他通过加重赋税来充实鹿台储存的钱币,并充实钜桥储存的粮食。他又大量搜取狗马和奇异的玩物,塞满了宫室。他还扩建沙丘的园林楼台,捕捉大量野兽飞鸟放在园子里。他怠慢鬼神。他在沙丘聚会,表演各种乐舞游戏,用大池子盛酒,把肉悬挂成林,让男男女女赤身露体在其中相互追逐,通宵饮酒取乐。

　　百姓怨望①而诸侯有畔(叛)者,于是纣乃重辟刑②,有炮格之法③。以西伯昌、九侯、鄂侯为三公④。九侯有好女⑤,入之纣。九侯女不憙(喜)淫,纣怒,杀之,而醢⑥九侯。鄂侯争之强,辨之疾,并脯⑦鄂侯。西伯昌闻之,窃叹。崇侯虎知之,以告纣,纣囚西伯羑里⑧。西伯之臣闳夭之徒,求美女奇物善马以献纣,纣乃赦西伯。西伯出而献洛西之地,以请除炮格之刑。纣乃许之,赐弓矢斧钺,使得征伐,为西伯。而用费中为政。费中善谀,好利,殷人弗亲。纣又用恶来。恶来善毁谗,诸侯以此益疏。

◎**注释** ①〔怨望〕怨恨。"望"也是怨恨的意思。②〔辟刑〕刑法。③〔炮格之法〕一种酷刑,在铜柱上涂油,下加炭使热,令有罪之人行其上,辄坠炭中活活烧死。④〔三公〕辅助天子掌握军政大权的最高官员。⑤〔好女〕漂亮的女儿。⑥〔醢(hǎi)〕肉酱。这里指一种酷刑,把人剁成肉酱。⑦〔脯(fǔ)〕肉干。这里也是一种酷刑,把人制成肉干。⑧〔羑(yǒu)里〕在今河南汤阳。

◎**大意** 百姓怨恨纣而且诸侯也有背叛的,于是纣就加重刑法,造出了炮格之刑。纣任命周君西伯昌、九侯、鄂侯为三公。九侯有个漂亮女儿，献给了纣。九侯的女儿不喜欢淫乱，纣大为恼怒，就杀了她，还把九侯剁成肉酱。鄂侯来劝阻态度强硬，跟纣争辩得很激烈，纣杀死鄂侯并把他做成了肉干。西伯昌听到后，私下叹息。崇侯虎得知后，就把这件事告诉了纣，纣把西伯囚禁在羑里。西伯的臣下闳夭等人，搜求美女奇物和好马献给纣，纣才赦免了西伯。西伯出狱后献出雒河西岸的土地，以请求废除炮格之刑。纣答应了他，赐给他弓箭斧钺，使他有权征伐不听令者，让他当西方诸侯的首领。纣任用费中主持政务。费中善于奉承，又很贪财，殷人都不亲近他。纣又任用恶来。恶来善于用谗言诋毁别人，诸侯因此跟纣更加疏远了。

西伯归，乃阴①修德行善，诸侯多叛纣而往归西伯。西伯滋大，纣由是稍失权重②。王子比干谏，弗听。商容贤者，百姓爱之，纣废之。及西伯伐饥国，灭之，纣之臣祖伊闻之而咎③周，恐，奔告纣曰："天既讫④我殷命，假人⑤元龟⑥，无敢知吉，非先王不相我后人，维王淫虐用⑦自绝，故天弃我，不有安食⑧，不虞知⑨天性，不迪⑩率典⑪。今我民罔不欲丧⑫，曰'天曷不降威⑬，大命胡不至？'今王其奈何？"纣曰："我生不有命在天⑭乎！"祖伊反（返），曰："纣不可谏矣。"西伯既卒，周武王之东伐，至盟津，诸侯叛殷会周⑮者八百。诸侯皆曰："纣可伐矣。"武王曰："尔未知天命。"乃复归。

◎**注释** ①〔阴〕暗暗地，暗地里。②〔权重〕权力。"重"也是权力的意思。③〔咎〕怨恨。④〔讫〕终止，绝。⑤〔假（gé）人〕至人，指能知天地吉凶的人。假，至。⑥〔元龟〕占卜用的大龟。⑦〔用〕因。⑧〔不有安食〕意思是不能安心吃饭。⑨〔虞知〕料知，揣度了解。⑩〔迪〕由，遵循。⑪〔率典〕法常，即常法。⑫〔欲丧〕指想要纣灭亡。⑬〔降威〕指降下天威惩罚无道。⑭〔有命在天〕指顺承天意而为王。⑮〔会周〕与周会合。

◎**大意** 西伯回到自己的国家，便暗中修养德行推行善政，许多诸侯背叛纣而归附西伯。西伯更加强大，纣因此逐渐失去权势威力。王子比干劝谏纣，纣不听。商容是一位贤人，百姓爱戴他，纣却废而不用。等到西伯讨伐饥国，灭了它，纣的臣下祖伊听到这件事便憎恨周国，非常恐慌，跑去告诉纣说："上天已经终止了我们殷朝的国运，无论是从先哲之人的观察来看还是用大龟占卜推求，都不敢保证殷的前途大吉，并不是先王不帮助我们后人，是王荒淫暴虐因而自绝于天，所以上天抛弃我们，使我们不能安稳生活，你不考虑了解上天的性情，不遵守常法。现在我们的人民没有谁不希望殷朝灭亡，他们说：'上天为什么不降下惩罚，天命为什么还不到来？'现在大王准备怎么办呢？"纣说："我生下来不是有天命在保佑吗！"祖伊回去后，说："纣已经无法劝谏了。"西伯去世后，周武王向东征伐，到达盟津，诸侯背叛殷朝来跟周人会合的有八百个。诸侯都说："可以讨伐纣了。"武王说："你们还不知道天命。"于是又回去了。

纣愈淫乱不止。微子数①谏不听，乃与太师、少师谋，遂去。比干曰："为人臣者，不得不以死争（诤）②。"乃强谏纣。纣怒曰："吾闻圣人心有七窍。"剖比干，观其心。箕子惧，乃详（佯）③狂为奴，纣又囚之。殷之太师、少师乃持其祭乐器奔周。周武王于是遂率诸侯伐纣。纣亦发兵距（拒）之牧野。甲子日④，纣兵败。纣走，入登鹿台，衣其宝玉衣，赴火而死。周武王遂斩纣头，县（悬）之白旗⑤。杀妲己。释箕子之囚，封⑥比干之墓，表⑦商容之闾⑧。封纣子武庚禄父，以续殷祀⑨，令修行盘庚之政。殷民大说（悦）。于是周武王为天子。其后世贬帝号，号为王。而封殷后为诸侯，属⑩周。

◎**注释** ①〔数（shuò）〕屡次。②〔争〕同"诤"，直谏。③〔详〕通"佯"，假装。④〔甲子日〕依周历，当是周武王即位第十三年的二月五日。⑤〔白旗〕指挥军队用的一种旗帜。⑥〔封〕在坟上添土。⑦〔表〕表彰。⑧〔闾（lú）〕古代的一种居民组织单位。⑨〔续殷祀〕承续殷的祭祀，意思就是延续殷的后代。⑩〔属〕隶属，归属。

◎**大意** 纣更加无休止地淫乱。微子屡次劝谏但纣都不听，于是微子就跟太师、少师商量，然后离开了。比干说："当臣子的，不能不冒死劝谏国君。"于是极力劝谏纣。纣生气地说："我听说圣人的心有七个孔穴。"就剖开比干的胸膛，看他的心脏。箕子很害怕，就假装发狂扮成奴隶，纣又把他囚禁起来。殷朝的太师、少师便带着祭祀时用的乐器逃往周国了。于是周武王就率领诸侯去讨伐纣王。纣也发兵在牧野抵抗。甲子那一天，纣军大败。纣逃跑，登上鹿台，穿上他的宝玉衣，投火而死。周武王便砍下纣的头，把它挂在大白旗上。杀死了妲己。释放了箕子，加土增高比干的坟墓，修治商容的故居。封纣的儿子武庚禄父，让他继承殷朝的祭祀，让他执行盘庚的政令。殷朝的民众十分高兴。于是周武王就当了天子。后代降低他们的称号，称为王。而封殷的后代为诸侯，从属于周朝。

周武王崩，武庚与管叔、蔡叔作乱，成王命周公诛之，而立微子于宋，以续殷后焉。

◎**大意** 周武王逝世，武庚和管叔、蔡叔发动叛乱，成王命令周公诛灭他们，而把微子封在宋国，以延续殷的后代。

太史公曰：余以《颂》①次②契之事，自成汤以来，采于《书》③《诗》④。契为子姓，其后分封，以国为姓⑤，有殷氏、来氏、宋氏、空桐氏、稚氏、北殷氏、目夷氏。孔子曰，殷路车为善，而色尚白。

◎**注释** ①〔《颂》〕指《诗经·商颂》。②〔次〕编次。③〔《书》〕指《尚书》。④〔《诗》〕指《诗经》。⑤〔姓〕上古有姓有氏。姓是一种族号，氏是姓的分支。

◎**大意** 太史公说：我根据《商颂》来叙述契的事迹，从成汤以来，采用《尚书》和《诗经》的记载。契姓子，后代分封，以国名为姓氏，有殷氏、来氏、宋氏、空桐氏、稚氏、北殷氏、目夷氏。孔子说，殷人的车子最好，颜色崇尚白色。

◎ 释疑解惑

　　本篇中武丁举傅说的故事是司马迁着力讲述的一个重点，旨在倡导其尊贤仁政的思想。《殷本纪》这一故事文本从《尚书·说命序》"高宗梦得说，使百工营求诸野，得诸傅岩，作《说命》三篇"而来，然细节性内容并非《尚书》所有，司马迁肯定依据了其他文献。武丁举傅说的故事在先秦及秦汉文献中保存较多。《孟子·告子下》《庄子·大宗师》《吕氏春秋·求人篇》《离骚》中都有相关记载，然与《史记》所记文本差异较大。《墨子·尚贤下》记载此故事说："昔者傅说居于北海之州，圜土之上，衣褐带索，庸筑于傅岩之城。武丁得而举之，立为三公，使之接天下之政，而治天下之民。"顾颉刚主张武丁举荐傅说的故事是墨家"尚贤"思想的表现，当出自墨家系统，而后被诸子称引。然《墨子》虽有武丁举傅说的详细记录和傅说筑于傅险的内容，却并不言武丁梦傅说一事。《国语·楚语》中有武丁"三年默以思道"和"以梦象旁求四方之贤"而得傅说的故事内容，与《史记》十分接近，当为司马迁取材的一个重要来源。诸子中大量武丁举荐傅说的故事说明了这则故事在春秋战国时期广泛传播的状态。司马迁正是以《尚书》为依据，综合采用了诸子（包括《国语》）的内容，生成了这则故事。可以看出，司马迁在编写《史记》的时候，是综合采用多种材料，一方面进行对比考证以便筛选，另一方面也是整合各种材料，从而形成一个全新的历史文本。

◎ 思考辨析题

　　1. 简狄吞卵生契的故事，传统观点多认为其材料来源于《诗经·玄鸟》，你怎么看？

　　2.《论语·微子》载孔子语曰："殷有三仁焉。"在微子、箕子、比干"三仁"中，司马迁为何对比干着墨最多？

周本纪

第四

　　《周本纪》记叙了周朝八百年的兴衰历史，包括了西周、春秋和战国三个时期。在记事内容上，本篇重在西周历史，而平王东迁之后"政由方伯"的内容，因有诸侯世家可供参看，故记事十分简略。本篇从周始祖后稷开始记载，主要记载了后稷神异的出生、成长和他在种植方面的杰出成就。后稷纪后，公刘、古公亶父等人的内容记载相对简单一些，这些传记都集中在某一事上，而不是完整的人物生平记载，可以看作后稷纪的附传。文王纪承前，先记载文王"遵后稷、公刘之业，则古公、公季之法"，显示了周积德累善下的逐渐兴盛。文王纪重点记载了文王被囚羑里和虞芮断讼两件事情。武王纪开始，司马迁先写道："武王即位……修文王绪业。"所谓的"文王绪业"当指伐纣之事，所以武王纪正文也以伐纣为核心记事内容。其后成王、康王时期"天下安宁，刑错四十余年不用"。《周本纪》成王、康王纪文本生成方式相似，记事内容相对简单，记事方式主要为缀合《尚书序》相关内容。从"共和"开始，本篇在记事方式上出现了明显变化。"召公、周公二相行政，号曰'共和'。"从"共和"开始，《史记》开始以纪年方式组织材料。其后各帝王纪亦通过编年的形式展示出来。平王东迁，历史进入了一个新的阶段，即东周。《周本纪》首先整体记录了这一阶段的历史特征："平王立，东迁于雒邑，辟戎寇。平王之时，周室衰微，诸侯强并弱，齐、楚、秦、晋始大，政由方伯。"其后的历史记录都体现了这一内容。这一时期的记事主要为简单的编年事件。在记事内容与方式上，本篇至赧王时期出现了新的变化。赧王时期记事先以"王赧时东西周分治，王赧徙都西周"介绍这个时期的整体政治背景。而赧王时期的正式记事主要取材于战国纵横家书（后被刘向整理为《战国策》）。受史料来源的限制，这一时期的文本主要以记言的形式出现。在具体文字上，《周本纪》所载内容与今本《战国策》偶有异文。司马迁以"德"字贯彻了西周历史的始终。后稷到文王的历史，展示的是周代早期君王的积德累善、因德兴邦；从厉王到幽王的历史，显示的是西周后期君王的不修厥政、失德丧邦。通过西周历史的完整展示，开国之君与亡国之主形成了强烈对比，其中所蕴含的政治经验不言自明。平王东迁之后，"赐齐桓公为伯""赐晋文公为伯""秦穆公称霸"……政治历史的主宰者由天子变为诸侯霸主，司马迁采用《左传》《战国策》的材料，通过简单编排，突出了王道衰微的历史现象。而诸侯争霸，王道衰微的背后则是战国烽烟中的百姓疾苦。所以在对战国历史资料梳理的背后，司马迁表现的是天下一统的历史发展必然趋势，与人民对天下归于统一的真切呼唤。在艺术手法上，司马迁采用了《尚书》《左传》《国语》《战国策》《诗经》《孟子》《吕氏春秋》等多种文献资料，周代八百年的煌煌历史被清晰而完整地梳理出来，叙次秩然。本篇依照历史发展的阶段性与修史的特殊思想主旨，在记事上表现出明显的详略区别：详西周而略东周；详开国与亡国之君，略其他帝王事迹。相应的语言风格也表现出明显的多样性。幽王之前的西周历史，多采用《尚书》《国语》的记载，文辞古奥典雅；平王之后多采用《春秋》史料，语言简洁明快；威烈王之后又多采用《战国策》的文献，风格汪洋恣肆。

周后稷，名弃。其母有邰氏女，曰姜原。姜原为帝喾元妃①。姜原出野②，见巨人迹③，心忻（欣）然说（悦），欲践④之，践之而身动如孕者。居期⑤而生子，以为不祥，弃之隘巷，马牛过者皆辟（避）不践；徙置之林中，适会⑥山林多人，迁之；而弃渠中冰上，飞鸟以其翼覆荐⑦之。姜原以为神，遂收养长之。初欲弃之，因名曰弃。

◎**注释** ①〔元妃〕帝王或诸侯的嫡妻。②〔野〕野外，郊野。③〔迹〕脚印。④〔践〕踏，踩。⑤〔居期〕到了日子。⑥〔适会〕正赶上。"适""会"同义。⑦〔覆荐〕覆，覆盖。荐，铺垫。

◎**大意** 周的始祖后稷，名叫弃。他的母亲是有邰氏部族的女儿，名叫姜原。姜原是帝喾的正妃。姜原外出到郊野，看见一个巨人脚印，心里欣然爱慕，想去踩它一脚，一踩就觉得身子震动像怀了孕似的。满了十月就生下一个儿子，姜原认为这孩子不吉祥,就把他扔到一个狭窄的小巷里,但马牛从他身边经过都躲开而不踩他;于是又把他扔在树林里,正赶上树林里人多,所以又挪了个地方;把他扔在渠沟的冰上,有鸟飞来用翅膀为他覆盖、铺垫。姜原觉得这太神异了,就抱回来把他养大成人。由于起初想把他扔掉,所以就给他取名弃。

弃为儿时,屹①如巨人之志。其游戏,好种树②麻、菽③,麻、菽美。及为成人,遂好耕农,相④地之宜,宜谷者稼穑⑤焉,民皆法则⑥之。帝尧闻之,举⑦弃为农师,天下得其利,有功。帝舜曰:"弃,黎民⑧始饥,尔后稷⑨播时(莳)⑩百谷。"封弃于邰,号曰后稷,别姓姬氏⑪。后稷之兴,在陶唐、虞、夏之际,皆有令德⑫。

◎**注释** ①〔屹〕耸立的样子。②〔种树〕种植。③〔菽(shū)〕豆类。④〔相〕仔细察看。⑤〔稼穑〕种植和收获。⑥〔法则〕效法、仿效。⑦〔举〕举荐,提拔。⑧〔黎民〕民众,百姓。黎,众。⑨〔后稷〕古代掌管农事的官。这里是做后稷以管理农务的意思。⑩〔播时(shì)〕播种,种植。时,通"莳",栽种。⑪〔别姓姬氏〕指让后稷另姓姬。⑫〔令德〕美德。令,美,善。

◎**大意** 弃还是小孩的时候,像大人一样有高远的志向。他做游戏,喜欢种植麻、豆,麻、豆都长得丰茂。长大成人以后,他便爱好农业生产,考察土地的特点,在适宜种植谷物的地方春种秋收,民众都效法他。尧帝知道了这件事,任命弃担任农官,天下人都因他而获利,他有功于民。舜帝说:"弃,当民众挨饿时,你这个农官栽种了各种谷物。"把弃封在邰地,称作后稷,让他另姓姬。后稷的兴起,正当唐尧、虞舜、夏禹的时代,一直表现出美好的德行。

后稷卒,子不窋立。不窋末年,夏后氏政衰,去稷①不务,不窋以失其官而奔戎狄②之间。不窋卒,子鞠立。鞠卒,子公刘立。公刘虽在戎狄之间,复修后稷之业,务耕种,行③地宜,自漆、沮度渭,取材用④，行者有资，居者有畜积，民赖⑤其庆⑥。百姓怀⑦之，多徙而保归⑧焉。周道之兴自此始，故诗人歌乐思其德⑨。公刘卒，子庆节立，国⑩于豳。

◎**注释** ①〔去稷〕指废弃农师。②〔戎狄〕泛指西北地区的部族。③〔行〕巡视，察看。④〔取材用〕采取山林中的木材。⑤〔赖〕依靠，仰赖。⑥〔庆〕幸福。⑦〔怀〕归向。⑧〔保归〕归附。保，依，附。⑨〔诗人歌乐思其德〕诗人，指《诗经》的作者。《诗经·大雅·公刘》歌颂了公刘的伟大业绩和高尚品德。⑩〔国〕国都。这里是建都的意思。

◎**大意** 后稷去世后，儿子不窋（zhú）即位。不窋晚年，夏朝衰败，废去农官，不重视农业生产，不窋因此丢掉他的官职而逃到戎狄居住的地区。不窋去世，儿子鞠即位。鞠去世，儿子公刘即位。公刘虽然住在戎狄地区，但重新研习后稷的事业，致力于耕种，察看土地的功能，从漆水、沮水渡过渭水，伐取山林中的木材。使外出的人旅途有财货，住家的人有积蓄，人民都仰赖他过上好日子。百姓怀念他，大都移居到他这里。周朝事业的兴盛是从这时开始的，所以诗人创作乐歌来歌颂他的德行。公刘去世，儿子庆节即位，在豳（bīn）建都。

庆节卒，子皇仆立。皇仆卒，子差弗立。差弗卒，子毁隃立。毁隃卒，子公非立。公非卒，子高圉立。高圉卒，子亚圉立。亚圉卒，子公叔祖类立。公叔祖类卒，子古公亶父立。古公亶父复修后稷、公刘之业，积德行义，国人皆戴①之。薰育②戎狄攻之，欲得财物，予之。已③复攻，欲得地与民。民皆怒，欲战。古公曰："有民④立君，将以利之。今戎狄所为⑤攻战，以吾地与民。民之在我，与其在彼，何异。民欲以我故战，杀人父子而君之⑥，予不忍为。"乃与私属⑦遂去豳，渡漆、沮，逾⑧梁山，止于岐下。豳人举国扶老携弱，尽复归古公于岐下。及他旁国闻古公仁，亦多归之。于是古公乃贬⑨戎狄之俗，而营筑城郭室屋，而邑别居之⑩。作五官有司⑪。民皆歌乐之，颂其德⑫。

◎**注释** ①〔戴〕尊奉，拥护。②〔薰育〕又作"獯鬻""荤粥"等，我国古代北方少数民族名。③〔已〕不久。④〔有民〕民众。有，古汉语名词词头，无义。⑤〔所为〕等于说"所以"，这里是表示攻战的原因或目的。⑥〔君之〕意思是做他们的君主。⑦〔私属〕家众。⑧〔逾〕越过。⑨〔贬〕减少，损减。这里有除去的意思。⑩〔邑别居之〕意思是设邑落分别居住。⑪〔作五官有司〕设立五种官职负责管理各种事务。作，设置。有司，官吏。《集解》引《礼记》曰："天子之五官曰司徒、司马、司空、司土、司寇，典司五众。"⑫〔民皆歌乐之，颂其德〕指《诗经》中《周颂·天作》《鲁颂·閟宫》歌颂古公亶父的内容。

◎**大意** 庆节去世，儿子皇仆即位。皇仆去世，儿子差弗即位。差弗去世，儿子毁隃即位。毁隃去世，儿子公非即位。公非去世，儿子高圉（yǔ）即位。高圉去世，儿子亚圉即位。亚圉去世，儿子公叔祖类即位。公叔祖类去世，儿子古公亶父即位。古公亶父继承后稷、公刘的事业，积累道德施行仁义，全国人民都拥戴他。薰育、戎狄攻打他，想得到财物，古公亶父把财物送给他们。不久又来攻打，想夺取周的土地和人民。人民都很愤怒，要和他们进行战斗。古公说："民众设立君主，是要凭借君主为他们谋求福利。现在戎狄发动战争的原因，是要得到土地和人民。人民属于我，和属于他们，有什么不同呢？人民要为了我而去和他们作战，我通过牺牲人家的父亲儿子而做君主，我不忍心这么做。"于是就携家人和家臣离开豳地，渡过漆水、沮水，翻越梁山，定居在岐山脚下。豳地的人都扶老携幼，跟随古公来到岐山脚下。周围其他国家的民众听说古公仁爱，也大都来归附他。这时古公变革戎狄的习俗，建造城墙房屋，把民众分成邑落定居下来。设立五种官职负责管理各种事务。民众都歌唱奏乐，颂扬他的德业。

古公有长子曰太伯，次曰虞仲。太姜生少子季历，季历娶太任，皆贤妇人，生昌，有圣瑞①。古公曰："我世当有兴者，其②在昌乎？"长子太伯、虞仲知古公欲立季历以传昌，乃二人亡如荆蛮③，文身④断发，以让季历。

◎**注释** ①〔圣瑞〕圣人的吉兆。②〔其〕恐怕,大概。③〔亡如荆蛮〕亡,逃走。如,往,到……去。荆蛮,指当时的楚地。④〔文身〕在身上刺了花纹。

◎**大意** 古公的长子名叫太伯,次子名叫虞仲。太姜生了个小儿子叫季历,季历娶太任,太姜和太任都是贤德的妇人,太任生姬昌,有圣王的瑞应。古公说:"周族的兴盛,大概应验在姬昌身上吧?"长子太伯、次子虞仲知道古公想要立季历以传位给姬昌,于是逃到南蛮之地,像当地人那样在身上刺了花纹,剪短头发,让位给季历。

古公卒,季历立,是为公季。公季修古公遗道,笃^①于行义,诸侯顺之。

◎**注释** ①〔笃〕专一,忠诚。

◎**大意** 古公去世,季历即位,就是公季。公季研习遵循古公的治民之道,认真地施行仁义,诸侯都归顺他。

公季卒,子昌立,是为西伯。西伯曰文王,遵后稷、公刘之业,则^①古公、公季之法,笃仁,敬老,慈少。礼下贤者^②,日中不暇食^③以待士,士以此多归之。伯夷、叔齐在孤竹,闻西伯善养老,盍往归之^④。太颠、闳夭、散宜生、鬻子、辛甲大夫之徒皆往归之。

◎**注释** ①〔则〕效法。②〔礼下贤者〕即礼贤下士。③〔不暇食〕顾不上吃饭。暇,空闲。④〔盍往归之〕一起前来归附他。

◎**大意** 公季去世,子昌即位,就是西伯。西伯尊号为文王,他遵循后稷、公刘的事业,效法古公、公季的做法,笃行仁政,尊敬老人,慈爱晚辈。他礼贤下士,白天顾不上吃饭来接待士人,士人因为这样大多归附他。伯夷、叔齐在孤竹国,听说西伯敬重老者,一起前来归附他。太颠、闳夭、散宜生、鬻子、辛甲大夫这些人也都前来归附他。

崇侯虎谮①西伯于殷纣曰："西伯积善累德，诸侯皆向之，将不利于帝。"帝纣乃囚西伯于羑里。闳夭之徒患之。乃求有莘氏美女，骊戎之文马②，有熊九驷③，他奇怪物④，因⑤殷嬖臣费仲而献之纣。纣大说（悦），曰："此一物足以释西伯，况其多乎！"乃赦西伯，赐之弓矢斧钺，使西伯得征伐。曰："谮西伯者，崇侯虎也。"西伯乃献雒西之地，以请纣去炮格之刑。纣许之。

◎**注释**　①〔谮（zèn）〕进谗言，说人的坏话。②〔文马〕有彩色花纹的马。③〔九驷〕三十六匹马。驷，古代一车驾四马，因称同驾一车的四马为驷。④〔他奇怪物〕其他珍奇、稀有的宝物。⑤〔因〕通过。

◎**大意**　崇侯虎向殷纣王诬陷西伯说："西伯积累善事和德行，诸侯都归附他，这样将对您不利。"帝纣便把西伯囚禁在羑（yǒu）里。闳夭等人为此担忧，便求得有莘氏的美女、骊戎的彩纹骏马、有熊氏的三十六匹好马，以及其他珍奇宝物，通过殷的宠臣费仲献给纣。纣很高兴，说："仅有莘氏的美女就足以释放西伯了，何况这么多呢！"于是赦免西伯，并赐他弓箭斧钺，使他掌有征讨大权。纣说："诬陷西伯的人，是崇侯虎。"西伯献出雒水西边的土地，以请求纣废除他的炮格之刑。纣答应了他的请求。

　　西伯阴行善，诸侯皆来决平①。于是虞、芮之人有狱②不能决，乃如周。入界，耕者皆让畔，民俗皆让长。虞、芮之人未见西伯，皆惭，相谓曰："吾所争，周人所耻③，何往为，只取辱耳。"遂还，俱让而去。诸侯闻之，曰"西伯盖④受命之君⑤"。

◎**注释**　①〔决平〕决断，评判。②〔狱〕争讼，官司。③〔耻〕以为耻。④〔盖〕大概，大约。⑤〔受命之君〕受天命的君王。意思是说将受天命为帝。

◎**大意**　西伯暗中为民做好事，诸侯都来请他判断是非曲直。当时，虞、芮两国的人因发生争端无法裁决，便来到周国。他们进入国界后，看见耕田的人都互让田界，民众都敬重礼让年长的人。虞、芮两国的人还没见到西伯，就自觉惭愧了，互相说："我们所争执的，是周人认为羞耻的事，还去干什么，只会给我们带来羞辱罢了。"于是返回，互相谦让着离开了。诸侯听到这件事，说："西伯大概是受天命的君主。"

明年，伐犬戎。明年，伐密须。明年，败耆国。殷之祖伊闻之，惧，以告帝纣。纣曰："不有天命乎？是何能为！"明年，伐邘①。明年，伐崇侯虎。而作丰邑，自岐下而徙都丰。明年，西伯崩，太子发立，是为武王。

◎**注释** ①〔邘（yú）〕古国名，遗址在今河南沁阳。
◎**大意** 第二年，西伯讨伐犬戎。下一年，讨伐密须。下一年，打败耆国。殷朝的祖伊听到这些消息，内心恐惧，便报告帝纣。纣说："不是有天命在保护我们吗？区区西伯能起什么作用！"下一年，西伯讨伐邘。下一年，讨伐崇侯虎，建立丰邑，把国都从岐下迁到丰邑。下一年，西伯逝世，太子姬发即位，就是武王。

西伯盖即位五十年。其囚羑里，盖益《易》①之八卦②为六十四卦。诗人道西伯，盖受命之年称王而断虞芮之讼。后十年③而崩，谥④为文王。改法度，制正朔矣⑤。追尊古公为太王，公季为王季：盖王瑞自太王兴。

◎**注释** ①〔《易》〕古代占卜的书，今存《周易》，也叫《易经》。②〔八卦〕《易》中的八种基本图形，每个图形象征一种自然现象：乾（天）、坤（地）、震（雷）、兑（泽）、离（火）、巽（xùn，风）、坎（水）、艮（gèn，山）。③〔后十年〕过了十年。④〔谥〕古代在人死后按其生前事迹评定褒贬而给予的称号。⑤〔改法度，制正朔矣〕改变殷之法律制度，制定新的历法，即废除殷历，改用周历。

◎**大意**　西伯在位约五十年。他被囚禁在羑里时，曾把《易》的八卦推演为六十四卦。诗人称赞西伯，认为他是从裁断虞国和芮国的争端那年受命称王的。过了十年逝世，谥为文王。文王在位时改革法律制度，制定了周历。追尊古公为太王，公季为王季：这大概是因为周朝的王业是从太王时开始的。

　　武王即位，太公望为师①，周公旦为辅②，召公、毕公之徒左右③王师，修文王绪业④。

◎**注释**　①〔太公望为师〕太公望，即吕尚，事迹详见《齐太公世家》。师，太师，周代辅佐国君的官。②〔周公旦为辅〕周公旦，周文王第四子，武王之弟。事迹详见《鲁周公世家》。辅，天子左右大臣的通称。③〔左右〕帮助，辅佐。④〔绪业〕遗业，事业。

◎**大意**　武王即位，太公望担任军师，周公旦任宰辅，召公、毕公等人辅佐武王，继承光大文王的事业。

　　九年，武王上祭于毕。东观兵①，至于盟津。为文王木主②，载以车，中军③。武王自称太子发，言奉文王以伐，不敢自专。乃告司马、司徒、司空、诸节④："齐栗⑤，信⑥哉！予无知，以先祖有德，臣小子受先功，毕⑦立赏罚，以定其功。"遂兴师⑧。师尚父⑨号曰："总⑩尔众庶，与⑪尔舟楫，后至者斩。"武王渡河，中流，白鱼跃入王舟中，武王俯取以祭。既渡，有火自上复于下，至于王屋，流为乌⑫，其色赤，其声魄⑬云。是时，诸侯不期而会盟津者八百诸侯。诸侯皆曰："纣可伐矣。"武王曰："女（汝）未知天命，未可也。"乃还师归。

◎**注释**　①〔观兵〕检阅军队。②〔木主〕神主，即牌位。用木做成，书死者谥号以供祭祀。古代帝王出军、巡狩或去国，载庙主及社主以行。③〔中军〕指置于军中。④〔诸节〕指接受王命的诸官吏。节，符节，古代朝廷用作凭证的信物，这里借指王命。⑤〔齐（zhāi）栗〕严肃恭敬。齐，庄重、肃敬。栗，威严，庄严。⑥〔信〕诚实，不欺。⑦〔毕〕尽，完全。⑧〔兴师〕举兵。⑨〔师尚父〕武王对吕尚的敬称。⑩〔总〕聚束，集中。⑪〔与〕操，持。⑫〔流为乌〕不断变化，最后现出乌鸦的形象。流，往来不定或运转不停。⑬〔魄〕象声词，形容鸟叫的声音。

◎**大意** 九年，武王在毕地祭祀文王。然后往东检阅军队，到达盟津。他刻制了文王的木牌神位，装在车子上，供奉在中军帐内。武王自称太子发，声称奉文王之命去讨伐，不敢独断专行。他向司马、司徒、司空和各位接受符节的军事官员宣告："要敬谨戒惧，切实努力啊！我没有什么才能，只因为祖先品行高尚，我承袭先人的功业罢了，设立各种赏罚制度，在于保证功业。"于是发兵。师尚父号令说："集合你们的士兵，开船划桨，迟来的杀头。"武王乘船行进在黄河中，船到中流，有条白色大鱼跳进武王的船里，武王弯腰拾起，用它祭天。渡河以后，有一团火从天而降，到了武王的屋顶时，化为一只乌鸦，颜色火红，发出"魄魄"的声音。这时，不曾预约而相会于盟津的诸侯有八百个。诸侯都说："可以讨伐纣了。"武王说："你们不了解天命，还不行啊。"便率兵回去了。

居二年，闻纣昏乱暴虐滋甚①，杀王子比干，囚箕子。太师疵、少师强抱其乐器而奔周。于是武王遍告诸侯曰："殷有重罪，不可以不毕伐②。"乃遵文王，遂率戎车③三百乘④，虎贲⑤三千人，甲士⑥四万五千人，以东伐纣。十一年十二月戊午，师毕渡盟津，诸侯咸⑦会。曰："孳孳⑧无怠！"武王乃作《太誓》⑨，告于众庶："今殷王纣乃用其妇人之言，自绝于天，毁坏其三正⑩，离逖⑪其王父母弟，乃断弃其先祖之乐，乃为淫声⑫，用变乱正声⑬，怡说（悦）妇人。故今予发维共行天罚。勉哉夫子，不可再，不可三！"

◎**注释** ①〔滋甚〕越来越厉害。②〔毕伐〕全力讨伐。③〔戎车〕战车。

④〔乘(shèng)〕古代一车四马为一乘。⑤〔虎贲(bēn)〕勇士。⑥〔甲士〕披甲之士。⑦〔咸〕皆,都。⑧〔孳孳(zī)〕努力不懈的样子。⑨〔《太誓》〕古文《尚书》篇名,《尚书》作《泰誓》。⑩〔三正〕指微子、箕子、比干三位贤臣。⑪〔离逷(tì)〕疏远。逷,远。⑫〔淫声〕指淫俗的音乐。⑬〔正声〕雅正的音乐。

◎**大意** 过了两年,听说纣更加昏庸暴虐,杀了王子比干,囚禁了箕子。太师疵、少师强抱着乐器逃奔周国。于是武王告诉所有的诸侯说:"殷王罪不可赦,不能不尽全力讨伐他。"武王遵循文王的遗命,率领三百辆战车,三千名勇士,四万五千名身披盔甲的武士,向东讨伐纣。十一年十二月戊午日,军队全部渡过盟津,诸侯都来会合。武王说:"奋发努力,不可懈怠!"武王写下《太誓》,对众人宣告:"现在殷王纣竟然听信妇人的逸言,自绝于天,残害他的三位贤臣,疏远同祖父母兄弟,抛弃祖先的乐曲,制作淫靡的乐曲,以扰乱纯正的音乐,来讨好妇人。所以现在我姬发恭敬地执行上天的惩罚。努力啊勇士们,不可等待第二次,更不可等待第三次!"

二月①甲子昧爽②,武王朝至于商郊牧野,乃誓。武王左杖③黄钺④,右秉⑤白旄⑥,以麾⑦。曰:"远矣西土之人⑧!"武王曰:"嗟!我有(友)国冢君⑨,司徒、司马、司空,亚旅、师氏、千夫长、百夫长,及庸、蜀、羌、髳、微、纑、彭、濮人⑩,称⑪尔戈,比⑫尔干,立尔矛,予其誓。"王曰:"古人有言'牝鸡⑬无晨。牝鸡之晨,惟家之索⑭'。今殷王纣维妇人言是用⑮,自弃其先祖肆祀⑯不答,昏(泯)弃⑰其家国,遗其王父母弟不用,乃维四方之多罪逋逃⑱是崇是长⑲,是信是使⑳,俾㉑暴虐于百姓,以奸轨(宄)㉒于商国。今予发维共行天之罚。今日之事,不过六步七步,乃止齐㉓焉,夫子勉哉!不过于四伐五伐六伐七伐,乃止齐焉,勉哉夫子!尚㉔桓桓㉕,如虎如罴,如豺如离(螭)㉖,于商郊,不御克奔㉗,以役㉘西土,勉哉夫子!尔所不勉,其于尔身有戮!"誓已,诸侯兵会者车四千乘,陈师㉙牧野。

◎**注释** ①〔二月〕这是用周历，殷历为正月。②〔昧爽〕天将亮未亮之时。③〔杖〕持，拿着。④〔黄钺〕黄铜制的大斧。⑤〔秉〕持，把。⑥〔旄〕用牦牛尾放在旗杆上做装饰的旗。⑦〔麾(huī)〕挥动，指挥。⑧〔远矣西土之人〕这是慰劳的话。西土之人，指从西方来的将士。⑨〔有国冢君〕称同来伐纣的诸侯。有国，即友邦。冢君，大君，等于说首领。⑩〔及庸、蜀、羌、髳(máo)、微、卢(lú)、彭、濮人〕八国都是当时属于武王的部落。⑪〔称〕举。⑫〔比〕并列，紧靠。这里是排列整齐的意思。⑬〔牝(pìn)鸡〕雌鸡。⑭〔惟家之索〕意思是只能使家破败。索，尽，这里有破败、毁败的意思。⑮〔维妇人言是用〕只听妇人的话。⑯〔肆祀〕指对祖先的祭祀。⑰〔昏(mǐn)弃〕弃去。昏，通"泯"，蔑。⑱〔多罪逋(bū)逃〕指罪恶多端的逃犯。逋逃，逃亡。⑲〔是崇是长〕等于说"崇是长是"，抬高这些人，重视这些人。崇，高，这里是抬高的意思。长，以……为长，即重视的意思。⑳〔是信是使〕等于说"信是使是"，相信这些人，使用这些人。㉑〔俾(bǐ)〕使。㉒〔奸宄〕犯法作乱。奸，外乱。宄，通"宄(guǐ)"，内乱。㉓〔齐〕指整顿队伍，使阵列整齐。㉔〔尚〕表示命令或希望。㉕〔桓桓〕威武的样子。㉖〔螭(chī)〕同"螭"，传说中一种似龙的动物。㉗〔克奔〕指能来奔投降者。㉘〔役〕助。㉙〔陈师〕摆开阵势。

◎**大意** 二月甲子的黎明，武王早早地到了商都郊外，举行誓师。武王左手拿着黄色大斧，右手握着用牦牛尾装饰的白色战旗，来指挥军队。他说："远征辛苦了，西土来的将士们！"他接着说："喂！各位诸侯，司徒、司马、司空、亚旅、师氏、千夫长、百夫长，以及庸、蜀、羌、髳、微、卢、彭、濮各国的人们，举起你们的戈，排好你们的盾牌，竖好你们的矛，我要宣誓了。"武王宣誓说："古人有句话说：'母鸡是不报晓的。母鸡报晓，家庭就会崩溃。'现在殷王纣只听妇人的话，抛弃对祖先的祭祀，不报答神恩，昏乱到不理国家大事，遗弃同祖的弟兄而不加任用，却只对天下罪恶多端而逃亡的人那般地尊崇重视，信任重用，让他们暴虐百姓，在商国犯法作乱。现在我姬发恭敬地执行上天的惩罚。有关今天作战之事，每前进六七步，就要停下来整理队伍，各位努力吧！每冲刺四次五次六次七次，就要停下来整理队伍，各位努力吧！希望大家勇武，如虎如罴，如豺如螭，在商都郊野，不要抵制杀害前来投降的人，以让他们为我们服劳役。各位努力吧！你们如果不努力，我将杀掉你们！"誓师完毕，诸侯军队结集者共有四千辆战车，都列阵在牧野。

帝纣闻武王来，亦发兵七十万人距（拒）武王。武王使师尚父与百夫致师①，以大卒②驰帝纣师。纣师虽众，皆无战之心，心欲武王亟③入。纣师皆倒兵④以战，以开⑤武王。武王驰之，纣兵皆崩畔（叛）纣。纣走，反（返）入登于鹿台之上，蒙⑥衣⑦其珠玉，自燔⑧于火而死。武王持大白旗以麾诸侯，诸侯毕拜武王，武王乃揖⑨诸侯，诸侯毕从。武王至商国⑩，商国百姓咸待于郊。于是武王使群臣告语⑪商百姓曰："上天降休⑫！"商人皆再拜稽首⑬，武王亦答拜。遂入，至纣死所。武王自射之，三发而后下车，以轻剑⑭击之，以黄钺斩纣头，县（悬）大白之旗。已而至纣之嬖妾二女，二女皆经⑮自杀。武王又射三发，击以剑，斩以玄钺，县（悬）其头小白之旗。武王已乃出复军。

◎**注释** ①〔致师〕挑战。②〔大卒〕古代军队编制。③〔亟〕急，速。④〔倒兵〕即倒戈，掉转兵器攻击自己一方。⑤〔开〕引导。⑥〔蒙〕包，裹。⑦〔衣（yì）〕穿（衣）。⑧〔燔（fán）〕焚烧。⑨〔揖〕拱手为礼。⑩〔商国〕商之国都。⑪〔告语（yù）〕对……宣告。⑫〔休〕吉庆，美善。⑬〔稽（qǐ）首〕叩头到地。古时九拜礼仪中最恭敬的一种。⑭〔轻剑〕《正义》引《周书》作"轻吕之剑"。轻吕，剑名。⑮〔经〕缢死，上吊。

◎**大意** 纣帝听说武王率兵攻来，也发兵七十万人抵御武王。武王派师尚父带领一百名勇士冲入敌阵挑战，然后用大部队杀向纣的军队。纣的士兵尽管很多，但都没有作战的决心，只是希望武王赶快攻进来。纣的士兵都倒转兵器攻击自己一方，给武王开路。武王命令追击纣军，纣兵全部溃散而背叛了纣王。纣逃走，逃回城内，登上鹿台，穿上他的宝贵玉衣，自焚而死。武王手持大白旗指挥诸侯，诸侯都拜谢武王，武王也向诸侯揖手为礼，诸侯都听从他的指挥。武王来到商的都城，商朝百官都在城外迎候他。于是武王让大臣告诉商的百官说："上天赐给大家幸福！"商朝百官都拜谢叩头，武王向他们回礼。于是进城，到了纣自焚的地方。武王亲自用箭射纣尸，连射三次然后下车，用宝剑击纣，再用铜制大斧砍下纣的头，悬挂在大白旗上。随后走到纣宠爱的两个妃子那里，两个妃子都自缢而死了。武王又射三箭，再用剑击，然后用铁制大斧斩下她们的头，悬挂在小白旗上。武王这才出城回到军中。

其明日，除道，修社及商纣宫。及期，百夫荷①罕旗②以先驱。武王弟叔振铎奉陈常车③，周公旦把大钺，毕公④把小钺，以夹⑤武王。散宜生、太颠、闳夭皆执剑以卫武王。既入，立于社南，大卒之左右毕从。毛叔郑奉明水⑥，卫康叔封布兹⑦，召公奭赞采⑧，师尚父牵牲⑨。尹佚策祝⑩曰："殷之末孙季纣，殄废⑪先王明德，侮蔑神祇⑫不祀，昏暴商邑百姓，其章（彰）显闻于天皇上帝。"于是武王再拜稽首，曰："膺⑬受大命，革⑭殷，受天明命。"武王又再拜稽首，乃出。

◎**注释** ①〔荷（hè）〕担负。②〔罕旗〕有九条飘带的旗帜。③〔奉陈常车〕奉，献。陈，陈列。常车，仪仗车。④〔毕公〕梁玉绳以为是"召公"之误。⑤〔夹〕在左右侍卫。⑥〔明水〕指明月夜里的露水。⑦〔布兹〕布，铺设。兹，草席。⑧〔赞采〕赞，奉献。采，币帛，丝织品。⑨〔牲〕供祭祀用的家畜。⑩〔策祝〕读策书祝文。⑪〔殄废〕灭绝。⑫〔神祇（qí）〕泛指神鬼。祇，地神。⑬〔膺〕受，接受。⑭〔革〕革除，废除。

◎**大意** 第二天，清除道路，整治土地神的祭坛和纣的宫室。到了规定的时间，一百名壮士打着云罕旗在前面开路。武王的弟弟叔振铎献上威仪之车，周公旦手持大钺，毕公手持小钺，站在武王左右。散宜生、太颠、闳夭都持剑保卫武王。进城后，武王站在土神祭坛南面大部队的左边，左右随从都跟在后面。毛叔郑捧着洁净之水，卫康叔封铺开席子，召公奭（shì）奉献五色的彩帛，师尚父牵祭牲。尹佚朗读策祝文说："殷朝的末代子孙纣，毁败废弃先王的美德，侮辱神明并废除祭祀，昏乱暴虐地对待商国百姓，其罪恶昭著上天都知道了。"于是武王先后两次叩头拜谢，说："我承受改朝换代的重大天命，革除殷朝政权，一定遵从上天的命令。"武王又两次叩拜，才出去。

封商纣子禄父殷之余民。武王为殷初定未集①，乃使其弟管叔鲜、蔡叔度相②禄父治殷。已而命召公释箕子之囚。命毕公释百姓之囚，表③商容之闾。命南宫括散鹿台之财，发④钜桥之粟，以振（赈）贫弱萌（氓）隶⑤。命南宫括、史佚展⑥九鼎⑦保（宝）玉。命闳夭封比干之墓。命宗祝享祠⑧于军。乃罢兵西归。行狩⑨，记政事，作《武成》⑩。封诸侯，班（颁）赐⑪宗彝⑫，作《分殷之器物》⑬。武王追思先圣王，乃褒封神农之后于焦，黄帝之后于祝，帝尧之后于蓟，帝舜之后于陈，大禹之后于杞。于是封功臣谋士，而师尚父为首封⑭。封尚父于营丘，曰齐。封弟周公旦于曲阜，曰鲁。封召公奭于燕。封弟叔鲜于管，弟叔度于蔡。余各以次受封。

◎**注释** ①〔集〕和睦，安定。②〔相〕辅佐。③〔表〕称表，表彰。④〔发〕散发。⑤〔萌隶〕指民众。萌，通"氓（méng）"，外来的百姓，也泛指老百姓。隶，奴隶。⑥〔展〕展示，展览。⑦〔九鼎〕相传夏禹收天下之金铸成九鼎，象征九州。后来成了象征国家政权的传国之宝。成汤迁之于商邑，周武王迁之于雒邑。⑧〔享祠〕祭祀鬼神。⑨〔行狩〕到各诸侯国巡视。⑩〔《武成》〕古文《尚书》篇名。⑪〔班赐〕分赐。班，同"颁"，颁发。⑫〔宗彝〕宗庙里用来盛酒的礼器。⑬〔《分殷之器物》〕《尚书》篇名，已亡佚。⑭〔首封〕在分封的各诸侯王之中，位次第一。

◎**大意** 武王把殷国留存的百姓分封给商纣的儿子禄父。武王因为殷地刚平定，还没完全安定，就让他的弟弟管叔鲜、蔡叔度辅佐禄父治理殷国。不久命令召公把箕子从牢狱中释放出来。命毕公从牢狱中放出百姓，修治商容的故居。命南宫括散发鹿台的钱财和钜桥的粮食，来救济贫苦无力的百姓。命南宫括、史佚展示九鼎和宝玉。命闳夭加土增修比干的坟墓。命掌管祭祀的官员祭奠阵亡的将士。于是撤兵返回西土。他沿途巡视，记载政事，作《武成》。分封诸侯，分别赐给他们宗庙所藏宝器，作《分殷之器物》。武王追念先代的圣明帝王，于是表彰分封神农的后代到焦地，黄帝的后代到祝地，尧帝的后代到蓟地，舜帝的后代到陈地，大禹的后代到杞地。又分封功臣谋士，师尚父得到最高的封赐。封师尚父于营丘，国号齐。封周公旦于曲阜，国号鲁。封召公奭于燕，封弟弟叔鲜于管，弟弟叔度于蔡。其余的人也按等受封。

武王征①九牧之君②，登豳之阜③，以望商邑。武王至于周，自夜不寐。周公旦即④王所，曰："曷为不寐？"王曰："告女（汝）：维⑤天不飨（享）⑥殷，自发未生于今六十年，麋鹿在牧⑦，蜚鸿⑧满野。天不享殷，乃今有成。维天建殷，其登名民⑨三百六十夫⑩，不显亦不宾（摈）灭⑪，以至今。我未定⑫天保⑬，何暇寐！"王曰："定天保，依⑭天室，悉求夫恶，贬从殷王受⑮。日夜劳来⑯定我西土，我维显服⑰，及德方明。自雒汭延于伊汭，居易毋固，其有夏之居。我南望三涂，北望岳鄙⑱，顾詹（瞻）⑲有河，粤⑳詹雒、伊，毋远天室。"营㉑周居于雒邑而后去。纵马㉒于华山之阳㉓，放牛于桃林之虚㉔；偃㉕干戈，振兵释旅㉖：示天下不复用也。

◎**注释** ①〔征〕召集。②〔九牧之君〕九州的长官。③〔阜〕土山。④〔即〕走近，到。⑤〔维〕句首语气词。⑥〔飨〕同"享"，鬼神享用祭品。⑦〔牧〕郊区。⑧〔蜚鸿〕一种害虫。⑨〔名民〕贤人。⑩〔夫〕成年男子。⑪〔宾（bìn）灭〕灭除。宾，通"摈"，遗弃，排斥。⑫〔定〕确定，稳固。⑬〔天保〕皇统，国运。⑭〔依〕使服从。⑮〔贬从殷王受〕像处置殷王那样处置他。从，随，像……一样。受，即纣。⑯〔劳来（lào lài）〕勤勉努力。"劳""来"同义。⑰〔显服〕办好各种事情。显，明。服，事。⑱〔鄙〕边远之地。⑲〔顾詹〕回望。詹，通"瞻"，远望。⑳〔粤〕句首语气词，无义。㉑〔营〕度量，测量。㉒〔纵马〕放马，牧马。㉓〔阳〕山的南面。㉔〔虚〕区域，所在地。㉕〔偃〕倒下，这里是放倒、放下的意思。㉖〔振兵释旅〕整顿部队，然后解散。振，整顿。释，解散。旅，古代以士卒五百人为一旅。这里泛指军队。

◎**大意** 武王召集九州的州牧，登上豳城附近的土山，远望商朝的国都。武王回到周地，夜间不能安睡。周公旦来到武王住所，问道："为什么不能安睡呢？"武王说："告诉你：上天不享用殷朝的祭祀，从我还没出生到现在六十年间，田野荒芜，民不聊生。上天不保护殷朝，才有我们今天的功业。当上天建立殷朝时，曾任用贤人三百六十人辅佐殷朝，成绩虽不显著，但也不至于灭亡，后来竟发展到今天这种情况。我不能确定上天对周是否保佑，哪有工夫睡呢？"武王又说："我要求上天一定保佑周朝，使天下的人都依从中央，我要把恶人全部找出来，像惩罚纣那样惩罚他们。我要不分日夜地慰劳百姓，使我西土安定，我要弄清各种事情，直到周朝的德行光照四方。从雒水边上一直到伊水边，地势平坦没有险阻，这原是夏人所居之地。我南望三涂山，北望太行山，观察黄河，东望雒水、伊水，这些地方都是营建都城的好处所。"于是营建了雒邑作为周朝的陪都，然后才离开。把马放养到华山南面，把牛放养到桃林原野；把兵器收藏起来，整军班师并解散军队：向天下人表示再也不用这些了。

武王已克①殷，后二年，问箕子殷所以亡。箕子不忍言殷恶，以存亡国宜②告。武王亦丑③，故问以天道④。

◎**注释** ①〔克〕打败，战胜。②〔存亡国宜〕存国与亡国的事宜。宜，事宜，适宜的事。③〔丑〕感到羞惭。④〔天道〕指治理天下的道理。

◎**大意** 武王灭殷以后，经过两年，问箕子殷朝灭亡的原因。箕子不忍说殷的缺失，便把国家存亡的道理告诉武王。武王也感到难为情，转而询问治理天下的大道理。

武王病。天下未集，群公惧，穆①卜，周公乃祓②斋，自为质③，欲代武王，武王有瘳④。后而崩，太子诵代立，是为成王。

◎**注释** ①〔穆〕恭敬地。②〔祓（fú）〕古代习俗，为去灾除邪而举行仪式。③〔质〕抵押品。这里是指周公自己愿意代替武王生病。④〔瘳（chōu）〕病愈。

◎**大意** 武王生了病。当时天下还没有安定，群臣惶恐，恭敬地占卜，周公斋戒沐浴，祭祀鬼神为武王求福，愿意替代武王生病死去，武王的病好转了。后来武王崩逝，太子诵继承王位，就是成王。

成王少，周初定天下，周公恐诸侯畔（叛）周，公乃摄行①政当国②。管叔、蔡叔群弟疑周公，与③武庚作乱，畔（叛）周。周公奉成王命，伐诛④武庚、管叔，放⑤蔡叔。以微子开⑥代殷后，国⑦于宋。颇收殷余民，以封武王少弟封为卫康叔。晋唐叔得嘉谷⑧，献之成王，成王以归（馈）⑨周公于兵所。周公受禾东土，鲁⑩天子之命。初，管、蔡畔（叛）周，周公讨之，三年而毕定，故初作《大诰》⑪，次作《微子之命》⑫，次《归禾》⑬，次《嘉禾》⑭，次《康诰》⑮《酒诰》⑯《梓材》⑰，其事在《周公》之篇⑱。周公行政七年，成王长，周公反（返）⑲政成王，北面⑳就群臣之位。

◎**注释** ①〔摄行〕代理执行。②〔当国〕主持国事。③〔与〕联合。④〔伐诛〕诛杀，杀死。⑤〔放〕流放。⑥〔开〕本为"启"，这里是避汉景帝刘启讳改作"开"。⑦〔国〕这里是立国、建国的意思。事详《宋微子世家》。⑧〔嘉谷〕奇特的谷穗（被视为祥瑞）。⑨〔归（kuì）〕通"馈"，赠送。⑩〔鲁〕嘉美，颂扬。⑪〔《大诰》〕《尚书》篇名。⑫〔《微子之命》〕古文《尚书》篇名。《集解》引孔安国曰："封命之书。"封命指封命微子代殷后。⑬〔《归禾》〕《尚书》篇名。⑭〔《嘉禾》〕《尚书》篇名。⑮〔《康诰》〕《尚书》篇名。为周公对康公的训诫之辞。⑯〔《酒诰》〕《尚书》篇名，内容是周公告诫康公以殷为鉴，戒除嗜酒之风。⑰〔《梓材》〕《尚书》篇名。⑱〔其事在《周公》之篇〕意思是这件事记载在《鲁周公世家》中。⑲〔反〕同"返"，这里是交还的意思。⑳〔北面〕古代君主面南而坐，臣子朝见君主则面北，所以谓称臣为北面。

◎**大意** 成王年少，周朝刚平定天下，周公担心诸侯背叛，便代理成王主持国家政务。管叔、蔡叔等诸弟怀疑周公，勾结武庚作乱，背叛周朝。周公奉成王之命，进行讨伐，杀了武庚、管叔，流放了蔡叔。用微子启代殷后，在宋地建立国家。广泛召集殷朝遗民，赐给武王的幼弟姬封，封他为卫康叔。晋唐叔得到一种代表祥瑞的谷子，献给成王，成王又派人送到兵营赠给周公。周公在东方接受了谷物，并宣布了成王的命令。当初，管叔、蔡叔反叛周朝，周公去讨伐他们，经过三年才完全平定了这场叛乱，所以周公开始作《大诰》，又依次作了《微子之命》《归禾》《嘉禾》《康诰》《酒诰》《梓材》等篇，这些事情记载在《鲁周公世家》中。周公主持国家政务七年，成王长大了，周公将政权交还成王，自己坐南面北退居到臣下的位置。

　　成王在丰，使召公复营雒邑，如①武王之意。周公复卜申②视，卒③营筑，居④九鼎焉。曰："此天下之中，四方入贡道里⑤均。"作《召诰》《洛诰》⑥。成王既迁殷遗民，周公以王命告，作《多士》《无佚》⑦。召公为保，周公为师⑧，东伐淮夷，残⑨奄，迁其君薄姑。成王自奄归，在宗周，作《多方》⑩。既绌（黜）⑪殷命，袭淮夷，归在丰，作《周官》⑫。兴正礼乐，度制于是改，而民和睦，颂声兴。成王既伐东夷，息慎来贺，王赐荣伯作《贿息慎之命》⑬。

◎**注释** ①〔如〕顺，遵从。②〔申〕重复，多次。③〔卒〕最终。④〔居〕安放。⑤〔道里〕指路途的远近。⑥〔《召（shào）诰》《洛诰》〕《尚书》篇名。召公主持营建雒邑，周公前去视察，作《召诰》《洛诰》。⑦〔《多士》《无佚》〕《尚书》篇名。⑧〔师〕太师。⑨〔残〕伤害，毁坏。这里是消灭的意思。

⑩〔《多方》〕《尚书》篇名。⑪〔绌〕通"黜",罢黜,废除。⑫〔《周官》〕古文《尚书》篇名。⑬〔《贿息慎之命》〕《尚书》篇名,已亡佚。

◎**大意** 成王在丰镐,派召公再次营建雒邑,按照武王原先的旨意进行。周公又进行占卜,并前往勘察,终于建造完成,把九鼎安放在那里。他说:"这里是天下的中心,四方进贡的里程均等。"作《召诰》《洛诰》。成王把殷的遗民迁到那里后,周公向他们宣告成王的命令,写下了《多士》《无佚》。召公担任太保,周公担任太师,向东讨伐淮夷,消灭了奄国,将其国君迁到薄姑。成王从奄国回来,在宗周写下了《多方》。成王消灭了殷朝的残余势力,袭击了淮夷,回到丰镐,写下了《周官》。从此创作并订正礼仪音乐,改革法令制度,百姓和睦,颂歌四起。成王讨伐东夷以后,息慎族前来朝贺,成王命令荣伯作《贿息慎之命》。

成王将崩,惧太子钊之不任①,乃命召公、毕公率诸侯以相太子而立之。成王既崩,二公率诸侯,以太子钊见于先王庙,申告以文王、武王之所以为王业之不易,务在节俭,毋多欲,以笃信临之②,作《顾命》③。太子钊遂立,是为康王。康王即位,遍告诸侯,宣告以文武之业以申之,作《康诰》④。故成康之际,天下安宁,刑错(措)⑤四十余年不用。康王命作策⑥毕公分居里⑦,成周郊⑧,作《毕命》⑨。

◎**注释** ①〔不任〕担不起,胜任不了。②〔临之〕指临朝政,治理国政。③〔《顾命》〕《尚书》篇名。④〔《康诰》〕《尚书》篇名,古文《尚书》作《康王之诰》。⑤〔错〕同"措",放置,搁放。⑥〔策〕策书,古代帝王对臣下使用的一种文书,用以书教令。⑦〔分居里〕划分民众居住的区域。⑧〔成周郊〕划定京都郊区范围。⑨〔《毕命》〕《尚书》篇名。

◎**大意** 成王临终之际,担心太子钊不能胜任天子之职,便命召公、毕公率领诸侯辅佐太子登位。成王逝世后,召公和毕公率领诸侯,引导太子钊拜见先王庙,反复告诫他文王、武王创立王业不易,让他力求节俭,不贪欲,以诚信的态度来治理天下，写成了《顾命》。太子钊于是即位，就是康王。康王即位，向所有诸侯宣告，用文王、武王的事业来勉励他们，写下了《康诰》。因此成王、康王之际，天下安宁，刑具搁置四十多年没有使用。康命写作策命的毕公划分民众居住的区域，划定京都郊区范围，写下了《毕命》。

　　康王卒，子昭王瑕立。昭王之时，王道微缺①。昭王南巡狩不返②，卒于江上。其卒不赴告③，讳之也。立昭王子满，是为穆王。穆王即位，春秋④已五十矣。王道衰微，穆王闵⑤文武之道缺，乃命伯臩申诫太仆国之政，作《臩命》⑥。复宁。

◎**注释**　①〔微缺〕衰微，衰落。"微""缺"同义。②〔昭王南巡狩不返〕《正义》引《帝王世纪》云："昭王德衰，南征，济于汉，船人恶之，以胶船进王，王御船至中流，胶液船解，王及祭公俱没于水中而崩。"③〔赴告〕讣告，报丧。④〔春秋〕指年龄。⑤〔闵〕忧伤。⑥〔《臩（jiǒng）命》〕古文《尚书》篇名。
◎**大意**　康王去世，儿子昭王瑕即位。昭王在位时，王道略有缺失。昭王到南方视察未能返回，死在江中。他死后没有向诸侯报丧，是因为想掩饰这件事。昭王的儿子满即位，就是穆王。穆王即位时，已经五十岁了。这时王道衰微，穆王哀叹文王、武王传下的王道缺失，于是命令伯臩为太仆，告诫他应该注意国家的政事，写下了《臩命》。天下再度安宁。

　　穆王将征犬戎，祭公谋父谏曰："不可。先王耀德不观兵①。夫兵戢②而时动③，动则威，观则玩④，玩则无震⑤。是故周文公之颂⑥曰：'载⑦戢干戈，载櫜⑧弓矢，我求懿德⑨，肆⑩于时⑪夏⑫，允⑬王保之。'先王之于民也，茂（懋）⑭正其德而厚其性，阜⑮其财求而利其器用，明利害之乡，以文⑯修之，使之务利而辟害，怀德而畏威，故能保世以滋大。昔我先王世后稷⑰以服事虞、夏。及夏之衰也，弃稷不务，我先王不窋用⑱失其官，而自窜⑲于戎狄之间。不敢怠业，时序⑳其德，遵修其绪㉑，修其训典㉒，朝夕恪勤㉓，守以敦笃，奉以忠信。奕世㉔载德，不忝㉕前人。至于文王、武王，昭㉖前之光明而加之以慈和，事神保民，无不欣喜。商王帝辛大恶于民，庶民不忍，䜣（欣）载（戴）武王㉗，以致戎于商牧㉘。是故先王非务武也，劝恤民隐㉙而除其害也。夫先王之制，邦内㉚甸服㉛，邦外侯服㉜，侯卫宾服㉝，夷蛮㉞要服㉟，戎翟（狄）㊱荒服。甸服者祭㊲，侯服者祀㊳，宾服者享㊴，要服者贡㊵，荒服者王㊶。日祭㊷，月祀㊸，时享㊹，岁贡㊺，终王㊻。先王之顺（训）㊼祀也，有不祭则修意㊽，有不祀则修言㊾，有不享则修文㊿，有不贡则修名㉛，有不王则修德㉜，序成㉝而有不至则修刑。于是有刑不祭，伐不祀，征㊷不享，让㊸不贡，告（诰）㊹不王。于是有刑罚之辟㊺，有攻伐之兵，有征讨之备㊻，有威让之命，有文告之辞㊼。布㊽令陈辞而有不至，则增修于德，无㊾勤民于远。是以近无不听，远无不服。今自大毕、伯士之终㉗也，犬戎氏以其职㉘来王，天子㉙曰'予必以不享征之，且观之兵'，无乃㉚废先王之训，而王几顿㉛乎？吾闻犬戎树敦㉜，率㉝旧德㉞而守终㉟纯固㊱，其有以御我矣。"王遂㊲征之，得四白狼四白鹿以归。自是荒服者不至。

◎**注释** ①〔观兵〕炫耀武力。②〔戢（jí）〕聚集。③〔时动〕适时出动。④〔玩〕轻视，习惯而不经心。⑤〔震〕惧怕。⑥〔周文公之颂〕指《诗经·周颂·时迈》。周文公，周公旦的谥号。⑦〔载〕句首语气词，无义。⑧〔櫜（gāo）〕古代收藏弓箭的袋子。这里是用箭袋收藏的意思。⑨〔懿（yì）德〕美德。⑩〔肆〕传布。⑪〔时〕是，此。⑫〔夏〕华夏，指中国。⑬〔允〕确实，一定。⑭〔茂〕通"懋"，勉力，尽力。⑮〔阜〕物资多。这里是使……多的意思。⑯〔文〕指礼法。⑰〔世后稷〕世代做农官。⑱〔用〕因此。⑲〔窜〕流浪。⑳〔序〕布舒、宣扬。㉑〔绪〕事业。㉒〔训典〕指教化法度。㉓〔恪勤〕恭谨而努力。㉔〔奕世〕累世。奕，累，重。㉕〔忝〕辱没，玷污。㉖〔昭〕使光大。㉗〔䜣（xīn）载武王〕高兴地拥戴武王。䜣，同“欣”。载，通“戴”。㉘〔商牧〕商都郊野，即牧野。㉙〔隐〕伤痛，痛苦。㉚〔邦内〕国都郊外四周五百里以内。㉛〔甸服〕国都郊外四周五百里的地区。服，服侍，服役，指为天子服役。㉜〔侯服〕甸服以外的五百里地区。㉝〔侯卫宾服〕意思是侯服至卫服总称宾服。㉞〔夷蛮〕古代对东方、南方少数民族的总称，东部的叫夷，南部的叫蛮。㉟〔要（yāo）服〕这里指宾服以外的五百里地区。㊱〔戎翟（dí）〕古代对西方、北方少数民族的总称。戎，指西戎。翟，同“狄”，北狄。㊲〔祭〕指供给祭祀天子祖父和父亲的祭品。㊳〔祀〕指供给祭祀天子高祖、曾祖的祭品。㊴〔享〕献，指供给祭祀天子远祖的祭品。㊵〔贡〕纳贡，指供给天子祭神的祭品。㊶〔王〕朝见天子。㊷〔日祭〕每日祭祀。㊸〔月祀〕每月祭祀。㊹〔时享〕按季贡献祭品。㊺〔岁贡〕每年纳贡。㊻〔终王〕将朝见周天子作为终身的职责。㊼〔顺〕通“训”，教诲，教导。㊽〔修意〕指检查自己的思想意念。㊾〔言〕指言语号令。㊿〔文〕指典法，法律制度。(51)〔名〕名分，名号，指上下尊卑和贡赋的等级。(52)〔德〕文德，指仁义礼乐等教化。(53)〔序成〕指以上五种依次做完了。(54)〔征〕征讨，讨伐。(55)〔让〕责备，谴责。(56)〔告〕同“诰”，谕告，指上告下。(57)〔辟〕法。(58)〔备〕指武力装备。(59)〔辞〕文书，公文。(60)〔布〕发布。(61)〔无〕不可，不要。(62)〔终〕死。(63)〔职〕职分，指“荒服者王”的职分。(64)〔天子〕这里指周穆王。(65)〔无乃〕不是，恐怕。(66)〔顿〕疲困。(67)〔树敦〕犬戎君主名。(68)〔率〕遵从。(69)〔旧德〕指祖先传下来的美好品德、风尚。(70)〔守终〕指能守其“终王”的职分。(71)〔纯固〕专一。(72)〔遂〕终于。

◎**大意**　穆王将要征讨犬戎，祭公谋父劝阻说：“不能征讨。先王显示美德而不炫耀武力。平时蓄积兵力，等需要时适时出动，一出动就有威势，炫耀武力就会随便使用，随便使用兵力就不会有威慑力。因此周公所作的颂诗说：‘收起干戈，藏好弓箭，我求美善之德，尽情歌大夏之乐，的确是只有周武王才能保有这美善之德。’先王对于老百姓，尽力使他们端正品德而使其性情纯厚，增加他们的财富并改良他们的器物，使他们懂得利益或祸害之所在，用文化德教陶冶他们，使他们专心求利而避害，感怀恩德而畏惧威势，所以先王能够世代保有天下并日益强大。从前我们的祖先世代担任农官,服事虞、夏。等到夏朝衰败时,废除农官而不注重农业生产,我们的祖先不窋因而失掉官职,自己逃避到戎狄居住的地区。但是他不敢荒怠农业,还是保持他的德行,继续他的事业,完善他的教化法度,早晚恭谨努力,用敦厚虔诚的态度来保持这一切,以忠诚的态度来奉行这一切。后来世代继承这种美德,没有愧对先人的地方。到了文王、武王时,发扬前代的美德,再加上他们慈爱和善,敬事神明,保护人民,使人神没有不欣喜的。商王辛罪大恶极,民众忍受不了他的统治,都高兴地拥戴武王,以致武王在商郊牧野打败商王。由此可见先王并非崇尚武事,只是尽力体恤民生并为民除害。先王的制度,国都近郊叫甸服,甸服以外叫侯服,侯服外面叫宾服,蛮夷居住的地区叫要服,戎狄居住的地区叫荒服。甸服国要参与祭祀天子的祖父、父亲,侯服国要参与祭祀天子的高祖、曾祖,宾服国要献上祭祀天子始祖的祭品,要服国要纳贡,荒服国要承认周王朝的正统。甸服国参加日祭,侯服国参加月祀,宾服国按四季献上祭品,要服国按年纳贡,荒服国终身承认周王朝的正统。先王为了推行上述祭祀制度,对不来参加日祭的人则修明自己的诚意,对不来参加月祀的人则修明自己的号令,对不献祭品的人则修明自己的教化,对不纳贡的人则修明自己的法典,对不归服周王的人则修明自己的德化,上面一切都依次做到了,还是有不来祭祀或朝贡的人,就要使用刑罚或武力。于是对不祭的依法惩治,对不祀的予以讨伐,对不享的进行征剿,对不贡的进行责备,对不归服的进行劝告。因而有刑罚的法律,有讨伐的军队,有征剿的措施,有严厉责备的命令,有劝告的文辞。在宣布号令或责备劝告以后仍有不来朝贡的人,便进一步修明自己的道德,不要使民众劳苦远征。这样就会使近处没人不听从,远方没人不归服。现在自从大毕、伯士归服后,犬戎族一直遵照他们的职责来朝见周王,您却说'我一定要按不享的罪名征伐他们,而且向他们炫耀兵力',这不是废弃先王的教诲,破坏先王制度的做法吗?我听说犬戎的国主树敦,能够遵循祖先传下的道德并始终如一地固守,他们有抵御我们的办法。"穆王还是去征讨犬戎,只获得四只白狼和四头白鹿回来。从此以后荒服之地的人再也不来朝见了。

诸侯有不睦者,甫侯言于王,作修刑辟[①]**。王曰:"吁**[②]**,来!有国**[③]

有土④，告汝祥刑⑤。在今尔安百姓，何择非其人⑥，何敬非其刑⑦，何居非其宜与⑧？两造具备⑨，师⑩听⑪五辞⑫。五辞简信⑬，正于五刑⑭。五刑不简，正于五罚⑮。五罚不服⑯，正于五过⑰。五过之疵⑱，官狱内狱⑲，阅实其罪，惟钧（均）其过⑳。五刑之疑有赦，五罚之疑有赦，其审克㉑之。简信有众㉒，惟讯有稽㉓。无简㉔不疑，共严㉕天威。黥辟㉖疑赦，其罚百率（锊）㉗，阅实其罪。劓辟疑赦，其罚倍洒㉘，阅实其罪。膑辟疑赦，其罚倍差㉙，阅实其罪。宫辟疑赦，其罚五百率，阅实其罪。大辟㉚疑赦，其罚千率，阅实其罪。墨罚之属千，劓罚之属千，膑罚之属五百，宫罚之属三百，大辟之罚其属二百：五刑之属三千。"命曰《甫刑》㉛。

◎ **注释** ①〔刑辟〕刑法。辟，法度，法律。②〔吁〕叹词。③〔有国〕有国者，指诸侯。④〔有土〕有土者，指有采地的大臣。⑤〔祥刑〕善刑。⑥〔何择非其人〕意思是选择什么呢，不是那些贤人吗？⑦〔何敬非其刑〕应该严肃对待什么，不是刑罚吗？敬，严肃，认真。⑧〔何居非其宜与〕应该怎样处理事务呢，不是使用刑罚得当吗？居，举，这里指办事。宜，合宜，指用刑得当。⑨〔两造具备〕指原告和被告双方到齐了。⑩〔师〕士师，典狱官。⑪〔听〕治。⑫〔五辞〕旧注以为是五种审讯方法。⑬〔简信〕确凿无疑。简，诚实。信，确实。⑭〔正于五刑〕按五种刑罚判决。正，定罪。五刑，即下文的墨、劓（yì）、膑、宫、大辟。⑮〔罚〕出钱赎罪。⑯〔服〕从，这里有合适的意思。⑰〔五过〕五种过失。⑱〔疵〕毛病，弊病。⑲〔官狱内狱〕官狱，谓贵官之狱。内狱，谓中贵之狱。⑳〔阅实其罪，惟钧其过〕意思是狱官若犯了上述罪行，查实后和犯人同罪。阅，考核，核查。钧，通"均"。㉑〔审克〕审核清楚。㉒〔简信有众〕在众人中加以核实。㉓〔稽〕合，同，即与事实相符。㉔〔无简〕指没有确凿证据。㉕〔严〕尊敬，敬畏。㉖〔黥（qíng）辟〕即墨刑，刺面，涂以墨。㉗〔其罚百率（lüè）〕意思是罚钱六百两。率，同"锊"，古代重量单位，一锊为六两。㉘〔倍洒〕多倍倍，一倍。洒，一作"蓰"，五倍。㉙〔倍差〕加一倍半多，不到两倍。㉚〔大辟〕死刑。五刑之一。㉛〔《甫刑》〕即《尚书·吕刑》。

◎**大意** 诸侯中有不亲睦的，甫侯把此事告诉了穆王，于是修治刑法。穆王说："喂，来吧！你们这些有国家有土地的人，让我告诉你们善于用刑之道。现在你们来安定百姓，不就是选择善于用刑的贤人吗，要谨慎对待的不就是刑法吗，要使案件处理恰当不就是量刑要适宜吗？诉讼双方都到齐了，法官要从五个方面考察供词。五方面都考核证实了，就依照五刑予以判决。判五刑的材料还不核实，便按五罚来定罪。如果五罚还不能使犯人心服，就再从轻照五过的规定赦免。用五过规定赦免存在的弊端是，狱官假公济私和受权势者干预而不能恰当地定罪，审判官犯了这些错误，查实后要与犯人同罪。用五刑定罪而有疑问，要从轻发落，用五罪定罪而有疑问，也要从轻发落，要认真思考，恰当量刑。断案要取信于民，一定要用事实核查口供。没有核查的案件就不要定罪，但也不要一味从轻处理，要严肃法纪，维护天威。处以黥刑有疑而要从轻发落的，罚金一百，但要在核查之后给以应得之罪。处以劓刑有疑而要从轻发落的，罚金应是黥刑的多倍，在核实之后给以应得之罪。处以膑刑有疑而要从轻发落的，罚金应是劓刑的一倍多，在核实之后给以应得之罪。处以宫刑有疑而要从轻发落的，罚金五百两，在核实之后给以应得之罪。处以死刑有疑而要从轻发落的，罚款一千两，在核实之后给以应得之罪。黥刑的法律条文有一千条，劓刑的法律条文有一千条，膑刑的法律条文有五百条，宫刑的法律条文有三百条，死刑的法律条文有二百条；五刑的法律条文共三千条。"称作《甫刑》。

穆王立五十五年，崩，子共王繄扈立。共王游于泾上，密康公从，有三女奔①之。其母曰："必致②之王。夫兽三为群，人三为众，女三为粲③。王田④不取群，公⑤行不下众⑥，王御⑦不参一族⑧。夫粲，美之物也。众以美物归（馈）女（汝），而何德以堪之？王犹⑨不堪，况尔之小丑⑩乎！小丑备物，终必亡。"康公不献，一年，共王灭密。共王崩，子懿王囏立。懿王之时，王室遂衰，诗人作刺⑪。

◎**注释** ①〔奔〕这里指投奔。②〔致〕送上，献给。③〔粲（càn）〕众多。这里指美女众多。④〔田〕田猎，打猎。⑤〔公〕指诸侯。⑥〔下众〕对众人谦下。⑦〔御〕嫔妃。⑧〔不参（sān）一族〕意思是不能娶同胞三姊妹。参，三。⑨〔犹〕尚且。⑩〔小丑〕等于说小人物。丑，类。⑪〔作刺〕作诗加以讽刺。

◎**大意** 穆王在位五十五年，崩逝，儿子共王繄（yī）扈即位。共王在泾水边游猎，密康公跟着，有三个女子投奔他。密康公的母亲说："你一定要将她们献给周共王。三兽为群，三人为众，三女为粲。天子行猎不取过多的野兽，诸侯行路不可以使众人下车致敬，王娶嫔妃不能娶同一家的三个女儿。三个女子，是美的事物。人们把美人送给你，你有什么德行享受得起娶三女的福分呢？君王还不行，何况你这样的小辈？小辈得到宝物，最终必然灭亡。"密康公不肯把她们献给周王，一年后，共王灭了密国。共王逝世，儿子懿王囏（jiān）即位。懿王在位期间，周王室衰败，诗人加以讥刺。

懿王崩，共王弟辟方立，是为孝王。孝王崩，诸侯复立懿王太子燮，是为夷王。

◎**大意** 懿王逝世，共王的弟弟辟方即位，就是孝王。孝王逝世，诸侯又拥立懿王的太子燮，就是夷王。

夷王崩，子厉王胡立。厉王即位三十年，好利，近荣夷公。大夫芮良夫谏厉王曰："王室其①将卑②乎？夫荣公好专③利而不知大难。夫利，百物之所生也，天地之所载也，而有专之，其害多矣。天地百物皆将取焉，何可专也？所怨④甚多，而不备大难。以是教王，王其⑤能久乎？夫王人者⑥，将导⑦利而布之上下者也。使神人百物无不得极⑧，犹日怵惕⑨惧怨之来也。故《颂》⑩曰'思文后稷，克⑪配⑫彼天，立我蒸（烝）⑬民，莫匪（非）尔极⑭'。《大雅》⑮曰'陈⑯锡⑰载⑱周'。

是不布利而惧难乎，故能载周以至于今。今王学专利，其可乎？匹夫⑲专利，犹谓之盗，王而⑳行之，其归㉑鲜矣。荣公若用，周必败也。"厉王不听，卒以荣公为卿士，用事㉒。

◎**注释** ①〔其〕恐怕，大概。②〔卑〕衰微。③〔专〕独占，独享。④〔所怒〕所触怒的人。⑤〔其〕难道。⑥〔王（wàng）人者〕做人之王的人，统治天下的人。⑦〔导〕开。⑧〔极〕中正，标准，法则。⑨〔怵惕〕警惕。⑩〔《颂》〕指《诗经·周颂·思文》。⑪〔克〕能够。⑫〔配〕匹配。⑬〔蒸〕同"烝"，众，众多。⑭〔尔极〕等于说"极尔"，意思是把你当作榜样。⑮〔《大雅》〕指《诗经·大雅·文王》。⑯〔陈〕布施。⑰〔锡〕赐予。⑱〔载〕开始，开创。⑲〔匹夫〕凡夫，平民。⑳〔而〕如果。㉑〔归〕归服、归顺。㉒〔用事〕主管国事，掌权。

◎**大意** 夷王逝世，儿子厉王胡即位。厉王在位三十年，贪图财利，亲近荣夷公。大夫芮良夫劝谏厉王说："王室恐怕要衰落了吧？荣夷公喜欢垄断财利却不知道大难临头。财利本是天地万物所生所长，是自然界所有的，如果有人想独占它，就会带来很多祸患。天地万物是供大家获取的，怎么可以独占呢？他触怒的人很多，却不防备大难。还用这些来教君王，您难道还能长久统治国家吗？作为君王，应该开发财源而遍施其惠。要使神人万物各得其所，还要每天提心吊胆，唯恐招来怨恨。所以《诗经·周颂·思文》说：'追念祖先后稷，能够与天神相配，使我们民众安居立业，没有谁不以你为榜样。'《诗经·大雅·文王》说：'普遍地给民众赐福成就了周的天下。'这不正是广施财利而又畏惧灾难吗？所以能成就周朝的事业直到今天。现在您学习独占财利，这怎么可以呢？一般人独占财利，还被称作强盗，您如果这样，那么归附您的人就少了。荣夷公若得重用，周朝必定衰败。"厉王不听，还是任用荣夷公为卿士，主管国事。

王行暴虐侈傲①，国人谤②王。召公③谏曰："民不堪命矣。"王怒，得卫巫，使监谤者，以告，则杀之。其谤鲜矣，诸侯不朝④。三十四年，王益严，国人⑤莫敢言，道路以目⑥。厉王喜，告召公曰：

"吾能弭⁷谤矣，乃不敢言。"召公曰："是鄣⁸之也。防民之口，甚于防水。水壅⁹而溃，伤人必多，民亦如之。是故为水⑩者决⑪之使导，为民者宣⑫之使言。故天子听政，使公卿至于列士献诗⑬，瞽⑭献曲，史献书⑮，师箴，瞍赋⑯，矇诵⑰，百工⑱谏，庶人传语⑲，近臣尽规⑳，亲戚补察㉑，瞽史教诲，耆艾修之㉒，而后王斟酌焉，是以事行而不悖。民之有口也，犹土之有山川也，财用于是乎出；犹其有原隰衍沃㉓也，衣食于是乎生。口之宣言也，善败㉔于是乎兴。行善而备败，所以产财用衣食者也。夫民虑之于心而宣之于口，成而行之。若壅其口，其与能几何？"王不听。于是国莫敢出言，三年，乃相与畔（叛），袭厉王。厉王出奔于彘。

◎**注释** ①〔侈傲〕放纵骄傲。②〔谤〕指责别人的过失。③〔召公〕这里是召公奭的后代，名虎，谥穆公。④〔不朝〕不来朝觐。⑤〔国人〕国都的人。⑥〔道路以目〕是说人们在道路上相见，不敢说话，只以眼色示意。⑦〔弭〕消除。⑧〔鄣〕阻塞。⑨〔壅（yōng）〕堵塞。⑩〔为水〕治水。⑪〔决〕排除阻塞物，疏通水道。⑫〔宣〕放开。⑬〔献诗〕指采集民间讽谕朝政得失的诗歌献给国王。⑭〔瞽（gǔ）〕盲者，指乐师。⑮〔史献书〕史，太史，史官，掌记事。书，指历史文献。⑯〔师箴（zhēn），瞍（sǒu）赋〕师，太师，乐官之长。箴，箴言，规诫之言。这里是进箴言的意思。瞍，没有眼珠的盲人，为乐师。赋，指诵读公卿列士所献之诗。⑰〔矇（méng）诵〕矇，有眼珠的盲人，为乐师。诵，指诵读箴诫之言。⑱〔百工〕百官，众官。⑲〔传语〕指由别人把意见传给王。⑳〔规〕规劝，规谏。㉑〔亲戚补察〕亲戚，指王之同宗亲属。补察，补过误，察得失。㉒〔耆艾修之〕耆艾，老年人。古以六十为耆，五十为艾。修，告诫。㉓〔原隰衍沃〕原，高而平之地。隰，低而湿之地。衍，低平之地。沃，有水流灌溉之地。㉔〔善败〕好坏。

◎**大意** 厉王为政暴虐奢侈傲慢，国人公开指责厉王的过失。召公劝谏说："民众无法忍受你的政令了。"厉王大怒，找到一个卫国的巫师，派他监视非议君王的人，巫师报告谁指责厉王就杀掉谁。于是非议减少了，诸侯也不来朝见了。三十四年，厉王更加严厉，国人都不敢说话，路上相遇时以目光示意。厉王很得意，告诉召公说："我能消除议论，民众都不敢说话了。"召公说："这是堵塞人民的嘴啊。堵塞人民的嘴，比堵塞河流还要危险。堵塞起来的河水一旦决口，必然会伤害很多人，人民也是一样的。因此治水的人要疏通河道使水流通畅，管理人民的人要让他们畅所欲言。所以天子处理政务，让朝中大臣和一般官吏献上议论朝政的诗篇，乐官进献反映民意的乐曲，让史官进献可供借鉴的史书，乐师进献有劝谏之义的箴言，让无眼珠的盲人叙事，让有眼珠的盲人朗诵，让百工劝谏，让庶人街谈巷议，让近臣都来规劝，让亲戚补察过失，让盲乐师和史官来教诲，让元老来整理，而后由帝王斟酌，所以政事得以施行而不违背情理。人民有嘴，就像大地有山河一样，一切财富用度都从这里产出；又好像大地有高低干湿等各种地形，衣服食物都从这里产生。让人开口讲话，政事的好坏得失都能反映出来。推行善政以防备衰败，正像大地出产财富衣食一样。人民在心里想而用嘴说出来，考虑成熟了就去做。如果堵塞民众的嘴巴，那么赞同你的人能有几个？"厉王不听。于是国人没有谁敢讲话，三年之后，人们一起反叛，袭击厉王。厉王逃亡到彘（zhì）。

厉王太子静匿①召公之家，国人闻之，乃围之。召公曰："昔吾骤②谏王，王不从，以及③此难也。今杀王太子，王其以我为仇而怼④怒乎？夫事君者，险而不仇怼，怨而不怒，况事王乎！"乃以其子代王太子，太子竟⑤得脱。

◎**注释** ①〔匿〕隐藏。②〔骤〕屡次。③〔及〕赶上，招致。④〔怼（duì）〕怨恨。⑤〔竟〕最终，终于。

◎**大意** 厉王的太子静躲在召公家里，国人听说了，便包围了召公家。召公说："从前我屡次劝谏君王，君王不听从，因而遭受这场灾难。现在杀了太子，君王将认为我把他当作仇人而有怨恨之心吧？奉事君长的人，即使在危难之中也不记仇，即使有怨气也不发泄，更何况是奉事天子呢！"于是用自己的儿子代替太子，太子终于得以逃脱。

召公、周公①二相行政，号曰"共和②"。共和十四年，厉王死于彘。太子静长于召公家，二相乃共立之为王，是为宣王。宣王即位，二相辅之，修政，法文、武、成、康之遗风，诸侯复宗③周。十二年，鲁武公来朝。

◎**注释**　①〔周公〕指周公旦次子的后代。周公长子伯禽封于鲁，次子留京辅佐周室，世为周公。②〔共和〕周厉王被国人赶下台之后，国政由大臣召公和周公共同执掌，史称"共和"。③〔宗〕尊奉。
◎**大意**　召公、周公二位宰相共同执政，号称"共和"。共和十四年，厉王死在彘地。太子静已经在召公家长大成人，两位宰相便拥立他称王，就是宣王。宣王即位，二位宰相辅佐他，整顿政务，效法文王、武王、成王、康王留下的法度，诸侯重新归附周王朝。十二年，鲁武公来朝见。

宣王不修籍①于千亩，虢文公谏曰不可，王弗听。三十九年，战于千亩，王师败绩②于姜氏之戎。

◎**注释**　①〔修籍（jiè）〕耕种籍田。籍，籍田，帝王亲自耕种的田地。古代帝王在春耕时象征性地参加耕作，以示重农。②〔败绩〕溃败。
◎**大意**　宣王不到千亩耕种籍田，虢（guó）文公劝谏说不能这样，宣王不听。三十九年，在千亩作战，宣王的军队被姜戎打得大败。

宣王既亡南国之师①，乃料民②于太原。仲山甫谏曰："民不可料也。"宣王不听，卒料民。

◎**注释** ①〔南国之师〕南国，南方。《集解》引韦昭曰："南国，指江、淮之间。"师，军队。②〔料民〕指清点人口，以便征兵。《集解》引韦昭曰："料，数也。"

◎**大意** 宣王丧失了南方的军队之后，便在太原清点人口以备征役。仲山甫劝谏说："人口不能由您直接加以统计啊。"宣王不听，还是对人口进行了统计。

　　四十六年，宣王崩，子幽王宫湦立。幽王二年，西周三川皆震。伯阳甫曰："周将亡矣。夫天地之气，不失其序①；若过②其序，民乱之③也。阳伏而不能出，阴迫④而不能蒸⑤，于是有地震。今三川实⑥震，是阳失其所而填（镇）阴⑦也。阳失而在阴⑧，原（源）必塞；原（源）塞，国必亡。夫水土演⑨而民用也。土无所演，民乏财用，不亡何待！昔伊、雒竭而夏亡，河竭而商亡。今周德若二代⑩之季⑪矣，其川原（源）又塞，塞必竭。夫国必依山川，山崩川竭，亡国之征⑫也。川竭必山崩。若国亡不过十年，数之纪⑬也。天之所弃，不过其纪。"是岁也，三川竭，岐山崩。

◎**注释** ①〔序〕次序。②〔过〕失。③〔民乱之〕实际是说天子乱之。④〔迫〕压迫。⑤〔蒸〕升腾。⑥〔实〕句中语气词，表示肯定。⑦〔填（zhèn）阴〕为阴气所镇伏。填，通"镇"。⑧〔阳失而在阴〕指阳气失去它应处的位置而处在阴气之下。⑨〔演〕水土通气，滋润。⑩〔二代〕指夏、商二代。⑪〔季〕末世，末年。⑫〔征〕征象，征兆。⑬〔纪〕极，终。

◎**大意** 四十六年，宣王逝世，儿子幽王宫湦即位。幽王二年，西周国都和三河流域都发生地震。伯阳甫说："周朝将要灭亡了。天地之间的阴阳二气，不能失掉自然次序；如果失掉自然次序，便是人们扰乱了它。阳气伏藏在下面不能出来，阴气压迫着阳气不能上升，于是就产生了地震。现在三河流域发生地震，就是由于阳气失去它应有的位置而被阴气压在下面。阳气失去位置而在阴气下面，水源必然会堵塞；源头阻塞，国家必然灭亡。水源畅通才能生产东西让人民取用。土地不润湿，人民缺乏财物，国家怎么能不灭亡呢！从前伊水、雒水枯竭而夏亡，黄河枯竭而商亡。现在周朝的德运像夏、商的末代，水源又被堵塞，堵塞必将枯竭。建立国都必须依山傍水，山崩河枯，是亡国的征兆。河川枯竭必然会发生山崩。看来亡国不会超过十年，因为十是数的终极。上天所要抛弃的国家，不会超过十的期限。"这一年，三河枯竭，岐山崩塌了。

三年，幽王嬖爱褒姒。褒姒生子伯服，幽王欲废太子。太子母，申侯女，而为后。后幽王得褒姒，爱之，欲废申后，并去①太子宜臼，以褒姒为后，以伯服为太子。周太史伯阳读史记②曰："周亡矣。"昔自夏后氏之衰也，有二神龙止于夏帝庭（廷）而言曰："余，褒③之二君。"夏帝卜杀之与去之与止之④，莫吉⑤。卜请其漦⑥而藏之，乃吉。于是布币⑦而策告之，龙亡而漦在，椟⑧而去之。夏亡，传此器殷。殷亡，又传此器周。比⑨三代，莫敢发⑩之，至厉王之末，发而观之。漦流于庭，不可除。厉王使妇人裸而噪之。漦化为玄鼋⑪，以入王后宫⑫。后宫之童妾⑬既龀⑭而遭之，既笄⑮而孕，无夫而生子⑯，惧而弃之。宣王之时童女谣曰："檿弧⑰箕服⑱，实亡周国。"于是宣王闻之，有夫妇卖是器者，宣王使执⑲而戮之。逃于道，而见乡（向）⑳者后宫童妾所弃妖子㉑出于路者，闻其夜啼，哀㉒而收之，夫妇遂亡，奔于褒。褒人有罪，请入童妾所弃女子者于王以赎罪。弃女子出于褒，是为褒姒。当幽王三年，王之㉓后宫，见而爱之，生子伯服，竟废申后及太子，以褒姒为后，伯服为太子。太史伯阳曰："祸成矣，无可奈何！"

◎**注释** ①〔去〕废掉。②〔史记〕史书的通称，古时各国都有自己的史记。③〔褒〕当时的国名。④〔卜杀之与去之与止之〕意思是通过占卜来决定是杀掉它们，赶走它们还是留住它们。⑤〔莫吉〕没有一样是吉祥的。⑥〔漦（lí）〕涎沫。

⑦〔币〕泛指用作礼物的丝织品。⑧〔椟(dú)〕木匣子。这里是用匣子装的意思。⑨〔比〕接连，连续。⑩〔发〕打开。⑪〔玄鼋(yuán)〕蜥蜴之类。鼋，也作"蚖"。⑫〔后宫〕古代帝王妃嫔所处的地方叫"后宫"。⑬〔童妾〕小女婢。⑭〔既龀(chèn)〕刚刚换完牙。龀，儿童换牙。⑮〔既笄(jī)〕成年以后。笄，古代盘头发用的簪子，这里指女子可以插笄的年龄，即成年。⑯〔子〕孩子。古代男女通称子。⑰〔檿(yǎn)弧〕山桑木制成的弓。弧，弓。⑱〔箕服〕箕木制成的箭囊。服，箭囊。⑲〔执〕捉拿，拘捕。⑳〔乡(xiàng)〕同"向"。先前。㉑〔妖子〕即夭子，婴孩。夭，初生的。㉒〔哀〕怜悯，同情。㉓〔之〕到。

◎**大意** 三年，幽王宠爱褒姒。褒姒生下儿子名叫伯服，幽王想废掉太子。太子的母亲是申侯的女儿，是幽王的王后。后来幽王得到褒姒，宠爱她，想废掉申后，并废掉太子宜臼，以褒姒为王后，以伯服为太子。周太史伯阳阅读史书说："周朝要灭亡了。"从前夏朝衰败的时候，有两条神龙来到夏帝的朝中说："我们，是褒国的两个先王。"夏帝占卜是要杀它们，赶走它们还是留下它们，结果都不吉利。又占卜把龙的唾液储藏起来，这样才吉利。于是陈列祭祀用物以简策告请神龙，龙不见了，留下了唾液，人们用匣子把唾液装起来并除掉地上的痕迹。夏朝灭亡后，这个匣子传给了殷朝。殷朝灭亡后，又传给了周朝。一连三代，没有人敢打开它。到厉王末年，打开来看。唾液流到庭中，无法除去。厉王让一群妇女裸体叫骂。唾液变成一条黑蜥蜴，爬进厉王的后宫。后宫一位七岁的侍女碰到了它，成年后就怀孕了，没有丈夫便生下了孩子，她很害怕便把孩子抛弃了。宣王的时候有小女孩唱歌谣道："山桑木做成的弓、箕木制成的箭袋，就是要灭亡周国的。"当时宣王听到这歌谣，发现一对卖桑木弓和箕木箭袋的夫妇，便派人要将他们抓住杀掉。夫妇俩跑到路上，看见先前后宫侍女丢弃在路旁的那个女孩子，听这孩子在暗夜里啼哭，觉得可怜，便收养了她。夫妇俩逃奔到褒国。后来褒国人得罪了幽王，请求把女婢抛弃的女孩子献给幽王赎罪。这个被抛弃的女子是在褒国长大的，就称为褒姒。幽王三年，幽王到后宫，见到褒姒就喜爱她，生了儿子伯服，后来终于废了申后和太子，以褒姒为后，伯服为太子。太史伯阳说："祸患已经酿成，没有办法了！"

褒姒不好笑,幽王欲其笑万方①,故②不笑。幽王为燧(烽)燧③大鼓,有寇④至则举火。诸侯悉至,至而无寇,褒姒乃大笑。幽王说(悦)之,为数举燧(烽)火⑤。其后不信,诸侯益⑥亦不至。

◎**注释**　①〔万方〕各种方法。②〔故〕依旧。③〔燧燧(fēng suì)〕古时遇敌人来犯,边防人员点火报警,白天烧的烟叫烽,夜里点的火叫燧。燧,同"烽"。④〔寇〕盗匪或入侵的敌人。⑤〔燧火〕泛指上文的燧燧。⑥〔益〕渐渐。

◎**大意**　褒姒不爱笑,幽王用尽各种方法想让她笑,她仍旧不笑。幽王建造烽火台并设置大鼓,有敌人来时便点燃烽火以召援兵。诸侯都率兵赶来,到了却不见敌人,褒姒这才大笑起来。幽王喜欢她笑,多次为褒姒点燃烽火。后来点火示警没人信了,诸侯也逐渐不来了。

　　幽王以虢石父为卿,用事,国人皆怨。石父为人佞巧①善谀②好利,王用之。又废申后,去太子也。申侯怒,与缯、西夷犬戎攻幽王。幽王举燧(烽)火征兵③,兵莫至。遂杀幽王骊山下,虏褒姒,尽取周赂④而去。于是诸侯乃即⑤申侯而共立故幽王太子宜臼,是为平王,以奉周祀⑥。

◎**注释**　①〔佞巧〕巧言谄媚。②〔谀〕用言语奉承,讨好。③〔征兵〕征集四方诸侯的救兵。④〔赂〕财物。⑤〔即〕接近,靠拢。⑥〔奉周祀〕继承周朝的祭祀。

◎**大意**　幽王用虢石父为卿,主持国政,国人怨恨。石父为人奸诈机巧,善于谄媚,贪图财利,幽王重用他。幽王又废掉申后,赶走太子。申侯大怒,与缯(zēng)国、西夷犬戎联合攻打幽王。幽王燃起烽火召集救兵,救兵没有前来救援。他们便把幽王杀死在骊山下,俘获了褒姒,拿走了周朝的所有财物。于是诸侯便投靠申侯而共同拥立原来的太子宜臼,就是平王,由他继续供奉周朝的祭祀。

平王立，东迁于雒邑，辟戎寇。平王之时，周室衰微，诸侯强并弱，齐、楚、秦、晋始大，政由方伯①。

◎**注释** ①〔方伯〕一方诸侯的首领。
◎**大意** 平王即位后，把国都向东迁到雒邑，以躲避犬戎的侵扰。平王的时候，周王室衰败，诸侯中强大的吞并弱小的，齐、楚、秦、晋开始强大起来，政治权力由诸侯中的首领掌握。

四十九年，鲁隐公即位。

◎**大意** 四十九年，鲁隐公即位。

五十一年，平王崩，太子洩父蚤（早）死，立其子林，是为桓王。桓王，平王孙也。

◎**大意** 五十一年，平王逝世，太子洩父早死，立其子林继承王位，就是桓王。桓王，是平王的孙子。

桓王三年，郑庄公朝，桓王不礼①。五年，郑怨，与鲁易许田。许田，天子之用事太山②田也。八年，鲁杀隐公，立桓公。十三年，伐郑，郑射伤桓王③，桓王去归。

◎**注释** ①〔不礼〕没有以礼相待。②〔用事太山〕用事，指祭祀。太山，即泰山。③〔郑射伤桓王〕事见《左传·隐公八年》，繻（rú）葛之役，郑将祝聃伤桓王肩膀。

◎**大意**　桓王三年，郑庄公来朝见，桓王不以礼相待。五年，郑国怨恨桓王，与鲁国交换许田。许田，是天子祭祀泰山的土地。八年，鲁国人杀死隐公，立桓公。十三年，桓王讨伐郑国，郑人射伤桓王，桓王败回。

二十三年，桓王崩，子庄王佗立。庄王四年，周公黑肩欲杀庄王而立王子克。辛伯告王，王杀周公。王子克奔燕。

◎**大意**　二十三年，桓王逝世，儿子庄王佗即位。庄王四年，周公黑肩想要杀掉庄王而立王子克。辛伯报告庄王，庄王杀掉周公黑肩。王子克逃亡到燕国。

十五年，庄王崩，子釐王胡齐立。釐王三年，齐桓公始霸。

◎**大意**　十五年，庄王逝世，儿子釐（xī）王胡齐即位。釐王三年，齐桓公开始称霸。

五年，釐王崩，子惠王阆立。惠王二年，初，庄王嬖姬姚，生子颓，颓有宠①。及惠王即位，夺其大臣园以为囿②，故大夫边伯等五人作乱，谋召燕、卫师，伐惠王。惠王奔温，已居郑之栎。立釐王弟颓为王。乐及遍舞③，郑、虢君怒。四年，郑与虢君伐杀王颓，复入④惠王。惠王十年，赐齐桓公为伯。

◎**注释**　①〔有宠〕受宠爱。②〔囿（yòu）〕豢养各种动物的园地。③〔乐及遍舞〕大肆歌舞，指使用不合礼制的乐舞。④〔入〕使……入，这里指送回朝廷。

◎**大意**　五年，釐王逝世，儿子惠王阆即位。惠王二年，当初，庄王的宠妾姚氏生下儿子颓，颓受到庄王宠爱。惠王即位后，夺取大臣的土地作为豢养动物的园地，因此大夫边伯等五人作乱，谋划召集燕、卫的军队，讨伐惠王。惠王逃奔到温，不久又迁居到郑的栎邑。边伯等立釐王的弟弟颓为王。他们大肆歌舞，郑、虢两国之君非常愤怒。四年，郑国和虢国的国君发动军队进攻杀了王颓，重新拥立惠王。惠王十年，赐齐桓公为诸侯首领。

二十五年，惠王崩，子襄王郑立。襄王母早死，后母曰惠后。惠后生叔带，有宠于惠王，襄王畏之。三年，叔带与戎、翟（狄）谋伐襄王，襄王欲诛叔带，叔带奔齐。齐桓公使管仲平戎于周①，使隰朋平戎于晋。王以上卿礼管仲②。管仲辞曰："臣贱有司③也，有天子之二守④国、高在。若节春秋，来承王命⑤，何以礼焉？陪臣⑥敢辞⑦。"王曰："舅氏⑧，余嘉⑨乃勋⑩，毋逆⑪朕命。"管仲卒⑫受下卿之礼而还。九年，齐桓公卒。十二年，叔带复归于周。

◎**注释**　①〔平戎于周〕让戎与周讲和。平，媾和，和睦，这里是讲和的意思。②〔以上卿礼管仲〕按照上卿的礼节款待管仲。按，管仲在齐国为下卿。③〔贱有司〕微贱的臣子。④〔守〕守臣，天子任命的大臣。⑤〔若节春秋，来承王命〕节春秋，按春秋两季的季节。承王命，即朝觐。⑥〔陪臣〕古代诸侯的大夫对天子自称"陪臣"，这里是管仲自称。⑦〔辞〕辞谢。⑧〔舅氏〕管仲为周之同姓，此处周王称他为舅氏，是据齐与周的关系。周武王娶齐太公女为后，故齐、周世代为舅甥关系。⑨〔嘉〕称许、赞赏。⑩〔勋〕即上文所说的平戎之功。⑪〔逆〕不顺，违背。⑫〔卒〕最终，终于。

◎**大意**　二十五年，惠王逝世，儿子襄王郑即位。襄王的母亲早死，后母为惠后。惠后生叔带，受到惠王宠爱，襄王害怕他。三年，叔带与戎族、翟族谋划攻打襄王，襄王想杀掉叔带，叔带逃奔到齐国。齐桓公派管仲出使周，隰朋出使晋平定戎乱。襄王用上卿的礼节接待管仲。管仲辞谢说："我是个地位低下的小臣，齐国还有天子任命的守臣国子、高子在。如果他们按季节在春秋两季来朝觐，那将用什么礼节接待他们？我请求辞谢这隆重的礼节。"襄王说："你是舅父家的使臣，我嘉奖你的功勋，不要拒绝我的好意。"管仲最终接受了接待下卿的礼节，然后返回齐国。九年，齐桓公去世。十二年，叔带又回到周。

十三年，郑伐滑，王使游孙、伯服请滑①，郑人囚之。郑文公怨惠王之入不与厉公爵②，又怨襄王之与③卫滑，故囚伯服。王怒，将以翟（狄）伐郑。富辰谏曰："凡我周之东徙，晋、郑焉依④。子颓之乱，又郑之由⑤定，今以小怨弃之！"王不听。十五年，王降⑥翟（狄）师以伐郑。王德⑦翟（狄）人，将以其女为后。富辰谏曰："平、桓、庄、惠皆受郑劳，王弃亲亲翟（狄），不可从。"王不听。十六年，王绌（黜）⑧翟（狄）后，翟（狄）人来诛，杀谭伯。富辰曰："吾数谏不从，如是不出，王以我为怼乎？"乃以其属⑨死之⑩。

◎**注释** ①〔请滑〕为滑求情。②〔爵〕酒器。③〔与〕帮助。④〔晋、郑焉依〕等于说"依晋、郑"，依靠晋国和郑国。焉，是，之。⑤〔郑之由〕等于说"由郑"。⑥〔降〕赐予，给予。⑦〔德〕感恩。⑧〔绌〕通"黜"，废，贬退。⑨〔属〕徒属，属众。⑩〔死之〕指与翟人作战而死。

◎**大意** 十三年，郑国攻打滑国，襄王派游孙、伯服到郑国为滑国求情，郑国把他们关押起来。郑文公怨恨惠王回国即位后不把玉制的酒杯送给郑厉公，又怨恨襄王偏袒卫、滑两国，所以关押了伯服。襄王因此大怒，准备用翟人伐郑。富辰劝谏说："我们周朝东迁的时候，曾经依靠过晋、郑两国。子颓作乱，又靠郑国平定，现在能因一点怨恨就抛弃郑国吗！"襄王不听。十五年，襄王命令翟族军队讨伐郑国。襄王感激翟人，准备把翟君的女儿作为王后。富辰劝谏说："平、桓、庄、惠四王都受过郑国的好处，您抛弃亲近的郑国而亲近翟人，不能这样做。"襄王不听。十六年，襄王废黜翟后，翟族兴师问罪，杀死谭伯。富辰说："我屡次劝谏不听。如果这种情况还不出战，君王不是会认为我在怨恨他吗？"于是率领他的部下与翟人作战而死。

初，惠后欲立王子带，故以党开翟（狄）人①，翟（狄）人遂入周。襄王出奔郑，郑居王于氾。子带立为王，取（娶）襄王所绌（黜）翟（狄）后与居温②。十七年，襄王告急于晋，晋文公纳③王而诛叔带。襄王乃赐晋文公珪④鬯⑤弓矢，为伯，以河内地与晋。二十年，晋文公召襄王，襄王会之河阳、践土，诸侯毕朝，书讳曰"天王⑥狩⑦于河阳"。

◎**注释** ①〔以党开翟人〕党，党羽，亲信。开，开路。②〔与居温〕跟她住在温邑。③〔纳〕收容，接纳。④〔珪〕上尖下方的玉器。⑤〔鬯（chàng）〕祭祀用的香酒。⑥〔天王〕指周天子。⑦〔狩〕巡狩，帝王巡察诸侯或地方官治理的地方。

◎**大意** 当初，惠后想立王子带为王，所以用自己的亲信为翟人开路，翟人便进入周的国都。襄王出逃到郑国，郑国让他居住在氾邑。子带被立为王，娶襄王所废黜的翟后，一起住在温邑。十七年，襄王向晋国告急求援，晋文公送襄王回朝并杀死叔带。襄王于是赐给晋文公珪酒、弓箭，封他为诸侯首领，并把河内的土地赐给晋国。二十年，晋文公召见襄王，襄王与晋文公在河阳、践土相会，诸侯都来朝见，史书记载回避这件事，写作"天王到河阳巡视"。

二十四年，晋文公卒。

◎**大意** 二十四年，晋文公去世。

三十一年，秦穆公卒。

◎**大意** 三十一年，秦穆公去世。

三十二年，襄王崩，子顷王壬臣立。顷王六年，崩，子匡王班立。匡王六年，崩，弟瑜立，是为定王。

◎**大意**　三十二年，襄王逝世，儿子顷王壬臣即位。顷王六年，逝世，儿子匡王班即位。匡王六年，逝世，其弟瑜即位，就是定王。

定王元年，楚庄王伐陆浑之戎①，次②雒，使人问九鼎③。王使王孙满应设以辞④，楚兵乃去。十年，楚庄王围郑，郑伯降，已而复之。十六年，楚庄王卒。

◎**注释**　①〔陆浑之戎〕戎族的一支，世居陆浑（在秦晋两国的西北），后被秦、晋二国诱而徙之伊川（今河南伊川和嵩县东北一带）。②〔次〕临时驻扎。③〔问九鼎〕问九鼎的大小轻重。九鼎象征九州。楚庄王问鼎，表现出要取代周王朝的野心。④〔应设以辞〕意思是随机应变准备辞令。

◎**大意**　定王元年，楚庄王讨伐陆浑之戎，军队驻扎在雒水边上，派人询问九鼎的大小轻重。定王派王孙满随机应变用辞令对付，楚军便离去。十年，楚庄王围攻郑国，郑伯投降，不久又恢复了郑国。十六年，楚庄王去世。

二十一年，定王崩，子简王夷立。简王十三年，晋杀其君厉公，迎子周于周，立为悼公。

◎**大意**　二十一年，定王逝世，儿子简王夷即位。简王十三年，晋国杀死他们的国君厉公，从周朝国都把公子周接回晋国，把他立为悼公。

十四年，简王崩，子灵王泄心立。灵王二十四年，齐崔杼弑①其君庄公。

◎**注释**　①〔弑〕古代史书多称子杀父、臣杀君为弑。
◎**大意**　十四年，简王逝世，儿子灵王泄心即位。灵王二十四年，齐国崔杼杀死其国君庄公。

二十七年，灵王崩，子景王贵立。景王十八年，后、太子圣①而蚤（早）卒。二十年，景王爱子朝，欲立之，会崩②，子丐之党与争立，国人立长子猛为王，子朝攻杀猛。猛为悼王。晋人攻子朝而立丐，是为敬王。

◎**注释**　①〔圣〕精明通达。②〔会崩〕正赶上景王逝世。
◎**大意**　二十七年，灵王逝世，儿子景王贵即位。景王十八年，王后、太子精明却早死。二十年，景王宠爱子朝，打算立他为太子，恰巧这时景王逝世，子丐的党徒与子朝争位，国人拥立景王的长子猛为王，子朝攻杀猛。猛被称为悼王。晋国攻打子朝而立丐，就是敬王。

敬王元年，晋人入敬王，子朝自立，敬王不得入，居泽。四年，晋率诸侯入敬王于周，子朝为臣，十年，诸侯城周①。十六年，子朝之徒复作乱，敬王奔于晋。十七年，晋定公遂入敬王于周。

◎**注释**　①〔城周〕为周筑都城。城，筑城。
◎**大意**　敬王元年，晋人送敬王入周都，当时子朝已自立为王，敬王不能进去，住在泽邑。四年，晋国率诸侯送敬王入都，子朝退居为臣，诸侯给周修建都城。

十六年，子朝的党徒又一次作乱，敬王逃亡到晋国。十七年，晋定公送敬王进入周都。

  三十九年，齐田常杀其君简公。

◎**大意**　三十九年，齐国的田常杀死其国君简公。

  四十一年，楚灭陈。孔子卒。

◎**大意**　四十一年，楚国灭掉陈国。孔子去世。

  四十二年，敬王崩，子元王仁立。元王八年，崩，子定王介立。

◎**大意**　四十二年，敬王逝世，儿子元王仁即位。元王八年，逝世，儿子定王介即位。

  定王十六年，三晋①灭智伯，分有其地。

◎**注释**　①〔三晋〕指韩、赵、魏三国。
◎**大意**　定王十六年，晋国的赵、魏、韩三家灭掉智伯，分占了他的土地。

  二十八年，定王崩，长子去疾立，是为哀王。哀王立三月，弟叔袭杀哀王而自立，是为思王。思王立五月，少弟嵬攻杀思王而自立，是为考王。此三王皆定王之子。

◎**大意** 二十八年，定王逝世，长子去疾即位，就是哀王。哀王即位三个月，其弟叔袭杀哀王而自立为王，就是思王。思王即位五个月，其小弟嵬又杀死思王而自立为王，就是考王。这三位王都是定王的儿子。

考王十五年，崩，子威烈王午立。

◎**大意** 考王十五年，逝世，儿子威烈王午即位。

考王封其弟于河南，是为桓公，以续①周公之官职。桓公卒，子威公代立。威公卒，子惠公代立，乃封其少子于巩以奉王，号东周惠公。

◎**注释** ①〔续〕继承。
◎**大意** 考王把他的弟弟封在河南，就是桓公，让他继承周公的官职。桓公去世，儿子威公即位。威公去世，儿子惠公即位，封他的小儿子到巩地以拱卫周王，称东周惠公。

威烈王二十三年，九鼎震。命韩、魏、赵为诸侯。

◎**大意** 威烈王二十三年，九鼎震动。周王封韩、魏、赵为诸侯。

二十四年，崩，子安王骄立。是岁盗杀楚声王。

◎**大意** 二十四年，威烈王逝世，其子安王骄即位。这一年盗贼杀了楚声王。

安王立二十六年，崩，子烈王喜立。烈王二年，周太史儋见秦献公曰："始周与秦国合而别，别五百载复合，合十七岁而霸王者^①出焉。"

◎**注释** ①〔霸王（wàng）者〕称霸称王的人。
◎**大意** 安王在位二十六年，逝世，其子烈王喜即位。烈王二年，周太史儋会见秦献公说："起初秦国是周朝的一部分，分开五百年又合在一起，合在一起十七年就会有霸王之人出现。"

十年，烈王崩，弟扁立，是为显王。显王五年，贺秦献公，献公称伯。九年，致文武胙^①于秦孝公。二十五年，秦会诸侯于周。二十六年，周致伯^②于秦孝公。三十三年，贺秦惠王。三十五年，致文武胙于秦惠王。四十四年，秦惠王称王。其后诸侯皆为王。

◎**注释** ①〔胙（zuò）〕祭祀用的肉。②〔致伯〕送给"伯"的称号。
◎**大意** 十年，烈王逝世，其弟扁即位，就是显王。显王五年，向秦献公道贺，献公开始称方伯。九年，显王把祭祀文王、武王的祭肉给了秦孝公。二十五年，秦国在周地召集诸侯。二十六年，周王让秦孝公做诸侯首领。三十三年，向秦惠王道贺。三十五年，把祭祀文王、武王的祭肉给了秦惠王。四十四年，秦惠王称王。这以后诸侯都称王。

四十八年，显王崩，子慎靓王定立。慎靓王立六年，崩，子赧王延立。王赧时东西周分治^①。王赧徙都西周。

◎**注释** ①〔东西周分治〕周赧（nǎn）王时，周天子微弱，实际已成傀儡，周王室分为西周、东周两个小国。

◎**大意** 四十八年，显王逝世，其子慎靓王定即位。慎靓王在位六年，逝世，其子赧王延即位。赧王时东周和西周各自为政。赧王把国都迁往西周。

西周武公之共太子死，有五庶子①，毋適（嫡）立②。司马翦谓楚王曰："不如以地资③公子咎，为请太子。"左成曰："不可。周不听，是公之知（智）困④而交疏于周也。不如请周君孰欲立，以微告⑤翦，翦请令楚贺之以地。"果立公子咎为太子。

◎**注释** ①〔庶子〕非王后所生的儿子。②〔毋適立〕没有嫡子可立为太子。適，通"嫡"。③〔资〕助。④〔知（zhì）困〕主意行不通，指计谋落空。知，同"智"。⑤〔微告〕暗中告诉。微，暗中。

◎**大意** 西周武公的共太子去世，武公的五个儿子都是庶子，没有嫡子即位。司马翦对楚王说："不如用土地资助公子咎，请立他为太子。"左成说："不行。周如果不听从，那么你的计谋落空而且与周的关系会更加疏远。不如探听周君想立谁为太子，然后暗中告诉司马翦，司马翦再请求楚国用土地资助他。"周君果然立公子咎为太子。

八年，秦攻宜阳，楚救之。而楚以周为秦①故，将伐之。苏代为周说楚王曰："何以周为秦之祸也？言周之为秦甚于楚者，欲令周入秦也，故谓'周秦'也。周知其不可解，必入于秦，此为秦取周之精者②也。为王计③者，周于④秦因善之，不于秦亦言善之，以疏之于秦。周绝于秦⑤，必入于郢矣。"

◎**注释** ①〔楚以周为秦〕楚国认为周帮助秦。为，助。②〔精者〕指精妙之计。③〔计〕考虑，打算。④〔于〕为。此处有亲近、倾向之意。⑤〔绝于秦〕与秦断交。

◎**大意**　八年，秦国攻打宜阳，楚国援助宜阳。楚国因为周朝帮助秦国的缘故，准备攻打周朝。苏代为周朝劝说楚王说："凭什么说周助秦为楚祸呢？说周朝助秦超过助楚的人，是想让周朝亲近秦国，这便是人们所说的'周秦'啊。周朝知道自己得不到解救，必定会投向秦国，这是帮助秦国取得周朝的好计啊。替您考虑，周朝倾向秦国要很好地对待它，不倾向秦国也要很好地对待它，以使周朝疏远秦国。周朝与秦国断绝了关系，就一定会投向郢都（亲近楚国）。"

秦借道两周之间①，将以伐韩，周恐：借之，畏于韩；不借，畏于秦。史厌谓周君曰："何不令人谓韩公叔曰'秦之敢绝②周而伐韩者，信东周也。公何不与周地，发质③使之楚？'秦必疑楚不信周，是韩不伐也。又谓秦曰'韩强④与周地，将以疑周于秦⑤也，周不敢不受'。秦必无辞而令周不受，是受地于韩而听于秦。"

◎**注释**　①〔秦借道两周之间〕借道，征得别国同意后从其境内通过。两周，东周国与西周国的合称。②〔绝〕横过，穿过。③〔发质〕发，派出。质，人质。④〔强〕强行，竭力坚持。⑤〔疑周于秦〕使周被秦怀疑。

◎**大意**　秦国向东周、西周借道，准备攻打韩国，东周君害怕借道给秦国会得罪韩国，不借则会得罪秦国。史厌对东周君说："何不派人对韩公叔说'秦国敢于穿过周地来攻打韩国的原因，是相信东周。您何不送些土地给东周，并派人质到楚国呢？'这样秦国一定怀疑楚国而不相信东周君，也就不会攻打韩国了。又对秦说：'韩国硬要把土地送给东周，准备以此使秦国怀疑东周，东周君不敢不接受。'秦国一定没有理由让东周不接受韩国的土地，这样既能得到韩国的土地，又表示了听从秦国的旨意。"

秦召西周君，西周君恶往①，故令人谓韩王曰："秦召西周君，将以使攻王之南阳也，王何不出兵于南阳？周君将以为辞②于秦。周君不入秦，秦必不敢逾③河而攻南阳矣。"

◎**注释** ①〔恶（wù）往〕不乐意前往。②〔以为辞〕拿它作为托辞。③〔逾〕越过，渡过。

◎**大意** 秦国召见西周君，西周君不愿前往，因此派人对韩王说："秦国召见西周君，准备让他攻打大王的南阳之地，大王何不出兵南阳？这样西周君就能够以此为借口不去秦国。西周君不去秦国，秦国一定不敢越过黄河而攻打南阳了。"

东周与西周战，韩救西周。或为东周说韩王曰："西周故天子之国，多名器重宝。王案①兵毋出，可以德东周，而西周之宝必可以尽矣。"

◎**注释** ①〔案〕压住，止住。

◎**大意** 东周与西周交战，韩国援救西周。有人为东周劝说韩王说："西周原本是天子的国都，有许多名贵器物和珍宝。大王按兵不动，既可以使东周感激您，又能够使西周的珍宝尽归韩国。"

王赧谓成君①。楚围雍氏，韩征②甲与粟于东周，东周君恐，召苏代而告之。代曰："君何患于是。臣能使韩毋征甲与粟于周，又能为君得高都。"周君曰："子苟③能，请以国听子。"代见韩相国曰："楚围雍氏，期④三月也，今五月不能拔，是楚病⑤也。今相国乃征甲与粟于周，是告楚病也。"韩相国曰："善。使者已行矣。"代曰："何不与周高都？"韩相国大怒曰："吾毋征甲与粟于周亦已多矣，何故与周高都也？"代曰："与周高都，是周折而入于韩也，秦闻之必大怒忿⑥周，即不通周使，是以弊高都得完⑦周也。曷为不与？"相国曰："善。"果与周高都。

◎**注释** ①〔王赧谓成君〕王赧是名义上的周王。②〔征〕求。③〔苟〕如果。

④〔期〕约期，预期。⑤〔病〕疲。⑥〔忿〕怨恨。⑦〔完〕完整的。

◎**大意** 王赧是名义上的周王。楚国围攻雍氏，韩国向东周征调甲胄和粮食，东周君害怕，召见苏代并把情况告诉了他。苏代说："您在这件事上担心什么呢。我能够让韩国不向东周征调甲胄和粮食，又能为您取得韩邑高都。"东周君说："你如果能这样，我在国事上就听你安排。"苏代见韩相国说："楚国围攻雍氏，预计三个月攻下，现在五个月了还没攻下，说明楚国损耗严重。现在您却向东周征调甲胄和粮食，这是告诉楚国你们也损耗严重。"韩相国说："好。但使者已经出发了。"苏代说："何不把高都送给东周呢？"韩相国大怒说："我不向东周征调甲胄和粮食已经足够了，为什么还要把高都送给东周呢？"苏代说："把高都送给东周，东周就会转而投靠韩国，秦国听说后一定会怨恨东周，便不会与东周交往，这样就可以用一个破败的高都换取一个完整的东周国。为什么不可以给呢？"韩相国说："好。"果然把高都送给了东周。

　　三十四年，苏厉谓周君曰："秦破韩、魏，扑①师武，北取赵蔺、离石者，皆白起也。是善用兵，又有天命。今又将兵出塞攻梁，梁破则周危矣。君何不令人说白起乎？曰：'楚有养由基者，善射者也。去柳叶百步而射之，百发而百中之。左右观者数千人，皆曰善射。有一夫立其旁，曰："善，可教射矣。"养由基怒，释弓扼剑②，曰："客安能教我射乎？"客曰："非吾能教子支左诎右③也。夫去柳叶百步而射之，百发而百中之，不以善息④，少焉⑤气衰力倦，弓拨⑥矢钩⑦，一发不中者，百发尽息。"今破韩、魏，扑师武，北取赵蔺、离石者，公之功多矣。今又将兵出塞，过两周，倍（背）韩，攻梁，一举不得，前功尽弃。公不如称病⑧而无出。'"

◎**注释** ①〔扑〕打败。②〔释弓扼剑〕释，放下。扼，握。③〔支左诎（qū）右〕指左手伸直撑住弓身，右手弯曲拉开弓弦。诎，弯曲。④〔以善息〕在恰到好处的时候停下来。息，停止。⑤〔少焉〕一会儿。⑥〔拨〕不正。⑦〔钩〕不直。⑧〔称病〕假称有病。

◎**大意** 三十四年，苏厉对西周君说："秦国攻破韩、魏，打败师武，向北夺取赵国的蔺邑、离石，这都是白起指挥的。此人善于用兵，又有天命保佑他。现在他又率兵出伊阙攻打梁国，梁国被攻破那么周就危险了。您何不派人去劝说白起呢？就说：'楚国有个叫养由基的人，善于射箭。在距离柳叶百步的地方去射它，能够百发百中。左右观看的几千人，都称赞他善于射箭。有一个人站在旁边，说："好，可以教你射箭了。"养由基很生气，放下弓拿起剑，说："你怎能教我射箭呢？"那人说："我并不能教你撑着左手屈着右手（拉弓射箭）。你在距离柳叶百步远的地方射它，百发百中，如果不在恰到好处时停下来，一会儿气力衰减，拉弓不正，发箭不直，只要一箭射不中，原有的百发百中的成绩就全部勾销了。"现在将军攻破韩、魏，打败师武，向北夺得赵国的蔺、离石，您的功劳已经很多了。这次您又率兵出伊阙，经过东周、西周，背对韩国，攻打梁国，如果不能取胜，前功尽弃。您不如告病别再出征了。'"

四十二年，秦破华阳约①。马犯谓周君曰："请令梁城周。"乃谓梁王曰："周王病若死，则犯必死矣。犯请以九鼎自入于王，王受九鼎而图②犯。"梁王曰："善。"遂与之卒，言戍③周。因谓秦王曰："梁非戍周也，将伐周也。王试出兵境以观之。"秦果出兵。又谓梁王曰："周王病甚④矣，犯请后可而复之⑤。今王使卒之周，诸侯皆生心⑥，后举事且⑦不信。不若令卒为周城，以匿事端⑧。"梁王曰："善。"遂使城周。

◎**注释** ①〔秦破华阳约〕秦背弃盟约攻破华阳。②〔图〕谋，这里是保护的意思。③〔戍〕防守，守卫。④〔甚〕重。⑤〔请后可而复之〕指以后征得周王同意再答复九鼎之事。⑥〔生心〕产生疑心。⑦〔且〕将，将会。⑧〔事端〕这里指诸侯怀疑梁伐周这件事情。

◎**大意** 四十二年，秦国背弃盟约攻破魏国的华阳。马犯对西周君说："我请求让梁国来给周筑城。"于是对梁王说："周王如果病死了，我也一定会死的。我请求把周王的九鼎送给您，您拿到九鼎可要保护我。"梁王说："好。"于是给他一些士兵，说是替周防卫。马犯又趁机对秦王说："梁国并不是在替周防卫，而是要攻打周。大王出兵边境观察一下吧。"秦国果然出兵。马犯又对梁王说："周王病得很重了，我请求以后征得周王同意再答复九鼎之事。现在大王派兵到周，诸侯都生了疑心，以后办事将不能使人信服。不如让那些士兵给周筑城，以便平息事端。"梁王说："好。"于是让士兵给周筑城。

四十五年，周君之秦客谓周㝡①曰："公不若誉②秦王之孝，因以应为太后养地③，秦王必喜，是公有秦交。交善，周君必以为公功。交恶，劝周君入秦者必有罪矣。"秦攻周，而周㝡谓秦王曰："为王计者不攻周。攻周，实不足以利，声畏天下④。天下以声畏秦，必东合于齐。兵弊于周，合天下于齐，则秦不王矣。天下欲弊秦，劝王攻周。秦与天下弊⑤，则令不行矣。"

◎**注释** ①〔周㝡（jù）〕周之公子。②〔誉〕称扬，赞美。③〔养地〕即食邑，供养之地。④〔声畏天下〕声，名声，声势。畏，使害怕。⑤〔秦与天下弊〕秦国中了天下人的计谋而使自己疲惫。

◎**大意** 四十五年，西周君的秦国宾客对周㝡说："您不如称赞秦王的孝道，并把应地献给秦国作为太后的供养之地，秦王一定会高兴，这样您与秦国就有了交情。交情好了，西周君一定认为这是您的功劳。交情不好，那么劝西周君投靠秦国的人一定会获罪的。"秦国攻打周，周㝡对秦王说："替大王谋划，还是不要攻打周。攻打周，实在没有什么好处，只不过以攻打周的声威使天下畏惧罢了。天下害怕秦的声威，一定会向东与齐联合。秦军在周遭受挫折，又使天下与齐联合，那么秦国将不能统一天下了。天下人都想让秦国疲弊，所以才劝大王攻周。秦国中了天下人的计谋而使自己疲惫，那么威令就不能通行于诸侯了。"

五十八年，三晋距（拒）秦。周令其相国之秦，以秦之轻也，还其行①。客谓相国曰："秦之轻重未可知也。秦欲知三国之情②。公不如急见秦王曰'请为王听东方之变'，秦王必重公。重公，是秦重周，周以取秦也；齐重，则固有周聚以收齐：是周常不失重国之交也。"秦信周，发兵攻三晋。

◎**注释** ①〔还其行〕意思是返归周。②〔情〕实情。
◎**大意** 五十八年，韩、赵、魏三国抵抗秦国。东周君派相国前往秦国报告，东周相国认为必被秦轻视，便中途返回。宾客对相国说："秦国是轻视周还是重视周还不确定。秦国是想知道韩、赵、魏三国的内情。您不如赶紧去见秦王说'我请求给大王探听东方各国的变动'，秦王一定会重视您。重视您，便是重视周，这样周就可以与秦维持友好关系；至于周被齐国重视，本来就有周聚取得了齐国的信任：这样周就可以经常与强国相交。"秦国信任周，发兵攻打韩、赵、魏三国。

五十九年，秦取韩阳城负黍①，西周恐，倍（背）秦，与诸侯约从②，将天下锐师③出伊阙攻秦，令秦无得通阳城。秦昭王怒，使将军摎攻西周。西周君奔秦，顿首受罪，尽献其邑三十六，口④三万。秦受其献，归其君于周。

◎**注释** ①〔负黍〕地名，在阳城西南。②〔约从（zòng）〕相约合纵抗秦。从，"纵"的古字，这里指合纵，即战国时六国联合拒秦的策略。③〔锐师〕精锐部队。④〔口〕人口。
◎**大意** 五十九年，秦国攻取韩国阳城的负黍，西周恐慌，背叛秦国，与诸侯订立合纵抗秦的盟约，率领天下的精锐部队出伊阙攻打秦国，使秦不能通向阳城。秦昭王大怒，派将军摎攻打西周。西周君逃奔秦国，叩头认罪，献出全部的三十六个城邑和三万人口。秦国接受了西周君的贡献,把他送回西周。

　　周君王赧卒,周民遂东亡①。秦取九鼎宝器,而迁西周公于𮎛狐②。后七岁,秦庄襄王灭东周。东西周皆入于秦,周既③不祀④。

◎**注释**　①〔东亡〕向东方逃亡。②〔𮎛(dàn)狐〕地名。在今河南汝州。③〔既〕完结,尽。④〔不祀〕没有人主持祭祀之事。意思是周朝灭亡了。
◎**大意**　周王赧去世,周地的居民于是向东方逃亡。秦国拿走了九鼎等珍宝器物,把西周公迁往𮎛狐。此后第七年,秦庄襄王灭亡东周。东周、西周都被并入秦国,周朝最终灭亡了。

　　太史公曰:学者皆称周伐纣,居雒邑,综①其实不然。武王营之,成王使召公卜居,居九鼎焉,而周复都丰、镐。至犬戎败幽王,周乃东徙于雒邑。所谓"周公葬于毕",毕在镐东南杜中。秦灭周。汉兴九十有余载,天子将封太山,东巡狩至河南,求②周苗裔③,封其后嘉三十里地,号曰周子南君,比④列侯,以奉其先祭祀。

◎**注释**　①〔综〕综合考察。②〔求〕访求。③〔苗裔〕后裔,后代。④〔比〕并列,与……等同。
◎**大意**　太史公说:学者都说周伐纣以后,居住在雒邑,综合考察其实际情况并非如此。武王营建雒邑,成王使召公占卜,然后将九鼎安放在那里,但周朝还是定都丰邑、镐京。直到犬戎打败幽王,周朝才把国都迁到雒邑。所谓"周公葬于毕",毕在镐京东南的杜中。秦国灭掉周朝。汉朝建立九十多年后,天子祭祀泰山,向东巡视到达河南,寻找周朝的后代,封给周的后裔嘉三十里土地,称其为周子南君,地位与诸侯相等,让他主持对其祖先的祭祀。

◎ 释疑解惑

与《殷本纪》相同，本篇开篇先追溯周民族的始祖后稷。"周后稷，名弃。其母有邰氏女，曰姜原。姜原为帝喾元妃。"这一记载当源于《帝系姓》"帝喾卜其四妃之子，而皆有天下。上妃有邰氏之女也，曰姜原氏，产后稷。"司马迁将这一内容改写成以后稷为主语的陈述句。后稷为帝喾子的记载，将周的源头归于以黄帝为始祖的大谱系之中。这样的处理方式表明了司马迁刻意在阐明一种大一统的历史观念。传统观点认为后稷生平事迹主要源自《诗经·大雅·生民》。《诗经·大雅·生民》有"厥初生民，时维姜嫄。生民如何？克禋克祀，以弗无子。履帝武敏歆，攸介攸止，载震载夙。载生载育，时维后稷"的记载。关于后稷的出生，《周本纪》记载："姜原出野，见巨人迹，心忻然说，欲践之，践之而身动如孕者。"崔述认为该说法"是因《诗·大雅·生民》篇'履帝武'之文而附会之者"。但是"见巨人迹"的说法并非首见于《史记》，《列子·天瑞》即云："后稷生乎巨迹。"然与《生民》相比，《史记》的这一改动，极大地减弱了其中的神异色彩：从"履帝武"到"见巨人迹"，后稷感生不再与上天有任何关系。受当时的文化氛围影响，即便董仲舒《春秋繁露·三代改制质文》亦记载"后稷母姜原履天之迹而生后稷"。在这种背景下，司马迁选择摒弃神话色彩的历史叙述，具有极大的进步意义。

◎ 思考辨析题

1. "武王伐纣"在《殷本纪》和《周本纪》中都有记载，简述二者的区别。
2. 举例说明《周本纪》的哪些内容倡导了"德"的重要性。

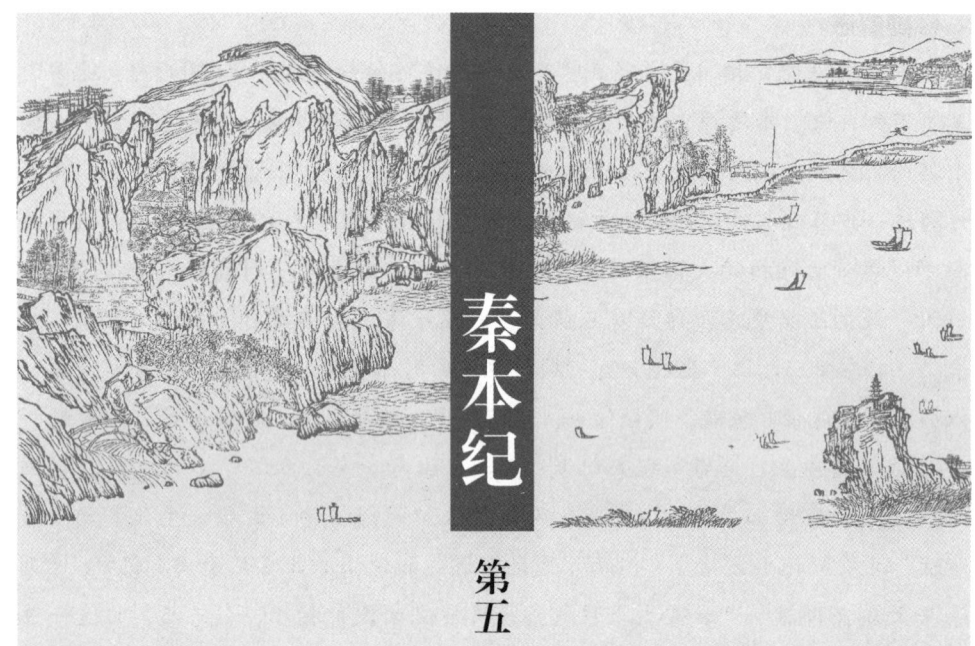

秦本纪

第五

《秦本纪》记载了秦国从先祖女修到秦王政即位的历史，主要铺写了秦的先祖及秦始皇以前的历代秦君如何发家建国，从而为秦始皇统一天下奠定基础的历史过程。整个《秦本纪》可分为秦的先祖传说文本、西周时期的秦君世系文本、春秋时期的秦君世系文本和战国时期的秦君世系文本。这四部分文本表现出不同的形式和特点，表明司马迁可能使用了来源不同的历史材料。秦的先祖传说文本重在记载从女修到非子的世系，不记载具体年月，具有明显的传说性质。在记事方面，也只涉及女修、大费、费昌、中衍、蜚廉、造父、非子生平的大事，其他内容则不涉及，记载十分简括。秦侯到秦庄公时期属于西周时期的秦君世系文本，这部分文本表现出新的特征，内容除了世系之外，还增加了秦君所立年数的记载,形式为"立……年卒",其中穿插简单的记事。记事内容与上一部分秦先祖文本内容一样,仅限与秦有关的事。秦襄公至秦悼公时期属于春秋时期的秦君世系文本,从这一时期开始,《秦本纪》有了完整的纪年,这是区别于之前文本的最大特征。这一部分除了秦君世系之外,还增加了许多内容,主要包括两类:一是秦君的首都、营邑、子孙即位、征伐、祭祀、法律等秦国内部的记事内容。联系文公十三年"初有史以纪事",可以推测这方面内容的撰写引用了秦国的记录。二是秦国之外的国家的记事内容,包括鲁、郑、齐、晋、周、楚、吴、陈等。而这些内容是从宁公时期开始,宁公之前的内容并不见有。这里所涉及的其他国家的记事内容,多见于《左传》。在这段文本中,秦穆公时期的记事最为详细,所占比重也最大,可视为一部相对独立的传记。战国时期的秦君世系从秦厉共公始,至秦始皇时期。这一时期内容以秦国之事为主,包括外交、战争、设县、诏令、移民、天文等,虽偶有插叙他国之事,但并不多。另外,这一部分文本中纪年更加完善,特别是秦孝公以后纪年内容趋于完整,出现了几乎连续的纪年。这一段文本虽然以昭襄王时代内容最多,但从叙事详略来看,秦孝公时期内容最为细致、丰富,可视为一部相对完整的传记。综合来看,《秦本纪》完整地记叙了秦始皇之前秦国的发展脉络,显示了秦国几代先君的奋发图强与文治武功。司马迁在其中树立了秦穆公与秦孝公两位典范君王形象。他们有一个共同的品质,就是选贤任能,这也是司马迁在本篇所倡导的理想国君该有的美德。唐代司马贞、刘知几就提出过看法,主张秦不该列于本纪,而应降为世家。这是机械地认为只有拥有帝位才能够被列入本纪，而忽视了司马迁在选择传主时出于思想方面的考虑。吕思勉说："《史记》于周自西伯，秦自庄襄以上，亦称本纪，盖沿古之《帝系》。《帝系》所以记王者先世，未必于其未王时别之为世家也。"的确，如吕思勉所言，《周本纪》也包括了后稷至周文王之间的并未称帝的先祖，《殷本纪》也记载了契至汤之间并未有帝位的先祖，这样来看，《秦本纪》将秦始皇之前的秦国先君列入本纪也是合理的，并非特例。司马迁将这些帝王的祖辈列入本纪正可以达到"原始察终"的目的。其体现的思想正是商汤、周文王、秦始皇之所以能够取得天下成为帝王，并非一代人的努力所得，而是数代人共同奋斗的结果。

秦之先，帝颛顼之苗裔孙，曰女修。女修织，玄鸟①陨卵，女修吞之，生子大业。大业取（娶）少典之子，曰女华。女华生大费，与禹平水土。已成，帝锡②玄圭③。禹受曰："非予能成，亦大费为辅。"帝舜曰："咨尔费④，赞⑤禹功，其⑥赐尔皂游（旒）⑦。尔后嗣⑧将大出⑨。"乃妻之姚姓之玉女。大费拜受，佐舜调驯鸟兽，鸟兽多驯服，是为柏翳⑩。舜赐姓嬴氏。

◎**注释**　①〔玄鸟〕燕子。②〔锡〕赐，赐予。③〔玄圭〕黑色的玉圭。④〔咨尔费〕咨，叹词。尔，你。⑤〔赞〕帮助。⑥〔其〕表示劝勉。⑦〔皂游(liú)〕旌旗上的黑色飘带。皂，黑色。游，同"旒"。⑧〔后嗣〕后代。⑨〔出〕显，指昌盛。⑩〔柏翳(yì)〕即伯益。

◎**大意**　秦的先祖，是帝颛顼的后代孙女，叫女修。女修织布，燕子掉下一只蛋，女修吞下，生下儿子大业。大业娶少典族的女子，名叫女华。女华生大费，大费帮助禹平治水土。成功后，舜帝赐给禹黑色的圭。禹接受了玉圭说："不是凭我就能成功，也有赖大费的帮助。"帝舜说："大费，你帮助禹成功，赐给你黑色的旗旒。你的后世子孙将繁衍昌盛。"于是将一个姚姓的好姑娘嫁给他。大费拜受，帮助舜驯养鸟兽，鸟兽多被驯服，这就是柏翳。舜赐他姓嬴。

大费生子二人：一曰大廉，实鸟俗氏；二曰若木，实费氏。其玄孙曰费昌，子孙或在中国①，或在夷狄。费昌当夏桀之时，去夏归商，为汤御②，以败桀于鸣条。大廉玄孙曰孟戏、中衍，中衍鸟身人言。帝太戊闻而卜之使御③，吉，遂致使御而妻之。自太戊以下，中衍之后，遂世有功，以佐殷国，故嬴姓多显，遂为诸侯。

◎**注释**　①〔中国〕指中原地区。②〔御〕驾车。③〔卜之使御〕为让他们驾车这件事而进行占卜。

◎**大意**　大费生有两个儿子：一个叫大廉，即鸟俗氏；另一个叫若木，即费氏。费氏的玄孙叫费昌，他的子孙有的在中原，有的在夷狄地区。费昌在夏桀的时候，离开夏朝而投奔商朝，为成汤驾车，在鸣条打败了夏桀。大廉的玄孙叫孟戏、中衍，中衍有鸟的身体却说人话。帝太戊听说后想让他们御车，占卜吉利，于是将他们招来御车，并给他们娶了妻子。从太戊以后，中衍的后代每世都有功劳，因辅佐殷王朝，所以嬴姓多显贵，终于成为诸侯。

其玄孙曰中潏，在西戎，保西垂①。生蜚廉。蜚廉生恶来。恶来有力，蜚廉善走，父子俱以材力②事殷纣。周武王之伐纣，并杀恶来。是时蜚廉为纣石北方，还，无所报，为坛③霍太山而报，得石棺，铭④曰"帝⑤令处父⑥不与⑦殷乱，赐尔石棺以华氏⑧"。死，遂葬于霍太山。蜚廉复有子曰季胜。季胜生孟增。孟增幸⑨于周成王，是为宅皋狼。

皋狼生衡父，衡父生造父。造父以善御幸于周缪王⑩，得骥、温骊、骅骝、騄耳⑪之驷，西巡狩，乐而忘归。徐偃王作乱，造父为缪王御，长驱归周，一日千里以救乱。缪王以赵城封造父，造父族由此为赵氏。自蜚廉生季胜已（以）下五世至造父，别居赵。赵衰其后也。恶来革者，蜚廉子也，蚤（早）死。有子曰女防。女防生旁皋，旁皋生太几，太几生大骆，大骆生非子。以造父之宠，皆蒙⑫赵城，姓赵氏。

◎**注释** ①〔保西垂〕保，守卫。垂，边境。②〔材力〕才能。③〔为坛〕筑祭坛。④〔铭〕刻，这里指石棺上刻着的字。⑤〔帝〕天帝。⑥〔处父（fǔ）〕蜚廉的字。⑦〔与〕参加，参与。⑧〔华氏〕使氏族显耀。华，显贵，显要。⑨〔幸〕宠幸。⑩〔周缪（mù）王〕即周穆王姬满，西周第五位君主。⑪〔骥、温骊、骅骝（huá liú）、騄（lù）耳〕良马名。⑫〔蒙〕受，承。

◎**大意** 中衍的玄孙叫中潏，住在西戎地区，守卫西方边境。生子蜚廉。蜚廉生恶来。恶来有勇力，蜚廉善于奔跑。父子俩都以才能侍奉殷纣。周武王伐纣，同时杀了恶来。当时蜚廉在北方为纣做石椁，回来后，没有汇报对象，在霍太山筑祭坛报命封王，得到一具石棺，其铭文说："上天命令处父不参与殷朝之乱，赐给你石棺以光耀你的氏族。"蜚廉死后，就葬于霍太山。蜚廉还有一个儿子叫季胜。季胜生了孟增。孟增深受周成王宠爱，他就是宅皋狼。宅皋狼生了衡父。衡父生了造父。造父因善于驾车被周穆王赏识，周穆王得到骥、温骊、骅骝、騄耳四匹骏马，到西方巡狩，乐而忘返。徐偃王作乱，造父为穆王赶车，长驱回周，为了平定叛乱一天行一千里。穆王把赵城封给造父，造父一族从此姓赵。从蜚廉生季胜以后，经五代到造父，另居于赵城。赵衰就是他的后代。恶来革也是蜚廉的儿子，早死。他有一个儿子叫女防。女防生旁皋，旁皋生太几，太几生大骆，大骆生非子。有赖造父的受宠，非子等人都蒙恩住在赵城，姓赵。

非子居犬丘，好马及畜，善养息①之。犬丘人言之周孝王，孝王召使主②马于汧渭之间，马大蕃息③。孝王欲以为大骆适（嫡）嗣④。申侯之女为大骆妻,生子成为適(嫡)。申侯乃言孝王曰:"昔我先郦山之女⑤,为戎胥轩妻,生中潏,以亲故归周,保西垂,西垂以其故和睦。今我复与大骆妻⑥,生適(嫡)子成。申骆重婚⑦,西戎皆服,所以为王。王其图之。"于是孝王曰:"昔伯翳为舜主畜,畜多息,故有土,赐姓嬴。今其后世亦为朕息马,朕其分土为附庸⑧。"邑之秦⑨,使复续嬴氏祀,号曰秦嬴。亦不废申侯之女子⑩为骆適(嫡)者,以和西戎。

◎**注释** ①〔息〕繁殖。②〔主〕掌管,主管。③〔蕃息〕繁殖。"蕃""息"同义。④〔適(dí)嗣〕即嫡子,正妻所生的儿子。⑤〔郦山之女〕娘家住郦山的女子。⑥〔与大骆妻〕意思是把女儿嫁给大骆为妻。⑦〔重(chóng)婚〕再次联姻。⑧〔附庸〕附属于诸侯的小国。⑨〔邑之秦〕赐他秦地作封邑。⑩〔申侯之女子〕申侯女儿的儿子。

◎**大意** 非子住在犬丘,喜欢马和其他牲畜,善于喂养它们。犬丘人将其报告给周孝王,孝王将他召来,让他在汧(qiān)水、渭水之间主持养马,马繁衍得很多。孝王想让非子做大骆的继承人。申侯的女儿是大骆的妻子,生有儿子成,是大骆的嫡子。申侯于是对孝王说:"从前我的先祖在郦山居住时生的一个女儿,做了戎胥轩的妻子,生了中潏,因有亲戚的原因归顺了周,守卫西垂地区,西垂因此和睦。现在我又将女儿嫁给大骆为妻,生嫡子成。申侯与大骆再次结亲,西戎无不归服,您才得以为王。请您认真考虑一下。"于是孝王说:"从前伯翳为舜掌管畜牧,牲畜繁衍得很多,所以给他封土,赐姓嬴。现在他的后代也为我养马,我封土给他,让他做附属国。"把秦地给非子作封邑,让他重新延续嬴氏的祭祀,号称秦嬴。也不废除申侯女儿的儿子做大骆的继承人,以与西戎和好。

秦嬴生秦侯。秦侯立①十年,卒。生公伯。公伯立三年,卒。生秦仲。

◎**注释** ①〔立〕在位。
◎**大意** 秦嬴生秦侯。秦侯在位十年，去世。秦侯生公伯。公伯在位三年，去世。公伯生秦仲。

　　秦仲立三年，周厉王无道，诸侯或叛之。西戎反王室，灭犬丘大骆之族。周宣王即位，乃以秦仲为大夫，诛①西戎。西戎杀秦仲。秦仲立二十三年，死于戎。有子五人，其长者曰庄公。周宣王乃召庄公昆弟②五人，与兵七千人，使伐西戎，破之。于是复予秦仲后，及其先大骆地犬丘并有之，为西垂大夫。

◎**注释** ①〔诛〕讨伐。②〔昆弟〕兄弟。
◎**大意** 秦仲即位第三年，周厉王无道，有的诸侯反叛他。西戎反叛周王室，灭了居住在犬丘的大骆一族。周宣王即位后，就任命秦仲为大夫，征伐西戎。西戎杀了秦仲。秦仲在位二十三年，死在了西戎。秦仲有五个儿子，长子是庄公。周宣王于是召见庄公兄弟五人，给他们士兵七千人，让他们征伐西戎，打败了西戎。于是又赏赐秦仲的后代，并将其先祖大骆的领地犬丘一起赏赐给了他们，让秦庄公担任西垂大夫。

　　庄公居其故西犬丘，生子三人，其长男世父。世父曰："戎杀我大父①仲，我非杀戎王则不敢②入邑。"遂将击戎，让其弟襄公。襄公为太子。庄公立四十四年，卒，太子襄公代③立。襄公元年，以女弟缪嬴为丰王④妻。襄公二年，戎围犬丘，世父击之，为戎人所虏。岁余，复归世父。七年春，周幽王用⑤褒姒废太子，立褒姒子为适（嫡），数欺诸侯⑥，诸侯叛之。西戎犬戎与申侯伐周，杀幽王郦山下。而秦襄公将兵救周，战甚力，有功。周避犬戎难，东徙雒邑，襄公以兵⑦送周平王。平王封襄公为诸侯，赐之岐以西之地。曰："戎无道，侵夺我岐、丰之地，秦能攻逐戎，即有其地。"与誓，封爵之⑧。襄公于是始国⑨，与诸侯通使聘享⑩之礼，乃用骝驹⑪、黄牛、羝羊⑫各三祠上帝西畤⑬。十二年，伐戎而至岐，卒。生文公。

◎**注释** ①〔大父〕祖父。②〔不敢〕不应，不能。③〔代〕接替，继任。④〔丰王〕当是指占据丰地的西戎之王。⑤〔用〕因。⑥〔数欺诸侯〕指幽王多次举烽火戏弄诸侯，取悦褒姒事。⑦〔以兵〕率兵。⑧〔封爵之〕赐给他封地，授予他爵位。⑨〔国〕指使秦成为诸侯国。⑩〔聘享〕聘问献纳。诸侯之间修好为聘，诸侯向天子献纳方物为享。⑪〔骝驹〕黑鬣赤身的小马。⑫〔羝（dī）羊〕公羊。⑬〔西畤（zhì）〕在西县筑的祭天地之处。畤，祭处，祭祀天地五帝的祭坛。

◎**大意** 庄公住在他们的故地西犬丘，生有三个儿子，他的长子是世父。世父说："西戎人杀我祖父秦仲，我不杀了戎王就不回来。"于是率兵攻打西戎，让位给他的弟弟襄公。襄公做了太子。庄公在位四十四年，死后，太子襄公即位。襄公元年，把妹妹缪嬴嫁给丰王做妻子。襄公二年，西戎围攻犬丘，世父进行反击，被戎人俘虏。一年多后，又放回了世父。襄公七年春，周幽王宠爱褒姒而废黜太子，立褒姒的儿子为太子，多次失信于诸侯，诸侯反叛他。西戎、犬戎与申侯进攻周朝，把周幽王杀死在郦山下。而秦襄公率兵救周，作战非常卖力，立下功劳。周避犬戎的威胁，都城东迁雒邑，襄公用军队护送周平王。平王封襄公为诸侯，赐给他岐山以西的土地，说："戎人无道，侵夺我们岐山、丰水地区，秦若能赶走戎人，就拥有这些土地。"与他立下盟约，赐给他封地和爵位。襄公这时才成为诸侯开始建国，与其他诸侯互通使节按礼接待，用赤色黑鬣马、黄牛、公羊各三只，在西畤祭祀上帝。十二年，襄公讨伐西戎到了岐山，去世。襄公生了文公。

文公元年，居西垂宫。三年，文公以兵七百人东猎。四年，至汧渭之会①。曰："昔周邑我先秦嬴于此，后卒获为诸侯。"乃卜居之，占曰吉，即营邑②之。十年，初为鄜畤③，用三牢④。十三年，初有史⑤

以纪事，民多化者。十六年，文公以兵伐戎，戎败走。于是文公遂收周余民有之，地至岐，岐以东献之周。十九年，得陈宝⑥。二十年，法初有三族⑦之罪。二十七年，伐南山大梓，丰⑧大特⑨。四十八年，文公太子卒，赐谥为竫公。竫公之长子为太子，是文公孙也。五十年，文公卒，葬西山。竫公子立，是为宁公。

◎**注释** ①〔会〕会合处。②〔营邑〕营造城邑。③〔鄜（fū）畤〕在鄜县所筑的祭天地之处。④〔三牢〕指牛、羊、猪。牢，祭祀用的牺牲。⑤〔史〕史官。⑥〔陈宝〕传说中的宝石。⑦〔三族〕父族、母族、妻族。⑧〔丰〕丰水。⑨〔特〕公牛。

◎**大意** 文公元年，住在西垂宫。三年，文公率兵七百人向东狩猎。四年，到汧水、渭水交会之处。文公说："从前周王把这里给我们的先祖秦嬴做封邑，后来我们终于成为诸侯。"于是占卜这里是否宜于居住，占辞说吉利，就在这里营筑城邑。十年，开始设立祭天地的场所。用牛、羊、猪三牲做祭礼。十三年，开始设史官记载国事，人民大都受到教化。十六年，文公率兵讨伐西戎，西戎败逃。于是文公就收拢周的遗民，将领土扩大到岐山，把岐山以东的土地献给周王朝。十九年，获得陈宝奇石。二十年，法律中开始设置诛灭三族的罪名。二十七年，砍伐南山大梓树，梓树断后，一条青色大公牛跑入丰水中。四十八年，文公的太子去世，赐谥号为竫（jìng）公。竫公的长子被立为太子，也就是文公的孙子。五十年，文公去世，葬于西山。竫公的儿子即位，就是宁公。

宁公二年，公徙居平阳。遣兵伐荡社①。三年，与亳战，亳王奔戎，遂灭荡社。四年，鲁公子翬弑其君隐公。十二年，伐荡氏，取之。宁公生十岁立，立十二年卒，葬西山。生子三人，长男武公为太子。武公弟德公，同母，鲁姬子。生出子。宁公卒，大庶长弗忌、威垒、三父废太子而立出子为君。出子六年，三父等复共令人贼杀②出子。出子生五岁立，立六年卒。三父等乃复立故太子武公。

◎**注释** ①〔荡社〕西戎国君的城邑。②〔贼杀〕刺杀,杀害。
◎**大意** 宁公二年,迁居平阳。派兵讨伐荡社。三年,与亳(bó)交战,亳王投奔西戎,于是灭掉了荡社。四年,鲁公子翚(huī)杀死了他的国君隐公。十二年,讨伐荡氏,攻下了它。宁公十岁即位,在位十二年去世,葬于西山。宁公生下三个儿子,长子武公为太子,武公的弟弟为德公,鲁姬子是他们的母亲。另一个儿子是出子。宁公死后,太庶长弗忌、威垒、三父废太子而改立出子为国君。出子六年,三父等人又合伙派人杀害了出子。出子五岁即位,在位六年而死。三父等人于是又立原太子武公为国君。

武公元年,伐彭戏氏,至于华山下,居平阳封宫。三年,诛三父等而夷三族,以其杀出子也。郑高渠眯杀其君昭公。十年,伐邽、冀戎,初县①之。十一年,初县杜、郑。灭小虢。

◎**注释** ①〔县〕置县,设立县。
◎**大意** 武公元年,讨伐彭戏氏,到达华山下,武公住在平阳封宫。三年,诛杀三父等人并灭了他们三族,因为他们杀了出子。郑国高渠眯杀了他的国君昭公。十年,讨伐邽地、冀地,开始在这里设置县邑。十一年,开始把杜、郑设为县。灭了小虢。

十三年,齐人管至父、连称等杀其君襄公而立公孙无知。晋灭霍、魏、耿。齐雍廪杀无知、管至父等而立齐桓公。齐、晋为强国。

◎**大意** 十三年,齐国人管至父、连称等杀了他们的国君襄公而拥立公孙无知。晋国灭掉霍国、魏国、耿国。齐国的雍廪杀掉公孙无知、管至父等而拥立齐桓公。齐、晋成为强国。

十九年，晋曲沃始为晋侯。齐桓公伯（霸）于鄄。

◎**大意**　十九年，晋国曲沃的武公开始做晋侯。齐桓公在鄄称霸。

二十年，武公卒，葬雍平阳。初以人从死①，从死者六十六人。有子一人，名曰白。白不立，封平阳。立其弟德公。

◎**注释**　①〔从死〕殉葬。
◎**大意**　二十年，武公去世，葬于雍邑的平阳。开始用活人殉葬，殉葬的人有六十六个。武公有一个儿子，名叫白。白没有继位，封在平阳。立武公的弟弟德公为君。

德公元年，初居雍城大郑宫。以牺三百牢祠鄜畤。卜居雍。"后子孙饮马于河①"。梁伯、芮伯来朝。二年，初伏②，以狗御蛊③。德公生三十三岁而立，立二年卒。生子三人：长子宣公，中子成公，少子穆公。长子宣公立。

◎**注释**　①〔后子孙饮（yìn）马于河〕后世子孙可以到黄河边上去饮马，暗示秦国势力将日益强盛，国土将从雍扩展到黄河。②〔初伏〕开始规定伏日，即把暑天分为三伏。③〔以狗御蛊（gǔ）〕杀狗以祛除热毒邪气。蛊，本指毒虫，这里指伤人的热毒邪气。
◎**大意**　德公元年，开始居住在雍城大郑宫。用各三百头牛、羊、猪在鄜（fū）祭祀大帝。占卜定居雍城。后代子孙得以饮马于黄河。梁伯、芮伯来朝见。二年，初创三伏节气，杀狗以祛除热毒邪气。德公三十三岁即位，在位二年去世。生了三个儿子：长子宣公，次子成公，少子穆公。长子宣公继位。

宣公元年，卫、燕伐周，出^①惠王，立王子颓。三年，郑伯、虢叔杀子颓而入^②惠王。四年，作密畤。与晋战河阳，胜之。十二年，宣公卒。生子九人，莫^③立，立其弟成公。

◎**注释**　①〔出〕使……出，即赶出的意思。②〔入〕使……入。③〔莫〕没有人，没有哪一个。
◎**大意**　宣公元年，卫国、燕国进攻周朝，赶走惠王，拥立王子颓。三年，郑伯、虢叔杀掉子颓而使惠王回朝。四年，营建密畤。与晋国在河阳交战，战胜了晋军。十二年，宣公去世。宣公生有九个儿子，都未能即位，立他的弟弟成公为君。

　　成公元年，梁伯、芮伯来朝。齐桓公伐山戎，次^①于孤竹。

◎**注释**　①〔次〕临时驻扎。
◎**大意**　成公元年，梁伯、芮伯来朝见。齐桓公讨伐山戎，驻扎在孤竹。

　　成公立四年卒。子七人，莫立，立其弟缪公^①。

◎**注释**　①〔缪（mù）公〕即秦穆公，名任好。
◎**大意**　成公在位四年去世。他有七个儿子，都未继位，立他的弟弟穆公为君。

　　缪公任好元年，自将伐茅津，胜之。四年，迎^①妇于晋，晋太子申生姊也。其岁，齐桓公伐楚，至邵陵。

◎**注释**　①〔迎〕迎亲。

◎**大意** 穆公任好元年，亲自率兵讨伐茅津，战胜了茅津。四年，到晋国迎娶妻子，是晋国太子申生的姐姐。这一年，齐桓公讨伐楚国，到达邵陵。

五年，晋献公灭虞、虢，虏虞君与其大夫百里傒，以璧马赂①于虞故也。既虏百里傒，以为秦缪公夫人媵②于秦。百里傒亡③秦走宛，楚鄙④人执之。缪公闻百里傒贤，欲重赎之，恐楚人不与，乃使人谓楚曰："吾媵臣百里傒在焉，请以五羖羊⑤皮赎之。"楚人遂许与之。当是时，百里傒年已七十余。缪公释⑥其囚⑦，与语国事。谢曰："臣亡国之臣，何足问！"缪公曰："虞君不用子⑧，故亡，非子罪也。"固问，语三日，缪公大说（悦），授之国政，号曰五羖大夫。百里傒让曰："臣不及臣友蹇叔，蹇叔贤而世莫知。臣常（尝）游⑨困于齐而乞食铚人，蹇叔收臣。臣因而欲事齐君无知，蹇叔止臣，臣得脱齐难⑩，遂之周。周王子颓好牛，臣以养牛干⑪之。及颓欲用臣，蹇叔止臣，臣去，得不诛⑫。事虞君，蹇叔止臣。臣知虞君不用臣，臣诚私利禄爵，且留。再⑬用其言，得脱；一不用，及虞君难。是以知其贤。"于是缪公使人厚币⑭迎蹇叔，以为上大夫。

◎**注释** ①〔赂〕赠送（财物）。②〔媵（yìng）〕古代诸侯女儿出嫁时随嫁或陪嫁的人。③〔亡〕逃亡。④〔鄙〕边境。⑤〔羖（gǔ）羊〕黑色的公羊。⑥〔释〕放开，解除。⑦〔囚〕监禁。⑧〔子〕对人的尊称，相当于您，多指男子。⑨〔游〕外出求学或求官。⑩〔齐难（nàn）〕指公子无知、管至父等人叛乱之事。⑪〔干〕求，指求取禄位。⑫〔得不诛〕能不被杀掉。指在郑伯、虢叔杀王子颓迎回惠王时幸免于难。⑬〔再〕两次。⑭〔厚币〕重币，厚礼。币，用作礼物的玉、马、皮、帛等。

◎**大意** 五年，晋献公灭掉虞、虢二国，俘虏了虞君和他的大夫百里傒，这是用玉璧、良马贿赂了虞国的缘故。俘虏百里傒后，将他作为秦穆公夫人的陪嫁奴仆送到秦国。百里傒从秦国逃到宛，被楚国边地的居民抓获。穆公听说百里傒有才能，想用重价赎买他，担心楚人不肯给，就派人去对楚国人说："我的陪嫁奴仆在这里，请允许用五张黑羊皮赎他。"楚人于是答应将百里傒给了秦国。当时，百里傒已七十多岁。穆公释放了他，和他谈论国事。百里傒推辞说："我是亡国之臣，还有什么值得问的！"穆公说："虞国国君不任用您，所以才亡国，不是您的罪过。"再三向他请教，谈论了三天，穆公很高兴，把国政交给他，号称五羖大夫。百里傒谦让说："我不如我的朋友蹇叔，蹇叔的才能世人不知。我曾到齐国交游，被困在那里，向铚（zhì）地人讨饭吃，蹇叔收留了我。我因而想要为齐君无知做事，蹇叔劝阻了我，使我逃脱了齐君被杀的灾祸，然后到了周朝。周王子颓喜欢牛，我以养牛的技术求取周王任用。等到子颓想要用我时，蹇叔劝阻了我，我离开周，得以不与子颓一起遭杀害。我为虞国国君做事，蹇叔又劝阻我。我知道虞君不会重用我，但我贪恋薪俸爵位，暂且留了下来。两次听取蹇叔的话，得以脱祸；一次未听，就遇上了虞君的灾难：因此我知道他很有才能。"于是穆公派人用重金迎接蹇叔，封他为上大夫。

秋，缪公自将伐晋，战于河曲。晋骊姬作乱，太子申生死新城，重耳、夷吾出奔①。

◎**注释**　①〔出奔〕逃亡国外。
◎**大意**　秋天，穆公亲自率兵攻打晋国，在河曲交战。晋国骊姬作乱，太子申生死于新城，重耳、夷吾逃亡国外。

九年，齐桓公会①诸侯于葵丘。

◎**注释**　①〔会〕会盟，盟誓。
◎**大意**　九年，齐桓公与诸侯会盟于葵丘。

晋献公卒。立骊姬子奚齐，其臣里克杀奚齐。荀息立卓子，克又杀卓子及荀息。夷吾使人请秦，求入晋①。于是缪公许之，使百里傒将兵送夷吾。夷吾谓曰："诚得立，请割晋之河西八城与秦。"及至，已立，而使丕郑谢②秦，背约不与河西城，而杀里克。丕郑闻之，恐，因与缪公谋曰："晋人不欲夷吾，实欲重耳。今背秦约而杀里克，皆吕甥、郤芮之计也。愿君以利急召吕、郤，吕、郤至，则更入重耳，便。"缪公许之，使人与丕郑归，召吕、郤。吕、郤等疑丕郑有间③，乃言夷吾杀丕郑。丕郑子丕豹奔秦，说缪公曰："晋君无道，百姓不亲，可伐也。"缪公曰："百姓苟不便，何故能诛其大臣？能诛其大臣，此其调④也。"不听，而阴用豹⑤。

◎**注释** ①〔求入晋〕请求秦派兵送他回晋国即位。②〔谢〕道歉。③〔间〕离间，这里指诈谋。④〔调〕协调。⑤〔阴用豹〕暗中任用丕豹。

◎**大意** 晋献公去世。立骊姬的儿子奚齐为国君，他的臣下里克杀了奚齐。荀息拥立卓子，里克又杀了卓子和荀息。夷吾派人拜见秦君，请求帮助他回晋国。于是穆公答应了他，派百里傒率兵护送夷吾。夷吾对他说："如果真能即位，愿意割晋国的河西八城给秦。"夷吾回到晋国，做了国君，只派丕郑感谢秦国，违背誓约，不肯交付河西八城，并杀了里克。丕郑听说后，很害怕，于是与穆公商量说："晋人不想要夷吾，实际想要重耳。现在夷吾背弃与秦国的誓约而杀死里克，都是吕甥、郤（xì）芮的计谋。希望你诱之以利，马上将吕、郤二人召来，吕、郤二人来后，那么改送重耳回国就容易了。"穆公答应了他，派人随丕郑回国，召引吕、郤二人。吕、郤等人怀疑丕郑有阴谋，于是建议夷吾杀了丕郑。丕郑的儿子丕豹跑到秦国，对穆公说："晋君无道，百姓不喜欢他，可以讨伐他。"穆公说："百姓如果不亲附他，怎么能杀掉他的大臣呢？能处死其大臣，这说明他们的关系是协调的。"表面上不予采纳，暗地却任用丕豹。

十二年，齐管仲、隰朋死。

◎**大意**　十二年，齐国的管仲、隰（xí）朋去世。

晋旱，来请粟。丕豹说^①缪公勿与，因^②其饥而伐之。缪公问公孙支，支曰："饥穰更事耳^③，不可不与。"问百里傒，傒曰："夷吾得罪于君，其百姓何罪？"于是用百里傒、公孙支言，卒与之粟。以船漕^④车转，自雍相望至绛。

◎**注释**　①〔说〕劝说，说服。②〔因〕趁。③〔饥穰（ráng）更事耳〕穰，丰收。更事，交替出现的事。④〔漕〕水运。
◎**大意**　晋大旱，来秦求粮。丕豹劝穆公不要给，趁晋国饥荒攻打他们。穆公问公孙支，公孙支说："饥荒与丰收是交替出现的事，不可不给。"问百里傒，百里傒说："夷吾得罪了你，他的百姓有什么罪呢？"于是采纳了百里傒、公孙支的意见，终于借给晋国粮食。用船运、车输的方式运粮，从雍都到绛都络绎不绝。

十四年，秦饥，请粟于晋。晋君谋之群臣。虢射曰："因其饥伐之，可有大功。"晋君从之。十五年，兴兵将攻秦。缪公发兵，使丕豹将，自往击之。九月壬戌，与晋惠公夷吾合战于韩地。晋君弃其军^①，与秦争利，还（旋）而马鸷^②。缪公与麾下驰追之，不能得晋君，反为晋军所围。晋击缪公，缪公伤。于是岐下食善马者三百人驰冒^③晋军，晋军解围，遂脱缪公而反生得晋君。初，缪公亡^④善马，岐下野人^⑤共得而食之者三百余人，吏逐得，欲法之^⑥。缪公曰："君子不以畜产^⑦害人。吾闻食善马肉不饮酒，伤人。"乃皆赐酒而赦之。三百人者闻秦击晋，皆求从，从而见缪公窘，亦皆推锋争死^⑧，以报食马之德。于是缪公虏晋君以归，令于国："齐（斋）宿⁹，吾将以晋君祠上帝。"周天子闻之，曰"晋我同姓"，为请晋君⑩。夷吾姊亦为缪公夫人，夫人闻之，乃衰绖跣⑪，曰："妾兄弟不能相救，以辱君命⑫。"缪公曰："我得晋君以为功，今天子为请⑬，夫人是忧⑭。"乃与晋君盟，许归之，更舍上舍⑮，而馈⑯之七牢。十一月，归晋君夷吾，夷吾献其河西地，使太子圉为质⑰于秦。秦妻子圉以宗女。是时秦地东至河。

◎**注释** ①〔弃其军〕指甩下部队独自向前冲。②〔还（xuán）而马骛（zhì）〕还，通"旋"，指转弯。骛，马负重难行的样子。③〔冒〕不顾险恶。④〔亡〕丢失。⑤〔野人〕乡下人。⑥〔法之〕法办他们。⑦〔畜产〕牲畜。⑧〔推锋争死〕推，举。锋，指兵刃。争死，争着为穆公献身。⑨〔齐（zhāi）宿〕斋戒独宿。齐，通"斋"。⑩〔为请晋君〕为，因此。请晋君，为晋君请，即替晋君求情。⑪〔衰绖（cuī dié）跣（xiǎn）〕衰绖，泛指丧服。衰，古代用粗麻布制成的毛边的丧服。绖，古代服丧期间结在头上或腰间的葛麻布带。跣，赤脚。⑫〔辱君命〕意思是让您下命令是使您受屈辱了。⑬〔为请〕等于说"为之而请"，替他求情。⑭〔是忧〕等于说"忧是"，为这事忧虑。⑮〔更舍上舍〕更舍，改住。上舍，上等房舍。⑯〔馈〕指赠送食物。⑰〔为质〕做人质。

◎**大意** 十四年，秦国饥荒，向晋国求借粮食。晋国国君与群臣商议此事。虢射说："趁秦国饥荒攻打他们，可建大功。"晋君听从了他。十五年，兴兵攻打秦国。穆公发兵，让丕豹为将，自己亲自前往迎战。九月壬戌，与晋惠公夷吾在韩地会战。晋君离开他的部队，与秦军争夺财物，转弯时战马负重难行。穆公与部下驰车追赶，没有抓到晋君，反而被晋军包围。晋军攻击穆公，穆公负伤。这时在岐下曾偷吃良马的三百人出来驰击晋军，解除了晋军的包围，于是穆公得以逃脱而晋君反被活捉。当初，穆公走失了一匹良马，被岐下三百多个乡下人抓住吃掉了，官吏追捕到他们，想要依法惩处他们。穆公说："道德高尚的人不因为牲畜而害人。我听说吃良马肉不喝酒，伤人身体。"于是赐酒给他们并赦免了他们。这三百人听说秦国迎击晋军，都请求随从作战，见到穆公被困，他们都挺起兵器冒死争相冲杀，以此报答吃马被赦的恩德。于是穆公俘虏晋君后回师，下令全国："斋戒沐浴而宿，我准备用晋君祭祀上天。"周天子听说此事后，说"晋君是我的同姓"，为晋君求情。晋君夷吾的姐姐也是穆公的夫人。夫人听说后，就穿着丧服光着脚，说："我的兄弟不能相救，委屈您下令。"穆公说："我俘获晋君以为是一件大功，现在周天子求情，夫人为此担忧。"于是与晋君盟誓，允许送他回去，把他换到上等官舍居住，并赠送他牛、羊、猪各七头。十一月，放还晋君夷吾，夷吾献给秦河西之地，并让太子圉到秦国做人质。秦君将宗室的女儿嫁给子圉。这时秦国土地东面扩展到了黄河。

十八年，齐桓公卒。二十年，秦灭梁、芮。

◎**大意** 十八年，齐桓公去世。二十年，秦国灭了梁国、芮国。

二十二年，晋公子圉闻晋君病，曰："梁，我母家也，而秦灭之。我兄弟多，即君百岁后①，秦必留我，而晋轻亦更立他子。"子圉乃亡归晋。二十三年，晋惠公卒，子圉立为君。秦怨圉亡去，乃迎晋公子重耳于楚，而妻以故子圉妻。重耳初谢，后乃受。缪公益礼厚遇②之。二十四年春，秦使人告晋大臣，欲入重耳。晋许之，于是使人送重耳。二月，重耳立为晋君，是为文公。文公使人杀子圉。子圉是为怀公。

◎**注释** ①〔即君百岁后〕即，如果。百岁后，死的委婉说法。②〔遇〕待。
◎**大意** 二十二年，晋公子圉听说晋君生病，说："梁国是我外祖母家，却被秦国灭亡了。我的兄弟多，如果父君去世，秦国必定扣留我，而晋国会轻视我，另立父君的其他儿子。"于是子圉逃回了晋国。二十三年，晋惠公去世，子圉被立为国君。秦国怨恨子圉逃跑，于是从楚国接来公子重耳，并把原来子圉在秦国的妻子嫁给他。重耳开始时辞谢，后来才接受。穆公更是以厚礼待他。二十四年春，秦国派人去告诉晋国大臣，想要送重耳回国。晋国答应了，于是派人送重耳回国。二月，重耳被立为晋君，就是文公。文公派人杀了子圉。子圉就是怀公。

其秋，周襄王弟带以翟（狄）伐王，王出居郑。二十五年，周王使人告难于晋、秦。秦缪公将兵助晋文公入襄王，杀王弟带。二十八年，晋文公败楚于城濮。三十年，缪公助晋文公围郑。郑使人①言缪公曰："亡郑厚晋②，于晋而得矣，而秦未有利。晋之强，秦之忧也。"缪公乃罢兵归。晋亦罢。三十二年冬，晋文公卒。

◎**注释** ①〔人〕指郑大夫烛之武。②〔厚晋〕使晋厚，意思是加强了晋国的实力。

◎**大意** 这年秋天，周襄王的弟弟带利用翟人攻打周襄王，襄王出京住到郑国。二十五年，周襄王派人向晋国、秦国告难。秦穆公率兵帮助晋文公送周襄王回京，杀了襄王的弟弟带。二十八年，晋文公在城濮（pú）打败了楚军。三十年，秦穆公帮助晋文公围攻郑国。郑国派人对穆公说："灭亡郑国壮大晋国，对晋国有好处，而对秦国未必有利。晋国的强大，就是秦国的忧患呀。"穆公于是撤兵回国。晋国也罢了兵。三十二年冬，晋文公去世。

郑人有卖①郑于秦曰："我主其城门，郑可袭也。"缪公问蹇叔、百里傒，对曰："径②数国千里而袭人，希（稀）有得利者。且人卖郑，庸③知我国人不有以我情告郑者乎？不可。"缪公曰："子不知也，吾已决矣。"遂发兵，使百里傒子孟明视、蹇叔子西乞术及白乙丙将兵。行日，百里傒、蹇叔二人哭之。缪公闻，怒曰："孤发兵而子沮④哭吾军，何也？"二老曰："臣非敢沮君军。军行，臣子与往；臣老，迟还恐不相见，故哭耳。"二老退，谓其子曰："汝军即败，必于殽（崤）厄⑤矣。"三十三年春，秦兵遂东，更⑥晋地，过周北门。周王孙满曰：

"秦师无礼，不败何待！"兵至滑，郑贩卖贾人⑦弦高，持十二牛将卖之周，见秦兵，恐死虏，因献其牛，曰："闻大国将诛郑，郑君谨修守御备，使臣以牛十二劳军士。"秦三将军相谓曰："将袭郑，郑今已觉之，往无及已⑧。"灭滑。滑，晋之边邑也。

◎**注释** ①〔卖〕出卖。②〔径〕经过，穿行。③〔庸〕何，怎么。④〔沮〕指扰乱军心，打击士气。⑤〔殽（xiáo）厄〕殽，同"崤"，崤山。厄，险要之处。⑥〔更〕经过。⑦〔贾（gǔ）人〕商人。⑧〔已〕语气词。

◎**大意** 郑国有人向秦国出卖郑国说："我掌守郑国的城门，可以袭击郑国。"穆公问蹇叔、百里傒，他们回答说："穿行几个国家，走上千里路去袭击别人，很少有获利的。况且有人出卖郑国，怎么知道有没有人把我国的情况告诉郑国呢？不可以这样。"穆公说："你们不知道，我已决定了。"于是发兵，派百里傒之子孟明视、蹇叔之子西乞术和白乙丙率兵。出兵那一天，百里傒、蹇叔二人在军中哭了。穆公听到后，大怒说："我发兵，你们却哭着败坏我军的士气，为什么呢？"二老说："我们不敢败坏大王军队的士气。军队就要出发了，我们的儿子将随军前往，我们老了，回来晚了恐怕不能相见了，所以才哭。"二老退下来，对他们的儿子说："你们的军队如果失败，必定在崤山的险要处。"三十三年春，秦军东进，经过晋地，路过周城北门。周王孙满说："秦军无礼，不失败才怪呢！"秦军到达滑，郑国的商人弦高带着十二头牛去周朝京师贩卖，发现了秦军，担心被杀或俘虏，就把他的牛献给秦军，说："听说贵国要讨伐郑国，郑国国君严格地做好了防御，派我用十二头牛慰劳士兵。"秦国三位将军相互说："将要袭击郑国，郑国现已觉察，去也赶不上机会了。"便灭了滑。滑，是晋国的边境城邑。

当是时，晋文公丧尚未葬。太子襄公怒曰："秦侮我孤，因①丧破我滑。"遂墨衰绖②，发兵遮秦兵于殽（崤），击之，大破秦军，无一人得脱者。虏秦三将以归。文公夫人③，秦女也，为秦三囚将请曰：

"缪公之怨此三人入于骨髓,愿令此三人归,令我君得自快④烹之。"晋君许之,归秦三将。三将至,缪公素服⑤郊迎,向三人哭曰:"孤以不用百里傒、蹇叔言以辱三子,三子何罪乎?子其悉心⑥雪耻,毋怠。"遂复三人官秩⑦如故,愈益厚之。

◎**注释** ①〔因〕趁机。②〔墨衰绖〕染黑丧服。此时襄公居丧,应穿丧服,但丧服是白色的,不利行军作战,所以染成黑色。③〔文公夫人〕文嬴,晋文公在秦时娶的秦国宗女,晋襄公之嫡母。④〔快〕痛快。⑤〔素服〕穿白色丧服。⑥〔悉心〕全心,尽心。⑦〔官秩〕官爵与俸禄。

◎**大意** 这个时候,晋文公死后尚未安葬。太子襄公大怒说:"秦国欺负我丧父,趁丧事攻克我滑邑。"于是穿着黑色丧服,发兵到崤山堵截秦军,发动进攻,大败秦军,秦军没有一人逃脱的。晋军俘虏了秦军的三位将军回去。晋文公的夫人是秦国宗室之女,为秦军被俘的三位将军求情说:"穆公对这三人恨之入骨,希望能将这三人放归,让我们秦国国君亲自痛快地烹杀他们。"晋襄公答应了她,放回了三位秦将。三将回到秦国,穆公穿着丧服到郊外迎接,向三人哭道:"我因不听百里傒、蹇叔的话才让三位受了委屈,三位有什么罪?你们要尽心准备报仇雪耻,不可懈怠。"于是恢复三人原来的官职和俸禄,更加厚待他们。

三十四年,楚太子商臣弑其父成王代立。

◎**大意** 三十四年,楚太子商臣杀其父成王,取而代之。

缪公于是复使孟明视等将兵伐晋,战于彭衙。秦不利,引兵归。

◎**大意** 缪公这时又派孟明视等人率兵攻打晋国,在彭衙交战。秦军不利,撤兵返回。

戎王使由余①于秦。由余，其先晋人也，亡入戎，能晋言②。闻缪公贤，故使由余观秦。秦缪公示以宫室、积聚。由余曰："使鬼为之，则劳神矣。使人为之，亦苦民矣。"缪公怪之，问曰："中国以诗书礼乐法度为政，然尚时③乱；今戎夷无此，何以为治，不亦难乎？"由余笑曰："此乃中国所以乱也。夫自上圣黄帝作为礼乐法度，身以先之④，仅以小治。及其后世，日以骄淫。阻⑤法度之威，以责督⑥于下，下罢（疲）极⑦则以仁义怨望⑧于上，上下交争怨而相篡弑，至于灭宗，皆以此类也。夫戎夷不然。上含淳德以遇其下，下怀忠信以事其上，一国之政犹一身之治，不知所以治⑨，此真圣人之治也。"于是缪公退而问内史廖曰："孤闻邻国有圣人，敌国之忧也。今由余贤，寡人之害，将奈之何？"内史廖曰："戎王处辟匿⑩，未闻中国之声⑪。君试遗其女乐⑫，以夺其志⑬；为由余请，以疏其间⑭；留而莫遣，以失其期。戎王怪之，必疑由余。君臣有间，乃可虏也。且戎王好乐，必怠于政。"缪公曰："善。"因与由余曲席⑮而坐，传器而食，问其地形与其兵势尽詧（察），而后令内史廖以女乐二八遗戎王。戎王受而说（悦）之，终年不还。于是秦乃归由余。由余数谏不听，缪公又数使人间⑯要（邀）由余，由余遂去，降秦。缪公以客礼礼之，问伐戎之形。

◎**注释** ①〔使由余〕派由余出使。②〔能晋言〕能说晋国话（晋方言）。③〔时〕时常，常常。④〔身以先之〕等于说"以身先之"，意思是亲自带头去实行。⑤〔阻〕恃，凭仗。⑥〔责督〕要求和监督。⑦〔罢（pí）极〕疲惫。罢，通"疲"。极，也是疲的意思。⑧〔怨望〕怨恨。"怨""望"同义。⑨〔不知所以治〕意为不知怎么治理却能治理得很好。⑩〔辟匿〕指偏僻之地。⑪〔声〕指音乐。⑫〔遗（wèi）其女乐〕遗，赠送。女乐，歌舞伎女。⑬〔夺其志〕意思是改变他的心志。⑭〔疏其间〕使他们的间隔加大，即使他们相互疏远的意思。⑮〔曲席〕连席，座席相连接。⑯〔间（jiàn）〕暗中，秘密。

◎**大意** 戎王派由余出使秦国。由余祖先是晋国人，逃亡到戎，会说晋国话。听说穆公贤能，所以戎王派由余来秦国考察。秦穆公给他看宫室和积蓄。由余说："如果让鬼神建造它们，就劳累了鬼神；如果让人建造它们，也辛苦了人民。"穆公对他的话感到奇怪，问他说："中原用诗、书、礼、乐、法律制度治理国家，然而常有祸乱；现在戎狄没有这些，靠什么治理呢？不是太困难了吗？"由余笑着说："这正是中原多乱的原因。至圣黄帝创立礼乐制度以后，自己率先施行，天下仅得到小治。到了后世，君主日益骄奢淫逸。依仗法律制度的威严，去责罚督察下民，下民疲弊到了极点就怨恨上面不仁不义，上下交相怨恨而互相篡夺杀戮，以至于灭掉宗族，都是这类缘故。戎夷却不这样。君上以淳厚的德行对待臣下，臣下心怀忠诚信义事奉君上，一国的政事就像管理一个人的事情一样，不知道怎么治理却能治理得很好，这正是圣人的治国之道呀。"于是穆公退下来问内史廖说："我听说邻国有圣人，是敌对国家的忧患。如今由余贤能，是我的忧患，该怎么对付他呢？"内史廖说："戎王地处偏僻，没有听过中原的音乐。你试着赠送戎王女乐，以迷乱其心志；为由余请功，以疏远他们君臣的关系；留下由余不送回，让由余延误回去的日期。戎王感到奇怪，必然怀疑由余。君臣有了隔阂，就可俘获了。况且戎王爱好音乐，必定会荒废政事。"穆公说："好。"于是和由余盘膝坐于一席，互相转让器中食物，把戎国的地形和军事情况打听得一清二楚，然后让内史廖把十六个女乐送给戎王，戎王高兴地接受了，终年迷恋不还。这时秦国才送回由余。由余屡次劝谏戎王均不被采纳，穆公又几次派人暗中邀请由余，由余便离开戎王投顺了秦国。穆公以宾客之礼招待他，询问他攻打戎人的形势。

三十六年，缪公复益厚孟明等，使将兵伐晋，渡河焚船①，大败晋人，取王官及鄗，以报②殽（xiáo）之役。晋人皆城守③不敢出。于是缪公乃自茅津渡河，封④殽（xiáo）中尸，为发丧，哭之三日。乃誓于军曰："嗟士卒！听无哗，余誓告汝。古之人谋黄发番番⑤，则无所过。以申思⑥不用蹇叔、百里傒之谋，故作此誓，令后世以记余过。"君子闻之，皆为垂涕⑦，曰："嗟乎！秦缪公之与⑧人周也，卒得孟明之庆。"

◎**注释** ①〔渡河焚船〕即破釜沉舟的意思，表示死战的决心。②〔报〕报复，报仇。③〔城守〕在城墙上守卫。④〔封〕筑坟，给坟添土。⑤〔黄发番番（pó）〕指老年人。黄发，借指年纪很大的人。番番，又作"皤皤"，白发苍苍的样子。⑥〔申思〕反复思考。申，重复。⑦〔垂涕〕落泪。涕，眼泪。⑧〔与〕对待。

◎**大意** 三十六年，穆公更加重用孟明等人，派他们率兵攻打晋国，渡过黄河后烧毁船只，大败晋人，夺取了王官和鄗（hào），报了崤山之役的仇。晋国人都坚守城池不敢出战。于是穆公就从茅津渡过黄河，收拾崤山战役中死难的秦军尸骨筑坟埋葬，为他们发丧，哭祭了三天。秦穆公对全军发誓说："喂，士兵们！你们严肃听着不要喧哗，我把誓言告诉你们。古人遇事向老人请教，就没有过错。然而我没有采纳蹇叔、百里傒的意见，所以发此誓言，让后代记住我的过错。"有德行的人听说了这件事，无不为之流泪，说："啊！秦穆公待人周到极了，终于得到了孟明等人的胜利喜报。"

三十七年，秦用由余谋伐戎王，益国十二，开地千里，遂霸西戎。天子使召公过贺缪公以金鼓①。三十九年，缪公卒，葬雍。从死者百七十七人，秦之良臣子舆氏三人名曰奄息、仲行、鍼虎，亦在从死之中。秦人哀②之，为作歌《黄鸟》之诗③。君子曰："秦缪公广地益国，东服强晋④，西霸戎夷，然不为诸侯盟主，亦宜哉。死而弃民，收其良臣而从死。且先王⑤崩，尚犹遗德垂法⑥，况夺之善人良臣百姓所哀者乎？是以知秦不能复东征也。"缪公子四十人，其太子罃代立，是为康公。

◎**注释** ①〔金鼓〕古代军队中用以指挥发信号的用具。金，指金属制成的钲，鸣金表示止兵；鼓是战鼓，擂鼓表示进击。②〔哀〕同情。③〔《黄鸟》之诗〕见于

《诗经·秦风》。④〔服强晋〕使强大的晋国服从。⑤〔先王〕指古有德之王。⑥〔遗德垂法〕留下来的道德和法度。垂，流传，留下。

◎**大意**　三十七年，秦国采用由余的计策攻打戎王，增加了十二个附庸国，开辟疆土千里，于是成为西戎地区的霸主。周天子派召公过带着金鼓去向穆公祝贺。三十九年，穆公去世，葬在雍。殉葬的有一百七十七人，秦国的良臣子舆氏三人，名叫奄息、仲行、鍼（qián）虎，也在陪葬之列。秦国人哀悼他们，为此作了《黄鸟》诗歌。道德高尚的人说："秦穆公开拓疆土增强国力，向东征服强晋，向西称霸戎狄，然而没有成为诸侯各国的盟主，也是应该的。因为他死后抛弃了人民，还让良臣殉葬。古代圣王死后，还要留下美德、法度以垂范后世，何况这是夺走百姓所同情的良臣善人？由此可见秦国不能再东征了。"穆公有子四十人，他的太子罃（yīng）继位，就是康公。

　　康公元年。往岁缪公之卒，晋襄公亦卒；襄公之弟名雍，秦出①也，在秦。晋赵盾欲立之，使随会来迎雍，秦以兵送至令狐。晋立襄公子而反击秦师，秦师败，随会来奔。二年，秦伐晋，取武城，报令狐之役。四年，晋伐秦，取少梁。六年，秦伐晋，取羁马。战于河曲，大败晋军。晋人患②随会在秦为乱，乃使魏雠馀详（佯）反，合谋会，诈而得会，会遂归晋。康公立十二年卒，子共公立。

◎**注释**　①〔秦出〕指秦女所生。②〔患〕忧虑，担心。
◎**大意**　康公元年。前年穆公去世，晋襄公也去世了；襄公的弟弟叫雍，是秦女所生，住在秦国。晋国的赵盾想要立他为君，派随会来迎接雍，秦国用军队把他护送到令狐。晋国已立了襄公的儿子，反而攻打秦军，秦军被打败，随会投奔秦国。二年，秦国在武城讨伐晋国，报复令狐战役之仇。四年，晋国攻打秦国，攻取了少梁。六年，秦国攻打晋国，攻克羁马。在河曲交战，大败晋军。晋人担心随会在秦国为害，于是派魏雠馀假装叛变，与随会相见合谋，用计谋得到随会，随会于是回到晋国。康公在位十二年去世，他的儿子共公即位。

共公二年，晋赵穿弑其君灵公。三年，楚庄王强，北兵至雒，问周鼎。共公立五年卒，子桓公立。

◎**大意**　共公二年，晋国的赵穿杀了他的国君灵公。三年，楚庄王强大，向北进军到雒，询问周朝的九鼎。共公在位五年去世，儿子桓公即位。

桓公三年，晋败我一将。十年，楚庄王服郑，北败晋兵于河上。当是之时，楚霸，为会盟合诸侯。二十四年，晋厉公初立，与秦桓公夹河而盟。归而秦倍（背）盟，与翟（狄）合谋击晋。二十六年，晋率诸侯伐秦，秦军败走，追至泾而还。桓公立二十七年卒，子景公立。

◎**大意**　桓公三年，晋国打败秦军一位将军。十年，楚庄王征服郑国，北进在黄河边上打败晋军。当时，楚国称霸，召集诸侯共立盟约。二十四年，晋厉公刚即位，与秦桓公隔着黄河订立盟约。回去后秦国违背盟约，与翟人合谋攻打晋国。二十六年，晋国率领诸侯攻打秦军，秦军败逃，晋军追到泾水才回去。桓公在位二十七年去世，儿子景公即位。

景公四年，晋栾书弑其君厉公。十五年，救郑，败晋兵于栎。是时晋悼公为盟主。十八年，晋悼公强，数会诸侯，率以伐秦，败秦军。秦军走，晋兵追之，遂渡泾，至棫林而还。二十七年，景公如晋，与平公盟，已而背之。三十六年，楚公子围弑其君而自立，是为灵王。景公母弟后子鍼有宠，景公母弟富，或谮①之，恐诛，乃奔晋，车重②千乘。晋平公曰："后子富如此，何以自亡？"对曰："秦公无道，畏诛，欲待其后世③乃归。"三十九年，楚灵王强，会诸侯于申，为盟主，杀齐庆封。景公立四十年卒，子哀公立。后子复来归秦。

◎**注释** ①〔谮（zèn）〕说坏话诬陷别人。②〔车重〕辎重车。③〔后世〕后嗣，后代。

◎**大意** 景公四年，晋国的栾书杀了他的国君厉公。十五年，秦国救援郑国，在栎邑打败了晋军。当时晋悼公为诸侯盟主。十八年，晋悼公强大，几次会集诸侯，带领他们攻打秦国，并打败了秦军。秦军败逃，晋军追击，于是渡过了泾水，到达棫（yù）林才回去。二十七年，秦景公到晋国，与晋平公订立盟约。不久又违背盟约。三十六年，楚公子围杀了他的国君自立，就是楚灵王。秦景公的同母弟弟后子鍼受宠幸，很富有，有人说他的坏话，他害怕被杀，就逃亡到晋国，装满财物的车辆有上千乘。晋平公说："你这样富有，为什么还要自己逃亡呢？"他回答说："秦公无道，我害怕被杀，想等到他死后再回国。"三十九年，楚灵王强大，在申聚会诸侯，做了盟主，杀了齐国的庆封。景公在位四十年去世，儿子哀公即位。后子鍼又回到秦国。

　　哀公八年，楚公子弃疾弑灵王而自立，是为平王。十年，楚平王来求秦女为太子建妻。至国，女好而自娶之。十五年，楚平王欲诛建，建亡；伍子胥奔吴。晋公室①卑而六卿②强，欲内相攻③，是以久秦晋不相攻。三十一年，吴王阖闾与伍子胥伐楚，楚王亡奔随，吴遂入郢。楚大夫申包胥来告急，七日不食，日夜哭泣。于是秦乃发五百乘救楚，败吴师。吴师归，楚昭王乃得复入郢。哀公立三十六年卒。太子夷公，夷公蚤（早）死，不得立，立夷公子，是为惠公。

◎**注释** ①〔晋公室〕指晋国君主的宗族。②〔六卿〕晋国有范氏、中行氏、智氏、赵氏、韩氏、魏氏六个家族，世代为卿，称六卿。③〔欲内相攻〕内部互相攻击。

◎**大意** 哀公八年，楚国公子弃疾杀了楚灵王而自己登位，这就是楚平王。十一年，楚平王来到秦国为太子建求取妻子。他回到楚国，见女子容貌美丽就自己娶了她。十五年，楚平王要处死太子建，太子建逃亡；伍子胥投奔了吴国。晋国王室卑弱而六卿强大，内部互相攻击，因此很长时间秦国与晋国没有相互攻战。

三十一年，吴王阖闾与伍子胥攻打楚国，楚王逃奔到随，吴军于是进入郢都。楚国大夫申包胥来秦国求救，七天不吃，日夜哭泣。这时秦国才派出五百辆战车去救援楚国，打败了吴军。吴军回国，楚昭王才得以重新进入郢都。哀公在位三十六年去世。太子是夷公，夷公早死，不能继位，夷公的儿子即位，这就是惠公。

惠公元年，孔子行鲁相事。五年，晋卿中行、范氏反晋，晋使智氏、赵简子攻之，范、中行氏亡奔齐。惠公立十年卒，子悼公立。

◎**大意** 惠公元年，孔子代理鲁国相国职务。五年，晋卿中行氏、范氏反叛晋国，晋君派智氏、赵简子攻打他们，范氏、中行氏逃奔齐国。惠公在位十年去世，儿子悼公即位。

悼公二年，齐臣田乞弑其君孺子，立其兄阳生，是为悼公。六年，吴败齐师。齐人弑悼公，立其子简公。九年，晋定公与吴王夫差盟，争长于黄池，卒先吴[①]。吴强，陵[②]中国。十二年，齐田常弑简公，立其弟平公，常相之。十三年，楚灭陈。秦悼公立十四年卒，子厉共公立。孔子以[③]悼公十二年卒。

◎**注释** ①〔先吴〕让吴占先了。②〔陵〕欺压。③〔以〕于，在。
◎**大意** 秦悼公二年，齐国大臣田乞杀了他的国君孺子，拥立孺子的哥哥阳生，这就是悼公。六年，吴军打败齐军。齐国人杀了齐悼公，立悼公的儿子简公。九年，晋定公与吴王夫差结盟，在黄池争做盟主，最终被吴王夫差抢先。吴国强大，凌虐中原各国。十二年，齐国田常杀了简公，立简公的弟弟平公为君，田常任相国。十三年，楚国灭亡陈国。秦悼公在位十四年去世，他的儿子厉共公即位。孔子在秦悼公十二年去世。

厉共公二年，蜀人来赂。十六年，堑①河旁。以兵二万伐大荔，取其王城。二十一年，初县频阳。晋取武成。二十四年，晋乱，杀智伯，分其国与赵、韩、魏。二十五年，智开与邑人来奔。三十三年，伐义渠，虏其王。三十四年，日食。厉共公卒，子躁公立。

◎**注释** ①〔堑〕壕沟。这里是挖壕沟的意思。
◎**大意** 厉共公二年，蜀国向秦进献财物。十六年，在黄河边挖掘壕沟。以二万大军攻打大荔，占领王城。二十一年，开始把频阳设为县。晋国夺取武成。二十四年，晋国动乱，杀掉智伯，将其领地分给赵氏、韩氏、魏氏。二十五年，智开与他领地上的人来投奔秦国。三十三年，攻打义渠，俘虏了义渠的君王。三十四年，出现日食。厉共公去世，儿子躁公即位。

躁公二年，南郑反。十三年，义渠来伐，至渭南。十四年，躁公卒，立其弟怀公。

◎**大意** 躁公二年，南郑反叛。十三年，义渠来犯，到达渭南。十四年，躁公去世，他的弟弟怀公即位。

怀公四年，庶长晁与大臣围怀公，怀公自杀。怀公太子曰昭子，蚤（早）死，大臣乃立太子昭子之子，是为灵公。灵公，怀公孙也。

◎**大意** 怀公四年，庶长晁和大臣围攻怀公，怀公自杀。怀公的太子叫昭子，早死，众大臣于是立昭子的儿子为君，这就是灵公。灵公，是怀公的孙子。

灵公六年，晋城①少梁，秦击之。十三年，城籍姑。灵公卒，子献公不得立，立灵公季父②悼子，是为简公。简公，昭子之弟而怀公子也。

◎ **注释** ①〔城〕筑城。②〔季父〕叔父，也指最小的叔父。
◎ **大意** 灵公六年，晋国在少梁筑城，遭到秦军攻击。十三年，在籍姑筑城。灵公去世，儿子献公未能即位，灵公的叔父悼子即位，这就是简公。简公，是昭子的弟弟，怀公的儿子。

简公六年，令吏初带剑①。堑洛。城重泉。十六年卒，子惠公立。

◎ **注释** ①〔带剑〕佩剑。
◎ **大意** 简公六年，命令官吏开始佩剑。沿洛水挖掘壕沟。在重泉筑城。十六年去世，儿子惠公即位。

惠公十二年，子出子生。十三年，伐蜀，取南郑。惠公卒，出子立。

◎ **大意** 惠公十二年，儿子出子出生。十三年，攻打蜀国，夺取了南郑。惠公去世，出子即位。

出子二年，庶长改迎灵公之子献公于西而立之。杀出子及其母，沈①之渊旁。秦以往者数易君，君臣乖乱②，故晋复强，夺秦河西地。

◎ **注释** ①〔沈（chén）〕沉没。②〔乖乱〕混乱，不协调。
◎ **大意** 出子二年，庶长改从河西迎接灵公的儿子献公并拥立他做国君。杀了出子和他的母亲，将他们沉入深潭里。秦国此前屡次更换国君，君臣关系混乱，所以晋国又强大起来，夺取了秦国河西之地。

献公元年，止从死①。二年，城栎阳。四年正月庚寅，孝公生。十一年，周太史儋见献公曰："周故与秦国合而别，别五百岁复合，合七十七岁而霸王出。"十六年，桃冬花②。十八年，雨金③栎阳。二十一年，与晋战于石门，斩首六万，天子贺以黼黻④。二十三年，与晋⑤战少梁，虏其将公孙痤。二十四年，献公卒，子孝公立，年已二十一岁矣。

◎**注释** ①〔止从死〕废除活人殉葬制度。②〔冬花〕冬天开花。③〔雨（yù）金〕天上落金，古人以为是吉兆。④〔黼黻（fǔ fú）〕古代绣有花纹的礼服。⑤〔晋〕指从晋国分出的魏国。

◎**大意** 献公元年，废除活人殉葬制度。二年，修筑栎阳城。四年正月庚寅，孝公出生。十一年，周朝太史儋进见献公说："周原本与秦为一体，后来分开，分开五百年又将合并，合并十七年秦国将有霸王出现。"十六年，桃树在冬天开花。十八年，栎阳从天空落下金子。二十一年，与晋国在石门交战，斩下晋军首级六万，天子送来礼服祝贺。二十三年，与魏国在少梁交战，俘虏了魏军将领公孙痤（cuó）。二十四年，秦献公去世，儿子孝公即位，年龄已二十一岁了。

孝公元年，河山①以东强国六，与齐威、楚宣、魏惠、燕悼、韩哀、赵成侯并。淮泗之间小国十余②。楚、魏与秦接界。魏筑长城，自郑滨雒以北③，有上郡。楚自汉中，南有巴、黔中。周室微，诸侯力政（征）④，争相并。秦僻在雍州，不与中国诸侯之会盟，夷翟（狄）遇之⑤。孝公于是布惠，振（赈）孤寡，招战士，明功赏。下令国中曰："昔我缪公自岐雍之间，修德行武，东平晋乱，以河为界，西霸戎翟（狄），广地千里，天子致伯，诸侯毕贺，为后世开业，甚光美。会往者厉、躁、简公、出子之不宁，国家内忧，未遑⑥外事，三晋攻夺我先君河西地，诸侯卑秦⑦，丑⑧莫大焉。献公即位，镇抚边境，徙治栎阳，且欲东伐，复缪公之故地，修缪公之政令。寡人思念先君之意，常痛于心。宾客群臣有能出奇计强秦⑨者，吾且尊官⑩，与之分土⑪。"于是乃出兵东围陕城，西斩戎之獂王。

◎**注释** ①〔河山〕黄河与崤山。②〔小国十余〕指鲁、宋、卫、邾、滕、薛等国。③〔滨洛以北〕沿洛水往北。④〔力政（zhēng）〕以武力相征伐。政，通"征"。⑤〔夷翟遇之〕像对待夷狄一样对待秦国。翟，通"狄"。遇，待遇，对待。⑥〔未遑（huáng）〕无暇顾及。遑，闲暇。⑦〔卑秦〕轻视秦国。⑧〔丑〕耻。⑨〔强秦〕使秦强盛。⑩〔尊官〕提高他的官职。⑪〔分土〕指赐给封地。分，颁。

◎**大意** 秦孝公元年，黄河崤山以东有六大强国，孝公与齐威侯、楚宣侯、魏惠侯、燕悼侯、韩哀侯、赵成侯齐名。淮水、泗水之间有十多个小国。楚国、魏国与秦国接界。魏国修筑长城，从郑国沿洛河以北，有上郡。楚国从汉中起，南有巴郡、黔中。周王室衰微，诸侯间武力征伐，相互兼并。秦国僻处雍州，不参与中原诸侯各国的会盟，中原诸侯按夷狄对待秦国。孝公于是广施恩惠，赈济孤寡，招募士兵，论功行赏。给全国下令说："从前我们的穆公在岐山雍邑之间，修德政、治武功，向东平定晋国的祸乱，疆界拓展到了黄河，向西称霸戎狄，辟地千里，天子送来方伯的称号，诸侯皆来祝贺，为后代开创了基业，非常荣光而美好。不幸的是过去厉公、躁公、简公、出子几代不安宁，国家内有忧患，没有空暇对外用事，三晋夺取了我们先君的河西之地，诸侯轻视秦国，羞辱没有比这更大的了。献公即位后，安抚边境，迁都栎阳，并且打算东征，收复穆公时的疆域，学习穆公时的政令。我想起先君的意图，经常悲痛于心。宾客与群臣有能出奇计使秦国强大的，我将封以高官，分给土地。"于是发兵东进围攻陕城，向西斩杀了戎族的獂（huán）王。

卫鞅闻是令下，西入秦，因①景监②求见孝公。

◎**注释** ①〔因〕通过。②〔景监〕名叫景的宦官。监，宦官。
◎**大意** 卫鞅听说了秦孝公颁布的这个命令，西行入秦，通过宦官景求见孝公。

二年，天子致胙①。

◎**注释** ①〔致胙（zuò）〕送来祭肉。胙，祭肉。
◎**大意** 二年，天子赏赐祭肉。

三年，卫鞅说①孝公变法修刑，内务耕稼，外劝②战死之赏罚，孝公善③之。甘龙、杜挚等弗然④，相与争之⑤。卒用鞅法，百姓苦之；居三年，百姓便之⑥。乃拜鞅为左庶长。其事在《商君》语中。

◎**注释** ①〔说〕劝说。②〔劝〕鼓励，勉励。③〔善〕以为善，认为好。④〔弗然〕不以为然，认为不对。⑤〔争之〕为此而争辩。⑥〔便之〕以之为便，认为它合适。
◎**大意** 三年，卫鞅劝说孝公实行变法，对内致力耕种，对外奖励作战敢死之士，孝公认为很好。甘龙、杜挚等人不以为然，同卫鞅辩论起来。孝公最终采纳了卫鞅之法，百姓受到了变法之苦；过了三年，百姓受到了变法的好处。于是封卫鞅为左庶长。这些事记载在《商君列传》里。

七年，与魏惠王会杜平。八年，与魏战元里，有功。十年，卫鞅为大良造，将兵围魏安邑，降之①。十二年，作为咸阳，筑冀阙②，秦徙都之。并诸小乡聚③，集为大县，县一令，四十一县。为田开阡陌④。

东地渡雒⑤。十四年，初为赋⑥。十九年，天子致伯。二十年，诸侯毕贺。秦使公子少官率师会诸侯逢泽，朝天子。

◎**注释**　①〔降之〕使安邑降服。②〔冀阙〕也叫象魏、象阙，古代宫廷外公布法令的门阙。③〔乡聚〕乡邑和村落。一万二千户为乡。聚，村落。④〔为田开阡陌〕开辟农田，废除井田制度下纵横交错的田界。阡陌，田界。⑤〔东地渡雒〕东部地界过了雒水。⑥〔初为赋〕开始制定新的赋税制度。

◎**大意**　七年，与魏惠王在杜平会晤。八年，与魏在元里交战，获得胜利。十年，卫鞅担任大良造，率兵围攻魏国的安邑，使它投降了。十二年，兴建咸阳城，建筑冀阙，秦国迁都咸阳。合并那些小乡小村，集中设为大县，每县设县令一人，共四十一个县。开辟田地，废除井田制度下纵横交错的田界。东边的疆土已越过雒河。十四年，开始施行人头税。十九年，天子封秦孝公为方伯。二十年，诸侯纷纷前来祝贺。秦国派公子少官率军到逢泽聚会诸侯，朝见天子。

二十一年，齐败魏马陵。

◎**大意**　二十一年，齐国在马陵打败魏军。

二十二年，卫鞅击魏，虏魏公子卬。封鞅为列侯，号商君。

◎**大意**　二十二年，卫鞅攻打魏国，俘虏了魏公子卬。封卫鞅为列侯，号称商君。

二十四年，与晋①战雁门，虏其将魏错。

◎**注释** ①〔晋〕指魏国。
◎**大意** 二十四年,与魏国在雁门交战,俘虏了魏军将领魏错。

  孝公卒,子惠文君立。是岁,诛卫鞅。鞅之初为秦施法,法不行,太子犯禁。鞅曰:"法之不行,自于贵戚①。君必欲行法,先于太子。太子不可黥,黥其傅师。"于是法大用,秦人治。及孝公卒,太子立,宗室多怨鞅。鞅亡。因以为反,而卒车裂②以徇③秦国。

◎**注释** ①〔贵戚〕与国君同姓的亲属。②〔车裂〕古代酷刑之一,把犯人的头和四肢分别绑在几辆车上,拖裂其肢体。③〔徇〕示众。
◎**大意** 秦孝公去世,儿子惠文君即位。这一年,处死了卫鞅。卫鞅当初为秦国施行新法,新法难以推行,太子违反了禁令。卫鞅说:"法令之所以得不到执行,在于贵戚的阻挠。君王如果真想推行新法,就要先从太子开始。太子不可受墨刑,就对他的师傅施以墨刑。"于是新法得到顺利推行,秦国被治理得很好。等到孝公去世,太子即位,宗室贵族大都怨恨卫鞅。卫鞅逃跑了。他们趁机将卫鞅作为反叛者处置,最后把他车裂并在都城示众。

  惠文君元年,楚、韩、赵、蜀人来朝。二年,天子贺。三年,王冠①。四年,天子致文武胙。齐、魏为王。

◎**注释** ①〔冠(guàn)〕古代贵族子弟年满二十岁行加冠仪式,表示已成年。
◎**大意** 惠文君元年,楚国、韩国、赵国、蜀国派人来朝见。二年,天子来祝贺。三年,惠文君举行加冠礼。四年,天子送来祭祀文王、武王的祭肉。齐国、魏国称王。

  五年,阴晋人犀首为大良造。六年,魏纳①阴晋,阴晋更名②宁秦。七年，公子卬与魏战，虏其将龙贾，斩首八万。八年，魏纳河西地。九年，渡河，取汾阴、皮氏。与魏王会应。围焦，降之。十年，张仪相秦。魏纳上郡十五县。十一年，县义渠。归③魏焦、曲沃。义渠君为臣。更名少梁曰夏阳。十二年，初腊④。十三年四月戊午，魏君为王，韩亦为王。使张仪伐取陕，出其人与魏。

◎**注释** ①〔纳〕进献。②〔更名〕改名。③〔归〕归还。④〔初腊〕初次举行腊祭。腊，古代阴历十二月举行的一种祭祀，本为中原地区的风俗，此时秦国开始效仿之，故云"初腊"。

◎**大意** 五年，阴晋人犀首任大良造。六年，魏国进献阴晋城，秦国把阴晋改名宁秦。七年，公子卬与魏军交战，俘虏魏将龙贾，斩首八万人。八年，魏国交纳河西之地。九年，渡过黄河，攻取了汾阴、皮氏二城。与魏王在应县会见。秦军围攻焦城，焦城投降。十年，张仪任秦相国。魏国割让上郡十五县。十一年，将义渠设为县。归还魏国的焦城、曲沃。义渠的君王向秦称臣。将少梁改名夏阳。十二年，开始举行腊祭。十三年四月戊午，魏国国君称王，韩国也开始称王。秦派张仪攻取陕县，将陕县人赶去魏国。

十四年，更为元年。二年，张仪与齐、楚大臣会啮桑。三年，韩、魏太子来朝。张仪相魏。五年，王游①，至北河。七年，乐池相秦。韩、赵、魏、燕、齐帅匈奴共攻秦。秦使庶长疾②与战脩鱼，虏其将申差，败赵公子渴、韩太子奂，斩首八万二千。八年，张仪复相秦。九年，司马错伐蜀，灭之。伐取赵中都、西阳。十年，韩太子苍来质。伐取韩石章，伐败赵将泥，伐取义渠二十五城。十一年，樗里疾攻魏焦，降之。败韩岸门，斩首万，其将犀首走。公子通封于蜀。燕君让③其臣子之。十二年，王与梁王会临晋。庶长疾攻赵，虏赵将庄。张仪相楚。十三年，庶长章击楚于丹阳，虏其将屈匄，斩首八万；又攻楚汉中，取地六百里，置汉中郡。楚围雍氏，秦使庶长疾助韩而东攻齐，到满助魏攻燕。十四年，伐楚，取召陵。丹、犁④臣，蜀相壮杀蜀侯来降。

◎**注释** ①〔游〕巡游。②〔庶长疾〕指樗（chū）里疾，亦即下文所说的"樗里疾"。其事迹详见《樗里子甘茂列传》。③〔让〕指让位。④〔丹、犁〕戎族的两支，属西南夷。

◎**大意** 十四年，改为元年。二年，张仪与齐国、楚国的大臣在啮桑聚会。三年，韩国、魏国的太子来朝见。张仪担任魏相国。五年，惠文王巡游到北河。七年，乐池担任秦相国。韩、赵、魏、燕、齐等国带领匈奴联合攻打秦国。秦国派庶长樗里疾和他们在脩鱼交战，俘虏了韩国的将领申差，打败了赵公子渴、韩太子奂，斩首八万二千人。八年，张仪重新担任秦相国。九年，司马错攻打蜀国，蜀国被灭。又攻取赵国中都、西阳。十年，韩国太子苍来秦当人质。秦军又攻取了韩国的石章，打败了赵国将领泥，攻取了义渠的二十五座城邑。十一年，樗里疾攻打魏国的焦城，焦城投降。在岸门击败韩军，斩首上万人，韩将犀首逃走。公子通封在蜀。燕王让位给他的臣属子之。十二年，惠文王与梁王在临晋会晤。庶长樗里疾攻打赵国，俘虏赵军将领赵庄。张仪担任楚相国。十三年，庶长章在丹阳打败楚军，俘虏楚将屈匄（gài），斩首八万人；又攻打楚国的汉中，占领的土地有六百里见方，设置汉中郡。楚国围攻雍邑，秦国派庶长樗里疾帮助韩国向东进攻齐国，派到满帮助魏国攻打燕国。十四年，秦军攻打楚国，夺取了召陵。丹国、犁国向秦国称臣，蜀相壮杀了蜀侯来投降。

惠王卒，子武王立。韩、魏、齐、楚、越皆宾从①。

◎**注释** ①〔宾从〕归服。

◎**大意** 惠王去世，儿子武王即位。韩国、魏国、齐国、楚国、越国都归顺于秦。

武王元年，与魏惠王会临晋。诛蜀相壮。张仪、魏章皆东出之魏。伐义渠、丹、犁。二年，初置丞相，樗里疾、甘茂为左右丞相。张仪死于魏。三年，与韩襄王会临晋外。南公揭卒，樗里疾相韩。武王谓甘茂曰："寡人欲容车①通三川②，窥周室，死不恨③矣。"其秋，使甘茂、庶长封伐宜阳。四年，拔宜阳，斩首六万。涉河，城武遂。魏太子来朝。武王有力好戏，力士任鄙、乌获、孟说皆至大官。王与孟说举鼎，绝膑④。八月，武王死。族⑤孟说。武王取（娶）魏女为后，无子。立异母弟，是为昭襄王。昭襄母楚人，姓芈氏，号宣太后。武王死时，昭襄王为质于燕，燕人送归，得立。

◎**注释** ①〔容车〕指能容车通过的窄路。②〔三川〕三川郡，当时属韩，境内有河、雒、伊三条河流，故名三川。东、西周在三川郡中，所以这里"三川"实际是指周都雒邑。③〔恨〕遗憾。④〔膑〕膝盖骨。⑤〔族〕灭族，满门抄斩。

◎**大意** 武王元年，武王与魏惠王在临晋会晤。诛杀蜀相壮。张仪、魏章都东去魏国。秦军又攻打义渠、丹国、犁国。二年，开始设置丞相，樗里疾、甘茂任左丞相和右丞相。张仪在魏国死去。三年，武王与韩襄王在临晋城外会晤。南公揭去世，樗里疾任韩相国。武王对甘茂说："我要是能在三川地区打通一条小路，乘车去看一看周王室，就是死了也不遗憾。"这年秋天，派甘茂、庶长封攻打宜阳。四年，攻占宜阳，斩首六万人。渡过黄河，在武遂筑城。魏国太子来朝见。武王有气力，爱好游戏，大力士任鄙、乌获、孟说都得到了高官。武王与孟说比赛举鼎时，折断了膑骨。八月，武王去世。为此，秦国诛灭了孟说全族。武王娶魏国女子为王后，没有儿子。立他的异母弟为王，就是昭襄王。昭襄王的母亲是楚国人，姓芈（mǐ），号称宣太后。武王死时，昭襄王在燕国做人质，燕国人送他回国，才得以即位。

昭襄王元年，严君疾为相。甘茂出之魏。二年，彗星见。庶长壮与大臣、诸侯、公子为逆，皆诛，及①惠文后皆不得良死②。悼武王后出归魏。三年，王冠。与楚王会黄棘，与③楚上庸。四年，取蒲阪。彗星见。五年，魏王来朝应亭，复与魏蒲阪。六年，蜀侯煇反，司马错定蜀。庶长奂伐楚，斩首二万。泾阳君质于齐。日食，昼晦。七年，拔新城。樗里子卒。八年，使将军芈戎攻楚，取新市。齐使章子，魏使公孙喜，韩使暴鸢共攻楚方城，取唐昧。赵破中山，其君亡，竟死齐。魏公子劲、韩公子长为诸侯④。九年，孟尝君薛文来相秦。奂攻楚，取八城，杀其将景快。十年，楚怀王入朝秦，秦留之。薛文以金受免。楼缓为丞相。十一年，齐、韩、魏、赵、宋、中山五国共攻秦⑤，至盐氏而还。秦与韩、魏河北及封陵以和。彗星见。楚怀王走之赵，赵不受，还之秦，即死，归葬。十二年，楼缓免，穰侯魏冉为相。予楚粟五万石。

◎**注释** ①〔及〕连及，牵连。②〔良死〕好死，善终。③〔与〕给，这里是归还的意思。④〔为诸侯〕指受到魏、韩的分封。⑤〔齐、韩、魏、赵、宋、中山五国共攻秦〕此处共列六国，而非五国。另据《六国年表》，秦昭襄王九年实际只有齐、韩、魏三国攻秦。

◎**大意** 昭襄王元年，严君疾任丞相。甘茂出走到魏国。二年，彗星出现。庶长壮和大臣、诸侯、公子叛乱，全部被诛杀，牵连惠文后也未能寿终。悼武王后出走回到魏。三年，昭襄王行加冠礼。与楚王在黄棘会晤，把上庸交还楚国。四年，夺取蒲阪。这年彗星出现。五年，魏王来应亭朝见，又将蒲阪交还给魏国。六年，蜀侯煇反叛，司马错平定了蜀国。庶长奂攻打楚国，斩首二万人。泾阳君到齐国做人质。这年出现日食，白天昏暗。七年，攻占新城。这年樗里子去世。八年，派将军芈戎攻打楚国，夺取新市。齐国派章子，魏国派公孙喜，韩国派暴鸢一起攻打楚国方城，俘获唐昧。赵国打败中山国，中山国君逃亡，最后死于齐国。魏公子劲、韩公子长被封为诸侯。九年，孟尝君薛文到秦国担任丞相。奂攻打楚国，夺取八座城邑，杀了楚将景快。十年，楚怀王入秦朝觐，秦国扣留了他。薛文因金受离间而被罢免。楼缓担任丞相。十一年，齐、韩、魏、赵、宋、中山六国联合攻打秦国，到达盐氏城后退兵。秦国将黄河北岸和封陵交给韩国、魏国以讲和。这年，彗星出现。楚怀王跑到赵国，赵国不收留他，又回到秦国，随后就死了，把他送回楚国安葬。十二年，楼缓被免职，穰侯魏冉担任丞相。这年秦国赠给楚国五万石粮食。

十三年，向寿伐韩，取武始。左更白起攻新城。五大夫礼出亡奔魏。任鄙为汉中守。十四年，左更白起攻韩、魏于伊阙，斩首二十四万，虏公孙喜，拔五城。十五年，大良造白起攻魏，取垣，复予之。攻楚，取宛。十六年，左更错取轵及邓。冉免，封公子市宛，公子悝邓，魏冉陶，为诸侯。十七年，城阳君入朝，及东周君来朝。秦以①垣为蒲阪、皮氏。王之②宜阳。十八年，错攻垣、河雍，决桥取之。十九年，王为西帝，齐为东帝，皆复去之。吕礼来自归③。齐破宋，宋王在魏，死温。任鄙卒。二十年，王之汉中，又之上郡、北河。二十一年，错攻魏河内。魏献安邑，秦出其人，募徙河东赐爵，赦罪人迁之。泾阳君封宛。二十二年，蒙武伐齐。河东为九县。与楚王会宛。与赵王会中阳。二十三年，尉斯离与三晋、燕伐齐，破之济西。王与魏王会宜阳，与韩王会新城。二十四年，与楚王会鄢，又会穰。秦取魏安城，至大梁，燕、赵救之，秦军去。魏冉免相。二十五年，拔赵二城。与韩王会新城，与魏王会新明邑。二十六年，赦罪人迁之穰。侯冉复相。二十七年，错攻楚。赦罪人迁之南阳。白起攻赵，取代光狼城。又使司马错发陇西，因蜀攻楚黔中，拔之。二十八年，大良造白起攻楚，取鄢、邓，赦罪人迁之。二十九年，大良造白起攻楚，取郢为南郡④，楚王走。周君来。王与楚王会襄陵。白起为武安君。三十年，蜀守若伐楚，取巫郡，及江南为黔中郡。三十一年，白起伐魏，取两城。楚人反我江南。三十二年，相穰侯攻魏，至大梁，破暴鸢，斩首四万，鸢走，魏入三县请和。三十三年，客卿胡伤攻魏卷、蔡、阳⑤、长社，取之。击芒卯华阳，破之，斩首十五万。魏入南阳以和。三十四年，秦与魏、韩上庸地为一郡，南阳免臣⑥迁居之。三十五年，佐韩、魏、楚伐燕。初置南阳郡。三十六年，客卿灶攻齐，取刚、寿，予穰侯。三十八年，中更胡伤攻赵阏与，不能取。四十年，悼太子死魏，归葬芷阳。四十一年夏，攻魏，取邢丘、怀。四十二年，安国君为太子。十月，宣太后薨，葬芷阳郦山。九月，穰侯出之陶。四十三年，武安君白起攻韩，拔九城，斩首五万。四十四年，攻韩南阳，取之。四十五年，五大夫贲攻韩，取十城。叶阳君悝出之国，未至而死。四十七年，秦攻韩上党，上党降赵，秦因攻赵，赵发兵击秦，相距（拒）。秦使武安君白起击，大破赵于长平，四十余万尽杀之。四十八年十月，韩献垣雍。秦军分为三军。武安君归。王龁将伐赵武安、皮牢，拔之。司马梗北定太原，尽有韩上党。正月，兵罢，复守上党。其十月，五大夫陵攻赵邯郸。四十九年正月，益发卒佐陵。陵战不善，免，王龁代将。其十月，将军张唐攻魏，为蔡尉捐⑦弗守，还斩之。五十年十月，武安君白起有罪，为士伍⑧，迁阴密。张唐攻郑，拔之。十二月，益发卒军汾城旁。武安君白起有罪，死。龁攻邯郸，不拔，去，还奔汾军。二月余⑨，攻晋军⑩，斩首六千，晋楚流死河二万人。攻汾城，即从唐拔宁新中，宁新中更名安阳。初作河桥⑪。

◎**注释** ①〔以〕《索引》以为是"易"字之误。②〔之〕到。③〔归〕这里指投案自首。④〔取郢为南郡〕夺取楚都郢，作为秦的南郡。⑤〔蔡、阳〕疑当作"蔡、中阳"。睡虎地秦简《编年记》："卅三年，攻蔡、中阳。"⑥〔免臣〕指被赦免罪过的臣民。⑦〔捐〕弃，丢失。⑧〔为士伍〕意思是剥夺官爵，降为士兵。士伍，指士兵。古代军队以五人为伍。⑨〔二月余〕指其后两个多月。⑩〔晋军〕指魏军。⑪〔河桥〕即蒲津桥。

◎ **大意**　十三年，向寿攻打韩国，攻下武始。秦左更白起攻打新城。五大夫吕礼逃奔魏国。任鄙担任汉中郡守。十四年，左更白起在伊阙攻打韩国、魏国，斩首二十四万人，俘虏了公孙喜，攻占五座城。十五年，大良造白起攻打魏国，夺取垣邑，又归还给魏国。攻打楚国，夺取宛城。十六年，左更司马错夺取轵邑和邓邑。魏冉被免职。封公子市（fú）到宛，公子悝（kuī）到邓，魏冉到陶，成为诸侯。十七年，城阳君入秦朝见，东周君也来朝见。秦国用垣邑交换魏国的蒲阪、皮氏。昭襄王前往宜阳。十八年，司马错攻打垣邑、河雍，拆毁桥梁夺取了两地。十九年，昭襄王称西帝，齐闵王称东帝，后来又都取消了帝号。吕礼回来自首。齐国打败宋国，宋王住到魏国，死在温。这年任鄙去世。二十年，昭襄王前往汉中，又到上郡、北河。二十一年，司马错攻打魏国的河内。魏国献出安邑，秦国赶走魏国居民，招募秦国人迁往河东居住并赐予爵位，赦免罪犯迁居那里。这年泾阳君被封到宛。二十二年，蒙武攻打齐国。秦国在河东设置九个县。秦王与楚王在宛城会晤，与赵王在中阳会晤。二十三年，都尉斯离与三晋、燕一起攻打齐国，在济水西岸打败了齐军。昭襄王与魏王在宜阳会面，与韩王在新城会面。二十四年，昭襄王与楚王在鄢（yān）邑会晤，又到穰会面。秦国夺取了魏国的安城，打到魏都大梁。燕国、赵国来救援，秦军撤退。魏冉被免去丞相职务。二十五年，秦军攻克赵国两座城邑。秦王与韩王在新城会面，与魏王在新明邑会面。二十六年，赦免罪犯迁往穰，侯冉再次任丞相。二十七年，司马错攻打楚国。秦国赦免罪犯，将之迁往南阳。白起攻打赵国，攻下了代地的光狼城。秦国又派司马错发动陇西的驻军，凭借蜀地攻打楚国的黔中，攻占了它。二十八年，大良造白起攻打楚国，夺取鄢邑、邓邑，赦免罪犯，迁居那里。二十九年，大良造白起攻打楚国，夺取郢都，设为南郡。楚王逃走。周君来到秦国。秦王与楚王在襄陵会晤。白起被封为武安君。三十年，蜀郡守张若攻打楚国，夺取了巫郡，将其和江南一起设为黔中郡。三十一年，白起攻打魏国，攻下两座城邑。楚人在江南反秦。三十二年，丞相穰侯攻打魏国，到达大梁，打败了暴鸢，斩首四万人，暴鸢逃走，魏国献出三个县求和。三十三年，客卿胡阳攻打魏国的卷、蔡阳、长社，攻下了它们。在华阳攻打魏将芒卯，打败了他，斩首十五万人。魏国献出南阳请和。三十四年，秦国把所占领的魏国、韩国的南阳与楚国的上庸合并为一个郡，将南阳降臣迁往该地。三十五年，辅助韩国、魏国、楚国攻打燕国。开始设置南阳郡。三十六年，客卿灶攻打齐国，夺取了刚城、寿城，赐给穰侯。三十八年，中更胡阳攻打赵国阏（yù）与，未能攻下。四十年，悼太子死在魏国，送回秦国葬在芷阳。四十一年夏天，攻打魏国，夺取邢丘、怀邑。四十二年，安国君被立为太子。十月，宣太后去世，安葬在芷阳的郦山。九月，穰侯离开都城回到他的封地陶。四十三年，武安君白起攻打韩国，攻克九座城邑，斩首五万人。四十四年，攻打韩国南阳，攻下了南阳。四十五年，五大夫贲攻打韩国，占领十座城邑。叶阳君悝前往自己的封国，还没到就死了。四十七年，秦军攻打韩国的上党，上党投降了赵国，秦军因而攻打赵国，赵国发兵迎击秦军，两军相持不下。秦国派武安君白起去攻打，在长平大败赵军，将赵军四十多万人全部杀掉。四十八年十月，韩国献出垣雍。秦军分为三个部分。武安君回国。王龁（hé）率兵攻打赵国的武安、皮牢，将其占领。司马梗北进平定太原，全部占据了韩国的上党。正月，罢兵，驻守上党。这年十月，五大夫王陵攻打赵国的邯郸。四十九年正月，秦派兵增援王陵。王陵不擅长打仗，被罢免，王龁代替他带兵。同年十月，将军张唐攻打魏国，魏国守将蔡尉弃阵逃回，回国后被斩。五十年十月，武安君白起有罪，被降为普通士兵，流放到阴密。张唐攻打郑，攻克了它。十二月，秦国增派军队驻扎在汾城旁。武安君白起有罪，自杀。王龁攻打邯郸，没有攻克，撤军，回汾城附近秦军驻地停了两个多月。攻打晋军，斩首六千人，晋军败逃，被黄河冲淹而死的有两万人。又攻打汾城，随即经唐攻克了宁新中，将宁新中改名为安阳。开始修建黄河桥。

五十一年，将军摎攻韩，取阳城负黍，斩首四万。攻赵，取二十余县，首虏①九万。西周君背秦，与诸侯约从，将天下锐兵出伊阙攻秦，令秦毋得通阳城。于是秦使将军摎攻西周。西周君走来自归，顿首受罪，尽献其邑三十六城，口②三万。秦王受献，归其君于周。五十二年，周民东亡，其器九鼎入秦。周初亡。

◎**注释** ①〔首虏〕所获敌人的首级。②〔口〕指人口。
◎**大意** 五十一年，将军摎攻打韩国，夺取阳城的负黍，斩首四万人。攻打赵国，夺取二十多个县，斩首俘虏九万人。西周君背叛秦国，与诸侯约定合纵，率天下精兵出伊阙攻打秦国，使秦国不得与阳城相通。因此秦国派将军摎攻打西周。西周君跑来投降，叩头请罪，全部献出他的三十六座城，三万人口。秦王接受了他的贡献，放他回到周。五十二年，周朝人民向东逃亡，周朝的镇国宝器九鼎被秦国得到。周算是初步灭亡了。

五十三年，天下来宾①。魏后，秦使摎伐魏，取吴城。韩王入朝，魏委②国听令。五十四年，王郊见上帝③于雍。五十六年秋，昭襄王卒，子孝文王立。尊唐八子为唐太后，而合其葬于先王。韩王衰绖入吊祠④，诸侯皆使其将相来吊祠，视⑤丧事。

◎**注释** ①〔宾〕服从，归顺。②〔委〕托付。③〔郊见上帝〕在郊外祭天。④〔吊祠〕吊唁祭祀。⑤〔视〕料理，治理。
◎**大意** 五十三年，天下诸侯都来归顺。魏国后到，秦国派摎讨伐魏国，夺取了吴城。韩王来朝见，魏王把国家交给秦国听从命令。五十四年，昭襄王在秦国旧都雍的南郊举行祭天典礼。五十六年秋，昭襄王去世，儿子孝文王即位。他追尊生母唐八子为唐太后，将她与昭襄王合葬。韩王穿着孝服来吊唁祭悼。诸侯纷纷派各自的将相来吊唁祭祀，办理丧事。

孝文王元年，赦罪人，修①先王功臣，褒厚②亲戚，弛③苑囿。孝文王除丧④，十月己亥即位，三日辛丑卒，子庄襄王立。

◎**注释** ①〔修〕推举，这里指表彰、封赏。②〔褒厚〕厚待，优待。③〔弛〕这里是开放的意思。④〔除丧〕除去丧服，即服丧期满。

◎**大意** 孝文王元年，赦免罪犯，表彰先王的功臣，厚待亲戚，开放王室园林。孝文王服丧期满，于十月己亥日即位，第三天辛丑日去世，儿子庄襄王即位。

庄襄王元年，大赦罪人，修先王功臣，施德厚骨肉①而布惠于民。东周君与诸侯谋秦，秦使相国吕不韦诛之，尽入其国。秦不绝其祀，以阳人②地赐周君，奉其祭祀。使蒙骜伐韩，韩献成皋、巩。秦界至大梁，初置三川郡。二年，使蒙骜攻赵，定太原。三年，蒙骜攻魏高都、汲，拔之。攻赵榆次、新城、狼孟，取三十七城。四月日食。四年，王龁攻上党。初置太原郡。魏将无忌率五国兵击秦，秦却于河外。蒙骜败，解而去。五月丙午，庄襄王卒，子政立，是为秦始皇帝。

◎**注释** ①〔骨肉〕指至亲。②〔阳人〕地名，即阳人聚。

◎**大意** 庄襄王元年，大赦罪犯，表彰先王功臣，施行德政，厚待亲戚而布惠于民。东周君与诸侯图谋攻打秦国，秦国派相国吕不韦讨伐他们，全部没收了东周的领地。秦国不断绝周王室的祭祀，把阳人聚这个地方赐给周君，以奉祀周朝的先祖。派蒙骜（ào）讨伐韩国，韩国献出成皋、巩。秦的国界到了大梁，开始设置三川郡。二年，派蒙骜攻打赵国，平定太原。三年，蒙骜攻打魏国的高都、汲县，攻占了它们。攻打赵国的榆次、新城、狼孟，夺取三十七座城邑。四月出现日食。王龁攻打上党。开始设太原郡。魏国将军无忌率五国联军攻打秦国，秦军退到黄河之南。蒙骜被打败，撤兵而去。五月丙午日，庄襄王去世，儿子嬴政即位，这就是秦始皇帝。

秦王政立二十六年，初并天下为三十六郡，号为始皇帝。始皇帝立十一年而崩，子胡亥立，是为二世皇帝。三年，诸侯并起叛秦，赵高杀二世，立子婴。子婴立月余，诸侯诛之，遂灭秦。其语在《始皇本纪》中。

◎**大意**　秦王嬴政即位二十六年，开始合并天下为三十六郡，号为始皇帝。始皇帝五十一岁去世，儿子胡亥即位，这就是二世皇帝。三年，诸侯纷纷起来反叛秦朝，赵高杀掉二世，拥立子婴。子婴即位一个多月，诸侯杀了他，于是灭亡了秦朝。这些都记载在《秦始皇本纪》中。

太史公曰：秦之先为嬴姓。其后分封，以国为姓，有徐氏、郯氏、莒氏、终黎氏、运奄氏、菟裘氏、将梁氏、黄氏、江氏、脩鱼氏、白冥氏、蜚廉氏、秦氏。然秦以其先造父封赵城，为赵氏。

◎**大意**　太史公说：秦国的祖先姓嬴。其后代被分封，以封国作为姓氏，有徐氏、郯（tán）氏、莒氏、终黎氏、运奄氏、菟（tú）裘氏、将梁氏、黄氏、江氏、脩鱼氏、白冥氏、蜚廉氏、秦氏。然而秦国因为其先祖造父被封在赵城，称为赵氏。

◎**释疑解惑**

　　《秦本纪》中秦穆公是一位选贤任能的君王形象，司马迁对相关材料的选择就是围绕这一中心展开的，其中任用百里奚（又作"百里傒"）的故事即表现了司马迁材料选择的这种态度。与百里奚有关的故事在先秦文献中十分混乱。《吕氏春秋·慎人篇》言公孙枝以五羊皮买之而献诸穆公；《说苑·臣术篇》言贾人以五羖羊皮，使将监军；《谏逐客书》言东得百里奚于宛；《孟子》并不认可百里奚自鬻于秦的说法。《秦本纪》在此提出了"缪公闻百里傒贤，欲重赎之""使人厚币迎蹇叔，以为上大夫"的说法。这一说法在各种文献中最为系统而详细。这则故事出现了一些与百里奚有关的关键词："媵臣""五羖羊皮""食牛"。在《秦本纪》中，百里奚作为晋的媵臣至秦，秦穆公主动以五羖羊皮向楚赎买他，百里奚曾以养牛求官于周王。然清人梁玉绳并不认同《秦本纪》的这一说法。他认为《秦本纪》所记与《吕氏春秋》《说苑》《孟子》中相关说法"皆好事者为之，言人人殊，不足辨已。战国时，造词意诬圣贤，何所不有"，进而指出保存于《后汉书·循吏传》注、《文选》陆机《演连珠》李善注、《韩诗外传》、《论衡》中的秦大夫禽息荐百里奚的说法较为可信。可以肯定《秦本纪》这里所载并非司马迁原创，而必有所本。司马迁见过不同说法的百里奚故事。《晋世家》记录了晋献公假道于虞以伐虢后"虏虞公及其大夫井伯百里奚以媵秦穆姬"的说法。《商君列传》中载赵良曰："夫五羖大夫，荆之鄙人也。闻秦缪公之贤而愿望见，行而无资，自粥于秦客，被褐食牛。期年，缪公知之，举之牛口之下，而加之百姓之上，秦国莫敢望焉。"客观地说，如梁玉绳所言，秦大夫禽息荐百里奚的说法最有说服力。它没有以上故事曲折，没有过多的传奇色彩。但司马迁为何选择载录曲折而传奇的百里奚故事呢？我们发现，在多个百里奚故事版本中，唯有《秦本纪》所载的文本凸显了秦穆公的作用，在这一版本中，是秦穆公发现了百里奚的价值，并且愿意以重金赎买他，而之所以以"五羖羊皮"赎买，则是出于策略的考虑。《秦本纪》这则故事中重点突出的并不是百里奚之贤能，而是秦穆公的贤能与爱才。材料的选择服务于传主形象的设置。

◎ **思考辨析题**

1. 请分析"秦自为纪，不与始皇本纪合"的原因。
2. 本篇大量笔墨叙写了秦孝公的事迹，请分析司马迁对秦孝公的记载传达出哪些思想。

秦始皇本纪

第六

　　秦始皇建立了我国历史上第一个专制主义中央集权国家，本篇是秦始皇的传记，其中详尽地记录了秦始皇一生的事迹。由于秦朝历史较短，二世与子婴的事迹也附在了本传中，故而本篇既是秦始皇的传记，也是秦朝兴亡的记录。根据内容与材料来源，《秦始皇本纪》文本以"太史公曰"为界限分为前后两部分。"太史公曰"前的内容主要以编年的形式记载秦始皇到秦二世的历史（其中秦始皇纪年从元年到三十七年，秦二世纪年从元年到三年）；"太史公曰"后依次附载了贾谊《过秦论》下、上、中三篇，《秦记》，以及东汉孝明皇帝十七年论秦内容。从内容上看，秦始皇二十六年以前所记载主要为秦征伐六国用兵事，二十六年"秦初并天下"，其后记事内容为制度设定、秦始皇巡游天下，以及秦末的内部政治动乱事件。司马迁对秦始皇统一六国与其称帝后建立、实施的一系列制度举措大致持肯定的态度。他表彰了秦始皇所实现的旷世伟业，也以史家的眼光详细记录了被后世痛斥的"焚书坑儒"的具体背景。因为事出有因，司马迁似乎对此并不加以指责。司马迁所否定的是秦始皇后期的行为，如修阿房宫、修陵墓、巡游天下、求仙寻不死药、独裁专断等行为。二世皇帝胡亥即位后变本加厉，倒行逆施，终致秦亡。司马迁对秦由盛而衰，短短四十余年的重大历史事件的记录，将统一战争的艰难与复杂、亡国的前因后果，记载得清晰明了。司马迁在本篇中是将秦始皇作为一位缺少历史经验而终致失败的悲剧英雄来刻画的，他固然有统一天下的不世之功，有对未来的深谋远虑，但是胜利之后矜武任力，不施仁政，从一个创建新朝的英主转变为残暴帝王，终致丰功伟业化为云烟。司马迁笔下无限惋惜，因而在传记正文后，附贾谊《过秦论》总结秦亡经验，以期成为后世治乱之借鉴。贾谊《过秦论》共三篇，上篇为"秦孝公据崤函之固"至"仁义不施而攻守之势异也"，论秦始皇；中篇为"秦并海内，兼诸侯"至"是二世之过也"，论秦二世；下篇为"秦并山东诸侯三十余郡"至"故旷日长久，而社稷安矣"，论秦王子婴。《秦始皇本纪》"太史公曰"后从"秦并兼诸侯山东三十六郡"到"贵为天子，富有天下，身不免于戮杀者，正倾非也。是二世之过也"为贾谊《过秦论》内容，文字上偶有的差异，可视为古人引书、抄录或版本的不严格。然《秦始皇本纪》所载贾谊《过秦论》的顺序，与贾谊保存于《新书》中的《过秦论》上、中、下三篇不同。学界普遍认为贾谊《新书》当为可靠的原本，是《秦始皇本纪》附载文本出现了倒错。而《史记·陈涉世家》后同样附载了《过秦论》的上篇。种种迹象表明，《秦始皇本纪》后所附载《过秦论》并非全部出于司马迁

秦始皇本纪第六

之手，而是经过了后人的改动。本篇在艺术上高古卓劲，足见史公笔力。在编排上主要采用编年的方式清晰记录历史发展的进程，然而在编年中一些特殊的事件采用细节性的人物对话推进，如嫪毐（lào ǎi）反叛处、并天下改制异服处、置酒咸阳宫处、作阿房宫处、卢生说秦始皇处、陈涉起兵后赵高夹叙处，都写得十分生动。本篇载录了大量石刻奏辞，古雅淳朴。对秦始皇性格的刻画能够多维度开展，以秦始皇本人言行为主，附之以尉缭、卢生等人物的评价，显示了史公的匠心。

秦始皇帝者，秦庄襄王子也。庄襄王为秦质①子于赵，见吕不韦姬，悦而取（娶）之，生始皇。以②秦昭王四十八年正月生于邯郸。及生，名为政，姓赵氏。年十三岁，庄襄王死，政代立为秦王。当是之时，秦地已并巴、蜀、汉中、越、宛，有③郢置南郡矣；北收上郡以东，有河东、太原、上党郡；东至荥阳，灭二周，置三川郡。吕不韦为相，封十万户，号曰文信侯。招致宾客游士，欲以并天下。李斯为舍人。蒙骜、王齮④、麃公等为将军。王年少，初即位，委⑤国事大臣。

◎**注释** ①〔质〕抵押。②〔以〕在，于。③〔有〕占有，意即攻取。④〔王齮（yǐ）〕《秦本纪》《白起王翦列传》皆作"王龁"。⑤〔委〕托付，委托。
◎**大意** 秦始皇帝，是秦庄襄王的儿子。庄襄王以秦国王室子孙的身份在赵国做人质，见到吕不韦的姬妾，很喜欢，便娶她为妻，生下始皇帝。始皇帝于秦昭王四十八年正月出生在邯郸。出生后，取名叫政，姓赵。十三岁那年，庄襄王去世，政即位做了秦王。这时候，秦国已吞并了巴、蜀、汉中、越、宛，攻下郢后以之为郡治设置了南郡；向北收取上郡以东，占有河东、太原、上党郡；向东到达荥阳，灭了二周，设置三川郡。吕不韦任相国，封十万户，封号称文信侯。召集宾客游士，想要吞并天下。李斯为舍人。蒙骜、王齮、麃（biāo）公等为将军。秦王年纪小，刚即位不久，把国事委托给了大臣。

　　晋阳反，元年，将军蒙骜击定之。二年，麃公将卒攻卷，斩首三万。三年，蒙骜攻韩，取十三城。王齮死。十月，将军蒙骜攻魏氏畼、有诡。岁①大饥。四年，拔②畼、有诡。三月，军罢。秦质子归自赵，赵太子出归国。十月庚寅，蝗虫从东方来，蔽天。天下疫。百姓内（纳）粟千石，拜爵③一级。五年，将军骜攻魏，定酸枣、燕、虚、长平、雍丘、山阳城，皆拔之，取二十城。初置东郡。冬雷。六年，韩、魏、赵、卫、楚共击秦，取寿陵。秦出兵，五国兵罢。拔卫，迫④东郡，其君角率其支属⑤徙居野王，阻⑥其山以保魏之河内。七年，彗星先出东方，见（现）北方，五月见西方。将军骜死。以攻龙、孤、庆都，还兵攻汲。彗星复见西方十六日。夏太后死。八年，王弟长安君成蟜将军击赵，反，死屯留，军吏皆斩死，迁其民于临洮。将军壁死，卒屯留、蒲鹬反，戮其尸。河鱼大上，轻车重马东就食。

◎**注释**　①〔岁〕年成。②〔拔〕攻取，占领。③〔拜爵〕授予爵位。④〔迫〕迫近，逼近。⑤〔支属〕亲属。⑥〔阻〕恃，依仗。

◎**大意**　晋阳反叛。秦始皇元年，将军蒙骜平定了叛乱。二年，麃公率兵攻打卷邑，斩首三万人。三年，蒙骜攻打韩国，夺取十三座城。王齮去世。十月，将军蒙骜攻打魏国的畼（chàng）邑、有诡邑。这一年饥荒严重。四年，攻克畼邑、有诡邑。三月，停止进军。秦国的质子从赵国回来，赵国的太子从秦国回国。十月庚寅，蝗虫从东方涌来，遮天蔽日。全国流行瘟疫。百姓缴纳一千石粮食，授予爵位一级。五年，将军蒙骜进攻魏国，平定酸枣、燕邑、虚邑、长平、雍丘、山阳城，全部攻克，夺得二十座城。开始设置东郡。这年冬天出现了打雷的怪现象。六年，韩国、魏国、赵国、卫国、楚国共同攻打秦国，夺取了寿陵。秦国出兵，五国停止进兵。秦军攻取卫国，向东郡迫近，卫国国君姬角率领他的宗族迁居野王，以山为险保卫魏国的河内。七年，彗星先出现在东方，又出现在北方，五月出现在西方。将军蒙骜去世。秦军攻打龙邑、孤邑、庆都，回军攻打汲邑。彗星又在西方出现，持续了十六天。夏太后逝世。八年，秦王的弟弟长安君成蟜（jiǎo）率军攻打赵国，举兵谋反，死在屯留，军吏都被处死，屯留民众被迁徙到临洮。将军成蟜在营垒中自杀，在屯留、蒲鹖（hú）反叛的部卒，被戮尸。黄河泛滥以致鱼上平地，秦人车载马驮纷纷去东方逃荒。

嫪毐封为长信侯。予之山阳地，令毐居之。宫室车马衣服苑囿①驰猎恣②毐。事无小大皆决于毐。又以河西太原郡更为毐国。九年，彗星见，或竟天③。攻魏垣、蒲阳。四月，上宿雍。己酉，王冠④，带剑⑤。长信侯毐作乱而觉，矫⑥王御玺及太后玺以发县⑦卒及卫卒、官骑、戎翟（狄）君公⑧、舍人，将欲攻蕲年宫⑨为乱。王知之，令相国昌平君、昌文君发卒攻毐。战咸阳，斩首数百，皆拜爵，及宦者皆在战中，亦拜爵一级。毐等败走。即令国中：有生得⑩毐，赐钱百万；杀之，五十万。尽得毐等。卫尉竭、内史肆、佐弋竭、中大夫令齐等二十人皆枭首⑪。车裂以徇⑫，灭其宗⑬。及⑭其舍人，轻者为鬼薪⑮。及夺爵迁蜀四千余家，家⑯房陵。四月寒冻，有死者。杨端和攻衍氏。彗星见西方，又见北方，从斗以南⑰八十日。十年，相国吕不韦坐⑱嫪毐免⑲。桓齮为将军。齐、赵来置酒。齐人茅焦说⑳秦王曰："秦方以天下为事，而大王有迁母太后之名，恐诸侯闻之，由此倍（背）秦也。"秦王乃迎太后于雍而入咸阳，复居甘泉宫。

◎**注释** ①〔苑囿〕畜养禽兽的地方。大曰苑，小曰囿。②〔恣〕听凭，任凭。③〔竟天〕划过整个天空。竟，从头至尾。④〔冠〕古代男子二十岁时举行加冠仪式，表示成年。秦王嬴政二十二岁时行冠礼。⑤〔带剑〕表示已经成年的一种仪式。带剑以显威仪。⑥〔矫〕假托，盗用。⑦〔县〕古代天子所管辖之地，在京都千里以内，即王畿。⑧〔君公〕首领。⑨〔蕲（qí）年宫〕秦国离宫名，在雍。当时为始皇住处。⑩〔生得〕活捉。⑪〔枭首〕古代酷刑之一，割下犯人的头，悬挂在竿上。⑫〔徇〕示众。⑬〔宗〕同祖，同族。⑭〔及〕至于。⑮〔鬼薪〕拾柴以供王家宗庙之用，即为王家宗庙服劳役，是秦代的徒刑之一，刑期三年。⑯〔家〕安家，居住。⑰〔从斗以南〕从北斗往南。斗，北斗星。⑱〔坐〕定罪，由……而获罪。⑲〔免〕免官。⑳〔说〕游说，劝说。

◎**大意**　嫪毐被封为长信侯。授予山阳之地，让他居住。宫室、车马、衣服、苑囿、驱马打猎都任他享用。事情无论大小都由他决定。又把河西太原郡改为嫪毐的封国。九年，彗星出现，有时横贯长天。秦军攻打魏国的垣邑、蒲阳邑。四月，秦王住在雍。己酉日，秦王举行冠礼，带剑。长信侯嫪毐作乱被发觉，他盗用秦王御玺和太后的印信发动京畿部队及卫队、官骑、戎翟首领、家臣，将要攻打蕲年宫，发动叛乱。秦王知道后，命令相国昌平君、昌文君发兵进攻嫪毐。战于咸阳，砍杀几百人，有战功的都获得爵位，参战的宦者也都授予一级爵位。嫪毐等败逃。秦王随即通令全国：有活捉嫪毐的，赏钱百万；杀掉他的，赏钱五十万。嫪毐等全被活捉。卫尉竭、内史肆、佐弋竭、中大夫令齐等二十人都被砍头示众。嫪毐等人被车裂示众，秦王灭了他们的宗族。嫪毐的家臣，罪轻的被罚为宗庙打柴。被剥夺爵位迁徙蜀地的有四千多家，住在房陵。四月天气严寒，有被冻死的。杨端和攻打衍氏。彗星出现在西方，又出现在北方，徘徊在北斗星以南达八十天。十年，相国吕不韦牵连嫪毐案件而被免职。桓齮为将军。齐国、赵国来人置酒祝贺。齐人茅焦劝秦王说："秦国正在经略谋取天下的大业，而大王有流放母亲的罪名，恐怕诸侯知道后，会因此背叛秦国。"秦王这才把太后从雍迎回咸阳，仍然让她住在甘泉宫。

大索①，逐客②。李斯上书说，乃止逐客令。李斯因说秦王，请先取韩以恐他国，于是使斯下③韩。韩王患之。与韩非谋弱秦④。大梁人尉缭来，说秦王曰："以秦之强，诸侯譬如郡县之君，臣但恐诸侯合从，翕⑤而出不意，此乃智伯、夫差、湣王之所以亡也。愿大王毋爱财物，赂其豪臣，以乱其谋，不过亡三十万金，则诸侯可尽。"秦王从其计，见尉缭亢礼⑥，衣服食饮与缭同。缭曰："秦王为人，蜂准⑦，长目，挚（鸷）鸟膺⑧，豺声，少恩而虎狼心，居约⑨易出人下⑩，得志亦轻食人。我布衣⑪，然见我常身自下我⑫。诚使⑬秦王得志于天下，天下皆为虏⑭矣。不可与久游⑮。"乃亡去⑯。秦王觉，固止，以为秦国尉，卒用其计策。而李斯用事⑰。

◎**注释** ①〔索〕搜索。②〔逐客〕驱逐居留在秦国的客卿。③〔下〕使降服，制服。④〔弱秦〕削弱秦国。弱，使弱。⑤〔翕（xī）〕收敛，集聚。⑥〔亢礼〕行平等之礼。⑦〔蜂准〕高鼻子。准，鼻。⑧〔挚鸟膺（yīng）〕意思是秦王胸同鸷鸟。挚，通"鸷"，猛禽。膺，胸。⑨〔约〕穷困。⑩〔出人下〕意思是屈居人下。⑪〔布衣〕庶人之服，借指平民。⑫〔身自下我〕意思是自身甘居我下。⑬〔诚使〕如果。⑭〔虏〕奴隶。⑮〔游〕交往。⑯〔亡去〕逃离。⑰〔用事〕掌权。

◎**大意** 秦国全面搜索，要驱逐从诸侯国来的宾客，李斯上书劝说，这才停止了逐客令。李斯趁机劝说秦王，先夺取韩国以威吓其他国家，于是派李斯去降服韩国。韩王十分忧虑，与韩非谋划削弱秦国。大梁人尉缭前来，劝说秦王："以秦国的强大，诸侯就像郡县的首领一样，我只是担心诸侯国合纵，联合起来实施袭击，这就是智伯、夫差、湣王灭亡的原因。希望大王不要吝惜财物，贿赂各国的大臣，以扰乱他们的计谋，只不过失去三十万金，就可以尽灭诸侯。"秦王听从他的谋略，见尉缭时行平等之礼，衣服饮食和尉缭一样。尉缭说："秦王的相貌，鼻梁高挺，眼睛细长，胸同鸷鸟，声如豺狼，缺乏情义而有虎狼之心，处境困难时容易礼下于人，得志时也会轻易地吞食人。我只是一介平民，然而他见了我常以自身居我之下。如果真让秦王得志于天下，天下人都会成为他的奴隶。不可和他长期交往。"于是逃走。秦王发觉后，再三挽留，任用他为秦国的太尉，完全采用他的计策。而李斯掌握国家大权。

十一年，王翦、桓齮、杨端和攻邺，取九城。王翦攻阏与、橑杨，皆并为一军。翦将十八日，军归斗食①以下，什（十）推二人②从军。取邺安阳，桓齮将。十二年，文信侯不韦死，窃葬③。其舍人临④者，晋人也逐出之；秦人六百石以上夺爵，迁；五百石以下不临，迁，勿夺爵。"自今以来⑤，操国事不道如嫪毐、不韦者籍⑥其门，视此⑦"。秋，复嫪毐舍人迁蜀者。当是之时，天下大旱六月，至八月乃雨。

◎**注释** ①〔斗食〕指俸禄较低的官吏。这些官吏年俸不满百石，所给俸秩以斗计算，所以叫斗食。②〔什（shí）推二人〕十人中只挑选二人。什，同"十"。③〔窃葬〕私葬，偷葬。④〔临（lìn）〕哭吊死者。⑤〔自今以来〕从今以后。⑥〔籍〕编入簿册，登记。⑦〔视此〕比照这些。视，比。

◎**大意** 十一年，王翦、桓齮、杨端和进攻邺城，夺取九座城池。王翦攻打阏与、橑（lǎo）杨，三路军并为一军。王翦任统帅的第十八天，把军中斗食以下的军士遣送回家，十人中只挑选两人从军。攻下邺和安阳后，桓齮被任为主将。十二年，文信侯吕不韦死去，被偷偷安葬。他的门客去吊丧的，是晋人则驱逐出境；秦人六百石以上的夺去爵位，流放；秦人五百石以下未去吊丧的，流放，不剥夺爵位。从此以后，像嫪毐、吕不韦这样操纵国事、违背君意的全部家族编入簿册为徒隶，照此法处置。秋天，赦免被流放到蜀地的嫪毐家臣。在这期间，天下大旱六个月，一直到八月才下雨。

十三年，桓齮攻赵平阳，杀赵将扈辄，斩首十万。王之河南。正月，彗星见东方。十月，桓齮攻赵。十四年，攻赵军于平阳，取宜安，破之，杀其将军。桓齮定平阳、武城。韩非使秦，秦用李斯谋，留①非，非死云阳。韩王请为臣。

◎**注释** ①〔留〕羁留,扣留。
◎**大意** 十三年,桓齮攻打赵国的平阳,杀死赵将扈辄,斩首十万人。秦王到河南。正月,彗星在东方出现。十月,桓齮攻打赵国。十四年,在平阳攻打赵军,夺取宜安,大败赵军,杀死其将军。桓齮平定平阳、武城。韩非出使秦国,秦王采纳李斯的计策,扣留韩非,韩非死在云阳。韩王请求称臣。

十五年,大兴兵①,一军至邺,一军至太原,取狼孟。地动②。十六年九月,发卒受地韩南阳假③守腾。初令男子书年④。魏献地于秦。秦置丽邑。十七年,内史腾攻韩,得韩王安,尽纳其地,以其地为郡,命曰颍川。地动。华阳太后卒。民大饥。

◎**注释** ①〔大兴兵〕大举出兵。②〔地动〕地震。③〔假〕代理。④〔书年〕报写年龄。便于征发兵卒、徭役。
◎**大意** 十五年,秦大举出兵,一支军队到邺,一支军队到太原,夺取狼孟。这年发生了地震。十六年九月,发兵接收韩国南阳之地并委任腾为南阳代理郡守。开始命令男子登记年龄。魏国向秦国献地。秦国设置丽邑。十七年,内史腾进攻韩国,掳获韩王安,把韩国土地全部纳入秦国版图,并将其设为郡,取名颍川。这年发生了地震。华阳太后去世。百姓遭受饥荒。

十八年,大兴兵攻赵。王翦将上地①,下②井陉,端和将河内,羌瘣伐赵,端和围邯郸城。十九年,王翦、羌瘣尽定取赵地东阳,得赵王。引兵欲攻燕,屯中山。秦王之邯郸,诸尝与王生赵时母家有仇怨,皆坑③之。秦王还,从太原、上郡归。始皇帝母太后崩。赵公子嘉率其宗数百人之代,自立为代王,东与燕合兵,军④上谷。大饥。

◎**注释** ①〔将上地〕统率上郡的秦军。②〔下〕攻克。③〔坑〕坑埋,活埋。

④〔军〕驻扎。

◎**大意** 十八年,大举兴兵攻打赵国。王翦统率驻于上郡的军队攻克了井陉,杨端和率领河内驻军,羌瘣(huì)进攻赵国,杨端和包围了邯郸城。十九年,王翦、羌瘣彻底平定了赵国东阳地区,俘获赵王。又率军准备攻打燕国,驻扎在中山。秦王来到邯郸,那些曾经在秦王出生于赵国时与他母家有仇怨的人,全被活埋。秦王返回,经太原、上郡回京。秦始皇的母太后去世。赵公子嘉率领其宗族几百人到代地,自立为代王,向东与燕国合兵,驻扎在上谷。这年饥荒严重。

二十年,燕太子丹患①秦兵至国,恐,使荆轲刺秦王。秦王觉②之,体解③轲以徇,而使王翦、辛胜攻燕。燕、代发兵击秦军,秦军破燕易水之西。二十一年,王贲攻荆。乃益④发卒诣⑤王翦军,遂破燕太子军,取燕蓟城,得太子丹之首。燕王东收辽东而王之⑥。王翦谢病老归⑦。新郑反。昌平君徙于郢。大雨雪⑧,深二尺五寸。

◎**注释** ①〔患〕担心。②〔觉〕发觉。③〔体解〕就是肢解,古代分解肢体的酷刑。④〔益〕增加。⑤〔诣〕往,到。⑥〔王(wàng)之〕在那里称王。⑦〔谢病老归〕推说有病告老还乡。⑧〔雨(yù)雪〕下雪。

◎**大意** 二十年,燕太子丹担心秦军兵临燕国,很害怕,派荆轲去刺杀秦王。秦王发觉了,肢解荆轲以示众,而派王翦、辛胜攻打燕国。燕王、代王发兵迎击秦军,秦军在易水的西边打败了燕军。二十一年,王贲(bēn)攻打楚国。秦王又增派兵员到王翦军中,随即打垮了燕太子的军队,夺取了燕国的蓟城,获得太子丹的首级。燕王向东收取辽东而称王。王翦称病告老还乡。新郑反叛。昌平君调职到郢。这年天降大雪,厚达二尺五寸。

二十二年,王贲攻魏,引河沟①灌大梁,大梁城坏,其王请降,尽取其地。

◎**注释** ①〔河沟〕黄河和鸿沟。
◎**大意** 二十二年,王贲进攻魏国,引来黄河和鸿沟的水淹大梁,大梁城被摧毁,魏王请求投降,全部夺取了魏国的领地。

二十三年,秦王复召王翦,强起①之,使将击荆。取陈以南至平舆,虏荆王。秦王游至郢陈。荆将项燕立昌平君为荆王,反秦于淮南。二十四年,王翦、蒙武攻荆,破荆军,昌平君死,项燕遂自杀。

◎**注释** ①〔强(qiǎng)起〕强行起用。
◎**大意** 二十三年,秦王又召回王翦,强行起用他,派他率军攻打楚国。夺取了陈以南到平舆的地区,俘虏了楚王。秦王巡游到郢陈。楚将项燕立昌平君为楚王,在淮河以南地区反秦。二十四年,王翦、蒙武攻打楚国,大败楚军,昌平君战死,项燕也因此自杀。

二十五年,大兴兵,使王贲将,攻燕辽东,得燕王喜。还攻代,虏代王嘉。王翦遂定荆江南地;降越君,置会稽郡。五月,天下大酺①。

◎**注释** ①〔酺(pú)〕王命特许的聚会饮酒。
◎**大意** 二十五年,大举兴兵,派王贲领军,攻打燕国辽东,俘虏燕王姬喜。回兵攻打代国,俘虏代王赵嘉。王翦最终平定了楚国江南地区;降服越族首领,设置会稽郡。五月,秦王下令特许全国臣民聚会饮酒。

二十六年,齐王建与其相后胜发兵守其西界,不通秦①。秦使将军王贲从燕南攻齐,得齐王建。

◎**注释** ①〔不通秦〕不与秦国来往。

◎**大意** 二十六年，齐王田建和他的相国后胜发兵守卫齐国西部边界，不与秦国交往。秦国派将军王贲从燕国向南攻打齐国，俘虏了齐王田建。

秦初并天下，令丞相、御史曰："异日①韩王纳地效②玺，请为藩臣，已而③倍（背）约，与赵、魏合从畔（叛）秦，故兴兵诛之，虏其王。寡人以为善，庶几④息兵革⑤。赵王使其相李牧来约盟，故归其质子。已而倍盟，反我太原，故兴兵诛之，得其王。赵公子嘉乃自立为代王，故举兵击灭之。魏王始约服入秦，已而与韩、赵谋袭秦，秦兵吏诛，遂破之。荆王献青阳以西，已而畔（叛）约，击我南郡，故发兵诛，得其王，遂定其荆地。燕王昏乱，其太子丹乃阴⑥令荆轲为贼⑦，兵吏诛，灭其国。齐王用后胜计，绝秦使，欲为乱，兵吏诛，虏其王，平齐地。寡人以眇眇⑧之身，兴兵诛暴乱，赖宗庙之灵，六王咸伏其辜⑨，天下大定。今名号不更，无以称⑩成功，传后世。其⑪议帝号。"丞相绾、御史大夫劫、廷尉斯等皆曰："昔者五帝地方千里，其外侯服夷服，诸侯或朝或否，天子不能制。今陛下兴义兵，诛残贼，平定天下，海内为郡县⑫，法令由一统，自上古以来未尝有，五帝所不及。臣等谨与博士议曰：'古有天皇，有地皇，有泰皇⑬，泰皇最贵。'臣等昧死上尊号，王为'泰皇'。命为'制⑭'，令为'诏⑮'，天子自称曰'朕⑯'。"王曰："去'泰'，著⑰'皇'，采上古'帝'位号，号曰'皇帝'。他如议⑱。"制曰："可。"追尊庄襄王为太上皇。制曰："朕闻太古有号毋谥，中古有号，死而以行⑲为谥。如此，则子议父，臣议君也，甚无谓⑳，朕弗取焉。自今已（以）来，除谥法。朕为始皇帝。后世以计数㉑，二世三世至于万世，传之无穷。"

◎**注释** ①〔异日〕往日。②〔效〕献。③〔已而〕不久。④〔庶几（jī）〕也许，或许。⑤〔息兵革〕停止战争。兵革，本为兵器和甲胄，这里借指战争。⑥〔阴〕暗中。⑦〔贼〕杀人者，即刺客。⑧〔眇眇〕渺小，微小，自谦之词。⑨〔咸伏其辜〕咸，都。伏，受到（应有的惩罚）。辜，罪。⑩〔称〕称扬，显扬。⑪〔其〕表示祈使，命令。⑫〔郡县〕古代两级行政区划。周代县大于郡；秦始皇统一中国后，分全国为三十六郡，郡下设县。⑬〔有天皇，有地皇，有泰皇〕即所谓"三皇"，传说中五帝以前的三位帝王。⑭〔制〕帝王的命令。⑮〔诏〕诏书，皇帝颁发的文告命令。⑯〔朕〕原为通用的第一人称代词，自秦始皇以后，成为皇帝或听政的太后专用的自称。⑰〔著（zhuó）〕附着，这里有留下、保留的意思。⑱〔他如议〕其他按照你们商议的办。⑲〔行（旧读xìng）〕品行，事迹。⑳〔无谓〕没有意义。㉑〔以计数〕由此计算。数，算。

◎**大意** 秦王刚刚统一天下，命令丞相、御史说："过去韩王献纳土地交出玉玺，请求做守边之臣，不久违背盟约，与赵国、魏国联合反叛秦国，因此兴兵讨伐他，俘虏了韩王。我以为很好，几乎要退兵停战。没想到赵王派遣他的相国李牧来缔结盟约，所以放还了他的质子。过后赵又背弃盟约，在太原反叛我，所以派兵讨伐他，俘虏了赵王。赵公子嘉竟然自立为代王，因此发兵消灭了他。魏王起初立约臣服于秦国，随后又与韩国、赵国图谋袭击秦国，秦国官兵予以讨伐，于是打败了他们。楚王进献青阳以西的土地，继而背叛盟约，攻击我国南郡，因此发兵讨伐，俘虏楚王，平定了楚地。燕王昏庸无能，他的太子姬丹竟然密令荆轲来刺杀我，所以派兵讨伐，灭掉了燕国。齐王采用后胜的计策，断绝与秦国的邦交，企图作乱，于是派官军讨伐，俘虏了齐王，平定了齐地。我凭着这微不足道之身，兴兵讨伐暴乱，有赖祖宗威灵，六国君王都得到了应有的惩罚，天下太平起来。现在不更改名号，不足以颂扬功业，流传后世。请大家商议帝号。"丞相王绾（wǎn）、御史大夫冯劫、廷尉李斯等都说："从前五帝的领土方圆千里，此外侯服、夷服等九服之地，有的按时纳贡述职，有的不这样，天子不能控制。如今陛下发动义兵，讨伐残贼，平定天下，把全国划分为郡和县，法令趋于统一，这是上古以来未曾有过的，连五帝都没做到。臣等谨与博士商讨结果：'古代有天皇、地皇、泰皇，泰皇最尊贵。'臣等冒死进献尊号，王为'泰皇'。天子之命称为'制'，天子之令称为'诏'，天子自称'朕'。"秦王说：

"去掉'泰'字，留用'皇'字，加上上古'帝'的名号，称为'皇帝'。其他依照你们所商议的办。"下诏书说："可以。"给庄襄王追加尊号为太上皇。下令说："我听说上古有号无谥，中古有号，死后根据其品行决定谥号。这样，儿子要议论父亲，臣子要议论君王，实在不应该，我不采取此法。从今以后，废除谥法。我是始皇帝，后代按数排列，二世三世直到万世，永远流传没有穷尽。"

始皇推①终始五德②之传③，以为周得火德，秦代周德，从所不胜④。方今水德之始，改年始，朝贺皆自十月朔⑤。衣服旄旌⑥节旗皆上（尚）⑦黑。数以六为纪⑧，符、法冠⑨皆六寸，而舆⑩六尺，六尺为步⑪，乘六马⑫。更名河曰德水，以为水德之始。刚毅戾深⑬，事皆决于法，刻削⑭毋仁恩和义，然后合五德之数⑮。于是急法，久者不赦。

◎**注释** ①〔推〕推求，推论。②〔终始五德〕战国时阴阳家提出的一套以水、火、木、金、土五行相生相克、终而复始的原理来附会王朝兴废更替的学说。③〔传〕次第。④〔从所不胜〕取周德（火德）抵不过的属性，即水德。⑤〔朔〕阴历每月初一。⑥〔旄旌〕用旄牛尾或五色羽毛装饰的旗。⑦〔上〕同"尚"，崇尚。⑧〔数以六为纪〕意为各种事物的数目、尺寸都以"六"为标准。⑨〔法冠〕御史所戴之冠。⑩〔舆〕车。⑪〔步〕古以两举足为步，即今所谓两步，作为长度单位，秦代以六尺为一步。⑫〔乘六马〕一辆车驾六匹马。⑬〔戾（lì）深〕严厉，狠毒。⑭〔刻削〕刻薄。⑮〔合五德之数〕符合五德的规律。

◎**大意** 始皇推究五德终始循环的次序，认为周朝得火德，秦朝取代周德，采用周德所不能胜的水德。现在是水德的开始。更改岁首，以十月初一为新年朝贺之日，衣服、旄旌、符节、旗帜都崇尚黑色。各种数目都以"六"为标准，符信、法冠都是六寸，车厢六尺，六尺为一步，一辆车驾六匹马。把黄河改名为德水，作为水德的开端。刚戾凶暴，凡事都以刑法决断，苛刻而不讲仁爱恩惠和道义，这才符合五德的规律。于是以贯彻法令为急务，犯法的人久久得不到赦免。

丞相绾等言："诸侯初破，燕、齐、荆地远，不为置王，毋以填（镇）①之。请立诸子，唯上幸许②。"始皇下③其议④于群臣，群臣皆以为便⑤。廷尉李斯议曰："周文武所封子弟同姓甚众，然后属⑥疏远，相攻击如仇雠⑦，诸侯更相⑧诛伐，周天子弗能禁止。今海内赖陛下神灵一统，皆为郡县，诸子功臣以公⑨赋税重赏赐之，甚足⑩易制。天下无异意，则安宁之术⑪也。置诸侯不便。"始皇曰："天下共苦战斗不休，以有侯王。赖宗庙，天下初定，又复立国，是树兵⑫也，而求其宁息，岂不难哉！廷尉议是⑬。"

◎**注释** ①〔填（zhèn）〕同"镇"。镇压，安定。②〔唯上幸许〕望您准许。唯、幸，都是表示希望的敬辞。③〔下〕交下。④〔议〕建议。⑤〔便〕有利，合适。⑥〔后属〕后裔，后代。⑦〔仇雠（chóu）〕仇敌。⑧〔更相〕互相。⑨〔公〕公家的。⑩〔足〕可以，能够。⑪〔术〕方法，手段。⑫〔树兵〕意思是挑起战争。⑬〔是〕对，正确。

◎**大意** 丞相王绾等说："诸侯刚刚破败，燕国、齐国、楚国地处偏远，如不设置诸侯王，难以镇服他们，请立诸位皇子为王，希望陛下应允。"秦始皇将他们的建议下交群臣商讨，群臣都认为有利。廷尉李斯评论说："周文王、周武王所分封的同姓子弟很多，然而后代疏远，互相攻击好像仇家一般，诸侯互相讨伐，周天子不能禁止，现在全国依赖陛下神明得以统一，都设置了郡县，各位皇子及功臣用国家赋税重加赏赐，心满意足容易管理。天下没有二心，这才是安定国家的方法。设置诸侯不合适。"秦始皇说："天下同受打仗不止的痛苦，就是因为有诸侯王。有赖祖宗，天下刚刚平定，又设置诸侯国，是埋下战争的隐患啊，再去寻求安定，岂不困难！廷尉说得对。"

分天下以为三十六郡，郡置守、尉、监。更名民曰"黔首"。大酺。收天下兵，聚之咸阳，销①以为钟镰②，金人十二，重各千石③，置廷宫中。一法度衡石丈尺④。车同轨⑤。书⑥同文字。地东至海暨⑦朝鲜，西至临洮羌中，南至北向户，北据河为塞，并（傍）⑧阴山至辽东。徙天下豪富于咸阳十二万户。诸庙及章台⑨、上林⑩皆在渭南。秦每破诸侯，写⑪放（仿）其宫室，作之咸阳北阪⑫上，南临渭，自雍门以东至泾、渭，殿屋复道⑬周阁⑭相属。所得诸侯美人钟鼓，以充入⑮之。

◎**注释** ①〔销〕熔化。②〔镣（jù）〕钟一类的乐器，夹置在钟旁，呈猛兽形，本为木制，后改用铜制。③〔石〕重量单位。一百二十斤为石。④〔一法度衡石丈尺〕统一法律制度和度量衡标准。一，统一。衡，秤。石，重量单位。丈尺，长度单位。⑤〔车同轨〕指车辆两轮之间的距离都相同。⑥〔书〕书写。⑦〔暨〕和，同。⑧〔并（bàng）〕通"傍"，沿着。⑨〔章台〕秦故宫名，以宫内有章台而得名。⑩〔上林〕苑名。是秦朝的皇家猎场。⑪〔写〕描摹。⑫〔阪（bǎn）〕山坡。⑬〔复道〕阁道，天桥。⑭〔周阁〕周围的楼阁。⑮〔充入〕置入，放进去。

◎**大意** 于是把天下分成三十六郡，每郡设有郡守、郡尉、郡监。改称平民为"黔首"。特许全国聚会饮酒。收集天下兵器，聚集在咸阳，销毁后铸成钟镣，又铸十二个铜人，各重千石，安放在宫廷里。统一法律和度量衡标准。车辆统一轨距。书写统一文字。领土东至大海和朝鲜，西至临洮羌人居住的地方，南到北向户，北据黄河为要塞，沿着阴山直至辽东。将全国十二万户富豪迁移到咸阳。各种庙宇及章台、上林苑都在渭河南岸。秦每打败一个诸侯，就模仿该国宫室，建造到咸阳北面的山坡上，南临渭水，从雍门以东到泾、渭二水，殿屋间的阁道和周围楼阁相互连接。所获得的美女钟鼓，都放进这里。

二十七年，始皇巡陇西、北地，出鸡头山，过回中。焉①作信宫渭南，已更命信宫②为极庙，象天极③。自极庙道通郦山，作甘泉④前殿，筑甬道⑤，自咸阳属⑥之。是岁，赐爵一级。治驰道⑦。

◎**注释** ①〔焉〕乃,于是。②〔信宫〕宫名,即长信宫。③〔天极〕北极星。④〔甘泉〕秦宫名。⑤〔甬道〕两侧筑有墙的通道。⑥〔属(zhǔ)〕连接。⑦〔驰道〕驰马所行之道,供皇帝巡行之用。

◎**大意** 二十七年,秦始皇巡视陇西郡、北地郡,出鸡头山,经过回中。于是在渭水南岸建造信宫,后来将信宫改名为极庙,象征北极星。从极庙有道路通向郦山,建造甘泉宫前殿,修筑甬道,连接到咸阳。这一年,赏赐百姓爵位一级。修筑驰道。

二十八年,始皇东行郡县,上邹峄山。立石,与鲁诸儒生议刻石颂秦德,议封禅①望祭②山川之事。乃遂上泰山,立石,封,祠祀。下,风雨暴至,休于树下,因封其树为五大夫。禅梁父。刻所立石,其辞曰:

◎**注释** ①〔封禅(shàn)〕战国时期齐、鲁有些儒士认为五岳中泰山最高,帝王应到泰山祭祀,登泰山筑坛祭天叫"封",在山南梁父山上辟基祭地叫"禅"。②〔望祭〕遥望而祭,古代帝王祭祀名山大川的一种仪式。

◎**大意** 二十八年,秦始皇向东巡视郡县,登上邹峄山。树立石碑,和鲁地的儒生商议,刻碑颂扬秦朝的功德,商议封禅和望祭名山大川的事情。于是登上泰山,树碑,堆土为坛,举行祭天大典。下山时,风雨突至,在一棵树下休息,于是封那棵树为五大夫。又到梁父山祭祀地神。在立的石碑上刻字,碑文说:

皇帝临位,作制明法,臣下修饬①。二十有(又)六年,初并天下,罔不宾服②。亲巡远方黎民,登兹泰山,周览东极。从臣思迹③,本原④事业,祗⑤诵功德。治道⑥运行,诸产⑦得宜,皆有法式。大义休明⑧,垂于后世,顺承勿革。皇帝躬圣,既平天下,不懈于治。夙兴夜寐,建设长利,专隆⑨教诲。训经宣达⑩,远近毕理,咸承圣志。贵贱分明，男女礼顺，慎遵职事。昭隔内外⑪，靡不清净，施⑫于后嗣。化及无穷，遵奉遗诏，永承重戒⑬。

◎**注释** ①〔修饬（chì）〕意思是行为端正，不逾规矩。饬，谨慎。②〔罔不宾服〕罔，无。宾服，诸侯入贡朝见天子，也就是归顺、臣服的意思。③〔迹〕功业，事业。④〔本原〕推究。⑤〔祗（zhǐ）〕敬。⑥〔治道〕指治国之道。⑦〔诸产〕指各种物产。⑧〔休明〕美好显著。休，美善。⑨〔隆〕尊崇。⑩〔宣达〕通达。⑪〔昭隔内外〕昭，光明。隔，《集解》引徐广曰："一作'融'。"融，流通，流传。⑫〔施（yì）〕蔓延，延续。⑬〔戒〕命令，告诫。

◎**大意** 皇帝登位，创制明法，臣民恭谨。二十六年，统一天下，无不臣服。亲巡边民，登此泰山，周览东部边疆。随行之臣追想秦统一天下的事迹，推源溯业，敬颂功德。国政施行，诸事得宜，皆有法式。道义美好显著，足以垂范后世，只可顺承而不要变更。皇帝圣明，天下平定后仍不懈怠于治国。他早起晚睡，为国家的长远利益谋划，特别注重对百姓的教诲。训导全国官民，使他们都得到治理，都能按皇帝的旨意办事。贵贱等级分明，男女依礼顺从，人人恪守职责。光明照耀内外，天下清净太平，制度永传后世。教化及于无穷，后世谨遵遗令，永受圣戒。

于是乃并勃海以东，过黄、腄①，穷成山，登之罘②，立石颂秦德焉而去。

◎**注释** ①〔黄、腄（zhuì）〕古县名，在今山东烟台。②〔之罘（fú）〕山名，在今山东烟台。

◎**大意** 于是就沿渤海东行，经过黄县、腄县，直达成山尽头，登之罘山，树碑颂扬秦朝功德后离去。

南登琅邪，大乐之，留三月。乃徙黔首三万户琅邪台下，复十二岁。作琅邪台，立石刻，颂秦德，明得意。曰：

◎**大意** 向南登琅邪山，非常喜欢，逗留了三个月。于是迁移三万户百姓到琅邪台下，免除他们十二年的赋税徭役。建造琅邪台，立碑刻辞，颂扬秦朝的功德，彰明秦朝得志之情。碑文说：

维①二十六年，皇帝作始。端平②法度，万物之纪。以明人事，合同③父子。圣智仁义，显白道理。东抚东土，以省卒士。事已大毕，乃临于海。皇帝之功，勤劳本事④。上农除末⑤，黔首是富⑥。普天之下，抟（专）心揖（辑）志⑦。器械一量，同书文字。日月所照，舟舆所载。皆终其命，莫不得意。应时动事，是维皇帝。匡饬⑧异俗，陵水经地⑨。忧恤黔首，朝夕不懈。除疑定法，咸知所辟。方伯⑩分职，诸治经易⑪。举错必当，莫不如画。皇帝之明，临察四方。尊卑贵贱，不逾次行⑫。奸邪不容，皆务贞良。细大尽力，莫敢怠荒。远迩辟隐，专务肃庄。端直敦忠，事业有常。皇帝之德，存定四极⑬。诛乱除害，兴利致福。节事以时，诸产繁殖。黔首安宁，不用兵革。六亲⑭相保，终无寇贼。欢欣奉教，尽知法式。六合⑮之内，皇帝之土。西涉流沙⑯，南尽北户。东有东海，北过大夏。人迹所至，无不臣者。功盖五帝，泽及牛马。莫不受德，各安其宇。

◎**注释** ①〔维〕在。②〔端平〕端正。③〔合同〕和睦。④〔本事〕根本，指农业。⑤〔末〕指工商业。⑥〔黔首是富〕等于说"富黔首"，让百姓富足。是，助词。⑦〔抟心揖志〕抟，同"专"，专一。揖，通"辑"，聚，会集。⑧〔匡饬〕扶正，整顿。⑨〔陵水经地〕意思是跋山涉水。陵，经过。⑩〔方伯〕本为一方诸侯之长。这里指地方长官。⑪〔诸治经易〕治，指各级官署。经易，治理。经、易都是治的意思。⑫〔次行(háng)〕等级。⑬〔存定四极〕存定,安定,安抚。四极,指四方边远的地方。⑭〔六亲〕父、母、兄、弟、妻、子。泛指亲属。⑮〔六合〕天、地、东、西、南、北,指普天之下。⑯〔流沙〕指西部沙漠地带。

◎ **大意** 二十六年,始称皇帝。端正法度,万物纲纪。彰明人伦,和睦父子。圣智仁义,显扬道理。巡抚东土,探望兵吏。大业既成,遂临海滨。皇帝之功,勤劳农事。重农抑商,百姓致富。普天之下,专心一志。统一度量,统一文字。天下之地,四海之民,尽享天年,人人满意。适时而动,皇帝之职。纠正风俗,跋山涉水。体恤百姓,昼夜不懈。除疑明法,都知趋避。官吏尽职,诸事易治。措施必当,整齐划一。皇帝英明,巡察四方。尊卑贵贱,不越本分。奸邪不容,务求贞良。凡事尽力,不敢怠荒。远近偏僻,致力肃庄。正直忠诚,职业稳当。皇帝之德,安定四方。诛乱除害,兴利致富。轻役重农,事业繁盛。百姓安宁,不用兵革。亲属相保,终无寇贼。乐于从教,尽知法度。天地四方,皇帝之土。西越流沙,南达北户。东有东海,北过大夏。人迹所至,无不称臣。功盖五帝,恩及牛马。无不受德,人人安居。

维秦王兼有天下,立名为皇帝,乃抚东土,至于琅邪。列侯武城侯王离、列侯通武侯王贲、伦侯建成侯赵亥、伦侯昌武侯成、伦侯武信侯冯毋择、丞相隗状、丞相王绾、卿李斯、卿王戊、五大夫赵婴、五大夫杨樛从,与①议于海上。曰:"古之帝者,地不过千里,诸侯各守其封域②,或朝或否,相侵暴乱,残伐不止,犹刻金石,以自为纪。古之五帝、三王③,知(智)教不同,法度不明,假威鬼神,以欺远方,实不称名④,故不久长。其身未殁⑤,诸侯倍(背)叛,法令不行。今皇帝并一海内,以为郡县,天下和平。昭明宗庙,体道行德,尊号大成。群臣相与⑥诵皇帝功德,刻于金石,以为表经⑦。"

◎ **注释** ①〔与〕参与。②〔封域〕疆界、领地。③〔三王〕指三代之王,即夏禹、商汤、周文王和周武王。④〔不称(chèn)名〕与其名不相符。⑤〔殁(mò)〕死亡。⑥〔相与〕共同。⑦〔表经〕表率，典范。

◎**大意**　秦王兼并天下，立名为皇帝，安抚东方，到达琅邪。列侯武城侯王离、列侯通武侯王贲、伦侯建成侯赵亥、伦侯昌武侯成、伦侯武信侯冯毋择、丞相隗（wěi）状、丞相王绾、卿李斯、卿王戊、五大夫赵婴、五大夫杨樛（jiū）随从，在海滨参与了评论。说："古代帝王，领地不过千里，诸侯各守其封地，有的朝见有的不朝见，互相侵犯施行暴乱，残杀征伐不停，还铸铜器刻石碑，用以记载自己的功业。古代的五帝三王，智能教育各不相同，法律制度不严明，借助鬼神之威，欺骗远方，实际与名号不相符，所以不长久。其身未死，诸侯背叛，法令不能推行。如今皇帝统一全国，划分郡县，天下和平。光大祖宗威灵，践行大道，推行德政，皇帝的称号名副其实。群臣纷纷称颂皇帝的功德，刻于铜器石碑上，作为典范法式。

既已，齐人徐市等上书，言海中有三神山，名曰蓬莱、方丈、瀛洲，仙人居之。请得斋戒①，与童男女求之。于是遣徐市发②童男女数千人，入海求仙人。

◎**注释**　①〔斋戒〕古人祭祀祷告之前要沐浴更衣，忌酒，吃素，不与妻妾同寝，整洁心身，以示虔诚，叫斋戒。②〔发〕征发。

◎**大意**　事情结束后，齐地人徐市等上书，说海中有三座神山，叫作蓬莱、方丈、瀛洲，仙人住在那里。请求斋戒，带童男童女去那里求仙。于是始皇派徐市带数千童男童女，入海寻找仙人。

始皇还，过彭城，斋戒祷祠①，欲出周鼎②泗水。使千人没水求之，弗得。乃西南渡淮水，之衡山、南郡。浮江，至湘山祠。逢大风，几不得渡。上问博士曰："湘君③何神？"博士对曰："闻之，尧女，舜之妻④，而葬此。"于是始皇大怒，使刑徒⑤三千人皆伐湘山树，赭⑥其山。上自南郡由武关归。

◎**注释** ①〔祷祠〕祭祷。祠,祭祀。②〔周鼎〕即象征国家政权的九鼎。③〔湘君〕湘水之神。④〔尧女,舜之妻〕相传尧把两个女儿娥皇、女英嫁给舜为妃。后舜出外巡视,死在苍梧,二妃赶到,也死在江湘之间,葬在君山,即湘山。⑤〔刑徒〕被判刑而服劳役的人。⑥〔赭(zhě)〕红色,这里是使变红的意思。湘山之土为红土,砍光树木,山就变成红色的了。

◎**大意** 秦始皇返回,经过彭城时,斋戒祷祭,想从泗水中捞出周朝的宝鼎。派了一千人潜入水中寻找,没有找到。于是向西南渡淮水,到衡山、南郡。乘船沿江而下,到湘山祠。遇到大风,差点不能渡河,始皇问博士说:"湘君是什么神?"博士回答:"听说,是尧的女儿,舜的妻子,埋葬在这里。"于是秦始皇大怒,派三千名刑徒把湘山的树全部砍掉,使湘山光秃秃的。始皇从南郡经武关回京。

二十九年,始皇东游。至阳武博狼沙中,为盗所惊。求弗得,乃令天下大索十日。

◎**大意** 二十九年,秦始皇向东巡游。到阳武县的博狼沙,被强盗惊吓。没有捉到,于是下令全国严加搜索了十天。

登之罘,刻石。其辞曰:

维二十九年,时在中春①,阳和②方起。皇帝东游,巡登之罘,临照于海。从臣嘉观③,原念④休烈⑤,追诵本始。大圣作治,建定法度,显箸(著)纲纪。外教诸侯,光(广)施文惠⑥,明以义理。六国回辟,贪戾(利)无厌,虐杀不已。皇帝哀众,遂发讨师,奋扬武德。义诛信行,威燀⑦旁达,莫不宾服。烹灭⑧强暴,振救黔首,周定四极。普施明法,经纬⑨天下,永为仪则⑩。大矣哉!宇县⑪之中,承顺圣意。群臣诵功,请刻于石,表垂于常式⑫。

◎**注释** ①〔中春〕即仲春,指阴历二月。②〔阳和〕春天的温暖之气。③〔嘉观〕赞赏景物。④〔原念〕推究,思念。⑤〔休烈〕美善的功绩。烈,事业,功绩。⑥〔光(guǎng)施文惠〕光,通"广"。文,指礼乐教化。惠,恩德。⑦〔焯(chǎn)〕光烈、炽盛。⑧〔烹灭〕诛灭。⑨〔经纬〕治理。⑩〔仪则〕标准,法则。⑪〔宇县〕指天下。⑫〔常式〕永恒的榜样。

◎**大意** 登上之罘山,树碑刻石。碑文说:

二十九年,时在中春,阳气升起。皇帝东游,巡登之罘,俯瞰大海。从臣赏景,回想伟绩,追颂创始。圣君兴治,建立法度,显著纲纪。外教诸侯,广施文惠,导之义理。六国奸僻,贪暴无厌,虐杀不止。皇帝怜民,发兵讨伐,奋扬武德。仗义讨伐,守信而行,神威光大,无不臣服。消灭强暴,拯救黎民,平定四方。广施明法,建立秩序,永为法则。多么伟大!全国之中,承顺圣意。群臣颂功,请刻于石,永为法式。

其东观曰:

维二十九年,皇帝春游,览省①远方。逮②于海隅,遂登之罘,昭临③朝阳。观望广丽,从臣咸念,原道至明。圣法初兴,清理疆内,外诛暴强。武威旁畅④,振动四极,禽(擒)灭六王。阐⑤并天下,灾害绝息,永偃⑥戎兵⑦。皇帝明德,经理宇内,视听不怠。作立⑧大义,昭设备器,咸有章旗⑨。职臣遵分⑩,各知所行,事无嫌疑。黔首改化,远迩同度,临古⑪绝尤⑫。常职既定,后嗣循业,长承圣治。群臣嘉德,祗诵圣烈,请刻之罘。

◎**注释** ①〔览省(xǐng)〕视察。省,察看,检查。②〔逮〕到达。③〔昭临〕光临。这里有面对的意思。④〔旁畅〕意思是遍及四方。畅,通,达。⑤〔阐〕开拓。⑥〔偃〕停止。⑦〔戎兵〕指战争。⑧〔作立〕创立。作,兴起,开始。⑨〔章旗〕以图文为等级标志的旗帜。章,标记,文彩。⑩〔分〕本分,职分。⑪〔临古〕到老。⑫〔尤〕罪过。

◎**大意**　这个碑的东面刻文说：

二十九年，皇帝春游，巡视远方。来到海滨，登临之罘，迎着朝阳。观赏美景，从臣思念，治邦圣明。圣法初兴，内除积弊，外诛暴强。军威所及，震动四方，擒灭六王。统一天下，灾害灭绝，兵戈永藏。皇帝明德，治邦理国，视听不懈。兴立大义，设器明职，皆有旗彰。臣守职分，各知所行，事无不决。百姓除劣，远近同法，到老无过。常职已定，子孙遵循，永承圣治。群臣赞德，敬颂圣业，树碑之罘。

旋①，遂之琅邪，道②上党入。

◎**注释**　①〔旋〕不久。②〔道〕取道。
◎**大意**　不久，接着到琅邪，取道上党回京。

三十年，无事。

◎**大意**　三十年，没有特殊的事情。

三十一年十二月，更名腊①曰"嘉平"。赐黔首里②六石米，二羊。始皇为微行③咸阳，与武士四人俱，夜出，逢盗兰池④，见窘，武士击杀盗，关中大索二十日。米石千六百⑤。

◎**注释**　①〔腊〕腊月，即阴历十二月。②〔里〕古代管理户籍的一级组织。③〔微行〕便装出行。④〔兰池〕秦始皇修建的护城河。⑤〔米石千六百〕米价每石一千六百钱。
◎**大意**　三十一年十二月，把腊月改名为"嘉平"。赐给人民每里六石米、两只羊。秦始皇在咸阳便装出行，与四个武士一道，夜里在兰池遇上了强盗，受到困逼，武士击杀了盗贼，在关中严加搜索了二十天。米价每石一千六百钱。

三十二年，始皇之碣石，使燕人卢生求羡门、高誓①。刻碣石门。坏②城郭，决③通堤防。其辞曰：

◎**注释** ①〔羡门、高誓〕两个方士名。②〔坏〕毁坏，拆毁。③〔决〕挖开。

◎**大意** 三十二年，秦始皇前往碣石，派燕地人卢生寻找羡门、高誓。在碣石门山前的岩壁上刻碑文。拆毁旧城墙，挖开阻碍交通的堤防。碑文说：

遂兴师旅，诛戮无道，为逆①灭息。武殄②暴逆，文复③无罪，庶心④咸服。惠论功劳，赏及牛马，恩肥⑤土域。皇帝奋威，德并诸侯，初一泰平⑥。堕（隳）⑦坏城郭，决通川防，夷去⑧险阻。地势既定，黎庶⑨无繇（徭）⑩，天下咸抚。男乐其畴⑪，女修其业，事各有序。惠被诸产，久并⑫来⑬田，莫不安所。群臣诵烈，请刻此石，垂著仪矩⑭。

◎**注释** ①〔为逆〕造反，作乱。②〔殄〕灭绝。③〔文复〕文，指法令条文。复，免除。④〔庶心〕民心。⑤〔肥〕使肥，这里有施及的意思。⑥〔初一泰平〕初一，刚刚统一。泰平，太平。⑦〔堕（huī）〕同"隳"，毁。⑧〔夷去〕铲平。⑨〔黎庶〕众庶，百姓。⑩〔繇〕同"徭"，徭役，古代官方强制百姓承担的无偿劳动。⑪〔畴〕已耕作的田地。⑫〔久并〕久，一作"分"，单人耕作。并，双人耕作。⑬〔来（lài）〕勤勉。⑭〔仪矩〕法度，准则。

◎**大意** 发动军队，诛杀无道，叛逆灭绝。力灭暴逆，法护无罪，民心皆服。论功行赏，赏及牛马，恩及土地。皇帝扬威，德并诸侯，终得太平。拆掉城郭，挖通河防，铲平险阻。地界已定，民无徭役，天下安宁。男乐其田，女治家务，事各有序。恩施各业，勤勉耕作，无不安居。群臣颂功，请刻此石，垂为仪范。

因使韩终、侯公、石生求仙人不死之药。始皇巡北边，从上郡入。燕人卢生使入海还，以鬼神事，因奏录图书①，曰"亡秦者胡也"。始皇乃使将军蒙恬发兵三十万人北击胡，略取②河南地。

◎**注释** ①〔图书〕指谶纬之书，即以鬼神迷信为主要内容的书。②〔略取〕夺取。
◎**大意** 于是派韩终、侯公、石生去寻访仙人，求取可使人不死的仙药。秦始皇巡察北方边境，经过上郡回京。燕人卢生出使海上回来，为了说明鬼神的事，就奏上谶纬图书，说"灭亡秦的将是胡人"。秦始皇于是派将军蒙恬发兵三十万北上攻打胡人，夺取河南之地。

　　三十三年，发诸尝逋亡人①、赘婿②、贾人略取陆梁地，为桂林、象郡、南海，以適（谪）③遣戍。西北斥逐④匈奴。自榆中并河以东，属之阴山，以为三十四县，城河上为塞。又使蒙恬渡河取高阙、陶山、北假中，筑亭障以逐戎人。徙谪，实之初县。禁不得祠。明星出西方。三十四年，適（谪）治狱吏不直者，筑长城及南越地。

◎**注释** ①〔逋（bū）亡人〕逃亡的人。②〔赘婿〕穷人之子典押给富人做奴隶，称"赘子"；过期不赎，主家给赘子娶妻，仍做奴隶，称赘婿。③〔適（zhé）〕同"谪"。指因罪被罚降职或流放的人。④〔斥逐〕驱逐。
◎**大意** 三十三年，征发那些曾逃亡的人、卖身为奴的赘婿、商人去攻夺陆梁地区，设置桂林、象郡、南海，发配有罪判刑的人去守卫。在西北驱逐匈奴，从榆中沿黄河以东，直到阴山，设置三十四县，在黄河岸上筑城作为关塞。又派蒙恬渡过黄河夺取高阙、陶山、北假地区，修筑堡垒以驱逐戎人。迁移被罚罪的人，充实到新设置的县。禁止修建祠堂。这年彗星出现在西方。三十四年，流放办理讼狱不公正的官员，去修筑长城或守卫南越地区。

秦始皇本纪第六

始皇置酒咸阳宫，博士七十人前为寿①。仆射周青臣进颂曰："他时②秦地不过千里，赖陛下神灵明圣，平定海内，放逐蛮夷，日月所照，莫不宾服。以诸侯为郡县，人人自安乐，无战争之患，传之万世。自上古不及陛下威德。"始皇悦。博士齐人淳于越进曰："臣闻殷周之王千余岁，封子弟功臣，自为枝辅③。今陛下有海内，而子弟为匹夫④，卒⑤有田常、六卿之臣⑥，无辅拂（弼）⑦，何以相救哉？事不师古⑧而能长久者，非所闻也。今青臣又面谀以重陛下之过，非忠臣。"始皇下其议。丞相李斯曰："五帝不相复⑨，三代⑩不相袭，各以治，非其相反，时变异也。今陛下创大业，建万世之功，固非愚儒所知。且越言乃三代之事，何足法也？异时⑪诸侯并争，厚招游学。今天下已定，法令出一，百姓当家则力⑫农工，士则学习法令辟禁⑬。今诸生不师今而学古，以非当世，惑乱黔首。丞相臣斯昧死言：古者天下散乱，莫之能一，是以诸侯并作⑭，语皆道古以害今，饰虚言以乱实，人善其所私学，以非上之所建立。今皇帝并有天下，别黑白而定一尊。私学而相与非法教，人闻令下，则各以其学议之，入则心非，出则巷议，夸主⑮以为名，异取（趣）⑯以为高，率群下以造谤。如此弗禁，则主势降乎上，党与⑰成乎下。禁之便。臣请史官非秦记⑱皆烧之。非博士官所职⑲，天下敢有藏《诗》、《书》、百家语者，悉诣守、尉杂⑳烧之。有敢偶语《诗》《书》者弃市㉑。以古非今者族㉒。吏见知不举者与同罪。令下三十日不烧，黥为城旦㉓。所不去者，医药卜筮种树之书。若欲有学法令，以吏为师。"制曰："可。"

◎**注释** ①〔为寿〕饮酒时献祝寿辞。②〔他时〕往日，以前。③〔枝辅〕辅助。④〔匹夫〕指平民。⑤〔卒〕突然。⑥〔田常、六卿之臣〕田常，春秋时齐国大臣，杀简公，拥立平公，自任相国，从此齐国之政尽归田氏。六卿，指春秋后期晋国的范氏、中行氏、知氏、韩氏、赵氏、魏氏六家。六卿互相争斗，晋君不能控制，最终韩、赵、魏三家瓜分了晋国。⑦〔辅拂（bì）〕辅佐，帮助。拂，同"弼"，与"辅"同义。⑧〔师古〕效法古代。师，效法，学习。⑨〔相复〕一代因袭一代。复，重复，因袭，与下句"袭"同义。⑩〔三代〕指夏、商、周三代。⑪〔异时〕从前。⑫〔力〕努力，致力于。⑬〔辟禁〕刑法，禁令。⑭〔作〕兴起。⑮〔夸主〕在君主面前夸耀自己。⑯〔异取（qū）〕意思是追求奇异。取，同"趣（qū）"，趋向。⑰〔党与〕即朋党，党羽。⑱〔秦记〕秦国的史书。⑲〔职〕主宰，掌管。⑳〔杂〕共，全都。㉑〔弃市〕古代在闹市执行死刑，表示与众共弃，叫弃市。㉒〔族〕灭族，满门抄斩。㉓〔城旦〕秦汉时刑罚名。白天守边防寇，晚上筑长城，刑期四年。

◎**大意**　秦始皇在咸阳宫设酒宴，七十个博士上前祝寿。仆射周青臣进献颂词说："从前秦地不过千里，仰赖陛下神灵明圣，平定天下，驱逐蛮夷，日月所照到的地方，无不臣服。把诸侯制变为郡县制，人们安居乐业，没有战乱之患，传江山于万代。自上古以来没有人能赶上陛下的威德。"秦始皇很高兴。博士齐人淳于越上前说："臣听说殷周王朝统治一千多年，分封子弟功臣，自然成为辅翼。现在陛下拥有天下，而子弟却是平民，如果突然有田常、六卿一类的乱臣，没有辅弼，怎么相救呢？凡事不以古人为师而能长久的，从未听说过。如今青臣又当面奉承以加重陛下的过错，不是忠臣。"秦始皇把他的意见下交大臣商讨。丞相李斯说："五帝不相重复，三代不相沿袭，各有各的治国方略，不是他们互相反对，而是时代变迁的缘故。现在陛下创建大业，建立万世的功勋，本来就不是愚儒所能了解的。况且淳于越说的是三代时的事情，有什么值得效法的呢？过去诸侯并争，以优厚条件招徕游说之士。如今天下已经安定，政令都由陛下一个人决定，百姓持家就要致力于农工生产，读书人就要学习法律政令。如今儒生不以现今为师而学习古代，否定当世制度，惑乱百姓。丞相李斯冒死上言：古代天下散乱，没人能够统一，因此诸侯并起割据称霸，言论都是称道古代以攻击当今，虚言掩饰以扰乱实际，人人赞赏自己私下所学，用来非议朝廷所建立的制度。现在皇帝统一了天下，分辨是非而奠定至高无上的法制。私人讲学却不断非议法律教令，得知令下，就各以其所学加以评议，在家独处便对法令心怀不满，外出就在街头巷尾批评议论，夸耀所信奉的学说来沽名钓誉，择取不同于现行法令的做法来抬高自己。带领群民以制造流言蜚语。如不加以禁止，在上面皇帝的权威就会因此而下降，在下面私人集团就会逐渐形成。应该禁止他们。我请求让史官把不是秦国的史书统统烧毁。除了博士官所应研讨的书籍，天下敢有收藏《诗》、《书》、诸子百家著述的，一律送交守、尉烧掉。有敢结伙谈论《诗》《书》的在闹市处死。借古非今的灭族。官吏知情却不加检举的与犯人同罪。命令下达三十天不烧书的，刺字发配边疆旦暮守边。不必烧毁的书，是医药、卜筮、种树一类的书籍。如果想学习法令，必须到官府里向官吏学习。"秦始皇下诏说："可以。"

三十五年，除道①，道九原抵云阳，堑山堙谷②，直通之。于是始皇以为咸阳人多，先王之宫廷小，吾闻周文王都丰，武王都镐，丰镐之间，帝王之都也。乃营作朝宫渭南上林苑中。先作前殿阿房③，东西五百步，南北五十丈，上可以坐万人，下可以建④五丈旗。周驰为阁道⑤，自殿下直抵南山。表⑥南山之颠以为阙。为复道，自阿房渡渭，属之咸阳，以象天极阁道绝汉抵营室也。阿房宫未成；成，欲更择令名名之⑦。作宫阿房，故天下谓之阿房宫。隐宫⑧徒刑者七十余万人，乃分作阿房宫，或作丽山。发⑨北山石椁⑩，乃写⑪蜀、荆地材皆至。关中计宫三百，关外四百余。于是立石东海上朐界中，以为秦东门。因徙三万家丽邑，五万家云阳，皆复不事十岁。

◎**注释** ①〔除道〕修路。除，治。②〔堑山堙（yīn）谷〕堑，挖。堙，填塞。③〔阿房（ē páng）〕秦宫名。④〔建〕立，树立。⑤〔阁道〕即"复道"，天桥。⑥〔表〕标志。⑦〔令名名之〕令名，美名。令，美好。名之，给它命名。⑧〔隐宫〕官刑。古代酷刑之一。⑨〔发〕开。⑩〔椁（guǒ）〕外棺。⑪〔写〕输送。

◎**大意** 三十五年，修治道路，从九原到云阳，开山崖填沟谷，直通那里。这时秦始皇认为咸阳人口太多，先王的宫廷太小，听说周文王建都于丰，武王建都于镐，丰镐之间，是帝王建都之地。于是在渭水南岸的上林苑中营造朝宫。先建造前殿阿房宫，东西长五百步，南北宽五十丈，上面可以容纳万人，下面可以竖立五丈高的大旗。四周有可走车马的阁道，从殿下直达终南山。在终南山的顶峰建造牌楼作为标志。修建复道，从阿房宫渡过渭水，连接到咸阳，以象征北极星经阁道星飞渡银河抵达营室宿的布局。阿房宫未筑成；想等建成后，再选择好名字称呼它。宫室建造在阿房，所以天下人称它为阿房宫。受了宫刑和被判处劳役的刑徒七十余万人，被分派去建筑阿房宫，或在骊山为秦始皇建寿陵。开采北山的石材做椁，蜀、荆等地的木材纷纷运到。关中建造宫室共计三百座，关外四百多座。于是在东海之滨的朐（qú）县建立石门，作为秦朝的东门。接着迁移三万家到骊邑，五万家到云阳，都免去十年的赋税徭役。

卢生说始皇曰："臣等求芝奇药仙者常弗遇，类①物有害之者。方中②，人主时为微行以辟恶鬼，恶鬼辟，真人至。人主所居而人臣知之，则害于神。真人者，入水不濡③，入火不爇④，陵⑤云气，与天地久长。今上治天下，未能恬惔⑥。愿上所居宫毋令人知，然后不死之药殆⑦可得也。"于是始皇曰："吾慕真人，自谓'真人'，不称'朕'。"乃令咸阳之旁二百里内宫观二百七十复道甬道相连，帷帐钟鼓美人充之，各案署⑧不移徙。行⑨所幸，有言其处者，罪死。始皇帝幸梁山宫⑩，从山上见丞相车骑众，弗善⑪也。中人⑫或告丞相，丞相后损⑬车骑。始皇怒曰："此中人泄吾语。"案问⑭莫服。当是时，诏捕诸时在旁者，皆杀之。自是后莫知行之所在。听事⑮，群臣受决事，悉于咸阳宫。

◎**注释** ①〔类〕好像。②〔方中〕方术书中。③〔濡〕沾湿。④〔爇（ruò）〕燃烧。⑤〔陵〕驾。⑥〔恬惔（tán）〕恬淡，清静无为。⑦〔殆〕或许，大概。⑧〔署〕签名，登记。⑨〔行〕巡行，巡视。⑩〔梁山宫〕秦宫名。⑪〔善〕以为善，赞许，喜欢。⑫〔中人〕指皇宫中的宦官、近臣等。⑬〔损〕减少。⑭〔案问〕审问。⑮〔听事〕处理政事。

◎**大意**　卢生劝秦始皇说:"我们寻找灵芝奇药和神仙老是找不到,似乎有什么东西在妨碍此事。方术书中,要求君主时常秘密出行以避开恶鬼,恶鬼避开了,真人就会来。君主居住的地方如果让臣下知道,就会妨碍神灵。所谓真人,入水不沾湿,入火不燃烧,腾云驾雾,与天地同寿。现在陛下治理天下,不能清静恬淡。希望皇上所住的宫室不要让人知道,然后不死之药大概就能得到了。"于是秦始皇说:"我羡慕真人,自称'真人',不称'朕'了。"就将咸阳附近二百里内的两百七十多座宫观用复道或甬道连接起来,帷帐钟鼓美女充于各处,各加登记不予移动。巡幸之处,有说出所住地方的,处以死罪。秦始皇临幸梁山宫时,从山上看见丞相的车马很多,很不高兴。有宦官把这事告诉了丞相,丞相便减少了车马。秦始皇生气地说:"这是宦官泄露了我的话。"加以审问却无人承认。这时,秦始皇下令逮捕当时所有在场的人,统统杀掉。从此以后再也没人知道秦始皇的行止所在了。处理政事,群臣接受政务批示,都在咸阳宫。

侯生、卢生相与谋曰:"始皇为人,天性刚戾自用,起诸侯,并天下,意得欲从,以为自古莫及己。专任狱吏,狱吏得亲幸。博士虽七十人,特备员①弗用。丞相诸大臣皆受成事,倚辨于上。上乐以刑杀为威,天下畏罪持禄,莫敢尽忠。上不闻过而日骄,下慑伏②谩欺以取容③。秦法,不得兼方④,不验,辄死。然候星气⑤者至三百人,皆良士,畏忌讳谀,不敢端言⑥其过。天下之事无小大皆决于上,上至以衡石量书⑦,日夜有呈(程)⑧,不中呈不得休息。贪于权势至如此,未可为求仙药。"于是乃亡去。始皇闻亡,乃大怒曰:"吾前收天下书不中用者尽去之,悉召文学⑨方术士⑩甚众,欲以兴太平。方士欲练(炼)以求奇药,今闻韩众去不报,徐市等费以巨万计,终不得药,徒奸利相告日闻。卢生等吾尊赐之甚厚,今乃诽谤我,以重吾不德也。诸生在咸阳者,吾使人廉问⑪,或为訞言⑫以乱黔首。"于是使御史悉案问诸生，诸生传相告⑬引⑭，乃自除⑮。犯禁者四百六十余人，皆坑之咸阳，使天下知之，以惩后。益发谪徙边。始皇长子扶苏谏曰："天下初定，远方黔首未集，诸生皆诵法孔子，今上皆重法绳⑯之，臣恐天下不安。唯上察之。"始皇怒，使扶苏北监蒙恬于上郡。

◎ **注释** ①〔特备员〕特，只是。备员，虚设充数的人员。②〔慑伏〕害怕，畏服。③〔取容〕曲从讨好，取悦于人。④〔兼方〕具有两种以上的方技。⑤〔候星气〕观测星象和云气以测吉凶。候，观察，占验。⑥〔端言〕正言。⑦〔衡石量书〕指用秤衡量文件的重量。衡，秤。石，重量单位。⑧〔呈〕通"程"，标准，规格，这里指定量、定额。⑨〔文学〕指文章博学之士。⑩〔方术士〕指研究天文、历算、医药、农业、技艺和从事阴阳、神仙、卜筮、占梦、看相等方面活动的人。⑪〔廉问〕察访查问。廉，察。⑫〔訞（yāo）言〕惑乱人心的邪说。⑬〔相告〕递相告发。⑭〔引〕牵连，即供出别人。⑮〔自除〕指秦始皇亲自削除诸生名籍。⑯〔绳〕约束，制裁。

◎ **大意** 侯生、卢生互相商议说："秦始皇为人，生性暴戾而刚愎自用，兴起于诸侯，兼并天下，称心如意，以为自古以来没有赶得上自己的。专门任用狱吏，狱吏受到宠幸。虽然有博士七十人，只是挂名充数并不任用。丞相及大臣都只受成命，凡事倚靠皇帝办理。皇帝乐于以刑杀树立威严，全国官吏畏罪以保持禄位，没有敢于尽忠劝谏的。皇上听不到自己的过失而日益骄横，臣下因畏惧而说假话以苟求容身之地。秦朝法律规定，一个方士只能从事一种方技，考察出某人不精于自己的方技，就处死。然而观测星象云气的有三百人，都是有才之士，因害怕皇上忌讳而阿谀逢迎，不敢直言皇上的过失。天下之事不论大小都由皇帝决定，文书多到用秤量，每天都有定量，不完成定量不得休息。贪恋权势到这种地步，不可为他求仙药。"于是都逃走了。秦始皇听说他们逃走后，非常愤怒地说："我以前收缴天下不可利用的书籍全部烧毁，广招文学方术之士，想以此兴起太平盛世。方士想要炼求奇药，现在听说韩众不辞而别，徐市等人浪费大量的钱财，还找不到不死的仙药，每天听到的只是他们互相告发奸诈取利的事情。我尊重卢生等人并对他们赏赐丰厚，如今竟然诽谤我，损害我的名声。这些人在咸阳的，我派人私下察访，有的人还制造妖言以迷惑百姓。"于是命令御史对这些人进行审问，这些人互相揭发，触犯法令的有四百六十多人，全部在咸阳活埋，昭示天下，以惩戒后人。增发被流放的人员去戍守边疆。秦始皇的大儿子扶苏劝谏道："天下刚平定，远方百姓还未安定，儒生都称颂效法孔子，现在皇上对他们都用重法治罪，我担心天下不安。希望皇上考虑。"秦始皇大发脾气，命令扶苏北上上郡，到蒙恬那里监军。

　　三十六年，荧惑守心①。有坠星下东郡，至地为石，黔首或刻其石曰"始皇帝死而地分"。始皇闻之，遣御史逐②问，莫服，尽取石旁居人诛之，因燔销③其石。始皇不乐，使博士为《仙真人诗》，及行所游天下，传令乐人歌弦之。秋，使者从关东夜过华阴平舒道，有人持璧遮④使者曰："为吾遗⑤滈池君⑥。"因言曰："今年祖龙⑦死。"使者问其故，因忽不见，置其璧去。使者奉璧具以闻。始皇默然良久，曰："山鬼固不过知一岁事也。"退言曰："祖龙者，人之先也。"使御府视璧，乃二十八年行渡江所沈璧也。于是始皇卜之，卦得游徙吉。迁北河、榆中三万家。拜爵一级。

◎**注释**　①〔荧惑守心〕指火星居于心宿。火星是一颗行星，古人认为它是妖星。心宿是一组恒星，为二十八宿之一，也叫商星，由三颗星组成，古人认为它们分别象征太子、天王、庶子。火星运行到心宿附近就叫作"荧惑守心"，古人认为这种天象象征着帝王会有灾祸发生。②〔逐〕依次。③〔燔（fán）销〕烧毁。④〔遮〕拦住。⑤〔遗（wèi）〕送给。⑥〔滈（hào）池君〕水神名。因秦始皇自称以水德统一天下，所以用水神借指秦始皇。⑦〔祖龙〕暗指秦始皇。祖，始。龙，帝王的象征。

◎**大意**　三十六年，火星侵入心宿。有一颗陨星落在东郡，落地后成了石头，有百姓在上面写道"始皇帝死而地分"。秦始皇听说后，派御史追问，没有人认罪，于是把居住在石旁的人通通抓起来杀了，并烧毁了那块陨石。秦始皇不愉快，让博士作《仙真人诗》，到巡行天下时所游览过的地方，传令乐人演奏。秋天，使者从关东回来，夜里经过华阴平舒道，有一个人拿着一块玉璧拦住他说："替我送给滈池君。"接着说："今年祖龙死。"使者问他原因，他却忽然不见了，留下玉璧离开了。使者捧着玉璧将事情详细告诉秦始皇。秦始皇沉默了很久，说："山鬼本来就能预知一年的事。"退朝以后说："祖龙，是人的祖先。"命令御史察看玉璧，竟是二十八年巡行渡长江时所沉入水中的玉璧。于是始皇占卜，卦象说迁徙吉利。于是迁徙三万户人家到北河、榆中地区。每家授予爵位一级。

三十七年十月癸丑，始皇出游。左丞相斯从，右丞相去疾守。少子胡亥爱慕请从，上许之。十一月，行至云梦，望祀虞舜于九疑山。浮江下，观籍柯，渡海渚。过丹阳，至钱唐。临浙江，水波恶，乃西百二十里从狭中①渡。上会稽，祭大禹，望于南海，而立石刻颂秦德。其文曰：

◎**注释** ①〔狭中〕指江面狭窄处。

◎**大意** 三十七年十月癸丑，秦始皇出京巡游。左丞相李斯随行，右丞相冯去疾留守。幼子胡亥爱游览，请求跟随，皇上答应了。十一月，走到云梦，在九疑山望祭虞舜。乘船沿长江而下，游览籍柯，渡过海渚。经过丹阳，到钱塘。到浙江，水险浪恶，于是往西行一百二十里至江面狭窄处渡过。登上会稽山，祭祀禹，遥望南海，立石刻碑歌颂秦王朝的功德。碑文说：

皇帝休烈，平一宇内，德惠修长①。三十有（又）七年，亲巡天下，周览远方。遂登会稽，宣省②习俗，黔首斋庄③。群臣诵功，本原事迹，追首④高明。秦圣临国，始定刑名，显陈旧章。初平法式，审别职任，以立恒常⑤。六王专倍（背）⑥，贪戾傲（傲）猛，率众自强。暴虐恣行，负力而骄，数动甲兵。阴通间使⑦，以事合从，行为辟（僻）

方（放）⑧。内饰诈谋，外来侵边，遂起祸殃。义威诛之，殄熄暴悖，乱贼灭亡。圣德广密，六合之中，被泽无疆。皇帝并宇，兼听万事，远近毕清。运理群物，考验事实，各载其名。贵贱并通，善否⑨陈前，靡有隐情。饰省宣义，有子而嫁，倍（背）死不贞。防隔内外，禁止淫泆，男女絜（洁）诚。夫为寄豭⑩，杀之无罪，男秉义程。妻为逃嫁，子不得母，咸化廉清。大治濯⑪俗，天下承风，蒙被⑫休经。皆遵度轨，和安敦勉，莫不顺令。黔首修洁⑬，人乐同则⑭，嘉保太平。后敬奉法，常治无极，舆舟不倾。从臣诵烈，请刻此石，光垂休铭⑮。

◎**注释** ①〔修长〕长久。"修""长"同义。②〔宣省（xǐng）〕考察。③〔斋庄〕恭敬。④〔追首〕应作"追道"，追述。⑤〔恒常〕常规。⑥〔专倍〕专横，背理。倍，同"背"。⑦〔间使〕负有伺隙行事使命的使者。⑧〔辟方〕放纵。辟，同"僻"。方，通"放"。⑨〔善否（pǐ）〕善恶。否，恶。⑩〔寄豭（jiā）〕养母猪而无公猪的人家，借他人家的公猪与之交配，叫寄豭。借以比喻有妻室而在外搞男女关系的男人。⑪〔濯〕洗净，清洗。⑫〔蒙被〕蒙受。⑬〔修洁〕美善清洁。修，善。⑭〔则〕规则，法令。⑮〔休铭〕美好的铭文。

◎**大意** 皇帝功业，平定天下，恩德久长。三十七年，亲巡天下，周览远方。登会稽山，整齐习俗，百姓端庄。群臣述功，回想事迹，追述功业。秦圣临国，始定刑名，发扬旧章。初定法制，分别职任，以立久长。六王背德，贪暴傲狂，挟众逞强。暴虐恣行，恃武骄横，屡兴战争。暗派间谍，图谋合纵，行为乖张。内蓄奸谋，外来侵边，遂起祸殃。义师讨伐，平息暴逆，乱贼灭亡。圣恩浩荡，四海之内，均受恩泽。皇帝统一天下，兼听万事，远近清平。运用万物，考察名实，各有名分。贵贱相同，善恶摆明，没有隐情。掩饰过错假装正经，有子再嫁，背夫不贞。内外分明，禁止淫纵，男女洁诚。为夫偷情，杀之无罪，男遵规程。为妻逃走另嫁，子女不以为母，风俗廉洁端正。大治洗涤旧俗，天下沐浴新风，蒙受美好的教化。遵守法度，和睦勤勉，顺从法命。百姓纯善，愿守同一法制，永保太平。后人敬法，国家长治久安，永不倾覆。随臣述功，请刻此石，光照碑铭。

还过吴,从江乘渡。并海上,北至琅邪。方士徐市等入海求神药,数岁不得,费多,恐谴,乃诈曰:"蓬莱药可得,然常为大鲛鱼①所苦,故不得至,愿请善射与俱,见则以连弩射之。"始皇梦与海神战,如人状。问占梦②,博士曰:"水神不可见,以大鱼蛟龙为候③。今上祷祠备谨④,而有此恶神,当除去,而善神可致。"乃令入海者赍⑤捕巨鱼具,而自以连弩候大鱼出,射之。自琅邪北至荣成山,弗见。至之罘,见巨鱼,射杀一鱼。遂并海西。

◎**注释** ①〔大鲛鱼〕鲨鱼。②〔问占梦〕请人释梦。③〔候〕征兆。④〔备谨〕周到恭敬。⑤〔赍(jī)〕携带。

◎**大意** 回去经过吴县,从江乘渡过长江。沿海而上,向北到达琅邪。方士徐市等人入海寻求仙药,几年都没有找到,花费很多,害怕受到责罚,就欺骗秦始皇说:"蓬莱仙药可以得到,但常被大鲨鱼所阻,所以无法到达,希望派些善于射箭的人和我们一起去,鲨鱼出现就用大弓箭射杀它。"秦始皇梦见与海神战斗,海神像人一样。问占梦的人,博士说:"海神的本来面目是无法看到的,它以大鱼和蛟龙作为出没的征兆。现在皇帝祭祀周到恭敬,而有这种恶神,应该设法除掉它,这样善神才会来临。"于是始皇帝命令下海的人携带捕大鱼的工具,而自己亲自拿着大弓箭等待大鲨鱼出现,好射杀它。从琅邪向北到荣成山,没有发现大鱼。到之罘时,见到了大鱼,射杀了一条。于是沿海西行。

至平原津而病。始皇恶言死,群臣莫敢言死事。上病益甚,乃为玺书①赐公子扶苏曰:"与丧②会咸阳而葬。"书已封,在中车府令赵高行符玺事所,未授使者。七月丙寅,始皇崩于沙丘平台。丞相斯为上崩在外,恐诸公子及天下有变,乃秘之,不发丧③。棺载辒凉车④中,故幸宦者参乘⑤,所至上食、百官奏事如故,宦者辄从辒凉车中可其奏事。独子胡亥、赵高及所幸宦者五六人知上死。赵高故尝教胡亥书及狱律令法事，胡亥私幸之。高乃与公子胡亥、丞相斯阴谋破去始皇所封书赐公子扶苏者，而更诈为丞相斯受始皇遗诏沙丘，立子胡亥为太子。更为书赐公子扶苏、蒙恬，数⑥以罪，其赐死⑦。语具在《李斯传》中。行，遂从井陉抵九原。会⑧暑，上辒车臭，乃诏从官令车载一石鲍鱼，以乱其臭。

◎**注释** ①〔玺书〕盖有皇帝印玺的信。②〔与丧〕参加丧事。③〔发丧〕宣布死亡的消息。④〔辒（wēn）凉车〕古代的卧车，后来专指丧车。⑤〔参乘〕陪乘的人。古代乘车，尊者居左，驭者居中，另有一人居右陪坐，叫参乘或车右。⑥〔数〕一一列举。⑦〔赐死〕赐令自杀。⑧〔会〕适逢，正赶上。

◎**大意** 到平原津时，秦始皇生了病。始皇讨厌谈论死亡，群臣没人敢讨论有关死的事情。皇上的病加重了，于是写下盖有玉玺的诏书给公子扶苏说："回咸阳参加我的丧礼后把我安葬。"诏书已封，放在中车府令赵高掌理印信玉玺处，没有交给使者。七月丙寅日，秦始皇在沙丘平台去世。丞相李斯因为皇帝死在外地，恐怕各位皇子和全国发生变故，就隐瞒此事，不发布始皇去世的消息。把棺木放置在丧车中，派亲信的宦官驾车，所到之处仍进献食物。百官奏事照旧，宦官从丧车内批复大臣奏呈的公事。只有胡亥、赵高以及所宠幸的宦官五六人知道皇帝已死。赵高以前曾教过胡亥书法及讼狱法律等知识，胡亥私下宠幸他。赵高于是与公子胡亥、丞相李斯阴谋拆开秦始皇所封赐给公子扶苏的书信，加以更改而诈称丞相李斯在沙丘接受秦始皇的遗诏，立胡亥为太子。另外写了一封信给公子扶苏、蒙恬，列举他们的罪过，赐令自杀。这些事都在《李斯列传》中。前行，从井陉抵达九原。时值暑天，皇上的尸体在丧车中发了臭，就命令侍从官员用车装载一石鲍鱼，用以扰乱尸臭的气味。

行从直道①至咸阳，发丧。太子胡亥袭位，为二世皇帝。九月，葬始皇郦山。始皇初即位，穿治郦山，及并天下，天下徒送诣七十余万人，穿三泉②，下铜③而致椁，宫观百官奇器珍怪徙臧（藏）④满之。

令匠作机弩矢⑤，有所穿近者，辄射之。以水银为百川江河大海，机相灌输，上具天文，下具地理。以人鱼膏⑥为烛，度不灭者久之。二世曰："先帝后宫非有子者，出焉不宜。"皆令从死⑦，死者甚众。葬既已下，或言工匠为机，臧皆知之，臧重即泄。大事毕，已臧，闭中羡（埏）⑧，下外羡门，尽闭工匠臧者，无复出者。树⑨草木以象山。

◎**注释** ①〔直道〕路名。北起九原，南至云阳，始皇三十五年蒙恬主持修筑。②〔三泉〕三重泉，形容很深。③〔下铜〕意思是用铜汁填塞空隙。④〔徙臧〕徙，迁徙，这里指搬进。臧，同"藏"。⑤〔机弩矢〕有机关能自动发射的弓箭。⑥〔人鱼膏〕人鱼，鲵，俗称娃娃鱼。一说"人鱼"即鲸鱼。膏，油脂。⑦〔从死〕跟着死，即殉葬。⑧〔羡（yán）〕同"埏"，墓道。⑨〔树〕种植。

◎**大意** 从直道上行至咸阳，宣布始皇去世的消息。太子胡亥继立，称为二世皇帝。九月，将秦始皇安葬在郦山。秦始皇刚即位，就挖掘修治郦山寿陵，等到统一天下，全国各地送来七十多万刑徒，向下挖过了三重泉水，浇灌铜汁后放置外椁，模拟的宫观、百官及各种奇器珍宝藏满陵墓。命令工匠制作由机关控制的弩箭，有人一接近就会触动机关被箭射死。拿水银做成江河大海，用机器互相灌输，墓顶装饰成天文星象，底下布置成地形图案。用人鱼的脂肪做蜡烛，估计能长久不熄。二世皇帝说："先帝后宫妃嫔没有孩子的，不应放她们出宫。"命令她们全部殉葬，死了很多人。下葬以后，有人说工匠制造了机关，地宫中藏的东西他们都知道，会泄露消息。大事完成后，关闭了墓道中门，落下墓道外门，把工匠和搬运物品的人全部封闭在里面，没有人逃出去。又种植草木，使陵墓像一座山一样。

二世皇帝元年，年二十一。赵高为郎中令，任用事①。二世下诏，增始皇寝庙②牺牲③及山川百祀之礼。令群臣议尊始皇庙。群臣皆顿首言曰："古者天子七庙④，诸侯五，大夫三，虽万世世不轶（迭）毁⑤。今始皇为极庙⑥，四海之内皆献贡职⑦，增牺牲，礼咸备，毋以加⑧。先王庙或在西雍，或在咸阳。天子仪当独奉酎⁹祠始皇庙。自襄公已下轶（迭）毁。所置凡七庙。群臣以礼进祠，以尊始皇庙为帝者祖庙。皇帝复自称'朕'。"

◎**注释** ①〔任用事〕掌握大权。②〔寝庙〕古代宗庙分两部分：后面停放牌位和先人遗物的地方叫"寝"，前面祭祀的地方叫"庙"。③〔牺牲〕古代祭祀用的牲畜。色纯为"牺"，体全为"牲"。④〔七庙〕即祖庙。古制，天子的祖庙可祭祀七代祖宗。⑤〔轶（dié）毁〕更迭废除。轶，通"迭"。这里"轶毁"指毁庙。⑥〔极庙〕至高无上的庙。⑦〔贡职〕指贡品，赋税。⑧〔毋以加〕意思是不能再增加了，无法超越了。⑨〔酎〕经多次酿制而成的醇酒。

◎**大意** 二世皇帝元年，二十一岁，赵高为郎中令，掌握国家大权。二世下诏，增加始皇陵庙的祭祀用牲和山川祭祀的所有祭礼。命令群臣讨论尊奉始皇庙的事宜。群臣都叩头说："古时天子七庙，诸侯五庙，大夫三庙，万世以后也不敢稍加增减。现在始皇庙为最尊贵的祖庙，要让全国各地都进献贡品，增加牺牲，礼仪完备，使后人无法超越。先王庙有的在西雍，有的在咸阳。按照礼仪天子应当亲自奉酒祭拜始皇庙。从襄王以下的祖庙全部减去，所留置的共七庙。群臣依礼献祭，尊奉始皇庙为皇帝始祖庙。皇帝恢复自称'朕'。"

二世与赵高谋曰："朕年少，初即位，黔首未集附①。先帝巡行郡县，以示强，威服海内。今晏然②不巡行，即见弱③，毋以臣畜④天下。"春，二世东行郡县，李斯从。到碣石，并海，南至会稽，而尽刻始皇所立刻石，石旁著⑤大臣从者名，以章⑥先帝成功盛德焉：

◎**注释** ①〔集附〕归附，服从。②〔晏然〕安然不动的样子。③〔见弱〕指显示自己软弱无能。④〔臣畜〕奴役，统治。⑤〔著（zhuó）〕附着，这里指增刻上。⑥〔章〕使彰明，使明显。

◎**大意** 二世和赵高商量说："我年纪轻，刚即位，百姓尚未归附。先帝巡视各郡县，以示强盛，威服天下。现在我安然而处不去巡视，就会被视为微弱，难以统治天下。"春天，二世向东巡行郡县，李斯随从。到碣石后，沿海而行，南到会稽山，而在秦始皇所立的碑石上全部刻上字，石旁附刻上随从大臣的姓名，以显示先帝的功业盛德：

皇帝曰："金石刻尽始皇帝所为也。今袭号而金石刻辞不称始皇帝，其于久远也如后嗣为之者，不称成功盛德。"丞相臣斯、臣去疾、御史大夫臣德昧死言："臣请具刻诏书刻石，因明白矣。臣昧死请。"制曰："可。"遂至辽东而还。

◎**大意** 皇帝说："金石刻辞都是始皇帝所镌刻。现在我继承了帝号而金石刻辞中未称始皇帝，年长日久就和后代皇帝的刻辞无异了，不能称颂始皇帝的丰功盛德。"丞相李斯、臣冯去疾、御史大夫臣德冒死进言："我们请求将这道诏书详细刻在石碑上，始皇帝的功德就永远彰明了。我们冒死敦请。"制书说："可以。"于是到辽东就回去了。

于是二世乃遵用赵高，申法令。乃阴与赵高谋曰："大臣不服，官吏尚强，及诸公子①必与我争，为之奈何？"高曰："臣固愿言而未敢也。先帝之大臣，皆天下累世名贵人也，积功劳世以相传久矣。今高素小贱，陛下幸称举②，令在上位，管中事③。大臣鞅鞅（怏怏）④，特以貌从臣，其心实不服。今上出，不因此时案郡县守尉有罪者诛之，上以振威天下，下以除去上生平所不可者。今时不师文⑤而决于武力，愿陛下遂从时毋疑，即⑥群臣不及谋。明主收举馀民，贱者贵之⑦，贫者富之，远者近之，则上下集而国安矣。"二世曰："善。"乃行诛大臣及诸公子，以罪过连逮少近官三郎⑧，无得立者，而六公子戮死于杜。公子将闾昆弟三人囚于内宫，议其罪独后。二世使使令将闾曰："公子不臣⑨，罪当死，吏致法⑩焉。"将闾曰："阙廷⑪之礼，吾未尝敢不从宾赞⑫也；廊庙⑬之位，吾未尝敢失节也；受命应对，吾未尝敢失辞也。何谓不臣？愿闻罪而死。"使者曰："臣不得与谋，奉书从事。"将闾乃仰天大呼天者三，曰："天乎！吾无罪！"昆弟三人皆流涕拔剑自杀。宗室振（震）恐。群臣谏者以为诽谤，大吏持禄取容，黔首振（震）恐。

◎ **注释** ①〔诸公子〕指秦始皇的其他儿子。②〔称举〕举用。"称""举"同义。③〔中事〕指宫中之事。④〔鞅鞅〕同"怏怏"，不满意的样子。⑤〔师文〕指重视文治。⑥〔即〕则。⑦〔贵之〕使之贵，让他们尊贵。⑧〔少近官三郎〕少，小。近，指近侍之臣。三郎，指中郎、外郎、散郎。⑨〔不臣〕意思是不尽臣道。⑩〔致法〕意思是将法办你。致，送达。⑪〔阙廷〕官廷。阙，指皇帝住处。⑫〔宾赞〕掌司仪的官员。⑬〔廊庙〕殿下屋和太庙，因为是帝王、大臣议论政事的地方，后因以指朝廷。

◎ **大意** 这时二世重用赵高，申明法令。于是暗中与赵高谋划说："大臣对我不信服，官吏也很勉强，加上诸位皇子必与我争权，该怎么办呢？"赵高说："我本来就想说却未敢开口。先帝的大臣，都是天下接连几代有声望的贵人，世代积功聚劳相传很久了。我本是一个寒微低下的人，幸得陛下抬举，使我居处高位，掌管朝廷大事。大臣怏怏不乐，只是表面上顺从我，心里实在不服气。现在皇上去巡游，何不趁此时查办郡县守尉中有罪的人，将他们杀掉，上可以威震天下，下可以铲除皇上平时所不满的人。现在的时势不能学习文德治国而要取决于武力，希望陛下立即顺应时势，不要犹豫，那么群臣就来不及谋划了。明君收罗起用那些未被重用的隐士，让卑贱的显贵，贫穷的富裕，疏远的亲近，那么上下齐心合力国家便安定了。"二世说："好。"立即诛杀大臣以及诸公子，用种种罪名株连逮捕那些低级的近侍之臣，全部诛杀，把六位公子在杜地杀了。公子将闾兄弟三人被囚禁在内宫里，只有他们三人在最后被定罪。二世派使者传令给将闾说："你们未尽臣职，罪当处死，官吏就要执行判决了。"将闾说："宫廷之礼，我未曾不服从司仪；朝堂之位，我未曾失掉礼节；受命对答，我未曾错用言辞。怎么叫不尽臣职呢？希望知道我的罪名后再死。"使者说："我不能参与定罪，只是奉命行事。"将闾于是仰天连声呼喊，说："天啊！我没有罪！"兄弟三人都痛哭流涕拔剑自杀。皇室惊恐。群臣中有劝谏的都被认为是诽谤朝廷，大官只求保持禄位而苟且偷生，百姓都很震惊。

四月，二世还至咸阳，曰："先帝为咸阳朝廷小，故营阿房宫。为室堂①未就，会上崩，罢其作者，复土郦山②。郦山事大毕③，今释阿房宫弗就，则是章先帝举事过也。"复作阿房宫。外抚四夷，如始皇计。尽征其材士④五万人为屯卫咸阳，令教射，狗马禽兽当食者多，度不足，下调郡县⑤转输菽⑥粟刍藁⑦，皆令自赍粮食；咸阳三百里内不得食其谷。用法益刻深⑧。

◎**注释**　①〔室堂〕房屋。古人房屋内部，前叫堂，堂后有墙隔开，中央叫室，两旁叫房。②〔罢其作者，复土郦山〕停止营建阿房宫，把建阿房宫的人力调到郦山去修秦始皇墓。复土，掘土挖出墓坑，下棺后再把土盖上筑成坟。这里指修坟墓。③〔大毕〕全部完工。④〔材士〕指身强力壮的人。⑤〔下调郡县〕从下边各郡县征调。⑥〔菽（shū）〕豆类。⑦〔刍藁（gǎo）〕喂牲口的草料。⑧〔刻深〕苛刻，严酷。

◎**大意**　四月，二世回到咸阳，说："先帝因为咸阳宫太小，所以营建阿房宫。还未完成，遇上先帝驾崩，让营建人员停工，去郦山修墓。郦山冢墓已经修好了，现在如果放弃完成阿房宫的工程，就是表明先帝筑阿房宫是做错了。"恢复营建阿房宫。对外安抚四夷，仍按秦始皇的策略。征集五万身体强壮的人驻守咸阳，让他们教射猎，狗马禽兽每天耗费许多粮食，预计存粮不足，就向郡县调发转运粮食和饲料，让运输人员一律自己携带食物；不得在咸阳三百里内买粮吃。施行法律更加严厉苛刻。

七月，戍卒陈胜等反故荆地，为"张楚①"。胜自立为楚王，居陈，遣诸将徇②地。山东③郡县少年苦秦吏，皆杀其守尉令丞反，以应陈涉，相④立为侯王，合从西乡（向），名为伐秦，不可胜数也。谒者使东方来，以反者闻二世。二世怒，下吏⑤。后使者至，上问，对曰："群盗，郡守尉方逐捕，今尽得，不足忧。"上悦。武臣自立为赵王，魏咎为魏王，田儋为齐王。沛公起沛。项梁举兵会稽郡。

◎**注释**　①〔张楚〕取张大楚国之意。②〔徇〕带兵巡行以占领土地。③〔山东〕又称关东，指崤山、函谷关以东六国旧地。④〔相〕递相，相继。⑤〔下吏〕下交给主管官吏去办理。

◎**大意**　七月，屯卒陈胜等人在荆楚旧地造反，号称"张楚"。陈胜自立为楚王，占据了陈县，派遣诸将攻城略地。山东各郡县的青年为秦朝官吏所苦，纷纷杀掉本地的郡守、郡尉、县令、县丞造反，以响应陈胜，争相立为诸侯王，联合兵力向西进军，以讨伐秦王朝为口号，不可胜数。出使东方的使者回来，把东方造反的事报告给二世。二世非常生气，将使者交给司法官治罪。以后再有使者回来，二世询问，使者就回答说："一群土匪而已，郡守尉正在追捕，现在已全部抓获，不必担忧。"二世很高兴。武臣自立为赵王，魏咎为魏王，田儋为齐王。沛公起义于沛县。项梁在会稽郡起兵。

　　二年冬，陈涉所遣周章等将西至戏，兵数十万。二世大惊，与群臣谋曰："奈何？"少府章邯曰："盗已至，众强，今发近县①不及②矣。郦山徒多，请赦之，授兵以击之。"二世乃大赦天下，使章邯将，击破周章军而走，遂杀章曹阳。二世益遣③长史司马欣、董翳佐章邯击盗，杀陈胜城父，破项梁定陶，灭魏咎临济。楚地盗名将已死，章邯乃北渡河，击赵王歇等于巨鹿。

◎**注释** ①〔发近县〕指征发附近各县的兵力。②〔不及〕赶不上，来不及。③〔益遣〕增派。

◎**大意** 二年冬天，陈胜派遣的周章等人西进到戏水，拥兵数十万。二世大惊，和群臣商量说："怎么办？"少府章邯说："盗贼已到，人多势强，现在征调附近各县的军队也来不及了。郦山的徒役很多，请赦免他们，发给他们兵器，让他们去杀敌。"于是二世大赦天下，派章邯带兵，把周章的部队打得大败而逃，随即在曹阳杀了周章。二世增派长史司马欣、董翳（yì）辅助章邯攻打义军，在城父杀了陈胜，在定陶攻破项梁，在临济灭了魏咎。楚地盗贼名将已死，章邯于是北渡黄河，在巨鹿攻打赵王歇等人。

赵高说二世曰："先帝临制天下久，故群臣不敢为非，进邪说。今陛下富于春秋①，初即位，奈何与公卿廷决事②？事即有误，示群臣短③也。天子称朕，固不闻声④。"于是二世常居禁中⑤，与高决诸事。其后公卿希（稀）得朝见，盗贼益多，而关中卒发东击盗者毋已。右丞相去疾、左丞相斯、将军冯劫进谏曰："关东群盗并起，秦发兵诛击，所杀亡甚众，然犹不止。盗多，皆以戍漕转作⑥事苦，赋税大也。请且止阿房宫作者，减省四边戍转。"二世曰："吾闻之韩子曰：'尧舜采椽不刮⑦，茅茨不翦（剪）⑧，饭土塯⑨，啜土形（铏）⑩，虽监门⑪之养，不觳⑫于此。禹凿龙门，通大夏，决河亭（停）水⑬，放之海，身自持筑臿⑭，胫毋毛⑮，臣虏⑯之劳不烈⑰于此矣。'凡所为贵有天下⑱者，得肆意极欲，主重明法，下不敢为非，以制御⑲海内矣。夫虞、夏之主，贵为天子，亲处穷苦之实，以徇⑳百姓，尚何于法㉑？朕尊万乘㉒，毋其实，吾欲造千乘之驾，万乘之属，充吾号名。且先帝起诸侯，兼天下，天下已定，外攘㉓四夷以安边境，作宫室以章得意，而君观先帝功业有绪。今朕即位二年之间，群盗并起，君不能禁，又欲罢先帝之所为，是上毋以报先帝，次不为朕尽忠力，何以在位？"下去疾、斯、劫吏，案责他罪。去疾、劫曰："将相不辱。"自杀。斯卒囚，就五刑㉔。

◎**注释**　①〔富于春秋〕意思是年轻，来日方长。春秋，指年龄。②〔廷决事〕在朝廷上决定大事。③〔示群臣短〕让群臣看出自己的弱点。④〔天子称朕，固不闻声〕固不闻声，应作"固闻声"。意思是天子所以自称为"朕"，本来就是只让群臣听到他的声音，而看不到他的形迹。按，"朕"有征兆、迹象的意思。⑤〔禁中〕深宫里。⑥〔戍漕转作〕戍，戍边。漕，水路运输。转，陆路运输。作，劳作。⑦〔采椽不刮（kuò）〕采椽，采伐树木做椽子。刮，砍削加工。⑧〔茅茨不翦〕茨，用芦苇茅草盖的屋顶。翦，同"剪"。⑨〔饭土塯（liù）〕饭，吃饭。塯，盛饭的瓦器。⑩〔啜（chuò）土形〕啜，喝。形，通"铏（xíng）"，盛菜羹的器皿。⑪〔监门〕指守门人。⑫〔敦（què）〕俭薄。⑬〔亭水〕指淤积停滞之水。亭，同"停"。⑭〔筑臿（chā）〕筑，捣土的杵。臿，掘土的工具，锹之类。⑮〔胫毋毛〕胫，小腿。毋毛，指汗毛被磨光了。⑯〔臣虏〕奴隶。⑰〔烈〕酷，厉害。⑱〔凡所为贵有天下〕天子之所以可贵。有天下，指皇帝。⑲〔制御〕控制，统治。⑳〔徇〕顺从，依从。㉑〔尚何于法〕等于说"尚法于何"，意思是还有什么值得效法呢？㉒〔万乘（shèng）〕万辆，本指万辆兵车，这里借指天子。㉓〔攘〕排除，排斥。㉔〔五刑〕这里泛指各种刑罚。

◎**大意**　赵高劝二世说："先帝统治天下时间长，所以群臣不敢胡作妄为，进说谗言。现今陛下年纪轻，刚即位，怎么与公卿在朝廷上决议大事？事情若有差错，等于向群臣暴露自己的短处。天子称朕，本来就是只让群臣听到他的声音，而看不到他的形迹。"于是二世经常居处深宫，和赵高决议各种事情。此后公卿很少能朝见皇帝。盗贼愈来愈多，而关中士卒被征发到东方攻打盗贼的没完没了。右丞相冯去疾、左丞相李斯、将军冯劫劝谏道："关东群盗蜂拥而起，朝廷发兵讨伐，被杀死的很多，然而还是不能平息。盗贼多，都是因为被屯戍漕运大兴土木等事所苦，赋税太重。请求皇帝停止修建阿房宫，减少四方屯戍和转运粮食。"二世说："韩非子说：'尧、舜采木做椽不经砍削，用茅草盖房子不加剪裁，吃饭用瓦盆，喝水用瓦罐，即使是看门人的吃住，也不至于如此简陋。禹凿通龙门，疏通大夏，疏浚壅积的黄河水，导之入海，亲自拿着筑和耒劳作，小腿上的汗毛都被磨光了，即使是奴隶的劳苦也不比这更酷烈。'天子之所以可贵，就在于可以为所欲为，君主重视突出法制，臣下不敢为非，以统治天下。像舜、禹那样的君主，贵为天子，还亲自担负起穷苦之事，以顺从百姓，那有什么值得效法呢？称朕的人贵为万乘之主，不能没有万乘之实，我想制造千乘车驾，役使万乘的部署，充实我的名号。况且先帝出身诸侯，兼并了天下，天下平定后，对外征讨四夷以安定边境，建造宫室以彰显得意，而你们都看了先帝创建的功业。现在我即位的两年间，群盗并起，你们既无办法禁止，又想停止先帝所进行的事业，这是上无以报答先帝，下不为我尽忠竭力，凭什么居于高位呢？"将冯去疾、李斯、冯劫下交司法官员，治以其他罪行。冯去疾、冯劫说："将军、丞相不能受侮辱。"于是自杀。李斯最终被囚禁，受尽各种刑罚。

　　三年，章邯等将其卒围巨鹿，楚上将军项羽将楚卒往救巨鹿。冬，赵高为丞相，竟①案李斯杀之。夏，章邯等战数却，二世使人让②邯，邯恐，使长史欣请事③。赵高弗见，又弗信。欣恐，亡去，高使人捕追不及。欣见邯曰："赵高用事于中，将军有功亦诛，无功亦诛。"项羽急击秦军，虏王离，邯等遂以兵降诸侯。八月己亥，赵高欲为乱，恐群臣不听，乃先设验④，持鹿献于二世，曰："马也。"二世笑曰："丞相误邪？谓鹿为马。"问左右，左右或默，或言马以阿顺⑤赵高。或言鹿，高因阴中⑥诸言鹿者以法。后群臣皆畏高。

◎**注释**　①〔竟〕最终，终于。②〔让〕责备，谴责。③〔请事〕指报告情况，请求指示。④〔设验〕意思是设下计谋进行试验。⑤〔阿（ē）顺〕曲意顺从。⑥〔中〕中伤。

◎**大意**　三年，章邯等率领军队围攻巨鹿，楚国上将军项羽领着楚军前往援救巨鹿。冬天，赵高任丞相，结案杀了李斯。夏季，章邯等在交战中节节败退，二世派人责备章邯，章邯心里害怕，让长史司马欣去报告情况。赵高不予接见，也不相信。司马欣害怕，逃走了，赵高派人追捕，没有追到。司马欣去见章邯说："赵高在朝中当权，将军有功也会被杀，无功也会被杀。"项羽加速攻打秦军，俘虏了王离，章邯等人于是率领部将投降诸侯。八月己亥日，赵高想要作乱，害怕群臣不服从，就先行试验，牵一只鹿献给二世，说："这是马。"二世笑着说："丞相你错了吧？称鹿为马。"问左右大臣，有的不回答，有的说是马以巴结赵高。有说是鹿的，赵高就暗中强加罪名送法严办。此后大臣都非常畏惧赵高。

高前数言"关东盗毋能为①也"，及项羽虏秦将王离等巨鹿下而前，章邯等军数却，上书请益助，燕、赵、齐、楚、韩、魏皆立为王，自关以东，大氐（抵）②尽畔（叛）秦吏应诸侯，诸侯咸率其众西乡（向）。沛公将数万人已屠武关，使人私③于高，高恐二世怒，诛及其身，乃谢病不朝见。二世梦白虎啮④其左骖马，杀之，心不乐，怪问占梦。卜曰："泾水为祟⑤。"二世乃斋于望夷宫⑥，欲祠泾，沈四白马。使使责让高以盗贼事。高惧，乃阴与其婿咸阳令阎乐、其弟赵成谋曰："上不听谏，今事急，欲归祸于吾宗。吾欲易置上⑦，更立公子婴。子婴仁俭⑧，百姓皆载（戴）⑨其言。"使郎中令为内应，诈为有大贼，令乐召吏发卒，追劫乐母置高舍。遣乐将吏卒千余人至望夷宫殿门，缚卫令仆射，曰："贼入此，何不止？"卫令曰："周庐⑩设卒甚谨，安得贼敢入宫？"乐遂斩卫令，直将吏入，行射，郎宦者大惊，或走或格⑪，格者辄死，死者数十人。郎中令与乐俱入，射上幄⑫坐帏⑬。二世怒，召左右，左右皆惶扰不斗。旁有宦者一人，侍不敢去。二世入内，谓曰："公何不蚤（早）告我？乃至于此！"宦者曰："臣不敢言，故得全。使臣蚤（早）言，皆已诛，安得至今？"阎乐前即⑭二世数曰："足下⑮骄恣，诛杀无道，天下共畔（叛）足下，足下其自为计⑯。"二世曰："丞相可得见否？"乐曰："不可。"二世曰：

"吾愿得一郡为王。"弗许。又曰:"愿为万户侯。"弗许。曰:"愿与妻子为黔首,比⑰诸公子。"阎乐曰:"臣受命于丞相,为天下诛足下,足下虽多言,臣不敢报。"麾⑱其兵进。二世自杀。

◎ 注释 ①〔毋能为〕不可能干成什么事。②〔大氐〕大都。氐,同"抵"。③〔私〕指秘密接触。④〔啮(niè)〕咬。⑤〔为祟〕作祟,作怪。⑥〔望夷宫〕宫名。故址在今陕西泾阳东南。⑦〔易置上〕改立皇帝。⑧〔俭〕谦恭。⑨〔载〕同"戴",拥护。⑩〔周庐〕皇宫周围所设警卫庐舍。⑪〔格〕格斗。⑫〔幄〕形如宫室的帐幕。⑬〔帏〕只遮挡一面的帐子。⑭〔即〕就,走近。⑮〔足下〕对同辈的敬称。按,此处不称陛下,而称"足下",表示阎乐已不承认二世为皇帝。⑯〔自为计〕自己想想该怎么办。⑰〔比〕并列,跟……一样。⑱〔麾〕指挥。

◎ 大意 赵高以前屡次说"关东盗贼成不了气候",等项羽在巨鹿城下俘虏了秦将王离等人并向前推进,章邯的军队一再败退,上书请求加派援军,燕、赵、齐、楚、韩、魏都自立为王,函谷关以东,大都彻底背叛了秦朝官吏而响应诸侯,诸侯都率领自己的军队向西推进。沛公率领几万大军屠灭武关后,派人暗地里与赵高谈判,赵高害怕二世生气,于是推说生病不肯朝见。二世梦见白虎咬他车驾左侧拉车的马,咬死了,心里非常不高兴,觉得奇怪,便去问解梦的人。卦辞说:"泾水神作怪。"二世于是在望夷宫斋戒,准备祭祀泾水神,沉入四匹白马。二世派使者以盗贼之事责问赵高。赵高很害怕,就暗中与他的女婿咸阳令阎乐、弟弟赵成谋划说:"皇上不听劝谏,现在事态危急,想要嫁祸于我们宗族。我想要另立皇帝,改立公子婴。公子婴仁爱谦恭,百姓都信任他的话。"让郎中令赵成做内应,诈称有大盗,命令阎乐调兵遣将,接着劫持阎乐的母亲拘禁在赵高府内。派阎乐率领千余名官兵到望夷宫殿门,绑了卫令仆射,说:"盗贼进入这里了,为何不阻止呢?"卫令说:"皇宫围墙内外各区庐布置的卫兵防守十分严密,盗贼怎敢入宫?"阎乐于是杀了卫令,领着官兵径直入宫,沿路射箭,宫中的郎官、宦官大惊,有的逃走有的抵抗,抵抗的立即被杀死,死了几十人。郎中令和阎乐一起入宫,把箭射到二世所坐的床帐上。二世大怒,呼唤左右侍卫,左右侍卫都惊慌失措不敢出手。旁边有一个宦官,服侍二世不敢离开。二世逃入内房，对他说："你为什么不早告诉我？竟到了如此地步！"宦官说："我不敢说，才能保全性命。假如我早说了，早就被杀了，哪里能活到今天？"阎乐走近二世骂道："足下骄横放纵，暴虐无道随意诛杀，天下都背叛你，你自己想想该怎么办吧。"二世说："能够见丞相吗？"阎乐说："不可以。"二世："我愿得到一个郡为王。"阎乐不答应。二世说："愿意做个万户侯。"还是不答应。二世又说："愿意与妻子当平常百姓，与我的其他兄弟一般。"阎乐说："我接受丞相的命令，替天下人杀死你，你即使说再多，我也不敢转达。"指挥他的兵士上前。二世自杀。

阎乐归报赵高，赵高乃悉召诸大臣公子，告以诛二世之状。曰："秦故①王国，始皇君天下②，故称帝。今六国复自立，秦地益小，乃以空名为帝，不可。宜为王如故，便。"立二世之兄子公子婴为秦王。以黔首葬③二世杜南宜春苑中。令子婴斋，当庙见④，受王玺。斋五日，子婴与其子二人谋曰："丞相高杀二世望夷宫，恐群臣诛之，乃详（佯）以义立我。我闻赵高乃与楚约，灭秦宗室而王关中。今使我斋见庙，此欲因庙中杀我。我称病不行，丞相必自来，来则杀之。"高使人请子婴数辈，子婴不行，高果自往，曰："宗庙重事⑤，王奈何不行？"子婴遂刺杀高于斋宫，三族⑥高家以徇咸阳。子婴为秦王四十六日，楚将沛公破秦军入武关，遂至霸上，使人约降⑦子婴。子婴即系颈以组，白马素车，奉天子玺符，降轵道⑧旁。沛公遂入咸阳，封宫室府库，还军霸上。居月余，诸侯兵至，项籍为从长⑨，杀子婴及秦诸公子宗族。遂屠咸阳，烧其宫室，虏其子女，收其珍宝货财，诸侯共分之。灭秦之后，各分其地⑩为三，名曰雍王、塞王、翟王，号曰三秦。项羽为西楚霸王，主命⑪分天下王诸侯，秦竟灭矣。后五年，天下定于汉。

◎**注释** ①〔故〕从前,本来。②〔君天下〕为天下之君,即统治天下的意思。③〔以黔首葬〕按照平民的葬仪埋葬。④〔庙见〕到宗庙去拜祖先。⑤〔重事〕指国家大事。⑥〔三族〕诛灭三族。⑦〔约降〕招降。⑧〔轵(zhǐ)道〕亭名。故址在今陕西西安东北。⑨〔从长(zòng zhǎng)〕合纵之长,指诸侯盟主。⑩〔其地〕指原秦国之地。⑪〔主命〕主持。

◎**大意** 阎乐回去报告了赵高,赵高于是召集全部大臣、公子,告诉他们诛杀二世的情况。赵高说:"秦本来是一个诸侯国,始皇帝统治天下,所以称帝。现在六国恢复了独立,秦地越来越小,仅以空名称帝,不合适。应像过去那样称王,才恰当。"立二世之兄的儿子公子婴为秦王。按照平民的葬仪把二世埋葬在杜南宜春苑中。让子婴斋戒,到祖庙去参拜,接受国王玉玺。斋戒了五天,子婴和他的两个儿子商量说:"丞相赵高在望夷宫杀了二世,害怕群臣诛杀他,才假装伸张大义立我为王。我听说赵高和楚军定约,消灭秦朝宗室后在关中称王。现在要我斋戒拜祭祖庙,这是想在祖庙里把我杀了。我称病不去,丞相必然亲自来,来了就杀掉他。"赵高几次派人去请子婴,子婴不去,赵高果然亲自前往,说:"到祖庙参拜接受王位是国家大事,你为什么不去?"子婴于是在斋宫刺杀了赵高,诛灭赵高三族并在咸阳示众。子婴当秦王四十六天,楚将沛公打败秦军进入武关,接着抵达霸上,派人去招降子婴。子婴脖子上绑着冠缨,乘白马白车,捧着天子玺印符节,在轵道旁投降。沛公于是进入咸阳,封闭宫室府库,回军驻扎在霸上。过了一个多月,诸侯军到达,项羽为诸侯盟主,杀了子婴以及秦朝各皇子与皇族。接着在咸阳大肆屠杀,烧毁宫室,俘虏儿童妇女,收取珍宝财物,由诸侯瓜分。灭亡秦朝后,将秦地分封给三王,名叫雍王、塞王、翟王,号称三秦。项羽自立为西楚霸王,主持裂土分封诸侯之事,秦朝就此灭亡了。五年后,天下由汉朝统一。

太史公曰:秦之先伯翳,尝有勋于唐虞之际,受土赐姓①。及殷夏之间微散②。至周之衰,秦兴,邑于西垂。自缪公以来,稍蚕食诸侯,竟成始皇。始皇自以为功过五帝,地广三王,而羞与之侔③。善哉乎贾生推言④之也!曰:

◎**注释** ①〔赐姓〕指伯翳因善驯鸟兽,被舜任命为虞,后来又佐助禹治水有功,舜赐姓嬴。事详《秦本纪》。②〔微散〕衰落。"微""散"同义。③〔羞与之侔(móu)〕认为跟他们相比是羞耻。侔,齐,等同。④〔贾生推言〕指贾谊《过秦论》中的观点。

◎**大意** 太史公说:秦的祖先伯翳,在唐虞时代曾立过功勋,被封土赐姓。到了夏商时代衰落。到周朝衰弱,秦国兴起,在西垂建邑。从穆公以后,渐渐蚕食诸侯,终于成就了秦始皇。秦始皇自认为功劳超过五帝,领土大于三王,而耻于和他们相提并论。贾谊的评论多好啊!他说:

秦并兼诸侯山东三十余郡,缮津①关,据险塞,修甲兵②而守之。然陈涉以戍卒散乱之众数百,奋臂大呼,不用弓戟之兵,鉏耰(耰)白梃③,望屋而食④,横行天下。秦人阻险不守,关梁不阖⑤,长戟不刺,强弩不射。楚师深入,战于鸿门,曾⑥无藩篱之艰。于是山东大扰⑦,诸侯并起,豪俊相立。秦使章邯将而东征,章邯因以三军之众要⑧市于外,以谋其上。群臣之不信,可见于此矣。子婴立,遂不寤。藉使⑨子婴有庸主之材,仅得中佐⑩,山东虽乱,秦之地可全而有,宗庙之祀未当绝也。

◎**注释** ①〔缮津〕缮,修理,修整。津,渡口。②〔甲兵〕铠甲和兵器,泛指武器。③〔鉏(chú)耰(yōu)白梃(tǐng)〕鉏,除草翻土的农具。耰,同"耰",击碎土块、平整土地的农具。梃,棍棒。④〔望屋而食〕望见房屋就可以吃饭。这是说起义部队虽无给养,但到处都得到人民的支持。⑤〔阖〕关闭。⑥〔曾(zēng)〕竟然。⑦〔扰〕乱。⑧〔要(yāo)〕相约,来往。⑨〔藉使〕假使。⑩〔中佐〕指中等的辅佐之臣。

◎**大意** 秦兼并山东三十多郡,整修渡口关隘,依凭险关要塞,治甲整兵加以守备。然而陈胜仅凭戍卒等几百乌合之众,振臂大呼,不用执弓持戟,手举锄耙木棒,走到哪里吃到哪里,纵横天下。秦人未守险阻,未锁关卡桥梁,未刺长戟,未射强弩。陈胜的军队长驱直入，打到鸿门，连篱笆、栅栏一般的阻碍都没有。于是山东纷乱，诸侯并起，豪杰争相自立。秦派章邯率军东征，章邯趁势凭三军之众在外与朝廷谈判，以图谋朝廷。秦朝群臣不可靠，由此可见了。子婴继位，仍不觉悟。假使子婴有庸主之才，再有一个平常的大臣辅佐，山东虽然叛乱，关中之地尚可保全，宗庙祭祀不会断绝。

秦地被山带河①以为固，四塞②之国也。自缪公以来，至于秦王，二十余君，常为诸侯雄。岂世世贤哉？其势居③然也。且天下尝同心并力而攻秦矣。当此之世，贤智并列，良将行其师，贤相通其谋，然困于阻险而不能进，秦乃延④入战而为之开关，百万之徒逃北⑤而遂坏。岂勇力智慧不足哉？形不利，势不便也。秦小邑并大城，守险塞而军，高垒毋战，闭关据阸⑥，荷⑦戟而守之。诸侯起于匹夫，以利合，非有素王⑧之行也。其交未亲，其下未附，名为亡秦，其实利之⑨也。彼见秦阻之难犯也，必退师。安土息民⑩，以待其敝⑪，收弱扶罢（疲），以令大国之君，不患不得意于海内。贵为天子，富有天下，而身为禽（擒）者，其救败⑫非也。

◎**注释** ①〔被山带河〕被山，以山为被，就是有山阻隔的意思。带河，以河为带，就是有黄河环绕的意思。②〔四塞〕四周都有关隘。③〔势居〕地位。④〔延〕引进，迎接。⑤〔逃北〕败逃。⑥〔阸（ài）〕阻塞，险要。⑦〔荷〕扛。⑧〔素王〕道德很高、天下景仰但未居王位的人。⑨〔利之〕意思是为自己谋求利益。⑩〔息民〕让民众休养生息。⑪〔敝〕衰败。⑫〔救败〕指挽救危败的策略。

◎**大意** 秦地有群山和黄河为屏障，是四周均有险可守的地方。从穆公以后，直到秦始皇，二十多个君主，常常称雄诸侯。难道代代都是贤君吗？是它所处的位置所造成的。况且天下诸侯曾同心合力攻击秦国。当时，贤才智士并列，良将率其军，贤相通其谋，然而苦于险阻，不能前进，秦于是开关口迎击敌人，结果百万之众败逃，致使联盟破坏。这难道是勇力智慧不足吗？是地形不利、时机不便。子婴应将小邑并为大城，派军据险守塞，高筑壁垒不出战，闭关据塞，执戟防守。诸侯起家于匹夫，出于私利而联合，不具备人民拥戴的无冕之王的德行。他们相交不亲，他们的属下互不依附，名义是灭亡秦朝，其实是为了各自的利益。他们看到秦的险阻难犯，必然撤军。秦则可以安定本土，使民休息，以等待诸侯疲敝，再招纳、扶持弱小穷困的势力，以号令大国之君，不担心不得志于天下。贵为天子，富有天下，而自身被擒，是他挽救危局的措施不对。

秦王足己①不问②，遂③过而不变。二世受之，因④而不改，暴虐以重祸⑤。子婴孤立无亲，危弱无辅。三主⑥惑而终身不悟，亡，不亦宜乎？当此时也，世非无深虑知化⑦之士也，然所以不敢尽忠拂过⑧者，秦俗多忌讳之禁，忠言未卒于口⑨而身为戮没矣。故使天下之士，倾耳而听，重足⑩而立，拑口⑪而不言。是以三主失道⑫，忠臣不敢谏，智士不敢谋，天下已乱，奸不上闻，岂不哀哉！先王知雍蔽之伤国也，故置公卿大夫士，以饰法设刑，而天下治。其强也，禁暴诛乱而天下服。其弱也，五伯（霸）⑬征而诸侯从。其削也，内守外附而社稷存。故秦之盛也，繁法严刑而天下振；及其衰也，百姓怨望⑭而海内畔（叛）矣。故周五序⑮得其道，而千余岁不绝。秦本末并失，故不长久。由此观之，安危之统相去远矣。野谚曰"前事之不忘，后事之师也"。是以君子为国，观之上古，验之当世，参⑯以人事，察盛衰之理，审权势⑰之宜，去就有序，变化有时，故旷日长久而社稷安矣。

◎**注释** ①〔足己〕意思是以己之功为满足。②〔问〕指求教于人。③〔遂〕顺，延续。④〔因〕因循，沿袭。⑤〔重祸〕加重祸患。⑥〔三主〕指秦始皇、秦二世、公子婴。⑦〔知化〕指懂得形势变化。⑧〔拂（bì）过〕辅助君王纠正错误。

拂,通"弼"。⑨〔未卒于口〕意思是还没说完。⑩〔重足〕两脚重叠,不敢移动。形容十分恐惧。⑪〔拑口〕闭口不言。⑫〔失道〕迷路。⑬〔五伯〕即"五霸"。一说指齐桓公、晋文公、秦穆公、宋襄公、楚庄王,一说指齐桓公、晋文公、楚庄王、吴王阖闾、越王勾践。⑭〔怨望〕怨恨。"怨""望"同义。⑮〔五序〕指公、侯、伯、子、男的顺序。又现存《新书》作"王序"。⑯〔参〕参验,检验。⑰〔权势〕谋略和形势。

◎ **大意** 秦始皇快然自足而不向人请教,于是有了错误也不加改变。二世秉承这种作风,沿袭不改,更加残暴而招致加倍的灾祸。子婴孤立无亲,危险脆弱而无人辅助。三位君主迷误终身没有觉悟,导致灭亡,不也是应该的吗?这个时候,世上并非没有深谋远虑知道应该改变的贤才,然而之所以不敢尽忠辅佐君王改过,在于秦的风俗忌讳等禁律太多,忠言还未说完而自己已被杀害。所以天下之士,侧耳听命,叠足而立,闭口不言。因此三位君主失道,忠臣不敢规谏,智士不敢谋划,天下已经大乱,乱情不敢上报,岂不可悲!古代贤君认识到阻塞言路必然损害国家,所以设置公卿士大夫,以修订法令建立刑罚,而使天下大治。强盛的时候,禁暴诛乱而天下宾服。衰弱的时候,五霸征讨而诸侯顺从。削弱的时候,内有守备、外有依赖而国家得以保存。因此秦朝强盛时,严刑峻法而天下震恐;到其衰弱时,百姓怨恨而天下叛离。所以周以五等爵位分封深得统治之道,因而延续了一千多年。秦的政治失去了立国的根本,所以不能长治久安。由此看来,安邦定国之道相差很远。民谚说"前事不忘,后事之师"。因此有道之君治国,借鉴上古,应用于当世,参照人事,考察盛衰成败之理,分析形势之变,取舍有序,变化有时,这样就能天长日久而使国家安定了。

秦孝公据殽(崤)函之固,拥雍州之地,君臣固守而窥①周室,有席卷②天下,包举③宇内,囊括④四海之意,并吞八荒⑤之心。当是时,商君⑥佐之,内立法度,务耕织,修守战之备,外连衡而斗诸侯⑦,于是秦人拱手而取⑧西河之外。

◎**注释** ①〔窥〕窥伺,窥探。②〔席卷〕像用席子卷东西一样卷走。③〔包举〕像用包裹包东西一样拿走。④〔囊括〕像用口袋装东西一样装走。⑤〔八荒〕八方荒远的地方,这里指天下。⑥〔商君〕即商鞅。⑦〔连衡而斗诸侯〕连衡,即连横,指战国时六国共同事奉秦国的策略。斗诸侯,使诸侯争斗,即挑起诸侯之间的战争。⑧〔拱手而取〕一拱手就取得了。形容毫不费力。

◎**大意** 秦孝公凭借崤山和函谷关的险固,拥有雍州之地,君臣固守而图谋周王室,有一统天下之心。这个时候,商鞅辅佐他,对内改变法令制度,致力耕种纺织,整治攻守之备,对外实行连横策略而使诸侯不和睦,于是秦人毫不费力取得了西河以外的土地。

孝公既没,惠王、武王蒙①故业,因遗册(策),南兼汉中,西举巴、蜀,东割膏腴②之地,收要害之郡。诸侯恐惧,会盟而谋弱秦③,不爱④珍器重宝肥美之地,以致天下之士,合从缔交,相与⑤为一。当是时,齐有孟尝,赵有平原,楚有春申,魏有信陵。此四君者,皆明知(智)而忠信,宽厚而爱人,尊贤重士,约从离衡⑥,并韩、魏、燕、楚、齐、赵、宋、卫、中山之众。于是六国之士有宁越、徐尚、苏秦、杜赫之属为之谋,齐明、周最、陈轸、昭滑、楼缓、翟景、苏厉、乐毅之徒通其意,吴起、孙膑、带佗、兒良、王廖、田忌、廉颇、赵奢之朋制其兵。常以十倍之地,百万之众,叩关⑦而攻秦。秦人开关延敌,九国⑧之师逡巡⑨遁逃而不敢进。秦无亡矢遗镞⑩之费,而天下诸侯已困矣。于是从散约解,争割地而奉秦。秦有余力而制其敝,追亡逐北,伏尸百万,流血漂卤(橹)⑪。因利乘便,宰割天下,分裂河山,强国请服,弱国入朝。延及孝文王、庄襄王,享国⑫日浅,国家无事。

◎**注释** ①〔蒙〕承受，继承。②〔膏腴〕肥沃。③〔弱秦〕使秦弱，即削弱秦国。④〔爱〕吝惜。⑤〔相与〕互相联合。⑥〔约从离衡〕约从，相约合纵。离衡，使连横离散。⑦〔叩关〕指攻打函谷关。⑧〔九国〕指韩、魏、燕、楚、齐、赵、宋、卫、中山。⑨〔逡（qūn）巡〕徘徊不前，欲进又止。⑩〔镞（zú）〕箭头。⑪〔卤〕通"橹"，大盾。⑫〔享国〕帝王在位的年数。

◎**大意** 秦孝公死后，惠王、武王继承旧业，沿用旧策，向南兼并了汉中，向西占领了巴、蜀，向东攻占肥沃之地，夺取重要郡县。诸侯恐惧，结盟而图谋削弱秦国，不惜珍器重宝以及肥美的土地，用以招揽天下贤才，施行合纵方略相互缔约结交，成为一体。这时，齐国有孟尝君，赵国有平原君，楚国有春申君，魏国有信陵君。这四位都贤明聪慧而重于信义，豁达仁厚而爱人，尊贤重士，订约合纵以破坏连衡，合并韩、魏、燕、楚、齐、赵、宋、卫、中山等国的军队。于是六国之士有宁越、徐尚、苏秦、杜赫之类为他们谋划，齐明、周最、陈轸、昭滑、楼缓、翟景、苏厉、乐毅之徒联络、沟通他们的意见，吴起、孙膑、带佗、兒良、王廖、田忌、廉颇、赵奢之辈统率他们的军队。曾以十倍于秦的土地和百万大军，进攻函谷关打击秦国。秦人开关迎战，九国的军队却顾虑重重、徘徊逃避而不敢前进。秦国没有一箭一镞的损失，而天下诸侯已很困窘了。于是合纵解体，各国争相割地而献给秦国。秦国有富足的力量利用各国的弊端来制服他们，追赶逃亡的敌人，以致伏尸百万，血流成河，可以漂起盾牌。秦国因利乘便，宰割天下，分裂河山，迫使强国请求归附，弱国入朝拜见。延续到孝文王、庄襄王，他们在位时间很短，国家没有大事。

及至秦王，续六世①之余烈，振长策②而御宇内，吞二周而亡诸侯，履③至尊而制六合，执棰拊④以鞭笞⑤天下，威振（震）四海。南取百越之地，以为桂林、象郡，百越之君俛（俯）首系颈，委命⑥下吏。乃使蒙恬北筑长城而守藩篱，却匈奴七百余里，胡人不敢南下而牧马，士⑦不敢弯弓而报怨。于是废先王之道，焚百家之言⑧，以愚黔首。堕（隳）⑨名城，杀豪俊，收天下之兵聚之咸阳，销锋铸镡⑩，以为金人十二，以弱黔首之民。然后斩华⑪为城，因河为津⑫，据亿丈之城，临不测之溪以为固。良将劲弩守要害之处，信臣精卒陈利兵而谁何⑬，天下以定。秦王之心，自以为关中之固，金城⑭千里，子孙帝王万世之业也。

◎**注释** ①〔六世〕指孝公、惠文王、武王、昭襄王、孝文王、庄襄王。②〔振长策〕振，举起。策，鞭。③〔履〕登上。④〔棰拊（fǔ）〕指刑具。⑤〔鞭笞（chī）〕用鞭子抽打，这里是统治的意思。⑥〔委命〕把性命托付于人。⑦〔士〕指六国之士。⑧〔百家之言〕各学派的著作。言，言论，这里指书籍。⑨〔堕（huī）〕同"隳"，毁坏。⑩〔镶（jù）〕钟类乐器。⑪〔斩华〕《新书》作"践华"，意思是登上华山，即据守华山。⑫〔因河为津〕因，借。津，渡口，这里指护城河。⑬〔何（hē）〕同"呵"，盘诘，呵问。⑭〔金城〕金属铸的城墙。形容非常坚固。

◎**大意** 等到了秦始皇，继承发扬六代先祖的功业，挥动长鞭而驾驭天下，吞并二周，灭亡诸侯，登上最高的皇帝宝座，统治全国，高举刑杖以法治理天下，威震四海。向南夺取百越之地，设置桂林、象郡，百越的首领低头把性命交给了微不足道的官吏。又派蒙恬北筑长城以守边疆，驱逐匈奴七百多里，匈奴不敢南下牧马，六国人士不敢弯弓抱怨。于是废弃先王之道，焚烧百家之书，以愚弄百姓。拆毁名城，诛杀豪杰，收缴天下兵器聚于咸阳，销毁后铸成钟镶，又铸成十二尊铜人，以削弱天下百姓。然后依凭华山为城防，利用黄河为护城河，据守亿丈高的城墙，居临深不可测的溪谷以为防线。良将劲弩把守要害之处，忠臣精兵排列锐利的兵器盘诘行人，天下得以安定。秦始皇的心里，自以为关中的坚固，如千里金城，是子孙万代永做帝王的基业。

秦王既没（殁），余威振于殊俗①。陈涉，瓮牖绳枢②之子，甿隶③之人，而迁徙之徒④，才能不及中人⑤，非有仲尼、墨翟之贤，陶朱、猗顿之富，蹑足⑥行伍之间，而倔起什伯之中⑦，率罢（疲）散之卒，将数百之众，而转攻秦。斩木为兵，揭⑧竿为旗，天下云集⑨响应⑩，赢粮而景（影）从⑪，山东豪俊遂并起而亡秦族矣。

◎**注释** ①〔殊俗〕不同的风俗，这里指边远的地方。②〔瓮牖（yǒu）绳枢〕用破瓮做窗户，用绳子做门枢。形容居室极贫。牖，窗户。枢，门户的转轴。③〔氓（méng）隶〕雇农。氓，种田的人。④〔迁徙之徒〕被征去服兵役的人。⑤〔中人〕中等才能的人，即平常人。⑥〔蹑足〕踏脚，插足。这里是出身于的意思。⑦〔倔起什伯（bǎi）之中〕倔起，突然兴起。什伯，古代军队编制，十人为什，百人为伯。⑧〔揭〕举起。⑨〔云集〕像云一样地聚集。⑩〔响应〕像回声相应。响，回声。⑪〔赢粮而景（yǐng）从〕赢，担负。景从，像影子一样地跟从。景，同"影"。

◎**大意** 秦始皇死后，余威震慑不同风俗的民族。陈胜是用破瓮做窗户、用绳捆门轴的穷人家子弟，一介平民，被征发守边的戍卒，才能赶不上中等人，没有仲尼、墨翟的贤能，没有陶朱、猗顿的财富，出身于行伍之间，兴起于戍卒之中，率领疲惫涣散的士卒，统领几百人的队伍，转而攻打秦王朝。砍下树枝作为兵器，举起竹竿当作旗帜，结果天下云集响应，携带粮食像影子一样跟随他，山东豪杰于是蜂拥而起，灭掉了秦朝。

且夫天下非小弱也，雍州之地，殽（崤）函之固自若①也。陈涉之位，非尊于齐、楚、燕、赵、韩、魏、宋、卫、中山之君；鉏櫌（耰）棘（戟）矜②，非铦（銛）于句戟长铩③也；適（谪）戍之众，非抗于九国之师；深谋远虑，行军用兵之道，非及乡（向）时④之士也。然而成败异变，功业相反也。试使山东之国与陈涉度长絜⑤大，比权量力，则不可同年而语⑥矣。然秦以区区之地，千乘之权，招八州而朝同列⑦，百有余年矣。然后以六合为家，殽（崤）函为宫，一夫⑧作难而七庙堕（隳），身死人手⑨，为天下笑者，何也？仁义不施而攻守⑩之势异也。

◎ **注释** ①〔自若〕意思是依然如故。②〔棘矜（qín）〕戟杆，等于说木棍。棘，通"戟"。矜，矛柄。③〔铦（xiān）于句（gōu）戟长铩（shā）〕铦，同"銛"，锋利。句戟，即钩戟，戟刃尖端有钩的兵器。长铩，大矛。④〔乡时〕同"向时"，先前。⑤〔絜（xié）〕衡量，比较。⑥〔同年而语〕意思是同样看待。⑦〔招（qiáo）八州而朝同列〕招，举，攻取。八州，古时全国划分为九州，除秦国本土雍州外，还有八州。朝同列，使同列朝拜，意思是使六国诸侯臣服。同列，地位等级相同的，指六国诸侯。⑧〔一夫〕指陈胜。⑨〔身死人手〕指秦王子婴被项羽所杀。⑩〔攻守〕攻，指秦历代君主兼并诸侯，处于进攻地位。守，指秦取得天下后要保持其统治地位，处于守护地位。

◎ **大意** 况且秦王朝的天下并没有衰弱，雍州之地、崤山函谷关的险固仍然存在。陈胜的地位，没有齐、楚、燕、赵、韩、魏、宋、卫、中山等国的君主尊贵；锄耙木棒，没有钩戟长矛锋利；流放戍边的徒众，不抵九国的军队；深谋远虑、行军用兵之道，不及过去的六国之士。然而成败发生了变化，取得的功业也截然相反。假如让山东之国与陈胜比长论短、比权量力，自然不可相提并论。然而秦国以狭小的地盘、少量的军队，攻取八州而使地位同等的诸侯来朝见，已有一百多年。然后以天下为国家，在崤山函谷关内建立国都，结果陈胜一人举兵发难而国破家亡，身死他人之手，为天下人所笑，是什么原因呢？这是因为秦王朝不施行仁义，不懂打天下与守天下的战略应该不同啊。

　　秦并海内，兼诸侯，南面①称帝，以养四海，天下之士斐然乡（向）风②，若是者何也？曰：近古之无王者久矣。周室卑微，五霸既殁，令不行于天下，是以诸侯力政（征），强侵弱，众暴寡，兵革不休，士民罢（疲）敝。今秦南面而王天下，是上有天子也。既元元③之民冀④得安其性命，莫不虚心而仰上，当此之时，守威定功，安危之本在于此矣。

◎ **注释** ①〔南面〕古代以坐北面南为尊位，帝王的座位面向南，所以称居帝位为

"南面"。②〔斐然乡风〕斐然，顺服的样子。乡风，趋从，归顺。乡，通"向"。③〔元元〕善良的样子。④〔冀〕希望。

◎**大意**　秦统一天下，兼并诸侯，南面称帝，供养全国，天下士人闻风倾服，像这样是什么原因呢？回答是：近古没有帝王已经很久了。周王室衰微，五霸死后，天子的政令在全国不能通行，因此诸侯以武力相征，以强凌弱，以众欺寡，争斗不休，百姓疲敝。现在秦统治天下，这是上面有天子了。既然善良的百姓希望安居乐业以享天年，没有不诚心拥护秦始皇统一的，这个时候，保持威势以安定功业，安危的关键就在于此了。

秦王怀贪鄙之心，行自奋之智，不信功臣，不亲士民，废王道，立私权，禁文书①而酷刑法②，先③诈力而后④仁义，以暴虐为天下始。夫并兼者高⑤诈力，安定者贵⑥顺权⑦，此言取与守不同术也。秦离⑧战国而王天下，其道不易，其政不改，是其所以取之守之者异也。孤独而有之，故其亡可立而待。借使⑨秦王计上世之事，并殷周之迹，以制御其政，后虽有淫骄之主而未有倾危之患也。故三王之建天下，名号显美，功业长久。

◎**注释**　①〔文书〕诗书古籍。②〔酷刑法〕使刑法严酷。③〔先〕把……放在前头。④〔后〕把……放在后头。⑤〔高〕以……为高。⑥〔贵〕以……为贵。⑦〔顺权〕顺时权变。⑧〔离〕经历。⑨〔借使〕假使。

◎**大意**　秦始皇怀着贪婪轻视的心理，实行独断之智，不信任功臣，不亲近士民，废弃仁政王道，树立个人权威，禁止诗书而施行酷刑峻法，重诈术谋权而轻仁义道德，将暴虐作为治理天下的前提。在兼并天下的过程中以暴力谋权为主，安定天下的时候就要以顺应民心而施政为贵，这是说打天下与守天下的办法是不同的。秦始皇经历战国而统一天下，他的思想不变，他的政策不改，这就是打江山与守江山的方法没有什么差异。独守其法，所以他的灭亡自然是指日可待的。假使秦始皇考虑上古之事，沿着殷周的道路，来制定他的政策，以后即使有淫骄之君也不会有倾覆危亡的祸患了。所以夏、商、周三代之王创建国家，名号显扬美好，功业流传久长。

今秦二世立，天下莫不引领①而观其政。夫寒者利裋褐②而饥者甘糟糠③，天下之嗷嗷④，新主之资⑤也。此言劳民之易为仁也。乡（向）使⑥二世有庸主之行，而任忠贤，臣主一心而忧海内之患，缟素⑦而正先帝之过，裂地分民以封功臣之后，建国立君以礼天下，虚囹圄⑧而免刑戮，除去收帑（孥）⑨污秽之罪，使各反其乡里，发仓廪，散财币，以振（赈）孤独穷困之士，轻赋少事⑩，以佐百姓之急，约法⑪省刑以持其后，使天下之人皆得自新，更节修行⑫，各慎其身，塞⑬万民之望，而以威德与天下，天下集矣。即四海之内，皆欢然各自安乐其处，唯恐有变，虽有狡猾之民，无离上之心，则不轨之臣无以饰其智⑭，而暴乱之奸止矣。二世不行此术，而重之以无道，坏宗庙与民，更始作阿房宫，繁刑严诛，吏治刻深，赏罚不当，赋敛无度，天下多事，吏弗能纪⑮，百姓困穷而主弗收恤。然后奸伪并起，而上下相遁⑯，蒙罪者众，刑戮相望于道，而天下苦之。自君卿以下至于众庶，人怀自危之心，亲处穷苦之实，咸不安其位，故易动也。是以陈涉不用⑰汤武之贤，不藉公侯之尊，奋臂于大泽而天下响应者，其民危也。故先王见始终之变，知存亡之机，是以牧民⑱之道，务在安之而已。天下虽有逆行之臣，必无响应之助矣。故曰"安民可与行义，而危民易与为非"，此之谓也。贵为天子，富有天下，身不免于戮杀者，正倾⑲非也。是二世之过也。

◎**注释** ①〔引领〕伸长脖子。形容殷切盼望。②〔利裋(shù)褐〕粗布短衣，僮仆所穿。③〔糟糠〕酒渣、糠皮，穷人用以充饥的粗劣食物。④〔嗷嗷〕哀苦的叫声。⑤〔资〕资本。⑥〔乡使〕假使。⑦〔缟（gǎo）素〕白色的衣服，丧服。⑧〔囹圄（líng yǔ）〕也作"囹圉"，监狱。⑨〔收帑（nú）〕同"收孥"，古代连坐之法，一人犯罪，则收其妻子儿女为官家奴婢。⑩〔少事〕指减少劳役。⑪〔约法〕意思是简化法律。约，简约，简要。⑫〔更节修行〕更节，改变节操。修行，修养品行。⑬〔塞〕充塞，满足。⑭〔智〕智谋，这里指阴谋。⑮〔纪〕治理，管理。⑯〔遁〕欺骗，欺蒙。⑰〔用〕具备。⑱〔牧民〕治民。古代统治者视民为牛马，故称治民为牧民。⑲〔正倾〕挽救已经倾覆的局势。

◎**大意**　现在秦二世继位，人民无不伸长脖子盼望他改弦易辙。受冻的人有件粗布短衣就很满意，挨饿的人有一碗糟糠也是甜美的，天下百姓饥寒哀吟，是新君的资本。这是说对饥苦的人民易施仁政。假使二世有庸主般的德行，而任用忠臣贤士，君臣同心而为天下分忧解难，在服孝期间就纠正秦始皇的过错，分封功臣的后代，建立一些诸侯国以礼治天下，空出监狱而免除刑杀，废除一人犯罪连坐妻子等杂乱之罪，让罪犯回到他们的家乡，打开仓库，散发钱财，以赈济孤独穷困的人，减轻赋税劳役，以解救百姓的急难，简化法律、减少刑罚，使天下百姓都能自新，改变操守、修正言行，各自慎修其身，满足人民的愿望，以威信与德政统治天下，天下就可安定了。假如四海之内，都安居乐业，唯恐发生变乱，即便有狡猾之民，而无背叛皇帝之心，那么不轨之臣就无法掩饰他的阴谋诡计，暴乱的奸计就可杜绝了。二世不采用这种办法，反而更加暴虐无道，败坏宗庙使人民遭殃，重新建造阿房宫，繁立刑罚、严行杀戮，吏治苛刻，赏罚不当，赋敛无止境，天下多事，官吏无法管理，百姓穷困而君主不加抚恤。然后奸伪并起，上下官吏互相推诿责任，蒙受罪罚的人很多，被刑杀的人在道路上随处可见，天下人都深受其苦。自公卿以下至于庶民，人人怀着自危心理，亲身处在穷困苦难的境地，都不安其位，所以容易发生动乱。陈胜不需要有商汤、周武王的贤能，不借助公侯的高位，在大泽振臂一呼而天下响应的原因，就是人民的处境危难。古代圣君预见始终的变化，知道存亡的关键，所以统治人民的方法，重在使人民安定而已。天下即便有叛逆之臣，必定没有响应的了。所以说"生活安定的人民，可与之施行仁义，而危难中的人民，则易为非作歹"，说的就是这种情况。贵为天子，富有天下，自身不免于遭受杀戮的原因，在于把安定天下与倾覆社稷的关系弄颠倒了。这是二世的过错。

襄公立，享国十二年。初为西畤。葬西垂。生文公。

◎**大意** 襄公立国，在位十二年。创建西畤。埋葬在西垂。生文公。

文公立，居西垂宫。五十年死，葬西垂。生静公。

◎**大意** 文公继位，住在西垂宫。在位五十年逝世，埋葬在西垂。生静公。

静公不享国而死。生宪公。

◎**大意** 静公没有继位就死了。生宪公。

宪公享国十二年，居西新邑。死，葬衙。生武公、德公、出子。

◎**大意** 宪公在位十二年，住在西新邑。死后，埋葬在衙。生武公、德公、出子。

出子享国六年，居西陵。庶长①弗忌、威累、参父三人，率贼贼②出子鄙衍，葬衙。武公立。

◎**注释** ①〔庶长〕秦时爵位名。②〔贼〕刺杀。
◎**大意** 出子在位六年，住在西陵。庶长弗忌、威累、参父三人，率领贼人在鄙衍杀害了出子，埋葬在衙。武公继位。

武公享国二十年。居平阳封宫。葬宣阳聚东南。三庶长伏其罪。德公立。

◎**大意**　武公在位二十年。住在平阳封宫。死后埋葬在宣阳聚的东南。三个庶长得到了应有的惩罚。德公继位。

　　德公享国二年。居雍大郑宫。生宣公、成公、缪公。葬阳。初伏，以御蛊①。

◎**注释**　①〔初伏，以御蛊〕伏，指入伏的祭祀。蛊，指伏天的热毒。
◎**大意**　德公在位二年。住在雍邑大郑宫。生宣公、成公、穆公。死后埋葬在阳。开始举行入伏的祭祀，以抵御伏天的热毒。

　　宣公享国十二年。居阳宫。葬阳。初志闰月。

◎**大意**　宣公在位十二年。住在阳宫。死后埋葬在阳。开始记载闰月。

　　成公享国四年，居雍之宫。葬阳。齐伐山戎、孤竹。

◎**大意**　成公在位四年，住在雍邑的宫殿。死后埋葬在阳。这一年齐国讨伐山戎、孤竹。

　　缪公享国三十九年。天子致霸①。葬雍。缪公学著人②。生康公。

◎**注释** ①〔天子致霸〕指周天子任命秦穆公为"方伯",承认其为诸侯霸主。②〔著人〕大门与屏风之间的人,指侍卫。著,大门与屏风之间的地方。

◎**大意** 穆公在位三十九年。周天子承认其霸主地位。死后埋葬在雍。穆公曾虚心向侍卫请教。生康公。

　　康公享国十二年。居雍高寝。葬竘社。生共公。

◎**大意** 康公在位十二年。住在雍邑高寝。死后埋葬在竘（qǔ）社。生共公。

　　共公享国五年,居雍高寝。葬康公南。生桓公。

◎**大意** 共公在位五年,住在雍邑高寝。死后埋葬在康公墓地的南面。生桓公。

　　桓公享国二十七年。居雍太寝。葬义里丘北。生景公。

◎**大意** 桓公在位二十七年。住在雍邑太寝。死后埋葬在义里丘北面。生景公。

　　景公享国四十年。居雍高寝,葬丘里南。生毕公。

◎**大意** 景公在位四十年。住在雍邑高寝。死后埋葬在丘里南面。生毕公。

　　毕公享国三十六年。葬车里北。生夷公。

◎**大意** 毕公在位三十六年。死后埋葬在车里北面。生夷公。

夷公不享国。死，葬左宫。生惠公。

◎**大意** 夷公没有继位。死后埋葬在左宫。生惠公。

惠公享国十年。葬车里康景①。生悼公。

◎**注释** ①〔康景〕二字疑衍。
◎**大意** 惠公在位十年。死后埋葬在车里。生悼公。

悼公享国十五年。葬僖公西。城雍。生剌龚公。

◎**大意** 悼公在位十五年。死后埋葬在僖公墓地的西面。在雍邑筑城。生剌龚公。

剌龚公享国三十四年。葬入里。生躁公、怀公。其十年，彗星见（现）。

◎**大意** 剌龚公在位三十四年。死后埋葬在入里。生躁公、怀公。他在位第十年，彗星出现。

躁公享国十四年。居受寝。葬悼公南。其元年，彗星见（现）。

◎**大意** 躁公在位十四年。住在受寝。死后埋葬在悼公墓地南面。躁公元年，彗星出现。

怀公从晋来。享国四年。葬栎圉氏。生灵公。诸臣围怀公，怀公自杀。

◎**大意** 怀公从晋国返回继位。在位四年。死后埋葬在栎圉氏。生灵公。诸大臣围攻怀公，怀公自杀。

肃灵公，昭子子也。居泾阳。享国十年。葬悼公西。生简公。

◎**大意** 肃灵公，是昭子的儿子。住在泾阳。在位十年。死后埋葬在悼公墓地的西面。生简公。

简公从晋来。享国十五年。葬僖公西。生惠公。其七年，百姓初带剑①。

◎**注释** ①〔百姓初带剑〕带剑原是贵族的一种特权，至此时百姓亦可带剑。
◎**大意** 简公从晋国返回继位。在位十五年。死后埋葬在僖公墓地的西面。生惠公。简公七年，百姓开始佩剑。

惠公享国十三年。葬陵圉。生出公。

◎**大意** 惠公在位十三年。死后埋葬在陵圉。生出公。

出公享国二年。出公自杀，葬雍。

◎**大意**　出公在位二年。出公自杀，死后埋葬在雍邑。

献公享国二十三年。葬嚣圉。生孝公。

◎**大意**　献公在位二十三年。死后埋葬在嚣圉。生孝公。

孝公享国二十四年。葬弟圉。生惠文王。其十三年，始都咸阳。

◎**大意**　孝公在位二十四年。死后埋葬在弟圉。生惠文王。孝公十三年，开始建都咸阳。

惠文王享国二十七年。葬公陵。生悼武王。

◎**大意**　惠文王在位二十七年。死后埋葬在公陵。生悼武王。

悼武王享国四年，葬永陵。

◎**大意**　悼武王在位四年，死后埋葬在永陵。

昭襄王享国五十六年。葬茝阳。生孝文王。

◎**大意**　昭襄王在位五十六年。死后埋葬在茝（zhǐ）阳。生孝文王。

孝文王享国一年。葬寿陵。生庄襄王。

◎**大意** 孝文王在位一年。死后埋葬在寿陵。生庄襄王。

庄襄王享国三年。葬茝阳。生始皇帝。吕不韦相。

◎**大意** 庄襄王在位三年。死后埋葬在茝阳。生始皇帝。吕不韦任相国。

献公立七年,初行为市①。十年,为户籍相伍②。

◎**注释** ①〔初行为市〕开始在都城设立商贸市场。②〔为户籍相伍〕建立户籍制度,把百姓每五家为一"伍"编排起来,使其相互监督。
◎**大意** 献公即位第七年,开始设立集市。第十年,建立户籍制度,将居民每五户编为一"伍"。

孝公立十六年,时桃李冬华。

◎**大意** 孝公即位的第十六年,桃树、李树在冬天开花。

惠文王生十九年而立。立二年,初行钱。有新生婴儿曰"秦且王"。

◎**大意** 惠文王十九岁继位。即位第二年,开始发行钱币。这年有个新生婴儿说"秦国将称王"。

悼武王生十九年而立。立三年,渭水赤三日。

◎**大意** 悼武王十九岁继位。即位第三年,渭水红了三天。

昭襄王生十九年而立。立四年,初为田开阡陌①。

◎**注释** ①〔阡陌〕田界。
◎**大意** 昭襄王十九岁继位。即位第四年,开始开辟井田的疆界。

孝文王生五十三年而立。

◎**大意** 孝文王五十三岁继位。

庄襄王生三十二年而立。立二年,取太原地。庄襄王元年,大赦,修先王功臣,施德厚骨肉,布惠于民。东周与诸侯谋秦,秦使相国不韦诛之,尽入其国。秦不绝其祀,以阳人地赐周君,奉其祭祀。

◎**大意** 庄襄王三十二岁继位。即位第二年,夺取太原之地。庄襄王元年,大赦天下,表彰先王功臣,广布恩德、厚待亲朋,施惠于百姓。东周与诸侯图谋攻秦,秦派相国吕不韦伐周,兼并了它的国土。秦不断绝东周的祭祀,把阳人地赏赐给周君,供奉东周的祖宗祭祀。

始皇享国三十七年。葬郦邑。生二世皇帝。始皇生十三年而立。

◎**大意** 始皇在位三十七年。死后埋葬在郦邑。生二世皇帝。始皇十三岁继位。

二世皇帝享国三年。葬宜春。赵高为丞相安武侯。二世生十二年而立。

◎**大意** 二世皇帝在位三年。死后埋葬在宜春。赵高为丞相，封安武侯。二世十二岁继位。

右秦襄公至二世，六百一十岁。

◎**大意** 以上秦襄公至秦二世，共六百一十年。

孝明皇帝十七年十月十五日乙丑，曰^①：

◎**注释** ①〔孝明皇帝十七年十月十五日乙丑，曰〕东汉明帝十七年十月十五日，班固评论。按，此段及下文所引班固评语，乃后人所加。
◎**大意** 孝明皇帝十七年十月十五日乙丑，班固说：

周历^①已移，仁不代母^②。秦直其位^③，吕政^④残虐。然以诸侯十三^⑤，并兼天下，极情纵欲，养育宗亲^⑥。三十七年，兵无所不加，制作政令，施于后王。盖得圣人之威，河神授图^⑦，据狼、狐，蹈参、伐，佐政驱除^⑧，距之称始皇^⑨。

◎**注释** ①〔历〕历数，命数。②〔仁不代母〕按照五行相生的观点，周属木德，汉属火德，木生火，所以周为汉母。子不代母，就是说汉不能直接代替周。③〔秦直其位〕意思是秦正赶上木德与火德之间的帝王之位。直，赶上，遇上。④〔吕政〕即秦始皇嬴政。⑤〔诸侯十三〕指秦始皇十三岁即位为诸侯。⑥〔宗亲〕同宗的亲属。⑦〔河神授图〕相传伏羲氏时,有龙马背负河图从黄河出现,古人以河出图为帝王受命的吉兆。⑧〔据狼、狐,蹈参(shēn)、伐,佐政驱除〕据,依靠。狼、狐,古人认为主弓矢的星。蹈,遵循。参、伐,古人认为主斩杀的星。政,指嬴政。⑨〔距之称始皇〕直至称始皇帝。距,至。

◎**大意** 周朝的国运已经结束,但汉不能直接代替周。秦碰上这个空隙得了天下,(因非正统)嬴政残酷而暴虐。然而他十三岁就即位为诸侯,兼并天下,为所欲为,养育宗亲。三十七年之间,到处用兵,制定政治体制,传给后代君王。大概是得到了圣人的威灵,黄河之神传授了图文,主战争的狼、狐、参、伐四星帮助嬴政驱除敌人,直至他一统天下称始皇帝。

　　始皇既殁,胡亥极愚,郦山未毕,复作阿房,以遂①前策。云"凡所为贵有天下者,肆意极欲,大臣至欲罢先君所为"。诛斯、去疾,任用赵高。痛哉言乎!人头畜鸣②。不威③不伐恶,不笃④不虚亡。距之不得留,残虐以促⑤期,虽居形便之国,犹不得存。

◎**注释** ①〔遂〕实现。②〔畜鸣〕像牲畜一样鸣叫。意思是说出话来像牲畜。③〔威〕威势,这里是逞威、暴虐的意思。④〔笃〕重。这里指罪恶重。⑤〔促〕缩减,缩短。

◎**大意** 秦始皇死后,胡亥极端愚蠢,郦山工程还没有结束,又修建阿房宫,以实现先帝的计划。说"天子之所以可贵,就在于可以随心所欲,大臣竟想要停止先帝的事业"。杀了李斯、冯去疾,任用赵高。此话让人多痛心啊!他徒长一颗人头,说的话却如禽兽的鸣叫。如果他不暴虐,天下就不会讨伐他;不是罪大恶极,天下就不会灭亡他。虽登上了帝位但不得留居,残虐太甚而短命,虽据关中形胜之地,仍不能守国。

　　子婴度次得嗣,冠玉冠,佩华绂①,车黄屋②,从百司,谒七庙。小人乘非位③,莫不悦(恍)忽④失守,偷⑤安日日,独能长念却⑥虑,父子作权⑦，近取于户牖之间，竟诛猾臣，为君讨贼。高死之后，宾婚未得尽相劳，餐未及下咽，酒未及濡⑧唇，楚兵已屠关中，真人⑨翔霸上，素车婴⑩组，奉其符玺，以归帝者。郑伯茅旌鸾刀，严王退舍⑪。河决不可复壅，鱼烂不可复全。贾谊、司马迁曰："向使婴有庸主之才，仅得中佐，山东虽乱，秦之地可全而有，宗庙之祀未当绝也。"秦之积衰，天下土崩瓦解，虽有周旦之材，无所复陈⑫其巧，而以责一日之孤⑬，误哉！俗传秦始皇起罪恶，胡亥极，得其理矣。复责小子，云秦地可全，所谓不通时变者也。纪季以酅⑭，《春秋》不名。吾读《秦纪》⑮，至于子婴车裂赵高，未尝不健其决，怜其志。婴死生之义备矣。

◎**注释** ①〔绂〕系印的丝带。②〔黄屋〕帝王乘坐的车子，因为车盖用黄缯做里子，故名。③〔乘非位〕乘，登。非位，指不该得的位置。④〔怳忽〕同"恍忽"。心神不定。⑤〔偷〕苟且，得过且过。⑥〔却〕除去，排除。⑦〔权〕权衡。⑧〔濡〕沾湿。⑨〔真人〕帝王，指汉高祖。⑩〔婴〕缠绕，指系在颈上。⑪〔郑伯茅旌鸾刀，严王退舍〕公元前597年，楚庄王进攻郑国。郑伯袒露上身，左手执茅旌，右手执鸾刀，迎接庄王，请求不要灭绝郑国。庄王退舍七里。茅旌、鸾刀，都是宗庙里祭祀用的礼器。严王，即庄王，这是为避汉明帝刘庄名讳，改"庄"为"严"。⑫〔陈〕陈列，这里有显示、施展的意思。⑬〔一日之孤〕指子婴。⑭〔纪季以酅（xī）〕纪，古国名。纪季，纪君的小弟弟。纪季把酅邑送给齐国以保全宗庙。⑮〔《秦纪》〕即《秦始皇本纪》。

◎**大意** 子婴依照次序继位，头戴玉冠，身佩华美的系印丝带，坐黄屋车，带领百官，拜谒祖庙。满朝文武都是小人，没有一个不是失魂落魄、苟且偷生之徒，只有子婴能长远考虑，父子合谋，在室内就近得手，竟然杀死了狡猾的奸臣，为先帝讨伐逆贼。赵高死后，子婴还没来得及拜访宾朋姻亲，饭还没来得及咽下去，酒还没来得及沾着嘴唇，楚军已屠灭了关中，真命天子已飞临霸上，子婴不得不素车白马、颈系绳索请罪，捧着他的符节玺印，送给应该称帝的人。真有点像当年郑伯左持茅旌、右执鸾刀，使楚庄王退舍七里。黄河决口不能再堵塞,鱼烂了不能恢复完整。贾谊、司马迁说:"假使子婴有庸主之才,仅凭中等将相的辅佐,山东之地虽然叛乱,关中之地也可保全,宗庙祭祀也不会断绝。"秦朝积弱已久,天下土崩瓦解,即便有周公旦的才能,也无法再施展才智了,这样去责备即位几天的子婴,是错误的!俗传秦始皇种下恶果,胡亥发展到极点,这才是找到了问题的症结。再责怪子婴,说秦地可以保全,就是所说的不通时变。纪季把鄑邑送给齐国以保全宗庙,《春秋》不直指其名。我读《秦始皇本纪》,读到子婴车裂赵高,未尝不欣赏他的果断,对他的心意表示同情。子婴的生死都合于大义。

◎ 释疑解惑

有关秦始皇去世及胡亥即位的内容,《秦始皇本纪》为赵高和李斯密谋后矫诏诈立胡亥,北大藏汉简《赵正书》却与此截然不同,以胡亥继位为秦始皇临终钦定。《赵正书》是一篇结构完整、内容连贯的文献,记载秦王赵正(即秦始皇)出巡途中病死,临终立少子胡亥为继承人,胡亥即位后宠信赵高,屠戮宗族大臣,毁坏社稷法令。子婴屡次上谏,李斯自我辩护并加以劝诫,胡亥一概不听,倒行逆施,最终为赵高所杀。其中所涉及的李斯的狱中上书和子婴劝阻胡亥杀蒙恬内容与《史记》中《李斯列传》《蒙恬列传》内容相似,《赵正书》的整理者在注释中认为两事很可能与《史记》所记同出一源。根据书体和内容判断,北大藏西汉竹书的抄写年代很可能在武帝后期,下限不晚于宣帝。《史记》与《赵正书》相似的内容说明,《史记》或与《赵正书》都抄写了某一资料,或者《史记》即抄录了《赵正书》的某一写本,二者是并列或《赵正书》在前而《史记》在后的关系。然而如何看待《秦始皇本纪》与《赵正书》关于胡亥即位的不同记载呢?陈侃理先生认为,两者的异同反映出汉初人对秦代历史存在不同的认识。根据现存史料,最早提出胡亥不当立的,是起兵反秦的楚人。《史记·陈涉世家》记载,陈胜起兵前与吴广商议说:"吾闻二世少子也,不当立,当立者乃公子扶苏。"陈侃理先生认为:"这个传言,可能是由陈胜发起,也可能此前就有流传。它显然不利于秦二世和秦王朝,反秦力量乐于用作政治宣传,当然不会去认真考校其是否真实。流言随着反秦活动的蔓延不断传播扩散,在楚军和楚人中影响很大。刘邦集团本是反秦楚人的一支，自然也接受了这个说法。汉朝建立，天下平定，'胡亥不当立'就成为描述秦末历史的官方版本。从中又演绎出'沙丘密谋'的故事，被文士采撷润色，再经太史公父子之手，最终形成《史记》中的样子。楚人反秦，以'胡亥不当立'为理由，反秦的成果又被汉所摘取。这样，'胡亥不当立'就与汉朝的法统产生了联系。《史记》属于私修，但司马氏父子先后任国之太史，有意于颂扬汉德，在胡亥继位这样的历史大关节上，自然会采信当时最为普遍且被官方认可的说法。《赵正书》中秦始皇临终指定胡亥为代后的记载，则被淘汰了。"

◎ **思考辨析题**

1. 请结合本篇内容思考司马迁采用了哪些艺术手法刻画秦始皇的形象？
2. 请结合秦石刻的内容，分析秦始皇巡游天下刻石的目的。

项羽本纪

第七

《项羽本纪》完整记录了项羽一生的起伏，展现了秦末动乱及楚汉战争的宏阔历史场面。其对巨鹿之战、鸿门宴、垓下之围三个主要场景的记录，震撼人心，可谓是《史记》中最有文学色彩的一篇。《项羽本纪》并不以编年为次序，而是以事件的发展为节，完成对项羽一生的记录。在叙事结构上，本篇大开大合。司马迁在项羽分王诸侯以前，如召平、陈婴、秦嘉、范增、田荣、章邯等事，逐段另起，如百川归海般，最后合于项羽。在分封以后，如田荣反齐、陈馀反赵、周吕侯居下邑、周苛杀魏豹、彭越下梁、淮阴侯举河北等事，逐段追叙前事，像千山之起伏一样合到本文，期间穿插记载各种事件，司马迁在中间总处、提处、间接处、遥接处，多用"于是""当是时"等字，纷繁复杂却神理一片。记事是本篇的核心内容，但本篇记事内容是通过记述对话来完成的，大量具体的对话内容是本篇最大的特色。从起兵到灭秦，再到分王诸侯，项羽的伟业达到顶峰，《项羽本纪》在记录这一时期事件的同时，不忘时刻记录项羽各个阶段的言论。这些言论直接体现出其性格特征。如鸿门宴上对刘邦的解释，项羽直言不讳地说："此沛公左司马曹无伤言之；不然，籍何以至此。"不带任何隐瞒，显示了他的磊落。楚汉之争时期，面对相持不下的局面，项王谓汉王曰："天下匈匈数岁者，徒以吾两人耳，愿与汉王挑战决雌雄，毋徒苦天下之民父子为也。"单纯地企图以两人决斗结束楚汉之争，体现了项羽的行事过于单纯。磊落与单纯是项羽区别于刘邦的主要性格特征，是项羽光辉的一面，同时也造成了其后的悲剧结局。记言不仅刻画了人物的性格，而且成为推动事件发展的重要因素，是勾连前后事件的重要线索。《项羽本纪》所记事件，从项羽开始起兵到最终乌江自刎，都是通过语言推进的。司马迁在本文刻画出项羽这一具有英雄气概的悲剧人物形象。他以全神付之，成此英雄力量之文，如破秦军处、斩宋义处、谢鸿门处、分王诸侯处、会垓下处，精神笔力直透纸背。司马迁在粗线条勾勒事件的同时，不忘抓住细节，进行工笔刻意，特别是有关鸿门宴场面的极力铺排、垓下之围的悲剧渲染、乌江自刎时的精雕细刻，都写得活灵活现。《项羽本纪》达到了思想和艺术的高度统一。它犹如一幅逼真传神的英雄肖像画，色彩鲜明；又像一张秦汉之际的政治军事形势图，错综有序。通篇文章气势磅礴，情节起伏，场面壮阔，脉络清楚，疏密相间，语言生动，成为我国文学史上的一篇不朽佳作。文中破釜沉舟、鸿门宴、四面楚歌、乌江自刎等故事，早已家喻户晓，为历代所传诵。

  项籍者，下相人也，字羽。初起时^①，年二十四。其季父^②项梁，梁父即楚将项燕，为秦将王翦所戮^③者也。项氏世世为楚将，封于项，故姓项氏。

◎**注释** ①〔初起时〕初起兵时。②〔季父〕最小的叔父。③〔戮〕杀。
◎**大意** 项籍，是下相人，表字羽。初起兵时，年龄二十四岁。他的叔父是项梁，项梁的父亲就是楚国名将项燕，为秦国名将王翦所杀。项氏世代都是楚国将领，被封于项地，因而姓项。

  项籍少时，学书^①不成，去^②；学剑，又不成。项梁怒之。籍曰："书足以记名姓而已。剑一人敌，不足学，学万人敌。"于是项梁乃教籍兵法^③，籍大喜，略知其意，又不肯竟学^④。项梁尝有栎阳逮^⑤，乃请蕲狱掾曹咎书抵^⑥栎阳狱掾司马欣，以故事得已。项梁杀人，与籍避仇于吴中。吴中贤士大夫皆出项梁下。每吴中有大繇（徭）役及丧，项梁常为主办，阴^⑦以兵法部勒^⑧宾客及子弟，以是知其能。秦始皇帝游会稽，渡浙江^⑨，梁与籍俱观。籍曰："彼可取而代也。"梁掩其口，曰："毋妄言，族^⑩矣！"梁以此奇籍。籍长八尺余，力能扛鼎^⑪，才气过人，虽吴中子弟皆已惮^⑫籍矣。

◎**注释** ①〔学书〕学习认字和写字。②〔去〕舍弃。③〔兵法〕治兵布阵、克敌制胜的军事学。④〔竟学〕完成全部学业。⑤〔有栎阳逮〕因罪被栎阳县逮捕。⑥〔抵〕送达。⑦〔阴〕暗中。⑧〔部勒〕部署。⑨〔浙江〕钱塘江。⑩〔族〕灭族。⑪〔扛（gāng）鼎〕举鼎。⑫〔惮〕畏惧。
◎**大意** 项羽年少时，学习认字和写字没有长进，就不再学了；学剑习武，也无成就。项梁对此很气愤。项羽说："学书只是够写个姓名而已。剑术只不过一人敌，不值得学习，我要学能敌万人的本领。"于是项梁就教项羽学习兵法，项羽很高兴，但只略知一二，又不肯完成全部学业。项梁曾因罪被栎阳县捉拿，他请托蕲县狱掾曹咎给栎阳县狱掾司马欣写了一封说情信，才使事情得以了结。项梁杀了人，和项羽到吴中避仇。吴中贤士大夫的才能都不如项梁。每当吴中有大的徭役和丧葬大事，常由项梁主持，项梁暗中以兵法部署组织宾客与门徒，借以了解他们的才能。秦始皇帝巡游会稽，渡过钱塘江，项梁与项羽一起观看。项羽说："那个人我可取而代之！"项梁忙掩其口，说："不要胡说，会灭族的！"由此项梁觉得项羽是个奇才。项羽身高八尺多，有举鼎之力、过人之才。即便是吴中豪族子弟也都畏惧项羽。

秦二世元年七月，陈涉等起大泽中。其九月，会稽守通谓梁曰："江西皆反，此亦天亡秦之时也。吾闻先即制人，后则为人所制。吾欲发兵，使公及桓楚将。"是时桓楚亡①在泽中。梁曰："桓楚亡，人莫知其处，独籍知之耳。"梁乃出，诫②籍持剑居外待。梁复入，与守坐，曰："请召籍，使受命召桓楚。"守曰："诺。"梁召籍入。须臾，梁眴③籍曰："可行矣！"于是籍遂拔剑斩守头。项梁持守头，佩其印绶。门下④大惊，扰乱⑤，籍所击杀数十百人。一府中皆慑伏⑥，莫敢起。梁乃召故所知豪吏，谕⑦以所为起大事，遂举⑧吴中兵。使人收下县，得精兵八千人。梁部署⑨吴中豪杰为校尉、候、司马。有一人不得用，自言于梁。梁曰："前时某丧使公主某事，不能办，以此不任用公。"众乃皆伏⑩。于是梁为会稽守，籍为裨将⑪，徇⑫下县。

◎**注释**　①〔亡〕流亡，流落。②〔诫〕叮嘱。③〔眴（shùn）〕使眼色。④〔门下〕指会稽守衙内的侍卫人员。⑤〔扰乱〕混乱。⑥〔慑伏〕吓得趴在地上。⑦〔谕〕告诉。⑧〔举〕动员，集合。⑨〔部署〕分派，任命。⑩〔伏〕拜服。⑪〔裨（pí）将〕偏将。⑫〔徇〕巡行下令。

◎**大意**　秦二世元年七月，陈涉等人在大泽揭竿起义。同年九月，会稽郡守殷通对项梁说："江西都已反了，这也是天要灭亡秦朝的时候。我听说先下手可以制人，后下手则为人所制。我想起兵，让你和桓楚为将。"当时桓楚在江湖流亡。项梁说："桓楚流亡，没人知道其下落，只有项羽知道。"项梁出来，吩咐项羽持剑在门外等候。项梁又走进去，和郡守坐在一起，说："请你召见项羽，委派他去找桓楚。"郡守说："好。"项梁召进项羽。不一会儿，项梁向项羽使眼色说："可以行动了！"项羽随即拔剑斩下郡守的头颅。项梁提着郡守的头，挂着郡守的大印。郡守衙内的侍从大惊，一片混乱，被项羽砍杀近百人。衙内的人等吓得趴在地上，不敢起来。项梁召集平素相好的地方豪强官吏，告诉他们此举就是起义反秦，于是在吴中召集兵马。项梁派人到会稽所属各县收拢丁壮，获得八千精兵。项梁委派吴中豪杰分别担任校尉、军候、司马等官职。有一人未被任用，亲自去问项梁。项梁对他说："前些时某人的丧事，让你去主持一项事务，你未能办到，因此不能任用你。"众人无不心悦诚服。于是项梁做了会稽郡守，项羽担任偏将，镇抚郡下属县。

广陵人召平于是为陈王徇广陵，未能下。闻陈王败走，秦兵又且至①，乃渡江矫②陈王命，拜梁为楚王上柱国。曰："江东已定，急引兵西击秦。"项梁乃以八千人渡江而西。闻陈婴已下东阳，使使欲与连和俱西③。陈婴者，故东阳令史，居县中，素信谨④，称为长者⑤。东阳少年杀其令，相聚数千人，欲置长，无适用⑥，乃请陈婴。婴谢不能，遂强立婴为长，县中从者得二万人。少年欲立婴便为王，异军苍头特起⑦。陈婴母谓婴曰："自我为汝家妇，未尝闻汝先古之有贵者。今暴⑧得大名，不祥。不如有所属，事成犹得封侯，事败易以亡，非世所指名也。"婴乃不敢为王。谓其军吏曰："项氏世世将家，有名于楚。今欲举大事，将非其人不可。我倚⑨名族，亡秦必矣。"于是众从其言，以兵属项梁。项梁渡淮，黥布、蒲将军亦以兵属焉。凡六七万人，军⑩下邳。

◎**注释** ①〔且至〕即将到来。②〔矫〕假托。③〔连和俱西〕结盟一同西进。④〔信谨〕厚道谨慎。⑤〔长者〕有德行的人。⑥〔适用〕适当的人。⑦〔异军苍头特起〕建立一支与众不同、头裹青巾的军队。⑧〔暴〕突然。⑨〔倚〕依附。⑩〔军〕驻军。

◎**大意** 广陵人召平这时替陈胜攻夺广陵，未能攻占。听说陈胜已经败逃，秦军即将到来，于是渡江假托陈胜之命，封项梁为楚王上柱国。对项梁说："江东已经平定，你要立即领兵西进攻打秦军。"项梁于是带领八千人渡江西进。听说陈婴已占领东阳，项梁派使者要求与他结盟一同西进。陈婴曾任东阳令史，家在县城，平素厚道谨慎，被尊为有德行的人。东阳的年轻人杀了县令，聚集数千人，想推举首领，却无合适的人选，就请陈婴出任。陈婴推辞说不能胜任，他们便强行推立陈婴为首领，县中响应起义的达两万人。年轻人要立陈婴为王，建立一支与众不同、头裹青巾的军队。陈婴的母亲对陈婴说："自从我做了你们家的媳妇，还未尝听说你家祖上有过显贵人物。现在突然获得帝王之名，不是好兆头。不如依附别人，事情成功了还可以封侯，事情失败了也容易逃亡，不至于成为世人所注目而被指名追捕的人。"陈婴因此不敢称王。他对军吏说："项氏世代为将，在楚国很有名望。现在要进行反秦大业，不由项氏来率领，恐怕难以成功。我们依附名门大族，一定能灭秦。"于是大家听从他的意见，率军投靠项梁。项梁渡过淮河，黥布、蒲将军也带自己的部队归附了他。总共有六七万人，驻军于下邳（pī）。

当是时，秦嘉已立景驹为楚王，军彭城东，欲距（拒）项梁。项梁谓军吏曰："陈王先首事，战不利，未闻所在。今秦嘉倍（背）陈王而立景驹，逆无道。"乃进兵击秦嘉。秦嘉军败走，追之至胡陵。嘉还战一日，嘉死，军降。景驹走①死梁地。项梁已并②秦嘉军，军胡陵，将引军而西。章邯军至栗，项梁使别将朱鸡石、余樊君与战。余樊君死。朱鸡石军败，亡走胡陵。项梁乃引兵入薛，诛鸡石。项梁前使项羽别攻襄城，襄城坚守不下。已拔，皆坑③之。还报项梁。项梁闻陈王定死，召诸别将会薛计事④。此时沛公亦起沛，往⑤焉。

◎**注释** ①〔走〕逃跑。②〔并〕整合收编。③〔坑〕坑杀，活埋。④〔计事〕商议大事。⑤〔往〕前往参加会议。

◎**大意** 这时，秦嘉已拥立景驹为楚王，驻军于彭城之东，要抵抗项梁。项梁对军吏说："陈胜首先举义，作战失利，不知去处。现在秦嘉背叛陈胜而拥立景驹，是大逆不道的！"于是进军攻打秦嘉。秦嘉的军队失败逃走，项梁追击到胡陵。秦嘉回军又打了一天，秦嘉战死，其军队投降。景驹逃跑，死于梁地。项梁收编了秦嘉的军队，驻扎于胡陵，准备率军西进。章邯的军队到达栗县，项梁派部将朱鸡石、余樊君出战。余樊君战死。朱鸡石兵败，逃回胡陵。项梁于是率军进入薛县，杀了朱鸡石。项梁前时派项羽去攻打襄城，襄城守军顽强抵抗，一时难以攻下。攻占后，项羽将他们全部活埋。回来报告项梁。项梁听说陈胜确实已死，召集各部将领到薛县商议大事。这时沛公刘邦也在沛县起义，赶去参加会议。

居鄛人范增，年七十，素居家①，好奇计②，往说项梁曰："陈胜败固当③。夫秦灭六国，楚最无罪。自怀王入秦不反（返），楚人怜之至今，故楚南公曰'楚虽三户，亡秦必楚'也。今陈胜首事，不立楚后而自立，其势不长。今君起江东，楚蜂午之将④皆争附君者，以君世世楚将，为能复立楚之后也。"于是项梁然其言，乃求楚怀王孙心民间，为人牧羊，立以为楚怀王，从民所望也。陈婴为楚上柱国，封五县，与怀王都盱台。项梁自号⑤为武信君。

◎**注释** ①〔素居家〕一直隐居在家。②〔奇计〕奇谋诡计。③〔固当〕本当，指意料之中。④〔蜂午之将〕四面八方的将领。蜂午，如蜂群一样纵横交错，言其数量之多。午，纵横交错。⑤〔自号〕自称。

◎**大意** 居鄛（cháo）人范增，七十岁了，一直隐居在家，好奇谋诡计。他去游说项梁说:"陈胜的失败在意料之中。秦朝所灭的六国中,楚国最无辜。自从楚怀王被秦国劫去未返,楚国人至今怀念着他,所以楚南公说'即使楚国只剩三户人家,灭亡秦国的也必是楚国'。现在陈胜首先起事,不拥立楚王的后代而自立为王,他的势力自然难以长久。现在你起兵江东,楚国四面八方的将领之所以争先恐后地归附你,就是因为你家世代为楚将,能够重新扶立楚王的后代。"于是项梁采纳了他的意见,在民间找到楚怀王的孙子熊心,当时他正在为人家放羊,项梁拥立他为楚怀王,以顺从人民的心愿。陈婴任楚上柱国,被赐封五县,和楚怀王在盱台(xū yí)建都。项梁自称为武信君。

居数月,引兵攻亢父,与齐田荣、司马龙且军救东阿,大破秦军于东阿。田荣即引兵归,逐其王假。假亡走楚。假相田角亡走赵。角弟田间故齐将,居赵不敢归。田荣立田儋子市为齐王。项梁已破东阿下军,遂追秦军。数使使趣(促)齐兵,欲与俱西。田荣曰:"楚杀田假,赵杀田角、田间,乃发兵。"项梁曰:"田假为与国①之王,穷来从②我,不忍杀之。"赵亦不杀田角、田间以市③于齐。齐遂不肯发兵助楚。项梁使沛公及项羽别攻城阳,屠之。西破秦军濮阳东,秦兵收入濮阳。沛公、项羽乃攻定陶。定陶未下,去,西略地至雍丘,大破秦军,斩李由。还攻外黄,外黄未下。

◎**注释** ①〔与国〕盟国。②〔从〕追随,投靠。③〔市〕做交易。
◎**大意** 过了几个月,项梁率兵攻打亢父县,和齐国田荣、楚国司马龙且(jū)的军队救援东阿县,并在东阿大败秦军。田荣领兵回国,驱逐齐王田假。田假逃奔楚国。田假的相国田角逃奔赵国。田角的弟弟田间原是齐国的将领,住在赵国不敢回去。田荣扶立田儋的儿子田市为齐王。项梁打败东阿一带的秦军,乘胜追击。几次派遣使者催促齐国出兵,想和他们一起西进。田荣却说:"楚国杀掉田假,赵国杀掉田角、田间,我就出兵。"项梁说:"田假是盟国国王,走投无路时来投靠我,不忍心杀他。"赵国也不愿意杀田角、田间与齐国做交易。齐国就不肯发兵帮助楚军。项梁派沛公刘邦和项羽另行分兵攻城阳，屠灭了全城。又西进在濮阳之东打败秦军，秦军龟缩于濮阳城中。沛公、项羽就进攻定陶县。未能攻下定陶，他们撤军，向西攻到雍丘，大破秦军，杀死李由。又回军攻打外黄，未能攻下外黄。

  项梁起东阿，西，比^①至定陶，再破秦军，项羽等又斩李由，益轻秦，有骄色。宋义乃谏项梁曰："战胜而将骄卒惰者败。今卒少惰^②矣，秦兵日益^③，臣为君畏之。"项梁弗听。乃使宋义使于齐。道遇齐使者高陵君显，曰："公将见武信君乎？"曰："然。"曰："臣论^④武信君军必败。公徐行^⑤即免死，疾行则及祸。"秦果悉起兵益章邯，击楚军，大破之定陶，项梁死。沛公、项羽去外黄攻陈留，陈留坚守不能下。沛公、项羽相与谋曰："今项梁军破，士卒恐。"乃与吕臣军俱引兵而东。吕臣军彭城东，项羽军彭城西，沛公军砀。

◎**注释** ①〔比〕等到。②〔少惰〕有些松懈。少，稍微。惰，松懈，涣散。③〔日益〕逐日增加。④〔论〕论断，断定。⑤〔徐行〕缓慢行走。

◎**大意** 项梁从东阿发兵，向西进军，等到了定陶，又一次打败秦军，项羽等又杀了李由，更加轻视秦军，时有骄傲的神色。宋义劝谏项梁说："打了胜仗而将领骄傲、士兵松懈，就会招致失败。现在士兵斗志已有些涣散，而秦兵一天天得到增援，我真为您担心。"项梁不听。于是派宋义出使齐国。在路上遇见齐国使者高陵君显，宋义说："你要去拜见武信君吗？"高陵君说："是的。"宋义说："我断定武信君要失败。你慢走就可免死，走得快则会遭殃。"秦国果然以全部兵力支援章邯，攻击楚军，在定陶大破楚军，项梁战死。沛公、项羽离开外黄转攻陈留。陈留守军顽强抵抗，未能攻下。沛公、项羽商量说："现在项梁的军队被打垮，士兵惶恐。"就和吕臣的军队一起向东撤退。吕臣驻扎在彭城的东面，项羽驻扎于彭城的西面，沛公驻扎在砀（dàng）县。

章邯已破项梁军，则以为楚地兵不足忧①，乃渡河击赵，大破之。当此时，赵歇为王，陈馀为将，张耳为相，皆走入巨鹿城。章邯令王离、涉间围巨鹿，章邯军其南，筑甬道②而输之粟。陈馀为将，将卒数万人而军巨鹿之北，此所谓河北之军也。

◎**注释**　①〔不足忧〕不值得忧虑。②〔甬道〕两旁有墙垣保护的交通线。
◎**大意**　章邯打败了项梁的军队，就以为楚地的军事不需忧虑了，于是渡过黄河攻打赵国，大破赵兵。这时，赵歇是国王，陈馀为赵大将，张耳为赵相国，都逃进巨鹿城。章邯命王离、涉间包围巨鹿，章邯驻扎在巨鹿城南，修筑甬道为他们运送粮食。陈馀为大将，率兵数万人驻扎在巨鹿之北，这就是所说的河北军。

　　楚兵已破于定陶，怀王恐，从盱台之彭城，并①项羽、吕臣军自将②之。以吕臣为司徒，以其父吕青为令尹。以沛公为砀郡长，封为武安侯，将砀郡兵。

◎**注释**　①〔并〕合并。②〔自将〕亲自统领。
◎**大意**　楚军在定陶被打垮，怀王恐慌，从盱台迁至彭城，合并项羽、吕臣的军队亲自统领。任吕臣为司徒，用吕臣的父亲吕青为令尹。任用沛公为砀郡守，并封他为武安侯，统领砀郡军队。

　　初，宋义所遇齐使者高陵君显在楚军，见楚王曰："宋义论武信君之军必败，居数日，军果败。兵未战而先见败征，此可谓知兵①矣。"王召宋义与计事而大说（悦）之，因置以为上将军；项羽为鲁公，为次将，范增为末将，救赵。诸别将皆属宋义，号为卿子冠军。行至安阳，留四十六日不进。项羽曰："吾闻秦军围赵王巨鹿，疾引兵渡河，楚击其外，赵应其内，破秦军必矣。"宋义曰："不然。夫搏牛之虻不可以破虮虱。今秦攻赵，战胜则兵罢（疲），我承其敝②；不胜，则我引兵鼓行③而西，必举④秦矣。故不如先斗秦赵。夫被坚执锐⑤，义不如公；坐而运策，公不如义。"因下令军中曰："猛如虎，很⑥如羊，贪如狼，强不可使者，皆斩之。"乃遣其子宋襄相齐，身送之至无盐，饮酒高会⑦。天寒大雨，士卒冻饥。项羽曰："将戮力⑧而攻秦，久留不行。今岁饥民贫，士卒食芋菽⑨，军无见（现）粮⑩，乃饮酒高会，不引兵渡河因⑪赵食，与赵并力攻秦，乃曰'承其敝'。夫以秦之强，攻新造之赵，其势必举赵。赵举而秦强，何敝之承！且国兵⑫新破，王坐不安席，扫⑬境内而专属于将军，国家安危，在此一举。今不恤⑭士卒而徇其私，非社稷之臣。"项羽晨朝上将军宋义，即其帐中斩宋义头，出令军中曰："宋义与齐谋反楚，楚王阴令⑮羽诛之。"当是时，诸将皆慑服，莫敢枝梧⑯。皆曰："首立楚者，将军家也。今将军诛乱。"乃相与共立羽为假⑰上将军。使人追宋义子，及之齐，杀之。使桓楚报命于怀王。怀王因使⑱项羽为上将军，当阳君、蒲将军皆属项羽。

◎**注释** ①〔知兵〕懂得用兵。②〔承其敝〕趁秦军疲敝之时将其击灭。③〔鼓行〕大张旗鼓地行进。④〔举〕攻取。⑤〔被（pī）坚执锐〕身披铠甲，手执兵器，指冲锋陷阵。⑥〔很〕执拗。⑦〔饮酒高会〕大摆筵席，广会宾客。⑧〔戮力〕合力。⑨〔芋菽〕芋头和豆子。⑩〔见（xiàn）粮〕即"现粮"，现存的粮食。⑪〔因〕依靠。⑫〔国兵〕楚人自称。⑬〔扫〕聚集，尽括。⑭〔恤〕体恤。⑮〔阴令〕密令。⑯〔枝梧〕斜而相抵的支柱，引申为抵触、抗拒。⑰〔假〕权摄，代理。⑱〔因使〕因其所请而委任之。

◎**大意** 当初，宋义所遇到的齐国使者高陵君显还在楚军中，他见到楚王说："宋义判断武信君项梁的部队必败。过了几天，其军果然被打败了。军队尚未交战而事先看到了失败的征兆，这可以说是懂得用兵了。"楚王召见宋义商议大事，对他很满意，就任命他为上将军；项羽为鲁公，担任次将，范增为末将，出兵救赵。各路将领都隶属宋义，称宋义为卿子冠军。部队走到安阳，停留四十六天不前进。项羽说："我听说秦军把赵王围困在巨鹿，如果急速领兵渡过黄河，我们攻击秦军外围，赵军在内接应，一定可以打败秦军。"宋义说："不妥。叮牛的虻不能用来咬小小的虱子。现在秦军攻打赵国，打胜了则士兵疲劳，我们可趁秦军疲敝而击灭之；打不胜，我们就大张旗鼓地率军西进，一定能够打败秦军。所以不如先让秦赵两军相斗。冲锋陷阵，我不如你；运筹决策，你就不如我了。"于是他给军中下令说："凶猛如虎、执拗如羊、贪婪如狼而强横不听命令的，一律斩首。"于是派他的儿子宋襄辅助齐国，并亲自送他到无盐县，大摆筵席广会宾客。当时天气寒冷，又下起大雨，士卒又冷又饿。项羽说："本该并力攻打秦军，却长久屯驻而不向前进。如今年荒民贫，士兵吃芋头和豆子充饥，军中没有存粮，却宴会宾客，不领兵渡河以赵地的粮食作为军粮，与赵国合力攻秦，却说：'利用秦兵的疲敝。'以秦军的强大，攻打刚建立的赵国，肯定能够攻克它。赵国被占领而秦军更强盛，又有什么疲敝可以利用！况且我国军队前不久被打败，君王坐不安席，倾全国之兵交给将军指挥，国家安危，在此一举。现在不体恤士卒而图谋私利，不是国家的栋梁之臣。"项羽早上进见上将军宋义，就在中军营帐斩下宋义的首级，向军中发布命令说："宋义与齐国阴谋反楚，楚王密令我杀掉他。"这个时候，诸将无不畏服，没有人敢反抗。都说："首先扶立楚王的，是将军家。现在又是将军杀了乱臣逆贼。"于是一起拥立项羽为代理上将军。项羽派人追赶宋义的儿子宋襄，追到齐国，杀了宋襄。又派桓楚向怀王报告了情况。怀王于是就委任项羽为上将军，当阳君黥布、蒲将军都隶属项羽指挥。

项羽已杀卿子冠军，威震楚国，名闻诸侯。乃遣当阳君、蒲将军将卒二万渡河，救巨鹿。战少利①，陈馀复请兵。项羽乃悉引兵渡河，皆沉船，破釜甑②，烧庐舍，持三日粮，以示士卒必死③，无一还心④。于是至则围王离，与秦军遇，九战，绝其甬道，大破之，杀苏角，虏⑤王离。涉间不降楚，自烧杀。当是时，楚兵冠诸侯。诸侯军救巨鹿下者十余壁⑥，莫敢纵兵⑦。及楚击秦，诸将皆从壁上观⑧。楚战士无不一以当十，楚兵呼声动天，诸侯军无不人人惴恐⑨。于是已破秦军，项羽召见诸侯将，入辕门⑩，无不膝行⑪而前，莫敢仰视。项羽由是始为诸侯上将军，诸侯皆属焉。

◎**注释** ①〔少利〕稍有进展。②〔破釜甑（zèng）〕砸毁食具。釜，锅。甑，瓦器，用以蒸煮食物。③〔必死〕决死战。④〔还心〕后退之心。⑤〔虏〕俘获。⑥〔壁〕营垒。⑦〔纵兵〕出兵作战。⑧〔从壁上观〕依凭营垒观战。⑨〔惴恐〕恐惧。⑩〔辕门〕军门。古代行军以车为阵，营前竖车辕相对为门，故称辕门。⑪〔膝行〕跪在地上，用双膝行进。

◎**大意** 项羽杀了卿子冠军宋义后，威震楚国，名闻诸侯。于是项羽派遣当阳君、蒲将军领兵两万渡过漳河，驰援巨鹿。初战稍有利，陈馀又请求援兵。项羽就统领全军渡过漳河，沉掉所有船只，砸坏食具，烧毁营帐，只携带三日干粮，以向士兵表示生死就在此一战，不能存一点后退之心。于是一到便包围了王离，与秦军交战，经过多次战斗，断绝了秦军的甬道，大破秦军，杀了苏角，虏获了王离。涉间不向楚军投降，自焚而死。当时，楚军气势雄冠诸侯。各路援军在巨鹿城外有十余座营垒，都不敢出兵。楚军进攻秦军时，各路援军将领都在军营的围墙上观看。楚军士兵无不以一当十，楚兵呼喊之声惊天动地，诸侯军人人惊惧惶恐。于是打败秦军后，项羽召见诸侯将领，他们进了辕门，无不跪地而行，不敢抬头仰视。项羽由此开始成为诸侯的上将军，各路诸侯都归他指挥。

章邯军棘原①，项羽军漳南②，相持未战。秦军数却，二世使人让③章邯。章邯恐，使长史欣请事④。至咸阳，留司马门⑤三日，赵高不见，有不信之心。长史欣恐，还走其军，不敢出故道，赵高果使人追之，不及。欣至军，报曰："赵高用事于中⑥，下⑦无可为者。今战能胜，高必疾妒吾功；战不能胜，不免于死。愿将军孰（熟）计⑧之。"陈馀亦遗章邯书曰："白起为秦将，南征鄢、郢，北坑马服，攻城略地⑨，不可胜计，而竟赐死。蒙恬为秦将，北逐戎人⑩，开榆中地数千里，竟斩阳周。何者？功多，秦不能尽封，因以法诛之⑪。今将军为秦将三岁矣，所亡失以十万数，而诸侯并起滋益多⑫。彼赵高素谀⑬日久，今事急，亦恐二世诛之，故欲以法诛将军以塞责⑭，使人更代⑮将军以脱其祸。夫将军居外久，多内郄（隙）⑯，有功亦诛，无功亦诛。且天之亡秦，无愚智皆知之。今将军内不能直谏，外为亡国将，孤特独立⑰而欲常存，岂不哀哉！将军何不还兵与诸侯为从⑱，约共攻秦，分王其地，南面称孤⑲；此孰与⑳身伏铁质㉑，妻子为僇（戮）乎？"章邯狐疑，阴使候始成㉒使项羽，欲约㉓。约未成，项羽使蒲将军日夜引兵度三户㉔，军漳南，与秦战，再破之。项羽悉引兵击秦军汙水上，大破之。

◎**注释**　①〔棘原〕古地名，在今河北平乡南。②〔漳南〕漳水南岸。③〔让〕责备。④〔请事〕请示对有关事情的指令。⑤〔司马门〕宫廷的外门。⑥〔中〕指官廷。⑦〔下〕居下位的人。⑧〔孰计〕仔细考虑。孰，同"熟"。⑨〔略地〕攻取土地。⑩〔戎人〕指匈奴。⑪〔以法诛之〕利用法律诛杀。⑫〔滋益多〕越来越多。⑬〔素谀〕一贯阿谀奉承。⑭〔塞责〕对自己应尽的责任进行推脱、敷衍。⑮〔更代〕代替。⑯〔多内郄〕指朝廷内多有仇怨之人。郄，通"隙"，裂缝。引申为仇隙。⑰〔孤特独立〕指孤立无援。孤、特、独三字同义，都是孤立的意思。⑱〔还兵与诸侯为从（zòng）〕还兵，指杀回秦地。与诸侯为从，指与东方起义军联合起来。从，合纵。⑲〔南面称孤〕指登王位。⑳〔孰与〕表示比较两种情况哪一种好些。㉑〔伏铁（fū）质〕指被杀。铁质，又作"铁锧"，古代斩人的刑具。铁，铡刀。质，垫在下面的砧板。㉒〔候始成〕军候名始成者。㉓〔约〕缔约。㉔〔三户〕即三户津，漳水上的渡口，在今河北磁县西南。

◎**大意**　章邯驻扎在棘原，项羽驻扎在漳水之南，两军对峙未战。秦军多次退却，秦二世派人责备章邯。章邯惊恐，派长史司马欣请示指令。到了咸阳，在司马门停留三天，赵高不肯接见，有不信任之意。司马欣恐惧，暗自逃回军中，不敢走原路，赵高果然派人追赶他，没能追到。司马欣到了军中，报告说："赵高在朝中操纵政权,下面的人无可作为。现在战争若能取胜,赵高必定嫉妒我们的功劳;战事不胜,难免一死。希望将军认真考虑此事。"陈馀也给章邯写信说:"白起为秦将,南征楚国鄢、郢,北坑四十万马服军,攻城略地,不可胜数,最终被赐一死。蒙恬为秦将,北逐匈奴,在榆中开疆拓土几千里,竟然被斩于阳周。为什么呢?功劳太多,秦朝不能完全封赐,就利用法令诛杀功臣。如今将军担任秦将已三年了,所损失的兵马以十万数,而反秦的武装越来越多。赵高惯于奉承,现在形势危急,也害怕二世杀他,所以要利用法令诛杀将军以推脱责任,派人代替将军以逃脱他的祸殃。将军在外长期居留,在朝廷里多有嫌隙,有功也要被诛,无功也要被诛。况且现在天要灭亡秦朝,无论愚人、智人都看得出来。现在将军在朝内不能直言进谏,在朝外成了亡国将军,孤立无援而想长久存在,岂不可悲!将军何不反戈与诸侯联合,相约一起攻秦,分割秦地称王,登王位称孤道寡?这与伏身刀砧,妻儿被杀相比如何呢?"章邯犹豫难决,暗中派一个名叫始成的军候出使项羽军中,想订立和约。和约尚未订立,项羽派蒲将军日夜兼程渡过三户津,驻扎于漳河南岸,与秦军交战,再次打败秦军。项羽率领全军在汙(yū)水边攻打秦军,将他们打得大败。

  章邯使人见项羽,欲约。项羽召军吏谋曰:"粮少,欲听其约。"军吏皆曰:"善。"项羽乃与期洹水①南殷虚②上。已盟,章邯见项羽而流涕,为言赵高。项羽乃立章邯为雍王,置楚军中。使长史欣为上将军,将秦军为前行③。

◎**注释** ①〔洹(huán)水〕即今河南安阳北面洹河。②〔殷虚〕即殷墟,殷都遗址,在今河南安阳西之小屯村。③〔前行〕先锋。

◎**大意** 章邯派人拜见项羽,要求谈判投降条件。项羽召集军吏商议道:"缺少军粮,想答应章邯的合约。"军吏都说:"好。"于是项羽与章邯约定在洹水南边的殷虚会谈。订完盟约,章邯拜见项羽时痛哭流涕,向项羽诉说赵高的罪恶。项羽就封章邯为雍王,安置在楚军中。委任长史司马欣为上将军,带领已投降的秦军做先锋。

到新安①。诸侯吏卒异时②故③繇（徭）使屯戍④过秦中⑤，秦中吏卒遇之多无状⑥，及秦军降诸侯，诸侯吏卒乘胜多奴虏使之⑦，轻⑧折辱⑨秦吏卒。秦吏卒多窃言⑩曰："章将军等诈吾属降诸侯，今能入关破秦，大善；即不能，诸侯虏吾属而东，秦必尽诛吾父母妻子。"诸将微闻其计⑪，以告项羽。项羽乃召黥布、蒲将军计曰："秦吏卒尚众，其心不服，至关中不听，事必危，不如击杀之，而独与章邯、长史欣、都尉翳⑫入秦。"于是楚军夜击坑秦卒二十余万人新安城南。

◎**注释** ①〔新安〕古邑名，在今河南渑池东。②〔异时〕从前。③〔故〕原本。④〔繇使屯戍〕服劳役或驻守边疆。⑤〔秦中〕关中。⑥〔无状〕不善。⑦〔奴虏使之〕像使唤奴隶那样役使他们。虏，奴仆。⑧〔轻〕轻易。⑨〔折辱〕侮辱，屈辱。⑩〔窃言〕私下计议。⑪〔微闻其计〕暗中探听到他们的议论。⑫〔都尉翳〕都尉董翳。都尉，低于将军的官职。

◎**大意** 部队到了新安。诸侯军中的官兵先前因服徭役或驻守边疆曾路过关中，关中官兵对待他们多粗暴无礼，等到秦军投降诸侯，诸侯官兵大多趁机像对待奴仆一样役使他们，随意折磨凌虐他们。秦军官兵有很多在私下议论说："章邯将军等欺骗我们投降诸侯，现在如果能够入关灭秦，最好；如果不能，诸侯将我们像俘虏一样带去东方，秦朝一定会杀尽我们的父母妻儿。"诸将暗中听到他们的议论，报告给项羽。项羽于是召见黥布、蒲将军商议说："秦军官兵还很多，他们心中不服。到关中不听指挥，是很危险的事，不如把他们杀了，而只与章邯、长史司马欣、都尉董翳入秦。"于是夜里楚军在新安城南坑杀了二十余万秦兵。

行略定秦地①。函谷关有兵守关，不得入。又闻沛公已破咸阳，项羽大怒，使当阳君等击关。项羽遂入，至于戏西。沛公军霸上，未得与项羽相见。沛公左司马曹无伤使人言于项羽曰："沛公欲王关中，使子婴为相，珍宝尽有之。"项羽大怒，曰："旦日飨士卒②，为击破沛公军!"当是时,项羽兵四十万,在新丰鸿门,沛公兵十万,在霸上。范增说项羽曰:"沛公居山东③时,贪于财货,好美姬。今入关,财物无所取,妇女无所幸,此其志不在小。吾令人望其气④,皆为龙虎,成五采,此天子气也。急击勿失。"

◎**注释** ①〔行略定秦地〕行,进军。略,夺取。定,平定。②〔旦日飨士卒〕旦日,明日。飨,犒赏。③〔山东〕崤山以东,泛指六国之地。④〔气〕指刘邦行止之处上空的云气。望气是古人预测人事吉凶的一种方法,也是一种宣传手段。

◎**大意** 项羽西进攻取秦地。函谷关有兵把守,不能进入。又听说沛公刘邦已攻克咸阳,项羽大怒,派当阳君黥布等攻打函谷关。项羽于是进入关里,到达戏水之西。沛公驻军霸上,尚未和项羽相见。沛公的左司马曹无伤派人对项羽说:"沛公想在关中称王,委任秦王子婴为相国,奇珍异宝都已被他占有。"项羽大怒,说:"明日早晨以酒食犒赏士兵,给我打败刘邦的军队!"这时,项羽拥兵达四十万,驻扎在新丰鸿门,沛公的兵只有十万,驻在霸上。范增劝说项羽:"沛公在山东时,贪财好物,迷恋美女。现在入关,不取财物,不亲近妇女,这表明其志向不小。我让人察望他那里天上的云气,都显龙形,呈五采祥光,这正是天子之气。赶快攻打,莫失良机。"

楚左尹①项伯者,项羽季父也,素善留侯张良。张良是时从沛公,项伯乃夜驰之沛公军,私见张良,具告以事,欲呼张良与俱去。曰:"毋从俱死也。"张良曰:"臣为韩王送沛公,沛公今事有急,亡去②不义,不可不语。"良乃入,具告沛公。沛公大惊,曰:"为之奈何?"张良曰:"谁为大王为此计者?"曰:"鲰生③说我曰'距(拒)关④,毋内(纳)诸侯,秦地可尽王⑤也'。故听之。"良曰:"料大王士卒足以当⑥项王乎?"沛公默然,曰:"固不如也,且为之奈何?"张良曰:"请往谓项伯,言沛公不敢背项王也。"沛公曰:"君安⑦与项伯有故⑧？"张良曰："秦时与臣游，项伯杀人，臣活之。今事有急，故幸⑨来告良。"沛公曰："孰与君少长⑩？"良曰："长于臣。"沛公曰："君为我呼入，吾得兄事之⑪。"张良出，要（邀）项伯。项伯即入见沛公。沛公奉卮酒为寿⑫，约为婚姻⑬，曰："吾入关，秋豪（毫）⑭不敢有所近，籍吏民⑮，封府库，而待将军。所以遣将守关者，备他盗之出入与非常⑯也。日夜望将军至，岂敢反乎！愿伯具言臣之不敢倍（背）德⑰也。"项伯许诺。谓沛公曰："旦日不可不蚤（早）自来谢⑱项王。"沛公曰："诺。"于是项伯复夜去，至军中，具以沛公言报项王。因言曰："沛公不先破关中，公岂敢入乎？今人有大功而击之，不义也，不如因善遇之。"项王许诺。

◎**注释** ①〔左尹〕官名，令尹之佐。②〔亡去〕逃走。③〔鲰（zōu）生〕鄙陋无知的小人。④〔距关〕凭关守御。距，通"拒"，抵御。⑤〔秦地可尽王〕可以统治原来整个秦国之地。⑥〔当〕匹敌。⑦〔安〕何。⑧〔有故〕指有旧交。⑨〔幸〕多亏。⑩〔孰与君少长〕与你相比，年龄谁大谁小？⑪〔兄事之〕以事兄长之礼待之。⑫〔奉卮（zhī）酒为寿〕进酒祝福。卮，酒器。为寿，上寿，进酒于尊长之前而致祝词。⑬〔约为婚姻〕彼此约定，结为儿女亲家。⑭〔秋豪〕动物秋天换毛时长出的细毛。比喻极微小的东西。豪，通"毫"。⑮〔籍吏民〕登记官吏百姓，即造好吏民清册。⑯〔非常〕指意外变故。⑰〔倍德〕忘恩负义。倍，通"背"。⑱〔谢〕谢罪。

◎**大意** 楚国左尹项伯是项羽的叔父，一向与留侯张良交好。张良此时跟随沛公，项伯于是连夜奔往沛公军中，私下会见张良，把事情都告诉了他，想叫张良和他一起离开。说："不要跟着沛公一同赴死。"张良说："我为韩王才跟沛公来到这里，沛公现在事有危难，逃走不义，不能不告诉他。"张良就进去，都告诉了沛公。沛公大惊，说："这该怎么办呢？"张良说："谁给你出的这个主意？"沛公说："一个无知的小子劝我说'据守函谷关，不要接纳诸侯，就可以占有整个秦地而称王了'。所以听了他的话。"张良说:"大王估计自己的兵力能敌项王吗?"沛公沉默片刻,说:"根本不能,该怎么办呢?"张良说:"请让我去告诉项伯,说沛公是不敢背叛项王的。"沛公说:"你怎么和项伯有交情?"张良说:"在秦朝时,我和项伯有交往,项伯杀了人,我救过他。现在事情危急,所以特地来告诉我。"沛公说:"项伯与你比谁年岁大?"张良说:"项伯比我大。"沛公说:"你替我把他唤进来,我得尊他为兄长。"张良出去,邀请项伯。项伯于是进见沛公。沛公为他举杯敬酒祝寿,与他结为儿女亲家,说:"我进关后,丝毫也不敢贪占,登记了官民的户籍,封存了府库,等待项将军。之所以派将守关,是防备其他盗贼出入和意外事变的。我日夜盼望将军到来,怎敢谋反呢!希望您向项将军详细说明我是不敢背信弃义的。"项伯答应了。对沛公说:"明天不可不早些来向项王谢罪。"沛公说:"好。"于是项伯又连夜回去,到了军营,将沛公的话详细转告项羽。并趁机说:"沛公如不先攻克关中,你怎敢进去呢?现在人家有大功而要攻打,是不义的,不如就此好好待他。"项王应允了。

沛公旦日从①百余骑来见项王,至鸿门,谢曰:"臣与将军戮力而攻秦,将军战河北,臣战河南,然不自意②能先入关破秦,得复见将军于此。今者有小人之言③,令将军与臣有郤(隙)。"项王曰:"此沛公左司马曹无伤言之;不然,籍何以至此。"项王即日因留沛公与饮。项王、项伯东向坐④。亚父南向坐。亚父者,范增也。沛公北向坐,张良西向侍。范增数目⑤项王,举所佩玉玦⑥以示之者三,项王默然不应。范增起,出召项庄,谓曰:"君王为人不忍⑦,若⑧入前为寿,寿毕,请以剑舞,因击沛公于坐,杀之。不(否)者⑨,若属⑩皆且为所虏。"庄则入为寿,寿毕,曰:"君王与沛公饮,军中无以为乐,请以剑舞。"项王曰:"诺。"项庄拔剑起舞,项伯亦拔剑起舞,常以身翼蔽⑪沛公,庄不得击。于是张良至军门,见樊哙。樊哙曰:"今日之事何如?"良曰:"甚急。今者项庄拔剑舞,其意常在沛公也。"哙曰:"此迫⑫矣,臣请入,与之同命⑬。"哙即带剑拥盾入军门。交戟⑭之卫士欲止不内(纳),樊哙侧其盾以撞,卫士仆地⑮,哙遂入,披帷⑯西向立,瞋目⑰视项王,头发上指⑱,目眦尽裂⑲。项王按剑而跽⑳曰:"客何为者?"张良曰:"沛公之参乘㉑樊哙者也。"项王曰:"壮士,赐之卮酒。"则与斗卮酒㉒。哙拜谢,起,立而饮之。项王曰:"赐之彘肩㉓。"则与一生彘肩。樊哙覆其盾于地,加彘肩上,拔剑切而啖之。项王曰:"壮士,能复饮乎?"樊哙曰:"臣死且不避,卮酒安足辞!夫秦王有虎狼之心,杀人如不能举㉔,刑人如恐不胜,天下皆叛之。怀王与诸将约曰'先破秦入咸阳者王之'。今沛公先破秦入咸阳,豪(毫)毛不敢有所近,封闭宫室,还军霸上,以待大王来。故遣将守关者,备他盗出入与非常也。劳苦而功高如此,未有封侯之赏,而听细说㉕,欲诛有功之人。此亡秦之续耳,窃为大王不取也。"项王未有以应,曰:"坐。"樊哙从良坐。坐须臾,沛公起如厕,因招樊哙出。

◎**注释** ①〔从〕带领随从。②〔不自意〕自己也没有料想到。③〔小人之言〕指坏人挑拨。④〔东向坐〕古代在室内以坐西向东为尊。⑤〔数(shuò)目〕多次使眼色。⑥〔玉玦(jué)〕环形开缺口的玉。古人常用以表示决心。⑦〔不忍〕心肠软,不狠心。⑧〔若〕你。⑨〔不者〕否则,不然的话。不,同"否"。⑩〔若属〕你们这些人。⑪〔翼蔽〕遮蔽,掩护。⑫〔迫〕急迫,指情况紧急。⑬〔同命〕同生死。⑭〔交戟〕持戟交叉。⑮〔仆地〕倒地。⑯〔披帷〕揭开营帐。⑰〔瞋(chēn)目〕张目怒视。⑱〔头发上指〕头发向上竖起。⑲〔目眦(zì)尽裂〕眼眶都裂开了。⑳〔跽(jì)〕半跪。古人席地而坐,两膝着地,臀部贴在脚跟。臀部不靠脚跟为跪,跪而挺身直腰为跽。㉑〔参乘〕即车右,古代在车右担任警卫的武士。㉒〔斗卮酒〕一大杯酒。"斗"或是衍文。㉓〔彘(zhì)肩〕整条猪腿。㉔〔举〕尽,全。㉕〔细说〕指小人的谗言。

◎**大意** 沛公第二天早晨带领一百多人来见项羽，到了鸿门，道歉说："我与将军合力攻秦，将军战于河北，我战于河南，但是我也没想到能先入关灭掉秦朝，得以在此又见到将军。现在有小人挑唆，使将军和我产生矛盾。"项羽说："这是你的左司马曹无伤说的；不然，我怎么会做出这种事。"当天项羽就与沛公宴饮。项羽、项伯面向东坐。亚父面向南坐。亚父，就是范增。沛公面向北坐，张良面向西陪坐。范增屡次向项羽使眼色，多次举起所佩带的玉玦暗示项羽，项羽默然不应。范增站起来，出去叫项庄，对他说："项王为人心肠软，你进去上前祝酒，敬完酒，就请求舞剑，趁机在坐席上刺击沛公，杀死他。否则，你们都将被他俘虏。"项庄就进去祝酒，敬完酒，说："君王与沛公饮酒，军中没有什么可以取乐，请让我舞剑。"项羽说："好。"于是项庄拔剑起舞，项伯也拔剑起舞，常用身体掩护沛公，项庄不能行刺。于是张良走到军门，找到樊哙。樊哙说："今天的事怎样？"张良说："很危急。现在项庄拔剑起舞，其意图常在沛公身上。"樊哙说："事情如此紧迫，请让我进去，与沛公同生死。"樊哙立即带剑持盾进入军门。帐前站岗的卫士交叉举戟要阻止他进入，樊哙横着盾牌撞击卫士，卫士倒在地上，樊哙就进入了大帐，分开帐帷向西站立，怒目注视着项羽，头发竖起，眼角都裂开了。项羽提剑跪起说："来客是干什么的？"张良说："他是沛公的参乘樊哙。"项羽说："真是个壮士，赏赐他一杯酒。"就给他一大杯酒。樊哙拜谢，站起来喝了。项羽说："赏赐他猪腿！"于是给了他一整条猪腿。樊哙将盾牌反放在地上，把猪腿放在上面，拔剑切开，大口吞吃。项羽说："壮士，还能再喝酒吗？"樊哙说："我连死都不怕，一杯酒怎能推辞！秦王怀有虎狼之心，杀人唯恐不尽，用刑则唯恐不重，天下人都背叛了他。楚怀王和诸将约定'先灭掉秦朝进入咸阳者为关中王'。现在沛公先打败秦朝进入咸阳，东西毫厘也不敢占取，封闭宫室，回军驻扎霸上，等待大王到来。之所以派将守关，是为了防备其他强盗出入与意外事变。这样劳苦功高，不给封侯的奖赏，反而听信小人谗言，要杀有功之人。这是继续走秦朝灭亡的道路，我以为大王的做法实不可取。"项羽没有回应，说："坐。"樊哙挨着张良坐下。坐了一会，沛公起来上厕所，趁机叫樊哙出去。

沛公已出，项王使都尉陈平召沛公。沛公曰："今者出，未辞也，为之奈何？"樊哙曰："大行不顾细谨，大礼不辞小让。如今人方为刀俎①，我为鱼肉②，何辞为③。"于是遂去。乃令张良留谢。良问曰："大王来何操④？"曰："我持白璧⑤一双，欲献项王，玉斗⑥一双，欲与亚父，会⑦其怒，不敢献。公为我献之。"张良曰："谨诺。"当是时，项王军在鸿门下，沛公军在霸上，相去四十里。沛公则置⑧车骑，脱身独骑，与樊哙、夏侯婴、靳强、纪信等四人持剑盾步走，从郦山下，道芷阳⑨间行⑩。沛公谓张良曰："从此道至吾军，不过二十里耳。度⑪我至军中，公乃入。"沛公已去，间至军中，张良入谢，曰："沛公不胜杯杓⑫，不能辞。谨使臣良奉白璧一双，再拜献大王足下；玉斗一双，再拜奉大将军足下。"项王曰："沛公安在？"良曰："闻大王有意督过⑬之，脱身独去，已至军矣。"项王则受璧，置之坐上。亚父受玉斗，置之地，拔剑撞而破之，曰："唉！竖子⑭不足与谋。夺项王天下者，必沛公也，吾属今为之虏矣。"沛公至军，立诛杀曹无伤。

◎**注释** ①〔刀俎（zǔ）〕刀和砧板。②〔我为鱼肉〕喻处在任人宰割的地位。③〔何辞为〕要辞行干什么。④〔来何操〕来时带了些什么。操，持。⑤〔璧〕圆形玉器，中间有小孔。⑥〔玉斗〕玉制的酒器。⑦〔会〕逢，值。⑧〔置〕弃置，丢下。⑨〔道芷（zhǐ）阳〕取道芷阳。⑩〔间（jiàn）行〕抄小路而行。⑪〔度（duó）〕估计。⑫〔不胜杯杓（sháo）〕不胜酒力。杯杓，酒器，代指酒。⑬〔督过〕责备。督，责。⑭〔竖子〕小子。此处明斥项庄，暗指项羽。

◎**大意** 沛公出去后，项羽让都尉陈平召唤沛公。沛公说："刚才出来，没有告辞，怎么办呢？"樊哙说："干大事不要顾忌细枝末节，行大礼不要怕小的责难。现在人家是刀俎，我们是鱼肉，何必告辞。"于是就一起走了。叫张良留下来致谢。张良说："大王来时带了什么礼物？"沛公说："我带了一双白璧，要献给项王；玉斗一双，想给亚父。恰逢他们发怒，不敢献上。你替我献给他们。"张良说:"谨遵所命。"当时,项羽的军队驻扎在鸿门下,沛公军驻扎在霸上,相距四十里。沛公于是丢下来时所带的车骑,脱身独自骑马,樊哙、夏侯婴、靳强、纪信等四人持剑抱盾跑步相随,从郦山脚下经芷阳抄小路逃走。沛公对张良说:"由这条路到我们军营,不过二十里。估计我到了军营,你便进去。"沛公离开后,走小路到了军中,于是张良进帐对项羽说:"沛公不胜酒力,不能告辞。谨派我奉白璧一双,敬献大王足下;玉斗一双,敬奉大将军。"项羽问:"沛公在哪里?"张良说:"听说大王有意责备,他脱身独自离开,已回到军营中了。"项羽于是收下白璧,放在坐席上。亚父收下玉斗,弃置地上,拔剑将它击碎,说:"唉!与这小子难以共谋大事。抢夺项王天下的,必定是沛公,我等将要成为他的俘虏了。"沛公回到军中,立刻杀了曹无伤。

居数日,项羽引兵西屠咸阳,杀秦降王子婴,烧秦宫室,火三月不灭;收其货宝妇女而东。人或说项王曰:"关中阻①山河四塞②,地肥饶,可都③以霸。"项王见秦宫室皆以(已)烧残破,又心怀思欲东归,曰:"富贵不归故乡,如衣绣④夜行,谁知之者!"说者曰:"人言楚人沐猴而冠⑤耳,果然。"项王闻之,烹说者。

◎**注释** ①〔阻〕凭恃,依仗。②〔四塞〕四面有险可守。关中东有函谷,南有武关,西有散关,北有萧关。③〔都〕建都。④〔衣绣〕穿着锦绣的衣服。⑤〔沐猴而冠〕猴子穿上人的衣冠,谓徒具人形。沐猴,猕猴。冠,戴帽子。

◎**大意** 过了几天,项羽率军西进,屠灭咸阳,杀死秦朝降王子婴,焚烧秦朝宫室,大火三个月不灭;收取秦朝的财宝妇女向东而去。有人劝项羽说:"关中凭借山河四塞险固,土地肥沃,可以建都称霸。"项羽看到秦朝宫室都已被烧毁,又思念家乡,想回东方,说:"富贵了不回家乡,就像身穿锦绣在夜里行走,谁能看到!"劝他的人说:"人们说楚国人像猕猴戴着人的帽子一样,果然如此。"项羽听到此话,煮杀了他。

项王使人致命①怀王。怀王曰："如约②。"乃尊怀王为义帝③。项王欲自王④，先王诸将相。谓曰："天下初发难⑤时，假立⑥诸侯后以伐秦。然身被坚执锐首事⑦，暴露于野三年，灭秦定天下者，皆将相诸君与籍之力也。义帝虽无功，故当⑧分其地而王之。"诸将皆曰："善。"乃分天下，立诸将为侯王。项王、范增疑沛公之有天下，业已讲解⑨，又恶负约⑩，恐诸侯叛之，乃阴谋曰："巴、蜀道险，秦之迁人⑪皆居蜀。"乃曰："巴、蜀亦关中地也。"故立沛公为汉王，王巴、蜀、汉中，都南郑⑫。而三分关中，王秦降将以距（拒）塞⑬汉王。项王乃立章邯为雍王，王咸阳以西，都废丘。长史欣者，故为栎阳狱掾，尝有德于项梁；都尉董翳者，本劝章邯降楚。故立司马欣为塞王，王咸阳以东至河，都栎阳；立董翳为翟王，王上郡，都高奴。徙魏王豹为西魏王，王河东，都平阳。瑕丘申阳者，张耳嬖臣也，先下河南郡，迎楚河上，故立申阳为河南王，都雒阳。韩王成因故都⑭，都阳翟。赵将司马卬定河内，数有功，故立卬为殷王，王河内，都朝歌。徙赵王歇为代王。赵相张耳素贤，又从入关，故立耳为常山王，王赵地，都襄国。当阳君黥布为楚将，常冠军，故立布为九江王，都六。鄱君吴芮⑮率百越佐诸侯，又从入关，故立芮为衡山王，都邾。义帝柱国共敖将兵击南郡，功多，因立敖为临江王，都江陵。徙燕王韩广为辽东王。燕将臧荼从楚救赵，因从入关，故立荼为燕王，都蓟。徙齐王田市为胶东王。齐将田都从共救赵，因从入关，故立都为齐王，都临菑。故秦所灭齐王建孙田安，项羽方渡河救赵，田安下济北数城，引其兵降项羽，故立安为济北王，都博阳。田荣者，数负项梁，又不肯将兵从楚击秦，以故不封。成安君陈馀弃将印去，不从入关，然素闻其贤，有功于赵，闻其在南皮，故因环封三县⑯。番（鄱）君将梅铒功多，故封十万户侯。项王自立为西楚霸王⑰，王九郡，都彭城。

◎**注释** ①〔致命〕复命。②〔如约〕按前约行事。即"先破秦入咸阳者王之"。③〔义帝〕假帝,挂名皇帝。④〔自王〕给自己封王。⑤〔发难(nàn)〕指起义。⑥〔假立〕临时拥立。⑦〔首事〕首举大事。⑧〔故当〕本该。故,原来,本来。⑨〔业已讲解〕已经讲和。⑩〔恶(wù)负约〕不愿担当毁约的罪名。恶,讨厌。负,违。⑪〔迁人〕犯罪被流放的人。⑫〔南郑〕汉中郡治,在今陕西南郑。⑬〔距塞〕阻塞。⑭〔因故都〕沿袭韩国故都。⑮〔鄱(pó)君吴芮〕吴芮曾为鄱阳令,故称鄱君。⑯〔环封三县〕封给南皮周围的三个县。⑰〔西楚霸王〕项羽以彭城为都,又为诸侯盟主,故称西楚霸王。

◎**大意** 项羽派人向怀王报告。楚怀王说:"照前约办事。"于是项羽就尊怀王为义帝。项羽想自己称王,就先封各位将相为王。对他们说:"全国义军初起时,暂立六国的后代为王以讨伐秦朝。然而亲身冲锋陷阵首先起义,日晒雨淋在外作战三年,灭亡秦朝平定天下的,都是诸位将相与我项羽的力量。义帝虽然无功,因系诸侯之后,也应当分地封王。"诸将都说:"好。"于是划分天下,封诸将为王侯。项羽、范增怀疑沛公会夺取天下,但事情已经和解,又不想承担撕毁怀王之约的罪名,害怕诸侯叛离自己,就暗中策划道:"巴、蜀交通不便,秦朝犯罪被流放的人都居住在蜀地。"就说:"巴、蜀也是关中区域。"所以封沛公为汉王,管辖巴、蜀、汉中,建都南郑。而将关中土地划为三份,封秦朝降将为王以抗拒汉王。于是项羽封章邯为雍王,管辖咸阳以西地区,建都废丘。长史司马欣,以前任栎阳狱掾,曾对项梁有恩;都尉董翳,本来劝过章邯投降楚军。因此封司马欣为塞王,管辖咸阳以东至黄河之地,建都栎阳;封董翳为翟王,管辖上郡,建都高奴。调魏王豹为西魏王,统领河东郡,建都平阳。瑕丘人申阳,是张耳宠信之臣,先攻克河南郡,在黄河岸上迎接楚军,因此被封为河南王,建都雒阳。韩王成仍居韩国故都,建都阳翟。赵国将领司马卬平定河内,屡次立功,所以封司马卬为殷王,统领河内郡,建都朝歌。调赵王歇任代王。赵相国张耳一向贤能,又跟随入关,所以封张耳为常山王,统领赵地,建都襄国。当阳君黥布是楚国大将,勇冠诸军,因此封黥布为九江王,建都六(lù)县。鄱君吴芮率领百越士兵帮助诸侯,又跟随入关,所以封吴芮为衡山王,建都邾(zhū)。义帝的柱国共敖领兵攻南郡,功劳多,所以封共敖为临江王,建都江陵。调封燕王韩广为辽东王。燕国将领臧荼随楚国救赵,并跟随入关,所以立臧荼为燕王,建都蓟。调封齐王田市为胶东王。齐将田都跟随一起救援赵国，并随从入关，因此封田都为齐王，都于临淄。原秦朝灭掉的齐王建的孙子田安，项羽正在渡黄河救援赵国时，田安攻克济北几座城池，率其军投降了项羽，所以封田安为济北王，建都博阳。田荣屡次背弃项梁，又不肯率兵随楚攻打秦军，因此不封。成安君陈馀抛弃将印而去，不跟随入关，但一直听说他很贤能，有功于赵，听说他在南皮县，所以就把环绕南皮的三个县封给他。鄱君吴芮的部将梅鋗功劳多，因此封他为十万户侯。项羽自封为西楚霸王，统领九个郡，建都彭城。

汉之元年四月，诸侯罢戏（麾）下①，各就国。项王出之国②，使人徙义帝，曰："古之帝者地方千里，必居上游。"乃使使徙义帝长沙③郴县④。趣⑤义帝行，其群臣稍稍⑥背叛之，乃阴令衡山、临江王击杀之江中。韩王成无军功，项王不使之国，与俱至彭城，废以为侯，已又杀之。臧荼之国，因逐韩广之辽东，广弗听，荼击杀广无终⑦，并王其地。

◎**注释** ①〔诸侯罢戏（huī）下〕诸侯在项羽的旗帜下解散而去。戏，通"麾"，大将之旗。项羽为诸侯上将军，故诸侯皆属其麾下。②〔出之国〕出关到自己的封国。③〔长沙〕秦郡名，郡治临湘，在今湖南长沙南。④〔郴（chēn）县〕长沙郡属县。⑤〔趣（cù）〕催促。⑥〔稍稍〕逐渐。⑦〔无终〕秦县名。

◎**大意** 汉王元年四月，诸侯在项羽的帅旗下分散，各自奔赴封国。项羽东出函谷关到封国去，派人迁移义帝，说："古代帝王的领地方圆千里，一定要住到居高临下之地。"就让使者把义帝迁往长沙郴县。催促义帝上路，义帝的臣下逐渐叛离了义帝，项羽就密令衡山王吴芮、临江王共敖在长江上杀了他。韩王成没有军功，项羽不让他到封国，让他一起去彭城。黜废为侯，随后又杀了他。臧荼到了封国，就赶韩广去辽东，韩广不肯，臧荼在无终县把他杀死，兼并了他的领地。

田荣闻项羽徙齐王市胶东，而立齐将田都为齐王，乃大怒，不肯遣齐王之胶东，因以齐反，迎击田都。田都走楚。齐王市畏项王，乃亡之胶东就国。田荣怒，追击杀之即墨。荣因自立为齐王，而西击杀济北王田安，并王三齐①。荣与彭越将军印，令反梁地。陈馀阴使张同、夏说说齐王田荣曰："项羽为天下宰②不平。今尽王故王于丑地③，而王其群臣诸将善地，逐其故主④赵王乃北居代，馀以为不可。闻大王起兵，且不听不义，愿大王资⑤馀兵，请以击常山，以复赵王，请以国为扞蔽⑥。"齐王许之，因遣兵之赵。陈馀悉发三县兵，与齐并力击常山，大破之。张耳走归汉。陈馀迎故赵王歇于代，反之赵。赵王因立陈馀为代王。

◎**注释** ①〔三齐〕指在齐地的三个国家，即齐、济北、胶东。②〔宰〕主宰。③〔尽王故王于丑地〕指项羽改封魏王豹为西魏王，徙赵王歇于代，徙燕王韩广于辽东，徙齐王市于胶东。丑地，不好的地方。④〔逐其故主〕指项羽徙魏、赵、燕、齐四王。因陈馀曾跟随赵王歇，故下文着重提赵王，并以复赵为旗号。⑤〔资〕助。⑥〔扞（hàn）蔽〕屏藩，遮挡，护卫。

◎**大意** 田荣听说项羽迁齐王田市到胶东，而封齐将田都为齐王，非常愤怒，不愿意送齐王田市去胶东，就据齐反叛，迎面攻击田都。田都跑到楚国。齐王田市害怕项王，就逃去胶东赴任。田荣生气了，在即墨把他杀死。田荣于是自立为齐王，并西进攻杀了济北王田安，兼并三齐领地。田荣授予彭越将军印信，让他在梁地反叛。陈馀暗派张同、夏说游说齐王田荣道："项羽主宰天下事，不公平。现在把原来的诸侯都封到不好的边远地区，而把好地方封给他的臣下诸将，驱逐原来的国王，使赵王歇北居代地，陈馀认为这样不行。听说大王起兵，而且不听从项羽的无义命令，希望大王资助陈馀兵力，用以攻打常山，以恢复赵王歇的领地，让赵国成为齐国屏蔽。"齐王答应了他们，于是派兵去赵国。陈馀调动三县全部兵力，与齐军合力攻打常山，大败常山王。张耳投靠汉王刘邦。陈馀在代地迎接原赵王歇，返回赵国。赵王于是立陈馀为代王。

是时，汉还定三秦①。项羽闻汉王皆已并关中，且东②，齐、赵叛之，大怒。乃以故吴令郑昌为韩王，以距（拒）汉。令萧公角等击彭越。彭越败萧公角等。汉使张良徇韩，乃遗项王书曰："汉王失职③，欲得关中，如约即止，不敢东。"又以齐、梁反书遗项羽曰："齐欲与赵并灭楚。"楚以此故无西意，而北击齐。征兵九江王布。布称疾不往，使将将数千人行。项王由此怨布也。

◎**注释**　①〔三秦〕指雍、塞、翟三国，原为秦国之地。②〔且东〕将要东进。③〔失职〕没有得到本该有的职分。指未能在关中称王。

◎**大意**　这时，汉王回军平定三秦。项羽听说汉王已吞并了整个关中，将要东进，齐国、赵国也背叛了他，非常愤怒。于是任秦时吴县令郑昌为韩王，以抗阻汉王。命令萧公角等人攻打彭越。彭越打败了萧公角等人。汉王派张良镇抚韩国，于是给项羽写信道："汉王没有得到应得的土地，想要得到关中，兑现盟约所定就停止行动，不敢东进。"又利用齐、梁反叛楚国的事给项羽写信说："齐国想要和赵国合力消灭楚国。"项羽因此无意西进，而向北攻打齐国。项羽向九江王黥布征兵。黥布托病不去，仅派部将带几千人前往。项羽因此怨恨黥布。

　　汉之二年冬，项羽遂北至城阳，田荣亦将兵会战。田荣不胜，走至平原，平原民杀之。遂北烧夷①齐城郭室屋，皆坑田荣降卒，系虏其老弱妇女。徇齐至北海，多所残灭。齐人相聚而叛之。于是田荣弟田横收齐亡卒得数万人，反城阳。项王因留，连战未能下。

◎**注释**　①〔烧夷〕烧毁。夷，平。

◎**大意**　汉王二年冬，项羽北进到了城阳，田荣也率军迎战。田荣不敌，败逃到平原郡，平原百姓杀了他。于是项羽北进焚毁齐的城郭房屋，全部坑杀了田荣的降兵，掳掠其老弱妇女。攻打齐国到北海郡，很多地方被毁灭。齐国人聚集起来反叛项羽。于是田荣的弟弟田横收拢齐军散兵得几万人，返回城阳。项羽就停留下来，连战几次未能攻克。

春，汉王部①五诸侯兵，凡五十六万人，东伐楚。项王闻之，即令诸将击齐，而自以精兵三万人南从鲁出胡陵。四月，汉皆已入彭城，收其货宝美人，日置酒高会。项王乃西从萧晨击汉军而东，至彭城，日中，大破汉军。汉军皆走，相随②入穀、泗水，杀汉卒十余万人。汉卒皆南走山，楚又追击至灵壁东睢水上。汉军却，为楚所挤，多杀③，汉卒十余万人皆入睢水，睢水为之不流。围汉王三匝（匝）④。于是大风从西北而起，折木发屋⑤，扬沙石，窈冥⑥昼晦⑦，逢迎⑧楚军。楚军大乱，坏散⑨，而汉王乃得与数十骑遁去⑩。欲过沛，收家室而西；楚亦使人追之沛，取汉王家；家皆亡，不与汉王相见。汉王道逢得孝惠、鲁元，乃载行。楚骑追汉王，汉王急，推堕孝惠、鲁元车下，滕公常下收载之。如是者三。曰："虽急不可以驱⑪，奈何弃之？"于是遂得脱。求太公、吕后不相遇。审食其从太公、吕后间行，求汉王，反遇楚军。楚军遂与归，报项王，项王常置军中⑫。

◎**注释** ①〔部〕《集解》引徐广曰："一作'勒'。"部勒，率领。②〔相随〕一个接着一个地。③〔多杀〕好多人被杀。④〔三匝（zā）〕三层。匝，同"匝"，环绕一周。⑤〔折木发屋〕木，树。发，掀起。⑥〔窈（yǎo）冥〕昏暗的样子。⑦〔昼晦〕白天如同夜晚。晦，天黑，晚上。⑧〔逢迎〕迎着，指风沙迎面而吹。⑨〔坏散〕崩溃。⑩〔遁去〕逃离。⑪〔驱〕赶马。⑫〔常置军中〕经常扣留在军营中，为的是当作人质。

◎**大意** 这年春天，汉王率领五个诸侯国的兵力，共五十六万人，东进讨伐楚国。项羽听说后，就命令诸将攻打齐国，而自己率领精兵三万人从鲁县出胡陵县南进。四月，汉军都已进入彭城，收取其财宝美女，天天大摆筵席饮酒聚会。项羽就西出萧县，于黎明时向东攻打汉军，直达彭城，中午时分，大破汉军。汉军全部逃走，接连跟着掉进穀（gǔ）水、泗水中，在这里被杀的汉兵有十余万人。汉兵向南逃进山区，楚军又追击到灵璧以东的睢（suī）水上。汉军退却，受楚军逼压，死亡很多，十余万汉兵都掉入睢水，睢水因此不能流动。楚军将汉王重重包围。这时大风忽从西北刮起，折树掀屋，飞沙走石，天昏地暗，迎面扑击楚军。楚军大乱，四散奔逃，汉王才得以与几十名骑兵逃去。汉王想经过沛县，携家眷西逃；楚军也派人追到了沛县，捉拿汉王家眷；家眷都逃走了，没能和汉王相见。汉王在路上遇见了他的儿子和女儿，也就是后来的孝惠帝和鲁元公主，便载在车上一同逃亡。楚军骑兵追赶汉王，汉王惶急，将孝惠、鲁元推落车下，滕公不断下车收载他俩。如此反复了多次。滕公说："虽然危急不能快驰，但怎么能忍心抛弃骨肉呢？"这样终于逃脱。一路寻找太公、吕后，没有遇到。审食其随太公、吕后抄小路走，寻找汉王，反而遇上楚军。于是楚军带他们回去，报告给项羽，项羽一直把他们安置在军营中。

　　是时吕后兄周吕侯为汉将兵居下邑，汉王间往从之，稍稍收其士卒。至荥阳，诸败军皆会①，萧何亦发关中老弱未傅②悉诣③荥阳，复大振。楚起于彭城，常乘胜逐北④，与汉战荥阳南京、索间，汉败楚，楚以故不能过荥阳而西。

◎**注释**　①〔会〕会合，会聚。②〔未傅〕指未曾载入名册，不符合兵役年龄的人。③〔诣〕往。④〔北〕指败逃之敌。
◎**大意**　当时吕后的兄长周吕侯吕泽为汉王领兵住在下邑县，汉王抄小路赶去与他会合，慢慢地收拢士兵。到荥阳，各路败散的部队都会聚一处，萧何也尽发关中未登记服役名册的年老、幼弱之人齐赴荥阳，汉王声势又大振起来。楚军从彭城开始，不断乘胜追击败退的汉兵，与汉军在荥阳南面的京县、索亭之间大战，汉军挫败楚军，楚军因此不能通过荥阳而西进。

项王之救彭城，追汉王至荥阳，田横亦得收齐，立田荣子广为齐王。汉王之败彭城，诸侯皆复与①楚而背汉。汉军荥阳，筑甬道属之河②，以取敖仓粟。

◎**注释** ①〔与〕归附。②〔属之河〕意思是把荥阳和黄河南岸连接起来。属，连接。

◎**大意** 项羽去救援彭城，追击汉王到荥阳，田横也趁机收复了齐国，拥立田荣的儿子田广为齐王。汉王在彭城被打败后，诸侯又都归附于楚而背离了汉。汉军驻扎于荥阳，修筑甬道直达黄河岸边，用以取得敖仓的粮食。

汉之三年，项王数侵夺汉甬道，汉王食乏，恐，请和，割荥阳以西为汉。项王欲听之。历阳侯范增曰："汉易与①耳，今释②弗取，后必悔之。"项王乃与范增急围荥阳。汉王患之，乃用陈平计间③项王。项王使者来，为太牢具④，举欲进之。见使者，详（佯）惊愕曰："吾以为亚父使者，乃反项王使者。"更持去，以恶食食⑤项王使者。使者归报项王，项王乃疑范增与汉有私，稍夺之权。范增大怒，曰："天下事大定矣，君王自为之。愿赐骸骨⑥归卒伍⑦。"项王许之。行未至彭城，疽⑧发背而死。

◎**注释** ①〔易与〕容易对付。②〔释〕放，指放走汉军。③〔间〕离间，指离间项王与范增的关系。④〔太牢具〕指极丰盛的筵席。古代祭祀或宴会，牛、羊、豕三者齐备叫太牢。具，饭食，酒肴。⑤〔以恶食食（sì）〕给粗劣的饭食。⑥〔赐骸骨〕意思是乞身告老。⑦〔归卒伍〕意思是回乡为民。卒伍，指乡里。⑧〔疽（jū）〕毒疮。

◎**大意** 汉王三年，项羽多次侵夺汉军的甬道，汉王缺乏粮食，惊恐不已，请求议和，分割荥阳以西之地为汉。项羽想听从议和。历阳侯范增说："汉已经很容易对付了,现在放弃机会不攻打,日后必定后悔。"项羽于是和范增急速包围荥阳。汉王对此很忧虑,就采用陈平的计策离间项羽与范增。项羽的使者来了,汉军准备好筵席,端出来将要摆在席上。看见使者,假装惊愕地说:"我以为是亚父的使者,原来竟是项王的使者。"便更换筵席,拿不好的食物给项羽的使者吃。使者回去报告给项羽,项羽于是怀疑范增与汉王私下有交往,逐渐削夺他的权力。范增很气愤,说:"天下事大体已定,君王自己干吧。请恩准老朽回家做平民。"项羽答应了他。范增尚未走到彭城,背上毒疮发作而死。

汉将纪信说汉王曰:"事已急矣,请为王诳楚为王①,王可以间出②。"于是汉王夜出女子荥阳东门被甲二千人,楚兵四面击之。纪信乘黄屋车,傅左纛③,曰:"城中食尽,汉王降。"楚军皆呼万岁。汉王亦与数十骑从城西门出,走成皋。项王见纪信,问:"汉王安在?"信曰:"汉王已出矣。"项王烧杀纪信。

◎**注释** ①〔请为王诳楚为王〕请让我假扮成您的模样,诓骗楚军。②〔间出〕乘隙逃出。③〔傅左纛(dào)〕傅,附着,这里有插的意思。纛,用毛羽做的类似旗子的装饰物,插于车衡之左。

◎**大意** 汉将纪信劝汉王说:"情况已很危急,请允许我打扮成大王的样子去蒙骗楚军,大王可以趁机悄悄地逃出。"于是汉王夜间在荥阳东门派出披甲女子二千人,楚军四面围击她们。纪信乘着用黄绸做车盖的车,在车子左边插上装饰有牛尾的大旗,喊道:"城中粮食已尽,汉王投降。"楚军都高喊万岁。这时汉王与几十名骑兵从城的西门出去,逃奔到成皋。项羽见到纪信,问道:"汉王在哪里?"纪信说:"汉王已出城了。"项羽烧死了纪信。

汉王使御史大夫周苛、枞公、魏豹守荥阳。周苛、枞公谋曰:"反国之王①,难与守城。"乃共杀魏豹。楚下荥阳城,生得②周苛。项王谓周苛曰："为我将，我以公为上将军，封三万户。"周苛骂曰："若不趣降汉，汉今虏若，若非汉敌也。"项王怒，烹周苛，并杀枞公。

◎**注释** ①〔反国之王〕意思是反叛过的国家的王，魏豹最初被项羽封为西魏王，后降汉，又叛汉。②〔生得〕活捉。

◎**大意** 汉王派御史大夫周苛、枞（cōng）公、魏豹把守荥阳。周苛、枞公商量道："魏豹是叛国之王，难以和他一起守城。"于是二人一起杀死魏豹。楚军攻克荥阳城，活捉周苛。项羽对周苛说："做我的部将，我任你为上将军，封赏三万户。"周苛骂他说："你不赶快投降汉军，汉军会很快俘虏你，你不是汉王的对手。"项羽发怒，煮杀了周苛，并杀了枞公。

汉王之出①荥阳，南走②宛、叶，得九江王布，行收兵③，复入④保成皋。汉之四年，项王进兵围成皋。汉王逃，独与滕公出成皋北门，渡河走修武，从张耳、韩信军。诸将稍稍得出成皋，从⑤汉王。楚遂拔成皋，欲西。汉使兵距（拒）之巩，令其不得西。

◎**注释** ①〔出〕逃出。②〔走〕奔逃。③〔行收兵〕沿途收拢士兵。④〔入〕回到。⑤〔从〕跟随。

◎**大意** 汉王逃出荥阳，南奔宛县、叶县，九江王黥布归降，沿途收拢士兵，又回到成皋坚守。汉王四年，项王进军包围成皋，汉王出逃，孤身和滕公跑出成皋北门，渡过黄河跑去修武，来到张耳、韩信军中。诸将陆续逃出成皋，跟随汉王。楚军于是夺取了成皋，想要西进。汉王派兵在巩县抵御，使楚军不能西进。

是时，彭越渡河击楚东阿，杀楚将军薛公。项王乃自东击彭越。汉王得淮阴侯兵，欲渡河南。郑忠说汉王，乃止壁①河内。使刘贾将兵佐彭越，烧楚积聚②。项王东击破之，走彭越③。汉王则引兵渡河，复取成皋，军广武，就敖仓食。项王已定东海来，西，与汉俱临广武而军，相守④数月。

◎**注释** ①〔壁〕壁垒，营垒，这里是筑起壁垒的意思。②〔积聚〕指粮草辎重。③〔走彭越〕使彭越走，把彭越打跑了。④〔相守〕各自守住营垒。

◎**大意** 当初，彭越渡过黄河到东阿攻打楚军，杀了楚将军薛公。项羽于是亲自向东攻打彭越。汉王取得淮阴侯韩信的军队，想渡黄河南进。郑忠劝说汉王，于是按兵屯驻河内。派刘贾领兵辅助彭越，烧毁了楚军的粮草辎重。项羽东进打败了他们，把彭越打跑了。汉王就率军渡过黄河，又夺取了成皋，驻扎在广武，使用敖仓的粮食。项羽平定了东海，回军西进，和汉军都驻扎在广武，相持了几个月。

当此时，彭越数反梁地，绝楚粮食，项王患之。为高俎，置太公其上，告汉王曰："今不急下①，吾烹太公。"汉王曰："吾与项羽俱北面受命怀王，曰'约为兄弟'，吾翁②即若翁，必欲烹而③翁，则幸分我一杯羹。"项王怒，欲杀之。项伯曰："天下事未可知，且为天下者不顾家，虽杀之无益，只益祸耳。"项王从之。

◎**注释** ①〔急下〕赶快投降。②〔翁〕指父亲。③〔而〕你的。

◎**大意** 这个时候，彭越多次扰乱梁地，断绝楚军粮食，项羽为此忧虑。他设置一个高大的砧板，把太公放在上面，告诉汉王说："现在你不赶快投降，我就煮杀太公。"汉王说："我与你都是听命于怀王的臣下，说过'结为兄弟'，我的父亲就是你的父亲，真要煮杀你父亲的话，希望你分给我一杯肉汤。"项羽愤怒，要杀太公。项伯说："天下事难以预料，况且志在天下的人是不顾家的，即使杀了他也没好处，只是增添祸端而已。"项羽听从了他的话。

楚汉久相持未决，丁壮苦军旅，老弱罢（疲）转漕^①。项王谓汉王曰："天下匈匈^②数岁者，徒以吾两人耳，愿与汉王挑战决雌雄，毋徒^③苦天下之民父子为^④也。"汉王笑谢曰："吾宁斗智，不能斗力。"项王令壮士出挑战。汉有善骑射者楼烦^⑤，楚挑战三合，楼烦辄射杀之。项王大怒，乃自被甲持戟挑战。楼烦欲射之，项王瞋目叱之，楼烦目不敢视，手不敢发，遂走还入壁，不敢复出。汉王使人间问之，乃项王也。汉王大惊。于是项王乃即^⑥汉王相与临广武间^⑦而语。汉王数^⑧之，项王怒，欲一战。汉王不听，项王伏弩^⑨射中汉王。汉王伤，走入成皋。

◎**注释** ①〔罢（pí）转漕〕由于水陆运输而疲惫。转，车运。漕，船运。②〔匈匈〕动乱，纷扰。③〔徒〕白白地。④〔为〕语气词。⑤〔楼烦〕北方民族名，其人善骑射，这里指善于骑射的士卒。⑥〔即〕近，走近。⑦〔间〕当作"涧"。⑧〔数〕数说，列举罪状。⑨〔伏弩〕指埋伏的弓箭手。

◎**大意** 楚汉长期相持未决胜负，青壮年苦于军役，老弱疲于运送粮饷。项羽对汉王说："天下战乱纷扰数年，只是因为我们两个人而已，希望向你挑战，一决雌雄，不要平白地使天下百姓受这样的痛苦。"汉王笑着推辞说："我宁可斗智，不愿斗力。"项羽命令壮士出营挑战。汉军中有个神箭手，楚兵挑战三个回合，都被他用箭射杀了。项羽大为愤怒，就亲自披甲持戟挑战。神箭手正要射他，项羽对他怒目呵斥，那神箭手眼不敢看，手不敢射，于是跑回营垒，不敢再出来。汉王派人暗中打听，才知挑战者就是项羽。汉王大吃一惊。于是项羽靠近汉王隔着广武涧对话。汉王历数项羽之罪，项羽恼怒，要求决战一场。汉王不接受挑战，项羽埋伏的弓箭手射中了汉王。汉王受伤，跑进城皋。

项王闻淮阴侯已举河北，破齐、赵，且欲击楚，乃使龙且往击之。淮阴侯与战，骑将灌婴击之，大破楚军，杀龙且。韩信因自立为齐王。项王闻龙且军破，则恐，使盱台人武涉往说淮阴侯。淮阴侯弗听。是时，彭越复反，下梁地，绝楚粮。项王乃谓海春侯大司马曹咎等曰："谨守成皋，则汉欲挑战，慎①勿与战，毋令得东②而已。我十五日必诛彭越，定梁地，复从将军。"乃东，行击陈留、外黄。

◎**注释** ①〔慎〕千万。②〔毋令得东〕不要让汉军得以东进。
◎**大意** 项羽听说淮阴侯韩信已占领河北，打败了齐国、赵国，并且将要攻打楚国，于是派龙且前往迎击。淮阴侯韩信与龙且交战，骑将灌婴出战，大败楚军，杀了龙且。韩信于是自立为齐王。项羽得知龙且军败，便惊恐起来，派盱台人武涉去游说淮阴侯韩信。淮阴侯不听。这时，彭越又起兵，攻克梁地，断绝楚军粮食。项羽就对海春侯大司马曹咎等人说："小心地守住成皋，即便汉军挑战，也千万不要出战，只要不使汉军东进就行了。我十五天内必定诛杀彭越，平定梁地，再与将军会合。"于是东进，攻打陈留、外黄。

外黄不下。数日，已降，项王怒，悉令男子年十五已（以）上诣城东，欲坑之。外黄令舍人①儿年十三，往说项王曰："彭越强劫外黄，外黄恐，故且降，待大王。大王至，又皆坑之，百姓岂有归心？从此以东，梁地十余城皆恐，莫肯下矣。"项王然其言②，乃赦外黄当坑者。东至睢阳，闻之皆争下③项王。

◎**注释** ①〔舍人〕门客。②〔然其言〕以其言为然，认为他的话对。③〔争下〕争着降服。
◎**大意** 一开始，外黄没能攻下。过了几天，全城投降，项羽愤怒不已，命令所有十五岁以上的男子都到城东去，要挖坑活埋他们。外黄县令的一个门客有个十三岁的儿子，去劝说项羽道："彭越强力威逼外黄，外黄人人恐惧，所以权且投降，等待大王来解救。大王来了，又要全部坑杀，百姓怎能有归顺之心？从此向东，梁地十余座城邑无不恐惧，不会愿意投降了。"项羽认为他的话是对的，就赦免了要坑杀的外黄人。向东直到睢阳等地的人,听到这个情况无不争相投顺项羽。

汉果数挑楚军战,楚军不出。使人辱之,五六日,大司马怒,渡兵汜水。士卒半渡,汉击之,大破楚军,尽得楚国货赂①。大司马咎、长史翳、塞王欣皆自刭汜水上。大司马咎者,故蕲狱掾,长史欣亦故栎阳狱吏,两人尝有德于项梁,是以项王信任之。当是时,项王在睢阳,闻海春侯军败,则引兵还。汉军方围钟离眛于荥阳东,项王至,汉军畏楚,尽走险阻②。

◎**注释**　①〔货赂〕财货。②〔险阻〕指山高路险之地。
◎**大意**　汉军果然不断向楚军挑战,楚军不出。汉王派人辱骂楚军,五六天后,大司马发怒,挥兵渡汜水。士兵刚渡过一半,汉军攻击他们,大败楚军,缴获了楚军全部的货物、钱财。大司马曹咎、长史董翳、塞王司马欣都自刎于汜水岸边。大司马曹咎是以前的蕲县狱掾,长史司马欣也是以前的栎阳狱吏,两人曾对项梁有过恩,所以项羽信任他们。当时,项羽在睢阳,听到海春侯兵败,就率兵返回。汉军正在荥阳之东包围钟离眛,项羽到来,汉军畏惧楚军,全部逃到险要地带。

是时,汉兵盛食多,项王兵罢(疲)食绝。汉遣陆贾说项王,请太公,项王弗听。汉王复使侯公往说项王,项王乃与汉约,中分天下,割鸿沟以西者为汉,鸿沟而东者为楚。项王许之,即归汉王父母妻子。军皆呼万岁。汉王乃封侯公为平国君。匿弗肯复见①。曰:"此天下辩士,所居倾国②,故号为平国君。"项王已约,乃引兵解而东归。

◎**注释** ①〔匿弗肯复见〕侯公藏起来不愿再露面。②〔所居倾国〕指因侯公口才好，他在哪个国家，就会使哪个国家倾覆。

◎**大意** 这时，汉军兵盛粮多，项羽兵疲粮断。汉王就派遣陆贾去劝说项羽，请求放回太公，项羽不听。汉王又派侯公前去劝说项羽，于是项羽和汉王订约，平分天下，划分鸿沟以西的地方为汉，鸿沟以东的地方为楚。项羽答应侯公，马上归还汉王的父母妻子。军中兵将无不呼喊万岁。于是汉王封侯公为平国君。侯公隐藏起来不愿再露面。汉王说："这位是天下的才辩之士，所到之处能倾覆其国，所以称他为平国君。"项羽订约后，就偃旗息鼓，率军回国。

汉欲西归，张良、陈平说曰："汉有天下太半①，而诸侯皆附之。楚兵罢（疲）食尽，此天亡楚之时也，不如因其机而遂取之。今释弗击，此所谓'养虎自遗患'也。"汉王听之。汉五年，汉王乃追项王至阳夏南，止军，与淮阴侯韩信、建成侯彭越期会而击楚军。至固陵，而信、越之兵不会。楚击汉军，大破之。汉王复入壁，深堑②而自守。谓张子房曰："诸侯不从约，为之奈何？"对曰："楚兵且破，信、越未有分地，其不至固宜③。君王能与共分天下，今可立致④也。即⑤不能，事未可知也。君王能自陈以东傅⑥海，尽与韩信；睢阳以北至穀城，以与彭越：使各自为战，则楚易败也。"汉王曰："善。"于是乃发使者告韩信、彭越曰："并力击楚。楚破，自陈以东傅海与齐王，睢阳以北至穀城与彭相国。"使者至，韩信、彭越皆报曰："请今进兵。"韩信乃从齐往，刘贾军从寿春并行，屠城父，至垓下。大司马周殷叛楚，以舒屠六，举九江兵，随刘贾、彭越皆会垓下，诣⑦项王。

◎**注释** ①〔太半〕大半。②〔深堑〕挖深壕沟。③〔固宜〕本来应该。④〔致〕招来。⑤〔即〕如果。⑥〔傅〕附着。这里是近的意思。⑦〔诣〕往，到……去，这里有逼近的意思。

◎**大意** 汉王想往西回国，张良、陈平劝他说："汉已拥有大半个天下，而诸侯无不归顺于汉。楚军兵疲粮尽，这正是天要灭楚的时候，不如乘此机会攻灭它。现在放走楚军，这就是常说的'养虎给自己留下祸患'呀。"汉王听从了他们的意见。汉王五年，汉王追赶项羽到了阳夏之南，驻扎下来，与淮阴侯韩信、建成侯彭越约定日期共击楚军。到达固陵后，韩信、彭越的军队却没有来会合。楚军攻打汉军，汉军大败。汉王又进入营垒，深挖壕沟防守。对张良说："诸侯不守约，怎么办呢？"回答说："楚军将败，韩信、彭越没有分到领地。他们不来本在情理之中。君王若能和他们共分天下，现在即可招他们前来。若不能，事情就难以预料了。君王若能将自陈以东到近海之地，都给韩信；睢阳往北至穀城的地区，给彭越：使他们各为自身利益而战，楚国就容易打败了。"汉王说："好。"于是派遣使者告诉韩信、彭越说："合力攻打楚军。楚败后，自陈以东到滨海地区给齐王，睢阳以北至穀城给彭相国。"使者到后，韩信、彭越都答复说："请求立即出兵。"韩信于是从齐国前往，刘贾军从寿春并进，屠灭城父，到达垓下。大司马周殷背叛楚国，以舒县之兵屠灭六县，发动九江兵，随同刘贾、彭越会合于垓下，追击项羽。

项王军壁垓下，兵少食尽，汉军及诸侯兵围之数重。夜闻汉军四面皆楚歌，项王乃大惊曰："汉皆已得楚乎？是何①楚人之多也！"项王则夜起，饮帐中。有美人名虞，常幸从；骏马名骓②，常骑之。于是项王乃悲歌慷慨，自为诗曰："力拔山兮气盖世，时不利兮骓不逝③。骓不逝兮可奈何，虞兮虞兮奈若何④！"歌数阕⑤，美人和之。项王泣数行下，左右皆泣，莫能仰视。

◎**注释** ①〔何〕为何。②〔骓（zhuī）〕毛色黑白相杂的马。③〔逝〕跑。④〔奈若何〕把你怎么办。⑤〔阕〕乐曲每终了一次叫一阕。"数阕"就是几遍。

◎**大意** 项羽在垓下扎起营寨，兵少粮尽，汉军及诸侯军将他们包围数重。夜间听到汉军四面都唱起楚歌，项羽于是大惊道："汉军已夺取楚国了吗？为什么楚人这样多呢？"项羽便晚上起来，在帐中饮酒。有一个名叫虞的美姬，常受宠幸随从项羽，有一匹名叫骓的骏马，项羽经常骑它。于是项羽就慷慨悲歌，自己作诗吟唱道："力能拔山啊，豪气盖世；时运不利啊，骏马难驰。骏马难驰啊，又有何妨？虞姬啊虞姬啊，如何安放！"连唱了几遍，美姬给他伴唱。项羽泪流数行，左右侍从无不哭泣，难以抬头观看。

于是项王乃上马骑，麾下壮士骑从者八百余人，直①夜溃围南出，驰走。平明，汉军乃觉之，令骑将灌婴以五千骑追之。项王渡淮，骑能属②者百余人耳。项王至阴陵，迷失道，问一田父③，田父绐④曰"左"。左，乃陷大泽中。以故汉追及之。项王乃复引兵而东，至东城，乃有二十八骑。汉骑追者数千人。项王自度不得脱。谓其骑曰："吾起兵至今八岁矣，身七十余战，所当者破，所击者服，未尝败北，遂霸有天下。然今卒⑤困于此，此天之亡我，非战之罪也。今日固决死，愿为诸君快战⑥，必三胜之，为诸君溃围，斩将，刈⑦旗，令诸君知天亡我，非战之罪也。"乃分其骑以为四队，四向⑧。汉军围之数重。项王谓其骑曰："吾为公取彼一将。"令四面骑驰下，期山东为三处。于是项王大呼驰下，汉军皆披靡⑨，遂斩汉一将。是时，赤泉侯为骑将，追项王，项王瞋目而叱之，赤泉侯人马俱惊，辟易⑩数里。与其骑会为三处。汉军不知项王所在，乃分军为三，复围之。项王乃驰，复斩汉一都尉，杀数十百人，复聚其骑，亡其两骑耳。乃谓其骑曰："何如？"骑皆伏曰："如大王言。"

◎**注释** ①〔直〕当，趁。②〔属〕连接，这里指跟上。③〔田父（fǔ）〕老农。④〔绐（dài）〕欺骗。⑤〔卒〕终于。⑥〔快战〕痛快地打一仗。⑦〔刈（yì）〕割，砍。⑧〔四向〕面向四方。⑨〔披靡〕原指草木随风倒伏，这里比喻军队溃败。

⑩〔辟易〕倒退的样子。

◎**大意** 于是项羽就骑上马，部下壮士骑马相随的有八百多人，半夜里向南冲破重围，驱马而奔。天亮了，汉军才发觉，命骑将灌婴率五千骑兵追赶。项羽渡过淮河，能追随他的骑兵仅一百多人而已。项羽到达阴陵，迷失了道路，问一个老农夫，老农夫骗他说"向左"。左行，就陷入了大沼泽地。因此汉军追上了他们。项羽于是又率兵向东跑，到达东城，只有二十八名骑兵了。汉军骑兵追赶的有几千人。项羽自己估计不能逃脱了。于是对他的骑兵说："我起兵到现在八年了，身经七十余战，所挡之敌败，所攻之敌降，未曾败过，这才称霸天下。然而今天终于被困在这里，这是天要亡我，并非打仗的过错。今日本当决死，愿为诸君痛快地打一仗，一定连胜三次，为诸君突围、斩将、砍旗，让诸君知道是天要亡我，而不是打仗的过错。"于是把他的人马分作四队，四个方向。汉军重重包围了他们。项羽对他的骑兵说："我为你们斩他一将。"命令四个方向的骑兵冲下去，约定在山的东面分三处会合。于是项羽高声呼喊着冲杀下去，汉军惊惧四散，于是斩杀一员汉将。这时，赤泉侯杨喜任骑将，追击项羽，项羽对他怒目呵斥，赤泉侯人马俱惊，倒退了几里，项羽与他的骑兵在三处会合。汉军不知道项羽在哪里，就将部队分为三路，重新包围项王。项羽于是冲杀，又斩杀汉军一个都尉，杀了近百人，再次聚合他的骑兵，仅仅损失两名而已。于是问他的骑兵说："怎么样？"骑兵都敬佩地说："正如大王所说。"

于是项王乃欲东渡乌江。乌江亭长檥①船待，谓项王曰："江东虽小，地方千里，众数十万人，亦足王也。愿大王急渡。今独臣有船，汉军至，无以渡。"项王笑曰："天之亡我，我何渡为②！且籍与江东子弟八千人渡江而西，今无一人还，纵江东父兄怜而王我，我何面目见之？纵彼不言，籍独不愧于心乎？"乃谓亭长曰："吾知公长者。吾骑此马五岁，所当无敌，尝一日行千里，不忍杀之，以赐公。"乃令骑皆下马步行，持短兵接战。独籍所杀汉军数百人。项王身亦被③十余创。顾见汉骑司马吕马童，曰："若非吾故人④乎？"马童面之⑤，指王翳曰："此项王也。"项王乃曰："吾闻汉购⑥我头千金,邑万户,吾为汝德⑦。"乃自刎而死。王翳取其头,余骑相蹂践争项王,相杀者数十人。最其后,郎中骑杨喜,骑司马吕马童,郎中吕胜、杨武各得其一体⑧。五人共会其体,皆是。分其地为五:封吕马童为中水侯,封王翳为杜衍侯,封杨喜为赤泉侯,封杨武为吴防侯,封吕胜为涅阳侯。

◎**注释** ①〔檥(yǐ)〕停船靠岸。②〔何渡为〕还渡江干什么。③〔被〕遭受。④〔故人〕旧友。⑤〔面之〕跟项王面对面。⑥〔购〕悬赏征求。⑦〔为汝德〕意思是送给你点儿好处。⑧〔体〕身体的部分,四肢加头合称五体。

◎**大意** 项羽这时想东渡乌江浦。乌江亭长移船靠岸等着,对项羽说:"江东虽小,但地方千里,民众几十万,也足可称王了。希望大王赶快渡江。现在就我有船,汉军到来,也无船可渡。"项羽笑着说:"天要亡我,我渡江干什么!况且我与八千江东子弟一起渡过长江西进,今天没有一人回来,即使江东父老兄弟怜爱而以我为王,我有何面目去见他们?即使他们不说,我能不愧疚于心吗?"于是他对亭长说:"我知道你是一个有德行的人,我骑这匹马五年了,所向无敌,曾经日行千里,不忍杀它,赏赐给你吧。"就命令骑兵都下马步行,持短小的兵器交战。仅项羽所杀的汉军就有几百人。项羽也身受十余处伤。回头看见了汉骑司马吕马童,说:"你不是我的老朋友吗?"吕马童面对项羽,指给王翳说:"这就是项王。"项羽于是说:"我听说汉王悬赏千金、封地万户,买我的人头,我为你做件好事吧。"就自刎而死了。王翳割取了项羽的头,其余的骑兵互相践踏争抢项羽的尸体,相互残杀的达几十人。最后,郎中骑杨喜,骑司马吕马童,郎中吕胜、杨武各得项羽身体的一部分。五人所得肢体能合并在一起,确是项羽。所以将悬赏的万户邑分为五份:封吕马童为中水侯,封王翳为杜衍侯,封杨喜为赤泉侯,封杨武为吴防侯,封吕胜为涅阳侯。

项王已死,楚地皆降汉,独鲁不下。汉乃引天下兵欲屠之,为其守礼义,为主死节①,乃持项王头视②鲁,鲁父兄乃降。始,楚怀王初封项籍为鲁公，及其死，鲁最后下，故以鲁公礼葬项王榖城。汉王为发哀，泣之而去。

◎**注释** ①〔死节〕为节操而死。②〔视〕给……看。
◎**大意** 项羽死后，楚地都投降了汉，只有鲁不投降。于是汉王想率天下兵马屠灭他们，后来考虑到鲁人不降是因为他们谨守礼义，能为主而死，就拿项羽的头给鲁人看，鲁父老兄弟这才投降。当初，楚怀王初封项羽为鲁公，到他死后，鲁又是最后投降，所以按鲁公的礼仪将项羽葬于榖城。汉王为他送葬，挥泪而去。

诸项氏枝属①，汉王皆不诛。乃封项伯为射阳侯。桃侯、平皋侯、玄武侯皆项氏，赐姓刘氏。

◎**注释** ①〔枝属〕宗族。
◎**大意** 项羽各支宗族，汉王都不诛杀。还封项伯为射阳侯。桃侯、平皋侯、玄武侯都是项氏一宗，赐为刘姓。

太史公曰：吾闻之周生①曰"舜目盖②重瞳子③"，又闻项羽亦重瞳子。羽岂其苗裔④邪？何兴之暴⑤也！夫秦失其政，陈涉首难，豪杰蜂起，相与并争，不可胜数。然羽非有尺寸⑥，乘势起陇（垄）亩之中⑦，三年，遂将五诸侯⑧灭秦，分裂天下，而封王侯，政由羽出，号为"霸王"，位虽不终⑨，近古以来未尝有也。及羽背关⑩怀楚，放逐义帝而自立，怨王侯叛己，难矣。自矜功伐⑪，奋⑫其私智而不师古⑬，谓霸王之业，欲以力征⑭经营天下，五年卒亡其国，身死东城，尚不觉寤（悟），而不自责，过矣。乃引⑮"天亡我，非用兵之罪也"，岂不谬哉！

◎ **注释** ①〔周生〕汉代儒者，姓周。②〔盖〕大概。③〔重瞳子〕两个瞳仁。④〔苗裔〕后代。⑤〔暴〕突然。⑥〔非有尺寸〕指没有根基。⑦〔陇亩之中〕田野之中，指民间。陇，同"垄"。⑧〔五诸侯〕指战国时的齐、赵、韩、魏、燕五个诸侯国。⑨〔位虽不终〕位，指王位。不终，指没有维持到最后。⑩〔背关〕舍弃关中。背，弃。⑪〔自矜功伐〕矜，夸。功伐，功劳，"伐"与"功"同义。⑫〔奋〕振，这里有极力施展的意思。⑬〔师古〕效法古人。⑭〔力征〕以武力征伐。⑮〔引〕拿过来，这里有找借口的意思。

◎ **大意** 太史公说：我听周生说"舜的眼睛大概有双瞳子"，又听说项羽也是双瞳子。项羽难道是舜的后裔吗？为什么兴起那样突然呢！秦朝暴虐无道，陈胜首先发难，英雄豪杰蜂拥而起，相互争斗，不可胜数。然而项羽并无尺寸之权势可借，却乘势兴起于民间，仅三年，就率领五诸侯灭亡了秦朝，分割天下，封授王侯，政令由项羽发布，号称"霸王"，王位虽未善终，近古以来也是未曾有过的。等到项羽放弃关中回归楚国，驱逐义帝而自立为王，怨恨诸侯王背叛自己，其处境就困难了。自夸功劳，逞个人机智而不效法古人，认为霸王大业，要以武力来夺取经营，仅五年时间就丢掉了自己的国家，身死东城，还不觉悟，也不责备自己，这已是大错特错了。竟然找借口"天要亡我，并非用兵的过错"，岂不荒谬！

◎ **释疑解惑**

众所周知，项羽并未称帝，终其一生最高的称谓也仅为"西楚霸王"，司马迁却将其列入本纪之中，这明显是一次破例。唐代司马贞认为："项羽崛起，争雄一朝，假号西楚，竟未践天子之位，而身首别离，斯亦不可称本纪，宜降为世家。"刘知几也认为："项羽僭盗而死，未得成君，求之于古，则齐无知、卫州吁类也，安得讳其名字，呼之曰王者乎？况其名曰西楚，号止霸王者乎！霸王者，即当时诸侯。诸侯而称本纪，求名责实，再三乖谬。"他们不认可司马迁的处理方式。维护司马迁的一方则从历史现实角度出发，肯定项羽在秦末动乱及楚汉之争中的实际历史地位。郝敬曰："羽与高帝并起，灭秦之功略相当，而羽以霸王主盟，尤一时之雄也。秦灭六国，楚灭秦，秦既纪矣，可绌楚乎？故并尊羽于秦汉间，不欲以成败论英雄也。扬子云谓嬴政二十六载而天下嬗秦，秦十五载而楚，楚五载而汉，五十载之际而天下三嬗，与子长之意正同。方羽分封诸侯，已嬗天下为帝王，为之本纪，非过也。"若如郝敬所言，将项羽列入本纪是基于秦末楚政权的现实存在性。然而楚政权君主为楚怀王心，为何司马迁不为楚怀王心立本纪而选择将项羽列入本纪？不可否认，将项羽列入本纪包含着司马迁基于历史现实的考量，体现着司马迁在选择传主上的现实指向原则；除此之外，更重要的原因其实是司马迁对项羽本人的无比崇敬与深切同情，这种感情直接促使他将项羽列入本纪之中。吴汝煜说："项羽，这位'喑呜叱咤，千人皆废'的盖世英雄，在秦汉之际的历史舞台上虽然只活动了短短八个年头，但他以自己的满腔热血，写下了一首最悲壮慷慨的诗。这首诗，在他生前就使天下人民的心弦为之激荡、振奋；在他身后，更使无数人为之吟咏、唱叹。司马迁是个好奇心很强又特别富于感情的历史学家。通过对项羽短暂而又不平凡的一生的考察，他被项羽性格的悲剧性和项羽形象的英雄色彩深深地打动了。因此，在项羽形象的塑造上，他'以全神付之'，倾注了自己的全部热情，奉献了自己最杰出的艺术才华。"司马迁对项羽的这份特殊情感，很可能是促使其将项羽列入本纪的主要原因。

◎思考辨析题

1. 试分析本篇中鸿门宴一段的叙事特点。
2. 司马迁在本篇是如何刻画项羽这一悲剧英雄的？

高祖本纪 第八

　　《高祖本纪》是有关汉代开创者刘邦的传记，依次记录了刘邦神异的出生和经历、灭秦和楚汉战争中的事件以及夺取天下之后的历史。《高祖本纪》包括了高祖早期事迹、秦纪年内容和汉纪年内容三部分。高祖早期事迹以故事的形式出现，并不按照纪年的方式排列。编年记事内容从秦二世元年开始，也是从此时期开始记载刘邦破秦的过程。破秦之后，文本开始采用汉纪年方式，依次记录汉元年到十二年的历史事件，其后包括了楚汉之争和汉初的政治、军事事件。《高祖本纪》有关刘邦早期事迹的文本与编年记事的文本有一个共同点，即都侧重刘邦私人细节故事的展露。不同的是，刘邦形象在早期故事文本中表面展露的是一位天命注定的政治宠儿，背后则是一个阴谋的政治家；编年记事文本则从光辉的一面展示了一个懂得选贤任能、从谏如流、颇具英雄气概的大丈夫形象。司马迁并不彻底否定刘邦。尽管司马迁在《项羽本纪》以及萧何、曹参等其他功臣列传中对刘邦有讽刺性记载，但《高祖本纪》作为刘邦的正传，主要还是从正面写刘邦，刘邦是作为开国者形象出现的。司马迁肯定刘邦灭秦和统一天下的伟大功业，尽管刘邦早期故事文本带有很大的神异色彩，但其背后隐约表现出的对刘邦的讽刺正表明司马迁正视了刘邦从一个市井顽劣之徒成长为一个统治者的过程。功成名就之后返乡，正是得意之时。《高祖本纪》写刘邦返乡时却带着一丝丝愁绪。《大风歌》最后归于对人才的渴求。刘邦起舞，又"慷慨伤怀，泣数行下"，流露出对故乡深切的情感。这是《高祖本纪》中仅有的一次记载刘邦深情的流露，展现了一个真真切切的暮年英雄。这与《项羽本纪》最后记录项羽垓下悲歌与美人凄婉别离异曲同工。司马迁在《高祖本纪》中有意采录刘邦军国大事之外的故事内容，成功地展现出刘邦夺取天下的个人原因。与项羽相比，他更懂得选贤任能，更易于采言纳谏。《高祖本纪》里的刘邦是一个有真情、有智慧的鲜活的人物，又是一个具有英雄气概的帝王。本篇在叙事上将楚汉之争诸事纷纷抖碎，组织而成，整中见乱，乱中见整。司马迁用"是时""当是时""于是"等词，采用多种叙事顺序，东穿西插，纵横不乱，绝无痕迹，表现出极高的叙事技巧。在写人上，只在篇首、篇后几个细节处刻画刘邦的豁达本色，语语入神。

高祖，沛丰邑中阳里人，姓刘氏，字季。父曰太公①，母曰刘媪②。其先③刘媪尝息大泽之陂④，梦与神遇。是时⑤雷电晦冥⑥，太公往视，则见蛟龙于其上。已而⑦有身，遂产高祖。

◎ **注释** ①〔太公〕古代对于老年男子的尊称。②〔媪（ǎo）〕古代对于老年女子的尊称。③〔其先〕起初。④〔陂（bēi）〕水边，岸边。⑤〔是时〕这时候。⑥〔晦冥〕昏暗。⑦〔已而〕不久。

◎ **大意** 高祖，沛县丰邑中阳里人。姓刘，表字季。父亲叫太公，母亲叫刘媪。当初刘媪曾在大湖岸边休息，梦中与神相遇。这时雷鸣电闪天昏地暗，太公前去看她，便看到蛟龙在刘媪身上。此事发生后不久刘媪就怀孕了，于是生了高祖。

高祖为人，隆准①而龙颜②，美须髯③，左股④有七十二黑子⑤。仁而爱人，喜施⑥，意豁如⑦也。常有大度，不事⑧家人⑨生产作业。及壮，试为吏，为泗水亭长，廷⑩中吏无所不狎侮⑪。好酒及色。常从王媪、武负贳⑫酒，醉卧，武负、王媪见其上常有龙，怪之。高祖每酤⑬留饮，酒雠⑭数倍。及见怪，岁竟⑮，此两家常折券弃责（债）⑯。

◎ **注释** ①〔隆准〕高鼻梁。准，鼻梁。②〔龙颜〕像龙一样的面貌。③〔须髯〕胡子。髯，两颊上的胡须。④〔股〕大腿。⑤〔黑子〕黑痣。⑥〔施〕施舍，布施。⑦〔豁如〕豁达豪放的样子。⑧〔事〕从事，参加。⑨〔家人〕平常人家。⑩〔廷〕官署。⑪〔狎侮〕狎，亲近而不庄重。侮，欺侮，捉弄。⑫〔贳（shì）〕租赁，赊欠。⑬〔酤（gū）〕买酒。⑭〔雠〕售，卖出去。⑮〔岁竟〕年终。⑯〔折券弃责（zhài）〕毁去债据，不再讨债。券，赊欠的字据。责，同"债"。

◎ **大意** 高祖这个人，长得隆鼻龙额，胡须很好看，左大腿上有七十二颗黑痣。对人亲善宽厚，喜欢予人恩惠，性情豁达。一向胸怀大志，不做平常人家所从事的生产劳动。到了壮年，被用为吏，担任泗水亭长，县衙里的吏员没有不被他轻侮的。爱好酒与女色，常常到王媪、武负的酒馆赊酒喝，喝醉了便睡倒，武负、王媪常看到他的上方有龙盘旋，深感奇怪。高祖每次来买酒或留下喝酒，卖出去的酒总是平时的几倍。发现怪异现象后，年终时，这两家酒店常销毁他的欠据，舍去他的酒债。

　　高祖常（尝）繇（徭）咸阳，纵观①，观秦皇帝，喟然太息②曰："嗟乎，大丈夫当如此也！"

◎**注释**　①〔纵观〕指许可百姓观看皇帝的车驾。②〔喟（kuì）然太息〕喟然，感叹的样子。太息，深深地叹息。
◎**大意**　高祖曾经在咸阳服劳役，有一天允许百姓观看皇帝的车驾，看到了秦始皇，他感慨地长叹说："啊，大丈夫应当这样啊！"

　　单父人吕公善①沛令，避仇从之客，因家沛②焉。沛中豪桀③吏闻令有重客，皆往贺。萧何为主④吏，主进⑤，令诸大夫⑥曰："进不满千钱，坐之堂下。"高祖为亭长，素易诸吏⑦，乃绐为谒⑧曰"贺钱万"，实不持一钱。谒入，吕公大惊，起，迎之门。吕公者，好相人⑨，见高祖状貌，因重敬之，引入坐。萧何曰："刘季固多大言，少成事。"高祖因狎侮诸客，遂坐上坐，无所诎⑩。酒阑⑪，吕公因目固留⑫高祖。高祖竟⑬酒，后。吕公曰："臣少好相人，相人多矣，无如季相，愿季自爱⑭。臣有息女⑮，愿为季箕帚妾⑯。"酒罢，吕媪怒吕公曰："公始常欲奇⑰此女，与贵人。沛令善公，求之不与，何自妄⑱许与刘季？"吕公曰："此非儿女子⑲所知也。"卒与刘季。吕公女乃吕后也，生孝惠帝、鲁元公主。

◎**注释**　①〔善〕友善，跟……要好。②〔家沛〕把家安在沛县。家，这里是安家的意思。③〔豪桀〕即豪杰，才能出众的人。④〔主〕主管，主持。⑤〔进〕指收入的钱财。⑥〔大夫〕对宾客的尊称。⑦〔素易诸吏〕素，平素，向来。易，轻视，瞧不起。⑧〔绐为谒〕绐，欺骗。谒，名帖。⑨〔相人〕给人看相。⑩〔诎〕卑屈谦让貌。⑪〔酒阑〕酒快喝完了。阑，残尽。⑫〔因目固留〕目，用眼色示意。固，坚决。⑬〔竟〕尽，完。⑭〔自爱〕自己珍重。⑮〔息女〕亲生女儿。息，生。⑯〔箕帚妾〕谦词，做从事洒扫等事的婢妾，这里指做妻子。⑰〔奇〕使……奇。即使之显贵之意。⑱〔妄〕随便。⑲〔儿女子〕等于说妇孺之辈，有蔑视之意。

◎ **大意**　单父人吕公与沛县令交好，为避仇到沛县令家客居，就在沛县安家了。沛县的豪杰官吏听说县令家有贵客，都奉送礼物前往道贺。萧何任主吏，主管接收礼品，对来贺的宾客说："贺礼不满千钱的，请坐在堂下。"高祖担任亭长，一向看不起这班官吏，就在名帖上哄骗道"贺钱一万钱"，实际没带一个钱。名帖递进去，吕公大惊，急忙起身，到门口迎接。吕公这个人，善于给人相面，一见高祖相貌，就十分敬重他，领到堂上坐下。萧何说："刘季一向爱说大话，很少能说到做到。"高祖趁机要戏侮这些宾客，就坐了上座，毫不谦让。酒快喝完了，吕公用眼色示意高祖一定留下。高祖一直等到席散，留到最后。吕公说："我年轻时就喜欢给人相面，相过的人很多，没有像你这样的贵相，希望你自爱。我有一个亲生女儿，愿意给你做洒扫的婢妾。"酒宴结束后，吕媪生气地对吕公说："你以前常想让女儿显贵，要嫁给贵人。沛县令和你交情好，要娶她你不肯，你怎么胡乱许给刘季呢？"吕公说："这不是你们这些女流之辈能懂的。"最终把女儿嫁与刘季。吕公的女儿就是吕后，生了孝惠帝、鲁元公主。

　　高祖为亭长时，常告归之田①。吕后与两子②居田中耨③，有一老父④过请饮⑤，吕后因餔⑥之。老父相吕后曰："夫人天下贵人。"令相两子，见孝惠，曰："夫人所以贵者，乃此男也。"相鲁元，亦皆贵。老父已去，高祖适⑦从旁舍⑧来，吕后具⑨言客有过，相我子母皆大贵。高祖问，曰："未远。"乃追及，问老父。老父曰："乡（向）者夫人婴儿皆似君，君相贵不可言。"高祖乃谢曰："诚⑩如父言，不敢忘德。"及高祖贵，遂不知老父处。

◎**注释** ①〔告归之田〕告，告假，请假。之，往，到……去。②〔子〕孩子，古代儿子和女儿都称子。③〔居田中耨(nòu)〕居，在。耨，锄草。④〔老父〕对老年男子的尊称。⑤〔请饮〕要水喝。请，求。⑥〔餔(bū)〕拿食物给人吃。⑦〔适〕正巧。⑧〔旁舍〕邻居。⑨〔具〕全都，原原本本地。⑩〔诚〕果真，如果。

◎**大意** 高祖做亭长时，常常休假回家种田。吕后和两个孩子在田中锄草，有个过路的老人向她讨水喝，吕后便给他食物。老人仔细看了吕后的相貌说："夫人是天下的贵人。"吕后让他给两个孩子看相，见了孝惠，说："夫人所以相贵，就因为这个男孩。"又相鲁元，也是贵人之相。老人走了，高祖恰巧从邻居家过来，吕后给他详述了刚才路过这里的老人认为其母子都是大贵之相的事。高祖问有多久了，吕后说："没走多远。"于是高祖便追去，问老人。老人说："方才那位夫人和小孩的命相都像你，你的命相贵不可言。"高祖便道谢说："若能真如老先生所言，我不会忘记你的恩德。"等到高祖显贵时，就不知道老人的去向了。

高祖为亭长，乃以竹皮为冠，令求盗①之薛治之，时时冠之，及贵常冠②，所谓"刘氏冠"乃是也。

◎**注释** ①〔求盗〕亭长手下专管追捕盗贼的差役。②〔常冠〕经常戴。冠，戴帽子。

◎**大意** 高祖做亭长时，喜欢戴用竹皮做的帽子，让负责捕盗的卒吏到薛县定做，时常戴着它。到了显贵时还常常戴，人们常说的"刘氏冠"就是这种帽子。

高祖以亭长为县送徒①郦山，徒多道亡②。自度③比至④皆亡之，到丰西泽中，止饮，夜乃解纵⑤所送徒。曰："公等皆去，吾亦从此逝⑥矣！"徒中壮士愿从者十余人。高祖被酒⑦，夜径⑧泽中，令一人行前。行前者还报曰："前有大蛇当径⑨，愿还。"高祖醉，曰："壮士行，何畏！"乃前，拔剑击斩蛇。蛇遂分为两，径开。行数里，醉，因卧。后人来至蛇所⑩，有一老妪⑪夜哭。人问何哭，妪曰："人杀吾子，故哭之。"人曰："妪子何为见杀⑫？"妪曰："吾子，白帝子⑬也，化为蛇，当道，今为赤帝子⑭斩之，故哭。"人乃以妪为不诚，欲笞⑮之，妪因忽不见。后人至，高祖觉⑯。后人告高祖，高祖乃心独喜，自负。诸从者日益畏之。

◎ **注释** ①〔徒〕壮丁。②〔道亡〕半路逃跑。亡，逃。③〔度(duó)〕估计，揣摩。④〔比至〕等到了（郦山）。⑤〔解纵〕解放，放走。纵，放。⑥〔逝〕走，离去。这里指逃亡。⑦〔被酒〕带有几分酒意。被，加。⑧〔径〕小路，这里作动词，从小路走。⑨〔当径〕横在小径当中。⑩〔所〕处，处所。⑪〔老妪〕老妇人。⑫〔见杀〕被杀。见，被。⑬〔白帝子〕暗喻秦朝的帝王。白帝，古代传说的五天帝之一，西方之神。秦朝祭祀白帝。⑭〔赤帝子〕赤帝，五天帝之一，南方之神。汉代自称赤帝子孙。⑮〔笞〕鞭打。⑯〔觉〕醒，睡醒。

◎ **大意** 高祖以亭长的身份替县里往郦山押送役夫，不少役夫在途中逃走。高祖估计等到了郦山役夫会跑光，到了丰邑西边的一片洼地中，停下来饮酒，夜里便放了所押送的役夫。说："你们都走吧，我也从这里逃亡了！"役夫中愿意跟随他的有十几人。高祖带着醉意，连夜抄小路穿过洼地，命一个人在前边探路。前行的人回来报告说："前面有条大蛇挡路，请回转吧。"高祖已醉，说："壮士行走，怕什么！"于是赶上前去，拔出剑斩蛇。蛇随即分为两段，路被开通。往前走了几里，高祖大醉，就躺倒了。后面的人来到斩蛇的地方，有一个老妇在那里哭泣。这些人问她为什么哭，老妇人说："有人杀了我的儿子，所以才哭。"这些人说："你的儿子为什么被杀？"老妇人说："我儿子是白帝的儿子，变成蛇，挡在路上，现在被赤帝的儿子杀了，所以哭他。"人们便以为老妇的话不真实，要抽打她，老妇忽然不见了。后边的人赶到时，高祖已睡醒。这些人告诉高祖刚才的事，高祖暗自欢喜，自命不凡。那些追随他的人对他越来越敬服了。

秦始皇帝常曰"东南有天子气①",于是因东游以厌②之。高祖即自疑,亡匿③,隐于芒、砀山泽岩石之间。吕后与人俱求④,常得⑤之。高祖怪问之。吕后曰:"季所居上常有云气,故从往⑥常得季。"高祖心喜。沛中子弟或⑦闻之,多欲附者矣。

◎**注释**　①〔天子气〕古代方士称可以通过观云气预知吉凶祸福。所谓"天子气",就是预示将有天子出现之气。②〔厌(yā)〕压住,镇住。③〔亡匿〕逃跑藏起来。④〔求〕寻找。⑤〔得〕找到。⑥〔从往〕顺着云气的方向前往。⑦〔或〕有人。

◎**大意**　秦始皇帝常说"东南方有天子气",为此他巡游东方予以震慑。高祖怀疑此事与自己有关,跑出去躲避,隐藏在芒、砀一带的山泽岩石间。吕后跟别人一起去找他,常能找到。高祖奇怪地问她原因。吕后说:"你所住的地方上面经常有云气,所以依着云气找去,就常能找到你。"高祖由衷地高兴。沛县的年轻人听说了此事,很多人想去追随他。

秦二世元年秋,陈胜等起①蕲,至陈而王②,号为"张楚"。诸郡县皆多杀其长吏③以应陈涉。沛令恐,欲以沛应涉。掾、主吏萧何、曹参乃曰:"君为秦吏,今欲背之,率沛子弟,恐不听。愿君召诸亡在外者,可得数百人,因劫众④,众不敢不听。"乃令樊哙召刘季。刘季之众已数十百人矣。

◎**注释**　①〔起〕指起事,起义。②〔王〕称王。③〔长吏〕高级官吏。④〔因劫众〕因,借,依。劫,劫迫,威胁。

◎**大意**　秦二世元年秋天,陈胜等在蕲县起义,到陈县后自立为王,号称"张楚"。各个郡县大都杀其官员以响应陈涉。沛县县令害怕,想要带领沛县响应陈涉。狱掾、主吏萧何、曹参于是说:"你是秦朝的官吏,如今要背叛它,率领沛县子弟，恐怕他们不会听从你。希望你招引那些逃亡在外的人，可以得到几百人。利用他们挟持县中的民众，民众不敢不听命于你。"县令于是派樊哙去召唤刘季。刘季的追随者已有近百人了。

于是樊哙从刘季来。沛令后悔，恐其有变，乃闭城城守①，欲诛萧、曹。萧、曹恐，逾城保②刘季。刘季乃书帛③射城上，谓沛父老曰："天下苦秦④久矣。今父老虽为沛令守，诸侯并起，今屠沛。沛今共诛令，择子弟可立者立之，以应诸侯，则家室完⑤。不然，父子俱屠，无为⑥也。"父老乃率子弟共杀沛令，开城门迎刘季，欲以为沛令。刘季曰："天下方扰⑦，诸侯并起，今置将不善，一败涂地。吾非敢自爱⑧，恐能⑨薄，不能完父兄子弟。此大事，愿更相推择⑩可者。"萧、曹等皆文吏，自爱，恐事不就⑪，后秦种族⑫其家，尽让刘季。诸父老皆曰："平生⑬所闻刘季诸珍怪，当贵，且卜筮⑭之，莫如刘季最吉。"于是刘季数让。众莫敢为，乃立季为沛公。祠黄帝、祭蚩尤于沛庭，而衅鼓旗⑮，帜皆赤。由所杀蛇白帝子，杀者赤帝子，故上（尚）赤。于是少年豪吏如萧、曹、樊哙等皆为收沛子弟二三千人，攻胡陵、方与，还守丰。

◎**注释** ①〔城守〕凭借城墙防守。②〔保〕归附。③〔书帛〕在帛上书写，这里是指在帛上写信。④〔苦秦〕等于说"苦于秦"，即为秦所苦的意思。⑤〔完〕完整，保全。⑥〔无为〕无谓，无意义，不值得。⑦〔扰〕乱。⑧〔自爱〕吝惜自己的性命，爱，吝惜。⑨〔能〕才能，能力。⑩〔更相推择〕更，重新。相，共同。推择，推选。⑪〔不就〕不能成功。就，成。⑫〔种族〕灭族。⑬〔平生〕平时，平素。⑭〔卜筮（shì）〕占卜。⑮〔衅鼓旗〕把牲畜的血涂在鼓和旗上。衅，古代的一种祭祀仪式，用牲畜的血涂在新制的器物上。

◎**大意** 就这样樊哙随刘季来到沛县。沛县令又后悔了，害怕他们发生变故，于是关上城门加以防守，想要杀掉萧何、曹参。萧、曹二人恐惧，翻越城墙投靠刘季。刘季于是用帛写了一封信射到城上，对沛县的父老说："天下人受秦朝暴政之苦太久了。现在大家虽然在为沛县令防守城池，但各方诸侯都已起兵，很快就会屠灭沛县。如果大家现在一起杀掉县令，推举一位可做首领的沛县子弟主事，以响应诸侯，那么诸位的家室就可以保全。不然，老少都被屠杀，就不值得了。"父老便率领子弟一起杀掉沛县令，打开城门迎入刘季，想让他做沛县令。刘季说："当今天下大乱，诸侯并起，现在如若首领选择不当，一旦失败就不可收拾。我不是要保全自己，而是怕能力浅薄，不能保全父老兄弟。这是大事，希望大家另推举一位可以胜任的人。"萧何、曹参都是文吏，只求自保，害怕事情不成功，日后会被秦朝灭族，所以尽量让给刘季。各位父老都说："平时听说刘季各种奇闻逸事，应当显贵，况且占卜此事，没有比刘季更吉利的人了。"这时刘季还是再三谦让。大家没人敢应，于是拥立刘季为沛公。在沛县衙门祭祀了黄帝、蚩尤，又杀牲取血涂鼓祭旗，旗帜都是红色。因为以前所杀的蛇是白帝的儿子，而杀它的是赤帝的儿子，所以崇尚红色。于是年轻的豪杰如萧何、曹参、樊哙等人都去征召沛县的青年，聚集了两三千人，攻打胡陵、方与，之后回军驻守丰邑。

秦二世二年，陈涉之将周章军西至戏而还。燕、赵、齐、魏皆自立为王。项氏起吴。秦泗川监平将兵围丰，二日，出与战，破之。命雍齿守丰，引兵之薛。泗川守壮败于薛，走①至戚，沛公左司马得②泗川守壮，杀之。沛公还军亢父，至方与，周市来攻方与③，未战。陈王使魏人周市略地④。周市使人谓雍齿曰："丰，故梁徙⑤也。今魏地已定者数十城。齿今下魏，魏以齿为侯守丰。不下⑥，且⑦屠丰。"雍齿雅⑧不欲属沛公，及魏招之，即反为魏守丰。沛公引兵攻丰，不能取。沛公病，还之沛。沛公怨雍齿与丰子弟叛之，闻东阳宁君、秦嘉立景驹为假王⑨，在留，乃往从⑩之，欲请兵以攻丰。是时秦将章邯从陈⑪，别将司马凩将兵北定楚地，屠相，至砀。东阳宁君、沛公引兵西⑫，与战萧西，不利。还收兵聚留，引兵攻砀，三日乃取砀。因收砀兵，得五六千人。攻下邑，拔之。还军丰。闻项梁在薛，从骑⑬百余往见之。项梁益⑭沛公卒五千人、五大夫将十人。沛公还，引兵攻丰。

◎**注释** ①〔走〕逃亡。②〔得〕俘获。③〔周市来攻方与〕疑衍文。④〔略地〕夺取土地。⑤〔徙〕迁徙，这里指迁徙地。⑥〔下〕投降。⑦〔且〕将要。⑧〔雅〕向来。⑨〔假王〕代理的王。⑩〔从〕追随，投奔。⑪〔从陈〕追赶陈胜军。⑫〔西〕向西，西进。⑬〔从骑〕带着随从骑兵。从，使跟随。⑭〔益〕增加。

◎**大意** 秦二世二年，陈胜的将领周章率部西进到戏水而回。燕、赵、齐、魏诸国都自立为王。项梁、项羽在吴县起兵。秦朝泗川郡监平率兵围攻丰邑，两天后，沛公出去应战，打败了秦军。沛公命令雍齿坚守丰邑，自己引兵去攻打薛县。泗川郡守壮在薛县被打败，跑到戚邑，沛公左司马擒获泗川郡守壮，杀死了他。沛公回军亢父，到了方与，周市来攻打方与，没有交战。陈胜派魏国人周市攻城略地。周市派人对雍齿说："丰邑，曾是梁国迁都之地。现在魏国已平定了几十座城邑。你如果投降魏国，魏国就封你为侯驻守丰邑。不投降的话，就要血洗丰邑。"雍齿向来不想隶属沛公，等魏国一招引，马上背叛沛公而替魏国防守丰邑。沛公率军攻打丰邑，未能攻克。沛公生了病，回到沛县。沛公怨恨雍齿和丰邑的子弟都背叛自己，听说东阳宁君、秦嘉拥立景驹代理楚王，在留县，就前去投靠他们，想借兵攻打丰邑。这时秦将章邯围追陈胜，偏将司马㦵（yí）率军北进平定楚地，屠灭了相县，来到砀县。东阳宁君、沛公引兵西进，在萧县西面交战，打得不顺利。回到留县聚集散兵，率军攻打砀县，三天就攻克了砀县。趁机收服砀县兵员，获得五六千人。又攻打下邑，攻了下来。回军丰邑。听说项梁在薛县，沛公带百余名随从骑兵去见他。项梁给沛公增拨士兵五千人、五大夫级的将官十人。沛公返回，率军攻打丰邑。

从项梁月余，项羽已拔①襄城还。项梁尽召别将居薛。闻陈王定死，因立楚后怀王孙心为楚王，治盱台②。项梁号武信君。居数月，北攻亢父，救东阿，破秦军。齐军归，楚独追北③，使沛公、项羽别攻城阳，屠之。军④濮阳之东，与秦军战，破之。

◎**注释** ①〔拔〕攻克，打下。②〔治盱台〕在盱台定都。治，设置治所，这里指定都。③〔追北〕追击败逃的军队。北，败逃。④〔军〕驻军，驻扎。

◎**大意** 沛公跟随项梁一个多月时，项羽攻取了襄城而回。项梁把各部将领都召集到薛县，听说陈王确实死了，于是拥立楚国后人怀王的孙子心为楚王，建都盱台。项梁号为武信君。过了几个月，楚军北进攻打亢父，救援东阿，打败了秦军。齐军回归本国，楚军单独追击败逃的秦军，派沛公、项羽从另一路攻打城阳，屠灭了城阳。驻扎于濮阳东面，与秦军交战，打败了秦军。

秦军复振，守濮阳，环水①。楚军去而攻定陶，定陶未下。沛公与项羽西略地至雍丘之下，与秦军战，大破之，斩李由。还攻外黄，外黄未下。

◎**注释** ①〔环水〕引水环城。

◎**大意** 秦军重整旗鼓，固守濮阳，引水环城作为屏障。楚军撤离而转攻定陶，没有攻下。沛公和项羽西进到雍丘城下，与秦军交战，大破秦军，杀了李由。接着回军攻打外黄，没有攻克。

项梁再破秦军，有骄色。宋义谏，不听。秦益章邯兵，夜衔枚①击项梁，大破之定陶，项梁死。沛公与项羽方攻陈留，闻项梁死，引兵与吕将军俱东②。吕臣军彭城东，项羽军彭城西，沛公军砀。

◎**注释** ①〔衔枚〕枚，像筷子一样的东西，两头有绳子。古人作战，为防止喧哗，就命士兵把"枚"衔在嘴里，绳子结在脑后颈项上，叫作"衔枚"。②〔东〕向东，东进。

◎**大意**　项梁又一次打败了秦军，有骄傲的神色。宋义劝诫，他不听。秦派兵增援章邯，于夜间衔枚偷袭项梁，在定陶大败楚军，项梁战死。沛公和项羽正在攻打陈留，听说项梁死了，率军与将军吕臣一起东退。吕臣驻扎在彭城东面，项羽驻扎在彭城西面，沛公驻扎在砀县。

章邯已破项梁军，则以为楚地兵不足忧，乃渡河，北击赵，大破之。当是之时，赵歇为王，秦将王离围之巨鹿城，此所谓河北之军也。

◎**大意**　章邯打垮了项梁的军队，便以为楚地战事不用担心了，就渡过黄河，北进攻打赵国，大破赵军。这时，赵歇为赵王，秦将王离把他围困在巨鹿城，这就是所谓的"河北之军"。

秦二世三年，楚怀王见项梁军破，恐，徙盱台都彭城，并吕臣、项羽军自将之。以沛公为砀郡长，封为武安侯，将砀郡兵。封项羽为长安侯，号为鲁公。吕臣为司徒，其父吕青为令尹。

◎**大意**　秦二世三年，楚怀王看到项梁的军队已垮，十分害怕，从盱台迁都彭城，合并吕臣、项羽的军队亲自统率。任命沛公为砀郡长，封为武安侯，统领砀郡的军队。封项羽为长安侯，号为鲁公。吕臣任司徒，他的父亲吕青为令尹。

赵数请救，怀王乃以宋义为上将军，项羽为次将，范增为末将，北救赵。令沛公西略地入关。与诸将约，先入定关中者王①之。

◎**注释**　①〔王（wàng）〕使……为王。
◎**大意**　赵国多次请求救援，楚怀王便任命宋义为上将军，项羽为次将，范增为末将，北进救援赵国。命令沛公向西进军关中。并与各路将领约定，先平定关中的做关中王。

当是时，秦兵强，常乘胜逐北，诸将莫利①先入关。独项羽怨秦破项梁军，奋②，愿与沛公西入关。怀王诸老将皆曰："项羽为人僄悍③猾贼④。项羽尝攻襄城，襄城无遗类⑤，皆坑之，诸所过无不残灭⑥。且楚数进取，前陈王、项梁皆败。不如更遣长者扶义⑦而西，告谕⑧秦父兄。秦父兄苦其主久矣，今诚得长者往，毋侵暴⑨，宜可下⑩。今项羽僄悍，今不可遣。独沛公素宽大长者，可遣。"卒不许项羽，而遣沛公西略地，收陈王、项梁散卒⑪。乃道⑫砀至成阳，与杠里秦军夹壁⑬，破魏二军。楚军出兵击王离，大破之。

◎ **注释** ①〔利〕以为有利。②〔奋〕气愤、愤激。③〔僄悍〕轻捷勇猛。④〔猾贼〕狡猾残忍。⑤〔遗类〕残存者。⑥〔残灭〕杀光。⑦〔扶义〕扶持仁义，等于说实行仁义。⑧〔告谕〕通告，告诉。⑨〔侵暴〕侵害，欺凌。⑩〔宜可下〕宜，应该。下，使降服，攻下。⑪〔散卒〕散兵，残兵。⑫〔道〕取道。⑬〔夹壁〕对垒。壁，营垒。

◎ **大意** 这时候，秦军强盛，常常乘胜追击败军，各路将领没人认为先入关是有利的。只有项羽怨恨秦军打败了项梁，愤激难捺，愿和沛公西进入关。怀王手下的老将都说："项羽为人勇猛凶残。他曾经攻克襄城，襄城军民没有留下一人，全都被活埋了。凡他所过之处，没有不被彻底毁灭的。况且楚军多次进攻，以前陈胜、项梁都失败了。不如另派一位忠厚的人实行仁义，向西进发，使秦地的父老兄弟明白。秦地的父老兄弟受其君主的苦已很久了，如今若真能有一位宽厚之人前去，不欺凌暴虐，应能攻克。而今项羽剽悍，不可派遣。只有沛公向来是宽厚的长者，可以派遣。"怀王最终没有答应项羽，而派遣沛公西进攻取秦地。收集陈王、项梁的散兵，路经砀，到达成阳，与杠里的秦军对垒，打败了秦军的两支部队。楚军出兵攻击王离，把他的军队打得大败。

沛公引兵西，遇彭越昌邑，因与俱攻秦军，战不利。还至栗，遇刚武侯，夺其军，可①四千余人，并之。与魏将皇欣、魏申徒武蒲之军并攻昌邑，昌邑未拔。西过高阳。郦食其为监门，曰："诸将过此者多，吾视沛公大人②长者。"乃求见说沛公。沛公方踞床③，使两女子洗足。郦生不拜④，长揖⑤，曰："足下必欲诛无道秦，不宜踞见长者。"于是沛公起，摄衣谢之⑥，延⑦上坐。食其说沛公袭陈留，得秦积粟。乃以郦食其为广野君，郦商为将，将陈留兵，与偕⑧攻开封，开封未拔。西与秦将杨熊战白马，又战曲遇东，大破之。杨熊走之荥阳，二世使⑨使者斩以徇⑩。南攻颍阳，屠之。因张良遂略韩地轘辕。

◎**注释** ①〔可〕将近，大约。②〔大人〕德行高尚的人。③〔踞床〕伸开腿坐在床上。是非常不礼貌的姿势。踞，伸开腿坐。④〔拜〕行敬礼。古时为下跪叩头及打恭作揖的通称。⑤〔长揖〕古时一种不分尊卑的相见礼。拱手高举，自上而下。⑥〔摄衣谢之〕摄，整理。谢，道歉。⑦〔延〕引入，请入。⑧〔偕〕一起。⑨〔使〕派。⑩〔徇〕示众。

◎**大意** 沛公引兵西进，在昌邑遇见彭越，就和他一起攻打秦军，打得不顺利。回到栗县，和刚武侯相遇，夺取了他的军队，有四千多人，并入了自己的军队。与魏将皇欣、魏申徒武蒲的军队联合攻打昌邑，没有攻克。向西进军路过高阳。郦食其（yì jī）任监门，说："经过这里的将领很多，我看沛公是一个有德行的贵人。"于是请求进见游说沛公。沛公正坐在床上，让两个女子给他洗脚。郦食其见了不下拜，只是深深拱手行礼，说："足下如果一定要诛讨无道的秦朝，就不应该蹲坐着接见长者。"于是沛公站了起来，整理衣服向他道歉，请他坐上座。郦食其劝说沛公袭击陈留，获得秦军的储粮。沛公于是封郦食其为广野君，郦商为将，统率陈留的兵马，与他一起攻打开封，没有攻克。西进与秦将杨熊在白马交战，又在曲遇东面打了一仗，大败秦军。杨熊逃去荥阳，秦二世派使者将他斩首示众。沛公南进攻打颍阳，屠杀全城。凭借张良夺取了韩国的轘（huán）辕关。

当是时，赵别将司马卬方欲渡河入关，沛公乃北攻平阴，绝河津①。南，战雒阳东，军不利，还至阳城，收军中马骑，与南阳守齮战犨东，破之。略南阳郡，南阳守齮走，保城守宛。沛公引兵过而西。张良谏曰："沛公虽欲急入关，秦兵尚众，距（拒）险②。今不下宛，宛从后击，强秦在前，此危道也。"于是沛公乃夜引兵从他道还，更旗帜，黎明，围宛城三匝。南阳守欲自刭③。其舍人陈恢曰："死未晚也。"乃逾城见沛公，曰："臣闻足下约，先入咸阳者王之。今足下留守宛。宛，大郡之都也，连城数十，人民众，积蓄多，吏人自以为降必死，故皆坚守乘④城。今足下尽日止攻⑤，士死伤者必多；引兵去宛，宛必随足下后：足下前则失咸阳之约，后又有强宛之患。为足下计，莫若约降，封其守，因使止守⑥，引其甲卒与之西。诸城未下者，闻声争开门而待，足下通行无所累⑦。"沛公曰："善。"乃以宛守为殷侯，封陈恢千户。引兵西，无不下者。至丹水，高武侯鳃、襄侯王陵降西陵。还攻胡阳，遇番君别将梅鋗，与皆（偕）⑧，降析、郦。遣魏人宁昌使秦，使者未来。是时章邯已以军降项羽于赵矣。

◎**注释** ①〔绝河津〕绝，横渡。津，渡口。②〔距险〕凭借险要地势来抵抗。③〔自刭（jǐng）〕自刎。④〔乘〕防守，守卫。⑤〔尽日止攻〕尽日，整日。止攻，停止前进，留下来攻城。⑥〔止守〕留下来在那里防守。⑦〔累〕牵累，牵挂。⑧〔与皆〕和……一起，这里指并军作战。

◎**大意** 这时，赵国偏将司马卬正要渡过黄河进军关中，沛公于是在北边攻打平阴，封锁黄河渡口。继而南进，在雒阳东面交战，战斗不利，回到阳城，集聚军中骑兵，与南阳郡守齮在犨（chōu）东交战，打败了齮军。攻取南阳郡，南阳郡守齮逃走，坚守宛城。沛公率军放过宛城而西进。张良规劝他说："你虽然想迅速入关，但秦兵还很多，又据守险要。现在不夺取宛城，宛城守军从背后攻击，强大的秦军在前面阻挡，这是很危险的。"于是沛公就连夜率军从另一条路返回,更换旗帜,黎明时分,把宛城重重包围。南阳郡守想要自刎。他的门客陈恢说:"现在寻死未免太早。"就越过城墙去见沛公,说:"我听说足下有盟约,先攻入咸阳的就在关中称王。现在足下停留下来攻打宛城。宛城是个大郡的都城,连城几十座,人民众多,储备丰足,吏民自以为投降必死,所以都登城固守。如果足下整日停留在此攻城,士兵伤亡必会很多;如果引兵放弃宛城而去,宛城守军必定从背后攻击足下:足下前边会失去先入咸阳的盟约,后边又有强大的宛城守军的祸患。为足下设想,不如订约使其投降,封南阳郡守为侯,让他留守于此,率其军和他们一道西进。那些未被攻下的城邑听到这个消息,定会争先打开城门等待招降,足下便能通行无阻了。"沛公说:"好。"于是封宛城守为殷侯,封赏陈恢一千户。沛公引兵西进,所过城邑无不降服。到达丹水,高武侯鳃、襄侯王陵在西陵投降。沛公回军攻打胡阳,遇到番君的部将梅鋗,与其并军作战,迫使析县、郦县投降。派遣魏国人宁昌出使秦朝,使者尚未回来。这时章邯已率军在赵地投降项羽了。

初,项羽与宋义北救赵,及项羽杀宋义,代为上将军,诸将黥布皆属,破秦将王离军,降章邯,诸侯皆附。及赵高已杀二世,使人来,欲约分王关中。沛公以为诈,乃用张良计,使郦生、陆贾往说秦将,啖①以利,因袭攻武关,破之。又与秦军战于蓝田南,益张②疑兵旗帜,诸所过毋得掠卤(虏),秦人憙(喜),秦军解(懈),因大破之。又战其北,大破之。乘胜,遂破之。

◎**注释** ①〔啖(dàn)〕吃,这里是设诱的意思。②〔张〕张开,指悬挂。
◎**大意** 当初,项羽和宋义北进救援赵国,等到项羽杀了宋义,取代他做了上将军,各路将领如黥布等都从属于他,继而打败秦将王离,迫使章邯投降,诸侯也都归附了他。等到赵高杀了秦二世,派人前来,想和沛公定约分割关中而治之。沛公以为是个骗局,就采用张良的计策,派郦生、陆贾去游说秦将,诱之以利,趁机袭击武关,攻占了它。又与秦军在蓝田县的南面交战,广设疑兵,多树旗帜大造声势，命令各部凡所过之处不许抢掠，关中百姓很高兴，秦军斗志松懈，沛公趁机大败秦军。继而又在蓝田北面交战，也大获全胜。沛公乘胜追击，彻底消灭了秦军。

汉元年十月，沛公兵遂先诸侯至霸上。秦王子婴素车白马，系颈以组，封①皇帝玺、符、节，降轵道旁。诸将或言诛秦王。沛公曰："始怀王遣我，固以能宽容；且人已服降，又杀之，不祥。"乃以秦王属吏②，遂西入咸阳。欲止宫休舍③，樊哙、张良谏，乃封秦重宝财物府库，还军霸上。召诸县父老豪桀曰："父老苦秦苛法④久矣，诽谤⑤者族，偶语者弃市⑥。吾与诸侯约，先入关者王之，吾当王关中。与父老约法三章耳：杀人者死，伤人及盗抵罪⑦。余悉⑧除去秦法。诸吏人皆案堵⑨如故。凡⑩吾所以来，为父老除害，非有所侵暴，无恐！且吾所以还军霸上，待诸侯至而定约束⑪耳。"乃使人与秦吏行县乡邑，告谕之。秦人大喜，争持牛羊酒食献飨⑫军士。沛公又让不受，曰："仓粟多，非乏，不欲费人⑬。"人又益喜，唯恐沛公不为秦王。

◎**注释** ①〔封〕封闭，封起来。②〔属吏〕交付给吏人。属，交付，托付。③〔止宫休舍〕停留在宫中休息。④〔苛法〕苛虐的法令。⑤〔诽谤〕指批评朝政之得失。⑥〔偶语者弃市〕偶语，相对私语。弃市，处死刑。古代处犯人死刑，多在街市上执行，表示与众共弃。⑦〔抵罪〕当罪。⑧〔悉〕全部，都。⑨〔案堵〕同"安堵"，安居，安定。堵，墙。⑩〔凡〕总共。⑪〔定约束〕制定规矩、制度。约束，规约。⑫〔飨〕用酒食款待人。⑬〔费人〕让别人花费。费，花费，破费。

◎**大意** 汉王元年十月，沛公的军队终于先于各路诸侯到达霸上。秦王子婴乘坐素车白马，用丝带系着脖子，捧着封合的皇帝玉玺、兵符、使节，在轵道亭旁投降。有的将领主张杀掉秦王。沛公说："当初怀王派我入关，本来是因为我宽大容人；况且人家已经降服，再杀他，不吉利。"便将秦王交给司法官员看管，就向西进入咸阳。沛公想住在秦王宫中休息，樊哙、张良劝谏，于是将秦宫里的珍贵财宝物器以及所有府库封闭起来，回军驻扎在霸上。沛公召集各县的父老豪杰说："父老受秦朝的酷刑苛法已经很久了，指责朝政的要灭族，相聚私语的要斩首于市。我和各路诸侯受怀王的约定，先入关中的做关中王，我应当做关中王。现在同父老约定，立法三章：杀人者处以死刑，伤人和抢劫的按情节轻重判罪。除此之外的秦法全部废除。所有的官吏百姓依旧各安其位。总的来说我来这里，就是为父老除害的，不是要损害欺凌你们，不要害怕！况且我之所以回军霸上，是要等各路诸侯的军队到来以决定如何处置而已。"于是派人与秦朝官吏一起巡行县城乡间，使家喻户晓。秦地百姓十分高兴，争相拿牛羊酒食慰劳士兵。沛公一再谦让不受，说："仓库里有很多粮食，并不缺乏，不想使大家破费。"百姓更加高兴，唯恐沛公不做秦王。

或说沛公曰："秦富十倍天下①，地形强。今闻章邯降项羽，项羽乃号为雍王，王关中。今则②来，沛公恐不得有此。可急使兵守函谷关，无内（纳）诸侯军，稍征关中兵以自益③，距（拒）之。"沛公然其计，从之。十一月中，项羽果率诸侯兵西，欲入关，关门闭。闻沛公已定关中，大怒，使黥布等攻破函谷关。十二月中，遂至戏。沛公左司马曹无伤闻项王怒，欲攻沛公，使人言项羽曰："沛公欲王关中，令子婴为相，珍宝尽有之。"欲以求封。亚父劝项羽击沛公。方飨士，旦日合战④。是时项羽兵四十万，号百万。沛公兵十万，号二十万，力不敌。会⑤项伯欲活⑥张良，夜往见良，因以文⑦谕项羽，项羽乃止。沛公从百余骑，驱⑧之鸿门，见谢⑨项羽。项羽曰："此沛公左司马曹无伤言之。不然，籍何以生此！"沛公以樊哙、张良故，得解⑩归。归，立诛曹无伤。

◎**注释** ①〔十倍天下〕十倍于天下。②〔则〕如果。③〔稍征关中兵以自益〕稍,渐渐。征,征集。自益,指增加自己的兵力。④〔合战〕交战,会战。⑤〔会〕正赶上,恰好。⑥〔活〕使……活命。⑦〔文〕言辞。⑧〔驱〕赶马。⑨〔谢〕道歉。⑩〔解〕解脱,逃脱。

◎**大意** 有人劝说沛公:"关中地区富饶十倍于天下,地势险要。现在听说章邯投降了项羽,项羽就给他加封号为雍王,让他在关中称王。现在他假若来了,你恐怕就不能占有这个地方了。应赶快派兵把守函谷关,不让诸侯军进关,慢慢在关中征兵以加强实力,以抗拒他们。"沛公认为他的计策是对的,照着做了。十一月中旬,项羽果然率领诸侯军西来,要进入函谷关,关门闭着。听说沛公已平定关中,项羽大怒,派黥布等攻破了函谷关。十二月中旬,就到了戏水。沛公的左司马曹无伤听说项王发怒,要攻打沛公,派人告诉项羽:"沛公想在关中称王,任命子婴为丞相,所有的珍宝都被他占有了。"想借此向项羽求得封赏。亚父劝项羽进攻沛公。项羽准备以酒食招待士卒,第二天与沛公交战。这时项羽拥兵四十万,号称百万。沛公拥兵十万,号称二十万,兵力不如项羽。恰巧项伯要救张良,连夜去见他,沛公趁机通过他对项羽好言相劝,项羽这才取消了进攻的计划。沛公带了一百多骑兵,驰至鸿门,当面向项羽表示歉意。项羽说:"这是你的左司马曹无伤说的。不然,我怎么会有这样的误会!"沛公借助樊哙、张良的保护,才得以脱身返回。回去后,立刻杀了曹无伤。

项羽遂西,屠烧咸阳秦宫室,所过无不残破。秦人大失望,然恐,不敢不服耳。

◎**大意** 项羽于是西进,在咸阳大肆屠杀并焚毁秦王朝的宫殿,所过之处无不遭到摧残破坏。关中百姓大失所望,然而因为害怕,又不敢不服从他。

项羽使人还报①**怀王。怀王曰:"如约**②**。"项羽怨怀王不肯令与沛**

公俱西入关,而北救赵,后天下约③。乃曰:"怀王者,吾家项梁所立耳,非有功伐④,何以得主约⑤!本定天下,诸将及籍也。"乃详(佯)尊怀王为义帝,实不用其命。

◎**注释** ①〔报〕汇报请示。②〔如约〕遵照以前的约定。③〔后天下约〕意思是按照天下诸侯的约定自己落后面了,就是没能率先进入关中。④〔功伐〕功劳。"功""伐"同义。⑤〔主约〕主持盟约。

◎**大意** 项羽派人回去报告楚怀王。怀王说:"按照约定办事。"项羽怨恨怀王不肯让他与沛公一起西进入关,而派他北上救援赵国,以致他后一步入关,未能实现誓约。于是说:"怀王是我家项梁所扶立,并没有什么功劳,怎么能主持订约!本来平定天下的,是诸位将领和我项羽。"便表面上尊怀王为义帝,实际上不听从他的命令。

正月,项羽自立为西楚霸王,王梁、楚地九郡,都①彭城。负约②,更立沛公为汉王,王巴、蜀、汉中,都南郑。三分关中,立秦三将:章邯为雍王,都废丘;司马欣为塞王,都栎阳;董翳为翟王,都高奴。楚将瑕丘申阳为河南王,都雒阳。赵将司马卬为殷王,都朝歌。赵王歇徙③王代。赵相张耳为常山王,都襄国。当阳君黥布为九江王,都六。怀王柱国共敖为临江王,都江陵。番君吴芮为衡山王,都邾。燕将臧荼为燕王,都蓟。故燕王韩广徙王辽东。广不听,臧荼攻杀之无终。封成安君陈馀河间三县,居南皮。封梅鋗十万户。

◎**注释** ①〔都〕建都,定都。②〔负约〕失约,背约。③〔徙〕调职,改任。
◎**大意** 正月,项羽自立为西楚霸王,统领梁、楚地区的九个郡,建都彭城。他违背誓约,改封沛公为汉王,统领巴、蜀、汉中,建都南郑。把关中分为三份,封给原秦朝的三个将领:章邯为雍王,建都废丘;司马欣为塞王,建都栎阳;董翳为翟王，建都高奴。封楚将瑕丘申阳为河南王，建都雒阳。封赵将司马卬为殷王，建都朝歌。赵王歇迁往代地为王。赵相国张耳封为常山王，建都襄国。当阳君黥布封为九江王，建都六县。怀王的柱国共敖封为临江王，建都江陵。番郡吴芮封为衡山王，建都邾县。燕将臧荼封为燕王，建都蓟县。原燕王韩广迁往辽东为王。韩广不听从，臧荼将他杀死在无终。封赏成安君陈馀河间附近三个县，住在南皮。封赏梅鋗十万户。

　　四月，兵罢戏（麾）下①，诸侯各就国②。汉王之国，项王使卒三万人从，楚与诸侯之慕从者数万人，从杜南入蚀中③。去辄④烧绝栈道，以备诸侯盗兵袭之，亦示项羽无东意。至南郑，诸将及士卒多道亡归，士卒皆歌思东归。韩信说汉王曰："项羽王诸将之有功者，而王独居南郑，是迁⑤也。军吏士卒皆山东之人也，日夜跂而望归⑥，及其锋⑦而用之，可以有大功。天下已定，人皆自宁⑧，不可复用。不如决策东乡（向）⑨，争权天下。"

◎**注释**　①〔戏（huī）下〕大将军的旗帜之下。戏，通"麾"，将帅的大旗。②〔就国〕到自己的封国去。③〔蚀（lì）中〕山间谷道名。④〔辄〕便，就。⑤〔迁〕流放。⑥〔跂而望归〕形容思归心切。跂，踮起脚后跟。⑦〔锋〕锐势，势头。⑧〔宁〕安宁，安定。⑨〔决策东乡〕决策，决定策略或办法。东乡，向东进发。

◎**大意**　四月，各路兵马在项羽旌麾之下撤离，诸侯各自回到封国。汉王去自己的封国时，项王派兵三万跟随，楚军与诸侯军中敬仰汉王而跟随他的有几万人。他们从杜县南边进入蚀中谷道。汉军一过去就烧断栈道，以防止诸侯军和匪徒的袭击，也是向项羽表示没有东进的意图。到达南郑，不少将领和士卒在中途逃亡回去，士卒都唱着思乡的歌曲想回东方。韩信劝汉王说："项羽封有功的部将到好地方为王，而唯独将你封在南郑，简直是流放。军中吏卒都是山东人，日夜盼望东归，趁着他们的锐气加以利用，可以建立功业。若天下平定后，人人安居乐业，就不能再利用了。不如下决心东进，争夺天下。"

项羽出关①，使人徙②义帝。曰："古之帝者地方千里③，必居上游。"乃使使徙义帝长沙郴县，趣④义帝行，群臣稍倍（背）叛之，乃阴令衡山王、临江王击之，杀义帝江南。项羽怨田荣，立齐将田都为齐王。田荣怒，因自立为齐王，杀田都而反楚；予彭越将军印，令反梁地。楚令萧公角击彭越，彭越大破之。陈馀怨项羽之弗王己也，令夏说说田荣，请兵击张耳。齐予陈馀兵，击破常山王张耳，张耳亡归汉。迎赵王歇于代，复立为赵王。赵王因立陈馀为代王。项羽大怒，北击齐。

◎**注释** ①〔出关〕指出函谷关。②〔徙〕迁离。③〔地方千里〕土地纵横各千里。方，指土地面积，"方千里"即纵横各千里。④〔趣〕催促。
◎**大意** 项羽出了函谷关，派人去迁徙义帝。说："古代帝王的领地方圆千里，必定居住于上游。"于是让使者把义帝迁徙到长沙郴（chēn）县，催促义帝上路，群臣渐渐背叛了义帝，项羽就暗地里让衡山王、临江王击杀他，在江南杀死了义帝。项羽怨恨田荣，封齐将田都为齐王。田荣很愤怒，自立为齐王，杀死田都而反叛楚国，授予彭越将军印信，让他在梁地反叛。楚命令萧公角攻打彭越，被彭越打得大败。陈馀埋怨项羽不封自己为王，派夏说去游说田荣，请求他发兵攻打张耳。齐借兵给陈馀，击败了常山王张耳，张耳逃去依附汉王。陈馀将赵王歇从代地接回来，恢复赵王原来的地位。赵王于是立陈馀为代王。项羽大为恼怒，北进攻打齐国。

八月，汉王用韩信之计，从故道还，袭雍王章邯。邯迎击汉陈仓，雍兵败，还走；止战好畤，又复败，走废丘。汉王遂定雍地。东至咸阳，引兵围雍王废丘，而遣诸将略定陇西、北地、上郡。令将军薛欧、王吸出武关，因王陵兵南阳，以迎太公、吕后于沛。楚闻之，发兵距（拒）之阳夏，不得前。令故吴令郑昌为韩王，距（拒）汉兵。

◎**大意** 八月，汉王采用韩信的计策，从故道县回军，袭击雍王章邯。章邯在陈仓迎击汉军，被打败，溃退；在好畤停下来再次交战，又被打败，逃到废丘。汉王于是平定了雍地。汉王东进到咸阳，率军把雍王围困在废丘，而分派诸将攻取了陇西、北地、上郡。让将军薛欧、王吸出武关，借助王陵的南阳驻军，以便从沛县迎接太公、吕后。楚国听到这一消息，派兵在阳夏阻挡，汉军不能前进。任命前吴县县令郑昌为韩王，抵抗汉军。

二年，汉王东略地，塞王欣、翟王翳、河南王申阳皆降。韩王昌不听，使韩信击破之。于是置陇西、北地、上郡、渭南、河上、中地郡，关外置河南郡。更立韩太尉信为韩王。诸将以万人若①以一郡降者，封万户。缮治②河上塞。诸故秦苑囿园池③，皆令人得田之④，正月，虏雍王弟章平。大赦罪人。

◎**注释** ①〔若〕或，或者。②〔缮治〕修治。③〔苑囿园池〕畜养禽兽、种植花草的地方，为帝王游玩和打猎的园林。④〔田之〕在那里种田。田，这里是种田、耕种的意思。

◎**大意** 二年，汉王东进攻城略地，塞王司马欣、翟王董翳、河南王申阳都投降了。韩王郑昌不愿意投降，汉王派韩信打败了他。于是在关内设置陇西、北地、上郡、渭南、河上、中地等郡，在关外设置河南郡。改封韩国太尉韩信为韩王。各地将领能带领万人或一郡之地投降的，封为万户侯。修筑河上郡的要塞。原来秦朝皇家的园林猎场，都让百姓耕种。正月，俘虏了雍王的弟弟章平。大赦罪犯。

汉王之出关至陕，抚①关外父老，还，张耳来见，汉王厚遇②之。

◎**注释** ①〔抚〕安抚。②〔厚遇〕厚待，重礼款待。

◎**大意** 汉王出关到陕县，安抚关外百姓，回来后，张耳来拜见，汉王对待他很优厚。

二月，令除①秦社稷②，更立汉社稷。

◎**注释** ①〔除〕废除。②〔社稷〕土神和谷神，也指祭祀土神和谷神的地方，即社稷坛。古代帝王诸侯都要祭祀土神和谷神，因而用为国家的代称。
◎**大意** 二月，汉王下令废掉秦朝的社稷，改立汉的社稷。

三月，汉王从临晋渡，魏王豹将兵从。下河内，虏殷王，置河内郡。南渡平阴津，至雒阳。新城三老①董公遮②说汉王以义帝死故。汉王闻之，袒③而大哭。遂为义帝发丧，临④三日。发使者告诸侯曰："天下共立义帝，北面事之。今项羽放杀义帝于江南，大逆无道。寡人亲为发丧，诸侯皆缟素⑤。悉发关内兵，收三河士，南浮江汉以下，愿从诸侯王击楚之杀义帝者。"

◎**注释** ①〔三老〕乡官名，掌教化。②〔遮〕阻遏，拦住。③〔袒〕袒露左臂。一种丧礼仪式。④〔临(lìn)〕哭吊死者。⑤〔缟素〕指穿白色丧服。古代礼俗，为死者发丧时皆穿白戴孝。缟，白色的丝织物。素，没有染色的丝绸，也指白色。
◎**大意** 三月，汉王从临晋关渡黄河，魏王豹率兵随从。攻下河内，俘虏了殷王，设置河内郡。继而向南渡过平阴津，到达雒阳。新城邑的三老董公拦路向汉王诉说义帝被杀的情由。汉王听了，袒臂大哭。随即为义帝发丧，公祭三天。汉王分派使者通告诸侯说："天下共同拥立义帝，对他北面称臣。现在项羽驱逐义帝并在江南把他杀死，实为大逆无道。我亲自为义帝发丧，希望诸侯都穿丧服。我将尽发关内兵马，聚集三河士卒，向南沿长江汉水而进，愿跟随各诸侯王一起讨伐楚国那个杀害义帝的不义之徒。"

是时项王北击齐，田荣与战城阳。田荣败，走平原，平原民杀之。齐皆降楚。楚因焚烧其城郭，系虏①其子女。齐人叛之。田荣弟横立荣子广为齐王，齐王反楚城阳。项羽虽闻汉东②，既已③连齐兵，欲遂破之而击汉。汉王以故④得劫五诸侯兵，遂入彭城。项羽闻之，乃引兵去齐，从鲁出胡陵，至萧，与汉大战彭城灵壁东睢水上，大破汉军，多杀士卒，睢水为之不流。乃取汉王父母妻子于沛，置之军中以为质⑤。当是时，诸侯见楚强汉败还，皆去汉复为楚⑥。塞王欣亡入楚。

◎**注释** ①〔系虏〕掳掠。系，用绳索捆绑。②〔东〕向东，东进。③〔既已〕已经。④〔以故〕因此。⑤〔质〕这里指人质。⑥〔为楚〕助楚。

◎**大意** 这时项王北进攻打齐国，田荣和他在城阳交战。田荣被打败，逃奔平原郡，平原民众杀了他。齐举国向楚国投降。楚军趁机焚毁齐国的城邑，掳掠他们的子女。齐国人又反叛楚国。田荣的弟弟田横拥立田荣的儿子田广为齐王，齐王在城阳反叛楚国。项羽虽然得悉汉军东进，但已与齐兵交战，想打垮齐军后再攻打汉军。汉王因此得以挟持五诸侯的兵力，顺利地进入彭城。项羽听说后，就率军离开齐国，由鲁地出胡陵，抵达萧县，与汉军在彭城灵壁东面的睢水上激战，大败汉军，杀死很多士卒，以致睢水堵塞不流。于是到沛县掳走了汉王的父母妻子，把他们留置军中当人质。这时，各路诸侯见到楚军强盛而汉军衰败，纷纷反过来叛汉投靠楚军。塞王司马欣也逃到楚国。

吕后兄周吕侯为汉将兵，居下邑。汉王从之，稍收士卒，军砀。汉王乃西过梁地，至虞。使谒者①随何之九江王布所，曰："公能令布举兵叛楚，项羽必留击之。得留数月，吾取天下必矣。"随何往说九江王布，布果背楚。楚使龙且往击之。

◎**注释** ①〔谒者〕官名,掌管官中传达通报之事。这里或指使者。
◎**大意** 吕后的哥哥周吕侯为汉带一支军队,驻扎在下邑。汉王跑到他那里,渐渐收拢到一些散兵,驻扎在砀县。汉王于是向西经过梁地,到了虞县。他派谒者随何到九江王黥布那里,说:"你若能使黥布举兵反叛楚国,项羽必定会停留下来攻打他。能使项羽停留几个月,我就一定能夺取天下。"随何前去游说九江王黥布,黥布果然反叛了楚国,楚国派龙且去攻打他。

汉王之败彭城而西,行使人求家室,家室①亦亡,不相得②。败后乃独得孝惠,六月,立为太子,大赦罪人。令太子守栎阳,诸侯子在关中者皆集栎阳为卫。引水灌废丘,废丘降,章邯自杀。更名废丘为槐里。于是令祠官祀天地四方上帝山川,以时祀之。兴关内卒乘塞③。

◎**注释** ①〔家室〕指家中父母妻儿。②〔不相得〕没有找到他们。③〔乘塞〕守卫边塞。
◎**大意** 汉王于彭城失败后西退,途中派人去寻找家眷,家眷也已逃亡,没有找到。随后仅找到了孝惠,六月,立他为太子,大赦罪犯。命令太子防守栎阳,所有在关中的诸侯之子都聚集到栎阳守卫。又引水淹废丘,废丘举城投降,章邯自杀。把废丘改名为槐里。于是命令祠官祭祀天地四方上帝山川,以后定时祭祀。发动关内士卒去守卫边塞。

是时九江王布与龙且战,不胜,与随何间行①归汉。汉王稍收士卒,与诸将及关中卒益②出,是以兵大振荥阳,破楚京、索间。

◎**注释** ①〔间行〕抄小路。②〔益〕渐渐。
◎**大意** 这时九江王黥布与龙且作战,未能取胜,和随何一起抄小路去归附汉王。汉王渐渐聚拢散兵,加上各路将领和关中兵员渐渐出动,因此在荥阳又军威大振,在京、索一线击破楚军。

三年，魏王豹谒归视亲疾①，至即绝②河津，反为楚③。汉王使郦生说豹，豹不听。汉王遣将军韩信击，大破之，虏豹。遂定魏地，置三郡，曰河东、太原、上党。汉王乃令张耳与韩信遂东下井陉击赵，斩陈馀、赵王歇。其明年，立张耳为赵王。

◎**注释**　①〔视亲疾〕探望生病的父母。②〔绝〕切断。③〔反为楚〕背叛汉而投降楚。

◎**大意**　三年，魏王豹请假回家探望生病的父母，一到就阻断了黄河渡口，背叛汉而投降了楚。汉王派郦生劝说魏豹，魏豹不听。汉王派遣将军韩信去攻打，大破魏军，俘虏了魏豹。于是平定了魏地，设置三个郡，名叫河东、太原、上党。汉王于是命令张耳和韩信接着东进夺取井陉攻打赵国，杀了陈馀、赵王歇。第二年，封张耳为赵王。

　　汉王军荥阳南，筑甬道属①之河，以取敖仓②。与项羽相距岁余。项羽数③侵夺汉甬道，汉军乏食，遂围汉王。汉王请和，割荥阳以西者为汉。项王不听。汉王患之，乃用陈平之计，予陈平金四万斤，以间疏④楚君臣。于是项羽乃疑亚父。亚父是时劝项羽遂下荥阳，及其见疑⑤，乃怒，辞老⑥，愿赐骸骨归卒伍，未至彭城而死。

◎**注释**　①〔属〕连接。②〔敖仓〕秦朝所建粮仓名，在今河南荥阳西北。③〔数〕多次，屡次。④〔间疏〕离间。⑤〔见疑〕被怀疑。⑥〔辞老〕托辞年老。辞，托辞，借口。

◎**大意**　汉王驻军在荥阳南面，修筑一条直达黄河岸边的甬道，用以取得敖仓的粮食。就这样与项羽对抗了一年多。项羽多次侵夺汉军甬道，汉军缺少粮食，于是项羽包围了汉王。汉王请求讲和，划荥阳以西的土地归汉。项王不接受。汉王忧虑，就采用陈平的计策，给陈平四万斤黄金，用来离间楚君臣的关系。于是项羽就对亚父范增产生了怀疑。亚父这时劝项羽趁机攻下荥阳,当他知道自己被怀疑后,非常气愤,托辞年老,请求项羽恩准他回去做平民,还没有走到彭城就死了。

汉军绝食①,乃夜出②女子东门二千余人,被甲③,楚因四面击之。将军纪信乃乘王驾④,诈为汉王,诳⑤楚,楚皆呼万岁,之城东观,以故汉王得与数十骑出西门遁⑥。令御史大夫周苛、魏豹、枞公守荥阳。诸将卒不能从者,尽在城中。周苛、枞公相谓曰:"反国之王⑦,难与守城。"因杀魏豹。

◎**注释** ①〔绝食〕断了粮食。②〔出〕使……出,放出。③〔被甲〕身披铠甲。指伪装成士兵。④〔王驾〕汉王所乘的车子。⑤〔诳〕骗。⑥〔遁〕逃。⑦〔反国之王〕意思是反叛过的侯国之王。指魏豹。

◎**大意** 汉军粮食断绝,于是晚上在东门派出二千余名妇女,披着铠甲,楚军便四面围击。将军纪信于是乘坐王车,伪装成汉王,迷惑楚军,楚军都高呼万岁,跑去城东观看,汉王得以趁机与几十名骑兵出西门潜逃。汉王命令御史大夫周苛、魏豹、枞公坚守荥阳。诸将卒不能跟随汉王的官兵,都在城中。周苛、枞公商量说:"叛国之王,难以和他一起守城。"就杀了魏豹。

汉王之出荥阳,入关收兵,欲复东。袁生说汉王曰:"汉与楚相距(拒)荥阳数岁,汉常困。愿君王出武关,项羽必引兵南走,王深壁①,令荥阳成皋间且②得休。使韩信等辑③河北赵地,连④燕齐,君王乃复走荥阳,未晚也。如此,则楚所备者多,力分,汉得休,复与之战,破楚必矣。"汉王从其计,出军宛叶间,与黥布行收兵⑤。

◎**注释** ①〔深壁〕加深壁垒坚守。壁,营壁。②〔且〕暂且,暂时。③〔辑〕联合,聚集。④〔连〕联合。⑤〔行收兵〕一边行军,一边收集兵卒。

◎**大意** 汉王逃出荥阳进入关中,聚集兵马准备再次东进。袁生劝说汉王:"汉与楚在荥阳相持了几年,汉军常常被困。希望君王从武关出兵,项羽必定率军南进,大王深沟高垒坚守不战,使荥阳成皋一线暂且得到休整。派韩信等安定黄河以北的赵地,与燕、齐联合,君王这时再直驱荥阳,也为时不晚。这样,楚军要防备的地方就多了,军力分散,汉军则得到休整,再与楚军作战,必定能打败楚军。"汉王采纳他的计策,出兵宛城与叶县之间,与黥布一道沿路收拢兵马。

项羽闻汉王在宛,果引兵南。汉王坚壁①不与战。是时彭越渡睢水,与项声、薛公战下邳,彭越大破楚军。项羽乃引兵东击彭越。汉王亦引兵北军成皋。项羽已破走②彭越,闻汉王复军成皋,乃复引兵西,拔荥阳,诛周苛、枞公,而虏韩王信,遂围成皋。

◎**注释** ①〔坚壁〕坚守营垒。②〔破走〕破,击破。走,使……走,赶跑。

◎**大意** 项羽听说汉王在宛县,果然带兵南下。汉王坚壁固守,不和他交战。这时彭越渡过睢水,与项声、薛公战于下邳,彭越大败楚军。于是项羽率军向东攻打彭越,汉王也引兵向北驻军成皋。项羽打败并赶走彭越后,得知汉军又驻扎在成皋,就又领兵西进,攻克荥阳,杀了周苛、枞公,俘虏了韩王信,于是进围成皋。

汉王跳(逃),独与滕公共车①出成皋玉门,北渡河,驰宿修武。自称使者,晨驰入张耳、韩信壁,而夺之军②。乃使张耳北益收兵赵地,使韩信东击齐。汉王得韩信军,则复振。引兵临河,南飨军小修武南,欲复战。郎中郑忠乃说止汉王,使高垒深堑③,勿与战。汉王听其计,使卢绾、刘贾将卒二万人,骑数百,渡白马津,入楚地,与彭越复击破楚军燕郭西,遂复下梁地十余城。

◎**注释** ①〔共车〕同乘一车。②〔夺之军〕夺了他们的军队。③〔高垒深堑〕高垒,加高壁垒。深堑,挖深壕沟。堑,护城河,壕沟。
◎**大意** 汉王急逃,只身与滕公乘车出了成皋城北的玉门,向北渡过黄河,奔往修武住宿。汉王自称使者,早晨策马进入张耳、韩信的营中,从而夺取了他们的军队。于是派张耳北上赵地大量征集兵马,派韩信东进攻打齐国。汉王得到韩信的军队,声势又大振起来。率军来到黄河岸边,驻扎在小修武南面,想要再战。郎中郑忠劝阻汉王,让他坚守,不要和楚军交战。汉王采用了他的计策,派卢绾、刘贾率兵两万人和几百名骑兵,渡过白马津,进入楚地,与彭越一起在燕城之西再次打败楚军,接着又攻下梁地十多座城邑。

淮阴已受命东,未渡平原。汉王使郦生往说齐王田广,广叛楚,与汉和,共击项羽。韩信用蒯通计,遂袭破齐。齐王烹郦生,东走高密。项羽闻韩信已举河北兵破齐、赵,且欲击楚,则使龙且、周兰往击之。韩信与战,骑将灌婴击,大破楚军,杀龙且。齐王广奔彭越。当此时,彭越将兵居梁地,往来苦楚兵①,绝其粮食。

◎**注释** ①〔苦楚兵〕使楚兵苦,即骚扰楚兵。
◎**大意** 淮阴侯受命东进后,尚未渡平原津。汉王派郦生游说齐王田广,田广背叛楚国,与汉和好,一起攻打项羽。韩信采用蒯(kuǎi)通的计策,便打败了齐国。齐王烹杀了郦生,向东逃奔高密。项羽听说韩信已发动河北军打败了齐军、赵军,将要攻打楚国,就派龙且、周兰去迎击他。韩信与他们交战,骑将灌婴出击,大败楚军,杀了龙且。齐王田广投奔彭越。当时,彭越领兵驻扎在梁地,来回骚扰楚军,断绝楚军的粮食。

四年，项羽乃谓海春侯大司马曹咎曰："谨守①成皋。若汉挑战，慎勿与战，无令得东而已。我十五日必定梁地，复从将军。"乃行击陈留、外黄、睢阳，下之。汉果数挑②楚军，楚军不出，使人辱之五六日，大司马怒，度兵汜水。士卒半渡，汉击之，大破楚军，尽得楚国金玉货赂③。大司马咎、长史欣皆自刭汜水上。项羽至睢阳，闻海春侯破，乃引兵还。汉军方围钟离眛于荥阳东，项羽至，尽走险阻。

◎**注释** ①〔谨守〕慎守，严守。②〔挑〕向……挑战。③〔货赂〕财货。赂，财物。

◎**大意** 四年，项羽对海春侯大司马曹咎说："严守成皋。如果汉军挑战，千万不要应战，只要不让汉军东进就行了。我十五天内一定平定梁地，再与将军会合。"于是沿途攻打陈留、外黄、睢阳，全部攻克。汉军果然不断向楚军挑战，楚军不出战。汉军派人辱骂了楚军五六天，大司马十分气愤，挥兵强渡汜水。士卒刚渡过一半，汉军出击，大败楚军，获得楚军全部的货物钱财。大司马曹咎、长史司马欣都在汜水岸边自刎。项羽到了睢阳，听说海春侯兵败，就带兵返回。汉军正在荥阳东面围攻钟离眛，项羽到来，都急奔险要地带。

韩信已破齐，使人言曰："齐边①楚，权轻，不为假王，恐不能安齐。"汉王欲攻之。留侯曰："不如因而立之，使自为守。"乃遣张良操印绶立韩信为齐王。

◎**注释** ①〔边〕邻近。

◎**大意** 韩信攻克齐国后，派人对汉王说："齐国邻近楚国，我的权力小，如不立为代理齐王，恐怕不能安定齐国。"汉王要去攻打他。留侯张良说："不如就此立他为王，让他独守一方。"于是派张良带着印绶去封韩信为齐王。

项羽闻龙且军破,则恐,使盱台人武涉往说①韩信。韩信不听。

◎**注释** ①〔说〕游说,说服。
◎**大意** 项羽听说龙且的军队被打败,就恐惧起来,派盱台人武涉前去游说韩信。韩信不肯听从。

楚汉久相持未决①,丁壮苦军旅②,老弱罢(疲)转饷③。汉王项羽相与临广武之间而语。项羽欲与汉王独身挑战。汉王数④项羽曰:"始与项羽俱受命怀王,曰先入定关中者王之,项羽负约,王我于蜀汉,罪一。项羽矫⑤杀卿子冠军而自尊⑥,罪二。项羽已救赵,当还报,而擅劫诸侯兵入关,罪三。怀王约入秦无暴掠,项羽烧秦宫室,掘始皇帝冢,私收其财物,罪四。又强杀秦降王子婴,罪五。诈坑秦子弟新安二十万,王其将,罪六。项羽皆王诸将善地,而徙逐故主,令臣下争叛逆,罪七。项羽出逐义帝彭城,自都之,夺韩王地,并王梁楚,多自予⑦,罪八。项羽使人阴弑义帝江南,罪九。夫为人臣而弑其主,杀已降,为政不平⑧,主约不信,天下所不容,大逆无道,罪十也。吾以义兵从诸侯诛残贼⑨,使刑余罪人⑩击杀项羽,何苦乃与公挑战!"项羽大怒,伏弩射中汉王。汉王伤匈(胸),乃扪⑪足曰:"虏⑫中吾指⑬!"汉王病创卧⑭,张良强请汉王起行劳军⑮,以安士卒,毋令楚乘胜于汉。汉王出行军⑯,病甚,因驰入成皋。

◎**注释** ①〔未决〕未分胜负。②〔苦军旅〕苦于战争。军旅,指战争、战事。③〔转饷〕运输军粮。转,车运,这里指运输。饷,粮草给养。④〔数〕历数罪状。⑤〔矫〕假托王命。⑥〔自尊〕使自己尊贵,即抬高自己的意思。⑦〔多自予〕多给自己。⑧〔平〕公平,公正。⑨〔残贼〕指残害人的人。⑩〔刑余罪人〕指受过刑的罪犯。⑪〔扪〕摸。⑫〔虏〕对敌人的蔑称。⑬〔指〕指足趾。⑭〔病创卧〕因箭伤而卧病。⑮〔劳军〕慰问士兵，视察部队。⑯〔行军〕巡视军队。

◎**大意**　楚汉长期相持未分胜负，青壮年苦于行军打仗，老弱者疲于转运粮草。汉王和项羽隔着广武涧说话。项羽要与汉王单挑。汉王历数项羽的罪过说："当初我和你一起受命于怀王，说先入关中者为王，你违背约定，让我到蜀汉做王，这是第一罪。你假托怀王命令杀了卿子冠军而抬高自己的地位为上将军，这是第二罪。你救赵以后，应当回去报告，你却擅自挟持诸侯军入关，这是第三罪。怀王约定入关后不得烧杀掠夺，你却焚烧秦朝宫室，掘毁始皇帝陵墓，私自收取墓中财物，这是第四罪。你又强行杀掉已经投降的秦王子婴，这是第五罪。你在新安用欺骗的手段坑杀了二十万秦兵，封秦将为王，这是第六罪。你把各路将领封到好地方做王，而迁徙驱逐原来的诸侯王，使他们的臣下争相反叛，这是第七罪。你把义帝驱逐出彭城，自己在那里建都，强取韩王封地，吞并梁、楚之地，扩大自己的势力范围，这是第八罪。你派人在江南暗杀义帝，这是第九罪。你作为臣下而杀害主上，杀害已经投降的人，为政不公允，立约不守信，天理难容，可谓大逆不道，这是第十罪。我以正义之师跟随诸侯一道讨伐凶暴之贼，派受过刑的罪犯来击杀你就可以了，我何苦要与你单挑！"项羽大怒，埋伏的弓弩手射中了汉王。汉王胸部受伤，却摸着脚说："这个贼人射中了我的脚趾！"汉王因伤重而卧床不起，张良请汉王勉强起来去慰劳士卒，以安定军心，不让楚军乘机取胜于汉。汉王出来巡视军队，伤势严重，于是驱马进入成皋。

病愈，西入关，至栎阳，存问①父老，置酒，枭②故塞王欣头栎阳市。留四日，复如③军，军广武。关中兵益出。

◎**注释**　①〔存问〕慰问。"存""问"同义。②〔枭〕悬头示众。③〔如〕往，到……去。

◎**大意**　箭伤痊愈后，汉王西入关中，来到栎阳，慰问当地父老，设置了酒宴，并将原塞王司马欣的头悬挂在街市示众。停了四天,又回到军中,驻扎在广武。关中不断发出援兵。

当此时,彭越将兵居梁地,往来苦楚兵,绝其粮食。田横往从之。项羽数击彭越等,齐王信又进击楚。项羽恐,乃与汉王约,中分天下,割鸿沟而西者为汉,鸿沟而东者为楚。项王归汉王父母妻子,军中皆呼万岁,乃归而别去。

◎**大意** 这个时候,彭越带兵驻扎梁地,不断骚扰楚军,断绝楚军的粮食。田横前去归附他。项羽不得不经常回击彭越等人,齐王韩信又向楚进攻。项羽害怕了,于是与汉王约定,平分天下,划分鸿沟以西归汉,鸿沟以东归楚。项王归还了汉王的父母妻子,士兵都高呼万岁,于是撤军返回。

项羽解①而东归。汉王欲引而西归,用留侯、陈平计,乃进兵追项羽,至阳夏南止军,与齐王信、建成侯彭越期会②而击楚军。至固陵,不会。楚击汉军,大破之。汉王复入壁,深堑而守之。用张良计,于是韩信、彭越皆往。及刘贾入楚地,围寿春,汉王败固陵,乃使使者召大司马周殷举九江兵而迎武王,行屠城父,随刘贾、齐梁诸侯皆大会垓下。立武王布为淮南王。

◎**注释** ①〔解〕收兵。②〔期会〕约定日期会合。
◎**大意** 项羽收兵东归回国。汉王想率军西归,后来采用留侯、陈平的计策,进兵追击项羽,到阳夏南面屯驻下来,与齐王韩信、建成侯彭越约定日期合击楚军。汉王到达固陵,韩信、彭越没有会合。楚军攻打汉军,大败汉军。汉王又进入营垒,挖深壕沟防守。汉王使用张良的计策,于是韩信、彭越都前来会合。等到刘贾进入楚地，围攻寿春，汉王败于固陵，于是派使者去招引大司马周殷发动九江兵马会合武王黥布，途中屠灭了城父，随刘贾、齐梁诸侯齐聚垓下。汉王封武王黥布为淮南王。

五年，高祖与诸侯兵共击楚军，与项羽决胜垓下。淮阴侯将三十万自当之①，孔将军居左，费将军居右，皇帝在后，绛侯、柴将军在皇帝②后。项羽之卒可十万。淮阴先合③，不利，却。孔将军、费将军纵④，楚兵不利，淮阴侯复乘之，大败垓下。项羽卒闻汉军之楚歌，以为汉尽得楚地，项羽乃败而走，是以兵大败。使骑将灌婴追杀项羽东城，斩首八万，遂略定楚地。鲁为楚坚守不下。汉王引诸侯兵北，示⑤鲁父老项羽头，鲁乃降。遂以鲁公号葬项羽榖城。还至定陶，驰入齐王壁，夺其军。

◎**注释**　①〔当之〕面对楚军，与楚军正面对阵。当，面对。②〔皇帝〕指刘邦。③〔合〕交战。④〔纵〕指纵兵攻击楚军。⑤〔示〕给……看。

◎**大意**　五年，高祖与诸侯军合击楚军，与项羽在垓下决战。淮阴侯韩信率领三十万兵马与楚军正面对阵，孔将军居左翼，费将军居右翼，皇帝跟随在后，绛侯、柴将军则跟在皇帝后面。项羽的士卒大约十万。淮阴侯首先交战，没有打胜，撤退了。孔将军、费将军纵兵冲杀，楚军失利，淮阴侯又趁势反攻，于垓下大败楚军。项羽忽然听到汉军中的楚地歌声，以为汉军占领了楚地，便败逃，因此其军大败。汉王派骑将灌婴追杀项羽直到东城，斩首八万，终于夺取平定了楚地。鲁县为楚坚守不肯投降。汉王率诸侯军北上，把项羽的头给鲁县父老看，鲁县这才投降。汉王于是用鲁公的称号把项羽安葬在榖城。回到定陶，驱马进入齐王的营垒，夺取了他的军队。

正月，诸侯及将相相与共①请尊汉王为皇帝。汉王曰："吾闻帝贤者有也，空言虚语，非所守②也，吾不敢当帝位。"群臣皆曰："大王起微细③，诛暴逆，平定四海，有功者辄裂地④而封为王侯。大王不尊号，皆疑不信⑤。臣等以死守⑥之。"汉王三让，不得已，曰："诸君必以为便⑦，便国家。"甲午，乃即皇帝位氾水之阳。

◎**注释** ①〔相与共〕一块儿，共同。②〔非所守〕守不住。③〔微细〕卑微，指平民。④〔裂地〕分地。⑤〔疑不信〕指对裂地封侯疑而不信。⑥〔守〕这里是坚持的意思。⑦〔便〕便利，有利于。

◎**大意** 正月，诸侯和将相一致请求尊奉汉王为皇帝。汉王说："我听说皇帝之号只有贤能的人才可以享有，徒有虚名而无实际的人，是守不住皇帝之位的，我不敢占取皇帝之位。"群臣都说："大王兴起于平民，诛暴灭逆，平定四海，对有功者总要分地封王。大王不称帝，人们都会疑虑不安。我们誓死坚持尊您为皇帝。"汉王再三谦让，不得已，说："你们一定坚持我称帝有利，那我只好从有利于国家的角度考虑，接受你们的意见了。"甲午，在氾水北岸登上了帝位。

皇帝曰义帝无后，齐王韩信习①楚风俗，徙为楚王，都下邳。立建成侯彭越为梁王，都定陶。故韩王信为韩王，都阳翟。徙衡山王吴芮为长沙王，都临湘。番君之将梅鋗有功，从入武关，故德②番君。淮南王布、燕王臧荼、赵王敖皆如故。

◎**注释** ①〔习〕熟悉，习惯。②〔德〕感恩，感激。
◎**大意** 皇帝说义帝没有后代，齐王韩信熟悉楚地风俗，调封为楚王，建都下邳。封建成侯彭越为梁王，建都定陶。原韩王信仍为韩王，建都阳翟。调衡山王吴芮为长沙王，建都临湘。吴芮的将领梅鋗有功，跟随进入武关，所以感激吴芮。淮南王黥布、燕王臧荼、赵王张敖都保持过去的封号。

天下大定。高祖都雒阳，诸侯皆臣属①。故临江王骥为项羽叛汉，令卢绾、刘贾围之，不下。数月而降，杀之雒阳。

◎**注释**　①〔臣属〕称臣归从。
◎**大意**　天下安定。高祖建都雒阳，诸侯无不归附称臣。原临江王共䮵（huān）仍忠于项羽，反叛汉室，高祖命令卢绾、刘贾围攻他，没有攻克。他几个月后投降了，在雒阳杀了他。

　　五月，兵皆罢①归家。诸侯子在关中者复②之十二岁，其归者复之六岁，食③之一岁。

◎**注释**　①〔罢〕遣去，遣归。②〔复〕免除赋税徭役。③〔食〕供养。
◎**大意**　五月，士卒都被遣散回家。诸侯子弟留在关中的免除十二年的赋税徭役，回去的免除徭役六年，由国家供养一年。

　　高祖置酒雒阳南宫。高祖曰："列侯诸将无敢①隐朕，皆言其情②。吾所以有天下者何？项氏之所以失天下者何？"高起、王陵对曰："陛下慢③而侮人，项羽仁而爱人。然陛下使人攻城略地，所降下者因以予之，与天下同④利也。项羽妒贤嫉能，有功者害⑤之，贤者疑之，战胜而不予人功，得地而不予人利，此所以失天下也。"高祖曰："公知其一，未知其二。夫运筹策帷帐之中⑥，决胜于千里之外，吾不如子房。镇国家，抚百姓，给馈饷⑦，不绝粮道，吾不如萧何。连百万之军，战必胜，攻必取，吾不如韩信。此三者，皆人杰也，吾能用之，此吾所以取天下也。项羽有一范增而不能用，此其所以为我擒也。"

◎**注释** ①〔无敢〕不能。②〔情〕真情，这里指心里话。③〔慢〕简慢无礼。④〔同〕同享，共享。⑤〔害〕忌妒，嫉恨。⑥〔运筹策帷帐之中〕筹策，谋求，计谋。帷帐，军帐，幕府。⑦〔给馈饷〕向前方供应粮饷。

◎**大意** 高祖在雒阳南宫摆设酒席。高祖说："各位列侯将军不要瞒我，都说实情。我能取得天下是什么原因？项氏失去天下是什么原因？"高起、王陵回答说："陛下傲慢而戏侮别人，项羽亲善而爱惜别人。然而陛下派人攻城略地，所攻取的地方就分给他，与天下人共享利益。项羽却嫉贤妒能，对有功的人加以陷害，对贤能的人加以怀疑，打了胜仗而不授予功勋，取得土地而不给人好处，这就是他失去天下的原因。"高祖说："你只知其一，不知其二。运筹谋策于军帐之中，决定胜负于千里之外，我不如子房。安定国家，抚慰百姓，供给军粮，保证粮道不断，我不如萧何。统领百万大军，战必胜，攻必克，我不如韩信。这三个人，都是人中俊杰，我能任用他们，这就是我取得天下的原因。项羽仅有一个范增，还不能任用，这就是他被我打败的原因。"

高祖欲长①都雒阳，齐人刘敬说，及留侯劝上入都关中，高祖是日驾②，入都关中。六月，大赦天下。

◎**注释** ①〔长〕长时间，长久地。②〔驾〕驾车，这里指起驾。
◎**大意** 高祖想长久以雒阳为都，齐人刘敬劝谏，加上留侯张良劝说高祖进入关中建都，高祖即日起驾，进入关中建都。六月，大赦天下。

十月，燕王臧荼反，攻下代地。高祖自将①击之，得燕王臧荼。即立太尉卢绾为燕王。使丞相哙将兵攻代。

◎**注释** ①〔自将〕亲自带兵。
◎**大意** 十月，燕王臧荼反叛，攻占了代地。高祖亲自带兵攻打，俘获了燕王臧荼。马上立太尉卢绾为燕王。派丞相樊哙领兵攻打代地。

其秋，利几反，高祖自将兵击之，利几走。利几者，项氏之将。项氏败，利几为陈公，不随项羽，亡降高祖，高祖侯之①颍川。高祖至雒阳，举通侯籍②召之，而利几恐，故反。

◎**注释** ①〔侯之〕封给他侯位。②〔通侯籍〕一般诸侯的名册。通侯，即列侯，本叫"彻侯"，为避汉武帝刘彻讳而改为"通侯"。籍，名册。
◎**大意** 这年秋天，利几造反，高祖亲自带兵攻打他，利几逃跑。利几这个人，原是项羽的部将。项羽失败时，利几在陈县做县令，没有跟随项羽，逃去投降了高祖，高祖封他做颍川侯。高祖到雒阳后，召见所有在册的通侯，而利几害怕，所以反叛。

六年，高祖五日一朝太公，如家人父子礼。太公家令①说太公曰："天无二日，土无二王。今高祖虽子，人主也；太公虽父，人臣也。奈何令人主拜人臣！如此，则威重②不行。"后高祖朝，太公拥篲③，迎门却行④。高祖大惊，下扶太公。太公曰："帝，人主也，奈何以我乱天下法！"于是高祖乃尊太公为太上皇。心善⑤家令言，赐金五百斤。

◎**注释** ①〔家令〕代为掌管家事的官吏。②〔威重〕威望，威严。③〔拥篲（huì）〕拥，抱，持。篲，扫帚。④〔迎门却行〕面朝门口倒退着走，表示十分恭敬。⑤〔善〕认为善，赞赏。
◎**大意** 六年，高祖每五天拜见一次太公，按照平民百姓家父子之间的礼节。太公的家令劝说太公："天无二日，地无二主。现在皇上虽是您的儿子，但是天下君主；您虽是父亲，但是皇上的臣子。怎么能让君主拜见臣下呢！这样的话，皇帝的权威就难行于国。"后来高祖拜见时，太公抱着扫帚，迎到门口并倒退着行走。

高祖大惊，下去扶太公。太公说："皇帝是人间君主，怎么能因我而乱了天下法度！"于是高祖就尊奉太公为太上皇。心里觉得那个家令的话很好，赏赐他五百斤黄金。

十二月，人有上变事①告楚王信谋反，上问左右，左右争欲击之。用陈平计，乃伪游云梦，会诸侯于陈，楚王信迎，即因执②之。是日，大赦天下。田肯贺，因说高祖曰："陛下得韩信，又治秦中。秦，形胜③之国，带河山④之险，县（悬）隔千里⑤，持戟百万，秦得百二焉。地势便利，其以下兵于诸侯，譬犹居高屋之上建瓴水也⑥。夫齐，东有琅邪、即墨之饶，南有泰山之固⑦，西有浊河之限⑧，北有勃海之利。地方二千里，持戟百万，县隔千里之外，齐得十二焉。故此东西秦也。非亲子弟，莫可使王齐矣。"高祖曰："善。"赐黄金五百斤。

◎**注释** ①〔上变事〕呈上作乱谋反的汇报。②〔执〕捉拿，拘捕。③〔形胜〕指形势险要。④〔带河山〕以河山为带，即河山环绕的意思。⑤〔县（xuán）隔千里〕指土地纵横千里。⑥〔居高屋之上建瓴（líng）水也〕在高屋脊上把瓶水向下倾倒。喻指居高临下、不可阻遏的形势。建，倾覆，倾倒。瓴，一种盛水的瓶子。⑦〔固〕险要。⑧〔限〕险阻。

◎**大意** 十二月，有人上书告发楚王韩信谋反，高祖问左右大臣，大臣争着要去攻打。高祖采用了陈平的计策，于是假装巡游云梦，在陈县会见诸侯，楚王韩信去迎接，就趁机将他拘捕。当天，大赦天下。田肯来祝贺，以此劝高祖说："陛下擒获了韩信，又建都于关中。关中是形势险要的地方，以险要的黄河崤山为屏障，沃野千里，天下有雄兵百万，关中有二万就足以抵挡。如此有利的地势，假使对诸侯用兵，其势就像从高高的屋脊上向下倒水一样不可阻挡。而齐地，东有琅邪、即墨的富饶，南有泰山的险固，西有黄河的阻隔，北有渤海的物产之利，纵横两千里，若天下有雄兵百万，齐地相隔不下千里，以十分之二兵力就足以抵挡。因此这两个地方堪称东秦、西秦了。不是嫡亲子弟，陛下不可以分封到齐地做王。"高祖说："好。"赏赐他五百斤黄金。

后十余日，封韩信为淮阴侯，分其地为二国。高祖曰将军刘贾数有功，以为荆王，王淮东。弟交为楚王，王淮西。子肥为齐王，王七十余城，民能齐言①者皆属齐。乃论功②，与诸列侯剖符行封③。徙韩王信太原。

◎**注释** ①〔齐言〕说齐国话，即说齐方言。②〔论功〕评定功绩。③〔剖符行封〕把符节剖为两半，作为分封的信物。

◎**大意** 十多天后，（刘邦释放了韩信）封韩信为淮阴侯，把他原来的封地分作两个侯国。高祖说将军刘贾屡建战功，封他为荆王，管辖淮河以东地区。弟弟刘交为楚王，管辖淮河以西地区。儿子刘肥为齐王，统领七十余座城邑，凡能讲齐国话的百姓都归属齐国。于是论功行赏，与诸侯王剖分符节作为分封的信物。调迁韩王信到太原。

七年，匈奴攻韩王信马邑，信因与同谋反太原。白土曼丘臣、王黄立故赵将赵利为王以反，高祖自往击之。会天寒，士卒堕指①者什二三②，遂至平城。匈奴围我平城，七日而后罢去。令樊哙止③定代地。立兄刘仲为代王。

◎**注释** ①〔堕指〕被冻掉手指。②〔什二三〕十分之二三。③〔止〕留下来。

◎**大意** 七年，匈奴在马邑攻打韩王信，韩王信趁机与匈奴勾结在太原谋反。白土县的曼丘臣、王黄拥立原赵将赵利为王，也反叛朝廷，高祖亲自去讨伐。恰逢天气寒冷，士卒手指被冻掉的有十分之二三，于是到了平城。匈奴包围了平城，七天后才撤兵离去。高祖命令樊哙留下来平定代地。封哥哥刘仲为代王。

二月，高祖自平城过赵、雒阳，至长安。长乐宫^①成，丞相已（以）下徙治长安。

◎**注释** ①〔长乐宫〕汉宫名，在今陕西长安西北。
◎**大意** 二月，高祖从平城经赵国、雒阳，到了长安。长乐宫已经建成，丞相以下官员迁到了长安。

八年，高祖东击韩王信余反寇于东垣。

◎**大意** 八年，高祖东进到东垣追剿韩王信叛军的残部。

萧丞相营作^①未央宫，立东阙^②、北阙、前殿、武库、太仓^③。高祖还，见宫阙壮甚，怒，谓萧何曰："天下匈匈^④苦战数岁，成败未可知，是何治宫室过度也？"萧何曰："天下方未定^⑤，故可因遂就^⑥宫室。且夫天子以四海为家，非壮丽无以重威，且无令后世有以加^⑦也。"高祖乃说（悦）。

◎**注释** ①〔营作〕营建，建造。②〔阙〕皇宫前面两边的楼台，中间有道路。③〔太仓〕京城粮仓。④〔匈匈〕纷乱的样子。⑤〔方未定〕还没有安定。方，正。⑥〔就〕成，指建成。⑦〔加〕增加，这里指超越。
◎**大意** 丞相萧何营建未央宫，建造了东阙、北阙、前殿、武库、太仓。高祖回来后，看见宫阙极为壮丽，很生气，对萧何说："天下纷乱苦战数年，成败尚难预料，为什么修建过于豪华的宫殿呢？"萧何说："正因为天下尚未安定，才要趁机建好宫殿。况且天子以四海为家，不壮丽不足以显示威严，而且不能让后世超过这个规模。"高祖这才高兴起来。

高祖之东垣，过柏人，赵相贯高等谋弑高祖，高祖心动，因不留。代王刘仲弃国亡，自归①雒阳，废以为合阳侯。

◎**注释** ①〔自归〕私自返回。
◎**大意** 高祖到东垣，经过柏人县时，赵相贯高等图谋杀害高祖，高祖觉得心跳异常，就没有在那里停留。代王刘仲弃国逃跑，私自返回雒阳，被废为合阳侯。

九年，赵相贯高等事发觉，夷三族。废赵王敖为宣平侯。是岁，徙贵族楚昭、屈、景、怀、齐田氏关中。

◎**大意** 九年，赵相贯高等人的事情被发觉，诛灭了他们的三族。废赵王张敖为宣平侯。这一年，将楚国昭氏、屈氏、景氏、怀氏、齐国田氏等贵族迁徙到关中。

未央宫成。高祖大朝诸侯群臣，置酒未央前殿。高祖奉玉卮①，起为太上皇寿②，曰："始大人常以臣无赖③，不能治产业，不如仲力④。今某之业所就孰与⑤仲多？"殿上群臣皆呼万岁，大笑为乐。

◎**注释** ①〔卮（zhī）〕古代酒器。②〔为太上皇寿〕为……寿，献酒致祝寿词。③〔无赖〕没有才能，无可依仗。④〔力〕努力。⑤〔孰与〕与……相比，哪一个……
◎**大意** 未央宫落成。高祖接受诸侯群臣的盛大朝贺，在未央宫前殿摆设酒宴。高祖手捧玉杯，起身为太上皇祝寿，说："当初您常认为我没出息，不能经营产业，不如二哥勤劳。现在我成就的事业与二哥相比谁的多呢？"殿上群臣都高呼万岁，大笑作乐。

十年十月，淮南王黥布、梁王彭越、燕王卢绾、荆王刘贾、楚王刘交、齐王刘肥、长沙王吴芮皆来朝①长乐宫。春夏无事。

◎**注释**　①〔朝〕朝见。
◎**大意**　十年十月，淮南王黥布、梁王彭越、燕王卢绾、荆王刘贾、楚王刘交、齐王刘肥、长沙王吴芮都来长乐宫朝见高祖。这年春夏平安无事。

　　七月，太上皇崩栎阳宫。楚王、梁王皆来送葬。赦栎阳囚。更命①郦邑曰新丰。

◎**注释**　①〔更命〕改名。
◎**大意**　七月，太上皇在栎阳宫去世。楚王、梁王都赶来送葬。赦免栎阳的囚犯。把郦邑改名为新丰。

　　八月，赵相国陈豨反代地。上曰："豨尝为吾使，甚有信。代地吾所急①也，故封豨为列侯，以相国守代，今乃②与王黄等劫掠代地！代地吏民非有罪也。其赦代吏民。"九月，上自东往击之。至邯郸，上喜曰："豨不南据邯郸而阻漳水，吾知其无能为也。"闻豨将皆故贾人③也，上曰："吾知所以与④之。"乃多以金啖⑤豨将，豨将多降者。

◎**注释**　①〔急〕以为急迫，认为重要的意思。②〔乃〕竟然。③〔贾（gǔ）人〕商人。④〔与〕对付。这里指对付的方法。⑤〔啖〕利诱。
◎**大意**　八月，赵相国陈豨（xī）在代地反叛。高祖说："陈豨曾经为我做过事，很讲信用。代地是我很重视的地方，所以封陈豨为列侯，以相国的身份镇守代地，现在他竟和王黄之流劫掠代地！代地的吏民没有罪过，赦免他们。"九月,高祖亲自东进征讨陈豨。到了邯郸,高祖高兴地说:"陈豨不向南据守邯郸却靠漳水来阻挡,我断定他已不能有所作为了。"听说陈豨的部将原来都是商人,高祖说:"我知道用什么方法对付他们了。"于是以重金利诱陈豨的部将,陈豨的部将不少都投降了。

十一年,高祖在邯郸诛豨等未毕,豨将侯敞将万余人游行①,王黄军曲逆,张春渡河击聊城。汉使将军郭蒙与齐将击,大破之。太尉周勃道太原入,定代地。至马邑,马邑不下,即攻残②之。

◎**注释** ①〔游行〕指流动不定地作战,略等于游击。②〔残〕摧毁。
◎**大意** 十一年,高祖在邯郸讨伐陈豨等尚未结束,陈豨的部将侯敞带领一万多人流动作战,王黄驻扎在曲逆,张春渡过黄河进攻聊城。汉军派将军郭蒙与齐国将领一并出击,把他们打得大败。太尉周勃从太原出兵,平定代地。到马邑时,马邑叛军不投降,周勃遂将马邑摧毁。

豨将赵利守东垣,高祖攻之,不下。月余,卒骂高祖,高祖怒。城降,令出骂者斩之,不骂者原①之。于是乃分赵山北,立子恒以为代王,都晋阳。

◎**注释** ①〔原〕宽赦。
◎**大意** 陈豨的部将赵利防守东垣,高祖率军攻打,没有攻下。持续了一个多月,城内守卒辱骂高祖,高祖十分气愤。全城投降后,高祖命令将骂自己的人检举出来处斩,没有骂的人赦免。于是把赵国常山以北的地方划分出来,立儿子刘恒为代王,建都于晋阳。

春,淮阴侯韩信谋反关中,夷①三族。

◎**注释** ①〔夷〕诛灭。
◎**大意** 春天，淮阴侯韩信在关中谋反，被诛灭三族。

夏，梁王彭越谋反，废①迁蜀；复欲反，遂夷三族。立子恢为梁王，子友为淮阳王。

◎**注释** ①〔废〕废黜。
◎**大意** 夏天，梁王彭越谋反，被废黜并流放到蜀地；再次企图谋反，于是被诛灭三族。立儿子刘恢为梁王，儿子刘友为淮阳王。

秋七月，淮南王黥布反，东并①荆王刘贾地，北渡淮，楚王交走②入薛。高祖自往击之。立子长为淮南王。

◎**注释** ①〔并〕并吞。②〔走〕逃亡。
◎**大意** 秋天七月，淮南王黥布反叛，东进并吞了荆王刘贾的封地，又向北渡过淮水，楚王刘交逃入薛县。高祖亲自去征讨他。封儿子刘长为淮南王。

十二年，十月，高祖已击布军会甀，布走，令别将追之。
高祖还归，过沛，留。置酒沛宫，悉召故人父老子弟纵酒①，发沛中儿得百二十人，教之歌。酒酣②，高祖击筑③，自为歌诗曰："大风起兮云飞扬，威加海内兮归故乡，安得猛士兮守四方！"令儿皆和习④之。高祖乃起舞，慷慨伤怀，泣数行下。谓沛父兄曰："游子悲⑤故乡。吾虽都关中，万岁后⑥吾魂魄犹乐思沛⑦。且朕自沛公以诛暴逆，遂有天下，其以沛为朕汤沐邑⑧，复⑨其民，世世无有所与⑩。"沛父兄诸母故人日乐饮极欢，道旧故⑪为笑乐。十余日，高祖欲去，沛父兄固请留高祖。高祖曰："吾人众多，父兄不能给⑫。"乃去。沛中空县⑬皆之邑西献⑭。高祖复留止，张（帐）⑮饮三日。沛父兄皆顿首曰："沛幸得复，丰未复，唯⑯陛下哀怜之。"高祖曰："丰吾所生长，极不忘耳，吾特⑰为其以雍齿故反我为魏。"沛父兄固请，乃并复丰，比⑱沛。于是拜沛侯刘濞为吴王。

◎**注释** ①〔纵酒〕纵情饮酒。②〔酒酣〕酒喝得很畅快。③〔筑〕古代乐器名，形状像瑟。④〔和习〕学习跟着唱。⑤〔悲〕思念，眷恋。⑥〔万岁后〕是死后的避讳说法。⑦〔乐思沛〕喜欢和思念沛。⑧〔汤沐邑〕周制，诸侯朝见天子，天子赐以王畿内的供住宿和斋戒沐浴的封邑，叫作"汤沐邑"。后来皇帝、皇后、公主等收取赋税的私邑也称"汤沐邑"。⑨〔复〕免除赋税徭役。⑩〔无有所与〕不必交纳赋税、服徭役。与，参与。⑪〔道旧故〕谈起旧事。⑫〔给（jǐ）〕供给，供应。⑬〔空县〕县中空无一人。⑭〔献〕指献牛酒等礼品。⑮〔张（zhàng）〕通"帐"，搭设帷帐。⑯〔唯〕希望。⑰〔特〕只是。⑱〔比〕并列，跟……一样。

◎**大意** 十二年十月，高祖在会甄（zhuì）击败黥布的军队，黥布逃走，高祖命令部将追击。

高祖率军归还，路过沛县时，停留下来。在沛宫摆设酒宴，将老朋友和父老兄弟都招来纵情畅饮，在沛县选出一百二十名儿童，教他们唱歌。酒喝得很畅快，高祖击着筑，吟唱起自编的诗歌："大风起兮云飞扬，威加海内兮归故乡，安得猛士兮守四方！"并让孩子们跟着学唱。高祖于是跳起舞来，心情激昂难抑，流下行行热泪。高祖对沛县父兄说："游子思念故乡。我虽然定都关中，但即使万岁之后我的魂魄还会喜欢、怀念沛县的。况且我以沛县县令的身份开始诛暴讨逆，终于取得了天下，就将沛县作为我的私人领地，免除沛县百姓的赋税徭役，世世代代不再有缴纳赋税的事。"沛县的父老兄弟及各位亲戚朋友，天天畅饮尽欢，叙说往事逗笑取乐。十多天后，高祖要离去，沛县父老兄弟百般挽留高祖。高祖说："我的侍从众多，乡亲们难以负担。"这才离开。沛县空巷而出，到城西献奉酒食。高祖又停留下来，搭起帐篷饮宴三天。沛县父兄都叩头请求说："沛县有幸得以免除徭役，丰邑却没有免除，请陛下怜爱他们。"高祖说："丰邑是我生长的地方，绝不会忘记，我只是恨他们曾跟随雍齿反叛我而依附魏。"沛县父兄一再请求，这才一并免除了丰邑的徭役，和沛县享受一样的待遇。于是封沛侯刘濞为吴王。

汉将别①击布军洮水南北，皆大破之，追得斩布鄱阳。

◎**注释** ①〔别〕分别。
◎**大意** 汉军将领分别在洮（dào）水南北攻打黥布，都大破叛军，追到鄱阳擒杀了黥布。

樊哙别将①兵定代，斩陈豨当城。

◎**注释** ①〔别将〕另带一军。
◎**大意** 樊哙另带一支军队平定代地，在当城将陈豨斩首。

十一月，高祖自布军至长安。十二月，高祖曰："秦始皇帝、楚隐王陈涉、魏安釐王、齐湣王、赵悼襄王皆绝无后①，予守冢②各十家，秦皇帝二十家，魏公子无忌五家。"赦代地吏民，为陈豨、赵利所劫掠者皆赦之。陈豨降将言豨反时，燕王卢绾使人之豨所，与阴谋③。上使辟阳侯迎绾，绾称病。辟阳侯归，具言绾反有端④矣。二月，使樊哙、周勃将兵击燕王绾，赦燕吏民与反者。立皇子建为燕王。

◎**注释** ①〔绝无后〕子孙断绝，没有继承人。②〔守冢〕守护坟墓的人。③〔阴谋〕暗中谋划。④〔端〕头绪。
◎**大意** 十一月，高祖从黥布的驻地回到长安。十二月，高祖说："秦始皇帝、楚隐王陈涉、魏安釐（xī）王、齐湣（mǐn）王、赵悼襄王都绝嗣无后，各给他们十户人家看守坟墓,秦始皇帝二十家,魏公子无忌五家。"赦免代地的官吏和庶民,受陈豨、赵利胁迫而叛乱者都予以赦免。陈豨的降将说陈豨反叛时,燕王卢绾曾派人到陈豨的处所,与他暗中谋划。高祖派辟阳侯去接卢绾,卢绾托病不来。辟阳侯返回,将卢绾有反叛苗头的情况一五一十做了陈述。二月,高祖派樊哙、周勃率军攻打燕王卢绾。赦免参与造反的燕地吏民。封皇子刘建为燕王。

高祖击布时,为流矢①所中,行道病。病甚,吕后迎良医。医入见,高祖问医,医曰:"病可治。"于是高祖嫚骂②之曰:"吾以布衣③提三尺剑取天下,此非天命乎?命乃在天,虽扁鹊何益!"遂不使治病,赐金五十斤罢之。已而④吕后问:"陛下百岁后⑤,萧相国即⑥死,令谁代之?"上曰:"曹参可。"问其次,上曰:"王陵可。然陵少戆⑦,陈平可以助之。陈平智有余,然难以独任。周勃重厚少文⑧,然安刘氏者必勃也,可令为太尉。"吕后复问其次,上曰:"此后亦非而⑨所知也。"

◎ **注释** ①〔流矢〕飞箭。②〔嫚骂〕辱骂。嫚,轻慢,侮辱。③〔布衣〕指平民。④〔已而〕不久。⑤〔百岁后〕死的避讳说法。⑥〔即〕如果,一旦。⑦〔少戆(zhuàng)〕少,稍微。戆,愚而刚直。⑧〔少文〕缺少文才。⑨〔而〕你。

◎ **大意** 高祖攻打黥布时,被飞箭射中,回来的路上就病了。后来病情加重,吕后请来一位名医。医生进去看完病,高祖询问医生,医生说:"病可以治。"于是高祖骂医生说:"我以一个平民的身份提着宝剑取得天下,这难道不是天命吗?命运既然在天,就是扁鹊来了又有什么用!"就不让医生治病,赏赐黄金五十斤打发他离去。过后吕后问道:"陛下百年以后,萧相国如果死了,让谁接替他?"高祖说:"曹参可以。"问曹参以后谁来接替,高祖说:"王陵可以。但王陵稍显粗疏而认死理,可以让陈平帮助他。陈平才智有余,但难以独任。周勃稳重厚道而缺少文才,但安定刘氏天下的一定是周勃,可以让他做太尉。"吕后又问以后的人选,高祖说:"这以后也不是你所能知道的。"

卢绾与数千骑居塞下候伺①，幸②上病愈自入谢。

◎**注释** ①〔候伺〕窥伺，等待机会。②〔幸〕希望。
◎**大意** 卢绾带着几千人马住在边境上探查观望，希望高祖病愈后亲自去请罪。

四月甲辰，高祖崩长乐宫。四日不发丧。吕后与审食其谋曰："诸将与帝为编户民①，今北面为臣，此常怏怏②，今乃事少主，非尽族是③，天下不安。"人或闻之，语郦将军。郦将军往见审食其，曰："吾闻帝已崩，四日不发丧，欲诛诸将。诚如此，天下危矣。陈平、灌婴将十万守荥阳，樊哙、周勃将二十万定燕、代，此闻帝崩，诸将皆诛，必连兵还乡以攻关中。大臣内叛，诸侯外反，亡可翘足而待④也。"审食其入言之，乃以丁未发丧，大赦天下。

◎**注释** ①〔编户民〕登记在户口簿上的平民。②〔怏怏〕不满意、不服气的样子。③〔是〕这些人。④〔翘足而待〕一举足的工夫就可等待到，形容很快。翘，举。
◎**大意** 四月甲辰，高祖在长乐宫逝世。过了四天还不发丧。吕后和审食其商量说："诸将和皇帝一样出身于普通百姓，后来向皇帝北面称臣，这些人时常怏怏不乐，现在要让他们侍奉年少的皇帝，若不把他们全部族灭，天下不会安定。"有人听到这个消息，告诉了郦将军。郦将军前去拜见审食其，说："我听说皇帝已经驾崩，四天了还不发丧，想要诛杀诸位将领。真是这样的话，天下就危险了。陈平、灌婴带兵十万驻守荥阳，樊哙、周勃率军二十万平定燕、代之地，这时如果听到皇帝驾崩，诸将都被诛杀，必定会联合起来攻打关中。大臣在朝内反叛，诸侯在朝外造反，灭亡就很快了。"审食其进宫告诉吕后，这才在丁未日发丧，大赦天下。

卢绾闻高祖崩，遂亡①入匈奴。

◎**注释** ①〔亡〕逃亡。
◎**大意** 卢绾听说高祖已驾崩，就逃到匈奴去了。

丙寅，葬。己巳，立太子，至太上皇庙。群臣皆曰："高祖起微细，拨乱世反（返）之正①，平定天下，为汉太祖，功最高。"上尊号为高皇帝。太子袭号为皇帝，孝惠帝也。令郡国诸侯各立高祖庙，以岁时祠②。

◎**注释** ①〔拨乱世反之正〕治平乱世，使之恢复正常。拨，治理。②〔以岁时祠〕每年按时祭祀。
◎**大意** 丙寅，安葬高祖。己巳日，立太子，来到太上皇庙。群臣都说："高祖起于平民，拨乱反正，平定天下，是汉的开国皇帝，功劳最高。"上尊号为高皇帝。太子继位做了皇帝，即孝惠帝。命令各郡国诸侯都建立高祖庙，每年按照一定的时令祭祀。

及孝惠五年，思高祖之悲乐沛，以沛宫为高祖原庙①。高祖所教歌儿百二十人，皆令为吹乐，后有缺，辄补之。

◎**注释** ①〔原庙〕第二所庙宇。
◎**大意** 到了孝惠帝五年，孝惠帝想到高祖生前那么怀念和喜欢沛县，就把沛宫作为高祖原庙。高祖曾教过唱歌的一百二十名儿童，让他们都到庙里吹奏演唱，以后一有缺额，就立刻补上。

高帝八男：长庶①齐悼惠王肥；次孝惠，吕后子；次戚夫人子赵隐王如意；次代王恒，已立为孝文帝，薄太后子；次梁王恢，吕太后时徙为赵共王；次淮阳王友，吕太后时徙为赵幽王；次淮南厉王长；次燕王建。

◎**注释** ①〔长庶〕意思是长子非正妻所生。
◎**大意** 高祖有八个儿子：庶出的长子齐悼惠王肥；次子孝惠帝，吕后所生；三子是戚夫人生的赵隐王如意；四子代王恒，后被立为孝文帝，薄太后所生；五子梁王恢，吕太后当政时调迁为赵共王；六子淮阳王友，吕太后时调迁为赵幽王；七子淮南厉王长；八子燕王建。

太史公曰：夏之政忠①。忠之敝（弊），小人以野②，故殷人承之以敬。敬之敝，小人以鬼③，故周人承之以文。文之敝，小人以僿④，故救僿莫若以忠。三王之道若循环，终而复始。周秦之间，可谓文敝矣。秦政不改，反酷刑法，岂不缪乎？故汉兴，承敝易变，使人不倦，得天统⑤矣。朝以十月。车服黄屋左纛。葬长陵。

◎**注释** ①〔忠〕真诚。②〔小人以野〕小人，指老百姓，这是一种蔑称。野，粗鄙，缺少礼节。③〔鬼〕指迷信鬼神。④〔僿（sài）〕不诚恳。⑤〔天统〕等于说天道，自然的规律。
◎**大意** 太史公说：夏朝的政治质朴。质朴的弊病，是使百姓缺少礼节，所以殷人以敬奉天地、鬼神、祖先取而代之。恭敬的弊病，是使百姓崇拜鬼神，所以周人以礼仪文明取而代之。礼仪文明的弊病，是使百姓虚伪，所以救治虚伪弊病的良方莫过于质朴。三个王朝的治国之道好像是循环往复、终而复始的。周朝到秦朝之间，可以说弊病在于繁缛的礼仪。秦朝政治不予改变，反而使用酷刑苛法，岂不荒谬？因此汉朝兴起，沿袭前朝弊政而加以改变，让人民休养生息，得到了天命。规定每年十月朝觐。皇帝的车驾用黄缯做顶并在车衡的左边插以饰有毛羽的旗帜。安葬高祖于长陵。

◎ 释疑解惑

　　《高祖本纪》在叙事上有意与《项羽本纪》参照。明代学者茅坤曰："读《高祖纪》须参《项羽纪》，两相得失一一入手。"在刘、项二人早期故事中，都有关于见秦始皇出行的细节记录，项羽曰："彼可取而代也。"同样的情形，刘邦却叹息曰："嗟乎，大丈夫当如此也！"这两则故事明显出自传闻。司马迁将其分别编入两人传记中，一方面借此显示了两个人的不俗，另一方面也从细微处体现了两人的不同——与项羽的耿直冲动相比，刘邦要内敛很多。秦二世元年陈涉起兵，同年项羽、刘邦分别在会稽、沛县起事。《高祖本纪》与《项羽本纪》都对传主如何起事进行了详细记录。刘邦和项羽在起事模式上很相近，都是杀了原先的地方长官，赢得支持，成为首领。只是与项羽直接"拔剑斩守头"相比，刘邦"乃书帛射城上"煽动沛县父老子弟"共杀沛令"更具策略。并且在杀沛令之后，刘邦是在"萧、曹等皆文吏，自爱，恐事不就，后秦种族其家，尽让刘季""刘季数让"的情况下被推举成为沛令的。两者对比，从起事开始，刘邦就比项羽准备得充分，也比项羽更懂得用人。秦二世三年，在项羽等人大破秦将王离军队，收降章邯，诸侯都归附项羽的情况下，刘邦先后在武关、蓝田南、蓝田北大破秦军，最终彻底打败了秦军。其后秦王子婴投降，刘邦、项羽先后入关。《史记》对二人入关后的行为都进行了详细记载。《高祖本纪》写刘邦如何宽待子婴，《项羽本纪》写项羽"杀秦降王子婴"；《高祖本纪》写刘邦"欲止宫休舍，樊哙、张良谏，乃封秦重宝财物府库"，与关中父老约法三章，《项羽本纪》记项羽"烧秦宫室，火三月不灭；收其货宝妇女而东"；《高祖本纪》记"秦人大喜，争持牛羊酒食献飨军士""人又益喜，唯恐沛公不为秦王"，《项羽本纪》记"说者曰：'人言楚人沐猴而冠耳，果然'"。别人建议立足关中，刘邦"然其计，从之"，项羽却说"富贵不归故乡，如衣绣夜行，谁知之者！"可以看出，《高祖本纪》与《项羽本纪》有意识地进行了对比。汉五年，刘邦与项羽决战垓下，楚汉之争进入尾声。两篇传记分别借助传主之口对自己的成败进行总结。项羽将自己的失败归为天意，而刘邦将自己的成功归为人力。尽管这种自我总结的历史真实性很值得怀疑，但是自我总结的设置，无疑有助于人物传记的完整性，且出自传主之口的总结，对刻画传主性格起到了重要作用。项羽的慷慨悲壮，刘邦的志得意满借此被表现得淋漓尽致。起事前、起事过程、反秦胜利、楚汉之争结束，这四个具有标志性的时间点（段），刘邦与项羽的传记都存在可以彼此参照的现象。吴见思《史记论文》评论道："先写《项羽》一纪，接手又写《高祖》一纪，一节事分两处写，安得不同？乃《羽纪》中字字是写项羽，《高纪》中字字是写高祖。两篇对看，始见其妙。"读者于此可以参照阅读，细心体会传记编写者司马迁有意识地参照编排。

◎ **思考辨析题**

1. 有人认为司马迁在《高祖本纪》中记载刘邦早期的神异事迹，有避祸和讽刺的双重目的，你怎么看？

2. 结合具体内容，谈谈此篇的叙事成就。

吕太后本纪

第九

　　《吕太后本纪》叙事内容承接《高祖本纪》，是汉高祖到汉文帝之间的重要一环。将本非帝王的吕后列入本纪，是《史记》的一次破例，历代学者对此有不同看法。从内容上看，吕后时期的历史的确是汉初历史不可回避的一部分。司马迁将其置于"本纪"之体，显示了其对这一史实的正视。《吕太后本纪》中共出现两种纪年，第一种为孝惠帝纪年，共包含七年内容。虽然此处包含了孝惠帝全部的纪年，但从具体内容来看，其核心仍为吕后。孝惠帝纪年文本在《吕太后本纪》中并不具有独立性，孝惠帝只是作为吕后故事的一环而出现。孝惠帝之后，先后有两位皇帝即位。第一位即位的皇帝，并不按照惯例于其即位之初记录其具体信息，而是在"太后幽杀之"之前对其背景及事迹进行追述。第二位皇帝更是以"五月丙辰，立常

吕太后本纪第九

山王义为帝，更名曰弘"一笔带过。司马迁在两位皇帝即位时就交代了其所处时期的政治状况，第一位皇帝即位时记载："元年，号令一出太后。"突出了吕后在这一时期的政治地位。在第二位皇帝即位时，直接解释了"不称元年者，以太后制天下事也"。由此可见，虽然这部分内容并不明确写为"吕后……年"，但实是以吕后纪年而进行的记事。《吕太后本纪》中吕后崩后的文本内容十分丰富，约占整个文本的一半，包括了大臣诛灭诸吕、谋立新帝王，乃至孝文帝继承帝位的过程。这部分内容集中发生在吕后崩后的八月、九月，叙事十分详细。不仅在事件上包括了"八月丙午""八月庚申旦""九月晦日己酉"这些具体到日期的记事内容，而且包含了大量的人物对话。这部分所有的记事内容都围绕着主题而展开。大臣诛灭诸吕主题下，分别记录了汉廷外部齐王起兵，内部绛侯、朱虚侯智谋夺取南北二军，一举诛杀诸吕的事件。其后诸臣谋立帝王的主题则载录了诸位大臣的对话，借助对话交代了不立齐王、淮南王，而立代王的原因。代王之立主题记录了东牟侯兴居主动请得除宫及谒者阻拦的细节性内容。这部分文本前后连贯，情节发展激荡人心，显示出高超的叙事技巧。

吕太后者，高祖微时①妃也，生孝惠帝、女鲁元太后。及高祖为汉王，得定陶戚姬，爱幸，生赵隐王如意。孝惠为人仁弱，高祖以为不类②我，常欲废太子，立戚姬子如意，如意类我。戚姬幸，常从上之关东，日夜啼泣，欲立其子代太子。吕后年长，常留守，希（稀）见上，益疏。如意立为赵王后，几代太子者数③矣，赖大臣争④之，及留侯策，太子得毋废。

◎**注释** ①〔微时〕贫贱的时候。②〔类〕像。③〔数（shuò）〕屡次。④〔争〕谏争，劝阻。

◎**大意** 吕太后是汉高祖贫贱时的妻子，生了孝惠帝、女儿鲁元太后。等高祖做汉王时，得到定陶戚姬，非常宠爱，生了赵隐王如意。孝惠为人仁爱而懦弱，高祖认为不像自己，常想废掉太子，立戚姬的儿子如意，认为如意像自己。戚姬受到宠爱，常常伴随高祖到关东，日夜哭泣，想要立自己的儿子而取代太子。吕后年龄大了，经常留守在家，很少见到高祖，渐渐地疏远了。如意被立为赵王后，有几次差点取代了太子，有赖大臣诤谏，以及留侯张良的计策，太子才没被废掉。

吕后为人刚毅，佐高祖定天下，所诛大臣多吕后力。吕后兄二人，皆为将。长兄周吕侯死事①，封其子吕台为郦侯，子产为交侯；次兄吕释之为建成侯。

◎**注释** ①〔死事〕死于战事。

◎**大意** 吕后性格刚毅，辅佐高祖平定天下，所诛杀的大臣多得力于吕后。吕后有两个兄长，都是将领。长兄周吕侯死于战事，他的儿子吕台被封为郦侯，吕产为交侯；次兄吕释之为建成侯。

高祖十二年四月甲辰，崩长乐宫，太子袭号为帝。是时高祖八子：长男肥，孝惠兄也，异母，肥为齐王；余皆孝惠弟，戚姬子如意为赵王，薄夫人子恒为代王，诸姬子子恢为梁王，子友为淮阳王，子长为淮南王，子建为燕王。高祖弟交为楚王，兄子濞为吴王。非刘氏功臣番君吴芮子臣为长沙王。

◎**大意** 高祖十二年四月甲辰在长乐宫驾崩，太子继承帝位。当时高祖有八个儿子：长子刘肥，是孝惠帝的哥哥，异母所生，刘肥为齐王；其余都是孝惠帝的弟弟，戚姬的儿子刘如意为赵王，薄夫人的儿子刘恒为代王，其他姬妾的儿子刘恢为梁王，刘友为淮阳王，刘长为淮南王，刘建为燕王。高祖的弟弟刘交为楚王，长兄的儿子刘濞为吴王。不是刘氏而有大功的番君吴芮的儿子吴臣被封为长沙王。

吕后最怨戚夫人及其子赵王，乃令永巷①囚戚夫人，而召赵王。使者三反（返），赵相建平侯周昌谓使者曰："高帝属②臣赵王，赵王年少。窃闻太后怨戚夫人，欲召赵王并诛之，臣不敢遣王。王且亦病，不能奉诏。"吕后大怒，乃使人召赵相。赵相征至长安，乃使人复召赵王。王来，未到。孝惠帝慈仁，知太后怒，自迎赵王霸上，与入宫，自挟③与赵王起居饮食。太后欲杀之，不得间④。孝惠元年十二月，帝晨出射。赵王少，不能蚤（早）起。太后闻其独居，使人持鸩⑤饮之。犁明⑥，孝惠还，赵王已死。于是乃徙淮阳王友为赵王。夏，诏赐郦侯父追谥为令武侯。太后遂断戚夫人手足，去眼，煇（熏）耳⑦，饮喑药⑧，使居厕中，命曰"人彘"。居数日，乃召孝惠帝观人彘。孝惠见，问，乃知其戚夫人，乃大哭，因病，岁余不能起。使人请太后曰："此非人所为。臣为太后子，终不能治天下。"孝惠以此日饮为淫乐，不听政，故有病也。

◎**注释** ①〔永巷〕后官所居长巷，设有牢狱。此处指其官员永巷令。②〔属（zhǔ）〕嘱托。后作"嘱"。③〔自挟〕亲自携带、保护。④〔间〕时机。⑤〔鸩（zhèn）〕传说中的一种毒鸟，后多指毒酒。⑥〔犁明〕等到天明。犁，及，等到。⑦〔煇（xūn）耳〕熏聋耳朵。煇，通"熏"。⑧〔饮喑（yīn）药〕灌哑药。喑，哑。

◎**大意** 吕后最怨恨戚夫人和她的儿子赵王，于是将戚夫人囚禁在永巷，又召赵王来都城。使者往返了多次，赵相国建平侯周昌对使者说："高祖将赵王委托给我，赵王年幼。我私下听说太后怨恨戚夫人，想要招引赵王一并诛杀，我不敢让赵王去。况且赵王也有病，不能奉命。"吕后大怒，于是派人去召周昌。周昌被召至长安，吕后又派人去召赵王。赵王启程，尚未到京。孝惠帝仁慈，知道太后恼恨，亲自到霸上迎接赵王，和他一起进宫，亲自保护赵王并和他一同起居饮食。太后想要杀他，没有机会。孝惠帝元年十二月，孝惠帝早晨出去射猎。赵王年龄小，不能早起。太后得悉他独自在家，派人拿毒酒给他喝了。等到天大亮以后，孝惠帝回来，赵王已经死了。于是就将淮阳王刘友调迁为赵王。夏天，下诏追谥郦侯的父亲为令武侯。吕后竟砍断了戚夫人的手脚，剜去眼睛，熏聋耳朵，给她灌了哑药，让她居住在厕所里，取名"人彘"。过了几天，竟然叫孝惠帝去观看人彘。孝惠帝看见，一问，这才知道那是戚夫人，于是放声大哭起来，从而病倒，一年多不能起来。孝惠帝派人去对太后说："这不是人所做的事。我作为太后的儿子，至死也不能治理天下了。"孝惠帝从此整天饮酒作乐，不问朝政，因此有了病。

二年，楚元王、齐悼惠王皆来朝。十月，孝惠与齐王燕饮①太后前，孝惠以为齐王兄，置上坐，如家人之礼。太后怒，乃令酌两卮鸩，置前，令齐王起为寿。齐王起，孝惠亦起，取卮欲俱为寿。太后乃恐，自起泛②孝惠卮。齐王怪之，因不敢饮，详（佯）醉去。问，知其鸩，齐王恐，自以为不得脱长安，忧。齐内史士说王曰："太后独有孝惠与鲁元公主。今王有七十余城，而公主乃食数城。王诚以一郡上太后，为公主汤沐邑，太后必喜，王必无忧。"于是齐王乃上城阳之郡，尊公主为王太后。吕后喜，许之。乃置酒齐邸③，乐饮，罢，归齐王。三年，方筑长安城，四年就半，五年六年城就。诸侯来会。十月朝贺。

◎**注释** ①〔燕饮〕家常宴饮。②〔泛〕倾覆，倒掉。③〔齐邸〕齐王在京城的官邸。

◎**大意** 二年，楚元王、齐悼惠王都来朝见。十月，孝惠帝与齐王在太后面前宴饮，孝惠帝因为齐王是兄长，让他坐在上首的位置，如同家庭的礼节。太后很气愤，就让人斟了两杯毒酒，摆到齐王面前，让齐王起来给她敬酒。齐王站起来，孝惠帝也站了起来，取过一杯要一起向太后敬酒。太后这才惊慌了，亲自起来倒掉孝惠帝杯中的酒。齐王对此惊疑，就没敢喝这杯酒，装醉而去。后来一问，知道那是毒酒，齐王害怕起来，自以为不能脱离长安，很发愁。齐国的内史士劝说齐王："太后只有孝惠帝和鲁元公主。现在大王你拥有七十多座城，而鲁元公主才有几座城的食邑。你如果能把一个郡的封地献给太后，作为公主的私邑，太后必定高兴，大王你一定没有担忧了。"于是齐王就献出城阳郡，尊奉鲁元公主为王太后。吕后很高兴，答应了他，就在齐王官邸设置酒席，高兴地饮起酒来，席散，让齐王回国了。三年，开始修建长安城，四年，完成了一半，五年六年时全部完工。诸侯来京聚会。十月朝觐并向皇帝祝贺。

七年秋八月戊寅，孝惠帝崩。发丧，太后哭，泣不下。留侯子张辟彊为侍中，年十五，谓丞相曰："太后独有孝惠，今崩，哭不悲，君知其解①乎？"丞相曰："何解？"辟彊曰："帝毋壮子，太后畏君等。君今请拜吕台、吕产、吕禄为将，将兵居南北军，及诸吕皆入宫，居中用事，如此则太后心安，君等幸得脱祸矣。"丞相乃如辟彊计。太后说（悦），其哭乃哀。吕氏权由此起。乃大赦天下。九月辛丑，葬。太子即位为帝，谒②高庙。元年，号令一③出太后。

◎**注释** ①〔解〕缘由。②〔谒〕祭祀，朝拜。③〔一〕全，统一。

◎**大意** 七年秋八月戊寅，孝惠帝驾崩。发丧时，太后干哭，眼泪流不下来。留侯张良的儿子张辟彊担任侍中，年方十五，对丞相陈平说："太后只有孝惠帝一个儿子，现在驾崩了，她只哭而不悲伤，你知道其中的缘故吗？"丞相问："什么缘故？"张辟彊说："皇帝没有年龄大的儿子，太后害怕你们。你现在请求太后拜吕台、吕产、吕禄为将军，统领南北二军，并让吕家的人都进宫，在朝中掌权，这样的话太后就会心安，你们就有希望摆脱灾难了。"丞相于是按照张辟彊的计策做了。太后心喜，这才哭得哀痛起来。吕氏掌权由此开始。于是大赦天下。九月辛丑，孝惠帝被安葬。太子即位称帝，到高祖庙朝拜。元年，号令全都出自太后。

太后称制①，议欲立诸吕为王，问右丞相王陵。王陵曰："高帝刑白马盟②曰'非刘氏而王，天下共击之'。今王吕氏，非约也。"太后不说（悦）。问左丞相陈平、绛侯周勃。勃等对曰："高帝定天下，王子弟，今太后称制，王昆弟③诸吕，无所不可。"太后喜，罢朝。王陵让④陈平、绛侯曰："始与高帝喋（歃）血⑤盟，诸君不在邪？今高帝崩，太后女主，欲王吕氏，诸君纵欲阿意⑥背约，何面目见高帝地下？"陈平、绛侯曰："于今面折廷争，臣不如君；夫全社稷，定刘氏之后，君亦不如臣。"王陵无以应之。十一月，太后欲废王陵，乃拜为帝太傅，夺之相权。王陵遂病免归。乃以左丞相平为右丞相，以辟阳侯审食其为左丞相。左丞相不治事，令监宫中，如郎中令。食其故得幸太后，常用事，公卿皆因而决事。乃追尊郦侯父为悼武王，欲以王诸吕为渐⑦。

◎**注释**　①〔称制〕行使皇帝的职权。②〔刑白马盟〕古人盟誓为表庄重，杀牲以血涂口。③〔王昆弟〕使兄弟称王。④〔让〕责备。⑤〔喋（shà）血〕会盟时以牲血涂于口旁，表示诚信。⑥〔阿(ē)意〕曲意献媚。⑦〔渐〕开头，铺垫。

◎**大意**　吕太后行使了皇帝的职权，与大臣商议，想要立诸吕氏为王，询问右丞相王陵。王陵说："高祖曾杀白马与大臣盟誓说：'不是刘氏而称王的，天下人可一起击杀他。'如今封吕氏为王，是违背盟誓的。"太后很不高兴。问左丞相陈平、绛侯周勃。周勃等回答说："高祖皇帝平定天下，封自己的子弟为王，现在太后行使皇帝的职权，封自己的吕氏兄弟为王，没有什么不可以。"太后很高兴，散了朝。王陵责备陈平、周勃说："当初与高帝歃血盟誓时，你们不在吗？现在高祖皇帝驾崩了，太后作为女君主，想要封吕氏为王，你们纵容太后的欲望而曲意献媚违背誓约，将来有什么脸面去地下见高祖？"陈平、绛侯说："如今当面驳斥，于朝廷上公开谏诤，我们不如你；然而保全国家，安定刘氏子孙，你就不如我们了。"王陵无言以对。十一月，太后想要废黜王陵，就拜他为皇帝的太傅，夺去了他的丞相职权。王陵于是托病去职回家了。吕后于是拜左丞相陈平为右丞相，辟阳侯审食其为左丞相。左丞相不管分内事务，让他监督宫中之事，像郎中令一样。审食其因此受到太后宠信，常常专权用事，朝廷大臣处理政务都要通过他才能决定。追尊郦侯的父亲为悼武王，想以此作为分封吕氏为王的开端。

四月，太后欲侯①诸吕，乃先封高祖之功臣郎中令无择为博城侯。鲁元公主薨，赐谥为鲁元太后。子偃为鲁王。鲁王父，宣平侯张敖也。封齐悼惠王子章为朱虚侯，以吕禄女妻②之。齐丞相寿为平定侯。少府延为梧侯。乃封吕种为沛侯，吕平为扶柳侯，张买为南宫侯。

◎**注释** ①〔侯〕使……为侯。②〔妻〕嫁给。
◎**大意** 四月，吕后想封诸吕氏为侯，于是先封高祖的功臣郎中令冯无择为博城侯。鲁元公主去世，赐谥号为鲁元太后。封她的儿子张偃为鲁王。鲁王的父亲，是宣平侯张敖。封齐悼惠王的儿子刘章为朱虚侯，把吕禄的女儿嫁给他。齐国的丞相齐寿为平定侯。少府阳成延为梧侯。这才封吕种为沛侯，吕平为扶柳侯，张买为南宫侯。

太后欲王吕氏，先立孝惠后宫子①彊为淮阳王，子不疑为常山王，子山为襄城侯，子朝为轵侯，子武为壶关侯。太后风②大臣，大臣请立郦侯吕台为吕王，太后许之。建成康侯释之卒，嗣子有罪，废，立其弟吕禄为胡陵侯，续③康侯后。二年，常山王薨，以其弟襄城侯山为常山王，更名义。十一月，吕王台薨，谥为肃王，太子嘉代立为王。三年，无事。四年，封吕媭为临光侯，吕他为俞侯，吕更始为赘其侯，吕忿为吕城侯，及诸侯丞相五人。

◎**注释** ①〔后官子〕后官嫔妃、美人所生之子。②〔风（fěng）〕暗示。③〔续〕继承。

◎**大意** 太后想封吕氏为王，先封孝惠帝后宫妃嫔所生的儿子刘彊为淮阳王，刘不疑为常山王，刘山为襄城侯，刘朝为轵（zhǐ）侯，刘武为壶关侯。吕后暗示大臣，大臣请求封郦侯吕台为吕王，吕后答应了。建成康侯吕释之去世，继承侯位的儿子有罪，被废黜，立他的弟弟吕禄为胡陵侯，延续康侯的香火。二年，常山王去世，封他的弟弟襄成侯刘山为常山王，改名刘义。十一月，吕王吕台去世，谥号为肃王，他的儿子吕嘉接替为王。三年，平安无事。四年，封吕媭（xū）为临光侯，吕他为俞侯，吕更始为赘其侯，吕忿为吕成侯，另有五名诸侯的丞相被封为侯。

宣平侯女为孝惠皇后时，无子，详（佯）为有身，取美人①子名之②，杀其母，立所名子为太子。孝惠崩，太子立为帝。帝壮，或闻③其母死，非真皇后子，乃出言曰："后安能杀吾母而名我？我未壮，壮即为变。"太后闻而患之，恐其为乱，乃幽之永巷中，言帝病甚，左右莫得见。太后曰："凡有天下治为万民命者④，盖之如天，容之如地，上有欢心以安百姓，百姓欣然以事其上，欢欣交通⑤而天下治。今皇帝病久不已，乃失惑恍乱⑥，不能继嗣奉宗庙祭祀，不可属天下，其代之。"群臣皆顿首言："皇太后为天下齐民计所以安宗庙社稷甚深，群臣顿首奉诏。"帝废位，太后幽杀⑦之。五月丙辰，立常山王义为帝，更名曰弘。不称元年者，以太后制天下事也。以轵侯朝为常山王。置太尉官，绛侯勃为太尉。五年八月，淮阳王薨，以弟壶关侯武为淮阳王。六年十月，太后曰吕王嘉居处骄恣，废之，以肃王台弟吕产为吕王。夏，赦天下。封齐悼惠王子兴居为东牟侯。

◎**注释** ①〔美人〕嫔妃称号之一。②〔名之〕名义上称为惠帝子。③〔或闻〕偶然听说。④〔有天下治为万民命者〕拥有天下管理万民的人，指皇帝。⑤〔交通〕相通。⑥〔失惛惛（hūn）乱〕指神志糊涂惑乱。⑦〔幽杀〕暗中杀害。

◎**大意** 宣平侯的女儿做孝惠皇后时，没有儿子，假装怀了孕，将后宫美人所生的儿子抱来称为自己所生，杀了他的母亲，立这个孩子为太子。孝惠帝驾崩后，太子被立为皇帝。皇帝稍大一点，偶然听说他的母亲已死，自己不是皇后的儿子，就放出话来说："皇后怎么能杀死我的生母而把我当作她的儿子呢？我尚未长大，长大了就要造她的反。"太后知道后很忧虑，害怕他将来变乱，就把他幽禁在永巷中，声称皇帝病重，左右大臣都不能见到他。吕后说："凡拥有天下管理万民的，需像天一样有覆盖之能，像地一样有容载之能，皇帝能以愉悦之心安抚百姓，百姓才能以高兴之情侍奉其君，君臣欢欣相通才能天下大治。现在皇帝久病不愈，竟致神志不清，不能继承帝业尊奉宗庙祭祀，不能把天下交付给他，应找人取而代之。"群臣都叩头说："皇太后为天下百姓着想以使宗庙社稷长久安定，我们谨遵诏命。"皇帝被废黜，吕后暗中将他杀了。五月丙辰，立常山王刘义为皇帝，改名刘弘。之所以不改称元年，是因为太后行使着皇帝的职权。将轵侯刘朝封为常山王。设置太尉官职，绛侯周勃被任命为太尉。五年八月，淮阳王去世，将他的弟弟壶关侯刘武封为淮阳王。六年十月，太后说吕王吕嘉行为骄横放纵，废黜了他，将肃王吕台的弟弟吕产封为吕王。夏天，大赦天下。封齐悼惠王的儿子刘兴居为东牟侯。

七年正月，太后召赵王友。友以诸吕女为后，弗爱，爱他姬，诸吕女妒，怒去，谗之于太后，诬以罪过，曰："吕氏安得王！太后百岁后，吾必击之。"太后怒，以故召赵王。赵王至，置邸不见，令卫①围守之，弗与食。其群臣或窃馈②，辄捕论③之，赵王饿，乃歌曰："诸吕用事兮刘氏危，迫胁王侯兮强授我妃。我妃既妒兮诬我以恶，谗女乱国兮上曾④不寤。我无忠臣兮何故弃国？自决⑤中野⑥兮苍天举直！于嗟不可悔兮宁蚤（早）自财（裁）。为王而饿死兮谁者怜之！吕氏绝理兮托天报仇。"丁丑，赵王幽死，以民礼⑦葬之长安民冢次。

◎**注释** ①〔卫〕卫卒。②〔窃馈〕偷偷送食物。③〔论〕论罪。④〔曾（zēng）〕乃，竟然。⑤〔自决〕自裁，自杀。⑥〔中野〕朝外。⑦〔民礼〕普通百姓的葬礼。

◎**大意** 七年正月，吕太后征召赵王刘友。刘友以吕家的女儿为王后，不喜欢她，喜欢其他姬妾。吕家女儿妒忌，生气而去，向太后进谗言，给刘友捏造罪状，称他说："吕氏怎么能封王！太后百年以后，我一定要杀他们。"太后大怒，因此而召赵王。赵王到京后，吕后将他晾置官邸不予召见，命令卫兵把他围困在那里，不给他饭吃。赵王的臣下有的偷偷送食物，总是被逮捕判罪。赵王饥饿难忍，于是作歌唱道："吕氏专权啊刘氏受危，胁迫王侯啊强授我妃。我妃嫉妒啊诬我以罪，谗女乱国啊上竟不察。我无忠臣啊何故失国？自杀朝外啊苍天可鉴！既然不悔啊宁早自裁。为王饿死啊谁来可怜！吕氏灭绝天理啊托天报仇。"丁丑日，赵王被幽禁致死，按照平民的葬礼把他埋葬在长安郊外民坟的旁边。

己丑，日食，昼晦①。太后恶之，心不乐，乃谓左右曰："此为我也。"

◎**注释** ①〔昼晦〕白天天色昏暗。
◎**大意** 己丑日，日食，天色昏暗。太后对此感到厌恶，心里不高兴，于是对身边的人说："这是因为我呀。"

二月，徙梁王恢为赵王。吕王产徙为梁王，梁王不之①国，为帝太傅。立皇子平昌侯太为吕王。更名梁曰吕，吕曰济川。太后女弟吕媭有女为营陵侯刘泽妻，泽为大将军。太后王诸吕，恐即崩后刘将军为害，乃以刘泽为琅邪王，以慰②其心。

◎**注释** ①〔之〕到。②〔慰〕安，宽慰。
◎**大意** 二月，调迁梁王刘恢为赵王。吕王吕产调迁为梁王，梁王不到封国去，担任皇帝的太傅。立皇子平昌侯刘太为吕王。将梁国改名叫吕国，吕国叫济川。太后的妹妹吕媭有个女儿是营陵侯刘泽的妻子，刘泽担任大将军。太后封诸吕为王，害怕将来自己死后刘泽作乱，于是封刘泽为琅邪王，以安其心。

梁王恢之徙王赵，心怀不乐。太后以吕产女为赵王后。王后从官皆诸吕，擅权①，微伺②赵王，赵王不得自恣③。王有所爱姬，王后使人鸩杀之。王乃为歌诗四章，令乐人歌之。王悲，六月即自杀。太后闻之，以为王用妇人弃宗庙礼，废其嗣。

◎**注释** ①〔擅权〕越权，指独断专横。②〔微伺〕暗中监视。③〔自恣〕自由。
◎**大意** 梁王刘恢被迁为赵王，心里很不高兴。太后将吕产的女儿给赵王做王后。王后的随从官员都是吕家的人，个个独断专横，暗中监视赵王，赵王不能自由。赵王只要有了爱姬，王后就派人用毒酒杀掉。赵王于是作了四首诗歌，让乐工歌唱。赵王悲愤，六月就自杀了。太后听说此事后，认为赵王为了妇人而丢弃祭祀宗庙的职责，废除了他后代的继承权。

宣平侯张敖卒，以子偃为鲁王，敖赐谥为鲁元王。

◎**大意** 宣平侯张敖死了，因为他的儿子张偃为鲁王，被赐谥号为鲁元王。

秋，太后使使告代王，欲徙王赵。代王谢①，愿守代边。

◎**注释** ①〔谢〕谢绝。
◎**大意** 秋天，太后派使者告诉代王，想要迁他为赵王。代王谢绝了，愿意在代地守卫边疆。

太傅产、丞相平等言，武信侯吕禄上侯，位次第一，请立为赵王。太后许之，追尊禄父康侯为赵昭王。九月，燕灵王建薨，有美人子，太后使人杀之，无后，国除①。八年十月，立吕肃王子东平侯吕通为燕王，封通弟吕庄为东平侯。

◎**注释** ①〔国除〕封国被撤销。
◎**大意** 太傅吕产、丞相陈平等提出，武信侯吕禄是上等侯爵，位居第一，请求立他为赵王。太后应允了，追尊吕禄的父亲康侯为赵昭王。九月，燕灵王刘建去世，他有一个姬妾生的儿子，太后派人杀了他，绝了后代，封国被废除。八年十月，封吕肃王的儿子东平侯吕通为燕王，封吕通的弟弟吕庄为东平侯。

三月中，吕后祓①，还过轵道，见物如苍犬②，据高后掖（腋），忽弗复见。卜之，云赵王如意为祟③。高后遂病掖伤。

◎**注释** ①〔祓（fú）〕为除灾去邪而举行的祭礼。②〔苍犬〕黑狗。③〔祟〕鬼魂作怪。
◎**大意** 三月中旬，吕后举行祓祭，回来时经过轵道亭，看见一个状如黑狗的东西，钻到吕后的腋下，忽然又不见了。让人占卜，说是赵王如意的鬼魂作怪。吕后随即腋下病痛起来。

高后为外孙鲁元王偃年少,蚤(早)失父母,孤弱,乃封张敖前姬两子,侈为新都侯,寿为乐昌侯,以辅鲁元王偃。及封中大谒者^①张释为建陵侯,吕荣为祝兹侯。诸中宦者令丞皆为关内侯,食邑^②五百户。

◎**注释** ①〔中大谒者〕谒者,主管为皇帝接收文件、传达诏命、接待宾客等事宜,加"中"字,系宦官任谒者。②〔食邑〕采邑。受封者可在领地征收赋税。
◎**大意** 吕太后因为外孙鲁元王张偃年少,很早就失去父母,势孤力弱,于是分封张敖前姬生的两个儿子,张侈为新都侯,张寿为乐昌侯,以辅助鲁元王张偃。又封中大谒者张释为建陵侯,吕荣为祝兹侯。由宦官充任的各部令丞都封为关内侯,赏赐食邑五百户。

七月中,高后病甚,乃令赵王吕禄为上将军,军北军^①;吕王产居南军。吕太后诫产、禄曰:"高帝已定天下,与大臣约,曰'非刘氏王者,天下共击之'。今吕氏王,大臣弗平^②。我即崩,帝年少,大臣恐为变。必据兵卫宫,慎毋送丧,毋为人所制。"辛巳,高后崩,遗诏赐诸侯王各千金,将相列侯郎吏皆以秩赐金。大赦天下。以吕王产为相国,以吕禄女为帝后。

◎**注释** ①〔军北军〕统帅并镇守北军。②〔弗平〕心中不平。
◎**大意** 七月中旬,吕太后病重,于是任命赵王吕禄为上将军,统率并进驻北军;吕王吕产驻镇南军。吕太后告诫吕产、吕禄说:"高祖平定天下后,与大臣立下约誓,说'不是刘氏而称王的,天下人共同攻击他'。现在吕家人称了王,大臣心中不平。假如我死了,皇帝年少,大臣恐怕会变乱。必须掌握军队保卫皇宫,千万不要为我送丧,不要为人所制。"辛巳,吕太后去世,留下诏书赏赐诸侯王千斤黄金,将、相、列侯、郎吏都按职位赏赐黄金。大赦天下。任命吕王吕产为相国,以吕禄的女儿为皇后。

高后已葬，以左丞相审食其为帝太傅。

◎**大意** 吕太后被安葬以后，以左丞相审食其担任皇帝的太傅。

朱虚侯刘章有气力①，东牟侯兴居其弟也，皆齐哀王弟，居长安。当是时，诸吕用事擅权，欲为乱，畏高帝故大臣绛、灌②等，未敢发。朱虚侯妇，吕禄女，阴知③其谋。恐见诛，乃阴令人告其兄齐王，欲令发兵西，诛诸吕而立。朱虚侯欲从中与大臣为应。齐王欲发兵，其相弗听。八月丙午，齐王欲使人诛相，相召平乃反，举兵欲围王，王因杀其相，遂发兵东，诈夺琅邪王兵，并将之而西。语在《齐王》语中。

◎**注释** ①〔气力〕气节与勇力。②〔绛、灌〕指绛侯周勃、颍阴侯灌婴。③〔阴知〕暗知。

◎**大意** 朱虚侯刘章有气节与勇力，东牟侯刘兴居是他的弟弟，他俩都是齐哀王的弟弟，住在长安。当时，诸吕氏专权用事，想要叛乱，但害怕高祖时的老臣周勃、灌婴等人，没敢发动。朱虚侯的妻子是吕禄的女儿，暗中知道了他们阴谋叛乱的事。刘章害怕被诛杀，于是秘密派人告诉其兄齐王，想让他派军西进，诛灭吕氏，自立为帝。刘章准备在朝中和大臣当内应。齐王想要发兵，他的丞相不听从。八月丙午，齐王打算派人诛杀丞相，丞相召平于是反叛，发动士兵要围攻齐王，齐王于是杀了召平，继而发兵东进，施计夺取了琅邪王的军队，合兵一处，率军西进。事详《齐悼惠王世家》。

齐王乃遗诸侯王书曰："高帝平定天下，王诸子弟，悼惠王王齐。悼惠王薨，孝惠帝使留侯良立臣为齐王。孝惠崩，高后用事，春秋①高，听诸吕，擅废帝更立，又比杀三赵王，灭梁、赵、燕以王诸吕，分齐为四。忠臣进谏，上惑乱弗听。今高后崩，而帝春秋富②，未能治天下，固恃大臣诸侯。而诸吕又擅自尊官③，聚兵严威，劫列侯忠臣，矫制以令天下，宗庙④所以危。寡人率兵入诛不当为王者。"汉闻之，相国吕产等乃遣颍阴侯灌婴将兵击之。灌婴至荥阳，乃谋曰："诸吕权兵⑤关中，欲危刘氏而自立。今我破齐还报，此益⑥吕氏之资⑦也。"乃留屯荥阳，使使谕⑧齐王及诸侯，与连和⑨，以待吕氏变，共诛之。齐王闻之，乃还兵西界待约。

◎**注释** ①〔春秋〕年岁。②〔春秋富〕指年少。③〔尊官〕提高官职。④〔宗庙〕代指刘氏天下。⑤〔权兵〕拥兵。⑥〔益〕增加。⑦〔资〕资本。⑧〔谕〕告知。⑨〔连和〕联合。

◎**大意** 齐王于是写信给诸侯王说："高祖平定天下，分封子弟为王，悼惠王被封于齐国。悼惠王去世后，孝惠帝派留侯张良立我为齐王。孝惠帝驾崩后，吕太后执掌朝政，年纪老了，听从诸吕，擅自废立皇帝，又接连杀了三个赵王，灭掉梁、赵、燕三个刘氏国家而封给吕氏为王，将齐国分为四部分。忠臣进言规劝，太后受蛊惑而不听。如今吕太后驾崩，而皇帝年少，不能治理天下，本当依靠大臣诸侯。而诸吕又随意提高官职，掌握兵权以扩大权威，威逼列侯忠臣，假传圣旨以号令天下，刘氏天下因此面临危险。我率军入关是要诛灭不应该称王的人。"朝廷听说后，相国吕产等人就派遣颍阴侯灌婴率军去迎击齐王。灌婴到了荥阳，与诸将商议道："诸吕拥兵关中，想要推翻刘氏而自立为帝。现在我如果打败齐军回去报告，这样会增加吕氏的资本。"于是留驻荥阳，派使者去告诉齐王与诸侯，和他们联合起来，等待吕氏内变，一起诛灭他们。齐王听说后，就回兵齐国西部边界等待约定之机。

吕禄、吕产欲发乱关中，内惮①绛侯、朱虚等，外畏齐、楚兵，又恐灌婴畔（叛）之，欲待灌婴兵与齐合②而发，犹豫未决。当是时，济川王太、淮阳王武、常山王朝名为少帝弟，及鲁元王吕后外孙，皆年少未之国，居长安。赵王禄、梁王产各将兵居南北军，皆吕氏之人。列侯群臣莫自坚③其命。

◎**注释** ①〔惮〕忌惮，害怕。②〔合〕交合，交战。③〔自坚〕自保。
◎**大意** 吕禄、吕产想要在关中发动叛乱，但是朝内畏惧绛侯、朱虚侯等人，朝外害怕齐、楚的军队，又恐怕灌婴背叛他们，想等灌婴的军队与齐军交战后再发动变乱，犹豫未决。当时，所谓的皇帝的弟弟济川王刘太、淮阳王刘武、常山王刘朝，以及吕太后的外孙鲁元王，都因年纪小没到封国去，住在长安。赵王吕禄、梁王吕产各自带兵驻镇南北军，都是吕氏的人。列侯群臣没有人能掌握自己的命运。

太尉绛侯勃不得入军中主兵。曲周侯郦商老病，其子寄与吕禄善。绛侯乃与丞相陈平谋，使人劫①郦商。令其子寄往绐②说吕禄曰："高帝与吕后共定天下，刘氏所立九王，吕氏所立三王，皆大臣之议，事已布告诸侯，诸侯皆以为宜。今太后崩，帝少，而足下佩赵王印，不急之国守藩③，乃为上将，将兵留此，为大臣诸侯所疑。足下何不归将印，以兵属④太尉，请梁王归相国印，与大臣盟而之国？齐兵必罢，大臣得安，足下高枕而王千里，此万世之利也。"吕禄信然其计，欲归将印，以兵属太尉。使人报吕产及诸吕老人，或以为便，或曰不便，计犹豫未有所决。吕禄信郦寄，时与出游猎。过其姑吕媭，媭大怒，曰："若⑤为将而弃军，吕氏今无处矣。"乃悉出珠玉宝器散堂下，曰："毋为他人守也。"

◎**注释** ①〔劫〕威胁、挟持。②〔绐（dài）〕欺骗。③〔守藩〕保守封地为藩臣。④〔属（zhǔ）〕托付，交给。⑤〔若〕你。

◎**大意** 太尉绛侯周勃不能到军队中掌管军事。曲周侯郦商年老多病，他的儿子郦寄和吕禄关系很好。绛侯于是与丞相陈平商量，派人挟持郦商。让他的儿子郦寄去欺骗吕禄说："高祖和吕后一起平定天下，刘氏所立九个王，吕氏所立三个王，都是大臣的主张，事情通告诸侯后，诸侯都认为应该。现在太后驾崩，皇帝年少，而足下佩带赵王印信，不赶快到封地守卫封国做藩臣，却做上将军，带兵留于京城，被大臣诸侯猜疑。足下为什么不归还将印，把军队交给太尉，请梁王也归还相国印信，与大臣订约后到自己的封国去呢？齐王必定撤军，大臣得以安心，足下也可高枕无忧而做千里封国之王，这是万代之利啊。"吕禄相信郦寄的策略是对的，想要归还将印，把军权交给太尉。派人报告给吕产和吕氏的各位老人，他们有的认为有利，有的说不利，意见纷纷犹豫不决。吕禄相信郦寄，经常和他出外游玩打猎。他去探望姑母吕嬃时，吕嬃很生气，说："你身为上将军而放弃军队，吕氏今后要无处安身了。"于是将珠玉宝器全都扔到院子里，说："不为别人保管了。"

左丞相食其免①。

八月庚申②旦，平阳侯窋行御史大夫事，见相国产计事③。郎中令贾寿使从齐来，因数④产曰："王不蚤（早）之国，今虽欲行，尚可得邪？"具以灌婴与齐楚合从⑤欲诛诸吕告产，乃趣⑥产急入宫。平阳侯颇闻其语，乃驰告丞相、太尉。太尉欲入北军，不得入。襄平侯通尚⑦符节。乃令持节矫内（纳）太尉北军。太尉复令郦寄与典客刘揭先说吕禄曰："帝使太尉守北军，欲足下之国，急归将印辞去，不然，祸且起。"吕禄以为郦兄不欺己，遂解印属典客，而以兵授太尉。太尉将之入军门，行令军中曰："为吕氏右袒，为刘氏左袒。"军中皆左袒为刘氏。太尉行至，将军吕禄亦已解上将印去，太尉遂将北军。

◎**注释** ①〔免〕被罢免。②〔八月庚申〕此处应为九月庚申。③〔计事〕商议政事。④〔数〕责备，责怪。⑤〔合从(zòng)〕联合。⑥〔趣(cù)〕催促。⑦〔尚〕主管。

◎**大意** 左丞相审食其被罢免。

九月庚申的早晨，代理御史大夫职务的平阳侯曹窋(zhú)拜见相国吕产商议政事。郎中令贾寿从齐出使回来，就责怪吕产说："大王不早些到封国去，现在纵然想走，还能走得了吗？"将灌婴与齐、楚联合，要诛灭诸吕的事都告诉了吕产，于是催促吕产赶快入据皇宫。平阳侯清楚地听到了他们的话，就跑去告诉丞相陈平和太尉周勃。太尉想入据北军，却不能进去。襄平侯纪通为皇帝掌兵符印信。太尉就让他带着符节假传皇帝诏令使北军接纳太尉。太尉又让郦寄和典客刘揭先去劝说吕禄道："皇帝派太尉统率北军，想要足下到封国去，赶快交出将印离开，不然，大祸将要来临。"吕禄觉得郦寄不会欺骗自己，于是解下将印交给典客，将兵权交给太尉。太尉接受兵权进入北军营门，下令军中说："拥护吕氏的袒露右臂，拥护刘氏的袒露左臂。"军中将士都袒露左臂表示拥护刘氏。太尉将要来北军时，吕禄也已交出上将印离开了军营，太尉于是掌管了北军。

然尚有南军。平阳侯闻之，以吕产谋告丞相平，丞相平乃召朱虚侯佐太尉。太尉令朱虚侯监军门。令平阳侯告卫尉①**："毋入**②**相国产殿门。"吕产不知吕禄已去北军，乃入未央宫，欲为乱，殿门弗得入，徘徊往来。平阳侯恐弗胜，驰语太尉。太尉尚恐不胜诸吕，未敢讼(公)言**③**诛之，乃遣朱虚侯谓曰："急入宫卫帝。"朱虚侯请卒，太尉予卒千余人。入未央宫门，遂见产廷中。日铺时**④**，遂击产。产走，天风大起，以故其从官乱，莫敢斗。逐产，杀之郎中府吏厕中。**

◎**注释** ①〔卫尉〕九卿之一，掌宫门警卫。②〔入〕使……入。③〔讼(gōng)言〕公开宣言。讼，通"公"。④〔日铺时〕傍晚时分。

◎**大意** 然而还有南军。平阳侯听说后，把吕产的阴谋告诉了丞相陈平，丞相陈平于是招朱虚侯辅助太尉。太尉命令朱虚侯监守军门。命令平阳侯去告诉卫尉：

"不要让相国吕产进入殿门。"吕产不知吕禄已经离开了北军,竟然进入未央宫,准备发动叛乱,殿门却进不去,徘徊不定。平阳侯担心不能取胜,跑去报告太尉。太尉还害怕不能战胜诸吕,没敢公开宣布诛杀吕氏,于是下令给朱虚侯说:"赶快进宫保卫皇帝。"朱虚侯请求带兵去,太尉给了他一千多名士兵。进了未央宫门,就看见吕产在宫里。傍晚的时候,朱虚侯向吕产进攻,吕产逃走。这时狂风骤起,致使吕产的随从官吏乱作一团,无人敢参战。朱虚侯追赶吕产,把他杀死在郎中府吏的厕所里。

朱虚侯已杀产,帝命谒者持节劳①朱虚侯。朱虚侯欲夺节信,谒者不肯,朱虚侯则从与载,因②节信驰走,斩长乐卫尉吕更始。还,驰入北军,报太尉。太尉起,拜贺朱虚侯曰:"所患独吕产,今已诛,天下定矣。"遂遣人分部悉捕诸吕男女,无少长皆斩之。辛酉,捕斩吕禄,而笞杀③吕嬃。使人诛燕王吕通,而废鲁王偃。壬戌,以帝太傅食其复为左丞相。戊辰,徙济川王王梁,立赵幽王子遂为赵王。遣朱虚侯章以诛诸吕氏事告齐王,令罢兵。灌婴兵亦罢荥阳而归。

◎**注释** ①〔劳〕慰劳。②〔因〕凭借。③〔笞(chī)杀〕用小棍棒或小竹板将人打死。

◎**大意** 朱虚侯杀死吕产后,皇帝派谒者拿着符节去慰劳他。朱虚侯想要夺取符节,谒者不愿意,朱虚侯就与谒者一起乘车,凭借谒者的符节奔走,斩了长乐宫的卫尉吕更始。回来时,奔入北军,报告给太尉。太尉站起身,向朱虚侯拜贺说:"所担心的只是吕产,现在被杀掉了,天下可定了。"于是派人分批将吕氏的男女全部逮捕,不分老少一律处死。辛酉日,捕获并杀了吕禄,用竹板将吕嬃打死。派人诛杀了燕王吕通,废黜了鲁王张偃。壬戌日,恢复了皇帝的太傅审食其的左丞相之职。戊辰日,将济川王改封为梁王,立赵幽王的儿子刘遂为赵王。派遣朱虚侯刘章把诛除诸吕的事情告诉齐王,让他罢兵。灌婴也从荥阳撤军返回。

诸大臣相与阴谋①曰:"少帝及梁、淮阳、常山王,皆非真孝惠子也。吕后以计诈名他人子,杀其母,养后宫,令孝惠子之,立以为后,及诸王,以强吕氏。今皆已夷灭诸吕,而置②所立,即长用事③,吾属无类④矣。不如视诸王最贤者立之。"或言"齐悼惠王高帝长子,今其适(嫡)子为齐王,推本言之,高帝适(嫡)长孙,可立也"。大臣皆曰:"吕氏以外家⑤恶而几危宗庙,乱功臣。今齐王母家驷,驷钧,恶人也。即立齐王,则复为吕氏。"欲立淮南王,以为少,母家又恶。乃曰:"代王方今高帝见子⑥最长,仁孝宽厚。太后家薄氏谨良。且立长故顺,以仁孝闻于天下,便。"乃相与共阴使人召代王。代王使人辞谢。再反(返),然后乘六乘传⑦。后九月晦日⑧己酉,至长安,舍代邸。大臣皆往谒,奉天子玺上代王,共尊立为天子。代王数让,群臣固请,然后听。

◎**注释** ①〔阴谋〕暗地商量。②〔置〕留下。③〔长用事〕指长大掌权。④〔无类〕绝种,指灭族。⑤〔外家〕皇家的外戚。⑥〔见子〕还在世的儿子。⑦〔六乘(shèng)传(zhuàn)〕六匹马拉的驿车。⑧〔晦日〕阴历月终。

◎**大意** 各位大臣暗地相互商量说:"少帝和梁王、淮阳王、常山王,都不是孝惠帝真正的儿子。吕后以欺骗的手段用别人的儿子冒称,杀掉孩子的母亲,养于后宫,让孝惠帝把他们认作儿子,立为太子,或封为诸侯王,以增强吕氏的势力。现在吕氏已全被杀掉,却留下了吕氏所立的人,等到他们长大掌权,我们会被灭族的。不如选择一个最贤能的诸侯王立为皇帝。"有的说"齐悼惠王是高帝的长子,现在他的嫡子是齐王,从根源上推论,齐王是高祖的嫡长孙,可以立为皇帝"。大臣都说:"吕氏以外戚的身份作恶几乎断送刘家江山,害苦了功臣。现在齐王的母亲家姓驷,齐王的舅父驷钧是个坏人,如果立齐王为帝,就成了又一个吕氏。"想要立淮南王,又认为他年轻,母家人凶恶。于是说:"代王是现在高祖还在世的儿子,最年长,为人宽厚仁孝。太后薄夫人娘家人谨慎善良。况且立长名正言顺，代王以仁孝闻名于天下，适合立为皇帝。"就共同秘密派人去接引代王。代王派人推辞。使者再次去迎请，这才乘着六匹马拉的驿车来京。闰九月晦日己酉，到达长安，住在代王官邸。大臣都前往拜见，捧着皇帝玉玺献给代王，一致尊立他为皇帝。代王再三推让，大臣一再请求，代王这才答应。

东牟侯兴居曰："诛吕氏吾无功，请得除宫①。"乃与太仆汝阴侯滕公入宫，前②谓少帝曰："足下非刘氏，不当立。"乃顾麾③左右执戟者掊兵④罢去。有数人不肯去兵，宦者令张泽谕告，亦去兵。滕公乃召乘舆车载少帝出。少帝曰："欲将我安之乎？"滕公曰"出就舍。"舍少府。乃奉天子法驾⑤，迎代王于邸。报曰："宫谨除。"代王即夕入未央宫。有谒者十人持戟卫端门⑥，曰："天子在也，足下何为者而入？"代王乃谓太尉。太尉往谕，谒者十人皆掊兵而去。代王遂入而听政。夜，有司分部诛灭梁、淮阳、常山王及少帝于邸。

◎**注释** ①〔除宫〕清理宫室，指清除少帝等吕氏残余势力。②〔前〕上前。③〔麾〕挥手示意。④〔掊（pū）兵〕放下兵器。⑤〔法驾〕天子举行隆重典礼所乘的车驾。⑥〔端门〕宫殿正南门。

◎**大意** 东牟侯刘兴居说："诛灭吕氏我没有功劳，请让我来清理宫室。"就与太仆汝阴侯滕公进宫，前去对少帝说："足下不是刘氏子孙，不应立为皇帝。"于是回头挥手示意少帝的卫士放下兵器离去。有几个人不肯放下武器，宦官让张泽给他们说明，也放下了武器。滕公于是叫来车驾载着少帝出宫。少帝说："要把我弄到哪里去？"滕公说："到宫外去住。"住在少府。这才用皇帝乘坐的车驾，到官邸去迎接代王。报告说："宫室已认真清理了。"代王当天傍晚进入未央宫。有十名谒者持戟守卫端门，说："皇上还在，足下进去干什么？"代王就给太尉打招呼。太尉上前说明情况，十名谒者全都放下兵器离去。代王于是进宫执政。晚上，有关部门的官吏分头去官邸杀了梁王、淮阳王、常山王和少帝。

代王立为天子。二十三年崩，谥为孝文皇帝。

◎**大意**　代王被立为皇帝。在位二十三年驾崩，谥号为孝文皇帝。

太史公曰：孝惠皇帝、高后之时，黎民得离①战国之苦，君臣俱欲休息乎无为，故惠帝垂拱②，高后女主称制，政不出房户，天下晏然③。刑罚罕用，罪人是希（稀）。民务稼穑，衣食滋殖④。

◎**注释**　①〔离〕脱离。②〔垂拱〕垂衣拱手，指不干预政事。③〔晏然〕安然，太平的样子。④〔滋殖〕丰足。

◎**大意**　太史公说：孝惠皇帝、吕太后时期，百姓得以脱离战争的苦难，君臣都想施行清静无为的政治而使人民休养生息，所以孝惠帝垂衣拱手，吕太后以女主摄行皇帝职权，发布政令不出房户，而天下安然。刑罚罕用，而罪人稀少。人民致力于农业生产，衣食丰足。

◎**释疑解惑**

　　《吕太后本纪》包含了孝惠帝和吕后时期的历史。《汉书》分列《惠帝纪》和《高后纪》。《史记》与《汉书》在有关吕后的记事内容上表现出明显的不同。通过这种比较，有助于我们认识《吕太后本纪》文本的特殊性。《惠帝纪》以编年的形式记录了惠帝时期的各项历史事件，包括诸侯王、宗亲、大臣的去世、封立、政策、城建，以及地震、干旱、雨血等异象。然而并没有详细的故事性内容。《吕太后本纪》所记惠帝内容集中在吕后鸩杀赵王、齐王二事的详细经过，旨在记录吕后的凶残行径，并不以此一时期整体的历史记事为目的。《高后纪》记载吕后崩后大臣诛杀诸吕的文本与《吕太后本纪》文本十分相似，都详细记叙了事件的经过。有关吕后称制的文本却大为不同。《高后纪》以编年形式记录吕后时期的国家大事，分王诸吕只是其中的部分内容；此外还包括了这一时期的民事、政策、灾异等内容。其中载录了三份诏书内容。记事十分客观，并没有明显的价值判断。《吕太后本纪》叙事的核心便围绕吕后如何分王诸吕事而展开。"太后称制，议欲立诸吕为王""太后欲侯诸吕，乃先封高祖之功臣郎中令无择为博城侯""太后欲王吕氏，先立孝惠后宫子彊为淮阳王"……"王吕"成为《吕太后本纪》文本编排的线索。吕后时期的全部政事都是围绕"王吕"展开，其过程如吴见思评论："欲王之，先侯之，欲侯之，先封功臣。"可见，《汉书》中《惠帝纪》《高后纪》是较为完整的历史记录，而《史记》中《吕太后本纪》只是有关吕后争夺权势的详细记录。二者在撰史目的上不同。《汉书》中《惠帝纪》《高后纪》旨在全一代之史，而《史记》中《吕太后本纪》则旨在总结历史的经验教训。

◎ **思考辨析题**

1. 司马迁将吕太后列入本纪体合理吗？
2. 司马迁对吕太后持什么态度？

孝文本纪 第十

　　《孝文本纪》是汉文帝刘恒的传记,记录其由代王到汉文帝的过程,而对代王十七年的内容一笔带过,记录的重心是汉文帝在帝位的二十三年的政事。本篇传记主要采用实录的方式,载录了汉文帝时期的大量诏书。司马迁在《太史公自序》中称:"汉既初兴,继嗣不明,迎王践祚,天下归心;蠲除肉刑,开通关梁,广恩博施,厥称太宗。作《孝文本纪》第十。"《孝文本纪》可分为汉文帝被立为皇帝的过程和其任上的作为两部分内容。《孝文本纪》的文本,也包含了代王之立文本和汉文帝纪年文本两部分,这与《太史公自序》所言内容是相符的。《孝文本纪》最大的特点是载录了大量诏令,这些诏令内容可分为赏赐、分封诸侯大臣,赏赐百姓,减轻刑罚,建太子,罪己,重视农业生产,用兵,和亲,遗诏等。其中对建太子事和废除肉刑事记载尤其详细。该篇以诏书的形式对汉文帝时期的政事活动进行了历史再现，真实地展现了一位杰出的帝王形象。陈仁子曰："帝自代来，辞让再三，初无一毫垂涎鼎玺之心。最是卑词而和匈奴，软语而谕南越，视名位若将晚焉。有司请建太子，而帝曰'另则贤'，彼岂其为私哉？后立景帝，特以身履诸吕之变，不容不早定耳。西汉有帝王气象，文帝一人而已。"在《史记》所载的几位西汉帝王中，汉文帝是司马迁评价最高的。司马迁的这种思想，体现在《孝文本纪》的文本上，便是《孝文本纪》与《五帝本纪》的互文性关系。《五帝本纪》的核心思想是"德"。司马迁说"轩辕乃修德振兵""（尧）能明驯德，以亲九族""（舜）命十二牧论帝德，行厚德，远佞人""天下明德皆自虞帝始"，并总结说："自黄帝至舜、禹，皆同姓而异其国号，以章明德。"有"德"是司马迁总结五帝时期所得出的最大的政治经验。《孝文本纪》与此十分相似，汉文帝的尚德思想通过具体的诏书真实地表现出来，《孝文本纪》的最后还载录了一篇特殊的诏书，这一诏书出自汉景帝，司马迁特意将这篇诏书置于《孝文本纪》中，有着特殊用意。《五帝本纪》记载从尧到舜，从舜到禹，从禹到启的政权变更方式都为禅让。《孝文本纪》中两处提到汉文帝之"让"。此外《五帝本纪》的核心思想是尚德，汉景帝的诏书开篇即从"德"谈起，并列举总结了汉文帝在位的种种德政举措，最终"为孝文皇帝庙为昭德之舞，以明休德"。可以说汉景帝以"德"字总结了汉文帝的一生。而丞相等人也提出了"德莫盛于孝文皇帝"的观点。司马迁在本篇论赞中也谈到"汉兴，至孝文四十有余载，德至盛也"的观点。齐树楷曰："各本纪言'德'者，唯此为最多，计通篇言'德'共四十有三，而以'德莫盛于孝文'为'德'字总结。

> 赞又言'德至盛也'以咏叹之。"司马迁在《五帝本纪》中塑造了一类理想的人君形象，而《孝文本纪》则记录了一个近乎完美的真实的人间帝王。换句话说，司马迁在《五帝本纪》中宣扬的是一种政治理想，而在《孝文本纪》中，这种政治理想成为一种政治实践。司马迁正是在这种思想基础上组织材料，最终撰写了《孝文本纪》。

孝文皇帝，高祖中子①也。高祖十一年春，已破陈豨军，定代地，立为代王，都中都②。太后薄氏子。即位十七年，高后八年七月，高后崩。九月，诸吕吕产等欲为乱，以危刘氏，大臣共诛之，谋召立代王，事在《吕后》语中。

◎**注释** ①〔中子〕排行居中的儿子。子弟众多时，长为伯，少为季，其余皆可称为中子。汉文帝刘桓为高祖第四子。②〔中都〕故城在今山西平遥西南。

◎**大意** 孝文皇帝，是高祖的中子。高祖十一年春天，打败陈豨的叛军，平定代地后，他被立为代王，建都于中都。他是太后薄氏的儿子。做代王的第十七年，即吕太后八年七月，吕太后去世。九月，吕氏家族吕产等企图叛乱，以夺取刘氏政权，众大臣一起诛灭了他们，谋划迎立代王为皇帝，这件事记载在《吕太后本纪》中。

丞相陈平、太尉周勃等使人迎代王。代王问左右①郎中令张武等。张武等议曰："汉大臣皆故高帝时大将，习兵，多谋诈，此其属意非止此也，特畏高帝、吕太后威耳。今已诛诸吕，新啑血京师②，此以迎大王为名，实不可信。愿大王称疾毋往，以观其变。"中尉宋昌进曰：

"群臣之议皆非也。夫秦失其政,诸侯豪桀并起,人人自以为得之者以万数,然卒践天子之位者,刘氏也,天下绝望,一矣。高帝封王子弟,地犬牙相制,此所谓盘石之宗③也,天下服其强,二矣。汉兴,除秦苛政,约法令,施德惠,人人自安,难动摇,三矣。夫以吕太后之严,立诸吕为三王,擅权专制,然而太尉以一节④入北军,一呼士皆左袒,为刘氏,叛诸吕,卒以灭之。此乃天授,非人力也。今大臣虽欲为变,百姓弗为使,其党宁能专一邪?方今内有朱虚、东牟之亲,外畏吴、楚、淮南、琅邪、齐、代之强。方今高帝子独淮南王与大王,大王又长,贤圣仁孝,闻于天下,故大臣因天下之心而欲迎立大王,大王勿疑也。"代王报太后计之,犹与未定。卜之龟,卦兆得大横⑤。占曰:"大横庚庚⑥,余为天王,夏启以光⑦。"代王曰:"寡人固已为王矣,又何王?"卜人⑧曰:"所谓天王者乃天子。"于是代王乃遣太后弟薄昭往见绛侯,绛侯等具为昭言所以迎立王意。薄昭还报曰:"信矣,毋可疑者。"代王乃笑谓宋昌曰:"果如公言。"乃命宋昌参乘⑨,张武等六人乘传诣长安⑩。至高陵休止⑪,而使宋昌先驰之长安观变。

◎**注释** ①〔左右〕左右之人。②〔喋(dié)血京师〕指平定诸吕之乱。喋血,喋血,踏血而走。③〔盘石之宗〕比喻汉宗庙社稷坚如磐石。盘石,即磐石。④〔节〕符节。⑤〔大横〕卜兆名。⑥〔庚〕更换。指更换帝位。⑦〔夏启以光〕夏启践帝位光大大禹的事业,喻刘恒继承刘邦君位。⑧〔卜人〕指太卜令。⑨〔参乘〕陪乘。古代乘车,御者居中,主人居左,陪乘居右。⑩〔乘传诣长安〕乘坐官家驿车到长安。⑪〔休止〕暂停休息。

◎**大意** 丞相陈平、太尉周勃等派人去迎接代王。代王询问左右近臣郎中令张武等人的意见。张武等人议论说:"朝廷大臣都是过去高祖皇帝时的大将,惯于用兵,多奇谋诡计,这样看来他们的意图并不满足于做大臣,只不过是害怕高祖皇帝、吕太后的威势罢了。如今已经诛灭了吕氏宗族,刚刚喋血京城,名义上是迎接大王，其实不可轻信。希望大王托病不去，以观事态的变化。"中尉宋昌进言说："他们的意见都不对。秦朝政治失控，诸侯豪杰一并发难，自以为能夺取天下的人数以万计，然而最终登上天子之位的，是刘氏，天下豪杰断绝了做皇帝的期望，这是第一点。高祖分封子弟为王，封地犬牙交错而相互牵制，这就是所说的坚如磐石的宗庙社稷，天下人无不敬服于刘氏的强大，这是第二点。汉朝建立后，废除秦的苛政，简化法令，施德惠于民，人人安居乐业，心难动摇，这是第三点。以吕太后的威严，立吕氏子弟三人为王，独断专行，然而太尉仅凭一个符节进入北军，呼唤声中将士无不袒露左臂，拥护刘氏，背叛吕氏，最终消灭了吕氏宗族。这是天意所授，不是人力所能及的。如今这些大臣即使想要作乱，百姓不为其所用，他们一个小集团难道还能独立存在吗？眼下朝内有朱虚侯、东牟侯这样的宗亲，朝外又畏惧吴、楚、淮南、琅邪、齐、代等诸侯王的强大。现在高祖皇帝的儿子只有淮南王和大王你了，大王又年纪居长，贤圣仁孝，闻名于天下，所以大臣顺应天下民心而想迎立大王为帝，大王不要疑虑。"代王报告给太后商议此事，犹豫未定。用龟甲占卜，卦象呈现大横。卜辞说："大横预示着更替，我将成为天王，像夏启一样登天子位光大父业。"代王说："我本已是王了，还要做什么王呢？"太卜令说："所说的天王是天子。"于是代王就派太后的弟弟薄昭去见绛侯，绛侯等人都向薄昭说明迎立代王的意思。薄昭回去报告说："可以相信了，没有什么可怀疑的。"代王这才笑着对宋昌说："果然像你说的那样。"于是让宋昌陪乘，张武等六人乘坐驿车前往长安。到高陵时停了下来，而派宋昌驱马先去长安观察局势变化。

  昌至渭桥，丞相以下皆迎。宋昌还报。代王驰至渭桥，群臣拜谒称臣。代王下车拜。太尉勃进曰："愿请间言①。"宋昌曰："所言公，公言之；所言私，王者不受私。"太尉乃跪上天子玺符。代王谢曰："至代邸②而议之。"遂驰入代邸。群臣从至。丞相陈平、太尉周勃、大将军陈武、御史大夫张苍、宗正刘郢、朱虚侯刘章、东牟侯刘兴居、典客刘揭皆再拜言曰："子弘等皆非孝惠帝子，不当奉宗庙。臣谨请与阴安侯、列侯顷王后与琅邪王、宗室、大臣、列侯、吏二千石议曰：'大王高帝长子，宜为高帝嗣。'愿大王即天子位。"代王曰："奉高帝宗庙，重事也。寡人不佞③，不足以称宗庙。愿请楚王④计宜者，寡人不敢当。"群臣皆伏固请。代王西乡（向）让者三，南乡让者再。丞相平等皆曰："臣伏计之，大王奉高帝宗庙最宜称，虽天下诸侯万民以为宜。臣等为宗庙社稷计，不敢忽。愿大王幸听臣等。臣谨奉天子玺符再拜上。"代王曰："宗室将相王列侯以为莫宜寡人，寡人不敢辞。"遂即天子位。

◎**注释** ①〔间言〕秘密进言。②〔代邸〕代王在都城的馆驿。③〔不佞〕无德。这是代王的谦辞。④〔楚王〕楚王刘交，高祖弟，当时在皇族地位最尊贵。

◎**大意** 宋昌到了渭桥，丞相以下的官员都来迎接。宋昌返回报告。代王驰马到达渭桥，群臣都拜见称臣。代王下车回礼。太尉周勃近前说："希望单独跟你说话。"宋昌说："要谈公事，就公开说；要谈私事，做王的不受私事。"太尉于是跪着进献天子的大印和符信。代王推辞说："到府邸再商议此事。"于是驱车进入代王府邸。群臣跟随而至。丞相陈平、太尉周勃、大将军陈武、御史大夫张苍、宗正刘郢、朱虚侯刘章、东牟侯刘兴居、典客刘揭都再行礼说："皇子刘弘等都不是孝惠帝的儿子，不应当奉祀宗庙。我们曾慎重地请阴安侯、列侯顷王后以及琅邪王、宗室、大臣、列侯、二千石以上官员商议说：'大王现在是高祖皇帝最年长的儿子，适合做高祖的继承人。'希望大王就天子位。"代王说："尊奉高祖皇帝宗庙，是大事。我没有才德，不足以奉祀宗庙。希望请楚王考虑一个合适的人，我不敢当此重任。"群臣都伏在地上再三请求。代王以宾主礼向西让了三次，又以君臣礼向南让了两次。丞相陈平等说："我们在下面商议，大王奉祀高帝宗庙是最合适的，就是天下诸侯百姓也认为是合适的。我们是为宗庙和国家着想，不敢草率。希望大王能接受我们的建议。我们谨再次奉上皇帝的玺印和符信。"代王说："既然宗室、将相、诸王、列侯都认为没有比我更合适的，那我就不敢推辞了。"这才登天子位。

群臣以礼次侍①。乃使太仆婴与东牟侯兴居清宫②，奉天子法驾③，迎于代邸。皇帝即日夕入未央宫。乃夜拜宋昌为卫将军，镇抚南北军。以张武为郎中令，行殿中。还坐前殿。于是夜下诏书曰："间者诸吕用事擅权，谋为大逆，欲以危刘氏宗庙，赖将相列侯宗室大臣诛之，皆伏其辜④。朕初即位，其赦天下，赐民爵一级，女子百户牛酒，酺五日。"

◎**注释** ①〔以礼次侍〕用朝见帝王的礼仪，依照品秩排班伺候。②〔清宫〕汉仪，皇帝起居，先要索室清宫。这里指驱逐少帝。③〔法驾〕天子出行的一种规格。京兆尹、执金吾、长安令引导，侍中参乘，属车三十六乘。④〔伏其辜〕受到了应有的惩罚。辜，罪。

◎**大意** 群臣按礼仪各依品秩排班伺候。于是派太仆夏侯婴和东牟侯刘兴居去清理宫室，用天子的法驾到代邸迎接皇帝。文帝当天晚上入主未央宫。晚上就拜宋昌为卫将军，统领南北军。任命张武为郎中令，巡行于殿中。文帝回到前殿坐朝。于是当天夜里下诏书说："近来吕氏子弟专权用事，阴谋叛乱，想要取代刘氏政权，幸亏将相列侯和宗室大臣诛灭了他们，使他们得到了应有的惩罚。我刚即帝位，大赦天下，赏赐平民成年男子爵位一级，女子每百户一头牛十石酒，允许聚会饮酒五天。"

孝文皇帝元年十月庚戌，徙立故琅邪王泽为燕王。

◎**大意** 孝文皇帝元年十日庚戌，改封原琅邪王刘泽为燕王。

辛亥，皇帝即阼①，谒高庙②。右丞相平徙为左丞相，太尉勃为右丞相，大将军灌婴为太尉。诸吕所夺齐楚故地，皆复与之。

孝文本纪第十

◎**注释** ①〔即阼〕即位。阼,殿前台阶。②〔高庙〕高祖刘邦之庙。
◎**大意** 辛亥,文帝即位,拜谒高祖庙。右丞相陈平改任左丞相,太尉周勃任右丞相,大将军灌婴担任太尉。吕氏夺取的齐、楚原封地,都归还原主。

壬子,遣车骑将军薄昭迎皇太后于代。皇帝曰:"吕产自置为相国,吕禄为上将军,擅矫①遣灌将军婴将兵击齐,欲代刘氏,婴留荥阳弗击,与诸侯合谋以诛吕氏。吕产欲为不善,丞相陈平与太尉周勃谋夺吕产等军。朱虚侯刘章首先捕吕产等。太尉身率襄平侯通持节承诏入北军。典客刘揭身夺赵王吕禄印。益封太尉勃万户,赐金五千斤。丞相陈平、灌将军婴邑各三千户,金二千斤。朱虚侯刘章、襄平侯通、东牟侯刘兴居邑各二千户,金千斤。封典客揭为阳信侯,赐金千斤。"

◎**注释** ①〔擅矫〕滥用职权,假借皇帝名义发布命令。
◎**大意** 壬子,派车骑将军薄昭去代地迎接皇太后。文帝说:"吕产自任为相国,吕禄为上将军,自作主张假托皇帝诏令派将军灌婴带兵攻打齐国,妄图取代刘氏,灌婴停留在荥阳不打,与诸侯合谋诛灭吕氏。吕产想要变乱,丞相陈平和太尉周勃用计夺取了吕产等人的兵权。朱虚侯刘章首先捕获吕产等人。太尉亲自率领襄平侯纪通持符节奉诏进入北军。典客刘揭亲手夺下了赵王吕禄的印信。加封太尉周勃万户食邑,赏赐黄金五千斤。丞相陈平、将军灌婴各加食邑三千户,赏赐黄金二千斤。朱虚侯刘章、襄平侯纪通、东牟侯刘兴居食邑各二千户,黄金千斤。封典客刘揭为阳信侯,赏赐黄金一千斤。"

十二月,上曰:"法者,治之正也,所以禁暴而率善①人也。今犯法已论,而使毋罪之父母妻子同产②坐之,及为收帑(孥)③,朕甚不取。其议之。"有司皆曰:"民不能自治,故为法以禁之。相坐坐收④,所以累其心,使重犯法,所从来远矣。如故便。"上曰:"朕闻法正则民悫⑤，罪当则民从。且夫牧民而导之善者，吏也。其既不能导，又以不正之法罪之，是反害于民为暴者也。何以禁之？朕未见其便，其孰（熟）计⑥之。"有司皆曰："陛下加大惠，德甚盛，非臣等所及也。请奉诏书，除⑦收帑（孥）诸相坐律令。"

◎**注释** ①〔禁暴而率善〕禁止邪暴，引导向善。②〔同产〕犹言"同胞"，即兄弟。③〔收帑〕即"收孥"。指一人犯法时，妻子儿女也一并治罪。④〔相坐坐收〕互相牵连治罪。⑤〔悫（què）〕朴实。⑥〔孰计〕认真考虑。⑦〔除〕废除。

◎**大意** 十二月，文帝说："法律是治国的准则，是为了禁止暴邪而引导人们从善。现在犯法的既已判罪，还要让无罪的父母、妻子、兄弟连坐，将他们一并治罪，我很不赞同。大家讨论一下此事。"官员都说："百姓不能自己约束自己，所以制定法律来约束他们。互相牵连治罪，是为了束缚他们的心理，使他们不敢轻易触犯法律，这种做法由来已久。还是依旧不变合适。"文帝说："我听说法律公正百姓就朴实，判罪适当百姓就顺从。况且管理百姓并引导他们向善的，是官吏。如果既不能引导他们向善，又用不公正的法律惩治他们，反而会促使他们去做暴邪之事。怎么谈得上禁止百姓犯罪呢？我看不出这种法律有什么好处，你们再认真考虑一下吧。"众官员都说："陛下为百姓施恩加惠，功德盛大，不是我们所能想到的。愿意遵奉诏书，废除逮捕罪犯亲属这些连坐的法令。"

正月，有司言曰："蚤（早）建太子，所以尊宗庙。请立太子。"上曰："朕既不德，上帝神明未歆享①，天下人民未有嗛（慊）志②。今纵不能博求天下贤圣有德之人而禅天下焉，而曰豫（预）建太子，是重吾不德也。谓天下何？其安之。"有司曰："豫建太子，所以重宗庙社稷，不忘天下也。"上曰："楚王，季父也，春秋③高，阅④天下之义理多矣，明于国家之大体。吴王于朕，兄也，惠仁以好德。淮南王，弟也，秉德以陪朕。岂为不豫哉！诸侯王宗室昆弟有功臣，多贤及有德义者，若举有德以陪朕之不能终，是社稷之灵，天下之福也。今不选举焉，而曰必子，人其以朕为忘贤有德者而专于子，非所以忧天下也。朕甚不取也。"有司皆固请曰："古者殷周有国，治安皆千余岁，古之有天下者莫长焉，用此道也。立嗣必子，所从来远矣。高帝亲率士大夫，始平天下，建诸侯，为帝者太祖。诸侯王及列侯始受国者皆亦为其国祖。子孙继嗣，世世弗绝，天下之大义也，故高帝设之以抚海内。今释宜建而更选于诸侯及宗室，非高帝之志也。更议不宜⑤。子某⑥最长，纯厚慈仁，请建以为太子。"上乃许之。因赐天下民当代父后者⑦爵各一级。封将军薄昭为轵侯。

◎ **注释** ①〔歆享〕愉快地享用祭祀，即护佑祭祀者的意思。②〔嗛（qiè）志〕嗛，通"慊"，满足。志，心意。③〔春秋〕指年岁。④〔阅〕经历，见识。⑤〔更议不宜〕变更立太子之事不宜再讨论了。⑥〔子某〕指文帝长子刘启。⑦〔当代父后者〕应当继承父业的嫡长子。

◎ **大意** 正月，官员进言说："早日确定太子，是尊奉宗庙的需要。请确立太子。"文帝说："我的德行浅薄，上帝神明尚未欣然接受我的祭享，天下人民尚未称心如意。现在我虽不能广求天下贤圣有德之人而禅让给他，但说要我预先确立太子，是加重我的失德。怎么能对得起天下人民呢？还是安守现状吧。"官员说："预先确立太子，是为了敬重宗庙和国家，不忘记天下。"文帝说："楚王是我的叔父，年龄大，见识的天下事理很多了，明了国家大局。吴王是我的兄长，仁惠德厚。淮南王是我的弟弟，以其德义补我之不足。难道这些不是预先有了准备吗！诸侯王、宗室兄弟以及有功之臣，多是有才能和有德义的人。如果能推举有才德的人来继承我未能完成的事业，这就是国家的威灵，天下人的福气了。现在不推举这些人，而说一定要确立太子，人们会认为我忘记了贤能有德义的人而只寄望于儿子，这不是为天下着想。我很不赞同这样。"众官员都坚持请求说："以前殷周建立国家，都能长治久安一千多年，古代王朝没有比他们更长远的，就是因为殷周能早建太子。确立继承人必须是自己的儿子，由来已久了。

高祖皇帝亲自率领文臣武将，首先平定了天下，分封诸侯，成为本朝开国皇帝。诸侯王及列侯第一个受封的也都成为各自封国的始祖。子孙继承，世世不绝，这是天下大义，所以高祖皇帝设立太子制度以安定国人之心。现在如果丢开应立为太子的人选，而另从诸侯和宗室中选择，是违背高祖本意的。变更立太子的事不宜再讨论了。陛下的儿子某最年长，纯厚仁慈，请立他为太子。"文帝这才答应。于是赐给天下百姓应继承父业的嫡长子每人一级爵位。封将军薄昭为轵侯。

　　三月，有司请立皇后。薄太后曰："诸侯皆同姓，立太子母为皇后。"皇后姓窦氏。上为立后故，赐天下鳏寡孤独穷困及年八十已（以）上、孤儿九岁已（以）下布帛米肉各有数。上从代来，初即位，施德惠天下，填（镇）抚诸侯四夷皆洽欢①，乃循②从代来功臣。上曰："方大臣之诛诸吕迎朕，朕狐疑③，皆止朕，唯中尉宋昌劝朕，朕以得保奉宗庙。已尊昌为卫将军，其封昌为壮武侯。诸从朕六人，官皆至九卿。"

◎**注释**　①〔洽欢〕融洽。②〔循〕安排，安抚。③〔狐疑〕因怀疑而犹豫。

◎**大意**　三月，官员请求封立皇后。薄太后说："诸侯都是刘姓，就立太子的母亲为皇后吧。"皇后姓窦。文帝因为立皇后的缘故，赏赐天下无妻、无夫、无父、无母、穷困以及年纪八十以上的老人和九岁以下的孤儿一定数量的布帛米肉。文帝由代地来京，刚刚即位，对天下百姓广施德惠，安抚诸侯国和周边民族而使大家都很融洽，这才安排从代地来的有功之臣。文帝说："在朝中大臣诛灭诸吕而来迎接我的时候，我心中犹豫，左右大臣都劝阻我，只有中尉宋昌劝我进京，我才得以守持祖宗基业。已拜宋昌为卫将军，再封宋昌为壮武侯。跟随我来京的六个人，官都升至九卿。"

　　上曰："列侯从高帝入蜀、汉中者六十八人皆益①封各三百户，故吏二千石以上从高帝颍川②守尊等十人食邑六百户，淮阳守申徒嘉等十人五百户，卫尉定等十人四百户。封淮南王舅父赵兼为周阳侯，齐王舅父驷钧为清郭侯。"秋，封故常山丞相蔡兼为樊侯。

◎**注释**　①〔益〕增加。②〔颍川〕郡名，在今河南禹州。
◎**大意**　文帝说："跟随高帝进入蜀地、汉中的六十八位列侯都加封食邑三百户，原来二千石以上的官吏跟随高帝的，颍川郡守尊等十人食邑六百户，淮阳郡守申徒嘉等十人食邑五百户，卫尉定等十人食邑四百户。封淮南王的舅父赵兼为周阳侯，齐王的舅父驷钧为清郭侯。"秋天，封原常山国丞相蔡兼为樊侯。

人或说右丞相曰："君本诛诸吕，迎代王，今又矜^①其功，受上赏，处尊位，祸且^②及身。"右丞相勃乃谢病免罢^③，左丞相平专为丞相。

◎**注释**　①〔矜〕夸耀。②〔且〕将要。③〔谢病免罢〕托病辞官。
◎**大意**　有人劝告右丞相周勃说："你当初诛灭吕氏，迎立代王，现在又夸耀此功，受皇上封赏，处在尊贵之位，大祸将要临身了。"周勃于是称病请求免职，左丞相陈平独任丞相。

二年十月，丞相平卒，复以绛侯勃为丞相。上曰："朕闻古者诸侯建国千余，各守其地，以时入贡，民不劳苦，上下欢欣，靡有遗德^①。今列侯多居长安，邑远，吏卒给输费苦，而列侯亦无由教驯（训）其民。其令列侯之国，为吏及诏所止者，遣太子。"

◎**注释**　①〔靡有遗德〕没有过失。
◎**大意**　二年十月，丞相陈平去世，又任命绛侯周勃为丞相。文帝说："我听说古代诸侯建立的国家有一千多个，各守自己的封地，按时进贡，民众不劳苦，上下欢欣，没有过失。现在列侯大多住在长安，远离食邑，吏卒运送给养既费力又劳苦，而列侯也没有办法教导他们封地的人民。现在命令列侯到自己的封国去，在朝中任职以及奉诏留下的，派太子去。"

十一月晦①，日有食之。十二月望②，日又食。上曰："朕闻之，天生蒸民③，为之置君以养治之。人主不德，布政不均，则天示之以菑（灾），以诫不治。乃十一月晦，日有食之，適（谪）见于天④，菑（灾）孰大焉！朕获保宗庙，以微眇之身托于兆民君王之上，天下治乱，在朕一人，唯二三执政犹吾股肱也。朕下不能理育群生⑤，上以累三光之明⑥，其不德大矣。令至，其悉思朕之过失，及知见思之所不及，丐⑦以告朕。及举贤良方正能直言极谏者，以匡⑧朕之不逮⑨。因各饬其任职，务省繇（徭）费以便民。朕既不能远德⑩，故憪然⑪念外人之有非⑫，是以设备未息⑬。今纵不能罢边屯戍，而又饬兵厚卫⑭，其罢卫将军军。太仆见马遗财（才）足⑮，余皆以给传⑯置。"

◎**注释** ①〔晦〕阴历月的最后一天。②〔望〕月满为望。即阴历十五日。③〔蒸民〕众民，百姓。④〔適见于天〕上天责罚。適，通"谪"，罚。⑤〔理育群生〕治理养育百姓。⑥〔三光之明〕日月星的光明。⑦〔丐〕乞求。⑧〔匡〕匡正。⑨〔不逮〕不到之处。⑩〔远德〕恩德远播，使远人来服。⑪〔憪（xiàn）然〕心神不安的样子。⑫〔非〕为非作歹，指侵扰。⑬〔设备未息〕没有解除军备。⑭〔饬兵厚卫〕整治兵器，加强战备。⑮〔财足〕刚刚够用。⑯〔传〕驿站。

◎**大意** 十一月的最后一天，出现日食。十二月十五日，又出现日食。文帝说："我听说，上天降生众民，设置君主来教育治理他们。君主不仁德，施政不公平，那么上天就会以灾害相示，告诫他治理得不好。十一月最后一天，出现日食，正是显示了上天对我的责罚，没有比这更大的灾象了！我得以守持宗庙，以渺小的个人处于亿万民众和诸侯王之上，天下的兴衰在我一人，只有几个执政大臣做我的助手。我下不能治理养育万民,上牵连日月星三光失明,我的过失太大了。诏令到达后,希望大家都想想我的过失,以及我所知所见所思的不到之处,请你们告诉我。并推荐贤良方正能直言极谏的人,以纠正我的过失。各级官吏就此认真整治自己的本职工作,务必减少徭役花费以便利民众。我不能使恩德远播,所以我不安地忧虑外族有侵扰的企图,因此没有解除军事戒备。现在既然不能撤除边防守军,而又得整治兵器加强战备,所以命令撤除卫将军的部队。太仆现有的马匹只留下够用的就行了,多余的都送给驿站使用。"

正月,上曰:"农,天下之本,其开籍田①,朕亲率耕,以给宗庙粢盛②。"

◎**注释** ①〔籍田〕天子亲耕之田。借以劝农。②〔粢(zī)盛〕祭祀时将黍、稷放在祭器中。
◎**大意** 正月,文帝说:"农业是天下的根本,要开辟天子亲耕之田,我要亲自带头耕作,以供宗庙祭祀所需的黍、稷。"

三月,有司请立皇子为诸侯王。上曰:"赵幽王幽死①,朕甚怜之,已立其长子遂为赵王。遂弟辟彊及齐悼惠王子朱虚侯章、东牟侯兴居有功,可王。"乃立赵幽王少子辟彊为河间王,以齐剧郡②立朱虚侯为城阳王,立东牟侯为济北王,皇子武为代王,子参为太原王,子揖为梁王。

◎**注释** ①〔幽死〕指赵王刘友被吕太后囚禁饿死。②〔剧郡〕大郡。
◎**大意** 三月,官员请求立皇子为诸侯王。文帝说:"赵幽王被囚禁而死,我很怜悯他,已经立他的大儿子刘遂为赵王。刘遂的弟弟刘辟彊和齐悼惠王的儿子朱虚侯刘章、东牟侯刘兴居有功劳,可以封王。"于是封赵幽王的小儿子刘辟彊为河间王，以齐国大郡封朱虚侯为城阳王，封东牟侯为济北王，皇子刘武为代王，皇子刘参为太原王，皇子刘揖为梁王。

上曰："古之治天下，朝有进善之旌①，诽谤之木②，所以通治道而来谏者。今法有诽谤妖言之罪，是使众臣不敢尽情，而上无由闻过失也。将何以来远方之贤良？其除之。民或祝诅③上以相约结④而后相谩⑤，吏以为大逆，其有他言，而吏又以为诽谤。此细民⑥之愚无知抵死⑦，朕甚不取。自今以来，有犯此者勿听治⑧。"

◎**注释** ①〔进善之旌〕传说尧设旌旗于路口，进善言者可立于旌旗之下陈说意见。②〔诽谤之木〕传说尧立诽谤之木，人们可以将整治缺失的建议刻于木上表达政见。③〔祝诅〕诅咒。④〔约结〕结伙。⑤〔谩〕抵赖。⑥〔细民〕小民，普通百姓。⑦〔抵死〕触犯死罪。⑧〔听治〕审理。

◎**大意** 文帝说："古代明君治理天下，朝廷设有进献善言的旌旗和供人们提意见的木柱，用以畅通治国之道并招来进谏的人。现在的法律中对批评朝政和传播妖言的人治罪的规定，致使众臣不敢畅所欲言，而皇帝无从知道自己的过失。这怎么能招来远方的贤良之士呢？应该废除这些律令。百姓中有人结伙咒诅皇帝后来又互相抵赖的，官吏处以大逆之罪，或有其他牢骚言论，而官吏又判以诽谤之罪。这是由于小民愚昧无知而触犯了死罪，我很不赞成这样。从今以后，有触犯这些律令的不要审理。"

九月，初与郡国守相为铜虎符①、竹使符②。

◎**注释** ①〔铜虎符〕兵符，铜铸虎形，长六寸，右留京师，左留郡守，左右合符发兵。②〔竹使符〕信符，竹制，长五寸，可做出入征发的凭证。
◎**大意** 九月，开始将铜虎符、竹制信符发给各郡郡守和封国丞相。

三年十月丁酉晦，日有食之。十一月，上曰："前日诏①遣列侯之国，或辞未行。丞相朕之所重，其为朕率列侯之国。"绛侯勃免丞相就国，以太尉颍阴侯婴为丞相。罢太尉官，属丞相②。四月，城阳王章薨。淮南王长与从者魏敬杀辟阳侯审食其。

◎**注释** ①〔前日诏〕先前的诏书。②〔罢太尉官，属丞相〕裁撤太尉官职，职权由丞相兼领。

◎**大意** 三年十月丁酉日，出现日食。十一月，文帝说："先前下诏让列侯回自己的封国去，有的推辞没有走。丞相是我所倚重的人，让他为我带领列侯到封国去。"绛侯周勃免去丞相之职回到封国，拜太尉颍阴侯灌婴为丞相。撤裁太尉官职，职权由丞相兼领。四月，城阳王刘章去世。淮南王刘长与他的随从魏敬杀死了辟阳侯审食其。

五月，匈奴入北地①，居河南为寇。帝初幸甘泉。六月，帝曰："汉与匈奴约为昆弟，毋使害边境，所以输遗匈奴甚厚。今右贤王离其国，将众居河南降地，非常故②，往来近塞，捕杀吏卒，驱保塞蛮夷，令不得居其故，陵轹边吏，入盗，甚敖无道③，非约④也。其发边吏骑八万五千诣高奴⑤，遣丞相颍阴侯灌婴击匈奴。"匈奴去，发中尉材官⑥属卫将军军长安。

◎**注释** ①〔北地〕郡名，郡治马领，在今甘肃庆阳西北。②〔非常故〕不正常。③〔甚敖无道〕傲慢无礼。④〔非约〕不合双方约定。⑤〔高奴〕汉县名，在今陕西延安延河东。⑥〔材官〕步卒。

◎**大意** 五月，匈奴侵入北地郡，占据黄河以南为害。文帝初次幸临甘泉宫。六月，文帝说："汉朝和匈奴结为兄弟，使其不为害边境，因此赠送匈奴很多财物。现在右贤王离开了他的国土，率部侵占已属我们的河南地区，这是不正常的，在边塞附近往来横行，捕杀吏卒，驱逐守边民族，不让他们住在原地，欺凌我边防官吏，侵入内地抢劫，非常傲慢无道，违背过去的约定。调遣八万五千名边防官兵到高奴去，派遣丞相颍阴侯灌婴攻打匈奴。"匈奴撤离，调遣中尉材官归卫将军指挥并驻守长安。

辛卯，帝自甘泉之高奴，因幸太原，见故群臣，皆赐之。举功行赏，诸民里赐牛酒。复①晋阳中都民三岁。留游太原十余日。

◎**注释** ①〔复〕免除赋税。
◎**大意** 辛卯，文帝从甘泉宫去高奴，顺便驾临太原，召见在代国时的故臣，都给以赏赐。论功行赏，赏赐百姓牛和酒。免除晋阳中都百姓三年的赋税。在太原游历了十多天。

济北王兴居闻帝之代，欲往击胡，乃反，发兵欲袭荥阳。于是诏罢丞相兵，遣棘蒲侯陈武为大将军，将十万往击之。祁侯贺为将军，军荥阳。七月辛亥，帝自太原至长安。乃诏有司曰："济北王背德反上，诖误①吏民，为大逆。济北吏民兵未至先自定，及以军地邑降者，皆赦之，复官爵。与王兴居去来，亦赦之。"八月，破济北军，虏其王。赦济北诸吏民与王反者。

◎**注释** ①〔诖（guà）误〕连累。
◎**大意** 济北王刘兴居听说文帝去了代地，准备击打匈奴，于是反叛，派遣军队打算袭击荥阳。于是文帝诏令丞相撤兵，派遣棘蒲侯陈武为大将军，率兵十万前去攻打叛军。祁侯缯（zēng）贺任将军，驻扎在荥阳。七月辛亥，文帝从太原回到长安。就对官员下诏说："济北王违背道德反叛皇帝，连累其官吏百姓，是大逆不道的。济北吏民在平叛大军未到就已反正的，以及率部或以城邑投降的，都予以赦免，恢复原来的官职爵位。与济北王刘兴居有过往来的人，也予以赦免。"八月，打败了济北叛军，俘虏了济北王。赦免济北参与济北王叛乱的官吏和百姓。

六年，有司言淮南王长废先帝法，不听天子诏，居处毋度①，出入拟②于天子，擅为法令，与棘蒲侯太子奇谋反，遣人使闽越及匈奴，发其兵，欲以危宗庙社稷。群臣议，皆曰"长当弃市③"。帝不忍致法于王，赦其罪，废勿王。群臣请处王蜀严道、邛都，帝许之。长未到处所，行病死，上怜之。后十六年，追尊淮南王长谥为厉王，立其子三人为淮南王、衡山王、庐江王。

◎**注释** ①〔居处毋度〕生活起居没有节制。毋，无。②〔拟〕比拟。③〔弃市〕腰斩于闹市。

◎**大意** 六年，官员报告淮南王刘长废弃先帝成法，不听皇帝诏令，生活起居逾越制度，出入仿照天子，私定法令，和棘蒲侯的太子陈奇图谋叛乱，派人出使闽越和匈奴，让他们发兵，想要危害国家宗庙。群臣讨论，都说"刘长应当腰斩于闹市"。文帝不忍心对淮南王用法，赦免了他的罪行，废去他的王位。群臣请求将他流放到蜀郡的严道、邛都一带，文帝同意了。刘长还未到流放地，就在路上病死了，文帝怜悯他。后来第十六年，追尊淮南王刘长谥号为厉王，封他的三个儿子为淮南王、衡山王、庐江王。

十三年夏，上曰："盖闻天道祸自怨起而福繇（由）德兴①。百官之非，宜由朕躬。今秘祝②之官移过于下，以彰吾之不德，朕甚不取。其除之。"

◎**注释** ①〔福繇德兴〕福从德中生发。繇，通"由"。②〔秘祝〕掌管禁内祝祷的官名。

◎**大意** 十三年夏天，文帝说："听说祸从怨起而福由德兴，这是天道。百官的过失，应由我一人负责。现在秘祝官将过错推给臣下，更显出我的失德，我很不赞成。应取消这种做法。"

五月，齐太仓令淳于公有罪当刑，诏狱①逮徙系长安。太仓公无男，有女五人。太仓公将行会逮，骂其女曰："生子不生男，有缓急非有益也！"其少女缇萦自伤泣，乃随其父至长安，上书曰："妾父为吏，齐中皆称其廉平，今坐法当刑。妾伤夫死者不可复生，刑者不可复属②，虽复欲改过自新，其道无由也。妾愿没入为官婢，赎父刑罪，使得自新。"书奏天子，天子怜悲其意，乃下诏曰："盖闻有虞氏之时，画衣冠异章服以为僇（戮）③，而民不犯。何则？至治也。今法有肉刑三④，而奸不止，其咎安在？非乃朕德薄而教不明欤？吾甚自愧。故夫驯道不纯而愚民陷焉。《诗》曰'恺悌⑤君子，民之父母'。今人有过，教未施而刑加焉，或欲改行为善而道毋由也。朕甚怜之。夫刑至断支（肢）体，刻肌肤，终身不息⑥，何其楚痛而不德也，岂称为民父母之意哉！其除肉刑。"

◎**注释** ①〔诏狱〕朝廷直属法庭，处理要案。②〔复属〕指受刑砍断肢体不能再接上。属，连接。③〔僇〕通"戮"，侮辱，惩罚。④〔肉刑三〕指黥、劓、刖三种肉刑。⑤〔恺悌〕和乐平易。⑥〔不息〕不再生长。

◎**大意** 五月，齐国的太仓令淳于公有罪应当受刑罚，诏狱逮捕他并押往长安关押。太仓公没有儿子，有五个女儿。太仓公被捕临走时，骂他的女儿说："生孩子而没有生男孩，急难时没有一点用！"他的小女儿缇萦独自伤心地哭起来，于是跟随他的父亲到了长安，她上书说："我父亲为官，齐国的人都称赞他廉洁公平，现在犯了法应当受刑罚。我悲伤的是人死了不能复生，受了刑罚不能复原，即便想改过自新，也无法可补了。我愿意被收入官府做奴婢，来抵赎父亲的刑罚，使他得以改过自新。"上书上奏给文帝,文帝同情她的心意,于是下诏说:"听说有虞氏时期,只是让罪犯穿上画有标记的衣服使之感到耻辱,然而民众没有犯法的。为什么能这样呢?因为天下得到了大治。现在的刑罚有三种肉刑,而犯法的邪恶之人不断,过失在哪里呢?难道不是因为我德薄以致教化不明吗?我深感惭愧。所以教育方法不纯正会导致民众愚昧而犯罪。《诗经》中说'平易近人的官长,是保护人民的父母'。现在人们有了过错,还没有施行教育就对他们施加刑罚,有的人想改过从善也没有机会了。我很同情他们。施加刑罚使犯人肢体断裂,皮肉损坏,终生不再生长,这是多么使人痛苦而又不道德啊,难道这符合为民父母的要求吗!应废除肉刑。"

上曰:"农,天下之本,务莫大焉。今勤身从事而有租税之赋,是为本末者毋以异①,其于劝农之道未备。其除田之租税。"

◎**注释** ①〔毋以异〕没有加以区别。

◎**大意** 文帝说:"农业是天下的根本,没有比这更重要的事了。现在百姓辛勤地从事农业生产却要负担租税,这是没有把务本的人和逐末的人区别对待,对于劝民务农是不利的。要免除农田的租税。"

十四年冬,匈奴谋入边为寇,攻朝那塞①,杀北地都尉卬。上乃遣三将军军陇西、北地、上郡,中尉周舍为卫将军,郎中令张武为车骑将军,军渭北,车千乘,骑卒十万。帝亲自劳军,勒兵②申教令,赐军吏卒。帝欲自将击匈奴,群臣谏,皆不听。皇太后固要③帝,帝乃止。于是以东阳侯张相如为大将军,成侯赤为内史,栾布为将军,击匈奴。匈奴遁走④。

◎**注释** ①〔朝那塞〕县名,在今宁夏固原东南。②〔勒兵〕检阅军队。③〔固要〕

坚决制止。要，要求，制止。④〔遁走〕逃走。

◎**大意**　十四年冬天，匈奴图谋入侵边境掳掠，攻打朝那塞，杀死了北地郡都尉孙卬。文帝于是派遣三位将军驻守陇西、北地、上郡，中尉周舍任卫将军，郎中令张武任车骑将军，驻扎于渭北，拥有战车千乘，骑兵十万。文帝亲自慰劳军队，检阅部队申明教令，赏赐全军官兵。文帝要亲自率军攻打匈奴，群臣纷纷劝阻，他都不听。皇太后坚决制止文帝，文帝才没去。于是任命东阳侯张相如为大将军，成侯董赤为内史，栾布为将军，攻打匈奴。匈奴逃走。

春，上曰："朕获执①牺牲珪币②以事上帝宗庙，十四年于今，历日县长，以不敏不明而久抚临天下，朕甚自愧。其广增诸祀墠场③珪币。昔先王远施不求其报，望祀④不祈其福，右贤左戚⑤，先民后己，至明之极也。今吾闻祠官祝釐（禧）⑥，皆归福朕躬，不为百姓，朕甚愧之。夫以朕不德，而躬享独美其福，百姓不与焉，是重吾不德。其令祠官致敬，毋有所祈。"

◎**注释**　①〔获执〕获得祭祀权，指即皇帝位。②〔珪币〕宝玉钱币。③〔墠（shàn）场〕祭祀用的坛场。④〔望祀〕祭名，遥祭山川。⑤〔右贤左戚〕右为上，左为下。这里指祈福要先为贤人而后为亲戚。⑥〔祝釐〕祝祷求福。釐，同"禧"，吉祥。

◎**大意**　春天，文帝说："我登上帝位，得以奉牺牲、宝玉钱币祭祀上帝宗庙，至今已十四年了，经过了很长时间，以我这样迟钝不明之人长久地做皇帝，我深感惭愧。应该增设祭祀坛场并增加祭祀的珪玉和钱物。以前先王远施恩德而不求报答，遥祭山川而不为自己求福，先为贤人后为亲戚，先为民众后为自己，圣明到了极点。现在我听说祠官祝祷求福，都只为我一人，不为百姓，我对此很愧疚。以我的失德，却要一人独享神灵所降之福，而百姓不能分享，这是加重我的失德。应让祠官今后祭祀时，不要只为我一人求福。"

是时北平侯张苍为丞相，方（旁）明①律历。鲁人公孙臣上书陈终始传五德事，言方今土德时，土德应黄龙见，当改正朔服色制度。天子下其事与丞相议。丞相推②以为今水德，始明正十月上（尚）黑事，以为其言非是，请罢之。

◎**注释** ①〔方明〕旁通。方，通"旁"。②〔推〕推演。
◎**大意** 这时北平侯张苍任丞相，旁通历法。鲁国人公孙臣上书陈述五德终始的循环论与朝代更替的事，说现今是土德，而土德应有黄龙出现，应该改变历法及服色制度。文帝将此事下交给丞相讨论。丞相推算后认为现在是水德，这才明确规定十月为正月并崇尚黑色，认为公孙臣的说法不对，请求不予采纳。

十五年，黄龙见成纪①，天子乃复召鲁公孙臣，以为博士，申明土德事。于是上乃下诏曰："有异物之神见于成纪，无害于民，岁以有年②。朕亲郊祀③上帝诸神。礼官议，毋讳以劳④朕。"有司礼官皆曰："古者天子夏躬亲礼祀上帝于郊，故曰郊。"于是天子始幸雍，郊见五帝⑤，以孟夏⑥四月答礼⑦焉。赵人新垣平以望气⑧见，因说上设立渭阳五庙。欲出周鼎，当有玉英⑨见。

◎**注释** ①〔成纪〕汉县名，在今甘肃通渭东。②〔岁以有年〕连年丰收。③〔郊祀〕古代祭祀天地之礼，在每年夏至日于南郊举行，故曰郊祀。④〔劳〕劳累。⑤〔五帝〕五天帝。东方苍龙青帝，南方朱雀赤帝，西方白虎白帝，北方玄武黑帝，中央麒麟黄帝。⑥〔孟夏〕夏季第一个月。⑦〔答礼〕举行祭祀以报答上天的恩德。⑧〔望气〕观察天上云气的变化来解释吉凶祸福。⑨〔玉英〕美玉。
◎**大意** 十五年，黄龙在成纪出现，文帝于是又召见鲁国人公孙臣，拜他为博士，阐明土德的理论。于是文帝下诏说："有奇异的神物在成纪出现，对民众没有危害，还连年丰收。我要亲自去郊祀上帝与诸神灵。礼官讨论后制定出郊祀的成规，不要怕我劳累而有所隐讳。"大臣和礼官都说："古时候天子在夏天亲自到南郊祭祀上帝，所以叫郊祀。"于是文帝开始巡幸雍县，郊祀五帝，以孟夏四月举行祭祀以报答上天的恩德。赵国人新垣平以善于观察天上云气的变化来解释吉凶祸福而被文帝召见，他趁机劝说文帝在渭阳建立五帝庙。并说要想找出周朝的传国宝鼎，应当有美玉出现。

十六年，上亲郊见渭阳五帝庙，亦以夏答礼而尚赤①。

◎**注释** ①〔尚赤〕崇尚红色，指以红色为正色。
◎**大意** 十六年，文帝亲自到渭阳郊祀五帝庙，也在夏天举行答谢之礼并崇尚红色。

十七年，得玉杯，刻曰"人主延寿"。于是天子始更①为元年，令天下大酺。其岁，新垣平事觉②，夷三族。

◎**注释** ①〔更〕更改，变更。②〔觉〕被发觉。
◎**大意** 十七年，得到了一个玉杯，上面刻着"人主延寿"。于是文帝将这年改为元年，诏令天下民众聚会饮酒。这一年，新垣平诈献玉杯的事被发觉，被诛灭三族。

后二年，上曰："朕既不明，不能远德，是以使方外之国①或不宁息。夫四荒之外②不安其生，封畿之内③勤劳不处，二者之咎④，皆自于朕之德薄而不能远达也。间者累年⑤匈奴并暴边境，多杀吏民，边臣兵吏又不能谕⑥吾内志，以重吾不德也。夫久结难连兵，中外之国将何以自宁？今朕夙兴夜寐，勤劳天下，忧苦万民，为之怛惕⑦不安，未尝一日忘于心，故遣使者冠盖相望⑧，结轶⑨于道，以谕朕意于单于。今单于反古之道，计社稷之安，便万民之利，亲与朕俱弃细过，偕之大道⑩，结兄弟之义，以全天下元元之民。和亲已定，始于今年。"

◎**注释** ①〔方外之国〕政教达不到的地方，这里指匈奴。②〔四荒之外〕四方边境之外，指外国。③〔封畿之内〕封域之内，指国内。④〔咎〕过失。⑤〔间者累年〕近来连年。⑥〔谕〕明白。⑦〔怛（dá）惕〕惊恐害怕的样子。⑧〔冠盖相望〕极言使者之多。冠，使者的帽子。盖，使者的车盖。⑨〔结轶〕犹"结辙"，车辙交错，形容车辆络绎不绝。⑩〔偕之大道〕共同走上和睦的大道。

◎**大意** 后元二年，文帝说："我并不英明，不能将恩德播于远方，所以使得外族不断侵扰。四方边境之外的民众不能安定生活，国内民众辛勤劳动难以安居乐业，两者的罪过，都在于我的恩德浅薄不能传于远方。连年以来，匈奴不断侵扰边境，杀害了很多官吏百姓，边地将官又不能明了我的内心，更加重了我的失德。长期兵连祸结，中外各国怎样才能安宁呢？现在我早起晚睡，为天下操劳，为万民担忧痛苦，为这些惶恐不安，没有一天不记于心，所以派出的使臣冠盖相望，道路上车辙交错，以使单于明白我的心意。现在单于愿意恢复过去的友好交往，为国家的安定着想，替万民的利益提供条件，亲自和我一起抛弃细小的过失，共同走上和睦的大道，结交兄弟情谊，来保全天下的善良百姓。和亲的国策已定，从今年开始。"

后六年冬，匈奴三万人入上郡，三万人入云中①。以中大夫令勉为车骑将军，军飞狐②；故楚相苏意为将军，军句注③；将军张武屯北地；河内守周亚夫为将军，居细柳④；宗正刘礼为将军，居霸上；祝兹侯军棘门⑤：以备胡。数月，胡人去，亦罢。

◎**注释** ①〔云中〕汉郡名，在今内蒙古呼和浩特西南。②〔飞狐〕地名，在今河北蔚县。③〔句（gōu）注〕山名，有险关，在今山西代县。④〔细柳〕地名，在今陕西咸阳西。⑤〔棘门〕地名，在当时长安城北。

◎**大意**　后元六年冬天，匈奴三万人侵入上郡，三万人侵入云中郡。文帝任命中大夫令勉为车骑将军，驻扎在飞狐；原楚国丞相苏意为将军，驻军句注；将军张武屯驻北地郡；河内郡守周亚夫为将军，据守细柳；宗正刘礼为将军，据守霸上；祝兹侯驻军棘门，以防备匈奴。几个月后，匈奴军离去，文帝也撤了守军。

　　天下旱，蝗。帝加惠：令诸侯毋入贡，弛山泽①，减诸服御狗马②，损③郎吏员，发仓庾④以振（赈）贫民，民得卖爵⑤。

◎**注释**　①〔弛山泽〕解除山泽之禁。弛，放松，指解禁。②〔狗马〕供玩赏的狗马宠物。③〔损〕精减。④〔发仓庾〕发，开仓。仓庾，粱库谷仓。⑤〔卖爵〕用爵位换钱。

◎**大意**　天下大旱，蝗虫成灾。文帝广施恩惠：诏令诸侯不要向朝廷进贡，解除不许民众开采山泽的禁令，裁减宫中服御狗马等奢玩之物，精减郎官，发放仓库中的存粮赈济贫民，允许民间买卖爵位。

　　孝文帝从代来，即位二十三年，宫室苑囿狗马服御无所增益，有不便，辄弛以利民。尝欲作露台①，召匠计之，直②百金。上曰："百金中民十家之产，吾奉先帝宫室，常恐羞之，何以台为！"上常衣绨衣③，所幸慎夫人，令衣不得曳地④，帏帐不得文绣⑤，以示敦朴，为天下先。治霸陵皆以瓦器，不得以金银铜锡为饰，不治坟，欲为省，毋烦民。南越王尉佗自立为武帝，然上召贵尉佗兄弟，以德报之，佗遂去帝称臣。与匈奴和亲，匈奴背约入盗，然令边备守，不发兵深入，恶烦苦百姓。吴王诈病不朝，就赐几杖。群臣如袁盎等称说虽切，常假借⑥用之。群臣如张武等受赂遗金钱，觉，上乃发御府金钱赐之，以愧其心，弗下吏。专务以德化民，是以海内殷富，兴于礼义。

◎**注释** ①〔露台〕赏景的楼台。②〔直〕花费。③〔绨(tì)衣〕粗丝制成的衣服。④〔曳地〕拖到地上。⑤〔文绣〕绣花雕饰。⑥〔假借〕以他事缓解,即宽容对待诸侯。

◎**大意** 孝文帝从代国来,即位二十三年,宫室、苑囿、狗、马、服饰、御用器具没有什么增加,凡没有好处的政策,总是废弃以利于百姓。曾想建造一个赏景的楼台,召来工匠计算,需要花费百金。文帝说:"百金相当于十户中等人家的产业,我守持着先帝建造的宫室,一直害怕不能守业而使先帝蒙羞,还建造露台干什么呢!"文帝经常穿着粗丝衣,他所宠爱的慎夫人,穿的衣服也不准长到拖地,使用的帷帐不准绣花,以表示俭朴,为天下人做榜样。营建自己的陵墓霸陵时都用瓦器,不准用金、银、铜、锡等装饰,不修建高大的封墓堆,为的是节省开支,不烦扰百姓。南越王尉佗自立为武帝,文帝却将尉佗的兄弟召来,使他们显贵,以恩德去回报他们的反叛行为,尉佗于是取消帝号向朝廷称臣。文帝与匈奴和亲,匈奴违背盟约入侵汉境,文帝也只是命令边防军队加强守备,不派军队深入匈奴境内,害怕烦扰百姓。吴王假托有病不来朝觐,就赏赐给他小几和手杖,免除他的朝觐之礼。尽管群臣如袁盎等言辞尖刻,文帝仍然宽容对待。群臣如张武等接受金钱贿赂,发觉后,文帝就拿皇宫府库中的钱赏赐给他们,使他们从内心感到愧疚,而不交给官吏治罪。文帝一心用恩德感化人民,因此国内富足,礼义兴盛。

后七年六月己亥,帝崩于未央宫。遗诏曰:"朕闻盖天下万物之萌生,靡不有死。死者天地之理,物之自然者,奚①可甚哀。当今之时,世咸嘉生而恶死,厚葬以破业,重服②以伤生③,吾甚不取。且朕既不德,无以佐百姓;今崩,又使重服久临,以离寒暑之数,哀人之父子,伤长幼之志,损其饮食,绝鬼神之祭祀,以重吾不德也,谓天下何!朕获保宗庙,以眇眇之身托于天下君王之上,二十有余年矣。赖天地之灵,社稷之福,方内④安宁,靡有兵革⑤。朕既不敏,常畏过行,以羞先帝之遗德;维年之久长,惧于不终⑥。今乃幸以天年⑦,得复供养于高庙，朕之不明与嘉之，其奚哀悲之有！其令天下吏民，令到出临三日，皆释服⑧。毋禁取妇嫁女祠祀饮酒食肉者。自当给丧事服临者，皆无践⑨。绖带⑩无过三寸，毋布车及兵器，毋发民男女哭临宫殿。宫殿中当临者，皆以旦夕各十五举声，礼毕罢。非旦夕临时，禁毋得擅哭。已下，服大红⑪十五日，小红⑫十四日，纤⑬七日，释服。佗（他）⑭不在令中者，皆以此令比率从事⑮。布告天下，使明知朕意。霸陵山川因其故，毋有所改。归夫人以下至少使⑯。"令中尉亚夫为车骑将军，属国悍为将屯将军，郎中令武为复土将军，发近县见卒万六千人，发内史卒万五千人，藏郭（椁）穿复土⑰属将军武。

◎**注释** ①〔奚〕何，为什么。②〔重服〕服丧过度。服，服丧。③〔伤生〕破坏生者的家业。④〔方内〕指中外。方，外。内，中。⑤〔靡有兵革〕靡有，没有。兵革，指战争。⑥〔不终〕不得善终。⑦〔天年〕自然的寿命，指寿终正寝。⑧〔释服〕除去丧服。⑨〔践〕跣，即光脚，表示哀切。⑩〔绖（dié）带〕头上、腰间系的麻制的带子。⑪〔大红〕指大功，如礼应服丧九个月。⑫〔小红〕指小功，如礼应服丧五个月。⑬〔纤〕即禫（dàn），缌（sī）麻衣，如礼应服丧三十六日。⑭〔佗〕通"他"，其他。⑮〔比率从事〕类比照办。⑯〔少使〕汉代宫中女官名。⑰〔藏郭穿复土〕指挖坑、下棺椁、填土等。郭，通"椁"，外棺。

◎**大意** 后元七年六月己亥，文帝在未央宫驾崩。他在遗诏中说："我听说天下万物的出生，没有不死亡的。死亡是天地常理，生物的自然现象，没有什么可特别悲痛的。现今这个时代，世人都好生而恶死，对死者倾家荡产进行厚葬，过度服丧以致伤害了身体，我很不赞成这样。况且我的德行浅薄，对百姓没有什么帮助；现今死后，又让百姓长久服丧痛哭，经历寒来暑往的漫长时日，使百姓父子哀伤，老幼的身心都受到损害，减少饮食，断绝祭祀鬼神，这只能增加我的不德，怎么对得起天下人呢！我得以奉守宗庙，以渺小之躯依靠在天下诸侯王之上，已经二十多年了。有赖天地神灵，国家洪福，使得国内外太平，没有战乱。我知道自己不聪敏，常常担心有错误的行为，有辱于先帝的美好形象；年长日久，害怕不能善终。如今我竟然得享天年，又能在高庙里享受供品，以我的不圣明而得到这样好的结果，还有什么可悲哀的呢！因此命令全国官吏百姓，遗诏到达后只哭吊三天，然后全部脱掉丧服。不要禁止娶妻、嫁女、祭祀、饮酒、吃肉。应当服丧的人，也都不要光着脚。孝带不要超过三寸宽，不要在车子和兵器上挂丧布，不要发动男女民众来宫殿哭吊。宫殿中应当哭吊的人，都在早晨和晚上各哭十五声，尽礼之后就停止。不是早晚哭丧的时间，不得擅自哭吊。下葬以后，服大功丧服十五天，小功丧服十四天，缌麻丧服七天，即除去丧服。其他不在诏令规定之内的，一律按此诏令类比执行。通告全国，让大家都知道我的意愿。霸陵所在的山水保持原貌，不得有所改变。把后宫女子从夫人到少使都放回家。"任命中尉周亚夫为车骑将军，典属国悍为将屯将军，郎中令张武为复土将军，调发京师附近各县服现役的士兵一万六千人，调发京师卫队士兵一万五千人，由将军张武统领进行挖土、安放棺椁、填土等事。

乙巳，群臣皆顿首上尊号曰孝文皇帝。

◎ **大意** 乙巳，群臣都叩首进献尊号为孝文皇帝。

太子即位于高庙。丁未，袭号①曰皇帝。

◎ **注释** ① 〔袭号〕继承帝号。
◎ **大意** 太子在高庙即位。丁未，继承帝号称皇帝。

孝景皇帝元年十月，制诏御史："盖闻古者祖有功而宗有德，制礼乐各有由。闻歌者，所以发德也；舞者，所以明功也。高庙酎①，奏《武德》《文始》《五行》之舞。孝惠庙酎，奏《文始》《五行》之舞。孝文皇帝临天下，通关梁，不异远方。除诽谤，去肉刑，赏

赐长老，收恤孤独，以育群生。减嗜欲，不受献②，不私其利也。罪人不帑（孥），不诛无罪。除肉刑，出美人，重绝人之世③。朕既不敏，不能识。此皆上古之所不及，而孝文皇帝亲行之。德厚侔④天地，利泽施四海，靡不获福焉。明象乎日月，而庙乐不称，朕甚惧焉。其为孝文皇帝庙为《昭德》之舞，以明休德⑤。然后祖宗之功德著于竹帛⑥，施于万世，永永无穷，朕甚嘉之。其与丞相、列侯、中二千石、礼官具为礼仪奏。"丞相臣嘉等言："陛下永思孝道，立《昭德》之舞以明孝文皇帝之盛德，皆臣嘉等愚所不及。臣谨议：世功莫大于高皇帝，德莫盛于孝文皇帝，高皇庙宜为帝者太祖之庙，孝文皇帝庙宜为帝者太宗之庙。天子宜世世献祖宗之庙。郡国诸侯宜各为孝文皇帝立太宗之庙。诸侯王列侯使者侍祠，天子岁献祖宗之庙。请著之竹帛，宣布天下。"制曰："可。"

◎**注释** ①〔酎（zhòu）〕用于祭祀的醇酒。②〔不受献〕不接受臣民郡国的献礼。③〔重绝人之世〕十分看重使人绝嗣的事情。④〔侔（móu）〕相当，相比。⑤〔休德〕美德。⑥〔竹帛〕指史册。

◎**大意** 孝景皇帝元年十月，对御史下诏说："我听说古代帝王称祖的是有功的人，称宗的是有德的人，制定他们的礼仪和音乐各有所据。听说音乐，是用以歌功颂德的；舞蹈，是用以表明功绩的。用醇酒祭祀高庙，表演《武德》《文始》《五行》之舞。用醇酒祭祀孝惠庙，表演《文始》《五行》之舞。孝文皇帝君临天下，使关卡津梁畅通无阻，远近没有差别。废除诽谤罪，取消肉刑，赏赐长老，抚恤孤独，以养育众生。减少嗜欲，不接受贡礼，不谋私利。对罪人不株连其妻儿，不杀无罪的人。废除肉刑，放归后宫女子，很重视绝人后嗣这件事。我本不聪敏，不能完全认识。这些都是上古帝王做不到的，而孝文皇帝亲身实行了。他的恩德能比天地，恩泽施于四海，无处不受其恩惠。文帝的光明宛如日月，而祭文帝的庙乐并不相称，我非常不安。要为孝文皇帝庙作《昭德》之舞，以显示他的美德。然后将祖宗的功德载于史册，流传万世，永无穷尽，我很高兴能够这样。现将此事交给丞相、列侯、中二千石、礼官等商定礼仪并上奏于我。"丞相申屠嘉等人说："陛下常怀孝道，作《昭德》之舞以显扬孝文皇帝的盛德，这都是臣等愚昧而比不上的。我们慎重地建议：开国之功没有大过高皇帝的，德业没有胜过孝文皇帝的，高皇帝庙应该成为本朝皇帝的太祖之庙，孝文皇帝庙应该成为本朝皇帝的太宗之庙。皇帝应当世代献祭祖宗之庙。各郡国诸侯都应为孝文皇帝建立太宗庙。诸侯王及列侯的使者随从天子祭祀，每年祭祀太祖、太宗之庙。请把这些载入文献，公布全国。"景帝下令说："可以。"

太史公曰：孔子言"必世①然后仁。善人之治国百年，亦可以胜残去杀②"。诚哉是言！汉兴，至孝文四十有余载，德至盛也。廪廪③乡改正服封禅矣，谦让未成于今。呜呼，岂不仁哉！

◎**注释** ①〔世〕三十年。②〔胜残去杀〕战胜残暴之人而不用刑杀。③〔廪廪〕逐渐接近。

◎**大意** 太史公说：孔子说"受命之王必经三十年才能成仁政。善良的人治国百年，也可以战胜残暴之人而不用刑杀"。这话说得很对！汉朝建立后，到孝文皇帝有四十多年，德政到达了兴盛的时期。逐渐达到了改历法、易服色、举行封禅大典的地步，但文帝谦让，至今没有完成。啊，难道这不就是仁吗！

◎**释疑解惑**

《五帝本纪》中尧、舜有关的文本主要通过载录《尚书》中的《尧典》《舜典》而生成。《尧典》《舜典》的文本性质与《孝文本纪》所载汉文帝时期的诏书类似，都属于帝王对臣下所发表的言辞性文书。司马迁十分重视《尚书》，他说"《书》以道事""尧舜之盛，《尚书》载之"。《尚书》是他编写五帝、三代本纪的重要材料来源，是汉代，也是司马迁眼中的经典文献。《孝文本纪》载录诏书的文本生成方式，很可能是受《尚书》影响。而反观《孝文本纪》所载的诏书，也的确具有《尚书》典雅温厚的特征。元代真德秀曰："太史公于高、景二纪，诏皆不书；独文帝纪，凡诏皆称'上曰'，以其出于帝之实意故也。不然山东老癃，扶杖听诏，愿见德化之成，其可以空言动耶？文帝除收帑及肉刑，求直言，除诽谤，祠官、劝农等诏，皆尔雅温厚，有典谟气象。"司马迁这样的撰史方式也就将汉文帝与《五帝本纪》所载的尧、舜摆在了相同的历史高度。李景星曰："太史公于他帝诏令多不载录，独于《孝文本纪》录诏令最详，盖以孝文各诏质古温醇，实属三代之遗；且所行政事又足以副之，非托诸空言者比也。通篇叙事，皆以文胜，写得秩秩楚楚，优柔不迫。既无《高纪》中疏荡之气，亦无《吕纪》中刻挚之笔，又处处与《武纪》中作反面对照。写仁厚守成之主，不得不另用此一副笔墨也。后幅收束，尤为严密：'从代来即位'一段，总叙帝之生平于未崩之前后。'七年六月'一段，详叙帝之遗诏于既崩之后。下又继以景帝之诏、群臣之议，将帝所行之大事再括叙一番，而以'功莫大于高皇帝，德莫大于孝文皇帝'一语作为断定，精确正大，穆然高古。赞语气脉音节俱佳，有似承似转、若断若续之妙。最后点一'仁'字，是全纪眼睛，不可轻易视之。"

◎ 思考辨析题

1. 为何司马迁在《孝文本纪》中载录那么多诏书？
2. 如何认识《孝文本纪》在《史记》全书中的地位？

孝景本纪
第十一

《孝景本纪》是关于汉景帝的传记,与其后汉武帝的传记《孝武本纪》所记内容切近当世,显得比较特殊。这两篇内容在十二本纪中迥异于其他篇目。历代学者对这两篇传记的今传本多持怀疑态度。班固在《汉书·艺文志》中提出《史记》"十篇有录无书"一说。三国时期张晏说此篇即为"十篇有录无书"之一。唐代司马贞《史记索隐》认为:"《景纪》,取班书补之。"明代凌稚隆继承此说:"此纪乃元成间褚先生取班书补之,非太史公本书也。"指出了补写的具体人是褚先生。茅坤则持此篇为太史公未定之书的观点,他说:"文景间,亦每年仅录所下明诏,与系时事之大者而已,朝廷之大政大议,特条见于将相名臣传记中,不敢详次如《秦纪》,予窃谓太史公未定之书也。"南宋吕祖谦、清代梁玉绳、当代韩兆琦等人则认为此书为司马迁所作。《史记》其他帝王纪，往往秉承古代史官遗法，记言记事兼备，但是此篇只列事目。历代学者都发现了《孝景本纪》与其他帝王纪相比"另一体格"的特点，并对"另一体格"背后的深意进行解读。持"后补"与"未定"说者认为，这种现象不符合太史公的写作习惯和为文惯例，而肯定其为太史公原书者则深刻分析了这种"另一体格"背后的寓意。主张《孝景本纪》为司马迁原书者所持的一个最大的证据，是《孝景本纪》中有《汉书·景帝纪》所不载的记事内容。对比《孝景本纪》与《汉书·景帝纪》会发现，二者尽管有相同的记事内容，彼此的差距却是明显的，特别是在记事内容和记事方式上有很大的互补性。

孝景皇帝者，孝文之中子①也。母窦太后。孝文在代时，前后有三男，及窦太后得幸，前后死，及三子更死，故孝景得立。

◎**注释** ①〔中子〕排行居中的儿子。
◎**大意** 孝景皇帝，是孝文皇帝的中子。母亲是窦太后。孝文皇帝在代国时，原先的王后生有三个男孩，到窦太后受宠时，先前的王后死了，三个儿子也相继死亡，所以孝景帝得以被立为继承人。

元年四月乙卯，赦天下。乙巳，赐民爵一级。五月，除田半租①。为孝文立太宗庙。令群臣无朝贺。匈奴入代，与约和亲。

◎**注释** ①〔除田半租〕减免一半的田租。

◎**大意** 景帝元年四月乙卯，大赦天下。乙巳，赐给民家家长爵位一级。五月，减免一半田租。为孝文帝建立太宗庙。命令大臣不要来朝觐祝贺。匈奴入侵代地，与匈奴定约和亲。

　　二年春，封故相国萧何孙系为武陵侯。男子二十而得傅①。四月壬午，孝文太后崩。广川、长沙王皆之国。丞相申屠嘉卒。八月，以御史大夫开封侯陶青为丞相。彗星出东北。秋，衡山雨雹，大者五寸，深者②二尺。荧惑③逆行，守北辰。月出北辰间。岁星④逆行天廷中。置南陵及内史，祋祤⑤为县。

◎**注释** ①〔傅〕载于正卒名册服役。旧法男子二十三而傅，景帝改为二十而傅。②〔深者〕指冰雹厚度。③〔荧惑〕火星。④〔岁星〕木星。⑤〔祋祤（duì yǔ）〕县名，县治在今陕西耀州。

◎**大意** 二年春，封原相国萧何的孙子萧系为武陵侯。男子满二十岁要登记在正卒名册上。四月壬午，孝文太后去世。广川王、长沙王都回到自己的封国。丞相申屠嘉去世。八月，任用御史大夫开封侯陶青为丞相。彗星出现在东北方。秋天，衡山冰雹如雨，最大的冰雹有五寸，最厚的地方有二尺。火星反向运行，在北极星附近移动。月亮在北极星天区出现。木星在天廷中间反向运行。将南陵和内史祋祤设置为县。

　　三年正月乙巳，赦天下。长星①出西方。天火燔雒阳东宫大殿城室。吴王濞、楚王戊、赵王遂、胶西王卬、济南王辟光、菑川王贤、胶东王雄渠反，发兵西乡（向）。天子为诛晁错，遣袁盎谕告，不止，遂西围梁②。上乃遣大将军窦婴、太尉周亚夫将兵诛之。六月乙亥。赦亡军及楚元王子艺等与谋反者。封大将军窦婴为魏其侯。立楚元王子平陆侯礼为楚王。立皇子端为胶西王，子胜为中山王。徙济北

407

王志为菑川王，淮阳王馀为鲁王，汝南王非为江都王。齐王将庐、燕王嘉皆薨。

◎**注释** ①〔长星〕流星。②〔梁〕梁国，汉景帝弟刘武的封国，都睢阳。
◎**大意** 三年正月乙巳，大赦天下。流星在西方出现。天火烧毁了雒阳东宫大殿和城楼。吴王刘濞、楚王刘戊、赵王刘遂、胶西王刘卬、济南王刘辟光、菑川王刘贤、胶东王刘雄渠反叛，发兵西进。天子为安抚他们处死了晁错，派袁盎去告诉他们，但他们仍不罢兵，竟西进围攻梁国。景帝于是派遣大将军窦婴、太尉周亚夫率兵讨伐。六月乙亥，赦免逃跑的士卒及楚元王的儿子刘艺等参与谋反的人。封大将军窦婴为魏其侯。立楚元王的儿子平陆侯刘礼为楚王。立皇子刘端为胶西王，皇子刘胜为中山王。迁济北王刘志为菑川王，淮阳王刘馀为鲁王，汝南王刘非为江都王。齐王刘将庐、燕王刘嘉都去世了。

四年夏，立太子。立皇子彻为胶东王。六月甲戌，赦天下。后九月①，更以弋阳为阳陵。复置津关②，用传出入。冬，以赵国为邯郸郡。

◎**注释** ①〔后九月〕闰九月。②〔津关〕津，水道渡口。关，陆道渡口。
◎**大意** 四年夏天，立皇太子。封皇子刘彻为胶东王。六月甲戌，大赦天下。闰九月，改弋阳为阳陵。重新设置水陆关禁，凭符信出入。冬天，把赵国改置为邯郸郡。

五年三月，作阳陵、渭桥。五月，募徙阳陵，予钱二十万。江都大暴风从西方来，坏城十二丈。丁卯，封长公主子蟜为隆虑侯。徙广川王为赵王。

◎**大意** 五年三月，修建阳陵、渭桥。五月，招募百姓迁居阳陵，拨钱二十万。

从西方来的大风暴侵袭江都,毁坏城墙十二丈。丁卯,封长公主的儿子陈蟜为隆虑侯。迁广川王为赵王。

六年春,封中尉赵绾为建陵侯,江都丞相嘉为建平侯,陇西太守浑邪为平曲侯,赵丞相嘉为江陵侯,故将军布为鄃侯。梁楚二王皆薨。后九月,伐驰道树,殖兰池①。

◎**注释** ①〔殖兰池〕填塞兰池。兰池,池名,在咸阳东北,建有秦行宫。
◎**大意** 六年春天,封中尉赵绾为建陵侯,江都丞相程嘉为建平侯,陇西太守公孙浑邪为平曲侯,赵国丞相苏嘉为江陵侯,原将军栾布为鄃(shū)侯。梁王和楚王都去世了。闰九月,砍伐驰道旁的树木,填塞兰池。

七年冬,废栗太子①为临江王。十二月晦,日有食之。春,免徒隶作阳陵②者。丞相青免。二月乙巳,以太尉条侯周亚夫为丞相。四月乙巳,立胶东王太后为皇后。丁巳,立胶东王为太子。名彻。

◎**注释** ①〔栗太子〕景帝栗姬所生子刘荣。②〔阳陵〕景帝陵墓。
◎**大意** 七年冬天,废掉栗太子而改封为临江王。十二月末,出现日食。春天,免除在阳陵服劳役的刑徒和奴隶的罪名。丞相陶青被罢免。二月乙巳,拜太尉条侯周亚夫为丞相。四月乙巳,立胶东王太后为皇后。丁巳,立胶东王为皇太子。名叫刘彻。

中元年①,封故御史大夫周苛孙平为绳侯,故御史大夫周昌子左车为安阳侯,四月乙巳,赦天下,赐爵一级。除禁锢②。地动。衡山原都雨雹③,大者尺八寸。

◎**注释** ①〔中元年〕汉景帝中元元年，公元前149年。②〔除禁锢〕废除禁锢之法。禁锢，剥夺政治权利，不准做官。③〔雨雹〕下冰雹。

◎**大意** 景帝中元元年，封原御史大夫周苛的孙子周平为绳侯，原御史大夫周昌的儿子周左车为安阳侯。四月乙巳，大赦天下，赐予民家家长爵位一级。取消禁锢的规定。这年发生了地震。衡山、原都下冰雹，最大的有一尺八寸。

中二年二月，匈奴入燕，遂不和亲。三月，召临江王来，即死中尉府中。夏，立皇子越为广川王，子寄为胶东王。封四侯①。九月甲戌，日食。

◎**注释** ①〔封四侯〕楚相张尚、太傅赵夷吾、赵相建德、内史王悍四人劝谏其王不要反叛而被杀，景帝封四人之子为侯。

◎**大意** 中元二年二月，匈奴入侵燕地，于是停止和亲。三月，召临江王来京，不久就死在中尉府中。夏天，立皇子刘越为广川王，皇子刘寄为胶东王。封四人为侯。九月甲戌，出现日食。

中三年冬，罢诸侯御史中丞。春，匈奴王二人率其徒来降，皆封为列侯。立皇子方乘为清河王。三月，彗星出西北。丞相周亚夫免，以御史大夫桃侯刘舍为丞相。四月，地动。九月戊戌晦，日食。军东都门①外。

◎**注释** ①〔东都门〕长安东城北头第一门曰宣平门，外曰东都门。

◎**大意** 中元三年冬，废除诸侯国御史中丞之职。春天，匈奴的两个王率其部众前来投降，都被封为列侯。立皇子刘方乘为清河王。三月，彗星出现在西北方。丞相周亚夫被罢免，任命御史大夫桃侯刘舍为丞相。四月，地震。九月末的戊戌日，出现日食。驻军于东都门外。

中四年三月，置德阳宫①。大蝗。秋，赦徒作阳陵者。

◎**注释** ①〔德阳宫〕景帝庙。
◎**大意** 中元四年三月，修建德阳宫。这年出现大规模的蝗虫灾害。秋天，赦免在阳陵做劳役的罪犯。

中五年夏，立皇子舜为常山王。封十侯。六月丁巳，赦天下，赐爵一级。天下大潦（涝）。更命诸侯丞相曰相。秋，地动。

◎**大意** 中元五年夏天，立皇子刘舜为常山王。封十人为列侯。六月丁巳，大赦天下，赐民家爵位一级。全国发生涝灾。将诸侯国的丞相改称为相。秋天，发生地震。

中六年二月己卯，行幸雍，郊见五帝。三月，雨雹。四月，梁孝王、城阳共王、汝南王皆薨。立梁孝王子明为济川王，子彭离为济东王，子定为山阳王，子不识为济阴王。梁分为五。封四侯。更命①廷尉为大理，将作少府为将作大匠，主爵中尉为都尉，长信詹事为长信少府，将行为大长秋，大行为行人，奉常为太常，典客为大行，治粟内史为大农。以大内为二千石，置左右内官，属大内。七月辛亥，日食。八月，匈奴入上郡。

◎**注释** ①〔更命〕改名。
◎**大意** 中元六年二月己卯，景帝巡幸雍县，郊祭五帝。三月，降冰雹。四月，梁孝王、城阳共王、汝南王都去世了。立梁孝王的儿子刘明为济川王，刘彭离为济东王，刘定为山阳王，刘不识为济阴王。梁国被分割成五个国。封四人为列侯。将廷尉改名为大理,将作少府改名为将作大匠,主爵中尉改名为都尉,长信詹事改名为长信少府,将行改名为大长秋,大行改名为行人,奉常改名为太常,典客改名为大行,治粟内史改名为大农。将大内定为二千石级官员,设置左右内官,隶属大内。七月辛亥,出现日食。八月,匈奴入侵上郡。

后元年冬,更命中大夫为卫尉。三月丁酉,赦天下,赐爵一级,中二千石、诸侯相爵右庶长①。四月,大酺。五月丙戌,地动,其蚤(早)食②时复动。上庸地动二十二日,坏城垣。七月乙巳,日食。丞相刘舍免。八月壬辰③,以御史大夫绾为丞相,封为建陵侯。

◎**注释** ①〔右庶长〕秦汉二十级爵位中的第十一级。②〔蚤食〕早饭。③〔八月壬辰〕该年八月丁未朔,无壬辰,存疑。

◎**大意** 后元元年冬天,将中大夫令改名为卫尉。三月丁酉,大赦天下,赏赐民家爵位一级,中二千石级官员、诸侯国丞相被授予右庶长爵位。四月,特许民间聚会饮酒。五月丙戌,发生地震,早饭时又有地震。上庸地震持续了二十二天,毁坏了城墙。七月乙巳,出现日食。丞相刘舍被罢免。八月壬辰,任命御史大夫卫绾为丞相,封为建陵侯。

后二年正月,地一日三动。郅将军击匈奴。酺五日。令内史郡不得食马粟,没入县官。令徒隶衣七缌布①。止马舂②。为岁不登③,禁天下食不造岁。省列侯遣之国。三月,匈奴入雁门。十月,租长陵田。大旱。衡山国、河东、云中郡民疫。

◎**注释** ①〔七缌(zōng)布〕古代的一种粗布。②〔止马舂〕禁止为马舂粟。③〔岁不登〕歉收。

◎**大意** 后元二年正月,一天发生了多次地震。将军郅都攻打匈奴。允许民众聚会饮酒五天。命令内史及各郡不得用粮食喂马，否则由县官没收。下令让刑徒奴隶穿极粗劣的衣服。禁止为马舂粟。因为粮食歉收，禁止全国浪费粮食，以免粮食不够一年食用。减少住京列侯并派遣他们回到自己的封国。三月，匈奴入侵雁门。十月，出租长陵周围的耕地。发生旱灾。衡山国、河东郡、云中郡的民众中流行瘟疫。

后三年十月，日月皆赤五日。十二月晦，雷。日如紫。五星^①逆行守太微。月贯天廷中。正月甲寅，皇太子冠。甲子，孝景皇帝崩。遗诏赐诸侯王以下至民为父后爵一级，天下户百钱。出宫人归其家，复无所与^②。太子即位，是为孝武皇帝。三月，封皇太后弟蚡为武安侯，弟胜为周阳侯。置阳陵。

◎**注释**　①〔五星〕指金、木、水、火、土五星。②〔复无所与〕免除其赋税。

◎**大意**　后元三年十月，太阳和月亮连续红了五天。十二月的最后一天，出现了雷电天气。太阳呈现紫色。五星逆行于太微星区。月亮横穿天廷。正月甲寅，皇太子行加冠礼。甲子，孝景皇帝驾崩。遗诏赐给诸侯王以下至平民百姓的嫡长子每人爵位一级，全国百姓每户一百钱。将宫中妇女放回家，免除赋役。太子即位，就是孝武皇帝。三月，封皇太后的弟弟田蚡（fén）为武安侯，田胜为周阳侯。设置景帝的阳陵。

太史公曰：汉兴，孝文施大德，天下怀安，至孝景，不复忧异姓^①，而晁错刻削^②诸侯，遂使七国俱起，合从而西乡（向），以诸侯大盛，而错为之不以渐^③也。及主父偃言之，而诸侯以弱，卒以安。安危之机，岂不以谋哉？

◎**注释**　①〔异姓〕异姓诸侯王。②〔刻削〕刻，严酷。削，指削夺同姓诸侯王的封地。③〔渐〕渐变，因势利导。

◎**大意**　太史公说：汉朝兴起后，孝文皇帝大施德政，百姓得以安居乐业。到孝景帝时，不再有异姓诸侯王反叛之忧了，然而晁错建议大举削夺同姓诸侯王的封地，导致七国并起，合兵西进，这是因为诸侯王的势力太强大，而晁错没有对他们采取因势利导而逐渐削弱的方法。等到主父偃提出建议，诸侯王的势力才衰弱下来，国家终于安定下来。国家安危的关键，难道不在于谋略吗？

◎**释疑解惑**

本篇在记事上有如下特点：

第一，文本形式为简单的编年记事资料汇编。而其中的纪年方式又分为前、中、后三种，也就是说汉景帝时期曾经过三次改岁，但《孝景本纪》并不记载改岁的原因。总体来看，《孝景本纪》实际上是包括了汉景帝前期七年、中期六年、后期三年，总共十六年的编年文本。不仅如此，本篇并未出现对话以及诏书等内容，而纯粹属于编年记事性文本。

第二，对灾异事件表现出重视的态度。本篇中有关天象异变、自然灾异现象的记载多达十三例。虽然对灾异事件的记录并不只出现在《孝景本纪》中，但《高祖本纪》《吕太后本纪》《孝文本纪》与灾异有关的记载总共才五例。可见《孝景本纪》对灾异事件表现出特殊的重视。并且与《高祖本纪》《吕太后本纪》《孝文本纪》中统治者面对灾异的罪己、举贤、赈贫等种种举动相比，《孝景本纪》中并不见统治者对这些灾异现象有任何回应，仅仅只是记载灾异事件。

第三，正文与论赞有明显的差距。《孝景本纪》的论赞称："汉兴，孝文施大德，天下怀安，至孝景，不复忧异姓，而晁错刻削诸侯，遂使七国俱起，合从而西乡，以诸侯太盛，而错为之不以渐也。及主父偃言之，而诸侯以弱，卒以安。安危之机，岂不以谋哉？"内容集中在汉景帝时期最大的政治事件——吴楚七国之乱。并且司马迁在《太史公自序》中也概括《孝景本纪》的主旨为"诸侯骄恣，吴首为乱，京师行诛，七国伏辜，天下翕然，大安殷富"。而《孝景本纪》对七国之乱的记载十分简略："（三年）吴王濞、楚王戊、赵王遂、胶西王卬、济南王辟光、菑川王贤、胶东王雄渠反，发兵西乡。天子为诛晁错，遣袁盎谕告，不止，遂西围梁。上乃遣大将军窦婴、太尉周亚夫将兵诛之。六月乙亥，赦亡军及楚元王子艺等与谋反者。封大将军窦婴为魏其侯。立楚元王子平陆侯礼为楚王。立皇子端为胶西王，子胜为中山王。徙济北王志为菑川王，淮阳王馀为鲁王，汝南王非为江都王。齐王将庐、燕王嘉皆薨。"这一段便是《孝景本纪》所载关于七国之乱的全部过程，可见《孝景本纪》正文与论赞乃至司马迁的创作意图有着较大的差距。

◎**思考辨析题**

1. 怎样看待《孝景本纪》与其他本纪相比表现出的迥异文风？
2. 怎样看待《孝景本纪》的叙事内容与论赞表现出的明显差别？

孝武本纪 第十二

《孝武本纪》在《太史公自序》中作"《今上本纪》",是汉武帝刘彻的传记。三国时期张晏提出这篇传记在司马迁之后亡佚,汉元帝、汉成帝时期褚先生后补了《孝武本纪》的观点。唐代司马贞认为《孝武本纪》专取《封禅书》补成。近代李长之却认为"焉知道司马迁不是故意地重抄一份《封禅书》,作一个最大的讽刺的?意思是:'瞧吧,你自认为武功了不得,其实你一生也不过只是被一些方士所愚弄罢了,你虽然也偶尔觉悟,但是像吃鸦片一样,不知不觉就为方士的胡话所诱惑了。试想,除了司马迁之外,谁敢在同一部书里把同一篇文章再抄一遍?除了大讽刺家司马迁之外,谁又会这样幽默而痛快?补书的法子尽多,哪有在同一部书里找出一篇现存的东西来顶替的?"今人张大可并不认可这一说法,他评价说:

"然谓司马迁自抄《封禅书》以为《今上本纪》，实难成立。若准司马迁互见例，既有《封禅书》，则《今上本纪》对于封禅事更当略述，岂有重屋叠床自抄《封禅》之理？"司马迁在《太史公自序》中说："汉兴五世，隆在建元，外攘夷狄，内修法度，封禅，改正朔，易服色，故作《今上本纪》。"可知司马迁所作的《今上本纪》内容包括了征匈奴、平两越、收朝鲜、开西南夷，以及修儒术、改夏正等事，而非如今本《孝武本纪》仅存的封禅内容。今天我们看到的《孝武本纪》截取了《封禅书》下半篇汉武帝封禅的事情，论赞也全部采用了《封禅书》的后文。这不同于《史记》中褚先生所补其他内容。褚少孙是当时的大儒，以文学经术为郎。他所补的都是《史记》阙失的，虽然意思浅近，但是文辞绝不类同，也不见有移甲以当乙的现象，可见今本《孝武本纪》可能并非褚先生所补。清代钱大昕《廿二史考异》认为可能是魏晋以后褚少孙所补的篇目亡佚，乡里妄人取以足数。该篇详写汉武帝"尤敬鬼神之祀"，揭露他迷信方士、醉心神仙、乞求长生不老的诸多欲念，以封禅为线索，勾连起汉武帝崇儒、造币、设元、塞河决、伐南越、巡朔方、通朝鲜、改历法等事，既讽刺了汉武帝，也显示了在封禅背景下的政事波澜，最后点出了求神之事"终无所验"，而汉武帝执迷不悟的愚昧。此篇文笔雄健，所涉事件千头万绪，司马迁以封禅为统序，彼此关联，一气呵成。在讽刺艺术上，屡次使用"若""云""盖""或曰""焉"等表述疑虑的词，或实或虚，或影射或对比，十分精彩！因除第一段外，本篇内容又见于《封禅书》（个别字句略有不同），这里只著录原文，注释及大意见于《封禅书》。

孝武皇帝者，孝景中子也。母曰王太后。孝景四年，以皇子为胶东王。孝景七年，栗太子废为临江王，以胶东王为太子。孝景十六年崩，太子即位，为孝武皇帝。孝武皇帝初即位，尤敬鬼神之祀。

元年，汉兴已六十余岁矣，天下乂安，荐（搢）绅之属皆望天子封禅改正度也。而上乡（向）儒术，招贤良，赵绾、王臧等以文学为公卿，欲议古立明堂城南，以朝诸侯。草巡狩封禅改历服色事未就。会窦太后治黄老言，不好儒术，使人微得赵绾等奸利事，召案绾、臧，绾、臧自杀，诸所兴为者皆废。

后六年，窦太后崩。其明年，上征文学之士公孙弘等。

明年，上初至雍，郊见五畤。后常三岁一郊。是时上求神君，舍之上林中蹄氏观。神君者，长陵女子，以子死悲哀，故见（现）神于先后宛若。宛若祠之其室，民多往祠。平原君往祠，其后子孙以尊显。及武帝即位，则厚礼置祠之内中，闻其言，不见其人云。

是时而李少君亦以祠灶、谷道、却老方见（现）上，上尊之。少君者，故深泽侯入以主方。匿其年及所生长，常自谓七十，能使物，却老。其游以方遍诸侯。无妻子。人闻其能使物及不死，更馈遗之，常余金钱帛衣食。人皆以为不治产业而饶给，又不知其何所人，愈信，争事之。少君资好方，善为巧发奇中。尝从武安侯饮，坐中有年九十余老人，少君乃言与其大父游射处，老人为儿时从其大父行，识其处，一坐尽惊。少君见上，上有故铜器，问少君。少君曰："此器齐桓公十年陈于柏寝。"已而案其刻，果齐桓公器。一宫尽骇，以少君为神，数百岁人也。

少君言于上曰："祠灶则致物，致物而丹沙可化为黄金，黄金成以为饮食器则益寿，益寿而海中蓬莱仙者可见，见之以封禅则不死，黄帝是也。臣尝游海上，见安期生，食巨枣，大如瓜。安期生仙者，通蓬莱中，合则见人，不合则隐。"于是天子始亲祠灶，而遣方士入海求蓬莱安期生之属，而事化丹沙诸药齐为黄金矣。

居久之，李少君病死。天子以为化去不死也，而使黄锤史宽舒受其方。求蓬莱安期生莫能得，而海上燕齐怪迂之方士多相效，更言神事矣。

亳人薄诱忌奏祠泰一方，曰："天神贵者泰一，泰一佐曰五帝。古者天子以春秋祭泰一东南郊，用太牢具，七日，为坛开八通之鬼道。"于是天子令太祝立其祠长安东南郊，常奉祠如忌方。其后人有上书，言"古者天子三年一用太牢具祠神三一：天一，地一，泰一"。天子许之，令太祝领祠之忌泰一坛上，如其方。后人复有上书，言"古者天子常以春秋解祠，祠黄帝用一枭破镜，冥羊用羊，祠马行用一青牡马，泰一、皋山山君、地长用牛，武夷君用干鱼，阴阳使者以一牛"。令祠官领之如其方，而祠于忌泰一坛旁。

其后，天子苑有白鹿，以其皮为币，以发瑞应，造白金焉。

其明年，郊雍，获一角兽，若麃然。有司曰："陛下肃祗郊祀，上帝报享，锡一角兽，盖麟云。"于是以荐五畤，畤加一牛以燎。赐诸侯白金，以风符应合于天地。

于是济北王以为天子且封禅，乃上书献泰山及其旁邑。天子受之，更以他县偿之。常山王有罪，迁，天子封其弟于真定，以续先王祀，而以常山为郡。然后五岳皆在天子之郡。

其明年，齐人少翁以鬼神方见上。上有所幸王夫人，夫人卒，少翁以方术盖夜致王夫人及灶鬼之貌云，天子自帷中望见焉。于是乃拜少翁为文成将军，赏赐甚多，以客礼礼之。文成言曰："上即欲与神通，宫室被服不象神，神物不至。"乃作画云气车，及各以胜日驾车辟恶鬼。又作甘泉宫，中为台室，画天、地、泰一诸神，而置祭具以致天神。居岁余，其方益衰，神不至。乃为帛书以饭牛，详弗知也，言此牛腹中有奇。杀而视之，得书，书言甚怪，天子疑之。有识其手书，问之人，果伪书。于是诛文成将军而隐之。

其后则又作柏梁、铜柱、承露仙人掌之属矣。

文成死明年，天子病鼎湖甚，巫医无所不致，不愈。游水发根乃言曰："上郡有巫，病而鬼下之。"上召置祠之甘泉。及病，使人问神君。神君言曰："天子毋忧病。病少愈，强与我会甘泉。"于是病愈，遂幸甘泉，病良已。大赦天下，置寿宫神君。神君最贵者太一，其佐曰大禁、司命之属，皆从之。非可得见，闻其音，与人言等。时去时来，来则风肃然也。居室帷中。时昼言，然常以夜。天子祓，然后入。因巫为主人，关饮食。所欲者言行下。又置寿宫、北宫，张羽旗，设供具，以礼神君。神君所言，上使人受书其言，命之曰"画法"。其所语，世俗之所知也，毋绝殊者，而天子独喜。其事秘，世莫知也。

其后三年，有司言元宜以天瑞命，不宜以一二数。一元曰"建元"，二元以长星曰"元光"，三元以郊得一角兽曰"元狩"云。

其明年冬，天子郊雍，议曰："今上帝朕亲郊，而后土毋祀，则礼不答也。"有司与太史公、祠官宽舒等议："天地牲角茧栗。今陛下亲祀后土，后土宜于泽中圜丘为五坛，坛一黄犊太牢具，已祠尽瘗，而从祠衣上黄。"于是天子遂东，始立后土祠汾阴脽上，如宽舒等议。上亲望拜，如上帝礼。礼毕，天子遂至荥阳而还。过雒阳，下诏曰："三代邈绝，远矣难存。其以三十里地封周后为周子南君，以奉先王祀焉。"是岁，天子始巡郡县，侵寻于泰山矣。

其春，乐成侯上书言栾大。栾大，胶东宫人，故尝与文成将军同师，已而为胶东王尚方。而乐成侯姊为康王后，毋子。康王死，他姬子立为王。而康后有淫行，与王不相中，相危以法。康后闻文成已死，而欲自媚于上，乃遣栾大因乐成侯求见言方。天子既诛文成，后悔恨其早死，惜其方不尽，及见栾大，大悦。大为人长美，言多方略，而敢为大言，处之不疑。大言曰："臣尝往来海中，见安期、羡门之属。顾以为臣贱，不信臣。又以为康王诸侯耳，不足予方。臣数言康王，康王又不用臣。臣之师曰：'黄金可成，而河决可塞，不死之药可得，仙人可致也。'臣恐效文成，则方士皆掩口，恶敢言方哉！"上曰："文成食马肝死耳。子诚能修其方，我何爱乎！"大曰："臣师非有求人，人者求之。陛下必欲致之，则贵其使者，令有亲属，以客礼待之，勿卑，使各佩其信印，乃可使通言于神人。神人尚肯邪不（否）邪。致尊其使，然后可致也。"于是上使先验小方，斗旗，旗自相触击。

是时上方忧河决，而黄金不就，乃拜大为五利将军。居月余，得四金印，佩天士将军、地士将军、大通将军、天道将军印。制诏御史："昔禹疏九江，决四渎。间者河溢皋陆，堤繇（徭）不息。朕临天下二十有（又）八年，天若遗朕士而大通焉。《乾》称'蜚（飞）龙'，'鸿渐于般（磐）'，意庶几与焉。其以二千户封地士将军大为乐通侯。"赐列侯甲第，僮千人。乘舆斥车马帷帐器物以充其家。又以卫长公主妻之，赍金万斤，更名其邑曰当利公主。天子亲如五利之第。使者存问，所给连属于道。自大主将相以下，皆置酒其家，献遗之。于是天子又刻玉印曰"天道将军"，使使衣羽衣，夜立白茅上，五利将军亦衣羽衣，立白茅上受印，以示弗臣也。而佩"天道"者，且为天子道天神也。于是五利常夜祠其家，欲以下神。神未至而百鬼集矣，然颇能使之。其后治装行，东入海，求其师云。大见（现）数月，佩六印，贵振天下，而海上燕齐之间，莫不搤捥（扼腕）而自言有禁方，能神仙矣。

其夏六月中，汾阴巫锦为民祠魏脽后土营旁，见地如钩状，掊视得鼎。鼎大异于众鼎，文镂毋款识，怪之，言吏。吏告河东太守胜，胜以闻。天子使使验问巫锦得鼎无奸诈，乃以礼祠，迎鼎至甘泉，从行，上荐之。至中山，晏温，有黄云盖焉。有麃过，上自射之，因以祭云。至长安，公卿大夫皆议请尊宝鼎。天子曰："间者河溢，岁数不登，故巡祭后土，祈为百姓育谷。今年丰庑未有报，鼎曷为出哉？"有司皆曰："闻昔大帝兴神鼎一，一者一统，天地万物所系终也。黄帝作宝鼎三，象天地人也。禹收九牧之金，铸九鼎，皆尝鬺烹上帝鬼神。遭圣则兴，迁于夏商。周德衰，宋之社亡，鼎乃沦伏而不见（现）。《颂》云'自堂徂基，自羊徂牛；鼐鼎及鼒，不虞不骜，胡考之休'。今鼎至甘泉，光润龙变，承休无疆。合兹中山，有黄白云降盖，若兽为符，路弓乘矢，集获坛下，报祠大飨。惟受命而帝者心知其意而合德焉。鼎宜见（现）于祖祢，藏于帝廷，以合明应。"制曰："可。"

入海求蓬莱者，言蓬莱不远，而不能至者，殆不见其气。上乃遣望气佐候其气云。

其秋，上幸雍，且郊。或曰"五帝，泰一之佐也。宜立泰一而上亲郊之"。上疑未定。齐人公孙卿曰："今年得宝鼎，其冬辛巳朔旦冬至，与黄帝时等。"卿有札书曰："黄帝得宝鼎宛侯，问于鬼臾区。区对曰：'黄帝得宝鼎神策，是岁己酉朔旦冬至，得天之纪，终而复始。'于是黄帝迎日推策，后率二十岁得朔旦冬至，凡二十推，三百八十年。黄帝仙登于天。"卿因所忠欲奏之。所忠视其书不经，疑其妄书，谢曰："宝鼎事已决矣，尚何以为！"卿因嬖人奏之。上大说（悦），召问卿。对曰："受此书申功，申功已死。"上曰："申功何人也？"卿曰："申功，齐人也。与安期生通，受黄帝言，无书，独有此鼎书。曰'汉兴复当黄帝之时。汉之圣者在高祖之孙且曾孙也。宝鼎出而与神通，封禅。封禅七十二王，唯黄帝得上泰山封'。申功曰：'汉主亦当上封，上封则能仙登天矣。黄帝时万诸侯，而神灵之封居七千。天下名山八，而三在蛮夷，五在中国。中国华山、首山、太室、泰山、东莱，此五山黄帝之所常游，与神会。黄帝且战且学仙。患百姓非其道，乃断斩非鬼神者。百余岁然后得与神通。黄帝郊雍上帝，宿三月。鬼臾区号大鸿，死葬雍，故鸿冢是也。其后黄帝接万灵明廷。明廷者，甘泉也。所谓寒门者，谷口也。黄帝采首山铜，铸鼎于荆山下。鼎既成，有龙垂胡髯下迎黄帝。黄帝上骑，群臣后宫从上龙七千余人，龙乃上去。余小臣不得上，乃悉持龙髯，龙髯拔，堕黄帝之弓。百姓仰望黄帝既上天，乃抱其弓与龙胡髯号。故后世因名其处曰鼎湖，其弓曰乌号。'"于是天子曰："嗟乎！吾诚得如黄帝，吾视去妻子如脱躧耳。"乃拜卿为郎，东使候神于太室。

上遂郊雍，至陇西，西登空桐，幸甘泉。令祠官宽舒等具泰一祠坛，坛放（仿）薄忌泰一坛，坛三垓。五帝坛环居其下，各如其方，黄帝西南，除八通鬼道。泰一所用，如雍一畤物，而加醴枣脯之属，杀一犛牛以为俎豆牢具。而五帝独有俎豆醴进。其下四方地，为餟食群神从者及北斗云。已祠，胙余皆燎之。其牛色白，鹿居其中，彘在鹿中，水而洎之。祭日以牛，祭月以羊彘特。泰一祝宰则衣紫及绣。

五帝各如其色，日赤，月白。

十一月辛巳朔旦冬至，昧爽，天子始郊拜泰一。朝朝日，夕夕月，则揖；而见泰一如雍礼。其赞飨曰："天始以宝鼎神策授皇帝，朔而又朔，终而复始，皇帝敬拜见焉。"而衣上黄。其祠列火满坛，坛旁烹炊具。有司云"祠上有光焉"。公卿言"皇帝始郊见泰一云阳，有司奉瑄玉嘉牲荐飨。是夜有美光，及昼，黄气上属天。"太史公、祠官宽舒等曰："神灵之休，祐福兆祥，宜因此地光域立泰畤坛以明应。令太祝领，秋及腊间祠。三岁天子一郊见。"

其秋，为伐南越，告祷泰一，以牡荆画幡日月北斗登龙，以象天一三星，为泰一锋，名曰"灵旗"。为兵祷，则太史奉以指所伐国。而五利将军使不敢入海，之泰山祠。上使人微随验，实无所见。五利妄言见其师，其方尽，多不雠。上乃诛五利。

其冬，公孙卿候神河南，见仙人迹缑氏城上，有物若雉，往来城上。天子亲幸缑氏城视迹。问卿："得毋效文成、五利乎？"卿曰："仙者非有求人主，人主求之。其道非少宽假，神不来。言神事，事如迂诞，积以岁乃可致。"于是郡国各除道，缮治宫观名山神祠所，以望幸矣。

其年，既灭南越，上有嬖臣李延年以好音见（现）。上善之，下公卿议，曰："民间祠尚有鼓舞之乐，今郊祠而无乐，岂称乎？"公卿曰："古者祀天地皆有乐，而神祇可得而礼。"或曰："泰帝使素女鼓五十弦瑟，悲，帝禁不止，故破其瑟为二十五弦。"于是塞南越，祷祠泰一、后土，始用乐舞，益召歌儿，作二十五弦及箜篌瑟自此起。

其来年冬，上议曰："古者先振兵泽（释）旅，然后封禅。"乃遂北巡朔方，勒兵十余万，还祭黄帝冢桥山，泽兵须如。上曰："吾闻黄帝不死，今有冢，何也？"或对曰："黄帝已仙上天，群臣葬其衣冠。"既至甘泉，为且用事泰山，先类祠泰一。

自得宝鼎，上与公卿诸生议封禅。封禅用希（稀），旷绝莫知其仪礼，而群儒采封禅《尚书》《周官》《王制》之望祀射牛事。齐人丁公年九十余，曰："封者，合不死之名也。秦皇帝不得上封。陛下必欲上，稍上即无风雨，遂上封矣。"上于是乃令诸儒习射牛，草封禅仪。数年，至且行。天子既闻公孙卿及方士之言，黄帝以上封禅，皆致怪物与神通，欲放（仿）黄帝以尝接神仙人蓬莱士，高世比德于九皇，而颇采儒术以文之。群儒既以不能辩明封禅事，又牵拘于《诗》《书》古文而不敢骋。上为封祠器示群儒，群儒或曰"不与古同"，徐偃又曰"太常诸生行礼不如鲁善"，周霸属图封事，于是上绌（黜）偃、霸，尽罢诸儒弗用。

三月，遂东幸缑氏，礼登中岳太室。从官在山下闻若有言"万岁"云。问上，上不言；问下，下不言。于是以三百户封太室奉祠，命曰崇高邑。东上泰山，山之草木叶未生，乃令人上石立之泰山颠。

上遂东巡海上，行礼祠八神。齐人之上疏言神怪奇方者以万数，然无验者。乃益发船，令言海中神山者数千人求蓬莱神人。公孙卿持节常先行候名山，至东莱，言夜见一人，长数丈，就之则不见，见其迹甚大，类禽兽云。群臣有言见一老父牵狗，言"吾欲见巨公"，已忽不见。上既见大迹，未信，及群臣有言老父，则大以为仙人也。宿留海上，与方士传车及间使求仙人以千数。

四月，还至奉高。上念诸儒及方士言封禅人人殊，不经，难施行。天子至梁父，礼祠地主。乙卯，令侍中儒者皮弁荐（搢）绅，射牛行事。封泰山下东方，如郊祠泰一之礼。封广丈二尺，高九尺，其下则有玉牒书，书秘。礼毕，天子独与侍中奉车子侯上泰山，亦有封。其事皆禁。明日，下阴道。丙辰，禅泰山下阯东北肃然山，如祭后土礼。天子皆亲拜见，衣上黄而尽用乐焉。江淮间一茅三脊为神藉。五色土益杂封。纵远方奇兽蜚（飞）禽及白雉诸物，颇以加祠。兕旄牛犀象之属弗用。皆至泰山然后去。封禅祠，其夜若有光，昼有白云起封中。

天子从封禅还，坐明堂，群臣更上寿。于是制诏御史："朕以眇眇之身承至尊，兢兢焉惧弗任。维德菲薄，不明于礼乐。修祀泰一，若有象景光，屑如有望，依依震于怪物，欲止不敢，遂登封泰山，至于梁父，而后禅肃然。自新，嘉与士大夫更始，赐民百户牛一酒十石，加年八十孤寡布帛二匹。复博、奉高、蛇丘、历城，毋出今年租税。其赦天下，如乙卯赦令。行所过毋有复作。事在二年前，皆勿听治。"又下诏曰："古者天子五载一巡狩，用事泰山，诸侯有朝宿地。其令诸侯各治邸泰山下。"

天子既已封禅泰山，无风雨菑（灾），而方士更言蓬莱诸神山若将可得，于是上欣然庶几遇之，乃复东至海上望，冀遇蓬莱焉。奉车子侯暴病，一日死。上乃遂去，并海上，北至碣石，巡自辽西，历北边至九原。五月，返至甘泉。有司言宝鼎出为元鼎，以今年为元封元年。

其秋，有星茀（孛）于东井。后十余日，有星茀（孛）于三能（台）。望气王朔言："候独见其星出如瓠，食顷复入焉。"有司言曰"陛下建汉家封禅，天其报德星"云。

其来年冬，郊雍五帝，还，拜祝祠泰一。赞飨曰："德星昭衍，厥维休祥。寿星仍出，渊耀光明。信星昭见（现），皇帝敬拜泰祝之飨。"

其春，公孙卿言见神人东莱山，若云"见天子"。天子于是幸缑氏城，拜卿为中大夫。遂至东莱，宿留之数日，毋所见，见大人迹。复遣方士求神怪采芝药以千数。是岁旱。于是天子既出毋名，乃祷万里沙，过祠泰山。还至瓠子，自临塞决河，留二日，沈祠而去。使二卿将卒塞决河，河徙二渠，复禹之故迹焉。

是时既灭南越，越人勇之乃言"越人俗信鬼，而其祠皆见鬼，数有效。昔东瓯王敬鬼，寿至百六十岁。后世谩怠，故衰耗（耗）"。乃令越巫立越祝祠，安台无坛，亦祠天神上帝百鬼，而以鸡卜。上信之，越祠鸡卜始用焉。

公孙卿曰："仙人可见，而上往常遽，以故不见。今陛下可为观，如缑氏城，置脯枣，神人宜可致。且仙人好楼居。"于是上令长安则作蜚廉、桂观，甘泉则作益延寿观，使卿持节设具而候神人，乃作通天台，置祠具其下，将招来神仙之属。于是甘泉更置前殿，始广诸宫室。夏，有芝生殿防内中。天子为塞河，兴通天台，若有光云，乃下诏曰："甘泉防生芝九茎，赦天下，毋有复作。"

其明年，伐朝鲜。夏，旱。公孙卿曰："黄帝时封则天旱，干封三年。"上乃下诏曰："天旱，意干封乎？其令天下尊祠灵星焉。"

其明年，上郊雍，通回中道，巡之。春，至鸣泽，从西河归。

其明年冬，上巡南郡，至江陵而东。登礼灊之天柱山，号曰南岳。浮江，自寻阳出枞阳，过彭蠡，祀其名山川。北至琅邪，并海上。四月中，至奉高修封焉。

初，天子封泰山，泰山东北阯古时有明堂处，处险不敞。上欲治明堂奉高旁，未晓其制度。济南人公王带上黄帝时明堂图。明堂图中有一殿，四面无壁，以茅盖，通水，圜宫垣，为复道，上有楼，从西南入，命曰昆仑，天子从之入，以拜祠上帝焉。于是上令奉高作明堂汶上，如带图。及五年修封，则祠泰一、五帝于明堂上坐，令高皇帝祠坐对之。祠后土于下房，以二十太牢。天子从昆仑道入，始拜明堂如郊礼。礼毕，燎堂下。而上又上泰山，有秘祠其颠。而泰山下祠五帝，各如其方，黄帝并赤帝，而有司侍祠焉。泰山上举火，下悉应之。

其后二岁，十一月甲子朔旦冬至，推历者以本统。天子亲至泰山，以十一月甲子朔旦冬至日祠上帝明堂，每修封禅。其赞飨曰："天增授皇帝泰元神策，周而复始。皇帝敬拜泰一。"东至海上，考入海及方士求神者，莫验，然益遣，冀遇之。

十一月乙酉，柏梁灾。十二月甲午朔，上亲禅高里，祠后土。临渤海，将以望祠蓬莱之属，冀至殊庭焉。

上还，以柏梁灾故，朝受计甘泉。公孙卿曰："黄帝就青灵台，十二日烧，黄帝乃治明庭。明庭，甘泉也。"方士多言古帝王有都甘泉者。其后天子又朝诸侯甘泉，甘泉作诸侯邸。勇之乃曰："越俗有火灾，复起屋必以大，用胜服之。"于是作建章宫，度为千门万户。前殿度高未央。其东则凤阙，高二十余丈。其西则唐中，数十里虎圈。其北治大池，渐台高二十余丈，名曰泰液池，中有蓬莱、方丈、瀛洲、壶梁，象海中神山龟鱼之属。其南有玉堂、璧门、大鸟之属。乃立神明台、井幹楼，度五十余丈，辇道相属焉。

夏，汉改历，以正月为岁首，而色上黄，官名更印章以五字。因为太初元年。是岁，西伐大宛。蝗大起。丁夫人、雒阳虞初等以方祠诅匈奴、大宛焉。

其明年，有司言雍五畤无牢熟具，芬芳不备。乃命祠官进畤犊牢具，五色食所胜，而以木禺（偶）马代驹焉。独五帝用驹，行亲郊用驹。及诸名山川用驹者，悉以木禺（偶）马代。行过，乃用驹。他礼如故。

其明年，东巡海上，考神仙之属，未有验者。方士有言"黄帝时为五城十二楼，以候神人于执期，命曰迎年"。上许作之如方，名曰明年。上亲礼祠上帝，衣上黄焉。

公玉带曰："黄帝时虽封泰山，然风后、封钜、歧伯令黄帝封东泰山，禅凡山，合符，然后不死焉。"天子既令设祠具，至东泰山，东泰山卑小，不称其声，乃令祠官礼之，而不封禅焉。其后令带奉祠候神物。夏，遂还泰山，修五年之礼如前，而加禅祠石闾。石闾者，在泰山下阯南方，方士多言此仙人之闾也，故上亲禅焉。

其后五年，复至泰山修封，还过祭常山。

今天子所兴祠，泰一、后土，三年亲郊祠，建汉家封禅，五年一修封。薄忌泰一及三一、冥羊、马行、赤星，五，宽舒之祠官以岁时致礼。凡六祠，皆太祝领之。至如八神诸神，明年、凡山他名祠，行过则祀，去则已。方士所兴祠，各自主，其人终则已，祠官弗主。他祠皆如其故。今上封禅，其后十二岁而还，遍于五岳、四渎矣。而方士之候祠神人，入海求蓬莱，终无有验。而公孙卿之候神者，犹以大人迹为解，无其效。天子益怠厌方士之怪迂语矣，然终羁縻弗绝，冀遇其真。自此之后，方士言祠神者弥众，然其效可睹矣。

太史公曰：余从巡祭天地诸神名山川而封禅焉。入寿宫侍祠神语，究观方士祠官之言，于是退而论次自古以来用事于鬼神者，具见其表里。后有君子，得以览焉。至若俎豆珪币之详，献酬之礼，则有司存焉。

◎释疑解惑

汉代卫宏说汉武帝听闻司马迁作《史记》，下令取景帝和自己的本纪观览，认为其言不当，怒而削去。然而《史记》是司马迁在秘密状态下写成的，完成后也只是"藏之名山，副在京师"，并未流传，汉武帝可能并没有观览《史记》。即便汉武帝得以观览，认为其言不当，也不会仅仅削去《孝景本纪》与《今上本纪》两篇。《史记》中如《平准书》《酷吏列传》等对时政的批评更加激烈，但依然保存完整，可见汉武帝怒削《孝景本纪》《今上本纪》两篇之说并不可信。《今上本纪》亡佚的原因可能与《史记》在抄本时代单篇流传的方式有关。《后汉书·窦融传》载"帝深嘉美之，乃赐融以外属图及太史公《五宗》《外戚世家》《魏其侯列传》"，又《循吏列传》载："（明帝）乃赐景《山海经》《河渠书》《禹贡图》及钱帛衣物。"可见当时《史记》是以单篇的形式流传的，比较容易散佚。另外，这也与《史记》早期传播受到限制有关。《汉书·宣元六王传》记载东平王刘宇上书汉成帝，求《太史公书》，大将军王凤对汉成帝说："《太史公书》有战国纵横权谲之谋，汉兴之初谋臣奇策，天官灾异，地形厄塞，皆不宜在诸侯王。不可予。"最终汉成帝听从王凤的建议，未将《太史公书》给东平王。

尽管司马迁所作的《今上本纪》亡佚，然综合《史记》中《平准书》《封禅书》《魏其武安侯列传》《卫将军骠骑列传》《酷吏列传》等篇，大概可以了解汉武帝的文德武功，也可以认识司马迁对汉武帝的态度。

◎思考辨析题

1. 你认为《孝武本纪》是否司马迁本人截《封禅书》而成？
2. 司马迁在本篇讽刺的到底是什么？是汉武帝封禅吗？

全注全译本

国际儒学联合会教育系列丛书

史记

丛书指导委员会主任
————滕文生 张岂之 李学勤

总主编
————钱逊

执行总主编
————于建福

组编
————国际儒学联合会
————国家教育行政学院国学教育研究中心

本书主编 张新科 赵望秦

第二册　表〔一〕

 济南出版社　汉唐书局

图书在版编目（CIP）数据

史记/张新科，赵望秦主编．—济南：济南出版社，2022.9

ISBN 978-7-5488-5209-4

Ⅰ.①史… Ⅱ.①张… ②赵… Ⅲ.①中国历史—古代史—纪传体 ②《史记》—注释 ③《史记》—译文 Ⅳ.① K204.2

中国版本图书馆 CIP 数据核字（2022）第 164694 号

出 版 人	田俊林
图书策划	冀瑞雪
责任编辑	殷　剑
图书审读	马世年
装帧设计	王铭基

出版发行	济南出版社
地　　址	济南市二环南路 1 号（250002）
编辑热线	0531-86131747（编辑室）
发行热线	82709072　86131747　86131729　86131728（发行部）
印　　刷	山东彩峰印刷股份有限公司
版　　次	2022 年 10 月第 1 版
印　　次	2022 年 10 月第 1 次印刷
成品尺寸	170 mm×240 mm　16 开
印　　张	247.5
字　　数	4170 千
定　　价	1686.00 元（全 9 册）

（济南版图书，如有印装错误，请与出版社联系调换。联系电话：0531-86131736）

目 录

表

第二册

三代世表第一	431
十二诸侯年表第二	456
六国年表第三	637
秦楚之际月表第四	735

三代世表

第一

　　司马迁的《史记》开创了纪传体这一史书编纂的新体例，并成为后世编写史书的典范。《史记》中本纪、世家、列传以不同身份的人物传记为主要内容，书则用以记录各种典章制度。而表，乃是以世系、年代或月份为线索，用简单的文字将各个时代各个政权组织或政治势力的重大事件条列出来，从而清晰地展示三代至汉武帝建元年间的历史进程：中国如何由不同的部落联盟发展至统一的国家，统一的国家分封了哪些诸侯国，诸侯国如何慢慢把持政权，又如何被秦国灭掉而再次统一，秦末乱世中汉王朝如何建立，其后国家如何发展。《史记》中共有十表，其内容或年经国纬，或国经年纬，重点记录的是不同政权组织或政治势力领导人的更替，兼以记录对某一政权产生重大影响的历史事件，由此将三千年历史的发展过程厘然有序地以纲目的形式展示了出来，可谓一目了然。刘知几在《史通》中这样评价《史记》的十表："虽燕、越万里，而于径寸之内犬牙交错；虽昭穆九代，而于方尺之中雁行有叙。使读者阅文便睹，举目可详。此其所以为快也。"

《史记》中十表共有三种不同类型，即世表、年表与月表。世表仅一篇，即《三代世表》。因三代之事较为久远，无法通过现有的文献考证清楚其具体的年月，故而只记其世系而成《三代世表》。月表亦一篇，即《秦楚之际月表》。因秦楚之际形势尤为纷乱，"五年之间，号令三嬗"，有的政权存在时间甚至不满一年，为了更准确地记录当时政权更替的过程，司马迁以月记其历史而成《秦楚之际月表》。其余八表，皆为年表。

《三代世表》，虽称夏、商、周三代，但它记录的是五帝以来的世系更替情况。整个表分为两部分，对此，李景星在《四史评议》中的概括颇为清楚：第一部分"上及五帝者，详三代所自出也"。这一部分谱列了五帝至三代的世系情况，清晰地展示了夏、商、周三代始祖的具体来历。其表头分别是"帝王世国号""颛顼属""俈属""尧属""舜属""夏属""殷属""周属"。"帝王世国号"之下按照时间顺序记录了从黄帝开始的各个统治者，分别是黄帝、帝颛顼、帝俈、帝尧、帝舜五帝，夏之帝禹至帝履癸十七帝，殷之帝汤至帝辛三十帝，最后一格为"周武王代殷"，周王朝开始。而"颛顼属""俈属""尧属""舜属""夏属""殷属""周属"之下则排列了黄帝以下的各位统治者的家族传承情况。而从司马迁此表中的记录来看，黄帝以下的诸统治者，其最早的先祖都是黄帝。这种五帝三王同出一源的说法，最早形成于战国时期，它其实宣扬的是一种"四海一家"的思想，无疑是有助于中华民族团结的。第二部分"自周以来，兼谱诸侯，志三代所由弱也"。这一部分谱列了周王朝的帝位传承以及

> 由周天子分封的诸侯国国君的世系传承。表格第一列承接上一部分的"周武王代殷",乃是由周成王姬诵开始直到共和时代的诸位周天子,其余十一列乃是周天子所分封的各个诸侯国统治者的世系始末,分格从周天子列旁向右依次是鲁、齐、晋、秦、楚、宋、卫、陈、蔡、曹、燕十一国。如上文所言,《三代世表》的时限是周朝之共和元年,而对于其他诸国世系的记载也止于此。
>
> 在表格之后,另有褚少孙所补的两段内容。这两段内容是褚少孙假借与张夫子的对话,一则说明自己对契、后稷"无父而生"且后世得以王天下的理解,二则附会西汉后期权臣霍光乃是黄帝后人,为其歌功颂德。

  太史公曰:五帝①、三代②之记,尚矣。自殷以前诸侯不可得而谱③,周以来乃颇④可著。孔子因史文次《春秋》⑤,纪元年⑥,正时日月,盖(盍)其详哉。至于序《尚书》⑦,则略无年月;或颇有,然多阙⑧,不可录。故疑则传疑,盖其慎也。

◎**注释**　①〔五帝〕据《五帝本纪》,指黄帝、颛顼、帝喾、帝尧与帝舜。②〔三代〕指夏、商、周。③〔谱〕布列,编排。④〔颇〕略微。⑤〔《春秋》〕相传为由孔子编定的编年体史书。⑥〔元年〕指帝王即位的第一年。⑦〔《尚书》〕相传为经孔子整理的上古历史文献汇编。⑧〔阙(quē)〕空缺,缺漏。

◎**大意**　太史公说:五帝、三代有关事件的记载,是十分久远的。在殷商之前各诸侯国的历史已经无法得悉并编排陈述,周代之后的历史才略微可以著录。孔子依据史料编成《春秋》,记录了鲁国国君即位的年份,考证史事发生的具体日期,多么详细呀。至于整理编排《尚书》,则十分简略而没有对年月的记录;有的对日期略有记录,然而多有缺漏,没有办法著录。因此那些有疑问的内容就保留疑问，大概这就是慎重了。

余读谍（牒）记①，黄帝以来皆有年数。稽②其历谱谍（牒）终始五德之传③，古文咸④不同，乖异⑤。夫子之弗论次⑥其年月，岂虚哉！于是以《五帝系谍》⑦《尚书》集世⑧纪黄帝以来讫共和⑨为《世表》。

◎**注释** ①〔谍记〕指谱牒，即记录世族世系的书籍。②〔稽〕考核。③〔终始五德之传〕终始指周而复始，五德则指五行相生相克的规律。古代阴阳家以五行相生相克的规律来阐释朝代更替的原则。④〔咸〕皆，都。⑤〔乖异〕相互抵触。⑥〔论次〕排列。⑦〔《五帝系谍》〕指《大戴礼记》中讲述古代帝王谱系的《五帝德》与《帝系》两篇。⑧〔集世〕编集其世系。⑨〔讫共和〕讫，止。共和，即周召共和。周厉王时，因国人暴动，厉王弃国奔逃，因此由大臣周公和召公共同执政，称为共和。

◎**大意** 我阅读了谱牒类的书籍，发现在黄帝之后都记载有年数。我通过考察那些历书、谱牒与讲述五德终始的书籍，发现先秦古籍的记载不尽相同，甚至相互抵触。孔子不去排列那些年月，难道是没有意义的吗！因此我根据《五帝系谍》《尚书》编集其世系，记录了从黄帝直到共和时代的世系，称为《三代世表》。

帝王世国号	黄帝号有熊。 黄帝号称有熊氏。	帝颛顼，黄帝孙。起黄帝，至颛顼三世，号高阳。 帝颛顼，是黄帝的孙子。从黄帝起，到颛顼是三代，叫作高阳。	帝俈(喾)，黄帝曾孙。起黄帝，至帝俈(喾)四世。号高辛。 帝喾，是黄帝的曾孙。从黄帝起，到帝喾是四代。号称高辛氏。	帝尧。起黄帝，至俈(喾)了五世。号唐。 帝尧。从黄帝起，到喾的儿子是五代。号称陶唐氏。
颛顼属 颛顼的家族	黄帝生昌意。 黄帝生昌意。	昌意生颛顼。为高阳氏。 昌意生颛顼。颛顼就是高阳氏。		
俈(喾)属 帝喾的家族	黄帝生玄嚣。 黄帝生玄嚣。	玄嚣生蟜极。 玄嚣生蟜极。	蟜极生高辛，为帝俈(喾)。 蟜极生高辛，这就是帝喾。	
尧属 帝尧的家族	黄帝生玄嚣。 黄帝生玄嚣。	玄嚣生蟜极。 玄嚣生蟜极。	蟜极生高辛。高辛生放勋。 蟜极生高辛。高辛生放勋。	放勋为尧。 放勋就是尧。
舜属 帝舜的家族	黄帝生昌意。 黄帝生昌意。	昌意生颛顼。颛顼生穷蝉。 昌意生颛顼。颛顼生穷蝉。	穷蝉生敬康。敬康生句望。 穷蝉生敬康。敬康生句望。	句望生蟜牛。蟜牛生瞽叟。 句望生蟜牛。蟜牛生瞽叟。
夏属 夏的家族	黄帝生昌意。 黄帝生昌意。	昌意生颛顼。 昌意生颛顼。		
殷属 殷商的家族	黄帝生玄嚣。 黄帝生玄嚣。	玄嚣生蟜极。蟜极生高辛。 玄嚣生蟜极。蟜极生高辛。	高辛生卨。 高辛生卨。 ◎注释　卨，即殷商始祖契。	卨为殷祖。 卨是殷商的始祖。
周属 周的家族	黄帝生玄嚣。 黄帝生玄嚣。	玄嚣生蟜极。蟜极生高辛。 玄嚣生蟜极。蟜极生高辛。	高辛生后稷，为周祖。 高辛生后稷，后稷是周王室的始祖。	后稷生不窋。 后稷生不窋。

帝王世国号	帝舜，黄帝玄孙之玄孙，号虞。 帝舜，是黄帝玄孙的玄孙，号称有虞氏。	帝禹，黄帝耳孙，号夏。 帝禹，黄帝的远世子孙，国号称作夏。	帝启，伐有扈，作《甘誓》。 帝启，攻伐有扈氏时，作成《甘誓》篇。	帝太康 帝太康
颛顼属 颛顼的家族				
俈(喾)属 帝喾的家族				
尧属 帝尧的家族				
舜属 帝舜的家族	瞽叟生重华，是为帝舜。 瞽叟生重华，这就是帝舜。			
夏属 夏的家族	颛顼生鲧。鲧生文命。 颛顼生鲧。鲧生文命。	文命，是为禹。 文命，这就是夏禹王。		
殷属 殷商的家族	卨生昭明。 卨生昭明。	昭明生相土。 昭明生相土。	相土生昌若。 相土生昌若。	昌若生曹圉。曹圉生冥。 昌若生曹圉。曹圉生冥。
周属 周的家族	不窋生鞠。 不窋生鞠。	鞠生公刘。 鞠生公刘。	公刘生庆节。 公刘生庆节。	庆节生皇仆。皇仆生差弗。 庆节生皇仆。皇仆生差弗。

帝王世国号	帝仲康，太康弟。 帝仲康，是太康的弟弟。	帝相 帝相	帝少康 帝少康	帝予 帝予
颛顼属 颛顼的家族				
俈(喾)属 帝喾的家族				
尧属 帝尧的家族				
舜属 帝舜的家族				
夏属 夏的家族				
殷属 殷商的家族	冥生振。 冥生振。	振生微。微生报丁。 振生微。微生报丁。	报丁生报乙。报乙生报丙。 报丁生报乙。报乙生报丙。	报丙生主壬。主壬生主癸。 报丙生主壬。主壬生主癸。
周属 周的家族	差弗生毁渝。毁渝生公非。 差弗生毁渝。毁渝生公非。	公非生高圉。高圉生亚圉。 公非生高圉。高圉生亚圉。	亚圉生公祖类。 亚圉生公祖类。	公祖类生太王亶父。 公祖类生周太王古公亶父。

437

帝王世国号	帝槐 帝槐	帝芒 帝芒	帝泄 帝泄	帝不降 帝不降	帝扃，不降弟。 帝扃，帝不降的弟弟。
颛顼属 颛顼的家族					
俈（喾）属 帝喾的家族					
尧属 帝尧的家族					
舜属 帝舜的家族					
夏属 夏的家族					
殷属 殷商的家族	主癸生天乙，是为殷汤。 主癸生天乙，这就是殷汤王。				
周属 周的家族	亶父生季历。季历生文王昌。益《易卦》。 亶父生季历。季历生周文王姬昌。姬昌推演《易卦》为六十四卦。	文王昌生武王发。 周文王姬昌生周武王姬发。			

438

三代世表第一

帝王世国号	帝廑 帝廑	帝孔甲,不降子。好鬼神,淫乱,不好德,二龙去。 帝孔甲,是帝不降的儿子。他喜好鬼神之事,过度昏庸无道,不好修养德行,上天降下的两条龙离开了他。	帝皋 帝皋	帝发 帝发	帝履癸,是为桀。从禹至桀十七世。从黄帝至桀二十世。 帝履癸,他就是桀。从夏禹王到夏桀王是十七代。从黄帝到夏桀王是二十代。
颛顼属 颛顼的家族					
佸(喾)**属** 帝喾的家族					
尧属 帝尧的家族					
舜属 帝舜的家族					
夏属 夏的家族					
殷属 殷商的家族					
周属 周的家族					

帝王世国号	殷汤代夏氏。从黄帝至汤十七世。 汤建立的殷商取代了夏朝。从黄帝到汤是十七世。	帝外丙。汤太子太丁蚤（早）卒，故立次弟外丙。 帝外丙。汤的太子太丁早早便去世了，因此立他的弟弟外丙为王。	帝仲壬，外丙弟。 帝仲壬，是帝外丙的弟弟。	帝太甲，故太子太丁子。淫，伊尹放之桐宫。三年，悔过自责，伊尹乃迎之复位。 帝太甲，是过去太子太丁的儿子。因为淫乱，被伊尹放逐到了桐宫。三年之后，太甲为自己的过失感到后悔自责，伊尹便迎接他回来重新继承了王位。
颛顼属 颛顼的家族				
佸（喾）**属** 帝喾的家族				
尧属 帝尧的家族				
舜属 帝舜的家族				
夏属 夏的家族				
殷属 殷商的家族				
周属 周的家族				

帝王世国号	帝沃丁。伊尹卒。 帝沃丁。伊尹这个时候去世了。	帝太庚，沃丁弟。 帝太庚，是帝沃丁的弟弟。	帝小甲，太庚弟。殷道衰，诸侯或不至。 帝小甲，是帝太庚的弟弟。殷商的王道开始衰微，有的诸侯已经不来朝拜。	帝雍己，小甲弟。 帝雍己，是帝小甲的弟弟。	帝太戊，雍己弟。以桑榖生，称中宗。 帝太戊，是帝雍己的弟弟。因为朝廷中曾有桑树和榖树共生，太戊以为不祥而努力修德，使得诸侯再次归附，太戊被称为中宗。
颛顼属 颛顼的家族					
俈（喾）属 帝喾的家族					
尧属 帝尧的家族					
舜属 帝舜的家族					
夏属 夏的家族					
殷属 殷商的家族					
周属 周的家族					

帝王世国号	帝中丁 帝中丁	帝外壬,中丁弟。 帝外壬,是帝中丁的弟弟。	帝河亶甲,外壬弟。 帝河亶甲,是帝外壬的弟弟。	帝祖乙 帝祖乙	帝祖辛 帝祖辛	帝沃甲,祖辛弟。 帝沃甲,是帝祖辛的弟弟。
颛顼属 颛顼的家族						
俈(喾)属 帝喾的家族						
尧属 帝尧的家族						
舜属 帝舜的家族						
夏属 夏的家族						
殷属 殷商的家族						
周属 周的家族						

帝王世国号	帝祖丁,祖辛子。 帝祖丁,是帝祖辛的儿子。	帝南庚,沃甲子。 帝南庚,是帝沃甲的儿子。	帝阳甲,祖丁子。 帝阳甲,是帝祖丁的儿子。	帝盘庚,阳甲弟。徙河南。 帝盘庚,是帝阳甲的弟弟。盘庚将国都迁到了河南安阳即殷地。	帝小辛,盘庚弟。 帝小辛,是帝盘庚的弟弟。
颛顼属 颛顼的家族					
佸(喾)属 帝喾的家族					
尧属 帝尧的家族					
舜属 帝舜的家族					
夏属 夏的家族					
殷属 殷商的家族					
周属 周的家族					

帝王世国号	帝小乙，小辛弟。 帝小乙，是帝小辛的弟弟。	帝武丁。雉升鼎耳雊。得傅说。称高宗。 帝武丁。武丁在祭祀成汤时有野鸡飞到鼎耳上鸣叫。武丁得到了贤臣傅说。武丁被称作高宗。	帝祖庚 帝祖庚	帝甲，祖庚弟。淫。 帝甲，是帝祖庚的弟弟。十分淫乱。	帝廪辛 帝廪辛
颛顼属 颛顼的家族					
俈（喾）属 帝喾的家族					
尧属 帝尧的家族					
舜属 帝舜的家族					
夏属 夏的家族					
殷属 殷商的家族					
周属 周的家族					

帝王世国号	帝庚丁,廪辛弟。殷徙河北。 帝庚丁,是帝廪辛的弟弟。庚丁将国都迁到了河北。	帝武乙。慢神震死。 帝武乙。因为对天神傲慢而被雷震死了。	帝太丁 帝太丁	帝乙。殷益衰。 帝乙。殷商愈发衰微。
颛顼属 颛顼的家族				
俈(喾)属 帝喾的家族				
尧属 帝尧的家族				
舜属 帝舜的家族				
夏属 夏的家族				
殷属 殷商的家族				
周属 周的家族				

帝王世国号	帝辛,是为纣。弑。从汤至纣二十九世。从黄帝至纣四十六世。 帝辛,就是纣王。被弑杀。从殷汤王到殷纣王是二十九代。从黄帝到殷纣王是四十六代。	周武王代殷。从黄帝至武王十九世。 周武王建立的周朝取代了殷商。从黄帝到周武王是十九代。
颛顼属 颛顼的家族		
俈(喾)属 帝喾的家族		
尧属 帝尧的家族		
舜属 帝舜的家族		
夏属 夏的家族		
殷属 殷商的家族		
周属 周的家族		

周	鲁	齐
成王诵 周成王姬诵	**鲁周公旦初封,武王弟。** 鲁国周公姬旦是最初被分封的,他是周武王的弟弟。	**齐太公尚初封,文王、武王师。** 齐国太公姜尚是最初被分封的,他是周文王、周武王的太师。
康王钊。刑错(措)**四十余年。** 周康王姬钊。刑罚弃置不用达四十多年。	**鲁公伯禽** 鲁公姬伯禽	**丁公吕伋** 齐丁公姜伋
昭王瑕。南巡不返。不赴(讣),**讳之。** 周昭王姬瑕。到南方巡视没能返回。不向诸侯通报丧事,是因为忌讳这件事。	**考公** 鲁考公姬酋	**乙公** 齐乙公姜得
穆王满。作《甫刑》。荒服不至。 周穆王姬满。颁布刑法《甫刑》。周边少数民族不再来周王室朝拜。	**炀公,考公弟。** 鲁炀公姬熙,他是鲁考公的弟弟。	**癸公** 齐癸公姜慈母
恭王伊扈 周恭王姬伊扈	**幽公** 鲁幽公姬宰	**哀公** 齐哀公姜不辰
懿王坚。周道衰,诗人作刺。 周懿王姬坚。周王室衰微,诗人作诗以讥刺。	**魏公** 鲁魏公姬弗其	**胡公** 齐胡公姜静
孝王方,懿王弟。 周孝王姬方,他是周懿王的弟弟。	**厉公** 鲁厉公姬擢	**献公弑胡公。** 齐献公姜山弑杀齐胡公。
夷王燮,懿王子。 周夷王姬燮,他是周懿王的儿子。	**献公,厉公弟。** 鲁献公姬具,他是鲁厉公的弟弟。	**武公** 齐武公姜寿
厉王胡。以恶闻过乱,出奔,遂死于彘。 周厉王姬胡。他因为厌恶听到自己的过失而导致国家动乱,出逃,最后死在了彘地。	**真公** 鲁真公姬濞	
共和,二伯行政。 周共和元年,周公、召公二伯共同执掌国家政权。	**武公,真公弟。** 鲁武公,他是鲁真公的弟弟。	

晋	秦	楚	宋
晋唐叔虞初封，武王子。 晋国唐叔虞是最初被分封的，他是周武王的儿子。	**秦恶来，助纣。父飞廉，有力。** 秦国恶来，辅助殷纣王。他的父亲是飞廉，很有气力。	**楚熊绎初封。绎父鬻熊，事文王。** 楚国熊绎是最初被分封的。熊绎的父亲是鬻熊，侍奉周文王。	**宋微子启初封，纣庶兄。** 宋国微子启是最初被分封的，他是殷纣王的庶兄。
晋侯燮 晋侯姬燮	女防 嬴姓女防	熊乂 芈姓熊乂	微仲，启弟。 宋国微仲，是微子启的弟弟。
武侯 晋武侯姬宁族	旁皋 嬴姓旁皋	熊黮 芈姓熊黮	宋公 宋公子稽
成侯 晋成侯姬服人	大几 嬴姓大几	熊胜 芈姓熊胜	丁公 宋丁公子申
厉侯 晋厉侯姬福	大骆 嬴姓大骆	熊炀 芈姓熊炀	潜公，丁公弟。 宋潜公子共，他是宋丁公的弟弟。
靖侯 晋靖侯姬宜臼	非子 嬴姓非子	熊渠 芈姓熊渠	炀公，潜公弟。 宋炀公子熙，他是宋潜公的弟弟。
	秦侯 嬴姓秦侯	熊无康 芈姓熊无康	厉公 宋厉公子鲋祀
	公伯 嬴姓公伯	熊鸷红 芈姓熊鸷红	釐公 宋釐公子举
	秦仲 嬴姓秦仲	熊延，红弟。 芈姓熊延，他是熊鸷红的弟弟。	
		熊勇 芈姓熊勇	

卫	陈	蔡	曹	燕
卫康叔初封，武王弟。 卫国康叔是最初被分封的，他是周武王的弟弟。	陈胡公满初封，舜之后。 陈国胡公满是最初被分封的，他是虞舜的后代。	蔡叔度初封，武王弟。 蔡国叔度是最初被分封的，他是周武王的弟弟。	曹叔振铎初封，武王弟。 曹国叔振铎是最初被分封的，他是周武王的弟弟。	燕召公奭初封，周同姓。 燕国召公姬奭是最初被分封的，他与周王室同宗同姓。
康伯 卫康伯姬髦	申公 陈申公妫犀侯	蔡仲 蔡仲姬胡		九世至惠侯。 传九代到燕惠侯。
孝伯 卫孝伯	相公 陈相公妫皋羊	蔡伯 蔡伯姬荒	太伯 曹太伯姬脾	
嗣伯 卫嗣伯	孝公 陈孝公妫突	宫侯 蔡宫侯	仲君 曹仲君姬平	
疌伯 卫疌伯	慎公 陈慎公妫圉戎	厉侯 蔡厉侯	宫伯 曹宫伯姬侯	
靖伯 卫靖伯	幽公 陈幽公妫宁	武侯 蔡武侯	孝伯 曹孝伯姬云	
贞伯 卫贞伯	釐公 陈釐公妫孝		夷伯 曹夷伯姬喜	
顷侯 卫顷侯				
釐侯 卫釐侯				

张夫子问褚先生①曰:"《诗》言契、后稷皆无父而生。今案②诸传记咸言有父,父皆黄帝子也,得无与《诗》谬③乎?"

◎**注释** ①〔张夫子问褚先生〕张夫子,指张长安,字幼君,山阳(今河南焦作)人。其事可见《汉书·儒林传》。褚先生,指褚少孙,颖川(今河南禹州)人。褚少孙与张长安一同师从王式,皆为汉代博士。褚少孙好《史记》,续补《史记》十篇。今本《史记》中"褚先生曰"之"褚先生"即褚少孙。②〔案〕考察。③〔谬〕错误的,不合情理的。这里引申为不同。

◎**大意** 张夫子问褚先生:"《诗经》里讲契、后稷都是没有父亲就出生的。现在考察那些传记却都说他们是有父亲的,并且他们的父亲都是黄帝的子孙,岂不是与《诗经》中讲的不一样吗?"

褚先生曰:"不然。《诗》言契生于卵,后稷人迹者,欲见其有天命精诚之意耳。鬼神不能自成,须人而生,奈何无父而生乎!一言有父,一言无父,信以传信,疑以传疑,故两言之。尧知契、稷皆贤人,天之所生,故封之契七十里,后十余世至汤,王天下。尧知后稷子孙之后王也,故益封之百里,其后世且千岁,至文王而有天下。《诗传》①曰:'汤之先为契,无父而生。契母与姊妹浴于玄丘水②,有燕衔卵堕之,契母得,故含之,误吞之,即生契。契生而贤,尧立为司徒③,姓之曰子氏。子者兹;兹,益大也。诗人美而颂之曰"殷社芒芒,天命玄鸟,降而生商④"。商者质,殷号也。文王之先为后稷,后稷亦无父而生。后稷母为姜嫄,出,见大人迹而履践⑤之,知于身,则生后稷。姜嫄以为无父,贱而弃之道中,牛羊避不践也。抱之山中,山者⑥养之。又捐之大泽,鸟覆席食之。姜嫄怪之,于是知其天子,乃取长⑦之。尧知其贤才,立以为大农⑧,姓之曰姬氏。姬者,本也。诗人美而颂之曰"厥初生民⁹",深修益成,而道后稷之始也。'孔子曰:'昔者尧命契为子氏,为有汤也。命后稷为姬氏,为有文王也。大王命季历,明天瑞也。太伯之吴,遂⁑生源也。'天命难言,非圣人莫能见。舜、禹、契、后稷皆黄帝子孙也。黄帝策⑪天命而治天下,德泽深后世,故其子孙皆复立为天子,是天之报有德也。人不知,以为泛从布衣匹夫起耳。夫布衣匹夫安能无故而起王天下乎?其有天命然。"

◎**注释** ①〔《诗传》〕解释《诗经》的著作。②〔玄丘水〕传说中的河流。③〔司徒〕掌管国家土地与人民教化的官员。④〔殷社芒芒,天命玄鸟,降而生商〕三句出自《诗经·商颂·玄鸟》,原文作"天命玄鸟,降而生商,宅殷土茫茫"。社,土地神或祭祀土地神的地方,这里引申为土地。芒芒,即茫茫,广大的样子。玄鸟,燕子。⑤〔践〕踩踏。⑥〔山者〕住在山里的人。⑦〔长(zhǎng)〕抚养使长大。⑧〔大农〕主管农业的官员。⑨〔厥初生民〕此句为《诗经·大雅·生民》的首句,后为"时(是)维姜嫄",意为当初生下周王朝始祖后稷的乃是姜嫄。这里指后稷乃是周王朝的始祖。⑩〔遂〕成就。⑪〔策〕仗,秉持。

◎**大意** 褚先生说:"不是这样的。《诗经》里说契生于燕子卵,后稷则生于巨人的脚印,这是想要表现他们的出生有上天的意旨与极致的真诚的意思。鬼神是不可以自己成形的,都需要由人来生产,怎么可能没有父亲就出生呢?一个说有父亲,一个说没有父亲,那些可信的内容就作为可信的流传下去,那些有所疑问的内容仍然作为疑问流传下去,因此有了两种不同的说法。帝尧知晓契、后稷都是贤良的人,乃是由上天所生出的,因此封给契七十里的土地,后来传了十多代传到了商汤,成了天下之主。帝尧知晓后稷的子孙乃是后世的君主,因此加封他一百里的土地,后稷的后代传了将近千年,到了文王而拥有了天下。《诗传》中说:'商汤的祖先乃是契,契没有父亲就出生了。契的母亲与姐妹在玄丘水中沐浴,有一只燕子衔着一颗卵坠落,契的母亲得到它,因此含在嘴里,不小心把那只燕卵吞进了肚子里,后来便孕育并生下了契。契长大后十分贤德,帝尧任命他为司徒,并赐姓子氏。子的意思就是兹;兹,是更加繁盛的意思。诗人赞美契说"殷的土地辽阔,上天命令玄鸟,坠下卵而使商降生"。商的意思就是质朴,这是殷的国号。周文王的先祖乃是后稷,后稷也是没有父亲就出生了。后稷的母亲是姜嫄,姜嫄有一次外出,看到地上有一个巨人留下的脚印,便踩了下去,没想到踩下以后就感觉到自己有了身孕,于是便生下了后稷。姜嫄总觉得后稷没有父亲,觉得丢脸,便把他丢弃在路上,牛羊见到后稷都避开不去踩踏。又把他抛弃到深山中,住在山里的人收留并养育他。又把他丢弃到大泽之中,鸟儿为他盖上了席子并喂他食物。姜嫄觉得这些事很奇怪,因此知道了这个孩子乃是上天的儿子,就抱回去将他抚养成人。帝尧知晓后稷的贤能与才干,便任命他为大农,赐姓称姬氏。姬的意思,是本原。诗人赞美说"当初生下这个人",深切地修养自己并多有成就,这便是称誉后稷是周的开端。'孔子说:'过去帝尧赐契为子氏,是因为后世会有商汤。赐后稷为姬氏,是因为后世有文王。太王命令季历继承王位,是为了显示上天降下的祥瑞。其长子太伯奔至吴地,于是成就了周人世代传承的本源。'上天的命令是难以言说的,不是圣贤之人是看不出的。舜、禹、契、后稷都是黄帝的子孙后代。黄帝秉持天命而治理天下,他的德行恩泽深远地影响着后世,因此他的子孙都能够重新成为天下之主,这是上天在回报有德行的人。人们不知道这一点,还以为那些昔日的君主都是平平常常从平民百姓兴起的呢。平民百姓怎么可能无缘无故兴起而称王于天下呢?是因为他们背负着上天的旨意才会这样。"

"黄帝后世何王天下之久远邪?"

◎**大意**　"黄帝的后代为什么能够称王天下这样长久呢?"

曰:"《传》云天下之君王为万夫之黔首①请赎(续)②民之命者帝,有福万世。黄帝是也。五政③明则修礼义,因天时举兵征伐而利者王,有福千世。蜀王,黄帝后世也④,至今在汉西南五千里,常来朝降,输献于汉,非以其先之有德,泽流后世邪?行道德岂可以忽乎哉！人君王者举而观之。汉大将军霍子孟名光者⑤，亦黄帝后世也。此可为博闻远见者言，固难为浅闻者说也。何以言之？古诸侯以国为姓。霍者，国名也。武王封弟叔处于霍⑥，后世晋献公灭霍⑦，公后世为庶民，往来居平阳。平阳在河东，河东晋地，分为魏国⑧。以《诗》言之，亦可为周世。周起后稷，后稷无父而生。以三代世传言之，后稷有父名高辛；高辛，黄帝曾孙。《黄帝终始传》⑨曰：'汉兴百有（又）余年，有人不短不长，出自燕之乡⑩，持天下之政，时有婴儿主，却行车⑪。'霍将军者，本居平阳自燕。臣为郎时，与方士考功会旗亭下⑫，为臣言。岂不伟哉！"

◎ **注释** ①〔黔首〕平民百姓。②〔赎〕通"续"，延续。③〔五政〕有多种说法。此处泛指各种政治制度。④〔蜀王，黄帝后世也〕相传蜀王杜宇出于唐杜氏，是黄帝的后代。⑤〔霍子孟名光者〕霍光，字子孟，河东平阳（今山西临汾）人。汉武帝死时将其子汉昭帝托付给霍光辅佐，自此霍光权倾内外二十余年。⑥〔武王封弟叔处于霍〕指周文王的儿子霍叔处被其兄周武王分封至霍地（今山西霍州西南）。⑦〔晋献公灭霍〕晋献公十六年（前661年），晋献公灭掉了霍、耿、魏三国。⑧〔分为魏国〕战国时期，韩、赵、魏三家瓜分了晋国的领土，公元前403年，周威烈王封魏斯、赵籍、韩虔三大夫为诸侯。其中魏国的魏文侯魏斯建都安邑（今山西夏县西北），即上文之河东郡。⑨〔《黄帝终始传》〕西汉纬书，主要讲五行终始说。⑩〔自燕之乡〕自燕，一作"白燕"。据《史记正义》，平阳乃是秦时的霍伯国，汉代称彘县。⑪〔却行车〕使前进的车子后退。形容权力大。⑫〔与方士考功会旗亭下〕方士，讲神仙方术的人。考功，《史记正义》称"谓年老为方士最功也"，一说指方士的官衔。旗亭，市楼，因立旗于上，故称旗亭，乃是用以监督集市的小楼。

◎ **大意** 褚先生回答："《传》中说天下的君主为万民请求延续性命的人称帝，便会福泽万世。黄帝就是这样的君主。五政明确后便修养礼义，顺应自然条件发兵征讨并取得胜利而称帝的，可以福泽千代。蜀王，乃是黄帝的后人，直到今天还在大汉王朝西南五千里的地方，时常会来朝廷朝拜，并为汉朝奉上丰厚的贡品，难道不是因为他的祖先有德行，而使恩泽惠及后代吗？践行道德怎么可以被轻视呢！因此人君与诸侯王都应该时常以此审察自己。汉朝的大将军霍光，也是黄帝的后代。这件事只可以跟有见识的人讲，实在难以跟那些孤陋寡闻的人讲。为什么这样说呢？古代诸侯常用国名作为姓氏。霍这个姓，就是封国的名字。周武王分封他的弟弟叔处至霍地，到了后代晋献公诛灭霍公，由此霍公的后代便成了平民百姓，活动于平阳一带。平阳地处河东，河东乃是晋国的土地，三家分晋后成为魏国。根据《诗经》上说的，也可以认为是周王室的后代。周王朝从后稷而兴起，后稷没有父亲便出生了。而从夏、商、周三代相传的谱系来看，后稷是有父亲的，他的父亲名叫高辛；高辛，乃是黄帝的曾孙。《黄帝终始传》中说：'汉朝兴起一百多年，有个人长得不高也不矮，出生在一个叫白燕乡的地方，会掌握天下的政权，这个时候有一位幼小的君主，而这个人能够让行走的车轮倒退。'霍将军这个人，原本居住在平阳白燕乡。我在担任皇帝的侍从官时，与方士考功在旗亭下相会，他跟我讲了这些事。难道不是很伟大吗？"

◎释疑解惑

宋代的欧阳修曾根据《史记·五帝本纪》列图排列上古帝王之世系，成《帝王世次图》。此书《序》称《史记》所记"尧、舜、夏、商、周，皆同出于黄帝。尧之崩也，下传其四世孙舜，舜之崩也，复上传其四世祖禹，而舜、禹皆寿百岁。稷、契于高辛为子，乃同父异母之兄弟，今以其世次而下之，汤与王季同世。汤下传十六世而为纣，王季下传一世而为文王，二世而为武王。是文王以十五世祖臣事十五世孙纣，而武王以十四世祖伐十四世孙而代之王，何其谬哉！"故而他批评司马迁乃是"尽集诸说而论次，初无所择，而惟恐遗之也"。汪越在其《读史记十表》中亦言："表舜禹之世次亦有可疑者，黄帝生昌意，昌意生颛顼，颛顼生穷蝉，穷蝉生敬康，敬康生句望，句望生蟜牛，蟜牛生瞽瞍，瞽瞍生帝舜，世数何多？黄帝生昌意，昌意生颛顼，颛顼生鲧，鲧生文命，是为禹，世数何少？宜欧阳子深非之也。惟尧之世次与禹合，盖皆四世，而舜更中历四世，始与尧同时，必有抵牾。"仔细阅读《史记》之诸本纪与此《三代世表》，两位学者所言确实让人生疑。不过，司马迁在《太史公自序》中言：

"维三代尚矣,年纪不可考,盖取自谱牒旧闻,本于兹,于是略推,作《三代世表》。"而在《三代世表》的序文中,司马迁也说因为三代的历史太过久远,各种文献资料的记载又多有乖异,故而依据《五帝系谍》与《尚书》二书的记载,编为此《三代世表》。由此可知,由于当时文献阙如,司马迁自知无法将三代世系的具体情况准确地考证出来,故而谨慎地说明自己根据什么文献列出此表。尽管其中有所抵牾,但司马迁所开创的以谱表记录历史的形式,使读者可以于方寸之上"屈伸指而得其大概",其中因文献不足而未能考证清楚的部分,实在无须过于指摘。

◎ 思考辨析题

1. 司马迁认为尧、舜及夏、商、周统治者皆为黄帝后人,这在当时有何现实意义?
2. 你如何看待契、后稷由高辛所生与《诗经》所言契、后稷"无父而生"的传说?

十二诸侯年表

第二

《十二诸侯年表》在时间上承接《三代世表》。尽管在《序》中司马迁称"谱十二诸侯，自共和讫孔子"，但实际上本表记录了周王室与其所分封的十三个诸侯国从西周共和元年（前841年）到周敬王崩逝（前477年）这一时间段内每年的重大历史事件，较孔子去世后延了两年。而这十三个诸侯国以鲁、齐、晋、秦、楚、宋、卫、陈、蔡、曹、郑、燕、吴的顺序，依次排列在周王室之后。

司马迁在《十二诸侯年表》中所记录的重大历史事件，主要分为以下几个类型。其一，周天子与各个诸侯国君主的更替。君主的更替有因君主自然生命的消亡而正常传位给兄弟或后世子孙的；也有不少因权力争斗而导致上一任君主被弑杀或赶走的情况，如鲁隐公十一年（前712年），"大夫翬请杀桓公，求为相，公不听，即杀公"；还有原本定立的君位继承人无法顺利继承君位的情况，如晋穆侯二十七年（前785年），"穆侯卒，弟殇叔自立，太子仇出奔"，又晋殇叔四年（前781年），"仇攻杀殇叔，立，为文侯"。对此种种，司马迁都进行了详细的记录。其二，周王室和各个诸侯国的重大历史事件，如诸侯国之间的征战与结盟、诸侯国国都的迁移、诸侯国中因女人所产生的各类争端、对某一国有重大影响的人物的出生与事迹等。其三，各种自然现象的出现，主要包括日食、月食、地震、流星雨、星宿变化、水旱灾害等。其四，对后世产生影响的历史事件。如秦武公二十年（前678年），"葬雍，初以人从死"；又秦穆公三十九年（前621年），"缪公薨。葬殉以人，从死者百七十人，君子讥之，故不言卒"。以活人殉葬始于殷商，后世亦多有之，而司马迁独独在秦国表格内记载了两位以活人殉葬的君主，或许有为其后书写秦之残暴铺垫之意。

　　整个年表以年份为经，以周王室与各个诸侯国为纬。从整体来看，它记录的是一个特定时间段之内每一年周王室与各个诸侯国所发生的重要历史事件。如周襄王十五年（前637年），这一年有一个重要的事件，就是晋国公子重耳在各个诸侯国之间奔走，秦国表格中为"迎重耳于楚，厚礼之，妻之女。重耳愿归"，楚国表格中为"重耳过，厚礼之"，卫国表格中为"重耳从齐过，无礼"，曹国表格中为"重耳过，无礼，僖负羁私善"，郑国表格中为"重耳过，无礼，叔詹谏"。重耳在经过各个诸侯国时，有的诸侯国对他礼遇有加，有的诸侯国却对他十分无礼。而这些诸侯国对待重耳的态度，直接导致了重耳成为晋文公后对这些诸侯国持有不同的态度，为其后晋国对诸侯国发动的战争埋下了伏笔。在本年表中，司马迁所记录的每个政权每一年的历史是一个整体，我们可以借此了解每一个政权在每一年的发展变化。对于同一个历史事件，司马迁在与之相关的国家之下都有所记录，但文字详略不同，可以相互补充。如周匡王六年（前607年），宋国表格中为"华元以羊羹故陷于郑"，而郑国表格中为"与宋师战，获华元"。由此两国表格我们可知，在这一年，宋国的华元被郑国捕获，而华元被郑国捕获，乃是"以羊羹故"，即因为华元在犒赏士兵的时候没有给他的车夫喝羊肉汤，他的车夫直接把他送给了与宋国争战的郑国。又如周顷王四年（前615年），晋国表格中为"秦取我羁马。与秦战河曲，秦师遁"，而秦国表格中为"伐晋，取羁马。怒，与我大战河曲"。由此两国表格我们可知，这一年秦国与晋国打仗了。秦国征伐晋国，夺取了晋国的羁马邑，晋国因此非常生气，便和秦国在河曲大战，而秦国不敌，逃遁。

　　《十二诸侯年表》在司马迁巧妙的设计与安排之下，很好地展现了此一时间段内周王室与各个诸侯国大致的历史进程。然而后世也有学者对司马迁所选择的历史材料有所非议，如李景星言："凡国家大事，固不容漏略；一切闲文细事，亦不宜掇拾。是篇所载，有宜书而不书者，如宣王时之旱、幽王时之日食、桓王时之饥、定王时之河徙等类是也。有不必书而书之者，如子西为民泣民亦泣、国人有梦众君子立社宫谋亡曹等类是也。此皆不免后人之讥议耳。"除此之外，当代学者在注释研究此表时，亦发现司马迁在表中有错记的史实，或因为误解《左传》原文而书错的地方。不过，瑕不掩瑜，纵跨三百六十多年的《十二诸侯年表》可谓是《史记》中的一篇佳作！

太史公读春秋历谱谍（牒），至周厉王①，未尝不废②书而叹也。曰：呜呼，师挚③见之矣！纣为象箸而箕子唏。周道缺，诗人本之衽席④，《关雎》⑤作。仁义陵迟⑥，《鹿鸣》⑦刺焉。及至厉王，以恶闻其过，公卿惧诛而祸作，厉王遂奔于彘⑧，乱自京师始，而共和行政焉。是后或力政（征），强乘⑨弱，兴师不请天子。然挟⑩王室之义，以讨伐为会盟主，政由五伯（霸）⑪，诸侯恣行，淫侈不轨⑫，贼臣篡子滋⑬起矣。齐、晋、秦、楚，其在成周微甚，封或百里，或五十里。晋阻三河⑭，齐负东海⑮，楚介江淮，秦因雍州⑯之固，四国迭兴，更为伯（霸）主，文武所褒大封，皆威而服焉。是以孔子明王道，干⑰七十余君，莫能用，故西观周室，论⑱史记旧闻，兴于鲁而次《春秋》，上记隐，下至哀之获麟⑲，约其辞文，去其烦重，以制义法⑳，王道备，人事浃㉑。七十子之徒口受其传指，为有所刺讥褒讳挹（抑）损㉒之文辞不可以书见也。鲁君子左丘明惧弟子人人异端，各安其意，失其真，故因孔子史记具论其语，成《左氏春秋》。铎椒㉓为楚威王㉔傅，为王不能尽观《春秋》㉕，采取成败，卒四十章，为《铎氏微》㉖。赵孝成王㉗时，其相虞卿上采《春秋》，下观近势㉘，亦著八篇，为《虞氏春秋》㉙。吕不韦者，秦庄襄王相，亦上观尚古，删拾《春秋》，集六国时事，以为八览、六论、十二纪，为《吕氏春秋》。及如荀卿、孟子、公孙固㉚、韩非之徒，各往往捃摭㉛《春秋》之文以著书，不可胜纪。汉相张苍历谱五德，上大夫董仲舒推《春秋》义，颇著文焉。

◎**注释** ①〔周厉王〕名姬胡，西周第十位国君，公元前877年至公元前841年在位。②〔废〕放下。③〔师挚〕名叫挚的乐官。师，乐官官名。据《论语·泰伯》篇，师挚整理过周王室的音乐。④〔衽（rèn）席〕本义为寝具，后引申为男女情欲之事。⑤〔《关雎》〕《诗经·周南》的第一篇作品，《毛诗序》认为是歌颂夫妇之德的作品，现在一般认为是普通的爱情诗，司马迁则认为这首诗有讽刺的意味。⑥〔陵迟〕指衰落、衰败。⑦〔《鹿鸣》〕《诗经·小雅》中的第一篇作品，一般认为是贵族宴请宾客时所吟唱的诗歌。⑧〔彘(zhì)〕古邑名，在今山西霍州。⑨〔乘〕凌驾，欺压。⑩〔挟〕假借。⑪〔五伯〕即春秋五霸。五霸的具体指称有两种观点：《孟子·告子》篇赵岐注曰孟子所谓五霸乃是齐桓公、晋文公、秦穆公、宋襄公与楚庄王，《荀子·王霸》篇则说五霸乃是齐桓公、晋文公、楚庄王、吴王阖闾与越王勾践。《史记》中的五霸兼取两家所说。⑫〔不轨〕不遵循法度。⑬〔滋〕更加，愈发。⑭〔三河〕指晋国东、西、南三面都被黄河围绕。⑮〔东海〕指齐国东面的大海，即今渤海、黄海。⑯〔雍州〕古代的九州之一，即今陕西、甘肃一带。⑰〔干〕求见，拜访。⑱〔论〕汇集，编集。⑲〔哀之获麟〕哀，指鲁哀公，名姬将，鲁国的第二十六代国君，公元前494年至公元前468年在位。麟，指麒麟，乃是传说中的神兽。据《孔子世家》载，鲁哀公十四年（前481年）春天，哀公西狩而捕获麒麟，以为是祥瑞之兆。⑳〔义法〕义理与法则，即所谓《春秋》寄寓褒贬的法则。㉑〔浃(jiā)〕周全完备。㉒〔褒讳挹损〕褒讳，偏义词，义指"讳"，即忌讳之语。挹损，指贬抑之语。㉓〔铎椒〕楚威王的太傅，乃是《左氏春秋》的传习者。㉔〔楚威王〕名熊商，公元前339年至公元前329年在位。㉕〔《春秋》〕这里兼指《春秋》与《左氏春秋》。㉖〔《铎氏微》〕据《汉书·艺文志》著录，《铎氏微》有三篇，楚太傅铎椒著，书今已不存。㉗〔赵孝成王〕嬴姓，赵氏，名丹，公元前265年至公元前245年在位。㉘〔近势〕当作"近世"。㉙〔《虞氏春秋》〕据《汉书·艺文志》著录，《虞氏春秋》有十五篇。而《史记·平原君虞卿列传》则言《虞氏春秋》凡八篇。其书今已不传，清代马国翰《玉函山房辑佚书》子部儒家类有此书辑佚一篇。㉚〔公孙固〕齐国人，著有《公孙固》一篇，《汉书·艺文志》归其为"儒家"。㉛〔捃摭(jùn zhí)〕搜集，摘取。

◎**大意** 太史公阅读春秋以来的历书与谱牒，每次读到周厉王的时代，没有不放下书本而喟然叹息的。他说：唉，乐官挚真是预见了周王朝的衰败呀！殷纣王下令制作了象牙筷子而箕子哀叹不已。周朝王道衰微，诗人便依据床榻男女之事，作成《关雎》一诗。周朝仁义衰败，诗人作《鹿鸣》讥讽这件事。等到了周厉王的时代，因为他厌恶听到自己的过错，官员害怕进谏后被诛杀，而使得国家兴起了祸乱，于是周厉王逃到了彘地，动乱从京城开始，因此周公与召公联合掌管国家政权。在这之后有的诸侯用武力进行征伐，势力强盛的国家欺凌弱国，不请示周天子便随意出动军队。然而他们又假借周王室的名义，通过各种讨伐集会订约推举霸主，政权由春秋五霸掌控，而各诸侯国亦恣意妄为，淫逸奢侈不遵循法度，于是弑君之臣与杀父篡位的儿子愈发敢于采取行动了。齐国、晋国、秦国、楚国，这四个诸侯国在周王朝兴盛的时候都是十分微末的小国，封地有的有一百里，有的只有五十里。晋国倚仗东西南三面有黄河，齐国因为背靠东海，楚国借助长江、淮河的险要，秦国凭借雍州之地的险固，这四个诸侯国交替兴起，相继成为霸主，昔日周文王与周武王所褒奖分封的大国，都畏惧并且臣服于它们。孔子为了阐明先王之道，求见了七十多位君主或大夫，却没有人任用他，所以他将目光转向西边的周王室，汇集有关历史的记载与过去的传闻，从鲁国的历史开始并依时间顺序排列史事编成《春秋》一书，向上记录了鲁隐公时代的历史，向下则记录到了鲁哀公西狩获麟，孔子简化了历史材料中的文字词汇，删去其中烦冗重复的内容，并用制定义理法则的办法，使得王道的阐述非常完备，而人伦的表达十分周全。孔子的七十多位弟子从口授中获得了孔子从《春秋》中传达出的主旨，就是那些带有讥刺贬抑意思的文句是不便于写出来让人们看到的。鲁国君子左丘明担心孔子的弟子对于这些不便说出的话抱持不同的观点，各自认为自己的想法才算妥当，反而搞不清楚孔子本来的意思，所以根据孔子的历史记载编集他的各种评语，著成《左氏春秋》一书。铎椒是楚威王的太傅，他因为威王不能全部观览《左氏春秋》，于是便抽出其中有关成败得失的事件，最终形成四十章，称之为《铎氏微》。赵孝成王时，他的上卿虞氏向上参考《春秋》的记事，向下观望近世的历史，也写作八篇，称之为《虞氏春秋》。吕不韦这个人，乃是秦庄襄王的丞相，他也向上观览上古的记事，删削捡取《春秋》中的历史，并搜集六国时的事件，从而作成八篇览、六篇论、十二篇纪，称之为《吕氏春秋》。到了荀子、孟子、公孙固、韩非子这些人，各自摘取《春秋》中的文句著成己书，这样的事多得无法一一记述。汉代的丞相张苍以历书、谱牒的形式著成《终始五德传》，上大夫董仲舒则推演发挥《春秋》的义理，也多有著述存世。

太史公曰：儒者断其义，驰说者骋其辞①**，不务综其终始**②**；历人**③

取其年月，数家④隆于神运，谱谍（牒）独记世谥，其辞略，欲一观诸要难。于是谱十二诸侯，自共和讫孔子，表见（现）《春秋》《国语》学者所讥⑤盛衰大指著于篇，为成学治古文者要删焉。

◎**注释**　①〔驰说（shuì）者骋其辞〕驰说者，指奔走游说的纵横家。骋，尽情施展。②〔综其终始〕指探究历史盛衰兴亡的整体规律。这是司马迁治史的重要方法之一。③〔历人〕指研究律历制定历法的人。④〔数家〕指从事天文、五行、占卜等工作的术数家。⑤〔讥〕稽查。

◎**大意**　太史公说：儒家学者偏重截取《春秋》中的义理，奔走游说的纵横家尽情运用《春秋》中的绝妙辞令，他们都没有用心考察历史盛衰兴亡的道理；研究律历的学者只是从《春秋》中摘取事件发生的年月，从事天文、五行、占卜工作的术数家又只是重视兴衰变化的神异气运，那些谱牒之书也不过记录了帝王的世系和谥号，其中的说辞非常简略，想要一览其中重要的内容是十分困难的。因此我现在依次谱列十二个诸侯国，从周公、召公共同执政的共和年代直到孔子的时代，用表格的形式展现《春秋》《国语》中学者所稽考出的盛衰大旨并著录在本篇当中，为成就学业与研学古文的人们删繁举要。

	前841年	前840年
周	庚申 共和元年　厉王子居召公宫,是为宣王。王少,大臣共和行政。 周共和元年　周厉王的儿子居住在召公的宫室,这就是周宣王。周宣王年纪小,大臣便共同执政。	二
鲁	真公濞十五年 鲁真公姬濞在位的第十五年	十六
齐	武公寿十年 齐武公姜寿在位的第十年	十一
晋	靖侯宜臼十八年 靖侯姬宜臼在位的第十八年	晋釐侯司徒元年 晋釐侯姬司徒即位元年
秦	秦仲四年 秦仲在位的第四年	五
楚	熊勇七年 熊勇在位的第七年	八
宋	釐公十八年 宋釐公在位的第十八年	十九
卫	釐侯十四年 卫釐侯在位的第十四年	十五
陈	幽公宁十四年 陈幽公妫宁在位的第十四年	十五
蔡	武侯二十三年 蔡武侯在位的第二十三年	二十四
曹	夷伯二十四年 曹夷伯在位的第二十四年	二十五
郑		
燕	惠侯二十四年 燕惠侯在位的第二十四年	二十五
吴		

	前839年	前838年	前837年	前836年	前835年
			甲子		
周	三	四	五	六	七
鲁	十七	十八	十九	二十	二十一
齐	十二	十三	十四	十五	十六
晋	二	三	四	五	六
秦	六	七	八	九	十
楚	九	十	楚熊严元年 楚国熊严即位元年	二	三
宋	二十	二十一	二十二	二十三	二十四
卫	十六	十七	十八	十九	二十
陈	十六	十七	十八	十九	二十
蔡	二十五	二十六	蔡夷侯元年 蔡夷侯即位元年	二	三
曹	二十六	二十七	二十八	二十九	三十
郑					
燕	二十六	二十七	二十八	二十九	三十
吴					

	前834年	前833年	前832年	前831年	前830年
周	八	九	十	十一	十二
鲁	二十二	二十三	二十四	二十五	二十六
齐	十七	十八	十九	二十	二十一
晋	七	八	九	十	十一
秦	十一	十二	十三	十四	十五
楚	四	五	六	七	八
宋	二十五	二十六	二十七	二十八	**宋惠公覸元年** 宋惠公子覸即位元年
卫	二十一	二十二	二十三	二十四	二十五
陈	二十一	二十二	二十三	**陈釐公孝元年** 陈釐公妫孝即位元年	二
蔡	四	五	六	七	八
曹	**曹幽伯彊元年** 曹幽伯姬彊即位元年	二	三	四	五
郑					
燕	三十一	三十二	三十三	三十四	三十五
吴					

	前829年	前828年	前827年	前826年
			甲戌	
周	十三	十四　宣王即位，共和罢。 周宣王即位，共和执政停止。	宣王元年 周宣王即位元年	二
鲁	二十七	二十八	二十九	三十
齐	二十二	二十三	二十四	二十五
晋	十二	十三	十四	十五
秦	十六	十七	十八	十九
楚	九	十	楚熊霜元年 楚国熊霜即位元年	二
宋	二	三	四	五
卫	二十六	二十七	二十八	二十九
陈	三	四	五	六
蔡	九	十	十一	十二
曹	六	七	八	九
郑				
燕	三十六	三十七	三十八	燕釐侯庄元年 燕釐侯姬庄即位元年
吴				

	前825年	前824年	前823年	前822年
周	三	四	五	六
鲁	**鲁武公敖元年** 鲁武公姬敖即位元年	二	三	四
齐	二十六	**齐厉公无忌元年** 齐厉公姜无忌即位元年	二	三
晋	十六	十七	十八	**晋献侯籍元年** 晋献侯姬籍即位元年
秦	二十	二十一	二十二	二十三
楚	三	四	五	六
宋	六	七	八	九
卫	三十	三十一	三十二	三十三
陈	七	八	九	十
蔡	十三	十四	十五	十六
曹	**曹戴伯鲜元年** 曹戴伯姬鲜即位元年	二	三	四
郑				
燕	二	三	四	五
吴				

	前821年	前820年	前819年	前818年	前817年
					甲申
周	七	八	九	十	十一
鲁	五	六	七	八	九
齐	四	五	六	七	八
晋	二	三	四	五	六
秦	秦庄公其元年 秦庄公嬴其即位元年	二	三	四	五
楚	楚熊徇元年 楚国熊徇即位元年	二	三	四	五
宋	十	十一	十二	十三	十四
卫	三十四	三十五	三十六	三十七	三十八
陈	十一	十二	十三	十四	十五
蔡	十七	十八	十九	二十	二十一
曹	五	六	七	八	九
郑					
燕	六	七	八	九	十
吴					

	前816年	前815年	前814年	前813年	前812年
周	十二	十三	十四	十五	十六
鲁	十	鲁懿公戏元年 鲁懿公姬戏即位元年	二	三	四
齐	九	齐文公赤元年 齐文公姜赤即位元年	二	三	四
晋	七	八	九	十	十一
秦	六	七	八	九	十
楚	六	七	八	九	十
宋	十五	十六	十七	十八	十九
卫	三十九	四十	四十一	四十二	卫武公和元年 卫武公姬和即位元年
陈	十六	十七	十八	十九	二十
蔡	二十二	二十三	二十四	二十五	二十六
曹	十	十一	十二	十三	十四
郑					
燕	十一	十二	十三	十四	十五
吴					

	前811年	前810年	前809年	前808年
周	十七	十八	十九	二十
鲁	五	六	七	八
齐	五	六	七	八
晋	穆侯弗生元年 晋穆侯姬弗生即位元年	二	三	四 取（娶）齐女为夫人。 晋穆侯娶齐国女子姜氏为夫人。
秦	十一	十二	十三	十四
楚	十一	十二	十三	十四
宋	二十	二十一	二十二	二十三
卫	二	三	四	五
陈	二十一	二十二	二十三	二十四
蔡	二十七	二十八	蔡釐侯所事元年 蔡釐侯姬所事即位元年	二
曹	十五	十六	十七	十八
郑				
燕	十六	十七	十八	十九
吴				

	前807年	前806年
	甲午	
周	二十一	二十二
鲁	九	**鲁孝公称元年**　伯御立为君，称为诸公子云。伯御，武公孙。 鲁孝公姬称即位元年　姬伯御自立为国君，伯御被杀后继位的姬称实际上是鲁国公子。伯御，是鲁武公的孙子。 ◎注释　此处应为鲁伯御元年。
齐	九	十
晋	五	六
秦	十五	十六
楚	十五	十六
宋	二十四	二十五
卫	六	七
陈	二十五	二十六
蔡	三	四
曹	十九	二十
郑		**郑桓公友元年**　始封。周宣王母弟。 郑桓公姬友即位元年　开始被封为公爵。郑桓公是周宣王同母的弟弟。 ◎注释　《郑世家》载郑桓公为"宣王庶弟"。
燕	二十	二十一
吴		

	前805年	前804年	前803年
周	二十三	二十四	二十五
鲁	二	三	四
齐	十一	十二	**齐成公说元年** 齐成公姜说即位元年
晋	七　　以伐条生太子仇。 晋穆侯在征伐条戎时生下太子姬仇。	八	九
秦	十七	十八	十九
楚	十七	十八	十九
宋	二十六	二十七	二十八
卫	八	九	十
陈	二十七	二十八	二十九
蔡	五	六	七
曹	二十一	二十二	二十三
郑	二	三	四
燕	二十二	二十三	二十四
吴			

	前802年	前801年	前800年
周	二十六	二十七	二十八
鲁	五	六	七
齐	二	三	四
晋	十　以千亩战生仇弟成师。二子名反，君子讥之。后乱。 晋穆侯在千亩交战时生下姬仇的弟弟姬成师。两个儿子的名字相反，君子讥笑这件事。后来产生了祸乱。 ◎注释　仇，含因失败而怨恨之意。成师，含成功之意。故曰"二子名反"。	十一	十二
秦	二十	二十一	二十二
楚	二十	二十一	二十二
宋	二十九	三十	三十一 宋惠公薨。 宋惠公去世。
卫	十一	十二	十三
陈	三十	三十一	三十二
蔡	八	九	十
曹	二十四	二十五	二十六
郑	五	六	七
燕	二十五	二十六	二十七
吴			

	前799年	前798年	前797年
			甲辰
周	二十九	三十	三十一
鲁	八	九	十
齐	五	六	七
晋	十三	十四	十五
秦	二十三	二十四	二十五
楚	楚熊鄂元年 楚国熊鄂即位元年	二	三
宋	宋戴公立。元年 宋戴公子白被立为国君。宋戴公即位元年	二	三
卫	十四	十五	十六
陈	三十三	三十四	三十五
蔡	十一	十二	十三
曹	二十七	二十八	二十九
郑	八	九	十
燕	二十八	二十九	三十
吴			

	前796年	前795年	前794年
周	三十二	三十三	三十四
鲁	十一　周宣王诛伯御，立其弟称，是为孝公。 周宣王诛杀姬伯御，立他的弟弟姬称为鲁君，姬称就是鲁孝公。	十二	十三
齐	八	九	齐庄公赎元年 齐庄公姜赎即位元年
晋	十六	十七	十八
秦	二十六	二十七	二十八
楚	四	五	六
宋	四	五	六
卫	十七	十八	十九
陈	三十六	陈武公灵元年 陈武公妫灵即位元年	二
蔡	十四	十五	十六
曹	三十	曹惠伯雉元年 曹惠伯姬雉即位元年	二
郑	十一	十二	十三
燕	三十一	三十二	三十三
吴			

	前793年	前792年	前791年	前790年
周	三十五	三十六	三十七	三十八
鲁	十四	十五	十六	十七
齐	二	三	四	五
晋	十九	二十	二十一	二十二
秦	二十九	三十	三十一	三十二
楚	七	八	九	**楚若敖元年** 楚国若敖熊仪即位元年
宋	七	八	九	十
卫	二十	二十一	二十二	二十三
陈	三	四	五	六
蔡	十七	十八	十九	二十
曹	三	四	五	六
郑	十四	十五	十六	十七
燕	三十四	三十五	三十六	**燕顷侯元年** 燕顷侯即位元年
吴				

	前789年	前788年	前787年	前786年
			甲寅	
周	三十九	四十	四十一	四十二
鲁	十八	十九	二十	二十一
齐	六	七	八	九
晋	二十三	二十四	二十五	二十六
秦	三十三	三十四	三十五	三十六
楚	二	三	四	五
宋	十一	十二	十三	十四
卫	二十四	二十五	二十六	二十七
陈	七	八	九	十
蔡	二十一	二十二	二十三	二十四
曹	七	八	九	十
郑	十八	十九	二十	二十一
燕	二	三	四	五
吴				

	前785年	前784年	前783年
周	四十三	四十四	四十五
鲁	二十二	二十三	二十四
齐	十	十一	十二
晋	二十七 穆侯卒,弟殇叔自立,太子仇出奔。 晋穆侯姬弗生逝世,他的弟弟殇叔自立为国君,太子姬仇出国逃亡。	晋殇叔元年 晋国君殇叔即位元年	二
秦	三十七	三十八	三十九
楚	六	七	八
宋	十五	十六	十七
卫	二十八	二十九	三十
陈	十一	十二	十三
蔡	二十五	二十六	二十七
曹	十一	十二	十三
郑	二十二	二十三	二十四
燕	六	七	八
吴			

	前782年	前781年	前780年	前779年
周	四十六	幽王元年 周幽王姬宫湦即位元年	二　　三川震。 泾水、雒水、渭水三川发生地震。	三　　王取（娶）褒姒。 周幽王纳娶褒姒。
鲁	二十五	二十六	二十七	二十八
齐	十三	十四	十五	十六
晋	三	四　　仇攻杀殇叔，立，为文侯。 晋穆侯的太子姬仇攻打击杀晋殇叔，被拥立，为晋文侯。	晋文侯仇元年 晋文侯姬仇即位元年	二
秦	四十	四十一	四十二	四十三
楚	九	十	十一	十二
宋	十八	十九	二十	二十一
卫	三十一	三十二	三十三	三十四
陈	十四	十五	陈夷公说元年 陈夷公妫说即位元年	二
蔡	二十八	二十九	三十	三十一
曹	十四	十五	十六	十七
郑	二十五	二十六	二十七	二十八
燕	九	十	十一	十二
吴				

	前778年	前777年	前776年	前775年	前774年
		甲子			
周	四	五	六	七	八
鲁	二十九	三十	三十一	三十二	三十三
齐	十七	十八	十九	二十	二十一
晋	三	四	五	六	七
秦	四十四	秦襄公元年 秦襄公嬴开即位元年	二	三	四
楚	十三	十四	十五	十六	十七
宋	二十二	二十三	二十四	二十五	二十六
卫	三十五	三十六	三十七	三十八	三十九
陈	三	陈平公燮元年 陈平公妫燮即位元年	二	三	四
蔡	三十二	三十三	三十四	三十五	三十六
曹	十八	十九	二十	二十一	二十二
郑	二十九	三十	三十一	三十二	三十三
燕	十三	十四	十五	十六	十七
吴					

	前773年	前772年	前771年
周	九	十	十一　幽王为犬戎所杀。 周幽王被犬戎族人杀死。
鲁	三十四	三十五	三十六
齐	二十二	二十三	二十四
晋	八	九	十
秦	五	六	七　始列为诸侯。 秦开始被列为诸侯国。
楚	十八	十九	二十
宋	二十七	二十八	二十九
卫	四十	四十一	四十二
陈	五	六	七
蔡	三十七	三十八	三十九
曹	二十三	二十四	二十五
郑	三十四	三十五	三十六　以幽王故，为犬戎所杀。 郑桓公与周幽王一同遭难，被犬戎族人杀死。
燕	十八	十九	二十
吴			

	前770年	前769年	前768年	前767年
				甲戌
周	平王元年　东徙雒邑。 周平王即位元年　周王室向东迁移都城到雒邑。	二	三	四
鲁	三十七	三十八	**鲁惠公弗湟元年** 鲁惠公姬弗湟即位元年	二
齐	二十五	二十六	二十七	二十八
晋	十一	十二	十三	十四
秦	八　初立西畤，祠白帝。 秦国开始设立西畤祭坛，祭祀西方之神白帝。	九	十	十一
楚	二十一	二十二	二十三	二十四
宋	三十	三十一	三十二	三十三
卫	四十三	四十四	四十五	四十六
陈	八	九	十	十一
蔡	四十	四十一	四十二	四十三
曹	二十六	二十七	二十八	二十九
郑	**郑武公滑突元年** 郑武公姬滑突即位元年	二	三	四
燕	二十一	二十二	二十三	二十四
吴				

	前766年	前765年	前764年	前763年
周	五	六	七	八
鲁	三	四	五	六
齐	二十九	三十	三十一	三十二
晋	十五	十六	十七	十八
秦	十二　　伐戎至岐而死。 秦襄公征伐犬戎部族，到达岐山而死去。	**秦文公元年** 秦文公即位元年	二	三
楚	二十五	二十六	二十七	**楚霄敖元年** 楚国霄敖熊坎即位元年
宋	三十四	**宋武公司空元年** 宋武公子司空即位元年	二	三
卫	四十七	四十八	四十九	五十
陈	十二	十三	十四	十五
蔡	四十四	四十五	四十六	四十七
曹	三十	三十一	三十二	三十三
郑	五	六	七	八
燕	**燕哀侯元年** 燕哀侯即位元年	二	**燕郑侯元年** 燕郑侯即位元年	二
吴				

	前762年	前761年	前760年	前759年
周	九	十	十一	十二
鲁	七	八	九	十
齐	三十三	三十四	三十五	三十六
晋	十九	二十	二十一	二十二
秦	四	五	六	七
楚	二	三	四	五
宋	四	五	六	七
卫	五十一	五十二	五十三	五十四
陈	十六	十七	十八	十九
蔡	四十八	蔡共侯兴元年 蔡共侯姬兴即位元年	二	蔡戴侯元年 蔡戴侯姬厉即位元年
曹	三十四	三十五	三十六	曹穆公元年 曹穆公姬武即位元年
郑	九	十　娶申侯女武姜。 郑武公迎娶申侯的女儿武姜。	十一	十二
燕	三	四	五	六
吴				

	前758年	前757年	前756年	前755年
		甲申		
周	十三	十四	十五	十六
鲁	十一	十二	十三	十四
齐	三十七	三十八	三十九	四十
晋	二十三	二十四	二十五	二十六
秦	八	九	十　作鄜畤。 秦国建造鄜畤祭坛。	十一
楚	六	楚蚡冒元年 楚国蚡冒熊眴即位元年	二	三
宋	八	九	十	十一
卫	五十五	卫庄公杨元年 卫庄公姬杨即位元年	二	三
陈	二十	二十一	二十二	二十三
蔡	二	三	四	五
曹	二	三	曹桓公终生元年 曹桓公姬终生即位元年	二
郑	十三	十四　生庄公寤生。 武姜生下郑庄公姬寤生。	十五	十六
燕	七	八	九	十
吴				

	前754年	前753年	前752年
周	十七	十八	十九
鲁	十五	十六	十七
齐	四十一	四十二	四十三
晋	二十七	二十八	二十九
秦	十二	十三	十四
楚	四	五	六
宋	十二	十三	十四
卫	四	五	六
陈	**陈文公圉元年　生桓公鲍、厉公他。他母蔡女。** 陈文公妫圉即位元年　陈文公生下陈桓公妫鲍、陈厉公妫他。妫他的生母是蔡国女子。	二	三
蔡	六	七	八
曹	三	四	五
郑	**十七　生大叔段。** 武姜生下大叔姬段。	十八	十九
燕	十一	十二	十三
吴			

	前751年	前750年	前749年	前748年
周	二十	二十一	二十二	二十三
鲁	十八	十九	二十	二十一
齐	四十四	四十五	四十六	四十七
晋	三十	三十一	三十二	三十三
秦	十五	十六	十七	十八
楚	七	八	九	十
宋	十五	十六	十七	十八　生鲁桓公母。 鲁桓公的母亲出生。
卫	七	八	九	十
陈	四	五	六	七
蔡	九	十	蔡宣侯楷论元年 蔡宣侯姬楷论即位元年	二
曹	六	七	八	九
郑	二十	二十一	二十二	二十三
燕	十四	十五	十六	十七
吴				

	前747年	前746年
	甲午	
周	二十四	二十五
鲁	二十二	二十三
齐	四十八	四十九
晋	三十四	三十五
秦	十九　作祠陈宝。 秦国建造陈宝祠。	二十
楚	十一	十二
宋	宋宣公力元年 宋宣公子力即位元年	二
卫	十一	十二
陈	八	九
蔡	三	四
曹	十	十一
郑	二十四	二十五
燕	十八	十九
吴		

前745年

周	二十六
鲁	二十四
齐	五十
晋	**晋昭侯元年　封季父成师于曲沃。曲沃大于国，君子讥曰："晋人乱自曲沃始矣。"** 晋昭侯姬伯即位元年　晋昭侯将叔父姬成师分封至曲沃城。曲沃城比晋国的国都面积都要大，有见识的君子便讽刺说："晋国人的祸乱要从曲沃开始了。"
秦	二十一
楚	十三
宋	三
卫	十三
陈	十　文公卒。 陈文公妫圉去世。
蔡	五
曹	十二
郑	二十六
燕	二十
吴	

	前744年	前743年	前742年
周	二十七	二十八	二十九
鲁	二十五	二十六	二十七
齐	五十一	五十二	五十三
晋	二	三	四
秦	二十二	二十三	二十四
楚	十四	十五	十六
宋	四	五	六
卫	十四	十五	十六
陈	陈桓公元年 陈桓公妫鲍即位元年	二	三
蔡	六	七	八
曹	十三	十四	十五
郑	二十七	郑庄公寤生元年　祭仲相。 郑庄公姬寤生即位元年　祭仲被立为国相。	二
燕	二十一	二十二	二十三
吴			

	前741年	前740年
周	三十	三十一
鲁	二十八	二十九
齐	五十四	五十五
晋	五	六
秦	二十五	二十六
楚	十七	武王立。 楚武王熊通杀熊眴之子而自立为王。
宋	七	八
卫	十七　爱妾子州吁，州吁好兵。 卫庄公喜欢妾生的儿子姬州吁，姬州吁爱好用兵之事。	十八
陈	四	五
蔡	九	十
曹	十六	十七
郑	三	四
燕	二十四	二十五
吴		

	前739年	前738年
周	三十二	三十三
鲁	三十	三十一
齐	五十六	五十七
晋	**潘父杀昭侯，纳成师，不克。昭侯子立，是为孝侯。** 晋大臣潘父杀死了晋昭侯，并欲迎接被分封在曲沃的姬成师回国都，然而没有成功。晋昭侯的儿子姬平被拥立为国君，这就是晋孝侯。	二
秦	二十七	二十八
楚	二	三
宋	九	十
卫	十九	二十
陈	六	七
蔡	十一	十二
曹	十八	十九
郑	五	六
燕	二十六	二十七
吴		

	前737年	前736年	前735年
	甲辰		
周	三十四	三十五	三十六
鲁	三十二	三十三	三十四
齐	五十八	五十九	六十
晋	三	四	五
秦	二十九	三十	三十一
楚	四	五	六
宋	十一	十二	十三
卫	二十一	二十二	二十三　夫人无子,桓公立。 卫庄公的夫人庄姜没有生育儿子,庄姜所收养的陈女之子卫桓公姬完被立为国君。
陈	八	九	十
蔡	十三	十四	十五
曹	二十	二十一	二十二
郑	七	八	九
燕	二十八	二十九	三十
吴			

	前734年	前733年	前732年
周	三十七	三十八	三十九
鲁	三十五	三十六	三十七
齐	六十一	六十二	六十三
晋	六	七	八
秦	三十二	三十三	三十四
楚	七	八	九
宋	十四	十五	十六
卫	卫桓公完元年 卫桓公姬完即位元年	二　弟州吁骄，桓黜之，出奔。 卫桓公的弟弟姬州吁骄横，卫桓公贬斥了州吁，州吁因此出国逃亡。	三
陈	十一	十二	十三
蔡	十六	十七	十八
曹	二十三	二十四	二十五
郑	十	十一	十二
燕	三十一	三十二	三十三
吴			

	前731年	前730年
周	四十	四十一
鲁	三十八	三十九
齐	六十四	**齐釐公禄父元年** 齐釐公姜禄父即位元年
晋	九　　曲沃桓叔成师卒，子代立，为庄伯。 晋国曲沃的封君桓叔姬成师去世，他的儿子继位，就是曲沃庄伯。	十
秦	三十五	三十六
楚	十	十一
宋	十七	十八
卫	四	五
陈	十四	十五
蔡	十九	二十
曹	二十六	二十七
郑	十三	十四
燕	三十四	三十五
吴		

	前729年	前728年	前727年
			甲寅
周	四十二	四十三	四十四
鲁	四十	四十一	四十二
齐	二　同母弟夷仲年生公孙毋知也。 齐釐公同母的弟弟夷仲年生公孙毋知。	三	四
晋	十一	十二	十三
秦	三十七	三十八	三十九
楚	十二	十三	十四
宋	十九　公卒,命立弟和,为穆公。 宋宣公子力逝世,命令立其弟子和为国君,这就是宋穆公。	宋穆公和元年 宋穆公子和即位元年	二
卫	六	七	八
陈	十六	十七	十八
蔡	二十一	二十二	二十三
曹	二十八	二十九	三十
郑	十五	十六	十七
燕	三十六	燕穆侯元年 燕穆侯即位元年	二
吴			

	前726年	前725年	前724年
周	四十五	四十六	四十七
鲁	四十三	四十四	四十五
齐	五	六	七
晋	十四	十五	十六　曲沃庄伯杀孝侯，晋人立孝侯子郄，为鄂侯。 晋国曲沃的封君庄伯杀死了晋孝侯，晋国人拥立了晋孝侯的儿子姬郄，这就是晋鄂侯。 ◎注释　孝侯子郄，《晋世家》作"孝侯子郗"。
秦	四十	四十一	四十二
楚	十五	十六	十七
宋	三	四	五
卫	九	十	十一
陈	十九	二十	二十一
蔡	二十四	二十五	二十六
曹	三十一	三十二	三十三
郑	十八	十九	二十
燕	三	四	五
吴			

	前723年	前722年
周	四十八	四十九
鲁	四十六	鲁隐公息姑元年　母声子。 鲁隐公姬息姑即位元年　鲁隐公的生母是宋女声子。
齐	八	九
晋	晋鄂侯郄元年　曲沃强于晋。 晋鄂侯姬郄即位元年　曲沃已经比宗主国晋国强大了。	二
秦	四十三	四十四
楚	十八	十九
宋	六	七
卫	十二	十三
陈	二十二	二十三
蔡	二十七	二十八
曹	三十四	三十五
郑	二十一	二十二　段作乱，奔。 姬段作乱，出逃。
燕	六	七
吴		

十二诸侯年表第二

	前721年	前720年
周	五十	五十一
鲁	二	三　二月,日蚀。 鲁隐公三年二月,发生日食。
齐	十	十一
晋	三	四
秦	四十五	四十六
楚	二十	二十一
宋	八	九　公属孔父立殇公。冯奔郑。 宋穆公嘱咐孔父扶立宋宣公之子与夷,即宋殇公。宋穆公之子子冯投奔郑国。
卫	十四	十五
陈	二十四	二十五
蔡	二十九	三十
曹	三十六	三十七
郑	二十三　公悔,思母不见,穿地相见。 郑庄公后悔说出与母亲不至黄泉不相见的话,因为思念母亲而不得相见,故而挖掘地道与母亲相见。	二十四　侵周,取禾。 郑国侵入周境,收取庄稼。
燕	八	九
吴		

499

	前719年	前718年
周	桓王元年 周桓王姬林即位元年	二　使虢公伐晋之曲沃。 周桓王派遣虢公讨伐晋国的曲沃。
鲁	四	五　公观鱼于棠，君子讥之。 鲁隐公到棠邑观看捕鱼，君子讥讽他。
齐	十二	十三
晋	五	六　鄂侯卒。曲沃庄伯复攻晋。立鄂侯子光，为哀侯。 晋鄂侯去世。曲沃封君庄伯又进攻宗主国晋国。晋国拥立晋鄂侯的儿子姬光为国君，这就是晋哀侯。
秦	四十七	四十八
楚	二十二	二十三
宋	宋殇公与夷元年 宋殇公子与夷即位元年	二　郑伐我。我伐郑。 郑国攻伐我宋国。我宋国讨伐郑国。
卫	十六　州吁弑公自立。 姬州吁弑杀卫桓公而自立为国君。	卫宣公晋元年　共立之。讨州吁。 卫宣公姬晋即位元年　卫国共同扶立姬晋为国君。讨伐姬州吁。
陈	二十六　卫石碏来告，故执州吁。 卫国上卿石碏诱骗州吁来陈国朝见，因此陈国捕捉了姬州吁。	二十七
蔡	三十一	三十二
曹	三十八	三十九
郑	二十五	二十六
燕	十	十一
吴		

	前717年	前716年
	甲子	
周	三	四
鲁	六　郑人来渝平。 郑国人前来鲁国讲和。	七
齐	十四	十五
晋	晋哀侯光元年 晋哀侯姬光即位元年	二　庄伯卒，子称立，为武公。 晋国的曲沃国君庄伯去世，他的儿子姬称被立为君主，这就是晋武公。
秦	四十九	五十
楚	二十四	二十五
宋	三	四
卫	二	三
陈	二十八	二十九
蔡	三十三	三十四
曹	四十	四十一
郑	二十七　始朝王，王不礼。 郑庄公开始朝会周王，周王不以礼相待。	二十八
燕	十二	十三
吴		

	前715年	前714年	前713年
周	五	六	七
鲁	八 易许田，君子讥之。 鲁国交换许田给郑国，君子讥讽这件事。	九 三月，大雨雹，电。 三月，下大冰雹，有闪电。	十
齐	十六	十七	十八
晋	三	四	五
秦	秦宁公元年 秦宁公即位元年	二	三
楚	二十六	二十七	二十八
宋	五	六	七 诸侯败我。我师与卫人伐郑。 诸侯国打败我宋国。我宋国军队与卫国人共同讨伐郑国。
卫	四	五	六
陈	三十	三十一	三十二
蔡	三十五	蔡桓侯封人元年 蔡桓侯姬封人即位元年	二
曹	四十二	四十三	四十四
郑	二十九 与鲁祊，易许田。 郑国把祊地交给鲁国，换取鲁国的许田。	三十	三十一
燕	十四	十五	十六
吴			

	前712年
周	八
鲁	十一　　大夫翚请杀桓公，求为相，公不听，即杀公。 鲁国大夫翚请求鲁隐公杀掉公子姬允（即后来的鲁桓公），要求担任国相，鲁隐公不听从他的意见，他便杀死了鲁隐公。
齐	十九
晋	六
秦	四
楚	二十九
宋	八
卫	七
陈	三十三
蔡	三
曹	四十五
郑	三十二
燕	十七
吴	

前711年

周	九
鲁	**鲁桓公允元年　母宋武公女,生手文为鲁夫人。** 鲁桓公姬允即位元年　姬允的生母是宋武公的女儿,她一出生手上即有字说她会做鲁国君的夫人。
齐	二十
晋	七
秦	五
楚	三十
宋	九
卫	八
陈	三十四
蔡	四
曹	四十六
郑	三十三　以璧加鲁,易许田。 郑国加赠璧玉给鲁国,用来交换许田。
燕	十八
吴	

	前710年
周	十
鲁	二　宋赂以鼎，入于太庙，君子讥之。 宋国把郑国贿赂自己的大鼎赠送给了鲁国，鲁桓公把这个大鼎放入了太庙，君子讥讽这件事。
齐	二十一
晋	八
秦	六
楚	三十一
宋	华督见孔父妻好，悦之。华督杀孔父，及杀殇公。宋公冯元年　华督为相。 宋臣华督看见孔父嘉的妻子很漂亮，十分喜欢她。于是华督杀死了孔父嘉，连带杀死了宋殇公。宋庄公子冯即位元年　华督做了国相。
卫	九
陈	三十五
蔡	五
曹	四十七
郑	三十四
燕	燕宣侯元年 燕宣侯即位元年
吴	

	前709年	前708年
周	十一	十二
鲁	三　翚迎女，齐侯送女，君子讥之。 鲁国大夫翚迎亲，齐侯亲自送女儿出嫁，君子讥讽这件事。	四
齐	二十二	二十三
晋	晋小子元年 晋国君小子侯即位元年	二
秦	七	八
楚	三十二	三十三
宋	二	三
卫	十	十一
陈	三十六	三十七
蔡	六	七
曹	四十八	四十九
郑	三十五	三十六
燕	二	三
吴		

前707年

	甲戌
周	十三　伐郑。 周桓王率诸侯讨伐郑国。
鲁	五
齐	二十四
晋	三
秦	九
楚	三十四
宋	四
卫	十二
陈	三十八　弟他杀太子免。代立，国乱，再赴（讣）。 陈桓公的弟弟妫他杀死了太子妫免。妫他取代陈桓公自立为国君，国家大乱，两次报丧。
蔡	八
曹	五十
郑	三十七　伐周，伤王。 郑国伐周，击伤了周桓王。
燕	四
吴	

前706年

周	十四
鲁	六
齐	二十五　山戎伐我。 山戎族人攻伐我齐国。
晋	曲沃武公杀小子。周伐曲沃，立晋哀侯弟潜为晋侯。晋侯潜元年 曲沃封君武公杀死了宗主国国君小子侯。周天子讨伐曲沃，扶立晋哀侯的弟弟姬潜为晋侯。晋侯姬潜即位元年
秦	十
楚	三十五　侵随，随为善政，得止。 楚国侵犯随国，随国施行善政，使得楚国停止侵犯。
宋	五
卫	十三
陈	陈厉公他元年 陈厉公妫他即位元年
蔡	九
曹	五十一
郑	三十八　太子忽救齐，齐将妻之。 郑国太子姬忽援救齐国，齐国君主想要把女儿嫁给他为妻。
燕	五
吴	

	前705年	前704年
周	十五	十六
鲁	七	八
齐	二十六	二十七
晋	二	三
秦	十一	十二
楚	三十六	三十七　伐随，弗拔，但盟，罢兵。 楚国攻伐随国，未能攻下，只订立了盟约，楚国停止用兵。
宋	六	七
卫	十四	十五
陈	二　生敬仲完。周史卜完后世王齐。 陈厉公妫他生敬仲完。周太史占卜称敬仲完的后代会在齐国为王。	三
蔡	十	十一
曹	五十二	五十三
郑	三十九	四十
燕	六	七
吴		

	前703年	前702年	前701年
周	十七	十八	十九
鲁	九	十	十一
齐	二十八	二十九	三十
晋	四	五	六
秦	**秦出公元年** 秦出公即位元年	二	三
楚	三十八	三十九	四十
宋	八	九	十　执祭仲。 宋国逮捕了郑国的祭仲。
卫	十六	十七	十八　太子伋弟寿争死。 卫国太子姬伋与弟弟姬寿争相赴死。
陈	四	五	六
蔡	十二	十三	十四
曹	五十四	五十五	**曹庄公射姑元年** 曹庄公姬射姑即位元年
郑	四十一	四十二	四十三
燕	八	九	十
吴			

	前700年	前699年
周	二十	二十一
鲁	十二	十三
齐	三十一	三十二　釐公令毋知秩服如太子。 齐釐公使公孙毋知爵禄和服饰的等级与太子的一样。
晋	七	八
秦	四	五
楚	四十一	四十二
宋	十一	十二
卫	十九	卫惠公朔元年 卫惠公姬朔即位元年
陈	七　公淫蔡，蔡杀公。 陈厉公与蔡国女子淫乱，蔡国人杀死了陈厉公。	陈庄公林元年　桓公子。 陈庄公妫林即位元年　陈庄公是陈桓公的儿子。
蔡	十五	十六
曹	二	三
郑	郑厉公突元年 郑厉公姬突即位元年	二
燕	十一	十二
吴		

	前698年	前697年
		甲申
周	二十二	二十三
鲁	十四	十五　天王求车，非礼。 周天子向鲁国求取车子，不合于礼。
齐	三十三	齐襄公诸儿元年　贬毋知秩服，毋知怨。 齐襄公姜诸儿即位元年　齐襄公降低了公孙毋知爵禄与服饰的等级，公孙毋知对此十分怨恨。
晋	九	十
秦	六　三父杀出公，立其兄武公。 秦国大臣三父杀死秦出公，拥立他的兄长秦武公。	秦武公元年　伐彭，至华山。 秦武公即位元年　秦国征伐彭戏氏一族，到达华山。
楚	四十三	四十四
宋	十三	十四
卫	二	三　朔奔齐，立黔牟。 卫惠公姬朔逃奔到齐国，卫国立卫宣公的儿子姬黔牟为国君。
陈	二	三
蔡	十七	十八
曹	四	五
郑	三　诸侯伐我，报宋故。 宋国与齐、蔡等诸侯国讨伐我郑国，是为了报复当年诸国讨伐宋国之事。	四　祭仲立忽，公出居栎。 郑国大臣祭仲立太子姬忽为国君，郑厉公出逃居住在栎邑。
燕	十三	燕桓侯元年 燕桓侯即位元年
吴		

	前696年	前695年
周	庄王元年　生子颓。 周庄王即位元年　周庄王儿子姬颓降生。	二　有弟克。 周庄王有弟弟姬克。
鲁	十六　公会曹,谋伐郑。 鲁桓公在曹国与宋公、蔡侯、卫侯会面,商量讨伐郑国之事。	十七　日食,不书日,官失之。 发生日食,没有记录日期,这是史官的失误。
齐	二	三
晋	十一	十二
秦	二	三
楚	四十五	四十六
宋	十五	十六
卫	卫黔牟元年 卫国君姬黔牟即位元年	二
陈	四	五
蔡	十九	二十
曹	六	七
郑	郑昭公忽元年　忽母邓女,祭仲取(娶)之。 郑昭公姬忽即位元年　姬忽的生母是邓国女子,祭仲为郑庄公娶来她。	二　渠弥杀昭公。 郑国大夫高渠弥杀死了郑昭公。
燕	二	三
吴		

前694年

周	三
鲁	十八　公与夫人如齐，齐侯通焉，使彭生杀公于车上。 鲁桓公与夫人去了齐国，齐襄公私通鲁桓公夫人，齐国派彭生在车上杀死了鲁桓公。
齐	四　杀鲁桓公，诛彭生。 齐国派彭生杀死了鲁桓公，齐国诛杀了彭生。
晋	十三
秦	四
楚	四十七
宋	十七
卫	三
陈	六
蔡	**蔡哀侯献舞元年** 蔡哀侯姬献舞即位元年
曹	八
郑	**郑子亹元年　齐杀子亹，昭公弟。** 郑国君姬亹即位元年　齐襄公杀死了姬亹，姬亹是郑昭公的弟弟。
燕	四
吴	

	前693年	前692年
周	四　周公欲杀王而立子克，王诛周公，克奔燕。 周公黑肩想要杀掉周庄王而拥立他的弟弟子克为王，周庄王诛杀了周公黑肩，子克逃至燕国。	五
鲁	鲁庄公同元年 鲁庄公姬同即位元年	二
齐	五	六
晋	十四	十五
秦	五	六
楚	四十八	四十九
宋	十八	十九
卫	四	五
陈	七	陈宣公杵臼元年　杵臼，庄公弟。 陈宣公妫杵臼即位元年　妫杵臼，是陈庄公妫林的弟弟。
蔡	二	三
曹	九	十
郑	郑子婴元年　子亹之弟。 郑国君姬婴即位元年　姬婴是姬亹的弟弟。	二
燕	五	六
吴		

	前691年	前690年
周	六	七
鲁	三	四
齐	七	八　伐纪，去其都邑。 齐国征伐纪国，纪国国君离开了都城。
晋	十六	十七
秦	七	八
楚	五十	五十一　王伐随，告夫人心动，王卒军中。 楚武王讨伐随国，临行跟夫人邓曼讲自己心脏不舒服，后来楚武王便死在了军中。
宋	宋湣公捷元年 宋湣公子捷即位元年	二
卫	六	七
陈	二	三
蔡	四	五
曹	十一	十二
郑	三	四
燕	七	燕庄公元年 燕庄公即位元年
吴		

	前689年	前688年
周	八	九
鲁	五　与齐伐卫，纳惠公。 鲁国与齐国联合征伐卫国，送卫惠公返国复位。	六
齐	九	十
晋	十八	十九
秦	九	十
楚	楚文王赀元年　始都郢。 楚文王熊赀即位元年　楚国开始以郢城为国都。	二　伐申，过邓，邓甥曰楚可取，邓侯不许。 楚国征伐申国，经过邓国，邓国骓甥、聃甥、养甥三大夫说可以杀掉楚王，然而邓侯不允许这样做。
宋	三	四
卫	八	九
陈	四	五
蔡	六	七
曹	十三	十四
郑	五	六
燕	二	三
吴		

	前687年	前686年
	甲午	
周	十	十一
鲁	七　星陨如雨,与雨偕。 流星陨落如雨,与雨一同降下。	八　子纠来奔,与管仲俱避毋知乱。 齐国公子纠前来投奔鲁国,他与齐国大夫管仲一起躲避公孙毋知的叛乱。
齐	十一	十二　毋知杀君自立。 公孙毋知弑杀了齐襄公而自立为国君。
晋	二十	二十一
秦	十一	十二
楚	三	四
宋	五	六
卫	十　齐立惠公,黔牟奔周。 齐国人扶立卫惠公,卫国国君姬黔牟逃奔至周。	卫惠公朔复入。十四年 卫惠公姬朔又回到卫国做了国君。卫惠公十四年 ◎注释　卫惠公复位实际应在公元前688年。十四年,乃是从公元前699年卫惠公初次即位时算起。
陈	六	七
蔡	八	九
曹	十五	十六
郑	七	八
燕	四	五
吴		

前685年

周	十二
鲁	九　　鲁欲与纠入，后小白，齐距(拒)鲁，使生致管仲。 鲁国想要送公子纠回齐国，但是落在了齐公子姜小白后面，齐国人拒绝了鲁国，让鲁国活捉管仲送回齐国。
齐	**齐桓公小白元年　　春，齐杀毋知。** 齐桓公姜小白即位元年　　春天，齐国人杀死了公孙毋知。
晋	二十二
秦	十三
楚	五
宋	七
卫	十五
陈	八
蔡	十
曹	十七
郑	九
燕	六
吴	

	前684年
周	十三
鲁	十　齐伐我，为纠故。 齐国攻伐我鲁国，因为我鲁国拥护齐公子纠。
齐	二
晋	二十三
秦	十四
楚	六　息夫人，陈女，过蔡，蔡不礼，恶之。楚伐蔡，获哀侯以归。 息侯之妻息夫人是陈国女子，她在经过蔡国时，蔡哀侯没有以礼相待，息侯因此憎恨蔡国。息侯请楚王讨伐蔡国，楚国俘获蔡哀侯而后返回。
宋	八
卫	十六
陈	九
蔡	十一　楚虏我侯。 楚国俘虏了我蔡国国君哀侯。
曹	十八
郑	十
燕	七
吴	

十二诸侯年表第二

	前683年	前682年
周	十四	十五
鲁	十一　臧文仲吊宋水。 鲁国大夫臧文仲慰问宋国水灾的受害者。	十二
齐	三	四
晋	二十四	二十五
秦	十五	十六
楚	七	八
宋	九　宋大水，公自罪。鲁使臧文仲来吊。 宋国发生严重的水灾，宋湣公反省自己的罪过。鲁国派臧文仲来宋国慰问。	十　万杀君，仇牧有义。 宋国大臣南宫万杀了宋湣公，大夫仇牧与南宫万争战至死，颇有忠义之举。
卫	十七	十八
陈	十	十一
蔡	十二	十三
曹	十九	二十
郑	十一	十二
燕	八	九
吴		

	前681年	前680年
周	**釐王元年** 周釐王姬胡齐即位元年	二
鲁	十三　曹沫劫桓公。反（返）所亡地。 鲁国大夫曹沫在盟会上劫持齐桓公。齐国返还了鲁国的失地。	十四
齐	五　与鲁人会柯。 齐国与鲁国在柯地会盟。	六
晋	二十六	二十七
秦	十七	十八
楚	九	十
宋	**宋桓公御说元年**　庄公子。 宋桓公子御说即位元年　御说是宋庄公的儿子。	二
卫	十九	二十
陈	十二	十三
蔡	十四	十五
曹	二十一	二十二
郑	十三	十四
燕	十	十一
吴		

前679年

周	三
鲁	十五
齐	七　始霸,会诸侯于鄄。 齐桓公开始成为霸主,在鄄城与诸侯会盟。
晋	二十八　曲沃武公灭晋侯湣,以宝献周,周命武公为晋君,并其地。 曲沃封君武公灭掉了宗主国晋国的国君姬湣,曲沃武公把晋国的宝物献给了周釐王,周釐王封曲沃武公为晋国国君,曲沃吞并了宗主国晋国全部的土地。
秦	十九
楚	十一
宋	三
卫	二十一
陈	十四
蔡	十六
曹	二十三
郑	郑厉公元年　厉公亡后十七岁复入。 郑厉公复位元年　郑厉公逃出郑国十七年后再次进入郑国成为国君。
燕	十二
吴	

	前678年	前677年
		甲辰
周	四	五
鲁	十六	十七
齐	八	九
晋	**晋武公称并晋，已立三十八年，不更元，因其元年。** 晋武公姬称吞并了晋国，他已即位三十八年了，便不再更改元年，而以他在曲沃即位之年为元年。	三十九　武公卒，子诡诸立，为献公。 晋武公逝世，他的儿子姬诡诸被立为国君，这就是晋献公。
秦	二十　葬雍，初以人从死。 秦武公埋葬在雍邑，开始用活人殉葬。	秦德公元年　武公弟。 秦德公即位元年　秦德公是秦武公的弟弟。
楚	十二　伐邓，灭之。 楚国攻伐邓国，灭亡了它。	十三
宋	四	五
卫	二十二	二十三
陈	十五	十六
蔡	十七	十八
曹	二十四	二十五
郑	二　诸侯伐我。 诸侯国派兵攻伐我郑国。	三
燕	十三	十四
吴		

	前676年	前675年
周	惠王元年　取陈后。 周惠王姬阆即位元年　周惠王娶陈国之女为王后。	二　燕、卫伐王，王奔温，立子颓。 燕国、卫国攻伐周惠王，周惠王逃奔至温邑，卫国与燕国扶立周惠王的叔父姬颓为王。
鲁	十八	十九
齐	十	十一
晋	晋献公诡诸元年 晋献公姬诡诸即位元年	二
秦	二　初作伏，祠社，磔狗邑四门。 秦国开始规定三伏节气，祭祀土地神，将狗切成碎块放在城邑的四门用来祭祀。	秦宣公元年 秦宣公嬴恬即位元年
楚	楚堵敖熊囏元年 楚堵敖熊囏即位元年	二
宋	六	七　取(娶)卫女。文公弟。 宋桓公娶了卫国女子为妻。这位卫国女子乃是卫文公的妹妹。
卫	二十四	二十五
陈	十七	十八
蔡	十九	二十
曹	二十六	二十七
郑	四	五
燕	十五	十六　伐王，王奔温，立子颓。 燕国出兵讨伐周惠王，周惠王逃奔至温邑，燕国与卫国一同扶立周惠王的叔父姬颓为王。
吴		

	前674年	前673年
周	三	四　　诛颓，入惠王。 郑国与虢国的君主诛杀了姬颓，迎回周惠王复位。
鲁	二十	二十一
齐	十二	十三
晋	三	四
秦	二	三
楚	三	四
宋	八	九
卫	二十六	二十七
陈	十九	二十
蔡	蔡穆侯肸元年 蔡穆侯姬肸即位元年	二
曹	二十八	二十九
郑	六	七　　救周乱，入王。 郑国援救了周王室的祸乱，迎回周惠王复位。
燕	十七　　郑执我仲父。 郑国人捕捉了我燕国的仲父。	十八
吴		

	前672年	前671年
周	五　太子母早死。惠后生叔带。 周惠王的太子母亲早早就去世了。周惠王的惠后生下了姬带。	六
鲁	二十二	二十三　公如齐观社。 鲁庄公到齐国参观祭祀社神的活动。
齐	十四　陈完自陈来奔，田常始此也。 陈完从陈国前来投奔齐国，田常的基业始于此时。	十五
晋	五　伐骊戎，得姬。 晋献公讨伐骊戎族，得到了美女骊姬。	六
秦	四　作密畤。 秦国建造了祭祀东方之神青帝的祭坛密畤。	五
楚	五　弟恽杀堵敖自立。 弟弟熊恽杀死哥哥堵敖熊囏后自立为楚国国君。	楚成王恽元年 楚成王熊恽即位元年
宋	十	十一
卫	二十八	二十九
陈	二十一　厉公子完奔齐。 陈厉公的儿子陈完投奔了齐国。	二十二
蔡	三	四
曹	三十	三十一
郑	郑文公捷元年 郑文公姬捷即位元年	二
燕	十九	二十
吴		

	前670年	前669年	前668年
周	七	八	九
鲁	二十四	二十五	二十六
齐	十六	十七	十八
晋	七	八　尽杀故晋侯群公子。 晋献公将原来晋侯众多的公子全部杀掉了。	九　始城绛都。 晋国开始修筑都城绛都。
秦	六	七	八
楚	二	三	四
宋	十二	十三	十四
卫	三十	三十一	**卫懿公赤元年** 卫懿公姬赤即位元年
陈	二十三	二十四	二十五
蔡	五	六	七
曹	**曹釐公夷元年** 曹釐公姬夷即位元年	二	三
郑	三	四	五
燕	二十一	二十二	二十三
吴			

	前667年	前666年	前665年
周	甲寅 十　赐齐侯命。 周惠王赐命齐桓公为诸侯的首领。	十一	十二
鲁	二十七	二十八	二十九
齐	十九	二十	二十一
晋	十	十一	十二　太子申生居曲沃，重耳居蒲城，夷吾居屈。骊姬故。 晋国的太子申生出居曲沃城，重耳出居蒲城，夷吾出居屈城。这都是骊姬向晋献公进谗言的缘故。
秦	九	十	十一
楚	五	六	七
宋	十五	十六	十七
卫	二	三	四
陈	二十六	二十七	二十八
蔡	八	九	十
曹	四	五	六
郑	六	七	八
燕	二十四	二十五	二十六
吴			

	前664年	前663年
周	十三	十四
鲁	三十	三十一
齐	二十二	二十三　伐山戎，为燕也。 齐国讨伐山戎族，是为了援救燕国。
晋	十三	十四
秦	十二	**秦成公元年** 秦成公即位元年
楚	八	九
宋	十八	十九
卫	五	六
陈	二十九	三十
蔡	十一	十二
曹	七	八
郑	九	十
燕	二十七	二十八
吴		

前662年

周	十五
鲁	三十二　　庄公弟叔牙鸩死。庆父弑子般。季友奔陈，立滑公。 鲁庄公的弟弟叔牙被鸩酒毒死。鲁庄公的弟弟庆父弑杀鲁庄公的儿子姬般。鲁庄公的弟弟季友逃奔至陈国，庆父扶立鲁庄公的儿子姬开为国君，即鲁滑公。
齐	二十四
晋	十五
秦	二
楚	十
宋	二十
卫	七
陈	三十一
蔡	十三
曹	九
郑	十一
燕	二十九
吴	

	前661年
周	十六
鲁	**鲁湣公开元年** 鲁湣公姬开即位元年
齐	二十五
晋	十六　　**灭魏、耿、霍。始封赵夙耿，毕万魏，始此。** 晋国灭亡了魏国、耿国、霍国。开始将晋国大夫赵夙封至耿，将晋国大夫毕万封至魏，赵夙与毕万的基业由此开创。
秦	三
楚	十一
宋	二十一
卫	八
陈	三十二
蔡	十四
曹	**曹昭公元年** 曹昭公姬班即位元年
郑	十二
燕	三十
吴	

前660年

周	十七
鲁	二　庆父杀湣公。季友自陈立申，为釐公。杀庆父。 庆父杀掉了鲁湣公。季友从陈国返回拥立了鲁湣公的兄长姬申，这就是鲁釐公。鲁国人杀了庆父。
齐	二十六
晋	十七　申生将军，君子知其废。 晋献公的太子申生奉命率军外出讨伐，由此君子便知道太子申生要被废掉了。 ◎注释　古制，国君继承人不宜独自率军出征，而晋献公执意令太子申生统率军队，是有废太子之心。
秦	四
楚	十二
宋	二十二
卫	翟（狄）伐我。公好鹤，士不战，灭我国。国怨惠公乱，灭其后，更立黔牟弟。　卫戴公元年 狄族人攻伐我卫国。卫懿公爱养鹤，因此士兵都不用力作战，使得狄族人攻破了我卫国。卫国人对卫惠公时的动乱早有怨恨，因此这时便灭亡了他的后代，改立姬黔牟弟弟的儿子姬申为国君。　卫戴公姬申即位元年 ◎注释　"更立黔牟弟"有误，卫戴公姬申实际是黔牟弟顽的儿子。
陈	三十三
蔡	十五
曹	二
郑	十三
燕	三十一
吴	

	前659年	前658年
周	十八	十九
鲁	鲁釐公申元年　哀姜丧自齐至。 鲁釐公姬申即位元年　鲁湣公母亲哀姜的死讯从齐国传来。	二
齐	二十七　杀女弟鲁庄公夫人，淫故。 齐桓公杀死妹妹即鲁庄公夫人哀姜，因为她与庆父淫乱。	二十八　为卫筑楚丘。救戎狄伐。 齐国给卫国在楚丘修筑城池。援救卫国所遭受的戎狄的攻伐。
晋	十八	十九　荀息以币假道于虞以伐虢，灭下阳。 晋国大臣荀息用礼物贿赂虞国国君，向虞国借路讨伐虢国，成功攻取虢国的下阳城。
秦	秦穆公任好元年 秦穆公嬴任好即位元年	二
楚	十三	十四
宋	二十三	二十四
卫	卫文公燬元年　戴公弟也。 卫文公姬燬即位元年　姬燬是卫戴公的弟弟。	二　齐桓公率诸侯为我城楚丘。 齐桓公率领诸侯为我卫国在楚丘修建城池。
陈	三十四	三十五
蔡	十六	十七
曹	三	四
郑	十四	十五
燕	三十二	三十三
吴		

	前657年
	甲子
周	二十
鲁	三
齐	二十九　与蔡姬共舟,荡公,公怒,归蔡姬。 齐桓公与妾室蔡姬共乘一条船,蔡姬故意摇晃使齐桓公受到了颠簸,齐桓公大发雷霆,便把蔡姬遣送回娘家蔡国。
晋	二十
秦	三
楚	十五
宋	二十五
卫	三
陈	三十六
蔡	十八　以女故,齐伐我。 因为我蔡国改嫁了齐桓公遣送回来的蔡姬,齐国讨伐我蔡国。
曹	五
郑	十六
燕	燕襄公元年 燕襄公即位元年
吴	

	前656年	前655年
周	二十一	二十二
鲁	四	五
齐	三十　率诸侯伐蔡，蔡溃，遂伐楚，责包茅贡。 齐桓公率领诸侯讨伐蔡国，蔡国溃败，接着又讨伐楚国，责问楚国为何不向周天子进贡包茅。	三十一
晋	二十一　申生以骊姬谗自杀。重耳奔蒲，夷吾奔屈。 晋献公的太子申生因为骊姬的谗言而自杀。公子重耳逃奔至蒲地，公子夷吾逃奔至屈地。	二十二　灭虞、虢。重耳奔狄。 晋国灭掉了虞国、虢国。公子重耳投奔其母家狄族。
秦	四　迎妇于晋。 秦穆公到晋国迎娶晋献公的女儿。	五
楚	十六　齐伐我，至陉，使屈完盟。 齐国讨伐我楚国，齐军进驻陉地，楚成王派大夫屈完与齐国订立盟约。	十七
宋	二十六	二十七
卫	四	五
陈	三十七	三十八
蔡	十九	二十
曹	六	七
郑	十七	十八
燕	二	三
吴		

	前654年	前653年
周	二十三	二十四
鲁	六	七
齐	三十二　率诸侯伐郑。 齐桓公率领诸侯讨伐郑国。	三十三
晋	二十三　夷吾奔梁。 晋国公子夷吾逃奔至梁国。	二十四
秦	六	七
楚	十八　伐许，许君肉袒谢，楚从之。 楚国讨伐许国，许国国君脱去上衣臣服请罪，楚成王放过了他。	十九
宋	二十八	二十九
卫	六	七
陈	三十九	四十
蔡	二十一	二十二
曹	八	九
郑	十九	二十
燕	四	五
吴		

前652年

周	二十五　襄王立，畏太叔。 周襄王姬郑被立为天子，但他畏惧弟弟太叔。
鲁	八
齐	三十四
晋	二十五　伐翟（狄），以重耳故。 晋国攻伐狄族，因为狄族收留了公子重耳。
秦	八
楚	二十
宋	三十　公疾，太子兹父让兄目夷贤，公不听。 宋桓公得病，太子兹父想让位给异母兄目夷，因为他很贤明，宋桓公不听从。
卫	八
陈	四十一
蔡	二十三
曹	**曹共公元年** 曹共公姬襄即位元年
郑	二十一
燕	六
吴	

前651年

周	襄王元年　诸侯立王。 周襄王即位元年　诸侯国扶立了周襄王。
鲁	九　齐率我伐晋乱，至高梁还。 齐国率领我鲁国军队讨伐晋国的内乱，到达高梁邑后军队返回。
齐	三十五　夏，会诸侯于葵丘。天子使宰孔赐胙，命无拜。 夏天，齐桓公与诸侯在葵丘会盟。周天子派宰孔赏赐诸侯祭祀用的肉，特命齐桓公不用下拜谢恩。
晋	二十六　公卒，立奚齐，里克杀之。及卓子。立夷吾。 晋献公去世，原本立了晋献公与骊姬的儿子奚齐为国君，大臣里克却杀死了奚齐。随后又杀了晋献公与骊姬妹妹的儿子卓子。然后拥立公子夷吾为国君。
秦	九　夷吾使郤芮赂，求入。 晋公子夷吾让晋大夫郤芮来贿赂秦国，请求派兵护送公子夷吾回晋国。
楚	二十一
宋	三十一　公薨，未葬，齐桓会葵丘。 宋桓公逝世，还没来得及下葬，齐桓公在葵丘与诸侯会盟。
卫	九
陈	四十二
蔡	二十四
曹	二
郑	二十二
燕	七
吴	

	前650年	前649年
周	二	三　戎伐我，太叔带召之。欲诛叔带，叔带奔齐。 戎人攻伐我周王室，是太叔带招来他们作乱的。周襄王想要杀死太叔带，太叔带逃奔齐国。
鲁	十	十一
齐	三十六　使隰朋立晋惠公。 齐国让隰朋扶立晋惠公夷吾为国君。	三十七
晋	晋惠公夷吾元年　诛里克，倍(背)秦约。 晋惠公姬夷吾即位元年　晋惠公诛杀了里克，违背了与秦国所立的割地契约。	二
秦	十　丕郑子豹亡来。 晋国大臣丕郑的儿子豹逃奔至秦国。	十一　救王伐戎，戎去。 秦国援救周襄王攻伐戎人，戎人退去。
楚	二十二	二十三　伐黄。 楚国征伐黄国。
宋	宋襄公兹父元年　目夷相。 宋襄公子兹父即位元年　目夷担任国相。	二
卫	十	十一
陈	四十三	四十四
蔡	二十五	二十六
曹	三	四
郑	二十三	二十四　有妾梦天与之兰，生穆公兰。 郑文公有个妾室梦见天神给了她一株兰草，于是生下郑穆公姬兰。
燕	八	九
吴		

前648年

周	四
鲁	十二
齐	三十八　　使管仲平戎于周，欲以上卿礼，让，受下卿。 齐国派管仲去为周王室与戎人讲和，周天子要用上卿之礼对待管仲，管仲推让，接受了下卿的礼仪。
晋	三
秦	十二
楚	二十四
宋	三
卫	十二
陈	四十五
蔡	二十七
曹	五
郑	二十五
燕	十
吴	

	前647年	
	甲戌	
周	五	
鲁	十三	
齐	三十九　使仲孙请王，言叔带，王怒。 齐国派遣大臣仲孙为太叔带向周襄王讲情，言及叔带，周襄王很生气。	
晋	四　饥，请粟，秦与我。 我晋国发生饥荒，向秦国请求粮食，秦国将粮食卖给了我晋国。	
秦	十三　丕豹欲无与，公不听，输晋粟，起雍至绛。 丕豹不想卖粮食给晋国，秦穆公不听，向晋国运输粮食，从雍都起直到晋国的都城绛。	
楚	二十五	
宋	四	
卫	十三	
陈	陈穆公款元年 陈穆公妫款即位元年	
蔡	二十八	
曹	六	
郑	二十六	
燕	十一	
吴		

十二诸侯年表第二

	前646年	前645年
周	六	七
鲁	十四	十五　五月,日有食之。不书,史官失之。 五月,有日食。没有记录日期,是史官失载。
齐	四十	四十一
晋	五　秦饥,请粟,晋倍(背)之。 秦国发生饥荒,请求晋国将粮食卖给秦国,晋国违背原先秦国卖给粮食救荒的恩德,没把粮食卖给秦国。	六　秦虏惠公,复立之。 秦国俘虏了晋惠公,又放回了他重新立为国君。
秦	十四	十五　以盗食善马士得破晋。 秦穆公靠先前偷吃他的良马而他未惩罚的壮士拼杀脱险并俘获晋惠公。
楚	二十六　灭六、英。 楚国灭掉六国、英国。	二十七
宋	五	六
卫	十四	十五
陈	二	三
蔡	二十九	**蔡庄侯甲午元年** 蔡庄侯姬甲午即位元年
曹	七	八
郑	二十七	二十八
燕	十二	十三
吴		

	前644年	前643年
周	八	九
鲁	十六	十七
齐	四十二　王以戎寇告齐,齐征诸侯戍周。 周襄王因为戎人侵犯而向齐国告急,齐国征调诸侯保卫周王室。	四十三
晋	七　重耳闻管仲死,去翟(狄)之齐。 晋国公子重耳听说管仲已经死去,便离开狄族前往齐国。	八
秦	十六　为河东置官司。 秦国得到晋国河东地区并在此设置了官府。	十七
楚	二十八	二十九
宋	七　陨五石。六鹢退飞,过我都。 宋国境内陨落了五块石头。六只鹢鸟倒退着飞行,经过我宋国的都城。	八
卫	十六	十七
陈	四	五
蔡	二	三
曹	九	十
郑	二十九	三十
燕	十四	十五
吴		

	前642年	前641年
周	十	十一
鲁	十八	十九
齐	齐孝公昭元年 齐孝公姜昭即位元年	二
晋	九	十
秦	十八	十九　　灭梁。梁好城，不居，民罢(疲)，相惊，故亡。 秦国灭掉了梁国。梁国国君喜好筑城，无休无止，百姓十分疲惫，秦军到来后他们相互惊扰称秦寇来了，所以如今被秦国灭亡。
楚	三十	三十一
宋	九	十
卫	十八	十九
陈	六	七
蔡	四	五
曹	十一	十二
郑	三十一	三十二
燕	十六	十七
吴		

	前640年	前639年	前638年
周	十二	十三	十四　叔带复归于周。 太叔带又回到了周王室。
鲁	二十	二十一	二十二
齐	三	四	五　归王弟带。 齐国送回了周襄王的弟弟太叔带。
晋	十一	十二	十三　太子圉质秦亡归。 晋国太子圉在秦国做人质时听闻父亲生病，逃回了晋国。
秦	二十	二十一	二十二
楚	三十二	三十三　执宋襄公，复归之。 楚国抓走了宋襄公，又放他回国。	三十四
宋	十一	十二　召楚盟。 宋襄公想当盟主而召楚王会盟。	十三　泓之战，楚败公。 泓水之战，楚军打败了宋襄公。
卫	二十	二十一	二十二
陈	八	九	十
蔡	六	七	八
曹	十三	十四	十五
郑	三十三	三十四	三十五　君如楚，宋伐我。 郑国国君前往楚国，宋国征伐我郑国。
燕	十八	十九	二十
吴			

前637年

	甲申
周	十五
鲁	二十三
齐	六　伐宋，以其不同盟。 齐国讨伐宋国，因为它曾经不与齐国会盟。
晋	十四　圉立，为怀公。 晋惠公的太子姬圉被立为国君，这就是晋怀公。
秦	二十三　迎重耳于楚，厚礼之，妻之女。重耳愿归。 秦国派人到楚国迎接晋公子重耳，用隆重的礼节对待他，并把宗室女怀嬴嫁给他。重耳想要尽快返回晋国。
楚	三十五　重耳过，厚礼之。 晋公子重耳经过楚国，楚成王用隆重的礼节接待他。
宋	十四　公疾死泓战。 宋襄公在泓水之战中腿部受伤，后来病死。
卫	二十三　重耳从齐过，无礼。 晋公子重耳从齐国经过卫国，卫文公对他无礼。
陈	十一
蔡	九
曹	十六　重耳过，无礼，僖负羁私善。 晋公子重耳经过曹国，曹共公对他无礼，曹国大夫僖负羁则私下与重耳交好。
郑	三十六　重耳过，无礼，叔詹谏。 晋公子重耳经过郑国，郑文公对他无礼，郑文公的弟弟叔詹为此劝谏郑文公。
燕	二十一
吴	

	前636年
周	十六　　王奔氾。氾，郑地也。 周襄王逃奔氾邑。氾邑，是郑国的城邑。
鲁	二十四
齐	七
晋	**晋文公元年　　诛子圉。魏武子为魏大夫，赵衰为原大夫。咎犯曰："求霸莫如内**（纳）**王。"** 晋文公重耳即位元年　　晋文公诛杀了晋怀公姬圉。封魏武子为魏邑的行政长官，封赵衰为原邑的行政长官。晋文公的舅父咎犯说："求做霸主没有比护送周襄王回京更有利的了。"
秦	二十四　　以兵送重耳。 秦国派兵护送晋公子重耳回到晋国。
楚	三十六
宋	**宋成公王臣元年** 宋成公子王臣即位元年
卫	二十四
陈	十二
蔡	十
曹	十七
郑	三十七
燕	二十二
吴	

	前635年	前634年
周	十七　晋纳王。 晋文公派出军队护送周襄王返回了国都。	十八
鲁	二十五	二十六
齐	八	九
晋	二	三　宋服。 宋国顺服于晋国。
秦	二十五　欲内(纳)王,军河上。 秦国准备护送周襄王回京,因此驻军在黄河边上。	二十六
楚	三十七	三十八
宋	二	三　倍(背)楚亲晋。 宋国背弃楚国而亲近晋国。
卫	二十五	**卫成公郑元年** 卫成公姬郑即位元年
陈	十三	十四
蔡	十一	十二
曹	十八	十九
郑	三十八	三十九
燕	二十三	二十四
吴		

	前633年
周	十九
鲁	二十七
齐	十　孝公薨,弟潘因卫公子开方杀孝公子,立潘。 齐孝公薨逝,他的弟弟姜潘凭借在齐国任职的卫公子开方杀死齐孝公之子,齐国立姜潘为国君。
晋	四　救宋,报曹、卫耻。 晋文公通过援救宋国而侵犯曹国、卫国,从而报复了昔日曹国、卫国的国君对自己无礼的耻辱。
秦	二十七
楚	三十九　使子玉伐宋。 楚国派令尹子玉讨伐宋国。
宋	四　楚伐我,我告急于晋。 楚国前来讨伐我宋国,我宋国向晋国告急求救。
卫	二
陈	十五
蔡	十三
曹	二十
郑	四十
燕	二十五
吴	

前632年

周	二十　　王狩河阳。 周襄王违背礼制参加了晋国在践土举行的盟会。 ◎注释　周襄王参加践土之盟不合礼,故讳之曰"狩河阳"。
鲁	二十八　　公如践土会朝。 鲁釐公到践土会盟并在此朝见了周天子。
齐	齐昭公潘元年　　会晋败楚,朝周王。 齐昭公姜潘即位元年　齐昭公会合晋文公打败了楚国,并在践土会盟时朝见了周天子。
晋	五　　侵曹伐卫,取五鹿,执曹伯。诸侯败楚而朝河阳,周命赐公土地。 晋国侵犯曹国讨伐卫国,夺取了卫国的五鹿之地,并捉住了曹共公。诸侯打败楚国而到践土朝见周天子,周天子策命并赏赐晋文公土地。
秦	二十八　　会晋伐楚朝周。 秦穆公会合晋文公讨伐楚国并在践土朝见了周天子。
楚	四十　　晋败子玉于城濮。 晋文公在城濮打败了楚国令尹子玉。
宋	五　　晋救我,楚兵去。 晋国援救我宋国,楚军退去。
卫	三　　晋伐我,取五鹿。公出奔,立公子瑕。会晋朝,复归卫。 晋国征伐我卫国,并夺去了我卫国的五鹿之地。卫成公出逃,卫国拥立公子瑕为国君。卫成公会见晋文公并朝见了周天子,于是又被送回卫国。
陈	十六　　会晋伐楚,朝周王。 陈穆公会合晋文公讨伐楚国,并在践土朝见了周天子。
蔡	十四　　会晋伐楚,朝周王。 蔡庄侯会合晋文公讨伐楚国,并在践土朝见了周天子。
曹	二十一　　晋伐我,执公,复归之。 晋国讨伐我曹国,捉住了曹共公,又放他返回曹国。
郑	四十一
燕	二十六
吴	

	前631年	前630	前629年
周	二十一	二十二	二十三
鲁	二十九	三十	三十一
齐	二	三	四
晋	六	七 听周归卫成公。与秦围郑。 晋文公听从了周天子的说情而使卫成公回到卫国。晋国和秦国围攻曾经对晋文公无礼的郑国。	八
秦	二十九	三十 围郑，有言即去。 秦国围攻郑国，郑国派烛之武向秦穆公游说利害，秦军因此离去。	三十一
楚	四十一	四十二	四十三
宋	六	七	八
卫	四 晋以卫与宋。 晋国把卫国的田地送给了宋国。	五 周入成公，复卫。 周天子送回卫成公，恢复卫国。	六
陈	陈共公朔元年 陈共公妫朔即位元年	二	三
蔡	十五	十六	十七
曹	二十二	二十三	二十四
郑	四十二	四十三 秦、晋围我，以晋故。 秦国、晋国围攻我郑国，是因为当年郑国对晋文公无礼。	四十四
燕	二十七	二十八	二十九
吴			

	前628年	前627年
		甲午
周	二十四	二十五
鲁	三十二	三十三　僖公薨。 鲁僖公姬申薨逝。 ◎注释　僖公，即前文之"釐公"。
齐	五	六　狄侵我。 狄族侵犯我齐国。
晋	九　文公薨。 晋文公重耳逝世。	晋襄公骧元年　破秦于殽（崤）。 晋襄公姬骧即位元年　晋国在崤山攻破秦军。
秦	三十二　将袭郑，蹇叔曰不可。 秦国将要派兵偷袭郑国，秦国老臣蹇叔说不可以这样做。	三十三　袭郑，晋败我殽（崤）。 秦国袭击郑国，晋军在崤山打败我秦军。
楚	四十四	四十五
宋	九	十
卫	七	八
陈	四	五
蔡	十八	十九
曹	二十五	二十六
郑	四十五　文公薨。 郑文公姬捷薨逝。	郑穆公兰元年　秦袭我，弦高诈之。 郑穆公姬兰即位元年　秦军偷袭我郑国，郑国商人弦高诈称奉命慰劳秦军，使秦军退兵。
燕	三十	三十一
吴		

前626年

周	二十六
鲁	**鲁文公兴元年** 鲁文公姬兴即位元年。
齐	七
晋	二　伐卫，卫伐我。 我晋国攻伐卫国，卫国攻伐我晋国。
秦	三十四　败殽(殽)将亡归，公复其官。 秦国败于崤山的将领逃回，秦穆公恢复了他们的官职。
楚	四十六　王欲杀太子立职，太子恐，与傅潘崇杀王。王欲食熊蹯死，不听。自立为王。 楚成王想要杀死太子而立熊职，太子惊恐，便和师傅潘崇一起杀死了楚成王。楚成王想要吃了熊掌再死，太子不依。太子自立为王。
宋	十一
卫	九　晋伐我，我伐晋。 晋国攻伐我卫国，我卫国攻伐晋国。
陈	六
蔡	二十
曹	二十七
郑	二
燕	三十二
吴	

	前625年	前624年
周	二十七	二十八
鲁	二	三　公如晋。 鲁文公前往晋国。
齐	八	九
晋	三　秦报我殽(崤)，败于汪。 秦国报复我晋军昔日在崤山之役中取得的胜利，秦军在汪城被我晋军打败。	四　秦伐我，取王官，我不出。 秦国攻伐我晋国，夺得我晋国的王官城，我晋军故意不出战。
秦	三十五　伐晋报殽(崤)，败我于汪。 我秦军攻伐晋国以报复昔日崤山之役的惨败，我秦军在汪城被晋军打败。	三十六　以孟明等伐晋，晋不敢出。 秦国派遣孟明等攻伐晋国，晋军不敢出来应战。
楚	楚穆王商臣元年　以其太子宅赐崇，为相。 楚穆王熊商臣即位元年　楚穆王把他为太子时的住宅赐给了他的老师潘崇，并任命潘崇为国相。	二　晋伐我。 晋国攻伐我楚国。
宋	十二	十三
卫	十	十一
陈	七	八
蔡	二十一	二十二
曹	二十八	二十九
郑	三	四
燕	三十三	三十四
吴		

	前623年	前622年
周	二十九	三十
鲁	四	五
齐	十	十一
晋	五　伐秦，围邧、新城。 我晋国攻伐秦国，围攻秦国的邧邑、新城。	六　赵成子、栾贞子、霍伯、臼季皆卒。 晋国的臣子赵成子、栾贞子、霍伯、臼季都去世了。
秦	三十七　晋伐我，围邧、新城。 晋国攻伐我秦国，围攻我秦国的邧邑、新城。	三十八
楚	三　灭江。 楚国灭掉了江国。	四　灭六、蓼。 楚国灭掉了六国、蓼国。
宋	十四	十五
卫	十二　公如晋。 卫成公前往晋国。	十三
陈	九	十
蔡	二十三	二十四
曹	三十	三十一
郑	五	六
燕	三十五	三十六
吴		

	前621年
周	三十一
鲁	六
齐	十二
晋	七　　公卒。赵盾为太子少，欲更立君，恐诛，遂立太子为灵公。 晋襄公去世。赵盾因为太子年少，打算另立国君，后来害怕遭到诛杀，于是还是拥立了太子即位，这就是晋灵公。
秦	三十九　　缪公薨。葬殉以人，从死者百七十人，君子讥之，故不言卒。 秦穆公薨逝。秦国用活人给秦穆公殉葬，殉葬的有一百七十人，君子讥刺这件事，所以《春秋》上没有记载秦穆公去世的事。
楚	五
宋	十六
卫	十四
陈	十一
蔡	二十五
曹	三十二
郑	七
燕	三十七
吴	

	前620年	前619年
周	三十二	三十三　襄王崩。 周襄王崩逝。
鲁	七	八　王使卫来求金以葬，非礼。 周王室派遣毛伯卫前来鲁国求取财物，用作周襄王的丧葬费，这不合礼制。
齐	十三	十四
晋	晋灵公夷皋元年　赵盾专政。 晋灵公姬夷皋即位元年　赵盾把持朝政。	二　秦伐我，取武城，报令狐之战。 秦国攻伐我晋国，夺取我晋国城邑武城，这是为了报复上一年在令狐与我晋国交战的失利。
秦	秦康公罃元年 秦康公嬴罃即位元年	二
楚	六	七
宋	十七　公孙固杀成公。 宋国大司马公孙固杀死了宋成公。	宋昭公杵臼元年　襄公之子。 宋昭公子杵臼即位元年　子杵臼是宋襄公的儿子。
卫	十五	十六
陈	十二	十三
蔡	二十六	二十七
曹	三十三	三十四
郑	八	九
燕	三十八	三十九
吴		

	前618年	前617年
		甲辰
周	顷王元年 周顷王姬壬臣即位元年	二
鲁	九	十
齐	十五	十六
晋	三　率诸侯救郑。 我晋国率领诸侯国援救郑国。	四　伐秦，拔少梁。秦取我北徵。 我晋国讨伐秦国，攻下秦国城邑少梁。秦国攻取我晋国城邑北徵。
秦	三	四　晋伐我，取少梁。我伐晋，取北徵。 晋国攻伐我秦国，夺取我秦国城邑少梁。我秦国讨伐晋国，攻取晋国城邑北徵。
楚	八　伐郑，以其服晋。 我楚国攻伐郑国，因为郑国顺从晋国。	九
宋	二	三
卫	十七	十八
陈	十四	十五
蔡	二十八	二十九
曹	三十五	曹文公寿元年 曹文公姬寿即位元年
郑	十　楚伐我。 楚国攻伐我郑国。	十一
燕	四十	燕桓公元年 燕桓公即位元年
吴		

	前616年	前615年
周	三	四
鲁	十一 败长翟（狄）于咸而归，得长翟（狄）。 我鲁国在咸打败长狄人后返回，俘获长狄头目侨如。	十二
齐	十七	十八
晋	五	六 秦取我鄐马。与秦战河曲，秦师遁。 秦国夺取我晋国的城邑鄐马。我晋军与秦军在河曲交战，秦军逃走。
秦	五	六 伐晋，取鄐马。怒，与我大战河曲。 我秦国攻伐晋国，夺取了晋国城邑鄐马。晋灵公发怒，晋军与我秦军在河曲大战。
楚	十	十一
宋	四 败长翟（狄）长丘。 我宋国在长丘打败了长狄人。	五
卫	十九	二十
陈	十六	十七
蔡	三十	三十一
曹	二	三
郑	十二	十三
燕	二	三
吴		

	前614年	前613年
周	五	六　顷王崩。公卿争政，故不赴（讣）。 周顷王崩逝。公卿在朝中争权，因此没有报表。
鲁	十三	十四　彗星入北斗，周史曰："七年，宋、齐、晋君死。" 彗星入北斗，周内史叔服说："七年之内，宋国、齐国、晋国的国君都会死亡。"
齐	十九	二十　昭公卒。弟商人杀太子自立，是为懿公。 齐昭公去世。他的弟弟姜商人杀死太子姜舍而自立为国君，这就是齐懿公。
晋	七　得随会。 晋国重获良臣随会。	八　赵盾以车八百乘纳捷菑，平王室。 赵盾率兵车八百辆护送与兄长争夺邾国君位的捷菑返回邾国，平定了周王室在周顷王驾崩后周公阅与王孙苏争权的斗争。
秦	七　晋诈得随会。 晋国骗随会由秦国返回晋国。	八
楚	十二	楚庄王侣元年 楚庄王熊侣即位元年
宋	六	七
卫	二十一	二十二
陈	十八	陈灵公平国元年 陈灵公妫平国即位元年
蔡	三十二	三十三
曹	四	五
郑	十四	十五
燕	四	五
吴		

	前612年	前611年
周	匡王元年 周匡王姬班即位元年	二
鲁	十五　六月辛丑，日蚀。齐伐我。 六月辛丑日，发生日食。齐国攻伐我鲁国。	十六
齐	齐懿公商人元年 齐懿公姜商人即位元年	二　不得民心。 齐懿公不得民心。
晋	九　我入蔡。 我晋军进入蔡国。	十
秦	九	十
楚	二	三　灭庸。 我楚国灭掉了庸国。
宋	八	九　襄夫人使卫伯杀昭公。弟鲍立。 宋襄公的夫人派卫伯杀死了宋昭公。宋昭公的弟弟子鲍被立为国君。
卫	二十三	二十四
陈	二	三
蔡	三十四　晋伐我。庄侯甍。 晋国攻伐我蔡国。蔡庄侯甍逝。	蔡文侯申元年 蔡文侯姬申即位元年
曹	六　齐入我郛。 齐军进入我曹国的外城。	七
郑	十六	十七
燕	六	七
吴		

	前610年	前609年
周	三	四
鲁	十七　齐伐我。 齐国攻伐我鲁国。	十八　襄仲杀嫡，立庶子，为宣公。 鲁庄公之子姬遂杀死鲁文公的嫡子姬恶，拥立他的庶子姬俀，这就是鲁宣公。
齐	三　伐鲁。 我齐国攻伐鲁国。	四　公刖邴歜父而夺阎职妻，二人共杀公，立桓公子惠公。 齐懿公将邴歜父亲邴原的尸体挖出并砍断其双脚，而且夺走了阎职的妻子，于是邴歜与阎职二人共同谋杀齐懿公，拥立了齐桓公的儿子，这就是齐惠公。
晋	十一　率诸侯平宋。 我晋国率领诸侯国平定了宋国的内乱。	十二
秦	十一	十二
楚	四	五
宋	宋文公鲍元年　昭公弟。晋率诸侯平我。 宋文公子鲍即位元年　子鲍是宋昭公的弟弟。晋国率领诸侯国平定了我宋国的内乱。	二
卫	二十五	二十六
陈	四	五
蔡	二	三
曹	八	九
郑	十八	十九
燕	八	九
吴		

	前608年	前607年
		甲寅
周	五	六　匡王崩。 周匡王姬班崩逝。
鲁	鲁宣公侵元年　鲁立宣公，不正，公室卑。 鲁宣公姬俀即位元年　我鲁国立庶子宣公为国君，不正，公室由此卑弱而政权旁落季氏。	二
齐	齐惠公元年。取鲁济西之田。 齐惠公姜元即位元年。我齐国取得鲁国济水之西的田地。	二　王子成父败长翟（狄）。 我齐国大夫王子成父击败长狄人。
晋	十三　赵盾救陈、宋，伐郑。 我晋国的赵盾援救陈国、宋国，攻伐郑国。	十四　赵穿杀灵公，赵盾使穿迎公子黑臀于周，立之。赵氏赐公族。 我晋国大夫赵穿杀死了晋灵公，赵盾派赵穿去东周迎接在周王室做人质的晋文公之子姬黑臀，立他为国君。赵氏被赐予本应由与国君同姓者担任的公族大夫之职。
秦	秦共公和元年 秦共公嬴和即位元年	二
楚	六　伐宋、陈，以倍（背）我服晋故。 我楚国攻伐宋国、陈国，因为宋国、陈国背叛我楚国而顺服晋国。	七
宋	三　楚、郑伐我，以我倍（背）楚故也。 楚国、郑国攻伐我宋国，因为我宋国背叛了楚国。	四　华元以羊羹故陷于郑。 我宋国重臣华元因为在战前犒赏士兵时没有给车夫喝羊肉汤，被车夫送给了郑国。
卫	二十七	二十八
陈	六	七
蔡	四	五
曹	十	十一
郑	二十　与楚侵陈，遂侵宋。晋使赵盾伐我，以倍（背）晋故。 我郑国与楚国一起侵袭陈国，接着又侵袭宋国。晋国派赵盾攻伐我郑国，因为我郑国背叛了晋国。	二十一　与宋师战，获华元。 郑国军队与宋国军队交战，俘获宋国重臣华元。
燕	十	十一
吴		

	前606年	前605年
周	**定王元年** 周定王姬瑜即位元年	二
鲁	三	四
齐	三	四
晋	**晋成公黑臀元年　伐郑。** 晋成公姬黑臀即位元年　我晋国攻伐郑国。	二
秦	三	四
楚	八　伐陆浑，至雒，问鼎轻重。 我楚国讨伐陆浑族，到达雒水，楚庄王问九鼎的轻重。	九　若敖氏为乱，灭之。伐郑。 我楚国的若敖氏作乱，楚庄王消灭了他们。我楚国攻伐郑国。
宋	五　赎华元，亡归。围曹。 我宋国准备从郑国赎回华元，结果华元先逃回来了。我宋国围攻曹国。	六
卫	二十九	三十
陈	八	九
蔡	六	七
曹	十二　宋围我。 宋国军队围攻我曹国。	十三
郑	二十二　华元亡归。 宋国重臣华元从我郑国逃回宋国。	**郑灵公夷元年　公子归生以鼋故杀灵公。** 郑灵公姬夷即位元年　郑国公子归生因为郑灵公不给公子宋喝甲鱼汤而杀死了郑灵公。
燕	十二	十三
吴		

	前604年	前603年
周	三	四
鲁	五	六
齐	五	六
晋	三　中行桓子荀林父救郑，伐陈。 我晋国的中行桓子荀林父援救郑国，攻伐陈国。	四　与卫侵陈。 我晋国与卫国一起侵犯陈国。
秦	五	**秦桓公元年** 秦桓公嬴荣即位元年
楚	十	十一
宋	七	八
卫	三十一	三十二　与晋侵陈。 我卫国与晋国一起侵犯陈国。
陈	十　楚伐郑，与我平。晋中行桓子距(拒)楚，救郑，伐我。 楚国攻伐郑国，与我陈国讲和。晋国的中行桓子抵抗楚军，援救郑国，攻伐我陈国。	十一　晋、卫侵我。 晋国、卫国侵犯我陈国。
蔡	八	九
曹	十四	十五
郑	郑襄公坚元年　灵公庶弟。楚伐我，晋来救。 郑襄公姬坚即位元年　姬坚是郑灵公的庶弟。楚国攻伐我郑国，晋国派中行桓子前来援救。	二
燕	十四	十五
吴		

	前602年	前601年
周	五	六
鲁	七	八　七月，日蚀。 七月，发生日食。
齐	七	八
晋	五	六　与鲁伐秦，获秦谍，杀之绛市，六日而苏。 我晋国与鲁国一起攻伐秦国，俘获秦国奸细，在晋国都城绛市杀了他，六天后此人竟然死而复生。
秦	二	三　晋伐我，获谍。 晋国攻伐我秦国，俘获我秦国的间谍。
楚	十二	十三　伐陈。灭舒蓼。 我楚国攻伐陈国。灭掉了舒蓼国。
宋	九	十
卫	三十三	三十四
陈	十二	十三　楚伐我。 楚国攻伐我陈国。
蔡	十	十一
曹	十六	十七
郑	三	四
燕	十六	燕宣公元年 燕宣公即位元年
吴		

	前600年	前599年
周	七	八
鲁	九	十　四月，日蚀。 四月，发生日食。
齐	九	十　公卒。崔杼有宠，高、国逐之，奔卫。 齐惠公去世。崔杼曾经很受齐惠公宠爱，因此齐国上卿高固、国佐驱逐崔杼，崔杼逃至卫国。
晋	七　使桓子伐楚。以诸侯师伐陈救郑。成公薨。 我晋国派桓子讨伐楚国。我晋国率领诸侯国的军队攻伐陈国援救郑国。晋成公薨逝。	晋景公据元年　与宋伐郑。 晋景公姬据即位元年　我晋国与宋国一起攻伐郑国。
秦	四	五
楚	十四　伐郑，晋郤缺救郑，败我。 我楚国攻伐郑国，晋国的郤缺援救郑国，打败我楚军。	十五
宋	十一	十二
卫	三十五	卫穆公遫元年　齐崔杼来奔。 卫穆公姬遫即位元年　齐国的崔杼前来投奔。
陈	十四	十五　夏徵舒以其母辱，杀灵公。 我陈国的大夫夏徵舒因为陈灵公及其大臣与他母亲淫乱，故而杀死了陈灵公。
蔡	十二	十三
曹	十八	十九
郑	五　楚伐我，晋来救，败楚师。 楚国攻伐我郑国，晋国派军队前来援救，打败了楚军。	六　晋、宋、楚伐我。 晋国、宋国、楚国攻伐我郑国。
燕	二	三
吴		

	前598年	前597年
		甲子
周	九	十
鲁	十一	十二
齐	齐顷公无野元年 齐顷公姜无野即位元年	二
晋	二	三　救郑，为楚所败河上。 我晋国援救郑国，在黄河边上被楚军打败。
秦	六	七
楚	十六　率诸侯诛陈夏徵舒，立陈灵公子午。 我楚国率领诸侯诛杀了陈国的大夫夏徵舒，并拥立了陈灵公的儿子妫午为陈国国君。	十七　围郑，郑伯肉袒谢，释之。 我楚国围攻郑国，郑襄公裸露上身谢罪，于是宽免了他。
宋	十三	十四　伐陈。 我宋国攻伐陈国。
卫	二	三
陈	陈成公午元年　灵公太子。 陈成公妫午即位元年　妫午是陈灵公的太子。	二
蔡	十四	十五
曹	二十	二十一
郑	七	八　楚围我，我卑辞以解。 楚国围攻我郑国，我郑国国君用谦卑的言辞获得楚国宽解。
燕	四	五
吴		

	前596年	前595年	前594年
周	十一	十二	十三
鲁	十三	十四	十五　初税亩。 开始按土地亩数征收租税。
齐	三	四	五
晋	四	五　伐郑。 我晋国攻伐郑国。	六　救宋,执解扬,有使节。秦伐我。 我晋国援救宋国,作为使者的晋国大夫解扬被郑国捉住,他有出使不辱君命的气节。秦国征伐我晋国。
秦	八	九	十　伐晋。 秦国讨伐晋国。
楚	十八	十九　围宋,为杀使者。 我楚国围攻宋国,因为宋国杀了楚国的使者。	二十　围宋。五月,华元告子反以诚,楚罢。 我楚国围攻宋国。五个月后,宋国大夫华元将宋国城中战乱导致的惨状真实地报告给楚国的司马子反,楚国因此而退兵。
宋	十五	十六　杀楚使者,楚围我。 我宋国杀了楚国的使者,楚国围攻我宋国。	十七　华元告楚,楚去。 华元将宋国城邑中战乱导致的种种惨状真诚地报告给楚国,楚军因此而离去。
卫	四	五	六
陈	三	四	五
蔡	十六	十七	十八
曹	二十二	二十三　文公薨。 曹文公薨逝。	曹宣公庐元年 曹宣公姬庐即位元年
郑	九	十　晋伐我。 晋国攻伐我郑国。	十一　佐楚伐宋,执解扬。 我郑国帮助楚国攻伐宋国,捉住了出使宋国的晋国大夫解扬。
燕	六	七	八
吴			

	前593年	前592年
周	十四	十五
鲁	十六	十七　日蚀。 发生日食。
齐	六	七　晋使郤克来齐，妇人笑之，克怒，归去。 晋国派遣时任中军佐的郤克出使我齐国，齐顷公的母亲看到郤克跛脚驼背竟然哈哈大笑起来，郤克十分恼怒，返回晋国。
晋	七　随会灭赤翟（狄）。 我晋国的随会灭掉了赤狄。	八　使郤克使齐，妇人笑之，克怒归。 我晋国派遣郤克出使齐国，齐顷公的母亲因郤克跛脚驼背而大笑，郤克十分恼怒地返回了晋国。
秦	十一	十二
楚	二十一	二十二
宋	十八	十九
卫	七	八
陈	六	七
蔡	十九	二十　文侯甍。 蔡文侯甍逝。
曹	二	三
郑	十二	十三
燕	九	十
吴		

	前591年	前590年
周	十六	十七
鲁	十八　宣公薨。 鲁宣公薨逝。	**鲁成公黑肱元年**　春,齐取我隆。 鲁成公姬黑肱即位元年　春天,齐国夺取了我鲁国的隆邑。
齐	八　晋伐败我。 晋国征伐打败了我齐国。	九
晋	九　伐齐,质子彊,兵罢。 我晋国征伐齐国,齐国派齐顷公庶子彊到我晋国做人质,我晋国军队由此撤退。	十
秦	十三	十四
楚	二十三　庄王薨。 楚庄王薨逝。	**楚共王审元年** 楚共王熊审即位元年
宋	二十	二十一
卫	九	十
陈	八	九
蔡	**蔡景侯固元年** 蔡景侯姬固即位元年	二
曹	四	五
郑	十四	十五
燕	十一	十二
吴		

前589年

周	十八
鲁	二　与晋伐齐，齐归我汶阳，窃与楚盟。 我鲁国与晋国一起攻伐齐国，齐国归还我鲁国汶水以北的土地，我鲁国暗中背叛晋国而与楚国结盟。
齐	十　晋郤克败公于鞍，虏逢丑父。 晋国将领郤克在鞍地打败了齐顷公，并俘虏了齐顷公的车右逢丑父。
晋	十一　与鲁、曹败齐。 我晋国与鲁国、曹国一起打败了齐国。
秦	十五
楚	二　秋，申公巫臣窃徵舒母奔晋，以为邢大夫。冬，伐卫、鲁，救齐。 秋天，我楚国大夫申公巫臣带着陈国夏徵舒的母亲夏姬私奔到了晋国，晋国封他为邢邑大夫。冬天，我楚国攻伐卫国、鲁国，援救齐国。
宋	二十二
卫	十一　穆公薨。与诸侯败齐，反（返）侵地。楚伐我。 卫穆公薨逝。我卫国与诸侯一起打败齐国，收复被齐国侵占的土地。楚国攻伐我卫国。
陈	十
蔡	三
曹	六
郑	十六
燕	十三
吴	

	前588年	前587年
		甲戌
周	十九	二十
鲁	三　会晋、宋、卫、曹伐郑。 我鲁国会合晋国、宋国、卫国、曹国攻伐郑国。	四　公如晋,晋不敬,公欲倍(背)晋合于楚。 鲁成公到晋国,晋国没有以礼相待,鲁成公便想要背叛晋国而与楚国结盟。
齐	十一　顷公如晋,欲王晋,晋不敢受。 齐顷公前往晋国,表示想要晋景公为王,晋景公不敢接受。	十二
晋	十二　始置六卿。率诸侯伐郑。 我晋国开始设置六卿。我晋国率领诸侯讨伐郑国。	十三　鲁公来,不敬。 鲁成公来到我晋国,我晋国没有以礼相待。
秦	十六	十七
楚	三	四　子反救郑。 我楚国的子反援救郑国。
宋	宋共公瑕元年 宋共公子瑕即位元年	二
卫	卫定公臧元年 卫定公姬臧即位元年	二
陈	十一	十二
蔡	四	五
曹	七　伐郑。 我曹国攻伐郑国。	八
郑	十七　晋率诸侯伐我。 晋国率领诸侯攻伐我郑国。	十八　晋栾书取我氾。襄公薨。 晋国的执政大臣栾书攻取我郑国的氾邑。郑襄公薨逝。
燕	十四	十五
吴		

前586年

周	二十一　　定王崩。 周定王崩逝。
鲁	五
齐	十三
晋	十四　梁山崩。伯宗隐其人而用其言。 我晋国境内的梁山崩塌。晋国大夫伯宗在去见晋景公途中遇到一位车夫，车夫告知他如何应答晋景公询问山崩一事，伯宗虽然照车夫的话回答了晋景公，但没有告知晋景公这是车夫的话。
秦	十八
楚	五　伐郑，倍（背）我故也。郑悼公来讼。 我楚国攻伐郑国，因为郑国背叛了我楚国。郑悼公前来楚国申诉。
宋	三
卫	三
陈	十三
蔡	六
曹	九
郑	郑悼公费元年　　公如楚讼。 郑悼公姬费即位元年　　郑悼公前往楚国申诉。
燕	燕昭公元年 燕昭公即位元年
吴	

	前585年	前584年
周	简王元年 周简王姬夷即位元年	二
鲁	六	七
齐	十四	十五
晋	十五　使栾书救郑，遂侵蔡。 我晋国派遣栾书援救被楚国攻伐的郑国，击退楚军后就侵袭了蔡国。	十六　以巫臣始通于吴而谋楚。 我晋国派遣昔日从楚国逃至晋国的巫臣开始与吴国联通而共同筹划讨伐楚国。
秦	十九	二十
楚	六	七　伐郑。 楚国攻伐郑国。
宋	四	五
卫	四	五
陈	十四	十五
蔡	七　晋侵我。 晋国侵犯我蔡国。	八
曹	十	十一
郑	二　悼公薨。楚伐我，晋使栾书来救。 郑悼公姬薨逝。楚国攻伐我郑国，晋国派遣栾书来援救。	郑成公睔元年　悼公弟也。楚伐我。 郑成公姬睔即位元年　姬睔是郑悼公的弟弟。楚国攻伐我郑国。
燕	二	三
吴	吴寿梦元年 吴王姬寿梦即位元年	二　巫臣来，谋伐楚。 晋国派遣巫臣前来我吴国，与我吴国商议征伐楚国的事。

	前583年	前582年
周	三	四
鲁	八	九
齐	十六	十七　顷公薨。 齐顷公薨逝。
晋	十七　复赵武田邑。侵蔡。 我晋国将赵氏的田邑归还赵武。侵犯蔡国。	十八　执郑成公，伐郑。秦伐我。 我晋国捉住了郑成公，并攻伐郑国。秦国攻伐我晋国。
秦	二十一	二十二　伐晋。 我秦国攻伐晋国。
楚	八	九　救郑。冬，与晋成。 我楚国援救郑国。冬天，我楚国与晋国讲和。
宋	六	七
卫	六	七
陈	十六	十七
蔡	九　晋伐我。 晋国攻伐我蔡国。	十
曹	十二	十三
郑	二	三　与楚盟。公如晋，执公伐我。 我郑国与楚国结盟。郑悼公去往晋国，晋国捉住了郑悼公而攻伐我郑国。
燕	四	五
吴	三	四

	前581年	前580年
周	五	六
鲁	十　公如晋送葬，讳之。 鲁成公去往晋国而晋国留下鲁成公为晋景公送葬，《春秋》因忌讳此事而没有记载。	十一
齐	**齐灵公环元年** 齐灵公姜环即位元年	二
晋	十九	**晋厉公寿曼元年** 晋厉公姬寿曼即位元年
秦	二十三	二十四　与晋侯夹河盟，归，倍（背）盟。 秦桓公与晋厉公隔着黄河订立盟约，返回秦国后，秦桓公违背了盟约。
楚	十	十一
宋	八	九
卫	八	九
陈	十八	十九
蔡	十一	十二
曹	十四	十五
郑	四　晋率诸侯伐我。 晋国率领诸侯征伐我郑国。	五
燕	六	七
吴	五	六

	前579年	前578年	前577年
			甲申
周	七	八	九
鲁	十二	十三　会晋伐秦。 我鲁国会合晋国攻伐秦国。	十四
齐	三	四　伐秦。 我齐国攻伐秦国。	五
晋	二	三　伐秦至泾，败之，获其将成差。 我晋国征伐秦国到达泾水，打败了秦军，俘获了秦国大将成差。	四
秦	二十五	二十六　晋率诸侯伐我。 晋国率领诸侯国攻伐我秦国。	二十七
楚	十二	十三	十四
宋	十	十一　晋率我伐秦。 晋国率领我宋国攻伐秦国。	十二
卫	十	十一	十二　定公薨。 卫定公薨逝。
陈	二十	二十一	二十二
蔡	十三	十四	十五
曹	十六	十七　晋率我伐秦。 晋国率领我曹国攻伐秦国。	曹成公负刍元年 曹成公姬负刍即位元年
郑	六	七　晋率我伐秦。 晋国率领我郑国攻伐秦国。	八
燕	八	九	十
吴	七	八	九

	前576年	前575年
周	十	十一
鲁	十五　始与吴通，会钟离。 我鲁国开始与吴国交往，两国在吴国的钟离邑相会。	十六　宣伯告晋，欲杀季文子，文子得以义脱。 我鲁国大臣叔孙侨如派人劝说晋国，想要晋国杀了季文子，季文子因被晋臣范文子称为忠良而得以脱免。
齐	六	七
晋	五　三郤谗伯宗，杀之，伯宗好直谏。 我晋国的郤锜、郤犨、郤至三人说伯宗的坏话，晋厉公杀死了伯宗，伯宗这个人喜好直言劝谏。	六　败楚鄢陵。 我晋国在鄢陵打败了楚国。
秦	秦景公元年 秦景公即位元年	二
楚	十五　许畏郑，请徙叶。 许国畏惧郑国，请求迁徙到我楚国的叶邑。	十六　救郑，不利。子反醉，军败，杀子反归。 我楚国援救郑国，失利。将军子反醉酒，导致了楚军的失败，斩杀子反后返回。
宋	十三　华元奔晋，复还。 我宋国大臣华元投奔晋国，又返回宋国。	宋平公成元年 宋平公子成元年
卫	卫献公衎元年 卫献公姬衎即位元年	二
陈	二十三	二十四
蔡	十六	十七
曹	二　晋执我公以归。 晋国捉住了我国国君曹成公后返回。	三
郑	九	十　倍（背）晋盟楚，晋伐我，楚来救。 我郑国背弃了晋国而与楚国结盟，晋国攻伐我郑国，楚国前来援救。
燕	十一	十二
吴	十　与鲁会钟离。 我吴国与鲁国在钟离邑相会。	十一

	前574年	前573年
周	十二	十三
鲁	十七	十八　成公薨。 鲁成公薨逝。
齐	八	九
晋	七	八　栾书、中行偃杀厉公，立襄公孙，为悼公。 我晋国的大臣栾书、中行偃杀死了晋厉公，拥立晋襄公的曾孙姬周为国君，这就是晋悼公。 ◎注释　"立襄公孙"有误，悼公实为襄公曾孙。
秦	三	四
楚	十七	十八　为鱼石伐宋彭城。 我楚国为了宋国大臣鱼石而攻打宋国的彭城。
宋	二	三　楚伐彭城，封鱼石。 楚国攻打我宋国的彭城，并把彭城封给了鱼石。
卫	三	四
陈	二十五	二十六
蔡	十八	十九
曹	四	五
郑	十一	十二　与楚伐宋。 我郑国与楚国一起攻伐宋国。
燕	十三　昭公薨。 燕昭公薨逝。	**燕武公元年** 燕武公即位元年
吴	十二	十三

	前572年	前571年
周	十四　简王崩。 周简王崩逝。	灵王元年　生有髭。 周灵王姬泄心即位元年　周灵王生下来就有胡须。
鲁	鲁襄公午元年　围宋彭城。 鲁襄公姬午即位元年　我鲁国围攻宋国的彭城。	二　会晋城虎牢。 我鲁国会合晋国在虎牢筑城。
齐	十　晋伐我，使太子光质于晋。 晋国攻伐我齐国，要求没参加讨伐宋国彭城的太子姜光到晋国做人质。	十一
晋	晋悼公元年　围宋彭城。 晋悼公姬周即位元年　我晋国围攻宋国的彭城。	二　率诸侯伐郑，城虎牢。 我晋国率领诸侯讨伐郑国，并在虎牢筑城。
秦	五	六
楚	十九　侵宋，救郑。 我楚国侵入宋国，援救郑国。	二十
宋	四　楚侵我，取犬丘。晋诛鱼石，归我彭城。 楚国侵犯我宋国，夺取犬丘。晋国诛杀了鱼石，归还我宋国的彭城。	五
卫	五　围宋彭城。 我卫国围攻宋国的彭城。	六
陈	二十七	二十八
蔡	二十	二十一
曹	六	七
郑	十三　晋伐败我兵于洧上，楚来救。 晋国征伐打败我郑国，军队停驻洧水边上，楚国前来援救我郑国。	十四　成公薨。晋率诸侯伐我。 郑成公薨逝。晋国率领诸侯攻伐我郑国。
燕	二	三
吴	十四	十五

	前570年	前569年
周	二	三
鲁	三	四　公如晋。 鲁襄公前往晋国。
齐	十二	十三
晋	三　魏绛辱杨干。 我晋国中军司马魏绛杀掉杨干的车夫以羞辱乘车冲撞军队列阵的杨干。	四　魏绛说和戎、狄，狄朝晋。 魏绛劝说晋悼公与戎、狄交好，狄人朝拜我晋国国君。
秦	七	八
楚	二十一　使子重伐吴，至衡山。使何忌侵陈。 我楚国派令尹子重攻伐吴国，一直到达衡山。我楚国派司马何忌侵犯陈国。	二十二　伐陈。 我楚国攻伐陈国。
宋	六	七
卫	七	八
陈	二十九　倍(背)楚盟，楚侵我。 我陈国违背了与楚国的盟约，楚国因此侵犯我陈国。	三十　楚伐我。成公薨。 楚国攻伐我陈国。陈成公薨逝。
蔡	二十二	二十三
曹	八	九
郑	郑釐公恽元年 郑釐公姬恽即位元年	二
燕	四	五
吴	十六　楚伐我。 楚国攻伐我吴国。	十七

	前568年	前567年	前566年
		甲午	
周	四	五	六
鲁	五　季文子卒。 我鲁国的正卿季文子去世。	六	七
齐	十四	十五	十六
晋	五	六	七
秦	九	十	十一
楚	二十三　伐陈。 我楚国攻伐陈国。	二十四	二十五　围陈。 我楚国围攻陈国。
宋	八	九	十
卫	九	十	十一
陈	陈哀公弱元年 陈哀公妫弱即位元年	二	三　楚围我，为公亡归。 楚国围攻我陈国，因为陈哀公私自逃回陈国。
蔡	二十四	二十五	二十六
曹	十	十一	十二
郑	三	四	五　子驷使贼夜杀釐公，诈以病卒赴(讣)诸侯。 我郑国大夫子驷派遣盗贼在夜里杀死了郑釐公，谎称郑釐公因病去世而向诸侯发讣告。
燕	六	七	八
吴	十八	十九	二十

	前565年	前564年
周	七	八
鲁	八　公如晋。 鲁襄公前往晋国。	九　与晋伐郑,会河上,问公年十二,可冠,冠于卫。 我鲁国与晋国一起攻伐郑国,在黄河边上会合,晋悼公询问鲁襄公的年龄得知是十二岁,晋悼公认为可以行冠礼了,于是鲁襄公在卫国举行了冠礼。
齐	十七	十八　与晋伐郑。 我齐国与晋国一起攻伐郑国。
晋	八	九　率齐、鲁、宋、卫、曹伐郑。秦伐我。 我晋国率领齐国、鲁国、宋国、卫国、曹国讨伐郑国。秦国征伐我晋国。
秦	十二	十三　伐晋,楚为我援。 我秦国征伐晋国,楚国为我秦国增援。
楚	二十六　伐郑。 我楚国攻伐郑国。	二十七　伐郑,师于武城,为秦。 我楚国攻伐郑国,军队驻扎在武城,为了增援秦国。
宋	十一	十二　晋率我伐郑。 晋国率领我宋国征伐郑国。
卫	十二	十三　晋率我伐郑。师曹鞭公幸妾。 晋国率领我卫国征伐郑国。乐师曹鞭打跟他学琴的卫献公宠妾。
陈	四	五
蔡	二十七　郑侵我。 郑国侵犯我蔡国。	二十八
曹	十三	十四　晋率我伐郑。 晋国率领我曹国征伐郑国。
郑	郑简公嘉元年　釐公子。 郑简公姬嘉即位元年　姬嘉是郑釐公的儿子。	二　诛子驷。晋率诸侯伐我,我与盟。楚怒,伐我。 我郑国贵族尉止作乱诛杀了独揽大权的子驷。晋国率领诸侯国征伐我郑国,我郑国与晋国及诸侯国订立盟约。楚国发怒,攻伐我郑国。
燕	九	十
吴	二十一	二十二

	前563年	前562年
周	九　王叔奔晋。 周卿士王叔陈生投奔晋国。	十
鲁	十　楚、郑侵我西鄙。 楚国、郑国侵犯我鲁国西部边境。	十一　三桓分为三军，各将军。 季孙氏、叔孙氏、孟孙氏分别掌握我鲁国三军，各自统领一军。
齐	十九　令太子光、高厚会诸侯钟离。 我齐国派太子光、上卿高厚到吴国的钟离邑与诸侯相会。	二十
晋	十　率诸侯伐郑。荀䓨伐秦。 我晋国率领诸侯攻伐郑国。荀䓨攻伐秦国。	十一　率诸侯伐郑，秦败我栎。公曰"吾用魏绛，九合诸侯"，赐之乐。 我晋国率领诸侯攻伐郑国，秦国在我晋国的栎地打败我军。晋悼公说"我任用魏绛，九次会合诸侯"，将郑国所赠予的歌钟与女乐分一半给了魏绛。
秦	十四　晋伐我。 晋国攻伐我秦国。	十五　我使庶长鲍伐晋救郑，败之栎。 我秦国派遣庶长鲍攻伐晋国援救郑国，在栎地打败了晋国军队。
楚	二十八　使子囊救郑。 我楚国派遣令尹子囊援救郑国。	二十九　与郑伐宋。 我楚国和郑国一起攻伐宋国。
宋	十三　郑伐我，卫来救。 郑国攻伐我宋国，卫国前来援救。	十四　楚、郑伐我。 楚国、郑国攻伐我宋国。
卫	十四　救宋。 我卫国援救宋国。	十五　伐郑。 我卫国攻伐郑国。
陈	六	七
蔡	二十九	三十
曹	十五	十六
郑	三　晋率诸侯伐我，楚来救。子孔作乱，子产攻之。 晋国率领诸侯攻伐我郑国，楚国前来援救。我郑国的公子嘉作乱，子产攻击他。	四　与楚伐宋，晋率诸侯伐我，秦来救。 我郑国与楚国一起攻伐宋国，晋国率领诸侯攻伐我郑国，秦国前来援救。
燕	十一	十二
吴	二十三	二十四

	前561年	前560年
周	十一	十二
鲁	十二　公如晋。 鲁襄公前往晋国。	十三
齐	二十一	二十二
晋	十二	十三
秦	十六	十七
楚	三十	三十一　吴伐我，败之。共王薨。 吴国攻伐我楚国，我楚国打败了吴国。楚共王薨逝。
宋	十五	十六
卫	十六	十七
陈	八	九
蔡	三十一	三十二
曹	十七	十八
郑	五	六
燕	十三	十四
吴	二十五　寿梦卒。 吴王寿梦去世。	吴诸樊元年　楚败我。 吴王诸樊即位元年　楚国打败我吴国。

	前559年	前558年
周	十三	十四
鲁	十四　日蚀。 发生日食。	十五　日蚀。齐伐我。 发生日食。齐国攻伐我鲁国。
齐	二十三　卫献公来奔。 卫献公前来投奔我齐国。	二十四　伐鲁。 我齐国攻伐鲁国。
晋	十四　率诸侯大夫伐秦，败棫林。 我晋国率领诸侯大夫攻伐秦国，在秦国的棫林邑被秦军打败。	十五　悼公薨。 晋悼公薨逝。
秦	十八　晋诸侯大夫伐我，败棫林。 晋国与诸侯国大夫攻伐我秦国，在棫林邑被我军打败。	十九
楚	楚康王昭元年　共王太子出奔吴。 楚康王熊昭即位元年　楚共王的太子出逃至吴国。 ◎注释　共王太子即康王昭，实无"出奔吴"之事。	二
宋	十七	十八
卫	十八　孙文子攻公，公奔齐，立定公弟狄。 卫国大夫孙文子攻击卫献公，卫献公逃奔至齐国，我卫国拥立卫定公弟弟的儿子姬狄为国君。 ◎注释　定公弟，应为"定公弟之子"。	卫殇公狄元年　定公弟。 卫殇公姬狄即位元年　姬狄是卫定公弟弟的儿子。
陈	十	十一
蔡	三十三	三十四
曹	十九	二十
郑	七	八
燕	十五	十六
吴	二　季子让位。楚伐我。 吴王寿梦第四子季札推让君位。楚国攻伐我吴国。	三

	前557年	前556年
	甲辰	
周	十五	十六
鲁	十六　齐伐我。地震。齐复伐我北鄙。 齐国攻伐我鲁国。发生地震。齐又攻打我鲁国的北部边境。	十七　齐伐我北鄙。 齐国攻打我鲁国北部边境。
齐	二十五　伐鲁。 我齐国攻伐鲁国。	二十六　伐鲁。 我齐国攻伐鲁国。
晋	晋平公彪元年　伐败楚于湛坂。 晋平公姬彪即位元年　我晋国在楚国的湛坂打败了楚国。	二
秦	二十	二十一
楚	三　晋伐我，败湛坂。 晋国攻伐我楚国，在湛坂打败了我楚国。	四
宋	十九	二十　伐陈。 我宋国攻伐陈国。
卫	二	三　伐曹。 我卫国攻伐曹国。
陈	十二	十三　宋伐我。 宋国攻伐我陈国。
蔡	三十五	三十六
曹	二十一	二十二　卫伐我。 卫国攻伐我曹国。
郑	九	十
燕	十七	十八
吴	四	五

	前555年
周	十七
鲁	十八　与晋伐齐。 我鲁国与晋国一起攻伐齐国。
齐	二十七　晋围临淄。晏婴。 晋国围攻我齐国都城临淄。晏婴。 ◎注释　此处疑有脱文。
晋	三　率鲁、宋、郑、卫围齐，大破之。 我晋国率领鲁国、宋国、郑国、卫国围攻齐国，打得齐国大败。
秦	二十二
楚	五　伐郑。 我楚国攻伐郑国。
宋	二十一　晋率我伐齐。 晋国率领我宋国攻伐齐国。
卫	四
陈	十四
蔡	三十七
曹	二十三　成公薨。 曹成公薨。
郑	十一　晋率我围齐。楚伐我。 晋国率领我郑国围攻齐国。楚国攻伐我郑国。
燕	十九　武公薨。 燕武公薨。
吴	六

	前554年	前553年
周	十八	十九
鲁	十九	二十　日蚀。 发生日食。
齐	二十八　废光，立子牙为太子。光与崔杼杀牙自立。晋、卫伐我。 齐灵公废黜了太子姜光，立其妾所生公子姜牙为太子。姜光和大夫崔杼杀死了姜牙而自立为国君。晋国、卫国攻伐我齐国。	齐庄公元年 齐庄公姜光即位元年
晋	四　与卫伐齐。 我晋国与卫国攻伐齐国。	五
秦	二十三	二十四
楚	六	七
宋	二十二	二十三
卫	五　晋率我伐齐。 晋国率领我卫国攻伐齐国。	六
陈	十五	十六
蔡	三十八	三十九
曹	曹武公胜元年 曹武公姬胜即位元年	二
郑	十二　子产为卿。 子产担任卿。	十三
燕	燕文公元年 燕文公即位元年	二
吴	七	八

	前552年	前551年
周	二十	二十一
鲁	二十一　公如晋。日再蚀。 鲁襄公前往晋国。再次发生日食。	二十二　孔子生。 孔子出生。
齐	二	三　晋栾逞来奔，晏婴曰"不如归之"。 晋国的栾逞前来投奔我齐国，上大夫晏婴说"不如让他返回晋国"。
晋	六　鲁襄公来。杀羊舌虎。 鲁襄公前来我晋国。我晋国的范宣子杀死了叛臣栾逞的党羽羊舌虎。	七　栾逞奔齐。 我晋国叛臣栾逞投奔齐国。
秦	二十五	二十六
楚	八	九
宋	二十四	二十五
卫	七	八
陈	十七	十八
蔡	四十	四十一
曹	三	四
郑	十四	十五
燕	三	四
吴	九	十

	前550年	前549年
周	二十二	二十三
鲁	二十三	二十四　侵齐。日再蚀。 我鲁国侵犯齐国。再次发生日食。
齐	四　欲遣栾逞入曲沃伐晋，取朝歌。 我齐国打算派遣栾逞进入晋国的曲沃为内应，从而征讨晋国，然而只攻下了晋国的朝歌邑。	五　畏晋通楚，晏子谋。 我齐国因畏惧晋国而与楚国通好，这是晏婴的谋略。
晋	八	九
秦	二十七	二十八
楚	十	十一　与齐通。率陈、蔡伐郑救齐。 我楚国与齐国通好。我楚国率领陈国、蔡国攻伐郑国援救齐国。
宋	二十六	二十七
卫	九　齐伐我。 齐国攻伐我卫国。	十
陈	十九	二十　楚率我伐郑。 楚国率领我陈国攻伐郑国。
蔡	四十二	四十三　楚率我伐郑。 楚国率领我蔡国攻伐郑国。
曹	五	六
郑	十六	十七　子产曰范宣子为政。我请伐陈。 子产说范宣子执掌晋国政权。我郑国请求晋国攻伐陈国。 ◎注释　"子产曰"三字后疑有脱文。
燕	五	六
吴	十一	十二

	前548年
周	二十四
鲁	二十五　齐伐我北鄙，以报孝伯之师。 齐国攻打我鲁国的北部边境，以此报复去年鲁卿孝伯率军攻伐齐国的事。
齐	六　晋伐我，报朝歌。崔杼以庄公通其妻，杀之，立其弟，为景公。 晋国攻伐我齐国，报复我齐国夺取晋国朝歌的事。我齐国大夫崔杼因为齐庄公私通自己的妻子，便杀了齐庄公，拥立庄公的弟弟为国君，这就是齐景公。
晋	十　伐齐至高唐，报太行之役。 我晋国攻伐齐国，到达齐国的高唐邑，以报复齐国昔日侵犯太行山的战争。
秦	二十九　公如晋，盟不结。 秦景公前往晋国，盟约没有缔结。
楚	十二　吴伐我，以报舟师之役，射杀吴王。 吴国攻伐我楚国，以报复我楚国在以水军侵犯吴国的战争中射死吴王诸樊的事。
宋	二十八
卫	十一
陈	二十一　郑伐我。 郑国攻伐我陈国。
蔡	四十四
曹	七
郑	十八　伐陈，入陈。 我郑国攻伐陈国，进入陈国国都。
燕	燕懿公元年 燕懿公即位元年
吴	十三　诸樊伐楚，迫巢门，伤射以毙 我吴国国君诸樊攻伐楚国，在逼近巢国城门时，被楚国人射伤而毙逝。

	前547年	前546年
	甲寅	
周	二十五	二十六
鲁	二十六	二十七　日蚀。 发生日食。
齐	齐景公杵臼元年　如晋，请归卫献公。 齐景公姜杵臼即位元年　齐景公前往晋国，请求晋国送卫献公归国。	二　庆封欲专，诛崔氏，杼自杀。 大夫庆封想要在我齐国专权，便诛灭了崔氏，崔杼自杀。
晋	十一　诛卫殇公，复入献公。 我晋国诛杀了卫殇公，又送卫献公返回卫国。	十二
秦	三十	三十一
楚	十三　率陈、蔡伐郑。 我楚国率领陈国、蔡国攻伐郑国。	十四
宋	二十九	三十
卫	十二　齐、晋杀殇公，复内(纳)献公。 齐国、晋国诛杀了卫殇公，又送卫献公回国。	卫献公衎后元年 卫献公姬衎后元年
陈	二十二　楚率我伐郑。 楚国率领我陈国攻伐郑国。	二十三
蔡	四十五	四十六
曹	八	九
郑	十九　楚率陈、蔡伐我。 楚国率领陈国、蔡国攻伐我郑国。	二十
燕	二	三
吴	吴馀祭元年 吴王馀祭即位元年	二

	前545年	前544年
周	二十七	景王元年 周景王姬贵即位元年
鲁	二十八　公如楚。葬康王。 鲁襄公前往楚国。埋葬了楚康王。	二十九　吴季札来观周乐,尽知乐所为。 吴国的季札前来我鲁国观赏周王室的音乐,季札对于音乐所表达的意思全部知晓。
齐	三　冬,鲍、高、栾氏谋庆封,发兵攻庆封,庆封奔吴。 冬天,我齐国的鲍氏、高氏、栾氏谋划攻打庆封,发兵攻击庆封,庆封逃至吴国。	四　吴季札来使,与晏婴欢。 吴国的季札前来我齐国出使,与晏婴相谈甚欢。
晋	十三	十四　吴季札来,曰:"晋政卒归韩、魏、赵。" 吴国的季札前来我晋国,说:"晋国的政权最终会归于韩氏、魏氏、赵氏三家。"
秦	三十二	三十三
楚	十五　康王麇。 楚康王麇逝。	楚熊郏敖元年 楚王郏敖熊员即位元年
宋	三十一	三十二
卫	二	三
陈	二十四	二十五
蔡	四十七	四十八
曹	十	十一
郑	二十一	二十二　吴季札谓子产曰:"政将归子,子以礼,幸脱于厄矣。" 吴国的季札对我郑国的子产说:"朝政将要归于您,您如能以礼治国,便可以使郑国免于厄难。"
燕	四　懿公薨。 燕懿公薨逝。	燕惠公元年　齐高止来奔。 燕惠公即位元年　齐国大夫高止前来投奔我燕国。
吴	三　齐庆封来奔。 齐国的庆封前来投奔我吴国。	四　守门阍杀馀祭。季札使诸侯。 守门的人杀害了吴王馀祭。季札出使诸侯国。

	前543年	前542年
周	二	三
鲁	三十	三十一　襄公薨。昭公年十九，有童心。 鲁襄公薨逝。鲁昭公时年十九岁，仍如孩童般纯真无邪。
齐	五	六
晋	十五	十六
秦	三十四	三十五
楚	二	三　王季父围为令尹。 楚王的叔父熊围担任我楚国令尹。
宋	三十三	三十四
卫	卫襄公恶元年 卫襄公姬恶即位元年	二
陈	二十六	二十七
蔡	四十九　为太子取(娶)楚女，公通焉，太子杀公自立。 我蔡国给太子娶来楚国女子，蔡景侯与这个女子私通，太子便杀死蔡景侯自立为国君。	蔡灵侯班元年 蔡灵侯姬班即位元年
曹	十二	十三
郑	二十三　诸公子争宠相杀，又欲杀子产，子皮止之。 我郑国诸公子因为争宠而互相残杀，又想要杀害子产，子皮称"杀有礼，祸莫大焉"才阻止了这件事。	二十四
燕	二	三
吴	五	六

	前541年	前540年
周	四	五
鲁	鲁昭公稠元年 鲁昭公姬稠即位元年	二　公如晋，至河，晋谢还之。 鲁昭公前往晋国为晋平公的宠姬少姜吊丧，到达黄河边，晋国谢绝了鲁昭公的好意，鲁昭公返回。
齐	七	八　田无宇送女。 我齐国大夫田无宇送齐女少姜嫁给晋国。
晋	十七　秦后子来奔。 秦国的后子前来投奔我晋国。	十八　齐田无宇来送女。 齐国大夫田无宇前来我晋国送齐女少姜出嫁。
秦	三十六　公弟后子奔晋，车千乘。 秦景公的弟弟后子投奔晋国，随车有一千辆之多。	三十七
楚	四　令尹围杀郏敖，自立，为灵王。 我楚国的令尹熊围杀掉了楚王熊郏敖，自立为楚灵王。	楚灵王围元年　共王子，肘玉。 楚灵王熊围即位元年　熊围是楚共王的儿子，昔日楚共王埋玉选择储君而楚灵王的手肘曾压在璧玉上。
宋	三十五	三十六
卫	三	四
陈	二十八	二十九
蔡	二	三
曹	十四	十五
郑	二十五	二十六
燕	四	五
吴	七	八

前539年

周	六
鲁	三
齐	九　　晏婴使晋,见叔向,曰:"齐政归田氏。"叔向曰:"晋公室卑。" 晏婴出使晋国,会见了晋国大夫叔向,说:"齐国的政权将要归田氏所有了。"叔向说:"晋国公室实在卑弱。"
晋	十九
秦	三十八
楚	二
宋	三十七
卫	五
陈	三十
蔡	四
曹	十六
郑	二十七　　夏,如晋。冬,如楚。 夏天,郑简公前往晋国朝见。冬天,郑简公前往楚国朝见。
燕	六　　公欲杀公卿立幸臣,公卿诛幸臣,公恐,出奔齐。 燕惠公想要杀掉公卿而任用自己宠幸的臣子,燕国公卿诛杀了燕惠公的宠臣,燕惠公害怕,便出逃至齐国。
吴	九

前538年

周	七
鲁	四　称病不会楚。 鲁昭公称病不参加楚灵王召集的诸侯会盟。
齐	十
晋	二十
秦	三十九
楚	三　　夏，合诸侯宋地，盟。伐吴朱方，诛庆封。冬，报我，取三城。 夏天，我楚国在宋地会合诸侯，盟誓。我楚国攻伐吴国的朱方，诛杀了投奔吴国的齐国大夫庆封。冬天，吴国报复我楚国，攻取我楚国三座城池。
宋	三十八
卫	六　称病不会楚。 卫襄公称病不参加楚灵王召集的诸侯会盟。
陈	三十一
蔡	五
曹	十七　称病不会楚。 曹武公称病不参加楚灵王召集的诸侯会盟。
郑	二十八　子产曰："三国不会。" 子产说："有三个诸侯国不参加楚灵王召集的诸侯会盟。"
燕	七
吴	十　楚诛庆封。 楚国诛杀了投奔我吴国的齐国大夫庆封。

	前537年	前536年
	甲子	
周	八	九
鲁	五	六
齐	十一	十二　公如晋,请伐燕,入其君。 齐景公前往晋国,请求晋国同意征伐燕国,送逃至我齐国的燕惠公归国。
晋	二十一　秦后子归秦。 秦国的后子由我晋国返回了秦国。	二十二　齐景公来,请伐燕,入其君。 齐景公前来我晋国,请求我晋国同意征伐燕国,送燕惠公归国。
秦	四十　公卒。后子自晋归。 秦景公去世。投奔晋国的后子返回我秦国。	**秦哀公元年** 秦哀公即位元年
楚	四　率诸侯伐吴。 我楚国率领诸侯攻伐吴国。	五　伐吴,次乾溪。 我楚国征伐吴国,将军队驻扎在我楚国的乾溪。
宋	三十九	四十
卫	七	八
陈	三十二	三十三
蔡	六	七
曹	十八	十九
郑	二十九	三十
燕	八	九　齐伐我。 齐国攻伐我燕国。
吴	十一　楚率诸侯伐我。 楚国率领诸侯征伐我吴国。	十二　楚伐我,次乾溪。 楚国攻伐我吴国,将军队驻扎在乾溪。

	前535年	前534年
周	十	十一
鲁	七　季武子卒。日蚀。 我鲁国的正卿季武子去世。发生日食。	八　公如楚，楚留之。贺章华台。 鲁昭公前往楚国，楚人留下了他。鲁昭公祝贺楚国建好了章华台。
齐	十三　入燕君。 我齐国护送燕惠公回国。	十四
晋	二十三　入燕君。 我晋国护送燕惠公回国。	二十四
秦	二	三
楚	六　执芋尹亡人入章华。 芋尹申无宇进入章华台捕捉他手下逃亡的守门人，被章华台的卫士拘押。	七　就章华台，内（纳）亡人实之。灭陈。 我楚国建好了章华台，把逃亡的人送进章华台服役。我楚国灭掉了陈国。
宋	四十一	四十二
卫	九　夫人姜氏无子。 卫襄公的夫人姜氏没有生育儿子。	卫灵公元年 卫灵公姬元即位元年
陈	三十四	三十五　弟招作乱，哀公自杀。 陈哀公的弟弟妫招作乱，陈哀公自杀。
蔡	八	九
曹	二十	二十一
郑	三十一	三十二
燕	燕悼公元年　　惠公归至卒。 燕悼公即位元年　燕惠公回国后去世。	二
吴	十三	十四

	前533年	前532年
周	十二	十三
鲁	九	十
齐	十五	十六
晋	二十五	二十六　春，有星出婺女。七月，公薨。 春天，有客星出现在婺女宿。七月，晋平公薨逝。
秦	四	五
楚	八　弟弃疾将兵定陈。 楚共王的弟弟熊弃疾领兵平定陈国内乱。	九
宋	四十三	四十四　平公薨。 宋平公薨逝。
卫	二	三
陈	陈惠公吴元年　哀公孙也。楚来定我。 陈惠公妫吴即位元年　妫吴是陈哀公的孙子。楚国前来平定我陈国的内乱。	二
蔡	十	十一
曹	二十二	二十三
郑	三十三	三十四
燕	三	四
吴	十五	十六

	前531年	前530年
周	十四	十五
鲁	十一	十二 朝晋至河，晋谢之归。 鲁昭公朝见晋国国君到达黄河，晋国谢绝了他的朝见，于是鲁昭公返回。
齐	十七	十八 公如晋。 齐景公前往晋国。
晋	晋昭公夷元年 晋昭公姬夷即位元年	二
秦	六	七
楚	十 醉杀蔡侯，使弃疾围之。弃疾居之，为蔡侯。 我楚国灌醉并杀害了蔡灵侯，派熊弃疾围攻蔡国。熊弃疾居守蔡国之地，成了蔡邑的行政长官。	十一 王伐徐以恐吴，次乾溪。民罢（疲）于役，怨王。 楚灵王攻伐徐国用来恐吓吴国，将军队驻扎在乾溪。我楚国百姓疲于劳役，埋怨楚灵王。
宋	宋元公佐元年 宋元公子佐即位元年	二
卫	四	五 公如晋，朝嗣君。 卫灵公前往晋国，朝见晋国的嗣君。
陈	三	四
蔡	十二 灵侯如楚，楚杀之，使弃疾居之，为蔡侯。 蔡灵侯前往楚国，楚国杀害了他，并派熊弃疾居守我蔡国之地，成为蔡邑的行政长官。	蔡侯庐元年 景侯子。 蔡侯姬庐即位元年 姬庐是蔡景侯的儿子。
曹	二十四	二十五
郑	三十五	三十六 公如晋。 郑定公前往晋国。
燕	五	六
吴	十七	吴馀眛元年 吴王馀眛即位元年

	前529年	前528年
周	十六	十七
鲁	十三	十四
齐	十九	二十
晋	三	四
秦	八	九
楚	十二　弃疾作乱自立，灵王自杀。复陈、蔡。 熊弃疾作乱而自立为王，楚灵王自杀。我楚国恢复了陈国、蔡国。	楚平王居元年　共王子，抱玉。 楚平王熊居即位元年　熊居是楚共王的儿子，昔日楚共王埋玉选择储君而熊居正好把玉璧压在了胸前。
宋	三	四
卫	六	七
陈	五　楚平王复陈，立惠公。 楚平王恢复了我陈国，拥立了陈惠公。	六
蔡	二　楚平王复我，立景侯子庐。 楚平王恢复了我蔡国，拥立了蔡景侯的儿子姬庐。	三
曹	二十六	二十七
郑	郑定公宁元年 郑定公姬宁即位元年	二
燕	七	燕共公元年 燕共公即位元年
吴	二	三

	前527年	前526年
	甲戌	
周	十八　后、太子卒。 王后和太子姬寿去世。	十九
鲁	十五　日蚀。公如晋,晋留之葬,公耻之。 发生日食。鲁昭公前往晋国,晋国人留下他为晋昭公送葬,鲁昭公感到这件事让自己蒙受耻辱。	十六
齐	二十一	二十二
晋	五	六　公卒。六卿强,公室卑矣。 晋昭公去世。范氏、中行氏、知氏、韩氏、赵氏、魏氏六卿强大,我晋国公室已经十分卑弱了。
秦	十	十一
楚	二　王为太子取(娶)秦女,好,自取(娶)之。 楚平王为太子熊建迎娶秦国女子,结果发现秦国女子很漂亮,便自己娶了她。	三
宋	五	六
卫	八	九
陈	七	八
蔡	四	五
曹	曹平公须元年 曹平公姬须即位元年	二
郑	三	四
燕	二	三
吴	四	吴僚元年 吴王姬僚即位元年

	前525年	前524年
周	二十	二十一
鲁	十七　五月朔,日蚀。彗星见辰。 五月初一,发生日食。彗星出现在辰宿。	十八
齐	二十三	二十四
晋	晋顷公去疾元年 晋顷公姬去疾即位元年	二
秦	十二	十三
楚	四　与吴战。 我楚国与吴国交战。	五
宋	七	八　火。 我宋国发生火灾。
卫	十	十一　火。 我卫国发生火灾。
陈	九	十　火。 我陈国发生火灾。
蔡	六	七
曹	三	四　平公薨。 曹平公薨逝。
郑	五　火,欲禳之,子产曰:"不如修德。" 我郑国发生火灾,郑定公想要祈祷消灾,子产说:"不如修行德政。"	六　火。 我郑国发生火灾。
燕	四	五　共公薨。 燕共公薨逝。
吴	二　与楚战。 我吴国与楚国交战。	三

	前523年	前522年
周	二十二	二十三
鲁	十九 地震。 我鲁国发生地震。	二十 齐景公与晏子狩，入鲁问礼。 齐景公与晏婴一起打猎，进入我鲁国询问礼制。
齐	二十五	二十六 猎鲁界，因入鲁。 齐景公与晏婴在鲁国边界打猎，顺便进入鲁国。
晋	三	四
秦	十四	十五
楚	六	七 诛伍奢、尚，太子建奔宋，伍胥奔吴。 我楚国诛杀伍奢、伍尚父子，太子熊建逃至宋国，伍奢次子伍子胥逃至吴国。
宋	九	十 公毋信。诈杀诸公子。楚太子建来奔，见乱，之郑。 宋元公不讲信用。他欺骗并杀害了诸公子。楚国的太子熊建前来投奔我宋国，看到宋国内乱，就去往郑国。
卫	十二	十三
陈	十一	十二
蔡	八	九 平侯甍。灵侯孙东国杀平侯子而自立。 蔡平侯甍逝。蔡灵侯的孙子姬东国杀死蔡平侯的儿子姬朱后自立为国君。
曹	曹悼公午元年 曹悼公姬午即位元年	二
郑	七	八 楚太子建从宋来奔。 楚国的太子熊建从宋国前来投奔我郑国。
燕	燕平公元年 燕平公即位元年	二
吴	四	五 伍员来奔。 伍子胥前来投奔我吴国。

	前521年	前520年
周	二十四	二十五
鲁	二十一　公如晋至河,晋谢之,归。日蚀。 鲁昭公前往晋国到达黄河,晋国谢绝了他,鲁昭公于是返回。发生日食。	二十二　日蚀。 发生日食。
齐	二十七	二十八
晋	五	六　周室乱,公平乱,立敬王。 周王室发生内乱,晋顷公平定祸乱,扶立周敬王姬匄。
秦	十六	十七
楚	八　蔡侯来奔。 蔡侯姬朱前来投奔楚国。	九
宋	十一	十二
卫	十四	十五
陈	十三	十四
蔡	蔡悼侯东国元年　奔楚。 蔡悼侯姬东国即位元年　蔡侯姬朱逃至楚国。	二
曹	三	四
郑	九	十
燕	三	四
吴	六	七

	前519年	前518年
周	敬王元年 周敬王姬匄即位元年	二
鲁	二十三　地震。 我鲁国发生地震。	二十四　鸜鹆来巢。 八哥鸟飞来巢居。
齐	二十九	三十
晋	七	八
秦	十八	十九
楚	十　吴伐败我。 吴国打败我楚国。	十一　吴卑梁人争桑，伐取我钟离。 吴国卑梁邑的人与我楚国人争夺桑叶，吴国因此攻取我楚国的钟离邑。
宋	十三	十四
卫	十六	十七
陈	十五　吴败我兵，取胡、沈。 吴国打败我陈国军队，攻取胡国、沈国。	十六
蔡	三	蔡昭侯申元年　悼侯弟。 蔡昭侯姬申即位元年　姬申是蔡悼侯的弟弟。
曹	五	六
郑	十一　楚建作乱，杀之。 楚国太子熊建作乱，我郑国因此杀死了他。	十二　公如晋，请内（纳）王。 郑定公去往晋国，请求护送周敬王返回周都。
燕	五	六
吴	八　公子光败楚。 我吴国公子光打败了楚国军队。	九

	前517年	前516年
	甲申	
周	三	四
鲁	二十五　公欲诛季氏，三桓氏攻公，公出居郓。 鲁昭公想要诛杀季氏，三桓氏攻击鲁昭公，鲁昭公出居郓邑。	二十六　齐取我郓以处公。 齐国攻取我鲁国的郓邑用来安置鲁昭公。
齐	三十一	三十二　彗星见(现)。晏子曰："田氏有德于齐，可畏。" 彗星出现。晏婴说："田氏对齐国有恩惠，这样是值得畏惧的。"
晋	九	十　知栎、赵鞅内(纳)王于王城。 知栎、赵鞅护送周敬王回到周王室都城。
秦	二十	二十一
楚	十二	十三　欲立子西，子西不肯。秦女子立，为昭王。 我楚国想要立公子子西为王，子西不肯。秦国女子所生的儿子被立为王，这就是楚昭王。
宋	十五	**宋景公头曼元年** 宋景公子头曼即位元年
卫	十八	十九
陈	十七	十八
蔡	二	三
曹	七	八
郑	十三	十四
燕	七	八
吴	十	十一

	前515年	前514年
周	五	六
鲁	二十七	二十八　公如晋，求入，晋弗听，处之乾侯。 鲁昭公去往晋国，请求晋国护送他返回鲁国，晋国国君不听从，将他安置在晋国的乾侯邑。
齐	三十三	三十四
晋	十一	十二　六卿诛公族，分其邑。各使其子为大夫。 我晋国的六卿诛杀了公族，分割了他们的封邑。六卿各自派自己的儿子担任大夫。
秦	二十二	二十三
楚	楚昭王珍元年　诛无忌以说(悦)众。 楚昭王熊珍即位元年　楚国诛杀费无忌以取悦众人。	二
宋	二	三
卫	二十	二十一
陈	十九	二十
蔡	四	五
曹	九	曹襄公元年 曹襄公即位元年
郑	十五	十六
燕	九	十
吴	十二　公子光使专诸杀僚，自立。 公子光派专诸杀死吴王僚，公子光自立为王。	吴阖闾元年 吴王阖闾即位元年

	前513年
周	七
鲁	二十九　公自乾侯如郓。齐侯曰"主君"，公耻之，复之乾侯。 鲁昭公从乾侯回到郓邑。齐景公称他为"主君"，鲁昭公对此事颇觉耻辱，又前往乾侯。
齐	三十五
晋	十三
秦	二十四
楚	三
宋	四
卫	二十二
陈	二十一
蔡	六
曹	二
郑	郑献公虿元年 郑献公姬虿即位元年
燕	十一
吴	二

	前512年	前511年
周	八	九
鲁	三十	三十一　日蚀。 发生日食。
齐	三十六	三十七
晋	十四　顷公薨。 晋顷公薨逝。	晋定公午元年 晋定公姬午即位元年
秦	二十五	二十六
楚	四　吴三公子来奔，封以扞吴。 吴国的三位公子前来投奔，我楚国封给他们土地用来扰乱吴国。	五　吴伐我六、潜。 吴国攻打我楚国的六邑、潜邑。
宋	五	六
卫	二十三	二十四
陈	二十二	二十三
蔡	七	八
曹	三	四
郑	二	三
燕	十二	十三
吴	三　三公子奔楚。 我吴国的三位公子逃奔楚国。	四　伐楚六、潜。 我吴国攻伐楚国的六邑、潜邑。

十二诸侯年表第二

	前510年	前509年
周	十　晋使诸侯为我筑城。 晋国派遣诸侯国为我周王室建筑城池。	十一
鲁	三十二　公卒乾侯。 鲁昭公死在了乾侯。	鲁定公宋元年　昭公丧自乾侯至。 鲁定公姬宋即位元年　鲁昭公的死讯从乾侯传来。
齐	三十八	三十九
晋	二　率诸侯为周筑城。 我晋国率领诸侯国为周王室建筑城池。	三
秦	二十七	二十八
楚	六	七　囊瓦伐吴，败我豫章。蔡侯来朝。 我楚国令尹囊瓦攻伐吴国，我楚国军队在豫章邑被吴国军队打败。蔡昭侯前来我楚国朝拜。
宋	七	八
卫	二十五	二十六
陈	二十四	二十五
蔡	九	十　朝楚，以裘故留。 蔡昭侯去往楚国朝见楚王，楚国令尹囊瓦想要蔡昭侯的皮衣而蔡昭侯不愿意给他，所以蔡昭侯被楚国扣留。
曹	五　平公弟通杀襄公自立。 曹平公的弟弟姬通杀死了曹襄公而自立为国君。	曹隐公元年 曹隐公姬通即位元年
郑	四	五
燕	十四	十五
吴	五	六　楚伐我，迎击，败之，取楚之居巢。 楚国攻伐我吴国，我国军队迎击楚国军队，将其打败，并夺取了楚国的居巢邑。

615

	前508年	前507年
		甲午
周	十二	十三
鲁	二	三
齐	四十	四十一
晋	四	五
秦	二十九	三十
楚	八	九　蔡昭侯留三岁，得裘，故归。 蔡昭侯被扣留在我楚国三年，令尹囊瓦终于得到了蔡昭侯的皮衣，所以蔡昭侯得以返回蔡国。
宋	九	十
卫	二十七	二十八
陈	二十六	二十七
蔡	十一	十二　与子常裘，得归，如晋，请伐楚。 蔡昭侯送给楚国令尹囊瓦他想要的皮衣，得以返回蔡国，蔡昭侯前往晋国，请求晋国讨伐楚国。
曹	二	三
郑	六	七
燕	十六	十七
吴	七	八

	前506年	前505年
周	十四　与晋率诸侯侵楚。 周王室与晋国一起率领诸侯国侵讨楚国。	十五
鲁	四	五　阳虎执季桓子，与盟，释之。日蚀。 我鲁国季孙氏家臣阳虎捉住了季桓子，和他订立盟约，然后释放了他。发生日食。
齐	四十二	四十三
晋	六　周与我率诸侯侵楚。 周王室与我晋国一起率领诸侯国侵讨楚国。	七
秦	三十一　楚包胥请救。 楚国大夫申包胥前来我秦国请求救援。	三十二
楚	十　吴、蔡伐我，入郢，昭王亡。伍子胥鞭平王墓。 吴国、蔡国攻伐我楚国，他们进入了都城郢城，楚昭王逃亡。伍子胥用鞭子抽打楚平王的坟墓。 ◎注释　《吴太伯世家》《伍子胥列传》均载伍子胥鞭平王之尸，与此处说法不同。	十一　秦救至，吴去，昭王复入。 秦国救兵到达我楚国，吴国军队离去，楚昭王又返回国都。
宋	十一	十二
卫	二十九　与蔡争长。 我卫国与蔡国争夺盟会尊长。	三十
陈	二十八	陈怀公柳元年 陈怀公妫柳即位元年
蔡	十三　与卫争长。楚侵我，吴与我伐楚，入郢。 我蔡国与卫国争夺盟会尊长。楚国侵略我蔡国，吴国与我蔡国一起攻伐楚国，进入楚国都城郢城。	十四
曹	四	曹靖公路元年 曹靖公姬路即位元年
郑	八	九
燕	十八	十九
吴	九　与蔡伐楚，入郢。 我吴国与蔡国一起攻伐楚国，进入楚国都城郢城。	十

	前504年	前503年
周	十六　王子朝之徒作乱故，王奔晋。 因为王子姬朝的党徒作乱，周敬王逃至晋国。	十七　刘子迎王，晋入王。 周王室卿士刘桓公迎接周敬王，晋国护送周敬王回到周都。
鲁	六	七　齐伐我。 齐国攻伐我鲁国。
齐	四十四	四十五　侵卫。伐鲁。 我齐国侵犯卫国。我齐国攻伐鲁国。
晋	八	九　入周敬王。 我晋国护送周敬王返回周都。
秦	三十三	三十四
楚	十二　吴伐我番，楚恐，徙都。 吴国攻伐我楚国的番地，楚王恐惧，将都城迁移到鄀城。	十三
宋	十三	十四
卫	三十一	三十二　齐侵我。 齐国侵犯我卫国。
陈	二	三
蔡	十五	十六
曹	二	三
郑	十　鲁侵我。 鲁国侵犯我郑国。	十一
燕	燕简公元年 燕简公即位元年	二
吴	十一　伐楚，取番。 我吴国攻伐楚国，取得楚国的番地。	十二

	前502年	前501年
周	十八	十九
鲁	八　阳虎欲伐三桓，三桓攻阳虎，虎奔阳关。 阳虎打算讨伐三桓（孟孙氏、叔孙氏、季孙氏），三桓攻打阳虎，阳虎逃至阳关邑。	九　伐阳虎，虎奔齐。 讨伐阳虎，阳虎逃至齐国。
齐	四十六　鲁伐我。我伐鲁。 鲁国攻伐我齐国。我齐国攻伐鲁国。	四十七　囚阳虎，虎奔晋。 我齐国囚禁了阳虎，阳虎逃脱投奔晋国。
晋	十　伐卫。 我晋国攻伐卫国。	十一　阳虎来奔。 阳虎前来投奔。
秦	三十五	三十六　哀公薨。 秦哀公薨逝。
楚	十四　子西为民泣，民亦泣，蔡昭侯恐。 我楚国令尹子西为民众哭泣，民众也哭泣，蔡昭侯觉得恐惧。	十五
宋	十五	十六　阳虎来奔。 阳虎投奔晋国时路过我宋国。
卫	三十三　晋、鲁侵伐我。 晋国、鲁国侵犯攻打我卫国。	三十四
陈	四　公如吴，吴留之，因死吴。 陈怀公去往吴国，吴国留下了他，他因而死在了吴国。	陈湣公越元年 陈湣公妫越即位元年
蔡	十七	十八
曹	四　靖公薨。 曹靖公薨逝。	曹伯阳元年 曹伯姬阳即位元年
郑	十二	十三　献公薨。 郑献公薨逝。
燕	三	四
吴	十三　陈怀公来，留之，死于吴。 陈怀公前来我吴国，我吴国留下了他，他最终死在了我吴国。	十四

前500年

周	二十
鲁	十　公会齐侯于夹谷。孔子相。齐归我地。 鲁定公在夹谷与齐景公会盟。孔子代理行使国相的事务。齐国归还了我鲁国的土地。
齐	四十八
晋	十二
秦	**秦惠公元年　彗星见**(现)**。** 秦惠公即位元年　彗星出现。
楚	十六
宋	十七
卫	三十五
陈	二
蔡	十九
曹	二
郑	**郑声公胜元年　郑益弱。** 郑声公姬胜即位元年　我郑国更加衰弱。
燕	五
吴	十五

前499年

周	二十一
鲁	十一
齐	四十九
晋	十三
秦	二　　生躁公、怀公、简公。 躁公、怀公、简公出世。
楚	十七
宋	十八
卫	三十六
陈	三
蔡	二十
曹	三　　国人有梦众君子立社宫，谋亡曹，振铎请待公孙彊，许之。 我曹国国都中有个人梦见众多君子站在社稷坛的大院内，商议灭亡我曹国的事，我曹国第一任国君曹叔振铎请求这几位君子等待公孙彊出现后再灭亡曹国，他们答应了。
郑	二
燕	六
吴	十六

	前498年	前497年
		甲辰
周	二十二	二十三
鲁	十二　齐来归女乐，季桓子受之，孔子行。 齐国送给我鲁国一班美女乐工，季桓子接受了齐国的馈赠，孔子离开了我鲁国。	十三
齐	五十　遗鲁女乐。 我齐国送给鲁国一班美女乐工。	五十一
晋	十四	十五　赵鞅伐范、中行。 我晋国的赵鞅攻打范氏、中行氏。
秦	三	四
楚	十八	十九
宋	十九	二十
卫	三十七　伐曹。 我卫国攻伐曹国。	三十八　孔子来，禄之如鲁。 孔子来到我卫国，我卫国给孔子的俸禄和他在鲁国的一样多。
陈	四	五
蔡	二十一	二十二
曹	四　卫伐我。 卫国攻伐我曹国。	五
郑	三	四
燕	七	八
吴	十七	十八

	前496年
周	二十四
鲁	十四
齐	五十二
晋	十六
秦	五
楚	二十
宋	二十一
卫	三十九　太子蒯聩出奔。 我卫国太子姬蒯聩出国逃亡。
陈	六　孔子来。 孔子来到我陈国。
蔡	二十三
曹	六　公孙彊好射，献雁，君使为司城，梦者子行。 我曹国一个叫作公孙彊的人喜好射猎，他为曹伯阳献上了所猎获的大雁，曹伯阳让他担任主管工程建筑的官员，昔日那个做梦人的儿子便离开了曹国。
郑	五　子产卒。 子产去世。
燕	九
吴	十九　伐越，败我，伤阖闾指，以死。 我吴国攻伐越国，越国军队打败了我吴国的军队，战争中击伤了吴王阖闾的脚趾，阖闾因此而死去。

	前495年	前494年
周	二十五	二十六
鲁	十五　定公薨。日蚀。 鲁定公薨逝。发生日食。	鲁哀公将元年 鲁哀公姬将即位元年
齐	五十三	五十四　伐晋。 我齐国攻伐晋国。
晋	十七	十八　赵鞅围范、中行朝歌。齐、卫伐我。 赵鞅在朝歌围攻范氏、中行氏。齐国、卫国攻伐我晋国。
秦	六	七
楚	二十一　灭胡。以吴败我，倍(背)之。 我楚国灭掉了胡国。因为当年吴国打败我楚国时，胡国背叛了我楚国。	二十二　率诸侯围蔡。 我楚国率领诸侯围攻蔡国。
宋	二十二　郑伐我。 郑国攻伐我宋国。	二十三
卫	四十	四十一　伐晋。 我卫国攻伐晋国。
陈	七	八　吴伐我。 吴国攻伐我陈国。
蔡	二十四	二十五　楚伐我，以吴怨故。 楚国攻伐我蔡国，因为我蔡国当年与吴国一起打败了楚国。
曹	七	八
郑	六　伐宋。 我郑国攻伐宋国。	七
燕	十	十一
吴	吴王夫差元年 吴王夫差即位元年	二　伐越。 我吴国攻伐越国。

	前493年	前492年
周	二十七	二十八
鲁	二	三　地震。 鲁国发生地震。
齐	五十五　输范、中行氏粟。 我齐国输送粮食给晋国的范氏、中行氏。	五十六
晋	十九　赵鞅围范、中行，郑来救，我败之。 赵鞅围攻范氏、中行氏，郑国军队前来援救，我晋国军队打败了郑国军队。	二十
秦	八	九
楚	二十三	二十四
宋	二十四	二十五　孔子过宋，桓魋恶之。 孔子经过我宋国，我宋国司马桓魋十分憎恶他。
卫	四十二　灵公薨。蒯聩子辄立。晋纳太子蒯聩于戚。 卫灵公薨逝。卫灵公太子蒯聩的儿子姬辄被立为国君。晋国护送蒯聩到达我卫国的戚邑。	卫出公辄元年。 卫出公姬辄即位元年。
陈	九	十
蔡	二十六　畏楚，私召吴人，乞迁于州来，州来近吴。 我蔡国畏惧楚国，便暗中招来吴国人，乞求把国都迁到州来邑，州来邑接近吴国。	二十七
曹	九	十　宋伐我。 宋国攻打我曹国。
郑	八　救范、中行氏，与赵鞅战于铁，败我师。 我郑国援救晋国的范氏、中行氏，与赵鞅在卫国的铁邑交战，我郑国军队被晋国军队打败。	九
燕	十二	燕献公元年 燕献公即位元年
吴	三	四

	前491年	前490年
周	二十九	三十
鲁	四	五
齐	五十七　乞救范氏。 我齐国大夫田乞援救晋国的范氏。	五十八　景公薨。立嬖姬子为太子。 齐景公薨逝。我齐国立齐景公爱妾所生的儿子姜荼为太子。
晋	二十一　赵鞅拔邯郸、柏人，有之。 赵鞅攻下邯郸、柏人，占有了它们。	二十二　赵鞅败范、中行，中行奔齐。伐卫。 赵鞅打败了范氏、中行氏，中行氏逃至齐国。我晋国攻伐卫国。
秦	十　惠公薨。 秦惠公薨逝。	秦悼公元年 秦悼公即位元年
楚	二十五	二十六
宋	二十六	二十七
卫	二	三　晋伐我，救范氏故。 晋国攻伐我卫国，因为我卫国救援了范氏。
陈	十一	十二
蔡	二十八　大夫共诛昭侯。 我蔡国的大夫共谋诛杀了蔡昭侯。	蔡成侯朔元年 蔡成侯姬朔即位元年
曹	十一	十二
郑	十	十一
燕	二	三
吴	五	六

前489年

周	三十一
鲁	六
齐	齐晏孺子元年　田乞诈立阳生，杀孺子。 我齐国晏孺子姜荼即位元年　田乞以诈术扶立齐景公的庶子姜阳生为国君，并且杀死了晏孺子姜荼。
晋	二十三
秦	二
楚	二十七　救陈，王死城父。 我楚国援救陈国，楚昭王死在了我楚国的城父邑。
宋	二十八　伐曹。 我宋国攻伐曹国。
卫	四
陈	十三　吴伐我，楚来救。 吴国攻伐我陈国，楚国前来援救。
蔡	二
曹	十三　宋伐我。 宋国攻伐我曹国。
郑	十二
燕	四
吴	七　伐陈。 我吴国攻伐陈国。

前488年

周	三十二
鲁	七　公会吴王于缯。吴征百牢,季康子使子贡谢之。 鲁哀公在我鲁国的缯邑会见吴王。吴国索要牛、羊、猪各一百头,季康子派子贡谢绝了吴国的要求。
齐	齐悼公阳生元年 齐悼公姬阳生即位元年
晋	二十四　侵卫。 我晋国侵伐卫国。
秦	三
楚	楚惠王章元年 楚惠王熊章即位元年
宋	二十九　侵郑,围曹。 我宋国侵伐郑国,围攻曹国。
卫	五　晋侵我。 晋国侵犯我卫国。
陈	十四
蔡	三
曹	十四　宋围我,郑救我。 宋国围攻我曹国,郑国援救我曹国。
郑	十三
燕	五
吴	八　鲁会我缯。 鲁国与我吴国在缯邑会盟。

	前487年	前486年
	甲寅	
周	三十三	三十四
鲁	八　吴为邾伐我,至城下,盟而去。齐取我三邑。 吴国因为我鲁国曾攻伐邾国而攻打我鲁国,吴国到达我鲁国城下,订立盟约后离去。齐国夺取我鲁国三座城邑。	九
齐	二　伐鲁,取三邑。 我齐国攻伐鲁国,取得鲁国的三座城邑。	三
晋	二十五	二十六
秦	四	五
楚	二　子西召建子胜于吴,为白公。 我楚国令尹子西派人到吴国召回太子建的儿子胜,让他担任了白邑的长官。	三　伐陈,陈与吴故。 我楚国攻伐陈国,因为陈国亲附吴国。
宋	三十　曹倍(背)我,我灭之。 曹国背叛我宋国,我宋国灭掉了曹国。	三十一　郑围我,败之于雍丘。 郑国围攻我宋国,我宋国在雍丘打败郑国。
卫	六	七
陈	十五	十六　倍(背)楚,与吴成。 我陈国背叛了楚国,与吴国讲和。
蔡	四	五
曹	十五　宋灭曹,虏伯阳。 宋国灭掉了我曹国,俘虏了宋伯阳。	
郑	十四	十五　围宋,败我师雍丘,伐我。 我郑国围攻宋国,我郑国军队在雍丘被打败,宋国又反攻我郑国。
燕	六	七
吴	九　伐鲁。 我吴国攻伐鲁国。	十

	前485年
周	三十五
鲁	十　与吴伐齐。 我鲁国与吴国一起攻伐齐国。
齐	四　吴、鲁伐我。鲍子杀悼公，齐人立其子壬为简公。 吴国、鲁国攻伐我齐国。我齐国大夫鲍牧杀掉了齐悼公，国人拥立齐悼公的儿子姜壬为齐简公。
晋	二十七　使赵鞅伐齐。 我晋国派遣赵鞅攻伐齐国。
秦	六
楚	四　伐陈。 我楚国攻伐陈国。
宋	三十二　伐郑。 我宋国攻伐郑国。
卫	八　孔子自陈来。 孔子从陈国来到我卫国。
陈	十七
蔡	六
曹	
郑	十六
燕	八
吴	十一　与鲁伐齐。救陈。诛五（伍）员。 我吴国与鲁国一起攻伐齐国。援救陈国。吴王夫差诛杀了伍子胥。

	前484年	前483年
周	三十六	三十七
鲁	十一　齐伐我。冉有言,故迎孔子,孔子归。 齐国攻伐我鲁国。因为冉有讲情,所以我鲁国迎接孔子,孔子返回鲁国。	十二　与吴会橐皋。用田赋。 我鲁国与吴国在吴国的橐皋邑会盟。我鲁国开始按照田亩数量征收赋税。
齐	齐简公元年　鲁与吴败我。 齐简公姜壬即位元年　鲁国与吴国一起打败了我齐国。	二
晋	二十八	二十九
秦	七	八
楚	五	六　白公胜数请子西伐郑,以父怨故。 我楚国大夫白公胜屡次请求令尹子西派兵攻伐郑国,因为他的父亲被郑国人所杀而怨恨郑国。
宋	三十三	三十四
卫	九　孔子归鲁。 孔子由我卫国返回鲁国。	十　公如晋,与吴会橐皋。 卫出公前往晋国,我卫国与吴国在橐皋邑会盟。
陈	十八	十九
蔡	七	八
曹		
郑	十七	十八　宋伐我。 宋国攻伐我郑国。
燕	九	十
吴	十二　与鲁败齐。 我吴国与鲁国一起打败了齐国。	十三　与鲁会橐皋。 我吴国与鲁国在橐皋邑会盟。

	前482年	前481年
周	三十八	三十九
鲁	十三　与吴会黄池。 我鲁国与吴国在卫国的黄池邑会盟。	十四　西狩获麟。卫出公来奔。 有人在城西狩猎获得了一只麒麟。卫出公前来投奔我鲁国。
齐	三	四　田常杀简公，立其弟骜，为平公，常相之，专国权。 田常杀死了齐简公，拥立齐简公的弟弟姜骜为国君，这就是齐平公，田常担任国相，专断国政。
晋	三十　与吴会黄池，争长。 我晋国与吴国在黄池邑会盟，争当诸侯国的盟主。	三十一
秦	九	十
楚	七　伐陈。 我楚国攻伐陈国。	八
宋	三十五　郑败我师。 郑国打败了我宋国的军队。	三十六
卫	十一	十二　父蒯聩入，辄出亡。 卫出公姬辄的父亲姬蒯聩返回我卫国，卫出公出国逃亡。
陈	二十	二十一
蔡	九	十
曹		
郑	十九　败宋师。 我郑国打败了宋国军队。	二十
燕	十一	十二
吴	十四　与晋会黄池。 我吴国与晋国在黄池邑会盟。	十五

	前480年	前479年
周	四十	四十一
鲁	十五　子服景伯使齐,子贡为介,齐归我侵地。 我鲁国大夫子服景伯出使齐国,子贡为副使,齐国归还我鲁国被侵占的土地。	十六　孔子卒。 孔子去世。
齐	齐平公骜元年　景公孙也。齐自是称田氏。 齐平公姜骜即位元年　齐平公是齐景公的孙子。我齐国从此称颂田氏。	二
晋	三十二	三十三
秦	十一	十二
楚	九	十　白公胜杀令尹子西,攻惠王。叶公攻白公,白公自杀。惠王复国。 白公胜杀死了令尹子西,攻击楚惠王。令尹兼司马叶公沈诸梁攻击白公胜,白公胜自杀。楚惠王得以复国。
宋	三十七　荧惑守心,子韦曰"善"。 火星运行到心宿附近,史官子韦对于宋景公愿意独自承担上天灾祸的行为说"好"。	三十八
卫	卫庄公蒯聩元年 卫庄公姬蒯聩即位元年	二
陈	二十二	二十三　楚灭陈,杀湣公。 楚国灭掉了我陈国,杀害了陈湣公。
蔡	十一	十二
曹		
郑	二十一	二十二
燕	十三	十四
吴	十六	十七

	前478年	前477年
		甲子
周	四十二	四十三　敬王崩。 周敬王崩逝。
鲁	十七	十八　二十七卒。 鲁哀公在位二十七年去世。
齐	三	四　二十五卒。 齐平公在位二十五年去世。
晋	三十四	三十五　三十七卒。 晋定公在位三十七年去世。
秦	十三	十四　卒，子厉共公立。 秦悼公去世，他的儿子秦厉共公即位。
楚	十一	十二　五十七卒。 楚惠王在位五十七年去世。
宋	三十九	四十　六十四卒。 宋景公在位六十四年去世。
卫	三　庄公辱戎州人，戎州人与赵简子攻庄公，出奔。 卫庄公侮辱戎州人，戎州人和赵简子一起攻击卫庄公，卫庄公出国逃亡。	卫君起元年　石傅逐起出，辄复入。 卫国国君姬起即位元年　大夫石傅驱逐姬起离开卫国，卫出公姬辄又返回卫国。
陈		
蔡	十三	十四　十九卒。 蔡成侯在位十九年去世。
曹		
郑	二十三	二十四　三十八卒。 郑声公在位三十八年去世。
燕	十五	十六　二十八卒。 燕献公在位二十八年去世。
吴	十八　越败我。 越国打败我吴国。	十九　二十三卒。 吴王夫差在位二十三年去世。

◎ 释疑解惑

既然表中除了周王室共列有十三个诸侯国，那么篇名与《序》中为什么要称"十二诸侯"而非"十三诸侯"呢？对此，后世有各种不同的解说。

唐代的司马贞在《史记索隐》中说："篇言十二，实叙十三者，贱夷狄不数吴，又霸在后故也。不数而叙之者，阖闾霸盟上国故也。"

明末清初学者傅占衡与清代学者李景星皆不同意司马贞在《史记索隐》中的观点。傅占衡称："吴，夷也，楚与越亦夷也，淫名而病中国，楚于吴愈矣，何为昵楚而仇吴？"李景星亦言："以吴为夷狄，楚独非夷狄乎？何以进楚而退吴？且既以其霸盟而叙之矣，又何以标名独遗之？太史公必不荒谬若是。"二人都认为司马贞以吴乃夷狄解释这个问题是没有道理的，毕竟《十二诸侯年表》中还有一个夷狄之国楚国。

但是二人对于这多出来的第十三个诸侯到底是谁，又有着不同的观点。傅占衡以为司马迁"其不数者盖鲁也"。何以言此？他解释说："吾尝并《六国表》而观之，按《表》首周次鲁，而后齐、晋、秦、楚次之，宋、卫、陈、蔡、曹、郑、燕、吴又次之。其曰十二者，以鲁为主也，犹《六国表》首周次秦，而后曰魏，曰韩，曰赵，曰楚，曰燕，曰齐次之。其不曰七国者，以秦为主也。夫《十二诸侯表》，据《春秋》而次者也；《六国表》，据《秦记》而次者也。《春秋》详于鲁，故序言皆言《春秋》，其始'太史公读《春秋》'，终曰'表见《春秋》《国语》'，而日、月之蚀皆书于鲁，十二国不与焉。《秦记》详于秦，故序言皆曰秦，其始曰'太史公读《秦记》'，终曰'予于是因《秦记》踵《春秋》之后'，而日、月之蚀皆书秦，六国者不与焉，然则太史公非有所不数也。其据而作《表》者则殊焉，《十二国》与《六国表》皆然也，何以谓不数吴？"傅占衡认为司马迁作《十二诸侯年表》所依据的史料乃是鲁史《春秋》，故而表中的鲁国没有在他所谱列的"十二诸侯"之列。而李景星则认为司马迁所不数者为秦，因为其他诸侯皆列在《史记》之"世家"中，唯独秦被列入"本纪"，故而与其他诸侯不同。他说："非不数吴，乃不数秦也。何以不数秦？殊之也。何殊乎尔？十二国皆'世家'，独秦'本纪'，故殊之。"

◎ **思考辨析题**

1. 上述本篇称"十二诸侯"实列"十三诸侯"问题的各种观点，你同意哪一种？为什么？

2. 你如何看待《十二诸侯年表》中所记录的诸侯国之间时而结盟时而背约攻伐的情况？

六国年表

第三

《六国年表》在时间上承接《十二诸侯年表》,记录了从周元王元年(前476年)至秦二世三年(前207年)这一时间段内周王室进一步衰微,秦国逐步强盛,秦国和其他诸侯国联合、争战,与其他诸侯国渐次灭亡的历史,即司马迁在表前序文中所说"起周元王,表六国时事,讫二世,凡二百七十年"。与《十二诸侯年表》并非只条列十二诸侯一样,《六国年表》也并非只记六个诸侯国的历史。表格一开始共分为八格,每格的表头依次是周、秦、魏、韩、赵、楚、燕、齐。题目中的"六国",乃是指魏、韩、赵、楚、燕、齐六国。此时周王室虽然逐渐衰微,但毕竟仍是天下共主,因而依旧列于首格。而据表前序文,《六国年表》乃是因《秦记》而作,且此表最终的结局乃是秦国兼并六国一统天下,其中的内容便是秦国吞并六国的过程,整个《六国年表》都是以秦国的历史为中心叙述的，故而在周王室之下紧接着列出秦国，且对于彗星、日食等自然现象的记录也列于秦国的格条之内。从秦始皇元年（前246年）开始，表格由八格变为七格，因为此时秦国已经完全消灭东周与西周，故而去掉了周格，秦国变为首格，其后魏、韩、赵、楚、燕、齐六格保留。秦始皇二十六年（前221年），秦国灭掉了六国中的最后一个诸侯国齐国，因此从秦始皇二十七年（前220年）开始，整个表格只剩下了秦国一格，表明秦国灭掉六国，统一了中国。

前文已述，《六国年表》乃是司马迁据秦国史书而作，因此其中所记史实以秦国的最为详细。有关秦国历史的记录，主要包括以下几个方面。其一，与其他国家的交往与互动，包括：其他国家来秦国进献财物，如"蜀人来赂""楚人来赂""义渠来赂""晋人、楚人来赂"等；秦国与其他国家之间嫁女迎妇，如"越人来迎女"；秦国与其他国家的战争，如"义渠伐秦，侵至渭阳""与魏战少梁""伐韩宜阳，取六邑""与晋战武城"等；其他国家的人前来投奔秦国或被秦国俘虏扣押，如"晋大夫智开率其邑人来奔""楚王来，因留之"等。其二，对自然现象、自然灾害、瘟疫与各种异象的记录，如彗星的出现、日月食、地震、蝗虫蔽天、民大疫、六月飞雪、下金雨、马生出人等。其三，秦国的各种国家工程，如挖掘战壕、修筑城池、建造祭坛、修建郑国渠等。其四，秦国新的国家政策的施行，如"初令吏带剑""初租禾""初置丞相""为田开阡陌""初为县，有秩史""初为赋""行钱""初腊"等。其五，秦国重要大臣的任免，如"卫公孙鞅为大良造""张仪相""张仪免相，相魏""张仪复相""樗里子、甘茂为丞相"等。其六，秦国内部的各种纷争动乱，如"庶长晁杀怀公""庶长改迎灵公太子，立为献公。诛出公"等。

而对其他诸侯国历史的叙述，大多是围绕各国之间的攻伐与会盟展开。如魏格的"伐秦，筑临晋、元里""击守中山""秦侵阴晋""与秦王会西周"，韩格的"伐郑，取雍丘""秦败我西山""秦伐宜阳，取六邑""与秦会两周间"，赵格的"伐卫，取都鄙七十三。魏败我蔺""伐齐于甄。魏败我怀""与秦会中阳"，楚格的"灭杞""灭莒""败郑师，围郑""伐韩，取负黍""与秦王会穰"，燕国的"败齐林孤""击秦不胜""与秦、三晋击齐，燕独入至临菑，取其宝器"，齐国的"伐晋，败黄城，围阳狐""伐鲁，取都""与郑会于西城。伐卫，取毌丘"。除此之外，此一时间段内，韩、赵、魏三家逐步瓜分了其宗主国晋国的土地与政权，齐国的国君由姜氏变为田氏，这类重要的历史事件，也在表中得到展现。

周格除记录周天子的更替外，基本没有记录其他历史事件，唯周威烈王二十三年（前403年）记录"九鼎震"，安王三年（前399年）记录"王子定奔晋"，显王五年（前364年）记录"贺秦"，显王九年（前360年）记录"致胙于秦"，显王二十五年（前344年）记录"诸侯会"，显王二十六年（前343年）记录"致伯秦"，显王三十三年（前336年）记录"贺秦"。"九鼎震""王子定奔晋"都表露出周王室的进一步衰微，而其后诸事，大都与秦国有关，显示出秦国地位的提升。

《六国年表》所记录的这二百七十年里，从七雄并立到秦国统一，用了二百五十多年的时间，而秦国统一后，短短十余年，陈涉起义，楚汉灭秦，秦始皇千秋万代的美好愿望在秦二世三年便戛然破灭。也正因为此，秦国成了后世最富讨论价值的王朝之一。司马迁在此表的序文中感叹"学者牵于所闻，见秦在帝位日浅，不察其终始，因举而笑之，不敢道，此与以耳食无异"，认为当时的学者大多只看到秦国的失败，却没有认识到秦国可以统一六国必有其成功之处。这无疑值得我们深思。

太史公读《秦记》，至犬戎败幽王①，周东徙雒邑，秦襄公②始封为诸侯，作西畤③用事上帝，僭④端见（现）矣。《礼》⑤曰："天子祭天地，诸侯祭其域内名山大川。"今秦杂戎翟（狄）之俗，先暴戾，后仁义，位在藩臣而胪于郊祀⑥，君子惧焉。及文公逾陇⑦，攘夷狄，尊陈宝⑧，营岐雍⑨之间，而穆公修政，东竟（境）至河，则与齐桓、晋文中国侯伯侔⑩矣。是后陪臣⑪执政，大夫世禄，六卿擅晋权，征伐会盟，威重于诸侯。及田常杀简公⑫而相齐国，诸侯晏然弗讨，海内争于战攻矣。三国终之卒分晋，田和⑬亦灭齐而有之，六国之盛自此始。务在强兵并敌，谋诈用而从衡短长之说起。矫称蜂出，誓盟不信，虽置质剖符⑭犹不能约束也。秦始小国僻远，诸夏宾（摈）之，比于戎翟（狄），至献公⑮之后常雄诸侯。论秦之德义不如鲁、卫之暴戾者，量秦之兵不如三晋之强也，然卒并天下，非必险固便、形执（势）利也，盖若天所助焉。

◎**注释** ①〔犬戎败幽王〕犬戎，古代少数民族部落名，其时活跃在今陕西、甘肃一带。幽王，姬姓，名宫涅，西周第十二任君主，公元前781年至公元前771年在位。②〔秦襄公〕嬴姓，赵氏，名不详，是春秋时期秦国成为诸侯国后的第一任国君，公元前777年至公元前766年在位。秦襄公原是西垂大夫，在犬戎攻打周王室与平王东迁时有功，被封为诸侯。③〔畤（zhì）〕指祭祀天地五帝的祭坛。秦襄公在西垂建立祭坛用以祭祀白帝。④〔僭（jiàn）〕指超越本分。⑤〔《礼》〕指《礼记》。⑥〔胪（lú）于郊祀〕胪，陈设，陈列。郊祀，天子在郊外祭祀天地的典礼。⑦〔文公逾陇〕文公，嬴姓，赵氏，春秋时秦国国君，公元前765年至公元前716年在位。陇，陇山，在今陕西、甘肃之间。⑧〔陈宝〕秦文公曾得到一块神石，传说这块神石中的神明有如雄鸡，于是便在陈仓北阪建造祠堂供奉，故而称为"陈宝"。⑨〔岐雍〕岐指岐山，在今陕西凤翔东。雍指雍山，在今陕西凤翔西。⑩〔侔（móu）〕相等。⑪〔陪臣〕指诸侯的臣子。诸侯为天子之臣，故而诸侯的臣子对天子而言乃是陪臣，即臣子之臣。⑫〔田常杀简公〕田常，齐国的权臣。简公，名壬，春秋末年齐国国君，公元前484年至公元前481年在位。⑬〔田和〕田常曾孙，原是齐康公的国相，公元前391年，田和迁齐康公至海上，并自立为齐君。⑭〔置质剖符〕置质，指国君将自己的亲族送到别国当人质。剖符，指作为凭信的用具，一般由铜、玉或竹木制成可以合而为一的两半，双方各执一半，相合而作为某种凭据。⑮〔献公〕名师隰（xí），一名连，战国时秦国国君，公元前384年至公元前362年在位。

◎**大意**　太史公阅读《秦记》，读到了犬戎击败周幽王，周王室于是向东迁徙到雒邑，秦襄公因为护卫周王室有功而被封为诸侯，之后他便建造西畤用来祭祀白帝，超越其本分的端倪便开始出现了。《礼记》上讲："天子祭祀上天和大地，诸侯只能祭祀他们封地之内的名山大川。"如今的秦国混杂着戎狄民族的风俗，看重暴力蛮横，轻视仁义道德，原本仅是宗室之外的臣子却能够如天子一般祭祀天神，真是让君子畏惧他们。等到秦文公越过陇山，讨伐排斥夷狄民族，供奉神石陈宝，在岐山和雍山之间营建城池，秦穆公时善修政事，东边的国境扩张至黄河沿岸，秦国的势力和齐桓公、晋文公这样的中原诸侯霸主已经不相上下了。从此之后诸侯的臣子卿大夫开始执政，并且和诸侯一样世代享有职位和俸禄，晋国的六卿擅自执掌晋国的政权，到处征伐与别国会盟，权势远远超过各诸侯国。等到齐国的权臣田常弑齐简公立齐平公而成为齐国的相国，诸侯也十分安然而毫无讨伐之意，于是普天之下便争相攻伐。韩、赵、魏三家最终分割晋国而成为诸侯国，田和也灭掉齐国而成为诸侯，六国的强盛便从此开始了。他们把加强军队的训练与吞并敌国作为第一要务，运用奇谋诈骗之术，于是合纵、连横的学说渐次兴起。假传命令的事情蜂拥而出，立誓订盟也变得不再可信，派遣人质或剖符为证也不能约束这些事。秦国最初只是偏远地方的一个小国，中原地区的诸侯国对其多有排斥，认为秦与戎狄没有什么差别，然而到了秦献公之后的年代，秦国常常比中原的诸侯国实力还要雄厚。说起秦国的德义，甚至比不上鲁国、卫国中的暴戾之人；衡量秦国的军队，也不如韩、赵、魏三国强盛。可最终是秦国兼并了天下，这一定不是因为地势险固、形势对其有利，大概是因为上天在帮助它吧。

或曰"东方物所始生，西方物之成孰（熟）"。夫作事者必于东

南，收功实者常于西北。故禹兴于西羌①，汤起于亳②，周之王也以丰镐伐殷③，秦之帝用雍州兴，汉之兴自蜀汉④。

◎**注释** ①〔禹兴于西羌〕据扬雄《蜀王本纪》，"禹本汶山郡广柔县人也"。西羌，即今四川汶川西北一带。②〔亳（bó）〕古城邑名，具体位置有多种说法。据《集解》注文，此处"亳"指的是今陕西西安东南的亳亭。③〔以丰镐（hào）伐殷〕丰，在今陕西西安西南沣河以西。镐，在丰东北沣河以东。殷，古城邑名，在今河南安阳小屯村，商王朝的第二十代国君盘庚迁都于此。④〔蜀汉〕蜀指今四川成都一带，汉指今陕西汉中一带。

◎**大意** 有人说"东边是万物开始出生的地方，西边是万物得以成熟的地方"。因此开始做事的人一定要在东南边，而能够收获功业果实的人往往在西北边。所以大禹在西羌兴起，商汤在亳地兴起，周朝称王也是因为在丰镐讨伐殷商，秦国的帝业在雍州兴起，而汉朝的兴起则是在蜀汉。

秦既得意，烧天下《诗》《书》，诸侯史记尤甚，为其有所刺讥也。《诗》《书》所以复见者，多藏人家，而史记独藏周室，以故灭。惜哉，惜哉！独有《秦记》，又不载日月，其文略不具。然战国之权变①亦有可颇采者，何必上古。秦取天下多暴，然世异变，成功大。传②曰"法后王"，何也？以其近己而俗变相类，议卑③而易行也。学者牵④于所闻，见秦在帝位日浅，不察其终始，因举而笑之，不敢道，此与以耳食无异。悲夫！

◎**注释** ①〔权变〕指"事异则备变"的权宜变化思想。②〔传〕古书，这里指《荀子·儒效》，此篇中有"法后王，一制度"的话语。③〔议卑〕指议论切实，不妄发高论。④〔牵〕拘泥。

◎**大意** 秦国实现了统一天下的志向之后，焚毁了天下的《诗》《书》，而对于诸侯国的史书更是极力烧毁,因为这些书籍里面有讥讽秦国的内容。《诗》《书》在后世重新为人所见,是因为当时有很多藏在世人家中,但是各诸侯国的史书只保存在周王室中,因此才全部被毁灭。真是可惜啊,真是可惜啊!唯独有一部《秦记》,然而这部书中并没有对日期的记载,文辞也十分简略而不具体。不过战国时代的所谓权宜变通之说也略微有它可以采纳的内容,为什么一定要遵循上古时代的法则呢。秦国取得天下的手段多显暴戾,但是在时代不断改变的情况下能够改变自己的行政策略,秦国所建立的功业也是巨大的。古书中说"效法后代的帝王",这是为什么?就是因为后代的帝王与我们生活的时代更加接近,并且习俗演变之后也与我们现代的更加相似,这种说法无疑是更切实而容易执行的。学者往往囿于自己昔日所获得的知识,只看到秦国享有帝位的时日较短,却不去考察它盛衰的规律,都来讥笑秦国,不敢讲出秦国所建立的功业,这与用耳朵吃饭简直没有区别。真是可悲啊!

余于是因《秦记》,踵①《春秋》之后,起周元王②,表六国时事,讫二世,凡二百七十年,著诸所闻兴坏之端③。后有君子,以览观焉。

◎**注释** ①〔踵〕继,接续。②〔周元王〕名姬仁,公元前476年至公元前469年在位。③〔兴坏之端〕兴坏,兴败。端,头绪。

◎**大意** 因为这样,我便依据《秦记》,接续《春秋》记事之后,从周元王开始,以表格的形式排列六国时的历史事件,直到秦二世,共二百七十年,著录了我所听闻的各种隆兴衰败的缘由。后世若有君子,便可以借此观览当时的史事了。

	前476年	前475年	前474年
周	**周元王元年** 周元王姬仁即位元年	二	三
秦	**秦厉共公元年** 秦厉共公即位元年	二 **蜀人来赂。** 蜀国人前来我秦国进献财物。	三
魏	**魏献子** 　**卫出公辄后元年。** 　卫出公姬辄后元年。 ◎注释　魏献子卒于鲁定公元年（前509年），此处"魏献子"三字疑衍文。	晋定公卒。 晋定公去世。	晋出公错元年。 晋出公姬错即位元年。
韩	**韩宣子** ◎注释　韩宣子卒于鲁昭公二十八年（前514年），此处"韩宣子"三字疑衍文。		
赵	**赵简子四十二** 赵简子在位第四十二年	四十三	四十四
楚	**楚惠王章十三年** 　**吴伐我。** 楚惠王熊章在位第十三年 吴国攻伐我楚国。	十四 　**越围吴，吴怨。** 　越国围攻吴国，吴国怨恨。	十五
燕	**燕献公十七年** 燕献公在位第十七年	十八	十九
齐	**齐平公鹜五年** 齐平公姜鹜在位第五年	六	七 　**越人始来。** 　越国人开始派使者到我齐国来。

	前473年	前472年	前471年
周	四	五	六
秦	四	五 楚人来赂。 楚国人前来秦国进献财物。	六 义渠来赂。绵诸乞援。 义渠族人前来秦国进献财物。绵诸族人乞求援助。
魏			
韩			
赵	四十五	四十六	四十七
楚	十六 越灭吴。 越国灭掉了吴国。	十七 蔡景侯卒。 蔡景侯去世。	十八 蔡声侯元年。 蔡声侯即位元年。
燕	二十	二十一	二十二
齐	八	九 晋知（智）伯瑶来伐我。 晋国的智伯瑶前来攻伐我齐国。	十

	前470年	前469年	前468年
周	七	八	**定王元年** 周定王姬介即位元年
秦	七 **彗星见**(现)。 彗星出现。	八	九
魏	**卫出公饮，大夫不解袜，公怒，即攻公，公奔宋。** 卫出公饮酒，大夫褚师比在席上不脱袜子，卫出公发怒，大夫就攻击卫出公，卫出公逃奔宋国。		
韩			
赵	四十八	四十九	五十
楚	十九 **王子英奔秦。** 我楚国王子英投奔秦国。	二十	二十一
燕	二十三	二十四	二十五
齐	十一	十二	十三

	前467年	前466年	前465年
周	二	三	四
秦	十 **庶长将兵拔魏城。彗星见（现）。** 我秦国庶长领兵攻下魏城。彗星出现。	十一	十二
魏			
韩			
赵	五十一	五十二	五十三
楚	二十二 **鲁哀公卒。** 鲁哀公去世。	二十三 **鲁悼公元年。三桓胜，鲁如小侯。** 鲁悼公姬宁即位元年。鲁国的孟孙氏、叔孙氏、季孙氏十分强盛，鲁国君如同小侯。	二十四
燕	二十六	二十七	二十八
齐	十四	十五	十六

	前464年	前463年	前462年
周	五	六	七
秦	十三	十四 晋人、楚人来赂。 晋国人、楚国人前来秦国进献财物。	十五
魏			
韩	知（智）伯伐郑，驷桓子如齐求救。 晋国卿大夫智伯攻伐郑国，郑国大夫驷弘去往齐国请求援救。	郑声公卒。 郑声公去世。	郑哀公元年。 郑哀公姬易即位元年。
赵	五十四 知（智）伯谓简子，欲废太子襄子，襄子怨知（智）伯。 智伯对晋国大夫赵简子说，想要赵简子废掉他的太子赵襄子，赵襄子因此而怨恨智伯。	五十五	五十六
楚	二十五	二十六	二十七
燕	燕孝公元年 燕孝公即位元年	二	三
齐	十七 救郑，晋师去。中行文子谓田常："乃今知所以亡。" 我齐国援救郑国，晋国军队离去。晋国卿大夫中行文子对我齐国的田常说："您如今知道我为何要逃亡了吧。"	十八	十九

	前461年	前460年	前459年	前458年
周	八	九	十	十一
秦	十六 **堑阿旁。伐大荔。补庞戏城。** 我秦国在阿旁挖掘壕沟。攻伐居住在大荔的戎族人。修缮庞戏城。	十七	十八	十九
魏				
韩				
赵	五十七	五十八	五十九	六十
楚	二十八	二十九	三十	三十一
燕	四	五	六	七
齐	二十	二十一	二十二	二十三

	前457年	前456年
周	十二	十三
秦	二十 公将师与绵诸战。 秦厉共公率军与绵诸族人交战。	二十一
魏		晋哀公忌元年。 晋哀公姬忌即位元年。
韩		
赵	襄子元年 未除服，登夏屋，诱代王，以金斗杀代王。封伯鲁子周为代成君。 赵襄子即位元年 赵襄子还没有除去丧服，就登上了夏屋山，骗来代国王，用金斗击死了他。赵襄子封兄长赵伯鲁的儿子赵周为代成君。	二
楚	三十二 蔡声侯卒。 蔡声侯去世。	三十三 蔡元侯元年。 蔡元侯即位元年。
燕	八	九
齐	二十四	二十五

	前455年	前454年	前453年
周	十四	十五	十六
秦	二十二	二十三	二十四
魏	卫悼公黔元年。 卫悼公姬黔即位元年。		魏桓子败智伯于晋阳。 晋卿魏桓子在晋阳打败了智伯。
韩			韩康子败智伯于晋阳。 晋卿韩康子在晋阳打败了智伯。
赵	三	四 与智伯分范、中行地。 赵襄子和智伯瓜分了范氏、中行氏的土地。	五 襄子败智伯晋阳，与魏、韩三分其地。 赵襄子在晋阳打败了智伯，赵、魏、韩三家瓜分了智伯的土地。
楚	三十四	三十五	三十六
燕	十	十一	十二
齐	齐宣公就匜元年 齐宣公姜积即位元年	二	三

	前452年	前451年	前450年
周	十七	十八	十九
秦	二十五 晋大夫智开率其邑人来奔。 晋国大夫智开率领他封地内的人前来投奔。	二十六 左庶长城南郑。 我秦国左庶长在南郑建筑城池。	二十七
魏			**卫敬公元年。** 卫敬公姬弗即位元年。
韩			
赵	六	七	八
楚	三十七	三十八	三十九 **蔡侯齐元年。** 蔡侯姬齐即位元年。
燕	十三	十四	十五
齐	四	五 **宋景公卒。** 宋景公去世。	六 **宋昭公元年。** 宋昭公子特即位元年。

	前449年	前448年	前447年
周	二十	二十一	二十二
秦	二十八 越人来迎女。 越国人来我秦国迎娶秦女。	二十九 晋大夫智宽率其邑人来奔。 晋国大夫智宽率领他封地内的人前来投奔。	三十
魏			
韩			
赵	九	十	十一
楚	四十	四十一	四十二 楚灭蔡。 我楚国灭掉了蔡国。
燕	燕成公元年 燕成公姬载即位元年	二	三
齐	七	八	九

	前446年	前445年	前444年	前443年
周	二十三	二十四	二十五	二十六
秦	三十一	三十二	三十三 **伐义渠，虏其王。** 我秦国攻伐义渠族，俘虏了他们的王。	三十四 **日蚀，昼晦。星见**（现）。 发生日食，白天昏暗。星星出现。
魏				
韩				
赵	十二	十三	十四	十五
楚	四十三	四十四 **灭杞。杞，夏之后。** 我楚国灭掉了杞国。杞国，是夏朝的后代。	四十五	四十六
燕	四	五	六	七
齐	十	十一	十二	十三

	前442年	前441年	前440年	前439年
周	二十七	二十八	考王元年 周考王姬嵬即位元年	二
秦	**秦躁公元年** 秦躁公即位元年	二 **南郑反。** 南郑人反叛我秦国。	三	四
魏				
韩				
赵	十六	十七	十八	十九
楚	四十七	四十八	四十九	五十
燕	八	九	十	十一
齐	十四	十五	十六	十七

	前438年	前437年	前436年	前435年
周	三	四	五	六
秦	五	六	七	八 六月，雨雪。日、月蚀。 六月，下雪。发生日食、月食。
魏		晋幽公柳元年。服韩、魏。 晋幽公姬柳即位元年。晋幽公服从于韩氏、魏氏。		
韩				
赵	二十	二十一	二十二	二十三
楚	五十一	五十二	五十三	五十四
燕	十二	十三	十四	十五
齐	十八	十九	二十	二十一

	前434年	前433年	前432年	前431年
周	七	八	九	十
秦	九	十	十一	十二
魏				卫昭公元年。 卫昭公姬纠即位元年。
韩				
赵	二十四	二十五	二十六	二十七
楚	五十五	五十六	五十七	楚简王仲元年 灭莒。 楚简王熊仲即位元年 我楚国灭掉了莒国。
燕	十六	燕湣公元年 燕湣公即位元年	二	三
齐	二十二	二十三	二十四	二十五

	前430年	前429年	前428年	前427年
周	十一	十二	十三	十四
秦	十三 **义渠伐秦，侵至渭阳。** 义渠族攻伐我秦国，一直侵犯到了渭阳。	十四	**秦怀公元年** **生灵公。** 秦怀公即位元年 秦灵公出生。	二
魏				
韩				
赵	二十八	二十九	三十	三十一
楚	二	三 **鲁悼公卒。** 鲁悼公去世。	四 **鲁元公元年。** 鲁元公姬嘉即位元年。	五
燕	四	五	六	七
齐	二十六	二十七	二十八	二十九

	前426年	前425年	前424年
周	十五	威烈王元年 周威烈王姬午即位元年	二
秦	三	四 庶长晁杀怀公。太子蚤（早）死，大臣立太子之子，为灵公。 我秦国庶长晁杀死了秦怀公。秦怀公的太子早早就死了，大臣拥立太子的儿子为国君，这就是秦灵公。	秦灵公元年 生献公。 秦灵公即位元年 秦灵公生秦献公。
魏		卫悼公亹元年。 卫悼公姬亹即位元年。	魏文侯斯元年 魏文侯魏斯自称侯元年
韩			韩武子元年 韩武子即位元年
赵	三十二	三十三 襄子卒。 赵襄子去世。	赵桓子元年 赵桓子即位元年
楚	六	七	八
燕	八	九	十
齐	三十	三十一	三十二

	前423年	前422年	前421年	前420年
周	三	四	五	六
秦	二	三 作上、下畤。 我秦国建造了祭祀黄帝的上畤和祭祀炎帝的下畤。	四	五
魏	二	三	四	五 魏诛晋幽公，立其弟止。 魏氏诛杀了晋幽公，拥立他的弟弟姬止为国君。
韩	二 郑幽公元年。韩杀之。 郑幽公姬已即位元年。韩武子杀死了他。	三 郑立幽公子，为繻公，元年。 郑国人拥立了郑幽公的儿子为国君，这就是郑繻公，郑繻公即位元年。	四	五
赵	赵献侯元年 赵献侯赵浣即位元年	二	三	四
楚	九	十	十一	十二
燕	十一	十二	十三	十四
齐	三十三	三十四	三十五	三十六

	前419年	前418年	前417年
周	七	八	九
秦	六	七 与魏战少梁。 我秦国在少梁与魏军交战。	八 城堑河濒。初以君主妻河。 我秦国在黄河边上筑城挖护城河。开始把公主嫁给河神。
魏	六 晋烈公止元年。 魏城少梁。 晋烈公姬止即位元年。 魏氏在少梁筑城。	七	八 复城少梁。 魏氏又在少梁筑城。
韩	六	七	八
赵	五	六	七
楚	十三	十四	十五
燕	十五	十六	十七
齐	三十七	三十八	三十九

	前416年	前415年	前414年
周	十	十一	十二
秦	九	十 **补庞，城籍姑。灵公卒，立其季父悼子，是为简公。** 我秦国修缮繁庞城，在籍姑筑城。秦灵公去世，秦国立他的小叔父悼子为国君，这就是秦简公。	**秦简公元年** 秦简公嬴悼子即位元年
魏	九	十	十一 **卫慎公元年。** 卫慎公姬颓即位元年。
韩	九	十	十一
赵	八	九	十 **中山武公初立。** 中山武公姬窟刚立为中山国国君。
楚	十六	十七	十八
燕	十八	十九	二十
齐	四十	四十一	四十二

	前413年	前412年	前411年
周	十三	十四	十五
秦	二 与晋战，败郑下。 我秦国与晋国交战，败于郑邑之下。	三	四
魏	十二	十三 公子击围繁、庞，出其民。 魏斯的儿子公子击围攻秦国的繁、庞，将当地的百姓迁往魏氏的土地。	十四
韩	十二	十三	十四
赵	十一	十二	十三 城平邑。 赵氏在平邑筑城。
楚	十九	二十	二十一
燕	二十一	二十二	二十三
齐	四十三 伐晋，败黄城，围阳狐。 我齐国攻伐晋国，毁坏了黄城邑，又围攻阳狐邑。	四十四 伐鲁、莒及安阳。 我齐国攻伐鲁国、莒国以及安阳。	四十五 伐鲁，取都。 我齐国攻伐鲁国，取得鲁国一都。

	前410年	前409年	前408年
周	十六	十七	十八
秦	五 日蚀。 发生日食。	六 初令吏带剑。 开始让官吏携带刀剑。	七 堑洛，城重泉。初租禾。 我秦国在洛水边挖壕沟，在重泉筑城。开始征收实物地租。
魏	十五	十六 伐秦，筑临晋、元里。 魏氏攻伐秦国，修筑临晋城、元里城。	十七 击守中山。伐秦，至郑还，筑洛阴、合阳。 魏氏公子击镇守中山国。魏氏攻伐秦国，到达郑城后返回，修筑洛阴、合阳城。
韩	十五	十六	韩景侯虔元年 伐郑，取雍丘。 郑城京。 韩景侯韩虔即位元年 韩氏攻伐郑国，夺取了雍丘。 郑国在京邑筑城。
赵	十四	十五	赵烈侯籍元年 魏使太子伐中山。 赵烈侯赵籍即位元年 魏氏派太子攻伐中山国。
楚	二十二	二十三	二十四 简王卒。 楚简王去世。
燕	二十四	二十五	二十六
齐	四十六	四十七	四十八 取鲁郕。 我齐国攻取鲁国的郕邑。

	前407年	前406年	前405年
周	十九	二十	二十一
秦	八	九	十
魏	十八 文侯受经子夏。过段干木之闾常式（轼）。 魏文侯从子夏那里学习经书。魏文侯经过子夏弟子段干木的里巷之门总是扶着车前的横木敬礼。	十九	二十 卜相李克，翟璜争。 魏氏选择相国时询问李克，因为李克推荐了魏成子，翟璜便与李克争辩。
韩	二 郑败韩于负黍。 郑国在负黍邑打败了我韩国。	三	四
赵	二	三	四
楚	楚声王当元年 　鲁穆公元年。 楚声王熊当即位元年 　鲁穆公姬显即位元年。	二	三
燕	二十七	二十八	二十九
齐	四十九 与郑会于西城。伐卫，取毋丘。 我齐国与郑国在西城会盟。我齐国攻伐卫国，夺取毋丘。	五十	五十一 田会以廪丘反。 我齐国大夫田会占据廪丘邑反叛。

	前404年	前403年	前402年
周	二十二	二十三 九鼎震。 九鼎震动。	二十四
秦	十一	十二	十三
魏	二十一	二十二 初为侯。 我魏国开始被列为诸侯国。	二十三
韩	五	六 初为侯。 我韩国开始被列为诸侯国。	七
赵	五	六 初为侯。 我赵国开始被列为诸侯国。	七 烈侯好音，欲赐歌者田，徐越侍以仁义，乃止。 赵烈侯喜好音乐，想要赐给歌手田地，徐越用仁义之道侍奉赵烈侯，赵烈侯打消了赐田给歌手的念头。
楚	四	五 魏、韩、赵始列为诸侯。 魏国、韩国、赵国开始被列为诸侯国。	六 盗杀声王。 盗贼刺杀楚声王。
燕	三十	三十一	燕釐公元年 燕釐公即位元年
齐	齐康公贷元年 齐康公姜贷即位元年	二 宋悼公元年。 宋悼公子购由即位元年。	三

	前401年	前400年	前399年
周	安王元年 周安王姬骄即位元年	二	三 王子定奔晋。 周王室王子定投奔晋国。
秦	十四 伐魏，至阳狐。 我秦国攻伐魏国，到达阳狐邑。	十五	秦惠公元年 秦惠公即位元年
魏	二十四 秦伐我，至阳狐。 秦国攻伐我魏国，到达阳狐邑。	二十五 太子䓘生。 我魏国太子䓘出生。	二十六 虢山崩，壅河。 虢山崩塌，壅塞黄河。
韩	八	九 郑围阳翟。 郑国围攻阳翟。	韩烈侯元年 韩烈侯姬取即位元年
赵	八	九	赵武公元年 赵武公即位元年
楚	楚悼王类元年 楚悼王熊类即位元年	二 三晋来伐我，至乘丘。 韩、赵、魏三国前来攻伐我楚国，到达了乘丘邑。	三 归榆关于郑。 我楚国归还榆关给郑国。
燕	二	三	四
齐	四	五	六

	前398年	前397年	前396年
周	四	五	六
秦	二	三 日蚀。 发生日食。	四
魏	二十七	二十八	二十九
韩	二 郑杀其相驷子阳。 郑国杀了他们的国相驷子阳。	三 三月，盗杀韩相侠累。 三月，盗贼刺杀了我韩国国相侠累。	四 郑相子阳之徒杀其君繻公。 郑国国相驷子阳的党徒杀了他们的国君郑繻公。
赵	二	三	四
楚	四 败郑师，围郑。郑人杀子阳。 我楚国打败郑国军队，围攻郑国。郑国人杀死了他们的国相驷子阳。	五	六
燕	五	六	七
齐	七	八	九

	前395年	前394年	前393年	前392年
周	七	八	九	十
秦	五 伐绵诸。 我秦国攻伐绵诸族。	六	七	八
魏	三十	三十一	三十二 伐郑，城酸枣。 我魏国攻伐郑国，在酸枣筑城。	三十三 晋孝公倾元年。 晋孝公姬倾即位元年。
韩	五 郑康公元年。 郑康公姬乙即位元年。	六 救鲁。 郑负黍反。 我韩国援救鲁国。 郑国负黍邑的人反叛郑国。	七	八
赵	五	六	七	八
楚	七	八	九 伐韩，取负黍。 我楚国攻伐韩国，取得了负黍邑。	十
燕	八	九	十	十一
齐	十 宋休公元年。 宋休公即位元年。	十一 伐鲁，取最。 我齐国攻伐鲁国，夺取了鲁国的最地。	十二	十三

	前391年	前390年	前389年	前388年
周	十一	十二	十三	十四
秦	九 伐韩宜阳，取六邑。 我秦国攻伐韩国的宜阳县，夺取了韩国的六座城邑。	十 与晋战武城。县陕。 我秦国与晋国在武城交战。在陕地设县。	十一 太子生。 我秦国太子出生。	十二
魏	三十四	三十五 齐伐取襄陵。 齐国攻取我魏国的襄陵邑。	三十六 秦侵阴晋。 秦国侵犯我魏国的阴晋邑。	三十七
韩	九 秦伐宜阳，取六邑。 秦国攻伐我韩国的宜阳，夺取我韩国的六座城邑。	十	十一	十二
赵	九	十	十一	十二
楚	十一	十二	十三	十四
燕	十二	十三	十四	十五
齐	十四	十五 鲁败我平陆。 鲁国在平陆邑打败了我齐国。	十六 与晋、卫会浊泽。 我齐国与晋国、卫国在浊泽会盟。	十七

	前387年	前386年
周	十五	十六
秦	十三 **蜀取我南郑。** 蜀国攻取我秦国的南郑。	**秦出公元年** 秦出公即位元年
魏	三十八	**魏武侯元年** **袭邯郸，败焉。** 魏武侯姬击即位元年 我魏国攻打赵国都城邯郸，被赵国打败。
韩	十三	**韩文侯元年** 韩文侯即位元年
赵	十三	**赵敬侯元年** **武公子朝作乱，奔魏。** 赵敬侯赵章即位元年 赵武公的儿子赵朝作乱，逃奔至魏国。
楚	十五	十六
燕	十六	十七
齐	十八	十九 **田常曾孙田和始列为诸侯。迁康公海上，食一城。** 田常的曾孙田和开始被列为诸侯。田和把齐康公迁到海边，给了他一座城作为食邑。

	前385年	前384年	前383年
周	十七	十八	十九
秦	二 庶长改迎灵公太子，立为献公。诛出公。 我秦国的庶长改迎秦灵公的太子，立他为秦献公。诛杀了秦出公。	秦献公元年 秦献公嬴师隰即位元年	二 城栎阳。 我秦国在栎阳筑城。
魏	二 城安邑、王垣。 我魏国在安邑、王垣筑城。	三	四
韩	二 伐郑，取阳城。伐宋，到彭城，执宋君。 我韩国攻伐郑国，取得郑国城邑阳城。攻伐宋国，到达宋邑彭城，并捉住了宋国国君。	三	四
赵	二	三	四 魏败我兔台。 魏国在兔台打败了我赵国。
楚	十七	十八	十九
燕	十八	十九	二十
齐	二十 伐鲁，破之。田和卒。 我齐国攻伐鲁国，打败了鲁国。田和去世。	二十一 田和子桓公午立。 田和的儿子齐桓公田午被立为国君。	二十二

	前382年	前381年	前380年
周	二十	二十一	二十二
秦	三 日蚀，昼晦。 发生日食，白天昏暗。	四 孝公生。 秦孝公嬴渠梁出生。	五
魏	五	六	七 伐齐，至桑丘。 我魏国攻伐齐国，到达桑丘。
韩	五	六	七 伐齐，至桑丘。 郑败晋。 我韩国攻伐齐国，到达桑丘。 郑国打败了晋国。
赵	五	六	七 伐齐，至桑丘。 我赵国攻伐齐国，到达桑丘。
楚	二十	二十一	楚肃王臧元年 楚肃王熊臧即位元年
燕	二十一	二十二	二十三
齐	二十三	二十四	二十五 伐燕，取桑丘。 我齐国攻伐燕国，夺取桑丘。

	前379年	前378年	前377年
周	二十三	二十四	二十五
秦	六 初县蒲、蓝田、善明氏。 我秦国开始在蒲邑、蓝田、善明氏设置县。	七	八
魏	八	九 翟（狄）败我浍。伐齐，至灵丘。 狄族在浍水打败了我魏国。我魏国攻打齐国，到达灵丘。	十 晋静公俱酒元年。 晋静公姬俱酒即位元年。
韩	八	九 伐齐，至灵丘。 我韩国攻打齐国，到达灵丘。	十
赵	八 袭卫，不克。 我赵国袭击卫国，没有成功。	九 伐齐，至灵丘。 我赵国攻打齐国，到达灵丘。	十
楚	二	三	四 蜀伐我兹方。 蜀国攻伐我楚国的兹方。
燕	二十四	二十五	二十六
齐	二十六 康公卒，田氏遂并齐而有之。太公望之后绝祀。 齐康公去世，田氏就兼并了齐国封地而据为己有。太公望的后代断绝了祭祀。	齐威王因齐元年 自田常至威王，威王始以齐强天下。 齐威王田因齐即位元年 从田常到齐威王，齐威王开始使齐国强盛于天下。	二

	前376年	前375年	前374年
周	二十六	烈王元年 周烈王姬喜即位元年	二
秦	九	十 日蚀。 发生日食。	十一 县栎阳。 在栎阳设县。
魏	十一 **魏、韩、赵灭晋,绝无后。** 我魏国与韩国、赵国灭掉了晋国,晋国灭绝没有后代。	十二	十三
韩	韩哀侯元年 分晋国。 韩哀侯即位元年 我韩国与魏国、赵国瓜分了晋国。	二 **灭郑。康公二十年灭,无后。** 我韩国灭掉了郑国。郑康公在位二十年后郑国灭亡,没有后代。	三
赵	十一 分晋国。 我赵国与魏国、韩国瓜分了晋国。	十二	赵成侯元年 赵成侯赵种即位元年
楚	五 鲁共公元年。 鲁共公姬奋即位元年。	六	七
燕	二十七	二十八	二十九
齐	三 三晋灭其君。 魏、韩、赵三国灭掉了他们的宗主国晋国。	四	五

	前373年	前372年	前371年
周	三	四	五
秦	十二	十三	十四
魏	十四	十五 卫声公元年。 败赵北蔺。 卫声公姬训即位元年。 我魏国在北蔺打败了赵国。	十六 伐楚，取鲁阳。 我魏国攻伐楚国，夺取了楚邑鲁阳。
韩	四	五	六 韩严杀其君。 大臣韩山坚杀死了国君韩哀侯。
赵	二	三 伐卫，取都鄙七十三。魏败我蔺。 我赵国攻伐卫国，夺取卫国七十三处城邑。魏国在北蔺打败我赵国。	四
楚	八	九	十 魏取我鲁阳。 魏国夺取我楚国的城邑鲁阳。
燕	三十 败齐林孤。 我燕国在林孤打败了齐国。	燕桓公元年。 燕桓公即位元年。	二
齐	六 鲁伐入阳关。晋伐到鱄陵。 鲁国攻伐我齐国进入阳关。魏国攻伐我齐国到达鱄陵。	七 宋辟公元年。 宋辟公即位元年。	八

	前370年	前369年	前368年	前367年
周	六	七	显王元年 周显王姬扁即位元年	二
秦	十五	十六 民大疫。日蚀。 我秦国发生了大的疫病。发生日食。	十七 栎阳雨金,四月至八月。 栎阳下起了金雨,从四月下到八月。	十八
魏	惠王元年 魏惠王魏䓨即位元年	二 败韩马陵。 我魏国在马陵打败了韩国。	三 齐伐我观。 齐国攻伐我魏国的观邑。	四
韩	庄侯元年 韩庄侯即位元年	二 魏败我马陵。 魏国在马陵打败了我韩国。	三	四
赵	五 伐齐于甄(鄄)。魏败我怀。 我赵国攻伐齐国的鄄邑。魏国在其怀邑打败了我赵国。	六 败魏涿泽,围惠王。 我赵国在涿泽打败了魏国,围攻魏惠王。	七 侵齐,至长城。 我赵国侵伐齐国,到达长城。	八
楚	十一	楚宣王良夫元年 楚宣王熊良夫即位元年	二	三
燕	三	四	五	六
齐	九 赵伐我甄(鄄)。 赵国攻伐我齐国的鄄邑。	十 宋剔成元年。 宋剔成君即位元年。	十一 伐魏,取观。赵侵我长城。 我齐国攻伐魏国,取得魏国的观邑。赵国攻取我齐国的长城。	十二

	前366年	前365年	前364年
周	三	四	五 贺秦。 周显王致贺秦国。
秦	十九 败韩、魏雒阴。 我秦国在雒阴打败了韩国、魏国。	二十	二十一 章蟜与晋战石门，斩首六万，天子贺。 我秦国大将章蟜与魏国军队在石门山交战，斩首敌军六万，周天子向我秦国致贺。
魏	五 与韩会宅阳。城武都。 我魏国在韩邑宅阳与韩国会盟。在武都筑城。	六 伐宋，取仪台。 我魏国攻伐宋国，取得仪台。	七
韩	五	六	七
赵	九	十	十一
楚	四	五	六
燕	七	八	九
齐	十三	十四	十五

六国年表第三

	前363年	前362年	前361年	前360年
周	六	七	八	九 致胙于秦。 周显王送祭祀用的肉给秦国。
秦	二十二	二十三 与魏战少梁，虏其太子。 我秦国与魏国在少梁交战，俘虏了魏国的太子。	秦孝公元年 彗星见(现)西方。 秦孝公嬴渠梁即位元年。 彗星出现在西方。	二 天子致胙。 周天子送来祭祀用的肉。
魏	八	九 与秦战少梁，虏我太子。 我魏国与秦国在少梁交战，秦国俘虏了我魏国的太子。	十 取赵皮牢。 卫成侯元年。 我魏国攻取赵国的皮牢。 卫成侯姬不逝即位元年。	十一
韩	八	九 魏败我于浍。大雨三月。 魏国在浍水打败我韩国。我韩国下了三个月大雨。	十	十一
赵	十二	十三 魏败我于浍。 魏国在浍水打败我赵国。	十四	十五
楚	七	八	九	十
燕	十	十一	燕文公元年 燕文公即位元年	二
齐	十六	十七	十八	十九

	前359年	前358年	前357年	前356年
周	十	十一	十二	十三
秦	三	四	五	六
魏	十二 星昼堕，有声。 有星星在白天坠落，有声响。	十三	十四 与赵会鄗。 我魏国与赵国在鄗邑会盟。	十五 鲁、卫、宋、郑侯来。 鲁国、卫国、宋国、郑国的国君前来魏国。
韩	十二	韩昭侯元年 秦败我西山。 韩昭侯即位元年秦国在西山打败我韩国。	二 宋取我黄池。魏取我朱。 宋国夺取我韩国的黄池。魏国夺取我韩国的朱水。	三
赵	十六	十七	十八 赵孟如齐。 赵孟去往齐国。	十九 与燕会阿。与齐、宋会平陆。 我赵国与燕国在阿邑会盟。与齐国、宋国在平陆会盟。
楚	十一	十二	十三 君尹黑迎女秦。 君尹黑迎娶秦国女子。	十四
燕	三	四	五	六
齐	二十	二十一 邹忌以鼓琴见威王。 邹忌通过弹琴见到了齐威王。	二十二 封邹忌为成侯。 齐威王封邹忌为成侯。	二十三 与赵会平陆。 我齐国与赵国在平陆会盟。

	前355年	前354年	前353年
周	十四	十五	十六
秦	七 与魏王会杜平。 秦孝公与魏惠王在杜平会见。	八 与魏战元里，斩首七千，取少梁。 我秦国在元里和魏国交战，斩杀魏国兵士七千，夺取了魏国的少梁。	九
魏	十六 与秦孝公会杜平。侵宋黄池，宋复取之。 魏惠王与秦孝公在杜平会见。我魏国侵占了宋国的黄池，宋国又夺回了它。	十七 与秦战元里，秦取我少梁。 我魏国在元里与秦国交战，秦夺取我魏国的少梁。	十八 邯郸降。齐败我桂陵。 赵国的邯郸降服。齐国在桂陵打败我魏国。
韩	四	五	六 伐东周，取陵观、廪丘。 我韩国攻伐东周国，取得陵观、廪丘。
赵	二十	二十一 魏围我邯郸。 魏国围攻我赵国的邯郸。	二十二 魏拔邯郸。 魏国夺取邯郸。
楚	十五	十六	十七
燕	七	八	九
齐	二十四 与魏会田于郊。 齐威王与魏惠王一起到郊外打猎。	二十五	二十六 败魏桂陵。 我齐国在桂陵打败魏国。

	前352年	前351年
周	十七	十八
秦	十 卫公孙鞅为大良造，伐安邑，降之。 卫国人公孙鞅在我秦国担任大良造，我秦国伐安邑，使它降服。	十一 城商塞。卫鞅围固阳，降之。 我秦国在商塞筑城。公孙鞅围攻固阳，使它降服。
魏	十九 诸侯围我襄陵。筑长城，塞固阳。 诸侯国围攻我魏国的襄陵。我魏国修筑长城，在固阳修筑要塞。	二十 归赵邯郸。 我魏国将昔日夺取的邯郸归还赵国。
韩	七	八 申不害相。 申不害在我韩国担任相国。
赵	二十三	二十四 魏归邯郸，与魏盟漳水上。 魏国归还我赵国邯郸，我赵国与魏国在漳水边上会盟。
楚	十八 鲁康公元年。 鲁康公姬屯即位元年。	十九
燕	十	十一
齐	二十七	二十八

	前350年	前349年	前348年
周	十九	二十	二十一
秦	十二 初聚小邑为三十一县，令。为田开阡陌。 我秦国开始合并小乡邑为三十一个县，每县设置县令。开辟田地并除去农田中的纵横田埂。	十三 初为县，有秩史。 开始设置县，并设置了有定额俸禄的小吏。	十四 初为赋。 开始按户口征收军事赋税。
魏	二十一 与秦遇彤。 我魏国与秦国国君在彤邑会见。	二十二	二十三
韩	九	十 韩姬弑其君悼公。 韩姬弑杀了他的国君晋悼公。	十一 昭侯如秦。 韩昭侯去往秦国。
赵	二十五	赵肃侯元年 赵肃侯赵语即位元年	二
楚	二十	二十一	二十二
燕	十二	十三	十四
齐	二十九	三十	三十一

	前347年	前346年	前345年	前344年
周	二十二	二十三	二十四	二十五 **诸侯会。** 诸侯会合朝见周天子。
秦	十五	十六	十七	十八
魏	二十四	二十五	二十六	二十七 **丹封名会。丹，魏大臣。** 丹因为主持著名的逢泽之会而受封。丹，是我魏国的大臣。
韩	十二	十三	十四	十五
赵	三 **公子范袭邯郸，不胜，死。** 我赵国公子范袭击邯郸谋夺政权，不成功，死去。	四	五	六
楚	二十三	二十四	二十五	二十六
燕	十五	十六	十七	十八
齐	三十二	三十三 **杀其大夫牟辛。** 我齐国杀了大夫牟辛。	三十四	三十五 **田忌袭齐，不胜。** 田忌袭击我齐国，没有成功。

	前343年	前342年
周	二十六 **致伯（霸）秦。** 周天子赐给秦国霸主称号。	二十七
秦	十九 **城武城。从东方牡丘来归。天子致伯（霸）。** 我秦国在武城筑城。从东方的牡丘返回。周天子赐给我秦国霸主称号。	二十 **诸侯毕贺。会诸侯于泽。朝天子。** 诸侯国全都向我秦国致贺。我秦国在逢泽和诸侯会盟。朝见周天子。
魏	二十八	二十九 **中山君为相。** 中山国国君担任我魏国的国相。
韩	十六	十七
赵	七	八
楚	二十七 **鲁景公偃元年。** 鲁景公姬偃即位元年。	二十八
燕	十九	二十
齐	三十六	**齐宣王辟彊元年** 齐宣王田辟彊即位元年

	前341年	前340年	前339年
周	二十八	二十九	三十
秦	二十一 马生人。 我秦国有马生下了人。	二十二 封大良造商鞅。 我秦国以军功封赏大良造商鞅。	二十三 与晋战岸门。 我秦国在岸门与魏国交战。
魏	三十 齐虏我太子申，杀将军庞涓。 齐国俘虏了我魏国的太子申，杀死了将军庞涓。	三十一 秦商君伐我，虏我公子卬。 秦国的商鞅带兵攻打我魏国，俘虏了我魏国的公子卬。	三十二 公子赫为太子。 公子赫成为太子。
韩	十八	十九	二十
赵	九	十	十一
楚	二十九	三十	楚威王熊商元年 楚威王熊商即位元年
燕	二十一	二十二	二十三
齐	二 败魏马陵。田忌、田婴、田盼将，孙子为师。 我齐国在马陵打败了魏国。田忌、田婴、田盼为将军，孙膑为军师。	三 与赵会，伐魏。 我齐国与赵国会盟，攻伐魏国。	四

六国年表第三

	前338年	前337年	前336年
周	三十一	三十二	三十三 贺秦。 周天子致贺秦国。
秦	二十四 大荔围合阳。孝公薨。商君反，死彤地。 大荔族围攻合阳。秦孝公薨逝。商鞅造反，死在了彤地。	秦惠文王元年 楚、韩、赵、蜀人来。 秦惠文王嬴驷即位元年。楚国、韩国、赵国、蜀国前来秦国朝见。	二 天子贺。行钱。宋太丘社亡。 周天子致贺我秦国。我秦国发行铜钱。宋国的太丘社崩塌。
魏	三十三 卫鞅亡归我，我恐，弗内（纳）。 商鞅逃亡到我魏国，我魏国害怕秦国，因此没有接纳他。	三十四	三十五 孟子来，王问利国，对曰："君不可言利。" 孟子来到我魏国，魏惠王询问孟子对国家有利的高见，孟子回答说："国君不可谈利益。"
韩	二十一	二十二 申不害卒。 我韩国国相申不害去世。	二十三
赵	十二	十三	十四
楚	二	三	四
燕	二十四	二十五	二十六
齐	五	六	七 与魏会平阿南。 我齐国在平阿南面和魏国会见。

687

	前335年	前334年	前333年
周	三十四	三十五	三十六
秦	三 王冠。拔韩宜阳。 秦惠王行冠礼。我秦国攻下韩国的宜阳。	四 天子致文武胙。魏夫人来。 周天子送来祭祀周文王、周武王时用的肉。魏夫人到来。	五 阴晋人犀首为大良造。 阴晋人公孙衍在我秦国担任大良造。
魏	三十六	魏襄王元年 与诸侯会徐州，以相王。 魏襄王魏嗣即位元年 我魏国在徐州与诸侯国会盟，相互推崇为王。	二 秦败我彤阴。 秦国在彤阴打败我魏国。
韩	二十四 秦拔我宜阳。 秦国攻下我韩国的宜阳。	二十五 旱。作高门，屈宜臼曰："昭侯不出此门。" 我韩国发生了旱灾。韩昭侯非要建造一座高门，楚国大夫屈宜臼便说："韩昭侯走不出这座高门。"	二十六 高门成，昭侯卒，不出此门。 高门建成，韩昭侯去世，果然没有走出这座高门。
赵	十五	十六	十七
楚	五	六	七 围齐于徐州。 我楚国在徐州围攻齐国。
燕	二十七	二十八 苏秦说燕。 苏秦游说我燕国国君。	二十九
齐	八 与魏会于甄(鄄)。 我齐国在鄄地和魏国会见。	九 与魏会徐州，诸侯相王。 我齐国在徐州和魏国会见，诸侯之间相互推崇为王。	十 楚围我徐州。 楚国在徐州围攻我齐国。

	前332年	前331年	前330年
周	三十七	三十八	三十九
秦	六 魏以阴晋为和，命曰宁秦。 魏国献上阴晋向我秦国求和，我秦国将其命名为宁秦。	七 义渠内乱，庶长操将兵定之。 义渠族内乱，庶长操率领我秦国军队平定了义渠内乱。	八 魏入少梁河西地于秦。 魏国把黄河以西的少梁献给了我秦国。
魏	三 伐赵。 　卫平侯元年。 我魏国攻伐赵国。 　卫平侯即位元年。	四	五 与秦河西地少梁。秦围我焦、曲沃。 我魏国把黄河以西的少梁送给了秦国。秦国围攻我魏国的焦、曲沃。
韩	韩宣惠王元年 韩宣惠王即位元年	二	三
赵	十八 齐、魏伐我，我决河水浸之。 齐国、魏国攻伐我赵国，我赵国决黄河水浸淹他们。	十九	二十
楚	八	九	十
燕	燕易王元年 燕易王即位元年	二	三
齐	十一 与魏伐赵。 我齐国与魏国联合攻伐赵国。	十二	十三

	前329年	前328年
周	四十	四十一
秦	九 度(渡)河,取汾阴、皮氏。围焦,降之。与魏会应。 我秦国军队渡过黄河,攻取汾阴、皮氏。围攻焦,使它降服。与魏国国君在应城会见。	十 张仪相。公子桑围蒲阳,降之。魏纳上郡。 张仪担任我秦国国相。公子桑围攻蒲阳,使它降服。魏国献出上郡。
魏	六 与秦会应。秦取汾阴、皮氏。 我魏国与秦国国君在应城会见。秦国夺取汾阴、皮氏。	七 入上郡于秦。 我魏国献出上郡给秦国。
韩	四	五
赵	二十一	二十二
楚	十一 魏败我陉山。 魏国在陉山打败我楚国。	楚怀王槐元年 楚怀王熊槐即位元年
燕	四	五
齐	十四	十五 宋君偃元年。 宋君偃即位元年。

	前327年	前326年	前325年
周	四十二	四十三	四十四
秦	十一 义渠君为臣。归魏焦、曲沃。 义渠君向我秦国称臣。我秦国归还魏国的焦、曲沃。	十二 初腊。会龙门。 开始举行腊祭。在龙门举行集会。	十三 四月戊午，君为王。 四月戊午日，我秦国国君称王。
魏	八 秦归我焦、曲沃。 秦国归还我魏国焦、曲沃。	九	十
韩	六	七	八 魏败我韩举。 魏军打败我韩国将领韩举。
赵	二十三	二十四	赵武灵王元年 魏败我赵护。 赵武灵王赵雍即位元年 魏军打败我赵国的将领赵护。
楚	二	三	四
燕	六	七	八
齐	十六	十七	十八

	前324年	前323年	前322年
周	四十五	四十六	四十七
秦	相张仪将兵取陕。 初更元年 我秦国国相张仪率领军队攻取陕县。 秦惠文王称王改元	二 相张仪与齐、楚会啮桑。 国相张仪在啮桑和齐国、楚国会盟。	三 张仪免相，相魏。 张仪被罢免秦国国相，到魏国担任国相。
魏	十一 卫嗣君元年。 卫嗣君即位元年。	十二	十三 秦取曲沃、平周。女化为丈夫。 秦国攻取曲沃、平周。我魏国有女子变成男子。
韩	九	十 君为王。 韩国国君称王。	十一
赵	二 城鄗。 我赵国在鄗城筑城。	三	四 与韩会区鼠。 我赵国在区鼠和韩国会盟。
楚	五	六 败魏襄陵。 我楚国在襄陵打败魏国。	七
燕	九	十 君为王。 我燕国国君称王。	十一
齐	十九	齐湣王地元年 齐湣王田地即位元年	二

六国年表第三

	前321年	前320年	前319年
周	四十八	慎靓王元年 周慎靓王姬定即位元年	二
秦	四	五 **王北游戎地，至河上。** 秦王北游匈奴的领地，到达黄河最北边。	六
魏	十四	十五	十六
韩	十二	十三	十四 **秦来击我，取鄢。** 秦国前来袭击我韩国，夺取了鄢邑。
赵	五 **取(娶)韩女为夫人。** 我赵国国君娶韩国女子为夫人。	六	七
楚	八	九	十 **城广陵。** 我楚国在广陵筑城。
燕	十二	燕王哙元年 燕王姬哙即位元年	二
齐	三 **封田婴于薛。** 把田婴封至薛地。	四 **迎妇于秦。** 我齐国到秦国迎娶新妇。	五

	前318年	前317年
周	三	四
秦	七 五国共击秦，不胜而还。 魏国、韩国、赵国、楚国、燕国五国共同攻击我秦国，没有取胜而退回。	八 与韩、赵战，斩首八万。张仪复相。 我秦国与韩国、赵国交战，斩杀兵士八万人。张仪又担任我秦国国相。
魏	魏哀王元年 击秦不胜。 魏哀王即位元年 我魏国攻击秦国没有获胜。	二 齐败我观泽。 齐国在观泽打败我魏国。
韩	十五 击秦不胜。 我韩国攻击秦国没有获胜。	十六 秦败我脩鱼，得韩将军申差。 秦国在脩鱼打败我韩国，捉去了我国的将军申差。
赵	八 击秦不胜。 我赵国攻击秦国没有获胜。	九 与韩、魏击秦。齐败我观泽。 我赵国和韩国、魏国一起攻击秦国。齐国在观泽打败我赵国。
楚	十一 击秦不胜。 我楚国攻击秦国没有获胜。	十二
燕	三 击秦不胜。 我燕国攻击秦国没有获胜。	四
齐	六 宋自立为王。 宋国国君自称为王。	七 败魏、赵观泽。 我齐国在观泽打败魏国、赵国。

	前316年	前315年	前314年
周	五	六	周赧王元年 周赧王姬延即位元年
秦	九 击蜀，灭之。取赵中都、西阳、安邑。 我秦国攻击蜀国，灭掉了它。又攻取赵国的中都、西阳、安邑。	十	十一 侵义渠，得二十五城。 我秦国侵犯义渠族，得到了二十五座城。
魏	三	四	五 秦拔我曲沃，归其人。走犀首岸门。 秦国攻拔我魏国的曲沃，放回那里的居民。在岸门打跑了韩国国相犀首。
韩	十七	十八	十九
赵	十 秦取我中都、西阳、安邑。 秦国夺取了我赵国的中都、西阳、安邑。	十一 秦败我将军英。 秦国打败我赵国的将军英。	十二
楚	十三	十四	十五 鲁平公元年。 鲁平公姬旅即位元年。
燕	五 君让其臣子之国，顾为臣。 我燕国国君把国君之位让给他的臣子子之，自己反而成为臣子。	六	七 君哙及太子、相子之皆死。 我燕国国君姬哙和太子、国相子之都死去了。
齐	八	九	十

695

	前313年	前312年	前311年
周	二	三	四
秦	十二 樗里子击蔺阳,虏赵将。公子繇通封蜀。 樗里子攻击蔺阳,俘虏了赵国将军赵庄。蜀国公子繇通被秦惠文王封在蜀地。	十三 庶长章击楚,斩首八万。 我秦国庶长魏章攻击楚国,斩杀兵士八万。	十四 蜀相杀蜀侯。 蜀国的相国陈壮杀死了蜀侯公子繇通。
魏	六 秦来立公子政为太子。与秦王会临晋。 秦送回在秦国做人质的魏公子政,要求我魏国立他为太子。魏哀王与秦惠文王在临晋会见。	七 击齐,虏声子于濮。与秦击燕。 我魏国攻击齐国,在濮地俘虏了齐国将领声子。和秦国共同攻击燕国。	八 围卫。 我魏国围攻卫国。
韩	二十	二十一 秦助我攻楚,围景座。 秦国协助我韩国攻击楚国,围攻楚国将领景座。	韩襄王元年 韩襄王韩仓即位元年
赵	十三 秦拔我蔺,虏将赵庄。 秦国攻拔我赵国的蔺,俘虏了我国的将军赵庄。	十四	十五
楚	十六 张仪来相。 张仪前来楚国担任国相。	十七 秦败我将屈匄。 秦国打败我楚国将军屈匄。	十八
燕	八	九 燕人共立公子平。 我燕国人共同扶立公子平为国君。	燕昭王元年 燕昭王姬职即位元年
齐	十一	十二	十三

	前310年	前309年
周	五	六
秦	**秦武王元年** **诛蜀相壮。张仪、魏章皆出之魏。** 秦武王嬴荡即位元年诛杀了蜀国国相陈壮。张仪、魏章都逃到了魏国。	二 **初置丞相,樗里子、甘茂为丞相。** 我秦国开始设置丞相这一官职,樗里子、甘茂都曾担任丞相。
魏	九 **与秦会临晋。** 魏哀王在临晋和秦武王会见。	十 **张仪死。** 张仪死去。
韩	二	三
赵	十六 **吴广入女,生子何,立为惠王后。** 我赵国臣子吴广将女儿献入王宫,生下儿子赵何,因此吴广之女被立为惠王后。	十七
楚	十九	二十
燕	二	三
齐	十四	十五

六国年表第三

	前308年	前307年
周	七	八
秦	三	四 **拔宜阳城，斩首六万。涉河，城武遂。** 我秦国攻下韩国的宜阳城，斩杀兵士六万。渡过黄河，在武遂筑城。
魏	十一 **与秦会应。** 魏哀王在应城和秦武王会见。	十二 **太子往朝秦。** 我魏国太子去往秦国朝见秦武王。
韩	四 **与秦会临晋。秦击我宜阳。** 韩襄王在临晋和秦武王会见。秦国攻击我韩国的宜阳。	五 **秦拔我宜阳，斩首六万。** 秦国攻拔我韩国的宜阳，斩杀兵士六万。
赵	十八	十九 **初胡服。** 我赵国人开始穿胡人的衣服。
楚	二十一	二十二
燕	四	五
齐	十六	十七

	前306年	前305年	前304年
周	九	十	十一
秦	秦昭王元年 秦昭襄王嬴稷即位元年	二 彗星见（现）。桑君为乱，诛。 彗星出现。桑君作乱，被诛杀。	三
魏	十三 秦击皮氏，未拔而解。 秦国攻击我魏国的皮氏，没有攻下就解围了。	十四 秦武王后来归。 秦武王的王后被送回魏国。	十五
韩	六 秦复与我武遂。 秦国又把武遂还给了我韩国。	七	八
赵	二十	二十一	二十二
楚	二十三	二十四 秦来迎妇。 秦国前来楚国迎娶新妇。	二十五 与秦王会黄棘，秦复归我上庸。 楚怀王和秦昭襄王在黄棘会见，秦国又归还了我楚国的上庸。
燕	六	七	八
齐	十八	十九	二十

	前303年	前302年
周	十二	十三
秦	四 彗星见（现）。 彗星出现。	五 魏王来朝。 魏哀王来我秦国朝见秦昭襄王。
魏	十六 秦拔我蒲坂、晋阳、封陵。 秦国攻拔我魏国的蒲坂、晋阳、封陵。	十七 与秦会临晋，复归我蒲坂。 魏哀王和秦昭襄王在临晋会见，秦国又把蒲坂还给了我魏国。
韩	九 秦取武遂。 秦国夺取我韩国的武遂。	十 太子婴与秦王会临晋，因至咸阳而归。 我韩国太子婴和秦昭襄王在临晋会见，顺便到达秦都咸阳后返回。
赵	二十三	二十四
楚	二十六 太子质秦。 我楚国太子到秦国做人质。	二十七
燕	九	十
齐	二十一	二十二

	前301年	前300年
周	十四	十五
秦	六 蜀反，司马错往诛蜀守辉，定蜀。日蚀，昼晦。伐楚。 蜀地人反叛，我秦国将领司马错前往诛杀蜀地守将辉，平定了蜀地的叛乱。发生日食，白天昏暗。我秦国攻伐楚国。	七 樗里疾卒。击楚，斩首三万。魏冉为相。 丞相樗里疾去世。我秦国攻击楚国，斩杀兵士三万。魏冉担任国相。
魏	十八 与秦击楚。 我魏国与秦国一起攻击楚国。	十九
韩	十一 秦取我穰。与秦击楚。 秦国夺取我韩国的穰邑。我韩国与秦国一起攻击楚国。	十二
赵	二十五 赵攻中山。惠后卒。 我赵国攻打中山国。赵武灵王的皇后赵惠后去世。	二十六
楚	二十八 秦、韩、魏、齐败我将军唐眜于重丘。 秦国、韩国、魏国、齐国共同在重丘打败了我楚国的将军唐眜。	二十九 秦取我襄城，杀景缺。 秦国夺取我楚国的襄城，杀死了我楚国的将军景缺。
燕	十一	十二
齐	二十三 与秦击楚，使公子将，大有功。 我齐国与秦国一起攻击楚国，派遣公子领兵，大有战功。	二十四 秦使泾阳君来为质。 秦国派遣泾阳君前来齐国做人质。

	前299年	前298年	前297年
周	十六	十七	十八
秦	八 楚王来，因留之。 楚怀王前来我秦国，我秦国顺便扣留了他。	九	十 楚怀王亡之赵，赵弗内(纳)。 楚怀王逃到赵国，赵国不接纳他。
魏	二十 与齐王会于韩。 我魏国和齐国在韩国会盟。	二十一 与齐、韩共击秦于函谷。河、渭绝一日。 我魏国与齐国、韩国共同到函谷关攻击秦国。黄河、渭河断流一天。	二十二
韩	十三 齐、魏王来。立咎为太子。 齐王、魏王前来我韩国。我韩国立韩咎为太子。	十四 与齐、魏共击秦。 我韩国与齐国、魏国共同攻击秦国。	十五
赵	二十七	赵惠文王元年 以公子胜为相，封平原君。 赵惠文王赵何即位元年 让公子赵胜担任国相，封他为平原君。	二 楚怀王亡来，弗内(纳)。 楚怀王逃亡来到我赵国，我赵国不接纳他。
楚	三十 王入秦。秦取我八城。 楚怀王进入秦国。秦国攻取我楚国八座城。	楚顷襄王元年 秦取我十六城。 楚顷襄王熊横即位元年 秦国攻取我楚国十六座城。	二
燕	十三	十四	十五
齐	二十五 泾阳君复归秦。薛文入相秦。 秦国公子泾阳君又返回了秦国。孟尝君进入秦国担任国相。	二十六 与魏、韩共击秦。孟尝君归相齐。 我齐国与魏国、韩国共同攻击秦国。孟尝君返回齐国担任国相。	二十七

六国年表第三

	前296年	前295年	前294年
周	十九	二十	二十一
秦	十一 彗星见（现）。复与魏封陵。 彗星出现。我秦国又把封陵还给了魏国。	十二 楼缓免。穰侯魏冉为丞相。 丞相楼缓被罢免。穰侯魏冉担任丞相。	十三 任鄙为汉中守。 力士任鄙担任汉中郡守。
魏	二十三	魏昭王元年 秦尉错来击我襄城。 魏昭王魏遫即位元年 秦国高级武官司马错前来攻击我魏国的襄邑。	二 与秦战，我不利。 我魏国与秦国交战，我国军队失利。
韩	十六 与齐、魏击秦，秦与我武遂和。 我韩国与齐国、魏国攻击秦国，秦国还我武遂而讲和。	韩釐王咎元年 韩釐王韩咎即位元年	二
赵	三	四 围杀主父。与齐、燕共灭中山。 我赵国公子成与李兑围困杀死了主父赵武灵王。我赵国与齐国、燕国共同灭掉了中山国。	五
楚	三 怀王卒于秦，来归葬。 楚怀王死在了秦国，秦国送其遗体回我楚国安葬。	四 鲁文公元年。 鲁文公姬贾即位元年。	五
燕	十六	十七	十八
齐	二十八	二十九 佐赵灭中山。 我齐国帮助赵国灭掉了中山国。	三十 田甲劫王，相薛文走。 田甲劫持齐湣王，国相孟尝君逃走。

	前293年	前292年	前291年
周	二十二	二十三	二十四
秦	十四 **白起击伊阙，斩首二十四万。** 我秦国将领白起在伊阙攻击魏国、韩国，斩杀兵士二十四万。	十五 **魏冉免相。** 魏冉被罢免丞相。	十六
魏	三 **佐韩击秦，秦败我兵伊阙。** 我魏国帮助韩国攻击秦国，秦国在伊阙打败我魏国军队。	四	五
韩	三 **秦败我伊阙二十四万，虏将喜。** 秦国在伊阙打败我韩国并斩杀兵士二十四万，俘虏了魏国将军公孙喜。	四	五 **秦拔我宛城。** 秦国攻拔我韩国的宛城。
赵	六	七	八
楚	六	七 **迎妇秦。** 我楚国到秦国迎娶新妇。	八
燕	十九	二十	二十一
齐	三十一	三十二	三十三

	前290年	前289年	前288年
周	二十五	二十六	二十七
秦	十七 魏入河东四百里。 魏国献出河东四百里地给我秦国。	十八 客卿错击魏，至轵，取城大小六十一。 客卿司马错攻击魏国，到达轵邑，夺取了大小城邑六十一座。	十九 十月，为帝；十二月，复为王。任鄙卒。 十月，秦昭襄王自称西帝；十二月，秦昭襄王又恢复称王。汉中郡守任鄙去世。
魏	六 芒卯以诈见重。 芒卯使用诡诈之计而被魏王重用。	七 秦击我。取城大小六十一。 秦国攻击我魏国。夺取了大小城邑六十一座。	八
韩	六 与秦武遂地方二百里。 我韩国送给秦国武遂二百里的土地。	七	八
赵	九	十	十一 秦拔我桂阳。 秦国攻拔我赵国的桂阳。
楚	九	十	十一
燕	二十二	二十三	二十四
齐	三十四	三十五	三十六 为东帝二月，复为王。 齐湣王自称东帝两个月，又恢复称王。

	前287年	前286年	前285年
周	二十八	二十九	三十
秦	二十	二十一 魏纳安邑及河内。 魏国将安邑及河内献给我秦国。	二十二 蒙武击齐。 我秦国将领蒙武攻击齐国。
魏	九 秦拔我新垣、曲阳之城。 秦国攻拔我魏国的新垣城、曲阳城。	十 宋王死我温。 宋王死在我魏国的温地。	十一
韩	九	十 秦败我兵夏山。 秦国在夏山打败我韩国。	十一
赵	十二	十三	十四 与秦会中阳。 我赵国与秦国在中阳相会。
楚	十二	十三	十四 与秦会宛。 我楚国与秦国在宛城相会。
燕	二十五	二十六	二十七
齐	三十七	三十八 齐灭宋。 我齐国灭掉了宋国。	三十九 秦拔我列城九。 秦国攻拔我齐国相邻的九座城。

	前284年	前283年
周	三十一	三十二
秦	二十三 尉斯离与韩、魏、燕、赵共击齐，破之。 我秦国武官斯离和韩军、魏军、燕军、赵军共同攻击齐国，打败了齐军。	二十四 与楚会穰。 秦王与楚王在穰邑会见。
魏	十二 与秦击齐济西。与秦王会西周。 我魏国与秦国一起在济西地区攻打齐国。魏王与秦王在西周国相会。	十三 秦拔我安城，兵至大梁而还。 秦国攻拔我魏国的安城，秦国军队到达我魏国都城大梁后返回。
韩	十二 与秦击齐济西。与秦王会西周。 我韩国与秦国一起在济西地区攻打齐国。韩王与秦王在西周国相会。	十三
赵	十五 取齐昔阳。 我赵国攻取了齐国的昔阳。	十六
楚	十五 取齐淮北。 我楚国攻取了齐国的淮北地区。	十六 与秦王会穰。 楚王与秦王在穰邑会见。
燕	二十八 与秦、三晋击齐，燕独入至临菑，取其宝器。 我燕国与秦国及魏、韩、赵三国共同攻击齐国，我国军队独自进入齐国都城临菑，取走齐国的宝器。	二十九
齐	四十 五国共击湣王，王走莒。 秦、魏、韩、赵、燕五国共同攻击齐湣王，齐湣王逃到莒城。	**齐襄王法章元年** 齐襄王田法章即位元年

	前282年	前281年	前280年
周	三十三	三十四	三十五
秦	二十五	二十六 **魏冉复为丞相。** 魏冉又担任了我秦国丞相。	二十七 **击赵，斩首三万。地动，坏城。** 我秦国攻击赵国，斩杀兵士三万。发生了地震，损坏了城池。
魏	十四 **大水。** 　**卫怀君元年。** 我魏国发生大水灾。 　卫怀君即位元年。	十五	十六
韩	十四 **与秦会两周间。** 韩王与秦王在东周国与西周国之间相会。	十五	十六
赵	十七 **秦拔我两城。** 秦国攻拔我赵国的两座城。	十八 **秦拔我石城。** 秦国攻拔我赵国的石城。	十九 **秦败我军，斩首三万。** 秦国打败我赵国军队，斩杀兵士三万。
楚	十七	十八	十九 **秦击我，与秦汉北及上庸地。** 秦国攻击我楚国，我楚国把汉北和上庸地区送给了秦国。
燕	三十	三十一	三十二
齐	二	三	四

	前279年	前278年	前277年
周	三十六	三十七	三十八
秦	二十八	二十九 白起击楚，拔郢，更东至竟陵，以为南郡。 我秦国将领白起攻击楚国，攻下郢都，再东进到达竟陵，将其设置为南郡。	三十 白起封为武安君。 白起被封为武安君。
魏	十七	十八	十九
韩	十七	十八	十九
赵	二十 与秦会黾池，蔺相如从。 赵王与秦王在黾池会见，蔺相如随从。	二十一	二十二
楚	二十 秦拔鄢、西陵。 秦国攻拔我楚国的鄢、西陵。	二十一 秦拔我郢，烧夷陵，王亡走陈。 秦国攻下我楚国的郢都，烧毁楚王祖坟所在地夷陵，楚王逃到陈地。	二十二 秦拔我巫、黔中。 秦国攻拔我楚国的巫、黔中。
燕	三十三	燕惠王元年 燕惠王即位元年	二
齐	五 杀燕骑劫。 我齐国攻杀燕国将领骑劫。	六	七

	前276年	前275年
周	三十九	四十
秦	三十一	三十二
魏	**魏安釐王元年** **秦拔我两城。封弟公子无忌为信陵君。** 魏安釐王魏圉即位元年。秦国攻拔我魏国两座城。魏安釐王封弟弟魏无忌为信陵君。	二 **秦拔我两城，军大梁城，韩来救，与秦温以和。** 秦国攻拔我魏国两座城，且驻军在大梁城下，韩国前来援救，我魏国送温地给秦国用来求和。
韩	二十	二十一 **暴鸢救魏，为秦所败，走开封。** 我韩国将领暴鸢领兵援救魏国，被秦国打败，逃往开封。
赵	二十三	二十四
楚	二十三 **秦所拔我江旁反秦。** 秦国所占领的我楚国长江边居住的人反叛秦国。	二十四
燕	三	四
齐	八	九

	前274年	前273年	前272年
周	四十一	四十二	四十三
秦	三十三	三十四 **白起击魏华阳军，芒卯走，得三晋将，斩首十五万。** 白起攻击魏国在华阳的军队，魏国主帅芒卯逃走，俘获三晋将领，斩杀兵士十五万。	三十五
魏	三 **秦拔我四城，斩首四万。** 秦国攻拔我魏国四座城，斩杀兵士四万。	四 **与秦南阳以和。** 我魏国送南阳地区给秦国用来求和。	五 **击燕。** 我魏国攻击燕国。
韩	二十二	二十三	**韩桓惠王元年** 韩桓惠王即位元年
赵	二十五	二十六	二十七
楚	二十五	二十六	二十七 **击燕。** 　**鲁顷公元年。** 我楚国攻击燕国。 　鲁顷公姬仇即位元年。
燕	五	六	七
齐	十	十一	十二

	前271年	前270年	前269年
周	四十四	四十五	四十六
秦	三十六	三十七	三十八
魏	六	七	八
韩	二	三 **秦击我阏与城，不拔。** 秦国攻击我韩国的阏与城，没有攻下。 ◎注释　阏与城，一说为赵国城邑。	四
赵	二十八 **蔺相如攻齐，至平邑。** 蔺相如领兵攻打齐国，进军到达平邑。	二十九 **秦拔我阏与。赵奢将击秦，大败之，赐号曰马服。** 秦国攻打阏与城。赵奢领兵攻击秦国军队，大败秦军，获赐封号马服。 ◎注释　梁玉绳《史记志疑》认为"拔我"当作"攻韩"。	三十
楚	二十八	二十九	三十
燕	**燕武成王元年** 燕武成王即位元年	二	三
齐	十三	十四 **秦、楚击我刚、寿。** 秦国、楚国攻击我齐国的刚、寿。	十五

	前268年	前267年	前266年
周	四十七	四十八	四十九
秦	三十九	四十 太子质于魏者死，归葬芷阳。 我秦国在魏国做人质的太子死去，遗体运回后葬在了芷阳。	四十一
魏	九 **秦拔我怀城。** 秦国攻拔我魏国的怀城。	十	十一 **秦拔我廪丘。** 秦国攻拔我魏国的廪丘。
韩	五	六	七
赵	三十一	三十二	三十三
楚	三十一	三十二	三十三
燕	四	五	六
齐	十六	十七	十八

	前265年	前264年	前263年
周	五十	五十一	五十二
秦	四十二 宣太后薨。安国君为太子。 宣太后薨逝。安国君被立为太子。	四十三	四十四 攻韩,取南阳。 我秦国进攻韩国,取得了南阳地区。
魏	十二	十三	十四
韩	八	九 秦拔我陉。城汾旁。 秦国攻拔我韩国的陉邑。我韩国在汾水边上筑城。	十 秦击我太行。 秦国攻击我韩国太行山地区。
赵	赵孝成王元年 秦拔我三城。平原君相。 赵孝成王赵丹元年 秦国攻拔我赵国三座城。平原君赵胜担任我赵国国相。	二	三
楚	三十四	三十五	三十六
燕	七 齐田单拔中阳。 齐国的田单攻拔我燕国的中阳。	八	九
齐	十九	齐王建元年 齐王田建即位元年	二

	前262年	前261年	前260年
周	五十三	五十四	五十五
秦	四十五 攻韩，取十城。 我秦国进攻韩国，取得了十座城。	四十六 王之南郑。 秦王去往南郑。	四十七 白起破赵长平，杀卒四十五万。 白起打败赵国在长平的驻军，斩杀兵士四十五万。
魏	十五	十六	十七
韩	十一	十二	十三
赵	四	五 使廉颇拒秦于长平。 我赵国派廉颇在长平抵抗秦军。	六 使赵括代廉颇将。白起破括四十五万。 我赵国派遣赵括代替廉颇统领赵军。秦国将领白起带兵打败赵括兵士四十五万人。
楚	楚考烈王元年 秦取我州。黄歇为相。 楚考烈王熊元即位元年秦国攻取我楚国的州邑。黄歇担任我楚国国相。	二	三
燕	十	十一	十二
齐	三	四	五

	前259年	前258年	前257年
周	五十六	五十七	五十八
秦	四十八	四十九	五十 王齕、郑安平围邯郸，及齕还军，拔新中。 我秦国将领王齕、郑安平率兵围攻赵国都城邯郸，待到王齕回军，攻下魏国的新中。
魏	十八	十九	二十 公子无忌救邯郸，秦兵解去。 我魏国公子无忌援救赵国的邯郸，秦国军队解围退去。
韩	十四	十五	十六
赵	七	八	九 秦围我邯郸，楚、魏救我。 秦国围攻我赵国都城邯郸，楚国、魏国援救我赵国。
楚	四	五	六 春申君救赵。 春申君黄歇援救赵国。
燕	十三	十四	燕孝王元年 燕孝王即位元年
齐	六	七	八

	前256年	前255年	前254年
周	五十九 赧王卒。 周赧王去世。		
秦	五十一	五十二 取西周。王稽弃市。 我秦国攻取西周国。王稽被处死在街市上示众。	五十三
魏	二十一 韩、魏、楚救赵新中，秦兵罢。 韩国、魏国、楚国在新中援救赵国，秦国军队退去。	二十二	二十三
韩	十七 秦击我阳城。救赵新中。 秦国攻击我韩国的阳城。我韩国在新中援救赵国。	十八	十九
赵	十	十一	十二
楚	七 救赵新中。 我楚国在新中援救赵国。	八 取鲁，鲁君封于莒。 我楚国攻取鲁国，鲁国国君被封在莒。	九
燕	二	三	燕王喜元年 燕王姬喜即位元年
齐	九	十	十一

	前253年	前252年	前251年	前250年
周				
秦	五十四	五十五	五十六	**秦孝文王元年** 秦孝文王嬴庄即位元年
魏	二十四	二十五 **卫元君元年。** 卫元君即位元年。	二十六	二十七
韩	二十	二十一	二十二	二十三
赵	十三	十四	十五 **平原君卒。** 平原君赵胜去世。	十六
楚	十 **徙于巨阳。** 我楚国迁都到巨阳。	十一	十二 **柱国景伯死。** 我楚国柱国景伯去世。	十三
燕	二	三	四 **伐赵，赵破我军，杀栗腹。** 我燕国攻伐赵国，赵军打败我燕军，杀死了我燕国国相栗腹。	五
齐	十二	十三	十四	十五

	前249年	前248年
周	◎注释 东周国亡于秦。	
秦	**秦庄襄王楚元年** **蒙骜取成皋、荥阳。初置三川郡。吕不韦相。取东周。** 秦庄襄王嬴子楚即位元年 蒙骜攻取韩国的成皋、荥阳。开始设置三川郡。吕不韦担任丞相。我秦国攻取东周国。	**二** **蒙骜击赵榆次、新城、狼孟,得三十七城。日蚀。** 蒙骜攻击赵国的榆次、新城、狼孟,得到三十七座城。发生日食。
魏	二十八	二十九
韩	二十四 **秦拔我成皋、荥阳。** 秦国攻拔我韩国的成皋、荥阳。	二十五
赵	十七	十八
楚	十四 **楚灭鲁,顷公迁卞,为家人,绝祀。** 我楚国灭掉了鲁国,把鲁顷公迁到国都之外的小城,使其成为平民,断绝了鲁国的祭祀。 ◎注释 卞,当依《鲁周公世家》作"下邑",即国都外的小邑。	十五 **春申君徙封于吴。** 春申君黄歇被改封到吴地。
燕	六	七
齐	十六	十七

	前247年	前246年	前245年
秦	三 王齮击上党。初置太原郡。魏公子无忌率五国却我军河外，蒙骜解去。 我秦国将领王齮攻击韩国的上党。开始设置太原郡。魏国公子无忌率领魏、赵、韩、楚、燕五国军队在黄河以南地区打退我秦军，蒙骜解围离去。	始皇帝元年 击取晋阳。作郑国渠。 秦始皇帝嬴政即位元年。我秦国攻取赵国的晋阳。修建郑国渠。	二
魏	三十 无忌率五国兵败秦军河外。 公子无忌率领魏、赵、韩、楚、燕五国军队在黄河以南地区打退秦军。	三十一	三十二
韩	二十六 秦拔我上党。 秦国攻拔我韩国的上党。	二十七	二十八
赵	十九	二十 秦拔我晋阳。 秦国攻拔我赵国的晋阳。	二十一
楚	十六	十七	十八
燕	八	九	十
齐	十八	十九	二十

	前244年	前243年	前242年
秦	三 蒙骜击韩，取十三城。王齮死。 蒙骜领兵攻击韩国，取得十三座城。王齮死去。	四 七月，蝗蔽天下。百姓纳粟千石，拜爵一级。 七月，蝗虫遮蔽天下。我秦国规定百姓捐献一千石粟，即可授爵位一级。	五 蒙骜取魏酸枣二十城。初置东郡。 蒙骜攻取魏国的酸枣等二十座城。我秦国开始设置东郡。
魏	三十三	三十四 信陵君死。 信陵君无忌死去。	魏景湣王元年 秦拔我二十城。 魏景湣王魏增即位元年 秦国攻拔我魏国的二十座城。
韩	二十九 秦拔我十三城。 秦国攻拔我韩国十三座城。	三十	三十一
赵	赵悼襄王偃元年 赵悼襄王赵偃即位元年	二 太子从质秦归。 我赵国在秦国做人质的太子返回。	三 赵相、魏相会柯，盟。 我赵国国相与魏国国相在柯邑相会，订立盟约。
楚	十九	二十	二十一
燕	十一	十二 赵拔我武遂、方城。 赵国攻拔我燕国的武遂、方城。	十三 剧辛死于赵。 我燕国将领剧辛攻打赵国兵败被杀。
齐	二十一	二十二	二十三

	前241年	前240年	前239年
秦	六 五国共击秦。 魏、韩、赵、楚、燕五国共同攻击我秦国。	七 彗星见(现)北方西方。夏太后薨。蒙骜死。 彗星出现在北方和西方。秦庄襄王生母夏太后薨逝。蒙骜死去。	八 嫪毐封长信侯。 嫪毐被封为长信侯。
魏	二 秦拔我朝歌。 卫从濮阳徙野王。 秦国攻拔我魏国的朝歌。 卫国把都城从濮阳迁到野王。	三 秦拔我汲。 秦国攻拔我魏国的汲地。	四
韩	三十二	三十三	三十四
赵	四	五	六
楚	二十二 王东徙寿春，命曰郢。 楚王向东迁都到了寿春，命名叫郢。	二十三	二十四
燕	十四	十五	十六
齐	二十四	二十五	二十六

	前238年	前237年
秦	九 彗星见(现)，竟天。嫪毐为乱，迁其舍人于蜀。彗星复见(现)。 彗星出现，划过整个天空。嫪毐作乱，秦王便将他的门客流放到蜀地。彗星又出现。	十 相国吕不韦免。齐、赵来，置酒。太后入咸阳。大索。 相国吕不韦被罢免。齐国、赵国使者前来我秦国，我秦国设酒宴招待。秦始皇迎太后进入咸阳。大肆搜索诸侯国投奔我秦国的人员。
魏	五 秦拔我垣、蒲阳、衍。 秦国攻夺我魏国的垣、蒲阳、衍。	六
韩	韩王安元年 韩王韩安即位元年	二
赵	七	八 入秦，置酒。 我赵国派使者进入秦国，受到了秦国的酒宴招待。
楚	二十五 李园杀春申君。 春申君黄歇的门客李园杀死了春申君。	楚幽王悼元年 楚幽王熊悼即位元年
燕	十七	十八
齐	二十七	二十八 入秦，置酒。 我齐国派使者进入秦国，受到了秦国的酒宴招待。

	前236年	前235年
秦	十一 吕不韦之河南。王翦击邺、阏与，取九城。 吕不韦去往封邑河南。我秦国将领王翦攻击赵国的邺、阏与，夺取了九座城。	十二 发四郡兵助魏击楚。吕不韦卒。复嫪毐舍人迁蜀者。 我秦国征发了四个郡的兵士协助魏国攻击楚国。吕不韦去世。秦王赦免了嫪毐门客中被流放到蜀地的人。
魏	七	八 秦助我击楚。 秦国协助我魏国攻击楚国。
韩	三	四
赵	九 秦拔我阏与、邺，取九城。 秦国攻拔我赵国的阏与、邺，夺取了九座城。	赵王迁元年 赵王赵迁即位元年
楚	二	三 秦、魏击我。 秦国、魏国攻打我楚国。
燕	十九	二十
齐	二十九	三十

	前234年	前233年
秦	十三 **桓齮击平阳，杀赵扈辄，斩首十万，因东击赵。王之河南。彗星见**（现）**。** 我秦国将领桓齮攻击赵国城邑平阳，杀死赵国将领扈辄，斩杀兵士十万，随即向东进击赵国。秦始皇到河南视察。彗星出现。	十四 **桓齮定平阳、武城、宜安。韩使非来，我杀非。韩王请为臣。** 桓齮平定了赵国的平阳、武城、宜安。韩国派韩非出使我秦国，我秦国杀死了韩非。韩王请求称臣。
魏	九	十
韩	五	六
赵	二 **秦拔我平阳，败扈辄，斩首十万。** 秦国攻拔我赵国的平阳邑，打败了我赵国将军扈辄，斩杀兵士十万。	三 **秦拔我宜安。** 秦国攻拔我赵国的宜安。
楚	四	五
燕	二十一	二十二
齐	三十一	三十二

	前232年	前231年	前230年
秦	十五 兴军至邺。军至太原。取狼孟。 我秦国大量派发军队到达赵国的邺。军队到达太原。攻取了赵国的狼孟。	十六 置丽邑。发卒受韩南阳地。 我秦国设置丽邑。派发兵士去接受了韩国南阳的土地。	十七 内史胜击得韩王安，尽取其地，置颍川郡。华阳太后薨。 我秦国内史胜进攻俘获韩王韩安，全部占领了他的国土，设置颍川郡。华阳太后薨逝。 ◎注释 胜，《秦始皇本纪》作"腾"。
魏	十一	十二 献城秦。 我魏国献城给秦国。	十三
韩	七	八 秦来受地。 秦国人前来接受我韩国的土地。	九 秦虏王安，秦灭韩。 秦国俘虏了韩王韩安，灭掉了我韩国。
赵	四 秦拔我狼孟、鄱吾，军邺。 秦国攻拔我赵国的狼孟、鄱吾，驻军在邺。	五 地大动。 我赵国发生大地震。	六
楚	六	七	八
燕	二十三 太子丹质于秦，亡来归。 我燕国太子丹在秦国做人质，逃回燕国。	二十四	二十五
齐	三十三	三十四	三十五

六国年表第三

	前229年	前228年	前227年
秦	十八	十九 王翦拔赵，虏王迁之邯郸。帝太后薨。 王翦攻下赵国，俘获赵王赵迁，秦王来到邯郸。秦王之母薨逝。 ◎注释 据《秦始皇本纪》，"虏王迁之邯郸"应作"虏王迁，王之邯郸"。"王之邯郸"，即秦王来到邯郸。	二十 燕太子使荆轲刺王，觉之。王翦将击燕。 燕国太子丹派荆轲刺杀秦王，被秦王察觉。王翦领兵攻击燕国。
魏	十四 卫君角元年。 卫君姬角即位元年。	十五	魏王假元年 魏王魏假即位元年
赵	七	八 秦王翦虏王迁邯郸。公子嘉自立为代王。 秦将王翦在邯郸俘获赵王赵迁。公子嘉自立为代王。	代王嘉元年。 代王赵嘉即位元年。
楚	九	十 幽王卒，弟郝立，为哀王。三月，负刍杀哀王。 楚幽王去世，他的弟弟熊郝被立为国君，这就是楚哀王。三月，楚哀王的弟弟公子负刍杀死了楚哀王。	楚王负刍元年 负刍，哀王庶兄。 楚王熊负刍即位元年 负刍，是楚哀王的庶出兄长。
燕	二十六	二十七	二十八 太子丹使荆轲刺秦王，秦伐我。 太子丹派荆轲刺杀秦王，秦国攻伐我燕国。
齐	三十六	三十七	三十八

	前226年	前225年	前224年
秦	二十一 **王贲击楚。** 我秦国将领王贲攻打楚国。	二十二 **王贲击魏，得其王假，尽取其地。** 王贲攻打魏国，俘获了魏王魏假，取得了魏国全部的国土。	二十三 **王翦、蒙武击破楚军，杀其将项燕。** 我秦国将领王翦、蒙武击败楚国军队，杀死了楚国将领项燕。
魏	二	三 **秦虏王假。** 秦国俘获魏王魏假。	
赵	二	三	四
楚	二 **秦大破我，取十城。** 秦国把我楚国打得大败，夺取了我楚国十座城。	三	四 **秦破我将项燕。** 秦国打败我楚国将军项燕。
燕	二十九 **秦拔我蓟，得太子丹。王徙辽东。** 秦国攻拔我燕国都城蓟，俘获太子丹。燕王迁都到辽东。	三十	三十一
齐	三十九	四十	四十一

	前223年	前222年	前221年
秦	二十四 王翦、蒙武破楚，虏其王负刍。 王翦、蒙武攻破楚国，俘获楚王负刍。	二十五 王贲击燕，虏王喜。又击得代王嘉。五月，天下大酺。 王贲攻打燕国，俘虏了燕王姬喜。又攻击赵国获得代王赵嘉。五月，特许天下人欢聚畅饮。	二十六 王贲击齐，虏王建。初并天下，立为皇帝。 王贲攻打齐国，俘虏了齐王田建。我秦国开始并有天下，秦王立为皇帝。
赵	五	六 秦将王贲虏王嘉，秦灭赵。 秦国将领王贲俘虏了我赵国代王赵嘉，秦国灭掉了我赵国。	
楚	五 秦虏王负刍。秦灭楚。 秦国俘获了楚王负刍。秦国灭掉了我楚国。		
燕	三十二	三十三 秦虏王喜，拔辽东，秦灭燕。 秦国俘虏了燕王姬喜，攻占了辽东，灭掉了我燕国。	
齐	四十二	四十三	四十四 秦虏王建。秦灭齐。 秦国俘虏了齐王田建。秦国灭掉了我齐国。

	前220年	前219年	前218年	前217年
秦	二十七 更命河为"德水"。为金人十二。命民曰"黔首"。同天下书。分为三十六郡。 把黄河改名为"德水"。铸造铜人十二个。改称平民百姓叫"黔首"。统一天下书写的字体。把天下分为三十六郡。	二十八 为阿房宫。之衡山。治驰道。帝之琅邪，道南郡入。为天极庙。赐户三十，爵一级。 建造阿房宫。前往衡山。修筑供皇帝巡行用的通向全国的车道。皇帝去往琅邪，取道南郡而进入。建造天极庙。赐给平民爵位一级。 ◎注释 "赐户三十，爵一级"，据《秦始皇本纪》应作"赐爵一级"。	二十九 郡县大索十日。帝之琅邪，道上党入。 命令郡县大肆搜索刺客十天。皇帝去往琅邪，取道上党而进入。	三十

	前216年	前215年	前214年	前213年
秦	三十一 更命腊曰"嘉平"。赐黔首里六石米、二羊，以嘉平。大索二十日。 把腊月改名叫"嘉平"。赐给百姓每个里六石米、两只羊，用于岁末的祭祀。大肆搜索盗贼二十天。	三十二 帝之碣石，道上郡入。 皇帝去往碣石山，取道上郡而进入。	三十三 遣诸逋亡及贾人赘婿略取陆梁，为桂林、南海、象郡，以適（谪）戍。西北取戎为四十四县。筑长城河上，蒙恬将三十万。 派遣那些逃亡的人和商贩、赘婿作为兵士，去夺取陆梁地区，设置桂林郡、南海郡、象郡，作为流放罪犯的地方。向西北夺取匈奴地方而设为四十四个县。沿黄河边修筑长城，派蒙恬领兵三十万驻守。 ◎注释　"四十四县"，《秦始皇本纪》作"三十四县"。	三十四 適（谪）治狱不直覆狱故失者筑长城。及南方越地。 贬谪执法不正、审核错判案件的狱吏去修筑长城。夺取南方的越地。

	前212年	前211年	前210年
秦	三十五 为直道，道九原，通甘泉。 修筑直通道路，经九原，通到甘泉宫。	三十六 徙民于北河、榆中，耐徙三处，拜爵一级。石昼下东郡，有文言"地分"。 迁移百姓到北河、榆中地区，能够迁移三处，拜授爵位一级。有块石头在白天下落到东郡，上面有文字说"土地分裂"。	三十七 十月，帝之会稽、琅邪，还至沙丘崩。子胡亥立，为二世皇帝。杀蒙恬。道九原入。复行钱。 十月，皇帝去往会稽、琅邪，返回时在沙丘崩逝。他的儿子嬴胡亥即位，这就是二世皇帝。二世皇帝杀了蒙恬。取道九原进入咸阳。又发行铜钱。

六国年表第三

	前209年	前208年	前207年
秦	二世元年 十月戊寅,大赦罪人。十一月,为兔园。十二月,就阿房宫。其九月,郡县皆反。楚兵至戏,章邯击却之。出卫君角为庶人。 十月戊寅日,大赦犯罪的人。十一月,修建兔园。十二月,修成阿房宫。这年的九月,郡县都造反了。楚兵到达戏水,秦国将领章邯击退了他们。驱逐卫君角为平民。	二 将军章邯、长史司马欣、都尉董翳追楚兵至河。诛丞相斯、去疾,将军冯劫。 秦国将军章邯、长史司马欣、都尉董翳追击楚兵到达黄河。诛杀丞相李斯、冯去疾和将军冯劫。	三 赵高反,二世自杀,高立二世兄子婴。子婴立,刺杀高,夷三族。诸侯入秦,婴降,为项羽所杀。寻诛羽,天下属汉。 赵高谋反,秦二世自杀,赵高立秦二世兄长的儿子子婴为皇帝。子婴即位,刺杀了赵高,灭了赵高三族。诸侯军队攻入秦国都城,子婴投降,为项羽所杀。不久刘邦军队诛杀了项羽,天下归属了汉朝。

733

◎ 释疑解惑

《六国年表》的表格虽然始为八格，但实际上整个表格所记录的不只是表头上所显示的周、秦、魏、韩、赵、楚、燕、齐八国的世系与重大历史事件，表中还记录了卫、晋、蔡、鲁、郑、宋、中山七国的世系与历史，以及越、吴、杞、蜀四国的有关历史事件。

其中卫国、晋国被附记在魏国的格条之中，如"卫出公饮，丈夫不解袜，公怒，即攻公，公奔宋"；越国、吴国、蔡国、鲁国、杞国被附记在楚国的格条之中，如"越围吴，吴怨""越灭吴""蔡景侯卒""三桓胜，鲁如小侯""杞，夏之后"；郑国被附记在韩国的格条之中，"知伯伐郑，驷桓子如齐求救"；宋国被附记在齐国的格条之中，如"宋自立为王"；中山国被附记在赵国的格条之中，如"魏使太子伐中山"。

为什么要这样安排呢？明代学者陈仁锡解释说："魏表附晋、卫，韩表附郑，楚表附鲁、蔡，齐表附宋，何也？以晋、卫、郑、鲁、蔡、宋诸国为魏、韩、楚、齐所灭，故附纪焉，亦以终十二诸侯事也。"清代钱大昕在《廿二史考异》中称："史公以《六国表》继之，晋、卫附于魏，郑附于韩，鲁、蔡附于楚，宋附于齐，各述其后事以续前表，文简而法密矣。三家分晋，魏得晋之故都，故魏人自称晋国，而韩、赵则否，史公以晋附魏，盖以此。"清末李景星在其《四史评议》中亦言："然所谓六国，亦不过举其大者而言。当时与六国有关系者，尚有许多小国亦不容略，故用附载法以联络之。宋附齐，以齐灭宋也；郑附韩，以韩灭郑也；中山附赵，以赵灭中山也；鲁、蔡附楚，以楚灭鲁、蔡也；卫不灭于魏而附焉，以地相近也。"

◎ 思考辨析题

1. 根据《六国年表》序文及表中所记录的具体内容，结合《史记》中与秦国有关的其他篇目，谈谈你对《史记》中所展现的秦国形象的认识。

2. 仔细阅读《六国年表》，看看表中对于周王室在称谓上有什么变化，你如何理解这种变化？

秦楚之际月表

第四

《秦楚之际月表》乃是《史记》十表当中唯一的"月表"。为何以"月"著表？司马迁在《太史公自序》中称"八年之间，天下三嬗，事繁变众，故详著《秦楚之际月表》第四"，即此八年的时间，天下的局势几经变化，以"年"著表难以详细地记录此一时间段历史的瞬息万变，故而弃"年"之简略而因"月"之周详，作成此表。

《秦楚之际月表》由上一篇《六国年表》最后的秦二世元年（前209年）七月起始，因为这一年七月陈涉在大泽乡起义公开反抗秦国；本表终结于汉高祖刘邦即位的公元前202年后九月（即闰九月），因为这一月刘邦讨灭燕王臧荼而立卢绾为燕王，至此，不服从汉王朝的诸侯王已全被诛灭。

由于此一时间段天下局势较为混乱，《秦楚之际月表》在分格上也不像上三篇的世表、年表那样基本上能够"一以贯之"。《秦楚之际月表》开始共分为九格，首格为秦，其他八格乃是秦末所兴起的几方势力。第二格是楚，这里是指陈涉起义自立为王后所立国号——张楚。第三格是项，是指项梁、项羽叔侄，他们这年九月在会稽起兵。第四格是赵，陈涉的部将武臣奉命去河北略地，到达邯郸后自立为赵王。第五格是齐，六国时齐国王室的同族田氏这年九月在狄县起兵，攻下狄县后，田儋自立为齐王。第六格便是汉，指日后成为汉王随后又建立汉王朝的刘邦。刘邦这年九月在沛县起兵，攻下沛县后被拥立为沛县县令，因而他也被称为"沛公"。第七格是燕，武臣的部将韩广受命攻略燕地，攻城略地之后便自立为王，即燕王。第八格是魏，魏人想拥立六国时魏国王室的后代魏咎为魏王，然而陈涉百般阻挠，不让跟随他起义的魏咎回到魏国，直至来年四月，魏咎才得以赴魏为王。第九格是韩，秦二世二年（前208年）六月，项梁在张良的建议下立六国时韩王的后裔韩成为韩王。对于这一段历史的记载，以各方势力之间的攻伐略地、人员任免为主。此时的各方势力不像六国时期甚至更早时那么独立，因为他们有一个共同的敌人——秦国，故而他们的联合比六国时的合纵要紧密。

及至赵高弑杀秦二世，子婴退帝号而称秦王，后又为项羽所杀，秦国的历史就此终结，接着便是在历史上颇受瞩目的楚汉相争阶段。项羽在秦王子婴即位的第四个月（即前206年十二月）杀掉了子婴，并主持分封了诸侯王。于是，接下来的表格分格便更加复杂了。首先，诸侯尊楚怀王为义帝，从义帝元年（前206年九月始）开始，秦因灭亡被从表格中移除，表格开始以楚为首行。原来的项格因项羽自立为西楚霸王而变为西楚格，下面增加三格，一是吴芮被分封的衡山国，二是共敖被分封的临江国，三是英布被分封的九江国。原来的赵格被分为两格，一是张耳被分封的常山国，二是赵歇被分封的代国。原来的齐格被分为三格，一是田都被分封的临菑国，二是田安被分封的济北国，三是田市被分封的胶东国。原来的汉格保留，下面增加三格，一是章邯被分封的雍国，二是司马欣被分封的塞国，三是董翳被分封的翟国。原来的燕格被分为两格，一是臧荼被分封的燕国，二是韩广被分封的辽东国。原来的魏格被分为两格，一是魏豹被分封的西魏国，二是司马卬被分封的殷国。原来的韩格被分为两格，一是韩成被分封的韩国，二是申阳被分封的河南国。而此次项羽的分封，并没有结束天下的纷乱。这之后各个诸侯国之间依旧在争斗与吞并。最终，汉王刘邦扫灭了所有项羽分封的诸侯国，称帝建立了汉王朝，而此时的诸侯国，皆是由刘邦所分封的了。刘邦所分封的诸侯国的具体情况，便是下一篇《汉兴以来诸侯王年表》里的内容了。

太史公读秦楚之际，曰：初作难①，发于陈涉②；虐戾灭秦，自项氏③；拨乱诛暴，平定海内，卒践帝祚④，成于汉家。五年之间，号令三嬗⑤，自生民以来，未始有受命若斯之亟⑥也。

◎**注释** ①〔难（nàn）〕指反抗与叛乱。②〔陈涉〕即陈胜，涉为其字。他与吴广最先发动起义反抗秦国。其事详见《陈涉世家》。③〔项氏〕指项梁、项羽叔侄，他们是楚将项燕的后人。其事详见《项羽本纪》。④〔祚（zuò）〕指皇位。⑤〔嬗（shàn）〕更替。⑥〔亟（jí）〕快速，迅速。

◎**大意** 太史公阅读秦末及楚汉之际的历史材料时，说道：最早反抗秦朝的起义，乃是由陈涉发起；用残暴凶狠的手段灭掉秦朝的，乃是项氏；改变天下混乱的局面，消除秦朝与项羽的暴虐行为，平定天下，最终踏上皇帝宝座的，是汉朝。短短五年间，号令天下的最高权力竟然三次易主，自有人类以来，还没有过谁接受帝王的天命像这般急促的。

昔虞、夏之兴，积善累功数十年，德洽百姓，摄行政事，考之于天，然后在位。汤、武之王，乃由契、后稷修仁行义十余世，不期而会孟津八百诸侯，犹以为未可，其后乃放弑。秦起襄公，章于文、缪，献、孝之后，稍以蚕食六国，百有余载，至始皇乃能并冠带之伦[①]。以德若彼[②]，用力如此，盖一统若斯之难也。

◎**注释** ①〔冠带之伦〕冠为帽子，带为腰带，是中原士大夫的装束，这里比喻中原地区的各个诸侯国。②〔彼〕这里指的是虞、夏、汤、武。

◎**大意** 昔年虞舜、夏禹的兴起，都是累积了数十年的仁义与功德，他们的恩泽惠及天下的百姓，于是便先代理行使行政权力，经过上天的考验，在这之后方登上君主之位。商汤、周武王的称王，也是因为契、后稷修身养德施行仁义十多世，如在没有约定好的情况下诸侯纷纷前来孟津与周武王会盟，周武王却仍然认为没有到讨伐商纣王的时机，商汤和周武王都是在很长时间之后才使夏桀逃奔、殷纣身死。秦作为诸侯国是从秦襄公开始的，到秦文公、秦穆公时逐渐彰显，而在秦献公、秦孝公后，秦国开始像蚕啮食桑叶一样吞并六国，经过了一百多年，到秦始皇时期才能够将中原地区的各个诸侯国完全统一。德行高尚如虞舜、夏禹、商汤、周武王尚需如此长的时间登上帝位，武力强大如秦国尚需那么长的时间统一天下，可见统一天下是多么困难啊！

秦既称帝，患兵革不休，以有诸侯也，于是无尺土之封，堕（隳）[①]坏名城，销锋镝，锄豪桀，维（为）万世之安。然王迹之兴，起于闾巷，合从讨伐，轶[②]于三代，乡（向）秦之禁，适足以资贤者为驱除难耳。故愤发其所为天下雄，安在无土不王？此乃传之所谓大圣乎？岂非天哉，岂非天哉！非大圣孰能当此受命而帝者乎？

◎**注释** ①〔堕（huī）〕通"隳"，毁坏。②〔轶〕超过。

◎**大意** 秦始皇称帝后，害怕因为诸侯国的存在而使战争永无休止，因此不再分封一尺土地，将之前诸侯国的名城都邑全部毁坏，销毁从六国收缴来的兵器，铲除那些有威望的豪杰，为的是千秋万代的安定。然而汉高祖刘邦的兴起，乃是从民间开始的，他联合各方势力共同讨伐秦国，其发展的速度远远快于夏、商、周三代，过去秦朝所采取的种种防备措施，反而恰好成为帮助那些能人异士成就功业扫除困难的有利因素了。因此只要奋发图强便可以成为天下的豪雄，哪里还会因为没有土地就无法称王呢？这是不是书上所说的大圣人呢？难道不是天意吗？难道不是天意吗？若非大圣人，谁又能担当上天所给予的使命而成为帝王呢？

前209年

	二世元年 七月	八月	九月
秦			楚兵至戏。 楚兵到达戏水。
楚	楚隐王陈涉起兵入秦。 楚隐王陈涉起兵攻入秦国。	二 葛婴为涉徇九江，立襄彊为楚王。 陈涉的部将葛婴为陈涉巡行九江郡，立襄彊为楚王。	三 周文兵至戏，败。而葛婴闻涉王，即杀彊。 陈涉的部将周文领兵到达戏水，战败。而葛婴听说陈涉已经称王，就杀死了襄彊。
项			项梁号武信君。 项梁号称武信君。
赵		武臣始至邯郸，自立为赵王，始。 陈涉的部将武臣奉陈涉之命到邯郸略地，自立为赵王，赵国立国。	二
齐			齐王田儋始。儋，狄人。诸田宗强。从弟荣，荣弟横。 齐王田儋建立齐国。田儋，是狄县人。此时诸多田氏宗族都开始强盛。田儋的堂弟是田荣，田荣的弟弟是田横。
汉			沛公初起。 沛公刘邦起兵。
燕			韩广为赵略地至蓟，自立为燕王始。 武臣的部将韩广受武臣之命，为赵国攻占土地到了蓟县，开始自立为燕王。
魏			魏王咎始。咎在陈，不得归国。 魏王魏咎建立魏国。魏咎在陈地被陈涉阻拦，不能回归魏国。
韩			

秦楚之际月表第四

前208年

	二年　十月	十一月	十二月
秦			
楚	四 诛葛婴。 陈涉诛杀了葛婴。	五 周文死。 周文连续败于秦国而自杀。	六 陈涉死。 陈涉兵败身死。
项	二	三	四
赵	三	四 李良杀武臣，张耳、陈馀走。 武臣的部将李良杀死了武臣，张耳、陈馀逃走。	
齐	二 儋之起，杀狄令自王。 田儋的兴起，是杀了狄县县令而自称为王的。	三	四
汉	二 击胡陵、方与，破秦监军。 刘邦的军队进击胡陵县、方与县，攻破秦国泗水郡郡监的军队。	三 杀泗水守。拔薛西。周市东略地丰沛间。 刘邦杀死了泗水郡守。攻占了薛县西面的地方。周市向东到丰沛一带攻略土地。	四 雍齿叛沛公，以丰降魏。沛公还攻丰，不能下。 刘邦的部将雍齿背叛了刘邦，率领丰邑人投降了魏国。刘邦返回攻打丰邑，但没有攻下。
燕	二	三	四
魏	二	三 齐、赵共立周市，市不肯，曰"必立魏咎"云。 齐国、赵国都想扶立周市为魏王，周市不愿意，说"一定要拥立魏咎"这样的话。	四 咎自陈归，立。 魏咎从陈地返归魏国，被立为魏王。
韩			

	端月	二月
秦		
楚	楚王景驹始，秦嘉立之。 楚王景驹开始为王，秦嘉拥立了他。	二 嘉为上将军。 秦嘉担任楚国上将军。
项	五 涉将召平矫拜项梁为楚柱国，急西击秦。 陈涉的部将召平假传命令拜授项梁为楚国的柱国，急速向西攻击秦朝。	六 梁渡江，陈婴、黥布皆属。 项梁渡过长江，陈婴、黥布都归附了他。
赵	赵王歇始，张耳、陈馀立之。 赵王赵歇开始为王，张耳、陈馀拥立了他。	二
齐	五 让景驹以擅自王不请我。 田儋责备景驹，因为秦嘉擅自立他为楚王而不请示我齐国。	六 景驹使公孙庆让齐，诛庆。 景驹派公孙庆去责备齐国擅自立王，齐国诛杀了公孙庆。
汉	五 沛公闻景驹王在留，往从，与击秦军砀西。 刘邦听说景驹在留县称王，便前往依从，与他一起在砀西攻打秦军。	六 攻下砀，收得兵六千，与故凡九千人。 刘邦的军队攻下砀县，收得兵士六千人，与原有兵士合计共有九千人。
燕	五	六
魏	五 章邯已破涉，围咎临济。 章邯打败陈涉后，在临济围攻魏咎。	六
韩		

秦	三月	四月
楚	三	四
项	七	八 梁击杀景驹、秦嘉,遂入薛,兵十余万众。 项梁击杀了景驹、秦嘉,于是进入薛县,其兵士已有十多万人。
赵	三	四
齐	七	八
汉	七 攻拔下邑,遂击丰,丰不拔。闻项梁兵众,往请击丰。 刘邦的军队攻占了下邑县,于是又回军攻打丰邑,没有攻下。刘邦听说项梁兵多,便前往请求项梁攻打丰邑。	八 沛公如薛见项梁,梁益沛公卒五千,击丰,拔之。雍齿奔魏。 刘邦到薛县拜见项梁,项梁给沛公增加了兵士五千人,刘邦再次攻打丰邑,终于攻下了它。雍齿逃至魏国。
燕	七	八
魏	七	八 临济急,周市如齐、楚请救。 临济危急,魏国将领周市到齐国、楚国请求救援。
韩		

	五月	六月	七月
秦			
楚		楚怀王始，都盱台，故怀王孙，梁立之。 楚怀王熊心开始称王，在盱台县建立都城，他是战国时楚怀王的孙子，项梁拥立了他。	二 陈婴为柱国。 陈婴担任楚国柱国。
项	九	十 梁求楚怀王孙，得之民间，立为楚王。 项梁寻求战国时楚怀王的孙子，终于在民间找到熊心，便立他为楚王。	十一 天大雨，三月不见星。 天下大雨，三个月都看不到星星。
赵	五	六	七
齐	九	十 儋救临济，章邯杀田儋。荣走东阿。 田儋援救魏国的临济，秦将章邯杀死了田儋。田荣逃到了东阿县。	齐立田假为王，秦急围荣东阿。 齐国人拥立田假为齐王，秦军紧急在东阿县城围攻田荣。
汉	九	十 沛公如薛，共立楚怀王。 刘邦前往薛县，和项梁共同扶立了楚怀王熊心。	十一 沛公与项羽北救东阿，破秦军濮阳，东屠城阳。 刘邦和项羽向北援救东阿，在濮阳县打败秦军，向东屠灭城阳县。
燕	九	十	十一
魏	九	十 咎自杀，临济降秦。 魏咎自杀，临济投降秦军。	咎弟豹走东阿。 魏咎的弟弟魏豹逃往东阿县。
韩		韩王成始。 韩王韩成立国称王。	二

	八月	九月
秦		
楚	三	四 徙都彭城。 楚国将国都迁到彭城。
项	十二 救东阿，破秦军，乘胜至定陶，项梁有骄色。 项梁的军队援救东阿，打败了秦军，乘胜追到定陶县，项梁有了骄傲的神色。	十三 章邯破杀项梁于定陶，项羽恐，还军彭城。 章邯在定陶县攻破项梁军并击杀项梁，项羽惊恐，便把军队撤回了彭城。
赵	八	九
齐	楚救荣，得解归，逐田假，立儋子市为齐王，始。 楚军援救田荣，田荣得以解脱而返回齐国，田荣驱逐田假，扶立田儋的儿子田市为齐王，田市始称王。	二 田假走楚，楚趋齐救赵。田荣以假故，不肯，谓"楚杀假乃出兵"。项羽怒田荣。 田假逃往楚国，楚国的项羽催促齐国援救赵国。田荣因为田假投奔项羽，不肯出兵，称"楚国杀了田假齐国才会出兵"。项羽由此怨恨田荣。
汉	十二 沛公与项羽西略地，斩三川守李由于雍丘。 刘邦和项羽向西攻略土地，在雍丘县斩杀了三川郡守李由。	十三 沛公闻项梁死，还军，从怀王，军于砀。 刘邦听说项梁已死，便撤回军队，依从楚怀王，在砀县驻军。
燕	十二	十三
魏		魏豹自立为魏王，都平阳，始。 魏豹自立为魏王，在平阳县建都，开始称王。
韩	三	四

		前207年
秦	后九月	三年　十月
楚	五 拜宋义为上将军。 楚国拜授宋义上将军之职。	六
项	怀王封项羽于鲁,为次将,属宋义,北救赵。 楚怀王把项羽封在了鲁地,担任次将,隶属于宋义,向北进军援救赵国。	二
赵	十 秦军围歇巨鹿,陈馀出救兵。 秦军把赵王赵歇围困在巨鹿县,陈馀在城外驻军等待援兵。	十一 章邯破邯郸,徙其民于河内。 章邯攻下赵国的邯郸,把那里的百姓迁到了河内郡。
齐	三	四 齐将田都叛荣,往助项羽救赵。 齐国将领田都背叛田荣,前去协助项羽援救赵国。
汉	十四 怀王封沛公为武安侯,将砀郡兵西,约先至咸阳王之。 楚怀王封刘邦为武安侯,命其统领砀郡的军队向西进攻,并约定先到咸阳的在关中称王。	十五 攻破东郡尉及王离军于成武南。 刘邦的军队在成武县南面打败了东郡都尉和王离率领的秦军。
燕	十四	十五 使将臧荼救赵。 燕国派遣将军臧荼援救赵国。
魏	二	三
韩	五	六

	十一月	十二月
秦		
楚	七 拜籍上将军。 楚国拜项羽为上将军。	八
项	三 羽矫杀宋义，将其兵渡河救巨鹿。 项羽假托王命杀死了宋义，率领宋义的军队渡过黄河援救被困于巨鹿城的赵王。	四 大破秦军巨鹿下，诸侯将皆属项羽。 项羽军队在巨鹿城下大败秦军，诸侯将领都隶属于项羽。
赵	十二	十三 楚救至，秦围解。 楚国援军到来，秦军的围困终于解除。
齐	五	六 故齐王建孙田安下济北，从项羽救赵。 过去齐王田建的孙子田安攻占了济北地区，并随项羽救援赵国。
汉	十六	十七 至栗，得皇䜣、武蒲军。与秦军战，破之。 刘邦的军队到达栗县，得到了魏国将领皇䜣、魏国司徒武蒲率领的军队。扩充后的刘邦军队和秦军交战，大败秦军。
燕	十六	十七
魏	四	五 豹救赵。 魏王魏豹亲自率军援救赵国。
韩	七	八

秦	端月	二月
楚	九	十
项	五 虏秦将王离。 项羽的军队俘虏了秦将王离。	六 攻破章邯，章邯军却。 项羽率军打败了章邯的军队，章邯退军。
赵	十四 张耳怒陈馀，弃将印去。 张耳恼恨陈馀不救赵王，陈馀丢下将印离去。	十五
齐	七	八
汉	十八	十九 得彭越军昌邑。袭陈留，用郦食其策军得积粟。 刘邦在昌邑得到了彭越的军队。袭击陈留县，采用郦食其的计策使军队得到了秦军储存的粮食。
燕	十八	十九
魏	六	七
韩	九	十

	三月	四月
秦		
楚	十一	十二
项	七	八 楚急攻章邯，章邯恐，使长史欣归秦请兵，赵高让之。 楚军急攻章邯的军队，章邯恐惧，便派遣长史司马欣返回秦国都城请求救兵，赵高责备了他。
赵	十六	十七
齐	九	十
汉	二十 攻开封，破秦将杨熊，熊走荥阳，秦斩熊以徇。 刘邦的军队进攻开封，打败秦将杨熊，杨熊逃到荥阳县，秦国斩杀杨熊以示众。	二十一 攻颍阳，略韩地，北绝河津。 刘邦的军队攻打颍阳县，占领了韩地，向北断绝了黄河上的渡口。
燕	二十	二十一
魏	八	九
韩	十一	十二

	五月	六月
秦		
楚	二年一月	二
项	九 **赵高欲诛欣，欣恐，亡走告章邯，谋叛秦。** 赵高想要诛杀司马欣，司马欣惊恐，逃跑后告诉章邯，应该谋划叛离秦国。	十 **章邯与楚约降，未定，项羽许而击之。** 章邯与楚军约定归降，还没有确定下来，项羽同意了章邯的约降却又派兵攻击他。
赵	十八	十九
齐	十一	十二
汉	二十二	二十三 **攻南阳守齮，破之阳城郭东。** 刘邦的军队攻打南阳郡守齮，在阳城县外城东面打败了他。
燕	二十二	二十三
魏	十	十一
韩	十三	十四

	七月	八月
秦		赵高杀二世。 赵高杀死了秦二世。
楚	三	四
项	十一 **项羽与章邯期殷虚,章邯等已降,与盟,以邯为雍王。** 项羽和章邯约定日期在殷墟会见,章邯等投降后,与项羽订立了盟约,项羽让章邯做了雍王。	十二 **以秦降都尉翳、长史欣为上将,将秦降军。** 项羽任命秦国投降的都尉董翳、长史司马欣为上将,统领秦国的降军。
赵	二十	二十一 **赵王歇留国。陈馀亡居南皮。** 赵王赵歇留在国都。陈馀则逃奔到南皮县居住。
齐	十三	十四
汉	二十四 **降下南阳,封其守齮。** 刘邦的军队降服了南阳郡,封南阳郡守齮为殷侯。	二十五 **攻武关,破之。** 刘邦的军队攻打武关,攻下了它。
燕	二十四	二十五
魏	十二	十三
韩	十五 **申阳下河南,降楚。** 申阳攻占了河南地区,向项羽的楚军投降。	十六

		前206年
秦	九月 子婴为王。 子婴被立为秦王。	十月 ◎注释　秦王子婴投降刘邦，秦亡。
楚	五	六
项	十三	十四 项羽将诸侯兵四十余万，行略地，西至于河南。 项羽率领诸侯军四十多万人，行进夺地，向西到达了河南地区。
赵	二十二	二十三 张耳从楚西入秦。 张耳从楚国向西进入秦国。
齐	十五	十六
汉	二十六 攻下峣及蓝田。以留侯策，不战皆降。 刘邦的军队攻下峣关和蓝田。刘邦采用了留侯张良的计策，因此没有交战就使敌人归降。	二十七 汉元年，秦王子婴降。沛公入破咸阳，平秦，还军霸上，待诸侯约。 汉元年，秦王子婴投降刘邦。刘邦攻入咸阳，平定了秦国，后又撤军驻扎在霸上，等待诸侯前来赴约。
燕	二十六	二十七
魏	十四	十五 从项羽略地，遂入关。 魏王魏豹随项羽攻占土地，于是入关。
韩	十七	十八

	十一月	十二月
秦		◎注释 项羽诛杀子婴。
楚	七	八 分楚为四。 分楚国为西楚、衡山、临江、九江四国。 ◎注释 梁玉绳引《续古今考》曰："当书'分楚为五',盖义帝之长沙郴亦楚地也。"
项	十五 羽诈坑杀秦降卒二十万人于新安。 项羽欺骗秦国二十万降兵而把他们活埋在新安。	十六 至关中,诛秦王子婴,屠烧咸阳。分天下,立诸侯。 项羽到达关中,诛杀了秦王子婴,屠杀焚烧了咸阳城。分割天下,并主持封立诸侯王。
赵	二十四	二十五 分赵为代国。 分出赵国一部分为代国。
齐	十七	十八 项羽怨荣,分齐为三国。 项羽怨恨田荣,分齐国为临菑、济北、胶东三国。
汉	二十八 沛公出令三章,秦民大悦。 刘邦发出三章法令,秦地百姓大为喜悦。	二十九 与项羽有郄(隙),见之戏下,讲解。羽倍(背)约,分关中为四国。 刘邦和项羽产生嫌隙,到戏下鸿门拜见项羽,讲和。项羽违背先前的约定,分关中为汉、雍、塞、翟四国。
燕	二十八	二十九 臧荼从入,分燕为二国。 臧荼随从入关,分燕国为燕、辽东两国。
魏	十六	十七 分魏为殷国。 分出魏国一部分为殷国。
韩	十九	二十 分韩为河南国。 分出韩国一部分为河南国。

楚	九　义帝元年　诸侯尊怀王为义帝。	
	义帝元年　诸侯尊奉楚怀王熊心为义帝。	
项	十七　项籍自立为西楚霸王。	
	项羽自立为西楚霸王。	
	分为衡山。	
	分过去楚国的土地建立了衡山国。	
	分为临江。	
	分过去楚国的土地建立了临江国。	
	分为九江。	
	分过去楚国的土地建立了九江国。	
赵	二十六　更名为常山。	
	将赵国南部地区更名为常山国。	
	分为代。	
	分赵国北部地区建立了代国。	
齐	十九　更名为临菑。	
	将齐国更名为临菑国。	
	分为济北。	
	分齐国西北部地区建立济北国。	
	分为胶东。	
	分齐国东部地区建立胶东国。	
汉	正月　分关中为汉。	
	分关中秦岭以南地区建立汉国。	
	分关中为雍。	
	分关中西部地区建立雍国。	
	分关中为塞。	
	分关中东部地区建立塞国。	
	分关中为翟。	
	分关中北部地区建立翟国。	
燕	三十　燕	
	燕国	
	分为辽东。	
	分燕国的辽东地区建立辽东国。	
魏	十八　更为西魏。	
	将魏国更名为西魏国。	
	分为殷。	
	分魏国上党与旧殷都城一带建立殷国。	
韩	二十一　韩	
	韩国	
	分为河南。	
	分韩国的三川郡建立河南国。	

楚	二　　徙都江南郴。	
	项羽逼迫义帝迁往长沙郴县。	
西楚	西楚伯(霸)王项籍始,为天下主命,立十八王。	
	西楚霸王项羽开始称王,主持天下大事,分立十八个诸侯王。	
衡山	王吴芮始,故番(鄱)君。	
	吴芮始封衡山王,他是过去的番君。	
临江	王共敖始,故楚柱国。	
	共敖始封临江王,他是过去楚国的柱国。	
九江	王英布始,故楚将。	
	英布始封九江王,他是过去楚国项羽的部将。	
常山	王张耳始,故楚将。	
	张耳始封常山王,他是过去楚国项羽的部将。	
代	二十七　　王赵歇始,故赵王。	
	赵歇始封代王,他是过去的赵王。	
临菑	王田都始,故齐将。	
	田都始封临菑王,他是过去齐国的将领。	
济北	王田安始,故齐将。	
	田安始封济北王,他是过去齐国的将领。	
胶东	二十　　王田市始,故齐王。	
	田市始封胶东王,他是过去的齐王。	
汉	二月　　汉王始,故沛公。	
	刘邦始封汉王,他是过去的沛公。	
雍	王章邯始,故秦将。	
	章邯始封雍王,他是过去秦国的将领。	
塞	王司马欣始,故秦将。	
	司马欣始封塞王,他是过去秦国的将领。	
翟	王董翳始,故秦将。	
	董翳始封翟王,他是过去秦国的将领。	
燕	王臧荼始,故燕将。	
	臧荼始封燕王,他是过去燕国的将领。	
辽东	三十一　　王韩广始,故燕王。	
	韩广始封辽东王,他是过去的燕王。	
西魏	十九　　王魏豹始,故魏王。	
	魏豹始封西魏王,他是过去的魏王。	
殷	王司马卬始,故赵将。	
	司马卬始封殷王,他是过去赵国的将领。	
韩	二十二　　王韩成始,故韩将。	
	韩成始封韩王,他是过去韩国的将领。	
河南	王申阳始,故楚将。	
	申阳始封河南王,他是过去楚国的将领。

楚	三	四
西楚	二　都彭城。 在彭城建国都。	三　诸侯罢戏下兵,皆之国。 诸侯在戏水河下罢兵,都到自己的封国上任去了。
衡山	二　都邾。 在邾建国都。	三
临江	二　都江陵。 在江陵建国都。	三
九江	二　都六。 在六建国都。	三
常山	二　都襄国。 在襄国建国都。	三
代	二十八　都代。 在代建国都。	二十九
临菑	二　都临菑。 在临菑建国都。	三
济北	二　都博阳。 在博阳建国都。	三
胶东	二十一　都即墨。 在即墨建国都。	二十二
汉	三月　都南郑。 在南郑建国都。	四月
雍	二　都废丘。 在废丘建国都。	三
塞	二　都栎阳。 在栎阳建国都。	三
翟	二　都高奴。 在高奴建国都。	三
燕	二　都蓟。 在蓟建国都。	三
辽东	三十二　都无终。 在无终建国都。	三十三
西魏	二十　都平阳。 在平阳建国都。	二十一
殷	二　都朝歌。 在朝歌建国都。	三
韩	二十三　都阳翟。 在阳翟建国都。	二十四
河南	二　都雒阳。 在雒阳建国都。	三

楚	五	六
西楚	四	五
衡山	四	五
临江	四	五
九江	四	五
常山	四	五
代	三十	三十一
临菑	四　田荣击都，都降楚。 田荣攻击田都，田都归降西楚。	齐王田荣始，故齐相。 田荣自立为齐王，他是过去齐国的相国。
济北	四	五
胶东	二十三	二十四　田荣击杀市。 田荣攻击杀死了田市。
汉	五月	六月
雍	四	五
塞	四	五
翟	四	五
燕	四	五
辽东	三十四	三十五
西魏	二十二	二十三
殷	四	五
韩	二十五	二十六
河南	四	五

楚	七	八
西楚	六	七
衡山	六	七
临江	六	七
九江	六	七
常山	六	七
代	三十二	三十三
齐	二	三
济北	六　田荣击杀安。 田荣攻击杀死了田安。	属齐。 济北国归属齐国。
胶东	属齐。 胶东国归属齐国。	
汉	七月	八月
雍	六	七　邯守废丘，汉围之。 章邯镇守废丘，汉王的军队围攻他。
塞	六	七　欣降汉，国除。 司马欣归降汉王，塞国被废除。
翟	六	七　翳降汉，国除。 董翳归降汉王，翟国被废除。
燕	六	七
辽东	三十六	三十七　臧荼击广无终，灭之。 臧荼到无终攻击韩广，消灭了他。
西魏	二十四	二十五
殷	六	七
韩	二十七　项羽诛成。 项羽诛杀了韩成。	韩王郑昌始，项羽立之。 郑昌成为韩王，是项羽扶立了他。
河南	六	七

		前205年
楚	九	十　项羽灭义帝。 项羽杀死了义帝。
西楚	八	九
衡山	八	九
临江	八	九
九江	八	九
常山	八	九　耳降汉。 张耳归降汉王。
代	三十四	三十五　歇复王赵。 赵歇恢复赵国成为赵王。
齐	四	五
汉	九月	十月　王至陕。 汉王刘邦到达陕县。
雍	八	九
塞	属汉，为渭南、河上郡。 塞国归属汉国，设为渭南郡、河上郡。	
翟	属汉，为上郡。 翟国归属汉国，设为上郡。	
燕	八	九
辽东	属燕。 辽东国归属燕国。	
西魏	二十六	二十七
殷	八	九
韩	二	三
河南	八	九

西楚	十	十一	十二
衡山	十	十一	十二
临江	十	十一	十二
九江	十	十一	十二
代		歇以陈馀为代王，故成安君。 赵歇让陈馀担任代王，他是过去的成安君。	二
赵	三十六	三十七	三十八
齐	六	七	八　项籍击荣，走平原，平原民杀之。 项羽攻打田荣，田荣逃到平原县，平原县百姓杀了他。
汉	十一月	十二月	正月
雍	十　汉拔我陇西。 汉王刘邦的军队攻占我雍国的陇西郡。	十一	十二　汉拔我北地。 汉王的军队攻占我雍国的北地郡。
燕	十	十一	十二
西魏	二十八	二十九	三十
殷	十	十一	十二
韩	韩王信始，汉立之。 韩信成为韩王，是汉王刘邦扶立了他。	二	三
河南	属汉，为河南郡。 河南国归属汉国，设为河南郡。		

西楚	二年一月	二	三　项羽以兵三万破汉兵五十六万。 项羽领兵三万人打败了汉王五十六万大军。
衡山	二年一月	二	三
临江	十三	十四	十五
九江	二年一月	二	三
代	三	四	五
赵	三十九	四十	四十一
齐	项籍立故齐王田假为齐王。 项羽封立过去的齐王田假为齐王。	二　田荣弟横反城阳，击假，走楚，楚杀假。 田荣的弟弟田横在城阳反叛，攻击田假，田假逃到西楚，西楚杀了田假。	齐王田广始。广，荣子，横立之。 田广成为齐王。田广是田荣的儿子，田横拥立了他。
汉	二月	三月　王击殷。 汉王攻击殷国。	四月　王伐楚至彭城，坏走。 汉王攻伐西楚到达彭城，被打败而逃走。
雍	二年一月	二	三
燕	二年一月	二	三
西魏	三十一	三十二　降汉。 西魏归降汉王，因此王国被废除。	三十三　从汉伐楚。 魏豹随汉王攻伐西楚。
殷	十三	十四　降汉，印废。 殷国归降汉王，司马卬被废除王位。	为河内郡，属汉。 殷国被设为河内郡，归属汉国。
韩	四	五	六　从汉伐楚。 韩王信随汉王攻伐西楚。

西楚	四	五	六
衡山	四	五	六
临江	十六	十七	十八
九江	四	五	六
代	六	七	八
赵	四十二	四十三	四十四
齐	二	三	四
汉	五月　王走荥阳。 汉王逃到荥阳。	六月　王入关，立太子。复如荥阳。 汉王进入关中，定立了太子。又前往荥阳。	七月
雍	四	五　汉杀邯废丘。 汉军在废丘杀了章邯。	**属汉，为陇西、北地、中地郡。** 雍国归属汉国，被设为陇西郡、北地郡、中地郡。
燕	四	五	六
西魏	三十四　豹归，叛汉。 魏豹返归魏国，叛离汉王。	三十五	三十六
韩	七	八	九

秦楚之际月表第四

				前204年
西楚	七	八	九	十
衡山	七	八	九	十
临江	十九	二十	二十一	二十二
九江	七	八	九	十
代	九	十	十一	十二　汉将韩信斩陈馀。 汉国将领韩信斩杀了代王陈馀。
赵	四十五	四十六	四十七	四十八　汉灭歇。 汉军灭掉了赵歇的赵国。
齐	五	六	七	八
汉	八月	九月	后九月	三年十月
燕	七	八	九	十
西魏	三十七	三十八　汉将韩信虏豹。 汉国将领韩信俘虏了魏豹。	属汉，为河东、上党郡。 魏国归属汉国，被设为河东郡、上党郡。	
韩	十	十一	十二	二年一月

西楚	十一	十二	三年一月	二
衡山	十一	十二	三年一月	二
临江	二十三	二十四	二十五	二十六
九江	十一	十二　布身降汉，地属项籍。 九江王英布投降汉王，其土地则归属项羽。		
代	属汉，为太原郡。 代国归属汉国，被设为太原郡。			
赵	属汉，为郡。 赵国归属汉国，被设为郡。			
齐	九	十	十一	十二
汉	十一月	十二月	正月	二月
燕	十一	十二	三年一月	二
韩	二	三	四	五

西楚	三	四	五	六
衡山	三	四	五	六
临江	二十七	二十八	二十九	三十
齐	十三	十四	十五	十六
汉	三月	四月　　楚围王荥阳。 楚军在荥阳围困汉王。	五月	六月
燕	三	四	五	六
韩	六	七	八	九

前203年

西楚	七	八	九	十
衡山	七	八	九	十
临江	三十一　王敖薨。 临江王共敖薨逝。	临江王骧始，敖子。 共骧成为临江王，他是共敖的儿子。	二	三
齐	十七	十八	十九	二十
汉	七月　王出荥阳。 汉王逃出荥阳。	八月　周苛、枞公杀魏豹。 周苛、枞公杀死了魏豹。	九月	四年十月
燕	七	八	九	十
韩	十	十一	十二	三年一月

西楚	十一　汉将韩信破杀龙且。 汉将韩信打败并杀死了楚将龙且。	十二	四年一月	二
衡山	十一	十二	四年一月	二
临江	四	五	六	七
赵	赵王张耳始，汉立之。 张耳始封赵王，汉国封立了他。	二	三	四
齐	二十一　汉将韩信击杀广。 汉将韩信攻击杀死了田广。	属汉，为郡。 齐国归属汉国，被设为郡。		齐王韩信始，汉立之。 韩信始封齐王，汉国封立了他。
汉	十一月	十二月	正月	二月　立信王齐。 汉王封韩信为齐王。
燕	十一	十二	四年一月	二
韩	二	三	四	五

西楚	三　汉御史周苛入楚。 汉国御史大夫周苛被楚军俘虏。	四	五	六
衡山	三	四	五	六
临江	八	九	十	十一
赵	五	六	七	八
齐	二	三	四	五
汉	三月　周苛入楚。 汉国御史大夫周苛被楚军俘虏。	四月　王出荥阳。豹死。 ◎注释　"王出荥阳。豹死"六字疑为衍文。	五月	六月
燕	三	四	五	六
韩	六	七	八	九

				前202年	
西楚	七	八	九	十	十一
衡山	七	八	九	十	十一
临江	十二	十三	十四	十五	十六
淮南	淮南王英布始，汉立之。 英布始封淮南王，汉王封立了他。	二	三	四	五
赵	九	十	十一	十二	二年一月
齐	六	七	八	九	十
汉	七月　立布为淮南王。 汉王封英布为淮南王。	八月	九月　太公、吕后归自楚。 汉王之父太公、汉王之妻吕后从楚军中返回。	五年十月	十一月
燕	七	八	九	十	十一
韩	十	十一	十二	四年一月	二

西楚（楚）	十二　诛籍。 项羽被诛杀。	齐王韩信徙楚王。 改封齐王韩信为楚王。
衡山	十二	十三　徙王长沙。 改封吴芮为长沙王。
临江	十七　汉虏骦。 汉军俘虏了临江王共骦。	属汉，为南郡。 临江国归属汉朝，被设为南郡。
淮南	六	七　淮南国 淮南国
赵	二	三　赵国 赵国
齐	十一	十二　徙王楚，属汉，为四郡。 改封齐王韩信为楚王，齐国归属汉朝，被设为南方四郡。
汉	十二月	正月　杀项籍，天下平，诸侯臣属汉。 杀死了项羽，天下平定，诸侯称臣归从汉朝。
燕	十二	五年一月　燕国 燕国
梁		复置梁国。 又设置了梁国。
韩	三	四　韩王信徙王代，都马邑。 韩王韩信改封代王，建都马邑。 ◎注释　"徙王代"说法有误。实际是韩王信之韩国改都马邑，而非韩王信改封代王。
长沙		分临江为长沙国。 划分临江国的一部分为长沙国。

楚	二	三	四	五	六
衡山	属淮南国。 衡山国归属淮南国。				
淮南	八	九	十	十一	十二
赵	四	五	六	七	八
汉	二月　甲午，王更号，即皇帝位于定陶。 甲午日，汉王更改称号，在定陶即皇帝位。	三月	四月	五月	六月　帝入关。 高祖进入关中定都。
燕	二	三	四	五	六
梁	梁王彭越始。 彭越始封梁王。	二	三	四	五
韩	五	六	七	八	九
长沙	衡山王吴芮为长沙王。 改封衡山王吴芮为长沙王。	二	三	四	五

楚	七	八	九　王得故项羽将钟离眛,斩之以闻。 楚王韩信捕获过去项羽的将领钟离眛,斩杀他后奏报汉朝廷。	十
淮南	二年一月	二	三	四
赵	九　耳薨,谥景王。 赵王张耳薨逝,谥号叫景王。	赵王张敖始,耳子。 张敖成为赵王,他是张耳的儿子。	二	三
汉	七月	八月　帝自将诛燕。 高祖亲自率军诛伐反汉的燕王臧荼。	九月	后九月
燕	七	八	九　反汉,虏荼。 燕王臧荼反叛汉朝,汉朝俘虏了臧荼。	燕王卢绾始,汉太尉。 卢绾成为燕王,他曾担任汉朝的太尉。
梁	六	七	八	九
韩	十	十一	十二	五年一月
长沙	六　薨,谥文王。 长沙王吴芮薨逝,谥号叫文王。	长沙成王臣始,芮子。 吴臣成为长沙王,即长沙成王,他是吴芮的儿子。	二	三

◎ 释疑解惑

《秦楚之际月表》所记录的是秦末至汉朝建立的历史，为什么司马迁要给本篇起名"秦楚之际"而不是"秦汉之际"呢？我们先看看历史上的学者是怎么看待这个问题的。

清代学者汪越在《读史记十表》中说："表言'秦楚之际'，不言'秦汉之际'者，秦无道，天下共亡之。汉固灭秦，不得独言'秦汉之际'也。西楚虽主命分王诸侯，与汉争天下，而汉踣之，然汉得天下于秦及赵、齐、燕、韩、魏，非第得之于楚也。且楚与项固非一也，陈涉初起王楚，葛婴立襄彊亦王楚，秦嘉立景驹亦王楚，至项梁求怀王孙于民间，亦立以为怀王王楚，其后楚汉相争惟荥阳、成皋、垓下诸大战乃独项氏耳，故亦不得独言'楚汉之际'也。"由此段论述可以看出，汪越着意强调的是此"秦楚之际"的"楚"，不是指项羽的"西楚"，乃是指陈涉初起所王之楚，葛婴所立襄彊所王之楚，秦嘉所立景驹所王之楚，项梁求怀王孙于民间立为怀王所王之楚。清代学者姚苎田在《史记菁华录》中则言："题目'秦楚之际'，试问二世既亡，汉国未建，此时号令所出非项羽而谁？又当山东蜂起，六国复立，武信初兴，沛公未兆，此时号令所出非陈胜而谁？故不可言'秦'，不可言'楚'，谓之'际'者凡以陈、项两雄也。表为两雄而作，却以记本朝创业之由，故首以三家并起，而言下轻轻自明。次引古反击一段，然后收归本朝，作赞叹不尽之语以结之，布局之工未易测也。"姚苎田认为"秦楚之际"之"楚"乃是指首先起义的陈涉之"张楚"与"二世既亡，汉国未建"时发号施令的项羽二者而言，并认为《秦楚之际月表》便是为此两雄而作。

除上述二位学者所给出的思路之外，我们还可以从《史记》本身的一些细节着手来思考这个问题。我们回顾一下之前的两篇表，即《十二诸侯年表》与《六国年表》。我们当时讨论到，因为《十二诸侯年表》所依据的史料是记录鲁国历史的《春秋》，故而其中有关自然现象的记载皆书于鲁格之中；《六国年表》所依据的史料是记录秦国历史的《秦记》，故而其中有关自然现象的记载皆书于秦格之中，当然，除史料因素之外，秦国灭掉六国而取代周王室建立大一统的王朝，故而表中的记载也理所应当以秦国为中心。那么，我们再来看一下《秦楚之际月表》，在这篇表中，自然现象被记录在哪里呢？该表基本没有对自然现象的记录，唯一一处"天大雨，三月不见星"则被司马迁写入项羽的条格之中。后世有学者以为此时秦国尚未灭亡，应该把这样的内容写入秦国的条格之中。也许太史公这样安排别有深意呢？再加上《史记》把项羽的传记列入本纪而非世家、列传，也足以说明司马迁对项羽在这段历史中的高度认同。因此，很难说太史公不是为了配合《项羽本纪》的书写，而在这十篇表中特意给项羽的"西楚"留下一个位置。

◎ **思考辨析题**

1. 结合上述材料，谈谈你对"秦楚之际"之"楚"的含义的认识。

2. 司马迁在此篇表的序文中感叹汉高祖刘邦取得帝位的容易，并称"此乃传之所谓大圣乎？岂非天哉，岂非天哉！非大圣孰能当此受命而帝者乎？"你是如何理解的？

史记

全注全译本

国际儒学联合会教育系列丛书

丛书指导委员会主任
——滕文生 张岂之 李学勤

总主编
——钱逊

执行总主编
——于建福

组编
——国际儒学联合会
——国家教育行政学院国学教育研究中心

本书主编 张新科 赵望秦

第三册　表〔二〕

济南出版社　汉唐书局

图书在版编目（CIP）数据

史记 / 张新科，赵望秦主编 . —济南：济南出版社，2022.9

ISBN 978-7-5488-5209-4

Ⅰ . ①史… Ⅱ . ①张… ②赵… Ⅲ . ①中国历史—古代史—纪传体 ②《史记》—注释 ③《史记》—译文 Ⅳ . ① K204.2

中国版本图书馆 CIP 数据核字（2022）第 164694 号

出 版 人	田俊林
图书策划	冀瑞雪
责任编辑	孙育臣
图书审读	马世年
装帧设计	王铭基

出版发行	济南出版社
地　　址	济南市二环南路 1 号（250002）
编辑热线	0531-86131747（编辑室）
发行热线	82709072　86131747　86131729　86131728（发行部）
印　　刷	山东彩峰印刷股份有限公司
版　　次	2022 年 10 月第 1 版
印　　次	2022 年 10 月第 1 次印刷
成品尺寸	170 mm×240 mm　16 开
印　　张	247.5
字　　数	4170 千
定　　价	1686.00 元（全 9 册）

（济南版图书，如有印装错误，请与出版社联系调换。联系电话：0531-86131736）

目 录

第三册

汉兴以来诸侯王年表第五 —— 775
高祖功臣侯者年表第六 —— 832
惠景间侯者年表第七 —— 981
建元以来侯者年表第八 —— 1045
建元已来王子侯者年表第九 —— 1101

汉兴以来诸侯王年表第五

从《汉兴以来诸侯王年表》开始的六篇表，乃是对汉代王侯的记录。

王与侯，是汉朝建立后分封功臣与子弟时的两个等级。周王朝建立之初分封诸侯国，原本是为了辅卫王室。但后世诸侯国强大起来后，反而严重威胁到周王室的权威，以至于"厉、幽之后，王室缺，侯伯强国兴焉，天子微，弗能正"。在各诸侯国经历了长久的争斗后，秦国最终扫灭诸侯而一统天下，成了新的天下共主。秦朝总结周王朝灭亡的经验，认为分封制对于中央来讲，着实是一个极大的隐患。所以秦王朝未分封诸侯国，而是在全国设立了郡县，郡是中央政府下辖的地方行政单位，而郡以下又设县。郡的最高长官称郡守，县的最高长官称县令，都是由皇帝直接任免而不可世袭的，因此可以说从源头上消除了地方分裂割据的可能。可惜秦王朝的国祚太短，秦始皇去世之后，内忧外患接踵而来。尤其是随着陈涉揭竿而起，各个地方势力积极响应，一时称王者纷起。刘邦最终取得了胜利，建立了汉王朝。那些协助刘邦打天下的功臣，浴血奋战未尝不是想分一杯羹。于是，彼时的汉王刘邦与后来的天子刘邦，都无法如昔日的秦始皇一般，彻底弃绝分封制而施行郡县制。要使天下快速安定，分封功臣与子弟这一策略是汉初统治者的上上之选。所封之王的土地，约略相当于一个郡，最多几个郡；所封之侯的土地，则约略相当于一个县。

《汉兴以来诸侯王年表》记录的是从汉高祖元年（前206年）至汉武帝太初四年（前101年）这一百多年间汉朝所分封的诸侯王国。从这篇表中，我们可以清晰地看到汉朝此一时间段内诸侯王国的发展与变化。最开始列出的楚、齐、荆、淮南、燕、赵、梁、淮阳、代、长沙十国，乃是汉初高祖所分封或改封的。这个时候的诸王尚有不少异姓王侯，如先封齐王后改封楚王的韩信、淮南王英布、燕王卢绾、赵王张耳、梁王彭越、代王韩信、长沙王吴芮等。可是没过几年，楚王变成了高祖的弟弟刘交；齐王变成了高祖的儿子刘肥；荆王变成了高祖的同族刘贾，刘贾死后高祖又将其封地改为吴国封给侄子刘濞；赵王变成了高祖的儿子刘如意；淮南王变成了高祖的儿子刘长；燕王变成了高祖的儿子刘建；梁王变成了高祖的儿子刘恢；淮阳王变成了高祖的儿子刘友；代王变成了高祖的儿子刘恒。除长沙国尚为刘氏异姓王之外，其他各国皆封给了刘氏子弟。其后历经孝惠、吕后、孝文、孝景直至武帝，诸侯国的设置与分封，在极大程度上反映了统治者的意志。如吕后执政期间，设

汉兴以来诸侯王年表第五

置鲁国封给其外孙张偃,设置吕国封给其兄之子吕台;吕后还有意识地给孝惠帝所谓的儿子封国,以掩人耳目。而在诛灭诸吕后,孝文初年,各诸侯国又回归刘姓。孝文十五年到十六年(前165年—前164年),齐国被一分为七,淮南国被一分为三,此时的诸侯国,已多达十八个。景帝时爆发七国之乱,楚王刘戊、济南王刘辟光、菑川王刘贤、胶西王刘卬、胶东王刘雄渠、吴王刘濞、赵王刘遂因谋反被诛杀,故而诸侯国与其封王又大规模换血,赵国被一分为六,且景帝让自己的儿子接替被诛杀的叔伯兄弟担任诸侯国的封王。武帝时,则有不少诸侯王因为各种因由被诛杀除国。这些内容,通过这一篇表格,一一跃然于目。

  太史公曰:殷以前尚①矣。周封五等:公、侯、伯、子、男。然封伯禽、康叔于鲁、卫②,地各四百里,亲亲之义,褒有德也;太公于齐,兼五侯地,尊勤劳也。武王、成、康③所封数百,而同姓五十五,地上不过百里,下三十里,以辅卫王室。管、蔡、康叔、曹、郑④,或过或损。厉、幽之后,王室缺,侯伯强国兴焉,天子微,弗能正。非德不纯,形势弱也。

◎**注释** ①〔尚〕久远。②〔封伯禽、康叔于鲁、卫〕伯禽,姬姓,名禽,周文王的孙子,周公旦的长子,是周王朝诸侯国鲁国的第一任国君。康叔,姬姓,名封,周武王的同母弟,武王封畿内康国给他,故称为康叔。周成王时代,周公旦平定武庚叛乱后,成王将康叔分封至卫地(在今河南淇县),康叔建立卫国,为卫国的第一代国君。③〔成、康〕成,指周成王姬诵,西周王朝的第二位君主,公元前1042年至公元前1021年在位。康,指周康王姬钊,西周王朝的第三位君主,公元前1020年至公元前996年在位。④〔管、蔡、康叔、曹、郑〕管,指管叔鲜,周武王的弟弟，被封于管地（在今河南郑州），故称管叔。蔡，指蔡叔度，周武王的弟弟，被封于蔡地（在今河南上蔡），故称蔡叔。因为上文已讲过康叔，故有观点认为此处的"康叔"为衍文。曹，指曹叔振铎，周武王的弟弟，被封于曹地（在今山东定陶），故称曹叔。郑，指郑桓公，名友，周宣王的弟弟，被封于郑（在今陕西华州），是春秋时期郑国的第一代国君。

◎**大意** 太史公说：殷商王朝之前是很久远的历史了。周王朝分封诸侯国有五个等级：公、侯、伯、子、男。但是将伯禽、康叔分封至鲁国、卫国，封地各有方圆四百里，这是为了表现亲近血亲的道义，也是为了褒奖德行高尚的人；将太公分封至齐，使他占有五个侯爵的封地，这是为了尊崇鼓励他辛勤辅佐周王室的功劳。周武王、周成王、周康王所分封的诸侯国有几百个，但是其中与王室同姓的只有五十五个，他们的封地最大不超过方圆一百里，而最小的只有方圆三十里，用来辅助保卫周王室。管叔、蔡叔、康叔、曹叔、郑桓公，他们的封地有的超过标准有的不足定制。周厉王、周幽王之后，周王室衰微，诸侯国中强大的国家愈发兴盛起来，周天子的势力却愈发微弱，已经没有能力征伐匡正了。这并非周王室的道德有所亏损，只是周王室的势力太过微弱。

汉兴，序二等。高祖末年，非刘氏而王者，若无功上所不置而侯者，天下共诛之。高祖子弟同姓为王者九国，唯独长沙①异姓，而功臣侯者百有余人。自雁门、太原以东至辽阳②，为燕、代国③；常山④以南，大行⑤左转，度（渡）河、济⑥，阿、甄（鄄）⑦以东薄海，为齐、赵国⑧；自陈⑨以西，南至九疑⑩，东带江、淮、穀、泗⑪，薄会稽，为梁、楚、吴、淮南、长沙国⑫：皆外接于胡、越。而内地北距山以东尽诸侯地，大者或五六郡，连城数十，置百官宫观，僭于天子。汉独有三河、东郡、颍川、南阳⑬，自江陵以西至蜀⑭，北自云中至陇西⑮，与内史⑯凡十五郡，而公主列侯颇食邑其中。何者？天下初定，骨肉同姓少，故广强庶孽⑰，以镇抚四海，用承卫天子也。

◎**注释** ①〔长沙〕指长沙王吴芮。吴芮本是秦朝的官吏，陈涉起义时他积极响应，后来又跟随项羽奋勇作战，最后投奔刘邦。刘邦称帝后封吴芮为长沙王。②〔自雁门、太原以东至辽阳〕雁门，汉郡名，在今山西代县。太原，汉郡名，即今山西太原。辽阳，汉县名，即今辽宁辽阳。③〔燕、代国〕燕，汉朝诸侯国名，国都蓟县，在今北京西南部。代国，汉朝诸侯国名，国都代王城，在今河北蔚（yù）县东北。唯汉文帝刘恒作代王时，其国都中都，在今山西平遥西南。④〔常山〕原称"恒山"，即今河北保定大茂山。汉人避汉文帝刘恒名讳，故改称"常山"。⑤〔大行〕即"太行"，指太行山。⑥〔河、济〕黄河、济水。⑦〔阿（ē）、甄（juàn）〕阿，指汉代的阿县，也称东阿县，在今山东聊城。甄，通"鄄"，鄄县，在今山东鄄城。⑧〔齐、赵国〕齐，汉朝诸侯国名，国都临菑，在今山东淄博。赵国，汉朝诸侯国名，国都邯郸，即今河北邯郸。⑨〔陈〕汉朝县名，在今河南淮阳。⑩〔九疑〕山名，又名苍梧山，在今湖南宁远。⑪〔江、淮、穀、泗〕江，长江。淮，淮河。穀，穀水，是淮河的一条支流。泗，泗水，亦是淮河的一条支流。⑫〔梁、楚、吴、淮南、长沙国〕梁，汉朝诸侯国名，国都定陶，在今山东菏泽。楚，汉朝诸侯国名，国都彭城，在今江苏徐州。吴，汉朝诸侯国名，国都吴，在今江苏苏州。淮南，汉朝诸侯国名，国都寿春，在今安徽淮南。长沙国，汉朝诸侯国名，国都临湘，在今湖南长沙。⑬〔三河、东郡、颍川、南阳〕三河，指河东、河内、河南三郡。河东郡在今山西运城东北，河内郡在今河南北部及河北南部一带，河南郡在今河南洛阳东北。东郡，在今河南濮阳。颍川，指颍川郡，治所在今河南禹州。南阳，指南阳郡，治所在今河南南阳。⑭〔自江陵以西至蜀〕江陵，南郡之郡治，即今湖北荆州。蜀，蜀郡郡治，即今四川成都。⑮〔自云中至陇西〕云中，指云中郡，治所在今内蒙古托克托东北。陇西，指陇西郡，治所在今甘肃临洮。⑯〔内史〕秦汉时的行政区域名，这里指汉朝京城所在的郡。⑰〔庶孽〕非正妻所生的子孙。

◎**大意** 汉朝建立以来，所分封的诸侯只有两个等级。汉高祖晚年，规定不是刘氏子弟而称王的，没有建立过功勋或者皇帝没有分封而为侯的，天下之人要一起讨伐他们。高祖的子弟与同姓的宗室封王的共有九个，其中唯独长沙王吴芮是异姓，而因为功勋被封侯的有一百多人。从雁门、太原向东到达辽阳，是燕国、代国的领地；从常山向南，到太行山而向东转，经过黄河、济水，东阿、鄄城向东直到海边，是齐国、赵国的领地；从陈县的西面，向南到达九疑山，东到长江、淮河、穀水、泗水四条河的流域，一直到会稽，是梁国、楚国、吴国、淮南国、长沙国的领地；这些王国都与少数民族所在地接壤。然而内地依靠着太行山向东的全是各诸侯的领地，大的侯国有的包括五六个郡，相连接的城池有数十座，侯国里设置百官建立宫殿，甚至超越了天子的用度。真正被汉王朝中央控制的只有三河、东郡、颍川、南阳，从江陵西面直到蜀郡，北方从云中到陇西，再加上内史总共十五个郡，而这十五个郡之中还有一些乃是公主或者列侯的食邑。为什么会这样呢？乃是因为当时天下刚刚安定下来，汉王室的同姓血亲比较少，所以要努力扩大庶出子弟的力量，用来镇抚天下，捍卫中央。

汉定百年之间，亲属益疏，诸侯或骄奢，忕①邪臣计谋为淫乱，大者叛逆，小者不轨于法，以危其命，殒身亡国。天子观于上古，然后加惠，使诸侯得推恩分子弟国邑，故齐分为七②，赵分为六③，梁分为五④，淮南分三⑤，及天子支庶子为王，王子支庶为侯，百有余焉。吴楚时，前后诸侯或以适（谪）⑥削地，是以燕、代无北边郡，吴、淮南、长沙无南边郡，齐、赵、梁、楚支郡名山陂⑦海咸纳于汉。诸侯稍微，大国不过十余城，小侯不过数十里，上足以奉贡职，下足以供养祭祀，以蕃（藩）辅京师。而汉郡八九十，形错诸侯间，犬牙相临，秉其厄塞⑧地利，强本干，弱枝叶之势，尊卑明而万事各得其所矣。

◎**注释** ①〔忕（shì）〕习惯。②〔齐分为七〕指刘邦分封的齐国后来分出城阳、济北、济南、菑川、胶西、胶东六国，加上齐国共计七国。③〔赵分为六〕指刘邦分封的赵国后来分出河间、广川、中山、常山、清河五国，加上赵国共计六国。④〔梁分为五〕指刘邦分封的梁国后来分出济阴、济川、济东、山阳四国，加上梁国共计五国。⑤〔淮南分三〕指刘邦分封的淮南国后来分出庐江、衡山两国，加上淮南国共计三国。⑥〔适〕通"谪"，贬罚。⑦〔陂（bēi）〕湖泊。⑧〔厄塞〕险要关塞。

◎**大意** 汉朝建立以来的百年间，原本血缘亲属的关系已经越来越疏远，所分封的诸侯有的骄横奢侈，已习惯了手下的奸佞之臣用阴谋诡计胡作非为，严重的谋反叛乱，轻微的则是不遵守朝廷法令，从而危害到了他们的性命，身死而国灭。于是天子便考察上古的历史，这之后施加恩惠，使诸侯国王可以推恩将国邑分给自己的子孙，因此齐国分为七个封国，赵国分为六个封国，梁国分为五个封国，淮南国分为三个封国，再加上天子的各位庶子也可以被封为王，每个国王的各位庶子又可以被封为侯，这样被分封的侯王就有上百个。吴楚七国发动叛乱之时，无论是先封的还是后封的诸侯，有的已经被贬谪并剥夺了封地，因此燕国、代国失去了北边的各郡，吴国、淮南国、长沙国失去了南边的各郡，齐国、赵国、梁国、楚国国都之外郡县的山林湖海都收归汉朝廷直接管辖。诸侯国渐渐衰微，大一点的王国也不过十多个城池，而小一点的侯国只不过方圆数十里，他们对上足以完成向朝廷进贡的任务，对于自身则能够满足生计与宗庙祭祀，作为一个外部的屏障来护卫朝廷。而这个时候汉朝廷直接管辖的郡已经多达八九十个，这些地方与诸侯国交错而居，相互衔接有如犬牙一般，并且朝廷还掌握了其中的险要关塞，可谓是加强了大树的躯干，削弱了树梢枝叶的势力，这样一来朝廷与各诸侯国之间尊卑的区别更加明显，因此事情的各个方面都踏上更规范的轨道了。

臣迁谨记高祖以来至太初诸侯，谱其下益损之时，令后世得览。形势虽强，要之以仁义为本。

◎**大意** 臣司马迁恭谨地记录了从汉高祖到太初年间的各诸侯国，列出了他们后代强弱盛衰的变化情况，使后世得以观览。如今朝廷的形势虽然强盛，但是依旧应该明白国家要以仁义为根本。

	前206年	前205年	前204年	前203年
	高祖元年	二	三	四
楚		都彭城。 楚国以彭城为国都。		
齐		都临菑。 齐国以临菑为国都。		初王信元年。故相国。 初封齐王韩信，在位元年。他是过去的相国。
荆		都吴。 荆国以吴为国都。		
淮南		都寿春。 淮南国以寿春为国都。		十月乙丑，初王武王英布元年。 十月乙丑日，初封淮南王英布，在位元年。
燕		都蓟。 燕国以蓟为国都。		
赵		都邯郸。 赵国以邯郸为国都。		初王张耳元年。薨。 初封赵王张耳，在位元年。张耳薨逝。
梁		都淮阳。 梁国以淮阳为国都。		
淮阳		都陈。 淮阳国以陈为国都。		
代		十一月，初王韩信元年。都马邑。 十一月，初封韩王信，在位元年。以马邑为国都。 ◎注释　此处有误。韩王信于高祖二年被封为韩王，都阳翟；高祖六年改都马邑，并未改封代王。	二	三
长沙		◎注释　吴芮于高祖元年被封为衡山王，此为其封衡山王第二年。		

汉兴以来诸侯王年表第五

	前202年	前201年
汉	五	六
楚	齐王信徙为楚王元年。反，废。 齐王韩信改封楚王元年。他谋反，王位被废除。	正月丙午，初王交元年。交，高祖弟。 正月丙午日，初封楚王刘交，在位元年。刘交，是汉高祖的弟弟。
齐	二　　徙楚。 齐王韩信被迁到楚国。	正月甲子，初王悼惠王肥元年。肥，高祖子。 正月甲子日，初封齐悼惠王刘肥，在位元年。刘肥，是汉高祖的儿子。
荆		正月丙午，初王刘贾元年。 正月丙午日，初封荆王刘贾，在位元年。
淮南	二	三
燕	后九月壬子，初王卢绾元年。 闰九月壬子日，初封燕王卢绾，在位元年。	二
赵	王敖元年。敖，耳子。 封赵王张敖，在位元年。张敖，是张耳的儿子。	二
梁	初王彭越元年。 初封梁王彭越，在位元年。	二
淮阳		
代	四　　降匈奴，国除为郡。 韩王信投降匈奴，封国被废为郡。 ◎注释　韩王信降匈奴实际在高祖六年。	◎注释　韩王信降匈奴。刘邦封次兄刘喜为代王。
长沙	二月乙未，初王文王吴芮元年。薨。 二月乙未日，吴芮改封长沙王，即长沙文王，在位元年。吴芮薨逝。	成王臣元年 长沙成王吴臣在位元年

783

	前200年	前199年	前198年
汉	七	八	九
楚	二	三	四　来朝。 楚王进京朝见皇帝。
齐	二	三	四　来朝。 齐王进京朝见皇帝。
荆	二	三	四
淮南	四	五	六　来朝。 淮南王进京朝见皇帝。
燕	三	四	五
赵	三	四　废。 赵王张敖被废除。	**初王隐王如意元年。如意，高祖子。** 初封赵王刘如意，即赵隐王，在位元年。刘如意，是汉高祖的儿子。
梁	三	四	五　来朝。 梁王进京朝见皇帝。
淮阳			
代	◎注释　匈奴攻代，刘喜弃国归汉，废为合阳侯。改立戚姬子刘如意为代王。		◎注释　代王刘如意改封赵王。
长沙	二	三	四

	前197年	前196年
汉	十	十一
楚	五　来朝。 楚王进京朝见皇帝。	六
齐	五　来朝。 齐王进京朝见皇帝。	六
荆	五　来朝。 荆王进京朝见皇帝。	六　为英布所杀，国除为郡。 荆王刘贾被英布所杀，废除荆国设为郡。
淮南	七　来朝。反，诛。 淮南王进京朝见皇帝。淮南王谋反，被诛杀。	十二月庚午，厉王长元年。长，高祖子。 十二月庚午日，封淮南厉王刘长，在位元年。刘长，是汉高祖的儿子。
燕	六　来朝。 燕王进京朝见皇帝。	七
赵	二	三
梁	六　来朝。反，诛。 梁王进京朝见皇帝。梁王谋反，被诛杀。	二月丙午，初王恢元年。恢，高祖子。 二月丙午日，初封梁王刘恢，在位元年。刘恢，是汉高祖的儿子。
淮阳		三月丙寅，初王友元年。友，高祖子。 三月丙寅日，初封淮阳王刘友，在位元年。刘友，是汉高祖的儿子。
代	复置代，都中都。 再次设置代国，以中都为国都。	正月丙子，初王元年。 正月丙子日，初封代王刘恒，在位元年。
长沙	五　来朝。 长沙王进京朝见皇帝。	六

	前195年	前194年
汉	十二	孝惠元年
楚	七	八
齐	七	八
吴	更为吴国。十月辛丑,初王濞元年。濞,高祖兄仲子,故沛侯。 改称荆国为吴国。十月辛丑日,初封吴王刘濞,在位元年。刘濞,是高祖次兄刘喜的儿子,他是过去的沛侯。	二
淮南	二	三
燕	二月甲午,初王灵王建元年。建,高祖子。 二月甲午日,初封燕灵王刘建,在位元年。刘建,是汉高祖的儿子。	二
赵	四　死。 赵王刘如意死去。	淮阳王徙于赵,名友,元年。是为幽王。 淮阳王被改封到赵国,他名叫友,赵王刘友在位元年。这就是赵幽王。
梁	二	三
淮阳	二	为郡。 将淮阳设置为郡。
代	二	三
长沙	七	八

汉兴以来诸侯王年表第五

	前193年	前192年	前191年	前190年	前189年
汉	二	三	四	五	六
楚	九　来朝。楚王进京朝见皇帝。	十	十一　来朝。楚王进京朝见皇帝。	十二	十三
齐	九　来朝。齐王进京朝见皇帝。	十	十一　来朝。齐王进京朝见皇帝。	十二	十三　薨。齐悼惠王刘肥薨逝。
吴	三	四	五	六　来朝。吴王进京朝见皇帝。	七
淮南	四	五	六　来朝。淮南王进京朝见皇帝。	七	八
燕	三	四	五	六　来朝。燕王进京朝见皇帝。	七
赵	二	三	四　来朝。赵王进京朝见皇帝。	五	六
梁	四	五	六	七	八
代	四	五	六	七	八
长沙	哀王回元年　长沙哀王吴回在位元年	二	三	四	五

	前188年	前187年
汉	七	高后元年
楚	十四　来朝。 楚王进京朝见皇帝。	十五
鲁	初置鲁国。 开始设置鲁国。	四月元王张偃元年。偃，高后外孙，故赵王敖子。 四月初封鲁元王张偃，在位元年。张偃，是高后的外孙，已故赵王张敖的儿子。 ◎注释　"元王"前疑脱"初王"二字。
齐	哀王襄元年 齐哀王刘襄元年	二
吴	八　来朝。 吴王进京朝见皇帝。	九
淮南	九　来朝。 淮南王进京朝见皇帝。	十
燕	八　来朝。 燕王进京朝见皇帝。	九
赵	七　来朝。 赵王进京朝见皇帝。	八
常山	初置常山国。 开始设置常山国。	四月辛卯，哀王不疑元年。薨。 四月辛卯日，常山哀王刘不疑元年。常山哀王薨逝。
梁	九　来朝。 梁王进京朝见皇帝。	十
吕	初置吕国。 开始设置吕国。	四月辛卯，吕王台元年。薨。 四月辛卯日，吕王吕台元年。吕王薨逝。
淮阳	复置淮阳国。 再次设置了淮阳国。	四月辛卯，初王怀王强元年。强，惠帝子。 四月辛卯日，初封淮阳怀王刘强，在位元年。刘强，是汉惠帝的儿子。
代	九	十
长沙	六	七

汉兴以来诸侯王年表第五

	前186年	前185年
汉	二	三
楚	十六	十七
鲁	二	三
齐	三	四 来朝。 齐王进京朝见皇帝。
吴	十	十一
淮南	十一	十二
燕	十	十一
赵	九	十
常山	**七月癸巳，初王义元年。哀王弟。义，孝惠子，故襄城侯，立为帝。** 七月癸巳日，初封常山王刘义，在位元年。他是常山哀王刘不疑的弟弟。刘义，是汉惠帝的儿子，过去的襄城侯，后来被立为皇帝。	二
梁	十一	十二
吕	**十一月癸亥，王吕嘉元年。嘉，肃王子。** 十一月癸亥日，吕王吕嘉元年。吕嘉，是吕肃王吕台的儿子。	二
淮阳	二	三
代	十一	十二
长沙	**恭王右元年** 长沙恭王吴右元年	二 来朝。 长沙王进京朝见皇帝。

	前184年	前183年
汉	四	五
楚	十八	十九
鲁	四	五
齐	五	六
吴	十二	十三
淮南	十三	十四　来朝。 淮南王进京朝见皇帝。
燕	十二	十三
赵	十一	十二
常山	五月丙辰,初王朝元年。朝,惠帝子,故轵侯。 五月丙辰日,初封常山王刘朝,在位元年。刘朝,是汉惠帝的儿子,过去的轵侯。	二
梁	十三	十四
吕	三	四
淮阳	四	五　无嗣。 淮阳王刘强没有后代。
代	十三	十四
长沙	三	四

汉兴以来诸侯王年表第五

	前182年	前181年
汉	六	七
楚	二十	二十一
鲁	六	七
齐	七	八
琅邪	初置琅邪国。 开始设置琅琊国。	王泽元年。故营陵侯。 琅邪王刘泽元年。他是过去的营陵侯。
吴	十四	十五
淮南	十五	十六
燕	十四	十五　绝。 燕王刘建没有后代。
赵	十三	十四　幽死。 赵幽王刘友被幽禁断食而死。
常山	三	四
梁	十五	徙王赵,自杀。王吕产元年。 改封梁王刘恢为赵王,刘恢不堪其辱而自杀。梁王吕产元年。
吕	嘉废。七月丙辰,吕产元年。产,肃王弟,故洨侯。 吕王吕嘉被废除。七月丙辰日,吕王吕产元年。吕产,是吕肃王吕台的弟弟,过去的洨侯。	吕产徙王梁。二月丁巳,王太元年。惠帝子。 吕王吕产改封至梁国为王。二月丁巳日,吕王刘太元年。他是汉惠帝的儿子。
淮阳	初王武元年。武,孝惠帝子,故壶关侯。 初封淮阳王刘武,在位元年。刘武,是汉惠帝的儿子,过去的壶关侯。	二
代	十五	十六
长沙	五	六

	前180年
汉	八
楚	二十二
鲁	八
齐	九
琅邪	二
吴	十六
淮南	十七
燕	十月辛丑，初王吕通元年。肃王子，故东平侯。九月诛，国除。 十月辛丑日，初封燕王吕通，在位元年。他是吕肃王吕台的儿子，过去的东平侯。九月被诛杀，封国被废除。
赵	初王吕禄元年。吕后兄子，胡陵侯。诛，国除。 初封赵王吕禄，在位元年。他是吕后兄长的儿子，为胡陵侯。赵王吕禄被诛杀，封国被废除。
常山	五　非子，诛，国除为郡。 常山王刘朝不是汉惠帝的儿子，所以被诛杀，封国被废除而设为郡。
梁	二　有罪，诛，为郡。 梁王吕产有罪，被诛杀，把梁国设置为郡。
吕	二 ◎注释　吕王刘太被诛杀，国除为郡。
淮阳	三　武诛，国除。 淮阳王刘武被诛杀，淮阳国被废除。
代	十七
长沙	七

汉兴以来诸侯王年表第五

	前179年	前178年
汉	孝文前元年	二
楚	二十三	夷王郢元年 楚夷王刘郢元年 ◎注释　夷王郢，一名"郢客"。
鲁	九　废为侯。 鲁王被废为侯。	
齐	十　薨。 齐王刘襄薨逝。	文王则元年 齐文王刘则元年
城阳	初置城阳郡。 开始设置城阳郡。 ◎注释　梁玉绳曰："'国'讹作'郡'。"	二月乙卯，景王章元年。章，悼惠王子，故朱虚侯。 二月乙卯日，城阳景王刘章元年。刘章，是齐悼惠王的儿子，过去的朱虚侯。
济北	初置济北。 开始设置济北国。	二月乙卯，王兴居元年。兴居，悼惠王子，故东牟侯。 二月乙卯日，济北王刘兴居在位元年。刘兴居，是齐悼惠王的儿子，过去的东牟侯。
琅邪	三　徙燕。 琅邪王刘泽被迁到燕国。	国除为郡。 琅邪国被废除设为郡。
吴	十七	十八
淮南	十八	十九
燕	十月庚戌，琅邪王泽徙燕元年。是为敬王。 十月庚戌日，琅邪王刘泽被改封燕王，在位元年。这就是燕敬王。	二　薨。 燕王刘泽薨逝。
赵	十月庚戌，赵王遂元年。幽王子。 十月庚戌日，赵王刘遂元年。他是赵幽王刘友的儿子。	二
河间	分为河间，都乐成。 分赵国之河间郡为河间国，以乐成为国都。	二月乙卯，初王文王辟强元年。辟强，赵幽王子。 二月乙卯日，初封河间文王刘辟强，在位元年。刘辟强，是赵幽王刘友的儿子。
太原	初置太原，都晋阳。 开始设置太原国，以晋阳为国都。	二月乙卯，初王参元年。参，文帝子。 二月乙卯日，初封太原王刘参，在位元年。刘参，是汉文帝的儿子。
梁	复置梁国。 再次设置梁国。	二月乙卯，初王怀王胜元年。胜，文帝子。 二月乙卯日，初封梁怀王刘胜，在位元年。刘胜，是汉文帝的儿子。
代	十八　为文帝。 代王刘恒成为汉文帝。	二月乙卯，初王武元年。武，文帝子。 二月乙卯日，初封代王刘武，在位元年。刘武，是汉文帝的儿子。
长沙	八	九

	前177年	前176年
汉	三	四
楚	二	三
齐	二	三
城阳	二	共王喜元年 城阳共王刘喜在位元年
济北	为郡。 废除济北国为郡。	
吴	十九　来朝。 吴王进京朝见皇帝。	二十
淮南	二十　来朝。 淮南王进京朝见皇帝。	二十一
燕	康王嘉元年 燕康王刘嘉元年	二
赵	三	四
河间	二	三
太原	二	三　更为代王。 将太原王刘参改封为代王。
梁	二	三
淮阳	复置淮阳国。 再次设置淮阳国。	代王武徙淮阳三年。 代王刘武被迁到淮阳为王三年。
代	二　徙淮阳。 将代王刘武迁到淮阳国。	三　太原王参更号为代王三年，实居太原，是为孝王。 太原王刘参改号为代王，在位三年，实际还是居住在太原，这就是代孝王。
长沙	靖王著元年 长沙靖王吴著元年	二

汉兴以来诸侯王年表第五

	前175年	前174年	前173年	前172年
汉	五	六	七	八
楚	四　薨。 楚王刘郢薨逝。	王戊元年 楚王刘戊在位元年	二	三
齐	四	五	六	七　来朝。 齐王进京朝见皇帝。
城阳	二	三	四	五
吴	二十一	二十二	二十三	二十四
淮南	二十二	二十三　王无道，迁蜀，死雍。为郡。 淮南王无道，被流放至蜀地，死在了雍地。淮南国被设为郡。		
燕	三	四	五	六　来朝。 燕王进京朝见皇帝。
赵	五	六	七　来朝。 赵王进京朝见皇帝。	八
河间	四	五	六	七　来朝。 河间王进京朝见皇帝。
梁	四	五	六　来朝。 梁王进京朝见皇帝。	七
淮阳	四	五	六　来朝。 淮阳王进京朝见皇帝。	七
代	四	五	六　来朝。 代王进京朝见皇帝。	七
长沙	三	四	五	六

	前171年	前170年	前169年
汉	九	十	十一
楚	四	五	六
齐	八	九	十
城阳	六　来朝。 城阳王进京朝见皇帝。	七	八　徙淮南。为郡，属齐。 迁城阳王刘喜到淮南国。城阳国被设为郡，隶属齐国。
吴	二十五	二十六	二十七
燕	七	八	九
赵	九	十	十一
河间	八	九	十
梁	八	九	十　来朝。薨，无后。 梁王进京朝见皇帝。梁王薨逝，没有后代。
淮阳	八　来朝。 淮阳王进京朝见皇帝。	九	十　来朝。徙梁。为郡。 淮阳王进京朝见皇帝。淮阳王被迁到梁国为王。淮阳国被设为郡。
代	八	九	十　来朝。 代王进京朝见皇帝。
长沙	七	八　来朝。 长沙王进京朝见皇帝。	九

	前168年	前167年
汉	十二	十三
楚	七	八　　来朝。 楚王进京朝见皇帝。
齐	十一　　来朝。 齐王进京朝见皇帝。	十二
吴	二十八	二十九
淮南	**城阳王喜徙淮南元年。** 城阳王刘喜被迁到淮南国为王，在位元年。	二
燕	十	十一
赵	十二　　来朝。 赵王进京朝见皇帝。	十三
河间	十一　　来朝。 河间王进京朝见皇帝。	十二
梁	十一　　淮阳王武徙梁年，是为孝王。 淮阳王刘武迁到梁国之年，这就是梁孝王。	十二
代	十一	十二
长沙	十	十一

	前166年	前165年
汉	十四	十五
楚	九	十
衡山		初置衡山。 开始设置衡山国。
齐	十三	十四　薨。无后。 齐王刘则薨逝。刘则没有后代。
城阳		复置城阳国。 再次设置城阳国。
济北		复置济北国。 再次设置济北国。
济南		分为济南国。 将齐国的一部分分为济南国。
菑川		分为菑川，都剧。 将齐国的一部分分为菑川国，以剧为国都。
胶西		分为胶西，都宛。 将齐国的一部分分为胶西国，以宛为国都。
胶东		分为胶东，都即墨。 将齐国的一部分分为胶东国，以即墨为国都。
吴	三十	三十一
淮南	三	四　徙城阳。 将淮南王刘喜迁到城阳国为王。
燕	十二　来朝。 燕王进京朝见皇帝。	十三　来朝。 燕王进京朝见皇帝。
赵	十四	十五
河间	十三　薨。 河间王刘辟强薨逝。	哀王福元年。薨，无后，国除为郡。 河间哀王刘福元年。刘福薨逝，没有后代，河间国被废除设为郡。
庐江		初置庐江国。 开始设置庐江国。
梁	十三	十四　来朝。 梁王进京朝见皇帝。
代	十三	十四
长沙	十二	十三

汉兴以来诸侯王年表第五

	前164年	前163年
汉	十六	后元年
楚	十一	十二
衡山	四月丙寅,王勃元年。淮南厉王子,故安阳侯。 四月丙寅日,衡山王刘勃元年。他是淮南厉王的儿子,过去的安阳侯。	二
齐	四月丙寅,孝王将闾元年。齐悼惠王子,故阳虚侯。 四月丙寅日,齐孝王刘将闾元年。他是齐悼惠王的儿子,过去的阳虚侯。	二
城阳	淮南王喜徙城阳十三年。 淮南王刘喜改封城阳王在位十三年。	十四
济北	四月丙寅,初王志元年。齐悼惠王子,故安都侯。 四月丙寅日,初封济北王刘志,在位元年。他是齐悼惠王的儿子,过去的安都侯。	二
济南	四月丙寅,初王辟光元年。齐悼惠王子,故扐侯。 四月丙寅日,初封济南王刘辟光,在位元年。他是齐悼惠王的儿子,过去的扐侯。	二
菑川	四月丙寅,初王贤元年。齐悼惠王子,故武城侯。 四月丙寅日,初封菑川王刘贤,在位元年。他是齐悼惠王的儿子,过去的武城侯。	二
胶西	四月丙寅,初王卬元年。齐悼惠王子,故平昌侯。 四月丙寅日,初封胶西王刘卬,在位元年。他是齐悼惠王的儿子,过去的平昌侯。	二
胶东	四月丙寅,初王雄渠元年。齐悼惠王子,故白石侯。 四月丙寅日,初封胶东王刘雄渠,在位元年。他是齐悼惠王的儿子,过去的白石侯。	二
吴	三十二	三十三
淮南	四月丙寅,王安元年。淮南厉王子,故阜陵侯。 四月丙寅日,淮南王刘安元年。他是淮南厉王的儿子,过去的阜陵侯。	二
燕	十四	十五
赵	十六	十七
庐江	四月丙寅,王赐元年。淮南厉王子,故阳周侯。 四月丙寅日,庐江王刘赐元年。他是淮南厉王的儿子,过去的阳周侯。	二
梁	十五	十六
代	十五	十六
长沙	十四	十五

	前162年	前161年	前160年
汉	二	三	四
楚	十三	十四	十五
衡山	三	四	五
齐	三	四　来朝。 齐王进京朝见皇帝。	五
城阳	十五	十六	十七
济北	三	四　来朝。 济北王进京朝见皇帝。	五　来朝。 济北王进京朝见皇帝。
济南	三	四　来朝。 济南王进京朝见皇帝。	五
菑川	三	四	五
胶西	三	四	五
胶东	三	四	五
吴	三十四	三十五	三十六
淮南	三	四	五
燕	十六	十七	十八　来朝。 燕王进京朝见皇帝。
赵	十八	十九	二十　来朝。 赵王进京朝见皇帝。
庐江	三	四	五
梁	十七	十八　来朝。 梁王进京朝见皇帝。	十九
代	十七　薨。 代王刘参薨逝。	恭王登元年 代恭王刘登元年	二
长沙	十六	十七	十八

	前159年	前158年	前157年
汉	五	六	七
楚	十六　来朝。 楚王进京朝见皇帝。	十七	十八
衡山	六	七	八
齐	六	七	八
城阳	十八　来朝。 城阳王进京朝见皇帝。	十九	二十
济北	六	七	八
济南	六　来朝。 济南王进京朝见皇帝。	七	八
菑川	六	七	八
胶西	六　来朝。 胶西王进京朝见皇帝。	七	八
胶东	六	七	八
吴	三十七	三十八	三十九
淮南	六	七　来朝。 淮南王进京朝见皇帝。	八
燕	十九	二十	二十一
赵	二十一	二十二	二十三
庐江	六	七	八
梁	二十	二十一　来朝。 梁王进京朝见皇帝。	二十二
代	三	四	五
长沙	十九	二十　来朝。 长沙王吴著进京朝见皇帝。	二十一　来朝。薨，无后，国除。 长沙王进京朝见皇帝。长沙王薨逝，没有后代，长沙国被废除。

	前156年	前155年
汉	孝景前元年	二
楚	十九	二十　来朝。 楚王进京朝见皇帝。
鲁		分楚复置鲁国。 分割楚国土地再次设置鲁国。
衡山	九	十
齐	九	十
城阳	二十一	二十二
济北	九	十　来朝。 济北王进京朝见皇帝。
济南	九	十
菑川	九	十
胶西	九	十
胶东	九	十
吴	四十	四十一
淮南	九	十
燕	二十二	二十三
赵	二十四	二十五　来朝。 赵王进京朝见皇帝。
河间	复置河间国。 再次设置河间国。	三月甲寅，初王献王德元年。景帝子。 三月甲寅日，初封河间献王刘德，在位元年。他是汉景帝的儿子。
广川	初置广川，都信都。 开始设置广川国，以信都为国都。	三月甲寅，王彭祖元年。景帝子。 三月甲寅日，广川王刘彭祖元年。他是汉景帝的儿子。
中山		初置中山，都卢奴。 开始设置中山国，以卢奴为国都。
庐江	九	十
梁	二十三	二十四　来朝。 梁王进京朝见皇帝。
临江	初置临江，都江陵。 开始设置临江国，以江陵为国都。	三月甲寅，初王阏于元年。景帝子。 三月甲寅日，初封临江王刘阏于，在位元年。他是汉景帝的儿子。 ◎注释　阏于，《汉兴以来将相名臣年表》《汉书·景十三王传》皆作"阏"。
汝南	初置汝南国。 开始设置汝南国。	三月甲寅，初王非元年。景帝子。 三月甲寅日，初封汝南王刘非，在位元年。他是汉景帝的儿子。
淮阳	复置淮阳国。 再次设置淮阳国。	三月甲寅，初王馀元年。景帝子。 三月甲寅日，初封淮阳王刘馀，在位元年。他是汉景帝的儿子。
代	六	七
长沙	复置长沙国。 再次设置长沙国。	三月甲寅，定王发元年。景帝子。 三月甲寅日，长沙定王刘发元年。他是汉景帝的儿子。

前154年

汉	三
楚	二十一　　反，诛。 楚王刘戊反叛，被诛杀。
鲁	六月乙亥淮阳王徙鲁元年。是为恭王。 六月乙亥日淮阳王被迁到鲁国为王元年。这就是鲁恭王。
衡山	十一
齐	十一
城阳	二十三
济北	十一　　徙菑川。 济北王刘志被迁到菑川国为王。
济南	十一　　反，诛。为郡。 济南王刘辟光反叛，被诛杀。济南国被设为郡。
菑川	十一　　反，诛。济北王志徙菑川十一年。是为懿王。 菑川王刘贤反叛，被诛杀。济北王刘志改封菑川王在位十一年。这就是菑川懿王。
胶西	十一　　反，诛。六月乙亥，于王端元年。景帝子。 胶西王刘卬反叛，被诛杀。六月乙亥日，胶西于王刘端元年。他是汉景帝的儿子。
胶东	十一　　反，诛。 胶东王刘雄渠反叛，被诛杀。
吴	四十二　　反，诛。 吴王刘濞反叛，被诛杀。
淮南	十一
燕	二十四
赵	二十六　　反，诛。为郡。 赵王刘遂反叛，被诛杀。赵国被设为郡。
河间	二　　来朝。 河间王进京朝见皇帝。
广川	二　　来朝。 广川王进京朝见皇帝。
中山	六月乙亥，靖王胜元年。景帝子。 六月乙亥日，中山靖王刘胜元年。他是汉景帝的儿子。
庐江	十一
梁	二十五　　来朝。 梁王进京朝见皇帝。
临江	二
汝南	二
淮阳	二　　徙鲁。为郡。 淮阳王刘馀被改封至鲁国为王。淮阳国被设为郡。
代	八
长沙	二

前153年

汉	四　　四月己巳立太子 四月己巳日册立太子刘荣
楚	文王礼元年。元王子，故平陆侯。 楚文王刘礼元年。他是楚元王的儿子，过去的平陆侯。
鲁	二　　来朝。 鲁王进京朝见皇帝。
衡山	十二　　徙济北。庐江王赐徙衡山元年。 衡山王刘勃被迁到济北国为王。庐江王刘赐改封衡山王元年。
齐	懿王寿元年。 齐懿王刘寿在位元年。
城阳	二十四
济北	衡山王勃徙济北十二年。是为贞王。 衡山王刘勃被迁到济北国为王十二年。这就是济北贞王。
菑川	十二
胶西	二
胶东	四月己巳，初王元年。是为孝武帝。 四月己巳日，初封胶东王刘彻，在位元年。这就是汉孝武帝。
江都	初置江都。六月乙亥，汝南王非为江都王元年。是为易王。 开始设置江都国。六月乙亥日，汝南王刘非为江都王，在位元年。这就是江都易王。
淮南	十二
燕	二十五
河间	三
广川	三
中山	二
庐江	十二　　徙衡山，国除为郡。 庐江王刘赐被迁到衡山国为王，庐江国被废除设为郡。
梁	二十六
临江	三　　薨，无后，国除为郡。 临江王刘阏于薨逝，没有后代，临江国被废除设为郡。
汝南	三　　徙江都。 汝南王刘非被迁到江都国为王。
代	九
长沙	三

	前152年	前151年
汉	五	六
楚	二	三　来朝。薨。 楚王进京朝见皇帝。楚王薨逝。
鲁	三	四
衡山	二	三
齐	二　来朝。 齐王进京朝见皇帝。	三
城阳	二十五	二十六
济北	十三　薨。 济北王刘勃薨逝。	武王胡元年 济北武王刘胡元年
菑川	十三	十四
胶西	三	四
胶东	二	三
江都	二	三
淮南	十三　来朝。 淮南王进京朝见皇帝。	十四
燕	二十六　薨。 燕王刘嘉薨逝。	王定国元年 燕王刘定国在位元年
赵	广川王彭祖徙赵四年。是为敬肃王。 广川王刘彭祖改封赵王在位四年。这就是赵敬肃王。	五
河间	四	五
广川	四　徙赵，国除为信都郡。 广川王刘彭祖被迁到赵国为王，广川国被废除，成为信都郡。	
中山	三	四
梁	二十七	二十八
临江		复置临江国。 再次设置临江国。
代	十	十一
长沙	四	五　来朝。 长沙王进京朝见皇帝。

805

前150年

汉	七　十一月乙丑太子废 十一月乙丑日太子刘荣被废
楚	安王道元年 楚安王刘道元年
鲁	五
衡山	四
齐	四
城阳	二十七
济北	二
菑川	十五
胶西	五
胶东	四　四月丁巳，为太子。 四月丁巳日，胶东王刘彻被立为太子。
江都	四
淮南	十五
燕	二
赵	六
河间	六
中山	五　来朝。 中山王进京朝见皇帝。
梁	二十九　来朝。 梁王进京朝见皇帝。
临江	十一月乙丑，初王闵王荣元年。景帝太子，废为王。 十一月乙丑日，初封临江闵王刘荣，在位元年。他是汉景帝的太子，但是被废黜了。
代	十二
长沙	六　来朝。 长沙王进京朝见皇帝。

	前149年	前148年
汉	中元年	二
楚	二　来朝。 楚王进京朝见皇帝。	三
鲁	六　来朝。 鲁王进京朝见皇帝。	七
衡山	五	六
齐	五	六
城阳	二十八	二十九　来朝。 城阳王进京朝见皇帝。
济北	三	四
菑川	十六　来朝。 菑川王进京朝见皇帝。	十七　来朝。 菑川王进京朝见皇帝。
胶西	六　来朝。 胶西王进京朝见皇帝。	七
胶东	复置胶东国。 再次设置胶东国。	四月乙巳，初王康王寄元年。景帝子。 四月乙巳日，初封胶东康王刘寄，在位元年。他是汉景帝的儿子。
江都	五	六
淮南	十六	十七
燕	三	四
赵	七	八　来朝。 赵王进京朝见皇帝。
河间	七	八　来朝。 河间王进京朝见皇帝。
广川	复置广川国。 再次设置广川国。	四月乙巳，惠王越元年。景帝子。 四月乙巳日，广川惠王刘越元年。他是汉景帝的儿子。
中山	六	七
清河		初置清河，都清阳。 开始设置清河国，以清阳为国都。
梁	三十	三十一　来朝。 梁王进京朝见皇帝。
临江	二	三
代	十三	十四
长沙	七	八

	前147年
汉	三
楚	四
鲁	八
衡山	七　来朝。 衡山王进京朝见皇帝。
齐	七
城阳	三十
济北	五
菑川	十八
胶西	八
胶东	二
江都	七
淮南	十八
燕	五　来朝。 燕王进京朝见皇帝。
赵	九
河间	九
广川	二
中山	八
清河	三月丁巳，哀王乘元年。景帝子。 三月丁巳日，清河哀王刘乘元年。他是汉景帝的儿子。
梁	三十二
临江	四　坐侵庙堧垣为宫，自杀。国除为南郡。 临江王刘荣因在高祖庙外小墙内的空地上盖房子被定罪，于是自杀。临江国被废除设为南郡。
代	十五　来朝。 代王进京朝见皇帝。
长沙	九

	前146年	前145年
汉	四	五
楚	五	六　来朝。 楚王进京朝见皇帝。
鲁	九	十
衡山	八	九
齐	八	九
城阳	三十一	三十二
济北	六	七
菑川	十九	二十
胶西	九	十
胶东	三	四　来朝。 胶东王进京朝见皇帝。
江都	八	九
淮南	十九　来朝。 淮南王进京朝见皇帝。	二十
燕	六	七
赵	十	十一
河间	十	十一
广川	三	四
中山	九　来朝。 中山王进京朝见皇帝。	十
清河	二	三
常山	复置常山国。 再次设置常山国。	三月丁巳,初王宪王舜元年。孝景子。 三月丁巳日,初封常山宪王刘舜,在位元年。他是汉景帝的儿子。
梁	三十三	三十四
济川		分为济川国。 临江国被分为济川国。
济东		分为济东国。 临江国被分为济东国。
山阳		分为山阳国。 临江国被分为山阳国。
济阴		分为济阴国。 临江国被分为济阴国。
代	十六	十七
长沙	十　来朝。 长沙王进京朝见皇帝。	十一　来朝。 长沙王进京朝见皇帝。

	前144年
汉	六
楚	七
鲁	十一
衡山	十
齐	十
城阳	三十三　薨。 城阳王刘喜薨逝。
济北	八
菑川	二十一
胶西	十一
胶东	五
江都	十
淮南	二十一
燕	八
赵	十二
河间	十二
广川	五
中山	十一
清河	四
常山	二
梁	三十五　来朝。薨。 梁王进京朝见皇帝。梁王薨逝。
济川	**五月丙戌，初王明元年。梁孝王子。** 五月丙戌日，初封济川王刘明，在位元年。他是梁孝王刘武的儿子。
济东	**五月丙戌，初王彭离元年。梁孝王子。** 五月丙戌日，初封济东王刘彭离，在位元年。他是梁孝王刘武的儿子。
山阳	**五月丙戌，初王定元年。梁孝王子。** 五月丙戌日，初封山阳王刘定，在位元年。他是梁孝王刘武的儿子。
济阴	**五月丙戌，初王不识元年。梁孝王子。** 五月丙戌日，初封济阴王刘不识，在位元年。他是梁孝王刘武的儿子。
代	十八
长沙	十二

	前143年	前142年
汉	后元年	二
楚	八	九
鲁	十二	十三
衡山	十一	十二
齐	十一	十二　来朝。 齐王进京朝见皇帝。
城阳	顷王延元年 城阳顷王刘延元年	二
济北	九	十　来朝。 济北王进京朝见皇帝。
菑川	二十二　来朝。 菑川王进京朝见皇帝。	二十三
胶西	十二	十三
胶东	六	七
江都	十一	十二
淮南	二十二	二十三
燕	九　来朝。 燕王进京朝见皇帝。	十　来朝。 燕王进京朝见皇帝。
赵	十三　来朝。 赵王进京朝见皇帝。	十四
河间	十三　来朝。 河间王进京朝见皇帝。	十四
广川	六	七
中山	十二	十三
清河	五	六
常山	三	四
梁	恭王买元年。孝王子。 梁恭王刘买元年。他是梁孝王的儿子。	二
济川	二	三
济东	二	三
山阳	二	三
济阴	二　薨，无后，国除。 济阴王刘不识薨逝，刘不识没有后代，济阴国被废除。	
代	十九	二十
长沙	十三	十四

	前141年	前140年	前139年
汉	三	孝武建元元年	二
楚	十	十一	十二　来朝。 楚王进京朝见皇帝。
鲁	十四	十五	十六　来朝。 鲁王进京朝见皇帝。
衡山	十三	十四	十五
齐	十三	十四	十五
城阳	三	四	五
济北	十一	十二	十三
菑川	二十四	二十五	二十六
胶西	十四	十五	十六
胶东	八　来朝。 胶东王进京朝见皇帝。	九	十
江都	十三	十四	十五
淮南	二十四	二十五	二十六　来朝。 淮南王进京朝见皇帝。
燕	十一	十二	十三
赵	十五	十六	十七
河间	十五	十六	十七
广川	八	九	十
中山	十四	十五	十六
清河	七	八	九　来朝。 清河王进京朝见皇帝。
常山	五	六	七
梁	三	四	五
济川	四	五	六
济东	四	五	六
山阳	四	五	六
代	二十一	二十二	二十三
长沙	十五	十六	十七

汉兴以来诸侯王年表第五

	前138年	前137年
汉	三	四
楚	十三	十四
鲁	十七	十八
衡山	十六	十七
齐	十六	十七
城阳	六	七
济北	十四	十五
菑川	二十七	二十八
胶西	十七	十八
胶东	十一	十二
江都	十六	十七　来朝。 江都王进京朝见皇帝。
淮南	二十七	二十八
燕	十四	十五
赵	十八	十九
河间	十八	十九
广川	十一	十二
中山	十七　来朝。 中山王进京朝见皇帝。	十八
清河	十	十一
常山	八	九　来朝。 常山王进京朝见皇帝。
梁	六	七　薨。 梁王刘买薨逝。
济川	七　明杀中傅。废迁房陵。 济川王刘明杀害了朝中的中傅。被废除王位并流放房陵。	为郡。 济川国被设为郡。
济东	七	八
山阳	七	八
代	二十四　来朝。 代王进京朝见皇帝。	二十五
长沙	十八　来朝。 长沙王进京朝见皇帝。	十九

	前136年	前135年
汉	五	六
楚	十五	十六
鲁	十九	二十
衡山	十八	十九
齐	十八	十九
城阳	八	九
济北	十六	十七
菑川	二十九	三十
胶西	十九	二十　来朝。 胶西王进京朝见皇帝。
胶东	十三	十四
江都	十八	十九
淮南	二十九	三十
燕	十六	十七
赵	二十	二十一　来朝。 赵王进京朝见皇帝。
河间	二十	二十一
广川	缪王元年 广川穆王刘齐元年	二
中山	十九	二十
清河	十二　薨，无后，国除为郡。 清河王刘乘薨逝，刘乘没有后代，清河国被废除成为郡。	
常山	十	十一
梁	平王襄元年 梁平王刘襄在位元年	二
济东	九	十
山阳	九　薨，无后，国除为郡。 山阳王刘定薨逝，刘定没有后代，山阳国被废除成为郡。	
代		二十七
长沙		二十一

汉兴以来诸侯王年表第五

	前134年	前133年	前132年
汉	元光元年	二	三
楚	十七	十八　来朝。 楚王进京朝见皇帝。	十九　来朝。 楚王进京朝见皇帝。
鲁	二十一	二十二	二十三
衡山	二十	二十一	二十二
齐	二十	二十一	二十二　卒。 齐王刘寿去世。
城阳	十　来朝。 城阳王进京朝见皇帝。	十一	十二
济北	十八	十九	二十
菑川	三十一	三十二	三十三
胶西	二十一	二十二	二十三
胶东	十五　来朝。 胶东王进京朝见皇帝。	十六	十七
江都	二十	二十一	二十二
淮南	三十一	三十二	三十三
燕	十八　来朝。 燕王进京朝见皇帝。	十九	二十
赵	二十二	二十三	二十四
河间	二十二	二十三	二十四
广川	三	四	五
中山	二十一	二十二　来朝。 中山王进京朝见皇帝。	二十三　来朝。 中山王进京朝见皇帝。
常山	十二	十三	十四
梁	三	四	五
济东	十一	十二	十三
代	二十八	二十九	王义元年 代王刘义元年
长沙	二十二	二十三　来朝。 长沙王进京朝见皇帝。	二十四　来朝。 长沙王进京朝见皇帝。

	前131年	前130年	前129年
汉	四	五	六
楚	二十	二十一	二十二　薨。 楚王刘道薨逝。
鲁	二十四	二十五	二十六　薨。 鲁王刘馀薨逝。
衡山	二十三	二十四	二十五
齐	厉王次昌元年 齐厉王刘次昌元年	二	三
城阳	十三	十四　来朝。 城阳王进京朝见皇帝。	十五
济北	二十一	二十二	二十三
菑川	三十四	三十五　薨。 菑川王刘志薨逝。	靖王建元年 菑川靖王刘建元年
胶西	二十四	二十五	二十六
胶东	十八	十九	二十
江都	二十三	二十四	二十五
淮南	三十四	三十五	三十六
燕	二十一	二十二	二十三
赵	二十五	二十六	二十七　来朝。 赵王进京朝见皇帝。
河间	二十五	二十六　来朝。 河间王进京朝见皇帝。	恭王不害元年 河间恭王刘不害在位元年
广川	六	七	八
中山	二十四	二十五	二十六
常山	十五	十六	十七
梁	六	七	八
济东	十四　来朝。 济东王进京朝见皇帝。	十五	十六
代	二	三	四
长沙	二十五	二十六	二十七

	前128年
汉	元朔元年
楚	襄王注元年 楚襄王刘注元年
鲁	安王光元年 鲁安王刘光元年
衡山	二十六
齐	四
城阳	十六
济北	二十四　来朝。 济北王进京朝见皇帝。
菑川	二
胶西	二十七
胶东	二十一
江都	二十六
淮南	三十七
燕	二十四　坐禽兽行自杀。国除为郡。 燕王刘定国因有禽兽行为被判罪而自杀。燕国被废除成为郡。
赵	二十八
河间	二
广川	九
中山	二十七
常山	十八
梁	九
济东	十七
代	五
长沙	康王庸元年 长沙康王刘庸在位元年

	前127年	前126年
汉	二	三
楚	二	三
鲁	二	三
衡山	二十七	二十八
齐	五　薨，无后，国除为郡。 齐王刘次昌薨逝，刘次昌没有后代，齐国被废除成为郡。	
城阳	十七	十八
济北	二十五	二十六
蕾川	三	四
胶西	二十八　来朝。 胶西王进京朝见皇帝。	二十九
胶东	二十二	二十三
江都	王建元年 江都王刘建在位元年	二
淮南	三十八	三十九
赵	二十九	三十
河间	三	四　薨。 河间王刘不害薨逝。
广川	十	十一
中山	二十八	二十九　来朝。 中山王进京朝见皇帝。
常山	十九	二十
梁	十　来朝。 梁王进京朝见皇帝。	十一
济东	十八	十九
代	六	七
长沙	二	三

	前125年	前124年
汉	四	五
楚	四　　来朝。 楚王进京朝见皇帝。	五
鲁	四	五
衡山	二十九	三十
城阳	十九	二十
济北	二十七	二十八
菑川	五	六
胶西	三十	三十一
胶东	二十四	二十五　　来朝。 胶东王进京朝见皇帝。
江都	三	四
淮南	四十	四十一　　安有罪，削国二县。 淮南王刘安有罪，削减淮南国的两个县。
赵	三十一	三十二
河间	刚王堪元年 河间刚王刘堪元年	二
广川	十二	十三
中山	三十	三十一
常山	二十一	二十二　　来朝。 常山王进京朝见皇帝。
梁	十二	十三
济东	二十　　来朝。 济东王进京朝见皇帝。	二十一
代	八	九
长沙	四	五

	前123年	前122年
汉	六	元狩元年
楚	六	七
鲁	六	七
衡山	三十一	三十二　反,自杀,国除。 衡山王刘赐谋反,自杀,衡山国被废除。
城阳	二十一　来朝。 城阳王进京朝见皇帝。	二十二
济北	二十九	三十
菑川	七	八
胶西	三十二	三十三
胶东	二十六	二十七
江都	五	六
淮南	四十二	四十三　反,自杀。 淮南王刘安谋反,自杀。
赵	三十三	三十四　来朝。 赵王进京朝见皇帝。
河间	三	四
广川	十四　来朝。 广川王进京朝见皇帝。	十五
中山	三十二	三十三
常山	二十三	二十四
梁	十四	十五
济东	二十二	二十三
代	十	十一
长沙	六	七

	前121年
汉	二
楚	八
鲁	八　　来朝。 鲁王进京朝见皇帝。
城阳	二十三
济北	三十一
菑川	九
胶西	三十四
胶东	二十八
江都	七　　反，自杀，国除为广陵郡。 江都王刘建谋反，自杀，江都国被废除成为广陵郡。
六安	置六安国，以故陈为都。七月丙子。初王恭王庆元年。胶东王子。 设置六安国，以从前的陈县为国都。七月丙子日，初封六安恭王刘庆，在位元年。他是胶东王刘寄的儿子。
赵	三十五
河间	五
广川	十六
中山	三十四
常山	二十五
梁	十六
济东	二十四
代	十二　　来朝。 代王进京朝见皇帝。
长沙	八　　来朝。 长沙王进京朝见皇帝。

	前120年	前119年	前118年
汉	三	四	五
楚	九	十　　来朝。 楚王进京朝见皇帝。	十一
鲁	九	十	十一
齐			复置齐国。 再次设置齐国。
城阳	二十四	二十五	二十六　　来朝。薨。 城阳王进京朝见皇帝。城阳王薨逝。
济北	三十二　　来朝。 济北王进京朝见皇帝。	三十三	三十四
菑川	十	十一	十二　　来朝。 菑川王进京朝见皇帝。
胶西	三十五	三十六	三十七
胶东	哀王贤元年 胶东哀王刘贤元年	二	三
广陵			更为广陵国。 改置广陵国。
六安	二	三	四
燕			复置燕国。 再次设置燕国。
赵	三十六	三十七	三十八
河间	六	七	八
广川	十七	十八	十九
中山	三十五　　来朝。 中山王进京朝见皇帝。	三十六	三十七
常山	二十六	二十七	二十八
梁	十七	十八	十九
济东	二十五	二十六　　来朝。 济东王进京朝见皇帝。	二十七
代	十三	十四	十五
长沙	九	十	十一

	前117年	前116年
汉	六	元鼎元年
楚	十二	十三
鲁	十二	十三
齐	四月乙巳，初王怀王闳元年。武帝子。 四月乙巳日，初封齐怀王刘闳，在位元年。他是汉武帝的儿子。	二
城阳	敬王义元年 城阳敬王刘义元年	二
济北	三十五	三十六
菑川	十三	十四
胶西	三十八	三十九
胶东	四	五
广陵	四月乙巳，初王胥元年。武帝子。 四月乙巳日，初封广陵王刘胥，在位元年。他是汉武帝的儿子。	二
六安	五	六
燕	四月乙巳，初王剌王旦元年。武帝子。 四月乙巳日，初封燕剌王刘旦，在位元年。他是汉武帝的儿子。	二
赵	三十九	四十
河间	九　来朝。 河间王进京朝见皇帝。	十
广川	二十	二十一　来朝。 广川王进京朝见皇帝。
中山	三十八	三十九
常山	二十九　来朝。 常山王进京朝见皇帝。	三十
梁	二十	二十一
济东	二十八	二十九　剽攻杀人，迁上庸，国为大河郡。 济东王刘彭离抢劫杀人，被发配至上庸，济东国被设为大河郡。
代	十六	十七
长沙	十二	十三

	前115年	前114年
汉	二	三
楚	十四　薨。 楚王刘注薨逝。	节王纯元年 楚节王刘纯元年
鲁	十四　来朝。 鲁王进京朝见皇帝。	十五
泗水		初置泗水，都郯。 开始设置泗水国，以郯为国都。
齐	三	四
城阳	三	四
济北	三十七	三十八
菑川	十五	十六
胶西	四十	四十一
胶东	六	七
广陵	三	四
六安	七	八
燕	三	四
赵	四十一	四十二
河间	十一	十二　薨。 河间王刘基薨逝。
广川	二十二	二十三
中山	四十	四十一　来朝。 中山王进京朝见皇帝。
清河		复置清河国。 再次设置清河国。
常山	三十一	三十二　薨，子为王。 常山王刘舜薨逝，他的儿子刘勃为常山王。
梁	二十二	二十三
代	十八　来朝。 代王进京朝见皇帝。	十九　徙清河。为太原郡。 代王刘义被迁到清河国为王。代国被设为太原郡。
长沙	十四	十五　来朝。 长沙王进京朝见皇帝。

汉兴以来诸侯王年表第五

	前113年	前112年
汉	四	五
楚	二	三
鲁	十六	十七
泗水	思王商元年。商，常山宪王子。 泗水思王刘商元年。刘商，是常山宪王刘舜的儿子。	二
齐	五	六
城阳	五	六
济北	三十九	四十
菑川	十七	十八
胶西	四十二	四十三
胶东	八	九
广陵	五	六
六安	九	十
燕	五	六
赵	四十三	四十四
河间	顷王授元年 河间顷王刘授元年	二
广川	二十四	二十五　来朝。 广川王进京朝见皇帝。
中山	四十二　薨。 中山王刘胜薨逝。	哀王昌元年。即年薨。 中山哀王刘昌元年。他即位当年就薨逝了。
清河	二十　代王义徙清河年。是为刚王。 代王刘义被改封清河王之年。这就是清河刚王。	二十一
真定	更为真定国。顷王平元年。常山宪王子。 常山国改称真定国。真定顷王刘平元年。他是常山宪王刘舜的儿子。	二
梁	二十四	二十五
长沙	十六	十七

	前111年	前110年	前109年
汉	六	元封元年	二
楚	四	五	六
鲁	十八	十九	二十
泗水	三	四	五
齐	七	八　薨，无后，国除为郡。 齐王刘闳薨逝，刘闳没有后代，齐国被废除成为郡。	
城阳	七	八　来朝。 城阳王进京朝见皇帝。	九　薨。 城阳王刘义薨逝。
济北	四十一　来朝。 济北王进京朝见皇帝。	四十二	四十三
菑川	十九	二十	**顷王遗元年** 菑川顷王刘遗在位元年
胶西	四十四	四十五	四十六
胶东	十	十一	十二
广陵	七	八	九
六安	十一　来朝。 六安王进京朝见皇帝。	十二	十三
燕	七	八	九
赵	四十五	四十六	四十七
河间	三	四	五
广川	二十六	二十七	二十八
中山	**康王昆侈元年** 中山康王刘昆侈元年	二	三
清河	二十二	二十三	二十四
真定	三	四　来朝。 真定王进京朝见皇帝。	五
梁	二十六	二十七	二十八
长沙	十八	十九	二十

汉兴以来诸侯王年表第五

	前108年	前107年	前106年
汉	三	四	五
楚	七	八	九
鲁	二十一　来朝。 鲁王进京朝见皇帝。	二十二	二十三　朝泰山。 鲁王到泰山朝见皇帝。
泗水	六	七	八
城阳	慧王武元年 城阳慧王刘武在位元年	二	三
济北	四十四	四十五	四十六　朝泰山。 济北王到泰山朝见皇帝。
菑川	二	三	四
胶西	四十七　薨，无后，国除。 胶西王刘端薨逝，刘端没有后代，胶西国被废除。		
胶东	十三	十四	戴王通平元年 胶东戴王刘通平在位元年
广陵	十	十一	十二
六安	十四	十五	十六
燕	十	十一	十二
赵	四十八	四十九	五十
河间	六	七	八
广川	二十九	三十	三十一
中山	四	五	六
清河	二十五　来朝。 清河王进京朝见皇帝。	二十六	二十七
真定	六	七	八
梁	二十九	三十	三十一
长沙	二十一	二十二	二十三

	前105年	前104年	前103年
汉	六	太初元年	二
楚	十	十一	十二
鲁	二十四	二十五	二十六
泗水	九	十　薨。 泗水王刘商薨逝。	哀王安世元年。即戴王贺元年。安世子。 泗水哀王刘安世元年。也是泗水戴王刘贺元年。刘贺是刘安世的儿子。
城阳	四	五	六
济北	四十七	四十八	四十九
菑川	五	六	七
胶东	二	三	四
广陵	十三	十四	十五
六安	十七	十八　来朝。 六安王进京朝见皇帝。	十九
燕	十三	十四	十五
赵	五十一	五十二	五十三
河间	九	十	十一
广川	三十二	三十三	三十四
中山	七	八	九　来朝。 中山王进京朝见皇帝。
清河	二十八	二十九	三十
真定	九　来朝。 真定王进京朝见皇帝。	十	十一
梁	三十二	三十三	三十四
长沙	二十四	二十五	二十六

汉兴以来诸侯王年表第五

	前102年	前101年
汉	三	四
楚	十三	十四
鲁	二十七	二十八
泗水	二	三
城阳	七	
济北	五十	五十一
菑川	八	九
胶东	五	六
广陵	十六	十七
六安	二十	二十一
燕	十六	十七
赵	五十四	五十五
河间	十二	十三
广川	三十五	三十六
中山	十	十一
清河	三十一	三十二
真定	十二	十三
梁	三十五	三十六　　来朝。 梁王进京朝见皇帝。
长沙	二十七	二十八　　来朝。 长沙王进京朝见皇帝。

◎释疑解惑

《汉兴以来诸侯王年表》表序最后一句称："臣迁谨记高祖以来至太初诸侯，谱其下益损之时，令后世得览。形势虽强，要之以仁义为本。"明代《史记评林》中有陈仁锡评曰："《汉诸侯表序》以'形势'二字为主，至末云'形势虽强，要以仁义为本'，二句乃一篇之归宿，而垂戒之意深矣。"何以言此？陈仁锡又解释说："以天下大势言之，如高五年，楚王信、淮南王布、燕王绾、赵王耳、梁王越、长沙王芮、韩王信，则天下之势异姓强而同姓未封也。如高六年，楚王交、齐王肥、代王喜、淮南、燕、赵、梁、长沙，则天下之势异姓同姓强弱相当也。如高十二年，吴王濞、淮南王长、燕王建、赵王如意、梁王恢、淮阳王友、代王恒、齐、楚、长沙，则天下之势同姓强而异姓绝无而仅有。"清代学者汪越亦有论曰："表列同姓九国，而异姓独长沙王吴芮；然楚始韩信，淮南始英布，燕始卢绾，赵始张耳，梁始彭越，代始韩王信，皆异姓也。盖汉得天下初封功臣，楚为大，梁次之，淮南又次之，赵又次之，燕、代为弱。高祖心害六王之能叛汉也，裂土而畀之初非得已；至于夷灭皆尽，而以树同姓，遂仍其故，不虞复为异日之患也。太史公以其惩秦孤立，封建过制，故以周初封国及厉幽之后言之。太史公序'形势'二字，其主意也。侯国强则王室弱，侯国弱则王室强，故于诸国先言其疆域之大，又言汉所有仅自三河至于内史，此形势在侯国也；后言推恩分子弟国邑，历举诸国分裂之数，与天子支庶、王子支庶尊卑之等，其支郡山海咸纳于汉，与汉郡错诸侯间，此形势在王室也。一篇之中反复照应，而结之以仁义为本，与周之亲亲尊劳同道，封建所以公天下，其义自见。"

以上二位学者都强调了"形势"二字在本篇表中的重要意义。无论是汉初对异姓王的分封，还是不久后处置异姓王而将封国封给同姓子弟，抑或后来数次的大国分小，汉王朝所采取的种种措施，其实都是对客观形势的一种应对。对此，司马迁在本篇表的序文中无疑给予了很正面的评价。对于汉初分封，司马迁称"天下初定，骨肉同姓少，故广强庶孽，以镇抚四海，用承卫天子也"；而对于后来的大国分小、除国为郡，司马迁称"诸侯稍微，大国不过十余城，小侯不过数十里，上足以奉贡职，下足以供养祭祀，以蕃辅京师。而汉郡八九十，形错诸侯间，犬牙相临，秉其厄塞地利，强本干，弱枝叶之势，尊卑明而万事各得其所矣"。然而在序文的最后，司马迁以一句"形势虽强，要之以仁义为本"

作结，颇引人深思。此篇序文以周朝的分封起兴，称周朝时分封同姓是"亲亲之义，褒有德也"，分封异姓是"尊勤劳也"，其目的都是希望诸侯国"辅卫王室"。但是后世诸侯国越来越强盛，天子反而越来越衰微，司马迁以为"非德不纯，形势弱也"。后文对汉王朝分封的论述中，则仅强调"形势"，并没有论及德行、仁义。而序文之末称虽然形势是无法抗拒的一个因素，但无论是朝廷还是诸侯国，把仁义作为行事的根本才是最重要的。结合具体的历史现实，我们可以看出，无论是汉初的异姓王还是后来的同姓王，他们所谓的谋逆、犯罪，有的时候确实是"一个巴掌拍不响"，朝廷和诸侯王都过于重视客观形势而寡情少恩、忘本弃仁，因此才酿成了诸多惨剧。如清代学者徐克范便指出："凡言'反，诛''反，自杀'者，虽其自取，亦上过也。如孝文固解宽仁，而济北王兴居之反亦非无由。初大臣诛吕氏时，朱虚侯章功尤大，许尽以赵地王朱虚，尽以梁地王东牟。及孝文入立，闻朱虚、东牟初欲立齐王，故黜其功。及二年王诸子，仅割齐二郡以王章、兴居，章、兴居自以失职夺功，章死，而兴居遂乘匈奴之变反于济北。此由帝一念之私所召致也。淮南厉王之反，虽其凶横性成，亦帝纵使之过。瞀叟杀人，皋陶执之，岂有憸天下正法而恣容一弟乎……至景帝七国之乱更无论矣。"司马迁在序文中以一句"要之以仁义为本"作结，大概也是对汉王朝寡恩少仁的一种委婉批评吧。

◎ **思考辨析题**

1. 读过司马迁《汉兴以来诸侯王年表》及其表序，你觉得汉代的诸侯王国与春秋战国时期的诸侯王国有何不同？

2. 长沙王吴芮及其后代乃是汉初异姓诸侯王中唯一得以善终的。请查阅吴芮一族的有关资料，结合汉初的时代背景，谈谈吴芮一族能够在汉初灭伐异姓王的风暴中幸免的原因。

高祖功臣侯者年表

第六

《高祖功臣侯者年表》《惠景间侯者年表》《建元以来侯者年表》三篇表，分别以高祖在位的十二年、惠帝至景帝的五十四年、武帝建元至太初的约四十年为时间断限，将汉朝从建立至司马迁之时所封侯者一一谱列了出来。上一篇已经介绍过，汉朝分封功臣或子弟有两个等级——王与侯。王的封地称王国，其大小相当于一个郡。而等级低于王的侯，其封地约为一个县，称为侯国。这三篇表以侯国为单位，一一介绍了此侯国何以得封，得封至今经历了多少代侯者，若国除，又是何种缘故等信息。

《高祖功臣侯者年表》所记录的侯者，乃是高祖在位时即得以获封者。表头共有九格：一曰"国名"，指的是所封侯国封地的名称。二曰"侯功"，指的是受封者得以获封的原因，也就是其立过的主要功勋。第三至第八，乃是六个时间段，分别是："高祖十二"，即高祖在位的十二年；"孝惠七"，即孝惠帝在位的七年；"高后八"，即吕太后执政的八年；"孝文二十三"，即孝文帝在位的二十三年；"孝景十六"，即孝景帝在位的十六年；"建元至元封六年三十六，太初元年尽后元二年十八"，即汉武帝建元元年至元封六年的三十六年，与太初元年结束至后元二年的十八年。九曰"侯第"，指的是所封第一代侯者在诸功臣中所处的位次。在第三至第八格中，往往有一些单独列出的数字或地名，夹杂在所记载的内容之中。其中的数字，乃是某侯者在此一时间段内为侯的年数。以表中所记录的第一个侯国"平阳"为例："高祖十二"格内所书之"七"，乃是指平阳侯曹参在高祖在位的十二年中担任平阳侯的时间为七年；"孝惠七"格内所书之"五"与"二"，"五"指曹参在孝惠帝在位的七年中担任平阳侯的时间为五年，"二"指继任平阳侯的曹参之子曹窋在此期间担任平阳侯的时间为两年；"高后八"格内所书之"八"，乃是指曹窋在吕太后执政的八年中担任平阳侯的时间为八年；"孝文二十三"格内所书之"十九"与"四"，"十九"指曹窋在孝文帝在位的二十三年中担任平阳侯的时间为十九年，"四"指继任平阳侯的曹窋之子曹奇在此期间担任平阳侯的时间为四年；"孝景十六"格内所书之"三"与"十三"，"三"指曹奇在孝景帝在位的十六年中担任平阳侯的时间为三年，"十三"指继任平阳侯的曹奇之子曹时在此期间担任平阳侯的时间为十三年；"建元"格内所书之"十"与"十六"，"十"指曹时在汉武帝建元以来担任平阳侯的时间为十年，"十六"指继任平阳侯的曹时之子曹襄在此期间担任平阳侯的时间为十六年。而其中的地名，则是某侯者被废除侯爵后又重新封侯时所迁移的新地方的名字。如广平，在"孝景十六"格中，有"平

> 棘"二字书于数字"五"之上，而其后的内容乃是"中五年，复封节侯泽元年"，此处"平棘"指的是在汉景帝中元五年（前145年）再次封薛泽侯爵时，将他迁封至平棘，故而曾经的广平侯薛泽再次受封后变成了平棘侯。搞清楚这些数字与地名的含义，再阅读本篇表，便会感觉豁然开朗了。

　　太史公曰：古者人臣功有五品，以德立宗庙①定社稷曰勋，以言曰劳，用力曰功，明其等曰伐，积日曰阅。封爵之誓曰："使河如带，泰山若厉。国以永宁，爰及苗裔。"②始未尝不欲固其根本，而枝叶稍陵夷③衰微也。

◎**注释**　①〔宗庙〕帝王祭祀先祖的庙宇，这里指代国家。②〔封爵之誓曰："使河如带，泰山如厉。国以永宁，爰及苗裔。"〕《困学纪闻》载《楚汉春秋》中语，称汉高祖封侯时赐有丹书铁券，其上镌刻曰："使黄河如带，泰山如砺，汉有宗庙，尔无绝世。"③〔稍陵夷〕稍，渐渐。陵夷，指山势渐遭削平，比喻势力渐趋衰微。

◎**大意**　太史公说：古代臣子的功劳共分为五等，凭借高尚的德行建立国家安定社稷的称作勋，凭借言语为统治者出谋划策的称作劳，在战场上奋力拼杀的称作功，按照常例逐级提拔的称作伐，长期为朝廷效力的称作阅。朝廷在分封功臣为列侯时的誓言说："即使有一天黄河变得如带子那样狭窄，泰山变得如一块磨刀石般微小，你的封国也将永远保持安宁，一代一代地传给你的子孙后代。"汉朝廷在分封诸侯时并非不想稳固这些诸侯国，然而诸侯的后世子孙使他们的封国逐渐衰败颓坏了。

　　余读高祖侯功臣，察其首封，所以失之者，曰：异哉所闻！《书》曰"协和万国"①，迁于夏商，或数千岁。盖周封八百，幽厉之后，见于《春秋》。《尚书》有唐虞之侯伯，历三代千有余载，自全以蕃（藩）卫②天子，岂非笃于仁义，奉上法哉？汉兴，功臣受封者百有余人。天下初定，故大城名都散亡，户口可得而数者十二三，是以大侯不过万家，小者五六百户③。后数世，民咸归乡里，户益息④，萧、曹、绛、灌之属或至四万，小侯自倍，富厚如之。子孙骄溢⑤，忘其先，淫嬖⑥。至太初百年之间，见侯五，余皆坐法⑦陨（殒）命亡国，耗矣。罔（网）亦少密焉⑧，然皆身无兢兢于当世之禁云。

◎**注释**　①〔"协和万国"〕出自《尚书·尧典》，原文作"协和万邦"。此处"邦"因避汉高祖刘邦名讳而被改作"国"。②〔蕃卫〕作为屏障来捍卫。蕃，通"藩"。③〔大侯不过万家，小者五六百户〕侯表中的万户侯仅曹参与张良，平阳侯曹参封邑共一万六百户，留侯张良共一万户，一般封侯者所辖仅五六百户至五千户。④〔户益息〕指人口越来越多。益，越来越。息，繁衍。⑤〔骄溢〕骄横到了极点。⑥〔淫嬖（bì）〕淫，过度，过分。嬖，本义是宠爱，这里引申为放纵自己的欲望。⑦〔坐法〕犯法。⑧〔罔亦少密焉〕罔，通"网"，指法网。少，稍微。

◎**大意**　我阅读高祖分封功臣的有关资料，考察他们最初受封，以及后来失去封国的原因，说：和以前听到的传闻真是不一样啊！《尚书》上称"帝尧能够使众多的诸侯国和谐相处"，那个时代的诸侯国经历了夏商两朝的变迁，有的诸侯国甚至传了数千年依旧存在。周朝分封的诸侯有八百个之多，这些诸侯国在经历了周幽王和周厉王两次大的动乱后，依旧被记载到了《春秋》中。《尚书》中记载了唐尧、虞舜时代的侯伯封国，经历夏、商、周三代有一千多年了，他们不但保全了自己的封国，而且作为屏障守卫着天子，这难道不是认真地力行仁义，并尊奉天子所订立的法制吗？汉朝建立，立功的臣子接受封国的有一百多人。彼时天下刚刚平定，曾经大城市中的人们大都离散逃亡，能够统计到的户口仅有过去的十分之二三，因此大的诸侯国也不过有一万户人家，而小的诸侯国仅有五六百户人家。几代过后，百姓都返回家乡，人口日渐繁盛，如萧何、曹参、周勃、灌婴这些人的封国有的可以达到四万户人家，小一点的诸侯国人口也达到了过去的一倍，他们的财富也如同人口一样呈增长的趋势。可是他们的子孙骄傲自满，已然忘却了祖先辛苦创业的过程，过分地放纵。从高祖立国到今上太初这百年间，昔日高祖所分封的侯国如今只剩五个，其他的都因为触犯法律而使自己被诛杀，封国被废除，什么都没有了。当然国家的法律也是稍微有些严苛了，然而他们自身也没有小心翼翼地遵守当今的法律呀！

居今之世，志①古之道，所以自镜也，未必尽同。帝王者各殊礼而异务②，要以成功为统纪③，岂可绲（混）④乎？观所以得尊宠及所以废辱，亦当世得失之林也，何必旧闻？于是谨其终始，表见其文，颇有所不尽本末；著其明，疑者阙之。后有君子，欲推而列之，得以览焉。

◎**注释** ①〔志〕记在心里。②〔殊礼而异务〕殊，不同。礼，制度。务，事务，引申为做法。《太史公自序》中有句曰"三代之礼，所损益各殊务"，与此句意思相类。③〔统纪〕纲领，原则。④〔绲（hùn）〕通"混"。这里指混同古今，即现今仍拘泥于远古的做法。

◎**大意** 生活在当今这个时代，要记住从古代传承下来的道理，把它们作为镜子来对照我们自身，并非一定要与远古采取相同的做法。国家的统治者应当根据当代的实际制定不同的制度，并采取不同的措施，最重要的是把成功治理国家作为第一准则，怎么可以拘泥于远古的做法呢？观览现今的这些诸侯国得到尊荣恩宠和遭受除国屈辱的原因，也充分体现了当今时代政治上的得失，哪里一定要拿远古时代的事情来阐明道理呢？在这里我谨慎考察了汉兴以来所封诸侯王的来龙去脉，用表格的形式谱列了有关资料，不过有少许事情的本末还未能弄清楚；其中确定的内容就明白地记录下来，而尚有疑问的就暂时空缺而不记录了。以后如果有哪位君子想要进一步推究谱列这些诸侯王国，可以观览我所做的这个表作为参考。

高祖功臣侯者年表第六

国名	平阳
侯功	以中涓从起沛，至霸上，侯。以将军入汉，以左丞相出征齐、魏，以右丞相为平阳侯，万六百户。 曹参以中涓的身份随从高祖在沛县起事，入关破秦后到达霸上，被封侯。以将军身份随刘邦就任汉王，在任左丞相时出征齐国、魏国，在任右丞相时被封为平阳侯，封邑一万零六百户。
高祖十二 （前206年—前195年）	七　　六年十二月甲申，懿侯曹参元年。 汉高祖六年（前201年）十二月甲申日，平阳懿侯曹参元年。
孝惠七 （前194年—前188年）	五　　其二年为相国。 二　　六年十月，靖侯窋元年。 曹参在汉惠帝二年（前193年）任相国。 汉惠帝六年（前189年）十月，平阳靖侯曹窋元年。
高后八 （前187年—前180年）	八
孝文二十三 （前179年—前157年）	十九 四　　后四年，简侯奇元年。 汉文帝后元四年（前160年），平阳简侯曹奇元年。
孝景十六 （前156年—前141年）	三 十三　　四年，夷侯时元年。 汉景帝前元四年（前153年），平阳夷侯曹时元年。
建元至元封六年三十六 （前140年—前105年）， 太初元年尽后元二年十八 （前104年—前87年）。	十 十六　　元光五年，恭侯襄元年。 元鼎三年，今侯宗元年。 元光五年（前130年），平阳恭侯曹襄元年。 元鼎三年（前114年），今平阳侯曹宗元年。
侯第	二

国名	信武
侯功	以中涓从起宛朐，入汉，以骑都尉定三秦，击项羽，别定江陵，侯，五千三百户。以车骑将军攻黥布、陈豨。 靳歙以中涓的身份随从高祖在宛朐间起事，随刘邦就任汉王，在任骑都尉时平定三秦地区，攻打项羽，另外又平定了江陵，因此被封信武侯，封邑五千三百户。在任车骑将军时攻打黥布、陈豨。
高祖十二 （前206年—前195年）	七　　六年十二月甲申，肃侯靳歙元年。 汉高祖六年（前201年）十二月甲申日，信武肃侯靳歙元年。
孝惠七 （前194年—前188年）	七
高后八 （前187年—前180年）	五 三　　六年，夷侯亭元年。 吕太后六年（前182年），信武夷侯靳亭元年。
孝文二十三 （前179年—前157年）	十八 后三年，侯亭坐事国人过律，夺侯，国除。 汉文帝后元三年（前161年），信武侯靳亭因役使侯国内的人力超过律令规定而获罪，削夺侯爵，封国被废除。
孝景十六 （前156年—前141年）	
建元至元封六年三十六 （前140年—前105年）， 太初元年尽后元二年十八 （前104年—前87年）。	
侯第	十一

国名	清阳
侯功	以中涓从起丰,至霸上,为骑郎将,入汉,以将军击项羽,功侯,三千一百户。 王吸以中涓的身份随从高祖在丰邑起事,入关破秦后到达霸上,担任骑郎将,随刘邦就任汉王,在任将军时攻打项羽,有功被封清阳侯,封邑三千一百户。
高祖十二 (前206年—前195年)	七　　六年十二月甲申,定侯王吸元年。 汉高祖六年(前201年)十二月甲申日,清阳定侯王吸元年。
孝惠七 (前194年—前188年)	七
高后八 (前187年—前180年)	八
孝文二十三 (前179年—前157年)	七　元年,哀侯彊元年。 十六　八年,孝侯伉元年。 汉文帝前元元年(前179年),清阳哀侯王彊元年。 汉文帝前元八年(前172年),清阳孝侯王伉元年。
孝景十六 (前156年—前141年)	四 十二　五年,哀侯不害元年。 汉景帝前元五年(前152年),清阳哀侯王不害元年。
建元至元封六年三十六 (前140年—前105年), 太初元年尽后元二年十八 (前104年—前87年)。	七 元光二年,侯不害薨,无后,国除。 元光二年(前133年),清阳侯王不害薨逝,因为没有后代,封国被废除。
侯第	十四

国名	汝阴
侯功	以令史从降沛，为太仆，常奉车，为滕公，竟定天下，入汉中，全孝惠、鲁元，侯，六千九百户。常为太仆。 夏侯婴以令史身份随从高祖攻下沛县，担任太仆，经常侍奉高祖驾驭车马，担任滕县县令，最终平定了天下，进入汉中，保全孝惠帝、鲁元公主，因此被封汝阴侯，封邑六千九百户。一直担任太仆。
高祖十二 （前206年—前195年）	七　　六年十二月甲申，文侯夏侯婴元年。 汉高祖六年（前201年）十二月甲申日，汝阴文侯夏侯婴元年。
孝惠七 （前194年—前188年）	七
高后八 （前187年—前180年）	八
孝文二十三 （前179年—前157年）	八 七　　九年，夷侯灶元年。 八　　十六年，恭侯赐元年。 汉文帝前元九年（前171年），汝阴夷侯夏侯灶元年。 汉文帝前元十六年（前164年），汝阴恭侯夏侯赐元年。
孝景十六 （前156年—前141年）	十六
建元至元封六年三十六 （前140年—前105年）， 太初元年尽后元二年十八 （前104年—前87年）。	七　　十九　　元光二年，侯颇元年。　　元鼎二年，侯颇坐尚公主与父御婢奸罪自杀，国除。 元光二年（前133年），汝阴侯夏侯颇元年。　　元鼎二年（前115年），汝阴侯夏侯颇因娶公主却与父亲的御婢通奸而获罪自杀，封国被废除。
侯第	八

国名	阳陵
侯功	以舍人从起横阳,至霸上,为骑将,入汉,定三秦,属淮阴,定齐,为齐丞相,侯,二千六百户。 傅宽以舍人身份随从高祖在横阳起事,入关破秦后到达霸上,担任骑将,随刘邦就任汉王,平定了三秦地区,隶属于淮阴侯韩信,平定齐国,担任齐国丞相,因此被封阳陵侯,封邑二千六百户。
高祖十二 (前206年—前195年)	七　　六年十二月甲申,景侯傅宽元年。 汉高祖六年(前201年)十二月甲申日,阳陵景侯傅宽元年。
孝惠七 (前194年—前188年)	五 二　　六年,顷侯靖元年。 汉惠帝六年(前189年),阳陵顷侯傅靖元年。
高后八 (前187年—前180年)	八
孝文二十三 (前179年—前157年)	十四 九　　十五年,恭侯则元年。 汉文帝前元十五年(前165年),阳陵恭侯傅则元年。
孝景十六 (前156年—前141年)	三 十三　　前四年,侯偃元年。 汉景帝前元四年(前153年),阳陵侯傅偃元年。
建元至元封六年三十六 (前140年—前105年), 太初元年尽后元二年十八 (前104年—前87年)。	十八 元狩元年,侯偃坐与淮南王谋反,国除。 元狩元年(前122年),傅偃因与淮南王谋反而获罪,封国被废除。
侯第	十

国名	广严
侯功	以中涓从起沛,至霸上,为连敖,入汉,以骑将定燕、赵,得将军,侯,二千二百户。 召欧以中涓的身份随从高祖在沛县起事,入关破秦后到达霸上,担任主管粮草的连敖,随刘邦就任汉王,在担任骑将时平定燕国、赵国,俘获过敌方将军,因此被封广严侯,封邑二千二百户。
高祖十二 (前206年—前195年)	七　　六年十二月甲申,壮侯召欧元年。 汉高祖六年(前201年)十二月甲申日,广严壮侯召欧元年。
孝惠七 (前194年—前188年)	七
高后八 (前187年—前180年)	八
孝文二十三 (前179年—前157年)	一 九　　二年,戴侯胜元年。 十三　　十一年,恭侯嘉元年。至后七年嘉薨,无后,国除。 汉文帝前元二年(前178年),广严戴侯召胜元年。 汉文帝前元十一年(前169年),广严恭侯召嘉元年。到汉文帝后元七年(前157年)召嘉薨逝,没有后代,封国被废除。
孝景十六 (前156年—前141年)	
建元至元封六年三十六 (前140年—前105年), 太初元年尽后元二年十八 (前104年—前87年)。	
侯第	二十八

国名	广平
侯功	以舍人从起丰,至霸上,为郎中,入汉,以将军击项羽、钟离眛,功侯,四千五百户。 薛欧以舍人的身份随从高祖在丰邑起事,入关破秦后到达霸上,担任郎中,随刘邦就任汉王,在担任将军时攻打项羽、钟离眛,有功被封广平侯,封邑四千五百户。
高祖十二 (前206年—前195年)	七　六年十二月甲申,敬侯薛欧元年。 汉高祖六年(前201年)十二月甲申日,广平敬侯薛欧在位元年。
孝惠七 (前194年—前188年)	七
高后八 (前187年—前180年)	八　元年,靖侯山元年。 吕太后元年(前187年),广平靖侯薛山在位元年。
孝文二十三 (前179年—前157年)	十八 五　后三年,侯泽元年。 汉文帝后元三年(前161年),广平侯薛泽在位元年。
孝景十六 (前156年—前141年)	八　中二年,有罪,绝。 平棘　五　中五年复封,节侯泽元年。 汉景帝中元二年(前148年),薛泽有罪被废绝爵位与封地。 汉景帝中元五年(前145年),薛泽再次被封侯,平棘节侯泽在位元年。
建元至元封六年三十六 (前140年—前105年), 太初元年尽后元二年十八 (前104年—前87年)。	十五　其十年,为丞相。 三　元朔四年,侯穰元年。　元狩元年,穰受淮南王财物,称臣,在赦前,诏问谩罪,国除。 当今皇上即位十年(即元光四年,前131年),薛泽担任丞相。 元朔四年(前125年),平棘侯薛穰在位元年。　元狩元年(前122年),薛穰接受淮南王的财物,且向淮南王称臣,在皇上欲赦免其罪时,因皇上下诏问罪而他没有如实认罪,所以封国被废除。
侯第	十五

国名	博阳
侯功	以舍人从起砀,以刺客将,入汉,以都尉击项羽荥阳,绝甬道,击杀追卒,功侯。 陈濞以舍人的身份随从高祖在砀县起事,以刺客的身份成为将领,随刘邦就任汉王,担任都尉时在荥阳攻打项羽,断绝两旁有墙的驰道,因攻击杀死楚军追兵有功,被封博阳侯。
高祖十二 (前206年—前195年)	七　　六年十二月甲申,壮侯陈濞元年。 汉高祖六年(前201年)十二月甲申日,博阳壮侯陈濞在位元年。
孝惠七 (前194年—前188年)	七
高后八 (前187年—前180年)	八
孝文二十三 (前179年—前157年)	十八 五　　后三年,侯始元年。 汉文帝后元三年(前161年),博阳侯陈始在位元年。
孝景十六 (前156年—前141年)	四　　前五年,侯始有罪,国除。 塞　　二　　中五年,复封始。后元年,始有罪,国除。 汉景帝前元五年(前152年),博阳侯陈始有罪,封国被废除。 汉景帝中元五年(前145年),陈始再次封侯,被封为塞侯。汉景帝后元年(前143年),陈始有罪,封国被废除。
建元至元封六年三十六 (前140年—前105年), 太初元年尽后元二年十八 (前104年—前87年)。	
侯第	十九

国名	曲逆
侯功	以故楚都尉，汉王二年初从修武，为都尉，迁为护军中尉；出六奇计，定天下，侯，五千户。 陈平以先前楚国都尉的身份，汉王二年开始在修武随从高祖，担任都尉，后改任护军中尉；提出六条奇计，助高祖平定天下，因此被封曲逆侯，封邑五千户。
高祖十二 （前206年—前195年）	七　六年十二月甲申，献侯陈平元年。 汉高祖六年（前201年）十二月甲申日，曲逆献侯陈平在位元年。
孝惠七 （前194年—前188年）	七　其五年，为左丞相。 汉惠帝五年（前190年），陈平担任左丞相。
高后八 （前187年—前180年）	八　其元年，徙为右丞相；后专为丞相，相孝文二年。 吕太后元年（前187年），陈平改任右丞相；后来专任丞相，在汉文帝时又担任丞相二年。
孝文二十三 （前179年—前157年）	二 二　三年，恭侯买元年。 十九　五年，简侯恹元年。 汉文帝前元三年（前177年），曲逆恭侯陈买在位元年。 汉文帝前元五年（前175年），曲逆简侯陈恹在位元年。
孝景十六 （前156年—前141年）	四 十二　五年，侯何元年。 汉景帝前元五年（前152年），曲逆侯陈何在位元年。
建元至元封六年三十六 （前140年—前105年）， 太初元年尽后元二年十八 （前104年—前87年）。	十 元光五年，侯何坐略人妻，弃市，国除。 元光五年（前130年），曲逆侯陈何因抢夺别人的妻子而获罪，被处死在街市上示众，封国被废除。
侯第	四十七

国名	堂邑
侯功	以自定东阳，为将，属项梁，为楚柱国。四岁，项羽死，属汉，定豫章、浙江、都浙自立为王壮息，侯，千八百户。复相楚元王十一年。 陈婴因自己平定东阳，被封为将军，隶属于项梁，后担任楚国的柱国。汉高祖四年（前203年），项羽兵败身死，陈婴归属汉，平定了豫章、浙江、建都浙江自立为王的壮息集团，因此被封为堂邑侯，封邑一千八百户。又担任楚元王的相国十一年。
高祖十二 （前206年—前195年）	七　　六年十二月甲申，安侯陈婴元年。 汉高祖六年（前201年）十二月甲申日，堂邑安侯陈婴在位元年。
孝惠七 （前194年—前188年）	七
高后八 （前187年—前180年）	四 四　　五年，恭侯禄元年。 汉文帝前元五年（前175年），堂邑恭侯陈禄在位元年。
孝文二十三 （前179年—前157年）	二 二十一　　三年，夷侯午元年。 汉景帝前元三年（前154年），堂邑夷侯陈午在位元年。
孝景十六 （前156年—前141年）	十六
建元至元封六年三十六 （前140年—前105年）， 太初元年尽后元二年十八 （前104年—前87年）。	十一 十三　　元光六年，季须元年。　　元鼎元年，侯须坐母长公主卒，未除服奸，兄弟争财，当死，自杀，国除。 元光六年（前129年），堂邑侯陈季须在位元年。　　元鼎元年（前116年），堂邑侯陈季须因母亲长公主去世，在没有除去丧服时就奸淫妇女，且兄弟争夺家财而获罪，论处死刑，自杀，封国被废除。
侯第	八十六

国名	周吕
侯功	以吕后兄初起以客从，入汉，为侯。还定三秦，将兵先入砀。汉王之解彭城，往从之，复发兵佐高祖定天下，功侯。 吕泽因为是吕后的兄长而最初以食客的身份随从高祖起事，刘邦就任汉王，吕泽被封为侯。返回平定三秦地区，带领兵士率先攻入砀县。汉王解脱彭城之围后，他前往随从汉王，又发兵辅佐高祖平定天下，因此功被封侯。
高祖十二 （前206年—前195年）	三　　六年正月丙戌，令武侯吕泽元年。 四　　九年，子台封郦侯元年。 汉高祖六年（前201年）正月丙戌日，令武侯吕泽在位元年。 汉高祖九年（前198年），吕泽的儿子吕台被封为郦侯，在位元年。
孝惠七 （前194年—前188年）	七
高后八 （前187年—前180年）	
孝文二十三 （前179年—前157年）	
孝景十六 （前156年—前141年）	
建元至元封六年三十六 （前140年—前105年）， 太初元年尽后元二年十八 （前104年—前87年）。	
侯第	

国名	建成
侯功	以吕后兄初起以客从，击三秦。汉王入汉，而释之还丰沛，奉卫吕宣王、太上皇。天下已平，封释之为建成侯。 吕释之因为是吕后的兄长而最初以食客的身份随从高祖起事，攻打三秦地区。刘邦就任汉王，而吕释之返回丰沛，侍奉守卫吕后之父吕宣王、高祖之父太上皇。天下平定之后，吕释之被封为建成侯。
高祖十二 （前206年—前195年）	七　六年正月丙戌，康侯释之元年。 汉高祖六年（前201年）正月丙戌日，建成康侯吕释之在位元年。
孝惠七 （前194年—前188年）	二 五　三年，侯则元年。有罪。 汉惠帝三年（前192年），建成侯吕则在位元年。吕则有罪。
高后八 （前187年—前180年）	胡陵　　七　元年，五月丙寅，封则弟大中大夫吕禄元年。 八年，禄为赵王，国除。追尊康侯为昭王。禄以赵王谋为不善，大臣诛禄，遂灭吕。 吕太后元年（前187年），五月丙寅日，封吕则的弟弟大中大夫吕禄为胡陵侯，吕禄在位元年。 吕太后八年（前180年），吕禄被封为赵王，侯国胡陵被废除。追尊建成康侯吕释之为昭王。后来吕禄做赵王时图谋不轨，大臣们便诛杀了吕禄，于是消灭了吕氏家族。
孝文二十三 （前179年—前157年）	
孝景十六 （前156年—前141年）	
建元至元封六年三十六 （前140年—前105年）， 太初元年尽后元二年十八 （前104年—前87年）。	
侯第	

国名	留
侯功	**以厩将从起下邳，以韩申徒下韩国，言上张旗志，秦王恐，降，解上与项羽之郄（隙），为汉王请汉中地，常计谋平天下，侯，万户。** 张良以管马官的身份随从高祖在下邳起事，在担任韩国申徒时攻下韩国旧地，建议高祖张布旗帜，秦王恐惧，于是投降，化解高祖与项羽之间的嫌隙，替汉王请求汉中土地，常常为高祖计议谋略平定天下，因此被封留侯，封邑一万户。
高祖十二 （前206年—前195年）	七　　六年正月丙午，文成侯张良元年。 汉高祖六年（前201年）正月丙午日，留文成侯张良在位元年。
孝惠七 （前194年—前188年）	七
高后八 （前187年—前180年）	二 六　　三年，不疑元年。 吕太后三年（前185年），留侯张不疑在位元年。
孝文二十三 （前179年—前157年）	四 五年，侯不疑坐与门大夫谋杀故楚内史，当死，赎为城旦，国除。 汉文帝前元五年（前175年），留侯张不疑与门大夫谋杀担任内史的楚国旧臣，论处死罪，用钱赎罪而被罚为筑城的苦役，封国被废除。
孝景十六 （前156年—前141年）	
建元至元封六年三十六 （前140年—前105年）， 太初元年尽后元二年十八 （前104年—前87年）。	
侯第	六十二

国名	射阳
侯功	兵初起，与诸侯共击秦，为楚左令尹，汉王与项羽有郤（隙）于鸿门，项伯缠解难，以破羽缠尝有功，封射阳侯。 义军初起，项缠与诸侯共同攻打秦朝，担任楚国的左令尹，汉王与项羽在鸿门有矛盾，项缠帮助汉王解脱危难，因在打败项羽时项缠曾有功，被封为射阳侯。
高祖十二 （前206年—前195年）	七　六年正月丙午，侯项缠元年。赐姓刘氏。 汉高祖六年（前201年）正月丙午日，射阳侯项缠在位元年。高祖赐其姓刘氏。
孝惠七 （前194年—前188年）	二 三年，侯缠卒。嗣子睢有罪，国除。 汉惠帝三年（前192年），射阳侯项缠去世，继位的儿子项睢有罪，封国被废除。
高后八 （前187年—前180年）	
孝文二十三 （前179年—前157年）	
孝景十六 （前156年—前141年）	
建元至元封六年三十六 （前140年—前105年）， 太初元年尽后元二年十八 （前104年—前87年）。	
侯第	

国名	酂
侯功	以客初起从,入汉,为丞相,备守蜀及关中,给军食,佐上定诸侯,为法令,立宗庙,侯,八千户。 萧何以食客的身份开始随从高祖起事,并随刘邦就任汉王,担任丞相,防备镇守蜀和关中地区,供给军粮,辅佐高祖平定诸侯,制定制度法令,建立宗庙,被封为酂侯,封邑八千户。
高祖十二 (前206年—前195年)	七　　六年正月丙午,文终侯萧何元年。　　元年,为丞相;九年,为相国。 汉高祖六年(前201年)正月丙午日,酂文终侯萧何在位元年。　汉高祖元年(前206年),萧何担任丞相;九年(前198年),萧何担任相国。
孝惠七 (前194年—前188年)	二 五　　三年,哀侯禄元年。 汉惠帝三年(前192年),酂哀侯萧禄在位元年。
高后八 (前187年—前180年)	一 七　　二年,懿侯同元年。同,禄弟。 吕太后二年(前186年),酂懿侯萧同在位元年。萧同,是萧禄的弟弟。
孝文二十三 (前179年—前157年)	筑阳　十九　　元年,同有罪,封何小子延元年。 一　　后四年,炀侯遗元年。 三　　后五年,侯则元年。 汉文帝前元年(前179年),萧同有罪,封萧何的小儿子萧延为筑阳侯,萧延在位元年。 汉文帝后元四年(前160年),筑阳炀侯萧遗在位元年。 汉文帝后元五年(前159年),筑阳侯萧则在位元年。
孝景十六 (前156年—前141年)	一　　有罪。 武阳　七　　前二年,封炀侯弟幽侯嘉元年。 八　　中二年,侯胜元年。 萧则有罪。 汉景帝前元二年(前155年),封筑阳炀侯萧遗的弟弟萧嘉为武阳侯,即武阳幽侯,萧嘉在位元年。 汉景帝中元二年(前148年),武阳侯萧胜在位元年。
建元至元封六年三十六 (前140年—前105年), 太初元年尽后元二年十八(前104年—前87年)。	十三　　元朔二年,侯胜坐不敬,绝。 酂　三　　元狩三年,封何曾孙恭侯庆元年。 十　　元狩六年,侯寿成元年。　　元封四年,寿成为太常,牺牲不如令,国除。 元朔二年(前127年),武阳侯萧胜因犯不敬罪,被断绝侯爵。 元狩三年(前120年),封萧何的曾孙萧庆为酂侯,即酂恭侯,萧庆在位元年。 元狩六年(前117年),酂侯萧寿成在位元年。　元封四年(前107年),萧寿成担任太常,因供奉祭祀用的牲畜没有按照法令规定,封国被废除。
侯第	一

国名	曲周
侯功	以将军从起岐,攻长社以南,别定汉中及蜀,定三秦,击项羽,侯,四千八百户。 郦商以将军的身份随从高祖在岐起事,攻打长社以南地区,另外又平定了汉中郡和蜀郡,平定三秦地区,攻打项羽,因此被封曲周侯,封邑四千八百户。
高祖十二 (前206年—前195年)	七 六年正月丙午,景侯郦商元年。 汉高祖六年(前201年)正月丙午日,曲周景侯郦商在位元年。
孝惠七 (前194年—前188年)	七
高后八 (前187年—前180年)	八
孝文二十三 (前179年—前157年)	二十三　元年,侯寄元年。 汉文帝元年(前179年),曲周侯郦寄在位元年。
孝景十六 (前156年—前141年)	九　有罪,绝。 缪　七　中三年,封商他子靖侯坚元年。 郦寄有罪,断绝侯位封地。 汉景帝中元三年(前147年),改封郦商的另一个儿子郦坚为缪侯,即缪靖侯,郦坚在位元年。
建元至元封六年三十六 (前140年—前105年), 太初元年尽后元二年十八 (前104年—前87年)。	九　五　元光四年,康侯遂元年。 十一　元朔三年,侯宗元年。 二十八　元鼎二年,侯终根元年。　后元二年,侯终根坐咒诅诛,国除。 元光四年(前131年),缪康侯郦遂在位元年。 元朔三年(前126年),缪侯郦宗在位元年。 元鼎二年(前115年),缪侯郦终根在位元年。　后元二年(前87年),缪侯郦终根因诅咒皇帝获罪被诛杀,封国被废除。
侯第	六

国名	绛
侯功	**以中涓从起沛,至霸上,为侯。定三秦,食邑,为将军。入汉,定陇西,击项羽,守峣关,定泗水、东海。八千一百户。** 周勃以中涓的身份随从高祖在沛县起事,入关破秦后到达霸上,被封为侯。平定三秦地区,被封给土地,担任将军。随刘邦就任汉王,平定陇西地区,攻打项羽,守卫峣关,平定泗水郡、东海郡。封邑八千一百户。
高祖十二 (前206年—前195年)	七　　六年正月丙午,武侯周勃元年。 汉高祖六年(前201年)正月丙午日,绛武侯周勃在位元年。
孝惠七 (前194年—前188年)	七
高后八 (前187年—前180年)	八　　其四年为太尉。 吕太后四年(前184年)周勃担任太尉。
孝文二十三 (前179年—前157年)	十一　　元年,为右丞相,三年,免。复为丞相。 六　　十二年,侯胜之元年。 条　　六　　后二年,封勃子亚夫元年。 汉文帝前元元年(前179年),周勃任右丞相,汉文帝前元三年(前177年)被罢免丞相。后再次任丞相。 汉文帝前元十二年(前168年),绛侯周胜之在位元年。 汉文帝后元二年(前162年),封周勃的儿子周亚夫为条侯,周亚夫在位元年。
孝景十六 (前156年—前141年)	十三　　其三年,为太尉;七为丞相。有罪,国除。 平曲　　三　　后元年,封勃子恭侯坚元年。 汉景帝前元三年(前154年),周亚夫任太尉;汉景帝前元七年(前150年)任丞相。后有罪,封国被废除。 汉景帝后元元年(前143年),封周勃的儿子周坚为平曲侯,即平曲恭侯,周坚在位元年。
建元至元封六年三十六 (前140年—前105年), 太初元年尽后元二年 十八(前104年—前87年)。	十六 十二　　元朔五年,侯建德元年。　　元鼎五年,侯建德坐酎金,国除。 元朔五年(前124年),平曲侯周建德在位元年。　　元鼎五年(前112年),平曲侯周建德因进贡的助祭金成色不好、分量不足而获罪,封国被废除。
侯第	四

国名	舞阳
侯功	以舍人起沛，从至霸上，为侯。入汉，定三秦，为将军，击项籍，再益封。从破燕，执韩信，侯，五千户。 樊哙以舍人的身份在沛县起事，随从高祖入关破秦后到达霸上，被封为侯。随刘邦就任汉王，平定三秦地区，担任将军，攻打项羽，再次增加封爵。随从高祖打败燕国，拘捕韩信，因此被封舞阳侯，封邑五千户。
高祖十二 （前206年—前195年）	七　　六年正月丙午，武侯樊哙元年。 其七年，为将军、相国三月。 汉高祖六年（前201年）正月丙午日，舞阳武侯樊哙在位元年。 汉高祖七年（前200年），樊哙任将军、相国三个月。
孝惠七 （前194年—前188年）	六 一　　七年，侯伉元年。吕须子。 汉惠帝七年（前188年），舞阳侯樊伉在位元年。他是吕太后的妹妹吕须所生的儿子。
高后八 （前187年—前180年）	八　　坐吕氏诛，族。 樊伉因是吕氏的亲属而被杀，又被灭族。
孝文二十三 （前179年—前157年）	二十三　　元年，封樊哙子荒侯市人元年。 汉文帝前元元年（前179年），封樊哙的儿子樊市人为舞阳侯，即舞阳荒侯，市人在位元年。
孝景十六 （前156年—前141年）	六 六　　七年，侯它广元年。　　中六年，侯它广非市人子，国除。 汉景帝前元七年（前150年），舞阳侯樊它广在位元年。　　汉景帝中元六年（前144年），舞阳侯樊它广因不是樊市人的亲子，封国被废除。
建元至元封六年三十六 （前140年—前105年）， 太初元年尽后元二年十八 （前104年—前87年）。	
侯第	五

国名	颍阴
侯功	以中涓从起砀，至霸上，为昌文君。入汉，定三秦，食邑。以车骑将军属淮阴，定齐、淮南及下邑，杀项籍，侯，五千户。 灌婴以中涓的身份随从高祖在砀县起事，入关破秦后到达霸上，被封为昌文君。随刘邦就任汉王，平定三秦地区，封给其土地。在任车骑将军时隶属于淮阴侯韩信，平定齐、淮南地区和下邑，杀项羽，被封颍阴侯，封邑五千户。
高祖十二 （前206年—前195年）	七　六年正月丙午，懿侯灌婴元年。 汉高祖六年（前201年）正月丙午日，颍阴懿侯灌婴在位元年。
孝惠七 （前194年—前188年）	七
高后八 （前187年—前180年）	八
孝文二十三 （前179年—前157年）	四　其一，为太尉；三，为丞相。 十九　五年，平侯何元年。 汉文帝前元元年（前179年），灌婴任太尉；汉文帝前元三年（前177年），灌婴任丞相。 汉文帝前元五年（前175年），颍阴平侯灌何在位元年。
孝景十六 （前156年—前141年）	九 七　中三年，侯彊元年。 汉景帝中元三年（前147年），颍阴侯灌彊在位元年。
建元至元封六年三十六 （前140年—前105年）， 太初元年尽后元二年十八 （前104年—前87年）。	六　有罪，绝。 九　元光二年，封婴孙贤为临汝侯。侯贤元年。　元朔五年，侯贤行赇罪，国除。 灌彊有罪，断绝侯位封地。 元光二年（前133年），封灌婴的孙子灌贤为临汝侯。临汝侯灌贤在位元年。　元朔五年（前124年），临汝侯灌贤因行贿获罪，封国被废除。
侯第	九

国名	汾阴
侯功	初起以职志击破秦,入汉,出关,以内史坚守敖仓,以御史大夫定诸侯,比清阳侯,二千八百户。 周昌开始起事时任职志之官而打败秦军,随刘邦就任汉王,又从汉军出关,以内史的身份坚守秦朝的粮仓,在任御史大夫时平定诸侯,功劳仅次于清阳侯,封邑二千八百户。
高祖十二 （前206年—前195年）	七　六年正月丙午,悼侯周昌元年。 汉高祖六年（前201年）正月丙午日,汾阴悼侯周昌在位元年。
孝惠七 （前194年—前188年）	三 建平　四　四年,哀侯开方元年。 汉惠帝四年（前191年）,周开方被封为建平侯,即建平哀侯,开方在位元年。
高后八 （前187年—前180年）	八
孝文二十三 （前179年—前157年）	四　前五年,侯意元年。 十三　有罪,绝。 汉文帝前五年（前175年）,建平侯周意在位元年。 周意有罪,断绝侯位封地。
孝景十六 （前156年—前141年）	安阳 八　中二年,封昌孙左车。 汉景帝中元二年（前148年）,封周昌的孙子周左车为安阳侯。
建元至元封六年三十六 （前140年—前105年）, 太初元年尽后元二年十八 （前104年—前87年）。	建元元年,有罪,国除。 建元元年（前140年）,周左车有罪,封国被废除。
侯第	十六

国名	梁邹
侯功	**兵初起,以谒者从击破秦,入汉,以将军击定诸侯,功比博阳侯,二千八百户。** 义军初起,武儒以谒者的身份随从高祖攻击并打败秦军,随刘邦就任汉王,在任将军时攻击并平定诸侯,功劳仅次于博阳侯,封邑二千八百户。
高祖十二 (前206年—前195年)	七　　六年正月丙午,孝侯武儒元年。 汉高祖六年(前201年)正月丙午日,梁邹孝侯武儒在位元年。
孝惠七 (前194年—前188年)	四 三　　五年,侯最元年。 汉惠帝五年(前190年),梁邹侯武最在位元年。
高后八 (前187年—前180年)	八
孝文二十三 (前179年—前157年)	二十三
孝景十六 (前156年—前141年)	十六
建元至元封六年三十六 (前140年—前105年), 太初元年尽后元二年十八 (前104年—前87年)。	六 三　　元光元年,顷侯婴齐元年。 二十　　元光四年,侯山柎元年。元鼎五年,侯山柎坐酎金,国除。 元光元年(前134年),梁邹顷侯武婴齐在位元年。 元光四年(前131年),梁邹侯武山柎在位元年。元鼎五年(前112年),梁邹侯武山柎因进贡的助祭金成色不好、分量不足而获罪,封国被废除。
侯第	二十

国名	成
侯功	兵初起，以舍人从击秦，为都尉；入汉，定三秦。出关，以将军定诸侯，功比厌次侯，二千八百户。 义军初起时，董渫以舍人的身份随从高祖攻打秦军，担任都尉，随刘邦就任汉王，平定三秦地区。又从汉军出关，在任将军时平定诸侯，功劳仅次于厌次侯，封邑二千八百户。
高祖十二 （前206年—前195年）	七　　六年正月丙午，敬侯董渫元年。 汉高祖六年（前201年）正月丙午日，成敬侯董渫在位元年。
孝惠七 （前194年—前188年）	七　　元年，康侯赤元年。 汉惠帝元年（前194年），成康侯董赤在位元年。
高后八 （前187年—前180年）	八
孝文二十三 （前179年—前157年）	二十三
孝景十六 （前156年—前141年）	六　　有罪，绝。 节氏　五　中五年，复封康侯赤元年。 董赤有罪，断绝侯位封地。 汉景帝中元五年（前145年），又封董赤为节氏侯，即节氏康侯，在位元年。
建元至元封六年三十六 （前140年—前105年）， 太初元年尽后元二年十八 （前104年—前87年）。	三 五　　建元四年，恭侯罢军元年。 十二　元光三年，侯朝元年。　元狩三年，侯朝为济南太守，与成阳王女通，不敬，国除。 建元四年（前137年），节氏恭侯董罢军在位元年。 元光三年（前132年），节氏侯董朝在位元年。　元狩三年（前120年），节氏侯董朝任济南太守，和成阳王的女儿通奸，犯不敬罪，封国被废除。
侯第	二十五

高祖功臣侯者年表第六

国名	蓼
侯功	以执盾前元年从起砀，以左司马入汉，为将军，三以都尉击项羽，属韩信，功侯。 孔藂以执盾的身份在前元年（前206年）随从高祖在砀县起事，以左司马的身份随刘邦就任汉王，担任将军，并三次以都尉的身份攻打项羽，隶属于韩信，因有功被封蓼侯。
高祖十二 （前206年—前195年）	七　　六年正月丙午，侯孔藂元年。 汉高祖六年（前201年）正月丙午日，蓼侯孔藂在位元年。
孝惠七 （前194年—前188年）	七
高后八 （前187年—前180年）	八
孝文二十三 （前179年—前157年）	八 十五　　九年，侯臧元年。 汉文帝前元九年（前171年），蓼侯孔臧在位元年。
孝景十六 （前156年—前141年）	十六
建元至元封六年三十六 （前140年—前105年）， 太初元年尽后元二年十八 （前104年—前87年）。	十四 元朔三年，侯臧坐为太常，南陵桥坏，衣冠车不得度，国除。 元朔三年（前126年），蓼侯孔臧因任主管宗庙祭祀的太常官失职而获罪，因为南陵桥损毁，高祖的衣冠无法被如期请出到城里的高祖庙巡游，封国被废除。
侯第	三十

国名	费
侯功	以舍人前元年从起砀,以左司马入汉,用都尉属韩信,击项羽有功,为将军,定会稽、浙江、湖阳,侯。 陈贺以舍人的身份在前元年(前206年)随从高祖在砀县起事,以左司马的身份随刘邦就任汉王,被任用为都尉,隶属于韩信,攻打项羽有功劳,任将军,平定会稽、浙江、湖阳,因此被封费侯。
高祖十二 (前206年—前195年)	七　六年正月丙午,圉侯陈贺元年。 汉高祖六年(前201年)正月丙午日,费圉侯陈贺在位元年。
孝惠七 (前194年—前188年)	七
高后八 (前187年—前180年)	八
孝文二十三 (前179年—前157年)	二十三　元年,共侯常元年。 汉文帝前元元年(前179年),费共侯陈常在位元年。
孝景十六 (前156年—前141年)	一 八　二年,侯偃元年。中二年,有罪,绝。 巢　四　中六年,封贺子侯最元年。　后三年,最薨,无后,国除。 汉景帝前元二年(前155年),费侯陈偃在位元年。汉景帝中元二年(前148年),陈偃有罪,断绝侯位封地。 汉景帝中元六年(前144年),封陈贺的儿子陈最为巢侯,陈最在位元年。　汉景帝后元三年(前141年),陈最薨逝,没有后代,封国被废除。
建元至元封六年三十六 (前140年—前105年), 太初元年尽后元二年十八 (前104年—前87年)。	
侯第	

国名	阳夏
侯功	以特将将卒五百人，前元年从起宛朐，至霸上，为侯，以游击将军别定代，已破臧荼，封豨为阳夏侯。 陈豨以特将的身份率领兵士五百人，在前元年（前206年）随从高祖在宛朐起事，入关破秦后到达霸上，被封为侯，在任游击将军时另外平定代郡，打败臧荼，陈豨被封为阳夏侯。
高祖十二 （前206年—前195年）	五　　六年正月丙午，侯陈豨元年。 十年八月，豨以赵相国将兵守代。汉使召豨，豨反，以其兵与王黄等略代，自立为王。汉杀豨灵丘。 汉高祖六年（前201年）正月丙午日，阳夏侯陈豨在位元年。 汉高祖十年（前197年）八月，陈豨以赵国相国的身份率兵镇守代地。汉朝廷派使者召回陈豨，陈豨造反，派他的兵士和王黄等人抢掠代地，且自立为王。汉军在灵丘杀死了陈豨。
孝惠七 （前194年—前188年）	
高后八 （前187年—前180年）	
孝文二十三 （前179年—前157年）	
孝景十六 （前156年—前141年）	
建元至元封六年三十六 （前140年—前105年）， 太初元年尽后元二年十八 （前104年—前87年）。	
侯第	

国名	隆虑
侯功	以卒从起砀，以连敖入汉，以长铍都尉击项羽，有功，侯。 周灶以兵卒的身份随从高祖在砀县起事，以主管粮草的连敖身份随刘邦就任汉王，在任长铍都尉时攻打项羽，颇有功劳，因此被封为隆虑侯。
高祖十二 （前206年—前195年）	七　六年正月丁未，哀侯周灶元年。 汉高祖六年（前201年）正月丁未日，隆虑哀侯周灶在位元年。
孝惠七 （前194年—前188年）	七
高后八 （前187年—前180年）	八
孝文二十三 （前179年—前157年）	十七 六　后二年，侯通元年。 汉文帝后元二年（前162年），隆虑侯周通在位元年。
孝景十六 （前156年—前141年）	七 中元年，侯通有罪，国除。 汉景帝中元元年（前149年），隆虑侯周通有罪，封国被废除。
建元至元封六年三十六 （前140年—前105年）， 太初元年尽后元二年十八 （前104年—前87年）。	
侯第	三十四

国名	阳都
侯功	以赵将从起邺，至霸上，为楼烦将，入汉，定三秦，别降翟王，属悼武王，杀龙且彭城，为大司马；破羽军叶，拜为将军，忠臣，侯，七千八百户。 丁复以赵国将领的身份随从高祖在邺县起事，入关破秦后到达霸上，担任统率骑射兵士的将领，随刘邦就任汉王，平定三秦地区，另外降服了翟王董翳，隶属于悼武王吕泽，在彭城杀死龙且，被任命为大司马；在叶县打败项羽的军队，被任命为将军，乃是忠诚之臣，因此被封为阳都侯，封邑七千八百户。
高祖十二 （前206年—前195年）	七　　六年正月戊申，敬侯丁复元年。 汉高祖六年（前201年）正月戊申日，阳都敬侯丁复在位元年。
孝惠七 （前194年—前188年）	七
高后八 （前187年—前180年）	五 三　　六年，赵侯宁元年。 吕太后六年（前182年），阳都赵侯丁宁在位元年。
孝文二十三 （前179年—前157年）	九 十四　　十年，侯安成元年。 汉文帝前元十年（前170年），阳都侯丁安成在位元年。
孝景十六 （前156年—前141年）	一 二年，侯安成有罪，国除。 汉景帝前元二年（前155年），阳都侯丁安成有罪，封国被废除。
建元至元封六年三十六 （前140年—前105年）， 太初元年尽后元二年十八 （前104年—前87年）。	
侯第	十七

国名	新阳
侯功	以汉五年用左令尹初从，功比堂邑侯，千户。 吕清在汉五年（前202年）被任用为左令尹而开始随从高祖，功劳仅次于堂邑侯陈婴，封邑一千户。
高祖十二 （前206年—前195年）	七　六年正月壬子，胡侯吕清元年。 汉高祖六年（前201年）正月壬子日，新阳胡侯吕清在位元年。
孝惠七 （前194年—前188年）	三 四　四年，顷侯臣元年。 汉惠帝四年（前191年），新阳顷侯吕臣在位元年。
高后八 （前187年—前180年）	八
孝文二十三 （前179年—前157年）	六 二　七年，怀侯义元年。 十五　九年，惠侯它元年。 汉文帝前元七年（前173年），新阳怀侯吕义在位元年。 汉文帝前元九年（前171年），新阳惠侯吕它在位元年。
孝景十六 （前156年—前141年）	四 五　五年，恭侯善元年。 七　中三年，侯谭元年。 汉景帝前元五年（前152年），新阳恭侯吕善在位元年。 汉景帝中元三年（前147年），新阳侯吕谭在位元年。
建元至元封六年三十六 （前140年—前105年）， 太初元年尽后元二年十八 （前104年—前87年）。	二十八 元鼎五年，侯谭坐酎金，国除。 元鼎五年（前112年），新阳侯吕谭因进贡的助祭金成色不好、分量不足而获罪，封国被废除。
侯第	八十一

国名	东武
侯功	以户卫起薛,属悼武王,破秦军杠里,杨熊军曲遇,入汉,为越将军,定三秦,以都尉坚守敖仓,为将军,破籍军,功侯,二千户。 郭蒙以户卫的身份在薛邑起事,隶属于悼武王吕泽,在杠里打败秦军,在曲遇打败秦杨熊军,随刘邦就任汉王,任越将军,平定三秦地区,在任都尉时坚守秦朝的粮仓,任将军时,打败项羽的军队,因有功而被封东武侯,封邑二千户。
高祖十二 (前206年—前195年)	七　六年正月戊午,贞侯郭蒙元年。 汉高祖六年(前201年)正月戊午日,东武贞侯郭蒙在位元年。
孝惠七 (前194年—前188年)	七
高后八 (前187年—前180年)	五 三　六年,侯它元年。 吕太后六年(前182年),东武侯郭它在位元年。
孝文二十三 (前179年—前157年)	二十三
孝景十六 (前156年—前141年)	五 六年,侯它弃市,国除。 汉景帝前元六年(前151年),东武侯郭它在街市上被处死示众,封国被废除。
建元至元封六年三十六 (前140年—前105年), 太初元年尽后元二年十八 (前104年—前87年)。	
侯第	四十一

国名	汁方
侯功	以赵将前三年从定诸侯,侯,二千五百户,功比平定侯。齿故沛豪,有力,与上有郄(隙),故晚从。 雍齿以赵国将领的身份在前三年随从高祖平定诸侯,因此被封侯,封邑二千五百户,功劳仅次于平定侯齐昌。雍齿从前是沛县的豪强,很有势力,与高祖有矛盾,所以随从高祖很晚。
高祖十二 (前206年—前195年)	七　　六年三月戊子,肃侯雍齿元年。 汉高祖六年(前201年)三月戊子日,汁方肃侯雍齿在位元年。
孝惠七 (前194年—前188年)	二 五　　三年,荒侯巨元年。 汉惠帝三年(前192年),汁方荒侯雍巨在位元年。
高后八 (前187年—前180年)	八
孝文二十三 (前179年—前157年)	二十三
孝景十六 (前156年—前141年)	二 十　　三年,侯野元年。 四　　中六年,终侯桓元年。 汉景帝前元三年(前154年),汁方侯雍野在位元年。汉景帝中元六年(前144年),汁方终侯雍桓在位元年。
建元至元封六年三十六 (前140年—前105年), 太初元年尽后元二年十八 (前104年—前87年)。	二十八 元鼎五年,终侯桓坐酎金,国除。 元鼎五年(前112年),汁方终侯雍桓因进贡的助祭金成色不好、分量不足而获罪,封国被废除。
侯第	五十七

国名	棘蒲
侯功	以将军前元年率将二千五百人起薛,别救东阿,至霸上,二岁十月入汉,击齐历下军田既,功侯。 陈武以将军的身份在前元年(前206年)率领将士二千五百人在薛邑起事,另外又援救东阿,入关破秦后到达霸上,二年(前205年)十月随刘邦就任汉王,攻打驻军历下的齐国将领田既,因有功被封为棘蒲侯。
高祖十二 (前206年—前195年)	七　　六年三月丙申,刚侯陈武元年。 汉高祖六年(前201年)三月丙申日,棘蒲刚侯陈武在位元年。
孝惠七 (前194年—前188年)	七
高后八 (前187年—前180年)	八
孝文二十三 (前179年—前157年)	十六 后元年,侯武薨。嗣子奇反,不得置后,国除。 汉文帝后元元年(前163年),棘蒲侯陈武薨逝。继承爵位的儿子陈奇造反,不能立他的后代为侯,因此封国被废除。
孝景十六 (前156年—前141年)	
建元至元封六年三十六 (前140年—前105年), 太初元年尽后元二年十八 (前104年—前87年)。	
侯第	十三

国名	都昌
侯功	以舍人前元年从起沛,以骑队卒先降翟王,虏章邯,功侯。 朱轸以舍人的身份在前元年(前206年)随从高祖在沛县起事,以骑兵头领的身份降服了翟王,俘虏了章邯,因有功被封都昌侯。
高祖十二 (前206年—前195年)	七　　六年三月庚子,庄侯朱轸元年。 汉高祖六年(前201年)三月庚子日,都昌庄侯朱轸在位元年。
孝惠七 (前194年—前188年)	七
高后八 (前187年—前180年)	八　　元年,刚侯率元年。 吕太后元年(前187年),都昌刚侯朱率在位元年。
孝文二十三 (前179年—前157年)	七 十六　　八年,夷侯诎元年。 汉文帝八年(前172年),都昌夷侯朱诎在位元年。
孝景十六 (前156年—前141年)	二　　元年,恭侯偃元年。 五　　三年,侯辟疆元年。 中元年,辟疆薨,无后,国除。 汉景帝前元元年(前156年),都昌恭侯朱偃在位元年。 汉景帝前元三年(前154年),都昌侯朱辟疆在位元年。 汉景帝中元元年(前149年),朱辟疆薨逝,没有后代,封国被废除。
建元至元封六年三十六 (前140年—前105年), 太初元年尽后元二年十八 (前104年—前87年)。	
侯第	二十三

国名	武彊
侯功	以舍人从至霸上，以骑将入汉。还击项羽，属丞相宁，功侯，用将军击黥布，侯。 庄不识以舍人的身份随从高祖入关破秦后到达霸上，以骑将的身份随刘邦就任汉王。返回攻打项羽，隶属于丞相宁，因有功被封侯，被任用为将军攻打黥布，被封武彊侯。
高祖十二 （前206年—前195年）	七 六年三月庚子，庄侯庄不识元年。 汉高祖六年（前201年）三月庚子日，武彊庄侯庄不识在位元年。
孝惠七 （前194年—前188年）	七
高后八 （前187年—前180年）	六 二　　七年，简侯婴元年。 吕太后七年（前181年），武彊简侯庄婴在位元年。
孝文二十三 （前179年—前157年）	十七 六　　后二年，侯青翟元年。 汉文帝后元二年（前162年），武彊侯庄青翟在位元年。
孝景十六 （前156年—前141年）	十六
建元至元封六年三十六 （前140年—前105年）， 太初元年尽后元二年十八 （前104年—前87年）。	二十五　　元鼎二年，侯青翟坐为丞相与长史朱买臣等逮御史大夫汤不直，国除。 元鼎二年（前115年），武彊侯庄青翟因替丞相和长史朱买臣等人逮捕御史大夫张汤入狱不正当而获罪，封国被废除。
侯第	三十三

国名	贳
侯功	以越户将从破秦，入汉，定三秦，以都尉击项羽，千六百户，功比台侯。 吕博国以越户将的身份随从高祖打败秦军，随刘邦就任汉王，平定三秦地区，在任都尉时攻打项羽，封邑一千六百户，功劳仅次于台侯戴野。
高祖十二 （前206年—前195年）	二　　六年三月庚子，齐侯吕元年。 五　　八年，恭侯方山元年。 汉高祖六年（前201年）三月庚子日，贳齐侯吕博国在位元年。 汉高祖八年（前199年），贳恭侯吕方山在位元年。
孝惠七 （前194年—前188年）	七
高后八 （前187年—前180年）	八
孝文二十三 （前179年—前157年）	十一　　元年，炀侯赤元年。 十二　　十二年，康侯遗元年。 汉文帝前元元年（前179年），贳炀侯吕赤在位元年。 汉文帝前元十二年（前168年），贳康侯吕遗在位元年。
孝景十六 （前156年—前141年）	十六
建元至元封六年三十六 （前140年—前105年）， 太初元年尽后元二年十八 （前104年—前87年）。	十六 八　　元朔五年，侯倩元年。　　元鼎元年，侯倩坐杀人弃市，国除。 元朔五年（前124年），贳侯吕倩在位元年。　　元鼎元年（前116年），贳侯吕倩因杀人获罪而被处死在街市上示众，封国被废除。
侯第	三十六

国名	海阳
侯功	**以越队将从破秦,入汉,定三秦,以都尉击项羽,侯,千八百户。** 摇毋馀以越队将的身份随从高祖打败秦军,随刘邦就任汉王,平定三秦地区,在任都尉时攻打项羽,被封海阳侯,封邑一千八百户。
高祖十二 (前206年—前195年)	七　六年三月庚子,齐信侯摇毋馀元年。 汉高祖六年(前201年)三月庚子日,海阳齐信侯摇毋馀在位元年。
孝惠七 (前194年—前188年)	二 五　三年,哀侯招攘元年。 吕太后三年(前185年),海阳哀侯摇招攘在位元年。
高后八 (前187年—前180年)	四 四　五年,康侯建元年。 汉文帝前元五年(前175年),海阳康侯摇建在位元年。
孝文二十三 (前179年—前157年)	二十三
孝景十六 (前156年—前141年)	三 十　四年,哀侯省元年。　中六年,侯省薨,无后,国除。 汉景帝前元四年(前153年),海阳哀侯摇省在位元年。　汉景帝中元六年(前144年),海阳侯摇省薨逝,没有后代,封国被废除。
建元至元封六年三十六 (前140年—前105年), 太初元年尽后元二年十八 (前104年—前87年)。	
侯第	三十七

国名	南安
侯功	以河南将军汉王三年降晋阳，以亚将破臧荼，侯，九百户。 宣虎以河南将军的身份于汉王三年（前204年）在晋阳归降，在任亚将时打败臧荼，因此被封南安侯，封邑九百户。
高祖十二 （前206年—前195年）	七　　六年三月庚子，庄侯宣虎元年。 汉高祖六年（前201年）三月庚子日，南安庄侯宣虎在位元年。
孝惠七 （前194年—前188年）	七
高后八 （前187年—前180年）	八
孝文二十三 （前179年—前157年）	八 十一　　九年，共侯戎元年。 四　　后四年，侯千秋元年。 汉文帝前元九年（前171年），南安共侯宣戎在位元年。 汉文帝后元四年（前160年），南安侯宣千秋在位元年。
孝景十六 （前156年—前141年）	七 中元年，千秋坐伤人免。 汉景帝中元元年（前149年），宣千秋因伤人而获罪，被免除侯位封地。
建元至元封六年三十六 （前140年—前105年）， 太初元年尽后元二年十八 （前104年—前87年）。	
侯第	六十三

国名	肥如
侯功	**以魏太仆三年初从，以车骑都尉破龙且及彭城，侯，千户。** 蔡寅以魏国太仆的身份在高祖三年（前204年）开始随从高祖，在任车骑都尉时打败楚将龙且和彭城的楚军，因此被封肥如侯，封邑一千户。
高祖十二 （前206年—前195年）	七　　六年三月庚子，敬侯蔡寅元年。 汉高祖六年（前201年）三月庚子日，肥如敬侯蔡寅在位元年。
孝惠七 （前194年—前188年）	七
高后八 （前187年—前180年）	八
孝文二十三 （前179年—前157年）	二 十四　　三年，庄侯成元年。 七　　后元年，侯奴元年。 汉文帝前元三年（前177年），肥如庄侯蔡成在位元年。 汉文帝后元元年（前163年），肥如侯蔡奴在位元年。
孝景十六 （前156年—前141年）	元年，侯奴薨，无后，国除。 汉景帝前元元年（前156年），肥如侯蔡奴薨逝，没有后代，封国被废除。
建元至元封六年三十六 （前140年—前105年）， 太初元年尽后元二年十八 （前104年—前87年）。	
侯第	六十六

国名	曲城
侯功	以曲城户将卒三十七人初从起砀,至霸上,为执珪,为二队将,属悼武王,入汉,定三秦,以都尉破项羽军陈下,功侯,四千户。为将军,击燕、代,拔之。 虫达以曲城户将的身份率领兵士三十七人开始随从高祖在砀县起事,入关破秦后到达霸上,任执珪,为二支军队的将军,隶属于悼武王吕泽,随刘邦就任汉王,平定三秦地区,任都尉时在陈郡城下打败项羽军队,因有功被封曲城侯,封邑四千户。任将军,攻打燕、代,攻下了它们。
高祖十二 (前206年—前195年)	七　　六年三月庚子,圉侯虫达元年。 汉高祖六年(前201年)三月庚子日,曲城圉侯虫达在位元年。
孝惠七 (前194年—前188年)	七
高后八 (前187年—前180年)	八
孝文二十三 (前179年—前157年)	八　　元年,侯捷元年。有罪,绝。 五　　后三年,复封恭侯捷元年。 汉文帝前元元年(前179年),曲成侯虫捷在位元年。因有罪,断绝侯位封地。 汉文帝后元三年(前161年),再次封虫捷为曲城侯,即曲城恭侯,虫捷在位元年。
孝景十六 (前156年—前141年)	十三　　有罪,绝。 垣　五　　中五年,复封恭侯捷元年。 虫捷有罪,断绝了侯位封地。 汉景帝中元五年(前145年),再次封虫捷为垣侯,即垣恭侯,在位元年。
建元至元封六年三十六 (前140年—前105年), 太初元年尽后元二年 十八(前104年—前87年)。	一 二十五　　建元二年,侯皋柔元年。　　元鼎三年,侯皋柔坐为汝南太守知民不用赤侧钱为赋,国除。 建元二年(前139年),垣侯虫皋柔在位元年。　元鼎三年(前114年),垣侯虫皋柔任汝南太守时因知道百姓不使用赤侧钱交赋税却不惩治而获罪,封国被废除。
侯第	十八

国名	河阳
侯功	以卒前元年起砀从,以二队将入汉,击项羽,身得郎将处,功侯。以丞相定齐地。 陈涓以兵卒的身份在前元年(前206年)随从高祖在砀县起事,以二支军队的将军身份随刘邦就任汉王,攻打项羽,亲手捉到郎将处,因有功被封河阳侯。任丞相时平定齐地。
高祖十二 (前206年—前195年)	七　　六年三月庚子,庄侯陈涓元年。 汉高祖六年(前201年)三月庚子日,河阳庄侯陈涓在位元年。
孝惠七 (前194年—前188年)	七
高后八 (前187年—前180年)	八
孝文二十三 (前179年—前157年)	三　　元年,侯信元年。 四年,侯信坐不偿人责(债)过六月,夺侯,国除。 汉文帝前元元年(前179年),河阳侯陈信在位元年。 汉文帝前元四年(前176年),河阳侯陈信因不偿还别人的债超过六个月而获罪,被削夺侯位,封国被废除。
孝景十六 (前156年—前141年)	
建元至元封六年三十六 (前140年—前105年), 太初元年尽后元二年十八 (前104年—前87年)。	
侯第	二十九

国名	淮阴
侯功	兵初起，以卒从项梁，梁死，属项羽，为郎中。至咸阳，亡，从入汉，为连敖典客，萧何言为大将军，别定魏、齐，为王，徙楚，坐擅发兵，废为淮阴侯。 义军初起，韩信以兵卒的身份随从项梁，项梁死后隶属项羽，任郎中。到达咸阳后，逃亡，后随从汉军进入汉中，任主管粮草的连敖典客，萧何推荐他担任大将军，又平定魏国、齐国，后为齐王，又改封楚王，因擅自发兵而获罪，被废除王爵而为淮阴侯。
高祖十二 （前206年—前195年）	五　　六年四月，侯韩信元年。 十一年，信谋反关中，吕后诛信，夷三族，国除。 汉高祖六年（前201年）四月，淮阴侯韩信在位元年。 汉高祖十一年（前196年），韩信在关中谋反，吕后诛杀了韩信，灭掉他三族，封国被废除。
孝惠七 （前194年—前188年）	
高后八 （前187年—前180年）	
孝文二十三 （前179年—前157年）	
孝景十六 （前156年—前141年）	
建元至元封六年三十六 （前140年—前105年）， 太初元年尽后元二年十八 （前104年—前87年）。	
侯第	

国名	芒
侯功	以门尉前元年初起砀,至霸上,为武定君,入汉,还定三秦,以都尉击项羽,侯。 耏昭以门尉的身份前元年(前206年)开始在砀县起事,入关破秦后到达霸上,为武定君,随刘邦就任汉王,返回平定三秦地区,在任都尉时攻打项羽,因此被封芒侯。
高祖十二 (前206年—前195年)	三　　六年,侯昭元年。　九年,侯昭有罪,国除。 汉高祖六年(前201年),芒侯耏昭在位元年。　汉高祖九年(前198年),芒侯耏昭有罪,封国被废除。
孝惠七 (前194年—前188年)	
高后八 (前187年—前180年)	
孝文二十三 (前179年—前157年)	
孝景十六 (前156年—前141年)	张　　十一　孝景三年,昭以故芒侯将兵从太尉亚夫击吴楚有功,复侯。 三　　后元年三月,侯申元年。 汉景帝前元三年(前154年),耏昭以过去芒侯的身份领兵随从太尉周亚夫攻打反叛的吴楚两国有功,再次被封张侯。 汉景帝后元元年(前143年)三月,张侯耏申在位元年。
建元至元封六年三十六 (前140年—前105年), 太初元年尽后元二年十八 (前104年—前87年)。	十七 元朔六年,侯申坐尚南宫公主不敬,国除。 元朔六年(前123年),张侯耏申因娶南宫公主却不敬而获罪,封国被废除。
侯第	

国名	故市
侯功	以执盾初起,入汉,为河上守,迁为假相,击项羽,侯,千户,功比平定侯。 阎泽赤以执盾的身份开始起事,随刘邦就任汉王,任河上郡守,改任代理丞相,攻打项羽,因此被封故市侯,封邑一千户,功劳仅次于平定侯齐受。
高祖十二 (前206年—前195年)	三　　六年四月癸未,侯阎泽赤元年。 四　　九年,夷侯毋害元年。 汉高祖六年(前201年)四月癸未日,故市侯阎泽赤在位元年。 汉高祖九年(前198年),故市夷侯阎毋害在位元年。
孝惠七 (前194年—前188年)	七
高后八 (前187年—前180年)	八
孝文二十三 (前179年—前157年)	十九 四　　后四年,戴侯续元年。 汉文帝后元四年(前160年),故市戴侯阎续在位元年。
孝景十六 (前156年—前141年)	四 十二　　孝景五年,侯谷嗣。 汉景帝前元五年(前152年),故市侯阎谷继承侯位。
建元至元封六年三十六 (前140年—前105年), 太初元年尽后元二年十八 (前104年—前87年)。	二十八 元鼎五年,侯谷坐酎金,国除。 元鼎五年(前112年),故市侯阎谷因进贡的助祭金成色不好、分量不足而获罪,封国被废除。
侯第	五十五

国名	柳丘
侯功	以连敖从起薛，以二队将入汉，定三秦，以都尉破项籍军，为将军，侯，千户。 戎赐以连敖的身份随从高祖在薛邑起事，以二队将军的身份随刘邦就任汉王，平定三秦地区，在任都尉时打败项羽军，任将军，被封柳丘侯，封邑一千户。
高祖十二 （前206年—前195年）	七　　六年六月丁亥，齐侯戎赐元年。 汉高祖六年（前201年）六月丁亥日，柳丘齐侯戎赐在位元年。
孝惠七 （前194年—前188年）	七
高后八 （前187年—前180年）	四 四　　五年，定侯安国元年。 吕太后五年（前183年），柳丘定侯戎安国在位元年。
孝文二十三 （前179年—前157年）	二十三
孝景十六 （前156年—前141年）	三 十　　四年，敬侯嘉成元年。　　后元年，侯角嗣，有罪，国除。 汉景帝前元四年（前153年），柳丘敬侯戎嘉成在位元年。　　汉景帝后元元年（前143年），柳丘侯戎角继承侯位，因有罪，封国被废除。
建元至元封六年三十六 （前140年—前105年）， 太初元年尽后元二年十八 （前104年—前87年）。	
侯第	三十九

国名	魏其
侯功	以舍人从沛，以郎中入汉，为周信侯，定三秦，迁为郎中骑将，破籍东城，侯，千户。 周定以舍人的身份在沛县随从高祖，以郎中的身份随刘邦就任汉王，被封为周信侯，平定三秦地区，改任郎中骑将，在东城打败项羽，被封魏其侯，封邑一千户。
高祖十二 （前206年—前195年）	七　　六年六月丁亥，庄侯周定元年。 汉高祖六年（前201年）六月丁亥日，魏其庄侯周定在位元年。
孝惠七 （前194年—前188年）	七
高后八 （前187年—前180年）	四 四　　五年，侯间元年。 吕太后五年（前183年），魏其侯周间在位元年。
孝文二十三 （前179年—前157年）	二十三
孝景十六 （前156年—前141年）	二 前三年，侯间反，国除。 汉景帝前元三年（前154年），魏其侯周间造反，封国被废除。
建元至元封六年三十六 （前140年—前105年）， 太初元年尽后元二年十八 （前104年—前87年）。	
侯第	四十四

国名	祁
侯功	以执盾汉王三年初起从晋阳,以连敖击项籍,汉王败走,贺方将军击楚,追骑以故不得进。汉王顾谓贺祁:"子留彭城,军执圭东击羽,急绝其近壁。"侯,千四百户。 缯贺以执盾的身份于高祖三年(前204年)开始在晋阳随从高祖起事,在任连敖时攻打项羽,汉王失败逃跑,缯贺正好率军攻打项羽,楚军追赶的骑兵因此不能前进。汉王回过头来对缯贺说:"您留在彭城,任命您为执珪,向东攻击项羽,赶快断绝楚军近处的壁垒。"因此被封祁侯,封邑一千四百户。 ◎注释 "汉王顾谓贺祁""军执圭东击羽"两句疑有讹误。
高祖十二 (前206年—前195年)	七 六年六月丁亥,榖侯缯贺元年。 汉高祖六年(前201年)六月丁亥日,祁榖侯缯贺在位元年。
孝惠七 (前194年—前188年)	七
高后八 (前187年—前180年)	八
孝文二十三 (前179年—前157年)	十一 十二 十二年,顷侯湖元年。 汉文帝前元十二年(前168年),祁顷侯缯湖在位元年。
孝景十六 (前156年—前141年)	五 十一 六年,侯它元年。 汉景帝前元六年(前151年),祁侯缯它在位元年。
建元至元封六年三十六 (前140年—前105年), 太初元年尽后元二年十八 (前104年—前87年)。	八 元光二年,侯它坐从射擅罢,不敬,国除。 元光二年(前133年),祁侯缯它因跟皇上一起射猎时擅自溜走而获罪,被认为不敬,封国被废除。
侯第	五十一

国名	平
侯功	兵初起,以舍人从击秦,以郎中入汉,以将军定诸侯,守雒阳,功侯,比费侯贺,千三百户。 义军初起时,沛嘉以舍人的身份随从高祖攻打秦军,以郎中的身份随刘邦就任汉王,在任将军时平定诸侯,驻守雒阳,因有功被封平侯,功劳仅次于费侯陈贺,封邑一千三百户。
高祖十二 (前206年—前195年)	六　六年六月丁亥,悼侯沛嘉元年。 一　十二年,靖侯奴元年。 汉高祖六年(前201年)六月丁亥日,平悼侯沛嘉在位元年。 汉高祖十二年(前195年),平靖侯沛奴在位元年。
孝惠七 (前194年—前188年)	七
高后八 (前187年—前180年)	八
孝文二十三 (前179年—前157年)	十五 八　十六年,侯执元年。 汉文帝前元十六年(前164年),平侯沛执在位元年。
孝景十六 (前156年—前141年)	十一 中五年,侯执有罪,国除。 汉景帝中元五年(前145年),平侯沛执有罪,封国被废除。
建元至元封六年三十六 (前140年—前105年), 太初元年尽后元二年十八 (前104年—前87年)。	
侯第	三十二

国名	鲁
侯功	以舍人从起沛，至咸阳，为郎中，入汉，以将军从定诸侯，侯，四千八百户，功比舞阳侯。死事，母代侯。 奚涓以舍人的身份随从高祖在沛县起事，到达咸阳后任郎中，随刘邦就任汉王，以将军的身份随从高祖平定诸侯，因此被封鲁侯，封邑四千八百户，功劳仅次于舞阳侯樊哙。鲁侯奚涓死于国事，他的母亲代他被立为侯。
高祖十二 （前206年—前195年）	七　六年中，母侯疵元年。 汉高祖六年（前201年），奚涓的母亲鲁侯疵在位元年。
孝惠七 （前194年—前188年）	七
高后八 （前187年—前180年）	四 五年，母侯疵薨，无后，国除。 吕太后五年（前183年），奚涓的母亲鲁侯疵薨逝，没有后代，封国被废除。
孝文二十三 （前179年—前157年）	
孝景十六 （前156年—前141年）	
建元至元封六年三十六 （前140年—前105年）， 太初元年尽后元二年十八 （前104年—前87年）。	
侯第	七

国名	故城
侯功	兵初起，以谒者从，入汉，以将军击诸侯，以右丞相备守淮阳，功比厌次侯，二千户。 义军初起时，尹恢以谒者的身份随从高祖，随刘邦就任汉王，在任将军时攻打诸侯，在任右丞相时防备守卫淮阳，功劳仅次于厌次侯元慎，封邑二千户。
高祖十二 （前206年—前195年）	七　六年中，庄侯尹恢元年。 汉高祖六年（前201年），故城庄侯尹恢在位元年。
孝惠七 （前194年—前188年）	二 五　三年，侯开方元年。 汉惠帝三年（前192年），故城侯尹开方在位元年。
高后八 （前187年—前180年）	二 三年，侯方夺侯，为关内侯。 吕太后三年（前185年），故城侯尹开方被削夺侯爵，被降为关内侯。
孝文二十三 （前179年—前157年）	
孝景十六 （前156年—前141年）	
建元至元封六年三十六 （前140年—前105年）， 太初元年尽后元二年十八 （前104年—前87年）。	
侯第	二十六

国名	任
侯功	以骑都尉汉五年从起东垣,击燕、代,属雍齿,有功,侯。为车骑将军。 张越以骑都尉的身份于汉五年(前202年)随从高祖在东垣起事,攻打燕、代之地,隶属于雍齿,有功劳,因此被封任侯,并担任车骑将军。
高祖十二 (前206年—前195年)	七　　六年,侯张越元年。 汉高祖六年(前201年),任侯张越在位元年。
孝惠七 (前194年—前188年)	七
高后八 (前187年—前180年)	二 三年,侯越坐匿死罪,免为庶人,国除。 吕太后三年(前185年),任侯张越因藏匿死刑犯而获罪,被罢免为平民,封国被废除。
孝文二十三 (前179年—前157年)	
孝景十六 (前156年—前141年)	
建元至元封六年三十六 (前140年—前105年), 太初元年尽后元二年十八 (前104年—前87年)。	
侯第	

国名	棘丘
侯功	以执盾队史前元年从起砀，破秦，以治粟内史入汉，以上郡守击定西魏地，功侯。 襄以执盾队史的身份在前元年（前206年）随从高祖在砀县起事，打败秦军，以治粟内史的身份随刘邦就任汉王，在任上郡守时攻击平定西魏地，因有功劳被封棘丘侯。
高祖十二 （前206年—前195年）	七　　六年，侯襄元年。 汉高祖六年（前201年），棘丘侯襄在位元年。
孝惠七 （前194年—前188年）	七
高后八 （前187年—前180年）	四 四年，侯襄夺侯，为士伍，国除。 吕太后四年（前184年），棘丘侯襄被削夺侯爵，被降为一般士兵，封国被废除。
孝文二十三 （前179年—前157年）	
孝景十六 （前156年—前141年）	
建元至元封六年三十六 （前140年—前105年），太初元年尽后元二年十八（前104年—前87年）。	
侯第	

国名	阿陵
侯功	以连敖前元年从起单父,以塞疏入汉。还定三秦,属悼武王,以都尉击籍,功侯。 郭亭以连敖的身份于前元年(前206年)在单父随从高祖起事,因断后堵塞道路协助高祖进入汉中。返回平定三秦地区,从属于悼武王吕泽,以都尉的身份攻击项羽,因有功而被封侯。
高祖十二 (前206年—前195年)	七　　六年七月庚寅,顷侯郭亭元年。 汉高祖六年(前201年)七月庚寅日,阿陵顷侯郭亭在位元年。
孝惠七 (前194年—前188年)	七
高后八 (前187年—前180年)	八
孝文二十三 (前179年—前157年)	二 二十一　　三年,惠侯欧元年。 汉文帝前元三年(前177年),阿陵惠侯郭欧在位元年。
孝景十六 (前156年—前141年)	一 八　　前二年,侯胜客元年。有罪,绝。 南　　四　　中六年,靖侯延居元年。 汉景帝前元二年(前155年),阿陵侯郭胜客在位元年。后有罪,断绝侯位封地。 汉景帝中元六年(前144年),封郭延居为南侯,即南靖侯,郭延居在位元年。
建元至元封六年三十六 (前140年—前105年), 太初元年尽后元二年 十八(前104年—前87年)。	十一 十七　　元光六年,侯则元年。　　元鼎五年,侯则坐酎金,国除。 元光六年(前129年),南侯郭则在位元年。　　元鼎五年(前112年),南侯郭则因进贡的助祭金成色不好、分量不足而获罪,封国被废除。
侯第	二十七

国名	昌武
侯功	初起以舍人从，以郎中入汉，定三秦，以郎中将击诸侯，侯，九百八十户，比魏其侯。 单宁开始起事时以舍人的身份随从高祖，以郎中的身份随刘邦就任汉王，平定三秦地区，在任郎中将时攻打诸侯，被封昌武侯，封邑九百八十户，仅次于魏其侯周定。
高祖十二 （前206年—前195年）	七　　六年七月庚寅，靖信侯单宁元年。 汉高祖六年（前201年）七月庚寅日，昌武靖信侯单宁在位元年。
孝惠七 （前194年—前188年）	五 二　　六年，夷侯如意元年。 汉惠帝六年（前189年），昌武夷侯单如意在位元年。
高后八 （前187年—前180年）	八
孝文二十三 （前179年—前157年）	二十三
孝景十六 （前156年—前141年）	十 六　　中四年，康侯贾成元年。 汉景帝中元四年（前146年），昌武康侯单贾成在位元年。
建元至元封六年三十六 （前140年—前105年）， 太初元年尽后元二年十八 （前104年—前87年）。	十 四　　元光五年，侯得元年。　元朔三年，侯得坐伤人二旬内死，弃市，国除。 元光五年（前130年），昌武侯单得在位元年。　元朔三年（前126年），昌武侯单得因伤人对方在二十天内死亡而获罪，被处死在街市上示众，封国被废除。
侯第	四十五

国名	高苑
侯功	初起以舍人从，入汉，定三秦，以中尉破籍，侯，千六百户，比斥丘侯。 丙倩起初起事时以舍人的身份随从高祖，随刘邦就任汉王，平定三秦地区，在任中尉时打败项羽，被封高苑侯，封邑一千六百户，仅次于斥丘侯唐厉。
高祖十二 （前206年—前195年）	七　　六年七月戊戌，制侯丙倩元年。 汉高祖六年（前201年）七月戊戌日，高苑制侯丙倩在位元年。
孝惠七 （前194年—前188年）	七　　元年，简侯得元年。 汉惠帝元年（前194年），高苑简侯丙得在位元年。
高后八 （前187年—前180年）	八
孝文二十三 （前179年—前157年）	十五 八　　十六年，孝侯武元年。 汉文帝前元十六年（前164年），高苑孝侯丙武在位元年。
孝景十六 （前156年—前141年）	十六
建元至元封六年三十六 （前140年—前105年）， 太初元年尽后元二年十八 （前104年—前87年）。	二　　建元元年，侯信元年。 建元三年，侯信坐出入属车间，夺侯，国除。 建元元年（前140年），高苑侯丙信在位元年。 建元三年（前138年），高苑侯丙信因出行时在皇帝的副车之间穿行而获罪，削夺侯位，封国被废除。
侯第	四十一

国名	宣曲
侯功	以卒从起留，以骑将入汉，定三秦，破籍军荥阳，为郎骑将，破钟离眛军固陵，侯，六百七十户。 丁义以兵卒的身份随从高祖在留县起事，以骑将的身份随刘邦就任汉王，平定三秦地区，在荥阳打败项羽的军队，任郎骑将，在固陵打败钟离眛的军队，因此被封宣曲侯，封邑六百七十户。
高祖十二 （前206年—前195年）	七　　六年七月戊戌，齐侯丁义元年。 汉高祖六年（前201年）七月戊戌日，宣曲齐侯丁义在位元年。
孝惠七 （前194年—前188年）	七
高后八 （前187年—前180年）	八
孝文二十三 （前179年—前157年）	十 十三　　十一年，侯通元年。 汉文帝十一年（前169年），宣曲侯丁通在位元年。
孝景十六 （前156年—前141年）	四　　有罪，除。 发娄　　中五年，复封侯通元年。　　中六年，侯通有罪，国除。 丁通有罪，封国被废除。 汉景帝中元五年（前145年），再次封丁通为发娄侯，在位元年。　汉景帝中元六年（前144年），发娄侯丁通有罪，封国被废除。
建元至元封六年三十六 （前140年—前105年）， 太初元年尽后元二年十八 （前104年—前87年）。	
侯第	四十三

国名	绛阳
侯功	以越将从起留,入汉,定三秦,击臧荼,侯,七百四十户。从攻马邑及布。 华无害以越将的身份随从高祖在留县起事,随刘邦就任汉王,平定三秦地区,攻打臧荼,因此被封绛阳侯,封邑七百四十户。随从高祖攻打在马邑反汉的韩王信与在淮南反叛的英布。
高祖十二 (前206年—前195年)	七　　六年七月戊戌,齐侯华无害元年。 汉高祖六年(前201年)七月戊戌日,绛阳齐侯华无害在位元年。
孝惠七 (前194年—前188年)	七
高后八 (前187年—前180年)	八
孝文二十三 (前179年—前157年)	三 十六　　四年,恭侯勃齐元年。 四　　后四年,侯禄元年。 汉文帝前元四年(前176年),绛阳恭侯华勃齐在位元年。 汉文帝后元四年(前160年),绛阳侯华禄在位元年。
孝景十六 (前156年—前141年)	三 前四年,侯禄坐出界,有罪,国除。 汉景帝前元四年(前153年),绛阳侯华禄因离开自己的封地,有罪,封国被废除。
建元至元封六年三十六 (前140年—前105年), 太初元年尽后元二年十八 (前104年—前87年)。	
侯第	四十六

国名	东茅
侯功	以舍人从起砀,至霸上,以二队入汉,定三秦,以都尉击项羽,破臧荼,侯。捕韩信,为将军,益邑千户。 刘钊以舍人的身份随从高祖在砀县起事,入关破秦后到达霸上,以二队将的身份随刘邦就任汉王,平定三秦地区,在任都尉时攻打项羽,打败臧荼,因此被封东茅侯。捉住韩王信,任将军,增加封邑一千户。
高祖十二 (前206年—前195年)	七　　六年八月丙辰,敬侯刘钊元年。 汉高祖六年(前201年)八月丙辰日,东茅敬侯刘钊在位元年。
孝惠七 (前194年—前188年)	七
高后八 (前187年—前180年)	八
孝文二十三 (前179年—前157年)	二　　三年,侯吉元年。 十三　　十六年,侯吉夺爵,国除。 汉文帝前元三年(前177年),东茅侯刘吉在位元年。 汉文帝前元十六年(前164年),东茅侯刘吉被削夺侯爵,封国被废除。
孝景十六 (前156年—前141年)	
建元至元封六年三十六 (前140年—前105年), 太初元年尽后元二年十八 (前104年—前87年)。	
侯第	四十八

国名	斥丘
侯功	以舍人从起丰,以左司马入汉,以亚将攻籍,克敌,为东郡都尉,击破籍,侯武城,为汉中尉,击布,为斥丘侯,千户。 唐厉以舍人的身份随从高祖在丰邑起事,以左司马的身份随刘邦就任汉王,在任亚将时攻打项羽,战胜敌人,任东郡都尉,打败项羽,因此被封武城侯,任汉中尉,攻打英布,被封为斥丘侯,封邑一千户。
高祖十二 (前206年—前195年)	七　　六年八月丙辰,懿侯唐厉元年。 汉高祖六年(前201年)八月丙辰,斥丘懿侯唐厉在位元年。
孝惠七 (前194年—前188年)	七
高后八 (前187年—前180年)	八
孝文二十三 (前179年—前157年)	八 十三　　九年,恭侯晁元年。 二　　后六年,侯贤元年。 汉文帝前元九年(前171年),斥丘恭侯唐晁在位元年。 汉文帝后元六年(前158年),斥丘侯唐贤在位元年。
孝景十六 (前156年—前141年)	十六
建元至元封六年三十六 (前140年—前105年), 太初元年尽后元二年十八 (前104年—前87年)。	二十五 三　　元鼎二年,侯尊元年。　　元鼎五年,侯尊坐酎金,国除。 元鼎二年(前115年),斥丘侯唐尊在位元年。　　元鼎五年(前112年),斥丘侯唐尊因进贡的助祭金成色不好、分量不足而获罪,封国被废除。
侯第	四十

国名	台
侯功	以舍人从起砀，用队率入汉，以都尉击籍，籍死，转击临江，属将军贾，功侯。以将军击燕。 戴野以舍人的身份随从高祖在砀县起事，被任用为队长，随刘邦就任汉王，在任都尉时攻打项羽，项羽死后，转击临江王共敖，隶属于将军刘贾，因有功被封台侯。在任将军时攻打燕国。
高祖十二 （前206年—前195年）	七　　六年八月甲子，定侯戴野元年。 汉高祖六年（前201年）八月甲子日，台定侯戴野在位元年。
孝惠七 （前194年—前188年）	七
高后八 （前187年—前180年）	八
孝文二十三 （前179年—前157年）	三 二十　　四年，侯才元年。 汉文帝前元四年（前176年），台侯戴才在位元年。
孝景十六 （前156年—前141年）	二 三年，侯才反，国除。 汉景帝前元三年（前154年），台侯戴才造反，封国被废除。
建元至元封六年三十六 （前140年—前105年）， 太初元年尽后元二年十八 （前104年—前87年）。	
侯第	三十五

国名	安国
侯功	以客从起丰，以厩将别定东郡、南阳，从至霸上。入汉，守丰。上东，因从，战不利，奉孝惠、鲁元出睢水中，及坚守丰，封雍侯，五千户。 王陵以食客的身份随从高祖在丰邑起事，在任厩将时另外平定东郡、南阳郡，随从高祖入关破秦后到达霸上。随刘邦就任汉王，守卫丰邑。高祖向东进击，王陵随从，作战失利，他护奉孝惠帝、鲁元公主渡过睢水出逃，待到坚守丰邑，被封为雍侯，封邑五千户。
高祖十二 （前206年—前195年）	七　　六年八月甲子，武侯王陵元年。定侯安国。 汉高祖六年（前201年）八月甲子日，安国武侯王陵在位元年。确定侯国为安国。
孝惠七 （前194年—前188年）	七　　其六年，为右丞相。 汉惠帝六年（前189年），王陵任右丞相。
高后八 （前187年—前180年）	七 一　　八年，哀侯忌元年。 吕太后八年（前180年），安国哀侯王忌在位元年。
孝文二十三 （前179年—前157年）	二十三 元年，终侯游元年。 汉文帝前元元年（前179年），安国终侯王游在位元年。
孝景十六 （前156年—前141年）	十六
建元至元封六年三十六 （前140年—前105年）， 太初元年尽后元二年十八 （前104年—前87年）。	二十　　建元元年，三月，安侯辟方元年。 八　　元狩三年，侯定元年。元鼎五年，侯定坐酎金，国除。 建元元年（前140年）三月，安国侯王辟方在位元年。 元狩三年（前120年），安国侯王定在位元年。元鼎五年（前112年），安国侯王定因进贡的助祭金成色不好、分量不足而获罪，封国被废除。
侯第	十二

国名	乐成
侯功	以中涓骑从起砀中，为骑将，入汉，定三秦，侯。以都尉击籍，属灌婴，杀龙且，更为乐成侯，千户。 丁礼以中涓骑的身份随从高祖在砀县起事，任骑将，随刘邦就任汉王，平定三秦地区，被封为侯。在任都尉时攻打项羽，隶属于灌婴，杀死了龙且，改封为乐成侯，封邑一千户。
高祖十二 （前206年—前195年）	七　六年八月甲子，节侯丁礼元年。 汉高祖六年（前201年）八月甲子日，乐成节侯丁礼在位元年。
孝惠七 （前194年—前188年）	七
高后八 （前187年—前180年）	八
孝文二十三 （前179年—前157年）	四 十八　五年，夷侯马从元年。 一　后七年，武侯客元年。 汉文帝前元五年（前175年），乐成夷侯丁马从在位元年。 汉文帝后元七年（前157年），乐成武侯丁客在位元年。
孝景十六 （前156年—前141年）	十六
建元至元封六年三十六 （前140年—前105年）， 太初元年尽后元二年十八 （前104年—前87年）。	二十五 三　元鼎二年，侯义元年。　元鼎五年，侯义坐言五利侯不道，弃市，国除。 元鼎二年（前115年），乐成侯丁义在位元年。　元鼎五年（前112年），乐成侯丁义因言说五利将军栾大无道而获罪，在街市上被处死示众，封国被废除。
侯第	四十二

国名	辟阳
侯功	**以舍人初起，侍吕后、孝惠沛三岁十月，吕后入楚，食其从一岁，侯。** 审食其以舍人的身份开始起事，在沛县侍奉吕后、孝惠帝三年十个月，吕后被抓入楚军中，审食其随从一年，因此被封辟阳侯。
高祖十二 （前206年—前195年）	七　　六年八月甲子，幽侯审食其元年。 汉高祖六年（前201年）八月甲子日，辟阳幽侯审食其在位元年。
孝惠七 （前194年—前188年）	七
高后八 （前187年—前180年）	八
孝文二十三 （前179年—前157年）	三 二十　　四年，侯平元年。 汉文帝前元四年（前176年），辟阳侯审平在位元年。
孝景十六 （前156年—前141年）	二 三年，平坐反，国除。 汉景帝前元三年（前154年），审平因造反获罪，封国被废除。
建元至元封六年三十六 （前140年—前105年）， 太初元年尽后元二年十八 （前104年—前87年）。	
侯第	五十九

国名	安平
侯功	**以谒者汉王三年初从，定诸侯，有功。秋举萧何，功侯，二千户。** 谔千秋以谒者的身份在高祖三年（前204年）开始随从高祖，平定诸侯，有功。谔千秋因推举萧何功为第一，被封安平侯，封邑两千户。 ◎注释　"有功。秋举萧何"，或认为"秋"为"秩"之误，此处应作"有功秩。举萧何"。
高祖十二 （前206年—前195年）	七　　六年八月甲子，敬侯谔千秋元年。 汉高祖六年（前201年）八月甲子日，安平敬侯谔千秋在位元年。 ◎注释　谔千秋，即鄂千秋。
孝惠七 （前194年—前188年）	二 五　　孝惠三年，简侯嘉元年。 汉惠帝三年（前192年），安平简侯谔嘉在位元年。
高后八 （前187年—前180年）	七 一　　八年，顷侯应元年。 吕太后八年（前180年），安平顷侯谔应在位元年。
孝文二十三 （前179年—前157年）	十三 十　　十四年，炀侯寄元年。 汉文帝前元十四年（前166年），安平炀侯谔寄在位元年。
孝景十六 （前156年—前141年）	十五 一　　后三年，侯但元年。 汉景帝后元三年（前141年），安平侯谔但在位元年。
建元至元封六年三十六 （前140年—前105年）， 太初元年尽后元二年十八 （前104年—前87年）。	十八 元狩元年，坐与淮南王女陵通，遗淮南书称臣尽力，弃市，国除。 元狩元年（前122年），谔但因与淮南王女儿刘陵通奸，送给淮南王的信上称说臣尽力而获罪，被处死在街市上示众，封国被废除。
侯第	六十一

国名	蒯成
侯功	以舍人从起沛,至霸上,侯。入汉,定三秦,食邑池阳。击项羽军荥阳,绝甬道,从出,度平阴,遇淮阴侯军襄国。楚汉约分鸿沟,以緤为信,战不利,不敢离上,侯,三千三百户。 周緤以舍人的身份随从高祖在沛县起事,入关破秦后到达霸上,被封为侯。随刘邦就任汉王,平定三秦地区,封邑是池阳。在荥阳攻打项羽的军队,断绝两面有墙的驰道,随从高祖逃出,度过平阴,遇上驻扎在襄国的淮阴侯军队。楚、汉约定划分鸿沟为界,派周緤作为信使,交战失利,不敢离开高祖,因此被封蒯成侯,封邑三千三百户。
高祖十二 (前206年—前195年)	七　六年八月甲子,尊侯周緤元年。　十二年十月乙未,定蒯成。 汉高祖六年(前201年)八月甲子日,蒯成尊侯周緤在位元年。　汉高祖十二年(前195年)十月乙未日,确定侯国为蒯成。
孝惠七 (前194年—前188年)	七
高后八 (前187年—前180年)	八
孝文二十三 (前179年—前157年)	五 緤薨,子昌代。有罪,绝,国除。 周緤薨逝,他的儿子周昌代立为侯。因有罪,侯位断绝,封国被废除。
孝景十六 (前156年—前141年)	郸 一　中元年,封緤子康侯应元年。 八　中二年,侯中居元年。 汉景帝中元元年(前149年),封周緤的儿子周应为郸侯,即郸康侯,周应在位元年。 汉景帝中元二年(前148年),郸侯周中居在位元年。
建元至元封六年三十六 (前140年—前105年), 太初元年尽后元二年十八 (前104年—前87年)。	二十六 元鼎三年,居坐为太常有罪,国除。 元鼎三年(前114年),周中居因任太常官时有罪,封国被废除。
侯第	二十二

国名	北平
侯功	以客从起阳武,至霸上,为常山守,得陈馀,为代相,徙赵相,侯。为计相四岁,淮南相十四岁。千三百户。 张仓以食客的身份随从高祖在阳武起事,入关破秦后到达霸上,任常山郡守,获得陈馀,任代国国相,又改任赵国国相,被封为北平侯。担任管理财务的官员四年,担任淮南国国相十四年。封邑一千三百户。
高祖十二 (前206年—前195年)	七　　六年八月丁丑,文侯张仓元年。 汉高祖六年(前201年)八月丁丑日,北平文侯张仓在位元年。
孝惠七 (前194年—前188年)	七
高后八 (前187年—前180年)	八
孝文二十三 (前179年—前157年)	二十三　　其四为丞相。五岁罢。 汉文帝前元四年(前176年)张仓任丞相。五年后被罢免。
孝景十六 (前156年—前141年)	五 八　　六年,康侯奉元年。 三　　后元年,侯预元年。 汉景帝前元六年(前151年),北平康侯张奉在位元年。 汉景帝后元元年(前143年),北平侯张预在位元年。
建元至元封六年三十六 (前140年—前105年), 太初元年尽后元二年十八 (前104年—前87年)。	四 建元五年,侯预坐临诸侯丧后,不敬,国除。 建元五年(前136年),北平侯因吊临诸侯丧事迟到,犯不敬罪,封国被废除。
侯第	六十五

国名	高胡
侯功	**以卒从起杠里,入汉,以都尉击籍,以都尉定燕,侯,千户。** 陈夫乞以兵卒的身份随从高祖在杠里起事,随刘邦就任汉王,在任都尉时攻打项羽,在任都尉时平定燕国,被封高胡侯,封邑一千户。
高祖十二 (前206年—前195年)	七　　六年中,侯陈夫乞元年。 汉高祖六年(前201年),高胡侯陈夫乞在位元年。
孝惠七 (前194年—前188年)	七
高后八 (前187年—前180年)	八
孝文二十三 (前179年—前157年)	四 五年,殇侯程嗣。薨,无后,国除。 汉文帝前元五年(前175年),高胡殇侯陈程继承侯位。后来薨逝,没有后代,封国被废除。
孝景十六 (前156年—前141年)	
建元至元封六年三十六 (前140年—前105年), 太初元年尽后元二年十八 (前104年—前87年)。	
侯第	八十二

国名	厌次
侯功	以慎将前元年从起留，入汉，以都尉守广武，功侯。 元顷以谨慎为将在前元年（前206年）随从高祖在留县起事，随刘邦就任汉王，在任都尉时守卫广武，因有功被封厌次侯。
高祖十二 （前206年—前195年）	七　六年中，侯元顷元年。 汉高祖六年（前201年），厌次侯元顷在位元年。
孝惠七 （前194年—前188年）	七
高后八 （前187年—前180年）	八
孝文二十三 （前179年—前157年）	五　元年，侯贺元年。 六年，侯贺谋反，国除。 汉文帝前元元年（前179年），厌次侯元贺在位元年。 汉文帝前元六年（前174年），厌次侯元贺谋反，封国被废除。
孝景十六 （前156年—前141年）	
建元至元封六年三十六 （前140年—前105年）， 太初元年尽后元二年十八 （前104年—前87年）。	
侯第	二十四

国名	平皋
侯功	项它,汉六年以砀郡长初从,赐姓为刘氏;功比戴侯彭祖,五百八十户。 项它,在汉高祖六年(前201年)以砀郡地方官的身份开始随从高祖,并被赐姓刘氏;功劳仅次于戴侯彭祖,封邑五百八十户。
高祖十二 (前206年—前195年)	六　　七年十月癸亥,炀侯刘它元年。 汉高祖七年(前200年)十月癸亥日,平皋炀侯刘它在位元年。
孝惠七 (前194年—前188年)	四 三　　五年,恭侯远元年。 汉惠帝五年(前190年),平皋恭侯刘远在位元年。
高后八 (前187年—前180年)	八
孝文二十三 (前179年—前157年)	二十三
孝景十六 (前156年—前141年)	十六　　元年,节侯光元年。 汉景帝前元元年(前156年),平皋节侯刘光在位元年。
建元至元封六年三十六 (前140年—前105年), 太初元年尽后元二年十八 (前104年—前87年)。	二十八 建元元年,侯胜元年。 元鼎五年,侯胜坐酎金,国除。 建元元年(前140年),平皋侯刘胜在位元年。 元鼎五年(前112年),平皋侯刘胜因进贡的助祭金成色不好、分量不足而获罪,封国被废除。
侯第	百二十一

国名	复阳
侯功	以卒从起薛,以将军入汉,以右司马击项籍,侯,千户。 陈胥以兵卒的身份随从高祖在薛县起事,以将军的身份随刘邦就任汉王,在任右司马时攻打项羽,因此被封为复阳侯,封邑一千户。
高祖十二 (前206年—前195年)	六　　七年十月甲子,刚侯陈胥元年。 汉高祖七年(前200年)十月甲子日,复阳刚侯陈胥在位元年。
孝惠七 (前194年—前188年)	七
高后八 (前187年—前180年)	八
孝文二十三 (前179年—前157年)	十 十三　　十一年,恭侯嘉元年。 汉文帝前元十一年(前169年),复阳恭侯陈嘉在位元年。
孝景十六 (前156年—前141年)	五 十一　　六年,康侯拾元年。 汉景帝前元六年(前151年),复阳康侯陈拾在位元年。
建元至元封六年三十六 (前140年—前105年), 太初元年尽后元二年十八 (前104年—前87年)。	十二 七　　元朔元年,侯彊元年。元狩二年,坐父拾非嘉子,国除。 元朔元年(前128年),复阳侯陈彊在位元年。元狩二年(前121年),陈彊因为父亲陈拾不是陈嘉的亲生儿子,封国被废除。
侯第	四十九

国名	阳河
侯功	以中谒者从，入汉，以郎中骑从定诸侯，侯，五百户，功比高胡侯。 卞䜣以中谒者的身份随从高祖进入关中就任汉王，在任郎中骑时随从高祖平定诸侯，被封阳河侯，封邑五百户，功劳仅次于高胡侯陈夫乞。
高祖十二 （前206年—前195年）	三　　七年十月甲子，齐哀侯元年。 三　　十年，侯安国元年。 汉高祖七年（前200年）十月甲子日，阳河齐哀侯卞䜣在位元年。 汉高祖十年（前197年），阳河侯卞安国在位元年。
孝惠七 （前194年—前188年）	七
高后八 （前187年—前180年）	八
孝文二十三 （前179年—前157年）	二十三
孝景十六 （前156年—前141年）	十 六　　中四年，侯午元年。中绝。 汉景帝中元四年（前146年），阳河侯卞午在位元年。中间则断绝。
建元至元封六年三十六 （前140年—前105年）， 太初元年尽后元二年十八 （前104年—前87年）。	二十七 埤山　　三　　元鼎四年，恭侯章元年。 二十　　元封元年，侯仁元年。　　征和三年十月，仁与母坐祝诅，大逆无道，国除。 元鼎四年（前113年），改封卞章为埤山侯，即埤山恭侯，卞章在位元年。 元封元年（前110年），埤山侯卞仁在位元年。　　征和三年（前90年）十月，章仁与母亲因祝诅皇帝犯大逆不道罪，封国被废除。
侯第	八十三

国名	朝阳
侯功	以舍人从起薛，以连敖入汉，以都尉击项羽，后攻韩王信，侯，千户。 华寄以舍人的身份随从高祖在薛邑起事，以连敖的身份随刘邦就任汉王，在任都尉时攻打项羽，后来攻打韩王信，因此被封朝阳侯，封邑一千户。
高祖十二 （前206年—前195年）	六　七年三月壬寅，齐侯华寄元年。 汉高祖七年（前200年）三月壬寅日，朝阳齐侯华寄在位元年。
孝惠七 （前194年—前188年）	七
高后八 （前187年—前180年）	八　元年，文侯要元年。 吕太后元年（前187年），朝阳文侯华要在位元年。
孝文二十三 （前179年—前157年）	十三 十　十四年，侯当元年。 汉文帝前元十四年（前166年），朝阳侯华当在位元年。
孝景十六 （前156年—前141年）	十六
建元至元封六年三十六 （前140年—前105年）， 太初元年尽后元二年十八 （前104年—前87年）。	十三 元朔二年，侯当坐教人上书枉法罪，国除。 元朔二年（前127年），朝阳侯华当因教人上书枉法而获罪，封国被废除。
侯第	六十九

高祖功臣侯者年表第六

国名	棘阳
侯功	以卒从起胡陵,入汉,以郎将迎左丞相军以击诸侯,侯,千户。 杜得臣以兵卒的身份随从高祖在胡陵起事,随刘邦就任汉王,以郎将的身份迎接左丞相曹参的军队来攻打诸侯,因此被封棘阳侯,封邑一千户。
高祖十二 (前206年—前195年)	六　　七年七月丙申,庄侯杜得臣元年。 汉高祖七年(前200年)七月丙申日,棘阳庄侯杜得臣在位元年。
孝惠七 (前194年—前188年)	七
高后八 (前187年—前180年)	八
孝文二十三 (前179年—前157年)	五 十八　　六年,质侯但元年。 汉文帝前元六年(前174年),棘阳质侯杜但在位元年。
孝景十六 (前156年—前141年)	十六
建元至元封六年三十六 (前140年—前105年), 太初元年尽后元二年十八 (前104年—前87年)。	九 七　元光四年,怀侯武元年。　元朔五年,侯武薨,无后,国除。 元光四年(前131年),棘阳怀侯杜武在位元年。　元朔五年(前124年),棘阳侯杜武薨逝,没有后代,封国被废除。
侯第	八十一

国名	涅阳
侯功	以骑士汉王二年从出关,以郎将击斩项羽,侯,千五百户,比杜衍侯。 吕胜以骑士的身份在汉高祖二年(前205年)随从高祖出关,在任郎将时攻击斩杀项羽,因此被封涅阳侯,封邑一千五百户,仅次于杜衍侯王翳。
高祖十二 (前206年—前195年)	六　七年中,庄侯吕胜元年。 汉高祖七年(前200年)的时候,涅阳庄侯吕胜在位元年。
孝惠七 (前194年—前188年)	七
高后八 (前187年—前180年)	八
孝文二十三 (前179年—前157年)	四 五年,庄侯子成实非子,不当为侯,国除。 汉文帝前元五年(前175年),因为涅阳庄侯吕胜的儿子吕成实际上不是他的亲生儿子,所以不应当继位为侯,封国被废除。
孝景十六 (前156年—前141年)	
建元至元封六年三十六 (前140年—前105年), 太初元年尽后元二年十八 (前104年—前87年)。	
侯第	百四

国名	平棘
侯功	以客从起亢父，斩章邯所署蜀守，用燕相侯，千户。 林执以食客的身份随从高祖在亢父起事，斩杀章邯所委任的蜀郡郡守，以燕国国相的身份被封平棘侯，封邑一千户。
高祖十二 （前206年—前195年）	六　七年中，懿侯执元年。 汉高祖七年（前200年）的时候，平棘懿侯林执在位元年。
孝惠七 （前194年—前188年）	七
高后八 （前187年—前180年）	七 一　八年，侯辟彊元年。 吕太后八年（前180年），平棘侯林辟彊在位元年。
孝文二十三 （前179年—前157年）	五 六年，侯辟彊有罪，为鬼薪，国除。 汉文帝前元六年（前174年），平棘侯林辟彊有罪，罚他为宗庙祭祀拾取柴薪的劳役，封国被废除。
孝景十六 （前156年—前141年）	
建元至元封六年三十六 （前140年—前105年）， 太初元年尽后元二年十八 （前104年—前87年）。	
侯第	六十四

国名	羹颉
侯功	以高祖兄子从军，击反韩王信，为郎中将。信母尝有罪高祖微时，太上怜之，故封为羹颉侯。 刘信以高祖兄长之子的身份随从在高祖的军队中，攻打反叛的韩王信，被任用为郎中将。刘信的母亲曾在高祖微贱的时候得罪过他，太上皇怜惜刘信，所以封他为羹颉侯。
高祖十二 （前206年—前195年）	六　　七年中，侯刘信元年。 汉高祖七年（前200年）的时候，羹颉侯刘信在位元年。
孝惠七 （前194年—前188年）	七
高后八 （前187年—前180年）	元年，信有罪，削爵一级，为关内侯。 吕太后元年（前187年），刘信有罪，削去爵位一级，为没有封地的关内侯。
孝文二十三 （前179年—前157年）	
孝景十六 （前156年—前141年）	
建元至元封六年三十六 （前140年—前105年）， 太初元年尽后元二年十八 （前104年—前87年）。	
侯第	

国名	深泽
侯功	以赵将汉王三年降，属淮阴侯，定赵、齐、楚，以击平城，侯，七百户。 赵将夜以赵国将军的身份在汉高祖三年（前204年）投降高祖，隶属于淮阴侯，平定赵国、齐国、楚国，在平城攻击敌人，因此被封深泽侯，封邑七百户。
高祖十二 （前206年—前195年）	五　八年十月癸丑，齐侯赵将夜元年。 汉高祖八年（前199年）十月癸丑日，深泽齐侯赵将夜在位元年。
孝惠七 （前194年—前188年）	七
高后八 （前187年—前180年）	一　夺，绝。 三年复封，一年绝。 削夺封地，断绝爵禄。 吕太后三年（前185年）再次被封侯爵，一年后又断绝爵禄。
孝文二十三 （前179年—前157年）	四　十四年，复封将夜元年。 六　后二年，戴侯头元年。 汉文帝前元十四年（前166年），又封赵将夜为深泽侯，赵将夜在位元年。 汉文帝后元二年（前162年），深泽戴侯赵头在位元年。
孝景十六 （前156年—前141年）	二 七　三年，侯循元年。罪，绝。 更　五　中五年，封头子夷侯胡元年。 汉景帝前元三年（前154年），深泽侯赵循在位元年。因有罪，断绝爵禄。 汉景帝中元五年（前145年），封赵头的儿子赵胡为更侯，即夷侯，赵胡在位元年。
建元至元封六年三十六 （前140年—前105年）， 太初元年尽后元二年十八 （前104年—前87年）。	十六 元朔五年，夷侯胡薨，无后，国除。 元朔五年（前124年），更夷侯赵胡薨逝，没有后代，封国被废除。
侯第	九十八

国名	柏至
侯功	以骈怜从起昌邑，以说（税）卫入汉，以中尉击籍，侯，千户。 许温以骈怜的身份随从高祖在昌邑起事，以税卫的身份随刘邦就任汉王，在任中尉时攻打项羽，因此被封柏至侯，封邑一千户。
高祖十二 （前206年—前195年）	六　七年十月戊辰，靖侯许温元年。 汉高祖七年（前200年）十月戊辰日，柏至靖侯许温在位元年。
孝惠七 （前194年—前188年）	七
高后八 （前187年—前180年）	一　二年，有罪，绝。 六　三年，复封温如故。 吕太后二年（前186年），许温有罪，断绝爵禄。 吕太后三年（前185年），又封许温如旧。
孝文二十三 （前179年—前157年）	十四　元年，简侯禄元年。 九　十五年，哀侯昌元年。 汉文帝前元元年（前179年），柏至简侯许禄在位元年。 汉文帝前元十五年（前165年），柏至哀侯许昌在位元年。
孝景十六 （前156年—前141年）	十六
建元至元封六年三十六 （前140年—前105年）， 太初元年尽后元二年十八 （前104年—前87年）。	七 十三　元光二年，共侯安如元年。 五　元狩三年，侯福元年。　元鼎二年，侯福有罪，国除。 元光二年（前133年），柏至共侯许安如在位元年。 元狩三年（前120年），柏至侯许福在位元年。　元鼎二年（前115年），柏至侯许福有罪，封国被废除。
侯第	五十八

国名	中水
侯功	以郎中骑将汉王元年从起好畤，以司马击龙且，后共斩项羽，侯，千五百户。 吕马童以郎中骑将的身份在汉王元年（前206年）随从高祖在好畤起事，在任司马时攻打龙且，后来又与人共同斩杀了项羽，因此被封中水侯，封邑一千五百户。
高祖十二 （前206年—前195年）	六　　七年正月己酉，庄侯吕马童元年。 汉高祖七年（前200年）正月己酉日，中水庄侯吕马童在位元年。
孝惠七 （前194年—前188年）	七
高后八 （前187年—前180年）	八
孝文二十三 （前179年—前157年）	九 三　　十年，夷侯假元年。 十一　　十三年，共侯青肩元年。 汉文帝前元十年（前170年），中水夷侯吕假在位元年。 汉文帝前元十三年（前167年），中水共侯吕青肩在位元年。
孝景十六 （前156年—前141年）	十六
建元至元封六年三十六 （前140年—前105年）， 太初元年尽后元二年十八 （前104年—前87年）。	五 一　　建元六年，靖侯德元年。 二十三　　元光元年，侯宜成元年。　元鼎五年，宜成坐酎金，国除。 建元六年（前135年），中水靖侯吕德在位元年。 元光元年（前134年），中水侯吕宜成在位元年。　元鼎五年（前112年），吕宜成因进贡的助祭金成色不好、分量不足而获罪，封国被废除。
侯第	百一

国名	杜衍
侯功	以郎中骑汉王三年从起下邳，属淮阴，从灌婴共斩项羽，侯，千七百户。 王翳以郎中骑的身份在汉高祖三年（前204年）随从高祖在下邳起事，隶属于淮阴侯，随从灌婴斩杀了项羽，因此被封杜衍侯，封邑一千七百户。
高祖十二 （前206年—前195年）	六　　七年正月己酉，庄侯王翳元年。 汉高祖七年（前200年）正月己酉日，杜衍庄侯王翳在位元年。
孝惠七 （前194年—前188年）	七
高后八 （前187年—前180年）	五 三　　六年，共侯福元年。 吕太后六年（前182年），杜衍共侯王福在位元年。
孝文二十三 （前179年—前157年）	四 七　　五年，侯市臣元年。 十二　十二年，侯翕元年。 汉文帝前元五年（前175年），杜衍侯王市臣在位元年。 汉文帝前元十二年（前168年），杜衍侯王翕在位元年。
孝景十六 （前156年—前141年）	十二　有罪，绝。 三　　后元年，复封翳子彊侯郢人元年。 王翕有罪，断绝爵禄。 汉景帝后元元年（前143年），又封王翳的儿子王郢人为杜衍侯，即杜衍彊侯，郢人在位元年。
建元至元封六年三十六 （前140年—前105年）， 太初元年尽后元二年十八 （前104年—前87年）。	九 十二　元光四年，侯定国元年。　元狩四年，侯定国有罪，国除。 元光四年（前131年），杜衍侯王定国在位元年。　元狩四年（前119年），杜衍侯王定国有罪，封国被废除。
侯第	百二

高祖功臣侯者年表第六

国名	赤泉
侯功	以郎中骑汉王二年从起杜,属淮阴,后从灌婴共斩项羽,侯,千九百户。 杨喜以郎中骑的身份在汉高祖二年（前205年）随从高祖在杜县起事,隶属于淮阴侯,后来跟从灌婴斩杀了项羽,因此被封赤泉侯,封邑一千九百户。
高祖十二 （前206年—前195年）	六　　七年正月己酉,庄侯杨喜元年。 汉高祖七年（前200年）正月己酉日,赤泉庄侯杨喜在位元年。
孝惠七 （前194年—前188年）	七
高后八 （前187年—前180年）	元年,夺,绝。 七　　二年,复封。 吕太后元年（前187年）,削夺封地,断绝爵禄。 吕太后二年（前186年）,杨喜又被封为赤泉侯。
孝文二十三 （前179年—前157年）	十一 十二　　十二年,定侯殷元年。 汉文帝前元十二年（前168年）,赤泉定侯杨殷在位元年。
孝景十六 （前156年—前141年）	三 六　　四年,侯无害元年。有罪,绝。 临汝　　五　　中五年,复封侯无害元年。 汉景帝前元四年（前153年）,赤泉侯杨无害在位元年。杨无害有罪,爵禄断绝。 汉景帝中元五年（前145年）,又封杨无害为临汝侯,无害在位元年。
建元至元封六年三十六 （前140年—前105年）, 太初元年尽后元二年十八 （前104年—前87年）。	七 元光二年,侯无害有罪,国除。 元光二年（前133年）,临汝侯杨无害有罪,封国被废除。
侯第	百三

国名	枸
侯功	以燕将军汉王四年从曹咎军，为燕相，告燕王荼反，侯，以燕相国定卢奴，千九百户。 温疥以燕国将军的身份在汉高祖四年（前203年）随从项羽部将曹咎的军队，后任燕国国相，向高祖告密投降于高祖的燕王臧荼谋反，因此被封枸侯，在任燕国国相时平定卢奴，封邑一千九百户。
高祖十二 （前206年—前195年）	五　　八年十月丙辰，顷侯温疥元年。 汉高祖八年（前199年）十月丙辰日，枸顷侯温疥在位元年。
孝惠七 （前194年—前188年）	七
高后八 （前187年—前180年）	八
孝文二十三 （前179年—前157年）	五 十七　　六年，文侯仁元年。 一　　后七年，侯河元年。 汉文帝前元六年（前174年），枸文侯温仁在位元年。 汉文帝后元七年（前157年），枸侯温河在位元年。
孝景十六 （前156年—前141年）	十 中四年，侯河有罪，国除。 汉景帝中元四年（前146年），枸侯温河有罪，封国废除。
建元至元封六年三十六 （前140年—前105年）， 太初元年尽后元二年十八 （前104年—前87年）。	
侯第	九十一

国名	武原
侯功	汉七年以梁将军初从，击韩信、陈豨、黥布，功侯，二千八百户，功比高陵。 汉七年（前200年）卫胠以梁国将军的身份开始随从高祖，攻打韩信、陈豨、黥布有功，因此被封武原侯，封邑二千八百户，功劳仅次于高陵侯王周。
高祖十二 （前206年—前195年）	五　　八年十二月丁未，靖侯卫胠元年。 汉高祖八年（前199年）十二月丁未日，武原靖侯卫胠在位元年。
孝惠七 （前194年—前188年）	三 四　　四年，共侯寄元年。 汉惠帝四年（前191年），武原共侯卫寄在位元年。
高后八 （前187年—前180年）	八
孝文二十三 （前179年—前157年）	二十三
孝景十六 （前156年—前141年）	三 十三　　四年，侯不害元年。　　后二年，不害坐葬过律，国除。 汉景帝前元四年（前153年），武原侯卫不害在位元年。　汉景帝后元二年（前142年），卫不害因办理丧葬事超过律令规定而获罪，封国被废除。
建元至元封六年三十六 （前140年—前105年）， 太初元年尽后元二年十八 （前104年—前87年）。	
侯第	九十三

国名	磨
侯功	以赵卫将军汉王三年从起卢奴，击项羽敖仓下，为将军，攻臧荼有功，侯，千户。 程黑以赵国赵王护卫将军的身份在汉高祖三年（前204年）随从高祖在卢奴起事，在敖仓攻打项羽，任将军，又攻打臧荼有功，因此被封磨侯，封邑一千户。
高祖十二 （前206年—前195年）	五　　八年七月癸酉，简侯程黑元年。 汉高祖八年（前199年）七月癸酉日，磨简侯程黑在位元年。
孝惠七 （前194年—前188年）	七
高后八 （前187年—前180年）	二 六　　三年，孝侯鳌元年。 吕太后三年（前185年），磨孝侯程鳌在位元年。
孝文二十三 （前179年—前157年）	十六 七 后元年，侯灶元年。 汉文帝后元元年（前163年），磨侯程灶在位元年。
孝景十六 （前156年—前141年）	七 中元年，灶有罪，国除。 汉景帝中元元年（前149年），程灶有罪，封国被废除。
建元至元封六年三十六 （前140年—前105年）， 太初元年尽后元二年十八 （前104年—前87年）。	
侯第	九十二

国名	槀
侯功	高帝七年为将军从击代陈豨有功，侯，六百户。 汉高祖七年（前200年）时陈错任将军，随从高祖攻打代国的陈豨有功，因此被封槀侯，封邑六百户。
高祖十二 （前206年—前195年）	五　　八年十二月丁未，祗侯陈错元年。 汉高祖八年（前199年）十二月丁未日，槀祗侯陈错在位元年。
孝惠七 （前194年—前188年）	二 五　　三年，怀侯婴元年。 汉惠帝三年（前192年），槀怀侯陈婴在位元年。
高后八 （前187年—前180年）	八
孝文二十三 （前179年—前157年）	六 十四　　七年，共侯应元年。 三　　后五年，侯安元年。 汉文帝前元七年（前173年），槀共侯陈应在位元年。 汉文帝后元五年（前159年），槀侯陈安在位元年。
孝景十六 （前156年—前141年）	十六
建元至元封六年三十六 （前140年—前105年）， 太初元年尽后元二年十八 （前104年—前87年）。	十二 七　　不得，千秋父。 九　　元狩二年，侯千秋元年。　　元鼎五年，侯千秋坐酎金，国除。 陈不得，是陈千秋的父亲。 元狩二年（前121年），槀侯陈千秋在位元年。　　元鼎五年（前112年），槀侯陈千秋因进贡的助祭金成色不好、分量不足而获罪，封国被废除。
侯第	百二十四

国名	宋子
侯功	以汉三年以赵羽林将初从，击定诸侯，功比磨侯，五百四十户。 汉三年（前204年）许瘛以赵国羽林将的身份开始随从高祖，攻打平定诸侯，功劳仅次于磨侯程黑，封邑五百四十户。
高祖十二 （前206年—前195年）	四　　八年十二月丁卯，惠侯许瘛元年。 一　　十二年，共侯不疑元年。 汉高祖八年（前199年）十二月丁卯日，宋子惠侯许瘛在位元年。 汉高祖十二年（前195年），宋子共侯许不疑在位元年。
孝惠七 （前194年—前188年）	七
高后八 （前187年—前180年）	八
孝文二十三 （前179年—前157年）	九 十四 十年，侯九元年。 汉文帝前元十年（前170年），宋子侯许九在位元年。
孝景十六 （前156年—前141年）	八 中二年，侯九坐买塞外禁物罪，国除。 汉景帝中元二年（前148年），宋子侯许九因购买国境之外的禁物而获罪，封国被废除。
建元至元封六年三十六 （前140年—前105年）， 太初元年尽后元二年十八 （前104年—前87年）。	
侯第	九十九

国名	猗氏
侯功	以舍人从起丰，入汉，以都尉击项羽，侯，二千四百户。 陈遬以舍人的身份随从高祖在丰邑起事，随刘邦就任汉王，在任都尉时攻打项羽，因此被封猗氏侯，封邑二千四百户。
高祖十二 （前206年—前195年）	五　　八年三月丙戌，敬侯陈遬元年。 汉高祖八年（前199年）三月丙戌日，猗氏敬侯陈遬在位元年。
孝惠七 （前194年—前188年）	六 一　　七年，靖侯交元年。 汉惠帝七年（前188年），猗氏靖侯陈交在位元年。
高后八 （前187年—前180年）	八
孝文二十三 （前179年—前157年）	二十三
孝景十六 （前156年—前141年）	二 三年，顷侯差元年。薨，无后，国除。 汉景帝三年（前154年），猗氏顷侯陈差在位元年。陈差薨逝，没有后代，封国被废除。
建元至元封六年三十六 （前140年—前105年）， 太初元年尽后元二年十八 （前104年—前87年）。	
侯第	五十

国名	清
侯功	以弩将初起从，入汉，以都尉击项羽、代，侯，比彭侯，千户。 空中同以弩将的身份开始随从高祖起事，随刘邦就任汉王，在任都尉时攻打项羽、代地，因此被封清侯，功劳仅次于彭侯秦同，封邑一千户。 ◎注释　《史记索隐》："清简侯空中同。"
高祖十二 （前206年—前195年）	五　　八年三月丙戌，简侯空中同元年。 汉高祖八年（前199年）三月丙戌日，清简侯空中同在位元年。
孝惠七 （前194年—前188年）	七　　元年，顷侯圣元年。 汉惠帝元年（前194年），清顷侯空中圣在位元年。
高后八 （前187年—前180年）	八
孝文二十三 （前179年—前157年）	七 十六　　八年，康侯鲋元年。 汉文帝八年（前172年），清康侯空中鲋在位元年。
孝景十六 （前156年—前141年）	十六
建元至元封六年三十六 （前140年—前105年）， 太初元年尽后元二年十八 （前104年—前87年）。	二十 七　　元狩三年，恭侯石元年。 一　　元鼎四年，侯生元年。　　元鼎五年，生坐酎金，国除。 元狩三年（前120年），清恭侯空中石在位元年。 元鼎四年（前113年），清侯空中生在位元年。　　元鼎五年（前112年），空中生因进贡的助祭金成色不好、分量不足而获罪，封国被废除。
侯第	七十一

国名	彊
侯功	**以客吏初起从，入汉，以都尉击项羽、代，侯，比彭侯，千户。** 留胜以客吏身份开始随从高祖起事，随刘邦就任汉王，在任都尉时攻打项羽、代地，因此被封彊侯，功劳仅次于彭侯秦同，封邑一千户。
高祖十二 （前206年—前195年）	三　八年三月丙戌，简侯留胜元年。 二　十一年，戴侯章元年。 汉高祖八年（前199年）三月丙戌日，彊简侯留胜在位元年。 汉高祖十一年（前196年），彊戴侯留章在位元年。
孝惠七 （前194年—前188年）	七
高后八 （前187年—前180年）	八
孝文二十三 （前179年—前157年）	十二 二　十三年，侯服元年。　十五年，侯服有罪，国除。 汉文帝前元十三年（前167年），彊侯留服在位元年。　汉文帝前元十五年（前165年），彊侯留服有罪，封国被废除。
孝景十六 （前156年—前141年）	
建元至元封六年三十六 （前140年—前105年）， 太初元年尽后元二年十八 （前104年—前87年）。	
侯第	七十二

国名	彭
侯功	以卒从起薛，以弩将入汉，以都尉击项羽、代，侯，千户。 秦同以兵卒的身份随从高祖在薛邑起事，以弩将的身份随刘邦就任汉王，在任都尉时攻打项羽、代地，因此被封彭侯，封邑一千户。
高祖十二 （前206年—前195年）	五　　八年三月丙戌，简侯秦同元年。 汉高祖八年（前199年）三月丙戌日，彭简侯秦同在位元年。
孝惠七 （前194年—前188年）	七
高后八 （前187年—前180年）	八
孝文二十三 （前179年—前157年）	二 二十一　　三年，戴侯执元年。 汉文帝前元三年（前177年），彭戴侯秦执在位元年。
孝景十六 （前156年—前141年）	二 十一　　三年，侯武元年。　　后元年，侯武有罪，国除。 汉景帝前元三年（前154年），彭侯秦武在位元年。　　汉景帝后元元年（前143年），彭侯秦武有罪，封国被废除。
建元至元封六年三十六 （前140年—前105年）， 太初元年尽后元二年十八 （前104年—前87年）。	
侯第	七十

高祖功臣侯者年表第六

国名	吴房
侯功	以郎中骑将汉王元年从起下邳、击阳夏,以都尉斩项羽,有功,侯,七百户。 杨武以郎中骑将的身份在汉王元年(前206年)随从高祖在下邳起事,攻打阳夏县,在任都尉时斩杀项羽,有功劳,因此被封吴房侯,封邑七百户。
高祖十二 (前206年—前195年)	五　　八年三月辛卯,庄侯杨武元年。 汉高祖八年(前199年)三月辛卯日,吴房庄侯杨武在位元年。
孝惠七 (前194年—前188年)	七
高后八 (前187年—前180年)	八
孝文二十三 (前179年—前157年)	十二 十一　　十三年,侯去疾元年。 汉文帝前元十三年(前167年),吴房侯杨去疾在位元年。
孝景十六 (前156年—前141年)	十四 后元年,去疾有罪,国除。 汉景帝后元元年(前143年),杨去疾有罪,封国被废除。
建元至元封六年三十六 (前140年—前105年), 太初元年尽后元二年十八 (前104年—前87年)。	
侯第	九十四

国名	宁
侯功	以舍人从起砀，入汉，以都尉击臧荼，功侯，千户。 魏选以舍人的身份随从高祖在砀县起事，随刘邦就任汉王，在任都尉时攻打臧荼，因有功劳被封宁侯，封邑一千户。
高祖十二 （前206年—前195年）	五　　八年四月辛卯，庄侯魏选元年。 汉高祖八年（前199年）四月辛卯日，宁庄侯魏选在位元年。
孝惠七 （前194年—前188年）	七
高后八 （前187年—前180年）	八
孝文二十三 （前179年—前157年）	十五 八　　十六年，恭侯连元年。 汉文帝前元十六年（前164年），宁恭侯魏连在位元年。
孝景十六 （前156年—前141年）	三　　元年，侯指元年。 四年，侯指坐出国界，有罪，国除。 汉景帝前元元年（前156年），宁侯魏指在位元年。 汉景帝前元四年（前153年），宁侯魏指因离开自己的封地，有罪，封国被废除。
建元至元封六年三十六 （前140年—前105年）， 太初元年尽后元二年十八 （前104年—前87年）。	
侯第	七十八

国名	昌
侯功	以齐将汉王四年从淮阴侯起无盐,定齐,击籍及韩王信于代,侯,千户。 卢卿以齐国将军的身份在汉高祖四年（前203年）随从淮阴侯在无盐起事,平定齐国,攻打项羽和在代地的韩王信,因此被封昌侯,封邑一千户。
高祖十二 （前206年—前195年）	五　　八年六月戊申,圉侯卢卿元年。 汉高祖八年（前199年）六月戊申日,昌圉侯卢卿在位元年。
孝惠七 （前194年—前188年）	七
高后八 （前187年—前180年）	八
孝文二十三 （前179年—前157年）	十四 九　　十五年,侯通元年。 汉文帝前元十五年（前165年）,昌侯卢通在位元年。
孝景十六 （前156年—前141年）	二 三年,侯通反,国除。 汉景帝前元三年（前154年）,昌侯卢通造反,封国被废除。
建元至元封六年三十六 （前140年—前105年）, 太初元年尽后元二年十八 （前104年—前87年）。	
侯第	百九

国名	共
侯功	以齐将汉王四年从淮阴侯起临淄，击籍及韩王信于平城，有功，侯，千二百户。 卢罢师以齐国将军的身份在汉高祖四年（前203年）随从淮阴侯在临淄起事，攻打项羽和在平城攻打韩王信，有功劳，因此被封共侯，封邑一千二百户。
高祖十二 （前206年—前195年）	五　　八年六月壬子，庄侯卢罢师元年。 汉高祖八年（前199年）六月壬子日，共庄侯卢罢师在位元年。
孝惠七 （前194年—前188年）	七
高后八 （前187年—前180年）	八
孝文二十三 （前179年—前157年）	六 八　　七年，惠侯党元年。 五　　十五年，怀侯商元年。　　后四年，侯商薨，无后，国除。 汉文帝前元七年（前173年），共惠侯党在位元年。　　汉文帝前元十五年（前165年），共怀侯卢商在位元年。　　汉文帝后元四年（前153年），共侯卢商薨逝，没有后代，封国被废除。
孝景十六 （前156年—前141年）	
建元至元封六年三十六 （前140年—前105年）， 太初元年尽后元二年十八 （前104年—前87年）。	
侯第	百十四

国名	阏氏
侯功	以代太尉汉王三年降，为雁门守，以特将平代反寇，侯，千户。 冯解敢以代王太尉的身份在汉高祖三年（前204年）投降韩信，任雁门郡守，以特将的身份平定代国反叛的贼寇，因此被封阏氏侯，封邑一千户。
高祖十二 （前206年—前195年）	四　　八年六月壬子，节侯冯解敢元年。 一　　十二年，恭侯它元年。 汉高祖八年（前199年）六月壬子日，阏氏节侯冯解敢在位元年。 汉高祖十二年（前195年），阏氏恭侯冯它在位元年。
孝惠七 （前194年—前188年）	薨，无后，绝。 冯它薨逝，没有后代，爵禄断绝。
高后八 （前187年—前180年）	
孝文二十三 （前179年—前157年）	十四　　二年，封恭侯遗腹子文侯遗元年。 八　　十六年，恭侯胜之元年。 汉文帝前元二年（前178年），封阏氏恭侯冯它的遗腹子冯遗为阏氏侯，即阏氏文侯，冯遗在位元年。 汉文帝前元十六年（前164年），阏氏恭侯冯胜之在位元年。
孝景十六 （前156年—前141年）	五 十一　　前六年，侯平元年。 汉景帝前元六年（前151年），阏氏侯冯平在位元年。
建元至元封六年三十六 （前140年—前105年）， 太初元年尽后元二年十八 （前104年—前87年）。	二十八 元鼎五年，侯平坐酎金，国除。 元鼎五年（前112年），阏氏侯冯平因进贡的助祭金成色不好、分量不足而获罪，封国被废除。
侯第	百

国名	安丘
侯功	以卒从起方与,属魏豹二岁五月,以执钑入汉,以司马击籍,以将军定代,侯,三千户。 张说以兵卒的身份随从高祖在方与起事,隶属于魏豹两年五个月,以执钑的身份随刘邦就任汉王,在任司马时攻打项羽,在任将军时平定代地,因此被封安丘侯,封邑三千户。
高祖十二 (前206年—前195年)	五　　八年七月癸酉,懿侯张说元年。 汉高祖八年(前199年)七月癸酉日,安丘懿侯张说在位元年。
孝惠七 (前194年—前188年)	七
高后八 (前187年—前180年)	八
孝文二十三 (前179年—前157年)	十二 十一　　十三年,恭侯奴元年。 汉文帝前元十三年(前167年),安丘恭侯张奴在位元年。
孝景十六 (前156年—前141年)	二 一　　三年,敬侯执元年。 十三　　四年,康侯诉元年。 汉景帝前元三年(前154年),安丘敬侯张执在位元年。 汉景帝前元四年(前153年),安丘康侯张诉在位元年。
建元至元封六年三十六 (前140年—前105年), 太初元年尽后元二年十八 (前104年—前87年)。	十八 九　　元狩元年,侯指元年。　　元鼎四年,侯指坐入上林谋盗鹿,国除。 元狩元年(前122年),安丘侯张指在位元年。　　元鼎四年(前113年),安丘侯张指因进入上林苑图谋偷盗鹿而获罪,封国被废除。
侯第	六十七

国名	合阳
侯功	高祖兄。兵初起，侍太公守丰，天下已平，以六年正月立仲为代王。高祖八年，匈奴攻代，王弃国亡，废为合阳侯。 刘仲是高祖的兄长。义军初起时，侍奉太公守卫丰邑，天下平定之后，汉高祖六年（前201年）正月，立刘仲为代王。高祖八年（前199年），匈奴人进攻代国，代王刘仲弃国逃跑，被废除为合阳侯。
高祖十二 （前206年—前195年）	五　　八年九月丙子，侯刘仲元年。 汉高祖八年（前199年）九月丙子日，合阳侯刘仲在位元年。
孝惠七 （前194年—前188年）	二 仲子濞，为吴王。 以子吴王故，尊仲谥为代顷侯。 刘仲的儿子刘濞，是吴王。 因为儿子是吴王，尊刘仲的谥号为代顷侯。
高后八 （前187年—前180年）	
孝文二十三 （前179年—前157年）	
孝景十六 （前156年—前141年）	
建元至元封六年三十六 （前140年—前105年）， 太初元年尽后元二年十八 （前104年—前87年）。	
侯第	

国名	襄平
侯功	兵初起，纪成以将军从，击破秦，入汉，定三秦，功比平定侯。战好畤，死事。子通袭成功，侯。 义军初起时，纪成以将军的身份随从高祖打败秦军，随刘邦就任汉王，平定三秦地区，功劳仅次于平定侯齐受。在好畤与敌军交战时，死于国事。他的儿子纪通继承纪成的功劳，因此被封襄平侯。
高祖十二 （前206年—前195年）	五　　八年后九月丙午，侯纪通元年。 汉高祖八年（前199年）闰九月丙午日，襄平侯纪通在位元年。
孝惠七 （前194年—前188年）	七
高后八 （前187年—前180年）	八
孝文二十三 （前179年—前157年）	二十三
孝景十六 （前156年—前141年）	九 七　　中三年，康侯相夫元年。 汉景帝中元三年（前147年），襄平康侯纪相夫在位元年。
建元至元封六年三十六 （前140年—前105年）， 太初元年尽后元二年十八 （前104年—前87年）。	十二 十九　　元朔元年，侯夷吾元年。　　元封元年，夷吾薨，无后，国除。 元朔元年（前128年），襄平侯纪夷吾在位元年。　　元封元年（前110年），纪夷吾薨逝，没有后代，封国被废除。
侯第	五十六

国名	龙
侯功	以卒从，汉王元年起霸上，以谒者击籍，斩曹咎，侯，千户。 陈署以兵卒身份随从高祖，汉高祖元年（前206年）在霸上起事，在任谒者时攻打项羽，斩杀曹咎，因此被封龙侯，封邑一千户。
高祖十二 （前206年—前195年）	五 八年后九月己未，敬侯陈署元年。 汉高祖八年（前199年）闰九月己未日，龙敬侯陈署在位元年。
孝惠七 （前194年—前188年）	七
高后八 （前187年—前180年）	六 二 七年，侯坚元年。 吕太后七年（前181年），龙侯陈坚在位元年。
孝文二十三 （前179年—前157年）	十六 后元年，侯坚夺侯，国除。 汉文帝后元元年（前163年），龙侯陈坚被削夺侯爵，封国被废除。
孝景十六 （前156年—前141年）	
建元至元封六年三十六 （前140年—前105年）， 太初元年尽后元二年十八 （前104年—前87年）。	
侯第	八十四

国名	繁
侯功	**以赵骑将从，汉三年，从击诸侯，侯，比吴房侯，千五百户。** 彊瞻以赵国骑将的身份随从高祖，汉高祖三年（前204年），随从高祖攻打诸侯，因此被封繁侯，功劳仅次于吴房侯杨武，封邑一千五百户。
高祖十二 （前206年—前195年）	四　九年十一月壬寅，庄侯彊瞻元年。 汉高祖九年（前198年）十一月壬寅日，繁庄侯彊瞻在位元年。
孝惠七 （前194年—前188年）	四 三　五年，康侯昫独元年。 汉惠帝五年（前190年），繁康侯彊昫独在位元年。
高后八 （前187年—前180年）	八
孝文二十三 （前179年—前157年）	二十三
孝景十六 （前156年—前141年）	三 六　四年，侯寄元年。 七　中三年，侯安国元年。 汉景帝前元四年（前153年），繁侯彊寄在位元年。 汉景帝前元中三年（前147年），繁侯彊安国在位元年。
建元至元封六年三十六 （前140年—前105年）， 太初元年尽后元二年十八 （前104年—前87年）。	十八 元狩元年，安国为人所杀，国除。 元狩元年（前122年），彊安国被人杀死，封国被废除。
侯第	九十五

国名	陆梁
侯功	诏以为列侯,自置吏,受令长沙王。 下诏封须毋为列侯,可以自己任命官吏,受长沙王吴芮领导。
高祖十二 (前206年—前195年)	三　九年三月丙辰,侯须毋元年。 一　十二年,共侯桑元年。 汉高祖九年(前198年)三月丙辰日,陆梁侯须毋在位元年。 汉高祖十二年(前195年),陆梁共侯桑在位元年。
孝惠七 (前194年—前188年)	七
高后八 (前187年—前180年)	八
孝文二十三 (前179年—前157年)	十八 五　后三年,康侯庆忌元年。 汉文帝后元三年(前161年),陆梁康侯须庆忌在位元年。
孝景十六 (前156年—前141年)	十六 元年,侯冉元年。 汉景帝前元元年(前156年),陆梁侯须冉在位元年。
建元至元封六年三十六 (前140年—前105年), 太初元年尽后元二年十八 (前104年—前87年)。	二十八 元鼎五年,侯冉坐酎金,国除。 元鼎五年(前112年),陆梁侯须冉因进贡的助祭金成色不好、分量不足而获罪,封国被废除。
侯第	百三十七

国名	高京
侯功	周苛起兵，以内史从，击破秦，为御史大夫，入汉，围取诸侯，坚守荥阳，功比辟阳。苛以御史大夫死事。子成为后，袭侯。 周苛起兵，以内史的身份随从高祖，打败秦军，任御史大夫，随刘邦就任汉王，围困诸侯，坚守荥阳，功劳仅次于辟阳侯审食其。周苛在任御史大夫时死于国事。他的儿子周成作为继承人，承袭其侯爵。
高祖十二 （前206年—前195年）	四　　九年四月戊寅，侯周成元年。 汉高祖九年（前198年）四月戊寅日，高京侯周成在位元年。
孝惠七 （前194年—前188年）	七
高后八 （前187年—前180年）	八
孝文二十三 （前179年—前157年）	二十 后五年，坐谋反，系死，国除，绝。 汉文帝后元五年（前159年），周成因谋反而获罪，被拘禁至死，封国被废除，爵禄被断绝。
孝景十六 （前156年—前141年）	绳　　中元年，封成孙应元年。 侯平嗣，不得元年。 汉景帝中元元年（前149年），封周成的孙子周应为绳侯，周应在位元年。后来绳侯周平继承侯位，但不知道元年在哪一年。
建元至元封六年三十六 （前140年—前105年）， 太初元年尽后元二年十八 （前104年—前87年）。	元狩四年，平坐为太常不缮治园陵，不敬，国除。 元狩四年（前119年），周平因任太常官时没有修缮整治列祖列宗的陵墓，犯不敬罪，封国被废除。
侯第	六十

国名	离	义陵
侯功	失此侯始所起及所绝。 离侯开始为何兴起和后来为何绝灭的情况已不得而知。	以长沙柱国侯，千五百户。 吴程以长沙国柱国的身份被封义陵侯，封邑一千五百户。
高祖十二 （前206年—前195年）	九年四月戊寅，邓弱元年。 汉高祖九年（前198年）戊寅日，离侯邓弱在位元年。	四　九年九月丙子，侯吴程元年。 汉高祖九年（前198年）九月丙子日，义陵侯吴程在位元年。
孝惠七 （前194年—前188年）		三 四　四年，侯种元年。 汉惠帝四年（前191年），义陵侯吴种在位元年。
高后八 （前187年—前180年）		六 七年，侯种薨，无后，国除。皆失谥。 吕太后七年（前181年），义陵侯吴种薨逝，没有后代，封国被废除。诸义陵侯的谥号都没有被记录下来。
孝文二十三 （前179年—前157年）		
孝景十六 （前156年—前141年）		
建元至元封六年三十六 （前140年—前105年）， 太初元年尽后元二年十八 （前104年—前87年）。		
侯第		百三十四

国名	宣平
侯功	兵初起，张耳诛秦，为相，合诸侯兵巨鹿，破秦定赵，为常山王。陈馀反，袭耳，弃国，与大臣归汉，汉定赵，为王。卒，子敖嗣。其臣贯高不善，废为侯。 义军开始兴起，张耳诛杀秦朝官吏，担任赵王武臣的丞相，会合诸侯在巨鹿驻军，打败秦军平定赵国之地，被封为常山王。陈馀反叛，袭击张耳，张耳离弃封国，与大臣一起归降汉王，汉军平定赵国后，封他为赵王。张耳去世后，他的儿子张敖继承其王位。张敖的大臣贯高谋害高祖，因此张敖被废为侯。
高祖十二 （前206年—前195年）	四　九年四月，武侯张敖元年。 汉高祖九年（前198年）四月，宣平武侯张敖在位元年。
孝惠七 （前194年—前188年）	七
高后八 （前187年—前180年）	六 信平薨，子偃为鲁王，国除。 张敖薨逝，他的儿子张偃被封为鲁王，封国被废除。 ◎注释　《史记集解》引徐广曰："改封信平。"或曰"信平"二字为衍文。
孝文二十三 （前179年—前157年）	十五　元年，以故鲁王为南宫侯。 八　十六年，哀侯欧元年。 汉文帝前元元年（前179年），张偃以从前鲁王的身份被封为南宫侯。 汉文帝前元十六年（前164年），南宫哀侯张欧在位元年。
孝景十六 （前156年—前141年）	九 七　中三年，侯生元年。 汉景帝中元三年（前147年），南宫侯张生在位元年。
建元至元封六年三十六 （前140年—前105年）， 太初元年尽后元二年十八 （前104年—前87年）。	七　罪，绝。 睢阳　十八　元光三年，封偃孙侯广元年。 十三　元鼎二年，侯昌元年。太初三年，侯昌为太常，乏祠，国除。 张生有罪，断绝爵禄。元光三年（前132年），封张偃的孙子张广为睢阳侯，张广在位元年。 元鼎二年（前115年），睢阳侯张昌在位元年。太初三年（前102年），睢阳侯张昌任太常官，因祭祀不周到，封国被废除。
侯第	三

国名	东阳
侯功	**高祖六年，为中大夫，以河间守击陈豨，力战，功侯，千三百户。** 汉高祖六年（前201年），张相如任中大夫，在任间守时攻打陈豨，用力作战，因有功被封东阳侯，封邑一千三百户。
高祖十二 （前206年—前195年）	二　十一年十二月癸巳，武侯张相如元年。 汉高祖十一年（前196年）十二月癸巳日，东阳武侯张相如在位元年。
孝惠七 （前194年—前188年）	七
高后八 （前187年—前180年）	八
孝文二十三 （前179年—前157年）	十五 五　十六年，共侯殷元年。 三　后五年，戴侯安国元年。 汉文帝前元十六年（前164年），东阳共侯张殷在位元年。 汉文帝后元五年（前159年），东阳戴侯张安国在位元年。
孝景十六 （前156年—前141年）	三 十三　四年，哀侯彊元年。 汉景帝四年（前153年），东阳哀侯张彊在位元年。
建元至元封六年三十六 （前140年—前105年）， 太初元年尽后元二年十八 （前104年—前87年）。	建元元年，侯彊薨，无后，国除。 建元元年（前140年），东阳侯张彊薨逝，没有后代，封国被废除。
侯第	百十八

国名	开封
侯功	以右司马汉王五年初从，以中尉击燕，定代，侯，比共侯，二千户。 陶舍以右司马的身份在汉高祖五年（前202年）开始随从高祖，在任中尉时攻打燕国，平定代国，因此被封开封侯，功劳仅次于共侯卢罢师，封邑二千户。
高祖十二 （前206年—前195年）	一　十一年十二月丙辰，闵侯陶舍元年。 一　十二年，夷侯青元年。 汉高祖十一年（前196年）十二月丙辰日，开封闵侯陶舍在位元年。 汉高祖十二年（前195年），开封夷侯陶青在位元年。
孝惠七 （前194年—前188年）	七
高后八 （前187年—前180年）	八
孝文二十三 （前179年—前157年）	二十三
孝景十六 （前156年—前141年）	九　景帝时，为丞相。 七　中三年，节侯偃元年。 汉景帝时，陶青任丞相。 汉景帝中元三年（前147年），开封节侯陶偃在位元年。
建元至元封六年三十六 （前140年—前105年）， 太初元年尽后元二年十八 （前104年—前87年）。	十 十八　元光五年，侯睢元年。　元鼎五年，侯睢坐酎金，国除。 元光五年（前130年），开封侯陶睢在位元年。　元鼎五年（前112年），开封侯陶睢因贡献的助祭金成色不好、分量不足而获罪，封国被废除。
侯第	百十五

国名	沛
侯功	高祖兄合阳侯刘仲子，侯。 刘濞因是高祖兄长合阳侯刘仲的儿子，被封为沛侯。
高祖十二 （前206年—前195年）	一 十一年十二月癸巳，侯刘濞元年。 十二年十月辛丑，侯濞为吴王，国除。 汉高祖十一年（前196年）十二月癸巳日，沛侯刘濞在位元年。 汉高祖十二年（前195年）十月辛丑日，沛侯刘濞被封为吴王，封国被废除。
孝惠七 （前194年—前188年）	
高后八 （前187年—前180年）	
孝文二十三 （前179年—前157年）	
孝景十六 （前156年—前141年）	
建元至元封六年三十六 （前140年—前105年）， 太初元年尽后元二年十八 （前104年—前87年）。	
侯第	

国名	慎阳
侯功	**为淮阴舍人,告淮阴侯信反,侯,二千户。** 栾说是淮阴侯的舍人,因告发淮阴侯韩信谋反之事,被封慎阳侯,封邑二千户。
高祖十二 (前206年—前195年)	二　十一年十二月甲寅,侯栾说元年。 汉高祖十一年(前196年)十二月甲寅日,慎阳侯栾说在位元年。
孝惠七 (前194年—前188年)	七
高后八 (前187年—前180年)	八
孝文二十三 (前179年—前157年)	二十三
孝景十六 (前156年—前141年)	十二 四　中六年,靖侯愿之元年。 汉景帝中元六年(前144年),慎阳靖侯栾愿之在位元年。
建元至元封六年三十六 (前140年—前105年), 太初元年尽后元二年十八 (前104年—前87年)。	二十二 建元元年,侯买之元年。 元狩五年,侯买之坐铸白金弃市,国除。 建元元年(前140年),慎阳侯栾买之在位元年。 元狩五年(前118年),慎阳侯栾买之因铸钱时杂铸银锡获罪而被处死在街市上示众,封国被废除。
侯第	百三十一

国名	禾成
侯功	以卒汉五年初从，以郎中击代，斩陈豨，侯，千九百户。 公孙耳以兵卒的身份在汉高祖二年（前205年）开始随从高祖，在任郎中时攻打代国，斩杀陈豨，因此被封禾成侯，封邑一千九百户。
高祖十二 （前206年—前195年）	二　　十一年正月己未，孝侯公孙耳元年。 汉高祖十一年（前196年）正月己未日，禾成孝侯公孙耳在位元年。
孝惠七 （前194年—前188年）	七
高后八 （前187年—前180年）	八
孝文二十三 （前179年—前157年）	四 九　　五年，怀侯渐元年。　　十四年，侯渐薨，无后，国除。 汉文帝前元五年（前175年），禾成怀侯公孙渐在位元年。　汉文帝前元十四年（前166年），禾成侯公孙渐薨逝，没有后代，封国被废除。
孝景十六 （前156年—前141年）	
建元至元封六年三十六 （前140年—前105年）， 太初元年尽后元二年十八 （前104年—前87年）。	
侯第	百十七

国名	堂阳
侯功	以中涓从起沛，以郎入汉，以将军击籍，为惠侯。坐守荥阳降楚免，后复来，以郎击籍，为上党守，击豨，侯，八百户。 孙赤以中涓的身份随从高祖在沛县起事，以郎官的身份随刘邦就任汉王，任将军时攻打项羽，因此被封为惠侯。他因在据守荥阳时投降楚军而被免职，后来又随从高祖，以郎官的身份攻打项羽，任上党郡守，攻打陈豨，因此被封堂阳侯，封邑八百户。
高祖十二 （前206年—前195年）	二　十一年正月己未，哀侯孙赤元年。 汉高祖十一年（前196年）正月己未日，堂阳哀侯孙赤在位元年。
孝惠七 （前194年—前188年）	七
高后八 （前187年—前180年）	八　元年，侯德元年。 吕太后元年（前187年），堂阳侯孙德在位元年。
孝文二十三 （前179年—前157年）	二十三
孝景十六 （前156年—前141年）	十二 中六年，侯德有罪，国除。 汉景帝中元六年（前144年），堂阳侯孙德有罪，封国被废除。
建元至元封六年三十六 （前140年—前105年）， 太初元年尽后元二年十八 （前104年—前87年）。	
侯第	七十七

高祖功臣侯者年表第六

国名	祝阿
侯功	**以客从起啮桑,以上队将入汉,以将军定魏太原,破井陉,属淮阴侯,以缶度(渡)军击籍及攻豨,侯,八百户。** 高邑以食客的身份随从高祖在啮桑起事,以上队将的身份随刘邦就任汉王,在任将军时平定魏国的太原郡,攻下井陉,隶属于淮阴侯,在这场战役里用陶制的容器使兵士渡过了黄河,攻打项羽,攻打陈豨,因此被封祝阿侯,封邑八百户。
高祖十二 (前206年—前195年)	二　十一年正月己未,孝侯高邑元年。 汉高祖十一年(前196年)正月己未日,祝阿孝侯高邑在位元年。
孝惠七 (前194年—前188年)	七
高后八 (前187年—前180年)	八
孝文二十三 (前179年—前157年)	四 十四　五年,侯成元年。　后三年,侯成坐事国人过律,国除。 汉文帝前元五年(前175年),祝阿侯高成在位元年。　汉文帝后元三年(前161年),祝阿侯高成因役使封国内的百姓服劳役超过律令规定而获罪,封国被废除。
孝景十六 (前156年—前141年)	
建元至元封六年三十六 (前140年—前105年), 太初元年尽后元二年十八 (前104年—前87年)。	
侯第	七十四

945

国名	长修
侯功	以汉二年用御史初从出关,以内史击诸侯,功比须昌侯,以廷尉死事,千九百户。 汉高祖二年(前205年)杜恬以御史身份开始随高祖出关,在任内史时攻打诸侯,功劳仅次于须昌侯赵衍,在任廷尉时死于国事,封邑一千九百户。
高祖十二 (前206年—前195年)	二　十一年正月丙辰,平侯杜恬元年。 汉高祖十一年(前196年)正月丙辰日,长修平侯杜恬在位元年。
孝惠七 (前194年—前188年)	二 五　三年,怀侯中元年。 汉惠帝三年(前192年),长修怀侯杜中在位元年。
高后八 (前187年—前180年)	八
孝文二十三 (前179年—前157年)	四 十九　五年,侯喜元年。 汉文帝前元五年(前175年),长修侯杜喜在位元年。
孝景十六 (前156年—前141年)	八　罪绝。 阳平　五　中五年,复封侯相夫元年。 杜喜有罪而断绝爵禄。 汉景帝中元五年(前145年),又封杜相夫为阳平侯,相夫在位元年。
建元至元封六年三十六 (前140年—前105年), 太初元年尽后元二年十八 (前104年—前87年)。	三十三 元封四年,侯相夫坐为太常与乐令无可当郑舞人擅繇不如令,阑出函谷关,国除。 元封四年(前107年),阳平侯杜相夫因任太常官时与乐令无可没有按照规定管理能表演郑舞的人,使他们在没有通行证的情况下擅自出了函谷关而获罪,封国被废除。
侯第	百八

国名	江邑
侯功	以汉五年为御史，用奇计徙御史大夫周昌为赵相而代之，从击陈狶，功侯，六百户。 赵尧在汉高祖五年（前202年）任御史，用狡猾的手段使御史大夫周昌迁为赵国国相而自己得以担任御史大夫，跟从高祖攻打陈狶，因有功被封江邑侯，封邑六百户。
高祖十二 （前206年—前195年）	二　十一年正月辛未，侯赵尧元年。 汉高祖十一年（前196年）正月辛未日，江邑侯赵尧在位元年。
孝惠七 （前194年—前188年）	七
高后八 （前187年—前180年）	元年，侯尧有罪，国除。 吕太后元年（前187年），江邑侯赵尧有罪，封国被废除。
孝文二十三 （前179年—前157年）	
孝景十六 （前156年—前141年）	
建元至元封六年三十六 （前140年—前105年）， 太初元年尽后元二年十八 （前104年—前87年）。	
侯第	

国名	营陵
侯功	以汉三年为郎中，击项羽，以将军击陈豨，得王黄，为侯。与高祖疏属刘氏，世为卫尉。万二千户。 刘泽在汉高祖三年（前204年）时任郎中，攻打项羽，任将军时攻打陈豨，获得叛将王黄，因此被封营陵侯。与高祖为疏属刘氏关系，因此世代为卫尉。封邑一万二千户。
高祖十二 （前206年—前195年）	二　　十一年，侯刘泽元年。 汉高祖十一年（前196年），营陵侯刘泽在位元年。
孝惠七 （前194年—前188年）	七
高后八 （前187年—前180年）	五 六年，侯泽为琅邪王，国除。 吕太后六年（前182年），营陵侯刘泽被封为琅琊王，侯国被废除。
孝文二十三 （前179年—前157年）	
孝景十六 （前156年—前141年）	
建元至元封六年三十六 （前140年—前105年）， 太初元年尽后元二年十八 （前104年—前87年）。	
侯第	八十八

国名	土军
侯功	高祖六年为中地守，以廷尉击陈豨，侯，千二百户。就国，后为燕相。 高祖六年（前201年）宣义任中地郡守，在任廷尉时攻打陈豨，因此被封土军侯，封邑一千二百户。住居封国，后来为燕国国相。
高祖十二 （前206年—前195年）	二　十一年二月丁亥，武侯宣义元年。 汉高祖十一年（前196年）二月丁亥日，土军武侯宣义在位元年。
孝惠七 （前194年—前188年）	五 二　六年，孝侯莫如元年。 汉惠帝六年（前189年），土军孝侯宣莫如在位元年。
高后八 （前187年—前180年）	八
孝文二十三 （前179年—前157年）	二十三
孝景十六 （前156年—前141年）	二 十四　三年，康侯平元年。 汉景帝前元三年（前154年），土军康侯宣平在位元年。
建元至元封六年三十六 （前140年—前105年）， 太初元年尽后元二年十八 （前104年—前87年）。	五 八　建元六年，侯生元年。　元朔二年，生坐与人妻奸罪，国除。 建元六年（前135年），土军侯宣生在位元年。　元朔二年（前127年），宣生因与他人的妻子通奸而获罪，封国被废除。
侯第	百二十二

国名	广阿
侯功	以客从起沛，为御史，守丰二岁，击籍，为上党守，陈豨反，坚守，侯，千八百户。后迁御史大夫。 任敖以食客的身份随从高祖在沛县起事，任御史，镇守丰邑二年，攻打项羽，任上党郡守，陈豨反叛，因坚守，被封广阿侯，封邑一千八百户。后来迁任御史大夫。
高祖十二 （前206年—前195年）	二　　十一年二月丁亥，懿侯任敖元年。 汉高祖十一年（前196年）二月丁亥日，广阿懿侯任敖在位元年。
孝惠七 （前194年—前188年）	七
高后八 （前187年—前180年）	八
孝文二十三 （前179年—前157年）	二 一　　三年，夷侯竟元年。 二十　四年，敬侯但元年。 汉文帝前元三年（前177年），广阿夷侯任竟在位元年。 汉文帝前元四年（前176年），广阿敬侯任但在位元年。
孝景十六 （前156年—前141年）	十六
建元至元封六年三十六 （前140年—前105年）， 太初元年尽后元二年十八 （前104年—前87年）。	四 二十一　　建元五年，侯越元年。　　元鼎二年，侯越坐为太常庙酒酸，不敬，国除。 建元五年（前136年），广阿侯任越在位元年。　　元鼎二年（前115年），广阿侯任越因任太常官时用来祭祀宗庙的酒发酸，犯不敬罪，封国被废除。
侯第	八十九

国名	须昌
侯功	以谒者汉王元年初起汉中,雍军塞陈,谒上,上计欲还,衍言从他道,道通,后为河间守,陈豨反,诛都尉相如,功侯,千四百户。 汉王元年(前206年)赵衍开始以谒者的身份在汉中起事,雍王章邯的军队阻塞在陈仓,赵衍谒见高祖,高祖商议要回军,赵衍建议从其他的道路走,道路畅通,后来任河间郡守,陈豨反叛,诛杀都尉相如,因有功被封须昌侯,封邑一千四百户。
高祖十二 (前206年—前195年)	二　　十一年二月己酉,贞侯赵衍元年。 汉高祖十一年(前196年)二月己酉日,须昌贞侯赵衍在位元年。
孝惠七 (前194年—前188年)	七
高后八 (前187年—前180年)	八
孝文二十三 (前179年—前157年)	十五 四　　十六年,戴侯福元年。 四　　后四年,侯不害元年。 汉文帝前元十六年(前164年),须昌戴侯赵福在位元年。 汉文帝后元四年(前160年),须昌侯赵不害在位元年。
孝景十六 (前156年—前141年)	四 五年,侯不害有罪,国除。 汉景帝前元五年(前152年),须昌侯赵不害有罪,封国被废除。
建元至元封六年三十六 (前140年—前105年), 太初元年尽后元二年十八 (前104年—前87年)。	
侯第	百七

国名	临辕
侯功	初起从为郎，以都尉守蕲城，以中尉侯，五百户。 戚鳃开始起事随从高祖时为郎官，在任都尉时驻守蕲城，以中尉身份被封临辕侯，封邑五百户。
高祖十二 （前206年—前195年）	二　十一年二月乙酉，坚侯戚鳃元年。 汉高祖十一年（前196年）二月乙酉日，临辕坚侯戚鳃在位元年。
孝惠七 （前194年—前188年）	四 三　五年，夷侯触龙元年。 汉惠帝五年（前190年），临辕夷侯戚触龙在位元年。
高后八 （前187年—前180年）	八
孝文二十三 （前179年—前157年）	二十三
孝景十六 （前156年—前141年）	三 十三　四年，共侯忠元年。 汉景帝前元四年（前153年），临辕共侯戚忠在位元年。
建元至元封六年三十六 （前140年—前105年）， 太初元年尽后元二年十八 （前104年—前87年）。	三 二十五　建元四年，侯贤元年。　元鼎五年，侯贤坐酎金，国除。 建元四年（前137年），临辕侯戚贤在位元年。　元鼎五年（前112年），临辕侯戚贤因贡献的助祭金成色不好、分量不足而获罪，封国被废除。
侯第	百十六

国名	汲
侯功	高祖六年为太仆，击代豨，有功，侯，千二百户。为赵太傅。 高祖六年（前201年）时公上不害任太仆，攻打代国的陈豨，有功劳，因此被封汲侯，封邑一千二百户。任赵国太傅。
高祖十二 （前206年—前195年）	二　十一年二月己巳，终侯公上不害元年。 汉高祖十一年（前196年）二月己巳日，汲终侯公上不害在位元年。
孝惠七 （前194年—前188年）	六　二年，夷侯武元年。 汉惠帝二年（前193年），汲夷侯公上武在位元年。
高后八 （前187年—前180年）	八
孝文二十三 （前179年—前157年）	十三 十　十四年，康侯通元年。 汉文帝前元十四年（前166年），汲康侯公上通在位元年。
孝景十六 （前156年—前141年）	十六
建元至元封六年三十六 （前140年—前105年）， 太初元年尽后元二年十八 （前104年—前87年）。	一 九　建元二年，侯广德元年。 元光五年，广德坐妻精大逆罪，颇连广德，弃市，国除。 建元二年（前139年），汲侯公上广德在位元年。 元光五年（前130年），公上广德因妻子精犯了大逆罪而获罪，此事很是牵连公上广德，他因此被处死在街市上示众，封国被废除。
侯第	百二十三

国名	宁陵
侯功	以舍人从陈留，以郎入汉，破曹咎成皋，为上解随马，以都尉击陈豨，功侯，千户。 吕臣以舍人的身份在陈留随从高祖，以郎官的身份随刘邦就任汉王，在成皋打败曹咎，为高祖解除了骑兵追击的困厄，在任都尉时攻打陈豨，因有功被封侯，封邑一千户。
高祖十二 （前206年—前195年）	二　　十一年二月辛亥，夷侯吕臣元年。 汉高祖十一年（前196年）二月辛亥日，宁陵夷侯吕臣在位元年。
孝惠七 （前194年—前188年）	七
高后八 （前187年—前180年）	八
孝文二十三 （前179年—前157年）	十 十三　　十一年，戴侯射元年。 汉文帝前元十一年（前169年），宁陵戴侯吕射在位元年。
孝景十六 （前156年—前141年）	三 一　　四年，惠侯始元年。　　五年，侯始薨，无后，国除。 汉景帝前元四年（前153年），宁陵惠侯吕始在位元年。　　汉景帝前元五年（前152年），宁陵侯吕始薨逝，没有后代，封国被废除。
建元至元封六年三十六 （前140年—前105年）， 太初元年尽后元二年十八 （前104年—前87年）。	
侯第	七十三

国名	汾阳
侯功	以郎中骑千人前二年从起阳夏，击项羽，以中尉破钟离眛，功侯。 靳彊以郎中骑千人的身份于前二年（前205年）随从高祖在阳夏起事，攻打项羽，在任中尉时打败钟离眛，因有功被封侯。
高祖十二 （前206年—前195年）	二　　十一年二月辛亥，侯靳彊元年。 汉高祖十一年（前196年）二月辛亥日，汾阳侯靳彊在位元年。
孝惠七 （前194年—前188年）	七
高后八 （前187年—前180年）	二 六　　三年，共侯解元年。 吕太后三年（前185年），汾阳共侯靳解在位元年。
孝文二十三 （前179年—前157年）	二十三
孝景十六 （前156年—前141年）	四 十二　　五年，康侯胡元年。　　绝。 汉景帝前元五年（前152年），汾阳康侯靳胡在位元年。　爵禄断绝。
建元至元封六年三十六 （前140年—前105年）， 太初元年尽后元二年十八 （前104年—前87年）。	江邹　　十九　　元鼎五年，侯石元年。 太始四年五月丁卯，侯石坐为太常，行太仆事，治啬夫可年，益纵年，国除。 元鼎五年（前112年），江邹侯靳石在位元年。 太始四年（前93年）五月丁卯日，江邹侯靳石在任太常官时，代理执行太仆事务，本应处置管理禽兽的人员可年，靳石却更加纵容可年，因此获罪，封国被废除。
侯第	九十六

国名	戴
侯功	以卒从起沛，以卒开沛城门，为太公仆；以中厩令击豨，侯，千二百户。 祕彭祖以兵卒的身份随从高祖在沛县起事，以兵卒的身份打开沛县城门，担任高祖父亲太公的车夫；在任中厩令时攻打陈豨，因此被封戴侯，封邑一千二百户。
高祖十二 （前206年—前195年）	二　　十一年三月癸酉，敬侯彭祖元年。 汉高祖十一年（前196年）三月癸酉日，戴敬侯祕彭祖在位元年。
孝惠七 （前194年—前188年）	七
高后八 （前187年—前180年）	二 六　　三年，共侯悼元年。 吕太后三年（前185年），戴共侯祕悼在位元年。
孝文二十三 （前179年—前157年）	七 十六　　八年，夷侯安国元年。 汉文帝前元八年（前172年），戴夷侯祕安国在位元年。
孝景十六 （前156年—前141年）	十六
建元至元封六年三十六 （前140年—前105年）， 太初元年尽后元二年十八 （前104年—前87年）。	十六 十二　　元朔五年，侯安期元年。 二十五　　元鼎五年，侯蒙元年。　　后元元年五月甲戌，坐祝诅，无道，国除。 元朔五年（前124年），戴侯祕安期在位元年。 元鼎五年（前112年），戴侯祕蒙在位元年。　　后元元年（前88年）五月甲戌日，祕蒙因向鬼神祈求皇帝快死，犯无道罪，封国被废除。
侯第	百二十六

国名	衍
侯功	**以汉二年为燕令，以都尉下楚九城，坚守燕，侯，九百户。** 翟盱在汉高祖二年（前205年）任燕县县令，在任都尉时攻下楚国的九座城，坚守燕县，因此被封衍侯，封邑九百户。
高祖十二 （前206年—前195年）	二　十一年七月乙巳，简侯翟盱元年。 汉高祖十一年（前196年）七月乙巳日，衍简侯翟盱在位元年。
孝惠七 （前194年—前188年）	七
高后八 （前187年—前180年）	三 二　四年，祗侯山元年。 三　六年，节侯嘉元年。 吕太后四年（前184年），衍祗侯翟山在位元年。 吕太后六年（前182年），衍节侯翟嘉在位元年。
孝文二十三 （前179年—前157年）	二十三
孝景十六 （前156年—前141年）	十六
建元至元封六年三十六 （前140年—前105年）， 太初元年尽后元二年十八 （前104年—前87年）。	二 十　建元三年，侯不疑元年。　元朔元年，不疑坐挟诏书论罪，国除。 建元三年（前138年），衍侯翟不疑在位元年。　元朔元年（前128年），翟不疑因把诏书夹在胳膊底下行走而获罪，封国被废除。
侯第	百三十

国名	平州
侯功	汉王四年,以燕相从击籍,还击荼,以故二千石将为列侯,千户。 汉王四年(前203年),昭涉掉尾以燕国国相的身份随从高祖攻打项羽,回军攻打臧荼,以过去二千石将的身份被封为平州侯,封邑一千户。
高祖十二 (前206年—前195年)	二　　十一年八月甲辰,共侯昭涉掉尾元年。 汉高祖十一年(前196年)八月甲辰日,平州共侯昭涉掉尾在位元年。
孝惠七 (前194年—前188年)	七
高后八 (前187年—前180年)	八
孝文二十三 (前179年—前157年)	一 三　　二年,戴侯福元年。 四　　五年,怀侯它人元年。 十五　九年,孝侯马童元年。 汉文帝前元二年(前178年),平州戴侯昭涉福在位元年。 汉文帝前元五年(前175年),平州怀侯昭涉它人在位元年。 汉文帝前元九年(前171年),平州孝侯昭涉马童在位元年。
孝景十六 (前156年—前141年)	十四 二　　后二年,侯昧元年。 汉景帝后元二年(前142年),平州侯昭涉昧在位元年。
建元至元封六年三十六 (前140年—前105年), 太初元年尽后元二年十八 (前104年—前87年)。	二十三 元狩五年,侯昧坐行驰道中更呵驰去罪,国除。 元狩五年(前118年),平州侯昭涉昧因在御道中行走并且呵声奔驰离去而获罪,封国被废除。
侯第	百十一

国名	中牟
侯功	以卒从起沛，入汉，以郎中击布，功侯，二千三百户。始高祖微时有急，给高祖一马，故得侯。 单父圣以兵卒的身份随从高祖在沛县起事，随刘邦就任汉王，任郎中时攻打英布，因有功被封中牟侯，封邑二千三百户。最初高祖微弱时有急难事，他曾送给高祖一匹马，所以得以封侯。
高祖十二 （前206年—前195年）	一　　十二年十月乙未，共侯单父圣元年。 汉高祖十二年（前195年）十月乙未日，中牟共侯单父圣在位元年。
孝惠七 （前194年—前188年）	七
高后八 （前187年—前180年）	八
孝文二十三 （前179年—前157年）	七 五　　八年，敬侯缗元年。 十一　　十三年，戴侯终根元年。 汉文帝前元八年（前172年），中牟敬侯单父缗在位元年。 汉文帝前元十三年（前167年），中牟戴侯单父终根在位元年。
孝景十六 （前156年—前141年）	十六
建元至元封六年三十六 （前140年—前105年）， 太初元年尽后元二年十八 （前104年—前87年）。	十 十八　　元光五年，侯舜元年。　　元鼎五年，侯舜坐酎金，国除。 元光五年（前130年），中牟侯单父舜在位元年。　　元鼎五年（前112年），中牟侯单父舜因贡献的助祭金成色不好、分量不足而获罪，封国被废除。
侯第	百二十五

国名	邔
侯功	**以故群盗长为临江将,已而为汉击临江王及诸侯,破布,功侯,千户。** 黄极中以过去群盗首领的身份做了临江国的将军,随后为汉王攻打临江王和其他诸侯,打败英布,因有功被封侯,封邑一千户。
高祖十二 (前206年—前195年)	一　十二年十月戊戌,庄侯黄极中元年。 汉高祖十二年(前195年)十月戊戌日,邔庄侯黄极中在位元年。
孝惠七 (前194年—前188年)	七
高后八 (前187年—前180年)	八
孝文二十三 (前179年—前157年)	十一 九　十二年,庆侯荣盛元年。 三　后五年,共侯明元年。 汉文帝前元十二年(前168年),邔庆侯黄荣盛在位元年。 汉文帝后元五年(前159年),邔共侯黄明在位元年。
孝景十六 (前156年—前141年)	十六
建元至元封六年三十六 (前140年—前105年), 太初元年尽后元二年十八 (前104年—前87年)。	十六 八　元朔五年,侯遂元年。　元鼎元年,遂坐卖宅县官故贵,国除。 元朔五年(前124年),邔侯黄遂在位元年。　元鼎元年(前116年),黄遂因把自己的房产高价卖给国家而获罪,封国被废除。
侯第	百十三

高祖功臣侯者年表第六

国名	博阳
侯功	以卒从起丰,以队卒入汉,击籍成皋,有功,为将军,布反,定吴郡,侯,千四百户。 周聚以兵卒的身份随从高祖在丰邑起事,以队卒的身份随刘邦就任汉王,在成皋攻打项羽,有功劳,被任为将军,英布反叛,平定吴郡,因此被封博阳侯,封邑一千四百户。
高祖十二 (前206年—前195年)	一　十二年十月辛丑,节侯周聚元年。 汉高祖十二年(前195年)十一月辛丑日,博阳节侯周聚在位元年。
孝惠七 (前194年—前188年)	七
高后八 (前187年—前180年)	八
孝文二十三 (前179年—前157年)	八 十五　九年,侯遬元年。 汉文帝前元九年(前171年),博阳侯周遬在位元年。
孝景十六 (前156年—前141年)	十一 中五年,侯遬夺爵一级,国除。 汉景帝中元五年(前145年),博阳侯周遬被削夺爵位一级,封国被废除。
建元至元封六年三十六 (前140年—前105年), 太初元年尽后元二年十八 (前104年—前87年)。	
侯第	五十三

国名	阳义
侯功	以荆令尹汉王五年初从,击钟离眛及陈公利几,破之,徙为汉大夫,从至陈,取韩信,还为中尉,从击布,功侯,二千户。 灵常以荆国令尹的身份在汉王五年(前202年)开始随从高祖,攻打钟离眛和陈公利几,打败了他们,改任汉大夫,随从高祖到达陈县,俘获韩信,返回后任中尉,随从高祖攻打英布,因有功被封侯,封邑二千户。
高祖十二 (前206年—前195年)	一　　十二年十月壬寅,定侯灵常元年。 汉高祖十二年(前195年)十月壬寅日,阳义定侯灵常在位元年。
孝惠七 (前194年—前188年)	七
高后八 (前187年—前180年)	六 二　　七年,共侯贺元年。 吕太后七年(前181年),阳义共侯灵贺在位元年。
孝文二十三 (前179年—前157年)	六 六　　七年,哀侯胜元年。　十二年,侯胜薨,无后,国除。 汉文帝前元七年(前173年),阳义哀侯灵胜在位元年。　汉文帝前元十二年(前168年),阳义侯灵胜薨逝,没有后代,封国被废除。
孝景十六 (前156年—前141年)	
建元至元封六年三十六 (前140年—前105年), 太初元年尽后元二年十八 (前104年—前87年)。	
侯第	百十九

国名	下相
侯功	**以客从起沛，用兵从击破齐田解军，以楚丞相坚守彭城，距布军，功侯，二千户。** 冷耳以食客的身份随从高祖在沛县起事，带领兵士打败齐国将军田解的军队，以楚国丞相身份坚守彭城，抵抗英布的军队，有功而被封下相侯，封邑二千户。
高祖十二 （前206年—前195年）	一　　十二年十月己酉，庄侯冷耳元年。 汉高祖十二年（前195年）十月己酉日，下相庄侯冷耳在位元年。
孝惠七 （前194年—前188年）	七
高后八 （前187年—前180年）	八
孝文二十三 （前179年—前157年）	二 二十一　　三年，侯慎元年。 汉文帝前元三年（前177年），下相侯冷慎在位元年。
孝景十六 （前156年—前141年）	二 三年三月，侯慎反，国除。 汉景帝前元三年（前154年）三月，下相侯冷慎造反，封国被废除。
建元至元封六年三十六 （前140年—前105年）， 太初元年尽后元二年十八 （前104年—前87年）。	
侯第	八十五

国名	德
侯功	**以代顷王子侯。顷王，吴王濞父也；广，濞之弟也。** 刘广以代顷王刘仲儿子的身份被封为德侯。代顷王，是吴王刘濞的父亲；刘广，是刘濞的弟弟。
高祖十二 （前206年—前195年）	一　　十二年十一月庚辰，哀侯刘广元年。 汉高祖十二年（前195年）十一月庚辰日，德哀侯刘广在位元年。
孝惠七 （前194年—前188年）	七
高后八 （前187年—前180年）	二 六　　三年，顷侯通元年。 吕太后三年（前185年），德顷侯刘通在位元年。
孝文二十三 （前179年—前157年）	二十三
孝景十六 （前156年—前141年）	五 十一　　六年，侯龁元年。 汉景帝前元六年（前151年），德侯刘龁在位元年。
建元至元封六年三十六 （前140年—前105年）， 太初元年尽后元二年十八 （前104年—前87年）。	二十七 一　　元鼎四年，侯何元年。　　元鼎五年，侯何坐酎金，国除。 元鼎四年（前113年），德侯刘何元年。　　元鼎五年（前112年），因助祭金不合规，封国被废除。
侯第	百二十七

国名	高陵
侯功	以骑司马汉王元年从起废丘,以都尉破田横、龙且,追籍至东城,以将军击布,九百户。 王周以骑司马的身份在汉高祖元年(前206年)随从高祖在废丘起事,在任都尉时打败田横、龙且,追击项羽到达东城,在任将军时攻打英布,封邑九百户。
高祖十二 (前206年—前195年)	一　十二年十二月丁亥,圉侯王周元年。 汉高祖十二年(前195年)十二月丁亥日,高陵圉侯王周在位元年。
孝惠七 (前194年—前188年)	七
高后八 (前187年—前180年)	二 六　三年,惠侯并弓元年。 吕太后三年(前185年),高陵惠侯王并弓在位元年。
孝文二十三 (前179年—前157年)	十二 十一　十三年,侯行元年。 汉文帝前元十三年(前167年),高陵侯王行在位元年。
孝景十六 (前156年—前141年)	二 三年,反,国除。 汉景帝前元三年(前154年),王行造反,封国被废除。
建元至元封六年三十六 (前140年—前105年), 太初元年尽后元二年十八 (前104年—前87年)。	
侯第	九十二

国名	期思
侯功	淮南王布中大夫,有郄(隙),上书告布反,侯,二千户。布尽杀其宗族。 贲赫任淮南王英布的中大夫,因与其有矛盾,便上书告发英布谋反的事,因此被封期思侯,封邑二千户。英布把贲赫的宗族全部杀掉了。
高祖十二 (前206年—前195年)	一　　十二年十二月癸卯,康侯贲赫元年。 汉高祖十二年(前195年)十二月癸卯日,期思康侯贲赫在位元年。
孝惠七 (前194年—前188年)	七
高后八 (前187年—前180年)	八
孝文二十三 (前179年—前157年)	十三 十四年,赫薨,无后,国除。 汉文帝前元十四年(前166年),贲赫薨逝,没有后代,封国被废除。
孝景十六 (前156年—前141年)	
建元至元封六年三十六 (前140年—前105年), 太初元年尽后元二年十八 (前104年—前87年)。	
侯第	百三十二

国名	谷陵
侯功	以卒从，前二年起柘，击籍，定代，为将军，功侯。 冯溪以兵卒的身份随从高祖，前二年（前205年）在柘县起事，攻打项羽，平定代国，任将军，因有功被封谷陵侯。
高祖十二 （前206年—前195年）	一　十二年正月乙丑，定侯冯溪元年。 汉高祖十二年（前195年）正月乙丑日，谷陵定侯冯溪在位元年。
孝惠七 （前194年—前188年）	七
高后八 （前187年—前180年）	八
孝文二十三 （前179年—前157年）	六 十七　七年，共侯熊元年。 汉文帝七年（前173年），谷陵共侯冯熊在位元年。
孝景十六 （前156年—前141年）	二 二　三年，隐侯卬元年。 十二　五年，献侯解元年。 汉景帝三年（前154年），谷陵隐侯冯卬在位元年。 汉景帝五年（前152年），谷陵献侯冯解在位元年。
建元至元封六年三十六 （前140年—前105年）， 太初元年尽后元二年十八 （前104年—前87年）。	三 建元四年，侯偃元年。 建元四年（前137年），谷陵侯冯偃在位元年。
侯第	百五

国名	戚
侯功	以都尉汉二年初起栎阳，攻废丘，破之，因击项籍，别属丞相韩信，破齐军，攻臧荼，迁为将军，击信，侯，千户。 季必以都尉的身份汉高祖二年（前205年）开始在栎阳起事，进攻废丘，占领了它，随即攻打项羽，另外又隶属于韩信而打败齐军，进攻臧荼，改任将军，攻打韩信，因此被封戚侯，封邑一千户。
高祖十二 （前206年—前195年）	一　　十二年十二月癸卯，圉侯季必元年。 汉高祖十二年（前195年）十二月癸卯日，戚圉侯季必在位元年。 ◎注释　《史记索隐》："案：《灌婴传》重泉人李必，此作'季'，误也。"
孝惠七 （前194年—前188年）	七
高后八 （前187年—前180年）	八
孝文二十三 （前179年—前157年）	三 二十　　四年，齐侯班元年。 汉文帝前元四年（前176年），戚齐侯季班在位元年。
孝景十六 （前156年—前141年）	十六
建元至元封六年三十六 （前140年—前105年）， 太初元年尽后元二年十八 （前104年—前87年）。	二 二十　　建元三年，侯信成元年。　元狩五年，侯信成坐为太常，纵丞相侵神道堧，不敬，国除。 建元三年（前138年），戚侯季信成在位元年。　元狩五年（前118年），戚侯季信成因任太常官时放任丞相侵占神道余地而获罪，被认为大不敬，封国被废除。
侯第	九十

国名	壮
侯功	以楚将汉王三年降,起临济,以郎中击籍、陈豨,功侯,六百户。 许倩以楚将的身份在汉高祖三年(前204年)归降高祖,起事于临济,在任郎中时攻打项羽、陈豨,因有功被封壮侯,封邑六百户。
高祖十二 (前206年—前195年)	一　十二年正月乙丑,敬侯许倩元年。 汉高祖十二年(前195年)正月乙丑日,壮敬侯许倩在位元年。
孝惠七 (前194年—前188年)	七
高后八 (前187年—前180年)	八
孝文二十三 (前179年—前157年)	二十三
孝景十六 (前156年—前141年)	一 十五　二年,共侯恢元年。 汉景帝前元二年(前155年),壮共侯许恢在位元年。
建元至元封六年三十六 (前140年—前105年), 太初元年尽后元二年十八 (前104年—前87年)。	一 九　建元二年,殇侯则元年。 十五　元光五年,侯广宗元年。　元鼎元年,侯广宗坐酎金,国除。 建元二年(前139年),壮殇侯许则在位元年。 元光五年(前130年),壮侯许广宗在位元年。　元鼎元年(前116年),壮侯许广宗因进贡的助祭金成色不好、分量不足而获罪,封国被废除。
侯第	百十二

国名	成阳
侯功	以魏郎汉王二年从起阳武，击籍，属魏豹，豹反，属相国彭越，以太原尉定代，侯，六百户。 奚意以魏国郎官的身份在汉高祖二年（前205年）随从高祖在阳武起事，攻打项羽，隶属于魏豹，魏豹反叛，又隶属于相国彭越，在任太原尉时平定代国，因此被封成阳侯，封邑六百户。
高祖十二 （前206年—前195年）	一　　十二年正月乙酉，定侯意元年。 汉高祖十二年（前195年）正月乙酉日，成阳定侯奚意在位元年。
孝惠七 （前194年—前188年）	七
高后八 （前187年—前180年）	八
孝文二十三 （前179年—前157年）	十 十三　　十一年，侯信元年。 汉文帝前元十一年（前169年），成阳侯奚信在位元年。
孝景十六 （前156年—前141年）	十六
建元至元封六年三十六 （前140年—前105年）， 太初元年尽后元二年十八 （前104年—前87年）。	建元元年，侯信罪鬼薪，国除。 建元元年（前140年），成阳侯奚信因犯罪而被罚为宗庙拾取柴薪的劳役，封国被废除。
侯第	百一十

国名	桃
侯功	以客从，汉王二年从起定陶，以大谒者击布，侯，千户。为淮阴守。项氏亲也，赐姓。 刘襄以食客的身份自汉王二年（前205年）随从高祖在定陶起事，在任大谒者时攻打英布，因此被封桃侯，封邑一千户。后任淮阴守。他是项氏的亲属，被赐姓刘。
高祖十二 （前206年—前195年）	一　十二年三月丁巳，安侯刘襄元年。 汉高祖十二年（前195年）三月丁巳日，桃安侯刘襄在位元年。
孝惠七 （前194年—前188年）	七
高后八 （前187年—前180年）	一　夺，绝。 七　二年，复封襄。 刘襄被削夺封地，断绝爵禄。 吕太后二年（前186年），又封刘襄为桃侯。
孝文二十三 （前179年—前157年）	九 十四　十年，哀侯舍元年。 汉文帝前元十年（前170年），桃哀侯刘舍在位元年。
孝景十六 （前156年—前141年）	十六 景帝时，为丞相。 汉景帝时，刘舍任丞相。
建元至元封六年三十六 （前140年—前105年）， 太初元年尽后元二年十八 （前104年—前87年）。	十三　建元元年，厉侯申元年。 十五　元朔二年，侯自为元年。 元鼎五年，侯自为坐酎金，国除。 建元元年（前140年），桃厉侯刘申在位元年。 元朔二年（前127年），桃侯刘自为在位元年。 元鼎五年（前112年），桃侯刘自为因进贡的助祭金成色不好、分量不足而获罪，封国被废除。
侯第	百三十五

国名	高梁
侯功	食其兵起以客从击破秦，以列侯入汉，还定诸侯，常使约和诸侯，列卒兵聚，侯，功比平侯嘉。以死事，子疥袭食其功侯，九百户。 郦食其在义军兴起时以食客的身份随从高祖打败秦军，以列侯的身份随刘邦就任汉王，回军平定诸侯，常常被派作使者出使约和诸侯，列卒兵聚，因此被封高梁侯，功劳仅次于平侯沛嘉。因死于国事，儿子郦疥承袭其父的功劳而被封侯，封邑九百户。
高祖十二 （前206年—前195年）	一　　十二年三月丙寅，共侯郦疥元年。 汉高祖十二年（前195年）三月丙寅日，高梁共侯郦疥在位元年。
孝惠七 （前194年—前188年）	七
高后八 （前187年—前180年）	八
孝文二十三 （前179年—前157年）	二十三
孝景十六 （前156年—前141年）	十六
建元至元封六年三十六 （前140年—前105年）， 太初元年尽后元二年十八 （前104年—前87年）。	八 十　　元光三年，侯勃元年。　　元狩元年，坐诈诏衡山王取金，当死，病死，国除。 元光三年（前132年），高梁侯郦勃在位元年。　　元狩元年（前122年），郦勃因假传圣旨向衡山王刘赐骗取钱财，刑当死罪，后得病死去，封国被废除。
侯第	六十六

国名	纪信
侯功	**以中涓从起丰，以骑将入汉，以将军击籍，后攻卢绾，侯，七百户。** 陈仓以中涓的身份随从高祖在丰邑起事，以骑将的身份随刘邦就任汉王，在任将军时攻打项羽，后来又攻打卢绾，因此被封纪信侯，封邑七百户。
高祖十二 （前206年—前195年）	一　十二年六月壬辰，匡侯陈仓元年。 汉高祖十二年（前195年）六月壬辰日，纪信匡侯陈仓在位元年。
孝惠七 （前194年—前188年）	七
高后八 （前187年—前180年）	二 六　三年，夷侯开元年。 吕太后三年（前185年），纪信夷侯陈开在位元年。
孝文二十三 （前179年—前157年）	十七 六　后二年，侯阳元年。 汉文帝后元二年（前162年），纪信侯陈阳在位元年。
孝景十六 （前156年—前141年）	二 三年，阳反，国除。 汉景帝前元三年（前154年），陈阳造反，封国被废除。
建元至元封六年三十六 （前140年—前105年）， 太初元年尽后元二年十八 （前104年—前87年）。	
侯第	八十

国名	甘泉
侯功	以车司马汉王元年初从起高陵,属刘贾,以都尉从军,侯。 王竟以车司马的身份在汉高祖元年(前206年)开始随从高祖在高陵起事,隶属于荆王刘贾,在任都尉时从军,因此被封甘泉侯。
高祖十二 (前206年—前195年)	一　　十二年六月壬辰,侯王竟元年。 汉高祖十二年(前195年)六月壬辰日,甘泉侯王竟在位元年。
孝惠七 (前194年—前188年)	六 一　　七年,戴侯莫摇元年。 汉惠帝七年(前188年),甘泉戴侯王莫摇在位元年。
高后八 (前187年—前180年)	八
孝文二十三 (前179年—前157年)	十 十三　　十一年,侯嫖元年。 汉文帝十一年(前169年),甘泉侯王嫖在位元年。
孝景十六 (前156年—前141年)	九 十年,侯嫖有罪,国除。 汉景帝十年(前147年),甘泉侯王嫖有罪,封国被废除。
建元至元封六年三十六 (前140年—前105年), 太初元年尽后元二年十八 (前104年—前87年)。	
侯第	百六

国名	煮枣
侯功	**以越连敖从起丰,别以郎将入汉,击诸侯,以都尉侯,九百户。** 棘赤以越国连敖的身份随从高祖在丰邑起事,另外以郎将的身份随刘邦就任汉王,攻打诸侯,以都尉的身份被封煮枣侯,封邑九百户。
高祖十二 (前206年—前195年)	一　　十二年六月壬辰,靖侯赤元年。 汉高祖十二年(前195年)六月壬辰日,煮枣靖侯棘赤在位元年。
孝惠七 (前194年—前188年)	七
高后八 (前187年—前180年)	八
孝文二十三 (前179年—前157年)	一 二十二　　二年,赤子康侯武元年。 汉文帝前元二年(前178年),棘赤的儿子煮枣康侯棘武在位元年。
孝景十六 (前156年—前141年)	八 二　　中二年,侯昌元年。　　中四年,有罪,国除。 汉景帝中元二年(前148年),煮枣侯棘昌在位元年。　汉景帝中元四年(前146年),棘昌有罪,封国被废除。
建元至元封六年三十六 (前140年—前105年), 太初元年尽后元二年十八 (前104年—前87年)。	
侯第	七十五

国名	张
侯功	以中涓骑从起丰，以郎将入汉，从击诸侯，七百户。 毛泽以中涓骑的身份随从高祖在丰邑起事，以郎将的身份随刘邦就任汉王，随从高祖攻打诸侯，封邑七百户。
高祖十二 （前206年—前195年）	一　十二年六月壬辰，节侯毛泽元年。 汉高祖十二年（前195年）六月壬辰日，张节侯毛泽在位元年。
孝惠七 （前194年—前188年）	七
高后八 （前187年—前180年）	八
孝文二十三 （前179年—前157年）	十 二　十一年，夷侯庆元年。 十一　十三年，侯舜元年。 汉文帝前元十一年（前169年），张夷侯毛庆在位元年。 汉文帝前元十三年（前167年），张侯毛舜在位元年。
孝景十六 （前156年—前141年）	十二 中六年，侯舜有罪，国除。 汉景帝中元六年（前144年），张侯毛舜有罪，封国被废除。
建元至元封六年三十六 （前140年—前105年）， 太初元年尽后元二年十八 （前104年—前87年）。	
侯第	七十九

国名	鄢陵
侯功	以卒从起丰，入汉，以都尉击籍、荼，侯，七百户。 朱濞以兵卒的身份随从高祖在丰邑起事，随刘邦就任汉王，在任都尉时攻打项羽、臧荼，因此被封鄢陵侯，封邑七百户。
高祖十二 （前206年—前195年）	一　　十二年中，庄侯朱濞元年。 汉高祖十二年（前195年）的时候，鄢陵庄侯朱濞在位元年。
孝惠七 （前194年—前188年）	七
高后八 （前187年—前180年）	三 五　　四年，恭侯庆元年。 吕太后四年（前184年），鄢陵恭侯朱庆在位元年。
孝文二十三 （前179年—前157年）	六 七年，恭侯庆薨，无后，国除。 汉文帝前元七年（前173年），鄢陵恭侯朱庆薨逝，没有后代，封国被废除。
孝景十六 （前156年—前141年）	
建元至元封六年三十六 （前140年—前105年）， 太初元年尽后元二年十八 （前104年—前87年）。	
侯第	五十二

国名	菌
侯功	以中涓前元年从起单父，不入关，以击籍、布、燕王绾，得南阳，侯，二千七百户。 张平以中涓的身份前元年（前206年）随从高祖在单父起事，没有入关，因攻打项羽、英布、燕王卢绾，取得南阳有功，被封菌侯，封邑二千七百户。
高祖十二 （前206年—前195年）	一　　十二年，庄侯张平元年。 汉高祖十二年（前195年）六月，菌庄侯张平在位元年。
孝惠七 （前194年—前188年）	七
高后八 （前187年—前180年）	四 四　　五年，侯胜元年。 吕太后五年（前183年），菌侯张胜在位元年。
孝文二十三 （前179年—前157年）	三 四年，侯胜有罪，国除。 汉文帝前元四年（前176年），菌侯张胜有罪，封国被废除。
孝景十六 （前156年—前141年）	
建元至元封六年三十六 （前140年—前105年）， 太初元年尽后元二年十八 （前104年—前87年）。	
侯第	四十八

◎释疑解惑

《高祖功臣侯者年表》的最后一格是"侯第",乃是前格所记高祖所封之侯所处的位次、顺序。例如平阳侯曹参,其"侯第"一格写着"二",表示曹参的功劳在功臣中名列第二。高祖在平定天下之后,自六年(前201年)至十二年(前195年)对有功之臣分批进行封侯,共计一百四十三侯。对此,司马贞在《史记索隐》中有所引述,称姚氏曰:"萧何第一,曹参二,张敖三,周勃四,樊哙五,郦商六,奚涓七,夏侯婴八,灌婴九,傅宽十,靳歙十一,王陵十二,陈武十三,王吸十四,薛欧十五,周昌十六,丁复十七,虫达十八。《史记》与《汉表》同,而《楚汉春秋》则不同者,陆贾记事在高祖、惠帝时,《汉书》是后定功臣等列,及陈平受吕后命而定,或已改邑号,故人名亦别。且高祖初定唯十八侯,吕后令陈平终竟以下列侯第录,凡一百四十三人也。"据说,司马迁作此表时,即参考了吕后令陈平所定之功勋等次,一一著录在"侯第"的条格之内。不过,因为司马迁在排列此表中列侯的顺序时,没有按照等次排序,而是按照封侯时间的先后顺序加以排列,故而我们在阅读此表时会发现,"侯第"条格内数字的顺序是杂乱无序的。除此之外,遍览整个表格我们还会发现,有一些侯国的"侯第"一格内是空白没有数字的,如周吕侯、建成侯、射阳侯、费侯、阳夏侯、淮阴侯、茌侯、任侯、棘丘侯、羹颉侯、合阳侯、襄平侯、离侯、沛侯、江邑侯。这是怎么回事呢?其实,如果你仔细阅读与考察"侯第"格中的数字,就可以发现些许端倪。此表一共记录了一百四十三位侯者,而此一百四十三侯的位次据资料所显示,乃是吕后令陈平所定。也就是说,此"侯第"格中的数字定然是从一至一百四十三。可是,我们今天看到的这张表格中的"侯第"格,有两个"二十六"、两个"四十一"、两个"四十八"、两个"六十六"、两个"八十一"、两个"九十二"、两个"百十二",却少了"二十二""二十九""三十一""三十八""五十四""五十六""六十八""七十六""八十七""九十七""百二十""百二十二""百二十八""百三十三""百三十六"等;并且"侯第"格中最大的数字并不是"百四十三",而是"百三十七"。凡是一个数字两见的,其中必有一处是讹误,对此很多学者已经有所考证。而侯第中没有出现的数字,包括刚才提到的空白的部分,可能是史料阙如,已无法确切考证出其具体位次了。

◎**思考辨析题**

1. 清代学者梁玉绳在论及此表时称"其实侯表惟载功臣，则王子外戚不宜混入"，结合表中"侯功"一栏的具体内容，谈谈你对表中载录部分王子外戚的认识。

2. 清代学者李晚芳论及此表，称："此篇论汉诸侯享国不如三代之久，因上之多所防，下之有所挟也。多所防则网密，有所挟则不兢兢持身，所以必致衰微，虽欲固根本而不能也。臣固失矣，君亦未为得焉，有无限伤今慕古之意。"结合此篇司马迁之序文与表中侯者除国的各种原因，谈谈你对李晚芳这个观点的看法。

惠景间侯者年表第七

《惠景间侯者年表》所记录的侯者，乃是在惠帝、吕后、文帝、景帝在位期间得以获封的侯者。表头与上一篇《高祖功臣侯者年表》基本相同，共有八格，一曰"国名"，指的是所封侯国封地的名称。二曰"侯功"，指的是受封者得以获封的原因，也就是其曾立过的主要功勋。第三至第八，乃是六个时间段："孝惠七"即孝惠帝在位的七年，"高后八"即吕太后执政的八年，"孝文二十三"即孝文帝在位的二十三年，"孝景十六"即孝景帝在位的十六年，"建元至元封六年三十六"即汉武帝建元至元封六年的三十六年，"太初已后"即汉武帝太初元年之后的情况。因为司马迁书写《史记》的时间下限是汉武帝太初年间即公元前104年至公元前101年，故而学者认为此表所书太初以后的内容并非司马迁原作。在第三至第八格中，往往有一些单独列出的数字夹杂在所记载的内容之中。其中的数字，乃是某侯者在此一时间段内为侯的年数。以表中所记录的第一个侯国"便"为例："孝惠七"格内所书之"七"，乃是指便侯吴浅在孝惠帝在位的七年中一直为便侯；"高后八"格内所书之"八"，乃是指吴浅在吕后执政的八年中也一直为便侯；"孝文二十三"格内所书之"二十二"与"一"，"二十二"指吴浅在孝文帝在位的二十三年中为便侯的时间为二十二年，"一"指继任便侯的吴浅之子吴信在孝文帝在位的二十三年中为便侯的时间为一年；"孝景十六"格内所书之"五"与"十一"，"五"指吴信在孝景帝在位的十六年中为便侯的时间为五年，"十一"指继任便侯的吴信之子吴广志在孝景帝在位的十六年中为便侯的时间为十一年；"建元"格内所书之"二十八"是指吴广志在汉武帝建元以来为便侯的时间为二十八年。而与前篇《高祖功臣侯者年表》不同的是，若某侯被改封他地，其改封之地的名字没有单独在格中列出。如沛，在"高后八"格中，有"为不其侯"一句，指的是沛侯吕种在吕太后七年被改封为不其侯；又如故安，在"建元"格中，有"元狩二年，清安侯奭元年"一句，指的是故安侯申屠蔑的儿子申屠奭在元狩二年继承其父侯爵时被改封为清安侯。

《惠景间侯者年表》因为记录的是四位统治者执政期间的封侯情况，故而整个表格分为四个部分，以"右孝惠时三""右高后时三十一""右孝文时二十九""右孝景时三十"将四部分分隔开来。由此，我们对于每位统治者在位时的封侯情况，便可以一目了然了。

惠景间侯者年表第七

太史公读列封至便侯，曰：有以①也夫！长沙王者，著令甲②，称其忠焉。昔高祖定天下，功臣非同姓疆③土而王者八国。至孝惠时，唯独长沙全，禅五世④，以无嗣绝，竟无过，为藩守职，信⑤矣。故其泽流枝庶⑥，毋功而侯者数人。及孝惠讫孝景间五十载，追修高祖时遗功臣，及从代来，吴楚之劳，诸侯子弟若肺腑⑦，外国归义⑧，封者九十有余。咸表始终，当世仁义成功之著者也。

◎**注释** ①〔以〕原因。②〔令甲〕也称"甲令"。令，指诏令、法令。在汇编诏令、法令时，因数量较多，会分甲、乙、丙、丁集以示区别。所谓令甲，就是指第一道诏令、法令，或诏令、法令汇编的第一集。③〔疆〕划分疆界。④〔禅（shàn）五世〕自刘邦封吴芮为长沙王起，长沙王共递传五次，分别是文王吴芮、成王吴臣、哀王吴回、恭王吴右、靖王吴著。汉文帝后元七年（前157年），靖王吴著死，因其无后，长沙国除。禅，传位。⑤〔信〕确实。⑥〔泽流枝庶〕意为祖辈的恩泽甚至可以惠及非嫡系的子孙。枝庶，非嫡系的子孙。⑦〔肺腑〕指骨肉之亲。⑧〔归义〕指少数民族归顺大汉王朝。

◎**大意** 太史公查阅有关分封诸侯的资料，读到便侯吴浅时，说：是有原因的呀！长沙王吴芮，被特别褒奖并将此记载在诏令汇编的第一集中，为的是称誉他的忠诚。过去高祖平定天下，功臣中不与高祖同宗族却得以分封土地成为诸侯王的有八个诸侯国。到孝惠帝时，只有长沙王的诸侯国得以保全，并一直传位五代，最后因为靖王吴著没有后代使祭祀断绝封国才被取消，他们自始至终没有任何罪过，作为汉王朝的藩篱屏障而恪守其职责，确实是这样啊。因此长沙国先祖的恩泽甚至得以惠及后代非嫡系的子孙，使他们很多人在没有功劳的情况下依旧能够被封侯。从孝惠帝至孝景帝之间五十多年，又追封了高祖时代被遗漏封侯的功臣、随孝文帝从代地入京的功臣、平定吴楚七国之乱的功臣、与皇家有亲密关系的诸侯子弟，以及归顺大汉的少数民族首领，被分封的人共计九十多位。我现在把他们的来龙去脉以表格的形式谱列出来，这算得上是当代朝廷成功施行仁义最显著的表现了。

国名	便	轪
侯功	长沙王子,侯,二千户。 吴浅因是长沙王的儿子,被封为便侯,封邑二千户。	长沙相,侯,七百户。 利仓因是长沙国国相,被封为轪侯,封邑七百户。
孝惠七 (前194年—前188年)	七　元年九月,顷侯吴浅元年。 汉惠帝元年(前194年)九月,便顷侯吴浅在位元年。	六　二年四月庚子,侯利仓元年。 汉惠帝二年(前193年)四月庚子日,轪侯利仓在位元年。
高后八 (前187年—前180年)	八	二 六　三年,侯豨元年。 吕太后三年(前185年),轪侯利豨在位元年。
孝文二十三 (前179年—前157年)	二十二 一　后七年,恭侯信元年。 汉文帝后元七年(前157年),便恭侯吴信在位元年。	十五 八　十六年,侯彭祖元年。 汉文帝前元十六年(前164年),轪侯利彭祖在位元年。
孝景十六 (前156年—前141年)	五 十一　前六年,侯广志元年。 汉景帝前元六年(前151年),便侯吴广志在位元年。	十六
建元至元封六年三十六 (前140年—前105年)	二十八 元鼎五年,侯千秋坐酎金,国除。 元鼎五年(前112年),便侯吴千秋因进贡的助祭金成色不好、分量不足而获罪,封国被废除。	三十 元封元年,侯秩为东海太守,行过不请,擅发卒兵为卫,当斩,会赦,国除。 元封元年(前110年),轪侯利秩任东海郡太守,因路过长安时没有入朝拜见皇帝,并擅自征发兵卒作为自己的护卫,应当论处斩刑,正遇上赦令,封国被废除。
太初已(以)后 (前104年以后)		

国名	平都
侯功	以齐将高祖三年降，定齐，侯，千户。 刘到以齐国将领的身份在汉高祖三年（前204年）归降，平定齐国，因此被封为平都侯，封邑一千户。
孝惠七 （前194年—前188年）	三　　五年六月乙亥，孝侯刘到元年。 汉惠帝五年（前190年）六月乙亥日，平都孝侯刘到在位元年。
高后八 （前187年—前180年）	八
孝文二十三 （前179年—前157年）	二 二十一　　三年，侯成元年。 汉文帝前元三年（前177年），平都侯刘成在位元年。
孝景十六 （前156年—前141年）	十四 后二年，侯成有罪，国除。 汉景帝后元二年（前142年），平都侯刘成有罪，封国被废除。
建元至元封六年三十六 （前140年—前105年）	
太初巳（以）后 （前104年以后）	
右孝惠时三 以上是汉惠帝时期所封侯者三人	

国名	扶柳
侯功	高后姊长姁子，侯。 吕平因是吕太后姐姐吕长姁的儿子，被封为扶柳侯。
孝惠七 （前194年—前188年）	
高后八 （前187年—前180年）	七　元年四月庚寅，侯吕平元年。 八年，侯平坐吕氏事诛，国除。 吕太后元年（前187年）四月庚寅日，扶柳侯吕平在位元年。 吕太后八年（前180年），扶柳侯吕平因是吕氏宗族被诛杀，封国被废除。
孝文二十三 （前179年—前157年）	
孝景十六 （前156年—前141年）	
建元至元封 六年三十六 （前140年—前105年）	
太初已(以)后 （前104年以后）	

国名	郊
侯功	吕后兄悼武王身佐高祖定天下，吕氏佐高祖治天下，天下大安，封武王少子产为郊侯。 因吕太后兄长悼武王吕泽帮助高祖平定天下，吕氏又帮助高祖治理天下，天下大安，因此封悼武王的小儿子吕产为郊侯。
孝惠七 （前194年—前188年）	
高后八 （前187年—前180年）	五　元年四月辛卯，侯吕产元年。 六年七月壬辰，产为吕王，国除。 八年九月，产以吕王为汉相，谋为不善。大臣诛产，遂灭诸吕。 吕太后元年（前187年）四月辛卯日，郊侯吕产在位元年。 吕太后六年（前182年）七月壬辰日，吕产被封为吕王，封国被废除。 吕太后八年（前180年）九月，吕产以吕王的身份任汉丞相，谋划不善之事。大臣共同诛杀了吕产，于是灭了吕氏家族。
孝文二十三 （前179年—前157年）	
孝景十六 （前156年—前141年）	
建元至元封六年三十六 （前140年—前105年）	
太初已（以）后 （前104年以后）	

国名	南宫	梧
侯功	以父越人为高祖骑将,从军,以大中大夫侯。 张买因父亲张越人为高祖的骑将,而随从汉军,由大中大夫被封为南宫侯。	以军匠从起郑,入汉,后为少府,作长乐、未央宫,筑长安城,先就,功侯,五百户。 阳成延以军匠的身份随从高祖在郑县起事,随刘邦就任汉王,后来任少府,建造长乐宫、未央宫,修筑长安城,提前完工,因有功被封为梧侯,封邑五百户。
孝惠七 (前194年—前188年)		
高后八 (前187年—前180年)	七　元年四月丙寅,侯张买元年。 八年,侯买坐吕氏事诛,国除。 吕太后元年(前187年)四月丙寅日,南宫侯张买在位元年。 吕太后八年(前180年),南宫侯张买因吕氏牵连被诛杀,封国被废除。	六　元年四月乙酉,齐侯阳成延元年。 二　七年,敬侯去疾元年。 吕太后元年(前187年)四月乙酉日,梧齐侯阳成延在位元年。 吕太后七年(前181年),梧敬侯阳去疾在位元年。
孝文二十三 (前179年—前157年)		二十三
孝景十六 (前156年—前141年)		九 七　中三年,靖侯偃元年。 汉景帝中元三年(前147年),梧靖侯偃在位元年。
建元至元封六年三十六 (前140年—前105年)		八 十四　元光三年,侯戎奴元年。　元狩五年,侯戎奴坐谋杀季父弃市,国除。 元光三年(前132年),梧侯阳戎奴在位元年。　元狩五年(前118年),梧侯阳戎奴因谋杀叔父获罪而被处死在街市上示众,封国被废除。
太初巳(以)后 (前104年以后)		

国名	平定
侯功	以卒从高祖起留，以家车吏入汉，以骁骑都尉击项籍，得楼烦将功，用齐丞相侯。一云项涓。 齐受以士卒的身份随从高祖在留县起事，以家车吏的身份随刘邦就任汉王，在任骁骑都尉时攻打项羽，因俘获统领骑射之兵的将领有功，由齐国丞相被封为平定侯。一说是俘获了项羽的部将项涓。
孝惠七 （前194年—前188年）	
高后八 （前187年—前180年）	八　元年四月乙酉，敬侯齐受元年。 吕太后元年（前187年）四月乙酉日，平定敬侯齐受在位元年。
孝文二十三 （前179年—前157年）	一 四　二年，齐侯市人元年。 十八　六年，恭侯应元年。 汉文帝前元二年（前178年），平定齐侯齐市人在位元年。 汉文帝前元六年（前174年），平定恭侯齐应在位元年。
孝景十六 （前156年—前141年）	十六
建元至元封 六年三十六 （前140年—前105年）	七 十八　元光二年，康侯延居元年。 二　元鼎二年，侯昌元年。　元鼎四年，侯昌有罪，国除。 元光二年（前133年），平定康侯齐延居在位元年。 元鼎二年（前115年），平定侯齐昌在位元年。　元鼎四年（前113年），平定侯齐昌有罪，封国被废除。
太初已（以）后 （前104年以后）	

国名	博成
侯功	以悼武王郎中兵初起从高祖起丰,攻雍丘,击项籍,力战,奉卫悼武王出荥阳,功侯。 冯无择以悼武王吕泽郎中的身份在义军开始兴起时随从高祖在丰邑起事,攻打雍丘,进击项羽,奋力作战,侍奉护卫悼武王吕泽突出荥阳之围,因有功被封为博成侯。
孝惠七 (前194年—前188年)	
高后八 (前187年—前180年)	三　元年四月乙酉,敬侯冯无择元年。 四　四年,侯代元年。 八年,侯代坐吕氏事诛,国除。 吕太后元年(前187年)四月乙酉日,博成敬侯冯无择在位元年。 吕太后四年(前184年),博成侯冯代在位元年。 吕太后八年(前180年),博成侯冯代因吕氏牵连被诛杀,封国被废除。
孝文二十三 (前179年—前157年)	
孝景十六 (前156年—前141年)	
建元至元封六年三十六 (前140年—前105年)	
太初已(以)后 (前104年以后)	

国名	沛
侯功	吕后兄康侯少子，侯，奉吕宣王寝园。 吕种因是吕太后兄长康侯吕释之的小儿子，被封为沛侯，侍奉吕太后之父吕宣王的寝庙陵园。
孝惠七 （前194年—前188年）	
高后八 （前187年—前180年）	七　元年四月乙酉，侯吕种元年。 一　为不其侯。 八年，侯种坐吕氏事诛，国除。 吕太后元年（前187年）四月乙酉日，沛侯吕种在位元年。 吕种又被封为不其侯。 吕太后八年（前180年），不其侯吕种因是吕氏宗族被诛杀，封国被废除。
孝文二十三 （前179年—前157年）	
孝景十六 （前156年—前141年）	
建元至元封六年三十六 （前140年—前105年）	
太初已(以)后 （前104年以后）	

国名	襄成	轵
侯功	孝惠子,侯。 刘义因是汉惠帝的儿子,被封为襄成侯。	孝惠子,侯。 刘朝因是汉惠帝的儿子,被封为轵侯。
孝惠七 (前194年—前188年)		
高后八 (前187年—前180年)	一　元年四月辛卯,侯义元年。 二年,侯义为常山王,国除。 吕太后元年(前187年)四月辛卯日,襄成侯刘义在位元年。 吕太后二年(前186年),襄成侯刘义被封为常山王,侯国被废除。	三　元年四月辛卯,侯朝元年。 四年,侯朝为常山王,国除。 吕太后元年(前187年)四月辛卯日,轵侯刘朝在位元年。 吕太后四年(前184年),轵侯刘朝被封为常山王,侯国被废除。
孝文二十三 (前179年—前157年)		
孝景十六 (前156年—前141年)		
建元至元封六年三十六 (前140年—前105年)		
太初巳(以)后 (前104年以后)		

国名	壶关	沅陵
侯功	孝惠子，侯。 刘武因是汉惠帝的儿子，被封为壶关侯。	长沙嗣成王子，侯。 吴阳因是长沙嗣成王吴臣的儿子，被封为沅陵侯。
孝惠七 （前194年—前188年）		
高后八 （前187年—前180年）	四　元年四月辛卯，侯武元年。 五年，侯武为淮阳王，国除。 吕太后元年（前187年）四月辛卯日，壶关侯刘武在位元年。 吕太后五年（前183年），壶关侯刘武被封为淮阳王，侯国被废除。	八　元年十一月壬申，顷侯吴阳元年。 吕太后元年（前187年）十一月壬申日，沅陵顷侯吴阳在位元年。
孝文二十三 （前179年—前157年）		十七 六　后二年，顷侯福元年。 汉文帝后元二年（前162年），沅陵顷侯吴福在位元年。
孝景十六 （前156年—前141年）		十一 四　中五年，哀侯周元年。 后三年，侯周薨，无后，国除。 汉景帝中元五年（前145年），沅陵哀侯吴周在位元年。 汉景帝后元三年（前141年），沅陵侯吴周薨逝，没有后代，封国被废除。
建元至元封六年三十六 （前140年—前105年）		
太初已(以)后 （前104年以后）		

国名	上邳	朱虚
侯功	楚元王子，侯。 刘郢客因是楚元王刘交的儿子，被封为上邳侯。	齐悼惠王子，侯。 刘章因是齐悼惠王刘肥的儿子，被封为朱虚侯。
孝惠七 （前194年—前188年）		
高后八 （前187年—前180年）	七　二年五月丙申，侯刘郢客元年。 吕太后二年（前186年）五月丙申日，上邳侯刘郢客在位元年。	七　二年五月丙申，侯刘章元年。 吕太后二年（前186年）五月丙申日，朱虚侯刘章在位元年。
孝文二十三 （前179年—前157年）	一 二年，侯郢客为楚王，国除。 汉文帝前元二年（前178年），上邳侯刘郢客被封为楚王，侯国被废除。	一 二年，侯章为城阳王，国除。 汉文帝前元二年（前178年），朱虚侯刘章被封为城阳王，侯国被废除。
孝景十六 （前156年—前141年）		
建元至元封 六年三十六 （前140年—前105年）		
太初已(以)后 （前104年以后）		

惠景间侯者年表第七

国名	昌平	赘其
侯功	孝惠子,侯。 刘太因是汉惠帝的儿子,被封为昌平侯。	吕后昆弟子,用淮阳丞相侯。 吕胜因是吕太后兄弟的儿子,由淮阳国丞相被封为赘其侯。
孝惠七 (前194年—前188年)		
高后八 (前187年—前180年)	三　　四年二月癸未,侯太元年。 七年,太为吕王,国除。 吕太后四年(前184年)二月癸未日,昌平侯刘太在位元年。 吕太后七年(前181年),刘太被封为吕王,侯国被废除。	四　　四年四月丙申,侯吕胜元年。 八年,侯胜坐吕氏事诛,国除。 吕太后四年(前184年)四月丙申日,赘其侯吕胜在位元年。 吕太后八年(前180年),赘其侯吕胜因是吕氏宗族被诛杀,封国被废除。
孝文二十三 (前179年—前157年)		
孝景十六 (前156年—前141年)		
建元至元封六年三十六 (前140年—前105年)		
太初已(以)后 (前104年以后)		

国名	中邑	乐平
侯功	以执矛从高祖入汉，以中尉破曹咎，用吕相侯，六百户。朱通以执矛的身份随从高祖就任汉王，在任中尉时打败曹咎，由吕国国相被封为中邑侯，封邑六百户。	以队卒从高祖起沛，属皇䜣，以郎击陈豨，用卫尉侯，六百户。卫无择以队卒的身份随从高祖在沛县起事，隶属于皇䜣，在任郎官时攻打陈豨，以卫尉的身份被封为乐平侯，封邑六百户。
孝惠七（前194年—前188年）		
高后八（前187年—前180年）	五　四年四月丙申，贞侯朱通元年。吕太后四年（前184年）四月丙申日，中邑贞侯朱通在位元年。	二　四年四月丙申，简侯卫无择元年。 三　六年，恭侯胜元年。 吕太后四年（前184年）四月丙申日，乐平简侯卫无择在位元年。 吕太后六年（前182年），乐平恭侯卫胜在位元年。
孝文二十三（前179年—前157年）	十七 六　后二年，侯悼元年。 汉文帝后元二年（前162年），中邑侯朱悼在位元年。	二十三
孝景十六（前156年—前141年）	十五 后三年，侯悼有罪，国除。 汉景帝后元三年（前141年），中邑侯朱悼有罪，封国被废除。	十五 一　后三年，侯侈元年。 汉景帝后元三年（前141年），乐平侯卫侈在位元年。
建元至元封六年三十六（前140年—前105年）		五 建元六年，侯侈坐以买田宅不法，又请求吏罪，国除。 建元六年（前135年），乐平侯卫侈因在买田宅时不守法规，又向官吏索取贿赂而获罪，封国被废除。
太初已（以）后（前104年以后）		

国名	山都	松兹
侯功	高祖五年为郎中柱下令,以卫将军击陈豨,用梁相侯。 王恬开在汉高祖五年(前202年)任郎中柱下令,在任卫将军时攻打陈豨,由梁国国相被封为山都侯。	兵初起,以舍人从起沛,以郎中入汉,还,得雍王邯家属功,用常山丞相侯。 义军开始兴起时,徐厉以舍人的身份随从高祖在沛县起事,以郎中的身份随高祖就汉王任,回军,因捕获雍王章邯的家属而有功,由常山国丞相被封为松兹侯。
孝惠七 (前194年—前188年)		
高后八 (前187年—前180年)	五　四年四月丙申,贞侯王恬开元年。 吕太后四年(前184年)四月丙申日,山都贞侯王恬开在位元年。	五　四年四月丙申,夷侯徐厉元年。 吕太后四年(前184年)四月丙申日,松兹夷侯徐厉在位元年。
孝文二十三 (前179年—前157年)	三 二十　四年,惠侯中黄元年。 汉文帝前元四年(前176年),山都惠侯王中黄在位元年。	六 十七　七年,康侯悼元年。 汉文帝前元七年(前173年),松兹康侯徐悼在位元年。
孝景十六 (前156年—前141年)	三 十三　四年,敬侯触龙元年。 汉景帝前元四年(前153年),山都敬侯王触龙在位元年。	十二 四　中六年,侯偃元年。 汉景帝中元六年(前144年),松兹侯徐偃在位元年。
建元至元封六年三十六 (前140年—前105年)	二十二 八　元狩五年,侯当元年。　元封元年,侯当坐与奴阑入上林苑,国除。 元狩五年(前118年),山都侯王当在位元年。　元封元年(前110年),山都侯王当因和奴仆私自闯入上林苑而获罪,封国被废除。	五 建元六年,侯偃有罪,国除。 建元六年(前135年),松兹侯徐偃有罪,封国被废除。
太初已(以)后 (前104年以后)		

国名	成陶
侯功	以卒从高祖起单父，为吕氏舍人，度（渡）吕氏淮之功，用河南守侯，五百户。 周信以士卒的身份随从高祖在单父起事，做吕氏的舍人，有护送吕后渡过淮水的功劳，由河南郡守被封为成陶侯，封邑五百户。
孝惠七 （前194年—前188年）	
高后八 （前187年—前180年）	五　四年四月丙申，夷侯周信元年。 吕太后四年（前184年）四月丙申日，成陶夷侯周信在位元年。
孝文二十三 （前179年—前157年）	十一 三　十二年，孝侯勃元年。　十五年，侯勃有罪，国除。 汉文帝前元十二年（前168年），成陶孝侯周勃在位元年。　汉文帝前元十五年（前165年），成陶侯周勃有罪，封国被废除。
孝景十六 （前156年—前141年）	
建元至元封六年三十六 （前140年—前105年）	
太初已（以）后 （前104年以后）	

国名	俞
侯功	以连敖从高祖破秦，入汉，以都尉定诸侯，功比朝阳侯。婴死，子它袭功，用太中大夫侯。 吕婴以连敖的身份随从高祖打败秦朝廷，随高祖就任汉王，以都尉的身份被确定为诸侯，功劳仅次于朝阳侯华寄。吕婴死后，他的儿子吕它承袭功劳，由太中大夫被封为俞侯。
孝惠七 （前194年—前188年）	
高后八 （前187年—前180年）	四　　四年四月丙申，侯吕它元年。 八年，侯它坐吕氏事诛，国除。 吕太后四年（前184年）四月丙申日，俞侯吕它在位元年。 吕太后八年（前180年），俞侯吕它因是吕氏宗族被诛杀，封国被废除。
孝文二十三 （前179年—前157年）	
孝景十六 （前156年—前141年）	
建元至元封六年三十六 （前140年—前105年）	
太初已(以)后 （前104年以后）	

国名	滕	醴陵
侯功	以舍人、郎中十二岁,以都尉屯霸上,用楚相侯。 吕更始任舍人、郎中共十二年,在任都尉时戍守霸上,由楚国国相被封为滕侯。	以卒从,汉王二年初起栎阳,以卒吏击项籍,为河内都尉,用长沙相侯,六百户。 越以士卒的身份随从高祖,汉王二年开始在栎阳起事,在任卒吏时攻打项羽,任河内郡都尉,由长沙国相被封为醴陵侯,封邑六百户。
孝惠七 (前194年—前188年)		
高后八 (前187年—前180年)	四　四年四月丙申,侯吕更始元年。 吕太后四年(前184年)四月丙申日,滕侯吕更始在位元年。 吕太后八年(前180年),滕侯吕更始因吕氏事件被诛杀,封国被废除。	五　四年四月丙申,侯越元年。 吕太后四年(前184年)四月丙申日,醴陵侯越在位元年。
孝文二十三 (前179年—前157年)		三 四年,侯越有罪,国除。 汉文帝前元四年(前176年),醴陵侯越有罪,封国被废除。
孝景十六 (前156年—前141年)		
建元至元封六年三十六 (前140年—前105年)		
太初已(以)后 (前104年以后)		

国名	吕成	东牟
侯功	吕氏昆弟子, 侯。 吕忿因是吕太后兄弟的儿子, 被封为吕成侯。	齐悼惠王子, 侯。 刘兴居因是齐悼惠王刘肥的儿子, 被封为东牟侯。
孝惠七 （前194年—前188年）		
高后八 （前187年—前180年）	四　四年四月丙申, 侯吕忿元年。 八年, 侯忿坐吕氏事诛, 国除。 吕太后四年（前184年）四月丙申日, 吕成侯吕忿在位元年。 吕太后八年（前180年）, 吕成侯吕忿因是吕氏宗族被诛杀, 封国被废除。	三　六年四月丁酉, 侯刘兴居元年。 吕太后六年（前182年）四月丁酉日, 东牟侯刘兴居在位元年。
孝文二十三 （前179年—前157年）		一 二年, 侯兴居为济北王, 国除。 汉文帝前元二年（前178年）, 东牟侯刘兴居被封为济北王, 侯国被废除。
孝景十六 （前156年—前141年）		
建元至元封六年三十六 （前140年—前105年）		
太初巳(以)后 （前104年以后）		

国名	锤	信都
侯功	吕肃王子,侯。 吕通因是吕肃王的儿子,被封为锤侯。	以张敖、鲁元太后子侯。 张侈因是张敖、鲁元太后之子而被封为信都侯。
孝惠七 (前194年—前188年)		
高后八 (前187年—前180年)	二　六年四月丁酉,侯吕通元年。八年,侯通为燕王,坐吕氏事,国除。 吕太后六年(前182年)四月丁酉日,锤侯吕通在位元年。 吕太后八年(前180年),锤侯吕通被封为燕王,后因吕氏事件,封国被废除。	一　八年四月丁酉,侯张侈元年。 吕太后八年(前180年)四月丁酉日,信都侯张侈在位元年。
孝文二十三 (前179年—前157年)		元年,侯侈有罪,国除。 汉文帝前元年(前179年),信都侯张侈有罪,封国被废除。
孝景十六 (前156年—前141年)		
建元至元封六年三十六 (前140年—前105年)		
太初已(以)后 (前104年以后)		

国名	乐昌	祝兹
侯功	以张敖、鲁元太后子侯。 张受因是张敖、鲁元太后之子而被封为乐昌侯。	吕后昆弟子,侯。 吕荣因是吕太后兄弟的儿子,被封为祝兹侯。
孝惠七 (前194年—前188年)		
高后八 (前187年—前180年)	一　　八年四月丁酉,侯张受元年。 吕太后八年(前180年)四月丁酉日,乐昌侯张受在位元年。	八年四月丁酉,侯吕荣元年。坐吕氏事诛,国除。 吕太后八年(前180年)四月丁酉日,祝兹侯吕荣在位元年。因吕氏事件被诛杀,封国被废除。
孝文二十三 (前179年—前157年)	元年,侯受有罪,国除。 汉文帝前元元年(前179年),乐昌侯张受有罪,封国被废除。	
孝景十六 (前156年—前141年)		
建元至元封六年三十六 (前140年—前105年)		
太初已(以)后 (前104年以后)		

国名	建陵	东平
侯功	以大谒者侯，宦者，多奇计。 张泽以大谒者的身份被封为建陵侯，是宦官，多有奇计。	以燕王吕通弟侯。 吕庄因是燕王吕通的弟弟而被封为东平侯。
孝惠七 （前194年—前188年）		
高后八 （前187年—前180年）	八年四月丁酉，侯张泽元年。九月，夺侯，国除。 吕太后八年（前180年）四月丁酉日，建陵侯张泽在位元年。 九月，张泽被削夺侯爵，封国被废除。	八年五月丙辰，侯吕庄元年。坐吕氏事诛，国除。 吕太后八年（前180年）五月丙辰日，东平侯吕庄在位元年。因吕氏事件被诛杀，封国被废除。
孝文二十三 （前179年—前157年）		
孝景十六 （前156年—前141年）		
建元至元封六年三十六 （前140年—前105年）		
太初已（以）后 （前104年以后）		
右高后时三十一 以上是吕太后时期所封侯者三十一人		

国名	阳信
侯功	高祖十二年为郎。以典客夺赵王吕禄印，关殿门拒吕产等入，共尊立孝文，侯，二千户。 汉高祖十二年（前195年）刘揭任郎官。他以典客的身份夺取赵王吕禄的印信，关闭殿门拒绝吕产等人进入，共同尊奉拥立汉文帝，因此被封为阳信侯，封邑二千户。
孝惠七 （前194年—前188年）	
高后八 （前187年—前180年）	
孝文二十三 （前179年—前157年）	十四　元年三月辛丑，侯刘揭元年。 九　十五年，侯中意元年。 汉文帝前元元年（前179年）二月辛丑日，阳信侯刘揭在位元年。 汉文帝前元十五年（前165年），阳信侯刘中意在位元年。
孝景十六 （前156年—前141年）	五 六年，侯中意有罪，国除。 汉景帝前元六年（前151年），阳信侯刘中意有罪，封国被废除。
建元至元封六年三十六 （前140年—前105年）	
太初已(以)后 （前104年以后）	

国名	轵
侯功	高祖十年为郎,从军十七岁,为太中大夫,迎孝文代,用车骑将军迎太后,侯,万户。薄太后弟。 薄昭在汉高祖十年(前197年)任郎官,从军时十七岁,任太中大夫,从代国迎接汉文帝,以车骑将军的身份迎接太后,因此被封为轵侯,封邑一万户。是薄太后的弟弟。
孝惠七 (前194年—前188年)	
高后八 (前187年—前180年)	
孝文二十三 (前179年—前157年)	十　　元年二月乙巳,侯薄昭元年。 十三　　十一年,易侯戎奴元年。 汉文帝前元元年(前179年)二月乙巳日,轵侯薄昭在位元年。 汉文帝前元十一年(前169年),轵易侯薄戎奴在位元年。
孝景十六 (前156年—前141年)	十六
建元至元封六年三十六 (前140年—前105年)	一 建元二年,侯梁元年。 建元二年(前139年),轵侯薄梁在位元年。
太初巳(以)后 (前104年以后)	

国名	壮武
侯功	以家吏从高祖起山东,以都尉从之荥阳,食邑。以代中尉劝代王入,骖乘至代邸,王卒为帝,功侯,千四百户。 宋昌以家吏的身份随从高祖在山东地区起事,在任都尉时随从守卫荥阳,因而享有土地。在任代国中尉时劝代王入京,并陪代王同乘一车到代王宅邸,代王最终成为皇帝,因有功被封壮武侯,封邑一千四百户。
孝惠七 (前194年—前188年)	
高后八 (前187年—前180年)	
孝文二十三 (前179年—前157年)	二十三 元年四月辛亥,侯宋昌元年。 汉文帝前元元年(前179年)四月辛亥日,壮武侯宋昌在位元年。
孝景十六 (前156年—前141年)	十一 中四年,侯昌夺侯,国除。 汉景帝中元四年(前146年),壮武侯宋昌被削夺侯爵,封国被废除。
建元至元封六年三十六 (前140年—前105年)	
太初已(以)后 (前104年以后)	

国名	清都	周阳
侯功	以齐哀王舅父侯。 驷钧因是齐哀王刘襄的舅父而被封为清都侯。	以淮南厉王舅父侯。 赵兼因是淮南厉王刘长的舅父而被封为周阳侯。
孝惠七 （前194年—前188年）		
高后八 （前187年—前180年）		
孝文二十三 （前179年—前157年）	五　元年四月辛未,侯驷钧元年。 前六年,钧有罪,国除。 汉文帝前元元年（前179年）四月辛未日,清都侯驷钧在位元年。 汉文帝前元六年（前174年）,驷钧有罪,封国被废除。	五　元年四月辛未,侯赵兼元年。 前六年,兼有罪,国除。 汉文帝前元元年（前179年）四月辛未日,周阳侯赵兼在位元年。 汉文帝前元六年（前174年）,赵兼有罪,封国被废除。
孝景十六 （前156年—前141年）		
建元至元封六年三十六 （前140年—前105年）		
太初已（以）后 （前104年以后）		

国名	樊	管
侯功	以睢阳令高祖初起从阿，以韩家子还定北地，用常山相侯，千二百户。 蔡兼以睢阳县令的身份随从高祖起初在阿县起事，以六国时韩家诸子的身份返回平定北地郡，由常山国国相被封为樊侯，封邑一千二百户。	齐悼惠王子，侯。 刘罢军因是齐悼惠王刘肥的儿子，被封为管侯。
孝惠七 （前194年—前188年）		
高后八 （前187年—前180年）		
孝文二十三 （前179年—前157年）	十四　元年六月丙寅，侯蔡兼元年。 九　十五年，康侯客元年。 汉文帝前元元年（前179年）六月丙寅日，樊侯蔡兼在位元年。 汉文帝前元十五年（前165年），樊康侯蔡客在位元年。	二　四年五月甲寅，恭侯刘罢军元年。 十八　六年，侯戎奴元年。 汉文帝前元四年（前176年）五月甲寅日，管恭侯刘罢军在位元年。 汉文帝前元六年（前174年），管侯刘戎奴在位元年。
孝景十六 （前156年—前141年）	九 七　中三年，恭侯平元年。 汉景帝中元三年（前147年），樊恭侯蔡平在位元年。	二 三年，侯戎奴反，国除。 汉景帝三年（前154年），管侯刘戎奴造反，封国被废除。
建元至元封六年三十六 （前140年—前105年）	十三 十四　元朔二年，侯辟方元年。　元鼎四年，侯辟方有罪，国除。 元朔二年（前127年），樊侯蔡辟方在位元年。 元鼎四年（前113年），樊侯蔡辟方有罪，封国被废除。	
太初已（以）后 （前104年以后）		

国名	瓜丘	营
侯功	齐悼惠王子，侯。 刘宁国因是齐悼惠王刘肥的儿子，被封为瓜丘侯。	齐悼惠王子，侯。 刘信都因是齐悼惠王刘肥的儿子，被封为营侯。
孝惠七 （前194年—前188年）		
高后八 （前187年—前180年）		
孝文二十三 （前179年—前157年）	十一　四年五月甲寅，侯刘宁国元年。 九　十五年，侯偃元年。 汉文帝前元四年（前176年）五月甲寅日，瓜丘侯刘宁国在位元年。 汉文帝前元十五年（前165年），瓜丘侯刘偃在位元年。	十　四年五月甲寅，平侯刘信都元年。 十　十四年，侯广元年。 汉文帝前元四年（前176年）五月甲寅日，营平侯刘信都在位元年。 汉文帝前元十四年（前166年），营侯刘广在位元年。
孝景十六 （前156年—前141年）	二 三年，侯偃反，国除。 汉景帝前元三年（前154年），瓜丘侯刘偃造反，封国被废除。	二 三年，侯广反，国除。 汉景帝前元三年（前154年），营侯刘广造反，封国被废除。
建元至元封六年三十六 （前140年—前105年）		
太初已(以)后 （前104年以后）		

国名	杨虚	朳
侯功	齐悼惠王子，侯。 刘将庐因是齐悼惠王刘肥的儿子，被封为杨虚侯。	齐悼惠王子，侯。 刘辟光因是齐悼惠王刘肥的儿子，被封为朳侯。
孝惠七 （前194年—前188年）		
高后八 （前187年—前180年）		
孝文二十三 （前179年—前157年）	十二　　四年五月甲寅，恭侯刘将庐元年。 十六年，侯将庐为齐王，有罪，国除。 汉文帝前元四年（前176年）五月甲寅日，杨虚恭侯刘将庐在位元年。 汉文帝前元十六年（前164年），杨虚侯刘将庐被封为齐王，因为有罪，封国被废除。	十二　　四年五月甲寅，侯刘辟光元年。 十六年，侯辟光为济南王，国除。 汉文帝前元四年（前176年）五月甲寅日，朳侯刘辟光在位元年。 汉文帝前元十六年（前164年），朳侯刘辟光被封为济南王，侯国被废除。
孝景十六 （前156年—前141年）		
建元至元封六年三十六 （前140年—前105年）		
太初已（以）后 （前104年以后）		

国名	安都	平昌
侯功	齐悼惠王子,侯。 刘志因是齐悼惠王刘肥的儿子,被封为安都侯。	齐悼惠王子,侯。 刘印因是齐悼惠王刘肥的儿子,被封为平昌侯。
孝惠七 (前194年—前188年)		
高后八 (前187年—前180年)		
孝文二十三 (前179年—前157年)	十二　　四年五月甲寅,侯刘志元年。 十六年,侯志为济北王,国除。 汉文帝前元四年(前176年)五月甲寅日,安都侯刘志在位元年。 汉文帝前元十六年(前164年),安都侯刘志被封为济北王,侯国被废除。	十二　　四年五月甲寅,侯刘印元年。 十六年,侯印为胶西王,国除。 汉文帝前元四年(前176年)五月甲寅日,平昌侯刘印在位元年。 汉文帝前元十六年(前164年),平昌侯刘印被封为胶西王,侯国被废除。
孝景十六 (前156年—前141年)		
建元至元封六年三十六 (前140年—前105年)		
太初已(以)后 (前104年以后)		

惠景间侯者年表第七

国名	武城	白石
侯功	齐悼惠王子,侯。 刘贤因是齐悼惠王刘肥的儿子,被封为武城侯。	齐悼惠王子,侯。 刘雄渠因是齐悼惠王刘肥的儿子,被封为白石侯。
孝惠七 (前194年—前188年)		
高后八 (前187年—前180年)		
孝文二十三 (前179年—前157年)	十二　四年五月甲寅,侯刘贤元年。 十六年,侯贤为菑川王,国除。 汉文帝前元四年(前176年)五月甲寅日,武城侯刘贤在位元年。 汉文帝前元十六年(前164年),武城侯刘贤被封为菑川王,侯国被废除。	十二　四年五月甲寅,侯刘雄渠元年。 十六年,侯雄渠为胶东王,国除。 汉文帝前元四年(前176年)五月甲寅日,白石侯刘雄渠在位元年。 汉文帝前元十六年(前164年),白石侯刘雄渠被封为胶东王,侯国被废除。
孝景十六 (前156年—前141年)		
建元至元封六年三十六 (前140年—前105年)		
太初已(以)后 (前104年以后)		

国名	波陵	南䣾
侯功	以阳陵君侯。 魏驷以阳陵君的身份被封为波陵侯。	以信平君侯。 起以信平君的身份被封为南䣾侯。
孝惠七 （前194年—前188年）		
高后八 （前187年—前180年）		
孝文二十三 （前179年—前157年）	五　七年三月甲寅，康侯魏驷元年。 十二年，康侯魏驷薨，无后，国除。 汉文帝前元七年（前173年）三月甲寅日，波陵康侯魏驷在位元年。 汉文帝前元十二年（前168年），波陵康侯魏驷薨逝，没有后代，封国被废除。	一　七年三月丙寅，侯起元年。 孝文时坐后父故夺爵级，关内侯。 汉文帝前元七年（前173年）三月丙寅日，南䣾侯起在位元年。 汉文帝时，南䣾侯起因朝会时跟在他父亲后面而被削夺爵位一级，降为没有封地的关内侯。
孝景十六 （前156年—前141年）		
建元至元封六年三十六 （前140年—前105年）		
太初已（以）后 （前104年以后）		

惠景间侯者年表第七

国名	阜陵	安阳
侯功	以淮南厉王子侯。 刘安因是淮南厉王刘长之子而被封为阜陵侯。	以淮南厉王子侯。 刘勃因是淮南厉王刘长之子而被封为安阳侯。
孝惠七 （前194年—前188年）		
高后八 （前187年—前180年）		
孝文二十三 （前179年—前157年）	八　八年五月丙午，侯刘安元年。 十六年，安为淮南王，国除。 汉文帝前元八年（前172年）五月丙午日，阜陵侯刘安在位元年。 汉文帝前元十六年（前164年），阜陵侯刘安被封为淮南王，侯国被废除。	八　八年五月丙午，侯勃元年。 十六年，侯勃为衡山王，国除。 汉文帝前元八年（前172年）五月丙午日，安阳侯刘勃在位元年。 汉文帝前元十六年（前164年），安阳侯刘勃被封为衡山王，侯国被废除。
孝景十六 （前156年—前141年）		
建元至元封六年三十六 （前140年—前105年）		
太初已（以）后 （前104年以后）		

国名	阳周	东城
侯功	以淮南厉王子侯。 刘赐因是淮南厉王刘长之子而被封为阳周侯。	以淮南厉王子侯。 刘良因是淮南厉王刘长之子而被封为东城侯。
孝惠七 （前194年—前188年）		
高后八 （前187年—前180年）		
孝文二十三 （前179年—前157年）	八　八年五月丙午，侯刘赐元年。 十六年，侯赐为庐江王，国除。 汉文帝前元八年（前172年）五月丙午日，阳周侯刘赐在位元年。 汉文帝前元十六年（前164年），阳周侯刘赐被封为庐江王，侯国被废除。	七　八年五月丙午，哀侯刘良元年。 十五年，侯良薨，无后，国除。 汉文帝前元八年（前172年）五月丙午日，东城哀侯刘良在位元年。 汉文帝前元十五年（前165年），东城侯刘良薨逝，没有后代，封国被废除。
孝景十六 （前156年—前141年）		
建元至元封六年三十六 （前140年—前105年）		
太初已（以）后 （前104年以后）		

国名	犁	瓶
侯功	以齐相召平子侯,千四百一十户。 召奴因是齐国国相召平之子而被封为犁侯,封邑一千四百一十户。	以北地都尉孙卬匈奴入北地力战死事,子侯。 北地郡都尉孙卬在匈奴人入侵北地郡时奋力作战死于国事,因此他的儿子被封为瓶侯。
孝惠七 (前194年—前188年)		
高后八 (前187年—前180年)		
孝文二十三 (前179年—前157年)	十一　十年四月癸丑,顷侯召奴元年。 三　后五年,泽元年。 汉文帝前元十年(前170年)四月癸丑日,犁顷侯召奴在位元年。 汉文帝后元五年(前159年),犁侯召泽在位元年。	十　十四年三月丁巳,侯孙单元年。 汉文帝前元十四年(前166年)三月丁巳日,瓶侯孙单在位元年。
孝景十六 (前156年—前141年)	十六	二　前三年,侯单谋反,国除。 汉景帝前元三年(前154年),瓶侯孙单谋反,封国被废除。
建元至元封 六年三十六 (前140年—前105年)	十六 十九　元朔五年,侯延元年。　元封六年,侯延坐不出持马,斩,国除。 元朔五年(前124年),犁侯召延在位元年。　元封六年(前105年),犁侯召延因在皇帝车骑经过时未牵马引导而获罪,被斩杀,封国被废除。	
太初已(以)后 (前104年以后)		

国名	弓高	襄成
侯功	以匈奴相国降，故韩王信孽子，侯，千二百三十七户。 韩颓当以匈奴相国的身份归降，是过去韩王信的庶出子，因此被封为弓高侯，封邑一千二百三十七户。	以匈奴相国降，侯，故韩王信太子之子，侯，千四百三十二户。 韩婴以匈奴相国的身份归降，因此被封侯，是过去韩王信太子的儿子，因此被封为襄成侯，封邑一千四百三十二户。
孝惠七 （前194年—前188年）		
高后八 （前187年—前180年）		
孝文二十三 （前179年—前157年）	八　十六年六月丙子，庄侯韩颓当元年。 汉文帝前元十六年（前164年）六月丙子日，弓高庄侯韩颓当在位元年。	七　十六年六月丙子，哀侯韩婴元年。 一　后七年，侯泽之元年。 汉文帝前元十六年（前164年）六月丙子日，襄成哀侯韩婴在位元年。 汉文帝后元七年（前157年），襄成侯韩泽之在位元年。
孝景十六 （前156年—前141年）	十六　前元年，侯则元年。 汉景帝前元元年（前156年），弓高侯韩则在位元年。	十六
建元至元封六年三十六 （前140年—前105年）	十六 元朔五年，侯则薨，无后，国除。 元朔五年（前124年），弓高侯韩则薨逝，没有后代，封国被废除。	十五 元朔四年，侯泽之坐诈病不从，不敬，国除。 元朔四年（前125年），襄成侯韩泽之因假称有病不侍从皇帝，犯不敬罪，封国被废除。
太初已（以）后 （前104年以后）		

国名	故安
侯功	孝文元年，举淮阳守从高祖入汉，功侯，食邑五百户；用丞相侯，一千七百一十二户。 汉文帝元年（前179年），淮阳郡守申屠嘉被举荐有随从高祖入汉的功劳，因此被封侯，封邑五百户；后又由丞相被封为故安侯，封邑一千七百一十二户。
孝惠七 （前194年—前188年）	
高后八 （前187年—前180年）	
孝文二十三 （前179年—前157年）	五　　后三年四月丁巳，节侯申屠嘉元年。 汉文帝后元三年（前161年）四月丁巳日，故安节侯申屠嘉在位元年。
孝景十六 （前156年—前141年）	二 十四　　前三年，恭侯蔑元年。 汉景帝前元三年（前154年），故安恭侯申蔑在位元年。
建元至元封六年三十六 （前140年—前105年）	十九 五　　元狩二年，清安侯臾元年。　　元鼎元年，臾坐为九江太守有罪，国除。 元狩二年（前121年），被另封为清安侯的申臾在位元年。　　元鼎元年（前116年），申臾因在任九江郡太守时有罪，封国被废除。
太初已（以）后 （前104年以后）	

国名	章武
侯功	以孝文后弟侯，万一千八百六十九户。 窦广国因是汉文帝皇后的弟弟而被封为章武侯，封邑一万一千八百六十九户。
孝惠七 （前194年—前188年）	
高后八 （前187年—前180年）	
孝文二十三 （前179年—前157年）	一　　后七年六月乙卯，景侯窦广国元年。 汉文帝后元七年（前157年）六月乙卯日，章武景侯窦广国在位元年。
孝景十六 （前156年—前141年）	六 十　　前七年，恭侯完元年。 汉景帝前元七年（前150年），章武恭侯窦完在位元年。
建元至元封六年三十六 （前140年—前105年）	八 十　　元光三年，侯常坐元年。　　元狩元年，侯常坐谋杀人未杀罪，国除。 元光三年（前132年），章武侯窦常在位元年。　元狩元年（前122年），章武侯窦常犯杀人未遂罪，封国被废除。
太初已（以）后 （前104年以后）	

国名	南皮
侯功	以孝文后兄窦长君子侯，六千四百六十户。 窦彭祖因是汉文帝皇后兄长窦长君之子而被封为南皮侯，封邑六千四百六十户。
孝惠七 （前194年—前188年）	
高后八 （前187年—前180年）	
孝文二十三 （前179年—前157年）	一　　后七年六月乙卯，侯窦彭祖元年。 汉文帝后元七年（前157年）六月乙卯日，南皮侯窦彭祖在位元年。
孝景十六 （前156年—前141年）	十六
建元至元封六年三十六 （前140年—前105年）	五 五　　建元六年，夷侯良元年。 十八　元光五年，侯桑林元年。　元鼎五年，侯桑林坐酎金罪，国除。 建元六年（前135年），南皮夷侯窦良在位元年。 元光五年（前130年），南皮侯窦桑林在位元年。　元鼎五年（前112年），南皮侯窦桑林因贡献的助祭金成色不好、分量不足而获罪，封国被废除。
太初已（以）后 （前104年以后）	
	右孝文时二十九 以上是汉文帝时期所封侯者二十九人

国名	平陆
侯功	楚元王子,侯,三千二百六十七户。 刘礼因是楚元王刘交的儿子,而被封为平陆侯,封邑三千二百六十七户。
孝惠七 (前194年—前188年)	
高后八 (前187年—前180年)	
孝文二十三 (前179年—前157年)	
孝景十六 (前156年—前141年)	二　元年四月乙巳,侯刘礼元年。 三年,侯礼为楚王,国除。 汉景帝前元元年(前156年)四月乙巳日,平陆侯刘礼在位元年。 汉景帝前元三年(前154年),平陆侯刘礼被封为楚王,侯国被废除。
建元至元封 六年三十六 (前140年—前105年)	
太初已(以)后 (前104年以后)	

国名	休
侯功	楚元王子,侯。 刘富因是楚元王刘交的儿子,被封为休侯。
孝惠七 (前194年—前188年)	
高后八 (前187年—前180年)	
孝文二十三 (前179年—前157年)	
孝景十六 (前156年—前141年)	二　元年四月乙巳,侯富元年。 三年,侯富以兄子戊为楚王反,富与家属至长安北阙自归,不能相教,上印绶。诏复王。后以平陆侯为楚王,更封富为红侯。 汉景帝前元元年(前156年)四月乙巳日,休侯刘富在位元年。 汉景帝前元三年(前154年),休侯刘富因为兄长的儿子楚王刘戊反叛朝廷,刘富和家属到京城长安的北阙主动请罪,认为自己没能对其教导,奉上印绶。朝廷下诏恢复其王位。后来封平陆侯刘礼为楚王,另封刘富为红侯。
建元至元封 六年三十六 (前140年—前105年)	
太初巳(以)后 (前104年以后)	

国名	沈犹
侯功	楚元王子,侯,千三百八十户。 刘秽因是楚元王刘交的儿子,而被封为沈犹侯,封邑一千三百八十户。
孝惠七 (前194年—前188年)	
高后八 (前187年—前180年)	
孝文二十三 (前179年—前157年)	
孝景十六 (前156年—前141年)	十六　元年四月乙巳,夷侯刘秽元年。 汉景帝元年(前156年)四月乙巳日,沈犹夷侯刘秽在位元年。
建元至元封六年三十六 (前140年—前105年)	四 十八　建元五年,侯受元年。　元狩五年,侯受坐故为宗正听谒不具宗室,不敬,国除。 建元五年(前136年),沈犹侯刘受在位元年。　元狩五年(前118年),沈犹侯刘受因过去任宗正时听取诉讼没有把应该参加的人全部叫来,犯不敬罪,封国被废除。
太初已(以)后 (前104年以后)	

国名	红
侯功	楚元王子，侯，千七百五十户。 刘富因是楚元王刘交的儿子，而被封为红侯，封邑一千七百五十户。
孝惠七 （前194年—前188年）	
高后八 （前187年—前180年）	
孝文二十三 （前179年—前157年）	
孝景十六 （前156年—前141年）	四　　三年四月乙巳，庄侯富元年。 一　　前七年，悼侯澄元年。 九　　中元年，敬侯发元年。 汉景帝前元三年（前154年）四月乙巳日，红庄侯刘富在位元年。 汉景帝前元七年（前150年），红悼侯刘澄在位元年。 汉景帝中元元年（前149年），红敬侯刘发在位元年。
建元至元封六年三十六 （前140年—前105年）	十五 一　　元朔四年，侯章元年。　　元朔五年，侯章薨，无后，国除。 元朔四年（前125年），红侯刘章在位元年。　　元朔五年（前124年），红侯刘章薨逝，没有后代，封国被废除。
太初巳（以）后 （前104年以后）	

国名	宛朐	魏其
侯功	楚元王子,侯。 刘执因是楚元王刘交的儿子,而被封为宛朐侯。	以大将军屯荥阳,捍吴楚七国,侯,三千三百五十户。 窦婴任大将军时屯驻荥阳,抵御吴楚七国的叛乱,因此被封为魏其侯,封邑三千三百五十户。
孝惠七 (前194年—前188年)		
高后八 (前187年—前180年)		
孝文二十三 (前179年—前157年)		
孝景十六 (前156年—前141年)	二　元年四月乙巳,侯刘执元年。 三年,侯执反,国除。 汉景帝前元元年(前156年)四月乙巳日,宛朐侯刘执在位元年。 汉景帝前元三年(前154年),宛朐侯刘执反叛朝廷,封国被废除。	十四　三年六月乙巳,侯窦婴元年。 汉景帝前元三年(前154年)六月乙巳日,魏其侯窦婴在位元年。
建元至元封六年三十六 (前140年—前105年)		九　建元元年为丞相,二岁免。 元光四年,侯婴坐争灌夫事上书称为先帝诏,矫制害,弃市,国除。 建元元年(前140年)窦婴任丞相,两年后被罢免。 元光四年(前131年),魏其侯窦婴因争论灌夫冤屈之事而上书称是先帝诏令,犯假冒诏旨害人罪,被处死在街市上示众,封国被废除。
太初已(以)后 (前104年以后)		

国名	棘乐
侯功	楚元王子,侯,户千二百一十三。 刘调因是楚元王刘交的儿子,被封为棘乐侯,封邑一千二百一十三户。
孝惠七 (前194年—前188年)	
高后八 (前187年—前180年)	
孝文二十三 (前179年—前157年)	
孝景十六 (前156年—前141年)	十四　三年八月壬子,敬侯刘调元年。 汉景帝前元三年(前154年)八月壬子日,棘乐敬侯刘调在位元年。
建元至元封六年三十六 (前140年—前105年)	一 十一　建元二年,恭侯应元年。 十六　元朔元年,侯庆元年。　元鼎五年,侯庆坐酎金,国除。 建元二年(前139年),棘乐恭侯刘应在位元年。 元朔元年(前128年),棘乐侯刘庆在位元年。　元鼎五年(前112年),棘乐侯刘庆因进贡的助祭金成色不好、分量不足而获罪,封国被废除。
太初巳(以)后 (前104年以后)	

国名	俞
侯功	以将军吴楚反时击齐有功。布故彭越舍人，越反时布使齐，还已枭越，布祭哭之，当亨（烹），出忠言，高祖舍之。黥布反，布为都尉，侯，户千八百。 栾布以将军的身份在吴楚七国反叛朝廷时进击齐国有功。栾布原是彭越的舍人，彭越反叛时栾布正在出使齐国，返回后朝廷已斩下彭越的头悬挂示众，栾布祭奠哭之，应处烹煮之刑，但因栾布道出忠诚之言，高祖便赦免了他。后来英布造反，栾布任都尉平叛，因此被封为俞侯，封邑一千八百户。
孝惠七 （前194年—前188年）	
高后八 （前187年—前180年）	
孝文二十三 （前179年—前157年）	
孝景十六 （前156年—前141年）	六　六年四月丁卯，侯栾布元年。 中五年，侯布薨。 汉景帝前元六年（前151年）四月丁卯日，俞侯栾布在位元年。 汉景帝中元五年（前145年），俞侯栾布薨逝。
建元至元封六年三十六 （前140年—前105年）	十　元狩六年，侯贲坐为太常庙牺牲不如令，有罪，国除。 元狩六年（前117年），俞侯栾贲因任太常官时供奉宗庙祭祀用的牲畜不符合律令规定，有罪，封国被废除。
太初已（以）后 （前104年以后）	

国名	建陵	建平
侯功	以将军击吴楚功，用中尉侯，户一千三百一十。 卫绾以将军的身份攻打吴楚叛乱有功，由中尉被封为建陵侯，封邑一千三百一十户。	以将军击吴楚功，用江都相侯，户三千一百五十。 程嘉以将军的身份攻打吴楚叛乱有功，由江都国国相被封为建平侯，封邑三千一百五十户。
孝惠七 （前194年—前188年）		
高后八 （前187年—前180年）		
孝文二十三 （前179年—前157年）		
孝景十六 （前156年—前141年）	十一　六年四月丁卯，敬侯卫绾元年。 汉景帝前元六年（前151年）四月丁卯日，建陵敬侯卫绾在位元年。	十一　六年四月丁卯，哀侯程嘉元年。 汉景帝前元六年（前151年）四月丁卯日，建平哀侯程嘉在位元年。
建元至元封六年三十六 （前140年—前105年）	十 十八　元光五年，侯信元年。 元鼎五年，侯信坐酎金，国除。 元光五年（前130年），建陵侯卫信在位元年。 元鼎五年（前112年），建陵侯卫信因进贡的助祭金成色不好、分量不足而获罪，封国被废除。	七 一　元光二年，节侯横元年。 一　元光三年，侯回元年。　元光四年，侯回薨，无后，国除。 元光二年（前133年），建平节侯程横在位元年。 元光三年（前132年），建平侯程回在位元年。 元光四年（前131年），建平侯程回薨逝，没有后代，封国被废除。
太初已(以)后 （前104年以后）		

国名	平曲
侯功	以将军击吴楚功,用陇西太守侯,户三千二百二十。 公孙昆邪以将军的身份攻打吴楚叛乱有功,由陇西郡太守被封为平曲侯,封邑三千二百二十户。
孝惠七 (前194年—前188年)	
高后八 (前187年—前180年)	
孝文二十三 (前179年—前157年)	
孝景十六 (前156年—前141年)	五　　六年四月己巳,侯公孙昆邪元年。 中四年,侯昆邪有罪,国除。太仆贺父。 汉景帝前元六年(前151年)四月己巳日,平曲侯公孙昆邪在位元年。 汉景帝中元四年(前146年),平曲侯公孙昆邪有罪,封国被废除。他是太仆公孙贺的父亲。
建元至元封六年三十六 (前140年—前105年)	
太初已(以)后 (前104年以后)	

国名	江阳
侯功	以将军击吴楚功，用赵相侯，户二千五百四十一。 苏嘉以将军的身份攻打吴楚叛乱有功，由赵国国相被封为江阳侯，封邑二千五百四十一户。
孝惠七 （前194年—前188年）	
高后八 （前187年—前180年）	
孝文二十三 （前179年—前157年）	
孝景十六 （前156年—前141年）	四　　六年四月壬申，康侯苏嘉元年。 七　　中三年，懿侯苏卢元年。 汉景帝前元六年（前151年）四月壬申日，江阳康侯苏嘉在位元年。 汉景帝中元三年（前147年），江阳懿侯苏卢在位元年。
建元至元封六年三十六 （前140年—前105年）	二 十五　　建元三年，侯明元年。 十一　　元朔六年，侯雕元年。　　元鼎五年，侯雕坐酎金，国除。 建元三年（前138年），江阳侯苏明在位元年。 元朔六年（前123年），江阳侯苏雕在位元年。　　元鼎五年（前112年），江阳侯苏雕因贡献的助祭金成色不好、分量不足而获罪，封国被废除。
太初已(以)后 （前104年以后）	

国名	遽	新市
侯功	以赵相建德王遂反建德不听，死事，子侯，户千九百七十。 赵国国相建德在赵王刘遂反叛朝廷时不听从赵王，死于国事，因此建德的儿子被封为遽侯，封邑一千九百七十户。	以赵内史王慎王遂反慎不听，死事，子侯，户一千十四。 赵国内史王慎在赵王刘遂反叛朝廷时不听从赵王，死于国事，因此王慎的儿子被封为新市侯，封邑一千零一十四户。
孝惠七 （前194年—前188年）		
高后八 （前187年—前180年）		
孝文二十三 （前179年—前157年）		
孝景十六 （前156年—前141年）	六　　中二年四月乙巳，侯横元年。 后二年，侯横有罪，国除。 汉景帝中元二年（前148年）四月乙巳日，遽侯横在位元年。 汉景帝后元二年（前142年），遽侯横有罪，封国被废除。	五　　中二年四月乙巳，侯王康元年。 三　　后元年，殇侯始昌元年。 汉景帝中元二年（前148年）四月乙巳日，新市侯王康在位元年。 汉景帝后元元年（前143年），新市殇侯王始昌在位元年。
建元至元封六年三十六 （前140年—前105年）		九 元光四年，殇侯始昌为人所杀，国除。 元光四年（前131年），新市殇侯王始昌被人杀害，封国被废除。
太初已(以)后 （前104年以后）		

惠景间侯者年表第七

国名	商陵	山阳
侯功	以楚太傅赵夷吾王戊反不听，死事，子侯，千四十五户。 楚国太傅赵夷吾在楚王刘戊反叛朝廷时不听从楚王，死于国事，因此赵夷吾的儿子被封为商陵侯，封邑一千零四十五户。	以楚相张尚王戊反尚不听，死事，子侯，户千一百一十四。 楚国国相张尚在楚王刘戊反叛朝廷时不听从楚王，死于国事，因此张尚的儿子被封为山阳侯，封邑一千一百一十四户。
孝惠七 （前194年—前188年）		
高后八 （前187年—前180年）		
孝文二十三 （前179年—前157年）		
孝景十六 （前156年—前141年）	八　中二年四月乙巳，侯赵周元年。 汉景帝中元二年（前148年）四月乙巳日，商陵侯赵周在位元年。	八　中二年四月乙巳，侯张当居元年。 汉景帝中元二年（前148年）四月乙巳日，山阳侯张当居在位元年。
建元至元封六年三十六 （前140年—前105年）	二十九　元鼎五年，侯周坐为丞相知列侯酎金轻，下廷尉，自杀，国除。 元鼎五年（前112年），商陵侯赵周因任丞相时知道各诸侯国所贡献的金子分量不够而获罪，交给廷尉官员论罪，赵周自杀，封国被废除。	十六 元朔五年，侯当居坐为太常程博士弟子故不以实罪，国除。 元朔五年（前124年），山阳侯张当居因任太常官时考核博士弟子故意不按实情评判而获罪，封国被废除。
太初已(以)后 （前104年以后）		

国名	安陵	垣
侯功	以匈奴王降，侯，户一千五百一十七。 子军以匈奴王的身份归降，被封为安陵侯，封邑一千五百一十七户。	以匈奴王降，侯。 赐以匈奴王的身份归降，被封为垣侯。
孝惠七 （前194年—前188年）		
高后八 （前187年—前180年）		
孝文二十三 （前179年—前157年）		
孝景十六 （前156年—前141年）	七　中三年十一月庚子，侯子军元年。 汉景帝中元三年（前147年）十一月庚子日，安陵侯子军在位元年。	三　中三年十二月丁丑，侯赐元年。 六年，赐死，不得及嗣。 汉景帝中元三年（前147年）十二月丁丑日，垣侯赐在位元年。 汉景帝中元六年（前144年），垣侯赐死去，没有子嗣继承侯爵。
建元至元封六年三十六 （前140年—前105年）	五 建元六年，侯子军薨，无后，国除。 建元六年（前135年），安陵侯子军薨逝，没有后代，封国被废除。	
太初已（以）后 （前104年以后）		

国名	遒	容成
侯功	以匈奴王降，侯，户五千五百六十九。 李隆彊以匈奴王的身份归降，被封为遒侯，封邑五千五百六十九户。	以匈奴王降，侯，七百户。 唯徐卢以匈奴王的身份归降，被封为容成侯，封邑七百户。
孝惠七 （前194年—前188年）		
高后八 （前187年—前180年）		
孝文二十三 （前179年—前157年）		
孝景十六 （前156年—前141年）	中三年十二月丁丑，侯隆彊元年。不得隆彊嗣。 汉景帝中元三年（前147年）十二月丁丑日，遒侯李隆彊在位元年。没有李隆彊继承者的有关资料。	七　中三年十二月丁丑，侯唯徐卢元年。 汉景帝中元三年（前147年）十二月丁丑日，容成侯唯徐卢在位元年。
建元至元封六年三十六 （前140年—前105年）		十四　建元元年，康侯绰元年。 二十二　元朔三年，侯光元年。 建元元年（前140年），容成康侯唯绰在位元年。 元朔三年（前126年），容成侯唯光在位元年。
太初已(以)后 （前104年以后）	后元年四月甲辰，侯则坐使巫齐少君祠祝诅上，大逆无道，国除。 汉武帝后元元年（前88年）四月甲辰日，遒侯李则因指使巫师齐少君祈祷鬼神加害皇帝，犯大逆不道罪，封国被废除。	十八 后二年三月壬辰，侯光坐祠祝诅，国除。 汉武帝后元二年（前87年）三月壬辰日，容成侯唯光因祈祷鬼神加害皇帝而获罪，封国被废除。

国名	易	范阳
侯功	以匈奴王降,侯。 仆黥以匈奴王的身份归降,被封为易侯。	以匈奴王降,侯,户千一百九十七。 代以匈奴王的身份归降,被封为范阳侯,封邑一千一百九十七户。
孝惠七 (前194年—前188年)		
高后八 (前187年—前180年)		
孝文二十三 (前179年—前157年)		
孝景十六 (前156年—前141年)	六　中三年十二月丁丑,侯仆黥元年。 后二年,侯仆黥薨,无嗣。 汉景帝中元三年(前147年)十二月丁丑日,易侯仆黥在位元年。 汉景帝后元二年(前142年),易侯仆黥薨逝,没有后代。	七　中三年十二月丁丑,端侯代元年。 汉景帝中元三年(前147年)十二月丁丑日,范阳端侯代在位元年。
建元至元封六年三十六 (前140年—前105年)		七 二　元光二年,怀侯德元年。　元光四年,侯德薨,无后,国除。 元光二年(前133年),范阳怀侯德在位元年。　元光四年(前131年),范阳侯德薨逝,没有后代,封国被废除。
太初已(以)后 (前104年以后)		

惠景间侯者年表第七

国名	翕	亚谷
侯功	以匈奴王降，侯。 邯郸以匈奴王的身份归降，被封为翕侯。	以匈奴东胡王降，故燕王卢绾子，侯，千五百户。 卢它父以匈奴东胡王的身份归降，因是已故燕王卢绾的儿子而被封为亚谷侯，封邑一千五百户。
孝惠七 （前194年—前188年）		
高后八 （前187年—前180年）		
孝文二十三 （前179年—前157年）		
孝景十六 （前156年—前141年）	七　　中三年十二月丁丑，侯邯郸元年。 汉景帝中元三年（前147年）十二月丁丑日，翕侯邯郸在位元年。	二　　中五年四月丁巳，简侯它父元年。 三　　后元年，安侯种元年。 汉景帝中元五年（前145年）四月丁巳日，亚谷简侯卢它父在位元年。 汉景帝后元元年（前143年），亚谷安侯卢种在位元年。
建元至元封六年三十六 （前140年—前105年）	九 元光四年，侯邯郸坐行来不请长信，不敬，国除。 元光四年（前131年），翕侯邯郸因到京城时没去长信宫向太后请安，犯不敬罪，封国被废除。	十一　　建元元年，康侯偏元年。 二十五　　元光六年，侯贺元年。 建元元年（前140年），亚谷康侯卢偏在位元年。 元光六年（前129年），亚谷侯卢贺在位元年。
太初已（以）后 （前104年以后）		十五 征和二年七月辛巳，侯贺坐太子事，国除。 征和二年（前91年）七月辛巳日，亚谷侯卢贺因受太子事件牵连，封国被废除。

国名	隆虑	乘氏
侯功	以长公主嫖子侯，户四千一百二十六。 陈蟜因是汉景帝姐姐长公主刘嫖之子而被封为隆虑侯，封邑四千一百二十六户。	以梁孝王子侯。 刘买因是梁孝王刘武之子而被封为乘氏侯。
孝惠七 （前194年—前188年）		
高后八 （前187年—前180年）		
孝文二十三 （前179年—前157年）		
孝景十六 （前156年—前141年）	五　　中五年五月丁丑，侯蟜元年。 汉景帝中元五年（前145年）五月丁丑日，隆虑侯陈蟜在位元年。 ◎注释　《史记集解》："徐广曰：'案《本纪》乃前五年，非中五年。'"	一　　中五年五月丁卯，侯买元年。 中六年，侯买嗣为梁王，国除。 汉景帝中元五年（前145年）五月丁卯日，乘氏侯刘买在位元年。 汉景帝中元六年（前144年），乘氏侯刘买继位为梁王，侯国被废除。
建元至元封六年三十六 （前140年—前105年）	二十四 元鼎元年，侯蟜坐母长公主薨未除服奸，禽兽行，当死，自杀，国除。 元鼎元年（前116年），隆虑侯陈蟜因母亲长公主薨逝后在没有除去丧服的时候就有奸淫行为而获罪，是禽兽行为，当论处死罪，陈蟜自杀，封国被废除。	
太初已⁽以⁾后 （前104年以后）		

国名	桓邑	盖
侯功	以梁孝王子侯。 刘明因是梁孝王刘武之子而被封为桓邑侯。	以孝景后兄侯,户二千八百九十。 王信因是汉景帝皇后王夫人的兄长而被封为盖侯,封邑二千八百九十户。
孝惠七 (前194年—前188年)		
高后八 (前187年—前180年)		
孝文二十三 (前179年—前157年)		
孝景十六 (前156年—前141年)	一　　中五年五月丁卯,侯明元年。 中六年,为济川王,国除。 汉景帝中元五年(前145年)五月丁卯日,桓邑侯刘明在位元年。 汉景帝中元六年(前144年),刘明被封为济川王,侯国被废除。	五　　中五年五月甲戌,靖侯王信元年。 汉景帝中元五年(前145年)五月甲戌日,盖靖侯王信在位元年。
建元至元封六年三十六 (前140年—前105年)		二十 八　　元狩三年,侯偃元年。　元鼎五年,侯偃坐酎金,国除。 元狩三年(前120年),盖侯王偃在位元年。　元鼎五年(前112年),盖侯王偃因贡献的助祭金成色不好、分量不足而获罪,封国被废除。
太初已(以)后 (前104年以后)		

国名	塞
侯功	以御史大夫前将兵击吴楚功侯，户千四十六。 直不疑以御史大夫的身份先前率兵攻打吴楚七国的叛乱有功而被封为塞侯，封邑一千零四十六户。
孝惠七 （前194年—前188年）	
高后八 （前187年—前180年）	
孝文二十三 （前179年—前157年）	
孝景十六 （前156年—前141年）	三　　后元年八月，侯直不疑元年。 汉景帝后元元年（前143年）八月，塞侯直不疑在位元年。
建元至元封六年三十六 （前140年—前105年）	三 十二　　建元四年，侯相如元年。 十三　　元朔四年，侯坚元年。　元鼎五年，坚坐酎金，国除。 建元四年（前137年），塞侯直相如在位元年。 元朔四年（前125年），塞侯直坚在位元年。　元鼎五年（前112年），直坚因进贡的助祭金成色不好、分量不足而获罪，封国被废除。
太初已（以）后 （前104年以后）	

国名	武安
侯功	以孝景后同母弟侯，户八千二百一十四。 田蚡因是汉景帝皇后的同母弟弟而被封为武安侯，封邑八千二百一十四户。
孝惠七 （前194年—前188年）	
高后八 （前187年—前180年）	
孝文二十三 （前179年—前157年）	
孝景十六 （前156年—前141年）	一　后三年三月，侯田蚡元年。 汉景帝后元三年（前141年）三月，武安侯田蚡在位元年。
建元至元封六年三十六 （前140年—前105年）	九 五　元光四年，侯梧元年。　元朔三年，侯梧坐衣襜褕入宫廷中，不敬，国除。 元光四年（前131年），武安侯田梧在位元年。　元朔三年（前126年），武安侯田梧因穿短衣进入宫廷之中，犯不敬罪，封国被废除。
太初已(以)后 （前104年以后）	

国名	周阳
侯功	以孝景后同母弟侯,户六千二十六。 田胜因是汉景帝皇后的同母弟弟而被封为周阳侯,封邑六千零二十六户。
孝惠七 (前194年—前188年)	
高后八 (前187年—前180年)	
孝文二十三 (前179年—前157年)	
孝景十六 (前156年—前141年)	一　　后三年三月,懿侯田胜元年。 汉景帝后元三年(前141年)三月,周阳懿侯田胜在位元年。
建元至元封六年三十六 (前140年—前105年)	十一 八　　元光六年,侯彭祖元年。　元狩二年,侯彭祖坐当归与章侯宅不与罪,国除。 元光六年(前129年),周阳侯田彭祖在位元年。　元狩二年(前121年),周阳侯田彭祖因应当归还章侯的宅第却不还而获罪,封国被废除。
太初已(以)后 (前104年以后)	
	右孝景时三十 以上是汉景帝时期所封侯者三十人

◎ 释疑解惑

前一篇表叫作《高祖功臣侯者年表》，此篇表则称《惠景间侯者年表》，为何不再提及"功臣"二字了呢？清代学者徐克范称："汉约非有功不侯，其不谓之'功臣年表'何也？按表惠景间侯者凡九十四人，内王子侯者及外戚恩泽侯者凡四十九人，则以功封及以功荫者四十五人耳。《高祖功臣年表》外戚仅二人，王子仅四人，兵争之日亦共历艰难，故皆谓之'功臣'也。是未可比而同之。"确实，如果将此表与《高祖功臣侯者年表》相比对，我们会发现，在《高祖功臣侯者年表》中的"侯功"一栏中，所记录的被封侯者，大小都有些功劳，即便是徐克范所说的"外戚仅二人"，即吕泽与吕释之，也是有功劳的。吕泽的侯功格内曰："以吕后兄初起以客从，入汉，为侯。还定三秦，将兵先入砀。汉王之解彭城，往从之，复发兵佐高祖定天下，功侯。"吕释之的侯功格内则曰："以吕后兄初起以客从，击三秦。汉王入汉，而释之还丰沛，奉卫吕宣王、太上皇。天下已平，封释之为建成侯。"可见，此二人虽是外戚，但是与刘邦共同打过天下的有功之臣，其封侯并非只是因为吕后。再看《惠景间侯者年表》，仅吕后时所封的三十一侯，就有十七位没有任何功劳，只因为是外戚或王子就被封侯的：扶柳侯乃是"高后姊长姁子，侯"，沛侯乃是"吕后兄康侯少子，侯"，襄城侯、轵侯、壶关侯、昌平侯皆是"孝惠子，侯"，沅陵侯乃是"长沙嗣成王子，侯"，上邳侯乃是"楚元王子，侯"，朱虚侯、东牟侯乃是"齐悼惠王子，侯"，赘其侯乃是"吕后昆弟子，用淮阳丞相侯"，吕成侯、祝兹侯乃是"吕后昆弟子，侯"，锤侯乃是"吕肃王子，侯"，信都侯、乐昌侯乃是"以张敖、鲁元太后子侯"，东平侯乃是"以燕王吕通弟侯"。至孝文、孝景时，匈奴相国或匈奴王投降汉朝廷，也多有被封侯者。如汉文帝时的弓高侯乃是"以匈奴相国降，故韩王信孽子，侯"，襄成侯乃是"以匈奴相国降，侯"。此种情况在汉景帝时更多，如安陵侯、垣侯、遒侯、容成侯、易侯、范阳侯、翕侯等皆是"以匈奴王降侯"。对于封匈奴降者为侯一事，周亚夫曾有所疑义，言曰："彼背其主而降，侯之则何以责人臣之不守节者乎？"然而景帝对于周亚夫的意见不以为意，依旧给这些人封了侯。

正是因为在《惠景间侯者年表》中被封侯者已经不局限于功臣，所以名称中少了"功臣"二字。

◎ **思考辨析题**

1. 仔细阅读吕太后、文帝与景帝时被封侯者的有关情况，再结合《史记》本纪中的有关传记，谈谈你对这三位统治者的认识。

2. 请以封侯的原因归纳总结《惠景间侯者年表》中所封侯者的类型。

建元以来侯者年表第八

李景星称"汉世封侯之滥莫过于孝武之时",故而对于武帝时所封侯者,司马迁用《建元以来侯者年表》与《建元已来王子侯者年表》两篇表来谱列记录。"王子侯者"顾名思义,指因是诸王子弟而得以封侯的那些人。而《建元以来侯者年表》所记录的汉武帝建元元年(前140年)至太初年间(前104年—前101年)以军功封侯爵者,如击匈奴者,击南越、东瓯、朝鲜者等;兼以少数民族归降者,如自匈奴归降者,自南越、东瓯、朝鲜、小月氏归降者等;还有少部分因为其他原因封侯者,如周子南君以周朝后人得封,公孙弘因任丞相获得褒奖而受封,石庆因任丞相与先人积德而受封,五利将军栾大以方术媚上而获封。此表与前两篇《高祖功臣侯者年表》《惠景间侯者年表》在形式上基本一致,表头依次是"国名""侯功"与各个时间段，只不过前面两篇表以每一位统治者在位的时间为时间断限，而本篇表仅记录汉武帝一朝之情况，故而以武帝在位时的各个年号为时间断限。因此"侯功"后又分为"元光""元朔""元狩""元鼎""元封""太初已后"六格，整个表共分九格。而九格之下的内容与体例，也与上述两表基本一致。然对于某侯被改封他地，其改封之地的名字有单独在格中列出者，亦有未单独在格中列出者。如从骠，在"元封"格中，有"浞野"二字被单独列出，下面的文字为"三年，侯破奴元年"，即指元封三年的时候，原来的从骠侯赵破奴被改封为浞野侯。如南奅，在"太初已后"格中，有"太初二年三月丁卯，封葛绎侯"一句，指的是南奅侯公孙贺在元鼎五年"坐酎金，国除"后，在太初二年又被改封为葛绎侯。又如龙额，在"元封"格中，有"元年五月丁卯，案道侯说元年"一句，指的是龙额侯韩说在元鼎五年"坐酎金，国绝"后，在元封元年又被改封为案道侯；在"太初已后"格中，有"征和二年，子长代，有罪，绝。子曾复封为龙额侯"，指的是征和二年，韩说的儿子韩曾被复封为龙额侯。然而在这两侯的格中，改封的侯国地名皆没有单独列出。由此可见，《建元以来侯者年表》不及《高祖功臣侯者年表》在体例上那么统一与严谨。

　　《建元以来侯者年表》在司马迁所作本表之外，另有褚少孙所补记的孝昭以来功臣侯者四十二人，续表之前还有一篇褚少孙所作序文，说明其补续此表的缘由。不过，后世学者对于褚少孙在此篇中的续补，颇不以为然，如尚镕在《史记辩证》中称："《建元以来侯者》自平津、牧丘、周子南君外，皆因武帝之开边而封。此表纯是刺讥，而使人领取于言外。褚少孙附孝武、孝昭、孝宣侯国于后，全不知迁意，可谓狗尾续貂。"

太史公曰：匈奴绝和亲，攻当路塞①；闽越擅伐②，东瓯请降③。二夷交侵，当盛汉之隆，以此知功臣受封侔于祖考④矣。何者？自《诗》《书》称三代"戎狄是膺，荆荼是征（惩）⑤"，齐桓越燕伐山戎⑥，武灵王以区区赵服单于，秦缪用百里霸西戎，吴楚之君以诸侯役百越。况乃以中国一统，明天子在上，兼文武，席卷四海，内辑⑦亿万之众，岂以晏然⑧不为边境征伐哉！自是后，遂出师北讨强胡，南诛劲越，将卒⑨以次封矣。

◎**注释**　①〔匈奴绝和亲，攻当路塞〕早在汉高祖时，汉王朝与匈奴便订立了和亲政策，汉朝将公主嫁给匈奴的单于，并且每年给予匈奴大量财物，匈奴则承诺不与汉王朝争战。汉朝在高祖、惠帝、吕后、文帝、景帝的时代一直奉行和亲政策，然而匈奴并未遵守约定，文景之时，匈奴都有不同规模的入侵行为。②〔闽越擅伐〕闽越是福建沿海的一个少数民族，其君长因曾经拥护刘邦而被封王建国。吴楚七国之乱后，吴王刘濞的儿子逃窜至闽越国，在汉武帝建元三年（前138年），挑动闽越人擅自发兵攻打位于今浙江温州的东瓯国。建元六年（前135年），闽越人又擅自攻打南越国。③〔东瓯请降〕东瓯国遭受闽越的攻伐，便向汉王朝求救，汉王朝派兵援救东瓯，使得闽越撤兵。而为了安全，东瓯请求汉王朝将其国迁入江淮之间。④〔侔于祖考〕侔，相当，相等。祖考，祖辈。⑤〔戎狄是膺，荆荼是征〕此两句见《诗经·鲁颂·閟宫》，原文是"戎狄是膺，荆舒是征"。膺，攻击。荆荼，即荆楚，指楚国。征，通"惩"，惩戒。⑥〔齐桓越燕伐山戎〕山戎是春秋初期活跃在今河北东北部的少数民族。齐桓公时代，山戎攻打燕国，燕国向齐国求救，桓公便发兵击退了山戎，从而稳定了燕国。此事见《左传》庄公三十年，《史记》之《齐世家》《燕世家》。⑦〔辑〕聚集，汇集。⑧〔晏然〕安宁，平静。⑨〔将卒〕有观点认为应作"将率"，指将帅。

◎**大意**　太史公说：匈奴破坏了和亲的协议，侵犯连接交通要道的重要关塞；闽越擅自征伐东瓯，东瓯则向汉王朝求救并要求归附。北方与南方的少数民族同时侵扰汉王朝，正好遇到强盛的汉王朝愈发隆兴的时代，由此便可以知道这个时代臣子因为军功而受封的人数与高祖时代的不相上下。为什么会这样呢？从《诗经》《尚书》称说夏、商、周三代"抵御戎狄，惩戒荆荼"以来，齐桓公越过燕国讨伐山戎，赵武灵王以小小的赵国使北方少数民族的单于臣服，秦穆公则凭借方圆百里的土地而成为西戎地区的霸主，吴楚两国的君主以诸侯的身份竟然使得百越任其役使。更何况如今处在中国统一的时代，在上有圣明的天子，文韬武略，彻底完成了国内的统一，且在国内拥有亿万臣服的民众，怎么可以因为天下太平就不征伐侵扰边境的外族了呢？自此以后，大汉就出兵向北讨伐强大的匈奴，向南征讨强劲的越族，而参与征战的将帅则依次被封侯。

国名	翕	持装
侯功	匈奴相降，侯。元朔二年，属车骑将军，击匈奴有功，益封。 赵信以匈奴相国的身份归降，被封为翕侯。元朔二年（前127年），隶属于车骑将军，出击匈奴有功，因此增加封邑。	匈奴都尉降，侯。 乐以匈奴都尉的身份归降，被封为持装侯。
元光 （前134年—前129年）	三　　四年七月壬午，侯赵信元年。 元光四年（前131年）七月壬午日，翕侯赵信在位元年。	一　六年后九月丙寅，侯乐元年。 元光六年（前129年）闰九月丙寅日，持装侯乐在位元年。
元朔 （前128年—前123年）	五 六年，侯信为前将军击匈奴，遇单于兵，败，信降匈奴，国除。 元朔六年（前123年），翕侯赵信任前将军出击匈奴，遭遇单于的军队，战败，赵信投降匈奴，封国被废除。	六
元狩 （前122年—前117年）		六
元鼎 （前116年—前111年）		元年，侯乐死，无后，国除。 元鼎元年（前116年），持装侯乐死去，没有后代，封国被废除。
元封 （前110年—前105年）		
太初巳(以)后 （前104年以后）		

国名	亲阳	若阳
侯功	匈奴相降，侯。 月氏以匈奴相国的身份归降，被封为亲阳侯。	匈奴相降，侯。 猛以匈奴相国的身份归降，被封为若阳侯。
元光（前134年—前129年）		
元朔（前128年—前123年）	三　二年十月癸巳，侯月氏元年。五年，侯月氏坐亡斩，国除。 元朔二年（前127年）十月癸巳，亲阳侯月氏在位元年。 元朔五年（前124年），亲阳侯月氏因逃亡获罪被斩杀，封国被废除。	三　二年十月癸巳，侯猛元年。五年，侯猛坐亡斩，国除。 元朔二年（前127年）十月癸巳日，若阳侯猛在位元年。 元朔五年（前124年），若阳侯猛因逃亡获罪被斩杀，封国被废除。
元狩（前122年—前117年）		
元鼎（前116年—前111年）		
元封（前110年—前105年）		
太初已（以）后（前104年以后）		

国名	长平
侯功	以元朔二年再以车骑将军击匈奴，取朔方、河南，功侯。元朔五年，以大将军击匈奴，破右贤王，益封三千户。 元朔二年（前127年），卫青两次以车骑将军的身份出击匈奴，夺取朔方、河南，因为有功被封为长平侯。元朔五年（前124年），以大将军的身份出击匈奴，打败匈奴右贤王，增加封邑三千户。
元光 （前134年—前129年）	
元朔 （前128年—前123年）	五 二年三月丙辰，烈侯卫青元年。 元朔二年（前127年）三月丙辰日，长平烈侯卫青在位元年。
元狩 （前122年—前117年）	六
元鼎 （前116年—前111年）	六
元封 （前110年—前105年）	六
太初巳(以)后 （前104年以后）	太初元年，今侯伉元年。 太初元年（前104年），当今长平侯卫伉在位元年。

国名	平陵	岸头
侯功	以都尉从车骑将军青击匈奴,功侯。以元朔五年,用游击将军从大将军,益封。 苏建在任都尉时随从车骑将军卫青出击匈奴,因有功被封为平陵侯。在元朔五年(前124年),以游击将军的身份随从大将军卫青出征,增加封邑。	以都尉从车骑将军青击匈奴,功侯。元朔六年,从大将军,益封。 张次公在任都尉时随从车骑将军卫青出击匈奴,因有功被封为岸头侯。元朔六年(前123年),随从大将军卫青出征,增加封邑。
元光 (前134年—前129年)		
元朔 (前128年—前123年)	五　二年三月丙辰,侯苏建元年。 元朔二年(前127年)三月丙辰日,平陵侯苏建在位元年。	五　二年六月壬辰,侯张次公元年。 元朔二年(前127年)六月壬辰日,岸头侯张次公在位元年。
元狩 (前122年—前117年)	六	元年,次公坐与淮南王女陵奸,及受馈物罪,国除。 元狩元年(前122年),张次公因和淮南王刘安的女儿刘陵通奸,以及接受财物而获罪,封国被废除。
元鼎 (前116年—前111年)	六　六年,侯建为右将军,与翕侯信俱败,独身脱来归,当斩,赎,国除。 元鼎六年(前111年),平陵侯苏建任右将军,和翕侯赵信一起被匈奴打败,独自逃脱返回,当论处斩刑,赎罪,封国被废除。	
元封 (前110年—前105年)		
太初已(以)后 (前104年以后)		

建元以来侯者年表第八

国名	平津	涉安
侯功	以丞相诏所褒侯。 公孙弘在任丞相时诏旨有所褒扬，被封为平津侯。	以匈奴单于太子降，侯。 於单以匈奴单于太子的身份归降，被封为涉安侯。
元光 （前134年—前129年）		
元朔 （前128年—前123年）	四　　三年十一月乙丑，献侯公孙弘元年。 元朔三年（前126年）十一月乙丑日，平津献侯公孙弘在位元年。	一 三年四月丙子，侯於单元年。 五月卒，无后，国除。 元朔三年（前126年）四月丙子日，涉安侯於单在位元年。 五月於单去世，没有后代，封国被废除。
元狩 （前122年—前117年）	二 四　　三年，侯度元年。 元狩三年（前120年），平津侯公孙度在位元年。	
元鼎 （前116年—前111年）	六	
元封 （前110年—前105年）	三 四年，侯度坐为山阳太守有罪，国除。 元封四年（前107年），平津侯公孙度因任山阳郡太守时有罪，封国被废除。	
太初已（以）后 （前104年以后）		

国名	昌武	襄城
侯功	以匈奴王降，侯。以昌武侯从骠骑将军击左贤王功，益封。 赵安稽以匈奴王的身份归降，因此被封为昌武侯。以昌武侯的身份随从骠骑将军霍去病出击匈奴左贤王有功，增加封邑。	以匈奴相国降，侯。 无龙以匈奴相国的身份归降，因此被封为襄城侯。
元光 （前134年—前129年）		
元朔 （前128年—前123年）	三　四年七月庚申，坚侯赵安稽元年。 元朔四年（前125年）七月庚申日，昌武坚侯赵安稽在位元年。	三　四年七月庚申，侯无龙元年。 元朔四年（前125年）七月庚申日，襄城侯无龙在位元年。
元狩 （前122年—前117年）	六	六
元鼎 （前116年—前111年）	六	六
元封 （前110年—前105年）	一 五　二年，侯充国元年。 元封二年（前109年），昌武侯赵充国在位元年。	六
太初已(以)后 （前104年以后）	太初元年，侯充国薨，亡后，国除。 太初元年（前104年），昌武侯赵充国薨逝，没有后代，封国被废除。	一　太初二年，无龙从浞野侯战死。 二　三年，侯病已元年。 太初二年（前103年），无龙随从浞野侯赵破奴战死。 太初三年（前102年），襄城侯无病已在位元年。

国名	南䲞	合骑
侯功	以骑将军从大将军青击匈奴得王，功侯。太初二年，以丞相封为葛绎侯。 公孙贺在任骑将军时随从大将军卫青出击匈奴俘获匈奴王，因有功被封为南䲞侯。太初二年（前103年），以丞相身份被另封为葛绎侯。	以护军都尉三从大将军击匈奴，至右贤王庭，得王，功侯。元朔六年益封。 公孙敖在任护军都尉时三次随从大将军卫青出击匈奴，到达匈奴右贤王的驻地，俘获匈奴王，因有功被封为合骑侯。元朔六年（前123年）增加封邑。
元光 （前134年—前129年）		
元朔 （前128年—前123年）	二　　五年四月丁未，侯公孙贺元年。 元朔五年（前124年）四月丁未日，南䲞侯公孙贺在位元年。	二　　五年四月丁未，侯公孙敖元年。 元朔五年（前124年）四月丁未日，合骑侯公孙敖在位元年。
元狩 （前122年—前117年）	六	一 二年，侯敖将兵击匈奴，与骠骑将军期，后，畏懦，当斩，赎为庶人，国除。 元狩二年（前121年），合骑侯公孙敖率兵出击匈奴，与骠骑将军霍去病约定日期会合，迟到，又畏惧怯懦，当论处斩刑，赎罪成为平民，封国被废除。
元鼎 （前116年—前111年）	四 五年，贺坐酎金，国除，绝，十岁。 元鼎五年（前112年），公孙贺因贡献的助祭金成色不好、分量不足而获罪，封国被废除，爵禄断绝，有十年时间。	
元封 （前110年—前105年）		
太初已（以）后 （前104年以后）	十三　　太初二年三月丁卯，封葛绎侯。征和二年，贺子敬声有罪，国除。 太初二年（前103年）三月丁卯日，公孙贺又被封为葛绎侯。征和二年（前91年），公孙贺的儿子公孙敬声有罪，封国被废除。	

国名	乐安	龙额
侯功	以轻车将军再从大将军青击匈奴得王,功侯。 李蔡在任轻车将军时两次随从大将军卫青出击匈奴,并俘获匈奴王,因功被封为乐安侯。	以都尉从大将军青击匈奴得王,功侯。元鼎六年,以横海将军击东越功,为案道侯。 韩说在任都尉时随从大将军卫青出击匈奴并俘获匈奴王,因有功而被封为龙额侯。元鼎六年(前111年),在任横海将军时攻打东越有功,被另封为案道侯。
元光 (前134年—前129年)		
元朔 (前128年—前123年)	二　五年四月丁未,侯李蔡元年。 元朔五年(前124年)四月丁未日,乐安侯李蔡在位元年。	二　五年四月丁未,侯韩说元年。 元朔五年(前124年)四月丁未日,龙额侯韩说在位元年。
元狩 (前122年—前117年)	四 五年,侯蔡以丞相侵盗孝景园神道壖地罪,自杀,国除。 元狩五年(前118年),乐安侯李蔡在任丞相时因侵占盗用汉景帝陵园道路旁边的空地而获罪,自杀,封国被废除。	六
元鼎 (前116年—前111年)		四 五年,侯说坐酎金,国绝。二岁复侯。 元鼎五年(前112年),龙额侯韩说因进贡的助祭金成色不好、分量不足而获罪,封国绝灭。两年后又被封案道侯。
元封 (前110年—前105年)		六　元年五月丁卯,案道侯说元年。 元封元年(前110年)五月丁卯日,案道侯韩说在位元年。
太初已(以)后 (前104年以后)		十三 征和二年,子长代,有罪,绝。子曾复封为龙额侯。 征和二年(前91年),韩说的儿子韩长代立为侯,因有罪,爵禄断绝。韩说的儿子韩曾又被封为龙额侯。

建元以来侯者年表第八

国名	随成	从平
侯功	以校尉三从大将军青击匈奴，攻农吾，先登石累，得王，功侯。 赵不虞在任校尉时三次随从大将军卫青出击匈奴，进攻农吾，率先登上石累，俘获匈奴王，因有功被封为随成侯。	以校尉三从大将军青击匈奴，至右贤王庭，数为雁行上石山先登，功侯。 公孙戎奴在任校尉时三次随从大将军卫青出击匈奴，到达匈奴右贤王的驻地，多次作为大将军的侧翼而率先登上石山，因有功被封为从平侯。
元光 （前134年—前129年）		
元朔 （前128年—前123年）	二　　五年四月乙卯，侯赵不虞元年。 元朔五年（前124年）四月乙卯日，随成侯赵不虞在位元年。	二　　五年四月乙卯，公孙戎奴元年。 元朔五年（前124年）四月乙卯日，公孙戎奴在位元年。
元狩 （前122年—前117年）	三 三年，侯不虞坐为定襄都尉，匈奴败太守，以闻非实，谩，国除。 元狩三年（前120年），随成侯赵不虞因任定襄郡都尉时，匈奴打败定襄郡太守，而他上报的战况不实，犯欺君罪，封国被废除。	一 二年，侯戎奴坐为上郡太守发兵击匈奴，不以闻，谩，国除。 元狩二年（前121年），从平侯公孙戎奴因任上郡太守时发兵攻击匈奴，没有把情况上报朝廷，犯欺君罪，封国被废除。
元鼎 （前116年—前111年）		
元封 （前110年—前105年）		
太初已（以）后 （前104年以后）		

国名	涉轵	宜春
侯功	以校尉三从大将军青击匈奴,至右贤王庭,得王,虏阏氏,功侯。 李朔在任校尉时,三次随从大将军卫青出击匈奴,到达匈奴右贤王的驻地,俘获匈奴王,并俘虏了右贤王的王妃,因有功被封为涉轵侯。	以父大将军青破右贤王功侯。 卫伉因父亲大将军卫青打败匈奴右贤王有功而被封为宜春侯。
元光 (前134年—前129年)		
元朔 (前128年—前123年)	二　　五年四月丁未,侯李朔元年。 元朔五年(前124年)四月丁未日,涉轵侯李朔在位元年。	二　　五年四月丁未,侯卫伉元年。 元朔五年(前124年)四月丁未日,宜春侯卫伉在位元年。
元狩 (前122年—前117年)	元年,侯朔有罪,国除。 元狩元年(前122年),涉轵侯李朔有罪,封国被废除。	六
元鼎 (前116年—前111年)		元年,侯伉坐矫制不害,国除。 元鼎元年(前116年),宜春侯卫伉因假冒诏旨而获罪,但未造成危害,封国被废除。
元封 (前110年—前105年)		
太初已(以)后 (前104年以后)		

建元以来侯者年表第八

国名	阴安	发干
侯功	以父大将军青破右贤王功侯。 卫不疑因父亲大将军卫青打败匈奴右贤王有功而被封为阴安侯。	以父大将军青破右贤王功侯。 卫登因父亲大将军卫青打败匈奴右贤王有功而被封为发干侯。
元光 （前134年—前129年）		
元朔 （前128年—前123年）	二　　五年四月丁未，侯卫不疑元年。 元朔五年（前124年）四月丁未日，阴安侯卫不疑在位元年。	二　　五年四月丁未，侯卫登元年。 元朔五年（前124年）四月丁未日，发干侯卫登在位元年。
元狩 （前122年—前117年）	六	六
元鼎 （前116年—前111年）	四 五年，侯不疑坐酎金，国除。 元鼎五年（前112年），阴安侯卫不疑因进贡的助祭金成色不好、分量不足而获罪，封国被废除。	四 五年，侯登坐酎金，国除。 元鼎五年（前112年），发干侯卫登因进贡的助祭金成色不好、分量不足而获罪，封国被废除。
元封 （前110年—前105年）		
太初已（以）后 （前104年以后）		

国名	博望
侯功	以校尉从大将军六年击匈奴,知水道,及前使绝域大夏,功侯。 张骞在任校尉时随从大将军卫青在元朔六年(前123年)出击匈奴,知道河流水道的情况而引导大军走有水草的地方,且先前曾出使极远的大夏国,因有功被封为博望侯。
元光 (前134年—前129年)	
元朔 (前128年—前123年)	一　　六年三月甲辰,侯张骞元年。 元朔六年(前123年)三月甲辰日,博望侯张骞在位元年。
元狩 (前122年—前117年)	一 二年,侯骞坐以将军击匈奴畏懦,当斩,赎,国除。 元狩二年(前121年),博望侯张骞因任将军时攻击匈奴而畏惧怯懦,当论处斩刑,赎罪,封国被废除。
元鼎 (前116年—前111年)	
元封 (前110年—前105年)	
太初巳(以)后 (前104年以后)	

国名	冠军
侯功	以嫖姚校尉再从大将军，六年从大将军击匈奴，斩相国，功侯。元狩二年，以骠骑将军击匈奴，至祁连，益封；迎浑邪王，益封；击左右贤王，益封。 霍去病在任嫖姚校尉时两次随从大将军卫青出征，元朔六年（前123年）随从大将军卫青攻打匈奴，斩杀匈奴相国，因有功被封为冠军侯。元狩二年（前121年），在任骠骑将军时出击匈奴，到达祁连山，增加封邑；迎接归顺的匈奴浑邪王，增加封邑；攻打匈奴左右贤王，增加封邑。
元光 （前134年—前129年）	
元朔 （前128年—前123年）	一　　六年四月壬申，景桓侯霍去病元年。 元朔六年（前123年）四月壬申日，冠军景桓侯霍去病在位元年。
元狩 （前122年—前117年）	六
元鼎 （前116年—前111年）	六　　元年，哀侯嬗元年。 元鼎元年（前116年），冠军哀侯霍嬗在位元年。
元封 （前110年—前105年）	元年，哀侯嬗薨，无后，国除。 元封元年（前110年），冠军哀侯霍嬗薨逝，没有后代，封国被废除。
太初已（以）后 （前104年以后）	

国名	众利	潦
侯功	以上谷太守四从大将军,六年击匈奴,首虏千级以上,功侯。 郝贤在任上谷郡太守时四次随从大将军卫青,在元朔六年(前123年)攻打匈奴,斩杀敌人数千人以上,因有功被封众利侯。	以匈奴赵王降,侯。 煖訾以匈奴赵王的身份归降,因此被封为潦侯。
元光 (前134年—前129年)		
元朔 (前128年—前123年)	一　六年五月壬辰,侯郝贤元年。 元朔六年(前123年)五月壬辰日,众利侯郝贤在位元年。	
元狩 (前122年—前117年)	一　二年,侯贤坐为上谷太守入戍卒财物上计谩罪,国除。 元狩二年(前121年),众利侯郝贤因任上谷郡太守时把屯边兵卒的财物算入财政统计簿中后上报朝廷而获欺骗罪,封国被废除。	一　元年七月壬午,悼侯赵王煖訾元年。 二年,煖訾死,无后,国除。 元狩元年(前122年)七月壬午日,潦悼侯赵王煖訾在位元年。 元狩二年(前121年),煖訾死去,没有后代,封国被废除。
元鼎 (前116年—前111年)		
元封 (前110年—前105年)		
太初已(以)后 (前104年以后)		

国名	宜冠
侯功	以校尉从骠骑将军二年再出击匈奴，功侯。故匈奴归义。 高不识在任校尉时随从骠骑将军霍去病于元狩二年（前121年）再次出击匈奴，因有功被封为宜冠侯。是从前由匈奴归顺过来的。
元光 （前134年—前129年）	
元朔 （前128年—前123年）	
元狩 （前122年—前117年）	二　二年正月乙亥，侯高不识元年。 四年，不识击匈奴，战军功增首不以实，当斩，赎罪，国除。 元狩二年（前121年）正月乙亥日，宜冠侯高不识在位元年。 元狩四年（前119年），高不识出击匈奴，所报战军功中斩杀敌人首级的数目虚假不实，当论处斩刑，赎罪，封国被废除。
元鼎 （前116年—前111年）	
元封 （前110年—前105年）	
太初已（以）后 （前104年以后）	

国名	辉渠
侯功	以校尉从骠骑将军二年再出击匈奴得王，功侯。以校尉从骠骑将军二年虏五王功，益封。故匈奴归义。 仆多在任校尉时，随从骠骑将军霍去病于元狩二年（前121年）两次出击匈奴，俘获匈奴王，因有功被封为辉渠侯。在任校尉时随从骠骑将军霍去病在元狩二年（前121年）俘虏匈奴五王有功，增加封邑。是从前由匈奴归顺过来的。
元光 （前134年—前129年）	
元朔 （前128年—前123年）	
元狩 （前122年—前117年）	五　　二年二月乙丑，忠侯仆多元年。 元狩二年（前121年）二月乙丑日，辉渠忠侯仆多在位元年。 ◎注释　《史记索隐》："《汉表》作'仆朋'。此云'仆多'，与《卫青传》同。"
元鼎 （前116年—前111年）	三 三　　四年，侯电元年。 元鼎四年（前113年），辉渠侯仆电在位元年。
元封 （前110年—前105年）	六
太初已（以）后 （前104年以后）	四

建元以来侯者年表第八

国名	从骠	下麾
侯功	以司马再从骠骑将军数深入匈奴，得两王子骑将，功侯。以匈河将军元封三年击楼兰功，复侯。 赵破奴在任司马时，两次随从骠骑将军霍去病屡屡深入匈奴，俘获匈奴两位王子和骑将，因有功被封从骠侯。在任匈河将军时于元封三年（前108年）出击楼兰国有功，又被封为浞野侯。	以匈奴王降，侯。 呼毒尼以匈奴王的身份归降，因此被封为下麾侯。
元光 （前134年—前129年）		
元朔 （前128年—前123年）		
元狩 （前122年—前117年）	五　二年五月丁丑，侯赵破奴元年。 元狩二年（前121年）五月丁丑日，从骠侯赵破奴在位元年。	五　二年六月乙亥，侯呼毒尼元年。 元狩二年（前121年）六月乙亥日，下麾侯呼毒尼在位元年。
元鼎 （前116年—前111年）	四 五年，侯破奴坐酎金，国除。 元鼎五年（前112年），从骠侯赵破奴因进贡的助祭金成色不好、分量不足而获罪，封国被废除。	四 二　五年，炀侯伊即轩元年。 元鼎五年（前112年），下麾炀侯伊即轩在位元年。
元封 （前110年—前105年）	浞野　四 三年，侯破奴元年。 元封三年（前108年），浞野侯赵破奴在位元年。	六
太初已（以）后 （前104年以后）	一 二年，侯破奴以浚稽将军击匈奴，失军，为虏所得，国除。 太初二年（前103年），浞野侯赵破奴以浚稽将军的身份出击匈奴，因散失军队，他又被匈奴人俘获，封国被废除。	四

国名	漯阴	辉渠
侯功	以匈奴浑邪王将众十万降，侯，万户。 浑邪王以匈奴浑邪王的身份率领部众十万人归降，因此被封为漯阴侯，封邑一万户。	以匈奴王降，侯。 扁訾以匈奴王的身份归降，因此被封为辉渠侯。
元光 （前134年—前129年）		
元朔 （前128年—前123年）		
元狩 （前122年—前117年）	四　二年七月壬午，定侯浑邪元年。 元狩二年（前121年）七月壬午日，漯阴定侯浑邪王在位元年。	四　三年七月壬午，悼侯扁訾元年。 元狩三年（前120年）七月壬午日，辉渠悼侯扁訾在位元年。
元鼎 （前116年—前111年）	六　元年，魏侯苏元年。 元鼎元年（前116年），漯阴魏侯苏在位元年。	一　二年，侯扁訾死，无后，国除。 元鼎二年（前115年），辉渠侯扁訾死去，没有后代，封国被废除。
元封 （前110年—前105年）	五 五年，魏侯苏毄，无后，国除。 元封五年（前106年），漯阴魏侯苏毄逝，没有后代，封国被废除。	
太初已（以）后 （前104年以后）		

国名	河綦	常乐
侯功	以匈奴右王与浑邪降,侯。 乌犁以匈奴右贤王的身份和浑邪王归降,因此被封为河綦侯。	以匈奴大当户与浑邪降,侯。 稠雕以匈奴大当户的身份和浑邪王归降,因此被封为常乐侯。
元光 (前134年—前129年)		
元朔 (前128年—前123年)		
元狩 (前122年—前117年)	四　　三年七月壬午,康侯乌犁元年。 元狩三年(前120年)七月壬午日,河綦康侯乌犁在位元年。	四　　三年七月壬午,肥侯稠雕元年。 元狩三年(前120年)七月壬午日,常乐肥侯稠雕在位元年。
元鼎 (前116年—前111年)	二 四　　三年,馀利鞮元年。 元鼎三年(前114年),河綦侯馀利鞮在位元年。	六
元封 (前110年—前105年)	六	六
太初已(以)后 (前104年以后)	四	二 太初三年,今侯广汉元年。 太初三年(前102年),当今常乐侯广汉在位元年。

国名	符离	壮
侯功	以右北平太守从骠骑将军四年击右王,将重会期,首虏二千七百人,功侯。 路博德在任右北平郡太守时随从骠骑将军霍去病于元狩四年(前119年)出击匈奴右贤王,护卫辎重按期送到,斩杀敌人二千七百人,因有功被封为符离侯。	以匈奴归义因淳王从骠骑将军四年击左王,以少破多,捕虏二千一百人,功侯。 复陆支以匈奴因淳王的身份归顺,随从骠骑将军霍去病于元狩四年(前119年)出击匈奴左贤王,用少量兵力打败许多敌人,捕获敌军二千一百人,因有功被封为壮侯。
元光 (前134年—前129年)		
元朔 (前128年—前123年)		
元狩 (前122年—前117年)	三　　四年六月丁卯,侯路博德元年。 元狩四年(前119年)六月丁卯日,符离侯路博德在位元年。	三　　四年六月丁卯,侯复陆支元年。 元狩四年(前119年)六月丁卯日,壮侯复陆支在位元年。
元鼎 (前116年—前111年)	六	二 四　　三年,今侯偃元年。 元鼎三年(前114年),当今壮侯复陆偃在位元年。
元封 (前110年—前105年)	六	六
太初已(以)后 (前104年以后)	太初元年,侯路博德有罪,国除。 太初元年(前104年),符离侯路博德有罪,封国被废除。	四

国名	众利	湘成
侯功	以匈奴归义楼剸王从骠骑将军四年击右王，手自剑合，功侯。 伊即轩以匈奴楼剸王的身份归顺，随从骠骑将军霍去病于元狩四年（前119年）出击匈奴右贤王，亲手执剑与右贤王格斗，因有功被封为众利侯。	以匈奴符离王降侯。 敞屠洛以匈奴符离王的身份归降而被封为湘成侯。
元光 （前134年—前129年）		
元朔 （前128年—前123年）		
元狩 （前122年—前117年）	三　四年六月丁卯，质侯伊即轩元年。 元狩四年（前119年）六月丁卯日，众利质侯伊即轩在位元年。	三　四年六月丁卯，侯敞屠洛元年。 元狩四年（前119年）六月丁卯日，湘成侯敞屠洛在位元年。
元鼎 （前116年—前111年）	六	四 五年，侯敞屠洛坐酎金，国除。 元鼎五年（前112年），湘成侯敞屠洛因进贡的助祭金成色不好、分量不足而获罪，封国被废除。
元封 （前110年—前105年）	五 一　六年，今侯当时元年。 元封六年（前105年），当今众利侯伊即当时在位元年。	
太初已（以）后 （前104年以后）	四	

国名	义阳	散
侯功	以北地都尉从骠骑将军四年击左王，得王，功侯。 卫山在任北地郡都尉时随从骠骑将军霍去病于元狩四年（前119年）出击匈奴左贤王，俘获匈奴王，因有功被封为义阳侯。	以匈奴都尉降，侯。 董荼吾以匈奴都尉的身份归降，因此被封为散侯。
元光 （前134年—前129年）		
元朔 （前128年—前123年）		
元狩 （前122年—前117年）	三　　四年六月丁卯，侯卫山元年。 元狩四年（前119年）六月丁卯日，义阳侯卫山在位元年。	三　　四年六月丁卯，侯董荼吾元年。 元狩四年（前119年）六月丁卯日，散侯董荼吾在位元年。
元鼎 （前116年—前111年）	六	六
元封 （前110年—前105年）	六	六
太初已（以）后 （前104年以后）	四	二 二　　太初三年，今侯安汉元年。 太初三年（前102年），当今散侯董安汉在位元年。

建元以来侯者年表第八

国名	臧马	周子南君
侯功	以匈奴王降，侯。 延年以匈奴王的身份归降，因此被封为臧马侯。	以周后绍封。 姬嘉以周王朝后人的身份被封为周子南君。
元光 （前134年—前129年）		
元朔 （前128年—前123年）		
元狩 （前122年—前117年）	一　　四年六月丁卯，康侯延年元年。 五年，侯延年死，不得置后，国除。 元狩四年（前119年）六月丁卯日，臧马康侯延年在位元年。 元狩五年（前118年），臧马侯延年死去，不可立他的后代为侯，封国被废除。	
元鼎 （前116年—前111年）		三　　四年十一月丁卯，侯姬嘉元年。 元鼎四年（前113年）十一月丁卯日，周子南君姬嘉在位元年。
元封 （前110年—前105年）		三 三　　四年，君买元年。 元封四年（前107年），周子南君姬买在位元年。
太初已（以）后 （前104年以后）		四

国名	乐通	瞭
侯功	以方术侯。 栾大由于通晓方术而被封为乐通侯。	以匈奴归义王降侯。 次公由归顺的匈奴王身份而被封为瞭侯。
元光 （前134年—前129年）		
元朔 （前128年—前123年）		
元狩 （前122年—前117年）		
元鼎 （前116年—前111年）	一　四年四月乙巳，侯五利将军栾大元年。 五年，侯大有罪，斩，国除。 元鼎四年（前113年）四月乙巳日，乐通侯五利将军栾大在位元年。 元鼎五年（前112年），乐通侯栾大有罪，被斩杀，封国被废除。	一　四年六月丙午，侯次公元年。 五年，侯次公坐酎金，国除。 元鼎四年（前113年）六月丙午日，瞭侯次公在位元年。 元鼎五年（前112年），瞭侯次公因进贡的助祭金成色不好、分量不足而获罪，封国被废除。
元封 （前110年—前105年）		
太初已(以)后 （前104年以后）		

国名	术阳	龙亢
侯功	以南越王兄越高昌侯。 赵建德因是南越王的兄长而被封为南越的高昌侯。（后被汉王朝封为术阳侯）	以校尉摎乐击南越，死事，子侯。 摎乐在任校尉时出击南越，死于国事，因此摎乐的儿子被封为龙亢侯。
元光 （前134年—前129年）		
元朔 （前128年—前123年）		
元狩 （前122年—前117年）		
元鼎 （前116年—前111年）	一　四年，侯建德元年。 五年，侯建德有罪，国除。 元鼎四年（前113年），术阳侯赵建德在位元年。 元鼎五年（前112年），术阳侯赵建德有罪，封国被废除。	二　五年三月壬午，侯广德元年。 元鼎五年（前112年）三月壬午日，龙亢侯摎广德在位元年。
元封 （前110年—前105年）		六　六年，侯广德有罪诛，国除。 元封六年（前105年），龙亢侯摎广德有罪被诛杀，封国被废除。
太初已（以）后 （前104年以后）		

国名	成安	昆
侯功	以校尉韩千秋击南越死事,子侯。 韩千秋在任校尉时出击南越而死于国事,因此韩千秋的儿子被封为成安侯。	以属国大且渠击匈奴,功侯。 渠复累以属国大且渠的身份出击匈奴,因有功被封为昆侯。
元光 (前134年—前129年)		
元朔 (前128年—前123年)		
元狩 (前122年—前117年)		
元鼎 (前116年—前111年)	二　　五年三月壬子,侯延年元年。 元鼎五年(前112年)三月壬子日,成安侯韩延年在位元年。	二　　五年五月戊戌,侯渠复累元年。 元鼎五年(前112年)五月戊戌日,昆侯渠复累在位元年。
元封 (前110年—前105年)	六　　六年,侯延年有罪,国除。 元封六年(前105年),成安侯韩延年有罪,封国被废除。	六
太初已(以)后 (前104年以后)		四

建元以来侯者年表第八

国名	骐	梁期
侯功	以属国骑击匈奴,捕单于兄,功侯。 驹几以属国骑的身份出击匈奴,捕捉匈奴单于的兄长,因有功被封为骐侯。	以属国都尉五年间出击匈奴,得复累缇缦等,功侯。 任破胡以属国都尉的身份在元鼎五年(前112年)间出击匈奴,俘获复累缇缦等,因有功被封为梁期侯。
元光 (前134年—前129年)		
元朔 (前128年—前123年)		
元狩 (前122年—前117年)		
元鼎 (前116年—前111年)	二　　五年五月壬子,侯驹几元年。 元鼎五年(前112年)五月壬子日,骐侯驹几在位元年。	二　　五年七月辛巳,侯任破胡元年。 元鼎五年(前112年)七月辛巳日,梁期侯任破胡在位元年。
元封 (前110年—前105年)	六	六
太初已(以)后 (前104年以后)	四	四

国名	牧丘	瞭
侯功	以丞相及先人万石积德谨行侯。 石庆以丞相的身份和先人万石君石奋积累的恩德与恭谨行事而被封为牧丘侯。	以南越将降，侯。 毕取以南越将领的身份归降，因此被封为瞭侯。
元光（前134年—前129年）		
元朔（前128年—前123年）		
元狩（前122年—前117年）		
元鼎（前116年—前111年）	二　五年九月丁丑，恪侯石庆元年。 元鼎五年（前112年）九月丁丑日，牧丘恪侯石庆在位元年。	一　六年三月乙酉，侯毕取元年。 元鼎六年（前111年）三月乙酉日，瞭侯毕取在位元年。
元封（前110年—前105年）	六	六
太初已（以）后（前104年以后）	二　三年，侯德元年。 太初三年（前102年），牧丘侯石德在位元年。	四

国名	将梁	安道
侯功	以楼船将军击南越,椎锋却敌,侯。 杨仆以楼船将军的身份出击南越,勇往直前打退敌军,因此被封为将梁侯。	以南越揭阳令闻汉兵至自定降,侯。 史定在任南越揭阳县令时听说汉军到来就自己稳定局面并投降,因此被封为安道侯。
元光 (前134年—前129年)		
元朔 (前128年—前123年)		
元狩 (前122年—前117年)		
元鼎 (前116年—前111年)	一　六年三月乙酉,侯杨仆元年。 元鼎六年(前111年)三月乙酉日,将梁侯杨仆在位元年。	一　六年三月乙酉,侯揭阳令定元年。 元鼎六年(前111年)三月乙酉日,安道侯揭阳县令史定在位元年。
元封 (前110年—前105年)	三 四年,侯仆有罪,国除。 元封四年(前107年),将梁侯杨仆有罪,封国被废除。	六
太初已(以)后 (前104年以后)		四

国名	随桃	湘成
侯功	以南越苍梧王闻汉兵至降，侯。 赵光以南越苍梧王的身份听闻汉军到来而投降，因此被封为随桃侯。	以南越桂林监闻汉兵破番禺，谕瓯骆兵四十余万降，侯。 居翁以南越桂林监的身份听说汉军攻下番禺，就晓谕瓯骆部落的四十多万兵士投降，因此被封为湘成侯。
元光 （前134年—前129年）		
元朔 （前128年—前123年）		
元狩 （前122年—前117年）		
元鼎 （前116年—前111年）	一　　六年四月癸亥，侯赵光元年。 元鼎六年（前111年）四月癸亥日，随桃侯赵光在位元年。	一　　六年五月壬申，侯监居翁元年。 元鼎六年（前111年）五月壬申日，湘成侯桂林监居翁在位元年。
元封 （前110年—前105年）	六	六
太初已(以)后 （前104年以后）	四	四

国名	海常	北石
侯功	以伏波司马捕得南越王建德，功侯。 苏弘以伏波司马的身份捕获南越王赵建德，因有功被封为海常侯。	以故东越衍侯佐繇王斩馀善，功侯。 吴阳以过去东越衍侯的身份帮助繇王斩杀馀善，因有功被封为北石侯。
元光 （前134年—前129年）		
元朔 （前128年—前123年）		
元狩 （前122年—前117年）		
元鼎 （前116年—前111年）	一 六年七月乙酉，庄侯苏弘元年。 元鼎六年（前111年）七月乙酉日，海常庄侯苏弘在位元年。	
元封 （前110年—前105年）	六	六　元年正月壬午，侯吴阳元年。 元封元年（前110年）正月壬午日，北石侯吴阳在位元年。
太初已(以)后 （前104年以后）	太初元年，侯弘死，无后，国除。 太初元年（前104年），海常侯苏弘死去，没有后代，封国被废除。	三　太初四年，今侯首元年。 太初四年（前101年），当今北石侯吴首在位元年。

国名	下郦	缭嫈
侯功	以故瓯骆左将斩西于王，功侯。 黄同以过去瓯骆左将的身份斩杀西于王，因有功被封为下郦侯。	以故校尉从横海将军说击东越，功侯。 刘福以过去校尉的身份随从横海将军韩说出击东越，因有功被封为缭嫈侯。
元光 （前134年—前129年）		
元朔 （前128年—前123年）		
元狩 （前122年—前117年）		
元鼎 （前116年—前111年）		
元封 （前110年—前105年）	六　元年四月丁酉，侯左将黄同元年。 元封元年（前110年）四月丁酉日，下郦侯左将黄同在位元年。	一　元年五月乙卯，侯刘福元年。 二年，侯福有罪，国除。 元封元年（前110年）五月乙卯日，缭嫈侯刘福在位元年。 元封二年（前109年），缭嫈侯刘福有罪，封国被废除。
太初已(以)后 （前104年以后）	四	

国名	藂兒	开陵
侯功	以军卒斩东越徇北将军，功侯。 辕终古以兵士的身份斩杀东越徇北将军，因有功被封藂兒侯。	以故东越建成侯与繇王共斩东越王馀善，功侯。 建成以过去东越建成侯的身份和繇王居股共同斩杀东越王馀善，因有功被封为开陵侯。
元光 （前134年—前129年）		
元朔 （前128年—前123年）		
元狩 （前122年—前117年）		
元鼎 （前116年—前111年）		
元封 （前110年—前105年）	六　　元年闰月癸卯，庄侯辕终古元年。 元封元年（前110年）闰月癸卯日，藂兒庄侯辕终古在位元年。 ◎注释　《史记集解》："徐广曰：'闰四月也。'"	六　　元年闰月癸卯，侯建成元年。 元封元年（前110年）闰月癸卯日，开陵侯建成在位元年。
太初已(以)后 （前104年以后）	太初元年，终古死，无后，国除。 太初元年（前104年），辕终古死去，没有后代，封国被废除。	

国名	临蔡	东成
侯功	以故南越郎闻汉兵破番禺，为伏波得南越相吕嘉，功侯。 孙都以过去南越郎官的身份听说汉军攻下番禺，为伏波将军俘获南越相国吕嘉，因有功被封为临蔡侯。	以故东越繇王斩东越王馀善，功侯，万户。 居服以过去东越繇王的身份斩杀东越王馀善，因有功被封为东成侯，封邑一万户。
元光（前134年—前129年）		
元朔（前128年—前123年）		
元狩（前122年—前117年）		
元鼎（前116年—前111年）		
元封（前110年—前105年）	六　元年闰月癸卯，侯孙都元年。 元封元年（前110年）闰月癸卯日，临蔡侯孙都在位元年。	六　元年闰月癸卯，侯居服元年。 元封元年（前110年）闰月癸卯，东成侯居服在位元年。
太初已（以）后（前104年以后）		四

国名	无锡	涉都
侯功	以东越将军汉兵至弃军降，侯。 多军以东越将军的身份在汉军到来时弃军归降，因此被封为无锡侯。	以父弃故南海守汉兵至以城邑降，子侯。 由于弃过去任南海守时在汉军到来时献出城邑投降，因此弃的儿子被封为涉都侯。
元光 （前134年—前129年）		
元朔 （前128年—前123年）		
元狩 （前122年—前117年）		
元鼎 （前116年—前111年）		
元封 （前110年—前105年）	六　　元年，侯多军元年。 元封元年（前110年），无锡侯多军在位元年。	六　　元年中，侯嘉元年。 元封元年（前110年）的时候，涉都侯嘉在位元年。
太初已（以）后 （前104年以后）	四	二 太初二年，侯嘉薨，无后，国除。 太初二年（前103年），涉都侯嘉薨逝，没有后代，封国被废除。

国名	平州	获苴
侯功	以朝鲜将汉兵至降,侯。 唊以朝鲜将领的身份在汉军到来时投降,因此被封为平州侯。	以朝鲜相汉兵至围之降,侯。 韩阴以朝鲜相国的身份在汉军到来围攻下投降,因此被封为获苴侯。
元光 (前134年—前129年)		
元朔 (前128年—前123年)		
元狩 (前122年—前117年)		
元鼎 (前116年—前111年)		
元封 (前110年—前105年)	一　三年四月丁卯,侯唊元年。 四年,侯唊薨,无后,国除。 元封三年(前108年)四月丁卯日,平州侯唊在位元年。 元封四年(前107年),平州侯唊薨逝,没有后代,封国被废除。	四　三年四月,侯朝鲜相韩阴元年。 元封三年(前108年)四月,获苴侯朝鲜相国韩阴在位元年。
太初已(以)后 (前104年以后)		四

建元以来侯者年表第八

国名	澅清	骐兹
侯功	以朝鲜尼谿相使人杀其王右渠来降,侯。 参以朝鲜尼谿相的身份派人杀了他们的国王右渠前来投降,因此被封为澅清侯。	以小月氏若苴王将众降,侯。 稽谷姑以小月氏国若苴王的身份率众归降,因此被封为骐兹侯。
元光 (前134年—前129年)		
元朔 (前128年—前123年)		
元狩 (前122年—前117年)		
元鼎 (前116年—前111年)		
元封 (前110年—前105年)	四　三年六月丙辰,侯朝鲜尼谿相参元年。 元封三年(前108年)六月丙辰日,澅清侯朝鲜尼谿相参在位元年。	三　四年十一月丁卯,侯稽谷姑元年。 元封四年(前107年)十一月丁卯日,骐兹侯稽谷姑在位元年。
太初已(以)后 (前104年以后)	四	太初元年,侯稽谷姑薨,无后,国除。 太初元年(前104年),骐兹侯稽谷姑薨逝,没有后代,封国被废除。

国名	浩
侯功	以故中郎将将兵捕得车师王，功侯。 王恢以过去中郎将的身份率兵捕获车师王，因有功被封为浩侯。
元光 （前134年—前129年）	
元朔 （前128年—前123年）	
元狩 （前122年—前117年）	
元鼎 （前116年—前111年）	
元封 （前110年—前105年）	一　　四年正月甲申，侯王恢元年。 四年四月，侯恢坐使酒泉矫制害，当死，赎，国除。封凡三月。 元封四年（前107年）正月甲申日，浩侯王恢在位元年。 元封四年（前107年）四月，浩侯王恢因出使酒泉时假冒诏旨并形成危害而获罪，当论处死刑，赎罪，封国被废除。封为侯共三个月。
太初已(以)后 （前104年以后）	

国名	瓡讘	几
侯功	以小月氏王将众千骑降，侯。 扞者以小月氏王的身份率众以上千骑兵归降，因此被封为瓡讘侯。	以朝鲜王子汉兵围朝鲜降，侯。 张陷以朝鲜王子的身份在汉军围攻朝鲜时归降，因此被封为几侯。
元光 （前134年—前129年）		
元朔 （前128年—前123年）		
元狩 （前122年—前117年）		
元鼎 （前116年—前111年）		
元封 （前110年—前105年）	二　　四年正月乙酉，侯扞者元年。 一　　六年，侯胜元年。 元封四年（前107年）正月乙酉日，瓡讘侯扞者在位元年。 元封六年（前105年），瓡讘侯胜在位元年。	二　　四年三月癸未，侯张陷归义元年。 六年，侯张陷使朝鲜，谋反，死，国除。 元封四年（前107年）三月癸未日，几侯张陷归顺过来被封侯，张陷在位元年。 元封六年（前105年），几侯张陷出使朝鲜，谋反，死去，封国被废除。
太初已（以）后 （前104年以后）	四	

国名	涅阳
侯功	以朝鲜相路人汉兵至首先降,道死,其子侯。 任朝鲜国相的路人在汉军到来时首先归降,在路上死去,因此他的儿子被封为涅阳侯。
元光 (前134年—前129年)	
元朔 (前128年—前123年)	
元狩 (前122年—前117年)	
元鼎 (前116年—前111年)	
元封 (前110年—前105年)	三　四年三月壬寅,康侯子最元年。 元封四年(前107年)三月壬寅日,涅阳康侯的儿子最在位元年。
太初已(以)后 (前104年以后)	二 太初二年,侯最死,无后,国除。 太初二年(前103年),涅阳侯最死去,没有后代,封国被废除。
右太史公本表 以上是太史公所作的表	

当涂	魏不害,以圉守尉捕淮阳反者公孙勇等,侯。 魏不害,在任圉县守尉时捕捉淮阳国反叛的人公孙勇等,因此被封为当涂侯。
蒲	苏昌,以圉尉史捕淮阳反者公孙勇等,侯。 苏昌,在任圉县尉史时捕捉淮阳国反叛的人公孙勇等,因此被封为蒲侯。
潦阳	江德,以圉厩啬夫共捕淮阳反者公孙勇等,侯。 江德,在任圉厩啬夫时与人共同捕捉淮阳国反叛的人公孙勇等,因此被封为潦阳侯。
富民	田千秋,家在长陵。以故高庙寝郎上书谏孝武曰:"子弄父兵,罪当笞。父子之怒,自古有之。蚩尤畔(叛)父,黄帝涉江。"上书至意,拜为大鸿胪。征和四年为丞相,封三千户。至昭帝时病死,子顺代立,为虎牙将军,击匈奴,不至质,诛死,国除。 田千秋,家在长陵。以过去高祖祠庙寝郎官的身份上书劝谏武帝说:"儿子玩弄父亲的兵器,论罪应当鞭打。父子之间的恼怒,自古就有。蚩尤背叛父亲,黄帝渡过长江。"上书正合皇上的意思,因此被任命为大鸿胪。征和四年(前89年)任丞相,封邑三千户。到昭帝时病死,田千秋的儿子田顺代立为侯,并任虎牙将军,出击匈奴,没有到达规定的地点,被诛杀,封国被废除。
	右孝武封国名 以上是汉武帝时期所封侯国名

　　后进好事儒者褚先生曰:太史公记事尽于孝武之事①,故复修记孝昭以来功臣侯者,编于左方②,令后好事者得览观成败长短绝世之適(谪),得以自戒焉。当世之君子,行权合变③,度时施宜,希世用事④,以建功有土封侯,立名当世,岂不盛哉!观其持满守成之道,皆不谦让,骄蹇⑤争权,喜扬声誉,知进不知退,终以杀身灭国。以三得之⑥,及身失之,不能传功于后世,令恩德流子孙,岂不

悲哉！夫龙额侯曾⁷为前将军，世俗顺善，厚重谨信，不与政事，退让爱人。其先起于晋六卿之世。有土君国以来，为王侯，子孙相承不绝，历年经世，以至于今，凡八⁸百余岁，岂可与功臣及身失之者同日而语之哉？悲夫，后世其诫之！

◎**注释** ①〔尽于孝武之事〕指《史记》所记录的历史时间下限为汉武帝太初年间。②〔左方〕即下方、后面。因古人竖行从右往左书写，故后面即称左，前面则称右。③〔行权合变〕指采取特殊的手段以解决特殊的问题。权，变通，不依常规。合变，即随机应变。④〔希世用事〕指见风使舵，投合权势者的需求行事。这是司马迁形容公孙弘的话。《史记·儒林列传》称："公孙弘治《春秋》不如董仲舒，而弘希世用事，位至公卿。"⑤〔骄蹇（jiǎn）〕骄纵傲慢，不顺从。⑥〔以三得之〕指上文所谓"行权合变，度时施宜，希世用事"。⑦〔龙额侯曾〕指韩曾。他是韩王信的后代，韩说的儿子。⑧〔八〕原无，据景祐本、绍兴本、耿本、黄本、彭本、柯本、凌本、殿本补。

◎**大意** 后辈好事的儒者褚先生说：太史公记载史事到汉武帝时为止，所以我又撰修记录了汉昭帝以后功臣侯者的事迹，编列在后面，从而可以让以后的好事者观览他们的成败优劣及断绝世袭的教训，从而加以借鉴。当代的君子，灵活变通适应形势，揣度时事措施合宜，逢迎世俗照章办事，由此建立功业拥有土地被封为侯爵，在当代树立名声，难道不荣盛吗！观察他们持满守成的态度，完全不会谦虚退让，而是骄傲争权，喜欢宣扬声誉，知进却不知退，终于因此杀身灭国。用"行权合变""度时施宜""希世用事"三种方法得到的东西，在自己手中就丢掉了，而不能把功业传给后代，使恩德惠及子孙，难道不悲哀吗！那位龙额侯韩曾任前将军，顺应世俗恭顺和善，忠厚稳重谨慎守信，不参与政事，谦退礼让慈爱众人。他的祖先是春秋时晋国的六卿之一。韩氏拥有土地成为国君以后，做王侯，子孙相继不断，经历一代又一代，直到今天，已有八百多年了，那些当代就丢掉爵位的功臣怎能与之相提并论呢？可悲啊，后世要以此为戒！

博陆	霍光,家在平阳。以兄骠骑将军故贵。前事武帝,觉捕得侍中谋反者马何罗等功侯,三千户。中辅幼主昭帝,为大将军。谨信,用事擅治,尊为大司马,益封邑万户。后事宣帝。历事三主,天下信乡之,益封二万户。子禹代立,谋反,族灭,国除。 霍光,家在平阳县。由于兄长骠骑将军霍去病而显贵。先前侍奉汉武帝,发觉捕获任侍中的谋反者马何罗等人有功而被封为博陆侯,封邑三千户。中间辅佐幼年皇帝汉昭帝,任大将军。他谨慎信实,当权专政,被尊为大司马,增加封邑一万户。后来侍奉汉宣帝。先后侍奉三位皇帝,天下人皆信任响应他,增加封邑二万户。霍光的儿子霍禹代立为侯,谋反,被灭族,封国被废除。
秺	金翁叔名日䃅,以匈奴休屠王太子从浑邪王将众五万,降汉归义,侍中,事武帝,觉捕侍中谋反者马何罗等功侯,三千户。中事昭帝,谨厚,益封三千户。子弘代立,为奉车都尉,事宣帝。 金翁叔名叫日䃅,以匈奴休屠王太子的身份随从匈奴浑邪王率众五万人,投降汉朝廷归向仁义,担任侍中,侍奉汉武帝,发觉捕获任侍中的谋反者马何罗等人有功而被封为秺侯,封邑三千户。中间侍奉汉昭帝,谨慎忠厚,增加封邑三千户。金日䃅的儿子金弘代立为侯,任奉车都尉,侍奉汉宣帝。
安阳	上官桀,家在陇西。以善骑射从军。稍贵,事武帝,为左将军。觉捕斩侍中谋反者马何罗弟重合侯通功侯,三千户。中事昭帝,与大将军霍光争权,因以谋反,族灭,国除。 上官桀,家在陇西郡。由于擅长骑马射箭从军。渐渐尊贵,侍奉汉武帝,任左将军。发觉捕捉斩杀任侍中的谋反者马何罗的弟弟即重合侯马通有功而被封为安阳侯,封邑三千户。中间侍奉汉昭帝,与大将军霍光争权,因为谋反,被灭族,封国被废除。
桑乐	上官安,以父桀为将军故贵,侍中,事昭帝。安女为昭帝夫人,立为皇后故侯,三千户。骄蹇,与大将军霍光争权,因以父子谋反,族灭,国除。 上官安,因为父亲上官桀任将军而显贵,为侍中,侍奉汉昭帝。上官安的女儿是汉昭帝的夫人,后又被立为皇后,因此上官安被封为桑乐侯,封邑三千户。上官安骄傲不顺,与大将军霍光争权,因父子共同谋反,被灭族,封国被废除。
富平	张安世,家在杜陵。以故御史大夫张汤子武帝时给事尚书,为尚书令。事昭帝,谨厚习事,为光禄勋右将军。辅政十三年,无适过,侯,三千户。及事宣帝,代霍光为大司马,用事,益封万六千户。子延寿代立,为太仆,侍中。 张安世,家在杜陵县。以已故御史大夫张汤之子的身份汉武帝时在尚书省任职,任尚书令。侍奉汉昭帝,谨慎忠厚熟悉事务,任光禄勋右将军。辅佐朝政十三年,没有一点过失,因此被封为富平侯,封邑三千户。等到侍奉汉宣帝时,代替霍光任大司马,当权,增加封邑一万六千户。儿子张延寿代立为侯,任太仆,侍中。
义阳	傅介子,家在北地。以从军为郎,为平乐监。昭帝时,刺杀外国王,天子下诏书曰:"平乐监傅介子使外国,杀楼兰王,以直报怨,不烦师,有功,其以邑千三百户封介子为义阳侯。"子厉代立,争财相告,有罪,国除。 傅介子,家在北地郡。因为跟从军队被任为郎官,任平乐殿的管理员。汉昭帝时,刺杀外国王,天子下诏书说:"平乐监傅介子出使外国,刺杀楼兰王,以直报怨,而不用烦劳军队,有功劳,用封邑一千三百户封赏傅介子为义阳侯。"儿子傅厉代立为侯,因争夺财产相互控告,有罪,封国被废除。

商利	王山，齐人也。故为丞相史，会骑将军上官安谋反，山说安与俱入丞相，斩安。山以军功为侯，三千户。上书愿治民，为代太守。为人所上书言，系狱当死，会赦，出为庶人，国除。 王山，是齐地人。过去任丞相史，正值骑将军上官安谋反，王山劝说上官安与他一起进见丞相车千秋，因此得以斩杀上官安。王山因立军功被封为商利侯，封邑三千户。上书朝廷说自己希望去治理百姓，任代郡太守。后被人上书告发，被捕入狱，应当论处死罪，恰好遇上大赦，放出后成为平民，封国被废除。
建平	杜延年，以故御史大夫杜周子给事大将军幕府，发觉谋反者骑将军上官安等罪，封为侯，邑二千七百户，拜为太仆。元年，出为西河太守。五凤三年，入为御史大夫。 杜延年，以已故御史大夫杜周之子的身份在大将军幕府任职，发觉谋反者骑将军上官安等人的罪行，被封为建平侯，封邑二千七百户，被任命为太仆。汉昭帝元年（前86年），出外任西河郡太守。五凤三年（前55年），入朝任御史大夫。
弋阳	任宫，以故上林尉捕格谋反者左将军上官桀，杀之便门，封为侯，二千户。后为太常，及行卫尉事。节俭谨信，以寿终，传于子孙。 任宫，在过去任上林尉时捕斗谋反者左将军上官桀，在便门把他杀死，因此被封为弋阳侯，封邑二千户。后来任太常官，并代理卫尉事务。节约俭朴谨慎信实，以正常寿数去世，传爵位给子孙。
宜城	燕仓，以故大将军幕府军吏发谋反者骑将军上官安罪有功，封侯，邑二千户。为汝南太守，有能名。 燕仓，在过去任大将军幕府军吏时发现谋反者骑将军上官安的罪行有功，被封为宜城侯，封邑二千户。任汝南郡太守，有能干的名声。
宜春	王䜣，家在齐。本小吏佐史，稍迁至右辅都尉。武帝数幸扶风郡，䜣共置办，拜为右扶风。至孝昭时，代桑弘羊为御史大夫。元凤三年，代田千秋为丞相，封二千户。立二年，为人所上书言暴，自杀，不殊。子立，为属国都尉。 王䜣，家在齐地。原本是小吏佐史，渐渐升迁到右扶风都尉。汉武帝多次临幸扶风郡，王䜣供应置办食物用具，被任命为右扶风。到汉昭帝时，代替桑弘羊任御史大夫。元凤三年（前78年），代替田千秋任丞相，封邑二千户。立为宜春侯二年，被人上书告发残暴，自杀，受伤却没有死去。他的儿子代立为侯，任属国都尉。
安平	杨敞，家在华阴。故给事大将军幕府，稍迁至大司农，为御史大夫。元凤六年，代王䜣为丞相，封二千户。立二年，病死。子贲代立，十三年病死。子翁君代立，为典属国。三岁，以季父恽故出恶言，系狱当死，得免，为庶人，国除。 杨敞，家在华阴县。过去在大将军幕府任职，渐渐升官到大司农，任御史大夫。元凤六年（前75年），代替王䜣任丞相，封邑二千户。立为安平侯两年，病死。他的儿子杨贲代立为侯，十三年后病死。杨贲的儿子杨翁居代立为侯，任典属国。三年后，因为叔父杨恽故意说出恶言，被捕入狱中当论处死罪，得到赦免，成为平民，封国被废除。
	右孝昭时所封国名 以上是汉昭帝时期所封诸侯国名

阳平	蔡义，家在温。故师受《韩诗》，为博士，给事大将军幕府，为杜城门候。入侍中，授昭帝《韩诗》，为御史大夫。是时年八十，衰老，常两人扶持乃能行。然公卿大臣议，以为人主师，当以为相。以元平元年代杨敞为丞相，封二千户。病死，绝无后，国除。 蔡义，家在温县。以前从师学习《韩诗》，任博士，在大将军幕府任职，任杜城门看门小官。入朝任侍中，给汉昭帝传授《韩诗》，任御史大夫。这时年龄已八十，十分衰老，常常需要两个人扶持着才能行动。但公卿大臣建议，他是皇上的老师，应当为丞相。在元平元年（前74年）代替杨敞任丞相，封邑二千户。后来病死，没有后代，封国被废除。
扶阳	韦贤，家在鲁。通《诗》《礼》《尚书》，为博士，授鲁大儒，入侍中，为昭帝师，迁为光禄大夫，大鸿胪，长信少府。以为人主师，本始三年代蔡义为丞相，封扶阳侯，千八百户。为丞相五岁，多恩，不习吏事，免相就第，病死。子玄成代立，为太常。坐祠庙骑，夺爵，为关内侯。 韦贤，家在鲁地。精通《诗》《礼》《尚书》，任博士，是鲁地传授经学的大儒，入朝任侍中，当了汉昭帝的老师，改任光禄大夫、大鸿胪、长信少府。以皇上老师的身份，在本始三年（前71年）代替蔡义任丞相，被封为扶阳侯，封邑一千八百户。任丞相五年，多有恩惠，不熟悉吏事，被罢免在家休养，因病而死。儿子韦玄成代立为侯，任太常官。后因在拜祀汉宣帝庙时骑马到来而获罪，降低爵位，成为关内侯。
平陵	范明友，家在陇西。以家世习外国事，使护西羌。事昭帝，拜为度辽将军，击乌桓功侯，二千户。取霍光女为妻。地节四年，与诸霍子禹等谋反，族灭，国除。 范明友，家在陇西郡。因为他们家世代熟悉外国之事，被任命监护西羌。侍奉汉昭帝，被任命为度辽将军，出击乌桓有功而被封为平陵侯，封邑二千户。范明友娶霍光的女儿做妻子。地节四年（前66年），与以霍禹为首的霍氏诸人谋反，被灭族，封国被废除。
营平	赵充国，以陇西骑士从军得官，侍中，事武帝。数将兵击匈奴有功，为护军都尉，侍中，事昭帝。昭帝崩，议立宣帝，决疑定策，以安宗庙功侯，封二千五百户。 赵充国，以陇西郡骑士的身份从军得到官职，任侍中，侍奉汉武帝。屡次带兵出击匈奴有功，任护军都尉，任侍中，侍奉汉昭帝。汉昭帝崩逝，商议拥立汉宣帝，决疑定策，因安定朝廷有功而被封为营平侯，封邑二千五百户。
阳成	田延年，以军吏事昭帝；发觉上官桀谋反事，后留迟不得封，为大司农。本造废昌邑王议立宣帝，决疑定策，以安宗庙功侯，二千七百户。逢昭帝崩，方上事并急，因以盗都内钱三千万。发觉，自杀，国除。 田延年，以军吏的身份侍奉汉昭帝；发觉上官桀谋反之事，后来迁延耽搁不能封侯，任大司农。最早参与废除昌邑王并商议拥立汉宣帝，决疑定策，因安定朝廷有功而被封为阳成侯，封邑二千七百户。正逢汉昭帝崩逝，陵墓之事很紧急，田延年却趁机偷取都内所藏皇帝私钱三千万。被发觉，自杀，封国被废除。

平丘	王迁，家在卫。为尚书郎，习刀笔之文。侍中，事昭帝。帝崩，立宣帝，决疑定策，以安宗庙功侯，二千户。为光禄大夫，秩中二千石。坐受诸侯王金钱财，漏泄中事，诛死，国除。 王迁，家在卫地。任尚书郎，熟悉公牍文书。任侍中，侍奉汉昭帝。汉昭帝崩逝，拥立汉宣帝，决疑定策，因安定朝廷有功而被封为平丘侯，封邑二千户。任光禄大夫，俸禄为实足的二千石。因接受诸侯王金钱财物，泄露内廷中事而获罪，被诛杀，封国被废除。
乐成	霍山，山者，大将军光兄子也。光未死时上书曰："臣兄骠骑将军去病从军有功，病死，赐谥景桓侯，绝无后，臣光愿以所封东武阳邑三千五百户分与山。"天子许之，拜山为侯。后坐谋反，族灭，国除。 霍山，是大将军霍光兄长的儿子。霍光未死时上书说："臣的兄长骠骑将军霍去病从军有功，病死，赐谥号景桓侯，没有后代，臣霍光愿意把所封东武阳的封邑三千五百户分给霍山。"天子允许这样做，拜封霍山为乐成侯。后来因谋反获罪，被灭族，封国被废除。
冠军	霍云，以大将军兄骠骑将军適（嫡）孙为侯。地节三年，天子下诏书曰："骠骑将军去病击匈奴有功，封为冠军侯。薨卒，子侯代立，病死无后。《春秋》之义，善善及子孙，其以邑三千户封云为冠军侯。"后坐谋反，族灭，国除。 霍云，以大将军霍光兄长骠骑将军霍去病嫡长孙的身份被封为侯。地节三年（前67年），天子下诏书说："骠骑将军霍去病出击匈奴有功，被封为冠军侯。薨逝，霍子侯代立为侯，病死没有后代。《春秋》所宣扬的大义，是褒奖善行延及子孙，用封邑三千户封霍云为冠军侯。"后因谋反获罪，被灭族，封国被废除。
平恩	许广汉，家昌邑。坐事下蚕室，独有一女，嫁之。宣帝未立时，素与广汉出入相通，卜相者言当大贵，以故广汉施恩甚厚。地节三年，封为侯，邑三千户。病死无后，国除。 许广汉，家在昌邑县。因事受宫刑，只有一个女儿，出嫁了。汉宣帝未立为皇帝时，向来和许广汉相交，卜卦看相的人说汉宣帝应当大贵，因此徐广汉对汉宣帝施恩很厚。地节三年（前67年），被封为平恩侯，封邑三千户。病死没有后代，封国被废除。
昌水	田广明，故郎，为司马，稍迁至南郡都尉、淮阳太守、鸿胪、左冯翊。昭帝崩，议废昌邑王，立宣帝，决疑定策，以安宗庙。本始三年，封为侯，邑二千三百户。为御史大夫。后为祁连将军，击匈奴，军不至质，当死，自杀，国除。 田广明，先前任郎官，任司马，渐渐迁官到南郡都尉、淮阳郡太守、大鸿胪、左冯翊。汉昭帝崩逝，商议废除昌邑王，拥立汉宣帝，决疑定策，从而安定朝廷。本始三年（前71年），被封为昌水侯，封邑二千三百户。任御史大夫。后任祁连将军，出击匈奴，进军不到规定的地点，应当论处死罪，自杀，封国被废除。

高平	魏相，家在济阴。少学《易》，为府卒史，以贤良举为茂陵令，迁河南太守。坐贼杀不辜，系狱，当死，会赦，免为庶人。有诏守茂陵令，为扬州刺史，入为谏议大夫，复为河南太守，迁为大司农、御史大夫。地节三年，谮毁韦贤，代为丞相，封千五百户。病死，长子宾代立，坐祠庙失侯。 魏相，家在济阴郡。小时候学习《周易》，任县府中的文职小吏，以贤良的科目被举荐为茂陵县令，迁任河南郡太守。因杀害无罪人而获罪，被捕入狱中，论处死罪，正好遇上大赦，免除死刑成为平民。有诏旨让他代理茂陵县令，任扬州刺史，入朝任谏议大夫，又任河南郡太守，迁任大司农、御史大夫。地节三年（前67年），用谗言中伤韦贤，代替他任丞相，封邑一千五百户。病死，长子魏宾代立为侯，后因拜祀宗庙之事获罪而失掉侯爵。
博望	许中翁，以平恩侯许广汉弟封为侯，邑二千户。亦故有私恩，为长乐卫尉。死，子延年代立。 许中翁，以平恩侯徐广汉弟弟的身份被封为博望侯，封邑二千户。也是过去对汉宣帝有私恩，任长乐卫尉。死去，儿子许延年代立为侯。
乐平	许翁孙，以平恩侯许广汉少弟故为侯，封二千户。拜为强弩将军，击破西羌，还，更拜为大司马、光禄勋。亦故有私恩，故得封。嗜酒好色，以早病死。子汤代立。 许翁孙，以平恩侯徐广汉弟弟的身份被封为乐平侯，封邑二千户。被任命为强弩将军，出击打败西羌，返回，改任大司马、光禄勋。也是过去对汉宣帝有私恩，所以能够被封为乐平侯。嗜饮酒好女色，因而早早病死。儿子许汤代立为侯。
将陵	史子回，以宣帝大母家封为侯，二千六百户，与平台侯昆弟行也。子回妻宜君，故成王孙，嫉妒，绞杀侍婢四十余人，盗断妇人初产子臂膝以为媚道。为人所上书言，论弃市。子回以外家故，不失侯。 史子回，以汉宣帝祖母娘家人的身份被封为将陵侯，封邑二千六百户，与平台侯史叔兄弟是同辈。史子回的妻子宜君，是已故成王的孙女，性情嫉妒，绞杀侍婢四十余人，偷偷割断妇女刚生下孩子的手臂腿膝用来行巫蛊之事。这事被人上书告发，论处在街市上斩杀示众。史子回因是皇帝外祖家的人，没有丧失侯爵。
平台	史子叔，以宣帝大母家封为侯，二千五百户。卫太子时，史氏内一女于太子，嫁一女鲁王，今见鲁王亦史氏外孙也。外家有亲，以故贵，数得赏赐。 史子叔，以汉宣帝祖母娘家人的身份被封为平台侯，封邑二千五百户。卫太子在世时，史氏嫁一个女儿给太子，嫁一个女儿给鲁王，现今的鲁王也是史氏的外孙。外家有亲，所以尊贵，屡次得到赏赐。
乐陵	史子长，以宣帝大母家贵，侍中，重厚忠信。以发觉霍氏谋反事，封三千五百户。 史子长，以汉宣帝祖母娘家人的身份而尊贵，任侍中，为人稳重纯厚忠诚信实。因为发觉霍氏谋反的事，得封邑三千五百户。

博成	张章，父故颍川人，为长安亭长。失官，之北阙上书，寄宿霍氏第舍，卧马枥间，夜闻养马奴相与语，言诸霍氏子孙欲谋反状，因上书告反，为侯，封三千户。 张章，父亲原是颍川人，任长安亭长。失去官职，到未央宫的北门上书，寄住在霍氏的宅第房舍中，躺卧在马槽之间，夜里听见养马的奴仆对话，说到霍氏子孙打算谋反的情状，因此上书告发谋反事，被封为博成侯，封邑三千户。
都成	金安上，先故匈奴。以发觉故大将军霍光子禹等谋反事有功，封侯，二千八百户。安上者，奉车都尉秺侯从群子。行谨善，退让以自持，欲传功德于子孙。 金安上，祖先是匈奴人。因发觉已故大将军霍光的儿子霍禹等人谋反事有功，被封为都成侯，封邑二千八百户。金安上，是奉车都尉秺侯金日磾众侄子中的一个。他行为谨慎善良，退让以自持，想要传功德给子孙。
平通	杨恽，家在华阴，故丞相杨敞少子，任为郎。好士，自喜知人，居众人中常与人颜色，以故高昌侯董忠引与屏语，言霍氏谋反状，共发觉告反，侯二千户，为光禄勋。到五凤四年，作为妖言，大逆罪腰斩，国除。 杨恽，家在华阴县，是已故丞相杨敞的小儿子，任郎官。喜爱才士，自夸知人，在众人中常常做出友好的样子，因此高昌侯董忠引他避开别人私语，说出霍氏谋反的情状，共同发觉控告谋反之事，被封为平通侯，封邑二千户，任光禄勋。到五凤四年（前54年），编造妖言，犯大逆罪被腰斩，封国被废除。
高昌	董忠，父故颍川阳翟人，以习书诣长安。忠有材力，能骑射，用短兵，给事期门。与张章相习知，章告语忠霍禹谋反状，忠以语常侍骑郎杨恽，共发觉告反，侯，二千户。今为枭骑都尉，侍中。坐祠宗庙乘小车，夺百户。 董忠，父亲原是颍川郡阳翟县人，因擅长书法到长安拜谒。董忠有才干能力，会骑马射箭，会使用短兵器，在期门卫队任职。和张章熟识，张章告诉董忠关于霍禹谋反的情状，董忠又把话告诉侍骑郎杨恽，共同发觉控告霍氏谋反之事，被封为高昌侯，封邑二千户。当今任枭骑都尉，侍中。因在拜祀宗庙时乘坐小车到来而获罪，削夺封邑一百户。
爱戚	赵成，用发觉楚国事侯，二千三百户。地节元年，楚王与广陵王谋反，成发觉反状，天子推恩广德义，下诏书曰"无治广陵王"，广陵王不变更。后复坐祝诅灭国，自杀，国除。今帝复立子为广陵王。 赵成，因发觉楚王谋反事而被封为爱戚侯，封邑二千三百户。地节元年（前69年），楚王刘延寿和广陵王刘胥谋反，赵成发觉谋反的情状，但天子推行恩泽广布德义，下诏书说"不要治广陵王的罪"，广陵国不改变。后来赵成又因祈求鬼神灭亡国家而获罪，自杀，封国被废除。当今皇帝又立赵成的儿子为广陵王。
酂	地节三年，天子下诏书曰："朕闻汉之兴，相国萧何功第一，今绝无后，朕甚怜之，其以邑三千户封萧何玄孙建世为酂侯。" 地节三年（前67年），天子下诏书说："朕听说汉朝的兴起，相国萧何的功劳第一，如今没有后继者，朕很怜惜他，用封邑三千户封萧何的玄孙萧建世为酂侯。"

平昌	王长君，家在赵国，常山广望邑人也。卫太子时，嫁太子家，为太子男史皇孙为配，生子男，绝，不闻声问，行且四十余岁，至今元康元年中，诏征，立以为侯，封五千户。宣帝舅父也。 王长君，家在赵国，是常山郡广望邑人。卫太子在世时，嫁女儿给太子家，与太子的儿子史皇孙为配，生下男孩，断绝了来往，失去了音讯，将近四十多年，到今元康元年（前65年）的时候，下诏征召，被立作平昌侯，封邑五千户。他是汉宣帝的舅父。
乐昌	王稚君，家在赵国，常山广望邑人也。以宣帝舅父外家封为侯，邑五千户。平昌侯王长君弟也。 王稚君，家在赵国，是常山郡广望邑人。以汉宣帝舅父外家的身份被封为乐昌侯，封邑五千户。是平昌侯王长君的弟弟。
邛成	王奉光，家在房陵。以女立为宣帝皇后故，封千五百户。言奉光初生时，夜见光其上，传闻者以为当贵云。后果以女故为侯。 王奉光，家在房陵县。因为他的女儿被立为汉宣帝皇后，得到封邑一千五百户。传说王奉光刚生下时，夜里能看见他的上方有光，传闻的人认为这是会尊贵的征兆。后来果真因为女儿被封为邛成侯。
安远	郑吉，家在会稽。以卒伍起从军为郎，使护将弛刑士田渠梨。会匈奴单于死，国乱，相攻，日逐王将众来降汉，先使语吉，吉将吏卒数百人往迎之。众颇有欲还者，因斩杀其渠率，遂与俱入汉。以军功侯，二千户。 郑吉，家在会稽郡。以卒伍出身从军为郎官，护送并率领不戴刑具的罪犯屯田渠梨。正值匈奴单于死去，匈奴国内混乱，相互攻伐，匈奴日逐王率众要来归降汉朝廷，先派人告诉郑吉，郑吉带领几百吏卒前往迎接他。匈奴众人中有很多想要返回去的，郑吉因此斩杀了他们的首领，于是和匈奴人一起入汉。因立军功而被封为安远侯，封邑二千户。
博阳	邴吉，家在鲁。本以治狱为御史属，给事大将军幕府。常施旧恩宣帝，迁为御史大夫，封侯，二千户。神爵二年，代魏相为丞相。立五岁，病死。子翁孟代立，为将军，侍中。甘露元年，坐祠宗庙不乘大车而骑至庙门，有罪，夺爵，为关内侯。 邴吉，家在鲁地。原本是管理监狱的官员，后来成为御史大夫的属吏，在大将军幕府任职。曾有恩于汉宣帝，因此升任御史大夫，被封为博阳侯，封邑二千户。神爵二年（前60年），邴吉代替魏相任丞相。立为侯五年后，病死。他的儿子邴翁孟代立为侯，任将军，侍中。甘露元年（前53年），因在拜祀宗庙时不乘大车却骑马到庙门前，有罪，被降低爵位，为关内侯。

建成	黄霸，家在阳夏，以役使徙云阳。以廉吏为河内守丞，迁为廷尉监，行丞相长史事。坐见知夏侯胜非诏书大不敬罪，久系狱三岁，从胜学《尚书》。会赦，以贤良举为扬州刺史，颍川太守。善化，男女异路，耕者让畔，赐黄金百斤，秩中二千石。居颍川，入为太子太傅，迁御史大夫。五凤三年，代邴吉为丞相。封千八百户。 黄霸，家在阳夏县，因役使迁居云阳县。以廉吏任河内郡守丞，升任廷尉监，代理丞相长史事务。因见知夏侯胜非议诏书而犯大不敬罪，被拘禁狱中长达三年，随从夏侯胜学习《尚书》。正遇上大赦，以贤良的科目被选举为扬州刺史、颍川郡太守。善于教化百姓，使男女分道而行，耕田的人退让地界，因此被赏赐黄金一百斤，每月俸禄二千石。居住在颍川郡，入朝任太子太傅，升任御史大夫。五凤三年（前55年），代替邴吉任丞相。封邑一千八百户。
西平	于定国，家在东海。本以治狱给事为廷尉史，稍迁御史中丞。上书谏昌邑王，迁为光禄大夫，为廷尉。乃师受《春秋》，变道行化，谨厚爱人。迁为御史大夫，代黄霸为丞相。 于定国，家在东海郡。本是治狱给事，后成为廷尉的属吏，渐渐升任御史中丞。上书谏劝昌邑王，升任光禄大夫，任廷尉。后来拜师学习《春秋》，改变治道推行教化，谨慎忠厚慈爱百姓。升任御史大夫，代替黄霸任丞相。
	右孝宣时所封 以上是汉宣帝时所封诸侯国
阳平	王稚君，家在魏郡。故丞相史。女为太子妃。太子立为帝，女为皇后，故侯，千二百户。初元以来，方盛贵用事，游宦求官于京师者多得其力，未闻其有知略广宣于国家也。 王稚君，家在魏郡。过去为丞相属下的文书小吏。他的女儿是汉元帝的太子妃。太子被立为当今皇帝，王稚君的女儿则成为皇后，所以被封为阳平侯，封邑一千二百户。初元（前48年—前44年）以来，正大贵当权，游宦求官到京城的人大多得到他的助力，没听说他有什么智谋策略广布于国家。

◎释疑解惑

司马迁在《太史公自序》中对于作《建元以来侯者年表》的缘由解释称："北讨强胡，南诛劲越，征伐蛮夷，武功并列，作《建元以来侯者年表》第八。"而后世学者多以为，此表之用意在于"征伐"二字，但太史公无论是在此篇序中或《太史公自序》中对于征伐之赞许皆是反语与讥讽。如明代陈仁锡即言："《建元以来侯表》盖在'北讨强胡，南诛劲越'一句尽之矣，元光侯者二，元朔侯者二十二，元狩侯者十六，皆以匈奴封；元鼎侯者十六，以匈奴、南越封；元封侯者十七，以东越、瓯（ōu）骆、南越、朝鲜、西域封，当时之兵，孰多孰少皆可知矣。"清代学者汪越言："读《建元侯者表》以诛伐四夷为主。表建元至太初以后侯者盖主军功，而击匈奴则功之大者，或从大将军卫青，或从骠骑将军霍去病，多取封侯；南越、东瓯、朝鲜功又其次也。有自匈奴降者，有自南越、东瓯、朝鲜、小月氏降者，可以威远，因侯之；有父死南越而其子侯者，樛世乐、韩千秋是也；有以父击匈奴功而其子侯者，大将军卫青之三子是也；有从击匈奴及使绝域侯者，张骞是也；其不以军功，则周子南君以周后绍封，公孙弘以丞相诏褒为侯，石庆以丞相及先人万石积德谨行侯是也；最下则栾大，以方术侯矣。按：孝武之时，虚中国以事四夷，好大喜功之蔽也，太史公不斥开边，而引《诗》《书》称征伐为非得已；且曰'功臣受封侔于祖考'，其亦微词与？"又清代李景星曰："汉世封侯之滥莫过于孝武之时，太史公作《建元以来侯者年表》有隐痛焉，故表序纯用吞吐为刺讥：曰'以此知功臣受封侔于祖考矣'，言不当与祖考侔也；曰'岂以晏然不为边境征伐哉'，言不当为边境征伐也；曰'将率以次封矣'，言将率不当封也。处处以纵为擒，以反作正，而武帝之勤远略，诸臣之幸功名，皆于言外传之，的是写生妙手。"而今人张大可言曰："表序引《诗》《书》征伐之义，明武帝开边以抚辑四夷为正义事业，但齐桓伐山戎、赵武灵王服单于、秦缪公霸西戎、吴楚役百越，皆用力小而收功大，而汉武帝以承平统一之天下内辑亿万之众，南征北讨，只不过换得功臣受封'侔于祖考'，其用力大而收功小，讥其好大喜功，专用武力。"

其实，在《史记》的其他许多篇章中，如《匈奴列传》《大宛列传》《南越列传》《朝鲜列传》《西南夷列传》《卫将军骠骑列传》等，司马迁对于汉武帝向外扩张的热情都是持反对态度的。因此，当司马迁在这篇表序中对于因征伐外族而得以封侯这件事不置一语贬斥时，人们难免会认为他是以反话在讥讽这件事。如果站在另一个角度来看，汉武帝的对外扩张对于民族的融合与统一的多民族国家的形成无疑也有一定的积极意义。司马迁无论对此有何态度，作为一名历史的书写者，他还是把这一段历史客观地记录了下来。哪怕只是短短的几张表格，也可以使我们观览其时汉王朝的将军在此历程中跨越了多少河山，抛洒了多少热血，也可以让我们知晓昔日的少数民族如何与汉王朝疏离又亲附，这些都是历史的印记！

◎ 思考辨析题

1. 结合上述有关资料，谈谈你对司马迁此表序文的理解。

2. 仔细阅读《建元以来侯者年表》，借助表中材料，试着归纳汉武帝对哪些少数民族进行了征伐。你觉得让汉武帝花费最多精力去处理与其之间的关系的是哪一个少数民族？

建元已来王子侯者年表第九

　　《建元已来王子侯者年表》与上一篇《建元以来侯者年表》可以看作一个表的两部分，前一篇表记功臣，此一篇表记王子，谱列了武帝时期所封的王子、侯共计一百六十三人。整个表的体例与《建元以来侯者年表》基本相同，唯将上一篇表的"侯功"一栏换作"王子号"而已。

　　除武帝时期封侯者人数过多的原因之外，司马迁刻意将这两部分分为两篇表，或许也是有意识地想把只因是诸侯王子嗣就得以封侯者单独列出吧？诸侯王的子嗣被封侯者，在

1101

前代并非没有，但是总体而言，数量并不算多。而到了武帝的时代，为什么可以多到列出一张表来呢？我们知道，高祖立国以后，吸取秦朝灭亡的教训，并且结合当下的形势，分封了诸侯国，开始的时候有异姓国，有同姓国，不过很快，大部分异姓诸侯国都被朝廷剿灭。久而久之，这些皇室的亲戚作为一方诸侯势力逐渐强大，便渐渐有了野心。为了免除他们对于朝廷的威胁，汉景帝在晁错的建议下，想要大刀阔斧地削藩，然而吴楚七国之乱的爆发，使得这场削藩运动以失败告终。到底如何才能解决地方诸侯王势力强盛的问题呢？到了汉武帝时，这件事依旧困扰着皇帝。而这个时候，有个叫主父偃的人为武帝献策，提出了一个方案叫作"推恩令"，什么意思呢？就是让各诸侯王把他们的土地再进一步分封给自己的子嗣作为侯国，而被分封的子嗣不再局限于嫡长子，庶出的子嗣也有了继承的权利。对于得以封侯的诸侯王的子嗣而言，这当然是朝廷极大的恩惠了！而对于诸侯王，朝廷让你的孩子们，无论出身如何，都能封侯，难道不是恩惠吗？所以这个政策被称为"推恩令"，显示出朝廷对于同姓亲戚的亲厚。而这个政策的实际用意，也是不言而喻的。诸侯王国再分侯国，各侯国各自为政，再怎么样也无法团结统一地对抗中央政权了！这就是武帝在位时王子侯被大量分封的最重要的原因。在这篇《建元已来王子侯者年表》中，对于这些王子为何得以封侯，司马迁没有过多的言语，也无须多言，仅一句某某王子便可以了，故而连表头也由"侯功"变成了"王子号"。而引用发布"推恩令"的制诏作为序文，更说明此表所记录的正是武帝发布推恩令的结果。

制诏御史①:"诸侯王或欲推私恩分子弟邑者,令各条上,朕且临②定其号名。"

◎**注释** ①〔制诏御史〕汉朝皇帝向全国颁布诏令的程序是,先把自己的意思告知御史大夫,御史大夫根据皇帝的旨意拟定文件并转给丞相,丞相再发往全国执行。②〔临〕亲自。

◎**大意** 皇帝下令给御史大夫说:"诸侯王如果有想要将自己封国的领土分给自己的儿子或者兄弟的,就命令他们各自条列报告上来,我将审查并亲自确定他们的封土与名号。"

太史公曰:盛哉,天子之德! 一人有庆,天下赖之①。

◎**注释** ①〔一人有庆,天下赖之〕语出《尚书·吕刑》,原文作"一人有庆,兆民赖之"。一人,指天子。庆,德行,善举。赖,仰仗,依靠。

◎**大意** 太史公说:天子的恩德,真是隆盛啊! 一个人有善举,天下人都可以仰仗!

国名	兹	安成
王子号	河间献王子。 河间献王刘德的儿子。	长沙定王子。 长沙定王刘发的儿子。
元光 （前134年— 前129年）	二　　五年正月壬子，侯刘明元年。 元光五年（前130年）正月壬子日，兹侯刘明在位元年。	一　　六年七月乙巳，思侯刘苍元年。 元光六年（前129年）七月乙巳日，安成思侯刘苍在位元年。
元朔 （前128年— 前123年）	二 三年，侯明坐谋反杀人，弃市，国除。 元朔三年（前126年），兹侯刘明因谋反杀人而获罪，被处死在街市上示众，封国被废除。	六
元狩 （前122年— 前117年）		六
元鼎 （前116年— 前111年）		六　　元年，今侯自当元年。 元鼎元年（前116年），当今安成侯刘自当在位元年。
元封 （前110年— 前105年）		六
太初 （前104年— 前101年）		四

建元已来王子侯者年表第九

国名	宜春	句容
王子号	长沙定王子。 长沙定王刘发的儿子。	长沙定王子。 长沙定王刘发的儿子。
元光 （前134年—前129年）	一　六年七月乙巳，侯刘成元年。 元光六年（前129年）七月乙巳日，宜春侯刘成在位元年。	一　六年七月乙巳，哀侯刘党元年。 元光六年（前129年）七月乙巳日，句容哀侯刘党在位元年。
元朔 （前128年—前123年）	六	元年，哀侯党薨，无后，国除。 元朔元年（前128年），句容哀侯刘党薨逝，没有后代，封国被废除。
元狩 （前122年—前117年）	六	
元鼎 （前116年—前111年）	四 五年，侯成坐酎金，国除。 元鼎五年（前112年），宜春侯因进贡的助祭金成色不好、分量不足而获罪，封国被废除。	
元封 （前110年—前105年）		
太初 （前104年年—前101年）		

国名	句陵	杏山
王子号	长沙定王子。 长沙定王刘发的儿子。	楚安王子。 楚安王刘道的儿子。
元光 （前134年— 前129年）	一　六年七月乙巳，侯刘福元年。 元光六年（前129年）七月乙巳日，句陵侯刘福在位元年。	一　六年后九月壬戌，侯刘成元年。 元光六年（前129年）闰九月壬戌日，杏山侯刘成在位元年。
元朔 （前128年— 前123年）	六	六
元狩 （前122年— 前117年）	六	六
元鼎 （前116年— 前111年）	四 五年，侯福坐酎金，国除。 元鼎五年（前112年），句陵侯刘福因进贡的助祭金成色不好、分量不足而获罪，封国被废除。	四 五年，侯成坐酎金，国除。 元鼎五年（前112年），杏山侯刘成因进贡的助祭金成色不好、分量不足而获罪，封国被废除。
元封 （前110年— 前105年）		
太初 （前104年— 前101年）		

国名	浮丘	广戚
王子号	楚安王子。 楚安王刘道的儿子。	鲁共王子。 鲁共王刘馀的儿子。
元光 （前134年—前129年）	一　六年后九月壬戌，侯刘不审元年。 元光六年（前129年）闰九月壬戌日，浮丘侯刘不审在位元年。	
元朔 （前128年—前123年）	六	六　元年十月丁酉，节侯刘择元年。 元朔元年（前128年）十月丁酉日，广戚节侯刘择在位元年。
元狩 （前122年—前117年）	四 二　五年，侯霸元年。 元狩五年（前118年），浮丘侯刘霸在位元年。	六　元年，侯始元年。 元狩元年（前122年），广戚侯刘始在位元年。
元鼎 （前116年—前111年）	四 五年，侯霸坐酎金，国除。 元鼎五年（前112年），浮丘侯刘霸因进贡的助祭金成色不好、分量不足而获罪，封国被废除。	四 五年，侯始坐酎金，国除。 元鼎五年（前112年），广戚侯刘始因进贡的助祭金成色不好、分量不足而获罪，封国被废除。
元封 （前110年—前105年）		
太初 （前104年—前101年）		

国名	丹杨	盱台
王子号	江都易王子。 江都易王刘非的儿子。	江都易王子。 江都易王刘非的儿子。
元光 (前134年— 前129年)		
元朔 (前128年— 前123年)	六　元年十二月甲辰，哀侯敢元年。 元朔元年（前128年）十二月甲辰日，丹杨哀侯刘敢在位元年。	六　元年十二月甲辰，侯刘象之元年。 元朔元年（前128年）十二月甲辰日，盱台侯刘象之在位元年。
元狩 (前122年— 前117年)	元狩元年，侯敢薨，无后，国除。 元狩元年（前122年），丹杨侯刘敢薨逝，没有后代，封国被废除。	六
元鼎 (前116年— 前111年)		四 五年，侯象之坐酎金，国除。 元鼎五年（前112年），盱台侯刘象之因进贡的助祭金成色不好、分量不足而获罪，封国被废除。
元封 (前110年— 前105年)		
太初 (前104年— 前101年)		

建元已来王子侯者年表第九

国名	湖孰	秩阳
王子号	江都易王子。 江都易王刘非的儿子。	江都易王子。 江都易王刘非的儿子。
元光 (前134年—前129年)		
元朔 (前128年—前123年)	六　元年正月丁卯,顷侯刘胥元年。 元朔元年(前128年)正月丁卯日,湖孰顷侯刘胥在位元年。	六　元年正月丁卯,终侯刘涟元年。 元朔元年(前128年)正月丁卯日,秩阳终侯刘涟在位元年。
元狩 (前122年—前117年)	六	六
元鼎 (前116年—前111年)	四 二　五年,今侯圣元年。 元鼎五年(前112年),当今湖孰侯刘圣在位元年。	三 四年,终侯涟薨,无后,国除。 元鼎四年(前113年),秩阳终侯刘涟薨逝,没有后代,封国被废除。
元封 (前110年—前105年)	六	
太初 (前104年—前101年)	四	

国名	睢陵	龙丘
王子号	江都易王子。 江都易王刘非的儿子。	江都易王子。 江都易王刘非的儿子。
元光 （前134年—前129年）		
元朔 （前128年—前123年）	六　元年正月丁卯，侯刘定国元年。 元朔元年（前128年）正月丁卯日，睢陵侯刘定国在位元年。	五　二年五月乙巳，侯刘代元年。 元朔二年（前127年）五月乙巳日，龙丘侯刘代在位元年。
元狩 （前122年—前117年）	六	六
元鼎 （前116年—前111年）	四 五年，侯定国坐酎金，国除。 元鼎五年（前112年），睢陵侯刘定国因进贡的助祭金成色不好、分量不足而获罪，封国被废除。	四 五年，侯代坐酎金，国除。 元鼎五年（前112年），龙丘侯刘代因进贡的助祭金成色不好、分量不足而获罪，封国被废除。
元封 （前110年—前105年）		
太初 （前104年—前101年）		

国名	张梁	剧
王子号	江都易王子。 江都易王刘非的儿子。	菑川懿王子。 菑川懿王刘志的儿子。
元光 （前134年—前129年）		
元朔 （前128年—前123年）	五　　二年五月乙巳，哀侯刘仁元年。 元朔二年（前127年）五月乙巳日，张梁哀侯刘仁在位元年。	五　　二年五月乙巳，原侯刘错元年。 元朔二年（前127年）五月乙巳日，剧原侯刘错在位元年。
元狩 （前122年—前117年）	六	六
元鼎 （前116年—前111年）	二 四　　三年，今侯顺元年。 元鼎三年（前114年），当今张梁侯刘顺在位元年。	一 五　　二年，孝侯广昌元年。 元鼎二年（前115年），剧孝侯刘广昌在位元年。
元封 （前110年—前105年）	六	六
太初 （前104年—前101年）	四	四

国名	壤	平望
王子号	菑川懿王子。 菑川懿王刘志的儿子。	菑川懿王子。 菑川懿王刘志的儿子。
元光 (前134年— 前129年)		
元朔 (前128年— 前123年)	五　　二年五月乙巳, 夷侯刘高遂元年。 元朔二年(前127年)五月乙巳日, 壤夷侯刘高遂在位元年。	五　　二年五月乙巳, 夷侯刘赏元年。 元朔二年(前127年)五月乙巳日, 平望夷侯刘赏在位元年。
元狩 (前122年— 前117年)	六	二 四　　三年, 今侯楚人元年。 元狩三年(前120年), 当今平望侯刘楚人在位元年。
元鼎 (前116年— 前111年)	六　　元年, 今侯延元年。 元鼎元年(前116年), 当今壤侯刘延在位元年。	六
元封 (前110年— 前105年)	六	六
太初 (前104年— 前101年)	四	四

国名	临原	葛魁
王子号	菑川懿王子。 菑川懿王刘志的儿子。	菑川懿王子。 菑川懿王刘志的儿子。
元光 （前134年— 前129年）		
元朔 （前128年— 前123年）	五　二年五月乙巳，敬侯刘始昌元年。 元朔二年（前127年）五月乙巳日，临原敬侯刘始昌在位元年。	五　二年五月乙巳，节侯刘宽元年。 元朔二年（前127年）五月乙巳日，葛魁节侯刘宽在位元年。
元狩 （前122年— 前117年）	六	三 三　四年，侯戚元年。 元狩四年（前119年），当今葛魁侯刘戚在位元年。
元鼎 （前116年— 前111年）	六	二 三年，侯戚坐杀人，弃市，国除。 元鼎三年（前114年），葛魁侯刘戚因为杀人，被处死在街市上示众，封国被废除。
元封 （前110年— 前105年）	六	
太初 （前104年— 前101年）	四	

国名	益都	平酌
王子号	菑川懿王子。 菑川懿王刘志的儿子。	菑川懿王子。 菑川懿王刘志的儿子。
元光 （前134年— 前129年）		
元朔 （前128年— 前123年）	五　　二年五月乙巳，侯刘胡元年。 元朔二年（前127年）五月乙巳日，益都侯刘胡在位元年。	五　　二年五月乙巳，戴侯刘彊元年。 元朔二年（前127年）五月乙巳日，平酌戴侯刘彊在位元年。
元狩 （前122年— 前117年）	六	六
元鼎 （前116年— 前111年）	六	六　　元年，思侯中时元年。 元鼎元年（前116年），平酌思侯刘中时在位元年。
元封 （前110年— 前105年）	六	六
太初 （前104年— 前101年）	四	四

建元已来王子侯者年表第九

国名	剧魁	寿梁
王子号	菑川懿王子。 菑川懿王刘志的儿子。	菑川懿王子。 菑川懿王刘志的儿子。
元光 （前134年—前129年）		
元朔 （前128年—前123年）	五　二年五月乙巳，夷侯刘墨元年。 元朔二年（前127年）五月乙巳日，剧魁夷侯刘墨在位元年。	五　二年五月乙巳，侯刘守元年。 元朔二年（前127年）五月乙巳日，寿梁侯刘守在位元年。
元狩 （前122年—前117年）	六	六
元鼎 （前116年—前111年）	六	四 五年，侯守坐酎金，国除。 元鼎五年（前112年），寿梁侯刘守因进贡的助祭金成色不好、分量不足而获罪，封国被废除。
元封 （前110年—前105年）	三　元年，侯昭元年。 三　四年，侯德元年。 元封元年（前110年），剧魁侯刘昭在位元年。 元封四年（前107年），剧魁侯刘德在位元年。	
太初 （前104年—前101年）	四	

国名	平度	宜成
王子号	菑川懿王子。 菑川懿王刘志的儿子。	菑川懿王子。 菑川懿王刘志的儿子。
元光 （前134年—前129年）		
元朔 （前128年—前123年）	五　二年五月乙巳，侯刘衍元年。 元朔二年（前127年）五月乙巳日，平度侯刘衍在位元年。	五　二年五月乙巳，康侯刘偃元年。 元朔二年（前127年）五月乙巳日，宜成康侯刘偃在位元年。
元狩 （前122年—前117年）	六	六
元鼎 （前116年—前111年）	六	六　元年，侯福元年。 元鼎元年（前116年），宜成侯刘福在位元年。
元封 （前110年—前105年）	六	六
太初 （前104年—前101年）	四	元年，侯福坐杀弟，弃市，国除。 太初元年（前104年），宜成侯刘福因杀弟弟而获罪，被处死在街市上示众，封国被废除。

国名	临朐	雷
王子号	菑川懿王子。 菑川懿王刘志的儿子。	城阳共王子。 城阳共王刘喜的儿子。
元光 (前134年— 前129年)		
元朔 (前128年— 前123年)	五　二年五月乙巳,哀侯刘奴元年。 元朔二年(前127年)五月乙巳日,临朐哀侯刘奴在位元年。	五　二年五月甲戌,侯刘稀元年。 元朔二年(前127年)五月甲戌日,雷侯刘稀在位元年。
元狩 (前122年— 前117年)	六	六
元鼎 (前116年— 前111年)	六	五 五年,侯稀坐酎金,国除。 元鼎五年(前112年),雷侯刘稀因进贡的助祭金成色不好、分量不足而获罪,封国被废除。
元封 (前110年— 前105年)	六	
太初 (前104年— 前101年)	四	

国名	东莞	辟
王子号	城阳共王子。 城阳共王刘喜的儿子。	城阳共王子。 城阳共王刘喜的儿子。
元光 （前134年— 前129年）		
元朔 （前128年— 前123年）	三　二年五月甲戌，侯刘吉元年。 五年，侯吉有痼疾，不朝，废，国除。 元朔二年（前127年）五月甲戌日，东莞侯刘吉在位元年。 元朔五年（前124年），东莞侯刘吉有久治不好的病，不能进京朝见，被废掉侯爵，封国也被废除。	三　二年五月甲戌，节侯刘壮元年。 二　五年，侯朋元年。 元朔二年（前127年）五月甲戌日，辟节侯刘壮在位元年。 元朔五年（前124年），辟侯刘朋在位元年。
元狩 （前122年— 前117年）		六
元鼎 （前116年— 前111年）		四 五年，侯朋坐酎金，国除。 元鼎五年（前112年），辟侯刘朋因进贡的助祭金成色不好、分量不足而获罪，封国被废除。
元封 （前110年— 前105年）		
太初 （前104年— 前101年）		

建元已来王子侯者年表第九

国名	尉文	封斯
王子号	赵敬肃王子。 赵敬肃王刘彭祖的儿子。	赵敬肃王子。 赵敬肃王刘彭祖的儿子。
元光 (前134年— 前129年)		
元朔 (前128年— 前123年)	五　二年六月甲午,节侯刘丙元年。 元朔二年(前127年)六月甲午日,尉文节侯刘丙在位元年。	五　二年六月甲午,共侯刘胡阳元年。 元朔二年(前127年)六月甲午日,封斯共侯刘胡阳在位元年。
元狩 (前122年— 前117年)	六　元年,侯犊元年。 元狩元年(前122年),尉文侯刘犊在位元年。	六
元鼎 (前116年— 前111年)	四 五年,侯犊坐酎金,国除。 元鼎五年(前112年),尉文侯刘犊因进贡的助祭金成色不好、分量不足而获罪,封国被废除。	六
元封 (前110年— 前105年)		六
太初 (前104年— 前101年)		二 二　三年,今侯如意元年。 太初三年(前102年),当今封斯侯刘如意在位元年。

国名	榆丘	襄嚵
王子号	赵敬肃王子。 赵敬肃王刘彭祖的儿子。	赵敬肃王子。 赵敬肃王刘彭祖的儿子。
元光 （前134年— 前129年）		
元朔 （前128年— 前123年）	五　　二年六月甲午，侯刘寿福元年。 元朔二年（前127年）六月甲午日，榆丘侯刘寿福在位元年。	五　　二年六月甲午，侯刘建元年。 元朔二年（前127年）六月甲午日，襄嚵侯刘建在位元年。
元狩 （前122年— 前117年）	六	六
元鼎 （前116年— 前111年）	四 五年，侯寿福坐酎金，国除。 元鼎五年（前112年），榆丘侯刘寿福因进贡的助祭金成色不好、分量不足而获罪，封国被废除。	四 五年，侯建坐酎金，国除。 元鼎五年（前112年），襄嚵侯刘建因进贡的助祭金成色不好、分量不足而获罪，封国被废除。
元封 （前110年— 前105年）		
太初 （前104年— 前101年）		

国名	邯会	朝
王子号	赵敬肃王子。 赵敬肃王刘彭祖的儿子。	赵敬肃王子。 赵敬肃王刘彭祖的儿子。
元光 （前134年— 前129年）		
元朔 （前128年— 前123年）	五　　二年六月甲午，侯刘仁元年。 元朔二年（前127年）六月甲午日，邯会侯刘仁在位元年。	五　　二年六月甲午，侯刘义元年。 元朔二年（前127年）六月甲午日，朝侯刘义在位元年。
元狩 （前122年— 前117年）	六	六
元鼎 （前116年— 前111年）	六	二 四　　三年，今侯禄元年。 元鼎三年（前114年），当今朝侯刘禄在位元年。
元封 （前110年— 前105年）	六	六
太初 （前104年— 前101年）	四	四

国名	东城	阴城
王子号	赵敬肃王子。 赵敬肃王刘彭祖的儿子。	赵敬肃王子。 赵敬肃王刘彭祖的儿子。
元光 （前134年—前129年）		
元朔 （前128年—前123年）	五　二年六月甲午，侯刘遗元年。 元朔二年（前127年）六月甲午日，东城侯刘遗在位元年。	五 二年六月甲午，侯刘苍元年。 元朔二年（前127年）六月甲午日，阴城侯刘苍在位元年。
元狩 （前122年—前117年）	六	六
元鼎 （前116年—前111年）	元年，侯遗有罪，国除。 元鼎元年（前116年），东城侯刘遗有罪，封国被废除。	六
元封 （前110年—前105年）		元年，侯苍有罪，国除。 元封元年（前110年），阴城侯刘苍有罪，封国被废除。
太初 （前104年—前101年）		

国名	广望	将梁
王子号	中山靖王子。 中山靖王刘胜的儿子。	中山靖王子。 中山靖王刘胜的儿子。
元光 (前134年— 前129年)		
元朔 (前128年— 前123年)	五　　二年六月甲午，侯刘安中元年。 元朔二年（前127年）六月甲午日，广望侯刘安中在位元年。	五　　二年六月甲午，侯刘朝平元年。 元朔二年（前127年）六月甲午日，将梁侯刘朝平在位元年。
元狩 (前122年— 前117年)	六	六
元鼎 (前116年— 前111年)	六	四 五年，侯朝平坐酎金，国除。 元鼎五年（前112年），将梁侯刘朝平因进贡的助祭金成色不好、分量不足而获罪，封国被废除。
元封 (前110年— 前105年)	六	
太初 (前104年— 前101年)	四	

国名	新馆	新处
王子号	中山靖王子。 中山靖王刘胜的儿子。	中山靖王子。 中山靖王刘胜的儿子。
元光 (前134年— 前129年)		
元朔 (前128年— 前123年)	五　二年六月甲午,侯刘未央元年。 元朔二年(前127年)六月甲午日,新馆侯刘未央在位元年。	五　二年六月甲午,侯刘嘉元年。 元朔二年(前127年)六月甲午日,新处侯刘嘉在位元年。
元狩 (前122年— 前117年)	六	六
元鼎 (前116年— 前111年)	四 五年,侯未央坐酎金,国除。 元鼎五年(前112年),新馆侯刘未央因进贡的助祭金成色不好、分量不足而获罪,封国被废除。	四 五年,侯嘉坐酎金,国除。 元鼎五年(前112年),新处侯刘嘉因进贡的助祭金成色不好、分量不足而获罪,封国被废除。
元封 (前110年— 前105年)		
太初 (前104年— 前101年)		

国名	陉城	蒲领
王子号	中山靖王子。 中山靖王刘胜的儿子。	广川惠王子。 广川惠王刘越的儿子。
元光 (前134年— 前129年)		
元朔 (前128年— 前123年)	五　　二年六月甲午，侯刘贞元年。 元朔二年（前127年）六月甲午日，陉城侯刘贞在位元年。	四　　三年十月癸酉，侯刘嘉元年。 元朔三年（前126年）十月癸酉日，蒲领侯刘嘉在位元年。
元狩 (前122年— 前117年)	六	
元鼎 (前116年— 前111年)	四 五年，侯贞坐酎金，国除。 元鼎五年（前112年），陉城侯刘贞因进贡的助祭金成色不好、分量不足而获罪，封国被废除。	
元封 (前110年— 前105年)		
太初 (前104年— 前101年)		

国名	西熊	枣强
王子号	广川惠王子。 广川惠王刘越的儿子。	广川惠王子。 广川惠王刘越的儿子。
元光 （前134年— 前129年）		
元朔 （前128年— 前123年）	四　　三年十月癸酉，侯刘明元年。 元朔三年（前126年）十月癸酉日，西熊侯刘明在位元年。	四　　三年十月癸酉，侯刘晏元年。 元朔三年（前126年）十月癸酉日，枣强侯刘晏在位元年。
元狩 （前122年— 前117年）		
元鼎 （前116年— 前111年）		
元封 （前110年— 前105年）		
太初 （前104年— 前101年）		

建元已来王子侯者年表第九

国名	毕梁	房光
王子号	广川惠王子。 广川惠王刘越的儿子。	河间献王子。 河间献王刘德的儿子。
元光 (前134年— 前129年)		
元朔 (前128年— 前123年)	四　三年十月癸酉，侯刘婴元年。 元朔三年（前126年）十月癸酉日，毕梁侯刘婴在位元年。	四　三年十月癸酉，侯刘殷元年。 元朔三年（前126年）十月癸酉日，房光侯刘殷在位元年。
元狩 (前122年— 前117年)	六	六
元鼎 (前116年— 前111年)	六	元年，侯殷有罪，国除。 元鼎元年（前116年），房光侯刘殷有罪，封国被废除。
元封 (前110年— 前105年)	三 四年，侯婴有罪，国除。 元封四年（前107年），毕梁侯刘婴有罪，封国被废除。	
太初 (前104年— 前101年)		

国名	距阳	萋安
王子号	河间献王子。 河间献王刘德的儿子。	河间献王子。 河间献王刘德的儿子。
元光 （前134年— 前129年）		
元朔 （前128年— 前123年）	四　三年十月癸酉，侯刘匄元年。 元朔三年（前126年）十月癸酉日，距阳侯刘匄在位元年。	四　三年十月癸酉，侯刘邈元年。 元朔三年（前126年）十月癸酉日，萋安侯刘邈在位元年。 ◎注释　侯刘邈，《汉书·王子侯表》作"萋节侯退"。"节"为谥号，其封国作"萋"，无"安"字。
元狩 （前122年— 前117年）	四 二　五年，侯渡元年。 元狩五年（前118年），距阳侯刘渡在位元年。	六
元鼎 （前116年— 前111年）	四 五年，侯渡有罪，国除。 元鼎五年（前112年），距阳侯刘渡有罪，封国被废除。	六
元封 （前110年— 前105年）		六　元年，今侯婴元年。 元封元年（前110年），当今萋安侯刘婴在位元年。
太初 （前104年— 前101年）		四

国名	阿武	参户
王子号	河间献王子。 河间献王刘德的儿子。	河间献王子。 河间献王刘德的儿子。
元光 （前134年— 前129年）		
元朔 （前128年— 前123年）	四　　三年十月癸酉，滒侯刘豫元年。 元朔三年（前126年）十月癸酉日，阿武滒侯刘豫在位元年。	四　　三年十月癸酉，侯刘勉元年。 元朔三年（前126年）十月癸酉日，参户侯刘勉在位元年。
元狩 （前122年— 前117年）	六	六
元鼎 （前116年— 前111年）	六	六
元封 （前110年— 前105年）	六	六
太初 （前104年— 前101年）	二 二　　三年，今侯宽元年。 太初三年（前102年），当今阿武侯刘宽在位元年。	四

国名	州乡	成平
王子号	河间献王子。 河间献王刘德的儿子。	河间献王子。 河间献王刘德的儿子。
元光 （前134年— 前129年）		
元朔 （前128年— 前123年）	四　　三年十月癸酉，节侯刘禁元年。 元朔三年（前126年）十月癸酉日，州乡节侯刘禁在位元年。	四　　三年十月癸酉，侯刘礼元年。 元朔三年（前126年）十月癸酉日，成平侯刘礼在位元年。
元狩 （前122年— 前117年）	六	二 三年，侯礼有罪，国除。 元狩三年（前120年），成平侯刘礼有罪，封国被废除。
元鼎 （前116年— 前111年）	六	
元封 （前110年— 前105年）	五 一　　六年，今侯惠元年。 元封六年（前105年），当今州乡侯刘惠在位元年。	
太初 （前104年— 前101年）	四	

国名	广	盖胥
王子号	河间献王子。 河间献王刘德的儿子。	河间献王子。 河间献王刘德的儿子。
元光 （前134年—前129年）		
元朔 （前128年—前123年）	四　三年十月癸酉，侯刘顺元年。 元朔三年（前126年）十月癸酉日，广侯刘顺在位元年。	四　三年十月癸酉，侯刘让元年。 元朔三年（前126年）十月癸酉日，盖胥侯刘让在位元年。
元狩 （前122年—前117年）	六	六
元鼎 （前116年—前111年）	四 五年，侯顺坐酎金，国除。 元鼎五年（前112年），广侯刘顺因进贡的助祭金成色不好、分量不足而获罪，封国被废除。	四 五年，侯让坐酎金，国除。 元鼎五年（前112年），盖胥侯刘让因进贡的助祭金成色不好、分量不足而获罪，封国被废除。
元封 （前110年—前105年）		
太初 （前104年—前101年）		

国名	陪安	荣简
王子号	济北贞王子。 济北贞王刘勃的儿子。	济北贞王子。 济北贞王刘勃的儿子。
元光 （前134年— 前129年）		
元朔 （前128年— 前123年）	四　三年十月癸酉，康侯刘不害元年。 元朔三年（前126年）十月癸酉日，陪安康侯刘不害在位元年。	四　三年十月癸酉，侯刘骞元年。 元朔三年（前126年）十月癸酉日，荣简侯刘骞在位元年。
元狩 （前122年— 前117年）	六	二 三年，侯骞有罪，国除。 元狩三年（前120年），荣简侯刘骞有罪，封国被废除。
元鼎 （前116年— 前111年）	一 二　二年，哀侯秦客元年。　三年，侯秦客薨，无后，国除。 元鼎二年（前115年），陪安哀侯刘秦客在位元年。　元鼎三年（前114年），陪安哀侯刘秦客薨逝，没有后代，封国被废除。	
元封 （前110年— 前105年）		
太初 （前104年— 前101年）		

建元已来王子侯者年表第九

国名	周坚	安阳
王子号	济北贞王子。 济北贞王刘勃的儿子。	济北贞王子。 济北贞王刘勃的儿子。
元光 （前134年— 前129年）		
元朔 （前128年— 前123年）	四　　三年十月癸酉，侯刘何元年。 元朔三年（前126年）十月癸酉日，周坚侯刘何在位元年。	四　　三年十月癸酉，侯刘桀元年。 元朔三年（前126年）十月癸酉日，安阳侯刘桀在位元年。
元狩 （前122年— 前117年）	四 二　　五年，侯当时元年。 元狩五年（前118年），周坚侯刘当时在位元年。	六
元鼎 （前116年— 前111年）	四 五年，侯当时坐酎金，国除。 元鼎五年（前112年），周坚侯刘当时因进贡的助祭金成色不好、分量不足而获罪，封国被废除。	六
元封 （前110年— 前105年）		六
太初 （前104年— 前101年）		四

国名	五据	富
王子号	济北贞王子。 济北贞王刘勃的儿子。	济北贞王子。 济北贞王刘勃的儿子。
元光 （前134年— 前129年）		
元朔 （前128年— 前123年）	四　三年十月癸酉，侯刘腜丘元年。 元朔三年（前126年）十月癸酉日，五据侯刘腜丘在位元年。	四　三年十月癸酉，侯刘襲元年。 元朔三年（前126年）十月癸酉日，富侯刘襲在位元年。
元狩 （前122年— 前117年）	六	六
元鼎 （前116年— 前111年）	四 五年，侯腜丘坐酎金，国除。 元鼎五年（前112年），五据侯刘腜丘因进贡的助祭金成色不好、分量不足而获罪，封国被废除。	六
元封 （前110年— 前105年）		六
太初 （前104年— 前101年）		四

国名	陪	丛
王子号	济北贞王子。 济北贞王刘勃的儿子。	济北贞王子。 济北贞王刘勃的儿子。
元光 （前134年— 前129年）		
元朔 （前128年— 前123年）	四　　三年十月癸酉，缪侯刘明元年。 元朔三年（前126年）十月癸酉日，陪穆侯刘明在位元年。	四　　三年十月癸酉，侯刘信元年。 元朔三年（前126年）十月癸酉日，丛侯刘信在位元年。
元狩 （前122年— 前117年）	六	六
元鼎 （前116年— 前111年）	二 二　　三年，侯邑元年。　五年，侯邑坐酎金，国除。 元鼎三年（前114年），陪侯刘邑在位元年。　元鼎五年（前112年），陪侯刘邑因进贡的助祭金成色不好、分量不足而获罪，封国被废除。	四 五年，侯信坐酎金，国除。 元鼎五年（前112年），丛侯刘信因进贡的助祭金成色不好、分量不足而获罪，封国被废除。
元封 （前110年— 前105年）		
太初 （前104年— 前101年）		

国名	平	羽
王子号	济北贞王子。 济北贞王刘勃的儿子。	济北贞王子。 济北贞王刘勃的儿子。
元光 （前134年— 前129年）		
元朔 （前128年— 前123年）	四　三年十月癸酉，侯刘遂元年。 元朔三年（前126年）十月癸酉日，平侯刘遂在位元年。	四　三年十月癸酉，侯刘成元年。 元朔三年（前126年）十月癸酉日，羽侯刘成在位元年。
元狩 （前122年— 前117年）	元年，侯遂有罪，国除。 元狩元年（前122年），平侯刘遂有罪，封国被废除。	六
元鼎 （前116年— 前111年）		六
元封 （前110年— 前105年）		六
太初 （前104年— 前101年）		四

建元已来王子侯者年表第九

国名	胡母	离石
王子号	济北贞王子。 济北贞王刘勃的儿子。	代共王子。 代共王刘登的儿子。
元光 （前134年—前129年）		
元朔 （前128年—前123年）	四　三年十月癸酉，侯刘楚元年。 元朔三年（前126年）十月癸酉日，胡母侯刘楚在位元年。	四　三年正月壬戌，侯刘绾元年。 元朔三年（前126年）正月壬戌日，离石侯刘绾在位元年。
元狩 （前122年—前117年）	六	六
元鼎 （前116年—前111年）	四 五年，侯楚坐酎金，国除。 元鼎五年（前112年），胡母侯刘楚因进贡的助祭金成色不好、分量不足而获罪，封国被废除。	六
元封 （前110年—前105年）		六
太初 （前104年—前101年）		四

国名	邵	利昌
王子号	代共王子。 代共王刘登的儿子。	代共王子。 代共王刘登的儿子。
元光 (前134年— 前129年)		
元朔 (前128年— 前123年)	四　三年正月壬戌,侯刘慎元年。 元朔三年(前126年)正月壬戌日,邵侯刘慎在位元年。	四　三年正月壬戌,侯刘嘉元年。 元朔三年(前126年)正月壬戌日,利昌侯刘嘉在位元年。
元狩 (前122年— 前117年)	六	六
元鼎 (前116年— 前111年)	六	六
元封 (前110年— 前105年)	六	六
太初 (前104年— 前101年)	四	四

国名	蔺	临河
王子号	代共王子。 代共王刘登的儿子。	代共王子。 代共王刘登的儿子。
元光 （前134年—前129年）		
元朔 （前128年—前123年）	三年正月壬戌，侯刘憙元年。 元朔三年（前126年）正月壬戌日，蔺侯刘憙在位元年。	三年正月壬戌，侯刘贤元年。 元朔三年（前126年）正月壬戌日，临河侯刘贤在位元年。
元狩 （前122年—前117年）		
元鼎 （前116年—前111年）		
元封 （前110年—前105年）		
太初 （前104年—前101年）		

国名	隰成	土军
王子号	代共王子。 代共王刘登的儿子。	代共王子。 代共王刘登的儿子。
元光 （前134年—前129年）		
元朔 （前128年—前123年）	三年正月壬戌，侯刘忠元年。 元朔三年（前126年）正月壬戌日，隰成侯刘忠在位元年。	三年正月壬戌，侯刘郢客元年。 元朔三年（前126年）正月壬戌日，土军侯刘郢客在位元年。
元狩 （前122年—前117年）		
元鼎 （前116年—前111年）		侯郢客坐与人妻奸，弃市。 土军侯刘郢客因和别人的妻子通奸，被处死在街市上示众。
元封 （前110年—前105年）		
太初 （前104年—前101年）		

国名	皋狼	千章
王子号	代共王子。 代共王刘登的儿子。	代共王子。 代共王刘登的儿子。
元光 (前134年— 前129年)		
元朔 (前128年— 前123年)	三年正月壬戌,侯刘迁元年。 元朔三年(前126年)正月壬戌日,皋狼侯刘迁在位元年。	三年正月壬戌,侯刘遇元年。 元朔三年(前126年)正月壬戌日,千章侯刘遇在位元年。
元狩 (前122年— 前117年)		
元鼎 (前116年— 前111年)		
元封 (前110年— 前105年)		
太初 (前104年— 前101年)		

国名	博阳	宁阳
王子号	齐孝王子。 齐孝王刘将闾的儿子。	鲁共王子。 鲁共王刘馀的儿子。
元光 （前134年— 前129年）		
元朔 （前128年— 前123年）	四　三年三月乙卯，康侯刘就元年。 元朔三年（前126年）三月乙卯日，博阳康侯刘就在位元年。	四　三年三月乙卯，节侯刘恢元年。 元朔三年（前126年）三月乙卯日，宁阳节侯刘恢在位元年。
元狩 （前122年— 前117年）	六	六
元鼎 （前116年— 前111年）	二 二　三年，侯终吉元年。　五年，侯终吉坐酎金，国除。 元鼎三年（前114年），博阳侯刘终吉在位元年。　元鼎五年（前112年），博阳侯刘终吉因进贡的助祭金成色不好、分量不足而获罪，封国被废除。	六
元封 （前110年— 前105年）		六
太初 （前104年— 前101年）		四

国名	瑕丘	公丘
王子号	鲁共王子。 鲁共王刘馀的儿子。	鲁共王子。 鲁共王刘馀的儿子。
元光 （前134年— 前129年）		
元朔 （前128年— 前123年）	四　三年三月乙卯，节侯刘贞元年。 元朔三年（前126年）三月乙卯日，瑕丘节侯刘贞在位元年。	四　三年三月乙卯，夷侯刘顺元年。 元朔三年（前126年）三月乙卯日，公丘夷侯刘顺在位元年。
元狩 （前122年— 前117年）	六	六
元鼎 （前116年— 前111年）	六	六
元封 （前110年— 前105年）	六	六
太初 （前104年— 前101年）	四	四

国名	郁狼	西昌
王子号	鲁共王子。 鲁共王刘馀的儿子。	鲁共王子。 鲁共王刘馀的儿子。
元光 （前134年— 前129年）		
元朔 （前128年— 前123年）	四　三年三月乙卯，侯刘骑元年。 元朔三年（前126年）三月乙卯日，郁狼侯刘骑在位元年。	四　三年三月乙卯，侯刘敬元年。 元朔三年（前126年）三月乙卯日，西昌侯刘敬在位元年。
元狩 （前122年— 前117年）	六	六
元鼎 （前116年— 前111年）	四 五年，侯骑坐酎金，国除。 元鼎五年（前112年），郁狼侯刘骑因进贡的助祭金成色不好、分量不足而获罪，封国被废除。	四 五年，侯敬坐酎金，国除。 元鼎五年（前112年），西昌侯刘敬因进贡的助祭金成色不好、分量不足而获罪，封国被废除。
元封 （前110年— 前105年）		
太初 （前104年— 前101年）		

建元已来王子侯者年表第九

国名	陞城	邯平
王子号	中山靖王子。 中山靖王刘胜的儿子。	赵敬肃王子。 赵敬肃王刘彭祖的儿子。
元光 （前134年— 前129年）		
元朔 （前128年— 前123年）	四　三年三月癸酉，侯刘义元年。 元朔三年（前126年）三月癸酉日，陞城侯刘义在位元年。	四　三年四月庚辰，侯刘顺元年。 元朔三年（前126年）四月庚辰日，邯平侯刘顺在位元年。
元狩 （前122年— 前117年）	六	六
元鼎 （前116年— 前111年）	四 五年，侯义坐酎金，国除。 元鼎五年（前112年），陞城侯刘义因进贡的助祭金成色不好、分量不足而获罪，封国被废除。	四 五年，侯顺坐酎金，国除。 元鼎五年（前112年），邯平侯刘顺因进贡的助祭金成色不好、分量不足而获罪，封国被废除。
元封 （前110年— 前105年）		
太初 （前104年— 前101年）		

国名	武始	象氏
王子号	赵敬肃王子。 赵敬肃王刘彭祖的儿子。 ◎注释 《史记索隐》："后立为赵王。"	赵敬肃王子。 赵敬肃王刘彭祖的儿子。
元光 （前134年—前129年）		
元朔 （前128年—前123年）	四　三年四月庚辰，侯刘昌元年。 元朔三年（前126年）四月庚辰日，武始侯刘昌在位元年。	四　三年四月庚辰，节侯刘贺元年。 元朔三年（前126年）四月庚辰日，象氏节侯刘贺在位元年。
元狩 （前122年—前117年）	六	六
元鼎 （前116年—前111年）	六	六
元封 （前110年—前105年）	六	二 四　三年，思侯安德元年。 元封三年（前108年），象氏思侯刘安德在位元年。
太初 （前104年—前101年）	四	四

国名	易	洛陵
王子号	赵敬肃王子。 赵敬肃王刘彭祖的儿子。	长沙定王子。 长沙定王刘发的儿子。
元光 （前134年— 前129年）		
元朔 （前128年— 前123年）	四　三年四月庚辰，安侯刘平元年。 元朔三年（前126年）四月庚辰日，易安侯刘平在位元年。	三　四年三月乙丑，侯刘章元年。 元朔四年（前125年）三月乙丑日，洛陵侯刘章在位元年。
元狩 （前122年— 前117年）	六	一 二年，侯章有罪，国除。 元狩二年（前121年），洛陵侯刘章有罪，封国被废除。
元鼎 （前116年— 前111年）	六	
元封 （前110年— 前105年）	四 二　五年，今侯种元年。 元封五年（前106年），当今易侯刘种在位元年。	
太初 （前104年— 前101年）	四	

国名	攸舆	荼陵
王子号	长沙定王子。 长沙定王刘发的儿子。	长沙定王子。 长沙定王刘发的儿子。
元光 (前134年— 前129年)		
元朔 (前128年— 前123年)	三　四年三月乙丑,侯刘则元年。 元朔四年(前125年)三月乙丑日,攸舆侯刘则在位元年。	三　四年三月乙丑,侯刘欣元年。 元朔四年(前125年)三月乙丑日,荼陵侯刘欣在位元年。
元狩 (前122年— 前117年)	六	六
元鼎 (前116年— 前111年)	六	一 五　二年,哀侯阳元年。 元鼎二年(前115年),荼陵哀侯刘阳在位元年。
元封 (前110年— 前105年)	六	六
太初 (前104年— 前101年)	元年,侯则篡死罪,弃市,国除。 太初元年(前104年),攸舆侯刘则抢夺犯了死罪的犯人,被处死在街市上示众,封国被废除。	元年,侯阳薨,无后,国除。 太初元年(前104年),荼陵侯刘阳薨逝,没有后代,封国被废除。

国名	建成	安众
王子号	长沙定王子。 长沙定王刘发的儿子。	长沙定王子。 长沙定王刘发的儿子。
元光 (前134年— 前129年)		
元朔 (前128年— 前123年)	三　　四年三月乙丑，侯刘拾元年。 元朔四年(前125年)三月乙丑日，建成侯刘拾在位元年。	三　　四年三月乙丑，康侯刘丹元年。 元朔四年(前125年)三月乙丑日，安众康侯刘丹在位元年。
元狩 (前122年— 前117年)	五 六年，侯拾坐不朝，不敬，国除。 元狩六年(前117年)，刘拾因不入朝拜见皇帝，犯不敬罪，封国被废除。	六
元鼎 (前116年— 前111年)		六
元封 (前110年— 前105年)		五 一　　六年，今侯山拊元年。 元封六年(前105年)，当今安众侯刘山拊在位元年。
太初 (前104年— 前101年)		四

国名	叶	利乡
王子号	长沙定王子。 长沙定王刘发的儿子。	城阳共王子。 城阳共王刘喜的儿子。
元光 （前134年—前129年）		
元朔 （前128年—前123年）	三　四年三月乙丑，康侯刘嘉元年。 元朔四年（前125年）三月乙丑日，叶康侯刘嘉在位元年。	三　四年三月乙丑，康侯刘婴元年。 元朔四年（前125年）三月乙丑日，利乡康侯刘婴在位元年。
元狩 （前122年—前117年）	六	二 三年，侯婴有罪，国除。 元狩三年（前120年），利乡侯刘婴有罪，封国被废除。
元鼎 （前116年—前111年）	四 五年，侯嘉坐酎金，国除。 元鼎五年（前112年），叶侯刘嘉因进贡的助祭金成色不好、分量不足而获罪，封国被废除。	
元封 （前110年—前105年）		
太初 （前104年—前101年）		

国名	有利	东平
王子号	城阳共王子。 城阳共王刘喜的儿子。	城阳共王子。 城阳共王刘喜的儿子。
元光 (前134年—前129年)		
元朔 (前128年—前123年)	三　　四年三月乙丑，侯刘钉元年。 元朔四年（前125年）三月乙丑日，有利侯刘钉在位元年。	三　　四年三月乙丑，侯刘庆元年。 元朔四年（前125年）三月乙丑日，东平侯刘庆在位元年。
元狩 (前122年—前117年)	元年，侯钉坐遗淮南书称臣，弃市，国除。 元狩元年（前122年），有利侯刘钉因写信给淮南王时称臣而获罪，被处死在街市上示众，封国被废除。	二 三年，侯庆坐与姊妹奸，有罪，国除。 元狩三年（前120年），东平侯刘庆因与姊妹奸淫，有罪，封国被废除。
元鼎 (前116年—前111年)		
元封 (前110年—前105年)		
太初 (前104年—前101年)		

国名	运平	山州
王子号	城阳共王子。 城阳共王刘喜的儿子。	城阳共王子。 城阳共王刘喜的儿子。
元光 （前134年— 前129年）		
元朔 （前128年— 前123年）	三　　四年三月乙丑，侯刘䜣元年。 元朔四年（前125年）三月乙丑日，运平侯刘䜣在位元年。	三　　四年三月乙丑，侯刘齿元年。 元朔四年（前125年）三月乙丑日，山州侯刘齿在位元年。
元狩 （前122年— 前117年）	六	六
元鼎 （前116年— 前111年）	四 五年，侯䜣坐酎金，国除。 元鼎五年（前112年），运平侯刘䜣因进贡的助祭金成色不好、分量不足而获罪，封国被废除。	四 五年，侯齿坐酎金，国除。 元鼎五年（前112年），山州侯刘齿因进贡的助祭金成色不好、分量不足而获罪，封国被废除。
元封 （前110年— 前105年）		
太初 （前104年— 前101年）		

建元已来王子侯者年表第九

国名	海常	钩丘
王子号	城阳共王子。 城阳共王刘喜的儿子。	城阳共王子。 城阳共王刘喜的儿子。
元光 (前134年—前129年)		
元朔 (前128年—前123年)	三　四年三月乙丑,侯刘福元年。 元朔四年(前125年)三月乙丑日,海常侯刘福在位元年。	三　四年三月乙丑,侯刘宪元年。 元朔四年(前125年)三月乙丑日,钩丘侯刘宪在位元年。
元狩 (前122年—前117年)	六	三　四年,今侯执德元年。 元狩四年(前119年),当今钩丘侯刘执德在位元年。
元鼎 (前116年—前111年)	四 五年,侯福坐酎金,国除。 元鼎五年(前112年),海常侯刘福因进贡的助祭金成色不好、分量不足而获罪,封国被废除。	六
元封 (前110年—前105年)		六
太初 (前104年—前101年)		四

国名	南城	广陵
王子号	城阳共王子。 城阳共王刘喜的儿子。	城阳共王子。 城阳共王刘喜的儿子。
元光 （前134年—前129年）		
元朔 （前128年—前123年）	三　　四年三月乙丑，侯刘贞元年。 元朔四年（前125年）三月乙丑日，南城侯刘贞在位元年。	三　　四年三月乙丑，常侯刘表元年。 元朔四年（前125年）三月乙丑日，广陵常侯刘表在位元年。
元狩 （前122年—前117年）	六	四 二　　五年，侯成元年。 元狩五年（前118年），广陵侯刘成在位元年。
元鼎 （前116年—前111年）	六	四 五年，侯成坐酎金，国除。 元鼎五年（前112年），广陵侯刘成因进贡的助祭金成色不好、分量不足而获罪，封国被废除。
元封 （前110年—前105年）	六	
太初 （前104年—前101年）	四	

国名	庄原	临乐
王子号	城阳共王子。 城阳共王刘喜的儿子。	中山靖王子。 中山靖王刘胜的儿子。
元光 （前134年— 前129年）		
元朔 （前128年— 前123年）	三　　四年三月乙丑，侯刘皋元年。 元朔四年（前125年）三月乙丑日，庄原侯刘皋在位元年。	三　　四年四月甲午，敦侯刘光元年。 元朔四年（前125年）四月甲午日，临乐敦侯刘光在位元年。
元狩 （前122年— 前117年）	六	六
元鼎 （前116年— 前111年）	四 五年，侯皋坐酎金，国除。 元鼎五年（前112年），庄原侯刘皋因进贡的助祭金成色不好、分量不足而获罪，封国被废除。	六
元封 （前110年— 前105年）		五 一　　六年，今侯建元年。 元封六年（前105年），当今临乐侯刘建在位元年。
太初 （前104年— 前101年）		四

国名	东野	高平
王子号	**中山靖王子。** 中山靖王刘胜的儿子。	**中山靖王子。** 中山靖王刘胜的儿子。
元光 (前134年— 前129年)		
元朔 (前128年— 前123年)	三　　四年四月甲午,侯刘章元年。 元朔四年(前125年)四月甲午日,东野侯刘章在位元年。	三　　四年四月甲午,侯刘嘉元年。 元朔四年(前125年)四月甲午日,高平侯刘嘉在位元年。
元狩 (前122年— 前117年)	六	六
元鼎 (前116年— 前111年)	六	四 五年,侯嘉坐酎金,国除。 元鼎五年(前112年),高平侯刘嘉因进贡的助祭金成色不好、分量不足而获罪,封国被废除。
元封 (前110年— 前105年)	六	
太初 (前104年— 前101年)	四	

国名	广川	千锺
王子号	中山靖王子。 中山靖王刘胜的儿子。	河间献王子。 河间献王刘德的儿子。
元光 （前134年— 前129年）		
元朔 （前128年— 前123年）	三　四年四月甲午，侯刘颇元年。 元朔四年（前125年）四月甲午日，广川侯刘颇在位元年。	三　四年四月甲午，侯刘摇元年。 元朔四年（前125年）四月甲午日，千锺侯刘摇在位元年。 ◎注释　《史记集解》："一云'刘阴'。"
元狩 （前122年— 前117年）	六	一 二年，侯阴不使人为秋请，有罪，国除。 元狩二年（前121年），千锺侯刘阴不派人在秋天入朝拜见皇帝，有罪，封国被废除。
元鼎 （前116年— 前111年）	四 五年，侯颇坐酎金，国除。 元鼎五年（前112年），广川侯刘颇因进贡的助祭金成色不好、分量不足而获罪，封国被废除。	
元封 （前110年— 前105年）		
太初 （前104年— 前101年）		

国名	披阳	定
王子号	齐孝王子。 齐孝王刘将闾的儿子。	齐孝王子。 齐孝王刘将闾的儿子。
元光 （前134年— 前129年）		
元朔 （前128年— 前123年）	三　　四年四月乙卯，敬侯刘燕元年。 元朔四年（前125年）四月乙卯日，披阳敬侯刘燕在位元年。	三　　四年四月乙卯，敬侯刘越元年。 元朔四年（前125年）四月乙卯日，定敬侯刘越在位元年。
元狩 （前122年— 前117年）	六	六
元鼎 （前116年— 前111年）	四 二　　五年，今侯隅元年。 元鼎五年（前112年），当今披阳侯刘隅在位元年。	三 三　　四年，今侯德元年。 元鼎四年（前113年），当今定侯刘德在位元年。
元封 （前110年— 前105年）	六	六
太初 （前104年— 前101年）	四	四

国名	稻	山
王子号	齐孝王子。 齐孝王刘将闾的儿子。	齐孝王子。 齐孝王刘将闾的儿子。
元光 (前134年— 前129年)		
元朔 (前128年— 前123年)	三　　四年四月乙卯,夷侯刘定元年。 元朔四年(前125年)四月乙卯日,稻夷侯刘定在位元年。	三　　四年四月乙卯,侯刘国元年。 元朔四年(前125年)四月乙卯日,山侯刘国在位元年。
元狩 (前122年— 前117年)	六	六
元鼎 (前116年— 前111年)	二 四　　三年,今侯都阳元年。 元鼎三年(前114年),当今稻侯刘都阳在位元年。	六
元封 (前110年— 前105年)	六	六
太初 (前104年— 前101年)	四	四

国名	繁安	柳
王子号	齐孝王子。 齐孝王刘将闾的儿子。	齐孝王子。 齐孝王刘将闾的儿子。
元光 （前134年— 前129年）		
元朔 （前128年— 前123年）	三　四年四月乙卯，侯刘忠元年。 元朔四年（前125年）四月乙卯日，繁安侯刘忠在位元年。	三　四年四月乙卯，康侯刘阳元年。 元朔四年（前125年）四月乙卯日，柳康侯刘阳在位元年。
元狩 （前122年— 前117年）	六	六
元鼎 （前116年— 前111年）	六	三 三　四年，侯罢师元年。 元鼎四年（前113年），柳侯刘罢师在位元年。
元封 （前110年— 前105年）	六	四 二　五年，今侯自为元年。 元封五年（前106年），当今柳侯刘自为在位元年。
太初 （前104年— 前101年）	三 一　四年，今侯寿元年。 太初四年（前101年），当今繁安侯刘寿在位元年。	四

建元已来王子侯者年表第九

国名	云	牟平
王子号	齐孝王子。 齐孝王刘将闾的儿子。	齐孝王子。 齐孝王刘将闾的儿子。
元光 (前134年—前129年)		
元朔 (前128年—前123年)	三　四年四月乙卯，夷侯刘信元年。 元朔四年(前125年)四月乙卯日，云夷侯刘信在位元年。	三　四年四月乙卯，共侯刘渫元年。 元朔四年(前125年)四月乙卯日，牟平共侯刘渫在位元年。
元狩 (前122年—前117年)	六	二 四　三年，今侯奴元年。 元狩三年(前120年)，当今牟平侯刘奴在位元年。
元鼎 (前116年—前111年)	五 一　六年，今侯岁发元年。 元鼎六年(前111年)，当今云侯刘岁发在位元年。	六
元封 (前110年—前105年)	六	六
太初 (前104年—前101年)	四	四

国名	柴	柏阳
王子号	齐孝王子。 齐孝王刘将闾的儿子。	赵敬肃王子。 赵敬肃王刘彭祖的儿子。
元光 （前134年— 前129年）		
元朔 （前128年— 前123年）	三　　四年四月乙卯，原侯刘代元年。 元朔四年（前125年）四月乙卯日，柴原侯刘代在位元年。	二　　五年十一月辛酉，侯刘终古元年。 元朔五年（前124年）十一月辛酉日，柏阳侯刘终古在位元年。
元狩 （前122年— 前117年）	六	六
元鼎 （前116年— 前111年）	六	六
元封 （前110年— 前105年）	六	六
太初 （前104年— 前101年）	四	四

建元已来王子侯者年表第九

国名	鄗	桑丘
王子号	赵敬肃王子。 赵敬肃王刘彭祖的儿子。	中山靖王子。 中山靖王刘胜的儿子。
元光 （前134年— 前129年）		
元朔 （前128年— 前123年）	二　　五年十一月辛酉，侯刘延年元年。 元朔五年（前124年）十一月辛酉日，鄗侯刘延年在位元年。	二　　五年十一月辛酉，节侯刘洋元年。 元朔五年（前124年）十一月辛酉日，桑丘节侯刘洋在位元年。
元狩 （前122年— 前117年）	六	六
元鼎 （前116年— 前111年）	四 五年，侯延年坐酎金，国除。 元鼎五年（前112年），鄗侯刘延年因进贡的助祭金成色不好、分量不足而获罪，封国被废除。	三 三　　四年，今侯德元年。 元鼎四年（前113年），当今桑丘侯刘德在位元年。
元封 （前110年— 前105年）		六
太初 （前104年— 前101年）		四

国名	高丘	柳宿
王子号	中山靖王子。 中山靖王刘胜的儿子。	中山靖王子。 中山靖王刘胜的儿子。
元光 （前134年— 前129年）		
元朔 （前128年— 前123年）	二　　五年三月癸酉，哀侯刘破胡元年。 元朔五年（前124年）三月癸酉日，高丘哀侯刘破胡在位元年。	二　　五年三月癸酉，夷侯刘盖元年。 元朔五年（前124年）三月癸酉日，柳宿夷侯刘盖在位元年。
元狩 （前122年— 前117年）	六	二 四　　三年，侯苏元年。 元狩三年（前120年），柳宿侯刘苏在位元年。
元鼎 （前116年— 前111年）	元年，侯破胡薨，无后，国除。 元鼎元年（前116年），高丘侯刘破胡薨逝，没有后代，封国被废除。	四 五年，侯苏坐酎金，国除。 元鼎五年（前112年），柳宿侯刘苏因进贡的助祭金成色不好、分量不足而获罪，封国被废除。
元封 （前110年— 前105年）		
太初 （前104年— 前101年）		

国名	戎丘	樊舆
王子号	中山靖王子。 中山靖王刘胜的儿子。	中山靖王子。 中山靖王刘胜的儿子。
元光 （前134年— 前129年）		
元朔 （前128年— 前123年）	二　　五年三月癸酉，侯刘让元年。 元朔五年（前124年）三月癸酉日，戎丘侯刘让在位元年。	二　　五年三月癸酉，节侯刘条元年。 元朔五年（前124年）三月癸酉日，樊舆节侯刘条在位元年。
元狩 （前122年— 前117年）	六	六
元鼎 （前116年— 前111年）	四 五年，侯让坐酎金，国除。 元鼎五年（前112年），戎丘侯刘让因进贡的助祭金成色不好、分量不足而获罪，封国被废除。	六
元封 （前110年— 前105年）		六
太初 （前104年— 前101年）		四

国名	曲成	安郭
王子号	中山靖王子。 中山靖王刘胜的儿子。	中山靖王子。 中山靖王刘胜的儿子。
元光 (前134年— 前129年)		
元朔 (前128年— 前123年)	二　　五年三月癸酉，侯刘万岁元年。 元朔五年（前124年）三月癸酉日，曲成侯刘万岁在位元年。	二　　五年三月癸酉，侯刘博元年。 元朔五年（前124年）三月癸酉日，安郭侯刘博在位元年。
元狩 (前122年— 前117年)	六	六
元鼎 (前116年— 前111年)	四 五年，侯万岁坐酎金，国除。 元鼎五年（前112年），曲成侯刘万岁因进贡的助祭金成色不好、分量不足而获罪，封国被废除。	六
元封 (前110年— 前105年)		六
太初 (前104年— 前101年)		四

建元已来王子侯者年表第九

国名	安险	安遥
王子号	中山靖王子。 中山靖王刘胜的儿子。	中山靖王子。 中山靖王刘胜的儿子。
元光 (前134年— 前129年)		
元朔 (前128年— 前123年)	二　　五年三月癸酉,侯刘应元年。 元朔五年(前124年)三月癸酉日,安险侯刘应在位元年。	二　　五年三月癸酉,侯刘恢元年。 元朔五年(前124年)三月癸酉日,安遥侯刘恢在位元年。
元狩 (前122年— 前117年)	六	六
元鼎 (前116年— 前111年)	四 五年,侯应坐酎金,国除。 元鼎五年(前112年),安险侯刘应因进贡的助祭金成色不好、分量不足而获罪,封国被废除。	四 五年,侯恢坐酎金,国除。 元鼎五年(前112年),安遥侯刘恢因进贡的助祭金成色不好、分量不足而获罪,封国被废除。
元封 (前110年— 前105年)		
太初 (前104年— 前101年)		

国名	夫夷	春陵
王子号	长沙定王子。 长沙定王刘发的儿子。	长沙定王子。 长沙定王刘发的儿子。
元光 （前134年— 前129年）		
元朔 （前128年— 前123年）	二　　五年三月癸酉，敬侯刘义元年。 元朔五年（前124年）三月癸酉日，夫夷敬侯刘义在位元年。	二　　五年六月壬子，侯刘买元年。 元朔五年（前124年）六月壬子日，春陵侯刘买在位元年。
元狩 （前122年— 前117年）	六	六
元鼎 （前116年— 前111年）	四 二　　五年，今侯禹元年。 元鼎五年（前112年），当今夫夷侯刘禹在位元年。	六
元封 （前110年— 前105年）	六	六
太初 （前104年— 前101年）	四	四

国名	都梁	洮阳
王子号	长沙定王子。 长沙定王刘发的儿子。	长沙定王子。 长沙定王刘发的儿子。
元光 （前134年— 前129年）		
元朔 （前128年— 前123年）	二　　五年六月壬子，敬侯刘遂元年。 元朔五年（前124年）六月壬子日，都梁敬侯刘遂在位元年。	二　　五年六月壬子，靖侯刘狗彘元年。 元朔五年（前124年）六月壬子日，洮阳靖侯刘狗彘在位元年。
元狩 （前122年— 前117年）	六	五 六年，侯狗彘薨，无后，国除。 元狩六年（前117年），洮阳侯刘狗彘薨逝，没有后代，封国被废除。
元鼎 （前116年— 前111年）	六　　元年，今侯系元年。 元鼎元年（前116年），当今都梁侯刘系在位元年。	
元封 （前110年— 前105年）	六	
太初 （前104年— 前101年）	四	

国名	泉陵	终弋
王子号	长沙定王子。 长沙定王刘发的儿子。	衡山王赐子。 衡山王刘赐的儿子。
元光 （前134年—前129年）		
元朔 （前128年—前123年）	二　　五年六月壬子，节侯刘贤元年。 元朔五年（前124年）六月壬子日，泉陵节侯刘贤在位元年。	一　　六年四月丁丑，侯刘广置元年。 元朔六年（前123年）四月丁丑日，终弋侯刘广置在位元年。
元狩 （前122年—前117年）	六	六
元鼎 （前116年—前111年）	六	四 五年，侯广置坐酎金，国除。 元鼎五年（前112年），终弋侯刘广置因进贡的助祭金成色不好、分量不足而获罪，封国被废除。
元封 （前110年—前105年）	六	
太初 （前104年—前101年）	四	

国名	麦	巨合
王子号	城阳顷王子。 城阳顷王刘延的儿子。	城阳顷王子。 城阳顷王刘延的儿子。
元光 （前134年—前129年）		
元朔 （前128年—前123年）		
元狩 （前122年—前117年）	六　　元年四月戊寅，侯刘昌元年。 元狩元年（前122年）四月戊寅日，麦侯刘昌在位元年。	六　　元年四月戊寅，侯刘发元年。 元狩元年（前122年）四月戊寅日，巨合侯刘发在位元年。
元鼎 （前116年—前111年）	四 五年，侯昌坐酎金，国除。 元鼎五年（前112年），麦侯刘昌因进贡的助祭金成色不好、分量不足而获罪，封国被废除。	四 五年，侯发坐酎金，国除。 元鼎五年（前112年），巨合侯刘发因进贡的助祭金成色不好、分量不足而获罪，封国被废除。
元封 （前110年—前105年）		
太初 （前104年—前101年）		

国名	昌	薋
王子号	城阳顷王子。 城阳顷王刘延的儿子。	城阳顷王子。 城阳顷王刘延的儿子。
元光 （前134年— 前129年）		
元朔 （前128年— 前123年）		
元狩 （前122年— 前117年）	六　元年四月戊寅，侯刘差元年。 元狩元年（前122年）四月戊寅日，昌侯刘差在位元年。	六　元年四月戊寅，侯刘方元年。 元狩元年（前122年）四月戊寅日，薋侯刘方在位元年。
元鼎 （前116年— 前111年）	四 五年，侯差坐酎金，国除。 元鼎五年（前112年），昌侯刘差因进贡的助祭金成色不好、分量不足而获罪，封国被废除。	四 五年，侯方坐酎金，国除。 元鼎五年（前112年），薋侯刘方因进贡的助祭金成色不好、分量不足而获罪，封国被废除。
元封 （前110年— 前105年）		
太初 （前104年— 前101年）		

国名	雩殷	石洛
王子号	城阳顷王子。 城阳顷王刘延的儿子。	城阳顷王子。 城阳顷王刘延的儿子。
元光 （前134年— 前129年）		
元朔 （前128年— 前123年）		
元狩 （前122年— 前117年）	六　元年四月戊寅，康侯刘泽元年。 元狩元年（前122年）四月戊寅日，雩殷康侯刘泽在位元年。	六　元年四月戊寅，侯刘敬元年。 元狩元年（前122年）四月戊寅日，石洛侯刘敬在位元年。
元鼎 （前116年— 前111年）	六	六
元封 （前110年— 前105年）	六	六
太初 （前104年— 前101年）	四	四

国名	扶潣	挍
王子号	城阳顷王子。 城阳顷王刘延的儿子。	城阳顷王子。 城阳顷王刘延的儿子。
元光 （前134年— 前129年）		
元朔 （前128年— 前123年）		
元狩 （前122年— 前117年）	六　元年四月戊寅，侯刘昆吾元年。 元狩元年（前122年）四月戊寅日，扶潣侯刘昆吾在位元年。	六　元年四月戊寅，侯刘霸元年。 元狩元年（前122年）四月戊寅日，挍侯刘霸在位元年。
元鼎 （前116年— 前111年）	六	六
元封 （前110年— 前105年）	六	六
太初 （前104年— 前101年）	四	四

国名	朸	父城
王子号	城阳顷王子。 城阳顷王刘延的儿子。	城阳顷王子。 城阳顷王刘延的儿子。
元光 (前134年— 前129年)		
元朔 (前128年— 前123年)		
元狩 (前122年— 前117年)	六　元年四月戊寅,侯刘让元年。 元狩元年(前122年)四月戊寅日,朸侯刘让在位元年。	六　元年四月戊寅,侯刘光元年。 元狩元年(前122年)四月戊寅日,父城侯刘光在位元年。
元鼎 (前116年— 前111年)	六	四 五年,侯光坐酎金,国除。 元鼎五年(前112年),父城侯刘光因进贡的助祭金成色不好、分量不足而获罪,封国被废除。
元封 (前110年— 前105年)	六	
太初 (前104年— 前101年)	四	

国名	庸	翟
王子号	城阳顷王子。 城阳顷王刘延的儿子。	城阳顷王子。 城阳顷王刘延的儿子。
元光 （前134年— 前129年）		
元朔 （前128年— 前123年）		
元狩 （前122年— 前117年）	六　元年四月戊寅，侯刘谭元年。 元狩元年（前122年）四月戊寅日，庸侯刘谭在位元年。	六　元年四月戊寅，侯刘寿元年。 元狩元年（前122年）四月戊寅日，翟侯刘寿在位元年。
元鼎 （前116年— 前111年）	六	四 五年，侯寿坐酎金，国除。 元鼎五年（前112年），翟侯刘寿因进贡的助祭金成色不好、分量不足而获罪，封国被废除。
元封 （前110年— 前105年）	六	
太初 （前104年— 前101年）	四	

国名	鳣	彭
王子号	城阳顷王子。 城阳顷王刘延的儿子。	城阳顷王子。 城阳顷王刘延的儿子。
元光 （前134年—前129年）		
元朔 （前128年—前123年）		
元狩 （前122年—前117年）	六　元年四月戊寅，侯刘应元年。 元狩元年（前122年）四月戊寅日，鳣侯刘应在位元年。	六　元年四月戊寅，侯刘偃元年。 元狩元年（前122年）四月戊寅日，彭侯刘偃在位元年。
元鼎 （前116年—前111年）	四 五年，侯应坐酎金，国除。 元鼎五年（前112年），鳣侯刘应因进贡的助祭金成色不好、分量不足而获罪，封国被废除。	四 五年，侯偃坐酎金，国除。 元鼎五年（前112年），彭侯刘偃因进贡的助祭金成色不好、分量不足而获罪，封国被废除。
元封 （前110年—前105年）		
太初 （前104年—前101年）		

国名	瓠	虚水
王子号	城阳顷王子。 城阳顷王刘延的儿子。	城阳顷王子。 城阳顷王刘延的儿子。
元光 （前134年— 前129年）		
元朔 （前128年— 前123年）		
元狩 （前122年— 前117年）	六　　元年四月戊寅，侯刘息元年。 元狩元年（前122年）四月戊寅日，瓠侯刘息在位元年。	六　　元年四月戊寅，侯刘禹元年。 元狩元年（前122年）四月戊寅日，虚水侯刘禹在位元年。
元鼎 （前116年— 前111年）	六	六
元封 （前110年— 前105年）	六	六
太初 （前104年— 前101年）	四	四

国名	东淮	枸
王子号	城阳顷王子。 城阳顷王刘延的儿子。	城阳顷王子。 城阳顷王刘延的儿子。
元光 （前134年— 前129年）		
元朔 （前128年— 前123年）		
元狩 （前122年— 前117年）	六　元年四月戊寅,侯刘类元年。 元狩元年（前122年）四月戊寅日,东淮侯刘类在位元年。	六　元年四月戊寅,侯刘买元年。 元狩元年（前122年）四月戊寅日,枸侯刘买在位元年。
元鼎 （前116年— 前111年）	四 五年,侯类坐酎金,国除。 元鼎五年（前112年）,东淮侯刘类因进贡的助祭金成色不好、分量不足而获罪,封国被废除。	四 五年,侯买坐酎金,国除。 元鼎五年（前112年）,枸侯刘买因进贡的助祭金成色不好、分量不足而获罪,封国被废除。
元封 （前110年— 前105年）		
太初 （前104年— 前101年）		

国名	涓	陆
王子号	城阳顷王子。 城阳顷王刘延的儿子。	菑川靖王子。 菑川靖王刘建的儿子。
元光 (前134年— 前129年)		
元朔 (前128年— 前123年)		
元狩 (前122年— 前117年)	六　元年四月戊寅,侯刘不疑元年。 元狩元年(前122年)四月戊寅日,涓侯刘不疑在位元年。	六　元年四月戊寅,侯刘何元年。 元狩元年(前122年)四月戊寅日,陆侯刘何在位元年。
元鼎 (前116年— 前111年)	四 五年,侯不疑坐酎金,国除。 元鼎五年(前112年),涓侯刘不疑因进贡的助祭金成色不好、分量不足而获罪,封国被废除。	六
元封 (前110年— 前105年)		六
太初 (前104年— 前101年)		四

国名	广饶	瓶
王子号	菑川靖王子。 菑川靖王刘建的儿子。	菑川靖王子。 菑川靖王刘建的儿子。
元光 （前134年—前129年）		
元朔 （前128年—前123年）		
元狩 （前122年—前117年）	六　元年十月辛卯，康侯刘国元年。 元狩元年（前122年）十月辛卯日，广饶康侯刘国在位元年。	六　元年十月辛卯，侯刘成元年。 元狩元年（前122年）十月辛卯日，瓶侯刘成在位元年。
元鼎 （前116年—前111年）	六	六
元封 （前110年—前105年）	六	六
太初 （前104年—前101年）	四	四

国名	俞闾	甘井
王子号	菑川靖王子。 菑川靖王刘建的儿子。	广川穆王子。 广川穆王刘齐的儿子。
元光 （前134年—前129年）		
元朔 （前128年—前123年）		
元狩 （前122年—前117年）	六　元年十月辛卯，侯刘不害元年。 元狩元年（前122年）十月辛卯日，俞闾侯刘不害在位元年。	六　元年十月乙酉，侯刘元元年。 元狩元年（前122年）十月乙酉日，甘井侯刘元在位元年。
元鼎 （前116年—前111年）	六	六
元封 （前110年—前105年）	六	六
太初 （前104年—前101年）	四	四

建元已来王子侯者年表第九

国名	襄陵	皋虞
王子号	广川穆王子。 广川穆王刘齐的儿子。	胶东康王子。 胶东康王刘寄的儿子。
元光 （前134年— 前129年）		
元朔 （前128年— 前123年）		
元狩 （前122年— 前117年）	六　元年十月乙酉，侯刘圣元年。 元狩元年（前122年）十月乙酉日，襄陵侯刘圣在位元年。	
元鼎 （前116年— 前111年）	六	三　元年五月丙午，侯刘建元年。 三　四年，今侯处元年。 元鼎元年（前116年）五月丙午日，皋虞侯刘建在位元年。 元鼎四年（前113年），当今皋虞侯刘处在位元年。
元封 （前110年— 前105年）	六	六
太初 （前104年— 前101年）	四	四

国名	魏其	祝兹
王子号	胶东康王子。 胶东康王刘寄的儿子。	胶东康王子。 胶东康王刘寄的儿子。
元光 （前134年— 前129年）		
元朔 （前128年— 前123年）		
元狩 （前122年— 前117年）		
元鼎 （前116年— 前111年）	六　元年五月丙午，畅侯刘昌元年。 元鼎元年（前116）五月丙午日，魏其畅侯刘昌在位元年。	四　元年五月丙午，侯刘延元年。 五年，延坐弃印绶出国，不敬，国除。 元鼎元年（前116）五月丙午日，祝兹侯刘延在位元年。 元鼎五年（前112），刘延因放弃印绶巡出国界，犯不敬罪，封国被废除。
元封 （前110年— 前105年）	六	
太初 （前104年— 前101年）	四	

◎释疑解惑

"推恩令"使得大量诸侯王子得以列土封侯，表面上看，确实如司马迁所说，乃是"一人有庆，天下赖之"。然而，我们仔细阅读这张表就会发现，这些得以封侯的王子，能够长久地保有其侯国的，着实少有。据清代学者汪越统计："河间献王子十一人，长沙定王子十五人，楚安王子二人，鲁共王子六人，江都易王子七人，菑川懿王子十二人，城阳共王子十三人，赵敬肃王子十四人，中山靖王子十九人，广川惠王子四人，济北贞王子十一人，代共王子八人，齐孝王子十人，衡山王赐子一人，城阳顷王子十九人，菑川靖王子五人，广川穆王子二人，胶东康王子三人。有同是一王之子而前后别见者，盖异年封也。诸王子之失侯者，坐酎金凡五十五，无后四。此外则不朝不敬一，弃绶出国不敬一。其甚者则篡死罪一，奸人妻一，杀人坐弃市一，杀弟坐弃市一，有罪不明所坐十，而谋叛者无闻焉，岂非户邑分而势销弱故与？"因此，所谓的"推恩"，"恩"只是一个幌子，武帝真正的目的还是借"推恩"使诸侯国的力量化整为零，进而加强中央集权。对于这一点，除汪越之外，还有不少学者论及。尚镕曰："王子侯一百六十二人，虽推恩分邑，实因主父偃之策削弱诸侯也。然旋坐酎金失侯者多至五十五人，则是锡鞶带而终朝三褫矣。而迁反盛推天子之德，岂所谓讳莫如深耶？"而徐克范更是将武帝之"推恩"与文帝之"推恩"相比较，认为"推恩"分封之事并非始于武帝朝，然而二者之性质完全不同："王子封侯在昔已然，不自主父偃言始也。偃之言在元朔二年，元光五六年间已封河间献王子侯一人，长沙定王子四人，楚安王子二人。元朔元年侯鲁共王子一人，江都易王子五人，论者谓建元始行分封之典何也？盖前此之封恩自上逮，或侯或不侯，不尽封也。至是始令诸侯得推私恩分子弟，恩自下推，上特临定之耳。所以藩国悉分，支庶毕侯，不削而自弱也。文帝采贾谊之言，武帝用主父之策，其事一也，而实不同。文帝之心在分地以保全之，不失亲亲之本，故淮南厉王废死，随立其嗣。武帝之心在分地以削弱之，假以推恩之名，故封不数年，以酎金小过除国者凡五十五人。汲黯所谓'内多欲而外施仁义'者，即此可见也，恶得与文帝比哉？"

◎ **思考辨析题**

1. 你如何理解汉武帝所推行的"推恩令"？除上述学者所指摘的问题外，你觉得它有积极的意义吗？

2. 从《汉兴以来诸侯王年表》到《建元已来王子侯者年表》，我们可以看到，汉兴以来有许多诸侯王国和侯国得以分封而又逐渐失国，从中你得到了什么样的启示？

国际儒学联合会教育系列丛书

全注全译本

丛书指导委员会主任
———滕文生 张岂之 李学勤

总主编
———钱逊

执行总主编
———于建福

组编
———国际儒学联合会
———国家教育行政学院国学教育研究中心

本书主编 张新科 赵望秦

史记

第四册　表书〔三〕

济南出版社　汉唐书局

图书在版编目（CIP）数据

史记 / 张新科，赵望秦主编 . —济南：济南出版社，2022.9

　ISBN 978-7-5488-5209-4

　Ⅰ . ①史… Ⅱ . ①张… ②赵… Ⅲ . ①中国历史—古代史—纪传体 ②《史记》—注释 ③《史记》—译文 Ⅳ . ① K204.2

　中国版本图书馆 CIP 数据核字（2022）第 164694 号

出 版 人	田俊林
图书策划	冀瑞雪
责任编辑	殷　剑　张子涵
图书审读	赵生群　马世年
装帧设计	王铭基
出版发行	济南出版社
地　　址	济南市二环南路 1 号（250002）
编辑热线	0531-86131747（编辑室）
发行热线	82709072　86131747　86131729　86131728（发行部）
印　　刷	山东彩峰印刷股份有限公司
版　　次	2022 年 10 月第 1 版
印　　次	2022 年 10 月第 1 次印刷
成品尺寸	170 mm × 240 mm　16 开
印　　张	247.5
字　　数	4170 千
定　　价	1686.00 元（全 9 册）

（济南版图书，如有印装错误，请与出版社联系调换。联系电话：0531-86131736）

目 录

第四册

礼书第一	1187
乐书第二	1257
律书第三	1273
历书第四	1317
天官书第五	1334
封禅书第六	1374
河渠书第七	1427
平准书第八	1489
汉兴以来将相名臣年表第十	1500

汉兴以来将相名臣年表 第十

《汉兴以来将相名臣年表》谱列的是汉高祖元年（前206年）直到汉成帝嘉鸿元年（前20年）间汉代的大事与诸将相名臣。司马迁所作《史记》的时间断限是汉武帝在位时，因此本表若确为司马迁所作，那么武帝之后昭帝、宣帝、元帝、成帝在位时的大事与将相情况的记录，定是后人所补录无疑。此《汉兴以来将相名臣年表》与《史记》其他九篇表相比，缺了表前的序文，晋代的张晏说此篇乃是班固所谓《史记》"十篇缺，有录无书"的其中一篇，所以也有人认为此表通篇都非司马迁所作。

《汉兴以来将相名臣年表》表头共分五格。第一格是时间，由"高皇帝元年"开始，逐年排列，直至"嘉鸿元年"止。第二格是"大事记"，记录的是当年汉王朝所发生的各类重要事件。杨燕起在《史记全译》中评此"大事记"乃是这篇表的"创新和殊异处"，称："这是史书所见大事这种形式的正式发端，依年记大事。所谓大事，《索隐》云：'谓诛伐、封建、薨、叛。''大事记'是表现历史进程的一种形式，有重要价值。"清人汪越根据《史记索隐》总结的"大事记"的内容对表中所记一一分析，发现除司马贞所谓"诛伐、封建、薨、叛"外，"如破项籍，春践皇帝位，如尊太公为太上皇，其后如城长安，赦无复作，赦齐除诸侯丞相为相，置孝悌力田，行八铢钱，除收帑相坐律，除诽谤律，除肉刑，郊见上帝，见渭阳五帝，地动、河决，改历，以夏正为岁首，皆《索隐》所未该"，而这些也是对汉王朝产生重要影响的事件。

从第三格开始，便是对汉兴以来将相名臣的记录了。

第三格是"相位"，依次记录在汉王朝担任丞相的人员，其中所列数字，乃是某人担任丞相的年数。若有左右两位丞相，则在同一格中分上下列出，如"高后元年"时"徙平为右丞相，辟阳侯审食其为左丞相"，于是其后一年的"相位"一格便分别有数字"四"与"二"，且在"四"下书"平"，"二"下书"食其"加以说明，后面诸年格中则不再说明，上面的数字下所记录的便是陈平的事件，下面的数字下记录的则是审食其的事件。

第四格是"将位"。《史记索隐》对"将位"的解释是"命将兴师"。就表中具体的内容而言，此格记录的主要有两方面的内容：其一是汉代所任用的重要武将如太尉、各类将军等；其二则是汉代在各场主动或被动的战争中所派遣的诸位将领及具体从何处出兵、攻打何处、战争结果等。

最后一格是"御史大夫位",记录的是汉代历年担任御史大夫一职的人员。西汉的御史大夫一职,其实相当于副丞相,因此我们可以从此表中看到,若丞相位上有人去世或被罢免,继任丞相一职的往往是担任御史大夫的人员。

《汉兴以来将相名臣年表》还有一个重要的特征,就是表格中每每有倒书的文字。(出于方便阅读的考虑,本书中的倒文仍正常排版,在后面用方头括号标注"倒书"二字以示区别。)通过仔细阅读这些倒书的内容我们可以发现,倒书在"大事记"一格中的文字,写的是"相位"一格中人物的情况;倒书在"相位"一格中的文字,写的是"将位"一格中人物或事件的情况;而倒书在"将位"一格中的文字,写的则是"御史大夫位"一格中人物的情况。关于此表中的倒书,不少学者都有所论述,详细内容我们将在"释疑解惑"中讨论。

	前206年	前205年
	高皇帝元年	二
大事记	春，沛公为汉王，之南郑。秋，还定雍。 春季，沛公刘邦被封为汉王，去南郑。秋季，回军平定雍王章邯所统辖的地区。	春，定塞、翟、魏、河南、韩、殷国。夏，伐项籍，至彭城。立太子。还据荥阳。 春季，高祖平定塞国、翟国、魏国、河南国、韩国、殷国。夏季，攻伐项羽，到达彭城。定立太子。返回据守荥阳城。
相位	一 丞相萧何守汉中。 丞相萧何镇守关中。	二 守关中。 丞相萧何镇守关中。
将位		一 太尉长安侯卢绾。 太尉是长安侯卢绾。
御史大夫位	御史大夫周苛守荥阳。 御史大夫周苛据守荥阳城。	

汉兴以来将相名臣年表第十

	前204年	前203年	前202年
	三	四	五
大事记	魏豹反。使韩信别定魏，伐赵。楚围我荥阳。 魏王魏豹反叛。高祖派遣韩信去平定魏国，攻伐赵国。楚军围攻我荥阳城。	使韩信别定齐及燕，太公自楚归，与楚界洪渠。 高祖派遣韩信另外去平定齐国及燕国，高祖的父亲太公刘瑞从楚军中回归，汉和楚以洪渠为界。	冬，破楚垓下，杀项籍。春，王践皇帝位定陶。入都关中。 冬季，汉军在垓下打败楚军，杀了项羽。春季，汉王在定陶登上皇帝位。并进入关中建都。
相位	三	四	五 罢太尉官。【倒书】 撤销太尉官职。
将位	二	三 周苛守荥阳，死。【倒书】 周苛据守荥阳城，战死。	四 后九月，绾为燕王。 闰九月，卢绾为燕王。
御史大夫位		御史大夫汾阴侯周昌。 御史大夫是汾阴侯周昌。	

	前201年	前200年
	六	七
大事记	**尊太公为太上皇。刘仲为代王。立大市。更命咸阳曰长安。** 高祖尊奉其父太公为太上皇。高祖的二哥刘喜被封为代王。在郡国以外选择重要都市而改为大市。改称咸阳为长安。	**长乐宫成，自栎阳徙长安。伐匈奴，匈奴围我平城。** 长乐宫建成，朝廷从栎阳迁移至长安。攻伐匈奴，匈奴围困我平城。
相位	六 **封为酇侯。** **张苍为计相。** 萧何被封为酇侯。 张苍任计相。 ◎注释　《史记索隐》："计相，主天下书计及计吏。"	七
将位		
御史大夫位		

	前199年	前198年
	八	九
大事记	击韩信反虏于赵城。贯高作乱，明年觉，诛之。匈奴攻代王，代王弃国亡，废为郃阳侯。 到赵城攻打反叛的韩王信。赵国臣子贯高作乱，第二年高祖发觉，诛杀了贯高。匈奴攻打代王，代王刘喜丢弃代国逃亡，因此被废除王位成为郃阳侯。	未央宫成，置酒前殿，太上皇辇上坐，帝奉玉卮上寿，曰："始常以臣不如仲力，今臣功孰与仲多？"太上皇笑，殿上称万岁。徙齐田，楚昭、屈、景于关中。 未央宫建成，在前殿摆设酒宴，太上皇乘帝王的辇车到来而就上座，高祖捧着玉制酒杯向太上皇献酒祝寿，说："当初您常常认为我不如二哥勤苦努力，如今我的功绩与二哥相比谁的多？"太上皇大笑，殿上群臣呼喊万岁。迁移原来的齐国贵族田氏，原来的楚国贵族昭氏、屈氏、景氏到关中。
相位	八	九 迁为相国。 改任萧何为相国。
将位		
御史大夫位		御史大夫昌为赵丞相。 御史大夫周昌任赵国丞相。

	前197年	前196年	前195年
	十	十一	十二
大事记	太上皇崩。陈豨反代地。 太上皇崩逝。陈豨在代地反叛。	诛淮阴、彭越。黥布反。 诛杀淮阴侯韩信、彭越。黥布反叛。	冬，击布。还过沛。夏，上崩，葬长陵。 冬季，高祖出击英布。返回经过沛县。夏季，高祖崩逝，葬在长陵。
相位	十	十一	十二
将位		周勃为太尉。攻代。后官省。 周勃任太尉。周勃攻打代地的叛乱者。后来取消太尉官职。	
御史大夫位	御史大夫江邑侯赵尧。 御史大夫是江邑侯赵尧。		

	前194年	前193年	前192年
大事记	孝惠元年 **赵隐王如意死。始作长安城西北方。除诸侯丞相为相。** 赵隐王刘如意死去。开始修筑长安城西北方向的一段。改称诸侯王的丞相为相。	二 **楚元王、齐悼惠王来朝。** 楚元王刘交、齐悼惠王刘肥前来朝见皇帝。 **七月辛未，何薨。【倒书】** 七月辛未日，丞相萧何薨逝。	三 **初作长安城。蜀湔氐反，击之。** 开始修建长安城。蜀湔氐反叛，攻打它。
相位	十三	十四 **七月癸巳，齐相平阳侯曹参为相国。** 七月癸巳日，齐国相平阳侯曹参任相国。	二
将位			
御史大夫位			

	前191年	前190年	前189年
	四	五	六
大事记	三月甲子，赦，无所复作。 三月甲子日，颁发赦令，被赦的犯人不用再受罚做苦役。	为高祖立庙于沛城成，置歌儿一百二十人。 为高祖在沛县建立祠庙而筑城完工，在里面安排了一百二十个歌唱的人。 八月乙丑，参卒。【倒书】 八月乙丑日，丞相曹参去世。	七月，齐悼惠王薨。立太仓、西市。八月赦齐。 七月，齐悼惠王刘肥薨逝。在京城建立堆积谷物的粮仓、西市。八月赦免齐国。
相位	三	四	一 十月乙巳，安国侯王陵为右丞相。曲逆侯陈平为左丞相。 十月乙巳日，安国侯王陵任右丞相。曲逆侯陈平任左丞相。
将位			尧抵罪。【倒书】 赵尧被判罪。
御史大夫位			广阿侯任敖为御史大夫。 广阿侯任敖任御史大夫。

汉兴以来将相名臣年表第十

	前188年	前187年	前186年
大事记	七 上崩。大臣用张辟彊计,吕氏权重,以吕台为吕王。立少帝。己卯,葬安陵。 汉惠帝崩逝。大臣采用张辟彊的计策,使吕氏的权势加重,封吕台为吕王。立少帝。九月己卯日,惠帝被葬在安陵。	高后元年 王孝惠诸子。置孝悌力田。 封惠帝的各位儿子为王。设置孝敬父母、和睦兄弟、努力耕作等选举人才的科目。	二 十二月,吕王台薨,子嘉代立为吕王。行八铢钱。 十二月,吕王吕台薨逝,吕台的儿子吕嘉代立为吕王。发行八铢钱。
相位	二	三 十一月甲子,徙平为右丞相。辟阳侯审食其为左丞相。 十一月甲子日,改任陈平为右丞相。任辟阳侯审食其为左丞相。	四 平。 二 食其。 右丞相陈平。 左丞相审食其。
将位			
御史大夫位			平阳侯曹窋为御史大夫。 平阳侯曹窋任御史大夫。

	前185年	前184年	前183年
	三	四	五
大事记		**废少帝，更立常山王弘为帝。** 吕太后废除少帝，改立常山王刘弘为皇帝。	**八月，淮阳王薨，以其弟壶关侯武为淮阳王。令戍卒岁更。** 八月，淮阳王刘彊薨逝，封他的弟弟壶关侯刘武为淮阳王。下令屯戍边地的兵卒每年更换。
相位	五 三	六 四 **置太尉官。【倒书】** 设置太尉官职。	七 五
将位		一 **绛侯周勃为太尉。** 绛侯周勃任太尉。	二
御史大夫位			

	前182年	前181年	前180年
	六	七	八
大事记	以吕产为吕王。四月丁酉,赦天下。昼昏。 封吕产为吕王。四月丁酉日,大赦天下。白天昏暗。	赵王幽死,以吕禄为赵王。梁王徙赵,自杀。 赵王刘友被幽禁而死,封吕禄为赵王。梁王刘恢被迁到赵国,自杀。	七月,高后崩。九月,诛诸吕。后九月,代王至,践皇帝位。 七月,吕太后崩逝。九月,诛杀诸吕。闰九月,代王刘恒到来,登上皇帝位。 后九月,食其免相。【倒书】 闰九月,审食其被免去丞相。
相位	八 六	九 七	十 八　七月辛巳,为帝太傅。九月丙戌,复为丞相。 七月辛巳日,审食其任皇帝的太傅。九月丙戌日,审食其又被任命为丞相。
将位	三	四	五 隆虑侯灶为将军,击南越。 隆虑侯周灶任将军,出击南越。
御史大夫位			御史大夫苍。 御史大夫是张苍。

	前179年	前178年
	孝文元年	二
大事记	除收孥相坐律。立太子。赐民爵。 废除一人有罪而牵连收捕他的妻子儿女和一人犯罪而株连他的邻居这两条律令。定立太子。赏赐平民爵位。	除诽谤律。皇子武为代王，参为太原王，胜为梁王。 废除诽谤这条律令。皇子刘武被封为代王，刘参被封为太原王，刘胜被封为梁王。 十月，丞相平薨。【倒书】 十月，丞相陈平薨逝。
相位	十一 十一月辛巳，平徙为左丞相。太尉绛侯周勃为右丞相。 十一月辛巳日，陈平改任左丞相。太尉绛侯周勃任右丞相。	一 十一月乙亥，绛侯勃复为丞相。 十一月乙亥日，绛侯周勃又任丞相。
将位	六 勃为相，颍阴侯灌婴为太尉。 周勃任丞相，颍阴侯灌婴任太尉。	一
御史大夫位		

	前177年	前176年
	三	四
大事记	徙代王武为淮阳王。上幸太原。济北王反。匈奴大入上郡。以地尽与太原，太原更号代。 迁封代王刘武为淮阳王。文帝临幸太原。济北王反叛。匈奴大举入侵上郡。把那里的土地全部归属太原，太原改号称为代。 十一月壬子，勃免相，之国。【倒书】 十一月壬子日，周勃被免去丞相，前往自己的封国。	十二月乙巳，婴卒。【倒书】 十二月乙巳日，丞相灌婴去世。
相位	一 十二月乙亥，太尉颍阴侯灌婴为丞相。 十二月乙亥日，太尉颍阴灌婴任丞相。 罢太尉官。【倒书】 撤销太尉官职。	一 正月甲午，御史大夫北平侯张苍为丞相。 正月甲午日，御史大夫北平侯张苍任丞相。
将位	二 棘蒲侯陈武为大将军，击济北。昌侯卢卿、共侯卢罢师、宁侯遫、深泽侯将夜皆为将军，属武，祁侯贺将兵屯荥阳。 棘蒲侯陈武任大将军，攻打反叛的济北王。昌侯卢卿、共侯卢罢师、宁侯魏遫、深泽侯赵将夜都任将军，隶属于陈武，祈侯缯贺率兵屯守荥阳。	安丘侯张说为将军，击胡，出代。 安丘侯张说任将军，出击胡人，从代地出师。
御史大夫位		关中侯申屠嘉为御史大夫。 关中侯申屠嘉任御史大夫。

	前175年	前174年	前173年
	五	六	七
大事记	**除钱律，民得铸钱。** 废除私人不得铸钱币的律令，民间得以私自铸钱。	**废淮南王，迁严道，道死雍。** 废除淮南王刘长的王位，流放至严道，他半路上死在了雍地。	**四月丙子，初置南陵。** 四月丙子日，开始建造文帝生母薄太后的陵墓南陵。
相位	二	三	四
将位			
御史大夫位			

	前172年	前171年	前170年
	八	九	十
大事记	太仆汝阴侯滕公卒。【倒书】 太仆汝阴侯夏侯婴去世。	温室钟自鸣。以芷阳乡为霸陵。 温室宫中的钟自己鸣响。把芷阳乡作为文帝的陵园霸陵。	诸侯王皆至长安。 诸侯王都来到京城长安。
相位	五	六	七
将位			
御史大夫位		御史大夫敬。 御史大夫是冯敬。	

	前169年	前168年	前167年
	十一	十二	十三
大事记	上幸代。地动。 文帝临幸代国。发生地震。	河决东郡金堤。徙淮阳王为梁王。 黄河在东郡的金堤处决口。改封淮阳王为梁王。	除肉刑及田租税律、戍卒令。 废除肉刑和农田的租税律令、兵卒的戍边律令。
相位	八	九	十
将位			
御史大夫位			

	前166年	前165年
	十四	十五
大事记	**匈奴大入萧关，发兵击之，及屯长安旁。** 匈奴大举入侵萧关，发兵抗击匈奴，并驻兵在长安附近。	**黄龙见成纪。上始郊见雍五帝。** 黄龙在成纪出现。文帝初次出郊外到雍县祭祀五帝。
	十一	十二
相位		
将位	**成侯董赤、内史栾布、昌侯卢卿、隆虑侯灶、宁侯遬皆为将军，东阳侯张相如为大将军，皆击匈奴。中尉周舍、郎中令张武皆为将军，屯长安旁。** 成侯董赤、内史栾布、昌侯卢卿、隆虑侯周灶、宁侯魏遬都任将军，东阳侯张相如任大将军，都出击匈奴。中尉周舍、郎中令张武都任将军，屯驻军队在长安附近。	
御史大夫位		

	前164年	前163年	前162年
	十六	后元年	二
大事记	上郊见渭阳五帝。 文帝到郊外的渭水北岸祭祀五帝。	新垣平诈言方士，觉，诛之。 新垣平诈称自己是方士，文帝发现真相后，诛杀了他。	匈奴和亲。地动。 匈奴前来与汉和亲。发生地震。 八月戊辰，苍免相。【倒书】 八月戊辰日，张苍被免去丞相职位。
相位	十三	十四	十五 八月庚午，御史大夫申屠嘉为丞相，封故安侯。 八月庚午日，御史大夫申屠嘉被任命为丞相，封为故安侯。
将位			
御史大夫位			御史大夫青。 御史大夫是陶青。

	前161年	前160年	前159年
	三	四	五
大事记	置谷口邑。 设置谷口邑。		上幸雍。 文帝临幸雍地。
相位	二	三	四
将位			
御史大夫位			

	前158年	前157年
	六	七
大事记	匈奴三万人入上郡，二万人入云中。 匈奴三万人入侵上郡，二万人入侵云中郡。	六月己亥，孝文皇帝崩。其年丁未，太子立。民出临三日，葬霸陵。 六月己亥日，汉文帝崩逝。丁未日，太子刘启被立为皇帝。百姓哭吊三日，汉文帝被安葬在霸陵。 ◎注释　张文虎《札记》卷二："'其年'二字疑衍。"
相位	五	六
将位	以中大夫令免为车骑将军，军飞狐；故楚相苏意为将军，军句注；将军张武屯北地；河内守周亚夫为将军，军细柳；宗正刘礼军霸上；祝兹侯徐厉军棘门：以备胡。数月，胡去，亦罢。 使中大夫令免任车骑将军，驻军飞狐关；原楚国相苏意任将军，驻军句注山；将军张武屯守北地郡；河内郡守周亚夫任将军，驻军细柳；宗正刘礼驻军霸上；祝兹侯徐厉驻军棘门：用来防备胡人。几个月后，胡人退去，各处的驻军也撤了回来。	中尉亚夫为车骑将军，郎中令张武为复土将军，属国捍为将屯将军。詹事戎奴为车骑将军，侍太后。 中尉周亚夫任车骑将军，郎中令张武任复土将军，典属国徐捍任将屯将军。詹事戎奴任车骑将军，侍卫太后。
御史大夫位		

汉兴以来将相名臣年表第十

	前156年	前155年
大事记	孝景元年 立孝文皇帝庙郡国，为太宗庙。 在各郡各国建立汉文帝的祠庙，并为汉文帝建太宗庙。	二 立皇子德为河间王，阏为临江王，馀为淮阳王，非为汝南王，彭祖为广川王，发为长沙王。四月中，孝文太后崩。 立皇子刘德为河间王，刘阏为临江王，刘馀为淮阳王，刘非为汝南王，刘彭祖为广川王，刘发为长沙王。四月中旬，汉文帝的母亲薄太后崩逝。 嘉卒。【倒书】 丞相申屠嘉去世。
相位	七 置司徒官。【倒书】 设置司徒官职。	八 开封侯陶青为丞相。 开封侯陶青任丞相。
将位		
御史大夫位		御史大夫错。 御史大夫是晁错。

	前154年	前153年
	三	四
大事记	吴楚七国反，发兵击，皆破之。皇子端为胶西王，胜为中山王。 吴楚七国反叛，朝廷发兵出击，将他们全部打败。皇子刘端被封为胶西王，刘胜被封为中山王。	立太子。 立刘荣为太子。
相位	二 置太尉官。【倒书】 设置太尉官职。	三
将位	中尉条侯周亚夫为太尉，击吴楚；曲周侯郦寄为将军，击赵；窦婴为大将军，屯荥阳；栾布为将军，击齐。 中尉条侯周亚夫任太尉，出击吴楚两国；曲周侯郦寄任将军，出击赵国；窦婴任大将军，屯守荥阳；栾布任将军，出击齐国。	二 太尉亚夫。 太尉是周亚夫。
御史大夫位		御史大夫蚡。 御史大夫是田蚡。

汉兴以来将相名臣年表第十

	前152年	前151年	前150年
大事记	五 置阳陵邑。 设置阳陵邑。 丞相北平侯张苍卒。【倒书】 丞相北平侯张苍去世。	六 徙广川王彭祖为赵王。 改封广川王刘彭祖为赵王。	七 废太子荣为临江王。四月丁巳,胶东王立为太子。 废掉太子刘荣而封他为临江王。四月丁巳日,胶东王刘彻被立为太子。 青罢相。【倒书】 陶青被免去丞相职位。
相位	四	五	六月乙巳,太尉条侯亚夫为丞相。 六月乙巳日,太尉条侯周亚夫任丞相。 罢太尉官。【倒书】 撤销太尉官职。
将位	三	四	五 迁为丞相。 周亚夫改任丞相。
御史大夫位		御史大夫阳陵侯岑迈。 御史大夫是阳陵侯岑迈。	御史大夫舍。 御史大夫是刘舍。

	前149年	前148年	前147年
	中元年	二	三
大事记		皇子越为广川王，寄为胶东王。 皇子刘越被封为广川王，刘寄被封为胶东王。	皇子乘为清河王。 皇子刘乘被封为清河王。 亚夫免相。【倒书】 周亚夫被免去丞相一职。
相位	二	三	四 御史大夫桃侯刘舍为丞相。 御史大夫桃侯刘舍任丞相。
将位			
御史大夫位			御史大夫绾。 御史大夫是卫绾。

	前146年	前145年	前144年
	四	五	六
大事记	临江王征，自杀，葬蓝田，燕数万为衔土置冢上。 临江王被征召至京城，自杀，葬在蓝田县，几万只燕子衔土堆积在他的坟墓上。	皇子舜为常山王。 皇子刘舜被封为常山王。	梁孝王武薨。分梁为五国，王诸子：子买为梁王，明为济川王，彭离为济东王，定为山阳王，不识为济阴王。 梁孝王刘武薨逝。将梁国分割为五国，封他的各位儿子为王：儿子刘买为梁王，刘明为济川王，刘彭离为济东王，刘定为山阳王，刘不识为济阴王。
相位	二	三	四
将位			
御史大夫位			

	前143年	前142年	前141年
	后元年	二	三
大事记	五月，地动。七月乙巳，日蚀。 五月，发生地震。七月乙巳日，发生日食。 舍免相。【倒书】 刘舍被免去丞相职务。		正月甲子，孝景皇帝崩。二月丙子，太子立。 正月甲子日，孝景帝崩逝。二月丙子日，太子刘彻被立为皇帝。
相位	五 八月壬辰，御史大夫建陵侯卫绾为丞相。 八月壬辰日，御史大夫建陵侯卫绾任丞相。	二	三
将位		六月丁丑，御史大夫岑迈卒。【倒书】 六月丁丑日，御史大夫岑迈去世。	
御史大夫位	御史大夫不疑。 御史大夫是直不疑。		

汉兴以来将相名臣年表第十

	前140年	前139年	前138年
	孝武建元元年	二	三
大事记		置茂陵。 建造茂陵。	东瓯王广武侯望率其众四万余人来降，处庐江郡。 东瓯王广武侯望率领他的百姓四万多人前来归降，被安置在庐江郡。
	绾免相。【倒书】 卫绾被免去丞相职位。	婴免相。【倒书】 窦婴被免去丞相职位。	
相位	四 魏其侯窦婴为丞相。 魏其侯窦婴任丞相。	二月乙未，太常柏至侯许昌为丞相。 二月乙未日，太常柏至侯许昌任丞相。	二
	置太尉。【倒书】 设置太尉官职。	蚡免太尉。【倒书】 罢太尉官。【倒书】 田蚡被免去太尉职位。 撤销太尉官职。	
将位	武安侯田蚡为太尉。 武安侯田蚡任太尉。		
御史大夫位	御史大夫抵。 御史大夫是牛抵。	御史大夫赵绾。 御史大夫是赵绾。	

	前137年	前136年	前135年
	四	五	六
大事记		行三分钱。 发行三分钱币。	正月,闽越王反。孝景太后崩。 正月,闽越王反叛。汉景帝的母亲窦太后崩逝。 昌免相。【倒书】 许昌被免去丞相职位。
相位	三	四	五 六月癸巳,武安侯田蚡为丞相。 六月癸巳,武安侯田蚡任丞相职位。
将位			
御史大夫位	御史大夫青翟。 御史大夫是庄青翟。		青翟为太子太傅。【倒书】 庄青翟任太子太傅。 御史大夫安国。 御史大夫是韩安国。

汉兴以来将相名臣年表第十

	前134年	前133年	前132年
	元光元年	二	三
大事记		**帝初之雍，郊见五畤。** 当今皇上初次到雍地，在五座祭祀天神的坛台分别祭祀天神。	**五月丙子，河决于瓠子。** 五月丙子日，黄河在瓠子决口。
相位	二	三	四
将位		**夏，御史大夫韩安国为护军将军，卫尉李广为骁骑将军，太仆公孙贺为轻车将军，大行王恢为将屯将军，太中大夫李息为材官将军，篡单于马邑，不合，诛恢。** 夏季，御史大夫韩安国任护军将军，卫尉李广任骁骑将军，太仆公孙贺任轻车将军，大行王恢任将屯将军，太中大夫李息任材官将军，在马邑伏击匈奴单于，没有成功，诛杀了王恢。	
御史大夫位			

	前131年	前130年	前129年
	四	五	六
大事记	十二月丁亥，地动。 十二月丁亥日，发生地震。 蚡卒。【倒书】 丞相田蚡去世。	十月，族灌夫家，弃魏其侯市。 十月，族灭灌夫全家，魏其侯窦婴被处死在街市上示众。	南夷始置邮亭。 在南夷开始设置传递公文的驿站。
相位	五 平棘侯薛泽为丞相。 平棘侯薛泽任丞相。	二	三
将位			太中大夫卫青为车骑将军，出上谷；卫尉李广为骁骑将军，出雁门；大中大夫公孙敖为骑将军，出代；太仆公孙贺为轻车将军，出云中：皆击匈奴。 太中大夫卫青任车骑将军，从上谷郡出发；卫尉李广任骁骑将军，从雁门郡出发；大中大夫公孙敖任骑将军，从代郡出发；太仆公孙贺任轻车将军，从云中郡出发：都出击匈奴。
御史大夫位	御史大夫欧。 御史大夫是张欧。		

	前128年	前127年	前126年
	元朔元年	二	三
大事记	卫夫人立为皇后。 卫夫人被立为皇后。		匈奴败代太守友。 匈奴人打败了代郡太守共友。 ◎注释 梁玉绳曰："'败'乃'杀'字之误。"《卫将军骠骑列传》作"匈奴入杀代郡太守友"。
相位	四	五	六
将位	车骑将军青出雁门，击匈奴。卫尉韩安国为将屯将军，军代，明年，屯渔阳卒。 车骑将军卫青从雁门郡出发，出击匈奴。卫尉韩安国任将屯将军，驻军在代郡，第二年，屯军渔阳。	春，车骑将军卫青出云中，至高阙，取河南地。 春季，车骑将军卫青从云中郡出发，到达高阙要塞，夺取河南地。	御史大夫弘。 御史大夫是公孙弘。
御史大夫位			

	前125年	前124年
	四	五
大事记	匈奴入定襄、代、上郡。 匈奴入侵定襄郡、代郡、上郡。	匈奴败代都尉朱英。 匈奴人打败了代郡都尉朱英。 ◎注释 "败"疑为"杀"字之误。参见《卫将军骠骑列传》《匈奴列传》。 泽免相。【倒书】 薛泽被罢免丞相职位。
相位	七	八 十一月乙丑，御史大夫公孙弘为丞相，封平津侯。 十一月乙丑日，御史大夫公孙弘任丞相，被封为平津侯。
将位		春，长平侯卫青为大将军，击右贤。卫尉苏建为游击将军，属青。左内史李沮为强弩将军，太仆贺为车骑将军，代相李蔡为轻车将军，岸头侯张次公为将军，大行息为将军：皆属大将军，击匈奴。 春季，长平侯卫青任大将军，出击匈奴右贤王。卫尉苏建任游击将军，隶属卫青。左内史李沮任强弩将军，太仆公孙贺任车骑将军，代国相李蔡任轻车将军，岸头侯张次公任将军，大行李息任将军：都隶属大将军卫青，出击匈奴。
御史大夫位		

汉兴以来将相名臣年表第十

	前123年	前122年
	六	元狩元年
大事记		十月中,淮南王安、衡山王赐谋反,皆自杀,国除。 十月中,淮南王刘安、衡山王刘赐谋反,都自杀了,封国被废除。
相位	二	三
将位	大将军青再出定襄击胡。合骑侯公孙敖为中将军,太仆贺为左将军,郎中令李广为后将军。翕侯赵信为前将军,败降匈奴。卫尉苏建为右将军,败,身脱。左内史沮为强弩将军。皆属青。 大将军卫青再次由定襄郡这条路出军攻打匈奴。合骑侯公孙敖任中将军,太仆公孙贺任左将军,郎中令李广任后将军。翕侯赵信任前将军,战败后投降匈奴。卫尉苏建任右将军,战败,独自逃脱。左内史李沮任强弩将军。都隶属卫青。	
御史大夫位		御史大夫蔡。 御史大夫是李蔡。

	前121年	前120年
大事记	二 匈奴入雁门、代郡。江都王建反。胶东王子庆立为六安王。 匈奴侵入雁门郡、代郡。江都王刘建反叛。胶东王的儿子刘庆被立为六安王。 弘卒。【倒书】 丞相公孙弘去世。	三 匈奴入右北平、定襄。 匈奴侵入右北平郡、定襄郡。
相位	四 御史大夫乐安侯李蔡为丞相。 御史大夫乐安侯李蔡任丞相。	二
将位	冠军侯霍去病为骠骑将军，击胡，至祁连；合骑侯敖为将军，出北地；博望侯张骞、郎中令李广为将军，出右北平。 冠军侯霍去病任骠骑将军，出击匈奴，到达祁连山；合骑侯公孙敖任将军，由北地郡出兵；博望侯张骞、郎中令李广任将军，由右北平郡出兵。	
御史大夫位	御史大夫汤。 御史大夫是张汤。	

	前119年	前118年	前117年
	四	五	六
大事记		蔡坐侵园堧，自杀。【倒书】 丞相李蔡因侵占皇帝陵园的空地而获罪，自杀了。	四月乙巳，皇子闳为齐王，旦为燕王，胥为广陵王。 四月乙巳日，皇子刘闳被封为齐王，刘旦被封为燕王，刘胥被封为广陵王。
相位	三	四 太子少傅武彊侯庄青翟为丞相。 太子少傅武彊侯庄青翟任丞相。	二
将位	大将军青出定襄，郎中令李广为前将军，太仆公孙贺为左将军，主爵赵食其为右将军，平阳侯曹襄为后将军：击单于。 大将军卫青从定襄郡出军，郎中令李广任前将军，太仆公孙贺任左将军，主爵赵食其任右将军，平阳侯曹襄任后将军：出击匈奴单于。		
御史大夫位			

	前116年	前115年	前114年
	元鼎元年	二	三
大事记		**青翟有罪，自杀。【倒书】** 丞相庄青翟有罪，自杀了。	
相位	三	四 **太子太傅高陵侯赵周为丞相。** 太子太傅高陵侯赵周任丞相。	二
将位		**汤有罪，自杀。【倒书】** 张汤有罪，自杀了。	
御史大夫位		**御史大夫庆。** 御史大夫是石庆。	

	前113年	前112年
大事记	四 **立常山宪王子平为真定王，商为泗水王。六月中，河东汾阴得宝鼎。** 封立常山宪王的儿子刘平为真定王，刘商为泗水王。六月中，河东郡汾阴县得到宝鼎。	五 **三月中，南越相嘉反，杀其王及汉使者。** 三月中，南越国相吕嘉反叛，杀了南越王和汉朝廷的使者。 **八月，周坐酎金，自杀。【倒书】** 八月，丞相赵周因进贡的助祭金成色不好、分量不足而获罪，自杀了。
相位	三	四 **九月辛巳，御史大夫石庆为丞相，封牧丘侯。** 九月辛巳日，御史大夫石庆任丞相，被封为牧丘侯。
将位		**卫尉路博德为伏波将军，出桂阳；主爵杨仆为楼船将军，出豫章：皆破南越。** 卫尉路博德任伏波将军，由桂阳郡出兵；主爵杨仆任楼船将军，由豫章郡出兵：都打败了南越。
御史大夫位		

	前111年	前110年	前109年
	六	元封元年	二
大事记	十二月，东越反。 十二月，东越反叛。		
相位	二	三	四
将位	故龙额侯韩说为横海将军，出会稽；楼船将军杨仆出豫章；中尉王温舒出会稽：皆破东越。 原龙额侯韩说任横海将军，从会稽郡出军；楼船将军杨仆从豫章郡出军；中尉王温舒从会稽郡出军：都打败了东越。		秋，楼船将军杨仆、左将军荀彘出辽东，击朝鲜。 秋季，楼船将军杨仆、左将军荀彘从辽东出军，向东出击朝鲜。
御史大夫位	御史大夫式。 御史大夫是卜式。	御史大夫宽。 御史大夫是兒宽。	

	前108年	前107年	前106年	前105年
	三	四	五	六
大事记				
相位	五	六	七	八
将位				
御史大夫位				

	前104年	前103年	前102年
大事记	太初元年 **改历，以正月为岁首。** 修改历法，把正月作为岁首。	二 **正月戊申，庆卒。【倒书】** 正月戊申日，丞相石庆去世。	三
相位	九	十 **三月丁卯，太仆公孙贺为丞相，封葛绎侯。** 三月丁卯日，太仆公孙贺任丞相，被封为葛绎侯。	二
将位			
御史大夫位			**御史大夫延广。** 御史大夫是延广。

	前101年	前100年	前99年	前98年
	四	天汉元年	二	三
大事记				
相位	三	四	五	六
将位				
御史大夫位		御史大夫卿。 御史大夫是王卿。		御史大夫周。 御史大夫是杜周。

	前97年	前96年	前95年
	四	太始元年	二
大事记			
相位	七	八	九
将位	**春，贰师将军李广利出朔方，至余吾水上；游击将军韩说出五原；因杅将军公孙敖：皆击匈奴。** 春季，贰师将军李广利从朔方郡出兵，到达余吾水上；游击将军韩说从五原郡出兵；因杅将军公孙敖：都出击匈奴。		
御史大夫位			

	前94年	前93年	前92年
	三	四	征和元年
大事记			**冬,贺坐为蛊死。【倒书】** 冬季,丞相公孙贺因参与用巫术在暗地里诅咒人的事而获死罪。
相位	十	十一	十二
将位			
御史大夫位	**御史大夫胜之。** 御史大夫是暴胜之。		

	前91年	前90年
	二	三
大事记	七月壬午，太子发兵，杀游击将军说、使者江充。 七月壬午日，卫太子刘据发兵，杀了游击将军韩说、使者江充。	六月，刘屈氂因蛊斩。【倒书】 六月，丞相刘屈氂因用巫术在暗地里诅咒人而被斩杀。
相位	三月丁巳，涿郡太守刘屈氂为丞相，封彭城侯。 三月丁巳日，涿郡太守刘屈氂任丞相，被封为彭城侯。	二
将位		春，贰师将军李广利出朔方，以兵降胡。重合侯莽通出酒泉，御史大夫商丘成出河西，击匈奴。 春季，贰师将军李广利从朔方郡出兵，带领兵士投降匈奴。重合侯莽通从酒泉郡出兵，御史大夫商丘成从河西出兵，出击匈奴。
御史大夫位	御史大夫成。 御史大夫是商丘成。	

汉兴以来将相名臣年表第十

	前89年	前88年	前87年
	四	后元元年	二
大事记			
相位	六月丁巳，大鸿胪田千秋为丞相，封富民侯。 六月丁巳日，大鸿胪田千秋任丞相，被封为富民侯。	二	三
将位			二月己巳，光禄大夫霍光为大将军，博陆侯；都尉金日䃅为车骑将军，秺侯；太仆安阳侯上官桀为大将军。 二月己巳日，光禄大夫霍光任大将军，被封博陆侯；都尉金日䃅任车骑将军，被封秺侯；太仆安阳侯上官桀任大将军。
御史大夫位			

	前86年	前85年	前84年
	孝昭始元元年	二	三
大事记			
相位	四 九月,日䃅卒。【倒书】 九月,金日䃅去世。	五	六
将位			
御史大夫位			

	前83年	前82年	前81年
	四	五	六
大事记			
	七	八	九
相位			
将位	三月癸酉，卫尉王莽为左将军，骑都尉上官安为车骑将军。 三月癸酉日，卫尉王莽任左将军，骑都尉上官安任车骑将军。		
御史大夫位			

	前80年	前79年	前78年
	元凤元年	二	三
大事记			
相位	十	十一	十二
将位	九月庚午，光禄勋张安世为右将军。 九月庚午日，光禄勋张安世任右将军。		十二月庚寅，中郎将范明友为度辽将军，击乌丸。 十二月庚寅日，中郎将范明友任度辽将军，出击乌丸。
御史大夫位	御史大夫䜣。 御史大夫是王䜣。		

汉兴以来将相名臣年表第十

	前77年	前76年	前75年
	四	五	六
大事记	三月甲戌,千秋卒。【倒书】 三月甲戌日,丞相田千秋去世。	十二月庚戌,䜣卒。【倒书】 十二月庚戌日,丞相王䜣去世。	
相位	三月乙丑,御史大夫王䜣为丞相,封富春侯。 三月乙丑日,御史大夫王䜣任丞相,被封为富春侯。	二	十一月乙丑,御史大夫杨敞为丞相,封安平侯。 十一月乙丑日,御史大夫杨敞任丞相,被封为安平侯。
将位			九月庚寅,卫尉平陵侯范明友为度辽将军,击乌丸。 九月庚寅日,卫尉平陵侯范明友任度辽将军,出击乌丸。
御史大夫位	御史大夫杨敞。 御史大夫是杨敞。		

	前74年	前73年	前72年
	元平元年	孝宣本始元年	二
大事记	敞卒。【倒书】 丞相杨敞去世。		
相位	九月戊戌,御史大夫蔡义为丞相,封阳平侯。 九月戊戌日,御史大夫蔡义任丞相,被封为阳平侯。	二	三
将位	四月甲申,光禄大夫龙额侯韩曾为前将军。五月丁酉,水衡都尉赵充国为后将军,右将军张安世为车骑将军。 四月甲申日,光禄大夫龙额侯韩曾任前将军。五月丁酉日,水衡都尉赵充国任后将军,右将军张安世任车骑将军。		七月庚寅,御史大夫田广明为祁连将军,龙额侯韩曾为后将军,营平侯赵充国为蒲类将军,度辽将军平陵侯范明友为云中太守,富民侯田顺为虎牙将军:皆击匈奴。 七月庚寅日,御史大夫田广明任祁连将军,龙额侯韩曾任后将军,营平侯赵充国任蒲类将军,度辽将军平陵侯范明友任云中郡太守,富民侯田顺任虎牙将军:都出击匈奴。
御史大夫位	御史大夫昌水侯田广明。 御史大夫是昌水侯田广明。		

	前71年	前70年	前69年
	三	四	地节元年
大事记	三月戊子，皇后崩。 三月戊子日，宣帝的许皇后崩逝。 六月乙丑，义薨。【倒书】 六月乙丑日，丞相蔡义薨逝。	十月乙卯，立霍后。 十月乙卯日，立霍光之女为霍皇后。	
相位	六月甲辰，长信少府韦贤为丞相，封扶阳侯。 六月甲辰日，长信少府韦贤任丞相，被封为扶阳侯。 田广明、田顺击胡还，皆自杀。充国夺将军印。【倒书】 田广明、田顺出击匈奴后返回，都自杀了。赵充国的将军印被朝廷收回并被免去将军之职。	二	三
将位			
御史大夫位	御史大夫魏相。 御史大夫是魏相。		

	前68年	前67年	前66年
	二	三	四
大事记		立太子。 定立太子。 五月甲申,贤老,赐金百斤。【倒书】 五月申甲日,丞相韦贤年老退休,赏赐黄金一百斤。	
相位	四	六月壬辰,御史大夫魏相为丞相,封高平侯。 六月壬辰日,御史大夫魏相任丞相,被封为高平侯。	二 七月壬寅,禹腰斩。【倒书】 七月壬寅日,霍禹被腰斩。
将位	三月庚午,将军光卒。【倒书】 三月庚午日,大将军霍光去世。 二月丁卯,侍中、中郎将霍禹为右将军。 二月丁卯日,侍中、中郎将霍禹任右将军。	七月,安世为大司马、卫将军。禹为大司马。 七月,张安世任大司马、卫将军。霍禹任大司马。	
御史大夫位		御史大夫邴吉。 御史大夫是邴吉。	

	前65年	前64年	前63年
	元康元年	二	三
大事记			
相位	三	四	五
将位			
御史大夫位			

	前62年	前61年	前60年
	四	神爵元年	二
大事记		上郊甘泉太畤、汾阴后土。 皇上去甘泉的太畤祭坛祭祀天神，去汾阴的后土社坛祭祀地神。	上郊雍五畤。役祤出宝璧玉器。 皇上到雍的五畤祭祀五帝。役祤县出现宝璧玉器。
相位	六 八月丙寅，安世卒。 【倒书】 八月丙寅日，大司马、卫将军张安世去世。	七	八
将位		四月，乐成侯许延寿为强弩将军。后将军充国击羌。酒泉太守辛武贤为破羌将军。韩曾为大司马、车骑将军。 四月，乐成侯许延寿任强弩将军。后将军赵充国出击羌人。酒泉郡太守辛武贤任破羌将军。韩曾任大司马、车骑将军。	
御史大夫位			

汉兴以来将相名臣年表第十

	前59年	前58年	前57年
	三	四	五凤元年
大事记	三月，相卒。【倒书】 三月，丞相魏相去世。		
相位	四月戊戌，御史大夫邴吉为丞相，封博阳侯。 四月戊戌日，御史大夫邴吉任丞相，被封为博阳侯。	二	三
将位			
御史大夫位	御史大夫望之。 御史大夫是萧望之。		

	前56年	前55年	前54年
	二	三	四
大事记		正月,吉卒。【倒书】 正月,丞相邴吉去世。	
相位	四 五月己丑,曾卒。【倒书】 五月己丑日,大司马、车骑将军韩曾去世。	三月壬申,御史大夫黄霸为丞相,封建成侯。 三月壬申日,御史大夫黄霸任丞相,被封为建成侯。	二
将位	五月,延寿为大司马、车骑将军。 五月,许延寿任大司马、车骑将军。		
御史大夫位	御史大夫霸。 御史大夫是黄霸。	御史大夫延年。 御史大夫是杜延年。	

	前53年	前52年	前51年
	甘露元年	二	三
大事记		赦殊死，赐高年及鳏寡孤独帛，女子牛酒。 赦免那些没有触犯死罪的犯人，赏赐布帛给老年人和鳏寡孤独者，赏给女子牛肉和酒。	三月己丑，霸薨。【倒书】 三月己丑日，丞相黄霸薨逝。
相位	三 三月丁未，延寿卒。【倒书】 三月丁未日，大司马车骑将军许延寿去世。	四	七月丁巳，御史大夫于定国为丞相，封西平侯。 七月丁巳日，御史大夫于定国任丞相，被封为西平侯。
将位			
御史大夫位		御史大夫定国。 御史大夫是于定国。	太仆陈万年为御史大夫。 太仆陈万年任御史大夫。

	前50年	前49年	前48年
	四	黄龙元年	孝元初元元年
大事记			
相位	二	三	四
将位		乐陵侯史子长为大司马、车骑将军。太子太傅萧望之为前将军。 乐陵侯史子长任大司马、车骑将军。太子太傅萧望之任前将军。	
御史大夫位			

	前47年	前46年	前45年
	二	三	四
大事记			
	五	六	七
相位			
将位		十二月，执金吾冯奉世为右将军。 十二月，执金吾冯奉世任右将军。	
御史大夫位			

	前44年	前43年	前42年
	五	永光元年	二
大事记		十月戊寅,定国免。【倒书】 十月戊寅日,于定国被免去丞相。	三月壬戌朔,日蚀。 三月壬戌朔日,发生日食。
相位	八	九 七月,子长免,就第。【倒书】 七月,大司马、车骑将军史子长被免职,归家休养。	二月丁酉,御史大夫韦玄成为丞相,封扶阳侯。丞相贤子。 二月丁酉日,御史大夫韦玄成任丞相,被封为扶阳侯。他是丞相韦贤的儿子。
将位	二月丁巳,平恩侯许嘉为左将军。 二月丁巳日,平恩侯许嘉任左将军。	九月,卫尉平昌侯王接为大司马、车骑将军。 九月,卫尉平昌侯王接任大司马、车骑将军。 二月,广德免。【倒书】 二月,御史大夫薛广德被罢免。	七月,太常任千秋为奋武将军,击西羌;云中太守韩次君为建威将军,击羌。后不行。 七月,太常任千秋任奋武将军,出击西羌;云中郡太守韩次君任建威将军,出击羌人。后来并未成行。
御史大夫位	中少府贡禹为御史大夫。十二月丁未,长信少府薛广德为御史大夫。 中少府贡禹任御史大夫。十二月丁未日,长信少府薛广德任御史大夫。	七月,太子太傅韦玄成为御史大夫。 七月,太子太傅韦玄成任御史大夫。	二月丁酉,右扶风郑弘为御史大夫。 二月丁酉日,右扶风郑弘任御史大夫。

	前41年	前40年	前39年
	三	四	五
大事记			
	二	三	四
相位			
将位	**右将军平恩侯许嘉为车骑将军，侍中、光禄大夫乐昌侯王商为右将军，右将军冯奉世为左将军。** 右将军平恩侯许嘉任车骑将军，侍中、光禄大夫乐昌侯王商任右将军，右将军冯奉世任左将军。		
御史大夫位			

	前38年	前37年	前36年	前35年
	建昭元年	二	三	四
大事记			六月甲辰，玄成薨。【倒书】 六月甲辰日，丞相韦玄成薨逝。	
相位	五	六	七月癸亥，御史大夫匡衡为丞相，封乐安侯。 七月癸亥日，御史大夫匡衡任丞相，被封为乐安侯。	二
将位				
御史大夫位		弘免。【倒书】 御史大夫郑弘被罢免。 光禄勋匡衡为御史大夫。 光禄勋匡衡任御史大夫。	卫尉繁延寿为御史大夫。 卫尉繁延寿任御史大夫。	

	前34年	前33年	前32年	前31年
	五	竟宁元年	孝成建始元年	二
大事记				
	三	四	五	六
相位				
将位		六月己未，卫尉杨平侯王凤为大司马、大将军。 六月己未日，卫尉杨平侯王凤任大司马、大将军。 延寿卒。【倒书】 御史大夫繁延寿去世。		
御史大夫位		三月丙寅，太子少傅张谭为御史大夫。 三月丙寅日，太子少傅张谭任御史大夫。		

	前30年	前29年	前28年
	三	四	河平元年
大事记	十二月丁丑，衡免。【倒书】 十二月丁丑日，匡衡被免去丞相职位。		
相位	七 八月癸丑，遣光禄勋诏嘉上印绶免，赐金二百斤。【倒书】 八月癸丑日，派遣光禄勋传诏让车骑将军许嘉交上印绶免其职，并赐金二百斤。	三月甲申，右将军乐昌侯王商为右丞相。 三月甲申日，右将军乐昌侯王商任右丞相。	二
将位	十月，右将军乐昌侯王商为光禄大夫、左将军，执金吾弋阳侯任千秋为右将军。 十月，右将军乐昌侯王商任光禄大夫、左将军，执金吾弋阳侯任千秋任右将军。 谭免。【倒书】 御史大夫张谭被罢免。	任千秋为左将军，长乐卫尉史丹为右将军。 任千秋任左将军，长乐卫尉史丹任右将军。 十月己亥，尹忠自刺杀。【倒书】 十月己亥日，御史大夫尹忠自杀。	
御史大夫位	廷尉尹忠为御史大夫。 廷尉尹忠任御史大夫。	少府张忠为御史大夫。 少府张忠任御史大夫。	

	前27年	前26年	前25年	前24年
	二	三	四	阳朔元年
大事记			四月壬寅,丞相商免。【倒书】 四月壬寅日,丞相王商被罢免。	
相位	三	四	六月丙午,诸吏散骑光禄大夫张禹为丞相。 六月丙午日,诸吏散骑光禄大夫张禹任丞相。	二
将位		十月辛卯,史丹为左将军,太仆平安侯王章为右将军。 十月辛卯日,史丹任左将军,太仆平安侯王章任右将军。		
御史大夫位				

	前23年	前22年	前21年	前20年
	二	三	四	鸿嘉元年
大事记				三月，禹卒。【倒书】 三月，丞相张禹去世。
相位	三		七月乙丑，右将军光禄勋平安侯王章卒。【倒书】 七月乙丑日，右将军光禄勋平安侯王章去世。	四月庚辰，薛宣为丞相。 四月庚辰日，薛宣任丞相。
将位		九月甲子，御史大夫王音为车骑将军。 九月甲子日，御史大夫王音任车骑将军。	闰月壬戌，永卒。【倒书】 闰月壬戌日，御史大夫于永去世。	
御史大夫位	张忠卒。【倒书】 御史大夫张忠去世。 六月，太仆王音为御史大夫。 六月，太仆王音任御史大夫。	十月乙卯，光禄勋于永为御史大夫。 十月乙卯日，光禄勋于永任御史大夫。		

汉兴以来将相名臣年表第十

◎ 释疑解惑

有关《汉兴以来将相名臣年表》的争论主要集中在两个方面，一是此篇是否为司马迁所作，二是表中的倒书到底是何用意。

班固称《史记》"十篇缺，有录无书"，而颜师古作注引张晏曰："迁没之后，亡《景纪》《武纪》《礼书》《乐书》《兵书》《汉兴以来将相年表》《日者列传》《三王世家》《龟策列传》《傅靳列传》。元成之间褚先生补缺，作《武帝纪》《三王世家》《龟策》《日者传》，言辞鄙陋，非迁本意也。"由此条史料可知，《汉兴以来将相名臣年表》昔日被认为是班固所称说的"十篇缺"中的一篇。不过，后世学者一般不认为此表全非司马迁的手笔，而是认为至少武帝以前的部分乃是司马迁所作，唯时间断限到底是至"元狩""太初"甚或"征和"，尚多有争论。

而对于此表中的"倒书"，后世更是众说纷纭，莫衷一是。不过，值得注意的是，有关"倒书"问题的讨论，乃是清代康熙年间的学者汪越首先提出的，自汉代直到明代，都未发现有文字论及此事。汪越在《读史记十表》中称："凡表相薨卒免自杀于大事记，皆变文倒置者何？古之人未尝言及此也。窃臆揣之，此记中表太上皇崩，表高帝曰上崩，孝文皇后崩，孝文太后崩，孝景太后崩及诸王薨，而丞相薨卒亦书如故，是无别也。虽辍朝临祭大臣有异数而书之，遂同恤可乎？然则太尉置罢，表于相位而倒置，御史大夫死抵罪自杀，表于相位而亦倒置何也？恐此或便观览，未必有深义也。存以质史学渊通之君子。"汪越提出了这个问题，然而对此并没有给出确实的解释，只是说"恐此或便观览，未必有深义也"，并期待有更博学的人对此有所讨论。后又有刘咸炘曰："此篇有倒书者不知何意，又不画一，似写误。"直接否定了倒书存在的正确性。陈直则以为倒书是太史公为了使读者便于阅读的特创，并对于学者没有注意到这一点表示不满。他说："倒书之例为太史公所特创，学者从未注意，亦从未有人阐明其体例；而后代史家亦无仿效之者。一顺一倒，使学者易于分明。当日设用朱墨颜色顺写固无不可，然在竹简用两色比较复杂，故改创倒书之例。"另外周尚木《史记识误》中称："按本表，凡将、相、御史大夫薨、卒、罢免、迁调例皆倒书。此倒书各条均当列入'大事记'栏内，今本皆分析而散见于各栏。原其所以倒书之故，以下栏各官此免彼任，恐读者难明，故特倒书出之，俾读者一见即知前后递嬗之由。今惟涉丞相者尚在'大事记'栏，余则将占'相位'，御史大夫占'将位'，纷纭糅杂，失其统系。此盖后人传写图省篇幅，故移易其位置耳。"而张大可在其《史记新注》中，充分强调了司马迁创造出倒书这一体例的重要意义："倒书升栏，与顺书形成鲜明对照，恰似两表之重合。顺书是记载将、相的治行，倒书是揭示将相的危境和不平际遇的下场。不创倒书这一层意义就不明显。可以说倒书就是《将相表》的无字之序。因当世多忌讳，故司马迁特出此创造。"

还有学者从出土文献中发现了一些端倪。王志勇在《据出土简牍考察〈史记·汉兴以来将相名臣年表〉中的倒书》一文中指出，在已出土的简牍文献中，发现了一些倒书的情况：其中有"被动倒书"，即因为竹简的空间有限，只好将下一栏书写不下的文字倒着写在了上一栏中；另有"主动倒书"，依旧是将下一栏的文字倒着写在上一栏中，作者推测有可能是因为后来补记，倒书用以"区别于正书，表示不是同一时间书写，或者不是同一人书写，或者表示所书内容不属于一类"。而写就于西汉的《史记》，最初应当也是写在竹简上，而此《汉兴以来将相名臣年表》中的各倒书例，也符合作者所指出的简牍文献中倒书的规律。这个观点可供大家参考。

◎ **思考辨析题**

1. 根据上述资料，你如何理解《汉兴以来将相名臣年表》中的"倒书"现象？

2. 仔细阅读此表"大事记"格中的内容，结合《史记》中的其他篇目，谈谈你对作者所选列的各种"大事记"的认识。

礼书第一

在中国古代，历朝统治阶级都很讲究和强化礼制。所谓礼制，就是从社会和阶级属性的角度，明确区分人们在日常生活中应遵循的贵贱尊卑等级以稳固国家政权、维护社会秩序的一种制度。其中的主要内容是所谓的三纲五常，即君为臣纲、父为子纲、夫为妻纲和君臣有义、父子有亲、兄弟有序、夫妇有别、朋友有信，这在社会生活中的衣食住行等各个方面都有具体的表现。而在司马迁看来，人们只要遵守礼制，社会就能有序发展；一旦违背礼制，社会就会无序混乱。所以，司马迁不仅撰写了《礼书》，而且将其作为"八书"之首，从排序上凸显了礼的重要性，也体现了他的礼制思想。全篇对礼的论述，既有若干理论的探讨，又有若干实践的举证，可大体分为七大段落。从"太史公曰"至"吾不欲观之矣"是第一个段落，论述礼的产生是顺应人性和满足人性的需要。从"周衰"至"垂之于后云"是第二个段落，论述西周以来至西汉前期的礼制沿革变化及其功用。从"礼由人起"至"是儒墨之分"是第三个段落，论述礼的道德调节作用在于养护人的性情，以及明确区分贵贱名分、上下等级，进而指出儒家和墨家的不同理论主张：儒家认为人们的欲望应按照名分等级加以节制，墨家则认为人们的欲望应一概得到尽情任性的满足。从"治辨之极也"至"刑措而不用"是第四个段落，论述礼义的重要作用并引实例予以证明，进而论述礼义与刑罚的关系，即礼义可使威令、刑罚无须施行，天下便无战乱了。从"天地者"至"一也"是第五个段落，论述礼尊崇本原而亲近实用的特征，即"天地""先祖"和"君师"为三大根本，辨明贵贱上下、尊卑大小就是尊崇三大根本的具体表现，并举礼仪活动中的实例为证，以说明亲近实用的道理。从"凡礼始乎脱"至"以为上则明"是第六个段落，在对以上所述的内容进行概括总结的同时，也强调礼仪的形式要能够表现质朴平实和尊崇原始自然的精神。从"太史公曰"至"礼之尽也"是第七个段落，论述礼的博大精深，并把礼归结为人一切行为的最高准则。

　　太史公曰：洋洋美德①乎！宰制万物，役使群众，岂人力也哉？余至大行②礼官，观三代损益，乃知缘人情而制礼③，依人性而作仪④，其所由来尚矣。

◎**注释**　①〔美德〕指礼的美德。这里因承篇名《礼书》而省略"礼"字。②〔大行〕朝廷主管礼仪的官署。③〔缘人情而制礼〕人情，人所具有的各种情感。礼，维护社会等级和秩序的规定或制度。④〔依人性而作仪〕人性，人的天性，即人的情感中天生的部分。仪，法则标准，行为规范。

◎ **大意** 太史公说：礼的美德盛大啊！主宰万物，役使万众，难道是人的力量吗？我访问过大行官府，观览夏、商、周三代对礼仪的删减增加，于是知道依据人的本来性情制定礼仪制度，这种做法由来已久了。

人道①经纬万端，规矩无所不贯，诱进以仁义，束缚以刑罚，故德厚者位尊，禄重者宠荣，所以总一海内而整齐万民也。人体安驾乘，为之金舆错衡②以繁其饰；目好五色③，为之黼黻文章④以表其能；耳乐钟磬⑤，为之调谐八音⑥以荡其心；口甘五味⑦，为之庶羞⑧酸咸以致其美；情好珍善，为之琢磨圭璧⑨以通其意。故大路越席⑩，皮弁布裳，朱弦洞越，大羹玄酒，所以防其淫侈，救其凋敝。是以君臣朝廷尊卑贵贱之序，下及黎庶车舆衣服宫室饮食嫁娶丧祭之分，事有宜适，物有节文。仲尼曰："禘自既灌⑪而往者，吾不欲观之矣。"

◎ **注释** ①〔人道〕为人处世的原则道理。②〔金舆错衡〕金舆，用金子装饰的车子。错衡，镶嵌花纹的车轭。衡，车轭，车辕前面的横木。③〔五色〕红、黄、蓝、白、黑。泛指各种悦目的色彩。④〔黼黻（fǔ fú）文章〕黼黻，古代礼服上刺绣的花纹。黼是礼服上黑白相间的斧形图案。黻是礼服上黑青相间的"亞"字形图案。文章，指错杂的色彩或花纹。文是青与红相配的色彩，章是红与白相配的色彩。⑤〔钟磬〕两种乐器名。这里泛指乐器。⑥〔八音〕用八种材质（金、石、丝、竹、匏、土、革、木）制作的乐器发出的声音。这里泛指乐声。⑦〔五味〕酸、辣、苦、甜、咸五种味道。这里泛指各种美味。⑧〔庶羞〕庶，众多。羞，美味的食品。⑨〔圭璧〕古代诸侯在朝会或祭祀活动中使用的两种玉器。圭是上尖下方的长条形玉器，璧是中间有孔的圆形玉器。⑩〔大路越（huó）席〕大路，天子乘坐的一种装饰质朴的大车。越席，用蒲草编织的席子。⑪〔禘（dì）自既灌〕禘，古代天子祭祀祖先的一种隆重典礼。灌，用酒灌地，是禘礼中的一道程序。

◎ **大意** 治理人间世情的原则道理千头万绪，用礼仪制度就无不贯通，用仁义之道劝导人们上进，用刑罚来约束犯罪行为，所以，道德高的人地位尊显，俸禄多的人享受荣耀，因而用来统一全国、治理百姓。人的身体以驾马乘车为舒适，所以就在车厢上镶金、在车衡上涂彩，用来增添车子的装饰；眼睛喜好绚丽的色彩，所以就在衣服上绘绣各种图案，用来表现人的仪态；耳朵喜欢听音乐，所以就调和各种乐器的音响，用来涤荡人的心灵；口舌喜爱品尝各种滋味，所以就烹制或酸或咸的各种佳肴，用来满足人的口味；人之常情是爱好珍贵美好的器物，所以就雕刻圭璧等玉器，用来通畅人的心意。因此，古时帝王祭天时用铺着蒲席的大路车，上朝时穿戴白鹿皮冠和白布衣裳，演奏的乐器是红色丝弦而瑟底两孔相通，祭祀时用不调五味的肉汁，并以水代酒，为的是防止过分奢侈，纠正过分雕饰的弊病。因此，上至君臣在朝廷上尊卑贵贱的次序，下至普通百姓的车舆、服饰、房屋、饮食、嫁娶、丧葬、祭祀的名分，做事情要分寸恰当，修饰器物要有节制。孔子说："举行祭祖典礼时，从第一次行献酒之礼后，我就不愿再看下去了。"

周衰，礼废乐坏，大小相逾，管仲之家，兼备三归①。循法守正者见侮于世，奢溢僭差者谓之显荣。自子夏，门人之高弟也，犹云"出见纷华盛丽而说（悦），入闻夫子之道而乐，二者心战，未能自决"，而况中庸以下，渐渍于失教，被服于成俗乎？孔子曰"必也正名"，于卫所居不合。仲尼没（殁）后，受业之徒沉湮而不举，或适齐、楚，或入河、海，岂不痛哉！

◎ **注释** ①〔三归〕娶三姓女子。或说指三处家庭，或说为台名。
◎ **大意** 周朝衰微，礼废乐坏，官员都僭越等级名分。管仲家中，兼娶三姓女子。遵守礼法守正不阿的人被世人轻视，奢侈僭越的人被视为显贵尊荣。即便是子夏，身为孔门高徒，尚且说"出去看见纷繁华美盛大壮丽的事物就喜悦，回来聆听老师的道理就快乐，二者在心中争斗，我自己不能裁断取舍"，又何况中等才能以下的人，逐渐受不良教化影响，被社会积习笼罩呢？孔子说"一定要辨正名分"，和他所居处卫国的现实情况不相合。孔子死后，他的受业门徒埋没不显，有的前往齐国、楚国，有的到了黄河、海滨一带，难道不令人痛惜吗！

至秦有天下，悉内（纳）六国礼仪，采择其善，虽不合圣制，其尊君抑臣，朝廷济济，依古以来。至于高祖，光（广）有四海，叔孙通颇有所增益减损，大抵皆袭秦故。自天子称号下至佐僚及宫室官名，少所变改。孝文即位，有司议欲定仪礼，孝文好道家之学，以为繁礼饰貌，无益于治，躬化谓何耳，故罢去之。孝景时，御史大夫晁错明于世务刑名，数干谏孝景曰："诸侯藩辅，臣子一例，古今之制也。今大国专治异政，不禀京师，恐不可传后。"孝景用其计，而六国畔（叛）逆，以错首名，天子诛错以解难。事在《袁盎》语中。是后官者养交安禄而已，莫敢复议。

◎**大意**　到秦朝统治全国，完备地收集了六国的礼仪制度，采择其中较好的内容，虽不完全符合圣王的制度，但尊崇君主，抑制臣下，使朝廷威仪盛大，依托远古以来的仪法。到汉高祖广有天下，叔孙通对前代礼法稍做增删，大都沿袭秦朝旧制。上自天子称号，下至臣僚、宫室、职官名称，少有改变。文帝即位后，有关官员建议制定礼仪，文帝喜好道家学说，认为繁缛的礼节只能装饰外表，无益于治理国家，如果繁缛的礼节有用，躬行教化又是什么呢？所以不再讨论此事。景帝时，御史大夫晁错精通时事政务和刑名之说，屡次直言进谏景帝说："诸侯藩国，一律是天子的臣子，这是古今相同的制度。现今诸侯大国专权自治，颁行异政，不禀报朝廷，这种做法恐怕不可传到后世。"景帝采用他的计策，从而致使六国叛乱，认为晁错是始作俑者，景帝于是诛杀晁错，以解除危难。此事记载在《袁盎晁错列传》之中。此后，为官的只是致力交际、保全禄位而已，无人敢再议论此事。

今上即位，招致儒术之士，令共定仪，十余年不就。或言古者太平，万民和喜，瑞应辨（遍）至，乃采风俗，定制作。上闻之，制诏御史曰："盖受命而王，各有所由兴，殊路而同归，谓因民而作，追俗为制也。议者咸称太古，百姓何望？汉亦一家之事，典法不传，谓子孙何？化隆者闳博，治浅者褊狭，可不勉与！"乃以太初之元改正朔，易服色，封太山，定宗庙百官之仪，以为典常，垂之于后云。

◎**大意** 武帝即位后，招致精通儒学的士人，命令他们一起制定礼仪，十多年也没完成。有人说，古代太平之世，百姓和乐欢喜，祥瑞普遍降临，于是采集风俗，制定礼仪制度。武帝听到这种说法，就给御史大夫下令说："承受天命而成为帝王，各有兴起的缘由，虽道路不同但有共同的原则，就是顺应民情而兴起，依据风俗而制定。议事的人都称道上古，百姓还能指望什么呢？汉朝也是一家的帝业，没有礼仪制度流传后世，如何向子孙交代？教化深远的恢宏博大，治绩平庸的偏颇狭隘，能不努力吗？"于是在太初元年改变历法，变易崇尚的服饰颜色，在泰山上筑坛祭天，制定宗庙、百官的礼仪，作为常法，流传后世。

礼由人起。人生有欲，欲而不得则不能无忿，忿而无度量则争，争则乱。先王恶其乱，故制礼义以养人之欲，给人之求，使欲不穷于物，物不屈于欲，二者相待而长，是礼之所起也。故礼者养也。稻粱五味，所以养口也；椒兰芬茝①，所以养鼻也；钟鼓管弦，所以养耳也；刻镂文章，所以养目也；疏房床笫②几席，所以养体也：故礼者养也。

◎**注释** ①〔椒兰芬茝（zhǐ）〕香草名。②〔疏房床笫（zǐ）〕疏，窗户。床笫，床席。

◎ **大意** 礼仪是因人而兴起的。人生来就有欲望,欲望不能满足就不能不愤恨,愤恨没有节制就要争斗,争斗就会造成纷乱。古代帝王厌恶纷乱,所以制定礼仪来调理人们的欲望,供给人们的需求,使欲望不至于要求穷尽所有之物,使物的供应面对欲望不至于枯竭,让二者协调增长,这是礼仪兴起的原因。所以礼仪就是调养。稻粱五味,是用来养口的;椒兰芳芷,是用来养鼻的;钟鼓管弦,是用来养耳的;雕琢刻镂的纹彩,是用来养目的;有窗的房子、床席几垫,是用来养身体的;所以说礼就是调养。

君子既得其养,又好其辨也。所谓辨者,贵贱有等,长少有差,贫富轻重皆有称也。故天子大路越席,所以养体也;侧载臭①苾,所以养鼻也;前有错衡,所以养目也;和鸾②之声,步中《武》《象》③,骤中《韶》《濩》④,所以养耳也;龙旂九斿⑤,所以养信也;寝兕持(跱)虎⑥,鲛韅弥(弭)龙⑦,所以养威也。故大路之马,必信至教顺(训),然后乘之,所以养安也。孰知夫出死要节之所以养生也,孰知夫轻费用之所以养财也,孰知夫恭敬辞让之所以养安也,孰知夫礼义文理之所以养情也。

◎ **注释** ①〔臭〕疑当作"臬",同"泽"。《说文》:"臬,古文以为泽字。"②〔和鸾〕车铃。和在轼,鸾在衡。③〔步中《武》《象》〕步,缓行。《武》,即《大武》,周武王之乐。《象》,周武王之舞。④〔骤中《韶》《濩(hù)》〕骤,疾行。《韶》,舜乐。《濩》,汤乐。⑤〔龙旂(qí)九斿(liú)〕龙旂,亦作"龙旗",古代天子仪仗用旗。九斿,又作"九旒",古代旗帜上的九条丝织垂饰。⑥〔寝兕(sì)持虎〕指在车上画伏着的兕和蹲着的虎作为装饰。寝,伏。兕,古代指犀牛(一说雌性犀牛)。持,通"跱",踞,蹲。⑦〔鲛韅(xiǎn)弥龙〕鲛,鲨鱼。韅,马腹带。弥龙,车轭末端的龙头装饰。弥,通"弭",末。

◎ **大意** 君子既得到礼的调养,又喜好礼的分别。所谓分别,就是贵贱有等级,长幼有差异，贫富轻重都各当其宜。所以天子乘坐大路，铺着蒲席，是用来养体的；身边放置香草，是用来养鼻的；前面有涂饰文彩的车衡，是用来养目的；和铃与鸾铃的声音，车缓行时与《武》《象》相应和，车疾行时与《韶》《濩》相应和，是用来养耳的；龙旗九旒这样的旗帜，是用来养信的；画有伏兕踞虎的车子，用鲨鱼皮做的马腹带、车轭两端装饰的龙头，是用来养威的。所以拉大路的马，一定要极为驯良，训练有素，然后乘驾，这是用来养安的。谁知道志士献出生命邀立名节正是用来养生的呢？谁知道节省费用正是用来养财的呢？谁知道恭敬谦让正是用来养安的呢？谁懂得礼仪文理正是用来颐养性情的呢？

　　人苟生之为见，若者必死；苟利之为见，若者必害；怠惰之为安，若者必危；情胜之为安，若者必灭。故圣人一之于礼义，则两得之矣；一之于情性，则两失之矣。故儒者将使人两得之者也，墨者将使人两失之者也。是儒墨之分。

◎**大意** 人如果苟且偷生，这样一定不能保全生命；如果唯利是图，这样必遭祸害；以懈怠懒惰为安适，这样必蒙危难；以恣意任性为安适，这样必遭灭亡。所以圣人把情性统一于礼义，那么情性和礼义就都能得到；如果把礼义统一于情性，那么情性和礼义都要失去。所以儒家是要使人们二者兼得的，墨家是要使人们二者俱失的。这就是儒家、墨家的区别。

　　治辨之极也，强固之本也，威行之道也，功名之总也。王公由之，所以一天下，臣诸侯也；弗由之，所以捐①社稷也。故坚革利兵不足以为胜，高城深池不足以为固，严令繁刑不足以为威。由其道则行，不由其道则废。楚人鲛革犀兕所以为甲，坚如金石；宛之巨铁施②，钻如蜂虿③，轻利剽遬④，卒（猝）如飘风⑤。然而兵殆于垂涉，唐眜⑥死焉；庄蹻⑦起，楚分而为四参（叁）。是岂无坚革利兵哉？其所以统之者非其道故也。汝颍以为险，江汉以为池，阻之以邓林，缘之以方城。然而秦师至，鄢、郢举，若振槁。是岂无固塞险阻哉？其所以统之者非其道故也。纣剖比干，囚箕子，为炮格，刑杀无辜，时臣下憯然，莫必其命。然而周师至，而令不行乎下，不能用其民。是岂令不严，刑不陖（峻）哉？其所以统之者非其道故也。

◎**注释** ①〔捐〕《荀子·议兵》作"陨"。②〔施〕矛。③〔钻如蜂虿（chài）〕钻，尖利。虿，蝎类毒虫。④〔剽遬（piāo sù）〕轻捷的样子。⑤〔熛（biāo）风〕疾风。⑥〔唐眜（mò）〕战国时楚将。曾率楚军对抗齐、魏、韩三国联兵，在垂沙大败被杀。⑦〔庄蹻（jiǎo）〕战国时楚人，曾起兵反楚。一说为大盗。

◎**大意** 礼是治理国家、辨别名分的最高准则，是使国家富强巩固的根本办法，是推行权威的途径，是建功立业的纲领。王公遵礼，所以统一天下，臣服诸侯；不遵礼，所以会丢掉国家政权。因此，坚甲利兵，不足以取胜；高城深沟，称不上坚固；严令繁刑，不足以立威。遵循礼义就行之有效，不遵循礼义就废而无功。楚国人用鲨鱼皮和犀牛皮来做铠甲，坚固得像金石；宛城的铁矛，尖利得像蜂尾蝎钩，轻捷利落，急促如同疾风。然而在垂涉兵败，唐眜战死在那里；庄蹻起兵反楚，楚国于是四分五裂。这难道是没有坚甲利兵吗？是他们用来统治的手段不得其道的缘故。楚国以汝水、颍水作为天险，以长江、汉水作为护城河，用邓林来阻挠敌人，沿着方城防守。然而秦军到来，攻陷鄢、郢，就像摇落枯树叶。这难道是没有坚固的要塞和险要的地势吗？是他们用来统治的手段不得其道的缘故。商纣王挖比干的心，囚禁箕子，创制炮格之刑，用刑法杀无罪的人，当时臣下恐惧，无人确定能够自保性命。然而周朝军队打来，纣不能使属下执行命令，不能役使他的民众。这难道是军令不严、刑罚不重吗？是他用来统治的手段不得其道的缘故。

古者之兵，戈矛弓矢而已，然而敌国不待试而诎。城郭不集，沟池不掘，固塞不树，机变不张，然而国晏然不畏外而固者，无他故焉，明道而均分之，时使而诚爱之，则下应之如景（影）响。有不由命者，然后俟之以刑，则民知罪矣。故刑一人而天下服。罪人不尤其上，知罪之在己也。是故刑罚省而威行如流，无他故焉，由其道故也。故由其道则行，不由其道则废。古者帝尧之治天下也，盖杀一人刑二人而天下治。传曰"威①厉而不试，刑措而不用"。

◎**注释** ①〔威〕法，法度。

◎**大意** 古代的兵器，只有戈矛弓箭而已，然而敌国没等到用兵就屈服了。不用高筑城墙，不用深挖壕沟，不用修建坚固的要塞，不用设置作战器械，然而国家安然，不害怕外敌，而且十分稳固，这没有其他原因，显明大道而均等礼义，役使百姓得其时，而且真诚地爱护他们，那么百姓顺从命令就如同影子和回声。有不遵守命令的，然后依法处置，那么百姓就知罪了。所以处罚一人就能使天下信服，受罚的人不怨恨上级，因为他知道罪在自己。因此刑罚减省而威权推行如流。这没有其他原因，是遵循礼义之道的缘故。所以，遵道就能行之有效，不遵道就会废而无功。古代帝尧治理天下，只杀一人处罚二人，就天下大治了。这正是古书中说的"法度虽严厉但不试用，刑罚虽设置但不动用"。

天地者，生之本也；先祖者，类之本也；君师者，治之本也。无天地恶生？无先祖恶出？无君师恶治？三者偏亡，则无安人。故礼，上事天，下事地，尊先祖而隆君师，是礼之三本也。

◎**大意** 天地是生命的根本，祖先是种类的根本，君主和师傅是治理的根本。没有天地，生命从何而出？没有祖先，种类从何而出？没有君主和师傅，治理如何可得？三者缺一，就不存在安宁之人。所以礼上敬事天，下敬事地，尊崇祖先、君主和师傅，这是礼的三个根本。

故王者天太祖，诸侯不敢怀，大夫士有常宗，所以辨贵贱。贵贱治，得之本也。郊畴乎天子，社至乎诸侯，函及士大夫，所以辨尊者事尊，卑者事卑，宜巨者巨，宜小者小。故有天下者事七世，有一国者事五世，有五乘之地者事三世，有三乘之地者事二世，有特牲而食者不得立宗庙，所以辨积厚者流泽广，积薄者流泽狭也。

◎**大意** 所以帝王祭祖时让太祖和上天一同享受祭祀，诸侯不敢有这种想法，大夫和士都有大宗，用来辨别贵贱。分清贵贱，是道德的根本。郊祭只有天子有资格，天子以下至诸侯得立社，包括士大夫都可以祭社，以此辨明位尊的事奉尊贵的天神，位卑的事奉较卑的社神，应该大的就大，应该小的就小。所以统治天下的人可以追祭七世之祖，统治一国的人可以追祭五世之祖，拥有五乘兵车采邑的人可以追祭三世之祖，拥有三乘兵车采邑的人可以追祭二世之祖，家有一牛而耕的人不得建立宗庙祭祀祖先，以此分辨德业深厚的恩泽流布广远，德业浅薄的恩泽流布狭小。

大飨上（尚）玄尊，俎上（尚）腥鱼，先大羹，贵食饮之本也。大飨上（尚）玄尊而用薄酒，食先黍稷而饭稻粱，祭嚌①先大羹而饱庶羞，贵本而亲用也。贵本之谓文，亲用之谓理，两者合而成文，以归太一，是谓大隆。故尊之上（尚）玄尊也，俎之上（尚）腥鱼也，豆之先大羹，一也。利爵弗啐也②，成事③俎弗尝也，三侑之弗食也④，大昏之未废齐（斋）也，大庙之未内（纳）尸也，始绝之未小敛（殓），一也。大路之素帱⑤也，郊之麻絻⑥，丧服之先散麻，一也。三年哭之不反（返）也，《清庙》之歌一倡而三叹，县（悬）一钟尚拊膈⑦，朱弦而通越，一也。

◎**注释** ①〔哜〕应为衍文，当删。②〔利爵弗啐也〕利，祭礼中侍奉尸（代表死者受祭的活人）的人，亦称"佐食"。爵，献酒。弗啐，不一口饮尽。③〔成事〕指卒哭之祭。古代丧礼百日祭后，止无时之哭，改为朝夕一哭，叫作卒哭。④〔三侑之弗食也〕侑，劝，这里指劝食。按，"也"后疑脱"一也"二字。《荀子·礼论》《大戴礼记·礼三本》皆有"一也"二字。⑤〔素帱（chóu）〕素色车帷。⑥〔麻絻（miǎn）〕麻布帽。⑦〔拊膈（fǔ gé）〕拊，拍击。膈，悬钟之格。

◎**大意** 祭祀先王的大飨礼，崇尚盛放清水的酒器，木俎崇尚盛放生鱼，以未调五味的肉汁为先，表示不忘饮食的本源。大飨礼中，崇尚盛放清水的酒器而酌献薄酒；进食先进献黍子和粟，供祖先食用的则是好米饭和精细的粮食；祭食时，先尝一点没调味的肉汁，而饱享各种佳肴，这是尊重饮食的本源而亲用当今的佳肴。尊重饮食的本源是仪文，亲用当今的佳肴是生活的实用，两者结合而成文理，用以回归原始自然，这就是礼的至高境界。所以酒器崇尚盛放清水的酒樽，木俎崇尚盛放生鱼，豆器先供设未调五味的肉汁，道理相同（都是贵本）。祭祀将结束时，佐食者酌酒献尸而尸不一口饮尽，卒哭之祭将完成时尸不再尝用俎中的生鱼，劝食者三次劝食而尸不食，道理相同（都是贵本）。大婚礼迎亲前尚未斋戒告庙之际，太庙祭祀尚未迎尸入庙之际，人刚咽气尚未小敛之际，道理相同（都是贵本）。天子乘用的大路用素色车帷，天子南郊祭天时戴着麻布冠冕，孝子在父母之丧小敛后，先腰束麻带，带端散垂，道理相同（都是贵本）。服斩衰三年之丧的人，哭声若往而不返，乐工歌《清庙》时，一人领唱，三人随声应和，悬挂一钟，而崇尚打击钟架，瑟上张着朱红丝弦，瑟底两孔相通，道理相同（都是贵本）。

凡礼始乎脱，成乎文，终乎税（悦）。故至备，情文俱尽；其次，情文代胜；其下，复情以归太一。天地以合，日月以明，四时以序，星辰以行，江河以流，万物以昌，好恶以节，喜怒以当。以为下则顺，以为上则明。

◎**大意**　大凡礼在开始时粗疏简略，形成后仪文增加，最后达到和悦人情的效果。所以最完美的礼制，人情和仪文都尽善尽美；其次，是人情胜过仪文，或者仪文胜过人情；最后，将人情回到远古简约质朴的形态。然后，天地因之而调和，日月因之而明朗，四时因之而更代有序，星辰因之而正常运行，江河因之而运流通畅，万物因之而昌盛，好恶因之而节制，喜怒因之而恰当。然后用于臣民则万民和顺，用于君王则事事明察。

太史公曰：至矣哉！立隆以为极，而天下莫之能益损也。本末相顺，终始相应，至文有以辨，至察有以说（悦）。天下从之者治，不从者乱；从之者安，不从者危。小人不能则也。

◎**大意**　太史公说：达到极致啦！建立隆盛的礼仪作为最高准则，天下无人能加以增删。根本和末节互相依循，开始与结束互相照应，至善至美的仪文足以区分尊卑贵贱，极为明察的是非观念足以怡悦人心。天下遵从礼制的就能达到治平，不遵从礼制的就会产生祸乱；遵从礼制的就安定，不遵从礼制的就危险。小人是不能遵守礼规的。

礼之貌诚深矣，坚白同异之察，入焉而弱。其貌诚大矣，擅作典制褊陋之说，入焉而望。其貌诚高矣，暴慢恣睢，轻俗以为高之属，入焉而队（坠）。故绳诚陈，则不可欺以曲直；衡诚县（悬），则不可欺以轻重；规矩诚错，则不可欺以方员（圆）；君子审礼，则不可欺以诈伪。故绳者，直之至也；衡者，平之至也；规矩者，方员（圆）之至也；礼者，人道之极也。然而不法礼者不足礼，谓之无方之民；法礼足礼，谓之有方之士。礼之中，能思索，谓之能虑；能虑①勿易，谓之能固。能虑能固，加好之焉，圣矣。天者，高之极也；地者，下之极也；日月者，明之极也；无穷者，广大之极也；圣人者，道之极也。

◎**注释** ①〔虑〕此字疑衍。

◎**大意** 礼制的仪文实在深厚呀！"坚白""同异"的分辨，放入礼制中来探讨，就站不住脚了。礼制的仪文实在博大呀！随意制作典制的褊狭浅薄的学说，放在礼义中来体认，就茫然不知所措了。礼制的仪文实在高明呀！傲慢狂妄、轻视世俗、自以为高的人们，放在礼制中来检验，就显出堕落了。所以只要把绳墨陈列出来，就不能用曲直来欺骗；只要把权衡悬挂出来，就不能用轻重来欺骗；只要把规矩设置起来，就不能用方圆来欺骗；君子明察礼制，就不能用诈伪来欺骗。所以，绳墨是最直的标准，权衡是最公平的标准，规矩是最圆最方的标准，礼是人类道德的最高标准。那么，不遵守礼制的人不重视礼制，是没有方向的人；遵守、重视礼制的人，是有方向的人。在礼的范围之内能够求索，叫作能够思虑；能够思虑又遵守不变，叫作能够固守。能够思虑，能够固守，再加上喜好，就是圣人了。天，是高的极致；地，是低的极致；日月，是光明的极致；无限，是广大的极致；圣人，是道德礼义的极致。

　　以财物为用，以贵贱为文，以多少为异，以隆杀为要。文貌繁，情欲省，礼之隆也；文貌省，情欲繁，礼之杀也；文貌情欲相为内外表里，并行而杂，礼之中流也。君子上致其隆，下尽其杀，而中处其中。步骤驰骋广骛不外是以，君子之性守宫庭也①。人域是域，士君子也。外是，民也。于是中焉，房皇周浃②，曲得其次序，圣人也。故厚者，礼之积也；大者，礼之广也；高者，礼之隆也；明者，礼之尽也。

◎**注释** ①〔"步骤驰骋"两句〕据王念孙《读书杂志·史记第二》，此句中

"广骛"当作"厉骛","君子"前当有"是"字,"性守"当作"坛宇"。《荀子·礼论》曰"步骤驰骋厉骛不外是矣,是君子之坛宇宫廷也"可证。步骤驰骋厉骛,表示速度不同的三种运动,犹言轻重缓急。以,句末语助词,相当于"矣"。
②〔房(páng)皇周浃〕房皇,徘徊。周浃,周旋。

◎**大意**　礼用财物表示心意,用贵贱作为文饰,用多少表示差异,用厚薄作为纲要。仪文形式繁富,情感成分收敛,是礼隆重的体现。仪文形式省约,情感成分浓重,是礼简约的体现。仪文与情感内外表里,并行融合,是礼适中的体现。君子对于礼,当隆重的就隆重,当减省的就减省,当适中的就适中。无论轻重缓急都不违背礼,这像君子的屋舍、宫廷一样。人能够遵守礼,就是士君子;违背礼,就是无知的庶民。在礼的范围内,徘徊周旋,普遍深入,全面掌握礼的次序,就是圣人了。所以圣人德厚,是由于学礼的积累;圣人伟大,是由于学礼的广泛;圣人高尚,是由于他的礼学修养隆厚;圣人明察,是由于他学礼尽心尽力。

◎**释疑解惑**

　　我们现在看到的《礼书》是不是司马迁撰写的原文,自古以来争议不断,时至今日仍无定论。大致可概括为三种主要的说法。一种是说原文早已佚失,本篇为后人所补。一种是说原文仅为司马迁准备撰写《礼书》而搜集罗列的有关材料,属于草稿,未成定本。一种是说"太史公曰:洋洋美德呼!……定宗庙百官之仪,以为典常,垂之于后"这五个自然段为司马迁所写原文,是《礼书》的绪论;"礼由人起。人生有欲……故儒者将使人两得之者也,墨者将使人两失之者也。是儒墨之分"这三个自然段出自《荀子·礼论》;"治辨之极也,强国之本也……传曰'威厉而不试,刑措而不用'"这两个自然段出自《荀子·议兵》;"天地者,生之本也……故厚者,礼之积也;大者,礼之广也;高者,礼之隆也;明者,礼之尽也"这七个自然段出自《荀子·礼论》,其中第五段"太史公曰:至矣哉……"中的"太史公曰"四字为后人所加。当代《史记》研究界大多认同第三种说法。《礼书》的序文虽不甚长,但尚能从中看出司马迁对于礼的认识,大体上是建立在儒家礼制思想的基础上,即大到国家层面的行政管理、社会管理，小到个体层面的道德修养、行为准则，都要依循礼的规定，符合礼的原则，受到礼的约束。又通过简略回顾西周至西汉前期礼制演变的基本史事，证明和强调人们在社会活动中严格遵守名分规定、等级制度的重要性，并指出人们一旦僭越礼制，就会导致统治衰败、社会动乱的严重后果。

◎ **思考辨析题**

1. 《礼书》被司马迁列为"八书"的首篇，是否有为西汉建立大一统王朝统治秩序服务的现实意义？

2. 读过此文后，你认为我们现今的生活还应该强调"礼"吗？请谈谈你的想法。

乐书第二

礼乐在现代社会是一种文化，而在古代，它们最早是作为一种政治制度存在的。儒家有"六经"，曰《诗》《书》《礼》《易》《乐》《春秋》，《礼》与《乐》皆被儒家列为经典，可见二者在当时的重要性。故而在《礼书》之后，司马迁紧接着作了《乐书》。

今存《乐书》除了最开始的序文之外，其余文字皆摘抄自《乐记》。《乐记》一书，其原作者和具体的成书时间皆难以肯定。现存《乐记》的内容被分别保存在《礼记·乐记》与《史记·乐书》之中。因《礼记》成书早于《史记》，故后世学者以为《史记·乐书》中与《礼记·乐记》中相同的文字，乃是摘抄后者所成。唐代张守节作《史记正义》，即一一注明《乐书》对《乐记》的具体引用情况。这种引用，究竟是司马迁以保存资料为目的而以《乐记》之内容阐明《乐书》之旨意，还是司马迁原作《乐书》已经丢失，后人只好找来类似的材料加以补充，目前学界还多有争议。因此，我们暂时以一种存疑的态度来看待这个问题。《乐书》序文之后的文字虽基本上引自《乐记》，但其征引内容的顺序又与《礼记》中所保存的《乐记》不尽相同，《乐书》中所引《乐记》的内容还是经过一番精心排列的。

整个《乐书》大体可以分为十五个部分。从"太史公曰：余每读《虞书》"至"世多有，故不论"为第一部分，是《乐书》中唯一被确认为司马迁手笔的文字，主要阐述了音乐的政治作用及音乐发展的历史。从"又尝得神马渥洼水中，复次以为《太一之歌》"至"黯诽谤圣制，当族"为第二部分，内容与史实多有抵牾，且与前后文有所疏离，有可能是后人增窜。

从第三部分开始，其文字皆引自《乐记》。从"凡音之起，由人心生也"至"礼乐刑政四达而不悖，则王道备矣"为第三部分，摘抄《乐记》之《乐本》。本部分论述的是音乐的创作源于人心对外物的感知，因此音乐的情调与政治的盛衰息息相关，故而先王制礼作乐，都是为了教导人民辨别善恶并保持喜怒哀乐的平衡，礼乐与刑罚本质上都是对人民行为的规范，也是施行仁政的基础。从"乐者为同，礼者为异"至"事于山川鬼神，则此所以与民同也"为第四部分，摘抄《乐记》之《乐论》。本部分论述的是乐与礼的同异以及二者在行政中相辅相成的作用。从"王者功成作乐，治定制礼"至"故圣人曰礼云乐云"为第五部分，摘抄《乐记》之《乐礼》。本部分论述的是帝王大功告成后须作乐制礼以安定天下，而礼乐的制定则可以使天地万物各得其所、和谐有序。从"昔者舜作五弦之琴，以歌《南风》"至"从之以牛羊之群，则所以赠诸侯也"为第六部分，摘抄《乐记》之《乐施》《乐象》。本部分论述的是将礼乐赏赐给诸侯的原则和作用。从"乐也者，情之不可变者也"至"其感人深，其风移俗易，故先王著其教焉"为第七部分，摘抄《乐记》之《乐情》《乐施》。本部分论述的是礼乐的本末及其所有的教化功能。从"夫人有血气心知之性，而无哀乐喜怒之常"至"感涤荡之气而灭平和之德，是以君子贱之也"为第八部分，摘抄《乐记》之《乐言》。本部分论述的是音乐所能够产生的教化功能：因为欣赏音乐能深切地体会人生，故而不同性质的音乐会对人产生不同的影响。从"凡奸声感人而逆气应之，逆气成象而淫乐兴焉"至"故曰：生民之道，乐为大焉"为第九部分，摘抄《乐记》之《乐象》。本部分论述的是不同的音乐会造就不同的社会风气，因此要为人民营造正乐，这样才能使人们从音乐中得到好的教化。从"君子曰：礼乐不可以斯须去身"至"先王之道礼乐可谓盛矣"为第十部分，摘抄《乐记》之《乐化》。本部分论述的是在先王治国的过程中，礼乐发挥了重要的作用；由于礼乐片刻不会离开人们的身心，故而应该充分发挥好礼乐的作用。从"魏文侯问于子夏曰"至"君子之听音，非听其铿鎗而已也，彼亦有所合之也"为第十一部分，摘抄《乐记》之《魏文侯》。本部分通过魏文侯与子夏的问答，阐述古乐与新乐的区别、音乐与音符的区别、靡靡之音从何而来等问题。从"宾牟贾侍坐于孔子，孔子与之言"至"则夫武之迟久，不亦宜乎"为第十二部分，摘抄《乐记》之《宾牟贾》。本部分通过孔子与宾牟贾的交谈，阐述了周代乐舞《武》的表演程序及其中所蕴含的历史内容。从"子贡见师乙而问焉"至"子贡问乐"为第十三部分，摘抄《乐记》之《师乙》。本部分通过子贡与师乙的问答，阐述了音乐与个人性情的关系。从"凡音由于人心，天之与人有以相通"至"听者或吉或凶。夫乐不可妄兴也"为第十四部分，

> 摘抄《乐记》之《奏乐》。本部分通过对晋平公听乐的记录，阐述了听乐亦有吉凶，因此靡靡之音不可妄听妄奏的观点。从"太史公曰：夫上古明王举乐者"至"故君子终日言而邪辟无由入也"为第十五部分，摘抄《乐记》之《乐器》，其中的"太史公曰"为后人所加。最后一部分是对全篇内容的总结，强调了音乐可以用来治理天下的教化功用。

太史公曰：余每读《虞书》①，至于君臣相敕②，维是几安，而股肱不良，万事堕（隳）③坏，未尝不流涕也。成王作《颂》④，推己惩艾（乂）⑤，悲彼家难⑥，可不谓战战恐惧，善守善终哉？君子不为约则修德，满则弃礼，佚（逸）能思初，安能惟始，沐浴膏泽而歌咏勤苦，非大德谁能如斯！《传》⑦曰"治定功成，礼乐乃兴"。海内人道益深，其德益至，所乐者益异。满而不损则溢，盈而不持则倾。凡作乐者，所以节乐。君子以谦退为礼，以损减为乐，乐其如此也。以为州异国殊⑧，情习不同，故博采风俗，协比声律⑨，以补短移化，助流政教。天子躬于明堂⑩临观，而万民咸荡涤邪秽，斟酌饱满，以饰（饬）⑪厥性。故云《雅》《颂》⑫之音理而民正，嘄噭之声⑬兴而士奋，郑、卫之曲⑭动而心淫。及其调和谐合，鸟兽尽感，而况怀五常⑮，含好恶，自然之势也？

◎**注释** ①〔《虞书》〕今本《尚书》中的《尧典》《舜典》《大禹谟》《皋陶谟》《益稷》统称为《虞书》。司马迁在这里所读的《虞书》，实际是指其中的《皋陶谟》，记录舜、禹、皋陶三人讨论政务的内容。②〔敕（chì）〕告诫、勉励。

③〔堕(huī)〕通"隳",毁坏。④〔成王作《颂》〕成王,周武王之子,名姬诵,西周第二任国王。《颂》指《诗经·周颂》中的《闵予》《访落》《小毖》等篇,详见《周本纪》。⑤〔艾(yì)〕通"乂",惩戒,警惕。⑥〔家难〕这里指管叔、蔡叔的叛乱。事迹详见《周本纪》和《管蔡世家》。⑦〔《传》〕指《礼记·乐记》。⑧〔州异国殊〕州,这里指九州。国,这里指诸侯之国。⑨〔声律〕声,指五声,即宫、商、角、徵(zhǐ)、羽。律,指六律,即黄钟、太簇、姑洗(xiǎn)、蕤(ruí)宾、夷则、无射(yì)。⑩〔明堂〕古代建在国都的一种特殊殿堂,具有多种作用,如颁布政令、宣示教化、朝会诸侯、举行庆典等。⑪〔饬(chì)〕通"饬",整顿,修整。⑫〔《雅》《颂》〕《雅》指周王朝直接管辖之地的乐歌,《颂》指在宗庙举行祭祀活动时有舞蹈相伴的乐歌,这两种乐歌都被视为严肃正派的乐歌。⑬〔嗷嗷(jiāo jiào)之声〕激奋的呼叫声。⑭〔郑、卫之曲〕指春秋战国时期在郑国、卫国流行的俗乐。⑮〔五常〕有多种解释,或指金、木、水、火、土五行之德,或指仁、义、礼、智、信五种行为准则,或指为父仁义、为母仁慈、为兄友善、为弟恭敬、为子孝顺的五种亲情关系,或指君臣、父子、兄弟、夫妇、朋友之间妥善相处的五种伦理关系,在这里都说得通。

◎**大意**　太史公说:我每次阅读《尚书》中的《虞书》部分,当看到君臣互相告诫,就使得国事近于安宁,但辅佐君王的大臣一懈怠,就使得各种政务废弛败坏的时候,没有不流泪的。周成王作《周颂》中的《小毖》等诗,从自己的失误中吸取教训,哀叹家族内部叛乱带来的危难,能不说他是个战战兢兢、小心谨慎而善始善终的国王吗?君子不会因贫困才修养德行,不会因富足而抛弃礼仪,逸乐时能想到最初的艰辛,安居时能想到创始的困难,沉浸在幸福之中时能歌咏勤劳艰苦,不是具备高尚品德的人有谁能这样!《传》中说"政治安定而大功告成,礼乐才大为兴盛"。这时国内人们的道德修养日益深广,品德更加完善,各人所喜好的事物日益不同。太满了不减损就会溢出来,太盛了不扶持就会倾覆。凡是制作音乐,都是为了节制人们对喜爱的事物的无限追求。君子把谦而退让作为礼,把损而减少作为乐。音乐的作用就是这样。君子认为地域国度的环境有差别,人们的感情习俗也不同,所以广泛地采集民风习俗,协调组合声律,用来弥补缺失,移风易俗,辅助教化。天子亲临明堂观赏,而民众都在音乐陶冶下清除了心中的邪恶污点,从音乐中吸取教益,使得精神饱满,品性修整。所以说

《雅》《颂》这样的正派乐歌整理出来，民风就趋于纯正；激奋的歌声兴起，士兵就感到振奋；而郑国、卫国的乐曲演奏起来，就使得人心生出淫邪。音乐一旦达到和谐的地步，连鸟兽都会受到感化，更何况心怀五常之德、含有好恶之情的人，（被音乐感动）是自然趋势呢？

治道亏缺而郑音兴起，封君世辟①，名显邻州②，争以相高。自仲尼不能与齐优遂容于鲁③，虽退正乐以诱世，作五章以刺时，犹莫之化。陵迟以至六国④，流沔（湎）沉佚⑤，遂往不返，卒于丧身灭宗，并国于秦。

◎**注释** ①〔辟（bì）〕君主。这里指诸侯国君。②〔邻州〕指相互邻近的地区。③〔仲尼不能与齐优遂容于鲁〕齐优，齐国的歌舞艺人。事迹详见《孔子世家》。④〔陵迟以至六国〕陵迟，衰落。六国，指战国时与秦国相对立的六个诸侯大国，即齐、楚、燕、赵、魏、韩。⑤〔流沔（miǎn）沉佚〕放纵沉溺。
◎**大意** 国家政治败坏，郑国的音乐就会兴起，封国之君，世袭之主，名声已显扬于邻近的地区，还要用郑国之音来争着高抬声价。孔子不能忍受与齐国的优人并立于鲁国朝堂，虽然他退出朝堂而整理音乐，用来劝导世人，创作五篇诗歌用来讽刺时事，但还是没能感化世人。世风逐渐衰落一直到六国时代，诸侯国君都放纵沉溺，不能归于正道，终于身败而国亡，被秦国吞并了。

秦二世尤以为娱。丞相李斯进谏曰："放弃《诗》《书》，极意声色，祖伊①所以惧也；轻积细过，恣心长夜，纣所以亡也。"赵高曰："五帝、三王乐各殊名，示不相袭。上自朝廷，下至人民，得以接欢喜，合殷勤，非此和说（悦）不通，解泽不流，亦各一世之化，度时之乐，何必华山之騄耳②而后行远乎？"二世然之。

◎**注释** ①〔祖伊〕殷纣王时的贤良之臣,曾劝谏殷纣王。②〔骒(lù)耳〕即"骒骊",良马名。

◎**大意** 秦二世更是沉溺于安逸享乐之中。丞相李斯进言规谏说:"放弃了《诗》《书》,一心沉迷于声色,是祖伊所担心的事情;不重视细小过失的累积,通宵达旦地放纵情欲,这是殷纣亡国的原因。"赵高说:"五帝、三王的音乐各有不同的名称,是表示不相沿袭。上自朝廷下至百姓,得以交流欢乐的感情,融合亲切的情意;如果没有音乐,和悦的感情就不能相通,布施的恩泽就不能传布,这也是每个时代各有自己的教化和适应时代需要的音乐,何必一定要华山的骒耳才能走得远呢?"秦二世认同赵高的见解。

高祖过沛诗《三侯之章》①,令小儿歌之。高祖崩,令沛得以四时歌舞宗庙。孝惠、孝文、孝景无所增更,于乐府习常肄旧②而已。

◎**注释** ①〔《三侯之章》〕即《大风歌》:"大风起兮云飞扬,威加海内兮归故乡,安得猛士兮守四方。"侯为发语词,古音与"兮"同。②〔肄(yì)旧〕练习旧的乐章。肄,练习。

◎**大意** 汉高祖经过沛邑时,创作《三侯之章》,让儿童歌唱。高祖驾崩后,朝廷命令沛邑按四季在他的宗庙里唱歌舞蹈。经过惠帝、文帝、景帝三朝,都没有增加改变,在乐府里经常练习旧乐而已。

至今上即位,作十九章①,令侍中李延年次序其声,拜为协律都尉。通一经之士不能独知其辞,皆集会五经家②,相与共讲习读之,乃能通知其意,多尔雅之文。

◎**注释** ①〔十九章〕据《汉书·礼乐志》,汉武帝定郊祀之礼,作《郊祀歌》十九章。②〔五经家〕指《诗》《书》《礼》《易》《春秋》五经博士。

◎**大意** 武帝即位后,作《郊祀歌》十九章,命令侍中李延年按顺序谱曲歌唱,任命他为协律都尉。只通晓一种经书的人,不能单独弄懂这些歌词的含义,就集中通晓"五经"的专家,一起研究阅读,才通晓歌词的含义,其中大多是典雅纯正的文字。

汉家常以正月上辛祠太一①甘泉,以昏时夜祠,到明而终。常有流星经于祠坛上。使僮男僮女七十人俱歌。春歌《青阳》,夏歌《朱明》,秋歌《西暤》,冬歌《玄冥》。世多有,故不论。

◎**注释** ①〔太一〕亦作"泰一",为北极尊神。汉武帝时在甘泉宫设立太一坛,三年祭祀一次,祭日定在正月上旬的辛日。
◎**大意** 汉朝常常在正月上旬的辛日在甘泉宫祭祀太一神,从黄昏时开始夜晚的祭祀,到黎明时才结束。祭祀时常有流星经过祭坛的上空。安排童男童女七十人一齐唱歌。春季唱《青阳》,夏季唱《朱明》,秋季唱《西暤》,冬季唱《玄冥》。这些歌词,世间多有流传,所以就不再记载了。

又尝得神马渥洼水中,复次以为《太一之歌》。歌曲曰:"太一贡兮天马下,沾赤汗兮沫流赭①。骋容与兮跇万里②,今安匹兮龙为友。"后伐大宛得千里马,马名蒲梢,次作以为歌。歌诗曰:"天马来兮从西极,经万里兮归有德。承灵威兮降外国,涉流沙兮四夷服。"中尉汲黯进曰:"凡王者作乐,上以承祖宗,下以化兆民。今陛下得马,诗以为歌,协于宗庙,先帝百姓岂能知其音邪?"上默然不说(悦)。丞相公孙弘曰:"黯诽谤圣制,当族。"

◎**注释** ①〔赭(zhě)〕红色。②〔骋容与兮跇(yì)万里〕容与,从容不迫的样子。跇,跨越。

◎**大意** 武帝曾经在渥洼水中得到一匹神马,又创作了《太一之歌》。歌词说:"太一的贡献啊天马降临,身上是血色的汗水啊口中流着红色的唾沫。从容不迫地驰骋啊跨越万里,谁能匹敌啊只有神龙才是它的朋友。"后来讨伐大宛,得到千里马,马名叫"蒲梢",为此又创作了一首歌。歌词说:"天马到来啊从西面极远的地方,行程万里啊归顺有德的皇上。承蒙上天的威严啊降服异域,远到流沙大漠啊四夷归附。"中尉汲黯进谏说:"一般来说,帝王制作音乐,对上是为了继承祖宗的道德,对下是为了教化亿万民众。现在,陛下得到了几匹马,竟作诗用来歌唱,还在宗庙里演奏,祖先和百姓难道能理解这种音乐的意思吗?"武帝没说话,心里不高兴。丞相公孙弘说:"汲黯诽谤皇上的创作,应当诛戮全族。"

凡音之起,由人心生也。人心之动,物使之然也。感于物而动,故形于声;声相应,故生变;变成方,谓之音;比音而乐之,及干戚羽旄①,谓之乐也。乐者,音之所由生也,其本在人心感于物也。是故其哀心感者,其声噍以杀②;其乐心感者,其声啴③以缓;其喜心感者,其声发以散;其怒心感者,其声粗以厉;其敬心感者,其声直以廉;其爱心感者,其声和以柔。六者非性也,感于物而后动,是故先王慎所以感之。故礼以导其志,乐以和其声,政以壹其行,刑以防其奸。礼乐刑政,其极一也,所以同民心而出治道也。

◎**注释** ①〔干戚羽旄(máo)〕指用道具表演的舞蹈。干戚,盾牌和斧头。羽旄,雉羽和牦牛尾。②〔噍(jiào)以杀〕噍,急促。杀,肃杀。③〔啴(chǎn)〕舒缓。

◎**大意** 大凡音的产生,是人心受到感动的结果。人心的感动,是由客观事物所引起的。人心受到外界事物的影响而感动,因而形成声,声互相应和,所以产生变化;变化成为交错的节律,叫作音;排比众音和乐演奏出来,加上用盾牌、斧头、雉羽、牦牛尾等表演的舞蹈,称为乐。乐是由音产生的,它的根源在人心受外界事物影响而感动。因此产生悲哀的心情的,发出的声音必定急促肃杀;产生快乐的心情的，发出的声音必定悠扬和缓；产生喜悦的心情的，发出的声音必定轻快清爽；产生愤怒的心情的，发出的声音必定粗大威猛；产生尊敬的心情的，发出的声音必定正直收敛；产生爱慕的心情的，发出的声音必定温顺柔和。这六种心情不是人的本性，而是感受外界的事物后激发的变化，因此先王谨慎地对待影响人心的外界事物。所以用礼来引导人们的意趣，用乐来调和人们的声音，用政来统一人们的行动，用刑来防止人们的奸诈，礼、乐、刑、政最终的目标是一致的，就是让民众思想一致而建立天下大治的秩序。

凡音者，生人心者也。情动于中，故形于声，声成文谓之音。是故治世之音安以乐，其正和；乱世之音怨以怒，其正乖；亡国之音哀以思，其民困。声音之道，与正通矣。宫为君，商为臣，角为民，徵为事，羽为物。五者不乱，则无惉懘①之音矣。宫乱则荒，其君骄；商乱则搥②，其臣坏；角乱则忧，其民怨；徵乱则哀，其事勤；羽乱则危，其财匮。五者皆乱，迭相陵，谓之慢。如此则国之灭亡无日矣。郑卫之音，乱世之音也，比于慢矣。桑间濮上之音，亡国之音也，其政散，其民流，诬上行私而不可止。

◎**注释** ①〔惉懘（zhān chì）〕不和谐，不流畅。②〔搥〕《礼记》作"陂"。陂，通"诐（bì）"，倾斜，引申为邪僻之意。

◎**大意** 一般而言，音乐都是从人心产生的。情感在内心萌发，所以形成声调；声调合成一定的韵律，叫作音乐。因此，太平盛世的音乐安宁而欢乐，政治就清明；动乱时代的音乐怨恨而愤怒，政治就乖僻；将要灭国的音乐哀伤而忧虑，人民就困苦。声音的道理，是和政治相通的。宫声是国君，商声是臣子，角声是百姓，徵声是事务，羽声是财物。五声不混乱，就没有不和谐的音乐。宫声淆乱就会昏聩，表现的是国君的骄奢；商声淆乱就会邪僻，表现的是臣子的堕落；角声淆乱就会忧郁，表现的是百姓的怨恨；徵声淆乱就会悲哀，表现的是徭役的繁重；羽声淆乱就会倾危，表现的是财物的匮乏。五声都混乱，相互侵越，叫作散漫。这样国家灭亡就为期不远了。郑、卫的音乐，是乱世的音乐，接近散漫了。桑间、濮上的音乐，是亡国的音乐，表示的是政治散乱，民众流离，欺君徇私而无法制止。

凡音者，生于人心者也；乐者，通于伦理者也。是故知声而不知音者，禽兽是也；知音而不知乐者，众庶是也。唯君子为能知乐。是故审声以知音，审音以知乐，审乐以知政，而治道备矣。是故不知声者不可与言音，不知音者不可与言乐。知乐则几于礼矣。礼乐皆得，谓之有德。德者，得也。是故乐之隆，非极音也；食飨之礼，非极味也。清庙之瑟，朱弦而疏越，一倡而三叹，有遗音者矣。大飨之礼，尚玄酒而俎腥鱼，大羹不和，有遗味者矣。是故先王之制礼乐也，非以极口腹耳目之欲也，将以教民平好恶而反（返）人道之正也。

◎**大意** 一般来说，音是由人心产生的，乐是和伦理相通的。所以只知道声而不知道音的，是禽兽；只知道音而不知道乐的，是普通民众。只有君子才能了解乐。所以审察声用来了解音，审察音用来了解乐，审察乐用来了解政治，这样治民之道就完备了。所以不了解声的人，不可以和他谈论音；不了解音的人，不可以和他谈论乐。了解了乐就近于了解礼了。礼乐的内涵都能了解，就称为有德之人。德就是得到礼乐内涵的意思。所以，音乐的兴隆并不在于穷极钟鼓之声，祭祀礼仪也不在于穷极饮食美味。清庙中的瑟，红色的丝弦，底部有孔眼，一人领唱，三人应和，保存了古乐的韵味。祭祀礼仪，供奉清水酒，祭器中放着生鱼，羹汤里不加调料，保存了古人的烹饪方法。所以先王制作礼乐，不是为了充分满足口腹耳目的欲望，而是为了教化民众正确地判断好坏，回到做人的正道上来。

人生而静，天之性也；感于物而动，性之颂^①也。物至知（智）知，然后好恶形焉。好恶无节于内，知（智）诱于外，不能反（返）

己，天理灭矣。夫物之感人无穷，而人之好恶无节，则是物至而人化物也。人化物也者，灭天理而穷人欲者也。于是有悖逆诈伪之心，有淫佚作乱之事。是故强者胁弱，众者暴寡，知（智）者诈愚，勇者苦怯，疾病不养，老幼孤寡不得其所，此大乱之道也。是故先王制礼乐，人为之节：衰（缞）麻②哭泣，所以节丧纪也；钟鼓干戚，所以和安乐也；婚姻冠笄③，所以别男女也；射乡食飨，所以正交接也。礼节民心，乐和民声，政以行之，刑以防之。礼乐刑政四达而不悖，则王道备矣。

◎**注释**　①〔颂（róng）〕后多作"容"。仪容，引申为表现。②〔衰（cuī）麻〕麻布丧服。衰，同"缞"，丧服。③〔冠笄〕冠，古代男子成年时举行的加冠仪式，一般在二十岁举行。笄，指古代女子十五岁举行的插簪仪式。

◎**大意**　人天生是安静的，这是自然的本性；受外界事物影响而发生变动，是本性的表现。一接触到外界事物，人们就用智慧了解它，然后就对它形成了喜好或厌恶的感觉。假如自己在内心里不能节制喜好或厌恶的感觉，而在智慧上又继续感受到外界事物的影响，不能回到安静的本性上去，这样，作为本性的天理就灭绝了。外界事物对人的影响无穷，而人又不能节制自己的爱好或厌恶的感觉，这样，一接触外界事物，人就被它所左右了。所谓人被外界事物所左右，就是灭绝本性的天理而尽量满足欲望的意思。因此，有悖谬、忤逆、欺诈作伪的念头，有淫荡放纵犯上作乱的行为。强的威胁弱的，众人压迫少数人，聪明人欺负老实人，勇敢的人困辱怯懦的人，患病的人得不到疗养，老人、幼童、孤儿、寡妇都没有安身之地，这就是天下大乱的形势。因此，先王制礼作乐，使人们有所节制。披麻戴孝，为死去的人哭泣，是为了节制人们的丧礼；鸣钟击鼓，执盾牌、大斧而舞，是为了调和人们的欢乐；举行婚姻、加冠和及笄的礼仪，是为了使男女有别；乡里射箭宴会，是为了使人们的交往步入正轨。用礼来节制人们的情绪，用乐来调和人们的声音，用政来推行治民之道，用刑来防范犯法的行为。礼、乐、刑、政，行之四方而相辅相成，那么，先王治民之道就可以完满实现了。

乐书第二

乐者为同，礼者为异。同则相亲，异则相敬。乐胜则流，礼胜则离。合情饰（饬）貌者，礼乐之事也。礼义立，则贵贱等矣；乐文同，则上下和矣；好恶著，则贤不肖别矣；刑禁暴，爵举贤，则政均矣。仁以爱之，义以正之，如此则民治行矣。

◎**大意** 音乐是为了协调人际的关系，礼仪是为了区分人们的等级。协调了人际关系就会互相亲善，区分了等级就会互相敬重。音乐的作用超过礼就会使人们放浪，礼仪的作用超过音乐就会使人们疏远。调和人们的内在情感，端正人们的外观仪态，这便是礼和乐的事情。礼仪树立起来，贵贱之间有了区别；音乐的形式固定了，上下关系便趋于和睦；好恶有了明显的标准，好人坏人便分得清清楚楚。用刑罚严禁凶暴，用爵禄推举贤人，那么政治也就公平合理了。用仁心来爱护百姓，用义行来教化纠正百姓，能够做到这样，那治理民众的事就容易推行了。

乐由中出，礼自外作。乐由中出，故静；礼自外作，故文。大乐必易，大礼必简。乐至则无怨，礼至则不争。揖让而治天下者，礼乐之谓也。暴民不作，诸侯宾服，兵革不试，五刑不用，百姓无患，天子不怒，如此则乐达矣。合父子之亲，明长幼之序，以敬四海之内。天子如此，则礼行矣。

◎**大意** 乐由人内心发出，礼表现在人的外貌上。乐发自内心，所以平静；礼现于外貌，因而有文饰。高尚的音乐必定平易，盛大的礼仪必定简约。乐教深入人心，彼此不会生怨；礼制发挥作用，上下便无纷争。互相尊重谦让而治理天下，便是礼乐的作用。暴民不叛乱，诸侯都服从，不动用兵刃铠甲，不再施行各种刑罚，百姓无忧无虑，天子也没有恼怒，像这样就达到了乐教的目的。使父子关系和顺，长幼次序分明，使四海之内互相尊敬，天子能这样做，那么礼仪就可以施行了。

　　大乐与天地同和，大礼与天地同节。和，故百物不失；节，故祀天祭地。明则有礼乐，幽则有鬼神，如此则四海之内合敬同爱矣。礼者，殊事合敬者也；乐者，异文合爱者也。礼乐之情同，故明王以相沿也。故事与时并，名与功偕。故钟鼓管磬羽籥①干戚，乐之器也；诎信（伸）俯仰级兆②舒疾，乐之文也。簠簋③俎豆制度文章，礼之器也；升降上下周旋裼袭④，礼之文也。故知礼乐之情者能作，识礼乐之文者能术（述）。作者之谓圣，术（述）者之谓明。明圣者，术（述）作之谓也。

◎**注释**　①〔籥（yuè）〕管乐名，类似排箫。②〔级兆〕《礼记·乐记》作"缀兆"，指古代乐舞中舞者的行列位置。③〔簠簋（fǔ guǐ）〕二者皆为古代陈置祭品的器具。④〔裼（xī）袭〕古代行礼时覆在裘外之衣叫裼衣，袒外衣而露出裼衣，且不尽覆其裘，谓之裼。不裼，谓之袭。

◎**大意**　高尚的音乐同天地一般调和，庄严的礼制同天地一般有法度。协和，万物不会失其时；规范，有法度，所以祭祀天地。形式上有礼仪音乐的教导，精神上有圣贤气质的约束，这样普天之下都互敬互爱了。礼，是用各种仪节使人互敬；乐，是用不同的乐曲使人互爱。礼和乐的作用一致，圣明的天子都将它们沿用下来。因而，礼仪的制定与时代适应，乐名的确立和功用也完全符合。所以，钟、鼓、管、磬、羽、籥、干、戚，是表演音乐的器具；伸缩、俯仰、队列、快慢，是音乐的表现形式。簠、簋、俎、豆，器物的规格，衣服的彩绣，是实行礼仪的器具；升降、上下、周旋、裼袭，是礼仪的表现形式。所以懂得礼乐道理的人方能制定礼乐，懂得礼乐表现形式与实施法则的人才可阐述礼乐。能制定礼乐的人可尊为圣明之人，能阐述礼乐的人可称为明达之士。所谓圣明之人与明达之士，就是指能阐述、制定礼乐的人。

乐者，天地之和也；礼者，天地之序也。和，故百物皆化；序，故群物皆别。乐由天作，礼以地制。过制则乱，过作则暴。明于天地，然后能兴礼乐也。论伦无患，乐之情也；欣喜欢爱，乐之官也。中正无邪，礼之质也；庄敬恭顺（慎），礼之制也。若夫礼乐之施于金石，越于声音，用于宗庙社稷，事于山川鬼神，则此所以与民同也。

◎**大意** 音乐，是天地协和的体现；礼制，是天地规范的体现。协和，一切皆可融洽相处；规范，一切事物又有所区别。音乐是遵循天的协和原则而制，礼仪是按照地的限度而制。礼仪超过限度就混乱，音乐超过协和原则就粗暴。懂得了天地之理，才能制礼作乐。合乎伦理而无损于礼仪，是乐的精义；能使人们快乐，是乐的功用。中正和谐而无邪恶，是礼的实质；能使人们恭敬慎重，是礼的作用。至于礼乐要通过钟磬之类的乐器表现出来，发于声音，用于宗庙祭祀、国家行政，用以祈祷山川鬼神，这样做是与人们的愿望相符的。

王者功成作乐，治定制礼。其功大者其乐备，其治辨者其礼具。干戚之舞，非备乐也；亨（烹）孰（熟）而祀，非达礼也。五帝殊时，不相沿乐；三王异世，不相袭礼。乐极则忧，礼粗则偏矣。及夫敦乐而无忧，礼备而不偏者，其唯大圣乎？天高地下，万物散殊，而礼制行也；流而不息，合同而化，而乐兴也。春作夏长，仁也；秋敛冬藏，义也。仁近于乐，义近于礼。乐者敦和，率神而从天；礼者辨宜，居鬼而从地。故圣人作乐以应天，作礼以配地。礼乐明备，天地官矣。

◎**大意** 帝王开国创业后制作音乐，政治安定后制定礼仪。功业大的，制作的音乐就完备；政治清明的，议定的礼仪就周密。手持斧盾的歌舞，不是完备的音乐；用熟食美味来祭祀，不是通达的礼仪。五帝生活的时代有别，所以他们制定的音乐不相承袭；三王生活的社会不同，所以他们制定的礼仪也不相沿袭。音乐过分了必会产生忧患，礼仪太粗疏了就会出偏差。至于崇尚音乐而无忧无虑，礼仪周密而不出偏差，那只有大圣人才能做得到啊！天高地低，万物滋生散布各不相同，因而礼制就应时而生；天地气息周流不息，融合万物，因而音乐就出现了。春生夏长，是上天之仁；秋收冬藏，是上天之义。仁和音乐相近，义和礼制相近。音乐重在协和，取法圣人而顺从天意；礼制重在区别，效法先贤而顺从地意。所以，圣明之人创制音乐以顺天意，议定礼仪来尊地意。礼乐显明而完备，天地的意图作用就显而易见了。

天尊地卑，君臣定矣。高卑已陈，贵贱位矣。动静有常，小大殊矣。方以类聚，物以群分，则性命不同矣。在天成象，在地成形，如此，则礼者天地之别也。地气上隮①，天气下降，阴阳相摩，天地相荡，鼓之以雷霆，奋之以风雨，动之以四时，煖②之以日月，而百化兴焉，如此，则乐者天地之和也。

◎**注释** ①〔上隮（jī）〕上升。②〔煖（xuān）〕温暖。

◎**大意** 按照天尊地卑的道理，君臣关系就可以确定了。高低已经显现出来，贵贱的区别也可确立了。阴阳动静有一定常规，大小轻柔也可以分别了。世间万物，同类的相聚集，不同类的相分离，其天性和命运就不会相同。在天上日月星辰构成景象，在地上山陵河川构成形貌，如此看来，所谓礼制，就是反映天地万物区别的。地气上升，天气下降，阴阳互相摩擦，天地互相激荡，以闪电雷霆鼓动之，以狂风骤雨振奋之，以四季交替运动之，以日月之光温暖之，因而万物得以变化滋生。如此可以说，所谓的音乐，便是体现天地万物协和规范的。

化不时则不生，男女无别则乱登，此天地之情也。及夫礼乐之极

乎天而蟠乎地，行乎阴阳而通乎鬼神，穷高极远而测①深厚，乐著太始而礼居成物②。著不息者天也，著不动者地也。一动一静者，天地之间也。故圣人曰"礼云乐云"。

◎**注释** ①〔测〕穷尽。②〔乐著太始而礼居成物〕著，处于。太始，指天。成物，指地。

◎**大意** 化育不合天时就不能生息，男女无别就会出现混乱，这是天地间的情理。当礼乐上达于天而下临于地，与阴阳并行且通于鬼神时，其作用即可达到最高、最远、最深厚的境界，使乐处于天的位置，礼处于地的位置。显示运行不息的是天，显示静止不动的是地。有动有静的，是天地之间的万物。所以圣人说"礼乐源于天地"。

昔者舜作五弦之琴，以歌《南风》；夔①始作乐，以赏诸侯。故天子之为乐也，以赏诸侯之有德者也。德盛而教尊，五谷时孰（熟），然后赏之以乐。故其治民劳者，其舞行级②远；其治民佚（逸）者，其舞行级短。故观其舞而知其德，闻其谥而知其行。《大章》，章之也；《咸池》，备也；《韶》，继也；《夏》，大也；殷、周之乐尽也。

◎**注释** ①〔夔（kuí）〕舜时的乐官。②〔舞行（háng）级〕舞者行列间的距离。级，《礼记·乐记》作"缀"。

◎**大意** 以前虞舜制作五弦琴，用来歌唱《南风》；命夔开始制作音乐，用来赏赐诸侯。可见天子作乐，是用来勉励、赏赐有德行的诸侯的。德行高所以教化就会受到尊敬，五谷按时成熟，然后天子赐给他音乐。治国不好而使百姓劳瘁的，舞队行列的间隔就疏而远；治国有方而使百姓安居乐业的，舞队行列就密而近。因此，看天子赏赐舞队的疏密就可知其德行的好坏，听到大家给他的谥号，就可知其行为的善恶。《大章》是歌颂唐尧的音乐，《咸池》是歌颂黄帝完美的德行,《韶》是表彰虞舜能够继承唐尧的美德,《夏》是称道夏禹能光大虞舜的功绩,殷、周时的音乐也能充分表现他们初期的文治武功。

天地之道,寒暑不时则疾,风雨不节则饥。教者,民之寒暑也,教不时则伤世;事者,民之风雨也,事不节则无功。然则先王之为乐也,以法治也,善则行象德矣。夫豢豕为酒,非以为祸也,而狱讼益烦,则酒之流生祸也。是故先王因为酒礼,一献之礼,宾主百拜,终日饮酒而不得醉焉,此先王之所以备酒祸也。故酒食者,所以合欢也。

◎**大意** 天地运行之道,寒暑不合时令就容易产生灾害,风雨无节制就会导致饥荒。音乐的教化,对于人民来说就如同寒暑一般,如果这种教化没有遵循时令准则就会有害于社会;礼制政令,对于人民来说就如同风雨一般,如果没有节制就不能发挥它应有的作用。因此先王制乐,皆是按照法度进行的,君主行善,臣下亦会效仿,这样才能合乎道德的准则。养猪造酒这些事,并不是为了制造祸患,然而因为饮酒而造成的争讼却日益增多,乃是因为饮酒没有节制而产生的祸患。所以先王便制定了饮酒的制度,每进一杯酒,宾主都要多次行礼,这样即便终日饮酒也不会喝醉,这是先王防备因醉酒而产生祸患的方法。所以吃喝宴饮,就会起到共同欢乐的作用了。

乐者,所以象德也;礼者,所以闭淫也。是故先王有大事,必有礼以哀之;有大福,必有礼以乐之:哀乐之分,皆以礼终。

◎**大意** 音乐,是用来进行道德教化的;礼制,是用来禁止邪恶的。所以,先王每逢丧葬大事,必有相应的丧礼表示吊唁;每逢喜庆大事,必有相应的嘉礼表示欢乐:哀悼和欢乐虽然有区分,但都用礼来终结。

乐也者，施也；礼也者，报也。乐，乐其所自生；而礼，反（返）其所自始。乐章德，礼报情反（返）始也。所谓大路者，天子之舆也；龙旂九旒，天子之旌也；青黑缘者，天子之葆（宝）龟①也；从之以牛羊之群，则所以赠诸侯也。

◎**注释** ①〔葆龟〕即"宝龟"，占卜用具。
◎**大意** 音乐，用来布施恩德；礼仪，用来报答恩惠。音乐，能表达人们内心的快乐；而礼仪，则要回报开始施恩惠的人。音乐是为了表彰功德，礼仪是为了报答恩情、追思祖先。那命名大路的，是天子的车；龙旗九旒，是天子的旗帜；青黑镶边的，是天子占卜用的宝龟；还有后面成群的牛羊，都是在接受朝拜后天子用来回赠诸侯的礼物。

乐也者，情之不可变者也；礼也者，理之不可易者也。乐统同，礼别异，礼乐之说贯乎人情矣。穷本知变，乐之情也；著诚去伪，礼之经也。礼乐顺天地之诚，达神明之德，降兴上下之神，而凝是精粗之体，领父子君臣之节。

◎**大意** 音乐，表现天赋感情的不可变易；礼仪，反映伦理关系的不可更改。音乐调和、统一情感，礼制彰显差别，礼乐的道理是贯穿于人情世故中的。穷究本源、知晓变通，是音乐之情；提倡真实、去除虚伪，是礼仪的原则。礼乐顺应天地的真情意，通过神灵的恩施，感动天地的神灵降临，凝聚成万物大小的形体，统领父子君臣的大节。

是故大人举礼乐，则天地将为昭焉。天地欣合，阴阳相得，煦妪①覆育万物，然后草木茂，区（勾）萌②达，羽翮③奋，角骼④生，蛰虫昭苏，羽者妪伏⑤，毛者孕鬻（育），胎生者不殰⑥，而卵生者不殈⑦，则乐之道归焉耳。

◎**注释** ①〔煦妪（yǔ）〕生养抚育。②〔区（gōu）萌〕谓草木之萌芽勾曲生出。③〔羽翮（hé）〕羽翼，代指飞禽。④〔角觡（gé）〕兽角，代指走兽。⑤〔妪伏〕鸟类以体孵卵。⑥〔殰（dú）〕未出生而胎死。⑦〔殈（xù）〕未孵出而卵破。
◎**大意** 因此，圣人兴治礼乐，天地也变得明净起来。天地欣然交泰，阴阳相感，养育万物，使得草木茂盛，植物萌生，禽鸟振翅翱翔，畜兽奔逐活跃，冬蛰昆虫苏醒，鸟类孵卵，兽类繁衍，胎生的不流产，而卵生的不毁亡，那么音乐调和阴阳的主旨就全归结在这里了。

乐者，非谓黄钟大吕弦歌干扬也，乐之末节也，故童者舞之；布筵席，陈樽俎，列笾豆①，以升降为礼者，礼之末节也，故有司掌之。乐师辩（辨）乎声诗，故北面而弦；宗祝辩（辨）乎宗庙之礼，故后尸；商祝辩（辨）乎丧礼，故后主人。是故德成而上，艺成而下；行成而先，事成而后。是故先王有上有下，有先有后，然后可以有制于天下也。

◎**注释** ①〔笾（biān）豆〕祭祀宴享时用以盛果脯等的器皿。竹制者为笾，木制者为豆。
◎**大意** 音乐，不单是指黄钟大吕、弹琴唱歌、举盾舞蹈，这只能算作它的细枝末节，儿童也可表演；摆置宴席，陈列美食，放置礼器，遵循登堂退阶的种种礼式，也属于礼仪的细枝末节，所以专有部门主管。乐师仅能分辨歌与诗，所以只能在殿堂下位弹奏；宗祝只能分辨宗庙祭祀的形式，所以只能在神主"尸"后司仪；商祝只懂得丧葬之礼，所以只能在主人后司仪。可见，懂得礼乐的精神大义才是最上乘的，而明白礼乐的仪式、技艺则是次要的；品行有成就的走在先头，办事有成就的走在后头。因此，先王有了这种上下、先后的规定，然后才能制礼作乐统治天下。

乐者，圣人之所乐也，而可以善民心。其感人深，其风移俗易①，故先王著其教焉。

◎**注释** ①〔其感人深，其风移俗易〕风移俗易，疑当依《汉书·礼乐志》作"移风易俗"。此句意思是音乐感人至深，容易移风易俗。说见王引之《经义述闻》。
◎**大意** 音乐是圣人所喜欢的，而可以使民心向善。它感人至深，容易移风易俗，所以古代帝王重视音乐的教化作用。

夫人有血气心知（智）之性，而无哀乐喜怒之常，应感起物而动，然后心术形焉。是故志微焦衰之音作，而民思忧；啴缓慢易繁文简节之音作，而民康乐；粗厉猛起奋末广贲（愤）之音作，而民刚毅；廉直经（劲）正庄诚之音作，而民肃敬；宽裕肉好顺成和动之音作，而民慈爱；流辟邪散狄成涤滥之音作，而民淫乱。

◎**大意** 人皆有血脉精气、思想智慧的本性，但喜怒哀乐变化无常，受外界万物的感染而激动，然后内心荡漾的情感便现诸形外。所以，意志细小而急促的音乐流行，人们即会感生忧愁；舒缓平和多变而节奏明显的音乐流行，人们就会感到康乐；粗狂猛强、豪放高亢的音乐流行，人们就会刚毅；清廉端正、刚直赤诚的音乐流行，人们就会肃敬；宽敞圆润而和谐动听的音乐流行，人们就会慈爱；邪恶散漫、污浊放纵的音乐流行，人们就会变得淫乱。

是故先王本之情性，稽之度数，制之礼义，合生气之和，道五常之行，使之阳而不散，阴而不密，刚气不怒，柔气不慑，四畅交于中而发作于外，皆安其位而不相夺也。然后立之学等，广其节奏，省其文采，以绳德厚也。类小大之称，比终始之序，以象事行，使亲疏贵贱长幼男女之理皆形见（现）于乐：故曰"乐观其深矣"。

◎**大意** 所以先王根据人们的天赋禀性，审理音乐的律度，从而依礼义来制定音乐，使其合乎阴阳的调和关系，引导五行的运转，使阳者不散漫，阳者不闭塞，刚者不怒，柔者无惧。阴、阳、刚、柔四种气质畅通交汇而表现于外表，便使人各安其位而不互相排斥争夺了。然后在国子学宫的内外设立乐教，扩大音乐的节奏，研究乐章的意境，用以评比仁义的厚薄多寡。按标准规定音律高低的名称，排列音律终始的先后序位，用以象征人事，使亲疏、贵贱、长幼、男女之间的伦理都能在音乐中得到体现：所以说"通过音乐可透视社会人生"。

土敝则草木不长，水烦则鱼鳖不大，气衰则生物不育，世乱则礼废而乐淫。是故其声哀而不庄，乐而不安，慢易以犯节，流湎以忘本。广则容奸，狭则思欲，感涤荡之气而灭平和之德，是以君子贱之也。

◎**大意** 土壤贫瘠则草木不长，流水烦扰则鱼鳖不大，血气衰弱则生物不壮，社会动乱就使礼仪荒废而音乐无节制。所以，这种乱世之音，听来哀愁而不严肃庄重，又欢乐而不安详，散漫而违背法度，使人流连沉迷而忘其根本。它声音放纵时暗露邪恶，狭急时挑动欲念，动摇通畅的正气，腐蚀平和的美德，因为这一点，君子鄙弃它。

凡奸声感人而逆气应之，逆气成象而淫乐兴焉。正声感人而顺气应之，顺气成象而和乐兴焉。倡和有应，回邪曲直各归其分，而万物之理以类相动也。

◎**大意**　凡是邪恶的音声刺激人们,逆乱的邪气就会与它应和,这种逆乱之气成为习惯而无节制的乐曲就滋生了。相反,当纯真的音声感染人们,顺畅的正气就会与它应和,这种顺畅之气成为习惯而和平的乐曲就兴盛了。如同人们唱和时互相呼应,正邪曲直各归其分。各种事物的道理,都是这样同类相应的。

是故君子反情以和其志,比类以成其行。奸声乱色不留聪明,淫乐废礼不接于心术,惰慢邪辟之气不设于身体,使耳目鼻口心知百体皆由顺正,以行其义。然后发以声音,文以琴瑟,动以干戚,饰以羽旄,从以箫管,奋至德之光,动四气之和,以著万物之理。是故清明象天,广大象地,终始象四时,周旋象风雨;五色成文而不乱,八风从律而不奸,百度得数而有常;小大相成,终始相生,倡和清浊,代相为经。故乐行而伦清,耳目聪明,血气和平,移风易俗,天下皆宁。故曰"乐者,乐也"。君子乐得其道,小人乐得其欲。以道制欲,则乐而不乱;以欲忘道,则惑而不乐。是故君子反情以和其志,广乐以成其教,乐行而民乡(向)方,可以观德矣。

◎**大意**　因此,君子只要恢复善良的本性和他的心志,便可形成好的德行。不使耳目接触淫乱轻浮的声色和感受邪恶的音乐,不让身体沾染惰慢怪癖的恶习,使耳目鼻口心保持灵净而遵循正道,用来施行仁义的美德。然后通过声音表现,配以琴瑟演奏,用盾斧伴舞,以羽旄为装饰,加箫管以助音,便能发扬天地间真善美的道德光辉,协调春夏秋冬四时的气候,宣示万事万物发展的道理。这样,用清澈爽朗的乐曲来表现天的明朗,用开阔宏大的乐曲来显示地的无垠,用终而复始的曲式来表现四季的循环,用反复回旋的舞姿来表现风雨的形态。五音编排成曲如同五行而不乱,器乐合律如同八方之风那样互不干扰,乐舞的变化如同计时那样不差分毫,大小高低相辅相成,前后彼此相连不断,唱的、和的、清音、浊音交错循环,便形成规律。所以,好的音乐普及能使人伦关系分明,使人耳目聪明、性情平和,进而移风易俗,普天之下皆能安乐太平。所以说"音乐,使人快乐"。君子的快乐在于通过音乐保持道德情操,小人的快乐则在于通过音乐满足声色欲望。如果以道德来约束私欲,那就能享受快乐而不迷乱;如果为了满足私欲而不顾道德,那就会诱于外物而没有真正的快乐。因此,君子要恢复天性并调和自己的心志,便应推广雅乐来促成社会的教化,雅乐得到推广,民心自然归入正道,德化的成效便卓然可观了。

德者,性之端也;乐者,德之华也;金石丝竹,乐之器也。诗,言其志也;歌,咏其声也;舞,动其容也:三者本乎心,然后乐气从之。是故情深而文明,气盛而化神,和顺积中而英华发外,唯乐不可以为伪。

◎**大意** 道德,是人性的根本;音乐,是德行的精华;金石丝竹经过制作,成为演奏的乐器。诗抒发人的意志,歌唱出人的心声,舞表现人的姿容:三者都源于人的内心本性,然后音乐的气息才跟着形成。所以,感情至深也富有文采,气势磅礴变化也极巧妙,内心具有美德,音乐也就自然加以表现。音乐,是不能反映虚伪的东西的。

乐者,心之动也;声者,乐之象也;文采节奏,声之饰也。君子动其本,乐其象,然后治其饰。是故先鼓以警戒,三步以见方,再始以著往,复乱以饰(饬)归①,奋疾而不拔,极幽而不隐。独乐其志,不厌其道;备举其道,不私其欲。是以情见(现)而义立,乐终而德尊;君子以好善,小人以息过:故曰"生民之道,乐为大焉"。

◎**注释**　①〔"是故先鼓以警戒"四句〕此四句是以展现武王伐纣事的《武》乐为例，描述乐舞表演的过程。

◎**大意**　音乐，表现内心的活动；声音，是音乐表现的形式；章法辞藻韵律节奏，是声音的修饰。君子制乐，寻源于内心，通过声音表现形式，然后组织加工。（比如《武》乐）开始鸣鼓促使表演者严肃而生敌忾之心，顿足三次以示即将表演，接着再次顿足表明武王是第二次才正式挥师前进的，曲终时奏起热烈的尾声表明凯旋。整个演出舞蹈动作轻快而不乱套，曲调精妙而不隐晦。它反映武王以实现宏志为乐，又不背离仁义之道；说明有道伐无道的政治含义，丝毫没有私欲放纵的情怀。这种舞乐，表露了感情而确立了道义，表演结束而美德得到尊重；欣赏了这种舞乐，君子更乐于行善，小人也能改过：所以说"教化百姓，音乐居先"。

君子曰：礼乐不可以斯须去身。致乐以治心，则易直子谅之心油然生矣。易直子谅之心生则乐，乐则安，安则久，久则天，天则神。天则不言而信，神则不怒而威。致乐，以治心者也；致礼，以治躬者也。治躬则庄敬，庄敬则严威。心中斯须不和不乐，而鄙诈之心入之矣；外貌斯须不庄不敬，而慢易之心入之矣。故乐也者，动于内者也；礼也者，动于外者也。乐极和，礼极顺。内和而外顺，则民瞻其颜色而弗与争也，望其容貌而民不生易慢焉。德辉动乎内而民莫不承听，理发乎外而民莫不承顺，故曰"致礼乐之道，举而错（措）之天下，无难矣"。

◎**大意**　君子说：礼和乐一刻也不能离开人们的身心。研究舞乐以陶冶心性，那么平易、正直、慈爱、谦和之心便油然而生了。平易、正直、慈爱、谦和之心产生，心情就能快乐舒畅，心情快乐舒畅了就能安定，安定了就能延年益寿，延年益寿就能尽享天年，尽享天年就能出神入化。天不能说话而有威信，神不能发怒而有威严。研究音乐，是为陶冶心性；研究礼制，是为端正行为。行为端正，态度就能庄重恭敬，态度庄重恭敬了，就可以气势威严。内心稍有不平和不快乐，卑劣欺骗的念头就会趁机而入了；外貌稍有不庄重不恭敬，轻忽怠慢的念头就会趁机而入了。所以音乐这东西，是影响人内心世界的；礼仪这东西，是影响人外表行为的。音乐的最高目标就是求和悦，礼仪的最高目标在于恭顺。做到了内心和悦而外表恭顺，人们只要看到他的脸色就不会与他争，只要看到他的容貌就不会对他怠慢轻侮了。道德的光辉焕发于内心而人们都会听从，理义体现到外表而人们都会顺从，所以说"懂得了礼乐的道理、作用，要治理好天下，就不是难事了"。

乐也者，动于内者也；礼也者，动于外者也。故礼主其谦，乐主其盈。礼谦而进，以进为文；乐盈而反（返），以反（返）为文。礼谦而不进，则销；乐盈而不反（返），则放。故礼有报而乐有反（返）。礼得其报则乐，乐得其反（返）则安。礼之报，乐之反（返），其义一也。

◎**大意**　音乐，影响人的内心世界；礼仪，影响人的外表行为。所以，礼仪注重谦逊，音乐注重充实。礼仪的谦逊意在进取，以进取为美德；音乐的充实意含节制，以节制为美德。如果礼仪只有谦逊而不思进取，就会逐渐消失；音乐满足而不节制，就放纵淫乱。因此，礼仪要求自我督促，音乐要求自我节制。自我督促使人快乐，自我节制使人平安。礼的自我督促与乐的自我节制，道理是一致的。

夫乐者，乐也，人情之所不能免也。乐必发诸声音，形于动静，人道也。声音动静，性术之变，尽于此矣。故人不能无乐，乐不能无形。形而不为道，不能无乱。先王恶其乱，故制《雅》《颂》之声以道之，使其声足以乐而不流，使其文足以纶而不息，使其曲直繁省廉肉节奏，足以感动人之善心而已矣，不使放心邪气得接焉，是先王立乐之方也。是故乐在宗庙之中，君臣上下同听之，则莫不和敬；在族长乡里之中，长幼同听之，则莫不和顺；在闺门之内，父子兄弟同听之，则莫不和亲。故乐者，审一以定和，比物以饰节，节奏合以成文，所以合和父子君臣，附亲万民也，是先王立乐之方也。故听其《雅》《颂》之声，志意得广焉；执其干戚，习其俯仰诎信（伸），容貌得庄焉；行其缀兆，要其节奏，行列得正焉，进退得齐焉。故乐者天地之齐，中和之纪，人情之所不能免也。

◎**大意** 音乐，就要使人快乐，是人的情性所不可避免的。快乐必然表现于声音，体现于动作，这是人的本性。性情借助声音、动作，再通过音乐技艺演奏，就完全表现出来了。所以，人不能没有快乐，快乐又不能没有音乐歌舞。而音乐歌舞若不雅正，就会产生混乱。先王憎恶这种混乱，便制定《雅》《颂》的音乐来引导，使那种乐声足够欢乐而不流荡，使那种文辞能够有条不紊而不散失，使那种曲调高低辗转而情意婉转，能够激发人的良善之心才停止，不让那些放纵邪恶的念头去毒害人的心灵。这便是先王创立音乐的宗旨。所以，音乐在宗庙里演奏，君臣上下一同倾听，没有不和谐肃敬的；在乡里宗族里演奏，长幼老少一同倾听，没有不和顺服从的；在家庭之内演奏，父子兄弟一同倾听，没有不和睦相爱的。因为这种音乐，经过审察而选定某一高低适中的音为定音，来规定曲调的和谐发展，伴着各种乐器的合奏而组合各种节奏的乐曲，所以用来协调君臣父子，亲近千万百姓，这也是先王制定音乐的宗旨。因而听到《雅》《颂》的雅乐，人们的内心就变得广阔；持着盾斧之类的舞具，学俯仰屈伸的舞姿，人们的仪容就会显得庄严；踏上舞蹈的步位，合着那快慢的节奏，人们的举止也变得整齐，使行为合乎规范了。可见，音乐的确是天地合和的产物，是阴阳调和的结晶，是人的情性所不能避免的。

夫乐者，先王之所以饰喜也；军旅铁钺①者，先王之所以饰怒也。故先王之喜怒皆得其齐矣。喜则天下和之，怒则暴乱者畏之。先王之道，礼乐可谓盛矣。

◎**注释** ①〔铁钺（fū yuè）〕指刑具。铁，铡刀。钺，大斧。
◎**大意** 音乐，是先王用来表达欢欣的；军旅、刑具，是先王用来表达愤怒的。因此，先王喜怒哀乐的感情都能恰如其分。欢喜时天下就安定，愤怒时暴乱的人就感到畏惧。这是先王的治国法则，礼乐的作用可说是盛大了。

魏文侯问于子夏曰："吾端冕而听古乐则唯恐卧，听郑、卫之音则不知倦。敢问古乐之如彼，何也？新乐之如此，何也？"

◎**大意** 魏文侯向子夏询问说："我衣冠端正庄严地听古乐而唯恐打瞌睡，听郑国、卫国的音乐却不知道疲倦。大胆地问一下，古乐让我这样困倦，是什么原因呀？而新乐这样吸引我，又是什么原因呀？"

子夏答曰："今夫古乐，进旅而退旅，和正以广，弦匏笙簧合守拊鼓①，始奏以文，止乱以武，治乱以相②，讯（迅）疾以雅。君子于是语，于是道古，修身及家，平均天下：此古乐之发也。今夫新乐，进俯退俯，奸声以淫，溺而不止，及优侏儒，獶（猱）杂子女③，不知父子。乐终不可以语，不可以道古：此新乐之发也。今君之所问者乐也，所好者音也。夫乐之与音，相近而不同。"

◎**注释** ①〔弦匏（páo）笙簧合守拊（fǔ）鼓〕弦匏笙簧，皆管弦乐器名。合守，一起等待。拊，打击乐器名，即拊搏。②〔相〕即拊。③〔獶（náo）杂子女〕像猕猴一样男女杂处。獶，同"猱"，猕猴。

◎**大意**　子夏回答说："说到古乐，表演时同进如军队般整齐，同退也如军队般整齐，乐曲平和中正而景象宽广，管弦乐器等到擂鼓击拊时，才跟着一起演奏，开始时击鼓，结束时击铙，并以击拊来调和节奏，用雅来控制节奏的快慢。君子在表演完毕时发表议论，在此时称颂古代的事业，达到修养身心、治理家庭和平定天下的目的：这就是古乐演奏的出发点。至于新乐，表演时进退弯腰屈身，动作不可规范，曲调邪恶放荡，使人沉迷而不能自拔，加之歌舞表演者男女混杂，尊卑不分。表演结束也不知道是什么意思，更不会使人追思古代的事业：这就是新乐演奏的出发点。现在您问的是音乐，所爱好的却是靡靡之音。乐与音，看似相近，实质却不同。"

文侯曰："敢问如何？"

◎**大意**　魏文侯又问："请问二者有何不同？"

子夏答曰："夫古者天地顺而四时当，民有德而五谷昌，疾疢①不作，而无祆（妖）祥②，此之谓大当。然后圣人作为父子君臣以为之纪纲，纪纲既正，天下大定，天下大定，然后正六律，和五声，弦歌《诗》《颂》，此之谓德音，德音之谓乐。《诗》曰：'莫其德音，其德克明，克明克类，克长克君。王此大邦，克顺克俾（比）③。俾（比）于文王，其德靡悔。既受帝祉，施④于孙子。'此之谓也。今君之所好者，其溺音与？"

◎**注释**　①〔疾疢（chèn）〕疾病。②〔祆（yāo）祥〕灾祸。③〔俾（bǐ）〕通"比"。从。④〔施（yì）〕延续。

◎**大意**　子夏回答说："要知道古代是天地和顺而四季得宜，民众有德而庄稼丰收，没有疾病，也没有灾祸，这叫作太平盛世。然后圣人确定君臣父子间的人伦准则，准则既已平正，天下就安定了，天下安定了，然后圣人订正六律，协调五声，谱成乐曲来歌唱《风》《雅》《颂》，这就叫作真善美的乐音，只有这种乐音才是名副其实的音乐。《诗》中说：'那圣明的德音，光明而有法度。善恶分清，为人师长，做人国君。治理天下，上下和顺。文王嗣统，德性完美。上天赐福，荫及子孙。'这些颂赞便是说的德音。而今天您所爱好的，恐怕是让人沉迷的声音吧？"

文侯曰："敢问溺音者何从出也？"

◎**大意** 魏文侯问："请问沉迷惑乱的声音如何产生的呢？"

子夏答曰："郑音好滥淫志，宋音燕女溺志，卫音趣数（速）烦志，齐音骜（傲）辟（僻）骄志，四者皆淫于色而害于德，是以祭祀不用也。《诗》曰：'肃雍和鸣，先祖是听。'夫肃肃，敬也；雍雍，和也。夫敬以和，何事不行？为人君者，谨其所好恶而已矣。君好之则臣为之，上行之则民从之。《诗》曰'诱民孔易'，此之谓也。然后圣人作为鞉鼓椌楬埙箎①，此六者，德音之音也。然后钟磬竽瑟以和之，干戚旄狄（翟）②以舞之。此所以祭先王之庙也，所以献酬酳酢③也，所以官序贵贱各得其宜也，此所以示后世有尊卑长幼序也。钟声铿，铿以立号，号以立横，横以立武。君子听钟声则思武臣。石声砼④，砼以立别，别以致死。君子听磬声则思死封疆之臣。丝声哀，哀以立廉，廉以立志。君子听琴瑟之声则思志义之臣。竹声滥，滥以立会，会以聚众。君子听竽笙箫管之声则思畜聚之臣。鼓鼙⑤之声欢，欢以立动，动以进众。君子听鼓鼙之声则思将帅之臣。君子之听音，非听其铿锵⑥而已也，彼亦有所合之也。"

◎**注释** ①〔鞉(táo)鼓椌(qiāng)楬(qià)埙(xūn)篪(chí)〕皆古代乐器名。②〔狄〕通"翟"。野鸡尾部羽毛。③〔献酬酳(yìn)酢〕指宴饮时的各种礼仪。献，主人酌酒以敬宾客。酬，主人自饮酬宾。酳，食毕以酒荡口。酢，宾客酌酒回敬主人。④〔硁(kēng)〕象声词。这里指击打磬等石制乐器声音刚介坚定。⑤〔鼓鼙(pí)〕大鼓和小鼓。⑥〔铿鎗(qiāng)〕形容金石和鸣的乐声。

◎**大意** 子夏回答说："郑国的音乐嗜欲泛滥而乱人心志，宋国的音乐轻柔而使人意志消沉，卫国的音乐急促使人烦乱不安，齐国的音乐傲慢怪异使人志气骄满，这四种音乐都贪于色而有害于道德情操，所以举行祭祀礼仪时不用。《诗》中说：'肃穆而雍和的音乐，才是先祖喜爱的乐音。'肃穆，就是恭敬；雍和，就是亲睦。如能做到恭敬亲睦，什么事行不通？为人君的人，能对自己的好恶保持清醒审慎的态度就好了。因为人君喜爱什么而臣下就会做什么，上层社会做什么而民众也跟着做什么。《诗》中说'诱导民众很容易'，就是这个意思。后来圣人制作了鞉、鼓、椌、楬、埙、篪等乐器，都是正统雅乐之音。再后来以钟、磬、竽、瑟等来伴奏，用盾牌、斧头、牦牛尾、野鸡翎毛来演出舞蹈。这样，就可以在祭祀先王的宗庙演奏，用来款待宾客，从而使官位大小、身份高低界限分明，更可昭示后人尊卑长幼有序了。洪亮的钟声用来发号施令，显其气势宏伟，气势宏伟争战就会获胜。君子一闻钟声就会联想到能征惯战之士。磬声坚定，坚定的声音使人明辨是非曲直，辨别是非可以使人舍生忘死。君子一闻磬声就会想到为国守疆的忠臣。琴瑟之声悲壮，悲壮使人能清廉刚正而树立志向。君子一听到琴瑟之声就会联想到那些慷慨悲歌之士。竹管之声宽广，宽广能使人会聚，将涣散的人团结起来。君子一听到竹管的声音便会联想到那些勤政爱民的臣子。鼓鼙的声音喧腾，喧腾能鼓舞士气，指挥兵士前进。君子一听到擂鼓之声就会想到那些良将。由此可见，君子听音乐，并不是听它铿锵悦耳之美，而是要从乐声中听到与自己内心契合的东西。

宾牟贾侍坐于孔子，孔子与之言，及乐，曰："夫《武》之备戒之已久，何也？"

◎**大意**　宾牟贾侍奉孔子闲坐，孔子和他说话，涉及音乐时，孔子问他："《武》乐表演前要花时间击鼓准备，是为什么呀？"

答曰："病不得其众也。"

◎**大意**　宾牟贾回答说："武王担心参与讨伐殷纣王的诸侯不能全力协同作战。"

"永叹之，淫液①之，何也？"

◎**注释**　①〔淫液〕形容乐声绵长。
◎**大意**　"那长声歌唱，乐声绵长，是为了什么？"

答曰："恐不逮事也。"

◎**大意**　回答说："担心诸侯贻误战机。"

"发扬蹈厉之已蚤（早），何也？"

◎**大意**　"表演开始，武王军队举手顿足又很快起来，是为什么？"

答曰："及时事也。"

◎**大意**　回答说："把握战机，速战制胜。"

"《武》坐致右宪（轩）左①，何也？"

◎**注释** ①〔《武》坐致右宪左〕坐，跪。致右，指右膝跪地。宪左，抬起左膝。宪，通"轩"，提起。

◎**大意** "表演《武》乐的演员忽然跪下，右膝着地而抬起左膝，是为什么？"

答曰："非《武》坐也。"

◎**大意** 回答说："这种动作，不是《武》乐里所应有的。"

"声淫及商，何也？"

◎**大意** "声音悠扬而又多商音，这是为什么？"

答曰："非《武》音也。"

◎**大意** 回答说："这不是《武》乐中应有的声音。"

子曰："若非《武》音，则何音也？"

◎**大意** 孔子说："既然不是《武》乐的声音，那又是什么声音呢？"

答曰："有司失其传也。如非有司失其传，则武王之志荒矣。"

◎**大意** 回答说:"这是因为主管音乐的人没有传授。假如不是主管音乐的人没有传授,那就是周武王年老糊涂了。"

子曰:"唯丘之闻诸苌弘,亦若吾子之言是也。"

◎**大意** 孔子说:"从前,我听苌弘也是这样讲的,也和你的理解差不多。"

宾牟贾起,免席而请曰:"夫《武》之备戒之已久,则既闻命矣。敢问迟之迟而又久,何也?"

◎**大意** 宾牟贾站了起来,离开座席而恭敬地请教说:"《武》乐表演开始时为什么要长时间击鼓准备,这些问题,我已经领教过了。请问演员亮相时间久而又久,是为什么呢?"

子曰:"居,吾语汝。夫乐者,象成者也。总干而山立,武王之事也;发扬蹈厉,太公之志也;《武》乱皆坐,周、召之治也。且夫《武》,始而北出,再成而灭商,三成而南,四成而南国是疆,五成而分陕,周公左,召公右,六成复缀,以崇天子,夹振之而四伐,盛威于中国也。分夹而进,事蚤(早)济也。久立于缀,以待诸侯之至也。且夫女(汝)独未闻牧野之语乎?武王克殷反(返)商,未及下车,而封黄帝之后于蓟,封帝尧之后于祝,封帝舜之后于陈;下车而封夏后氏之后于杞,封殷之后于宋,封王子比干之墓,释箕子之囚,使之行商容而复其位。庶民弛政,庶士倍禄。济河而西,马散华山之阳而弗复乘;牛散桃林之野而不复服;车甲弢①而藏之府库而弗复用；倒载干戈，苞（包）之以虎皮；将率之士，使为诸侯，名之曰'建（键）櫜②'：然后天下知武王之不复用兵也。散军而郊射，左射《貍首》，右射《驺虞》，而贯革之射息也；裨冕搢笏③，而虎贲之士税（脱）剑也；祀乎明堂，而民知孝；朝觐，然后诸侯知所以臣；耕藉，然后诸侯知所以敬：五者，天下之大教也。食三老五更于太学，天子袒而割牲，执酱而馈，执爵而酳，冕而总干，所以教诸侯之悌也。若此，则周道四达，礼乐交通，则夫《武》之迟久，不亦宜乎？"

◎**注释** ①〔弢（tāo）〕袋子、套子。这里指用袋子套起来。②〔建櫜（gāo）〕意为将兵甲收藏于武库。建，通"键"，锁闭。櫜，藏，收藏。③〔裨（pí）冕搢笏（jìn hù）〕裨冕，又称玄冕，古代诸侯卿大夫朝觐或祭祀时所穿冕服的通称。搢笏，把笏板插在礼服的腰带中。

◎**大意** 孔子说："你坐下，我慢慢告诉你。音乐这种事物，反映功业成就。演员手持盾牌步稳如山，表示武王从事的正义大业；举手顿足而雄武威壮，显示太公望必操胜算的意志；《武》乐趋于尾声而演员坐下，是象征周公、召公共同辅政，偃武修文的治绩。至于《武》乐的情节，第一段表现出武王出师的阵容，第二段表现武王伐商的牧野之战，第三段表现武王胜利南还，第四段表现武王开拓南疆，第五段表现周公、召公一左一右分陕辅政，第六段演员回到原来的舞位表示诸侯凯旋，共同尊周，舞队两边夹着演员挥动铎铃，按照铎铃声而剑击四面，表示武王讨伐四方，威服中原。继而舞队两列行进，表示伐纣大业早已收功。而演员站在舞位上久立不动，则是表示武王等待各路诸侯的会晤。况且，你难道没有听说牧野之战的传说吗？武王败殷灭纣，还没有下车，就封黄帝后裔于蓟，封帝尧后裔于祝，封帝舜后裔于陈；下车之后，又封夏禹后裔于杞，封殷之后裔于宋；同时修建了王子比干的坟墓，将箕子从囚牢里释放出来，派他察访商容并复其官爵；还替百姓废除了殷代的暴政，给官吏成倍增加了俸禄。然后南渡黄河班师西归，将战马散放于华山之南，不用它来拖曳兵车；将服兵役的牛放在桃林的原野，不让它再运送辎重；将战车、铠甲封存包装，不再使用；将兵器用虎皮包装倒放;将统兵的军将封为诸侯,称之为'建櫜':这样一来,普天之下都知道武王不再用兵了。大量解散军队,举行郊祀典礼,于东郊学宫习射时奏《狸首》,于西郊学宫奏《驺虞》,表示射击穿甲、杀伐流血的战争从此平息;大家可以身穿礼服,头戴礼帽,腰插笏板。勇猛的武将从此解下佩剑;去明堂祭祀祖先,让百姓懂得孝敬的道理;春秋两季,定期朝觐天子,让诸侯知道怎样做臣子;在藉田中举行耕作仪式,让诸侯了解如何敬奉先人:上列五件事,便是武王做天子后主要的政教措施。在太学里尊养年老的官员,天子亲自脱去外衣而分割作为供品的牺牲,端着酱进献食物,手持酒杯而请他们漱口,还戴上礼帽,拿着盾牌跳舞,这都是为了让天下诸侯懂得尊敬长者的道理。由此看出,周王的治道要传播天下,礼乐定要到处发挥作用,那么,《武》乐演出的时间久而又久,不是非常合适吗?"

子贡见师乙而问焉,曰:"赐闻声歌各有宜也,如赐者宜何歌也?"

◎**大意** 子贡见到师乙并向他请教,问道:"我听说学唱歌曲,要适合各人的性情爱好,像我这样的人应该学唱什么样的歌曲呢?"

师乙曰:"乙,贱工也,何足以问所宜。请诵其所闻,而吾子自执焉。宽而静,柔而正者,宜歌《颂》;广大而静,疏达而信者,宜歌《大雅》;恭俭而好礼者,宜歌《小雅》;正直清廉而谦者,宜歌《风》;肆直而慈爱者,宜歌《商》;温良而能断者,宜歌《齐》。夫歌者,直己而陈德;动己而天地应焉,四时和焉,星辰理焉,万物育焉。故《商》者,五帝之遗声也,商人志之,故谓之《商》;《齐》者,三代之遗声也,齐人志之,故谓之《齐》。明乎《商》之诗者,临事而屡断;明乎《齐》之诗者,见利而让也。临事而屡断,勇也;

见利而让，义也。有勇有义，非歌孰能保此？故歌者，上如抗，下如队（坠），曲如折，止如槁木，居中矩，句中钩，累累乎殷如贯珠。故歌之为言也，长言之也。说（悦）之，故言之；言之不足，故长言之；长言之不足，故嗟叹之；嗟叹之不足，故不知手之舞之、足之蹈之。"《子贡问乐》。

◎**大意** 师乙说："我是个卑贱的乐工，哪里值得您来请教该学唱什么歌。不过，我可以谈谈有关见闻，请您选择参考。凡性格宽厚沉静且温良有信的人，适宜唱《颂》歌；开朗沉静且通达诚信的人，适宜唱《大雅》；恭俭而多礼的人，适宜唱《小雅》；正直清廉且谦和的人，适宜唱《风》；坦率而慈爱的人，适宜唱《商颂》；温良而果断的人，适宜唱《齐风》。唱歌这件事，就是直率地表露自己的感情，表现自己的德行；自己感动而通达于天地，能感觉到四季调和，星辰在按规律旋转，万物也在正常发育。所以，《商颂》这种歌，是五帝时流传而经商代人记录下来的，所以叫《商颂》；《齐风》这种歌，是三代时流传而经齐国人记录下来的，所以叫《齐风》。理解《商颂》的诗人，遇事常很果断；理解《齐风》的诗人，见利总是能谦让。遇事果断，就是勇；遇事让利，就是义。但这种有勇有义，不通过歌曲还有什么方法可以使人保有它？因而唱歌的变化，歌声上扬时高亢激昂，歌声下降时低沉压抑，歌声转折时干净利落，歌声终止时如同槁木，如同尺子的直角转弯，如同钩子的圆弧转弯，接连在一起就像成串的珠子。假若将歌曲作为一种语言表达的话，不过是长声的语言。心中喜悦，因而用语言表达；表达不充分，因而拖长了声音表达；拖长了声音表达还不够，因而用感叹语气帮助表达；感叹语气还不够，因而在不知不觉中手舞足蹈起来了。"这出于《子贡问乐》。

凡音由于人心，天之与人有以相通，如景（影）之象形，响之应声。故为善者天报之以福，为恶者天与之以殃，其自然者也。

◎**大意** 大凡音乐皆由人内心中萌发，天与人互相感应沟通，如同影子反映出物体的外形，回声呼应着发出的声响一样。所以，做了好事的人，上天赐予他幸福，做了坏事的人，上天用灾祸惩罚他，这是自然而然的事情。

故舜弹五弦之琴，歌《南风》之诗而天下治；纣为朝歌北鄙之音，身死国亡。舜之道何弘也？纣之道何隘也？夫《南风》之诗者生长之音也，舜乐好之，乐与天地同意，得万国之欢心，故天下治也。夫朝歌者不时也，北者败也，鄙者陋也，纣乐好之，与万国殊心，诸侯不附，百姓不亲，天下畔（叛）之，故身死国亡。

◎**大意** 因此，过去虞舜弹奏五弦琴，唱《南风》之歌而天下大治；殷纣王听朝歌北鄙之音，身死国灭。虞舜的治国之道为什么这样宏大？殷纣王的治国之道为什么这样狭窄？那便是《南风》为萌生上升的音乐，虞舜爱好它，这种音乐与天地的意志相符，能为各诸侯国所欢欣接受，所以天下能够治理。而一大早就唱歌是不合时宜的，北是败北的意思，鄙是粗俗的意思，殷纣王却爱好这种音乐，和各诸侯国不同心，诸侯不服从，百姓不亲近，天下人都反叛他，所以身死国灭了。

而卫灵公之时，将之晋，至于濮水之上舍。夜半时闻鼓琴声，问左右，皆对曰"不闻"。乃召师涓曰："吾闻鼓琴音，问左右，皆不闻。其状似鬼神，为我听而写之。"师涓曰："诺。"因端坐援琴，听而写之。明日，曰："臣得之矣，然未习也，请宿习之。"灵公曰："可。"因复宿。明日，报曰："习矣。"即去之晋，见晋平公。平公置酒于施惠之台。酒酣，灵公曰："今者来，闻新声，请奏之。"平公曰："可。"即令师涓坐师旷旁，援琴鼓之。未终，师旷抚而止之曰：

"此亡国之声也，不可遂。"平公曰："何道出？"师旷曰："师延所作也。与纣为靡靡之乐，武王伐纣，师延东走，自投濮水之中，故闻此声必于濮水之上，先闻此声者国削。"平公曰："寡人所好者音也，愿遂闻之。"师涓鼓而终之。

◎**大意** 卫灵公在位的时候，要到晋国去，到濮水上游住下来。半夜听到琴声，问左右的人，都回答说"没有听见"。于是召来乐官师涓说："我听到琴声，问左右的人，都没听见。好像是鬼神在弹琴，你替我仔细听听，听后记录下来。"师涓说："好。"他便端坐调好琴弦准备着，一边听一边记录。第二天，师涓说："我已经记录下乐曲，但还没练熟，请再给我一晚上让我练熟。"卫灵公说："可以。"于是师涓又住了一晚。第二天，他报告卫灵公说："已经演奏熟练了。"不久卫灵公离开卫国而到达晋国，拜见晋平公。晋平公在施惠台摆酒设宴招待他。酒兴正浓时，卫灵公说："这次来贵国途中，听到一种新乐，请给您演奏一下。"晋平公说："可以。"卫灵公便让师涓坐到晋国乐官师旷的旁边，操琴演奏起来。还没弹完，师旷手按琴弦制止说："这是亡国之音，不能再奏下去。"晋平公问："这是怎么回事？"师旷说："乐曲是师延作的。师延曾为殷纣王演奏过这种靡靡之音，后来武王讨伐殷纣王，师延向东逃走，投进濮水中自杀，所以能听到这首乐曲的地方一定在濮水边上。而最先听到这乐曲的人，他的国家一定有亡国之祸。"晋平公说："我爱好的只是乐音，希望将它听完。"师涓便将这首乐曲奏完。

平公曰："音无此最悲乎？"师旷曰："有。"平公曰："可得闻乎？"师旷曰："君德义薄，不可以听之。"平公曰："寡人所好者音也，愿闻之。"师旷不得已，援琴而鼓之。一奏之，有玄鹤二八集乎廊门；再奏之，延颈而鸣，舒翼而舞。

◎**大意** 晋平公说:"乐声中这是最感染人的吗?"师旷说:"还有。"晋平公说:"可以让我听听吗?"师旷说:"您的德行浅薄,不能听这种音乐。"晋平公说:"我爱好的只是乐音,希望能听到。"师旷不得已,操琴弹奏起来。弹奏第一段,就有十六只仙鹤聚集于廊门;弹奏第二段,仙鹤竟然伸长脖子鸣叫,展翅飞舞。

平公大喜,起而为师旷寿。反(返)坐,问曰:"音无此最悲乎?"师旷曰:"有。昔者黄帝以大合鬼神,今君德义薄,不足以听之,听之将败。"平公曰:"寡人老矣,所好者音也,愿遂闻之。"师旷不得已,援琴而鼓之。一奏之,有白云从西北起;再奏之,大风至而雨随之,飞廊瓦,左右皆奔走。平公恐惧,伏于廊屋之间。晋国大旱,赤地三年。

◎**大意** 晋平公欢喜极了,站起来为师旷敬酒祝福。返回座位后,平公问:"乐曲中没有比这更感人的吗?"师旷说:"还有。过去黄帝曾用来大会鬼神,而今您的德行浅薄,不可听这种乐曲,听了会招致祸患。"晋平公说:"我的年纪大了,所爱好的就是乐音,希望您弹奏一下。"师旷不得已,操琴弹奏起来。弹奏第一段,有白云从西北方向飘起;弹奏第二段,大风平地刮起,接着下起大雨,廊房上瓦片乱飞,左右的人一个个吓得奔走逃命。晋平公也害怕了,蜷缩着躲在廊屋里面。此后晋国发生大旱灾,三年都寸草不生。

听者或吉或凶。夫乐不可妄兴也。

◎**大意** 听同一首音乐,有的吉祥有的凶险。可见音乐是不可随便演奏的。

太史公曰:夫上古明王举乐者,非以娱心自乐,快意恣欲,将欲为治也。正教者皆始于音，音正而行正。故音乐者，所以动荡血脉，通流精神而和正心也。故宫动脾而和正圣①，商动肺而和正义，角动肝而和正仁，徵动心而和正礼，羽动肾而和正智。故乐所以内辅正心而外异贵贱也；上以事宗庙，下以变化黎庶也。琴长八尺一寸，正度也。弦大者为宫，而居中央，君也。商张右傍（旁），其余大小相次，不失其次序，则君臣之位正矣。故闻宫音，使人温舒而广大；闻商音，使人方正而好义；闻角音，使人恻隐而爱人；闻徵音，使人乐善而好施；闻羽音，使人整齐而好礼②。夫礼由外入，乐自内出。故君子不可须臾离礼，须臾离礼则暴慢之行穷外；不可须臾离乐，须臾离乐则奸邪之行穷内。故乐音者，君子之所养义也。夫古者天子诸侯听钟磬未尝离于庭，卿大夫听琴瑟之音未尝离于前，所以养行义而防淫佚（逸）也。夫淫佚（逸）生于无礼，故圣王使人耳闻《雅》《颂》之音，目视威仪之礼，足行恭敬之容，口言仁义之道。故君子终日言而邪辟无由入也。

◎**注释** ①〔圣〕疑当作"信"。《汉书·律历志上》："宫为土为思为信。" ②〔"闻徵音"四句〕疑"徵""羽"二字当互乙。上文曰："徵动心而和正礼，羽动肾而和正智。"《汉书·律历志上》："徵，祉也。羽，字也。徵为火为礼为祝，羽为水为智为听。"

◎**大意** 太史公说：远古的圣明之君制作推行音乐，并非为了个人的愉快欢喜、快意纵欲，而是为了治理好天下。端正教化都是从端正音乐开始的，音乐端正了，人们的行为就端正了。所以音乐就是用来动荡人的血脉，沟通交流人的精神而调谐修养人的内心的。所以，宫声激动脾脏，使人心产生圣洁；商声激动肺脏，使人心产生正义；角声激动肝脏，使人心产生仁爱；徵声激动心脏，使人心产生礼让；羽声激动肾脏，使人心产生明智。因此，音乐的功能就是在内端正心术，在外分清贵贱；对上祀奉祖先，对下教化百姓。琴长八尺一寸，这是标准的量度。能发宫声的大弦装于中间，象征着君主之位。能发商声的弦装于琴右旁，其他弦按大小排列，使次序不乱，那么君臣的地位就安置适宜。所以，宫声一起，人们就感到和畅宽广；商声一起，人们就感到刚正好义；角声一起，人们就感到恻隐仁爱；徵声一起，人们就感到乐善好施；羽声一起，人们就感到端庄好礼。礼仪是由外及内的，音乐是由内心生出的。因而君子片刻也不可离开礼仪，如果片刻离开礼仪，凶恶傲慢的行为就会在外面充分表现出来；片刻不可离开音乐，如果片刻离开音乐，奸诈邪恶的欲念就会占据内心。可见，音乐是君子用来修养德行的。在古代，天子、诸侯欣赏钟磬之乐，不曾离开演奏的殿庭，公卿、大夫倾听琴瑟之乐，不曾离开奏乐的地方，这都是为了修养德行，防止淫逸。因为淫逸的行为就是由于无视礼仪而发生的，所以，圣明的君王让人们耳里听到的是正当的《雅》《颂》音乐，眼里见到的是威严的礼仪，举止行动都是恭敬的，口里言说的都是仁义的道理。这样，君子即使整天和人相处交谈，邪恶的事物也无从侵入。

◎释疑解惑

对于《乐书》与司马迁的关系，后人主要有以下几种观点：

第一种观点是《乐书》全篇已佚失，今本《乐书》是后人的补作。如宋人唐仲友在其《两汉精义》中称："《汉书·司马迁传》言'《史记》十篇，有录无书'，而《注》言《乐书》亦亡，则此非迁之作明矣。使迁在当时而乖舛如此，不亦缪乎。"清人梁玉绳《史记志疑》的分析更为详细："《乐书》全缺，此乃后人所补，托之太史公也。以序言之，其曰仲尼作五章以刺时，不知所指，《索隐》谓即《彼妇之歌》，殊未确。便如其说，此歌止可五章之一，不得遂该五章也。其曰李斯谏二世放弃《诗》《书》，夫斯议焚书，安能有是谏？纵有是谏，亦决非李斯也。其曰高祖过沛诗《三侯之章》，《大风歌》有三兮而无三侯。明方以智《通雅》四谓'兮与侯古通用，但侯乃发语辞，与兮字不同也'。其曰今上作十九章，令李延年次序其声。而《汉志》武帝时作《安世房中歌》十七章，《郊祀歌》十九章，以此为《房中乐》欤？不可言十九，以为郊祀乐欤？则十九章并太始三年《赤蛟歌》数之，又非史公所及睹。盖史公作《史时尚未定十九章之名，《索隐》未经细究，遽云《房中乐》有十九章，妄矣。且同为《郊祀歌》，何以止载四时？《太一》《天马》六章，而《太一歌》不但字有增换，并删去'志俶傥'四句。《天马歌》全与《汉志》别，俱不可晓。《汉志·天马歌》凡六章，此独载《蒲梢之歌》，其事他无所见。而《蒲梢》亦云《天马》，首尾四语又与《天马歌》首章相似，疑此是咏乌孙马，《汉书》不载，补《史》者别记所闻，谬以为宛马歌耳。《大宛传》言天子得乌孙马好，名曰'天马'，及得大宛汗血马，更名乌孙马曰'西极'，名大宛马曰'天马'。或者《蒲梢》乃乌孙马之歌，而歌中有'天马来从西极'之句，故名为西极耶？其曰中尉汲黯讥马歌，丞相公孙弘谓黯诽谤圣制，当族。考马生渥洼水，作歌在元鼎四年之秋，《武纪》可证。《礼乐志》误以为元狩三年，其所以误者，因元狩二年曾得马余吾水中，遂移属于渥洼耳。获宛马作歌，在太初四年之春，而公孙弘卒于元狩二年三月，不但渥洼、大宛事不及见，即不作歌诗之余吾马亦不及见，安得有诽谤圣制之谮哉！黯未尝为中尉之官，得渥洼马时，黯在淮阳为太守，无缘面讥武帝。得大宛马时黯卒已十二年，又安得诽谤圣制哉！《困学纪闻》《通鉴答问》谓'《乐书》后人所续，厚诬古人，非史迁之笔，岂有迁在当时而乖舛如此'。《通鉴考异》不得其说，疑'马生渥洼作歌在元狩三年，汲黯为右内史而讥之'，言当族者非公孙弘。殊不然也。至《乐书》中段既直写《乐记》，而增易升降，绝无意义。濮水闻琴节，又搀用韩子《十过篇》。末段尤为冗滥，徐氏《测议》谓是截旧文为之。前后两书'太史公曰'，又称武帝为'今上'，伪乱其词，欲以假冒真而不知其不能混耳。"

第二种观点是《乐书》确为司马迁原作，之所以其后大量征引《乐记》中的内容，是司马迁草创作此，尚未完全成型的缘故。如清人郭嵩焘曰："太史公《礼》《乐》二书，皆采缀旧文为之，仅有前序，其文亦疏缓。礼乐者，圣人所以纪纲万事，宰制群动，太史公列为八《书》之首，而于汉家制度无一语及之，此必史公有欿然不足于其心者，故虚立其篇名而隐其文，盖犹《叔孙通传》鲁两生之言：'礼乐所由起，积德百年而后可兴也，吾不忍为公所为。'但与明其义而已。三代礼乐无复可征，秦、汉以下不足言矣，此史公之意也，概以为褚少孙所补，非也。"（《史记札记》）

第三种观点是《乐书》一篇原书已亡，唯有书序部分为司马迁手笔。如今人张大可称:"《礼书》《乐书》篇前之序有'太史公曰',当是补亡者搜求的史公遗文,所以说这两篇是书亡序存。《礼书》取《礼记》,《乐书》取《乐记》,同《武纪》取《封禅》,《律书》取《历书》一样,补缺者并不妄作,可见篇前之序是史公原文。"(《史记文献研究》)

◎ **思考辨析题**

1. 文中反复强调礼乐与政治的关系,如何看待这个问题?
2. 根据平时欣赏音乐的经历,谈谈不同类型的音乐对于人的情志是否真的有影响。

律书第三

司马迁《太史公自序》中这样论说:"非兵不强,非德不昌,黄帝、汤、武以兴,桀、纣、二世以崩,可不慎与?《司马法》所从来尚矣,太公、孙、吴、王子能绍而明之,切世情,极人变,作《律书》第三。"这里所论的都是兵事,加之《律书》的前半部分确实是论说军事,所以,后人有认为这篇《律书》就是《兵书》的。因《兵书》的其他内容佚失,而后人不解"律书"实乃"兵书",故在后半部分补上律度的理论与计算方法,形成了今天所看到的《律书》。

除此之外,还可以在《太史公自序》的其他论述中看出有关这个问题的端倪。《自序》之末总结"八书"说:"礼乐损益,律历改易,兵权,山川,鬼神,天人之际,承敝通变,作八书。"而据"八书"的篇名,可与上述诸句一一联系起来,《礼书》《乐书》写的是"礼乐损益",《律书》《历书》写的是"律历改易",《河渠书》写山川,《封禅书》写鬼神,《天官书》写"天人之际",《平准书》写"承敝通变",那么,其中的"兵权"也应该有一个相应的篇章。司马贞在《史记索隐》中引述张晏的说法:"(司马)迁没之后,亡《景纪》《武纪》《礼书》《乐书》《兵书》《将相表》《三王世家》《日者》《龟策传》《傅靳》等列传也。"用来解释《汉书》所说的"十篇有录无书"。因此,后世有人以为言"兵权"的是已经佚失的《兵书》,而言"律历改易"的则是所谓的《律历书》。

　　《史记》的原貌究竟为何,如今也不能完全确知。但在阅读《律书》的时候,需要了解司马迁虽以"六律"为开篇,但讨论的是有关军事的内容,包含司马迁的军事思想。而后面一部分,具体地介绍了《尚书》所说的"七正""二十八舍",阐明了律度的理论与计算方法。最后的论赞是针对"律"而不是"兵",强调律历客观地存在于天地之间,凡制定标准、衡量事物,都要符合天地万物的本来法度。

王者制事立法,物度轨则,壹禀于六律①,六律为万事根本焉。

◎**注释**　①〔六律〕古代乐音标准名。相传黄帝时以竹管之长短确定乐器的音调标准,即十二律,其中阳律为六律,阴律为六吕。
◎**大意**　帝王制定原则建立法度,度量事物的法则,一切都根据六律,六律可以说是万物的根本。

其于兵械尤所重,故云"望敌知吉凶,闻声效胜负",百王不易之道也。

◎**大意**　六律对于战争尤为重要，所以说"遥望敌军天空的云气便可知道战争的吉凶，听闻敌人的声音便可判断战争的胜败"，这是历代帝王都不曾改变的法则。

　　武王伐纣，吹律听声，推孟春以至于季冬，杀气相并，而音尚宫。同声相从，物之自然，何足怪哉？

◎**大意**　周武王讨伐殷纣王，吹乐管听声音，推求正月至十二月的音律，都充满了杀气，而以宫音为主。乐律的声音与出兵吉利之声相应，只是反映了事物的自然之理，有什么可奇怪的呀？

　　兵者，圣人所以讨强暴，平乱世，夷险阻，救危殆。自含血①戴角之兽见犯则校，而况于人怀好恶喜怒之气？喜则爱心生，怒则毒螫②加，情性之理也。

◎**注释**　①〔含血〕当作"含齿"，口中有齿。②〔毒螫（shì）〕毒虫刺人或动物。
◎**大意**　军事这种手段，是圣人用来讨伐强暴、平定乱世、扫除险阻、救助危亡的。即使长着牙和角的兽类被侵犯都要反扑，何况是有好恶喜怒之血气的人？喜欢就产生爱心，愤怒就加以攻击，这是人类性情中的自然之理。

　　昔黄帝有涿鹿之战，以定火灾；颛顼有共工之陈（阵），以平水害；成汤有南巢之伐，以殄①夏乱。递兴递废，胜者用事，所受于天也。

◎**注释**　①〔殄（tiǎn）〕尽，绝，消灭。

◎**大意** 从前黄帝有涿鹿之战，战胜了属于火德的炎帝；颛顼有讨伐共工之争斗，为了平定属于水德的共工所发动的叛乱；成汤有南巢之征伐，消灭了夏朝。一代兴盛一代衰亡而依次相沿，胜利者当权，是受命于天。

自是之后，名士迭兴，晋用咎犯①，而齐用王子②，吴用孙武，申明军约，赏罚必信，卒伯（霸）诸侯，兼列邦土，虽不及三代之诰誓③，然身宠君尊，当世显扬，可不谓荣焉？岂与世儒暗于大较，不权轻重，猥④云德化，不当用兵，大至君辱失守，小乃侵犯削弱，遂执不移等哉！故教笞⑤不可废于家，刑罚不可捐于国，诛伐不可偃于天下，用之有巧拙，行之有逆顺耳。

◎**注释** ①〔咎犯〕即"舅犯"，晋文公的舅舅狐偃，字子犯。②〔王子〕齐国将领王子成父。③〔诰誓〕诰是教诫之语，《尚书》中有《大诰》《康诰》《酒诰》等。誓指约束、警诫、动员将士的话语，《尚书》中有《甘誓》《汤誓》《牧誓》等。夏、商、周三代以诰誓赐封诸侯。④〔猥〕随便而不严肃。⑤〔笞〕用鞭或竹板抽打。
◎**大意** 从此以后，名士不断出现，晋国任用咎犯，而齐国任用王子成父，吴国任用孙武，申明军纪，赏罚必依法执行，而这些君主终于称霸诸侯，兼并土地，虽不如夏、商、周三朝发布诰誓那样显赫，但自身受国君宠信、尊重，在当代显名扬威，能不说是荣耀吗？哪像世俗儒生，不明白大势，不衡量轻重，随意谈论德化，不赞成用兵，结果大到君主受辱、国土失守，小到被侵犯削弱，那些儒生却仍固执不改！所以家庭之中不可废弃教训和鞭打，国家之内不可废弃刑法和惩罚，普天之下不可停息诛杀和征伐，不过使用它们时有巧有拙，施行它们时有逆有顺而已。

夏桀、殷纣手搏豺狼，足追四马，勇非微也；百战克胜，诸侯慑服，权非轻也。秦二世宿军无用之地，连兵于边陲，力非弱也；

结怨匈奴,绐(挂)①祸於越,势非寡也。及其威尽势极,间巷之人为敌国。咎生穷武之不知足,甘得之心不息也。

◎**注释** ①〔绐〕通"挂"。这里意为引来,招致。
◎**大意** 夏桀王、殷纣王可空手与豺狼搏斗,双脚能追上四匹马拉的车子,他们的勇力一点也不微弱;百战百胜,诸侯恐惧而顺服,他们的权力一点也不轻。秦二世长久驻军于无用之地,在边境上集结兵士,他的力量一点也不弱;结怨于匈奴,招祸于於越国,他的势力一点也不小。等他们的威势穷尽,连乡里平民都能与其为敌。祸患生于用尽武力而不知足,贪得之心思不停息。

高祖有天下,三边外畔(叛);大国之王虽称蕃(藩)辅①,臣节未尽。会高祖厌苦军事,亦有萧、张之谋,故偃武一休息,羁縻②不备。

◎**注释** ①〔蕃辅〕捍卫辅助。②〔羁縻(mí)〕牵制笼络。
◎**大意** 汉高祖拥有天下,三方边境叛乱于外;大国诸侯王虽然称为藩障辅佐,但未尽到臣子的忠节。正好汉高祖厌烦军事,也有萧何、张良的计谋,所以停止用武而一概休养生息,对诸侯王进行笼络而不备战。

历至孝文即位,将军陈武等议曰:"南越、朝鲜自全秦①时内属为臣子,后且拥兵阻厄,逡巡②观望。高祖时天下新定,人民小安,未可复兴兵。今陛下仁惠抚百姓,恩泽加海内,宜及士民乐用,征讨逆党,以一封疆。"孝文曰:"朕能任衣冠,念不到此。会吕氏之乱,功臣宗室共不羞耻,误居正位,常战战栗栗,恐事之不终。且兵凶器,虽克所愿,动亦耗病,谓百姓远方何?又先帝知劳民不可烦，故不以为意。朕岂自谓能？今匈奴内侵，军吏无功，边民父子荷兵③日久，朕常为动心伤痛，无日忘之。今未能销距（拒），愿且坚边设候，结和通使，休宁北陲，为功多矣。且无议军。"故百姓无内外之繇（徭）④，得息肩于田亩，天下殷富，粟至十余钱，鸣鸡吠狗，烟火万里，可谓和乐者乎！

◎**注释** ①〔全秦〕指秦统一全国时。②〔选蠕（rú）〕《索隐》："选蠕谓动身欲有进取之状也。"指图谋作乱。③〔荷兵〕扛起兵器，即服兵役。④〔内外之繇（yáo）〕戍边作战为外徭，大兴土木为内徭。

◎**大意** 等到汉文帝即位，将军陈武等上奏说："南越、朝鲜从秦朝统一时即内附而称为臣子，后来又拥兵险阻之地，犹豫观望以伺机作乱。汉高祖时天下刚刚平定，百姓稍微安宁，不能再次起兵征战。如今陛下仁慈惠爱抚育百姓，恩德惠泽施加四海之内，应该趁现在士人百姓乐于受用之时，征伐叛逆党徒，从而统一疆土。"汉文帝说："我可以任用士大夫治理国家，没有考虑过用兵之事。当时恰逢吕氏之乱，功臣宗室都不觉得羞耻，拥立我误登皇帝之位，我常怀畏惧，唯恐不能善终。况且战争是凶事，虽然能够用它实现心愿，但动用了它也有耗损的忧患，那么为什么还要使百姓去远方呢？先皇知道疲劳的百姓不能烦扰，所以不把这事放在心上。我难道可以自认为能行吗？现在匈奴向内侵扰，军士将官抗敌无功，边地百姓负担兵役的时间已经很长了，我常常为此不安和伤痛，没有一天忘怀。如今未能消除敌对状态，希望暂且坚守边防设立探哨，派遣使臣结盟和好，使北方边境安宁休息，这样得到的功效才更多。暂且不要议论军事了。"所以百姓没有内外的徭役，得以休息而专心农事，天下富裕，粮食每斗只卖到十几钱，鸡鸣狗叫，烟火万里，可说是和平安乐了！

太史公曰：文帝时，会天下新去汤火①，人民乐业，因其欲然，能不扰乱，故百姓遂安。自年六七十翁亦未尝至市井，游敖嬉戏如小儿状。孔子所称有德君子者邪！

◎**注释**　①〔汤火〕比喻水深火热的状态。汤,沸水,热水。
◎**大意**　太史公说:汉文帝的时候,正值天下刚刚摆脱水深火热的状态,百姓安居乐业,于是朝廷顺应他们的愿望,能够尽量不加扰乱,因此百姓感到顺遂而安定。即使六七十岁的老翁也能自给自足而不曾到过市集,漫游嬉戏如同小孩子。孔子所称道的有德君子就是这样的吧!

《书》曰七正,二十八舍。律历,天所以通五行八正之气,天所以成孰(熟)万物也。舍者,日月所舍。舍者,舒气也。

◎**大意**　《尚书》中说到日、月、金星、木星、水星、火星、土星等七正和二十八舍。音律和历法,是上天用来沟通金、木、水、火、土五行和八正之气的,是天用来使万物成熟的。舍,意思就是日月止宿之处。舍,就是舒缓一下气力的意思。

不周风居西北,主杀生。东壁居不周风东,主辟生气而东之。至于营室。营室者,主营胎阳气而产之。东至于危。危,垝①也。言阳气之危②垝,故曰危。十月也,律中应钟。应钟者,阳气之应,不用事也。其于十二子为亥。亥者,该也。言阳气藏于下,故该也。

◎**注释**　①〔垝(guǐ)〕毁坏。②〔危〕疑衍。
◎**大意**　不周风在西北方向,主管杀生。壁宿在不周风的东边,主管开辟生气而使之向东。壁宿向东到达营室宿。营室,主管孕育而产生阳气。向东到达危宿。危,就是毁坏的意思。这是说阳气毁在这里,所以叫作危。十月时,对应的音律是应钟。应钟,是阳气的反应,阳气这时还不能发挥作用。它在十二地支中对应的是亥。亥,就是闭塞的意思。这是说阳气隐藏在下面,所以闭塞。

广莫风居北方。广莫者，言阳气在下，阴莫阳广大也，故曰广莫。东至于虚。虚者，能实能虚，言阳气冬则宛（蕴）藏于虚，日冬至则一阴下藏，一阳上舒，故曰虚。东至于须女。言万物变动其所，阴阳气未相离，尚相如胥①也，故曰须女。十一月也，律中黄钟。黄钟者，阳气踵黄泉而出也。其于十二子为子。子者，滋也；滋者，言万物滋于下也。其于十母为壬癸。壬之为言任也，言阳气任养万物于下也。癸之为言揆也，言万物可揆度，故曰癸。东至牵牛。牵牛者，言阳气牵引万物出之也。牛者，冒也，言地虽冻，能冒而生也。牛者，耕植种万物也。东至于建星。建星者，建诸生也。十二月也，律中大吕。大吕者，其于十二子为丑。

◎**注释** ①〔相如胥〕"如"字疑衍。胥，等待。

◎**大意** 广莫风在北方。广莫，是说阳气在下，阴气比阳气更广大，所以叫作广莫。向东到达虚宿。虚，能实能虚，是说阳气在冬季就蕴藏在空虚之中，太阳转到冬至时节就有一分阴气下沉蕴藏，一分阳气上升舒散，所以叫作虚。向东到达须女宿。这是说万物变动它们的处所，阴气阳气没有相互分离，还相互等待，所以叫作须女宿。十一月时，对应的音律是黄钟。黄钟，是阳气跟随黄泉而出的意思。它在十二地支中对应的是子。子，是滋的意思；滋，是说万物从下面滋生。它在十天干中对应的是壬癸。壬的意思是孕育，是说阳气从下面孕育万物。癸的意思是揆度，是说万物是可以估量的，所以叫癸。向东到达牵牛宿。牵牛，是说阳气牵引万物而生出它们。牛，是冒的意思，是说尽管大地冰冻，万物仍能冒出而生长。牛，是耕耘种植万物的意思。向东到达建星。建星，是建立各种生命的意思。十二月时，对应的音律是大吕。大吕，在十二地支中对应的是丑。

条风居东北，主出万物。条之言条治万物而出之，故曰条风。南至于箕。箕者，言万物根棋①，故曰箕。正月也，律中泰蔟②。

泰蔟者，言万物蔟生也，故曰泰蔟。其于十二子为寅。寅言万物始生螾然③也，故曰寅。南至于尾，言万物始生如尾也。南至于心，言万物始生有华心也。南至于房。房者，言万物门户也，至于门则出矣。

◎**注释** ①〔根棋（jī）〕根基。②〔泰蔟（còu）〕即"太蔟"，十二律阳律中的第二律。③〔螾（yǐn）然〕蠕动貌。
◎**大意** 条风在东北方向，主管生出万物。条的意思是调理万物而生出它们，所以叫作条风。向南到达箕宿。箕，是说万物的根基，所以叫作箕。正月时，音律对应泰蔟。泰蔟，是说万物丛聚而生，所以叫作泰蔟。它在十二地支中对应的是寅。寅的意思是说万物开始生长蠕动的样子，所以叫作寅。向南到达尾宿，是说万物开始生长如同尾巴弯曲。向南到达心宿，是说万物开始生长有花一样的心。向南到达房宿。房，是说万物的门户，到了门口就可以出来了。

明庶风居东方。明庶者，明众物尽出也。二月也，律中夹钟。夹钟者，言阴阳相夹厕（侧）也。其于十二子为卯。卯之为言茂也，言万物茂也。其于十母为甲乙。甲者，言万物剖符甲而出也；乙者，言万物生轧轧也。南至于氐。氐者，言万物皆至也。南至于亢。亢者，言万物亢见（现）也。南至于角。角者，言万物皆有枝格如角也。三月也，律中姑洗①。姑洗者，言万物洗生。其于十二子为辰。辰者，言万物之蜄（振）也。

◎**注释** ①〔姑洗（xiǎn）〕十二律之一。
◎**大意** 明庶风在东方。明庶，意思是万物全出生了。二月时，音律对应夹钟。夹钟，是说阴气阳气相夹于两侧。它在十二地支中对应的是卯。卯的意思是茂盛，是说万物茂盛。它在十天干中对应的是甲乙。甲，是说万物剖开外皮而出芽；乙，是说万物齐生冲破束缚。向南到达氐（dī）宿。氐，是说万物都高高显现了。向南到达亢宿。亢，是说万物都茂盛地出现了。向南到达角宿。角，是说万物都有枝杈如同牴角。三月时，音律对应姑洗。姑洗，是说万物新生。它在十二地支中对应的是辰。辰，是说万物的振兴。

清明风居东南维，主风吹万物而西之。至于轸。轸者，言万物益大而轸轸然。西至于翼。翼者，言万物皆有羽翼也。四月也，律中中吕。中吕者，言万物尽旅而西行也。其于十二子为巳。巳者，言阳气之已尽也。西至于七星。七星者，阳数成于七，故曰七星。西至于张。张者，言万物皆张也。西至于注。注者，言万物之始衰，阳气下注，故曰注。五月也，律中蕤宾①。蕤宾者，言阴气幼少，故曰蕤；痿阳不用事，故曰宾。

◎**注释**　①〔蕤（ruí）宾〕十二律之一。
◎**大意**　清明风在东南角，主管风吹物而西去。到达轸宿。轸，是说万物长得更大而一派旺盛的样子。向西到达翼宿。翼，是说万物都有了羽翼。四月时，音律对应中吕。中吕，是说万物全都向西移动。它在十二地支中对应的是巳。巳，是说阳气已竭尽了。向西到达七星宿。七星，阳数成于七，所以叫作七星宿。向西到达张宿。张，是说万物都在舒张。向西到达注宿。注，是说万物开始衰败，阳气向下流注，所以叫作注宿。五月时，音律对应蕤宾。蕤宾中的蕤，是说阴气幼小，所以叫蕤；萎缩的阳气不主事，所以叫宾。

景风居南方。景者，言阳气道竟，故曰景风。其于十二子为午。午者，阴阳交，故曰午。其于十母为丙丁。丙者，言阳道著明，故曰丙；丁者，言万物之丁壮也，故曰丁。西至于弧。弧者，言万物之吴落且就死也。西至于狼。狼者，言万物可度量，断万物，故曰狼。

◎**大意** 景风在南方。景,是说阳气的通道到了尽头,所以叫作景风。它在十二地支中对应的是午。午,意思是阴气阳气相互交错,所以叫作午。它在十天干中对应的是丙丁。丙,是说阳气的通道显著明了,所以叫作丙;丁,是说万物成长壮大,所以叫作丁。向西到达弧宿。弧,是说万物凋落将要死去。向西到达狼宿。狼,是说万物可以度量,可判断万物之量,所以叫作狼宿。

凉风居西南维,主地。地者,沈夺万物气也。六月也,律中林钟。林钟者,言万物就死气林林然。其于十二子为未。未者,言万物皆成,有滋味也。北至于罚。罚者,言万物气夺可伐也。北至于参①。参言万物可参也,故曰参。七月也,律中夷则。夷则,言阴气之贼万物也。其于十二子为申。申者,言阴用事,申贼万物,故曰申。北至于浊。浊者,触也,言万物皆触死也,故曰浊。北至于留。留者,言阳气之稽留也,故曰留。八月也,律中南吕。南吕者,言阳气之旅入藏也。其于十二子为酉。酉者,万物之老也,故曰酉。

◎**注释** ①〔参(shēn)〕星名,二十八宿之一。
◎**大意** 凉风在西南角,主管大地。地,是吞没万物之气的意思。六月时,音律对应林钟。林钟,是说万物就要死去而气息沉沉的样子。它在十二地支中对应的是未。未,是说万物都已成熟,有滋味了。向北到达罚宿。罚,是说万物失去生气而可以砍伐了。向北到达参宿。参是说万物可以参验,所以叫作参宿。七月时,音律对应夷则。夷则,是说阴气毁坏万物。它在十二地支中对应申。申,是说阴气管事,一再毁坏万物,所以叫作申。向北到达浊宿。浊,是触撞的意思,是说万物都触撞阴气而死,所以叫作浊宿。向北到达留宿。留,是说阳气稽留,所以叫作留宿。八月时,音律对应南吕。南吕,是说阳气移入闭藏的地方。它在十二地支中对应的是酉。酉,是万物老熟的意思,所以叫作酉。

阊阖风①居西方。阊者，倡也；阖者，藏也。言阳气道（导）万物，阖黄泉也。其于十母为庚辛。庚者，言阴气庚万物，故曰庚；辛者，言万物之辛生，故曰辛。北至于胃。胃者，言阳气就藏，皆胃胃也。北至于娄。娄者，呼万物且内（纳）之也。北至于奎。奎者，主毒螫杀万物也，奎而藏之。九月也，律中无射②。无射者，阴气盛用事，阳气无余也，故曰无射。其于十二子为戌。戌者，言万物尽灭，故曰戌。

◎**注释** ①〔阊阖（chāng hé）风〕西风，秋风。②〔无射（yì）〕十二律之一。

◎**大意** 阊阖风在西方。阊，就是倡导；阖，就是闭藏。这是说阳气引导万物，闭藏在黄泉。它在十天干中对应的是庚辛。庚，是说阴气变更万物，所以叫作庚；辛，是说万物生存艰辛，所以叫作辛。向北到达胃宿。胃，是说阳气趋向隐藏，都在胃宿藏聚起来。向北到达娄宿。娄，意思是呼唤万物而且容纳他们。向北到达奎宿。奎，主管用毒刺蜇死万物，像府库一样收藏它们。九月时，音律对应无射。无射，意思是阴气旺盛而主宰万物，阳气一点也不剩，所以叫作无射。它在十二地支中对应的是戌。戌，是说万物全部灭亡了，所以叫作戌。

律数：

九九八十一以为宫。三分去一，五十四以为徵。三分益一，七十二以为商。三分去一，四十八以为羽。三分益一，六十四以为角。

◎**大意** 律数：

把九九八十一分长的律管定为宫声律数。把这个律管截去三分之一，变成五十四分长的律管，定为徵声律数。把徵声律管加长三分之一，变成七十二分的律管，定为商声律数。把商声律管截去三分之一，变成四十八分长的律管，定为羽声律数。把羽声律管加长三分之一，变成六十四分长的律管，定为角声律数。

黄钟长八寸七分一，宫。大吕长七寸五分三分一。太蔟长七寸七分二，角。夹钟长六寸一分三分一。姑洗长六寸七分四，羽。仲吕长五寸九分三分二，徵。蕤宾长五寸六分三分一。林钟长五寸七分四，角。夷则长五寸四分三分二，商。南吕长四寸七分八，徵。无射长四寸四分三分二。应钟长四寸二分三分二，羽。

◎**大意** 黄钟律管长八寸又七分之一寸，为宫声。大吕律管长七寸五分又三分之一寸。太蔟长七寸又七分之二寸，为角声。夹钟长六寸一分又三分之一寸。姑洗长六寸又七分之四寸，为羽声。仲吕长五寸九分又三分之二寸，为徵声。蕤宾长五寸六分又三分之一寸。林钟长五寸又七分之四寸，为角声。夷则长五寸四分又三分之二寸，为商声。南吕长四寸又七分之八寸，为徵声。无射长四寸四分又三分之二寸。应钟长四寸二分又三分之二寸，为羽声。

生钟分：

子一分。丑三分二。寅九分八。卯二十七分十六。辰八十一分六十四。巳二百四十三分一百二十八。午七百二十九分五百一十二。未二千一百八十七分一千二十四。申六千五百六十一分四千九十六。酉一万九千六百八十三分八千一百九十二。戌五万九千四十九分三万二千七百六十八。亥十七万七千一百四十七分六万五千五百三十六。

◎**大意** 确定钟律的方法：

将子律的长度定为一分。丑律的长度即为三分之二。寅律的长度即为九分之八。卯律的长度即为二十七分之十六。辰律的长度即为八十一分之六十四。巳律的长度即为二百四十三分之一百二十八。午律的长度即为七百二十九分之五百一十二。未律的长度即为二千一百八十七分之一千零二十四。申律的长度即为六千五百六十一分之四千零九十六。酉律的长度即为一万九千六百八十三分之八千一百九十二。戌律的长度即为五万九千零四十九分之三万二千七百六十八。亥律的长度即为十七万七千一百四十七分之六万五千五百三十六。

生黄钟术曰：

以下生者，倍其实，三其法。以上生者，四其实，三其法。上九，商八，羽七，角六，宫五，徵九。置一而九三之以为法。实如法，得长一寸。凡得九寸，命曰"黄钟之宫"。故曰音始于宫，穷于角；数始于一，终于十，成于三；气始于冬至，周而复生。

◎**大意** 计算黄钟律产生的方法是：

求下生的比例，将原律乘以二，除以三。求上生的比例，将原律乘以四，除以三。最高的配数是九，商声配数是八，羽声配数是七，角声配数是六，宫声配数是五，徵声配数是九。把一乘以九个三作为分母。如果分子分母相等，得数是一寸。共得数九寸，名叫"黄钟律的宫声"。所以五音是开始于宫声，终结于角声；数目开始于一，终结于十，成于三；节气开始于冬至，周而复始。

神生于无，形成于有，形然后数，形而成声，故曰神使气，气就形。形理如类有可类。或未形而未类，或同形而同类，类而可班，类而可识。圣人知天地识之别，故从有以至未有，以得细若气，微若声。然圣人因神而存之，虽妙必效情，核其华道者明矣。非有圣心以乘聪明，孰能存天地之神而成形之情哉？神者，物受之而不能知及其去来，故圣人畏而欲存之。唯欲存之，神之亦存。其欲存之者，故莫贵焉。

◎**大意** 神产生于无形的气中，形体成于有形的质中，有形体而后产生数目，有形体而后生成声音，所以说神运用气，气依附形体。形体的规律是如果能分类就有类可分。有的没有形体便无法归类，有的形体相同便属于同一类，分类后便可以分辨，分类后便可以认识。圣人知晓天地并识别它们的差别，所以能从有推知未有，以至能察知的东西轻细如气，微小如声。但是圣人是通过神而探索它，即使微妙之极也必定能从性情中呈现出来，研核其中的神妙之道就明白了。没有圣人之心来驾驭聪明，谁能够探索存在于天地的神明形成了形体这种情状呢？神明，万事万物接受着它的恩德却无法知晓它的规律，所以圣人敬畏并要保护它。只有想要保护它，神的规律才能被保存下来。想要保存它，所以才把它看得无比宝贵。

太史公曰：在旋玑玉衡以齐七政[1]，即天地二十八宿。十母，十二子，钟律调自上古。建律运历造日度，可据而度也。合符节，通道德，即从斯之谓也。

◎**注释** [1]〔在旋玑玉衡以齐七政〕语出《尚书·舜典》。旋、玑、玉衡分别是北斗星的第二、第三和第五星。七政，指日、月及水、火、木、金、土五星。古人通过观测旋、玑、玉衡来考察七政。

◎**大意** 太史公说：通过观察旋玑玉衡以便清晰地把握日月及五星的运行规律，也就是考察它们在天地二十八宿中的行次。十天干、十二地支、十二律的调配起自上古时候。建立律制，运算历法，编造日月度数，才有可以测度事物的标准。符合天地万物运行的规律，认识道德的本质规律，就是要依循自然本来的规律。

◎**释疑解惑**

根据司马迁《太史公自序》中的叙述及司马贞《史记索隐》中所引述张晏注解的内容，后世不少学者据此认为此《律书》实乃《史记》中所亡逸的《兵书》，而真正的《律书》当与下一篇《历书》一道合称《律历书》。这确实是一种理解今本《律书》何以在前半部分言及兵事的角度。不过，也有不少学者通过阐释律与兵的关系，来说明司马迁作此《律书》的意义。

宋人黄履翁在《古今源流至论》中说："其著《律书》也，不言律而言兵，不言兵之用，而言兵之偃，观其论文帝事，浩漫宏博，若不相类，徐而考之，则知文帝之时，偃兵息民，结和通使，民气欢洽，阴阳协和，天地之气亦随以正，其知造律之本矣。"黄履翁认为一个国家对于军事的态度，关系到天地之气是否和顺，而这也是律的根本。

《史记评林》引赵恒的论说："律于天下事无不该，故为万事根本。而于兵械尤所重，所以略述律而言兵也。所以然者，兵与律相应，故云知吉凶知胜负也。'望敌知吉凶'，以细若气言；'闻声效胜负'，以微若声言。武王伐纣，吹律听声云云，兵与律应可知，《易》所以言师出以律也。师出以律则为黄帝、为颛顼、为成汤；师不以律则为夏桀、为殷纣矣。以此观之，兵不可废而不可黩，不废不黩归于偃兵。偃兵所以息民，息民而天下和乐太平之盛也。'治定功成，礼乐乃兴'，是以吹之而声和，候之而气应，所谓心和则气和，气和则形和，形和而后天地之和应，而后乐可作者此也。汉之高祖，厌苦兵事，萧、张为之谋，故偃武一休息。孝文闻将军陈武之议，则曰'朕能任衣冠，念不到此，且无议军'。是以百姓无内外之繇云云，天下和乐。然礼乐之事谦让未成，至武帝则穷兵黩武，海内虚耗，何足与于帝王制作之盛哉。论中虽不言而意可知。其略述律而言兵，以偃兵息民天下和乐为制律之本，正所谓吹而声和，候而气应之道也。可见后世之屑屑于黍生尺量求音者浅矣。此论非子长不能道，以谓疏略与亡逸者，均妄也。"赵恒以为律为万事之根本，因此兵事也应当合律才能使天下和乐。

清人魏元旷在《史记达旨》中说："其立八书，所以究治道也，故先之礼乐也焉。以汉至是，当亟兴礼乐以绍三代，与贾谊有同情也。武帝常有志于乐，而诸臣不知礼乐之教，令共定仪，至十余年不就；而李延年协律，以淫词之歌为雅乐；汲黯一施正论，丞相弘且以为'当族'，孰敢列其是非哉？于是精采古经先儒之说为书，庶言礼乐者有所禀承焉。周、秦载籍多言礼乐，制度杂陈，纬候交注。太史公删弃一切，独取于是，其深知礼乐之仪，非汉诸儒所及也。张守节乃谓'礼由人起''凡音之起'以下为褚少孙所补，盖由后世经旨大明，习而易之，非独不知太史公时辨择之难，且不知其书之体皆实有所载，非只论列是非而已。故《律书》既详论兵，'《书》曰'以下乃入论器，前后不相蒙，体固如是也。汉武之乱，正以礼乐不修；其礼乐不修，正以诸儒不达礼乐之旨。故详其意，不详其器，非独慨汉之礼乐不兴，亦修明其说，使后之诸儒不惑也。八书不列刑法，而序兵于《律书》之首，终以孝文之语不议军以致和乐，称为有德君子，昭黩武之戒，明缓刑之要，皆所以深救汉治也。"魏元旷以礼、乐、律合论之，认为《史记》八书中虽没有列刑法，但是在《律书》之首叙写兵事，从而阐明了礼乐刑之关系。

清人尚镕在《史记辨证》中说："六律为万事根本，其于兵械尤所重。迁盖本《易》之'师出以律'，作此书以讽武帝之佳兵也。故言诛伐虽不可'偃于天下'，然如秦二世之'结怨匈奴，结祸於越，势非寡也；及威尽势穷，闾巷之人为敌国。咎生于穷武不知足，甘得之心不息也'。末遂极称文帝之弭兵以为'和乐'，而律事仅附著于篇。"

由此可见，以兵与律合论之，似乎也可以讲得通。其实，律的本义乃是法度，万事万物皆有其法度，礼、乐、兵皆如此。此《律书》后半部分所述，乃是就音律而言，而音律也不过是万千之律的一个方面而已。之前已经说过，《律书》在司马迁的笔下，最初到底是什么样子，现在已经不得而知了。不过，此篇《律书》中的种种论述，对于读者而言还是有许多可以学习借鉴的地方。

◎ **思考辨析题**

1. 《律书》前半部分对军事的论断，体现了司马迁怎样的军事思想？如何评价这种思想？

2. 通过阅读《律书》，谈谈对音乐之律与自然之律的认识。

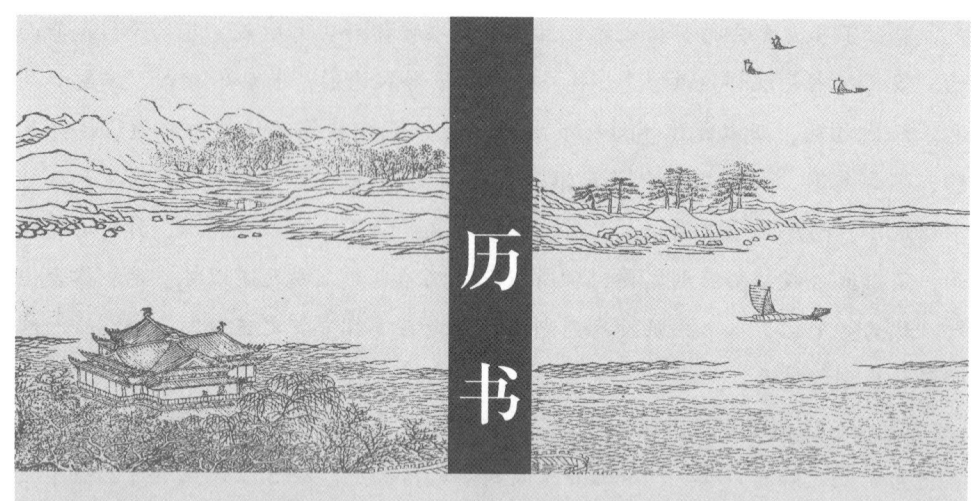

历书

第四

在上一篇《律书》的解读中已经说过，后人根据司马迁《太史公自序》及司马贞《史记索隐》引述的张晏注解，认为今本《律书》当为《兵书》，而此篇《历书》则应该是《律历书》，因《兵书》佚失，故而后人分《律历书》为"律""历"两部分，成为两篇。而《太史公自序》云："律居阴而治阳，历居阳而治阴，律历更相治，间不容翲忽。五家之文怫异，维太初之元论，作《历书》第四。"这一解说似乎也印证了这一说法。

今存《历书》主要分为两个部分。从"昔自在古，历建正作于孟春"至"日得甲子，夜半朔旦冬至"为第一部分，主要阐明历法的起源及其演变。司马迁从先民总结日月更替、昼夜变化、一年终始的规律谈起，直至为政者根据天地运行的规律制定历法，教导人民以时行事，以保证国家的顺利治理，再汉朝建立，一直没有改变历法，至汉武帝方由落下闳重新计算并制定了新的历法，即为《太初历》。从"历术甲子篇"至全文结束为第二部分，是对《历术甲子篇》内容的记录，是司马迁根据《太初历》的制定原则所编的一部所谓"万年历"。对此，台湾学者赖明德在《司马迁之学术思想》一书中的解释较为简明易懂，《历术甲子篇》"为司马迁依据当年古历的定律，预推一'蔀（bù）'——七十六年的一个周期的日历，其中包括太阳回归年冬至日的'大余''小余'（《史记正义》称为'冬至甲子日法'），与太阴农历年正月初一日的'大余''小余'（《史记正义》称为'月朔旦甲子日法'），以及这七十六年当中平闰的定则。从这些'大余''小余'的数字，可以推定每年的'节气''中气'，每月的朔、望的据点。所谓'历术甲子篇'，也就是'万岁历'或'万年历'的意思，以这部历术来计算年、月、日、时的齐同出发点，如甲子年、甲子月、甲子日、甲子时，象征历法'甲子'开始。'篇'并不是指'篇章'，而是'蔀'的别称。《史记》'历术甲子篇'是历学理论的建树，它是我国传世最早的一部历法，从其中可以探索到许多古历的重要资料。"此说可供参考。

昔自在古，历建正作于孟春。于时冰泮发蛰①，百草奋兴，秭鴂先滜（嗥）②。物乃岁具，生于东③，次顺四时，卒于冬分，时鸡三号，卒明。抚十二节，卒于丑。日月成，故明也。明者孟也，幽者幼也，幽明者雌雄也。雌雄代兴，而顺至正之统也。日归于西，起明于东；月归于东，起明于西。正不率天，又不由人，则凡事易坏而难成矣。

◎**注释** ①〔冰泮（pàn）发蛰（zhé）〕泮，冰冻消解。蛰，昆虫冬眠。②〔秭鴂（guī）先滜（háo）〕秭鴂，即子规，杜鹃。滜，同"嗥"，鸣叫。③〔东〕代指春季。

◎**大意** 从前在古时候，历法规定岁首正月开始于孟春。这时候冰冻消融而冬眠的虫子苏醒，各种草木萌发新芽，杜鹃鸟首先鸣叫起来。万物就随岁时一起发展，生长在春季，顺次经历四季，终止在冬春之交。这时公鸡鸣叫三次，天就明了。顺着十二个月的节气，终止于建丑的十二月。太阳月亮的运行形成周期，所以就有正月的第一个黎明。明就是孟的意思，幽就是幼的意思，幽明就是阴阳。阴阳交替出现，而又与以孟春月为正月的历法相符合。太阳在西方落下，升起于东方而产生光明；月亮在东方落下，升起于西方而产生光明。为政不遵循天道，又不顺从人事，那么一切事情都容易败坏而难以成功了。

王者易姓受命，必慎始初，改正朔①**，易服色，推本天元**②**，顺承厥意。**

◎**注释** ①〔改正朔〕指古代改朝换代时新立帝王颁行新历法。②〔天元〕即上元，又称历元。术数家以六十甲子配六宫，而一百八十年后度尽，其中第一甲子为上元，第二甲子为中元，第三甲子为下元，合称三元。
◎**大意** 做帝王的改换朝廷承受天命，必须慎重地对待开始，更改历法，变换服饰颜色，探究确认天体运行的起始时刻，顺应承受它的意旨。

太史公曰：神农以前尚矣。盖黄帝考定星历，建立五行①**，起消息，正闰余**②**，于是有天地神祇**③**物类之官，是谓五官**④**。各司其序，**

不相乱也。民是以能有信，神是以能有明德。民神异业，敬而不渎，故神降之嘉生，民以物享，灾祸不生，所求不匮。

◎**注释** ①〔五行〕指金、木、水、火、土相生相克的学说。②〔正闰余〕校正历法每月每年余分以设置闰月。③〔神祇〕《国语·楚语下》作"神民"，《汉书·郊祀志上》云"故有神民之官"。④〔五官〕指分管天、地、神、民、物之类的官员。

◎**大意** 太史公说：神农以前的事很久远了。大概黄帝时考察星度制定历法，建立五行序列，确立起阴阳消长的规律，纠正了闰月余分数值的大小，于是设有分管天地神祇万物种类之官，这叫作五官。他们各自掌管其中的一方职责，不相杂乱。百姓因此能够有所信赖，神灵因此能够显示德性。百姓、神灵各自的职责，敬重而不轻慢，所以神灵给百姓降生好庄稼，百姓用物品祭享神灵，灾祸不发生，需求之物不缺乏。

少暤氏①之衰也，九黎②乱德，民神杂扰，不可放物，祸菑（灾）荐至，莫尽其气。颛顼受之，乃命南正重司天以属神，命火正黎司地以属民，使复旧常，无相侵渎。

◎**注释** ①〔少暤（hào）氏〕传说中的古代圣王。②〔九黎〕南方各个黎族部落。九泛指多数。

◎**大意** 少暤氏衰落以后，九黎部落作乱，人神混杂纷扰，群类不可辨别，灾祸接连降临，没有人能享尽寿命。颛顼承受天命为帝，就任命南正重专管天事而嘱托他负责祭祀神祇，任命火正黎专管地事而嘱托他负责治理百姓，使之恢复以前的样子，不相互侵扰冒犯。

其后三苗①服九黎之德，故二官咸废所职，而闰余乖次，孟陬殄灭②，摄提无纪③，历数失序。尧复遂重、黎之后，不忘旧者，使复典之，而立羲和之官④。明时正度，则阴阳调，风雨节，茂气⑤至，民无夭疫⑥。年耆禅舜，申戒文祖，云"天之历数在尔躬"。舜亦以命禹。由是观之，王者所重也。

◎**注释** ①〔三苗〕南方各个苗族部落。三泛指多数。②〔孟陬（zōu）殄灭〕指正月不正。正月称为孟陬月，闰余错乱便会导致正月不正。③〔摄提无纪〕摄提是星名，随北斗星斗杓所指，建十二月。无纪，指失了次序。④〔羲和之官〕即尧所立掌历之官羲氏、和氏。⑤〔茂气〕旺盛的气息。⑥〔夭疫〕使人们死于非命的疫病。

◎**大意** 这以后三苗部落仿效九黎的行径，所以重、黎二官也都废弛了承担的职责，而闰余排列错乱，正月不成其为岁首，摄提星所指失去了规律，岁时节候失了常度。唐尧不忘旧功，又重新选拔重、黎二氏的后人，使他们专管这事，而且设立羲氏、和氏的官职。阐明天时调正度数，那么阴阳寒暑协和，风雨适度有节，壮旺之气到来，百姓没有疫病。唐尧年老后推让帝位给虞舜，在文祖庙中告诫虞舜，说"制定历法的重任在你一身"。虞舜也用这话告诫夏禹。由此看来，这件事是做帝王的人所重视的。

夏正以正月，殷正以十二月，周正以十一月。盖三王之正若循环，穷则反（返）本。天下有道，则不失纪序；无道，则正朔不行于诸侯。

◎**大意** 夏朝的岁首用正月，殷朝的岁首用十二月，周朝的岁首用十一月。夏、商、周三代的岁首如同循环，一到终点就回到起点。天下治理得好，就不会乱了次序；治理得不好，就连诸侯也不执行帝王颁布的历法。

幽、厉之后，周室微，陪臣①执政，史不记时，君不告朔，故畴（筹）人②子弟分散，或在诸夏，或在夷狄，是以其机祥③废而不统。周襄王二十六年闰三月，而《春秋》非之。先王之正时也，履端于始④，举正于中，归邪⑤于终。履端于始，序则不愆⑥；举正于中，民则不惑；归邪于终，事则不悖。

◎**注释** ①〔陪臣〕臣的臣子为陪臣。这里指诸侯的卿、大夫，他们对于周天子而言，即为陪臣。②〔畴人〕即"筹人"，世代掌管律历天官的人。③〔机（jī）祥〕指古代的占星术。凶兆为机，吉兆为祥。④〔履端于始〕日月在天上运行，有如人之步行，故而推定历法称为步历。"履端于始"指的是制定历法起始的一点。⑤〔归邪〕收拾历法运算的零头。⑥〔愆（qiān）〕过失。

◎**大意** 周幽王、周厉王以后，周王朝衰微，诸侯国的大夫执掌政事，史官不记日月时间，诸侯国君也废除每月朔日到宗庙祭祀宣布政事的礼节，所以历算世家的子弟分散出走，有的在中原各国，有的在夷狄地区，所以祈祷祭祀的制度荒废而不能统一。周襄王二十六年有闰三月，而《春秋》批评它的不是。古时帝王制定历法，推算历元和年月日开始的时刻，由中气纠正十二月的位置，有日月余分而归于年末。推算历元和年月日开始的时刻，时序就不会错乱；由中气纠正十二月的位置，百姓就不会困惑；有日月余分而归于年末，诸事就不会混乱。

其后战国并争，在于强国禽（擒）敌，救急解纷而已，岂遑念斯哉！是时独有邹衍①，明于五德②之传，而散消息之分，以显诸侯。而亦因③秦灭六国，兵戎极烦，又升至尊之日浅，未暇遑也。而亦颇推五胜④，而自以为获水德之瑞，更名河曰"德水"，而正以十月，色上黑。然历度闰余，未能睹其真⑤也。

◎**注释** ①〔邹衍〕战国时代的阴阳家，创立了五德终始说。②〔五德〕指五行之德，乃是邹衍五德终始说的内容。③〔而亦因〕三字可疑。④〔五胜〕指五德相胜,即互相生克。⑤〔真〕精髓。

◎ **大意**　这以后的战国时期诸雄并争,各国的目标在于增强自己打败敌人,解救危急、解决纷争罢了,哪有时间顾及制定历法的事啊!这时只有一个叫邹衍的人,懂得五德终始的学说,而且传播阴阳消长的分限等理论,因此在诸侯之间显出名声。又因为秦国消灭六国时,战事极多,登上最高位置的时间又很短,没有顾得上制定历法。但是秦非常推崇五行相胜的说法,而且自认为获得了五行中水德的祥瑞,更改黄河的名称为"德水",岁首用十月,颜色崇尚黑色。但在历法上,对于计算余分设置闰月,并没能看到历法的精奥。

汉兴,高祖曰"北畤①待我而起",亦自以为获水德之瑞。虽明习历及张苍等,咸以为然。是时天下初定,方纲纪大基,高后女主,皆未遑,故袭秦正朔服色。

◎ **注释**　①〔北畤〕即黑帝祠,汉高祖时设置的祭祀黑帝的处所。
◎ **大意**　汉朝兴起,汉高祖说"在北畤祭祀黑帝的事等我来创始",也自认为获得水德的祥瑞。即使像张苍等明白熟习历法的人,也都认为高祖是对的。这时天下刚刚平定,正在规划国家的根本制度,吕后又是女主,都未顾上历法之事,所以沿袭秦朝的历法和服色。

至孝文时,鲁人公孙臣以终始五德上书,言"汉得土德,宜更元,改正朔,易服色。当有瑞,瑞黄龙见(现)"。事下丞相张苍,张苍亦学律历,以为非是,罢之。其后黄龙见(现)成纪,张苍自黜,所欲论著不成。而新垣平①以望气见,颇言正历服色事,贵幸,后作乱,故孝文帝废不复问。

◎**注释** ①〔新垣平〕上书汉文帝主张改历的方士。

◎**大意** 到汉文帝的时候，鲁人公孙臣根据五德终始的理论上书，说"汉德属于土德，应该更改历元，改变历法，变换服色。会有祥瑞，祥瑞就是黄龙出现"。这事交由丞相张苍处理，张苍也是学习律历的人，认为公孙臣的说法不对，压下了它。这以后黄龙出现在成纪，张苍自请贬职，想要作的历法论著也未成功。而新垣平因善于观望云气被皇帝接见，谈了些改正历法和服色的事，受到宠信，后来他作乱，所以汉文帝搁置改历法之事，不再过问。

至今上即位，招致方士，唐都分其天部，而巴落下闳①运算转历，然后日辰之度与夏正同。乃改元，更官号，封泰山。因诏御史曰："乃者，有司言星度之未定也，广延宣问，以理星度，未能詹也。盖闻昔者黄帝合而不死，名察度验，定清浊，起五部，建气物分数。然盖尚矣。书缺乐弛，朕甚闵（悯）焉。朕唯未能循明也，紬绩②日分，率应水德之胜。今日顺夏至，黄钟为宫，林钟为徵，太蔟为商，南吕为羽，姑洗为角。自是以后，气复正，羽声复清，名复正变，以至子日当冬至，则阴阳离合之道行焉。十一月甲子朔旦冬至已詹，其更以七年为太初元年。年名'焉逢摄提格'，月名'毕聚'，日得甲子，夜半朔旦冬至。"

◎**注释** ①〔落下闳〕著名的历法学家。②〔紬（chōu）绩〕编集，缀集。

◎**大意** 到当今皇上即位，招来方士，其中的唐都测量周天各部的星宿度数，而巴郡的落下闳计算天体运行，修正历法，然后日月运行位置的度数和夏朝历法相同了。于是改变年号，更改官名，在泰山筑坛祭天。因而下诏给御史说："从前，有关官员说是星度未测定，就广泛招人来咨询，以便考校测定星度，但未能得到满意的结果。听说古时黄帝圣德与神灵相合而不死，察星名验度数，判定五音清浊高低，确立起四时与五行的关系，建立了节气的日分余数。但是年代实在久远了。典籍缺乏、礼乐废弛，朕很惋惜这种情况。朕想到未能把它们补修完备，编集运算日分，基本能与克胜水德的土德相合。如今已临近夏至，用黄钟律作宫声，用林钟律作徵声，用太蔟律作商声，用南吕律作羽声，用姑洗律作角声。从此以后，节气恢复正常，羽声重新成为最清音，律名又得到纠正，直到逢子的那天正当冬至日，那么阴阳离合自可循道而行了。已经算得十一月甲子日夜半时为月朔冬至，应当把元封七年改为太初元年。年名是'焉逢摄提格'，月名是'毕聚'，日名算得是甲子，又算得夜半时是朔日的开始，节气交冬至。"

历术甲子篇

太初元年，岁名"焉逢摄提格"，月名"毕聚"，日得甲子，夜半朔旦冬至。

正北

十二

无大余，无小余[①]；

无大余，无小余；

焉逢摄提格太初元年。

◎**注释** ①〔无大余，无小余〕大余、小余，古代历法术语。凡不满一甲子（即六十）余下的日数称大余，不满一日（包括夜）余下的分数称小余。

◎**大意** 历术甲子篇

汉武帝太初元年，岁名是"焉逢摄提格"，月名是"毕聚"，十一月朔旦的日名是甲子，夜半是朔日的开始，交冬至。

冬至在子时而方位正北

全年十二个月

月朔没有大余，没有小余；

冬至没有大余，没有小余；

焉逢摄提格就是汉武帝太初元年。

十二

　　大余五十四，小余三百四十八；

　　大余五，小余八；

　　端蒙单阏二年。

◎**大意**　全年十二个月

　　月朔大余五十四日，小余三百四十八分；

　　冬至大余五日，小余八分；

　　端蒙单阏（chán yè）就是太初二年。

闰十三

　　大余四十八，小余六百九十六；

　　大余十，小余十六；

　　游兆执徐三年。

◎**大意**　有闰月而全年十三个月

　　月朔大余四十八日，小余六百九十六分；

　　冬至大余十日，小余十六分；

　　游兆执徐就是太初三年。

十二

　　大余十二，小余六百三；

　　大余十五，小余二十四；

　　强梧大荒落四年。

◎**大意**　全年十二个月

月朔大余十二日，小余六百零三分；
冬至大余十五日，小余二十四分；
强梧大荒落就是太初四年。

十二
大余七，小余十一；
大余二十一，无小余；
徒维敦牂天汉元年。

◎**大意** 全年十二个月
月朔大余七日，小余十一分；
冬至大余二十一日，没有小余；
徒维敦牂（zāng）就是汉武帝天汉元年。

闰十三
大余一，小余三百五十九；
大余二十六，小余八；
祝犁协洽二年。

◎**大意** 有闰月而全年十三个月
月朔大余一日，小余三百五十九分；
冬至大余二十六日，小余八分；
祝犁协洽就是天汉二年。

十二
大余二十五，小余二百六十六；

大余三十一，小余十六；

商横涒滩三年。

◎**大意** 全年十二个月

月朔大余二十五日，小余二百六十六分；

冬至大余三十一日，小余十六分；

商横涒（tūn）滩就是天汉三年。

十二

大余十九，小余六百一十四；

大余三十六，小余二十四；

昭阳作鄂四年。

◎**大意** 全年十二个月

月朔大余十九日，小余六百一十四分；

冬至大余三十六日，小余二十四分；

昭阳作鄂就是天汉四年。

闰十三

大余十四，小余二十二；

大余四十二，无小余；

横艾淹茂太始元年。

◎**大意** 有闰月而全年十三个月

月朔大余十四日，小余二十二分；

冬至大余四十二日，没有小余；
横艾淹茂就是汉武帝太始元年。

十二

大余三十七，小余八百六十九；

大余四十七，小余八；

尚章大渊献二年。

◎**大意** 全年十二个月

月朔大余三十七日，小余八百六十九分；

冬至大余四十七日，小余八分；

尚章大渊献就是太始二年。

闰十三

大余三十二，小余二百七十七；

大余五十二，小余一十六；

焉逢困敦三年。

◎**大意** 有闰月而全年十三个月

月朔大余三十二日，小余二百七十七分；

冬至大余五十二日，小余一十六分；

焉逢困敦就是太始三年。

十二

大余五十六，小余一百八十四；

大余五十七,小余二十四;

端蒙赤奋若四年。

◎ **大意** 全年十二个月

月朔大余五十六日,小余一百八十四分;

冬至大余五十七日,小余二十四分;

端蒙赤奋若就是太始四年。

十二

大余五十,小余五百三十二;

大余三,无小余;

游兆摄提格征和元年。

◎ **大意** 全年十二个月

月朔大余五十日,小余五百三十二分;

冬至大余三日,没有小余;

游兆摄提格就是汉武帝征和元年。

闰十三

大余四十四,小余八百八十;

大余八,小余八;

强梧单阏二年。

◎ **大意** 有闰月而全年十三个月

月朔大余四十四日,小余八百八十分;

冬至大余八日，小余八分；

强梧单阏就是征和二年。

十二

大余八，小余七百八十七；

大余十三，小余十六；

徒维执徐三年。

◎**大意** 全年十二个月

月朔大余八日，小余七百八十七分；

冬至大余十三日，小余十六分；

徒维执徐就是征和三年。

十二

大余三，小余一百九十五；

大余十八，小余二十四；

祝犁大芒（荒）落四年。

◎**大意** 全年十二个月

月朔大余三日，小余一百九十五分；

冬至大余十八日，小余二十四分；

祝犁大荒落就是征和四年。

闰十三

大余五十七，小余五百四十三；

大余二十四，无小余；
商横敦牂后元元年。

◎**大意**　有闰月而全年十三个月
月朔大余五十七日，小余五百四十三分；
冬至大余二十四日，没有小余；
商横敦牂就是汉武帝后元元年。

十二
大余二十一，小余四百五十；
大余二十九，小余八；
昭阳汁洽二年。

◎**大意**　全年十二个月
月朔大余二十一日，小余四百五十分；
冬至大余二十九日，小余八分；
昭阳汁洽就是后元二年。

闰十三
大余十五，小余七百九十八；
大余三十四，小余十六；
横艾涒滩始元元年。

◎**大意**　有闰月而全年十三个月
月朔大余十五日，小余七百九十八分；

冬至大余三十四日，小余十六分；

横艾涒滩就是汉昭帝始元元年。

正西

十二

大余三十九，小余七百五；

大余三十九，小余二十四；

尚章作噩二年。

◎ **大意** 冬至在酉时而方位正西

全年十二月

月朔大余三十九日，小余七百零五分；

冬至大余三十九日，小余二十四分；

尚章作噩就是始元二年。

十二

大余三十四，小余一百一十三；

大余四十五，无小余；

焉逢淹茂三年。

◎ **大意** 全年十二个月

月朔大余三十四日，小余一百一十三分；

冬至大余四十五日，没有小余；

焉逢淹茂就是始元三年。

闰十三

大余二十八，小余四百六十一；

大余五十，小余八；

端蒙大渊献四年。

◎ **大意** 有闰月而全年十三个月

月朔大余二十八日，小余四百六十一分；

冬至大余五十日，小余八分；

端蒙大渊献就是始元四年。

十二

大余五十二，小余三百六十八；

大余五十五，小余十六；

游兆困敦五年。

◎ **大意** 全年十二个月

月朔大余五十二日，小余三百六十八分；

冬至大余五十五日，小余十六分；

游兆困敦就是始元五年。

十二

大余四十六，小余七百一十六；

无大余，小余二十四；

强梧赤奋若六年。

◎ **大意** 全年十二个月

月朔大余四十六日，小余七百一十六分；

冬至没有大余，小余二十四分；

强梧赤奋若就是始元六年。

闰十三

大余四十一，小余一百二十四；

大余六，无小余；

徒维摄提格元凤元年。

◎**大意** 有闰月而全年十三个月

月朔大余四十一日，小余一百二十四分；

冬至大余六日，没有小余；

徒维摄提格就是汉昭帝元凤元年。

十二

大余五，小余三十一；

大余十一，小余八；

祝犁单阏二年。

◎**大意** 全年十二个月

月朔大余五日，小余三十一分；

冬至大余十一日，小余八分；

祝犁单阏就是元凤二年。

十二

大余五十九，小余三百七十九；

大余十六,小余十六;

商横执徐三年。

◎**大意**　全年十二个月

月朔大余五十九日,小余三百七十九分;

冬至大余十六日,小余十六分;

商横执徐就是元凤三年。

闰十三

大余五十三,小余七百二十七;

大余二十一,小余二十四;

昭阳大荒落四年。

◎**大意**　有闰月而全年十三个月

月朔大余五十三日,小余七百二十七分;

冬至大余二十一日,小余二十四分;

昭阳大荒落就是元凤四年。

十二

大余十七,小余六百三十四;

大余二十七,无小余;

横艾敦牂五年。

◎**大意**　全年十二个月

月朔大余十七日,小余六百三十四分;

冬至大余二十七日，没有小余；
横艾敦牂就是元凤五年。

闰十三
　　大余十二，小余四十二；
　　大余三十二，小余八；
　　尚章汁洽六年。

◎ **大意**　有闰月而全年十三个月
　　月朔大余十二日，小余四十二分；
　　冬至大余三十二日，小余八分；
　　尚章汁洽就是元凤六年。

十二
　　大余三十五，小余八百八十九；
　　大余三十七，小余十六；
　　焉逢涒滩元平元年。

◎ **大意**　全年十二个月
　　月朔大余三十五日，小余八百八十九分；
　　冬至大余三十七日，小余十六分；
　　焉逢涒滩就是汉昭帝元平元年。

十二
　　大余三十，小余二百九十七；

大余四十二，小余二十四；
端蒙作噩本始元年。

◎ **大意** 全年十二个月

月朔大余三十日，小余二百九十七分；
冬至大余四十二日，小余二十四分；
端蒙作噩就是汉宣帝本始元年。

闰十三

大余二十四，小余六百四十五；

大余四十八，无小余；

游兆阉茂二年。

◎ **大意** 有闰月而全年十三个月

月朔大余二十四日，小余六百四十五分；
冬至大余四十八日，没有小余；
游兆阉茂就是本始二年。

十二

大余四十八，小余五百五十二；

大余五十三，小余八；

强梧大渊献三年。

◎ **大意** 全年十二个月

月朔大余四十八日，小余五百五十二分；

冬至大余五十三日，小余八分；
强梧大渊献就是本始三年。

十二
　　大余四十二，小余九百；
　　大余五十八，小余十六；
　　徒维困敦四年。

◎**大意**　全年十二个月
　　月朔大余四十二日，小余九百分；
　　冬至大余五十八日，小余十六分；
　　徒维困敦就是本始四年。

闰十三
　　大余三十七，小余三百八；
　　大余三，小余二十四；
　　祝犁赤奋若地节元年。

◎**大意**　有闰月而全年十三个月
　　月朔大余三十七日，小余三百零八分；
　　冬至大余三日，小余二十四分；
　　祝犁赤奋若就是汉宣帝地节元年。

十二
　　大余一，小余二百一十五；

大余九，无小余；

商横摄提格二年。

◎**大意** 全年十二个月

月朔大余一日，小余二百一十五分；

冬至大余九日，没有小余；

商横摄提格就是地节二年。

闰十三

大余五十五，小余五百六十三；

大余十四，小余八；

昭阳单阏三年。

◎**大意** 有闰月而全年十三个月

月朔大余五十五日，小余五百六十三分；

冬至大余十四日，小余八分；

昭阳单阏就是地节三年。

正南

十二

大余十九，小余四百七十；

大余十九，小余十六；

横艾执徐四年。

◎**大意** 冬至在午时而方位正南

全年十二个月

月朔大余十九日，小余四百七十分；

冬至大余十九日，小余十六分；

横艾执徐就是地节四年。

十二

大余十三，小余八百一十八；

大余二十四，小余二十四；

尚章大荒落元康元年。

◎**大意** 全年十二个月

月朔大余十三日，小余八百一十八分；

冬至大余二十四日，小余二十四分；

尚章大荒落就是汉宣帝元康元年。

闰十三

大余八，小余二百二十六；

大余三十，无小余；

焉逢敦牂二年。

◎**大意** 有闰月而全年十三个月

月朔大余八日，小余二百二十六分；

冬至大余三十日，没有小余；

焉逢敦牂就是元康二年。

十二

大余三十二，小余一百三十三；

大余三十五，小余八；

端蒙协洽三年。

◎ **大意** 全年十二个月

月朔大余三十二日，小余一百三十三分；

冬至大余三十五日，小余八分；

端蒙协洽就是元康三年。

十二

大余二十六，小余四百八十一；

大余四十，小余十六；

游兆涒滩四年。

◎ **大意** 全年十二个月

月朔大余二十六日，小余四百八十一分；

冬至大余四十日，小余十六分；

游兆涒滩就是元康四年。

闰十三

大余二十，小余八百二十九；

大余四十五，小余二十四；

强梧作噩神雀元年。

◎ **大意** 有闰月而全年十三个月

月朔大余二十日，小余八百二十九分；
冬至大余四十五日，小余二十四分；
强梧作噩就是汉宣帝神雀元年。

十二

大余四十四，小余七百三十六；
大余五十一，无小余；
徒维淹茂二年。

◎ **大意** 全年十二个月

月朔大余四十四日，小余七百三十六分；
冬至大余五十一日，没有小余；
徒维淹茂就是神雀二年。

十二

大余三十九，小余一百四十四；
大余五十六，小余八；
祝犁大渊献三年。

◎ **大意** 全年十二个月

月朔大余三十九日，小余一百四十四分；
冬至大余五十六日，小余八分；
祝犁大渊献就是神雀三年。

闰十三

大余三十三，小余四百九十二；

大余一，小余十六；

　　商横困敦四年。

◎**大意**　有闰月而全年十三个月

　　月朔大余三十三日，小余四百九十二分；

　　冬至大余一日，小余十六分；

　　商横困敦就是神雀四年。

　　十二

　　大余五十七，小余三百九十九；

　　大余六，小余二十四；

　　昭阳赤奋若五凤元年。

◎**大意**　全年十二个月

　　月朔大余五十七日，小余三百九十九分；

　　冬至大余六日，小余二十四分；

　　昭阳赤奋若就是汉宣帝五凤元年。

　　闰十三

　　大余五十一，小余七百四十七；

　　大余十二，无小余；

　　横艾摄提格二年。

◎**大意**　有闰月而全年十三个月

　　月朔大余五十一日，小余七百四十七分；

冬至大余十二日，没有小余；

横艾摄提格就是五凤二年。

十二

大余十五，小余六百五十四；

大余十七，小余八；

尚章单阏三年。

◎**大意**　全年十二个月

月朔大余十五日，小余六百五十四分；

冬至大余十七日，小余八分；

尚章单阏就是五凤三年。

十二

大余十，小余六十二；

大余二十二，小余十六；

焉逢执徐四年。

◎**大意**　全年十二个月

月朔大余十日，小余六十二分；

冬至大余二十二日，小余十六分；

焉逢执徐就是五凤四年。

闰十三

大余四，小余四百一十；

大余二十七，小余二十四；
端蒙大荒落甘露元年。

◎**大意** 有闰月而全年十三个月
月朔大余四日，小余四百一十分；
冬至大余二十七日，小余二十四分；
端蒙大荒落就是汉宣帝甘露元年。

十二
大余二十八，小余三百一十七；
大余三十三，无小余；
游兆敦牂二年。

◎**大意** 全年十二个月
月朔大余二十八日，小余三百一十七分；
冬至大余三十三日，没有小余；
游兆敦牂就是甘露二年。

十二
大余二十二，小余六百六十五；
大余三十八，小余八；
强梧协洽三年。

◎**大意** 全年十二个月
月朔大余二十二日，小余六百六十五分；

冬至大余三十八日，小余八分；
强梧协洽就是甘露三年。

闰十三
大余十七，小余七十三；
大余四十三，小余十六；
徒维涒滩四年。

◎**大意** 有闰月而全年十三个月

月朔大余十七日，小余七十三分；
冬至大余四十三日，小余十六分；
徒维涒滩就是甘露四年。

十二
大余四十，小余九百二十；
大余四十八，小余二十四；
祝犁作噩黄龙元年。

◎**大意** 全年十二个月

月朔大余四十日，小余九百二十分；
冬至大余四十八日，小余二十四分；
祝犁作噩就是汉宣帝黄龙元年。

闰十三
大余三十五，小余三百二十八；

大余五十四，无小余；

商横淹茂初元元年。

◎**大意** 有闰月而全年十三个月

月朔大余三十五日，小余三百二十八分；

冬至大余五十四日，没有小余；

商横淹茂就是汉元帝初元元年。

正东

十二

大余五十九，小余二百三十五；

大余五十九，小余八；

昭阳大渊献二年。

◎**大意** 冬至在卯时而方位正东

全年十二个月

月朔大余五十九日，小余二百三十五分；

冬至大余五十九日，小余八分；

昭阳大渊献就是初元二年。

十二

大余五十三，小余五百八十三；

大余四，小余十六；

横艾困敦三年。

◎**大意** 全年十二个月

月朔大余五十三日，小余五百八十三分；
冬至大余四日，小余十六分；
横艾困敦就是初元三年。

闰十三
大余四十七，小余九百三十一；
大余九，小余二十四；
尚章赤奋若四年。

◎**大意** 有闰月而全年十三个月
月朔大余四十七日，小余九百三十一分；
冬至大余九日，小余二十四分；
尚章赤奋若就是初元四年。

十二
大余十一，小余八百三十八；
大余十五，无小余；
焉逢摄提格五年。

◎**大意** 全年十二个月
月朔大余十一日，小余八百三十八分；
冬至大余十五日，没有小余；
焉逢摄提格就是初元五年。

十二
大余六，小余二百四十六；

大余二十，小余八；

端蒙单阏永光元年。

◎**大意** 全年十二个月

月朔大余六日，小余二百四十六分；

冬至大余二十日，小余八分；

端蒙单阏就是汉元帝永光元年。

闰十三

无大余，小余五百九十四；

大余二十五，小余十六；

游兆执徐二年。

◎**大意** 有闰月而全年十三个月

月朔没有大余，小余五百九十四分；

冬至大余二十五日，小余十六分；

游兆执徐就是永光二年。

十二

大余二十四，小余五百一；

大余三十，小余二十四；

强梧大荒落三年。

◎**大意** 全年十二个月

月朔大余二十四日，小余五百零一分；

冬至大余三十日，小余二十四分；

强梧大荒落就是永光三年。

十二

大余十八，小余八百四十九；

大余三十六，无小余；

徒维敦牂四年。

◎**大意** 全年十二个月

月朔大余十八日，小余八百四十九分；

冬至大余三十六日，没有小余；

徒维敦牂就是永光四年。

闰十三

大余十三，小余二百五十七；

大余四十一，小余八；

祝犁协洽五年。

◎**大意** 有闰月而全年十三个月

月朔大余十三日，小余二百五十七分；

冬至大余四十一日，小余八分；

祝犁协洽就是永光五年。

十二

大余三十七，小余一百六十四；

大余四十六，小余十六；

商横涒滩建昭元年。

◎**大意** 全年十二个月

月朔大余三十七日，小余一百六十四分；

冬至大余四十六日，小余十六分；

商横涒滩就是汉元帝建昭元年。

闰十三

大余三十一，小余五百一十二；

大余五十一，小余二十四；

昭阳作噩二年。

◎**大意** 有闰月而全年十三个月

月朔大余三十一日，小余五百一十二分；

冬至大余五十一日，小余二十四分；

昭阳作噩就是建昭二年。

十二

大余五十五，小余四百一十九；

大余五十七，无小余；

横艾阉茂三年。

◎**大意** 全年十二个月

月朔大余五十五日，小余四百一十九分；

冬至大余五十七日，没有小余；

横艾阉茂就是建昭三年。

十二

大余四十九，小余七百六十七；

大余二，小余八；

尚章大渊献四年。

◎ **大意** 全年十二个月

月朔大余四十九日，小余七百六十七分；

冬至大余二日，小余八分；

尚章大渊献就是建昭四年。

闰十三

大余四十四，小余一百七十五；

大余七，小余十六；

焉逢困敦五年。

◎ **大意** 有闰月而全年十三个月

月朔大余四十四日，小余一百七十五分；

冬至大余七日，小余十六分；

焉逢困敦就是建昭五年。

十二

大余八，小余八十二；

大余十二,小余二十四;

端蒙赤奋若竟宁元年。

◎**大意** 全年十二个月

月朔大余八日,小余八十二分;

冬至大余十二日,小余二十四分;

端蒙赤奋若就是汉元帝竟宁元年。

十二

大余二,小余四百三十;

大余十八,无小余;

游兆摄提格建始元年。

◎**大意** 全年十二个月

月朔大余二日,小余四百三十分;

冬至大余十八日,没有小余;

游兆摄提格就是汉成帝建始元年。

闰十三

大余五十六,小余七百七十八;

大余二十三,小余八;

强梧单阏二年。

◎**大意** 有闰月而全年十三个月

月朔大余五十六日,小余七百七十八分;

冬至大余二十三日，小余八分；
强梧单阏就是建始二年。

十二
大余二十，小余六百八十五；
大余二十八，小余十六；
徒维执徐三年。

◎**大意** 全年十二个月
月朔大余二十日，小余六百八十五分；
冬至大余二十八日，小余十六分；
徒维执徐就是建始三年。

闰十三
大余十五，小余九十三；
大余三十三，小余二十四；
祝犁大荒落四年。

◎**大意** 有闰月而全年十三个月
月朔大余十五日，小余九十三分；
冬至大余三十三日，小余二十四分；
祝犁大荒落就是建始四年。

右《历书》：大余者，日也。小余者，月[①]也。端蒙者，年名也。支：丑名赤奋若，寅名摄提格。干：丙名游兆。正北，冬至加子时；正西，加酉时；正南，加午时；正东，加卯时。

◎ **注释** ①〔月〕当为"分"。

◎ **大意** 上面的《历书》中：大余，是指剩余的日数。小余，是指剩余的分数。端蒙，是年名。地支：丑叫作赤奋若，寅叫作摄提格。天干：丙叫作游兆。正北，是指冬至在子时；正西，是指冬至在酉时；正南，是指冬至在午时；正东，是指冬至在卯时。

◎ **释疑解惑**

　　大家可能不知道，司马迁也是西汉太初历法校定的发起人之一。西汉原本一直沿用秦始皇时代所修订的《颛顼历》，然而当时《颛顼历》已经无法准确确定朔望与节气，这是误差长期积累的缘故。因此，司马迁便联合时任太中大夫的公孙卿与壶遂上书汉武帝，其中就说"历纪坏废，宜改正朔"。此后，司马迁还参与制定新历法前的一系列测量、推算工作，对其后颁布的《太初历》做出了十分重要的贡献。由此可见，对于历法一事，司马迁是有自己的才能与见解的。公元前104年，汉武帝改元太初，颁布了新的历法——《太初历》。然而，《史记》的《历书》之中并没有看到司马迁对《太初历》的具体记载，反而是以大部分篇幅展示了一部《历术甲子篇》。学者一般认为，此《历术甲子篇》乃司马迁根据自己的历法理论所作的一部所谓"万年历"。这里没有记录《太初历》的具体情况，是因为司马迁对制定《太初历》的过程中为与乐律相合而窜改数据的行为不满。不过，《太初历》后来经过西汉末年刘歆的修订，以《三统历》的名称被保存在《汉书·律历志》中，是流传至今最完整的历法文献。但据有关资料，刘歆的修订使得《三统历》的测算已经大大优于原本的《太初历》，也就是说，它已不再是《太初历》的原貌了。

◎ **思考辨析题**

　　1. 根据司马迁对历法史的介绍，总结夏、商、周三代以来历法的主要特点。

　　2. 根据上述资料，谈谈对司马迁在《历书》中保存《历术甲子篇》的认识。

天官书

第五

所谓天官，其实就是天上的星辰。因为汉代流行"天人感应"的观念，人们将天上的星辰与人间的君臣相对应，列分等级，称为"天官"。司马贞《史记索隐》中有解释："文有五官。官者，星官也。星座有尊卑，若人之官曹列位，故曰天官。"《天官书》，就是司马迁对于前代学者及他个人研究天文学成果的记录，这也是我国现存较早的全面系统的天文学专著。

《天官书》全文分为五个部分。从"中宫天极星，其一明者，太一常居也"至"南斗为庙，其北建星"为第一部分，将天上的星星按照其所在区域划分为五宫，逐一介绍五宫中的列星分布及其赢缩兆占。从"察日、月之行以揆岁星顺逆"至"辰星之色：春，青黄"为第二部分，叙述五大行星的运行规律、分野情况及其与吉凶祸福的联系。从"角、亢、氐，兖州"至"冬至短极，悬土炭，炭动"为第三部分，讨论分野及天的五种客气，即日晕、日月食、流星、云、风的占卜意义。从"太史公曰：自初生民以来，世主曷尝不历日月星辰"至"日变修德，月变省刑，星变结和"为第四部分，讨论天人关系。从"苍帝行德，天门为之开"至"客星出天廷，有奇令"为第五部分，文字内容与上述文字不接，后世学者认为这部分内容是后人附记或有错简。

中宫天极星，其一明者，太一常居也；旁三星三公，或曰子属。后句①四星，末大星正妃，余三星后宫之属也。环之匡卫十二星，藩臣。皆曰紫宫。

◎**注释** ①〔句（gōu）〕弯曲。
◎**大意** 天空中央紧靠天极的星，其中有一颗明亮发紫光，是天帝常居处；旁边三小星，为三公，也有说是天帝嫡庶子的。后面弯曲排列着四颗星，末端那颗大星为王后星，其余三星为嫔妃。围绕帝星状似拱卫的十二星，是一众藩臣。这一星区总称紫宫。

前列直斗口三星，随北端兑（锐），若见（现）若不（否），曰阴德，或曰天一。紫宫左三星曰天枪，右五星曰天棓①，后六星绝汉抵营室，曰阁道。

◎**注释** ①〔天棓（bàng）〕星宿名。
◎**大意** 前排正对北斗斗口的三颗星，组成一个向北尖锐的三角形，若隐若现，名叫阴德，也称天一。紫宫左边三星名叫天枪，右边五星叫天棓，后面六星横亘天河至室宿，称为阁道。

北斗七星，所谓"旋、玑、玉衡以齐七政"。杓①携龙角，衡殷南斗，魁②枕参首。用昏建者杓；杓，自华以西南。夜半建者衡；衡，殷中州河、济之间。平旦建者魁；魁，海岱以东北也。斗为帝车，运于中央，临制四乡（向）。分阴阳，建四时，均五行，移节度，定诸纪，皆系于斗。

◎**注释** ①〔杓（biāo）〕北斗星的第五星至第七星，即柄部的三颗星。②〔魁〕北斗第一星至第四星。

◎**大意** 北斗七星就是《尚书》所说的"旋、玑、玉衡以齐七政"。极星与斗杓相连的延长线连接着东宫苍龙的角宿，斗衡隐隐约约和南斗相对，斗魁四星的延长线枕着参宿头上的两颗星。用斗杓黄昏时所指的十二辰次建寅为正月叫昏建；斗杓，在地上的分野是华山及其西南地区。用斗衡夜半时所指的十二辰次建寅为正月叫夜半建；斗衡，它的分野在中原黄河和济水之间的地区。用斗魁黎明时所指的十二辰次建寅为正月叫平旦建；斗魁，其分野在渤海到泰山一线东北地区。北斗是天帝的车驾，它在靠近天极的中央运转，统治着四方。分别阴阳消长的界限，建立四时的秩序，均平五行和阴阳四时的关系，移易天候的节气度数，确定历法的纪元，这些都与它的运转位置有关。

斗魁戴匡（筐）六星曰文昌宫：一曰上将，二曰次将，三曰贵相，四曰司命，五曰司中，六曰司禄。在斗魁中，贵人之牢。魁下六星，两两相比者，名曰三能（台）。三能（台）色齐，君臣和；不齐，为乖戾。辅星明近，辅臣亲强；斥小，疏弱。

◎**大意** 斗魁头顶排成筐状的六颗星叫文昌宫：第一颗叫上将，第二颗叫次将，第三颗叫贵相，第四颗叫司命，第五颗叫司中，第六颗叫司禄。斗魁中的四颗星，为权贵的天牢。魁星之下六颗星，两两相对排列，名叫三台星。三台星光正常，君臣相安，反之即有冲突。北斗第六星开阳星近处的小星名开阳辅星，辅星明亮而紧贴开阳星，众臣忠心得力；光暗而远离开阳星，众臣疏远而不亲职务。

杓端有两星：一内为矛，招摇；一外为盾，天锋。有句圜①十五星，属杓，曰贱人之牢。其牢中星实则囚多，虚则开出。

◎**注释** ①〔句圜（gōu yuán）〕屈曲连环。
◎**大意** 斗柄端有两颗星：近的名天矛，亦称招摇；远的名盾，亦称天锋。有十五颗星屈曲如连环，连接斗尾，是关押庶人的天牢。天牢中的星显亮犯人就多，反之就是天牢中没有囚犯。

天一、枪、棓、矛、盾动摇，角大，兵起。

◎**大意** 天一、天枪、天棓、天矛、天盾等星光亮不正常，角宿黄光增强，意味着有战事。

东宫苍龙，房、心。心为明堂，大星天王，前后星子属。不欲直，直则天王失计。房为府，曰天驷①。其阴，右骖②。旁有两星曰衿③；北一星曰辖④。东北曲十二星曰旗。旗中四星曰天市，中六星曰市楼。市中星众者实；其虚则秏（耗）。房南众星曰骑官。

◎**注释** ①〔天驷〕二十八星宿中房宿的别名。②〔骖〕原指古代驾在车前两侧的马，此处用作星名。③〔衿（jīn）〕原指古代服装下连到前襟的衣领，此处用作星名。④〔辖（xiá）〕原指车辖，即贯穿车轴，用以防止轮子脱落的金属键，此处用作星名。

◎**大意**　东宫七宿星组成苍龙形态，其中较显著的是房宿、心宿。心宿三星为天帝政事厅，中间最亮的大星名天王，前后两颗星为王子。这三颗星没有排成直线；若成直线，就是政事有失误。房宿是天帝外宅，也是车驾。稍北有左、右骖星，旁边两个小星名衿，北面一星名辖。东北方向弯曲排列的十二颗星名叫天旗。天旗中央四颗星为天市垣，有六颗星称为市楼。天市垣内各小星明亮众多则百业兴盛，相反就百业萧条。房宿南边各星，总称骑官。

左角，李（理）①；右角，将。大角者，天王帝廷。其两旁各有三星，鼎足句之，曰摄提。摄提者，直斗杓所指，以建时节，故曰"摄提格②"。亢为疏庙，主疾。其南北两大星，曰南门。氐为天根，主疫。

◎**注释**　①〔李〕通"理"，古代狱官，法官。②〔摄提格〕古代岁星纪年法中的十二辰之一。古人认为岁星十二年一周天，将黄道附近天域均分为十二部分，称作十二星次，岁星每年走一次。古人就根据岁星所在位置来纪年。摄提格为十二次的第三位，相当于干支纪年法中的寅年。
◎**大意**　角宿左右两星为法官、将军。大角为天王帝廷。两侧各有三星，如鼎足三角形，称左、右摄提。摄提正对北斗柄，可以显示四季，用在纪年上便名"摄提格"。亢宿为远房帝胄家庙，主管病医。宅南边两颗大星名南门一、南门二。氐宿是天的根柱，主管疾疫。

尾为九子，曰君臣；斥绝，不和。箕为敖客①，曰口舌。

◎**注释**　①〔敖客〕指以口舌拨弄是非的说客。
◎**大意**　尾宿由九颗星组成，象征君臣关系；它们疏远隔离，象征君臣不和。箕宿为说客，多议政事。

火犯守角①，则有战。房、心，王者恶之也。

◎**注释** ①〔火犯守角〕火，火星，又称"荧惑"。犯、守，均为古代星占用语，表示两天体接近的程度。

◎**大意** 火星运行接近或停留在角宿，将有战争。火星若接近或停留在房宿、心宿，是帝王厌恶的凶象。

南宫朱鸟，权、衡。衡，太微，三光之廷。匡卫十二星，藩臣：西，将；东，相；南四星，执法；中，端门；门左右，掖门①。门内六星，诸侯。其内五星，五帝坐（座）。后聚一十五星，蔚然，曰郎位；傍一大星，将位也。月、五星顺入，轨道，司其出，所守，天子所诛也。其逆入，若不轨道，以所犯命之；中坐（座），成形，皆群下从谋也。金、火尤甚。廷藩西有隋（堕）星五，曰少微，士大夫。权，轩辕。轩辕，黄龙体。前大星，女主象；旁小星，御者后宫属。月、五星守犯者，如衡占。

◎**注释** ①〔掖（yè）门〕原指古代宫殿正门两旁的小门，此处用作星名。

◎**大意** 南宫七宿星组成朱雀的形态，其主体是权星和衡星。衡星，就是太微垣，为日月五行星的宫廷。还有辅卫十二星，为家臣：西边是武职，东边是文职，南端那四颗星是左、右执法，中央的星是端门，端门左右的星为掖门。门内六星为诸侯。其内十字状五星，叫作五帝座。靠北的十五颗小星排列错综特别，名叫郎位；旁边一颗较大的星，名郎将。月亮、五行星从西向东运行到这一星区，沿着通常的路线，观察它们的出没，被它们侵犯的星宿所代表的官员便要被诛杀。若月亮、五行星从东向西逆行，所经路线异常，被它们侵犯的星宿所代表的官员都要遭受各种罪责。侵凌了五帝座，必有灾乱，都是臣下犯上作乱。来犯的若是金星、火星，情况就更加严重了。太微垣西边有五颗小星，名为少微，代表九卿、三公。权星即轩辕大星，十七颗星蜿蜒如一条黄龙。轩辕大星象征女主，下面三小星为宫娥。月亮、五行星顺逆侵犯，代表的吉凶同衡星所显示的一样。

东井为水事。其西曲星曰钺①。钺北，北河；南，南河；两河、天阙间为关梁。舆鬼，鬼祠事；中白者为质。火守南、北河，兵起，谷不登。故德成衡，观成潢，伤成钺，祸成井，诛成质。

◎**注释**　①〔钺（yuè）〕原为一种兵器，此处用作星名。
◎**大意**　井宿掌管河渠的事项。西北斜挂的变光星叫作钺星。钺星北有北河两大星，南有南河两大星。北河、南河与天阙之间正当黄道，是五行星必经的要冲。鬼宿主管祭祀祷天之事，中央的白暗光团名为质。如果火星在运行中停留在南、北河附近冲日，战事兴起，五谷遭灾。因此帝王有德行，会反映在太微垣上；帝王巡游，会反映在井宿西北的天潢五小星上；不施仁政，会反映在钺星上；国有凶事，会反映在井宿上；滥施杀伐，会反映在鬼宿的质中。

柳为鸟注（咮）①，主木草。七星，颈，为员官，主急事。张，素（嗉）②，为厨，主觞客③。翼为羽翮④，主远客。

◎**注释**　①〔鸟注（zhòu）〕鸟嘴。注，通"咮"。②〔素〕通"嗉"，鸟类食道下部储存食物的器官，形如袋子。③〔觞客〕宴请宾客。④〔羽翮（hé）〕鸟羽。
◎**大意**　柳宿为朱雀的嘴，主管草木山岳。星宿七星在朱雀的颈部，是朱雀的喉咙，主管机要的事。张宿是朱雀的嗉囊，主管厨事宴会。翼宿是朱雀的翅，主管接待外宾。

轸为车，主风。其旁有一小星，曰长沙星，星不欲明；明与四星等，若五星入轸中，兵大起。轸南众星曰天库楼；库有五车。车星角若益众，及不具，无处车马。

◎**大意** 轸宿是指南车，主管方向物候。里边有一颗小星，叫作长沙星，这颗星通常不是很亮；如果它与轸宿四星一样亮，或者五行星侵入轸宿中时，将有大的战事。轸宿之南的众星叫作天库楼；天库楼有五车星。五车星光芒增强或者减弱，就会发生动乱而无处安放车马。

西宫咸池，曰天五潢。五潢，五帝车舍。火入，旱；金，兵；水，水。中有三柱，柱不具，兵起。

◎**大意** 西宫七宿组成白虎形态，其中心在咸池，叫天五潢。五潢星为五天帝的车舍。火星侵入时，有旱灾；金星侵入时，有兵灾；水星侵入时，有水灾。五潢中有三柱星，三柱星光变暗时，有战争。

奎曰封豕，为沟渎。娄为聚众。胃为天仓。其南众星曰廥积①。

◎**注释** ①〔廥（kuài）积〕本义指库藏的粮食或秣草。
◎**大意** 奎宿也叫作封豕，主管水道疏泄。娄宿主管聚会。胃宿代表天帝的仓库。南面众小星叫作廥积星。

昴曰髦头①，胡星也，为白衣会。毕曰罕车②，为边兵，主弋猎。其大星旁小星为附耳。附耳摇动，有谗乱臣在侧。昴、毕间为天街。其阴，阴国；阳，阳国。

◎**注释** ①〔昴(mǎo)曰髦头〕昴,二十八星宿之一。髦,本义是毛发中的长毛。②〔罕车〕本义是张网的猎车。

◎**大意** 昴宿也叫作髦头,象征四夷,主管丧仪。毕宿也叫作罕车,主管边防军,也管狩猎。毕大星旁一小星叫作附耳星。附耳星光变幻,定有谗臣误国。昴宿、毕宿中间的黄道称天街。天街北边的分野,是动乱的国家;南边的分野,是安定的国家。

参为白虎。三星直者,是为衡石。下有三星,兑(锐),曰罚,为斩艾(刈)事。其外四星,左右肩股也。小三星隅置,曰觜觿①,为虎首,主葆旅事。其南有四星,曰天厕。厕下一星,曰天矢。矢黄则吉;青、白、黑,凶。其西有句曲九星,三处罗:一曰天旗,二曰天苑,三曰九游。其东有大星曰狼。狼角变色,多盗贼。下有四星曰弧,直狼②。狼比地有大星,曰南极老人。老人见(现),治安;不见(现),兵起。常以秋分时候之于南郊。

◎**注释** ①〔觜觿(zī xī)〕本义是一种大龟。这里作星座名。②〔狼〕《汉书·艺文志》无"狼"字,疑衍。

◎**大意** 参宿为白虎的主体。中间三星直列,如一杆秤。下面三星尖锐,名罚星,掌管刑杀之事。外面四星,形同四肢。顶上三星紧聚,便是觜觿宿,是虎头,主管军需供给。南面四星名天厕。天厕下一小星名天矢星。天矢星光呈黄色,表示吉利;光呈青色、白色、黑色,表示祸患。西边有弯曲排列的九颗小星,可分为三组:一组名叫天旗,一组名叫天苑,还有一组名叫九游。东边最亮的一颗大星,便是天狼星。天狼星的光亮发生变化,盗贼就增多。下面四颗亮星叫弧矢,正对狼腹。近地处有颗大星,叫南极老人星。能观察到南极老人星,国家就安定;观察不到,就有兵乱。南极老人星常在秋分前后出现于南天边。

附耳入毕中，兵起。

◎**大意** 附耳小星若进入毕宿中，有战争。

北宫玄武，虚、危。危为盖屋，虚为哭泣之事。

◎**大意** 北宫七宿组成龟蛇攀连的形态，其中较显著的是虚宿、危宿。危宿掌管土木建筑之事，虚宿掌管哭泣之事。

其南有众星，曰羽林天军。军西为垒，或曰钺。旁有一大星为北落。北落若微亡，军星动角益希（稀），及五星犯北落，入军，军起。火、金、水尤甚：火，军忧；水，水患；木、土，军吉。危东六星，两两相比，曰司空。

◎**大意** 虚宿、危宿之南众星杂列，称为羽林天军。西边有垒壁星，又叫钺星。旁边一颗大星称作北落星。如果北落星光暗，羽林天军摇动且暗淡无光，以及五行星运行侵入北落，或侵入羽林天军，国家将有战乱。火、金、水三行星发生上述现象，情况会更严重：火星入侵，军无斗志；水星入侵，洪水成灾；若是木星、土星入侵，就对军事有利。危宿东面六小星分成三对，叫作司空。

营室为清庙，曰离宫、阁道。汉中四星，曰天驷。旁一星，曰王良。王良策马，车骑满野。旁有八星，绝汉，曰天潢。天潢旁，江星。江星动，人涉水。

◎**大意** 室宿为帝王宗庙，其中有离宫、阁道等星。天河里的四颗星，叫作天驷。旁边一星，用古代善于驾车的王良命名。王良星闪动，好像执鞭策马，人间就车马遍野。旁边有八颗星，横亘天河，叫作天潢。天潢旁边的星，叫作天江。天江星闪动，人间河水涨及人身。

杵、臼四星，在危南。匏瓜，有青黑星守之，鱼盐贵。

◎**大意**　杵三星和臼四星，在危宿之南。匏瓜星若有黑青色的星守在旁边，人间鱼盐价钱便上涨。

南斗为庙，其北建星。建星者，旗也。牵牛为牺牲。其北河鼓。河鼓大星，上将；左右，左右将。婺女①，其北织女。织女，天女孙也。

◎**注释**　①〔婺（wù）女〕二十八星宿之一。
◎**大意**　斗宿也叫南斗，是天帝的庙廷。稍北有六星叫作建星，管旗仗。牛宿掌管祭祀的牺牲。北面为河鼓三星，大星为上将，左右为左将、右将。女宿之北的大星叫作织女，她是天帝的孙女。

察日、月之行以揆①岁星顺逆。日东方，木，主春，日甲乙。义失者，罚出岁星。岁星赢缩，以其舍命国。所在国不可伐，可以罚人。其趋舍而前曰赢，退舍曰缩。赢，其国有兵不复；缩，其国有忧，将亡，国倾败。其所在，五星皆从而聚于一舍，其下之国可以义致天下。

◎**注释**　①〔揆（kuí）〕测量。

◎**大意** 观测太阳、月亮的运行来测算岁星顺行、逆行的规律。岁星便是每次先现于东方的木星,主宰春季,日期为甲乙。帝王所行不义,岁星即示天象告警。岁星运行时间不正常,以其所在的二十八宿位置确定分野国。它所在的星宿对应的分野国不可被征伐,这个国家却可征伐别国。岁星超过它正常到达的天区称为赢,落后于它正常到达的天区称为缩。若发生赢的现象,岁星超前到达的那一宿的分野国有战祸而不能恢复;若发生缩的现象,岁星落在后一宿的分野国就有忧患,将军战死,国家覆灭。它所在之区,若五行星皆聚合于一宿,对应的分野国就能以义服天下。

以摄提格岁:岁阴左行在寅,岁星右转居丑。正月,与斗、牵牛晨出东方,名曰监德。色苍苍有光。其失次,有应见柳。岁早,水;晚,旱。

◎**大意** 用摄提格来定名寅年:岁星顺行至寅位,逆行则居丑位。正月,岁星与斗宿、牛宿在早晨现于东方,称作监德。它颜色深青,光芒不强。若失次未到位,可用半周天对应的柳宿来检验。来得早,有水灾;来得晚,有旱灾。

岁星出,东行十二度,百日而止,反逆行;逆行八度,百日,复东行。岁行三十度十六分度之七,率日行十二分度之一,十二岁而周天。出常东方,以晨;入于西方,用昏。

◎**大意** 岁星在早晨现于东方后,顺行十二度,百日后短暂停留,即逆行八度,再恢复顺行。每年移动三十度又十六分之七度,大概每天运行十二分之一度,十二年绕天一周。它总是出现在东方黎明,消失在西方黄昏。

单阏岁:岁阴在卯,星居子。以二月与婺女、虚、危晨出,日降入。大有光。其失次，有应见张。其岁大水。

◎**大意**　用单阏来定名卯年：岁星到了子位。二月间与女宿、虚宿、危宿出现于黎明，叫作降入。这时岁星增大、增亮了。若失次未到位，用半周天对应的张宿来检验。这一年有洪灾。

执徐岁：岁阴在辰，星居亥。以三月与营室、东壁晨出，曰青章。青青甚章。其失次，有应见轸。岁早，旱；晚，水。

◎**大意**　用执徐来定名辰年：岁星到了亥位。三月间与室宿、壁宿出现于黎明，叫作青章。光芒可见明显的青色。若失次未到位，用半周天对应的轸宿来检验。来得早，有旱灾；来得晚，有涝灾。

大荒骆岁：岁阴在巳，星居戌。以四月与奎、娄晨出，曰跰踵。熊熊赤色，有光。其失次，有应见亢。

◎**大意**　用大荒骆来定名巳年：岁星到了戌位。四月间与奎宿、娄宿出现于黎明，叫作跰踵。颜色青中带黄红，光亮又有增加。若失次未到位，用半周天对应的亢宿来检验。

敦牂岁：岁阴在午，星居酉。以五月与胃、昴、毕晨出，曰开明。炎炎有光。偃兵；唯利公王，不利治兵。其失次，有应见房。岁早，旱；晚，水。

◎**大意**　用敦牂来定名午年：岁星到了酉位。五月间与胃宿、昴宿和毕星出现于黎明，叫作开明。光亮呈黄红色。国家无战事；有利于帝王诸侯推行仁政，用兵不吉。若失次未到位，用半周天对应的房宿来检验。来得早，有旱灾；来得晚，有水灾。

叶洽岁：岁阴在未，星居申。以六月与觜觿、参晨出，日长列。昭昭有光。利行兵。其失次，有应见箕。

◎**大意** 用叶洽来定名未年：岁星到了申位。六月间与觜觿宿、参宿出现于黎明，叫作长列。光现出黄白色。利于用兵。若失次未到位，用半周天对应的箕宿来检验。

涒滩岁：岁阴在申，星居未。以七月与东井、舆鬼晨出，日大音。昭昭白。其失次，有应见牵牛。

◎**大意** 用涒滩来定名申年：岁星到了未位。七月间与井宿、鬼宿现于黎明，叫作大音。有明显的白黄色。若失次未到位，用半周天对应的牛宿来检验。

作鄂岁：岁阴在酉，星居午。以八月与柳、七星、张晨出，日长王。作作有芒。国其昌，熟谷。其失次，有应见危。有旱而昌，有女丧，民疾。

◎**大意** 用作鄂来定名酉年：岁星到了午位。八月间与柳宿、星宿、张宿现于黎明，叫作长王。白黄光强烈。这一年国家昌盛、五谷丰登。若失次未到位，用半周天对应的危宿来检验。本年即使有旱情，国运仍然昌盛，后妃有丧亡，民间有疾病。

阉茂岁：岁阴在戌，星居巳。以九月与翼、轸晨出，曰天睢。白色大明。其失次，有应见东壁。岁水，女丧。

◎**大意** 用阉茂来定名戌年：岁星到了巳位。九月间与翼宿、轸宿出现于黎明，叫作天睢。光色白烈。若失次未到位，用半周天对应的壁宿来检验。本年有水患，嫔妃有死丧。

大渊献岁：岁阴在亥，星居辰。以十月与角、亢晨出，曰大章。苍苍然，星若跃而阴出旦，是谓"正平"。起师旅，其率必武；其国有德，将有四海。其失次，有应见娄。

◎**大意** 用大渊献来定名亥年：岁星到了辰位。十月间与角宿、亢宿现于黎明，叫作大章。光呈青白色，似有闪烁，黎明时却较暗淡，这叫作"正平"。若有征伐，必能克敌；国家得太平，四海宾服。若失次未到位，用半周天对应的娄宿来检验。

困敦岁：岁阴在子，星居卯。以十一月与氐、房、心晨出，曰天泉。玄色甚明。江池其昌，不利起兵。其失次，有应见昴。

◎**大意** 用困敦来定名子年：岁星到了卯位。十一月间与氐宿、房宿、心宿共现于黎明，叫作天泉。颜色有明显的黑青。本年水滨地区甚繁荣，兴师动众不利。若失次未到位，用半周天对应的昴宿来检验。

赤奋若岁：岁阴在丑，星居寅，以十二月与尾、箕晨出，曰天皓。黫然①黑色甚明。其失次，有应见参。

◎**注释** ①〔黡（yān）然〕黑的样子。
◎**大意** 用赤奋若来定名丑年；岁星到了寅位。十二月间与尾宿、箕宿现于黎明，叫作天皓。光呈明显的黑色。若失次未到位，用半周天对应的参宿来检验。

当居不居，居之又左右摇，未当去去之，与他星会，其国凶。所居久，国有德厚。其角动，乍小乍大，若色数变，人主有忧。

◎**大意** 当留守而不留守，留守了又顺逆不定，不该离去又离去，再与其他行星会聚，这个国家定有凶事。留守期长，这个国家必行仁政恩泽于民。它光芒闪耀，大小不定，颜色多变，这样帝王必有忧愁。

其失次舍以下，进而东北，三月生天棓，长四丈，末兑（锐）。进而东南，三月生彗星，长二丈，类彗。退而西北，三月生天欃①，长四丈，末兑（锐）。退而西南，三月生天枪，长数丈，两头兑（锐）。谨视其所见之国，不可举事用兵。其出如浮如沉，其国有土功；如沉如浮，其野亡。色赤而有角，其所居国昌。迎角而战者，不胜。星色赤黄而沉，所居野大穰。色青白而赤灰，所居野有忧。岁星入月，其野有逐相；与太白斗，其野有破军。

◎**注释** ①〔天欃（chán）〕彗星名。
◎**大意** 岁星在二十八宿间到达的时间，年际中若有错位，顺行偏向东北，三月便指向天棓星，长四丈，末端尖锐有锋芒。顺行偏向东南，三月后与彗星无区别，长二丈，像扫帚。逆行上偏西北，三月后酷似彗星天欃，长四丈，末端尖锐有锋芒。逆行下偏西南，三个月后似彗星天枪，也几丈长，两端尖锐露锋。缜密地观测它出现的分野之国，绝不可以大变政事和妄动兵刀。岁星运行时看似向北实际向南，其分野国可能会大兴土木；看似向南实际向北，其分野国可能丧失边境领土。它色红而有光芒，分野之国一定昌盛。与这个国家作战，必败无疑。它光色橙黄并远离黄道，所留守的分野之国五谷丰登。它光色淡青又有赤灰色，分野之国必多忧患。岁星被月亮掩住，分野之国的辅政要臣必遭放逐；与金星相遇，它的分野之国必有败军之事。

岁星一曰摄提，曰重华，曰应星，曰纪星。营室为清庙，岁星庙也。

◎**大意** 岁星也叫作摄提星，还叫作重华星、应星、纪星。室宿是在外的太庙，也是岁星的宫室。

察刚气以处荧惑。曰南方，火，主夏，日丙丁。礼失，罚出荧惑，荧惑失行是也。出则有兵，入则兵散。以其舍命国。荧惑为勃（悖）乱，残贼、疾、丧、饥、兵。反道二舍以上，居之，三月有殃，五月受兵，七月半亡地，九月太半亡地。因与俱出入，国绝祀。居之，殃还（旋）至，虽大当小；久而至，当小反大。其南为丈夫丧，北为女子丧。若角动绕环之，及乍前乍后，左右，殃益大。与他星斗，光相逮，为害；不相逮，不害。五星皆从而聚于一舍，其下国可以礼致天下。

◎**大意** 观测刚强之气来判定火星——荧惑的方位。火星属南方，主宰夏季，日期是丙丁。国家礼仪沦丧，火星即示警，运行大反常规。火星出现将有战争，火星隐没则战争平息。通常以火星所在的星宿推测其分野国的吉凶。火星出现意味着动荡不安，预示着凶杀、疾病、死丧、饥饿、战祸。逆行两宿以上，停留在某宿，三月内便有灾殃，五月内被外敌侵犯，七月内国家土地有一半沦亡，九月内土地大半沦亡。九个月后，火星所显天象未变，国家土地将全部沦亡。火星停留在某宿，若灾殃立即发生，大灾会变为小灾；若灾殃很久才发生，小灾也会发展成大灾。火星运行向南，男子多祸；运行向北，女子有难。若光芒环绕，位置前后左右不定，灾祸更大。与其他星接近，若星光相接，就有害；星光没有接触，就无害。若五行星皆聚于一宿，对应的那个国家便可以礼治天下。

法，出东行十六舍而止；逆行二舍；六旬，复东行，自所止数十舍，十月而入西方；伏行五月，出东方。其出西方曰"反明"，主命者恶之。东行急，一日行一度半。

◎**大意** 火星运行的常规周期，顺行十六宿而停留；逆行二宿；六十天后，恢复顺行，中间经过数十宿，十个月后隐于西方；潜伏运行五个月，又在黎明时出现于东方。火星消失后又出现于西方，叫作"反明"，当政者最厌恶这种天象。它顺行时速度快，有时一天可移动一度半。

其行东、西、南、北疾也。兵各聚其下。用战，顺之胜，逆之败。荧惑从太白，军忧；离之，军却。出太白阴，有分军；行其阳，有偏将战。当其行，太白逮之，破军杀将。其入守犯太微、轩辕、营室，主命恶之。心为明堂，荧惑庙也。谨候此。

◎**大意** 火星在东、西、南、北四个方位运行速度都快。军队各自聚集到它的下面作战时，从西向东顺着它的将获胜，向西逆行的必败。火星在金星后运行，军队有忧患；离开金星，则可退兵。火星出没于金星北，有敌军突袭；出没于金星南，有局部受敌之患。火星运行中被金星追及，军败将亡。火星侵犯太微垣、轩辕大星、室宿，当政者很厌恶这种天象。心宿是火星的庙堂。应小心观测火星的运行情况。

历斗之会以定填（镇）星之位。曰中央，土，主季夏，日戊己，黄帝，主德，女主象也。岁填（镇）一宿，其所居国吉。未当居而居，若已去而复还，还居之，其国得土，不乃得女。若当居而不居，既已居之，又西东去，其国失土，不乃失女，不可举事用兵。其居久，其国福厚；易，福薄。

◎**大意** 用与南斗会离的时间、规律来观测填星（即土星）在二十八宿中的位置。土星主持中央，属土，主宰夏季，日期是戊己，是黄帝，主要表示德性，也表示王后贤德。土星每年在二十八宿中运行一宿，它在哪一宿，这宿对应的分野国就一切吉祥。不该在那一宿，或顺行过去又逆行回来，那一宿所对应的分野国可开拓国土，不然的话便得到贤德的王后。若当停留而不停留，或已经停留又顺行东去，其分野国必失陷土地，不然的话便有厄运降于王后，绝不可举大事或用兵。土星停留时间长，这个国家福泽及于民；停留时间短，福泽不及于民。

其一名曰地侯，主岁。岁行十三度百十二分度之五，日行二十八分度之一，二十八岁周天。其所居，五星皆从而聚于一舍，其下之国，可以重致天下。礼、德、义、杀、刑尽失，而填（镇）星乃为之动摇。

◎**大意** 土星的另一名称叫作地侯星，主管农事的丰收歉收。土星每年运行十三又一百一十二分之五度，每天运行二十八分之一度，二十八年绕天一周。土星所停留的各宿，五行星都来相聚，对应的分野国可靠恩威取得天下。若这个国家的礼仪、道德、信义、诛杀、刑律都遭到破坏，土星将为之动摇。

赢，为王不宁；其缩，有军不复。填（镇）星，其色黄，九芒，音曰黄钟宫。其失次上二三宿曰赢，有主命不成，不乃大水。失次下二三宿曰缩，有后戚，其岁不复，不乃天裂若地动。

◎**大意**　土星到达某宿时间提前，帝王不安于位；晚至，远征的军队就危险。土星的颜色是黄的，有九道光芒，声音似黄钟律、宫调。土星失次未到位，超过两三宿称为赢，这种情况下，君王的旨令不能执行，要不然就有大水灾。失次在两三宿以下称为缩，这种情况下，王后有忧伤之事，这一年雨露失调，或者天裂地震。

斗为文太室，填（镇）星庙，天子之星也。

◎**大意**　南斗是有文采的君王的庙堂，也是土星的宫殿，土星是象征君王的星。

木星与土合，为内乱，饥，主勿用战，败；水则变谋而更事；火为旱；金为白衣会若水。金在南曰牝牡①，年谷熟。金在北，岁偏无。火与水合为焠②，与金合为铄③，为丧，皆不可举事，用兵大败。土为忧，主孽卿；大饥，战败，为北军，军困，举事大败。土与水合，穰而拥阏④，有覆军，其国不可举事。出，亡地；入，得地。金为疾，为内兵，亡地。三星若合，其宿地国外内有兵与丧，改立公王。四星合，兵丧并起，君子忧，小人流。五星合，是为易行，有德，受庆，改立大人，掩有四方，子孙蕃昌；无德，受殃若亡。五星皆大，其事亦大；皆小，事亦小。

◎**注释**　①〔牝（pìn）牡〕动物的雌性与雄性。②〔焠（cuì）〕将金属烧红后浸入水中，以增加其硬度，使其更坚利。③〔铄（shuò）〕熔化。④〔穰（ráng）而拥阏（è）〕穰，丰收。拥阏，阻塞。

◎**大意** 木星与土星相会，有内乱，年岁饥馑，君王不要妄动干戈，妄动就会失败；木星与水星相会，国家政务要进行变革；木星与火星相会，有旱灾；木星与金星相会，有丧事或水灾。金星在木星南边，叫"牝牡"，这一年五谷丰登。金星在木星的北边，五谷不丰。火星与水星相会叫"焠"，火星与金星相会叫"铄"，都不吉利，为政守成最好，发动战争必遭大败。火星与土星相会有忧患，大臣不良；有饥荒，军事失利，被敌包围，若有大政施行更要彻底失败。土星与水星会合，虽丰收但流通受阻，战争会丧师，也不可兴大政。出现这种天象，国土损失；不出现这种天象，国土开拓。金星与土星相会，有瘟疫，有内战，会失地。凡有三行星相会，相应的分野之国有内战外寇与大丧，应改立国君。有四行星相会，战争、瘟疫齐至，良臣出走，百姓流离。五行星相会，是非常之象，有道之君得福，万民欢悦，朝代更易，一统天下，子孙昌盛；无道之君遭亡国之灾，或灾祸接踵而至。五行星的光都明亮，事情也大；五行星的光都微弱，事情也小。

蚤（早）出者为赢，赢者为客。晚出者为缩，缩者为主人。必有天应见（现）于杓。星同舍为合。相陵为斗，七寸以内必之矣。

◎**大意** 行星比预测之期早至某宿是赢，赢属客星。缓期而至是缩，缩属主人。发生赢缩现象时必有天象反映在北斗星的斗柄上。它们同在一宿区内就是合。互争前后是斗，但其距离在七寸内方有此兆。

五星色白圜，为丧旱；赤圜，则中不平，为兵；青圜，为忧水；黑圜，为疾，多死；黄圜，则吉。赤角犯我城，黄角地之争，白角哭泣之声，青角有兵忧，黑角则水。意，行穷兵之所终。五星同色，天下偃兵，百姓宁昌。春风秋雨，冬寒夏暑，动摇常以此。

◎**大意**　五行星光色白而有光圈，有丧事、旱灾；五行星光色红而有光圈，国中有不平事而生兵乱；五行星色青而有光圈，将有水患；五行星光圈不明，有瘟疫，死亡的人多；五行星光色黄而有光圈，就是吉利的天象。行星红光直指所在分野之国，有外患；黄光直指分野之国，有领土纠纷；白光直指分野之国，庶民有哭泣之痛；青光直指分野之国，有战争的忧患；黑光直指分野之国，有水灾发生。通常行星诸天象都是预告兵祸。若五行星同光色，天下太平，百姓安乐幸福。春风拂人，秋雨连绵，冬寒夏暑，五星的变动常常如此。

填（镇）星出百二十日而逆西行，西行百二十日反（返）东行。见（现）三百三十日而入，入三十日复出东方。太岁在甲寅，镇星在东壁，故在营室。

◎**大意**　土星出现后顺行一百二十天而后逆行，逆行一百二十天后又恢复顺行。出现三百三十天后即隐伏，三十天后又在黎明时出现。木星在甲寅之年，土星在室宿、东壁宿之间。

察日行以处位太白。日西方，秋，日庚辛，主杀。杀失者，罚出太白。太白失行，以其舍命国。其出行十八舍二百四十日而入。入东方，伏行十一舍百三十日；其入西方，伏行三舍十六日而出。当出不出，当入不入，是谓失舍，不有破军，必有国君之篡。

◎**大意**　由太阳的运行来判定金星的运行位置和规律。金星叫西方太白金星，主宰秋季，干支日期定为庚辛，主管杀伐。若杀伐失当，会从金星天象中表现出来。金星运行规律常有差误，以所在宿次确定分野之国。它出现在黄昏后运行十八宿经二百四十日而没于阳光中，再现于东方黎明，经十一宿一百三十日，然后隐没在阳光中，经三宿十六日又出现于西方。当出现而未及时出现，当隐伏而未及时隐伏，叫失宿，这种情况国家不是战争失败，就是国君被篡位。

其纪上元，以摄提格之岁，与营室晨出东方，至角而入；与营室夕出西方，至角而入；与角晨出，入毕；与角夕出，入毕；与毕晨出，入箕；与毕夕出，入箕；与箕晨出，入柳；与箕夕出，入柳；与柳晨出，入营室；与柳夕出，入营室。凡出入东西各五，为八岁二百二十日，复与营室晨出东方。其大率，岁一周天。其始出东方，行迟，率日半度，一百二十日，必逆行一二舍；上极而反（返），东行，行日一度半，一百二十日入。其庳①，近日，曰明星，柔；高，远日，曰大嚣，刚。其始出西方，行疾，率日一度半，百二十日；上极而行迟，日半度，百二十日，旦入，必逆行一二舍而入。其庳，近日，曰大白，柔；高，远日，曰大相，刚。出以辰、戌，入以丑、未。

◎**注释** ①〔庳（bì）〕低下。

◎**大意** 根据古代上元历的观测计算，当岁星在寅那年，金星在室宿而在黎明时出现于东方，运行到角宿而隐伏于日后；若与室宿在黄昏后出现于西方，运行到角宿而隐伏于日前；与角宿在黎明时出现于东方，隐伏于毕宿；若与角宿在黄昏时出现于西方，仍隐伏于毕宿；与毕宿在黎明时出现于东方，隐伏于箕宿；与毕宿在黄昏时出现于西方，仍隐伏于箕宿；与箕宿在黎明时出现于东方，隐伏于柳宿；与箕宿在黄昏时出现于西方，仍隐伏于柳宿；与柳宿在黎明时出现于东方，隐伏于室宿；与柳宿在黄昏时出现于西方，仍隐伏于室宿。总计东西出入隐伏五个周期，需时八年二百二十日，再与室宿出现于黎明。它大致每年运行一周天。当它黎明刚出现时，运行较慢，大致每日半度，后一百二十天中，必定自东向西逆行一至二宿；到它运行到极点，又恢复自西向东运行，每天运行一度半，一百二十天后又在太阳前面隐伏。这时它位置低，靠近太阳，叫作明星，光亮转弱；位置高距离太阳远，叫作大嚣，光亮稍强。它出现于西方时，运行快，每天一度半，一百二十天后到达极点，运行又放慢，每天仅半度，又一百二十天后，消失于黎明中，便发生一至二宿的逆行才完全隐伏。它位置低且靠近太阳时，叫作大白，光弱；位置高且离太阳远时，叫作大相，光强。出现在辰时至戌时，隐伏在丑时至未时。

当出不出，未当入而入，天下偃兵，兵在外，入。未当出而出，当入而不入，天下起兵，有破国。其当期出也，其国昌。其出东为东，入东为北方；出西为西，入西为南方。所居久，其乡（向）利；易，其乡（向）凶。

◎**大意** 金星当出现而没出现，不当隐伏而隐伏，天下干戈平息，在外征战的军队回归家园。不当出现而出现，当隐伏而未隐伏，天下有征战，有的国家将灭亡。按时而出，那个国家必定兴旺。出现在东方而预兆在东方，隐伏在东方而预兆在北方；出现在西方而预兆在西方，隐伏在西方而预兆在南方。停留宿位时间久，所在分野之国吉利；停留宿位时间短，所在分野之国必有凶事。

出西至东，正西国吉。出东至西，正东国吉。其出不经天；经天，天下革政。

◎**大意** 金星出现在西方而向东方运行，正西方的国家吉利。出现在东方而向西运行，正东方的国家吉利。金星一般不会历经周天任意运行；如果它历经周天运行了，天下就要弃旧换新，改革弊政。

小以角动，兵起。始出大，后小，兵弱；出小，后大，兵强。出高，用兵深吉，浅凶；庳，浅吉，深凶。日方南金居其南，日方北金居其北，曰嬴，侯王不宁，用兵进吉退凶。日方南金居其北，日方北金居其南，曰缩，侯王有忧，用兵退吉进凶。用兵象太白：太白行疾，疾行；迟，迟行。角，敢战。动摇躁，躁。圜以静，静。顺角所指，吉；反之，皆凶。出则出兵，入则入兵。赤角，有战；白角，有丧；黑圜角，忧，有水事；青圜小角，忧，有木事；黄圜和角，有土事，有年。其已出三日而复有微入，入三日乃复盛出，是谓耎①，其下国有军败将北。其已入三日又复微出，出三日而复盛入，其下国有忧；师有粮食兵革，遗人用之；卒虽众，将为人虏。其出西失行，外国败；其出东失行，中国败。其色大圜黄澤（泽），可为好事；其圜大赤，兵盛不战。

◎**注释** ①〔耎（ruǎn）〕本义是柔弱，软弱。

◎**大意** 金星出现时形小光弱，将有战祸发生。开始出现时大，后变小，战祸不大；开始出现时小，后变大，战祸很大。出现时位置高，用兵深入吉，轻进则凶；位置低，用兵轻进吉，深入则凶。太阳向南运动，金星也在它南方，太阳向北方运动，金星也在它北方，叫作嬴，这种情况下大小国君都不安宁，用兵征伐，进则吉，退则凶。太阳偏南而金星位于太阳北，太阳偏北而金星位于太阳南，叫作缩，这种情况下大小国君都有忧患，用兵征伐，退则吉，进则凶。征战之事应留意金星的天象变化：它运行快，快速进兵；运行慢，稳步推进。光亮增加，可以放心大战；光芒动摇，切忌急躁。圜光静谧，军队切忌冒进。顺着光芒所示方向进军，吉利；不顺着光芒所示方向进军，必遭惨败。它出现即可出征，隐伏则当收兵。光芒呈现红色，有战争；光芒呈现白色，有丧事；圜有黑光，有忧患，当防水；圜有暗淡青光，仍有忧患，不宜大兴土木；圜有明亮黄光，有土田之事，五谷丰登。金星出现三天后又略微隐于日中，出现三天后再出又特别亮，这叫作耎，分野之国有军队溃逃将军败亡之事。金星已隐没三天，再逐渐出现，出现三天显出强光而后隐没，分野之国有忧患，军粮、部伍有异变而为敌所用；士卒虽多，统帅将成为敌人俘虏。从西边运行不合常规，外国失败；从东边运行不合常规，本国失败。金星形状大而圆，颜色呈现黄色而润泽，可大修善政；若形状圆大而颜色呈现红色，军力即使强盛也不应征伐。

太白白，比狼；赤，比心；黄，比参左肩；苍，比参右肩；黑，比奎大星。五星皆从太白而聚乎一舍，其下之国可以兵从天下。居实，有得也；居虚，无得也。行胜色，色胜位，有位胜无位，有色胜无色，行得尽胜之。出而留桑榆间，疾其下国。上而疾，未尽其日，过参天，疾其对国。上复下，下复上，有反将。其入月，将僇（戮）。金、木星合，光，其下战不合，兵虽起而不斗；合相毁，野有破军。出西方，昏而出阴，阴兵强；暮食出，小弱；夜半出，中弱；鸡鸣出，大弱：是谓阴陷于阳。其在东方，乘明而出阳，阳兵之强；鸡鸣出，小弱；夜半出，中弱；昏出，大弱：是谓阳陷于阴。太白伏也，以出兵，兵有殃。其出卯南，南胜北方；出卯北，北胜南方；正在卯，东国利。出酉北，北胜南方；出酉南，南胜北方；正在酉，西国胜。

◎ **大意** 金星呈白色，与天狼星相似；呈红色，与心宿二星相似；呈黄色，与参宿左肩的四星相似；呈青蓝色，与参宿右肩的五星相似；呈暗黑色，与奎宿大星相似。五行星相聚于一宿而金星在前，其宿的分野之国可以用武力征服天下。金星所列位置与推算一致，分野国能有所得；不一致，分野国无所获。就占卜的重要性而言，金星的运行状态胜过颜色变化，颜色变化胜过位置所在，有它的位置记录胜过没有记录，有它的颜色记录胜过没有记录，但最有效的是用它的运行状态来占卜。它黄昏出现时有停留，所在分野之国有疫病。它升高得快，不到一天就过了三分之一的宿位，疫病必在相对的分野之国。升高了又下降，下降了又升高，将有大将叛变。若被月亮遮掩，大将身死。金星与木星相聚，光变强，下面的国家没有战事，即使出兵也不会发生战斗；两星相聚后光变暗，则下面的国家边境有溃败的军队。金星黄昏现于西方，色暗光弱，敌方得势；日没后出，光亮越发暗淡；夜半出现，光亮更弱；黎明前出现，最弱：这叫作北弱于南。金星天亮时现于东方，开始显得明亮，我方军盛；天亮时出现，光亮减弱；夜半出现，再减弱；黄昏时出现，最弱：这叫作南弱于北。金星在太阳前后短期隐伏，不宜征战，战则军败。出现于东南，南军战败北军；出现于东北，北军战胜南军；出现于正东，东方国家有利。出现于西北，北军战胜南军；出现于西南，南军战胜北军；出现于正西，西方国家有利。

其与列星相犯，小战；五星，大战。其相犯，太白出其南，南国败；出其北，北国败。行疾，武；不行，文。色白五芒，出蚤（早）为月蚀，晚为天夭及彗星，将发其国。出东为德，举事左之迎之，吉。出西为刑，举事右之背之，吉。反之皆凶。太白光见（现）景（影），战胜。昼见（现）而经天，是谓争明，强国弱，小国强，女主昌。

◎**大意**　金星侵犯恒星，有小战发生；五行星相犯，有大战发生。相犯时，金星在南，南国败；在北，北国败。运行快，用武；停留不动，修文。有五种光芒，出现早有月食；出现晚，有贼星、彗星，国家不安。出现于东方，象征有德，办事不过分、不偏颇，一切吉祥。出现于西方，便多无道，处事过分、偏激，一切都凶险。金星光亮强时地上物体呈现出影子，战争胜利。大白天现于天空，这叫与太阳争光，强国失势，小国变强，女主统治的国家得势昌盛。

亢为疏庙，太白庙也。太白，大臣也，其号上公。其他名殷星、太正、营星、观星、宫星、明星、大衰、大泽、终星、大相、天浩、序星、月纬。大司马位谨候此。

◎**大意**　亢宿为天帝外廷，金星的殿堂。金星是重臣，爵号上公。它也称为殷星、太正星、营星、观星、宫星、明星、大衰星、大泽星、终星、大相星、天浩星、序星、月纬星。大司马星官应小心观测它的各种天象。

察日辰之会，以治辰星之位。日北方，水，太阴之精，主冬，日壬癸。刑失者，罚出辰星，以其宿命国。

◎**大意** 观测太阳两侧水星的隐现，来判定水星的位置和出没规律。五行中主北方水，是月亮的精灵，主宰冬季，干支日期为壬癸。刑罚有误，可由水星天象显示，按它的分野来确定为何国。

是正四时：仲春春分，夕出郊奎、娄、胃东五舍，为齐；仲夏夏至，夕出郊东井、舆鬼、柳东七舍，为楚；仲秋秋分，夕出郊角、亢、氐、房东四舍，为汉；仲冬冬至，晨出郊东方，与尾、箕、斗、牵牛俱西，为中国。其出入常以辰、戌、丑、未。

◎**大意** 修正四季历法：二月春分，黄昏时出现于奎宿、娄宿、胃宿，向东运行五宿，分野属于齐地；五月夏至，黄昏时出现于井宿、鬼宿、柳宿，向东运行七宿，分野属于楚地；八月秋分，黎明时出现于角宿、亢宿、氐宿、房宿，向东运行四宿，分野属于汉朝京城地区；十一月冬至，黎明出现于东方，与尾宿、箕宿、斗宿、牛宿一起逆行，分野属于中原地区。它常出现在辰时、戌时、丑时、未时。

其蚤（早），为月蚀；晚，为彗星及天夭。其时宜效，不效为失，追兵在外不战。一时不出，其时不和；四时不出，天下大饥。其当效而出也，色白为旱，黄为五谷熟，赤为兵，黑为水。出东方，大而白，有兵于外，解。常在东方，其赤，中国胜；其西而赤，外国

利。无兵于外而赤，兵起。其与太白俱出东方，皆赤而角，外国大败，中国胜；其与太白俱出西方，皆赤而角，外国利。五星分天之中，积于东方，中国利；积于西方，外国用兵者利。五星皆从辰星而聚于一舍，其所舍之国可以法致天下。辰星不出，太白为客；其出，太白为主。出而与太白不相从，野虽有军，不战。出东方，太白出西方；若出西方，太白出东方，为格，野虽有兵，不战。失其时而出，为当寒反温，当温反寒。当出不出，是谓击卒，兵大起。其入太白中而上出，破军杀将，客军胜；下出，客亡地。辰星来抵太白，太白不去，将死。正旗上出，破军杀将，客胜；下出，客亡地。视旗所指，以命破军。其绕环太白，若与斗，大战，客胜。兔过太白，间可械（舍）剑，小战，客胜。兔居太白前，军罢；出太白左，小战；摩太白，有数万人战，主人吏死；出太白右，去三尺，军急约战。青角，兵忧；黑角，水。赤行穷兵之所终。

◎**大意** 水星出现早，有月食；出现晚，有妖星与彗星。水星应出现而不按时出现，为失去常规，敌方有追兵，避免与其交战。一段时期难见，气候不调；一年难见，天下饥馑。按正常预测期出现，光呈白色有旱灾，呈黄色则五谷丰登，呈红色有兵灾，呈黑色有水灾。水星出现于东方，形大光白，敌军攻扰后自退。水星常在东方，色红，中国得胜；水星在西方，色红，外国有利。没有军队在外而色红，爆发战争。水星与金星同时出现于东方，都有红色光芒，外寇大败，中国获胜；同时现于西方，都有红色光芒，外国有利。五行星同时出现于东方天空，中国有利；出现于西方天空，外国军队有利。五星相聚某宿而水星居前，对应的分野之国可以法治天下。水星不出现，金星是客人；水星出现，金星是主人。水星出现而与金星相距远，虽有敌军入境但不会有战斗。水星出于东方，金星出于西方，或者水星出于西方，金星出于东方，这是正常天象。边境虽有敌军出现，但不会有战争。水星没有按正常时间出现，冬天不会太冷，夏天不会太热。水星应当出现而不出现，定是错杀士兵有兵变。水星经过金星腹背后现于金星之上，军败将亡，敌方获胜；现于金星之下，敌方失却土地、丧亡军队。水星靠近金星，金星停留，军队将领死亡。水星若按正常规律出现于金星之上，军士败逃将领死亡，外敌胜；水星若按正常规律不出现于金星之上，外敌丧亡、失去土地。看它的方向，来判断谁胜谁败。水星环绕金星，贴近有大战争，外敌胜。贴近中间只一剑宽，有小战争，仍是外敌胜。水星若在金星之前，罢兵休战。水星在金星左，小战；水星逼近金星，有几万人作战，主军将佐身亡。水星在金星右，离开三尺，应急进行挑战。水星发出青光，军队有忧患；水星发出黑光，有水涝。水星运行中呈现红色，应彻底追击打败敌军。

兔七命，曰小正、辰星、天欃、安周星、细爽、能星、钩星。其色黄而小，出而易处，天下之文变而不善矣。兔五色，青圜忧，白圜丧，赤圜中不平，黑圜吉。赤角犯我城，黄角地之争，白角号泣之声。

◎**大意**　除兔星外，水星还有七个别名：小正星、辰星、天欃星、安周星、细爽星、能星、钩星。水星光色黄，形体小，出现后位置常变，预示典章文事不完善。它也常现五种不同颜色，青而圆有忧患，白而圆有丧事，红而圆有内争，黑而圆吉利。水星放出红光有外敌入侵，放出黄光有领土纠纷，放出白光有哀伤痛哭之事。

其出东方，行四舍四十八日，其数二十日，而反（返）入于东方；其出西方，行四舍四十八日，其数二十日，而反（返）入于西方。其一候之营室、角、毕、箕、柳。出房、心间，地动。

◎**大意**　水星在黎明时现于东方，运行四宿计四十八天，行二十天而回返，隐于东方；水星从西方出现，运行四宿计四十八天，行二十天而回返，隐于西方。有时在室宿、角宿、毕宿、箕宿、柳宿观测它，相反方向出现必在心宿、房宿间，那时将有地震。

辰星之色：春，青黄；夏，赤白；秋，青白，而岁熟；冬，黄而不明。即变其色，其时不昌。春不见（现），大风，秋则不实。夏不见（现），有六十日之旱，月蚀。秋不见（现），有兵，春则不生。冬不见（现），阴雨六十日，有流邑①，夏则不长。

◎**注释** ①〔流邑〕被大水冲坏的城市。
◎**大意** 水星的光色：春季是青黄色；夏季是红白色；秋季是青白色，收成好；冬季呈黄色而光线弱。如果违反光亮色彩的规律，国运并不好。它春季不出现有大风，秋季不出现农作物歉收。它夏季不出现，有两个月的干旱，还有月食。它秋天不出现，有战事，来年春天农作物难保青苗。它冬天不出现，有两个月的阴雨，城池被大水冲坏，到夏天农作物不生长。

角、亢、氐，兖州。房、心，豫州。尾、箕，幽州。斗，江、湖。牵牛、婺女，杨州。虚、危，青州。营室至东壁，并州。奎、娄、胃，徐州。昴、毕，冀州。觜觿、参，益州。东井、舆鬼，雍州。柳、七星、张，三河。翼、轸，荆州。

◎**大意** 二十八宿对应地面的分野之国：角宿、亢宿、氐宿在兖州，房宿、心宿在豫州，尾宿、箕宿在幽州，斗宿在长江两湖地区，牛宿、女宿在扬州，虚宿、危宿在青州，室宿、壁宿在并州，奎宿、娄宿、胃宿在徐州，昴宿、毕宿在冀州，觜宿、参宿在益州，井宿、鬼宿在雍州，柳宿、星宿、张宿在汾、漳、沁河地区，翼宿、轸宿在荆州。

七星为员官,辰星庙,蛮夷星也。

◎**大意** 星宿是朱雀的喉咙,水星的庙堂,是常常象征外族的星。

两军相当,日晕:晕等,力钧;厚长大,有胜;薄短小,无胜。重抱大破无。抱为和,背为不和,为分离相去。直为自立,立侯王;破军若日杀将。负且戴,有喜。围在中,中胜;在外,外胜。青外赤中,以和相去;赤外青中,以恶相去。气晕先至而后去,居军胜。先至先去,前利后病;后至后去,前病后利;后至先去,前后皆病,居军不胜。见(现)而去,其发疾,虽胜无功。见(现)半日以上,功大。白虹屈短,上下兑(锐),有者下大流血。日晕制胜,近期三十日,远期六十日。

◎**大意** 两军对垒,可观察日晕:日晕匀称,两军旗鼓相当;日晕厚而长大,两军有胜败之分;日晕薄而短小,两军无胜败之事。晕云有环绕、扩大、散去、消失等形态。环绕象征平和,离散象征不和而兵解。晕云直立意味两军对立自守,另立国君,军败将亡。晕云聚于日下如负荷状,国有喜庆。晕云围日于中,内线之军获胜;在外侧,外军胜。晕云外青内红,两军议和互撤;外红内青,含恨而离去。晕云先至而后散,守军破敌;先出现又散失,前期有利,后期无利。后出现又消失,前期不利,后期有利。后出现而提前消失,前后期都不利,守军无功。出现一下即消失,历时短,小有斩获而无大功。出现半天以上,战功巨大。白色光带弯曲短小,上下两头呈尖锐形,这种天象预示有惨烈流血的战斗。日晕预兆胜负吉凶,近期则三十天,远期则六十天。

其食,食所不利;复生,生所利;而食益尽,为主位。以其直及日所宿,加以日时,用命其国也。

◎**大意** 发生日食，初亏时对所分野之地不利；再生光圆时，对相应的分野之地有利；日全食，应验在国君。按照初亏所在的宿位，而辅以日食的时辰，用来确定方位。

月行中道，安宁和平。阴间，多水，阴事。外北三尺，阴星。北三尺，太阴，大水，兵。阳间，骄恣。阳星，多暴狱。太阳，大旱丧也。角、天门，十月为四月，十一月为五月，十二月为六月，水发，近三尺，远五尺。犯四辅，辅臣诛。行南北河，以阴阳言，旱水兵丧。

◎**大意** 月亮运行于房宿四星的中间，国家安宁和平。月亮运行在黄道北，天下多水，有阴谋叛乱。房宿北，是阴星道，月亮行过，有水灾、兵祸。经过阳间道，国君恣睢暴戾。经过阳星道，国家多暴刑。经过太阳道，有大旱灾、丧亡。经过角宿一、角宿二之间的天门，十月应在来年四月，十一月则在五月，十二月在六月，洪水泛滥，小有三尺深，大有五尺深。月亮进犯房宿四星，大臣被杀。经过南河星，在南有旱灾、战祸；经过北河星以北，有水灾、丧事。

月蚀岁星，其宿地，饥若亡。荧惑也乱，填（镇）星也下犯上，太白也强国以战败，辰星也女乱。蚀大角，主命者恶之；心，则为内贼乱也；列星，其宿地忧。

◎**大意** 月亮掩盖木星，木星所在宿位的分野之国有饥荒或死亡。月亮掩盖火星就有乱事，月亮掩盖土星就有不忠的臣民生乱，月亮掩盖金星就有强国因战争灭亡，月亮掩盖水星就有女人作乱。月亮掩盖大角星，国君最怕看见；月亮掩盖心宿，便有奸臣叛乱；月亮掩盖众恒星，所分野之国有忧患。

月食始日，五月者六，六月者五，五月复六，六月者一，而五月者五，凡百一十三月而复始。故月蚀，常也；日蚀，为不臧也。甲、乙，四海之外，日月不占。丙、丁，江、淮、海岱也。戊、己，中州、河、济也。庚、辛，华山以西。壬、癸，恒山以北。日蚀，国君；月蚀，将相当之。

◎**大意** 从月食开始的那天起，间隔五个月发生的有六次，再间隔六个月发生的有五次，再间隔五个月发生的有六次，再间隔六个月发生的有一次，再间隔五个月发生的有五次，共一百一十三个月再开始周期循环。所以，月食发生，正常之事；日食发生，便没有常规。甲、乙之期，应验在国外，日食、月食都不需占候。丙、丁之期，应验在长江、淮河、东海至泰山之间。戊、己之期，应验在中原地区、黄河、济水流域。庚、辛之期，应验在华山以西地区。壬、癸之期，应验在恒山以北地区。日食，国君承兆应验；月食，将相承兆应验。

国皇星，大而赤，状类南极。所出，其下起兵，兵强；其冲不利。

◎**大意** 国皇星，大而红，很像老人星。国皇星一旦出现，所对应的地区有兵乱，强敌侵凌；对与它相应方位的分野国不利。

昭明星，大而白，无角，乍上乍下。所出国，起兵，多变。

◎**大意** 昭明星，大而白，无光尾，忽上忽下。昭明星所对应的国家有战争，形势变幻莫测。

五残星，出正东东方之野。其星状类辰星，去地可六丈。

◎**大意**　五残星，出现于正东的分野之国。它很像水星，高出地面约六丈。

大贼星，出正南南方之野。星去地可六丈，大而赤，数动，有光。

◎**大意**　大贼星，出现于正南的分野之国。大贼星高出地面约六丈，大而红，光芒闪烁不定。

司危星，出正西西方之野。星去地可六丈，大而白，类太白。

◎**大意**　司危星，出现于正西的分野之国。司危星高出地面约六丈，大而白，很像金星。

狱汉星，出正北北方之野。星去地可六丈，大而赤，数动，察之中青。此四野星所出，出非其方，其下有兵，冲不利。

◎**大意**　狱汉星，出现于正北的分野之国。狱汉星高出地面约六丈，大而红，光芒闪烁不定，仔细观察有青色。这四颗星出现的天域，如果不是它应该出现的方位，下面对应的国家就有战争，是不吉利的。

四填（镇）星，所出四隅，去地可四丈。

◎**大意**　四镇星，出现于天的四角，高出地面约四丈。

地维咸光，亦出四隅，去地可三丈，若月始出。所见（现），下有乱；乱者亡，有德者昌。

◎**大意**　地维星光较弱，也出现于天的四角，高出地面约三丈，有如月亮初出的样子。地维星出现，下面对应的国家有作乱的；作乱者灭亡，有德的国君昌盛。

烛星，状如太白，其出也不行。见（现）则灭。所烛者，城邑乱。

◎**大意**　烛星，形状好似金星，出现以后不运行。稍一出现立刻就消逝。烛星出现在所分野之国上空，城镇有动乱。

如星非星，如云非云，命曰归邪。归邪出，必有归国者。

◎**大意**　似星又不是星，似云又不是云，叫归邪星。归邪星若出现，一定有离国而又归国的人。

星者，金之散气，其本曰火。星众，国吉；少则凶。

◎**大意**　星是金属物的散气，本质是一种炽热的火。星星繁多，国家昌盛；星星稀少，国家凶险。

汉者，亦金之散气，其本曰水。汉，星多，多水，少则旱，其大经也。

◎**大意**　天河,也是金属物的散气,本质是一种水雾。天河中星多雨水就多,星少就干旱,这是普遍的规律。

天鼓,有音如雷非雷,音在地而下及地。其所往者,兵发其下。

◎**大意**　天鼓星,有声音似雷又不是雷,响在地面而声传入地下。天鼓星出现在哪里,哪里就有战争。

天狗,状如大奔星,有声,其下止地,类狗。所堕及,望之如火光炎炎冲天。其下圜如数顷田处,上兑(锐)者则有黄色,千里破军杀将。

◎**大意**　天狗星,形状像大流星,有声音,陨落地面时,像狗吠。天狗星所陨落的地方,能看到火光炎炎直冲天上。被天狗星撞击的地面有数顷大的圆坑,其上端尖呈黄色光,千里之外的军队失败,领军将领被杀。

格泽星者,如炎火之状。黄白,起地而上。下大,上兑(锐)。其见(现)也,不种而获;不有土功,必有大害。

◎**大意**　格泽星,像燃烧的焰火一样。黄白色,由地面升跃而上。下端大,上端尖。格泽星出现,不播种也有收获;没有土木施工,必有大害。

蚩尤之旗,类彗而后曲,象旗。见(现)则王者征伐四方。

◎**大意**　蚩尤之旗星，类似彗星而尾部弯曲，如同旗帜。此星出现预示君王征伐四方。

旬始，出于北斗旁，状如雄鸡。其怒，青黑，象伏鳖。

◎**大意**　旬始星，出现于北斗星旁，形状如同雄鸡。旬始星的光芒急变时，呈青黑色，像蛰伏的鳖。

枉矢，类大流星，蛇行而仓黑，望之如有毛羽然。

◎**大意**　枉矢星，类似大流星，如蛇蜿蜒疾行而显青黑色，看上去如有羽毛的样子。

长庚，如一匹布著天。此星见（现），兵起。

◎**大意**　长庚星，像一匹布悬于空中。长庚星出现，有战争。

星坠至地，则石也。河、济之间，时有坠星。

◎**大意**　星星坠落至地面，即是石头。黄河、济水之间，时常有坠落的星星。

天精而见景星。景星者，德星也。其状无常，常出于有道之国。

◎**大意**　天气特别明朗时可以看见景星。景星，就是福德之星。景星的形状不固定，常常出现在政治清明的国家。

凡望云气，仰而望之，三四百里；平望，在桑榆上，千余二千里；登高而望之，下属地者三千里。云气有兽居上者，胜。

◎**大意** 凡是观望云气，抬头望去看到三四百里；平行望去，在桑树榆树的树梢上可看一千至两千里；登高远望，俯看到的地面达三千里。上面的云气有如兽形时，无往不利。

自华以南，气下黑上赤。嵩高、三河之郊，气正赤。恒山之北，气下黑上青。勃、碣、海、岱之间，气皆黑。江、淮之间，气皆白。

◎**大意** 自华山以南地区，云气下黑上红。嵩山与汾河、沁河、漳河流域，云气正红。恒山以北地区，云气下黑上青，渤海、碣石、东海、泰山之间，云气都是黑色。长江、淮河之间，云气都是白色。

徒气白。土功气黄。车气乍高乍下，往往而聚。骑气卑而布。卒气抟①。前卑而后高者，疾；前方而后高者，兑（锐）；后兑（锐）而卑者，却。其气平者其行徐。前高而后卑者，不止而反（返）。气相遇者，卑胜高，兑（锐）胜方。气来卑而循车通者，不过三四日，去之五六里见（现）。气来高七八尺者，不过五六日，去之十余里见（现）。气来高丈余二丈者，不过三四十日，去之五六十里见（现）。

◎**注释** ①〔抟〕把东西揉成球形。
◎**大意** 聚人力的云气呈白色。构筑防务的云气为黄色。车战云气忽高忽低，常常凝聚。骑战云气低矮平布。步战云气团聚。云气前低后高，进军急速；云气前方平稳而后高的，军锋锐利；后锐而低的，宜退军。云气稳定的军行缓慢。前高后低的，军不停驻而回师。两种云气相遇，低胜高，锐利胜平稳。云气来时低而沿着车行道的，过不了三四天，离去五六里，预兆的事就出现。云气来时高七八丈的，不过五六天，离去十多里，预兆的事就出现。云气来高一丈多至两丈的，不过三四十天，离去五六十里，预兆的事就出现。

稍云精白者，其将悍，其士怯。其大根而前绝远者，当战。青白，其前低者，战胜；其前赤而仰者，战不胜。阵云如立垣。杼云类杼。轴云抟两端兑（锐）。杓云如绳者，居前亘①天，其半半天。其蜺（霓）②者类阙旗故。钩云句曲。诸此云见（现），以五色合占。而泽抟密，其见（现）动人，乃有占；兵必起，合斗其直。

◎ **注释** ①〔亘〕空间和时间上延续不断。②〔蜺（ní）〕虹的一种。
◎ **大意** 飘浮的云青白色，主将强悍，士卒却弱。云的基部大而前部向远方延伸的，可进军作战。青白色，但前面低，战必捷；前面红色而尾向上的，战则败。阵云的形状好像直立的城墙，织梭云似梭子，卷云团团相连，两端锋锐。勺状云如细绳，前面横天，长延半个天空。彩虹状的云，似大旗，呈现尖峰。钩状云弯曲。上面各种云形出现，可依五色占候。若云润泽、翻动、浓密，更应引起注意，必要占它。它关系战事之起，以便选择战场。

王朔所候，决于日旁。日旁云气，人主象。皆如其形以占。

◎ **大意** 王朔占候的方法，取决于日旁的云气。日旁云气，象征君王。以它的形状变化作占。

故北夷之气如群畜穹闾，南夷之气类舟船幡旗。大水处，败军场，破国之虚，下有积钱，金宝之上，皆有气，不可不察。海旁蜄气^①象楼台，广野气成宫阙，然云气各象其山川人民所聚积。

◎**注释** ①〔蜄（shèn）气〕亦作"蜃气"，是一种大气折光现象。古人认为是蜄吐气所造成。蜄，大蛤蜊。
◎**大意** 所以，北方外族的云形如畜群和帐幕，南方外族的云形如舟船和张帆。发生水灾之处，败军的战场，亡国的废墟，下面埋藏金钱财宝之处，上面都有云气反映，不可不留意观察。海滨蜃气像亭台楼阁，广野中的云气形成宫殿，云气能呈现当地山河形势和百姓聚居的风貌。

故候息耗（耗）者，入国邑，视封疆田畴之正治，城郭室屋门户之润泽，次至车服畜产精华。实息者，吉；虚耗（耗）者，凶。

◎**大意** 因此，占一个地方繁荣还是衰落，涉及国家和地方，观测疆域的划分和田地的耕作好坏，城市房屋门户的光洁，到车马服饰、牲畜生长的好坏。充实繁育的，吉利；空虚浪费的，凶险。

若烟非烟，若云非云，郁郁纷纷，萧索轮囷^①，是谓卿（庆）云。卿（庆）云，喜气也。若雾非雾，衣冠而不濡，见（现）则其域被（披）甲而趋。

◎**注释** ①〔囷（qūn）〕本义是古代一种圆形谷仓。
◎**大意** 像烟而不是烟，像云而不是云，浓郁纷乱，像萧疏地分布着的圆形谷仓，叫作庆云。庆云，是喜气。像雾非雾，衣帽沾着它不潮湿，它出现在哪里，哪里就忙于武装备战。

夫雷电、虾虹、辟历、夜明者，阳气之动者也，春夏则发，秋冬则藏，故候者无不司之。

◎**大意** 至于雷电、虹霓、惊雷、夜光，是活动的阳气所致，春天、夏天发生，秋天、冬天就消失，所以，占候的人没有不注意它们的。

天开县（悬）物，地动坼绝。山崩及徙，川塞溪垘①；水澹地长，泽竭见（现）象。城郭门闾，闰（圭）臬②槁枯；宫庙邸第，人民所次。谣俗车服，观民饮食。五谷草木，观其所属。仓府厩库，四通之路。六畜禽兽，所产去就；鱼鳖鸟鼠，观其所处。鬼哭若呼，其人逢俉（迕）③。化（讹）言，诚然。

◎**注释** ①〔垘（fú）〕阻塞。②〔闰臬〕据《汉书·天文志》《史记志疑》，此二字当作"润泽"。③〔俉（wǔ）〕同"迕"，偶然相遇。

◎**大意** 天空裂开现出悬空的物象，地震断层。山岳崩移，河川壅塞，溪谷崩堵；流水回旋起伏，地面隆起，水泽枯竭，都是某种征兆的显示。城墙里门，有时润泽，有时焦枯；宫庙馆驿、居民屋室也有预兆，观察百姓、车马、服饰、谚语和饮食。五谷草木，都可寻求根底。粮仓、库房、马棚，四方道路也要观察。六畜禽兽，都可究其来历；鱼鳖鸟鼠，也可看它活动的处所。鬼哭像唤人，遇到的人受惊吓。谣言四起，终会应验。

凡候岁美恶，谨候岁始。岁始或冬至日，产气始萌。腊明日，人众卒岁，一会饮食，发阳气，故曰初岁。正月旦，王者岁首。立春日，四时之始也。四始者，候之日。

◎**大意** 大凡占卜每年诸事吉凶，应当在一年之初小心占卜。"一年之初"有不同的说法：一是冬至日，生长之气开始萌生。二是腊祭的第二天，百姓刚过年，团聚会餐，冲动阳气，所以叫新年开始。三是正月初一，这是帝王人为规定的一年的开始。四是立春那天，是四季的开始。冬至、腊祭第二天、正月初一、立春这四种不同说法的"一年之初"，都是占卜的好日子。

而汉魏鲜集腊明正月旦决八风。风从南方来，大旱；西南，小旱；西方，有兵；西北，戎菽为①，小雨，趣（促）兵；北方，为中岁；东北，为上岁；东方，大水；东南，民有疾疫，岁恶。故八风各与其冲对，课多者为胜。多胜少，久胜亟②，疾胜徐。旦至食，为麦；食至日昳③，为稷；昳至铺，为黍；铺至下铺，为菽；下铺至日入，为麻。欲终日有云，有风，有日，日当其时者，深而多实；无云有风日，当其时，浅而多实；有云风，无日，当其时，深而少实；有日，无云，不风，当其时者稼有败。如食顷，小败；熟五斗米顷，大败。则风复起，有云，其稼复起。各以其时用云色占种所宜。其雨雪若寒，岁恶。

◎**注释** ①〔戎菽（shū）为〕豆类作物长得好。②〔亟（jí）〕急切。③〔昳（dié）〕太阳偏西。

◎**大意** 汉代的魏鲜归纳出腊祭第二天、正月初一，依八方位的风向来占卜的方法。风来自南方，有大旱；来自西南方，小旱；来自西方，有战争；来自西北方，豆作物好，有小雨，短期内会有战争；来自北方，收成不好不坏；来自东北方，是五谷丰登的好年景；来自东方，有大水灾；来自东南方，百姓有疾疫，年成不好。八方位的风向若与相对方位风向冲遇，强的得势胜，多的胜少的，时久的胜时短的，快速的胜缓慢的。黎明寅时至辰时，管麦子；辰时至日移未时，管糜子；未时至日偏西申时，管黍子；申时至申时过五刻后，管豆作物；至酉时，管麻类。希望全天有云、有风、有太阳，那个时候的作物多长了干枝而且多颗粒；没有云，有风，有太阳，那个时候干枝不壮而多颗粒；有云，有风，没有太阳，那个时候干枝粗壮而少颗粒；有太阳，没有云，没有风，那个时候庄稼会歉收。这种情况延续一顿饭的时间，小歉收；延续煮熟五斗米的时间，大歉收。如果风再起，又有云，庄稼会转好。分别按时间和云色占卜何物播种为宜。如果下雪并且寒冷，年成便不好。

是日光明，听都邑人民之声。声宫，则岁善，吉；商，则有兵；徵，旱；羽，水；角，岁恶。

◎**大意** 当光明晴朗之天，听都城百姓的声调。声为宫调，年成好，吉利；声为商调，有战争；声为徵调，旱灾必至；声为羽调，有水患；声为角调，年成很坏。

或从正月旦比数雨。率日食一升，至七升而极；过之，不占。数至十二日，日直其月，占水旱。为其环域千里内占，则为天下候，竟正月。月所离列宿，日、风、云，占其国。然必察太岁所在。在金，穰；水，毁；木，饥；火，旱。此其大经也。

◎**大意** 有的从正月初一接连计算下雨的时、量，以每天食量一升计，到七升为极限。过了这个数量、时间，就不用占候。计算到十二天，日数相当它那月数，可占它预兆的水旱灾情。这是为全国进行占卜，为天下占卜，为时一月之久。观察月亮经历的二十八宿及太阳、风、云，便占候它的分野国。但也要观察岁星所在十二次位：在西方，保丰收；在北方，歉收；在东方，有饥荒；在南方，有旱情。这是普遍的兆象。

正月上甲，风从东方，宜蚕；风从西方，若旦黄云，恶。

◎**大意** 正月上旬甲日，风从东来，适宜养蚕；风从西来，或晨有黄云，年成不佳。

冬至短极，县（悬）土炭，炭动，鹿解角，兰根出，泉水跃，略以知日至，要决晷①景（影）。岁星所在，五谷逢昌。其对为冲，岁乃有殃。

◎**注释** ①〔晷（guǐ）〕按照日影测定时间的仪器。
◎**大意** 冬至日白天极短，在衡器两端分挂土块、木炭，炭潮加重下垂，雄鹿脱角，兰根萌芽，泉水翻滚，大体便可知太阳行至黄道最南处，可用以校验日晷显示的影子。岁星所在处，五谷丰登。它相对星次稍为冲，年成不好而有灾。

太史公曰：自初生民以来，世主曷尝不历日月星辰？及至五家①、三代，绍而明之，内冠带，外夷狄，分中国为十有（又）二州，仰则观象于天，俯则法类于地。天则有日月，地则有阴阳。天有五星，地有五行。天则有列宿，地则有州域。三光者，阴阳之精，气本在地，而圣人统理之。

◎**注释** ①〔五家〕指五帝，即黄帝、颛顼、帝喾、唐尧、虞舜。
◎**大意** 太史公说：自从当初人类出现以来，当时的君主何尝不观察、追踪日月和众星的出没情况？到五帝时至夏朝、商朝、周朝，每代有继承、发展、丰富。内分为冠带文明的华夏，外别于四邻的落后外族，分中国为十二州。抬头便考察天象，低头则看它对世间万物的影响。天上有日月，地下便分阴阳。天上有五行星，地上便有金、木、水、火、土。天上有二十八宿众星，地面则相应有分野之国。日月星三光，是阴阳二气精华所凝，它的来源在地上，而圣人统一调理它们。

幽、厉以往，尚矣。所见天变，皆国殊窟穴，家占物怪，以合时应，其文图籍禨祥不法。是以孔子论六经，纪异而说不书。至天道命，不传；传其人，不待告；告非其人，虽言不著。

◎**大意** 周幽王、厉王以前的情况，距今太远了。那时所见到的变异天象，都是不同诸侯国穴居野处时所传，各天文家的占验，也是迎合应验当时的难怪之事。这些文字、图像所解释的吉凶祸福的预兆，实不足以作为标准。因此孔子整理"六经"，仅记录它的怪异事实、现象，有关解释一概省去不论。至于系统的天道、天命道理，不予传授；传授给合适的人，不用讲解他便可领悟；传授给不合适的人，说了他也不明白。

昔之传天数者：高辛之前，重、黎；于唐、虞，羲、和；有夏，昆吾①；殷商，巫咸②；周室，史佚③、苌弘④；于宋，子韦⑤；郑则裨灶⑥；在齐，甘公⑦；楚，唐昧⑧；赵，尹皋⑨；魏，石申⑩。

◎**注释** ①〔昆吾〕传说中夏代掌管天文的官员，名已樊。②〔巫咸〕商王大戊的臣子。③〔史佚〕西周成王、康王时的太史。④〔苌弘〕周敬王时的大夫。⑤〔子韦〕宋景公时管理天文的史官。⑥〔裨灶〕春秋时郑国的大夫，善于观星，占卜吉凶。⑦〔甘公〕即甘德，战国时著名占星学家。⑧〔唐昧〕战国时楚国的大将。⑨〔尹皋〕赵国人。⑩〔石申〕即石申夫，是与甘德齐名的占星学家。
◎**大意** 过去传授天文历数的人：高辛氏以前，有重、黎；在唐尧、虞舜时，有羲、和；在夏代，有昆吾；在殷商时，有巫咸；在周代，有史佚、苌弘；在宋国，有子韦；在郑国，有裨灶；在齐国，有甘德；在楚国，有唐昧；在赵国，有尹皋；在魏国，有石申。

夫天运，三十岁一小变，百年中变，五百载大变；三大变一纪，三纪而大备，此其大数也。为国者必贵三五。上下各千岁，然后天人之际续备。

◎**大意** 关于天的预兆气运，三十年一小变，一百年一中变，五百年一大变；三大变为一纪，到三纪后一切天象变化都可经历，这是它的大致情况。统治国家的君王一定要看重三、五这种变化周期，上下各千年，然后天道和人事的相互关联，才算可以掌握。

太史公推古天变，未有可考于今者。盖略以春秋二百四十二年之间，日蚀三十六，彗星三见（现），宋襄公时星陨如雨。天子微，诸侯力政，五伯（霸）代兴，更为主命，自是之后，众暴寡，大并小。秦、楚、吴、越，夷狄也，为强伯（霸）。田氏篡齐，三家分晋，并为战国。争于攻取，兵革更起，城邑数屠，因以饥馑疾疫焦苦，臣主共忧患，其察禨祥候星气尤急。近世十二诸侯七国相王，言从衡者继踵，而皋、唐、甘、石因时务论其书传，故其占验凌杂米盐。

◎**大意** 太史公推算古代天象的重大变化，没有一件可以在当今验证的。仅取春秋二百四十二年来说，日食出现三十六次，彗星出现三次，宋襄公时又出现大流星雨。天子衰微，诸侯用武力征伐，五霸一个接一个地兴起，交替充当盟主。从此以后，人多的欺负人少的，大国吞并小国。秦国、楚国、吴国、越国都是外族，也成为强大的霸主。田氏夺取了齐国政权，三家瓜分了晋国，互相对峙成为战国王侯。战争连续发生，军队日多，城乡百姓多次遭屠杀，再加上饥荒、瘟疫、痛苦，各国君臣都十分忧虑。他们观察天象吉凶预兆、占卜异变天象，极为焦急、迫切。战国初有十二国相互称王竞争，合纵、连横之说一个接着一个。可是尹皋、唐昧、甘德、石申等人，不免根据当时存亡情势来引经据典以解说天象，所以他们的占验，就像生米夹盐的饭粥，杂乱而无法取信于后人。

二十八舍主十二州，斗秉兼之，所从来久矣。秦之疆也，候在太白，占于狼、弧。吴、楚之疆，候在荧惑，占于鸟衡。燕、齐之疆，候在辰星，占于虚、危。宋、郑之疆，候在岁星，占于房、心。晋之疆，亦候在辰星，占于参罚。

◎**大意** 二十八宿主分天下十二州，北斗居中遥控它们，这种说法很早就有了。秦国的疆域，占候金星，位于天狼、天弧星区。吴国、楚国的疆域，占候火星，位于柳宿区。燕国、齐国的疆域，占候水星，位于虚宿、危宿。宋国、郑国的疆域，占候木星，位于房宿、心宿。晋国疆域，也占候水星，位于参宿和参宿下的罚星一带。

及秦并吞三晋、燕、代，自河山以南者中国。中国于四海内则在东南，为阳；阳则日、岁星、荧惑、填（镇）星；占于街南，毕主之。其西北则胡、貉、月氏诸衣旃裘引弓之民，为阴；阴则月、太白、辰星；占于街北，昴主之。故中国山川东北流，其维，首在陇、蜀，尾没于勃、碣。是以秦、晋好用兵，复占太白，太白主中国；而胡、貉数侵掠，独占辰星，辰星出入躁疾，常主夷狄：其大经也。此更为客主人。荧惑为孛①，外则理兵，内则理政。故曰"虽有明天子，必视荧惑所在"。诸侯更强，时灾异记，无可录者。

◎**注释** ①〔孛〕光芒强盛的彗星。
◎**大意** 等到秦国并吞三晋、燕国、代郡，自黄河、秦岭以南是中国。中国在四海之内处于东南，属阳性。阳性的天象现于太阳、木星、火星、土星，占候在天街区以南，以毕宿为主。它的西北是胡、貉、月氏等穿皮毛、从事射猎的民族，属阴性。阴性的天象现于月亮、金星、水星，占候在天街北区，以昴宿为主。所以中国的山势、河流走向都朝向东北，它的脉络：头在陇、蜀地区，尾消失于渤海、碣石。因之秦国、晋国最爱打仗，反复占卜金星，因为金星代表中国！可是胡、貉等外族多次入侵抢掠，只占候水星。水星的出没急速不稳，常常主宰外族的命运。这些都是它们的大致情况。金星、水星轮流充当主人、客人。火星出现光芒四射如孛星时，对外要加强防务，对内要改革政事。所以说"即使英明的君王，也一定观察火星的位置"。各诸侯国交替称雄，当时的天象记录，各家说各家的，没有值得记录、应用的东西。

秦始皇之时，十五年彗星四见（现），久者八十日，长或竟天。其后秦遂以兵灭六王，并中国，外攘四夷，死人如乱麻，因以张楚并起，三十年之间兵相骀藉①，不可胜数。自蚩尤以来，未尝若斯也。

◎**注释** ①〔骀（tái）藉〕践踏。

◎**大意** 秦始皇即位后，十五年间彗星出现四次，时间最长的有八十天，星体最长的横天而过。此后秦始皇进军灭了六国，统一中国，对外排除外族，死的人多得如乱麻成堆，后来陈胜等揭竿而起。三十年间，兵戎相见而士卒互相践踏，死的人不可计数。自从蚩尤作乱以来，没有像这样的动乱。

项羽救巨鹿，枉矢西流，山东遂合从诸侯，西坑秦人，诛屠咸阳。

◎**大意** 项羽领军救巨鹿时，一颗特大的流星奔向秦国，于是崤山以东各国军队连同西进，路上活埋了秦军俘虏，大肆屠杀秦国都城咸阳的人。

汉之兴，五星聚于东井。平城之围，月晕参、毕七重。诸吕作乱，日蚀，昼晦。吴、楚七国叛逆，彗星数丈，天狗过梁野；及兵起，遂伏尸流血其下。元光、元狩，蚩尤之旗再见（现），长则半天。其后京师师四出，诛夷狄者数十年，而伐胡尤甚。越之亡，荧惑守斗；朝鲜之拔，星茀①于河戍；兵征大宛，星茀招摇：此其荦荦②大者。若至委曲小变，不可胜道。由是观之，未有不先形见（现）而应随之者也。

◎**注释** ①〔星茀（bèi）〕彗星。②〔荦荦（luò）〕分明显著的样子。

◎**大意** 汉朝兴起，五行星会聚于井宿。平城被匈奴围困，月晕七重出现在参宿和毕宿。吕氏家族作乱，出现日食，白天昏暗。吴、楚七国叛变，出现几丈长的大彗星，天狗星也出现于梁国；战争发生后，那里尸横遍野。元光、元狩年间，蚩尤之旗星两度出现。后来朝廷大军四出，攻打外族几十年，进攻匈奴尤其厉害。南越灭亡，火星在斗宿出现冲日。朝鲜被攻破，有彗星光扫天河戍军。远征大宛，彗星光又扫过招摇星。这些，都不过是天象异变中比较大而显著的。至于细小隐微的变异，那是说不完的。从这里看，没有事情不是先有天象示警而后应验的。

夫自汉之为天数者，星则唐都，气则王朔，占岁则魏鲜。故甘、石历五星法，唯独荧惑有反逆行；逆行所守，及他星逆行，日月薄蚀，皆以为占。

◎**大意** 在汉兴后研究天文历法占卜的，讲星象的是唐都，讲云象的是王朔，讲岁星和年成的是魏鲜。以前甘德、石申观测五星，仅认为火星从东向西逆行是正常的；逆行时侵犯其他星宿，及其他行星逆行，日月偏食，都用来占卜吉凶。

余观史记，考行事，百年之中，五星无出而不反逆行，反逆行，尝盛大而变色；日月薄蚀，行南北有时：此其大度也。故紫宫、房心、权衡、咸池、虚危列宿部星，此天之五官坐位也，为经，不移徙，大小有差，阔狭有常。水、火、金、木、填（镇）星，此五星者，天之五佐，为纬，见（现）伏有时，所过行赢缩有度。

◎**大意** 我阅读古代天文典籍，考察它们所记载的往事，发现五大行星没有哪一个出现时不从东向西逆行，逆行时至冲日，行星形大而且光色特别显亮；日、月偏食，运行黄道南北有一定的时节：这些仅为其一般的法规。所以紫微垣、房宿、心宿、权星、太微垣、咸池星、虚宿、危宿等星，分区管辖天空五官的座位，是恒星，不运行，大小有等级，幅度有常规。水、火、金、木、土五行星，是天帝的五个辅佐，能运行，其出现、隐没都是有规律的，运行的赢缩有一定法度。

日变修德，月变省刑，星变结和。凡天变，过度乃占。国君强大有德者昌，弱小饰诈者亡。太上修德，其次修政，其次修救，其次修禳，正下无之。夫常星之变希（稀）见，而三光之占亟用。日月晕适，云风，此天之客气，其发见（现）亦有大运。然其与政事俯仰，最近天人之符。此五者，天之感动。为天数者，必通三五。终始古今，深观时变，察其精粗，则天官备矣。

◎**大意** 太阳出现变异，应该修养德性；月亮出现变异，应该减省刑罚；众星出现变异，应该团结和气。凡是天象变异，过分时才占卜。国君强大有德的必会昌盛，弱小又虚伪欺骗的必遭灭亡。最英明之君修养德性，其次是修明政事，其次发现错误时采取补救的办法，再次只好祈祷上苍，最下等的则视而不见。那些恒星变异是不易见到的，而日、月、五星是运行的，占卜是不可少的。日、月生晕，日、月有食，云、风，都是上天一时出现的气象。它们出现有大自然的气数。可是它们随同国家政事的起落而现出吉凶，最接近天意和人事的共同性。这五种现象是上天的灵感显于世间。身居太史官而研究天象历数的人，必定要通晓三光、五星，了解过去和现在，注意世间事态的变化，观察它们的要领与细节，那么天文学的各个方面，就可以称得上完美了。

苍帝行德，天门为之开。赤帝行德，天牢为之空。黄帝行德，天夭为之起。风从西北来，必以庚、辛。一秋中，五至，大赦；三至，小赦。白帝行德，以正月二十日、二十一日，月晕围，常大赦载，谓有太阳也。一曰：白帝行德，毕、昴为之围。围三暮，德乃成；不三暮，及围不合，德不成。二曰：以辰围，不出其旬。黑帝行德，天关为之动。天行德，天子更立年；不德，风雨破石。三能、三衡者，天廷也。客星出天廷，有奇令。

◎**大意**　苍帝当政的时候，天门为此而开。赤帝当政的时候，天牢为此而空虚。黄帝当政的时候，天夭为此而出现。风从西北来，一定在庚、辛这两日。一季之中来五次，主大赦；来三次，主小赦。白帝当政的时候，若有正月二十日、二十一日月晕成围，则有大赦，认为是有太阳的缘故。另有一种说法：白帝当政时，毕、昴为月晕所围。若围三个晚上，则德成；若不到三个晚上，以及围不合拢，则德不成。又有一种说法：以辰星所围是否超过十日为占。黑帝当政的时候，天关为此而动。苍、赤、黄、白、黑五帝各有当政的时候，天子要随之更改年号；若不顺应五帝，将有奇风怪雨、石破天惊的灾殃。三能、三衡是天廷。如果天廷有客星出现，那么天帝将会发出异常的号令。

◎**释疑解惑**
　　《天官书》是一篇"知识性""科学性"很强的文章，文中专业术语很多。但司马迁并非简单地罗列材料，在文字运用上也下了一番功夫。清代牛运震评论："《天官书》，星气机祥之书，本以理数为主，不必以文为工；然或文不能妙，将使人苦其艰晦而弃之。故凡文章记叙理幽賾者，必使疏朗分明，诵其文者，一一有针路可寻，了然于心；典制象数繁重者，必使灵活生动，又有章法，结构整齐错落，各尽其致，方免板滞叠砌之病。如《系辞传》《考工记》皆言数理之书，何尝不极文字之妙，《天官书》亦犹是也。写幽赜处，井井朗朗，与平常显明者无异。叙形象名数，排板处极错变，繁碎处极简整，有体有法，有韵有态。古而灵，奥而动，逸而峭，奇而则，文章格势，凡法与巧，皆备于此。令读者惊为异观，爱如宝玩，一部天官掌故，得留于后世者，固文字之妙留之也。"可备一说。

◎ **思考辨析题**

1. 如何理解《天官书》中所体现的天人感应观点？
2. 有学者称《天官书》述天文占卜之事，不当写入历史，如何看待这个问题？

封禅书

第六

《封禅书》是一篇记述汉以前礼制的重要文献。司马迁在《太史公自序》中解释:"受命而王,封禅之符罕用,用则万灵罔不禋祀,追本诸神名山大川礼,作《封禅书》第六。"封禅时,万灵同时受到祭祀。因论封禅而追论诸神和名山大川的祭祀,这是司马迁写《封禅书》的基本设想。对于封禅的由来,近人有的认为"昉于秦始,侈于汉武";有的认为"三代典礼,至秦而废灭无复存",秦、汉封禅的礼仪制度出于方士之口,是"假天以惑世""诬民而渎天"的妄说。总之,他们认为古代并没有封禅礼,秦、汉以后的说法是靠不住的。而《封禅书》开篇就说:"自古受命帝王,曷尝不封禅?盖有无其应而用事者矣,未有睹符瑞见而不臻乎泰山者也。"但由于天下大治时才行封禅礼,而治世少,乱世多,所以,"厥旷远者千有余载,近者数百载",始一举行,而"三年不为礼,礼必废;三年不为乐,乐必坏",封禅的礼仪制度自然也就"阙然埋灭"了。这里明确讲了两层意思：一是封禅是一种古老的礼仪制度，并非"昉于秦始"；二是封禅礼仪的细节并不是"废灭"于秦，与秦始皇焚诗书、禁百家言无关。

《封禅书》的意义，还在于司马迁以愤懑之情对汉代统治者，尤其是对汉武帝的滥祭淫祀，进行了委婉而充分的批判。由《封禅书》的命题不难看出，司马迁的本意不只是记述祭祀等礼制，还在于对汉代弊政加以抨击。过去史家把制度史的体裁创始之功全部归于司马迁的八书，并不准确。

自古受命帝王，曷尝不封禅？盖有无其应而用事者矣，未有睹符瑞①见（现）而不臻乎泰山者也。虽受命而功不至，至梁父矣而德不洽，洽矣而日有不暇给②，是以即事用希。传③曰："三年不为礼，礼必废；三年不为乐④，乐必坏。"每世之隆，则封禅答焉，及衰而息。厥旷远者千有余载，近者数百载，故其仪⑤阙然堙灭，其详不可得而记闻云。

◎**注释** ①〔符瑞〕祥瑞的征兆。②〔日有不暇给〕仁德之君政事繁忙而没有时间进行封禅。③〔传〕古代文字材料都称为"传"。④〔乐〕指合乎礼所规定的贵族阶层音乐。⑤〔仪〕封禅的典礼。

◎**大意** 自古以来承受天命的帝王，哪有不到泰山祭祀天地的？倒是有些帝王没有得到上天的符应和祥瑞，而擅自举行这一典礼的。却没有一个帝王看到祥瑞符应而不登泰山举行封禅大典的。后代帝王虽奉承天命成为天子，但治世的功业未有成就，已到梁父山举行了祭祀礼，但德行还没有达到令众人心悦诚服的地步，或者人们对他已够悦服但他政事繁多没有时间，所以举行封禅祭典的帝王为数不多。古书中说："三年不行礼，礼制必会废弃；三年不兴乐，乐教必会被遗弃。"因而每逢盛世，帝王多会亲临泰山举行封禅大典，到了衰落时期，这一典礼就会停止。这种情况在历史上长达千余年，短的也有几百年，正因如此，封禅的仪式已湮没无闻，其详细情形无法记录而流传后世。

《尚书》曰：舜在璇玑玉衡，以齐七政。遂类于上帝，禋于六宗①，望山川，遍群神。辑五瑞②，择吉月日，见四岳诸牧，还瑞③。岁二月，东巡狩，至于岱宗。岱宗，泰山也。柴④，望秩于山川。遂觐东后。东后者，诸侯也。合时月正日，同律度量衡，修五礼，五玉三帛二生一死贽。五月，巡狩至南岳。南岳，衡山也。八月，巡狩至西岳。西岳，华山也。十一月，巡狩至北岳。北岳，恒山也。皆如岱宗之礼。中岳，嵩高也。五载一巡狩。

◎**注释**　①〔禋（yīn）于六宗〕禋，烧柴生烟以祭天，用以求福，古代祭神之礼。六宗，指星、辰、风伯、雨师、司中、司命六种尊崇之神。②〔五瑞〕古代诸侯用作符信的五种玉，公、侯、伯、子、男分别用桓圭、信圭、躬圭、谷璧、蒲璧。③〔还瑞〕虞舜验视诸侯所奉圭璧，然后赐还，以示持有这些宝玉的人已成为虞舜的臣子。④〔柴〕古代祭仪时，聚积木柴，将作为供品的牲畜放在木柴上，点火焚化来祭山川。

◎**大意**　《尚书》上说：虞舜用璇玑玉衡之类的天文仪器观察天象，了解太阳、月亮、金星、木星、水星、火星、土星的运行情况，配合上天的旨意，检验自己执政的得失。于是依其类而祭上帝，生烟祭祀六宗，遥祭山川，遍祭群神。收集五等诸侯所持瑞玉，选择吉日良辰，接见四方方伯和各州牧主，将所收瑞玉赐还他们。当年二月，虞舜到东方巡察，抵达岱宗。岱宗，就是泰山。他烧柴祭天，按顺序望祭名川大山，然后接见东方诸侯。协调春夏秋冬四季、十二月、三百六十日，使其一致；统一音律和度量衡，修饬祭祀、丧葬、宾客、军旅、婚姻五种礼节，诸侯分别用五种瑞玉和玄、纁、黄三种颜色的帛，卿大夫用小羊、雁两种活牲,士人以一只死雉,用作朝见的礼物。五月,到南岳巡视。南岳,就是衡山。八月,到西岳巡视。西岳,就是华山。十一月,又到北岳出巡。北岳,就是恒山。所出巡之处都与到东岳泰山的礼制相同。除以上四岳外,还有中岳,就是嵩山。每五年巡视一次。

　　禹遵之。后十四世,至帝孔甲,淫德好神,神渎,二龙去之①。其后三世,汤伐桀,欲迁夏社,不可,作《夏社》②。后八世,至帝太戊,有桑穀③生于廷,一暮大拱,惧。伊陟曰:"妖不胜德。"太戊修德,桑穀死。伊陟赞巫咸④,巫咸之兴自此始。后十四世,帝武丁得傅说为相,殷复兴焉,称高宗。有雉登鼎耳雊⑤,武丁惧。祖己曰:"修德。"武丁从之,位以永宁。后五世,帝武乙慢神而震死。后三世,帝纣淫乱,武王伐之。由此观之,始未尝不肃祗,后稍怠慢也。

◎**注释**　①〔二龙去之〕传说,天神曾赐给孔甲二龙乘驾,但因孔甲不敬,龙飞离,夏朝也终于衰落。②〔《夏社》〕相传是成汤所作,用来说明夏社不可迁之义。③〔桑穀(gǔ)〕桑树和楮树。④〔巫咸〕殷太戊的臣子,主管祈神消灾之事。⑤〔雊(gòu)〕雉鸣叫。

◎**大意**　到了大禹时,仍然沿用虞舜的这一制度。其后十四代,到了帝孔甲,喜欢祭祀神,而其行为放肆,道德败坏,神被亵渎。原来上天赏赐的二龙也离开了他。往后三代,传到夏桀王,成汤王兴兵征伐夏桀王,本来准备将夏朝的社坛迁移,未达到目的,便作了《夏社》。以后八代传到太戊帝,有桑树、楮树共生于朝廷,一个晚上就长到合拱一样粗,太戊感到十分恐惧。伊尹的儿子伊陟说:"不必害怕,妖邪胜不过高尚的道德。"于是太戊修身立德,桑树、楮树不久果然枯死。伊陟将此事告知殷臣巫咸,巫术的兴起从此开始。以后十四代,武丁得到贤士傅说,任他为宰相,殷朝得以复兴,后世称武丁为高宗。又一次,一只野鸡飞到鼎耳上鸣叫不止。武丁听了颇为恐惧。祖己说:"修养德行。"武丁认为祖己说得对,结果使统治长久。往后五代,帝武乙欺慢神灵,恼怒了天神，被暴雷震死。以后三代，殷纣王荒淫昏乱，作恶多端，周武王铲除了他。由此来看，开国之君主，都是极其谨慎恭敬地做事，而末代君主就渐渐怠慢放纵，以至于亡国。

《周官》①曰：冬日至，祀天于南郊，迎长日之至；夏日至，祭地祇。皆用乐舞，而神乃可得而礼也。天子祭天下名山大川，五岳视三公，四渎②视诸侯，诸侯祭其疆内名山大川。四渎者，江、河、淮、济也。天子曰明堂、辟雍③，诸侯曰泮宫④。

◎**注释** ①〔《周官》〕《周礼》，儒家经典之一。②〔四渎〕古人对四条入海河流的总称，即长江、黄河、淮河、济水。③〔辟雍〕古代举行典礼、宣明教化的地方。④〔泮（pàn）宫〕诸侯举行典礼的地方，后世用以称诸侯国的太学。
◎**大意** 《周官》上说：冬至日，天子在南郊祭天，迎接白天变长的日子到来；夏至时，祭祀地神。都用乐舞，这样做才合乎古代祭祀神灵的礼仪。天子应当祭祀天下的名山大河，在祭祀五岳时，应检查三公所进献的礼品，在祭四渎时，也应检查诸侯所进献的供品，诸侯则祭祀他们封国内的名山大河。四渎就是长江、黄河、淮水、济水。天子举行祭祀朝会的地方称作明堂、辟雍，诸侯的叫泮宫。

周公既相成王，郊祀①后稷以配天，宗祀文王于明堂以配上帝。自禹兴而修社祀，后稷稼穑，故有稷祠，郊社②所从来尚矣。

◎**注释** ①〔郊祀〕在国都郊外祭祀。②〔郊社〕祭天祀社。祭祀天地、山川、封禅等均谓郊祀，《史记》总称"封禅"。
◎**大意** 周公辅佐成王以后，在郊外祭天时，用后稷配享上天，在明堂祭祀祖先，以文王配享上帝。从大禹开始祭祀土地神，后稷教人民稼穑，所以才有祭祀谷神的祠堂，祭天、祭社的传统由来已久。

自周克殷后十四世，世益衰，礼乐废，诸侯恣行，而幽王为犬戎所败，周东徙雒邑。秦襄公攻戎救周，始列为诸侯。秦襄公既侯，居西垂①，自以为主少皞之神，作西畤，祠白帝，其牲用駵（骝）②驹、黄牛、羝羊各一云。其后十六年，秦文公东猎汧③、渭之间，卜居之而吉。文公梦黄蛇自天下属地，其口止于鄜衍④。文公问史敦⑤，敦曰："此上帝之征，君其祠之。"于是作鄜畤，用三牲郊祭白帝焉。

◎**注释** ①〔西垂〕西方边地，秦人发祥地，即今甘肃天水地区。②〔駵（liú）〕同"骝"，黑鬃黑尾巴的红马。③〔汧（qiān）〕今千河的古称，源出甘肃，流经陕西入渭河。④〔鄜（fū）衍〕鄜，古县名，今陕西富县。衍，山坡低平之处。⑤〔史敦〕秦太史，名敦，掌占卜之事。

◎**大意** 从周朝灭掉殷朝之后十四代，世运日益衰微，礼乐废弛，诸侯恣意妄为，周幽王被犬戎击败，西周王室被迫向东迁至雒邑。秦襄公率兵攻灭犬戎，挽救了周朝，因有功而封为诸侯。秦襄公列为诸侯后，驻守在西方边境，自认为当承祭少皞氏的神灵，建立西畤，作为祭祀坛址，祠祭白帝，用骝驹、黄牛、公羊各一头作为祭品。此后十六年，秦文公在东边的汧水、渭水一带打猎，占卜吉凶，准备居留此处。秦文公梦见黄龙从天上降到地面，口部一直触到鄜地的山坡上。秦文公询问史敦，史敦说："这正是上天降福的征兆，君王应马上祭祀它。"于是秦文公又立鄜畤，用牛、羊、猪三牲祭祀白帝。

自未作鄜畤也，而雍旁故有吴阳武畤，雍东有好畤，皆废无祠。或曰："自古以雍州积高，神明之隩①，故立畤郊上帝，诸神祠皆聚云。盖黄帝时尝用事，虽晚周亦郊焉。"其语不经见，缙绅②者不道。

◎**注释** ①〔隩（ào）〕可定居之地。②〔搢绅〕又作"缙绅"，原是贵族的服饰，后世代指官吏。

◎**大意** 未建鄜畤时，雍州旁边本有吴阳的武畤，雍州东边有好畤，都已荒废，无人祭祀。有人说："自古以来，因雍州地势较高，是神灵居住之地，所以才修畤祭祀上帝，各神的祠庙都集中在这里。黄帝时就曾在这里举行祭祀大典，即使到了周朝末年这里也举行过郊祭。"这些话不常听到，士大夫也未有提及的。

作鄜畤后九年，文公获若石云，于陈仓①北阪城祠之。其神或岁不至，或岁数来。来也常以夜，光辉若流星，从东南来，集②于祠城，则若雄鸡，其声殷云，野鸡夜雊。以一牢③祠，命曰陈宝。

◎**注释** ①〔陈仓〕山名，在今陕西宝鸡东。②〔集〕鸟停留于树叫集，此处是停留居止的意思。③〔一牢〕用牛、羊、猪各一头来祭祀。

◎**大意** 建立鄜畤九年之后，秦文公获得一块质似玉石的宝物，于是在陈仓山北坡筑城立祠用来奉祀。那位神有时一年也不来，有时却一年来好几次。来的时候多在夜间，光辉照射如同天上的流星一般，从东南飞来，停在祠城，形状很像一只雄鸡，发出殷殷的声音，这时山上的野鸡也跟着鸣叫。用牛、羊、猪各一头来祭祀，命名为陈宝。

作鄜畤后七十八年，秦德公既立，卜居雍，"后子孙饮马于河"，遂都雍。雍之诸祠①自此兴。用三百牢于鄜畤。作伏祠。磔②狗邑四门，以御蛊灾。

◎**注释** ①〔雍之诸祠〕雍有五祠，成为祭天圣地。②〔磔（zhé）〕禳祭，分裂牲体以祭祀鬼神。

◎**大意** 建立鄜畤后七十八年，秦德公即位，经过占卜定居雍州，后代子孙在黄河边上牧马饮水，于是定都雍地。雍州的祠庙从此兴起。在鄜畤用三百牲牢祭祀。修建伏日祭祀的祠庙。分裂狗肉，悬挂在城邑的四门，为的是抗御厉鬼的侵害。

德公立二年卒。其后四年，秦宣公作密畤①于渭南，祭青帝。

◎**注释**　①〔密畤〕祭坛名。
◎**大意**　秦德公仅仅在位两年便去世了。此后四年，秦宣公在渭水南边建密畤，用来祭祀青帝。

其后十四年，秦缪公立，病卧五日不寤；寤，乃言梦见上帝，上帝命缪公平晋乱①。史书而记藏之府②。而后世皆曰秦缪公上天。

◎**注释**　①〔晋乱〕晋献公宠幸骊姬，杀死太子申生，后众公子争位，互相残杀，晋国陷于混乱。②〔府〕收藏财物和图书的处所。
◎**大意**　以后十四年，秦穆公即位，在床上卧病五天不醒；一醒来便说自己梦见了上帝，上帝命他平定晋国的内乱。史官记录了他的话，写下来并藏在内府中，因而后世都说秦穆公曾上过天庭。

秦缪公即位九年，齐桓公既霸，会诸侯于葵丘，而欲封禅。管仲曰："古者封泰山禅梁父者七十二家，而夷吾所记者十有（又）二焉。昔无怀氏①封泰山，禅云云；虙（伏）羲封泰山，禅云云；神农封泰山，禅云云；炎帝封泰山，禅云云；黄帝封泰山，禅亭亭②；颛顼封泰山，禅云云；帝俈（喾）封泰山，禅云云；尧封泰山，禅云云；舜封泰山，禅云云；禹封泰山，禅会稽；汤封泰山，禅云云；周成王封泰山，禅社首：皆受命然后得封禅。"桓公曰："寡人北伐山戎③，过孤竹；西伐大夏，涉流沙④，束马悬车⑤，上卑耳之山；南伐至召陵，登熊耳山以望江、汉。兵车之会⑥三，而乘车之会⑦六，九合诸侯，一匡天下，诸侯莫违我。昔三代受命，亦何以异乎？"于是管仲睹桓公不可穷以辞，因设之以事，曰："古之封禅，鄗上之黍，北里之禾，所以为盛；江、淮之间，一茅三脊⑧，所以为藉也。东海致比目之鱼，西海致比翼之鸟，然后物有不召而自至者十有（又）五焉。今凤凰麒麟不来，嘉谷⑨不生，而蓬蒿藜莠⑩茂，鸱枭⑪数至，而欲封禅，毋乃不可乎？"于是桓公乃止。是岁，秦缪公内（纳）晋君夷吾。其后三置晋国之君，平其乱。缪公立三十九年而卒。

◎**注释** ①〔无怀氏〕传说中的远古帝王。②〔亭亭〕泰山支脉，在今山东泰安西。③〔山戎〕也称北戎，春秋时常为齐国、郑国、燕国的边患。④〔流沙〕中原以西的大漠地区。⑤〔束马悬车〕裹扎马脚，挂牢车辆，是行路防滑的安全措施。⑥〔兵车之会〕用武力征伐而会盟。⑦〔乘车之会〕乘普通车子进行外交会盟。⑧〔一茅三脊〕茅草茎上有三条棱，被认为是灵茅。⑨〔嘉谷〕表示祥瑞的特别的禾穗。⑩〔蓬蒿藜莠（lí yǒu）〕泛指各种恶草。⑪〔鸱（chī）枭〕猫头鹰，被视为不祥之鸟。

◎**大意** 秦穆公即位九年后，齐桓公称霸，邀集各诸侯在葵丘会合，准备到泰山祭祀天地。管仲对桓公说："古代在泰山筑坛祭天，在梁父山辟场祭地，想如此举行封禅大典的有七十二家，而我的记忆中不过十二家罢了。从前有叫无怀氏的在泰山祭天，在云云山祭地；伏羲氏也是封祭泰山，在云云山祭地；神农氏是在泰山祭天，云云山祭地；炎帝是在泰山祭天，在云云山祭地；黄帝是在泰山祭天，在亭亭山祭地；颛顼是在泰山祭天，在云云山祭地；帝喾是在泰山祭天，在云云山祭地；唐尧是在泰山祭天，在云云山祭地；虞舜是在泰山祭天，在云云山祭地；夏禹王在泰山祭天，在会稽山祭地；商汤王在泰山祭天，在云云山祭地；周成王在泰山祭天，在社首山祭地。这都是上承天命而后举行封禅大典。"齐桓公说:"寡人出兵讨伐山戎,经过孤竹国;向西征伐大夏,渡过流沙,把马的缰绳扣紧,挂牢车辆,才攀登上了卑耳山;南面攻打楚国抵达召陵,登上熊耳山,远远地望见长江、汉水。三次为平乱伐叛等武事召集诸侯会兵,为政治、外交等事集会了六次,九次会盟诸侯,匡正天下,各国诸侯不敢违抗我。以前夏、商、周三代秉承天命举行了封禅大礼,我的做法与他们有什么不一样呢?"管仲听了齐桓公的话,感到难以用言语说服,于是引用一些具体事例进行劝谏,说:"古代帝王举行封禅,都用鄗上的黍子、北里的粟米作为祭品,还要用长江、淮河一带所产的三脊灵茅,作为神灵的垫席。此外,还要从东海找到比目鱼,从西海找到比翼鸟,然后尚有十五种不用找寻而自来的吉祥物。如今却并无祥瑞,凤凰麒麟没有降临,嘉谷没有长出,而田野中的杂草长得倒很茂盛,猫头鹰等恶鸟屡次停飞于朝堂,在这种情况下想要进行封禅大礼,恐怕不太合适吧?"齐桓公觉得管仲所说有理,于是打消了封禅的念头。这一年,秦穆公把晋国的公子夷吾送回晋国为君,此后还三次扶持晋国的君主,平定晋国的内乱。秦穆公在位三十九年而去世。

其后百有(又)余年①,而孔子论述六艺,传略言易姓而王,封泰山禅乎梁父者七十余王矣,其俎豆②之礼不章(彰),盖难言之。或问禘③之说,孔子曰:"不知。知禘之说,其于天下也视其掌。"诗云纣在位,文王受命,政不及泰山④。武王克殷二年,天下未宁而崩。爰周德之洽维成王,成王之封禅则近之矣。及后陪臣⑤执政,季氏旅于泰山,仲尼讥之⑥。

◎**注释** ①〔其后百有余年〕秦穆公卒于公元前621年,而孔子生于公元前551年,卒于公元前479年,所以说"其后百有余年"。②〔俎豆〕盛祭品的礼器,此处代指礼仪。③〔禘(dì)〕祭礼名称,即天子祭祖先的大典。④〔政不及泰山〕周文王虽受天命但没有登上泰山进行封禅。⑤〔陪臣〕指春秋时各诸侯国的大夫。他们对周天子自称"陪臣"。⑥〔仲尼讥之〕泰山只有天子才能祭祀,季康子作为周天子的陪臣,却去祭泰山，是越礼的行为，孔子对此进行了批评。

◎**大意**　这以后的一百多年，孔子论述六艺，传文中曾简略记述，历代改朝换姓的帝王，有七十多位到泰山祭天，到梁父山祭地，孔子的论述中却看不到有关封禅的祭器、祭品的制度，大概是很难说清楚。有人问及禘祭的事，孔子说："不知道。如果知道禘祭的道理，那么治理天下就像看掌中之物那样明白了。"古诗说殷纣王在位时，周文王受天命，但他的功业不足以去泰山封禅。周武王灭商后两年，天下还未安定便去世了。因此，周朝只是到了周成王时才称得上德政融洽，周成王到泰山举行封禅大礼，才是合乎情理的事。等到后来各诸侯国的大夫掌权，鲁国季氏竟然不顾名分到泰山祭天，孔子曾讥讽这件事。

　　是时苌弘以方事周灵王，诸侯莫朝周，周力少，苌弘乃明鬼神事，设射狸首①。狸首者，诸侯之不来者。依物怪欲以致诸侯。诸侯不从，而晋人执杀苌弘。周人之言方怪者自苌弘。

◎**注释**　①〔射狸首〕古代的一种巫术，在箭靶上写上某个人的名字，用箭射之，以诅咒其因此而死。

◎**大意**　这个时候，苌弘凭借方术侍奉周灵王，各国诸侯没有朝见周王的，周朝势力衰微，苌弘于是大肆宣扬鬼神之事，设置了箭射狸首的巫术。这个巫术，就是用来惩罚不来朝见周天子的诸侯的。想要凭借神鬼怪异招来各个诸侯朝会。诸侯都不听从，而晋国人捕杀了苌弘。周朝人议论方术神怪是从苌弘开始的。

　　其后百余年，秦灵公作吴阳上畤，祭黄帝；作下畤，祭炎帝。

◎**大意**　这以后一百多年，秦灵公在吴阳修建上畤，祭祀黄帝；建下畤，祭祀炎帝。

后四十八年，周太史儋见秦献公曰："秦始与周合，合而离，五百岁当复合，合十七年而霸王出焉。"栎阳雨金，秦献公自以为得金瑞，故作畦畤①栎阳而祀白帝。

◎**注释**　①〔畦畤〕祭坛名。
◎**大意**　此后四十八年，周太史儋拜见秦献公时说："秦国当初是和周朝合在一起的，后来才分开，五百年后应该再次联合，联合十七年而后秦国就会有霸主出现了。"栎阳下雨，有金子伴雨而落，秦献公自认为得了五行中属于金的祥瑞，所以在栎阳建畦畤，祭祀白帝。

　　其后百二十岁而秦灭周，周之九鼎入于秦。或曰宋太丘社亡，而鼎没于泗水彭城下。

◎**大意**　这以后一百二十年而秦国灭了周朝，周的九鼎流入秦国。有人说宋国的太丘社坛毁后，宝鼎在彭城下的泗水中沉没了。

　　其后百一十五年而秦并天下。

◎**大意**　一百一十五年以后，秦国统一了天下。

　　秦始皇既并天下而帝，或曰："黄帝得土德，黄龙地螾（蚓）①见（现）。夏得木德，青龙止于郊，草木畅茂。殷得金德，银自山溢。周得火德，有赤乌之符②。今秦变周，水德之时③。昔秦文公出猎，获黑龙，此其水德之瑞。"于是秦更命河曰"德水"，以冬十月为年首，色上黑，度以六为名，音上大吕，事统上法。

◎**注释** ①〔螾〕通"蚓"。传说黄帝凭仗土德而拥有天下,有长十余丈的大蚯蚓出现作为祥瑞。②〔赤乌之符〕传说周武王时有火从天降下,样子像赤乌,为周居火德而兴旺的征兆。③〔水德之时〕与上文所述的土德、木德、金德、火德一样,都是五行学说的术语,以五行相生相克来解释王朝更替。

◎**大意** 秦始皇统一天下而自称皇帝以后,有人说:"黄帝获得五行中的土德,黄龙和大蚯蚓出现。夏朝得木德,青龙降落在郊外,草木葱郁茂盛。商朝得金德,从山中流出白花花的银子。周朝得火德,当时有红色乌鸦的祥瑞。现在秦朝取代周朝,是水德的时代。以前秦文公外出狩猎,获得一条黑龙,这是水德的祥瑞。"于是秦将黄河更名为"德水",以冬季十月作为一年的开始,颜色崇尚黑色,长度以六为单位,音声崇尚十二律之一的大吕,国家一切政事崇尚法治。

即帝位三年,东巡郡县,祠邹峄山,颂秦功业。于是征从齐、鲁之儒生博士七十人,至乎泰山下。诸儒生或议曰:"古者封禅为蒲车,恶伤山之土石草木;扫地而祭,席用葅秸^①,言其易遵也。"始皇闻此议各乖异,难施用,由此绌儒生。而遂除车道,上自泰山阳至巅,立石颂秦始皇帝德,明其得封也。从阴道下,禅于梁父。其礼颇采太祝^②之祀雍上帝所用,而封藏皆秘之,世不得而记也。

◎**注释** ①〔葅(zū)秸〕用农作物的茎秆编成的草席。②〔太祝〕掌管祈祷之事的官员。

◎**大意** 秦始皇即帝位的第三年,到东方巡察郡县,在邹峄山立祠祭祀,刻石颂扬秦朝的功德事业。在这个时候征召率领齐国、鲁国儒生和博士七十人来到泰山下。诸位儒生中有人建议:"古代帝王行封禅大典时,都用蒲草包裹车子的车轮,这是怕损害山上的石头和草木;祭祀时,把地面打扫干净,用禾秸编成的席子铺垫,这说明古礼是容易遵行的。"秦始皇听到这些议论各不相同,而且离奇怪异,难以实行,因此斥退了儒生。于是他下令修建、打扫车道,从泰山南面登上山顶,竖立石碑,歌颂秦始皇的功德,表明登上泰山祭祀了天神。从北面下山，在梁父山祭祀了地神。那些仪式大多采用太祝在雍县祭祀上帝时所行之礼仪，礼仪记载都封藏保密，世人无从知晓并记录下来。

始皇之上泰山，中阪遇暴风雨，休于大树下。诸儒生既绌（黜），不得与用于封事之礼，闻始皇遇风雨，则讥之。

◎**大意** 秦始皇上泰山时，中途遇到暴风雨，在大树下避雨。儒生们既已被斥退，无法参加封禅典礼，一听到秦始皇遇上暴风雨这件事，就纷纷讥笑他。

于是始皇遂东游海上，行礼祠名山大川及八神，求仙人羡门之属。八神将自古而有之，或曰太公以来作之。齐所以为齐，以天齐也。其祀绝，莫知起时。八神：一曰天主，祠天齐。天齐渊水①，居临菑南郊山下者。二曰地主，祠泰山梁父。盖天好阴②，祠之必于高山之下，小山之上，命曰"畤"；地贵阳，祭之必于泽中圆丘云。三曰兵主，祠蚩尤。蚩尤在东平陆监乡，齐之西境也。四曰阴主，祠三山。五曰阳主，祠之罘③。六曰月主，祠之莱山。皆在齐北，并勃海。七曰日主，祠成山。成山斗入海，最居齐东北隅，以迎日出云④。八曰四时主，祠琅邪。琅邪在齐东方，盖岁之所始。皆各用一牢具祠，而巫祝所损益，珪币⑤杂异焉。

◎**注释** ①〔天齐渊水〕泉名。②〔天好阴〕天是阳，故爱好阴以相调和。③〔之罘（fú）〕山名，在今山东烟台北。④〔以迎日出云〕说是迎接日出的。⑤〔珪币〕祭祀用的玉帛。

◎**大意** 后来秦始皇到东边海上巡游，举行仪式祭祀名山大川和八神，向仙人羡门等祈求福佑。八神将自古以来就有，有人说是姜太公以来兴起的。齐国之所以名为齐，是由于八神之一的天齐神。天齐的祭祀典礼已经断绝，不知从什么时候开始的。八神名称：一是天主，在天齐祭祀，有天齐渊水，在临菑城南郊的山脚下。二是地主，在泰山下的梁父山祭祀。天神喜阴气，祭祀时必须在高山之下，小山之上，称为"畤"；地神性喜阳，祭祀必须在水泽中的圆丘上。三是兵主，祭祀蚩尤。蚩尤在东平陆的监乡，那里是齐国西部边境。四是阴主，在三山祭祀。五是阳主，在之罘山祭祀。六是月主，在莱山祭祀。以上这些地方都在齐国的北部，临近渤海。七是日主，在成山祭祀。成山绝壁陡峭，入于海中，在齐国最东北角的地方，是迎接日出的地方。八是四时主，在琅琊山祭祀。琅琊山位于齐国的东部，为一年四季的开端。对八神都用牛、羊、猪各一头献祭，而巫祝时加增减，珪币的名目、数量各不相同。

自齐威、宣之时，邹子之徒论著终始五德之运，及秦帝而齐人奏之，故始皇采用之。而宋毋忌、正伯侨、充尚、羡门高①最后皆燕人，为方仙道，形解销化②，依于鬼神之事。邹衍以阴阳主运③显于诸侯，而燕、齐海上之方士传其术不能通，然则怪迂阿谀苟合之徒自此兴，不可胜数也。

◎**注释** ①〔宋毋忌、正伯侨、充尚、羡门高〕均为传说中的仙人名。②〔形解销化〕身体变化消灭。道家称死为形解。③〔阴阳主运〕邹衍把关于"阴阳交替"的朴素辩证法思想和"天人感应"说结合起来，用以解释王朝的新旧更替，并称可以主宰一个王朝的命运。

◎**大意** 自齐威王、齐宣王时起，邹衍等人著书立说，论述金、木、水、火、土五种物质德性相生相克和终而复始的循环变化，以此来说明王朝兴废的原因，到秦称帝时，齐国人便将这些理论奏上，所以始皇采用了。而宋毋忌、正伯侨、充尚以及最后的羡门高都是燕国人，他们宣扬、推行神仙道家的法术，宣讲人的形体解脱消亡后灵魂超升，附着于鬼神之类的事情。邹衍凭阴阳主运学说而显名诸侯，燕国、齐国沿海地区的方士承袭了他的理论但并不了解它的实质，因而荒诞离奇、高谈阔论、苟且求合这一类的人从此兴起，人数之多不可胜计。

　　自威、宣、燕昭使人入海求蓬莱、方丈、瀛州。此三神山者，其傅在勃海中，去人不远；患且至，则船风引而去。盖尝有至者，诸仙人及不死之药皆在焉。其物禽兽尽白，而黄金银为宫阙。未至，望之如云；及到，三神山反居水下。临之，风辄引去，终莫能至云。世主莫不甘心焉。及至秦始皇并天下，至海上，则方士言之不可胜数。始皇自以为至海上而恐不及矣，使人乃赍童男女入海求之。船交海中，皆以风为解①，日未能至，望见之焉。其明年，始皇复游海上，至琅邪，过恒山，从上党归。后三年，游碣石，考入海方士②，从上郡归。后五年，始皇南至湘山，遂登会稽，并海上，冀遇海中三神山之奇药。不得，还至沙丘崩。

◎**注释**　①〔皆以风为解〕入海之人都以风吹船离去而不能到达神山为托辞，借以掩盖谎言并造成神山可望而不可即的效果。②〔考入海方士〕秦始皇亲到大海边以考验方士所说的真伪。

◎**大意**　从齐威王、齐宣王、燕昭王时起，就派人入海寻找蓬莱、方丈、瀛洲三座神山。这三座神山，相传在渤海中，离人间不算遥远，而人们害怕船到山侧时，会被海风吹走。过去曾经有人到过那里，众仙人和长生不死的药都在那里。据说山上的东西凡野兽都是白的，宫殿是用黄金、白银建造的。到山上之前，远远望去，三座仙山如同一片白云；来到山前，看到三座仙山却在海水之下。船要靠近山时，风把船吹开，最终不能到达那里。现世的帝王没有一个不向往仙山的。秦始皇统一全国后，到海上巡游，向秦始皇谈论海上仙山之事的方士不计其数。秦始皇自认为亲至海上恐怕难以找到仙山，于是派人带领童男童女到海上寻找。船从海中回来，都以遇到海风无法接近仙山作为托词，说是虽未到达，但确实看到了三仙山。第二年，秦始皇再次到海上巡游，到了琅琊山，路经恒山，取道上党返回京城。三年后,他又巡幸碣石,查问到海上寻找三仙山的方士,从上郡返回咸阳。过了五年,秦始皇南巡到达湘山,登上会稽山,并来到海上,希望能得到三仙山中的长生不死药,未能如愿,在回咸阳的路上病死于沙丘。

二世元年,东巡碣石,并海南,历泰山,至会稽,皆礼祠之,而刻勒始皇所立石书旁,以章始皇之功德。其秋,诸侯畔(叛)秦。三年而二世弑死。

◎**大意** 秦二世元年,秦二世向东巡游到碣石山,沿海边南行,经过泰山,到达会稽山,每到一处都按礼仪祭祀天神地祇,而且在秦始皇生前所立的石碣旁再立石碣刻文记事,用来歌颂秦始皇的功德。这年秋季,各国诸侯起兵反叛秦朝。第三年,秦二世被赵高杀死。

始皇封禅之后十二岁,秦亡。诸儒生疾秦焚《诗》《书》,诛僇(戮)文学,百姓怨其法,天下畔(叛)之,皆讹曰:"始皇上泰山,为暴风雨所击,不得封禅。"此岂所谓无其德而用事者邪?

◎**大意** 秦始皇上泰山祭天以后的第十二年,秦朝灭亡。当时那些儒生都憎恨秦始皇焚烧《诗》《书》,诛杀读书人,百姓怨恨秦朝的严酷法律,天下人背叛秦朝,都谣传说:"秦始皇上泰山,中途为暴风雨所阻,所以未能举行封禅大典。"这难道就是方士所说的那种不具备良好的德行而勉强举行封禅的帝王吗?

昔三代之居皆在河、雒之间,故嵩高为中岳,而四岳各如其方,四渎咸在山东①。至秦称帝,都咸阳,则五岳、四渎皆并在东方。自五帝以至秦,轶兴轶衰,名山大川或在诸侯,或在天子,其礼损益世殊②，不可胜记。及秦并天下，令祠官所常奉天地名山大川鬼神可得而序也。

◎**注释** ①〔山东〕崤山以东的广大地区，即战国时秦以外的六国地域。②〔其礼损益世殊〕各代祭祀名山大川的礼仪增减不同。

◎**大意** 从前夏、商、周三代君王都把国都建在黄河、雒水之间，所以嵩高山为中岳，其他四岳各按其所在的方位定名，四渎都在崤山以东。到秦始皇称帝时，定都咸阳，因而五岳、四渎都在都城的东方。从五帝到秦朝，各朝代的兴衰交替，名山大川有的在诸侯国境内，有的在天子国中，祭祀的礼节随着朝代的更替有增有减，各不相同，无法一一记载。待到秦始皇统一天下，命令祠官经常祭祀名山大川的鬼神，从此才有案可查。

于是自殽（崤）以东，名山五，大川祠二。曰太室。太室，嵩高也。恒山，泰山，会稽，湘山。水曰济，曰淮。春以脯酒为岁祠，因泮冻，秋涸冻，冬塞①祷祠。其牲用牛犊各一，牢具珪币各异。

◎**注释** ①〔塞〕用祭品报答神灵福佑。

◎**大意** 当时崤山以东，有五座名山、两条大河要祭祀。一座山叫太室。太室山，就是嵩高山。其他四座山即恒山、泰山、会稽山、湘山。两条大的河流，一条叫济水，一条叫淮河。春天以干肉、酒醴进行岁祭，因为此时河流开始解冻，秋季河水干枯，快要封冻，冬天将举行酬报神功和祈求福佑的祭祀。祭祀所用的牲畜是一头小牛，与牛犊相配的礼器和珪币等各不相同。

自华以西，名山七，名川四。曰华山，薄山。薄山者，衰山也。岳山，岐山，吴岳，鸿冢，渎山。渎山，蜀之汶山。水曰河，祠临晋；沔①，祠汉中；湫渊，祠朝那；江水，祠蜀。亦春秋泮涸祷塞，如东方名山川；而牲牛犊牢具珪币各异。而四大冢鸿、岐、吴、岳，皆有尝禾②。

◎**注释** ①〔沔（miǎn）〕汉水上游称沔水。②〔尝禾〕用新产的谷物祭祀。尝，祭祀名。
◎**大意** 自华山以西，有七座著名的山，有四条著名的河流。七座名山有华山、薄山。薄山，就是衰山。还有岳山、岐山、吴岳、鸿冢、渎山。渎山，就是蜀川的汶山。四条大川，一条叫黄河，在临晋祭祀；一条叫沔水，在汉中祭祀；一条叫湫渊，在朝那祭祀；一条叫江水，在蜀地祭祀。也是在春、秋两季河水不结冰时和干涸冻结时祭祀，并在冬季举行祈祷求福的祭祀活动，和祭祀东方大山大河的时间一样，但祭祀所用祭品牛犊、配用礼具和珪币各不相同。四座大山鸿冢、岐山、吴岳、岳山，都有用新谷举行祭祀的仪式。

陈宝节来祠。其河加有尝醪①。此皆在雍州之域，近天子之都，故加车一乘，骊（骝）驹四。

◎**注释** ①〔醪（láo）〕米酒。
◎**大意** 陈宝神应时来享受祭祀，祭祀黄河时就增加米酒。这些山河都在雍州境内，临近天子的都城，因而祭祀时增加一辆车和四匹赤毛黑鬃的小马。

霸、产、长水、沣、涝、泾、渭皆非大川，以近咸阳，尽得比山川祠，而无诸加。

◎**大意** 霸水、产水、长水、沣水、涝水、泾水、渭水都不是大河流，因为靠近咸阳，所以都比照名山大川的规格享受祭祀，但不另外增加祭品。

汧、洛二渊，鸣泽、蒲山、岳嶃山之属，为小山川，亦皆岁祷塞泮涸祠，礼不必同。

◎**大意** 汧水、洛水两条河流，鸣泽、蒲山、岳嶃山之类，都是小河、小山，也在每年解冻和冻结的季节进行祷神求福的祭祀，礼仪不一定相同。

而雍有日、月、参、辰、南北斗、荧惑、太白、岁星、填（镇）星、辰星、二十八宿、风伯、雨师、四海、九臣、十四臣、诸布、诸严、诸逑之属，百有余庙①。西亦有数十祠。于湖有周天子祠。于下邽有天神。沣、滈有昭明、天子辟池②。于杜、亳有三杜主之祠、寿星祠；而雍菅③庙亦有杜主。杜主，故周之右将军，其在秦中，最小鬼之神者④。各以岁时奉祠。

◎**注释** ①〔百有余庙〕在雍地祭祀星神和地上各小神的宗庙有一百多处。②〔辟池〕滈池，相传为周朝初年辟雍即贵族学校所在地。③〔菅〕茅草。④〔最小鬼之神者〕是指那种鬼虽小而有神灵。

◎**大意** 雍州有日、月、参宿、心宿、南北斗、荧惑、太白、岁星、镇星、辰星、二十八宿、风伯、雨师、四海、九臣、十四臣、诸布、诸严、诸逑之类，共一百多座祠庙。长安以西也有几十座祠庙。在京兆湖县有周天子祠庙。在下邽有天神祠庙。沣水和滈水有昭明庙、天子辟雍遗址。在杜、亳二县有三所杜主祠庙和寿星祠庙；此外，在雍州的茅草小庙中，也有供奉杜主的。杜主本是周宣王的右将军，在关中地区是最小的神，却很灵验。这些星宿、神灵，都按年岁、季节供奉祭祀。

唯雍四時上帝①为尊，其光景动人民唯陈宝。故雍四時，春以为岁祷，因泮冻，秋涸冻，冬塞祠，五月尝驹②，及四仲之月，祠若月祠陈宝节来一祠。春夏用骍（騂），秋冬用駵（駵）。畤驹四匹，木禺（偶）龙栾（鸾）车③一驷，木禺（偶）车马一驷，各如其帝色。黄犊羔各四，珪币各有数，皆生瘗埋④，无俎豆之具。三年一郊。秦以冬十月为岁首，故常以十月上宿郊见⑤，通权火⑥，拜于咸阳之旁，而衣上白，其用如经祠云。西畤、畦畤，祠如其故，上不亲往。

◎**注释** ①〔四畤上帝〕雍州地面上原来所祭的青、黄、赤、白四位天帝，最为尊崇。②〔尝驹〕用少壮骏马行祭。③〔木禺龙栾车〕木禺龙，即木偶龙。栾车，即鸾车，带铃的车辆。④〔生瘗（yì）埋〕活埋。瘗，埋。⑤〔十月上宿郊见〕十月天子斋戒，然后郊祀以见上帝。⑥〔通权火〕点燃篝火照明黑夜。

◎**大意** 雍州四畤的上帝祠位最为尊贵，祭祀场面最动人的是陈宝神的祭祀。过去雍州四畤的祭祀，春季为祈求年丰，因为大地解冻了，秋天在封冻时祭祀，冬天举行酬报神灵的祭祀，五月间献小马驹，四季的中间月份举行祭祀活动，而陈宝祠只有陈宝神节来临时祭祀一次。祭祀春季、夏季用纯赤色的马，秋季、冬季则用赤色黑鬣的马。每个祭坛用四匹小马驹，一套木偶龙驾的有铃的车，一套木偶马驾的车，祭品的颜色与各帝相应的五方色相同。小黄牛、小黄羊各四头，玉圭帛币各有定数，牛羊等都活埋在地下，不用俎豆等礼器。三年祭祀一次。秦朝以冬季十月为一年的开端，因此皇帝常在十月斋戒后到郊外祭祀，点燃全线烽火，照亮黑夜，在咸阳附近下拜，衣着崇尚白色，所用祭品与通常祭祀相同。西畤、畦畤的祭祀与秦称帝前相同，皇帝不亲自前往。

诸此祠皆太祝常主，以岁时奉祠之。至如他名山川诸鬼及八神之属，上过则祠，去则已。郡县远方神祠者，民各自奉祠，不领于天子之祝官。祝官有秘祝①，即有灾祥，辄祝祠移过于下。

◎**注释** ①〔秘祝〕官名，主持为帝王祈祷，转移灾祸。

◎**大意**　诸如此类的祠庙都由太祝常年主持，每年按季节祭祀。至于其他大山大河、众鬼及八神之类，天子经过祠庙时就会祭祀，一离开便终止。远方郡县的神祠，百姓各自去祭祀，不归天子设置的祝官管辖。祝官中有秘祝，一遇到灾祸，就祝祷祭祀，将灾祸转嫁给众官员和百姓。

　　汉兴，高祖之微时，尝杀大蛇。有物曰："蛇，白帝子也，而杀者赤帝子。"高祖初起，祷丰枌榆社①。徇沛，为沛公，则祠蚩尤，衅鼓旗②。遂以十月至灞上，与诸侯平咸阳，立为汉王。因以十月为年首，而色上赤。

◎**注释**　①〔丰枌（fén）榆社〕汉高祖故乡丰邑枌榆乡的土地神。②〔衅鼓旗〕举兵的一种仪式。衅，用牛马之血涂新铸的器具缝隙。
◎**大意**　汉朝兴起，汉高祖刘邦贫贱时，曾经杀死一条大蛇。有神物化作人形说："这条蛇是白帝的儿子，而杀它的人是赤帝之子。"高祖初起兵时，在丰县的枌榆设坛祷告，祈求福佑。攻下沛县后，做了沛公，祭祀蚩尤，用牲血涂战旗、战鼓祭祀。于是他在十月间领军至灞上，与诸侯会师，最终平定咸阳，被立为汉王。因此将十月作为岁首，崇尚赤色。

　　二年，东击项籍而还入关，问："故秦时上帝祠何帝也？"对曰："四帝，有白、青、黄、赤帝之祠。"高祖曰："吾闻天有五帝，而有四，何也？"莫知其说。于是高祖曰："吾知之矣，乃待我而具五也。"乃立黑帝祠，命曰北畤。有司进祠，上不亲往。悉召故秦祝官，复置太祝、太宰，如其故仪礼。因令县为公社①。下诏曰："吾甚重祠而敬祭。今上帝之祭及山川诸神当祠者，各以其时礼祠之如故。"

◎**注释** ①〔公社〕官府行祭的处所。

◎**大意** 汉高祖二年,高祖向东攻打项羽,回到关中,问道:"以前秦朝祭祀的上帝是哪些?"臣下回答道:"祭祠四位天帝,有白帝、青帝、黄帝、赤帝。"高祖又问道:"我听说天上有五帝,而秦朝只有供奉四帝的祠庙,为什么呢?"没有人知晓。高祖说:"我知道这个道理,正是等我来凑够五帝之数的。"于是设立黑帝祠庙,命名为北畤。由有关官员前去祭祀,皇帝并不亲自前往。将过去秦朝的祝官全都召回,又设置太祝、太宰,礼仪与过去一样,命令各县设立公用祭坛。颁下诏书说:"我十分重视祠庙,并敬重祭祀。现在上帝的祭祀和山川诸神应该祭祀的,各按时节像过去一样祭祀。"

后四岁,天下已定,诏御史令丰谨治枌榆社,常以四时,春以羊彘祠之。令祝官立蚩尤之祠于长安。长安置祠祝官、女巫。其梁巫祠天、地、天社、天水、房中、堂上①之属;晋巫祠五帝、东君、云中君、司命、巫社、巫祠、族人、先炊②之属;秦巫祠社主、巫保、族累③之属;荆巫祠堂下、巫先、司命、施糜之属;九天巫祠九天:皆以岁时祠宫中。其河巫祠河于临晋,而南山巫祠南山秦中。秦中者,二世皇帝。各有时月。

◎**注释** ①〔天社、天水、房中、堂上〕大小神名。②〔东君、云中君、司命、巫社、巫祠、族人、先炊〕东君,日神。云中君,云神。司命、巫社、巫祠、族人、先炊,均为神名。③〔社主、巫保、族累〕社主,可能是"杜主"之误。巫保、族累,也是神名。

◎**大意** 这之后四年,天下已平定,高祖诏命御史让丰县敬重地修整枌榆社,按四季举行祭祀典礼,春天祭祀用羊猪作为祭品。命令祝官在长安设立蚩尤祠,在长安设置祝官、女巫。其中梁地巫师负责祭祀天地、天社、天水、房中、堂上之类的神灵;晋地巫师负责祭祀五帝、东君、云中君、司命、巫社、巫祠、族人、先炊之类的神灵;秦地巫师负责祭祀社主、巫保、族累之类的神灵;楚地巫师负责祭祀堂下、巫先、司命、施糜之类的神灵；九天巫师负责祭祀九天的神灵：都按年节在宫中举行祭祀。其中黄河巫师在临晋祭祀河神，而南山巫师在南山祭祀秦中。秦中，就是指秦二世皇帝的鬼魂。以上各项祭祀，都按照一定的季节、日期进行祭祀。

其后二岁，或曰周兴而邑邰，立后稷之祠，至今血食天下。于是高祖制诏御史："其令郡国县立灵星祠，常以岁时祠以牛。"

◎**大意** 这之后两年，有人说周朝一兴起就在邰地建立城邑，设立后稷的祠庙，到今天还受到天下人的祭祀。在这个时候高祖下诏书给御史："使各郡各国各县设立灵星祠，每年按岁时用牛祭祀。"

高祖十年春，有司请令县常以春三月及时腊祠社稷以羊豕，民里社各自财以祠。制曰："可。"

◎**大意** 汉高祖十年春天，主管官员请求命令各县常在春季三月和十二月祭祀土地神、谷神，祭品用羊和猪，民间的土地神各自征收财物加以祭祀。高祖下制书说："可以。"

其后十八年，孝文帝即位。即位十三年，下诏曰："今秘祝移过于下，朕甚不取。自今除之。"

◎**大意** 这之后十八年，孝文帝即位。他即位的第十三年，下诏书说："如今的秘祝官将灾祸转移到臣子和百姓身上，我极不赞成这种做法。从现在开始废除。"

始名山大川在诸侯，诸侯祝各自奉祠，天子官不领。及齐、淮南国废，令太祝尽以岁时致礼如故。

◎**大意** 起初名山大河在诸侯国境内，各国的祝官各自供奉祭祀，天子的祝官不统领。齐国、淮南国被废除后，汉文帝就命令由太祝官负责按时祭祀。

是岁，制曰："朕即位十三年于今，赖宗庙之灵①，社稷之福，方内艾（乂）安，民人靡疾。间者比年登，朕之不德②，何以飨此？皆上帝诸神之赐也。盖闻古者飨其德必报其功，欲有增诸神祠。有司议增雍五畤路（辂）车各一乘，驾被具③；西畤、畦畤禺（偶）车各一乘，禺（偶）马四匹，驾被具；其河、湫、汉水加玉各二；及诸祠各增广坛场，圭币俎豆以差加之。而祝釐（禧）者归福于朕，百姓不与焉。自今祝致敬，毋有所祈。"

◎**注释** ①〔宗庙之灵〕祖先的神灵。②〔朕之不德〕我没有什么德行。③〔驾被具〕车马的成套装具。

◎**大意** 这一年，汉文帝颁布诏书说："朕即位至今已有十三年，仰仗祖先的神灵，国家的福佑，境内安定，人民没有疾苦。近年来连连丰收，朕不具备非凡的德行，凭什么享受这样的福报呢？这都是上帝众神的赐予。听说古时的帝王享受神的恩赐必报答它的功劳，所以朕想要增加对众神的祭祀。主管官员建议给雍州五畤增加大车各一乘，连同驾车和车上的各种装具；西畤、畦畤增加木偶车各一乘，木偶马各四匹，连同驾车和车上的各种装具；黄河、湫渊、汉水的祭祀各增加玉璧两枚；并且所有祠庙各增大祭坛场地，祭祀所用的玉帛俎豆按等级有所增加。祝福的人把福气都归于朕，百姓却无任何好处。从今以后太祝官员只表达对神灵的敬意，不能为了朕向神祈祷。"

鲁人公孙臣上书曰："始秦得水德，今汉受之，推终始传，则汉当土德，土德之应黄龙见（现）。宜改正朔，易服色①，色上黄。"是时丞相张苍好律历，以为汉乃水德之始，故河决金堤，其符也。年始冬十月，色外黑内赤，与德相应。如公孙臣言，非也。罢之。后三岁，黄龙见（现）成纪②。文帝乃召公孙臣，拜为博士，与诸生草改历服色事。其夏，下诏曰："异物之神见（现）于成纪，无害于民，岁以有年。朕祈郊上帝诸神，礼官议，无讳以劳朕。"有司皆曰"古者天子夏亲郊，祠上帝于郊，故曰郊"。于是夏四月，文帝始郊见雍五畤，祠衣皆上赤。

◎**注释** ①〔服色〕每一朝代规定的正色，标准的礼服仪仗都遵用。②〔成纪〕在今甘肃秦安北。

◎**大意** 鲁国人公孙臣上书说："起初秦朝获得水德，现在汉朝接受了天命，按五德始终的传递，汉朝应受土德，土德的感应是黄龙出现。应更改岁首和月朔，改换车马服饰的颜色，颜色崇尚黄色。"这时丞相张苍喜好律历，认为汉朝是水德的开始，黄河在金堤决口，这便是水德的符兆。每年以冬季十月为岁首，服饰颜色崇尚外黑内红，与五行之德相合。公孙臣所言是错误的。于是公孙臣的建议被否决。之后三年，黄龙出现在陇西成纪地区。汉文帝召见公孙臣，任命他为博士官，与众多儒生共同筹划更改历法、服色的事宜。这年夏天，汉文帝下诏书说："异类的神灵出现在成纪，对百姓没有危害，每年都有好的收成。我准备在郊外祭祀上帝众神，礼官可商议具体的方案，不要有什么忌讳而不对我说。"主管官员说："古时天子在夏季亲自到郊外祭祀，郊祭于上帝，所以称为郊。"这年夏季四月，汉文帝第一次在雍州五畤举行郊祭，祭祀时穿的衣服都崇尚红色。

其明年，赵人新垣平以望气见上①，言"长安东北有神气，成五采，若人冠绕（冕）焉。或曰东北神明之舍，西方神明之墓也。天瑞下，宜立祠上帝，以合符应"。于是作渭阳五帝庙，同宇，帝一殿，面各五门，各如其帝色。祠所用及仪亦如雍五畤。

◎**注释** ①〔新垣平以望气见上〕新垣平，姓新垣，名平，方士。望气，观察云气以预测吉凶，是方士的一种占术。

◎**大意** 第二年，赵国人新垣平以善于观察云气得以朝见汉文帝，说"长安城东北有神气，呈现五彩的颜色，形状与人的冠冕一样。有人说东北是神明居住的屋舍，西方是神明的墓地。上天的祥瑞降下，应设立祠庙祭祀上帝，用来和天降符瑞相应"。于是在渭水的南面修建五帝庙，在同一祠庙屋宇内，给每位天帝建一座殿堂，祠庙的每一面有五个门，涂着的颜色与殿内各方天帝的颜色相同。祭祀所用的祭品和仪式也都与雍城的五畤相同。

夏四月，文帝亲拜霸渭之会，以郊见渭阳五帝。五帝庙南临渭，北穿蒲池①沟水，权火举而祠，若光辉然（燃）属天焉。于是贵平上大夫，赐累千金。而使博士诸生刺六经中作《王制》，谋议巡狩封禅事。

◎**注释** ①〔蒲池〕可能是兰池之误。兰池是秦始皇所凿人工湖，遗址在今陕西咸阳东北。

◎**大意** 夏季四月，汉文帝亲自在霸水、渭水的会合处祭拜，参见渭南五帝。五帝庙南临渭水，北跨蒲池沟水，点燃烽火进行祭祀，光辉好像与天相连，十分耀眼。于是尊新垣平为上大夫，赏赐累计达千金。而命博士及儒生采取"六经"中的有关资料写成《王制》，谋划商议巡狩、封禅的事宜。

文帝出长门，若见五人于道北，遂因其直北立五帝坛，祠以五牢具。

◎**大意** 汉文帝出游到长门，仿佛见到五个人站于道路之北，于是就在他们站立的地方建立了五帝坛，用五牢的祭品和相应的礼器祭祀。

其明年，新垣平使人持玉杯，上书阙下献之。平言上曰："阙下有宝玉气来者。"已视之，果有献玉杯者，刻曰"人主延寿"。平又言"臣候日再中"。居顷之，日却①复中。于是始更以十七年为元年，令天下大酺②。

◎**注释** ①〔却〕退，这里指太阳偏西。②〔酺（pú）〕聚饮。
◎**大意** 第二年，新垣平派人手持玉杯，到宫门前上书进献。新垣平对文帝说："宫门前有宝玉气。"过了一段时间检查各处进献给文帝的物品，果真有人献呈玉杯，上面刻着"人主延寿"四字。新垣平又说"臣观测过午太阳会再次回到正南方"。过了不久，太阳果然由偏西回到正南方。于是改文帝十七年为元年，命天下百姓聚餐庆贺。

平言曰："周鼎亡在泗水中，今河溢通泗，臣望东北汾阴直有金宝气，意周鼎其出乎？兆见（现）不迎则不至。"于是上使使治庙汾阴南，临河，欲祠出周鼎。

◎**大意** 新垣平说："周朝的宝鼎沉落在泗水之中，如今河水泛滥通入泗水，下臣看见东北方正对的汾阴地区有金宝气，想必是周鼎要出现吧？尽管征兆已出现，若不前去迎接，周鼎还是不能到来。"于是文帝派使者到汾阴南修建了一座祠庙，临近黄河，希望通过虞城的祭祀祈求周鼎出现。

人有上书告新垣平所言气神事皆诈也。下平吏治，诛夷新垣平。

自是之后，文帝怠于改正朔服色神明之事，而渭阳、长门五帝使祠官领，以时致礼，不往焉。

◎**大意**　有人向文帝上书，告发新垣平所宣扬的云气和神灵等事都是骗人的鬼话。文帝把新垣平交给司法官员审理，杀了新垣平并灭了其宗族。从此以后，文帝对于更改岁首、月朔、服色、神明之类的事情再也不热心了，把渭水南面、长门之处的五帝祀庙和祭坛都交由祠官管辖，按时祭祀致礼，不再亲自前往了。

明年，匈奴数入边，兴兵守御。后岁少不登。

◎**大意**　第二年，匈奴多次侵扰边境，朝廷派军队防守抵御，此后几年收成有些不好。

数年而孝景即位。十六年，祠官各以岁时祠如故，无有所兴，至今天子。

◎**大意**　过了几年景帝即位。景帝在位十六年，祠官像往年一样按时举行祭祀，并没有兴建新的神庙，直到武帝即位。

今天子初即位，尤敬鬼神之祀。

◎**大意**　武帝即位之初，特别重视鬼神的祭祀。

元年，汉兴已六十余岁矣，天下艾（乂）安，搢绅之属皆望天子封禅改正度①也，而上乡（向）儒术，招贤良②，赵绾、王臧等以文学为公卿，欲议古立明堂城南③，以朝诸侯。草巡狩封禅改历服色事未就。会窦太后治黄老言，不好儒术，使人微伺得赵绾等奸利事④，召案绾、臧，绾、臧自杀，诸所兴为⑤皆废。

◎**注释** ①〔改正度〕改正朔、法度，即新君登位后改历制礼。②〔贤良〕汉代选拔官吏的科目之一。③〔欲议古立明堂城南〕想要参究古代制度，在城南重新兴建明堂。④〔微伺得赵绾等奸利事〕微伺，暗中察访。赵绾等奸利事，御史大夫赵绾与郎中令王臧支持武帝亲政，窦太后以贪赃枉法罪名逮捕赵、王，并逼其自杀，从而延缓了武帝掌权的进程。⑤〔诸所兴为〕指各种新创设的制度。

◎**大意** 汉武帝建元元年，汉朝建国已有六十多年了，天下太平，官绅们都希望天子祭祀天地，改革历法、服色等。武帝崇尚儒家学说，延揽的贤良人士赵绾、王臧等人凭借文章才华而被任为公卿，想要参究古制在城南重新兴建明堂，用来朝会诸侯。起草皇帝巡狩、封禅和改正历法、服色的事宜尚未完成。恰逢窦太后喜好黄老学说，不推崇儒家学说，她派人暗地里搜集、调查赵绾等人用非法手段谋求私利的事，命令有关官员审理赵绾、王臧的案件，迫使二人自杀，这样一来，赵绾、王臧主持兴办的各项事务都随之废止。

　　后六年，窦太后崩。其明年，征文学之士公孙弘等。

◎**大意** 六年之后，窦太后崩逝。第二年，武帝征召文学之士公孙弘等人。

　　明年，今上初至雍，郊见五畤。后常三岁一郊。是时上求神君，舍之上林中蹏氏观。神君者，长陵女子，以子死，见（现）神于先后①宛若。宛若祠之其室，民多往祠。平原君②往祠，其后子孙以尊显。及今上即位，则厚礼置祠之内中。闻其言，不见其人云。

◎**注释** ①〔先后〕兄之妻与弟之妻互称,即妯娌。②〔平原君〕武帝外祖母王臧儿。

◎**大意** 第二年,武帝初次到雍城,在五畤举行郊祭。以后通常是每隔三年郊祭一次。这时武帝求得神君偶像,将它安放在上林苑中的蹄氏观供奉。神君原是长陵一女子,因生小孩而死,在她妯娌宛若的身上显灵。宛若把她供奉在家,很多百姓都到宛若家祭祀。平原君曾去祭祀,她的后代子孙因此而尊贵显赫。等到武帝即位,就准备丰厚的祭礼在宫中设庙祭祀。只能听到神君的说话声,却见不到她的身影。

是时李少君亦以祠灶①、谷道②、却老方③见(现)上,上尊之。少君者,故深泽侯舍人,主方。匿其年及其生长④,常自谓七十,能使物,却老。其游以方遍诸侯。无妻子。人闻其能使物及不死,更馈遗之,常余金钱衣食。人皆以为不治生业⑤而饶给,又不知其何所人,愈信,争事之。少君资好方,善为巧发奇中⑥。尝从武安侯饮,坐中有九十余老人,少君乃言与其大父游射处,老人为儿时从其大父,识其处,一坐尽惊。少君见上,上有故铜器,问少君。少君曰:"此器齐桓公十年陈于柏寝。"已而案其刻⑦,果齐桓公器。一宫尽骇,以为少君神,数百岁人也。

◎**注释** ①〔祠灶〕敬祠灶神。②〔谷道〕不吃熟食的方术。③〔却老方〕防止衰老、延长寿命的方术。④〔匿其年及其生长〕隐瞒年龄和生平经历。⑤〔治生业〕从事某种产业。⑥〔巧发奇中〕善于在合适的时机表明自己的看法,且往往能应验。⑦〔刻〕指铜器上的铭文。

◎**大意** 这时,李少君也凭着祭灶神、辟谷、长生不老等方术出现于武帝面前,受到武帝的尊重。李少君过去是深泽侯家的舍人,主管方术、医药之事。他隐瞒了年龄和生平经历,常自称七十岁,能驱使鬼物,可以长生不老。他依靠法术周游于各诸侯国,无妻无子。人们听闻他能驱使鬼物,又有长生不死的法术,于是纷纷馈送他礼物，他的金钱和衣食用品很多。一些不知实情的人都认为他不从事任何生产反而富有，又不知道他是哪里的人，所以越来越相信，争相尊奉他。李少君凭借喜好方术，善于在合适的时机表明自己的看法，且往往能应验。他曾随从武安侯宴饮，宴席中有一位九十多岁的老人，李少君与这位老人谈论起早先与他的祖父一道游玩打猎的地方，这位老人小时候与祖父住在一起，还能记得那个地方，因此宴会上所有的客人都十分惊讶。李少君见武帝，武帝有一件古铜器，问李少君是否认得。李少君答道："这件铜器是齐桓公十年时在柏寝台的陈列品。"随即察看铜器上面的铭文，果然是齐桓公时的铜器。满宫的人都惊骇异常，把李少君视作活神仙，认为他是数百岁的老人。

少君言上曰："祠灶则致物，致物而丹沙①可化为黄金，黄金成以为饮食器则益寿，益寿而海中蓬莱仙者乃可见，见之以封禅则不死，黄帝是也。臣尝游海上，见安期生，安期生食巨枣，大如瓜。安期生仙者，通蓬莱中，合则见人，不合则隐。"于是天子始亲祠灶，遣方士入海求蓬莱安期生之属，而事化丹沙诸药齐为黄金矣。

◎**注释** ①〔丹沙〕又作"丹砂"，即今天的硫化汞。古代方士认为可用来炼制黄金。

◎**大意** 李少君对武帝说："祭祀灶神可以招致神异之物，有了神异之物后，丹砂可以炼成黄金，炼成了黄金就能用来制成饮食器皿，使用它可以延年益寿，延年益寿便可以见到蓬莱山的仙人，见到仙人后再举行封禅大礼就可以长生不死，黄帝就是这样做的。臣曾在海中漫游，见到安期生，安期生正在吃一个巨枣，那枣就像瓜一样大。安期生是一个仙人，往来于蓬莱山中，缘分投合就与人相见，不投合就隐身不见。"于是武帝开始亲自祭祀灶神，并派方士入海寻找安期生之类的仙人，同时做起把丹砂等炼成黄金的事情。

居久之，李少君病死。天子以为化去不死，而使黄锤史宽舒受其方。求蓬莱安期生莫能得，而海上燕、齐怪迂之方士多更来言神事矣。

◎**大意** 过了很久，李少君病死。武帝以为他抛下肉体尸解成仙，并没有死，就让黄县、锤县掌管文书的小吏宽舒接受少君的方术。派人寻找蓬莱山仙人安期生，仍没有找到，而燕地、齐地一带许多怪诞迂阔的方士纷纷前来议论鬼神一类的事。

亳人谬忌奏祠太一①方，曰："天神贵者太一，太一佐曰五帝。古者天子以春秋祭太一东南郊，用太牢，七日，为坛开八通之鬼道②。"于是天子令太祝立其祠长安东南郊，常奉祠如忌方。其后人有上书，言"古者天子三年壹用太牢祠神三一：天一、地一、太一"。天子许之，令太祝领祠之于忌太一坛上③，如其方。后人复有上书，言"古者天子常以春解祠，祠黄帝用一枭破镜④，冥羊用羊，祠马行用一青牡马，太一、泽山君地长⑤用牛，武夷君用干鱼，阴阳使者以一牛"。令祠官领之如其方，而祠于忌太一坛旁。

◎**注释** ①〔亳人谬忌奏祠太一〕亳，史籍所载亳地有几处，此不知所指。谬忌，当时的方士。太一，即泰一，天上最尊之神北极神的别名。②〔八通之鬼道〕坛八面有台阶，作为鬼神往来的通道。③〔祠之于忌太一坛上〕在谬忌所立的太一坛上由太祝负责同时祭祀天一、地一之神。④〔枭破镜〕枭，传说中食母的恶鸟。破镜，即"獍（jìng）"，传说中食父的恶兽。⑤〔泽山君地长〕神名。

◎**大意** 亳县人谬忌上奏祭祀太一神的方法，说："天神中太一为贵，太一神的辅佐者为五帝。古时天子春秋两季在东南郊祭祀太一神，用牛、羊、猪三牲，到第七天，为祭坛设八面台阶，作为神鬼来往的通道。"于是武帝下令太祝在长安东南郊建立祭祀太一的祠庙，常按谬忌的方法供奉和祭祀。后来有人上书说"古时天子每三年一次用牛、羊、猪三牲祭祀三一神：天一、地一、太一"。武帝准许，令太祝负责在谬忌的太一坛上祭祀三一神，就按上书人所提供的方法祭祀。后来又有人上书说"古时天子常在春季举行消除灾祸、祈求福佑的祭祀活动，祭祀黄帝时用枭、破镜各一只，祭祀冥羊神用羊，祭祀马行神用一匹青色公马，祭太一神、泽山君地长神用牛，祭祀武夷君用干鱼，祭祀阴阳使者用一头牛"。武帝命令祠官按照上书人所说的方式负责祭祀，在谬忌太一神坛的旁边举行祭祀仪式。

其后，天子苑有白鹿，以其皮为币，以发瑞应，造白金焉。

◎**大意** 这以后，武帝的园林有白鹿，用白鹿皮制成皮币，为的是引发祥瑞，于是便引发了武帝铸造白金的事情。

其明年，郊雍，获一角兽，若麃①然。有司曰："陛下肃祗郊祀，上帝报享，锡（赐）一角兽，盖麟云。"于是以荐五畤，畤加一牛以燎。锡（赐）诸侯白金，风符应合于天也。

◎**注释** ①〔麃（páo）〕即狍。鹿的一种。
◎**大意** 到了第二年，武帝在雍城举行郊祭，捕获了一头独角兽，样子像狍，主管官员说："陛下恭敬地进行郊祭，上天回报，赏赐这只独角兽，大概就是麒麟。"于是将独角兽献给五畤，每畤的祭物增加一头牛，用火焚化。用白金赏赐诸侯，向他们暗示造白金为瑞应是合乎天意的。

于是济北王以为天子且封禅，乃上书献太山及其旁邑，天子以他县偿之。常山王有罪，迁，天子封其弟于真定，以续先王祀，而以常山为郡，然后五岳皆在天子之郡。

◎**大意** 这个时候济北王以为武帝将要举行封禅大典，就上书把泰山和附近的城邑献于武帝，武帝赏赐其他几县给他作为补偿。常山王犯罪，贬除王爵，迁往别处，武帝另封他的弟弟为真定王，以继承对先王的祭祀，而把常山国改成郡，这样一来，五岳都在天子直接管辖的郡内了。

其明年，齐人少翁以鬼神方见上。上有所幸王夫人，夫人卒，少翁以方盖夜致王夫人及灶鬼之貌云，天子自帷中望见焉。于是乃拜少翁为文成将军，赏赐甚多，以客礼礼之。文成言曰："上即欲与神通，宫室被服非象神①，神物不至。"乃作画云气车，及各以胜日②驾车辟（避）恶鬼。又作甘泉宫，中为台室，画天、地、太一诸鬼神，而置祭具以致天神。居岁余，其方益衰，神不至。乃为帛书以饭牛，详（佯）不知，言曰此牛腹中有奇。杀视得书，书言甚怪。天子识其手书，问其人，果是伪书，于是诛文成将军，隐之。

◎**注释** ①〔宫室被服非象神〕宫室器物、服饰仪仗等不与神相似。②〔胜日〕五行相克之日。甲乙为木，丙丁为火，戊己为土，庚辛为金，壬癸为水。如丙丁日乘赤色像火的车子出行，可以避恶鬼之类。

◎**大意** 第二年，齐人少翁以鬼神方术来见武帝，武帝有一位颇受宠爱的王夫人，王夫人已死，少翁用方术使王夫人和灶鬼的形貌在夜间重现，武帝从帷幕中看到了，于是封少翁为文成将军，赏赐他许多财物，以对待宾客的礼节敬重少翁。少翁向武帝进言说："陛下想要与神仙交往，宫室器物、服饰仪仗这些如果不与神相似，神仙是不会降临的。"于是便制作画有云气的神车，按五行相克的原理，各选择制胜的日期，分别驾着各色神车驱除躲避恶鬼。又建造甘泉宫，在宫中筑起高台，台上建宫室，室内画着天、地、太一等各种鬼神神像，并摆上祭品，以此招致天神。过了一年多，少翁的方术渐渐失灵了，天神总是不来，于是他便在帛上写一行字让牛吃到肚子里，假装不知，诓骗说牛肚子里有古怪。武帝派人宰杀这头牛一看，得到帛书，上面写了一些古怪的词句。而武帝认识少翁的笔迹，派人追查讯问，果然是伪造的帛书，于是杀了少翁，掩盖了这件事。

其后则又作柏梁、铜柱、承露仙人掌之属矣。

◎**大意**　这以后又建造了柏梁、铜柱、承露仙人掌之类的。

文成死明年，天子病鼎湖①甚，巫医无所不致，不愈。游水发根②言上郡有巫，病而鬼神下之③。上召置祠之甘泉。及病，使人问神君。神君言曰："天子无忧病。病少愈，强与我会甘泉。"于是病愈，遂起，幸甘泉，病良已。大赦，置寿宫神君。寿宫神君最贵者太一，其佐曰大禁、司命之属，皆从之。非可得见，闻其言，言与人音等。时去时来，来则风肃然。居室帷中。时昼言，然常以夜。天子祓④，然后入。因巫为主人，关饮食。所以言，行下。又置寿宫、北宫，张羽旗⑤，设供具，以礼神君。神君所言，上使人受书其言，命之曰"画法"。其所语，世俗之所知也，无绝殊者，而天子心独喜。其事秘，世莫知也。

◎**注释**　①〔鼎湖〕宫殿名，旧址在今陕西蓝田西。②〔游水发根〕复姓游水，名发根。③〔病而鬼神下之〕发病时鬼神就附到他身上。④〔祓（fú）〕除灾祈福的仪式。⑤〔羽旗〕仪仗队用鸟羽装饰的旗帜。

◎**大意**　少翁死后的第二年，武帝在鼎湖宫病得十分厉害，巫医用尽各种办法，病情始终不见好转。游水发根说上郡有个巫师，正发病时，鬼神附到他的身上。武帝将他召来，在甘泉宫设立祠庙供奉，称为神君。等到武帝患病时，派人去问神君。神君答道："皇上不必为病担心，待您病体稍愈，请振作精神到甘泉宫与我相会。"武帝病情减轻后，就起身驾临甘泉宫，病体果然痊愈。因此武帝颁布大赦令，为神君建造寿宫。在寿宫神君中最尊贵的就是太一神，辅佐它的是大禁、司命之类的神，都跟随着太一。人们看不到众神的模样，但能听到他们的说话声，与人的声音相同。他们有时去有时来，来时风声飒飒，住在室内帐幕中，有时白天也说话，然而常常是在夜间说话。武帝在举行消灾祈福的仪式后才进入寿宫，巫师做主人，关照、领取神君的饮食。神君所说的话，都由巫师传达到下面，又设置寿宫和北宫，在宫中竖起羽旗，摆设盛有祭品的供具，用来供祭神君。神君说的话，武帝派人记录下来，称之为"画法"。他们所说的话，世俗之人都能明白，并无特别深奥的地方，然而武帝心里暗自喜欢。这些事都很隐秘，普通人没有办法知晓。

其后三年，有司言元宜以天瑞命，不宜以一二数。一元曰"建"，二元以长星曰"光"，三元以郊得一角兽曰"狩"云。

◎**大意** 这以后三年，主管官员说纪元应按上天所降下的符瑞命名，不适宜用一二来计数。第一个年号称"建元"，第二个年号因有长星出现而称"元光"，第三个年号因在郊祭时捕获独角兽而称"元狩"。

其明年冬，天子郊雍，议曰："今上帝朕亲郊，而后土无祀，则礼不答也。"有司与太史公、祠官宽舒议："天地牲角茧栗①。今陛下亲祠后土，后土宜于泽中圜丘为五坛，坛一黄犊太牢具，已祠尽瘗②，而从祠③衣上黄。"于是天子遂东，始立后土祠汾阴脽④丘，如宽舒等议。上亲望拜，如上帝礼。礼毕，天子遂至荥阳而还。过雒阳，下诏曰："三代邈绝，远矣难存。其以三十里地封周后为周子南君⑤，以奉其先祀焉。"是岁，天子始巡郡县，侵寻于泰山⑥矣。

◎**注释** ①〔天地牲角茧栗〕祭天地要用角如茧、栗般大小的小牛犊。②〔已祠尽瘗〕行完祭礼就全部埋入土中。③〔从祠〕随从天子举行祭祀。④〔腄（shuí）〕丘阜。⑤〔周子南君〕周王朝的后代，名姬嘉，封地名子南。⑥〔侵寻于泰山〕渐渐近于泰山。

◎**大意** 第二年冬天，武帝到雍城祭祀天地，与群臣商议说："如今上帝由我亲自祭祀，却不祭后土，这样做与礼节不合。"主管官员同太史公司马谈、祠官宽舒商议说："祭天地所用的牲畜，牛角的形状要像蚕茧、板栗那样大，如今陛下要亲自祭祀后土，应在低洼地区建圆形高丘，在圆丘上设五个祭坛，每一坛上供奉一头黄牛犊作为祭牲，外加一猪一羊作为供品，祭祀过后把它们全部埋入地下，随从祭祀的人员身穿黄色衣服。"于是武帝果真东巡，开始在汾阴的高丘上建立后土祠，完全按宽舒等人的建议行事。武帝亲自望祭礼拜，同祭上帝的礼仪相同。祭礼完毕后，武帝驾临荥阳，然后返回京城。他路经雒阳时，下诏书说："三代距今遥远，他们的祭祀仪式非常难保存，一点影子也看不到。可以将方圆三十里的地方赐封周朝后人为周子南君，以供奉他们的祖先。"这一年，武帝开始巡察郡县，渐渐接近泰山了。

其春，乐成侯上书言栾大。栾大，胶东宫人，故尝与文成将军同师，已而为胶东王尚方①。而乐成侯姊为康王后，无子。康王死，他姬子立为王。而康后有淫行，与王不相中，相危以法。康后闻文成已死，而欲自媚于上，乃遣栾大因乐成侯求见言方。天子既诛文成，后悔其蚤（早）死，惜其方不尽②，及见栾大，大说（悦）。大为人长美，言多方略，而敢为大言，处之不疑③。大言曰："臣常往来海中，见安期、羡门之属。顾以臣为贱，不信臣。又以为康王诸侯耳，不足与方。臣数言康王，康王又不用臣。臣之师曰：'黄金可成，而河决可塞，不死之药可得，仙人可致也。'然臣恐效文成④，则方士皆奄（掩）口，恶敢言方哉！"上曰："文成食马肝死耳。子诚能修其方，我何爱乎！"大曰："臣师非有求人，人者求之。陛下必欲致之，则贵其使者，令有亲属，以客礼待之，勿卑，使各佩其信印，乃可使通言于神人。神人尚肯邪不（否）邪。致尊其使，然后可致也。"于是上使验小方⑤，斗棋，棋自相触击。

◎**注释** ①〔尚方〕负责配制药物的官吏。②〔惜其方不尽〕惋惜他的方术没有全部献出来。③〔处之不疑〕说大话时煞有介事，像真的一样。④〔恐效文成〕担心步文成将军自取灭亡的后尘。⑤〔验小方〕用小法术做试验。

◎**大意** 这年春季，乐成侯上书武帝，推荐栾大。栾大是胶东王的宫人，过去曾与少翁求学于同一个老师，后来成为负责为胶东王配制药物的官吏。乐成侯的姐姐是胶东康王的王后，没有生子。康王死后，其他姬妾的儿子继位而康后作风淫乱，与新王的矛盾很大，彼此借法律手段明争暗斗。康后听说少翁已死，就想讨好武帝，派栾大通过乐成侯以方术求见武帝。武帝处死少翁后，很后悔他死得太早，惋惜他的方术未全部献出来，因此见到栾大心中十分高兴。栾大高大俊美，言谈中多有机巧，敢说大话，而且说得一本正经，泰然自若。他自吹说："臣常往来于海中，见过安期生、羡门高这些仙人。而他们因为臣的地位微贱，所以不相信我的话。况且康王只是一个诸侯，不值得将神仙法术传授给他。臣多次向康王禀告，但他不信臣所说的一切。我的师父说：'黄金可以炼成，黄河的决口可以堵塞，长生不死的药可以得到，仙人可以招来。'臣怕下场像文成将军一样，那样就会使方士个个掩口不言，怎敢再谈方术呢？"武帝说："文成将军是吃马肝中毒死的，并非朕杀了他。先生如若真心实意地整理他的方术，朕有什么可吝惜的呢？"栾大说："臣的师父不是有求于人，而是别人有求于他。陛下若要召见他，就要尊重他的使者，使者有家眷，用宾客之礼接待，绝不能轻视怠慢，让他佩戴各种印信，才能让他向神仙传话。即使如此，神仙肯来不肯来，仍不能确定。只有尊崇神仙的使者，才能请来神仙。"于是武帝令他使用一小方术当场验证，栾大就使棋子在棋盘上自相撞击。

是时上方忧河决，而黄金不就，乃拜大为五利将军。居月余，

得四印，佩天士将军、地士将军、大通将军印。制诏御史："昔禹疏九江，决四渎。间者河溢皋陆，堤繇（徭）不息①。朕临天下二十有（又）八年，天若遗朕士而大通焉。《乾》称'蜚（飞）龙'②，'鸿渐于般（磐）'，朕意庶几与焉。其以二千户封地士将军大为乐通侯③。"赐列侯甲第，僮千人。乘舆④斥车马帷幄器物以充其家。又以卫长公主妻之，赍金万斤，更命其邑曰当利公主。天子亲如五利之第。使者存问，供给相属于道。自大主将相以下，皆置酒其家，献遗之。于是天子又刻玉印曰"天道将军"，使使衣羽衣，夜立白茅上，五利将军亦衣羽衣，夜立白茅上受印，以示不臣⑤也。而佩"天道"者，且为天子道天神也。于是五利常夜祠其家，欲以下神。神未至而百鬼集矣，然颇能使之。其后装治行，东入海，求其师云。大见（现）数月，佩六印，贵震天下，而海上燕、齐之间，莫不扼捥（腕）而自言有禁方，能神仙矣。

◎**注释** ①〔堤繇不息〕为修筑河堤而征发的劳役接连不断。繇，通"徭"，徭役。②〔《乾》称"蜚龙"，"鸿渐于般"〕《周易》中《乾卦》九五爻辞说"飞龙在天"，《渐卦》六二爻辞说"鸿渐于般"。前者谓得道术如龙飞于天，此指栾大；后者谓大雁飞行渐进于磐石之上，此指武帝自称得栾大而道术可以大进。般，通"磐"。③〔通侯〕原称彻侯，秦汉二十等爵之最高一级，避武帝讳改称通侯，或称列侯。④〔乘舆〕皇帝专用的车马服饰等物，有用人力的辇车。⑤〔不臣〕不作臣子看待。栾大自称有道术的方外之士，不是天子的百姓。

◎**大意** 这时武帝正在忧虑黄河决口的事，而炼黄金未成功，于是封栾大为五利将军，过了一个多月，栾大得到四枚印章，佩上五利将军印、天士将军印、地士将军印、大通将军印。武帝颁布诏书给御史说："从前大禹疏导九江，开通四渎。这几年来河水泛滥，淹没了岸边的陆地，为修筑河堤而征发的劳役接连不断。朕治理天下已二十八年，上天应当委派士人辅佐我，而栾大可以上通天意。

《易·乾卦》说'飞龙在天',《渐卦》说'鸿渐于般'。我得到栾大的境遇也许与此类似吧。故应以二千户赐封地士将军栾大为乐通侯。"赐给列侯一级的上等宅第和奴仆千人,以及天子所用的车马、衣服、器械、百物等,充塞了他的居室。还把卫皇后所生的长公主嫁给他,赐给黄金万斤,所住的城邑更名为当利公主邑。武帝亲临栾大的府第。使者慰问,赏赐的物品在路上接连不断。从大长公主、将相以下,都到他家设宴庆贺,进献礼品。这时,武帝又刻制一枚"天道将军"的玉印,派使者身穿羽衣,栾大也身穿羽衣,夜里站在白茅上接受五印,以表示不是天子的臣子。而佩戴"天道将军"印,是将替天子引导天神降临的意思。于是栾大常夜晚在家中祭祀,欲求神仙下降,神仙没有降临,各种鬼却聚集而来,但栾大能够驱使众鬼。此后他收拾行装上路,说要到东边海上寻找他的师父。栾大出现的几个月中,佩戴了六枚大印,声名显赫,地位尊贵,使天下震动,因此燕齐一带的众多方士,无不激动振奋,都自言有秘方,能够招致神仙。

其夏六月中,汾阴巫锦为民祠魏脽后土营①旁,见地如钩状,掊视②得鼎。鼎大异于众鼎,文镂无款识③,怪之,言吏。吏告河东太守胜,胜以闻。天子使使验问巫得鼎无奸诈,乃以礼祠,迎鼎至甘泉,从行,上荐之。至中山,曣㬩④,有黄云盖焉。有麃过,上自射之,因以祭云。至长安,公卿大夫皆议请尊宝鼎。天子曰:"间者河溢,岁数不登,故巡祭后土,祈为百姓育谷。今岁丰庑未报,鼎曷为出哉?"有司皆曰:"闻昔泰帝兴神鼎一,一者一统,天地万物所系终也。黄帝作宝鼎三,象天地人。禹收九牧之金,铸九鼎。皆尝亨(烹)鬺⑤上帝鬼神。遭圣则兴,鼎迁于夏、商。周德衰,宋之社亡,鼎乃沦没,伏而不见(现)。《颂》云'自堂徂基,自羊徂牛;鼐鼎及鼒⑥,不吴(虞)不骜,胡考之休'。今鼎至甘泉,光润龙变,承休无疆。合兹中山,有黄白云降盖,若兽为符,路弓乘矢,集获坛下,报祠大享。唯受命而帝者心知其意而合德焉。鼎宜见(现)于祖祢，藏于帝廷，以合明应。"制曰："可。"

◎**注释** ①〔营〕区域，边界。②〔掊（póu）视〕扒开来看。掊，用手或工具扒物或掘土。③〔文镂无款识〕文镂，铸有纹饰。款识，古代铜器铭文，阴文叫款，阳文叫识。④〔曣𥈭（yàn wēn）〕天气和暖。⑤〔亨鬺（pēng shāng）〕烹煮。⑥〔鼐（nài）鼎及鼒（zī）〕鼐，大鼎。鼒，小口的鼎。

◎**大意** 这年夏季六月间，汾阴一个名叫锦的巫师在魏脽后土祠旁为百姓祭祀，见地下有一个形状似钩的东西，挖开一看，得到一个鼎。那个鼎尺寸很大，与大多数的鼎完全不同，上面刻有花纹，而没有铸刻文字。巫师感到很奇怪，告诉了当地官吏。官吏转告河东郡太守胜，太守胜又将此事上报朝廷。武帝派人查问巫师得鼎的详细经过，弄清中间并无作伪奸诈之事后，就按照礼仪祭祀，于甘泉宫亲迎宝鼎，百官随从，武帝献祭。迎鼎队伍行至中山时，天气晴和，鼎的上空出现一片黄云。恰好有一只狍子在跑，武帝一箭射死它，索性用作祭鼎的牲礼。到长安后，公卿大夫都议论着请求尊奉宝鼎的事。武帝说道："最近几年，河水泛滥成灾，连年收成不好，因此朕才出巡郡县，祭祀后土，祈求神灵为百姓养育庄稼，今年丰收，还没有来得及酬谢神灵，这只宝鼎究竟为什么会出现呢？"有关官员说："听说昔日泰帝制作了一只神鼎，一就是一统的意思，正是天地万物统一的象征。黄帝制作三只宝鼎，象征着天、地、人。大禹收集九州的金属，铸成九鼎。他们都曾经用鼎烹煮牲牢，祭祀天地鬼神。遇到名主盛世宝鼎就会出现，宝鼎传到了夏、商二朝。到周朝末年德政衰败，宋国的社坛被毁以后，宝鼎就沉没隐伏；不再出现。《诗经·周颂·丝衣》说'从堂上到门槛外，从牲羊到牲牛，大鼎小鼎，全都验过，牲肥鼎洁，不喧哗不傲慢，既恭敬又肃穆，求得长寿又多福'。现今宝鼎已经来到甘泉宫，色泽光润，变化奇特，大汉将承受的吉祥无穷无尽。符合此前行至中山时有黄白云盖降落在鼎上的征兆，原来这只狍子是同它相应的符瑞，陛下用大弓和四支一套的利箭射死狍子，陈列在祭坛下，以此酬谢天帝，只有承受天命而为帝的人才能心知天意而与天德相合，所以宝鼎应当献给祖庙，珍藏在甘泉宫天帝殿，以与上述各种神明的瑞应相合。"武帝诏书说："可行。"

入海求蓬莱者，言蓬莱不远，而不能至者，殆不见其气。上乃遣望气佐候其气云。

◎**大意** 到海上寻找蓬莱山的人，说蓬莱仙境并不遥远，而不能到达的原因，大概是看不到仙山的云气。于是武帝便派遣望气的官吏帮着他们观察云气。

其秋，上幸雍，且郊。或曰"五帝，太一之佐也，宜立太一而上亲郊之"。上疑未定。齐人公孙卿曰："今年得宝鼎，其冬辛巳朔旦冬至①，与黄帝时等。"卿有札书曰："黄帝得宝鼎宛朐，问于鬼臾区。鬼臾区对曰：'黄帝得宝鼎神策，是岁己酉朔旦冬至，得天之纪，终而复始。'于是黄帝迎日推策②，后率二十岁复朔旦冬至，凡二十推，三百八十年，黄帝仙登于天。"卿因所忠欲奏之。所忠视其书不经，疑其妄书，谢曰："宝鼎事已决矣，尚何以为！"卿因嬖人奏之。上大说（悦），乃召问卿。对曰："受此书申公，申公已死。"上曰："申公何人也？"卿曰："申公，齐人。与安期生通，受黄帝言，无书，独有此鼎书。曰'汉兴复当黄帝之时'。曰'汉之圣者在高祖之孙且曾孙也。宝鼎出而与神通，封禅。封禅七十二王，唯黄帝得上泰山封'。申公曰：'汉主亦当上封，上封则能仙登天矣。黄帝时万诸侯，而神灵之封居七千③。天下名山八，而三在蛮夷，五在中国。中国华山、首山、太室、泰山、东莱，此五山黄帝之所常游，与神会。黄帝且战且学仙。患百姓非其道者，乃断斩非鬼神者。百余岁然后得与神通。黄帝郊雍上帝，宿三月。鬼臾区号大鸿，死葬雍，故鸿冢是也。其后黄帝接万灵明廷。明廷者，甘泉也。所谓寒门者，谷口也。黄帝采首山铜，铸鼎于荆山下。鼎既成，有龙垂胡髯下迎黄帝。黄帝上骑，群臣后宫从上者七十余人，龙乃上去。余小臣不得上，乃悉持龙髯，龙髯拔，堕，堕黄帝之弓。百姓仰望黄帝既上天，乃抱其弓与胡髯号，故后世因名其处曰鼎湖，其弓曰乌号。'"于是天子曰："嗟乎！吾诚得如黄帝，吾视去妻子如脱躧耳。"乃拜卿为郎，东使候神于太室。

◎**注释** ①〔其冬辛巳朔旦冬至〕这年冬季第二个月的辛巳日是朔日，其日凌晨交冬至节。②〔迎日推策〕以蓍草为筹策推演日历。迎日，预推朔望。③〔神灵之封居七千〕相传，黄帝时诸侯万数，有七千成仙，神灵享受山川之封。

◎**大意** 这年秋季，武帝亲临雍城，准备行郊祭五帝的大礼。有人说："五帝是太一神的辅佐，应设立太一庙，由天子亲自祭祀。"武帝犹豫未决。齐地人公孙卿说："今年得到宝鼎，冬季辛巳日是初一，早晨恰逢冬至节，与黄帝制作宝鼎的时间节令一样。"公孙卿有一块木简，上面写着："黄帝在宛朐城得到宝鼎后，向鬼臾区问这件事。鬼臾区回答：'黄帝得到宝鼎和神策，今年是己酉朔日早晨交冬至，从此进入天纪，循环往复，周而复始。'于是黄帝推算朔望，以后大致每隔二十年再轮到朔日早晨为冬至节，共推算二十次，合计三百八十年，黄帝成仙上天了。"公孙卿想通过所忠将此事上奏武帝，所忠看公孙卿书上所写的话荒诞不经，不合常理，怀疑是伪造的，便推辞说："宝鼎的事已经确定无疑，还说什么呢？"公孙卿只好通过武帝的私宠上奏，武帝听闻后十分高兴，立即召见公孙卿问及此事。公孙卿回答："这木简是申公传授给我的，申公已经去世。"武帝说："申公是什么人？"公孙卿接着答道："申公是齐地人，与安期生有来往，接受黄帝的言论，没有别的书，只有这本关于鼎的书。上面说：'汉朝的兴盛应再次与黄帝得鼎时相合。'又说：'汉朝的圣主出现在高祖的孙子或曾孙一代，宝鼎出现后就能与神沟通，应举行封禅礼。自古以来举行封禅的有七十二个帝王，唯有黄帝登上泰山顶祭天。'申公说：'汉朝皇帝也应当上泰山行封禅大礼，能上泰山封祭，就可以成仙登天了。黄帝时有数万个诸侯国，而主持祭祀山川的封国占七千。天下有八座名山，其中三座在蛮夷地带，五座在中原地区。中原地区有华山、首山、太室、泰山、东莱山，这五座山是黄帝经常游观并与诸侯相会的地方。黄帝一边作战，一边学习仙道。他害怕百姓非议他的仙道，于是断然处死那些诽谤鬼神的人。他经过百余年的修炼，方得以与神仙往来。黄帝在雍城郊祭上帝，住了三个月。鬼臾区号称大鸿，死后葬在了雍城，所以那里才有鸿冢。此后黄帝在明廷与万千神灵约会。明廷，就是甘泉山。所谓寒门，就是谷口。黄帝采挖首山的铜，在荆山脚下铸鼎。鼎铸成后，云里有一条龙垂下长长的胡须来迎接黄帝。黄帝骑在龙背上，群臣、姬妾跟随黄帝登上龙背的有七十多人，龙即起飞上天。有些小臣上不去，他们手抓着龙的须毛，龙的须髯被拔掉，小臣们掉了下来，黄帝的弓也落了下来。百姓望着黄帝缓缓飞上天，抱着他失落的弓和被拉断的龙须号啕大哭。因此后人把这个地方叫作鼎湖，称那把落下的弓为乌号。'"于是武帝说："哎呀！我若真的有黄帝这样升天的机会，我必定把舍弃妻子儿女看得像脱鞋子一样容易。"任命公孙卿为郎官，命他往东到太室山迎候神仙。

上遂郊雍，至陇西，西登崆峒，幸甘泉。令祠官宽舒等具太一祠坛，祠坛放（仿）薄忌太一坛，坛三垓。五帝坛环居其下，各如其方，黄帝西南，除八通鬼道。太一，其所用如雍一畤物，而加醴枣脯之属，杀一貍牛以为俎豆牢具。而五帝独有俎豆醴进。其下四方地，为餟^①食群神从者及北斗云。已祠，胙^②余皆燎之。其牛色白，鹿居其中，彘在鹿中，水而洎^③之。祭日以牛，祭月以羊彘特。太一祝宰则衣紫及绣。五帝各如其色，日赤，月白。

◎**注释** ①〔餟（zhuì）〕祭祀时把酒洒在地上。②〔胙（zuò）〕宗庙祭祀时所用的肉。③〔洎（jì）〕浸泡。

◎**大意** 武帝接着到雍城郊祭，到达陇西，再西行登上崆峒山，驾临甘泉宫。他命令祠官宽舒等人修建太一祠坛，祭坛仿照薄忌设计的太一坛，坛分三层。五帝坛围绕在太一坛的下面，五帝各自所在方位与所主方位相同。黄帝坛在西南方，开辟八方通鬼神道。祭祀太一神所用的祭品与雍城五畤的祭品相同，另增加甜酒、枣、干肉之类，还杀一头牦牛把它的肉盛在祭器中，而五帝坛只有甜酒和俎豆进献。坛下四方的地基，作为连续祭祀随从的群神和北斗星的处所。祭祀完毕后，剩余的胙肉用火焚化。牛是白色的，将鹿放入牛的腹腔中，再把小猪塞入鹿的腹腔中，用水浸泡。祭祀日神的祭品用牛，祭祀月神的祭品用羊、猪各一头。太一坛的司祭官员祝宰穿紫色及五彩绣衣的礼服。五帝坛祝、宰的礼服各按五帝所主的颜色，日神的司祭官员穿红色衣服，月神的司祭官员穿白色衣服。

十一月辛巳朔旦冬至，昧爽，天子始郊拜太一。朝朝日，夕夕月，则揖；而见太一如雍郊礼。其赞飨曰："天始以宝鼎神策授皇帝，朔而又朔，终而复始，皇帝敬拜见焉。"而衣上黄。其祠列火满坛，坛旁亨（烹）炊具。有司云"祠上有光焉"。公卿言"皇帝始郊见太一云阳，有司奉瑄玉嘉牲荐飨。是夜有美光，及昼，黄气上属天"。太史公、祠官宽舒等曰："神灵之休，祐福兆祥，宜因此地光域立太畤坛以明应。令太祝领，秋及腊间祠。三岁天子一郊见。"

◎**大意** 十一月辛巳初一日早晨冬至到来，天刚拂晓，武帝开始郊祭太一神行跪拜礼。早晨朝拜太阳神，晚间朝拜月亮神，都揖首而不跪；而朝见太一神时就按照雍州城外的郊祭礼节。赞礼的人宣读颂词："天开始将宝鼎神策授予皇帝，此后初一日又逢初一日，终而复始地传下去，皇帝恭敬地拜见天神。"陪祭的官员都穿黄色衣服，祭坛上布满火炬，坛的旁边备有烹饪用的炊具。主管官员说"祭坛上有光出现了"。公卿也说"皇上当初在云阳宫郊祭太一神时，主管官员供奉着六寸大的玉璧和上等的牲品献给太一神。当天夜空有很美的光辉出现，一直到第二天的白昼，黄气上升与天相连"。太史公、祠官宽舒等人说："神灵的美德是保佑福祚、预兆吉祥的象征，适宜在出现光彩的地方设立太畤坛，用来报答上天的眷顾。命太祝管理，在秋天和腊月间祭祀，每隔三年，天子郊祭朝拜一次。"

其秋，为伐南越，告祷太一。以牡荆画幡日月北斗登龙，以象太一三星，为太一锋，命曰"灵旗"。为兵祷，则太史奉以指所伐国。而五利将军使不敢入海，之泰山祠。上使人随验，实毋所见。五利妄言见其师，其方尽，多不雠。上乃诛五利。

◎**大意** 这年秋季，为了征伐南越，向太一神祷告。以牡荆为幡杆，幡上画有日、月、北斗、登龙，用来代表太一神三星，作为太一神的锋旗，命名为"灵旗"。为出征而祈祷时，由太史官捧着灵旗指向被征伐的国家。而栾大被派往求仙，却不敢入海，竟到泰山祭祀。武帝派人紧盯着他，观察他的行踪，实际上什么也没有见到。栾大谎称见到了自己的师父，他的方术已尽，所说的话大多不能应验。于是，武帝杀掉了栾大。

其冬，公孙卿候神河南，言见仙人迹缑氏城上，有物如雉，往来城上。天子亲幸缑氏城视迹。问卿："得毋效文成、五利乎？"卿曰："仙者非有求人主，人主者求之。其道非少宽假，神不来。言神事，事如迂诞，积以岁乃可致也。"于是郡国各除道，缮治宫观名山神祠所，以望幸也。

◎**大意** 这年冬天，公孙卿在河南迎候神仙，说在缑氏城上看到了仙人的足迹，还有一神物很像野鸡，在城上走来走去。武帝亲自到缑氏城察看仙人足迹。武帝质问公孙卿："你不会效法少翁、栾大吧？"公孙卿答："不是仙人有求于陛下，而是陛下有求于仙人。所以求仙之法，如不能宽限时日，神仙是不会来的。谈论神仙的事，好像迂阔怪诞，然而积累年限就能请到神仙。"于是郡国各自整理清扫道路，修缮宫观和名山的神祠，希望武帝到来。

其春，既灭南越，上有嬖臣李延年以好音见（现）。上善之，下公卿议，曰："民间祠尚有鼓舞乐，今郊祀而无乐，岂称乎？"公卿曰：

"古者祠天地皆有乐,而神祇可得而礼。"或曰:"太帝使素女鼓五十弦瑟,悲,帝禁不止,故破其瑟为二十五弦。"于是塞南越,祷祠太一、后土,始用乐舞,益召歌儿,作二十五弦及空侯①琴瑟自此起。

◎**注释** ①〔空侯〕乐器名,即箜篌。

◎**大意** 这年春天,灭掉南越以后,武帝有一位宠信的臣子李延年献上优美动听的乐曲。武帝十分赞赏,提出问题交给公卿讨论,说:"民间的神祠还有鼓舞配合的乐章,如今朝廷进行郊祭却无音乐,这难道相称吗?"公卿答道:"古时祭祀天地都有乐章,所以神祇才来享受祭祀。"有人说:"太帝命素女弹奏五十弦瑟,音调过于悲切,太帝禁止不得,所以破开了瑟上的弦,变成二十五弦瑟。"于是为了庆祝征伐南越战争的胜利,祭祀太一神和后土神,开始采用乐舞,广召歌手,从这时开始制作二十五弦瑟和箜篌。

其来年冬,上议曰:"古者先振兵泽(释)旅,然后封禅。"乃遂北巡朔方,勒兵十余万,还祭黄帝冢桥山,释兵须如。上曰:"吾闻黄帝不死,今有冢,何也?"或对曰:"黄帝已仙上天,群臣葬其衣冠。"既至甘泉,为且用事泰山,先类祠太一。

◎**大意** 第二年冬天,武帝提议说:"古代先整顿军备,然后解散军队,才举行封禅大礼。"于是向北巡视朔方郡,统率十余万军队,回来时在桥山祭拜黄帝陵,在须如遣散军队。武帝说:"我听说黄帝没有死,现在有黄帝冢,是什么原因呢?"有人对答说:"黄帝已经成仙升天,群臣安葬了他的衣冠。"到了甘泉宫后,为了要在泰山举行祭祀天地的活动,先特地祭祀了太一神。

自得宝鼎,上与公卿诸生议封禅。封禅用希(稀),旷绝莫知其仪礼,而群儒采封禅《尚书》《周官》《王制》之望祀射牛①事。齐人丁公年九十余，曰："封禅者，合不死之名也。秦皇帝不得上封。陛下必欲上，稍上即无风雨，遂上封矣。"上于是乃令诸儒习射牛，草封禅仪。数年，至且行。天子既闻公孙卿及方士之言，黄帝以上封禅，皆致怪物与神通，欲放（仿）黄帝以上接神仙人蓬莱士，高世比德于九皇②，而颇采儒术以文之。群儒既已不能辨明封禅事，又牵拘于《诗》《书》古文而不能骋③。上为封禅祠器示群儒，群儒或曰"不与古同"，徐偃④又曰"太常⑤诸生行礼不如鲁善"，周霸属图封禅事，于是上绌（黜）偃、霸，而尽罢诸儒不用。

◎**注释** ①〔射牛〕帝王祭祀天地宗庙，亲自射牲，以示隆重。②〔九皇〕传说中的远古帝王。③〔骋〕驰骋，指任意创制。④〔徐偃〕当时的博士官。⑤〔太常〕九卿之一，掌礼乐和郊庙社稷的祭祀。

◎**大意** 自从获得宝鼎后，武帝与王公大臣及儒生共议封禅一事。封禅大礼历史上很少举行，年代久远，没有人知道它的仪式，儒生就建议采用《尚书》《周官》《王制》中记载的遥望祭祀和天子亲自射牛的仪式来举行封禅大礼。齐地人丁公九十多了，说："封禅之礼正应了帝王永不磨灭的盛名。当年秦始皇没能登上泰山祭天。陛下如真想上泰山，稍微坚持向上攀登一点，如果没有风雨，就可以上山封禅了。"武帝于是命令众儒生练习射牛，演练封禅的仪式。几年后，到了要封禅的时间。武帝曾听到公孙卿与方士们的议论，说旧时黄帝举行封禅，都招来奇异的东西与神灵相通，于是也想仿效黄帝以前接待神仙使者蓬莱方士之事，超凡脱俗，德行可与上古的帝王媲美，并采用儒家学说加以美化。儒生们本来对封禅事宜就不太清楚，又拘守《诗》《书》古经而不知变通。武帝将准备封禅用的器物拿给众儒生看，有的儒生说"与古时不同"，徐偃又说"太常所掌典的礼仪不如鲁国完善"，周霸正好在谋划封禅事宜，于是武帝斥退了徐偃、周霸，并罢黜众儒生一概不用。

三月，遂东幸缑氏，礼登中岳太室。从官在山下闻若有言"万岁"云。问上，上不言；问下，下不言。于是以三百户封太室奉祠，命曰崇高邑。东上泰山，泰山之草木叶未生，乃令人上石立之泰山巅。

◎**大意** 三月，武帝东行亲临缑氏，遵循礼仪登上中岳太室山。随从官员在山下听到仿佛有呼"万岁"的声音。问山上的人，说是没人呼喊；问山下的人，也说是没人出声。于是武帝拨出三百户人家专门作为太室山的封邑，供奉祭祠，并命名为崇高邑。接着东行上泰山，泰山上的草木还没长出新叶，于是武帝派人在泰山顶上竖立石碑。

上遂东巡海上，行礼祠八神。齐人之上疏言神怪奇方者以万数，然无验者。乃益发船，令言海中神山者数千人求蓬莱神人。公孙卿持节①常先行候名山，至东莱，言夜见大人，长数丈，就之则不见，见其迹甚大，类禽兽云。群臣有言见一老父牵狗，言"吾欲见巨公"，已忽不见。上即见大迹，未信，及群臣有言老父，则大以为仙人也。宿留海上，予方士传车及间使求仙人以千数。

◎**注释** ①〔节〕使者所持天子颁发的表明身份的凭证。
◎**大意** 武帝于是向东巡视海上，行礼祭祀八神。齐地人上书说有神奇方术的数以万计，但没有应验的。于是增派许多船只，命令那些说海上有神仙的几千人去寻访蓬莱山仙人。公孙卿带着使者的符节常常先到名山前等候，到了东莱，说是夜晚看见一个巨人，有几丈高，走近些就不见了，看见他脚印很大，像巨禽大的野兽的脚印。群臣中也有人说见到一个老头牵着条狗，说了声"我想见伟人"，转眼又不见了。武帝看到大脚印，还不相信，等到群臣提及老头的事，就以为真有仙人了。他驻留在海边，赐给方士们车辆，并派出一千多人四处去寻访仙人。

四月，还至奉高①。上念诸儒及方士言封禅人人殊，不经，难施行。天子至梁父，礼祠地主。乙卯，令侍中儒者皮弁荐（搢）绅②，射牛行事。封泰山下东方，如郊祠太一之礼。封广丈二尺，高九尺，其下则有玉牒书，书秘。礼毕，天子独与侍中奉车子侯上泰山，亦有封。其事皆禁。明日，下阴道。丙辰，禅泰山下趾东北肃然山，如祭后土礼。天子皆亲拜见，衣上黄而尽用乐焉。江、淮间一茅三脊为神藉。五色土益杂封。纵远方奇兽蜚（飞）禽及白雉诸物，颇以加礼。兕牛犀象之属不用。皆至泰山祭后土。封禅祠；其夜若有光，昼有白云起封中。

◎**注释** ①〔奉高〕县名，治所在今山东泰安东。或说即指泰山。②〔侍中儒者皮弁荐绅〕侍中，侍从皇帝左右，能出入宫廷的官员。皮弁，用白鹿皮做的帽子。荐绅，在腰带间插笏。荐，通"搢"，插。绅，腰带。

◎**大意** 四月回到奉高，武帝考虑到儒生和方士谈及的封禅仪式各不相同，不合常理，难以施行。武帝来到梁父山，拜祭地神。乙卯日，命担任侍中的儒生头戴鹿皮帽，身穿腰带插笏的官服，射牛行礼。在泰山下的东方设坛祭祀，和郊祭太一神的礼仪相同。坛宽一丈二尺，高九尺，坛下放着玉雕文书，内容保密。行礼完毕，武帝独自与侍中奉车都尉子侯登上泰山，也设坛拜祭。这些事都秘不外传。第二天，从北边的道路下山。丙辰日，又祭封泰山下东北方的肃然山，和祭后土的礼仪相同。武帝都亲自拜见，穿黄色衣服，并配着音乐。用江、淮一带出产的一种有三棱脊的茅作为神灵的垫席。用五色泥土封坛。放出远方进贡的奇兽飞禽和白毛野鸡等动物，用以增加祭祀气氛。不用兕牛犀象一类的兽。武帝一行都到泰山参加后土祭典。祭祀天地的那天，晚上好像有光芒闪耀，白天有云朵从祭天坛中升起。

天子从禅还，坐明堂，群臣更上寿。于是制诏御史："朕以眇眇之身承至尊，兢兢焉惧不任。维德菲薄，不明于礼乐。修祠太一，若有象景光^①，屑如有望，震于怪物，欲止不敢，遂登封泰山，至于梁父，而后禅肃然。自新，嘉与士大夫更始，赐民百户牛一、酒十石，加年八十孤寡布帛二匹。复^②博、奉高、蛇丘、历城，无出今年租税。其大赦天下，如乙卯赦令。行所过毋有复作。事在二年前，皆勿听治^③。"又下诏曰："古者天子五载一巡狩，用事泰山，诸侯有朝宿地。其令诸侯各治邸泰山下。"

◎**注释** ①〔景光〕盛大明亮之光。②〔复〕免除徭役。③〔听治〕审讯判决。

◎**大意** 武帝祭天回来，坐在明堂内，群臣一一上前祝福。于是下诏书给御史："我以微小之身，位居至尊，兢兢业业，唯恐不能担此重任。而又德行微薄，不明悉礼乐制度。祭祀太一神时，仿佛有吉祥之光出现，有这种非常之景象，我感到恐惧，想终止祭祀又不敢，于是登上泰山，行封禅大礼，又祭礼了梁父山，而后再祭肃然山。我修德自新，很乐于与众卿重新开始，赏赐百姓每百户一头牛，十石酒，凡年满八十又孤寡无依的另加两匹布帛。博、奉高、蛇丘、历城四地免除今年的徭役。大赦天下，和乙卯年赦令相同。我巡行所到之处，免除一切劳役。凡在两年前犯事的人，不再追究。"接着又下诏书说："古代天子每五年出巡一次，并到泰山祭祀天地，诸侯都有拜天时的住所。现令诸侯各自在泰山下修宅第。"

天子既已封泰山，无风雨灾，而方士更言蓬莱诸神若将可得，于是上欣然庶几遇之，乃复东至海上望，冀遇蓬莱焉。奉车子侯暴病，一日死。上乃遂去，并海上，北至碣石，巡自辽西，历北边至九原。五月，反（返）至甘泉。有司言宝鼎出为元鼎，以今年为元封元年。

◎**大意** 武帝在泰山祭天后，并未遇到风雨之灾，而方士们进一步鼓吹蓬莱诸神似乎可以求见，于是武帝满怀希望地盼着遇到神仙，就又东行至海上，想寻到蓬莱仙岛。这时奉管车驾的子侯突然得病，一天就死了。于是武帝离去，沿海而上，向北到达碣石，再从辽西开始巡视，经过北边到达九原郡。五月，回到甘泉宫。主管官员说宝鼎出现那年改为元鼎，因今年封禅，而改为元封元年。

其秋，有星茀（孛）①于东井。后十余日，有星茀（孛）于三能（台）②。望气王朔言："候独见填（镇）星出如瓜，食顷复入焉。"有司皆曰"陛下建汉家封禅，天其报德星"云。

◎**注释** ①〔茀（bèi）〕即"孛"，彗星。②〔三能〕也作"三台"，星名。
◎**大意** 这年秋天，有彗星出现于东井宿区。十多天后，有彗星出现于三台宿区。观测天象的王朔说："我观测到光芒四射的土星出现，如瓜一样大，一顿饭的工夫又隐没了。"主管官员都说"陛下确立了汉朝的封禅制度，所以上天用德星来回报"之类的话来奉承。

其来年冬，郊雍五帝。还，拜祝祠太一。赞飨曰："德星昭衍，厥维休祥。寿星仍出，渊耀光明。信星昭见（现），皇帝敬拜太祝之享。"

◎**大意** 第二年冬天，武帝到雍州城外郊祭五帝。返回时，拜祝太一神。礼赞官员的赞词说："德星光芒四射，是汉朝吉祥的象征。南极寿星也一再出现，光芒远照。这些星宿应时出现，皇帝将太祝准备的祭品恭敬地进献给各位神灵。"

其春，公孙卿言见神人东莱山，若云"欲见天子"。天子于是幸缑氏城，拜卿为中大夫。遂至东莱，宿留之数日，无所见，见大人迹云。复遣方士求神怪采芝药以千数。是岁旱。于是天子既出无名，乃祷万里沙，过祠泰山。还至瓠子，自临塞决河，留二日，沉祠而去。使二卿将卒塞决河，徙二渠，复禹之故迹焉。

◎**大意**　这年春天，公孙卿说在东莱山见到了神仙，似乎还听到神仙说"想见天子"。武帝于是巡幸缑氏城，任命公孙卿为中大夫。接着来到东莱，停留了几天，没有看到神仙，只看到巨人的脚印。便又派数千方士寻访神灵，采集灵芝草药。这一年天气干旱。这时，武帝因出巡没有正当名义，便前去万里沙祷告求雨，途中又祭泰山。回到瓠子口，来到二十年来曾堵塞的黄河决口处，停留了两天，将白马、玉璧沉入河中祭河神后离去。他派两位大臣率领士卒堵塞了黄河决口，将黄河分成两条水道，恢复了大禹治水时的旧河道。

是时既灭两越，越人勇之乃言"越人俗鬼，而其祠皆见鬼，数有效。昔东瓯王敬鬼，寿百六十岁。后世怠慢，故衰秏（耗）"。乃令越巫立越祝祠，安台无坛，亦祠天神上帝百鬼，而以鸡卜①。上信之，越祠鸡卜始用。

◎**注释**　①〔鸡卜〕用鸡骨进行占卜。
◎**大意**　这个时候已灭掉了两越，越人勇之说"越人的习俗信鬼，祭祀时都能见到鬼，屡次有应验。过去东瓯王敬奉鬼，活到一百六十岁。后世怠慢了鬼神，所以没落"。便命令越地巫师建立越式祠庙，有台而无坛，也祭祀天神、上帝和众鬼，并用鸡骨占卜。武帝笃信，越式祠庙和鸡骨占卜开始使用起来。

公孙卿曰："仙人可见，而上往常遽，以故不见。今陛下可为观，如缑城，置脯枣，神人宜可致也。且仙人好楼居。"于是上令长安则作蜚廉、桂观，甘泉则作益延寿观，使卿持节设具而候神人。乃作通天茎台，置祠具其下，将招来仙神人之属。于是甘泉更置前殿，始广诸宫室。夏,有芝生殿房内中。天子为塞河,兴通天台,若见有光云,乃下诏:"甘泉房中生芝九茎,赦天下,毋有复作。"

◎**大意**　公孙卿说:"仙人是可以见到的,而陛下总是匆忙往求,因此没有见到。现在陛下修一座楼观,像缑氏城,陈列干肉、枣子等祭品,神仙应当可以招来。而且仙人喜欢住楼房。"于是武帝下令在长安兴建蜚廉观和桂观,在甘泉宫建益寿观和延寿观,让公孙卿手持符节设好供品而专候神仙。又建了通天茎台,在台下设置祭祀供品,想以此招来神仙。于是又在甘泉宫加修前殿,自此增建了许多宫室。夏天的时候,有灵芝草长在殿内房中。武帝因为堵塞了黄河决口,兴建了通天台,恍惚看到天空出现光芒,于是下诏:"甘泉殿内长出九株灵芝草,特此大赦天下,免除一切劳役。"

其明年,伐朝鲜。夏,旱。公孙卿曰:"黄帝时封则天旱,干封三年。"上乃下诏曰:"天旱,意干封乎?其令天下尊祠灵星焉。"

◎**大意**　第二年,攻打朝鲜。夏天,干旱。公孙卿说:"黄帝封禅时,也曾遭遇天旱,旱三年,封土才能干燥。"于是武帝下诏书说:"天旱,是为了晒干封土吧?特令天下敬重祭祀灵星。"

其明年,上郊雍,通回中道,巡之。春,至鸣泽,从西河归。

◎**大意**　第二年,武帝到雍州城外举行郊祀,开通了回中的通道,巡行视察。春天到了鸣泽,从西河回长安。

其明年冬,上巡南郡,至江陵而东。登礼灊①之天柱山,号曰南岳。浮江，自寻阳出枞阳②，过彭蠡，礼其名山川。北至琅邪，并海上。四月中，至奉高修封焉。

◎**注释** ①〔灊（qián）〕汉县名。在今安徽霍山东北。②〔枞（zōng）阳〕汉县名。即今安徽枞阳。

◎**大意** 第二年的冬天，武帝巡视南郡，到江陵向东行，登上灊县境内的天柱山举行祭祀，号称南岳。过长江，从寻阳出枞阳，经过彭蠡，礼祀沿途的名山大川。向北到琅琊，沿海而上。四月中，又到奉高行封祭大礼。

初，天子封泰山，泰山东北趾古时有明堂处，处险不敞。上欲治明堂奉高旁，未晓其制度。济南人公王带①上黄帝时明堂图。明堂图中有一殿，四面无壁，以茅盖，通水，圜宫垣，为复道②，上有楼，从西南入，命曰昆仑，天子从之入，以拜祠上帝焉。于是上令奉高作明堂汶上，如带图。及五年修封，则祠太一、五帝于明堂上坐，令高皇帝祠坐对之。祠后土于下房，以二十太牢。天子从昆仑道入，始拜明堂如郊礼。礼毕，燎堂下。而上又上泰山，自有秘祠其巅。而泰山下祠五帝，各如其方，黄帝并赤帝，而有司侍祠焉。山上举火，下悉应之。

◎**注释** ①〔公玉（sù）带〕人名。复姓公玉，名带。②〔复道〕楼阁间或山岩险峻处的架空通道。
◎**大意** 先前，武帝在泰山封禅，泰山的东北脚下古时曾建有明堂，地势险要不宽阔。武帝想在奉高附近修建明堂，但不清楚明堂格局。济南人公玉带奉献上黄帝时的名堂图样。图上画有一大殿，四面没有墙壁，上面用茅草盖顶，四周通水，围绕宫墙修建空中通道，其上有楼，从西南角进入，命名昆仑，天子从那里进入，拜祀上帝。于是武帝下令在奉高的汶水旁建明堂，就依照公玉带的图样。等到五年后行封祭时，在明堂上座祭祀太一和五帝，使高皇帝的灵位与之正相对。在下房祭后土，用二十套祭牲。武帝从昆仑道进入，开始按郊祭礼仪在明堂拜祀。祭礼完毕，在堂下烧柴再祭。而武帝又登上泰山，在山顶还有秘密的祠堂。在泰山下按五帝各自的方位祭祀五帝，黄帝与赤帝在同一方位，而由主管官员主持祭礼。祭祀时山上烧火，山下也举火与之相应。

其后二岁，十一月甲子朔旦冬至，推历者以本统。天子亲至泰山，以十一月甲子朔旦冬至日祠上帝明堂，毋修封禅。其赞飨曰："天增授皇帝太元神策，周而复始。皇帝敬拜太一。"东至海上，考入海及方士求神者，莫验，然益遣，冀遇之。

◎**大意** 这以后的两年，十一月甲子初一日早晨冬至到来，推算历法的人用这一天作为起点。武帝亲到泰山，十一月甲子初一早晨在明堂祭祀上帝，没有举行封禅大典。祝词说："上天加授皇帝太元神策，周而复始。皇帝敬拜太一神。"又东到海上，查问入海和方士寻求神仙的事，没有应验，但还是派更多人去寻求，希望能遇上神仙。

十一月乙酉，柏梁灾。十二月甲午朔，上亲禅高里，祠后土。临勃海，将以望祀蓬莱之属，冀至殊廷焉。

◎**大意** 十一月乙酉日，柏梁台发生火灾。十二月甲午初一日，武帝亲自封祀高里山，礼祭后土。亲临渤海，遥望礼祀蓬莱等仙山，希望能到神仙洞府。

上还，以柏梁灾故，朝受计①甘泉。公孙卿曰："黄帝就青灵台，十二日烧，黄帝乃治明廷。明廷，甘泉也。"方士多言古帝王有都甘泉者。其后天子又朝诸侯甘泉，甘泉作诸侯邸。勇之乃曰："越俗有火灾，复起屋必以大，用胜服之。"于是作建章宫，度为千门万户。前殿度高未央。其东则凤阙，高二十余丈。其西则唐中②，数十里虎圈。其北治大池，渐台高二十余丈，命曰太液池，中有蓬莱、方丈、瀛洲、壶梁，象海中神山龟鱼之属。其南有玉堂、璧门、大鸟之属。乃立神明台、井干楼，度五十丈，辇道相属焉。

◎**注释** ①〔受计〕接受郡国献上的计簿。②〔唐中〕池名。

◎**大意** 武帝返回长安，因柏梁台发生火灾，在甘泉宫接受各地方官吏的计簿。公孙卿说："黄帝建成青灵台后，十二日就被烧毁，黄帝就又建了明廷。明廷就是甘泉宫。"方士们都说古代帝王有建都于甘泉的。这之后武帝又在甘泉宫会见诸侯，并在甘泉修建诸侯邸舍。越人勇之说："越人的风俗，遭火灾后，再建的屋子一定比原先的大，以此制服邪气。"于是建造了建章宫，设计了千门万户。前殿的规模比未央宫还高大。它的东边是凤阙，高二十多丈。西边就是唐中池，有数十里虎圈。它的北边挖了一个大池子，池中建筑渐台，高达二十多丈，命名为太液池，池中还营造蓬莱、方丈、瀛洲、壶梁等假山，模仿海中的神山、鱼龟之类。南边建有玉堂、璧门、大鸟等建筑。又立神明台和井干楼，约有五十丈高，用天桥互相连通。

夏，汉改历，以正月为岁首，而色上黄，官名更印章以五字，为太初元年。是岁，西伐大宛。蝗大起。丁夫人、雒阳虞初等以方祠诅匈奴、大宛焉。

◎**大意** 夏天，汉朝更改历法，把正月当作一年的开始，颜色崇尚黄色，官府的印章改为五个字，年号改为太初元年。这一年向西讨伐大宛。发生了严重的蝗灾。丁夫人和雒阳虞初等人用方术祈鬼诅咒匈奴和大宛。

其明年，有司上言雍五畤无牢熟具①，芬芳不备。乃令祠官进畤犊牢具，色食所胜，而以木禺（偶）马代驹焉。独五月尝驹，行亲郊用驹。及诸名山川用驹者，悉以木禺（偶）马代。行过，乃用驹。他礼如故。

◎**注释** ①〔牢熟具〕烹煮成的祭祀供品。
◎**大意** 第二年，主管官员上书说雍州的五祭不用煮熟的供品，不够芳香。于是武帝下令祠官今后改用熟牛犊作供品进献五畤，按五行相克的原理，选择各方天帝能相克的毛色，用木偶马代替小马驹作祭品。只有五月尝祭时用少壮马，武帝亲自祭天地时也用少壮马。各名山大川用少壮马的，全部用木偶马代替。武帝巡行经过的地方祭祀用少壮马。其他的祭祀礼仪和以前一样。

其明年，东巡海上，考神仙之属，未有验者。方士有言"黄帝时为五城十二楼①，以候神人于执期②，命曰迎年③"。上许作之如方，命曰明年。上亲礼祠上帝焉。

◎**注释** ①〔五城十二楼〕相传黄帝曾在昆仑山建五座金台、十二座玉楼。②〔执期〕传说中的地名。③〔迎年〕表示祈求长寿。
◎**大意** 第二年，武帝东巡海上，考察海上求仙的方士，没有应验的。有方士说："黄帝时建造五城十二楼，在执期之地等候神仙，命名为迎年祠。"武帝特令按这个方士所说修楼，称其为明年祠。武帝亲自在那里祭拜上帝。

公玉带曰："黄帝时虽封泰山，然风后、封巨、岐伯令黄帝封东泰山，禅凡山，合符①，然后不死焉。"天子既令设祠具，至东泰山，东泰山卑小，不称其声，乃令祠官礼之，而不封禅焉。其后令带奉祠候神物。夏，遂还泰山，修五年之礼如前，而加以禅祠石闾。石闾者，在泰山下阯南方，方士多言此仙人之闾也，故上亲禅焉。

◎**注释** ①〔合符〕与天降祥瑞相协调。
◎**大意** 公玉带说："黄帝时虽然在泰山封坛祭天，但风后、封巨、岐伯让黄帝到东泰山筑坛拜天，到凡山祭地，与天降祥瑞相协调，才可长生不死。"武帝于是下令准备好祭品，来到东泰山，东泰山矮小，与它的名声不符，便让祠官祭祀它，而不行封禅大典。之后让公玉带供奉祭品，迎候神灵。夏天又回到泰山，依照旧例行五年一次的封禅大典，另外在石闾祠祭地神。石闾在泰山脚下南边，方士都说是现在仙人居住的地方，所以武帝亲自行祭礼。

其后五年，复至泰山修封。还过祭恒山。

◎**大意** 这以后五年，武帝又到泰山祭祀天地。返回途中，顺路又祭祀了恒山。

今天子所兴祠，太一、后土，三年亲郊祠，建汉家封禅，五年一修封。薄忌太一及三一、冥羊、马行、赤星，五，宽舒之祠官以岁时致礼。凡六祠①，皆太祝领之。至如八神诸神，明年、凡山他名祠，行过则祠，行去则已。方士所兴祠，各自主，其人终则已，祠官不主。他祠皆如其故。今上封禅，其后十二岁而还，遍于五岳、四渎矣。而方士之候祠神人，入海求蓬莱，终无有验。而公孙卿之候神者，犹以大人之迹为解，无有效。天子益怠厌方士之怪迂语矣，然羁縻不绝，冀遇其真。自此之后，方士言神祠者弥众，然其效可睹矣。

◎**注释** ①〔凡六祠〕指上文所述五祠加后土祠。

◎**大意**　武帝所兴建的祠庙，有太一祠、后土祠，每三年亲自郊祭一次；封禅大典，每五年举行一次。薄忌建议设立的太一及三一、冥羊、马行、赤星等祠，共五座，由宽舒属下的祠官每年按时祭祀。这五座祠庙再加上后土祠，共六座祠庙，都由太祝管理。而八神各祠庙，明年、凡山等著名祠庙，天子巡行经过则祭，离开后就作罢了。方士兴建的祠堂，由他们自己主管，本人过世就算了，祠官不管理。其他祠庙都照旧。武帝从初次封禅后，十二年以来，五岳、四渎基本上都祭拜过了。而方士立祠迎候神仙，到海上寻访蓬莱仙境，最终没有应验。公孙卿迎候神仙，还拿巨人的足印作为借口，终究也没有应验。武帝渐渐厌恶方士们的奇谈怪论，但仍加以笼络，存有幻想，总希望真能遇到神仙。从此以后，方士们谈论建祠祭神的事越来越多，但是效果可想而知了。

太史公曰：余从巡祭天地诸神名山川而封禅焉。入寿宫①侍祠神语，究观方士祠官之意，于是退而论次自古以来用事于鬼神者，具见其表里②。后有君子，得以览焉。若至俎豆珪币之详，献酬③之礼，则有司存。

◎**注释**　①〔寿宫〕武帝所立神祠，奉太一之神。②〔表里〕祭祀的礼仪制度和真实目的。③〔献酬〕进献祭品报答神灵降福的恩德。

◎**大意**　太史公说：我跟随皇上出巡，祭祀天地众神和名山大川，并参加封禅大典。又进入寿宫陪祭而听到祝官的颂词，仔细推究方士祠官的意图，于是停下来罗列自古以来祭祀鬼神的史实，详细披露它们的形式和内涵。后世若有博学君子，那他们就可以看到我的这些记载。至于俎豆、珪币等祭祀神仙的细节和献酬的流程，各主管部门都有具体的条文规定。

◎**释疑解惑**

　　所谓"封禅"，原是古代两种特殊的祭祀天地的仪式。君主即位后，在泰山上筑土为坛祭天，表示报答上天之功，称为"封"；在泰山下的小山梁父分划区域祭地，表示报答大地之功，称为"禅"。这是帝王礼神活动的最高形式。"封禅"也成了此类有关活动的代称。《封禅书》记载了从上古直到汉武帝三千年间帝王祭祀天地山川鬼神的传闻和事实，着重写了汉武帝时封禅、崇尚鬼神和求仙求长生的种种活动，是一部较为系统的上古君主礼神活动的简史。尤为难能可贵的是，司马迁在翔实的史料中，明确寄寓了对方士怪迂之事和汉武帝求仙迷信之迹的批判。可以说，这篇书从人神关系的角度较为集中地反映了司马迁信奉的"究天人之际，通古今之变，成一家之言"的历史观，因而《封禅书》也是研究司马迁思想的重要文献。

◎ **思考辨析题**

1. 试根据《封禅书》分析司马迁的鬼神思想。
2. 谈谈你对封禅活动的看法。

河渠书

第七

　　从夏禹治水的神话传说开始，合理地治水、用水就成为历代王朝面对的现实问题。由于水利设施在传统农业中发挥着重要作用，人们很早就开始治理江河，挖渠引水灌溉农田。《河渠书》就是从夏禹到汉武帝时的水利发展简史。

　　夏禹的功绩是治理黄河水患，将黄河水疏导至九条河流来减缓水势，最后汇合流入渤海。春秋战国时期是水利建设史上的高潮之一，各个诸侯国积极开挖沟渠引水灌溉，极大地促进了农业生产。当时兴修水利的主要事件有，在荥阳下引黄河水修成鸿沟，西部修汉水、云梦渠，东部修邗沟，吴地、齐地修渠，蜀地李冰凿平离碓分岷江为二江，西门豹引漳水灌邺，秦国修郑国渠等，有些水利设施直至今日仍发挥着重要作用。汉武帝时期国力强盛，水利事业又有了大发展。如从长安至黄河修渠，修龙首渠引汾河、黄河水，发明隧洞竖井施工法，堵塞黄河瓠子决口，关中地区修辅渠、灵轵渠郡，朔方郡、西河

> 郡、酒泉郡修渠引黄河水，汝南郡、九江郡修渠引淮水，东海郡修渠引巨定泽水，泰山下修渠引汶水，等等。这些水利设施发挥了灌溉、运输等功能，意义重大。

《夏书》^①曰：禹抑洪水十三年，过家不入门。陆行载车，水行载舟，泥行蹈毳（橇），山行即桥（轿）。以别九州，随山浚川，任土作贡。通九道，陂九泽，度九山。然河灾衍溢，害中国也尤甚。唯是为务^②。故道（导）河自积石历龙门^③，南到华阴，东下砥柱^④，及孟津、雒汭，至于大邳。于是禹以为河所从来者高，水湍悍，难以行平地，数为败，乃厮二渠以引其河。北载之高地，过降水，至于大陆，播为九河^⑤，同为逆河^⑥，入于勃海。九川既疏，九泽既洒，诸夏艾（乂）安，功施于三代。

◎**注释** ①〔《夏书》〕《尚书》的一部分，有《禹贡》《甘誓》两篇记载夏代史迹。②〔唯是为务〕只把治理黄河当作重要的事情。③〔龙门〕龙门山，在今山西河津西北及陕西韩城东北。相传为禹所开凿，故又称禹门。④〔砥柱〕砥柱山，在今河南三门峡东三十里黄河中，山在水中若柱，故名。⑤〔九河〕一说确指九条河，一说泛指黄河下游众多的支流。⑥〔逆河〕指黄河入海处的一段河流，以迎受海潮而得名。

◎**大意** 《尚书·夏书》说：夏禹治理洪水十三年时间，即使路过自己的家门也不进去。在陆路上行走就乘车，在水路上行走就坐船，在泥泞中行走就踏着木橇，在山路上行走就坐轿。划分九州的疆界，依山势疏通河道，凭据土地的特点规定贡赋。开通九州的道路，给各个湖泊修筑堤防，度量各处山地的走势以疏导河流。但黄河泛滥成灾，中原最严重。夏禹只把治理黄河作为重要的事情。疏导黄河，自积石山经过龙门山，南到华阴，东下砥柱山和孟津、雒汭，直到大邳山。这时，夏禹认为黄河上游地势高，水流湍急，不宜直接流向平原，否则会经常冲毁堤防，于是把黄河分成两支东流入海，其主干道北上流经高地，穿过降水，到达大陆泽，分为众多河道，都因海潮倒灌而成为逆河，最终流入大海。九州的大河川既已疏通，九州的湖泊既已分流，中原各地因而安宁，他的治水功效惠及夏、商、周三代。

自是之后，荥阳下引河东南为鸿沟^①，以通宋、郑、陈、蔡、曹、卫，与济、汝、淮、泗会。于楚，西方则通渠^②汉水、云梦^③之野，东方则通鸿沟江淮之间^④。于吴，则通渠三江、五湖。于齐，则通菑、济之间。于蜀，蜀守冰凿离碓^⑤，辟沫水之害，穿二江成都之中。此渠皆可行舟，有余则用溉浸，百姓飨其利。至于所过，往往引其水益用溉田畴之渠，以万亿计，然莫足数也。

◎**注释** ①〔鸿沟〕战国魏惠王时开通的古运河，引黄河水至今天的河南淮阳入颍水。②〔通渠〕开通人工河道。③〔云梦〕云梦泽，在今湖北江陵以东长江、汉水之间。④〔通鸿沟江淮之间〕"鸿"字衍文。沟，指邗沟，春秋时吴王夫差开凿的连通江淮的古运河。⑤〔蜀守冰凿离碓（duī）〕蜀守，蜀郡的最高长官。冰，李冰，秦昭王时任蜀郡守。碓，小山。

◎**大意** 从此以后，有人从荥阳引黄河水东流，名为鸿沟，通过宋国、郑国、陈国、蔡国、曹国、卫国，与济水、汝水、淮水、泗水相会。在楚地西部的汉水、云梦泽一带开挖沟渠，在东部有邗沟连通长江、淮河。在吴地有渠道连通三江和五湖。在齐地有渠道连通淄水、济水之间。在蜀地，蜀郡的郡守李冰开凿离碓山，用来避免沫水的祸害，又在成都开通了两条江。这些渠道都可以行船，多余的水用来灌溉，百姓享受了渠道带来的好处。至于主干渠道流经的地方，人们往往又把水引到用来灌溉农田的沟渠，数量以万亿计，无法细数。

西门豹引漳水溉邺,以富魏之河内。

◎**大意** 西门豹引漳水灌溉邺县农田,魏国的河内地区得以富饶起来。

而韩闻秦之好兴事,欲罢(疲)之①,毋令东伐,乃使水工郑国②间说秦,令凿泾水自中山西邸瓠口为渠,并北山东注洛三百余里,欲以溉田。中作而觉,秦欲杀郑国。郑国曰:"始臣为间,然渠成亦秦之利也。"秦以为然,卒使就渠。渠就,用注填阏(淤)之水,溉泽卤之地四万余顷,收皆亩一钟③。于是关中为沃野,无凶年,秦以富强,卒并诸侯,因命曰郑国渠。

◎**注释** ①〔罢之〕使之疲乏,即使秦国劳民伤财。②〔郑国〕战国末时韩国人,水利专家,于秦王嬴政十年,被韩国派遣去秦国游说秦王兴修水利。③〔收皆亩一钟〕收成都达到每亩六石四斗。钟,量器,一钟合六石四斗。

◎**大意** 韩国听说秦国好为土木之事,想使秦国疲敝衰败,不再向东侵伐,于是派遣水利专家郑国做间谍游说秦国,使秦国开凿渠道引泾水自中山西行抵达瓠口,沿着北部的山势东流注入洛水,长三百多里,打算凿成后用来灌溉农田。在开凿过程中,郑国的间谍活动被发觉,秦王想要杀掉郑国。郑国说:"起初我是间谍,但渠道开凿成功对秦也是有利的。"秦王认为这话有道理,最终让郑国凿成渠道。渠道凿成后,用含有泥沙的渠水灌溉四万多顷盐碱地,收成达每亩六石四斗。于是关中变成沃野,没有饥荒的年景,秦国因而富强,最终吞并了齐、楚、燕、赵、韩、魏等诸侯国,所以将此渠命名为郑国渠。

汉兴三十九年①,孝文时河决酸枣,东溃金堤,于是东郡大兴卒塞之。

◎**注释** ①〔汉兴三十九年〕指文帝十二年。
◎**大意** 汉朝兴起三十九年,孝文帝时黄河在酸枣县决堤,向东冲垮了金堤,于是东郡发动大量士卒堵塞决口。

其后四十有余年①,今天子元光之中,而河决于瓠子,东南注巨野②,通于淮、泗。于是天子使汲黯、郑当时③兴人徒塞之,辄复坏。是时武安侯田蚡为丞相,其奉邑食鄃④。鄃居河北,河决而南则鄃无水灾,邑收多。蚡言于上曰:"江、河之决皆天事,未易以人力为强塞,塞之未必应天。"而望气用数者亦以为然。于是天子久之不事复塞也。

◎**注释** ①〔四十有余年〕《汉书·沟洫志》作"三十六岁"。文帝十二年决东河,武帝元光三年又决濮阳,泛三十六郡。两次决口相隔正好三十六年。②〔巨野〕又名大野泽,在今山东巨野北,古代为济、濮等各条水所汇注,五代后逐渐湮没。③〔汲黯、郑当时〕汲黯,汉武帝时为东海郡太守,有政绩,后任主爵都尉,列于九卿。后又任右内史。最后拜淮阳太守。郑当时,汉武帝时曾任济南太守、右内史、大司农等职。详见《汲郑列传》。④〔奉邑食鄃(shū)〕奉邑,汉代列侯受封的食邑。依照地位高低,奉邑户数多少不等。鄃,鄃县,今山东平原西南。
◎**大意** 这以后四十多年,当今皇上元光年间,黄河在瓠子决堤,流向东南,注入巨野泽,与淮水、泗水相通。于是皇帝派遣汲黯、郑当时发动民众堵塞决口,但堵好后又被冲毁。这时武安侯田蚡任丞相,他的一块领地在鄃县。鄃县在黄河北岸,黄河决口南流,鄃县没有水灾,领地收入多。田蚡对皇帝说:"江、河决堤都是上天决定的,不能轻易用人力强行堵塞,堵塞了不一定符合天意。"而一些占测云气、讲求术数的方士也这样认为。于是皇帝很长时间不再提堵塞黄河决口的事。

是时郑当时为大农①,言曰:"异时关东漕粟从渭中上②,度六月而罢,而漕水道九百余里,时有难处。引渭穿渠起长安,并南山下,至河三百余里，径，易漕，度可令三月罢；而渠下民田万余顷，又可得以溉田：此损漕省卒，而益肥关中之地，得谷。"天子以为然，令齐人水工徐伯表，悉发卒数万人穿漕渠③，三岁而通。通，以漕，大便利。其后漕稍多，而渠下之民颇得以溉田矣。

◎**注释** ①〔大农〕官名。汉武帝太初元年改大农令为大司农，简称大农，掌管全国的租赋和财政收支，兼管农业、手工业和商业经营。②〔上〕指向西运输而逆水上行。③〔漕渠〕供水路运输的人工河道。

◎**大意** 这时，郑当时任大农令，建言："从前关东地区经由渭水运粮西上，估计六个月才能完成，水路长达九百多里，时常有险厄之处。如果开凿渠道，自长安引渭水东流，沿着南山，到黄河才三百多里，路直，容易运输，估计三个月就能完成；而渠道两侧一万多顷农田，又可以得到灌溉。这样可以缩短运输时间，节省劳力，又可使关中的土地更加肥沃，增收粮食。"皇帝认为有道理，派齐地的水利专家徐伯进行勘察并树立标记，发动数万士卒开凿漕渠，经过三年，渠道开通了。渠道开通后，用来运粮十分便利。此后运粮逐渐增多，水渠两侧的民众多能用这条渠中的水灌溉农田。

其后河东守番系言："漕从山东西，岁百余万石，更砥柱之限，败亡甚多，而亦烦费。穿渠引汾溉皮氏、汾阴下，引河溉汾阴、蒲坂下，度可得五千顷。五千顷故尽河壖弃地①，民茭牧②其中耳，今溉田之，度可得谷二百万石以上。谷从渭上，与关中无异，而砥柱之东可无复漕。"天子以为然，发卒数万人作渠田。数岁，河移徙，渠不利，则田者不能偿种。久之，河东渠田废，予越人，令少府③以为稍入。

◎**注释** ①〔河壖（ruán）弃地〕河道东侧的废弃土地。壖，这里指河边空地。②〔茭（jiāo）牧〕刈草放牧。③〔少府〕官名。掌管山泽、陂池、市肆的租税收入，供皇室日常生活和祭祀、赏赐开支，为皇帝的私府，又兼管皇帝衣食、器用、医药、娱乐、丧葬等事宜。

◎**大意** 这以后，河东郡守番系建言："从山东用船运粮西上，每年有一百多万石，要经过砥柱激流的险地，船毁人亡的情况很多，耗费也很大。如果开挖渠道引汾水灌溉皮氏、汾阴的土地，引黄河灌溉汾阴、蒲坂的土地，估计可以得到五千顷良田。这五千顷原来都是河边荒弃的土地，民众在这里面割草放牧，现在灌溉成田，估计可以得到二百万石以上的粮食。粮食从渭水运往长安，和关中没有差别，而砥柱以东可以不必再运粮了。"皇帝认为有道理，发动数万士卒开渠垦田。几年之后，黄河水道变迁，水渠引水不利，收获的粮食还抵不上所费的种子。时间一长，河东郡渠田荒废，交给越地移民，只取少量租税用来充实少府的收入。

其后人有上书欲通褒斜道及漕①事，下御史大夫张汤。汤问其事，因言："抵蜀从故道，故道多阪，回远。今穿褒斜道，少阪，近四百里；而褒水通沔，斜水通渭，皆可以行船漕。漕从南阳上沔入褒，褒之绝水至斜，间百余里，以车转，从斜下下渭。如此，汉中之谷可致，山东从沔无限，便于砥柱之漕。且褒斜材木竹箭之饶，拟于巴、蜀。"天子以为然，拜汤子卬为汉中守，发数万人作褒斜道五百余里。道果便近，而水湍石，不可漕。

◎**注释** ①〔通褒斜道及漕〕修治褒斜道的交通，并开渠连通褒水、斜水。褒斜道，道路建在褒水、斜水的河谷间，故得名。

◎**大意** 这以后，有人呈上书面意见，想修治褒斜道并开渠连通褒、斜二水以运送粮食，武帝将此事下交御史大夫张汤处理。张汤问询了这事，然后对武帝说："到蜀地走故道，故道多斜坡，迂回辽远。现在修治褒斜道，少有斜坡，路程缩短四百里；如果褒水与沔水相通，斜水与渭水相通，都可以行船运粮。运粮船自南阳逆沔水而上，进入褒水，从褒水源头至斜水，相距一百多里，再用车转运，沿斜水而下进入渭水。这样一来，汉中的粮食可以运来，山东的货物经由沔水运输没有险阻，比经过砥柱运输方便。而且褒斜道一带盛产材木竹箭，可以和巴蜀地区相比。"武帝认为有道理，任命张汤的儿子张卬为汉中郡守，发动几万人修褒斜道，全长五百多里。道路果然又近又方便，但水流湍急而且多石，不能运粮。

其后庄熊罴言："临晋①民愿穿洛以溉重泉②以东万余顷故卤地。诚得水，可令亩十石。"于是为发卒万余人穿渠，自徵③引洛水至商颜下。岸善崩，乃凿井，深者四十余丈。往往为井，井下相通行水。水颓以绝商颜，东至山岭十余里间。井渠之生自此始。穿渠得龙骨，故名曰龙首渠。作之十余岁，渠颇通，犹未得其饶。

◎**注释** ①〔临晋〕县名，在今陕西大荔朝邑西南。②〔重泉〕县名，在今陕西大荔西北。③〔徵（chéng）〕古地名。在今陕西澄城西南。

◎**大意** 这以后，庄熊罴上书："临晋县民众愿意开渠引洛水灌溉重泉县以东一万多顷盐碱地。如果这些盐碱地果真得到水的灌溉，亩产可收十石。"于是武帝发动一万多士卒开挖渠道，自徵县引洛水到商颜山下。两岸土质疏松容易崩塌，便开凿竖井，深的有四十多丈。连续挖了很多井，井下流水相通。水从地下穿流经过商颜山，东到山岭十多里。井和渠并用由此开始。挖渠时发现了龙骨，所以命名为龙首渠。挖了十多年，渠水通畅了，但还没真正发挥功效。

自河决瓠子后二十余岁，岁因以数不登，而梁、楚之地尤甚。天子既封禅巡祭山川，其明年，旱，干封①少雨。天子乃使汲仁、郭昌发卒数万人塞瓠子决。于是天子已用事万里沙，则还自临决河，沉白马玉璧于河，令群臣从官自将军已（以）下皆负薪窴（填）决河。是时东郡烧草，以故薪柴少，而下淇园之竹以为楗②。

◎**注释** ①〔干封〕上天为晒干新筑的祭坛而大旱。②〔楗(jiàn)〕堵塞决口所用的木桩。

◎**大意** 黄河在瓠子决口后的二十多年,粮食连年歉收,而梁地、楚地特别严重。武帝已完成封禅巡祭山川,第二年,天旱,据说是上天为了晒干封禅的土而减少降雨。武帝于是派遣汲仁、郭昌发动几万士卒堵塞瓠子决口。这时,武帝已在万里沙举行了祭祀,返回时亲自来到黄河决口处,把白马玉璧沉入黄河,命令随从大臣自将军以下都背负薪柴填堵决口。当时东郡民众把野草都烧了,因此薪柴稀少,于是砍伐淇园的竹子来做堵塞决口所用的木桩。

天子既临河决,悼功之不成,乃作歌曰:"瓠子决兮将奈何?皓皓旰旰①兮闾殚为河!殚为河兮地不得宁,功无已时兮吾山平。吾山平兮巨野溢,鱼沸郁兮柏(迫)冬日。延道②弛兮离常流,蛟龙骋兮方(旁)远游。归旧川兮神哉沛③,不封禅兮安知外!为我谓河伯兮何不仁,泛滥不止兮愁吾人?啮桑④浮兮淮、泗满,久不反兮水维缓。"一曰:"河汤汤兮激潺湲⑤,北渡污兮浚流难。搴长茭兮沉美玉,河伯许兮薪不属。薪不属兮卫人罪,烧萧条兮噫乎何以御水!颓林竹兮楗石菑⑥,宣房塞兮万福来。"于是卒塞瓠子,筑宫其上,名曰宣房宫。而道(导)河北行二渠,复禹旧迹,而梁、楚之地复宁,无水灾。

◎**注释** ①〔皓皓(hào)旰旰(hān)〕盛大貌。②〔延道〕"延"字误。应从《汉书·沟洫志》作"正道",即正常的河道。③〔沛〕盛大,此处指神力巨大。④〔啮(niè)桑〕地名,即啮桑亭,在今江苏沛县西南。⑤〔潺湲(chán yuán)〕水势汹涌的样子。⑥〔菑(zì)〕树立,插入。

◎**大意** 武帝来到黄河决口处后,因常年治河不见功效而悲伤,于是作歌唱道:"黄河在瓠子决口呀,该怎么办?水势浩大呀,州县成河!都成了河呀,大地不得安宁，治河不见休止呀，鱼山的山冈已被挖平。山冈已被挖平呀，巨野泽又洪水泛滥，水中鱼儿盛多呀，时节又迫近冬天。正常的河道被毁坏呀洪水横溢，蛟龙得意呀正远游。水回旧道呀神灵保佑，如不到泰山封禅呀怎知道外面的水灾！替我告诉河伯呀为什么这样狠心，泛滥不止呀使我们发愁？啮桑亭被水漂浮呀，淮水、泗水满盈，长久不回旧道呀堤岸已经崩溃。"又唱道："河水平满呀波涛滚滚，水面辽远难以北渡呀，疏通河道困难。用竹索来堵塞决口呀，把美玉沉入河中，河神虽应许呀但柴薪不够。堵塞决口的柴薪不够呀全是卫地人的过错，烧光草木呀用什么防御洪水！砍掉淇园的竹林呀加石为桩，堵住宣房宫的决口呀众福都来。"于是最终堵塞了黄河在瓠子的决口，在上面建筑宫殿，名叫宣房宫。从而引导河水分流北行进入两条渠中，恢复了夏禹时的旧河道，梁地、楚地又归于安宁，没有水灾。

自是之后，用事者争言水利。朔方、西河、河西、酒泉皆引河及川谷以溉田；而关中辅渠、灵轵引堵水；汝南、九江引淮；东海引巨定；泰山下引汶水：皆穿渠为溉田，各万余顷。佗（他）小渠披山通道者，不可胜言。然其著者在宣房。

◎**大意** 从此以后，掌权的人争相谈论水利。朔方郡、西河郡、河西郡、酒泉郡都导引黄河和川谷的水来灌溉田地；而关中的辅渠、灵轵渠就导引各条河流；汝南郡、九江郡导引淮水；东海郡导引巨定泽，泰山脚下导引汶水：都开挖渠道用来灌溉田地，各有一万多顷。其他开山引水的小水渠为数繁多，不可尽言。但其中最著名的是在宣房一带。

太史公曰：余南登庐山，观禹疏九江，遂至于会稽太湟，上姑苏，望五湖；东窥雒汭、大邳，迎河，行淮、泗、济、漯雒渠；西瞻蜀之岷山及离碓；北自龙门至于朔方。曰：甚哉，水之为利害也！余从负薪塞宣房，悲《瓠子》之诗而作《河渠书》。

◎**大意**　太史公说：我在南方时登上庐山，观览夏禹疏导的九江，又到会稽太湟，登上姑苏山，遥望五湖；在东方察看了雒水、大邳山，逆黄河而上，巡视淮水、泗水、济水、漯锥水渠；在西方观瞻了蜀地的岷山和离碓山；在北方从龙门游历到朔方郡。感叹道：厉害呀，水带来的利益或灾害！我随从皇帝背负柴草填塞宣房宫附近的黄河决口，有感于皇帝所作的《瓠子》诗而作了《河渠书》。

◎**释疑解惑**

　　《河渠书》记述河道、水渠开凿和治理的过程，阐述人们变水害为水利的伟大行动。司马迁记述历代治水行为，主要关注治理水害、修筑漕渠和灌溉三部分内容。在行文叙事中，司马迁以极大的热情记述了许多成功的事例和经验，也对豪门的阻挠、世人的迷信观念等进行了揭露，从一个方面对西汉弊政进行了鞭挞。司马迁在写《河渠书》时，曾进行了长期的大量的实地考察和研究，许多地方三言两语便切中肯綮，真实性强。如写由于"岸善崩"而开凿井渠，写褒斜道失败是由于"水湍石"等，都准确反映出该地区的土壤、地形特征。这是很少有人提出的问题，司马迁不但提出来了，而且给出了正确的解答。

◎**思考辨析题**

　　1. 概括《河渠书》的主要内容。

　　2. 根据《河渠书》的记载，春秋战国时期各诸侯国的水利建设取得了哪些成就？

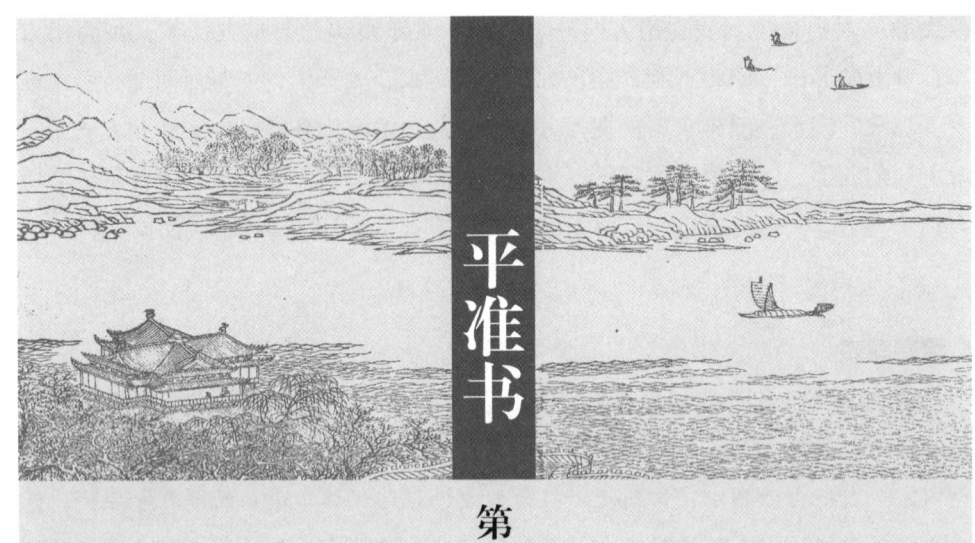

平准书

第八

　　西汉初年，经济凋敝，为了恢复经济，西汉统治者采取了许多措施，尤其是休养生息、重农抑商政策，收到一定效果。汉武帝时期，国力强盛，发动了一系列对外、对内战争，造成国家经济困难，于是采取了改铸货币、盐铁官营、算缗告缗、平准法等措施，以缓解经济困难。《平准书》记录的就是西汉初年至汉武帝时期社会经济发展变化的情况，可分为六个部分进行解读。

　　自"汉兴，接秦之弊"至"物盛而衰，固其变也"为第一部分，概述汉初社会经济的发展、社会制度和社会风气的变化。自"自是之后"至"是岁费凡百余巨万"为第二部分，叙述汉武帝对外发动战争，造成国家经济凋敝，以及由此带来的国家官吏选拔制度的败坏。自"初，先是往十余岁河决观"至"敢犯令，没入田僮"为第三部分，承接上一部分，记述汉武帝时期为了解决国家经济困难而采取的一系列措施，如铸新钱、盐铁官营、实行算缗等。自"天子乃思卜式之言"至"益广关，置左右辅"为第四部分，记述汉武帝任用卜式，重用酷吏，推行告缗，加紧搜刮，吏治进一步败坏，造成民不聊生的局面。自"初，大农筦盐铁官布多"至"亨弘羊，天乃雨"为第五部分，总写汉代统治者骄奢淫逸、好大喜功，为进一步敛财而实行平准法。自"太史公曰"至本篇末为第六部分，总论经济发展与社会政治关系，指出经济法则对社会发展的决定作用，总结了社会经济发展的规律。

《平准书》在宏观纵论中分析并总结汉武帝推行的一系列财税政策的原因、利弊。司马迁结合汉武帝发动的一系列战争，揭示出沉重的财税负担的背景，讨论为解决财政问题而采取的改铸货币、盐铁官营、算缗告缗等经济手段。这些政策的推行，一定程度上缓解了财政压力，但也带来了一些社会问题。司马迁意在探索社会经济发展的内在规律，集中反映出他的朴素唯物史观。《平准书》开启了正史专篇记述经济发展史的体例，此后为历代纪传体史书所效仿，影响深远。

汉兴，接秦之弊，丈夫从军旅，老弱转粮饷，作业剧而财匮，自天子不能具钧（均）驷①，而将相或乘牛车，齐民无藏盖②。于是为秦钱重难用，更令民铸钱，一黄金一斤③，约法省禁。而不轨逐利之民，蓄积余业以稽（计）市物④，物踊腾粜⑤，米至石万钱，马一匹则百金。

◎**注释** ①〔钧驷〕毛色相同的四匹马。②〔无藏盖〕没有蓄积。盖，掩，藏。

③〔一黄金一斤〕一金之数为黄金一斤重。④〔蓄积余业以稽市物〕这句话是讲商人把市场上较多的商品囤积起来，考察市场商品价格，有利可图的时候才卖出。⑤〔粜（tiào）〕卖粮食。这里泛指卖出东西。

◎**大意** 汉朝建立，承接秦朝的凋敝局面，青壮男子从军，老弱运输军粮，兴办的事情繁多而物资匮乏，连皇帝都没有四匹毛色纯一的马驾车，将军丞相中有人乘坐牛车，平民生活贫乏无积蓄。这时，由于秦朝铸的钱分量重，难以流通，改令另铸钱币，一金之数为黄金一斤重，废除法规，简省禁令。而不守法令、追逐利益的人，囤积货物，操纵市价，造成物价飞涨，一石米卖到一万钱，一匹马价值百金。

天下已平，高祖乃令贾人不得衣丝乘车，重租税以困辱之。孝惠、高后时，为天下初定，复弛商贾之律，然市井之子孙亦不得仕宦为吏。量吏禄，度官用，以赋于民。而山川园池市井租税之入，自天子以至于封君汤沐邑①，皆各为私奉养焉，不领于天下之经费。漕转山东粟，以给中都官，岁不过数十万石。

◎**注释** ①〔汤沐邑〕用封邑的收入作为私人用度。

◎**大意** 天下平定之后，汉高祖下令商人不得穿丝绸衣服，也不得乘坐马车，并加重赋税来抑制他们。汉惠帝、吕后当政时期，因为天下刚刚安定，又放松了限制商贾的律令，但商人子弟不能做官。估量官吏的俸禄，计算官府的费用开支，据此向平民征收租税。将利用封地的山川从事生产和经营工商业征收来的租税，作为皇帝、王侯日常的生活费用，不再向国家财政领取俸禄。由水路转运崤山以东的粮食，供应京城中的官府人员，每年不过数十万石。

至孝文时，荚钱①益多，轻，乃更铸四铢钱，其文为"半两"，令民纵得自铸钱。故吴，诸侯也，以即山铸钱，富埒天子，其后卒以叛逆②。邓通③，大夫也，以铸钱财过王者。故吴、邓氏钱布天下，而铸钱之禁生焉。

◎**注释** ①〔荚（jiá）钱〕汉初流行的一种又轻又薄的钱币。②〔其后卒以叛逆〕吴王刘濞自行铸钱，使得吴国很富有。至汉景帝三年，吴国联合济南、菑川、胶西、胶东、楚、赵等国打出"诛晁错、清君侧"旗号，起兵叛乱。③〔邓通〕汉文帝的弄臣。汉文帝允许邓通私自铸钱，所以他富比王侯。

◎**大意** 至汉文帝时，荚钱越来越多，分量也轻，于是改铸四铢钱，钱上铭文为"半两"，下令放任百姓私自铸钱。所以，吴国不过是诸侯国，因依仗矿山采铜铸钱，富裕等同天子，后来因此而谋反。邓通不过是大夫之官，因铸钱而财产超过王侯。所以吴国、邓通铸造的钱遍布天下，于是禁止私人铸钱的禁令就产生了。

匈奴数侵盗北边，屯戍者多，边粟不足给食当食者。于是募民能输及转粟于边者拜爵，爵得至大庶长①。

◎**注释** ①〔大庶长〕爵位，汉二十等爵位制中的第十八等。
◎**大意** 匈奴屡次侵扰、盗掠北方边境，汉朝驻军众多，边地的粮食不够给这些人吃。于是朝廷招募能够捐献或转运粮食到边地的百姓，赐给爵位，爵位能够升到大庶长。

孝景时，上郡以西旱，亦复修卖爵令，而贱其价以招民；及徒复作①得输粟县官以除罪。益造苑马以广用，而宫室列观舆马益增修矣。

◎**注释** ①〔徒复作〕囚徒免除服刑役。
◎**大意** 汉景帝时，上郡以西发生旱灾，朝廷又重新修订卖官爵的法令，并降低官爵的卖价用来吸引百姓；囚徒有想免除服刑役的可向政府输纳粮食赎罪。增设苑囿养马来扩充军用，而宫室楼观车马也日益增多了。

　　至今上即位数岁，汉兴七十余年之间，国家无事，非遇水旱之灾，民则人给家足，都鄙廪庾①皆满，而府库余货财。京师之钱累巨万，贯朽而不可校②。太仓之粟陈陈相因，充溢露积于外，至腐败不可食。众庶街巷有马，阡陌之间成群，而乘字牝者傧（摈）而不得聚会。守闾阎者食粱肉，为吏者长子孙，居官者以为姓号。故人人自爱而重犯法，先行义而后绌（黜）耻辱焉③。当此之时，网疏而民富，役④财骄溢，或至兼并豪党之徒，以武断于乡曲。宗室有土公卿大夫以下，争于奢侈，室庐舆服僭于上，无限度。物盛而衰，固其变也。

◎**注释** ①〔都鄙廪庾〕都鄙，都城和边邑。廪庾，有屋之仓曰廪，露积之仓曰庾。这里泛指仓库。②〔校〕点数。③〔先行义而后绌耻辱焉〕先，看重，讲究。后绌，放弃不取。④〔役〕支配，占有。

◎**大意** 至武帝即位多年，汉朝已建立七十多年，国家没有战事，如果不遇到水旱灾害，百姓家家衣食丰足，城市和乡村的仓库都堆满粮食，国库里财货充裕。京城里储藏的铜钱累积上亿，串钱的绳子腐朽断了，已点不清准确数目。太仓里的陈粮上又堆积着陈粮，仓内塞满了只好露天堆放，甚至腐朽不能食用。大街小巷都有马，田野之间马匹成群，大家爱骑公马，乘母马的人被排斥，不得参加人们的聚会。看守里门的百姓可以吃细粮，食肉，官吏职位延及子孙。有的官吏因为久居其职，就以官名作为自己的姓氏名号。所以，人们都爱惜自己的名誉而惧怕犯法，崇尚礼义而鄙视和排斥耻辱的行为。在这个时候，法律宽松，百姓富足，而占有财产的人骄奢放纵，役使别人，大肆兼并土地，以威势横行乡里，欺压百姓。皇帝宗亲、有封地的诸侯、公卿大夫以下的官僚，竞相追求奢侈的生活，宅第、车马、服饰超越应有的等级规定，没有限度。事物兴盛之后转向衰败，这是固有的变化规律。

自是之后，严助、朱买臣等招来（徕）东瓯，事两越，江、淮之间萧然烦费矣。唐蒙、司马相如开路西南夷，凿山通道千余里，以广巴、蜀，巴、蜀之民罢（疲）焉。彭吴贾灭朝鲜，置沧海之郡，则燕、齐之间靡然发动。及王恢设谋马邑，匈奴绝和亲，侵扰北边，兵连而不解，天下苦其劳，而干戈日滋。行者赍，居者送，中外骚扰而相奉，百姓抏①弊以巧法，财赂衰耗而不赡。入物者补官，出货者除罪，选举陵迟，廉耻相冒②，武力进用，法严令具。兴利之臣自此始也。

◎**注释** ①〔抏（wán）〕钻取空子。②〔廉耻相冒〕相互欺诈没有廉耻。

◎**大意** 从此以后，严助、朱买臣等人招徕东瓯族内迁，江淮地区骚动，百姓烦扰，耗费巨大。唐蒙、司马相如开发西南夷地区，凿山开路一千多里，扩大了巴蜀地区的辖境，巴蜀的百姓因此疲惫不堪。彭吴想通过开辟商路灭掉朝鲜，在沧海地区设了郡，致使燕齐地区普遍骚动。等到王恢提出马邑之谋，匈奴断绝和亲，侵扰北边地区，兵连祸结而局势不可缓解，天下苦于徭役征发，大动干戈，战事越来越多了。士卒出征要自带衣粮，后方的劳动力要转运粮饷，远近地区为支持战争都遭到骚扰。百姓只得玩弄手段以规避法令，大量财物因战争消耗而衣食愈加不足了。向政府交纳物资的人可以做官，献出钱物的人可以除罪，选拔官吏的原则被败坏，人们没有了廉洁和耻辱的观念，有武艺勇力的人就被任用，法令日益严厉苛细，专以谋利为务的官吏从此被重用了。

其后，汉将岁以数万骑出击胡，及车骑将军卫青取匈奴河南地，筑朔方。当是时，汉通西南夷道，作者数万人，千里负担馈粮①，率十余钟②致一石，散币于邛僰以集之。数岁道不通，蛮夷因以数攻，吏发兵诛之。悉巴、蜀租赋不足以更之，乃募豪民田南夷，入粟县官，而内受钱于都内。东至沧海之郡，人徒之费拟于南夷。又兴十万余人筑卫朔方，转漕甚辽远，自山东咸被其劳，费数十百巨万，府库益虚。乃募民能入奴婢得以终身复，为郎增秩，及入羊为郎③，始于此。

◎**注释** ①〔馈粮〕征集运送粮食。②〔钟〕计量单位，一钟合六石四斗。③〔入羊为郎〕捐献一只羊就可以做郎官。

◎**大意** 此后，汉朝将领每年率领数万名骑兵出击胡人，到车骑将军卫青时，收复了被匈奴占据的河南地，修筑了朔方城。在这个时候，西汉用于开凿通向西南夷道路的人有几万，为此，要从千里之内征集运输粮食，十余钟粮食运到时只剩下一石。无奈，只好发散钱币在邛僰一带筹集。几年之后道路还没有开通，少数民族因此屡次进攻，官府派兵镇压反叛，把巴蜀地区的租赋全部拿出来也不够抵偿军费开支。不得不再招募豪强在南夷地区开垦土地，向官府交纳粮食，从都内领取钱币。为在东部沧海地区设郡，人力、物力的消耗与开通南夷地区相当。又征发十几万人修筑、守卫朔方城，从遥远的地方转运粮食，崤山以东地区为此付出了艰巨的劳作，花费了数十亿以至数百亿的钱财，国库日益空虚。于是又向民间募集能献出奴婢的人，可以终身免除其徭役，已经是郎官的增加秩等。献羊的人可以做郎官的规定，也是从这时开始的。

其后四年，而汉遣大将将六将军①、军十余万击右贤王，获首虏万五千级。明年，大将军将六将军仍再出击胡，得首虏万九千级。捕斩首虏之士受赐黄金二十余万斤，虏数万人皆得厚赏，衣食仰给县官；而汉军之士马死者十余万，兵甲之财转漕之费不与焉。于是大农陈藏钱经耗，赋税既竭，犹不足以奉战士。有司言："天子曰'朕闻五帝之教不相复而治，禹、汤之法不同道而王，所由殊路，而建德一也。北边未安，朕甚悼之。日者，大将军攻匈奴，斩首虏万九千级，留滞无所食。议令民得买爵及赎禁锢免减罪'。请置赏官，命曰武功爵②。级十七万，凡直三十余万金。诸买武功爵官首者试补吏，先除；千夫如五大夫；其有罪又减二等；爵得至乐卿：以显军功。"军功多用越等，大者封侯卿大夫，小者郎吏。吏道杂而多端，则官职耗废。

◎**注释** ①〔大将（jiāng）将（jiàng）六将（jiāng）军〕大将军带领六位将军。大将将，"大将"后疑脱"军"字，指大将军卫青，后一"将"是动词，率领。②〔武功爵〕汉武帝时，政府为筹集军费而设的爵位。

◎**大意** 此后四年，汉朝派遣大将军卫青带领六位将军和十多万军队，出击右贤王，斩获敌人首级一万五千级。第二年，卫青率领六位将军再次出击匈奴，斩获敌人首级一万九千。捕获和消灭敌人的士兵所受的黄金有二十多万斤，投降的几万人都得到优厚的赏赐，穿衣吃饭都由政府供应；而汉军损失十几万士兵、战马，兵器铠甲所需的资财和运送粮食的费用尚未计算在内。于是大司农报告说，钱库支出告罄，赋税已经用尽，还不足以供应士兵的费用。有关部门说："天子说'朕听说五帝的教令不相重复，都能治理好国家，禹汤的治国方法不同，都能称王天下，所经历的不是同一道路，但建立的功德是一样的。北方边地没有安定，朕非常关切。前些时候，大将军进攻匈奴，斩获敌人首级一万九千级，屯守在边地，没有粮食吃。主管部门讨论决定允许百姓买爵位、花钱解除禁锢及减免处罚。'请设置赏官，名为'武功爵'，每级十七万钱，总共价值三十余万金。那些买武功爵第五级官爵以上的可以试用为候补官吏，有空缺时优先录用；买千夫的人与五大夫的权力相当，有罪时可以减二等。买武功爵能够到乐卿，用来褒奖军功。"军功多的人往往越等授爵，大的封侯或授职卿大夫，小的为郎或为吏。任用官吏的途径因此芜杂而多样，官职混乱败坏。

自公孙弘以《春秋》之义绳臣下取汉相，张汤用峻文决理为廷尉，于是见知之法①生，而废格沮诽穷治之狱用矣。其明年，淮南、衡山、江都王谋反迹见（现），而公卿寻端治之，竟其党与，而坐死者数万人，长吏益惨急②而法令明察。

◎**注释** ①〔见知之法〕处置知道别人犯罪而不告发者的法令。②〔惨急〕残忍，苛暴。

◎**大意** 自从公孙弘用《春秋》的义理约束臣下而取得汉丞相的位置，张汤用严刑酷法审断狱讼而成为廷尉，于是处置知道别人犯法而不告发者的法令产生了，而对破坏、阻挠、诽谤国家法令的人追根究底地严厉惩处。第二年，淮南王、衡山王、江都王谋反的行迹败露，而公卿寻找事端审理此案，追查出全部党羽，连坐而死的达几万人，官吏执法愈发严苛，法律条文也越来越严。

当是之时，招尊方正贤良文学之士，或至公卿大夫。公孙弘以汉相，布被，食不重味①，为天下先。然无益于俗，稍骛于功利矣。

◎**注释** ①〔食不重（chóng）味〕吃饭只有一种菜。

◎**大意** 在这个时候，朝廷延揽尊崇方正、贤良、文学之士，有的人为官甚至升为公卿大夫。公孙弘身为汉丞相，盖的是麻布被子，每餐只有一个菜，为全国做表率。但并不能改变奢靡的世俗风气，人们渐渐追求功利了。

其明年，骠骑仍再出击胡，获首四万。其秋，浑邪王率数万之众来降，于是汉发车二万乘迎之。既至，受赏，赐及有功之士。是岁费凡百余巨万。

◎**大意** 第二年，骠骑将军霍去病再次出击匈奴，斩获首级四万。这年秋天，匈奴浑邪王率领数万名部众前来降附，于是汉朝廷发动两万辆车去迎接。这些降人到达之后，受到了赏赐，有功之士也受到厚赏。这一年的财政支出达到一百多亿。

初，先是往十余岁河决观①，梁、楚之地固已数困，而缘河之郡堤塞河，辄决坏，费不可胜计。其后番系欲省底（砥）柱之漕，穿汾、河渠以为溉田,作者数万人;郑当时为渭漕渠回远,凿直渠自长安至华阴,作者数万人;朔方亦穿渠,作者数万人:各历二三期,功未就,费亦各巨万十数。

◎**注释** ①〔河决观〕黄河在观县决堤。
◎**大意** 早在十几年前黄河决口于观县,梁地、楚地本来已经多次受灾,而沿河各郡筑堤堵塞决口,再加上屡堵屡坏,财政费用的支出多得无法计算。此后,番系想要省掉经过砥柱山的那段运粮水路,开凿了渠道引汾河、黄河水来灌溉土地,派出的劳役有几万人。郑当时认为经由渭水运粮的水道迂回遥远,于是开凿从长安到华阴的直渠,派出的劳役有几万人;朔方郡也开挖水渠,派出的劳役有几万人。这些工程各自都经过两三年,尚未竣工,财政费用的支出也都达到十几亿。

天子为伐胡,盛养马,马之来食长安者数万匹,卒牵掌者①关中不足,乃调旁近郡。而胡降者皆衣食县官,县官不给,天子乃损膳,解乘舆驷,出御府禁藏②以赡之。

◎**注释** ①〔卒牵掌者〕士兵中掌管马匹的人,即马夫。②〔御府禁藏〕皇帝的私人财库。
◎**大意** 武帝为了讨伐匈奴,提倡大量养马,在长安一带养的马有数万匹,关中地区管理马匹的士卒不够用,于是从附近郡县征调。而归降的匈奴人都由官府负责供给衣食,官府无力负担,武帝只好削减自己的膳食,减少御用的车马,拿出内库的财物来供养他们。

其明年,山东被水灾,民多饥乏,于是天子遣使者虚郡国仓廪①以振贫民。犹不足,又募豪富人相贷假。尚不能相救,乃徙贫民于关以西，及充朔方以南新秦中，七十余万口，衣食皆仰给县官。数岁，假予②产业，使者分部护之，冠盖相望③。其费以亿计，不可胜数。

◎**注释** ①〔庾（kuài）〕粮仓。②〔假予〕授予。③〔冠盖相望〕使者络绎不绝。

◎**大意** 第二年，崤山以东地区遭受水灾，百姓大多饥饿贫乏，于是武帝派遣使者倾尽郡国的粮仓来赈济贫民，还是不够，又从富豪人家借粮救济灾民。还是不能救济全部饥民，只好将贫民迁徙到关西地区，并以其中七十多万人充实朔方郡以南的新秦中地区，衣食需用都依赖当地官府供给。数年之内，国家供给生产和生活物资，派使者分地域管护，往来不绝。这些花费数以亿计，多得数不清。

于是县官大空①，而富商大贾或滞财役贫，转毂百数②，废居居邑，封君皆低首仰给。冶铸煮盐，财或累万金，而不佐国家之急，黎民重困。于是天子与公卿议，更钱造币以赡用，而摧浮淫并兼之徒。是时禁苑有白鹿而少府多银锡。自孝文更造四铢钱，至是岁四十余年，从建元以来，用少，县官往往即多铜山而铸钱，民亦间盗铸钱，不可胜数。钱益多而轻，物益少而贵。有司言曰："古者皮币③，诸侯以聘享。金有三等，黄金为上，白金为中，赤金为下。今半两钱法重四铢，而奸或盗摩钱里取鋊④，钱益轻薄而物贵，则远方用币烦费不省。"乃以白鹿皮方尺，缘以藻绩⑤，为皮币，直四十万。王侯宗室朝觐聘享，必以皮币荐璧⑥，然后得行。

◎**注释** ①〔县官大空〕官府财政亏空得很厉害。②〔转毂百数〕几百辆运粮车。③〔皮币〕用珍贵的兽皮作为货币。④〔鋊（yù）〕铜屑。⑤〔缘以藻绩〕四周画上彩画。⑥〔必以皮币荐璧〕用珍贵兽皮垫璧进献。

◎**大意** 于是官府财政匮乏，富商大贾却有人乘机囤积财物役使穷人，拥有几百辆运粮车，贱买贵卖，以求厚利，连受封的诸侯都俯首帖耳，仰赖商贾供给。商人冶铁铸钱煮盐，有的财产累计万金，却不愿帮助国家摆脱财政危机，百姓生活贫困。于是，武帝与公卿商议，变更币制，制造新币以补充国用，并打击从事商业活动来兼并土地的人。这时禁苑里有白鹿，少府有很多银锡。自文帝改造四铢钱，到这年已经四十多年。从武帝建元以来，用四铢钱的少，地方官府往往到产铜多的矿山采铜铸钱，百姓也有偷偷铸钱的，数量多得无法计算。钱越多就越贬值，物资越少价格就越贵。主管部门宣布："古代的皮币，诸侯间来往聘问时使用。金有三个等级，金钱为上等，银钱为中等，铜钱为下等。现在半两钱按法令规定重量为四铢，而奸猾之徒暗地盗磨钱的背面来取得铜屑，钱币变轻，而且变薄，物价很贵，到较远的地方去采购物资，使用货币就十分麻烦，很不经济。"现在用边长一尺的正方形白鹿皮，四周画上彩画，制成皮币，价值四十万，王侯宗室人员朝会觐见或交往聘问时，必须用珍贵兽皮垫璧进献，才能通行。

又造银锡为白金。以为天用莫如龙，地用莫如马，人用莫如龟，故白金三品：其一曰重八两①，圜（圆）之，其文龙，名曰"白选"，直三千；二曰以重差小，方之，其文马，直五百；三曰复小，撱（椭）之，其文龟，直三百。令县官销半两钱，更铸三铢钱，文如其重②。盗铸诸金钱罪皆死，而吏民之盗铸白金者不可胜数。

◎**注释** ①〔其一曰重八两〕"曰"字衍文。下文"二曰以重差小"之"曰以"、"三曰复小"之"曰"亦为衍文。②〔文如其重〕钱上标的字样与其实际重量相等。

◎**大意** 又铸造银锡合金的银币。认为行于天上的没有什么比得上龙，行于地上的没有什么比得上马，用于人事的没有什么比得上龟，所以银币有三个等级：一等重八两，圆形，花纹是龙形，叫作"白选"，价值三千钱；二等重量稍轻，方形，花纹是马形，价值五百钱；三等重量又轻，椭圆形，花纹是龟形，价值三百钱。下令各级官府销毁半两钱，改铸三铢钱，铭文与重量一致。偷着铸造各种金钱的人都定死罪，但偷铸银币的官吏百姓还是多得不能计数。

于是以东郭咸阳、孔仅为大农丞①，领盐铁事；桑弘羊以计算用事，侍中。咸阳，齐之大煮盐，孔仅，南阳大冶，皆致生②累千金，故郑当时进言之。弘羊，雒阳贾人子，以心计，年十三侍中。故三人言利事析秋豪（毫）矣。

◎**注释** ①〔大农丞〕汉代设置的专管盐铁事务的官员。②〔致生〕获利。生，利润，利息。
◎**大意** 于是任命东郭咸阳、孔仅为大农丞，管理煮盐冶铁事务；桑弘羊因会算账牟利而受重用，担任侍中之职。东郭咸阳是齐地的大盐商，孔仅是南阳的大冶铁商，获利积累到千金，所以郑当时向武帝推荐他们。桑弘羊是雒阳商人的儿子，因善于计算，十三岁就任侍中。因此这三个人讨论如何谋利的事情极细心、精明。

法既益严，吏多废免。兵革数动①，民多买复及五大夫，征发之士益鲜。于是除千夫五大夫为吏，不欲者出马；故吏皆適（谪）令伐棘上林，作昆明池。

◎**注释** ①〔兵革数动〕战争屡屡发动。
◎**大意** 法令日益严密，小吏多被免职。战争屡次发生，百姓纷纷买官爵，甚至高到五大夫一级，以求逃避徭役，能够征发的士兵越来越少。于是官府征调任命爵位为千夫、五大夫的人为官吏，不愿任职的出一匹马；以前被免职的官吏都贬谪到上林苑砍除荆棘，或开挖昆明池。

其明年，大将军、骠骑大出击胡，得首虏八九万级，赏赐五十万金，汉军马死者十余万匹，转漕车甲之费不与焉。是时财匮，战士颇不得禄矣。

◎**大意** 第二年，大将军卫青、骠骑将军霍去病率领大队人马出击匈奴，斩首俘虏八九万人，朝廷赏赐五十万金，汉朝军队损失十几万马匹，运粮和军事装备的费用尚未计算在内。这时，因为财政困难，常有战士领不到俸禄。

有司言三铢钱轻，易奸诈①，乃更请诸郡国铸五铢钱，周郭其下，令不可磨取镕②焉。

◎**注释** ①〔易奸诈〕容易被伪造。②〔磨取镕〕磨下铜屑，用以再造钱。
◎**大意** 主管部门认为三铢钱分量轻，容易被伪造，就请求下令诸郡国改铸五铢钱，在钱背外圈铸上一道边，防止钱被磨下铜屑，用以再造钱。

大农上盐铁丞孔仅、咸阳言："山海，天地之藏也，皆宜属少府，陛下不私，以属大农佐赋①。愿募民自给费，因官器作煮盐②，官与牢盆③。浮食奇民欲擅管山海之货，以致富羡，役利细民。其沮事之议，不可胜听。敢私铸铁器煮盐者，釱④左趾，没入其器物。郡不出铁者，置小铁官，便属在所县。"使孔仅、东郭咸阳乘传举行天下盐铁⑤，作官府，除故盐铁家富者为吏⑥。吏道益杂，不选，而多贾人矣。

◎**注释** ①〔佐赋〕辅助财赋收入。②〔因官器作煮盐〕用政府提供的工具煮盐。③〔牢盆〕煮盐工具。④〔釱(dì)〕古代脚镣类刑具，用以钳脚趾。⑤〔乘传举行天下盐铁〕乘坐驿馆的车子巡视全国盐铁生产。⑥〔除故盐铁家富者为吏〕任命以前的盐铁富商为官吏。
◎**大意** 大农令向武帝转奏盐铁丞孔仅、东郭咸阳的建议说："山海是天地的宝藏，都应该归少府管理。陛下没有私心，才归大农府用来补充财政收入。希望招募百姓，自筹经费，官府提供煮盐器具，百姓用官府的器具煮盐。不从事农业生产的工商业者想垄断山海资源，以致富有，并驱使利用百姓，破坏盐铁专卖的议论，多得听不过来。敢于私自铸铁煮盐的人，用铁镣钳住左脚趾作为处罚，没收其生产工具。不出铁的郡，设置小铁官，归所在县管辖。"朝廷派遣孔仅、东郭咸阳乘驿车巡行视察天下盐铁生产的情况，设置盐官，任用过去的盐铁富商为吏。选官的途径因此更加杂乱，不再经过选拔，官吏多是商人出身。

商贾以币之变，多积货逐利。于是公卿言："郡国颇被灾害，贫民无产业者，募徙广饶之地。陛下损膳省用，出禁钱以振元元，宽贷赋，而民不齐出于南亩，商贾滋众。贫者畜积无有，皆仰县官。异时算轺车贾人缗钱皆有差①，请算如故。诸贾人末作贳贷②卖买，居邑稽诸物，及商以取利者，虽无市籍，各以其物自占，率缗钱二千而一算③。诸作有租及铸，率缗钱四千一算。非吏比者三老、北边骑士，轺车以一算；商贾人轺车二算；船五丈以上一算。匿不自占，占不悉，戍边一岁，没入缗钱。有能告者，以其半畀之④。贾人有市籍者，及其家属，皆无得籍名田⑤，以便农。敢犯令，没入田僮。"

◎**注释** ①〔算轺（yáo）车贾人缗钱皆有差〕算轺车，让有轺车的人纳税。轺车，马拉的轻便小车。缗钱，指资产。差，等级，规定。②〔贳（shì）贷〕将钱货赊贷于人。③〔算〕计量单位。一百二十钱为一算。④〔以其半畀（bì）之〕把被告发者的一半钱财赏给告发者。畀，赐，分给。⑤〔皆无得籍名田〕都不能登记姓名占用民田。

◎**大意** 商人乘着币制的变更，多囤积货物用来追逐利润。于是公卿进言："郡国多遭受灾害，没有产业的贫民，应招募他们迁到人口稀少、土地肥沃的地区。陛下节食省用，拿出禁中的钱财赈济百姓，宽减贷款和赋税，但百姓并非全都愿意从事农业生产，商人越来越多。贫民没有积蓄，全都依靠政府。昔日征收有轺车者和商人的财产税有规定，请照旧征收。凡是富商大贾、高利贷者、从事交易活动者、囤积货物赢利者，即使不在商贾户籍，也要各自估算财物的价值向官府申报，一律按两千资财缴纳一算的比例纳税。各项需交纳租金者和从事铸造业者，按四千资财缴纳一算的比例纳税。不享受官吏待遇的三老、北方边地骑士，一辆轺车纳一算，商人则一辆纳二算，船长五丈以上纳一算。隐匿不估报、估报不实者，罚戍边一年，没收所有钱财。有能告发的，拿出被告发人的一半财产奖励。有市场执照的商人及其家属，都不许登记占有田地，使之便于农民生产。有敢于犯令的，没收他们的田地和僮仆。"

天子乃思卜式之言，召拜式为中郎，爵左庶长，赐田十顷，布告天下，使明知之。

◎**大意** 武帝于是想起卜式的话，征召并任命卜式为中郎，赐爵左庶长，赐田十顷，并向天下宣布，让百姓都知道这件事。

初，卜式者，河南人也，以田畜为事。亲死，式有少弟，弟壮，式脱身出分①，独取畜羊百余，田宅财物尽予弟。式入山牧十余岁，羊致千余头，买田宅。而其弟尽破其业，式辄复分予弟者数矣。是时汉方数使将击匈奴，卜式上书，愿输家之半县官助边。天子使使问式："欲官乎？"式曰："臣少牧，不习仕宦，不愿也。"使问曰："家岂有冤，欲言事乎？"式曰："臣生与人无分争。式邑人②贫者贷之，不善者教顺之，所居人皆从式，式何故见冤于人！无所欲言也。"使者曰："苟如此，子何欲而然？"式曰："天子诛匈奴，愚以为贤者宜死节于边，有财者宜输委③，如此而匈奴可灭也。"使者具其言入以闻。天子以语丞相弘。弘曰："此非人情。不轨之臣，不可以为化而乱法，愿陛下勿许。"于是上久不报式，数岁，乃罢式。式归，复田牧。岁余，会军数出，浑邪王等降，县官费众，仓府空。

其明年，贫民大徙，皆仰给县官，无以尽赡。卜式持钱二十万予河南守，以给徙民。河南上富人助贫人者籍④，天子见卜式名，识之，曰"是固前而欲输其家半助边"，乃赐式外繇（徭）四百人。式又尽复予县官。是时富豪皆争匿财，唯式尤欲输之助费。天子于是以式终长者，故尊显以风（讽）百姓。

◎ **注释**　①〔脱身出分〕单人由家中分出。②〔邑人〕同乡之人。③〔输委〕献出财物给国家。④〔籍〕名册。

◎ **大意**　起初，有个叫卜式的，是河南人，以耕田放牧为业。父母死后，卜式有个年幼的弟弟。弟弟长大后，卜式就和他分家，自己离开了家，只留下一百多头羊，田地房屋财物都给了弟弟。卜式到山里放羊十几年，羊群达到一千余头，又买了田地房屋。而他的弟弟耗尽家产，卜式又多次把田产分给弟弟。这时汉朝多次派兵出击匈奴，卜式给武帝上书，愿献出一半家产给政府以支援边疆的战事。武帝派遣使者问卜式："想当官吗？"卜式说："我从小放牧，不熟悉做官，不愿意。"使者又问："家里难道有冤屈，想要申讼吗？"卜式说："我平生与别人没有争端。同乡的穷人我借钱物给他们，有恶习的我教导他们，邻居们都听从我，我怎么会被人冤枉？没有什么要申诉的。"使者问："既然如此，您为什么要这样做呢？"卜式说："天子正讨伐匈奴，我以为贤良的人应该战死边疆，有钱的人应该捐献财产，这样匈奴就可以被消灭。"使者把他的话详细上报给武帝。武帝把此事告诉了丞相公孙弘。公孙弘说："这不是人之常情。这种不守法度的臣子，不应该作为榜样教化民众，以免淆乱法令，请皇上不要准许。"于是武帝很久没有批复卜式的上书。过了几年，才通知卜式上书的事不被采纳，令其回家。卜式回到家乡，依旧耕田放牧。过了一年多，正赶上军队数次出征，浑邪王等投降，耗费巨大，仓廪府库空虚。第二年，贫民大规模迁徙，都依靠政府供给生活，政府无力全部供给。卜式拿出二十万钱给河南郡守，用来迁徙贫民。河南郡上报富人帮助穷人的名单，武帝见到卜式的名字，记起了他，说："这本是要求捐献半数家产补助边事的人。"于是赏赐卜式相当于四百人的劳役费。卜式又将钱都捐献给政府。当时富豪都争相隐匿财产，只有卜式想捐献钱财补助国家财政。武帝认为卜式是品德高尚的人，所以尊敬和表扬他，用以劝导百姓。

初，式不愿为郎。上曰："吾有羊上林中，欲令子牧之。"式乃拜为郎，布衣屩①而牧羊。岁余，羊肥息②。上过，见其羊，善之。式曰："非独羊也，治民亦犹是也。以时起居；恶者辄斥去，毋令败群。"上以式为奇，拜为缑氏令试之，缑氏便之。迁为成皋令，将漕最③。上以为式朴忠，拜为齐王太傅。

◎**注释** ①〔屩（juē）〕草鞋。②〔羊肥息〕羊又肥又多产羊羔。息，生。③〔将漕最〕管理漕运成绩最好。

◎**大意** 起初，卜式不愿为郎。武帝说："朕的上林苑中有羊，想要让您去放牧。"卜式才受拜为郎，穿着布衣草鞋去放羊。过了一年多，羊都长得肥壮而且繁殖增多。武帝经过时见到卜式放的羊，认为卜式干得很好。卜式说："不只是放羊，治理民众也是这样。按时劳作和休息；发现害群的立即清除，不要让它败坏群体。"武帝认为卜式不简单，任命他为缑氏县令，用来检验他的才能，缑氏县的民众很适应卜式的管理方式。卜式转任成皋县令，管理漕运考绩最优。武帝认为卜式为人朴实忠厚，任命他为齐王府的太傅。

而孔仅之使天下铸作器，三年中拜为大农，列于九卿。而桑弘羊为大农丞，筦（管）诸会计事①，稍稍置均输以通货物②矣。

◎**注释** ①〔筦（guǎn）诸会计事〕管理各种会计事务。②〔置均输以通货物〕设置均输令使货物流通。均输，汉武帝时实行的一项经济措施，在大司农属下置均输令、丞，统一征收、买卖和运输货物。

◎**大意** 孔仅督导全国铸造生产工具，三年内升任大农令，位列九卿。而桑弘羊出任大农丞，管理各项收入的会计核算，开始设置均输令负责货物流通。

始令吏得入谷补官①，郎至六百石。

◎**注释** ①〔入谷补官〕交纳谷物进补官职。
◎**大意** 开始下令官吏可以献纳粮食而补官，官职的范围是从郎到六百石。

自造白金五铢钱后五岁，赦吏民之坐盗铸金钱死者数十万人。其不发觉相杀者，不可胜计。赦自出者①百余万人。然不能半自出，天下大抵无虑皆铸金钱矣。犯者众，吏不能尽诛取，于是遣博士褚大、徐偃等分曹循行郡国，举兼并之徒守相为利者②。而御史大夫张汤方隆贵用事，减宣、杜周等为中丞，义纵、尹齐、王温舒等用惨急刻深为九卿，而直指③夏兰之属始出矣。

◎**注释** ①〔赦自出者〕赦免主动投案的人。②〔举兼并之徒守相为利者〕检举兼并土地的不法商人和非法牟利的官员。③〔直指〕即绣衣直指，官名，是汉朝廷派出巡视地方官府的官员。
◎**大意** 在铸造白金币和五铢钱后的五年中，朝廷赦免因偷铸金钱而犯罪的人多达几十万。没被官府发觉却因争利相杀的盗铸者更是不计其数。赦免主动投案的人有一百多万，但自首的还不到一半，天下人大致都在铸造金钱。犯法的人众多，官吏不能全部捕杀拘获，于是派遣博士褚大、徐偃等分批巡行郡国，检举兼并土地的不法商人和非法牟利的官员。而御史大夫张汤正显贵掌权，减宣、杜周等出任中丞，义纵、尹齐、王温舒等因为执法残忍苛暴而位列九卿，而绣衣直指官夏兰之流也开始出现。

而大农颜异诛。初，异为济南亭长，以廉直稍迁至九卿。上与张汤既造白鹿皮币，问异。异曰："今王侯朝贺以苍璧①，直数千，而其皮荐②反四十万，本末不相称。"天子不说（悦）。张汤又与异有隙，及有人告异以它议，事下张汤治异。异与客语，客语初令下有不便者，异不应，微反唇。汤奏当③异九卿见令不便，不入言而腹诽，论死。自是之后，有腹诽之法比，而公卿大夫多谄谀取容矣。

◎**注释**　①〔苍璧〕深蓝色的玉璧。②〔皮荐〕用兽皮制作的包垫。③〔奏当〕将审判定罪的结果上奏皇帝。当，判处。

◎**大意**　大农颜异被诛杀。起初，颜异是济南亭长，因为廉洁正直逐渐升任九卿。武帝与张汤已经制作了白鹿皮币，询问颜异。颜异说："现在王侯到京城朝见拜贺使用苍璧，价值仅数千，而作衬垫用的皮币却价值四十万，本末不相称。"武帝听了不高兴。张汤平日又和颜异有矛盾，等到有人告发颜异别的事情，正好由张汤审问颜异。颜异曾和客人谈话，客人说新法令有不便的地方，颜异没有回答，只是嘴唇微微动了一下。张汤上奏颜异身为九卿，见国家法令不合适却不上奏，而是心怀不满，定了死罪。自此之后，有了心怀不满就判罪的案例，因此公卿大夫大多谄媚奉迎以求自保。

　　天子既下缗钱令而尊卜式，百姓终莫分财佐县官，于是杨可①告缗钱纵矣。

◎**注释**　①〔杨可〕主管全国告缗之事的官员。
◎**大意**　武帝已经下达征收财产税的缗钱令，并尊崇卜式，百姓却始终没人肯拿出财产帮助政府，于是杨可告发他人上报资产不实的事情盛行起来。

　　郡国多奸铸钱，钱多轻，而公卿请令京师铸钟官赤侧①，一当五，赋官用非赤侧不得行。白金稍贱，民不宝用，县官以令禁之，无益。岁余，白金终废不行。

◎**注释** ①〔钟官赤侧〕钟官铸造的赤侧钱。
◎**大意** 郡国大多违法私自铸钱，所铸的钱分量不够，因而公卿请求下令京城地区仿照钟官造赤侧钱来铸钱，一枚赤侧钱兑换五枚旧钱币，交纳赋税非赤侧钱不能通行。白金币逐渐贬值，民众不愿使用，政府下令禁止，也不见成效。一年多后，白金币终于废止不再通行。

是岁也，张汤死，而民不思。

◎**大意** 这一年，张汤被杀，而民众没人怀念他。

其后二岁，赤侧钱贱，民巧法用之，不便，又废。于是悉禁郡国无铸钱，专令上林三官铸。钱既多，而令天下非三官钱不得行，诸郡国所前铸钱皆废销之，输其铜三官。而民之铸钱益少，计其费不能相当，唯真工大奸乃盗为之。

◎**大意** 此后两年，赤侧钱贬值，民众钻法令的空子使用赤侧钱，但不便于流通，又被废止。于是朝廷下令禁止郡国铸钱，命令上林三官专门掌管铸造。钱铸得多了，又下令全国除三官钱外其他钱币不能通行，各郡国以前所铸的钱都废止销熔，将熔成的铜块运送到三官。而民众铸钱的就更少了，因为计算铸钱的费用大于币值，只有熟悉铸钱技术的奸巧之徒才有能力私自铸钱。

卜式相齐，而杨可告缗遍天下，中家以上大抵皆遇告。杜周治之,狱少反者。乃分遣御史廷尉正监分曹往,即治郡国缗钱,得民财物以亿计,奴婢以千万数,田大县数百顷,小县百余顷,宅亦如之。于是商贾中家以上大率破,民偷甘食好衣,不事畜藏之产业,而县官有盐铁缗钱①之故,用益饶矣。

◎**注释** ①〔盐铁缗钱〕专营盐铁和算缗钱。

◎**大意** 卜式为相于齐国,杨可带头搞的告缗在全国推行,中等财产以上的人家大多遭到告发。杜周审理此类案件,很少有能平反的。于是朝廷分别派遣御史、廷尉正和廷尉监分批巡行,到各郡国就地审理告缗案件,没收得到的百姓的财物数以亿计,奴婢数以千万计,大县没收的土地几百顷,小县一百多顷,住宅的数量也与此相当。因此中等以上的商人大都破产,民众苟且度日,吃好的穿好的,不再积蓄财产经营产业,而政府因为有盐铁官营和算缗钱的收入,钱财更加充足。

益广关,置左右辅。

◎**大意** 扩大关中地区,设置了左右辅。

初,大农筦(管)盐铁官布多,置水衡①,欲以主盐铁;及杨可告缗钱,上林财物众,乃令水衡主上林。上林既充满,益广。是时越欲与汉用船战逐,乃大修昆明池,列观环之。治楼船,高十余丈,旗帜加其上,甚壮。于是天子感之,乃作柏梁台,高数十丈。宫室之修,由此日丽。

◎**注释** ①〔水衡〕官名,水衡都尉的简称。
◎**大意** 起初,因为大农令主管盐铁的官员分布太广,设置了水衡都尉,想要主管盐铁。等到杨可推行告缗令后,上林苑财物众多,就命令水衡都尉主管上林苑。上林苑已经堆满财物,又扩建上林苑。这时越国想和汉朝军队用战船交锋,于是汉朝大力修建昆明池,建了许多宫观把昆明池环绕起来。制造楼船,高十几丈,上面树立旗帜,非常壮观。于是武帝为之感慨,就修建柏梁台,高几十丈。宫室的修建,从此日益华丽。

乃分缗钱诸官,而水衡、少府、大农、太仆各置农官,往往即郡县比没入田田之。其没入奴婢,分诸苑养狗马禽兽,及与诸官。诸官益杂置多,徒奴婢众,而下河漕度四百万石,及官自籴乃足。

◎**大意** 于是将缗钱分给各官府,而水衡、少府、大农、太仆等都设置农官,一般到各地管理不久前没收的田地组织耕种。没收来的奴婢,分到各个园囿里饲养狗马禽兽,有的分给各级官府。各级官府杂设了许多官职,刑徒奴婢众多,要经由黄河下游运输大约四百万石粮食,加上官府买入粮食才够吃。

所忠言:"世家子弟富人或斗鸡走狗马,弋猎博戏,乱齐民。"乃征(惩)诸犯令①,相引数千人,命曰"株送徒②"。入财者得补郎,郎选衰矣。

◎**注释** ①〔征诸犯令〕拘役违反法令的人。②〔株送徒〕犹言"株连犯"。
◎**大意** 所忠说:"贵族子弟和富人,有人斗鸡、赛狗赛马,狩猎赌博,扰乱百姓。"于是把违反法令的人拘役收押,牵连了几千人,叫"株送徒"。捐献财产的人可以补为郎官,于是选任郎官的制度衰败了。

是时山东被河灾,及岁不登数年,人或相食,方一二千里。天子怜之,诏曰:"江南火耕水耨①,令饥民得流就食②江、淮间,欲留,留处。"遣使冠盖相属于道，护之，下巴、蜀粟以振（赈）之③。

◎**注释** ①〔耨（nòu）〕锄草。②〔得流就食〕可以四处游走谋食。③〔下巴、蜀粟以振之〕运来巴蜀的粟米救济灾民。
◎**大意** 这时崤山以东遭受黄河水患，粮食歉收几年，出现了人吃人的现象，受灾地区方圆一二千里。武帝怜悯灾民，下诏说："江南烧草为肥，在水中锄草，便于生存，可让灾民到江淮地区谋生，想长期住在那里的，就让他们住。"并派遣大量使者护送饥民迁徙，运来巴蜀的粮食赈济他们。

其明年，天子始巡郡国。东度（渡）河，河东守不意行至，不辨（办），自杀。行西逾陇，陇西守以行往卒（猝），天子从官不得食，陇西守自杀。于是上北出萧关，从数万骑，猎新秦中，以勒边兵而归①。新秦中或千里无亭徼②，于是诛北地太守以下，而令民得畜牧边县，官假马母，三岁而归，及息什一，以除告缗，用充仞新秦中。

◎**注释** ①〔勒边兵而归〕检阅边防部队，然后回京。②〔亭徼〕边境上的防御工事。
◎**大意** 第二年，武帝开始巡视郡国。东渡黄河，河东郡守没想到武帝会来，未准备好迎接工作，自杀。武帝车驾往西越过陇山，陇西郡守因为武帝来得仓促，没法供应随从人员的吃喝，自杀。于是武帝北行出萧关，上万骑士随从，在新秦中射猎，检阅边防军队，然后回京师。新秦中的一些地段千里之间不设防御工事，于是诛杀了北地太守与其下属的官吏。命令百姓可以在边地畜牧，官府借给母马，三年后归还母马及所生马驹数量的十分之一。用废除告缗令为条件，招募民众充实新秦中。

既得宝鼎，立后土、太一祠，公卿议封禅事，而天下郡国皆豫治道桥，缮故宫，及当驰道县，县治官储，设供具，而望以待幸①。

◎**注释** ①〔待幸〕等待皇帝的来临。

◎**大意** 武帝得到宝鼎后,设立后土祠和太一祠,公卿讨论封禅的事情,而全国各地都预先架桥铺路,修缮原有的宫室,驰道经过的各县,都准备好接待天子的物资,设置供天子使用的器具,而期待武帝的来临。

其明年,南越反,西羌侵边为桀①。于是天子为山东不赡,赦天下,因南方楼船卒二十余万人击南越,数万人发三河以西骑击西羌,又数万人度(渡)河筑令居。初置张掖、酒泉郡,而上郡、朔方、西河、河西开田官,斥塞卒六十万人戍田之。中国缮道馈粮,远者三千,近者千余里,皆仰给大农。边兵不足,乃发武库工官兵器以赡之。车骑马乏绝,县官钱少,买马难得,乃著令,令封君以下至三百石以上吏,以差出牝马②天下亭,亭有畜牸马③,岁课息④。

◎**注释** ①〔桀〕横暴。②〔差出牝(pìn)马〕按照等级提供母马。③〔牸(zì)马〕育驹的母马。牸,哺乳。④〔岁课息〕每年征收利息。

◎**大意** 第二年,南越谋反,西羌侵扰边境为暴。武帝因为山东衣食不足,赦免天下囚犯,随同二十多万南方楼船士卒攻击南越,征发三河以西几万骑兵反击西羌,又派数万人渡过黄河建造令居城。开始设置张掖、酒泉郡。在上郡、朔方郡、西河郡、河西郡设置屯田官吏,六十万斥候兵和戍塞兵在那里一边垦田一边守边。中原地区修路运输粮饷,远的地方有两千里,近的有一千多里,都依靠大农供给。边境兵器不够,于是调拨武库工官制造的兵器来补充。驾车和骑乘用的马匹缺乏,官府钱少,买马困难,于是颁布法令,命令封君以下到三百石以上官吏,按等级拿出不同数量的母马送到各地的乡亭,乡亭都养着育驹的母马,官府每年征收子马作为税收。

齐相卜式上书曰:"臣闻主忧臣辱。南越反,臣愿父子与齐习船者往死之。"天子下诏曰:"卜式虽躬耕牧,不以为利,有余辄助县官之用。今天下不幸有急,而式奋愿父子死之,虽未战,可谓义形于内。赐爵关内侯,金六十斤,田十顷。"布告天下,天下莫应。列侯以百数,皆莫求从军击羌、越。至酎①,少府省金②,而列侯坐酎金失侯者百余人。乃拜式为御史大夫。

◎**注释** ①〔酎(zhòu)〕诸侯助祭的金钱。②〔省金〕检查酎金的成色和分量。

◎**大意** 齐相卜式给武帝上奏说:"我听说皇上忧虑是臣子的耻辱。南越谋反,我和儿子愿意和齐地会驾船的人去那里为国捐躯。"武帝下诏书说:"卜式虽然亲身耕田放牧,但不用来牟利,有余财就捐献给政府使用。现在天下不幸有了危难,卜式奋起发愿要父子参战,虽然没有实际前往参加战斗,但可以说是忠义发自内心了。赐爵关内侯,赏赐黄金六十斤,田地十顷。"通告全国,但没有人响应。当时的列侯数以百计,没有一个请求从军去攻击羌人和南越。到缴纳酎金的时候,少府检查列侯贡献酎金的成色和分量,列侯因为酎金重量成色不合规定而被免掉爵位的有一百多人。于是任命卜式为御史大夫。

式既在位,见郡国多不便县官作盐铁,铁器苦恶,贾(价)贵,或强令民卖买之。而船有算,商者少,物贵,乃因孔仅言船算事。上由是不悦卜式。

◎**大意** 卜式任职之后,发现郡国大多认为官府专营盐铁不便利,铁器质量粗劣,价钱却很高,有的甚至强行命令百姓购买。而征收船税使经商者减少,物价变贵,就请孔仅上言征收船税的事。武帝从此不喜欢卜式。

汉连兵三岁,诛羌,灭南越,番禺以西至蜀南者置初郡十七,且以其故俗治,毋赋税。南阳、汉中以往郡,各以地比给初郡吏卒奉食币物，传车马被具。而初郡时时小反，杀吏，汉发南方吏卒往诛之，间岁万余人，费皆仰给大农。大农以均输调盐铁助赋①，故能赡之。然兵所过县，为以訾（资）给毋乏②而已，不敢言擅赋法矣。

◎**注释** ①〔调盐铁助赋〕调用盐铁官营的收入支助赋税收入。②〔訾给毋乏〕仅仅能保证供应。

◎**大意** 汉朝连续三年发兵，诛杀羌人，消灭南越，在番禺以西到蜀地南边设置十七个新郡，暂且依照当地旧有的习俗管理，不收赋税。南阳郡、汉中郡以南的各郡，各自给新设郡的吏卒供应粮食财物，为驿站供应车马用具。但新郡时常发生小规模的反叛，杀害官吏。汉朝派南方的官兵去镇压，每年动用一万多人，费用依靠大司农府供应。大司农使用各地均输官的运输力量，调集各地盐铁官营的收入来补充赋税收入，所以能负担得起。但士兵经过的县，仅能保证基本的资财给养，不敢在常法以外加派税收。

其明年，元封元年，卜式贬秩为太子太傅。而桑弘羊为治粟都尉，领大农，尽代仅笼（管）天下盐铁。弘羊以诸官各自市，相与争，物故腾跃，而天下赋输或不偿其僦费①，乃请置大农部丞数十人，分部主郡国，各往往县置均输盐铁官，令远方各以其物贵时商贾所转贩者为赋，而相灌输。置平准②于京师，都受天下委输。召工官治车诸器，皆仰给大农。大农之诸官尽笼天下之货物，贵即卖之，贱则买之。如此，富商大贾无所牟大利，则反本，而万物不得腾踊。故抑天下物，名曰"平准"。天子以为然，许之。于是天子北至朔方，东到太（泰）山，巡海上，并北边以归。所过赏赐，用帛百余万匹，钱金以巨万计，皆取足大农。

◎**注释** ①〔僦（jiù）费〕运费。②〔平准〕官名。主管物资调拨、稳定物价等。

◎**大意** 第二年是元封元年，卜式被降级为太子太傅，而桑弘羊成为治粟都尉，代行大司农令职权，完全取代孔仅管理天下盐铁。桑弘羊认为诸官府各自囤积物资做买卖，相互竞争，物价因而上升。而各地区给国家输送的物资，有的甚至不够支付运费。于是他请武帝下令设置大司农府的部丞几十人，分地区管辖郡国。各个县通常都设有均输盐铁官。命令远方各自在物产价格较高、商贾争相转运贩卖时，征收相关物产为贡赋，互相调剂。在京城地区设置平准官，总管各地物资调拨。征召工官制造车辆等运输工具，费用依靠大司农府供给。大农所属的各官府完全掌握了天下的货物，贵时卖出，贱时买进。像这样，富商就不能牟取暴利，就会回到农业上去，而各种货物也不会涨价。因为平抑了天下物价，命名为"平准"。武帝以为这样很好，批准推行。于是武帝北至朔方郡，东到泰山，巡行海上和北方边地而还。所经过的地区赏赐用帛达一百多万匹，钱币和黄金数以亿计，都由大司农府供应。

弘羊又请令吏得入粟补官①，及罪人赎罪②。令民能入粟甘泉各有差，以复终身，不告缗。他郡各输急处，而诸农各致粟，山东漕益岁六百万石。一岁之中，太仓、甘泉仓满。边余谷，诸物均输帛五百万匹。民不益赋而天下用饶。于是弘羊赐爵左庶长，黄金再百斤焉。

◎**注释** ①〔吏得入粟补官〕官吏可以缴纳粮食获得官职。②〔罪人赎罪〕犯罪的人缴纳粮食可以减罪。

◎**大意** 桑弘羊又请下令官吏可以缴纳粮食获得官职，犯罪的人缴纳粮食可以减罪。又下令能按一定的等级将粮食交到甘泉的百姓，可以免除终身徭役，不受告缗之害。其他郡的粮食各自输往急需的地方，而各地农官也纷纷送来粮食。从崤山以东漕运到京城地区的粮食增加到每年六百万石。一年之中，太仓和甘泉的粮仓堆满了粮食。边郡地区也有余粮和各种备用物资。各地均输官所储存的布帛达五百万匹。百姓没有增加赋税而国家财用充裕。于是赏赐桑弘羊官爵为左庶长，赏赐黄金二百斤。

是岁小旱，上令官求雨。卜式言曰："县官当食租衣税而已，今弘羊令吏坐市列肆，贩物求利。亨（烹）弘羊，天乃雨。"

◎**大意** 这一年发生一次不大的旱灾，武帝命令官吏求雨。卜式进言道："官府的开销应当依靠租税。现在桑弘羊却命令官吏坐在市场上做生意，贩卖货物追逐利益。烹杀桑弘羊，老天就会下雨。"

太史公曰：农工商交易之路通，而龟贝金钱刀布之币兴焉。所从来久远，自高辛氏之前尚矣，靡得而记云。故《书》道唐、虞之际，《诗》述殷、周之世，安宁则长庠序，先本绌（黜）末，以礼义防于利；事变多故而亦反是。是以物盛则衰，时极而转，一质一文，终始之变也。《禹贡》九州，各因其土地所宜，人民所多少而纳职焉。汤、武承弊易变，使民不倦，各兢兢所以为治，而稍陵迟衰微。齐桓公用管仲之谋，通轻重之权，徼（邀）山海之业，以朝诸侯，用区区之齐显成霸名。魏用李克，尽地力，为强君。自是之后，天下争于战国，贵诈力而贱仁义①，先富有而后推让。故庶人之富者或累巨万，而贫者或不厌糟糠；有国强者或并群小以臣诸侯，而弱国或绝祀而灭世。以至于秦，卒并海内。虞、夏之币，金为三品，或黄，或白，或赤；或钱，或布，或刀，或龟贝。及至秦，中一国之币为二等，黄金以溢（镒）名②，为上币；铜钱识③曰半两，重如其文，为下币。而珠玉、龟贝、银锡之属为器饰宝藏，不为币。然各随时而轻重无常。于是外攘夷狄，内兴功业，海内之士力耕不足粮饷，女子纺绩不足衣服。古者尝竭天下之资财以奉其上，犹自以为不足也。无异故云，事势之流，相激使然，曷足怪焉。

◎**注释** ①〔贵诈力而贱仁义〕以奸诈勇力为贵,以道德仁义为贱。②〔黄金以溢名〕计算黄金数量以镒为单位。溢,通"镒",一镒为二十两,或曰二十四两。③〔识(zhì)〕标志,写明。

◎**大意** 太史公说:农业、工业、商业互相交易的道路畅通,龟甲、贝壳、黄金、钱币、刀布等各种货币就兴起了。这种现象的起源很久远,高辛氏之前的事情太久远,不能够记载了。所以《尚书》说的唐尧、虞舜时代,《诗经》叙述的殷、周时代,社会安宁就重视教育,推崇农事而抑制商业,用礼义防止不正当的谋利。世事多变,相反相成。因此事物发展到顶点就会走向衰落,时代发展到极限就会转变,时而质朴,时而华丽,周而复始地变化着。《禹贡》分天下为九州,按照各自土地适宜种植的作物,和百姓收获的多少来确定所要纳献的赋税。商汤王和周武王承继凋敝局面而变易政治,管理百姓不知疲倦,各自兢兢业业,终于使国家得到治理,而后国家还是走向衰落式微。齐桓公采纳管仲的计谋,操纵物价高低,实行专营盐铁的山海政策,因此使诸侯来朝,齐桓公凭借不大的齐国获得显赫的霸业。魏国任用李克,地尽其用,魏文侯成为强力的国君。从此之后,天下诸侯以武力相互争斗,推崇诈伪勇力而轻视道德仁义,重视富贵而忽视谦让。所以百姓中富有者有的资财累计亿万,而穷人有的连糟糠都吃不饱。强国有的兼并众多小国,以诸侯为臣属,弱国有的断绝祭祀终止世袭,以至于秦国最终统一天下。虞、夏时代的货币,金分为三品,是黄金、白银、赤铜,有钱币、布币、刀币、龟贝币。到了秦朝,统一把全国的货币分为两等:黄金以镒为单位,是上币;铜钱上标有半两,重量同于铭文所标的,是下币。而珠玉、龟贝、银锡之类作为器具饰物和珍藏品,不再是货币。这些东西在不同的时间、地域贵贱不同。这时对外驱逐夷狄,对内兴建工程,全国的男子竭力耕种还不足以供应粮饷,妇女尽力纺线织布还不足以供应衣服。从前曾经竭尽天下的钱财物资供应掌握政权的阶层,掌权者尚且自以为不够用。没有其他的缘由,事物形势发生了变化,互相激荡导致这种局面,对此没有什么好奇怪的。

◎**释疑解惑**

"平准"实际就是汉朝廷强化财政控制的手段。面对汉初诸侯王强势分裂的局面，汉朝廷收回铸币权，增加国家财政收入，加强盐铁控制，也是为了削弱地方势力、维护集权统治的新措施。同时，这种措施能够更好地集聚国力，应对外患。汉武帝时期取得一系列对外、对内战争的胜利，如征伐匈奴、讨伐南越，正是这种财税政策提供了强有力的保障。当然，在这一系列政策实施的过程中，也存在一些问题，如卖官鬻爵，造成官吏队伍素质下降，贪腐成风。这种政策还存在一个重要问题，即强制盐铁买卖的行为实际上就是利用国家强权垄断商业经营，巧取百姓的财富，违背了公平交易的规则。

◎ **思考辨析题**

1. 怎么评价桑弘羊等为了增加国家收入而施行的捐官政策？
2. 西汉时，朝廷为什么要施行盐铁专营政策？这对后世有何影响？

全注全译本

国际儒学联合会教育系列丛书

史记

丛书指导委员会主任
——滕文生 张岂之 李学勤

总主编
——钱逊

执行总主编
——于建福

组编
——国际儒学联合会
——国家教育行政学院国学教育研究中心

本书主编 张新科 赵望秦

第五册　世家〔一〕

济南出版社　汉唐书局

图书在版编目（CIP）数据

史记 / 张新科，赵望秦主编 . —济南：济南出版社，2022.9

ISBN 978-7-5488-5209-4

Ⅰ．①史… Ⅱ．①张… ②赵… Ⅲ．①中国历史—古代史—纪传体 ②《史记》—注释 ③《史记》—译文 Ⅳ．① K204.2

中国版本图书馆 CIP 数据核字（2022）第 164694 号

出 版 人	田俊林
图书策划	冀瑞雪
责任编辑	孙育臣　李家成
图书审读	踪训国
装帧设计	王铭基
出版发行	济南出版社
地　　址	济南市二环南路1号（250002）
编辑热线	0531-86131747（编辑室）
发行热线	82709072　86131747　86131729　86131728（发行部）
印　　刷	山东彩峰印刷股份有限公司
版　　次	2022 年 10 月第 1 版
印　　次	2022 年 10 月第 1 次印刷
成品尺寸	170 mm × 240 mm　16开
印　　张	247.5
字　　数	4170 千
定　　价	1686.00元（全9册）

（济南版图书，如有印装错误，请与出版社联系调换。联系电话：0531-86131736）

目 录

第五册

吴太伯世家第一	1531
齐太公世家第二	1560
鲁周公世家第三	1608
燕召公世家第四	1647
管蔡世家第五	1666
陈杞世家第六	1685
卫康叔世家第七	1702
宋微子世家第八	1726
晋世家第九	1755
楚世家第十	1826
越王句践世家第十一	1885
郑世家第十二	1908

吴太伯世家第一

《吴太伯世家》记载,周朝祖先周太王古公亶父的大儿子太伯、二儿子仲雍为让贤于弟弟季历而远避吴地,文身断发,受到吴地百姓的拥戴,成为吴国的开国祖先,从此开启了约七百年的吴国兴亡史。通过司马迁的梳理,我们清晰地了解到吴国由弱而强、由盛而衰的历程。自吴太伯、仲雍传至周章、虞仲,周武王灭商,分封诸侯,把吴地分封给了周章,将周朝都城北面的夏朝都城地区分封给周章的弟弟虞仲。传至十九世寿梦,楚国大夫申公巫臣因个人恩怨投奔晋国,而晋国为对抗楚国,与吴国建立联盟,并派巫臣出使吴国,教吴用兵乘车。巫臣又令他的儿子为吴国外交官,吴国开始变得强大起来,交往、征伐于中原地区,在更广阔的舞台上发挥着更重要的作用。吴王寿梦的第四个儿子季札因贤能而成为理想继承人,但他无意君位,他的长兄诸樊无奈只得代理君权,在丧礼结束时,让季札遵循遗愿即位,季札又二让天下。最后,几位深明大义的兄长约定用兄终弟及的办法,实现先王遗愿,让季札登上王位。然而季札又一次推让。

季札是司马迁歌颂的重点。季札不仅品德高尚,让国、挂剑、守仁之举受到人们的一致好评;而且贤明睿智,富有敏锐的洞察力。作为出色的外交家,季札出使中原各国,广交朋友,审音知政,受到大家的敬仰。有一次,季札奉命出使鲁国,有幸欣赏到了典雅的周乐。季札以惊才绝艳的感知力和丰富深刻的见识,透彻地分析了周朝礼乐之教的深刻内涵,准确地阐释了音乐中所蕴含的家国兴衰成败之势,由《唐风》听到了思接千载的陶唐氏遗风,由《大雅》听到了周文王深广浩瀚的德政,由《魏风》感受到了中正平和、以德辅行的文德之教,由《招箾》欣赏到了令人叹为观止的至德乐章。季札又出使齐国、郑国、卫国、晋国等国,对于这些国家的政治局势均能见微知著,并与晏婴、子产等人相谈甚欢,对孙林父、赵文子、韩宣子、魏献子、羊舌肸等人则设身处地地予以指点、劝慰。

与季札谦恭礼让的形象形成极大反差的是吴王僚与公子光,二人为了王位展开了血雨腥风的争夺。公子光即后来的吴王阖庐,谋杀吴王僚之后登上王位,开启了吴、楚、越国的争霸。吴、晋一起反楚,阖庐攻入楚国的郢都,一度使吴国的实力达到巅峰。阖庐后在与越国句践的争斗中受伤而死,儿子夫差为报父仇,重用伍子胥、伯嚭等人,最终击败越王句践。夫差的破越之举更使吴国达到了一种宏大的境地。但是,骄傲自满、刚愎自用的吴王夫差又因轻视心腹之患的越国,而与齐国争锋，最终为越国所袭破，走向覆亡。

本篇再现了吴楚、吴越及吴与中原诸侯国之间错综复杂的矛盾关系，也反映了吴国内部统治阶层之间的斗争。司马迁用"皮里阳秋"的史笔，寓论断于叙事之中，歌颂了吴太伯、季札不慕权力避位让国的高风亮节，无疑是对统治集团内部争权夺利喋血残杀的一种嘲讽。同时，通过描绘公子光弑杀吴王僚的场面，揭露和鞭挞了吴国王室宗族成员之间同室操戈谋夺王位的残忍行径。又通过对伍子胥尽忠报国反遭赐死的生动描述，愤慨地批判吴王夫差的昏暗不明，抒发了对专制社会中正直贤能之士"忠而被谤、信而见疑"的人生悲剧的无限同情。

本篇对历史人物的形象塑造是很成功的，既有血有肉，栩栩如生，又瑕瑜互见，立体逼真。如公子光这个人物，其性格有志向远大、精明干练、知人善任、坚毅果敢的一面；又有阴险残忍的一面，为了夺取王位而不惜牺牲刺客专诸去杀死骨肉弟兄。又如夫差身上既有誓雪国耻家恨的坚定执着精神，又有西破强楚、南降越国、北威齐晋、称霸中原的开拓进取能力，同时，又显出好大喜功、拒谏饰非、暴戾寡恩的人物个性。另外，本篇的叙事艺术也很高超，善于截取最能反映吴国历史面貌的典型言论和史实，经过富有个性的艺术加工和创造，将其化为准确凝练的叙述和描写，使得全篇布局主次分明，井然有序，所涉及人物也是人各一面，鲜活生动。

吴太伯，太伯弟仲雍，皆周太王之子，而王季历之兄也。季历贤，而有圣①子昌，太王欲立季历以及昌，于是太伯、仲雍二人乃奔荆蛮②，文身断发③，示不可用④，以避季历。季历果立，是为王季，而昌为文王。太伯之奔荆蛮，自号句吴⑤。荆蛮义之，从而归之千余家，立为吴太伯。

◎**注释** ①〔圣〕道德智慧达到极致。②〔荆蛮〕上古中原地区泛称荆楚大地的民众为"荆蛮"。③〔文身断发〕古代吴越地区民众的习惯，即在身上刺花纹，并剪断头发不束冠。④〔示不可用〕表示不可再被任用。古代中原人的习惯认为身体发肤受之于父母，不敢毁伤。太伯、仲雍文身断发，违背了这种传统，自然不会被立为国君。⑤〔句（gōu）吴〕又作"勾吴"。"句"字无义，是当地语言的发声词。据《史记索隐》，句吴是太伯为当地所命之名。

◎**大意** 吴太伯和弟弟仲雍都是周太王的儿子，王季历的哥哥。季历贤明，而且有个圣明的儿子姬昌，太王想立季历，从而把王位传给姬昌，于是太伯、仲雍二人就逃到荆楚蛮夷地区，刺起文身，剪断头发，表示不能再当国君，从而让位于季历。季历果然继位，就是王季，而姬昌就是周文王。太伯逃到荆楚蛮夷地区，自称勾吴。荆蛮人认为他仁义，跟从归附他的有千余家，众人一致拥立他为吴太伯。

太伯卒①，无子，弟仲雍立，是为吴仲雍。仲雍卒，子季简立。季简卒，子叔达立。叔达卒，子周章立。是时周武王克②殷，求太伯、仲雍之后，得周章。周章已君吴③，因而封之。乃封周章弟虞仲于周之北故夏虚，是为虞仲，列为诸侯④。

◎**注释** ①〔卒〕死。古代天子死为崩，诸侯死为薨，大夫死为卒。但司马迁使用并不严格。②〔克〕战胜。武王克殷，约在公元前1066年。③〔君吴〕做吴地的君主。④〔诸侯〕古代帝王统辖下的列国君主的统称。

◎**大意** 太伯去世后，因为没有儿子，他的弟弟仲雍继位，就是吴仲雍。仲雍去世，儿子季简继位。季简去世，儿子叔达继位。叔达去世，儿子周章继位。当时周武王灭了殷商，寻找太伯、仲雍的后代，找到了周章。周章已经在吴地做了君主，因而把吴地分封给了他。于是封周章的弟弟虞仲在周朝都城北面的夏朝都城遗址，就是虞仲，列于诸侯之中。

周章卒，子熊遂立。熊遂卒，子柯相立。柯相卒，子彊鸠夷立。彊鸠夷卒，子馀桥疑吾立。馀桥疑吾卒，子柯卢立。柯卢卒，子周繇立。周繇卒，子屈羽立。屈羽卒，子夷吾立。夷吾卒，子禽处立。禽处卒，子转立。转卒，子颇高立。颇高卒，子句卑立。是时晋献公灭周北虞公，以开晋伐虢①也。句卑卒，子去齐立。去齐卒，子寿梦立。寿梦立而吴始益大，称王。

◎**注释** ①〔开晋伐虢（guó）〕公元前655年，晋献公向虞国借道伐虢，灭虢后，返师灭虞。事详见《晋世家》及《左传·僖公五年》。开晋，拓展晋国疆土。

◎**大意** 周章去世，儿子熊遂继位。熊遂去世，儿子柯相继位。柯相去世，儿子彊鸠夷继位。彊鸠夷去世，儿子馀桥疑吾继位。馀桥疑吾去世，儿子柯卢继位。柯卢去世，儿子周繇继位。周繇去世，儿子屈羽继位。屈羽去世，儿子夷吾继位。夷吾去世，儿子禽处继位。禽处去世，儿子转继位。转去世，儿子颇高继位。颇高去世，儿子句卑继位。这时晋献公灭掉了周朝都城北面的虞公，以便打开晋国攻伐虢国的路途，开拓晋国的疆土。句卑去世，儿子去齐继位。去齐去世，儿子寿梦继位。寿梦继位后，吴国开始强大起来，并自称为王。

自太伯作①吴，五世②而武王克殷，封其后为二：其一虞，在中国③；其一吴，在夷蛮④。十二世而晋灭中国之虞。中国之虞灭二世⑤，而夷蛮之吴兴。大凡⑥从太伯至寿梦十九世。

◎**注释** ①〔作〕创立。②〔世〕代。③〔中国〕古代指黄河中下游的中原地区，为华夏民族的主要聚居地。④〔夷蛮〕古代泛指中原地区以外的少数民族地区。⑤〔二世〕共七十一年，即自公元前655年至公元前585年。⑥〔大凡〕共计。

◎**大意** 自从太伯创立吴国，传到第五代时，周武王灭殷商，太伯的后代被分封为两国：一是虞国，在中原地区；一是吴国，在夷蛮地区。传了十二代，晋国灭掉了中原地区的虞国。中原地区的虞国被灭后两代，夷蛮地区的吴国兴盛起来。太伯传到寿梦，总共十九代。

王寿梦二年，楚之亡大夫申公巫臣怨楚将子反而奔晋①，自晋使吴②，教吴用兵乘车，令其子③为吴行人，吴于是始通于中国。吴伐楚。十六年，楚共王伐吴④，至衡山。二十五年，王寿梦卒。寿梦有子四人，长曰诸樊，次曰馀祭，次曰馀眛，次曰季札。季札贤，而寿梦欲立之，季札让不可，于是乃立长子诸樊，摄⑤行事当国⑥。

◎**注释** ①〔楚之亡大夫申公巫臣怨楚将子反而奔晋〕此处司马迁将事件次序前后误倒。应为申公巫臣先奔晋，后怨恨子反。其事件经过如下：郑穆公之女嫁陈国大夫，称夏姬。夏姬淫荡善迷人，陈灵公及孔宁、仪行父与之通奸，夏姬之子夏徵舒杀陈灵公而自立。公元前598年，楚庄王伐陈，杀死夏徵舒，并想娶夏姬，楚将子反也想娶夏姬。楚大夫申公巫臣用大道理劝阻了二人，并暗令夏姬回郑国娘家。公元前589年，申公巫臣借出使齐国之机，到郑国携夏姬逃亡到晋国。公元前582年，楚子重、子反怨申公巫臣，杀巫臣之族而分其室。巫臣怒，从晋国给二人写信说："你们作为臣子邪恶贪婪，滥杀无辜，我定让你们疲于奔命而死！"事详《左传·成公二年、七年》。亡，逃亡。奔，逃跑。②〔使吴〕公元前582年，申公巫臣出使吴国。吴王寿梦极为欣赏，两国建立外交关系。巫臣带了三十辆兵车至吴，教给吴国战阵知识，让吴国叛楚，留给吴十五辆，还留下射手和驭手。③〔其子〕即狐庸。④〔楚共王伐吴〕公元前570年，楚子重挑选精锐伐吴，攻克吴地鸠兹，至衡山。又命将邓廖带车士三百人、步兵三千人侵吴。吴人中间阻击，生俘邓廖，楚仅车士八十人、步兵三百人生还。事详《左传·襄公三年》。⑤〔摄〕代理，代行职权。⑥〔当国〕执政。

◎**大意**　吴王寿梦二年，楚国在外逃亡的大夫申公巫臣因怨恨楚将子反而投奔晋国，又从晋国出使吴国，教吴人驾车作战，让他的儿子狐庸做了吴国负责礼宾的官员，吴国从此开始与中原地区诸侯国交往。吴国攻打楚国。十六年，楚共王讨伐吴国，到达衡山。二十五年，吴王寿梦去世。寿梦有四个儿子，长子叫诸樊，次子叫馀祭，三子叫馀眜，四子叫季札。季札贤明，寿梦本想立他为王，季札认为不可，因此就立了长子诸樊，代理执行政务掌管国家。

　　王诸樊元年，诸樊已除丧①，让位季札。季札谢②曰："曹宣公之卒也，诸侯与曹人不义曹君，将立子臧，子臧去之，以成③曹君，君子曰'能守节矣'。君义嗣④，谁敢干⑤君！有国⑥，非吾节也。札虽不材，愿附于⑦子臧之义。"吴人固⑧立季札，季札弃其室⑨而耕，乃舍之。秋，吴伐楚⑩，楚败我师。四年，晋平公初立。

◎**注释**　①〔除丧〕除去丧服，指服丧期已满。丧期为一年。②〔谢〕推辞。③〔成〕成全。曹宣公阵亡后，公子负刍杀太子而自立，是为曹成公。二年后，诸侯伐曹，俘虏曹成公，欲立子臧（负刍庶兄），子臧说："过去典册曾说，'圣人通达于节义，其次能保守节义，最下者丧失节义。'我做国君不合节义。我虽非圣人，岂敢不守节义！"于是离开曹国，逃到宋国。诸侯无法，放回曹成公。事详《左传·成公十三年、十五年、十六年》。④〔义嗣〕符合礼制的继承人。因诸樊是嫡长子，继承君位合于礼制。⑤〔干〕触犯。⑥〔有国〕据有国家。意指当国君。⑦〔附于〕合于，效法。⑧〔固〕坚持。⑨〔室〕家室财产。⑩〔吴伐楚〕据《左传·襄公十三年》载："吴侵楚，养由基奔命，子庚以师继之。养叔曰：'吴乘我丧，谓我不能师也，必易我而不戒。子为三覆以待我，我请诱之。'子庚从之。战于庸浦，大败吴师，获公子党。"

◎**大意**　吴王诸樊元年，诸樊已经除去丧服，准备让位给季札。季札推辞说："曹宣公死的时候，诸侯与曹国人都认为曹君负刍继位不合于礼义，准备拥立子臧，子臧离开曹国,以成全曹国君主负刍。君子说子臧'能够保持节操'。您是合法的继承人,谁敢冒犯您!掌管国家,不是我的志向。我虽然没有才能,愿意效法子臧的大义。"吴国人坚持要立季札为君,季札抛弃家室去种田,吴国人才不再勉强他。秋天,吴国征讨楚国,楚国打败了吴军。四年,晋平公刚继位。

十三年,王诸樊卒。有命授弟馀祭①,欲传以次②,必致国于季札而止,以称先王寿梦之意,且嘉季札之义,兄弟皆欲致国,令以渐至焉。季札封于延陵,故号曰延陵季子。

◎**注释** ①〔有命授弟馀祭〕诸樊留下遗命,把王位传给其弟馀祭。②〔传以次〕按兄弟排行次序传王位。

◎**大意** 十三年,吴王诸樊去世。诸樊留下遗嘱,传位给弟弟馀祭,想按兄弟排行依次传下去,最后一定要把君位传给季札,以符合先王寿梦的意愿,并嘉奖季札的大义,兄弟们都想交还君位,使得渐次传位给季札。季札受封于延陵,所以号称延陵季子。

王馀祭三年,齐相庆封有罪,自齐来奔吴①。吴予庆封朱方之县,以为奉(俸)邑②,以女妻之,富于在齐。

◎**注释** ①〔齐相庆封有罪,自齐来奔吴〕齐左相庆封杀右相崔杼,齐人乘庆封出猎袭破其家,庆封不能归,奔鲁,又奔吴。参见《齐太公世家》。②〔奉邑〕采邑,领地。奉,同"俸",俸禄。

◎**大意** 吴王馀祭三年,齐国相庆封有罪,从齐国逃到了吴国。吴王将朱方县封给庆封,作为他的采邑,又把女儿嫁给他,使他比在齐国的时候还富有。

四年,吴使季札聘①于鲁,请观周乐②。为歌《周南》《召南》。

曰："美哉，始基之③矣，犹未④也。然勤而不怨⑤。"歌《邶》《鄘》《卫》⑥。曰："美哉，渊⑦乎，忧而不困者也。吾闻卫康叔、武公之德如是，是其《卫风》乎⑧？"歌《王》。曰："美哉，思而不惧，其周之东乎？"歌《郑》。曰："其细⑨已甚，民不堪也，是其先亡乎？"歌《齐》。曰："美哉，泱泱⑩乎，大风也哉。表⑪东海者，其太公乎？国未可量也。"歌《豳》。曰："美哉，荡荡⑫乎，乐而不淫，其周公之东⑬乎？"歌《秦》。曰："此之谓夏声⑭。夫能夏则大，大之至也，其周之旧乎？"歌《魏》。曰："美哉，沨沨乎，大而宽，俭而易行，以德辅此，则盟主也。"歌《唐》。曰："思深哉，其有陶唐氏之遗风乎？不然，何忧之远也？非令德之后，谁能若是！"歌《陈》。曰："国无主，其能久乎？"自《郐》以下，无讥焉。歌《小雅》⑮。曰："美哉，思而不贰，怨而不言，其周德之衰乎？犹有先王之遗民也。"歌《大雅》。曰："广哉，熙熙乎，曲而有直体⑯，其文王之德乎？"歌《颂》。曰："至矣哉，直而不倨，曲而不诎，近而不偪，远而不携，迁而不淫，复而不厌，哀而不愁，乐而不荒，用而不匮，广而不宣，施而不费，取而不贪⑰，处而不底，行而不流。五声⑱和，八风平，节有度，守有序，盛德之所同也。"见舞《象箾》《南籥》⑲者，曰："美哉，犹有感（憾）。"见舞《大武》，曰："美哉，周之盛也，其若此乎？"见舞《韶濩》⑳者，曰："圣人之弘也，犹有惭德㉑，圣人之难也！"见舞《大夏》，曰："美哉，勤而不德！非禹，其谁能及之？"见舞《招箾》，曰："德至矣哉，大矣，如天之无不焘也，如地之无不载也，虽甚盛德，无以加矣。观止矣，若有他乐，吾不敢观。"

◎ **注释** ①〔聘〕诸侯之间的礼节性访问。②〔周乐〕周王朝的音乐。鲁国因为是周公的封地,曾得到周成王颁赐的天子礼乐。参见《鲁周公世家》。③〔基之〕指奠定基础。④〔未〕指王业还未成功。⑤〔勤而不怨〕勤,辛劳。怨,怨恨。⑥〔《邶》《鄘》《卫》〕自邶、鄘、卫三国采集来的乐歌。⑦〔渊〕深厚。⑧〔吾闻卫康叔、武公之德如是,是其《卫风》乎〕卫康叔曾经历管蔡之乱,虽忧伤国家动乱,但仍协助王室监理商朝遗民。卫武公曾经历幽王褒姒之难,虽忧伤国家动乱,但仍带兵帮助王室平定戎人。他们的德行就像这歌曲声调一样,忧伤而不困顿。⑨〔细〕细琐。⑩〔泱泱〕深远宏大。⑪〔表〕做表率。⑫〔荡荡〕宽宏坦荡。⑬〔周公之东〕指周公东征,讨伐管蔡之乱。⑭〔夏声〕西方之声。即西周旧都之声。秦原为戎狄,现在变其音乐为夏声,是文化进步的表现,故下句说"能夏则大"。⑮〔《小雅》〕雅乐是周王朝的正统音乐。《大雅》产生于西周,作者大都是贵族。在雅乐的演变发展中,逐渐掺杂进了不同地方的乐调成分,称作《小雅》,其中有形成于平王东迁之后的作品。⑯〔曲而有直体〕旋律虽然抑扬顿挫高下有致,但基调刚劲有力。⑰〔施而不费,取而不贪〕指《颂》乐如同圣人之理民,施惠于民而不显耗费,征取于民而不过分贪婪。⑱〔五声〕古代音乐的五个基本音阶:宫、商、角、徵、羽。⑲〔《象箾(xiāo)》《南籥(yuè)》〕皆为乐舞名,相传二者都是歌颂周文王的。箾即箫,籥是一种管乐器,形状似笛。⑳〔《韶濩(hù)》〕亦作《韶濩》、《大濩》,相传为商汤之乐舞。㉑〔惭德〕行事有缺点而内心自愧。指汤曾伐桀并将其流放,在当时是以下伐上,所以这样说。

◎ **大意** 四年,吴王派遣季札出使鲁国,季札请求观赏周王室的乐舞。鲁国乐师为他演唱《周南》《召南》。他说:"好听啊,开始建立基业,虽未尽善尽美,但唱出了百姓勤劳而不怨怒的心声。"演唱《邶风》《鄘风》《卫风》。他说:"好听啊,乐调深沉,情绪忧伤而不迷茫。我听说卫康叔、武公的德行就像这样,这大概是《卫风》吧?"演唱《王风》。他说:"好听啊,忧思而不恐惧,这大概是周王室东迁以后的乐曲吧?"演唱《郑风》。他说:"情调过于细弱,表明民众已不堪忍受,郑国恐怕要先灭亡吧?"演唱《齐风》。他说:"好听啊,音调深远宏大有大国风范。它象征着东海,大概是太公的遗风吧?这个国家的前途是不可限量的。"演唱《豳风》。他说:"好听啊,音声坦荡宽宏,欢乐而不过度，这大概是表现周公东征的乐曲吧？"演唱《秦风》。他说："这就是所谓的华夏音乐。若能保持夏代的风尚就能强大，强大到极致的，大概就是周王室旧地的乐曲吧？"演唱《魏风》。他说："好听啊，音乐中正平和，宏大而婉转，简约而易行，再用德行去辅助，这就是贤明的君主了。"演唱《唐风》。他说："忧思深沉啊，这大概有陶唐氏的遗风吧？不是这样的话，为什么忧思如此深远呢？不是德行美好者的后代，谁能像这样呢？"演唱《陈风》。他说："国家没有贤明的君主，这个国家还能长久吗？"从《郐风》以下，就不再评论了。演唱《小雅》。他说："好听啊，有哀思而无叛逆之心，有怨恨而不直说，难道说周王朝衰微了吗？还有先王的遗民存在呢。"演唱《大雅》。他说："宽广啊，音声和谐，婉转柔和而又正直刚强，这大概就是周文王美德的反映？"演唱《颂》。他说："美妙到了极点啊，旋律刚劲而不倨傲，委婉而不卑屈，紧密而不迫切，疏远而不散漫，变化多端而不混乱，往复回环而不生厌，哀伤而不愁怨，欢乐而不荒唐，再使用也不会匮乏，广大而不显露，施惠而不浪费，求取而不贪婪，宁静而不停滞，活跃而不流荡。五音和谐，八风协调，节奏有法度，旋律有规则，这和先王的盛德是相符合的。"看到表演《象箾》《南籥》舞，他说："真美啊，但仍有遗憾。"看到表演《大武》舞，他说："真美啊，周朝的盛德大概就像这样吧？"看到表演《韶濩》舞，他说："以圣人的伟大，还感觉自己德行不够，要达到圣人的标准真是不容易呀！"看到表演《大夏》舞，他说："真美啊，勤劳而不居功！除了大禹还有谁能做到呢？"看到表演《招箾》舞，他说："德行达到了顶点，真是伟大啊，像上天无所不覆盖，像大地无所不承载，即使有再好的盛德，也无法增加了。看到这些就已经让人很满足了，纵然有其他乐舞，我也不敢再请求观赏了。"

去鲁，遂使齐。说晏平仲①曰："子速纳邑与政②。无邑无政，乃免于难。齐国之政将有所归；未得所归，难未息也。"故晏子因陈桓子以纳政与邑，是以免于栾高之难③。

◎**注释** ①〔晏平仲〕即晏婴,字平仲,当时的齐国相国。②〔纳邑与政〕纳,交出。邑,封邑。政,政事职务。③〔栾、高之难〕齐景公十四年,齐国大夫栾氏、高氏互相进攻。详见《左传·昭公八年》。

◎**大意** 季札离开鲁国,又出使齐国。他劝晏平仲说:"您赶快交出封地与职权。没有封地和职权,才能避免灾难。齐国的政权将另有所归;没有归属以前,灾难是不会停止的。"所以晏子通过陈桓子交出了职权和封地,因此避免了栾氏与高氏引发的灾难。

去齐,使于郑。见子产①,如旧交。谓子产曰:"郑之执政侈②,难将至矣,政必及子。子为政,慎以礼。不然,郑国将败。"去郑,适卫。说蘧瑗、史狗、史䲡、公子荆、公叔发、公子朝曰:"卫多君子,未有患也。"

◎**注释** ①〔子产〕春秋后期郑国的著名政治家。②〔侈〕奢华放纵,盛气凌人。

◎**大意** 季札离开齐国,出使郑国。他见到子产,就像见到了老朋友。他对子产说:"郑国的执政者奢侈,灾难就要来了,将来必然由您主政。您主持政务的时候,一定要谨慎地遵照礼制办事。不这样,郑国将会败亡。"离开郑国,季札来到卫国。他对蘧瑗、史狗、史䲡、公子荆、公叔发、公子朝说:"卫国的君子很多,不会有祸患。"

自卫如晋,将舍于宿(戚)①,闻钟声,曰:"异哉!吾闻之,辩而不德,必加于戮。夫子②获罪于君以在此,惧犹不足,而又可以畔(般)③乎?夫子之在此,犹燕之巢于幕④也。君在殡⑤而可以乐乎?"遂去之。文子闻之,终身不听琴瑟。

◎**注释** ①〔宿〕通"戚",地名,是卫国大夫孙文子的封邑。②〔夫子〕古代对男子的尊称。此处指孙文子。孙文子曾攻击卫献公，献公逃到齐国，孙文子立卫殇公。后来孙文子被卫殇公驱逐，逃到晋国后引兵伐卫，杀掉了卫殇公，重新迎回卫献公。参见《卫康叔世家》。③〔般〕通"般（pán）"，怡乐。④〔燕之巢于幕〕比喻处境十分危险。⑤〔殡〕停枢待葬。古人死后装殓入棺，并不立即埋葬，而是停放于堂之西阶，过一段时间再行下葬。

◎**大意**　季札从卫国去晋国，准备在宿地住宿，听到钟声，说："奇怪啊！我听说，好争辩而不修德行，必遭杀戮。夫子因为得罪君王而住在这里，恐惧还来不及，还可以敲钟取乐吗？夫子住在这里，就像燕子在帐幕上筑巢那样危险。国君丧而未葬，怎么可以敲钟奏乐呢？"于是就离开了那里。文子听到了这些话，终生都不再听琴瑟之乐。

　　适晋，说赵文子、韩宣子、魏献子曰："晋国其萃于三家①乎！"将去，谓叔向曰："吾子②勉之！君侈而多良③，大夫皆富，政将在三家。吾子直，必思自免于难。"

◎**注释**　①〔萃于三家〕萃，集中。三家，指晋国赵、韩、魏三大夫之家族。②〔吾子〕对对方的敬爱之称。郑玄《仪礼·士冠礼注》："吾子，相亲之辞。吾，我也。子，男子之美称。"一般只用于男子之间。③〔良〕此处指良臣。
◎**大意**　季札到达晋国，对赵文子、韩宣子、魏献子说："晋国的大权将要集中到赵、韩、魏三家了！"将要离开晋国，对叔向说："您努力吧！国君奢侈却有许多良臣，大夫都很富有，政权将要归于赵、韩、魏三家。您为人正直，一定要考虑使自己免遭祸难。"

　　季札之初使，北过①徐君。徐君好季札剑，口弗敢言。季札心知之，为使上国②，未献。还至徐，徐君已死，于是乃解其宝剑，系之徐君冢树③而去。从者曰："徐君已死，尚谁予乎？"季子曰："不然。

始吾心已许之，岂以死倍（背）④吾心哉！"

◎**注释** ①〔过〕造访。②〔上国〕先秦时四处边远之国称中原地区各国为上国。③〔冢树〕坟墓边上栽植的树木。冢，原指高大的坟墓，后泛指坟墓。④〔倍〕通"背"，违背。

◎**大意** 季札开始出使时，北上途中拜见徐君。徐君喜爱季札的宝剑，但不好意思说出来。季札心里知道他的想法，但因为还要出使中原各国，就没有把宝剑献给徐君。出使返回途中又到了徐国，徐君已经去世了，于是季札就解下自己的宝剑，将它挂在徐君墓旁的树上才离去。随从的人说："徐君已经死了，还把宝剑送给谁呢？"季子说："不是这样呀。我当初在内心已经决定将宝剑送给他了，怎么能因为他死了就违背我的心意呢？"

七年，楚公子围弑①其王夹敖而代立，是为灵王。十年，楚灵王会诸侯而以伐吴之朱方，以诛齐庆封。吴亦攻楚，取三邑而去。十一年，楚伐吴，至雩娄。十二年，楚复来伐，次②于乾溪，楚师败走。

◎**注释** ①〔弑〕古代称儿子杀父母、臣子杀君主为弑。②〔次〕古时行军驻留某处两夜以上称为"次"。

◎**大意** 七年，楚国公子围杀害了楚王夹敖而自立，就是楚灵王。十年，楚灵王会合诸侯，攻打吴国的朱方，杀死了齐国的庆封。吴国也攻打楚国，夺取了三个城邑而后离去。十一年，楚国出兵讨伐吴国，打到了雩娄。十二年，楚国又出兵征讨，驻军在乾溪，楚军失败后逃走。

十七年，王馀祭卒，弟馀眛立。王馀眛二年，楚公子弃疾弑其君灵王代立焉。

◎**大意**　十七年，吴王馀祭去世，弟弟馀眛继位。吴王馀眛二年，楚国公子弃疾杀害楚灵王，取代了他的王位。

四年，王馀眛卒，欲授弟季札。季札让，逃去。于是吴人曰："先王有命，兄卒弟代立，必致季子。季子今逃位，则王馀眛后立。今卒，其子当代。"乃立王馀眛之子僚为王。

◎**大意**　四年，吴王馀眛去世，想传位给弟弟季札。季札辞让，逃走了。这时吴国人说："先王有遗命，哥哥去世，弟弟代立，一定要传位给季子。季子现在逃走不肯继位，就应由吴王馀眛的后代继位。现在吴王馀眛去世，他的儿子应该继位。"于是便拥立馀眛的儿子僚为吴王。

王僚二年，公子光伐楚，败而亡王舟。光惧，袭楚，复得王舟而还。

◎**大意**　吴王僚二年，公子光讨伐楚国，被楚国打败，而且丢失了先王的船。公子光很害怕，便偷袭楚军，又夺了吴王的船才回来。

五年，楚之亡臣伍子胥来奔，公子光客之。公子光者，王诸樊之子也。常以为"吾父兄弟四人，当传至季子。季子即不受国，光父先立。即不传季子，光当立"。阴纳贤士，欲以袭王僚。

◎**大意**　五年，楚国在外流亡的臣子伍子胥逃到吴国，公子光以宾客之礼接待了他。公子光是吴王诸樊的儿子，他一直认为，"我父亲兄弟四人，应传位给季子。季子如果不接受王位，我的父亲应该首先继位。倘若不传位给季子，就应当传给我"。他暗地里招纳贤能之士，想袭击吴王僚。

八年，吴使公子光伐楚，败楚师，迎楚故太子建母于居巢以归。因北伐，败陈、蔡之师。九年，公子光伐楚，拔居巢、钟离。初，楚边邑卑梁氏之处女与吴边邑之女争桑①，二女家怒相灭，两国边邑长闻之，怒而相攻，灭吴之边邑。吴王怒，故遂伐楚，取两都②而去。

◎**注释** ①〔争桑〕抢采桑叶。②〔两都〕指上文所说之钟离、居巢两座城邑。

◎**大意** 八年，吴国派遣公子光讨伐楚国，打败了楚军，把楚国前太子建的母亲从居巢接回来。吴军乘胜北伐，打败了陈国、蔡国的军队。九年，公子光征讨楚国，攻下居巢、钟离。当初，楚国边城卑梁氏的少女与吴国边境的女子争采桑叶，两家怒而互相攻击，两国边境长官听说了这件事，也发怒而相互攻打，楚国吞灭了吴国的边境的城邑。吴王大怒，所以就讨伐楚国，夺取了两个城邑后离去。

伍子胥之初奔吴，说①吴王僚以伐楚之利。公子光曰："胥之父兄为僇（戮）②于楚，欲自报其仇耳。未见其利。"于是伍员知光有他志③，乃求勇士专诸，见之光。光喜，乃客伍子胥。子胥退而耕于野，以待专诸之事。

◎**注释** ①〔说〕劝说。②〔为僇〕被杀。僇，通"戮"。③〔他志〕别的志向。此处指想夺吴国王位。

◎**大意** 伍子胥刚投奔吴国，以征讨楚国的好处来劝说吴王僚。公子光说："伍子胥的父亲兄长被楚王杀害，他是想要报自己的仇。攻打楚国对吴国不见得有好处。"由此伍子胥知道公子光另有打算，就找到勇士专诸，将他引荐给公子光。公子光很高兴，就以宾客之礼接待伍子胥。伍子胥退隐到郊外去种田，以等待专诸的行动。

吴太伯世家第一

十二年冬，楚平王卒。十三年春，吴欲因楚丧而伐之，使公子盖馀、烛庸以兵围楚之六、灊。使季札于晋，以观诸侯之变。楚发兵绝吴兵后，吴兵不得还。于是吴公子光曰："此时不可失也。"告专诸曰："不索何获①！我真王嗣②，当立，吾欲求之。季子虽至，不吾废也。"专诸曰："王僚可杀也。母老子弱，而两公子③将兵攻楚，楚绝其路。方今吴外困于楚，而内空无骨鲠④之臣，是无奈我何。"光曰："我身，子之身也。"四月丙子，光伏甲士于窟室⑤，而谒王僚饮。王僚使兵陈于道，自王宫至光之家，门阶户席⑥，皆王僚之亲也，人夹持铍⑦。公子光详（佯）为足疾，入于窟室，使专诸置匕首于炙鱼⑧之中以进食。手匕首刺王僚，铍交于匈（胸）⑨，遂弑王僚。公子光竟代立为王，是为吴王阖庐。阖庐乃以专诸子为卿。

◎**注释** ①〔不索何获〕不寻找就不会有收获。②〔嗣〕后代，继承人。③〔两公子〕指盖馀、烛庸，均为王僚同母弟。④〔骨鲠〕正直刚强。⑤〔窟室〕地下室。⑥〔门阶户席〕门，古代指院门。阶，堂前台阶。户，古代堂没有门，是敞开的。堂后面是室，户是室的门。席，古人没有椅子，地上铺席而坐。这是指从院门直到内室的位置。⑦〔铍（pī）〕一种两面有刃的兵器。⑧〔炙鱼〕即烤全鱼。据《左传·昭公二十七年》载，当时往席上端食品的人要裸体在门外换上衣服，以示没有暗藏武器，才能进门。进门以后不能站立，只能膝行前进，执铍的士兵用兵刃在两旁触逼着他，才能把食品献到王僚手中。所以只有把匕首藏在鱼中才不会被发现。⑨〔铍交于匈〕这里指两旁士兵同时将铍刺入专诸胸膛。匈，同"胸"。

◎**大意** 十二年冬天，楚平王去世。十三年春天，吴国想趁楚国办丧事的机会去讨伐它，派公子盖馀、烛庸领兵包围了楚国的六邑、灊（qián）邑。又派遣季札出使晋国，以观察诸侯的反应。楚国发兵切断了吴兵的后路，吴兵不能退回。这时吴国公子光说："现在机不可失。"他告诉专诸说："不追求哪有收获！我是真正的王位继承人，应该继位，我要实现它。即使季子回来，也不会废掉我的！"专诸说："杀王僚的时机已经到了。他母亲年老而孩子幼弱，两个公子领兵攻打楚国，楚兵已切断了他们的退路。如今吴国外受楚国围困，内无刚强正直的大臣，对我是没有办法的。"公子光说："我的性命，就是你的性命！"四月丙子日，公子光在地下室埋伏了兵士，邀请吴王僚宴饮。吴王僚将士兵布置在路途上，从王宫到公子光的家，内外门以及酒席前，都布满了吴王僚的亲兵，人人手握两刃短刀。公子光假装脚有病，进入地下室，让专诸把匕首藏在煎好的鱼腹中去上菜。专诸抽出匕首刺向吴王僚，而吴王僚亲兵的利刃也刺进了专诸的胸膛，专诸最终还是杀死了吴王僚。公子光终于取代吴王僚，成为国君，就是吴王阖庐。阖庐后来任命专诸的儿子为卿。

季子至，曰："苟先君无废祀①，民人无废主，社稷有奉，乃吾君也。吾敢谁怨乎？哀死事生，以待天命。非我生乱，立者从之，先人之道也。"复命②，哭僚墓，复位而待③。吴公子烛庸、盖馀二人将兵遇围于楚者，闻公子光弑王僚自立，乃以其兵降楚，楚封之于舒。

◎**注释** ①〔废祀〕断绝祭祀。本句意为：公子光也是吴先君寿梦的后代，他做国君也不会废绝对祖先的祭祀，政权并没有易姓。言外之意是不反对公子光做国君。②〔复命〕出使他国回来后向国君报告任务完成情况。这里是说季札是王僚派去晋国的，因此他到王僚坟上去向王僚复命。③〔复位而待〕指回到自己的位置上，等待新国君公子光的命令。

◎**大意** 季子回到吴国，说："如果谁能做到不废弃先王的祭祀，百姓不至于没有君主，社稷能够得到供奉，谁就是我的君王。我还敢抱怨谁呢？哀悼死去的侍奉活着的，以顺从天命的安排。变乱不是我发起的，谁被立为君王就服从谁，这是先人的常规。"季子向吴王僚复命，在他的墓前大声哭泣，然后复居本职以待阖庐的命令。吴国公子烛庸、盖馀二人领兵被围困在楚国，听说公子光杀了吴王僚自立为王，就率领士兵投降了楚国，楚王把他们封在了舒邑。

王阖庐元年，举伍子胥为行人而与谋国事。楚诛伯州犁，其孙伯嚭亡奔吴，吴以为大夫。

◎**大意**　吴王阖庐元年，提拔伍子胥为行人官，并让他参与谋划国家大事。楚国杀了伯州犁，伯州犁的孙子伯嚭逃到吴国，吴国任用他为大夫。

三年，吴王阖庐与子胥、伯嚭将兵伐楚，拔舒，杀吴亡将二公子。光谋欲入郢，将军孙武曰："民劳，未可，待之。"四年，伐楚，取六与灊。五年，伐越，败之。六年，楚使子常、囊瓦伐吴。迎而击之，大败楚军于豫章，取楚之居巢而还。

◎**大意**　三年，吴王阖庐和伍子胥、伯嚭领兵讨伐楚国，攻占了舒邑，并杀死了吴国逃亡的担任将领的两个公子。公子光谋划要攻占郢都，将军孙武说："百姓太劳累，现在不行，等待机会吧。"四年，征讨楚国，攻占了六邑和灊邑。五年，讨伐越国，打败了越国。六年，楚国派子常和囊瓦攻打吴国。吴国派兵迎击，在豫章大败楚军，夺取了楚国的居巢后返回。

九年，吴王阖庐谓伍子胥、孙武曰："始子之言郢未可入，今果如何？"二子对曰："楚将子常贪，而唐、蔡皆怨之①。王必欲大伐，必得唐、蔡乃可。"阖庐从之，悉兴师，与唐、蔡西伐楚，至于汉水。楚亦发兵拒吴，夹水陈（阵）。吴王阖庐弟夫概欲战，阖庐弗许。夫概曰："王已属（嘱）②臣兵，兵以利为上，尚何待焉？"遂以其部五千人袭冒③楚，楚兵大败，走。于是吴王遂纵兵追之。比至郢，五战，楚五败。楚昭王亡出郢，奔郧。郧公弟欲弑昭王，昭王与郧公奔随。而吴兵遂入郢。子胥、伯嚭鞭平王之尸以报父仇。

◎**注释** ①〔唐、蔡皆怨之〕《左传·定公三年》记载,蔡昭侯准备了两件佩玉和两件裘衣前往楚国,将其献给楚昭王。昭王服之,设宴招待蔡侯。蔡侯出席宴会时也穿上裘衣,佩戴玉佩。子常也想要,蔡侯不给,被子常扣留三年。唐成公到楚国去,有两匹好马,子常向其索要,不许,子常也将他扣留了三年。参见《管蔡世家》。②〔属〕同"嘱",委托,托付。③〔冒〕干犯,此处指进攻敌人。

◎**大意** 九年,吴王阖庐询问伍子胥、孙武说:"当初你们说不可打进郢都,现在怎么样?"两人回答:"楚国将军子常为人贪婪,唐国、蔡国都怨恨他。大王您一定要大举攻伐,就要得到唐国、蔡国的帮助才行。"阖庐听从了他们的意见,调发军队,与唐国、蔡国一起向西征讨楚国,到达汉水。楚国也发兵抵御吴军,双方隔汉水布列阵营。吴王阖庐的弟弟夫概想发起战斗,阖庐不同意。夫概说:"君王已把军队交给我指挥,用兵以有利于取胜为上策,还等待什么呢?"于是他调发部下五千人突然袭击楚军,楚军大败,逃跑。这时吴王阖庐就挥兵追击楚军。一直打到郢都,交战五次,楚军五次都失败。楚昭王逃出郢都,到了郧县。郧公的弟弟想杀楚昭王,楚昭王与郧公逃到了随国。吴国军队就此进入郢都。伍子胥、伯嚭鞭打了楚平王的尸体,以报父仇。

十年春,越闻吴王之在郢,国空,乃伐吴。吴使别兵击越。楚告急秦,秦遣兵救楚击吴,吴师败。阖庐弟夫概见秦越交①败吴,吴王留楚不去,夫概亡归吴而自立为吴王。阖庐闻之,乃引兵归,攻夫概。夫概败,奔楚。楚昭王乃得以九月复入郢②,而封夫概于堂溪,为堂溪氏。十一年,吴王使太子夫差伐楚,取番。楚恐而去郢徙鄀。

◎**注释** ①〔交〕俱。②〔楚昭王乃得以九月复入郢〕上年楚昭王逃离郢都,使申包胥去秦国求援,申包胥七日不食,哭于秦廷,秦国被感动终于发兵。事见《秦本纪》《楚世家》及《伍子胥列传》。

◎**大意** 十年春天,越国听说吴王阖庐在郢都,国内空虚,就派兵征伐吴国。吴国派遣另一支部队迎击越军。楚国向秦国告急,秦国派兵救援楚国而攻打吴军,吴军战败。阖庐的弟弟夫概见秦军、越军接连打败吴军，吴王阖庐滞留在楚国不走，便逃回吴国自立为吴王。阖庐听到这事，就带兵回国，攻打夫概。夫概战败，逃往楚国。楚昭王才得到机会在九月又回到郢都，并把夫概封在堂溪，称为堂溪氏。十一年，吴王阖庐派太子夫差讨伐楚国，夺取了番邑。楚王因恐惧而离开郢都，迁往鄀邑。

十五年，孔子相鲁。

◎**大意** 十五年，孔子在鲁国担任国相。

十九年夏，吴伐越，越王句践迎击之欈李。越使死士挑战，三行造吴师，呼，自刭。吴师观之，越因伐吴，败之姑苏，伤吴王阖庐指，军却七里。吴王病伤而死。阖庐使立太子夫差，谓曰："尔而忘句践杀汝父乎？"对曰："不敢！"三年，乃报越。

◎**大意** 十九年夏天，吴国征讨越国，越王句践率军在欈李迎击。越王派敢死队员挑战，敢死队员排成三行冲向吴军，高声呼喊，自刎而死。吴军只顾观看这种场面，越军趁机攻打吴军，在姑苏打败了吴军，并砍伤了吴王阖庐的指头，吴军后退了七里。吴王因伤病而死。吴王阖庐临终时派使者立太子夫差为王，对他说："你能忘记句践杀死了你的父亲吗？"夫差回答："不敢忘！"到了第三年，夫差就向越国报了仇。

王夫差元年，以大夫伯嚭为太宰。习战射，常以报越为志。二年，吴王悉精兵以伐越，败之夫椒，报姑苏也。越王句践乃以甲兵五千人栖于会稽，使大夫种因吴太宰嚭而行成①，请委国为臣妾。吴王将许之，伍子胥谏曰："昔有过氏杀斟灌以伐斟寻，灭夏后帝相。帝相之妃后缗方娠，逃于有仍②而生少康。少康为有仍牧正。有过又欲杀少康，少康奔有虞③。有虞思夏德，于是妻之以二女而邑之于纶，有田一成④，有众一旅⑤。后遂收⑥夏众，抚⑦其官职。使人诱之，遂灭有过氏，复禹之绩，祀夏配天，不失旧物⑧。今吴不如有过之强，而句践大于少康。今不因此而灭之，又将宽之，不亦难乎！且句践为人能辛苦，今不灭，后必悔之。"吴王不听，听太宰嚭，卒许越平⑨，与盟⑩而罢兵去。

◎**注释** ①〔行成〕诸侯国之间请求媾（gòu）和。②〔有仍〕古国名，乃后缗（mín）之娘家。③〔有虞〕古国名，为舜之后代。④〔成〕方圆十里。⑤〔旅〕五百人为一旅。⑥〔收〕聚集。⑦〔抚〕整顿。⑧〔旧物〕过去的事物。指夏朝亡国前的典章制度、国家土地等。⑨〔平〕两国讲和。⑩〔盟〕举行歃血仪式，订立盟约。

◎**大意** 吴王夫差元年，任用大夫伯嚭为太宰。训练军队作战、射箭，常以向越国报仇为志向。二年，吴王夫差调发全部精兵讨伐越国，在夫椒打败了越军，报了姑苏战败之仇。越王句践领着甲兵五千人躲进会稽山，派大夫种通过吴国太宰嚭向吴王夫差求和，请求允许全越国人做吴国的奴隶。吴王夫差准备答应他，伍子胥劝谏说："从前有过氏灭了斟灌去攻打斟寻，灭了夏王帝相。帝相的妃子后缗正在怀孕，逃到有仍国而生下了少康。少康做了有仍国的牧正。有过氏又想杀少康，少康逃到了有虞国。有虞氏怀念夏朝的恩德，便把自己的两个女儿嫁给了少康，并把纶邑封给了他，使他有方圆十里的土地，五百人口。后来少康招集夏朝遗民，整顿夏朝的官制。又派人去引诱有过氏，最终灭掉了有过氏，恢复了夏禹的业绩，继续以夏的祖先配享上天，恢复了夏朝原有的统治。如今吴国不如有过氏强大，句践却比少康强盛。现在不趁机消灭他，还要宽恕他，不也会引发灾难吗！况且句践为人能够吃苦耐劳，现在不消灭他，将来一定会后悔的。"吴王夫差不听，只听信太宰嚭，最终答应与越国讲和，与越国签订盟约后退兵而去。

七年，吴王夫差闻齐景公死而大臣争宠，新君①弱，乃兴师北伐齐。子胥谏曰："越王句践食不重味②，衣不重采③，吊死问疾，且欲有所用其众。此人不死，必为吴患。今越在腹心疾，而王不先，而务齐，不亦谬乎！"吴王不听，遂北伐齐，败齐师于艾陵。至缯，召鲁哀公而征百牢④。季康子使子贡以周礼说太宰嚭，乃得止。因留略地于齐鲁之南。九年，为邹⑤伐鲁，至，与鲁盟乃去。十年，因伐齐而归。十一年，复北伐齐。

◎**注释** ①〔新君〕指齐国新立之君晏孺子。②〔重（chóng）味〕两种以上菜肴。③〔重采〕两种以上的颜色。④〔牢〕古代祭祀或宴会所用的牲畜，牛、羊、猪各一只为一牢。⑤〔邹〕又作"邾"。

◎**大意** 七年，吴王夫差听说齐景公死了而大臣们争权，新继位的君主幼小，就发兵北伐齐国。伍子胥劝谏说："越王句践吃饭不计较口味，穿衣不在乎色彩，吊唁死者并慰问病人，这是想利用他的百姓有所作为。这个人不死，必定会成为吴国的祸患。现在越国作为吴国的心腹大患而大王却不尽早除掉他，反而忙着攻打齐国，不是很荒唐吗？"吴王夫差不听，仍然向北征讨齐国，后来在艾陵打败了齐国的军队。到达缯邑后，召见鲁哀公，索取牛、羊、猪等祭品一百套。季康子派子贡以周王室的礼法规范去劝说太宰嚭，才得罢休。吴王夫差因而留下来在齐、鲁两国南部攻略土地。九年，以援助邹国为借口讨伐鲁国，到达后与鲁国订立了盟约才离去。十年，趁势讨伐了齐国才回国。十一年，吴国又派兵向北攻伐齐国。

越王句践率其众以朝吴，厚献遗之，吴王喜。唯子胥惧，曰："是弃吴也。"谏曰："越在腹心，今得志于齐，犹石田，无所用。且《盘庚之诰》①有颠越勿遗②，商之以兴。"吴王不听，使子胥于齐，子胥属其子于齐鲍氏，还报吴王。吴王闻之，大怒，赐子胥属镂③之剑以死。

将死，曰："树④吾墓上以梓⑤，令可为器⑥。抉⑦吾眼置之吴东门，以观越之灭吴也。"

◎ **注释** ①〔《盘庚之诰》〕即《尚书》中的《盘庚》，是商王盘庚告诫臣民的讲话记录。②〔颠越勿遗〕意指不要放过坏人。颠，狂。越，超出法度。勿遗，消灭干净，没有漏网的。③〔属镂〕剑之名。④〔树〕种植。⑤〔梓〕一种落叶乔木，生长较快，古代多用来做棺材。⑥〔令可为器〕意指梓树成材可以制棺材时，吴国就要灭亡了。⑦〔抉〕挖。

◎ **大意** 越王句践率领他的部下朝见吴王夫差，献上了丰厚的礼物，吴王夫差很高兴。只有伍子胥心怀忧惧，说："这是上天要毁弃吴国啊！"于是进谏说："越国是吴国的心腹之患，大王如今在齐国达到了扩张的目的，但不过像得到了一片石田，没有什么用处。况且《盘庚之诰》说要彻底消灭悖逆无礼的坏人，商朝遵循这一训导才得以兴盛。"吴王夫差不听，派伍子胥出使齐国，伍子胥把自己的儿子托付给齐国的鲍氏，然后回来向吴王夫差汇报出使情况。吴王夫差听说这事，勃然大怒，赐给伍子胥属镂之剑让他自杀。将要自杀的时候，伍子胥说："在我的墓上种上梓树，使它长成可以做棺木的大树。把我的眼睛挖出来，挂在吴国都城的东门之上，让它们来见证越国把吴国灭掉吧。"

齐鲍氏弑齐悼公。吴王闻之，哭于军门外三日，乃从海上攻齐。齐人败吴，吴王乃引兵归。

◎ **大意** 齐国的鲍氏杀害了齐悼公。吴王夫差听到这消息，在军门外哭了三天，然后发兵从海上攻打齐国。齐国人打败了吴军，吴王夫差才率军回国。

十三年，吴召鲁、卫之君会于橐皋。

◎**大意**　十三年，吴王征召鲁国、卫国的国君在橐（tuó）皋会盟。

十四年春，吴王北会诸侯于黄池，欲霸中国以全①周室。六月丙子，越王句践伐吴。乙酉，越五千人与吴战。丙戌，虏吴太子友。丁亥，入吴。吴人告败于王夫差，夫差恶其闻也。或泄其语，吴王怒，斩七人于幕下。七月辛丑，吴王与晋定公争长②。吴王曰："于周室我为长③。"晋定公曰："于姬姓我为伯（霸）④。"赵鞅怒，将伐吴，乃长晋定公。吴王已盟，与晋别，欲伐宋。太宰嚭曰："可胜而不能居也。"乃引兵归国。国亡太子，内空，王居外久，士皆罢（疲）敝，于是乃使厚币以与越平。

◎**注释**　①〔全〕保全。②〔长〕诸侯盟会时举行歃血仪式，第一个歃血的为长，即盟主。③〔于周室我为长〕吴国、晋国都是姬姓诸侯国，吴国祖先太伯是周太王长子，晋国祖先季历是周太王的小儿子。因此夫差说应该吴为盟主。④〔伯〕通"霸"，即诸侯盟主。晋自文公、襄公、悼公、平公都曾称霸。姬姓诸侯国中，只有晋国称过霸。春秋时其他称过霸的国家都不是姬姓，如秦穆公嬴姓、齐桓公姜姓、楚庄王芈（mǐ）姓等。

◎**大意**　十四年春天，吴王夫差北上黄池与诸侯会盟，想要称霸中原，保全周王室。六月丙子日，越王句践讨伐吴国。乙酉日，越军五千人与吴军交战。丙戌日，俘虏了吴国太子友。丁亥日，攻入吴国都城。吴国人把战败的消息报告给吴王夫差，吴王夫差不愿意诸侯知道这件事。有人走漏了消息，吴王夫差大怒，在军营帐幕下杀了七个人。七月辛丑日，吴王夫差与晋定公争当盟主。吴王夫差说："在周王室中，我祖先的辈分最高。"晋定公说："在姬姓诸侯中，晋是霸主。"赵鞅发火了，要发兵攻打吴军，吴王夫差于是让晋定公当了盟主。吴王夫差和诸侯会盟后，与晋定公告别，想要去征讨宋国。太宰伯嚭说："可以战胜而不能占有。"于是吴王夫差便领兵回国。吴国失去了太子，国内空虚，吴王夫差长期在外，士兵都疲惫不堪，在这种情况下，只得派使者携带重金与越国讲和。

十五年，齐田常杀简公。

◎**大意**　十五年，齐国的田常杀死了齐简公。

十八年，越益强。越王句践率兵复伐败吴师于笠泽。楚灭陈。

◎**大意**　十八年，越国更加强大。越王句践率领军队讨伐吴国，在笠泽打败了吴国的军队。楚国灭亡了陈国。

二十年，越王句践复伐吴。二十一年，遂围吴。二十三年十一月丁卯，越败吴。越王句践欲迁吴王夫差于甬东，予百家居之。吴王曰："孤老矣，不能事君王也。吾悔不用子胥之言，自令陷此。"遂自刭死。越王灭吴，诛太宰嚭，以为不忠，而归。

◎**大意**　二十年，越王句践再次征讨吴国。二十一年，包围了吴国都城。二十三年十一月丁卯日，越军打败了吴国。越王句践想把吴王夫差迁往甬东，给他一百户民家的地区居住。吴王夫差说："我老了，不能侍奉君王了。我后悔没有采纳伍子胥的意见，使自己陷于如此境地。"于是自杀身亡。越王句践灭了吴国，杀了吴太宰伯嚭，认为他对国君不忠，然后回国。

太史公曰：孔子言"太伯可谓至德矣，三以天下让，民无得而称焉①"。余读《春秋》古文，乃知中国之虞与荆蛮句吴兄弟也。延陵季子之仁心，慕义无穷，见微而知清浊②。呜呼，又何其闳览博物③君子也！

◎ **注释** ①〔无得而称焉〕无得，不能够。这里指不能用语言来表达对太伯的赞颂。语出《论语·泰伯第八》。②〔清浊〕喻指善恶、治乱、贤愚等对立的范畴。本句尤指季札能通过观乐来知道国家的治乱兴衰。③〔闳览博物〕见多识广，博学多知。

◎ **大意** 太史公说：孔子说"吴太伯可称得上有最高的德行，三次以君位相让，百姓简直不知道怎样称赞他才好"。我读了《春秋》古文，才知道中原地区的虞国与荆蛮地区的吴国是兄弟之邦。延陵季子怀有仁爱之心，仰慕道义无止境，从细微的迹象就能看出事物的清白与污浊。唉，他又是一个多么有学问、有见识的君子啊！

◎ **释疑解惑**

司马迁在为《史记》谋篇布局时，很注重礼让精神，这一点在每一体例的首篇都有所体现。如"十二本纪"与"十表"，首篇皆写五帝，强调的是禅让；"八书"以《礼书》开篇，亦强调礼让的重要性；"三十世家"以吴太伯为首，同样是"嘉伯之让"；而"七十列传"以伯夷、叔齐为首，同样体现了对礼让品质的赞美。

在《吴太伯世家》中，有所谓"让国"之举的实际不止太伯一人，还有后世的季札。然而，对于太伯让国，后世大都与太史公一样抱持赞赏的态度。但对于季札的"让国"，有人以为无愧于太伯，也颇有人不以为然。清人陈廷敬说："吾适东海上，过孤竹之墟，拜伯夷、叔齐祠下，留数日，低回不能去，及读《吴太伯世家》，睹其事有合焉。太伯之奔荆蛮，荆蛮义之，从而归之千余家，孔子谓其民无得而称，何哉？盖尝称尧曰民无能名，具称太伯也，殆等于尧矣。他日又谓齐景公民无德而称，伯夷、叔齐民到于今称之。盖崔杼弑庄公，而景公为其所立，以崔杼之弑其兄，夷齐之穷饿，以兄弟之交相让。且称者，称其德也。太伯让同夷齐，而曰民无得而称焉，此爻之所以为大，太伯之德所以为至也。自太伯以来，十九世至王寿梦，寿梦有子四人：诸樊、馀祭、馀昧、季札，季札贤，寿梦欲立之，季札让不可，立诸樊，诸樊既除丧，让位季札，季札引子臧之义固谢，吴人固欲立之，季札弃其室而耕，诸樊卒，传馀祭，必欲以次致国季札。自诸樊至馀祭、馀眛,皆兄终弟及,馀眛之卒,皆欲授季札,季札于是逃去。呜呼,太伯之贤,比于伯夷,季子之节,可谓不愧太伯矣,岂仅如史迁所称'闳览博物君子'云乎哉!"认为季札之节义可谓不愧于太伯。但是,更多的人则论说季札之"让国"并非出自对国家的忠心。如唐代独孤及《吴季子札论》说:"季子三以国让,而《春秋》褒之,余征其前闻于旧史氏。窃谓废先君之命,非孝也;附子臧之义,非公也;执礼全节,使国篡君弑,非仁也;出能观变,入不讨乱,非智也。左丘明、太史公书而无讥,余有惑焉。夫国之大经,实在择嗣。王者慎德之不建,故以贤则废年,以义则废卜,以君命则废礼。是以太伯之奔句吴也,盖避季历。季历以先王所属,故篡服嗣位而不私,太伯知公器有归,亦断发文身而无怨。及武王继统,受命作周,不以配天之业让伯邑考,官天下也。彼诸樊无季历之贤,王僚无武王之圣,而季子为太伯之让,是徇名也,岂曰至德?且使争端兴于上替,祸机起于内室,遂错命于子光,覆师于夫差,陵夷不返,二代而吴灭。季子之闳达博物,慕义无穷,向使当寿梦之眷命,接馀眛之绝统,必能光启周道,以霸荆蛮。则大业用康,多难不做。阖闾安得谋于窟室?专诸何所施其匕首?呜呼!全身不顾其业,专让不夺其志,所去者忠,所存者节。善自牧矣,谓先君何?与其观变周乐,虑危戚钟,曷若以萧墙为心,社稷是恤?复命哭墓,哀死事生,孰与先衅而动,治其未乱?弃室以表义,挂剑以明信,孰与奉君父之命,慰神祇之心?则独守纯白,不干义嗣,是洁己而遗国也。吴之覆亡,君实阶祸。且曰非我生乱,其孰生之哉!其孰生之哉!"《史记评林》引元人金履祥的说法:"吴诸樊兄弟相传,凡以为季子耳。季子不立,则国固诸樊之国也。僚恃馀祭已结国人而立,意固非矣。《春秋》不以弑罪归光,则季子亦难以弑罪仇也。然季子逊国而光弑君,为季子者终于上国不亦可乎?'复命哭墓,复位而待',亦几于过矣。"明人锺惺《史怀》说:"季札,古之笃于友者也,所至以人才为念,不识其贤者不已。与人处吐出心肝,忠告动人,盖有心用世人也。独爱身一念太重耳,故凡事皆不肯犯乎?当阖庐弑立之际,趋避圆捷,与晏子处崔杼之乱同一机权,是古今一大乡愿也。"他们认为,季札明明有贤才,却为所谓的"义"与"信"而置国家利益于不顾,逃位而去,从而导致了后来公子光的夺位之乱,进一步导致吴国在吴王夫差时走向覆亡。当然,历史不能假设,谁也无法确知如果当初季札遵父命继承了王位,吴国会有怎样的发展，历史又会有怎样的不同。不过，在那个家天下的时代，或许季札是真的很难跳出历史所赋予他的观念，他可能尚且不能理解君位不仅仅是一种权力，更是一种义务和责任，毕竟在大多数人的眼中，君位是一种财富，是一项私人财产。季札秉持礼法而"让国"，其初衷无疑是好的，至于后世之事，谁又能预料呢？

◎思考辨析题

1. 司马迁为什么将《吴太伯世家》置于"三十世家"之首？
2. 季札观乐知政给了我们什么启迪？

齐太公世家第二

司马迁在《太史公自序》中介绍了《齐太公世家》的撰写意图：申、吕两国衰弱，齐太公投奔西岐后，为周文王、周武王之师；他长于权谋，功劳为群臣之首；受封于齐，建都营丘，成为齐国始祖。齐桓公不背弃与鲁国在柯地所订盟约，事业由此昌盛，多次会合诸侯，霸业显著。田恒与阚止争宠，姜姓的吕氏齐国于是瓦解灭亡。为赞美齐太公的宏谋和功勋，于是创作此篇。

《齐太公世家》记载了姜姓的吕氏齐国自西周初太公建国（前1046年）起，至公元前379年齐康公身死国灭，总计近七百年的历史。姜姓的吕氏齐国是西周和春秋时期的一个重要诸侯国，功高盖世的开国君主齐太公和一代霸主齐桓公是司马迁刻画的重点。开国君主齐太公在辅佐周文王、周武王创建周王朝后，因功勋卓著而被封于齐。他勤勉修政，尊重齐俗，简化礼仪，使民心归附，从而使齐国跻身大国之列。齐国的地理位置和自然条件非常优越：自泰山一直到琅琊山，向北到达北海，土地肥沃宽广。齐地民风淳朴，有泱泱大国之风。再加上齐太公卓有远见，注重发展经济，通工商之业，便鱼盐之利，经济迅速繁荣，为之后的发展打下了良好的物质基础。齐桓公在贤相管仲等人的辅佐下，设轻重鱼盐之利，赡养贫穷，任用贤能，使得齐国上下一心，国富民强。在政治文化上，齐国既不像伯禽治理鲁国那样拘泥于封建宗法制，又不像秦、楚早期那样"以夷狄自置"，而是顺应"其民阔达多匿知"的本土文化，有条件地推行宗法制和集权制相结合的体制，为政简而不苛，平易近民。到齐桓公时，知人善任、从谏如流，终使齐国成为大国争霸斗争中一个名副其实的大国。齐桓公以春秋首位盟主的地位左右中原局势，虽不免倚势凌人，欺侮弱小，但能够做到尊王攘夷，故而受到孔子及太史公的高度赞扬。晚年的齐桓公志得意满，昏庸暗昧，不听管仲临终劝告，宠信易牙、开方、竖刀等奸佞之辈，导致三子专权，五子争位，结果他死后六十七日不得下葬。此后齐国动荡不安，混乱一片，在尔虞我诈、血腥杀戮的阴谋争斗中日趋衰落，千古霸业毁于一旦。这一方面由于姜姓公室旧贵族德不配位，日益腐朽堕落，另一方面由于统治者内部的斗争日益激烈，尤其是齐庄公、齐景公之际，权臣崔杼、庆封弑君专权，倒行逆施，致使齐国元气大伤。而新兴的卿族田氏则不断壮大势力，在公室和卿族之中挑拨离间，坐收渔利，并在参政过程中暗暗收买人心，终于在公元前391年，田成子四世孙田和废齐康公，篡国夺权，自立为国君，建立田氏齐国。公元前379年，齐康公去世，姜齐遂亡，史称"田氏代齐"。

本篇的艺术特点之一是取材有法、详略得当。司马迁抓住最能代表齐国历史发展线索的几个时期，清晰地勾勒了它由盛而衰的历史过程。前半篇主要介绍了太公和桓公在位时期的活动，后半篇则集中记叙了崔、庆之乱与田氏代齐的详尽过程。在作者浓墨重彩的渲染下，斑斓多姿的历史画面得以生动再现。其余部分则记其大概，明其脉络，取得了"略小取大，举重明轻"的叙事效果。艺术特点之二是人物形象生动立体。司马迁善于把握人物形象的复杂性，加以真实再现，使人备感可亲可信。例如，本篇既写了齐桓公的机智果断、从谏如流、重义守信的明君风度，也表现了他晚年骄傲固执、好大喜功的思想变化；既表彰了他九合诸侯、一匡天下的宏伟业绩，又刻画了他好色多宠的性格缺陷，给人留下了深刻印象。即使是反面人物崔杼，作者也写了他两次不杀晏婴的微妙心理，展现了人物的复杂个性。

太公望吕尚者，东海上①人。其先祖尝为四岳②，佐③禹平④水土甚有功。虞夏之际⑤封⑥于吕，或⑦封于申，姓姜氏⑧。夏商之时，申、吕或封枝（支）庶⑨子孙，或为庶人⑩，尚其后苗裔也。本姓姜氏，从其封姓，故曰吕尚。

◎**注释** ①〔东海上〕东海，此处泛指今江苏、山东一带沿海，非今之东海。上，岸边。②〔四岳〕传说尧、舜时代掌管四时和主持方岳巡狩的官长。③〔佐〕辅佐。④〔平〕治理。⑤〔虞夏之际〕即舜、禹执政时期。⑥〔封〕帝王将一方土地赐予臣下或宗室。⑦〔或〕有的。⑧〔姓姜氏〕严格地按上古说法，应为"姜姓吕氏"。因为上古时人有姓有氏。姓是一种标志家族系统的族号，起于母系社会。氏是姓的分支，即一族分为若干支散居各地，每支的称号为氏。先秦时氏、姓分别，秦汉以后混而为一。⑨〔枝庶〕宗族中一本旁出的各支派。枝，同"支"。⑩〔庶人〕平民。

◎**大意** 太公望吕尚，是东海边上的人。他的祖先曾经做过四岳之官，辅佐夏禹治理水土很有功劳。在虞舜、夏禹时被封在吕地，有的被封在申地，姓姜。夏商两代，申吕两地有的被封给了旁支子孙，有的成了平民，吕尚就是他们的后代。本来姓姜，后用祖先的封邑为姓，所以叫吕尚。

吕尚盖尝穷困，年老矣，以渔钓奸（干）周西伯①。西伯将出猎，卜之，曰"所获非龙非彲（螭）②，非虎非罴③；所获霸王之辅④"。于是周西伯猎，果遇太公于渭之阳，与语，大说（悦），曰："自吾先君太公曰'当有圣人适周，周以兴'。子真是邪？吾太公望子久矣。"故号之曰"太公望"，载与俱归，立为师。

◎**注释** ①〔以渔钓奸周西伯〕传说吕尚曾在渭水之滨的兹泉垂钓，等待与西伯昌相遇。奸，通"干"，有所求取而见请。②〔彲（chī）〕通"螭"，无角之龙。③〔罴（pí）〕棕熊。俗称"马熊"或"人熊"。④〔霸王之辅〕能够帮助实现在天下称王称霸愿望的人才。

◎**大意** 吕尚大概曾穷困潦倒过，年老了，通过钓鱼去结识周西伯。周西伯准备出外打猎，事先占卜了一卦，卦辞说"所得到的不是龙不是螭，不是虎不是罴；所得到的是霸王的辅臣"。于是周西伯去打猎，果然在渭水北面遇到太公，和他交谈后很高兴，说："自从我的先君太公就说'当有圣人来到周时，周会因此而兴旺'。您就是所说的这个人吧？我们太公盼望您很久啦。"所以称他为"太公望"，周西伯与他一同乘车回去，封他为军师。

或曰，太公博闻，尝事纣。纣无道，去之。游说诸侯，无所遇，而卒西归周西伯。或曰，吕尚处士①，隐海滨。周西伯拘羑里，散宜生、闳夭素知而招吕尚。吕尚亦曰"吾闻西伯贤，又善养老，盍^②往焉"。三人者为西伯求美女奇物，献之于纣，以赎西伯。西伯得以出，反（返）^③国。言吕尚所以事周^④虽异，然要之为文武师。

◎**注释** ①〔处士〕有才德而隐居不做官的士人。②〔盍（hé）〕何不。③〔反〕同"返"，归，还。④〔所以事周〕为周服务的原因。

◎**大意** 有人说，太公吕尚博学多闻，曾经侍奉商纣王。纣王暴虐无道，太公就离开了他。太公游说各国诸侯，没有遇到赏识他的人，因而最终向西归附了周西伯。有人说，吕尚是隐士，隐居在海滨。周西伯被纣王囚禁在羑里时，散宜生、闳夭平素了解吕尚，因此请他出来。吕尚也说"我听说西伯贤明，又能很好地赡养老人，为什么不到他那儿去"。他们三人替西伯寻找美女和宝物，献给纣王，用来赎出西伯。西伯因而被释放回国。有关吕尚为周室服务的原因虽各不相同，但重要的是，他担任了文王、武王的军师。

周西伯昌之脱羑里归，与吕尚阴谋修德以倾^①商政，其事多兵权^②与奇计，故后世之言兵及周之阴权^③皆宗^④太公为本谋^⑤。周西伯政平^⑥，及断虞芮之讼^⑦，而诗人^⑧称西伯受命曰文王^⑨。伐崇、密须、犬夷^⑩，大作^⑪丰邑。天下三分，其二归周者，太公之谋计居多。

◎**注释** ①〔倾〕推翻。②〔兵权〕用兵的计谋。③〔阴权〕隐秘灵活的措施、方法。④〔宗〕尊法。⑤〔本谋〕基本策略。⑥〔政平〕政治清平。⑦〔断虞芮之讼〕虞国在今山西平陆，芮国在今陕西大荔，两国之君为土地疆界相争，久而不决，到周国请西伯评判。二君进入周境后，见到耕田者在田界上互相谦让，行人走路互相礼让，男女分道而行，老人受到尊重。二国之君非常惭愧，也没有再去见西伯，主动把所争之地让出，作为闲田。详见《周本纪》及《诗经·大雅·绵》毛传。⑧〔诗人〕《诗经》中诗歌的作者。⑨〔称西伯受命曰文王〕把西伯称作膺受天命的文王。如《诗经·大雅·大明》称"有命自天，命此文王"，《诗经·大雅·皇矣》载有天帝对文王的敕命。⑩〔犬夷〕古代部族名，曾在今陕西一带活动。⑪〔作〕建设。

◎**大意** 周西伯姬昌从羑里脱身归来，与吕尚暗中谋划施行德政，以推翻商朝政权，其中有许多是用兵的权谋和奇妙的计策，所以后世谈论用兵及周代的秘密权术都推崇太公为主要谋划者。周西伯为政公平，解决了虞、芮两国的争端以后，诗人称周西伯是禀受了天命为文王。文王征讨崇国、密须、犬夷，大规模兴建丰邑。当时天下三分，其中二分归附了周，大多是出于太公的谋划。

文王崩，武王即位。九年，欲修文王业，东伐以观诸侯集否①。师行，师尚父左杖黄钺②，右把白旄③以誓，曰："苍兕④苍兕，总⑤尔众庶，与尔舟楫，后至者斩！"遂至盟津。诸侯不期而会者八百诸侯。诸侯皆曰："纣可伐也。"武王曰："未可。"还师，与太公作此《太誓》⑥。

◎**注释** ①〔集否〕能否云集响应。②〔黄钺（yuè）〕一种以黄金为饰的长兵器，状如大斧，为帝王所专用，或特赐给专主征伐的重臣。③〔白旄〕竿顶以牦牛尾为饰的旗帜。④〔苍兕〕水中猛兽之名，善于奔突，能覆舟船。这里指主管船只的军官。⑤〔总〕统领。⑥〔《太誓》〕也写作《泰誓》。周武王伐纣时兵至盟津所发出的誓师令，已佚失。古文《尚书》中的《泰誓》是后人伪作。

◎**大意** 文王去世，武王继位。九年，武王想完成文王的大业，向东征伐，以观诸侯向背。军队出发时，师尚父左手执黄钺，右手握着白旄誓师，说："苍兕苍兕，集合你所有的民众，交给你舟船桨楫，迟到的斩首！"于是到了盟津。诸侯不经约定就来参加会盟的有八百位。诸侯都说："可以讨伐纣王了。"武王说："还不到时候。"率军队回转，与太公写了《太誓》。

居二年，纣杀王子比干，囚箕子。武王将伐纣，卜，龟兆①不吉，风雨暴至。群公尽惧，唯太公强之劝武王，武王于是遂行。十一年正月甲子，誓于牧野，伐商纣。纣师败绩②。纣反走，登鹿台③，遂追斩纣。明日，武王立于社④，群公奉明水⑤，卫康叔封布采（彩）席，师尚父牵牲⑥，史佚策祝⑦，以告神讨纣之罪。散鹿台之钱，发钜桥⑧之粟，以振（赈）贫民。封比干墓，释箕子囚。迁九鼎，修周政，与天下更始⑨。师尚父谋居多。

◎ **注释** ①〔龟兆〕将占卜用的龟甲烧灼以后，根据其裂纹形状推断吉凶。龟甲烧灼后的裂纹叫作龟兆。②〔败绩〕军队完全崩溃。③〔鹿台〕纣所建之台，传说其广三里，高千尺。在今河南淇县。纣曾暴增赋税，将财物存放于此处。④〔社〕祭祀地神之所。⑤〔明水〕洁净之水，祭神所用。⑥〔牵牲〕古代新朝驱除旧朝后，要重新立社，并杀牲取血来涂抹新社。吕尚掌管牵此牲畜。⑦〔策祝〕史官将祈祷之辞写于竹简之上。⑧〔钜桥〕商代之粮仓，遗址在今河北曲周东北。⑨〔更始〕除旧布新，重新开始。

◎ **大意** 过了两年，纣王杀死王子比干，囚禁箕子。武王将要征讨纣王，占卜，龟兆不吉利，暴风雨骤至。大臣们都很恐惧，只有太公坚决劝说武王伐纣，武王于是出兵。十一年正月甲子日，在牧野誓师，讨伐商纣王。纣王的军队溃败。纣王回身逃跑，登上鹿台自杀，武王兵士就追来斩下纣王头颅。第二天，武王站在土地神社前，大臣们捧着净水，卫康叔封铺上彩席，师尚父牵着用来祭祀的牲畜，史佚诵读策文，禀告天神声讨纣王的罪行。又散发鹿台的钱财，发放钜桥的粮食，用来赈济贫民。又增修了比干的坟墓，释放了被囚禁的箕子。迁移九鼎，修明周朝政治，与天下百姓共同除旧布新。这些事情大多出于师尚父的谋划。

于是武王已平商而王①天下，封师尚父于齐营丘。东就国，道宿行迟。逆旅②之人曰："吾闻时难得而易失。客寝甚安，殆③非就国者也。"太公闻之，夜衣而行，犁（黎）明至国。莱④侯来伐，与之争营丘。营丘边莱。莱人，夷也，会纣之乱而周初定，未能集⑤远方，是以与太公争国。

◎**注释** ①〔王（wàng）〕做天下之王。②〔逆旅〕客栈。③〔殆〕大概。④〔莱〕东方的一个小国，在今山东龙口一带。⑤〔集〕安定。

◎**大意** 这时武王已消灭商朝而在天下称王，把师尚父封在齐地的营丘。师尚父往东去自己的封国，途中在旅舍住宿，行进缓慢。旅舍的人说："我听说时机难以得到而容易丧失。这位客人睡觉相当安稳，大概不是到封国去就任的人。"太公听到这话，连夜穿上衣服向前行进，天亮时到达封国。莱侯来攻伐，与太公争夺营丘。营丘靠近莱国边境。莱人，是夷族，适逢纣王乱政而周朝刚建立，还没有能安定边远地区，所以来和太公争夺土地。

太公至国，修政，因其俗，简其礼，通商工之业，便鱼盐之利，而人民多归齐，齐为大国。及周成王少时，管蔡作乱①，淮夷畔（叛）周，乃使召康公命太公曰："东至海，西至河，南至穆陵，北至无棣，五侯九伯②，实得征之。"齐由此得征伐，为大国。都营丘。

◎**注释** ①〔作乱〕发动叛乱。事详见《周本纪》及《管蔡世家》。②〔五侯九伯〕泛指各国诸侯。五侯，指公、侯、伯、子、男五等诸侯。九伯，指九州长官。伯是掌管一方的长官。

◎**大意** 太公到了封国，整顿政治，顺应当地的习俗，简化礼仪，通达工商之业，发展鱼盐生产，因而民众多来归附齐国，齐国于是成为大国。等到周成王幼年继位，管叔、蔡叔作乱，淮夷反叛周朝，于是派召康公授命太公说："东到大海，西到黄河，南到穆陵，北到无棣，五等诸侯和九州长官，你都可以征讨。"齐国从此得到征伐大权，成为大国，建都营丘。

盖太公之卒百有余年，子丁公吕伋立。丁公卒，子乙公得立。乙公卒，子癸公慈母立。癸公卒，子哀公不辰立。

◎**大意**　太公去世时已经一百多岁，儿子丁公吕伋继位。丁公去世，儿子乙公得继位。乙公去世，儿子癸公慈母继位。癸公去世，儿子哀公不辰继位。

哀公时，纪侯谮①之周，周烹哀公②而立其弟静，是为胡公。胡公徙都薄姑，而当周夷王之时。

◎**注释**　①〔谮（zèn）〕说坏话诬陷别人。②〔周烹哀公〕据《公羊传·庄公四年》何休注，是周懿王烹杀齐哀公。烹，将人放入鼎内用开水煮死的酷刑。
◎**大意**　哀公的时候，纪侯在周王面前诋毁哀公，周王烹杀了哀公而立了哀公的弟弟静，这就是胡公。胡公迁都到薄姑，当时正值周夷王时期。

哀公之同母少弟山怨胡公，乃与其党率营丘人袭攻杀胡公而自立，是为献公。献公元年，尽逐胡公子，因徙薄姑都，治临菑。

◎**大意**　哀公同母所生的小弟弟山怨恨胡公，于是和他的党羽率领营丘人攻杀胡公而自立为君，这就是献公。献公元年，将胡公的儿子们全部放逐，又将都城从薄姑迁到临菑。

九年，献公卒，子武公寿立。武公九年，周厉王出奔①，居彘。十年，王室乱，大臣行政，号曰"共和②"。二十四年，周宣王初立。

◎**注释**　①〔出奔〕逃亡。周厉王因国人暴动，仓皇逃亡。②〔共和〕周厉王出奔后，周公、召公共同执政，称作"共和行政"。时在公元前841年。

◎**大意**　九年，献公去世，儿子武公寿继位。武公九年，周厉王出逃，居住在彘地。十年，周王室乱，大臣代行政事，称之为"共和"。二十四年，周宣王新即位。

二十六年，武公卒，子厉公无忌立。厉公暴虐，故胡公子复入齐，齐人欲立之，乃与攻杀厉公。胡公子亦战死。齐人乃立厉公子赤为君，是为文公，而诛杀厉公者七十人。

◎**大意**　二十六年，武公去世，儿子厉公无忌继位。厉公残暴酷虐，所以胡公的儿子再次进入齐国，齐国人想拥立他，就与他一起攻杀了厉公。胡公的儿子也战死了。齐国人就拥立厉公的儿子赤为国君，这就是文公，文公下令处死了参与杀厉公的七十个人。

文公十二年卒，子成公脱立。成公九年卒，子庄公购立。

◎**大意**　文公在位十二年去世，儿子成公脱继位。成公在位九年去世，儿子庄公购继位。

庄公二十四年，犬戎杀幽王，周东徙雒。秦始列为诸侯。五十六年，晋弑其君昭侯。

◎**大意**　庄公二十四年，犬戎攻杀周幽王，周王室东迁到雒邑。秦国开始被列为诸侯。五十六年，晋国人杀死了他们的国君昭侯。

六十四年，庄公卒，子釐公禄甫立。

◎**大意** 六十四年，庄公去世，儿子釐公禄甫继位。

釐公九年，鲁隐公初立。十九年，鲁桓公弑其兄隐公而自立为君。

◎**大意** 釐公九年，鲁隐公新即位。十九年，鲁桓公杀死他的哥哥隐公，自立为君。

二十五年，北戎①伐齐。郑使太子忽来救齐，齐欲妻之。忽曰："郑小齐大，非我敌②。"遂辞之。

◎**注释** ①〔北戎〕又名山戎，戎族的一支，春秋时期活动于今河北北部。②〔敌〕相当。

◎**大意** 二十五年，北戎攻打齐国。郑国派太子忽前来救助齐国，齐侯想把女儿嫁给他。郑太子忽说："郑国小齐国大，不是我能匹配的。"郑太子就辞谢了这一婚事。

三十二年，釐公同母弟夷仲年死。其子曰公孙无知，釐公爱之，令其秩服①奉养比太子。

◎**注释** ①〔秩服〕俸禄等级和车马服饰。

◎**大意** 三十二年，釐公的同母弟弟夷仲年去世。夷仲年的儿子叫公孙无知，釐公喜爱他，让他在俸禄等级和车马服饰方面享受与太子相同的待遇。

三十三年，釐公卒，太子诸儿立，是为襄公。

◎**大意** 三十三年，釐公去世，太子诸儿继位，这就是襄公。

襄公元年，始为太子时，尝与无知斗，及立，绌（黜）无知秩服，无知怨。

◎**大意** 襄公元年，他初为太子时，曾和无知争斗，等到即位后，降低了无知所享受的俸禄器服的等级，无知心生怨恨。

四年，鲁桓公与夫人如齐。齐襄公故尝私通鲁夫人。鲁夫人者，襄公女弟也，自釐公时嫁为鲁桓公妇，及桓公来而襄公复通焉。鲁桓公知之，怒夫人，夫人以告齐襄公。齐襄公与鲁君饮，醉之，使力士彭生抱上鲁君车，因拉杀①鲁桓公，桓公下车则死矣。鲁人以为让②，而齐襄公杀彭生以谢鲁。

◎**注释** ①〔拉杀〕折断肋骨致死。②〔让〕责备。
◎**大意** 四年，鲁桓公和夫人来到齐国。齐襄公过去曾和鲁夫人私通。鲁夫人，是襄公的妹妹，在釐公做国君时嫁给鲁桓公为妻，等到和桓公来齐，又与襄公通奸。鲁桓公知道了这事，怒责夫人，夫人就把这件事告诉了齐襄公。齐襄公与鲁桓公饮酒，灌醉鲁桓公，派大力士彭生抱鲁桓公上车，趁机打折鲁桓公的肋骨，桓公下车时就已死了。鲁国人为此责问齐国，而齐襄公杀了彭生来向鲁国谢罪。

八年，伐纪，纪迁去其邑。

◎**大意** 八年，征讨纪国，纪国搬迁了它的都城。

十二年，初，襄公使连称、管至父戍葵丘，瓜时①而往，及瓜②而代。往戍一岁，卒瓜时而公弗为发代。或为请代，公弗许。故此二人怒，因公孙无知谋作乱。连称有从妹在公宫，无宠，使之间③襄公，曰"事成以女（汝）为无知夫人"。冬十二月，襄公游姑棼，遂猎沛丘。见彘，从者曰"彭生"。公怒，射之，彘人立而啼。公惧，坠车伤足，失屦④。反（返）而鞭主屦者茀三百。茀出宫。而无知、连称、管至父等闻公伤，乃遂率其众袭宫。逢主屦茀，茀曰："且无入惊宫，惊宫未易入也。"无知弗信，茀示之创，乃信之。待宫外，令茀先入。茀先入，即匿襄公户间。良久，无知等恐，遂入宫。茀反与宫中及公之幸臣攻无知等，不胜，皆死。无知入宫，求公不得。或见人足于户间，发视，乃襄公，遂弑之，而无知自立为齐君。

◎**注释** ①〔瓜时〕瓜熟的时候。②〔及瓜而代〕及瓜，到第二年瓜熟的时候。代，派别人去替换二人。③〔间〕打探消息。④〔屦（jù）〕用葛、麻等制成的鞋。

◎**大意** 十二年，当初，襄公派连称、管至父戍守葵丘，约定瓜熟时去，到来年瓜熟时派人去替换。他们去戍守了一年，瓜已成熟而襄公仍不派人去替换。有人为他们请求替换，襄公不同意。所以这两个人很生气，借助公孙无知谋划叛乱。连称有个堂妹在襄公宫中做妃妾，不受宠爱，就指使她窥探襄公的行动，说："事成让你做无知的夫人。"冬十二月，襄公出游姑棼，于是在沛丘打猎。看见一头大野猪，随从的人说是"彭生"。襄公恼怒，拔箭射它，野猪像人一样站起来啼叫。襄公害怕，摔下车伤了脚，丢失了鞋子。回来后他鞭打了看管鞋子的茀三百下。茀出宫。而无知、连称、管至父等听说襄公受了伤，就率领众人袭击王宫。遇到看管鞋子的茀，茀说："暂且不要进去惊动宫里人，惊动了宫里人就不容易进去了。"无知不相信，茀露出被打的伤痕，无知才相信了。无知等人守候在宫外，叫茀先进去。茀先进去，立即将襄公藏在门背后。等了很久，无知等恐怕有变，就冲进宫中。茀反而和宫里人以及襄公的宠幸仆臣攻打无知等，没有取胜，都被杀死了。无知进入宫内，找不到襄公。有人发现有人脚在门下，推开一看，正是襄公，便把他杀了，在这之后，无知自立为齐君。

桓公元年春，齐君无知游于雍林①。雍林人尝有怨无知，及其往游，雍林人袭杀无知，告齐大夫曰："无知弑襄公自立，臣谨行诛。唯大夫更立公子之当立者，唯命是听。"

◎**注释** ①〔雍林〕据《左传·成公九年》，雍林又作"雍廪"，是人名，其职为渠丘大夫。此处司马迁误以雍林为地名。

◎**大意** 桓公元年春天，齐君无知到雍林游玩。雍林人曾经与无知有仇怨，等他去游玩时，雍林人便袭击、杀害了无知，并通告齐国大夫们说："无知杀襄公自立，小民们已把他处死了。希望大夫们另立公子中应当继位的人，我们一定从命。"

初，襄公之醉杀鲁桓公，通其夫人，杀诛①数②不当，淫于妇人，数欺大臣，群弟恐祸及，故次弟纠奔鲁。其母鲁女也。管仲、召忽傅③之。次弟小白奔莒④，鲍叔傅之。小白母，卫女也，有宠于釐公。小白自少好善大夫高傒⑤。及雍林人杀无知，议立君，高、国先阴召⑥小白于莒。鲁闻无知死，亦发兵送公子纠，而使管仲别将兵遮莒道，射中小白带钩。小白详（佯）⑦死，管仲使人驰报鲁。鲁送纠者行益迟，六日至齐，则小白已入，高傒立之，是为桓公。

◎**注释** ①〔杀诛〕杀人及罚罪，泛指执行刑法。②〔数〕屡次。③〔傅〕辅佐，护持。④〔莒（jǔ）〕西周初期建立的小国名，嬴姓，始都计斤，春秋初年迁都于莒，即今山东莒县。⑤〔高傒〕高敬仲，齐之正卿。⑥〔阴召〕暗中召其回国，令其继承君位。⑦〔详（yáng）〕通"佯"，假装。

◎**大意** 当初，襄公灌醉鲁桓公，将他杀死，与他的夫人通奸，多次诛杀无辜，奸淫妇女，屡次欺侮大臣，他的弟弟们唯恐祸难及身，所以二弟纠逃到鲁国。纠的母亲是鲁君的女儿。管仲、召忽辅佐他。三弟小白逃奔莒国，鲍叔辅佐他。小白的母亲，是卫君的女儿，受到釐公的宠爱。小白自小就与大夫高傒要好。等雍林人杀死无知后，商议立国君，高、国两家先暗中到莒国召回小白。鲁国听说无知死了，也派兵送公子纠回国，并派管仲另率士兵在莒国到齐国的路上拦截，射中小白腰带上的带钩。小白装死，管仲派人飞快向鲁国报告。鲁国护送公子纠的队伍就走得更慢了，六天后才到齐国，这时小白已进入齐都，高傒拥立了他，这就是桓公。

桓公之中钩，详（佯）死以误管仲，已而载温车①中驰行，亦有高、国内应，故得先入立，发兵距（拒）②鲁。秋，与鲁战于乾时，鲁兵败走，齐兵掩绝鲁归道。齐遗鲁书曰："子纠，兄弟，弗忍诛，请鲁自杀之。召忽、管仲，仇也，请得而甘心醢③之。不然，将围鲁。"鲁人患之，遂杀子纠于笙渎。召忽自杀，管仲请囚。桓公之立，发兵攻鲁，心欲杀管仲。鲍叔牙曰："臣幸得从君，君竟以立。君之尊，臣无以增君。君将治齐，即高傒与叔牙足也。君且欲霸王④，非管夷吾不可。夷吾所居国国重，不可失也。"于是桓公从之。乃详（佯）为召管仲欲甘心，实欲用之。管仲知之，故请往。鲍叔牙迎受管仲，及堂阜而脱桎梏⑤，斋祓⑥而见桓公。桓公厚礼以为大夫，任政。

◎**注释** ①〔温车〕又作"辒车"。一种密闭的卧车。桓公佯死，为保密，故乘温车。②〔距〕通"拒",抵御。③〔醢（hǎi）〕将人剁成肉酱的酷刑。④〔霸王〕指霸王之业,即称霸天下,做各诸侯国的盟主。⑤〔桎梏〕桎,木制拘束脚的刑具,作用同于现在的脚镣。梏,木制拘束手的刑具,作用同于现在的手铐。⑥〔斋祓（fú）〕古人在大典礼前要戒酒荤,沐浴别居,以示虔诚,叫作"斋"。进行除灾求福之祀叫作"祓"。

◎**大意** 桓公被射中带钩,装死欺骗管仲,随即乘有遮盖的卧车飞速前进,再加上高氏、国氏做内应,所以能先于公子纠回国即位,并发兵抵御鲁军。秋天,与鲁军在乾时交战,鲁军败退,齐军切断了鲁军的归路。齐君写信给鲁君说:"公子纠是我的兄弟,我不忍心杀他,请鲁国自己杀了他。召忽、管仲是我的仇人,请把他们送来由我剁成肉酱以解恨。不然,就要派兵围攻鲁国。"鲁国人担心这件事,就在笙渎杀了公子纠。召忽自杀,管仲请求当囚犯。桓公继位后,派兵攻打鲁国,想要杀死管仲。鲍叔牙说:"我有幸能跟随您,您终于被立为国君。您的尊贵,我已无法再增添了。您要治理齐国,只要有高傒和我就够了。您如果想称霸天下,没有管夷吾是不行的。夷吾在哪个国家,哪个国家就会兴盛,这是不能失去的人。"于是桓公听从了他的劝告,就假装要把管仲抓回来杀掉才甘心,实际上想要用他。管仲明白这事,所以请求前往。鲍叔牙迎接管仲,到了堂阜就解下了他的镣铐,让他沐浴更衣祈福祭祀后去见桓公。桓公厚礼相待,并让管仲做了大夫,处理国家政务。

桓公既得管仲,与鲍叔、隰朋、高傒修齐国政,连五家之兵①,设轻重鱼盐之利②,以赡贫穷,禄贤能,齐人皆说。

◎**注释** ①〔连五家之兵〕管仲所制定的一种军事制度。这种制度是:五家为轨,十轨为里,四里为连,十连为乡。战时每家出一战士,每乡两千战士,五乡战士为一军,共计万人。全国设三军。就最基层而言,称作"连五家之兵"。②〔轻重鱼盐之利〕轻重,是指通过国家对商业流通、产品物价的控制,富国强兵。鱼盐,齐国滨海,有渔业及煮盐业,管仲对此加以控制管理,使齐国富强起来。

◎**大意** 桓公得到了管仲之后,与鲍叔牙、隰朋、高傒一起整顿齐国的政治,实施以五家为基层单位的军事制度，制定铸造、货币、捕鱼、煮盐等行业的税收制度，用来救济贫苦百姓，提拔任用贤能之士，齐国人都很高兴。

二年，伐灭郯，郯子奔莒。初，桓公亡时，过郯，郯无礼，故伐之。

◎**大意** 二年，讨伐并灭掉了郯国，郯君逃到莒国。当初，桓公逃亡时，经过郯国，郯君对他无礼，所以讨伐它。

五年，伐鲁，鲁将师败。鲁庄公请献遂邑以平，桓公许，与鲁会柯而盟。鲁将盟①，曹沫以匕首劫桓公于坛上，曰："反（返）鲁之侵地！"桓公许之。已而曹沫去匕首，北面②就臣位。桓公后悔，欲无与鲁地而杀曹沫。管仲曰："夫劫许之而倍（背）信杀之，愈（愉）一小快③耳，而弃信于诸侯，失天下之援，不可。"于是遂与曹沫三败所亡地于鲁。诸侯闻之，皆信齐而欲附焉。七年，诸侯会④桓公于甄⑤，而桓公于是始霸焉。

◎**注释** ①〔盟〕诸侯间签订协约的一种仪式，杀牲取血抹于参加人的口边，以示信义。②〔北面〕古代君臣同在的场合，国君面向南，以示威重；臣下面向北，以示恭敬。③〔快〕满足。④〔会〕亦称盟会。是春秋时期诸侯间聚会议事的外交活动。大型盟会的盟主往往被各诸侯承认为霸主。⑤〔甄〕也作"鄄"，卫邑名，在今山东鄄城西北。齐桓公在此次盟会上成为春秋时代第一位霸主。

◎**大意** 五年，齐国讨伐鲁国，鲁国的主力部队大败。鲁庄公请求献出遂邑讲和，桓公同意，与鲁君在柯地会盟。鲁君将要盟誓，曹沫拿着匕首在坛上劫持了桓公，说："归还侵占的鲁国土地！"桓公答应了他。曹沫放下匕首后，面朝北回到臣子的位置上。桓公后悔，想不退还鲁国的土地并杀死曹沫。管仲说："被劫持时答应他又失信杀掉他，满足了一时微小的快意，而在诸侯面前失去信用，失掉天下的支持，不可以。"齐国于是把曹沫三次战败所丧失的土地还给了鲁国。诸侯听说了这件事，都信服齐国而想归附它。七年，诸侯与桓公在甄地会盟，桓公从此开始称霸。

十四年，陈厉公子完，号敬仲，来奔齐。齐桓公欲以为卿，让；于是以为工正。田成子常①之祖也。

◎**注释** ①〔田成子常〕田成子，名恒，为避汉文帝刘恒之讳而改为"常"。齐国后期专权，其子孙篡夺了姜氏齐国政权。

◎**大意** 十四年，陈厉公的儿子陈完，号敬仲，逃到齐国。齐桓公想任他为卿，他辞让了；齐桓公于是让他担任管理百工的工正。他就是田成子田常的祖先。

二十三年，山戎伐燕，燕告急于齐。齐桓公救燕，遂伐山戎，至于孤竹①而还。燕庄公遂送桓公入齐境。桓公曰："非天子，诸侯相送不出境，吾不可以无礼于燕。"于是分沟②割燕君所至与燕，命燕君复修召公之政，纳贡于周，如成康之时③。诸侯闻之，皆从齐。

◎**注释** ①〔孤竹〕古国名，在今河北卢龙南。②〔分沟〕重新挖沟划界。③〔成康之时〕西周成王、康王统治天下之时。

◎**大意** 二十三年，山戎攻伐燕国，燕国向齐国告急。齐桓公为救燕国，于是讨伐山戎，一直打到孤竹才返回。燕庄公于是送桓公，到了齐国境内。桓公说："不是天子，诸侯相送不出国境，我不可以对燕国无礼。"于是重新挖沟划界，把燕君送他到达的地方割让给燕国，要求燕君重修召公时的德政，向周王室交纳贡物，如同成王、康王时那样。诸侯听说这件事，都服从齐国。

二十七年，鲁湣公母曰哀姜，桓公女弟也。哀姜淫于鲁公子庆父，庆父弑湣公，哀姜欲立庆父，鲁人更立釐公。桓公召哀姜，杀之。

◎**大意** 二十七年，鲁湣公的母亲叫哀姜，是齐桓公的妹妹。哀姜与鲁公子庆父私通，庆父杀害了湣公，哀姜想立庆父，鲁国人却拥立了釐公。桓公召回哀姜，把她杀了。

二十八年，卫文公有狄乱，告急于齐。齐率诸侯城楚丘①而立卫君。

◎**注释** ①〔城楚丘〕在楚丘筑城以安置破亡后的卫国军民。
◎**大意** 二十八年，卫文公遭到狄人侵扰，向齐国告急。齐国率领诸侯在楚丘筑城，并扶立卫君。

二十九年，桓公与夫人蔡姬戏船中。蔡姬习水，荡公，公惧，止之，不止，出船，怒，归蔡姬①，弗绝②。蔡亦怒，嫁其女。桓公闻而怒，兴师往伐。

◎**注释** ①〔归蔡姬〕把蔡姬送回蔡国。②〔弗绝〕没有正式断绝婚姻关系。
◎**大意** 齐桓公二十九年，桓公与夫人蔡姬在船中戏耍。蔡姬熟习水性，摇晃船只，桓公很害怕，制止蔡姬，她却没有停止，桓公下船后，很恼火，把蔡姬送回了蔡国，但未断绝夫妻关系。蔡君也很生气，把蔡姬改嫁他人。桓公听说后大怒，发兵讨伐蔡国。

三十年春，齐桓公率诸侯伐蔡，蔡溃。遂伐楚。楚成王兴师问曰："何故涉吾地？"管仲对曰："昔召康公命我先君太公曰：'五侯九伯，若实征之，以夹辅①周室。'赐我先君履②，东至海，西至河，南至穆陵，北至无棣。楚贡包茅③不入，王祭不具，是以来责。昭王南征不复④，是以来问。"楚王曰："贡之不入，有之，寡人罪也，敢不共（供）⑤乎！昭王之出不复，君其问之水滨。"齐师进，次⑥于陉。夏，楚王使屈完将兵扞（捍）⑦齐，齐师退，次召陵。桓公矜屈完以其众。屈完曰："君以道则可；若不，则楚方城以为城，江、汉以为沟，君安能进乎？"乃与屈完盟而去。过陈，陈袁涛涂诈齐⑧，令出东方，觉。秋，齐伐陈。是岁，晋杀太子申生。

◎**注释** ①〔夹辅〕辅佐。②〔履〕可以征伐的范围。③〔包茅〕成束成捆的菁茅。菁茅是楚国特产植物，进贡周王室，王室用来过滤那些供祭祀的酒中的杂质。④〔昭王南征不复〕周昭王南征楚，将渡汉水，当地人把用胶粘连的船供给昭王，渡至江中，胶溶船散，昭王落水而亡。⑤〔共〕通"供"，供给。⑥〔次〕军队驻扎某地超过两天。⑦〔扞（hàn）〕同"捍"，抵御。⑧〔陈袁涛涂诈齐〕陈国怕齐国大军过陈境扰民，所以骗齐兵由东道沿海回齐。但东道难行，是以齐国怨恨陈国。袁涛涂，也作"辕涛途"，陈国大夫。

◎**大意** 三十年春天，齐桓公率领诸侯讨伐蔡国，蔡国溃败。桓公于是进而讨伐楚国。楚成王出兵问道："为什么来践踏我的国土？"管仲回答："从前召康公授命我先君太公说：'五等诸侯与九州长官，你都可以征讨，来辅佐周王室。'又赐给我先君有权征伐的范围，东到海滨，西到黄河，南到穆陵，北到无棣。楚国应贡的包茅没有交纳，致使周王的祭物没有供给，因此来责问。周昭王南巡没有返回，因此来追究。"楚王说："贡品没有交纳，有这件事，这是我的罪过，以后不敢不献！昭王出巡未回，您应该到汉江边上去追问。"齐军进驻陉地。夏天，楚王派屈完领兵抵御齐军，齐军退守召陵。桓公向屈完夸耀自己的兵多。屈完说："您讲道义才行；如不讲道义，那么楚国以方城山为城堡，以长江、汉水为壕沟，您怎么能进军呢？"桓公于是与屈完签订盟约后离去。经过陈国，陈国大夫袁涛涂欺骗齐军，叫他们向东绕道，被齐军发觉了。秋天，齐国讨伐陈国。这一年，晋国杀了太子申生。

三十五年夏，会诸侯于葵丘。周襄王使宰孔赐桓公文武胙①、彤弓矢②、大路③，命无拜。桓公欲许之，管仲曰不可，乃下拜受赐。秋，复会诸侯于葵丘，益有骄色。周使宰孔会。诸侯颇有叛者。晋侯病，后，遇宰孔。宰孔曰："齐侯骄矣，弟（第）无行④。"从之。是岁，晋献公卒，里克杀奚齐、卓子，秦缪公以夫人入公子夷吾为晋君。桓公于是讨晋乱，至高梁，使隰朋立晋君，还。

◎**注释**　①〔文武胙〕周天子祭祀周文王、周武王的祭肉。古人认为，祭祀完毕后的胙肉，食用之人会得到福佑。把文武胙赐给齐桓公，是周天子对桓公的特殊嘉奖。②〔彤弓矢〕以丹彩涂饰的弓箭。③〔大路〕也写作"大辂"，天子所乘之车，或用来赐予特别有功的诸侯，随同此车还有一套配套的龙旗等。参见《国语·齐语》。④〔弟无行〕尽管不用去了。弟，通"第"，尽管。

◎**大意**　齐桓公三十五年夏天，在葵丘会盟诸侯。周襄王派宰孔赐给桓公祭祀文王武王的祭肉、朱红色的弓箭、诸侯朝服的车子，命他免行跪拜大礼。桓公想照办，管仲说不可以，桓公于是下堂跪拜，接受赏赐。秋天，又在葵丘会合诸侯，桓公的神色更加骄横。周王室派宰孔赴会。诸侯中有一些人想要叛离齐国。晋侯生病，来得晚，遇到宰孔。宰孔说："齐侯骄傲了，您尽管不用去了。"晋侯听从了他的话。这一年，晋献公去世，里克杀死奚齐、卓子，秦穆公因夫人的关系送公子夷吾回晋国做了国君。桓公于是讨伐晋国的内乱，到达高梁，派隰朋扶立晋君，然后回国。

是时周室微，唯齐、楚、秦、晋为强。晋初与会，献公死，国内乱。秦缪公辟（僻）①远，不与中国会盟。楚成王初收荆蛮有之，夷狄自置②。唯独齐为中国会盟，而桓公能宣其德，故诸侯宾会。于是桓公称曰："寡人南伐至召陵，望熊山；北伐山戎、离枝、孤竹；西伐大夏，涉流沙；束马悬车③登太行，至卑耳山④而还。诸侯莫违寡人。寡人兵车之会三，乘车之会六，九合诸侯，一匡天下。昔三代受命，有何以异于此乎？吾欲封泰山⑤，禅梁父⑥。"管仲固谏，不听；乃说桓公以远方珍怪物至乃得封，桓公乃止。

◎**注释** ①〔辟〕同"僻"。②〔楚成王初收荆蛮有之，夷狄自置〕楚成王刚灭了周边的荆蛮小国，以非华夏部族自居。③〔束马悬车〕包裹马蹄，拴牢车子，以防滑跌倾覆。④〔卑耳山〕即辟耳山，在今山西平陆附近。⑤〔封泰山〕在泰山上筑土为坛，报天之功。⑥〔禅梁父〕在梁父山上辟场为祭，报地之德。封禅是帝王才能举行的祭天地大典，齐桓公不是天子，他要行封禅是越礼行为，所以管仲谏止。

◎**大意** 这时周王室衰弱，只有齐国、楚国、秦国、晋国强大。晋国刚参加会盟，献公去世，国内动乱。秦穆公处在偏僻边远地区，不参加与中原各国的会盟。楚成王刚收服荆蛮地区，以非华夏部族自居。只有齐国主持中原各国的会盟，而桓公能广布德行，所以诸侯都响应赴会。于是桓公声称："我向南征讨到了召陵，眺望熊山；向北征伐山戎、离枝、孤竹；向西征伐大夏，远涉沙漠地区；系马停车登上太行山，到达卑耳山才回来。诸侯没有人敢违抗我。我先后召集军事盟会三次，主持友好会盟六次，会合诸侯九次，安定周王室一次。过去夏、商、周三代承受天命，和这些有什么不同呢？我想封泰山祭天，禅梁父山祭地。"管仲坚决劝阻，桓公不听从；管仲于是就劝说桓公等得到远方的珍奇怪异的宝物再举行封禅仪式，桓公才作罢。

三十八年，周襄王弟带与戎、翟合谋伐周，齐使管仲平戎于周。周欲以上卿①礼管仲，管仲顿首曰："臣陪臣②，安敢！"三让，乃受下卿礼以见。三十九年，周襄王弟带来奔齐。齐使仲孙请王，为带谢③。襄王怒，弗听。

◎**注释**　①〔上卿〕齐国是二等诸侯，所以有三卿。其中二卿由天子任命，为上卿；一卿为国君任命，为下卿。管仲是桓公任命的下卿。②〔陪臣〕古代诸侯的大夫，对天子自称"陪臣"。③〔为带谢〕替叔带向周襄王赔罪求情。

◎**大意**　齐桓公三十八年，周襄王的弟弟带与戎、翟合谋攻打周王，齐国派管仲到周平息戎人挑起的争端。周王想用上卿的礼仪接待管仲，管仲叩头说："我是诸侯的臣子，怎么敢呢！"管仲再三谦让，才接受用下卿的礼仪去朝见。三十九年，周襄王的弟弟带来投奔齐国。齐侯派仲孙去请求周王，替带请罪。襄王发怒，没有听从。

四十一年，秦缪公虏晋惠公，复归之。是岁，管仲、隰朋皆卒。管仲病，桓公问曰："群臣谁可相者？"管仲曰："知臣莫如君。"公曰："易牙①如何？"对曰："杀子以适君，非人情，不可。"公曰："开方②如何？"对曰："倍（背）亲以适君，非人情，难近。"公曰："竖刀③如何？"对曰："自宫以适君④，非人情，难亲。"管仲死，而桓公不用管仲言，卒近用三子，三子专权。

◎**注释**　①〔易牙〕据《管子·小称》，易牙为桓公掌管烹饪，桓公想吃蒸的婴儿肉，易牙就把自己的儿子蒸了献给桓公。②〔开方〕本是卫国公子，齐、卫很近，但他事桓公十五年，未回家看望母亲。③〔竖刀（diāo）〕齐桓公宠臣。④〔自宫以适君〕阉割自己以迎合君王。

◎**大意**　齐桓公四十一年，秦穆公俘虏晋惠公，又释放了他。这一年，管仲、隰朋都去世了。管仲生病时，桓公问："众臣中谁可以任相职？"管仲说："了解臣下的没有人比得上君王您。"桓公说："易牙怎么样？"管仲回答："他杀了自己的儿子来迎合君王，不近人情，不可任用。"桓公说："开方怎么样？"管仲回答："他背弃自己的亲人来迎合君王，不近人情，难以亲近。"桓公说："竖刀怎么样？"管仲回答："他阉割自己来迎合君王，不近人情，难以亲近。"管仲死后，桓公没有采纳管仲的意见，最终亲近重用了这三个人，三人便包揽了齐国的大权。

四十二年，戎伐周，周告急于齐，齐令诸侯各发卒戍周。是岁，晋公子重耳来，桓公妻之。

◎**大意**　齐桓公四十二年，戎人攻打周王室，周王向齐国告急，齐国命令诸侯各自派兵去戍守周王室。这一年，晋国公子重耳来到齐国，齐桓公把宗室的女儿嫁给了他。

四十三年。初，齐桓公之夫人三：曰王姬、徐姬、蔡姬，皆无子。桓公好内①，多内宠，如夫人者六人，长卫姬，生无诡；少卫姬，生惠公元；郑姬，生孝公昭；葛嬴，生昭公潘；密姬，生懿公商人；宋华子，生公子雍。桓公与管仲属（嘱）②孝公于宋襄公，以为太子。雍巫③有宠于卫共姬，因宦者竖刀以厚献于桓公，亦有宠，桓公许之立无诡。管仲卒，五公子皆求立。冬十月乙亥，齐桓公卒。易牙入，与竖刀因内宠杀群吏，而立公子无诡为君。太子昭奔宋。

◎**注释**　①〔内〕女色。②〔属〕同"嘱"，托付。③〔雍巫〕即易牙。
◎**大意**　齐桓公四十三年。当初，齐桓公的夫人有三位：分别叫王姬、徐姬、蔡姬，都没有儿子。桓公好女色，有许多受宠爱的姬妾，地位同夫人的有六人，长卫姬，生了无诡；少卫姬，生了惠公元；郑姬，生了孝公昭；葛嬴，生了昭公潘；密姬，生了懿公商人；宋华子，生了公子雍。桓公和管仲把孝公托付给宋襄公，立为太子。雍巫受到卫共姬的宠爱，又通过宦官竖刀送厚礼给桓公，也受到桓公的宠爱，桓公同意他们立无诡为太子。管仲死后，五位公子都要求继位。冬季十月乙亥日，齐桓公去世。易牙进入宫中，与竖刀一起，利用宫中的宠臣杀死了不少大夫，拥立公子无诡为国君。太子昭逃往宋国。

桓公病，五公子各树党争立。及桓公卒，遂相攻，以故宫中空，莫敢棺①。桓公尸在床上六十七日，尸虫出于户。十二月乙亥，无诡立，乃棺，赴（讣）②。辛巳夜，敛（殓）殡③。

◎**注释** ①〔棺〕将尸体装棺。②〔赴〕同"讣"，报丧给各国。③〔敛殡〕敛，同"殓"，给尸体穿衣装棺。殡，停枢待葬。《礼记·王制》载："诸侯五日而殡，五月而葬。"为等同盟之国来人吊丧，将棺枢停放于堂前西阶。

◎**大意** 齐桓公生病时，五位公子各自网罗党羽争立太子。等到齐桓公去世，就相互攻打，因此宫中无人，没有人敢装殓尸体。桓公的尸体在床上放了六十七天，尸体上的蛆虫爬出了门外。十二月乙亥，公子无诡继位，才运棺入宫，并发了讣告。辛巳日夜晚，才装殓入棺。

桓公十有余子，要①其后立者五人：无诡立三月死，无谥②；次孝公；次昭公；次懿公；次惠公。孝公元年三月，宋襄公率诸侯兵送齐太子昭而伐齐。齐人恐，杀其君无诡。齐人将立太子昭，四公子之徒攻太子，太子走宋，宋遂与齐人四公子战。五月，宋败齐四公子师而立太子昭，是为齐孝公。宋以桓公与管仲属之太子，故来征之。以乱故，八月，乃葬齐桓公。

◎**注释** ①〔要〕总计。②〔谥〕古代帝王、诸侯死后依其一生所行事迹给予的称号。如下文的"昭(昭德有劳曰昭)""孝(慈惠爱亲曰孝)"等,但多溢美之词,并不真实。

◎**大意** 桓公有十多个儿子,后来继位的总计有五人:公子无诡在位三个月死去,没有谥号;第二位是孝公;第三位是昭公;第四位是懿公;第五位是惠公。孝公元年三月,宋襄公率领诸侯军队护送齐国太子昭回国,并讨伐齐国。齐国人惊恐,杀死了他们的国君无诡。齐国人准备拥立太子昭。四位公子的党羽攻击太子,太子逃往宋国,宋国就和齐国四公子交战。五月,宋军打败了齐国四公子的军队而拥立太子昭,这就是齐孝公。宋国因为桓公和管仲把太子托付给他们,所以来讨伐四公子。齐国因为内乱,八月才安葬了齐桓公。

六年春,齐伐宋,以其不同盟于齐也。夏,宋襄公卒。七年,晋文公立。

◎**大意** 齐孝公六年春天,齐国征伐宋国,因为宋国不到齐国参加会盟。夏天,宋襄公去世。齐孝公七年,晋文公继位。

十年,孝公卒,孝公弟潘因卫公子开方杀孝公子而立潘,是为昭公。昭公,桓公子也,其母曰葛嬴。

◎**大意** 齐孝公十年,孝公去世,孝公的弟弟潘借助卫公子开方杀了孝公的儿子登上王位,就是昭公。昭公,是桓公的儿子,他的母亲叫葛嬴。

昭公元年,晋文公败楚于城濮,而会诸侯践土,朝周,天子使晋称伯(霸)①。六年,翟侵齐。晋文公卒。秦兵败于殽(崤)。十二年,秦缪公卒。

◎**注释** ①〔伯（bà）〕通"霸"，诸侯的盟主。

◎**大意** 齐昭公元年，晋文公在城濮打败了楚军，然后在践土会合诸侯，朝见周天子，周天子让晋国当霸主。齐昭公六年，翟人侵犯齐国。晋文公去世。秦军在崤山打了败仗。齐昭公十二年，秦穆公去世。

十九年五月，昭公卒，子舍立为齐君。舍之母无宠于昭公，国人莫畏。昭公之弟商人以桓公死争立而不得，阴交贤士，附（抚）爱①百姓，百姓说。及昭公卒，子舍立，孤弱，即与众十月即墓上弑齐君舍，而商人自立，是为懿公。懿公，桓公子也，其母曰密姬。

◎**注释** ①〔附爱〕抚爱。附，通"抚"。

◎**大意** 齐昭公十九年五月，昭公去世，儿子舍继位当了齐国国君。舍的母亲不受昭公宠爱，齐国没人怕他。昭公的弟弟商人因为桓公死时争夺君位却没有成功，暗地里结交贤士，爱抚百姓，百姓喜欢他。等到昭公去世，儿子舍继位，势孤力弱，商人就与徒众在十月间在昭公的墓地杀害了齐君舍，商人自立为齐君，就是齐懿公。懿公，是桓公的儿子，他的母亲叫密姬。

懿公四年春。初，懿公为公子时，与丙戎之父猎，争获①不胜，及即位，断丙戎父足，而使丙戎仆②。庸职之妻好，公内（纳）之宫，使庸职骖乘。五月，懿公游于申池，二人浴，戏。职曰："断足子！"戎曰："夺妻者！"二人俱病此言③，乃怨。谋与公游竹中，二人弑懿公车上，弃竹中而亡去。

◎**注释** ①〔获〕猎获的禽兽。②〔仆〕驾车的驭手。古代驾车有驭手一人，骖乘一人。驭手在车左，骖乘在车右。③〔俱病此言〕都以对方称己之言为耻。

◎**大意** 齐懿公四年春天。当初，懿公做公子时，与丙戎的父亲打猎，争夺猎物没有取胜，等到登上君位，砍断了丙戎父亲的脚，又让丙戎为自己驾车。庸职的妻子貌美，懿公将她纳入宫中，让庸职陪同乘车。五月，懿公到申池游玩，丙戎和庸职一同洗澡，相互开玩笑。庸职说："断脚人的儿子！"丙戎说："被夺走妻子的丈夫！"两人都对这话感到耻辱，就怨恨起懿公。他们谋划和懿公到竹林中游玩，在车上杀害了懿公，把他的尸体丢弃在竹林中之后逃走。

懿公之立，骄，民不附。齐人废其子而迎公子元于卫，立之，是为惠公。惠公，桓公子也。其母卫女，曰少卫姬，避齐乱，故在卫。

◎**大意** 齐懿公继位，骄横，百姓不亲附。齐国人废黜他的儿子，到卫国迎接公子元，拥立为国君，这就是齐惠公。惠公，是齐桓公的儿子。他的母亲是卫国女子，叫少卫姬，因为躲避齐国的内乱，所以住在卫国。

惠公二年，长翟①来，王子城父②攻杀之，埋之于北门。晋赵穿弑其君灵公。

◎**注释** ①〔长翟〕即"长狄"，春秋时狄族的一支。②〔王子城父〕齐国大夫。
◎**大意** 齐惠公二年，长翟人来侵犯，大夫王子城父攻杀了他，把他埋在北门附近。晋国赵穿杀害了他的国君灵公。

十年，惠公卒，子顷公无野立。初，崔杼①有宠于惠公，惠公卒，高、国②畏其偪（逼）也，逐之，崔杼奔卫。

◎**注释** ①〔崔杼〕齐国大夫，惠公时受宠，权势愈大。②〔高、国〕齐国两个爵位最高的家族，世为齐卿。

◎**大意** 齐惠公十年，惠公去世，他的儿子顷公无野继位。当初，崔杼受到惠公的宠爱，惠公去世，高氏、国氏怕受到他的威逼，就赶走了他，崔杼逃往卫国。

顷公元年，楚庄王强，伐陈。二年，围郑，郑伯降，已复国郑伯。

◎**大意** 齐顷公元年，楚庄王强盛，讨伐陈国。二年，围攻郑国，郑伯投降，不久又让郑伯恢复国君身份。

六年春，晋使郤克①于齐，齐使夫人②帷中而观之。郤克上，夫人笑之。郤克曰："不是报，不复涉河！"归，请伐齐，晋侯弗许。齐使至晋，郤克执齐使者四人河内，杀之。八年，晋伐齐，齐以公子彊质晋，晋兵去。十年春，齐伐鲁、卫。鲁、卫大夫如晋请师，皆因郤克。晋使郤克以车八百乘为中军将，士燮将上军，栾书将下军，以救鲁、卫，伐齐。六月壬申，与齐侯兵合靡笄下。癸酉，陈（阵）③于鞍。逢丑父为齐顷公右。顷公曰："驰之，破晋军会食④。"射伤郤克，流血至履。克欲还入壁⑤，其御曰："我始入，再伤，不敢言疾，恐惧士卒，愿子忍之。"遂复战。战，齐急，丑父恐齐侯得，乃易处，顷公为右，车绛（挂）⑥于木而止。晋小将韩厥伏齐侯车前，曰"寡君使臣救鲁、卫"，戏之。丑父使顷公下取饮，因得亡，脱去，入其军。晋郤克欲杀丑父。丑父曰："代君死而见僇（戮），后人臣无忠其君者矣。"克舍之，丑父遂得亡归齐。于是晋军追齐至马陵。齐侯请以宝器谢，不听；必得笑克者萧桐叔子，令齐东亩⑦。对曰："叔子，齐君母。齐君母亦犹晋君母，子安置之？且子以义伐而以暴为后，其可乎？"于是乃许，令反（返）鲁、卫之侵地。

◎**注释** ①〔郤（xì）克〕晋国大夫，身体有残疾，所以萧桐叔子嘲笑他。②〔夫人〕指齐顷公之母萧桐叔子。③〔陈〕同"阵"，列阵。④〔会食〕聚餐。⑤〔壁〕营垒。⑥〔绊（guà）〕通"挂"，绊住，阻碍。⑦〔东亩〕使田垄成为东西方向。晋国在齐国之西，若齐地田垄为东西方向，则晋国战车得以方便驰入齐国。

◎**大意** 齐顷公六年春天，晋国派郤克出使齐国，齐君让他的母亲在帷幕后边看郤克。郤克上殿，夫人就笑起他来。郤克说："此仇不报，不再渡黄河！"他回国后，请求讨伐齐国，晋君不同意。齐国使者来到晋国，郤克在河内抓住了齐国使者四人，杀了他们。齐顷公八年，晋国讨伐齐国，齐国送公子彊到晋国做人质，晋军退去。齐顷公十年春天，齐国征伐鲁国、卫国。鲁国、卫国的大夫到晋国请求援兵，都是通过郤克的关系。晋国派郤克率领战车八百辆，担任中军主将，士燮率领上军，栾书率领下军，去救助鲁国、卫国，讨伐齐国。六月壬申日，晋军与齐侯的军队在靡笄山下相遇。癸酉日，双方在鞍地摆开阵势。逢丑父担任齐顷公右边的卫士。顷公说："快速前进，攻破晋军后会餐。"齐军射伤郤克，血流到鞋上。郤克想回身退入营垒，为他驾车的人说："我刚上阵，身上两处受伤，不敢说疼痛，恐怕惊吓了士兵，希望您忍耐住。"郤克于是又投入战斗。战斗中，齐军告急，逢丑父怕齐侯被晋军俘虏，就交换了二人的位置，顷公到了右边，战车被树枝挂住，因而停下。晋国小将韩厥伏在齐侯车子面前，说："敝国国君派我来救援鲁国、卫国。"戏弄齐侯。逢丑父让顷公下车取水喝，顷公才得以逃跑，脱身离去，回到齐军中。晋国郤克想杀掉逢丑父。逢丑父说："我代替国君牺牲反而被杀，以后做臣子的就没有忠于国君的了。"郤克放走了他，逢丑父于是得以逃回齐国。当时晋军追击齐军到达马陵。齐顷公请求献上宝物来谢罪，晋不答应；一定要得到嘲笑郤克的萧桐叔子，要求齐国把田间的干道都改成东西向。齐国回答："叔子，是齐国国君的母亲。齐国国君的母亲也犹如晋国国君的母亲，您怎样处置她呢？况且您以正义的名义征讨，之后却做出暴虐的事情，这样能行吗？"晋军这才答应了齐国的请求，让齐国归还所侵占的鲁国、卫国的土地。

十一年，晋初置六卿，赏鞌之功。齐顷公朝晋，欲尊王晋景公①，晋景公不敢受，乃归。归而顷公弛苑囿，薄赋敛，振孤问疾，虚②积聚以救民，民亦大说（悦）。厚礼诸侯。竟顷公卒，百姓附，诸侯不犯。

◎**注释** ①〔尊王晋景公〕指尊晋景公为王。②〔虚〕使空虚，即全部拿出。
◎**大意** 齐顷公十一年，晋国开始设置六卿，奖赏在鞌地战役中有功的人员。齐顷公朝见晋君，想尊晋景公为王，晋景公不敢接受，齐顷公于是回国。齐顷公回国后开放园林，减轻赋税，救济孤寡，慰问兵员，将府库的积蓄全部拿来救济民众，民众也非常高兴。他又以厚礼对待诸侯。直到齐顷公去世，百姓亲附，诸侯不敢侵犯。

十七年，顷公卒，子灵公环立。

◎**大意** 齐顷公十七年，顷公去世，儿子齐灵公环继位。

灵公九年，晋栾书弑其君厉公。十年，晋悼公伐齐，齐令公子光质晋。十九年，立子光为太子，高厚傅之，令会诸侯，盟于钟离①。二十七年，晋使中行献子伐齐。齐师败，灵公走入临菑。晏婴止灵公，灵公弗从。曰："君亦无勇矣！"晋兵遂围临菑，临菑城守不敢出，晋焚郭中^②而去。

◎**注释** ①〔钟离〕古邑名，故城在今山东枣庄南。②〔郭中〕郭，外城。内城为城，外城为郭，城郭之间为郭中。

◎**大意** 齐灵公九年，晋国栾书杀害了他的国君厉公。十年，晋悼公征伐齐国，齐国送公子光到晋国做人质。十九年，公子光被立为太子，高厚辅佐他，让他到钟离与诸侯会盟。二十七年，晋国派中行献子征伐齐国。齐军被打败，灵公逃进临菑。晏婴阻止灵公逃跑，灵公不听从。晏婴说："您也太没有勇气了！"晋军于是围困临菑，临菑守军据城防守，不敢出战，晋军烧毁外城后离去。

二十八年。初，灵公取鲁女，生子光，以为太子。仲姬，戎姬。戎姬嬖，仲姬生子牙，属之戎姬。戎姬请以为太子，公许之。仲姬曰："不可。光之立，列于诸侯矣，今无故废之，君必悔之。"公曰："在我耳。"遂东^①太子光，使高厚傅牙为太子^②。灵公疾，崔杼迎故太子光而立之，是为庄公。庄公杀戎姬。五月壬辰，灵公卒，庄公即位，执太子牙于句窦之丘，杀之。八月，崔杼杀高厚。晋闻齐乱，伐齐，至高唐^③。

◎**注释** ①〔东〕迁太子于齐国东部。②〔使高厚傅牙为太子〕又调高厚来辅佐新太子牙。③〔高唐〕齐国的城邑名，在今山东高唐。

◎**大意** 齐灵公二十八年。当初，灵公娶了鲁国的女子，生下儿子光，立他为太子。齐灵公还娶了仲姬、戎姬。戎姬受到宠爱，仲姬生了公子牙，把他托付给戎姬。戎姬请求立公子牙为太子，灵公答应了。仲姬说："不行。光被立为太子，已经参与诸侯会盟，现在无缘无故废黜他，您一定会后悔的。"灵公说："由我来决定吧。"就把太子光迁往东方边境，让高厚辅佐公子牙为太子。灵公生病，崔杼接回原来的太子光而拥立他为国君，就是齐庄公。庄公杀死戎姬。五月壬辰日，灵公去世，庄公继位，在句窦之丘捉住太子牙，把他杀了。八月，崔杼杀了高厚。晋国听到齐国发生内乱，征伐齐国，到达高唐。

庄公三年，晋大夫栾盈奔齐，庄公厚客待之。晏婴、田文子谏，公弗听。四年，齐庄公使栾盈间入①晋曲沃为内应，以兵随之，上太行，入孟门②。栾盈败，齐兵还，取朝歌③。

◎**注释** ①〔间入〕秘密进入。据《左传·襄公二十三年》载，齐庄公用送媵妾于晋侯的车，将栾盈混入其中送至曲沃。②〔孟门〕山名，在今河南辉县西。③〔朝歌〕原为卫邑，后归晋有，再后为齐占，故城在今河南淇县。

◎**大意** 庄公三年，晋国大夫栾盈逃奔齐国，庄公用隆重的客礼接待他。晏婴、田文子劝谏，庄公不听。四年，齐庄公派栾盈秘密进入晋邑的曲沃做内应，派军队跟随其后，上了太行山，进入孟门关。栾盈被打败，齐军回兵，夺取了朝歌。

六年。初，棠公①妻好，棠公死，崔杼取之。庄公通之，数如崔氏，以崔杼之冠赐人。侍者曰："不可。"崔杼怒，因其伐晋，欲与晋合谋袭齐而不得间②。庄公尝笞宦者贾举，贾举复侍，为崔杼间公以报怨。五月，莒子③朝齐，齐以甲戌飨之。崔杼称病不视事。乙亥，公问崔杼病，遂从崔杼妻。崔杼妻入室，与崔杼自闭户不出，公拥柱而歌。宦者贾举遮公从官而入④，闭门，崔杼之徒持兵从中起。公登台而请解，不许；请盟，不许；请自杀于庙，不许。皆曰："君之臣杼疾病，不能听命。近于公宫。陪臣争趣⑤有淫者，不知二命⑥。"公逾墙，射中公股，公反坠，遂弑之。晏婴立崔杼门外，曰："君为社稷死则死之，为社稷亡则亡之。若为己死己亡，非其私昵，谁敢任之⑦！"门开而入，枕公尸而哭⑧，三踊⑨而出。人谓崔杼："必杀之。"崔杼曰："民之望也，舍⑩之得民。"

◎**注释**　①〔棠公〕齐国棠邑大夫。其妻棠姜，是崔杼家臣东郭偃之姊。②〔间〕空子，机会。③〔莒子〕莒国君主。④〔遮公从官而入〕拦住庄公的侍从，自己进了院子。⑤〔争趣（qū）〕竞相追赶。⑥〔二命〕除崔杼"争趋有淫者"命令外的其他命令。如解围、盟约、自杀于庙等。⑦〔任之〕指为齐庄公殉死献身。⑧〔枕公尸而哭〕把庄公的尸体枕在自己大腿上，抚尸而哭。也可理解为"头枕在庄公的尸体上大哭"。详见《左传·襄公二十五年》。⑨〔踊〕哭丧时必须顿足跳跃以示哀痛之情的一种仪节。《礼记·丧大记》说"凡凭尸（抚尸而哭），兴必踊（起身时必须顿足跳跃）"。⑩〔舍〕释而不杀。

◎**大意**　齐庄公六年。当初，棠公的妻子美丽，棠公死后，崔杼娶了她。庄公跟她通奸，多次到崔家，拿崔杼的帽子送人。侍奉的人说："不可以。"崔杼发怒，趁齐庄公攻打晋国，想跟晋国合谋袭击齐国，但没有机会。庄公曾经鞭打过宦官贾举，贾举重新侍奉他，替崔杼暗中侦伺庄公的行动，找机会报仇。五月，莒君来朝见齐庄公，齐国在甲戌日设宴招待他。崔杼声称有病，不上朝办事。乙亥日，齐庄公来探问崔杼的病情，借机找崔杼的妻子。崔杼的妻子进入屋内，与崔杼关上门不出来，齐庄公抱着庭柱唱歌。宦官贾举拦住庄公的随从，自己进了院子，关上大门，崔杼的党羽手持兵器从屋里出来。齐庄公登上高台请求和解，众人不答应；请求签订盟约，众人不答应；请求到祖庙里自杀，众人不答应。都说："您的臣子崔杼病重，不能来听从命令。这里靠近宫廷，我们手下人只知道捉拿淫乱的人，不知道其他命令。"庄公爬墙，被射中大腿，庄公翻身摔了下来，众人于是就杀了他。晏婴站立在崔杼的大门外，说："国君为国家而死，臣子应当随他死，为国家而流亡臣子应当随他流亡。如果为了自己的私事而死或逃亡，除非他的亲信，谁会这样做呢！"大门打开后进入，头枕在庄公的尸体上痛哭，三次顿足后才出来。有人对崔杼说："一定要杀掉他。"崔杼说："他是众望所归的人，放了他可以赢得民心。"

丁丑，崔杼立庄公异母弟杵臼，是为景公。景公母，鲁叔孙宣伯女也。景公立，以崔杼为右相，庆封为左相。二相恐乱起，乃与国人盟曰："不与崔、庆者死①！"晏子仰天曰："婴所不获，唯忠于君利社稷者是从②！"不肯盟。庆封欲杀晏子，崔杼曰："忠臣也，舍之。"齐太史书曰"崔杼弑庄公"，崔杼杀之。其弟复书，崔杼复杀之。少弟复书，崔杼乃舍之。

◎**注释** ①〔不与崔、庆者死〕不亲附崔氏、庆氏的人都要被处死。②〔婴所不获，唯忠于君、利社稷者是从〕我如果不是只跟从那些忠于君主、利于国家的人，就让上天惩罚我。

◎**大意** 丁丑日，崔杼拥立齐庄公的异母弟弟杵臼，就是齐景公。齐景公的母亲，是鲁国叔孙宣伯的女儿。齐景公继位，任命崔杼为右相，庆封为左相。两位相国恐怕发生内乱，就与京城中的人盟誓说："处死不和崔杼、庆封合作的人！"晏子仰面朝天说："我如果不是只跟从那些忠于君主、利于国家的人，就让上天惩罚我！"不肯盟誓。庆封想杀晏子，崔杼说："这是忠臣，放了他吧。"齐国太史写道："崔杼杀害庄公。"崔杼杀了他。太史的弟弟也这样写，崔杼又杀了太史的弟弟。太史的小弟弟又这样写，崔杼才放了他。

景公元年。初，崔杼生子成及彊，其母死，取东郭女，生明。东郭女使其前夫子无咎与其弟偃相崔氏。成有罪，二相急治之，立明为太子。成请老于崔①，崔杼许之，二相弗听，曰："崔，宗邑，不可。"成、彊怒，告庆封。庆封与崔杼有隙②，欲其败也。成、彊杀无咎、偃于崔杼家，家皆奔亡。崔杼怒，无人，使一宦者御，见庆封。庆封曰："请为子诛之。"使崔杼仇卢蒲嫳攻崔氏，杀成、彊，尽灭崔氏，崔杼妇自杀。崔杼毋归，亦自杀。庆封为相国，专权。

◎**注释** ①〔成请老于崔〕请求退休终老于崔邑。崔，崔杼的封邑，今山东济阳东北，崔氏家族宗庙所在地。

◎**大意** 景公元年，当初，崔杼生了儿子崔成和崔彊，他们的母亲去世后，又娶了东郭家的女儿，生了崔明。东郭女让她前夫的儿子无咎和她的弟弟偃辅佐崔杼。崔成犯了罪，无咎和偃二相立即惩治他，立崔明为太子。崔成请求准许在崔邑终老，崔杼答应了他，二相不听从，说："崔邑，是宗庙所在地，不可以让崔成在崔邑终老。"崔成、崔彊恼怒，告诉庆封。庆封跟崔杼有嫌隙，想要崔家败亡。崔成、崔彊在崔杼家中杀死了无咎、偃，崔杼家人都逃跑了。崔杼发怒，家中没人，派一个宦官驾车，去见庆封。庆封说："请让我替你杀掉他们。"派崔杼的仇人卢蒲嫳（piè）去攻打崔家，杀了崔成、崔彊，杀尽了崔家的人，崔杼的妻子自杀。崔杼无家可归，也自杀了。庆封做了相国，独揽大权。

三年十月，庆封出猎。初，庆封已杀崔杼，益骄，嗜酒好猎，不听政令。庆舍①用政，已有内隙。田文子谓桓子曰："乱将作。"田、鲍、高、栾氏相与谋庆氏。庆舍发甲围庆封宫，四家徒共击破之。庆封还，不得入，奔鲁。齐人让鲁，封奔吴。吴与之朱方②，聚其族而居之，富于在齐。其秋，齐人徙葬庄公，僇（戮）③崔杼尸于市以说（悦）众。

◎**注释** ①〔庆舍〕庆封之子，代其父掌权。②〔吴与之朱方〕吴国将朱方送给庆封作为封邑。③〔僇〕通"戮"，指陈尸示众。

◎**大意** 三年十月，庆封外出打猎。当初，庆封杀了崔杼以后，更加骄横，爱喝酒好打猎，不处理政务。庆舍当政，父子间已有嫌隙。田文子对田桓子说："将要发生动乱。"田氏、鲍氏、高氏、栾氏共同商议对付庆氏。庆舍发兵包围庆封官邸，与四家部众共同攻破了庆封家。庆封回来后，不能进家，逃奔鲁国。齐国人责备鲁国，庆封又逃奔吴国。吴国把朱方封给庆封，让他聚集他的族人居住在那里，比在齐国时还富裕。这年秋天，齐国人迁葬庄公，将崔杼的尸体陈列在街市上，以使民众高兴。

九年，景公使晏婴之晋，与叔向私语曰："齐政卒归田氏。田氏虽无大德，以公权私①，有德于民，民爱之。"十二年，景公如晋，见平公，欲与伐燕。十八年，公复如晋，见昭公。二十六年，猎鲁郊，因入鲁，与晏婴俱问鲁礼。三十一年，鲁昭公辟季氏难，奔齐。齐欲以千社封之②，子家止昭公，昭公乃请齐伐鲁，取郓③以居昭公。

◎**注释** ①〔以公权私〕假公济私。指田氏借公事行私德，用小斗收租税，用大斗发贷粮，参见《田敬仲完世家》。②〔齐欲以千社封之〕这里指齐国想分出千社之民使昭公食其赋税。社，古代的基层行政单位，二十五家为一社。③〔郓〕鲁国的城邑名，今山东郓城东。

◎**大意** 齐景公九年，景公派晏婴出使晋国，晏婴私下对叔向说："齐国政权最后将归田氏。田氏虽然没有大的功德，但假公权行私惠，对百姓有恩德，百姓喜欢他。"十二年，景公前往晋国，会见平公，想和晋国一起讨伐燕国。十八年，景公又到晋国，会见晋昭公。二十六年，齐景公到鲁国郊外打猎，顺便进入鲁国，与晏婴一起询问鲁国的礼制。三十一年，鲁昭公躲避季氏的叛乱，逃到齐国。齐国想把二万五千户封给他，子家劝阻鲁昭公，鲁昭公就请齐国征讨鲁国。齐国夺取了郓邑给鲁昭公居住。

三十二年，彗星见（现）①。景公坐柏寝②，叹曰："堂堂！谁有此乎③？"群臣皆泣，晏子笑，公怒。晏子曰："臣笑群臣谀甚。"景公曰："彗星出东北，当齐分野④，寡人以为忧。"晏子曰："君高台深池，赋敛如弗得，刑罚恐弗胜，茀星⑤将出，彗星何惧乎？"公曰："可禳⑥否？"晏子曰："使神可祝而来，亦可禳而去也。百姓苦怨以万数，而君令一人禳之，安能胜众口乎？"是时景公好治宫室，聚狗马，奢侈，厚赋重刑，故晏子以此谏之。

◎**注释** ①〔彗星见〕古人认为彗星出现是不吉之兆。见，同"现"。②〔柏寝〕齐景公新建之台，在今山东广饶境内。③〔谁有此乎〕景公恐怕灾祸将至，自己不能长久享乐，所以叹息堂皇的柏寝台不知落入谁手。④〔分野〕古代天文学把天上十二星次之域与地上州、国位置对应，相对某星次的地面位置叫分野。⑤〔茀（bèi）星〕又作"孛星"，古人认为其出为客星相侵，不吉。⑥〔禳（ráng）〕通过祭祀鬼神除邪消灾。

◎**大意** 三十二年，彗星出现。景公坐在柏寝台上，叹息说："富丽堂皇！谁会占有这里呢？"大臣们都流下了眼泪，晏子发笑，景公很生气。晏子说："我笑群臣阿谀奉承得过分了。"景公说："彗星出现在东北，正对应齐国的地域，我为此而忧虑。"晏子说："您身居高台深池，赋税唯恐收不到，刑罚唯恐不严厉，连茀星都将要出现，彗星又有什么可怕的呢？"景公说："可以祈祷消灾吗？"晏子说："如果神可以祈祷而来，当然也可以祈祷而去。百姓的愁苦怨恨数以万计，而您只让一个人去祈祷消灾，怎么能胜过众人的诅咒呢？"当时景公喜欢修建宫室，聚养狗马，生活奢侈，多收赋税而重施刑罚，所以晏子用这些话来劝谏他。

四十二年，吴王阖闾伐楚，入郢。

◎**大意** 齐景公四十二年，吴王阖闾讨伐楚国，进入郢都。

四十七年，鲁阳虎①攻其君，不胜，奔齐，请齐伐鲁。鲍子谏景公，乃囚阳虎。阳虎得亡，奔晋。

◎**注释** ①〔阳虎〕鲁国季孙氏的家臣。季平子卒，阳虎专国政，想攻打三桓，失败后逃往齐国。

◎**大意**　齐景公四十七年，鲁国阳虎攻打他的国君，没有取胜，逃到齐国，请齐国讨伐鲁国。鲍子劝谏景公，景公于是囚禁了阳虎。阳虎从齐国逃走，又逃到了晋国。

　　四十八年，与鲁定公好会夹谷①。犁鉏曰："孔丘知礼而怯，请令莱人为乐，因执鲁君，可得志。"景公害②孔丘相鲁，惧其霸，故从犁鉏之计。方会，进莱乐，孔子历阶上，使有司执莱人斩之，以礼让景公。景公惭，乃归鲁侵地以谢，而罢去。是岁，晏婴卒。

◎**注释**　①〔好会夹谷〕在夹谷举行和平友好相会。夹谷，齐地名，在今山东莱芜东南。②〔害〕担心。

◎**大意**　齐景公四十八年，齐景公与鲁定公在夹谷举行友好会盟。犁鉏说："孔丘懂得礼法，但胆子小，请让莱人来奏乐，趁机抓住鲁君，可以达到我们的目的。"景公担心孔丘辅佐鲁国，会使它强大起来，所以听从了犁鉏的计谋。会盟正在进行时，进奏莱人音乐，孔子一脚一级台阶，快步走上来，让有关官吏捉住莱人杀了，依据礼法责备景公。景公感到惭愧，就归还了侵占的鲁国土地，表示道歉，会盟结束后离去。这一年，晏婴去世。

　　五十五年，范、中行反其君于晋，晋攻之急，来请粟。田乞①欲为乱，树党于逆臣，说景公曰："范、中行数有德于齐，不可不救。"乃使乞救而输之粟。

◎**注释**　①〔田乞〕齐国的权臣。

◎**大意**　齐景公五十五年，范氏、中行氏在晋国反叛他们的国君，晋国攻打他们，打得很激烈，他们便来齐国请求借粮。田乞想作乱，在叛臣之中结交党羽，就劝说景公："范氏、中行氏多次对齐国有恩德，不可不救援。"景公于是派田乞去救援，并为他们运去粮食。

五十八年夏，景公夫人燕姬適（嫡）子①死。景公宠妾芮姬生子荼，荼少，其母贱，无行，诸大夫恐其为嗣，乃言愿择诸子长贤者为太子。景公老，恶言嗣事，又爱荼母，欲立之，惮发之口，乃谓诸大夫曰："为乐耳，国何患无君乎？"秋，景公病，命国惠子、高昭子立少子荼为太子，逐群公子，迁之莱②。景公卒，太子荼立，是为晏孺子。冬，未葬，而群公子畏诛，皆出亡。荼诸异母兄公子寿、驹、黔奔卫，公子鉏、阳生奔鲁。莱人歌之曰："景公死乎弗与埋，三军事乎弗与谋，师乎师乎，胡党之乎③？"

◎**注释**　①〔燕姬適子〕燕国诸侯之女所生的嫡子。適，通"嫡"。②〔逐群公子，迁之莱〕将自己的其他儿子一律迁到莱邑。③〔胡党之乎〕何处是他们的安身之地呢？党，处所。

◎**大意**　齐景公五十八年夏，景公夫人燕姬生的嫡子死了。景公的宠妾芮姬生有儿子荼，荼年幼，他的母亲出身微贱，品行不好，大夫们恐怕他成为继承人，就说愿意选择诸公子中年长而贤能的为太子。景公老了，讨厌说继承人的事，又宠爱荼的母亲，想立荼，不敢由自己口中说出，就对大夫们说："作乐吧，国家还怕没有君主吗？"秋天，景公生病，命令国惠子、高昭子立小儿子荼为太子，驱逐众公子，把他们迁到莱邑。景公去世，太子荼继位，就是晏孺子。冬天，景公还没有安葬，众公子怕被诛杀，都向外逃亡。荼异母的哥哥公子寿、公子驹、公子黔逃到卫国，公子鉏、公子阳生逃到鲁国。莱邑人歌唱道："景公死了不能去埋葬，三军大事不能去谋划，公子们的徒众啊，何处是他们的安身之地呢？"

晏孺子元年春，田乞伪事高、国者①，每朝，乞骖乘，言曰："子得君②，大夫皆自危，欲谋作乱。"又谓诸大夫曰："高昭子可畏，及未发，先之。"大夫从之。六月，田乞、鲍牧乃与大夫以兵入公宫，攻高昭子。昭子闻之，与国惠子救公。公师败，田乞之徒追之，国惠子奔莒，遂反（返）杀高昭子。晏圉奔鲁。八月，齐秉意兹③。田乞败二相，乃使人之鲁召公子阳生。阳生至齐，私匿田乞家。十月戊子，田乞请诸大夫曰："常之母有鱼菽之祭④，幸来会饮。"会饮，田乞盛阳生橐⑤中，置坐中央，发橐出阳生，曰："此乃齐君矣！"大夫皆伏谒⑥。将与大夫盟而立之，鲍牧醉，乞诬大夫曰："吾与鲍牧谋共立阳生。"鲍牧怒曰："子忘景公之命乎？"诸大夫相视欲悔，阳生前，顿首曰："可则立之，否则已。"鲍牧恐祸起，乃复曰："皆景公子也，何为不可！"乃与盟，立阳生，是为悼公。悼公入宫，使人迁晏孺子于骀，杀之幕⑦下，而逐孺子母芮子。芮子故贱而孺子少，故无权，国人轻之。

◎**注释** ①〔田乞伪事高、国者〕田乞假意向高、国两族谦恭讨好。②〔子得君〕您得到国君的宠信。③〔齐秉意兹〕据《左传·哀公六年》，应为"齐秉意兹奔鲁"。秉意兹，齐国大夫。④〔常之母有鱼菽之祭〕古代家中祭事由主妇备办，所以说"常之母有鱼菽之祭"。常之母，田常的母亲，即田乞的妻子。鱼菽之祭，比较菲薄的祭祀，无三牲珍鲜之供，只有齐国土产的鱼、豆等。⑤〔橐（tuó）〕无底的口袋。⑥〔伏谒〕古人席地而坐，就地伏身拜见叫伏谒。⑦〔幕〕帐幕。据《左传·哀公六年》载，流放晏孺子并未到达目的地骀，在半路上设置帐幕，在帐幕中将其杀死。

◎**大意**　晏孺子元年春天，田乞假装服从高氏、国氏，每次朝会，田乞都会陪乘侍奉，向高氏、国氏进言说："您得到国君的宠信，大夫们人人自危，想谋划作乱。"又对众大夫说："高昭子是个可怕的人，趁他未发难，我们先下手。"大夫们听从了他。六月，田乞、鲍牧就和大夫们带领兵士进入宫中，攻打高昭子。

昭子听说这事，就跟国惠子去营救晏孺子。晏孺子的军队被打败，田乞的党羽追赶他们，国惠子逃奔莒国，田乞的党羽于是便返回杀了高昭子。晏圉逃奔鲁国。八月，齐国人秉意兹也逃奔鲁国。田乞打败了两个国相，就派人到鲁国去召回公子阳生。阳生到了齐国，秘密隐藏在田乞家中。十月戊子日，田乞邀请众大夫说："田常的母亲举办鱼菽之祭，希望各位来聚会饮酒。"宴饮时，田乞把公子阳生装在袋子里，放在座席中央，解开袋子放出公子阳生，说："这才是齐国的君主！"大夫们都伏地拜见。田乞准备跟大夫们订立盟约拥立阳生，鲍牧喝醉了，田乞欺骗大夫们说："我和鲍牧谋划共同拥立公子阳生。"鲍牧生气地说："您忘记景公的遗命了吗？"众大夫面面相觑反悔，阳生上前，叩头说："可以立就立我，不可以就算了。"鲍牧害怕招来祸患，于是又说："都是景公的儿子，有什么不可以！"就参与盟誓，立阳生为君，就是悼公。悼公进入宫中，派人把晏孺子迁往骀邑，在帐幕中将其杀死，并驱逐了晏孺子的母亲芮子。芮子原出身卑贱而晏孺子年幼，所以没有权力，京城的人都轻视他们。

悼公元年，齐伐鲁，取谨、阐①。初，阳生亡在鲁，季康子以其妹妻之。及归即位，使迎之。季姬与季鲂侯②通，言其情，鲁弗敢与，故齐伐鲁，竟迎季姬。季姬嬖，齐复归鲁侵地。

◎**注释** ①〔谨（huān）、阐〕均鲁邑名，谨在今山东宁阳北，阐在今宁阳西。②〔季鲂侯〕鲁国正卿季康子的叔父。

◎**大意** 悼公元年，齐国讨伐鲁国，攻取了谨邑、阐邑。当初，阳生逃亡到鲁国，季康子把自己的妹妹季姬嫁给了他。等到阳生回国即位后，派人去迎接季姬。季姬与季鲂侯通奸，说出了内情，鲁国不敢把她送往齐国，所以齐侯讨伐鲁国，最终接回了季姬。季姬受齐悼公宠爱，齐国重新归还了侵占的鲁国土地。

鲍子与悼公有隙，不善。四年，吴、鲁伐齐南方。鲍子弑悼公，赴（讣）于吴①。吴王夫差哭于军门外三日，将从海入讨齐。齐人败之，吴师乃去。晋赵鞅伐齐，至赖而去。齐人共立悼公子壬，是为简公。

◎**注释**　①〔赴于吴〕向吴国发出讣告。赴，通"讣"。
◎**大意**　鲍子与齐悼公有嫌隙，关系不好。齐悼公四年，吴国、鲁国征讨齐国的南部。鲍子杀害了齐悼公，讣告送到吴国。吴王夫差在军门外哭了三天，准备从海上讨伐齐国。齐国人打败吴军，吴军才撤军。晋国赵鞅征讨齐国，到达赖邑才撤军。齐国人共同拥立齐悼公的儿子壬，就是齐简公。

简公四年春。初，简公与父阳生俱在鲁也，监止有宠焉。及即位，使为政①。田成子惮之，骤顾于朝②。御鞅言简公曰："田、监不可并也，君其择焉。"弗听。子我夕③，田逆杀人，逢之，遂捕以入。田氏方睦，使囚④病而遗守囚者酒，醉而杀守者，得亡。子我盟诸田于陈宗。初，田豹欲为子我臣，使公孙言豹，豹有丧而止。后卒以为臣，幸于子我。子我谓曰："吾尽逐田氏而立女（汝），可乎？"对曰："我远田氏⑤矣。且其违者不过数人，何尽逐焉！"遂告田氏。子行曰："彼得君⑥，弗先，必祸子。"子行⑦舍于公宫。

◎**注释**　①〔为政〕主持政务。②〔骤顾于朝〕在上朝时屡屡回头看监止（字子我）。表示田成子（常）对监止的戒备之心很重。③〔夕〕古代早朝叫朝，晚朝叫夕。④〔囚〕这里指田逆。⑤〔远田氏〕是田氏疏远的旁支。言外之意是："我不能做田氏的宗长。"这是婉言辞绝监止。⑥〔得君〕受到国君信任。⑦〔子行〕即田逆。
◎**大意**　齐简公四年春天。当初，简公和父亲阳生都在鲁国，监止受到宠信。简公即位后，让监止主持政务。田成子害怕他，上朝时频频回头看他。驾车的鞅对简公说："田成子、监止不可并用，您应该做出选择。"齐简公不听。子我晚间上朝，正好碰到田逆杀人，就把他逮捕入狱。田氏家族当时正和睦，他们让囚犯田逆装病，并借探监的机会给看守囚犯的人送酒，灌醉并杀死看守，田逆便逃走了。监止到田氏宗庙与田氏族人订盟。当初，田豹想当监止的家臣，让公孙去介绍自己，因为田豹遇上丧事而中止，后来才终于当了监止的家臣，受到监止的宠信。子我对他说："我把田氏全赶走，立你为族长，可以吗？"田豹回答："我是田氏的远房。况且违抗你的不过几个人，何必全赶走呢！"田豹同时将这一情况报告给了田氏。田逆说："他得到国君的宠信，我们不先动手，他必定会害您。"田逆住进了宫中。

夏五月壬申，成子兄弟四乘如公。子我在幄，出迎之，遂入，闭门。宦者御之，子行杀宦者。公与妇人饮酒于檀台①，成子迁诸寝。公执戈将击之，太史子馀曰："非不利也②，将除害也。"成子出舍于库，闻公犹怒，将出，曰："何所无君！"子行拔剑曰："需，事之贼也③。谁非田宗？所不杀子者，有如田宗！"乃止。子我归，属④徒攻闱与大门，皆弗胜，乃出。田氏追之。丰丘人执子我以告，杀之郭关。成子将杀大陆子方，田逆请而免之。以公命取车于道，出雍门⑤。田豹与之车，弗受，曰："逆为余请，豹与余车，余有私焉。事子我而有私于其仇，何以见鲁、卫之士？"

◎**注释** ①〔檀台〕故址在今山东淄博东北。②〔非不利也〕并非要谋害国君。③〔需，事之贼也〕迟疑是办大事的祸根。④〔属〕聚结集合。⑤〔雍门〕齐国都城临淄城的北门。

◎**大意** 夏五月壬申日，田成子兄弟乘坐四辆车到齐简公处。监止在帐幕中，出外迎接他们，于是他们走进去，关上了门。宦官抵御他们，田逆杀死了宦官。齐简公和妇人们在檀台饮酒，田成子把他们迁到寝宫。简公拿起戈要刺田成子，太史子馀说："不是对您不利，将要为您除害呢。"田成子出来进入武库，听说齐简公还在发怒，准备逃走，说："哪里没有国君！"田逆拔出剑来说："迟疑是办事的祸害。我们谁不能做田氏的宗主？我如不杀您就不是田氏宗族。"田成子才没有逃。子我回家，召集徒众攻打宫中的侧门和正门，都没有取胜，只好出逃。田氏追赶他们。丰丘人抓住子我来报告，在郭关将他杀死。田成子将要杀大陆子方，田逆为他求情，田成子赦免了大陆子方。子方以简公的名义在大道上截取了一辆车，出了雍门。田豹给他车，他不肯接受，说："田逆替我求情，田豹给我车辆，那就是我跟你们有勾结了。我事奉子我而勾结他的仇人，那还怎样去见鲁国、卫国的士人？"

庚辰，田常执简公于徐州①。公曰："余蚤（早）从御鞅言，不及此。"甲午，田常弑简公于徐州。田常乃立简公弟骜，是为平公。平公即位，田常相之，专齐之政，割齐安平以东为田氏封邑。

◎**注释** ①〔徐（shū）州〕齐国城邑名，在今山东滕州东南。

◎**大意** 庚辰日，田常在徐州抓住简公。简公说："我早听从御鞅的话，不致到这地步。"甲午这一天，田常在徐州弑杀了简公。田常拥立简公的弟弟骜为君，这就是齐平公。齐平公即位，田常辅佐他，独揽齐国的大权，割占齐国安平以东的土地作为田氏的封邑。

平公八年，越灭吴。二十五年卒，子宣公积立。

◎**大意** 齐平公八年，越国灭掉吴国。齐平公二十五年，齐平公去世，儿子齐宣公积继位。

宣公五十一年卒，子康公贷立。田会反廪丘①。

◎**注释** ①〔廪丘〕田氏的封邑，在今山东郓城西北。

◎**大意**　齐宣公五十一年去世，儿子齐康公贷继位。田会在廪丘反叛。

　　康公二年，韩、魏、赵始列为诸侯。十九年，田常曾孙田和始为诸侯①，迁康公海滨。

◎**注释**　①〔田和始为诸侯〕田和也称"太公"，至齐康公十九年，被周安王列为诸侯，齐国改称此年为"太公和元年"。
◎**大意**　齐康公二年，韩、魏、赵三国开始列为诸侯。齐康公十九年，田常的曾孙田和开始被列为诸侯，将齐康公迁移到海滨。

　　二十六年，康公卒，吕氏遂绝其祀①。田氏卒有齐国，为齐威王，强于天下。

◎**注释**　①〔绝其祀〕祭祀灭绝。喻指政权终结。
◎**大意**　齐康公二十六年，齐康公去世，吕氏就断绝了祭祀。田氏终于占有了齐国，拥立齐威王，称雄于天下。

　　太史公曰：吾适齐，自泰山属之琅邪①，北被②于海，膏壤二千里，其民阔达多匿知（智）③，其天性也。以太公之圣，建国本，桓公之盛，修善政，以为诸侯会盟，称伯（霸），不亦宜乎？洋洋④哉，固大国之风也！

◎**注释**　①〔属之琅邪〕属，连接。琅邪，也写作"琅琊"，山名，在今山东胶州。②〔被〕到。③〔匿知〕深沉多智。知，同"智"。④〔洋洋〕盛大的样子。
◎**大意**　太史公说：我到齐国，从泰山山麓直到琅琊山，北到海边，肥沃的土地有两千里，这里的民众胸襟开阔又深沉多智，这是他们的天性。靠齐太公的圣明，奠定了国家的基础，齐桓公时期齐国尤为强盛，桓公修明善政，主持诸侯会盟，号称霸主，不也是应当的吗？广阔盛大啊，本就是大国的风范！

◎ 释疑解惑

　　齐桓公是春秋时期的第一位霸主，这自然与其能够不计前嫌任用管仲且励精图治有着很大关系。不过，这也得益于前代君主所打下的坚实基础。齐国自齐太公受封建国以来，凭借着天时、地利与人和，努力发展工商，使得民富而国强。对于治国安民，司马迁不同于传统儒家一味地强调"君子喻于义，小人喻于利"，要求做到"无恒产而有恒心"，而是认识到"仓廪实而知礼节，衣食足而知荣辱"。其实每个人都不可能完全没有私心，相反，更多的时候是"天下熙熙皆为利来，天下攘攘皆为利往"。人首先要活着，才能有其他方面的追求，而要活得好才能去追求人格及道德的完善。齐国最初的统治者，作为兵家权谋之士的齐太公，正是充分认识到这一点，才可以做到"因其俗，简其礼，通商工之业，便鱼盐之利"，从而"人民多归齐，齐为大国"。至齐桓公时代，将满足人民在物质生活方面的需求作为治国第一要务的理念并未改变。齐桓公依旧"设轻重鱼盐之利，以赡贫穷，禄贤能"，因此也达到了"齐人皆说"的效果。司马迁在最后的赞语中称说："吾适齐，自泰山属之琅邪，北被于海，膏壤二千里，其民阔达多匿知，其天性也。以太公之圣，建国本，桓公之盛，修善政，以为诸侯会盟，称伯，不亦宜乎？"

　　不过，司马迁的思想观念在后世似乎并没有被完全理解与认同，及至南宋，尚有学者对其所叙齐太公以权谋佐文王之说颇有微词。如王应麟引述叶适与唐仲友的观点："《齐世家》：周西伯昌'与吕尚阴谋修德以倾商政，其事多兵权与奇计，故后世之言兵及周之阴权，皆宗太公为本谋'。石林叶氏曰：'其说盖出《六韬》。夫太公贤者也，其所用王术也，其所事圣人也，则出处必有义，而致君必有道。自墨翟以太公于文王为忤合，而孙武谓之用间，且以常为文、武将兵，故尚权诈多并缘自见。'说斋唐氏曰：'三分有二而犹事商，在众人必以为失时；三后协心而后道洽，在常情必以为无功。二圣人信之笃，守之固，至诚恻怛之心，宽厚和平之政，浃于斯民，固结而不可解，此岂矫拂而伪为？亦出于自然而已。彼太史公诚不知此，乃曰周西伯昌囚羑里，归，与吕尚阴谋修德以倾商政。又曰周公闻伯禽报政迟，乃叹曰："鲁后世其北面而事齐矣！"此特战国变诈之谋，后世苟简之说，殆非文王之事、周公之言也。迁不能辨其是非，又从而笔之于书，使后人怀欲得之心，务速成之功者，借此以为口实，其害岂小哉！'"所以，对于齐国兴盛的原因以及齐太公的权谋，应有全面、辩证的认识。

◎ **思考辨析题**

1. 《齐太公世家》是如何塑造齐桓公的霸主形象的？
2. 《齐太公世家》在人物传记的叙事上有什么特点？

鲁周公世家第三

司马迁在《太史公自序》中介绍了本篇的写作意图：周公努力宣扬文德，诸侯和部属对周无论是依顺的，还是违抗的，都安抚他们。周公辅佐成王，诸侯纷纷归附，以周天子为天下宗主。为赞美周公旦的《金滕》策文，作《周公世家》第三。

本篇主要讲述周代重要的诸侯国之一鲁国的兴衰史，详细地记述了西周开国重臣、鲁国始祖周公旦兢兢业业辅佐武王、成王的生平事迹，并择要记载了鲁国历经三十四代君主、历时约八百年的发展过程。

武王伐纣之后，封其弟周公旦于曲阜，是为鲁公。周公是我国古代政治史、文化史上极为重要的人物。他帮助周武王开创了周王朝数百年的基业，为我国民族融合、政治统一做出了巨大贡献。同时，他所制定的"礼乐行政"，对我国民族文化传统的形成，也具有开创意义。中华民族的文化心理之中，至今仍涓涓流淌着西周时代那种重伦理、轻逸乐、好俭朴、乐献身的君子风度和集体精神。司马迁对周公不但有一种深厚的景仰之情，而且把周公作为"立德立功立言"的楷模来仿效，要为中国文化发展做出贡献。在《太史公自序》中，他激动地回忆了父亲临终时的嘱托："夫天下称诵周公，言其能论歌文、武之德，宣周、邵之风，达太王、王季之思虑，爰及公刘，以尊后稷也。"可见，周公的榜样力量是激励司马迁完成《史记》创作的重要因素之一。

  在本篇中，司马迁饱含着深情来塑造周公形象，用了四分之一的篇幅，详尽地叙述了周公的一生：幼年时代的笃仁纯孝，平定管蔡分裂叛乱时的坚定果断，牺牲个人时的义无反顾，代理国政时的忍辱负重，教导成王时的谆谆告诫，制定国家规章制度时的聪明睿智，等等。周公吐哺，天下归心。周公对周武王、成王的一片赤诚之心，更是感天动地。作者用与主人公性格相一致的深沉有力的语言娓娓道来，为我们树立了一个胸怀博大、深沉果断，为国家利益鞠躬尽瘁的伟岸君子形象，为后世天下臣子树立了楷模。

  周公旦者，周武王弟也。自文王在时，旦为子孝，笃仁①，异于群子。及武王即位，旦常辅翼②武王，用事③居多。武王九年，东伐，至盟津，周公辅行。十一年，伐纣，至牧野，周公佐武王，作《牧誓》。破殷，入商宫。已杀纣，周公把大钺④，召公把小钺，以夹武王，衅社⑤，告纣之罪于天，及殷民。释箕子之囚⑥。封纣子武庚禄父，使管叔、蔡叔傅⑦之，以续殷祀⑧。遍封功臣同姓戚者。封周公旦于少昊之虚曲阜，是为鲁公。周公不就封，留佐武王。

◎**注释** ①〔笃仁〕忠厚仁爱。②〔辅翼〕佐助辅弼。③〔用事〕处理政务。④〔钺〕古代用于斫杀的金属兵器,形如大斧,有孔可装柄。⑤〔衅社〕衅,杀牲,以其血祭祀,社,地神。⑥〔箕子之囚〕殷纣淫乱暴虐,比干强谏,纣王剖其心,箕子害怕了,装疯为奴,被纣王囚禁。⑦〔傅〕辅助。这种辅助同时有教育及监视的意思。⑧〔以续殷祀〕古代以子孙不断、祭祀不绝为光荣。作为有道之君王往往不灭绝敌方子孙祭祀,所以让武庚禄父继承对殷祖先的岁时香火祭祀。

◎**大意** 周公旦,是周武王的弟弟。当文王在世时,旦作为儿子就非常孝顺,忠厚仁爱,与文王其他儿子不同。等到武王即位,旦常常佐助辅弼武王,处理的政事最多。武王九年,向东征伐到达盟津,周公辅佐随行。十一年,武王征伐商纣王,到达牧野,周公辅佐武王,作了《牧誓》。随即攻破殷都,进入商朝王宫。武王诛杀商纣王后,周公手持大斧,召公手持小斧,在左右护卫武王,杀牲取血,祭祀社神,将商纣王的罪行昭告上天,以及殷商百姓。释放被囚禁的箕子。册封商纣王的儿子武庚禄父,派管叔、蔡叔辅助、监管他,以延续殷商的祭祀。大规模封赏功臣和周王室同姓贵族。将周公旦分封在少昊的旧址曲阜,就是鲁公。周公没有到封国就职,留在京师辅佐武王。

武王克殷二年,天下未集①,武王有疾,不豫②,群臣惧,太公、召公乃缪卜。周公曰:"未可以戚我先王③。"周公于是乃自以为质④,设三坛,周公北面立,戴璧秉圭,告于太王、王季、文王。史策祝⑤曰:"惟尔元孙王发,勤劳阻疾。若尔三王是有负子之责(债)⑥于天,以旦代王发之身。旦巧能,多材多艺,能事鬼神。乃王发不如旦多材多艺,不能事鬼神。乃命于帝庭,敷佑四方,用能定汝子孙于下地,四方之民罔不敬畏。无坠天之降葆命,我先王亦永有所依归。今我其即命于元龟,尔之许我,我以其璧与圭归,以俟尔命。尔不许我,我乃屏璧与圭⑦。"周公已令史策告太王、王季、文王,欲代武王发,于是乃即三王而卜。卜人皆曰吉,发书视之,信吉。周公喜,开籥,乃见书遇吉。周公入贺武王曰:"王其无害。且新受命三王,维长终是图。⑧兹道能念予一人。"周公藏其策金縢匮中,诫守者勿敢言。明日,武王有瘳⑨。

◎ **注释** ①〔天下未集〕指天下统一的大业尚未完全成功。②〔不豫〕不安,不舒服。后代从这个典故引申,称天子有病为"不豫"。③〔戚我先王〕感动我们的先王。戚,忧愁悲伤。先王,此处指周室祖先太王、王季、文王。④〔自以为质〕周公以自己身体为保证物来请求先王让武王恢复健康,由自己来代替武王去死。⑤〔策祝〕将祈祷之辞写于简策之上,向神祝告。⑥〔负子之责〕即欠子之债。全句意指:如果上天要求你们牺牲一个子孙,让他死去以便到天上侍奉鬼神,即你们欠上天一个子孙,那么让我代替武王发去吧。责,同"债"。⑦〔屏璧与圭〕将璧与圭收起来,不给你。⑧〔旦新受命三王,维长终是图〕我刚刚接到三位先王的命令,你就只考虑如何保持周朝的长久统治就行了。⑨〔有瘳(chōu)〕病体痊愈。

◎ **大意** 武王灭殷商二年,天下统一的大业尚未完全成功,武王生病,不舒服,大臣们都很忧虑。太公、召公就去虔诚地占卜。周公说:"这样还不能感动我们的先王。"于是他以自己的生命为保证物,设立三个祭坛,面向北站立,头顶玉璧,手捧玉圭,向太王、王季、文王祷告。史官依据简册上的祝词祷告道:"你们的子孙武王发,积劳成疾。如果上天让你们牺牲一个子孙,以便到天上侍奉鬼神,那就让旦来代替武王发吧。旦灵巧能干,多才多艺,能侍奉鬼神。而国王发不如旦多才多艺,不能侍奉鬼神。国王发受命于天庭,保护四方百姓,使你们的子孙在世间平安,天下的百姓没有不敬仰和畏惧他的。不要毁弃上天赐予的宝贵国运,我们的先王也才能永远有所依靠。现在我将以大龟来听候命令,你们如果答应我的请求,我就带着这些玉璧和玉圭来归附,等候你们的命令。你们如果不答应我的请求,我就将玉璧和玉圭收起来。"周公命令史官将简册上的祝词报告太王、王季、文王,表达替代武王发去死的意愿之后,才走近三王神位前占卜。占卜的人都说吉利,打开占卜书一看,果然吉利。周公高兴,打开藏有卜兆的箱子,又看到卜辞是吉利的。周公进宫向武王道贺说:"王没有灾害。我刚刚接到三位先王的命令,你只考虑如何保持周朝的长久统治就行了。从这事上能看出先王体念天子。"周公把策书藏在用金缄封的匣子中,告诫保管的人不要声张。第二天，武王的病好了。

其后武王既崩，成王少，在强（襁）葆（褓）之中。周公恐天下闻武王崩而畔（叛），周公乃践阼①代成王摄行政当国。管叔及其群弟流言于国曰："周公将不利于成王。"周公乃告太公望、召公奭曰："我之所以弗辟（避）②而摄行政者，恐天下畔（叛）周，无以告我先王太王、王季、文王。三王之忧劳天下久矣，于今而后成。武王蚤（早）终，成王少，将以成周③，我所以为之若此。"于是卒相成王，而使其子伯禽代就封于鲁。周公戒伯禽曰："我文王之子，武王之弟，成王之叔父，我于天下亦不贱矣。然我一沐三捉发，一饭三吐哺④，起以待士，犹恐失天下之贤人。子之鲁，慎无以国骄人⑤。"

◎**注释** ①〔践阼〕登上帝位。阼，堂前两台阶中东面一个。宾主相见，客人走西面台阶，叫作"阶"；主人走东面台阶，叫作"阼"。天子主持祭祀时登阼，所以"阼"也指帝位。其实周公并未即位，只是代理天子之事，此处太史公是简略言之。②〔弗辟〕不避让。辟，同"避"。③〔成周〕完成周王朝稳定之大业。④〔哺〕口中所含的食物。⑤〔以国骄人〕认为自己是有封国的君主而看不起别人。

◎**大意** 后来武王去世，成王年幼，尚在襁褓之中。周公恐怕天下人听说武王去世而反叛，就代成王主持国家政务。管叔和他的弟弟们在京城散布流言说："周公将对成王不利。"周公就告诉太公望、召公奭说："我之所以不避嫌疑而替代成王行使职权，是担心天下反叛周室，无法向先王太王、王季、文王交代。三王为天下长期忧劳，至今才成功。武王早逝，成王年幼，我是为了完成周朝的大业才这样做。"于是他便继续辅佐成王，而让儿子伯禽代替他到鲁国封地就职。周公告诫伯禽说："我是文王的儿子，武王的弟弟，成王的叔父，我在天下的地位也算不低了。然而我洗一次头三次握住头发，吃一顿饭三次吐出咀嚼的食物，起身接待贤士，纵然这样还恐怕失掉天下的贤人。你到鲁国，千万不要因为自己是有封国的君主而看不起别人。"

管、蔡、武庚等果率淮夷而反。周公乃奉成王命，兴师东伐，作《大诰》。遂诛管叔，杀武庚，放①蔡叔。收殷余民，以封康叔于卫，封微子于宋，以奉殷祀。宁淮夷东土，二年而毕定。诸侯咸服宗周②。

◎**注释** ①〔放〕流放。②〔宗周〕以周王室为宗主。
◎**大意** 管叔、蔡叔、武庚等果然率领淮夷反叛。周公于是奉成王命令，出兵东征，创作了《大诰》。于是诛杀管叔，杀死武庚，放逐蔡叔。收服殷商的遗民，将康叔封在卫国，将微子封在宋国，用以承奉殷商的祭祀。平定淮夷占据的东部地区，两年才完成。诸侯都归服，以周王室为宗主。

天降祉①福，唐叔得禾②，异母③同颖④，献之成王，成王命唐叔以馈⑤周公于东土，作《馈禾》。周公既受命禾，嘉天子命，作《嘉禾》。东土以集，周公归报成王，乃为诗贻王，命之曰《鸱鸮》⑥。王亦未敢训周公。

◎**注释** ①〔祉〕福。②〔禾〕粟谷之茎。③〔母〕草木能结果实者为母，不结果实者为牡，结果实不饱满者为童。④〔颖〕禾穗。⑤〔馈〕古代指赠送食物。⑥〔《鸱鸮》〕后被收在《诗经·豳(bīn)风》中。周公用象征的手法，写鸱鸮建巢之事，来隐喻自己的心迹。
◎**大意** 上天降临祥福，唐叔得到了奇异的禾苗，异株而同穗，奉献给成王，成王命令唐叔送给在东方的周公，写了《馈禾》。周公接受了天子赏赐的异禾后，为感谢天子的恩赐，写了《嘉禾》。东部地区已经安定，周公回京师报告成王，就写了一首诗献给成王，题名叫《鸱鸮》。成王也没有敢斥责周公。

成王七年二月乙未，王朝步自周，至丰，使太保召公先之雒相土①。其三月，周公往营成周雒邑，卜居焉，曰吉，遂国之。

◎**注释** ①〔相土〕勘察地形。
◎**大意** 成王七年二月乙未日，成王为朝见文王庙，从镐京步行到达丰京，派太保召公先往雒邑勘察地形。这年三月，周公前往营建成周雒邑，通过占卜选择建都地点，卜辞说吉利，于是就在那里营建国都。

成王长，能听政。于是周公乃还政于成王，成王临朝。周公之代成王治，南面倍（背）依（扆）①以朝诸侯。及七年后，还政成王，北面就臣位，匔匔②如畏然。

◎**注释** ①〔南面倍依〕南面，面向南边。倍，通"背"，背向着。依，通"扆"，古代堂之后壁即室之前壁，壁上西边是牖（yǒu），东边是户（门），户牖（窗）之间为扆。古代天子接受朝拜，就背对扆，脸向南。②〔匔匔（gōng）〕谨慎恭敬的样子。
◎**大意** 成王长大后，能够处理国政了。于是周公就把国政归还给成王，成王临朝执政。周公代成王治国时，面朝南方，背靠屏风接受诸侯朝拜。等到七年后，将国政归还给成王，回到臣子的位置上北向而立，谨慎恭敬像有所畏惧的样子。

初，成王少时，病，周公乃自揃（剪）其蚤（爪）①沉之河，以祝于神曰："王少未有识，奸②神命者乃旦也。"亦藏其策于府。成王病有瘳。及成王用事，人或谮③周公，周公奔楚。成王发府，见周公祷书，乃泣，反（返）④周公。

◎**注释** ①〔揃其蚤〕揃，剪断。蚤，通"爪"，指甲。②〔奸〕冒犯。③〔谮〕说坏话诬陷别人。④〔反〕同"返",指迎回。

◎**大意** 当初,成王幼时,生病,周公就剪掉自己的指甲沉于河中,向神祈祷说:"国王年幼不懂事,违反神的意旨的是我周公旦。"这份策书也被藏于内府。后来成王就病愈了。等到成王主持国政,有人进谗言诬告周公,周公逃奔楚国。成王打开内府,看到周公祈祷的策书,就流下了眼泪,派人迎回了周公。

周公归,恐成王壮,治有所淫佚①,乃作《多士》②,作《毋逸》③。《毋逸》称:"为人父母,为业至长久,子孙骄奢忘之,以亡其家,为人子可不慎乎!故昔在殷王中宗,严恭敬畏天命,自度④治民,震惧不敢荒宁,故中宗飨(享)国⑤七十五年。其在高宗,久劳于外,为与小人,作其即位,乃有亮闇⑥,三年不言,言乃欢,不敢荒宁,密靖殷国,至于小大无怨,故高宗飨(享)国五十五年。其在祖甲,不义惟王,久为小人于外,知小人之依,能保施小民,不侮鳏寡,故祖甲飨(享)国三十三年。"《多士》称曰:"自汤至于帝乙,无不率祀明德,帝无不配天者。在今后嗣王纣,诞淫厥佚,不顾天及民之从也。其民皆可诛。"周多士。"文王日中昃⑦不暇食,飨(享)国五十年。"作此以诫成王。

◎**注释** ①〔淫佚〕荒淫放荡。②〔《多士》〕今存于《尚书》中。《多士》并非告诫周成王之作,而是周公代替成王向殷遗民中的奴隶主阶级发布的诰令。③〔《毋逸》〕今存于《尚书》中,作《无逸》。是周公告诫成王的文字。④〔自度〕以法度自律。⑤〔飨国〕拥有国家。飨,通"享",享有。⑥〔亮闇(ān)〕帝王居丧。⑦〔昃(zè)〕太阳偏西。

◎**大意** 周公回到朝廷,恐怕成王年纪大了,治理国家时会荒淫放荡,于是创作了《多士》和《毋逸》。《毋逸》说:"做父母的,长期创业,子孙骄纵奢侈忘记了父母创业的艰辛,以致家业毁败,做儿子的可以不谨慎吗!所以从前殷王中宗，严肃恭敬地畏惧天命，自觉遵守法度以身作则，治理百姓，战战兢兢不敢荒怠安逸，所以中宗当政七十五年。到了高宗，他长期在民间劳作，与百姓共同生活，等到即位时，就有了丧事，三年不曾说话，一旦说话就使百姓高兴，不敢荒怠安逸，一心致力于安定殷国，做到人人都没怨言，所以高宗当政五十五年。到了祖甲，认为不可不合道义为王，因而长期逃亡在民间为百姓，知道百姓的需求，能够保护并施恩于百姓，不欺侮鳏夫寡妇，所以祖甲当政三十三年。"《多士》说："从汤王到帝乙，没有不慎重祭祀鬼神、修明德行的，各个帝王都没有违背上天的命令。到后来纣王继位，骄奢淫逸，不顾及上天和百姓的愿望，百姓都认为他该杀。"周多贤士，"文王为政事忙碌到太阳偏西都顾不上吃饭，所以当政五十年"。周公用这些话来告诫成王。

成王在丰，天下已安，周之官政未次序①，于是周公作《周官》，官别其宜②。作《立政》③，以便百姓。百姓说（悦）。

◎**注释** ①〔周之官政未次序〕官政，官职制度。未次序，还未形成完备的体系。②〔官别其宜〕划分出每种官职合理的职责范围。③〔《立政》〕主要向成王讲述天下安定以后的用人和理政方针。

◎**大意** 成王居住在丰京，天下已经安定，周朝的职官制度还没有形成完备的体系，于是周公作《周官》，划分出每种官职合理的职责范围。又作《立政》，使百官明白居官为政的道理。百官都很高兴。

周公在丰，病，将没（殁），曰："必葬我成周，以明吾不敢离成王。"周公既卒，成王亦让，葬周公于毕，从文王，以明予小子①不敢臣周公也。

◎**注释** ①〔予小子〕天子自己的谦称，此处是成王口气。

◎**大意** 周公在丰京，生病，将要去世，说："一定要把我葬在成周，以表明我不敢离开成王。"周公去世后，成王也谦让，将周公葬在毕原，陪从文王，以表明自己不敢将周公当作臣子。

周公卒后，秋未获①，暴风雷雨，禾尽偃，大木尽拔。周国大恐。成王与大夫朝服以开金縢书，王乃得周公所自以为功代武王之说。二公及王乃问史、百执事，史、百执事曰："信有，昔周公命我勿敢言。"成王执书以泣，曰："自今后其无缪（穆）卜乎②！昔周公勤劳王家，惟予幼人弗及知。今天动威以彰周公之德，惟朕小子其迎③，我国家礼亦宜之。"王出郊，天乃雨，反风，禾尽起。二公命国人，凡大木所偃，尽起而筑之。岁则大孰。于是成王乃命鲁得郊祭文王④。鲁有天子礼乐者，以褒周公之德也。

◎**注释** ①〔获〕收割庄稼。②〔自今后其无缪卜乎〕今后恐怕再也看不到像周公这样虔敬的占卜、祷祝了吧。缪，通"穆"，虔敬。③〔惟朕小子其迎〕我亲自前往，祭祀周公之灵。④〔鲁得郊祭文王〕祭祀天帝的仪式在郊外举行，故称"郊"。只有天子才能祭天。这里周成王允许鲁国进行郊祭，是一种特殊的奖赏和荣誉。祭文王，指庙祭文王。鲁国得以庙祭文王，也是一种天子赐予的特殊荣誉。

◎**大意** 周公去世后，秋天庄稼尚未收获时，暴风雨大作，庄稼全部倒伏，大树全被连根拔起。全国上下大为恐慌。成王与大夫们穿上朝服，打开以金密封的匣子中的策书，成王才得到周公请求以自身代替武王去死的策文。太公、召公及成王便询问史官和所有随周公请命的办事官员，史官和办事官员说："的确有这件事，以前周公命令我们不准说。"成王手捧策书流泪，说："今后恐怕再也看不到像周公这样虔敬的占卜祷祝了！以前周公为王室勤苦操劳，只是我年幼不知道。现在上天显示威严以表彰周公的德行。我亲自前往，祭祀周公之灵，我们国家也应当有这样的礼仪。"成王来到郊外祭天，天就开始下雨，风向反过来，庄稼全部立了起来。太公、召公命令百姓，凡是被刮倒的大树，都扶起来培土加固。这一年获得大丰收。于是成王命令鲁国可以郊祭上天，立庙祭文王。鲁国能够有天子的礼乐，这是为了褒奖周公旦的大德。

周公卒，子伯禽固已前受封，是为鲁公。鲁公伯禽之初受封之鲁，三年而后报政①周公。周公曰："何迟也？"伯禽曰："变其俗，革其礼，丧三年然后除之，故迟。"太公亦封于齐，五月而报政周公。周公曰："何疾也？"曰："吾简其君臣礼，从其俗为也。"及后闻伯禽报政迟，乃叹曰："呜呼，鲁后世其北面事齐矣！夫政不简不易，民不有近；平易近民，民必归之。"

◎ **注释**　①〔报政〕汇报施政效果。
◎ **大意**　周公去世，其子伯禽在此之前已受封，就是鲁公。鲁公伯禽最初受封到鲁国，三年后才向周公报告政事。周公说："为何这么迟缓呢？"伯禽说："变革那里的风俗，改革那里的礼仪，服丧三年才能免除，所以迟缓了。"太公也受封到齐国，五个月就向周公报告政事。周公说："为何这么快速呢？"太公说："我简化了君臣间的礼节，顺从当地的风俗办事。"等到后来听说伯禽报告政事迟缓，他就叹息说："唉，鲁国的后代将要朝北侍奉齐国了！政治不简化易行，民众就不会亲近；政令平易，亲近民众，民众必定归附他。"

伯禽即位之后，有管、蔡等反也，淮夷、徐戎亦并兴反。于是伯禽率师伐之于肸，作《肸誓》①，曰："陈尔甲胄②，无敢不善③。无敢伤牿④。马牛其风，臣妾逋逃⑤，勿敢越逐，敬复之。无敢寇攘，逾墙垣。鲁人三郊三隧⑥，峙尔刍茭、糗粮、桢幹，无敢不逮。我甲戌筑而征徐戎，无敢不及，有大刑。"作此《肸誓》，遂平徐戎，定鲁。

◎**注释** ①〔《肸（bì）誓》〕今存于《尚书》中，作《费誓》。②〔陈尔甲胄〕准备好铠甲和头盔。胄，头盔。③〔无敢不善〕谁也不能不事先准备好。④〔无敢伤牿（gù）〕保护好牛马以备作战时使用。牿，关牛马的圈栏。⑤〔臣妾逋（bū）逃〕臣妾，男女奴隶。逋逃，逃跑。⑥〔三郊三隧〕古以城外为郊，郊外为隧。三郊三隧，此指鲁国西、南、北三方的近郊远郊之人。因东方面临徐戎，需要防备敌人，所以只向三郊三隧之人征调军用物资。

◎**大意** 伯禽即位以后，发生了管叔、蔡叔等反叛的事情，淮夷、徐戎也一起兴兵反叛。于是伯禽率领军队到肸邑去征讨他们，写下了《肸誓》，说："准备好你们的铠甲和头盔，谁也不能不事先准备好。不准毁坏马牛栏圈。走失的牛马，逃走的奴隶，不准离开部队去追赶。已经得到的要恭敬地送还。不准偷盗和抢夺，翻越百姓的墙垣。鲁国南西北三面郊野的百姓，要准备好草料、干粮、墙板，不准不及时供应。我甲戌日筑城以征讨徐戎，不准不及时赶到，违反者处死刑。"写了这篇《肸誓》，就平定了徐戎，安定了鲁国。

鲁公伯禽卒，子考公酋立。考公四年卒，立弟熙，是谓炀公。炀公筑茅阙门①。六年卒，子幽公宰立。幽公十四年，幽公弟㵒杀幽公而自立，是为魏公。魏公五十年卒，子厉公擢立。厉公三十七年卒，鲁人立其弟具，是为献公。献公三十二年卒，子真公②濞立。

◎**注释** ①〔茅阙门〕简称"茅门"，实际应为"雉门"。诸侯都城有三门：库门、雉门、路门。外朝在雉门之外。因雉门两旁有高台，称作"阙"，故又名"茅阙门"。②〔真公〕《索隐》曰："真音慎，本亦多作'慎公'。"

◎**大意** 鲁公伯禽去世，儿子考公酋继位。鲁考公四年去世，他的弟弟熙继位，就是鲁炀公。鲁炀公修建了茅阙门。鲁炀公六年去世，儿子鲁幽公宰继位。鲁幽公十四年，幽公的弟弟㵒杀死幽公而自立为国君，就是鲁魏公。魏公五十年去世，儿子厉公擢继位。鲁厉公三十七年去世，鲁国人拥立他的弟弟具，这就是鲁献公。鲁献公三十二年去世，儿子鲁慎公濞继位。

真公十四年，周厉王无道，出奔①彘，共和行政。二十九年，周宣王即位。

◎**注释** ①〔奔〕逃亡。
◎**大意** 鲁慎公十四年，周厉王暴虐无道，出逃到彘，出现了共和行政的局面。二十九年，周宣王即位。

三十年，真公卒，弟敖立，是为武公。

◎**大意** 三十年，慎公去世，弟弟敖继位，这就是鲁武公。

武公九年春，武公与长子括、少子戏西朝周宣王。宣王爱戏，欲立戏为鲁太子。周之樊仲山父谏宣王曰："废长立少，不顺①；不顺，必犯王命②；犯王命，必诛③之：故出令不可不顺也。令之不行，政之不立④；行而不顺，民将弃上⑤。夫下事上，少事长，所以为顺。今天子建⑥诸侯，立其少，是教民逆也。若鲁从之，诸侯效之，王命将有所壅⑦；若弗从而诛之，是自诛王命也。诛之亦失，不诛亦失，王其图之。"宣王弗听，卒立戏为鲁太子。夏，武公归而卒，戏立，是为懿公。

◎**注释** ①〔不顺〕不合嫡长子即位的制度。②〔犯王命〕触犯周先王制定的嫡长子继承制。③〔诛〕诛灭。④〔政之不立〕政令不具有权威。⑤〔弃上〕不服从其统治者。⑥〔建〕立。⑦〔壅〕阻塞不能通行。
◎**大意** 鲁武公九年春天，鲁武公和长子括、幼子戏往西去朝见周宣王。宣王喜爱戏，想立戏为鲁太子。周王室大臣樊仲山父劝谏宣王说："废长子立少子，不合嫡长子即位的制度；必然会触犯君王的命令；触犯君王的命令，必然要诛杀他：因此发出命令不可不顺情理。命令不能执行，政令不具有权威；强制执行而不顺情理，百姓就会抛弃国君。下级事奉上级，年幼的事奉年长的，这就是顺情理。现在天子建置诸侯，立他的小儿子，这是教百姓叛逆。如果鲁国服从您的命令，各诸侯仿效鲁国，王命将会阻塞不行；如果鲁国不服从您的命令而诛杀他，等于是自己诛杀王命。诛杀他失策，不诛杀他也失策，君王应慎重考虑这件事。"宣王不听，最终立戏为鲁太子。夏天，鲁武公回国后去世，戏继位，这就是鲁懿公。

懿公九年，懿公兄括之子伯御与鲁人攻弑懿公，而立伯御为君。伯御即位十一年，周宣王伐鲁，杀其君伯御，而问鲁公子能道（导）顺（训）①诸侯者，以为鲁后②。樊穆仲曰："鲁懿公弟称，肃恭明神，敬事耆老③；赋事行刑④，必问于遗训⑤而咨于固（故）实⑥；不干所问，不犯所知。"宣王曰："然，能训治其民矣。"乃立称于夷宫，是为孝公。自是后，诸侯多畔（叛）王命。

◎注释　①〔道顺〕道，同"导"，启发。顺，通"训"，教戒。②〔鲁后〕鲁国君位的继承人。③〔耆老〕此处泛指老人。④〔赋事行刑〕泛指一切举措。⑤〔遗训〕此处指先王之遗训。⑥〔固实〕即以往实践中的典型事例及其相应处理方法。固，通"故"。

◎大意　懿公九年，懿公哥哥括的儿子伯御与鲁国人攻杀了懿公，而拥立伯御为国君。伯御即位十一年，周宣王讨伐鲁国，杀死鲁国国君伯御，询问鲁国公子中谁有能力教导诸侯，让他做鲁国国君的继承人。樊穆仲说："鲁懿公弟弟称，庄重恭谨敬事鬼神，恭敬事奉长老；处理事务和执行刑罚，一定要先请教先王的遗训和祖宗成法，凡是请教过的绝不冒犯，凡是咨询过的绝不违反。"宣王说："是的，这样的人能够训导和管理他的民众了。"于是在夷宫立称为鲁国君，这就是鲁孝公。从此以后，诸侯大多背叛周王的命令。

孝公二十五年，诸侯畔（叛）周，犬戎杀幽王。秦始列为诸侯。

◎**大意**　鲁孝公二十五年，诸侯背叛周王，犬戎杀死周幽王。秦国开始列为诸侯。

二十七年，孝公卒，子弗湟立，是为惠公。

◎**大意**　二十七年，鲁孝公去世，儿子弗湟继位，这就是鲁惠公。

惠公三十年，晋人弑其君昭侯。四十五年，晋人又弑其君孝侯。

◎**大意**　鲁惠公三十年，晋国人弑杀了他们的国君昭侯。四十五年，晋国人又弑杀了他们的国君孝侯。

四十六年，惠公卒，长庶子息摄当国，行君事，是为隐公。初，惠公適（嫡）夫人①**无子，公贱妾声子生子息。息长，为娶于宋。宋女至而好，惠公夺而自妻之。生子允。登宋女为夫人，以允为太子。及惠公卒，为允少故，鲁人共令息摄政，不言即位。**

◎**注释**　①〔適夫人〕诸侯之正妻。
◎**大意**　鲁惠公四十六年，鲁惠公去世，长庶子息暂时主持国政，行使国君权力，就是隐公。当初，惠公的嫡夫人没有儿子，他的贱妾声子生了儿子息。息长大成人，给他娶了宋国的女子。容貌美丽的宋国女来到鲁国，惠公夺取她做了自己的妻子。生了儿子允。惠公提升宋国女为夫人，以允为太子。等到惠公去世，因为允年幼的缘故，鲁国人共同让息暂时主持国政，不说是正式即位。

隐公五年，观渔①于棠。八年，与郑易天子之太山之邑祊及许田，君子讥之②。

◎**注释**　①〔观渔〕指观看人捕鱼，以为戏乐。此举不合君礼。②〔君子讥之〕指作史者评论此事时讥讽鲁、郑二国擅自交换天子赐邑是不合礼仪的。

◎**大意**　鲁隐公五年，到棠邑观看捕鱼。鲁隐公八年，用许田与郑国交换周天子祭祀太山的祊（bēng）邑，君子讥笑这件事。

十一年冬，公子挥谄谓隐公曰："百姓便君①，君其遂立②。吾请为君杀子允，君以我为相。"隐公曰："有先君命。吾为允少，故摄代。今允长矣，吾方营③菟裘之地而老④焉，以授子允政。"挥惧子允闻而反诛之，乃反谮⑤隐公于子允曰："隐公欲遂立，去子，子其图之。请为子杀隐公。"子允许诺。十一月，隐公祭钟巫，齐（斋）⑥于社圃，馆于蔿氏。挥使人弑隐公于蔿氏，而立子允为君，是为桓公。

◎**注释**　①〔百姓便君〕以您当国君为合宜。②〔君其遂立〕干脆你就一直当下去吧。③〔营〕建造房屋。④〔老〕养老。⑤〔谮〕说坏话诬陷。⑥〔齐〕同"斋"，即斋戒。

◎**大意**　鲁隐公十一年冬天，公子挥谄媚地对隐公说："百姓拥护您，您就正式即位吧。我请求为您去杀死太子允，您让我做相国。"隐公说："有先君的命令。我因为允年幼，所以暂时代理国政。现在允已长大，我正在菟裘营建住宅，准备在那里养老，把政权交给太子允。"公子挥害怕太子允知道这件事后又反过来杀他，就反过来到太子允面前诋毁鲁隐公说："隐公想正式即位，除掉您，您应谋划对策。请让我为您杀死隐公。"太子允同意。十一月，鲁隐公祭祀钟巫，在社圃里斋戒，在蔿氏家住宿。公子挥指使人到蔿氏家杀害了鲁隐公，又拥立太子允为国君，就是鲁桓公。

桓公元年，郑以璧易天子之许田。二年，以宋之赂鼎①入于太庙，君子讥之。

◎**注释** ①〔宋之赂鼎〕鼎名"郜（gào）大鼎"。原为郜国所铸，宋灭郜，占有此鼎。鲁桓公二年时，宋国太宰华督杀其君殇公，立宋庄公，用郜大鼎贿赂鲁桓公，又给齐、陈、郑三国礼物，争取支持。鲁桓公将此鼎放入太庙，鲁大夫臧哀伯谏止，桓公不听。

◎**大意** 鲁桓公元年，郑国用玉璧交换周天子赐给鲁国的许田。二年，将宋国贿赂的鼎安放到太庙，君子讥笑这件事。

三年，使挥迎妇于齐，为夫人。六年，夫人生子，与桓公同日，故名曰同。同长，为太子。

◎**大意** 鲁桓公三年，派公子挥到齐国迎接齐女为夫人。鲁桓公六年，夫人生了儿子，与鲁桓公生日相同，所以取名同。同长大后，被立为太子。

十六年，会于曹，伐郑，入厉公。

◎**大意** 十六年，在曹国会盟，讨伐郑国，送郑厉公返国。

十八年春，公将有行，遂与夫人如齐。申繻谏止，公不听，遂如齐。齐襄公通桓公夫人。公怒①夫人，夫人以告齐侯。夏四月丙子，齐襄公飨②公，公醉，使公子彭生抱鲁桓公，因命彭生摺（折）其胁③，公死于车。鲁人告于齐曰："寡君畏君之威，不敢宁居，来修好礼。礼成而不反（返），无所归咎，请得彭生以除丑于诸侯。"

齐人杀彭生以说（悦）鲁④。立太子同，是为庄公。庄公母夫人因留齐，不敢归鲁。

◎**注释** ①〔怒〕谴责。②〔飨〕用酒食招待。③〔摺其胁〕摺，通"折"，折断。胁，肋骨。④〔说鲁〕取悦鲁国。

◎**大意** 鲁桓公十八年春天，准备出外旅行，就与夫人到齐国。申繻劝阻，桓公不听，于是到了齐国。齐襄公与桓公夫人私通。桓公怒斥夫人，夫人将此事告诉了齐襄公。夏季四月丙子日，齐襄公宴请桓公，桓公酒醉，齐襄公派公子彭生把鲁桓公抱上车，命令彭生趁机折断桓公的胸肋，桓公死在车上。鲁国人通告齐襄公说："我们国君畏惧您的威势，不敢安居，前来订立盟好之礼。礼仪成而人未回，无法追究罪责，请求得到彭生以在诸侯之间消除丑闻。"齐国人杀死彭生来取悦鲁国人。鲁国人拥立太子同为君，就是鲁庄公。庄公的母亲因而留在齐国，不敢返回鲁国。

庄公五年冬，伐卫，内（纳）①卫惠公。

◎**注释** ①〔内〕同"纳"，用武力支持某人归国为君。卫惠公因谗毁其兄卫太子伋，为国人所不容，出奔于齐。可参见《卫康叔世家》。
◎**大意** 鲁庄公五年冬天，讨伐卫国，送卫惠公回国。

八年，齐公子纠来奔。九年，鲁欲内（纳）子纠于齐，后桓公①，桓公发兵击鲁，鲁急，杀子纠。召忽死。齐告鲁生致②管仲。鲁人施伯曰："齐欲得管仲，非杀之也，将用之，用之则为鲁患。不如杀，以其尸与之。"庄公不听，遂囚管仲与齐。齐人相管仲。

◎**注释** ①〔后桓公〕落在了齐桓公后面。②〔生致〕得到活的。齐桓公抢在公子纠之前进入齐国，成为齐君。又听鲍叔牙建议，想任用管仲为齐相，故欲"生致"管仲。参见《齐太公世家》《管晏列传》。

◎**大意** 鲁庄公八年，齐国公子纠逃到鲁国。鲁庄公九年，鲁国准备送公子纠回齐国，落在齐桓公后面。齐桓公发兵攻打鲁国，鲁国危急，杀死公子纠。召忽自杀。齐国通告鲁国把管仲活着送到齐国。鲁国人施伯说："齐国想得到管仲，不是想杀他，而是准备任用他，齐国用管仲就会成为鲁国的祸患。不如杀了他，将他的尸体送给齐国。"庄公不听，于是将管仲囚禁起来交给齐国。齐国人用管仲为相。

十三年，鲁庄公与曹沫①会齐桓公于柯，曹沫劫齐桓公，求鲁侵地，已盟而释桓公。桓公欲背约，管仲谏，卒归鲁侵地。十五年，齐桓公始霸。二十三年，庄公如齐观社②。

◎**注释** ①〔曹沫〕即曹刿，鲁国将领。②〔观社〕参观祭祀社神之活动。按齐国祭社，聚男女以游观，本身不合于周礼。鲁庄公去观看别国诸侯祭社，也不合于周礼。

◎**大意** 鲁庄公十三年，鲁庄公与曹沫在柯邑跟齐桓公会盟，曹沫劫持齐桓公，要求齐桓公归还齐国侵占的鲁国土地，订立盟约后便释放了桓公。桓公想背弃盟约，管仲劝谏，齐桓公最终归还了侵占的鲁国土地。十五年，齐桓公开始称霸。二十三年，庄公到齐国观看祭祀社神的活动。

三十二年。初，庄公筑台临党氏，见孟女，说（悦）而爱之，许立为夫人，割臂以盟。孟女生子斑。斑长，说（悦）梁氏女，往观。圉人荦自墙外与梁氏女戏。斑怒，鞭荦。庄公闻之，曰："荦有力焉，遂杀之，是未可鞭而置也。"斑未得杀。会庄公有疾。庄公有三弟，长曰庆父，次曰叔牙，次曰季友。庄公取齐女为夫人曰哀姜。哀姜无子。哀姜娣曰叔姜，生子开。庄公无适（嫡）嗣，爱孟女，欲立其子斑。庄公病，而问嗣于弟叔牙。叔牙曰："一继①一及②，鲁之常也。庆父在，可为嗣，君何忧？"庄公患叔牙欲立庆父，退而问季友。季友曰："请以死立斑也。"庄公曰："曩者叔牙欲立庆父，奈何？"季友以庄公命命牙待于鍼巫氏，使鍼季劫饮叔牙以鸩，曰："饮此，则有后奉祀；不然，死且无后。"牙遂饮鸩而死，鲁立其子为叔孙氏。八月癸亥，庄公卒，季友竟立子斑为君，如庄公命。侍丧，舍于党氏。

◎**注释** ①〔继〕父死而子继位为君。②〔及〕兄死而弟继位为君。
◎**大意** 鲁庄公三十二年。当初，鲁庄公筑台，来到党氏家，看见党氏孟女，喜欢而爱慕她，许愿立她为夫人，孟女割破手臂与庄公盟誓。党氏孟女生了儿子斑。斑长大，喜爱梁氏的女儿，前去观看。养马人荦从墙外跟梁女嬉戏。斑愤怒，鞭打了荦。鲁庄公听说此事，说："荦有气力，应杀掉他，不可以鞭打后又留着他。"斑却没有杀他。正巧鲁庄公生病。鲁庄公有三个弟弟，长弟叫庆父，次弟叫叔牙，三弟叫季友。鲁庄公娶了齐国女子为夫人，称哀姜。哀姜没有儿子。哀姜的妹妹叫叔姜，生了儿子开。鲁庄公没有嫡子，喜欢孟女，想立她的儿子斑。鲁庄公患病，向弟弟叔牙询问继承人。叔牙说："父死子继与兄死弟及，这是鲁国的常规。庆父在，可以为继位人，您为何担忧？"鲁庄公害怕叔牙要立庆父。叔牙退去之后，庄公又问季友。季友说："请让我拼死拥立斑。"庄公说："刚才叔牙想立庆父，怎么办？"季友就用庄公的命令，叫叔牙等候在鍼巫氏家中，让鍼季强迫叔牙饮毒酒，说："你喝了这酒，会有后代祭祀你；不喝的话，你不但会死，还会没有后代。"叔牙于是喝毒酒而死，鲁君立他的儿子为叔孙氏。八月癸亥日，鲁庄公去世，季友最终立公子斑为国君，一如鲁庄公所命。守丧时，公子斑住在党氏家。

先时庆父与哀姜私通，欲立哀姜娣子开。及庄公卒而季友立斑，十月己未，庆父使圉人荦杀鲁公子斑于党氏。季友奔陈。庆父竟立庄公子开，是为湣公。

◎**大意**　先前庆父与哀姜通奸，想立哀姜妹妹的儿子开。等庄公去世而季友立了公子斑，十月己未日，庆父指使养马人荦在党氏家中杀了鲁公子斑。季友逃奔陈国。庆父最终拥立了鲁庄公的儿子开，这就是鲁湣公。

　　湣公二年，庆父与哀姜通益甚。哀姜与庆父谋杀湣公而立庆父。庆父使卜齮袭杀湣公于武闱。季友闻之，自陈与湣公弟申如邾，请鲁①求内（纳）之。鲁人欲诛庆父。庆父恐，奔莒。于是季友奉②子申入，立之，是为釐公。釐公亦庄公少子。哀姜恐，奔邾。季友以赂如莒求庆父③，庆父归，使人杀庆父，庆父请奔，弗听，乃使大夫奚斯行，哭而往。庆父闻奚斯音，乃自杀。齐桓公闻哀姜与庆父乱以危鲁，乃召之邾而杀之，以其尸归，戮④之鲁。鲁釐公请而葬之。

◎**注释**　①〔请鲁〕请求鲁国人。②〔奉〕跟随。③〔求庆父〕要求把庆父引渡回鲁国。④〔戮〕陈尸示众。

◎**大意**　鲁湣公二年，庆父与哀姜通奸更加肆无忌惮。哀姜与庆父图谋杀害湣公而立庆父为鲁国君王。庆父派卜齮（yǐ）在武闱袭杀了湣公。季友听说此事，和湣公的弟弟申从陈国到邾国，请求鲁国接纳他们。鲁国人想诛杀庆父。庆父害怕，逃奔莒国。于是季友跟随公子申回鲁国，立他为国君，就是鲁釐公。釐公也是庄公的小儿子。哀姜害怕，逃奔邾国。季友送财物给莒国，要求送回庆父，庆父回国，季友派人去杀庆父，庆父请求流亡，季友不答应，于是让大夫奚斯边哭边走，去回答庆父。庆父听到奚斯的哭声，就自杀了。齐桓公听说哀姜与庆父淫乱而危害鲁国，就把她从邾国召回来杀了，把她的尸体送回鲁国，在鲁国示众。鲁釐公请求把她安葬了。

季友母陈女，故亡在陈，陈故佐送①季友及子申。季友之将生也，父鲁桓公使人卜之，曰："男也，其名曰'友'，间于两社②，为公室③辅。季友亡④，则鲁不昌。"及生，有文在掌曰"友"，遂以名之，号为成季。其后为季氏，庆父后为孟氏也。

◎**注释** ①〔佐送〕帮助护送（季友和子申回鲁国）。②〔间于两社〕位于两座社坛之间，意指成为执政大臣。③〔公室〕即国君之家族。④〔亡〕逃亡。
◎**大意** 季友的母亲是陈国的女子，所以季友逃亡在陈国，陈国因此护送季友和公子申回鲁国。季友将要出生的时候，父亲鲁桓公让人占卜，卜辞说："男孩，他的名字叫'友'，将来会站在两社之间，成为公室的辅佐。季友离去，鲁国就不能昌盛。"等他出生，手掌心的纹路像"友"字，就用"友"作为名字，号称成季。他的后代称为季氏，庆父后代称为孟氏。

釐公元年，以汶阳鄪封季友。季友为相。

◎**大意** 鲁釐公元年，把汶阳鄪邑封给季友，季友当了相国。

九年，晋里克杀其君奚齐、卓子。齐桓公率釐公讨晋乱，至高梁而还，立晋惠公。十七年，齐桓公卒。二十四年，晋文公即位。

◎**大意** 鲁釐公九年，晋国里克杀死他的国君奚齐、卓子。齐桓公率领鲁釐公征讨晋国的叛军，到达高梁返还，立了晋惠公。鲁釐公十七年，齐桓公去世。鲁釐公二十四年，晋文公即位。

三十三年，釐公卒，子兴立，是为文公。

◎**大意**　鲁釐公三十三年，鲁釐公去世，儿子兴继位，这就是鲁文公。

文公元年，楚太子商臣弑其父成王，代立。三年，文公朝晋襄公。

◎**大意**　鲁文公元年，楚国太子商臣弑杀了他的父亲楚成王，继位为君。三年，鲁文公朝见晋襄公。

十一年十月甲午，鲁败翟（狄）于咸①，获长翟乔如，富父终甥舂（冲）其喉②以戈，杀之，埋其首于子驹之门，以命宣伯③。

◎**注释**　①〔鲁败翟于咸〕翟，通"狄"，古族名。咸，鲁地名，在今山东巨野南。②〔富父终甥舂其喉〕富父终甥，鲁国大夫，叔孙得臣的部下。舂，通"冲"，直刺。③〔以命宣伯〕用"乔如"来给叔孙得臣的儿子（宣伯）命名。按此次战胜翟人、追获长翟乔如，主要是鲁大夫叔孙得臣的功劳，战斗时，得臣是主帅，富父终甥是车右（战车上位于右面保护主帅之人）的副手。详见《左传·文公十一年》。得臣给自己的儿子起名"乔如"是为了纪念此战的胜利和自己的功绩。
◎**大意**　鲁文公十一年十月甲午日，鲁国在咸地打败长翟，俘虏了长狄首领乔如，富父终甥用戈抵住他的咽喉，杀死了他，将他的首级埋在子驹门，并将宣伯之名改为乔如。

初，宋武公之世，鄋瞒①伐宋，司徒皇父帅师御之，以败翟于长丘，获长翟缘斯。晋之灭路，获乔如弟棼如。齐惠公二年，鄋瞒伐齐，齐王子城父获其弟荣如，埋其首于北门。卫人获其季弟简如。鄋瞒由是遂亡。

◎**注释** ①〔鄋（sōu）瞒〕北方狄族的一部落名。也称"长翟"。相传其为防风氏的后代，夏商时称为汪芒氏，周代称为长狄氏。

◎**大意** 当初，宋武公的时代，鄋瞒征伐宋国，司徒皇父率领军队抵御他们，在长丘打败了翟人，俘虏了长翟首领缘斯。晋国灭亡路国时，俘虏了乔如的弟弟棼如。齐惠公二年，鄋瞒征伐齐国，齐国的王子城父俘虏了乔如的弟弟荣如，把他的头埋在北门。卫国人俘虏了他的小弟弟简如。鄋瞒从此就灭亡了。

十五年，季文子使于晋。

◎**大意** 鲁文公十五年，季文子出使晋国。

十八年二月，文公卒。文公有二妃：长妃齐女为哀姜，生子恶及视；次妃敬嬴，嬖爱，生子俀。俀私事①襄仲，襄仲欲立之，叔仲曰不可。襄仲请齐惠公，惠公新立，欲亲鲁，许之。冬十月，襄仲杀子恶及视而立俀，是为宣公。哀姜归齐，哭而过市，曰："天乎！襄仲为不道，杀適（嫡）立庶②！"市人皆哭，鲁人谓之"哀姜"。鲁由此公室卑，三桓③强。

◎**注释** ①〔私事〕事，本意为侍奉。这里指暗中笼络。②〔杀適立庶〕恶、视为正妃所生，是嫡子；俀是次妃所生，是庶子。③〔三桓〕鲁桓公三个儿子形成的仲孙氏（庆父之后）、叔孙氏（叔牙之后）和季孙氏（季友之后）三个贵族家族。

◎**大意** 鲁文公十八年二月，鲁文公去世。鲁文公有两个妃子：长妃是齐国女子称为哀姜，生有儿子恶与视；次妃叫敬嬴，受到宠爱，生了儿子俀。俀私下拉拢襄仲，襄仲想拥立他，叔仲说不可。襄仲请求齐惠公，齐惠公新即位，想亲近鲁国，就答应了。冬季十月，襄仲杀死公子恶与视，立了俀，就是鲁宣公。哀姜回到齐国，哭着走过街市，说："天哪！襄仲做事不讲道义，杀嫡子而立庶子！"街市上的人都哭了，鲁国人称她为"哀姜"。从此鲁国公室衰微，三桓势力强大。

宣公俀十二年，楚庄王强，围郑。郑伯降，复国之。

◎**大意**　鲁宣公俀十二年，楚庄王强盛，围攻郑国。郑伯投降，后又恢复了他的国家。

十八年，宣公卒，子成公黑肱立，是为成公。季文子曰："使我杀適（嫡）立庶失大援者，襄仲。"襄仲立宣公，公孙归父有宠。宣公欲去①三桓，与晋谋伐三桓。会宣公卒，季文子怨之，归父奔齐。

◎**注释**　①〔去〕除掉。
◎**大意**　鲁宣公十八年，鲁宣公去世，儿子鲁成公黑肱继位，就是鲁成公。季文子说："使我们杀嫡子立庶子而失去强大援助的人，是襄仲。"襄仲拥立鲁宣公，公孙归父得宠。鲁宣公想除掉三桓，与晋国谋划征讨三桓。正赶上鲁宣公去世，季文子怨恨襄仲，公孙归父便逃往齐国。

成公二年春，齐伐取我隆。夏，公与晋郤克败齐顷公于鞍，齐复归我侵地。四年，成公如晋，晋景公不敬鲁。鲁欲背晋合于楚，或谏，乃不。十年，成公如晋。晋景公卒，因留成公送葬，鲁讳之①。十五年，始与吴王寿梦会钟离。

◎**注释**　①〔鲁讳之〕因鲁成公为晋景公送葬不合礼法，所以鲁国人以此为耻，羞于谈论这件事。

◎**大意**　鲁成公二年春天，齐国攻伐夺取了鲁国的隆邑。夏天，鲁成公与晋国的郤克在鞍地打败齐顷公，齐重新归还侵占的鲁国土地。鲁成公四年，鲁成公到达晋国，晋景公不敬重鲁国。鲁国想背弃晋国与楚国联合，有人劝谏，才没有这样做。鲁成公十年，鲁成公到晋国。晋景公去世，便留鲁成公送葬，鲁国羞言这件事。鲁成公十五年，鲁国开始与吴王寿梦在钟离会盟。

十六年，宣伯告晋，欲诛季文子。文子有义，晋人弗许。

◎**大意**　鲁成公十六年，宣伯告诉晋国，想杀掉季文子。季文子有道义，晋国人不同意杀他。

十八年，成公卒，子午立，是为襄公。是时襄公三岁也。

◎**大意**　鲁成公十八年，鲁成公去世，儿子午继位，就是鲁襄公。这时鲁襄公才三岁。

襄公元年，晋立悼公。往年冬，晋栾书弑其君厉公。四年，襄公朝晋。

◎**大意**　鲁襄公元年，晋国立晋悼公为国君。去年冬天，晋国栾书弑杀了他的国君晋厉公。鲁襄公四年，鲁襄公朝见晋悼公。

五年，季文子卒。家无衣帛之妾，厩无食粟之马，府无金玉，以相三君①。君子曰："季文子廉忠矣。"

◎**注释** ①〔三君〕指鲁宣公、鲁成公、鲁襄公。

◎**大意** 鲁襄公五年,季文子去世。他的家中没有穿丝绸衣服的姬妾,马棚里没有吃粮食的马,府库内没有金玉,就这样辅佐了三位国君。君子说:"季文子真是廉洁忠诚啊。"

九年,与晋伐郑。晋悼公冠①襄公于卫,季武子从,相行礼。

◎**注释** ①〔冠〕冠礼,古代男子长到成年需进行的一种礼仪。天子、诸侯十二而冠,鲁襄公本年十二岁,应行冠礼。

◎**大意** 鲁襄公九年,和晋国一起征伐郑国。晋悼公在卫国为鲁襄公举行冠礼,季武子随从,辅助行礼。

十一年,三桓氏分为三军①。

◎**注释** ①〔三桓氏分为三军〕此前鲁有二军,季武子想专权于鲁国,故增设一军,由三桓(即仲孙、叔孙、季孙三氏)分别掌握。

◎**大意** 鲁襄公十一年,三桓氏三分公室军队。

十二年,朝晋。十六年,晋平公即位。二十一年,朝晋平公。

◎**大意** 鲁襄公十二年,鲁襄公朝见晋君。鲁襄公十六年,晋平公即位。鲁襄公二十一年,朝见晋平公。

二十二年,孔丘生。

◎**大意**　鲁襄公二十二年，孔丘出生。

二十五年，齐崔杼弑其君庄公，立其弟景公。

◎**大意**　鲁襄公二十五年，齐国崔杼弑杀了他的国君齐庄公，拥立齐庄公的弟弟齐景公为君。

二十九年，吴延陵季子使鲁，问周乐，尽知其意，鲁人敬焉。

◎**大意**　鲁襄公二十九年，吴国延陵季子出使鲁国，询问周王室礼乐，详细地了解了它们的意义，鲁国人很敬佩他。

三十一年六月，襄公卒。其九月，太子卒。鲁人立齐归①之子裯为君，是为昭公。

◎**注释**　①〔齐归〕胡国之女，襄公妾敬归之妹，归姓，谥号为齐，故称齐归。
◎**大意**　鲁襄公三十一年六月，鲁襄公去世。这一年九月，太子去世。鲁国人拥立齐归的儿子裯（chóu）为国君，就是鲁昭公。

昭公年十九，犹有童心。穆叔不欲立，曰："太子死，有母弟可立，不即立长。年钧（均）择贤，义钧（均）则卜之。今裯非適（嫡）嗣，且又居丧意不在戚而有喜色，若果立，必为季氏忧。"季武子弗听，卒立之。比及葬，三易衰（缞）①。君子曰是不终也。

◎**注释** ①〔三易衰（cuī）〕四个月穿坏了三件丧服，说明鲁昭公顽皮至极。

◎**大意** 鲁昭公十九岁了，还有孩子气。穆叔不想立他为国君，说："太子死了，有同母的弟弟可以立，如无则应立庶子中的长子。年龄相同就选择贤能的，才德也相同则占卜决定。如今裯不是嫡子，况且守丧时心情不哀伤，反而有高兴的神色，如果真立他为君，肯定会成为季氏的祸患。"季武子不听，终于拥立了他。等到安葬鲁襄公时，鲁昭公竟然穿坏了三件丧服。君子说这个人不能善终。

昭公三年，朝晋至河，晋平公谢还之①，鲁耻焉。四年，楚灵王会诸侯于申，昭公称病不往。七年，季武子卒。八年，楚灵王就章华台，召昭公。昭公往贺，赐昭公宝器；已而悔，复诈取之。十二年，朝晋至河，晋平公谢还之。十三年，楚公子弃疾弑其君灵王，代立。十五年，朝晋。晋留之葬晋昭公，鲁耻之。二十年，齐景公与晏子狩竟（境），因入鲁问礼。二十一年，朝晋至河，晋谢还之。

◎**注释** ①〔谢还之〕谢绝来朝，令其返回。

◎**大意** 鲁昭公三年，朝见晋平公，到了黄河边上，遭晋平公拒绝而返回，鲁国人感到蒙受了耻辱。鲁昭公四年，楚灵王在申邑与诸侯会盟。鲁昭公声称有病没有去。鲁昭公七年，季武子去世。鲁昭公八年，楚灵王建成章华台，召见鲁昭公。鲁昭公前往祝贺，楚灵王赐给鲁昭公宝器；楚灵王不久反悔，又用欺骗手段取回。鲁昭公十二年，鲁昭公朝见晋平公，到了黄河边上，遭晋平公拒绝而返回。鲁昭公十三年，楚国公子弃疾弑杀了他的国君楚灵王，取代王位。鲁昭公十五年，鲁昭公朝见晋国。晋国留下鲁昭公，为晋昭公送葬，鲁国人感到耻辱。鲁昭公二十年，齐景公和晏子在鲁国边境打猎，顺便到鲁国问礼。鲁昭公二十一年，鲁昭公朝见晋国，到达了黄河边上，再一次被晋国拒绝而返回。

二十五年春，鸜鹆①来巢。师己曰："文成之世童谣曰'鸜鹆来巢，公在乾侯。鸜鹆入处，公在外野'。"

◎**注释** ①〔鸜鹆（qú yù）〕同"鸲鹆"，八哥。
◎**大意** 鲁昭公二十五年春天，鸜鹆鸟飞来鲁国筑巢。师己说："鲁文公与鲁成公时代的童谣说'鸜鹆飞来筑巢，君主住在乾侯。鸜鹆进来定居，国君住在野外'。"

季氏与郈氏斗鸡，季氏芥（介）①鸡羽，郈氏金距②。季平子怒而侵郈氏，郈昭伯亦怒平子。臧昭伯之弟会伪谗③臧氏，匿季氏，臧昭伯因季氏人。季平子怒，囚臧氏老。臧、郈氏以难告昭公。昭公九月戊戌伐季氏，遂入。平子登台请曰："君以谗不察臣罪，诛之，请迁沂上。"弗许。请囚于鄪，弗许。请以五乘亡，弗许。子家驹曰："君其许之。政自季氏久矣，为徒者众，众将合谋。"弗听。郈氏曰："必杀之。"叔孙氏之臣戾谓其众曰："无季氏与有，孰利？"皆曰："无季氏是无叔孙氏。"戾曰："然，救季氏！"遂败公师。孟懿子闻叔孙氏胜，亦杀郈昭伯。郈昭伯为公使，故孟氏得之。三家共伐公，公遂奔。己亥，公至于齐。齐景公曰："请致千社待君。"子家曰："弃周公之业而臣于齐，可乎？"乃止。子家曰："齐景公无信，不如早之晋。"弗从。叔孙见公还，见平子，平子顿首。初欲迎昭公，孟孙、季孙后悔，乃止。

◎**注释** ①〔芥〕通"介"，护甲，这里指装上护甲。②〔金距〕在鸡爪上装饰金属套子。距，鸡爪。③〔伪谗〕作伪诬陷。
◎**大意** 季氏与郈氏斗鸡，季氏在鸡毛上安上护甲，郈氏在鸡爪上装了金属物。季平子发怒侵占郈氏房产，郈昭伯也怨恨季平子。臧昭伯的弟弟会造假诬陷臧氏，躲藏在季氏家中，臧昭伯囚禁了季氏家人。季平子愤怒，囚禁了臧氏的家臣。臧氏、郈氏将祸难告诉昭公。鲁昭公在九月戊戌日讨伐季氏，打进了他的私邑。平子登台请求说："君王听信谗言，没有弄清楚我的罪过就来杀我，我请求迁居到沂水边去。"鲁昭公不答应。季平子请求囚禁在鄪邑，不答应。请求带五辆车子逃亡，不答应。子家驹说："您应当答应他。政令出于季氏已经很久了，他们的党徒很多，众党徒将要合谋作乱。"鲁昭公不听。郈氏说："一定要杀他。"叔孙氏的家臣戾对他的徒众说："没有季氏和有季氏，哪样对我们有利？"都说："没有季氏就等于没有叔孙氏。"戾说："对，去救季氏！"于是率领众人打败了鲁昭公的军队。孟懿子听说叔孙氏取胜，也杀了郈昭伯。郈昭伯替鲁昭公出使，所以孟氏将他抓住杀了。三家联合攻打昭公，鲁昭公于是逃亡。己亥日，鲁昭公到达齐国。齐景公说："请让我奉送一千社接待您。"子家说："抛弃周公的基业而臣服于齐国，可以吗？"没有接受。子家说："齐景公不讲信义，不如早点到晋国。"鲁昭公不听。叔孙会见鲁昭公后返回，见到平子，平子叩头。起初想迎接鲁昭公回来，因孟孙、季孙后悔，便作罢了。

二十六年春，齐伐鲁，取郓而居昭公焉。夏，齐景公将内（纳）公，令无受鲁赂。申丰、汝贾许齐臣高龁、子将粟五千庾。子将言于齐侯曰："群臣不能事鲁君，有异焉。宋元公为鲁如晋，求内（纳）之，道卒。叔孙昭子求内（纳）其君，无病而死。不知天弃鲁乎？抑鲁君有罪于鬼神也？愿君且待。"齐景公从之。

◎**大意** 鲁昭公二十六年春天，齐国讨伐鲁国，夺取了郓邑给鲁昭公居住。夏天，齐景公准备送鲁昭公返国，命令不要接受鲁国的贿赂。鲁国大夫申丰、汝贾答应送五千庾粟给齐国臣子高龁、子将。子将对齐侯说："鲁国大臣们不能事奉鲁君，有奇异的征兆。宋元公为鲁君前往晋国，请求送他回国，半路而死。叔孙昭子请求接纳他的君主，无病而死。不知是上天抛弃了鲁君，还是鲁君得罪了鬼神。希望您暂且等待。"齐景公听从了他的话。

二十八年，昭公如晋，求入。季平子私于晋六卿，六卿受季氏赂，谏晋君，晋君乃止，居昭公乾侯。二十九年，昭公如郓。齐景公使人赐昭公书，自谓"主君"。昭公耻之，怒而去乾侯。三十一年，晋欲内（纳）昭公，召季平子。平子布衣跣行①，因六卿谢罪。六卿为言曰："晋欲内（纳）昭公，众不从②。"晋人止。三十二年，昭公卒于乾侯。鲁人共立昭公弟宋为君，是为定公。

◎**注释** ①〔跣（xiǎn）行〕赤脚行走。②〔晋欲内昭公，众不从〕我们是想送你回去的，但大家不同意。
◎**大意** 鲁昭公二十八年，鲁昭公前往晋国，请求帮他回国。季平子私下与晋国的六卿交易，六卿接受了季氏的贿赂，劝谏晋君，晋君便作罢，让鲁昭公居住在乾侯。鲁昭公二十九年，鲁昭公前往郓邑。齐景公派人给昭公送信，自称"主君"。鲁昭公感到耻辱，一怒之下回到乾侯。鲁昭公三十一年，晋国想送鲁昭公回国，召见季平子。季平子穿上布衣赤脚行走，通过六卿向晋君谢罪。六卿宣称说："我们是想送你回去的，但大家不同意。"晋国人这才作罢。鲁昭公三十二年，鲁昭公在乾侯去世。鲁国人共同拥立昭公的弟弟宋为国君，这就是定公。

定公立，赵简子问史墨曰："季氏亡乎？"史墨对曰："不亡。季友有大功于鲁，受鄪为上卿，至于文子、武子，世增其业。鲁文公卒，东门遂杀适（嫡）立庶，鲁君于是失国政。政在季氏，于今四君①矣。民不知君，何以得国！是以为君慎器与名②，不可以假人。"

◎**注释** ①〔四君〕指鲁宣公、成公、襄公、昭公。②〔器与名〕车辆、服饰、名号等，代表着人的地位等级。
◎**大意** 鲁定公即位，赵简子问史墨说："季氏会灭亡吗？"史墨回答："不会灭亡。季友对鲁国有大功劳，受封在鄪邑为上卿，直到文子、武子，世代扩充他的基业。鲁文公去世，东门遂杀死嫡子立庶子，鲁君从此失去了国家大权。季氏掌握政权，至今已经历四任国君了。民众不知道国君，国君怎么能掌握国家！因此当国君的要慎重掌握官职和爵位，不可以轻易交给他人。"

定公五年，季平子卒。阳虎私怒①，囚季桓子，与盟，乃舍之。七年，齐伐我，取郓，以为鲁阳虎邑以从政。八年，阳虎欲尽杀三桓适（嫡），而更立其所善庶子以代之。载季桓子将杀之，桓子诈而得脱。三桓共攻阳虎，阳虎居阳关。九年，鲁伐阳虎，阳虎奔齐，已而奔晋赵氏。

◎**注释** ①〔私怒〕因私愤而发怒。
◎**大意** 鲁定公五年，季平子去世。阳虎因私愤而发怒，囚禁了季桓子，季桓子与他盟誓后，才被释放。七年，齐国征伐鲁国，鲁国夺取了郓邑，作为阳虎的封邑并让他参与政务。八年，阳虎想把三桓的嫡子全部杀掉，改立与他关系好的庶子来取代嫡子；把季桓子载在车上准备杀死，季桓子用诡计得以逃脱。三桓共同讨伐阳虎，阳虎占据阳关。九年，鲁国讨伐阳虎，阳虎逃到齐国，不久又投奔晋国赵氏。

十年，定公与齐景公会于夹谷，孔子行相事①。齐欲袭鲁君②，孔子以礼历阶③，诛齐淫乐④，齐侯惧，乃止，归鲁侵地而谢过。十二年，使仲由毁三桓城，收其甲兵。孟氏不肯堕城，伐之，不克而止。季桓子受齐女乐，孔子去。

◎**注释** ①〔行相事〕做盟会的司仪。②〔齐欲袭鲁君〕据《齐太公世家》，齐景公怕孔子做鲁国相，鲁国称霸，因此用犁鉏之计，想在盟会之时让莱夷之人奏乐，借机俘获鲁君。③〔历阶〕拾级而上。④〔诛齐淫乐〕诛，斩。此指斩奏淫乐之夷人。

◎**大意**　鲁定公十年，定公与齐景公在夹谷会盟，孔子做盟会的司仪。齐国想袭击鲁君，孔子依据礼仪一步一阶地登上台阶，诛杀了齐国演奏淫乐的人，齐景公害怕，才停止了袭击举动，归还了所侵占的鲁国土地，并向鲁国谢罪。十二年，孔子派仲由去拆毁三桓的城垣，收缴他们的武器。孟氏不肯毁城，鲁定公派兵征讨他，没有取胜而罢手。季桓子接受了齐国的歌姬舞女，孔子离开了鲁国。

十五年，定公卒，子将立，是为哀公。

◎**大意**　鲁定公十五年，鲁定公去世，儿子将继位，这就是鲁哀公。

哀公五年，齐景公卒。六年，齐田乞弑其君孺子。

◎**大意**　鲁哀公五年，齐景公去世。六年，齐国田乞弑杀了他的国君孺子。

七年，吴王夫差强，伐齐，至缯，征百牢①于鲁。季康子使子贡说吴王及太宰嚭，以礼诎之。吴王曰："我文身②，不足责礼。"乃止。

◎**注释**　①〔百牢〕牛、羊、猪各一百头。②〔文身〕文身断发是古代吴越的蛮夷之俗，吴王强调这一点，为自己的违礼行为辩解。
◎**大意**　鲁哀公七年，吴王夫差强盛，讨伐齐国，到达缯，向鲁国索要牛、羊、猪祭品各一百头。季康子派子贡去劝说吴王及太宰嚭，以周礼贬斥他们的行为。吴王说："我身上刺有花纹，不能用周礼要求我。"便不再索要百牢。

八年，吴为邹伐鲁，至城下，盟而去。齐伐我，取三邑。十年，伐齐南边。十一年，齐伐鲁。季氏用冉有有功，思孔子，孔子自卫归鲁。

◎**大意** 鲁哀公八年，吴国为邹国讨伐鲁国，到达鲁国都城下，签订盟约后离去。齐国征伐鲁国，夺取了三座城邑。鲁哀公十年，征伐齐国南部边界。鲁哀公十一年，齐国讨伐鲁国。季氏因为孔子的弟子冉有立了功，想起孔子，孔子从卫国回到鲁国。

十四年，齐田常弑其君简公于徐州。孔子请伐之，哀公不听。十五年，使子服景伯、子贡为介①，适齐，齐归我侵地。田常初相，欲亲诸侯。

◎**注释** ①〔介〕副手，陪伴者。
◎**大意** 鲁哀公十四年，齐国的田常在徐州弑杀了他的国君齐简公。孔子请求讨伐他，鲁哀公不听从。鲁哀公十五年，派子服景伯为使者，子贡为副使，到齐国去，齐国归还了侵占的鲁国土地。田常刚担任齐相，想与诸侯搞好关系。

十六年，孔子卒。

◎**大意** 鲁哀公十六年，孔子去世。

二十二年，越王句践灭吴王夫差。

◎**大意** 鲁哀公二十二年，越王句践灭掉吴王夫差。

二十七年春，季康子卒。夏，哀公患三桓，将欲因诸侯以劫之，三桓亦患公作难，故君臣多间①。公游于陵阪，遇孟武伯于街，曰："请问余及死乎？"对曰："不知也。"公欲以越伐三桓。八月，哀公如陉氏。三桓攻公，公奔于卫，去如邹，遂如越。国人迎哀公复归，卒于有山氏。子宁立，是为悼公。

◎**注释** ①〔君臣多间〕君臣之间矛盾尖锐。
◎**大意** 鲁哀公二十七年春天，季康子去世。夏天，鲁哀公担心三桓将作乱，想要借用诸侯的力量来制服他们，三桓也担心鲁哀公发难，所以君臣之间矛盾尖锐。鲁哀公到陵阪游玩，在街上碰到孟武伯，说："请问我快要死了吗？"孟武伯回答："不知道。"鲁哀公想借用越国的力量来讨伐三桓。八月，鲁哀公前往陉氏。三桓攻打鲁哀公，鲁哀公逃到卫国，后前往邹国，最终到达越国。鲁国人迎接鲁哀公回国，哀公死在有山氏家中。儿子宁继位，这就是鲁悼公。

悼公之时，三桓胜，鲁如小侯，卑于三桓之家。

◎**大意** 鲁悼公在位的时候，三桓强盛，鲁君如同小诸侯，势力比三桓之家还要卑弱。

十三年，三晋灭智伯①，分其地有之。

◎**注释** ①〔智伯〕即智襄子，名瑶，晋国的正卿。
◎**大意** 鲁悼公十三年，晋国的赵、魏、韩三家灭掉了智伯，瓜分了他的土地。

三十七年，悼公卒，子嘉立，是为元公。元公二十一年卒，子显立,是为穆公。穆公三十三年卒,子奋立,是为共公。共公二十二年卒,子屯立,是为康公。康公九年卒,子匽立,是为景公。景公二十九年卒,子叔立,是为平公。是时六国皆称王①。

◎**注释** ①〔六国皆称王〕六国指魏国、赵国、韩国、齐国、燕国、楚国。春秋时唯周天子称王,楚以蛮夷自称王。战国时,各国相继称王。
◎**大意** 鲁悼公三十七年,鲁悼公去世,儿子嘉继位,这就是鲁元公。鲁元公二十一年去世,儿子显继位,这就是鲁穆公。鲁穆公三十三年去世,儿子奋继位,这就是鲁共公。鲁共公二十二年去世,儿子屯继位,这就是鲁康公。鲁康公九年去世,儿子匽继位,这就是鲁景公。鲁景公二十九年去世,儿子叔继位,这就是鲁平公。这时六国都称王了。

平公十二年,秦惠王卒。二十年,平公卒,子贾立,是为文公。文公七年,楚怀王死于秦。二十三年,文公卒,子雠立,是为顷公。

◎**大意** 鲁平公十二年,秦惠王去世。鲁平公二十年,鲁平公去世,儿子贾继位,就是鲁文公。鲁文公元年,楚怀王死在秦国。鲁文公二十三年,鲁文公去世,儿子雠继位,这就是鲁顷公。

顷公二年,秦拔楚之郢,楚顷王东徙于陈。十九年,楚伐我,取徐州。二十四年,楚考烈王伐灭鲁。顷公亡,迁于下邑,为家人,鲁绝祀①。顷公卒于柯。

◎**注释** ①〔绝祀〕没有人主持宗庙的祭祀。这里指亡国。
◎**大意** 鲁顷公二年,秦国攻占了楚国的郢都,楚顷王东迁到陈邑。鲁顷公十九年，楚国攻伐鲁国，夺取了徐州。鲁顷公二十四年，楚考烈王征伐灭掉了鲁国。鲁顷公逃亡，迁到下邑，成了平民，鲁国的宗庙祭祀断绝了。鲁顷公死在柯邑。

鲁起周公，至顷公，凡三十四世。

◎**大意** 鲁国从周公到鲁顷公，共三十四代。

太史公曰：余闻孔子称曰"甚矣鲁道之衰也！洙、泗之间龂龂①如也"。观庆父及叔牙闵公之际，何其乱也？隐桓之事；襄仲杀適（嫡）立庶；三家北面为臣，亲攻昭公，昭公以奔。至其揖让之礼则从矣，而行事何其戾也？

◎**注释** ①〔龂龂（yín）〕争辩貌。

◎**大意** 太史公说：我听孔子说"鲁国的道德风气衰败到极点了！洙水、泗水一带人们为了一些小事而激烈争吵"。回观鲁闵公时期在庆父和叔牙身上发生的事，是多么混乱啊！鲁隐公与鲁桓公之间发生的事；襄仲杀害嫡子拥立庶子；仲孙氏、叔孙氏、季孙氏三家北面为臣，却亲自攻打鲁昭公，鲁昭公因而逃亡。至于那里的揖让礼仪，他们倒还是遵从的，然而政治行为又为什么如此悖乱乖戾呢？

◎**释疑解惑**
　　司马迁在《鲁周公世家》中本着"原始察终，见盛观衰"的撰作宗旨，在客观提供的史料基础上，通过对鲁国历史盛衰的考察和记述，生动地再现了隐桓之事、庆父之乱、襄仲杀嫡立庶、三桓攻伐公室的真实历史画面，反映出统治阶层内部复杂激烈的矛盾斗争，也揭示了鲁国由盛而衰的必然过程。

值得注意的是，司马迁特地采用对比的手法，来揭露那些腐朽没落的统治者的丑恶本质。一是用鲁国早期周公的品德与鲁国后世君臣的丑态进行对比，二是用鲁国早期统治者的揖让美德与鲁国后期统治者的淫乱、凶残、猥琐进行对比，从而深刻地揭露了统治者斤斤于揖让之节的表面形式而行事则极尽其荒淫之欲、诛杀之能的极度虚伪行径，表现出司马迁敏锐的观察判断能力和强烈的现实主义精神。故而李景星在其《史记评议》中称："《诗》《书》经圣人删定，所载之事皆属雅驯，其余杂说在当时或出传闻，或散见各书引证，太史公好奇，故不免牵引及之，而《鲁世家》为尤甚。然讹误虽多，而叙次自佳。通篇纯用编年简法，于挨次叙述之中有随手收纵之妙。大旨深叹鲁秉周礼，其后世乃多行违礼之事，故于懿、隐、桓、闵诸公之被弑，三桓之专权，陪臣之干政，皆沉痛言之。而一则曰'君子讥之'，再则曰'君子讥之'，又曰'鲁讳之''鲁耻焉'。赞语之末又曰：'至其揖让之礼则从矣，而行事何其戾也！'合诸处观之，史公之意见矣。"

鲁国素有礼仪之邦的美称，孕育出孔子这样伟大的思想家、教育家。然而春秋以来，号称礼乐之邦的鲁国早已纲常崩坏，徒具礼乐之形式而已。庆父祸乱鲁国，襄仲杀嫡立庶，后来公室衰微，卿族强大，三桓长期把持鲁政，驱逐昭公，欺压悼公，对此，司马迁是持批判和揭露态度的。但三桓内部也出现了一批德才兼备的人士，如季友、季文子等，司马迁对此也加以肯定。被孔子所极力推崇的"周礼"，却被鲁国的执政者弃其精华，捡得皮毛，堂堂礼仪之邦的掌权人却干着为人不齿的勾当，这正是鲁国历史的悲哀。

◎思考辨析题

1. 《鲁周公世家》是如何运用对比手法的？
2. 为什么说"庆父不死，鲁难未已"？

燕召公世家 第四

　　司马迁在《太史公自序》中介绍了《燕召公世家》的撰作意图：周武王战胜商纣王，天下尚未完全安定下来，他便去世了。周成王年幼，周公辅政，成王的叔父管叔、蔡叔怀疑周公姬旦篡位，淮夷也起兵叛乱，召（shào）公姬奭率先支持周公，使王室团结安定，保证了周公东征的胜利，使东方得以安宁。燕王姬哙禅让公位，才造成了燕国祸乱。为赞美《甘棠》之诗，创作了《燕召公世家》。

　　司马迁本着"原始察终，见盛观衰"的撰作宗旨，记叙了西周开国功臣召公奭所受封的燕国的八百余年的兴衰史。召公在周武王时受封于燕，始建燕国。在周成王时，贵为三公，与周公共同辅佐成王。他德高望重，治理有方，深受民众爱戴。该篇重点记述的典型事件甘棠听讼，突显了召公勤政爱民、公正无私的形象。后人思其政而作《甘棠》，保留他曾经在下面处理公事的棠树，以示崇敬爱戴之情。司马迁在本篇结尾的论赞中，也将弱小的燕国能在艰难的环境中得以生存并国运长久的重要原因，归结为燕召公仁德爱民的思想和行为的余泽，充分体现了司马迁主张德治的政治理想。

在燕国八百年的漫长历史中，司马迁重点选取两代燕国君主作为成与败、兴与亡的典范加以叙述。燕王哙即位后，昏聩无能，缺乏主见，在政治上无所建树，先是中了苏代的激将法，尊崇相国子之；接着在隐士鹿毛寿的游说下，欲效仿古帝王尧让位于许由而将国家让于子之，甚至偏听偏信，收回燕国官吏的印信，授予子之，以此想要博得尊贤、让贤的美名。结果三年国家就大乱，祸国殃民，国破身亡。这是典型的才与德不配位、盲目效仿先王禅让而导致的灾难。燕国经历这番磨难，民心涣散，元气大伤。燕昭王于国家生死存亡之际挺身而出，得开国始祖燕召公德政的真髓，真正做到了虚心学习，礼贤下士，从尊事郭隗为老师开始，招揽乐毅、邹衍、剧辛等各地人才，为己所用。燕昭王从谏如流，知人善任，吊慰死亡，慰问孤寡，与百姓同甘苦，共患难。经过二十八年的艰苦奋斗，积蓄力量，燕国自此开始走向蒸蒸日上、国富民强的时期，然后与秦国、楚国、赵国、魏国、韩国合谋以伐齐，并一举打败齐国，大获全胜，收复失地。司马迁通过对两代燕王亡国兴国史实的生动描述，对比鲜明，褒贬真切，自然将历史之兴亡盛衰之笔寓于字里行间。在记述燕国末世时，又着重突出以下史实：燕惠王心胸狭窄，损公挟私，逼走伐齐名将乐毅；燕王喜任用谗臣，刚愎自用，不听良臣苦谏，袭击同盟的赵国，后又误用骄将剧辛，折兵失地，损失惨重；燕太子丹有勇无谋,阴养刺客,谋杀秦王,招致燕国速亡等。为了突出主旨,要言不烦,对另有传记的乐毅破齐奔赵及荆轲刺秦王等事的始末,在本篇中不再复述,只是提纲挈领,进行简笔勾勒。通过详略得当、要言不烦的史实记载,阐明了燕国衰亡在军事和外交上的诸多原因。总之,通观全篇,"究天人之际,通古今之变"的主旨非常鲜明。

召公奭,与周同姓,姓姬氏。周武王之灭纣,封召公于北燕。

◎**大意** 召公姬奭与周王室同姓,姓姬氏。周武王灭商纣王,把召公分封在北边的燕国。

其在成王时,召公为三公①:自陕以西,召公主之;自陕以东,周公主之。成王既幼,周公摄政,当国践阼(阼)②,召公疑之,作《君奭》。《君奭》不说(悦)周公。周公乃称"汤时有伊尹,假(格)③于皇天;在太戊,时则有若伊陟、臣扈,假(格)于上帝,巫咸治王家;在祖乙,时则有若巫贤;在武丁,时则有若甘般:率维兹有陈,保乂有殷④"。于是召公乃说(悦)。

◎**注释** ①〔三公〕周代称太师、太傅、太保为三公。当时召公为太保。②〔当国践阼〕当国,执政,主持国事。阼,同"阼",王位前的台阶。践阼,登上王位。这里指以天子的身份处理国事。③〔假〕通"格",感通。④〔率维兹有陈,保乂有殷〕率,句首语气词。维,兹,此,这里指大臣们。陈,布陈,指调理国事,实施

1649

政令。保乂，治理，安定。

◎ **大意**　在周成王的时候，召公位列三公：从陕地向西，召公掌管；自陕地向东，周公掌管。成王年幼，周公代理国政，行使王权，召公怀疑周公，周公编写了《君奭》。《君奭》的成文是因为召公对周公不满意。周公于是说："商汤在位时有伊尹，功德受上天嘉许；太戊在位，当时则有伊陟、臣扈，功德受上帝嘉许，巫咸治理王室；祖乙在位，当时则有巫贤；武丁在位，当时则有甘般：正是有了这些贤臣列于朝廷，安定并治理了殷朝。"这时召公才高兴。

召公之治西方，甚得兆民①和。召公巡行乡邑，有棠树，决狱政事其下，自侯伯②至庶人各得其所，无失职者。召公卒，而民人思召公之政，怀棠树不敢伐，哥（歌）咏之，作《甘棠》之诗。

◎ **注释**　①〔兆民〕民众。在古代，对天子而言称作"兆民"，对诸侯而言称作"万民"。这里指周天子的民众。②〔侯伯〕这里泛指有爵位的贵族。
◎ **大意**　召公治理西部地区，深得广大百姓爱戴。召公到乡村城镇巡视，当地有一棵棠树，就在树下审理案件，处理政事，从有爵位的贵族到平民百姓都得到妥善安置，没有失去职业的。召公去世后，百姓怀念召公的德绩，怀念棠树不敢砍伐，歌颂召公的事迹，作了《甘棠》这首诗。

自召公已下九世至惠侯。燕惠侯当周厉王奔彘、共和之时。

◎ **大意**　从燕召公下传九代到燕惠侯。燕惠侯正处在周厉王逃亡彘地、共和行政的时期。

惠侯卒，子釐侯立。是岁，周宣王初即位。釐侯二十一年，郑桓公初封于郑。三十六年，釐侯卒，子顷侯立。

◎**大意**　燕惠侯去世，儿子燕釐侯继位。这一年，周宣王新即位。燕釐侯二十一年，郑桓公新分封到郑国。燕釐侯三十六年，燕釐侯去世，儿子燕顷侯继位。

顷侯二十年，周幽王淫乱，为犬戎所弑。秦始列为诸侯①。

◎**注释**　①〔秦始列为诸侯〕此前，秦仅为大夫国，并未列为诸侯国。后来，西戎侵周，秦襄公救周有功，又率兵护送周平王东迁，到这时才被封为诸侯国。事详见《秦本纪》。
◎**大意**　燕顷侯二十年，周幽王淫乱，被犬戎杀害。秦国开始列为诸侯国。

二十四年，顷侯卒，子哀侯立。哀侯二年卒，子郑侯立。郑侯三十六年卒，子缪侯立。

◎**大意**　燕顷侯二十四年，燕顷侯去世，儿子燕哀侯继位。燕哀侯二年去世，儿子燕郑侯继位。燕郑侯三十六年去世，儿子燕穆侯继位。

缪侯七年，而鲁隐公元年也。十八年卒，子宣侯立。宣侯十三年卒，子桓侯立。桓侯七年卒，子庄公立。

◎**大意**　燕穆侯七年，是鲁隐公元年。燕穆侯十八年去世，儿子燕宣侯继位。燕宣侯十三年去世，儿子燕桓侯继位。燕桓侯七年去世，儿子燕庄公继位。

庄公十二年，齐桓公始霸。十六年，与宋、卫共伐周惠王，惠王出奔温①，立惠王弟颓为周王。十七年，郑执燕仲父而内（纳）惠王于周。二十七年，山戎来侵我，齐桓公救燕，遂北伐山戎而还。燕君送齐桓公出境，桓公因割燕所至地予燕，使燕共贡天子，如成周时职；使燕复修召公之法。三十三年卒，子襄公立。

◎**注释** ①〔温〕城邑名，故城在今河南温县西南。
◎**大意** 燕庄公十二年，齐桓公开始称霸。燕庄公十六年，和宋国、卫国一同征伐周惠王，周惠王出逃奔往温，周惠王的弟弟颓被拥立为周王。燕庄公十七年，郑国抓住燕仲父并送周惠王回周室。燕庄公二十七年，山戎来侵犯燕国，齐桓公援救燕国，于是北伐山戎后回国。燕庄公送齐桓公时出了国境，齐桓公就将燕庄公到达的地方割给燕国，让燕国共同贡奉天子，如同周成王时那样履行职责；并让燕国重新修明召公的法度。燕庄公三十三年，庄公去世，儿子燕襄公继位。

襄公二十六年，晋文公为践土之会，称伯（霸）。三十一年，秦师败于殽（崤）。三十七年，秦缪公卒。四十年，襄公卒，桓公立。

◎**大意** 燕襄公二十六年，晋文公在践土会盟，成为霸主。燕襄公三十一年，秦军在崤山被打败。燕襄公三十七年，秦穆公去世。燕襄公四十年，襄公去世，燕桓公继位。

桓公十六年卒，宣公立。宣公十五年卒，昭公立。昭公十三年卒，武公立。是岁，晋灭三郤大夫①。

◎**注释** ①〔三郤大夫〕晋厉公命人袭杀晋国大夫郤锜、郤犨、郤至，紧接着又被晋国大夫栾书、中行偃所囚杀。事详见《晋世家》。
◎**大意** 燕桓公十六年去世，燕宣公继位。燕宣公十五年去世，燕昭公继位。燕昭公十三年去世，燕武公继位。这一年，晋国灭掉三郤大夫。

武公十九年卒，文公立。文公六年卒，懿公立。懿公元年，齐崔杼弑其君庄公。四年卒，子惠公立。

◎**大意**　燕武公十九年去世，燕文公继位。燕文公六年去世，燕懿公继位。燕懿公元年，齐国大夫崔杼弑杀他的君主齐庄公。燕懿公四年去世，儿子燕惠公继位。

惠公元年，齐高止来奔。六年，惠公多宠姬，公欲去诸大夫而立宠姬宋，大夫共诛姬宋，惠公惧，奔齐。四年，齐高偃如晋，请共伐燕，入其君。晋平公许，与齐伐燕，入惠公。惠公至燕而死。燕立悼公。

◎**大意**　燕惠公元年，齐国大夫高止逃到燕国。燕惠公六年，燕惠公有不少宠姬，燕惠公想除掉诸位大夫而立名叫宋的宠姬，诸位大夫一道诛杀了宋，燕惠公害怕，逃奔齐国。四年后，齐国大夫高偃到晋国，请求共同讨伐燕国，以送回燕国的君主。晋平公同意，与齐国一起征讨燕国，送回燕惠公。燕惠公回到燕国就死了。燕国人拥立了燕悼公。

悼公七年卒，共公立。共公五年卒，平公立。晋公室卑，六卿①始强大。平公十八年，吴王阖闾②破楚，入郢。十九年卒，简公立。简公十二年卒，献公立。晋赵鞅围范、中行于朝歌。献公十二年，齐田常弑其君简公。十四年，孔子卒。二十八年，献公卒，孝公立。

◎**注释**　①〔六卿〕这里指晋国的范、中行、智、赵、韩、魏六大家族。他们世代都为晋卿，称作"六卿"。②〔阖闾〕也作"阖庐"。

◎**大意**　燕悼公七年去世，燕共公继位。燕共公五年去世，燕平公继位。晋国公室卑弱，六卿开始强大。燕平公十八年，吴王阖闾攻破楚国，进入郢都。燕平公十九年去世，燕简公继位。燕简公十二年去世，燕献公继位。晋国大夫赵鞅把范氏、中行氏包围在朝歌。燕献公十二年，齐国田常弑杀他的国君齐简公。燕献公十四年，孔子去世。燕献公二十八年，燕献公去世，燕孝公继位。

孝公十二年，韩、魏、赵灭知伯，分其地，三晋①强。

◎**注释**　①〔三晋〕韩、赵、魏三家瓜分晋国，各立为国，史称"三晋"。
◎**大意**　燕孝公十二年，韩、魏、赵三家灭掉智伯，瓜分了他的土地，三晋强盛。

十五年，孝公卒，成公立。成公十六年卒，湣公立。湣公三十一年卒，釐公立。是岁，三晋列为诸侯。

◎**大意**　燕孝公十五年，燕孝公去世，燕成公继位。燕成公十六年去世，燕湣公继位。燕湣公三十一年去世，燕釐公继位。这一年，三晋被列为诸侯国。

釐公三十年，伐败齐于林营。釐公卒，桓公立。桓公十一年卒，文公立。是岁，秦献公卒。秦益强。

◎**大意**　燕釐公三十年，在林营征伐并打败齐国。燕釐公去世，燕桓公继位。燕桓公十一年去世，燕文公继位。这一年，秦献公去世。秦国更加强大。

文公十九年，齐威王卒。二十八年，苏秦始来见，说①文公。文公予车马金帛以至赵，赵肃侯用之。因约六国，为从长②。秦惠王以其女为燕太子妇。

◎**注释** ①〔说〕这里指游说君王采纳自己的政治主张。苏秦首次到燕国，游说燕君亲善赵国，促成"合纵"，被采纳。事详见《苏秦列传》。②〔从长〕从，即合纵。战国时六国结成的抗秦联盟。苏秦接连游说燕、赵、韩、魏、齐、楚各国君主，结成六国联盟。事详见《苏秦列传》。

◎**大意** 燕文公十九年，齐威王去世。燕文公二十八年，苏秦初次来拜见，游说燕文公。燕文公给苏秦车子、马匹、金钱、玉帛，让他到赵国，赵肃侯任用了他。在此基础上联合楚、齐、燕、韩、赵、魏六国，做了合纵的首领。秦惠王将自己的女儿嫁给燕太子为妻。

二十九年，文公卒，太子立，是为易王。

◎**大意** 燕文公二十九年，燕文公去世，太子继位，这就是燕易王。

易王初立，齐宣王因燕丧伐我，取十城；苏秦说齐，使复归燕十城。十年，燕君为王。苏秦与燕文公夫人私通，惧诛，乃说王使齐为反间①，欲以乱齐。易王立十二年卒，子燕哙立。

◎**注释** ①〔反间〕深入敌方内部，挑拨敌方内部矛盾，使其落入我方圈套而取胜。燕王听信了苏秦的话，果真放他出使齐国。事详见《苏秦列传》。

◎**大意** 燕易王刚继位，齐宣王趁燕国有丧事，讨伐燕国，夺取了十座城池；苏秦劝说齐国，使齐国又归还了燕国的十座城池。燕易王十年，燕国国君自称为王。苏秦与燕文公夫人通奸，害怕被诛杀，就劝说燕易王派他出使齐国行反间计，想扰乱齐国。燕易王在位十二年去世，儿子燕王哙继位。

燕哙既立，齐人杀苏秦。苏秦之在燕，与其相子之为婚，而苏代与子之交。及苏秦死，而齐宣王复用苏代。燕哙三年，与楚、三晋攻秦，不胜而还。子之相燕，贵重，主断①。苏代为齐使于燕，燕王问曰："齐王奚如？"对曰："必不霸。"燕王曰："何也？"对曰："不信其臣。"苏代欲以激燕王以尊子之也。于是燕王大信子之。子之因遗苏代百金②，而听其所使。

◎**注释** ①〔主断〕主持并决断国家大事。齐国趁燕国的丧事攻取了燕国十城。苏秦劝说齐王，指出燕王是秦王的女婿，归还十城可以使秦、燕两国交好。于是齐王归还了燕国城池。事详见《苏秦列传》。②〔金〕古代黄金计量单位。秦以前以一镒（二十两或二十四两）为一金。

◎**大意** 燕王哙继位后，齐国人杀死苏秦。苏秦在燕国时，与燕国国相子之联姻，而苏代与子之有交往。等到苏秦死后，齐宣王又重用苏代。燕王哙三年，与楚、韩、赵、魏一起攻打秦国，没有能获胜，就回去了。子之担任燕国国相，位尊权重，独断专行。苏代作为齐国使臣来到燕国，燕王哙问道："齐王怎么样？"苏代回答："一定不能做霸主。"燕王哙说："为什么？"苏代回答："不信任他的大臣。"苏代想用这话刺激燕王哙，使他尊崇子之。于是燕王哙对子之极为信任。子之因此送给苏代一百镒黄金，任凭他使用。

鹿毛寿①谓燕王："不如以国让相子之。人之谓尧贤者，以其让天下于许由，许由不受，有让天下之名而实不失天下。今王以国让于子之，子之必不敢受，是王与尧同行②也。"燕王因属国于子之，子之大重③。或曰："禹荐益，已而以启人④为吏。及老，而以启人为不足任乎天下，传之于益。已而启与交党⑤攻益，夺之。天下谓禹名传天下于益，已而实令启自取之。今王言属国于子之，而吏无非太子人者，是名属子之而实太子用事⑥也。"王因收印自三百石吏已上而效⑦之子之。

子之南面行王事，而哙老不听政，顾为臣，国事皆决于子之。

◎**注释** ①〔鹿毛寿〕人名，隐者。②〔行〕品行，品德。③〔大重〕极其尊贵。④〔启人〕启的亲信臣子。⑤〔交党〕同党，同伙的人。⑥〔用事〕执政，当权。⑦〔效〕呈献，交给。

◎**大意** 鹿毛寿对燕王哙说："不如把国家让给国相子之。人们之所以说唐尧是圣贤，因为他把天下让给了许由，许由没有接受，尧有让天下的名声而实际上没有失去天下。如今大王把国家让给子之，子之肯定不敢接受，这样大王就与尧有同样的德行了。"燕王哙因此把国家托付给子之，子之由此极其尊贵。有人对燕王哙说："禹推荐益主政，不久又任用启的臣属做伯益的官吏。等到年老时，认为启的臣属不能胜任治理天下的重任，把君位传给了益。不久启和他的党羽攻打益，夺取了天下。天下人说禹名义上将天下传给益，不久实际上又让启自己夺取了它。现在大王说把国家托付给子之，而官吏都是太子的亲信，这是名义上把国家托付给子之而实际上由太子当权。"燕王哙因此收回俸禄在三百石以上的官吏的印信，全都交给子之。子之面朝南行使国王职权，而燕王哙年老，不处理政事，反居于臣位，国家事务全由子之决定。

　　三年，国大乱，百姓恫恐。将军市被与太子平谋，将攻子之。诸将谓齐湣王曰："因而赴之，破燕必矣。"齐王因令人谓燕太子平曰："寡人闻太子之义①，将废私而立公，饬君臣之义，明父子之位。寡人之国小，不足以为先后。虽然，则唯太子所以令之。"太子因要党聚众，将军市被围公宫，攻子之，不克。将军市被及百姓反攻太子平，将军市被死，以徇。因构难数月，死者数万，众人恫恐，百姓离志。孟轲谓齐王曰："今伐燕，此文、武之时，不可失也。"王因令章子将五都②之兵，以因北地之众以伐燕。士卒不战，城门不闭，燕君哙死，齐大胜。燕子之亡二年，而燕人共立太子平，是为燕昭王。

◎**注释** ①〔闻太子之义〕知道太子深明事理。②〔五都〕战国时齐国设置的五个政区。

◎**大意** 子之当政第三年，国内大乱，百姓痛苦恐惧。将军市被与太子平谋划，准备攻打子之。众将领对齐湣王说："趁燕国内乱去进攻，一定能攻破燕国。"齐湣王因此派人对燕太子平说："我听说太子深明事理，准备废私情立公义，整顿君臣大义，明确父子地位。我的国家小，不配追随您。即便如此，也一定听从太子的命令。"太子因此结党聚众，将军市被包围王宫，攻打子之，没有获胜。将军市被和百姓反过来攻打太子平，将军市被战死，尸体被示众。燕国因此出现了几个月的内乱，有数万人死亡，民众恐惧，百姓离心。孟轲对齐湣王说："现在讨伐燕国，就像周文王、周武王当年攻伐殷纣王的时机，不可失去。"齐湣王便派章子率领五都的军队，并借助齐国北都地区的民众以征伐燕国。燕国的士兵不出战，城门不关闭，燕王哙死，齐国大胜。燕相子之死后二年，燕国人共同拥立太子平，这就是燕昭王。

　　燕昭王于破燕之后即位，卑身厚币①以招贤者。谓郭隗曰："齐因孤之国乱而袭破燕，孤极知燕小力少，不足以报。然诚得贤士以共国，以雪先王之耻，孤之愿也。先生视可者，得身事之。"郭隗曰："王必欲致士，先从隗始。况贤于隗者，岂远千里哉！"于是昭王为隗改筑宫而师事之②。乐毅自魏往，邹衍自齐往，剧辛自赵往，士争趋燕。燕王吊死问孤，与百姓同甘苦。

◎**注释** ①〔卑身厚币〕卑身，使自身卑下，即待人非常谦恭。币，币帛。古人用束帛作为馈赠和祭祀的礼物，后来泛指车、马、玉、帛等各种礼物。②〔师事之〕用对待"士"的最高礼节来对待他。战国时期，贤明的君主尊重"士"阶层形成风气，他们对"士"的态度，大体分为"师、友、臣"三种类型，"师"是其中的最高礼节。

◎**大意** 燕昭王在燕国被攻破之后继位，用谦恭的态度和优厚的待遇来招揽贤才。他对郭隗说："齐国趁我的国家内乱而袭击攻破了燕国，我深知燕国小而且力量弱，不能够报仇。然而如果得到贤能之士来共同治理国家，洗刷先王的耻辱，这是我的心愿。先生看见可以共同治国的贤能之士，我应亲自侍奉他。"郭隗说："大王如果一定要招揽人才，就先从我开始吧。那些比我贤能的人，难道还会嫌千里远吗？"于是燕昭王为郭隗改建了华美的住宅，并用对待"士"的最高礼节来对待他。由此，乐毅从魏国前往，邹衍从齐国前往，剧辛从赵国前往，贤士争着奔赴燕国。燕昭王吊唁死者并慰问孤寡，与百姓同甘共苦。

二十八年，燕国殷富，士卒乐轶轻战①，于是遂以乐毅为上将军，与秦、楚、三晋合谋以伐齐。齐兵败，湣王出亡于外。燕兵独追北②，入至临淄，尽取齐宝，烧其宫室宗庙。齐城之不下者，独唯聊、莒、即墨，其余皆属燕，六岁。

◎**注释** ①〔乐轶轻战〕乐轶，乐于出击。轻战，轻视作战，实指不怕打仗。②〔追北〕追击败逃的敌人。北，败逃。

◎**大意** 燕昭王二十八年，燕国殷实富足，士兵快乐安逸，不怕打仗，于是就以乐毅为上将军，与秦、楚以及韩、赵、魏三国合谋征讨齐国。齐军战败，齐湣王逃到外地。燕国军队单独追击败逃的敌人，进入临淄，取走了齐国所有的宝物，烧毁了齐国的宫室和宗庙。齐国的城镇没有被攻打下的，只有聊城、莒城、即墨，其余都归属了燕国，长达六年之久。

昭王三十三年卒，子惠王立。

◎**大意** 燕昭王三十三年去世，儿子惠王继位。

惠王为太子时，与乐毅有隙；及即位，疑毅，使骑劫代将。乐毅亡走赵。齐田单以即墨击败燕军，骑劫死，燕兵引归，齐悉复得其故城。湣王死于莒，乃立其子为襄王。

◎**大意** 燕惠王在做太子时，与乐毅有嫌怨；等到他即位，怀疑乐毅，让骑劫取代乐毅为将军。乐毅逃亡到赵国。齐国的田单凭借即墨打败了燕军，骑劫战死，燕军撤退回国，齐国完全收复了原有的城镇。齐湣王在莒城去世，于是拥立他的儿子为齐襄王。

惠王七年卒。韩、魏、楚共伐燕。燕武成王立。

◎**大意** 燕惠王七年去世。韩国、魏国、楚国共同讨伐燕国。燕武成王继位。

武成王七年，齐田单伐我，拔中阳。十三年，秦败赵于长平四十余万。十四年，武成王卒，子孝王立。

◎**大意** 燕武成王七年，齐国的田单征伐燕国，攻占了中阳。燕武成王十三年，秦国在长平打败了赵国的四十多万大军。燕武成王十四年，燕武成王去世，儿子燕孝王继位。

孝王元年，秦围邯郸者解去。三年卒，子今王[1]喜立。

◎**注释** ①〔今王〕当今国王。这是司马迁沿用燕国旧史原文的称呼。
◎**大意** 燕孝王元年，秦国围困赵国都城邯郸的军队撤退离去。燕孝王三年去世，儿子即当今的君王姬喜继位。

今王喜四年，秦昭王卒。燕王命相栗腹约欢赵，以五百金为赵王酒。还报燕王曰："赵王壮者皆死长平，其孤未壮，可伐也。"王召昌国君乐间问之。对曰："赵四战之国①，其民习兵，不可伐。"王曰："吾以五而伐一。"对曰："不可。"燕王怒，群臣皆以为可。卒起二军，车二千乘，栗腹将而攻鄗，卿秦攻代。唯独大夫将渠谓燕王曰："与人通关约交，以五百金饮人之王，使者报而反攻之，不祥，兵无成功。"燕王不听，自将偏军②随之。将渠引燕王绶③止之曰："王必无自往，往无成功。"王蹴之以足。将渠泣曰："臣非以自为，为王也！"燕军至宋子，赵使廉颇将，击破栗腹于鄗。破卿秦乐乘于代。乐间奔赵。廉颇逐之五百余里，围其国。燕人请和，赵人不许，必令将渠处和。燕相④将渠以处和。赵听将渠，解燕围。

◎**注释** ①〔四战之国〕意指四境皆邻强敌，但能拒战的国家。盖赵东邻燕国，西接秦境，南错韩、魏，北连胡，故云"四战"。②〔偏军〕在侧翼配合主力军作战的部队。③〔绶〕用来系印的绸带。④〔相〕这里是任命某人为国相的意思。

◎**大意** 当今君王姬喜四年，秦昭王去世。燕王派国相栗腹到赵国相约交好，拿出五百镒黄金作为为赵王祝寿的酒钱。栗腹回来向燕王报告说："赵国年轻力壮的都死在了长平，剩下的孤儿还没成年，可以攻打。"燕王召见昌国君乐间来询问这件事。乐间回答："赵国是可以四方迎战的国家，民众熟习打仗，不可以征伐。"燕王说："我用五倍的兵力攻伐它。"乐间回答："不可以。"燕王发怒，群臣都认为可以。燕国最终调遣两支军队，二千乘战车，由栗腹率领进攻鄗城，卿秦去攻打代城。只有大夫将渠对燕王说："与人家互通关卡，订约交好，用五百镒黄金作为人家君王饮用的祝寿酒的酒钱，使者回报以后就反过去攻打人家，不吉利，用兵不会成功。"燕王不听，亲自率领后备军跟随。将渠拉住燕王的绶带阻止他说："大王一定不要亲自前往，去了不会成功。"燕王用脚踢他。将渠哭着说："我不是为自己，是为大王啊！"燕国军队到达宋子，赵国派廉颇为将军，率领赵军在鄗城击溃了栗腹率领的燕军。乐乘率领赵军在代城打败了卿秦率领的燕军。乐间逃奔赵国。廉颇追击燕军五百多里，包围了燕国都城。燕国人求和，赵国人不同意，一定要让将渠来谈议和的事。燕国任命将渠为国相，负责和谈。赵国接受将渠的和议，解除了对燕国的包围。

六年，秦灭东周，置三川郡①。七年，秦拔赵榆次三十七城，秦置大（太）原郡。九年，秦王政初即位。十年，赵使廉颇将攻繁阳②，拔之。赵孝成王卒，悼襄王立。使乐乘代廉颇，廉颇不听，攻乐乘，乐乘走，廉颇奔大梁。十二年，赵使李牧攻燕，拔武遂、方城。剧辛故居赵，与庞煖善，已而亡走燕。燕见赵数困于秦，而廉颇去，令庞煖将也，欲因赵獘（弊）③攻之。问剧辛，辛曰："庞煖易与耳。"燕使剧辛将击赵，赵使庞煖击之，取燕军二万，杀剧辛。秦拔魏二十城，置东郡。十九年，秦拔赵之邺九城。赵悼襄王卒。二十三年，太子丹质于秦，亡归燕。二十五年，秦虏灭韩王安，置颍川郡。二十七年，秦虏赵王迁，灭赵。赵公子嘉自立为代王。

◎**注释** ①〔三川郡〕秦灭东周后，出兵攻韩国，取得韩国的成皋、荥阳后，在西周、东周的故地设立三川郡。②〔繁阳〕魏邑，在今河南内黄东南。③〔獘〕困顿，疲惫。

◎**大意** 今王姬喜六年，秦国灭掉东周，设置三川郡。今王姬喜七年，秦国攻占了赵国的榆次等三十七座城，设置太原郡。今王姬喜九年，秦王嬴政刚即位。今王姬喜十年，赵国派廉颇领兵去攻打繁阳，占领了它。赵孝成王去世，赵悼襄王继位，让乐乘代替廉颇，廉颇不听从，攻乐乘，乐乘逃走，廉颇逃奔大梁。今王姬喜十二年，赵国派李牧攻打燕国，占据了武遂、方城。剧辛原来在赵国居住，与庞煖友善，后来逃到燕国。燕国见赵国数次被秦国攻打，而廉颇已逃走，让庞煖统领军队，想乘赵国疲惫进攻它。询问剧辛，剧辛说："庞煖容易对付。"燕国派剧辛领兵攻打赵国，赵国派庞煖迎击燕军，消灭燕军两万人，杀死了剧辛。秦国占领了魏国二十座城，设置东郡。今王姬喜十九年，秦国攻占了赵国的邺城等九座城池。赵悼襄王去世。今王姬喜二十三年，太子丹被送到秦国当人质，逃回了燕国。今王姬喜二十五年，秦军消灭韩国并俘虏了韩王安，设置颍川郡。今王姬喜二十七年，秦军俘虏了赵王迁，灭掉赵国。赵国公子嘉自立为代王。

燕见秦且灭六国，秦兵临易水①，祸且至燕。太子丹阴②养壮士二十人，使荆轲献督亢地图于秦，因袭刺③秦王。秦王觉，杀轲，使将军王翦击燕。二十九年，秦攻拔我蓟，燕王亡，徙居辽东，斩丹以献秦。三十年，秦灭魏。

◎**注释** ①〔易水〕源出今河北易县。②〔阴〕暗中，暗地里。③〔袭刺〕乘其不备而刺杀。荆轲刺秦王事，详见《刺客列传》《战国策·燕策》。

◎**大意** 燕国见秦国即将一一灭亡六国，秦军已临近易水边，灾祸将降临到燕国。太子丹暗中供养二十名壮士，派荆轲到秦国去献督亢地图，趁机袭击并刺杀秦王。秦王发觉，杀死荆轲，派将军王翦进攻燕国。今王姬喜二十九年，秦军攻占了燕国的蓟城，今王姬喜逃亡，迁居辽东，斩杀太子丹献给秦国。今王姬喜三十年，秦国灭掉魏国。

三十三年，秦拔辽东，虏燕王喜，卒灭燕。是岁，秦将王贲亦虏代王嘉。

◎**大意** 今王姬喜三十三年，秦军攻占辽东，俘虏了今王姬喜，最终灭掉燕国。这一年，秦国将领王贲也俘虏了赵国的代王嘉。

太史公曰：召公奭可谓仁矣！甘棠且思之，况其人乎？燕外迫蛮貊①，内措（错）齐、晋，崎岖②强国之间，最为弱小，几灭者数矣。然社稷血食③者八九百岁，于姬姓独后亡，岂非召公之烈④邪！

◎ **注释** ①〔蛮貊（mò）〕古代东北部少数民族名。②〔崎岖〕道路险阻不平。这里用来比喻处境艰险。③〔社稷血食〕社是土地神，稷是谷神。古代帝王都祭祀社稷，社稷便成为国家的代称。血食，指享受祭祀。古代杀牲取血用来祭祀，称为"血食"。④〔烈〕事业，功绩。

◎ **大意** 太史公说：召公姬奭可以说是仁义之人了！百姓连那棵甘棠树尚且思念，何况他这个人呢？燕国外受蛮貊的逼迫，内受齐国、晋国的夹击，艰难地生存在强国之间，最为弱小，好几次快要灭亡。然而燕国存在了八九百年，在姬姓的诸侯国中最后灭亡，难道不是召公的德业吗！

◎ **释疑解惑**

李景星《史记评议》说："太史公作《燕世家》，较之他世家颇为简略。盖以燕僻处北边，与中国聘问者少，其君之名谥与国内政事多所未悉，故仅举其兴亡大略著之于篇。开首叙召公之事，笔笔郑重，以燕之所以兴本于召公之德也。其后子之相燕，而燕几亡；栗腹攻赵，而燕又几亡，故亦详著之。燕之卒亡，亡于太子丹遣荆轲刺秦王，而此篇不详载者，以有《刺客》各传在，世家可但提纲要，不必复叙也。此外书事多用轻笔，其无事可书者，则只标其世次年月，而间入他国之事以证明之。信则传信，疑则传疑，慎之至也。篇末书'秦虏灭韩王安''秦虏赵王迁，灭赵''秦灭魏'，而后书'秦虏燕王喜，卒灭燕'，已为赞语中'于姬姓独后亡'一语伏根。赞语再举甘棠事，而叹慕召公不置，正见燕之后亡由于召公。或有举卫君角事以证燕非后亡者，此强词取闹，无当于论古之识也。"所论甚当。由此可见，燕在各诸侯国的地位与鲁、卫相当，非常重要。但因所处地理位置偏北，与中原各国甚少交往，文献相对匮乏，因此连世系都不够清晰。对此，司马迁则尽可能利用现有史料勾勒其历史，描摹其中心事件，灵活驾驭，繁简得当。

正是由于篇幅不长，这篇传记在人物形象描写上颇具特色。司马迁抓住人物具有代表性的语言和行动，寥寥数语就生动传神地刻画出了不同身份人物的不同个性。比如苏代为齐国出使燕时，对燕王哙的一番对话就透露着他心机深沉、狡猾奸诈；鹿毛寿劝说燕王哙让国的一段说辞，看似义正词严，实则隐藏着他不可告人的居心；那位昏庸无能的燕王哙则被这些宵小鼠辈玩弄于股掌之上，唯唯诺诺、闭眼称是的神态惟妙惟肖。再如郭隗劝燕昭王招引贤士，理直气壮地大言"先从隗始"，于是燕昭王"改筑宫而师事之"；大夫将渠为劝阻燕王喜伐赵，苦口婆心，乃至"引燕王绶止之"，哭泣陈词，"臣非以自为，为王也"，而"王蹴之以足"。这些人物的语言、动作描写得栩栩如生，读来如身临其境。燕王哙的一意孤行，将渠的忠肝义胆，在文中一一呈现，相当精彩。

◎ 思考辨析题

1. 召公奭的哪些功业和品质被后人传颂？
2. 《燕召公世家》的人物塑造有哪些特色？

管蔡世家第五

周文王正妃太姒生育了十个儿子,周室以宗族繁盛而强大。周武王派弟弟管叔、蔡叔监督武庚,以安定商朝的遗族旧民。周武王死后,周公代理政务,二人不服,就和武庚一起造反。周公亲自率师东征,杀死管叔姬鲜,流放蔡叔姬度,稳定了周朝的统治。

《管蔡世家》主要叙述周武王之弟管叔、蔡叔事迹及蔡、曹二国的兴灭历程,兼及武王兄弟的概括介绍。西周立国,实行以血缘关系维系统治的宗法制度,即把王室宗族分封为诸侯国,作为辅弼国王统治的政治力量。武王同母十兄弟凡是成年的,在伐纣灭商后基本上都得以分封。但周武王死后,周成王年幼即位,周公辅政,引起了管叔、蔡叔的怀疑。他们认为周公将不利于成王,故而利用自己封地内殷商遗民的力量叛周,后被武力平息。

司马迁既从维护统一的立场出发，批评了管叔、蔡叔的分裂行为，又委婉辩证地指出了二人叛国的真实思想根源："疑周公之为不利于成王。"司马迁没有像那些极端的卫道者一样，把管、蔡之乱完全归咎于管、蔡个人品质的顽劣，表现出尊重史实、不虚美不隐恶的实录精神和具有真知灼见的史识。

本篇先记载蔡国的兴亡史。蔡国三次得国，三次失国。蔡叔度被流放后死亡，儿子姬胡却改行易辙，率德驯善。于是周公荐举姬胡担任鲁国卿士，而鲁国大治。周公又言于成王，封姬胡于蔡国，以奉蔡叔之祀。蔡哀侯时，被楚文王所掳；蔡穆侯时，被齐桓公所掳；蔡灵侯时，又被楚灵王诱于申而醉杀之，并令公子弃疾灭蔡。至侯齐四年，楚惠王攻蔡，蔡国于是灭亡。接着记载了曹国的兴亡史。周武王的弟弟曹叔姬振铎在灭商后，受封于曹。曹共公时，对路过的重耳无礼。后来，重耳即位为晋文公，攻伐曹国，俘虏曹共公，又在别人的劝说下送回曹共公。曹成公三年，晋厉公伐曹，俘虏曹成公，后来又将他释放了。至曹悼公九年，又为宋景公所囚。至曹伯阳继位，好游猎之事，宠信曹人公孙强，不修德政，不自量力，妄图称霸，背叛晋国，进犯宋国，宋景公伐之，晋人不救。曹伯阳十五年，宋灭曹，活捉曹伯及公孙强，返回宋国而杀之，曹国于是灭亡。司马迁通过对曹、蔡两国几度兴亡的简练叙述，生动地再现了这两个小国在激烈兼并形势下的窘迫处境，以及两国统治阶层内部弑杀不止的尖锐斗争，从一个侧面反映了春秋战国时剧烈动荡和破国亡家相继的残酷现实。

管叔鲜、蔡叔度者，周文王子而武王弟也。武王同母兄弟十人。母曰太姒，文王正妃①也。其长子曰伯邑考，次曰武王发，次曰管叔鲜，次曰周公旦，次曰蔡叔度，次曰曹叔振铎，次曰成叔武，次曰霍叔处，次曰康叔封，次曰冉季载。冉季载最少。同母昆弟十人，唯发、旦贤，左右辅文王，故文王舍②伯邑考而以发为太子。及文王崩而发立，是为武王。伯邑考既已前卒矣。

◎**注释** ①〔正妃〕古代王、侯的妻子称"妃"，正妃即王、侯的正妻，也称作嫡妻。②〔舍〕放弃。古代王位采取嫡长子继承制，周文王本应立伯邑考为太子，但因次子姬发贤能，故文王放弃长子而立次子为太子。

◎**大意** 管叔姬鲜、蔡叔姬度，是周文王的儿子，周武王的弟弟。周武王同母所生的兄弟有十人。母亲叫太姒，是周文王的正妻。她生的大儿子是伯邑考，二儿子是武王姬发，三儿子是管叔姬鲜，四儿子是周公姬旦，五儿子是蔡叔姬度，六儿子是曹叔姬振铎，七儿子是成叔姬武，八儿子是霍叔姬处，九儿子是康叔姬封，十儿子是冉季姬载。冉季姬载最小。同母兄弟十人，只有武王姬发、周公姬旦贤明，在周文王左右辅佐，所以周文王舍弃伯邑考而立姬发为太子。等到周文王去世，姬发继位，就是周武王。伯邑考在这以前已去世了。

武王已克殷纣，平天下，封功臣昆弟。于是封叔鲜于管，封叔度于蔡：二人相纣子武庚禄父，治殷遗民①。封叔旦于鲁而相周，为周公。封叔振铎于曹，封叔武于成，封叔处于霍。康叔封、冉季载皆少，未得封。

◎**注释** ①〔治殷遗民〕统治管理殷商的亡国民众。
◎**大意** 周武王灭掉殷纣王，平定天下，分封功臣和兄弟。于是把叔鲜封在管地，叔度封在蔡地：二人辅佐殷纣王的儿子武庚禄父，统治管理殷商的亡国民众。把叔旦封在鲁地而留在朝廷辅政，就是周公。把叔振铎封在曹地，叔武封在成地，叔处封在霍地。康叔封、冉季载都还小，没有受封土地。

武王既崩，成王少，周公旦专王室。管叔、蔡叔疑周公之为不利于成王，乃挟武庚以作乱。周公旦承成王命伐诛武庚，杀管叔，而放蔡叔，迁之，与车十乘，徒七十人从。而分殷余民为二：其一封微子启于宋，以续殷祀①；其一封康叔为卫君，是为卫康叔。封季载于冉。冉季、康叔皆有驯行，于是周公举康叔为周司寇，冉季为周司空，以佐成王治，皆有令名于天下。

◎**注释**　①〔以续殷祀〕古人重视子孙传世长久，祭祀香火不绝。这里指周公虽诛武庚，仍将殷王族的支系微子封于宋，使殷族祭祀不至于断绝。祀，祭祀。
◎**大意**　周武王去世，周成王年纪小，周公姬旦独掌王室大权。管叔、蔡叔怀疑周公的行为对周成王不利，就挟持武庚发动叛乱。周公秉承周成王的命令讨伐并诛杀了武庚，杀掉了管叔，并将蔡叔流放，流放他时，给了十辆车，随从七十人。又将殷朝的遗民分为两部分：一部分封给微子启到宋国，以接续殷朝的祭祀；一部分封给康叔建立卫国，就是卫康叔。把季载封在冉。冉季、康叔都有善良的德行，于是周公推举康叔为周朝的司寇，冉季为周朝的司空，以辅佐周成王治理国家，他们都有好名声流传于天下。

蔡叔度既迁而死。其子曰胡，胡乃改行，率德驯善。周公闻之，而举胡以为鲁卿士，鲁国治。于是周公言于成王，复封胡于蔡，以奉蔡叔之祀，是为蔡仲。余五叔皆就国①，无为天子吏者。

◎**注释**　①〔余五叔皆就国〕五叔似指曹、成、霍、康、冉。冉季虽不以叔名，此处连带概言之。此时五人先后前往封地就任。

◎**大意** 蔡叔姬度流放后死去。他的儿子叫姬胡，姬胡便改变了行为，遵循德训并顺从善行。周公听说他的情况，就推举姬胡为鲁国的卿士，鲁国被治理得很好。于是周公向周成王进言，又把姬胡分封到蔡，来供奉蔡叔的祭祀，就是蔡仲。武王其余的五个弟弟都到各自的封国，没有担任天子官吏的。

蔡仲卒，子蔡伯荒立。蔡伯荒卒，子宫侯立。宫侯卒，子厉侯立。厉侯卒，子武侯立。武侯之时，周厉王失国，奔彘，共和行政，诸侯多叛周。

◎**大意** 蔡仲去世，儿子蔡伯荒继位。蔡伯荒去世，儿子蔡宫侯继位。蔡宫侯去世，儿子蔡厉侯继位。蔡厉侯去世，儿子蔡武侯继位。蔡武侯的时候，周厉王失掉了国家，逃到彘地，周王朝出现了共和行政的局面，诸侯中很多人背叛了周王室。

武侯卒，子夷侯立。夷侯十一年，周宣王即位。二十八年，夷侯卒，子釐侯所事立。

◎**大意** 蔡武侯去世，儿子蔡夷侯继位。蔡夷侯十一年时，周宣王即位。蔡夷侯二十八年，蔡夷侯去世，儿子蔡釐侯姬所事继位。

釐侯三十九年，周幽王为犬戎所杀，周室卑而东徙。秦始得列为诸侯。

◎**大意** 蔡釐侯三十九年，周幽王被犬戎杀死，周王室卑弱而向东迁移。秦国开始被封为诸侯国。

四十八年，釐侯卒，子共侯兴立。共侯二年卒，子戴侯立。戴侯十年卒，子宣侯措父立。

◎**大意**　蔡釐侯四十八年，蔡釐侯去世，儿子蔡共侯兴继位。共侯二年去世，儿子蔡戴侯继位。姬戴侯十年去世，儿子蔡宣侯蔡措父继位。

宣侯二十八年，鲁隐公初立。三十五年，宣侯卒，子桓侯封人立。桓侯三年，鲁弑其君隐公。二十年，桓侯卒，弟哀侯献舞立。

◎**大意**　蔡宣侯二十八年，鲁隐公新继位。蔡宣侯三十五年，蔡宣侯去世，儿子蔡桓侯姬封人继位。蔡桓侯三年，鲁国人杀害了他们的国君隐公。蔡宣侯二十年，蔡桓侯去世，弟弟蔡哀侯献舞继位。

哀侯十一年。初，哀侯娶陈，息①侯亦娶陈。息夫人将归，过蔡，蔡侯不敬。息侯怒，请楚文王："来伐我，我求救于蔡，蔡必来，楚因击之，可以有功。"楚文王从之，虏蔡哀侯以归。哀侯留九岁，死于楚。凡立二十年卒。蔡人立其子肸，是为缪侯。

◎**注释**　①〔息〕古诸侯国名，故城在河南息县。
◎**大意**　蔡哀侯十一年。当初，蔡哀侯娶了陈国女子，息侯也娶了陈国女子。息夫人准备回家探亲，经过蔡国，蔡哀侯对她不恭敬。息侯发怒，向楚文王请求说："您来攻打我国，我向蔡国求救，蔡国肯定会来救援，楚国趁机攻击，可以取得胜利。"楚文王听从了他的建议，俘虏了蔡哀侯回国。蔡哀侯留在楚国九年，死在楚国。总共在位二十年去世。蔡国人拥立他的儿子姬肸为君，这就是蔡穆侯。

缪侯以其女弟为齐桓公夫人。十八年，齐桓公与蔡女戏船中，夫人荡舟，桓公止之，不止，公怒，归①蔡女，而不绝也。蔡侯怒，嫁其弟。齐桓公怒，伐蔡；蔡溃，遂虏缪侯，南至楚邵陵。已而诸侯为蔡谢齐，齐侯归蔡侯。二十九年，缪侯卒，子庄侯甲午立。

◎**注释** ①〔归〕使归。这里指齐桓公把蔡女赶回娘家。
◎**大意** 蔡穆侯把他的妹妹嫁给齐桓公做夫人。蔡穆侯十八年，齐桓公与蔡夫人在船中戏耍，夫人摇晃船只，齐桓公阻止她，她不肯停，齐桓公发怒，把蔡夫人送回国，但没断绝夫妻关系。蔡穆侯生气，把他的妹妹另嫁他人。齐桓公发怒，讨伐蔡国；蔡国溃败，齐国于是俘虏了蔡穆侯，向南到达了楚国的邵陵。不久，诸侯们为蔡国向齐国谢罪，齐桓公送回蔡穆侯。蔡穆侯二十九年，蔡穆侯去世，儿子蔡庄侯姬甲午继位。

庄侯三年，齐桓公卒。十四年，晋文公败楚于城濮。二十年，楚太子商臣弑其父成王代立。二十五年，秦缪公卒。三十三年，楚庄王即位。三十四年，庄侯卒，子文侯申立。

◎**大意** 蔡庄侯三年，齐桓公去世。蔡庄侯十四年，晋文公在城濮打败了楚国。蔡庄侯二十年，楚国太子商臣杀害了他的父亲楚成王取而代之。蔡庄侯二十五年，秦穆公去世。蔡庄侯三十三年，楚庄王即位。蔡庄侯三十四年，蔡庄侯去世，儿子蔡文侯姬申继位。

文侯十四年，楚庄王伐陈，杀夏徵舒。十五年，楚围郑，郑降楚，楚复醳（释）之。二十年，文侯卒，子景侯固立。

◎**大意**　蔡文侯十四年，楚庄王征伐陈国，杀死夏徵舒。蔡文侯十五年，楚国围攻郑国，郑国向楚国投降，楚军再次释放了郑国国君。蔡文侯二十年，蔡文侯去世，儿子蔡景侯固继位。

景侯元年，楚庄王卒。四十九年，景侯为太子般娶妇于楚，而景侯通焉。太子弑景侯而自立，是为灵侯。

◎**大意**　蔡景侯元年，楚庄王去世。蔡景侯四十九年，蔡景侯为太子姬般从楚国娶了妻子，但蔡景侯与她通奸。太子弑杀蔡景侯，自立为国君，这就是蔡灵侯。

灵侯二年，楚公子围弑其王郏敖而自立，为灵王。九年，陈司徒招弑其君哀公。楚使公子弃疾灭陈而有之。十二年，楚灵王以灵侯弑其父，诱蔡灵侯于申，伏甲饮之①，醉而杀之，刑其士卒七十人。令公子弃疾围蔡。十一月，灭蔡，使弃疾为蔡公。

◎**注释**　①〔伏甲饮之〕埋伏下武士后，让蔡灵侯饮酒。蔡灵侯去申地以前，蔡国大夫曾劝阻说："楚王贪婪而不守信用，只恨我蔡国不服。现在给我们重礼而且甜言蜜语，这是引诱我们。不如别去申地。"蔡灵侯不听，终于遇害。
◎**大意**　蔡灵侯二年，楚国公子围弑杀了他的国王郏敖，自己做王，称为楚灵王。蔡灵侯九年，陈国司徒招弑杀了他的国君陈哀公。楚国派公子弃疾灭掉陈国并占领了它。蔡灵侯十二年，楚灵王因为蔡灵侯弑杀他的父亲，引诱蔡灵侯到达申地，埋伏兵士并让蔡灵侯饮酒，待灌醉后便杀掉他，杀死了他的随从士兵七十人。命令公子弃疾围攻蔡国。十一月，楚国灭亡蔡国，弃疾当了蔡公。

楚灭蔡三岁，楚公子弃疾弑其君灵王代立，为平王。平王乃求蔡景侯少子庐，立之，是为平侯。是年，楚亦复立陈。楚平王初立，欲亲诸侯，故复立陈、蔡后。

◎**大意** 楚国灭掉蔡国三年后，楚国公子弃疾弑杀了他的国君楚灵王而自立为君，就是楚平王。楚平王便求得蔡景侯的小儿子姬庐，立他为君，这就是蔡平侯。这一年，楚国也重新建立了陈国。楚平王刚即位，想拉拢各诸侯国，所以重新扶立陈国、蔡国的后代。

平侯九年卒，灵侯般之孙东国攻平侯子而自立，是为悼侯。悼侯父曰隐太子友，隐太子友者，灵侯之太子，平侯立而杀隐太子，故平侯卒而隐太子之子东国攻平侯子而代立，是为悼侯。悼侯三年卒，弟昭侯申立。

◎**大意** 蔡平侯九年去世，蔡灵侯姬般的孙子姬东国攻打蔡平侯的儿子而自立为君，这就是蔡悼侯。蔡悼侯的父亲隐太子友，是蔡灵侯的太子，蔡平侯继位后，杀了隐太子，所以蔡平侯去世后，隐太子的儿子姬东国攻打蔡平侯的儿子，取而代之，就是蔡悼侯。蔡悼侯三年去世，弟弟蔡昭侯姬申继位。

昭侯十年，朝楚昭王，持美裘二，献其一于昭王而自衣其一。楚相子常欲之，不与。子常谗蔡侯，留之楚三年。蔡侯知之，乃献其裘于子常；子常受之，乃言归蔡侯。蔡侯归而之晋，请与晋伐楚。

◎**大意** 蔡昭侯十年，朝见楚昭王，带着两件漂亮的裘皮衣，其中一件献给楚昭王而自己穿了一件。楚国国相子常想要那件，蔡昭侯不给。子常说蔡昭侯的坏话，把他扣留在楚国三年。蔡昭侯知道被扣留的原因，就把自己的皮衣献给了子常；子常接受了皮衣，才进言放回蔡昭侯。蔡昭侯回国后接着前往晋国，请求与晋国共同讨伐楚国。

十三年春，与卫灵公会邵陵。蔡侯私于周苌弘以求长于卫①；卫使史䲡言康叔之功德，乃长卫。夏，为晋灭沈②，楚怒，攻蔡。蔡昭侯使其子为质于吴，以共伐楚。冬，与吴王阖闾遂破楚入郢。蔡怨子常，子常恐，奔郑。十四年，吴去而楚昭王复国。十六年，楚令尹为其民泣以谋蔡，蔡昭侯惧。二十六年，孔子如蔡。楚昭王伐蔡，蔡恐，告急于吴。吴为蔡远，约迁以自近，易以相救；昭侯私许，不与大夫计。吴人来救蔡，因迁蔡于州来。二十八年，昭侯将朝于吴，大夫恐其复迁，乃令贼利杀昭侯；已而诛贼利以解过③，而立昭侯子朔，是为成侯。

◎**注释** ①〔长于卫〕指歃盟次序在卫灵公之前。蔡国因自己的祖先蔡叔是卫侯祖先康叔的哥哥，所以要求次序在前。②〔为晋灭沈〕邵陵之会，沈国未参加，晋国命蔡国讨伐沈国。③〔解过〕赎错，这里指推诿杀害国君的罪行。

◎**大意** 蔡昭侯十三年春天，蔡昭侯与卫灵公在邵陵会盟。蔡昭侯暗中收买周大夫苌弘，使蔡国在盟约上的地位高于卫国；卫国派史䲡申述康叔的功德，才使卫国的地位高于蔡国。夏天，替晋国灭掉了沈国，楚国恼怒，攻打蔡国。蔡昭侯派他的儿子到吴国做人质，以便共同攻伐楚国。冬天，蔡昭侯与吴王阖闾终于攻破楚国，进入郢都。蔡国怨恨子常，子常害怕，逃奔郑国。蔡昭侯十四年，吴军撤退后，楚昭王恢复楚国。蔡昭侯十六年，楚国令尹为他的民众哭泣并计划报复蔡国，蔡昭侯害怕。蔡昭侯二十六年，孔子到蔡国。楚昭王征伐蔡国，蔡国恐慌，向吴国告急。吴国因为蔡国太远，约定让蔡国把都城迁移到靠近吴国的地方，便于救援；蔡昭侯私下同意，没有和大夫们商议。吴国人来援救蔡国，趁机把蔡国的都城迁到州来。蔡昭侯二十八年，蔡昭侯准备到吴国朝见，大夫们恐怕他再迁都，于是派了一个名叫利的刺客杀死了蔡昭侯；不久，大夫们诛杀刺客利以推卸罪责，并拥立蔡昭侯的儿子姬朔为君，这就是蔡成侯。

成侯四年，宋灭曹。十年，齐田常弑其君简公。十三年，楚灭陈。十九年，成侯卒，子声侯产立。声侯十五年卒，子元侯立。元侯六年卒，子侯齐立。

◎**大意** 蔡成侯四年，宋国灭掉曹国。蔡成侯十年，齐国田常弑杀了他的国君齐简公。蔡成侯十三年，楚国灭掉陈国。蔡成侯十九年，蔡成侯去世，儿子蔡声侯姬产继位。蔡声侯十五年去世，儿子蔡元侯继位。蔡元侯六年去世，儿子蔡侯姬齐继位。

侯齐四年，楚惠王灭蔡，蔡侯齐亡，蔡遂绝祀。后陈灭三十三年。

◎**大意** 蔡侯姬齐四年，楚惠王灭掉蔡国，蔡侯姬齐逃亡，蔡国的祭祀断绝了。蔡国比陈国灭亡的时间晚了三十三年。

伯邑考，其后不知所封。武王发，其后为周，有《本纪》言。管叔鲜作乱诛死，无后。周公旦，其后为鲁，有《世家》言。蔡叔度，其后为蔡，有《世家》言。曹叔振铎，其后为曹，有《世家》言。成叔武，其后世无所见。霍叔处，其后晋献公时灭霍。康叔封，其后为卫，有《世家》言。冉季载，其后世无所见。

◎**大意** 伯邑考，他的后代不知道分封在哪里。武王姬发，他的后代是周国王，有《本纪》记载。管叔姬鲜发动叛乱后被诛杀而死，没有后代。周公姬旦，他的后代是鲁国国君，有《世家》记载。蔡叔姬度，他的后代是蔡国国君，有《世家》记载。曹叔姬振铎，他的后代是曹国国君，有《世家》记载。成叔姬武，他的后代不见有记载。霍叔姬处，他后代建立的霍国在晋献公时被灭掉。康叔姬封，他的后代是卫国国君，有《世家》记载。冉季载，他的后代不见有记载。

太史公曰：管蔡作乱，无足载者。然周武王崩，成王少，天下既疑，赖同母之弟成叔、冉季之属十人为辅拂（弼）①，是以诸侯卒宗周②，故附之《世家》言。

◎**注释** ①〔拂〕通"弼"，辅佐。②〔卒宗周〕最终以周王朝为宗主。

◎**大意** 太史公说：管叔和蔡叔叛乱，没有什么值得记载的。然而周武王去世，周成王年幼，天下人虽已有所怀疑，但依靠同母弟弟成叔、冉季等十人为辅佐，因而诸侯们最终以周王朝为宗主，所以附在《世家》中叙述。

曹叔振铎者，周武王弟也。武王已克殷纣，封叔振铎于曹。

◎**大意** 曹叔姬振铎，是周武王的弟弟。武王灭掉殷纣王后，将叔姬振铎封于曹国。

叔振铎卒，子太伯脾立。太伯卒，子仲君平立。仲君平卒，子宫伯侯立。宫伯侯卒，子孝伯云立。孝伯云卒，子夷伯喜立。

◎**大意**　曹叔姬振铎去世后，儿子曹太伯姬脾继位。曹太伯去世后，儿子曹仲君姬平继位。曹仲君姬平去世后，儿子曹宫伯姬侯继位。曹宫伯姬侯去世后，儿子曹孝伯姬云继位。曹孝伯姬云去世后，儿子曹夷伯姬喜继位。

夷伯二十三年，周厉王奔于彘。

◎**大意**　曹夷伯二十三年，周厉王逃奔到彘。

三十年卒，弟幽伯彊立。幽伯九年，弟苏杀幽伯代立，是为戴伯。戴伯元年，周宣王已立三岁。三十年，戴伯卒，子惠伯兕立。

◎**大意**　曹夷伯三十年去世，弟弟曹幽伯姬彊继位。曹幽伯九年，弟弟姬苏杀死曹幽伯取而代之，就是曹戴伯。曹戴伯元年，周宣王已在位三年。曹戴伯三十年，曹戴伯去世，儿子曹惠伯姬兕继位。

惠伯二十五年，周幽王为犬戎所杀，因东徙，益卑，诸侯畔（叛）之。秦始列为诸侯。

◎**大意**　曹惠伯二十五年，周幽王被犬戎人杀害，因此向东迁移国都，更加卑微，诸侯背叛周王室。秦国开始被列为诸侯国。

三十六年，惠伯卒，子石甫立，其弟武杀之代立，是为缪公。缪公三年卒，子桓公终生立。

◎**大意** 曹惠伯三十六年，曹惠伯去世，儿子姬石甫继位，他的弟弟姬武杀死了他，取而代之，这就是曹穆公。曹穆公三年去世，儿子曹桓公姬终生继位。

桓公三十五年，鲁隐公立。四十五年，鲁弑其君隐公。四十六年，宋华父督弑其君殇公及孔父。五十五年，桓公卒，子庄公夕姑立。

◎**大意** 曹桓公三十五年，鲁隐公即位。曹桓公四十五年，鲁国人弑杀了他们的国君鲁隐公。曹桓公四十六年，宋国的华父督弑杀了他的国君宋殇公及大夫孔父。曹桓公五十五年，曹桓公去世，儿子曹庄公姬夕姑继位。

庄公二十三年，齐桓公始霸。

◎**大意** 曹庄公二十三年，齐桓公开始称霸。

三十一年，庄公卒，子釐公夷立。釐公九年卒，子昭公班立。昭公六年，齐桓公败蔡，遂至楚召陵。九年，昭公卒，子共公襄立。

◎**大意** 曹庄公三十一年，曹庄公去世，儿子曹釐公姬夷继位。曹釐公九年去世，儿子曹昭公姬班继位。曹昭公六年，齐桓公打败蔡国，于是进军到楚国的召陵。曹昭公九年，曹昭公去世，儿子曹共公姬襄继位。

共公十六年。初，晋公子重耳其亡过曹，曹君无礼，欲观其骈胁①。釐负羁谏，不听，私善于重耳。二十一年，晋文公重耳伐曹，虏共公以归，令军毋入釐负羁之宗族闾②。或说晋文公曰："昔齐桓公会诸侯，复异姓；今君囚曹君，灭同姓，何以令于诸侯？"晋乃复归共公。

◎**注释** ①〔骈胁〕连成一块的肋骨。②〔宗族闾〕同族人聚居的里巷。
◎**大意** 曹共公十六年。当初，晋国公子姬重耳逃亡时经过曹国，曹共公对他无礼，想看看他那连在一起的肋骨。釐负羁劝谏，他不听，釐负羁私下与姬重耳交好。曹共公二十一年，晋文公姬重耳征伐曹国，俘虏了曹共公回晋国，命令军队不准进入釐负羁的宗族所居住的地方。有人劝告晋文公说："从前齐桓公会合诸侯，恢复异姓国家；现在您囚禁曹国国君，消灭同姓诸侯，怎么能向诸侯来发号施令呢？"晋国于是又送回曹共公。

二十五年，晋文公卒。三十五年，共公卒，子文公寿立。文公二十三年卒，子宣公彊立。宣公十七年卒，弟成公负刍立。

◎**大意** 曹共公二十五年，晋文公去世。曹共公三十五年去世，儿子曹文公姬寿继位。曹文公二十三年去世，儿子曹宣公姬彊继位。曹宣公十七年去世，弟弟曹成公姬负刍继位。

成公三年，晋厉公伐曹，虏成公以归，已复释之。五年，晋栾书、中行偃使程滑弑其君厉公。二十三年，成公卒，子武公胜立。武公二十六年，楚公子弃疾弑其君灵王代立。二十七年，武公卒，子平公顷立。平公四年卒，子悼公午立。是岁，宋、卫、陈、郑皆火。

◎**大意** 曹成公三年，晋厉公征伐曹国，俘虏了曹成公然后回国，不久又释放了他。曹成公五年，晋国的栾书、中行偃指使程滑弑杀了他们的国君厉公。曹成公二十三年去世，儿子曹武公姬胜继位。曹武公二十六年，楚国公子弃疾弑杀了他的国君灵王，取代了王位。曹武公二十七年，曹武公去世，儿子曹平公姬顷继位。曹平公四年去世，儿子曹悼公姬午继位。这一年，宋国、卫国、陈国、郑国都发生了火灾。

悼公八年，宋景公立。九年，悼公朝于宋，宋囚之；曹立其弟野，是为声公。悼公死于宋，归葬。

◎**大意** 曹悼公八年，宋景公即位。曹悼公九年，曹悼公到宋国朝拜，宋国囚禁了他；曹国人拥立了他的弟弟姬野为君，就是曹声公。曹悼公死在宋国，送回国后安葬。

声公五年，平公弟通弑声公代立，是为隐公。隐公四年，声公弟露弑隐公代立，是为靖公。靖公四年卒，子伯阳立。

◎**大意** 曹声公五年，曹平公的弟弟姬通弑杀曹声公，取而代之，这就是曹隐公。曹隐公四年，曹声公弟弟姬露弑杀了曹隐公取代了国君，这就是曹靖公。曹靖公四年去世，儿子曹伯阳继位。

伯阳三年，国人有梦众君子立于社宫，谋欲亡曹；曹叔振铎止之，请待公孙彊，许之。旦，求之曹，无此人。梦者戒其子曰："我亡，尔闻公孙彊为政，必去曹，无离（罹）曹祸。"及伯阳即位，好田弋之事。六年，曹野人公孙彊亦好田弋，获白雁而献之，且言田弋之说，因访政事。伯阳大说（悦）之，有宠，使为司城以听政。梦者之子乃亡去。

◎**大意**　伯阳三年，京城里有人梦见很多君子站在土地神庙里，商议要灭亡曹国；曹叔姬振铎阻止他们，请求等待公孙彊，君子们同意了。天亮，在曹国寻找，没有这个人。做梦的人告诫他的儿子说："我死后，你听说公孙彊当政，一定要离开曹国，就可不必遭受曹国的灾祸。"曹伯阳即位后，爱好打猎的事。曹伯阳六年，曹国乡下人公孙彊也爱好打猎，获得白雁献给曹伯阳，并谈论了打猎的经验，曹伯阳因而向他请教政事。曹伯阳非常喜欢公孙彊，公孙彊于是得到宠信，被任命为司城，参与政事。做梦人的儿子就逃走了。

公孙彊言霸说①于曹伯。十四年，曹伯从之，乃背晋干宋。宋景公伐之，晋人不救。十五年，宋灭曹，执曹伯阳及公孙彊以归而杀之。曹遂绝其祀。

◎**注释**　①〔霸说〕成就霸业的主张。
◎**大意**　公孙彊向曹伯阳陈说称霸之道。曹伯阳十四年，曹伯阳听从了他的话，就背叛晋国进犯宋国。宋景公征伐曹国，晋国人不来救援。曹伯阳十五年，宋国灭掉曹国，抓住了曹伯阳和公孙彊，回到宋国后杀掉了他们。曹国于是灭绝了。

太史公曰：余寻曹共公之不用僖负羁，乃乘轩者三百人，知唯德之不建。及振铎之梦，岂不欲引曹之祀者哉？如公孙彊不修厥政，叔铎之祀忽诸。

◎**大意**　太史公说：我探寻曹共公不任用僖负羁的原因，是因为乘坐高级马车的就有三百人，知道他唯独不修德政。等到出现了有关姬振铎的梦，难道不是想延长曹国的命运吗？如果公孙彊不推行他的称霸政治，曹叔姬振铎的国运难道会突然灭绝吗？

◎释疑解惑

吴见思曰："《管蔡世家》独序兄弟十人，串插变化，前后照应，世家中独为奇肆，可为序次碑谱之法。余不过点次世系，序述简净而已。《曹世家》以国小事少，益无所见长，故附于此，备员而已。"李景星曰："《管蔡世家》意在于管、蔡事，内总括武王同母弟十人之终始，故篇首以十人起，篇末又以十人结，呼应通灵，打成一片。中间叙完管叔事，余皆单叙蔡事。事有详略，故笔有繁简。赞语将管叔轻轻一点，随手撇去，又说到十人，以表明于《管蔡世家》内附列余人之故，意旨倍觉明显。其间叙世系处，若网在纲，有条不紊，后来碑谱高手多半取法于此。至《曹叔世家》本应自为一篇，缘事简文少，不成册帙，故连《管蔡世家》为一卷，分观合观，各有其妙。《索隐》欲析出之，殊属不必。赞《曹叔世家》而一则曰'德之不建'，再则曰'不修厥政'，所见独大，此又太史公眼光之高，为后来诸史家所不及处。"

二人皆指出了《管蔡世家》在结构安排上的独具匠心。起笔先叙周武王同母十兄弟，接着叙述周初的重大历史事件即管、蔡之乱，管叔死而国除。蔡叔流放而死，儿子率德驯善而得蔡国，叙至蔡亡，又以十兄弟结。最后，专叙曹国史，以劝修德政结束全篇。文章不拘成法，体圆用神，笔有繁简，表明了司马迁对历史编纂体例的灵活运用。本篇名为"世家"，原应记载流传数世的诸侯，太史公却把伯邑考、成叔姬武、霍叔姬处、冉季姬载、管叔姬鲜等无后或其后人不明的都连带介绍。一是因为这些人与蔡叔姬度、曹叔姬振铎均为周武王的兄弟；二来这些人又不同于武王的其他两个弟弟周公姬旦、卫康叔那样传国久远。从有利于记叙史实的角度看，把这些有一定联系而又史实不多、影响不大的人物论列在一起，以免失考，体现了在结构设计上的匠心独运：介绍十兄弟以起，管、蔡之乱以承，分述蔡、曹两国以结，照应十兄弟的下落。全篇脉络清晰、井然有序，是叙述世系作品的典范，而且这种结构体现出司马迁呼吁兄弟同心、互助友爱的意图。篇末以呼吁修德治国为结，将文章的主旨进一步升华，发人深省。

蔡国、曹国同为周武王同母弟弟之封国，地位与鲁国、卫国相当，在西周初年均为重要诸侯国。周朝统治者分封兄弟的初心就是希望兄弟之邦团结一致，共同辅佐周王室。但至春秋时，蔡、曹等姬姓诸侯国已经沦为三等小国，地位低下，只能仰人鼻息，依附大国。然而，本该奋发图强、励精图治的两个小国，却不思进取，不修德政，荒淫腐朽，内乱不断。这就是可怜之国必有的可恨之处。

◎ **思考辨析题**

1. 为什么说蔡国三次得国，又三次失国呢？
2. 在司马迁看来，曹国灭亡的原因何在？

陈杞世家

第六

　　司马迁《太史公自序》介绍了《陈杞世家》的写作意图：先王后代延续不绝，虞舜、夏禹为此而感到高兴；他们功德美好清明，后代得以承其功业，百世享受国运。到了周代，分封有陈国、杞国，后被楚国灭掉。齐田氏又使之兴起，虞舜是位多么了不起的人啊！为此创作了《陈杞世家》。

　　《陈杞世家》主要是叙述陈国历史的发展过程。陈胡公满是虞舜后代，至周武王灭殷，复求舜的后裔，得妫满，封于陈国，以奉舜祀。传至十三世陈厉公，荒淫怠政，被陈桓公太子的弟弟伙同蔡国人一起诱杀。至十八世陈灵公与其大夫孔宁、仪行父一起与夏姬淫乱，招来杀身之祸。楚惠王时灭陈国。同时简要记述杞国的世系源流。夏禹的后人东楼公在周武王灭商后被封于杞国。杞国同样被楚惠王灭掉。篇末概括简介了虞、夏之际，契、后稷、皋陶、伯夷等十一位历史人物后裔在周初受封，与他们最后灭亡的情况。最后，太史公盛赞舜、禹功德无量，故其子孙后代能够享受国运，绵延长久。

陈国、杞国是周武王建立周朝后，分别针对虞舜后代、夏禹后代而分封的两个异姓小国。记载史事时详于陈国，略于杞国。对两国历史的记载体现了对上古帝王舜、禹圣德的由衷赞美。

本篇充分体现了古代史学家强调的对历史进行道德评价的鲜明特征，即所谓"彰善瘅恶，以树风声"。司马迁在本篇中并未巨细不遗、平铺直叙地记载陈国史实，而是选择最能反映陈国君臣道德品质的典型事例来叙写，以达到"其恶可以戒后"的目的。

司马迁着重写了陈厉公好淫而丧生，陈灵公荒淫而失国，臣子孔宁、仪行父因淫乱而逃亡他国等事件，对统治阶层的腐朽堕落进行了深刻的揭露和无情的鞭挞。

陈胡公满①者，虞帝舜之后也。昔舜为庶人时，尧妻之二女，居于妫汭，其后因为氏姓，姓妫氏。舜已崩，传禹天下，而舜子商均为封国。夏后之时，或失或续。至于周武王克殷纣，乃复求舜后，得妫满，封之于陈，以奉帝舜祀，是为胡公。

◎**注释** ①〔陈胡公满〕陈，西周初年建立的诸侯国名，国都宛丘（在今河南淮阳）。胡公满，陈国的始封之君，姓妫，名满，胡是谥号。

◎**大意**　陈国胡公满，是虞舜的后代。从前，舜为平民时，唐尧把两个女儿嫁给他，居住在妫汭，他的后代就把它作为姓氏，姓妫氏。舜去世后，将天下传给夏禹，而舜的儿子商均受封为诸侯。夏朝的时候，商均的封国时失时续。到周武王战胜殷纣王之后，才又寻觅舜的后代，找到妫满，将他封在陈地，用来供奉舜的祭祀，这就是胡公。

胡公卒，子申公犀侯立。申公卒，弟相公皋羊立。相公卒，立申公子突，是为孝公。孝公卒，子慎公圉戎立。慎公当周厉王时。慎公卒，子幽公宁立。

◎**大意**　胡公去世，儿子申公犀侯继位。申公去世，弟弟相公皋羊继位。相公去世，立了申公的儿子突，就是陈孝公。陈孝公去世，儿子陈慎公圉戎继位。陈慎公正当周厉王在位时期。陈慎公去世，儿子陈幽公宁继位。

幽公十二年，周厉王奔于彘。

◎**大意**　陈幽公十二年，周厉王逃到彘。

二十三年，幽公卒，子釐公孝立。釐公六年，周宣王即位。三十六年，釐公卒，子武公灵立。武公十五年卒，子夷公说（悦）立。是岁，周幽王即位。夷公三年卒，弟平公燮立。平公七年，周幽王为犬戎所杀，周东徙。秦始列为诸侯。

◎**大意**　陈幽公二十三年，陈幽公去世，儿子陈釐公孝继位。陈釐公六年，周宣王即位。陈釐公三十六年，陈釐公去世，儿子陈武公灵继位。陈武公十五年去世，儿子陈夷公说继位。这一年，周幽王即位。陈夷公三年去世，弟弟陈平公燮继位。陈平公七年，周幽王被犬戎人杀害，周王室东迁。秦国开始被列为诸侯国。

二十三年，平公卒，子文公圉立。

◎**大意** 陈平公二十三年，陈平公去世，儿子陈文公圉继位。

文公元年，取蔡女，生子佗。十年，文公卒，长子桓公鲍立。

◎**大意** 陈文公元年，娶了蔡国女子，生了儿子佗。陈文公十年，陈文公去世，长子陈桓公鲍继位。

桓公二十三年，鲁隐公初立。二十六年，卫杀其君州吁。三十三年，鲁弑其君隐公。

◎**大意** 陈桓公二十三年，鲁隐公刚即位。陈桓公二十六年，卫国人杀死他们的国君州吁。陈桓公三十三年，鲁国人杀害了他们的国君鲁隐公。

三十八年正月甲戌己丑，桓公鲍卒。桓公弟佗，其母蔡女，故蔡人为佗杀五父及桓公太子免而立佗，是为厉公。桓公病而乱作，国人分散，故再赴（讣）①。

◎**注释** ①〔再赴〕两次向各国报丧。赴，通"讣"。

◎**大意** 陈桓公三十八年正月甲戌日或己丑日，陈桓公鲍去世。陈桓公的弟弟佗，他的生母是蔡国女子，所以蔡国人为佗杀了陈国掌权的五父及陈桓公的太子免而拥立佗，就是陈厉公。陈桓公生病而发生内乱，国人纷纷逃散，所以两次发布陈桓公的讣告。

厉公二年，生子敬仲完①。周太史过陈，陈厉公使以《周易》筮之，卦得《观》之《否》："是为观国之光，利用宾于王②。此其代陈有国乎？不在此，其在异国？非此其身，在其子孙。若在异国，必姜姓。姜姓，太岳之后。物莫能两大，陈衰，此其昌乎？"

◎**注释** ①〔敬仲完〕名完，字敬仲，又称"陈玩""田完"。齐桓公把田这个地方赏赐给他，他因此成为齐国田氏的祖先。②〔观国之光，利用宾于王〕观卦六四的爻辞。意思是：能看到国家的强盛，利于成为君主的上宾。

◎**大意** 陈厉公二年，生了儿子陈完。周朝太史经过陈国，陈厉公叫他用《周易》给儿子占卦，得到的卦从《观》变成《否》："这是成为国土的吉兆，利于做天子的宾客。他将替代陈氏享有国家吧？不在这里，会在其他国家？不在他本身，在他的子孙。如果在别的国家，必定是姓姜。姜姓，是太岳的后代。事物不能两面都盛大。陈国衰亡后，陈完的子孙会在异国昌盛起来吧？"

厉公取蔡女，蔡女与蔡人乱，厉公数如蔡淫。七年，厉公所杀桓公太子免之三弟，长曰跃，中曰林，少曰杵臼，共令蔡人诱厉公以好女，与蔡人共杀厉公而立跃，是为利公。利公者，桓公子也。利公立五月卒，立中弟林，是为庄公。庄公七年卒，少弟杵臼立，是为宣公。

◎**大意** 陈厉公娶了蔡国女子，蔡女与蔡国人淫乱，陈厉公多次到蔡国和其他女人淫乱。陈厉公七年，陈厉公所杀死的陈桓公太子免的三个弟弟，最大的名叫跃，中间的名叫林，最小的名叫杵臼，他们共同指使蔡国人用美女引诱陈厉公，跟蔡国人一道杀死陈厉公而拥立了跃，就是陈利公。陈利公，是陈桓公的儿子。陈利公即位五个月后去世，他中间的弟弟林被立为国君，这就是陈庄公。陈庄公七年去世，小弟弟杵臼继位，这就是陈宣公。

宣公三年，楚武王卒，楚始强。十七年，周惠王娶陈女为后。

◎**大意**　陈宣公三年，楚武王去世，楚国开始强大起来。陈宣公十七年，周惠王娶了陈国女子为王后。

二十一年，宣公后有嬖姬生子款，欲立之，乃杀其太子御寇。御寇素爱厉公子完，完惧祸及己，乃奔齐。齐桓公欲使陈完为卿，完曰："羁旅之臣，幸得免负檐（担）①，君之惠也，不敢当高位。"桓公使为工正②。齐懿仲欲妻陈敬仲，卜之，占曰："是谓凤皇于飞，和鸣锵锵。有妫之后，将育于姜③。五世其昌，并于正卿。八世之后，莫之与京④。"

◎**注释**　①〔免负檐〕负檐，劳苦。背东西为负，扛东西为担。檐，通"担（擔）"。②〔工正〕官名，负责管理百工。③〔将育于姜〕育，成长。姜，指齐国，为姜姓国。④〔莫之与京〕没人能比他更强大。京，大。

◎**大意**　陈宣公二十一年，陈宣公后来有个宠妃生了儿子款，想立为太子，就杀了他的太子御寇。御寇一贯与陈厉公的儿子完交好，完害怕祸难牵连自己，就逃奔齐国。齐桓公想任用陈完为卿，陈完说："寄身于异国的臣子，侥幸得以免于劳役，是您的恩惠呀，我不敢居于高位。"齐桓公让他做了百工之长。齐国的懿仲想把女儿嫁给陈敬仲，占卜了一卦，卜辞说："这可称得上是凤凰比翼双飞，唱和之声锵锵。妫姓的后代，将在姜姓的国家中成长。五代将会昌盛，与正卿并列。八代以后，没人能比他更强大。"

三十七年，齐桓公伐蔡，蔡败；南侵楚，至召陵，还过陈。陈大夫辕涛涂恶其过陈，诈齐令出东道。东道恶①，桓公怒，执陈辕涛涂。是岁，晋献公杀其太子申生。

◎**注释** ①〔东道恶〕东边的道路不好走。
◎**大意** 陈宣公三十七年，齐桓公征伐蔡国，蔡国战败；向南侵入楚国，到达召陵，回来路过陈国。陈国大夫辕涛涂厌恶齐国军队从陈国经过，便骗齐军走东边的道路。东边的道路不好走，齐桓公发怒，抓走了陈国的辕涛涂。这一年，晋献公杀掉了他的太子申生。

四十五年，宣公卒，子款立，是为缪公。缪公五年，齐桓公卒。十六年，晋文公败楚师于城濮。是岁，缪公卒，子共公朔立。共公六年，楚太子商臣弑其父成王代立，是为缪王。十一年，秦缪公卒。十八年，共公卒，子灵公平国立。

◎**大意** 陈宣公四十五年，陈宣公去世，儿子款继位，这就是陈穆公。陈穆公五年，齐桓公去世。陈穆公十六年，晋文公在城濮打败了楚国军队。这一年，陈穆公去世，儿子陈共公朔继位。陈共公六年，楚国太子商臣弑杀他的父亲楚成王，取代了王位，这就是楚穆王。陈共公十一年，秦穆公去世。陈共公十八年，陈共公去世，儿子陈灵公平国继位。

灵公元年，楚庄王即位。六年，楚伐陈。十年，陈及楚平。

◎**大意** 陈灵公元年，楚庄王即位。陈灵公六年，楚国征伐陈国。陈灵公十年，陈国与楚国讲和。

十四年，灵公与其大夫孔宁、仪行父皆通①于夏姬，衷②其衣以戏于朝。泄冶谏曰："君臣淫乱，民何效焉？"灵公以告二子，二子请杀泄冶，公弗禁，遂杀泄冶。十五年，灵公与二子饮于夏氏。公戏二子曰："徵舒似汝。"二子曰："亦似公。"徵舒怒。灵公罢酒出，徵舒伏弩厩门射杀灵公。孔宁、仪行父皆奔楚，灵公太子午奔晋。徵舒自立为陈侯。徵舒，故陈大夫也。夏姬，御叔之妻，舒之母也。

◎**注释** ①〔通〕通奸。②〔衷〕贴身穿。
◎**大意** 陈灵公十四年，陈灵公跟他的大夫孔宁、仪行父都与夏姬通奸，并穿着她的内衣在朝堂上嬉戏。泄冶劝谏说："君王和大臣淫乱，民众会如何效法呢？"陈灵公把这话告诉了二位大夫，二位大夫请求杀掉泄冶，陈灵公没有制止，二位大夫于是就杀了泄冶。陈灵公十五年，陈灵公和二位大夫在夏姬家饮酒。陈灵公与二位大夫开玩笑说："徵舒像你们。"二位大夫说："也像您。"徵舒发怒。陈灵公喝完酒出来，徵舒在马厩门口埋伏弓弩，射死了陈灵公。孔宁、仪行父都逃奔楚国，陈灵公的太子午逃奔晋国。徵舒自立为陈侯。徵舒，原是陈国的大夫。夏姬，是夏御叔的妻子，夏徵舒的母亲。

成公元年冬，楚庄王为夏徵舒杀灵公，率诸侯伐陈。谓陈曰："无惊，吾诛徵舒而已。"已诛徵舒，因县陈①而有之，群臣毕贺。申叔时使于齐来还，独不贺。庄王问其故，对曰："鄙语有之，牵牛径人田②，田主夺之牛。径则有罪矣，夺之牛，不亦甚乎？今王以徵舒为贼弑君，故征兵诸侯，以义伐之，已而取之，以利其地，则后何以令于天下！是以不贺。"庄王曰："善。"乃迎陈灵公太子午于晋而立之，复君陈③如故，是为成公。孔子读史记至楚复陈，曰："贤哉楚庄王！轻千乘之国而重一言。"

◎**注释**　①〔县陈〕把陈作为楚国的一个县。②〔径人田〕从人田中走过以抄近路。③〔君陈〕做陈国的君主。

◎**大意**　陈成公元年冬天，楚庄王因为夏徵舒杀了陈灵公，率领诸侯来征伐陈国。对陈国人说："不要惊慌，我只是诛杀夏徵舒罢了。"杀了夏徵舒以后，趁机把陈国改为县，占领了它，群臣都来祝贺。申叔时出使齐国回来，独不庆贺。楚庄王问他是什么原因，回答："俗话有这样的说法，牵牛踩踏人家的田地，田地的主人就夺走了牛。踩踏田地自然有罪，夺走牛，不比这还过分吗？如今大王认为夏徵舒是杀害君王的贼臣，所以向诸侯征集军队，以正义的名义讨伐他，攻取了陈国后，却贪图陈国的土地，如此以后怎么能对天下发号施令！所以没有庆贺。"楚庄王说："好。"于是从晋国迎回陈灵公的太子午而扶立了他，使他照旧做陈国国君，就是陈成公。孔子读史书看到楚国恢复陈国时，说："贤明啊楚庄王！把有千乘车马的国家看得轻而把一句话看得重。"

八年，楚庄王卒。二十九年，陈倍（背）楚盟①。三十年，楚共王伐陈。是岁，成公卒，子哀公弱立。楚以陈丧，罢兵去。

◎**注释**　①〔陈倍楚盟〕陈国先归附于楚，后又顺服于晋，因而被认为是背叛楚国。

◎**大意**　陈成公八年，楚庄王去世。陈成公二十九年，陈国背叛了与楚国订立的盟约。陈成公三十年，楚共王征伐陈国。这一年，陈成公去世，儿子陈哀公弱继位。楚国因为陈国有丧事，退兵而去。

哀公三年，楚围陈，复释之。二十八年，楚公子围弑其君郏敖自立，为灵王。

◎**大意**　陈哀公三年，楚国包围陈国，又放弃了围攻。陈哀公二十八年，楚国公子围弑杀国君郏敖而自立，就是楚灵王。

三十四年，初，哀公娶郑，长姬生悼太子师，少姬生偃。二嬖妾，长妾生留，少妾生胜。留有宠哀公，哀公属（嘱）之其弟司徒招。哀公病，三月，招杀悼太子，立留为太子。哀公怒，欲诛招，招发兵围守哀公，哀公自经杀①。招卒立留为陈君。四月，陈使使赴楚。楚灵王闻陈乱，乃杀陈使者，使公子弃疾发兵伐陈，陈君留奔郑。九月，楚围陈。十一月，灭陈。使弃疾为陈公。

◎**注释**　①〔自经杀〕自缢而死。
◎**大意**　陈哀公三十四年，当初，陈哀公娶了郑国女子，郑长姬生了悼太子师，郑少姬生了偃。陈哀公又有两个宠妾，大的妾生了留，小的妾生了胜。留受到陈哀公的宠爱，陈哀公把他托付给自己的弟弟司徒招。陈哀公生病，三月，招杀死悼太子，立留为太子。陈哀公发怒，想诛杀招，招派兵将陈哀公囚禁起来，陈哀公自缢而死。招最终拥立留为陈国国君。四月，陈国派使者出使楚国。楚灵王听说陈国内乱，就杀死了陈国使者，派公子弃疾出兵征伐陈国。陈君留逃奔郑国。九月，楚国围攻陈国。十一月，灭掉陈国。楚国让公子弃疾做了陈公。

招之杀悼太子也，太子之子名吴，出奔晋。晋平公问太史赵曰："陈遂亡乎？"对曰："陈，颛顼之族。陈氏得政于齐，乃卒亡。自幕至于瞽瞍，无违命①。舜重之以明德②。至于遂，世世守之。及胡公，周赐之姓，使祀虞帝。且盛德之后，必百世祀。虞之世未也，其在齐乎？"

◎**注释** ①〔违命〕违背天命则会被废绝。②〔重之以明德〕又有更崇高的德性。

◎**大意** 招杀悼太子时，太子的儿子名叫吴，逃到晋国。晋平公问太史赵说："陈国就这样灭亡了吗？"赵回答："陈国，是颛顼的后代。陈氏在齐国掌握政权，才会最终灭亡。从幕传到瞽瞍，没有违背天命的。舜又有更崇高的德性。一直到遂，代代守住爵位。到胡公，周朝赐给他姓氏，让他祭祀虞舜。况且他是盛德帝王的后代，一定能传继百代。虞舜的世系还不会断绝，大概会在齐国兴盛起来吧？"

楚灵王灭陈五岁，楚公子弃疾弑灵王代立，是为平王。平王初立，欲得和诸侯，乃求故陈悼太子师之子吴，立为陈侯，是为惠公。惠公立，探续哀公卒时年而为元，空籍①五岁矣。

◎**注释** ①〔空籍〕缺少记载，指君位空缺。
◎**大意** 楚灵王灭掉陈国五年后，楚国公子弃疾弑杀楚灵王夺取王位，就是楚平王。楚平王刚即位，想与诸侯和解，就找到原来的陈国悼太子师的儿子吴，将他立为陈侯，就是陈惠公。陈惠公继位，向前追溯接续陈哀公去世的那一年为元年，陈国君位已经空缺五年了。

十年，陈火。十五年，吴王僚使公子光伐陈，取胡、沈而去。二十八年，吴王阖闾与子胥败楚入郢。是年，惠公卒，子怀公柳立。

◎**大意** 陈惠公十年，陈国发生火灾。陈惠公十五年，吴王僚派公子光征伐陈国，攻取了胡、沈后离去。陈惠公二十八年，吴王阖闾与伍子胥打败楚国，进入郢都。这一年，陈惠公去世，儿子陈怀公柳继位。

怀公元年，吴破楚，在郢，召陈侯。陈侯欲往，大夫曰："吴新得意；楚王虽亡，与陈有故，不可倍（背）。"怀公乃以疾谢吴。四年，吴复召怀公。怀公恐，如吴。吴怒其前不往，留之，因卒吴。陈乃立怀公之子越，是为湣公。

◎**大意**　陈怀公元年，吴国攻破楚国，在郢都召见陈怀公。陈怀公想前往，大夫说："吴国新近得意；楚王虽已逃亡，但与陈国有旧交情，不可背弃。"陈怀公于是借口有病，推辞不去。陈怀公四年，吴国又一次召见陈怀公。陈怀公害怕，到了吴国。吴王为他前次不来而恼怒，就扣留了他，陈怀公因而死在吴国。陈国于是拥立陈怀公的儿子越，这就是陈湣公。

湣公六年，孔子适陈。吴王夫差伐陈，取三邑而去。十三年，吴复来伐陈，陈告急楚，楚昭王来救，军①于城父，吴师去。是年，楚昭王卒于城父。时孔子在陈。十五年，宋灭曹。十六年，吴王夫差伐齐，败之艾陵，使人召陈侯。陈侯恐，如吴。楚伐陈。二十一年，齐田常弑其君简公。二十三年，楚之白公胜杀令尹子西、子綦，袭惠王。叶公攻败白公，白公自杀。

◎**注释**　①〔军〕驻扎。
◎**大意**　陈湣公六年，孔子到陈国。吴王夫差征伐陈国，夺取三座城邑后离去。陈湣公十三年，吴国又来征伐陈国，陈国向楚国告急，楚昭王来救援，驻军在城父，吴国军队撤退。这一年，楚昭王在城父去世。这时孔子在陈国。陈湣公十五年，宋国灭掉曹国。陈湣公十六年，吴王夫差讨伐齐国，在艾陵打败齐军，派人召见陈湣公。陈湣公害怕，到达吴国。楚国征伐陈国。陈湣公二十一年，齐国的田常弑杀他的国君齐简公。陈湣公二十三年，楚国的白公胜杀死令尹子西、子綦，袭击楚惠王。叶公打败白公胜，白公胜自杀。

二十四年，楚惠王复国，以兵北伐，杀陈湣公，遂灭陈而有之。是岁，孔子卒。

◎**大意** 陈湣公二十四年，楚惠王恢复王位，率兵北伐，杀死陈湣公，于是灭掉陈国，吞并了陈国土地。这一年，孔子去世。

杞东楼公者，夏后禹之后苗裔也。殷时或封或绝。周武王克殷纣，求禹之后，得东楼公，封之于杞，以奉夏后氏祀。

◎**大意** 杞国的东楼公，是夏代君主禹的后代。殷朝时，有时受封，有时绝国。周武王打败殷纣王，寻觅夏禹的后代，找到东楼公，将他分封在杞地，以延续对夏禹的祭祀。

东楼公生西楼公，西楼公生题公，题公生谋娶公。谋娶公当周厉王时。谋娶公生武公。武公立四十七年卒，子靖公立。靖公二十三年卒，子共公立。共公八年卒，子德公立。德公十八年卒，弟桓公姑容立。桓公十七年卒，子孝公匄立。孝公十七年卒，弟文公益姑立。文公十四年卒，弟平公郁立。平公十八年卒，子悼公成立。悼公十二年卒，子隐公乞立。七月，隐公弟遂弑隐公自立，是为釐公。釐公十九年卒，子湣公维立。湣公十五年，楚惠王灭陈。十六年，湣公弟阏路弑湣公代立，是为哀公。哀公立十年卒，湣公子敕立，是为出公。出公十二年卒，子简公春立。立一年，楚惠王之四十四年，灭杞。杞后陈亡三十四年。

◎**大意** 东楼公生西楼公，西楼公生题公，题公生谋娶公。谋娶公正当周厉王的时候。谋娶公生杞武公，杞武公在位四十七年去世，儿子杞靖公继位。杞靖公二十三年去世，儿子杞共公继位。杞共公八年去世，儿子杞德公继位。杞德公十八年去世，弟弟杞桓公姑容继位。杞桓公十七年去世，儿子杞孝公丐继位。杞孝公十七年去世，弟弟杞文公益姑继位。杞文公十四年去世，弟弟杞平公郁继位。杞平公十八年去世，儿子杞悼公成继位。杞悼公十二年去世，儿子杞隐公乞继位。七月，杞隐公的弟弟遂弑杀杞隐公自立为君，就是杞釐公。杞釐公十九年去世，儿子杞湣公维继位。杞湣公十五年，楚惠王灭掉陈国。杞湣公十六年，杞湣公的弟弟阏路弑杀杞湣公取代君位，就是杞哀公。杞哀公在位十年去世，杞湣公的儿子敕继位，就是杞出公。杞出公十二年去世，儿子杞简公春继位。杞简公继位一年后，正是楚惠王四十四年，楚国灭掉杞国。杞国比陈国晚三十四年灭亡。

杞小微，其事不足称述。

◎**大意** 杞国又小又弱，它的事情不值得称道记述。

舜之后，周武王封之陈，至楚惠王灭之，有世家言。禹之后，周武王封之杞，楚惠王灭之，有世家言。契之后为殷，殷有本纪言。殷破，周封其后于宋，齐湣王灭之，有世家言。后稷之后为周，秦昭王灭之，有本纪言。皋陶之后，或封英、六，楚穆王灭之，无谱①。

伯夷之后，至周武王复封于齐，曰太公望，陈氏灭之，有世家言。伯翳之后，至周平王时封为秦，项羽灭之，有本纪言。垂、益、夔、龙②，其后不知所封，不见也。右十一人者，皆唐虞之际名有功德臣也；其五人③之后皆至帝王，余乃为显诸侯。滕、薛、邹④，夏、殷、周之间封也，小，不足齿列，弗论也。

◎**注释** ①〔谱〕古代记载一姓一族氏族来源、世代系统及谥法名号的史书。②〔垂、益、夔、龙〕都是虞舜时的大臣。③〔五人〕指舜、禹、契、后稷、伯夷。④〔滕、薛、邹〕都是古国名。滕国的都城在今山东滕州西南，薛国的都城在今山东薛城，邹国的都城在今山东邹城。

◎**大意** 虞舜的后代，周武王把他们分封在陈国，到楚惠王时灭亡了陈国，有世家记载。夏禹的后代，周武王把他们分封在杞国，楚惠王时灭亡了杞国，有世家记载。契的后代建立殷朝，殷朝有本纪记载。殷朝败亡，周朝把它的后代分封在宋国，齐湣王灭亡了宋国，有世家记载。后稷的后代建立周朝，秦昭王灭亡了周朝，有本纪记载。皋陶的后代，有的分封在英地，有的分封在六地，被楚穆王灭掉了，没有谱系记载。伯夷的后代，到周武王时再分封在齐国，叫太公望，陈氏灭亡了姜姓齐国，有世家记载。伯翳的后代，到周平王时分封为秦国，项羽灭亡了秦朝，有本纪记载。垂、益、夔、龙，他们的后代不知道分封在什么地方，不见记载。以上十一人，都是唐尧虞舜时有功德的名臣；其中五人的后代都做了帝王，其余的就是显赫的诸侯。滕、薛、邹，是夏朝、商朝、周朝之间分封的，国家小，不能和以上诸侯国相提并论，就不作论述了。

周武王时，侯伯尚千余人。及幽、厉之后，诸侯力攻相并。江、黄、胡、沈之属，不可胜数，故弗采著于传云。

◎**大意**　周武王的时候，封侯和封伯还有一千多人。等到周幽王、周厉王以后，诸侯国之间相互尽力攻伐兼并。江、黄、胡、沈这类小国，多得数不过来，所以没有采集记载在传中。

太史公曰：舜之德可谓至矣！禅位于夏，而后世血食者历三代。及楚灭陈，而田常得政于齐，卒为建国①，百世不绝，苗裔兹兹，有土者不乏焉。至禹，于周则杞，微甚，不足数也。楚惠王灭杞，其后越王句践兴。

◎**注释**　①〔建国〕天子分封的诸侯国。
◎**大意**　太史公说：虞舜的德行可以说达到极点了！把帝位禅让给夏禹，而后历经夏、商、周三代，享受后代子孙的祭祀。等到楚国灭亡陈国，而田常在齐国取得政权，终于又建立国家，百代不断绝，子孙众多，拥有封地的不乏其人。至于夏禹的后代，在周朝有杞国，很弱小，不值得称道。楚惠王灭掉杞国后，夏禹的另一支后代越王句践兴盛起来了。

◎**释疑解惑**

　　《陈杞世家》体现了司马迁善于剪裁、突出重点的史家手法。例如"杞小微，其事不足称述"；"滕、薛、邹、夏、殷、周之间封也，小，不足齿列，弗论也"；"江、黄、胡、沈之属，不可胜数，故弗采著于传"。删削了与历史发展关系不大的小国事迹，避免了蓁芜不弃的缺点，从而使主旨更加鲜明。李景星也曾指出《陈杞世家》在谋篇布局上的特点："《管蔡世家》总括周同姓诸侯，《陈杞世家》总括周异姓诸侯，于此见太史公体例之密。而《陈杞世家》并滕、薛、邹及江、黄、胡、沈之属皆提及之，又虚括一笔曰'周武王时侯伯尚千余人'，则照顾为尤密矣。叙陈、杞二国事，皆以点叙世次为章法。然第叙世次而更无波澜，虽曰简净，终嫌枯寂，故于《陈世家》内插入'周太史过陈'一段，'孔子读史记'一段，'晋平公问太史赵'一段，夹叙夹议，使前后骨节皆灵。

其陈敬仲事分详于陈、齐两世家者，于彼著齐之所以亡，于此著陈之所以不终灭也。《杞世家》既有后段之总叙各国，已自异常生色，故前路力为简括，不再用他事点染，仅以'杞后陈亡'一语钩绾前篇，使不脱节而已。凡此，皆史公经营结构之苦心，不可草草读过，失于玩索。"

由于时代发展的局限，司马迁在引用古代文献如《左传》时，对其中的一些占卜预言未加批判地移录进来，带有一定的神秘主义色彩，需要批判地去对待。正如叶适所指出的："周人崇尚报应，迁所称唐、虞之际有功德臣十一人，舜后为陈，田常建国，皆旧语也。然武王封先代，盖褒有德。臧文仲叹'皋陶不祀'，谓德义之后不应绝尔。若陈氏篡盗亦曰舜所致，则是不复论天德，但以利责报也。至孔子始改此论，曰'巍巍乎，舜禹之有天下也而不与焉'！夫以天下为不与，则虽势位销歇而道德自存，义理常尊而利欲退处矣，此迁所未知也。"司马迁对舜禹后代封国命运的记述，体现了比较明显的天命思想。

◎ 思考辨析题

1. 《陈杞世家》在史事安排上有什么特点？
2. 如何评价陈厉公、陈灵公等人的荒唐行径？

卫康叔世家 第七

司马迁《太史公自序》介绍了《卫康叔世家》的写作意图：收纳殷的遗民，从康叔开始分封土地食邑。周公用商朝乱德亡国的经验教育训诫卫康叔，写了《康诰》《酒诰》《梓材》等文告。到卫公子朔出生，卫国开始倾危不宁；南子憎恶蒯聩，造成儿子和父亲名分颠倒。周朝统治日益衰微，各诸侯国日益强大，卫国因为弱小，反而灭亡得晚。司马迁出于对《康诰》的赞颂，创作了《卫康叔世家》。

《卫康叔世家》记述了卫国从建立到灭亡的历史过程。周武王的同母弟康叔在管、蔡之乱后被封为卫国君主，他的封地在今河南北部一带。康叔先在朝歌建立都城，后来迁到楚丘，再迁到帝丘。初封时，周公担心康叔年少，对付不了这一带复杂的形势，于是作《康诰》《酒诰》《梓材》等谆谆教导他。

康叔谨遵其教导，能使百姓团结和睦，深得民心，殷朝遗民后来再无造反的迹象。西周末年，卫国开始进入多事之秋。先是卫共伯的弟弟有宠篡位为卫侯，就是卫武公。恰逢犬戎人杀死周幽王，卫武公领兵去帮助周王室平定犬戎人，功劳很大，周平王册封卫武公为公爵。又至十三世卫桓公时，遭逢弟弟州吁之乱而被弑。大夫石碏（què）与陈侯共谋而杀州吁，迎卫桓公弟姬晋为卫宣公。卫宣公夺取为太子伋娶的媳妇齐女，生下儿子寿、儿子朔。又因齐女与朔不断造谣中伤太子而厌恶他，欲杀之而后快。子寿知道后试图劝阻太子伋送死，见太子伋不听，就先其一步代他而死。最后，这对异母兄弟先后赴死，令读者为之动容。人性的贪婪丑恶与愚孝都在这一历史时刻得以体现。接着，卫惠公与卫君黔牟又进入你死我活的拉锯战中。至卫懿公好鹤而殒命亡国，他依靠齐桓公率领诸侯军队相助才得以复国。传至卫献公，他因不礼大臣而被大夫孙林父、宁喜驱逐出国，后来借助晋国之力返国复位。传至卫庄公、卫出公父子，又上演了一幕父子争位的闹剧，导致了卫国第四次大动乱。总之，春秋时期的卫国，久经患难，贵族内部争权斗争迭起，父子相残、兄弟相杀屡屡发生，又加上齐、晋等大国的直接干预，卫国变得更加不稳和脆弱。一进入战国时期，卫国先受制于赵国，再受制于魏国，地位一降再降，最终灭亡于秦国。

  本篇震撼人心的是卫宣公杀害太子伋时，太子伋和他的异母弟子寿争死相让的事件。卫宣公为人父、为人君，竟厚颜无耻地夺子之妻而据为己有，反倒厌恶太子，直至对太子下毒手。太子伋面对亲生父亲的一系列恶劣行迹，毫无违逆之心、抗争之意，竟然自投罗网，成为刀下鬼。而太子伋的异母弟子寿在劝告太子伋不要白白送掉性命却未被听从后，自己以死替

> 代,这种壮烈行为犹如一道闪电,划破了充满父子相杀、兄弟相灭的腥风血雨的夜空。
> 　　《卫康叔世家》在写法上也颇具独到之处。作者紧紧围绕卫国环环相扣的内乱,有条不紊地安排材料,脉络清晰地交代了每一次内乱的前因后果、来龙去脉;而写法笔意又各不相同,给读者留下了深刻的印象。开头写周公三诰和康叔善政,总领全文,与卫国后世君主荒淫无道的行为形成鲜明对比,周公的睿智,康叔的认真,后继者的荒淫无道,纤毫毕现。

　　卫康叔,名封,周武王同母少弟也。其次尚有冉季,冉季最少。

◎**大意**　　卫康叔名叫封,是周武王同母所生的小弟弟。他下面还有冉季,冉季最小。

　　武王已克殷纣,复以殷余民封纣子武庚禄父,比诸侯①,以奉其先祀勿绝。为武庚未集,恐其有贼心②,武王乃令其弟管叔、蔡叔傅相武庚禄父,以和其民。武王既崩,成王少。周公旦代成王治,当国。管叔、蔡叔疑周公,乃与武庚禄父作乱,欲攻成周③。周公旦以成王命兴师伐殷,杀武庚禄父、管叔,放蔡叔,以武庚殷余民封康叔为卫君,居河、淇间故商墟。

◎**注释**　①〔比诸侯〕指待遇和其他诸侯相同。②〔贼心〕作乱篡位和叛国之心。③〔成周〕雒邑,周成王七年,由周公主持营建。
◎**大意**　　周武王消灭殷纣王后,又把殷朝的余民封给纣王的儿子武庚禄父管理,武庚的待遇与诸侯相同,来供奉他祖先的祭祀,使之避免断绝。因为武庚没有顺服,担心他怀有造反之心，周武王于是命令他的弟弟管叔、蔡叔教导和辅佐武庚禄父，来安抚他的民众。周武王去世后，成王年幼。周公姬旦代替成王治理政务，主持国家大事。管叔、蔡叔怀疑周公，于是和武庚禄父一起发动叛乱，想要进攻成周。周公姬旦以周成王的名义下令兴师征伐他们，杀死武庚禄父、管叔，流放蔡叔，把武庚的殷国余民封给康叔，使他成为卫国君主，居住在黄河、淇水之间的商朝故地。

周公旦惧康叔齿少，乃申告①康叔曰："必求殷之贤人君子长者，问其先殷所以兴，所以亡，而务爱民。"告以纣所以亡者以淫于酒，酒之失，妇人是用，故纣之乱自此始。为《梓材》②，示君子可法则。故谓之《康诰》《酒诰》《梓材》以命之。康叔之国，既以此命，能和集（辑）其民，民大说（悦）。

◎**注释**　①〔申告〕再三告诫。②〔《梓材》〕与下句的《康诰》《酒诰》都是《尚书》中的篇名，是周公对康叔的告诫之词。《梓材》意在"告康叔以为政之道，亦如梓人之治材也"。梓，匠人。

◎**大意**　周公姬旦担心康叔年纪小，于是再三告诫卫康叔说："必须寻访殷朝的贤人君子中年纪大的，向他们询问从前殷朝兴起的原因、灭亡的缘由，务必要爱护百姓。"告诉他殷纣王灭亡的原因在于沉溺于酒，贪酒造成的过失，宠信女人，所以殷纣王的乱亡从此开始。周公写下《梓材》，指示君子可以效仿的施政准则。所以训导康叔的文告称作《康诰》《酒诰》《梓材》。康叔到了封国，遵循这些训导，使民众和善团结，民众非常喜悦。

成王长，用事，举康叔为周司寇，赐卫宝祭器，以章有德。

◎**大意**　周成王长大，亲自处理政事，任用康叔为周朝司寇，赐给卫国宝器和祭器，以表彰康叔的功德。

康叔卒，子康伯代立。康伯卒，子考伯立。考伯卒，子嗣伯立。嗣伯卒，子㽥伯立。㽥伯卒，子靖伯立。靖伯卒，子贞伯立。贞伯卒，子顷侯立。

◎**大意**　康叔去世，儿子卫康伯继位。卫康伯去世，儿子卫考伯继位。卫考伯去世，儿子卫嗣伯继位。卫嗣伯去世，儿子卫㽥（jié）伯继位。卫㽥伯去世，儿子卫靖伯继位。卫靖伯去世，儿子卫贞伯继位。卫贞伯去世，儿子卫顷侯继位。

顷侯厚赂周夷王，夷王命卫为侯。顷侯立十二年卒，子釐侯立。

◎**大意**　卫顷侯用重礼贿赂周夷王，周夷王册封卫国为侯爵。卫顷侯在位十二年去世，儿子卫釐侯继位。

釐侯十三年，周厉王出奔于彘，共和行政焉。二十八年，周宣王立。

◎**大意**　卫釐侯十三年，周厉王出逃到彘地，出现了共和行政的局面。卫釐侯二十八年，周宣王即位。

四十二年，釐侯卒，太子共伯馀立为君。共伯弟和有宠于釐侯，多予之赂；和以其赂赂士①，以袭攻共伯于墓上，共伯入釐侯羡（埏）②自杀。卫人因葬之釐侯旁，谥曰共伯，而立和为卫侯，是为武公。

◎**注释**　①〔和以其赂赂士〕姬和把卫釐侯赐给他的财物分赠给武士们。

②〔羡（yán）〕通"埏"，墓道。

◎**大意** 卫釐侯四十二年，卫釐侯去世，太子卫共伯姬馀继立为国君。卫共伯的弟弟姬和受到卫釐侯的宠爱，卫釐侯给他很多财物；姬和就用这些财物来贿赂武士，在墓地上突然袭击卫共伯，卫共伯进入卫釐侯墓道中自杀。卫国人就把他葬在卫釐侯的墓旁边，谥号叫共伯，姬和被立为卫侯，这就是卫武公。

武公即位，修康叔之政，百姓和集。四十二年，犬戎杀周幽王，武公将兵往佐周平戎，甚有功，周平王命武公为公①。五十五年，卒，子庄公扬立。

◎**注释** ①〔周平王命武公为公〕平王东迁后，诸侯皆称公，从未有天子命诸侯为公者，当是武公入为天子卿士。

◎**大意** 卫武公即位，修明康叔时的政令，百姓和睦安定。卫武公四十二年，犬戎杀死周幽王，卫武公领兵去帮助周王室平定犬戎，功劳很大，周平王任命武公为公爵。卫武公五十五年，卫武公去世，儿子卫庄公姬扬继位。

庄公五年，取齐女为夫人，好而无子。又取（娶）陈女为夫人，生子，蚤（早）死。陈女女弟亦幸于庄公，而生子完。完母死，庄公令夫人齐女子之，立为太子。庄公有宠妾，生子州吁。十八年，州吁长，好兵，庄公使将。石碏①谏庄公曰："庶子好兵，使将，乱自此起。"不听。二十三年，庄公卒，太子完立，是为桓公。

◎**注释** ①〔石碏〕卫国的上卿。

◎**大意** 卫庄公五年，娶了齐国女子为夫人，齐女貌美却没有生儿子。庄公又娶了陈国女子为夫人，生了儿子，早死了。陈国女子的妹妹也得宠于卫庄公，生了儿子完。完的母亲去世，庄公让夫人齐国女子把他当作自己的儿子抚养，立其为太子。庄公有个宠爱的妾，生了儿子姬州吁。卫庄公十八年，姬州吁长大，喜好战事，庄公派他做将领。石碏劝谏庄公说："庶子喜好战事，让他做将领，乱事将从此而起。"庄公不听。卫庄公二十三年，庄公去世，太子姬完继位，这就是卫桓公。

桓公二年，弟州吁骄奢，桓公绌之，州吁出奔。十三年，郑伯弟段攻其兄，不胜，亡，而州吁求与之友。十六年，州吁收聚卫亡人以袭杀桓公，州吁自立为卫君。为郑伯弟段欲伐郑，请宋、陈、蔡与俱，三国皆许州吁。州吁新立，好兵，弑桓公，卫人皆不爱。石碏乃因桓公母家于陈，详（佯）为善州吁。至郑郊，石碏与陈侯共谋，使右宰醜进食，因杀州吁于濮，而迎桓公弟晋于邢而立之，是为宣公。

◎**大意** 卫桓公二年，卫桓公的弟弟姬州吁骄横奢侈，卫桓公免除了他的职务，姬州吁出外逃亡。卫桓公十三年，郑伯的弟弟段攻打他的哥哥，没有取胜，逃亡，而姬州吁请求和他成为朋友。卫桓公十六年，姬州吁网罗卫国的逃亡人员突袭杀死卫桓公，姬州吁自立为卫君。姬州吁为了郑伯的弟弟段想征伐郑国，请求宋国、陈国、蔡国与他一起行动，三国都答应了姬州吁。姬州吁新即位，喜好武事，弑杀卫桓公，卫国人都不喜欢他。石碏就利用卫桓公母亲家在陈国，假装与姬州吁亲善。姬州吁到达郑国郊外，石碏跟陈侯共同密谋，指使右宰醜（chǒu）进献食物，趁机在濮杀死了姬州吁，而从邢国接回了卫桓公的弟弟姬晋，将他立为国君，这就是卫宣公。

宣公七年，鲁弑其君隐公。九年，宋督弑其君殇公及孔父。十年，晋曲沃庄伯弑其君哀侯。

◎**大意** 卫宣公七年，鲁国人弑杀他们的国君鲁隐公。卫宣公九年，宋国的华父督弑杀他的国君宋殇公和大夫孔父。卫宣公十年,晋国曲沃庄伯弑杀他的国君晋哀侯。

十八年。初,宣公爱夫人夷姜,夷姜生子伋,以为太子,而令右公子傅之①。右公子为太子取齐女,未入室②,而宣公见所欲为太子妇者好,说(悦)而自取之,更为太子取他女。宣公得齐女,生子寿、子朔,令左公子傅之。太子伋母死,宣公正夫人与朔共谗恶太子伋。宣公自以其夺太子妻也,心恶③太子,欲废之。及闻其恶④,大怒,乃使太子伋于齐而令盗遮⑤界上杀之,与太子白旄,而告界盗见持白旄者杀之。且行,子朔之兄寿,太子异母弟也,知朔之恶太子而君欲杀之,乃谓太子曰:"界盗见太子白旄,即杀太子,太子可毋行。"太子曰:"逆父命求生,不可。"遂行。寿见太子不止,乃盗其白旄而先驰至界。界盗见其验⑥,即杀之。寿已死,而太子伋又至,谓盗曰:"所当杀乃我也。"盗并杀太子伋,以报宣公。宣公乃以子朔为太子。十九年,宣公卒,太子朔立,是为惠公。

◎**注释** ①〔傅之〕教导他。②〔未入室〕未行婚礼。③〔心恶〕心里厌恶、憎恨。④〔闻其恶〕听到他的坏处。⑤〔遮〕阻拦。⑥〔验〕证据,凭证。

◎**大意** 卫宣公十八年,起初,宣公喜爱夫人夷姜,夷姜生了儿子姬伋,卫宣公就立姬伋为太子,让右公子教导他。右公子为太子娶来齐国女子,还没有成亲,卫宣公看见这位将要成为太子妃的女子长得漂亮,喜欢上她而自己娶了过去,另为太子娶了其他女子。卫宣公得到齐国女子,生了儿子子寿、子朔,让左公子教导他们。太子伋的母亲去世,卫宣公的正夫人和子朔一起进谗言中伤太子。卫宣公认为自己夺走了太子的妻子,心中厌恶太子,想废掉他。等到他听说太子的坏事,十分恼怒,就派太子出使齐国而指使刺客在国界上拦截并杀死他。卫宣公给太子白旄使节,告诉国界上的刺客看见手持白旄的人就杀掉。

将要出发，子朔的哥哥子寿是太子的异母弟弟，知道子朔厌恶太子而国君想杀太子，就对太子说："国界上的刺客看见太子的白旄，就会杀太子，太子不要去。"太子说："违背父亲的命令而求生存，不可以。"就动身了。子寿看见太子不肯逃走，就偷走了他的白旄先赶到国界。国界上的刺客看见来人手持白旄，就杀了他。子寿已死，而太子伋又赶到，对刺客说："应当杀的是我。"刺客就将太子伋一并杀死，去向卫宣公报告。卫宣公就立子朔为太子。卫宣公十九年，卫宣公去世，太子朔继位，这就是卫惠公。

左右公子不平朔之立也。惠公四年，左右公子怨惠公之谗杀前太子伋而代立，乃作乱，攻惠公，立太子伋之弟黔牟为君，惠公奔齐。

◎**大意**　左右公子对子朔的继位感到不满。卫惠公四年，左右公子怨恨卫惠公进谗言杀了前太子伋而被立为国君，于是作乱，攻打卫惠公，拥立太子伋的弟弟姬黔牟为国君，卫惠公逃亡到齐国。

卫君黔牟立八年，齐襄公率诸侯奉王命共伐卫，纳卫惠公，诛左右公子。卫君黔牟奔于周，惠公复立。惠公立三年出亡，亡八年复入，与前通年凡十三年矣。

◎**大意**　卫国君姬黔牟继位八年，齐襄公率领诸侯奉周王命令共同讨伐卫国，将卫惠公送回，诛杀左右公子。卫国君姬黔牟逃亡到周，卫惠公重新即位。卫惠公继位三年后出逃在外，逃亡八年后重新回国即位，与前面在位的时间合计共有十三年。

二十五年，惠公怨周之容舍黔牟，与燕伐周。周惠王奔温，卫、燕立惠王弟颓为王。二十九年，郑复纳惠王。三十一年，惠公卒，子懿公赤立。

卫康叔世家第七

◎**大意** 卫惠公二十五年，卫惠公怨恨周王室容纳姬黔牟安身，与燕国征伐周王室。周惠王逃到温地，卫国、燕国拥立周惠王的弟弟姬颓为王。卫惠公二十九年，郑国又送回周惠王。卫惠公三十一年，卫惠公去世，儿子卫懿公姬赤继位。

懿公即位，好鹤，淫乐奢侈。九年，翟伐卫，卫懿公欲发兵，兵或畔（叛）。大臣言曰："君好鹤，鹤可令击翟。"翟于是遂入，杀懿公。

◎**大意** 卫懿公即位，喜欢养鹤，淫乐奢侈。卫懿公九年，翟人进攻卫国，卫懿公想发兵抵御，有的士兵背叛了他。大臣们说："君主喜欢鹤，可以让鹤去击退翟人。"翟人于是攻进卫国都城，杀死了卫懿公。

懿公之立也，百姓大臣皆不服。自懿公父惠公朔之谗杀太子伋代立至于懿公，常欲败之，卒灭惠公之后而更立黔牟之弟昭伯顽之子申为君，是为戴公。

◎**大意** 卫懿公继位，百姓和大臣们都不服。自从卫懿公的父亲卫惠公朔进谗言杀死太子伋而取代君位，一直到卫懿公，百姓和大臣们常想推翻他们，最终灭掉了卫惠公的后代，而改立姬黔牟的弟弟卫昭伯姬顽的儿子姬申为国君，这就是卫戴公。

戴公申元年卒。齐桓公以卫数乱，乃率诸侯伐翟，为卫筑楚丘，立戴公弟燬为卫君，是为文公。文公以乱故奔齐，齐人入之。

◎**大意** 卫戴公姬申元年去世。齐桓公因为卫国多次发生变乱，就率领诸侯的军队讨伐翟人，为卫国修筑了楚丘，扶立戴公的弟弟姬燬为卫国君主，这就是卫文公。卫文公因为卫国内乱而逃往齐国，齐国人将他送回国。

初，翟杀懿公也，卫人怜之，思复立宣公前死太子伋之后，伋子又死，而代伋死者子寿又无子。太子伋同母弟二人：其一曰黔牟，黔牟尝代惠公为君，八年复去；其二曰昭伯。昭伯、黔牟皆已前死，故立昭伯子申为戴公。戴公卒，复立其弟燬为文公。

◎**大意** 起初，翟人杀死卫懿公，卫国人怜悯他，想再立在卫宣公姬晋以前死去的太子伋的后代，太子伋的儿子已死，而代替太子伋去死的子寿又没有儿子。太子伋有同母所生的弟弟二人：一个名叫姬黔牟，姬黔牟曾经取代卫惠公为国君，八年后又失去君位；另一个是昭伯。昭伯、黔牟都已在先前死了，卫国人于是拥立昭伯的儿子姬申为卫戴公。卫戴公去世，卫国人又立他的弟弟姬燬为卫文公。

文公初立，轻赋平罪①，身自劳，与百姓同苦，以收卫民②。

◎**注释** ①〔轻赋平罪〕减轻赋税，慎重公平地断罪。②〔以收卫民〕以笼络卫人。
◎**大意** 卫文公即位之初，减轻赋税，慎重公平地断罪，亲自参加劳动，与百姓同苦，以此来笼络卫国的民心。

十六年，晋公子重耳过，无礼①。十七年，齐桓公卒。二十五年，文公卒，子成公郑立。

◎**注释** ①〔无礼〕没有按照相应的礼节招待他。
◎**大意** 卫文公十六年，晋公子重耳路过卫国，卫国没有以礼相待。卫文公十七年，齐桓公去世。卫文公二十五年，卫文公去世，儿子卫成公姬郑继位。

成公三年，晋欲假道于卫救宋，成公不许。晋更从南河度（渡），救宋。征师于卫，卫大夫欲许，成公不肯。大夫元咺攻成公，成公出奔。晋文公重耳伐卫，分其地予宋，讨前过无礼及不救宋患也。卫成公遂出奔陈。二岁，如周求入，与晋文公会。晋使人鸩卫成公，成公私^①于周主鸩，令薄，得不死。已而周为请晋文公，卒入之卫，而诛元咺，卫君瑕出奔。七年，晋文公卒。十二年，成公朝晋襄公。十四年，秦缪公卒。二十六年，齐邴歜弑其君懿公。三十五年，成公卒，子穆公遬立。

◎**注释** ①〔私〕贿赂。

◎**大意** 卫成公三年，晋国想向卫国借道救援宋国，卫成公不同意。晋国改从南河渡河，救援宋国。晋国向卫国征调军队，卫国大夫们想答应，卫成公不同意。大夫元咺攻打卫成公，卫成公出逃。晋文公重耳讨伐卫国，将卫国的土地分给宋国，报复以前拜访卫国时所受的无礼待遇及卫国不救助宋国危难的行为。卫成公就逃到了陈国。两年后，卫成公到周王室去请求送他回国，与晋文公相会。晋国准备派人毒杀卫成公，卫成公私下贿赂了负责下毒的人，让所下的毒浓度不足，卫成公得以不死。不久周王室替他向晋文公请求，终于把他送回卫国，而杀死了大夫元咺，卫国君主姬瑕出逃。卫成公七年，晋文公去世。卫成公十二年，卫成公去朝见晋襄公。卫成公十四年，秦穆公去世。卫成公二十六年，齐国邴歜（bǐng chù）弑杀他的国君齐懿公。卫成公三十五年，卫成公去世，儿子卫穆公姬遬即位。

穆公二年，楚庄王伐陈，杀夏徵舒。三年，楚庄王围郑，郑降，复释之。十一年，孙良夫救鲁伐齐，复得侵地。穆公卒，子定公臧立。定公十二年卒，子献公衎立。

◎ **大意**　卫穆公二年，楚庄王讨伐陈国，杀死夏徵舒。卫穆公三年，楚庄王围攻郑国，郑国投降，楚国又放弃了占领郑国。卫穆公十一年，孙良夫救助鲁国，讨伐齐国，又夺回被侵占的土地。卫穆公去世，儿子卫定公姬臧继位。卫定公十二年去世，儿子卫献公姬衎（kàn）继位。

献公十三年，公令师曹教宫妾鼓琴，妾不善，曹笞之。妾以幸恶曹于公，公亦笞曹三百。十八年，献公戒孙文子、宁惠子食，皆往。日旰不召，而去射鸿于囿。二子从之，公不释射服与之言。二子怒，如宿①。孙文子子数侍公饮，使师曹歌《巧言》②之卒章。师曹又怒公之尝笞三百，乃歌之，欲以怒孙文子，报卫献公。文子语蘧伯玉，伯玉曰："臣不知也。"遂攻，出献公。献公奔齐，齐置卫献公于聚邑。孙文子、宁惠子共立定公弟秋为卫君，是为殇公。

◎ **注释**　①〔宿〕亦作"戚"，二字古通用。孙文子采邑。②〔《巧言》〕《诗·小雅》的篇名，末章说："彼何人斯？居河之麋（méi）。无拳无勇，职为乱阶。"卫献公欲以比文子居河上而为乱。

◎ **大意**　卫献公十三年，卫献公命师曹教宫女弹琴，宫女弹不好，师曹鞭打了她。宫女倚仗受宠幸，在卫献公面前说师曹的坏话，卫献公也鞭打了师曹三百下。卫献公十八年，卫献公约孙文子、宁惠子去吃饭，两人都去了。日落时分仍不召见他俩，卫献公却要到园林中去射大雁。二人跟随他到园林中，卫献公不脱下射服与他们说话。二人生气，前往孙文子的封地宿邑。孙文子的儿子多次服侍卫献公宴饮，卫献公让师曹演唱《巧言》的最后一章。师曹又怨怒卫献公曾经鞭打他三百下，就演唱这一章，想以此激怒孙文子，报复卫献公。孙文子告诉蘧伯玉，蘧伯玉说："我不知道。"孙文子于是攻打并赶走了卫献公。卫献公逃到齐国，齐国将卫献公安置在聚邑。孙文子、宁惠子共同拥立卫定公的弟弟姬秋为卫国君主，这就是卫殇公。

殇公秋立，封孙文子林父于宿。十二年，宁喜与孙林父争宠相恶，殇公使宁喜攻孙林父。林父奔晋，复求入故卫献公。献公在齐，齐景公闻之，与卫献公如晋求入。晋为伐卫，诱与盟。卫殇公会晋平公，平公执殇公与宁喜而复入卫献公。献公亡在外十二年而入。

◎**大意** 卫殇公姬秋继位后，封孙文子林父在宿邑。卫殇公十二年，宁喜与孙林父因争宠相互交恶，卫殇公派宁喜攻打孙林父。孙林父逃到晋国，又请求晋国送原来的卫献公回国。卫献公在齐国，齐景公听说这件事，跟卫献公到晋国请求送他回国。晋国为征伐卫国，诱骗卫国结盟。卫殇公会见晋平公，晋平公抓住卫殇公和宁喜，重新护送卫献公回国。卫献公在外逃亡十二年后回国。

献公后元年，诛宁喜。

◎**大意** 卫献公重新恢复国君之位的元年，诛杀了宁喜。

三年，吴延陵季子使过卫，见蘧伯玉、史鲥，曰："卫多君子，其国无故。"过宿，孙林父为击磬①，曰："不乐，音大悲，使卫乱乃此矣。"是年，献公卒，子襄公恶立。

◎**注释** ①〔磬（qìng）〕古代石制乐器。用美石或玉雕成，悬挂于架上，以物击之而鸣。

◎**大意** 卫献公后元三年，吴国延陵季子出使经过卫国，见到蘧伯玉、史鲥，说："卫国多君子，这个国家不会有变故。"经过宿城，孙林父为他击磬，他说："不快乐，声音太悲凉，使卫国混乱的就是这个。"这一年，卫献公去世，儿子卫襄公姬恶继位。

襄公六年，楚灵王会诸侯，襄公称病不往。

◎**大意** 卫襄公六年，楚灵王会见诸侯，卫襄公借口生病不去。

九年，襄公卒。初，襄公有贱妾，幸之，有身，梦有人谓曰："我康叔也，令若子必有卫，名而子曰'元'。"妾怪之，问孔成子。成子曰："康叔者，卫祖也。"及生子，男也，以告襄公。襄公曰："天所置也。"名之曰元。襄公夫人无子，于是乃立元为嗣，是为灵公。

◎**大意** 卫襄公九年，卫襄公去世。起初，卫襄公有一个地位低下的妾，受到襄公宠幸，怀了孕，梦见有人对她说："我是康叔，让你的儿子一定享有卫国，替你儿子起名叫'元'。"妾感到很奇怪，问孔成子。孔成子说："康叔，是卫国的始祖。"等到生下孩子，是男孩，她就把梦告诉卫襄公。卫襄公说："这是上天的安排。"为孩子起名叫"元"。卫襄公夫人没有儿子，于是立姬元为继承人，这就是卫灵公。

灵公五年，朝晋昭公。六年，楚公子弃疾弑灵王自立，为平王。十一年，火。

◎**大意** 卫灵公五年，朝见晋昭公。卫灵公六年，楚公子弃疾杀了楚灵王，自立为王，就是楚平王。卫灵公十一年，发生火灾。

三十八年，孔子来，禄之如鲁。后有隙，孔子去。后复来。

◎ **大意** 卫灵公三十八年，孔子来到卫国，卫灵公给他的俸禄和鲁国相同。后来双方有了嫌隙，孔子离开了卫国。后来孔子又回到卫国。

三十九年，太子蒯聩与灵公夫人南子有恶①，欲杀南子。蒯聩与其徒戏阳速谋，朝，使杀夫人。戏阳后悔，不果。蒯聩数目之，夫人觉之，惧，呼曰："太子欲杀我！"灵公怒，太子蒯聩奔宋，已而之晋赵氏。

◎ **注释** ①〔有恶〕有矛盾，发生了冲突。
◎ **大意** 卫灵公三十九年，太子姬蒯聩与卫灵公夫人南子有矛盾，想杀死南子。姬蒯聩与他的党徒戏阳速合谋，朝会时，让戏阳速刺杀夫人。戏阳速后悔，没有动手。姬蒯聩多次用眼睛看戏阳速，夫人发觉，害怕了，大声叫喊："太子想杀我！"卫灵公发怒，太子姬蒯聩逃到宋国，不久投奔晋国赵氏。

四十二年春，灵公游于郊，令子郢仆。郢，灵公少子也，字子南。灵公怨太子出奔，谓郢曰："我将立若为后。"郢对曰："郢不足以辱社稷，君更图之。"夏，灵公卒，夫人命子郢为太子，曰："此灵公命也。"郢曰："亡人太子蒯聩之子辄在也，不敢当。"于是卫乃以辄为君，是为出公。

◎ **大意** 卫灵公四十二年春天，卫灵公到郊外游玩，让儿子姬郢赶车。姬郢是卫灵公的小儿子，字子南。卫灵公怨恨太子出逃，对姬郢说："我要立你为继承人。"姬郢回答："我才德不够，不能主持国政，您另作打算吧。"夏天，卫灵公去世，夫人命儿子姬郢为太子，说："这是卫灵公的命令。"姬郢说："逃亡的太子姬蒯聩的儿子姬辄还在，我不敢做太子。"于是卫国就立姬辄为国君，这就是卫出公。

六月乙酉，赵简子欲入蒯聩，乃令阳虎诈命卫十余人衰（缞）绖①归，简子送蒯聩。卫人闻之，发兵击蒯聩。蒯聩不得入，入宿而保，卫人亦罢兵。

◎**注释** ①〔衰绖〕丧服，用麻布制成，披在胸前。绖，用麻布做成的丧带，系在腰间或头上。

◎**大意** 这一年的六月乙酉日，赵简子想送姬蒯聩回国，就指使阳虎找来十几个人装扮成穿着丧服奔丧回国的卫国人，与赵简子护送姬蒯聩。卫国人听说这件事，发兵攻击姬蒯聩。姬蒯聩不能回国，进入宿城自保，卫国人也罢兵。

出公辄四年，齐田乞弑其君孺子。八年，齐鲍子弑其君悼公。

◎**大意** 卫出公姬辄四年，齐国田乞弑杀他的国君孺子。卫出公八年，齐国鲍子弑杀他的国君齐悼公。

孔子自陈入卫。九年，孔文子问兵于仲尼，仲尼不对。其后鲁迎仲尼，仲尼反（返）鲁。

◎**大意** 孔子从陈国来到卫国。卫出公九年，孔文子向孔子询问军事，孔子不回答。之后鲁国迎接孔子，孔子返回鲁国。

十二年。初，孔圉文子取（娶）太子蒯聩之姊，生悝。孔氏之竖浑良夫美好，孔文子卒，良夫通于悝母。太子在宿，悝母使良夫于太子。太子与良夫言曰："苟能入我国，报子以乘轩①，免子三死②，毋所与。"与之盟，许以悝母为妻。闰月，良夫与太子入，舍孔氏之外圃。昏，二人蒙衣而乘，宦者罗御，如孔氏。孔氏之老栾宁问之，称姻妾③以告。遂入，适伯姬氏。既食，悝母杖戈而先，太子与五人介，舆猳从之。伯姬劫悝于厕，强盟之，遂劫以登台。栾宁将饮酒，炙未熟，闻乱，使告仲由。召护④驾乘车，行爵食炙，奉出公辄奔鲁。

◎**注释** ①〔轩〕古代一种供大夫以上乘坐的轻便车。②〔三死〕即三次死罪。③〔姻妾〕指有婚姻关系的亲戚家的侍妾。④〔召护〕《左传》作"召获"，卫国大夫。

◎**大意** 卫出公十二年。起初，孔圉文子娶了太子姬蒯聩的姐姐，生下了孔悝。孔氏家的仆人浑良夫长得俊美姣好，孔文子去世后，浑良夫与孔悝的母亲通奸。太子在宿城，孔悝的母亲派浑良夫去找太子。太子对浑良夫说："如果能帮助我回国，我将让你乘坐大夫的轩车作为报答，免你三次死罪，不干涉你的行动。"同他订立了盟约，答应让孔悝的母亲成为他的妻子。闰月，浑良夫和太子进入卫国，住在孔氏家的外园。天刚黑，二人用衣服蒙住头乘上车，姓罗的宦官赶车，到孔氏家中。孔氏家的家臣栾宁盘问他们，他们自称是姻亲家的姬妾。于是进入孔家，到了伯姬氏的住处。吃过饭，孔悝的母亲执戈在前头走，太子和五人披甲，抬着一头公猪跟随。伯姬在厕所里劫持了孔悝，强迫他订立盟约，然后又逼他登上高台。栾宁准备饮酒，肉还没有烤熟，听说有变乱，派人告诉子路。卫国大夫召护驾着车，边喝酒，边吃烤肉，护送卫出公姬辄逃奔鲁国。

　　仲由将入，遇子羔将出，曰："门已闭矣。"子路曰："吾姑至矣。"子羔曰："不及，莫践其难。"子路曰："食焉不辟（避）①其难。"子羔遂出。子路入，及门，公孙敢阖门，曰："毋入为也！"子路曰："是公孙也？求利而逃其难。由不然，利其禄，必救其患。"有使者出，子路乃得入。曰："太子焉用孔悝？虽杀之，必或继之。"且曰："太子无勇。若燔②台，必舍③孔叔。"太子闻之，惧，下石乞、盂黡敌子路，以戈击之，割缨④。子路曰："君子死，冠不免。"结缨而死。孔子闻卫乱，曰："嗟乎！柴也其来乎？由也其死矣。"孔悝竟立太子蒯聩，是为庄公。

◎**注释** ①〔辟〕通"避"，躲避，避免。②〔燔（fán）〕焚烧。③〔舍〕放弃，这里是释放的意思。④〔缨〕系在颔下的帽带。

◎**大意** 子路准备进入孔家，正碰上子羔要出来，说："门已关闭了。"子路说："我暂且到门前去。"子羔说："来不及了，不要去遭受这个灾难。"子路说："吃了俸禄不应回避灾难。"子羔就出去了。子路进去，到了门前，公孙敢关上门，说："不要进去了！"子路说："你是公孙吧？贪求利禄而逃避灾难。我不这样，吃了别人的俸禄，一定要解救别人的灾难。"有使者出来，子路才得以进入。说："太子劫持孔悝有什么用？即使杀了他，也一定会有人继续反对太子。"又说："太子没有勇气。如果烧毁高台，一定会放掉孔叔。"太子听说这话，害怕，下令石乞、盂黡（yú yǎn）去抵挡子路，二人用戈攻击子路，割断了他的帽缨。子路说："君子死的时候，帽子不能不戴。"在系帽缨的时候被杀死了。孔丘听到卫国动乱，说："唉！子羔也许会回来吧？仲由将要被杀死了。"孔悝最终立太子姬蒯聩为国君，这就是卫庄公。

庄公蒯聩者，出公父也，居外，怨大夫莫迎立。元年即位，欲尽诛大臣，曰："寡人居外久矣，子亦尝闻之乎？"群臣欲作乱，乃止。

◎**大意** 卫庄公姬蒯聩，是卫出公的父亲，流亡在国外，怨恨大夫们没有一个迎接他回国登位。卫庄公元年即位，想把大臣们都杀了，说："我在外居住很久了，你们也曾听说过吗？"群臣想作乱，卫庄公才罢休。

二年，鲁孔丘卒。

◎**大意** 卫庄公二年，鲁国孔子去世。

三年，庄公上城，见戎州①。曰："戎虏何为是？"戎州病之。十月，戎州告赵简子，简子围卫。十一月，庄公出奔，卫人立公子斑师为卫君。齐伐卫，虏斑师，更立公子起为卫君。

◎**注释** ①〔戎州〕卫国都城附近土著部落戎人的城邑，在今山东曹县东南。
◎**大意** 卫庄公三年，卫庄公登上城墙，望见戎州。说："戎虏为什么要修建这座城？"戎州人知道后很担忧。这年十月，戎州人告诉赵简子，赵简子率兵围攻卫国。这年十一月，卫庄公出外逃亡，卫国人拥立公子姬斑师为卫国国君。齐国讨伐卫国，俘虏了姬斑师，改立公子姬起为卫国国君。

卫君起元年，卫石曼尃逐其君起，起奔齐。卫出公辄自齐复归立。初，出公立十二年亡，亡在外四年复入。出公后元年，赏从亡者。立二十一年卒，出公季父黔攻出公子而自立，是为悼公。

◎**大意** 卫君姬起元年，卫国石曼尃驱逐了他的国君姬起，起逃奔齐国。卫出公姬辄从齐国回来重新即位。起初，卫出公即位后十二年逃亡，逃亡在外四年后又回到卫国。卫出公后元年，赏赐跟随他逃亡的人。卫出公在位二十一年去世，卫出公的叔父姬黔攻打卫出公的儿子，自立为国君，这就是卫悼公。

悼公五年卒，子敬公弗立。敬公十九年卒，子昭公纠立。是时三晋强，卫如小侯，属之。

◎**大意** 卫悼公五年去世，儿子卫敬公姬弗继位。卫敬公十九年去世，儿子卫昭公姬纠继位。这个时候韩、赵、魏强盛，卫国像小侯国，从属于赵氏。

昭公六年，公子亹弑之代立，是为怀公。怀公十一年，公子颓弑怀公而代立，是为慎公。慎公父，公子适；适父，敬公也。慎公四十二年卒，子声公训立。声公十一年卒，子成侯速立。

◎**大意** 卫昭公六年，公子姬亹弑杀卫昭公而取代君位，这就是卫怀公。卫怀公十一年，公子姬颓杀了卫怀公而取代君位，就是卫慎公。卫慎公的父亲，是公子姬适；公子姬适的父亲，是卫敬公。卫慎公四十二年去世，儿子卫声公姬训继位。卫声公十一年去世，儿子卫成侯姬速继位。

成侯十一年，公孙鞅入秦。十六年，卫更贬号曰侯。

◎**大意** 卫成侯十一年，公孙鞅进入秦国。卫成侯十六年，卫国君主的爵位被贬为侯爵。

二十九年，成侯卒，子平侯立。平侯八年卒，子嗣君立。

◎**大意** 卫成侯二十九年，卫成侯去世，儿子卫平侯继位。卫平侯八年去世，儿子卫嗣君继位。

嗣君五年，更贬号曰君，独有濮阳[①]。

◎**注释** ①〔濮阳〕在今河南濮阳西南。
◎**大意** 卫嗣君五年，卫国君主又被贬爵位为君，只占有濮阳。

四十二年卒，子怀君立。怀君三十一年，朝魏，魏囚杀怀君。魏更立嗣君弟，是为元君。元君为魏婿，故魏立之。元君十四年，秦拔魏东地，秦初置东郡，更徙卫野王县①，而并濮阳为东郡。二十五年，元君卒，子君角立。

◎**注释** ①〔野王县〕今河南沁阳。
◎**大意** 卫嗣君四十二年去世，儿子卫怀君继位。卫怀君三十一年，去朝拜魏国，魏国囚禁并杀死了卫怀君。魏国改立卫嗣君的弟弟为君，就是卫元君。卫元君是魏国的女婿，所以魏国立他为卫国国君。卫元君十四年，秦国攻占了魏国东部地区，秦国开始设置东郡，把卫国君主迁到野王县，又把濮阳并入东郡。卫元君二十五年，卫元君去世，儿子卫君姬角继位。

君角九年，秦并天下，立为始皇帝。二十一年，二世废君角为庶人，卫绝祀。

◎**大意** 卫君姬角九年，秦国兼并天下，秦王立为始皇帝。卫君二十一年，秦二世将卫君姬角废为平民，卫国祭祀断绝。

太史公曰：余读《世家》言，至于宣公之太子以妇见诛，弟寿争死以相让，此与晋太子申生不敢明骊姬之过同，俱恶伤父之志。然卒死亡，何其悲也！或父子相杀，兄弟相灭，亦独何哉？

◎**大意** 太史公说：我读《世家》的记载，读到卫宣公的太子卫伋因为娶妇而被杀害，弟弟姬寿争着替他去死而相互辞让，这和晋国太子姬申生不敢说出骊姬的过错相似，都是怕伤害了父亲的感情。然而他们最终都死了，多么可悲！有的父子相互残杀，有的兄弟相互毁灭，这到底是为什么呢？

◎释疑解惑

在《史记》所有世家中，卫国君主是最荒淫无道的，其内乱也是最为严重的。可以说，卫国公室内乱贯穿卫国的发展史。父子相杀，兄弟相残，君臣互殴，几乎所有形式的内乱在卫国都可以找到典型事件。因此，其内乱也成为后世学者探讨的热门话题。如苏辙论说："卫之大乱者再，皆起于父子夫妇之际。宣公、灵公专欲以兴祸，固无足言者；伋子、寿子争相为死，而庄公、出公父子相攻，出入二十余年不以为耻，贤愚之不同至此哉！然伋、寿勇于义，惜其不为吴太伯，而蹈申生之祸，以重父之过，可以为廉矣，未得为仁也。昔者，孔子门人季路、高柴皆事出公，孔子至陈反于卫，子路问曰：'卫君待子而为政，子将奚先？'子曰：'必也正名乎。'呜呼，卫之名于是可谓不正矣。灵公黜其子而子其孙，出公不父其父而祢其祖，人道绝矣。孔子于是焉而欲正之，何为而可？灵公之死也，卫人立公子郢，郢不可则卫人立辄。使辄而知礼必辞，辞而不获必逃。辄逃而郢立，则名正矣，虽以拒蒯聩可也。虽然，孔子为政，岂将废辄而立郢耶？亦将教辄避位而纳蒯聩耶？蒯聩得罪于父，生不养，死不丧，然于其人也，《春秋》书曰：'晋赵鞅帅师纳卫世子蒯聩于戚'，非世子而以世子名之，以其子得立于卫，成其为世子也。若辄避位而纳其父，是世子为君，而名有不正乎？名正而卫定矣。"《史记评林》引茅坤的说法："事类申生，而子寿又过之矣。可涕。"又引赵恒的说法："论意言祸起妇色，与晋申生事同。或父子相杀云云，言皆因妇色以相杀灭而不知戒，何哉？"这些都体现了对卫国内乱的批判和反思。

不过，内乱之中亦有情义，如姬伋与姬寿的兄弟之义，也是后世学人乐于探讨的。如《史记评林》引《新序》说："寿之母与朔欲谋杀伋，而立寿也，使人与伋乘舟于河，众将沉而杀之。寿知不能止，也因与之同舟，不得杀。又使伋之齐，将使盗见载旌，要而杀之。寿止伋，不可。寿又与之偕行，寿母不能止，因戒曰：'寿无为前也。'寿又窃伋旌以先行，盗见而杀之。伋至见寿之死，涕泣悲哀，遂载其尸还至境而自杀。兄弟俱死，故君子义此二人，而伤宣公之听谗也。"引余有丁曰:"按父命固不可逆,不有曰'从治命,不从乱命乎'?寿以身死兄,其情足怜,而伋之死亦徒矣。"

卫国作为周初重要的诸侯国,康叔作为周武王的同母弟,被寄予厚望,更体现在周公三篇诰文的谆谆教导。司马迁不厌其烦地记录三篇诰文的话,不仅是针对康叔,而且是针对所有君主。三篇诰文正是司马迁心目中理想君主所具备的基本素质。卫国的后继者却完全违背了周公的教诲和康叔的垂范,令人唏嘘不已。故司马迁在论赞中谴责卫国父子相杀、兄弟相灭的闹剧,给予这些荒淫昏庸、利令智昏的君主无情的揭露和批判,并一针见血地指出,这种公室内部手足相残的争斗,正是卫国灭亡的根本原因。

◎ **思考辨析题**

1. 对于卫国公室同室操戈、内乱不断的情形,司马迁是怎样巧妙地加以叙述的?
2. 简要分析卫宣公的形象。

宋微子世家

第八

司马迁《太史公自序》在介绍《宋微子世家》的写作意图时，表达了对宋国历史的思考：可叹啊，箕子！可叹啊，箕子！正确的意见没有被采纳，反被迫害装疯为奴。武庚死后，周朝封微子于宋地。宋襄公在泓水之战中受伤，又有哪位君子称道？宋景公有自谦爱民之德，荧惑为之退行。剔成暴虐无道，宋国因而灭亡。

商朝末年，殷纣王荒淫无道，庶兄微子启、箕子和王子比干劝谏而不听，微子逃走、箕子佯狂为奴。王子比干因强行劝谏，被剖腹而死。孔子称他们为"殷之三仁"。周武王灭商后，访求微子与箕子，并找到了他们。

周武王向箕子咨询治国方略，箕子以鲧、禹父子为例，阐述治理国家的九种方法，涉及五行、五事、八政、五纪、皇极、三德、稽疑、庶征以及向用五福、畏用六极等。提出：天子如果英明、谦恭、通达，能深谋远虑、政务清明，那么，雨、晴、暖、寒、风五种现象便会自然具备，并按一定规律发生，庄稼就会茂盛，百姓就会富裕，国家就会安定。否则，天子如果急躁、糊涂、狂妄、贪图享乐，那么，雨、晴、暖、寒、风五种现象就会违反自然常规发生，或一种现象过多，或一种现象极缺，年成就歉收，人民就贫困，国家就动乱。周武王封箕子于朝鲜而不让他称臣。箕子朝会周天子时，经过殷都旧地，感伤之际，作《麦秀》诗以歌之。

在君主有无上权力的封建专制时代，这种天人感应、天责思想对君主无疑是一种约束，有积极意义。它可以限制君主欲望的无限膨胀，引导君主积善成德、施行仁政、广布恩惠，督促君主检查过失、改正错误。这种天责思想在后来的政治生活中常常起作用。例如，宋湣公九年，宋国洪水成灾，宋湣公就曾自责说，这是因为自己不能侍奉鬼神，造成政治不修明。汉成帝时，水灾、火灾、日食、地震、陨星坠落等接续发生，汉成帝便认为"天著变异，以显朕邮，朕甚惧焉"，并多次发布诏令，让群臣、公卿"陈朕过失、无有所讳"。汉哀帝时，发生水灾、地震后，汉哀帝也自责道："朕之不德，民反蒙辜，朕甚惧焉。"下令"赐死者棺钱，人三千"，"民无出今年租赋"等。当然，这种天责思想的效用相对有限，在那些昏庸无道的君主面前显得苍白无力。殷纣王就上不畏天、下不畏民、不采纳长者老者的意见，一味沉溺于酒宴之中，只知迷恋女色。步殷纣王后尘、被诸侯称为"桀宋"的宋君偃竟用牛皮袋盛着血悬挂起来射击，称为"射天"。他们的一个共同点是无所畏惧、为所欲为，残害直言劝谏的忠良，都受到了应有的惩罚。

周武王崩，周成王年幼，周公辅佐周成王，管、蔡怀疑周公篡权而叛乱。周公平叛,杀管叔,流蔡叔,命微子继承殷商之后,奉其先人祭祀。作《微子之命》申之,封于宋国。微子仁义贤能,得到殷商遗民的爱戴。微子受封于宋国后,传至六世宋炀公,遭遇太宰华督之乱,及宋湣公时又因博争行而为南宫万所弑。宋襄公称霸则是司马迁所描述的重点。宋襄公不自量力,以小国争霸,为楚成王执之辱之。后因伐郑国而与楚国交战,为了邀取仁义的名声,错失一个又一个取胜良机,最终惨败,身受重伤而死。

微子开①者,殷帝乙之首子而帝纣之庶兄②也。纣既立,不明,淫乱于政,微子数谏,纣不听。及祖伊以周西伯昌之修德,灭阢国,惧祸至,以告纣。纣曰:"我生不有命在天乎?是何能为!"于是微子度纣终不可谏,欲死之及去,未能自决,乃问于太师、少师③曰:"殷不有治政,不治四方。我祖遂陈于上④,纣沉湎于酒,妇人是用,乱败汤德于下。殷既小大好草窃奸宄,卿士师师非度,皆有罪辜,乃无维获,小民乃并兴,相为敌仇。今殷其典丧!若涉水无津涯。殷遂丧,越至于今。"曰:"太师,少师,我其发出往?吾家保于丧?今女(汝)无故告予,颠跻,如之何其?"太师若曰:"王子,天笃下菑(灾)亡殷国,乃毋畏畏(威),不用老长。今殷民乃陋淫神祇之祀。今诚得治国,国治身死不恨。为死,终不得治,不如去。"遂亡。

◎**注释** ①〔微子开〕本来名叫启,殷商后人,周分封于宋国。此处名开,是避汉景帝刘启的名讳。②〔庶兄〕生微子时,母还是妾的身份,及为妻而生殷纣王,故微子为殷纣王的同母庶兄。③〔太师、少师〕太师指箕子,少师指比干。

④〔我祖遂陈于上〕我们的祖先成汤过去成就了许多伟大的事业。

◎**大意**　微子开是殷商时帝乙的大儿子，殷纣王的庶兄。殷纣王即位后，昏庸，荒淫乱政，微子多次劝谏，纣王不听。等到祖伊因为周西伯昌施行德政，灭掉阢国，害怕祸难降临，将情况报告纣王。纣王说："我生下来不就有命在天吗？这能怎么样！"于是微子估计纣王最终不会接受劝谏，想去死或离开纣王，没有能自我决断，就去问太师、少师说："殷商没有清明的政治，不能治理四方。我们的祖先过去成就了许多伟大的事业，而纣王沉溺于酒，听信妇人之言，在后世败坏商汤的德政。殷王室已经是无论大小都喜欢盗抢犯法，官府的卿士也相互效法，做乱政之事，都有罪行，竟没有人受到惩治，于是百姓竟相起事，互为仇敌。如今殷朝的典章制度荒废了，好像渡河没有渡口和岸边一样。殷朝一定会灭亡，如今就到了。"又说："太师，少师，我是远走呢，还是留下来保护国家免遭灭亡？现在你们不告诉我，我栽了跟头，那怎么办呢？"太师这样说："王子，天把重灾降下要灭亡殷国，而纣王竟然没有畏惧，不信任长老。如今殷朝的民众竟敢亵渎神祇的祭祀。现在如确实能使国家得到治理，国家太平，自己死了也没有怨恨。如果死了，国家最终不能得到治理，不如离去。"微子于是逃跑。

　　箕子者，纣亲戚也。纣始为象箸，箕子叹曰："彼为象箸，必为玉杯；为杯，则必思远方珍怪之物而御之矣。舆马宫室之渐自此始，不可振①也。"纣为淫泆，箕子谏不听。人或曰："可以去矣。"箕子曰："为人臣谏不听而去，是彰君之恶而自说（悦）于民，吾不忍为也。"乃被（披）发详（佯）狂而为奴。遂隐而鼓琴以自悲，故传之曰《箕子操》。

◎**注释**　①〔振〕挽救。

◎**大意**　箕子是殷纣王的亲属。纣王开始制作象牙筷子时，箕子叹息说："他既然制作象牙筷子，就一定会制作玉石杯子；制作了玉杯，就必然想得到远方的珍奇异物来供自己使用。车马宫室的奢侈将从此开始，无法挽救了。"纣王荒淫逸乐，箕子劝谏，纣王不听。有人说："可以离开了。"箕子说："做臣子的因为劝谏不被采纳而离去，是张扬君王的过失而使自己取悦于民众，我不忍心这样做。"于是他披头散发，假装疯癫，混迹于奴隶之中。于是他隐居而借弹琴抒发内心的悲伤，所以后世把他流传下来的琴曲称作《箕子操》。

王子比干者，亦纣之亲戚也。见箕子谏不听而为奴，则曰："君有过而不以死争（诤），则百姓何辜！"乃直言谏纣。纣怒曰："吾闻圣人之心有七窍，信有诸乎？"乃遂杀王子比干，刳①视其心。

◎注释　①〔刳（kū）〕剖开。
◎大意　王子比干也是纣王的亲属。看见箕子因劝谏不听而去做了奴隶，就说："君王有过失而不拼死力争，那么百姓有什么罪呢！"就直言劝谏纣王。纣王发怒说："我听说圣人的心有七个孔，果真如此吗？"于是就杀了王子比干，剖开腹腔验看其心。

微子曰："父子有骨肉，而臣主以义属。故父有过，子三谏不听，则随而号之①；人臣三谏不听，则其义可以去矣。"于是太师、少师乃劝微子去，遂行。

◎注释　①〔随而号之〕继之以痛哭。
◎大意　微子说："父子有骨肉之情，而臣君凭道义相连。所以父亲有了过失，儿子多次劝谏不听，就跟随他而悲泣；人臣多次劝谏不听，则依据道义可以离去了。"于是太师、少师就劝微子离去，微子就走了。

周武王伐纣克殷，微子乃持其祭器①造于军门，肉袒面缚②，左牵羊，右把茅，膝行而前以告。于是武王乃释微子，复其位如故。

◎**注释** ①〔祭器〕祭祀天地与宗庙的器皿。②〔肉袒面缚〕去衣露体，缚手于背，以示降服顺从。
◎**大意** 周武王征伐殷纣王，打败殷朝，微子就拿着殷朝的祭器到周武王的军营门前，裸露肩膀，脸朝前，缚手于背，左边随从牵羊，右边随从拿茅，跪着前行以求告武王。于是周武王释放了微子，恢复了他原有的爵位。

武王封纣子武庚禄父以续殷祀，使管叔、蔡叔傅相之。

◎**大意** 周武王册封殷纣王的儿子武庚禄父，让他接续殷朝的祭祀，派管叔、蔡叔去教导、辅佐他。

武王既克殷，访问箕子。

◎**大意** 周武王消灭殷朝以后，拜访询问箕子。

武王曰："於乎！维天阴定下民，相和其居①，我不知其常伦所序。"

◎**注释** ①〔相和其居〕使大家和睦地住在一起。
◎**大意** 周武王说："唉！上天在冥冥中安定下界民众，让他们和睦相处，我却不知上天安定下界民众的秩序是如何制定的。"

箕子对曰："在昔鲧堙鸿（洪）水，汩①陈其五行，帝乃震怒，不从

鸿范九等，常伦所斁②。鲧则殛死，禹乃嗣兴。天乃锡（赐）禹鸿范九等，常伦所序。

◎**注释**　①〔汩〕扰乱。②〔常伦所斁（dù）〕章程乱套。斁，败坏，乱套。
◎**大意**　箕子回答："从前鲧堵塞洪水，扰乱了五行的次序，天帝就大怒，不向他传授治国的九种大法，纲常伦理由此败坏。鲧被诛杀，禹继承父业而兴起。天帝赐给夏禹九种大法，纲常伦理从此有了次序。

"初一曰五行；二曰五事；三曰八政；四曰五纪①；五曰皇极②；六曰三德；七曰稽疑③；八曰庶征；九曰向用五福，畏用六极。

◎**注释**　①〔五纪〕五种记时方法。②〔皇极〕帝王的法则。③〔稽疑〕考察疑难的方法。
◎**大意**　"第一叫作五行；第二叫作五事；第三叫作八政；第四叫作五纪；第五叫作皇极；第六叫作三德；第七叫作稽疑；第八叫作庶征；第九叫作劝导用五福，惩戒用六极。

"五行：一曰水，二曰火，三曰木，四曰金，五曰土。水曰润下，火曰炎上，木曰曲直，金曰从革，土曰稼穑。润下作咸，炎上作苦，曲直作酸，从革作辛，稼穑作甘。

◎**大意**　"五行：一是水，二是火，三是木，四是金，五是土。水向下润湿，火向上燃烧，木可以伸屈，金可以变形，土可以种植庄稼。水向下润湿产生咸味，火向上燃烧产生苦味，木伸屈产生酸味，金变形产生辛味，土有庄稼产生甘味。

"五事：一曰貌，二曰言，三曰视，四曰听，五曰思。貌曰恭，言曰从，视曰明，听曰聪，思曰睿。恭作肃，从作治，明作智，聪作谋，睿作圣。

◎**大意** "五事：一是貌，二是言，三是视，四是听，五是思。容貌仪态要恭敬，语言谈吐要和顺，观察事物要敏锐，倾听意见要聪敏，思考问题要深透。容貌仪态恭敬就能肃然起敬，语言谈吐和顺就能条理不乱，观察事物敏锐就能明辨是非，倾听意见聪敏就能谋划得当，思考问题通达就能无事不通。

"八政：一曰食，二曰货，三曰祀，四曰司空，五曰司徒，六曰司寇，七曰宾，八曰师。

◎**大意** "八政：一是粮食生产，二是商业贸易，三是祭祀，四是土木建造，五是教育，六是司法，七是礼宾，八是军事。

"五纪：一曰岁，二曰月，三曰日，四曰星辰，五曰历数。

◎**大意** "五纪：一是岁，二是月，三是日，四是星辰，五是历法。

"皇极：皇建其有极①，敛时五福，用傅（敷）锡（赐）其庶民，维时其庶民于女（汝）极，锡（赐）女（汝）保极。凡厥庶民，毋有淫朋，人毋有比德②，维皇作极。凡厥庶民，有猷有为有守，女（汝）则念之。不协于极，不离（罹）于咎，皇则受之。而安而色，曰予所好德，女则锡（赐）之福。时人斯其维皇之极。毋侮鳏寡而畏高明。人之有能有为，使羞其行，而国其昌。凡厥正人，既富方穀。女（汝）不能使有好于而家，时人斯其辜。于其毋好，女（汝）虽锡（赐）之福，其作女（汝）用咎。毋偏毋颇，遵王之义。毋有作好③，遵王之道。毋有作恶，遵王之路。毋偏毋党，王道荡荡。毋党毋偏，王道平平。毋反毋侧④，王道正直。会其有极，归其有极。曰王极之傅（敷）言，是夷是训，于帝其顺。凡厥庶民，极之傅（敷）言，是顺是行，以近天子之光。曰天子作民父母，以为天下王。

◎**注释** ①〔皇建其有极〕君王要建立至高无上的法则。②〔比德〕私相比附，朋比为奸。③〔毋有作好〕不要有私心偏好。④〔毋反毋侧〕不要逆王道而行，也不要偏离王道。

◎**大意** "君王的最高准则：君王要建立至高无上的法则，集中五种幸福，用来广泛布施给你的民众，这样民众都会遵守你所确立的法则，君王也可要求民众遵守法则。凡是民众，不准结党营私，人人都不结党营私，都将遵守君主所建立的最高法则。凡是民众有谋略、有作为、有操守，你就要牢牢记住。有时民众所为不符合最高法则，但也没有犯罪，君主就要大度宽容。如果有人和颜悦色，说自己喜好美德，你就要赐给他福泽。这样人们都将遵守你定下的最高法则。不要欺侮鳏夫寡妇而畏惧豪强。对于有才能有作为的人，让他们发挥才能，这样国家就会昌盛。凡是正直的人，应当用爵禄使他富贵。你不给正直的人为国家效力的机会，他们就会犯罪。对于那些不正直的人，你即使赐给他福禄，他也会使你结怨于民众。不要有私心偏好，应该遵守君主的规范。不要有偏好，应该遵守君主的正道。不要偏恶，应该遵守君主的正路。不偏私不结党，君主的道路宽广。不结党不偏私，君主的道路平坦。不要逆王道而行，也不要偏离王道，君主的道路正直。以最高法则来团结民众，民众就会归服于最高法则之下。所以说天子的最高法则要广泛宣传，要平心静气地训导民众，这样才符合上帝的心意。凡是民众，都要按照最高法则来发表言论，按照最高法则来办事，这样才能增加天子的光辉。所以说天子是民众的父母，民众奉天子为天下的君王。

"三德：一曰正直，二曰刚克①，三曰柔克。平康正直，强不友刚克，内友柔克，沈（沉）渐（潜）刚克，高明柔克。维辟作福，维辟作威，维辟玉食。臣无有作福作威玉食。臣有作福作威玉食，其害于而家，凶于而国，人用侧颇辟，民用僭忒②。

◎注释 ①〔刚克〕以强硬的手段取得效果。②〔僭忒〕逾越常规，心怀恶念。
◎大意 "三德：一是平正中和，二是以刚取胜，三是以柔取胜。世道平安以平正中和治理，世道强横不顺以刚强治理，世道和顺以柔和治理，深藏阴谋的人物用刚强来战胜，高明的君子用柔和来安抚。只有君主才可赐福于人，只有君主才可对人施加刑罚，只有君主才可享用美食。臣子没有赐福于人、惩罚人及享用美食的权利。臣子如果越权赐福于人、惩罚他人或享用美食，就会伤害其家，又危害国家。臣子越权邪枉不正，民众就会逾越常规，心怀恶念。

"稽（乩）①疑：择建立卜筮人②。乃命卜筮，曰雨，曰济（霁），曰涕，曰雾，曰克，曰贞，曰悔，凡七。卜五，占之用二，衍贰③（忒）。立时人为卜筮，三人占则从二人之言。女（汝）则有大疑，谋及女（汝）心，谋及卿士，谋及庶人，谋及卜筮。女（汝）则从，龟从，筮从，卿士从，庶民从，是之谓大同，而身其康强，而子孙其逢，吉。女（汝）则从，龟从，筮从，卿士逆，庶民逆，吉。卿士从，龟从，筮从，女（汝）则逆，庶民逆，吉。庶民从，龟从，筮从，女（汝）则逆，卿士逆，吉。女（汝）则从，龟从，筮逆，卿士逆，庶民逆，作内吉，作外凶。龟筮共违于人，用静吉，用作凶。

◎注释 ①〔稽〕旧时迷信的人求神降示的一种方法，认为这种方法能为人决疑治病，预示吉凶。②〔择建立卜筮人〕选用善于卜筮的人。③〔贰〕通"忒"，变更，变化。

◎ **大意** "稽考决疑的方法：选用善于卜筮的人。命令他们卜筮，兆纹有的像雨，有的像雨后的云气，有的像连绵的云，有的像雾，有的像互斗凶杀，有的堂堂正正，有的隐晦不明，总共七种。卜兆五种，筮兆用二种，推衍变化决疑。任用懂兆卦的人承担卜筮的职责，三个人占卜听从两个所占兆纹相同人的话。你自己有重大疑难问题，先在你自己心中考虑，其次和卿士商议，和民众商议，用卜筮来决断。你自己赞成，龟卜赞成，占筮赞成，卿士赞成，民众赞成，这就叫作大同，象征你身体健康，子孙吉利。你自己赞成，龟卜赞成，占筮赞成，卿士反对，民众反对，吉利。卿士赞成，龟卜赞成，占筮赞成，你自己反对，民众反对，吉利。民众赞成，龟卜赞成，占筮赞成，你自己反对，卿士反对，吉利。你自己赞成，龟卜赞成，占筮反对，卿士反对，民众反对，在境内办事吉利，在境外办事凶险。龟卜占筮与人的意愿相反，安静无为就吉利，有所举动就凶险。

"庶征：曰雨，曰阳，曰奥（燠），曰寒，曰风。曰时五者来备，各以其序，庶草繁庑（芜）。一极备，凶。一极亡，凶。曰休征：曰肃，时雨若；曰治，时旸若；曰知（智），时奥若；曰谋，时寒若；曰圣，时风若。曰咎征：曰狂，常雨若；曰僭，常旸若；曰舒，常奥（燠）若；曰急，常寒若；曰雾，常风若。王眚维岁[①]，卿士维月，师尹维日。岁月日时毋易，百谷用成，治用明，畯（俊）民用章，家用平康。日月岁时既易，百谷用不成，治用昏不明，畯民用微，家用不宁。庶民维星，星有好风，星有好雨。日月之行，有冬有夏。月之从星，则以风雨。

◎ **注释** ①〔王眚（shěng）维岁〕君主的过失会影响五者的变化一年。眚，过错，过失。

◎ **大意** "各种征兆：下雨，天晴，暖和，寒冷，刮风。这五种气象以时具备，各以自然次序出现，一切草木都会生长繁茂。一种气象过分，就有凶灾。一种气象不足，同样有凶灾。君主行为美好的征验：恭敬严肃，雨水按时而来；政治清明，阳光按时普照；处事明智，温暖适时；深谋远虑，寒冷适度；通情达理，和风顺时。君主行为丑恶的征验：狂妄，久雨不停；僭越，久晴不雨；安逸，酷热不止；急躁，长久寒冷；昏聩，刮风不息。君主的过失，会影响五者的变化一年，卿士的行为关系一月，官吏的办事关系一天。岁月日的时令正常，百谷丰收，政治清明，贤人被重用，国家太平安康。日月岁的时令反常，百谷收成不好，政治昏暗不明，贤人被压制，国家不安宁。民众像是天上的众星，有的星喜欢风，有的星喜欢雨。日月运行，有冬天有夏天。月亮随众星运行，就会招致风雨。

"五福：一曰寿，二曰富，三曰康宁，四曰攸（由）好德①，五曰考终命②。六极③：一曰凶短折，二曰疾，三曰忧，四曰贫，五曰恶，六曰弱。"

◎**注释** ①〔攸好德〕遵行美德。攸，通"由"，遵行。②〔考终命〕长寿善终。③〔六极〕六种灾难。

◎**大意** "五种幸福：一是长寿，二是富贵，三是健康安宁，四是遵行美德，五是长寿善终。六种凶灾：一是夭折，二是多病，三是忧愁，四是贫困，五是丑陋，六是懦弱。"

于是武王乃封箕子于朝鲜而不臣也。

◎**大意** 于是武王就把箕子分封在朝鲜，却不把他视为臣子。

其后箕子朝周，过故殷虚（墟），感宫室毁坏，生禾黍，箕子伤之，欲哭则不可，欲泣为其近妇人，乃作《麦秀》之诗以歌咏之。其诗曰："麦秀渐渐①兮，禾黍油油②。彼狡（狡）僮兮，不与我好兮！"所谓狡（娇）童者，纣也。殷民闻之，皆为流涕。

◎ **注释** ①〔渐渐〕麦子吐穗的样子。②〔油油〕庄稼茂密而润泽的样子。
◎ **大意** 后来箕子朝见周王，经过以前殷都旧址，有感于宫室毁坏，禾黍丛生，箕子悲伤，想哭又觉得不可，想流泪又觉得像女人，就作了《麦秀》之诗来表达内心的伤感之情。这首诗说："麦芒尖尖啊，禾黍绿油油。那个无赖童子呀，不跟我亲近啊！"所谓无赖童子，是指殷纣王。殷朝的遗民听到这首诗，都流下了眼泪。

武王崩，成王少，周公旦代行政当国①。管、蔡疑之，乃与武庚作乱，欲袭成王、周公。周公既承成王命诛武庚，杀管叔，放蔡叔，乃命微子开代殷后，奉其先祀，作《微子之命》以申之，国于宋②。微子故能仁贤，乃代武庚，故殷之余民甚戴爱之。

◎ **注释** ①〔当国〕掌握国家政权。②〔宋〕诸侯国名，都城为商丘（在今河南商丘南侧）。
◎ **大意** 周武王去世，周成王年幼，周公姬旦暂时掌握国家政权。管叔、蔡叔怀疑周公，就与武庚一同作乱，想袭击成王、周公。周公奉成王的命令诛杀武庚后，杀掉管叔，放逐蔡叔，又命令微子取代武庚，作为殷朝后嗣供奉殷朝祖先的祭祀，作了《微子之命》说明这个情况，让他在宋地建国。微子本来就仁义贤良，所以让他替代武庚，殷朝的遗民都相当爱戴他。

微子开卒，立其弟衍，是为微仲。微仲卒，子宋公稽立。宋公稽卒，子丁公申立。丁公申卒，子湣公共立。湣公共卒，弟炀公熙立。炀公即位，湣公子鲋祀弑炀公而自立，曰"我当立"，是为厉公。厉公卒，子釐公举立。

◎**大意** 微子开去世，他的弟弟衍被立为国君，这就是宋微仲。宋微仲去世，儿子宋公稽继位。宋公稽去世，儿子丁公申继位。丁公申去世，儿子宋湣公共继位。宋湣公共去世，弟弟宋炀公熙继位。宋炀公即位，宋湣公的儿子鲋祀弑杀宋炀公自立为君主，说"我应当继位"，这就是宋厉公。宋厉公去世，儿子宋釐公举继位。

釐公十七年，周厉王出奔彘。

◎**大意** 宋釐公十七年，周厉王出逃到彘地。

二十八年，釐公卒，子惠公覵立。惠公四年，周宣王即位。三十年，惠公卒，子哀公立。哀公元年卒，子戴公立。

◎**大意** 宋釐公二十八年，宋釐公去世，儿子宋惠公覵（jiàn）继位。宋惠公四年，周宣王即位。宋惠公三十年，宋惠公去世，儿子宋哀公继位。宋哀公元年去世，儿子宋戴公继位。

戴公二十九年，周幽王为犬戎所杀，秦始列为诸侯。

◎**大意** 宋戴公二十九年，周幽王被犬戎人杀死，秦开始被列为诸侯国。

三十四年，戴公卒，子武公司空立。武公生女为鲁惠公夫人，生鲁桓公。十八年，武公卒，子宣公力立。

◎**大意** 宋戴公三十四年，宋戴公去世，儿子宋武公司空继位。宋武公的女儿是鲁惠公的夫人,生了鲁桓公。宋武公十八年,宋武公去世,儿子宋宣公力继位。

宣公有太子与夷。十九年,宣公病,让其弟和,曰:"父死子继,兄死弟及,天下通义也。我其立和。"和亦三让而受之。宣公卒,弟和立,是为穆公。

◎**大意** 宋宣公有太子与夷。宋宣公十九年,宋宣公生病,把君位传给他的弟弟和,说:"父亲死了儿子继承,哥哥死了弟弟接替,这是天下的通义。我要立和为国君。"和也推让了多次才接受。宋宣公去世,弟弟和继位,这就是宋穆公。

穆公九年,病,召大司马孔父①谓曰:"先君宣公舍太子与夷而立我,我不敢忘。我死,必立与夷也。"孔父曰:"群臣皆愿立公子冯。"穆公曰:"毋立冯,吾不可以负宣公。"于是穆公使冯出居于郑。八月庚辰,穆公卒,兄宣公子与夷立,是为殇公。君子闻之,曰:"宋宣公可谓知人矣,立其弟以成义,然卒其子复享之。"

◎**注释** ①〔大司马孔父〕大司马是宋国的官职名,掌管全国军事。孔父名嘉,字孔父,宋国公室贵族,时任大司马。
◎**大意** 宋穆公九年,生病,召见大司马孔父并对他说:"先君宣公舍弃太子与夷而立我为君,我不敢忘记。我死后,一定要立与夷为君。"孔父说:"群臣都希望立公子冯。"宋穆公说:"不要拥立公子冯,我不可以辜负宋宣公。"于是宋穆公让公子冯到郑国去居住。八月庚辰,宋穆公去世,哥哥宋宣公的儿子与夷继位,这就是宋殇公。君子听说这件事,说:"宋宣公可以称得上知人了,传位给他的弟弟成全了道义,然而他的儿子最终又享有了君位。"

殇公元年，卫公子州吁弑其君完自立，欲得诸侯，使告于宋曰："冯在郑，必为乱，可与我伐之①。"宋许之，与伐郑，至东门而还。二年，郑伐宋，以报东门之役。其后诸侯数来侵伐。

◎**注释** ①〔冯在郑，必为乱，可与我伐之〕宋公子冯欲与宋殇公争君位，当宋殇公即位后，公子冯便出奔郑国。郑人欲纳之，及卫州吁立，将修先君之怨于郑，而求宠于诸侯，以和其民。于是州吁便以除掉公子冯为由，派使者劝告宋国与自己共同讨伐郑国。

◎**大意** 宋殇公元年，卫国公子州吁弑杀他的国君完自立为国君，想求得诸侯认可，派使者告诉宋国说："公子冯在郑国，一定会作乱，可以与我一同去讨伐他。"宋国同意了，和卫国一起讨伐郑国，到达郑国都城东门就返回了。宋殇公二年，郑国征伐宋国，以报复东门那场战役。这以后诸侯多次来侵扰征伐宋国。

九年，大司马孔父嘉妻好，出，道遇太宰华督，督说（悦），目而观之。督利孔父妻，乃使人宣言国中曰："殇公即位十年耳，而十一战①，民苦不堪，皆孔父为之，我且杀孔父以宁民。"是岁，鲁弑其君隐公。十年，华督攻杀孔父，取（娶）其妻。殇公怒，遂弑殇公，而迎穆公子冯于郑而立之，是为庄公。

◎**注释** ①〔十一战〕《集解》曰："一战，伐郑，围其东门；二战，取其禾；三战，取郜田；四战，郜郑宋，入其郛；五战，伐郑，围长葛；六战，郑以王命伐宋；七战，鲁败宋师于菅；八战，宋、卫入郑；九战，伐戴；十战，郑入宋；十一战，郑伯以虢师大败宋。"

◎**大意** 宋殇公九年，大司马孔父嘉的妻子漂亮，在路上遇见太宰华督，华督喜欢她，目不转睛地盯着她看。华督想得到孔父嘉的妻子，就指使人在京城扬言说："殇公即位不过十年，却打了十一次仗，民众痛苦不堪，这都是孔父嘉造成的，我将要杀死孔父嘉来安定民众。"这一年，鲁国人弑杀了他们的国君隐公。宋殇公十年，华督进攻杀死孔父嘉，夺走了他的妻子。宋殇公发怒，华督便弑杀了宋殇公，到郑国迎回宋穆公的儿子冯，将他立为国君，这就是宋庄公。

庄公元年，华督为相。九年，执郑之祭仲，要以立突为郑君。祭仲许，竟立突。十九年，庄公卒，子湣公捷立。

◎**大意** 宋庄公元年，华督为相。宋庄公九年，抓住郑国的祭仲，要挟他立突为郑国国君。祭仲同意，最终拥立了突。宋庄公十九年，宋庄公去世，儿子宋湣公捷继位。

湣公七年，齐桓公即位。九年，宋水，鲁使臧文仲往吊水。湣公自罪曰："寡人以不能事鬼神，政不修，故水。"臧文仲善此言。此言乃公子子鱼教湣公也。

◎**大意** 宋湣公七年，齐桓公即位。宋湣公九年，宋国发生水灾，鲁国派臧文仲去慰问遭受水灾的百姓。宋湣公自我责备说："我没有能侍奉鬼神，政治不清明，所以发生了水灾。"臧文仲赞赏这席话。这番话是公子子鱼教宋湣公说的。

十年夏，宋伐鲁，战于乘丘①，鲁生虏宋南宫万。宋人请万，万归宋。十一年秋，湣公与南宫万猎，因博②争行，湣公怒，辱之，曰："始吾敬若；今若，鲁虏也。"万有力，病此言，遂以局杀湣公于蒙泽。大夫仇牧闻之，以兵造公门。万搏牧，牧齿著门阖，死。因杀太宰华督，乃更立公子游为君。诸公子奔萧，公子御说（悦）奔亳。万弟南宫牛将兵围亳。冬，萧及宋之诸公子共击杀南宫牛，弑宋新君游而立湣公弟御说（悦），是为桓公。宋万奔陈。宋人请以赂陈。陈人使妇人饮之醇酒，以革裹之，归宋。宋人醢③万也。

◎**注释** ①〔乘丘〕鲁国的城邑名，在今山东巨野西南。②〔博〕古代一种棋类游戏。③〔醢（hǎi）〕古代一种酷刑，把人剁成肉酱。

◎**大意** 宋湣公十年夏天，宋国征伐鲁国，在乘丘会战，鲁国活捉了宋国的南宫万。宋国人请求放回南宫万，南宫万回到宋国。宋湣公十一年秋天，宋湣公和南宫万一起打猎，因下棋争子，宋湣公发怒，侮辱南宫万，说："原先我敬重你，但如今你不过是鲁国的俘虏罢了。"南宫万有力气，对这句话反感，于是在蒙泽用棋盘打死了宋湣公。大夫仇牧听到这事，带着兵器到湣公的宫门。南宫万与仇牧搏斗，仇牧的牙齿撞在门板上死了。南宫万趁势杀死太宰华督，改立公子游为国君。几个公子逃到萧城，公子御说逃到亳城。南宫万的弟弟南宫牛领兵围攻亳城。冬天，萧城和在宋国的各位公子共同攻杀了南宫牛，弑杀了宋国新立的国君游而拥立宋湣公的弟弟御说，这就是宋桓公。宋国南宫万逃奔到陈国。宋国人向陈国行贿，提出请求。陈国人便派女人用醇酒灌醉南宫万，用皮革把他包裹起来，送回宋国。宋国人将南宫万剁成了肉酱。

桓公二年，诸侯伐宋，至郊而去。三年，齐桓公始霸。二十三年，迎卫公子燬于齐，立之，是为卫文公。文公女弟为桓公夫人。秦穆公即位。三十年，桓公病，太子兹甫让其庶兄目夷为嗣。桓公义太子意，竟不听。三十一年春，桓公卒，太子兹甫立，是为襄公。以其庶兄目夷为相。未葬，而齐桓公会诸侯于葵丘①，襄公往会。

◎**注释** ①〔葵丘〕宋国的城邑名，在今河南兰考东。
◎**大意** 宋桓公二年，诸侯征伐宋国，到达都城后离去。宋桓公三年，齐桓公开始称霸。宋桓公二十三年，从齐国接回了卫国公子燬，立他为卫国君主，就是卫文公。卫文公的妹妹是宋桓公的夫人。秦穆公即位。宋桓公三十年，宋桓公生病，太子兹甫把继承人的身份让给他的庶兄目夷。宋桓公认为太子的想法合乎道义，但最终没有听从。宋桓公三十一年春天，宋桓公去世，太子兹甫继位，这就是宋襄公。宋襄公任用他的庶兄目夷为国相。宋桓公没有安葬，而齐桓公在葵丘会盟诸侯，宋襄公前去赴会。

襄公七年，宋地霣星如雨，与雨偕下；六鹢①退蜚（飞），风疾也。

◎**注释**　①〔鹢（yì）〕一种像鹭鸶而能高飞的水鸟。
◎**大意**　宋襄公七年，宋国地界流星像雨，与雨一起落下；六只鹢鸟倒退飞行，因风力太大。

八年，齐桓公卒，宋欲为盟会。十二年春，宋襄公为鹿上之盟①，以求诸侯于楚，楚人许之。公子目夷谏曰："小国争盟，祸也。"不听。秋，诸侯会宋公盟于盂②。目夷曰："祸其在此乎？君欲已甚，何以堪之！"于是楚执宋襄公以伐宋。冬，会于亳，以释宋公。子鱼曰："祸犹未也。"十三年夏，宋伐郑。子鱼曰："祸在此矣。"秋，楚伐宋以救郑。襄公将战，子鱼谏曰："天之弃商久矣③，不可。"冬，十一月，襄公与楚成王战于泓。楚人未济，目夷曰："彼众我寡，及其未济击之。"公不听。已济未陈（阵），又曰："可击。"公曰："待其已陈（阵）。"陈（阵）成，宋人击之。宋师大败，襄公伤股。国人皆怨公。公曰："君子不困人于厄，不鼓不成列④。"子鱼曰："兵以胜为功，何常言与！必如公言，即奴事之耳，又何战为？"

◎ **注释** ①〔为鹿上之盟〕在鹿上召集诸侯会盟。②〔盂〕宋国的城邑名，在今河南睢县西南。③〔天之弃商久矣〕上天抛弃商朝已经很久了。按，宋国人为殷商的后人。④〔不鼓不成列〕不向尚未排好战斗队形的敌方发动攻击。

◎ **大意** 宋襄公八年，齐桓公去世，宋国想召集诸侯盟会。宋襄公十二年春天，宋襄公想在鹿上召集诸侯会盟，请求楚国来邀集诸侯，楚国人答应了。公子目夷劝谏说："小国争着会盟，是祸患呀！"宋襄公不听。这年的秋天，诸侯在盂与宋襄公会盟。目夷说："祸患将在这里吧？君王的欲望太过分了，怎么能受得了！"于是楚国扣押宋襄公，并征伐宋国。这年的冬天，诸侯在亳地会盟，楚国释放了宋襄公。子鱼说："真正的祸患还没有到来。"宋襄公十三年夏天，宋国征伐郑国。子鱼说："祸患就在这里。"这年的秋天，楚国征伐宋国以救助郑国。宋襄公要出战，子鱼劝谏说："上天抛弃商朝已经很久了，不能出战。"这年的冬季十一月，宋襄公与楚成王在泓水交战。楚国人还没有全部渡河，目夷说："他们人多我们人少，趁他们还没有全部渡河先发动进攻。"宋襄公不听。楚国人全部渡河后，还没有排成阵势时，目夷又说："可以攻击了。"宋襄公说："等他们排成阵势。"楚国人排成阵势，宋国人开始进攻。宋国军队大败，宋襄公大腿受伤。宋国人都埋怨宋襄公。宋襄公说："君子不趁人艰难去使他困窘，不向尚未排好战斗队形的敌方发动攻击。"子鱼说："用兵打仗以取胜为功绩，何必说迂腐之言！如果一定像你说的那样做，那么就当奴隶算了，又何必要交战呢？"

楚成王已救郑，郑享（飨）①之；去而取郑二姬以归。叔瞻曰："成王无礼，其不没乎？为礼卒于无别②，有以知其不遂霸也。"

◎ **注释** ①〔享〕通"飨"，用酒食款待。②〔为礼卒于无别〕两国诸侯相见而最后以无礼收场。

◎ **大意** 楚成王救助郑国后，郑国款待他；他离开时娶了郑君的两个女儿，将她们带回楚国。叔瞻说："楚成王无礼，他会不得善终吧？两国诸侯相见而最后以无礼收场，由此可知他不能成就霸业啊。"

是年，晋公子重耳过，宋襄公以伤于楚，欲得晋援，厚礼重耳以马二十乘。

◎**大意** 这一年，晋公子重耳经过宋国，宋襄公因被楚国打伤，想得到晋国援助，将二十乘马作为厚礼赠送给重耳。

十四年夏，襄公病伤于泓而竟卒，子成公王臣立。

◎**大意** 宋襄公十四年夏天，宋襄公因在泓水之战中所受伤发作而最终去世，儿子宋成公王臣继位。

成公元年，晋文公即位。三年，倍（背）楚盟，亲晋，以有德于文公也。四年，楚成王伐宋，宋告急于晋。五年，晋文公救宋，楚兵去。九年，晋文公卒。十一年，楚太子商臣弑其父成王代立。十六年，秦穆公卒。

◎**大意** 宋成公元年，晋文公即位。宋成公三年，宋国背叛与楚国的盟约而亲近晋国，因为宋国对晋文公有过恩德。宋成公四年，楚成王征伐宋国，宋国向晋国告急。宋成公五年，晋文公援救宋国，楚国军队退走。宋成公九年，晋文公去世。宋成公十一年，楚国太子商臣弑杀了他的父亲楚成王而代立为国君。宋成公十六年，秦穆公去世。

十七年，成公卒。成公弟御杀太子及大司马公孙固而自立为君。宋人共杀君御而立成公少子杵臼，是为昭公。

◎**大意** 宋成公十七年，宋成公去世。宋成公的弟弟御杀死太子及大司马公孙固而自立为国君。宋国人共同杀死国君御，拥立宋成公的小儿子杵臼，这就是宋昭公。

昭公四年，宋败长翟缘斯于长丘。七年，楚庄王即位。

◎**大意** 宋昭公四年，宋国在长丘打败了长翟缘斯。宋昭公七年，楚庄王即位。

九年，昭公无道，国人不附。昭公弟鲍革①贤而下士。先，襄公夫人欲通于公子鲍，不可，乃助之施于国，因大夫华元为右师。昭公出猎，夫人王姬使卫伯攻杀昭公杵臼。弟鲍革立，是为文公。

◎**注释** ①〔鲍革〕即宋文公，一说名鲍，"革"为衍字。梁玉绳曰："《春秋》经、传及《年表》，宋文公名鲍，不名鲍革，徐广云：'一无"革"字是也。'下文一称公子鲍，一称鲍革，衍'革'字。"

◎**大意** 宋昭公九年，宋昭公暴虐无道，国人不拥护他。宋昭公的弟弟公子鲍贤明而又谦恭待人。先前，宋襄公夫人想与公子鲍私通，公子鲍不肯，于是帮助他施恩惠给宋国人，又借助大夫华元使他做了右师。宋昭公出外打猎，夫人王姬指使卫伯攻杀了宋昭公杵臼。宋昭公的弟弟公子鲍继位，这就是宋文公。

文公元年，晋率诸侯伐宋，责以弑君。闻文公定立，乃去。二年，昭公子因文公母弟须与武、缪、戴、庄、桓之族为乱，文公尽诛之，出①武、缪之族。

◎**注释** ①〔出〕逐出国外。

◎**大意**　宋文公元年，晋国率领诸侯征伐宋国，用弑杀君主的罪行责问。听说宋文公已正式即位，于是离去。宋文公二年，宋昭公的儿子借助宋文公的同母弟弟须和武公、穆公、戴公、庄公、桓公的后代作乱，宋文公将他们都诛杀了，赶走了武公、穆公的后代。

四年春，郑命楚伐宋。宋使华元将，郑败宋，囚华元。华元之将战，杀羊以食士①，其御②羊羹不及，故怨，驰入郑军，故宋师败，得囚华元。宋以兵车百乘文马四百匹赎华元。未尽入，华元亡归宋。

◎**注释**　①〔食士〕犒赏士兵。②〔御〕仆，车夫。
◎**大意**　宋文公四年春天，郑国奉楚国命令讨伐宋国。宋国派华元为大将，郑国打败宋国，俘虏了华元。华元将要和郑军作战，杀羊犒劳士兵。他的车夫没有吃上羊羹，所以心怀怨恨，驾着华元的军车冲入郑军中，所以宋国军队战败，华元被俘。宋国用一百乘兵车、四百匹良马来赎华元。赎礼还没有全部送到，华元逃回了宋国。

十四年，楚庄王围郑。郑伯降楚，楚复释之。

◎**大意**　宋文公十四年，楚庄王围攻郑国。郑伯投降楚国，楚国又放了他。

十六年，楚使过宋，宋有前仇①，执楚使。九月，楚庄王围宋。十七年，楚以（已）围宋五月不解，宋城中急，无食，华元乃夜私见楚将子反。子反告庄王。王问："城中何如？"曰："析骨而炊，易子而食。"庄王曰："诚哉言！我军亦有二日粮。"以信故，遂罢兵去。

◎**注释** ①〔宋有前仇〕楚大夫申舟曾笞打宋昭公的车夫并示众全军以侮辱他。

◎**大意** 宋文公十六年，楚国使者经过宋国，宋国因与楚国有旧仇，抓住了楚国使者。这年的九月，楚庄王围攻宋国。宋文公十七年，楚军围攻宋国五个月没有解围，宋国城内危急，没有粮食，华元就在夜晚私下会见楚国将领子反。子反告诉楚庄王。楚庄王问："城中怎么样？"子反回答："劈人骨头煮饭，交换儿子杀了吃。"楚庄王说："这是实话！我军的粮食也只够吃两天。"因为信义，就退兵走了。

二十二年，文公卒，子共公瑕立。始厚葬。君子讥华元不臣矣。

◎**大意** 宋文公二十二年，宋文公逝世，儿子宋共公瑕继位。宋国开始实行厚葬。君子讥讽华元做事不合臣子的规矩。

共公十年，华元善楚将子重，又善晋将栾书，两盟晋楚①。十三年，共公卒。华元为右师，鱼石②为左师③。司马唐山攻杀太子肥，欲杀华元，华元奔晋，鱼石止之，至河乃还，诛唐山。乃立共公少子成，是为平公。

◎**注释** ①〔两盟晋楚〕与晋、楚两国结盟。②〔鱼石〕公子目夷的曾孙。③〔左师〕春秋战国时期官名，主管教导国君。

◎**大意** 宋共公十年，华元与楚国将领子重交好，又与晋国将领栾书交好，与晋国、楚国都订了盟约。宋共公十三年，宋共公逝世。华元任右师，鱼石任左师。司马唐山攻杀太子肥，想杀华元，华元准备逃往晋国，鱼石阻止他，华元到了黄河边就返回，诛杀了司马唐山。于是拥立宋共公的小儿子成，这就是宋平公。

平公三年，楚共王拔宋之彭城，以封宋左师鱼石。四年，诸侯共诛鱼石，而归彭城于宋。三十五年，楚公子围弑其君自立，为灵王。四十四年，平公卒，子元公佐立。

◎**大意** 宋平公三年，楚共王攻占了宋国的彭城，将它分封给宋国左师鱼石。宋共公四年，诸侯共同诛杀鱼石，并将彭城归还给宋国。宋平公三十五年，楚国公子围弑杀他的君主自立，就是楚灵王。宋平公四十四年，宋平公去世，儿子宋元公佐继位。

元公三年，楚公子弃疾弑灵王自立，为平王。八年，宋火。十年，元公毋信，诈杀诸公子，大夫华、向氏作乱。楚平王太子建来奔，见诸华氏相攻乱，建去如郑。十五年，元公为鲁昭公避季氏居外，为之求入鲁①，行道卒，子景公头曼立。

◎**注释** ①〔求入鲁〕求大的诸侯国援助鲁昭公，让他回到鲁国复位。
◎**大意** 宋元公三年，楚国公子弃疾弑杀楚灵王自立，就是楚平王。宋元公八年，宋国发生火灾。宋元公十年，宋元公不守信用，用欺诈手段杀死了诸位公子，大夫华氏、向氏起兵作乱。楚平王的太子建前来投奔，看到华氏家族相互攻打乱作一团，就离开宋国去投奔郑国。宋元公十五年，宋元公因为鲁昭公躲避季氏居住在外，为他谋求大的诸侯国的援助，使他回到鲁国继位，奔走到半路上死了，儿子宋景公头曼继位。

景公十六年，鲁阳虎来奔，已复去。二十五年，孔子过宋，宋司马桓魋恶之，欲杀孔子，孔子微服①去。三十年，曹倍（背）宋，又倍（背）晋，宋伐曹，晋不救，遂灭曹有之。三十六年，齐田常弑简公。

◎**注释**　①〔微服〕旧时帝王、官吏为了隐藏自己的身份而改穿平民的服装。

◎**大意**　宋景公十六年，鲁国的阳虎前来投奔，不久又离去。宋景公二十五年，孔子经过宋国，宋国司马桓魋憎恨孔子，想杀孔子，孔子穿上平民的服装离开了。宋景公三十年，曹国背叛宋国，又背叛晋国，宋国讨伐曹国，晋国不救援，于是灭掉曹国据为己有。宋景公三十六年，齐国的田常弑杀齐简公。

三十七年，楚惠王灭陈。荧惑守心①。心，宋之分野②也。景公忧之。司星③子韦曰："可移于相。"景公曰："相，吾之股肱。"曰："可移于民。"景公曰："君者待民。"曰："可移于岁。"景公曰："岁饥民困，吾谁为君！"子韦曰："天高听卑。君有君人之言三，荧惑宜有动。"于是候之，果徙三度。

◎**注释**　①〔荧惑守心〕荧惑，即火星。守指甲星侵占乙星通常所在的天区。心，心宿，二十八宿之一。②〔分野〕古代的一种迷信说法，将天空星宿分为十二次，配属于地面各个区域，用来占卜吉凶。③〔司星〕掌管占测天文星象的官。

◎**大意**　宋景公三十七年，楚惠王灭掉陈国。火星占心宿天区。心宿，对应宋国的境界。宋景公为此担忧。掌管星象的子韦说："可以将灾祸移到国相身上。"宋景公说："国相，犹如我的大腿胳膊。"子韦说："可以转移到民众身上。"宋景公说："国君要依靠的就是民众。"子韦说："可以转移到收成上。"宋景公说："收成不好，民众困苦，我当谁的君主呢？"子韦说："天在高处能听到地上人的谈话。你有不愧为国君的三句话，火星应该移动了。"于是再观察，火星果真移动了三度。

六十四年，景公卒。宋公子特攻杀太子而自立，是为昭公。昭公者，元公之曾庶孙也。昭公父公孙纠，纠父公子褍秦，褍秦即元公少子也。景公杀昭公父纠，故昭公怨，杀太子而自立。

◎**大意**　宋景公六十四年，宋景公去世。宋国公子特攻杀太子而自立为君，这就是宋昭公。宋昭公是宋元公的曾庶孙。宋昭公的父亲是公孙纠，公孙纠的父亲是公子褍秦，褍秦就是宋元公的小儿子。宋景公杀了宋昭公的父亲公孙纠，所以宋昭公怨恨并杀死宋景公的太子，自立为君。

昭公四十七年卒，子悼公购由立。悼公八年卒，子休公田立。休公田二十三年卒，子辟公辟兵立。辟公三年卒，子剔成立。剔成四十一年，剔成弟偃攻袭剔成，剔成败，奔齐，偃自立为宋君。

◎**大意**　宋昭公四十七年去世，儿子宋悼公购由继位。宋悼公八年去世，儿子宋休公田继位。宋休公田二十三年去世，儿子宋辟公辟兵继位。宋辟公三年去世，儿子剔成继位。剔成四十一年，剔成的弟弟偃攻袭剔成，剔成战败逃奔齐国，偃自立为宋国国君。

君偃十一年，自立为王。东败齐，取五城；南败楚，取地三百里；西败魏军，乃与齐、魏为敌国。盛血以韦囊①，县（悬）而射之，命曰"射天"。淫于酒、妇人。群臣谏者辄射之。于是诸侯皆曰"桀宋"。"宋其复为纣所为，不可不诛"。告齐伐宋。王偃立四十七年，齐湣王与魏、楚伐宋，杀王偃，遂灭宋而三分其地。

◎**注释**　①〔韦囊〕皮口袋。
◎**大意**　宋君偃十一年，自立为王。向东打败齐国，夺取了五座城池；向南打败楚国，夺取了三百里土地；向西打败魏国军队，于是跟齐国、魏国成为敌国。他用皮袋盛血，悬挂起来用箭射，称为"射天"。他沉溺于酒色。群臣有进谏的就用箭射杀他们。于是诸侯都说他是"桀宋"。"宋国又出现如殷纣王所作所为的人，不可不诛杀"。诸侯请求齐国讨伐宋国。宋王偃即位四十七年，齐湣王和魏国、楚国讨伐宋国，杀死宋王偃，于是灭了宋国，由三国瓜分了它的领土。

太史公曰：孔子称"微子去之，箕子为之奴，比干谏而死，殷有三仁焉"。《春秋》讥宋之乱自宣公废太子而立弟，国以不宁者十世。襄公之时，修行仁义，欲为盟主。其大夫正考父①美之，故追道契、汤、高宗，殷所以兴，作《商颂》。襄公既败于泓，而君子或以为多②，伤中国阙礼义，褒之也，宋襄之有礼让也。

◎**注释** ①〔正考父〕孔子的祖先，西周末东周初人，曾辅佐宋戴公、宋武公、宋宣公，以行为恭谨著称。②〔多〕赞美、称道。

◎**大意** 太史公说：孔子称"微子离去，箕子当了奴隶，比干劝谏而死，殷朝有三位仁人"。《春秋》讥刺宋国的内乱从宋宣公废太子而立弟弟开始，国家不得安定达十世。宋襄公的时候，修行仁义，想当盟主。他的大夫正考父赞美他，所以追述契、商汤王、商高宗，说明殷朝兴盛的原因，创作了《商颂》。宋襄公在泓水打了败仗后，仍有君子赞美宋襄公，这是痛感中原地区的国家缺少礼义，所以褒扬宋襄公，因为宋襄公是有礼让精神的人。

◎**释疑解惑**

李景星评此篇说："太史公以上下千古眼光而作《史记》，其叙事往往有寄托深远，为后人以为不必为，实则不敢为、不能为处。如世家中之《宋微子世家》，入后人手中，必上及武庚反诛而后已。是篇开端叙三仁事，几占全篇之半；而于三仁中，叙箕子事，又几占三仁之过半。譬如白头父老谈故家世系，至其所以零落，与其重器之沉沦草莽及流落他家者，则必缕缕述之；甚或伤心之极，泪随语下，而有不能自知者。《微子世家》之详叙三仁等事，亦犹是也。注意既在前幅，其下叙事乃纯以简净胜，而绝无枝蔓之处，亦再不粘连前事，只中间记子鱼之言曰'天之弃商久矣'！于有意无意之间着此一句，遂觉凄婉入神，牵一发而全神俱动。末后又云'诸侯皆曰"桀宋"''宋其复为纣所为，不可不诛'。与篇首数'纣'字遥遥相应,章法绝佳。赞语仍从三仁起,见出作本篇主意,而于襄公之事独低徊不置,盖又深叹春秋世变,而于此三致意焉。""三仁"及宋襄公,乃是《宋微子世家》重点叙写的对象。司马迁写"三仁",又重点写箕子,且在文中通过周武王与箕子的一问一答,全文转述了《尚书·洪范》,可见他对该文所述治国方略的赞同与重视。而宋襄公在礼坏乐崩的春秋时期,不自量力,试图通过仁义手段博取霸主地位,非常迂腐可笑。盂之会的被俘、泓之战的惨败,使他沦为历史的笑柄。南宋黄震曰:"宣公舍子与夷而立其弟穆公,穆公不能忘德,将死,复立与夷为殇公。殇公立十年,十一战,而宋始乱,是穆贤而殇不肖甚明。宣之让贤也甚公,乱不始于宣之让也。史讥'宣公废太子而立弟,国以不宁者十世',春秋之世无宁国,岂皆让使之然欤?其后,襄公让兄目夷,不果,襄公卒以不用目夷之言而败。向使目夷为之君,宋未可量也,让岂阶乱之举哉?当是时,人君溺私爱,废嫡立庶,或以弟弑兄而攘其国,子孙干戈相寻者总总也,史不之讥,而讥宋宣之谋何也?且襄公初欲让国目夷,不果,则相之,知其贤于己也而卒不用。知贤而不能用,襄盖妄人耳;史反多其礼让,又何欤?"《史记评林》引述明人凌稚隆的话:"宋之乱,肇于宣公之逊国,而成于襄公之争盟。废子立弟,犹有礼让之遗风。为战,危事也,而以不鼓不成列,自取败亡,岂非愚耶?而君子或多之,过矣。"然而,清人林伯桐在《史记蠡测》中提出:"宋襄公最不济,而尝列于王霸,颇不可解。岂非人心恶楚,故不忍于宋襄之败;而宋襄又早以让国得名,故遂以次于桓、文之后耶?史公曰:'伤中国缺礼仪,褒之也,宋襄之有礼让也',其言当矣。"司马迁对宋襄公加以称赞,可见他对春秋以来,尤其是汉代道德沦丧、世风日下局面的慨叹。

◎ 思考辨析题

1. "殷三仁"指的是哪三位贤者?
2. 如何评价宋襄公?

晋世家第九

《晋世家》讲述了西周和春秋时期的晋国约七百年的兴亡史。晋国出自周成王的弟弟姬虞,姬虞的儿子晋侯姬燮父徙居晋水,至晋孝侯时,晋国都城在翼城;曲沃城代替翼城之后,晋献公又把都城迁到绛城(今山西翼城东南)。《晋世家》对晋国史事的叙述分为两条线,一是写对外活动,如与其他国家进行外交、兼并战争,与楚国对抗、争霸天下之类。二是先写晋文公之前国家公室内部骨肉间的阴谋斗争、篡夺仇杀,接着写晋平公之前公室与卿族之间的反复夺权,晋灵公、晋厉公因打击卿族、强化公室失败而送命。最后写晋平公后公室逐渐没落,卿族则由"六卿"到"四卿",最后形成韩、赵、魏三家并立的格局,三家势力已远在晋君之上。最终到晋静公时,韩、赵、魏三家瓜分晋国,晋国就此灭亡。

西周初年，周成王封自己的弟弟姬虞于唐地，称为唐叔虞。唐地曾是唐尧的都城。唐叔姬虞的儿子姬燮父因尧墟以南有晋水，改称晋侯。晋穆侯娶齐女姜氏为夫人，生太子，取名"仇"。晋国大夫师服认为太子名"仇"，少子名"成师"，这是嫡庶名字颠倒，预示着晋国将要发生内乱。果然，晋穆侯死后，其弟殇叔自立为君，太子仇出逃，内乱开始。当然，这仅仅是一种巧合，根本原因在于："末大于本而得民心，不乱何待！"父死子继、兄终弟及是古代君主传位的两种方式。为了巩固地位，各朝君主一般都是趁自己健在时，就确定太子作为继承人。这样，争夺太子之位便成为争夺君位的"序幕"。晋献公宠爱年轻貌美的骊姬，爱屋及乌，便想废掉原来立的太子姬申生，改立骊姬生的儿子姬奚齐为太子。这本来正中骊姬下怀，骊姬却装模作样哭哭啼啼表示不同意，还以自杀威胁晋献公，暗中又让太子姬申生去祭母，把祭祀的福肉献给晋献公，并趁机把毒药投进祭肉中，以达到中伤姬申生、立姬奚齐为太子的目的。骊姬的做法可谓极尽狠毒。面对这一出其不意的阴谋，姬申生先是仓皇逃回封地，而后考虑父亲年老，失去骊姬将"寝不稳，食无味"，最终只好背负恶名，自杀身亡。读者对此，也只能发一声"哀其不幸、怒其不争"的叹息。

晋文公从年轻时就好学不倦，十七岁曾结交五位贤士，在国外逃亡十九年，经历过各种艰难险阻，积累了丰富的治国治民经验，终于在六十二岁时返回晋国，成为晋国君主。在执政期间，他修明政务、施惠百姓、奖惩分明，实行了一系列改革。但他也曾犯有两个错误。在逃亡途中，他爱恋在齐国娶的妻子，贪图安乐，竟忘记重任，放弃理想，不再奋发向前。他的妻子与随从用计灌醉他，抱他上车，离开齐国。醒后，他知中计，想杀死随从——自己的舅父。这是他的错误之一。返回晋国后，他奖赏与他同舟共济的有功之臣时，竟忘记了忠心耿耿的介子推。这是他的错误之二。但晋文公知错必改，当认识到随从使用计策使得他离开齐国是正确的做法时，就没有杀死舅父，而与随从们一起前行。当他认识到未能及时给介子推奖赏的错误时，便派人到处寻找介子推。当听说介子推已进入绵上山时，便下令把整座山作为"介推田"封给介子推，改绵上山为介山，"以记吾过，且旌善人"。这些做法都争得了民心，巩固了他的地位。

帝王都会犯或大或小的错误，但犯了错误能诚心听取各方面的意见，知错、认错、改错的却只有明君、圣王才能做到。所以汉代政论家王符在《潜夫论·明暗》篇中说："君之所以明者，兼听也；其所以暗者，偏信也。"因此，"兼听则明，偏听则暗"就成为一句箴言流传了下来。这句箴言，从大处讲可以治国安邦，从小处讲可以修身养性。

晋文公有政治头脑，有处事手段，既善于把握时机，也善于驾驭人才，在位的时间虽短，但在众多贤才的辅佐下使晋国的地位臻于极盛，并给晋国留下了八十年的霸主余威，故而深受司马迁的推崇赞美。《史记》不仅用浓墨重彩的文笔详述了晋文公君臣的流亡历程、执政措施、称霸业绩，而且在结尾论赞中以晋文公善处君臣关系为例，说明君主对待臣下的态度将在很大程度上决定国家的前途命运。这也是《晋世家》最为精彩的地方，更是司马迁良政理想之所寄托。

晋唐叔虞者，周武王子而成王弟。初，武王与叔虞母会时，梦天谓武王曰："余命女（汝）生子，名虞，余与之唐。"及生子，文在其手曰"虞",故遂因命之曰虞。

◎**大意** 唐叔姬虞是周武王的儿子，周成王的弟弟。当初，周武王与姬虞的母亲结合时，梦见天神对周武王说："我让你生个儿子，名叫虞，我赐给他唐地。"等到生下儿子，这个孩子手上有像"虞"字的纹理，所以武王就给他取名虞。

武王崩，成王立，唐有乱，周公诛灭唐。成王与叔虞戏，削桐叶为珪①以与叔虞，曰："以此封若。"史佚因请择日立叔虞。成王曰："吾与之戏耳。"史佚曰："天子无戏言。言则史书之，礼成之，乐歌之。"于是遂封叔虞于唐。唐在河、汾之东，方百里，故曰唐叔虞。姓姬氏，字子于。

◎**注释** ①〔珪〕古玉器名，长条形，上端作三角状。古代贵族朝聘、祭祀、丧葬所用的礼器。

◎**大意** 周武王去世，周成王即位，唐地发生叛乱，周公诛灭了唐地的叛乱人员。周成王与姬虞开玩笑，把桐树叶削成珪的形状送给姬虞，说："我用这个册封你。"史佚因此请求选择日期册封姬虞。周成王说："我只是跟他开玩笑。"史佚说："天子没有开玩笑的话。天子说了话，史官就记载它，用礼仪完成它，用乐章歌唱它。"成王于是就把姬虞封在唐地。唐地在黄河、汾河的东面，方圆百里，所以姬虞被称为唐叔虞。唐叔虞姓姬，字子于。

唐叔子燮，是为晋侯。晋侯子宁族，是为武侯。武侯之子服人，是为成侯。成侯子福，是为厉侯。厉侯之子宜臼，是为靖侯。靖侯已来，年纪可推。自唐叔至靖侯五世，无其年数。

◎**大意**　唐叔的儿子姬燮，这就是晋侯。晋侯的儿子姬宁族，这就是晋武侯。晋武侯的儿子姬服人，这就是晋成侯。成成侯的儿子姬福，这就是晋厉侯。晋厉侯的儿子姬宜臼，这就是晋靖侯。晋靖侯以来，年代可以推算。从唐叔姬虞到靖侯五代，他们在位的年数没有记载。

靖侯十七年，周厉王迷惑暴虐，国人作乱，厉王出奔于彘，大臣行政，故曰"共和"。

◎**大意**　晋靖侯十七年，周厉王昏聩残暴，国人起来作乱，周厉王出逃到彘地，大臣行使政务，所以叫"共和"。

十八年，靖侯卒，子釐侯司徒立。釐侯十四年，周宣王初立。十八年，釐侯卒，子献侯籍立。献侯十一年卒，子穆侯费王立。

◎**大意**　晋靖侯十八年，晋靖侯去世，儿子晋釐侯姬司徒继位。晋釐侯十四年，周宣王新即位。晋釐侯十八年，晋釐侯去世，儿子晋献侯姬籍继位。晋献侯十一年去世，儿子晋穆侯姬费王继位。

穆侯四年，取（娶）齐女姜氏为夫人。七年，伐条①。生太子仇。十年，伐千亩②，有功。生少子，名曰成师。晋人师服③曰："异哉，君之命子也！太子曰仇，仇者雠也。少子曰成师，成师大号，成之者也。名，自命也；物，自定也。今適（嫡）庶④名反逆，此后晋其（岂）能毋乱乎？"

◎**注释**　①〔条〕即"条戎"，古部族名，活动于今山西运城的中条山鸣条冈一带。

②〔千亩〕晋国的地名，在今山西安泽北。③〔师服〕晋国的大夫。④〔適庶〕適，通"嫡"。这里指嫡子，即宗法社会中正妻所生的长子。按规定，君王的嫡子应被立为太子。庶，旁支。这里指庶子，旧称妾所生的儿子为庶子。

◎**大意** 晋穆侯四年，晋穆侯娶了齐国女子姜氏为夫人。晋穆侯七年，攻伐条戎。生太子仇。晋穆侯十年，攻伐千亩，有战果。生了小儿子，取名成师。晋国人师服说："君王给儿子取名真是奇怪啊！太子叫仇，仇就是仇敌。小儿子叫成师，成师是大名号，是有成就的意思。名字是自己称呼的，事物是由自身安排的。现在嫡子与庶子的名号相反相逆，从此以后，晋国怎能不出乱子呢？"

二十七年，穆侯卒，弟殇叔自立，太子仇出奔。殇叔三年，周宣王崩。四年，穆侯太子仇率其徒袭殇叔而立，是为文侯。

◎**大意** 晋穆侯二十七年，晋穆侯去世，弟弟殇叔自立为国君，太子仇出国逃亡。殇叔三年，周宣王去世。殇叔四年，晋穆侯的太子仇率领他的徒众袭击殇叔，自立为国君，这就是晋文侯。

文侯十年，周幽王无道，犬戎杀幽王，周东徙，而秦襄公始列为诸侯。

◎**大意** 晋文侯十年，周幽王荒淫无道，犬戎人杀死周幽王，周王室东迁，而秦襄公开始被列为诸侯。

三十五年，文侯仇卒，子昭侯伯立。

◎**大意** 晋文侯三十五年，晋文侯姬仇去世，儿子晋昭侯姬伯继位。

昭侯元年，封文侯弟成师于曲沃①。曲沃邑大于翼②。翼，晋君都邑也。成师封曲沃，号为桓叔。靖侯庶孙栾宾相桓叔。桓叔是时年五十八矣，好德，晋国之众皆附焉。君子曰："晋之乱其在曲沃矣。末大于本，而得民心，不乱何待！"

◎**注释** ①〔曲沃〕晋国的城邑名，在今山西闻喜东北。②〔翼〕晋国的都城，在今山西翼城东南。

◎**大意** 晋昭侯元年，封晋文侯的弟弟成师到曲沃。曲沃的城邑比翼城大。翼城是晋国国君的都城。成师被封在曲沃，号称桓叔。晋靖侯的庶孙姬栾宾辅佐桓叔。桓叔这时年纪五十八岁，喜欢施行德政，晋国的民众都归附他。君子说："晋国的内乱就出在曲沃了。末梢大于本干，而得到民心，不发生动乱还等什么呢！"

七年，晋大臣潘父弑其君昭侯而迎曲沃桓叔。桓叔欲入晋，晋人发兵攻桓叔。桓叔败，还归曲沃。晋人共立昭侯子平为君，是为孝侯。诛潘父。

◎**大意** 晋昭侯七年，晋国的大臣潘父弑杀他的国君晋昭侯，并去迎接在曲沃的桓叔。桓叔想进入晋国都城，晋国人发兵攻打桓叔。桓叔兵败，返回曲沃城。晋国人共同拥立晋昭侯的儿子姬平为国君，这就是晋孝侯。晋国诛杀了潘父。

孝侯八年，曲沃桓叔卒，子鱓代桓叔，是为曲沃庄伯。孝侯十五年，曲沃庄伯弑其君晋孝侯于翼。晋人攻曲沃庄伯，庄伯复入曲沃。晋人复立孝侯子郄为君，是为鄂侯。

◎**大意**　晋孝侯八年，曲沃桓叔去世，儿子姬鱓（shàn）接替桓叔，就是曲沃庄伯。晋孝侯十五年，曲沃庄伯在翼城弑杀他的国君晋孝侯。晋国人攻打曲沃庄伯，庄伯又退回曲沃城。晋国人又拥立了晋孝侯的儿子姬郄为国君，这就是晋鄂侯。

鄂侯二年，鲁隐公初立。

◎**大意**　晋鄂侯二年，鲁隐公新即位。

鄂侯六年卒。曲沃庄伯闻晋鄂侯卒，乃兴兵伐晋。周平王使虢公将兵伐曲沃庄伯，庄伯走保曲沃。晋人共立鄂侯子光，是为哀侯。

◎**大意**　晋鄂侯六年去世。曲沃庄伯听说晋鄂侯去世了，就调集军队讨伐晋国。周平王派虢公领兵讨伐曲沃庄伯，庄伯退走，守卫曲沃城。晋国人共同拥立晋鄂侯的儿子姬光，这就是晋哀侯。

哀侯二年，曲沃庄伯卒，子称代庄伯立，是为曲沃武公。哀侯六年，鲁弑其君隐公。哀侯八年，晋侵陉廷①。陉廷与曲沃武公谋，九年，伐晋于汾旁，虏哀侯。晋人乃立哀侯子小子为君，是为小子侯。

◎**注释**　①〔陉廷〕晋国的城邑名，在今山西曲沃东北。
◎**大意**　晋哀侯二年，曲沃庄伯去世，儿子姬称接替庄伯继位，这就是曲沃武公。晋哀侯六年，鲁国弑杀了他们的国君鲁隐公。晋哀侯八年，晋国入侵陉廷。陉廷人与曲沃武公谋划，晋哀侯九年，在汾水旁攻伐晋国，俘虏了晋哀侯。晋国人就拥立晋哀侯的儿子姬小子为国君，这就是晋小子侯。

小子元年，曲沃武公使韩万①杀所虏晋哀侯。曲沃益强，晋无如之何。

◎**注释** ①〔韩万〕曲沃桓叔的儿子。
◎**大意** 晋小子侯元年，曲沃武公指使韩万杀掉了所俘虏的晋哀侯。曲沃日益强大，晋国对它无可奈何。

晋小子之四年，曲沃武公诱召晋小子杀之。周桓王使虢仲①伐曲沃武公，武公入于曲沃，乃立晋哀侯弟缗为晋侯。

◎**注释** ①〔虢（guó）仲〕虢公的后代，当时为周桓王的卿士。
◎**大意** 晋小子侯四年，曲沃武公诱骗招来晋小子侯，杀了他。周桓王派虢仲讨伐曲沃武公，武公退入曲沃城，晋哀侯的弟弟姬缗被拥立为晋侯。

晋侯缗四年，宋执郑祭仲而立突为郑君。晋侯十九年，齐人管至父弑其君襄公。

◎**大意** 晋侯姬缗四年，宋国抓住祭仲而拥立姬突为郑国国君。晋侯姬缗十九年，齐国人管至父弑杀了他的国君齐襄公。

晋侯二十八年，齐桓公始霸。曲沃武公伐晋侯缗，灭之，尽以其宝器赂献于周釐王。釐王命曲沃武公为晋君，列为诸侯，于是尽并晋地而有之。

◎**大意** 晋侯姬缗二十八年，齐桓公开始称霸。曲沃武公征伐晋侯姬缗，灭掉晋国，将珍宝重器尽数贿赂献给周釐王。周釐王册命曲沃武公为晋国国君，列为诸侯，于是曲沃武公全部兼并了晋国的土地而占有了它。

曲沃武公已即位三十七年矣，更号曰晋武公。晋武公始都晋国①，前即位曲沃，通年三十八年。

◎**注释**　①〔都晋国〕开始以晋国的都城翼城作为自己的都城。
◎**大意**　曲沃武公即位三十七年后，更改名号称为晋武公。晋武公开始在晋国都城翼城建都，以前在曲沃即位，总计在位三十八年。

武公称者，先晋穆侯曾孙也，曲沃桓叔孙也。桓叔者，始封曲沃。武公，庄伯子也。自桓叔初封曲沃以至武公灭晋也，凡六十七岁，而卒代晋为诸侯。武公代晋二岁，卒。与曲沃通年，即位凡三十九年而卒。子献公诡诸立。

◎**大意**　武公姬称是先前晋穆侯的曾孙，曲沃桓叔的孙子。桓叔开始分封在曲沃。武公是庄伯的儿子。从桓叔最初封在曲沃一直到武公灭掉晋国，共计六十七年，终于取代晋国国君成为诸侯。武公取代晋国国君的第二年去世。与在曲沃当政的时间合并计算，在位共三十九年去世。儿子晋献公姬诡诸继位。

献公元年，周惠王弟颓攻惠王，惠王出奔，居郑之栎邑。

◎**大意**　晋献公元年，周惠王的弟弟姬颓攻打周惠王，周惠王出外逃亡，居住在郑国的栎城。

晋世家第九

五年，伐骊戎①，得骊姬、骊姬弟②，俱爱幸之。

◎**注释** ①〔骊戎〕部族名，西戎别居在骊山的一支。②〔弟〕古代也称妹为弟。
◎**大意** 晋献公五年，攻伐骊戎，得到骊姬和骊姬的妹妹，对她们都很宠爱。

八年，士蒍说公曰："故晋之群公子多，不诛，乱且起。"乃使尽杀诸公子，而城聚都之，命曰绛，始都绛。九年，晋群公子既亡奔虢，虢以其故再伐晋，弗克。十年，晋欲伐虢，士蒍曰："且待其乱。"

◎**大意** 晋献公八年，士蒍（wěi）劝说晋献公："原晋国的公子们人数众多，不诛杀他们，祸乱将要发生。"晋献公于是派人去把原先晋国的诸位公子全部杀死，又在聚地筑城建立国都，起名为绛，开始以绛城为国都。晋献公九年，晋国的公子们已逃亡到虢国，虢公因为这个两次征伐晋国，没有取胜。晋献公十年，晋国想征伐虢国，士蒍说："暂且等待它出现内乱。"

十二年，骊姬生奚齐。献公有意废太子，乃曰："曲沃吾先祖宗庙所在，而蒲边秦，屈边翟，不使诸子居之，我惧焉。"于是使太子申生居曲沃，公子重耳居蒲，公子夷吾居屈。献公与骊姬子奚齐居绛。晋国以此知太子不立也。太子申生，其母齐桓公女也，曰齐姜，早死。申生同母女弟为秦穆公夫人。重耳母，翟之狐氏女也。夷吾母，重耳母女弟也。献公子八人，而太子申生、重耳、夷吾皆有贤行。及得骊姬，乃远此三子。

◎**大意** 晋献公十二年，骊姬生了姬奚齐。晋献公有意废掉太子，于是说："曲沃是我祖先宗庙所在地，而蒲城临近秦国，屈城临近翟族，不派各位儿子去那里居住，我感到害怕。"于是派太子姬申生居住在曲沃，公子姬重耳居住在蒲城，公子姬夷吾居住在屈城。晋献公和骊姬的儿子姬奚齐居住在绛城。晋国人因此知道太子不能被立为国君。太子姬申生，他的母亲是齐桓公的女儿，叫齐姜，早已去世。姬申生同母所生的妹妹是秦穆公夫人。姬重耳的母亲，是翟族狐氏的女儿。姬夷吾的母亲，是姬重耳母亲的妹妹。晋献公有八个儿子，太子姬申生、姬重耳、姬夷吾都有贤良的德行。等得到骊姬，晋献公就疏远了这三个儿子。

十六年，晋献公作二军。公将上军，太子申生将下军，赵夙御戎，毕万为右，伐灭霍，灭魏，灭耿。还，为太子城曲沃，赐赵夙耿，赐毕万魏，以为大夫。士蒍曰："太子不得立矣。分之都城①，而位以卿，先为之极，又安得立！不如逃之，无使罪至。为吴太伯②，不亦可乎，犹有令名。"太子不从。卜偃曰："毕万之后必大。"万，盈数也；魏（巍），大名也。以是始赏，天开之矣。天子曰兆民，诸侯曰万民，今命之大，以从盈数，其必有众。"初，毕万卜仕于晋国，遇《屯》之《比》。辛廖占之曰："吉。《屯》固，《比》入，吉孰大焉。其后必蕃昌。"

◎**注释** ①〔都城〕城有先君之主曰都。②〔为吴太伯〕仿效吴太伯让位之事。
◎**大意** 晋献公十六年，晋献公建立二军。晋献公统领上军，太子姬申生统领下军，赵夙驾驭兵车，毕万担任护卫，攻伐并灭掉霍、魏、耿。回朝后，为太子在曲沃筑城，赐给赵夙耿地，赐给毕万魏地，任命他们为大夫。士蒍说："太子不能继位了。分给他都城，让他有了卿的地位，预先使他达到人臣的极点，又怎么能继位！不如逃走，不要等罪过降临。做吴太伯一样的人，不也可以吗？还能落个好名声。"太子姬申生不肯听从。卜偃说："毕万的后代一定会强大。万，满数；魏，是大的意思。献公一开始就把魏地赏赐给毕万，是上天为毕万开拓了强大之路。天子号称统有兆民，诸侯号称统有万民，如今给毕万大名，再加上满数，他一定会拥有民众。"当初，毕万占卜在晋国仕途的吉凶，显示由屯卦演成比卦。辛廖解释卦兆说："吉利。《屯》象征坚固而《比》象征顺达，没有比这更吉利的了。他的后代一定会蕃息昌盛。"

十七年，晋侯使太子申生伐东山。里克谏献公曰："太子奉冢祀①社稷之粢盛，以朝夕视君膳者也，故曰冢子。君行则守，有守则从，从曰抚军，守曰监国，古之制也。夫率师，专行谋也；誓军旅②，君与国政之所图也，非太子之事也。师在制命而已，禀命③则不威，专命则不孝，故君之嗣適（嫡）不可以帅师。君失其官，率师不威，将安用之？"公曰："寡人有子，未知其太子谁立。"里克不对而退，见太子。太子曰："吾其废乎？"里克曰："太子勉之！教以军旅，不共（供）是惧，何故废乎？且子惧不孝，毋惧不得立。修己而不责人，则免于难。"太子帅师，公衣之偏衣，佩之金玦。里克谢病，不从太子。太子遂伐东山。

◎**注释** ①〔冢祀〕宗庙之祭祀。②〔誓军旅〕号令军队。③〔禀命〕遇事向国君请示。

◎**大意** 晋献公十七年，晋献公派太子姬申生去征伐东山。里克劝谏晋献公说："太子是供奉宗庙祭祀和社稷祭物，以及早晚侍奉国君饮食的人，所以叫冢子。国君出行则太子留守，有人留守则太子随行，随行叫抚军，留守叫监国，这是古代的制度。统率军队，需对各种谋略作出决断；号令军队，是国君与执政大臣的职责，不是太子的事。统率军队在于发号施令，遇事向国君请示就没有威严，而独断专行则是不孝，所以国君的嫡子不可以统率军队。国君用错了官员，统军的没有权威，怎么能打仗呢？"晋献公说："我有几个儿子，不知道该立谁为太子。"里克没有答话而退了出来，见到太子。太子说："我将被废黜吗？"

里克说:"太子努力吧!国君让您率军出征,只怕您不能完成任务,为什么会废黜您呢?而且做儿子的应该害怕不孝,不应该害怕不能继位。严格要求自己而不责备他人,就可以避免灾难。"太子姬申生统率军队,晋献公让他穿上左右异色的衣服,佩戴金玦。里克推说生病,没有跟随太子出征。太子于是攻伐东山。

十九年,献公曰:"始吾先君庄伯、武公之诛晋乱,而虢常助晋伐我,又匿晋亡公子,果为乱。弗诛,后遗子孙忧。"乃使荀息以屈产之乘①假道于虞。虞假道,遂伐虢,取其下阳以归。

◎**注释** ①〔屈产之乘〕屈地所产的良马。屈,晋国城邑名,在今山西吉县。
◎**大意** 晋献公十九年,晋献公说:"当初我的前代国君庄伯、武公平定晋国内乱时,虢国经常帮助晋国讨伐我们,又藏匿了晋国逃亡的公子,现在果真造成祸乱。不诛灭虢,以后会给子孙留下忧患。"于是派荀息用屈地所产的良马向虞国借道。虞国同意借道,晋国就征伐虢国,夺取了它的下阳后回国。

献公私谓骊姬曰:"吾欲废太子,以奚齐代之。"骊姬泣曰:"太子之立,诸侯皆已知之,而数将兵,百姓附之,奈何以贱妾之故废適(嫡)立庶?君必行之,妾自杀也。"骊姬详(佯)誉太子,而阴令人谮恶太子,而欲立其子。

◎**大意** 晋献公私下对骊姬说:"我想废黜太子,用姬奚齐取代他。"骊姬哭泣说:"申生被立为太子,诸侯都已知道,而且他多次领兵,百姓归附他,怎么能因为贱妾废掉嫡子而立庶子呢?君王一定要这样做,妾就自杀。"骊姬假装赞誉太子,背地里却指使人诽谤太子,想立她的儿子为太子。

二十一年，骊姬谓太子曰："君梦见齐姜，太子速祭曲沃，归釐（禧）于君。"太子于是祭其母齐姜于曲沃，上其荐胙①于献公。献公时出猎，置胙于宫中。骊姬使人置毒药胙中。居二日，献公从猎来还，宰人上胙献公，献公欲飨（享）之。骊姬从旁止之，曰："胙所从来远，宜试之。"祭地，地坟②；与犬，犬死；与小臣，小臣死。骊姬泣曰："太子何忍也！其父而欲弑代之，况他人乎？且君老矣，旦暮之人，曾不能待而欲弑之！"谓献公曰："太子所以然者，不过以妾及奚齐之故。妾愿子母辟（避）之他国，若早自杀，毋徒使母子为太子所鱼肉也。始君欲废之，妾犹恨之；至于今，妾殊自失于此。"太子闻之，奔新城。献公怒，乃诛其傅杜原款。或谓太子曰："为此药者乃骊姬也，太子何不自辞明之？"太子曰："吾君老矣，非骊姬，寝不安，食不甘。即辞之，君且怒之。不可。"或谓太子曰："可奔他国。"太子曰："被（披）此恶名以出，人谁内（纳）我？我自杀耳。"十二月戊申，申生自杀于新城。

◎**注释** ①〔胙〕祭祀鬼神之后的福食。②〔坟〕隆起。
◎**大意** 晋献公二十一年，骊姬对太子说："国君梦见齐姜，太子快到曲沃去祭祀，将祭祀的胙肉送给君王。"太子于是到曲沃祭祀了他的母亲齐姜，向晋献公奉送上祭祀的胙肉。晋献公这时出外打猎，太子便把祭祀的胙肉放在宫中。骊姬指使人在祭祀的胙肉中放了毒药。过了两天，晋献公打猎回宫，厨师把祭祀的胙肉送给献公，晋献公想要食用。骊姬从旁阻拦说："祭祀的胙肉来自远方，应该试验一下。"将祭祀的胙肉倒在地上，地面隆起；给狗吃，狗死；给小宦官吃，小宦官死。骊姬哭泣说："太子这么残忍！连他的父亲也想弑杀取而代之，又何况其他人呢？而且君王已经老了，早晚要死的人，竟不能等待而想杀害他！"又对晋献公说："太子所以这样做，不过是因为妾和姬奚齐。我们母子俩情愿躲避到其他国家,或者早点自杀,不要让我们母子白白地被太子杀害了。当初君王想废太子,妾还感到遗憾;到如今,妾感到自己大错特错了。"太子听到这件事,逃往新城。晋献公发怒,就诛杀了太子的师傅杜原款。有人对太子说:"下毒药的是骊姬,太子为什么不自己去说明白呢?"太子说:"我的君王老了,没有骊姬,睡觉不安,饮食不甜。如果说出真相,君王将会对骊姬发怒。不可以这样。"有人对太子说:"可以逃到别的国家。"太子说:"带着这种恶名出逃,谁肯接纳我呢?我只能自杀了。"这年十二月戊申,姬申生在新城自杀。

此时重耳、夷吾来朝。人或告骊姬曰:"二公子怨骊姬谮杀太子。"骊姬恐,因谮二公子:"申生之药胙,二公子知之。"二子闻之,恐,重耳走蒲,夷吾走屈,保其城,自备守。初,献公使士蔿为二公子筑蒲、屈,城弗就。夷吾以告公,公怒士蔿。士蔿谢曰:"边城少寇,安用之?"退而歌曰:"狐裘蒙茸,一国三公,吾谁适从!"卒就城。及申生死,二子亦归保其城。

◎**大意** 这时姬重耳、姬夷吾来朝拜。有人告诉骊姬说:"二位公子怨恨骊姬进谗言杀死了太子。"骊姬害怕,因而谗毁二位公子说:"姬申生在祭祀的胙肉中下毒,二位公子知道。"二位公子听说这话,害怕了,姬重耳逃到蒲城,姬夷吾逃到屈城,保守城邑,自我防卫。当初,晋献公派士蔿替二位公子修筑蒲、屈的城墙,没有完成。姬夷吾将情况报告给晋献公,晋献公便对士蔿发火。士蔿谢罪说:"边境城邑很少有贼寇,哪里需要用城墙?"退出以后歌唱道:"狐皮之毛乱蓬蓬,一国有三位公,我将如何来听从!"最终还是筑好了城墙。等到太子姬申生自杀,二位公子也回去守卫他们的城邑。

二十二年,献公怒二子不辞而去,果有谋矣,乃使兵伐蒲。蒲人之宦者勃鞮命重耳促自杀。重耳逾垣，宦者追斩其衣袪。重耳遂奔翟。使人伐屈，屈城守，不可下。

◎**大意** 晋献公二十二年，晋献公恼怒二位公子不辞而别，认为他们果真有阴谋，就派兵讨伐蒲城。蒲城人的宦官勃鞮命令姬重耳赶快自杀。重耳越墙逃跑，宦官追杀削下了重耳的衣袖。重耳于是逃奔翟国。晋献公派人攻伐屈城，屈城坚守，攻不下。

是岁也，晋复假道于虞以伐虢。虞之大夫宫之奇谏虞君曰："晋不可假道也，是且灭虞。"虞君曰："晋我同姓，不宜伐我。"宫之奇曰："太伯、虞仲，太王之子也，太伯亡去，是以不嗣。虢仲、虢叔，王季之子也，为文王卿士，其记勋在王室，藏于盟府。将虢是灭，何爱于虞？且虞之亲能亲于桓、庄之族乎？桓、庄之族何罪，尽灭之。虞之与虢，唇之与齿，唇亡则齿寒。"虞公不听，遂许晋。宫之奇以其族去虞。其冬，晋灭虢，虢公丑奔周。还，袭灭虞，虏虞公及其大夫井伯百里奚以媵①秦穆姬，而修虞祀。荀息牵曩所遗虞屈产之乘马奉之献公，献公笑曰："马则吾马，齿亦老矣②！"

◎**注释** ①〔媵（yìng）〕陪嫁。②〔马则吾马，齿亦老矣〕《集解》曰："以马齿戏喻荀息之年老也。"

◎**大意** 这一年，晋国又向虞国借道去讨伐虢国。虞国的大夫宫之奇劝谏虞君说："不能把道路借给晋国，借道给晋国的话，将灭亡虞国。"虞君说："晋国与我同姓，不应该讨伐我。"宫之奇说："太伯、虞仲，是太王的儿子，太伯逃亡，所以才没有继承王位。虢仲、虢叔，是王季的儿子，担任文王的卿士，他们的功勋记载在朝廷，藏在保存盟书的府库中。晋国将灭亡虢国，又怎么会爱惜虞国？而且虞国和晋国的亲能比得上桓叔、庄伯家族的亲吗？桓叔、庄伯的家族有什么罪，全部被灭绝了。虞国和虢国，犹如嘴唇和牙齿，嘴唇没有了牙齿就会冷。"虞公不听，还是答应了晋国。宫之奇带着他的家族离开了虞国。这年冬天，晋国灭掉虢国，虢公丑逃到周。晋军回返时，突然袭击灭掉虞国，俘虏虞公以及他的大夫井伯和百里奚，在献公女儿嫁给秦穆公时，让他们做陪嫁人，并派人去维系虞国的祭祀。荀息牵着以前送给虞国的屈地产的马，将其献给晋献公，晋献公笑着说："马还是我的马，不过年龄也老了！"

二十三年，献公遂发贾华等伐屈，屈溃。夷吾将奔翟。冀芮曰："不可。重耳已在矣，今往，晋必移兵伐翟，翟畏晋，祸且及。不如走梁，梁近于秦，秦强，吾君百岁后可以求入焉。"遂奔梁。二十五年，晋伐翟，翟以重耳故，亦击晋于啮桑①，晋兵解而去。

◎**注释** ①〔啮桑〕也作"采桑"，在今山西乡宁西。

◎**大意** 晋献公二十三年，晋献公派贾华等征伐屈城，屈城人溃败。姬夷吾准备奔翟。冀芮说："不行。姬重耳已经在那里了，如今前往，晋国一定会调集军队讨伐翟国，翟国畏惧晋国，灾祸就要落到你身上。不如逃到梁国，梁国靠近秦国，秦国强大，我们的君王去世后可以请求他们送你回国。"于是逃到梁国。晋献公二十五年，晋国讨伐翟国，翟国因为姬重耳，也在啮桑攻击晋国，晋国军队解除对翟国的围困而退走。

当此时，晋强，西有河西，与秦接境，北边翟，东至河内。

◎**大意** 在这个时候，晋国强盛，西面占有河西，和秦国接壤，北面邻近翟国，东边到达河内地区。

骊姬弟生悼子。

◎**大意** 骊姬的妹妹生了姬悼子。

二十六年夏,齐桓公大会诸侯于葵丘。晋献公病,行后,未至,逢周之宰孔。宰孔曰:"齐桓公益骄,不务德而务远略,诸侯弗平。君弟(第)毋会,毋如晋何。"献公亦病,复还归。病甚,乃谓荀息曰:"吾以奚齐为后,年少,诸大臣不服,恐乱起,子能立之乎?"荀息曰:"能。"献公曰:"何以为验?"对曰:"使死者复生,生者不惭,为之验。"于是遂属奚齐于荀息。荀息为相,主国政。秋九月,献公卒。里克、邳郑欲内(纳)重耳,以三公子①之徒作乱,谓荀息曰:"三怨②将起,秦、晋辅之,子将何如?"荀息曰:"吾不可负先君言。"十月,里克杀奚齐于丧次,献公未葬也。荀息将死之,或曰不如立奚齐弟悼子而傅之,荀息立悼子而葬献公。十一月,里克弑悼子于朝,荀息死之。君子曰:"《诗》所谓'白珪之玷,犹可磨也,斯言之玷,不可为也',其荀息之谓乎!不负其言。"初,献公将伐骊戎,卜曰"齿牙为祸③"。及破骊戎,获骊姬,爱之,竟以乱晋。

◎**注释** ①〔三公子〕姬申生、姬重耳、姬夷吾。②〔三怨〕三公子的党羽,三股势力都怨恨骊姬、荀息等人。③〔齿牙为祸〕祸害源自小人的谗言。

◎**大意** 晋献公二十六年夏天,齐桓公在葵丘大会诸侯。晋献公生病,动身晚了,还没有到达,遇见周王室的宰孔。宰孔说:"齐桓公日益骄横,不勉力修行德政反而尽力侵略远方,诸侯不服。您尽可不去赴会,他不能把晋国怎么样。"晋献公也因有病,就又回去了。晋献公病重,就对荀息说:"我让姬奚齐为继承人,他年纪轻,各位大臣不服,害怕发生内乱,你能拥立他吗?"荀息说:"能。"晋献公说:"怎样可以证明呢?"回答:"即使您死而复生,也不会为把姬奚齐托付给我而感到后悔;我这个活着的人也不会因为没有履行诺言而感到惭愧,用这来作为证明。"于是晋献公就把姬奚齐托付给荀息。荀息为国相,主持国家政务。这年秋天九月，晋献公去世。里克、邳郑想接姬重耳回国，利用三位公子的党徒作乱，对荀息说："三位公子的积怨将要发作，秦国、晋国的人都会帮助他们，你将怎么办？"荀息说："我不能辜负先君的遗言。"这年十月，里克在守丧的地方杀死姬奚齐，晋献公还没有安葬。荀息准备去死，有人说不如拥立姬奚齐的弟弟姬悼子来辅佐他，荀息就拥立姬悼子而安葬了晋献公。这年十一月，里克在朝堂弑杀姬悼子，荀息也死了。君子说："《诗》所说的'白玉上的斑点，还可以磨去，话说错了，不可以挽救'，这话就像是对荀息说的！他没有违背自己的诺言。"当初，晋献公将要征伐骊戎，占卜说："祸害源自小人的谗言。"等到晋献公攻破骊戎，得到骊姬，宠爱她，最终扰乱了晋国。

　　里克等已杀奚齐、悼子，使人迎公子重耳于翟，欲立之。重耳谢曰："负父之命出奔，父死不得修人子之礼侍丧，重耳何敢入！大夫其更立他子。"还报里克，里克使迎夷吾于梁。夷吾欲往，吕省、郤芮曰："内犹有公子可立者而外求，难信。计非之秦，辅强国之威以入，恐危。"乃使郤芮厚赂秦，约曰："即得入，请以晋河西之地与秦。"乃遗里克书曰："诚得立，请遂封子于汾阳之邑。"秦缪公乃发兵送夷吾于晋。齐桓公闻晋内乱，亦率诸侯如晋。秦兵与夷吾亦至晋，齐乃使隰朋①会秦俱入夷吾，立为晋君，是为惠公。齐桓公至晋之高梁②而还归。

◎**注释**　①〔隰（xí）朋〕齐国的大夫，是辅佐齐桓公称霸的重臣。②〔高梁〕晋国的城邑名，在今山西临汾东北。
◎**大意**　里克等人杀死姬奚齐、姬悼子后，派人到翟国去迎接公子姬重耳，想立他为国君。姬重耳辞谢说："辜负父亲的命令出逃在外，父亲去世又不能尽到做儿子的礼仪守丧，我重耳怎敢回国！大夫还是改立别的公子吧。"使者回来报告里克，里克派人到梁国去迎接姬夷吾。姬夷吾想回来，吕省、郤芮说："国内还有公子可以继位而到国外寻求，难以相信。估计不去秦国借助强国的威慑回去，恐怕有危险。"于是派邳芮用厚礼贿赂秦国，约定说："如果能回国，愿把晋国河西的土地割让给秦国。"又送信给里克说："果真能即位，愿把汾阳的城邑封给您。"秦穆公就派兵护送夷吾回晋国。齐桓公听说晋国内乱，率领诸侯到晋国。秦国军队和姬夷吾也到达晋国，齐国就派隰朋与秦国一道送姬夷吾回国，立他为晋国国君，就是晋惠公。齐桓公到达晋国的高梁就退回去了。

惠公夷吾元年，使邳郑谢秦曰："始夷吾以河西地许君，今幸得入立。大臣曰：'地者先君之地，君亡在外，何以得擅许秦者？'寡人争之弗能得，故谢秦。"亦不与里克汾阳邑，而夺之权。四月，周襄王使周公忌父①会齐、秦大夫共礼晋惠公②。惠公以重耳在外，畏里克为变，赐里克死。谓曰："微里子，寡人不得立。虽然，子亦杀二君一大夫，为子君者不亦难乎？"里克对曰："不有所废，君何以兴？欲诛之，其无辞乎？乃言为此！臣闻命矣。"遂伏剑而死。于是邳郑使谢秦未还，故不及难。

◎**注释**　①〔周公忌父〕周朝廷的卿士。②〔共礼晋惠公〕共同为晋惠公即位举行正式的典礼。

◎**大意**　晋惠公姬夷吾元年，派邳郑向秦国道歉说："开始姬夷吾答应将河西的土地送给君王，如今侥幸得以回国即位。大臣们说：'土地是先君的土地，您流亡在外，怎么能够擅自割让给秦国？'我与他们争辩不能解决，所以向秦国道歉。"也没有把汾阳邑分封给里克，反而夺了他的权。这年四月，周襄王派周公忌父与齐国、秦国大夫共同为晋惠公即位举行正式的典礼。晋惠公因为姬重耳逃亡在外，害怕里克发动政变，赐里克自杀。对他说："没有您我不能即位。即使如此，您也杀了两个国君和一个大夫，做您的国君不也为难吗？"里克回答："如果不是奚齐、悼子被废黜，君王怎么能兴起？想要诛杀我，还怕没有借口？说到这里，我知道你的意思了。"于是用剑自杀而死。这时邳郑出使秦国去道歉还没有回来，所以没有遇难。

晋君改葬恭太子申生。秋，狐突①之下国②，遇申生，申生与载而告之曰："夷吾无礼③，余得请于帝，将以晋与秦，秦将祀余。"狐突对曰："臣闻神不食非其宗，君其祀毋乃绝乎？君其图之。"申生曰："诺，吾将复请帝。后十日，新城西偏将有巫者见我焉。"许之，遂不见。及期而往，复见，申生告之曰："帝许罚有罪矣，獘（弊）于韩④。"儿乃谣曰："恭太子更葬矣，后十四年，晋亦不昌，昌乃在兄⑤。"

◎**注释** ①〔狐突〕晋文公姬重耳的外祖父，姬姓，狐氏，名突，字伯行。②〔下国〕即曲沃。曲沃为晋国旧都，先君宗庙所在，故称"下国"。③〔夷吾无礼〕指晋惠公与贾君（姬申生的遗孀）通奸事。④〔獘于韩〕晋惠公会在韩原战败。⑤〔昌乃在兄〕晋惠公的哥哥姬重耳入为晋君，使晋称霸。

◎**大意** 晋君改葬恭太子姬申生。这年秋天，狐突到下国，遇见姬申生魂灵，姬申生与狐突一起坐上车并告诉他说："姬夷吾无礼，我已请求上帝，将把晋国送给秦国，秦国将祭祀我。"狐突回答："我听说神灵不享用别族的祭祀，您的祭祀恐怕会断绝吧？您要考虑这件事。"姬申生说："是，我将再请求上帝。十天以后，新城西侧将有一个巫师显现我的魂灵。"狐突答应他，于是申生不见了。狐突到了约定的日期前往，又见到了姬申生，姬申生告诉他说："上帝允许惩罚有罪的人，让他在韩原战败。"于是儿童传唱歌谣说："恭太子改葬了，后来十四年，晋国也不会昌盛，昌盛是在他哥哥时。"

邳郑使秦，闻里克诛，乃说秦缪公曰："吕省、郤称、冀芮实为不从。若重赂与谋，出晋君，入重耳，事必就。"秦缪公许之，使人与归报晋，厚赂三子。三子曰："币厚言甘，此必邳郑卖我于秦。"遂杀邳郑及里克、邳郑之党七舆大夫①。邳郑子豹奔秦，言伐晋，缪公弗听。

◎**注释** ①〔七舆大夫〕指姬申生所统率的下军的大夫们，当时姬申生有副车七乘，每乘车有一大夫主管，故称七舆大夫。

◎**大意** 邳郑出使秦国，听说里克被诛杀，就劝说秦穆公："吕省、郤称、冀芮确实不肯顺从秦国。如果用厚礼贿赂他们，并与他们商议赶走晋君，送回重耳，事情肯定能成功。"秦穆公同意这样，派人同邳郑一道回晋国报告，用厚礼贿赂三人。三人说："礼物重，话好听，这一定是邳郑向秦国出卖了我们。"于是杀掉邳郑以及里克、邳郑的同党七舆大夫。邳郑的儿子邳豹逃往秦国，请求征伐晋国，秦穆公不听。

惠公之立，倍（背）秦地①及里克，诛七舆大夫，国人不附。二年，周使召公过②礼晋惠公③，惠公礼倨，召公讥之。

◎**注释** ①〔倍秦地〕违背誓约，不向秦国割让土地。②〔召公过〕周王室卿士，召公奭之后，名过，谥武，又称"召武公"。③〔礼晋惠公〕周襄王依照礼制赐命晋惠公，以示荣宠。

◎**大意** 晋惠公即位后，违背了给秦国土地以及给里克封邑的诺言，诛杀了七舆大夫，国人不归附他。晋惠公二年，周王室派召公过依照礼制赐命晋惠公，晋惠公傲慢无礼，召公讥诮此事。

四年，晋饥，乞籴于秦。缪公问百里奚，百里奚曰："天菑（灾）流行，国家代有，救菑（灾）恤邻，国之道也。与之。"邳郑子豹曰："伐之。"缪公曰："其君是恶，其民何罪！"卒与粟，自雍属绛①。

◎**注释** ①〔自雍属（zhǔ）绛〕自秦国都城雍到晋国都城绛接连不断。

◎**大意** 晋惠公四年，晋国饥荒，向秦国乞求买粮。秦穆公问百里奚，百里奚说："天灾流行，各国交替发生，赈救灾荒和抚恤邻国，是国家的正常道理。卖给它。"邳郑的儿子邳豹说："讨伐它。"秦穆公说："晋国的国君可恶，晋国的民众有什么罪！"最终卖粮给晋国，从雍地接连不断地运送到绛城。

五年，秦饥，请籴于晋。晋君谋之，庆郑曰："以秦得立，已而倍（背）其地约。晋饥而秦贷我，今秦饥请籴，与之何疑？而谋之！"虢射曰："往年天以晋赐秦，秦弗知取而贷我。今天以秦赐晋，晋其可以逆天乎？遂伐之。"惠公用虢射谋，不与秦粟，而发兵且伐秦。秦大怒，亦发兵伐晋。

◎**大意** 晋惠公五年，秦国饥荒，向晋国请求买粮。晋君谋议这事，庆郑说："借助秦国得以即位，不久违背了割地的约定。晋国饥荒而秦国卖粮给我们，如今秦国饥荒请求买粮，卖给他们有什么疑问呢？讨论什么呀！"虢射说："往年上天把晋国赐给秦国，秦国不知道夺取反而卖粮给我们。如今上天把秦国赐给晋国，晋国怎么可以违背天意呢？就此攻打它。"晋惠公采用虢射的计谋，不给秦国粮食，反而起兵攻打秦国。秦国大怒，也发兵征伐晋国。

六年春，秦缪公将兵伐晋。晋惠公谓庆郑曰："秦师深矣，奈何？"郑曰："秦内（纳）君，君倍（背）其赂；晋饥秦输粟，秦饥而晋倍（背）之，乃欲因其饥伐之：其深不亦宜乎！"晋卜御右①，庆郑皆吉。公曰："郑不孙。"乃更令步阳御戎，家仆徒为右，进兵。九月壬戌，秦缪公、晋惠公合战韩原。惠公马骜②不行，秦兵至，公窘，召庆郑为御。郑曰："不用卜，败，不亦当乎！"遂去。更令梁繇靡御，虢射为右，辂（迓）秦缪公。缪公壮士冒败③晋军，晋军败，

晋世家第九

遂失秦缪公，反获晋公以归。秦将以祀上帝。晋君姊为缪公夫人，衰绖涕泣。公曰："得晋侯将以为乐，今乃如此。且吾闻箕子见唐叔之初封，曰'其后必当大矣'，晋庸可灭乎！"乃与晋侯盟王城而许之归。晋侯亦使吕省等报国人曰："孤虽得归，毋面目见社稷，卜日立子圉。"晋人闻之，皆哭。秦缪公问吕省："晋国和乎？"对曰："不和。小人惧失君亡亲，不惮立子圉，曰'必报仇，宁事戎、狄'。其君子则爱君而知罪，以待秦命，曰'必报德'。有此二，故不和。"于是秦缪公更舍晋惠公，馈之七牢④。十一月，归晋侯。晋侯至国，诛庆郑，修政教。谋曰："重耳在外，诸侯多利内（纳）之⑤。"欲使人杀重耳于狄。重耳闻之，如齐。

◎**注释**　①〔卜御右〕占卜让谁为晋侯驾驭战车。②〔马鸷〕马难起步的样子。③〔冒败〕迎头冲击，使敌溃败。④〔馈之七牢〕以招待诸侯的礼仪对待晋侯。⑤〔诸侯多利内之〕很多诸侯都想通过送姬重耳回国继位而获利。

◎**大意**　晋惠公六年的春天，秦穆公领兵征伐晋国。晋惠公对庆郑说："秦国军队已深入国境，怎么办？"庆郑说："秦国送回君王，君王违背贿赂土地的约定；晋国饥荒秦国输送粮食，秦国饥荒而晋国背弃秦国，竟想趁着秦国饥荒讨伐它：秦军深入不也是应该的吗！"晋惠公占卜担任驾车与护卫的人，让庆郑担任都吉利。晋惠公说："庆郑不恭顺。"于是改命步阳驾车，家仆徒为护卫，领军前进。这年九月壬戌，秦穆公、晋惠公在韩原会战。晋惠公的马陷在泥中不能行走，秦国军队赶到，晋惠公窘迫，召庆郑来驾车。庆郑说："不听从占卜的话，失败不也是应当的吗！"就离开了。晋惠公改令梁繇靡驾车，虢射为护卫，包抄秦穆公。秦穆公的勇士奋力冲击打败了晋军，晋军败退，于是秦穆公逃走，晋惠公反而被俘虏带回秦国。秦国将要杀掉惠公来祭祀上帝。晋惠公的姐姐是秦穆公的夫人，她穿着丧服痛哭流涕。秦穆公说："得到晋侯应该认为是快乐的事，现在却是这个样子。而且我听说箕子看见唐叔刚受封，说'他的后代一定会强大'，晋国怎么能被灭亡呢！"于是与晋惠公在王城订立盟约，同意放他回国。

晋惠公也派吕省等人告诉晋国人说:"我即使能够回国,也没有脸面来见社稷,选个吉利日子让子圉继位吧。"晋国人听说,都哭了。秦穆公问吕省:"晋国和睦吗?"吕省回答:"不和睦。小人们害怕失去国君丧失亲人,不怕拥立子圉,说'一定要报仇,宁可侍奉戎国、狄国'。君子们则爱护国君,知道有罪过,在等待秦国的命令,说'一定要报答恩德'。因为有这两种意见,不和睦。"于是秦穆公给晋惠公换住好房子,以招待诸侯的礼仪对待晋惠公。这年十一月,送晋惠公回国。晋惠公回国后,诛杀庆郑,修明政教。有谋议说:"姬重耳在国外,很多诸侯都想通过送姬重耳回国继位而获利。"晋惠公想派人在狄国杀死姬重耳。姬重耳听说这个消息,到齐国去了。

八年,使太子圉质秦。初,惠公亡在梁,梁伯以其女妻之,生一男一女。梁伯卜之,男为人臣,女为人妾,故名男为圉,女为妾。

◎**大意** 晋惠公八年,派太子姬圉到秦国做人质。当初,晋惠公逃亡到梁国,梁伯把自己的女儿嫁给他,生下一男一女。梁伯为他们占卜,得知男孩做人的臣仆,女孩做人的妾,所以为男孩取名为圉,女孩取名为妾。

十年,秦灭梁。梁伯好土功,治城沟,民力罢(疲),怨,其众数相惊,曰"秦寇至",民恐惑,秦竟灭之。

◎**大意** 晋惠公十年,秦国灭掉梁国。梁伯喜好土木工程,修筑城墙壕沟,民力疲惫,心怀怨恨,民众多次相互惊扰,说"秦国强盗来了",民众恐惧不安,秦国最终灭掉了它。

十三年,晋惠公病,内有数子。太子圉曰:"吾母家在梁,梁今秦灭之,我外轻于秦而内无援于国。君即不起病,大夫轻更立他公

子。"乃谋与其妻俱亡归。秦女曰:"子一国太子,辱在此。秦使婢子侍,以固子之心。子亡矣,我不从子,亦不敢言。"子圉遂亡归晋。十四年九月,惠公卒,太子圉立,是为怀公。

◎**大意** 晋惠公十三年,晋惠公生病,国内有好几个儿子。太子姬圉说:"我母亲家在梁国,梁国现已被秦国灭亡了,我在外被秦国轻视而在国内无人援助。君王如果病重不起,大夫们会轻易改立其他公子。"于是商议和他的妻子一起逃回国。秦国女子说:"你是一国太子,困辱在这里。秦国让我侍奉你,是要稳住你的心。你逃走,我不能跟从你,也不敢说出去。"太子姬圉就逃回晋国。晋惠公十四年九月,晋惠公去世,太子姬圉即位,这就是晋怀公。

子圉之亡,秦怨之,乃求公子重耳,欲内(纳)之。子圉之立,畏秦之伐也。乃令国中诸从重耳亡者与期①,期尽不到者尽灭其家。狐突之子毛及偃从重耳在秦,弗肯召。怀公怒,囚狐突。突曰:"臣子事重耳有年数矣,今召之,是教之反君也。何以教之?"怀公卒杀狐突。秦缪公乃发兵送内(纳)重耳,使人告栾、郤之党②为内应,杀怀公于高梁,入重耳。重耳立,是为文公。

◎**注释** ①〔与期〕与之定下期限,令其按规定时间返回晋国。②〔栾、郤之党〕指栾枝、郤谷等晋国内亲近姬重耳的一派势力。
◎**大意** 太子姬圉逃亡,秦国怨恨他,于是寻访公子姬重耳,想送他回国。太子圉姬即位,害怕秦国的讨伐,就命令国内所有跟随姬重耳逃亡的限期回国,期限到了不回国的诛灭他的全家。狐突的儿子狐毛和狐偃跟随姬重耳在秦国,狐突不肯召回他们。晋怀公发怒,囚禁了狐突。狐突说:"我的儿子侍奉姬重耳多年了,如今召他们回来,是教儿子背叛君主,怎么能说服他们呢?"晋怀公最终杀了狐突。秦穆公就发兵送姬重耳回国,派人告诉栾氏、郤氏的党羽为内应,在高梁杀了晋怀公，送回姬重耳。姬重耳继位，这就是晋文公。

晋文公重耳，晋献公之子也。自少好士，年十七，有贤士五人：曰赵衰；狐偃咎犯，文公舅也；贾佗；先轸；魏武子。自献公为太子时，重耳固已成人矣。献公即位，重耳年二十一。献公十三年，以骊姬故，重耳备蒲城守秦。献公二十一年，献公杀太子申生，骊姬谗之，恐，不辞献公而守蒲城。献公二十二年，献公使宦者履鞮趣①杀重耳。重耳逾垣，宦者逐斩其衣袪。重耳遂奔狄②。狄，其母国也。是时重耳年四十三。从此五士，其余不名者数十人，至狄。

◎**注释** ①〔趣（cù）〕赶快。②〔狄〕狄国，即前文提到的翟国。《史记》在记述相关情节时将"翟""狄"混用。

◎**大意** 晋文公姬重耳是晋献公的儿子。从小喜欢结交贤士，十七岁时，身边有了五位贤士，他们是赵衰；狐偃咎犯，是晋文公的舅舅；贾佗；先轸；魏武子。当晋献公还是太子时，姬重耳就成年了。晋献公即位时，姬重耳二十一岁。晋献公十三年，因为骊姬，姬重耳到蒲城去防御秦国。晋献公二十一年，晋献公杀了太子姬申生，骊姬谗言陷害他，姬重耳害怕，没有向晋献公辞行就去守卫蒲城。晋献公二十二年，晋献公派宦官履鞮速去杀姬重耳。重耳翻墙逃跑，宦官追赶上前，砍断了他的衣袖。姬重耳就逃奔狄国。狄国，是他生母的国家。这时姬重耳四十三岁。跟随他的有这五位贤士，其余不出名的几十个人，到达狄国。

狄伐咎如，得二女：以长女妻重耳，生伯鯈、叔刘；以少女妻赵衰，生盾。居狄五岁而晋献公卒，里克已杀奚齐、悼子，乃使人迎，欲立重耳。重耳畏杀，因固谢，不敢入。已而晋更迎其弟夷吾立之，是为惠公。惠公七年，畏重耳，乃使宦者履鞮与壮士欲杀重耳。重耳闻之，乃谋赵衰等曰："始吾奔狄，非以为可用与，以近易通，故且休足。休足久矣，固愿徙之大国。夫齐桓公好善，志在霸王，收恤诸侯。今闻管仲、隰朋死，此亦欲得贤佐，盍往乎？"于是遂行。重耳谓其妻曰："待我二十五年，不来乃嫁。"其妻笑曰："犁二十五年，吾冢上柏大矣。虽然，妾待子。"重耳居狄凡十二年而去。

◎**大意**　狄国征伐咎如，得到两个女子：把长女嫁给姬重耳，生下伯鯈、叔刘；把小女嫁给赵衰，生下赵盾。重耳在狄国居住五年，晋献公去世，里克杀了姬奚齐、姬悼子后，就派人来迎接，想拥立姬重耳。姬重耳害怕被杀，因此坚决拒绝，不敢回国。不久，晋国改迎重耳的弟弟姬夷吾，将他立为国君，就是晋惠公。晋惠公七年，惧怕姬重耳，就准备派宦官履鞮和壮士杀掉姬重耳。姬重耳听说这个消息，就与赵衰等人商议说："当初我逃往狄国，并非认为狄国可以帮助我，因为靠得近容易到达，所以暂且歇脚休息。歇脚休息时间长了，本来希望迁徙到大国去，齐桓公喜欢行善，志向在于当霸主，收留抚恤诸侯。如今听说管仲、隰朋死了，这时也想得到贤人辅佐，何不前往呢？"于是就动身了。姬重耳对他的妻子说："等我二十五年，如果我还不回来你就改嫁。"他的妻子笑着说："等你二十五年，我坟上的柏树都已长大了。即便如此，我等你。"姬重耳居住在狄国共计十二年才离去。

过卫，卫文公不礼。去，过五鹿①，饥而从野人②乞食，野人盛土器中进之。重耳怒。赵衰曰："土者，有土也，君其拜受之。"

◎**注释**　①〔五鹿〕卫国的城邑名，在今河南濮阳东。②〔野人〕与"国人"相对，是指农夫。
◎**大意**　姬重耳等人经过卫国，卫文公没有以礼相待。离开卫国时，经过五鹿，因饥饿而向种田人乞讨食物，种田人把土块放在器皿中送给他。姬重耳发怒。赵衰说："土块象征您将来拥有土地，您应叩拜而接受它。"

至齐，齐桓公厚礼，而以宗女妻之，有马二十乘，重耳安之。重耳至齐二岁而桓公卒，会竖刀等为内乱，齐孝公之立，诸侯兵数至。留齐凡五岁。重耳爱齐女，毋去心。赵衰、咎犯乃于桑下谋行。齐女侍者在桑上闻之，以告其主。其主乃杀侍者，劝重耳趣行。重耳曰："人生安乐，孰知其他！必死于此，不能去。"齐女曰："子一国公子，穷而来此，数士者以子为命。子不疾反（返）国，报劳臣，而怀女德①，窃为子羞之。且不求，何时得功？"乃与赵衰等谋，醉重耳，载以行。行远而觉，重耳大怒，引戈欲杀咎犯。咎犯曰："杀臣成子，偃之愿也。"重耳曰："事不成，我食舅氏之肉。"咎犯曰："事不成，犯肉腥臊，何足食！"乃止，遂行。

◎**注释**　①〔怀女德〕留恋女色。

◎**大意**　姬重耳到达齐国后，齐桓公以重礼相迎，并把宗室的女儿嫁给他，有马二十乘，姬重耳安心生活。姬重耳到齐国两年后，齐桓公去世，遇上竖刀等发动内乱，齐孝公即位，诸侯国军队多次到来。姬重耳留在齐国共五年。姬重耳喜爱齐女，没有离开的意思。赵衰、咎犯就在桑树下商议行动计划。齐女的侍者在桑树上听到谈话，就告诉了她的主人。她的主人就杀了侍者，劝姬重耳赶快动身。姬重耳说："人活在世上就要安居快乐，哪还知道其他事！我一定要死在这里，不能离开。"齐女说："你是一国公子，因为困窘才来到这里，几位贤士把命运寄托在你身上。你不立即回国，报答劳苦的臣子，反而留恋女色，我为你感到羞耻。况且你不去追求，什么时候能够成功呢？"于是齐女和赵衰等人谋划，灌醉重耳，用车子载着他出行。走了很远的路之后，姬重耳才发觉，姬重耳大怒，抓起戈想杀了咎犯。咎犯说："杀死我成全你，是我的心愿。"姬重耳说："如果事情不成功，我吃了舅舅的肉。"咎犯说："事情不成，我的肉有腥臊味，怎么能吃！"姬重耳这才罢休，继续向前走。

过曹，曹共公不礼，欲观重耳骈胁。曹大夫釐负羁曰："晋公子贤，又同姓，穷来过我，奈何不礼！"共公不从其谋。负羁乃私遗重耳食，置璧其下。重耳受其食，还其璧。

◎**大意**　重耳等人经过曹国，曹共公没有以礼相待，想要观看姬重耳连在一起的肋骨。曹国大夫釐负羁说："晋国公子贤能，又是同姓，窘困之际前来拜访我国，为什么不以礼相待！"曹共公不听从他的意见。釐负羁就私下送给姬重耳食物，把玉璧放在食物下面。姬重耳接受了他送的食物，退还了他送的玉璧。

去，过宋。宋襄公新困兵于楚，伤于泓，闻重耳贤，乃以国礼礼于重耳。宋司马公孙固善于咎犯，曰："宋小国新困，不足以求入，更之大国。"乃去。

◎**大意**　重耳一行离开曹国，经过宋国。宋襄公刚对楚国用兵受挫，在泓水受了伤，听说姬重耳贤能，就以接待国君的礼仪接待重耳。宋国司马公孙固与咎犯交好，说："宋国是小国，又刚经受挫折，不值得请求帮助你们回国，改往大国去吧。"重耳等人于是离去。

过郑，郑文公弗礼。郑叔瞻谏其君曰："晋公子贤，而其从者皆国相，且又同姓。郑之出自厉王，而晋之出自武王。"郑君曰："诸侯亡公子过此者众，安可尽礼！"叔瞻曰："君不礼，不如杀之，且后为国患。"郑君不听。

◎**大意**　重耳等人经过郑国，郑文公没有礼遇他们。郑国叔瞻劝说他的国君："晋国公子贤能，而跟从他的人都是国家的栋梁之材，况且又是同姓。郑国出自周厉王，而晋国出自周武王。"郑文公说："诸侯国中逃亡的公子经过这里的有很多，怎么能都以礼相待呢！"叔瞻说："国君如果不能以礼相待，不如杀了他，不然以后他将成为郑国的祸患。"郑文公没有听从。

　　重耳去，之楚。楚成王以适①诸侯礼待之，重耳谢不敢当。赵衰曰："子亡在外十余年，小国轻子，况大国乎？今楚大国而固遇子，子其毋让，此天开子也。"遂以客礼见之。成王厚遇重耳，重耳甚卑。成王曰："子即反（返）国，何以报寡人？"重耳曰："羽毛齿角玉帛，君王所余，未知所以报。"王曰："虽然，何以报不穀②？"重耳曰："即不得已，与君王以兵车会平原广泽，请辟（避）王三舍③。"楚将子玉怒曰："王遇晋公子至厚，今重耳言不孙（逊），请杀之。"成王曰："晋公子贤而困于外久，从者皆国器④，此天所置，庸可杀乎？且言何以易之！"居楚数月，而晋太子圉亡秦，秦怨之；闻重耳在楚，乃召之。成王曰："楚远，更数国乃至晋。秦晋接境，秦君贤，子其勉行！"厚送重耳。

◎**注释**　①〔适〕官爵相同的人。②〔不穀〕国君的自称。③〔三舍（shè）〕古代行军以三十里为一舍，三舍是九十里。④〔国器〕旧时谓可使主持国家政务的人才。

◎**大意**　姬重耳离开郑国，到了楚国。楚成王以相当于诸侯的礼仪招待他，姬重耳辞谢不敢接受。赵衰说："您在国外逃亡十多年，小国家轻视您，何况大国呢？如今楚国作为大国，坚持以礼相待，您不要推让。这是上天要让您兴旺了。"姬重耳于是以贵客之礼会见了楚成王。楚成王用隆重的礼节接待姬重耳，姬重耳相当谦逊。楚成王说："您如果回国，怎样来报答我呢？"姬重耳说："珍禽异兽和玉器丝绸，都是君王多得过剩的东西，我不知道如何来报答。"楚成王说："即使这样，究竟用什么来报答我呢？"姬重耳说："如果不得已，与君王以兵戎相会于平原湖泽，情愿避退君王三舍之地。"楚国将军子玉生气说："君王接待晋国公子很隆重，如今姬重耳出言不逊，请让我杀掉他。"楚成王说："晋国公子贤能而困窘于国外很长时间，跟随他的人都是国家栋梁，这是上天所安排的，怎么可以杀呢？况且他不这样说还能说什么呢？"姬重耳等人在楚国居住了几个月，这时晋国太子姬圉从秦国逃跑，秦国怨恨他；听说姬重耳在楚国，就邀请他。楚成王说："楚国远，经过几个国家才到达晋国。秦国和晋国接壤，秦君贤能，您好好去吧！"用很多礼物给姬重耳送行。

重耳至秦，缪公以宗女五人妻重耳，故子圉妻与往。重耳不欲受，司空季子曰："其国且伐，况其故妻乎！且受以结秦亲而求入，子乃拘小礼，忘大丑乎！"遂受。缪公大欢，与重耳饮。赵衰歌《黍苗》①诗。缪公曰："知子欲急反国矣。"赵衰与重耳下，再拜曰："孤臣之仰君，如百谷之望时雨。"是时晋惠公十四年秋。惠公以九月卒，子圉立。十一月，葬惠公。十二月，晋国大夫栾、郤等闻重耳在秦，皆阴来劝重耳、赵衰等反国，为内应甚众。于是秦缪公乃发兵与重耳归晋。晋闻秦兵来，亦发兵拒之。然皆阴知公子重耳入也。唯惠公之故贵臣吕、郤之属不欲立重耳。重耳出亡凡十九岁而得入，时年六十二矣，晋人多附焉。

◎**注释**　①〔《黍苗》〕喻指姬重耳君臣需要借秦国的帮助回国。《黍苗》为《诗经·小雅》中的篇名。

◎**大意**　姬重耳到达秦国，秦穆公把五位宗室女子嫁给重耳，原公子姬圉的妻子也一起前往。姬重耳不想接受，司空季子说："他的国家尚且要去征伐，何况他原来的妻子呢！而且可以接受她与秦国结亲，您又何必拘泥于小礼节，忘掉大耻辱！"姬重耳于是接受了。秦穆公很高兴，与姬重耳饮酒。赵衰歌唱了《黍苗》诗。秦穆公说："知道你想赶快回国。"赵衰和姬重耳离开座席，两次拜谢说："孤臣仰仗君王，犹如百谷盼望及时雨。"这时是晋惠公十四年秋天。晋惠公在九月去世，公子姬圉继位。这年十一月，晋国安葬晋惠公。这年十二月，晋国大夫栾氏、郤氏等人听说姬重耳在秦国，都暗中来劝姬重耳、赵衰等返回晋国，很多人愿意为内应。于是秦穆公就派兵送姬重耳回晋国。晋国听说秦国军队来了，也发兵抵御他们。然而民众私下都知道公子姬重耳回来了。只有晋惠公的旧贵臣吕氏、郤氏一班人不想拥立姬重耳。姬重耳出外逃亡共十九年才得以回国，这时已经六十二岁了，晋国人多数归附他。

　　文公元年春，秦送重耳至河。咎犯曰："臣从君周旋天下，过亦多矣。臣犹知之，况于君乎？请从此去矣。"重耳曰："若反（返）国，所不与子犯共者，河伯视之！"乃投璧河中，以与子犯盟。是时介子推从，在船中，乃笑曰："天实开公子，而子犯以为己功而要市于君，固足羞也。吾不忍与同位。"乃自隐。渡河。秦兵围令狐①，晋军于庐柳②。二月辛丑，咎犯与秦晋大夫盟于郇。壬寅，重耳入于晋师。丙午，入于曲沃。丁未，朝于武宫③，即位为晋君，是为文公。群臣皆往。怀公圉奔高梁。戊申，使人杀怀公。

◎注释　①〔令（líng）狐〕晋国的城邑名，在今山西临猗西。②〔庐柳〕晋国的城邑名，在今山西临猗西北。③〔武宫〕指晋文公的祖先晋武公的祀庙。

◎大意　晋文公元年春天，秦国送姬重耳到黄河岸边。咎犯说："我跟随君王周游天下，错误也很多了。我自己尚且知道，何况君王呢？请让我就此离去。"姬重耳说："如果回国，有不和子犯同心的地方，请黄河神为证！"于是将玉璧投到黄河中，以此与子犯盟誓。这时介子推跟随，也在船中，就笑着说："其实是上天使公子发达，而子犯以为是自己的功劳和君王讨价还价，真是可耻。我不愿意同他一起居官共事。"便自己隐秘地渡过黄河。秦国军队包围令狐，晋国军队驻守在庐柳。这年二月辛丑日，咎犯与秦国、晋国的大夫在郇盟会。这年二月壬寅日，姬重耳进入晋国军队之中。这年二月丙午日，进入曲沃城。这年二月丁未日，到武宫朝拜，即位成为晋国国君，这就是晋文公。群臣都来拜见。晋怀公圉逃往高梁。这年二月戊申日，晋文公派人杀死了晋怀公。

怀公故大臣吕省、郤芮本不附文公，文公立，恐诛，乃欲与其徒谋烧公宫，杀文公。文公不知。始尝欲杀文公宦者履鞮知其谋，欲以告文公，解前罪，求见文公。文公不见，使人让曰："蒲城之事，女（汝）斩予祛。其后我从狄君猎，女（汝）为惠公来求杀我。惠公与女期三日至，而女（汝）一日至，何速也？女（汝）其念之。"宦者曰："臣刀锯之余①，不敢以二心事君倍（背）主，故得罪于君。君已反（返）国，其毋蒲、翟乎？且管仲射钩，桓公以霸。今刑余之人以事告而君不见，祸又且及矣。"于是见之，遂以吕、郤等告文公。文公欲召吕、郤，吕、郤等党多，文公恐初入国，国人卖己，乃为微行，会秦缪公于王城，国人莫知。三月己丑，吕、郤等果反，焚公宫，不得文公。文公之卫徒与战，吕、郤等引兵欲奔，秦缪公诱吕、郤等，杀之河上，晋国复而文公得归。夏，迎夫人于秦，秦所与文公妻者卒为夫人。秦送三千人为卫，以备晋乱。

◎**注释**　①〔刀锯之余〕受过官刑的人称刀锯之余或刀锯余人。刀锯，古代的刑具。
◎**大意**　晋怀公的旧臣吕省、郤芮本来不归附晋文公，晋文公即位，他们担心被诛杀，于是和党徒谋划烧毁宫室，杀死晋文公。晋文公不知道。从前想杀害晋文公的宦官履鞮知道他们的阴谋，想把这个情况报告给晋文公，以赎从前的罪过，请求进见晋文公。晋文公不肯见他，派人责备他说："蒲城的事情，你斩下了我的衣袖。这以后我随从狄君打猎，你奉晋惠公的命令请求狄君杀我。晋惠公限你三天赶到，而你一天就到了，为什么这么快呢？你想想吧。"宦官履鞮说："我是受过刑的人，不敢以二心侍奉君王背叛主人，所以得罪了君王。君王已经返国，难道就不会有蒲城、翟国那样的事了吗？何况管仲射了齐桓公的带钩，齐桓公靠管仲称了霸。如今受过刑的人有事相告而君王不见，灾祸又将到来了。"于是晋文公接见了他，他就把吕省、郤芮等人的阴谋报告了晋文公。晋文公想召见吕省、郤芮，吕省、郤芮等人的党羽多，晋文公害怕刚回国，国中人出卖自己，于是改装出行，在王城会见了秦穆公，国中人没有一个知道。这年三月己丑日，吕省、郤芮等果真反叛，焚毁国君宫室，没有找到晋文公。晋文公的卫兵与他们作战，吕省、郤芮等带领军队想逃跑，秦穆公引诱吕省、郤芮等人，在黄河边上把他们杀死，晋国恢复平静而晋文公得以回国。夏天，他到秦国迎接夫人，秦国嫁给晋文公为妻子的人终于做了晋国夫人。秦国送三千人作为卫士，以防备晋国内乱。

文公修政，施惠百姓。赏从亡者及功臣，大者封邑，小者尊爵。未尽行赏，周襄王以弟带难出居郑地，来告急晋。晋初定，欲发兵，恐他乱起，是以赏从亡。未至隐者介子推。推亦不言禄，禄亦不及。推曰："献公子九人，唯君在矣。惠、怀无亲，外内弃之；天未绝晋，必将有主，主晋祀者，非君而谁？天实开之，二三子以为己力，不亦诬乎？窃人之财，犹曰是盗，况贪天之功以为己力乎？下冒其罪，上赏其奸，上下相蒙，难与处矣！"其母曰："盍亦求之，以死，谁怼？"推曰："尤而效之，罪有甚焉。且出怨言，不食其禄。"母曰："亦使知之，若何？"对曰："言，身之文也；身欲隐，安用文之？文之，是求显也。"其母曰："能如此乎？与女（汝）偕隐。"至死不复见（现）。

◎**大意** 晋文公修明政治，施恩惠给百姓。奖赏跟随他逃亡的人以及功臣，功劳大的封给食邑，功劳小的赏赐爵位。还没有全部犒赏完，周襄王因为弟弟姬带发难而出逃在外，到郑国居住，前来向晋国告急。晋国刚安定，想发兵，怕发生其他变乱，因此奖赏跟随晋文公逃亡的人，却没有封赏隐居者介子推。介子推也不说俸禄，俸禄也没有给他。介子推说："晋献公有九个儿子，只有君王还在。晋惠公、晋怀公没有亲信，国内国外都抛弃他们；上天没有断绝晋国，一定会有主宰人，主晋国祭祀的，不是君王还有谁呢？上天实在是要君王发达，那些人以为是自己的力量，不也是荒谬吗？偷别人的财物，还说是盗贼，何况是贪图上天的功劳,将其作为自己的功劳呢?下面的人不惜犯罪虚报功劳,上面的君王赏赐这些奸人,上下互相蒙骗,难以和他们相处啊!"介子推的母亲说:"你何不也要求赏赐,用死来怨恨谁呢?"介子推说:"有错误而去效法它,罪过更大了。而且说了怨恨的话,不会吃他的俸禄。"他母亲说:"也让他知道,怎么样?"介子推回答:"语言,是人身的装饰;人身想隐藏,又何必要装饰?装饰它,是追求显达。"他母亲说:"如果真是这样,我与你一同隐居。"介子推母子一直到死没有再出现。

介子推从者怜之,乃悬书宫门曰:"龙欲上天,五蛇为辅①。龙已升云,四蛇各入其宇,一蛇独怨,终不见处所。"文公出,见其书,曰:"此介子推也。吾方忧王室,未图其功。"使人召之,则亡。遂求所在,闻其入绵上山中,于是文公环绵上山中而封之,以为介推田,号曰介山,"以记吾过,且旌善人"。

◎ **注释** ①〔龙欲上天,五蛇为辅〕龙喻指重耳。五蛇就是五臣,指狐偃、赵衰、魏武子、司空季子和介子推。

◎ **大意** 介子推的随从怜悯他,就在宫门口挂上一条字幅说:"龙想上天,五条蛇辅佐。龙已经升上云端,四条蛇各得其所;一条蛇独自埋怨,最终看不见它的处所。"晋文公外出,看见这条字幅,说:"这是介子推。我正忧虑王室的事情,没有来得及考虑他的功劳。"派人去召见介子推,介子推已经逃走了。于是又派人寻找他所在的地方,听说他躲进了绵上山中,于是晋文公把绵上山周围的土地封给他,作为介子推的田地,称为介山,"用这来记住我的过错,并且表彰善良的人"。

从亡贱臣壶叔曰:"君三行赏,赏不及臣,敢请罪。"文公报曰:"夫导我以仁义,防我以德惠,此受上赏。辅我以行,卒以成立,此受次赏。矢石之难，汗马之劳，此复受次赏。若以力事我而无补吾缺者，此复受次赏。三赏之后，故且及子。"晋人闻之，皆说（悦）。

◎**大意** 跟随晋文公流亡的仆人壶叔说："君王三次行赏，赏赐都没有轮到我，斗胆前来请罪。"晋文公回答："用仁义来引导我，用德惠来规范我，这种人受上等赏赐。用行动来辅佐我，终于使我成功立业，这种人受次等赏赐。冒箭和石块的危险，立下汗马功劳，这种人受再次等赏赐。如果用力气侍奉我而没有补救我缺失的，这种人受更次等赏赐。三次行赏之后，将要轮到你了。"晋国人听说这件事，都很高兴。

二年春，秦军河上①，将入王②。赵衰曰："求霸莫如入王尊周。周晋同姓，晋不先入王，后秦入之，毋以令于天下。方今尊王，晋之资也。"三月甲辰，晋乃发兵至阳樊，围温③，入襄王于周。四月，杀王弟带。周襄王赐晋河内阳樊④之地。

◎**注释** ①〔河上〕今山西、陕西交界的黄河边上。②〔将入王〕准备送被逐出的周天子回周朝都城。③〔温〕周朝的城邑名，在今河南温县西，当时太叔姬带占领此地。④〔阳樊〕周朝的城邑名，在今河南济源。

◎**大意** 晋文公二年春天，秦国军队驻扎在黄河岸边，准备送回周襄王。赵衰说："谋求称霸没有什么比得上送周襄王回京而尊奉周王室的了。周王和晋君同姓，晋国不先送回周襄王，而落在秦国后面，就没有资格来号令天下。如今尊奉周王室，是晋国将来称霸的资本。"这年三月甲辰，晋国就发兵到阳樊，包围温邑，送周襄王回周朝都城。这年四月，晋国杀死了周襄王的弟弟姬带。周襄王把河内阳樊的土地赏赐给晋国。

四年，楚成王及诸侯围宋，宋公孙固如晋告急。先轸曰："报施定霸①，于今在矣。"狐偃曰："楚新得曹而初婚于卫，若伐曹、卫，楚必救之，则宋免矣。"于是晋作三军②。赵衰举郤縠将中军，郤臻佐之；使狐偃将上军，狐毛佐之，命赵衰为卿；栾枝将下军，先轸佐之；荀林父御戎，魏犨为右：往伐。冬十二月，晋兵先下山东③，而以原封赵衰。

◎**注释** ①〔报施定霸〕报答宋襄公赠马之恩，确立晋国霸业。②〔晋作三军〕由上、下二军扩展为上、中、下三军。③〔山东〕太行山以东的地区。

◎**大意** 晋文公四年，楚成王及诸侯国包围了宋国，宋国公孙固到晋国告急。先轸说："报答恩惠与确定霸业，就在今天了。"狐偃说："楚国新近得到曹国加盟而刚又与卫国联姻，如果讨伐曹国、卫国，楚国肯定要救它们，那么宋国就可以解围了。"于是晋国建立三军。赵衰推举郤縠统领中军，郤臻辅佐他；派狐偃统领上军，狐毛辅佐他，任命赵衰为卿；栾枝统领下军，先轸辅佐他；荀林父驾驭兵车，魏犨担任护卫：前往讨伐曹、卫。这年冬天十二月，晋国军队先攻下太行山以东地区，把原城封给赵衰。

五年春，晋文公欲伐曹，假道于卫，卫人弗许。还自河南度（渡），侵曹，伐卫。正月，取五鹿。二月，晋侯、齐侯盟于敛盂①。卫侯请盟晋，晋人不许。卫侯欲与楚，国人不欲，故出其君以说（悦）晋。卫侯居襄牛，公子买守卫。楚救卫，不卒。晋侯围曹。三月丙午，晋师入曹，数②之以其不用釐负羁言，而用美女乘轩者三百人也。令军毋入僖负羁③宗家以报德。楚围宋，宋复告急晋。文公欲救，则攻楚，为楚尝有德，不欲伐也；欲释宋，宋又尝有德于晋：患之。先轸曰："执曹伯，分曹、卫地以与宋，楚急曹、卫，其势宜释宋。"于是文公从之，而楚成王乃引兵归。

◎**注释** ①〔敛盂〕卫国的城邑名,在今河南濮阳东南。②〔数〕责备,列举罪行以谴责。③〔僖负羁〕即釐负羁。

◎**大意** 晋文公五年春天,晋文公想讨伐曹国,向卫国借道,卫国人不同意。晋军转而从黄河南边渡河,攻打曹国,又讨伐卫国。这年正月,攻占五鹿。这年二月,晋侯、齐侯在敛盂盟会。卫侯请求与晋国盟会,晋国人不同意。卫侯想与楚国结盟,卫国人不愿意,所以赶走他们的君王来取悦晋国。卫侯居住在襄牛,公子姬买守在卫国。楚军救助卫国,没有成功。晋侯包围曹国。这年三月丙午,晋国军队攻入曹国,责备曹国国君不听从釐负羁的话,让三百美女乘坐大夫所坐的豪华车子。晋文公下令军队不准进入釐负羁家族的住所,以此来报答釐负羁的恩德。楚军围攻宋国,宋国又向晋国告急。晋文公想救宋国就要攻打楚国,因为楚国曾经对自己有过恩德,不想去征伐;想不管宋国,宋国人曾经对晋国有恩德:为此事而发愁。先轸说:"抓住曹伯,把曹国、卫国的土地分给宋国,楚国急于救曹国、卫国,势必会放弃宋国。"于是晋文公听从了他的话,而楚成王就引兵回国了。

楚将子玉曰:"王遇晋至厚,今知楚急曹、卫而故伐之,是轻王。"王曰:"晋侯亡在外十九年,困日久矣,果得反(返)国,险厄尽知之,能用其民,天之所开,不可当。"子玉请曰:"非敢必有功,愿以间执谗慝之口也。"楚王怒,少与之兵。于是子玉使宛春告晋:"请复卫侯而封曹,臣亦释宋。"咎犯曰:"子玉无礼矣,君取一,臣取二①,勿许。"先轸曰:"定人之谓礼。楚一言定三国,子一言而亡之,我则毋礼。不许楚,是弃宋也。不如私许曹、卫以诱之,执宛春以怒楚,既战而后图之。"晋侯乃因宛春于卫,且私许复曹、卫。曹、卫告绝于楚。楚得臣怒,击晋师,晋师退。军吏曰:"为何退?"文公曰:"昔在楚,约退三舍,可倍乎!"楚师欲去,得臣不肯。四月戊辰,宋公、齐将、秦将与晋侯次城濮②。己巳,与楚兵合战,楚兵败,得臣收余兵去。甲午，晋师还至衡雍③，作王宫于践土。

◎注释 ①〔君取一，臣取二〕君指晋文公，臣指楚国的子玉。②〔城濮〕卫国的城邑名，在今山东鄄城西南。③〔衡雍〕郑国的城邑名，在今河南原阳西南。

◎大意 楚国将领子玉说："君王对待晋君很优厚，现在知道楚国急于救助曹国、卫国而故意讨伐它们，是轻视君王。"楚成王说："晋侯逃亡在外十九年，窘困时日很长了，现在终于要返回晋国，险阻艰难都知道，能驱使他的民众，是天意使他发达，不可阻挡。"子玉请求说："不敢说一定有功劳，希望借这机会来封住进谗言人的嘴。"楚成王发怒，拨给他很少的兵士。于是子玉派宛春去告诉晋国："请求恢复卫侯地位，并且保存曹国，我也放弃攻打宋国。"咎犯说："子玉无礼，君王得一分，臣子要得二分，不能同意。"先轸说："安定民众叫作礼。楚国一句话安定三个国家，你一句话灭亡它们，我们就无礼了。不答应楚国，是背弃宋国。不如私下答应恢复曹国、卫国来引诱它们，抓住宛春来激怒楚国，战争开始以后再作谋划。"晋侯就把宛春囚禁在卫国，并且私下同意恢复曹国、卫国。曹国、卫国宣告与楚国绝交。楚国得臣发怒，攻击晋国军队，晋国军队后退。军吏问："为什么后退？"晋文公说："过去在楚国，约定退避三舍，怎么可以违背！"楚国军队想离去，得臣不肯。这年四月戊辰日，宋公、齐将、秦将和晋侯进驻城濮。这年四月己巳日，晋国军队与楚国军队会战，楚军失败，得臣收拾残兵离去。这年四月甲午日，晋国军队回到衡雍，在践土建造天子的行宫。

初，郑助楚，楚败，惧，使人请盟晋侯。晋侯与郑伯盟。

◎大意 起初，郑国帮助楚国，楚国兵败，害怕了，就派人去请求与晋侯结盟。晋侯与郑伯结盟。

五月丁未，献楚俘于周，驷介①百乘，徒兵千。天子使王子虎命晋侯为伯（霸），赐大辂②，彤弓矢百，玈弓矢千，秬鬯③一卣，珪瓒④，虎贲三百人。晋侯三辞，然后稽首受之。周作《晋文侯命》："王若曰：父义和，丕显文、武，能慎明德，昭登于上，布闻在下，维时上帝集厥命于文、武。恤朕身，继予一人永其在位。"于是晋文公称伯（霸）。癸亥，王子虎盟诸侯于王庭。

◎**注释** ①〔驷介〕披甲的驷马。②〔大辂（lù）〕金辂，用黄金装饰的大车。③〔秬鬯（chàng）〕祭祀时，请神下降所用的以郁金草和黑黍酿造的酒。④〔珪瓒〕以珪为柄的瓒，祭祀时用来灌酒的勺子。

◎**大意** 这年五月丁未日，晋国将楚国战俘献给周王室，有披甲战马一百乘，步兵一千人。周天子派王子虎宣布晋侯为霸主，赐给大车，红色的弓箭一百副，黑色的弓箭一千副，黑黍香酒一坛，以珪为柄的瓒，勇士三百人。晋文公三次推辞，然后叩头接受了这些赐物。周天子作《晋文侯命》："周王这样说：你以道义会合诸侯，发扬光大周文王、周武王的功绩，能够谨慎地修明德行，感动上天，在民间广为传播，所以上天把帝王的使命交给周文王、周武王。你要关怀我，使我继承祖业承保王位。"于是晋文公称霸。这年五月癸亥日，王子虎在王宫与诸侯国君主订立盟约。

晋焚楚军，火数日不息，文公叹。左右曰："胜楚而君犹忧，何？"文公曰："吾闻能战胜安者唯圣人，是以惧。且子玉犹在，庸可喜乎！"子玉之败而归，楚成王怒其不用其言，贪与晋战，让责子玉，子玉自杀。晋文公曰："我击其外，楚诛其内，内外相应。"于是乃喜。

◎**大意** 晋国焚烧楚军阵地，大火几天没有熄灭，晋文公为之叹息。左右的人说："战胜了楚国，但国君还忧虑，为什么呢？"晋文公说："我听说能够战胜敌人而心情安定的只有圣人，因此恐惧。而且子玉还在，难道可以高兴吗！"子玉兵败回去，楚成王为他不听自己的话、贪求与晋国作战而恼怒，为此责备子玉，子玉自杀。晋文公说："我在外攻击子玉，楚国在内诛杀子玉，可说是内外相互呼应。"这才高兴起来。

六月，晋人复入卫侯。壬午，晋侯度（渡）河北归国。行赏，狐偃为首。或曰："城濮之事，先轸之谋。"文公曰："城濮之事，偃说我毋失信。先轸曰'军事胜为右'，吾用之以胜。然此一时之说，偃言万世之功，奈何以一时之利而加万世功乎？是以先之。"

◎**大意**　这年六月，晋国人重新让卫侯回国。这年六月壬午日，晋侯渡过黄河向北回国。赏赐功臣，狐偃第一。有人说："城濮的事，是先轸的计谋。"晋文公说："城濮的事，狐偃劝说我不要失信。先轸说'军事以打胜仗为上'，我用它取得胜利。然而这是有利于一时的说法，狐偃说的话却有万代的功绩，怎么能让一时的利益超过万代的功绩呢？因此狐偃功劳最大。"

冬，晋侯会诸侯于温，欲率之朝周。力未能，恐其有畔（叛）者，乃使人言周襄王狩于河阳。壬申，遂率诸侯朝王于践土。孔子读史记至文公，曰"诸侯无召王""王狩河阳"者，《春秋》讳之也。

◎**大意**　这年冬天，晋侯在温邑会合诸侯，想率领诸侯朝见周天子。力量不够，担心诸侯有反叛的，就派人叫周襄王到河阳巡狩。这年壬申日，晋侯就率领诸侯到践土朝见周襄王。孔子读史书读到晋侯的事迹，说"诸侯无权召唤周王""周王巡狩河阳"，这是《春秋》故意隐讳这件事。

丁丑，诸侯围许。曹伯臣或说晋侯曰："齐桓公合诸侯而国异姓，今君为会而灭同姓。曹，叔振铎之后；晋，唐叔之后。合诸侯而灭兄弟，非礼。"晋侯说（悦），复曹伯。

◎**大意**　这年冬季的丁丑日，诸侯围攻许国。曹伯的大臣中有人劝说晋侯："齐桓公会合诸侯而扶植异姓国家，如今您会合诸侯却灭掉同姓国家。曹国是叔振铎的后代，晋国是唐叔的后代。会合诸侯而灭掉兄弟之国，不合礼仪。"晋侯听了很高兴，就恢复了曹伯的地位。

于是晋始作三行①。荀林父将中行，先縠将右行，先蔑将左行。

◎**注释**　①〔晋始作三行〕春秋时，各国都用战车作战，晋文公为了抵御狄族，在上、中、下三军之外，增设三支步兵，即右行、中行、左行，称为"三行"，以回避周王六军的名称。从此，三行便成为晋国军制的名称。
◎**大意**　这时晋国开始建立三行军制。荀林父统领中行，先縠统率右行，先蔑统领左行。

七年，晋文公、秦缪公共围郑，以其无礼于文公亡过时，及城濮时郑助楚也。围郑，欲得叔瞻。叔瞻闻之，自杀。郑持叔瞻告晋。晋曰："必得郑君而甘心焉。"郑恐，乃间令使谓秦缪公曰："亡郑厚晋，于晋得矣，而秦未为利。君何不解郑，得为东道交①？"秦伯说（悦），罢兵。晋亦罢兵。

◎**注释**　①〔东道交〕东方路上的朋友。郑国在秦国的东方，所以这样说。
◎**大意**　晋文公七年，晋文公、秦穆公共同发兵围攻郑国，因为郑国在晋文公逃亡经过郑国时无礼,在城濮之战时又帮助楚国。围攻郑国,想得到叔瞻。叔瞻听说了这件事,就自杀了。郑国带着叔瞻的尸体报告晋国。晋国说:"一定要得到郑国国君才甘心。"郑国害怕,就暗中派使者去对秦穆公说:"灭亡郑国使晋国强大,对晋国有利,而对秦国未必有利。君王何不放弃进攻郑国,使得郑国成为秦国东方路上的朋友?"秦穆公听了高兴,就退兵了。晋文公也跟着退兵了。

九年冬,晋文公卒,子襄公欢立。是岁郑伯亦卒。

◎**大意** 晋文公九年冬天,晋文公去世,儿子晋襄公姬欢继位。这一年郑伯也去世了。

郑人或卖其国于秦,秦缪公发兵往袭郑。十二月,秦兵过我郊。襄公元年春,秦师过周,无礼,王孙满讥之。兵至滑,郑贾人弦高将市于周,遇之,以十二牛劳秦师。秦师惊而还,灭滑①而去。

◎**注释** ①〔滑〕姬姓小国名,始建都城于滑,在今河南睢县西北,后迁都城于费(在今河南偃师)。
◎**大意** 郑国有人向秦国出卖他的国家,秦穆公发兵前往袭击郑国。这年十二月,秦国军队经过晋国郊野。晋襄公元年春天,秦国军队经过周朝京城,没有礼貌,王孙满讥讽他们。秦国军队到达滑国,郑国商人弦高将要到周朝都城去做买卖,遇到他们,用十二头牛犒劳秦国军队。秦国军队惊慌而退,灭掉滑国后离去。

晋先轸曰:"秦伯不用蹇叔,反其众心,此可击。"栾枝曰:"未报先君施于秦,击之,不可。"先轸曰:"秦侮吾孤,伐吾同姓,何德之报?"遂击之。襄公墨衰绖。四月,败秦师于殽(崤),虏秦三将孟明视、西乞秫、白乙丙以归。遂墨以葬文公。文公夫人秦女，谓襄公曰："秦欲得其三将戮之。"公许，遣之。先轸闻之，谓襄公曰："患生矣。"轸乃追秦将。秦将渡河，已在船中，顿首谢，卒不反（返）。

◎**大意** 晋国先轸说："秦穆公不听蹇叔的话，违反他的民众的意愿，可以攻击它。"栾枝说："还没有报答秦国对先君的恩惠，攻击它，是不行的。"先轸说："秦国欺侮我们新君王，征伐我们的同姓国家，有什么恩德可以报答？"于是攻打秦国。晋襄公穿着黑色的丧服。这年四月，在崤山打败了秦国军队，俘虏了秦国孟明视、西乞秫、白乙丙三位将领而回。于是晋人穿着黑色丧服来安葬晋文公。晋文公的夫人是秦国女子，她对晋襄公说："秦国想得到它的三位将领杀死他们。"晋襄公同意，遣送他们。先轸就去追赶秦国将领。秦国将军渡过黄河，已经在船上了，叩头道谢，最终没有返回。

后三年，秦果使孟明伐晋，报殽（崤）之败，取晋汪以归。四年，秦缪公大兴兵伐我，度（渡）河，取王官，封殽（崤）尸而去。晋恐，不敢出，遂城守。五年，晋伐秦，取新城，报王官役也。

◎**大意** 过了三年，秦国果真派孟明视来讨伐晋国，报复崤之战失败之仇，夺取了晋国的汪城后回去。晋襄公四年，秦穆公大举发兵征伐晋国，渡过黄河，夺取了王官，在崤山修建了阵亡将士的陵墓后退走。晋国害怕，不敢出战，就据城防守。晋襄公五年，晋国讨伐秦国，夺取新城，报了王官战役之仇。

六年，赵衰成子、栾贞子、咎季子犯、霍伯皆卒。赵盾代赵衰执政。

◎**大意** 晋襄公六年，赵衰成子、栾贞子、咎季子犯、霍伯都去世了。赵盾代替赵衰执政。

七年八月，襄公卒。太子夷皋少。晋人以难故，欲立长君。赵盾曰："立襄公弟雍。好善而长，先君爱之；且近于秦，秦故好也。立善则固，事长则顺，奉爱则孝，结旧好则安。"贾季曰："不如其弟乐。辰嬴嬖于二君，立其子，民必安之。"赵盾曰："辰嬴贱，班在九人下，其子何震之有！且为二君嬖，淫也。为先君子，不能求大而出在小国，僻也。母淫子僻，无威；陈小而远，无援：将何可乎！"使士会如秦迎公子雍。贾季亦使人召公子乐于陈。赵盾废贾季，以其杀阳处父。十月，葬襄公。十一月，贾季奔翟。是岁，秦缪公亦卒。

◎**大意** 晋襄公七年八月，晋襄公去世。太子姬夷皋年幼。晋国人因为国家多难，想立年长的国君。赵盾说："立晋襄公的弟弟姬雍。他好行善事而且年长，先君喜爱他；并且他与秦国亲近，秦国原本是友好国家。立善良的人为君，国家就稳固，服侍年长者就能和顺，侍奉先君喜爱的就是孝顺，交结旧好就能安宁。"贾季说："不如他的弟弟姬乐。辰嬴受到晋怀公和晋文公两位国君的宠爱，立她的儿子，民众必然安心。"赵盾说："辰嬴身份卑贱，在晋文公十位夫人中位次排在第九位之下，她的儿子有什么威望！而且受两位国君宠爱，可以说是淫荡行为。作为先君的儿子，不能投靠大国而出外居住在小国，可以说是孤立无援。母亲淫荡而儿子孤立，没有威望；陈国小而且离得远，没有外援：怎么能行呢！"派士会到秦国迎接公子姬雍。贾季也派人到陈国去召回公子姬乐。赵盾废黜贾季，因为他杀了阳处父。这年十月，晋国人安葬晋襄公。这年十一月，贾季逃到翟国。这一年，秦穆公也去世了。

灵公元年四月，秦康公曰："晋文公之入也无卫，故有吕、郤之患。"乃多与公子雍卫。太子母缪嬴日夜抱太子以号泣于朝，曰："先君何罪？其嗣亦何罪？舍适（嫡）而外求君，将安置此①？"出朝，则抱以适赵盾所，顿首曰："先君奉此子而属之子，曰'此子材，吾受其赐；不材，吾怨子'。今君卒，言犹在耳，而弃之，若何？"赵盾与诸大夫皆患缪嬴，且畏诛，乃背所迎而立太子夷皋，是为灵公。发兵以距秦送公子雍者。赵盾为将，往击秦，败之令狐。先蔑、随会亡奔秦。秋，齐、宋、卫、郑、曹、许君皆会赵盾，盟于扈，以灵公初立故也。

◎**注释**　①〔将安置此〕如何安置我这个孩子？
◎**大意**　晋灵公元年四月，秦康公说："过去晋文公回国没有护卫，所以有了吕省、郤芮的祸患。"就多给公子雍护卫。太子姬夷皋的母亲缪嬴整天抱着太子在朝廷大声哭泣，说："先君有什么罪过？他的继承人有什么罪过？舍弃嫡子而到外国去寻求君王，将如何安置我这个孩子？"她出了朝廷，就抱着太子到赵盾住所，叩头说："先君将这孩子托付给您，说'这孩子成材，我就受到你的恩赐；不成材，我怨恨你'。如今先君去世，话还在耳边，却已抛弃他，为什么？"赵盾与诸位大夫都顾忌缪嬴，而且怕被诛杀，就背弃了所接的公子姬雍而拥立太子姬夷皋，就是晋灵公。派兵去抵御秦国送公子姬雍的队伍。赵盾为主将，前去攻击秦国，在令狐打败秦军。先蔑、随会逃亡投奔秦国。这年秋天，齐国、宋国、卫国、郑国、曹国、许国国君都与赵盾相会，在扈城订立盟约，因为晋灵公刚即位。

四年，伐秦，取少梁。秦亦取晋之郩。六年，秦康公伐晋，取羁马。晋侯怒，使赵盾、赵穿、郤缺击秦，大战河曲，赵穿最有功。七年，晋六卿患随会之在秦，常为晋乱，乃详（佯）令魏寿馀反晋降秦。秦使随会之魏，因执会以归晋。

◎**大意**　晋灵公四年，征伐秦国，夺取少梁。秦也夺取了晋国的郩（xiáo）。晋灵公六年，秦康公征伐晋国，夺取羁马。晋灵公发怒，派赵盾、赵穿、郤缺进攻秦国，在河曲大战，赵穿功劳最多。晋灵公七年，晋国六卿担心随会在秦国经常给晋国捣乱，就假装让魏寿馀反叛晋国投降秦国。秦国派随会到魏城，晋国人趁机抓住随会回晋国。

八年，周顷王崩，公卿争权，故不赴（讣）①。晋使赵盾以车八百乘平周乱而立匡王。是年，楚庄王初即位。十二年，齐人弑其君懿公。

◎**注释** ①〔不赴〕不向各诸侯国报丧。
◎**大意** 晋灵公八年，周顷王去世，公卿争权，所以不向各诸侯国报丧。晋国派赵盾率领八百乘兵车平定了周王室内乱，拥立周匡王。这一年，楚庄王刚即位。晋灵公十二年，齐国人弑杀了他们的国君齐懿公。

十四年，灵公壮，侈，厚敛以雕①墙。从台上弹人，观其避丸也。宰夫胹②熊蹯不熟，灵公怒，杀宰夫，使妇人持其尸出弃之，过朝。赵盾、随会前数谏，不听；已又见死人手，二人前谏。随会先谏，不听。灵公患之，使鉏麑③刺赵盾。盾闺④门开，居处节，鉏麑退，叹曰："杀忠臣，弃君命，罪一也。"遂触树而死。

◎**注释** ①〔雕〕用彩画装饰。②〔胹（ér）〕煮。③〔鉏（xú）麑（ní）〕晋力士。④〔闺〕内室。
◎**大意** 晋灵公十四年，晋灵公成年了，生活奢侈，收取重税来雕绘宫墙。从台上用弹弓射人，观看被射的人躲避弹丸。厨师没有将熊掌煮熟，晋灵公发怒，杀死厨师，派妇女抬着他的尸体出宫丢弃，经过朝堂。赵盾、随会先前多次劝谏，晋灵公不听；这时又看到死人的手，二人前去劝谏。随会先劝谏，晋灵公还是不听。晋灵公害怕他们，派鉏麑去刺杀赵盾。赵盾内室门敞开着，坐卧有节制，鉏麂退出，叹息说："杀害忠臣，违背君王命令，罪过是一样的。"于是用头撞树而死。

初，盾常（尝）田（畋）首山，见桑下有饿人。饿人，示眯明也。盾与之食，食其半。问其故，曰："宦三年，未知母之存不（否），愿遗母。"盾义之，益与之饭肉。已而为晋宰夫，赵盾弗复知也。九月，晋灵公饮赵盾酒，伏甲将攻盾。公宰示眯明知之，恐盾醉不能起，而进曰："君赐臣，觞三行可以罢。"欲以去赵盾，令先，毋及难。盾既去，灵公伏士未会，先纵啮狗名獒[①]。明为盾搏杀狗。盾曰："弃人用狗，虽猛何为？"然不知明之为阴德也。已而灵公纵伏士出逐赵盾，示眯明反击灵公之伏士，伏士不能进，而竟脱盾。盾问其故，曰："我桑下饿人。"问其名，弗告。明亦因亡去。

◎**注释** ①〔獒〕大狗。《集解》曰："犬四尺长曰獒。"
◎**大意** 当初，赵盾曾经到首山打猎，看见桑树下有一饿汉。这位饿汉就是示眯明。赵盾给他食物，他吃掉一半。问他原因，他说："我在外游学三年，不知道母亲还在不在，想留给母亲。"赵盾赞赏他，给他添加了饭和肉。示眯明不久做了晋灵公的厨师，赵盾不再知道。这年九月，晋灵公请赵盾饮酒，埋伏士兵准备攻击赵盾。晋灵公的厨师示眯明知道这个情况，恐怕赵盾喝醉酒不能起身，上前说："君王赏赐大臣，饮酒三杯可以停止。"想以此使赵盾赶在事发前离开，不至于遭受灾难。赵盾离开后，晋灵公埋伏的士兵还没有集合，先放出一条名叫獒的咬人恶犬。示眯明为保护赵盾，与狗搏斗并杀死了它。赵盾说："舍弃人而用狗，即使凶猛又有什么用呢？"但是赵盾不知道示眯明暗中所做的恩德。不久晋灵公指挥埋伏的兵士出外追逐赵盾，示眯明反击晋灵公埋伏的兵士，埋伏的兵士不能前进，最终使赵盾逃脱了。赵盾问示眯明救他的原因，他回答："我就是桑树下的饿汉。"问他的姓名，他不肯说。示眯明也因此逃跑了。

盾遂奔，未出晋境。乙丑，盾昆弟将军赵穿袭杀灵公于桃园而迎赵盾。赵盾素贵，得民和；灵公少，侈，民不附，故为弑易。盾复位。晋太史董狐书曰"赵盾弑其君"，以视于朝。盾曰："弑者赵穿，我无罪。"太史曰："子为正卿，而亡不出境，反（返）不诛国乱，非子而谁？"孔子闻之，曰："董狐，古之良史也，书法不隐。宣子，良大夫也，为法受恶①。惜也，出疆乃免②。"

◎**注释** ①〔为法受恶〕为了尊重史官的职责而蒙受弑君的罪名。②〔出疆乃免〕越境出逃而君臣义绝，可以不讨叛贼。

◎**大意** 赵盾于是出逃，没有逃出晋国国境。这年九月乙丑日，赵盾的弟弟、将军赵穿在桃园袭击杀死了晋灵公，迎回了赵盾。赵盾向来尊贵，得到民众拥护；晋灵公年少，生活奢侈，民众不亲附，所以被杀害容易。赵盾恢复职位。晋国太史董狐写道"赵盾弑杀他的国君"，在朝堂给人看。赵盾说："弑杀国君的人是赵穿，我没有罪过。"太史说："你是正卿，没有逃出国境，回来不诛杀乱国的人，不是你又是谁？"孔子听说这件事，说："董狐是古代的好史官，记事原则为不隐瞒罪责。宣子是好大夫，守原则而蒙受恶名。可惜啊，出了国境就可免于恶名了。"

赵盾使赵穿迎襄公弟黑臀于周而立之，是为成公。

◎**大意** 赵盾派赵穿到周朝都城去迎接晋襄公的弟弟姬黑臀，拥立他为君，这就是晋成公。

成公者，文公少子，其母周女也。壬申，朝于武宫。

◎**大意** 晋成公，是晋文公的小儿子，他的母亲是周王室的女儿。这年九月壬申日，晋成公到晋武公的祀庙朝拜。

成公元年，赐赵氏为公族①。伐郑，郑倍（背）晋故也。三年，郑伯初立，附晋而弃楚。楚怒，伐郑，晋往救之。

◎**注释** ①〔公族〕国君的家族。
◎**大意** 晋成公元年，赐赵氏为公族大夫。讨伐郑国，因为郑国背叛了晋国。三年，郑伯新即位，归附晋国而背弃楚国。楚国发怒，征伐郑国，晋国前往救郑国。

六年，伐秦，虏秦将赤。

◎**大意** 晋成公六年，讨伐秦国，俘虏了秦国将军赤。

七年，成公与楚庄王争强，会诸侯于扈。陈畏楚，不会。晋使中行桓子伐陈，因救郑，与楚战，败楚师。是年，成公卒，子景公据立。

◎**大意** 晋成公七年，晋成公与楚庄王争强，在扈城与诸侯会盟。陈国畏惧楚国，不参加盟会。晋国派中行桓子讨伐陈国，趁势救助郑国，与楚国作战，打败楚国军队。这一年，晋成公去世，儿子晋景公姬据继位。

景公元年春，陈大夫夏徵舒弑其君灵公。二年，楚庄王伐陈，诛徵舒。

◎**大意** 晋景公元年春天，陈国大夫夏徵舒弑杀了他的国君陈灵公。晋景公二年，楚庄王讨伐陈国，诛杀夏徵舒。

三年，楚庄王围郑，郑告急晋。晋使荀林父将中军，随会将上军，赵朔①将下军，郤克、栾书、先縠、韩厥、巩朔佐之。六月，至河。闻楚已服郑，郑伯肉袒与盟而去，荀林父欲还。先縠曰："凡来救郑，不至不可，将率离心。"卒度（渡）河。楚已服郑，欲饮马于河为名而去。楚与晋军大战。郑新附楚，畏之，反助楚攻晋。晋军败，走河，争度，船中人指甚众。楚虏我将智䓨。归而林父曰："臣为督将，军败当诛，请死。"景公欲许之。随会曰："昔文公之与楚战城濮，成王归杀子玉，而文公乃喜。今楚已败我师，又诛其将，是助楚杀仇也。"乃止。

◎**注释** ①〔赵朔〕赵盾的儿子。
◎**大意** 晋景公三年，楚庄王围攻郑国，郑国向晋国告急。晋国派荀林父统领中军，随会统领上军，赵朔统领下军，郤克、栾书、先縠、韩厥、巩朔辅佐他们。这年六月，到达黄河。听说楚国已经征服郑国，郑伯袒露身体与楚国订盟，使楚军离去，荀林父想回师。先縠说："我们此行的目的是来救援郑国，不到达不行，将帅会离心。"最终渡过黄河。楚国已经征服郑国，想饮马黄河，显示威名，然后离开。楚军与晋军大战。郑国新近归降楚国，畏惧楚国，反过来帮助楚国攻打晋军。晋军失败，逃到黄河边，争着渡河，船中被砍下的手指很多。楚军俘虏了晋国将领智䓨。晋军回国后，荀林父说："我是督军将领，军队战败应当被诛杀，请求去死。"晋景公想答应他。随会说："过去晋文公与楚国在城濮作战，楚成王回去杀了子玉，晋文公才高兴起来。如今楚国已经打败我们的军队，再诛杀将领，是帮助楚国杀仇敌。"晋景公才罢休。

四年，先縠以首计而败晋军河上，恐诛，乃奔翟，与翟谋伐晋。晋觉，乃族縠。縠，先轸子也。

◎**大意**　晋景公四年，先縠因为首先建议渡黄河而使晋军败于黄河边上，害怕被诛杀，就逃往翟国，与翟国谋议讨伐晋国。晋国发觉，于是灭了先縠的全族。先縠是先轸的儿子。

五年，伐郑，为助楚故也。是时楚庄王强，以挫晋兵河上也。

◎**大意**　晋景公五年，讨伐郑国，因为郑国帮助楚国。这时楚庄王强盛，在黄河边上打败了晋国军队。

六年，楚伐宋，宋来告急晋，晋欲救之，伯宗谋曰："楚，天方开之，不可当。"乃使解扬绐①为救宋。郑人执与楚，楚厚赐，使反其言，令宋急下。解扬绐许之，卒致晋君言。楚欲杀之，或谏，乃归解扬。

◎**注释**　①〔绐（dài）〕欺骗，谎言。
◎**大意**　晋景公六年，楚国讨伐宋国，宋国向晋国告急，晋国想救援它，伯宗谋划说："楚国，上天正使它发达，不可阻挡。"于是派解扬去谎称救援宋国。郑国人抓住解扬送给楚国，楚国以重礼相赠，让他到宋国去说反话，让宋国赶快投降。解扬假装同意，最终向宋国传达了晋国国君的话。楚国想杀他，有人劝谏，于是放解扬回国。

七年，晋使随会灭赤狄。

◎**大意**　晋景公七年，晋国派随会灭掉了赤狄。

八年，使郤克于齐。齐顷公母从楼上观而笑之。所以然者，郤克偻①，而鲁使蹇②，卫使眇③，故齐亦令人如之以导客。郤克怒，归至河上，曰："不报齐者，河伯视之！"至国，请君，欲伐齐。景公问知其故，曰："子之怨，安足以烦国！"弗听。魏文子请老休，辟（避）郤克，克执政。

◎**注释**　①〔偻（lǚ）〕驼背。②〔蹇（jiǎn）〕跛足。③〔眇（miǎo）〕眼瞎。
◎**大意**　晋景公八年，派郤克出使齐国。齐顷公的母亲从楼上观看并讥笑他。之所以笑，是因为郤克驼背，而鲁国使臣跛足，卫国使者瞎了一只眼，因而齐国也派同样有残疾的人来引导客人。郤克发怒，他回国到达黄河边上，说："不报复齐国，河神监视我！"他回国后，请求君王，想讨伐齐国。晋景公问明其中原因，说："你个人的怨恨，怎么值得麻烦国家！"不听。魏文子请求年老退休，推荐郤克，郤克执政。

九年，楚庄王卒。晋伐齐，齐使太子彊为质于晋，晋兵罢。

◎**大意**　晋景公九年，楚庄王去世。晋国讨伐齐国，齐国派太子姜彊作为人质到晋国，晋国军队才罢休。

十一年春，齐伐鲁，取隆。鲁告急卫，卫与鲁皆因郤克告急于晋。晋乃使郤克、栾书、韩厥以兵车八百乘与鲁、卫共伐齐。夏，与顷公战于鞍①，伤困顷公。顷公乃与其右易位，下取饮，以得脱去。齐师败走，晋追北至齐。顷公献宝器以求平，不听。郤克曰："必得萧桐侄子为质。"齐使曰："萧桐侄子，顷公母；顷公母犹晋君母，奈何必得之？不义，请复战。"晋乃许与平而去。

◎**注释** ①〔鞍〕齐国的地名，在今山东济南西。
◎**大意** 晋景公十一年春天，齐国讨伐鲁国，夺取隆城。鲁国向卫国告急，卫国与鲁国都通过郤克向晋国告急。晋国就派郤克、栾书、韩厥率领战车八百乘与鲁国、卫国共同讨伐齐国。这年夏天，与齐顷公在鞍地作战，打伤并围困齐顷公。齐顷公跟他的战车右边的卫士交换位置，下车取水，才得以逃脱。齐国军队失败逃跑，晋军追击溃败的敌人到达齐国都城。齐顷公献出宝器请求议和，晋军不答应。郤克说："一定要得到萧桐侄子为人质。"齐国使者说："萧桐侄子是齐顷公的母亲；齐顷公的母亲就好像晋君的母亲，为什么一定要得到她？既然你们不讲道义，我们请求重新开战。"晋军这才同意议和而离去。

楚申公巫臣盗夏姬以奔晋，晋以巫臣为邢大夫。

◎**大意** 楚国申公巫臣偷娶夏姬，逃到晋国，晋国任用巫臣为邢城大夫。

十二年冬，齐顷公如晋，欲上尊晋景公为王，景公让不敢。晋始作六军，韩厥、巩朔、赵穿、荀骓、赵括、赵旃皆为卿。智罃自楚归。

◎**大意** 晋景公十二年冬天，齐顷公到晋国，想要抬高晋景公的地位而尊他为王。晋景公推让不敢接受。晋国开始建立六军，韩厥、巩朔、赵穿、荀骓、赵括、赵旃都被封为卿。智罃从楚国回来。

十三年，鲁成公朝晋，晋弗敬，鲁怒去，倍（背）晋。晋伐郑，取氾。

◎**大意** 晋景公十三年，鲁成公朝拜晋国国君，晋国对他不尊敬，鲁成公发怒离去，背叛晋国。晋国讨伐郑国，夺取汜城。

十四年，梁山①崩。问伯宗，伯宗以为不足怪也。

◎**注释** ①〔梁山〕原属古梁国，后入秦，复入晋，为晋国所祭之名山，在今陕西韩城西北。
◎**大意** 晋景公十四年，梁山崩塌。晋景公询问伯宗，伯宗认为不值得奇怪。

十六年，楚将子反怨巫臣，灭其族。巫臣怒，遗子反书曰："必令子罢（疲）于奔命！"乃请使吴，令其子为吴行人①，教吴乘车用兵。吴晋始通，约伐楚。

◎**注释** ①〔行人〕官名，执掌外交事务。
◎**大意** 晋景公十六年，楚国将领子反怨恨巫臣，灭掉他的家族。巫臣发怒，送信给子反说："一定要让你疲于奔命！"于是请求出使吴国，让他的儿子执掌吴国外交事务，教吴国怎样乘战车打仗。吴国与晋国开始交往，相约讨伐楚国。

十七年，诛赵同、赵括，族灭之。韩厥曰："赵衰、赵盾之功岂可忘乎？奈何绝祀！"乃复令赵庶子武为赵后，复与之邑。

◎**大意** 晋景公十七年，诛杀赵同、赵括，诛灭他们的家族。韩厥说："赵衰、赵盾的功劳怎么可以忘记呢？为什么断绝他们的祭祀！"于是又指令赵氏的庶子赵武为赵氏的继承人，重新给他封邑。

十九年夏，景公病，立其太子寿曼为君，是为厉公。后月余，景公卒。

◎**大意** 晋景公十九年夏天，晋景公生病，立他的太子姬寿曼为晋国君主，这就是晋厉公。过了一个多月，晋景公去世。

厉公元年，初立，欲和诸侯，与秦桓公夹河而盟。归而秦倍（背）盟，与翟谋伐晋。三年，使吕相让秦，因与诸侯伐秦。至泾①，败秦于麻隧②，虏其将成差。

◎**注释** ①〔泾〕河水名，源于今宁夏六盘山，在咸阳东北汇入渭水。②〔麻隧〕秦国的城邑名，在今陕西泾阳北。
◎**大意** 晋厉公元年，刚即位，想会合诸侯，与秦桓公隔着黄河举行盟会。回国后秦国背叛盟约，与翟国谋划征讨晋国。晋厉公三年，派吕相去责备秦国，并与诸侯讨伐秦国。到达泾河，在麻隧打败秦军，俘虏了秦军将领成差。

五年，三郤谗伯宗，杀之。伯宗以好直谏得此祸，国人以是不附厉公。

◎**大意** 晋厉公五年，郤锜、郤犨、郤至三人说伯宗的坏话，晋厉公杀了伯宗。伯宗因为喜好直言劝谏而得此灾祸，晋国人因此不归附晋厉公。

六年春，郑倍（背）晋与楚盟，晋怒。栾书曰："不可以当吾世而失诸侯。"乃发兵。厉公自将，五月，度（渡）河。闻楚兵来救，范文子请公欲还。郤至曰："发兵诛逆，见强辟（避）之，无以令诸侯。"遂与战。癸巳，射中楚共王目，楚兵败于鄢陵①。子反收余兵，拊循②欲复战，晋患之。共王召子反，其侍者竖阳穀进酒，子反醉，不能见。王怒，让子反，子反死。王遂引兵归。晋由此威诸侯，欲以令天下求霸。

◎**注释**　①〔鄢陵〕郑国城邑名，在今河南鄢陵西北。②〔拊循〕安抚，抚慰。
◎**大意**　晋厉公六年春天，郑国背叛晋国与楚国结盟，晋国发怒。栾书说："不能在我们这一代失掉诸侯。"于是发兵。晋厉公亲自率军，这年的五月渡黄河。听说楚国军队来救援，范文子向晋厉公请求，想要退兵。郤至说："调发军队诛灭逆贼，遇见强敌就避让，无法号令诸侯。"就与楚军交战。这年五月癸巳日，射中楚共王的眼睛，楚军在鄢陵战败。子反收拾残余兵士，安抚他们，想要再打仗复仇，晋国为此而忧虑。楚共王召见子反，侍者竖阳穀进酒，子反喝醉了，不能去拜见。楚共王发怒，责备子反，子反自杀。楚共王就领兵回国。晋国从此威震诸侯，想号令天下，谋求称霸。

厉公多外嬖姬，归，欲尽去群大夫而立诸姬兄弟。宠姬兄曰胥童，尝与郤至有怨，及栾书又怨郤至不用其计而遂败楚，乃使人间谢楚①。楚来诈厉公曰："鄢陵之战，实至召楚，欲作乱，内子周立之。会与国不具，是以事不成。"厉公告栾书。栾书曰："其殆有矣！愿公试使人之周微考②之。"果使郤至于周。栾书又使公子周见郤至，郤至不知见卖也。厉公验之，信然，遂怨郤至，欲杀之。八年，厉公猎，与姬饮，郤至杀豕奉进，宦者夺之。郤至射杀宦者。公怒，曰："季子欺予！"将诛三郤，未发也。郤锜欲攻公，曰："我虽死，公亦病矣。"郤至曰："信不反君，智不害民，勇不作乱。失此三者，谁与我？我死耳！"十二月壬午，公令胥童以兵八百人袭攻杀三郤。胥童因以劫栾书、中行偃于朝，曰："不杀二子，患必及公。"公曰："一且杀三卿，寡人不忍益③也。"对曰："人将忍君④。"公弗听，谢栾书等以诛郤氏罪："大夫复位。"二子顿首曰："幸甚幸甚！"公使胥童为卿。闰月乙卯，厉公游匠骊氏，栾书、中行偃以其党袭捕厉公，囚之，杀胥童，而使人迎公子周于周而立之，是为悼公。

◎**注释** ①〔间谢楚〕暗中与楚国通谋。②〔微考〕暗中观察。③〔不忍益〕不忍心再多杀。④〔人将忍君〕人家将对你不客气。

◎**大意** 晋厉公有很多宠妾，回国后，想除去所有大夫而任用各位宠妾的兄弟。有一个宠妾的哥哥叫胥童，曾经与郤至有仇怨，等到栾书又怨恨郤至没有用他的计谋而竟然打败楚国，就派人暗中与楚国勾结。楚国派人来欺诈晋厉公说："鄢陵之战，实际是郤至招来楚国，想发动叛乱，迎接公子姬周，立他为国君。恰巧盟国没有到，因此事没办成。"晋厉公告诉栾书。栾书说："这事大概会有！希望您派人到周朝都城暗中考察一下。"晋厉公果真派郤至到周朝都城。栾书又让公子姬周会见郤至，郤至不知道已被人出卖了。晋厉公查验这件事，果真如此，于是怨恨郤至，想杀他。晋厉公八年，晋厉公打猎，与姬妾饮酒，郤至杀猪奉献，宦官将猪夺走。郤至射杀宦官。晋厉公发怒，说："季子欺侮我！"准备诛杀郤锜、郤犨、郤至，还没动手。郤锜想进攻晋厉公，说："即便我死了，他也会遭殃。"郤至说："讲忠信就不反对君王，有智慧就不危害民众，真勇敢就不发动叛乱。没有这三条，谁肯赞同我？我还是死了吧！"这年十二月壬午，晋厉公命令胥童率领兵士八百人袭击杀死郤锜、郤犨、郤至。胥童趁机在朝堂上劫持栾书、中行偃，说："不杀这两个人，祸患一定会殃及国君。"晋厉公说："一下子杀死三位国卿，我不忍心再多杀人了。"胥童回答："别人将忍心害你。"晋厉公不听，向栾书等道歉并说明惩办郤氏的罪过："你们二位大夫恢复职位。"二人叩头说："幸运得很！幸运得很！"晋厉公任用胥童为国卿。这年闰月乙卯日，晋厉公到匠骊氏家游玩，栾书、中行偃率领他们的党羽袭击逮捕晋厉公，囚禁了他，杀死胥童，派人到周朝都城去迎回公子姬周，并拥立他为国君，就是晋悼公。

悼公元年正月庚申，栾书、中行偃弑厉公，葬之以一乘车。厉公囚六日死，死十日庚午，智䓣迎公子周来，至绛，刑①鸡与大夫盟而立之，是为悼公。辛巳，朝武宫。二月乙酉，即位。

◎注释　①〔刑〕杀。
◎大意　晋悼公元年正月庚申日，栾书、中行偃杀害晋厉公，用一乘车为他陪葬。晋厉公被囚禁六天后死去，死后十天是庚午日，智䓣迎回公子姬周，到了绛城，杀鸡与大夫盟誓拥立他，就是晋悼公。这年正月辛巳日，朝拜晋武公祀庙。这年二月乙酉日，即位。

悼公周者，其大父①捷，晋襄公少子也，不得立，号为桓叔，桓叔最爱②。桓叔生惠伯谈，谈生悼公周。周之立，年十四矣。悼公曰："大父、父皆不得立而辟（避）难于周，客死焉。寡人自以疏远，毋几（冀）为君。今大夫不忘文、襄之意而惠立桓叔之后，赖宗庙大夫之灵，得奉晋祀，岂敢不战战③乎？大夫其亦佐寡人！"于是逐不臣者七人，修旧功，施德惠，收文公入时功臣后。秋，伐郑。郑师败，遂至陈。

◎注释　①〔大父〕祖父。②〔最爱〕最受晋襄公的喜爱。③〔战战〕恐惧颤抖，谨慎小心的样子。
◎大意　晋悼公姬周，他的祖父姬捷是晋襄公的小儿子，没有继位，号称桓叔，桓叔最受宠爱。桓叔生了惠伯姬谈，姬谈生了悼公姬周。姬周被立为国君时，年纪为十四。晋悼公说："祖父、父亲都不得继位而逃避灾难到周朝都城，客死在那里。我知道自己被疏远，本无希望做国君。如今大夫不忘晋文公、晋襄公的意图而好意拥立桓叔的后代，依赖宗庙和大夫的威灵，得以奉祭晋国的祖祀，怎么敢不小心谨慎？大夫们也应辅佐我！"于是驱逐了七个不尽臣职的人，重修祖宗旧业，布施恩惠，起用晋文公回国时的功臣的后代。这年秋天，讨伐郑国。郑国军队战败，于是入侵陈国。

　　三年，晋会诸侯。悼公问群臣可用者，祁傒①举解狐②。解狐，傒之仇。复问，举其子祁午。君子曰："祁傒可谓不党矣！外举不隐仇，内举不隐子。"方会诸侯，悼公弟杨干乱行，魏绛戮其仆。悼公怒，或谏公，公卒贤绛，任之政，使和戎，戎大亲附。十一年，悼公曰："自吾用魏绛，九合诸侯，和戎、翟，魏子之力也。"赐之乐，三让乃受之。冬，秦取我栎③。

◎**注释**　①〔祁傒〕晋国公族，字黄羊，为晋献公的后裔。②〔解狐〕晋国大夫。③〔栎〕晋国的城邑名，在今山西永济西南。

◎**大意**　晋悼公三年，晋国会合诸侯。悼公向大臣们询问可以重用的人，祁傒举荐解狐。解狐，是祁傒的仇人。又问，祁傒举荐他的儿子祁午。君子说："祁傒可以说不偏不私了！推荐外人不埋没仇人，推荐内亲不埋没儿子。"正在会盟诸侯时，悼公的弟弟杨干驰车扰乱军阵，魏绛杀了他的仆人。晋悼公发怒，有人劝谏晋悼公，晋悼公终于认识到魏绛贤能，委任他处理政事，派他去和戎族建立友好关系，戎族十分亲附。晋悼公十一年，晋悼公说："自从我任用魏绛，九次会合诸侯，与戎族、翟族和好，都是魏绛出的力。"赏赐给魏绛乐队，魏绛多次辞让才接受。这年冬天，秦国夺取了晋国的栎地。

　　十四年，晋使六卿率诸侯伐秦，度（渡）泾，大败秦军，至棫林①而去。

◎**注释**　①〔棫林〕秦国城邑名，在今陕西泾阳的泾水西南。

◎**大意**　晋悼公十四年，晋国派韩、赵、魏、范、中行、智氏六卿率领诸侯讨伐秦国，渡过泾河，大败秦国军队，到达棫林才离去。

十五年，悼公问治国于师旷①。师旷曰："唯仁义为本。"冬，悼公卒，子平公彪立。

◎注释　①〔师旷〕晋国乐师，名旷，字子野。
◎大意　晋悼公十五年，晋悼公向师旷询问治国道理。师旷说："只有仁义是根本。"这年冬天，晋悼公去世，儿子晋平公姬彪继位。

平公元年，伐齐，齐灵公与战靡下①，齐师败走。晏婴曰："君亦毋勇，何不止战？"遂去。晋追，遂围临菑，尽烧屠其郭中。东至胶，南至沂，齐皆城守，晋乃引兵归。

◎注释　①〔靡下〕即历下，齐国城邑名，在今山东济南。
◎大意　晋平公元年，讨伐齐国，齐灵公在靡下与晋军交战，齐国军队失败逃跑。晏婴说："君王既然无勇气，为什么不停止战争？"就撤退了。晋军追赶，于是包围临菑，将外城的房屋全部烧毁，民众全都杀掉。东到胶水，南到沂水，齐国人都据城坚守。晋国才退兵返回。

六年，鲁襄公朝晋。晋栾逞有罪，奔齐。八年，齐庄公微遣栾逞于曲沃，以兵随之。齐兵上太行，栾逞从曲沃中反，袭入绛。绛不戒，平公欲自杀，范献子止公，以其徒击逞，逞败走曲沃。曲沃攻逞，逞死，遂灭栾氏宗。逞者，栾书孙也。其入绛，与魏氏谋。齐庄公闻逞败，乃还，取晋之朝歌去，以报临菑之役也。

◎**大意**　晋平公六年，鲁襄公朝拜晋平公。晋国栾逞有罪，逃奔齐国。晋平公八年，齐庄公暗中派栾逞到曲沃城，派军队跟随他。齐国军队上太行山，栾逞从曲沃城内反叛，偷袭进入绛城。绛城没有戒备，晋平公想自杀，范献子劝止了他，派他的党徒攻击栾逞，栾逞败退到曲沃城。曲沃人攻打栾逞，栾逞死了，就灭了栾氏宗族。栾逞是栾书的孙子。他进入绛城，曾与魏氏共同谋划。齐庄公听说栾逞失败，就回转，夺取晋国的朝歌而去，以报临菑那场战役之仇。

十年，齐崔杼弑其君庄公。晋因齐乱，伐败齐于高唐去，报太行之役也。

◎**大意**　晋平公十年，齐国崔杼弑杀他的国君齐庄公。晋国趁齐国内乱，讨伐齐国，在高唐打败齐军离去，以报太行山那场战役之仇。

十四年，吴延陵季子来使，与赵文子、韩宣子、魏献子语，曰："晋国之政，卒归此三家矣。"

◎**大意**　晋平公十四年，吴国延陵季子作为使臣来到晋国，与赵文子、韩宣子、魏献子谈话，说："晋国的政权，最终将归于这三家。"

十九年，齐使晏婴如晋，与叔向语。叔向曰："晋，季世也。公厚赋为台池而不恤政，政在私门①，其可久乎！"晏子然之。

◎**注释**　①〔政在私门〕政事被卿大夫所控制。
◎**大意**　晋平公十九年，齐国派晏婴到晋国，与叔向谈话。叔向说："晋国已经是末世了。国君为修筑楼台池塘而征收重税，又不问政事，政事掌握在私家之手,国家可以长久吗?"晏婴认为说得对。

二十二年,伐燕。二十六年,平公卒,子昭公夷立。

◎**大意** 晋平公二十二年,讨伐燕国。晋平公二十六年,晋平公去世,儿子晋昭公姬夷继位。

昭公六年卒。六卿强①,公室卑。子顷公去疾立。

◎**注释** ①〔六卿强〕这时六卿开始强大起来。六卿,晋国的六位国卿家族,即韩、赵、魏、范、中行及智氏。
◎**大意** 昭公六年去世。六卿强盛,公室卑弱。晋昭公的儿子晋顷公姬去疾继位。

顷公六年,周景王崩,王子争立。晋六卿平王室乱,立敬王。

◎**大意** 晋顷公六年,周景王去世,王子们争夺王位继承权。晋国六位国卿韩氏、赵氏、魏氏、范氏、中行氏、智氏平定王室内乱,拥立周敬王。

九年,鲁季氏逐其君昭公,昭公居乾侯①。十一年,卫、宋使使请晋纳鲁君。季平子私赂范献子,献子受之,乃谓晋君曰:"季氏无罪。"不果入鲁君。

◎**注释** ①〔乾侯〕晋国城邑名,在今河北成安。
◎**大意** 晋顷公九年,鲁国季氏驱逐他的国君鲁昭公,鲁昭公居住在乾侯。晋顷公十一年，卫国、宋国派使者来请求晋国送鲁昭公回国。季平子私下贿赂范献子，范献子接受贿赂，就对晋国国君说："季氏没有罪过。"最终没能把鲁昭公送回国。

十二年，晋之宗家祁傒孙，叔向子相恶于君。六卿欲弱公室，乃遂以法尽灭其族。而分其邑为十县，各令其子为大夫。晋益弱，六卿皆大。

◎大意　晋顷公十二年，晋国国君的宗族祁傒的孙子、叔向的儿子在君王面前相互诋毁。六家国卿想削弱公室，于是就用刑法将他们家族全部消灭，把他们的封邑分成十个县，各自让自己的儿子去做大夫。晋国公室更加卑弱，六家国卿都强大起来。

十四年，顷公卒，子定公午立。

◎大意　晋顷公十四年，晋顷公去世，儿子晋定公姬午继位。

定公十一年，鲁阳虎奔晋，赵鞅简子舍之。十二年，孔子相鲁。

◎大意　晋定公十一年，鲁国阳虎逃往晋国，赵鞅简子收留他。晋定公十二年，孔子在鲁国担任国相。

十五年，赵鞅使邯郸大夫午，不信，欲杀午。午与中行寅、范吉射亲，攻赵鞅，鞅走保晋阳。定公围晋阳。荀栎、韩不信、魏侈与范、中行为仇，乃移兵伐范、中行。范、中行反，晋君击之，败范、中行。范、中行走朝歌，保之。韩、魏为赵鞅谢晋君，乃赦赵鞅，复位。二十二年，晋败范、中行氏，二子奔齐。

◎**大意**　晋定公十五年，赵鞅派邯郸大夫午办事，午不可靠，赵鞅想杀午。午与中行寅、范吉射联合进攻赵鞅，赵鞅退走，守卫晋阳。晋定公围攻晋阳。荀栎、韩不信、魏侈与范吉射和中行寅有仇，就调集军队讨伐范吉射、中行寅。范吉射、中行寅反叛，晋定公攻打他们，打败了范吉射、中行寅。范吉射、中行寅退至朝歌，据城守卫。韩不信、魏侈替赵鞅向晋定公请罪，晋定公于是赦免赵鞅，恢复他的职位。晋定公二十二年，晋国打败范氏、中行氏，二人逃奔齐国。

三十年，定公与吴王夫差会黄池，争长，赵鞅时从，卒长吴。

◎**大意**　晋定公三十年，晋定公与吴王夫差在黄池会盟，争当盟主，当时赵鞅跟随，最终吴王做盟主。

三十一年，齐田常弑其君简公，而立简公弟骜为平公。三十三年，孔子卒。

◎**大意**　晋定公三十一年，齐国田常弑杀他的国君齐简公，接着拥立了齐简公的弟弟姜骜为齐平公。晋定公三十三年，孔子去世。

三十七年，定公卒，子出公凿立。

◎**大意**　晋定公三十七年，晋定公去世，儿子晋出公姬凿继位。

出公十七年，知（智）伯与赵、韩、魏共分范、中行地以为邑。出公怒，告齐、鲁，欲以伐四卿。四卿恐，遂反攻出公。出公奔齐，道死。故知（智）伯乃立昭公曾孙骄为晋君，是为哀公。

◎**大意**　晋出公十七年，智伯与赵氏、韩氏、魏氏共同瓜分范氏、中行氏的土地作为自己的封邑。晋出公发怒，告知齐国、鲁国，想借助它们的力量讨伐四家国卿。四家国卿恐惧，就反攻晋出公。晋出公逃奔齐国，半路上死了。所以智伯就拥立晋昭公的曾孙姬骄为晋国国君，这就是晋哀公。

哀公大父雍，晋昭公少子也，号为戴子。戴子生忌。忌善知（智）伯，蚤（早）死，故知（智）伯欲尽并晋，未敢，乃立忌子骄为君。当是时，晋国政皆决知（智）伯，晋哀公不得有所制。知（智）伯遂有范、中行地，最强。

◎**大意**　晋哀公的祖父姬雍是晋昭公的小儿子，号称戴子。戴子生了姬忌。姬忌与智伯友善，早死，所以智伯想完全吞并晋国，不敢去做，就拥立姬忌的儿子姬骄为国君。在这时，晋国政事都取决于智伯，晋哀公对他不能有任何制约。于是智伯占有了范氏、中行氏的土地，最为强大。

哀公四年，赵襄子、韩康子、魏桓子共杀知（智）伯，尽并其地。

◎**大意**　晋哀公四年，赵襄子、韩康子、魏桓子共同杀了智伯，把他的土地全部吞并了。

十八年，哀公卒，子幽公柳立。

◎**大意**　晋哀公十八年，晋哀公去世，儿子晋幽公姬柳继位。

幽公之时，晋畏，反朝韩、赵、魏之君。独有绛、曲沃，余皆入三晋。

◎**大意**　晋幽公的时候，晋国国君出于畏惧，反而去朝拜韩氏、赵氏、魏氏的君主。晋国只占有绛城、曲沃城，其余的土地都归韩氏、赵氏、魏氏三大家族。

十五年，魏文侯初立。十八年，幽公淫妇人，夜窃出邑中，盗杀幽公。魏文侯以兵诛晋乱，立幽公子止，是为烈公。

◎**大意**　晋幽公十五年，魏文侯刚即位。晋幽公十八年，晋幽公与妇人淫乱，夜晚偷偷走出城中，被强盗杀死。魏文侯率兵平定了晋国的内乱，拥立晋幽公的儿子姬止为君，这就是晋烈公。

烈公十九年，周威烈王赐赵、韩、魏皆命为诸侯。

◎**大意**　晋烈公十九年，周威烈王将韩、赵、魏三家都赐封为诸侯。

二十七年，烈公卒，子孝公颀立。孝公九年，魏武侯初立，袭邯郸，不胜而去。十七年，孝公卒，子静公俱酒立。是岁，齐威王元年也。

◎**大意** 晋烈公二十七年，晋烈公去世，儿子晋孝公姬顷继位。晋孝公九年，魏武侯刚即位，袭击邯郸，没有取胜就退去了。晋孝公十七年，晋孝公去世，儿子晋静公姬俱酒继位。这一年，是齐威王元年。

静公二年，魏武侯、韩哀侯、赵敬侯灭晋后而三分其地。静公迁为家人，晋绝不祀。

◎**大意** 晋静公二年，魏武侯、韩哀侯、赵敬侯灭掉晋国，三家平分了它的土地。晋静公被降为平民，晋国的祭祀断绝了。

太史公曰：晋文公，古所谓明君也，亡居外十九年，至困约①，及即位而行赏，尚忘介子推，况骄主乎？灵公既弑，其后成、景致严②，至厉大刻，大夫惧诛，祸作。悼公以后日衰，六卿专权。故君道之御其臣下，固不易哉！

◎**注释** ①〔至困约〕极其艰难困苦。②〔致严〕对待臣下严厉。
◎**大意** 太史公说：晋文公是古代所说的贤明君主，在外流亡十九年，极其艰难困苦，等到即位后奖赏功臣，尚且忘记介子推，何况骄横的君主呢？晋灵公被弑杀，这以后的成公、景公对待臣下极为严厉，到晋厉公时更为苛刻，大夫害怕被诛杀，因而祸乱兴起。晋悼公以后日益衰弱，韩氏、赵氏、魏氏、范氏、中行氏、智氏六家国卿专权。所以国君驾驭他的臣下，本来就不容易呀！

◎**释疑解惑**
在《晋世家》中，司马迁着力描写了晋文公姬重耳的种种事迹，篇幅占了整个《晋世家》的三分之一。缘何如此？徐文珊在《史记评介》中论曰："晋国大事繁，世家文长，但仅述文公重耳事几占全篇之半。揆其用意，或由下列各端：一、晋国以宗国成霸，功业盛雄于中国，为华夏吐气图存，皆赖文公。二、文公英明，又多贤佐，事有可传。三、文公遭遇逆境多而顺境少，因心衡虑，终就大谋、成大功，毅力可嘉，而诸侯遇之骄谦不同，文公所以报之者亦有异，影响重大，多有足称。四、《左传》《国语》载文公事多，资料富。"对于晋文公，司马迁是抱持着一种赞誉的态度，并称"晋文公谦而好学，善交贤能智士"，认为他是"古所谓明君也"。但实际上，在传统儒家眼中，晋文公并非贤明的代表。孔子称"齐桓公正而不谲，晋文公谲而不正"。谲是指欺诈，孔子的意思是说晋文公这个人奸诈狡猾，绝非道德君子。诚然，晋文公可能在道德上并非多么崇高，但他能够把握时机，又善于驾驭人才，在掌权后不久便使得晋国的综合国力有了显著提升，走上了称霸诸侯的道路。而司马迁对晋文公的欣赏与赞誉，无疑表现出不唯道德论人的思想。即便晋文公给孔子留下了"谲而不正"的印象，他为晋国所做出的巨大贡献，不论在当代还是后世，都是无法磨灭的。

《晋世家》中还有一件让后世学人颇为关注的事件，即太子姬申生之死。骊姬为了能让自己的儿子当上太子，便设计陷害原太子姬申生，而太子姬申生考虑到自己的父亲晋献公离不开骊姬，便不忍揭露骊姬的恶行，竟然自杀而死。太子姬申生的行为可谓"至孝"了，然而，后世对于太子姬申生的行为似乎并不怎么认同。《史记评林》引白居易曰："昔虞舜父顽母嚚，舜既克谐，瞽亦允若。申生父之昏、姬之恶，诚宜率子道以几谏，感君心以至诚。若咎之始形，则斋栗祗载而为虞舜可也；若不能，及祸之将作，则让位去国为吴太伯可也；若又不能，及难之既作，则全身远害为公子重耳可也。三者无一，于是乎负罪被名以至于死，臣子之道，不其惑欤？"又凌稚隆曰："是时申生已为太子，而献公乃曰：'未知谁立？'其欲立奚齐之意可概见已。申生既喻其意，使即移病请命虚储副之地而听其立焉，则上顺于亲，下友于弟，而身享让国之举，即太伯不是过已，何至有新城之祸哉？"所以，对于姬申生的做法，要有辩证、全面的认识，结合其所处的时代背景给出恰当评价。

◎ 思考辨析题

1. 晋文公符合司马迁心目中的贤君形象吗？
2. 简述"秦晋之好"的来历。

楚世家第十

《楚世家》记述了楚先世的来历及其从兴盛到灭亡的发展史，始于颛顼高阳氏，迄于战国末年，时间跨度之大、篇幅之长乃《世家》之冠。楚国是黄帝的儿子昌意的后代。楚人祖先重黎曾为帝喾的火正，因功被任命为祝融。以后，其弟吴回继之。吴回第六子季连，芈（mǐ）姓，是楚人的直接祖先。季连的后裔熊绎被周成王封于楚蛮，给予子男的爵位，定都丹阳，是周朝初年重要的异姓诸侯，与周朝的同姓诸侯鲁国、卫国、晋国等共事周成王。周夷王时，周王室衰微，楚国首领熊渠借口为蛮夷，不用原共主周王的封号，而封自己的儿子为王。进入春秋时期，在各诸侯国的统治者依然称"公"的时候，熊通不顾周王的反对，亦自称武王。楚成王时，楚国已是大国，可以抗衡中原诸侯国和周王朝。春秋时，楚与吴国、越国关系紧张,曾一度被吴国打败。春秋末年,孔子修《春秋》,不容忍这种僭越行为,在书中将楚王皆称为"子"。进入战国后,虽有吴起辅佐楚悼王的改革,但由于旧贵族势力强大,不久即夭折,楚国最终为秦国所灭。

《楚世家》从正反两个方面总结楚国的兴衰成败,在周王室衰弱的时候,楚国君臣施行德政,尤其是楚武王将楚国由一个偏僻小国不断发展壮大,至楚成王时,积极参与中原的各种政治外交活动,在群雄争霸中占有一席之地。楚庄王即位,任用贤人,革新政治,国力大增,成就霸业,盛极一时。到楚共王时,楚国的霸业由于在楚晋鄢陵之战中失利而告衰败。至楚灵王兄弟则德衰政败,钩心斗角、手足相残,而在这一场争斗中,楚平王是最终的胜出者,却荒淫失德,不辨忠奸,残害伍子胥父兄,最终引发逃亡到吴国的伍子胥的疯狂报复。再加上吴、楚之间各种利益之争,大战终于爆发。吴王阖闾、伍子胥、伯嚭及唐、蔡等国讨伐楚国,攻入楚都郢,侮辱鞭打楚平王的尸体。到了楚昭王、楚惠王、楚威王时,楚国日渐衰败。至楚怀王则外有强敌,内有佞臣宠妾,昏聩不堪,屡战屡败,从此一蹶不振。秦国在诸侯中日益强大,楚国则决策失误,内忧外患,乃至任人宰割,备受屈辱,至楚考烈王以后,向东迁都到寿春(今安徽寿县),最终为秦将王翦、蒙武所破,走向灭亡。司马迁详写暴虐荒淫的楚灵王、楚平王,为的是阐明不修德政、恃势而亡的教训。从文化方面讲,楚国产生了像屈原、宋玉那样的大文学家,也产生了像老子、庄子那样的思想家,为后人留下了丰富的文化遗产。从政治方面讲,楚国对后人有启发、有借鉴的地方也比较多。楚庄王的改革就是其中之一。"庄王即位三年,不出号令,日夜为乐",还"令国中曰:

'有敢谏者死无赦！'"即使如此，伍举还是入谏了。楚庄王居然左手搂抱郑国美女，右手搂抱越国美女，置座于歌妓舞女之中。伍举说："有一只鸟，三年不飞不鸣，是什么鸟？"庄王答："三年不飞，飞将冲天；三年不鸣，鸣将惊人。"但楚庄王仍旧习不改，淫乐更甚。于是苏从又冒死进谏，视"杀身以明君"为自己的夙愿，终使楚庄王受到教育，幡然悔悟，最终"罢淫乐，听政"，实行一系列改革政策，诛杀几百罪人，擢升数百贤人，任用良臣伍举、苏从，"国人大悦"。楚庄王听取忠良的进谏而使楚国强盛了，相反，楚平王轻信谣言，疏远骨肉、残害忠良而使楚国衰败了。

楚之先祖出自帝颛顼高阳。高阳者，黄帝之孙，昌意之子也。高阳生称，称生卷章，卷章生重黎①。重黎为帝喾高辛居火正②，甚有功，能光融天下，帝喾命曰祝融③。共工氏④作乱，帝喾使重黎诛之而不尽。帝乃以庚寅日诛重黎，而以其弟吴回为重黎后，复居火正，为祝融。

◎**注释** ①〔重黎〕传说中有重、黎分为两人与合为一人两种说法。②〔火正〕古官名，掌管祭祀和观察火星，行火政。③〔祝融〕火官的封号。祝是大的意思，融是明的意思。④〔共工氏〕神话传说中的人物，炎帝后裔，亦名康回，颛顼世衰，共工欲霸九州，因而作乱，怒触不周山，天柱折，地维绝。一说为古代水官名，因以为氏。

◎**大意** 楚国的祖先出自帝颛顼高阳。高阳是黄帝的孙子，是昌意的儿子。高阳生称，称生卷章，卷章生重黎。重黎给帝喾高辛当火政之官，颇有功绩，能使火光照亮天下，帝喾赐予其祝融的称号。共工氏作乱，帝喾派重黎诛杀作乱的人，但没有彻底消灭。帝喾就在庚寅日杀了重黎，让他的弟弟吴回接替他的职位，再当火政之官，称为祝融。

吴回生陆终。陆终生子六人，坼剖而产焉。其长一曰昆吾；二曰参胡；三曰彭祖；四曰会人；五曰曹姓；六曰季连①，芈姓，楚其后也。昆吾氏，夏之时尝为侯伯，桀之时汤灭之。彭祖氏，殷之时尝为侯伯，殷之末世灭彭祖氏。季连生附沮，附沮生穴熊。其后中微，或在中国，或在蛮夷，弗能纪（记）其世。

◎**注释** ①〔季连〕芈姓，楚之始祖。陆终生六子的说法，其实是古族的传说。

◎**大意** 吴回生陆终。陆终生了六个儿子，都是腹部破裂生下来的。大儿子叫昆吾；二儿子叫参胡；三儿子叫彭祖；四儿子叫会人；五儿子叫曹姓；六儿子叫季连，姓芈，楚国王族就是他的后代。昆吾氏在夏朝的时候做过侯伯，到夏桀时被商汤灭亡。彭祖氏在殷商的时候曾做过侯伯，到殷商的末期彭祖氏灭亡了。季连生附沮，附沮生穴熊。这以后中途衰落，有的在中原地区，有的在蛮夷地区，他们的世系没有详细记载。

周文王之时，季连之苗裔①曰鬻熊。鬻熊子事文王，蚤（早）卒。其子曰熊丽。熊丽生熊狂，熊狂生熊绎。

◎**注释** ①〔苗裔〕后代子孙。

◎**大意** 周文王的时候，季连的后代子孙中有叫鬻熊的。鬻熊像儿子一样侍奉周文王，早死。他的儿子名叫熊丽。熊丽生了熊狂，熊狂生了熊绎。

熊绎当周成王之时，举文、武勤劳①之后嗣，而封熊绎于楚蛮，封以子男②之田，姓芈氏，居丹阳③。楚子熊绎与鲁公伯禽、卫康叔子牟、晋侯燮、齐太公子吕伋俱事成王。

◎**注释** ①〔文、武勤劳〕周文王、周武王时期勤劳王事的功臣。②〔子男〕西周初年，分五等爵位为公、侯、伯、子、男。楚国属于第四等子爵，故史称"楚子"。③〔丹阳〕楚国发祥地，故城在今湖北秭归东，即熊绎被封之地，称西楚。楚文王迁都新邑，亦称丹阳，故城在今湖北枝江市西，又称南楚。

◎**大意** 熊绎处在周成王的时代。周成王要举用周文王、周武王功臣的后代，就把熊绎封在楚蛮地区，赐给他子男爵位的田地，姓芈，居住在丹阳地区。楚子熊绎与鲁公姬伯禽、卫康叔的儿子姬牟、晋侯姬燮、齐太公的儿子吕伋一起侍奉周成王。

熊绎生熊艾，熊艾生熊䵣，熊䵣生熊胜。熊胜以弟熊杨为后。熊杨生熊渠。

◎**大意** 熊绎生了熊艾，熊艾生了熊䵣，熊䵣生了熊胜。熊胜以弟弟熊杨为继承人。熊杨生了熊渠。

熊渠生子三人。当周夷王之时，王室微，诸侯或不朝，相伐。熊渠甚得江汉间民和，乃兴兵伐庸、杨粤，至于鄂。熊渠曰："我蛮夷也，不与中国之号谥。"乃立其长子康为句亶王，中子红为鄂王，少子执疵为越章王，皆在江上楚蛮之地。及周厉王之时，暴虐，熊渠畏其伐楚，亦去其王。

◎**大意** 熊渠生了三个儿子。当周夷王的时候，周王室衰落，诸侯有的不来朝见，有的互相攻伐。熊渠很受长江、汉水一带百姓的拥戴，就起兵攻打庸国、杨粤，一直到了鄂地。熊渠说："我在蛮夷地区，不必跟中原诸侯国的名号谥号一样。"便立他的大儿子熊康为句亶王，二儿子熊红为鄂王，小儿子熊执疵为越章王，都在长江边上的楚蛮地区。到周厉王的时候，因周厉王残暴凶恶，熊渠怕他来征讨楚国，就取消了这些王号。

后为熊毋康，毋康蚤（早）死。熊渠卒，子熊挚红立。挚红卒，其弟弑而代立，曰熊延。熊延生熊勇。

◎**大意** 熊渠最初立熊毋康为继承人，熊毋康早死。熊渠去世，儿子熊挚红继位。熊挚红去世，他的弟弟弑杀了继位者而代立为国君，叫熊延。熊延生了熊勇。

熊勇六年，而周人作乱，攻厉王，厉王出奔彘。熊勇十年，卒，弟熊严为后。

◎**大意** 熊勇六年，周王都城的人作乱，攻打周厉王，周厉王出逃到彘地。熊勇十年去世，弟弟熊严继位。

熊严十年，卒。有子四人，长子伯霜，中子仲雪，次子叔堪，少子季徇。熊严卒，长子伯霜代立，是为熊霜。

◎**大意** 熊严十年，去世。他有四个儿子：大儿子伯霜，二儿子仲雪，三儿子叔堪，小儿子季徇。熊严去世，大儿子伯霜继位，这就是熊霜。

熊霜元年，周宣王初立。熊霜六年卒，三弟争立。仲雪死；叔堪亡，避难于濮①；而少弟季徇立，是为熊徇。熊徇十六年，郑桓公初封于郑。二十二年，熊徇卒，子熊咢立。熊咢九年，卒，子熊仪立，是为若敖。

◎**注释** ①〔濮〕在今湖北石首南。
◎**大意** 熊霜元年，周宣王刚即位。熊霜六年去世，三个弟弟争权夺位。仲雪死了；叔堪逃亡，在濮地避难；小弟季徇继位，这就是熊徇。熊徇十六年，郑桓公开始被封在郑国。熊徇二十二年，熊徇去世，儿子熊咢继位。熊咢九年去世，儿子熊仪继位，这就是若敖。

若敖二十年，周幽王为犬戎所弑，周东徙，而秦襄公始列为诸侯。

◎**大意** 若敖二十年，周幽王被犬戎人弑杀，周王室向东迁移都城，秦襄公开始列为诸侯。

二十七年，若敖卒，子熊坎立，是为霄敖。霄敖六年卒，子熊眴立，是为蚡冒。蚡冒十三年，晋始乱，以曲沃之故。蚡冒十七年卒。蚡冒弟熊通弑蚡冒子而代立，是为楚武王。

◎**大意** 若敖二十七年，若敖去世，儿子熊坎继位，这就是霄敖。霄敖六年去世，儿子熊眴继位，这就是蚡冒。蚡冒十三年，晋国开始发生内乱，是因为晋文侯的弟弟成师被分封在曲沃。蚡冒十七年去世。蚡冒的弟弟熊通弑杀蚡冒的儿子而代立为国君，这就是楚武王。

武王十七年，晋之曲沃庄伯弑主国晋孝侯。十九年，郑伯弟段作乱。二十一年，郑侵天子之田。二十三年，卫弑其君桓公。二十九年，鲁弑其君隐公。三十一年，宋太宰华督弑其君殇公。

◎**大意**　楚武王十七年，晋国的曲沃庄伯弑杀宗主国的晋孝侯。楚武王十九年，郑庄公的弟弟共叔姬段作乱。楚武王二十一年，郑国侵占周天子的田地。楚武王二十三年，卫国人弑杀他们的国君卫桓公。楚武王二十九年，鲁国人弑杀他们的国君鲁隐公。楚武王三十一年，宋太宰华督弑杀他的国君宋殇公。

三十五年，楚伐随。随曰："我无罪。"楚曰："我蛮夷也。今诸侯皆为叛相侵，或相杀。我有敝甲①，欲以观②中国之政，请王室尊吾号。"随人为之周，请尊楚，王室不听，还报楚。三十七年，楚熊通怒曰："吾先鬻熊，文王之师也，蚤（早）终。成王举我先公，乃以子男田令居楚，蛮夷皆率服，而王不加位，我自尊耳。"乃自立，为武王，与随人盟而去。于是始开濮地而有之。

◎**注释**　①〔敝甲〕破旧的铠甲。这里是指军队。②〔观〕参与。
◎**大意**　楚武王三十五年，楚国征讨随国。随国君主说："我没有过失。"楚武王说："我处在蛮夷地区。现在诸侯都背叛周王室而互相侵夺，有的甚至互相杀伐。我有军队，想要参与中原地区的政事，请求周王室提升我的爵位。"随国人为他到周王室去请求给楚国尊号，周王室不答应，随国人回来报告。楚武王三十七年，楚国熊通愤怒地说："我的祖先鬻熊，是周文王的老师，很早死了。周成王提拔我的先公，竟只赐封子男爵位的田地而让其住在楚地，蛮夷部族都顺服，可是周王不提升我的爵位，那我就自称尊号吧。"便自立为王，称为武王，与随国订立盟约后离去。这时楚国开始开拓濮地而据为己有。

五十一年,周召随侯,数①以立楚为王。楚怒,以随背己,伐随。武王卒师中而兵罢。子文王熊赀立,始都郢。

◎**注释** ①〔数〕列举罪状,责备。
◎**大意** 楚武王五十一年,周王召见随侯,责备他拥戴楚国君主为王。楚武王恼怒,认为随侯背叛了自己,便征讨随国。楚武王病死在行军路上,楚国罢兵。楚武王的儿子楚文王熊赀(zī)继位,开始以郢为国都。

　　文王二年,伐申,过邓,邓人曰"楚王易取"①,邓侯不许也。六年,伐蔡,虏蔡哀侯以归,已而释之。楚强,陵江汉间小国,小国皆畏之。十一年,齐桓公始霸,楚亦始大。

◎**注释** ①〔楚王易取〕楚文王讨伐申国。经过邓国,邓祁侯留楚文王宴享。骓甥、聃甥、养甥请求杀了楚文王,邓侯不许。"楚王易取",即指三甥请杀楚文王的事。
◎**大意** 楚文王二年,征讨申国,经过邓国,邓国人说"楚王容易被抓住",邓侯不答应。楚文王六年,征讨蔡国,俘虏了蔡哀侯回来,不久又将他释放了。楚国强大,欺侮长江、汉江一带的小国,小国都怕它。楚文王十一年,齐桓公开始称霸,楚国也开始强大起来。

　　十二年,伐邓,灭之。十三年,卒,子熊囏立,是为庄敖。庄敖五年,欲杀其弟熊恽,恽奔随,与随袭弑庄敖代立,是为成王。

◎**大意** 楚文王十二年,征讨邓国,灭亡了它。楚文王十三年,楚文王去世,儿子熊囏(jiān)继位,就是庄敖。庄敖五年,想要杀了他的弟弟熊恽,熊恽逃奔随国，与随国人突袭杀了庄敖，代立为国君，这就是楚成王。

成王恽元年，初即位，布德施惠，结旧好于诸侯。使人献天子①，天子赐胙②，曰："镇尔南方夷越之乱，无侵中国。"于是楚地千里。

◎**注释** ①〔献天子〕向周天子进贡。②〔赐胙〕周天子向楚王赏赐祭祀周文王、周武王用的肉，这是一种对霸者的殊礼。

◎**大意** 楚成王熊恽元年，刚一登位，就布施恩德，与诸侯修复过去的友好关系。楚成王派人献礼物给周天子，周天子把祭祀用的肉赏赐给楚成王，说："平定你南方夷越地区的祸乱，不要侵扰中原地区。"这个时候楚国领地扩展到千里。

十六年，齐桓公以兵侵楚，至陉山①。楚成王使将军屈完以兵御之，与桓公盟。桓公数以周之赋不入王室，楚许之，乃去。

◎**注释** ①〔陉（xíng）山〕楚国的城邑名，在今河南郾城东南。

◎**大意** 楚成王十六年，齐桓公率领军队侵犯楚国，到达陉山。楚成王派将军屈完带兵抵抗，与齐桓公订立盟约。齐桓公责备楚国没有把周朝规定的赋税交给王室，楚成王答应了，齐桓公才退兵离去。

十八年，成王以兵北伐许，许君肉袒谢，乃释之。二十二年，伐黄①。二十六年，灭英②。

◎**注释** ①〔黄〕古国名，嬴姓，在今河南潢川西北。②〔英〕古国名，在湖北英山。

◎**大意** 楚成王十八年，楚成王统兵北上征讨许国，许国君主裸露上身认罪，楚成王便将他释放了。楚成王二十二年，征讨黄国。楚成王二十六年，灭掉英国。

三十三年，宋襄公欲为盟会，召楚。楚王怒曰："召我，我将好往袭辱之。"遂行，至盂，遂执辱宋公，已而归之。三十四年，郑文公南朝楚。楚成王北伐宋，败之泓，射伤宋襄公，襄公遂病创死。

◎**大意** 楚成王三十三年，宋襄公想要主持盟会，召楚国去参加。楚成王发怒说："叫我去，我将假装友好地去赴会，趁机袭击侮辱他。"于是率军出发，到达盂地，便抓住宋襄公羞辱一番，不久放他回去。楚成王三十四年，郑文公南下朝见楚成王。楚成王北上征讨宋国，在泓水边上打败宋军，射伤宋襄公，宋襄公就因伤病死了。

三十五年，晋公子重耳过，成王以诸侯客礼飨，而厚送之于秦。

◎**大意** 楚成王三十五年，晋公子重耳路过楚国，楚成王以接待诸侯的礼仪设酒食款待他，还赠送丰厚的礼物，将他护送到秦国。

三十九年，鲁僖公来请兵以伐齐，楚使申侯将兵伐齐，取穀①，置②齐桓公子雍焉。齐桓公七子皆奔楚，楚尽以为上大夫。灭夔③，夔不祀祝融、鬻熊故也。

◎**注释** ①〔穀〕城邑名，在今山东东阿。②〔置〕放置，指把公子雍送回国并立他为君。③〔夔〕古国名，楚熊挚之后，在湖北秭归东。

◎**大意** 楚成王三十九年，鲁僖公请求楚国出兵征讨齐国，楚国派申侯带兵征讨齐国，攻占穀城后，把齐桓公的儿子雍安置在那里。齐桓公的七个儿子都逃奔楚国，楚成王把他们都任命为上大夫。楚国灭掉夔国，因为夔国不祭祀祝融、鬻熊。

夏，伐宋，宋告急于晋，晋救宋，成王罢归。将军子玉请战，成王曰："重耳亡居外久，卒得反（返）国，天之所开，不可当。"子玉固请，乃与之少师而去。晋果败子玉于城濮。成王怒，诛子玉。

◎**大意** 这一年夏天，楚国讨伐宋国，宋国向晋国告急，晋国救援宋国，楚成王停兵返回。将军子玉请求迎战，楚成王说："重耳流亡在外的时间长，最终能够回到晋国，是上天所兴发的，不能抵挡。"子玉坚决请求，楚成王便派给他少量军队，让他去和晋军交战。晋军果然在城濮打败了子玉。楚成王发怒，杀了子玉。

四十六年。初，成王将以商臣为太子，语令尹子上。子上曰："君之齿未也，而又多内宠，绌（黜）乃乱也①。楚国之举，常在少者②。且商臣蜂目而豺声③，忍人也，不可立也。"王不听，立之。后又欲立子职④而绌（黜）太子商臣。商臣闻而未审也，告其傅潘崇曰："何以得其实？"崇曰："飨王之宠姬江芈而勿敬也。"商臣从之。江芈怒曰："宜乎王之欲杀若而立职也。"商臣告潘崇曰："信矣。"崇曰："能事之乎？"曰："不能。""能亡去乎？"曰："不能。""能行大事乎？"曰："能。"冬十月，商臣以宫卫兵围成王。成王请食熊蹯而死⑤，不听。丁未，成王自绞杀。商臣代立，是为穆王。

◎**注释** ①〔绌乃乱也〕废黜太子将会惹出乱子。②〔楚国之举，常在少者〕楚国选立太子，常常选择年岁小的。③〔蜂目而豺声〕眼睛像毒蜂而声音像豺狼。

④〔职〕太子商臣的庶出弟弟。⑤〔成王请食熊蹯而死〕熊蹯就是熊掌，熊掌难煮熟，楚成王想借此拖延时间，以待救援。

◎**大意**　楚成王四十六年，当初，楚成王打算立商臣为太子，告诉令尹子上。子上说："君王您的年纪不大，而且宫内受宠爱的妃妾又多，废黜太子将会惹出乱子。楚国选立太子，常常选择年岁小的。况且商臣两眼像毒蜂而声音像豺狼，是个残忍的人，不能立为太子。"楚成王不听，立商臣为太子。后来又准备立儿子职而废黜太子商臣。商臣听到消息而没有证实，便告诉他的老师潘崇说："用什么办法能得到真实情况？"潘崇说："款待大王的宠妃江芈而不要对她恭敬。"商臣依照这话去做。江芈发怒说："活该大王要杀你而立职为太子。"商臣告诉潘崇说："情况属实了。"潘崇说："您能侍奉职吗？"商臣说："不能。"潘崇说："您能逃亡离去吗？"商臣说："不能。"潘崇说："您能行夺权大事吗？"商臣说："能。"冬十月，商臣派宫廷卫兵包围楚成王。楚成王请求吃了熊掌再死，商臣不答应。丁未日，楚成王上吊自杀了。商臣代立为国君，这就是楚穆王。

穆王立，以其太子宫予潘崇，使为太师，掌国事。穆王三年，灭江①。四年，灭六②、蓼③。六、蓼，皋陶之后。八年，伐陈④。十二年，卒。子庄王侣立。

◎**注释**　①〔江〕古国名，在今河南息县西南。②〔六〕古国名，在今安徽六安北。③〔蓼〕古国名，在今河南固始东。④〔陈〕在今河南淮阳。
◎**大意**　楚穆王即位，把自己住过的太子宫室赏给潘崇，任命他为太师，掌管国家政事。楚穆王三年，灭掉江国。楚穆王四年，灭了六国、蓼国。六国、蓼国，都是皋陶的后代。楚穆王八年，征讨陈国。楚穆王十二年，楚穆王去世。他的儿子楚庄王熊侣继位。

庄王即位三年，不出号令，日夜为乐，令国中曰："有敢谏者死，无赦！"伍举入谏。庄王左抱郑姬，右抱越女，坐钟鼓之间。伍举曰：

"愿有进。"隐①曰:"有鸟在于阜②,三年不蜚不鸣,是何鸟也?"庄王曰:"三年不蜚,蜚将冲天;三年不鸣,鸣将惊人。举退矣,吾知之矣。"居数月,淫益甚。大夫苏从乃入谏。王曰:"若不闻令乎?"对曰:"杀身以明君③,臣之愿也。"于是乃罢淫乐,听政,所诛者数百人,所进者数百人,任伍举、苏从以政,国人大说(悦)。是岁灭庸④。六年,伐宋,获五百乘。

◎**注释** ①〔隐〕隐藏其意。②〔阜〕土山。③〔杀身以明君〕自己死了而能使国君醒悟。④〔庸〕古国名,在湖北竹山东南。

◎**大意** 楚庄王即位三年,不发布号令,日夜寻欢作乐,向国内下令说:"有敢进谏的人一定杀死不赦免!"伍举进宫劝谏。楚庄王左边抱着郑国的美人,右边搂着越国的美女,坐在歌舞乐队之间。伍举说:"希望向大王进言。"便隐藏原本的意思说道:"有只鸟儿栖在土山上,三年不飞又不叫,这是什么鸟呢?"楚庄王说:"三年不飞,一飞就会冲天;三年不鸣,一鸣就会惊人。伍举你下去吧,我知道了。"过了几个月,楚庄王更加荒淫。大夫苏从便进宫劝谏。楚庄王说:"你没听到命令吗?"苏从回答:"自己死了而能使国君醒悟,这是我的愿望。"楚庄王这才停止淫乐,处理政事,诛杀了几百个坏人,提拔了几百个贤人,委任伍举、苏从管理国政,楚国人非常高兴。这一年灭亡庸国。楚庄王六年,讨伐宋国,获取五百辆兵车。

八年,伐陆浑戎①,遂至雒,观兵于周郊。周定王使王孙满劳楚王。楚王问鼎小大轻重,对曰:"在德不在鼎。"庄王曰:"子无阻②九鼎!楚国折钩之喙,足以为九鼎。"王孙满曰:"呜呼!君王其忘之乎?昔虞夏之盛,远方皆至,贡金九牧③,铸鼎象物,百物而为之备,使民知神奸。桀有乱德,鼎迁于殷,载祀六百。殷纣暴虐,鼎迁于周。德之休明,虽小必重;其奸回昏乱,虽大必轻。昔成王定鼎于郏鄏④，卜世三十，卜年七百，天所命也。周德虽衰，天命未改。鼎之轻重，未可问也。"楚王乃归。

◎**注释** ①〔陆浑戎〕居于陆浑的戎人。陆浑在今河南伊川。②〔阻〕倚仗。③〔贡金九牧〕九州之牧皆贡献金器。④〔郏鄏（jiá rǔ）〕地名，在今河南洛阳西。

◎**大意** 楚庄王八年，楚庄王征讨陆浑戎，顺便到达雒邑，在周都郊外阅兵。周定王派王孙满慰劳楚庄王。楚庄王询问九鼎的大小轻重，王孙满回答："在于德行而不在于鼎。"楚庄王说："您不要倚仗九鼎！楚国折下刀剑的刃尖，足够铸成九鼎。"王孙满说："唉！君王您难道忘了吗？从前虞舜、夏禹兴盛时，边远国家都来朝贡，九州之牧皆贡献金器，铸成九鼎，上面有世间物类的形象，百物全都齐备，让百姓认识天神与鬼怪。夏桀昏乱，九鼎移转给商朝，商朝立国六百年。殷纣王暴虐，九鼎转移给周朝。如果德行美好，鼎即使小也重得难以移动；如果奸邪昏乱，鼎即使大也轻而易动。从前周成王在郏鄏安置九鼎时，占卜说传世三十代，经七百年，是上天的意旨。虽然周王室的德政衰微，但天命并没有改变。鼎的轻重，还不能问。"楚庄王这才返回楚国。

九年，相若敖氏①。人或谗之王，恐诛，反攻王，王击灭若敖氏之族。十三年，灭舒②。

◎**注释** ①〔若敖氏〕楚国王族的旁枝，常为执政大臣。②〔舒〕古国名，故地在今安徽舒城。
◎**大意** 楚庄王九年，任命若敖氏为相。有人在楚庄王面前毁谤若敖，若敖怕被杀，反过来攻打楚庄王，楚庄王还击而诛杀了若敖氏全族。楚庄王十三年，灭了舒国。

十六年，伐陈，杀夏徵舒。徵舒弑其君，故诛之也。已破陈，即县之。群臣皆贺，申叔时①使齐来，不贺。王问，对曰："鄙语曰：'牵牛径人田，田主取其牛。'径者则不直矣，取之牛，不亦甚乎？且王以陈之乱而率诸侯伐之，以义伐之而贪其县，亦何以复令于天下！"庄王乃复国陈后②。

◎**注释** ①〔申叔时〕申公的后人，世代居于申地（在今河南南阳北）。楚庄王、楚共王时的大臣。②〔复国陈后〕重新立陈太子为陈国君主。

◎**大意** 楚庄王十六年，楚庄王征讨陈国，杀了夏徵舒。夏徵舒弑杀他的君主，所以楚庄王诛杀了他。楚庄王攻下陈国后，就把它设为楚国的一个县。群臣都庆贺，申叔时出使齐国回来，没有祝贺。楚庄王询问原因，申叔时回答："俗话说，'牵着牛践踏别人的田地，田地的主人把牛抢走。'牛踏入田里是不对的，可抢走牛不也过分吗？况且大王因为陈国出了祸乱而率领诸侯去征讨它，凭道义征讨它而又贪图利益，把它设为县，又拿什么去号令天下呢！"楚庄王便让陈国国君的后代重新建国。

十七年春，楚庄王围郑，三月克之。入自皇门，郑伯肉袒牵羊以逆，曰："孤不天，不能事君，君用怀怒，以及敝邑①，孤之罪也。敢不唯命是听！宾（摈）之南海，若以臣妾赐诸侯②，亦唯命是听。若君不忘厉、宣、桓、武③，不绝其社稷，使改事君，孤之愿也，非所敢望也。敢布腹心。"楚群臣曰："王勿许。"庄王曰："其君能下人，必能信用其民，庸可绝乎！"庄王自手旗，左右麾（挥）军，引兵去三十里而舍④，遂许之平。潘尪入盟，子良出质。夏六月，晋救郑，与楚战，大败晋师河上，遂至衡雍而归。

◎**注释** ①〔敝邑〕对自己国家的谦称。②〔若以臣妾赐诸侯〕把我（指郑伯）当作奴仆赏赐给其他诸侯。③〔君不忘厉、宣、桓、武〕意谓看在郑国祖先及贤君面上。④〔舍〕驻扎。

◎**大意** 楚庄王十七年春天，楚庄王率兵围攻郑国，三个月攻下了它。从皇门进入郑国都城，郑伯裸露上身，牵着羊迎接，说："我不受上天保佑，不能服侍您，您因此心怀愤怒，以致来到我这小国，这是我的罪过。怎敢不唯命是从！把我流放到南海，或者把我当作奴仆赏赐给其他诸侯，也唯命是从。如果您不忘周厉王、周宣王、郑桓公、郑武公，不让他们的社稷祭祀断绝，让我改正错误服侍您，是我的愿望，不敢有所奢望。斗胆向您说出心里话。"楚国群臣说："大王不要同意。"楚庄王说："郑国的君主能够卑下谦逊，一定能够取信、任用他的百姓，怎么可以灭绝呢？"楚庄王亲自举起军旗，左右指挥军队，领兵退离三十里后安营，便答应跟郑国讲和。楚国大夫潘尪（wāng）到郑国签订盟约，郑伯的弟弟子良到楚国做人质。这年夏天六月，晋军援救郑国，跟楚军交战，楚军在黄河边上把晋军打得大败，一直打到衡雍才回军。

二十年，围宋，以杀楚使①也。围宋五月，城中食尽，易子而食，析骨而炊。宋华元出告以情。庄王曰："君子哉！"遂罢兵去。

◎**注释** ①〔以杀楚使〕楚国派申舟出使齐国，必经宋国境内，因未向宋国借道，宋国华元认为楚国小看宋国，因此杀了楚国使臣，导致楚国大举攻宋。

◎**大意** 楚庄王二十年，围攻宋国都城，因为宋国人杀了楚国的使臣。楚国包围宋国都城五个月，城中粮食吃光了，居民互换孩子来吃，劈碎骨头来烧。宋国大夫华元出城，将城里的真实情况告诉楚人。楚庄王说："真是个君子啊！"就罢兵退去了。

二十三年，庄王卒，子共王审立。

◎**大意** 楚庄王二十三年，楚庄王去世，儿子楚共王熊审继位。

共王十六年，晋伐郑。郑告急，共王救郑。与晋兵战鄢陵①，晋败楚，射中共王目。共王召将军子反。子反嗜酒，从者竖阳榖进酒，醉。王怒，射杀子反，遂罢兵归。

◎**注释** ①〔鄢陵〕在今河南鄢陵西南。
◎**大意** 楚共王十六年，晋国攻伐郑国。郑国告急，楚共王出兵援救郑国。在鄢陵跟晋军交战，晋军打败楚军，射中楚共王的眼睛。楚共王召见将军子反。子反很爱喝酒，他的侍从竖阳榖劝酒，子反喝醉了。楚共王发怒，射死子反，于是撤兵回国。

三十一年，共王卒，子康王招立。康王立十五年卒，子员立，是为郏敖。

◎**大意** 楚共王三十一年，楚共王去世，儿子楚康王熊招继位。楚康王在位十五年去世，儿子熊员继位，这就是郏敖。

康王宠弟公子围、子比、子皙、弃疾。郏敖三年，以其季父康王弟公子围为令尹，主兵事。四年，围使郑，道闻王疾而还。十二月己酉，围入问王疾，绞而弑之①，遂杀其子莫及平夏。使使赴（讣）②于郑。伍举问曰："谁为后③？"对曰："寡大夫围。"伍举更曰："共王之子围为长。"子比奔晋，而围立，是为灵王。

◎**注释** ①〔绞而弑之〕用冠缨绞杀之。②〔赴〕通"讣"。为楚王之死讣告郑国。

③〔谁为后〕谁为继位者。

◎**大意**　楚康王生前宠爱弟弟公子围、子比、子皙、弃疾。郏敖三年，任用他的叔父、康王的弟弟公子围为令尹，主持军事。郏敖四年，公子围出使郑国，在路上听说楚王得病而返回。这年十二月己酉日，公子围进宫探问楚王的病情，用帽带子勒死了楚王，接着杀死楚王的儿子莫和平夏。楚国派遣使臣到郑国报丧。伍举向使者说："谁做继承人？"使者回答："敝国大夫公子围。"伍举纠正使者的话说："楚共王的长子公子围继位。"子比逃奔晋国，而围继位，这就是楚灵王。

　　灵王三年六月，楚使使告晋，欲会诸侯。诸侯皆会楚于申。伍举曰："昔夏启有钧台①之飨，商汤有景亳②之命，周武王有盟津③之誓，成王有岐阳之蒐，康王有丰宫之朝④，穆王有涂山⑤之会，齐桓有召陵之师，晋文有践土之盟，君其何用？"灵王曰："用桓公⑥。"时郑子产在焉。于是晋、宋、鲁、卫不往。灵王已盟，有骄色。伍举曰："桀为有仍⑦之会，有缗⑧叛之。纣为黎山之会，东夷叛之。幽王为太室之盟，戎、翟叛之。君其慎终！"

◎**注释**　①〔钧台〕夏朝的台名，故址在今河南禹州南。②〔景亳〕商汤会盟诸侯的地方，故址在今河南商丘北五十里。③〔盟津〕即孟津，周武王会合诸侯以演习讨伐殷纣王。④〔康王有丰宫之朝〕意谓周康王在丰宫朝会诸侯。丰在今陕西西安鄠邑东。⑤〔涂山〕山名，在今安徽怀远东南。⑥〔用桓公〕以齐桓公召陵之盟的礼仪会盟诸侯。⑦〔有仍〕古国名，在今山东济宁。⑧〔有缗〕古国名，在今山东金乡南。

◎**大意**　楚灵王三年六月，楚国派遣使者通知晋国，想要与诸侯会盟。诸侯都到楚国的申地会盟。伍举说："从前夏启有钧台的宴飨，商汤有景亳的诰命，周武王有盟津的誓师，周成王有岐阳的阅兵，周康王有丰宫的朝会，周穆王有涂山的会合，齐桓公有召陵的会师，晋文公有践土的会盟，您打算用哪种礼仪？"楚灵王说："用齐桓公的。"当时郑国的大夫子产在场。这次盟会，晋国、宋国、鲁国、卫国没有前往。楚灵王同诸侯订盟后,有骄横的神色。伍举说:"夏桀王举行有仍的集会,有缗反叛他。商纣王举行黎山的集会,东夷反叛他。周幽王举行太室的盟会,戎人、翟人反叛他。君王您应该慎重地考虑后果!"

七月,楚以诸侯兵伐吴,围朱方①。八月,克之,囚庆封,灭其族。以封徇②,曰:"无效齐庆封弑其君而弱其孤,以盟诸大夫!"封反曰:"莫如楚共王庶子围弑其君兄之子员而代之立!"于是灵王使疾杀之。

◎**注释** ①〔朱方〕吴国的城邑,在今江苏镇江丹徒东南。②〔徇〕对众宣示。
◎**大意** 这年七月,楚灵王率领诸侯军队征讨吴国,包围朱方。这年八月,攻下朱方,囚禁庆封,灭了他的家族。又拿庆封示众,说:"不要效仿齐国的臣子庆封弑杀自己的国君而欺压自己年幼的君主,挟制大夫们支持自己!"庆封反驳道:"不要像楚共王的庶出儿子围那样弑杀他的国君,也就是他哥哥的儿子员而自己代立为国君!"于是楚灵王派人赶紧杀死了庆封。

七年,就章华台①,下令内(纳)亡人实之。

◎**注释** ①〔章华台〕楚国的行宫,在今湖北监利西北。
◎**大意** 楚灵王七年,建成章华台,下令把逃亡的人拘禁在里面服役。

八年,使公子弃疾将兵灭陈。十年,召蔡侯,醉而杀之。使弃疾定蔡,因为陈蔡公。

◎**大意** 楚灵王八年,派公子弃疾带兵灭掉陈国。楚灵王十年,召见蔡侯,把他灌醉后杀了。楚灵王派公子弃疾平定蔡国,并任命他为陈、蔡地方的长官。

十一年,伐徐以恐吴。灵王次①于乾溪以待之。王曰:"齐、晋、鲁、卫,其封皆受宝器,我独不(否)。今吾使使周求鼎以为分②,其予我乎?"析父对曰:"其予君王哉!昔我先王熊绎辟(僻)在荆山,荜(筚)露蓝(褴)蒌(褛)③以处草莽,跋涉山林以事天子,唯是桃弧棘矢④以共(供)王事。齐,王舅也;晋及鲁、卫,王母弟也:楚是以无分而彼皆有。周今与四国服事君王,将惟命是从,岂敢爱鼎?"灵王曰:"昔我皇祖伯父昆吾旧许是宅,今郑人贪其田,不我予,今我求之,其予我乎?"对曰:"周不爱鼎,郑安敢爱田?"灵王曰:"昔诸侯远我而畏晋,今吾大城⑤陈、蔡、不羹,赋⑥皆千乘,诸侯畏我乎?"对曰:"畏哉!"灵王喜曰:"析父善言古事焉。"

◎**注释** ①〔次〕驻扎。②〔分〕指分器。古代帝王分赐诸侯世代保存的宗庙宝器。③〔荜露蓝蒌〕简陋的车子,破烂的衣服。④〔桃弧棘矢〕桃木制的弓,棘枝制的箭。⑤〔大城〕扩大、加固城池。⑥〔赋〕兵,军队。古代以田赋出兵,所以谓兵为赋。

◎**大意** 楚灵王十一年,征讨徐国以威吓吴国。楚灵王驻扎在乾溪观察动静。楚灵王说:"齐国、晋国、鲁国、卫国,受封时都接受了宝器,我国偏偏没有。现在我派遣使臣向周王要求将九鼎作为分封的宝器,他会给我吗?"析父回答:"他会给君王呀!从前我们的先王熊绎在偏僻的荆山,坐简陋的车子,穿破烂的衣服,住在草莽地方,跋山涉水去服侍天子,曾以桃木制的弓、棘枝制的箭供给周王室。齐侯,是周王的舅舅;晋侯和鲁侯、卫侯,是周王的同母弟弟。楚国因此没有分到宝器而他们都有。周王现在与四国都服侍君王您,将唯命是从,难道敢吝惜九鼎吗?"楚灵王说:"从前我远祖伯父昆吾住在原来的许国,现在郑国人贪占那里的田地,不给我,如今我想要求他们归还,他们会给我吗?"析父回答:"周王不吝惜九鼎,郑国人怎敢吝惜田地?"楚灵王说:"从前诸侯疏远我国而害怕晋国,现在我扩大和加固陈、蔡、不羹的城池,这里都备有千辆战车,诸侯害怕我国吗?"析父回答:"怕啊!"楚灵王高兴地说:"析父善于谈论古代的事情啊。"

十二年春,楚灵王乐乾溪,不能去也。国人苦役。初,灵王会兵于申,僇越大夫常寿过,杀蔡大夫观起。起子从亡在吴,乃劝吴王伐楚,为间越大夫常寿过而作乱,为吴间。使矫公子弃疾命召公子比于晋,至蔡,与吴、越兵欲袭蔡。令公子比见弃疾,与盟于邓。遂入杀灵王太子禄,立子比为王,公子子皙为令尹,弃疾为司马。先除王宫①,观从从师于乾溪,令楚众曰:"国有王矣。先归,复爵邑田室。后者迁之。"楚众皆溃,去灵王而归。

◎**注释** ①〔除王宫〕指驱除楚灵王的亲信。
◎**大意** 楚灵王十二年春天,楚灵王在乾溪行乐,舍不得离开。国人苦于徭役。当初,楚灵王在申城跟诸侯会师,侮辱越国大夫常寿过,杀死蔡国大夫观起。观起的儿子观从逃亡到吴国,就劝吴王征讨楚国,挑拨越国大夫常寿过作乱,当吴国的间谍。观从假传公子弃疾的命令,从晋国召回公子比,到了蔡城,准备联合吴国、越国的军队袭击蔡城。又让公子比会见公子弃疾,在邓城订立盟约。于是进入郢都,杀死楚灵王的太子禄,拥立公子比为楚王,公子子皙为令尹,公子弃疾为司马。先清理王宫,观从跟着军队到乾溪,向楚军传令说:"国家有新王了。先回去的,恢复原来的爵位、封邑、田地、房屋。后返回的,都要流放。"楚军都逃散,离开楚灵王而返回。

灵王闻太子禄之死也,自投车下,而曰:"人之爱子亦如是乎?"侍者曰:"甚是。"王曰:"余杀人之子多矣,能无及此乎?"右尹曰:

"请待于郊以听国人。"王曰:"众怒不可犯。"曰:"且入大县①而乞师于诸侯。"王曰:"皆叛矣。"又曰:"且奔诸侯以听大国之虑。"王曰:"大福不再,只取辱耳。"于是王乘舟将欲入鄢。右尹度王不用其计,惧俱死,亦去王亡。

◎**注释** ①〔大县〕指大的都邑。
◎**大意** 楚灵王听到太子禄被杀的消息,自己扑倒在车下,说道:"别人疼爱儿子也像我这样吗?"侍从回答:"比这更厉害。"楚灵王说:"我杀别人的儿子太多了,能不到这个地步吗?"右尹说:"请君王到国都郊外听从国人的处理。"楚灵王说:"众人之怒不可冒犯。"右尹说:"暂且进入大县后向诸侯乞求援军。"楚灵王说:"人们都背叛我了。"右尹又说:"暂且投奔诸侯而听从大国的调停。"楚灵王说:"做国君的福气不会再次来,只能自取其辱罢了。"这时楚灵王想坐船进入鄢城。右尹估计楚灵王不会采纳他的计谋,害怕一起送死,也离开楚灵王逃走。

灵王于是独傍徨山中,野人莫敢入王。王行遇其故锅(涓)人①,谓曰:"为我求食,我已不食三日矣。"锅(涓)人曰:"新王下法,有敢饷②王从王者,罪及三族,且又无所得食。"王因枕其股而卧。锅(涓)人又以土自代,逃去。王觉而弗见,遂饥弗能起。芊尹③申无宇之子申亥曰:"吾父再犯王命,王弗诛,恩孰大焉!"乃求王,遇王饥于釐泽,奉之以归。夏五月癸丑,王死申亥家,申亥以二女从死,并葬之。

◎**注释** ①〔锅(juān)人〕即涓人,主管清洁打扫的人员。②〔饷〕用食物款待。③〔芊尹〕管理芊园的官员。
◎**大意** 楚灵王这时独自在山中徘徊,山野中人没有敢收留楚灵王。楚灵王在路上遇见从前宫中的内侍,对他说:"替我讨点食物,我已经三天没吃东西了。"

内侍说："新王下达法令，有敢供给君王您饭食、跟随您的，罪过要牵连三族，而且也没有地方能找到食物。"楚灵王便枕在他的大腿上睡着了。内侍又拿土块代替自己大腿，逃跑了。楚灵王醒来后发现内侍不见了，饿得起不来。芋邑长官申无宇的儿子申亥说："我父亲两次冒犯国王的命令，国王都没有诛杀，恩德没有比这更大的啊！"申亥就到处寻找楚灵王，在釐泽遇到饥饿的楚灵王，把他接到家中。这年夏天五月癸丑日，楚灵王死在申亥家里，申亥让两个女儿殉死，一起埋葬了他们。

是时楚国虽已立比为王，畏灵王复来，又不闻灵王死，故观从谓初王①比曰："不杀弃疾，虽得国，犹受祸。"王曰："余不忍。"从曰："人将忍王。"王不听，乃去。弃疾归。国人每夜惊，曰："灵王入矣！"乙卯夜，弃疾使船人从江上走呼曰："灵王至矣！"国人愈惊。又使曼成然告初王比及令尹子晳曰："王至矣！国人将杀君，司马将至矣！君蚤（早）自图，无取辱焉。众怒如水火，不可救也。"初王及子晳遂自杀。丙辰，弃疾即位为王，改名熊居，是为平王。

◎**注释** ①〔初王〕子比在位时间很短，死后没有谥号，被称为"初王"。
◎**大意** 这时楚国人虽已拥立子比为王，但害怕楚灵王回来，又不曾听到楚灵王死的消息，因此观从对新王比说："不杀掉公子弃疾，即使得到国家也会遭受祸害。"新王说："我不忍心。"观从说："人家将忍心害您。"新王不听，观从便离去了。公子弃疾回来了。都城的人每天夜里惊慌，说："楚灵王进城来了。"这年五月乙卯日夜里，公子弃疾派撑船的人从长江边上边跑边喊："楚灵王到了。"都城的人，更加惊恐。又派曼成然告知新王比和令尹子晳说："君王到了！都城的人将要杀您，司马弃疾就要到了！请您早做打算，不要自取羞辱。众人之怒如同水火，是不能救的。"新王和子晳就自杀了。这年五月丙辰日，弃疾即位为王，改名熊居，这就是楚平王。

平王以诈弑两王而自立，恐国人及诸侯叛之，乃施惠百姓。复陈蔡之地而立其后如故，归郑之侵地。存恤①国中，修政教。吴以楚乱故，获五率（帅）以归。平王谓观从："恣②尔所欲。"欲为卜尹，王许之。

◎**注释** ①〔存恤〕慰问救济。②〔恣〕听任，任凭。
◎**大意** 楚平王用欺诈手段弑杀两位君王而自立为王，恐怕国人和诸侯反叛他，就向百姓施行恩惠。他恢复陈国和蔡国的国土而立两国的后代为国君，让他们跟从前一样；又归还了侵占的郑国土地。楚平王还安抚国内的人，整治政令教化。吴国因为楚国混乱，俘虏了楚国的五位将帅后返回。楚平王对观从说："听凭你想要什么。"观从想要卜尹的官位，楚平王允许了。

初，共王有宠子五人，无適（嫡）立，乃望①祭群神，请神决之，使主社稷②，而阴与巴姬埋璧于室③内，召五公子斋而入。康王跨之，灵王肘加之，子比、子皙皆远之。平王幼，抱而入再拜，压纽④。故康王以长立，至其子失之；围为灵王，及身而弑；子比为王十余日，子皙不得立，又俱诛。四子皆绝无后。唯独弃疾后立，为平王，竟续楚祀，如其神符。

◎**注释** ①〔望〕古代祭祀山川的专名。②〔社稷〕古代帝王、诸侯所祭的土神和谷神。旧时用作国家的代称。③〔室〕太室，指祖庙。④〔纽〕装在器物上以备提携悬系的襻儿。
◎**大意** 当初，楚共王有五个宠爱的儿子，没有嫡子继承王位，便遥祭山川群神，请神灵决定其中的一个，让他主管国家，而楚共王暗中和巴姬在祖庙里埋了一块玉璧，叫五个儿子斋戒后进入。楚康王骑在玉璧上，楚灵王的手臂压在玉璧上，子比、子皙都离玉璧远远的。楚平王年幼，被抱着进去，拜了两拜，正压着玉璧的纽带。所以楚康王因为年长继位，到他的儿子手里失去了王位；公子围继位为楚灵王，自身被弑杀；子比当了十几天君王，子晳没有继位为王，又都被杀了。这四个儿子都断绝了后代。唯独弃疾后来继位，是楚平王，终于延续了楚国的祭祀，像神灵所昭示的那样。

初，子比自晋归，韩宣子问叔向曰："子比其济乎？"对曰："不就。"宣子曰："同恶相求，如市贾焉，何为不就？"对曰："无与同好，谁与同恶？取国有五难：有宠无人，一也；有人无主，二也；有主无谋，三也；有谋而无民，四也；有民而无德，五也。子比在晋十三年矣，晋、楚之从不闻通者，可谓无人矣；族尽亲叛，可谓无主矣；无衅而动，可谓无谋矣；为羁终世，可谓无民矣；亡无爱征，可谓无德矣。王虐而不忌，子比涉五难以弑君，谁能济之！有楚国者，其弃疾乎？君陈、蔡，方城外属焉。苟慝①不作，盗贼伏隐，私欲不违②，民无怨心。先神命之，国民信之。芈姓有乱，必季实立，楚之常也。子比之官，则右尹也；数其贵宠，则庶子也；以神所命，则又远之；民无怀焉，将何以立？"宣子曰："齐桓、晋文不亦是乎？"对曰："齐桓，卫姬之子也，有宠于釐公。有鲍叔牙、宾须无、隰朋以为辅，有莒、卫以为外主，有高、国以为内主。从善如流，施惠不倦。有国，不亦宜乎？昔我文公，狐季姬之子也，有宠于献公。好学不倦。生十七年，有士五人，有先大夫子馀、子犯以为腹心，有魏犨、贾佗以为股肱，有齐、宋、秦、楚以为外主，有栾、郤、狐、先以为内主。亡十九年，守志弥笃。惠、怀弃民，民从而与之。故文公有国，不亦宜乎？子比无施于民，无援于外，去晋，晋不送；归楚，楚不迎。何以有国！"子比果不终焉，卒立者弃疾，如叔向言也。

◎ **注释** ①〔慝（tè）〕邪恶。②〔私欲不违〕不以私欲违背民心。

◎ **大意** 当初，子比从晋国返回，韩宣子问叔向说："子比这人会成功吗？"叔向回答："不会成功。"韩宣子说："为除掉共同仇恨的人而相互拉拢，如同做买卖一样，为什么不能成功？"叔向回答："没有人与子比共同做好事，又有谁与子比共同做坏事呢？取得国家有五难：有宠爱的人而没有贤人，是一难；有贤人而没有重要的支持力量，是二难；有重要的支持力量而没有通盘的谋划，是三难；有了通盘的谋划而没有百姓的拥护，是四难；有百姓的拥护而自己没有德行，是五难。子比在晋国十三年了，晋国、楚国跟随他的人中不曾听说过谁是学识渊博的，可说是没有贤人了；族人被灭，亲人背叛，可说是没有重要的支持力量了；没有可乘之机而要行动，可说是没有通盘的谋划了；一辈子寄居在外，可说是没有百姓的拥护了；流亡国外而没有受爱戴的迹象，可说是没有德行了。楚王暴虐却不畏忌他，子比面临五难而弑杀国君，谁能帮助他成功！得到楚国的，大概是弃疾吧？弃疾统治陈地、蔡地，方城以外的地区都归属他。没有发生过骚扰邪恶的事，盗贼销声匿迹，不因私欲违背民心，百姓没有怨恨之心。祖先神灵保佑他，楚国人信任他。芈姓有了祸乱，一定是最小的儿子继位，这是楚国的常例。子比的官职，不过是右尹；论权势和所受宠爱，不过是庶子；根据神灵的旨意，却又离得很远；百姓不怀念他，将凭什么登上王位！"韩宣子说："齐桓公、晋文公不也是这样吗？"叔向回答："齐桓公，是卫姬的儿子，得到齐釐公的宠爱。有鲍叔牙、宾须无、隰朋辅佐，有莒国、卫国作为外援，有高氏、国氏作为内应。他从善如流，不断施行恩惠。他能享有齐国，不也应当吗？从前我国的文公，是狐季姬的儿子，得到晋献公的宠爱。他好学不倦，十七岁时，有五位贤士辅佐他，有先大夫子馀、子犯作为心腹，有魏犨、贾佗作为得力助手，有齐国、宋国、秦国、楚国作为外援，有栾枝、郤縠、狐突、先轸四位大夫作为内应。流亡十九年，奋发图强的志向越来越坚定。晋惠公、晋怀公丧失民心，百姓跟随归附文公。所以文公享有晋国，不也应当吗？子比不曾给百姓好处，国外又没有援助，离开晋国，晋人不护送；回到楚国，楚国人不迎接。他凭什么享有楚国！"子比果然没有好下场，最终登上王位的是弃疾，正如叔向所说的。

楚世家第十

平王二年，使费无忌如秦为太子建取（娶）妇。妇好，来，未至，无忌先归，说平王曰："秦女好，可自娶，为太子更求。"平王听之，卒自娶秦女，生熊珍。更为太子娶。是时伍奢为太子太傅，无忌为少傅。无忌无宠于太子，常谗恶太子建。建时年十五矣，其母蔡女也，无宠于王，王稍益疏外建也。

◎**大意** 楚平王二年，派费无忌到秦国替太子建迎娶新妇。新妇很漂亮，接来时，还没到都城，费无忌先赶回来，劝说楚平王道："这个秦国女子漂亮，您可以自己娶她，另给太子娶亲。"楚平王听从他的话，最终自己娶了秦国女子，生下熊珍，另给太子娶亲。这时伍奢任太子太傅，费无忌任少傅。费无忌不被太子宠信，便常常毁谤太子建。太子建当时十五岁了，他的生母是蔡国女子，不受楚平王宠爱，楚平王渐渐疏远了太子建。

六年，使太子建居城父，守边。无忌又日夜谗太子建于王曰："自无忌入秦女，太子怨，亦不能无望于王，王少自备焉。且太子居城父，擅兵，外交诸侯，且欲入矣。"平王召其傅伍奢责之。伍奢知无忌谗，乃曰："王奈何以小臣疏骨肉？"无忌曰："今不制，后悔也。"于是王遂囚伍奢。乃令司马奋扬召太子建，欲诛之。太子闻之，亡奔宋。

◎**大意** 楚平王六年，派太子建出居城父，镇守边疆。费无忌又日夜在楚平王面前毁谤太子建说："自从我把秦国女子送进您的后宫，太子怨恨我，对君王您也不能说没有埋怨，君王您多少要有点戒备。而且太子居住城父，专揽兵权，对外结交诸侯，将要进入国都了。"楚平王就召见太子的老师伍奢责问这事。伍奢知道是费无忌陷害太子，就说："大王怎么因为小臣而疏远骨肉呢？"费无忌说："现在不制止他，以后会后悔的。"于是楚平王就囚禁了伍奢。然后命令司马奋扬召回太子建，打算诛杀他。太子听到这个消息，逃奔宋国。

无忌曰："伍奢有二子，不杀者为楚国患。盍以免其父召之，必至。"于是王使使谓奢："能致二子则生，不能将死。"奢曰："尚至，胥不至①。"王曰："何也？"奢曰："尚之为人，廉，死节，慈孝而仁，闻召而免父，必至，不顾其死。胥之为人，智而好谋，勇而矜②功，知来必死，必不来。然为楚国忧者必此子。"于是王使人召之，曰："来，吾免尔父。"伍尚谓伍胥曰："闻父免而莫奔，不孝也；父戮莫报，无谋也；度③能任④事，知（智）也。子其行矣，我其归死。"伍尚遂归。伍胥弯弓属矢，出见使者，曰："父有罪，何以召其子为？"将射，使者还（旋）走，遂出奔吴。伍奢闻之，曰："胥亡，楚国危哉。"楚人遂杀伍奢及尚。

◎**注释**　①〔尚至，胥不至〕尚指伍尚，是伍奢的大儿子，当时为棠君，楚国大夫。胥指伍子胥，名员（yún），伍奢的二儿子。②〔矜〕崇尚。③〔度（duó）〕估计，图谋。④〔任〕担当，承担。

◎**大意**　费无忌说："伍奢有两个儿子，不杀掉会成为楚国的祸患。何不用免除他们父亲死罪的名义召他们，他们一定会来的。"于是楚平王派使者对伍奢说："能招来两个儿子就可活命，不能招来将会死。"伍奢说："伍尚会来，伍子胥不会来。"楚平王说："为什么？"伍奢说："伍尚的为人，品行端正，敢为节义而死，慈孝而仁爱，听说听从召见可以免除父亲的死罪，就一定会来，不顾虑自己的死活。伍子胥为人机智而喜好计谋，勇敢而崇尚功名，知道来了必定死，一定不会来。但将来成为楚国忧患的一定是这个孩子。"于是楚平王派人召唤他们，说："你们来，我就免去你们父亲的死罪。"伍尚对伍子胥说："听说可以免去父亲的死罪而不快回去，是不孝；父亲被杀而没有人报仇，是无谋；估量能力去办事，是明智。你应该逃走，我应该回去送死。"伍尚于是返回。伍子胥弯弓搭箭，出去见使者，说："父亲有罪，召回他的儿子干什么？"准备射箭，使者回头就跑，伍子胥就出国投奔吴国。伍奢听到这个消息，说："伍子胥逃亡了，楚国危险啊。"楚国人就杀了伍奢和伍尚。

十年，楚太子建母在居巢①，开吴②。吴使公子光伐楚，遂败陈、蔡，取太子建母而去。楚恐，城③郢。初，吴之边邑卑梁与楚边邑钟离小童争桑，两家交怒相攻，灭卑梁人。卑梁大夫怒，发邑兵攻钟离。楚王闻之怒，发国兵灭卑梁。吴王闻之大怒，亦发兵，使公子光因建母家攻楚，遂灭钟离、居巢。楚乃恐而城郢。

◎**注释** ①〔居巢〕在今安徽巢湖。②〔开吴〕引导吴国伐楚。③〔城〕这里作动词，指修缮、加固原有城池。

◎**大意** 楚平王十年，楚国太子建的生母在居巢，引导吴国伐楚。吴国派公子光征讨楚国，于是打败陈国、蔡国，接走太子建的生母而离去。楚国害怕，加固国都郢城。当初，吴国的边城卑梁和楚国的边城钟离的小孩争夺桑叶，两家发怒互斗，卑梁那一家被杀了。卑梁大夫大怒，派遣本地守军攻打钟离。楚平王听到这事大怒，派遣楚国军队灭掉卑梁。吴王听到这事大怒，也发兵，派公子光借助太子建生母的家攻打楚国，于是灭了钟离、居巢。楚国害怕，于是修缮国都郢城。

十三年，平王卒。将军子常曰："太子珍少，且其母乃前太子建所当娶也。"欲立令尹子西。子西，平王之庶弟也，有义。子西曰："国有常法，更立则乱，言之则致诛。"乃立太子珍，是为昭王。

◎**大意** 楚平王十三年，楚平王去世。将军子常说："太子珍年纪小，况且他的生母是先前的太子建应当娶的。"要拥立令尹子西。子西是楚平王的庶弟，有仁义的品性。子西说："国家有固定的法度，改变继承人就会出现动乱，谈论这样的事就要被诛杀。"于是拥立太子珍，这就是楚昭王。

昭王元年，楚众不说（悦）费无忌，以其谗亡太子建，杀伍奢子父与郤宛。宛之宗姓伯氏子嚭及子胥皆奔吴，吴兵数侵楚，楚人怨无忌甚。楚令尹子常诛无忌以说（悦）众，众乃喜。

◎**大意**　楚昭王元年，楚国人都不喜欢费无忌，因为他的毁谤使太子建逃亡，又杀了伍奢父子和郤宛。郤宛的宗族伯氏的儿子嚭和伍子胥都逃到吴国，吴国军队多次侵扰楚国，楚国人非常怨恨费无忌。楚国令尹子常杀了费无忌来取悦民众，民众才高兴。

四年，吴三公子奔楚，楚封之以扞①吴。五年，吴伐取楚之六、潜。七年，楚使子常伐吴，吴大败楚于豫章。

◎**注释**　①〔扞（hàn）〕抵御。
◎**大意**　楚昭王四年，吴国的三位公子投奔楚国，楚国封给他们土地，让他们抵御吴国。楚昭王五年，吴国攻占楚国的六城和潜城。楚昭王七年，楚国派子常征讨吴国，吴军在豫章大败楚军。

十年冬，吴王阖闾、伍子胥、伯嚭与唐、蔡俱伐楚，楚大败，吴兵遂入郢，辱平王之墓，以伍子胥故也。吴兵之来，楚使子常以兵迎之，夹汉水阵。吴伐败子常，子常亡奔郑。楚兵走，吴乘胜逐之，五战及郢。己卯，昭王出奔。庚辰，吴人入郢。

◎**大意**　楚昭王十年冬天，吴王阖闾、伍子胥、伯嚭和唐国、蔡国一起讨伐楚国，楚军大败，吴军进入郢都，掘开楚平王的坟墓鞭打他的尸体，这是因为伍子胥要给父兄报仇。吴军这次来，楚国派子常带兵迎战，隔着汉水列阵。吴军打败子常，子常逃到郑国。楚军败逃，吴军乘胜追击，经过五次战斗就到了郢都。这年冬天的己卯日，楚昭王出城逃跑。这年冬季的庚辰日，吴国人进入郢都。

昭王亡也，至云梦。云梦不知其王也，射伤王。王走郧。郧公之弟怀曰："平王杀吾父，今我杀其子，不亦可乎？"郧公止之，然恐其弑昭王，乃与王出奔随。吴王闻昭王往，即进击随，谓随人曰："周之子孙封于江、汉之间者，楚尽灭之。"欲杀昭王。王从臣子綦乃深匿王，自以为王，谓随人曰："以我予吴。"随人卜予吴，不吉，乃谢吴王曰："昭王亡，不在随。"吴请入自索之，随不听，吴亦罢去。

◎**大意** 楚昭王逃跑了，到达云梦。云梦人不知道他是国王，射伤了他。楚昭王逃到郧城。郧公的弟弟怀说："楚平王杀死了我们的父亲，今天我们杀死他的儿子，不也可以吗？"郧公制止他，但还是怕他弑杀楚昭王，便跟随楚昭王逃到随国。吴王听说楚昭王逃往随国，立即进兵攻打随国，对随国人说："周王室的子孙封在长江、汉江一带的，楚国全部消灭了他们。"随国人想要杀死楚昭王。楚昭王的侍臣子綦把楚昭王严密地藏起来，自己装扮成楚昭王，对随国人说："把我交给吴军。"随国人占卜把人交给吴国，这事不吉利，便向吴王推辞说："楚昭王逃走了，不在随国。"吴军请求进城亲自搜索，随国人不答应，吴军也就撤离了。

昭王之出郢也，使申鲍胥请救于秦。秦以车五百乘救楚，楚亦收余散兵，与秦击吴。十一年六月，败吴于稷。会吴王弟夫概见吴王兵伤败，乃亡归，自立为王。阖闾闻之，引兵去楚，归击夫概。夫概败，奔楚，楚封之堂溪，号为堂溪氏。

◎**大意** 楚昭王逃出国都郢城的时候，派申鲍胥到秦国请求救兵。秦国派五百辆战车援救楚国，楚国也收集残余士兵，与秦军配合反击吴军。楚昭王十一年六月，在稷地打败吴军。恰好吴王的弟弟夫概看到吴王的兵士被挫败，就逃回去，自立为王。阖闾听到这事，带兵离开楚国，回去攻打夫概。夫概战败，逃奔楚国,楚国把他封在堂溪,称为堂溪氏。

楚昭王灭唐。九月,归入郢。十二年,吴复伐楚,取番。楚恐,去郢,北徙都鄀①。

◎**注释** ①〔鄀〕在今湖北宜城东南。
◎**大意** 楚昭王灭了唐国。这年九月,回到郢都。楚昭王十二年,吴国又讨伐楚国,夺取番城。楚国害怕了,离开郢都,向北迁移国都到鄀城。

十六年,孔子相鲁。二十年,楚灭顿①,灭胡②。二十一年,吴王阖闾伐越。越王句践射伤吴王,遂死。吴由此怨越而不西伐楚。

◎**注释** ①〔顿〕古诸侯国国名,姬姓,旧址在今河南项城北。②〔胡〕古诸侯国名,旧址在今安徽阜阳西北。
◎**大意** 楚昭王十六年,孔子担任鲁国的相。楚昭王二十年,楚国灭了顿国,又灭了胡国。楚昭王二十一年,吴国阖闾讨伐越国。越王句践射伤吴王,吴王因此死了。吴国由此怨恨越国而不向西讨伐楚国。

二十七年春,吴伐陈,楚昭王救之,军城父。十月,昭王病于军中,有赤云如鸟,夹日而蜚。昭王问周太史,太史曰:"是害于楚王,然可移于将相。"将相闻是言,乃请自以身祷于神。昭王曰:"将相,孤之股肱也,今移祸,庸去是身乎!"弗听。卜而河为祟,大夫请祷河①。昭王曰:"自吾先王受封,望不过江、汉,而河非所获罪也。"止不许。孔子在陈,闻是言,曰:"楚昭王通大道矣。其不失国,宜哉!"

◎**注释** ①〔祷河〕祈求黄河神灵。

◎**大意** 楚昭王二十七年春天，吴国征伐陈国，楚昭王援救陈国，驻军城父。这年十月，楚昭王病倒在军中，有一团像鸟一样的红云，夹着太阳飞。楚昭王询问周王室的太史，太史说："这对楚王有害，但可以把灾祸移给将相。"将相听了这些话，就请求向神祷告而以自身代替楚昭王。楚昭王说："将和相，就像我的胳膊和大腿，现在把灾祸转移到胳膊和大腿上，难道能免除我身上的病吗！"不听从。占卜病因是黄河在作祟，大夫请求祭祷河神。楚昭王说："自从我国先王受封，遥祭的大川不过长江、汉水，而不曾得罪过河神。"制止大夫，不许祭祷问神。孔子在陈国，听到这些话，说："楚昭王通晓大道了。他不失去国家，是应该的啊！"

昭王病甚，乃召诸公子大夫曰："孤不佞，再辱楚国之师，今乃得以天寿终，孤之幸也。"让其弟公子申为王，不可。又让次弟公子结，亦不可。乃又让次弟公子闾，五让，乃后许为王。将战，庚寅，昭王卒于军中。子闾曰："王病甚，舍其子让群臣，臣所以许王，以广王意也。今君王卒，臣岂敢忘君王之意乎！"乃与子西、子綦谋，伏师闭涂（途）①，迎越女②之子章立之，是为惠王。然后罢兵归，葬昭王。

◎**注释** ①〔伏师闭涂〕秘密派遣军队，阻断道路。②〔越女〕昭王之妾。

◎**大意** 楚昭王病得很厉害，于是召见各位公子和大夫说："我没有才能，两次使楚国军队遭受屈辱，现在能够以自然的寿命死去，是我的幸运。"推让他的弟弟公子申为王，公子申不接受。又推让二弟公子结，公子结也不接受。于是又让给三弟公子闾，推让五次，公子闾才答应为王。楚国将要跟吴国交战，这年十月庚寅日，楚昭王死在军中。公子闾说："君王病得很厉害，舍弃自己的儿子而把王位让给臣子们，我这臣子之所以答应君王，是用来宽慰君王的心意。如今君王去世，我这臣子怎敢忘记君王推让的好心啊！"就与子西、子綦商量，埋伏军队阻断道路，迎接越国女子生的儿子章来继位，这就是楚惠王。然后罢兵回国，安葬楚昭王。

惠王二年，子西召故平王太子建之子胜于吴，以为巢大夫，号曰白公。白公好兵而下士，欲报仇。六年，白公请兵令尹子西伐郑。初，白公父建亡在郑，郑杀之，白公亡走吴，子西复召之，故以此怨郑，欲伐之。子西许而未为发兵。八年，晋伐郑，郑告急楚，楚使子西救郑，受赂而去。白公胜怒，乃遂与勇力死士石乞等袭杀令尹子西、子綦于朝，因劫惠王，置之高府，欲弑之。惠王从者屈固负王亡走昭王夫人宫。白公自立为王。月余，会叶公来救楚，楚惠王之徒与共攻白公，杀之。惠王乃复位。是岁也，灭陈而县之。

◎**大意**　楚惠王二年，子西从吴国召回已故楚平王的太子建的儿子胜，任命他为巢城大夫，称为白公。白公喜好军事而且能谦恭对待士人，要为父亲报仇。楚惠王六年，白公请求令尹子西发兵讨伐郑国。当初，白公的父亲太子建逃亡到郑国，郑国杀了他。白公逃亡到吴国，子西又召回他，因此而怨恨郑国，要讨伐它。子西应允却没有为他发兵。楚惠王八年，晋国讨伐郑国，郑国向楚国告急。楚国派子西援救郑国，接受财礼而回。白公胜恼怒，便与勇武有力的死士石乞等在朝堂上袭击杀死令尹子西、子綦，乘机劫持楚惠王，把他拘禁在高府，准备弑杀他。楚惠王的随从屈固背着楚惠王逃到楚昭王夫人宫里。白公自立为王。一个多月后，恰巧叶公来救楚惠王，楚惠王的党徒跟叶公一齐攻打白公，杀了他。楚惠王才复位。这一年，楚国灭了陈国，将它改为县。

十三年，吴王夫差强，陵齐、晋，来伐楚。十六年，越灭吴。四十二年，楚灭蔡。四十四年，楚灭杞。与秦平。是时越已灭吴，而不能正江、淮北；楚东侵，广地至泗上。

◎**大意**　楚惠王十三年，吴王夫差势力强大，欺侮齐国、晋国，前来讨伐楚国。楚惠王十六年，越国灭掉吴国。楚惠王四十二年，楚国灭掉蔡国。楚惠王四十四年，楚国灭掉杞国。跟秦国讲和。这时越国已经灭亡了吴国，但不能统治江北、淮北地区；楚国向东侵占，开拓国土到泗水边上。

五十七年，惠王卒，子简王中立。

◎**大意** 楚惠王五十七年，楚惠王去世，儿子楚简王中继位。

简王元年，北伐灭莒。八年，魏文侯、韩武子、赵桓子始列为诸侯。

◎**大意** 楚简王元年，北上攻灭莒国。楚简王八年，魏文侯、韩武子、赵桓子开始被列为诸侯。

二十四年，简王卒，子声王当立。声王六年，盗杀声王，子悼王熊疑立。悼王二年，三晋来伐楚，至乘丘①而还。四年，楚伐周。郑杀子阳。九年，伐韩，取负黍②。十一年，三晋伐楚，败我大梁③、榆关。楚厚赂秦，与之平。二十一年，悼王卒，子肃王臧立。

◎**注释** ①〔乘丘〕故城在今山东兖州西。②〔负黍〕故城在今河南登封西南。③〔大梁〕在今河南开封。
◎**大意** 楚简王二十四年，楚简王去世，儿子楚声王熊当即位。楚声王六年，盗贼杀死楚声王，楚声王的儿子楚悼王熊疑即位。楚悼王二年，韩、赵、魏国前来攻打楚国，一直到乘丘才回去。楚悼王四年，楚国攻周。郑国杀死国相子阳。楚悼王九年，进攻韩国，夺取负黍。楚悼王十一年，韩、赵、魏三国进攻楚国，在大梁、榆关打败楚军。楚国送了很多财物给秦国，跟它讲和。楚悼王二十一年，楚悼王去世，儿子楚肃王熊臧即位。

肃王四年，蜀伐楚，取兹方。于是楚为扞关①以距之。十年，魏取我鲁阳②。十一年，肃王卒，无子，立其弟熊良夫，是为宣王。

◎**注释** ①〔扞关〕在今重庆奉节东。②〔鲁阳〕故城在今河南鲁山。
◎**大意** 楚肃王四年，蜀国进攻楚国，夺取兹方。于是楚国修建扞关防御蜀国。楚肃王十年，魏国夺取楚国的鲁阳。楚肃王十一年，楚肃王去世，没有儿子，他的弟弟熊良夫被立为王，这就是楚宣王。

宣王六年，周天子贺秦献公。秦始复强，而三晋益大，魏惠王、齐威王尤强。三十年，秦封卫鞅于商，南侵楚。是年，宣王卒，子威王熊商立。

◎**大意** 楚宣王六年，周天子向秦献公致贺。秦国又开始强盛起来，而韩国、赵国、魏国更加强大，魏惠王、齐威王尤其强盛。楚宣王三十年，秦国把卫鞅封在商地，向南侵犯楚国。这一年，楚宣王去世，儿子楚威王熊商继位。

威王六年，周显王致文武胙于秦惠王。

◎**大意** 楚威王六年，周显王把祭祀周文王、周武王的肉送给秦惠王。

七年，齐孟尝君父田婴欺楚，楚威王伐齐，败之于徐州，而令齐必逐田婴。田婴恐，张丑①伪谓楚王曰："王所以战胜于徐州者，田盼子不用也。盼子者，有功于国，而百姓为之用。婴子弗善而用申纪。申纪者，大臣不附，百姓不为用，故王胜之也。今王逐婴子，婴子逐，盼子必用矣。复搏（专）其士卒以与王遇，必不便于王矣。"楚王因弗逐也。

◎**注释** ①〔张丑〕齐国大夫田婴的门客。

◎**大意** 楚威王七年，齐国孟尝君的父亲田婴欺骗楚国，楚威王征讨齐国，在徐州打败齐军，要挟齐国一定要驱逐田婴。田婴害怕了，张丑假意对楚威王说："大王之所以在徐州战胜齐军，是因为齐国没有任用大将田盼子。田盼子这人，对齐国有功，百姓愿意为他出力。田婴不喜欢他而任用将军申纪。申纪这人，大臣不亲近他，百姓不替他出力，所以大王战胜了齐国。现在大王要求齐国驱逐田婴，田婴被驱逐，田盼子必定会被任用。田盼子重新统领齐国的士兵跟大王交战，必定会对大王不利。"楚王因此不再要求驱逐田婴。

十一年，威王卒，子怀王熊槐立。魏闻楚丧，伐楚，取我陉山。

◎**大意** 楚威王十一年，楚威王去世，儿子楚怀王熊槐继位。魏国听说楚威王死了，就征伐楚国，夺取楚国的陉山。

怀王元年，张仪始相秦惠王。四年，秦惠王初称王。

◎**大意** 楚怀王元年，张仪开始担任秦惠王的国相。楚怀王四年，秦惠王开始称王。

六年，楚使柱国昭阳将兵而攻魏，破之于襄陵，得八邑。又移兵而攻齐，齐王患之。陈轸适为秦使齐，齐王曰："为之奈何？"陈轸曰："王勿忧，请令罢之。"即往见昭阳军中，曰："愿闻楚国之法，破军杀将者何以贵之？"昭阳曰："其官为上柱国，封上爵执珪①。"陈轸曰："其有贵于此者乎？"昭阳曰："令尹。"陈轸曰："今君已为令尹矣，此国冠之上。臣请得譬之。人有遗其舍人一卮②酒者，舍人相谓曰：'数人饮此，不足以遍，请遂画地为蛇，蛇先成者独饮之。'一人曰：'吾蛇先成。'举酒而起，曰：'吾能为之足。'及其为之足，而后成人夺之酒而饮之，曰：'蛇固无足，今为之足，是非蛇也。'今君相楚而攻魏，破军杀将，功莫大焉，冠之上不可以加矣。今又移兵而攻齐，攻齐胜之，官爵不加于此；攻之不胜，身死爵夺，有毁于楚：此为蛇为足之说也。不若引兵而去以德齐，此持满③之术也。"昭阳曰："善。"引兵而去。

◎**注释** ①〔执珪〕战国时，楚国设置的最高爵位名称。②〔卮〕古代酒器。③〔持满〕保持最高地位，如同器皿盛满水。

◎**大意** 楚怀王六年，楚国派柱国昭阳统兵攻打魏国，在襄陵打败魏军，取得八座城邑。又调兵攻打齐国，齐王担忧这事。陈轸恰好替秦国出使齐国，齐王问："怎么对付楚军？"陈轸说："大王不必担忧，请让我去劝说楚国退兵。"陈轸随即到楚国军中会见昭阳，说："我希望听听楚国的规定，对打败敌军杀死敌将的用什么官爵尊崇他？"昭阳说："官职是上柱国，赐给最高爵位执珪。"陈轸说："还有比这更尊贵的吗？"昭阳说："令尹。"陈轸说："现在您已经任令尹了，这是国家最高的官位。我打个比方来说明这件事。有人赠给他的门客们一卮酒，门客们商议说：'几个人喝这杯酒，不够每人喝的，我们就在地上画蛇，先画成的人单独喝。'有个人说：'我先画成蛇。'端着酒站起来，说：'我能够给它添上脚。'等到他给蛇画上脚，在他后面画完蛇的人把酒夺去喝了，说：'蛇本来没有脚，现在给它画上脚，就不是蛇了。'现在您担任楚相而攻打魏国，打败魏军杀死魏将，功劳没有比这更大的了，可官职爵位不能再增加了。现在又调兵进攻齐国，攻打齐国如果获胜，官爵也不能比这再大；攻打齐国如果不能取胜，会丢掉性命丧失官爵，给楚国带来损失：这就是上面所说的画蛇添足。不如领兵离开而送给齐国好处，这是保持最高官爵的办法。"昭阳说："好。"就领兵离去了。

燕、韩君初称王。秦使张仪与楚、齐、魏相会，盟啮桑①。

◎**注释** ①〔啮桑〕在今江苏沛县西南。
◎**大意** 燕国国君、韩国国君开始称王。秦国派张仪与楚国、齐国、魏国的大臣相会，在啮桑订立盟约。

十一年，苏秦约从山东六国共攻秦，楚怀王为从长①。至函谷关，秦出兵击六国，六国兵皆引而归，齐独后。十二年，齐湣王伐败赵、魏军，秦亦伐败韩，与齐争长。

◎**注释** ①〔从长〕主持六国联合攻秦的盟主。
◎**大意** 楚怀王十一年，苏秦联合函谷关以东的六国一同进攻秦国，楚怀王担任纵约长。联军到达函谷关，秦国出兵迎击六国，六国军队都撤退而去，唯独齐军最后撤退。楚怀王十二年，齐湣王打败赵、魏联军，秦国也讨伐并打败韩军，与齐国争霸。

十六年，秦欲伐齐，而楚与齐从亲①，秦惠王患之，乃宣言张仪免相，使张仪南见楚王，谓楚王曰："敝邑之王所甚说（悦）者无先大王，虽仪之所甚愿为门阑②之厮者亦无先大王。敝邑之王所甚憎者无先齐王，虽仪之所甚憎者亦无先齐王。而大王和之，是以敝邑之王不得事王，而令仪亦不得为门阑之厮也。王为仪闭关而绝齐，今使使者从仪西取故秦所分楚商於③之地方六百里，如是则齐弱矣。是北弱齐，西德于秦，私商於以为富，此一计而三利俱至也。"怀王大悦，乃置相玺于张仪，日与置酒，宣言"吾复得吾商於之地"。群臣皆贺，而陈轸独吊。怀王曰："何故？"陈轸对曰："秦之所为重王者，以王之有齐也。今地未可得而齐交先绝，是楚孤也。夫秦又何重孤国哉，必轻楚矣。且先出地而后绝齐，则秦计不为。先绝齐而后责④地，则必见欺于张仪。见欺于张仪，则王必怨之。怨之，是西起秦患，北绝齐交。西起秦患，北绝齐交，则两国之兵必至。臣故吊。"楚王弗听，因使一将军西受封地。

◎**注释** ①〔从亲〕合纵亲善。②〔门阑〕门框。③〔商於〕商，在今河南淅川西北；於，在今河南淅川东南。两邑原为楚地，为秦所占。④〔责〕责求，索取。

◎**大意** 楚怀王十六年，秦国想进攻齐国，可是楚国跟齐国合纵亲善，秦惠王为这种情况担心，便宣布免去张仪的国相之位，派张仪南下谒见楚怀王，张仪对楚怀王说："我国君王最尊崇的莫过于大王您，即使我很想充当看门仆役，也没哪个主人超过大王您。我国君王最憎恨的莫过于齐湣王，我最憎恨的莫过于齐湣王。但是大王您跟齐湣王和好，因此我国君王不能服侍大王您，也使得我不能做您的看门仆役。大王您如果为我关闭东方的关卡与齐国断绝往来，现在就可派使者跟我西去收回原先秦国所夺取的方圆六百里的商於地区，这样就使齐国削弱了。这样北面削弱齐国，西面施德于秦国，将商於地区作为自己的财富，这一条计策将使三种好处都到手。"楚怀王大喜，就把相印交给张仪，天天摆筵席款待，宣扬说"我又得到我的商於地区了"。群臣都祝贺，可陈轸独独哀伤。楚怀王说："为什么这样呢？"陈轸回答："秦国之所以看重大王，是因为大王有齐国支援。如今土地没有得到而同齐国先绝交，这样楚国便孤立了。秦国又怎会看重孤立无援的国家呢？必定会轻视楚国啊。再说先要秦国拿出土地而后跟齐国绝交，那么秦国的计谋不会有效。先与齐国绝交而后向秦国索取土地，那么必定会被张仪欺骗。被张仪欺骗，那么大王必定怨恨他。怨恨他，这样使西边引来秦国的边患，北边断绝与齐国的邦交，那么韩、魏两国的军队一定会来。所以我很哀伤。"楚怀王不听，便派一个将军西去接受封地。

张仪至秦，详（佯）醉坠车，称病不出三月，地不可得。楚王曰："仪以吾绝齐为尚薄邪？"乃使勇士宋遗北辱齐王。齐王大怒，折楚符而合于秦。秦齐交合，张仪乃起朝，谓楚将军曰："子何不受地？从某至某，广袤六里。"楚将军曰："臣之所以见命者六百里，不闻六里。"即以归报怀王。怀王大怒，兴师将伐秦。陈轸又曰："伐秦非计也。不如因赂之一名都，与之伐齐，是我亡于秦，取偿于齐也，吾国尚可全。今王已绝于齐而责欺于秦，是吾合秦齐之交而来天下之兵也，国必大伤矣。"楚王不听，遂绝和于秦，发兵西攻秦。秦亦发兵击之。

◎**大意** 张仪回到秦国，假装喝醉酒从车子坠落，连着三个月声称有病不出门，楚国将军不能收取商於之地。楚怀王说："张仪认为我跟齐国绝交还不彻底吗？"便派勇士宋遗北上辱骂齐湣王。齐湣王大怒，打断楚国符节，跟秦国联合。秦、齐两国交好联合，张仪才出来上朝，对楚国将军说："您为什么还不接受土地？从某地到某地，纵横六里。"楚国将军说："我受命接受的土地是六百里，没听说是六里。"就回国把这件事报告给楚怀王。楚怀王大怒，准备兴兵攻打秦国。陈轸又说："攻打秦国不是办法，不如就此送给秦国一座大城，跟秦国一起攻打齐国，这样我国在秦国那里丢失的土地，可以从齐国那里得到补偿，我国还可以保全。现在大王经和齐国绝交，如果再向秦国责问欺骗之罪，这是我们去撮合秦、齐两国的交情而又招来各国的军队，国家一定会大受损失。"楚怀王不听，于是跟秦国断交，发兵西向攻打秦国。秦国也派兵迎战。

十七年春，与秦战丹阳，秦大败我军，斩甲士八万，虏我大将军屈匄、裨将军逢侯丑等七十余人，遂取汉中之郡。楚怀王大怒，乃悉国兵复袭秦，战于蓝田，大败楚军。韩、魏闻楚之困，乃南袭楚，至于邓①。楚闻，乃引兵归。

◎**注释**　①〔邓〕古代城邑名，在今河南郾城东南。
◎**大意**　楚怀王十七年春天，和秦军在丹阳交战，秦军把楚军打得大败，斩杀士兵八万，俘虏楚国大将军屈匄、副将军逢侯丑等七十多人，并夺走了汉中的郡县。楚怀王大怒，调集全国军队再次袭击秦国，在蓝田交战，楚军被打得大败。韩、魏两国听说楚国受困，便南下袭击楚国，直到邓城。楚怀王听说后，才领兵返回。

十八年，秦使使约复与楚亲，分汉中之半以和楚。楚王曰："愿得张仪，不愿得地。"张仪闻之，请之楚。秦王曰："楚且甘心于子，奈何？"张仪曰："臣善其左右靳尚，靳尚又能得事于楚王幸姬郑袖，袖所言无不从者。且仪以前使负楚以商於之约，今秦楚大战，有恶，臣非面自谢楚不解。且大王在，楚不宜敢取仪。诚杀仪以便国，臣之愿也。"仪遂使楚。

◎**大意**　楚怀王十八年，秦国派遣使者约定再和楚国交好，答应退还汉中的一半土地来跟楚国讲和。楚怀王说："希望得到张仪，不愿得到土地。"张仪听到这事，请求去楚国。秦王说："楚王正要抓住您才解恨，为什么要去呢？"张仪说："我跟楚怀王的近臣靳尚交好，靳尚又能够侍奉楚王的宠妃郑袖，郑袖的话楚怀王没有不听从的。而且我因为前次出使楚国背弃了给楚国商於之地的约定，如今秦、楚两国大战，结下仇怨，我不去当面向楚怀王道歉，就不能化解仇怨。况且有大王在，楚国不敢大胆捉拿我。如果楚怀王杀我而对国家有利的话，那是我的愿望。"张仪于是出使楚国。

至,怀王不见,因而囚张仪,欲杀之。仪私于靳尚,靳尚为请怀王曰:"拘张仪,秦王必怒。天下见楚无秦,必轻王矣。"又谓夫人郑袖曰:"秦王甚爱张仪,而王欲杀之,今将以上庸之地六县赂楚,以美人聘①楚王,以宫中善歌者为之媵②。楚王重地,秦女必贵,而夫人必斥矣。夫人不若言而出之。"郑袖卒言张仪于王而出之。仪出,怀王因善遇仪,仪因说楚王以叛从约而与秦合亲,约婚姻。张仪已去,屈原使从齐来,谏王曰:"何不诛张仪?"怀王悔,使人追仪,弗及。是岁,秦惠王卒。

◎**注释** ①〔聘〕古代出嫁、娶妇都叫作聘。②〔媵(yìng)〕随嫁,也指随嫁的人。

◎**大意** 张仪到了楚国都城,楚怀王不接见他,把他囚禁起来,准备杀死他。张仪暗中勾结靳尚。靳尚替他向楚怀王求情说:"拘捕张仪,秦王一定发怒。各国看到楚国没有秦国的援助,必定轻视大王。"又对夫人郑袖说:"秦王很宠爱张仪,可大王要杀他,现在秦国打算把上庸地区的六县送给楚国,把美人嫁给楚王,用宫中擅长歌舞的人作为随嫁侍妾。楚怀王看重土地,秦国女子必定得到宠幸,而夫人必定要被斥退了。夫人不如劝说大王释放张仪。"郑袖终于说动楚怀王放出张仪。张仪被放出后,楚怀王友好地对待他,他趁机劝说楚怀王背弃合纵盟约而跟秦国联合亲善,结成亲戚。张仪离去后,屈原从齐国出使回来,劝谏楚怀王说:"为什么不杀掉张仪?"楚怀王后悔,派人追张仪,没有追上。这一年,秦惠王去世。

二十年,齐湣王欲为从长,恶楚之与秦合,乃使使遗楚王书曰:"寡人患楚之不察于尊名也。今秦惠王死,武王立,张仪走魏,樗里疾、公孙衍用，而楚事秦。夫樗里疾善乎韩，而公孙衍善乎魏；楚必事秦，韩、魏恐，必因二人求合于秦，则燕、赵亦宜事秦。四国争事秦，则楚为郡县矣。王何不与寡人并力收韩、魏、燕、赵，与为从而尊周室，以案（按）兵息民？令于天下，莫敢不乐听，则王名成矣。王率诸侯并伐，破秦必矣。王取武关、蜀、汉之地，私①吴、越之富而擅江海之利，韩、魏割上党，西薄②函谷，则楚之强百万也。且王欺于张仪，亡地汉中，兵锉（挫）③蓝田，天下莫不代王怀怒。今乃欲先事秦！愿大王孰（熟）计之。"

◎**注释** ①〔私〕私自享有。②〔薄〕迫近。③〔锉〕通"挫"，受挫。

◎**大意** 楚怀王二十年，齐湣王想当纵约长，憎恨楚国与秦国联合，便派使者给楚怀王送信说："我担心楚王不在乎尊贵的称号。现在秦惠王死了，秦武王继位，张仪逃到魏国，樗里疾、公孙衍被重用，楚国却侍奉秦国。樗里疾跟韩国友好，公孙衍跟魏国亲近；楚国一定要侍奉秦国，韩、魏两国害怕，必定通过他二人请求跟秦国联合，那么燕、赵两国也自然要侍奉秦国。四国争着侍奉秦国，那么楚国就成为秦国的郡县了。大王为什么不与我齐心协力拉拢韩、魏、燕、赵四国，跟它们结成合纵联盟而尊崇周王室，以便罢兵养民？号令天下，天下没有不乐意听从的，那么大王的尊名就成就了。大王率领诸侯一同讨伐秦国，一定能打败秦国。大王夺取武关、蜀、汉中地区，垄断吴、越一带的富饶物资而独占江海的利益，韩、魏两国割让上党，向西直逼函谷关，那么楚国就比现在强大百万倍。况且大王被张仪欺骗，丧失汉中的土地，大军受挫于蓝田，天下的人没有不替大王心怀愤怒的。如今竟要率先侍奉秦国！希望大王仔细考虑这事。"

楚王业已欲和于秦，见齐王书，犹豫不决，下其议群臣。群臣或言和秦，或曰听齐。昭睢曰："王虽东取地于越，不足以刷耻；必且取地于秦，而后足以刷耻于诸侯。王不如深善齐、韩以重樗里疾，如是则王得韩、齐之重以求地矣。秦破韩宜阳，而韩犹复事秦者，以先王墓在平阳，而秦之武遂去之七十里，以故尤畏秦。不然，秦攻三川，赵攻上党，楚攻河外，韩必亡。楚之救韩，不能使韩不亡，然存韩者楚也。韩已得武遂于秦，以河山为塞，所报德莫如楚厚，臣以为其事王必疾。齐之所信于韩者，以韩公子昧为齐相也。韩已得武遂于秦，王甚善之，使之以齐、韩重樗里疾，疾得齐、韩之重，其主弗敢弃疾也。今又益之以楚之重，樗里子必言秦，复与楚之侵地矣。"于是怀王许之，竟不合秦，而合齐以善韩。

◎**大意** 楚怀王已经准备与秦国讲和，看到齐湣王的信，犹豫不决，就把这事交给群臣讨论。群臣有的说交好秦国，有的说依从齐国。昭雎说："大王即使从东方的越国夺取了土地，也不足以洗雪耻辱；一定要从秦国取得土地，才能在诸侯面前洗雪耻辱。大王不如深交齐、韩两国，以提高樗里疾的权位，这样就能使大王得到齐、韩两国的大力支持而要回土地了。秦国在宜阳打败韩国，而韩国还要侍奉秦国，因为韩王先祖的坟墓在平阳，而秦国的武遂离平阳只有七十里，因此特别害怕秦国。不这样，秦国进攻三川地区，赵国进攻上党地区，楚国进攻黄河以南地区，韩国必定灭亡。楚国去援救韩国，不能保证韩国不灭亡，保全韩国的却是楚国。韩国已经从秦国夺得武遂，把黄河、崤山作为关塞，所需要报答的恩德没有比楚国深厚的，我认为韩国一定会很快地侍奉大王。齐国所以信任韩国，是因为韩国的公子昧任齐国国相。韩国已从秦国收回武遂，大王很友善地对待它，使它能以齐、韩两国的力量抬高樗里疾，樗里疾得到齐、韩两国的大力支持，秦国君主就不敢抛弃樗里疾。现在又加上楚国的大力支持，樗里疾一定向秦王进言，再次退还从楚国侵占的土地。"楚怀王赞许这个意见，最终没有联合秦国，而是联合齐国，亲善韩国。

二十四年，倍（背）齐而合秦。秦昭王初立，乃厚赂于楚。楚往迎妇。二十五年，怀王入与秦昭王盟，约于黄棘。秦复与楚上庸。二十六年，齐、韩、魏为楚负其从亲而合于秦，三国共伐楚。楚使太子入质于秦而请救。秦乃遣客卿①通将兵救楚，三国引兵去。

◎**注释** ①〔客卿〕指在别国做官的人。
◎**大意** 楚怀王二十四年，楚国背弃齐国而与秦国联合。秦昭王新近即位，于是送给楚王丰厚的财物。楚国派人前往迎接新妇。楚怀王二十五年，楚怀王到秦国与秦昭王会盟，在黄棘立约。秦国又归还楚国上庸的土地。楚怀王二十六年，齐、韩、魏因为楚国背弃合纵盟约而联合秦国，三国共同征讨楚国。楚国派太子到秦国当人质而请求援救。秦国就派遣客卿通带兵援救楚国，齐、韩、魏三国领兵退走。

二十七年，秦大夫有私与楚太子斗，楚太子杀之而亡归。二十八年，秦乃与齐、韩、魏共攻楚，杀楚将唐眛，取我重丘而去。二十九年，秦复攻楚，大破楚，楚军死者二万，杀我将军景缺。怀王恐，乃使太子为质于齐以求平。三十年，秦复伐楚，取八城。秦昭王遗楚王书曰："始寡人与王约为弟兄，盟于黄棘，太子为质，至欢也。太子陵杀寡人之重臣，不谢而亡去，寡人诚不胜怒，使兵侵君王之边。今闻君王乃令太子质于齐以求平。寡人与楚接境壤界，故为婚姻，所从相亲久矣。而今秦楚不欢，则无以令诸侯。寡人愿与君王会武关，面相约，结盟而去，寡人之愿也。敢以闻下执事①。"楚怀王见秦王书，患之。欲往，恐见欺；无往，恐秦怒。昭雎曰："王毋行，而发兵自守耳。秦虎狼，不可信，有并诸侯之心。"怀王子子兰劝王行，曰："奈何绝秦之欢心！"于是往会秦昭王。昭王诈令一将军伏兵武关，号为秦王。楚王至，则闭武关，遂与西至咸阳，朝章台，如蕃（番）

臣②，不与亢（抗）礼③。楚怀王大怒，悔不用昭子言。秦因留楚王，要以割巫、黔中之郡。楚王欲盟，秦欲先得地。楚王怒曰："秦诈我而又强要我以地！"不复许秦。秦因留之。

◎**注释**　①〔执事〕古时指侍从左右供使令的人。②〔蕃臣〕指附属国的大臣。蕃，通"番"。③〔亢礼〕同"抗礼"。谓彼此以平等之礼相待。

◎**大意**　楚怀王二十七年，秦国有个大夫私下跟楚太子斗殴，楚国太子杀死他后逃回国。楚怀王二十八年，秦国跟齐国、韩国、魏国共同攻打楚国，杀死楚军将领唐眛，夺取楚国的重丘后离去。楚怀王二十九年，秦国又进攻楚国，大败楚军，楚国士兵死亡的有两万，杀死楚国将军景缺。楚怀王害怕，就派太子到齐国做人质，要求跟齐国讲和。楚怀王三十年，秦国又征讨楚国，夺去了八座城邑。秦昭王送给楚怀王书信说："当初我跟大王结为兄弟，在黄棘订盟，让太子做人质，极为欢快。太子欺侮、杀死我的重要臣子，不道歉就逃回去，我实在愤怒极了，派兵侵犯大王的边境。现在听说大王竟派太子做人质而求得跟齐国讲和。我国与楚国边界相连，过去互通婚姻，结成亲密友好的关系很久了。但如今秦、楚两国关系不融洽，那就无法号令诸侯了。我希望跟大王在武关会晤，当面订约，结盟后离开，是我的愿望。冒昧地把这个想法告诉您。"楚怀王看了秦王的信，为这事而忧虑。想去，害怕受骗；不去，害怕激怒秦王。昭雎说："大王不要去，派军队防守自己的边境就是了。秦王像虎狼，不可相信，他素来有吞并诸侯的野心。"楚怀王的儿子子兰劝楚怀王前去，说："为什么要拒绝秦国的好意呢！"楚怀王于是前去会见秦昭王。秦昭王用欺诈手段派一个将军带兵埋伏在武关，号称是秦昭王。楚怀王一到，就关闭武关，于是和楚怀王一起西行到咸阳，让他在章台朝见，如同属国的臣子，而不以平等礼仪相见。楚怀王大怒，后悔没采纳昭雎的意见。秦国便扣留楚怀王，要挟他割让巫、黔中的郡县。楚怀王想订立盟约，秦王想先取得土地。楚怀王愤怒地说："秦王欺骗我，又强迫我割让土地！"不再答应秦王，秦王就此扣留了他。

楚大臣患之，乃相与谋曰："吾王在秦不得还，要以割地，而太子为质于齐，齐、秦合谋，则楚无国矣。"乃欲立怀王子在国者。昭睢曰："王与太子俱困于诸侯，而今又倍（背）王命而立其庶子，不宜。"乃诈赴（讣）①于齐，齐湣王谓其相曰："不若留太子以求楚之淮北。"相曰："不可，郢中立王，是吾抱空质而行不义于天下也。"或曰："不然。郢中立王，因与其新王市②曰'予我下东国③，吾为王杀太子，不然，将与三国共立之'，然则东国必可得矣。"齐王卒用其相计而归楚太子。太子横至，立为王，是为顷襄王。乃告于秦曰："赖社稷神灵，国有王矣。"

◎**注释** ①〔诈赴〕指假装说楚怀王死了。②〔市〕做交易。③〔下东国〕即楚国淮北地区。

◎**大意** 楚国的大臣为这事感到忧虑，就共同商议说："我们的大王在秦国不能回来，要挟他割地，而太子又在齐国做人质，如果齐、秦两国合谋，那么楚国就要亡了。"便想要拥立楚怀王在国内的儿子。昭睢说："大王和太子都被困在诸侯国，现在我们又违背大王的命令而拥立他的庶子，不应该。"于是假装去齐国报丧。齐湣王对他的国相说："不如扣留太子而索取楚国的淮北地区。"国相说："不可，楚国郢都如果另立新王，这样我们白白拥有一个人质而在天下人面前做出不义之事。"有人说："不是这样。楚国郢都如果立了新王，就与那个新王做交易说'给我们淮北地区，我们替大王杀死太子，不然的话，就与秦、韩、魏三国共同拥立太子'，这样淮北地区就一定可以得到了。"齐湣王最终采用了国相的意见而送回楚国太子。太子横回到楚国，继位为王，就是楚顷襄王。于是通告秦国说："依靠楚国社稷神灵的庇护，国家有新王了。"

顷襄王横元年，秦要怀王不可得地，楚立王以应秦，秦昭王怒，发兵出武关攻楚，大败楚军，斩首五万，取析十五城而去。二年，楚怀王亡逃归，秦觉之，遮楚道，怀王恐，乃从间道走赵以求归。赵主父在代，其子惠王初立，行王事，恐，不敢入楚王。楚王欲走魏，秦追至，遂与秦使复之秦。怀王遂发病。顷襄王三年，怀王卒于秦，秦归其丧于楚。楚人皆怜之，如悲亲戚。诸侯由是不直秦。秦楚绝。

◎**大意**　楚顷襄王横元年，秦国要挟楚怀王而不能得到土地，楚国又拥立新王来对付秦国。秦昭王发怒，发兵出武关攻打楚国，大败楚军，斩首五万，夺取析邑等十五座城后离去。楚顷襄王二年，楚怀王潜逃回国，秦国发觉了，封锁通往楚国的道路。楚怀王害怕，就从小路跑到赵国而请求借路回去。赵武灵王在代地，他的儿子赵惠王刚刚即位，行使王权，害怕秦国，不敢接纳楚怀王。楚怀王想逃往魏国，被秦军追上了，于是跟随秦国使者又回到秦国。楚怀王因此发病。楚顷襄王三年，楚怀王死在秦国，秦国把他的灵柩送回楚国。楚国人都哀怜他，像自己的父母兄弟死了一样悲痛。诸侯国因此认为秦国无理。秦国、楚国绝交了。

六年，秦使白起伐韩于伊阙，大胜，斩首二十四万。秦乃遗楚王书曰："楚倍（背）秦，秦且率诸侯伐楚，争一旦之命。愿王之饬①士卒，得一乐战。"楚顷襄王患之，乃谋复与秦平。七年，楚迎妇于秦，秦楚复平。

◎**注释**　①〔饬（chì）〕整顿。
◎**大意**　楚顷襄王六年，秦国派白起到伊阙攻打韩国，大胜，斩首二十四万。秦昭王于是送信给楚顷襄王说："楚国背叛秦国，秦国将率领诸侯国攻打楚国，争一场胜负。希望大王整顿军队，痛痛快快地打一仗。"楚顷襄王很忧虑，便谋划再跟秦国讲和。楚顷襄王七年，楚国到秦国迎接新妇，秦国、楚国再次讲和。

十一年，齐秦各自称为帝；月余，复归帝为王。

◎**大意** 楚顷襄王十一年，齐湣王、秦昭王各自称帝；一个多月后，又取消帝号，仍旧称王。

十四年，楚顷襄王与秦昭王好会于宛，结和亲。十五年，楚王与秦、三晋、燕共伐齐，取淮北。十六年，与秦昭王好会于鄢。其秋，复与秦王会穰。

◎**大意** 楚顷襄王十四年，楚顷襄王和秦昭王在宛城友好会晤，议和结亲。楚顷襄王十五年，楚顷襄王与秦、韩、赵、魏、燕等国共同攻打齐国，取得淮北地区。楚顷襄王十六年，与秦昭王在鄢城友好会晤。这年秋天，又在穰城与秦王会见。

十八年，楚人有好以弱弓微缴①加归雁之上者，顷襄王闻，召而问之。对曰："小臣之好射鶀雁②、罗鸗③，小矢之发也，何足为大王道也。且称楚之大，因大王之贤，所弋非直此也。昔者三王④以弋道德，五霸以弋战国。故秦、魏、燕、赵者，鶀雁也；齐、鲁、韩、卫者，青首⑤也；邹、费、郯、邳者，罗鸗也。外其余则不足射者。见鸟六双，以王何取？王何不以圣人为弓，以勇士为缴，时张而射之？此六双者，可得而囊载也。其乐非特朝昔（夕）之乐也，其获非特凫雁之实也。王朝张弓而射魏之大梁之南，加其右臂而径属之于韩，则中国之路绝而上蔡之郡坏矣。还射圉之东，解魏左肘而外击定陶，则魏之东外弃而大宋、方与二郡者举矣。且魏断二臂，颠⑥越矣；膺击郯国，大梁可得而有也。王绪⑦缴兰台，饮马西河，定魏大梁，此一发之乐也。若王之于弋诚好而不厌，则出宝弓，碆⑧新缴，射嘼鸟⑨于东海，还盖长城以为防，朝射东莒，夕发浿丘，夜加即墨，顾据午道，则长城之东收而太山之北举矣。西结境于赵而北达于燕，三国布翅⑩（翅），则从不待约而可成也。北游目于燕之辽东而南登望于越之会稽，此再发之乐也。若夫泗上十二诸侯，左萦而右拂之，可一旦而尽也。今秦破韩以为长忧，得列城而不敢守也；伐魏而无功，击赵而顾病⑪，则秦魏之勇力屈矣，楚之故地汉中、析、郦可得而复有也。王出宝弓，碆新缴，涉鄳⑫塞，而待秦之倦也，山东、河内可得而一也。劳民休众，南面称王矣。故曰秦为大鸟，负海内而处，东面而立，左臂据赵之西南，右臂傅楚鄢郢，膺击韩魏，垂头中国，处既形便，势有地利，奋翼鼓翅（翅），方三千里，则秦未可得独招而夜射也。"欲以激怒襄王，故对以此言。襄王因召与语，遂言曰："夫先王为秦所欺而客死于外，怨莫大焉。今以匹夫有怨，尚有报万乘，白公、子胥是也。今楚之地方五千里，带甲百万，犹足以踊跃中野也，而坐受困，臣窃为大王弗取也。"于是顷襄王遣使于诸侯，复为从，欲以伐秦。秦闻之，发兵来伐楚。

◎**注释** ①〔缴（zhuó）〕系在箭上的生丝绳，射鸟用。②〔鶀（qí）雁〕小雁。③〔鸗（lóng）〕野鸟。④〔三王〕指夏禹，商汤，周文王、武王。⑤〔青首〕头有青毛的小野鸭。⑥〔颠〕颠覆，引申为灭亡。⑦〔缯（zhēng）〕屈曲，这里指收拢。⑧〔碆（bō）〕古代射鸟用的拴在丝绳上的石箭镞。⑨〔嚄（zhòu）鸟〕嘴如钩状的大鸟。⑩〔翃（chì）〕同"翅"。⑪〔病〕担忧，受害。⑫〔鄳（méng）〕古地名。

◎**大意** 楚顷襄王十八年，楚国有个惯于用轻弓细绳射中北归鸿雁的人，楚顷襄王知道了，叫来问他。那人回："我喜欢射小雁、野鸟，是小箭在起作用，怎么值得向大王陈说呢。况且以楚国的强大，凭借大王的贤明，所射中的不仅仅是这些。从前三王所射取的是道德的尊号，五霸所射取的是争战之国。所以秦、魏、燕、赵这几国，好像是小雁；齐、鲁、韩、卫这几国，好像是小野鸭；邹、费、郯、邳这几国，好像是野鸟。其余的就不值得去射了。现在这十二只鸟，在大王看来该怎么射取呢？大王何不把圣人当作弓，把勇士当作绳，看准时机张弓射取它们呢？这十二只鸟，可以射取而装入袋子拿回去。这种快乐不只是一朝一夕的快乐，这种收获不只是野鸟、小雁之类的猎物。大王早上开弓去射魏国大梁的南部，射伤其右臂而直接牵动韩国，那么中原地区的通路就断绝而上蔡一带就不攻自破了。转身射向圉的东面，割断魏国的左肘而向外射击定陶，那么魏国东部被放弃后，大宋、方与两郡可就拿下了。而且，魏国的左右臂断了，就会动荡不安；从正面进攻郯国，大梁可以为楚国所有了。大王在兰台祝捷，到西河阅兵，平定魏国的大梁，这是第一次射箭的快乐。如果大王对于射猎真正爱好而不厌倦，那就拿出宝弓，系上石制箭头和新绳，到东海射取嘴如钩状的大水鸟，返回整修长城作为防线，早上射取东莒，傍晚射取浿丘，夜里射取即墨，回头占据午道，那么长城以东、泰山以北就到手了。向西连接赵国，向北直通燕国，楚、赵、燕三国就如鸟张开翅膀，那么合纵局面不必等待盟约就可以形成了。大王向北可以游观燕国的辽东，向南可以眺望越国的会稽，这是第二次射箭的快乐。至于泗水流域的十二个诸侯国，左手一指而右手一挥，可以在一个早上全部得到。现在秦国打败韩国，韩国反而成为他们长久的忧患，得到城邑却不敢据守；攻打魏国而没有成效，袭击赵国反而受害，那么秦国、魏国的勇气实力消耗完了，原来楚国失去的汉中、析、郦等地就能重新占有了。大王拿出宝弓，系上石制箭头和新绳，涉足郦道要塞，以后等秦国疲困时，山东、河内地区就能连成一片了。慰劳百姓修养士兵，就可以坐北朝南而称王了。所以说秦国是只大鸟，背靠大陆而居住，面向东方而站立，左臂控制赵国的西南，右臂挟制楚国的鄢郢，胸膛对着韩国、魏国，俯视中原各国，所处地形方便，地势有利，展翅翱翔，纵横三千里，所以秦国是不能单独缚住、在夜间射取的。"他想以此激怒楚顷襄王，所以用这话回答。楚顷襄王果又召见他来详谈，于是他说："先王受秦国欺骗而死在国外，仇怨没有比这更大的了。如今一个普通人有怨仇，还要报复大国的君王，白公、伍子胥就是。现在楚国土地纵横五千里，拥有百万士兵，还可以在原野上耀武扬威，却坐等受困，我私下认为大王这种态度不可取。"于是楚顷襄王派遣使臣到诸侯国，再次谋划合纵，想联合讨伐秦国。秦国听到消息，就发兵来讨伐楚国。

楚欲与齐韩连和伐秦，因欲图周。周王赧使武公①谓楚相昭子曰："三国以兵割周郊地以便输，而南器②以尊楚，臣以为不然。夫弑共主③，臣世君④，大国不亲；以众胁寡，小国不附。大国不亲，小国不附，不可以致名实。名实不得，不足以伤民⑤。夫有图周之声，非所以为号也。"昭子曰："乃图周则无之。虽然，周何故不可图也？"对曰："军不五不攻，城不十不围。夫一周为二十晋，公之所知也。韩尝以二十万之众辱于晋之城下，锐士死，中士伤，而晋不拔。公之无百韩以图周，此天下之所知也。夫怨结于两周以塞邹鲁之心，交绝于齐，声失天下，其为事危矣。夫危两周以厚三川，方城之外必为韩弱矣。何以知其然也？西周之地，绝长补短，不过百里。名为天下共主，裂其地不足以肥国，得其众不足以劲兵。虽无攻之，名为弑君。然而好事之君，喜攻之臣，发号用兵，未尝不以周为终始。是何也？见祭器在焉，欲器之至而忘弑君之乱。今韩以器之在楚，臣恐天下以器仇楚也。臣请譬之。夫虎肉臊，其兵利身，人犹攻之也。若使泽中之麋蒙虎之皮，人之攻之必万于虎矣。裂楚之地，足以肥国；诎楚之名，足以尊主。今子将以欲诛残天下之共主，居三代之传器⑥，吞三翮六翼⑦，以高世主，非贪而何？《周书》曰'欲起无先'，故器南则兵至矣。"于是楚计辍不行。

◎**注释** ①〔武公〕即西周武公，战国时西周国君，西周惠公之子。②〔南器〕指向南迁移宝器。③〔共主〕诸侯国共同尊奉的君主。这是周朝廷的自称。④〔世君〕世代相传的君主。⑤〔伤民〕伤害百姓，指兴起兵乱。⑥〔传器〕指历代相传的宝器。⑦〔三翮（hé）六翼〕这里代指九鼎。

◎**大意** 楚国想和齐国、韩国联合攻打秦国，打算趁机谋取周王室。周赧王派武公对楚相昭子说："三个国家用武力划分周郊外的土地来方便自己的运输，并把周的宝器运到南方去尊崇楚王，我认为不对。弑杀天下共同的宗主，奴役世代统治天下的君王，大国就不亲近；依仗人多威胁人少的国家，小国就不归附。大国不亲近，小国不归附，不可能获得威名和实利。得不到威名和实利，就不值得为此伤害百姓。有谋取周王室的名声，就不能用来发号施令。"昭子说："若说谋取周王室，那是没有的事。即使这样，周王室为什么不可以谋取呢？"武公回答："兵力不超过敌方五倍不可进攻，不超过敌方十倍不可围城。一个周王室相当于二十个晋国，您是知道的。韩国曾经以二十万兵力在晋国的城下遭受耻辱，精锐兵卒战死，一般士兵受伤，而攻不下晋国。您没有一百个韩国的兵力用来谋取周王室，这是天下人都知道的。跟西周、东周两国结下深仇而伤害邹、鲁同姓之国的人心，跟齐国绝交，使名声丧失于天下，这样行事就危险了。危害西周、东周以加强韩国，楚国方城以外一定会被韩国削弱。怎么知道会这样呢？西周土地，截长补短，纵横不过一百里。名义上是天下共同尊奉的君王，瓜分它的土地不能使国家富庶，得到它的军民不能使军队强大。即使没有攻打它，也会背上弑杀君主的名声。但好事的国君，喜爱攻伐的权臣，发布号令指挥军队，没有不以周王室为最终目标的。这是为什么呢？看见祭器宝鼎在这里，只想搬到他们的国家而忘了弑杀君主的祸乱。现在韩国要把祭器宝鼎搬到楚国，我担心天下人会因为祭器而仇恨楚国。请让我打个比方。老虎的肉腥臊，有爪牙防卫自身，人还是要猎取它。如果让草泽里的麋鹿披上虎皮，猎取它的人一定比猎取老虎的多万倍。瓜分楚国的土地，足以使国家富庶；谴责楚国的罪名，足以使君获得尊荣。现在您想要诛杀、残害天下人共同尊奉的君王，占有三代传国的宝器，独吞九鼎，用来傲视世上的君王，不是贪婪又是什么？《周书》上说'要在政治上起家就不要首先作乱'，所以周王室的宝器一南迁，讨伐楚国的大军就跟着到了。"于是楚国的计谋停止而不再实行。

十九年，秦伐楚，楚军败，割上庸、汉北地予秦。二十年，秦将白起拔我西陵①。二十一年，秦将白起遂拔我郢，烧先王墓夷陵②。楚襄王兵散，遂不复战，东北保于陈城③。二十二年，秦复拔我巫、黔中郡。

◎**注释** ①〔西陵〕楚国城邑，在今湖北宜昌。②〔夷陵〕楚国城邑，在今湖北宜昌东南。③〔陈城〕楚国城邑，在今河南淮阳。

◎**大意** 楚顷襄王十九年，秦国征讨楚国，楚军败退，割让上庸、汉北地区给秦国。楚顷襄王二十年，秦国大将白起攻下楚国的西陵。楚顷襄王二十一年，秦国大将白起攻下楚国的郢都，焚烧在夷陵的先王墓地。楚顷襄王的军队逃散，不能再迎战，向东北退守陈城。楚顷襄王二十二年，秦国又攻下楚国的巫郡、黔中郡。

二十三年，襄王乃收东地兵，得十余万，复西取秦所拔我江旁十五邑以为郡，距（拒）秦。二十七年，使三万人助三晋伐燕。复与秦平，而入太子为质于秦。楚使左徒①侍太子于秦。

◎**注释** ①〔左徒〕楚国的官名。

◎**大意** 楚顷襄王二十三年，楚顷襄王整顿东部地区的军队，得到十多万人，又向西收回秦国攻占楚国长江沿岸的十五座城市设置为郡，以抵御秦国。楚顷襄王二十七年，派出三万人帮助韩、赵、魏三国攻打燕国。又跟秦国和解，而且把太子送到秦国做人质。楚顷襄王派左徒黄歇到秦国侍奉太子。

三十六年，顷襄王病，太子亡归。秋，顷襄王卒，太子熊元代立，是为考烈王。考烈王以左徒为令尹，封以吴，号春申君。

◎**大意** 楚顷襄王三十六年，楚顷襄王患病，太子逃了回来。这年秋天，楚顷襄王去世，太子熊元继位，这就是楚考烈王。楚考烈王任命左徒黄歇为令尹，把吴地封给他，号为春申君。

考烈王元年，纳州于秦以平。是时楚益弱。

◎**大意** 楚考烈王元年，把州县送给秦国去讲和。这时楚国更弱了。

六年，秦围邯郸，赵告急楚，楚遣将军景阳救赵。七年，至新中。秦兵去。十二年，秦昭王卒，楚王使春申君吊祠于秦。十六年，秦庄襄王卒，秦王赵政①立。二十二年，与诸侯共伐秦，不利而去。楚东徙都寿春②，命曰郢。

◎**注释** ①〔赵政〕即后来的秦始皇嬴政，当时还是秦王。②〔寿春〕楚国城邑名，在今安徽寿县。

◎**大意** 楚考烈王六年，秦军包围邯郸，赵国向楚国告急，楚国派将军景阳援救赵国。楚考烈王七年，楚军进到新中。秦军离去。楚考烈王十二年，秦昭王去世，楚考烈王派春申君到秦国吊祭。楚考烈王十六年，秦庄襄王去世，秦王赵政继位。楚考烈王二十二年，楚国和诸侯国共同讨伐秦国，失利而退走。楚国把都城向东迁到寿春，命名为郢。

二十五年，考烈王卒，子幽王悍立。李园杀春申君①。幽王三年，秦、魏伐楚。秦相吕不韦卒。九年，秦灭韩。十年，幽王卒，同母弟犹代立，是为哀王。哀王立二月余，哀王庶兄负刍之徒袭杀哀王而立负刍为王。是岁，秦虏赵王迁。

◎**注释** ①〔李园杀春申君〕考烈王无子，春申君为此担忧。赵人李园将其妹献给春申君，其妹怀孕后，李园与她说服春申君，将她献给考烈王。不久，李园的妹妹果然生下个儿子，就是后来的楚幽王。考烈王死后，李园怕春申君泄露实情，便杀死春申君以灭口。详见《春申君列传》。

◎**大意** 楚考烈王二十五年，楚考烈王去世，儿子楚幽王悍继位。李园杀死春申君。楚幽王三年，秦国、魏国征伐楚国。秦国丞相吕不韦去世。楚幽王九年，秦国灭亡了韩国。楚幽王十年，楚幽王去世，同母弟弟犹代立为王，这就是楚哀王。楚哀王在位两个多月，楚哀王的庶兄负刍的党徒突然杀死楚哀王，拥立负刍为王。这一年，秦国俘虏了赵王迁。

王负刍元年，燕太子丹使荆轲刺秦王。二年，秦使将军伐楚，大破楚军，亡十余城。三年，秦灭魏。四年，秦将王翦破我军于蕲，而杀将军项燕。

◎**大意**　楚王负刍元年，燕国的太子丹派荆轲刺杀秦王。楚王负刍二年，秦国派将军率兵攻打楚国，大败楚军，楚国丢失十多座城邑。楚王负刍三年，秦国灭亡了魏国。楚王负刍四年，秦将王翦在蕲地打败楚军，杀了将军项燕。

五年，秦将王翦、蒙武遂破楚国，虏楚王负刍，灭楚，为郡云。

◎**大意**　楚王负刍五年，秦将王翦、蒙武攻破楚国都城，俘虏楚王负刍，消灭了楚国，把其地改为郡。

太史公曰：楚灵王方会诸侯于申，诛齐庆封，作章华台，求周九鼎之时，志小天下；及饿死于申亥之家，为天下笑。操行之不得，悲夫！势之于人也，可不慎与？弃疾以乱立，嬖①淫秦女，甚乎哉，几再亡国！

◎**注释**　①〔嬖〕宠爱，宠幸。
◎**大意**　太史公说：当楚灵王在申城跟诸侯会盟，杀死齐国庆封，建造章华台，求取周王室九鼎的时候，志气高昂小看天下；等到饿死在申亥的家里，被天下人笑话。操守品行不能树立，是多么可悲啊！权势对于人来讲，能不谨慎对待吗？

楚平王弃疾通过变乱而被立为楚王，夺取而宠幸为太子建娶的秦国女子，太过分了啊，几乎再次亡国！

◎ 释疑解惑

司马光在《资治通鉴》中评论楚国说："楚自祝融、鬻熊以来，其有国几何年矣。方其盛也，奄有南国，陵诸夏；及怀王放废忠良，亲近谗慝，惑张仪之口，而耳目不能自守，见败而不悟，亡师而不悔，已客死于秦，使其子孙衔涕忍耻以事仇雠，强之女而不敢辞，陵庙焚而不敢怨，兔逃鼠伏，自屏于陈，束兵不战，而攻之不解；割地请和，而侵之不止，卒不见赦而国以沦亡，不亦悲乎？"又《史记评林》引述凌约言的话说："〔张〕仪之诡计不待智者而后知其诈，楚王顾深信而宣言于朝，王之骇骞无足怪，而群臣皆贺，则举朝可知矣。设无一〔陈〕轸，楚几无人哉。"可见在集权专制的时代，尽管君主具有至高无上的权力，但其左右之人也能发挥作用。而在无健全法律和强大机构制约君主权力的社会，左右之人发挥作用的好坏、正误便完全取决于君主及其左右之人的个人品质、德行的好坏了。贤明的君主能勤奋听政、结交贤才、集思广益、兼听兼信、实行改革，国家政治自然清明，百姓安居乐业，社会生活因此而繁荣。反之，昏庸的君主无视政事、寻欢作乐、暴虐无道、偏听偏信，国家政治自然昏暗，百姓也跟着遭殃。晋国的叔向曾分析楚国公子子比有五难：一没有贤才辅佐，二没有主要力量支持，三没有长远谋划，四没有百姓拥护，五没有崇高品德。因此，他不能享有国家。果然如叔向所言，子比为王才十余日即被迫自杀。相反，晋文公是贤君，具备好的德行，"从善如流，施惠不倦"，"好学不倦"，能结交贤才作为心腹、左膀右臂，受到国内外力量的支持，百姓相从而归附他。这样，他不仅享有国家，且在治国中也取得了突出的成就，终于称霸。叔向所言的五难，从反面给历代统治者敲响了警钟，而这些对于今人来讲，也具有启迪意义。

◎ 思考辨析题

1. 楚灵王之败的真正原因是什么？
2. 司马迁为什么对楚怀王、楚顷襄王的史事详加叙述？

越王句践世家第十一

越是古代一个偏远的小国，相传是夏禹的后代。本篇虽然叙写越国的兴衰史，但主要描述的是越王句践的事迹，所以名为《越王句践世家》，而不称《越王世家》。全篇分为四个部分：第一部分主要写越王句践报仇雪耻的事。交代了吴、越结仇的背景，越王句践之父允常去世，吴王阖庐趁机进军，被越军打败，中箭而死，命其子夫差报仇。越王句践三年，越国攻打吴国，被吴军围困在会稽山上，使句践遭受会稽之耻。句践被释放回国后，躬身耕作、卧薪尝胆、礼贤下士、选贤任能，与百姓同甘共苦几十年，在虚心听取谋臣的意见后，励精图治，打败吴国，终于雪耻。第二部分主要是写越国的世系沿袭，句践死后，历经六世，到越王无疆时，北上攻打齐国，听信齐国使者之言，又向西攻打楚国，结果大败，无疆被杀。

从此，越国分崩离析。到汉代时，闽君摇被封为越王。第三部分则是附写越王句践的功臣范蠡离开越国后的事迹。范蠡前期辅佐越王句践复仇雪耻，但他深知越王不可共享富贵的本性，功成之后泛舟到齐国，担任齐相，又屡次易地而居，后发家致富。通过对其事迹的叙述，塑造了一个神通广大、无所不能的范蠡，正如他自己所言，"此布衣之极也"。而儿子被杀事件，又展现出善于预知人事的范蠡形象。最后一部分是司马迁的论赞，对越王句践的忍辱成大事与范蠡的贤才给予了赞扬。司马迁对越王句践那种忍辱负重、发愤图强的品质，是极为钦佩、热情歌颂的。但是，对他只能与人共患难，而不能与人共富贵的恶劣行径，表现出极大的憎恶。

越王句践，其先禹之苗裔，而夏后帝少康之庶子也。封于会稽，以奉守禹之祀。文身断发，披草莱而邑焉。后二十余世，至于允常①。允常之时，与吴王阖庐战而相怨伐。允常卒，子句践立，是为越王。

◎**注释** ①〔允常〕越王句践的父亲。越国在商、周时为侯国，春秋时被贬为子国，至允常时开疆拓土而称王。

◎**大意** 越王句践，他的先祖是夏禹的后代，即夏后帝少康的庶子。被分封在会稽，以供奉、掌管夏禹的祭祀。他们在身上刺花纹，削断头发，斩除荒草，居住在这里，聚集成邑。传了二十多代，到了允常这一代。允常在位时，与吴王阖庐交战而结怨，互相攻打。允常去世后，他的儿子句践继位，当了越王。

元年，吴王阖庐闻允常死，乃兴师伐越。越王句践使死士挑战，三行，至吴陈（阵），呼而自刭。吴师观之，越因袭击吴师，吴师败于槜李①，射伤吴王阖庐。阖庐且死，告其子夫差曰："必毋忘越。"

◎**注释** ①〔槜（zuì）李〕古代地名，在今浙江嘉兴西南。
◎**大意** 越王句践元年，吴王阖庐听说允常去世，就发兵进攻越国。越王句践派敢死队迎战。敢死队排成三行，行进到吴军阵前，一边大声喊叫一边刎颈自杀。吴国军队看到这种情形都呆住了，越国趁机袭击吴军。吴军在槜李被打败，吴王阖庐也被箭射伤。吴王阖庐将要死时，告诫他的儿子夫差说："一定不要忘记越国的仇恨。"

三年，句践闻吴王夫差日夜勒兵①，且以报越，越欲先吴未发往伐之。范蠡谏曰："不可。臣闻兵者凶器也，战者逆德也，争者事之末也。阴谋逆德，好用凶器，试身于所末，上帝禁之，行者不利。"越王曰："吾已决之矣。"遂兴师。吴王闻之，悉发精兵击越，败之夫椒②。越王乃以余兵五千人保栖于会稽。吴王追而围之。

◎**注释** ①〔勒兵〕练兵。②〔夫椒〕山名，在今江苏苏州的太湖中。
◎**大意** 越王句践三年，句践听说吴王夫差日夜练兵，准备向越国报仇，越国打算在吴国发兵前去攻打它。范蠡劝谏说："不可以。我听说兵器是一种凶器，战争是违背道义的事，争斗是解决事情的下策。暗中谋划违背道义，喜欢使用凶器，亲自试着使用最下策，这样做是上天所禁止的，对于这么做的人没有好处。"越王句践说："我已经决定了。"于是大举兴兵。吴王夫差得知后，调集吴国全部的精锐部队迎击越军，在夫椒将越军打败。越王句践只好率领五千多残兵据守在会稽山。吴王夫差一路追击，包围了他们。

越王谓范蠡曰："以不听子，故至于此，为之奈何？"蠡对曰："持满者与天，定倾者与人，节事者以地。卑辞厚礼以遗之，不许，而身与之市。"句践曰："诺。"乃令大夫种①行成于吴，膝行顿首②曰："君王亡臣句践使陪臣种敢告下执事③：句践请为臣，妻为妾。"吴王将许之。子胥④言于吴王曰："天以越赐吴，勿许也。"种还，以报句践。句践欲杀妻子，燔宝器⑤，触战⑥以死。种止句践曰："夫吴太宰嚭⑦贪，可诱以利，请间行言之。"于是句践乃以美女宝器令种间献吴太宰嚭。嚭受，乃见大夫种于吴王。种顿首言曰："愿大王赦句践之罪，尽入其宝器。不幸不赦，句践将尽杀其妻子，燔其宝器，悉五千人触战，必有当也。"嚭因说吴王曰："越以服为臣，若将赦之，此国之利也。"吴王将许之。子胥进谏曰："今不灭越，后必悔之。句践贤君，种、蠡良臣，若反国，将为乱。"吴王弗听，卒赦越，罢兵而归。

◎**注释** ①〔大夫种〕大夫，官名。种，即文种，字子禽。②〔顿首〕叩头，用头触地而拜。③〔下执事〕对对方的敬称，意思是不敢直接与对方讲，只能向对方的下属办事人员说。④〔子胥〕即伍子胥，楚国人，因父兄被杀而逃到吴国，帮助吴王阖庐打败楚国，又辅佐吴王夫差击败越国。事迹详见《伍子胥列传》。⑤〔宝器〕宗庙里的重器及珍宝。⑥〔触战〕拼死抗战。⑦〔太宰嚭〕即太宰伯嚭。伯嚭的祖父伯州犁被楚平王杀死，伯嚭逃到吴国，先担任大夫，后担任太宰。

◎**大意** 越王句践对范蠡说："因为不听您的话，落到今天这种地步，应该怎么办呢？"范蠡回答："保持盈满不贪才能得到上天的帮助，挽救倾危依靠的是百姓，节物生财靠的是地利。如今只能用谦恭的言辞和丰厚的礼物去求和，如果不被答应，只好拿自己的身体作为抵押。"句践说："是。"于是就派大夫文种去吴国求和。大夫种跪地前进，叩头说："您的亡命臣子句践派他的随从文种斗胆奉告执事人员：句践请求自己做您的臣子，他的妻子做您的奴婢。"吴王夫差准备答应他。伍子胥对吴王夫差说："上天把越国赐给吴国，不要答应求和。"文种回来后把情况报告给句践。句践打算杀死他的妻子儿女，烧毁宝器，与吴国拼死抗战。文种劝阻句践说："吴国的太宰嚭贪婪，可以以财利为饵，引诱他，请派我暗中去劝说他。"于是越王句践就派大夫种暗中将美女与宝器送给吴国的太宰嚭。太宰嚭接受后，就将文种引荐给了吴王夫差。文种向吴王叩头后说："希望大王赦免句践的罪过，将他的宝器全部接收。如果不幸没有被赦免，句践将杀掉他的妻子儿女，烧毁他所有的宝器，率领五千人拼死作战，一定要让吴军付出同等的代价。"太宰嚭趁机劝说吴王夫差："越王已经俯首称臣，如果将他赦免，对于吴国是非常有利的。"吴王夫差准备答应他。伍子胥又劝谏说："现在不灭掉越国，以后一定会后悔。句践是个贤明的君王，文种、范蠡是贤能的臣子，如果让他们返回越国，他们将会作乱。"吴王夫差不听伍子胥的劝谏，最终赦免越王，收兵回国。

句践之困会稽也，喟然叹曰："吾终于此乎？"种曰："汤系夏台①，文王囚羑里②，晋重耳奔翟，齐小白奔莒，其卒王霸。由是观之，何遽不为福乎？"

◎**注释** ①〔夏台〕又名"钧台"，在今河南禹县南，相传夏桀王曾把商汤囚禁在这里。②〔羑（yǒu）里〕古代城邑名，在今河南汤阴北。商纣王曾将周文王囚禁于此地。

◎**大意** 句践被围困在会稽山上的时候，曾经叹息说："我就要终结在这里了吗？"文种说："从前商汤王被拘禁在夏台，周文王被囚禁在羑里，晋国的公子重耳逃亡到翟族那里，齐国小白出奔到莒国，他们最终都成就了王霸伟业。由此看来，怎么见得这不会转变为一件好事呢？"

吴既赦越，越王句践反（返）国，乃苦身焦思，置胆于坐（座），坐卧即仰胆，饮食亦尝胆也，曰："女（汝）忘会稽之耻邪？"身自耕作，夫人自织，食不加肉，衣不重采，折节下贤人，厚遇宾客，振（赈）贫吊死，与百姓同其劳。欲使范蠡治国政，蠡对曰："兵甲之事，种不如蠡；填（镇）抚①国家，亲附百姓，蠡不如种。"于是举国政属大夫种，而使范蠡与大夫柘稽行成，为质于吴。二岁而吴归蠡。

◎**注释** ①〔填抚〕即主持、管理。填，通"镇"。
◎**大意** 吴王夫差赦免越国后，越王句践返回故国，从此他便吃苦耐劳，忧心苦思，把苦胆挂在自己的起居处，坐下或躺着都能看到上边的苦胆，吃饭时也要尝一尝苦胆，对自己说："你忘记在会稽的耻辱了吗？"他亲自耕作农田，夫人亲自纺织，吃饭不吃肉，穿衣不穿有花纹的，屈身谦恭地对待贤能的人，优厚有礼地接待宾客，救济生活贫困的人，悼念死者，与百姓同甘共苦。他想让范蠡管理国家的政务，范蠡回答："用兵打仗的事，文种不如我；管理国家的事务，亲近、团结百姓，我不如文种。"于是句践将处理国家政事的任务交给大夫文种，而派范蠡和大夫柘稽到吴国议和，并留在吴国当人质。两年后吴国才放范蠡回国。

句践自会稽归七年，拊循①其士民，欲用以报吴。大夫逢同谏曰："国新流亡，今乃复殷给，缮饰备利，吴必惧，惧则难必至。且鸷鸟之击也，必匿其形。今夫吴兵加齐、晋，怨深于楚、越，名高天下，实害周室，德少而功多，必淫自矜。为越计，莫若结齐，亲楚，附晋，以厚吴。吴之志广，必轻战。是我连其权，三国伐之，越承其弊，可克也。"句践曰："善。"

◎**注释** ①〔拊循〕安抚关照。
◎**大意** 句践从会稽山回越国后七年，尽心安抚关照越国的士兵和百姓，打算依靠他们向吴国报仇。大夫逢同劝谏说："国家不久之前才遭遇动乱破坏，现在刚刚殷实富裕一点，就开始修缮城池，整治军备，吴国一定疑心惊惧，吴国疑心惊惧则灾难一定会降临到我们头上。况且性情凶猛的鸷鸟攻击目标时，一定会先隐藏好它的形体。如今吴国的军队正在攻打齐国、晋国，和楚国、越国结下了很深的仇怨，它的名声威震天下，实际上这必然有损于周王室的威望，如果德行少而战功多，一定会变得贪心而自我膨胀。为越国筹划，不如结交齐国，亲近楚国，依附晋国，并厚待吴国。吴国的志向不断扩大，必然会轻视战争。这样我们联络各国势力，让其他三个国家讨伐吴国，越国就可以趁其应接不暇之际，出兵攻打，必定可以战胜它。"句践说："好。"

居二年，吴王将伐齐。子胥谏曰："未可。臣闻句践食不重味，与百姓同苦乐。此人不死，必为国患。吴有越，腹心之疾，齐与吴，疥癣（癣）①也。愿王释齐先越。"吴王弗听，遂伐齐，败之艾陵②，虏齐高、国③以归。让子胥。子胥曰："王毋喜！"王怒，子胥欲自杀，王闻而止之。越大夫种曰："臣观吴王政骄矣，请试尝之贷粟，以卜其事。"请贷，吴王欲与，子胥谏勿与，王遂与之，越乃私喜。子胥言曰："王不听谏，后三年吴其墟乎！"太宰嚭闻之，乃数与子胥争越议，因谗子胥曰："伍员貌忠而实忍人，其父兄不顾，安能顾王？王前欲伐齐，员强谏，已而有功，用是反怨王。王不备伍员，员必为乱。"与逢同共谋，谗之王。王始不从，乃使子胥于齐，闻其托子于鲍氏，王乃大怒，曰："伍员果欺寡人，欲反（返）！"使人赐子胥属镂剑以自杀。子胥大笑曰："我令而父霸，我又立若，若初欲分吴国半予我，我不受，已，今若反以谗诛我。嗟乎，嗟乎，一人固不能独立！"报使者曰："必取吾眼置吴东门，以观越兵入也！"于是吴任嚭政。

◎**注释** ①〔疥癣（jiè xuǎn）〕皮肤上的疥疮。②〔艾陵〕春秋时齐国的城邑名，在今山东莱芜东北。③〔高、国〕指高无丕、国书。高氏、国氏是齐国的两大贵族，世代执掌齐国政事。

◎**大意**　过了两年，吴王夫差准备攻打齐国。伍子胥劝谏说："还不可以。我听说句践吃饭都不吃两种菜，与老百姓同甘共苦。这个人不死，一定会成为国家的隐患。吴国有越国，就像心腹有了病患一样，齐国对于吴国，不过是像皮肤上有了疥疮罢了。希望您能暂且放弃齐国，先攻打越国。"吴王夫差不听伍子胥的劝谏，出兵讨伐齐国，在艾陵打败齐军，俘虏了齐国的贵族高无丕、国书回国。吴王夫差责备伍子胥。伍子胥说："大王您不要高兴得太早了！"吴王夫差闻言大怒，伍子胥想要自杀，吴王夫差听说后阻止了他。这时，越国大夫文种说："我看吴王夫差处理政事已经非常骄傲自满了，请让我试着向他借些粮食，来探听一下情况。"越国向吴国请求借贷粮食，吴王夫差打算借给他们，伍子胥劝谏吴王不要借出粮食，吴王夫差最终把粮食借给了越国，越国暗自高兴。伍子胥说："大王如果再不听劝谏，三年后的吴国大概会变成一片废墟！"太宰嚭听到这话，就多次与伍子胥争论对付越国的事情，趁机在吴王面前诋毁伍子胥说："伍员表面上看起来是个忠厚老实的人，实际上是个非常残忍的人，他连自己父亲和哥哥的生死都不顾，又怎么会顾及大王呢？大王之前打算攻打齐国，伍员强行劝谏阻止，不久战胜而归，因为这事反而怨恨大王。大王如果不防备伍员，伍员一定会犯上作乱的。"伯嚭还与逢同一起商议，在吴王夫差面前毁谤伍子胥。吴王夫差开始不听信他们的话，派伍子胥出使齐国，听说他把儿子托付给了齐国的鲍氏，于是勃然大怒，说："伍员果然欺骗了我，想要造反！"于是他派人赐伍子胥一把属镂剑让他自杀。伍子胥大笑说："我帮助你的父亲成就了霸业，又拥立你为王，你当初要把吴国分一半给我，我不接受，事情过去没多久，如今你反而听信谗言要诛杀我。唉，唉，孤家寡人肯定不能独立于世的！"他告诉使者说："我死后，一定要把我的眼睛挖出来放在吴国都城的东门上，让我能观看越国军队进城！"从此，吴王夫差任用太宰嚭主持政务。

居三年，句践召范蠡曰："吴已杀子胥，导谀者众，可乎？"对曰："未可。"

◎**大意** 又过了三年，句践召见范蠡说："吴国已经杀死了伍子胥，吴王的身边阿谀奉承的人很多，可以进攻吴国了吗？"范蠡回答："还不行。"

至明年春，吴王北会诸侯于黄池①，吴国精兵从王，惟独老弱与太子留守。句践复问范蠡，蠡曰"可矣"。乃发习流二千人，教士四万人，君子六千人，诸御千人，伐吴。吴师败，遂杀吴太子。吴告急于王，王方会诸侯于黄池，惧天下闻之，乃秘之。吴王已盟黄池，乃使人厚礼以请成越。越自度亦未能灭吴，乃与吴平。

◎**注释** ①〔黄池〕宋国的城邑名，在今河南封丘西南。
◎**大意** 到第二年春天，吴王夫差北上，在黄池与诸侯会盟，吴国的精锐兵士都跟随吴王外出，只剩下年老体弱的军队与太子留守吴国。句践又问范蠡，范蠡说"可以了"。于是句践调发善于水战的兵士二千人，训练有素的兵士四万人，越王的近卫亲兵六千人，各将帅统属的部队近千人，大举征讨吴国。吴国军队败退，于是杀了吴国的太子。吴国派人向吴王夫差告急，但是吴王正在黄池与诸侯会盟，害怕天下诸侯知道这件事，就秘而不宣。吴王夫差在黄池会盟后，才派人带着丰厚的礼物去越国请求讲和。越国估计自己的能力还不能消灭吴国，就答应与吴国讲和。

其后四年，越复伐吴。吴士民罢（疲）弊，轻锐尽死于齐、晋。而越大破吴，因而留围之三年，吴师败，越遂复栖吴王于姑苏之山①。吴王使公孙雄肉袒膝行而前，请成越王曰："孤臣夫差敢布腹心，异日尝得罪于会稽，夫差不敢逆命，得与君王成以归。今君王举玉趾②而诛孤臣，孤臣惟命是听，意者亦欲如会稽之赦孤臣之罪乎？"句践不忍，欲许之。范蠡曰："会稽之事，天以越赐吴，吴不取。今天以吴赐越，越其可逆天乎？且夫君王蚤（早）朝晏罢，非为吴邪？谋之二十二年，一旦而弃之，可乎？且夫天与弗取，反受其咎。'伐柯者其则不远'③，君忘会稽之厄乎？"句践曰："吾欲听子言，吾不忍其使者。"范蠡乃鼓进兵，曰："王已属政于执事④，使者去，不（否）者且得罪。"吴使者泣而去。句践怜之，乃使人谓吴王曰："吾置王甬东⑤，君百家。"吴王谢曰："吾老矣，不能事君王！"遂自杀。乃蔽其面，曰："吾无面以见子胥也！"越王乃葬吴王而诛太宰嚭。

◎注释 ①〔姑苏之山〕即姑苏山，在今江苏苏州西南。②〔玉趾〕意思是贵步。③〔伐柯者其则不远〕出自《诗经·豳风·伐柯》："伐柯伐柯，其则不远。"④〔执事〕办事人员，这里是范蠡自称。⑤〔甬东〕在今浙江舟山。

◎大意 这以后四年，越国又出兵攻打吴国。吴国的士兵和百姓都已疲惫不堪，轻装精锐的部队都死在与齐国、晋国的交战中。所以越国大败吴国，并且留下来包围吴国都城三年之久，吴国军队战败，越军就又把吴王夫差围堵在姑苏山上。吴王夫差派公孙雄脱掉衣服，裸露肉体，跪地前行，向越王句践请求讲和，说："孤立无援的臣子夫差斗胆说一些心里话，以前我曾在会稽山得罪了您，我不敢违背您的命令，与君王您讲和后让您回国了。如今劳烦您高抬贵足来诛杀我，我必定是完全听从您的命令，我心想您是否也会像会稽山那次一样，赦免我的过错呢？"句践听完之后心生不忍，想答应讲和。范蠡说："会稽山的那场战事，上天把越国赐给吴国，吴国不要。如今上天把吴国赐给越国，越国怎么能够违背天意呢？而且君王您很早上朝，很晚下朝，勤于政事，难道不就是为了灭掉吴国吗？筹谋了二十二年，一下子就放弃它，这样做可以吗？况且上天赏赐给您，您却不取，反而会受到上天的惩罚。'上山砍伐树木做斧柄，斧柄的样式就在身边'，难道您已经忘记会稽山时遭受的厄运了吗？"句践说："我想听从你的话，但我不忍心这样对待吴国的使者。"于是范蠡就击鼓进军，说："大王已经把国家政务交付给我了，使者赶紧离开，否则就要得罪了。"吴国使者哭泣着离开了。句践怜悯夫差，就派人去对吴王夫差说："我把您安置到甬东，让您做一百户人家的管理者。"

吴王夫差推辞谢绝说："我老了，不能再侍奉君王您了！"于是自杀了。他自杀前用东西遮住自己的脸，说："我已经没有颜面去见伍子胥了！"越王句践于是安葬了吴王夫差，并且诛杀了太宰伯嚭。

句践已平吴，乃以兵北渡淮，与齐、晋诸侯会于徐州①，致贡于周。周元王使人赐句践胙，命为伯。句践已去，渡淮南，以淮上地与楚，归吴所侵宋地于宋，与鲁泗东方百里。当是时，越兵横行于江、淮东，诸侯毕贺，号称霸王。

◎**注释** ①〔徐州〕古代城邑名，亦作"徐州"，在今山东滕州东南。

◎**大意** 句践平定吴国后，就率领军队向北渡过淮河，在徐州与齐国、晋国诸侯会盟，向周王室奉送贡品。周元王派人将祭祀祖庙的肉赏赐给句践，任命他为诸侯盟主。句践离去后，渡过淮河南下，把淮河上游的土地赠送给了楚国，把曾被吴国侵占的宋国土地还给宋国，将泗水以东方圆百里的土地送给了鲁国。在当时，越国军队在长江、淮河以东一带纵横驰骋，诸侯都来祝贺，越王句践号称霸王。

范蠡遂去，自齐遗大夫种书曰："蜚（飞）鸟尽，良弓藏；狡兔死，走狗烹。越王为人长颈鸟喙，可与共患难，不可与共乐。子何不去？"种见书，称病不朝。人或谗种且作乱，越王乃赐种剑曰："子教寡人伐吴七术①，寡人用其三而败吴，其四在子，子为我从先王试之。"种遂自杀。

◎**注释** ①〔七术〕七种谋略。

◎**大意** 范蠡于是离开越国，从齐国给大夫文种写了一封信说："飞鸟射杀完了，好弓就会被收藏起来不用；狡猾的兔子死了，猎狗就会被煮熟了吃掉。越王句践的长相，脖子长，嘴形像鸟，这样的人可以跟他共同患难，不可以和他共同享乐。您为什么不离开呢？"大夫文种看完信后，就声称自己染病，不再上朝。有人进谗言说大夫文种将要谋反，越王句践就赐给大夫文种一把剑说："你教给我征伐吴国的七条计策，我用了其中三条就打败了吴国，剩下四条在你那里，你为我到先王那里去试试吧。"大夫种就自杀了。

句践卒，子王鼫与立。王鼫与卒，子王不寿立。王不寿卒，子王翁立。王翁卒，子王翳立。王翳卒，子王之侯立。王之侯卒，子王无彊立。

◎**大意**　句践死后，他的儿子鼫与继位。越王鼫与死后，儿子不寿继位。越王不寿死后，儿子翁继位。越王翁死后，儿子翳继位。越王翳死后，儿子之侯继位。越王之侯死后，儿子无彊继位。

王无彊时，越兴师北伐齐，西伐楚，与中国争强。当楚威王之时，越北伐齐，齐威王使人说越王曰："越不伐楚，大不王，小不伯（霸）。图越之所为不伐楚者，为不得晋也。韩、魏固不攻楚。韩之攻楚，覆其军，杀其将，则叶、阳翟①危；魏亦覆其军，杀其将，则陈、上蔡不安。故二晋之事越也，不至于覆军杀将，马汗之力不效。所重于得晋者何也？"越王曰："所求于晋者，不至顿刃接兵，而况于攻城围邑乎？愿魏以聚大梁之下，愿齐之试兵南阳、莒地，以聚常、郯之境，则方城之外不南，淮、泗之间不东，商、於、析、郦、宗胡之地，夏路以左，不足以备秦，江南、泗上不足以待越矣。则齐、秦、韩、魏得志于楚也，是二晋不战而分地，不耕而获之。不此之为，而顿刃于河山之间以为齐秦用，所待者如此其失计，奈何其以此王也！"齐使者曰："幸也越之不亡也！吾不贵其用智之如目，见豪毛而不见其睫也。今王知晋之失计，而不自知越之过，是目论也。王所待于晋者，非有马汗之力也，又非可与合军连和也，将待之以分楚众也。今楚众已分，何待于晋？"越王曰："奈何？"曰："楚三大夫张九军，北围曲沃、於中，以至无假之关②者三千七百里，景翠之军北聚鲁、齐、南阳，分有大此者乎？且王之所求者，斗晋楚也；晋楚不斗，越兵不起，是知二五而不知十也。此时不攻楚，臣以是知越大不王，小不伯（霸）。复雠、庞、长沙③，楚之粟也；竟泽陵④，楚之材也。越窥兵通无假之关，此四邑者不上贡事于郢⑤矣。臣闻之，图王不王，其敝可以伯（霸）。然而不伯（霸）者，王道失也。故愿大王之转攻楚也。"

◎**注释** ①〔叶、阳翟〕叶，韩县名，在今河南叶县；阳翟，韩国初建时的都城，在今河南禹县。②〔无假之关〕即无假关，在今湖南湘阴。③〔雠、庞、长沙〕楚国的城邑名，雠城在今河南鲁山东南，庞城在今湖南衡阳东，长沙城在今湖南长沙。④〔竟泽陵〕在今湖北潜江西北。⑤〔郢〕楚国都城，在今湖北江陵西北。

◎**大意** 越王无彊在位的时候，越国兴兵向北攻打齐国，向西攻打楚国，与中原各诸侯国争强比胜。在楚威王的时候，越国向北攻打齐国，齐威王派人游说越王："越国不攻打楚国，从大了说不能称王，从小了说不能称霸。估计越国之所以没有攻打楚国，是因为没有得到晋地国家的帮助。韩国、魏国本来不会进攻楚国。如果韩国攻打楚国，军队覆灭，将军被杀，那么叶城和阳翟城就非常危险了；如果魏国也军队覆灭，将军被杀，那么陈城和上蔡城也不得安宁了。所以韩国、魏国侍奉越国，为的是不至于军队覆灭与将军被杀，汗马之劳是不会出的。您这样看重与晋地之国的联盟，为什么呢？"越王说："我们对于晋地之国的诉求，并不是让他们去整兵交战，更何况让他们围攻城邑呢？我们希望魏国把军队集结在大梁城下，希望齐国在南阳城、莒城的地面练兵，把部队集结在常县、郯县境内,这样方城以北的楚军不敢南下,淮水、泗水之间的楚军不敢东进,商城、於城、析城、郦城、宗胡等地,以及通向中原以西的楚军,不足以防备秦国;江南、泗上的楚军也就不足以对抗越国了。那么齐国、秦国、韩国、魏国可以在楚国实现自己的志愿,这样韩、魏两国不用战争就能分到土地,不耕作就可以收获。他们不这样做,反而在黄河、华山之间设防被秦国、齐国利用,所期待的韩国、魏国如此失算,怎么能靠他们来称王呢!"齐国使者说:"越国没有亡国真是侥幸啊!我不敬佩有些人像眼睛一样运用智谋,它可以看得见毫毛却看不见睫毛。如今大王知道晋地之国的失算,却不知道楚国自己的错误,就是刚才所说的'目论'了。大王所期待晋地之国的,不是他们能够效汗马之劳,也不是可以和他们联兵结盟,所期待的是通过他们分散楚国的部分兵力。如今楚国兵力已经分散,哪里还需要期待晋地国家分散兵力呢?"越王说:"这话怎么讲?"齐国使者回答:"楚国三位大夫已摆开了全部兵力,向北围攻曲沃城、於中城,战线直至无假关,长达三千七百里,楚国将军景翠的军队向北聚集在鲁国、齐国及南阳城一带,还有比楚国兵力更分散的吗?而且大王所希望的,是使晋地国家与楚国相斗;晋地国家不与楚国争斗,越国军队就不会发动攻击,这就是知道两个五而不知道十了。这时不进攻楚国,我因此知道越国大不能称王,小不能称霸。再说雠城、庞城、长沙城,这些地方是楚国的产粮地区;竟陵泽这个水泽之地,是楚国的木材产区。越国出兵攻打并控制无假关,这四邑就不会向郢都进贡物品了。我听说,图谋称王而没有成功,但还可以称霸。这样还不能称霸的话,说明称王是肯定不可能了。所以希望大王转而攻打楚国。"

于是越遂释齐而伐楚。楚威王兴兵而伐之,大败越,杀王无彊,尽取故吴地至浙江,北破齐于徐州。而越以此散,诸族子争立,或为王,或为君,滨于江南海上,服朝于楚。

◎**大意** 于是越国就放弃攻打齐国而去征伐楚国。楚威王调集军队攻打越军,大败越军,杀死越王无彊,原吴国直至浙江的土地全部被楚国夺取,又北上在徐州打败齐国军队。越国从此分崩离析,家族内部的子弟争相自立,有的称王,有的称君，分散居住在长江以南的沿海一带，全部臣服于楚国。

后七世，至闽君摇，佐诸侯平秦。汉高帝复以摇为越王，以奉越后。东越、闽君，皆其后也。

◎**大意** 过了七代，到了闽君摇的时候，曾帮助诸侯推翻秦朝。汉高祖刘邦又封摇为越王，以供奉越国祭祀。东越、闽君，都是越国的后代。

范蠡事越王句践，既苦身勠力，与句践深谋二十余年，竟灭吴，报会稽之耻，北渡兵于淮以临齐、晋，号令中国，以尊周室，句践以（已）霸，而范蠡称上将军。还反（返）国，范蠡以为大名之下，难以久居，且句践为人可与同患，难与处安，为书辞句践曰："臣闻主忧臣劳，主辱臣死。昔者君王辱于会稽，所以不死，为此事也。今既以雪耻，臣请从会稽之诛。"句践曰："孤将与子分国而有之。不然，将加诛于子。"范蠡曰："君行令，臣行意。"乃装其轻宝珠玉，自与其私徒属乘舟浮海以行，终不反（返）。于是句践表会稽山以为范蠡奉邑。

◎**大意** 范蠡侍奉越王句践，辛勤努力，与句践深远周密地谋划了二十多年，终于灭掉吴国，报了会稽山遭受耻辱之仇，军队向北渡过淮河逼近齐国、晋国，向中原各诸侯国发号施令，尊奉周王室，句践成为一代霸主，而范蠡被封为上将军。班师回朝后，范蠡认为在名声很高的情况下，很难长久地安稳生活，而且句践这个人，可以跟他共同患难，但是难以共享安乐，就写信向句践告辞说："我听说君主如果忧愁，臣子就该不辞辛劳为君主分忧，君主受到侮辱臣子就该去死。之前君王在会稽山受到侮辱，我之所以没有去死，为的是今日报仇雪耻。如今既然已经洗雪了耻辱，我请求现在接受会稽山之辱时就应该受的诛杀。"句践说："我打算和你平分越国共同享福。如果你不听,我就要严厉地惩罚你。"范蠡说："君王您发布命令,臣子要按自己的意愿行动。"于是装上他轻便易于携带的珍宝珠玉,自行和他的随从乘船出海而去,从此一去不复返。句践于是划出会稽山作为范蠡的封地。

范蠡浮海出齐,变姓名,自谓鸱夷子皮①,耕于海畔,苦身戮力,父子治产。居无几何,致产数千万。齐人闻其贤,以为相。范蠡喟然叹曰:"居家则致千金,居官则至卿相,此布衣之极也。久受尊名,不祥。"乃归相印,尽散其财,以分与知友乡党②,而怀其重宝,间行以去,止于陶③,以为此天下之中,交易有无之路通,为生可以致富矣。于是自谓陶朱公。复约要父子耕畜,废居④,候时转物,逐什一之利。居无何,则致赀累巨万。天下称陶朱公。

◎**注释** ①〔鸱夷子皮〕原指牛皮制成的酒器。吴王夫差杀伍子胥盛放在鸱夷中,沉入海底,范蠡自认为有罪,所以用此为号。②〔乡党〕古代的基层编制,五百家为一党,二十五党为一乡。这里指家乡朋友。③〔陶〕齐国城邑名,在今山东定陶西北。④〔废居〕用高价卖出称作废,用低价买进称作居。

◎**大意** 范蠡乘船渡海到达齐国,改名换姓,自称鸱夷子皮,在海边耕田劳作,辛勤努力,父子打理产业。定居没多久,就积累了多达数千万的产业。齐国听说他很有才能,让他做国相。范蠡深深地叹息说:"家居生活中能积累千金,当官则能够位至卿相,这是平民所能达到的极致了。长时间享有崇高的声名,不吉利。"于是交还相印,散出全部的家产,把它们分送给朋友和乡亲,而带着贵重的财宝,悄悄地离去,到陶地定居。他认为陶地地处天下的中心,是互通有无的通道,做生意可以发财致富,于是自称陶朱公。父子几人耕田畜牧,低价买进高价卖出,等待时机转卖物品,追求十分之一的利润。定居不久后,又积累了多达数万的资产。天下人都称道陶朱公。

朱公居陶，生少子。少子及壮，而朱公中男①杀人，囚于楚。朱公曰："杀人而死，职也。然吾闻千金之子不死于市②。"告其少子往视之。乃装黄金千溢（镒）③，置褐器中，载以一牛车。且遣其少子，朱公长男固请欲行，朱公不听。长男曰："家有长子曰家督④，今弟有罪，大人不遣，乃遣少弟，是吾不肖。"欲自杀。其母为言曰："今遣少子，未必能生中子也，而先空亡长男，奈何？"朱公不得已而遣长子，为一封书遗故所善庄生。曰："至则进千金于庄生所，听其所为，慎无与争事。"长男既行，亦自私赍⑤数百金。

◎**注释** ①〔中男〕第二个儿子，或排行在中间的儿子。②〔市〕古代把在市场上行刑叫作弃市。③〔溢〕通"镒"，重量单位，一镒二十两，或二十四两。④〔家督〕长子。因为长子多督理家中的事务，所以称为家督。⑤〔赍（jī）〕怀抱着，带着。

◎**大意** 朱公范蠡在陶地居住时，生了小儿子。等到小儿子长大时，朱公范蠡的二儿子杀了人，被囚禁在楚国。朱公范蠡说："杀人偿命，是理所应当的事。然而我听说富贵人家的儿子不应该让他被处死在市场上。"朱公让他的小儿子前去探望。于是装了黄金一千镒，放置在褐色器皿中，用一辆牛车装载。正要派他的小儿子出发时，他的大儿子坚决请求要去，朱公不同意。大儿子说："家庭中的大儿子叫作家督，如今弟弟犯了罪，父亲不派我去探视，却派小弟弟去，这是我没有才能。"大儿子想要自杀。他的母亲帮他说话："如今派小儿子去，不一定让二儿子活着回来，却先让大儿子白白死了，怎么办呢？"朱公范蠡不得已，只好让大儿子前往，又写了一封信送给他以前交好的朋友庄生。说："到了楚国把这千镒黄金送到庄生家里，听凭他办事，千万不要与他发生争执。"大儿子走的时候，又私自携带了数百金。

至楚，庄生家负郭①，披藜藿②到门，居甚贫。然长男发书进千金，如其父言。庄生曰："可疾去矣，慎毋留！即弟出，勿问所以然。"长男既去，不过庄生而私留，以其私赍献遗楚国贵人用事者。

◎**注释**　①〔负郭〕背靠着城墙而住在城郊。②〔藜藿（lí diào）〕野草野菜。藜，一种草本植物；藿，藜类植物。

◎**大意**　到了楚国，庄生家住在城郭外，拨开野草野菜才能到门口，居住条件非常贫苦。然而朱公范蠡的大儿子还是依据父亲的叮嘱，拿出书信奉上千金。庄生说："你可以赶紧离开了，千万不要停留！即便是你的弟弟出来了，也不要问为什么。"大儿子离开庄生家后，不再拜访庄生，但私自留了下来，把他偷偷带来的金子送给了楚国当权的贵族。

庄生虽居穷闾①，然以廉直闻于国，自楚王以下皆师尊之。及朱公进金，非有意受也，欲以成事后复归之以为信耳。故金至，谓其妇曰："此朱公之金。有如病不宿诫（戒）②，后复归，勿动。"而朱公长男不知其意，以为殊无短长也。

◎**注释**　①〔穷闾〕陋巷，穷人住的里巷。②〔宿诫〕即宿戒，古人祭祀前十日，要进行两次斋戒，第二次斋戒在事前第三天进行，叫作宿戒。病人不洁，不参与宿戒。

◎**大意**　庄生虽然居住在陋巷，但因为清廉正直而闻名全国，从楚王以下的人都把他当作老师尊重。当朱公范蠡让他儿子送来金子时，他并不打算接受，想要等事情办成后再归还金子，将金子用作信物罢了。所以金子送来时，他对妻子说："这是朱公送的金子。就好像病人不接触祭物一样，事后归还原主，不要动。"但是朱公范蠡的大儿子不知道他的意思，认为庄生对弟弟的生死没有什么办法。

庄生间时入见楚王，言"某星宿某，此则害于楚"。楚王素信庄生，曰："今为奈何？"庄生曰："独以德为可以除之。"楚王曰："生休矣，寡人将行之。"王乃使使者封三钱之府①。楚贵人惊告朱公长男曰："王且赦。"曰："何以也？"曰："每王且赦，常封三钱之府。昨暮王使使封之。"朱公长男以为赦，弟固当出也，重千金虚弃庄生，无所为也，乃复见庄生。庄生惊曰："若不去邪？"长男曰："固未也。初为事弟，弟今议自赦，故辞生去。"庄生知其意欲复得其金，曰："若自入室取金。"长男即自入室取金持去，独自欢幸。

◎**注释** ①〔三钱之府〕国库，即收藏钱财的仓库。古代金币分赤色、白色、黄色三种。

◎**大意** 庄生找机会进宫去见楚王，说"天上某星正停留在某处，这对楚国是有害的。"楚王向来相信庄生，说："现在怎么办呢？"庄生说："只有施行恩德才可以消除它。"楚王说："先生休息吧，我将根据您说的去施行恩德。"楚王就派人把藏钱的金库封了起来。楚国的贵族听说后，惊讶地告诉朱公范蠡的大儿子说："君王将要实行大赦了。"问："您是怎么看出来的呢？"回答："每次君王将要大赦，通常先封闭藏钱的金库。昨天晚上君王已经派人把金库封了。"朱公范蠡的大儿子以为既然大赦了，自己的弟弟本来就会被释放，又把千金白白送给庄生，是没有什么作用的，就又去见庄生。庄生惊讶地说："你怎么还没有走？"朱公大儿子说："我本来就没有走。当初为了弟弟的事情而来，现在弟弟在大赦后自然会被释放，所以来向先生辞行。"庄生知道他的意思想要再拿回黄金，说："你自己进屋去拿走金子吧。"范蠡的大儿子就自己进入屋中取出黄金带走了，自己一个人还很庆幸。

庄生羞为儿子①所卖②，乃入见楚王曰："臣前言某星事，王言欲以修德报之。今臣出，道路皆言陶之富人朱公之子杀人囚楚，其家多持金钱赂王左右，故王非能恤楚国而赦，乃以朱公子故也。"楚王大怒曰："寡人虽不德耳，奈何以朱公之子故而施惠乎！"令论杀朱公子，明日遂下赦令。朱公长男竟持其弟丧归。

◎**注释**　①〔儿子〕小儿，小孩子。②〔卖〕欺骗、摆弄。
◎**大意**　庄生因为被小孩子辈欺骗而感到耻辱，就进宫见楚王说："臣上次说某星出于某地的事，君王说要施行恩德来报答它。我今天出门，听路上人都在说陶地富人朱公的儿子因为杀了人被囚禁在楚国，他家拿了很多金钱来贿赂君王身边的人，所以君王并不是因为体恤楚国而下令大赦，而是为了赦免朱公儿子。"楚王大怒说："我虽然没有德行，怎么会因朱公儿子而施行恩惠呢！"于是下令处死朱公的儿子，第二天颁布大赦的命令。朱公范蠡的大儿子最终带着他弟弟的尸体回去了。

至，其母及邑人尽哀之，唯朱公独笑，曰："吾固知必杀其弟也！彼非不爱其弟，顾有所不能忍者也。是少与我俱，见苦，为生难，故重弃财。至如少弟者，生而见我富，乘坚驱良逐狡兔，岂知财所从来，故轻弃之，非所惜吝。前日吾所为欲遣少子，固为其能弃财故也。而长者不能，故卒以杀其弟，事之理也，无足悲者。吾日夜固以望其丧之来也。"

◎**大意**　回到家，他母亲以及同乡的人都很悲痛，只有朱公范蠡独自发笑，说："我本来就知道他一定会使他的弟弟被杀！他不是不爱他的弟弟，只不过因他有不能舍弃的东西。他小时候与我在一起，受过苦，知道谋生非常艰难，所以很看重多余的钱财。至于他的小弟弟，生下来就看到我是富有的，平常坐着坚固的车子，骑着好马打猎追逐狡猾的兔子，哪里知道钱财从什么地方来，所以能随便地抛弃它，一点儿也不吝惜。之前我之所以想派小儿子去，就是因为他舍得随便花钱。而大儿子做不到，所以最终使得他弟弟被杀。这就是事情的道理，没有什么可悲伤的。我本来就日日夜夜等着二儿子的尸体被运回来。"

故范蠡三徙①,成名于天下,非苟去而已,所止必成名。卒老死于陶,故世传曰陶朱公。

◎**注释** ①〔徙(xǐ)〕迁徙。
◎**大意** 所以范蠡三次迁徙居住地,能够驰名于天下,并不是随意走到哪里,所到之处一定要能成就声名。他最终老死于陶地,所以世人都称他为陶朱公。

太史公曰:禹之功大矣,渐九川①,定九州②,至于今诸夏艾(yì)安。及苗裔句践,苦身焦思,终灭强吴,北观兵中国,以尊周室,号称霸王。句践可不谓贤哉!盖有禹之遗烈焉。范蠡三迁,皆有荣名,名垂后世。臣主若此,欲毋显,得乎!

◎**注释** ①〔九川〕古代九大河流的总称,有弱水、黑水、河水、漾水、江水、沇水、淮水、渭水、洛水。②〔九州〕古代划分的九个行政区划总称,有冀州、兖州、青州、徐州、扬州、荆州、夔州、梁州、雍州。
◎**大意** 太史公说:夏禹的功劳真的很大呀,疏通了九川,平定了九州,直到今天中原地区的百姓安居乐业。到他的后代句践,吃苦耐劳并焦苦思虑,终于消灭了强盛的吴国,对北方中原各国显示兵威,尊奉周王室,号称霸王。句践可以说是一个贤能的人啊!他大概继承了夏禹王的功业吧。范蠡三次迁居都有美名,声名流传于后世。君臣都如此贤能,想要不显耀,怎么可能呢!

◎**释疑解惑**
《越王句践世家》称"越王句践,其先禹之苗裔,而夏后帝少康之庶子也。封于会稽,以奉守禹之祀"。对于越王句践是夏禹王后代这种说法,后世有不少质疑之声。清代学者梁玉绳说:"禹葬会稽之妄,说在《夏纪》。而少康封庶子一节,即缘禹葬于越伪撰。盖六国时有此谈,史公谬取,后之著书者相因成实。……此世家及论与《杞世家》《闽越传论》《自序传》谓为后禹者皆不足信也。"而近代学者蒙文通对此有详细的考证:"《史记》以越为姒姓,《世本》又以越为芈姓,皆不足据。《东越列传》明言越为驺姓,且有将军驺力,以《墨子》为证,驺姓之说较可信。"又通过引《吴越春秋·无馀外传》上的话提出:"少康封庶子无馀以奉禹祀之说,本即可疑;由《无馀外传》观之,无壬为无馀君'苗末'之说更觉可疑。""据夏、殷、周本纪,三代至春秋计五十余代,而越之世袭经夏、殷至春秋末止二十余代,其误固不待细论矣。"所以,说越国为夏禹王的后代是不可靠的。也有说法认为,夏禹本身就是汉族从越族"借"来的,《史记》中的说法不过是将夏禹物归原主。当代学者陈桥驿说:"禹的传说就因为卷转虫海侵而在越族中起源,然后转到中原。但这种传说在宁绍平原地区是根深蒂固的。中原的汉族虽然把这位越族传说中的伟大人物据为己有,但是他们显然留有余地,设法在这种传说中添枝加叶,尽量布置一个结局,让这位从越族硬拉过来的人物最后仍回到越族中去。这就是权威史书《史记·夏本纪》中所说的'帝禹东巡狩,至于会稽而崩'。《史记·越世家》又说:'越王句践,其先禹之苗裔,而夏后帝少康之庶子也。封于会稽,以奉守禹之祀。'这真是古代汉族人的高明之处。《史记》的话实际上就是汉族人告诉越人:对不起,我们占用了你们传说中的一位伟大人物,但是在他死以前我们原物奉还吧。"(海侵是与海退相对的概念,海侵指的是海水上涨而陆地下沉,海退指的是海水退落而陆地显现。据《浙江通志》记载,中国东部沿海从第四纪更新世末期以来,曾经历过三次大规模的影响自然界变迁的海侵、海退,而这三次海侵、海退乃是以海洋中有孔虫的名字来命名的,依次为星轮虫海侵与海退、假轮虫海侵与海退、卷转虫海侵与海退。卷转虫海侵发生在距今6000~7000年。)前者所说的是已被大多数人接受的,后者所说的只是在新的时代下深入研究的结果。对此,暂时还无法做出判断,正如当代学者韩兆琦所说:"究竟哪一家说得更符合实际,都还需要进一步的考古作支撑,我们期望各方面的专家以及'夏商周工程'对此能有更多的发现并提出更有力的线索。"尽管越王句践是否是夏禹后代有待考证,但其"卧薪尝胆"的品质是值得我们学习的。

◎ **思考辨析题**

1. 蒲松龄曾写过一副对联自勉："有志者，事竟成，破釜沉舟，百二秦关终属楚；苦心人，天不负，卧薪尝胆，三千越甲可吞吴。"在今天，越王句践的事迹有什么启示意义？

2. 范蠡的第二个儿子被杀之后，范蠡说："吾固知必杀其弟也。"他明明预料到了最终的结果，却无任何作为以图改变，致使第二个儿子丧命。对此，你有何看法？

郑世家第十二

郑国是西周末年周宣王分封的诸侯国,地处今河南中部,位于晋、楚两个大国之间,成为兵家必争之地,所以,兵祸连连,处境艰难。《郑世家》就记述了郑国历史的发展过程。郑桓公时,周王室势力衰微,诸侯国坐大,这一点一开始就通过郑桓公与太史伯的谈话,指出周王室衰败而齐、秦、晋、楚等诸侯国兴盛强大的天下局势。于是,郑桓公迁国至雒阳东面的虢国、郐国之间。郑庄公时,继承其父郑武公基业,发展生产,使郑国成为当时实力最强的诸侯国之一。郑庄公开始挑战周天子权威,侵夺周的土地而取禾,公然与周天子对阵,甚至射中周天子肩膀,使周天子的权威荡然无存。自此,"礼乐征伐自天子出"变为"礼乐征伐自诸侯出"。郑庄公死后,他的儿子郑昭公、郑厉公争夺君位。虽然他们作为国君都还算比较贤明，但国家历经多年内乱，势力日益衰微。此后，齐、楚、晋等国迅速发展为春秋后期的强国，郑国则沦落为一个弱小的诸侯国，在晋、楚两国的交相夹击之下，一直游移于两国之间。至郑简公时，子产当政，郑国的许多土地都被侵占，处于内乱状态，子产劝说子孔不可自立，从而暂时平息了内乱，安定了郑国。子产长于辞令，多次出使晋国、楚国，与诸侯国搞好关系，使得郑国在复杂的环境下得以存活。然而，颓势终究是难以挽回，在子产死后，郑国历经六世，终被韩国灭亡。司马迁批判了甫瑕以权力相交的做法，实际上也批判了郑昭公、郑厉公争国之事，将其视为郑国衰落的关键。对于《郑世家》中的重点人物郑庄公、子产等，司马迁并没有进行精细的刻画，而是通过列举他们的生平事迹，准确地表现出他们各自的性格。如郑庄公驱逐弟弟囚禁母亲，而后又掘地见母，可看出他性格中虚伪狡诈的一面；又如通过子产问晋平公的疾病，可看出他知识广博、能言善辩。

郑桓公友者，周厉王少子而宣王庶弟也。宣王立二十二年，友初封于郑①。封三十三岁，百姓皆便爱之。幽王以为司徒②。和集周民，周民皆说（悦），河雒之间③，人便思之。为司徒一岁，幽王以褒后④故，王室治多邪，诸侯或畔（叛）之。于是桓公问太史伯曰："王室多故，予安逃死乎？"太史伯对曰："独雒之东土，河济之南可居。"公曰："何以？"对曰："地近虢⑤、郐⑥，虢、郐之君贪而好利，百姓不附。今公为司徒，民皆爱公，公诚请居之，虢、郐之君见公方用事，轻分公地。公诚居之，虢、郐之民皆公之民也。"公曰："吾欲南之江上，何如？"对曰："昔祝融为高辛氏火正，其功大矣，而其于周未有兴者，楚其后也。周衰，楚必兴。兴，非郑之利也。"公曰："吾欲居西方，何如？"对曰："其民贪而好利，难久居。"公曰："周衰，何国兴者？"对曰："齐、秦、晋、楚乎？夫齐，姜姓，伯夷之后也，伯夷佐尧典礼。秦，嬴姓，伯翳⑦之后也，伯翳佐舜怀柔百物。及楚之先，皆尝有功于天下。而周武王克纣后，成王封叔虞⑧于唐，其地阻险，以此有德。与周衰，并亦必兴矣。"桓公曰："善。"于是卒言王，东徙其民雒东，而虢、郐果献十邑，竟国之。

◎ **注释** ①〔郑〕西周畿内邑，在今陕西华州东。②〔司徒〕周王朝官职，主要掌管人口土地、农业生产、征发徭役。③〔河雒之间〕在今河南洛阳一带。④〔褒后〕即褒姒，褒国人，受宠于周幽王。⑤〔虢〕指东虢，在今河南荥阳西北。⑥〔郐〕诸侯国名，在今河南新密东南。⑦〔伯翳〕也作伯益，相传为尧、舜之臣，掌管山林沼泽，是嬴姓之祖。⑧〔叔虞〕晋国始祖，初封唐国（今陕西翼城一带），死后其子燮迁都晋水旁，改国号为晋。

◎ **大意** 郑桓公姬友，是周厉王的小儿子，周宣王的弟弟。周宣王在位第二十二年，姬友被封在郑地。受封三十三年，当地的百姓都喜爱他。周幽王任命他为司徒。姬友安抚周王室辖地的百姓，使他们和睦相处，百姓都非常高兴，黄河、雒河一带，人们都思念他。姬友担任司徒一年之后，因为周幽王宠幸褒姒，周朝的政事已经多有败坏，有的诸侯已经背叛了他。这时郑桓公问太史伯："王室现在多事变，我怎样能逃脱死亡呢？"太史伯回答："只有雒河以东的地方，黄河、济水以南的地方，可以安居。"郑桓公问："为什么？"太史伯回答："那地方邻近虢国、郐国，而虢国、郐国的国君都贪婪好利，百姓不归附他们。如今您是司徒，百姓都敬爱您，您如果真的请求住到那里，虢国、郐国的国君看见您正掌权，会很容易分给您土地。您果真住在那里，虢国、郐国的百姓就都是您的百姓了。"郑桓公说："我打算往南到长江边上，怎么样？"太史伯回答："从前祝融担任帝高辛氏的火正，他的功劳很大，但他的后代在周朝没有兴盛，现在的楚国就是他的后代。周朝衰落，楚国必定兴盛。楚国兴盛，对于郑国没有什么好处。"郑桓公说："我打算居住在西方，怎么样？"太史伯回答："那里的百姓贪婪好利，难以长期居住。"郑桓公说："如果周朝衰败，哪些国家会兴盛起来？"太史伯回答："大概是齐国、秦国、晋国、楚国吧。齐国，姓姜，是伯夷的后代，伯夷辅佐唐尧掌管典章礼仪。秦国，姓嬴，是伯翳的后代，伯翳辅佐虞舜安抚各个部落，使之归顺。至于楚国的先祖，都曾经对天下有功劳。而周武王战胜商纣王以后，周成王把叔虞封在唐，那地方地势险要，其子孙又有德行。周王室衰败，晋国也必然兴盛。"郑桓公说："好。"于是，郑桓公对周幽王说了他的打算，将他封地里的百姓向东迁移到雒河以东，而虢国、郐国果然献出十座城邑，郑桓公最终在那里建立了郑国。

二岁，犬戎①杀幽王于骊山②下，并杀桓公。郑人共立其子掘突，是为武公。

◎**注释** ①〔犬戎〕古代部族名，是戎族的一支。②〔骊山〕在今陕西临潼东南。
◎**大意** 过了两年，犬戎族人在骊山下杀了周幽王，同时杀了郑桓公。郑国人就共同拥立郑桓公的儿子姬掘突为君，这就是郑武公。

武公十年，娶申①侯女为夫人，曰武姜。生太子寤生，生之难，及生，夫人弗爱。后生少子叔段，段生易，夫人爱之。二十七年，武公疾。夫人请公，欲立段为太子，公弗听。是岁，武公卒，寤生立，是为庄公。

◎**注释** ①〔申〕诸侯国名，姜姓，相传是伯夷的后代，在今陕西、山西间。
◎**大意** 郑武公十年，娶申侯的女儿为夫人，叫武姜。武姜生太子姬寤生，因为生他的时候难产，所以生下来后，夫人并不喜欢他。后来又生了小儿子姬叔段，姬叔段出生时十分顺利，所以夫人非常宠爱他。郑武公二十七年，郑武公生病。夫人请求郑武公，想立姬叔段为太子，郑武公没有听从。这一年，郑武公去世，姬寤生继位，这就是郑庄公。

庄公元年，封弟段于京^①，号太叔。祭仲^②曰："京大于国，非所以封庶也。"庄公曰："武姜欲之，我弗敢夺也。"段至京，缮治甲兵，与其母武姜谋袭郑。二十二年，段果袭郑，武姜为内应。庄公发兵伐段，段走。伐京，京人畔（叛）段，段出走鄢^③。鄢溃，段出奔共^④。于是庄公迁其母武姜于城颍^⑤，誓言曰："不至黄泉，毋相见也。"居岁余，已悔思母。颍谷^⑥之考叔^⑦有献于公，公赐食。考叔曰："臣有母，请君食赐臣母。"庄公曰："我甚思母，恶负盟，奈何？"考叔曰："穿地至黄泉，则相见矣。"于是遂从之，见母。

◎**注释** ①〔京〕郑国的城邑名，在今河南荥阳。②〔祭（zhài）仲〕名足，郑国的大夫，以祭为封邑，因以为氏。祭在今河南中牟。③〔鄢〕郑国的城邑名，在今河南鄢陵西北。④〔共〕古诸侯国名，在今河南辉县。⑤〔城颍〕在今河南临颍西北。⑥〔颍谷〕在今河南登封西。⑦〔考叔〕又称颍考叔，时为颍谷封人。

◎**大意** 郑庄公元年，郑庄公把弟弟姬段封在京城，号称太叔。祭仲说："京城的面积比国都的城都大，不能够封给庶弟。"郑庄公说："我的母亲武姜想这样，我不敢反对。"姬段到了京城，修整武器训练士兵，和他的母亲武姜密谋袭击郑都。郑庄公二十二年，姬段果然袭击郑国都城，武姜做了他的内应。郑庄公派兵讨伐姬段，姬段逃走。又讨伐京城，京城的百姓背叛姬段，姬段出逃到了鄢城。鄢城溃败，姬段出逃投奔共国。于是郑庄公把他的母亲武姜迁移到城颍，发誓说："不到地下黄泉，不要再相见。"过了一年多，郑庄公后悔而思念母亲。颍谷的考叔来向郑庄公献礼物，郑庄公设宴赏赐他。考叔说："我有母亲，请您把食物赏一些给我的母亲。"郑庄公说："我非常想念母亲，但又不能违背誓言，怎么办？"考叔说："挖地道直到黄泉，就可以见了。"于是郑庄公依据这个办法，见到了母亲。

二十四年，宋缪公卒，公子冯①奔郑。郑侵周地，取禾。二十五年，卫州吁②弑其君桓公自立，与宋伐郑，以冯故也。二十七年，始朝周桓王。桓王怒其取禾，弗礼也。二十九年，庄公怒周弗礼，与鲁易祊③、许田④。三十三年，宋杀孔父⑤。三十七年，庄公不朝周，周桓王率陈、蔡、虢、卫伐郑。庄公与祭仲、高渠弥发兵自救，王师大败。祝瞻射中王臂。祝瞻请从之，郑伯止之，曰："犯长且难（懦）之，况敢陵天子乎？"乃止。夜令祭仲问王疾。

◎**注释** ①〔公子冯〕宋穆公的儿子，后来回国即位，就是宋庄公。②〔州吁〕卫庄公的庶子，卫桓公的异母弟弟。③〔祊（bēng）〕郑国祭祀泰山的城邑，远在鲁国境内，在今山东费县东。④〔许田〕鲁国祭祀周公的城邑，近郑国。在今河南许昌南。祊和许田都是周王室所赐，郑庄公擅自对换，一方面是地理因素，另一方面表示对周桓王不礼遇自己的不满。⑤〔孔父〕名嘉，宋国宗室，孔子先祖。

◎**大意** 郑庄公二十四年，宋穆公去世，公子冯逃到郑国。郑国侵夺周王室的田地，收取了那里的庄稼。郑庄公二十五年，卫国的姬州吁弑杀了卫桓公，而自立为国君，与宋国联合攻打郑国，理由是郑国收留了公子冯。郑庄公二十七年，开始朝见周桓王。周桓王因为郑国夺去了周王室的庄稼而恼怒，没有以礼相待。郑庄公二十九年，郑庄公怨恨周桓王对自己不以礼相待，就将祭祀泰山的祊邑和鲁国祭祀周公的许田交换。郑庄公三十三年，宋国杀了孔父。郑庄公三十七年，郑庄公没有朝见周桓王，周桓王率领陈国、蔡国、虢国、卫国的军队讨伐郑国。郑庄公与大夫祭仲、高渠弥出兵自卫，周桓王的军队大败。郑国大夫祝瞻射中了周桓王的臂膀。祝瞻请求乘胜追击，郑庄公阻止他，说："冒犯长者已担心害怕，何况胆敢去欺侮天子呢？"祝瞻才停止了追击。郑庄公夜里派祭仲去慰问周桓王的伤势。

三十八年，北戎伐齐，齐使求救，郑遣太子忽将兵救齐。齐釐公欲妻之，忽谢曰："我小国，非齐敌也。"时祭仲与俱，劝使取（娶）之，曰："君多内宠，太子无大援将不立，三公子皆君也。"所谓三公子者，太子忽，其弟突，次弟子亹也。

◎**大意** 郑庄公三十八年，北戎攻打齐国，齐国派使者到郑国求救，郑国派遣太子姬忽带兵援救齐国。齐釐公想要把女儿嫁给太子姬忽，太子姬忽推辞说："我们是小国，与齐国是不相匹配的。"这时郑国大夫祭仲跟他在一起，劝说让他迎娶齐女，说："国君有很多宠爱的姬妾，太子您如果没有大国的援助，恐怕不能即位，三位公子都可能成为国君。"所说的三位公子，就是太子姬忽，他的弟弟公子姬突，小弟弟公子姬亹。

四十三年，郑庄公卒。初，祭仲甚有宠于庄公，庄公使为卿；公使娶邓女，生太子忽，故祭仲立之，是为昭公。

◎**大意** 郑庄公四十三年，郑庄公去世。当初，祭仲很受郑庄公的宠信，郑庄公封他为卿；郑庄公派祭仲为自己迎娶邓国女子，生了太子姬忽，所以祭仲拥立太子姬忽即位，这就是郑昭公。

庄公又娶宋雍氏①女，生厉公突。雍氏有宠于宋。宋庄公闻祭仲之立忽，乃使人诱召祭仲而执之，曰："不立突，将死。"亦执突以求赂焉。祭仲许宋，与宋盟。以突归，立之。昭公忽闻祭仲以宋要立其弟突，九月丁亥，忽出奔卫。己亥，突至郑，立，是为厉公。

◎**注释** ①〔雍氏〕姞姓，当时是宋国有权势的大夫。

◎**大意** 郑庄公又娶了宋国雍氏家的女儿，生了郑厉公姬突。雍氏十分得宋国君的宠信。宋庄公听说祭仲拥立太子姬忽即位，就派人使计把祭仲引诱到了宋国，并且扣留他，说："如果不立公子姬突，将处死你。"也捉住公子姬突，以此索取好处。祭仲答应了宋庄公的要求，跟宋国订立盟约。他带着公子姬突回到郑国，将其立为国君。郑昭公姬忽听说祭仲因为宋庄公的要挟，而改立他的弟弟公子姬突为国君，这年九月丁亥日，出逃卫国。这年九月己亥日，公子姬突回到郑国都城，继位为国君，这就是郑厉公。

厉公四年，祭仲专国政。厉公患之，阴使其壻（婿）雍纠欲杀祭仲。纠妻，祭仲女也，知之，谓其母曰："父与夫孰亲？"母曰："父一而已，人尽夫也。"女乃告祭仲，祭仲反杀雍纠，戮之于市。厉公无奈祭仲何，怒纠曰："谋及妇人，死固宜哉！"夏，厉公出居边邑栎①。祭仲迎昭公忽，六月乙亥，复入郑，即位。

◎**注释** ①〔栎（lì）〕郑国的城邑名，在今河南禹州。

◎**大意** 郑厉公四年，祭仲独断专权。郑厉公对此非常担心，暗中派祭仲的女婿雍纠去谋杀祭仲。雍纠的妻子是祭仲的女儿，知道这事后，对她母亲说："父亲和丈夫哪一个更亲？"母亲说："父亲只有一个，而其他人都可以做丈夫。"祭仲的女儿就把雍纠打算谋杀之事告诉了祭仲，祭仲反杀了雍纠，并陈尸示众。郑厉公对祭仲无可奈何，把怒气发在雍纠身上说："跟妇人商议国家大事，死了活该啊！"这年夏天，郑厉公离开郑国都城，居住在边境上的栎城。祭仲迎接回郑昭公姬忽，这年六月乙亥日，郑昭公又回到郑国都城，重新成为国君。

秋，郑厉公突因栎人杀其大夫单伯，遂居之。诸侯闻厉公出奔，伐郑，弗克而去。宋颇予厉公兵自守于栎，郑以故亦不伐栎。

◎**大意** 这年秋天，郑厉公依靠栎城人的帮助，杀了栎城大夫单伯，于是就定居在那里。诸侯听说郑厉公出逃，出兵讨伐郑国，没有获胜，只能离去。宋国派给郑厉公很多兵士，让他守卫栎城，郑国因为这个也没有去攻打栎城。

昭公二年，自昭公为太子时，父庄公欲以高渠弥为卿，太子忽恶之，庄公弗听，卒用渠弥为卿。及昭公即位，惧其杀己，冬十月辛卯，渠弥与昭公出猎，射杀昭公于野。祭仲与渠弥不敢入厉公，乃更立昭公弟子亹为君，是为子亹也，无谥号。

◎**大意** 郑昭公二年，在郑昭公还是太子时，他父亲郑庄公就想封高渠弥为卿，太子姬忽厌恶他，郑庄公不听太子姬忽的反对意见，最终还是任用高渠弥为卿。等郑昭公即位后，高渠弥担心郑昭公杀自己，就在这年冬十月辛卯日，趁着与郑昭公出外打猎的机会，在野外射死了郑昭公。祭仲和高渠弥不敢迎回郑厉公，便改立郑昭公的弟弟子亹为国君，就称子亹，没有谥号。

子亹元年七月，齐襄公会诸侯于首止①，郑子亹往会，高渠弥相，从，祭仲称疾不行。所以然者，子亹自齐襄公为公子之时，尝会斗，相仇，及会诸侯，祭仲请子亹无行。子亹曰："齐强，而厉公居栎，即不往，是率诸侯伐我，内（纳）厉公。我不如往，往何遽必辱，且又何至是！"卒行。于是祭仲恐齐并杀之，故称疾。子亹至，不谢齐侯，齐侯怒，遂伏甲而杀子亹。高渠弥亡归，归与祭仲谋，召子亹弟公子婴于陈而立之，是为郑子。是岁，齐襄公使彭生醉拉杀鲁桓公。

◎**注释** ①〔首止〕卫国的城邑名，在今河南睢县东南。

◎**大意** 子亹元年七月，齐襄公在首止这个地方与诸侯相会。郑国子亹前往赴会，高渠弥辅佐，跟随前往，祭仲声称有病没有去。之所以不去，是因为子亹在齐襄公还是公子的时候，曾经和他互相争斗，结下仇怨，等到会合诸侯时，祭仲劝说子亹不要去参加。子亹说："齐国强大，而郑厉公又住在栎城，如果不去，齐国就会率领诸侯攻打郑国，送回郑厉公。我不如前去，去了又不见得会受侮辱，况且又何至于像你说的那样呢！"子亹最终还是去了。在这样的情况下，祭仲害怕齐襄公一并杀了他们君臣几个，所以称病不去。子亹到了首止，没有向齐襄公道歉，齐襄公非常生气，就埋伏兵士杀了子亹。高渠弥逃亡归国，回来后与祭仲谋划，从陈国召回子亹的弟弟公子婴，立为国君，就是郑子。这一年，齐襄公派彭生把喝醉酒的鲁桓公拉折肋骨杀死。

郑子八年，齐人管至父等作乱，弑其君襄公。十二年，宋人长万弑其君湣公。郑祭仲死。

◎**大意** 郑子八年，齐国的大夫管至父等作乱，弑杀了国君齐襄公。郑子十二年，宋国的大夫南宫长万弑杀了国君宋湣公。郑国大臣祭仲死去。

十四年，故郑亡厉公突在栎者使人诱劫郑大夫甫假，要以求入。假曰："舍我，我为君杀郑子而入君。"厉公与盟，乃舍之。六月甲子，假杀郑子及其二子而迎厉公突，突自栎复入即位。初，内蛇与外蛇斗于郑南门中，内蛇死。居六年，厉公果复入。入而让其伯父原曰："我亡国外居，伯父无意入我，亦甚矣。"原曰："事君无二心，人臣之职也。原知罪矣。"遂自杀。厉公于是谓甫假曰："子之事君有二心矣。"遂诛之。假曰："重德不报，诚然哉！"

◎ **大意**　郑子十四年，从前逃亡在栎城的郑厉公姬突派人诱骗、劫持了郑国的大夫甫假，要挟甫假帮助他回国。甫假说："你们放了我，我为您杀掉郑子，迎接您回去。"郑厉公跟他订立盟约，就放了他。这年六月甲子日，甫假杀了郑子和他的两个儿子，迎接郑厉公姬突，郑厉公姬突从栎城返回京城，再次即位。当初，有一条城内的蛇与城外的蛇在郑国都城的南门里相互争斗，结果城内的蛇死了。过了六年，郑厉公果然又回来做了国君。郑厉公回来后责备他的伯父姬原说："我逃亡在外，伯父都没有想要迎我回来，也太过分了。"姬原说："侍奉君主没有二心，是人臣的职责。我知罪了。"于是他就自杀了。郑厉公又对甫假说："你侍奉君主是有二心的。"于是就诛杀了他。甫假说："大德没法去报答，的确如此啊！"

厉公突后元年，齐桓公始霸。

◎ **大意**　郑厉公姬突后元元年，齐桓公开始称霸。

五年，燕、卫与周惠王弟颓①伐王，王出奔温②，立弟颓为王。六年，惠王告急郑，厉公发兵击周王子颓，弗胜，于是与周惠王归，王居于栎。七年春，郑厉公与虢叔③袭杀王子颓而入惠王于周。

◎ **注释**　①〔颓〕周庄王的儿子，周　王的庶出弟弟，周惠王的叔父，这里称"惠王弟"，误。②〔温〕在今河南温县西南。③〔虢叔〕名醜，为周王朝的卿士。

◎ **大意**　郑厉公后元五年，燕国、卫国与周惠王的弟弟姬颓攻打周惠王，周惠王出逃到温邑，姬颓被立为周王。郑厉公后元六年，周惠王向郑国告急，郑厉公率军攻打周王子姬颓，但是没有取得胜利，于是和周惠王一起返回郑国，周惠王住在栎城。郑厉公后元七年春天，郑厉公和虢叔袭击杀死王子姬颓，送周惠王回到周王朝的京城。

秋，厉公卒，子文公踕立。厉公初立四岁，亡居栎，居栎十七岁，复入，立七岁，与亡凡二十八年。

◎**大意** 这年秋天，郑厉公去世，他的儿子郑文公姬踕（jié）继位。郑厉公即位四年后，逃亡居住在栎城，在栎城住了十七年，又回到郑国都城，在位七年，连同逃亡在外的时间总共二十八年。

文公十七年，齐桓公以兵破蔡，遂伐楚，至召陵。

◎**大意** 郑文公十七年，齐桓公率兵攻破蔡国，于是进攻楚国，一直打到了召陵。

二十四年，文公之贱妾曰燕姞，梦天与之兰，曰："余为伯儵①。余，尔祖也。以是为而子，兰有国香。"以梦告文公，文公幸之，而予之草兰为符。遂生子，名曰兰。

◎**注释** ①〔伯儵〕南燕之祖。
◎**大意** 郑文公二十四年，郑文公的一个出身低微名叫燕姞的侍妾，梦见天帝给她一株兰草，说："我是伯儵。我就是你的先祖。用这株兰草投胎作为你的儿子，兰草是国中最香的花儿。"燕姞把这个梦告诉郑文公，郑文公宠幸了她，而且给她一株兰草作为信物。后来燕姞果然生了个儿子，起名兰。

三十六年，晋公子重耳过，文公弗礼。文公弟叔詹曰："重耳贤，且又同姓，穷而过君，不可无礼。"文公曰："诸侯亡公子过者多矣，安能尽礼之！"詹曰："君如弗礼，遂杀之；弗杀，使即反（返）

国,为郑忧矣。"文公弗听。

◎**大意** 郑文公三十六年,晋国的公子姬重耳经过郑国,郑文公没有以礼相待。郑文公的弟弟姬叔詹说:"姬重耳贤能,而且又跟我们同姓,因穷困而经过这里拜访您,不可以对其无礼。"郑文公说:"各诸侯国逃亡而经过郑国的公子有很多,怎么能都以礼相待!"叔詹说:"您如果不以礼相待,就杀掉他;不杀掉他,日后等他回到晋国,就成为郑国的祸患了。"郑文公不听。

三十七年春,晋公子重耳反(返)国,立,是为文公。秋,郑入滑,滑听命,已而反与卫,于是郑伐滑。周襄王使伯犕请滑。郑文公怨惠王之亡在栎,而文公父厉公入之,而惠王不赐厉公爵禄,又怨襄王之与卫滑,故不听襄王请而囚伯犕。王怒,与翟人伐郑,弗克。冬,翟攻伐襄王,襄王出奔郑,郑文公居王于氾①。三十八年,晋文公入襄王成周。

◎**注释** ①〔氾(fàn)〕郑国的城邑名,在今河南襄城南。
◎**大意** 郑文公三十七年春天,晋国公子姬重耳返回晋国,立为国君,就是晋文公。这年秋天,郑国攻入滑国,滑国俯首顺从,不久反而去亲近卫国,于是郑国攻打滑国。周襄王派伯犕(fú)替滑国说情。郑文公怨恨当时周惠王逃亡在栎城时,是郑文公的父亲郑厉公护送周惠王回朝,但周惠王并没有赏赐给郑厉公爵位俸禄,又埋怨周襄王亲近卫国和滑国,所以没有听取周襄王的说情,还拘禁了伯犕。周襄王大怒,联合翟族人一起攻打郑国,没有取胜。这年冬天,翟族人攻打周襄王,周襄王出逃到了郑国,郑文公把周襄王安置在氾城。郑文公三十八年,晋文公护送周襄王回到了成周。

四十一年,助楚击晋。自晋文公之过无礼,故背晋助楚。四十三年，晋文公与秦穆公共围郑，讨其助楚攻晋者，及文公过时之无礼也。初，郑文公有三夫人，宠子五人，皆以罪蚤（早）死。公怒，溉（既）逐群公子。子兰奔晋，从晋文公围郑。时兰事晋文公甚谨，爱幸之，乃私于晋，以求入郑为太子。晋于是欲得叔詹为僇（戮）。郑文公恐，不敢谓叔詹言。詹闻，言于郑君曰："臣谓君，君不听臣，晋卒为患。然晋所以围郑，以詹，詹死而赦郑国，詹之愿也。"乃自杀。郑人以詹尸与晋。晋文公曰："必欲一见郑君，辱之而去。"郑人患之，乃使人私于秦曰："破郑益晋，非秦之利也。"秦兵罢。晋文公欲入兰为太子，以告郑。郑大夫石癸①曰："吾闻姞姓乃后稷之元妃，其后当有兴者。子兰母，其后也。且夫人子尽已死，余庶子无如兰贤。今围急，晋以为请，利孰大焉！"遂许晋，与盟，而卒立子兰为太子，晋兵乃罢去。

◎**注释** ①〔石癸〕又称石甲父，名癸，字甲父。

◎**大意** 郑文公四十一年，郑国帮助楚国攻打晋国。因为当初晋文公经过郑国时，郑文公没有以礼相待，所以郑国只好背弃晋国帮助楚国。郑文公四十三年，晋文公和秦穆公一起围攻郑国，理由是它帮助楚国攻打晋国，以及晋文公之前经过郑国时没有受到礼遇。当初，郑文公有三位夫人，宠爱的儿子有五个，都因为有罪而早死。郑文公大怒，就把其他公子也驱逐出郑国。公子姬兰出逃到晋国，跟随晋文公围攻郑国。当时公子姬兰侍奉晋文公非常谨慎恭敬，深受晋文公的喜爱，公子姬兰于是在晋国暗中活动，想在晋国的帮助下回郑国当太子。晋国因此想要抓住反对公子姬兰的叔詹而杀了他。郑文公非常害怕，不敢跟叔詹说明此事。叔詹听说后，对郑文公说："对待晋公子姬重耳的事，我曾经劝说过您，您不听我的劝谏，现在晋国终于成了郑国的祸患，不过晋国围攻郑国的原因是我，如果我死了能够使得郑国被赦免，是我的心愿啊。"于是他就自杀了。郑国人把叔詹的尸体送给晋国。晋文公说："一定要见郑文公一面，羞辱他一顿再离开。"郑国人对此很忧虑，就派人暗中对秦国说："攻破郑国对晋国有益处，对秦国并没有什么好处。"秦国的军队撤退。晋文公想送公子姬兰回国做太子，把这个事情告诉了郑国。郑国的大夫石癸说："我听说姞姓的女儿是后稷的正妃，她的后代应当有兴起的。公子姬兰的生母，就是姞姓的后人。况且夫人的儿子都已经死了，其余的儿子中没有比公子姬兰贤能的人。现在晋国的围攻非常紧急，它要求让公子姬兰做太子，哪有比这个条件更有利的呢！"于是郑文公就答应了晋国的要求，跟它订立盟约，最终立公子兰为太子，晋国的军队才撤回。

四十五年，文公卒，子兰立，是为缪公。

◎**大意** 郑文公四十五年，郑文公去世，公子姬兰继位，这就是郑穆公。

缪公元年春，秦缪公使三将将兵欲袭郑，至滑，逢郑贾人弦高诈以十二牛劳军，故秦兵不至而还，晋败之于崤。初，往年郑文公之卒也，郑司城①**缯贺以郑情卖之，秦兵故来。三年，郑发兵从晋伐秦，败秦兵于汪**②**。**

◎**注释** ①〔司城〕官名，亦称司空，郑国六卿之一，掌管土木工程、器物制作等。②〔汪〕秦国的城邑名，在今陕西澄城西南。
◎**大意** 郑穆公元年春天，秦穆公派三位将领率领军队袭击郑国，途中到达滑国，遇上郑国的商人弦高，弦高假称奉郑国君之命用十二头牛慰劳秦军，秦军以为郑国有所防备，所以没到达郑国就回去了，结果在崤山被晋军打败。当初，郑文公刚去世的时候，郑国的司城缯贺把情报出卖给秦国，所以秦军敢来攻打郑国。郑穆公三年，郑国派兵跟随晋国攻打秦国，在汪城打败了秦军。

往年楚太子商臣弑其父成王代立。二十一年，与宋华元①**伐郑。华**

元杀羊食②士，不与其御羊斟，怒以驰郑，郑囚华元。宋赎华元，元亦亡去。晋使赵穿③以兵伐郑。

◎**注释** ①〔华元〕宋国诸卿之一，当时为右师。②〔食〕拿东西给人吃。③〔赵穿〕晋国的大夫，晋襄公的女婿。

◎**大意** 前一年楚国的太子商臣弑杀他的父亲楚成王，自立为王。郑穆公二十一年，商臣与宋国华元联合领兵攻打郑国。华元杀羊犒劳兵士，没赏给为他驾车的羊斟，羊斟因此发怒，在交战时把战车驱赶到了郑国军营，郑军囚禁了华元。宋国来赎华元，华元已经逃走了。这一年，晋国派赵穿率军攻打郑国。

二十二年，郑缪公卒，子夷立，是为灵公。

◎**大意** 郑穆公二十二年，郑穆公去世，他的儿子姬夷继位，这就是郑灵公。

灵公元年春，楚献鼋①于灵公。子家②、子公③将朝灵公，子公之食指动，谓子家曰："佗（他）日指动，必食异物。"及入见灵公，进鼋羹，子公笑曰："果然！"灵公问其笑故，具告灵公。灵公召之，独弗予羹。子公怒，染其指，尝之而出。公怒，欲杀子公。子公与子家谋先。夏，弑灵公。郑人欲立灵公弟去疾④，去疾让曰："必以贤，则去疾不肖；必以顺，则公子坚长。"坚者，灵公庶弟，去疾之兄也。于是乃立子坚，是为襄公。

◎**注释** ①〔鼋（yuán）〕大鳖。②〔子家〕即公子归生，字子家，郑国公室大夫。③〔子公〕即公子宋，字子公，郑国公室大夫。④〔去疾〕亦作弃疾，字子良，郑穆公庶子。

◎**大意**　郑灵公元年春天，楚国献给郑灵公一只鼋。公子姬家和公子姬公正要去朝见郑灵公，公子姬公的食指颤动，对公子姬家说："往日我的手指颤动，一定能吃上珍异的食物。"等到入宫见郑灵公，正在进食鼋汤，公子姬公笑着说："果真如此！"郑灵公问公子姬公笑的缘故，公子姬公就把其中缘由详细地告诉了郑灵公。郑灵公召他上前，唯独没有赐给他鼋汤。公子姬公大怒，就用手指沾了沾鼋汤，尝了一口就出去了。郑灵公很生气，要杀公子姬公。公子姬公和公子姬家密谋，打算先下手。夏天，他们弑杀了郑灵公。郑国人想要拥立郑灵公的弟弟姬去疾为国君，去疾推辞说："国君必须要立贤能之人，我却不够贤能；必须按长幼顺序的话，那么公子姬坚比我年长。"公子姬坚这人，是郑灵公的庶出弟弟，姬去疾的哥哥。就这样公子姬坚被拥立为国君，这就是郑襄公。

襄公立，将尽去缪氏。缪氏者，杀灵公子公之族家也。去疾曰："必去缪氏，我将去之。"乃止。皆以为大夫。

◎**大意**　郑襄公即位，准备把穆氏的人全部清除。穆氏就是杀害郑灵公和公子姬公家族的人。姬去疾说："如果一定要清除穆氏，那我就离开郑国。"郑襄公这才作罢。又将穆氏都任命为大夫。

襄公元年，楚怒郑受宋赂纵华元，伐郑。郑背楚，与晋亲。五年，楚复伐郑，晋来救之。六年，子家卒，国人复逐其族，以其弑灵公也。

◎**大意**　郑襄公元年，楚国因为郑国接受宋国的贿赂放了华元之事很恼怒，出兵攻打郑国。郑国背弃楚国，亲附晋国。郑襄公五年，楚国又攻打郑国，晋国出兵援助。郑襄公六年，公子姬家去世，郑国人又驱逐他的家族，原因是他弑杀了郑灵公。

七年，郑与晋盟鄢陵。八年，楚庄王以郑与晋盟，来伐，围郑三月，郑以城降楚。楚王入自皇门，郑襄公肉袒擎（牵）羊①以迎，曰："孤不能事边邑，使君王怀怒以及獘（弊）邑，孤之罪也。敢不惟命是听。君王迁之江南，及以赐诸侯，亦惟命是听。若君王不忘厉、宣王，桓、武公，哀不忍绝其社稷，锡不毛之地，使复得改事君王，孤之愿也，然非所敢望也。敢布腹心，惟命是听。"庄王为却三十里而后舍。楚群臣曰："自郢至此，士大夫亦久劳矣。今得国舍之，何如？"庄王曰："所为伐，伐不服也。今已服，尚何求乎？"卒去。晋闻楚之伐郑，发兵救郑。其来持两端，故迟，比至河，楚兵已去。晋将率（帅）或欲渡，或欲还，卒渡河。庄王闻，还击晋。郑反助楚，大破晋军于河上②。十年，晋来伐郑，以其反晋而亲楚也。

◎**注释** ①〔肉袒擎羊〕这是古代君主表示投降请罪的一种姿态。②〔河上〕黄河岸边，这里指黄岸南岸的郔城，在今河南郑州。

◎**大意** 郑襄公七年，郑国与晋国在鄢陵结盟。郑襄公八年，楚庄王因为郑国与晋国结盟，来攻打郑国，围攻了郑国都城三个月，郑国献出都城向楚国投降。楚庄王从郑国都城皇门入城，郑襄公裸露上身牵着羊来迎接，说："我没有治理好边境，让君王您满怀怒气地来到这里，都是我的过错。我怎么敢不听从您的命令。君王您把我流放到长江以南，或者把我赐给诸侯当奴仆，也都绝无二话。假若君王您没有忘记周厉王、周宣王和郑桓公、郑武公，不忍心让他们国家的祭祀断绝，赐给我一些不毛之地，让我们能转而服侍君王您，这是我的心愿，但这是我不敢奢望的。只是斗胆向君王您说出心里话，如何处置，还是完全听命于您。"楚庄王因此让楚军退后三十里安营扎寨。楚国的大臣都说："从郢都到这里，将士大夫都辛苦了很久。如今终于得到郑国，却又放弃它，为什么？"楚庄王说："我们之所以来讨伐郑国，是因为他们不服从。现在郑国已经服从，还有什么要求呢？"最终撤兵离开。晋国听到楚国攻打郑国的消息，出兵援救郑国。

晋国出兵时对于是否攻打楚国摇摆不定，所以姗姗来迟，等军队到达黄河边时，楚军已经离去。晋国将帅有的想要渡河追击，有的想要率军回国，最终还是渡过了黄河。楚庄王听说后，返回来攻击晋军。郑国反而帮助楚国，在黄河边大败晋军。郑襄公十年，晋国来攻打郑国，因为它背叛晋国而亲附楚国。

十一年，楚庄王伐宋，宋告急于晋。晋景公欲发兵救宋，伯宗谏晋君曰："天方开楚，未可伐也。"乃求壮士，得霍①人解扬，字子虎，诳楚，令宋毋降。过郑，郑与楚亲，乃执解扬而献楚。楚王厚赐与约，使反其言，令宋趣（促）降，三要乃许。于是楚登解扬楼车②，令呼宋。遂负楚约而致其晋君命曰："晋方悉国兵以救宋，宋虽急，慎毋降楚，晋兵今至矣！"楚庄王大怒，将杀之。解扬曰："君能制命为义，臣能承命为信。受吾君命以出，有死无陨。"庄王曰："若之许我，已而背之，其信安在？"解扬曰："所以许王，欲以成吾君命也。"将死，顾谓楚军曰："为人臣无忘尽忠得死者！"楚王诸弟皆谏王赦之，于是赦解扬使归。晋爵之为上卿③。

◎**注释** ①〔霍〕晋国的城邑，在今山西霍州西南。②〔楼车〕可以窥探敌情的战车。③〔上卿〕古代官阶。周天子、诸侯国都设卿，分上、中、下三等，上卿为最高的等级。

◎**大意** 郑襄公十一年，楚庄王出兵进攻宋国，宋国向晋国告急。晋景公将要派兵救助宋国，晋国的大夫伯宗劝谏晋景公说："上天正在振兴楚国，不能去攻打它。"于是就寻求勇士，找到霍城人解扬，字子虎，派他去欺骗楚国，并让宋国不要投降。解扬路过郑国，郑国因为亲附楚国，便捉住解扬，把他送到了楚国。楚王赏给解扬很多财物，跟他约定，让他讲与晋国意思相反的话，叫宋国赶快投降。经过多次要挟，解扬才答应楚国的要求。于是楚国让解扬登上楼车，让他向宋国喊话。解扬违背了与楚王的约定，而传达出晋景公的意思，说："晋国正准备出动全国的兵力来援救宋国，宋国虽然形势紧急，千万不要向楚国投降，晋国的军队马上就要到了！"楚庄王听完大怒，想要杀了他。解扬说："国君制定命令要讲道义，臣子接受并贯彻命令要讲信用，我接受国君的命令出来，即便是死了也不能背弃君命。"楚庄王说："你之前答应了我，没多久又背弃我，哪里有信用呢？"解扬说："我之所以答应君王您，是想要以此来完成我们国君的命令。"解扬将要被处死，回头对楚军说："做臣子的不要忘记尽忠而死是值得的。"楚庄王的弟弟们都劝谏楚王赦免解扬，楚庄王因此赦免了解扬并放他回去。晋景公封解扬为上卿。

十八年，襄公卒，子悼公沸立。

◎**大意**　郑襄公十八年，郑襄公去世，他的儿子郑悼公姬沸继位。

悼公元年，鄦公^①恶郑于楚，悼公使弟睔于楚自讼。讼不直，楚囚睔。于是郑悼公来与晋平，遂亲。睔私于楚子反^②，子反言归睔于郑。

◎**注释**　①〔鄦（xǔ）公〕即许灵公。许国都城在今河南许昌，战国初被楚国所灭，一说灭于魏国。②〔子反〕名侧，字子反，楚国的大司马。

◎**大意**　郑悼公元年，许灵公在楚庄王那里诽谤郑国，郑悼公派他的弟弟姬睔前往楚国为自己辩解。结果辩解不成，楚国反而囚禁了姬睔。于是郑悼公就去跟晋国讲和，开始与晋国亲近。姬睔暗中结交楚国的子反，子反在楚庄王面前为姬睔说情，姬睔才得以返回郑国。

二年，楚伐郑，晋兵来救。是岁，悼公卒，立其弟睔，是为成公。

◎**大意** 郑悼公二年，楚国攻打郑国，晋国出兵来救。这一年，郑悼公去世，他的弟弟姬睔被立为国君，这就是郑成公。

成公三年，楚共王曰"郑成公孤有德焉"，使人来与盟。成公私与盟。秋，成公朝晋，晋曰"郑私平于楚"，执之。使栾书伐郑。四年春，郑患晋围，公子如①乃立成公庶兄繻为君。其四月，晋闻郑立君，乃归成公。郑人闻成公归，亦杀君繻。迎成公。晋兵去。

◎**注释** ①〔公子如〕姓姬，名班，郑国公室成员，任大夫之职。
◎**大意** 郑成公三年，楚共王说"我对郑成公是有恩德的"，派人与郑成公结盟。郑成公暗中跟楚国签订了盟约。这年秋天，郑成公到晋国朝拜，晋国君说"郑国暗地里与楚国讲和"，就抓捕了郑成公。派栾书带兵攻打郑国。郑成公四年春天，郑国对晋国的围困感到忧心，公子姬如就拥立郑成公的庶兄繻为国君。这年四月，晋国君听说郑国重新立了国君，就把郑成公释放回国。郑国人听说郑成公回来了，也杀了国君繻。迎接郑成公归国。晋国的军队撤走了。

十年，背晋盟，盟于楚。晋厉公怒，发兵伐郑。楚共王救郑。晋楚战鄢陵，楚兵败，晋射伤楚共王目，俱罢而去。十三年，晋悼公伐郑兵于洧①上。郑城守，晋亦去。

◎**注释** ①〔洧（wěi）〕河水名，即今河南的双洎河。
◎**大意** 郑成公十年，郑国背弃与晋国的盟约，而和楚国缔结盟约。晋厉公大怒，出兵攻打郑国。楚共王派兵救援郑国。晋军与楚军在鄢陵交战，楚军大败，晋军射伤了楚共王的眼睛，双方这才都收兵撤离。郑成公十三年，晋悼公出兵攻打郑国，军队驻扎在洧水边上。郑国据城坚守，不久晋军也撤兵离开。

十四年，成公卒，子恽立。是为釐公。

◎**大意** 郑成公十四年，郑成公去世，他的儿子姬恽继位，这就是郑釐公。

釐公五年，郑相子驷①朝釐公，釐公不礼。子驷怒，使厨人药杀釐公，赴（讣）诸侯曰釐公暴病卒。立釐公子嘉，嘉时年五岁，是为简公。

◎**注释** ①〔子驷〕姓姬，名驷，郑穆公的儿子。
◎**大意** 郑釐公五年，郑国的国相公子姬驷朝见郑釐公，郑釐公没有以礼相待。公子姬驷非常生气，就让厨师用药毒死了郑釐公，向诸侯报丧说郑釐公得暴病去世。郑釐公的儿子姬嘉被立为国君，姬嘉这年才五岁，这就是郑简公。

简公元年，诸公子谋欲诛相子驷，子驷觉之，反尽诛诸公子。二年，晋伐郑，郑与盟，晋去。冬，又与楚盟。子驷畏诛，故两亲晋、楚。三年，相子驷欲自立为君，公子子孔①使尉止杀相子驷而代之。子孔又欲自立。子产②曰："子驷为不可，诛之，今又效之，是乱无时息也。"于是子孔从之而相郑简公。

◎**注释** ①〔子孔〕姓姬，名嘉，郑穆公的儿子，郑国公室大夫。②〔子产〕姓姬，名侨，谥号成，亦称公孙侨、公孙成子，郑穆公的孙子。
◎**大意** 郑简公元年，众公子密谋想要杀掉国相姬驷，却被姬驷发觉，反而把众公子全部杀掉了。郑简公二年，晋国攻打郑国，郑国与晋国订立盟约，晋国撤兵。这年冬天，郑国又和楚国签订了盟约。姬驷害怕被杀，因而对于晋国和楚国都表示依附亲近。郑简公三年，国相姬驷想要自立为国君，公子姬孔派郑国大夫尉止杀了姬驷并取代他做了国相。公子姬孔又想自立为国君。公子姬产说："姬驷这样做不行，所以杀了他，现在你又效法他，这样的话国内祸乱就永远无法停止了。"于是公子姬孔听从子产的意见，做了郑简公的相。

四年，晋怒郑与楚盟，伐郑，郑与盟。楚共王救郑，败晋兵。简公欲与晋平，楚又囚郑使者。

◎**大意** 郑简公四年，晋国因郑国与楚国结盟而恼怒，攻打郑国，郑国与晋国签订盟约。楚共王援救郑国，打败晋军。郑简公想要跟晋国讲和，楚国又囚禁了郑国的使者。

十二年，简公怒相子孔专国权，诛之，而以子产为卿。十九年，简公如晋请卫君还，而封子产以六邑。子产让，受其三邑。二十二年，吴使延陵季子于郑，见子产如旧交，谓子产曰："郑之执政者①侈，难将至，政将及子。子为政，必以礼；不然，郑将败。"子产厚遇季子。二十三年，诸公子争宠相杀，又欲杀子产。公子或谏曰："子产仁人，郑所以存者子产也，勿杀！"乃止。

◎**注释** ①〔执政者〕指当时的执政大臣良宵，字伯有。
◎**大意** 郑简公十二年，郑简公因为愤恨国相公子姬孔独揽国家大权，就杀了他，而任用公子姬产为卿。郑简公十九年，郑简公前往晋国为卫献公说情，请求让他回国。同时，又将六座城邑封给公子姬产。公子姬产推辞，接受了其中的三座城邑。郑简公二十二年，吴国派使者延陵季子来郑国。延陵季子与公子姬产一见如故，对公子姬产说："郑国的执政者过于放纵，大难将要来临，政权将会落在您的手里。您执掌政权，一定要遵守礼法；否则的话，郑国就要衰败啦。"公子姬产以厚礼相待。郑简公二十三年，众公子为争宠而互相残杀，又要杀公子姬产。公子中有人说："公子姬产为人仁厚，郑国之所以能够存在，都有赖于公子姬产，不能杀他。"这才没有杀公子姬产。

二十五年，郑使子产于晋，问平公疾。平公曰："卜而曰实沉、台骀为祟，史官莫知，敢问？"对曰："高辛氏有二子，长曰阏伯①，季曰实沉②，居旷林，不相能也，日操干戈以相征伐。后帝弗臧，迁阏伯于商丘③，主辰④，商人是因，故辰为商星。迁实沉于大夏⑤，主参⑥，唐人是因，服事夏、商，其季世曰唐叔虞。当武王邑姜⑦方娠大（太）叔⑧，梦帝谓己：'余命而子曰虞，乃与之唐，属之参而蕃育其子孙。'及生有文在其掌曰'虞'，遂以命之。及成王灭唐而国大（太）叔焉。故参为晋星。由是观之，则实沉，参神也。昔金天氏⑨有裔子曰昧，为玄冥师，生允格、台骀。台骀能业其官，宣汾⑩、洮⑪，障大泽，以处太原⑫。帝用嘉之，国之汾川。沈、姒、蓐、黄实守其祀。今晋主汾川而灭之。由是观之，则台骀，汾、洮神也。然是二者不害君身。山川之神，则水旱之菑（灾）禜⑬之；日月星辰之神，则雪霜风雨不时禜之；若君疾，饮食哀乐女色所生也。"平公及叔向⑭曰："善，博物君子也！"厚为之礼于子产。

◎**注释** ①〔阏伯〕名契，帝喾之子，商朝始祖。②〔实沉〕帝喾之子，陶唐的先祖。③〔商丘〕在今河南商丘南。④〔辰〕即心宿，又称大火，二十八宿之一。⑤〔大夏〕在今山西翼城西。⑥〔参（shēn）〕参宿，二十八宿之一。⑦〔邑姜〕周武王的妻子，姜太公的女儿。⑧〔大叔〕即太叔，名虞，字子于，是晋国的始封君主。⑨〔金天氏〕传说中的古代帝王少暤。⑩〔汾〕河水名，今山西境内汾河。⑪〔洮〕河水名，今山西境内涑水河。⑫〔太原〕今山西太原西南。⑬〔禜（yíng）〕祈求消除灾难的祭祀。

⑭〔叔向〕羊舌氏，名肸（xī），字叔向，晋国的大夫。封地在杨，又称杨肸。

◎**大意**　郑简公二十五年，郑国派公子姬产到晋国，慰问晋平公的病情。晋平公说："占卜说是实沉、台骀二神在作怪，史官不知道那是什么，请问是什么神？"公子姬产回答："高辛氏有两个儿子，大的叫阏伯，小的叫实沉，居住在旷野森林里，两个人不能相容，每天拿着兵器互相攻打。尧帝认为他们都不好，就把阏伯迁到了商丘，主持祭祀辰星，后来商族人继承其位，所以辰星是商地的分野之星。把实沉迁到大夏，主持祭祀参星，唐国人继承其位，服侍夏朝、商朝，最后一代国君叫作唐叔虞。当时周武王的王后邑姜怀着太叔，梦见天帝对她说：'我给你的儿子起名叫虞，把唐地分封给他，把参星的祭祀交给他，并在那里繁衍他的子孙。'等到太叔降生时，他的掌心有'虞'形的纹理，就取名为虞。周成王灭了唐国后，就把唐地封给了太叔。所以参星就是晋地的分野之星。这样看来，实沉就是参星之神。从前金天氏有个后代子孙叫昧，做水官之长，生了允格、台骀两个儿子。台骀能够继承他父亲的官职，疏导汾水、洮水，堵塞大泽，使水不再泛滥，人们安全地居住在太原。颛顼帝因此嘉奖台骀，让他在汾河流域建国。沈、姒、蓐、黄四小国都奉守他的祭祀。现在晋国统治汾水地区而灭了这四个国家。由此观之，那台骀，就是汾水、洮水之神了。然而这两位神灵不会危害您的身体。对于山川之神，就在遇到水旱灾害的时候祭祀他们以消除灾祸；对于日月星辰之神，就在遇到不合时节的风雨霜雪时祭祀他们以消除灾祸；至于您的疾病，是因为饮食不规律、喜乐无常、沉溺女色而引起的。"晋平公和叔向听完了都说："讲得真好，是位知识渊博的君子啊！"晋平公为公子姬产置办了非常丰厚的礼物。

二十七年夏，郑简公朝晋。冬，畏楚灵王之强，又朝楚，子产从。二十八年，郑君病，使子产会诸侯，与楚灵王盟于申，诛齐庆封。

◎**大意**　郑简公二十七年夏天，郑简公朝见晋国国君。这年冬天，郑简公因为畏惧楚灵王势力强大，又朝见楚王，公子姬产随从前往。郑简公二十八年，郑简公生病，派公子姬产与诸侯会盟，与楚灵王在申地签订盟约，诛杀了齐国的大夫庆封。

三十六年，简公卒，子定公宁立。秋，定公朝晋昭公。

◎**大意**　郑简公三十六年，郑简公去世，他的儿子郑定公姬宁继位。这年秋天，郑定公朝见晋昭公。

定公元年，楚公子弃疾弑其君灵王而自立，为平王。欲行德诸侯，归灵王所侵郑地于郑。

◎**大意**　郑定公元年，楚国的公子弃疾弑杀国君楚灵王，自立为君，就是楚平王。楚平王想对诸侯施行仁德，就把楚灵王所侵占的郑国土地还给了郑国。

四年，晋昭公卒，其六卿强，公室卑。子产谓韩宣子①曰："为政必以德，毋忘所以立。"

◎**注释**　①〔韩宣子〕名起，谥号宣，担任中将军，执掌国政。
◎**大意**　郑定公四年，晋昭公去世，这时晋国的六卿家族势力日益强盛，而公室的权势衰落。公子姬产对韩宣子说："治理国家必须以德服人，不要忘记政权得以存在的根本。"

六年，郑火，公欲禳①之。子产曰："不如修德。"

◎**注释** ①〔禳（ráng）〕举行祭祀以祈祷消除灾难。
◎**大意** 郑定公六年，郑国发生火灾，郑定公要祭神消灾。公子姬产说："不如施行德政。"

八年，楚太子建①来奔。十年，太子建与晋谋袭郑。郑杀建，建子胜奔吴。

◎**注释** ①〔建〕字子木，楚平王的太子，被费无忌陷害而叛楚，逃亡到郑国。详见《楚世家》。
◎**大意** 郑定公八年，楚国太子建逃亡到了郑国。郑定公十年，太子建跟晋国密谋袭击郑国。郑国杀了太子建，太子建的儿子胜逃亡到了吴国。

十一年，定公如晋。晋与郑谋，诛周乱臣，入敬王于周。

◎**大意** 郑定公十一年，郑定公前往晋国。晋国跟郑国商议，讨伐周王室的乱臣贼子，护送周敬王回都城雒阳。

十三年，定公卒，子献公虿立。献公十三年卒，子声公胜立。当是时，晋六卿强，侵夺郑，郑遂弱。

◎**大意** 郑定公十三年，郑定公去世，他的儿子郑献公姬虿继位。郑献公在位十三年去世，他的儿子郑声公姬胜继位。在那个时候，晋国的六卿家族势力强大，侵夺郑国的土地，郑国于是转向衰弱。

声公五年，郑相子产卒，郑人皆哭泣，悲之如亡亲戚。子产者，郑成公少子①也。为人仁爱人，事君忠厚。孔子尝过郑，与子产如兄弟云。及闻子产死，孔子为泣曰："古之遗爱也！"

◎**注释** ①〔郑成公少子〕子产与郑成公应为同祖兄弟，《史记》此处记载有误。
◎**大意** 郑声公五年，郑国的国相姬产去世，郑国人都痛哭，就像是自己的亲人去世一样。姬产这个人，是郑成公的小儿子。他为人仁厚而爱人，对国君忠诚厚道。孔子曾经过郑国，跟姬产相处得犹如兄弟。听说姬产去世之后，孔子为他流泪说："姬产有古人仁爱之遗风！"

八年，晋范、中行氏反晋，告急于郑，郑救之。晋伐郑，败郑军于铁①。

◎**注释** ①〔铁〕卫国的城邑名，在今河南濮阳西北。
◎**大意** 郑声公八年，晋国六卿中的范吉射、中行寅起兵造反，晋国国君向郑国告急，郑国出兵援救晋国国君。晋国攻打郑国，在铁地打败郑国军队。

十四年，宋景公灭曹。二十年，齐田常弑其君简公，而常相于齐。二十二年，楚惠王灭陈。孔子卒。

◎**大意** 郑声公十四年，宋景公灭了曹国。郑声公二十年，齐国的田常弑杀国君齐简公，做了齐国的国相。郑声公二十二年，楚惠王灭了陈国。这一年，孔子去世。

三十六年，晋知（智）伯伐郑，取九邑。

◎**大意** 郑声公三十六年,晋国的智伯率军攻打郑国,夺取郑国九座城邑。

三十七年,声公卒,子哀公易立。哀公八年,郑人弑哀公而立声公弟丑,是为共公。共公二年,三晋灭知(智)伯。三十一年,共公卒,子幽公已立。幽公元年,韩武子伐郑,杀幽公。郑人立幽公弟骀,是为缟公。

◎**大意** 郑声公三十七年,郑声公去世,他的儿子郑哀公姬易继位。郑哀公八年,郑国人弑杀郑哀公而拥立郑声公的弟弟姬丑即位,就是郑共公。郑共公二年,韩氏、赵氏、魏氏三家灭了智伯。郑共公三十一年,郑共公去世,他的儿子郑幽公姬已继位。郑幽公元年,韩武子率军攻打郑国,杀了郑幽公。郑国人拥立郑幽公的弟弟姬骀即位,这就是郑缟公。

缟公十五年,韩景侯伐郑,取雍丘①。郑城京。

◎**注释** ①〔雍丘〕在今河南杞县。
◎**大意** 郑缟公十五年,韩景侯率兵攻打郑国,占领雍丘。郑国在京邑筑城。

十六年,郑伐韩,败韩兵于负黍①。二十年,韩、赵、魏列为诸侯。二十三年,郑围韩之阳翟。

◎**注释** ①〔负黍〕在今河南登封西南。
◎**大意** 郑缟公十六年,郑国出兵攻打韩国,在负黍打败韩国军队。郑缟公二十年,韩、赵、魏三家成为诸侯国。郑缟公二十三年,郑国军队围攻韩国的阳翟。

二十五年，郑君杀其相子阳①。二十七年，子阳之党共弑缥公骀而立幽公弟乙为君，是为郑君②。

◎**注释**　①〔子阳〕姬姓，驷氏，字子阳，郑国的执政大夫。②〔郑君〕名乙，史称郑康公。
◎**大意**　郑缥公二十五年，郑缥公杀了国相子阳。郑缥公二十七年，子阳的党羽共同弑杀郑缥公姬骀，拥立郑幽公的弟弟姬乙为国君，这就是郑君。

郑君乙立二年，郑负黍反，复归韩。十一年，韩伐郑，取阳城①。

◎**注释**　①〔阳城〕在今河南登封东南。
◎**大意**　郑君姬乙即位的第二年，郑国负黍地区的人发动叛乱，又归附韩国。郑君十一年，韩国出兵攻打郑国，夺取阳城。

二十一年，韩哀侯灭郑，并其国。

◎**大意**　郑君二十一年，韩哀侯灭了郑国，吞并了郑国的土地。

太史公曰：语有之，"以权利合者，权利尽而交疏"，甫瑕①是也。甫瑕虽以劫杀郑子内（纳）厉公，厉公终背而杀之，此与晋之里克何异？守节如荀息，身死而不能存奚齐。变所从来，亦多故矣！

◎**注释**　①〔甫瑕〕即甫假。
◎**大意**　太史公说：俗语说，"因为权势利益而相结合，一旦没有了权势利益交往就疏远了",甫瑕就是这样的。甫瑕虽然用杀掉郑子的办法,迎接郑厉公回国复位,但郑厉公最终背弃誓言杀了他,这和晋国的里克简直是一模一样!像荀息那样坚守节操的人,即便自己死了也没能保全姬奚齐。世事多变,也有多种原因啊!

◎ 释疑解惑

周宣王封郑桓公于郑,郑桓公在周王朝任职三十三年,国家大治。到周幽王时,郑桓公担任周王朝的司徒,就已看出周王朝将会衰败,在太史伯的建议下,将郑的封地迁徙到虢和郐之间,胁迫虢、郐献出十城,奠定了郑国发展的基础。两年后,郑桓公与周幽王被犬戎杀死。对此,有人认为郑桓公首乱周王室,是周王室的罪人。清人顾栋高就说:"郑当幽王之世,王室未迁,遽兴寄帑之谋,攘取虢、郐之国而有其地,首乱天朝之疆索,郑诚周室之罪人矣。"也有人认为郑桓公有功于周王朝,是周王朝的良臣。如赵子谋说:"郑桓公作为公卿,为国尽忠;作为郑国的第一个君主,谋国东迁定向,一生为周室鞠躬尽瘁死而后已,为郑氏有为的开业始祖。"对于郑桓公的历史地位,应结合周王朝和郑国历史辩证分析。周王朝的衰微、动荡,并不是郑桓公造成的。相反,郑桓公对"王室多故"的担忧,正是他迁徙封地的直接原因。迁徙封地为郑国发展奠定了基础,恰恰反映了郑桓公的深谋远虑。

◎ 思考辨析题

1. 仔细阅读《郑世家》,结合《左传》的相关记载,分析郑庄公的性格特征。
2. 如何看待郑国与晋国、楚国时而结盟时而交战的现象?

| 全注全译本 | 国际儒学联合会教育系列丛书 | 史记 |

丛书指导委员会主任
——滕文生 张岂之 李学勤
总主编
——钱逊
执行总主编
——于建福
组编
——国际儒学联合会
——国家教育行政学院国学教育研究中心
本书主编 张新科 赵望秦

第六册　世家〔二〕

济南出版社　汉唐书局

图书在版编目（CIP）数据

史记 / 张新科，赵望秦主编 .—济南：济南出版社，2022.9

ISBN 978-7-5488-5209-4

Ⅰ.①史… Ⅱ.①张… ②赵… Ⅲ.①中国历史—古代史—纪传体 ②《史记》—注释 ③《史记》—译文 Ⅳ.① K204.2

中国版本图书馆 CIP 数据核字（2022）第 164694 号

出 版 人	田俊林
图书策划	冀瑞雪
责任编辑	孙育臣　冀春雨　殷　剑
图书审读	陈　曦　踪训国
装帧设计	王铭基

出版发行	济南出版社
地　　址	济南市二环南路1号（250002）
编辑热线	0531-86131747（编辑室）
发行热线	82709072　86131747　86131729　86131728（发行部）
印　　刷	山东彩峰印刷股份有限公司
版　　次	2022 年 10 月第 1 版
印　　次	2022 年 10 月第 1 次印刷
成品尺寸	170 mm×240 mm　16开
印　　张	247.5
字　　数	4170千
定　　价	1686.00元（全9册）

（济南版图书，如有印装错误，请与出版社联系调换。联系电话：0531-86131736）

目 录

第六册

赵世家第十三	1939
魏世家第十四	2007
韩世家第十五	2044
田敬仲完世家第十六	2062
孔子世家第十七	2096
陈涉世家第十八	2145
外戚世家第十九	2166
楚元王世家第二十	2194
荆燕世家第二十一	2201
齐悼惠王世家第二十二	2211

篇目	页码
萧相国世家第二十三	2235
曹相国世家第二十四	2249
留侯世家第二十五	2265
陈丞相世家第二十六	2290
绛侯周勃世家第二十七	2312
梁孝王世家第二十八	2330
五宗世家第二十九	2347
三王世家第三十	2364

赵世家第十三

春秋末年，韩、赵、魏三家瓜分晋国，被周天子册立为诸侯，称为"三晋"。三晋地处中原，最终都被日益强盛的秦国所灭。司马迁为三晋分别立世家，记载它们兴衰成败的历史。《赵世家》在三家中记事最为详赡，不仅对成为诸侯国的赵世系进行了详细叙述，对赵国先祖在春秋时期的世系发展也做了详细的记录。赵国与秦国为同一先祖，至造父时，以封地赵为姓，到叔带时，因周幽王昏庸无道而至晋国侍奉晋文侯，自此开始，赵氏在晋国兴盛起来。赵衰为晋文公即位做出贡献，被封为原邑大夫。其子赵盾，已开始掌握晋国大权，大夫屠岸贾想诛赵氏，将弑君之罪冠于赵盾头上，赵盾之子赵朔受牵连而死，赵氏中衰。赵朔的遗腹子赵武因公孙杵臼、程婴的救护得以存活，赵氏复兴。至赵简子、赵襄子之时，赵氏在晋国的势力不断扩大，专晋国之权。已成为六卿之一的赵氏参与杀掉晋宗室祁氏和羊舌氏；灭掉范氏与中行氏，与智氏、魏、韩瓜分范和中行氏的土地；灭掉代国；赵、魏、韩三家共同消灭智氏，瓜分其土地。赵烈侯六年，周威烈王正式册立赵、魏、韩三家为诸侯。战国前期，赵国在与齐国、魏国、秦国的战斗中发展。至赵武灵王时，根据具体的国情，提出胡服骑射的改革策略。这一变革在当时受到了众多固守旧礼俗者的反对，赵武灵王力排众议，经过与贵族及大臣的反复辩论，终于使他的改革措施得以实行。司马迁对这些辩论的记述颇为详细，如"圣人观乡而顺宜，因事而制礼"，如"随时制法，因事制礼。法度制令各顺其宜，衣服器械各便其用"等，都体现出赵武灵王的远见卓识。经过这一改革，赵国迅速强大起来，出兵灭掉中山，向西侵占胡地，向北扩地千里，进入了最辉煌的时期。然而，赵武灵王废嫡立幼，导致祸患，最终被饿死在沙丘宫。在赵武灵王所创立的基业下，赵惠文王向东攻打强齐，向西讨伐强秦，使赵国成为军事实力极为强大的国家。到赵孝成王时，因贪上党之利，引发长平之战，赵军大败，国家开始衰落。自此，赵国不断被秦国蚕食，赵幽穆王昏聩，诛杀良将，最终被秦国所灭。最后，司马迁对赵王迁诛杀忠臣良将的行为进行了深切的批判与痛斥。《赵世家》在三十世家中颇具特色，通读全篇，如大江大河，波澜起伏，让读者应接不暇，不忍释卷。最妙的是用四个梦贯串赵国的发展史，前后映照，使赵国的历史带了些奇幻色彩：第一个梦是赵盾之梦，为赵氏中衰、赵武复兴埋下伏笔；第二个梦是赵简子之梦，为灭中行氏、智伯氏及赵武灵王改革等事埋下伏笔；第三个梦是赵武灵王之梦，为废嫡立幼，招致祸乱做了预示；第四个梦是赵孝成王之梦，为长平战役惨败于秦国做了预警。《赵世家》将这四个梦穿插其间，使对历史的记述充满了戏剧性，引人入胜。

赵氏之先，与秦共祖。至中衍，为帝大戊①御。其后世蜚廉②有子二人，而命其一子曰恶来，事纣，为周所杀，其后为秦。恶来弟曰季胜，其后为赵。

◎**注释** ①〔大戊〕商朝的第九位国王。②〔蜚廉〕中衍的玄孙叫中潏，中潏的儿子是蜚廉。

◎**大意** 赵国和秦国是同一个祖先。传到中衍时，为殷帝大戊驾车。他的后代蜚廉有两个儿子，其中一个儿子叫恶来，曾经服侍商纣王，被周人杀掉，他的后代建立了秦。恶来的弟弟叫季胜，他的后代建立了赵。

季胜生孟增。孟增幸于周成王，是为宅皋狼①。皋狼生衡父，衡父生造父②。造父幸于周缪王③。造父取骥之乘匹，与桃林盗骊、骅骝、绿耳，献之缪王。缪王使造父御，西巡狩，见西王母④，乐之忘归。而徐⑤偃王反，缪王日驰千里马，攻徐偃王，大破之。乃赐造父以赵城⑥，由此为赵氏。

◎**注释** ①〔皋狼〕在今山西离石西北。②〔造父〕善于相马，也是最善于赶车的驭手。③〔周缪王〕即"周穆王"，名满。④〔西王母〕神话传说中的西方神仙。⑤〔徐〕又称徐方，夷族小国名，在今江苏泗洪南。⑥〔赵城〕在今山西洪洞（tóng）。

◎**大意** 季胜的儿子是孟增。孟增被周成王所宠信，就是宅皋狼。皋狼生了衡父，衡父又生造父。造父颇受周穆王的宠信。造父选取了八匹骏马加以驯服，和桃林的盗骊、骅骝、绿耳等良马，一起献给了周穆王。周穆王让造父驾车，到西方去巡视考察，见到了西王母，因此而流连忘返。但在徐偃王起兵造反时，周穆王乘着千里马日夜奔行，率军攻打徐偃王，大败其军。周穆王于是把赵城赏赐给造父，从这时起，造父的子孙为赵氏。

自造父已（以）下六世至奄父，曰公仲，周宣王时伐戎，为御。及千亩①战，奄父脱宣王。奄父生叔带。叔带之时，周幽王无道，去周如晋，事晋文侯，始建赵氏于晋国。

◎**注释**　①〔千亩〕在今山西介休。
◎**大意**　从造父以下，传六代而至奄父，奄父名叫公仲，周宣王征讨戎族人时，为周宣王驾车。在千亩之战中，奄父帮助周宣王脱离险境。奄父生叔带。到叔带时，因周幽王昏庸无道，便离开周王朝到了晋国，侍奉晋文侯，赵氏由此在晋国兴旺起来。

　　自叔带以下，赵宗益兴，五世而至赵夙。

◎**大意**　从叔带以后，赵氏宗族更加兴旺，经过五代而到赵夙。

　　赵夙，晋献公之十六年伐霍、魏、耿①，而赵夙为将伐霍。霍公求奔齐。晋大旱，卜之，曰"霍太山为祟"。使赵夙召霍君于齐，复之，以奉霍太山之祀，晋复穰。晋献公赐赵夙耿。

◎**注释**　①〔霍、魏、耿〕当时的三个小诸侯国。霍在今山西霍州西南，魏在今山西芮城北，耿在今山西河津东南。
◎**大意**　赵夙在晋献公十六年攻打霍、魏、耿三国时，担任将军讨伐霍国。霍公求出逃到了齐国。晋国大旱，为此进行占卜，结果说是"霍太山的神灵在作怪"。晋献公就派赵夙到齐国召回霍君，恢复他的地位，让他继续主持霍太山神灵的祭祀，晋国的庄稼又获得了大丰收。晋献公将耿地赏赐给了赵夙。

赵世家第十三

夙生共孟,当鲁闵公之元年也。共孟生赵衰,字子馀。

◎**大意** 赵夙生赵共孟那年,正好是鲁闵公元年。赵共孟生赵衰,赵衰字子馀。

赵衰卜事晋献公及诸公子,莫吉;卜事公子重耳,吉,即事重耳。重耳以骊姬之乱亡奔翟(狄),赵衰从。翟(狄)伐廧咎如①,得二女,翟(狄)以其少女妻重耳,长女妻赵衰而生盾。初,重耳在晋时,赵衰妻亦生赵同、赵括、赵婴齐。赵衰从重耳出亡,凡十九年,得反(返)国。重耳,为晋文公,赵衰为原②大夫,居原,任国政。文公所以反(返)国及霸,多赵衰计策,语在《晋》事中。

◎**注释** ①〔廧咎(qiáng gāo)如〕春秋时赤狄部落名。隗姓。在今山西长治东、河南安阳西的太行山区。②〔原〕在今河南济源西北。

◎**大意** 赵衰占卜侍奉晋献公以及诸位公子,结果是不吉利;又占卜侍奉公子姬重耳,结果是吉利,就去侍奉姬重耳。姬重耳因为骊姬之乱出逃到翟国,赵衰跟随他。翟人攻打廧咎如,俘获了两位女子,翟君把年纪小的女子嫁给姬重耳,年纪大的女子嫁给赵衰,后来生了赵盾。当初,姬重耳在晋国时,赵衰的妻子已经生了赵同、赵括、赵婴齐三个儿子。赵衰跟随姬重耳逃亡在外十九年之后,才得以返回晋国。姬重耳继位为晋文公,赵衰为原大夫,居住在原地,主持国家政事。晋文公之所以能回国继位及称霸于诸侯国,离不开赵衰的出谋划策,这些事情都记载在《晋世家》中。

赵衰既反(返)晋,晋之妻固要迎翟(狄)妻,而以其子盾为适(嫡)嗣,晋妻三子皆下事之。晋襄公之六年,而赵衰卒,谥为成季。

◎**大意** 赵衰回到晋国后，原来留在晋国的妻子坚持要他接回在翟国娶的妻子，并让翟国妻子所生的儿子赵盾做继承人，她自己所生的三个儿子居下位侍奉他。晋襄公六年，赵衰去世，谥号是成季。

赵盾代成季任国政。二年而晋襄公卒，太子夷皋年少，盾为国多难，欲立襄公弟雍。雍时在秦，使使迎之。太子母日夜啼泣，顿首谓赵盾曰："先君何罪，释其適（嫡）子而更求君？"赵盾患之，恐其宗与大夫袭诛之，乃遂立太子，是为灵公，发兵距所迎襄公弟于秦者。灵公既立，赵盾益专国政。

◎**大意** 赵盾代替赵衰执掌晋国政事。两年以后，晋襄公去世，太子姬夷皋年纪还小，赵盾认为国家处于多事之秋，想立晋襄公的弟弟姬雍为国君。姬雍当时在秦国，赵盾就派使者去迎接他。太子姬夷皋的生母日夜哭泣，叩头对赵盾说："先国君有什么过错，不立他的嫡子而另找国君？"赵盾听后非常忧虑，担心她的宗族及大夫们诛杀自己，于是就立太子为国君，就是晋灵公，同时派兵阻拦那些去秦国迎接晋襄公弟弟姬雍回国的人。晋灵公即位后，赵盾独揽大权，晋国政事都由他做主。

灵公立十四年，益骄。赵盾骤谏，灵公弗听。及食熊蹯，胹不熟，杀宰人，持其尸出，赵盾见之。灵公由此惧，欲杀盾。盾素仁爱人，尝所食桑下饿人反扞救盾，盾以得亡。未出境，而赵穿①弑灵公而立襄公弟黑臀，是为成公。赵盾复反，任国政。君子讥盾"为正卿，亡不出境，反（返）不讨贼"，故太史书曰"赵盾弑其君"。晋景公时而赵盾卒，谥为宣孟，子朔嗣。

◎**注释** ①〔赵穿〕赵盾的同一宗族人员。

◎**大意** 晋灵公即位的第十四年，变得越来越骄横。赵盾多次劝谏，晋灵公不听。有一次晋灵公吃熊掌，因为熊掌没煮熟，就杀了厨师，尸体被抬出去时，正好被赵盾看见。晋灵公因此感到害怕，想要杀掉赵盾。赵盾向来仁慈爱人，他曾经给一个饿倒在桑树下的人饭吃，这个人此时是晋灵公的卫士，在他的反戈护卫下，赵盾才得以逃脱。还没有逃出国境，赵穿就杀掉了晋灵公，而拥立晋襄公的弟弟姬黑臀即位，就是晋成公。赵盾又返回来执掌晋国大权。君子讽刺赵盾说"身为正卿，逃亡没有出国境，返回来又不惩处杀死君主的凶手赵穿"，所以晋太史公记载说"赵盾弑杀了他的国君"。到晋景公时，赵盾去世，谥号是宣孟，他的儿子赵朔继承爵位。

赵朔，晋景公之三年，朔为晋将下军救郑，与楚庄王战河上。朔娶晋成公姊为夫人。

◎**大意** 赵朔在晋景公三年，统帅晋国的下军去援救郑国，与楚庄王在黄河边上交战。赵朔迎娶晋成公的姐姐为妻。

晋景公之三年，大夫屠岸贾①欲诛赵氏。初，赵盾在时，梦见叔带持要（腰）而哭，甚悲；已而笑，拊手且歌。盾卜之，兆绝而后好。赵史援占之，曰："此梦甚恶，非君之身，乃君之子，然亦君之咎。至孙，赵将世益衰。"屠岸贾者，始有宠于灵公，及至于景公而贾为司寇②，将作难，乃治灵公之贼以致赵盾，遍告诸将曰："盾虽不知，犹为贼首。以臣弑君，子孙在朝，何以惩罪？请诛之。"韩厥③曰："灵公遇贼，赵盾在外，吾先君以为无罪，故不诛。今诸君将诛其后，是非先君之意而今妄诛。妄诛谓之乱。臣有大事而君不闻，是无君也。"屠岸贾不听。韩厥告赵朔趣（促）亡。朔不肯，曰："子必不绝赵祀，朔死不恨。"韩厥许诺，称疾不出。贾不请而擅与诸将攻赵氏于下宫④，杀赵朔、赵同、赵括、赵婴齐，皆灭其族。

◎**注释** ①〔屠岸贾〕屠岸是复姓，名叫贾。②〔司寇〕官名，主管缉捕盗贼，维持治安。③〔韩厥〕名厥，谥号献，又称韩献子，晋国名臣，"战国七雄"中韩国的先祖。④〔下宫〕赵氏的官室名。

◎**大意** 晋景公三年，晋国的大夫屠岸贾打算诛灭赵氏家族。当初，赵盾还在世的时候，有一次梦见祖先叔带抱着腰哭得很伤心；不一会儿又笑，一边拍手一边唱歌。赵盾就去占卜这个梦，龟甲上的裂纹显示出一种先断绝而后面又恢复完好的征兆。赵的史官援看了兆纹说："这个梦非常不好，不是在您本人身上应验，而是在您儿子身上应验，但也是因为您的过错造成的。到您的孙子一辈，赵氏家族将愈发衰落。"屠岸贾最开始受到晋灵公的宠爱，等到了晋景公时，屠岸贾已经担任晋国的司寇，将要发难，就惩处杀害晋灵公的罪犯而牵连到赵盾。通报所有的将领说："赵盾虽然不知情，但是叛贼首领。作为臣子而弑杀国君，子孙却在朝廷做官，怎么惩治罪犯呢？请杀掉他们。"韩厥说："晋灵公被杀害的时候，赵盾在外逃亡，我们先君认为他没有罪，所以没有杀他。现在诸位要杀掉他的后代，这与先君的意志相违背，属于胡乱诛杀。胡乱诛杀就是作乱。臣子有重大的事件却不报告给国君，这是眼中没有国君。"屠岸贾不听劝告。韩厥告诉赵朔赶紧逃跑。赵朔不肯，说："您能不让赵家断绝香火，我就死而无憾。"韩厥答应了赵朔的要求，声称有病不出家门。屠岸贾没有请示晋景公，就擅自带领诸将围攻赵氏宫室，杀死了赵朔、赵同、赵括、赵婴齐，将赵氏族人全部诛灭。

赵朔妻成公姊，有遗腹①，走公宫匿。赵朔客曰公孙杵臼，杵臼谓朔友人程婴曰："胡不死？"程婴曰："朔之妇有遗腹，若幸而男，吾奉之；即女也，吾徐死耳。"居无何，而朔妇免（娩）②身，生男。屠岸贾闻之，索于宫中。夫人置儿绔中，祝曰："赵宗灭乎，若号；即不灭，若无声。"及索，儿竟无声。已脱，程婴谓公孙杵臼曰："今一索不得，后必且复索之，奈何？"公孙杵臼曰："立孤与死孰难？"程婴曰："死易，立孤难耳。"公孙杵臼曰："赵氏先君遇子厚，子强为其难者，吾为其易者，请先死。"乃二人谋取他人婴儿负之，衣以文葆（褓）③，匿山中。程婴出，谬谓诸将军曰："婴不肖，不能立赵孤。谁能与我千金，吾告赵氏孤处。"诸将皆喜，许之，发师随程婴攻公孙杵臼。杵臼谬曰："小人哉程婴！昔下宫之难不能死，与我谋匿赵氏孤儿，今又卖我。纵不能立，而忍卖之乎！"抱儿呼曰："天乎天乎！赵氏孤儿何罪？请活之，独杀杵臼可也。"诸将不许，遂杀杵臼与孤儿。诸将以为赵氏孤儿良已死，皆喜。然赵氏真孤乃反在，程婴卒与俱匿山中。

◎**注释** ①〔遗腹〕妇人怀孕后，丈夫因故去世，腹中没有出生的孩子称为"遗腹子"。②〔免〕通"娩"，分娩。③〔葆〕通"褓"，小孩子的衣服。

◎**大意** 赵朔的妻子是晋成公的姐姐，当时已经怀有身孕，逃到晋景公的宫中藏了起来。赵朔有个门客叫公孙杵臼，他对赵朔的朋友程婴说："为什么没有随着赵朔去死？"程婴说："赵朔的妻子已经怀有遗腹子，如果有幸生个男孩，我抚养他；如果是个女孩，到时再死也不迟。"过了不久，赵朔的妻子分娩，生下一个男孩。屠岸贾听到这个消息，就到宫中搜索。夫人把婴儿藏进套裤里，祈祷说："赵氏家族如果应该灭绝，你就哭叫；如果不该灭绝，你就不出声。"等到搜索时，婴儿果然没有发出声音。脱险之后，程婴对公孙杵臼说："现在第一次没有搜索到，以后必定还会再搜索，怎么办呢？"公孙杵臼说："抚养孤儿与死，哪个更难？"程婴说："死容易，抚养孤儿难呀。"公孙杵臼说："赵氏先君一直优待您，您就勉强做难的，我做容易的，请让我先死。"于是两个人就设法弄来别人的婴儿背着，给他裹上华丽的小孩子衣服，藏到了山中。程婴出山后，假意对将军们说："我程婴没有本事，没法抚养赵氏的孤儿成人，谁给我千金，我就告诉他赵氏孤儿的藏身之处。"将军们都非常高兴，答应了他的条件，立马派兵跟随程婴去抓捕公孙杵臼。公孙杵臼假意骂道："程婴是个无耻小人！之前在下宫之难的时候没有殉死，跟我商量把赵氏孤儿藏起来，现在又出卖我。即便是不能抚养他，又怎么忍心出卖他呢？"他抱着婴儿喊道："苍天啊苍天啊！赵氏孤儿有什么罪？请不要杀他，只杀我好了。"将军们坚决不答应，把公孙杵臼和孤儿都杀了。将军们认为赵氏孤儿确实已经死了，都非常高兴。然而真正的赵氏孤儿还活着，程婴最终与他一起藏匿到深山中去了。

居十五年，晋景公疾，卜之，大业①之后不遂者为祟。景公问韩厥，厥知赵孤在，乃曰："大业之后在晋绝祀者，其赵氏乎？夫自中衍者皆嬴姓也。中衍人面鸟噣，降佐殷帝大戊，及周天子，皆有明德。下及幽厉无道，而叔带去周适晋，事先君文侯，至于成公，世有立功，未尝绝祀。今吾君独灭赵宗，国人哀之，故见龟策。唯君图之。"景公问："赵尚有后子孙乎？"韩厥具以实告。于是景公乃与韩厥谋立赵孤儿，召而匿之宫中。诸将入问疾，景公因韩厥之众以胁诸将而见赵孤。赵孤名曰武。诸将不得已，乃曰："昔下宫之难，屠岸贾为之，矫以君命，并命群臣。非然，孰敢作难！微君之疾，群臣固且请立赵后。今君有命，群臣之愿也。"于是召赵武、程婴遍拜诸将，遂反与程婴、赵武攻屠岸贾，灭其族。复与赵武田邑如故。

◎**注释** ①〔大业〕嬴姓、赵姓宗族的远祖。
◎**大意** 过了十五年，晋景公生病了，占卜吉凶，结果说是因为大业的后代不顺遂而作怪。晋景公问韩厥是什么意思，韩厥知道赵氏孤儿活着，就说："大业的后代是在晋国灭绝的，不就是赵氏吗？从中衍开始，他的子孙都姓嬴。中衍是人面鸟嘴，降临世间辅佐殷帝大戊，一直到周天子时，他的后代都有完美的品德。等到周幽王、周厉王时，因为他们昏庸无道，叔带就离开周王室而到了晋国，侍奉您的先祖晋文侯，一直到晋成公时，世代都建立功勋，没有断绝过祭祀。现在国君您独独灭绝了赵氏宗族，国中的人们非常同情他们的遭遇，所以就显现在龟甲蓍草上。希望国君您认真地考虑这件事。"晋景公问:"赵氏还有留下来的子孙吗?"韩厥就将所有的情况告诉了晋景公。于是晋景公就和韩厥商量扶立赵氏孤儿,把他接回来藏在宫中。在诸将进宫探视病情时,晋景公利用韩厥的部下威胁诸将,让他们见到了赵氏孤儿。赵氏孤儿名叫武。将军们无奈之下说:"之前的下宫事变,是屠岸贾一手策划的,要不是他假传国君的命令指挥群臣,谁敢向赵家发难!如果不是国君您生病了,我们本来就要请求您扶立赵氏的后代。现在国君您下达命令,正是我们的心愿啊。"于是晋景公让赵武和程婴一一拜见众位将军,诸位将军又反过来和程婴、赵武一起缉拿屠岸贾,灭了他的全族。晋景公又把赵氏原有的封地赏还了赵武。

及赵武冠,为成人,程婴乃辞诸大夫,谓赵武曰:"昔下宫之难,皆能死。我非不能死,我思立赵氏之后。今赵武既立,为成人,复故位,我将下报赵宣孟与公孙杵臼。"赵武啼泣顿首固请,曰:"武愿苦筋骨以报子至死,而子忍去我死乎!"程婴曰:"不可。彼以我为能成事,故先我死;今我不报,是以我事为不成。"遂自杀。赵武服齐衰①三年,为之祭邑,春秋祠之,世世勿绝。

◎**注释** ①〔齐衰(zī cuī)〕一种丧服,仅次于斩衰。用粗麻布制成,因为缉边缝齐,称作齐衰,一般为祖父、母与叔父、伯父服孝而穿。

◎**大意** 等到赵武加冠成人时,程婴就辞别诸位大夫,对赵武说:"从前下宫事变,别人都能够以身殉难。我并不是不能殉死,而是想着要抚养赵氏的后代。现在你已经长大成人,恢复了原来的爵位,我要到地下向赵宣孟和公孙杵臼报告。"赵武哭泣着叩头,坚决地请求说:"我愿意受各种苦来报答您的恩德一直到死,难道您就忍心离开我去死吗?"程婴说:"不行。公孙杵臼认为我能办成大事,所以就放心地先我而死;如今我不去告诉他,就会以为我办的事没有成功。"于是就自杀了。赵武为程婴守丧三年,为他设立了专供祭祀的土地,春天和秋天祭奠他,世代都没有断绝。

赵氏复位十一年，而晋厉公杀其大夫三郤。栾书畏及，乃遂弑其君厉公，更立襄公曾孙周，是为悼公。晋由此大夫稍强。

◎**大意**　赵武复位十一年后，晋厉公杀了大夫郤锜（xì qí）、郤犨（chōu）、郤至。栾书害怕牵连自己，就杀了晋厉公，改立晋襄公的曾孙姬周为国君，就是晋悼公。从此以后晋国大夫们的势力渐渐强盛起来。

赵武续赵宗二十七年，晋平公立。平公十二年，而赵武为正卿。十三年，吴延陵季子使于晋，曰："晋国之政卒归于赵武子、韩宣子、魏献子之后矣。"赵武死，谥为文子。

◎**大意**　赵武继承赵氏家族的第二十七年，晋平公继位。晋平公十二年，赵武担任正卿。晋平公十三年，吴国的延陵季子出使来到晋国，说："晋国的政权最终要落到赵武子、韩宣子、魏献子后代手里了。"赵武去世，谥号叫文子。

文子生景叔①。景叔之时，齐景公使晏婴于晋，晏婴与晋叔向语。婴曰："齐之政后卒归田氏。"叔向亦曰："晋国之政将归六卿。六卿侈矣，而吾君不能恤也。"

◎**注释**　①〔景叔〕名叫成，又称赵成子。
◎**大意**　赵武生赵景叔。赵景叔的时候，齐景公派晏婴出使晋国，晏婴和晋国的叔向攀谈。晏婴说："齐国的政权最终会归属田氏。"叔向也说："晋国的政权将要归到六卿的手里。六卿已经很放纵了，而我们的国君还不知道忧虑。"

赵景叔卒，生赵鞅，是为简子。

◎**大意**　赵景叔去世，他生了赵鞅，就是赵简子。

赵简子在位，晋顷公之九年，简子将合诸侯戍于周。其明年，入周敬王于周，辟（避）弟子朝①之故也。

◎**注释**　①〔子朝〕即王子姬朝，周敬王的弟弟。周敬王回朝之前，王子姬朝占据都城雒阳，自立为周王。
◎**大意**　赵简子在位时，在晋顷公九年，赵简子率军联合诸侯守卫周王朝。第二年，护送周敬王回周王朝的国都，这时占据周王朝国都的王子姬朝已被驱逐出去。

晋顷公之十二年，六卿以法诛公族祁氏、羊舌氏，分其邑为十县，六卿各令其族为之大夫。晋公室由此益弱。

◎**大意**　晋顷公十二年，六卿依据法律诛杀与国君同宗族的祁氏、羊舌氏，将他们的封地分成十个县，并各自派自己的族人到这些县去做大夫。晋国的公室从此之后就更加衰弱了。

后十三年，鲁贼臣阳虎来奔，赵简子受赂，厚遇之。

◎**大意**　又过了十三年，鲁国的叛臣阳虎逃亡到晋国，赵简子接受了贿赂，对他十分优厚。

赵简子疾，五日不知人，大夫皆惧。医扁鹊①视之，出，董安于②问。扁鹊曰："血脉治也，而何怪！在昔秦缪公尝如此，七日而寤。

寤之日，告公孙支③与子舆曰：'我之帝所，甚乐。吾所以久者，适有学也。帝告我："晋国将大乱，五世不安；其后将霸，未老而死；霸者之子且令而国男女无别。"'公孙支书而藏之，秦谶④于是出矣。献公之乱，文公之霸，而襄公败秦师于殽（崤）而归纵淫，此子之所闻。今主君之疾与之同，不出三日疾必间，间必有言也。"

◎**注释** ①〔扁鹊〕姓秦，名越人，因医术精湛，当时的人以古代神医"扁鹊"的名号称呼他。②〔董安于〕赵氏的家臣。③〔公孙支〕秦国大夫，名子桑。④〔谶（chèn）〕一种带有迷信性质的预言。

◎**大意** 赵简子生病，五天都不省人事，大夫都十分害怕，请名医扁鹊为他诊断，扁鹊出来后董安于询问病情。扁鹊说："血脉正常，有什么大惊小怪的！从前秦穆公就曾这样，昏睡了七天后自然苏醒。醒来的那天，他告诉公孙支和子舆说：'我去了上帝居住之所，过得非常愉快。我之所以在那里停留那么久，是正好有需要学习的东西。上帝告诉我："晋国即将发生动乱，五代都得不到安宁；晋国的后世国君将会称霸，但不久就死了；霸主的儿子会让你们国家的男女都遭受重大的灾难。"'公孙支把秦穆公所说的话记好后藏起来，从此秦国的预言就流传开了。晋献公时国家的内乱，晋文公时的称霸，还有晋襄公自崤山大败秦军而返后就纵情淫乱，这些都是您所知道的。现在赵简子的病就和秦穆公的病一样，不出三天病情一定会有所好转，好转后肯定有话要说。"

居二日半，简子寤。语大夫曰："我之帝所，甚乐。与百神游于钧天，广乐九奏万舞，不类三代之乐，其声动人心。有一熊欲来援我，帝命我射之，中熊，熊死。又有一罴来，我又射之，中罴①，罴死。帝甚喜，赐我二笥②，皆有副。吾见儿在帝侧，帝属我一翟（狄）犬，曰：'及而子之壮也以赐之。'帝告我：'晋国且世衰，七世而亡，嬴姓将大败周人于范魁之西，而亦不能有也。今余思虞舜之勋，适余将以其胄③女孟姚④配而七世之孙⑤。'"董安于受言而书藏之。以扁鹊言告简子，简子赐扁鹊田四万亩。

◎**注释** ①〔羆（pí）〕熊的一种，即棕熊，能爬树，会游泳。②〔笥（sì）〕盛饭或衣物的方形竹器。③〔胄〕帝王或贵族的后代。④〔孟姚〕即娃嬴，又称吴娃，姚氏之女。⑤〔七世之孙〕即赵武灵王。

◎**大意** 过了两天半，赵简子醒了过来。他对大夫们说："我去了上帝居住之所，过得非常愉快。我和百神一起在天空的中央玩乐，聆听了多支宏伟的乐曲，欣赏了多种多样的舞蹈，与夏、商、周三代的音乐有所不同，那美妙的乐声非常激荡人心。有一只熊要来抓我，上帝让我用箭射击它，我一击即中，把熊射死了。接着又有一只羆过来，我又射它，再次击中，羆也死了。上帝非常高兴，赏赐给我两个竹箱，都带有小箱子。我看见一个小孩在上帝旁边，上帝交给我一条翟犬，说：'等你的儿子长大后，把这犬送给他。'还告诉我说：'晋国将一代一代地衰弱，等到七世以后就会灭亡，嬴姓将会在范魁的西边大败周人，但是也不能占领它。现在我念及赵的先祖在虞舜时的功勋，到时候我将会把他后代的女儿孟姚许配给你的第七代子孙。'"董安于听了之后，就把这些话记录下来收藏好。他又把扁鹊说的话告诉赵简子，赵简子赏赐给扁鹊四万亩田地。

他日，简子出，有人当道，辟（避）之不去，从者怒，将刃之。当道者曰："吾欲有谒于主君。"从者以闻。简子召之，曰："譆（嘻），吾有所见子晰也。"当道者曰："屏（摒）左右，愿有谒。"简子屏人。当道者曰："主君之疾，臣在帝侧。"简子曰："然，有之。子之见我，我何为？"当道者曰："帝令主君射熊与羆，皆死。"简子曰："是，且何也？"当道者曰："晋国且有大难，主君首之。帝令主君灭二卿，夫熊与羆皆其祖也。"简子曰："帝赐我二笥皆有副，何也？"当道者曰："主君之子将克二国①于翟（狄），皆子姓也。"简子曰：“吾见儿在帝侧，帝属我一翟（狄）犬，曰'及而子之长以赐之'。夫儿何谓以赐翟（狄）犬？”当道者曰：“儿，主君之子也。翟（狄）犬者，代之先也。主君之子且必有代。及主君之后嗣，且有革政而胡服②，并二国于翟（狄）。”简子问其姓而延之以官。当道者曰：“臣野人，致帝命耳。”遂不见。简子书藏之府。

◎**注释** ①〔二国〕指代及智氏。②〔革政而胡服〕指赵武灵王改革政治、胡服骑射之事。

◎**大意** 有一天，赵简子外出，有个人挡住了道路，驱赶也不走开，随从非常生气，想要拿刀杀了他。挡路的人说："我有事情要拜见主君。"随从报告给赵简子。赵简子召他上前，说："嘻嘻，我看你很面熟，好像见过你。"挡路的人说："支开身边的随从，我有话对您说。"赵简子就支开左右后，挡路的人说："以前您生病的时候，我就在上帝的旁边。"赵简子说："对，有这回事。你看见我的时候，我在干什么？"挡路的人说："上帝让您射熊和罴，您把它们都射死了。"赵简子说："是这样，将会发生什么事情呢？"挡路的人说："晋国将会有大灾难，事情由您开始。上帝让您灭掉范氏和中行氏两位上卿，那熊和罴就是他们的祖先。"赵简子问："上帝赏赐给我两个竹箱，各配有小箱，是什么意思？"挡路的人说："您的儿子将会在翟打败两个国家，他们都是子姓。"赵简子说："我看见一个小孩在上帝的身边，上帝交给我一条翟犬，说'等你的儿子长大后，把这犬送给他。'为什么要把翟犬赏赐给我儿子？"挡路的人说："那小孩就是您的儿子。那翟犬是代国的祖先。您的儿子将来一定会拥有代国。在您的后代中，将有人改革政治而且穿上胡人服装，在翟地吞并两个国家。"赵简子询问他的姓名，想要请他做官。挡路的人说："我是乡野之人，只不过是来传达上帝的意志罢了。"说完就不见了。赵简子把这些话记录下来后，收藏在府库中。

异日，姑布子卿①见简子，简子遍召诸子相之。子卿曰："无为将军者。"简子曰："赵氏其灭乎？"子卿曰："吾尝见一子于路，殆君之子也。"简子召子毋恤。毋恤至，则子卿起曰："此真将军矣！"简子曰："此其母贱，翟（狄）婢也，奚道贵哉？"子卿曰："天所授，虽贱必贵。"自是之后，简子尽召诸子与语，毋恤最贤。简子乃告诸子曰："吾藏宝符于常山②上，先得者赏。"诸子驰之常山上，求，无所得。毋恤还，曰："已得符矣。"简子曰："奏之。"毋恤曰："从常山上临代，代可取也。"简子于是知毋恤果贤，乃废太子伯鲁，而以毋恤为太子。

◎**注释** ①〔姑布子卿〕姓姑布，名子卿，当时相面的人。②〔常山〕即今河北恒山，因避汉文帝刘恒的名讳而改。

◎**大意** 另一天，姑布子卿进见赵简子，赵简子就把所有的儿子都叫来，让他相面。姑布子卿说："没有人能做将军。"赵简子说："赵氏难道要灭亡了吗？"姑布子卿说："我曾经在路上见到一个小孩，大概也是您的儿子吧。"赵简子命人去叫儿子赵毋恤（xù）。赵毋恤刚到来，姑布子卿就站起来说："这是真正的将军呀！"赵简子说："这个孩子的母亲出身低微，是翟族人婢女，怎么能说他尊贵呢？"姑布子卿说："这是上天赏赐给您的，即使出身低微，未来也必定尊贵。"从此以后，赵简子常常召唤所有的儿子一一交谈，发现毋恤最贤能。赵简子就对儿子们说："我将宝符藏在常山上，谁先找到就赏赐谁。"儿子们迅速跑到常山上，四处寻找，却什么也没有找到。赵毋恤返回后说："我已拿到宝符了。"赵简子说："你来汇报汇报。"赵毋恤说："从常山上能够俯瞰代国，翻过山就可以夺取它。"赵简子至此知道赵毋恤果然是一个贤能的人，就废掉太子赵伯鲁，把赵毋恤立为太子。

后二年，晋定公之十四年，范、中行作乱。明年春，简子谓邯郸①大夫午曰："归我卫士五百家，吾将置之晋阳。"午许诺，归而其父兄不听，倍（背）言。赵鞅捕午，囚之晋阳②。乃告邯郸人曰：

"我私有诛午也，诸君欲谁立？"遂杀午。赵稷、涉宾以邯郸反。晋君使籍秦③围邯郸。荀寅④、范吉射⑤与午善，不肯助秦而谋作乱，董安于知之。十月，范、中行氏伐赵鞅，鞅奔晋阳，晋人围之。范吉射、荀寅仇人魏襄⑥等谋逐荀寅，以梁婴父⑦代之；逐吉射，以范皋绎⑧代之。荀栎⑨言于晋侯曰："君命大臣，始乱者死。今三臣始乱而独逐鞅，用刑不均，请皆逐之。"十一月，荀栎、韩不佞⑩、魏哆奉公命以伐范、中行氏，不克。范、中行氏反伐公，公击之，范、中行败走。丁未，二子奔朝歌。韩、魏以赵氏为请。十二月辛未，赵鞅入绛，盟于公宫。其明年，知（智）伯文子谓赵鞅曰："范、中行虽信为乱，安于发之，是安于与谋也。晋国有法，始乱者死。夫二子已伏罪而安于独在。"赵鞅患之。安于曰："臣死，赵氏定，晋国宁，吾死晚矣。"遂自杀。赵氏以告知（智）伯，然后赵氏宁。

◎**注释** ①〔邯郸〕晋国县名，在今河北邯郸。②〔晋阳〕赵氏的封地，在今山西太原西南。③〔籍秦〕晋国的大夫，当时任上军司马。④〔荀寅〕又称中行文子，是当时中行氏家族的首领，晋国的六卿之一。荀寅是赵午的舅舅，与范吉射有姻亲关系。⑤〔范吉射〕又称士吉射、范昭子，是当时范氏家族的首领，晋国的六卿之一。⑥〔魏襄〕即魏襄子，名魏侈，又名魏曼多、魏哆，是当时魏氏家族的首领，晋国的六卿之一。⑦〔梁婴父〕晋国大夫，中行氏家族的人。⑧〔范皋绎〕范氏姬妾生的儿子。⑨〔荀栎〕也称荀跞，谥号文，又称智文子、知文子，当时智氏家族的首领，晋国六卿之一。⑩〔韩不佞〕即韩简子，韩氏家族的首领，晋国六卿之一。

◎**大意** 两年后，晋定公在位的第十四年，范氏、中行氏发动叛乱。第二年春天，赵简子对邯郸大夫赵午说："把卫国进献的五百家士归还给我，我将要把他们安置在晋阳。"赵午答应了，但返回后他的父兄不同意，于是就违背了诺言。赵鞅就派人抓捕了赵午，把他囚禁在晋阳。于是对邯郸的人说："我有意杀掉赵午，大家想让谁继任？"于是就杀了赵午。赵午的儿子赵稷和他的家臣涉宾，就在邯郸起兵造反，晋定公派上军司马籍秦带兵去围攻邯郸。荀寅、范吉射跟赵午交好，因此不肯帮助籍秦攻打邯郸，反而企图趁机作乱，这件事被董安于知道了。这年十月，范吉射、荀寅带兵攻打赵鞅，赵鞅逃到晋阳，被范氏、中行氏的军队包围。而这时范吉射、荀寅的仇人魏襄等人正密谋驱逐二人，分别让范皋绎、梁婴父代替他们。荀栎向晋定公进谏说："您向大臣下令说带头作乱的人处死。现在范吉射、荀寅、赵鞅三个大臣都带头作乱，而只是驱逐赵鞅，这样的处置是不公平的，请把他们全部驱逐。"这年十一月，荀栎、韩不佞、魏哆遵照晋定公的指示，带兵讨伐范吉射、荀寅，没有取得成功。范吉射、荀寅反过来攻打晋定公，受到晋定公的反击，落败而逃。这年十一月丁未日，两个人逃到了朝歌。在韩不佞、魏哆的求情之下，赵鞅在这年十二月辛未日，得以回到绛城，并在晋定公的宫中盟誓。第二年，智伯文子对赵鞅说："范氏、中行氏虽然确实发动叛乱，是董安于举报的他们，这说明董安于参与了他们的密谋。根据晋国的法令，带头作乱的人要处死。范氏、中行氏两个人已经被治罪而董安于却还逍遥法外。"赵鞅为此事十分忧虑。董安于说："我死了，赵氏安定，晋国也就平静了，我死而无怨。"说完他就自杀了。赵鞅把这件事告诉了智伯，这以后赵氏才得以安宁。

孔子闻赵简子不请晋君而执邯郸午，保晋阳，故书《春秋》曰"赵鞅以晋阳畔（叛）"。

◎**大意** 孔子听说赵简子没有向晋国国君请示就抓捕了邯郸大夫赵午，又退守晋阳，就在《春秋》中写下"赵鞅据晋阳发动叛乱"。

赵简子有臣曰周舍，好直谏。周舍死，简子每听朝，常不悦，大夫请罪。简子曰："大夫无罪。吾闻千羊之皮不如一狐之腋。诸大夫朝，徒闻唯唯，不闻周舍之鄂鄂，是以忧也。"简子由此能附赵邑而怀晋人。

◎**大意** 赵简子有个家臣叫周舍，喜欢直言进谏。周舍死后，赵简子每次在朝会听政时，经常表现得不高兴，大夫们以为是自己犯了错而请罪。赵简子说："你们没有什么过错。我听说一千张羊皮也比不上一只狐狸腋下的皮。各位在上朝议事的时候，都是唯唯诺诺应承，而没有人像周舍那样直言争辩，所以感到很担心。"赵简子由此不仅能让赵地的人依附，而且使晋国的人都归向他。

晋定公十八年，赵简子围范、中行于朝歌，中行文子奔邯郸。明年，卫灵公卒。简子与阳虎送卫太子蒯聩①于卫，卫不内（纳），居戚②。

◎**注释** ①〔蒯聩〕卫灵公的太子，因图谋杀害卫灵公的夫人南子事败露而逃到晋国。②〔戚〕在今河南濮阳东北。

◎**大意** 晋定公十八年，赵简子在朝歌围困范氏和中行氏，中行文子逃亡到邯郸。第二年，卫灵公去世。赵简子和阳虎将卫国的太子姬蒯聩护送回卫国，卫国却不接纳，蒯聩只好暂时居住在戚地。

晋定公二十一年，简子拔邯郸，中行文子奔柏人①。简子又围柏人，中行文子、范昭子遂奔齐。赵竟有邯郸、柏人。范、中行余邑入于晋。赵名晋卿，实专晋权，奉邑侔于诸侯。

◎**注释** ①〔柏人〕在今河北隆尧。
◎**大意** 晋定公二十一年，赵简子攻下邯郸，中行文子逃到柏人。赵简子率兵包围了柏人，中行文子、范昭子于是出逃到齐国。赵氏最终占据了邯郸、柏人，范氏、中行氏的其他封邑则归入晋公室。赵简子名义上是晋国上卿，实际上已经独揽晋国大权，赵氏的封地已相当于一个诸侯国。

晋定公三十年，定公与吴王夫差争长于黄池，赵简子从晋定公，卒长吴。定公三十七年卒，而简子除三年之丧，期①而已。是岁，越王句践灭吴。

◎**注释**　①〔期（jī）〕一周年。
◎**大意**　晋定公三十年，晋定公与吴王夫差在黄池争当盟主，赵简子跟随晋定公前往，最终被吴王夫差争夺到盟主。晋定公三十七年时去世，赵简子免除了三年的丧期，仅服丧一年。这一年，越王句践灭了吴国。

晋出公十一年，知（智）伯伐郑。赵简子疾，使太子毋恤将而围郑。知（智）伯醉，以酒灌击毋恤。毋恤群臣请死之。毋恤曰："君所以置毋恤，为能忍詢（诟）。"然亦愠知（智）伯。知（智）伯归，因谓简子，使废毋恤，简子不听。毋恤由此怨知（智）伯。

◎**大意**　晋出公十一年，智伯带兵攻打郑国。赵简子这时生病，就派太子赵毋恤带兵去围攻郑国。智伯喝醉了酒，强迫赵毋恤喝酒，并用酒器击打他。赵毋恤的手下群臣要杀死智伯。赵毋恤说："父亲之所以立我为继承人，就是因为我能够忍受羞辱。"但他心中也十分怨恨智伯。智伯回国后对赵简子讲了这件事，让他废掉赵毋恤，赵简子没有听取他的意见。赵毋恤因为这件事更加怨恨智伯。

晋出公十七年，简子卒，太子毋恤代立，是为襄子。

◎**大意**　晋出公十七年，赵简子去世，太子赵毋恤继位，就是赵襄子。

赵襄子元年，越围吴。襄子降丧食，使楚隆问吴王。

◎**大意** 赵襄子元年，越国攻打吴国。赵襄子减少在守丧期的饮食，派楚隆去慰问吴王夫差。

襄子姊前为代王夫人。简子既葬，未除服，北登夏屋①，请代王。使厨人操铜枓以食（饲）代王及从者，行斟，阴令宰人各以枓击杀代王及从官，遂兴兵平代地。其姊闻之，泣而呼天，摩（磨）笄自杀。代人怜之，所死地名之为摩（磨）笄之山②。遂以代封伯鲁子周为代成君。伯鲁者，襄子兄，故太子。太子蚤（早）死，故封其子。

◎**注释** ①〔夏屋〕山名，在今山西繁峙西北。②〔摩笄之山〕在今河北蔚（yù）县东南。

◎**大意** 赵襄子的姐姐先前就嫁给了代王为夫人。赵简子下葬后，赵襄子还在服丧期，就登上北边的夏屋山，请来了代王。他让厨师用铜勺盛放食物，来招待代王及他的随从，斟酒时，暗中让掌管膳食的人用铜勺打死代王和他的随从，接着出动军队平定了代国。他的姐姐知道这件事后，哭泣而呼叫上天，将簪子磨尖后自杀。代国人同情她，将她自杀的地方命名为磨笄之山。赵襄子就将代地封给赵伯鲁的儿子赵周，让他做代地的君主。赵伯鲁是赵襄子的哥哥，原来的太子。但赵伯鲁不幸早死，所以就封给他的儿子。

襄子立四年，知（智）伯与赵、韩、魏尽分其范、中行故地。晋出公怒，告齐、鲁，欲以伐四卿①。四卿恐，遂共攻出公。出公奔齐，道死。知（智）伯乃立昭公曾孙骄，是为晋懿公②。知（智）伯益骄。请地韩、魏，韩、魏与之。请地赵，赵不与，以其围郑之辱。知（智）伯怒，遂率韩、魏攻赵。赵襄子惧，乃奔保晋阳。

◎**注释** ①〔四卿〕这里指智伯、赵襄子、魏桓子、韩康子。②〔晋懿公〕即晋哀公,名骄。

◎**大意** 赵襄子继位四年,智伯和赵氏、韩氏、魏氏三家将范氏、中行氏原来的封地全部瓜分了。晋出公非常生气,将此事告诉齐国和鲁国,想借两国的军队讨伐四卿。四卿惶恐,就一起攻打晋出公。晋出公逃往齐国,死在了路上。智伯于是立晋昭公的曾孙姬骄为国君,就是晋懿公。此后智伯愈加骄纵。向韩氏、魏氏索要土地,两家给了他。智伯又向赵氏索要土地,赵氏坚决不给,因为当年攻打郑国时赵襄子受到智伯的羞辱。智伯大怒,于是率领韩氏、魏氏攻打赵氏。赵襄子害怕,就跑回去坚守晋阳。

原过①从,后,至于王泽②,见三人,自带以上可见,自带以下不可见。与原过竹二节,莫通。曰:"为我以是遗赵毋卹。"原过既至,以告襄子。襄子齐(斋)三日,亲自剖竹,有朱书曰:"赵毋卹,余霍泰山③山阳侯天使也。三月丙戌,余将使女(汝)反灭知(智)氏。女(汝)亦立我百邑④,余将赐女(汝)林胡⑤之地。至于后世,且有伉王,赤黑,龙面而鸟噣,鬓麋髭髯,大膺大胸,修下而冯,左衽⑥界(介)乘,奄有河宗,至于休溷⑦诸貉(貊)⑧,南伐晋别,北灭黑姑。"襄子再拜,受三神之令。

◎**注释** ①〔原过〕赵襄子的家臣。②〔王泽〕在今山西新绛东南。③〔霍泰山〕也称霍太山、霍山,在今山西霍州东南。④〔百邑〕在今山西霍州东南。⑤〔林胡〕北方民族名,活动在今内蒙古自治区鄂尔多斯东胜一带。⑥〔左衽〕衣襟左开,指少数民族的服饰。⑦〔休溷〕北方的少数民族,大约在今内蒙古河套一带。⑧〔貉〕北方的少数民族名。

◎**大意** 原过跟随赵襄子逃跑,落在了后面,到达王泽时遇见三个人,他们从腰带以上可以看见,从腰带以下却看不见。他们给了原过两节两端不通的竹子,说:"帮我们把这竹子送给赵毋卹。"原过到了晋阳后,告诉了赵襄子这件事。赵襄子斋戒三天后,亲自剖开竹子,里面用朱砂写着:"赵毋卹,我们是霍泰山山阳侯派来的使者。三月丙戌日，我们将派你返回去灭掉智伯。你只要在百邑为我们建庙，我们会将林胡的土地赏赐给你。到你的后代，将有一位勇猛强健的君主，身体是黑色，龙脸而鸟嘴，头发胡子旺盛，背阔胸宽，身形修长高大，身穿胡服而披甲乘马，占领黄河中游一带，直至休溷等众多少数民族的地区，往南占领晋国的其他城邑，往北灭掉黑姑。"赵襄子拜了又拜，接受了三位使者的指令。

三国攻晋阳，岁余，引汾水灌其城，城不浸者三版①。城中悬釜而炊，易子而食②。群臣皆有外心，礼益慢，唯高共不敢失礼。襄子惧，乃夜使相张孟同③私于韩、魏。韩、魏与合谋，以三月丙戌，三国反灭知（智）氏，共分其地。于是襄子行赏，高共为上。张孟同曰："晋阳之难，唯共无功。"襄子曰："方晋阳急，群臣皆懈，惟共不敢失人臣礼，是以先之。"于是赵北有代，南并知（智）氏，强于韩、魏。遂祠三神于百邑，使原过主霍泰山祠祀。

◎**注释** ①〔版〕古代筑墙用的夹板，一块的高度是二尺。②〔易子而食〕因为不忍心吃掉自己的孩子，只好和别人交换孩子吃。③〔张孟同〕即张孟谈，司马迁为避父亲司马谈的名讳而改。

◎**大意** 智氏与韩氏、魏氏联合攻打晋阳一年多后，引汾水灌入晋阳城，没被水淹没的城墙只有六尺高。城中的人悬挂着锅做饭，互相交换孩子吃掉。众多臣子都生了外心，礼节上就越来越随便，只有高共没有失却礼数。赵襄子十分恐慌，于是就派国相张孟同夜里偷偷去见韩氏、魏氏，并与他们一起密谋策划，在这年三月丙戌日，三家联合消灭智氏，瓜分他的封地。事成之后，赵襄子封赏大臣，高共是上等。张孟同说："晋阳遭遇围困时，只有高共没有立功。"赵襄子说："当时晋阳情况危急，许多臣子都懈怠失礼，只有高共没有丢掉臣子的礼节，所以要受上等封赏。"从此赵氏往北占领代地，往南吞并智氏，比韩氏、魏氏都强大。于是为三神在百邑建立祠庙举行祭祀，派原过主持霍泰山神庙的祭祀。

其后娶空同氏^①，生五子。襄子为伯鲁之不立也，不肯立子，且必欲传位与伯鲁子代成君。成君先死，乃取代成君子浣立为太子。襄子立三十三年卒，浣立，是为献侯。

◎**注释** ①〔空同氏〕西部地区的少数民族，当时居住在今宁夏固原南。
◎**大意** 后来，赵襄子娶了空同氏的女子为妻，生了五个儿子。赵襄子因为赵伯鲁生前没能继位成为君主，所以不肯立自己的儿子，想要传位给赵伯鲁在代地的儿子赵成君。没想到代地的赵成君先死了，就立代地赵成君的儿子赵浣为太子。赵襄子在位三十三年去世，赵浣继位，就是赵献侯。

献侯少即位，治中牟^①。

◎**注释** ①〔中牟〕在今河南鹤壁西。
◎**大意** 赵献侯年少时即位，以中牟为都城。

襄子弟桓子逐献侯，自立于代，一年卒。国人曰桓子立非襄子意，乃共杀其子而复迎立献侯。

◎**大意** 赵襄子的弟弟赵桓子驱逐了赵献侯，在代地自立为君主，才一年就去世了。赵国的人都说赵桓子继位不是赵襄子的意思，就联合杀掉赵桓子的儿子，又迎接赵献侯继位。

十年，中山^①武公初立。十三年，城平邑^②。十五年，献侯卒，子烈侯籍立。

◎**注释** ①〔中山〕少数民族鲜虞人建立的政权,在今河北定州一带。②〔平邑〕在今山西大同东南。

◎**大意** 赵献侯十年,中山国武公即位。赵献侯十三年,在平邑建城。赵献侯十五年,赵献侯去世,他的儿子赵烈侯赵籍继位。

烈侯元年,魏文侯伐中山,使太子击守之。六年,魏、韩、赵皆相立为诸侯,追尊献子为献侯。

◎**大意** 赵烈侯元年,魏文侯攻打中山国,派太子击领兵驻守。赵烈侯六年,魏、韩、赵三家都被立为诸侯,赵烈侯追尊赵献子为赵献侯。

烈侯好音,谓相国公仲连曰:"寡人有爱,可以贵之乎?"公仲曰:"富之可,贵之则否。"烈侯曰:"然。夫郑歌者枪、石,二人,吾赐之田,人万亩。"公仲曰:"诺。"不与。居一月,烈侯从代来,问歌者田。公仲曰:"求,未有可者。"有顷,烈侯复问。公仲终不与,乃称疾不朝。番吾①君自代来,谓公仲曰:"君实好善,而未知所持。今公仲相赵,于今四年,亦有进士乎?"公仲曰:"未也。"番吾君曰:"牛畜、荀欣、徐越皆可。"公仲乃进三人。及朝,烈侯复问:"歌者田何如?"公仲曰:"方使择其善者。"牛畜侍烈侯以仁义,约以王道,烈侯逌然②。明日,荀欣侍以选练举贤,任官使能。明日,徐越侍以节财俭用,察度功德。所与无不充,君说(悦)。烈侯使使谓相国曰:"歌者之田且止。"官牛畜为师③,荀欣为中尉④,徐越为内史⑤,赐相国衣二袭。

◎**注释** ①〔番吾〕在今河北平山东南。②〔逌(yóu)然〕自得的样子。③〔师〕帝王的辅导官,类似于后世的太师。④〔中尉〕主管京城治安的官员。⑤〔内史〕都城及郊区的行政长官。

◎**大意** 赵烈侯喜欢音乐，对相国公仲连说："我有喜爱的人，可以让他尊贵吗？"公仲连说："让他富裕就可以，让他尊贵就不行了。"赵烈侯说："对。那郑国唱歌的枪、石二人，我要赐给他们田地，每人一万亩。"公仲连说："好。"实际没有给。一个月后，赵烈侯从代地回来，询问给歌唱者田地的事。公仲连说："正在寻找，还没有合适的。"不久，赵烈侯又问这件事。公仲连最终还是没给他们田地，并推说自己生病了不能上朝。番吾君从代地来，对公仲连说："国君实际上是喜欢善政的，只是不知道怎样去做。如今你担任赵国的相国已经四年了，可曾推荐过人才？"公仲连说："没有。"番吾君说："牛畜、荀欣、徐越都可以推荐。"公仲连就推荐这三个人。等到上朝时，赵烈侯又问："歌唱者的田地找得怎么样？"公仲连说："正在给他们挑选好的。"牛畜侍奉赵烈侯时，以仁义之道劝谏他，以王道之术约束他，赵烈侯听了十分自得。第二天，荀欣陪侍赵烈侯时，给他讲选贤任能的道理。第三天，徐越陪侍赵烈侯时，建议奉行节俭，认真考察衡量臣下的功绩品德。他们所说的都十分妥当，赵烈侯非常高兴，派使者对公仲连说："暂且停止给唱歌者田地的事。"任命牛畜为师，荀欣为中尉，徐越为内史，赏赐相国两套衣服。

九年，烈侯卒，弟武公立。武公十三年卒，赵复立烈侯太子章，是为敬侯。是岁，魏文侯卒。

◎**大意** 赵烈侯九年，赵烈侯去世，他的弟弟赵武公继位。赵武公即位十三年后去世，赵国人又立赵烈侯的太子赵章为国君，就是赵敬侯。这一年，魏文侯去世。

敬侯元年，武公子朝作乱，不克，出奔魏。赵始都邯郸。

◎**大意** 赵敬侯元年，赵武公的儿子赵朝叛乱，没有成功，逃到了魏国。赵国开始在邯郸建都。

二年，败齐于灵丘①。三年，救魏于廪丘②，大败齐人。四年，魏败我兔台③。筑刚平④以侵卫。五年，齐、魏为卫攻赵，取我刚平。六年，借兵于楚伐魏，取棘蒲⑤。八年，拔魏黄城⑥。九年，伐齐。齐伐燕，赵救燕。十年，与中山战于房子⑦。

◎**注释** ①〔灵丘〕在今山东高唐南。②〔廪丘〕在今山东鄄城东北。③〔兔台〕约在今河北南部。④〔刚平〕在今河南清丰西南。⑤〔棘蒲〕在今河北魏县南。⑥〔黄城〕在今河南开封东北。⑦〔房子〕在今河北高邑西南。

◎**大意** 赵敬侯二年，在灵丘打败了齐军。赵敬侯三年，在廪丘救了魏国，再次大败齐军。赵敬侯四年，魏军在兔台打败赵国。赵国修筑刚平城以便于进攻卫国。赵敬侯五年，齐国、魏国帮助卫国进攻赵国，夺取了刚平。赵敬侯六年，向楚国借兵攻打魏国，占领棘蒲。赵敬侯八年，攻占了魏国的黄城。赵敬侯九年，攻打齐国。齐国讨伐燕国，赵国派兵援救燕国。赵敬侯十年，在房子与中山国交战。

十一年，魏、韩、赵共灭晋，分其地。伐中山，又战于中人①。十二年，敬侯卒，子成侯种立。

◎**注释** ①〔中人〕在今河北唐县西南。

◎**大意** 赵敬侯十一年，魏、韩、赵三家一起灭了晋国，瓜分了它的土地。赵国又征讨中山国，双方在中人交战。赵敬侯十二年，赵敬侯去世，他的儿子赵成侯赵种继位。

成侯元年，公子胜与成侯争立，为乱。二年六月，雨雪。三年，太戊午为相。伐卫，取乡邑七十三。魏败我蔺①。四年，与秦战高安②，败之。五年，伐齐于鄄③。魏败我怀④。攻郑，败之，以与韩，韩与我长子⑤。六年，中山筑长城。伐魏，败涿泽⑥，围魏惠王。七年，侵齐，至长城。与韩攻周。八年，与韩分周以为两。九年，与齐战阿下⑦。十年，攻卫，取甄（鄄）。十一年，秦攻魏，赵救之石阿⑧。十二年，秦攻魏少梁⑨，赵救之。十三年，秦献公使庶长⑩国伐魏少梁，虏其太子、痤。魏败我浍⑪，取皮牢⑫。成侯与韩昭侯遇上党⑬。十四年，与韩攻秦。十五年，助魏攻齐。

◎**注释** ①〔蔺〕在山西吕梁离石西。②〔高安〕大约在山西西部邻近黄河的地方。③〔鄄（juàn）〕在今山东鄄城北。④〔怀〕在今河南武陟西南。⑤〔长子〕在今山西长子西南。⑥〔涿泽〕在今山西运城西南。⑦〔阿下〕在今山东阳谷东北。⑧〔石阿〕在今山西西部邻近黄河一带。⑨〔少梁〕在今陕西韩城西南。⑩〔庶长〕秦国官名，有左庶长、右庶长、大庶长三种。⑪〔浍〕河水名，流经山西翼城南。⑫〔皮牢〕在今山西翼城东北。⑬〔上党〕在今山西长治。

◎**大意** 赵成侯元年，公子赵胜为与赵成侯争做君主，发动了叛乱。赵成侯二年六月，下了大雪。赵成侯三年，太戊午担任相国。这一年攻打卫国时，夺取了七十三个乡邑。魏军又在蔺地大败赵国军队。赵成侯四年，在高安与秦军交战，击败了秦军。赵成侯五年，在鄄地攻打齐国。魏国军队又在怀地打败赵国。赵军打败郑国，将占领的土地送给了韩国，韩国将长子送给了赵国。赵成侯六年，中山国修筑了长城。同年，赵国讨伐魏国，在涿泽打败它，将魏惠王围困在这里。赵成侯七年，攻打齐国，一直到齐国长城。后来又与韩国联合攻打周王朝。赵成侯八年，与韩国一起将周国分为两部分。赵成侯九年，在阿城下与齐军交战。赵成侯十年，进攻卫国，侵占了鄄城。赵成侯十一年，秦军攻打魏国，赵军前往石阿救魏。赵成侯十二年，秦军进攻魏国的少梁，赵军又前去救援魏国。赵成侯十三年，秦献公派遣庶长国带兵讨伐魏国的少梁，虏获了魏国的太子和公叔痤。同年，魏军在浍地打败赵军，占领了皮牢。赵成侯在上党与韩昭侯相见。赵成侯十四年，赵国联合韩国一起进攻秦国。赵成侯十五年，帮助魏国攻打齐国。

十六年，与韩、魏分晋，封晋君以端氏①。

◎**注释** ①〔端氏〕在今山西沁水东北。
◎**大意** 赵成侯十六年，赵国与韩国、魏国瓜分了晋国剩余的领土，将端氏封给晋君。

十七年，成侯与魏惠王遇葛孽①。十九年，与齐、宋会平陆②，与燕会阿。二十年，魏献荣椽，因以为檀台③。二十一年，魏围我邯郸。二十二年，魏惠王拔我邯郸，齐亦败魏于桂陵④。二十四年，魏归我邯郸，与魏盟漳水⑤上。秦攻我蔺。二十五年，成侯卒。公子緤⑥与太子肃侯争立，緤败，亡奔韩。

◎**注释** ①〔葛孽〕在今河北邯郸肥乡西南。②〔平陆〕在今山东汶上北。③〔檀台〕赵国台名，在今河北邢台。④〔桂陵〕在今河南长垣北。⑤〔漳水〕源头在山西昔阳县，流经河北磁县，汇入黄河，当时在赵国的南境。⑥〔緤（xiè）〕赵成侯的儿子，赵肃侯的弟弟。
◎**大意** 赵成侯十七年，赵成侯与魏惠王在葛孽相见。赵成侯十九年，赵成侯在平陆与齐国君主、宋国君主会盟，在阿地与燕国君主结盟。赵成侯二十年，魏国进献了一批上好的木材，赵国用来修建檀台。赵成侯二十一年，魏军围攻邯郸。赵成侯二十二年，魏惠王攻占了邯郸，同时，齐军在桂陵打败了魏军。赵成侯二十四年，魏国将邯郸归还赵国，两国在漳水边上签订盟约。同年，秦国攻打赵国的蔺地。赵成侯二十五年，赵成侯去世。公子赵緤和太子赵肃侯争夺君位，公子赵緤失败，出逃到韩国。

肃侯元年，夺晋君端氏，徙处屯留①。二年，与魏惠王遇于阴晋②。三年，公子范③袭邯郸，不胜而死。四年，朝天子④。六年，攻齐，拔高唐⑤。七年，公子刻攻魏首垣⑥。十一年，秦孝公使商君⑦伐魏，虏其将公子卬⑧。赵伐魏。十二年，秦孝公卒，商君死。十五年，起寿陵⑨。魏惠王卒⑩。

◎注释　①〔屯留〕在今山西长治屯留南。②〔阴晋〕在今陕西华阴东。③〔公子范〕赵肃侯的弟弟。④〔天子〕这里指周显王。⑤〔高唐〕在今山东高唐东北。⑥〔首垣〕在今河南长垣东北。⑦〔商君〕即商鞅，卫国人，入秦辅佐秦孝公变法。⑧〔公子卬〕魏惠王的儿子。⑨〔寿陵〕为活着的人预修的坟墓。⑩〔魏惠王卒〕赵肃侯之十五年，相当于魏惠王之三十五年。次年魏惠王因改"侯"称"王"，于是改年号称"惠王元年"。《史记》误以为惠王死于此年，故称"魏惠王卒"。

◎大意　赵肃侯元年，夺取了晋国君主的封地端氏，将他迁到屯留。赵肃侯二年，在阴晋与魏惠王相会。赵肃侯三年，公子赵范袭击邯郸城，战败身亡。赵肃侯四年，赵肃侯朝见周天子。赵肃侯六年，赵肃侯攻打齐国，夺取高唐。赵肃侯七年，公子赵刻率军攻打魏国的首垣。赵肃侯十一年，秦孝公派商鞅讨伐魏国，俘获了魏国将军公子卬。这年，赵国讨伐魏国。赵肃侯十二年，秦孝公逝世，商鞅也去世了。赵肃侯十五年，兴建寿陵。同年，魏惠王去世了。

十六年，肃侯游大陵①，出于鹿门②，大（太）戊午③扣马曰："耕事方急，一日不作，百日不食。"肃侯下车谢。

◎注释　①〔大陵〕在今山西文水东北。②〔鹿门〕在今山西阳曲东北。③〔大戊午〕即前文提到的"太戊午"。
◎大意　赵肃侯十六年，赵肃侯游览大陵，经过鹿门时，相国太戊午拉住马劝谏说："如今正是农忙时节，一天不耕作，就一百天没饭吃。"赵肃侯下车道歉。

十七年，围魏黄①，不克。筑长城。

◎**注释** ①〔黄〕在今河南开封城东。

◎**大意** 赵肃侯十七年，赵国攻打魏国的黄地，以失败告终。这年，赵国开始修筑长城。

十八年，齐、魏伐我，我决河水灌之，兵去。二十二年，张仪相秦。赵疵①与秦战，败，秦杀疵河西②，取我蔺、离石。二十三年，韩举与齐、魏战，死于桑丘③。

◎**注释** ①〔赵疵〕赵国的将领。②〔河西〕山西、陕西交界的黄河以西地区。③〔桑丘〕在今山东兖州西。

◎**大意** 赵肃侯十八年，齐国、魏国联合攻打赵国，赵国挖开黄河缺口，用水淹灌两国军队，使两国军队撤退。赵肃侯二十二年，张仪担任秦国的相国。赵疵率军与秦军交战失败，在河西被杀，赵国的蔺、离石被攻占。赵肃侯二十三年，赵国将领韩举与齐军、魏军交战，战死在桑丘。

二十四年，肃侯卒。秦、楚、燕、齐、魏出锐师各万人来会葬。子武灵王立。

◎**大意** 赵肃侯二十四年，赵肃侯去世。秦国、楚国、燕国、齐国、魏国国君各领一万精兵前来参加葬礼。赵肃侯的儿子赵武灵王继位。

武灵王元年，阳文君赵豹相。梁襄王①与太子嗣，韩宣王与太子仓来朝信宫。武灵王少，未能听政，博闻师三人，左右司过三人。及听政，先问先王贵臣肥义，加其秩；国三老②年八十，月致其礼。

◎**注释** ①〔梁襄王〕名嗣，一名赫。魏惠王时，把魏国都城迁到大梁，所以，魏国也叫梁国。这里似应为"梁惠王"，梁襄王（即当时的太子嗣）之父。②〔国三老〕受国家的敬奉以供参加某种仪式的老者。

◎**大意** 赵武灵王元年，阳文君赵豹担任相国。梁襄王和太子嗣，韩宣王和太子仓到信宫来朝见。武灵王年纪小，还没有开始处理国政，就由三位知识渊博的师傅教导知识，三位在身边专门监察过失的官员辅佐政务。等到他亲自处理政事时，都会先向先王的贵臣肥义请教，并且晋升了他的官位；国内八十岁以上德高望重的老人，每月都给他们送去礼物。

三年，城鄗①。四年，与韩会于区鼠②。五年，娶韩女为夫人。

◎**注释** ①〔鄗（hào）〕在今河北高邑东南。②〔区（ōu）鼠〕赵国的地名，具体方位不详。

◎**大意** 赵武灵王三年，修筑鄗城。赵武灵王四年，赵武灵王与韩国国君在区鼠相会。赵武灵王五年，赵武灵王迎娶韩国的女子为夫人。

八年，韩击秦，不胜而去。五国相王，赵独否，曰："无其实，敢处其名乎！"令国人谓己曰"君"。

◎**大意** 赵武灵王八年，韩国攻打秦国，失败而回。同年，五个国家互相称王，只有赵武灵王没有这样做，说："没有王的实力，怎么敢占据这样的称呼！"下令让赵国人称自己为"君"。

九年，与韩、魏共击秦，秦败我，斩首八万级。齐败我观泽。十年，秦取我中都①及西阳②。齐破燕。燕相子之为君，君反为臣。十一年，王召公子职于韩，立以为燕王，使乐池送之。十三年，秦拔我蔺，虏将军赵庄③。楚、魏王来，过邯郸。十四年，赵何攻魏。

◎**注释** ①〔中都〕在今山西中阳。②〔西阳〕在今山西境内，具体位置不详。③〔赵庄〕这里指阳文君赵豹，也称作庄豹。

◎**大意** 赵武灵王九年，赵国与韩国、魏国联合攻打秦国，被秦军打败，斩杀八万人。齐军在观泽打败了赵国军队。赵武灵王十年，秦军攻占了赵国的中都及西阳。齐国打败了燕国。燕国的相国子之做了国君，国君反而成为臣子。赵武灵王十一年，赵武灵王从韩国召回燕国的公子职，将他立为燕王，派乐池送他回国。赵武灵王十三年，秦军攻下赵国的蔺城，俘获将军赵庄。楚怀王、魏襄王前来访问邯郸。赵武灵王十四年，赵何率军攻打魏国。

十六年，秦惠王卒。王游大陵。他日，王梦见处女鼓琴而歌诗曰："美人荧荧兮，颜若苕之荣。命乎命乎，曾无我嬴！"异日，王饮酒乐，数言所梦，想见其状。吴广闻之，因夫人而内（纳）其女娃嬴。孟姚也。孟姚甚有宠于王，是为惠后①。

◎**注释** ①〔惠后〕娃嬴，因生了赵惠文王，所以称作惠后。

◎**大意** 赵武灵王十六年，秦惠王去世。赵武灵王游览大陵。有一天，赵武灵王梦见一位少女弹着琴唱歌："美人如此光彩照人，就像盛开的苕花。命运呀命运，没有人知道我嬴女！"后来有一天，赵武灵王饮酒作乐时，多次提到他的梦，想要一睹少女的芳容。赵国人吴广知道后，就通过赵武灵王的夫人把自己的女儿娃嬴送进了后宫，就是孟姚。孟姚深受赵武灵王宠爱，后来成为惠后。

十七年，王出九门①，为野台②，以望齐、中山之境。

◎**注释** ①〔九门〕在今河北正定东北。②〔野台〕在今河北新乐西北。

◎**大意** 赵武灵王十七年，赵武灵王出游到了九门，修筑起野台，用来瞭望齐国、中山国的边境。

十八年，秦武王与孟说①举龙文赤鼎，绝膑而死。赵王使代相赵固迎公子稷于燕，送归，立为秦王，是为昭王。

◎**注释** ①〔孟说〕即孟贲，秦武王身边的大力士。
◎**大意** 赵武灵王十八年，秦武王和大力士孟说举龙文赤鼎，膝盖骨被压断而死。赵武灵王派代地的国相赵固去燕国迎接秦国公子嬴稷，送他回秦国后，立为秦王，就是秦昭王。

十九年春正月，大朝信宫。召肥义与议天下，五日而毕。王北略中山之地，至于房子，遂之代，北至无穷，西至河，登黄华①之上。召楼缓②谋曰："我先王因世之变，以长南藩之地，属阻漳、滏③之险，立长城，又取蔺、郭狼④，败林⑤人于荏⑥，而功未遂。今中山在我腹心，北有燕，东有胡，西有林胡、楼烦⑦、秦、韩之边，而无强兵之救，是亡社稷，奈何？夫有高世之名，必有遗俗之累。吾欲胡服。"楼缓曰："善。"群臣皆不欲。

◎**注释** ①〔黄华〕山名，在今山西西北部的黄河附近。②〔楼缓〕当时有名的游说之士，先为赵相，后一度担任秦相。③〔漳、滏（fǔ）〕河水名，漳水在南，滏水在北，都流经今河北磁县南。赵国的长城修在二水中间。④〔郭狼〕又称皋狼，在今离石西北。⑤〔林〕即林胡，少数民族，当时居住在今陕西东北部和内蒙古东胜一带。⑥〔荏（rěn）〕具体方位不详，大约在今陕西、山西、内蒙的交界地区。⑦〔楼烦〕少数民族名，当时居住在今山西西北部。
◎**大意** 赵武灵王十九年春季正月，赵武灵王在信宫大会群臣。召见肥义商议天下大事，五天才商量好。赵武灵王向北巡视了中山国，到达房子，接着往北至代，直到北方无穷之境，西到黄河边，再登上黄华山。于是召见楼缓商议说："我国先王趁着时势的变迁，在南边属地做了首领，依傍着漳水、滏水的天险修筑了长城，又夺取了蔺、郭狼二地，在荏地打败了林胡人，但还没有完成大业。现在中山国在我国的腹心地区，北边有燕国，东边有东胡，西边与林胡、楼烦、秦国、韩国毗邻，如果没有强大的军队支援，就会亡国，这可怎么办呢？那些名扬天下的人，必定会被世俗所指责。我想让国人改穿胡人服装。"楼缓说："好！"群臣都不愿意。

于是肥义侍，王曰："简、襄主之烈，计胡、翟（狄）之利。为人臣者，宠有孝弟（悌）长幼顺明之节，通有补民益主之业，此两者臣之分也。今吾欲继襄主之迹，开于胡、翟（狄）之乡，而卒世不见也。为敌弱，用力少而功多，可以毋尽百姓之劳，而序往古之勋。夫有高世之功者，负遗俗之累；有独智之虑者，任骜民之怨。今吾将胡服骑射以教百姓，而世必议寡人，奈何？"肥义曰："臣闻疑事无功，疑行无名。王既定负遗俗之虑，殆无顾天下之议矣。夫论至德者不和于俗，成大功者不谋于众。昔者舜舞有苗①，禹袒裸国②，非以养欲而乐志也，务以论德而约功也。愚者暗成事，智者睹未形，则王何疑焉。"王曰："吾不疑胡服也，吾恐天下笑我也。狂夫之乐，智者哀焉；愚者所笑，贤者察焉。世有顺我者，胡服之功未可知也。虽驱世以笑我，胡地中山吾必有之。"于是遂胡服矣。

◎**注释** ①〔舜舞有苗〕舜帝到了有苗之地，见了苗人舞蹈而随之跳舞。②〔禹袒裸国〕夏禹到了裸人之国，见大家都不穿衣服，于是自己也脱了衣服。
◎**大意** 当时肥义陪侍在侧，赵武灵王说："赵简子、赵襄子两位先主的功业，在于攻打胡人、翟人，并取得了胜利。做人臣的，受宠时要表现出孝敬长辈、爱护幼小、顺情明理的品行，显达时要建立有益于百姓和君主的功业，这两点是臣子的本分。现在我要继承先君赵襄子的事业，继续向胡、翟地区开拓疆土，可是我这一生可能也见不到事业完成。穿胡服骑射是为了削弱敌人，就可以用力少而功劳多，减轻百姓的劳力，从而得以继承先主的功业。凡是取得盖世之功的人，必定会被世俗所指责；有独特谋虑的人，都会受到狂傲民众的怨恨。现在我将让百姓穿胡人服装，像胡人那样骑马射箭，但天下的人肯定会对我议论纷纷，怎么办？"肥义说："我听说做事犹豫不决就不会成功，采取行动不果断就不会成名。大王既然要做违背世俗的事情，就不要顾忌天下人的议论了。凡是具有最高德行的人都与世俗的看法不一致，凡是成就大功的人都不会与众人商量。从前，舜帝在苗人之地随着跳舞，夏禹在裸人之国脱掉衣服，并不是为了放纵欲望、贪图享乐，而是为了以德服人获取成功。愚蠢的人在事情成功之后还不知道怎么回事，聪明的人在事情尚未发生之时就已经洞晓一切。那么大王还有什么好迟疑的呢？"赵武灵王说："我对于穿胡人服装这件事没有什么怀疑，而是怕天下的人笑话我。狂妄之人感到快乐的事，智者却为其悲伤；愚蠢之人所讥笑的事，贤明之人却要洞察一切。世人都顺从我的话，穿胡人服装的功效将是无法估量的。即使这样做会让世上的人都来笑我，我也一定会占有胡地和中山国。"这时就决定穿起胡服。

使王緤告公子成①曰："寡人胡服，将以朝也，亦欲叔服之。家听于亲而国听于君，古今之公行也。子不反亲，臣不逆君，兄弟之通义也。今寡人作教易服而叔不服，吾恐天下议之也。制国有常，利民为本；从政有经，令行为上。明德先论于贱，而行政先信于贵。今胡服之意，非以养欲而乐志也；事有所止而功有所出，事成功立，然后善也。今寡人恐叔之逆从政之经，以辅叔之议。且寡人闻之，事利国者行无邪，因贵戚者名不累，故愿慕公叔之义，以成胡服之功。使緤谒之叔，请服焉。"公子成再拜稽首②曰："臣固闻王之胡服也。臣不佞，寝疾，未能趋走以滋进也。王命之，臣敢对，因竭其愚忠。曰：

臣闻中国③者，盖聪明徇智之所居也，万物财用之所聚也，贤圣之所教也，仁义之所施也，《诗》《书》礼乐之所用也，异敏技能之所试也，远方之所观赴也，蛮夷之所义（仪）行④也。今王舍此而袭远方之服，变古之教，易古之道，逆人之心，而佛（悖）学者，离中国，故臣愿王图之也。"使者以报。王曰："吾固闻叔之疾也，我将自往请之。"

◎**注释** ①〔公子成〕赵肃侯的弟弟，赵武灵王的叔父。②〔稽首〕最敬重的一种叩拜礼节，把头叩到地面，且停留一会。③〔中国〕指中原地区，与四边少数民族相对而言。④〔义行〕指作为榜样来模仿。

◎**大意** 赵武灵王派王緤对公子赵成说："我将要穿着胡人服装上朝，想让叔父您也穿上胡服。家里的事情要听从父亲，国家大事要听从国君，这是自古至今公认的道理。儿子不能反对父亲，臣子不能忤逆君主，这是兄弟间遵守的规则。现在我下令改变服装，叔父却不穿胡服，我担心天下人会批评议论。治理国家的常规是以利于百姓为根本；处理政事的常法是以服从命令为第一位。彰显崇高道德要从百姓开始，而实施政令要从贵族开始做起。如今穿胡人服装并不是为了放纵自己贪图享乐，而是为了达到一定的目的，取得一定的功效；等到事情成功了，这种方法的好处也就体现出来了。现在我就是担心叔父违背处理政事的常规，因而提出此事，希望叔父从长计议。况且我听说过，事情只要是有利于国家，行为就不会偏邪；依靠贵族的支持来做，名声就不会受损。所以希望能够仰仗叔父您的威望，来促成穿胡服之事的施行。所以我派王緤来拜见您，请求您穿上胡服。"公子赵成连连叩头拜见说："我本来已经听说大王穿胡人服装了。我没有才能，又长期卧病，也没能常常到您面前进言。既然现在大王命令我穿胡服，那我就斗胆说一说我的想法，尽一点忠心。说道：我听说中原地区，本来就是聪明睿智的人定居的地方，是各种财物汇聚的地方，是圣人贤才实施教化的地方，是施行仁义的地方，是《诗》《书》礼乐所使用的地方，是各种奇能异术得以展示的地方，是远方异邦的人向往归附的地方，是被少数民族奉为榜样的地方。现在大王舍弃这些而去穿异族人的服装，改变古人的教化，更改古人的常道，违背大家的心愿，而与有识之士相违背，背离传统的习俗，所以我希望大王您慎重地考虑这事。"使者向赵武灵王报告了这番话。赵武灵王说:"早听说叔父病了,我将亲自前去问安。"

王遂往之公子成家,因自请之,曰:"夫服者,所以便用也;礼者,所以便事也。圣人观乡而顺宜,因事而制礼,所以利其民而厚其国也。夫翦发文身,错臂左衽,瓯越①之民也。黑齿雕题,却冠秫绌,大吴之国也。故礼服莫同,其便一也。乡异而用变,事异而礼易。是以圣人果可以利其国,不一其用;果可以便其事,不同其礼。儒者一师而俗异,中国同礼而教离,况于山谷之便乎?故去就之变,智者不能一;远近之服,贤圣不能同。穷乡多异,曲学多辩。不知而不疑,异于己而不非者,公焉而众求尽善也。今叔之所言者俗也,吾所言者所以制俗也。吾国东有河、薄洛②之水,与齐、中山同之,无舟楫之用。自常山以至代、上党,东有燕、东胡之境,而西有楼烦、秦、韩之边,今无骑射之备。故寡人无舟楫之用,夹水居之民,将何以守河、薄洛之水;变服骑射,以备燕、三胡③、秦、韩之边。且昔者简主不塞晋阳以及上党,而襄主并戎取代以攘诸胡,此愚智所明也。先时中山负齐之强兵,侵暴吾地,系累吾民,引水围鄗,微社稷之神灵,则鄗几于不守也。先王丑之,而怨未能报也。今骑射之备,近可以便上党之形,而远可以报中山之怨。而叔顺中国之俗以逆简、襄之意,恶变服之名以忘鄗事之丑,非寡人之所望也。"公子成再拜稽首曰:"臣愚,不达于王之义,敢道世俗之闻,臣之罪也。今王将继简、襄之意以顺先王之志,臣敢不听命乎!"再拜稽首。乃赐胡服。明日,服而朝。于是始出胡服令也。

◎**注释** ①〔瓯越〕也称作东瓯,当时东南沿海地区的少数民族。②〔薄洛〕即薄洛津,是漳河上的渡口名,这里指漳河。③〔三胡〕指东胡、林胡、楼烦三个少数民族。

◎**大意** 赵武灵王于是到公子赵成家,亲自请求他说:"衣服是为了方便使用;礼是为了方便办事。圣人观察各地习俗而因地制宜,根据具体事情而制定相应的礼仪制度,为的是有利于他的百姓而使国家更加稳定。剪断头发而身上刺花纹,两臂交错而衣襟左开,是瓯越一带的习俗。而染黑牙齿,额头上刺花纹,戴鱼皮帽子而穿长针缝的粗劣衣服,这是吴国人的风俗。所以礼仪服装不同,而各自都觉得方便是一致的。地域不同则治理政策就要改变,事情不同则礼仪制度就要改。所以圣人认为如果真是利于国家,所使用的方法不必一成不变;如果真是对事情的发展有好处,所制定的礼仪不必相同。出身同一师承的学者习俗尚有差别,有共同礼仪传统的国家教化亦有背离,更何况偏远蛮荒地区呢?所以进退取舍的变化,智者也不能让它们统一,远近不同地区,圣贤之人也不能让它们一定相同。越是荒凉偏僻之地,奇特的风俗就越多;越是歪门邪道的学者,越能巧言善辩。不明白的事不去怀疑,与自己意见不同也不去非议,这样才能公正无私地博采众见而求得完善。如今叔父您所讲的是传统风俗,我所说的是建立一种新的风俗。我国东有黄河、漳水,分别跟齐国、中山国共有,却没有足够的舟楫以供使用。从常山到代地、上党,东边有与燕国、东胡接壤的边境,而西边有楼烦、秦国、韩国的边界,如今却没有骑马射箭的装备。所以如果我们没有舟楫可以使用,在水边居住的百姓靠什么守卫黄河、漳河;现在改穿胡服学习骑马射箭,是用来防备燕国、三胡、秦国、韩国的边界生乱。况且当初赵简子没有将晋阳以及上党的通道堵塞固守,而赵襄子吞并戎地,夺取代国,用来抵挡胡人各部族,这其中的道理,无论是聪明的还是不聪明的都能明白。先前中山国借助齐国的强大兵力,残暴地占领我国的土地,掳掠我国的百姓,引水淹灌鄗城,如果不是社稷神灵的保佑,那么鄗城就已经失守了。先王以此为耻,却没有能够报仇。现在如果有了骑射的装备,从近处讲可以使上党的形势有利于我们,而从长远来看可以报复中山国的怨仇。但是叔父您为了顺应中原的旧俗而违反赵简子、赵襄子两位先祖的意思,讨厌改穿胡人服装的名声而忘记了当年鄗城的耻辱,这不是我所希望的。"公子赵成连连下拜叩头说:"是我愚蠢了,没有明白大王您的用意,竟敢以世俗的见识来反驳您，是我的罪过啊。现在大王要继承赵简子、赵襄子两位先主的遗志，我怎敢不听从命令呢！"接连下拜叩头。于是赵武灵王赐给他胡人服装。第二天，公子赵成就穿胡人服装上朝。于是赵武灵王正式发布命令，改穿胡人服装。

赵文、赵造、周袑①、赵俊皆谏止王毋胡服，如故法便。王曰："先王不同俗，何古之法？帝王不相袭，何礼之循？虙②戏、神农教而不诛，黄帝、尧、舜诛而不怒。及至三王③，随时制法，因事制礼。法度制令各顺其宜，衣服器械各便其用。故礼也不必一道，而便国不必古。圣人之兴也不相袭而王，夏、殷之衰也不易礼而灭。然则反古未可非，而循礼未足多也。且服奇者志淫，则是邹、鲁无奇行也；俗辟（僻）者民易，则是吴、越无秀士也。且圣人利身谓之服，便事谓之礼。夫进退之节，衣服之制者，所以齐常民也，非所以论贤者也。故齐民与俗流，贤者与变俱。故谚曰'以书御者不尽马之情，以古制今者不达事之变'。循法之功，不足以高世；法古之学，不足以制今。子不及也。"遂胡服招骑射。

◎**注释** ①〔周袑（shào）〕赵国的大夫。②〔虙（fú）戏〕即伏羲，传说中的帝王。③〔三王〕指夏、商、周三朝的开国君主。

◎**大意** 赵文、赵造、周袑、赵俊都劝谏赵武灵王不要穿胡人服装，认为遵照古法行事更方便。赵武灵王说："先王习俗尚且不同，哪里有古法可以效仿？帝王没有沿袭旧的礼仪制度，哪里有古礼可以遵循？伏羲、神农用教化而不用刑罚，黄帝、尧帝、舜帝用刑罚而不残暴。等到了夏禹、商汤、周文王和周武王的时候，就随着时代的变化制定法度，依据事情的不同制定礼仪。法令制度都顺应当时的发展需求，衣服器械都方便当时使用。所以礼仪制度不必只有一种，只要是对国家有利的就不必效法古代。圣人兴起时没有沿袭前代制度而能够成王，夏朝、殷朝衰落时没有改变礼制却灭亡。那么，违反古制未必是不对的，而因循旧制也未必值得称赞。如果说穿异服就是心思不正，那么邹国、鲁国这样的礼制之邦就没有行为不好的人了；如果说风俗奇怪的地方百姓就会放纵，那么吴国、越国就没有优秀的人了。而且圣人将穿在身上舒服的东西叫作衣服，将方便办事的东西称为礼制。制定进退的礼节、衣服的制度，是为了统一管理平民百姓，而不是为了衡量贤与不贤。所以一般的百姓依照风俗行事，而贤者则是随着变革而改变。所以谚语说'依据书本知识驾驭车马的人，不能完全了解马的性情，用古法治理当代社会的人，不懂得顺应事务的变化而变化'。遵循旧法所达到的目标，不可能超出前人的功绩；效法古代的学说，不能够治理当今的社会。你们是不懂这些道理的。"于是改穿胡人的服装，并招人练习骑马射箭。

二十年，王略中山地，至宁葭①；西略胡地，至榆中②。林胡王献马。归，使楼缓之秦，仇液之韩，王贲之楚，富丁之魏，赵爵之齐。代相赵固主胡，致其兵。

◎**注释** ①〔宁葭〕中山国的城邑名，在今河北石家庄西。②〔榆中〕约在今陕西榆林以北至内蒙古东胜一带。
◎**大意** 赵武灵王二十年，赵武灵王攻占了中山国的土地，一直到了宁葭；向西攻占胡人土地，一直到了榆中，林胡王贡献马匹求和。胜利归来后，赵武灵王派遣楼缓出使秦国，仇液出使韩国，王贲出使楚国，富丁出使魏国，赵爵出使齐国。代地的国相赵固主管胡地事务，收编胡人的军队。

二十一年，攻中山。赵袑为右军，许钧为左军，公子章为中军，王并将之。牛翦将车骑，赵希并将胡、代。赵与之陉①，合军曲阳②，攻取丹丘③、华阳④、鸱之塞⑤。王军取鄗、石邑⑥、封龙⑦、东垣⑧。中山献四邑和，王许之，罢兵。二十三年，攻中山。二十五年，惠后卒。使周袑胡服傅王子何。二十六年，复攻中山，攘地北至燕、代，西至云中⑨、九原⑩。

◎**注释** ①〔陉〕在今河北无极东北。②〔曲阳〕在今河北曲阳西。③〔丹丘〕在今河北曲阳西北。④〔华阳〕山名，亦称恒山，在今河北曲阳西北。⑤〔鸱之塞〕在华阳山的东北。⑥〔石邑〕在今河北石家庄西南。⑦〔封龙〕在今河北石家庄西南。⑧〔东垣〕在今河北石家庄东北。⑨〔云中〕约在今内蒙古托克托一带。⑩〔九原〕在今内蒙古包头西。

◎**大意** 赵武灵王二十一年，进攻中山国。赵袑担任右军将领，许钧担任左军将领，公子赵章为中军将领，赵武灵王统领三军。牛翦率领战车骑兵，赵希统领胡地和代地的士兵。赵与率军前往陉地，与众军在曲阳会师，攻占丹丘、华阳、鸱上等关塞地区。赵武灵王领兵攻占了鄗城、石邑、封龙、东垣。中山国献出四座城邑求和，赵武灵王答应了，停止军事行动。赵武灵王二十三年，赵国再次进攻中山国。赵武灵王二十五年，赵惠后去世。赵武灵王派周袑身穿胡人服装做王子赵何的太傅。赵武灵王二十六年，赵国又攻打中山国，土地向北扩展到燕国、代地，向西扩展到云中、九原。

二十七年五月戊申，大朝于东宫，传国，立王子何以为王。王庙见礼毕，出临朝。大夫悉为臣，肥义为相国，并傅王。是为惠文王。惠文王，惠后吴娃子也。武灵王自号为主父。

◎**大意** 赵武灵王二十七年五月戊申日，在东宫举行盛大朝会，把王位传给王子赵何。新国王在太庙祭祖后，出来上朝听政。大夫都听从新王号令，肥义任相国，又任国王太傅。就是赵惠文王，他是惠后吴娃生的儿子。赵武灵王自称为"主父"。

主父欲令子主治国，而身胡服将士大夫西北略胡地，而欲从云中、九原直南袭秦，于是诈自为使者入秦。秦昭王不知，已而怪其状甚伟，非人臣之度，使人逐之，而主父驰已脱关矣。审问之，乃主父也。秦人大惊。主父所以入秦者，欲自略地形，因观秦王之为人也。

◎**大意**　赵主父想让儿子处理国家政务，而自己身穿胡服，率领士大夫去西北巡视胡地，并且打算从云中、九原直接南下进攻秦国，于是伪装成使者进入秦国。秦昭王不知道使者是赵主父，只是不久发现他体貌雄伟，不像是一般臣子，于是派人追赶他，而赵主父这时已经骑马飞奔至秦国关卡之外了。仔细查问之后才知道来人竟是赵主父。秦国人非常吃惊。赵主父之所以乔装进入秦国，是想亲自察看地形，也顺便观察秦昭王的为人怎么样。

惠文王二年，主父行新地，遂出代，西遇楼烦王于西河①而致其兵。

◎**注释**　①〔西河〕指今山西西北部与内蒙古交界处的那段黄河。
◎**大意**　赵惠文王二年，赵主父巡行北方新占领的地区，于是走出了代地，往西行至西河会见楼烦王，并收编了他的军队。

三年，灭中山，迁其王于肤施①。起灵寿②，北地方从，代道大通。还归，行赏，大赦，置酒酺③五日，封长子章为代安阳④君。章素侈，心不服其弟所立。主父又使田不礼相章也。

◎**注释**　①〔肤施〕在今陕西榆林东南。②〔灵寿〕赵武灵王生前建造陵墓，在今山西灵丘。③〔酺（pú）〕欢聚畅饮。④〔安阳〕在今河北阳原东南。

◎**大意** 赵惠文王三年，消灭中山国，把中山王迁到肤施。赵主父为自己兴建灵寿宫，北方地区开始归顺，通往代地的大道得以畅通无阻。赵主父回国后，论功行赏，实行大赦，摆酒席欢聚庆祝了五天，封大儿子赵章为代地安阳君。赵章向来奢侈放纵，因他的弟弟被立为国王而不服气。赵主父又派田不礼辅佐赵章。

李兑①谓肥义曰："公子章强壮而志骄，党众而欲大，殆有私乎？田不礼之为人也，忍杀而骄。二人相得，必有谋阴贼起，一出身徼幸。夫小人有欲，轻虑浅谋，徒见其利而不顾其害，同类相推，俱入祸门。以吾观之，必不久矣。子任重而势大，乱之所始，祸之所集也，子必先患。仁者爱万物而智者备祸于未形，不仁不智，何以为国？子奚不称疾毋出，传政于公子成？毋为怨府，毋为祸梯。"肥义曰："不可，昔者主父以王属义也，曰：'毋变而度，毋异而虑，坚守一心，以殁而世。'义再拜受命而籍之。今畏不礼之难而忘吾籍，变孰大焉。进受严命，退而不全，负孰甚焉。变负之臣，不容于刑。谚曰'死者复生，生者不愧'。吾言已在前矣，吾欲全吾言，安得全吾身！且夫贞臣也难至而节见（现），忠臣也累至而行明。子则有赐而忠我矣，虽然，吾有语在前者也，终不敢失。"李兑曰："诺，子勉之矣！吾见子已今年耳。"涕泣而出。李兑数见公子成，以备田不礼之事。

◎**注释** ①〔李兑〕封地在奉阳，故亦称奉阳君。
◎**大意** 李兑对肥义说："公子赵章身强体壮而傲慢自得，党羽众多而贪欲极大，大概是有野心吧？田不礼这个人残忍好杀而且骄横。这两个人臭味相投，必定会不顾一切发动阴谋叛乱。只要是这些小人有了野心，就会考虑不全面，计划不周密，只能看到眼前的利益而看不到坏处，同类的人互相鼓动，最终都陷入祸害之中。依我看，不久之后他们一定会发动祸乱。您位高权重，一定是他们的头号目标，祸患必然集中指向您，您必然会首先受到伤害。仁者博爱万物，智者防患于未然，如果您不仁爱又无智慧，怎么能治理国家呢？您为什么不称病不出家门，把政事交给公子赵成呢？您不要成为众怨所归之人，也不要成为祸患发生的阶梯。"肥义说："不行。当初主父把大王托付给我时说：'不要改变你的态度，不要改变你的想法，坚守你的信念，一直到你离开人世。'我两拜后接受使命并且记录在册。现在如果因为害怕田不礼的灾难而忘掉自己使命的话，没有比这更大的变化了。在朝堂上接受了庄严的使命，退朝后却不能坚守到底，没有比这更严重的背叛了。变心背主的臣子，施加多么严重的惩罚都不算过分。谚语说'即使死去的人复活了，活着的人面对他也不惭愧'。我在之前已经许下诺言，又要践行诺言，哪里还能保全自己的身体呢！况且当灾难临头才能体现忠贞臣子的气节，当大祸到来才能看清忠诚臣子的操守。您已经指教我而忠于我了，即便如此，我还是要坚守我许下的诺言。"李兑说："好，您尽力而为吧！我只能在今年见到您了！"说完哭着走了出去。李兑多次为防备田不礼的事去劝告公子赵成。

异日肥义谓信期①曰："公子与田不礼甚可忧也。其于义也声善而实恶，此为人也不子不臣。吾闻之也，奸臣在朝，国之残也；谗臣在中，主之蠹也。此人贪而欲大，内得主而外为暴。矫令为慢，以擅一旦之命，不难为也，祸且逮国。今吾忧之，夜而忘寐，饥而忘食。盗贼出入，不可不备。自今以来，若有召王者必见吾面，我将先以身当之，无故而王乃入。"信期曰："善哉，吾得闻此也！"

◎**注释** ①〔信期〕就是后文中出现的高信。
◎**大意** 过了几天，肥义对信期说："公子赵章和田不礼非常令人忧虑。他们表面上对我很好，内心却十分讨厌我，这两人不孝不忠。我听说，奸臣在朝廷，是国家的祸害；谗臣在宫内，是国君的蛀虫。这种人贪婪而野心大，在内得到君主的宠信而在外行事残暴。擅自假传主父命令，发难夺权，是很容易做到的，到时祸患将危及国家。现在我因为担心这件事，吃不下睡不着。对盗贼出入的地方不可以不防备。从今以后，如果主父召见大王，一定要预先告知我，我先进去查看一下，没有什么问题之后大王再进去。"信期说："好啊，我知道这事了。"

四年，朝群臣，安阳君①亦来朝。主父令王听朝，而自从旁观窥群臣宗室之礼。见其长子章傫然也，反北面为臣，诎于其弟，心怜之，于是乃欲分赵而王章于代，计未决而辍。

◎**注释** ①〔安阳君〕即公子赵章。
◎**大意** 赵惠文王四年，群臣朝见，安阳君赵章也来朝见。赵主父让赵惠文王当朝处理政务，而自己在旁边观察大臣和宗室贵族的礼仪。看到他的大儿子赵章身材高大，却只能北面称臣，向弟弟赵惠文王行礼，心里十分怜惜他，于是就想把赵国一分为二，让赵章在代地称王，但没有拿定主意就中途停止了。

主父及王游沙丘①，异宫，公子章即以其徒与田不礼作乱，诈以主父令召王。肥义先入，杀之。高信即与王战。公子成与李兑自国至，乃起四邑之兵入距（拒）难，杀公子章及田不礼，灭其党贼而定王室。公子成为相，号安平②君，李兑为司寇③。公子章之败，往走主父，主父开之，成、兑因围主父宫。公子章死，公子成、李兑谋曰："以章故围主父，即解兵，吾属夷矣。"乃遂围主父。令宫中人"后出者夷"，宫中人悉出。主父欲出不得，又不得食，探爵（雀）鷇④而食之，三月余而饿死沙丘宫。主父定死，乃发丧赴（讣）诸侯。

◎**注释** ①〔沙丘〕原本为殷纣王的离宫，后来赵国又在其基础上修建离宫，在今河北平乡东北。②〔安平〕在今河北安平。③〔司寇〕官职名，掌管刑狱，缉捕盗贼，维持全国治安。④〔爵鷇（kòu）〕鸟窝里的雏雀。

◎**大意** 赵主父和赵惠文王游览沙丘，各自住在一所宫殿。公子赵章就依靠他的党羽和田不礼一起谋反作乱，假传赵主父的命令召见赵惠文王，肥义先进去，被杀死。信期就和赵惠文王一起率兵作战。公子赵成和李兑从赵国都城赶来，发动四周城邑的军队前来平定叛乱，杀了公子赵章和田不礼，消灭了他们的党羽而使王室安定。公子赵成担任相国，称号为安平君，李兑任司寇。公子赵章失败的时候，逃往赵主父那里，赵主父开宫门收留了他，公子赵成、李兑因而领兵围困赵主父的宫室。公子赵章死后，公子赵成、李兑商量说："因为公子赵章而包围赵主父，即便是立即撤兵，我们这些人估计也都会被灭族。"于是仍围住赵主父。对宫中的人说"后面出宫的人满门抄斩"，宫中的人全部出来了。赵主父想出来又不能出来，因为没有食物，只能掏摸幼雀吃，三个多月后就饿死在沙丘宫。外边的人等到确定赵主父死了，才发讣告向诸侯报丧。

是时王少，成、兑专政，畏诛，故围主父。主父初以长子章为太子，后得吴娃，爱之，为不出者数岁，生子何，乃废太子章而立何为王。吴娃死，爱弛，怜故太子，欲两王之，犹豫未决，故乱起，以至父子俱死，为天下笑，岂不痛乎！

◎**大意** 这时赵惠文王年纪小，公子赵成、李兑总揽大权，担心被杀，所以才继续围困赵主父。赵主父最初把大儿子赵章立为太子，后来娶了吴娃，非常宠爱她，因为她而好几年没有在别的地方住宿，生下儿子赵何之后，赵主父就废掉太子章改立赵何为国王。吴娃死后，他对赵何的爱冷淡了，反而怜惜起原来的太子，想让两个儿子都为王，但是犹豫不决，所以发生了祸乱，以致父子都死了，被天下人嘲笑，怎能不令人痛惜啊！

五年，与燕鄚①、易②。八年，城南行唐③。九年，赵梁将，与齐合军攻韩，至鲁关④下。及十年，秦自置为西帝。十一年，董叔与魏氏伐宋，得河阳⑤于魏。秦取梗阳⑥。十二年，赵梁将攻齐。十三年，韩徐为将，攻齐。公主⑦死。十四年，相国乐毅将赵、秦、韩、魏、燕攻齐，取灵丘⑧。与秦会中阳⑨。十五年，燕昭王来见。赵与韩、魏、秦共击齐，齐王败走，燕独深入，取临菑⑩。

◎**注释** ①〔鄚〕在今河北任丘北。②〔易〕在今河北雄县西北。③〔南行唐〕在今河北行唐北。④〔鲁关〕韩国的关塞，在今河南鲁山西南。⑤〔河阳〕在今河南孟州西北。⑥〔梗阳〕在今山西清徐。⑦〔公主〕吴娃所生，赵惠文王的姐姐。⑧〔灵丘〕在今山东高唐南。⑨〔中阳〕在今山西中阳。⑩〔临菑〕在今山东临淄北。

◎**大意** 赵惠文王五年，把鄚、易两地划给燕国。赵惠文王八年，在南行唐筑城。赵惠文王九年，赵梁为将军，率军跟齐兵一起进攻韩国，一直到鲁关下。赵惠文王十年，秦昭王自称为西帝。赵惠文王十一年，董叔率领赵军与魏军攻打宋国，从魏国得到河阳。秦国夺去了赵国的梗阳。赵惠文王十二年，赵梁率军进攻齐国。赵惠文王十三年，韩徐为将军，率兵攻打齐国。这一年，公主去世。赵惠文王十四年，相国乐毅统率赵、秦、韩、魏、燕五国的联军攻打齐国，夺取齐国的灵丘。赵惠文王与秦昭王在中阳会面。赵惠文王十五年，燕昭王前来会见赵惠文王。赵国与韩国、魏国、秦国一起攻打齐国，齐湣王战败逃跑，燕军孤军深入，攻取了临菑。

十六年，秦复与赵数击齐，齐人患之。苏厉为齐遗赵王书曰：

◎**大意** 赵惠文王十六年，秦国与赵国多次进攻齐国，齐国人为此而担忧。苏厉替齐王写信给赵惠文王说：

臣闻古之贤君，其德行非布于海内也，教顺（训）非洽于民人也，祭祀时享非数常于鬼神也。甘露降，时雨至，年谷丰孰（熟），民不疾疫，众人善之，然而贤主图之。

◎**大意**　我听说古代的贤明君主，他的德行并没有遍布天下，教化并没有普遍润泽百姓，四季的祭祀并没有让鬼神都满意。依然风调雨顺，庄稼丰收，百姓没有疫病。众人都认为这是好事，然而贤明的君主要认真思考。

今足下之贤行功力，非数加于秦也；怨毒积怒，非素深于齐也。秦赵与国，以强征兵于韩，秦诚爱赵乎？其实憎齐乎？物之甚者，贤主察之。秦非爱赵而憎齐也，欲亡韩而吞二周，故以齐餤（啖）天下。恐事之不合，故出兵以劫魏、赵。恐天下畏己也，故出质以为信。恐天下亟反也，故征兵于韩以威之。声以德与国，实而伐空韩，臣以秦计为必出于此。夫物固有势异而患同者，楚久伐而中山亡①，今齐久伐而韩必亡。破齐，王与六国分其利也。亡韩，秦独擅之。收二周，西取祭器，秦独私之。赋田计功，王之获利孰与秦多？

◎**注释**　①〔楚久伐而中山亡〕赵武灵王二十五年，秦、韩、魏、齐四国联合攻打楚国。这个时候，齐国趁机攻打中山国，后又灭掉了中山国。

◎**大意**　现在您的德行和功劳，并不是对秦国一直有好处；积累起来的仇恨和怒气，并不是一直对齐国很深。秦国与赵国结盟，以武力强迫韩国出兵，秦国真的爱赵国吗？确实是憎恨齐国吗？事情过于反常的话，贤明的君主就要认真审视它。秦国并不是爱赵国而憎恨齐国，而是想要灭掉韩国，吞并东周、西周，所以用齐国作为诱饵，让各国派兵攻打齐国。秦国怕事情办不成，所以胁迫魏国、赵国一同出兵。担心天下诸侯怀疑自己，所以派出人质来取得信任。又害怕天下诸侯突然反对它，所以向韩国征调军队来威胁其他诸侯。表面上为了盟国好，实际上却是趁机攻取空虚的韩国，我认为秦国一定是如此打算的。天下事本来就是形势不同而祸患相同，楚国长期被攻伐时中山国灭亡了，如今齐国长久被攻伐则韩国必定灭亡。攻下齐国，大王跟六国分享它的好处。如果灭掉韩国，秦国就能独自占有它。占领东周、西周，向西去取周的祭祀器物，只能是秦国独自享有。算算所获得的土地和所立下的功劳，大王与秦国，谁得到的好处更多呢？

说士①之计曰："韩亡三川②，魏亡晋国③，市朝未变而祸已及矣。"燕尽齐之北地，去沙丘、巨鹿④敛三百里，韩之上党⑤去邯郸百里，燕、秦谋王之河山，间三百里而通矣。秦之上郡⑥近挺关⑦，至于榆中者千五百里，秦以三郡攻王之上党⑧，羊肠之西，句注⑨之南，非王有已。逾句注，斩常山而守之，三百里而通于燕，代马胡犬不东下，昆山之玉不出，此三宝者亦非王有已。王久伐齐，从强秦攻韩，其祸必至于此。愿王孰（熟）虑之。

◎**注释** ①〔说士〕劝说别人听从自己主张的人。②〔三川〕因有黄河、伊水、洛水三条河流而得名，在今河南西部的益阳、新城等一带。③〔晋国〕指今山西西南部。④〔巨鹿〕古地名，在今河北邢台。⑤〔上党〕韩国的郡名，在今山西长治的中部与南部。⑥〔上郡〕秦国的郡名，在今陕西榆林东南。⑦〔挺关〕在今陕西榆林西北。⑧〔上党〕赵国的郡名，在今山西和顺、左权一带。⑨〔句注〕赵国的山名，在今山西代县西北。

◎**大意** 游说的人士分析说："韩国失去三川，魏国失去原来晋国的那部分土地，集市还没有收市，灾祸就已经降临了。"燕国将齐国北部地区全部占领后，离赵国的沙丘、巨鹿不到三百里，而韩国的上党离赵国的邯郸只有一百里，燕国、秦国想要谋取赵国的河山，中间仅三百里就贯通了。秦国的上郡临近赵国的挺关，到燕国的榆中仅有一千五百里，秦国凭借三郡的兵力攻打赵国的上党，那么羊肠坂以西、句注山以南的地区就不归国君您所有啦。如果越过句注山，攻占常山而固守，只要三百里便能到达燕国，代地的马、胡地的犬秣下昆山的玉不被运到赵国，这三样宝物也不为大王所有了。大王长久攻打齐国，跟随强秦攻打韩国，这些祸患必然会发生。希望大王认真思虑此事。

且齐之所以伐者，以事王也；天下属行①，以谋王也。燕秦之约成而兵出有日矣。五国三分王之地，齐倍（背）五国之约而殉王之患，西兵以禁强秦，秦废帝请服，反高平②、根柔③于魏，反至分④、先俞⑤于赵。齐之事王，宜为上佼，而今乃抵罪，臣恐天下后事王者之不敢自必也。愿王孰（熟）计之也。

◎**注释**　①〔属行〕平成行列，指起兵。②〔高平〕在今河南济源西南。③〔根柔〕在今河南济源东南。④〔巠（xíng）分〕即西陉山，又称勾注山，在今山西代县西。⑤〔先俞〕即西俞山，又称雁门山，在今山西代县北。

◎**大意**　况且齐国被秦国征讨就是因为齐国亲附了大王；天下的诸侯联合发兵行动，是为了攻打赵国。燕国与秦国已经签订盟约，共同出兵的日子也快了。当初秦、齐、韩、魏、燕五国打算三分赵国土地，齐国违背五国的盟约而与您共患难，向西进兵而抑制秦国，秦王因此废弃西帝的称号，把高平、根柔还给魏国，把巠分、先俞还给赵国。齐国对待大王您可以说是最好的，而如今竟被问罪，恐怕以后天下诸侯不敢归附您了。希望大王认真思考这件事。

今王毋与天下攻齐，天下必以王为义。齐抱社稷而厚事王，天下必尽重王义。王以天下善秦，秦暴，王以天下禁之，是一世之名宠制于王也。

◎**大意**　如果现在大王不与其他诸侯国一起攻打齐国，天下的人一定认为大王您讲求道义。齐国以整个国家来服侍大王，天下的人一定都敬重大王的道义。秦国讲求道义，那么大王您就率领天下诸侯亲善秦国；如果秦国残暴，大王就带领天下诸侯去制止它，大王将会享有一代的威名。

于是赵乃辍，谢秦不击齐。

◎**大意**　于是赵国停止了进军，谢绝秦国的要求，不再进攻齐国。

王与燕王遇。廉颇将，攻齐昔阳①，取之。

◎**注释** ①〔昔阳〕在今山东郓城西。
◎**大意** 赵惠文王与燕王会见。廉颇担任将军，率兵攻占齐国的昔阳。

十七年，乐毅将赵师攻魏伯阳①。而秦怨赵不与己击齐，伐赵，拔我两城。十八年，秦拔我石城②。王再之卫东阳③，决河水，伐魏氏。大潦，漳水出。魏冉④来相赵。十九年，秦败我二城。赵与魏伯阳。赵奢将，攻齐麦丘⑤，取之。

◎**注释** ①〔伯阳〕在今河南安阳西北。②〔石城〕在今山西离石。③〔东阳〕在今山东武城东北。④〔魏冉〕秦国相国，秦昭王的舅舅，事迹详见《穰侯列传》。⑤〔麦丘〕在今山东商河。
◎**大意** 赵惠文王十七年，乐毅率领赵军攻打魏国的伯阳。秦国怨恨赵国不跟自己一起攻击齐国，就出兵征讨赵国，夺取了赵国两座城邑。赵惠文王十八年，秦军攻占赵国的石城。赵惠文王再次到达卫国的东阳，打开黄河缺口以灌淹魏国。大雨成涝，漳水泛滥。秦国的魏冉来担任赵国的相国。赵惠文王十九年，秦国又占领赵国两座城邑。赵国把伯阳归还给魏国。赵奢担任将军，率军攻占了齐国的麦丘。

二十年，廉颇将，攻齐。王与秦昭王遇西河外①。

◎**注释** ①〔河外〕战国时人称今河南境内的黄河以北地区为"河内"，黄河以南地区为"河外"。
◎**大意** 赵惠文王二十年，廉颇任将军，率军进攻齐国。赵惠文王与秦昭王在西河外相会。

二十一年，赵徙漳水武平①西。二十二年，大疫。置公子丹为太子。

◎**注释** ①〔武平〕在今河北武安西南。
◎**大意** 赵惠文王二十一年，赵国将漳水改道流经武平西。赵惠文王二十二年，疫病大流行。这一年，立公子丹为太子。

二十三年，楼昌将，攻魏几①，不能取。十二月，廉颇将，攻几，取之。二十四年，廉颇将，攻魏房子，拔之，因城而还。又攻安阳②，取之。二十五年，燕周将，攻昌城③、高唐④，取之。与魏共击秦。秦将白起破我华阳，得一将军。二十六年，取东胡欧代地。

◎**注释** ①〔几〕在今河北大名东南。②〔安阳〕魏国县名，在今河南安阳西南。③〔昌城〕在今河北冀州西北。④〔高唐〕在今山东高唐东北。
◎**大意** 赵惠文王二十三年，楼昌任将军，率军攻打魏国的几城，没有攻下。这一年十二月，廉颇率军攻占了几城。赵惠文王二十四年，廉颇率军攻占了魏国的房子，在当地修筑城墙后返回。又攻占了安阳。赵惠文王二十五年，燕周率军攻占了昌城、高唐。赵国跟魏国一起进攻秦国。秦国将领白起攻取了赵国的华阳，并俘虏了一名将军。赵惠文王二十六年，夺取赵国与东胡边界之间的地带。

二十七年，徙漳水武平南。封赵豹①为平阳②君。河水出，大潦。

◎**注释** ①〔赵豹〕赵惠文王的弟弟。②〔平阳〕在今山西临汾西南。
◎**大意** 赵惠文王二十七年，将漳水改道流经武平南。封赵豹为平阳君。黄河泛滥，大水成灾。

二十八年，蔺相如伐齐，至平邑①。罢城北九门大城。燕将成安君公孙操弑其王。二十九年，秦、韩相攻，而围阏与②。赵使赵奢将，击秦，大破秦军阏与下，赐号为马服君。

◎**注释** ①〔平邑〕齐国县名，在今河南南乐东北。②〔阏与〕在今山西和顺西北。

◎**大意** 赵惠文王二十八年，蔺相如率军攻打齐国，一直到达平邑城。停止修筑北面九门的工事。燕国的将军成安君公孙操弑杀了燕惠王。赵惠文王二十九年，秦国、韩国联合攻打赵国，包围了阏与城。赵国派赵奢为将军，率军攻打秦军，赵奢在阏与城下大败秦军，被封为马服君。

三十三年，惠文王卒，太子丹立，是为孝成王。

◎**大意** 赵惠文王三十三年，赵惠文王去世，太子丹继位，就是赵孝成王。

孝成王元年，秦伐我，拔三城。赵王新立，太后①用事，秦急攻之。赵氏求救于齐，齐曰："必以长安君②为质，兵乃出。"太后不肯，大臣强谏。太后明谓左右曰："复言长安君为质者，老妇必唾其面。"左师触龙言愿见太后，太后盛气而胥之。入，徐趋而坐，自谢曰："老臣病足，曾不能疾走，不得见久矣。窃自恕，而恐太后体之有所苦也，故愿望见太后。"太后曰："老妇恃辇③而行耳。"曰："食得毋衰乎？"曰："恃粥耳。"曰："老臣间者殊不欲食，乃强步，日三四里，少益嗜食，和于身也。"太后曰："老妇不能。"太后不和之色少解。左师公曰："老臣贱息④舒祺最少，不肖，而臣衰，窃怜爱之，愿得补黑衣之缺⑤以卫王宫，昧死以闻。"太后曰："敬诺。年几何矣?"对曰:"十五岁矣。虽少,愿及未填沟壑⑥而托之。"太后曰:"丈夫亦爱怜少子乎?"对曰:"甚于妇人。"太后笑曰:"妇人异甚。"对曰:"老臣窃以为媪之爱燕后⑦贤于长安君。"太后曰:"君过矣,不若长安君之甚。"左师公曰:"父母爱子,则为之计深远。媪之送燕后也,持其踵,为之泣,念其远也,亦哀之矣。已行,非不思也,祭祀则祝之曰'必勿使反(返)⑧',岂非计长久,为子孙相继为王也哉?"太后曰:"然。"左师公曰:"今三世以前,至于赵主之子孙为侯者,其继有在者乎?"曰:"无有。"曰:"微独赵,诸侯有在者乎?"曰:"老妇不闻也。"曰:"此其近者祸及其身,远者及其子孙。岂人主之子侯则不善哉?位尊而无功,奉(俸)厚而无劳,而挟重器多也。今媪尊长安君之位,而封之以膏腴之地,多与之重器,而不及今令有功于国,一旦山陵崩⑨,长安君何以自托于赵?老臣以媪为长安君之计短也,故以为爱之不若燕后。"太后曰:"诺,恣君之所使之。"于是为长安君约车百乘,质于齐,齐兵乃出。

◎**注释** ①〔太后〕即赵威后,赵惠文王的妻子。②〔长安君〕赵太后小儿子的封号。③〔辇〕帝王与王后所乘的车子,大的用马拉,小的由人牵引,还有一种是用人抬。④〔贱息〕谦称自己的儿子。⑤〔补黑衣之缺〕委婉地说让自己的儿子担任王宫卫士。当时的王宫卫士穿着黑衣,所以这样说。⑥〔填沟壑〕古人对自己死亡的一种隐讳说法。⑦〔燕后〕赵威后的女儿,嫁给燕王为后。⑧〔必勿使反〕凡是嫁给帝王的女子,除被休弃以外,一般是不能回娘家的。⑨〔山陵崩〕这里是赵太后死亡的隐讳说法。

◎**大意** 赵孝成王元年,秦军讨伐赵国,攻占了三座城。赵孝成王刚刚继位,太后当权,秦军趁机发动猛攻。赵国向齐国求救,齐王说:"必须让长安君来做人质,才出兵救赵。"太后不答应,大臣极力劝谏。太后明确地对身边的大臣说:"谁再说让长安君做人质的话,我一定把唾沫吐到他脸上。"这时,左师触龙请求拜见太后，太后怒气冲冲地等着他。触龙进来之后迈着小碎步上前坐下，说："我的脚有毛病，实在是走不快，好久没有来拜见您。虽然私下原谅自己，但又担心您的身体有什么不舒服，所以想要来拜见太后。"太后说："老妇我依靠车辇行动罢了。"触龙问："饭食没有减少吧？"太后说："喝点稀粥而已。"触龙说："我有时候会非常不想吃饭，就强制自己散散步，一天走三四里，对饮食的兴趣稍微有所增加，身体也舒适一些了。"太后说："老妇我不行。"太后的脸色稍稍缓和下来。触龙说："我最小的儿子舒祺没有出息，可我已经老了，内心又十分疼爱他，希望能让他充当一名王宫的卫士，冒死向您请求这件事。"太后说："好。年龄多大了？"触龙回答："十五岁了。虽然年纪小，还是希望在死之前将他托付给您。"太后说："男人也疼爱自己的小儿子吗？"触龙回答："超过妇人。"太后笑着说："妇人更加宠爱。"触龙回答："我认为您爱女儿燕后超过了长安君。"太后说："你错了，比不上长安君。"触龙说："父母爱护子女，就会为他们做长远的打算。您送燕后出嫁时，握着她的脚跟，悲伤地一直哭泣，因为想着她嫁得太远了，对她也是非常怜爱了。出嫁以后，并不是不思念她，但祭祀的时候就为她祈祷说'一定不要让她被遣送回来'，这难道不是为她长远考虑，希望她的子孙世世代代做燕国的王吗？"太后说："对。"触龙说："从现在往上追溯到三世以前直到赵初，赵王被封为侯的子孙，他们的继承人还有在位的吗？"太后说："没有了。"触龙说："不仅是赵国，其他诸侯子孙受封者的子孙还有在位的吗？"太后说："我没有听说过。"触龙说："这是有些人灾祸早早降临，落在了他们自己身上，灾祸降临比较晚的，就落在了他们的子孙身上。难道是国君被封为侯的子孙都不好吗？他们地位尊贵却没有功业，俸禄优厚却没有劳绩，还拥有众多的宝器。现在您抬高长安君的地位，又分给他肥沃的土地，还赐给了他许多贵重的宝器，却不让他现在为国立功，一旦您离开人世，长安君凭什么在赵国立足呢？我认为您为长安君考虑得短浅，所以认为爱他不如爱燕后。"太后说："好，任凭您派遣长安君。"于是为长安君准备了一百辆车子，到齐国做人质，齐国才出兵救赵。

子义闻之，曰："人主之子，骨肉之亲也，犹不能持无功之尊，无劳之奉（俸），而守金玉之重也，而况于予乎？"

◎**大意** 子义听说这事后，说："国君的儿子，是骨肉之亲，尚且不能没有功勋而享有尊位，不劳作而获得俸禄，而又有金玉宝器，何况我们这些臣子呢？"

齐安平君田单将赵师而攻燕中阳①，拔之。又攻韩注人②，拔之。二年，惠文后卒。田单为相。

◎**注释** ①〔中阳〕应为"中人"，在今河北行唐西南。②〔注人〕在今河南临汝西北。
◎**大意** 齐国的安平君田单率领赵军攻占了燕国的中阳。又攻占了韩国的注人。赵孝成王二年，赵惠文后去世，田单任赵国相国。

四年，王梦衣偏裻①之衣，乘飞龙上天，不至而坠，见金玉之积如山。明日，王召筮史②敢占之，曰："梦衣偏裻之衣者，残也。乘飞龙上天不至而坠者，有气而无实也。见金玉之积如山者，忧也。"

◎**注释** ①〔裻（dú）〕衣背缝。②〔筮史〕主管占卜和记述史事的官员。
◎**大意** 赵孝成王四年，赵孝成王梦见自己穿着左右颜色不同的背缝衣服，骑飞龙上天，没到天上就掉了下来，看见金玉堆积如山。第二天，赵孝成王召见筮史敢来占卜，结果说："梦见穿着左右颜色不同的背缝衣服，象征残缺。骑着飞龙上天没到天上就掉下来，象征有气势而无实力。看见金玉堆积如山，是心中有忧患。"

后三日，韩氏上党守冯亭使者至，曰："韩不能守上党，入之于秦。其吏民皆安为赵，不欲为秦。有城市邑十七，愿再拜入之赵，财（裁）王所以赐吏民。"王大喜，召平阳君豹告之曰："冯亭入城市邑十七，受之何如？"对曰："圣人甚祸无故之利。"王曰："人怀吾德，何谓无故乎？"对曰："夫秦蚕食韩氏地，中绝不令相通，固自以为坐而受上党之地也。韩氏所以不入于秦者，欲嫁其祸于赵也。秦服其劳而赵受其利，虽强大不能得之于小弱，小弱顾能得之于强大乎？岂可谓非无故之利哉！且夫秦以牛田，之水通粮，蚕食，上乘倍战者，裂上国之地，其政行，不可与为难，必勿受也。"王曰："今发百万之军而攻，逾年历岁未得一城也。今以城市邑十七币吾国，此大利也。"

◎ **大意** 之后三天，韩国上党郡守冯亭的使者到来，说："韩国守不住上党了，会被并入秦国。但是上党的官吏百姓都甘心归附赵国，不想归附秦国。上党有十七座城邑，希望再拜并入赵国。大王可以裁断把好消息带给官吏百姓。"赵孝成王非常高兴，召见平阳君赵豹告诉他说："冯亭要献上十七座城邑，接受它怎么样？"赵豹回答道："圣人将无缘无故得来的好处看作是大祸害。"赵孝成王说："那里的人感念我的仁德，怎么能说是没有原因呢？"赵豹回答："秦国慢慢地侵略吞并韩国的土地，斩断上党至都城的道路，本来认为已经可以坐拥上党之地了。韩国之所以不把上党献给秦国，是要将祸害转移到赵国。秦国付出辛劳却是赵国得到好处，即使是强国大国也不能坐享小国弱国的成果，小国弱国难道能坐享强国大国的成果吗？这怎么能说不是没有缘由的利益呀！再说秦国粮食充足，漕运便利，不断蚕食东方各国领土，把攻占的土地分封给功臣，现在秦国的政令已经施行，不能和它作对，一定不要接受上党的土地。"赵孝成王说："如今我们派出百万大军去攻城，过几年也打不下一座城，现在韩国把十七座城邑作为礼物赠送给我国，这是很大的好处啊。"

赵豹出，王召平原君与赵禹而告之。对曰："发百万之军而攻，逾岁未得一城，今坐受城市邑十七，此大利，不可失也。"王曰："善。"乃令赵胜受地，告冯亭曰："敝国使者臣胜，敝国君使胜致命，以万户都三封太守，千户都三封县令，皆世世为侯，吏民皆益爵三级,吏民能相安,皆赐之六金。"冯亭垂涕不见使者,曰:"吾不处三不义也:为主守地,不能死固,不义一矣;入之秦,不听主令,不义二矣;卖主地而食之,不义三矣。"赵遂发兵取上党。廉颇将军军长平。

◎**大意**　赵豹出去以后,赵孝成王又召见平原君和赵禹告诉他们这事。他们回答:"发动百万大军去攻打城池,一年也没有攻下一个城,现在坐享十七座城邑,这么大的利益不能失去。"赵孝成王说:"好!"就派赵胜去接受十七座城邑,让他告诉冯亭:"我是赵国的使者赵胜,我们的国君派我传达命令,用三座万户人居住的城邑封赏太守,用三座千户人居住的城邑封赏县令,都世代承袭为侯,官吏百姓都加爵位三级,能平安相处的,每人赏赐六金。"冯亭流着眼泪不见使者,说:"我不想处于三不义的境地:为国守卫国土,不能拼死坚守,这是一不义;韩王要把上党送给秦国,我没有听从国君的命令,这是二不义;出卖君主的土地而自己却得到封地,这是三不义。"赵国于是发兵占领上党。廉颇率领军队在长平驻扎。

七年,廉颇免而赵括代将。秦人围赵括,赵括以军降,卒四十余万皆坑之。王悔不听赵豹之计,故有长平之祸焉。

◎**大意**　赵孝成王七年,廉颇被免职后赵括代替他为将军。秦军包围了赵括,赵括率军投降,四十多万士兵都被活埋。赵孝成王后悔没听从赵豹的建议,所以有了长平的灾祸。

王还,不听秦,秦围邯郸。武垣①令傅豹、王容、苏射率燕众反燕地。赵以灵丘封楚相春申君。

◎**注释** ①〔武垣〕在今河北肃宁东南。

◎**大意** 赵孝成王返回邯郸，不答应秦国的割地要求，秦国派兵包围了邯郸。武垣县令傅豹、王容、苏射等率领燕国百姓背叛赵国后返回燕国。赵国把灵丘封给楚国相国春申君黄歇。

八年，平原君如楚请救。还，楚来救，及魏公子无忌亦来救，秦围邯郸乃解。

◎**大意** 赵孝成王八年，平原君前往楚国求救。返回后，楚军前来救援，魏国公子无忌也来救援，秦军才解除对邯郸的包围。

十年，燕攻昌壮①，五月拔之。赵将乐乘、庆舍攻秦信梁军，破之。太子死。而秦攻西周，拔之。徒父祺出。十一年，城元氏②，县上原③。武阳君郑安平④死，收其地。十二年，邯郸廥⑤烧。十四年，平原君赵胜死。

◎**注释** ①〔昌壮〕在今河北冀州西北。②〔元氏〕城名，在今河北元氏西北。③〔上原〕县名，在今河北元氏西。④〔郑安平〕原本是秦国的将领，秦军围困邯郸时被赵军打败，率军投降赵国，被封为武阳君。⑤〔廥（kuài）〕存放草料的房舍。

◎**大意** 赵孝成王十年，燕军进攻昌壮，五月攻占了它。赵国将领乐乘、庆舍打败了秦国将军信梁的军队。赵国太子死去。秦军攻占了西周。赵国徒父祺率军出兵救周。赵孝成王十一年，在元氏建城，在上原设县。武阳君郑安平死去，赵国收回他的封地。赵孝成王十二年，邯郸的草料库被烧毁。赵孝成王十四年，平原君赵胜去世。

十五年，以尉文①封相国廉颇为信平君。燕王令丞相栗腹约欢，以五百金为赵王酒,还归,报燕王曰:"赵氏壮者皆死长平,其孤未壮,可伐也。"王召昌国君乐间②而问之。对曰:"赵,四战之国也,其民习兵,伐之不可。"王曰:"吾以众伐寡,二而伐一,可乎?"对曰:"不可。"王曰:"吾即以五而伐一,可乎?"对曰:"不可。"燕王大怒。群臣皆以为可。燕卒起二军,车二千乘,栗腹将而攻鄗,卿秦将而攻代。廉颇为赵将,破杀栗腹,虏卿秦、乐间。

◎**注释** ①〔尉文〕县名,在今河北无极西。②〔乐间〕燕国名将乐毅的儿子,封为昌国君。事迹详见《乐毅列传》。

◎**大意** 赵孝成王十五年,将尉文县地封给相国廉颇,称他为信平君。燕王姬喜派丞相栗腹到赵国缔结友好关系,用五百黄金给赵王祝酒,返回后,栗腹报告燕王说:"赵国的壮年男子在长平之战中死去,他们的孤儿还没有长大,可以攻打它。"燕王姬喜召见昌国君乐间询问这事。乐间回答:"赵国是四面受敌的国家,它的百姓人人可以打仗,不可以攻伐它。"燕王姬喜说:"我以多攻少,用多于赵军两倍的兵力攻打它,可以吗?"乐间回答:"不可以。"燕王姬喜说:"我用多于赵军五倍的兵力攻打它,可以吗?"乐间回答:"不可以。"燕王姬喜大怒。群臣都认为可以。燕王姬喜最终还是派出两支军队,两千辆战车,由栗腹率领一支军队攻打鄗城,卿秦率领一支军队攻打代地。廉颇任赵国将军,打败燕军,斩杀栗腹,俘虏卿秦、乐间。

十六年,廉颇围燕。以乐乘为武襄君。十七年,假相①大将武襄君攻燕,围其国。十八年,延陵钧率师从相国信平君助魏攻燕。秦拔我榆次三十七城。十九年,赵与燕易土:以龙兑②、汾门③、临乐④与燕;燕以葛⑤、武阳⑥、平舒⑦与赵。

◎**注释** ①〔假相〕代理相国,当时的相国是廉颇。②〔龙兑〕在今河北满城北。

③〔汾门〕在今河北固安西南。④〔临乐〕在河北固安南。⑤〔葛〕在今河北高阳东北。⑥〔武阳〕在今河北易县东南。⑦〔平舒〕在今河北大城东。

◎**大意** 赵孝成王十六年，廉颇率军包围燕国都城。赵孝成王封乐乘为武襄君。赵孝成王十七年，代理相国的大将武襄君乐乘率军进攻燕国，包围了燕国的都城。赵孝成王十八年，延陵钧率领军队跟随相国信平君帮助魏国攻打燕国。秦军攻占赵国的榆次等三十七座城邑。赵孝成王十九年，赵国和燕国交换土地：赵国把龙兑、汾门、临乐给了燕国，燕国把葛、武阳、平舒给了赵国。

二十年，秦王政初立。秦拔我晋阳。

◎**大意** 赵孝成王二十年，秦王嬴政刚刚继位。秦军攻下赵国的晋阳。

二十一年，孝成王卒。廉颇将，攻繁阳①，取之。使乐乘代之，廉颇攻乐乘，乐乘走，廉颇亡入魏。子偃立，是为悼襄王。

◎**注释** ①〔繁阳〕在今河南内黄西北。

◎**大意** 赵孝成王二十一年，赵孝成王去世。廉颇为将军，率军攻打魏国的繁阳，占领了它。赵国派乐乘代替廉颇，廉颇攻打乐乘，乐乘逃跑，廉颇也逃亡到魏国。赵孝成王的儿子赵偃继位，这就是赵悼襄王。

悼襄王元年，大备魏。欲通平邑、中牟之道，不成。

◎**大意** 赵悼襄王元年，大修战备，以防魏国进攻。赵国打算修通魏国平邑、中牟之间的道路，没有成功。

二年，李牧将，攻燕，拔武遂①、方城②。秦召春平君，因而留之。泄钧为之谓文信侯曰："春平君者，赵王甚爱之而郎中妒之，故相与谋曰'春平君入秦，秦必留之'，故相与谋而内（纳）之秦也。今君留之，是绝赵而郎中之计中也。君不如遣春平君而留平都③。春平君者言行信于王，王必厚割赵而赎平都。"文信侯曰："善。"因遣之。城韩皋。

◎**注释** ①〔武遂〕燕国县名，在今河北徐水西。②〔方城〕燕国县名，在今河北固安南。③〔平都〕指平都侯，事迹不详。王骏图认为："疑即春平君之副使也。"

◎**大意** 赵悼襄王二年，李牧为将军，率兵攻打燕国，夺取了武遂、方城。秦国召见赵国的春平君，趁机扣留他。泄钧替他游说秦国的相国文信侯说："春平君深得赵王宠爱，但赵王身边的郎中忌妒他，所以一起密谋说：'春平君一旦进入秦国，一定会被扣留'。因此一起密谋把他送入秦国。现在您留下他，这是与赵国断绝了友好关系，中了郎中的计谋。您不如把春平君送回去而留下平都侯。春平君深得赵王的信任，赵王必定会多割让土地赎回平都侯。"文信侯说："好。"于是送回春平君。赵国在韩皋修城。

三年，庞煖将，攻燕，禽（擒）其将剧辛。四年，庞煖将赵、楚、魏、燕之锐师，攻秦蕞①，不拔；移攻齐，取饶安②。五年，傅抵将，居平邑；庆舍将东阳河外师，守河梁。六年，封长安君以饶③。魏与赵邺④。

◎**注释** ①〔蕞〕在今陕西临潼北。②〔饶安〕在今山东庆云西北。③〔饶〕赵国县名，在今河北饶阳东北。④〔邺〕在今河北饶阳东北。

◎**大意** 赵悼襄王三年，庞煖为将军，率军攻打燕国，活捉燕国大将剧辛。赵悼襄王四年，庞煖率领赵国、楚国、魏国、燕国的精锐军队，攻打秦国的蕞城，没有成功；转而进攻齐国，夺取饶安。赵悼襄王五年，傅抵为将军，驻扎平邑；庆舍率领东阳一带的军队，守卫黄河上的桥梁。赵悼襄王六年，把饶地封给长安君。魏国把邺地给了赵国。

九年，赵攻燕，取貍①、阳城②。兵未罢，秦攻邺，拔之。悼襄王卒，子幽缪王迁立。

◎**注释** ①〔貍〕在今河北任丘北。②〔阳城〕在今河北保定西南。
◎**大意** 赵悼襄王九年，赵军攻打燕国，占领了貍、阳城。赵军还没返回，秦军就攻占了邺城。赵悼襄王去世，他的儿子赵幽缪王赵迁继位。

幽缪王迁元年，城柏人①。二年，秦攻武城②，扈辄率师救之，军败，死焉。

◎**注释** ①〔柏人〕在今河北隆尧西。②〔武城〕赵国县名，在今河北磁县西南。
◎**大意** 赵幽缪王迁元年，在柏人筑城。赵幽缪王二年，秦军攻打武城，赵国将军扈辄率军援救，结果战败，扈辄也死了。

三年，秦攻赤丽①、宜安②，李牧率师与战肥下③，却之。封牧为武安君。四年，秦攻番吾④，李牧与之战，却之。

◎**注释** ①〔赤丽〕在今河北藁城一带。②〔宜安〕在今河北藁城南。③〔肥下〕在今河北藁城东南。④〔番吾〕在今河北平山西北。
◎**大意** 赵幽缪王三年，秦军攻打赵国的赤丽、宜安，赵国将军李牧率兵在肥县城下与秦军交战，打退秦军。赵幽缪王封李牧为武安君。赵幽缪王四年，秦军攻打番吾，李牧再次率军击退秦军。

五年，代地大动，自乐徐^①以西，北至平阴^②，台屋墙垣太半坏，地坼东西百三十步。六年，大饥，民讹言曰："赵为号，秦为笑。以为不信，视地之生毛。"

◎**注释** ①〔乐徐〕在今河北涞源东南。②〔平阴〕在今山西阳高东南。
◎**大意** 赵幽穆王五年，代地发生大地震，自乐徐以西，北到平阴，大多数亭台房屋的墙壁都倒塌了，地面裂为东西两块，裂缝有一百三十步宽。赵幽穆王六年，发生大饥荒，民间的谣言说："赵国人为此大哭，秦国人为此大笑。如果认为不可信，看看地里长的草。"

七年，秦人攻赵，赵大将李牧、将军司马尚将，击之。李牧诛，司马尚免，赵忽及齐将颜聚^①代之。赵忽军破，颜聚亡去。以王迁降。

◎**注释** ①〔颜聚〕齐国人，后来归附赵国。
◎**大意** 赵幽穆王七年，秦国军队进攻赵国，赵国大将李牧、将军司马尚率军迎战。后来李牧被诛杀，司马尚被免职，赵国王室赵忽和齐国将领颜聚代替他们。赵忽的军队被打败，颜聚逃走。赵幽穆王赵迁被迫向秦国投降。

八年十月，邯郸为秦。

◎**大意** 赵幽穆王八年十月，赵国都城邯郸成为秦国的领土。

太史公曰：吾闻冯王孙^①曰："赵王迁，其母倡也，嬖于悼襄王。悼襄王废适（嫡）子嘉而立迁。迁素无行，信谗，故诛其良将李牧，用郭开。"岂不缪（谬）哉！秦既虏迁，赵之亡大夫共立嘉为王，王代六岁，秦进兵破嘉，遂灭赵以为郡。

◎ **注释** ①〔冯王孙〕即冯遂，字王孙，西汉名臣冯唐的儿子。

◎ **大意** 太史公说：我听冯王孙说："赵幽穆王赵迁的生母是位歌女，深受赵悼襄王宠爱。赵悼襄王废掉嫡子赵嘉而立赵迁为太子。赵迁一向品行不好，喜欢听信谗言，所以诛杀了他的良将李牧，任用郭开。"难道不荒谬吗！秦国俘虏了赵迁后，赵国逃亡的大夫们共同拥立赵嘉为赵王，在代地称赵王六年，秦国进军打败赵嘉，于是灭了赵国而把赵地设为郡。

◎ **释疑解惑**

《赵世家》记载晋景公的宠臣屠岸贾以"赵盾弑君"为由，发起下宫之难，将赵氏族人诛灭殆尽，赵朔的妻子躲避在宫中，产下遗腹子赵武，在公孙杵臼、程婴的策划下，赵氏血脉得以留存。赵武长大后，在韩厥的帮助下，得以恢复爵位及封地，并杀掉屠岸贾报仇。据《左传》记载，赵朔之妻赵庄姬与赵婴齐私通，赵婴齐被赵同、赵括驱逐，因此赵庄姬在晋景公面前说二人坏话，导致下宫之难，同年就恢复赵武的田邑。二者记载完全不同，相比之下，司马迁的记载颇具戏剧性，所以，后世对于《史记》所载"赵氏孤儿"的真实性有不同的看法。第一种延续了《史记》的看法，如西汉刘向的《新序》《说苑》，东汉王充的《论衡》。第二种是对《史记》的质疑，如孔颖达《春秋正义》云："二年《传》栾书将下军，则于时朔已死矣。同、括为庄姬所谮，次年见杀，赵朔不得与同、括俱死也。于时，晋君明，诸臣强，无容有屠岸贾辄厕其间，得如此专恣。又说云：公孙杵臼取他儿代武死，程婴匿武于山中。居十五年，因晋侯有疾，韩厥乃请立武为赵氏后。与《左传》皆违。马迁妄说，不可从也。"梁玉绳《史记质疑》也对此进行了详细辨析："下宫之事，《左》成八年疏、《史通·申左篇》并以《史》为谬，后世历辨其诬，惟刘向采入《说苑·复恩》《新序·节士》，《皇极世家》依世家书之，前编分载贾杀赵朔，在周定王十年；赵姬谮杀原（赵同）、屏（赵括），在简王三年，皆不足据也。晋方鼎盛，乌容擅兵相杀；横索宫闱，诸大夫竟结舌袖手，任其转恣无忌耶？匿孤报德，视死如归，乃战国侠士、刺客所为，春秋之世无此风俗。则斯事固妄诞不可信，而所谓屠岸贾、程婴、杵臼，恐亦无其人也。"洪迈《容斋随笔》、王应麟《困学纪闻》、赵翼《陔余丛考》都对此有所辨析，认为《史记》所载不足为信。第三种则是持保留态度，何焯《义门读书记》说："言杀赵同、赵括、赵婴齐，《左传》颇略。然此赵氏之大事，必别有所传。赵之亡，去太史公近，文献必有可考。太史公时，书不存者多矣，遂谓之妄可乎？如此事赵氏所由不绝，得以大于后世，苟有其文，何得削之？后世之轻议古人可恨也。按程婴、公孙杵臼之事最为无据，疑战国时任侠好奇者为之，非其实也。"三种看法都有一定的道理。所以，也不妨将"赵氏孤儿"的有关记载视作"好奇"的表现，这也正是《史记》"无韵之《离骚》"的价值所在。元代纪君祥以此为蓝本创作的杂剧《赵氏孤儿大报仇》，被王国维在《宋元戏曲考》中誉为"即列于世界大悲剧中，亦无愧色也"。

◎ 思考辨析题

1. 你如何评价"赵氏孤儿"故事中程婴、公孙杵臼的牺牲精神？
2. 赵武灵王推行"胡服骑射"的意义何在？对今天的社会发展有什么启示？

魏世家

第十四

《魏世家》主要记述了战国时期魏国的世系发展。魏氏先祖毕万因为立功而被晋献公封赏魏地，故后代以魏为姓。自此以后，魏氏在晋国不断发展壮大，到魏献子时，与韩氏、赵氏分掌晋国的政权。魏氏、韩氏、赵氏三家势力不断扩大，魏文侯的时候，周威烈王正式册封三家为诸侯。魏文侯是《魏世家》重点记叙的一个人物。他尊贤下士，以子夏、段干木、田子方为师，以仁治国，身无失德；任用李克、西门豹、吴起等，实行改革，国内大治。因此，魏国曾一度发展成为战国时期的强国，以致强敌不敢侵犯。从强敌不敢来犯与选任相国两件事中，可以看出魏文侯的文治武功。他的孙子魏惠王是魏国由盛到衰的转折点。魏惠王在位期间，穷兵黩武，盲目扩张，起初凭借文侯打下的基础，在与他国的交战中互有胜负，而到后期则连连失败，在桂陵、马陵两次战役中惨败于齐国的田忌、孙膑；又被秦、赵、齐三国军队联合打败，完全丧失了河西的土地。这几次大败使魏国兵力耗尽、国力空虚。晚年的魏惠王终于有所醒悟，以厚礼广招贤士，然而为时已晚。至魏襄王、魏哀王、魏昭王时期，战争频繁，国土不断被秦国蚕食。如魏襄王时，"予秦西河之地""尽入上郡于秦""秦取我曲沃、平周"；魏哀王时，"伐取我曲沃""秦拔我蒲反、阳晋、封陵"；魏昭王时，"秦拔我襄城""秦拔我城大小六十一"；等等。这一时期的魏国合纵抗击秦国无效，国土不断被侵占，彻底走向了衰落。至魏安釐王时，魏国国势已变成强弩之末，种种失误的策略加速了魏国的灭亡。魏安釐王是《魏世家》一篇中着墨最多的人物，《魏世家》从不同的角度展现了魏安釐王的昏庸无能。首先，苏代批评魏安釐王"以地事秦，譬犹抱薪救火"；其次，通过秦国大臣中旗对形势的分析，道出如果魏国、赵国联合，其力量是不可轻视的；最后，信陵君反对随同秦国讨伐韩国的谈话长达千字，分析了秦国的野心与天下的形势，可谓一针见血。信陵君的合纵策略最终没被采纳，又因窃符救赵之事而流落于外多年，后来临危受命，率领五国军队击败秦军。但是，这只是昙花一现的胜利，东方六国毕竟失去了联合抗秦的实力，灭亡之势已无可挽回，到魏王魏假时被秦国所灭。最后是司马迁的论赞，认为魏国灭亡乃是必然之势。《魏世家》篇幅虽较长，但记事简明，抓住魏文侯、魏惠王、魏安釐王这三个重要时期的重要事件，纲目清晰，有条不紊。信陵君是司马迁甚为喜爱的人物，史文中录入了信陵君给魏王的书信，这封书信在《战国策》中并没有写明作者，这里却放在了信陵君头上。最后的论赞也是围绕信陵君而发出的议论，其喜爱与惋惜之情，溢于言表。

魏之先，毕公高①之后也。毕公高与周同姓。武王之伐纣，而高封于毕，于是为毕姓。其后绝封，为庶人，或在中国，或在夷狄。其苗裔曰毕万，事晋献公。

◎**注释** ①〔毕公高〕名高，因封地在毕，故称"毕公"。
◎**大意** 魏国的祖先是毕公高的后代。毕公高与周王室同姓。周武王讨伐商纣王以后，封赏高于毕地，于是高以毕为姓。毕公高的后代断绝了封爵，成为平民，有的住在中原，有的住在夷狄。他的后代子孙中有个叫毕万的，侍奉晋献公。

献公之十六年，赵夙为御，毕万为右，以伐霍、耿①、魏②，灭之。以耿封赵夙，以魏封毕万，为大夫。卜偃③曰："毕万之后必大矣。万，满数也；魏，大名也。以是始赏，天开之矣。天子曰兆民，诸侯曰万民。今命之大，以从满数，其必有众。"初，毕万卜事晋，遇《屯》之《比》。辛廖占之，曰："吉。《屯》固，《比》入，吉孰大焉，其必蕃昌。"

◎**注释** ①〔耿〕晋国的城邑名，在今山西河津东南。②〔魏〕晋国的城邑名，在今山西芮城西北。③〔卜偃〕晋国占卜的人，名叫郭偃。
◎**大意** 晋献公十六年，赵夙为晋献公驾车，毕万为车右护卫，去攻打霍国、耿国、魏国，灭了它们。晋献公把耿地封给赵夙，把魏地封给毕万，赵夙和毕万都成为大夫。卜偃说："毕万的后代一定会发展壮大。万，是满数；魏，是高大的意思。用这样的名号开始封赏，是上天要帮助他开拓基业。天子统治的是兆民，诸侯统治的是万民。现在用大的名号赐封他，而又接着满数，他将来一定会拥有众多的百姓。"当初，毕万占卜侍奉晋国君主的吉凶，得到屯卦初九阳爻变为阴爻初六的比卦。周大夫辛廖解卦说："这是吉利之兆。屯卦象征坚固，而比卦象征进入，没有比这更吉利的事了，后代一定会发达昌盛。"

毕万封十一年，晋献公卒，四子①争更立，晋乱。而毕万之世弥大，从其国名为魏氏。生武子。魏武子以魏诸子事晋公子重耳。晋献公之二十一年，武子从重耳出亡。十九年反（返），重耳立，为晋文公，而令魏武子袭魏氏之后封，列为大夫，治于魏。生悼子。

◎**注释** ①〔四子〕指晋献公的四个儿子：姬奚齐、姬卓子、姬夷吾、姬重耳。
◎**大意** 毕万受封十一年后，晋献公去世，晋献公的四个儿子争位，相继为国君，晋国内乱。而毕万的势力发展更加迅速，根据其封国名而姓魏。毕万生魏武子。魏武子以魏氏家族庶子的身份服侍晋公子姬重耳。晋献公二十一年，魏武子跟随姬重耳逃亡。十九年后返回晋国，姬重耳即位为晋文公，并下令魏武子继承魏氏家族的封爵，列为大夫，以魏城为治所。魏武子生魏悼子。

魏悼子徙治霍。生魏绛。

◎**大意** 魏悼子把治所迁到霍城。魏悼子生了魏绛。

魏绛事晋悼公。悼公三年，会诸侯。悼公弟杨干乱行，魏绛僇（戮）辱杨干。悼公怒曰："合诸侯以为荣，今辱吾弟！"将诛魏绛。或说悼公，悼公止。卒任魏绛政，使和戎、翟（狄），戎、翟（狄）亲附。悼公之十一年，曰："自吾用魏绛，八年之中，九合诸侯，戎、翟（狄）和，子之力也。"赐之乐，三让，然后受之。徙治安邑。魏绛卒，谥为昭子。生魏嬴。嬴生魏献子。

◎**大意** 魏绛侍奉晋悼公。晋悼公三年，与诸侯会盟。晋悼公的弟弟姬杨干扰乱仪仗队列，魏绛诛杀杨干的仆人以示羞辱和惩戒。晋悼公发怒说："会合诸侯是一件荣耀的事情，现在却让我的弟弟受到了羞辱！"打算诛杀魏绛。有人规劝晋悼公，晋悼公才罢休。最终任用魏绛执政，派他与戎族人、翟族人议和，戎族人、翟族人因此亲近依附晋国。晋悼公十一年，说："自从我任用魏绛，八年的时间里，多次会合诸侯，与戎族人、翟族人议和，都是他的功劳。"于是赏给魏绛礼乐，经过三次退让，魏绛最后接受了礼乐。魏绛把治所迁移到安城。魏绛去世，谥号是昭子。魏绛生魏嬴。魏嬴生魏献子。

献子事晋昭公。昭公卒而六卿①强，公室卑。

◎**注释** ①〔六卿〕长期在晋国把持政权的六大家族：范氏、中行氏、智氏、韩氏、赵氏、魏氏。
◎**大意** 魏献子侍奉晋昭公。晋昭公去世后六卿的势力更加强大，晋国公室势力衰微。

晋顷公之十二年，韩宣子老，魏献子为国政。晋宗室祁氏、羊舌氏相恶，六卿诛之，尽取其邑为十县，六卿各令其子为之大夫。献子与赵简子、中行文子、范献子并为晋卿。

◎**大意** 晋顷公十二年，韩宣子韩起退休，魏献子执掌国政。晋国宗室的祁氏、羊舌氏互相攻击诽谤，六卿就诛杀了祁氏、羊舌氏，占领他们的全部封地，划成十个县，六卿各自让自己的儿子赴十个县任大夫。魏献子与赵简子赵鞅、中行文子荀寅、范献子范吉射一起担任晋国的卿。

其后十四岁而孔子相鲁。后四岁，赵简子以晋阳之乱①也，而与韩、魏共攻范、中行氏。魏献子生魏侈。魏侈与赵鞅共攻范、中行氏。

◎**注释** ①〔晋阳之乱〕赵简子因个人私利而诛杀邯郸大夫赵午,赵午的党羽同范氏、中行氏借此围攻赵氏都城晋阳。晋阳,在今山西太原西南。
◎**大意** 这以后十四年,孔子辅佐鲁国。又过了四年,赵简子由于晋阳之乱,与韩氏、魏氏联合攻打范氏、中行氏。魏献子生魏侈。魏侈与赵简子共同攻打范氏、中行氏。

魏侈之孙曰魏桓子,与韩康子、赵襄子共伐灭知(智)伯,分其地。

◎**大意** 魏侈的孙子是魏桓子,与韩康子、赵襄子共同攻伐消灭智伯,瓜分了他的领地。

桓子之孙曰文侯都①。魏文侯元年,秦灵公之元年也。与韩武子、赵桓子、周威王同时。

◎**注释** ①〔文侯都〕《世本》与《史记·六国年表》皆作"文侯斯"。
◎**大意** 魏桓子的孙子是魏文侯魏都。魏文侯元年,也是秦灵公元年。魏文侯和韩武子、赵桓子、周威王生活在同一时代。

六年,城少梁①。十三年,使子击围繁、庞②,出其民。十六年,伐秦,筑临晋③元里④。

◎**注释** ①〔少梁〕在今陕西韩城西南。②〔繁、庞〕韩城东南方的秦国城邑名。③〔临晋〕在今陕西大荔东南。④〔元里〕在今陕西澄城东南。

◎**大意** 魏文侯六年，在少梁筑城。魏文侯十三年，魏文侯派公子魏击围困繁城、庞城，迁出当地的居民。魏文侯十六年，魏军攻打秦国，在临晋和元里修筑城池。

　　十七年，伐中山，使子击守之，赵仓唐傅之。子击逢文侯之师田子方于朝歌，引车避①，下谒。田子方不为礼。子击因问曰："富贵者骄人乎？且贫贱者骄人乎？"子方曰："亦贫贱者骄人耳。夫诸侯而骄人则失其国，大夫而骄人则失其家。贫贱者，行不合，言不用，则去之楚、越，若脱躧然，奈何其同之哉！"子击不怿而去。西攻秦，至郑②而还，筑雒阴③、合阳④。

◎**注释** ①〔引车避〕引着自己的车让路，表示尊敬。②〔郑〕在今陕西华州。③〔雒阴〕在今陕西大荔。④〔合阳〕在今陕西合阳。

◎**大意** 魏文侯十七年，派兵灭掉中山国，派遣公子魏击守卫它，令赵仓唐辅佐他。公子魏击在朝歌遇到魏文侯的老师田子方，引车让路，并下车拜见。田子方并未还礼。公子魏击便问道："是富贵的人对人傲慢，还是贫贱的人对人傲慢呢？"田子方说："也就是贫贱的人对人傲慢罢了。如果那些诸侯对人傲慢就会失去他的国家，如果大夫对人傲慢就会失去他的家。贫贱的人，如若行为不被认可，意见不被采纳，就离开这里而前往楚国、越国，就像脱掉草鞋一样随意，怎么可以和富贵的人一样呢？"公子魏击不高兴地离开了。魏军向西攻打秦国，到郑地后返回，在雒阴、合阳筑城。

　　二十二年，魏、赵、韩列为诸侯。

◎**大意**　魏文侯二十二年，魏氏、赵氏、韩氏列为诸侯。

二十四年，秦伐我，至阳狐①。

◎**注释**　①〔阳狐〕在今山西垣曲东南。
◎**大意**　魏文侯二十四年，秦军进攻魏国，一直到打到阳狐。

二十五年，子击生子罃。

◎**大意**　魏文侯二十五年，公子魏击生公子魏罃。

文侯受子夏经艺，客段干木，过其间，未尝不轼①也。秦尝欲伐魏，或曰："魏君贤人是礼，国人称仁，上下和合，未可图也。"文侯由此得誉于诸侯。

◎**注释**　①〔轼〕车前的横木。代指俯首抚轼，以礼致人。
◎**大意**　魏文侯向子夏学习儒家经典，以客礼对待段干木，经过他住的里巷时，没有一次不扶着车轼敬礼的。秦国曾经想要攻打魏国，有人说："魏国君主对贤人以礼相待，国人都称颂他的仁德，上下和睦同心，不能去图谋攻打它。"由此之后，魏文侯在诸侯中获得声誉。

任西门豹守邺①，而河内②称治。

◎**注释**　①〔邺〕在今河北临漳西南。②〔河内〕因地处今河南境内黄河的北岸地区，所以得名。

◎**大意**　魏文侯任用西门豹治邺，河内地区都被治理得很好。

魏文侯谓李克①曰："先生尝教寡人曰'家贫则思良妻，国乱则思良相'。今所置非成②则璜③，二子何如？"李克对曰："臣闻之，卑不谋尊，疏不谋戚。臣在阙门④之外，不敢当命。"文侯曰："先生临事勿让。"李克曰："君不察故也。居视其所亲，富视其所与，达视其所举，穷视其所不为，贫视其所不取，五者足以定之矣，何待克哉！"文侯曰："先生就舍，寡人之相定矣。"李克趋而出，过翟璜之家。翟璜曰："今者闻君召先生而卜相，果谁为之？"李克曰："魏成子为相矣。"翟璜忿然作色曰："以耳目之所睹记，臣何负于魏成子？西河⑤之守，臣之所进也。君内以邺为忧，臣进西门豹。君谋欲伐中山，臣进乐羊⑥。中山以（已）拔，无使守之，臣进先生。君之子无傅，臣进屈侯鲋。臣何以负于魏成子！"李克曰："且子之言克于子之君者，岂将比周⑦以求大官哉？君问而置相'非成则璜，二子何如？'克对曰：'君不察故也。居视其所亲，富视其所与，达视其所举，穷视其所不为，贫视其所不取，五者足以定之矣，何待克哉！'是以知魏成子之为相也。且子安得与魏成子比乎？魏成子以食禄千钟⑧，什九在外，什一在内，是以东得卜子夏、田子方、段干木。此三人者，君皆师之。子之所进五人者，君皆臣之。子恶得与魏成子比也？"翟璜逡巡再拜曰："璜，鄙人也，失对，愿卒为弟子。"

◎**注释**　①〔李克〕一说即李悝，著名的法家人物；一说子夏弟子，儒家人物。②〔成〕即公子成，下文又称魏成子，是魏文侯的弟弟。③〔璜〕翟璜，魏国大臣。④〔阙门〕即宫门。宫门前往往有阙相对而立，故称"阙门"。⑤〔西河〕在今陕西东部邻近黄河的大荔、澄城、韩城一带。⑥〔乐羊〕魏国的将领，乐毅先祖。⑦〔比周〕亲近小人，结党营私。⑧〔钟〕古容量单位，六斛四斗为一钟。

◎ **大意** 魏文侯对李克说："先生曾教诲我说'家贫就想着有个贤良的妻子，国乱就想着贤良的国相'。现在国相的人选不是魏成子就是翟璜，这两个人怎么样呢？"李克回答："我听说，卑贱的人不为尊贵的人谋划，疏远的人不为亲近的人谋划。我在宫门之外，不敢对这件事做出评价。"魏文侯说："先生遇事不要推让。"李克说："是您平时没有观察的缘故。平常看他亲近什么人，富贵时看他结交什么人，显达时看他推举什么人，处境恶劣时看他不做什么事，贫贱时看他不取什么东西，凭借这五点就足以确定人选了，何须要我来判定呢！"魏文侯说："先生您回去吧，我已经决定让谁担任国相了。"李克急走出宫，访问翟璜的家。翟璜说："今天听说君王召见先生商量选择国相，究竟由谁担任国相？"李克说："魏成子为国相了。"翟璜气愤地变了脸色说："就耳闻目见这些事，我哪点比不上魏成子？西河的郡守，是我推荐的。君王内心为邺忧虑时，是我推荐了西门豹。君主打算攻打中山国时，我推荐了乐羊。攻下中山国后，没有可以派去镇守的人，我推荐了先生您。君王的儿子没有老师，我推荐了屈侯鲋。我哪点不如魏成子呢！"李克说："您把我推荐给君王，难道是打算结党营私来做大官吗？君王询问选择国相'不是魏成子就是翟璜，二人怎么样？'我回答他说：'是您平时没有观察的缘故。平常看他亲近什么人，富贵时看他结交什么人，显达时看他推举什么人，处境恶劣时看他不做什么事，贫贱时看他不取什么东西，凭借这五点就足以确定人选了，何须要我来判定呢！'因此我知道魏成子将要担任国相。而且您怎么能和魏成子比呢？魏成子俸禄千钟，十分之九用于家庭之外，十分之一用于家里，因此从东方招来卜子夏、田子方、段干木。这三个人，君王都尊为老师。您所推荐的五个人，君王都以臣子相待。您怎么能和魏成子比呢？"翟璜迟疑徘徊而连连拜谢说："我翟璜是粗鄙的人，说错了话，愿意终身做您的弟子。"

二十六年，虢山①**崩，壅河。**

◎ **注释** ①〔虢山〕在今河南三门峡西北。

◎**大意**　魏文侯二十六年，虢山崩塌，堵塞了黄河。

三十二年，伐郑。城酸枣①。败秦于注②。三十五年，齐伐取我襄陵③。三十六年，秦侵我阴晋④。

◎**注释**　①〔酸枣〕在今河南延津西南。②〔注〕在今河南汝州西北。③〔襄陵〕在今河南睢县。④〔阴晋〕在今陕西华阴东。
◎**大意**　魏文侯三十二年，出兵攻打郑国。在酸枣筑城。在注城打败秦军。魏文侯三十五年，齐军攻占魏国的襄陵。魏文侯三十六年，秦军进犯魏国的阴晋。

三十八年，伐秦，败我武下①，得其将识。是岁，文侯卒，子击立，是为武侯。

◎**注释**　①〔武下〕武城县下，在今陕西华州东。
◎**大意**　魏文侯三十八年，出兵攻打秦国，在武城县的城下被秦军打败，却俘获了名叫识的秦国将领。这一年，魏文侯去世，公子魏击继位，就是魏武侯。

魏武侯元年，赵敬侯初立，公子朔为乱，不胜，奔魏，与魏袭邯郸，魏败而去。

◎**大意**　魏武侯元年，赵敬侯刚刚继位，公子赵朔作乱，没有成功，出逃到魏国，与魏军一起袭击邯郸，魏军失败而归。

二年，城安邑、王垣①。

◎**注释** ①〔王垣〕在今陕西垣曲东南。
◎**大意** 魏武侯二年，在安邑、王垣建城。

七年，伐齐，至桑丘①。九年，翟（狄）败我于浍。使吴起伐齐，至灵丘。齐威王初立。

◎**注释** ①〔桑丘〕在今山东兖州西。
◎**大意** 魏武侯七年，魏军攻打齐国，一直到了桑丘。魏武侯九年，翟人在浍河岸边打败魏军。魏国派吴起进攻齐国，一直打到了灵丘。齐威王刚刚继位。

十一年，与韩、赵三分晋地，灭其后。

◎**大意** 魏武侯十一年，魏国与韩国、赵国三分晋国土地，断绝了晋国的祭祀。

十三年，秦献公县栎阳①。十五年，败赵北蔺②。

◎**注释** ①〔栎（yuè）阳〕在今陕西西安临潼西北。②〔北蔺〕在今山西离石西。
◎**大意** 魏武侯十三年，秦献公在栎阳设置了县。魏武侯十五年，魏军在北蔺打败赵军。

十六年，伐楚，取鲁阳①。武侯卒，子䓨立，是为惠王。

◎**注释** ①〔鲁阳〕在今河南鲁山。
◎**大意** 魏武侯十六年，出兵攻打楚国，夺取鲁阳。魏武侯去世，公子魏䓨继位，就是魏惠王。

惠王元年，初，武侯卒也，子䓨与公中缓争为太子。公孙颀①自宋入赵，自赵入韩，谓韩懿侯曰："魏䓨与公中缓争为太子，君亦闻之乎？今魏䓨得王错，挟上党②，固半国也。因而除之，破魏必矣，不可失也。"懿侯说（悦），乃与赵成侯合军并兵以伐魏，战于浊泽③，魏氏大败，魏君围。赵谓韩曰："除魏君，立公中缓，割地而退，我且利。"韩曰："不可。杀魏君，人必曰暴；割地而退，人必曰贪。不如两分之。魏分为两，不强于宋、卫，则我终无魏之患矣。"赵不听。韩不说（悦），以其少卒夜去。惠王之所以身不死，国不分者，二家谋不和也。若从一家之谋，则魏必分矣。故曰"君终无適（嫡）子，其国可破也"。

◎注释　①〔公孙颀〕宋国的辩士。②〔上党〕在今山西长治南部。③〔浊泽〕在今山西运城东南。

◎大意　魏惠王元年，当初，魏武侯去世时，儿子魏䓨与公中缓争夺太子之位。公孙颀从宋国到赵国，又从赵国到韩国，对韩懿侯说："魏国的公子魏䓨与公中缓争夺太子之位，君王您应该也听说了吧？现在魏䓨得到王错辅佐，控制了上党，相当于拥有半个魏国了。韩国如果趁此机会除掉他，一定能灭亡魏国，机不可失。"韩懿侯很高兴，便与赵成侯联合军队攻打魏国。双方在浊泽交战，魏军大败，魏国国君被围。赵国人对韩国人说："除掉魏国国君，扶立公中缓继位，分割魏国土地而后撤退，我们便可以得利。"韩国人说："不可以。如果诛杀魏国国君，人们一定会说我们残暴；割地而后撤退，人们一定说我们贪婪。不如把魏国一分为二。魏国被分成两半后，就不会比宋国、卫国强大了，那么我们就没有魏国这个忧患了。"赵国人不听。韩国人为此很不高兴，于是连夜率领他们的精壮士兵离去了。魏惠王之所以得以保命，国家没有被分裂，是因为韩、赵两国的意见不一致。如果依任何一国的计划，那么魏国一定分裂了。所以说"国君死去没有嫡子继承，那么这个国家就可以被攻破了。"

二年，魏败韩于马陵①，败赵于怀②。三年，齐败我观③。五年，与韩会宅阳④。城武堵⑤。为秦所败。六年，伐取宋仪台⑥。九年，伐败韩于浍。与秦战少梁，虏我将公孙痤，取庞。秦献公卒，子孝公立。

◎**注释** ①〔马陵〕在今河南新郑东南。②〔怀〕在今河南武陟西。③〔观〕在今河南清丰西南。④〔宅阳〕在今河南荥阳东北。⑤〔武堵〕方位不详，或以为在今陕西华州东。⑥〔仪台〕在今河南虞城西南。

◎**大意** 魏惠王二年，魏军在马陵打败韩军，在怀邑打败赵军。魏惠王三年，魏军在观地被齐军打败。魏惠王五年，与韩懿侯在宅阳相会。在武堵筑城。魏军被秦军打败。魏惠王六年，魏军攻取宋国的仪台。魏惠王九年，魏军在浍河岸边打败韩军。魏军在少梁与秦军交战，魏国将领公孙痤被俘，庞城被夺走。秦献公去世，他的儿子秦孝公继位。

十年，伐取赵皮牢①。彗星见（现）②。十二年，星昼坠，有声。

◎**注释** ①〔皮牢〕在今山西翼城东北。②〔彗星见〕与后文的"星昼坠"都被古人认为是天象异变，预示将有灾难来临。

◎**大意** 魏惠王十年，魏军攻取了赵国的皮牢。彗星出现。魏惠王十二年，陨星白天坠落，发生了响声。

十四年，与赵会鄗①。十五年，鲁、卫、宋、郑君来朝。十六年，与秦孝公会杜平②。侵宋黄池③，宋复取之。

◎**注释** ①〔鄗〕在今河北高邑东南。②〔杜平〕在今陕西澄城东。③〔黄池〕在今河南封丘西南。

◎**大意** 魏惠王十四年，与赵成侯在鄗城会见。魏惠王十五年，鲁国、卫国、宋国、郑国前来朝见。魏惠王十六年，与秦孝公在杜平相会。魏军攻占宋国的黄池，后又被宋国夺回。

十七年，与秦战元里，秦取我少梁。围赵邯郸。十八年，拔邯郸。赵请救于齐，齐使田忌、孙膑救赵，败魏桂陵①。

◎**注释** ①〔桂陵〕在今河南长垣西北。
◎**大意** 魏惠王十七年，魏军与秦军在元里交战，秦军攻占了少梁。魏军包围赵国都城邯郸。魏惠王十八年，魏军攻下邯郸。赵国向齐国求救，齐国派田忌、孙膑援救赵国，在桂陵打败魏军。

十九年，诸侯围我襄陵。筑长城，塞固阳①。

◎**注释** ①〔固阳〕在今陕西合阳东南。
◎**大意** 魏惠王十九年，诸侯联军包围魏国的襄陵。魏国修筑长城，在固阳筑起关塞。

二十年，归赵邯郸，与盟漳水①上。二十一年，与秦会彤②。赵成侯卒。二十八年，齐威王卒。中山君相魏。

◎**注释** ①〔漳水〕发源于山西东南部的太行山，经河北磁县、肥乡，流入黄河。②〔彤〕在今陕西华州西南。
◎**大意** 魏惠王二十年，魏国将邯郸城归还赵国，魏国与赵国在漳水边上订立盟约。魏惠王二十一年，与秦国君主在彤地相会。赵成侯去世。魏惠王二十八年，齐威王去世。中山君担任魏国的相国。

三十年，魏伐赵，赵告急齐。齐宣王用孙子计，救赵击魏。魏遂大兴师，使庞涓将，而令太子申为上将军。过外黄①，外黄徐子谓太子曰："臣有百战百胜之术。"太子曰："可得闻乎？"客曰："固愿效之。"曰："太子自将攻齐，大胜并莒，则富不过有魏，贵不益为王。若战不胜齐，则万世无魏矣。此臣之百战百胜之术也。"太子曰："诺，请必从公之言而还矣。"客曰："太子虽欲还，不得矣。彼劝太子战攻，欲啜汁②者众。太子虽欲还，恐不得矣。"太子因欲还，其御曰："将出而还，与北同。"太子果与齐人战，败于马陵。齐虏魏太子申，杀将军涓，军遂大破。

◎**注释** ①〔外黄〕在今河南兰考东南。②〔啜（chuò）汁〕喝别人剩下的汤汁，比喻跟着邀功取利。

◎**大意** 魏惠王三十年，魏国攻打赵国，赵国向齐国请求援助。齐宣王采用孙膑的计策，攻打魏国援救赵国。于是魏国发动大批军队，派庞涓统领，任命太子申为上将军。经过外黄时，外黄人徐子对太子申说："我有百战百胜的方法。"太子申问："可以说一说吗？"徐子说："本来就想为您效劳。"他接着说："您亲自领兵攻打齐国，即便是取得大胜，占领莒城，那么富有不过是拥有魏国，显贵不过是做魏王。如果不能战胜齐国，那么子孙万代不能拥有魏国了。这就是我说的百战百胜的方法。"太子申说："是，我一定听从您的话，撤军回去。"徐子说："您即使要撤回军队归朝也不可能了。那些劝太子出战的，想邀功取利的人太多。您即使要回军，恐怕也不可能了。"太子申要撤军回朝，给他驾车的人说："领兵刚出征就退回，就跟战败逃跑一样。"太子申最终与齐国人交战，在马陵被打败。齐军俘虏了魏太子申，杀死将军庞涓，魏军于是大败。

三十一年，秦、赵、齐共伐我，秦将商君诈我将军公子卬而袭夺其军，破之。秦用商君，东地至河，而齐、赵数破我，安邑近秦，于是徙治大梁。以公子赫为太子。

◎**大意**　魏惠王三十一年，秦国、赵国、齐国共同进攻魏国，秦国将领商鞅欺骗魏国将军公子印，趁机袭击他的军队，打败了魏军。秦国任用商鞅，向东扩张到黄河，而齐国、赵国多次打败魏国，因为都城安邑靠近秦国，因此将国都迁到大梁。立公子赫为太子。

三十三年，秦孝公卒，商君亡秦归魏，魏怒，不入。三十五年，与齐宣王会平阿①南。

◎**注释**　①〔平阿〕在今山东阳谷东北。
◎**大意**　魏惠王三十三年，秦孝公去世，商鞅逃出秦国，想要回到魏国，魏国人恼怒，不收留他。魏惠王三十五年，与齐宣王在平阿南相会。

惠王数被于军旅，卑礼厚币以招贤者。邹衍、淳于髡、孟轲皆至梁。梁惠王曰："寡人不佞，兵三折于外，太子虏，上将死，国以空虚，以羞先君宗庙社稷，寡人甚丑之。叟不远千里，辱幸①至弊（敝）邑之廷，将何以利吾国？"孟轲曰："君不可以言利若是。夫君欲利则大夫欲利，大夫欲利则庶人欲利，上下争利，国则危矣。为人君，仁义而已矣，何以利为！"

◎**注释**　①〔辱幸〕谦辞，指来到魏国让对方蒙辱，使魏国有幸。
◎**大意**　魏惠王多次战败，因此用谦卑的姿态、丰厚的礼物来招引贤人。邹衍、淳于髡、孟轲都来到魏国大梁。魏惠王说："我没有才能，军队三次在外遭到失败，太子被俘，上将战死，国家因此而空虚，羞辱了祖先的宗庙社稷，我感到非常惭愧。先生不远千里,屈尊光临我们的朝廷,打算用什么办法让我的国家获得利益呢?"孟轲说:"君王不可以像这样谈利。如果国君求利,那么大夫就追求利,大夫求利而平民也会追求利,上下都争利,国家就危险了。作为国君,行仁义就可以了,求利干什么呢!"

三十六年,复与齐王会甄(鄄)①。是岁,惠王卒,子襄王立。

◎**注释** ①〔甄〕在今山东鄄城东北。
◎**大意** 魏惠王三十六年,又与齐王在甄地相会。这一年,魏惠王去世,他的儿子魏襄王继位。

襄王元年,与诸侯会徐州①,相王也。追尊父惠王为王。

◎**注释** ①〔徐州〕也作俆(shū)州,在今山东滕州南。
◎**大意** 魏襄王元年,与诸侯在徐州相会,是为了互相承认对方为王。魏襄王追尊父亲魏惠王为王。

五年,秦败我龙贾军四万五千于雕阴①,围我焦②、曲沃③。予秦河西之地④。

◎**注释** ①〔雕阴〕在今陕西甘泉南。②〔焦〕在今河南三门峡西。③〔曲沃〕这里指在今河南三门峡西南的曲沃。④〔河西之地〕指今黄河西岸的陕西大荔、宜川等地。
◎**大意** 魏襄王五年,秦军在雕阴打败魏国龙贾率领的四万五千人的军队,围攻魏国的焦、曲沃。魏国将河西之地割让给秦国。

六年，与秦会应①。秦取我汾阴②、皮氏③、焦。魏伐楚，败之陉山④。七年，魏尽入上郡⑤于秦。秦降我蒲阳⑥。八年，秦归我焦、曲沃。

◎**注释** ①〔应〕在今河南鲁山东。②〔汾阴〕在今山西河津西南。③〔皮氏〕在今山西河津。④〔陉山〕在今河南漯河东。⑤〔上郡〕战国时魏国的郡名，相当于现在的陕西甘泉、延安、延长等一带地区。⑥〔蒲阳〕在今山西隰县。

◎**大意** 魏襄王六年，与秦王在应城相会。秦军夺去魏国的汾阴、皮氏、焦邑。魏国攻打楚国，在陉山打败楚军。魏襄王七年，魏国把上郡全送给秦国。秦军降服魏国的蒲阳。魏襄王八年，秦国归还魏国的焦城、曲沃。

十二年，楚败我襄陵①。诸侯执政与秦相张仪会啮桑②。十三年，张仪相魏。魏有女子化为丈夫。秦取我曲沃、平周③。

◎**注释** ①〔襄陵〕在今河南睢县。②〔啮桑〕在今江苏沛县西南。③〔平周〕在今山西介休西。

◎**大意** 魏襄王十二年，楚军在襄陵打败魏国军队。诸侯国的执政大臣与秦国的相国张仪在啮桑相会。魏襄王十三年，张仪任魏国的相国。魏国有女子变成男子。秦军夺去魏国的曲沃、平周。

十六年，襄王卒，子哀王立。张仪复归秦。

◎**大意** 十六年，魏襄王去世，他的儿子魏哀王继位。张仪又回秦国。

哀王元年，五国共攻秦，不胜而去。

◎**大意** 魏哀王元年，楚、魏、赵、韩、燕五国联军共同进攻秦国，没有获胜就退去了。

二年，齐败我观津①。五年，秦使樗里子伐取我曲沃，走犀首岸门②。六年，秦来立公子政为太子。与秦会临晋③。七年，攻齐。与秦伐燕。

◎**注释** ①〔观津〕在今河南清丰南。②〔岸门〕在今河南长葛南。③〔临晋〕在今陕西大荔东。
◎**大意** 魏哀王二年，齐军在观津打败魏国军队。魏哀王五年，秦国派樗里子攻占了魏国的曲沃，在岸门打跑了犀首。魏哀王六年，秦国派人让魏国立公子政为太子。魏哀王与秦王在临晋相会。魏哀王七年，魏军进攻齐国。与秦军一起攻打燕国。

八年，伐卫，拔列城二。卫君患之。如耳见卫君曰："请罢魏兵，免成陵君①可乎？"卫君曰："先生果能，孤请世世以卫事先生。"如耳见成陵君曰："昔者魏伐赵，断羊肠②，拔阏与，约斩赵，赵分而为二，所以不亡者，魏为从主也。今卫已迫亡，将西请事于秦。与其以秦醳（释）卫，不如以魏醳（释）卫，卫之德魏，必终无穷。"成陵君曰："诺。"如耳见魏王曰："臣有谒于卫。卫故周室之别也，其称小国，多宝器。今国迫于难而宝器不出者，其心以为攻卫醳（释）卫不以王为主，故宝器虽出必不入于王也。臣窃料之，先言醳（释）卫者必受卫者也。"如耳出，成陵君入，以其言见魏王。魏王听其说，罢其兵，免成陵君，终身不见。

◎**注释** ①〔成陵君〕魏国大夫，主张攻打卫国。②〔羊肠〕羊肠坂，太行山上的一条小路，弯弯曲曲像羊肠，南口在今山西晋城，北口在今山西壶关。

◎**大意** 魏哀王八年，魏军进攻卫国，攻占了相邻的两座城。卫嗣君为此十分担忧，卫大夫如耳进见卫嗣君说："请让我去劝说魏国退兵，并且让他们罢免成陵君，可以吗？"卫嗣君说："如果您真的能做到，我愿意世世代代用卫国侍奉先生。"如耳进见成陵君说："从前魏军进攻赵国，切断羊肠坂小路，攻取阏与，约定割裂赵国，赵国一分为二，而后来没有灭亡，是因为魏国是合纵的盟主啊。现在卫国已经快要灭亡，准备向西请求侍奉秦国。与其依靠秦国来解救卫国，还不如由魏国来宽释卫国，卫国将对魏国感激不尽。"成陵君说："是。"如耳进见魏王说："我曾到过卫国见过卫君。卫国原来是周王室的分支，虽然被称为小国，但拥有很多宝器。现在卫国如此危难，仍不献出宝器，是因为他们认为攻打卫国、宽释卫国都不由大王您做主，所以即使献出宝器也一定不会落入大王您的手里。我私下认为，最先建议宽释卫国的人一定是接受了卫国的贿赂。"如耳出去，成陵君进来，按照如耳的说法进见魏王。魏王听了成陵君的话，停止了对卫国的进攻，罢免成陵君，终身不再见他。

九年，与秦王会临晋。张仪、魏章皆归于魏。魏相田需死，楚害张仪、犀首、薛公①。楚相昭鱼②谓苏代曰："田需死，吾恐张仪、犀首、薛公有一人相魏者也。"代曰："然相者欲谁而君便之？"昭鱼曰："吾欲太子之自相也。"代曰："请为君北，必相之。"昭鱼曰："奈何？"对曰："君其为梁王，代请说君。"昭鱼曰："奈何？"对曰："代也从楚来，昭鱼甚忧，曰：'田需死，吾恐张仪、犀首、薛公有一人相魏者也。'代曰：'梁王，长主③也，必不相张仪。张仪相，必右秦而左魏。犀首相，必右韩而左魏。薛公相，必右齐而左魏。梁王，长主也，必不便也。'王曰：'然则寡人孰相？'代曰：'莫若太子之自相。太子之自相，是三人者皆以太子为非常相也，皆将务以其国事魏，欲得丞相玺也。以魏之强，而三万乘之国辅之，魏必安矣。故曰莫若太子之自相也。'"遂北见梁王，以此告之。太子果相魏。

◎**注释** ①〔薛公〕即齐国的孟尝君，因封地在薛，也称薛公。②〔昭鱼〕又称昭奚恤，楚国的宗室大臣。③〔长主〕有阅历、深谋远虑的贤主。

◎**大意** 魏哀王九年，与秦王在临晋相会。张仪、魏章都来归附魏国。魏国的相国田需死去，楚国比较畏忌张仪、犀首、薛公。楚国国相昭鱼对苏代说："田需死了，我担心张仪、犀首、薛公三人中会有人担任相国。"苏代说："那么您认为谁担任魏国的相国对您有利呢？"昭鱼说："我想要魏国太子亲自担任魏国的相国。"苏代说："我愿替您北上魏国，一定让魏国太子成为相国。"昭鱼问："怎么做呢？"苏代回答："假设您是魏王，请让我游说您。"昭鱼说："怎么游说？"苏代回答："我从楚国来的时候，昭鱼非常忧虑，他说：'田需死了，我担心张仪、犀首、薛公三人中有一人担任魏国的相国。'我对他说：'魏王是一个贤能的君主，一定不会让张仪做相国。如果张仪做了相国，一定会重视秦国而轻视魏国。如果犀首做了相国，一定会重视韩国而轻视魏国。如果薛公做了相国，一定重视齐国而轻视魏国。魏王是一个深谋远虑的君主，一定不会做出对自己不利的选择的。'魏王问：'那么我该任命谁为相国呢？'我回答：'不如让太子亲自担任相国。太子亲自做相国，这三个人都会认为太子是不会长期为相国的，都将尽力让他们的故国侍奉魏国，以便将来能够继任为相国。凭魏国的强大，再加上三个万辆兵车大国的辅助，魏国一定安全了。所以说不如太子亲自为相国。'"苏代于是北上见魏王，把这些话告诉给他。魏国太子果真做了相国。

十年，张仪死。十一年，与秦武王会应①。十二年，太子朝于秦。秦来伐我皮氏，未拔而解。十四年，秦来归武王后②。十六年，秦拔我蒲反（坂）③、阳晋④、封陵⑤。十七年，与秦会临晋。秦予我蒲反（坂）。十八年，与秦伐楚。二十一年，与齐、韩共败秦军函谷。

◎**注释** ①〔应〕在今河南宝丰南。②〔武王后〕秦武王娶魏国女子为王后，无子，秦武王死后，王后被送回魏国。③〔蒲反〕即蒲坂，在今山西永济西。④〔阳晋〕在今山西永济虞乡西南。⑤〔封陵〕在今山西黄河边的风陵渡。

◎**大意** 魏哀王十年，张仪去世。魏哀王十一年，与秦武王在应邑相会。魏哀王十二年，魏国太子到秦国朝见秦王。秦国派兵攻打魏国的皮氏，没有攻下就撤兵了。魏哀王十四年，秦国把秦武王王后送回魏国。魏哀王十六年，秦军攻占了魏国的蒲反、阳晋、封陵。魏哀王十七年，与秦王在临晋相会。秦国归还蒲反。魏哀王十八年，魏国与秦国一起出兵攻打楚国。魏哀王二十一年，魏国与齐国、韩国联合在函谷关打败秦军。

二十三年，秦复予我河外及封陵为和。哀王卒，子昭王立。

◎**大意** 魏哀王二十三年，秦国又将河外之地及封陵归还给魏国而讲和。魏哀王去世，儿子魏昭王继位。

昭王元年，秦拔我襄城①。二年，与秦战，我不利。三年，佐韩攻秦，秦将白起败我军伊阙②二十四万。六年，予秦河东③地方四百里。芒卯以诈重。七年，秦拔我城大小六十一。八年，秦昭王为西帝④，齐湣王为东帝，月余，皆复称王归帝。九年，秦拔我新垣、曲阳之城。

◎**注释** ①〔襄城〕在今河南襄城。②〔伊阙〕在今河南洛阳东南。③〔河东〕指黄河东岸地区，在今山西临汾、侯马、运城一带。④〔帝〕春秋时期，只有周天子才称"王"，其余诸侯称"公""侯"。战国时期，周天子地位下降，诸侯一律称"王"，至后期，秦国、齐国国君一度改称"帝"，不久又取消了。

◎**大意** 魏昭王元年，秦军攻占了魏国的襄城。魏昭王二年，魏军与秦军交战，魏军失利。魏昭王三年，魏国协助韩国攻打秦国，秦国大将白起在伊阙打败了魏国二十四万军队。魏昭王六年，魏国割让方圆四百里的河东土地给秦国。芒卯因狡诈而受到重用。魏昭王七年，秦军攻占了魏国六十一座大小城池。魏昭王八年，秦昭王称西帝，齐湣王称东帝。一个多月后，又都放弃帝号仍然称王。魏昭王九年，秦军攻占魏国的新垣与曲阳两座城池。

十年，齐灭宋，宋王死我温①。十二年，与秦、赵、韩、燕共伐齐，败之济西②，湣王出亡。燕独入临菑。与秦王会西周③。

◎**注释** ①〔温〕在今河南温县西南。②〔济西〕指济水以西的地区，在今山东茌平、高唐一带。③〔西周〕即雒阳王城。
◎**大意** 魏昭王十年，齐国灭掉宋国，宋王死在魏国的温城。昭王十二年，魏国与秦国、赵国、韩国、燕国联合出兵攻打齐国，在济西打败齐军，齐湣王出逃。燕军单独攻入齐国国都临菑。魏昭王与秦王在西周相会。

十三年，秦拔我安城①。兵到大梁，去。十八年，秦拔郢，楚王徙陈②。

◎**注释** ①〔安城〕在今河南原阳西南。②〔陈〕在今河南睢阳。
◎**大意** 魏昭王十三年，秦军攻取魏国的安城。秦国军队到了大梁城，又离去。魏昭王十八年，秦军攻下楚国的都城郢，楚顷襄王迁都陈城。

十九年，昭王卒，子安釐王立。

◎**大意** 魏昭王十九年，魏昭王去世，他的儿子魏安釐王继位。

安釐王元年，秦拔我两城。二年，又拔我二城，军大梁下，韩来救，予秦温以和。三年，秦拔我四城，斩首四万。四年，秦破我及韩、赵，杀十五万人，走我将芒卯。魏将段干子请予秦南阳①以和。苏代谓魏王曰："欲玺者段干子也，欲地者秦也。今王使欲地者制玺，使欲玺者制地，魏氏地不尽则不知已。且夫以地事秦，譬犹抱薪救火，薪不尽，火不灭。"王曰："是则然也。虽然，事始已行，不可更矣。"对曰："王独不见夫博之所以贵枭②者，便则食，不便则止矣。今王曰'事始已行，不可更'，是何王之用智不如用枭也？"

◎**注释** ①〔南阳〕在今河南济源、武陟一带。②〔枭〕古代的博戏工具。

◎**大意** 魏安釐王元年，秦军攻取魏国的两座城。魏安釐王二年，秦军又攻占了魏国的两座城，军队驻扎在大梁城下，韩军来援救，魏国把温城割让给秦国以求和。魏安釐王三年，秦军又占领了魏国的四座城，斩杀四万人。魏安釐王四年，秦军打败了魏、韩、赵三国军队，杀了十五万人，打跑了魏国的将领芒卯。魏国的将领段干子请求割让南阳给秦国，以此来讲和。苏代对魏安釐王说："想要保住丞相玺印的是段干子，想要土地的是秦国。现在大王让想要土地的人掌握官印，让想要官印的人控制土地，魏国的土地不割让完就永远不会停止。况且用土地去侍奉秦国，就好像是抱着干柴去救火，干柴不烧完，火就不会熄灭。"魏王说："是这样的。即使如此，事情已经开始执行了，不能再更改了。"苏代回答："大王难道没见过那些玩博戏的人吗？他们看重枭子，有利就吃掉棋子，无利便停下不吃了。现在大王说'这事已经开始执行了，不能再更改'，为什么大王运用智谋还不如使用枭子灵活呢？"

九年，秦拔我怀①。十年，秦太子外质于魏死。十一年，秦拔我郪丘②。

◎**注释** ①〔怀〕在今河南武陟西南。②〔郪丘〕当为"邢丘"，在今河南温县东北。

◎**大意** 魏安釐王九年，秦军攻占魏国的怀邑。魏安釐王十年，秦国太子在魏国做人质时死了。魏安釐王十一年，秦军攻占了魏国的郪丘。

秦昭王谓左右曰："今时韩、魏与始孰强？"对曰："不如始强。"王曰："今时如耳、魏齐与孟尝、芒卯孰贤？"对曰："不如。"王曰："以孟尝、芒卯之贤，率强韩、魏以攻秦，犹无奈寡人何也。今以无能之如耳、魏齐而率弱韩、魏以伐秦，其无奈寡人何亦明矣。"左右皆曰："甚然。"中旗①冯（凭）琴而对曰："王之料天下过矣。当晋六卿之时，知（智）氏最强，灭范、中行，又率韩、魏之兵以围赵襄子于晋阳，决晋水②以灌晋阳③之城，不湛（沉）者三版。知（智）伯行水，魏桓子御，韩康子为参乘④。知（智）伯曰：'吾始不知水之可以亡人之国也，乃今知之。'汾水⑤可以灌安邑，绛水⑥可以灌平阳⑦。魏桓子肘韩康子，韩康子履魏桓子，肘足接于车上，而知（智）氏地分，身死国亡，为天下笑。今秦兵虽强，不能过知（智）氏；韩、魏虽弱，尚贤其在晋阳之下也。此方其用肘足之时也，愿王之勿易也！"于是秦王恐。

◎**注释** ①〔中旗〕秦国的辩士。②〔晋水〕源于今太原西南的悬瓮山，流经晋阳，入汾水。③〔晋阳〕在今山西太原西南。④〔参乘〕在车的右侧充当警卫的人。⑤〔汾水〕源于今山西北部的神池，流经太原、临汾、侯马，向西入黄河。⑥〔绛水〕源于今山西绛县一带，流经当时魏国的都城安邑。⑦〔平阳〕韩国的都城，在今山西临汾西南。

◎**大意** 秦昭王对身边的侍臣说："现在的韩国、魏国与开始时比哪个时候强？"侍臣回答："不如开始的时候强大。"秦昭王说："现在的如耳、魏齐与以前的孟尝君、芒卯相比，哪个人贤能？"侍臣回答："如耳、魏齐比不上孟尝君、芒卯。"秦昭王说："当初凭借孟尝君、芒卯的贤能，率领强大的韩、魏军队来进攻秦国，还不能把我怎么样。现在凭借着无能的如耳、魏齐之流，率领弱小的韩、魏军队来进攻秦国，他们显然更不能把我怎么样了。"身边的人都说："确实是这样。"中旗停止抚琴，双手搭在琴上说："大王对天下形势的估量错了。在晋国六卿执政的时候，智氏最为强大，灭了范氏、中行氏，后来又率领韩氏、魏氏的军队把赵襄子围困在晋阳，掘开晋水来淹灌晋阳城，晋阳城没有被淹没的只有六尺高。智伯巡视水势，魏桓子驾车，韩康子为参乘。智伯说：'我原先不知道水能灭亡别人的国家，现在才知道。'汾水可以淹灌魏氏的都城安邑，绛水可以淹灌韩氏的都城平阳。魏桓子用胳膊肘碰韩康子，韩康子用脚踩魏桓子，用肘和脚在车上达成协议，而智氏的土地被瓜分了，自身死去国家灭亡，被天下人笑话。现在秦兵虽然强大，但是没有超过智氏；韩国、魏国虽然弱小，但胜过它们在晋阳城下用脚和肘暗通消息的时候。这时正是他们最可能用脚、肘暗通消息的时候，希望大王一定不要轻视！"于是秦昭王担心起来。

齐、楚相约而攻魏，魏使人求救于秦，冠盖相望也，而秦救不至。魏人有唐雎者，年九十余矣，谓魏王曰："老臣请西说秦王，令兵先臣出。"魏王再拜，遂约车而遣之。唐雎到，入见秦王。秦王曰："丈人①芒然乃远至此，甚苦矣！夫魏之来求救数矣，寡人知魏之急已。"唐雎对曰："大王已知魏之急而救不发者，臣窃以为用策之臣无任矣。夫魏，一万乘之国也，然所以西面而事秦，称东藩，受冠带，祠春秋者，以秦之强足以为与也。今齐、楚之兵已合于魏郊矣，而秦救不发，亦将赖其未急也。使之大急，彼且割地而约从，王尚何救焉？必待其急而救之，是失一东藩之魏而强二敌之齐、楚，则王何利焉？"于是秦昭王遽为发兵救魏。魏氏复定。

◎**注释** ①〔丈人〕对老人的敬称。
◎**大意** 齐国、楚国约定一起出兵进攻魏国，魏国派人去向秦国求救，使者往来不绝，而秦国救兵一直没到。魏国有个叫唐雎的人，已经九十多岁了，对魏安釐王说：“我请求西去秦国游说秦昭王，让秦国的救兵在我回国之前出发。”魏安釐王连连拜谢，于是准备好车辆，派遣唐雎出使秦国。唐雎到达秦国之后，入见秦昭王。秦昭王说：“您老人家都如此衰弱了还跑这么远来到这里，非常辛苦啊！魏国已经多次派人前来求救，我知道魏国的危急情况了。”唐雎回答：“大王您已经知道魏国情况危急却不派兵救援，我个人认为替您筹划的臣子是无能之辈。魏国是有万辆兵车的大国，却向西侍奉秦国，称为东部藩属，接受秦国所赐冠帽衣带，春秋两季向秦国进贡祭品，认为秦国的强大是可以依赖的。现在齐国、楚国的军队都已经聚集在魏国都城的郊外了，而秦国的救兵迟迟未到，也不过凭借魏国还不危急。假如魏国到了特别危急的关头，割地而和齐、楚两国合纵结盟，大王还去救谁呢？一定要等到魏国危急了才救援它，这样会失掉一个东方的属国魏，而使齐、楚两个敌国强大，对大王有什么好处呢？”于是秦昭王立即派遣军队救援魏国。魏国又得以安定下来。

赵使人谓魏王曰：“为我杀范痤①，吾请献七十里之地。”魏王曰：“诺。”使吏捕之，围而未杀。痤因上屋骑危，谓使者曰：“与其以死痤市，不如以生痤市。有如痤死，赵不予王地，则王将奈何？故不若与先定割地，然后杀痤。”魏王曰：“善。”痤因上书信陵君曰：“痤，故魏之免相也，赵以地杀痤而魏王听之，有如强秦亦将袭赵之欲，则君且奈何？”信陵君言于王而出之。

◎**注释** ①〔范痤〕魏国人，曾经担任魏国的相国。
◎**大意** 赵国对魏安釐王说：“帮我杀掉范痤，我国愿意献出七十里的土地。”魏安釐王说：“行。”派遣官吏逮捕范痤，围住他还没有杀。范痤便登上屋顶骑在屋脊上，对使者说：“与其拿死了的我做交易，不如拿活着的我做交易。假如我死了，赵国不给大王土地，那么大王将怎么办呢？所以还不如与赵国先划定好割让的土地，然后再杀我。”魏安釐王说：“好的。”范痤于是给信陵君上书说：“我范痤，是原来魏国罢免的相国，赵国用土地作为交换来杀我，而魏安釐王竟然答应了他，假如强大的秦国也使用赵国的办法，要求魏国杀您，那么您将怎么办？"信陵君向魏安釐王进言，释放了范痤。

魏王以秦救之故，欲亲秦而伐韩，以求故地。无忌谓魏王曰：

◎**大意**　魏安釐王由于之前得到秦国的援助，打算亲近秦国而攻打韩国，以便讨还过去的失地。信陵君魏无忌对魏安釐王说：

秦与戎翟（狄）同俗，有虎狼之心，贪戾好利无信，不识礼义德行。苟有利焉，不顾亲戚兄弟，若禽兽耳，此天下之所识也，非有所施厚积德也。故太后母也，而以忧死；穰侯①舅也，功莫大焉，而竟逐之；两弟②无罪，而再夺之国。此于亲戚若此，而况于仇雠之国乎？今王与秦共伐韩而益近秦患，臣甚惑之。而王不识则不明，群臣莫以闻则不忠。

◎**注释**　①〔穰侯〕魏冉，秦宣太后的弟弟，秦昭王的舅舅。②〔两弟〕指泾阳君嬴市、高陵君嬴悝。

◎**大意**　秦国人与戎人、翟人的习俗相同，有虎狼一样凶残的心，贪婪残暴，喜欢利益而没有信用，不知礼义德行。如果有利可图，就不会顾及亲戚兄弟，就像禽兽一般，这是天下人都知道的，从没有过施厚恩积大德。所以宣太后虽是秦昭王的母亲，但因忧虑而死；穰侯是秦昭王的舅父，没有人比他的功劳大，最终却被驱逐了；两个弟弟没有罪，却一再削夺了他们的封地。秦国对亲戚都是这样，更何况对有仇的国家呢！现在大王与秦国共同攻伐韩国，会让我们更加接近秦国的祸患，我对此很迷惑。大王不知道，就是不明智；群臣不告诉您这事的危害，就是不忠诚。

今韩氏以一女子奉一弱主,内有大乱,外支强秦魏之兵,王以为不亡乎?韩亡,秦有郑地,与大梁邺①,王以为安乎?王欲得故地,今负强秦之亲,王以为利乎?

◎**注释** ①〔与大梁邺〕与大梁城相邻。《史记索隐》曰:"《战国策》'邺'作'邻'字为得。"

◎**大意** 现在韩国靠一位女子辅佐幼弱的国君,国内有大乱,对外要与强大的秦军、魏军交战,大王认为它还不会灭亡吗?韩国灭亡,秦国就会占有原来郑国的土地,与我国大梁城相邻,大王认为安全吗?大王想要拿回原来的土地,现在凭借与强大的秦国亲近而攻打韩国,大王认为这样做有好处吗?

秦非无事之国也,韩亡之后,必将更事,更事,必就易与利,就易与利,必不伐楚与赵矣。是何也?夫越山逾河,绝韩上党而攻强赵,是复阏与之事①,秦必不为也。若道河内②,倍(背)邺、朝歌,绝漳滏水,与赵兵决于邯郸之郊,是知(智)伯之祸也,秦又不敢。伐楚,道涉谷,行三千里而攻冥阨之塞③,所行甚远,所攻甚难,秦又不为也。若道河外④,倍(背)大梁,右蔡⑤左召陵⑥,与楚兵决于陈郊,秦又不敢。故曰秦必不伐楚与赵矣,又不攻卫与齐矣。

◎**注释** ①〔阏与之事〕秦昭王三十七年,赵军在阏与打败秦军。②〔河内〕指今河南的新乡、淇县一带。③〔冥阨之塞〕在今河南信阳南。④〔河外〕当时称黄河南岸地区为河外,指今郑州、开封等一带。⑤〔蔡〕即上蔡,在今河南上蔡西南。⑥〔召陵〕在今河南漯河东。

◎**大意** 秦国不是不好事的国家,韩国灭亡以后,一定会另起事端,再起事端的话一定会选择容易的和有利的,要找容易的和有利的就一定不会攻打楚国和赵国。这是为什么呢?翻山渡河,越过韩国的上党而去进攻强大的赵国,这是重复在阏与战败的事,秦国一定不会这么干。如果从河内走,背向邺、朝歌,渡过漳水和滏水,与赵军在邯郸城郊决战,这是重演知伯的灾祸,秦国也不敢这样冒险。进攻楚国,从涉谷走,行军三千里,而去攻打冥阨之塞,所走道路非常遥远,所需要攻克的关塞很艰险,秦国也不会这么做。如果从河外走,背向大梁,右面是上蔡而左面是召陵,与楚军在陈城郊外决战,秦国也不敢这样做。所以说秦国一定不会攻打楚国和赵国,也不会进攻卫国和齐国。

夫韩亡之后,兵出之日,非魏无攻已。秦固有怀、茅①、邢丘,城垝津②以临河内,河内共③、汲④必危;有郑地,得垣雍⑤,决荥泽⑥水灌大梁,大梁必亡。王之使者出过而恶安陵氏⑦于秦,秦之欲诛之久矣。秦叶阳⑧、昆阳⑨与舞阳⑩邻,听使者之恶之,随安陵氏而亡之,绕舞阳之北,以东临许⑪,南国必危,国无害已?

◎**注释** ①〔茅〕在今河南获嘉西北。②〔垝津〕又称白马津,黄河上的一个渡口,在今河南浚县。③〔共〕在今河南辉县。④〔汲〕在今河南卫辉西。⑤〔垣雍〕在今河南原阳西南。⑥〔荥泽〕湖泊名,在今郑州古荥北边。⑦〔安陵氏〕即安陵国,在今河南鄢陵北,当时是魏国的一个附属小国。⑧〔叶阳〕在今河南叶县西南。⑨〔昆阳〕在今河南叶县。⑩〔舞阳〕在今河南舞阳西北。⑪〔许〕在今河南许昌东。

◎**大意** 韩国灭亡之后,秦国出兵的时候,必定会攻打魏国。秦国本来占有怀城、茅城、邢城,在垝津筑城以此来逼近河内,河内的共城、汲城一定危险;秦国拥有郑国旧地,夺得桓雍,掘开荥泽水淹灌大梁城的话,大梁城一定会失陷。大王的使者曾在秦王面前中伤安陵国,秦国很久之前就想要攻灭安陵国了。秦国的叶阳、昆阳与魏国的舞阳邻近,放任使者说它们的坏话,任凭安陵国灭亡,秦军会绕过舞阳的北边,向东进逼许国旧地,魏国南部一定危险,这难道不会对魏国造成危害吗?

夫憎韩不爱安陵氏可也,夫不患秦之不爱南国非也。异日者,秦在河西晋，国去梁千里，有河山以阑（拦）之，有周韩以间之。从林乡军①以至于今，秦七攻魏，五入囿中②，边城尽拔，文台堕（隳），垂都焚，林木伐，麋鹿尽，而国继以围。又长驱梁北，东至陶③卫④之郊，北至平监⑤。所亡于秦者，山南山北，河外，河内，大县数十，名都数百。秦乃在河西晋，去梁千里，而祸若是矣，又况于使秦无韩，有郑地，无河山而阑之，无周韩而间之，去大梁百里，祸必由此矣。

◎**注释** ①〔林乡军〕指林乡战役，魏昭王十三年，秦军在这里打败了魏军。林乡在今河南尉氏西。②〔囿中〕在今河南中牟西北，魏王打猎的场所。③〔陶〕在今山东定陶西北。④〔卫〕在今河南濮阳西南。⑤〔平监〕在今山东汶上西南。

◎**大意** 憎恨韩国和不喜欢安陵国是可以的，不担忧秦国的进犯、不爱惜魏国南部是不对的。过去，秦国只占据河西地区的晋国旧地，秦国边境距大梁城千里之远，有黄河、大山阻隔着，又有周京和韩国在中间。自从林乡战役到现在，秦军已经七次进攻魏国，其中有五次进入苑囿之中，边境城邑都被攻占，文台被摧毁，垂都被焚烧，林木被砍伐，麋鹿被猎光，而接着国都又被包围。秦军长驱直入到达大梁城的北边，向东到陶城、卫城的郊区，向北到平监。被秦国占领的土地，包括华山南北，河外、河内的土地，大县有几十个，大都有几百个。秦国仅仅占据河西地区的晋国旧地，距离大梁城千里，而就有那样的祸患。更何况让秦国灭掉韩国后，拥有郑国旧地，没有黄河、大山的阻隔，没有周京和韩国的分隔，距离大梁城只有一百里，祸患一定由此而来。

异日者，从之不成也，楚、魏疑而韩不可得也。今韩受兵三年，秦桡（挠）之以讲，识亡不听，投质于赵，请为天下雁行①顿刃②，楚、赵必集兵，皆识秦之欲无穷也，非尽亡天下之国而臣海内，必不休矣。是故臣愿以从事王，王速受楚赵之约，赵挟韩之质以存韩，而求故地，韩必效之。此士民不劳而故地得，其功多于与秦共伐韩，而又与强秦邻之祸也。

◎**注释** ①〔雁行〕大雁群飞行时排成一列,这里指加入序列。②〔顿刃〕使兵器磨损,这里指作战导致兵刃折断。

◎**大意** 从前,合纵抗秦的联盟之所以失败,是因为楚国、魏国互相猜疑而韩国又不参加。现在韩国连续三年遭受战祸,秦国挫败韩国,逼迫它讲和,韩国认识到这样必将灭亡,就不同意与秦国讲和,送人质到赵国,与天下诸侯一道,坚持与秦国苦战到兵刃折断,楚国、赵国必然会调集军队出战,因为都认识到秦国的贪欲是无穷的,不将天下的诸侯国都灭掉而使海内的人们臣服,是绝不会罢休的。因此我愿用合纵策略为大王效劳,请大王速速接受楚国、赵国的盟约,赵国挟持韩国的人质来保全韩国,如果要求向韩国索要旧日失地,韩国一定会交还。这样使军民不受劳苦就能收复失地,其功效是要超过与秦国共同进攻韩国的,而且没有与强大的秦国相邻的祸患。

夫存韩安魏而利天下,此亦王之天时已。通韩上党于共、宁,使道安成,出入赋之,是魏重质韩以其上党也。今有其赋,足以富国。韩必德魏爱魏重魏畏魏,韩必不敢反魏,是韩则魏之县也。魏得韩以为县,卫大梁,河外必安矣。今不存韩,二周①、安陵必危,楚、赵大破,卫、齐甚畏,天下西乡(向)而驰秦入朝而为臣不久矣。

◎**注释** ①〔二周〕指东周、西周两个小国,东周的都城在今河南巩义,西周的都城在今河南洛阳。

◎**大意** 保全韩国,安定魏国而有利于天下,这也是大王您的大好时机啊。开通韩国上党到魏国共城、宁城的道路,让他们从安成走,征收往来的过境税,这是韩国将上党抵押给了魏国。现在有了这些税收,足以使国家富裕。韩国一定会感激魏国、爱戴魏国、尊重魏国、畏惧魏国,一定不敢背叛魏国,这样的话,韩国就成为魏国的一个县了。魏国得到韩国作为属县,借以保卫大梁城,河外一定安全了。现在不保全韩国，东周、西周、安陵必然面临危险，如果楚国、赵国被攻破，卫国、齐国会更加畏惧，天下诸侯向西奔赴秦国朝见秦王，成为秦国的臣子就不远了。

二十年，秦围邯郸，信陵君无忌矫夺将军晋鄙兵以救赵，赵得全。无忌因留赵。二十六年，秦昭王卒。

◎**大意**　魏安釐王二十年，秦军围攻赵国都城邯郸，信陵君魏无忌假托王命夺取将军晋鄙的军队去援救赵国，赵国得以保全。魏无忌便留在赵国。魏安釐王二十六年，秦昭王去世。

三十年，无忌归魏，率五国兵攻秦，败之河外，走蒙骜[1]。魏太子增质于秦，秦怒，欲囚魏太子增。或为增谓秦王曰："公孙喜固谓魏相曰'请以魏疾击秦，秦王怒，必囚增。魏王又怒，击秦，秦必伤'。今王囚增，是喜之计中也。故不若贵增而合魏，以疑之于齐、韩。"秦乃止增。

◎**注释**　①〔蒙骜〕秦国的将领，蒙恬的祖父。
◎**大意**　魏安釐王三十年，信陵君魏无忌返回魏国，率领燕、赵、韩、魏、楚五国军队进攻秦国，在河内打败秦军，秦将蒙骜兵败逃走。魏国的太子魏增在秦国做人质，秦庄襄王恼怒之下，要囚禁太子魏增。有人为太子魏增说情，对秦庄襄王说："公孙喜本来对魏国的相国说：'请派魏军急速攻打秦军，秦王恼怒之下，一定会囚禁太子魏增。这样魏王又为此发怒，加强进攻秦国，秦王肯定会伤害太子魏增'。现在大王您囚禁太子魏增，就是中了公孙喜的圈套。所以不如厚待太子魏增而与魏国联合，使得齐国、韩国对魏国产生怀疑。"秦庄襄王这才没有囚禁魏国太子魏增。

三十一年，秦王政初立。

◎**大意**　魏安釐王三十一年，秦王嬴政即位。

三十四年，安釐王卒，太子增立，是为景湣王。信陵君无忌卒。

◎**大意**　魏安釐王三十四年，魏安釐王去世，太子魏增继位，就是魏景湣王。信陵君魏无忌去世。

景湣王元年，秦拔我二十城，以为秦东郡。二年，秦拔我朝歌。卫徙野王①。三年，秦拔我汲。五年，秦拔我垣、蒲阳、衍②。十五年，景湣王卒，子王假③立。

◎**注释**　①〔野王〕在今河南沁阳。②〔衍〕在今郑州北。③〔王假〕名假，因为是亡国之君，所以没有谥号，故称名。
◎**大意**　魏景湣王元年，秦军攻取魏国二十座城池，将其地设为秦国的东郡。魏景湣王二年，秦军攻占魏国的朝歌。卫国迁都到野王。魏景湣王三年，秦军攻占魏国的汲城。魏景湣王五年，秦军攻取魏国的垣城、蒲阳、衍城。十五年，魏景湣王去世，他的儿子魏王魏假继位。

王假元年，燕太子丹使荆轲刺秦王，秦王觉之。

◎**大意**　魏王魏假元年，燕国的太子姬丹派遣荆轲行刺秦王嬴政，被秦王察觉。

三年，秦灌大梁，虏王假，遂灭魏以为郡县。

◎**大意** 魏王魏假三年，秦军引水淹灌大梁城，俘虏魏王魏假，于是魏国灭亡，秦国在魏国故地设置郡县。

太史公曰：吾适故大梁之墟，墟中人曰："秦之破梁，引河沟而灌大梁，三月城坏，王请降，遂灭魏。"说者皆曰魏以不用信陵君故，国削弱至于亡，余以为不然。天方令秦平海内，其业未成，魏虽得阿衡①之佐，曷益乎？

◎**注释** ①〔阿衡〕商代对国相的称谓，此处借指伊尹。
◎**大意** 太史公说：我到当年的大梁旧城，城中的人说："秦军攻打大梁城时，引河沟水水淹大梁城，三个月后城被毁坏，魏王请求投降，于是灭了魏国。"众人都说是因为魏国君主不任用信陵君，导致国家削弱以至灭亡，我认为不是这样。天意正是让秦国平定天下，它的事业还没有完成，魏国即使得到伊尹那样贤臣的辅佐，又有什么用呢？

◎**释疑解惑**

　　司马迁最后的论赞说："说者皆曰魏以不用信陵君故，国削弱至于亡，余以为不然。天方令秦平海内，其业未成，魏虽得阿衡之佐，曷益乎？"对此说法，后人有不同的认识及观点。有人认为这种说法是错误的，如谯周曰："以予所闻，所谓天之亡者，有贤而不用也，如用之，何有亡哉？使纣用三仁，周不能王，况秦虎狼乎？"有人认为这是司马迁对于魏王不能任用信陵君的愤激之语，如翁元圻曰："《信陵君》曰'秦闻公子死，日夜出兵东伐魏，十八年而虏魏王，屠大梁。'盖深信信陵君之以毁废，而咎魏王之自毁长城也。合观此赞，史公意自见。"钟惺曰："此正悲魏不用信陵以亡其国，而为此诞语也，读本传自知。古人文字反说处，今人多不解。"徐孚远曰："魏用信陵则纵约必成，六国可存也，赞语乃深恨之辞耳。"李景星对此评述道："盖信陵于魏，有存亡关系，不用其人，而并弃其言，此魏之所以灭也。赞语云'虽得阿衡之佐无益'，以反语作结,正是太史公极伤心处。"还有人认为"天方令秦平海内"是指天命,并对此提出批评,如刘知几曰:"夫论成败者,固当以人事为主,必推命而言,则其理悖矣。"也有人认为"天方令秦平海内"是天意与大势所趋,兼而有之,如张大可说:"'天方令秦平海内'有两层含意。一指形势,即历史发展的趋势;二指天意。形势是人为,天意是宿命,这两层思想司马迁兼而有之。他在《魏公子列传》中塑造了信陵君以人之身系魏之安危的高大形象,此赞特补出魏之存亡非魏公子个人之力所能挽回。秦人灌大梁,魏人坚持斗争三个月,说明力量不敌。"司马迁对魏国灭亡原因的思考,体现了《史记》"通古今之变"的创作意图。

◎ 思考辨析题

1. 结合《孟子》,对魏惠王做出评价。
2. 假如魏安釐王任用信陵君,采纳他的政治策略,魏国的结局是否会改写?

韩世家第十五

韩国是战国七雄中力量最弱的诸侯国,东临魏国,西邻秦国,也是最早被秦国灭亡的诸侯国。《韩世家》主要叙述了韩国近两百年的发展轨迹,由于资料的缺乏、年代的混乱,也成为战国时诸侯国最为简略的一篇史传。韩国的先祖与周天子同姓,出身高贵,在晋国世代为官。韩厥时,助赵朔留存血脉,并帮赵氏后人拿回封地,积下"阴德"。经过几代的发展,到韩景侯时,"周威烈王赐赵、韩、魏皆命为诸侯",从此正式成为诸侯国。至韩宣惠王时,韩宣惠王准备投靠秦国之际,楚国假装出兵支持韩国,离间秦国、韩国。韩宣惠王不听公仲侈的建议,终于导致韩国失败。到战国后期,韩国一直在合纵结盟与连横订约之间游移,国家日益衰落,其中突出叙写了公子韩几瑟(jǐ shī)与公子韩咎争做太子,以及解救雍氏之围的事，韩国最终还是难以为继，被秦国所灭。最后，司马迁评价韩国在没有大功的情况下，还能够存续百余年，是因为韩厥的阴德。韩国处于要冲地带，腹背受敌，常常被攻伐，在史传中常常出现"魏败我""魏取我""秦伐我""秦拔我"等之类的字句，可见其处境不易。主观上来说，从韩国立为诸侯到灭亡，并没有出现一位比较有作为的君主，又处在经济条件薄弱的地区，其国力的发展必然是有限的。司马迁认为韩国存续十几代，是因为韩厥保存赵氏的阴德所致，这种说法并不准确。郝敬认为："韩小而据天下之冲，首尾腹背受敌，延祀垂二百年，二人（申不害、韩非）之力也。"申不害、韩非是韩国两位杰出的政治家，二人所修习的是法家学术。申不害在韩昭侯时为相，实行改革，使得"国内以治，诸侯不来侵伐"，前后长达十五年之久，这成为韩国历史上相对稳定的时期。而另一人物韩非则提出不少建议，但都未被采纳。这篇史传对二人的描述非常简略，大概是与在《老子韩非列传》中对二人有专门记述有关，而司马迁对二人的政治才能都给予了明确肯定。

　　韩之先与周同姓，姓姬氏。其后苗裔事晋，得封于韩原①，曰韩武子②。武子后三世有韩厥③，从封姓为韩氏。

◎**注释**　①〔韩原〕在今韩城南。②〔韩武子〕即韩万。③〔韩厥〕晋景公时期的大臣。

◎**大意**　韩国的祖先和周王室同姓，都姓姬氏。他的子孙后代服侍晋国，被封到韩原，叫作韩武子。韩武子传世三代以后，有个叫韩厥的，以封邑的名称为姓，称为韩氏。

韩厥，晋景公之三年，晋司寇屠岸贾将作乱，诛灵公之贼赵盾①。赵盾已死矣，欲诛其子赵朔。韩厥止贾，贾不听。厥告赵朔令亡。朔曰："子必能不绝赵祀，死不恨矣。"韩厥许之。及贾诛赵氏，厥称疾不出。程婴、公孙杵臼之藏赵孤②赵武也，厥知之。

◎**注释**　①〔贼赵盾〕晋国执政大臣赵盾的同族人杀了晋灵公，当时，赵盾逃走，但未出晋国边境，后来返回晋国都城，他未讨伐杀晋灵公的人，这是不合《春秋》大义的行为，史家认为赵盾才是杀晋灵公的贼首，故记载为"贼赵盾"，这是所谓《春秋》笔法。②〔藏赵孤〕史事详见《赵世家》。
◎**大意**　韩厥这个人，在晋景公三年，晋国的司寇屠岸贾准备作乱，诛杀谋害晋灵公的贼臣赵盾。赵盾已经死了，屠岸贾还打算杀掉他的儿子赵朔。韩厥劝阻屠岸贾，屠岸贾不听。韩厥偷偷告诉赵朔，让他逃走。赵朔说："您能使赵家不断绝后代，我就死而无憾了。"韩厥答应了他。等到屠岸贾诛杀赵氏家族的时候，韩厥声称有病不出门。程婴、公孙杵臼藏匿赵氏孤儿赵武这事，韩厥是知道的。

　　景公十一年，厥与郤克将兵八百乘伐齐，败齐顷公于鞍①，获逢丑父。于是晋作六卿，而韩厥在一卿之位，号为献子。

◎**注释**　①〔鞍〕在今山东济南西北。
◎**大意**　晋景公十一年，韩厥和郤克率领八百乘兵车进攻齐国，在鞍地打败齐顷公的军队，俘获逢丑父。这时晋国设置六卿，韩厥占了一卿的位置，号为韩献子。

　　晋景公十七年，病，卜，大业①之不遂者为祟。韩厥称赵成季②之功，今后无祀，以感景公。景公问曰："尚有世乎？"厥于是言赵武，而复与故赵氏田邑，续赵氏祀。

◎**注释** ①〔大业〕夏禹时期的人,是赵氏的祖先。②〔赵成季〕即赵衰,成季是他的谥号。赵衰曾辅佐晋文公,使晋国称霸。

◎**大意** 晋景公十七年,晋景公生病,占卜认为是赵氏先祖大业不顺心的后代鬼神作怪。韩厥趁机称颂赵衰的功劳很大,却没有后代祭祀他,以此来感化晋景公。晋景公问道:"他还有后代吗?"韩厥于是说出了赵武,晋景公因此又把原来赵氏的封地还给赵武,让他延续赵氏的祭祀。

晋悼公之七年,韩献子老。献子卒,子宣子代。宣子徙居州①。

◎**注释** ①〔州〕在今河南温县东北。

◎**大意** 晋悼公七年,韩献子告老退休。韩献子去世,他的儿子韩宣子继承爵位。韩宣子迁居州地。

晋平公十四年,吴季札使晋,曰:"晋国之政卒归于韩、魏、赵矣。"晋顷公十二年,韩宣子与赵、魏共分祁氏、羊舌氏十县。晋定公十五年,宣子与赵简子侵伐范、中行氏。宣子卒,子贞子①代立。贞子徙居平阳②。

◎**注释** ①〔贞子〕即韩须。②〔平阳〕在今山西临汾西南。

◎**大意** 晋平公十四年,吴国的季札出使晋国,他说:"晋国的政权最终要归韩、魏、赵三家所有了。"晋顷公十二年,韩宣子和赵、魏两家共同瓜分了祁氏、羊舌氏的十个县。晋定公十五年,韩宣子和赵简子进攻范氏、中行氏。韩宣子去世,他的儿子韩贞子继承爵位。韩贞子移居平阳。

贞子卒,子简子代。简子卒,子庄子代。庄子卒,子康子代。康子与赵襄子、魏桓子共败知(智)伯①,分其地,地益大,大于诸侯。

◎**注释**　①〔共败知伯〕赵、韩、魏三家联合消灭智伯的事件详见《赵世家》。
◎**大意**　韩贞子去世，他的儿子韩简子韩不信继位。韩简子去世，他的儿子韩庄子韩庚继位。韩庄子去世，他的儿子韩康子韩虎继位。韩康子和赵襄子、魏桓子共同打败了智伯，瓜分了他的领地，三家的领地更大了，超过了诸侯。

康子卒，子武子代。武子二年，伐郑，杀其君幽公。十六年，武子卒，子景侯立。

◎**大意**　韩康子去世，他的儿子韩武子继位。韩武子二年，出兵攻打郑国，杀了郑国的君主郑幽公。韩武子十六年，韩武子去世，他的儿子韩景侯继位。

景侯虔元年，伐郑，取雍丘①。二年，郑败我负黍②。

◎**注释**　①〔雍丘〕在今河南杞县。②〔负黍〕在今河南登封西南。
◎**大意**　韩景侯韩虔元年，出兵攻打郑国，攻占了雍丘。韩景侯二年，郑军在负黍打败韩军。

六年，与赵、魏俱得列为诸侯。

◎**大意**　韩景侯六年，韩国与赵国、魏国一起被列为诸侯国。

九年，郑围我阳翟①。景侯卒，子列侯取立。

◎**注释**　①〔阳翟〕在今河南禹州。
◎**大意**　韩景侯九年，郑国围攻韩国的阳翟。这一年，韩景侯去世，他的儿子韩列侯韩取继位。

列侯三年，聂政杀韩相侠累。九年，秦伐我宜阳①，取六邑。十三年，列侯卒，子文侯立。是岁魏文侯卒。

◎**注释** ①〔宜阳〕在今河南宜阳西。
◎**大意** 韩列侯三年，聂政刺杀韩国的相国侠累。韩列侯九年，秦国出兵攻打韩国的宜阳，攻占了六个城邑。韩列侯十三年，韩列侯去世，他的儿子韩文侯继位。这年魏文侯去世。

文侯二年，伐郑，取阳城①。伐宋，到彭城②，执宋君。七年，伐齐，至桑丘。郑反晋。九年，伐齐，至灵丘。十年，文侯卒，子哀侯立。

◎**注释** ①〔阳城〕在今河南登封东南。②〔彭城〕在今江苏徐州。
◎**大意** 韩文侯二年，出兵攻打郑国，夺取阳城。攻打宋国，抵达彭城，捉住宋国国君。韩文侯七年，攻伐齐国，到达桑丘。郑国反叛晋国。韩文侯九年，攻伐齐国，到达灵丘。韩文侯十年，韩文侯去世，他的儿子韩哀侯继位。

哀侯元年，与赵、魏分晋国。二年，灭郑，因徙都郑。

◎**大意** 韩哀侯元年，韩国与赵国、魏国瓜分晋国。韩哀侯二年，韩国灭了郑国，于是将都城迁移到郑国的都城新郑。

六年，韩严弑其君哀侯，而子懿侯立。

◎**大意** 韩哀侯六年，韩严弑杀国君韩哀侯，韩哀侯的儿子韩懿侯继位。

懿侯二年，魏败我马陵。五年，与魏惠王会宅阳。九年，魏败我浍。十二年，懿侯卒，子昭侯立。

◎**大意**　韩懿侯二年，魏国在马陵打败韩国军队。韩懿侯五年，韩懿侯和魏惠王在宅阳会见。韩懿侯九年，魏国在浍水旁打败韩国。韩懿侯十二年，韩懿侯去世，他的儿子韩昭侯继位。

昭侯元年，秦败我西山①。二年，宋取我黄池②。魏取朱③。六年，伐东周，取陵观、邢丘④。

◎**注释**　①〔西山〕指今河南宜阳至鲁山一带的地区。②〔黄池〕在今河南封丘南。③〔朱〕在今河南沁阳境内。④〔陵观、邢丘〕都在今河南温县东。
◎**大意**　韩昭侯元年，秦国在西山打败韩国军队。韩昭侯二年，宋国攻取了韩国的黄池。魏国攻占了韩国的朱邑。韩昭侯六年，韩国出兵攻打东周，攻取陵观、邢丘。

八年，申不害相韩，修术行道，国内以治，诸侯不来侵伐。

◎**大意**　韩昭侯八年，申不害担任韩国的相国，他研习法家学说，以法家学说治理国家，国内得以治理，诸侯国不敢来侵犯。

十年，韩姬弑其君悼公。十一年，昭侯如秦。二十二年，申不害死。二十四年，秦来拔我宜阳。

◎**大意**　韩昭侯十年，韩姬弑杀他的国君悼公。韩昭侯十一年，韩昭侯前往秦国。韩昭侯十二年，申不害去世。韩昭侯二十四年，秦国出兵攻占了韩国的宜阳。

二十五年，旱，作高门。屈宜臼曰："昭侯不出此门。何也？不时。吾所谓时者，非时日也，人固有利不利时。昭侯尝利矣，不作高门。往年秦拔宜阳，今年旱，昭侯不以此时恤民之急，而顾益奢，此谓'时绌举赢'。"二十六年，高门成，昭侯卒，果不出此门。子宣惠王立。

◎**大意** 韩昭侯二十五年，韩国大旱，却要修建高大的宫门。楚国的大夫屈宜臼说："韩昭侯不能走出这座门。为什么呢？因为不合时宜。我所说的时，不是时间的时，人本来就有顺利的时候有不顺利的时候。韩昭侯曾经顺利的时候，没有修建高大的宫门。去年秦国攻占了宜阳，今年又逢大旱，韩昭侯不在这个时候体恤百姓的困难，反而更加奢侈，这就是所谓'在衰败不足的时候做奢侈的事情'。"韩昭侯二十六年，高大的宫门建成，韩昭侯去世了。果然没有走出这座门。他的儿子韩宣惠王继位。

宣惠王五年，张仪相秦。八年，魏败我将韩举。十一年，君号为王。与赵会区鼠。十四年，秦伐败我鄢。

◎**大意** 韩宣惠王五年，张仪任秦国的相国。韩宣惠王八年，魏军打败韩国的将军韩举。韩宣惠王十一年，韩国的君主称王。又与赵国君主在区鼠会见。韩宣惠王十四年，秦军在鄢邑打败韩军。

十六年，秦败我脩鱼①，虏得韩将鰒、申差于浊泽②。韩氏急，公仲谓韩王曰："与国非可恃也。今秦之欲伐楚久矣，王不如因张仪为和于秦，赂以一名都，具甲，与之南伐楚，此以一易二③之计也。"韩王曰："善。"乃警公仲之行，将西购（媾）于秦。楚王闻之大恐，召陈轸告之。陈轸曰："秦之欲伐楚久矣，今又得韩之名都一而具甲，秦韩并兵而伐楚，此秦所祷祀而求也。今已得之矣，楚国必伐矣。王听臣为之警四境之内，起师言救韩，命战车满道路，发信臣，多其车，重其币，使信王之救己也。纵韩不能听我，韩必德王也，必不为雁行以来，是秦韩不和也，兵虽至，楚不大病也。为能听我绝和于秦，秦必大怒，以厚怨韩。韩之南交楚，必轻秦；轻秦，其应秦必不敬：是因秦、韩之兵而免楚国之患也。"楚王曰："善。"乃警四境之内，兴师言救韩。命战车满道路，发信臣，多其车，重其币。谓韩王曰："不穀④国虽小，已悉发之矣。愿大国遂肆志于秦，不穀将以楚殉韩。"韩王闻之大说（悦），乃止公仲之行。公仲曰："不可。夫以实伐我者秦也，以虚名救我者楚也。王恃楚之虚名，而轻绝强秦之敌，王必为天下大笑。且楚韩非兄弟之国也，又非素约而谋伐秦也。已有伐形，因发兵言救韩，此必陈轸之谋也。且王已使人报于秦矣，今不行，是欺秦也。夫轻欺强秦而信楚之谋臣，恐王必悔之。"韩王不听，遂绝于秦。秦因大怒，益甲伐韩，大战，楚救不至韩。十九年，大破我岸门⑤。太子仓质于秦以和。

◎**注释** ①〔脩鱼〕在今河南原阳西南。②〔浊泽〕在今河南长葛西北。③〔以一易二〕一指送给秦国的大城。二指秦国不攻打韩国，一起攻打楚国，消除两国的威胁。④〔不穀〕王侯对自己的谦称。⑤〔岸门〕在今河南许昌北。

◎**大意** 韩宣惠王十六年，秦军在脩鱼打败韩军，在浊泽俘虏了韩国将领鲠、申差。韩国形势危急，相国公仲侈对韩宣惠王说："盟国不是可以依靠的。现在秦国很久以前就想要攻伐楚国了，大王您不如通过张仪与秦国讲和，并送给它一座名城，装备好军队，与秦国一起往南去攻打楚国，这是用一失换取两得的计策。"韩王说："好。"于是为公仲侈的出行做好准备，打算和西边的秦国讲和。楚怀王听到这个消息非常惊恐，召见陈轸，告诉他这个消息。陈轸说："秦国想要攻伐楚国很久了，现在又得到韩国的一座名城和装备好的军队，秦国和韩国联合出兵攻打楚国，这是秦国祈祷祭祀都要祈求的事。现在已经得到这些了，楚国一定会被攻打了。大王最好听从我的建议，在国境四周加强警戒，发动军队声称要去援救韩国，命令战车布满道路，派遣使臣，配备尽量多的车辆，带上丰厚的礼物，让韩国君主相信大王一定会去援救他们。韩国即使不相信我们，也一定会感激大王，而不会排列军队前来进攻。这样秦国和韩国就不会一道了，即使大军到来，楚国也不会有大的危险。如果韩国能相信我们所说的话，而不与秦国讲和，秦国一定会大怒，从而对韩国产生深深的怨恨。韩国向南结交楚国，一定会轻视秦国；轻视秦国，对待秦国一定会不恭敬：这就是利用秦、韩两军的矛盾来免除楚国的祸患。"楚王说："好。"于是在四面边境加强警戒，起兵声称要去援救韩国。楚王命令战车布满道路，命可靠的大臣担任使臣，带领庞大的队伍和丰厚的礼物出使韩国。对韩宣惠王说："我的国家虽然小，但是已经发动了全部的军队。希望贵国能够在对秦作战中随心所欲，我们楚国将会与韩国共存亡。"韩国国君听了这话非常高兴，就不让公孙侈出使秦国。公孙侈说："不行。现在真刀实枪攻伐我们的是秦国，靠说空话来援助我们的是楚国。大王凭借楚国给出的空话，就轻易地和强大的敌人秦国绝交，大王您一定会被天下人所取笑的。况且楚国并非我们的兄弟之国，也不是平时约定好联盟而攻伐秦国。有了秦国和韩国联合攻打楚国的迹象，楚国这才发兵说要援救韩国，这一定是陈轸的计策。况且大王已经派人去秦国通报要讲和了，现在又不去，这是欺骗秦国。随意欺骗强大的秦国而相信楚国谋臣的话，恐怕大王日后一定会后悔。"韩宣惠王不听，于是和秦国断绝往来。秦国因此大怒，加派兵力讨伐韩国，两国一番大战，楚国救兵并没来韩国。韩宣惠王十九年，秦军在岸门大败韩军，韩国以太子仓为人质到秦国讲和。

二十一年，与秦共攻楚，败楚将屈匄，斩首八万于丹阳①。是岁，宣惠王卒，太子仓立，是为襄王。

◎**注释** ①〔丹阳〕丹水之阳，即丹水的北面，指今河南内乡、西峡一带。
◎**大意** 韩宣惠王二十一年，韩国和秦国联合出兵攻打楚国，打败楚国将领屈匄，在丹水北面斩杀楚军八万人。这一年，韩宣惠王去世，太子韩仓继位，就是韩襄王。

襄王四年，与秦武王会临晋①。其秋，秦使甘茂②攻我宜阳。五年，秦拔我宜阳，斩首六万。秦武王卒。六年，秦复与我武遂。九年，秦复取我武遂。十年，太子婴朝秦而归。十一年，秦伐我，取穰③。与秦伐楚，败楚将唐眛。

◎**注释** ①〔临晋〕在今陕西大荔东。②〔甘茂〕楚国人，后至秦国为丞相。③〔穰〕在今河南邓州。
◎**大意** 韩襄王四年，韩襄王在临晋会见秦武王。这年秋天，秦国派甘茂攻打韩国的宜阳。韩襄王五年，秦军攻占韩国的宜阳，斩杀韩军六万人。秦武王在这一年去世。韩襄王六年，秦国又将武遂归还韩国。韩襄王九年，秦国又攻占武遂。韩襄王十年，太子韩婴朝见秦昭王后返回韩国。韩襄王十一年，秦国进攻韩国，攻取穰城。韩国和秦国进攻楚国，打败楚国将军唐眛。

十二年，太子婴死。公子咎、公子虮虱争为太子。时虮虱质于楚。苏代谓韩咎曰："虮虱亡在楚，楚王欲内（纳）之甚。今楚兵十余万在方城①之外，公何不令楚王筑万室之都雍氏之旁，韩必起兵以救之，公必将矣。公因以韩楚之兵奉虮虱而内（纳）之，其听公必矣，必以楚韩封公也。"韩咎从其计。

◎**注释** ①〔方城〕在今河南方城北。

◎**大意** 韩襄王十二年，太子韩婴死了。公子韩咎、公子韩虮虱争夺太子之位。当时公子韩虮虱在楚国做人质。苏代对韩咎说："公子韩虮虱流亡在楚国，楚王很想送他回国继位。现在楚国在方城山外有十余万军队驻扎，您为什么不让楚王在雍氏城旁修筑万户人口的城邑呢？韩国一定出兵援救雍氏城，您一定会被任命为统兵将领。您正好利用韩国与楚国的军队护送韩虮虱回国，他以后一定会对您言听计从，把楚、韩两国交界之地封给您。"韩咎采纳了他的计策。

楚围雍氏，韩求救于秦。秦未为发，使公孙昧入韩。公仲曰："子以秦为且救韩乎？"对曰："秦王之言曰'请道南郑①、蓝田，出兵于楚以待公'，殆不合矣。"公仲曰："子以为果乎？"对曰："秦王必祖张仪之故智。楚威王攻梁②也，张仪谓秦王曰：'与楚攻魏，魏折而入于楚，韩固其与国也，是秦孤也。不如出兵以到之，魏楚大战，秦取西河之外③以归。'今其状阳（佯）言与韩，其实阴善楚。公待秦而到，必轻与楚战。楚阴得秦之不用也，必易与公相支也。公战而胜楚，遂与公乘楚，施三川而归。公战不胜楚，楚塞三川守之，公不能救也。窃为公患之。司马庚三反于郢，甘茂与昭鱼遇于商於，其言收玺，实类有约也。"公仲恐，曰："然则奈何？"曰："公必先韩而后秦，先身而后张仪。公不如亟以国合于齐楚，齐楚必委国于公。公之所恶者张仪也，其实犹不无秦也。"于是楚解雍氏围。

◎**注释** ①〔南郑〕今陕西汉中。②〔梁〕指魏国，因魏国后来迁都大梁（在今河南开封），故也称梁国。③〔西河之外〕在今陕西东部的黄河以西，包括大荔、宜川等地区。

◎**大意** 楚国出兵包围雍氏城，韩国向秦国求救。秦国还没有发兵，先派公孙昧到韩国。公仲侈说："您认为秦国会派兵援助韩国吗？"公孙昧回答："秦王说'请让秦国的军队取道南郑、蓝田,出兵到楚国而等待您',大概不能会合了。"公仲侈说:"您认为真的会这样吗?"公孙昧回答:"秦王一定会效法张仪的老办法。当初楚威王攻打魏国的时候,张仪对秦王说:'和楚国一起攻打魏国,魏国失败后就会倒向楚国,而韩国本来是它的盟国,这样看来秦国就被孤立了。不如出兵来迷惑它们,让魏国与楚国交战,秦国夺取西河以外的土地后就返回。'现在的情形是秦国表面上是要帮助韩国,暗地里却亲近楚国。您等待秦军到来,一定会轻易与楚军交战。楚国私下里知道秦国不会援助您,一定会转而跟您对抗。您如果战胜楚国,秦国就会和您一起趁楚国疲惫之时攻击它,显示自己有恩于韩国后回国。您如果不能战胜楚国,楚国扼守三川地区,您无法得救。我私下为您感到担忧。秦人司马庚多次往返于郢都,秦国丞相甘茂和楚国相国昭鱼在商於见面,他们说是为了让楚国收回军符,停止对韩国的进攻,实际上好像有秘密协约。"公仲侈听完后很惊恐,说:"那么该怎么办?"公孙昧说:"您一定要先考虑韩国自身的力量,然后再考虑秦国的援救;先考虑自救的办法,然后再考虑对付张仪计策的方法。您不如马上与齐国、楚国讲和并与之联合,齐国、楚国必然会听命于您。您所厌恶的是张仪的诡计,其实还是不能无视秦国。"楚国于是解除了对雍氏城的包围。

苏代又谓秦太后弟芈戎①曰:"公叔伯婴②恐秦楚之内(纳)虮虱也,公何不为韩求质子于楚?楚王听入质子于韩③,则公叔伯婴知秦楚之不以虮虱为事,必以韩合于秦楚。秦楚挟韩以窘魏,魏氏不敢合于齐,是齐孤也。公又为秦求质子于楚,楚不听,怨结于韩。韩挟齐魏以围楚,楚必重公。公挟秦楚之重以积德于韩,公叔伯婴必以国待公。"于是虮虱竟不得归韩。韩立咎为太子。齐、魏王来。

◎注释 ①〔芈戎〕秦国宣太后的弟弟,号新城君。②〔公叔伯婴〕即太子韩婴。③〔入质子于韩〕"入"人质与"纳"人质的意思略有不同,入人质是放还人质,纳人质是用武力护送,有支持其成为太子之意。

◎**大意** 苏代又对秦太后的弟弟芈戎说:"公叔伯婴担心秦国与楚国护送公子韩蚤虱回国为太子,您为什么不替韩国向楚国索回人质公子韩蚤虱?如果楚王答应放公子韩蚤虱回国,那么公叔伯婴明白秦国、楚国不把公子韩蚤虱当回事,必然让韩国跟秦国、楚国联合。秦国、楚国挟制韩国而去逼迫魏国,魏国便不敢跟齐国联合,这样就会孤立齐国。您又替秦国向楚国索要公子韩蚤虱,如果楚国不听从,就会跟韩国结怨。韩国依靠齐国、魏国的帮助而去围攻楚国,楚国一定倚重您。您凭借秦国、楚国的倚重对韩国施行恩德,公叔伯婴一定会以整个国家来侍奉您。"于是公子韩蚤虱最终没能返回韩国。韩国立公子韩咎为太子。齐湣王、魏襄王来到韩国。

十四年,与齐、魏王共击秦,至函谷而军焉。十六年,秦与我河外及武遂。襄王卒,太子咎立,是为釐王。

◎**大意** 韩襄王十四年,和齐湣王、魏襄王一起出兵攻打秦国,进军到函谷关驻扎下来。韩襄王十六年,秦国把黄河以南的地区及武遂归还给韩国。韩襄王去世,太子韩咎继位,就是韩釐王。

釐王三年,使公孙喜率周、魏攻秦。秦败我二十四万,虏喜伊阙①。五年,秦拔我宛②。六年,与秦武遂地二百里。十年,秦败我师于夏山③。十二年,与秦昭王会西周而佐秦攻齐。齐败,湣王出亡。十四年,与秦会两周间。二十一年,使暴鸢④救魏,为秦所败,鸢走开封。

◎**注释** ①〔伊阙〕在今河南洛阳西南。②〔宛〕今河南南阳。③〔夏山〕在今山西夏县附近。④〔暴鸢(pù yuán)〕韩国将领。
◎**大意** 韩釐王三年,韩国派将军公孙喜率领周军、魏军攻打秦国。秦军打败韩国的二十四万军队,在伊阙俘虏了公孙喜。韩釐王五年,秦国攻占韩国的宛城。

韩釐王六年，韩国将武遂一带二百里的土地送给秦国。韩釐王十年，秦军在夏山打败韩军。韩釐王十二年，和秦昭王在西周会面，并出兵帮助秦国攻打齐国。齐国失败，齐湣王出外逃亡。韩釐王十四年，和秦王在东周、西周之间会面。韩釐王二十一年，韩国派将军暴鸢援助魏国，被秦国打败，暴鸢逃到开封。

二十三年，赵、魏攻我华阳。韩告急于秦，秦不救。韩相国谓陈筮曰："事急，愿公虽病，为一宿之行。"陈筮见穰侯。穰侯曰："事急乎？故使公来。"陈筮曰："未急也。"穰侯怒曰："是可以为公之主使乎？夫冠盖相望，告敝邑①甚急，公来言未急，何也？"陈筮曰："彼韩急则将变而佗从，以未急，故复来耳。"穰侯曰："公无见王，请今发兵救韩。"八日而至，败赵、魏于华阳之下。是岁，釐王卒，子桓惠王立。

◎**注释** ①〔敝邑〕对自己国家的谦称。
◎**大意** 韩釐王二十三年，赵军、魏军攻打韩国的华阳。韩国向秦国告急，秦国没有出兵救援。韩国的相国对陈筮说："事情十分紧急，虽然知道您身体欠佳，但是希望您能连夜去秦国。"陈筮会见了穰侯。穰侯问："事情很紧急吧？所以派您来。"陈筮说："并不紧急。"穰侯生气地说："像您这样可以作为国君的使者吗？韩国使者来往不断，多次报告我说情况很紧急。您又说不紧急，为什么呢？"陈筮说："韩国万分危急了就会改变态度而依附其他国家，就是因为还不紧急，所以我又来了。"穰侯说："您不必见秦王了，我现在就派兵援救韩国。"八天后秦军赶到，在华阳山下打败赵、魏两国军队。这一年，韩釐王去世，儿子韩桓惠王继位。

桓惠王元年，伐燕。九年，秦拔我陉，城汾旁。十年，秦击我于太行，我上党郡守以上党郡降赵。十四年，秦拔赵上党，杀马服子①卒四十余万于长平。十七年，秦拔我阳城、负黍②。二十二年，秦昭王卒。二十四年，秦拔我城皋③、荥阳。二十六年，秦悉拔我上党。二十九年，秦拔我十三城。

◎**注释** ①〔马服子〕指赵将赵括，其父为赵国名将马服君赵奢，故以此称赵括。②〔负黍〕在今登封西南。③〔城皋〕在今河南荥阳西北。

◎**大意** 韩桓惠王元年，韩国出兵攻打燕国。韩桓惠王九年，秦国攻占韩国的陉地，在汾水旁筑城。韩桓惠王十年，秦军在太行山攻打韩国军队，韩国上党郡的郡守献出上党郡，向赵国投降。韩桓惠王十四年，秦国攻占赵国的上党郡，在长平杀死赵将赵括及四十余万士兵。韩桓惠王十七年，秦国攻占韩国的阳城、负黍。韩桓惠王二十二年，秦昭王去世。韩桓惠王二十四年，秦国攻占韩国的城皋、荥阳。韩桓惠王二十六年，秦国将韩国的上党郡全部占领。韩桓惠王二十九年，秦国攻取韩国的十三座城邑。

三十四年，桓惠王卒，子王安立。

◎**大意** 三十四年，韩桓惠王去世，他的儿子韩王韩安继位。

王安五年，秦攻韩，韩急，使韩非使秦，秦留非，因杀之。

◎**大意** 韩王韩安五年，秦国进攻韩国，韩国情况十分危急，派韩非出使秦国，秦国留下韩非，不久杀了他。

九年，秦虏王安，尽入其地，为颍川郡①。韩遂亡。

◎**注释** ①〔颍川郡〕治所在今河南禹州。
◎**大意** 韩王韩安九年,秦国俘虏了韩王韩安,将韩国的土地全部占领,设为颍川郡。韩国就此灭亡了。

太史公曰:韩厥之感晋景公,绍赵孤之子武,以成程婴、公孙杵臼之义,此天下之阴德①也。韩氏之功,于晋未睹其大者也。然与赵、魏终为诸侯十余世,宜乎哉!

◎**注释** ①〔阴德〕不被人知道的德行。
◎**大意** 太史公曰:韩厥的话感动了晋景公,使得赵氏孤儿赵武继承了赵家的爵位,从而成就了程婴、公孙杵臼的大义,这是天底下最大的阴德。韩氏家族的功劳,对晋国来说没有看到特别大的。但能够和赵国、魏国一起成为诸侯国而传承十几代,是应该的啊!

◎**释疑解惑**
　　在记载战国时期历史的各篇世家之中,《韩世家》可以说是最为简略的一篇,内容上主要是对韩国世系更替的记录,少有对某个历史事件的具体刻画,与《史记》中大多数细节描写丰富的篇章相比,确实有很大差异。当然,《韩世家》的叙述简略,一方面和战国时期许多材料未能保存下来有很大关系,另一方面也和韩国自身在当时的处境有关。
　　众所周知,春秋末期,韩、赵、魏三家瓜分晋国,最终被周威烈王封为诸侯,史称"三家分晋"。这一事件在后来被认为是春秋与战国的分界点,战国七雄的争霸也就此拉开序幕。战国七雄,指的是战国时期实力最为强大的七个诸侯国,即秦国、楚国、齐国、燕国、赵国、魏国、韩国。韩国尽管跻身于七雄之列,却是七雄当中最为弱小的一个。韩国所处的地理位置也不占优势:北边是赵国,东边是魏国,西边则是七雄中最厉害的秦国。秦国进军山东诸国要经过韩国,山东诸国对抗秦国也常常把韩国作为战场,再加上南边虎视眈眈的楚国,韩国真可谓是腹背受敌。另外，韩国本身国土面积就不大，人口又少，经济也不发达，而且在政治上，韩国着实没有什么像样的作为。有人说，韩国的弱小和它在将近两百年间没有能够出现一位杰出的有作为的君主有很大关系，可俗话说"巧妇难为无米之炊"，韩国没能出现杰出而有作为的君主，也难说不是形势使然。

最终，韩国成为秦扫六合过程中最先被灭掉的诸侯国。我们在读这篇《韩世家》的时候会发现，韩国与秦国的交往与争战，也是本篇重点叙述的内容。先是"昭侯元年，秦败我西山"。后来因为韩昭侯任申不害为相，才使得韩国在一段时间内"国内以治，诸侯不来侵伐"。可从"（韩昭侯）二十二年，申不害死"后，秦国对韩国的攻伐就一发不可收拾：韩昭侯时，"二十四年，秦来拔我宜阳"。韩宣惠王时，"十四年，秦伐败我鄢。十六年，秦败我脩鱼……十九年，大破我岸门。太子仓质于秦以和"。韩襄王时，"五年，秦拔我宜阳，斩首六万……九年，秦复取我武遂……十一年，秦伐我，取穰"。韩釐王时，"三年，使公孙喜率周、魏攻秦。秦败我二十四万，虏喜伊阙。五年，秦拔我宛。六年，与秦武遂地二百里。十年，秦败我师于夏山"。韩桓惠王时，"九年，秦拔我陉，城汾旁。十年，秦击我于太行，我上党郡守以上党郡降赵。十四年，秦拔赵上党，杀马服子卒四十余万于长平。十七年，秦拔我阳城、负黍。二十二年，秦昭王卒。二十四年，秦拔我城皋、荥阳。二十六年，秦悉拔我上党。二十九年，秦拔我十三城"。到韩王安时，"九年，秦虏王安，尽入其地，为颍川郡。韩遂亡"。在秦国一次又一次的攻伐之后，韩国最终走向了灭亡。

◎ 思考辨析题

1. 司马迁认为韩国"为诸侯十余世"是因韩厥的阴德，对此如何看待？
2. 阅读《老子韩非列传》，假如韩国能够重用韩非，其结局是否会发生一些变化？

田敬仲完世家

第十六

姜姓齐国在春秋时就是一个大国，到了田氏篡取齐国政权，变为田姓齐国之后，很快又发展成一个强国，是六国中最后一个被秦国灭亡的诸侯国。《田敬仲完世家》讲的就是田氏代姜氏后齐国的发展历程。田氏最早来到齐国的先祖是陈完（后改姓田），谥号敬仲，所以本篇命名为《田敬仲完世家》。本篇记述贵族陈完在陈国无法立足而逃到齐国，受到齐桓公的重用。他的后代不断扩大势力，收买人心，逐渐把持齐国的朝政。到田和时，他将齐康公发配到海上，自己取而代之，建立了田氏的齐国。齐威王、齐宣王时，齐国强盛起来。本篇通过对几个重要事件的描写，突出了齐威王赏罚分明、重用贤才、善于纳谏的品质。又叙写齐宣王任用田忌、孙膑打败魏军，威震一时，以及广招文学游说之士，使稷下集中学士

"数百千人",为古代文化史的发展做出了重要贡献。到齐湣王时,虽曾有放弃东帝称号的明智之举,但由于他骄纵好战,遭受五国军队联合进攻,最后被杀身亡,几乎亡国。从此之后,齐国一蹶不振,虽齐襄王时有所复兴,但颓败之势已无法挽回。在齐王建的几十年中,齐国被秦国"远交近攻"的策略所迷惑,据守自保,对韩、赵、魏、楚、燕等国的抗秦没有施以援手,等到诸侯国都被消灭之后,齐国就被秦国吞并了。司马迁的论赞认为,田氏代齐"非必事势之渐然",而是遵循着当初的预兆发展而来。东方六国,齐国的实力最强大,在齐威王的改革下,政治、经济、文化迅速发展,又经过齐宣王时期的进一步发展,一度成为能够与秦国相抗衡的诸侯大国。然而,军事策略的失误是齐国被灭亡的一个重要原因。齐威王、齐宣王时就以武力攻打诸侯,到齐湣王时三次攻打宋国,把独吞宋国作为战略目标。在灭亡宋国之后,又攻打楚国、韩国、赵国、魏国。一方面,诸侯国对齐国越来越不满;另一方面,穷兵黩武使齐国国库消耗巨大,国力逐渐虚弱。在燕将乐毅的统领下,五国联军攻齐,齐国没有足够的力量去抵御,遭到毁灭性的打击。齐国遭此重创之后,丧失了与秦国相抗衡的实力,使得战国时期的战略格局发生了变化,两强对立的形势被打破,秦国独霸的局面逐渐形成,这在客观上为秦国消灭六国创造了条件。而齐王建不懂得唇亡齿寒之理,采取孤立政策,使齐国灭亡之势不可避免。这篇史传还涉及一些有名的人物,其中着墨比较多的人物是邹忌。邹忌与齐威王论鼓琴、淳于髡进邹忌隐语两处文字,描写活泼有趣而又有无限神情,显示出邹忌的辅国之才。但他当政后对田忌的排挤陷害,又体现出其强烈的权势欲望,使其形象立体地展现出来。其他人物也是各具特色。

陈完者，陈厉公他之子也。完生，周太史①过陈，陈厉公使卜完，卦得《观》②之《否》③："是为观国之光，利用宾于王。此其代陈有国乎？不在此，而在异国乎？非此其身也，在其子孙。若在异国，必姜姓④。姜姓，四岳⑤之后。物莫能两大，陈衰，此其昌乎？"

◎**注释** ①〔太史〕官名，在帝王身边记述历史，掌管文化典籍、天文历法、占卜祭祀等事务。②〔《观》〕《坤》下《巽》上。③〔《否》〕《坤》下《乾》上。④〔姜姓〕指齐国。西周初年，姜尚因辅佐周武王灭商建立周朝而被封在齐国。⑤〔四岳〕又称"方伯"，掌管四方的诸侯。

◎**大意** 陈完是陈厉公陈他的儿子。陈完出生的时候，周朝的太史正好路过陈国，陈厉公让他为陈完占卜，占卜得到的卦象由《坤》下《巽》上的《观》变为《坤》下《乾》上的《否》，太史解释卦意说："卦象是说他作为使者观察别国风光，利于做君王的上宾。这是说他将来成为陈国君主拥有诸侯国吧？也许不在陈国，而在别的诸侯国吧？或许不是他自己做国君，而是他的子孙做国君。假如是在别的诸侯国，一定是姜姓之国。姜姓是帝尧时四岳的后代。事物不能两强并存，陈国衰弱，他这一支就要昌盛起来吧？"

厉公者，陈文公少子也，其母蔡女。文公卒，厉公兄鲍立，是为桓公。桓公与他异母。及桓公病，蔡人为他杀桓公鲍及太子免而立他，为厉公。厉公既立，娶蔡女。蔡女淫于蔡人，数归，厉公亦数如蔡。桓公之少子林怨厉公杀其父与兄，乃令蔡人诱厉公而杀之。林自立，是为庄公。故陈完不得立，为陈大夫。厉公之杀，以淫出国，故《春秋》曰"蔡人杀陈他①"，罪之也。

◎**注释** ①〔蔡人杀陈他〕对"陈他"直呼其名，寓含贬义，这就是所谓的春秋笔法。

◎**大意** 陈厉公是陈文公的小儿子，他的生母是蔡国女子。陈文公死后，陈厉公的哥哥陈鲍继位，这就是陈桓公。陈桓公和陈他是异母兄弟。陈桓公生病的时候，蔡国人为陈他杀死了陈桓公和太子陈免而立陈他为国君，这就是陈厉公。陈厉公继位后，娶蔡国女子为妻。蔡女与蔡国人私通，常常回蔡国，陈厉公也多次去蔡国。陈桓公的小儿子陈林怨恨陈厉公杀害他的父亲和哥哥，便让蔡国人引诱陈厉公后杀了他。陈林自立为国君，这就是陈庄公。所以陈完不能继位，只能做陈国大夫。陈厉公被杀，是由于他出国淫乱，所以《春秋》上说"蔡国人杀了陈他"，其实是对他的谴责。

庄公卒，立弟杵臼，是为宣公。宣公二十一年，杀其太子御寇①。御寇与完相爱，恐祸及己，完故奔齐。齐桓公欲使为卿，辞曰："羁旅之臣，幸得免负檐（担）②，君之惠也，不敢当高位。"桓公使为工正。齐懿仲欲妻完，卜之，占曰："是谓凤皇于蜚（飞），和鸣锵锵。有妫之后③，将育于姜。五世其昌，并于正卿。八世之后，莫之与京。"卒妻完。完之奔齐，齐桓公立十四年矣。

◎**注释** ①〔杀其太子御寇〕陈宣公有一个宠姬生了儿子，想要立为太子，所以要杀掉当时的太子陈御寇。②〔负檐〕背扛肩挑，指做苦工。③〔有妫（guī）之后〕妫姓为虞舜的后代。周武王时封虞舜的后代于陈，陈完为陈国贵族，故称他及其后代为"有妫之后"。

◎**大意** 陈庄公去世，他的弟弟陈杵臼被立为国君，就是陈宣公。陈宣公二十一年，杀了太子陈御寇。陈御寇与陈完相互友爱，陈完担心灾祸牵连自己，因此出逃到齐国。齐桓公打算任命陈完为卿，陈完推辞说："一个漂泊在外的人能够免除做劳工的命运，已经是国君的恩惠，不敢再担任这样高的职位了。"齐桓公让他担任工正之职。齐懿仲想把女儿嫁给陈完，为此占卜，卦辞说："这叫作凤凰成双飞翔，鸣声和谐美好。妫氏的后代，将在这片姜姓的土地上发展起来。五代以后昌盛，和正卿并列。八代以后，没有人能比他强大。"齐懿仲最终把女儿嫁给了陈完。陈完逃到齐国时,是齐桓公在位的第十四年。

完卒,谥为敬仲。仲生稚孟夷。敬仲之如齐,以陈字为田氏。

◎**大意** 陈完去世,谥号敬仲。敬仲生稚孟夷。敬仲到了齐国,把陈氏改为田氏。

田稚孟夷生湣孟庄,田湣孟庄生文子须无。田文子事齐庄公。

◎**大意** 田稚孟夷生了田湣孟庄,田湣孟庄生了田文子须无。田文子侍奉齐庄公。

晋之大夫栾逞作乱于晋,来奔齐,齐庄公厚客之。晏婴[1]与田文子谏,庄公弗听。

◎**注释** ①〔晏婴〕字仲,谥号"平",史称"晏子",今山东高密人。
◎**大意** 晋国的大夫栾逞在晋国发动叛乱,前来投奔齐国,齐庄公以隆重的礼节接待他。晏婴和田文子劝谏,齐庄公不听。

文子卒,生桓子无宇。田桓子无宇有力,事齐庄公,甚有宠。

◎**大意** 田文子去世,他的儿子是田桓子无宇。田桓子身强力壮,侍奉齐庄公,十分得宠。

无宇卒，生武子开与釐子乞。田釐子乞事齐景公为大夫，其收赋税于民以小斗受之，其禀予民以大斗，行阴德于民，而景公弗禁。由此田氏得齐众心，宗族益强，民思田氏。晏子数谏景公，景公弗听。已而使于晋，与叔向私语曰："齐国之政其卒归于田氏矣。"

◎**大意**　田桓子无宇去世，他有两个儿子分别是武子开与釐子乞。田釐子乞侍奉齐景公而任大夫，他收取百姓赋税的时候用小斗量入，他借粮食给百姓的时候用大斗量出，暗中向百姓施行恩惠，而齐景公不禁止。由此田氏得到齐国的民心，家族更加强大，田氏成为民心所归。晏婴多次劝谏齐景公，齐景公不听。后来晏婴出使晋国，跟叔向私下谈话说："齐国的政权最后要落到田氏手里了。"

　　晏婴卒后，范、中行氏①反晋。晋攻之急，范、中行请粟于齐。田乞欲为乱，树党于诸侯，乃说景公曰："范、中行数有德于齐，齐不可不救。"齐使田乞救之而输之粟。

◎**注释**　①〔范、中行氏〕晋国的大贵族，这时范氏的家主为范吉射，中行氏的家主是荀寅。
◎**大意**　晏婴死后，范氏、中行氏在晋国作乱。晋国对他们发动了紧急进攻，范氏、中行氏向齐国借粮。田乞要作乱，在诸侯中结交同党，便劝说齐景公道："范氏、中行氏对齐国有过多次恩德，齐国不能不救。"齐王派田乞前去救援并运去粮食。

　　景公太子死，后有宠姬曰芮子，生子荼。景公病，命其相国惠子与高昭子以子荼为太子。景公卒，两相高、国立荼，是为晏孺子。而田乞不说（悦），欲立景公他子阳生。阳生素与乞欢。晏孺子之立也，阳生奔鲁。田乞伪事高昭子、国惠子者，每朝代参乘①，言曰："始诸大夫不欲立孺子。孺子既立，君相之，大夫皆自危，谋作乱。"又绐大夫曰："高昭子可畏也，及未发先之。"诸大夫从之。田乞、鲍牧与大夫以兵入公室，攻高昭子。昭子闻之，与国惠子救公。公师败。田乞之众追国惠子，惠子奔莒②，遂返杀高昭子。晏圉③奔鲁。

◎**注释** ①〔参乘〕在车的右侧充当警卫的人。②〔莒〕小诸侯国名，在今山东莒县。③〔晏圉（yǔ）〕晏婴的儿子，与高昭子、国惠子一起拥立晏孺子。

◎**大意** 齐景公的太子死后，齐景公有个叫芮子的宠姬，生了个儿子名叫姜荼。齐景公生病，命令相国国惠子和高昭子立姜荼为太子。齐景公死后，两位相国高昭子、国惠子立姜荼为国君，这就是晏孺子。然而田乞为此十分不高兴，他想立齐景公另外一个儿子姜阳生。姜阳生向来与田乞关系亲密。晏孺子继位之后，姜阳生就出逃鲁国。田乞假装侍奉高昭子、国惠子，每次上朝都陪同乘车护卫，并且说："当初各位大夫不想立晏孺子。晏孺子即位后，你们两位做他的相国，大夫人人自危，图谋作乱。"又哄骗大夫们说："高昭子是可怕的人，我们应该先发制人。"大夫们都听从了他的话。田乞、鲍牧和众大夫带兵进入国君的宫室，围攻高昭子。高昭子听到这事，和国惠子援救国君。国君的卫队战败。田乞的部众去追击国惠子，国惠子奔逃到莒城，于是众人又返回来杀了高昭子。晏圉逃到鲁国。

　　田乞使人之鲁，迎阳生。阳生至齐，匿田乞家。请诸大夫曰："常之母有鱼菽之祭①，幸而来会饮。"会饮田氏。田乞盛阳生橐中，置坐中央。发橐，出阳生，曰："此乃齐君矣。"大夫皆伏谒。将盟立之，田乞诬曰："吾与鲍牧谋共立阳生也。"鲍牧怒曰："大夫忘景公之命乎？"诸大夫欲悔，阳生乃顿首曰："可则立之，不可则已。"鲍牧恐祸及己，乃复曰："皆景公之子，何为不可！"遂立阳生于田乞之家，是为悼公。乃使人迁晏孺子于骀②，而杀孺子荼。悼公既立，田乞为相，专齐政。

◎**注释** ①〔常之母有鱼菽之祭〕常之母，田乞的儿子田常的母亲，田乞以此来称呼他的妻子。鱼菽之祭，指祭祀用的祭品薄陋。菽，豆。②〔骀〕在今山东境内。

◎**大意** 田乞派人去鲁国迎接姜阳生。姜阳生回到齐国，藏在田乞家中。田乞邀请众大夫说："我妻子今天备有祭祀用的酒食，希望大家能前来参加宴饮。"大夫们会集在田家饮酒。田乞把姜阳生装在口袋中，放在中间的座位上。他打开口袋，放出姜阳生，说："这就是齐国君主。"大夫们都跪地参拜。正要准备盟誓拥立姜阳生，田乞撒谎说："我和鲍牧一同商量策划拥立姜阳生。"鲍牧发怒说："大夫们忘记齐景公的命令了吗？"大夫们想反悔，姜阳生便对众大夫叩拜说："大家认为我可以，就立我为国君；认为我不可以，就算了。"鲍牧害怕灾祸降临到自己头上，便又说："都是齐景公的儿子，有什么不可以的！"于是众人在田乞的家中立姜阳生为国君，这就是齐悼公。于是派人把晏孺子迁往骀地，把他杀了。齐悼公即位后，田乞做了相国，独揽齐国的大权。

四年，田乞卒，子常代立，是为田成子。

◎**大意** 齐悼公四年，田乞去世，他的儿子田常继承了爵位，这就是田成子。

鲍牧与齐悼公有隙，弑悼公。齐人共立其子壬，是为简公。田常成子①与监止俱为左右相，相简公。田常心害监止，监止幸于简公，权弗能去。于是田常复修釐子之政，以大斗出贷，以小斗收。齐人歌之曰："妪乎采芑，归乎田成子！"齐大夫朝，御鞅谏简公曰："田、监不可并也，君其择焉。"君弗听。

◎**注释**　①〔成子〕田常的谥号。
◎**大意**　鲍牧与齐悼公不和，弑杀齐悼公。齐国人共同拥立齐悼公的儿子姜壬为国君，这就是齐简公。田常和监止分别任左右相国，辅佐齐简公。田常心中忌妒监止，因为监止得宠于齐简公，田常没有办法除去他的权力。于是田常重新使用田釐子的为政方法，用大斗借贷粮食给百姓，用小斗收回。齐国人歌颂说："老太太采了野菜，送给田成子！"齐国大夫上朝，御鞅劝谏齐简公说："田常、监止不可以同时重用，国君要做出选择。"齐简公不听。

　　子我者，监止之宗人也，常（尝）与田氏有郤。田氏疏族田豹事子我有宠。子我曰："吾欲尽灭田氏適（嫡），以豹代田氏宗。"豹曰："臣于田氏疏矣。"不听。已而豹谓田氏曰："子我将诛田氏，田氏弗先，祸及矣。"子我舍公宫，田常兄弟四人乘如公宫，欲杀子我。子我闭门。简公与妇人饮檀台①，将欲击田常。太史子馀曰："田常非敢为乱，将除害。"简公乃止。田常出，闻简公怒，恐诛，将出亡。田子行曰："需，事之贼也。"田常于是击子我。子我率其徒攻田氏，不胜，出亡。田氏之徒追杀子我及监止。

◎**注释**　①〔檀台〕齐国宫中的亭台。
◎**大意**　子我是监止的本族人，曾经与田氏有矛盾。田氏的远房族人田豹侍奉子我很得宠。子我说："我想把田氏的直系亲人全部消灭，由你来代替田氏的宗族。"田豹说："我在田氏宗族中是远房人了。"子我不听。随后田豹对田氏说："子我将要杀田氏家族，田氏家族不先发制人，灾祸就要降临了。"子我留宿国君宫中，田常兄弟四人乘车进入国君宫中，打算杀死子我。子我关上宫门。齐简公与妇人在檀台饮酒，想要派兵攻击田常。太史子馀说："田常不敢作乱，这是要除害。"齐简公才停止派兵。田常退出后，听说齐简公恼怒，害怕被杀，准备出国逃亡。田子行说："迟疑是办事的最大阻碍。"田常于是攻击子我。子我率领他的部下攻打田氏，未能获得胜利，逃了出去。田氏的部下追击杀了子我和监止。

简公出奔，田氏之徒追执简公于徐州①。简公曰："蚤（早）从御鞅之言，不及此难。"田氏之徒恐简公复立而诛己，遂杀简公。简公立四年而杀。于是田常立简公弟骜，是为平公。平公即位，田常为相。

◎注释　①〔徐州〕又作"舒州"，在今山东滕州南。
◎大意　齐简公也出逃，田氏的部下追到徐州捉住齐简公。齐简公说："我早听从御鞅的话，就不会遭受这样的灾难。"田氏的部下担心齐简公再当国君后诛杀自己，于是杀了齐简公。齐简公当了四年国君后被杀。于是田常扶立齐简公的弟弟姜骜为国君，这就是齐平公。齐平公即位后，田常任相国。

田常既杀简公，惧诸侯共诛己，乃尽归鲁、卫侵地，西约晋韩、魏、赵氏，南通吴、越之使，修功行赏，亲于百姓，以故齐复定。

◎大意　田常杀死齐简公之后，害怕诸侯联合讨伐诛杀自己，便把侵占的鲁国、卫国的土地全部归还，向西与晋国的韩氏、魏氏、赵氏联合，向南派出出使吴国、越国的使者，在国内论功行赏，与百姓亲近，齐国因此恢复安定。

田常言于齐平公曰："德施人之所欲，君其行之；刑罚人之所恶，臣请行之。"行之五年，齐国之政皆归田常。田常于是尽诛鲍、晏、监止及公族之强者，而割齐自安平①以东至琅邪②，自为封邑。封邑大于平公之所食。

◎注释　①〔安平〕在今山东淄博临淄东北。②〔琅邪〕亦作"琅琊""瑯琊"。今山东胶南西南。
◎大意　田常对齐平公说："人们所希望的仁德，国君您去施行；人们所憎恨的刑罚，请让我来执行。"这样施行了五年，齐国的政事都被田常掌控了。田常于是将鲍氏、晏氏、监止以及国君宗族中势力较强的人杀光，又分割出齐国从安平以东到琅琊之间的地方，作为自己的封地。封地比齐平公所享有的食邑还大。

田常乃选齐国中女子长七尺①以上为后宫，后宫以百数，而使宾客舍人②出入后宫者不禁。及田常卒，有七十余男。

◎**注释** ①〔七尺〕当时一尺大约为二十三点一厘米，七尺约为一米六二。②〔舍人〕左右的亲信或者是门客。
◎**大意** 田常又挑选齐国国内身高七尺以上的女子为田氏的姬妾，数量多达百人，而且宾客、侍从、属员出入后宫也不禁止。到田常去世时，已经生有七十多个男孩。

田常卒，子襄子盘代立，相齐。常谥为成子。

◎**大意** 田常去世，他的儿子襄子田盘继任齐国相国。田常的谥号为成子。

田襄子既相齐宣公，三晋杀知（智）伯①，分其地。襄子使其兄弟宗人尽为齐都邑大夫，与三晋通使，且以有齐国。

◎**注释** ①〔知伯〕即知瑶，又称荀瑶，晋国大贵族知氏家的首领。
◎**大意** 田襄子担任齐宣公的相国后，晋国的三卿韩氏、赵氏、魏氏杀了知伯，瓜分了他的领地。田襄子让他的兄弟和同族人都担任齐国都会城邑的大夫，与晋国的韩氏、赵氏、魏氏互通使节，以此来为夺取齐国做准备。

襄子卒，子庄子白立。田庄子相齐宣公。宣公四十三年，伐晋，毁黄城①，围阳狐②。明年，伐鲁③、葛④及安陵⑤。明年，取鲁之一城。

◎**注释** ①〔黄城〕在今山东冠县南。②〔阳狐〕在今河北大名东北。③〔鲁〕即鲁城，在今河南许昌南。④〔葛〕在今河南长葛。⑤〔安陵〕在今河南鄢陵西北。
◎**大意** 田襄子死后，他的儿子庄子田白担任相国。田庄子继续辅佐齐宣公。齐宣公四十三年，出兵攻打晋国，毁坏了黄城，围攻阳狐。第二年，齐国军队进攻鲁地、葛地和安陵。第三年，齐国军队攻占了鲁国的一座城。

庄子卒，子太公和立。田太公相齐宣公。宣公四十八年，取鲁之郕①。明年，宣公与郑人②会西城。伐卫，取毌丘③。宣公五十一年卒，田会自廪丘④反。

◎**注释** ①〔郕（chéng）〕在今山东宁阳东北。②〔郑人〕即郑国君主郑缙公。③〔毌（guàn）丘〕在今山东曹县西南。④〔廪丘〕在今山东鄄城东北。
◎**大意** 田庄子死后，他的儿子太公田和担任相国。田太公继续辅佐齐宣公。齐宣公四十八年，攻取了鲁国的郕城。第二年，齐宣公与郑国人在西城会见。齐国攻打卫国，夺取了毌丘城。齐宣公五十一年，齐宣公去世，田会在廪丘造反。

宣公卒，子康公贷立。贷立十四年，淫于酒、妇人，不听政。太公乃迁康公于海上，食一城，以奉其先祀。明年，鲁败齐平陆①。

◎**注释** ①〔平陆〕在今山东汶上。
◎**大意** 齐宣公死后，他的儿子齐康公姜贷继任国君。姜贷继位后十四年，沉湎于酒色，不理国政。田太公便把齐康公迁到海边，给他一座城作为食邑，以供奉、祭祀他的祖先。第二年，鲁国在平陆打败齐军。

三年，太公与魏文侯会浊泽①，求为诸侯。魏文侯乃使使言周天子及诸侯，请立齐相田和为诸侯。周天子许之。康公之十九年，田和立为齐侯，列于周室，纪元年。

◎**注释** ①〔浊泽〕湖泊名，或说在今山西运城解州西，或说在今河南长葛西北。
◎**大意** 三年之后，田太公与魏文侯在浊泽会盟，请求成为诸侯。魏文侯便派使者告诉周天子和各诸侯国，请求立齐国的相国田和为诸侯。周天子准许了这件事。齐康公十九年，田和被立为齐侯，列名于周王室，开始纪年。

齐侯太公和立二年，和卒，子桓公午立。桓公午五年，秦、魏攻韩，韩求救于齐。齐桓公召大臣而谋曰："蚤（早）救之孰与晚救之？"邹忌曰："不若勿救。"段干朋曰："不救，则韩且折而入于魏，不若救之。"田臣思①曰："过矣君之谋也！秦、魏攻韩，楚、赵必救之，是天以燕予齐也。"桓公曰："善"。乃阴告韩使者而遣之。韩自以为得齐之救，因与秦、魏战。楚、赵闻之，果起兵而救之。齐因起兵袭燕国，取桑丘②。

◎**注释** ①〔田臣思〕即田忌，齐国名将。②〔桑丘〕在今河北徐水西南。
◎**大意** 齐侯太公田和即位两年后去世，他的儿子齐桓公田午继位。齐桓公田午五年，秦国、魏国进攻韩国，韩国向齐国求援。齐桓公召集大臣商议说："早救好还是晚救好？"邹忌说："不如不救。"段干朋说："不救，那么韩国将会失败而归属魏国，不如救它。"田忌说："你们几位的计谋错了！秦国、魏国攻打韩国，楚国、赵国必定会救援它，这是上天把燕国送给齐国。"齐桓公说："好。"于是假装告诉韩国使者会出兵救援，打发使者回国。韩国自以为能够等到齐国的援救，因而与秦国、魏国交战。楚国、赵国听到消息，果然起兵援救韩国。齐国乘机起兵袭击燕国，攻占了桑丘。

六年，救卫。桓公卒，子威王因齐立。是岁，故齐康公卒，绝无后，奉邑皆入田氏。

◎**大意**　齐桓公六年，齐国出兵援救卫国。齐桓公去世，他的儿子齐威王田因齐继位。这一年，原来的齐康公去世，因为子孙断绝没后代，所以食邑之地都归入田氏。

齐威王元年，三晋①因齐丧来伐我灵丘②。三年，三晋灭晋后而分其地。六年，鲁伐我，入阳关③。晋④伐我，至博陵⑤。七年，卫伐我，取薛陵⑥。九年，赵伐我，取甄（鄄）⑦。

◎**注释**　①〔三晋〕指韩、赵、魏。②〔灵丘〕在今山东高唐南。③〔阳关〕在今山东泰安东南。④〔晋〕指魏国。⑤〔博陵〕在今山东聊城。⑥〔薛陵〕在今山东阳谷东北。⑦〔甄（juàn）〕在今山东鄄城西北。

◎**大意**　齐威王元年，韩、赵、魏趁着齐国有丧事进攻灵丘。齐威王三年，韩、赵、魏灭掉宗主国晋国后瓜分了它的领地。齐威王六年，鲁国出兵攻打齐国，进入阳关。魏国进攻齐国，到了博陵。齐威王七年，卫国出兵攻打齐国，夺取了薛陵。齐威王九年，赵国进攻齐国，攻取了鄄城。

威王初即位以来，不治，委政卿大夫，九年之间，诸侯并伐，国人不治。于是威王召即墨①大夫而语之曰："自子之居即墨也，毁言日至。然吾使人视即墨，田野辟，民人给，官无留事，东方以宁。是子不事吾左右以求誉也。"封之万家。召阿②大夫语曰："自子之守阿，誉言日闻。然使使视阿，田野不辟，民贫苦。昔日赵攻甄（鄄），子弗能救。卫取薛陵，子弗知。是子以币厚吾左右以求誉也。"是日，烹阿大夫，及左右尝誉者皆并烹之。遂起兵西击赵、卫，败魏于浊泽而围惠王。惠王请献观③以和解，赵人归我长城④。于是齐国震惧，人人不敢饰非，务尽其诚。齐国大治。诸侯闻之，莫敢致兵于齐二十余年。

◎**注释** ①〔即墨〕在今山东平度东南。②〔阿〕在今山东阳谷东北，齐国的五个都城之一。③〔观〕在今河南范县西。④〔长城〕齐国的长城，西边起自平阴北，东边经过泰山北麓，直到黄岛琅琊台海边。这里是指被赵国占据的西段长城。

◎**大意** 齐威王自从即位以来，不治理国事，一切政事交由卿大夫处理，九年之中，诸侯一并来攻伐，齐国人不太平。于是齐威王召来即墨大夫对他说："自从你治理即墨，每天都有诽谤你的话传来。但是我派人视察即墨，却发现那里的田野都被开垦，百姓富足，公务没有积压，东方因此安宁。这是因为你没有贿赂我身边的人来求取名誉。"于是封给他一万户食邑。召来阿大夫对他说："自从你治理阿以来，天天能听到赞誉你的话。但是我派人视察阿，田野没有被开垦，百姓生活贫苦。过去赵国进攻鄄城，你没有去救援。卫国攻占薛陵时，你不知道。这是因为你拿钱财贿赂我身边的人来求取名誉。"这一天，就将阿大夫以及那些曾经赞美他的人都烹煮而死。于是齐国起兵向西攻击赵国、卫国，在浊泽打败魏军而包围魏惠王。魏惠王请求献出观城以求和解，赵国归还齐国的长城。于是齐国上下人人震惊，都不敢掩饰过错，一心一意竭尽忠诚。齐国由此大治。诸侯听说以后，有二十多年不敢出兵进犯齐国。

邹忌子以鼓琴见威王，威王说（悦）而舍之右室。须臾，王鼓琴，邹忌子推户入曰："善哉鼓琴！"王勃然不说（悦），去琴按剑曰："夫子见容未察，何以知其善也？"邹忌子曰："夫大弦浊以春温者，君也；小弦廉折以清者，相也；攫之深，醳（释）之愉者，政令也；钩谐以鸣，大小相益，回邪而不相害者，四时也：吾是以知其善也。"王曰："善语音。"邹忌子曰："何独语音，夫治国家而弭人民皆在其中。"王又勃然不说（悦）曰："若夫语五音①之纪，信未有如夫子者也。若夫治国家而弭人民，又何为乎丝桐之间？"邹忌子曰："夫大弦浊以春温者，君也；小弦廉折以清者，相也；攫之深而舍之愉者，政令也；钧谐以鸣，大小相益，回邪而不相害者，四时也。夫复而不乱者，所以治昌也；连而径者，所以存亡也：故曰琴音调而天下治。夫治国家而弭人民者，无若乎五音者。"王曰："善。"

◎**注释** ①〔五音〕即古代的宫、商、角、徵、羽五个音阶。

◎**大意** 邹忌子凭借善于弹琴见到齐威王，齐威王很高兴，然后让他住在宫内右侧室。一会儿，齐威王弹起琴来，邹忌子推开门进来说："琴弹得真好！"齐威王一下子变脸不高兴了，离开琴握住剑说："先生只见到了我弹琴的表面动作，还没有仔细听琴声，怎么知道弹得好呢？"邹忌子说："那大弦音调浑厚而温和的，是象征国君；小弦音调曲折而清脆的，是象征国相；手勾弦时紧促，放开时舒缓，是象征政令；琴声和谐而响，大小配合得好，不正之音不相干扰，是象征四季：我由此知道琴弹得好。"齐威王说："你善于谈论音乐。"邹忌子说："哪里只是善于谈论音乐，治理国家而安抚百姓的道理都在其中。"齐威王又一下子变脸不高兴地说："若是谈论五音的调理，确实没有能比得上先生的。若是治理国家而安抚百姓，与音乐又有什么关系呢？"邹忌子说："那大弦音调浑厚而温和的，是象征国君；小弦音调曲折而清脆的，是象征国相；手勾弦时紧促而放开时舒缓，是象征政令；琴声和谐而响，大小配合得好，不正之音不相干扰，是象征四季。声音反复演奏而不乱的，是由于政治昌明；音节紧凑流畅的，是由于救济危亡：所以说琴音调和而天下大治。那些治理国家而安抚百姓的道理，都在音乐中能够体现啊。"齐威王说："说得好。"

邹忌子见三月而受相印。淳于髡见之曰："善说哉！髡有愚志①，愿陈诸前。"邹忌子曰："谨受教。"淳于髡曰："得全全昌，失全全亡。"邹忌子曰："谨受令，请谨毋离前。"淳于髡曰："狶膏棘轴②，所以为滑也，然而不能运方穿。"邹忌子曰："谨受令，请谨事左右。"

淳于髡曰："弓胶昔干，所以为合也，然而不能傅合疏罅③。"邹忌子曰："谨受令，请谨自附于万民。"淳于髡曰："狐裘虽敝，不可补以黄狗之皮。"邹忌子曰："谨受令，请谨择君子，毋杂小人其间。"淳于髡曰："大车不较（校），不能载其常任；琴瑟不较（校），不能成其五音。"邹忌子曰："谨受令，请谨修法律而督奸吏。"淳于髡说毕，趋④出，至门，而面其仆曰："是人者，吾语之微言五，其应我若响之应声，是人必封不久矣。"居期年，封以下邳⑤，号曰成侯。

◎ **注释**　①〔愚志〕谦称自己的想法。②〔豨（xī）膏棘轴〕用猪油润滑车轴。豨，猪。棘轴，枣木做的车轴。③〔傅合疏罅（xià）〕傅合，弥合。疏罅，缝隙。④〔趋〕小步快走，古代的一种礼节，表示恭敬。⑤〔下邳〕在今江苏邳州西南。

◎ **大意**　邹忌子见到齐威王三个月就佩上相印。淳于髡见邹忌子说："真会说话呀！我有些不成熟的想法，希望跟您说说。"邹忌子说："愿闻其详。"淳于髡说："侍奉国君周全而身名俱昌，侍奉国君不周全而身名全亡。"邹忌子说："谨遵指教，我愿铭记在心间。"淳于髡说："将猪油涂在枣木车轴上，是为了润滑，然而车轴穿入方孔就是涂上油也不能运转。"邹忌子说："谨遵教诲，我会谨慎地侍奉在国君的身边。"淳于髡说："用胶粘旧的弓干，是为了黏合，然而不能完全地弥合缝隙。"邹忌子说："谨遵教诲，我将会亲附万民。"淳于髡说："狐皮大衣即使破了，也不能用黄狗皮缝补。"邹忌子说："敬受指教，我愿谨慎小心地选择君子，不让小人混杂在里面。"淳于髡说："大车不检查校正，就不能载负正常的重量；琴瑟不调弦，就不能奏出和谐的音乐。"邹忌子说："敬受指教，我将慎重地制定法律而督察奸猾的官吏。"淳于髡说完，快步走出，走到门口，面对着他的仆人说："这个人，我说了五句隐语，他回答我就像回声一样快，这人不久之后就会受到封赏。"过了一年，齐威王把下邳封给邹忌子，封号成侯。

　　威王二十三年，与赵王会平陆。二十四年，与魏王会田于郊。魏王问曰："王亦有宝乎？"威王曰："无有。"梁王曰："若寡人国小也，尚有径寸之珠照车前后各十二乘①者十枚，奈何以万乘之国②而无宝乎？"威王曰："寡人之所以为宝与王异。吾臣有檀子者，使守南城③，则楚人不敢为寇东取，泗上十二诸侯④皆来朝。吾臣有盼子者，使守高唐⑤，则赵人不敢东渔于河。吾吏有黔夫者，使守徐州，则燕人祭北门，赵人祭西门，徙而从者七千余家。吾臣有种首者，使备盗贼，则道不拾遗。将以照千里，岂特十二乘哉！"梁惠王⑥惭，不怿而去。

◎**注释** ①〔乘〕四马一车为一乘。②〔万乘之国〕拥有万辆战车的国家。春秋时只有周王朝能以此来称呼，大的诸侯称为"千乘之国"。战国时期，诸侯势力扩大，常称自己或别的诸侯国为"万乘之国"。③〔南城〕在今山东费县西南。④〔泗上十二诸侯〕指泗水边上的邾、莒、宋、鲁等较小的诸侯国。泗水源于今山东泗水东，西流经曲阜，南折入江苏，汇入淮水。⑤〔高唐〕在今山东高唐东北。⑥〔梁惠王〕即魏惠王。

◎**大意** 齐威王二十三年，与赵王在平陆会见。齐威王二十四年，与魏惠王在郊外会合打猎。魏惠王问道："大王也有宝物吗？"齐威王说："没有。"魏惠王说："像我国这样的小国，还有十颗直径一寸能照耀前后各十二辆车的宝珠，为什么您这样的万乘之国却什么宝物也没有呢？"齐威王说："我眼中的宝物与大王眼中的不同，我有个叫檀子的臣子，派去守南城，楚国人就不敢向东进犯夺取土地，泗水一带的十二诸侯都来朝拜。我有个叫盼子的臣子，派去守高唐，赵国人就不敢向东到黄河打鱼。我有个叫黔夫的官吏，派去守徐州，而燕国人在北门祭祀，赵国人在西门祭祀，祈祷齐国不要出兵攻打他们，迁移而随从的有七千多家。我有个叫种首的臣子，派他防备盗贼，就治安稳定，路不拾遗。这些人可以光照千里，岂止是十二辆车呀！"魏惠王羞愧，扫兴而去。

二十六年，魏惠王围邯郸①，赵求救于齐。齐威王召大臣而谋曰：

"救赵孰与勿救？"邹忌子曰："不如勿救。"段干朋曰："不救则不义，且不利。"威王曰："何也？"对曰："夫魏氏并邯郸，其于齐何利哉？且夫救赵而军其郊，是赵不伐而魏全也。故不如南攻襄陵②以弊魏，邯郸拔而乘魏之弊。"威王从其计。

◎**注释** ①〔邯郸〕赵国都城，即今河北邯郸。②〔襄陵〕魏县名，在今河南睢县。
◎**大意** 齐威王二十六年，魏惠王出兵围攻邯郸，赵国向齐国求救。齐威王召集大臣商议说："救赵国好还是不救好？"邹忌子说："不如不救。"段干朋说："不救就是不义，而且不利。"齐威王说："为什么呢？"段干朋回答："魏国并吞邯郸，对我们齐国有什么好处呢？如果援救赵国，在赵国的交通要塞驻军，这样赵国就不会被进攻，而魏国的兵力也能保全。（但这样我们齐国也得不到任何好处。）所以不如向南进攻魏国的襄陵以削弱魏国，这样即使邯郸被攻占，我们也可以趁魏军疲惫之时发起攻击。"齐威王听从了他的计策。

其后成侯邹忌与田忌不善，公孙阅谓成侯忌曰："公何不谋伐魏，田忌必将。战胜有功，则公之谋中也；战不胜，非前死则后北，而命在公矣。"于是成侯言威王，使田忌南攻襄陵。十月，邯郸拔，齐因起兵击魏，大败之桂陵①。于是齐最强于诸侯，自称为王，以令天下。

◎**注释** ①〔桂陵〕在今河南长垣西北。
◎**大意** 后来，成侯邹忌子与田忌不和，公孙阅对邹忌子说："您为什么不谋划进攻魏国，那样田忌一定任将军。战胜有功，那是您的计谋成功了；作战失败，田忌不是上前战死就是向后败逃，他的命运就在您的手中了。"于是邹忌子向齐威王建议出兵，派田忌向南进攻襄陵。这年十月，邯郸被魏国攻占，齐国乘机起兵攻打魏国，在桂陵把魏军打得大败。于是齐国成为诸侯国中最强大的一个，自称为王，从而号令天下。

三十三年，杀其大夫牟辛。

◎**大意**　齐威王三十三年，杀了他的大夫牟辛。

三十五年，公孙阅又谓成侯忌曰："公何不令人操十金①卜于市，曰'我田忌之人也。吾三战而三胜，声威天下。欲为大事，亦吉乎不吉乎？'"卜者出，因令人捕为之卜者，验其辞于王之所。田忌闻之，因率其徒袭攻临淄，求成侯，不胜而奔。

◎**注释**　①〔金〕一金指黄金一镒，相当于二十四两或二十两。
◎**大意**　齐威王三十五年，公孙阅又对成侯邹忌子说："您为何不花费重金请人占卜，说'我是田忌的人。我们三战三胜，名声威震天下。准备做大事，吉利呢，还是不吉利呢？'"问卜的人出去后，就派人逮捕为他占卜的人，在齐王那里审问占卜之辞。田忌听到这一消息，就率领他的部下袭击临淄，搜捕邹忌子，没有取胜，自己逃跑了。

三十六年，威王卒，子宣王辟彊立。

◎**大意**　齐威王三十六年，齐威王去世，他的儿子齐宣王田辟彊继位。

宣王元年，秦用商鞅。周致伯（霸）于秦孝公。

◎**大意**　齐宣王元年，秦国任用商鞅。周天子授予秦孝公诸侯霸主的称号。

二年，魏伐赵。赵与韩亲，共击魏。赵不利，战于南梁①。宣王召田忌复故位。韩氏请救于齐。宣王召大臣而谋曰："蚤（早）救孰与晚救？"邹忌子曰："不如勿救。"田忌曰："弗救，则韩且折而入于魏，不如蚤（早）救之。"孙子②曰："夫韩、魏之兵未弊而救之，是吾代韩受魏之兵，顾反听命于韩也。且魏有破国之志，韩见亡，必东面而诉③于齐矣。吾因深结韩之亲而晚承魏之弊，则可重利而得尊名也。"宣王曰："善。"乃阴告韩之使者而遣之。韩因恃齐，五战不胜，而东委国于齐。齐因起兵，使田忌、田婴④将，孙子为师，救韩、赵以击魏，大败之马陵⑤，杀其将庞涓，虏魏太子申。其后三晋之王皆因田婴朝齐王于博望⑥，盟而去。

◎**注释** ①〔南梁〕在今河南临汝西。②〔孙子〕即孙膑。③〔诉〕求告。④〔田婴〕齐国贵族，战国四公子之一孟尝君的父亲。⑤〔马陵〕或说在今河北大名，或说在今河南范县西南，或说在今山东郯城。⑥〔博望〕在今山东茌平西北。

◎**大意** 齐宣王二年，魏国出兵攻打赵国。赵国与韩国亲近，一同攻击魏国。赵国形势不利，双方在南梁交战。齐宣王召回田忌，恢复他原来的职位。韩国向齐国求救。齐宣王召集大臣商议说："是早救好，还是迟救好？"邹忌子说："不如不救。"田忌说："如果不救，韩国失败后就会归属魏国，不如早早出兵救援。"孙膑说："韩国、魏国的军队还没有疲惫就去救援，这是我们的军队代替韩国受魏国军队的攻击，反而还要听从韩国的命令了。况且魏国有攻破韩国的意图，韩国出现亡国危机，必然会向齐国求救。我们就趁机与韩国缔结友好的关系，还可以在魏国疲惫之时发起攻击，那么既可以得到厚利又能获得名声。"齐宣王说："好。"就暗中答应韩国使者会派兵救援，然后遣他回去。韩国因为齐国答应救援，五次出兵交战都失败，因而向东投靠齐国。齐国趁势起兵，派田忌、田婴为将军，孙膑为军师，援救韩国、赵国而攻击魏国，在马陵大败魏军，杀了魏国将军庞涓，俘虏了魏国太子申。这以后韩、赵、魏三国君主都通过田婴在博望朝拜齐王，盟誓后离去。

七年，与魏王会平阿^①南。明年，复会甄（鄄）。魏惠王卒。明年，与魏襄王会徐州，诸侯相王也。十年，楚围我徐州。十一年，与魏伐赵，赵决河水灌齐、魏，兵罢。十八年，秦惠王称王。

◎**注释** ①〔平阿〕在今安徽怀远西南。
◎**大意** 齐宣王七年，与魏惠王在平阿南会盟。第二年，又在鄄会盟。这一年，魏惠王去世。第二年，与魏襄王在徐州会见，诸侯互相称王。齐宣王十年，楚国围攻齐国的徐州。齐宣王十一年，齐国和魏国一起进攻赵国，赵国掘开黄河水淹灌齐军、魏军，两国退兵。齐宣王十八年，秦惠王称王。

宣王喜文学游说之士，自如邹衍^①、淳于髡、田骈、接予、慎到、环渊之徒七十六人，皆赐列第，为上大夫，不治而议论。是以齐稷下^②学士复盛，且数百千人。

◎**注释** ①〔邹衍〕战国时阴阳学派的代表人物。②〔稷下〕稷是齐国都城临淄一处城门的名称，稷下即稷门附近。齐宣王时在这里建有学宫。
◎**大意** 齐宣王喜欢文学游说的人，像邹衍、淳于髡、田骈、接予、慎到、环渊之流七十六人，都赏赐宅第，封为上大夫，不处理政务而专门讲学。因而齐国的稷下学士又多了起来，将近数百甚至上千人。

十九年，宣王卒，子湣王地立。

◎**大意** 齐宣王十九年，齐宣王去世，他的儿子齐湣王田地继位。

湣王元年，秦使张仪与诸侯执政会于啮桑^①。三年，封田婴于薛^②。四年，迎妇于秦。七年，与宋攻魏，败之观泽^③。

◎**注释** ①〔啮（niè）桑〕在今江苏沛县西南。②〔薛〕在今山东滕州东。③〔观泽〕在今河南清丰。

◎**大意** 齐湣王元年，秦国派张仪与诸侯国的执政大臣在啮桑相会。齐湣王三年，把薛地封给田婴。齐湣王四年，迎娶秦国的女子。齐湣王七年，齐国与宋国进攻魏国，在观泽打败魏军。

十二年，攻魏。楚围雍氏①，秦败屈匄。苏代谓田轸②曰："臣愿有谒于公，其为事甚完，使楚利公，成为福，不成亦为福。今者臣立于门，客有言曰魏王谓韩冯③、张仪曰：'煮枣④将拔，齐兵又进，子来救寡人则可矣；不救寡人，寡人弗能拔。'此特转辞也。秦、韩之兵毋东，旬余，则魏氏转韩从秦，秦逐张仪，交臂而事齐楚，此公之事成也。"田轸曰："奈何使无东？"对曰："韩冯之救魏之辞，必不谓韩王曰'冯以为魏'，必曰'冯将以秦韩之兵东却齐宋，冯因抟⑤三国之兵，乘屈匄之弊，南割于楚，故地必尽得之矣'。张仪救魏之辞，必不谓秦王曰'仪以为魏'，必曰'仪且以秦韩之兵东距齐宋，仪将抟三国之兵，乘屈匄之弊，南割于楚，名存亡国，实伐三川⑥而归，此王业也'。公令楚王与韩氏地，使秦制和⑦，谓秦王曰'请与韩地，而王以施三川，韩氏之兵不用而得地于楚'。韩冯之东兵之辞且谓秦何？曰'秦兵不用而得三川，伐楚韩以窘魏，魏氏不敢东，是孤齐也'。张仪之东兵之辞且谓何？曰'秦韩欲地而兵有案，声威发于魏，魏氏之欲不失齐楚者有资矣'。魏氏转秦韩争事齐楚，楚王欲而无与地，公令秦韩之兵不用而得地，有一大德也。秦韩之王劫于韩冯、张仪而东兵以徇服魏，公常执左券⑧以责于秦、韩，此其善于公而恶张子多资矣。"

◎**注释** ①〔雍氏〕韩县名，在今河南禹州东北。②〔田轸〕即陈轸。③〔韩冯〕韩国的相国。④〔煮枣〕魏县名，在今山东菏泽西南。⑤〔抟〕集聚。⑥〔三川〕指今河南洛阳及洛阳西南一带，当时属于韩国、东西周。⑦〔制和〕主持楚国与韩国的和谈。⑧〔左券〕债主所持的契约。

◎ **大意**　齐湣王十二年，齐国出兵攻打魏国。楚国包围韩国的雍氏，秦国打败了楚国将军屈匄。苏代对楚国臣子田轸说："我有事拜见您，有个十分完美的计划跟您说，让楚国对您有利，成功了是福，不成功也是福。如今我在门口站着，有位门客告诉我，魏昭王对韩冯、张仪说：'魏国的煮枣就要失陷，齐军还在继续进兵，你们来救我就可以坚持；如果不来救我，我无力抵挡齐军攻取煮枣了。'这只是委婉的说法。秦国、韩国的军队如果不向东援救魏国，十几天后，魏国就会转变附从秦国、韩国的立场。秦国就会驱逐张仪，诸侯都将拱手侍奉齐国和楚国，这是您的事成功了。"田轸说："怎么样才能让秦、韩不救援魏国呢？"苏代回答："韩冯援救魏国，必定不会对韩王说'我是为了魏国'，必定说'我将要用秦国、韩国的军队打退东面的齐国、宋国，我因此联合三国的兵力，利用楚将屈匄的失败，往南割取楚国的土地，失去的旧地一定能全部夺回来。'张仪援救魏国，必定不会对秦王说'我是为了魏国'，必定会说'我将用秦国、韩国的军队向东抵抗齐国、宋国，我将要联合三国的军队，趁着屈匄失败的时机，向南割取楚国的土地，名义上是救危亡的魏国，实际上在韩国的三川地区炫耀功德，这是为王者的大事'。您让楚王给韩国土地，让秦国支持和约，对秦王说'楚国愿意割给韩国土地，而大王您可在三川施恩，韩国不用兵就从楚国得到土地'。韩冯拒绝救魏的话将对秦王怎么讲？说'秦国不出兵就得到韩国的拥戴，炫耀与楚国、韩国的关系而让魏国受到困迫，魏国不敢向齐国靠拢，这样就孤立了齐国'。张仪拒绝救魏国怎么说呢？说'秦国、韩国想得到土地，不费力就可以得到了，声威震慑魏国，魏国那些不想失掉齐国、楚国支援的人就有借口了'。如果魏国转变对秦国、韩国的态度而争相侍奉齐国、楚国，这是楚国的愿望而且也不用把土地割让给韩国了，您让秦国、韩国不用兵就得到土地，是对两国有大的恩德。如果秦王、韩王被韩冯、张仪强行要求而向东派兵救魏，您就稳操胜券而责问秦国、韩国，这是对您有利，而对张仪有许多不利的事情。"

十三年，秦惠王卒。二十三年，与秦击败楚于重丘①。二十四年，秦使泾阳君②质于齐。二十五年，归泾阳君于秦。孟尝君薛文③入秦，即相秦。文亡去。二十六年，齐与韩魏共攻秦，至函谷④军焉。二十八年，秦与韩河外以和，兵罢。二十九年，赵杀其主父⑤。齐佐赵灭中山⑥。

◎ **注释** ①〔重丘〕在今河南泌阳东北。②〔泾阳君〕秦惠王的儿子。③〔孟尝君薛文〕即孟尝君田文，战国四公子之一。因封地在薛，故又称"薛文"。④〔函谷〕即函谷关，在今河南灵宝东北。⑤〔主父〕即赵武灵王，传位于儿子赵何，自称主父。后因掩护发动叛乱的长子赵章，被赵国诸臣围困饿死。⑥〔中山〕鲜虞人建立的小国，在今河北灵寿西北。

◎ **大意** 齐湣王十三年，秦惠王去世。齐湣王二十三年，齐国和秦国联合在重丘击败了楚国。齐湣王二十四年，秦国派泾阳君到齐国做人质。齐湣王二十五年，齐国将泾阳君送回秦国。孟尝君薛文到秦国，立马就做了秦国相国。不久，薛文逃离秦国。齐湣王二十六年，齐国与韩国、魏国共同进攻秦国，到函谷关驻军。齐湣王二十八年，秦国以把河外交给韩国作为条件讲和，齐、韩、魏联军撤离。齐湣王二十九年，赵国人杀了赵武灵王。齐国帮助赵国灭掉了中山国。

三十六年，王为东帝①，秦昭王为西帝。苏代自燕来，入齐，见于章华东门。齐王曰："嘻，善，子来！秦使魏冉致帝，子以为何如？"对曰："王之问臣也卒（猝），而患之所从来微，愿王受之而勿备称也。秦称之，天下安之，王乃称之，无后也。且让争帝名，无伤也。秦称之，天下恶之，王因勿称，以收天下，此大资也。且天下立两帝，王以天下为尊齐乎？尊秦乎？"王曰："尊秦。"曰："释帝，天下爱齐乎？爱秦乎？"王曰："爱齐而憎秦。"曰："两帝立约伐赵，孰与伐桀宋②之利？"王曰："伐桀宋利。"对曰："夫约钧（均），然与秦为帝而天下独尊秦而轻齐，释帝则天下爱齐而憎秦，伐赵不如伐桀宋之利，故愿王明释帝以收天下，倍（背）约宾（摈）秦，无争重，而王以其间举宋。夫有宋，卫之阳③地危；有济西④，赵之阿⑤东国危；有淮北，楚之东国危；有陶⑥、平陆，梁门⑦不开。释帝而贷（代）之以伐桀宋之事，国重而名尊，燕楚所以形服，天下莫敢不听，此汤武之举也。敬秦以为名，而后使天下憎之，此所谓以卑为尊者也。愿王孰（熟）虑之。"于是齐去帝复为王，秦亦去帝位。

◎**注释** ①〔帝〕春秋时期，只有周天子才称"王"，诸侯只能称"公""侯"。战国时期，周天子地位下降，诸侯一律称"王"。战国后期，秦、齐两国不满足于称王，改称"帝"。②〔桀宋〕指宋国的君主宋王偃，因暴虐好淫，故将其比喻为夏朝暴君桀，称为"桀宋"。③〔阳〕在今河南濮阳。④〔济西〕济水以西，在今山东茌平、高唐一带。⑤〔阿〕齐国的城邑名，在今山东阳谷东北。⑥〔陶〕在今山东定陶西北。⑦〔梁门〕魏国都城大梁的城门。

◎**大意** 齐湣王三十六年，齐湣王自称东帝，秦昭王自称西帝。苏代从燕国来，到齐国，在章华东门受到召见。齐湣王说："嘿，太好了，你过来！秦国派魏冉尊我为东帝，先生认为怎么样？"苏代回答："大王的问题太突然了，但祸患总是在不经意间到来。希望大王先接受帝号，但不要马上称帝。秦王称帝，天下人认可它，大王再称帝，也不算晚。况且您不争称帝名，是没有损害的。秦王称帝，天下人憎恨它，大王就不要称帝，以此获得天下人心，这是最大的收获。况且天下并立两帝，大王认为天下人是尊重齐国呢，还是尊重秦国？"齐湣王说："尊重秦国。"苏代说："放弃帝号，天下人是喜欢齐国呢，还是喜欢秦国呢？"齐湣王说："喜欢齐国而憎恨秦国。"苏代说："齐国、秦国订立盟约讨伐赵国，与讨伐宋国的暴君相比，哪个有利呢？"齐湣王说："讨伐宋国的暴君有利。"苏代说："那个称帝的盟约看起来是均等的，但是与秦王一起称帝而天下人只尊重秦国而轻视齐国，放弃帝号则天下人喜欢齐国而憎恨秦国，攻打赵国不如讨伐宋国暴君有利，所以希望大王公开放弃帝号用来取得天下人心，背弃与秦国的称帝之约而抗拒秦国，不要争名号的轻重，然后大王抓住时机攻占宋国。占有宋国，卫国的阳地就危险了；占有济西，赵国的阿以东地区就危险了；占有淮北，楚国的东部就危险了；占有陶、平陆，魏国都城大梁的城门就不敢打开了。放弃称帝转而讨伐宋国暴君这件事，会让国家地位提高而名声更加尊贵，燕国和楚国因迫于形势归服，天下诸侯没有敢不听号令的，这是商汤王和周武王顺天应民之举。以敬重秦国为名，然后让天下人憎恨它，这就是所谓的以卑为尊的方法。希望大王慎重地考虑这件事。"于是齐湣王取消帝号而恢复称王，秦昭王也取消了帝号。

三十八年，伐宋。秦昭王怒曰："吾爱宋与爱新城①、阳晋②同。韩聂③与吾友也，而攻吾所爱，何也？"苏代为齐谓秦王曰："韩聂之攻宋，所以为王也。齐强，辅之以宋，楚魏必恐，恐必西事秦，是王不烦一兵，不伤一士，无事而割安邑④也，此韩聂之所祷于王也。"秦王曰："吾患齐之难知。一从一衡，其说何也？"对曰："天下国令齐可知乎？齐以攻宋，其知事秦以万乘之国自辅，不西事秦则宋治不安。中国白头游敖（遨）之士皆积智欲离齐秦之交，伏式（轼）结轶西驰者，未有一人言善齐者也，伏式（轼）结轶东驰者，未有一人言善秦者也。何则？皆不欲齐秦之合也。何晋⑤楚之智而齐秦之愚也！晋楚合必议齐秦，齐秦合必图晋楚，请以此决事。"秦王曰："诺。"于是齐遂伐宋，宋王出亡，死于温⑥。齐南割楚之淮北，西侵三晋，欲以并周室，为天子。泗上诸侯邹鲁⑦之君皆称臣，诸侯恐惧。

◎**注释** ①〔新城〕韩国城邑名，在今河南伊川西南。②〔阳晋〕在今山西永济虞乡西南。③〔韩聂〕齐国的相国。④〔安邑〕魏国旧都，在今山西夏县西北。⑤〔晋〕指韩、赵、魏三国。⑥〔温〕在今河南温县西南。⑦〔邹鲁〕邹国和鲁国。邹国的国都在今山东邹城南，鲁国的国都在今山东曲阜。

◎**大意** 齐湣王三十八年，齐国出兵攻打宋国。秦昭王大怒道："我爱护宋国和爱护新城、阳晋一样。齐相韩聂和我是好友，却进攻我喜欢的地方，为什么？"

苏代替齐国向秦王解释说："韩聂进攻宋国，是为了大王您啊。齐国强大，再加上宋国，楚国和魏国一定会害怕，害怕了就一定会侍奉秦国，这样您就可以不费一兵一卒，不用出战就割占魏国的安邑，这就是韩聂要为大王祈求的。"秦王说："我担心齐国让人捉摸不透。一会儿搞合纵一会儿搞连横，这怎么解释呢？"苏代回答："天下诸侯国的情况就能让齐国知道吗？齐国攻占宋国，它知道侍奉秦国以使万乘之国辅助自己，不向西侍奉秦国宋地就不得安定。中原各国白了头的游说之士都费尽心机要离间齐国、秦国的联盟，不断乘车西行入秦的人没有一个说齐国的好话，不断乘车向东入齐的人没有一个说秦国的好话。为什么？都是不想让齐国、秦国联合。为什么韩、赵、魏三国和楚国那么聪明而齐国和秦国那么愚蠢！韩、赵、魏三国和楚国联合，必定商议对付齐国、秦国；齐国、秦国联合，必定谋划进攻韩、赵、魏三国和楚国。请大王按这个原则处理事情。"秦王说："好。"于是齐国便进攻宋国，宋王出逃，死在温地。齐国向南攻占了楚国淮水以北的土地，向西侵入韩、赵、魏三国，打算吞并周王室，称作天子。泗水一带的邹国、鲁国等国君都向齐国称臣，诸侯国都惶恐不安。

三十九年，秦来伐，拔我列城九。

◎**大意**　齐湣王三十九年，秦国出兵攻打齐国，攻占了齐国的九座城邑。

四十年，燕、秦、楚、三晋合谋，各出锐师以伐，败我济西。王解而却。燕将乐毅遂入临淄，尽取齐之宝藏器。湣王出亡，之卫。卫君辟（避）宫舍之，称臣而共具。湣王不逊，卫人侵之。湣王去，走邹、鲁，有骄色，邹、鲁君弗内（纳），遂走莒。楚使淖齿①将兵救齐，因相齐湣王。淖齿遂杀湣王而与燕共分齐之侵地卤（虏）器。

◎**注释**　①〔淖（nào）齿〕楚国的将领。

◎**大意** 齐湣王四十年，燕国、秦国、楚国、韩国、赵国、魏国共同谋划，各自派出精锐军队进攻齐国，在济水以西打败了齐军。齐湣王的军队溃败后撤退。燕将乐毅于是攻入临淄，把齐国的宝藏器物全部取走了。齐湣王出国逃亡，来到卫国。卫国国君让出王宫给齐湣王住，向齐湣王称臣并为齐湣王举办筵席。齐湣王傲慢无礼，卫国人就袭扰他。齐湣王离开卫国，跑到邹国、鲁国，神色傲慢无礼，邹国、鲁国的国君不收留，于是跑到莒城。楚国派淖齿率领军队救助齐国，趁机做了齐湣王的相国。淖齿后来杀死齐湣王而后和燕国共同瓜分了齐国的领土和抢夺的宝器。

湣王之遇杀，其子法章变名姓为莒太史敫①家庸。太史敫女奇法章状貌，以为非恒人，怜而常窃衣食之，而与私通焉。淖齿既以去莒，莒中人及齐亡臣相聚求湣王子，欲立之。法章惧其诛己也，久之，乃敢自言"我湣王子也"。于是莒人共立法章，是为襄王。以保莒城而布告齐国中："王已立在莒矣。"

◎**注释** ①〔太史敫（jiào）〕莒城的富人。
◎**大意** 齐湣王被杀后，他的儿子法章改换姓名在莒城太史敫的家中做仆役。太史敫的女儿看田法章相貌奇特，认为他不是平常人，因为怜爱他而经常偷偷送给他衣服和食物，两人私订终身。淖齿离开莒城以后，莒城中的人和齐国逃亡臣子聚在一起寻找齐湣王的儿子，打算立他为国君。田法章害怕他们会诛杀自己，过了很久，才敢自己明说"我是湣王的儿子"。于是莒城中的人共同拥立田法章，这就是齐襄王。齐襄王据守莒城，向齐国各地发出布告："齐王已经在莒城即位了。"

襄王既立，立太史氏女为王后，是为君王后，生子建①。太史敫曰："女不取媒因自嫁，非吾种也，污吾世。"终身不睹君王后。君王后贤，不以不睹故失人子之礼。

◎**注释** ①〔建〕即田建，齐国的亡国之君。
◎**大意** 齐襄王即位以后，立太史氏的女儿为王后，就是君王后，生了儿子田建。太史敫说："女儿不用媒人就私自嫁人，不是我的女儿，玷污了太史氏的门风。"终生不见君王后。君王后很贤德，没有因为父亲不见自己而丢掉作为女儿的礼节。

襄王在莒五年，田单以即墨攻破燕军，迎襄王于莒，入临菑。齐故地尽复属齐。齐封田单为安平①君。

◎**注释** ①〔安平〕在今山东淄博临淄东。
◎**大意** 齐襄王在莒城待了五年，田单以即墨为根据地，打败了燕军，从莒城迎回齐襄王，进入临淄城。齐国原有的土地又完全归属齐国。齐襄王封田单为安平君。

十四年，秦击我刚①、寿②。十九年，襄王卒，子建立。

◎**注释** ①〔刚〕在今山东宁阳东北。②〔寿〕在今山东东平西南。
◎**大意** 齐襄王十四年，秦国出兵攻打齐国的刚地、寿地。齐襄王十九年，齐襄王去世，他的儿子田建继位。

王建立六年，秦攻赵，齐楚救之。秦计曰："齐楚救赵，亲则退兵，不亲遂攻之。"赵无食，请粟于齐，齐不听。周子曰："不如听之以退秦兵，不听则秦兵不却，是秦之计中而齐楚之计过也。且赵之于齐楚，扞蔽①也，犹齿之有唇也，唇亡则齿寒。今日亡赵，明日患及齐楚。且救赵之务，宜若奉漏瓮沃焦釜也。夫救赵，高义也；却秦兵，显名也。义救亡国，威却强秦之兵，不务为此而务爱粟，为国计者过矣。"齐王弗听。秦破赵于长平四十余万，遂围邯郸。

◎**注释** ①〔扞蔽〕这里是屏障之意。秦国要攻打齐国与楚国，必须经过赵国。

◎**大意** 齐王田建即位六年后，秦国进攻赵国，齐国、楚国救援赵国。秦国的谋划是："齐国、楚国援救赵国，他们关系密切，决心救赵国，我国就退兵，如果关系不亲近，我国就全力攻打赵国。"赵国没有粮食了，向齐国求粮，齐国不答应。齐国谋臣周子说："不如答应赵国的请求，而使他们让秦兵撤退。不答应赵国请求的话，秦兵就不会撤退，这样会让秦国的计策得逞，而齐国、楚国的计策就失败了。况且赵国对于齐国、楚国来说，是一道屏障，就像牙齿外有嘴唇一样，没有了嘴唇，牙齿就会寒冷。今天赵国灭亡，明天祸患就会连及齐国、楚国。而且援救赵国是当务之急，应当像捧着漏水的瓮去浇烧焦的锅一样不容耽搁。援救赵国，是高尚义举；退却秦兵，是显扬威名。仗义拯救危亡的国家，扬威退却强大的秦兵，不致力于此却费尽心思地去吝惜那点粮食，这是为国家谋划之人的最大失误。"齐王田建不听从。秦国军队在长平打败四十多万的赵国军队，接着包围了邯郸。

十六年，秦灭周。君王后卒。二十三年，秦置东郡①。二十八年，王入朝秦，秦王政置酒咸阳②。三十五年，秦灭韩。三十七年，秦灭赵。三十八年，燕使荆轲刺秦王，秦王觉，杀轲。明年，秦破燕，燕王亡走辽东③。明年，秦灭魏，秦兵次于历下④。四十二年，秦灭楚。明年，虏代王嘉，灭燕王喜。

◎**注释** ①〔东郡〕郡治在今河南濮阳西南。②〔咸阳〕在今陕西咸阳西北。③〔辽东〕在今辽宁东中部与东南部地区。④〔历下〕在今山东济南。

◎**大意** 齐王田建十六年，秦国灭掉了周。齐国的君王后去世。齐王田建二十三年，秦国设置东郡。齐王田建二十八年，齐王到秦国朝拜，秦王嬴政在咸阳设酒款待。齐王田建三十五年，秦国灭掉韩国。齐王田建三十七年，秦国灭掉赵国。齐王田建三十八年，燕国派荆轲行刺秦王，秦王察觉后，杀死了荆轲。第二年，秦国击破燕国都城，燕王逃亡到辽东。第三年，秦国灭掉了魏国，秦国军队驻扎在历下。齐王田建四十二年，秦国灭掉了楚国。第二年，俘虏了代王嘉，攻灭燕王姬喜。

四十四年，秦兵击齐。齐王听相后胜计，不战，以兵降秦。秦虏王建，迁之共①。遂灭齐为郡。天下壹并于秦，秦王政立号为皇帝。始，君王后贤，事秦谨，与诸侯信，齐亦东边海上，秦日夜攻三晋、燕、楚，五国各自救于秦，以故王建立四十余年不受兵。君王后死，后胜相齐，多受秦间金，多使宾客入秦，秦又多予金，客皆为反间，劝王去从朝秦，不修攻战之备，不助五国攻秦，秦以故得灭五国。五国已亡，秦兵卒入临淄，民莫敢格者。王建遂降，迁于共。故齐人怨王建不蚤（早）与诸侯合从攻秦，听奸臣宾客以亡其国，歌之曰："松耶柏耶？住建共者客耶？"疾建用客之不详也。

◎**注释** ①〔共〕在今河南辉县。
◎**大意** 齐王田建四十四年，秦国军队攻打齐国。齐王听从相国后胜的计策，没有与秦军交战，就带领齐军向秦国投降。秦军俘虏齐王田建，把他迁往共城。于是灭掉齐国，将齐地设为郡。天下被秦国统一，秦王嬴政建立名号称皇帝。当初，君王后贤明，谨慎地侍奉秦国，与诸侯相交讲信义，齐国又处在东部海边，秦国日夜进攻韩国、赵国、魏国、燕国、楚国，五国在秦国的进攻下谋求自救，所以齐王田建在位四十多年未经受战争。君王后去世后，后胜担任齐国的相国，经常接受秦国间谍的金钱，多次派宾客到秦国，秦国又以重金收买了这些宾客，宾客都反过来当了秦国的间谍，劝齐王田建放弃合纵结盟的策略去朝拜秦王，不修整作战的军备，不帮助五国攻打秦国，秦国因此得以消灭五国。五国灭亡后，秦国军队最终攻入临淄，齐国人没有敢于同秦军搏斗的。齐王田建于是投降，迁往共城。所以齐国人怨恨齐王田建不早早与诸侯国合纵进攻秦国，却听信奸臣宾客的话而灭了自己的国家，因而编出歌谣说："是松树呢，还是柏树呢？使齐王迁往共城的不是宾客吗？"这是恨齐王田建任用宾客不审慎。

太史公曰：盖孔子晚而喜《易》。《易》之为术，幽明①远矣，非通人达才孰能注意焉！故周太史之卦田敬仲完，占至十世之后；及完奔齐，懿仲卜之亦云。田乞及常所以比犯二君②，专齐国之政，非必事势之渐然也，盖若遵厌兆祥云。

◎**注释** ①〔幽明〕有形和无形的现象。②〔二君〕指晏孺子和齐简公。

◎**大意** 太史公说：孔子到晚年喜好读《周易》。《周易》是讲占卜之术的，从有形无形的物象中预测未来的方法很深奥，如果不是通晓古今、见识高明的人，谁能注意它呢！所以周太史为陈完卜卦，能占卜到十代以后；等到陈完逃奔齐国，懿仲占卜也是如此。田乞和田常之所以接连杀死两位国君，独掌齐国的政权，不一定是时势逐渐发展的必然，大概是在遵循着占卜的吉祥预言。

◎**释疑解惑**

在《田敬仲完世家》中两次记载占卜的筮语，其中第一次说："是为观国之光，利用宾于王。此其代陈有国乎？不在此而在异国乎？非此其身也，在其子孙。若在异国，必姜姓。姜姓，四岳之后。物莫能两大，陈衰，此其昌乎？"指出陈完的后世兴盛的大致时间和地点，让人认为陈完逃亡齐国是顺应天意的。到齐国之后，陈完娶妻之时，第二次占卜的筮语说："是谓凤皇于蜚，和鸣锵锵。有妫之后，将育于姜。五世其昌，并于正卿。八世之后，莫之与京。"明确指出了陈完后世兴起的时间。两次占卜似乎为田氏代齐提供了一个顺理成章的理由。司马迁在最后的论赞中又指出田氏代齐"非必事势之渐然也，盖若遵厌兆祥云"。对于这样的说法，有人认为司马迁是真的相信"天命之道"，而以此对其历史观的局限性提出批评。也有人认为，这其实是司马迁对田氏以阴谋取得齐国政权而表面上看似顺应天命提出的疑问。从实际的记载来看，陈完的后代之所以能够在齐国篡夺姜氏政权，完全是田乞、田常所搞的阴谋，而司马迁对这种靠阴谋篡位的活动都是持批评态度的。但是，在《左传》中记载了齐国祖先"五世其昌""八世之后，莫之与京"的占卜预言，阴谋篡位活动都能写得如此理所当然，这是司马迁所不能理解的。司马迁的这种写法看似是首尾相呼应，对田齐政权的建立给了一个合理的解释，实则暗含着他对这种政权的不理解与不认可。从司马迁的角度来说，田齐并非正统。但是，这并不影响司马迁对齐威王与齐宣王的赞扬和钦佩。由此可以看出，司马迁对于历史的记载与评价还是比较客观的。

◎ **思考辨析题**

1. 请对六国灭亡的原因做出简要评价。
2. 结合其他篇章，试述司马迁的天命观。

孔子世家

第十七

《孔子世家》详细地记述了孔子的生平活动及其思想学说,并对其给予高度评价,为研究孔子的生平和思想提供了重要资料。孔子一生事迹颇多,线索也非常复杂纷乱。虽然这一篇史传中的原始材料多为《论语》《左传》《孟子》《礼记》等书所旧有,但司马迁对这些材料进行了清晰的编排、罗列,在记述史事的同时,注意人物性格特征的描写,用洋洋近万字展现出孔子的精神风貌。全篇可分为七部分:第一部分写孔子的家世和青少年时期的经历。第二部分写孔子在鲁国做小吏,到齐、宋、卫、陈、蔡等国的遭遇,以及到周王室遇见老子、再次到齐国后不被任用的经过。这时的孔子已具备了渊博的知识,开始从事教育活动。第三部分写孔子在鲁国时期的从政经历,任中都宰,为司寇及摄行相事,孔子的为政措施已初见成效,却因齐国的贿赂而中断,于是离开鲁国。第四部分写孔子遍游卫、曹、郑、陈、晋、蔡、楚各诸侯国的种种经历及遭遇。在游历中,孔子求仕之路屡屡碰壁,政治主张无法施行,又曾几次遭遇围困,然而,他始终不改变信念,不降低目标,坚守着自己的主张。即使被围困断粮,面临死亡威胁,他也能够泰然处之。第五部分写孔子晚年回到鲁国,因仕途不显,便致力于整理文献、兴办教育等事业,编订《尚书》《礼记》《诗经》《春秋》,晚年又专门研究《周易》,以诗、书、礼、乐为主要内容来教育学生。第六部分写孔子去世及其子孙后代的情况。第七部分是司马迁的论赞,表现出对孔子的敬仰与钦慕之情。孔子的一生都有着极高的从政热情,不辞辛劳,奔走游说,从未放弃自己的政治理想。然而残酷的现实给了孔子沉重的打击,直到西狩获麟,孔子无奈地发出哀叹:"吾道穷矣。"于是退而作《春秋》,宣告政治理想彻底破灭。孔子的从政活动失败了,他的教育事业却产生了重大的影响。孔子打破传统的学在官府,开办私学,广收门徒,培养出许多优秀的学生。孔子的教育理念、教学方法至今仍发挥着很大的示范作用,具有重要的启发意义。司马迁笔下的孔子是一位有崇高理想的政治家,是一位诲人不倦的教育家,更是一位学识渊博的大学者。司马迁对孔子给予了高度评价:"可谓至圣矣。"同时,对于孔子所面对的种种挫折与困厄,他又表现出无比的愤慨与同情。而孔子在面临困难时那种百折不挠的精神,又不断地鼓舞着他。他以孔子为典范,立志写出"第二部《春秋》",成为"孔子第二"。"仲尼厄而作《春秋》",也成为他不竭动力的源泉。

孔子生鲁昌平乡陬邑①。其先宋人也，曰孔防叔。防叔生伯夏，伯夏生叔梁纥。纥与颜氏女野合②而生孔子，祷于尼丘③得孔子。鲁襄公二十二年而孔子生。生而首上圩顶④，故因名曰丘云。字仲尼，姓孔氏。

◎**注释** ①〔昌平乡陬（zōu）邑〕在今山东曲阜东南的息陬镇。②〔野合〕不合礼法的结合。③〔尼丘〕山名，在邹城西。④〔圩（yú）顶〕头顶中间低而四周高。

◎**大意** 孔子出生在鲁国昌平乡陬邑。他的祖先是宋国人，名孔防叔。孔防叔生伯夏，伯夏生叔梁纥。叔梁纥与颜氏之女野合而生下孔子，事前到尼丘山祈祷求子，随后生了孔子。鲁襄公二十二年，孔子诞生。孔子出生时头顶中间低而四周高，所以取名丘。字仲尼，姓孔氏。

丘生而叔梁纥死，葬于防山①。防山在鲁东，由是孔子疑其父墓处，母讳之也。孔子为儿嬉戏，常陈俎豆②，设礼容。孔子母死，乃殡③五父之衢④，盖其慎⑤也。陬人挽父之母诲孔子父墓，然后往合葬于防焉。

◎**注释** ①〔防山〕又名笔架山，在今山东曲阜东。②〔俎豆〕俎和豆，祭祀时用的礼器。③〔殡〕停放灵柩，没有正式安葬。④〔五父之衢〕曲阜城里的街道名。⑤〔盖其慎〕孔子因不知道父亲安葬的地方，无法将母亲与父亲合葬，所以，将母亲的灵柩暂时置于五父之衢是一种慎重的处理方法。

◎**大意** 孔丘出生以后，叔梁纥就死了，葬在防山。防山在鲁国东部，孔子不清楚父亲的坟墓在何处，因为他的母亲不愿意说。孔子小时候做游戏，经常摆设俎、豆等祭器，做出祭祀时的礼仪动作。孔子的母亲死后，他就把灵柩暂时停放在五父之衢，这是出于慎重考虑没有马上埋葬。陬邑人挽父的母亲告诉了孔子父亲的墓地后，孔子才把母亲和父亲合葬在防山。

孔子要（腰）绖①，季氏②飨士，孔子与往。阳虎③绌（黜）曰："季氏飨士，非敢飨子也。"孔子由是退。

◎**注释** ①〔绖（dié）〕丧服上的麻带子。②〔季氏〕即季孙氏，执掌鲁国政权的大贵族，此时的当政者是季孙宿，即季武子。③〔阳虎〕字获，季孙氏的家臣。
◎**大意** 当孔子还在腰间系着麻布带子守孝时，季孙氏举行宴会款待名士，孔子前往参加。阳虎阻拦说："季氏招待名士，宴会上没有邀请你。"孔子因此退去。

孔子年十七，鲁大夫孟釐子①病且死，诫其嗣②懿子③曰："孔丘，圣人之后，灭于宋④。其祖弗父何⑤始有宋而嗣让厉公。及正考父佐戴、武、宣公，三命兹益恭，故鼎铭云：'一命而偻，再命而伛，三命而俯，循墙而走，亦莫敢余侮。饘⑥于是，粥于是，以糊余口。'其恭如是。吾闻圣人之后，虽不当世，必有达者。今孔丘年少好礼，其达者欤？吾即没（殁），若必师之。"及釐子卒，懿子与鲁人南宫敬叔⑦往学礼焉。是岁，季武子卒，平子⑧代立。

◎**注释** ①〔孟釐子〕名仲孙貜，鲁国贵族孟孙氏的掌权者。②〔嗣〕继承职位的嫡长子，即正妻所生的大儿子。③〔懿子〕名仲孙何忌。④〔灭于宋〕指孔子的六世祖孔父嘉被宋国的华督所杀。⑤〔弗父何〕宋湣公的大儿子，宋厉公的哥哥。⑥〔饘（zhān）〕稠粥。⑦〔南宫敬叔〕孟釐子的儿子。⑧〔平子〕名意如，季武子的孙子。
◎**大意** 孔子十七岁的时候，鲁国的大夫孟釐子病危，告诫儿子懿子说："孔丘，是圣人的后代，祖先被宋人杀害。他的先祖弗父何当初本该继位做宋国国君却让位给了弟弟厉公。到正考父时辅佐宋戴公、宋武公、宋宣公，地位越来越高而待人愈来愈谦恭谨慎，所以正考父鼎的铭文说：'第一次受命时鞠躬致敬，二次受命时折腰弓背，三次受命时俯首屈腰，走路顺着墙走，没有人敢来侮慢我。

我就用这个鼎做些稠粥与稀饭，以糊口度日。'他就是这样恭敬谨慎。我听说圣人的后代，即使不能继位执政，也必定会有才德显达的人出现。如今孔子年少而好礼，这不就是才德显达的人吗？如果我死了，你一定要拜他为师。"孟釐子死后，懿子与鲁国人南宫敬叔便往孔子处学礼。这一年，季武子死，季平子继承了卿位。

孔子贫且贱。及长，尝为季氏史，料量平；尝为司职吏而畜蕃息。由是为司空①**。已而去鲁，斥乎齐，逐乎宋、卫，困于陈蔡之间，于是反（返）鲁。孔子长九尺有（又）六寸**②**，人皆谓之"长人"而异之。鲁复善待，由是反（返）鲁。**

◎**注释** ①〔司空〕掌管工程建筑的官职。②〔九尺有六寸〕相当于现在一米九。
◎**大意** 孔子家境贫困而且地位低下。成年后，他曾给季氏做过管理仓库的小吏，出纳钱粮准确无误；也曾担任过管理牧场的小官吏，牲口繁殖得很多而且肥壮。因此他又升任为司空。不久他离开鲁国，在齐国受到排斥，被宋、卫两国驱逐，又在陈国、蔡国之间被围困，于是返回鲁国。孔子身高九尺六寸，人们都称他为"长人"，把他看成奇异之人。鲁国后来善待孔子，所以他返回鲁国。

鲁南宫敬叔言鲁君曰："请与孔子适周。"鲁君与之一乘车，两马，一竖子俱，适周问礼，盖见老子云。辞去，而老子送之曰："吾闻富贵者送人以财，仁人者送人以言。吾不能富贵，窃仁人之号，送子以言，曰：'聪明深察而近于死者，好议人者也。博辩广大危其身者，发人之恶者也。为人子者毋以有己，为人臣者毋以有己。'"孔子自周反（返）于鲁，弟子稍益进焉。

◎**大意** 鲁国的南宫敬叔对鲁昭公说:"请派我和孔子一起去周王室。"鲁昭公给了他们一辆车子,两匹马,一名僮仆,二人一起去周王室那里学习礼仪方面的知识,还见到了老子。临别时,老子为孔子送行,说:"我听说富贵的人是用财物送人,仁德的人是用言语送人。我不是富贵的人,姑且窃用仁德之人的名号,送几句话给你。这话是:'聪明深察的人容易有死亡的危险,这是因为他喜欢议论别人。博学善辩、见多识广的人会危及自身,这是因为他好揭发别人的罪恶。为人子女、为人臣子不能有任何私心。'"孔子从周王室返回鲁国,弟子逐渐多了起来。

是时也,晋平公淫,六卿擅权,东伐诸侯;楚灵王兵强,陵轹中国①;齐大而近于鲁。鲁小弱,附于楚则晋怒;附于晋则楚来伐;不备于齐,齐师侵鲁。

◎**注释** ①〔陵轹(lì)中国〕陵轹,欺压。中国,指黄河中下游的中原地区。
◎**大意** 这个时候,晋平公淫乱,韩氏、赵氏、魏氏、知氏、范氏、中行氏六卿把持政权,攻打东边的国家;楚灵王军队强大,经常欺凌中原诸侯国;齐国是大国,靠近鲁国。鲁国弱小,依附于楚国就会惹怒晋国;依附于晋国则楚国就会来讨伐;如果不防备齐国,齐国军队就要侵入鲁国了。

鲁昭公之二十年,而孔子盖年三十矣。齐景公与晏婴来适鲁,景公问孔子曰:"昔秦穆公国小处辟(僻),其霸何也?"对曰:"秦,国虽小,其志大;处虽辟(僻),行中正。身举五羖①,爵之大夫,起累(缧)绁②之中,与语三日,授之以政。以此取之,虽王可也,其霸小矣。"景公说(悦)。

◎**注释** ①〔五羖(gǔ)〕指百里奚。百里奚原来是虞国大夫,虞国灭亡后为晋国所掳，后又被楚国抓捕，秦穆公用五张黑羊皮换取百里奚，授予他处理秦国政务的大权，号"五羖大夫"。事见《秦本纪》。②〔累绁（léi xiè）〕捆绑犯人的绳索。

◎**大意** 鲁昭公二十年，孔子大约三十岁了。齐景公带着晏婴来到鲁国，齐景公问孔子："从前秦穆公国家小又处于偏僻之地，他为什么能称霸呢？"孔子回答："秦国虽然小，但志向远大；处地虽然偏僻，但施政很恰当。秦穆公亲自选拔任用百里奚，封给他大夫爵位，把他从拘禁中解救出来，和他谈了三天话，授予他执政大权。以这种精神治理国家，就是统治整个天下也是可以的，当个霸主更不算什么了。"齐景公听了很高兴。

　　孔子年三十五，而季平子与郈昭伯①以斗鸡故得罪鲁昭公，昭公率师击平子，平子与孟氏、叔孙氏三家共攻昭公，昭公师败，奔于齐，齐处昭公乾侯②。其后顷之，鲁乱。孔子适齐，为高昭子③家臣，欲以通乎景公。与齐太师④语乐，闻《韶》音，学之，三月不知肉味，齐人称之。

◎**注释** ①〔郈（hòu）昭伯〕鲁国的大夫，名恶。②〔乾侯〕在今河北成安东。③〔高昭子〕名张，齐国大夫。④〔太师〕主管音乐的官职。

◎**大意** 孔子三十五岁时，季平子因为跟郈昭伯斗鸡的事，得罪了鲁昭公，鲁昭公率领军队攻打季平子，季平子和孟氏、叔孙氏三家一起攻打鲁昭公，鲁昭公的军队失利，逃到齐国，齐国把鲁昭公安置在乾侯这个地方。此后不久，鲁国发生变乱。孔子前往齐国，做了高昭子的家臣，想借此来接近齐景公。孔子和齐国乐官谈论音乐，听到虞舜时的《韶》乐，非常用功地学习它，三个月吃不出肉的味道，齐国人都称赞他。

　　景公问政孔子，孔子曰："君君，臣臣，父父，子子。"景公曰："善哉！信如君不君，臣不臣，父不父，子不子，虽有粟，吾岂得而食诸！"他日又复问政于孔子，孔子曰："政在节财。"景公说（悦），将欲以尼谿①田封孔子。晏婴进曰:"夫儒者滑稽而不可轨法;倨傲自顺,不可以为下;崇丧遂哀,破产厚葬,不可以为俗;游说乞贷,不可以为国。自大贤之息,周室既衰,礼乐缺有间。今孔子盛容饰,繁登降之礼,趋详之节,累世不能殚其学,当年不能究其礼。君欲用之以移齐俗,非所以先细民也。"后,景公敬见孔子,不问其礼。异日,景公止孔子曰:"奉子以季氏,吾不能,以季孟之间待之。"齐大夫欲害孔子,孔子闻之。景公曰:"吾老矣,弗能用也。"孔子遂行,反(返)乎鲁。

◎**注释** ①〔尼谿〕齐国的地名。

◎**大意** 齐景公向孔子请教治国之道,孔子说:"国君要像个国君,臣子要像个臣子,父亲要像个父亲,儿子要像个儿子。"齐景公说:"好极了!真要是国君不像国君,臣子不像臣子,父亲不像父亲,儿子不像儿子,即使有很多粮食,我又怎么能吃得到呢!"几天后,齐景公又向孔子请教治国的方法,孔子说:"治理国家重要的是节约开支。"齐景公很高兴,想把尼谿的田地封给孔子。晏婴劝谏说:"儒者都巧言辞令而不可以视为法则去遵行;他们骄傲狂妄自以为是,不可以让他们做臣子;他们重视丧事竭尽哀情,倾家荡产而厚葬,不能让这些行为形成风气;他们到处游说乞求官禄,不能用这些人治理国家。自从圣贤先后去世,周王室也随之衰微,礼崩乐坏由来已久。现在孔子讲究仪容服饰,提出烦琐的上朝下朝礼节,刻意于快步行走的规矩,就是几代人也学习不完这些烦琐的礼节,一辈子也搞不清楚。您如果想用这一套来改变齐国的习俗,恐怕不是引导百姓的好方法吧。"后来,齐景公虽有礼貌地接见孔子,但不再问礼的事情了。有一天,齐景公挽留孔子说:"我无法做到像鲁国对待季氏那样对待您,就用低于上卿季孙氏而高于下卿孟孙氏的待遇对待您吧。"齐国大夫想加害孔子,孔子也听说了。齐景公对孔子说:"我老了,不能任用您了。"于是孔子离开齐国,返回鲁国。

孔子年四十二，鲁昭公卒于乾侯，定公立。定公立五年，夏，季平子卒，桓子嗣立。季桓子穿井得土缶，中若羊，问仲尼，云得狗。仲尼曰："以丘所闻，羊也。丘闻之，木石之怪夔①、罔阆②，水之怪龙、罔象，土之怪坟羊③。"

◎ **注释** ①〔夔（kuí）〕古代传说中一只脚的兽。②〔罔阆（wǎng liǎng）〕即魍魉，传说中的山精，喜欢学人声叫。③〔坟羊〕传说中的土精，非雌非雄。

◎ **大意** 孔子四十二岁时，鲁昭公死在乾侯，鲁定公继位。鲁定公继位的第五年夏季，季平子去世，季桓子继任为上卿。季桓子在凿井时挖到一个腹大口小的瓦器，里面有个像羊的东西，就去问孔子，并说"挖到一只狗"。孔子说："据我所知，那是羊。我听说，山林里的怪物是单足兽夔和会学人声的山精罔阆，水里的怪物是龙和水怪罔象，土里的怪物是雌雄未明的坟羊。"

吴伐越，堕（隳）会稽①，得骨节专车。吴使使问仲尼："骨何者最大？"仲尼曰："禹致群神②于会稽山，防风氏后至，禹杀而戮之，其节专车，此为大矣。"吴客曰："谁为神？"仲尼曰："山川之神，足以纲纪天下，其守为神，社稷为公侯，皆属于王者。"客曰："防风何守？"仲尼曰："汪罔氏③之君守封、禺④之山，为釐姓。在虞、夏、商为汪罔，于周为长翟（狄），今谓之大人。"客曰："人长几何？"仲尼曰："僬侥氏⑤三尺⑥，短之至也。长者不过十之，数之极也。"于是吴客曰："善哉圣人！"

◎ **注释** ①〔会稽〕在今浙江绍兴。②〔群神〕各地诸侯，因主持祭祀山川之神，故称群神。③〔汪罔氏〕部族名，防风氏为其首领。④〔封、禺〕山名，在今浙江德清西南。⑤〔僬侥（jiāo yáo）氏〕传说中的矮人。⑥〔三尺〕相当于现在七十厘米。

◎ **大意** 吴国出兵攻打越国，摧毁了越国的都城会稽，得到一节骨头，足足装满一辆车。吴国派使者问孔子:"什么骨头最大?"孔子说:"夏禹召集天下诸侯到会稽山开会,防风氏迟到了,夏禹就杀了他并陈尸示众。防风氏的一节骨头就有一辆车那么长,这就是最大的骨头了。"吴国使者又问:"那谁又是神呢?"孔子说:"山川的神灵,可以主宰天下,负责监守山川按时祭祀的诸侯就是神,只祭祀土神和谷神的就是公侯,他们都隶属于王。"使者又问:"防风氏主管祭祀何方?"孔子说:"汪罔氏的君主祭祀封山、禺山,是釐姓。虞、夏、商三代叫汪罔,周朝的叫长翟,现在叫作大人。"使者问道:"他们的身高是多少?"孔子说:"僬侥氏身高三尺,是最矮的了。最高的不到三丈,算得上是最高的了。"吴国使者听了后说:"圣人真是了不起!"

桓子嬖臣曰仲梁怀,与阳虎有隙。阳虎欲逐怀,公山不狃止之。其秋,怀益骄,阳虎执怀。桓子怒,阳虎因囚桓子,与盟而醳(释)之。阳虎由此益轻季氏。季氏亦僭①于公室,陪臣执国政,是以鲁自大夫以下皆僭离于正道。故孔子不仕,退而修《诗》《书》《礼》《乐》,弟子弥众,至自远方,莫不受业焉。

◎**注释** ①〔僭〕超越本分。
◎**大意** 季桓子的宠臣叫仲梁怀,与阳虎有过节。阳虎想驱逐仲梁怀,季氏家臣公山不狃(niǔ)阻止了他。这年秋天,仲梁怀更加骄横,阳虎把他抓了起来。季桓子恼怒,阳虎就把季桓子也囚禁起来,季桓子被迫与阳虎订立盟约才被释放。阳虎由此更加看不起季氏。季氏也常常僭越鲁君的权力,大臣执掌国政,因此鲁国从大夫以下都不守本分而僭越职权违背正道。因此孔子不再做官,退居在家,一心整理研究《诗》《书》《礼》《乐》,弟子越来越多,甚至有远道而来的,大家都向孔子求教。

定公八年,公山不狃不得意于季氏,因阳虎为乱,欲废三桓之適(嫡)①,更立其庶孽②阳虎素所善者,遂执季桓子。桓子诈之,得脱。定公九年，阳虎不胜，奔于齐。是时孔子年五十。

◎**注释** ①〔適〕通"嫡"，正妻所生的大儿子，这里指合法的继承人。②〔庶孽〕正妻之外的姬妾所生的儿子。

◎**大意** 鲁定公八年，公山不狃在季桓子手下感到不满意，就利用阳虎作乱，想废掉季孙氏、叔孙氏、孟孙氏三家的继承人，另立平日为阳虎所喜欢的庶出之子，于是把季桓子抓起来。季桓子用计骗了他，得以逃脱。鲁定公九年，阳虎作乱失败，逃到齐国。这时孔子已经五十岁了。

公山不狃以费①畔（叛）季氏，使人召孔子。孔子循道弥久，温温无所试，莫能己用，曰："盖周文武起丰②、镐③而王，今费虽小，傥（倘）庶几乎！"欲往。子路不说（悦），止孔子。孔子曰："夫召我者岂徒哉？如用我，其为东周乎！"然亦卒不行。

◎**注释** ①〔费〕在今山东费县西南，当时公山不狃担任费宰。②〔丰〕在今陕西西安西北方向的沣河之西，周文王时在此建立都城。③〔镐〕在今陕西西安西，周武王时在此建立都城。

◎**大意** 公山不狃在费城反叛季氏，并派人召请孔子。孔子依循正道而行已经很久了，但因无处施展才华而感到郁闷，没有人能重用他，就说："当初周文王、周武王兴起于丰、镐而成就王业，如今费城虽小，或许差不多吧！"就想去费城。子路不高兴，阻止孔子前往。孔子说："他们召我去，难道会让我白跑一趟吗？如果能用我，就可以在东方建立一个像周一样的王朝啊！"但是最终也没能成行。

其后定公以孔子为中都①宰，一年，四方皆则之。由中都宰为司空，由司空为大司寇②。

◎**注释** ①〔中都〕在今山东汶上西。②〔大司寇〕主管刑狱的最高官职。
◎**大意** 后来鲁定公任命孔子为中都的长官,到任一年,四方各地都效法孔子的治理方法。孔子便由中都的长官升为司空,又由司空升为大司寇。

定公十年春,及齐平①。夏,齐大夫黎鉏言于景公曰:"鲁用孔丘,其势危齐。"乃使使告鲁为好会,会于夹谷②。鲁定公且以乘车③好往。孔子摄相事,曰:"臣闻有文事者必有武备,有武事者必有文备。古者诸侯出疆,必具官以从。请具左右司马④。"定公曰:"诺。"具左右司马。会齐侯夹谷,为坛位,土阶三等,以会遇之礼相见,揖让而登。献酬之礼毕,齐有司⑤趋而进曰:"请奏四方之乐。"景公曰:"诺。"于是旍(旌)旄羽袚(袯)⑥矛戟剑拨鼓噪而至。孔子趋而进,历阶⑦而登,不尽一等,举袂而言曰:"吾两君为好会,夷狄之乐何为于此!请命有司!"有司却之,不去,则左右视晏子与景公。景公心怍⑧,麾而去之。有顷,齐有司趋而进曰:"请奏宫中之乐。"景公曰:"诺。"优倡侏儒⑨为戏而前。孔子趋而进,历阶而登,不尽一等,曰:"匹夫而荧惑诸侯者罪当诛!请命有司!"有司加法焉,手足异处。景公惧而动,知义不若,归而大恐,告其群臣曰:"鲁以君子之道辅其君,而子独以夷狄之道教寡人,使得罪于鲁君,为之奈何?"有司进对曰:"君子有过则谢以质,小人有过则谢以文。君若悼之,则谢以质。"于是齐侯乃归所侵鲁之郓⑩、汶阳⑪、龟阴⑫之田以谢过。

◎**注释** ①〔平〕结束敌对状态,订立盟约,恢复友好关系。②〔夹谷〕在今山东莱芜南的夹谷峪。③〔乘车〕相对于战车而言的普通车辆。④〔司马〕执掌军政的武官。⑤〔有司〕主管行政事务的人。⑥〔袚(fú)〕同"袯",舞蹈用具。⑦〔历阶〕一步一个台阶。按照礼法应当是两只脚同时登上台阶后再登进,因事情紧急,孔子顾不得礼法历阶而上。⑧〔怍〕惭愧。⑨〔优倡侏儒〕古代统治者身边用来玩笑取乐的歌舞、杂艺、诙谐等表演者。⑩〔郓〕在今山东沂水。⑪〔汶阳〕在今山东泰安东南。因在汶水北岸而称"汶阳"。阳，水之北。⑫〔龟阴〕龟山的北边，在今山东泰安西南。阴，山之北。

◎**大意** 鲁定公十年的春天，鲁国与齐国签订盟约，恢复友好关系。夏天，齐国大夫黎鉏对齐景公说："鲁国重用孔子，如此下去势必危及齐国。"齐景公就派使者告诉鲁国说要在夹谷举行友好会盟。鲁定公将要乘车前往参加友好会盟。孔子以大司寇身份兼理典礼会盟的事务，对鲁定公说："我听说办理文事一定要有武事准备，办理武事一定要有文事准备。古代诸侯出国，一定要配齐文武官员随从。请求您安排左右司马做随从。"鲁定公说："好。"于是安排左右司马一起前往。在夹谷与齐景公相会，并设置盟坛备好席位，上台的土阶有三级，用国君相遇的简略礼节相见，拱手揖让登台。彼此馈赠敬酒的礼节完成之后，齐国官员快步上前请示说："请表演四方的乐舞。"齐景公说："好。"于是齐国乐队用旌旗为先导，头插羽毛，手执舞具和矛、戟、剑、盾等兵器喧闹蜂拥而上。孔子快步上前，一步一阶往台上走，没有迈上最后一阶，举袖一挥说："我们两国国君友好相会，夷狄的乐舞为什么出现在这里！请命令主管官员让他们下去！"主管官员让乐队退下去，他们不走，孔子就朝旁边看晏子和齐景公。齐景公内心惭愧，挥手让乐队退下去。不久，齐国主管官员又快步上前说："请演奏宫中的乐曲。"齐景公说："好。"于是一些歌舞杂技艺人和侏儒边唱边舞上前表演。孔子又快步上前，一步一阶登上台，没有登上最后一阶，说："普通人戏弄诸侯者论罪当斩！请命令主管官员去执行！"于是主管官员执法，腰斩了这些人。齐景公恐惧且深有触动，知道自己在道义上不如鲁国，回国后十分惊恐，对他的大臣说："鲁国大臣以君子之道辅佐国君，而你们拿夷狄的办法来教我，使我得罪了鲁国君主，这该怎么办？"主管官员上前答道："君子有了过错就用实际行动来谢罪，小人有了过错就用花言巧语来文过饰非。您如果心里不安，就用实际行动谢罪。"于是齐景公就归还了侵占鲁国的郓、汶阳、龟阴，以此赔罪。

定公十三年夏，孔子言于定公曰："臣无藏甲，大夫毋百雉①之城。"使仲由②为季氏宰，将堕（huī）三都。于是叔孙氏先堕（huī）郈。季氏将堕（隳）费，公山不狃、叔孙辄率费人袭鲁。公与三子入于季氏之宫，登武子之台。费人攻之，弗克，入及公侧。孔子命申句须、乐颀下伐之，费人北。国人追之，败诸姑蔑③。二子奔齐，遂堕（隳）费。将堕（隳）成④，公敛处父谓孟孙曰："堕（隳）成，齐人必至于北门。且成，孟氏之保鄣，无成，是无孟氏也。我将弗堕（隳）。"十二月，公围成，弗克。

◎**注释** ①〔雉〕城高一丈、长三丈叫一雉。②〔仲由〕即子路，名由，孔子的学生，长于政事。③〔姑蔑〕在今山东泗水东南。④〔成〕在今山东宁阳北。

◎**大意** 鲁定公十三年夏天，孔子对定公说："大臣不能有私人武装，大夫不能有长三百丈、高一丈的城墙。"于是就派仲由去当季氏的管家，准备拆毁季孙氏、孟孙氏、叔孙氏三家封地上的城墙。这时叔孙氏首先拆了郈邑的城墙。季孙氏准备拆费邑的城墙，公山不狃、叔孙辄带领费邑的人袭击鲁定公。鲁定公和季孙氏、孟孙氏、叔孙氏三人躲进了季孙氏的住宅，登上季武子所筑的高台。费邑人进攻他们，没能打进去，但有些人已经进入鲁定公所登高台的近侧。孔子命令申句须、乐颀下台攻打他们，费邑人败逃。鲁国人乘胜追击，在姑蔑彻底打败他们。公山不狃、叔孙辄出逃到齐国，鲁定公于是下令拆毁了费邑的城墙。接着准备拆成邑的城墙，孟孙氏的家臣公敛处父对孟孙氏说："拆了成邑的城墙，齐国人一定会长驱直入进入鲁国都城的北门。而且成邑的城墙是孟氏的屏障，没有成邑的城墙就等于没了孟氏。我不打算拆毁。"十二月，鲁定公率兵包围成邑，没有攻下来。

定公十四年，孔子年五十六，由大司寇行摄相事，有喜色。门人曰："闻君子祸至不惧，福至不喜。"孔子曰："有是言也。不曰'乐其以贵下人'乎？"于是诛鲁大夫乱政者少正卯①。与闻国政三月，粥（鬻）羔豚者弗饰贾（价），男女行者别于涂（途），涂（途）不拾遗；四方之客至乎邑者不求有司，皆予之以归。

◎**注释** ①〔少正卯〕少正为官职名，名卯。

◎**大意** 鲁定公十四年，孔子五十六岁，以大司寇的身份代理相国事务，喜形于色。学生们说："听说君子大祸临头毫无惧色，大福到来也是面无喜色。"孔子说："是有这样的话。不是还有一句'乐在身居高位而能够礼贤下士'的话吗？"于是杀了扰乱国政的少正卯。孔子参与国政三个月，那些贩卖猪羊的商人不敢哄抬价钱，男女行人各守礼法分开走路，掉在路上的东西也没人捡走；各地旅客到了鲁国城邑，不必向官员求情送礼，都能给予照顾，如同回到家里一样。

齐人闻而惧，曰："孔子为政必霸，霸则吾地近焉，我之为先并矣。盍致地焉？"犁鉏曰："请先尝沮之，沮之而不可则致地，庸迟乎！"于是选齐国中女子好者八十人，皆衣文衣①而舞《康乐》，文马三十驷②，遗鲁君。陈女乐文马于鲁城南高门③外，季桓子微服往观再三，将受，乃语鲁君为周道游，往观终日，怠于政事。子路曰："夫子可以行矣。"孔子曰："鲁今且郊④，如致膰⑤乎大夫，则吾犹可以止。"桓子卒受齐女乐，三日不听政；郊，又不致膰俎于大夫。孔子遂行，宿乎屯⑥。而师己送，曰："夫子则非罪。"孔子曰："吾歌可夫？"歌曰："彼妇之口，可以出走；彼妇之谒，可以死败。盖优哉游哉，维以卒岁！"师己反（返），桓子曰："孔子亦何言？"师己以实告。桓子喟然叹曰："夫子罪我以群婢故也夫！"

◎**注释** ①〔文衣〕彩色的衣服。②〔驷〕一车四马。③〔高门〕指鲁国都城曲阜的南门。④〔郊〕郊祀，在郊外举行祭祀。⑤〔膰（fán）〕古代祭祀用的肥肉。按照礼节，天子或诸侯会在祭祀之后将祭肉分给大臣，表示尊重。⑥〔屯〕在曲阜的南边。

◎**大意** 齐国听到这个消息就害怕起来，说："孔子执政鲁国一定称霸，一旦称霸，离它最近的齐国必定首先被吞并。为何不先割让给他们一些土地以取得安宁呢？"犁鉏说："请先试着挑拨他们，如果挑拨不成再送土地，也不算迟。"于是齐国就挑选了八十名美貌的女子，都穿上华丽的衣服，学会跳《康乐》之舞，又挑选了一百二十匹身上有色彩装饰的马，一起送给鲁定公。将女乐队和纹马彩车排列在鲁国城南的高门外。季桓子穿着便装再三前往观看，准备接受，就对鲁定公称自己到各地巡游视察，趁机整天到那里观赏齐国美女和骏马，国家政事也懒得去管。子路见此情景说："先生，我们可以离开这里了。"孔子说："鲁国即将要在郊外祭祀，如果能把典礼后的祭肉分给大夫，那么我可以留下。"季桓子最终接受了齐国的女乐，一连三日没有处理国家政事；郊外祭祀后，又没有把祭肉分给大夫。孔子于是离开鲁国，在屯地留宿。鲁国大夫师己前来送行，说："先生没有过错。"孔子说："我唱首歌行不行？"于是唱道："那些妇人的口舌，可以把大臣和亲信赶走；接近那些妇人，可以使国破身亡。悠闲啊悠闲，我只有这样安度岁月！"师己返回后，季桓子问："孔子说了些什么？"师己如实相告。季桓子长叹一口气说："先生是怪罪我接受了齐国的女乐啊！"

孔子遂适卫，主①于子路妻兄颜浊邹家。卫灵公问孔子："居鲁得禄几何？"对曰："奉（俸）粟六万。"卫人亦致粟六万。居顷之，或谮②孔子于卫灵公。灵公使公孙余假③一出一入。孔子恐获罪焉，居十月，去卫。

◎**注释** ①〔主〕寓居。②〔谮（zèn）〕说别人的坏话。③〔公孙余假〕卫国君主的同族人，名叫余假。

◎**大意** 孔子于是到了卫国，寄住在子路妻子的哥哥颜浊邹家中。卫灵公问孔子："你在鲁国的俸禄是多少？"孔子说："俸禄是六万小斗粟米。"卫国也给他六万小斗粟米。过了不久，有人在卫灵公那里说孔子的坏话。卫灵公就派公室子弟余假到孔子那里进出了几回。孔子担心在此获罪，居住了十个月后，离开了卫国。

将适陈，过匡①，颜刻为仆，以其策指之曰："昔吾入此，由彼缺也。"匡人闻之，以为鲁之阳虎。阳虎尝暴匡人，匡人于是遂止孔子。孔子状类阳虎，拘焉五日。颜渊②后，子曰："吾以汝为死矣。"颜渊曰："子在，回何敢死！"匡人拘孔子益急，弟子惧。孔子曰："文王既没（殁），文③不在兹乎？天之将丧斯文也，后死者④不得与于斯文也。天之未丧斯文也，匡人其如予何！"孔子使从者为宁武子⑤臣于卫，然后得去。

◎**注释** ①〔匡〕在今河南长垣西。②〔颜渊〕名回，字渊，是孔子门下的七十二贤人之一。③〔文〕指周代的礼乐制度。④〔后死者〕孔子指称自己。⑤〔宁武子〕名俞，卫国大夫，此时已去世一百多年。此处记载疑误。

◎**大意** 孔子将要到陈国，途中经过匡地，当时颜刻为他驾车，用马鞭子指着城墙说："过去我进入这座城，是由那个缺口进去的。"匡人听说后，以为是鲁国的阳虎来了。阳虎曾经残害过匡人，匡人就围住了孔子。孔子模样很像阳虎，被困在那里整整五天。颜渊后来赶到，孔子说："我还以为你死了。"颜渊说："先生您还在，我怎么敢死呢！"在匡人的围攻下，形势越来越急，弟子们都很惊慌。孔子说："周文王已经死去，周代的礼乐制度不是都集中在我这里了吗？上天要毁灭这些礼乐，就不会让我掌握礼乐。上天并不想让这些礼乐毁灭，匡人又能把我怎么样！"孔子派一个随从向卫国的宁武子称臣，然后才得以离开匡地。

去即过蒲①。月余，反（返）乎卫，主蘧伯玉②家。灵公夫人有南子者，使人谓孔子曰："四方之君子不辱③欲与寡君④为兄弟者，必见寡小君⑤。寡小君愿见。"孔子辞谢，不得已而见之。夫人在绨帷⑥中。孔子入门，北面稽首⑦。夫人自帷中再拜，环佩玉声璆然⑧。孔子曰："吾乡（向）为弗见，见之礼答焉。"子路不说（悦）。孔子矢（誓）之曰："予所不（否）者，天厌之！天厌之！"居卫月余，灵公与夫人同车，宦者雍渠参乘，出，使孔子为次乘，招摇市过之。孔子曰："吾未见好德如好色者也。"于是丑之，去卫，过曹⑨。是岁，鲁定公卒。

◎**注释** ①〔蒲〕在今河南长垣。②〔蘧（qú）伯玉〕名瑗，字伯玉，卫国大夫。③〔不辱〕谦辞，不以为辱。④〔寡君〕谦辞，对别国的人称自己的国君。⑤〔寡小君〕对本国君主夫人的谦称。⑥〔绪（chī）帷〕细葛布做的帷帐。⑦〔稽首〕最恭敬的一种跪拜礼，叩头至地，停留一会儿。⑧〔璆（qiú）然〕形容玉石相击声。⑨〔曹〕诸侯国名，都城在今山东定陶西。

◎**大意** 孔子离开匡地到了蒲。过了一个多月，又返回卫国，寄住在蘧伯玉家。卫灵公的夫人叫南子，派人对孔子说："各国的君子如果想和我们国君称兄道弟，一定会来见见我们夫人。我们夫人也想见见您。"孔子推辞，但不得已还是去见了南子。南子坐在帷帐后等待。孔子进门，就面朝北叩头行礼。南子在帷帐中拜了两拜，佩戴的玉器首饰发出叮当撞击的清脆声响。事后孔子说："我本来不愿见她，既然见了就要以礼相待。"子路不高兴。孔子发誓说："我说的如果不是真的，老天一定厌弃我！老天一定厌弃我！"在卫国住了一个多月后，卫灵公与夫人南子同坐一辆车子出门，宦官雍渠陪侍车右，出宫后，让孔子坐在第二辆车上，大摇大摆从街上走过。孔子说："我没有见过爱好德行像爱好美色一样的人。"因此对卫灵公的行为感到厌恶，离开卫国，去往曹国。这一年，鲁定公去世。

　　孔子去曹适宋，与弟子习礼大树下。宋司马桓魋①欲杀孔子，拔其树。孔子去。弟子曰："可以速矣。"孔子曰："天生德于予，桓魋其如予何！"

◎**注释** ①〔桓魋（tuí）〕宋国的权臣，宋桓公的后代。
◎**大意** 孔子离开曹国到了宋国，与弟子们在大树下演习礼仪。宋国司马桓魋想杀孔子，砍倒了大树。孔子离开了这里。学生们说："我们可以快点走了。"孔子说："上天赋予我道德使命，桓魋又能把我怎么样呢？"

孔子适郑，与弟子相失，孔子独立郭东门。郑人或谓子贡①曰："东门有人，其颡②似尧，其项类皋陶③，其肩类子产④，然自要（腰）以下不及禹三寸，累累若丧家之狗。"子贡以实告孔子。孔子欣然笑曰："形状，末也。而谓似丧家之狗，然哉！然哉！"

◎**注释** ①〔子贡〕姓端木，名赐，字子贡，善于辞令，是孔子门下的七十二贤人之一。②〔颡（sǎng）〕上额。③〔皋陶（gāo yáo）〕唐尧、虞舜时的贤臣，主管刑狱。④〔子产〕即公孙侨，春秋后期郑国的名臣。
◎**大意** 孔子到了郑国，与弟子们走散了，一个人站在城外的东门。郑国有人看见了就对子贡说："东门有个人，他的额头像唐尧，脖子像皋陶，肩膀像子产，但从腰部以下比夏禹短了三寸，疲惫不堪，真像一条丧家狗。"子贡把郑国人的原话如实告诉了孔子。孔子笑着说："他形容我的相貌，不一定对。但说我像一条丧家狗，对极了！对极了！"

孔子遂至陈，主于司城①贞子家。岁余，吴王夫差伐陈，取三邑而去。赵鞅②伐朝歌③。楚围蔡，蔡迁于吴。吴败越王句践会稽④。

◎**注释** ①〔司城〕掌管水土事务的官职。②〔赵鞅〕即赵简子，晋国的六卿之一。③〔朝歌〕在今河南淇县。④〔会稽〕在今浙江绍兴。
◎**大意** 孔子又到达陈国，寄住在司城贞子家里。过了一年多，吴王夫差攻打陈国，夺取了三个城邑才撤兵。赵鞅又出兵攻打卫国国都朝歌。楚国包围了蔡国，蔡国迁都到吴地。吴国在会稽打败了越王句践。

有隼①集于陈廷而死，楛矢②贯之，石砮③，矢长尺有咫④。陈湣公使使问仲尼。仲尼曰："隼来远矣，此肃慎⑤之矢也。昔武王克商，通道九夷百蛮⑥，使各以其方贿来贡，使无忘职业。于是肃慎贡楛矢，石砮，长尺有（又）咫。先王欲昭其令德，以肃慎矢分大姬⑦，配虞胡公⑧而封诸陈。分同姓以珍玉，展亲；分异姓以远方职，使无忘服。故分陈以肃慎矢。"试求之故府，果得之。

◎**注释** ①〔隼（sǔn）〕一种鹰类的猛禽。②〔楛（hù）矢〕用楛木做的箭。③〔砮（nǔ）〕可以做箭镞的石头。④〔尺有咫〕一尺八寸，约相当于现在四十一厘米。⑤〔肃慎〕古代少数民族部落，在今黑龙江、吉林一带。⑥〔九夷百蛮〕九和百都表示多的意思。夷是东方的少数民族部落，蛮是南方的少数民族部落。⑦〔大姬〕周武王的长女。⑧〔虞胡公〕名满，虞舜的后代。

◎**大意** 有一只隼落在陈国宫廷前死了，有楛木箭射穿了它的身体，箭头是石制的，箭长一尺八寸。陈湣公派人去请教孔子。孔子说："隼来自很远的地方，这是肃慎族的箭。从前周武王灭商，打通了与各民族部落的联系，让各民族部落上贡各地的特产，使他们不要忘记自己的义务。于是肃慎族献来楛木箭和石制箭头，长一尺八寸。周武王为了显示他的美德，就把肃慎族的箭赐给了长女大姬，大姬嫁给了虞胡公，虞胡公被分封在陈国。给同姓分赠珍玉，是为了表示重视亲族；给异姓分赠远方贡品，是为了让他们不忘听从王命。因此，把肃慎族的箭分给了陈国。"陈湣公派人到过去收藏各方贡品的仓库中寻找，果然找到了这种箭。

孔子居陈三岁，会晋楚争强，更伐陈，及吴侵陈，陈常被寇。孔子曰："归与，归与！吾党之小子狂简，进取不忘其初。"于是孔子去陈。

◎**大意** 孔子在陈国居住了三年，恰逢晋楚争霸，两国轮番攻打陈国，加上吴国也借机侵犯陈国，陈国常常遭受侵犯。孔子说："回去吧，回去吧！我家乡的那些弟子的志气很大而行事疏阔，有进取心而能够不忘自己的初衷。"于是孔子离开了陈国。

过蒲，会公叔氏①以蒲畔（叛），蒲人止孔子。弟子有公良孺②者，以私车五乘从孔子。其为人长贤，有勇力，谓曰："吾昔从夫子遇难于匡，今又遇难于此，命也已。吾与夫子再罹难，宁斗而死。"斗甚疾。蒲人惧，谓孔子曰："苟毋适卫，吾出子。"与之盟，出孔子东门。孔子遂适卫。子贡曰："盟可负邪？"孔子曰："要盟也，神不听。"

◎**注释**　①〔公叔氏〕指卫国的大夫公叔戌。②〔公良孺〕名孺，字子正，是孔子门下的七十二贤人之一。

◎**大意**　路过蒲地时，恰好遇上公叔氏在蒲地反叛，蒲地人扣留了孔子。弟子当中有个叫公良孺的人，自己带了五辆车子追随孔子。他身材高大有才德，很有勇力，对孔子说："我从前跟随先生在匡地遇难，现在又在此遇难，这是命运吧。我和先生一再遭难，宁可搏斗而死。"双方搏斗十分激烈。蒲地人害怕了，对孔子说："如果你们不去卫国，我们就放你们走。"孔子与他们订立了盟约，这才从东门出去。孔子于是到达卫国。子贡说："盟约可以违背吗？"孔子说："被胁迫订立的盟约，神是不会认可的。"

卫灵公闻孔子来，喜，郊迎。问曰："蒲可伐乎？"对曰："可。"灵公曰："吾大夫以为不可。今蒲，卫之所以待①晋、楚也，以卫伐之，无乃不可乎？"孔子曰："其男子有死之志，妇人有保西河②之志。吾所伐者不过四五人。"灵公曰："善。"然不伐蒲。

◎**注释**　①〔待〕抵抗、防御。②〔西河〕指流经卫国的一段黄河，在今河南汲县、新乡、淇县一带。

◎**大意**　卫灵公听说孔子来了，很高兴，亲自到郊外迎接。卫灵公问孔子："蒲地可以讨伐吗？"孔子回答："可以。"卫灵公说："我的大夫都认为不可以去讨伐，因为现在的蒲地是防御晋、楚的屏障，用卫国的军队去讨伐，恐怕不行吧？"孔子说："蒲地男子有效忠卫国之志，妇女有守卫西河的愿望。我认为需要讨伐的只是四五个领头叛乱的人罢了。"卫灵公说："好。"但没出兵讨伐蒲地。

灵公老，怠于政，不用孔子。孔子喟然叹曰："苟有用我者，期月①而已，三年有成。"孔子行。

◎**注释** ①〔期（jī）月〕一整年。
◎**大意** 卫灵公年纪大了，懒得处理政务，也不任用孔子。孔子长叹一声说："如果有人任用我，一年就可以初见成效，三年就会大有所成。"孔子又离开了卫国。

佛肸①为中牟②宰。赵简子攻范、中行，伐中牟。佛肸畔（叛），使人召孔子。孔子欲往。子路曰："由闻诸夫子，'其身亲为不善者，君子不入也'。今佛肸亲以中牟畔（叛），子欲往，如之何？"孔子曰："有是言也。不曰坚乎，磨而不磷；不曰白乎，涅而不淄③。我岂匏瓜④也哉，焉能系而不食？"

◎**注释** ①〔佛肸（bì xī）〕晋国贵族中行氏的家臣。②〔中牟〕在今河南中牟城东。③〔涅而不淄〕用黑色染料染色也不会变黑。涅，黑色染料。淄，黑。④〔匏瓜〕葫芦，长成之后吊起来用作观赏。
◎**大意** 佛肸做中牟的长官。晋国的赵简子攻打范氏、中行氏，讨伐中牟。佛肸趁机发动叛乱，派人召请孔子。孔子打算前往。子路说："我听老师说过，'那种自身做了坏事的人，君子是不到他那里去的'。现在佛肸以中牟为据点反叛，您打算前往，这又是为什么呢？"孔子说："我是说过这句话。我不是也说过坚硬的东西，磨砺也不会变薄；不是也说过洁白的东西，染色也不会变黑。我难道只像匏瓜吗？怎么能挂着而不让人吃呢？"

孔子击磬①。有荷蒉②而过门者，曰："有心哉，击磬乎！硁硁③乎，莫己知也夫而已矣！"

◎**注释** ①〔磬〕一种击打的石制乐器。②〔蒉（kuì）〕用草编的筐子。③〔硁硁〕击磬的声音。

◎**大意** 孔子正敲打着磬。有个背着草筐的人路过门口，说："这个击磬的人有心思啊！敲得又响又急，既然没有人了解你那就算了吧！"

孔子学鼓琴师襄子①，十日不进。师襄子曰："可以益矣。"孔子曰："丘已习其曲矣，未得其数也。"有间，曰："已习其数，可以益矣。"孔子曰："丘未得其志也。"有间，曰："已习其志，可以益矣。"孔子曰："丘未得其为人也。"有间，曰有所穆然②深思焉，有所怡然高望而远志焉。曰："丘得其为人，黯然而黑，几（颀）然而长，眼如望羊（洋），如王四国，非文王其谁能为此也！"师襄子辟（避）席③再拜，曰："师盖云《文王操》④也。"

◎**注释** ①〔师襄子〕鲁国的乐师，名襄。②〔穆然〕沉静深思的样子。③〔辟席〕起身离座，表示对人的尊重。④〔《文王操》〕琴曲名，相传为周文王所作。

◎**大意** 孔子向师襄子学习弹琴，一连十天没有学新内容。师襄子说："可以学习一些新内容了。"孔子说："我已熟习乐曲了，但还没有熟练掌握弹琴技法。"过了些时候，师襄子说："你已熟习弹琴技法了，可以学习一些新内容了。"孔子说："我还没有领会乐曲的情感意蕴。"过了些时候，师襄子说："你已领会乐曲的情感意蕴了，可以学习一些新内容了。"孔子说："我还没有体会出作曲者是怎样的人。"过了些时候，孔子肃穆沉静有所思，接着又心旷神怡显出志向远大的样子。说："我体会出作曲者是怎样的人了，样子黑黑的，身材高高的，眼光明亮而深沉，像个统治四方诸侯的王者，除了周文王又有谁能如此呀！"师襄子恭敬地离开座位向孔子拜了两拜，说："我的老师说过这是《文王操》。"

孔子既不得用于卫，将西见赵简子。至于河而闻窦鸣犊、舜华之死也，临河而叹曰："美哉水，洋洋①乎！丘之不济此，命也夫！"子贡趋而进曰："敢问何谓也？"孔子曰："窦鸣犊、舜华，晋国之贤大夫也。赵简子未得志之时，须此两人而后从政；及其已得志，杀之乃从政。丘闻之也，刳胎杀夭则麒麟不至郊，竭泽涸渔则蛟龙不合阴阳，覆巢毁卵则凤皇不翔。何则？君子讳伤其类也。夫鸟兽之于不义也尚知辟（僻）之，而况乎丘哉！"乃还息乎陬乡②，作为《陬操》③以哀之。而反（返）乎卫，入主蘧伯玉家。

◎**注释** ①〔洋洋〕水势盛大的样子。②〔陬乡〕卫国的地名。③〔《陬操》〕琴曲名。

◎**大意** 孔子在卫国没有得到重用，打算向西去见赵简子。到了黄河边，他听到窦鸣犊、舜华被杀的消息，面对黄河而叹气说："多么美丽的黄河水啊，浩浩荡荡奔流而去！我不能渡过黄河了，这是命吧！"子贡快步向前问道："请问这是什么意思？"孔子说："窦鸣犊、舜华二人都是晋国的贤大夫。赵简子没有得志的时候，靠这二人才得以掌权；等到他得志以后，却杀了他们来执政。我听说，剖腹取胎杀害幼兽，那么麒麟就不会来到郊外；把池子里的水放干了捉鱼，那么蛟龙就不肯来调和阴阳而兴云致雨了；打翻鸟巢击破鸟卵，那么凤凰就不愿往这里飞翔。为什么？是君子忌讳自己的同类受到伤害啊！连飞鸟走兽对于不义的人和事尚且知道避开，更何况是我呢！"就回到陬乡歇息，作《陬操》琴曲以哀悼两位贤人。以后又回到卫国，住在蘧伯玉家里。

他日，灵公问兵陈（阵）。孔子曰："俎豆之事则尝闻之，军旅之事未之学也。"明日，与孔子语，见蜚（飞）雁，仰视之，色不在孔子。孔子遂行，复如陈。

◎**大意** 有一天，卫灵公问起列兵布阵、作战之事。孔子说："祭祀方面的事曾经听说过，至于行军作战的事我没有学过。"第二天，卫灵公和孔子谈话，看见雁群飞过，抬头仰望，神色不在孔子身上。孔子于是离开卫国，再往陈国。

夏，卫灵公卒，立孙辄，是为卫出公。六月，赵鞅内（纳）太子蒯聩①于戚②。阳虎使太子绖③，八人衰绖，伪自卫迎者，哭而入，遂居焉。冬，蔡迁于州来④。是岁鲁哀公三年，而孔子年六十矣。齐助卫围戚，以卫太子蒯聩在故也。

◎**注释** ①〔蒯聩〕卫灵公的太子，因谋划杀灵公夫人南子事情败露，出逃晋国。②〔戚〕在今河南濮阳北。③〔绖〕吊丧时脱去帽子，用布包裹发髻。④〔州来〕在今安徽凤台。

◎**大意** 这年夏天，卫灵公死了，他的孙子姬辄被立为国君，这就是卫出公。六月，赵鞅把流亡在外的太子姬蒯聩护送到了卫国的戚城。阳虎让太子身穿丧服，又让八个人披麻戴孝，装扮成从卫国来迎接太子回国的人，哭着进入戚城，就在那里住了下来。冬天，蔡国将都城迁到州来。这一年是鲁哀公三年，这时孔子正好六十岁。齐国帮助卫国包围戚城，这是因为太子姬蒯聩躲在那里。

夏，鲁桓釐庙燔，南宫敬叔救火。孔子在陈，闻之，曰："灾必于桓釐庙乎？"已而果然。

◎**大意** 这一年夏天，鲁桓公、鲁釐公的庙堂失火，南宫敬叔去救火。孔子在陈国听到失火的消息后说："火灾一定在鲁桓公、鲁釐公的庙堂吧？"后来消息证实，果然如他所言。

秋，季桓子病，辇①而见鲁城，喟然叹曰："昔此国几兴矣，以吾获罪于孔子，故不兴也。"顾谓其嗣康子②曰："我即死，若必相鲁；相鲁，必召仲尼。"后数日，桓子卒，康子代立。已葬，欲召仲尼。公之鱼③曰："昔吾先君用之不终，终为诸侯笑。今又用之，不能终，是再为诸侯笑。"康子曰："则谁召而可？"曰："必召冉求④。"于是使使召冉求。冉求将行，孔子曰："鲁人召求，非小用之，将大用之也。"是日，孔子曰："归乎归乎！吾党之小子狂简，斐然⑤成章，吾不知所以裁之。"子赣⑥知孔子思归，送冉求，因诫曰"即用，以孔子为招"云。

◎**注释** ①〔辇〕人拉着走的车子，或人抬的滑竿，后来专指帝王的车子。②〔康子〕即季孙肥。③〔公之鱼〕季孙氏的家臣。④〔冉求〕字子有，长于政事，是孔子门下七十二贤人之一。⑤〔斐然〕有文采的样子。⑥〔子赣〕即子贡。

◎**大意** 这年秋天，季桓子病重，乘车巡视鲁国都城时，长叹一声说："过去这个国家几乎兴盛起来了，因为我得罪了孔子，所以没有兴旺起来。"回头对自己的继承人季康子说："我快要死了，你一定会当鲁国的相国；任相国后，一定要把孔子召回来。"过了几天，季桓子死了，季康子继承了他的职位。办完丧事之后，季康子想要召回孔子。大夫公之鱼说："从前我们国君用他而没有善终，最后被诸侯耻笑。如今又任用他，假若不能善终，会再次被诸侯耻笑的。"季康子说："那么召谁才好呢？"公之鱼说："一定要召回冉求。"于是派使者去召冉求。冉求准备前往，孔子说："鲁国人召请你，不会小用，将要重用你。"这天，孔子还说："回去吧，回去吧！我家乡那些弟子志向高远而行事疏阔，都富有文采，我不知道怎么引导他们了。"子贡知道孔子思念家乡想回去，在送冉求时叮嘱他"你要是被重用了，要想着把先生请回去"之类的话。

冉求既去，明年，孔子自陈迁于蔡。蔡昭公将如吴，吴召之也。前昭公欺其臣迁州来，后将往，大夫惧复迁，公孙翩①射杀昭公。楚侵蔡。秋，齐景公卒。

◎**注释** ①〔公孙翩〕蔡国的大夫。

◎**大意** 冉求离开之后,第二年,孔子从陈国移居蔡国。蔡昭公准备去吴国,因为吴王召见他。以前,蔡昭公欺骗他的大臣把国都迁到州来,这次将要前往吴国,大臣们担心又要迁移国都,公孙翩就在路上射死了蔡昭公。接着,楚国侵犯蔡国。这年秋天,齐景公死了。

明年,孔子自蔡如叶①。叶公②问政,孔子曰:"政在来远附迩。"他日,叶公问孔子于子路,子路不对。孔子闻之,曰:"由,尔何不对曰'其为人也,学道不倦,诲人不厌,发愤忘食,乐以忘忧,不知老之将至云尔'?"

◎**注释** ①〔叶〕楚国的城邑名,在今河南叶县西南。②〔叶公〕即沈诸梁,字高,楚国的大夫,因他曾任叶县的长官,故称"叶公"。

◎**大意** 第二年,孔子从蔡国到了楚国的叶城。叶公问治理国家的方法,孔子说:"治理国家在于使远方的人来,使近处的人归附。"另一天,叶公向子路询问孔子是一个什么样的人,子路没有回答。孔子听说后,说:"子路,你为什么不回答说'他为人呀,学习道理不知疲倦,教导人不知厌烦,发愤学习时忘记吃饭,快乐时忘记忧愁,不知道衰老就要到来'这样的话呢?"

去叶,反(返)于蔡。长沮、桀溺耦而耕,孔子以为隐者,使子路问津①焉。长沮曰:"彼执舆者为谁?"子路曰:"为孔丘。"曰:"是鲁孔丘与?"曰:"然。"曰:"是知津矣。"桀溺谓子路曰:"子为谁?"曰:"为仲由。"曰:"子,孔丘之徒与?"曰:"然。"桀溺曰:"悠悠者天下皆是也,而谁以易之?且与其从辟(避)人之士,岂若从辟(避)世之士哉!"耰②而不辍。子路以告孔子,孔子怃然③曰:"鸟兽不可与同群。天下有道,丘不与易也。"

◎**注释** ①〔问津〕打听渡口在哪里。②〔櫌(yōu)〕弄碎土块、平整土地的农具,这里用作动词。③〔怃然〕怅然若失的样子。

◎**大意** 孔子离开叶邑,返回蔡国。路上见到长沮、桀溺合作耕田,孔子以为他们是隐士,派子路前去打听渡口在哪里。长沮说:"那个拉着马缰绳的人是谁?"子路说:"是孔丘。"长沮说:"是鲁国的孔丘吗?"子路说:"是的。"长沮说:"那他应该知道渡口在哪里了。"桀溺问子路:"你是谁?"子路回答:"我是仲由。"桀溺又问:"你是孔丘的学生吗?"子路回答:"是的。"桀溺说:"天下到处动荡不安,谁能改变这种现状?与其跟随躲避暴君乱臣的人四处跑,还不如跟着我们这些躲避乱世的人呢!"说完便开始专心耕田。子路把这话转告孔子,孔子失望地说:"人不可以与鸟兽同居。要是天下太平,我就用不着操心改变这个局面了。"

他日,子路行,遇荷蓧①丈人,曰:"子见夫子乎?"丈人曰:"四体不勤,五谷②不分,孰为夫子!"植其杖而芸。子路以告,孔子曰:"隐者也。"复往,则亡。

◎**注释** ①〔荷蓧(diào)〕背着草筐。②〔五谷〕泛指各种农业作物。具体所指,说法较多,普遍的说法是指稻、黍、稷、麦、菽。

◎**大意** 有一天,子路一个人走着,遇到一位背着草筐的老人,子路问道:"您看到我的老师了吗?"老人说:"你们这些人四肢不勤劳,分不清五谷,我怎么知道谁是你老师!"于是放下拐杖去锄草。子路把此事告诉了孔子,孔子说:"那是位隐士。"让子路再去看看,老人已经走了。

孔子迁于蔡三岁,吴伐陈。楚救陈,军于城父①。闻孔子在陈蔡之间,楚使人聘②孔子。孔子将往拜礼,陈蔡大夫谋曰:"孔子贤者,所刺讥皆中诸侯之疾。今者久留陈、蔡之间,诸大夫所设行皆非仲尼之意。今楚,大国也,来聘孔子。孔子用于楚,则陈、蔡用事大夫危矣。"于是乃相与发徒役③围孔子于野。不得行,绝粮。从者病,莫能兴。孔子讲诵弦歌不衰。子路愠，见曰："君子亦有穷乎？"孔子曰："君子固穷，小人穷斯滥④矣。"

◎**注释**　①〔城父〕在今安徽亳州东南。②〔聘〕带着财物去请。③〔徒役〕服劳役的人，这里指士兵。④〔滥〕过度，不节制。

◎**大意**　孔子迁居蔡国三年，吴国出兵攻打陈国。楚国援救陈国，军队驻扎在城父。听说孔子住在陈国、蔡国的边境上，楚国就派人聘请孔子。孔子正要前往拜见接受聘礼，陈国、蔡国的大夫暗中谋划说："孔子是位贤者，他所指责讥讽的都能够切中诸侯的弊病。如今他长期住在陈、蔡两国之间，大夫们所施行的制度、措施都不合孔子的意思。现在楚国是个大国，来聘请孔子。如果孔子在楚国受到重用，那么陈、蔡二国掌权的大夫就危险了。"于是他们就一起派人将孔子围困在野外。孔子无法行动，粮食也断绝了。随从的学生饿病了，站不起来。孔子依旧讲学、诵诗、唱歌、弹琴而没有停止。子路生气地来见孔子说："君子也有困窘的时候吗？"孔子说："君子在困窘面前能保持节操，小人在困窘面前什么事都能做出来。"

　　子贡色作。孔子曰："赐，尔以予为多学而识（志）之者与？"曰："然。非与？"孔子曰："非也。予一以贯之。"

◎**大意**　子贡也怒形于色。孔子说："赐啊，你认为我是博学强记的人吗？"子贡说："是的。难道不对吗？"孔子说："不是的。我是以一种核心宗旨贯穿于我的学说之中。"

　　孔子知弟子有愠心，乃召子路而问曰："《诗》云'匪（非）兕匪（非）虎，率彼旷野①'。吾道非邪？吾何为于此？"子路曰："意者吾未仁耶？人之不我信也。意者吾未知（智）耶？人之不我行也。"孔子曰："有是乎！由，譬使仁者而必信，安有伯夷、叔齐②？使知（智）者而必行，安有王子比干③？"

◎**注释** ①〔匪兕匪虎，率彼旷野〕出自《诗经·小雅·何草不黄》，孔子用来比喻自己的奔波劳碌。兕，犀牛。率，循，沿着。②〔伯夷、叔齐〕殷商末年孤竹国君的两个儿子，因互相推让不愿为国君，双双逃离，周武王灭商后，二人不食周粟，饿死在首阳山，事迹详见《伯夷列传》。③〔王子比干〕殷商末年的贤臣，因劝阻殷纣王的暴行而被剖心。

◎**大意** 孔子知道弟子们心中不高兴，就召子路前来问道："《诗经》上说'不是犀牛也不是老虎，却每天奔波在旷野之中'。是我的学说主张不对吗？我为什么落到这个地步？"子路说："莫非是我们的仁德还不够？所以人们才不信任我们。或者是我们的智慧还不够吧？所以人家不放我们通行。"孔子说："是这样吗？仲由，假如有仁德的人就能让人理解，伯夷、叔齐怎么会饿死在首阳山呢？假使有智慧的人能通行无阻，怎么会发生王子比干被剖心这样的事呢？"

子路出，子贡入见。孔子曰："赐，《诗》云'匪（非）兕匪（非）虎，率彼旷野'。吾道非耶？吾何为于此？"子贡曰："夫子之道至大也，故天下莫能容夫子。夫子盖（盍）少贬焉？"孔子曰："赐，良农能稼而不能为穑①，良工能巧而不能为顺。君子能修其道，纲而纪之，统而理之，而不能为容。今尔不修尔道而求为容。赐，而志不远矣！"

◎**注释** ①〔穑〕收获。

◎**大意** 子路出来之后，子贡进入。孔子说："赐啊，《诗经》上说'不是犀牛也不是老虎，却每天奔波在旷野之中'。是我的学说主张不对吗？我为什么落到这个地步？"子贡说："您的学说主张太广大了，所以天下没有地方能容纳您。

您为什么不稍微降低一些标准呢？"孔子说："赐啊，好的农夫善于播种但不一定会有好的收成，好的工匠制造精巧却不能令人人满意。君子能研修自己的学说，使其系统周密、纲目清晰、一以贯之，但不一定被统治者接纳。你现在不努力研修自己信奉的学说，反而想降格来让人接纳你。赐，你的志向不远大啊！"

子贡出，颜回入见。孔子曰："回，《诗》云'匪（非）兕匪（非）虎，率彼旷野'。吾道非耶？吾何为于此？"颜回曰："夫子之道至大，故天下莫能容。虽然，夫子推而行之，不容何病①？不容然后见君子！夫道之不修也，是吾丑也。夫道既已大修而不用，是有国者之丑也。不容何病？不容然后见君子！"孔子欣然而笑曰："有是哉颜氏之子！使尔多财，吾为尔宰。"

◎**注释** ①〔病〕损害，害处。

◎**大意** 子贡退出，颜回进来见孔子。孔子说："回啊，《诗经》上说'不是犀牛也不是老虎，却每天奔波在旷野之中'。是我的学说主张不对吗？我为什么落到这个地步？"颜回说："老师的学说主张最为广大，所以天下没有地方能容纳老师。即使这样，老师仍然努力推行自己的学说，不被容纳又有什么关系呢？不被容纳这样才显示出君子本色！不研修自己的学说，是我们的耻辱。至于学说完美无缺而不被用，那就是当权者的耻辱了。不被容纳有什么妨碍呢？不被容纳才显示出君子本色！"孔子欣慰地笑着说："是这样的啊，姓颜的小伙子！假使你有很多钱财，我愿意给你做管家。"

于是使子贡至楚。楚昭王兴师迎孔子，然后得免。

◎**大意** 孔子于是派子贡到楚国求救。楚昭王派军队来迎接孔子，孔子这才得以脱身。

昭王将以书社①地七百里封孔子。楚令尹②子西③曰："王之使使诸侯有如子贡者乎？"曰："无有。""王之辅相有如颜回者乎？"曰："无有。""王之将率（帅）有如子路者乎？"曰："无有。""王之官尹有如宰予④者乎？"曰："无有。""且楚之祖封于周，号为子男⑤五十里。今孔丘述三五⑥之法，明周召⑦之业，王若用之，则楚安得世世堂堂方数千里乎？夫文王在丰，武王在镐，百里之君，卒王天下。今孔丘得据土壤，贤弟子为佐，非楚之福也。"昭王乃止。其秋，楚昭王卒于城父。

◎**注释** ①〔书社〕古制二十五家立社，把社内人名登记在册谓之"书社"。亦指按社登记在册的人口及其土地。②〔令尹〕楚国独有的官职，相当于其他诸侯国的相国、丞相等，即后世泛称的宰相。③〔子西〕姓芈，名申，字子西。④〔宰予〕字子我，亦称宰我，善言语，是孔子门下七十二贤人之一。⑤〔子男〕周初的诸侯分为公、侯、伯、子、男五等，子和男封地都是五十里。楚之先祖曾被周朝封为子爵。⑥〔三五〕指三皇五帝。三皇是燧人氏、伏羲氏、神农氏。五帝是黄帝、颛顼、帝喾、唐尧、虞舜。⑦〔周召〕指周公姬旦和召公姬奭。周公与召公都是周武王的弟弟，共同辅佐周成王治国。

◎**大意** 楚昭王想把有众多人口登记在册的七百里地封给孔子。楚国的令尹子西说："大王派到诸侯国的使臣有能比得上子贡的吗？"昭王说："没有。"子西说："大王的辅佐大臣有比得上颜回的吗？"昭王说："没有。"子西说："大王的将帅有比得上子路的吗？"昭王说："没有。"子西说："大王的地方官吏，有比得上宰予的吗？"昭王说："没有。"子西说："楚国的祖先在周朝受封，封号为子爵，封地为五十里。如今孔子继承三皇五帝的做法，发扬周公、召公的事业，大王如果用他，楚国还能世世代代保有方圆几千里的地方吗？当初周文王在丰地，武王在镐地，仅是百里之地的国君，最终统一天下。现在如果孔丘拥有那七百里地方，有贤能的弟子辅佐他，这对楚国来说不是一件好事啊。"楚昭王就打消了给孔子封地的想法。这年秋天，楚昭王死在城父。

楚狂接舆①歌而过孔子，曰："凤②兮凤兮，何德之衰！往者不可谏兮，来者犹可追也！已而已而，今之从政者殆③而！"孔子下，欲与之言。趋而去，弗得与之言。

◎**注释**　①〔接舆〕楚国的隐士。②〔凤〕这里暗指孔子，讽刺孔子奔走四方，以求从政。③〔殆〕危险。
◎**大意**　楚国的狂人接舆唱着歌从孔子身边走过，说："凤凰呀凤凰呀，你的美德为什么如此衰败啊？过去的事已经无法挽回了，未来的事还可以补救。算了吧算了吧！如今从政的都是很危险的人啊！"孔子下了车，想同他谈话。他却快步走开了，孔子没能跟他说上话。

于是孔子自楚反（返）乎卫。是岁也，孔子年六十三，而鲁哀公六年也。

◎**大意**　这个时候，孔子从楚国返回卫国。这一年，孔子六十三岁，是鲁哀公六年。

其明年，吴与鲁会缯①，征百牢②。太宰嚭③召季康子。康子使子贡往，然后得已。

◎**注释**　①〔缯（zēng）〕在今山东苍山西北。②〔百牢〕牛、羊、猪各一百头。③〔太宰嚭（pǐ）〕即伯嚭，吴国的太宰。
◎**大意**　第二年，吴国君主与鲁哀公在缯地会盟，吴国要求鲁国提供祭祀用的献礼百牢。吴国的太宰嚭召见季康子赴会。季康子派子贡前往交涉，事情才算了结。

孔子曰:"鲁、卫之政,兄弟也。"是时,卫君辄父①不得立,在外,诸侯数以为让。而孔子弟子多仕于卫,卫君欲得孔子为政。子路曰:"卫君待子而为政,子将奚先?"孔子曰:"必也正名乎!"子路曰:"有是哉,子之迂也!何其正也?"孔子曰:"野哉由也!夫名不正则言不顺,言不顺则事不成,事不成则礼乐不兴,礼乐不兴则刑罚不中,刑罚不中则民无所错(措)手足矣。夫君子为之必可名,言之必可行。君子于其言,无所苟而已矣。"

◎**注释** ①〔卫君辄父〕即前文已出现过的太子姬蒯聩。

◎**大意** 孔子说:"鲁国、卫国的政事,像兄弟一样,差不多。"这时,卫国君主姬辄的父亲没被立为国君,流亡在外,诸侯对此事屡加指责。而孔子的很多弟子在卫国做官,卫国君主想请孔子来治理国家。子路说:"卫君想请您出来执政,您准备首先做什么?"孔子说:"一定首先正名分!"子路说:"真要这样的话,老师您太不合时宜了!为什么要先正名分呢?"孔子说:"仲由你太放肆啦!名分不正,说话就不合理;说话不合理,事情就办不成;事情办不成,礼乐教化就不会兴盛;礼乐教化不兴盛,刑罚就不会公正;刑罚不公正,百姓就会手足无措。君子办事一定要说得出名堂,说话一定要切实可行。君子对于他所说的话,是丝毫不能马虎的。"

其明年,冉有为季氏将师,与齐战于郎①,克之。季康子曰:"子之于军旅,学之乎?性之②乎?"冉有曰:"学之于孔子。"季康子曰:"孔子何如人哉?"对曰:"用之有名;播之百姓、质诸鬼神而无憾。求之至于此道,虽累千社③,夫子不利也。"康子曰:"我欲召之,可乎?"对曰:"欲召之,则毋以小人固之,则可矣。"而卫孔文子④将攻太叔⑤,问策于仲尼。仲尼辞不知,退而命载而行,曰:"鸟能择木,木岂能择鸟乎!"文子固止。会季康子逐公华、公宾、公林，以币⑥迎孔子，孔子归鲁。

◎**注释** ①〔郎〕在今山东金乡。②〔性之〕生来就会。③〔千社〕二十五户为一社，千社有两万五千户。④〔孔文子〕名圉，太子姬蒯聩的姐夫。⑤〔太叔〕名疾，卫国贵族。⑥〔币〕赠送的礼品。

◎**大意** 第二年，冉有为季氏率领军队，在郎地与齐国交战，打败了齐军。季康子说："您的军事才能，是学来的呢，还是天生的呢？"冉有说："向孔子学习来的。"季康子说："孔子是什么样的人呢？"冉有回答："孔子做事一定是师出有名；把他的作为讲给百姓听、摆给鬼神看都没有缺憾。像我所从事的行军打仗之事，即使有功而累计封到两万五千户人家，孔子也会毫不动心的。"季康子说："我想召请孔子，可以吗？"冉有说："想要请他来，不要让小人限制他，就可以了。"不久，卫国的孔文子将要攻打太叔，向孔子询问计策。孔子推辞不懂军事，回到住处便立即吩咐备车离开了卫国，说："鸟可以选择树木栖息，树木怎么能选择鸟呢！"孔文子坚决地挽留孔子。这时正好季康子赶走了公华、公宾、公林，派人带礼物来迎接孔子，孔子便回到了鲁国。

孔子之去鲁凡十四岁而反（返）乎鲁。

◎**大意** 孔子离开鲁国，在外游历了十四年后，又回到了鲁国。

鲁哀公问政，对曰："政在选臣。"季康子问政，曰："举直错（措）诸枉，则枉者直。"康子患盗，孔子曰："苟子之不欲，虽赏之不窃。"然鲁终不能用孔子，孔子亦不求仕。

◎**大意** 鲁哀公向孔子询问治理国家的方法，孔子说："为政首先要选择好大臣。"季康子问如何治理国家，孔子说："举用正直的人管理那些邪曲的人，那样就会让邪曲的人变为正直的人了。"季康子担心盗贼为患，孔子对他说："如果你没有贪欲，就是给奖赏，人们也不会去偷窃的。"但是鲁国最终也没有重用孔子，孔子也没有去追求官位。

孔子之时，周室微而礼乐废，《诗》《书》缺。追迹三代①之礼，序《书传》②，上纪唐、虞之际，下至秦缪，编次其事。曰："夏礼吾能言之，杞③不足征也。殷礼吾能言之，宋④不足征也。足，则吾能征之矣。"观殷夏所损益，曰："后虽百世可知也，以一文⑤一质⑥。周监（鉴）二代，郁郁⑦乎文哉。吾从周。"故《书传》《礼记》⑧自孔氏。

◎**注释** ①〔三代〕指夏、商、周。②〔《书传》〕指《尚书》。③〔杞〕周朝封的诸侯国，夏朝的后代。④〔宋〕周朝封的诸侯国，殷商的后代。⑤〔文〕指讲究各种礼乐制度。⑥〔质〕指不讲究礼乐制度等规范。⑦〔郁郁〕文采繁盛的样子。⑧〔《礼记》〕讲述上古礼仪制度的书。

◎**大意** 孔子生活的时代，正值周王室衰微而礼崩乐坏，《诗》《书》残缺。孔子追溯夏、商、周三代的礼仪制度，编定《尚书》，将其所记载的上起唐尧、虞舜，下至秦穆公之间史实的文章按照顺序编排。孔子说："夏朝的礼仪制度我还能说得出来，但夏朝的后代杞国没有留下足够证明这些制度的文献。殷商的礼仪制度我也能说得出来，但殷商的后代宋国没有留下足够证明这些制度的文献。如果文献充足的话，我就能证明这些制度了。"孔子在考察了殷朝对夏朝礼制的增损情况后，说："即使一百代之后的情况，还是可以说得出来，大体上是文与质的交替。周朝礼制借鉴了夏、殷二朝的制度，多么丰富多彩啊。我主张用周朝的礼仪制度。"所以《尚书》《礼记》都是孔子编定的。

孔子语鲁大（太）师："乐其可知也。始作翕如①，纵之纯如②，皦如③，绎如④也，以成。""吾自卫反（返）鲁，然后乐正，《雅》《颂》各得其所。"

◎**注释** ①〔翕（xī）如〕协调、妥帖的样子。②〔纯如〕和谐的样子。③〔皦如〕清晰分明的样子。④〔绎如〕连续不断的样子。

◎**大意** 孔子对鲁国的乐官太师说："音乐的演奏规律是可以通晓的。开始演奏时，要协调五音，接下去是节奏和谐，声音清晰，连续不断，这样一部曲子才算完成。"又说："我从卫国返回鲁国，把乐曲给订正了，使《雅》《颂》都能配入原来所在的乐部。"

古者《诗》三千余篇，及至孔子，去其重，取可施于礼义，上采契①后稷②，中述殷周之盛，至幽③厉④之缺，始于衽席⑤，故曰"《关雎》之乱以为《风》⑥始，《鹿鸣》为《小雅》始，《文王》为《大雅》始，《清庙》为《颂》始"。三百五篇孔子皆弦歌之，以求合《韶》⑦《武》⑧《雅》《颂》之音。礼乐自此可得而述，以备王道，成六艺⑨。

◎**注释** ①〔契〕商朝的始祖。②〔后稷〕周朝的始祖。③〔幽〕周幽王，西周末期的国王，宠爱褒姒，后被犬戎人杀掉。④〔厉〕周厉王，西周末期的国王，施政残暴，被百姓驱逐，出逃后死于外地。⑤〔衽席〕即床席，指夫妻伦常。⑥〔《风》〕《诗经》分《风》《雅》《颂》。《风》是采集各地的歌谣，《雅》是宗周地区的正声雅乐，《颂》是宗庙祭祀时唱的歌。⑦〔《韶》〕相传为虞舜时代的乐曲。⑧〔《武》〕相传为周武王所作的乐曲。⑨〔六艺〕《诗》《书》《礼》《乐》《易》《春秋》的合称。

◎**大意** 古代流传下来的《诗》有三千多篇，到孔子时，删去其中重复的部分，选取可以用于礼义教化的，上采歌颂商朝始祖契、周朝始祖后稷的诗篇，中叙写殷、周二朝兴盛的诗篇，又有批判周幽王、周厉王政治缺失的诗篇，而开头叙述男女夫妇关系，所以说"《关雎》作为《风》的开始，《鹿鸣》作为《小雅》的开始，《文王》作为《大雅》的开始，《清庙》作为《颂》的开始"。三百零五篇《诗》孔子都配乐歌唱，以求合于《韶》《武》《雅》《颂》这些乐曲的音调。先王的礼乐制度从此可以得到称述，王道完备了，六艺也由孔子编修完成了。

孔子晚而喜《易》，序《彖》《系》《象》《说卦》《文言》①。读《易》，韦编三绝②。曰："假我数年，若是，我于《易》则彬彬矣。"

◎ **注释** ①〔《彖》《系》《象》《说卦》《文言》〕都是阐释《易》学理论的。这些典籍又可分为《上彖》《下彖》《上系》《下系》《上象》《下象》《说卦》《文言》，再加上《序卦》《杂卦》，就是《周易》的"十翼"。②〔韦编三绝〕极言孔子读《易》遍数之多，以至编连竹简的皮条多次断开。韦，皮革，旧时用以将竹简编成册。三，指多次。绝，断。

◎ **大意** 孔子晚年喜欢钻研《周易》，还编写了《彖》《系》《象》《说卦》《文言》五种阐述《易》理的文辞。他将《周易》读了好多遍，以致把编书简的皮绳都磨断了好多次。他说："要是让我多活几年的话，我对《周易》从文辞到义理就可以理解得很透彻了。"

孔子以《诗》《书》《礼》《乐》教，弟子盖三千焉，身通六艺者七十有（又）二人。如颜浊邹之徒，颇受业者甚众。

◎ **大意** 孔子用《诗》《书》《礼》《乐》教育弟子，弟子人数大约有三千，其中精通《诗》《书》《礼》《乐》《易》《春秋》六艺的有七十二人。像颜浊邹这样，多方面受到教育而没有正式加入学籍的弟子就更多了。

孔子以四教：文，行，忠，信。绝四：毋意，毋必，毋固，毋我。所慎：齐（斋）①，战，疾。子罕言利与命与仁。不愤不启，举一隅不以三隅反，则弗复也。

◎**注释**　①〔齐〕通"斋"，祭祀之前的斋戒。
◎**大意**　孔子从四个方面教育学生：文采辞令，道德操行，忠恕之道，信义之道。杜绝四种毛病：不臆测，不武断，不固执，不自以为是。谨慎对待的事：斋戒，战争，疾病。孔子很少提到利，经常谈到命和仁。孔子教育弟子时，不到弟子苦思而不得其解时就不去启发开导，他举出一个道理而弟子不能触类旁通，就不再重复讲述。

其于乡党①，恂恂②似不能言者。其于宗庙朝廷，辩辩言，唯谨尔。朝，与上大夫言，訚訚③如也；与下大夫言，侃侃④如也。

◎**注释**　①〔乡党〕乡里。五百家为一党，一万二千五百家为一乡。②〔恂恂（xún）〕温和恭敬的样子。③〔訚訚（yín）〕忠正耿直的样子。④〔侃侃〕和颜悦色的样子。
◎**大意**　孔子在自己的乡里，谦恭得像个不善言谈的人。在宗庙朝廷这些场合，却能言善辩而有条理，又恭谨小心。上朝时，与上大夫交谈，忠正耿直；与下大夫交谈，和乐安详。

入公门，鞠躬如也；趋进，翼如也。君召使傧，色勃如也。君命召，不俟驾行矣。

◎**大意**　孔子进入国君的公门，低头弯腰以示恭敬谨慎；进门后快步向前，两臂曲起犹如鸟翼，恭敬有礼。国君命他接待宾客，容色庄重认真。国君召见他，他不等车驾备好就动身起行。

鱼馁，肉败，割不正，不食。席不正，不坐。食于有丧者之侧，未尝饱也。

◎**大意** 鱼已腐烂，肉质变味，不按规矩切割，孔子不吃。席位不正，不就座。在有丧事的人旁边吃饭，从来没有吃饱过。

是日哭，则不歌。见齐衰①、瞽②者，虽童子必变。

◎**注释** ①〔齐衰（zī cuī）〕丧服名，用粗麻布做成，因其缝齐，故称"齐衰"。齐，谓将丧服下部的边折转缝起来。②〔瞽（gǔ）〕盲人。
◎**大意** 孔子在一天之内哭过，就不再唱歌。看到穿丧服的人、盲人，即使是儿童，也必定改变面容以示同情。

"三人行，必得我师。""德之不修，学之不讲，闻义不能徙，不善不能改，是吾忧也。"使人歌，善，则使复之，然后和之。

◎**大意** "三个人同行，其中必定有人可以做我的老师。""不去修养品德，不去探求学业，听到别人的长处又不能自己学过来，不能改正错误和缺点，这是我最担忧的问题。"请别人唱歌，唱得好，就请对方再唱一遍，然后自己也跟着一起唱。

子不语：怪、力、乱、神。

◎**大意** 孔子不谈论的事情：怪异、暴力、悖乱、鬼神。

子贡曰:"夫子之文章①,可得闻也;夫子言天道与性命,弗可得闻也已。"颜渊喟然叹曰:"仰之弥高,钻之弥坚。瞻之在前,忽焉在后。夫子循循②然善诱③人,博我以文,约我以礼,欲罢不能。既竭我才,如有所立,卓尔。虽欲从之,蔑由也已。"达巷党人曰:"大哉孔子,博学而无所成名。"子闻之曰:"我何执?执御乎?执射乎?我执御矣。"牢曰:"子云'不试,故艺'。"

◎**注释** ①〔文章〕指的是口头或书面的论述。②〔循循〕有步骤、有次序地进行。③〔诱〕引导。

◎**大意** 子贡说:"老师关于礼乐等问题的论述,我们是知道的;老师讲论天道与人的命运的深微见解,我们就不得而知了。"颜渊叹口气说:"越是仰慕老师的学问就越觉得崇高无比,越是钻研就越觉得坚实深厚。看见它在前面,忽然间又在后面了。老师善于循序渐进地引导人,用文学来丰富我的知识,用礼仪来约束我的言行,想停止学习都不可能。我的才力已经竭尽,好像有所建树,可老师的学问仍然高立在我面前。虽然想追上去,但总是不得其法。"达巷地方的人说:"孔子真伟大啊,博学多才却让人说不出他究竟属于哪一家。"孔子听到此话后说:"我要干什么呢?是驾车呢,还是射箭呢?我看还是驾车好了。"子牢说:"老师说'因为得不到重用,所以才有时间学些技艺'。"

鲁哀公十四年春,狩大野①。叔孙氏车子②鉏商获兽,以为不祥。仲尼视之,曰:"麟也。"取之。曰:"河不出图,雒不出书,吾已矣夫!"颜渊死,孔子曰:"天丧予!"及西狩见麟,曰:"吾道穷矣!"喟然叹曰:"莫知我夫!"子贡曰:"何为莫知子?"子曰:"不怨天,不尤人,下学而上达,知我者其天乎!"

◎**注释** ①〔大野〕在今山东巨野北。②〔车子〕指乘车的武士。

◎**大意** 鲁哀公十四年春天，在大野狩猎。叔孙氏车上的武士鉏商捕获了一只怪兽，他们认为这是不祥之兆。孔子看见它，说："这是麒麟。"于是把它运了回去。孔子说："黄河中再也不见神龙背着图出现，雒水中再也不见神龟背着书出现，我这一生恐怕要结束了！"颜渊死了，孔子说："这是老天爷要我死！"等到鲁哀公在西边打猎捕获麒麟，孔子说："我的理想已经无法实现了！"长叹一声说："没有人了解我！"子贡说："为什么说没人了解您？"孔子说："不埋怨天，不怪罪人，下学人事，上达天命，能了解我的只有上天了吧！"

"不降其志，不辱其身，伯夷、叔齐乎！"谓"柳下惠①、少连②降志辱身矣"。谓"虞仲、夷逸③隐居放言，行中清，废中权"。"我则异于是，无可无不可。"

◎**注释** ①〔柳下惠〕名展禽，鲁国的大夫，曾经三次被罢黜，都没有离开鲁国。②〔少连〕又名季连，以孝行著称。③〔虞仲、夷逸〕两位隐士。

◎**大意** 孔子曾说："不降低自己的志向，不侮辱自己的人格，说的是伯夷、叔齐啊！"又说"柳下惠、少连降低了自己的志向，侮辱了自己的人格"。又说"虞仲、夷逸因避世隐居，就可以无所顾忌、高谈阔论，立身行事廉洁，废身不仕懂得权变"。"我就跟他们不一样，没有什么绝对可以的，也没有什么绝对不可以的。"

子曰："弗乎弗乎，君子病没（殁）世而名不称焉。吾道不行矣，吾何以自见于后世哉？"乃因史记①作《春秋》，上至隐公，下讫哀公十四年，十二公②。据鲁，亲周，故殷，运之三代。约其文辞而指（旨）博。故吴楚之君自称王③，而《春秋》贬之曰"子"；践土之会④实召周天子，而《春秋》讳之曰"天王狩于河阳⑤"：推此类以绳当世。贬损之义，后有王者举而开之。《春秋》之义行，则天下乱臣贼子惧焉。

◎**注释** ①〔史记〕指鲁国旧有的史料记录。②〔十二公〕隐公、桓公、庄公、闵公、僖公、文公、宣公、成公、襄公、昭公、定公、哀公。③〔吴楚之君自称王〕西周时期只有周天子能称王,其他诸侯只能称公,吴国和楚国却僭越称王。④〔践土之会〕周襄王二十年,晋文公在城濮之战中大败楚国,在践土举行会盟,并邀请周天子参加。践土在今河南原阳西南。⑤〔河阳〕在今河南孟州西,距离践土不远。

◎**大意** 孔子说:"不成啊不成啊,君子最担忧的是死后没有留下好名声。我的学说主张不能实现了,我拿什么贡献给后世呢?"于是孔子就依据鲁国的史料作了《春秋》,上起鲁隐公,下至鲁哀公十四年,共包括鲁国十二位国君。以鲁国为中心记述,尊奉周王室为正统,以殷商史事为借鉴,贯通夏、商、周三代的经验教训。全书文辞简约而旨意博大。因此,吴国和楚国的君主自称王,而孔子在《春秋》中贬称他们为"子";践土之会实际上是晋侯召周天子,而《春秋》讳言说"周天子到河阳去打猎":《春秋》就是用这种方式建立了批评当时政治的准则。这种贬斥责备的大义,等待后来的王者加以称举推广。《春秋》的微言大义通行之后,天下那些乱臣奸贼都感到恐惧。

孔子在位听讼①,文辞有可与人共者,弗独有也。至于为《春秋》,笔则笔,削则削,子夏②之徒不能赞一辞。弟子受《春秋》,孔子曰:"后世知丘者以《春秋》,而罪丘者亦以《春秋》。"

◎**注释** ①〔听讼〕听取诉讼,是指孔子担任司寇时的事。②〔子夏〕名卜商,字子夏,以"文学"著称,是孔子门下七十二贤人之一。

◎**大意** 孔子任司寇审理诉讼案件,书写判词时,凡是应该跟别人商量的地方,绝不独断专行。到了写《春秋》的时候,该写的就写,该删的就删,连子夏这些长于文学的学生也不能增删一字。弟子学习《春秋》,孔子说:"后代人赞扬我将是因为《春秋》,怪罪我也将是因为《春秋》。"

明岁，子路死于卫。孔子病，子贡请见。孔子方负杖逍遥①于门，曰："赐，汝来何其晚也？"孔子因叹，歌曰："太山坏乎！梁柱摧乎！哲人萎乎！"因以涕下。谓子贡曰："天下无道久矣，莫能宗予。夏人殡②于东阶③，周人于西阶，殷人两柱间。昨暮予梦坐奠④两柱之间，予始，殷人也。"后七日卒。

◎**注释** ①〔负杖逍遥〕负杖，拄着拐杖。逍遥，缓步行走。②〔殡〕指死人入殓后，停放灵柩。③〔东阶〕古代厅堂台阶分三道，供主人行走的叫东阶，供客人行走的叫西阶。④〔奠〕向死者供奉祭品。

◎**大意** 第二年，子路死在卫国。孔子生病了，子贡前来看望。孔子正拄着拐杖在门前散步，说："赐啊，你为什么来得这么晚呀？"孔子因而叹息，随即唱道："泰山要倒了！梁柱要断了！哲人要死了！"唱着唱着就掉下了眼泪。孔子对子贡说："天下失去常道太久了，没有人能信仰我的治国学说。夏朝人死了，棺木停在东面的台阶上；周朝人死了，棺木停放在西面的台阶上；殷朝人死了，棺木停放在堂屋的两柱之间。我昨晚梦见自己坐在两柱之间受人祭奠，我大概是殷人吧。"七天后孔子就死了。

孔子年七十三，以鲁哀公十六年四月己丑卒。

◎**大意** 孔子享年七十三岁，死于鲁哀公十六年四月己丑日。

哀公诔①之曰："旻天②不吊，不慭③遗一老，俾④屏（摒）余一人⑤以在位，茕茕⑥余在疚⑦。呜呼哀哉！尼父，毋自律！"子贡曰："君其不没（殁）于鲁乎！夫子之言曰：'礼失则昏，名失则愆。失志为昏，失所为愆。'生不能用，死而诔之，非礼也。称'余一人'，非名也。"

◎**注释** ①〔诔（lěi）〕哀悼死者的文章。②〔旻（mín）天〕秋季之高天，这里泛指天。③〔慭（yìn）〕愿。④〔俾〕让，使。⑤〔余一人〕天子的自称。诸侯应自称"寡人"，而鲁哀公自称'余一人'，完全不合礼法。所以，下文子贡称鲁哀公"非名也"。⑥〔茕茕（qióng）〕孤独的样子。⑦〔疚〕病痛。

◎**大意** 鲁哀公为孔子作了一篇悼文说："上天不体恤我，不肯为我留下这位老人，抛下我孤零零一人在位，我孤独而又伤痛。啊，多么悲痛！尼父啊，我也无法树立礼法了！"子贡说："鲁君大概不能终老于鲁国吧！老师说过：'失去礼法就会昏乱，失去名分就出过错。失去意志便是昏乱，失去所宜就是过错。'生前不能重用，死后作祭文哀悼，这不合礼法。以诸侯身份称'余一人'，不符合自己应有的名分。"

孔子葬鲁城北泗上①，弟子皆服三年。三年心丧②毕，相诀而去，则哭，各复尽哀；或复留。唯子赣庐于冢上，凡六年，然后去。弟子及鲁人往从冢而家者百有余室，因命曰孔里③。鲁世世相传以岁时奉祠孔子冢，而诸儒亦讲礼乡饮④大射⑤于孔子冢。孔子冢大一顷⑥。故所居堂、弟子内，后世因庙，藏孔子衣冠琴车书，至于汉二百余年不绝。高皇帝⑦过鲁，以太牢祠焉。诸侯卿相至，常先谒，然后从政。

◎**注释** ①〔泗上〕泗水边上，即现在山东曲阜孔林的位置。②〔心丧〕身无丧服而心中哀悼。③〔孔里〕即孔林，是孔子及其后代子孙的墓地。④〔乡饮〕乡官为本乡贤士入京应试而举行的宴饮。⑤〔大射〕诸侯在祭祀前举行的射箭仪式，射中者能参加祭祀。⑥〔一顷〕相当于现在十亩多。⑦〔高皇帝〕即汉高祖刘邦。

◎**大意** 孔子被埋葬在鲁城北边的泗水岸边，弟子都服丧三年。三年丧期结束后，大家互相告别而去，都相对而哭，尽情表达自己的哀伤之情；有的学生留下来继续守墓。尤其是子贡，他在坟地旁盖了一间小屋，在那里前后住了六年，然后才离去。孔子的弟子及鲁国其他人前往坟地旁居住的有一百余家，于是这里被命名为孔里。从此鲁国世世代代都定时到孔子墓前祭拜，儒生们也在这时来这里讲习乡饮、射箭等各种礼仪活动。孔子墓地有一顷大。孔子故居的堂屋,弟子的内宅,后来改成庙,收藏孔子生前用过的衣服、帽子、琴、车子、书籍,直到汉朝二百多年间没有断绝。汉高祖刘邦经过鲁地,用猪牛羊三牲祭祀孔子。诸侯卿大夫宰相一到任,都是先去拜谒孔子墓,然后才去处理政务。

孔子生鲤,字伯鱼。伯鱼年五十,先孔子死。

◎**大意**　孔子生了儿子孔鲤,字伯鱼。孔伯鱼享年五十岁,比孔子先死。

伯鱼生伋,字子思,年六十二。尝困于宋。子思作《中庸》①。

◎**注释**　①〔《中庸》〕《礼记》中的一篇,宋代朱熹将此篇和从《礼记》中提出的《大学》,与《论语》《孟子》合编在一起,称作"四书"。
◎**大意**　伯鱼生了儿子孔伋,字子思,享年六十二岁。曾经受困于宋国。子思作了《中庸》。

子思生白,字子上,年四十七。子上生求,字子家,年四十五。子家生箕,字子京,年四十六。子京生穿,字子高,年五十一。子高生子慎,年五十七,尝为魏相。

◎**大意**　子思生了儿子孔白,字子上,享年四十七岁。孔子上生了儿子孔求,字子家,享年四十五岁。孔子家生了儿子孔箕,字子京,享年四十六岁。孔子京生了儿子孔穿,字子高,享年五十一岁。孔子高生了儿子孔子慎,享年五十七岁,他曾经做过魏国的相。

子慎生鲋，年五十七，为陈王涉①博士②，死于陈③下。

◎**注释** ①〔陈王涉〕即陈胜，字涉，秦时建立短暂的张楚政权，事迹详见《陈涉世家》。②〔博士〕官职名，在帝王的身边以备顾问。③〔陈〕即陈郡，在今河南淮阳。
◎**大意** 孔子慎生了儿子孔鲋，享年五十七岁，他做过陈王的博士，死在陈郡。

鲋弟子襄，年五十七。尝为孝惠皇帝博士，迁为长沙太守①。长九尺六寸。

◎**注释** ①〔太守〕一郡的最高行政长官。
◎**大意** 孔鲋的弟弟孔子襄，享年五十七岁。他曾经是孝惠皇帝时的博士，后担任长沙太守。身高九尺六寸。

子襄生忠，年五十七。忠生武，武生延年及安国①。安国为今皇帝②博士，至临淮③太守，蚤（早）卒。安国生卬，卬生驩。

◎**注释** ①〔安国〕即孔安国，字子国，汉代著名经学家。②〔今皇帝〕即汉武帝。③〔临淮〕在今江苏泗洪。
◎**大意** 孔子襄生了儿子孔忠，享年五十七岁。孔忠生了儿子孔武，孔武生了儿子孔延年和孔安国。孔安国为当今皇上的博士，官做到临淮太守，早死。孔安国生了儿子孔卬，孔卬生了儿子孔驩。

太史公曰：《诗》有之："高山仰止，景行行止①。"虽不能至，然心乡（向）往之。余读孔氏书，想见其为人。适鲁，观仲尼庙堂车服礼器，诸生以时习礼其家，余祗回留之不能去云。天下君王至于贤人众矣，当时则荣，没（殁）则已焉。孔子布衣，传十余世，学者宗之。自天子王侯，中国言六艺者折中于夫子，可谓至圣矣！

◎**注释**　①〔高山仰止，景行行止〕出自《诗经·小雅·车辖（xiá）》。

◎**大意**　太史公说：《诗经》中有这样的话："像高山一样令人瞻仰，像大道一样让人遵循。"虽然我达不到这种境界，但心里是十分向往的。我读孔子的著作，可以想到他的为人。到了鲁地，参观了仲尼庙堂里的车辆、衣服、礼器，目睹了儒生们按时到孔子旧宅演习礼仪的情景，我怀着崇敬的心情留恋徘徊不愿离开。天下的君王成为贤达之人自古以来有许多，活着的时候荣耀显贵，可是死了就什么都没有了。孔子是一个平民，名声流传十几代，学者们仍然推崇他。自天子王侯，一直到整个中原地区谈《诗》《书》《礼》《乐》《易》《春秋》的人都以孔子的学说为最高准则，可以说孔子是至高无上的圣人了！

◎**释疑解惑**

　　《太史公自序》记司马迁撰写三十世家的缘由："二十八宿环北辰，三十辐共一毂，运行无穷，辅拂股肱之臣配焉，忠信行道，以奉主上。"这说明了列入世家的都有哪些人，但是并没有明确地对"世家"下定义。唐人司马贞《史记索隐》说："'系家'者，记诸侯本系也，言其下及子孙常有国。"刘知几《史通·世家》说："案世家之为义也，岂不开国承家，世代相续。"结合《史记》的内容，一般认为世家记录的是诸侯国的世系发展。孔子并非诸侯，却以布衣的身份进入"世家"行列。这种安排也曾遭受质疑，如宋人王安石认为司马迁是"自乱其例"，他在《孔子家议》中说："太史公叙帝王则曰'本纪'，公侯传国则曰'世家'，公卿特起则曰'列传'，此其例也。其列孔子为世家，奚其进退无所据耶？孔子，旅人也，栖栖衰季之世，无尺土之柄，此列之传宜哉，曷为世家哉……而迁也自乱体例，所谓多所抵牾者也。"但是，更多学者认同司马迁将孔子列入世家。如司马贞说："孔子非有诸侯之位而亦称'世家'者，以是圣人为教化主，又代有圣贤，故亦称'世家'焉。"又如张守节认为："太史公以孔子为布衣传十余世，学者宗之，自天子王侯，中国言六艺者宗于孔子，可谓'至圣'，故为'世家'。"明人何良俊也说："方汉之初孔子尚未有封号，而太史公遂知其必富有褒崇之典，故遂为之立'世家'。夫有土者以土而世其家，有德者以德而世其家，今观战国以后凡有爵土者孰能至今存耶？则'世家'之久莫有过于孔子者，谁谓太史公为不知孔子哉！"这些言论正与司马迁的论赞相契合。又有清人郭嵩焘言："孔子之道因是以自世其家，不待后世之追崇也。"还有王骏图说："《史记》列孔子于'世家'，此正司马迁特识，未可非也。夫孔子之德固足世天下，然位在人臣，万无列入'本纪'之理。若置之'列传'，则与诸子等夷，无区别矣。况汉初未知崇儒，直至成帝时始封其嗣，平帝时始追谥为'宣尼公'；而迁于此时已入'世家'之列，为封爵之先声，其识抑何伟与？夫有德者以德其家，有爵者以爵世其家，于迁之例本无所乱，况德与爵世家之远其有如孔子者哉？"所以，大部分学者都认为孔子以其道传世，家族代有圣贤，这是任何王侯世家都无法企及的。后世孔子被封爵位，更体现出司马迁的远见卓识。

◎ 思考辨析题

1. 孔子的儒家思想在汉武帝以后一直处于正统地位，为什么孔子在世之时没有得到重用？谈谈你的看法。

2. 你认为孔子的思想在当今社会还有体现吗？对我们的生活有什么指导意义？

陈涉世家

第十八

　　《陈涉世家》详细记述了陈涉首难抗秦的全过程，介绍了陈涉的社会地位和远大抱负，以及陈涉发动起义的背景。陈涉本是一佣耕，心中却有"鸿鹄之志"。这一方面对陈涉的身份做了交代，以呼应他"王侯将相宁有种乎"的口号；另一方面，为后来的反秦起义做了铺垫。然后对起义过程进行叙写，九百戍卒前往戍守渔阳，被大雨阻隔在大泽乡，这时估计已不能按时到达渔阳。如果不能按时到达，按照秦朝律令，九百戍卒都会被处死。于是陈涉与吴广商量起义的细节，制订计划，杀死将尉，号令众人，建立张楚政权。陈涉起义后，天下诸郡县的人们纷纷杀掉秦朝的官吏响应，有归属陈涉军队的，有自立为王的，大小义军与秦朝军队进行了殊死斗争。然而，陈涉义军终因不敌秦军，节节败退，陈涉也被其车夫庄贾杀死。陈

> 涉死后，反秦斗争愈发风起云涌，呈燎原之势。然后补叙了陈涉失败的原因：陈涉杀掉昔日伙伴、任用朱房和胡武的事情，展现出他不念旧情、用人不善的一面，这使义军离心离德；同时，陈涉称王之后生活腐化，以及自身能力的不足，都是造成其失败的原因。最后是褚少孙所补的关于国家政权稳固长久方法的论述。褚少孙先点明"夫先王以仁义为本，而以固塞文法为枝叶"的观点，又引用贾谊的《过秦论》议论秦朝灭亡的原因，以证明自己的观点。《太史公自序》说："桀纣失其道而汤武作，周失其道而《春秋》作，秦失其道而陈涉发迹。"将陈涉比于商汤、周武王这些圣王，肯定了陈涉起义在历史发展进程中的作用。虽有过誉之嫌，但这也正是司马迁进步历史观的体现。

陈胜者，阳城①人也，字涉。吴广者，阳夏②人也，字叔。陈涉少时，尝与人佣耕，辍耕之垄上，怅恨久之，曰："苟富贵，无相忘。"庸（佣）者笑而应曰："若为庸耕，何富贵也？"陈涉太息曰："嗟乎，燕雀安知鸿鹄之志哉！"

◎**注释** ①〔阳城〕在今河南方城东。②〔阳夏（jiǎ）〕在今河南太康。
◎**大意** 陈胜是阳城人，字涉。吴广是阳夏人，字叔。陈涉年轻时，曾经和别人一起被雇佣耕地，一次耕地后在田埂上休息，他愤愤不平地抱怨了很久，说："将来如果谁富贵了，大家不要彼此忘记。"受雇佣的伙伴笑着回答："你是被雇来耕地的，怎能富贵呢？"陈涉叹息说："唉，燕子麻雀这些小鸟怎么能知道天鹅的志向呀！"

陈涉世家第十八

二世元年七月,发闾左適(谪)戍渔阳九百人,屯大泽乡①。陈胜、吴广皆次当行,为屯长②。会天大雨,道不通,度已失期。失期,法皆斩。陈胜、吴广乃谋曰:"今亡亦死,举大计亦死,等死,死国可乎?"陈胜曰:"天下苦秦久矣。吾闻二世少子也,不当立,当立者乃公子扶苏③。扶苏以数谏故,上使外将兵。今或闻无罪,二世杀之。百姓多闻其贤,未知其死也。项燕④为楚将,数有功,爱士卒,楚人怜之。或以为死,或以为亡。今诚以吾众诈自称公子扶苏、项燕,为天下唱(倡),宜多应者。"吴广以为然。乃行卜。卜者知其指(旨)意,曰:"足下事皆成,有功。然足下卜之鬼乎!"陈胜、吴广喜,念鬼,曰:"此教我先威众耳。"乃丹书帛曰"陈胜王",置人所罾⑤鱼腹中。卒买鱼烹食,得鱼腹中书,固以(已)怪之矣。又间令吴广之次所旁丛祠中,夜篝火,狐鸣呼曰"大楚兴,陈胜王"。卒皆夜惊恐。旦日,卒中往往语,皆指目陈胜。

◎**注释** ①〔大泽乡〕在今安徽宿州。②〔屯长〕下级军吏。③〔扶苏〕秦始皇的大儿子,因劝谏"犯禁者四百六十余人",触怒秦始皇,令其北至上郡监督蒙恬的军队。④〔项燕〕项羽的祖父,战国末期楚国的将领。⑤〔罾(zēng)〕渔网。这里指用渔网捕获鱼。

◎**大意** 秦二世元年七月,征调住在里巷左侧的百姓去防守渔阳,驻扎在大泽乡。陈胜、吴广都被编入这次征发的行列之中,当了屯长。刚好碰上天降大雨,道路不通,估计已经不能按时到达渔阳。误了期限,依法都要被处死。陈胜、吴广就商量说:"现在逃走也是死,起义干一番大事业也是死,同样都是一死,为国事而死可以吗?"陈胜说:"天下人苦于秦的暴政已很久了。我听说秦二世是小儿子,不该立为国君,应立为国君的是公子扶苏。由于扶苏多次劝谏皇帝,皇帝就让他在外领兵驻守。如今有传闻说他没有罪,秦二世却把他杀了。老百姓都听说他很贤能,不知道他已经死了。项燕是楚国大将,多次立功,爱护士兵,楚国人都很爱戴他。有人认为他死了，有人以为他还逃亡在外。如今我们要是冒用公子扶苏、项燕的名义，为天下人带头，应该有很多人响应。"吴广认为可以这样做。于是他们便去卜卦。卜卦的人知道他们的意图，说："你们的事都能成功，有大功。然而你们要向鬼神问卜啊！"陈胜、吴广很高兴，心里揣摩问鬼的事，说："这是教我们先在众人中树立威望啊。"于是就用朱砂在帛上写了"陈胜王"三个字，把帛书塞进别人用网捕来的鱼肚子中。戍卒买回来鱼煮着吃，得到鱼肚子中的帛书，自然觉得此事十分奇怪。陈胜又暗中派吴广到驻地附近树丛中的神祠里，夜间点起火堆，模仿狐狸的声音叫道"大楚兴，陈胜王"。戍卒们在夜里都惊恐不安。第二天早晨，戍卒们都在议论此事，指点注目陈胜。

吴广素爱人，士卒多为用者。将尉①醉，广故数言欲亡，忿恚尉②，令辱之，以激怒其众。尉果笞③广。尉剑挺④，广起，夺而杀尉。陈胜佐之，并杀两尉。召令徒属曰："公等遇雨，皆已失期，失期当斩。藉弟令⑤毋斩，而戍死者固十六七。且壮士不死即已，死即举大名耳，王侯将相宁有种乎！"徒属皆曰："敬受命。"乃诈称公子扶苏、项燕，从民欲也。袒右⑥，称大楚。为坛而盟，祭以尉首。陈胜自立为将军，吴广为都尉⑦。攻大泽乡，收而攻蕲⑧。蕲下，乃令符离⑨人葛婴将兵徇⑩蕲以东。攻铚⑪、酂⑫、苦⑬、柘⑭、谯⑮，皆下之。行收兵。比至陈，车六七百乘，骑千余，卒数万人。攻陈，陈守令皆不在，独守丞⑯与战谯门⑰中。弗胜，守丞死，乃入据陈。数日，号令召三老⑱、豪杰⑲与皆来会计事。三老、豪杰皆曰："将军身被（披）坚执锐，伐无道，诛暴秦，复立楚国之社稷，功宜为王。"陈涉乃立为王，号为"张楚"。

◎**注释** ①〔将尉〕押送戍卒的县尉。②〔忿恚尉〕激怒将尉。忿恚，恼怒，这里是使动用法，使之怒。③〔笞〕用鞭子或棍棒抽打。④〔剑挺〕指剑从鞘中甩脱。挺，脱。

一说挺为"拔"之意，剑挺即拔剑出鞘。⑤〔藉弟令〕即使，即便。藉，假，假令。弟，但，尽管。"藉""弟"二字叠用。⑥〔袒右〕露出右臂，是结盟时的一种姿态。⑦〔都尉〕军官名，相当于校尉。⑧〔蕲〕在今安徽宿州南。⑨〔符离〕在今安徽宿州东北。⑩〔徇〕掠取。⑪〔铚（zhì）〕在今安徽宿州西南。⑫〔酂（cuó）〕在今河南永城西。⑬〔苦（hù）〕在今河南鹿邑东。⑭〔柘（zhè）〕在今河南柘城西北。⑮〔谯（qiáo）〕在今安徽亳州。⑯〔守丞〕即郡丞，郡守的副官。⑰〔谯门〕有望楼的城门。⑱〔三老〕执掌教化的乡官。⑲〔豪杰〕当地有名望、有势力的人物。

◎**大意**　吴广平时就关心别人，戍卒中很多人愿为他效力。押送戍卒的将尉喝醉时，吴广故意多次在他们面前扬言要逃跑，以激怒将尉，让他们当众打自己，以此来激怒众人。将尉果然被激怒，鞭打吴广。将尉打吴广时，佩剑从剑鞘中甩了出来，吴广奋起，夺剑杀了将尉。陈胜帮助他，合力杀死了两个将尉。召集属下说："各位在此遇上大雨，都已经耽误了期限，按规定是要杀头的。即使不被杀头，戍边死去的肯定也要十之六七。而且壮士不死就罢了，要死就要名扬后世，王侯将相难道就是天生的吗！"戍卒都说："我们愿意听从您的命令。"于是就打着公子扶苏、项燕的旗号举行起义，以顺应民众愿望。戍卒们都袒露右臂，号称大楚。筑起高台宣誓，把将尉的头作为祭品。陈胜自立为将军，吴广为都尉。攻下大泽乡，接着又招兵扩军进攻蕲县。攻下蕲县后，就派符离人葛婴率兵攻打蕲县以东的地方。他们一路上攻下了铚、酂、苦、柘、谯。在进军途中不断招兵扩军。等行进到陈县时，有战车六七百辆，骑兵一千多人，步卒上万人。攻打陈县的时候，郡守和县令都不在，只有郡丞与起义军在谯门中作战。不能取胜，郡丞战死，于是起义军进入城中占领了陈县。过了几天，陈胜下令召集掌管教化的三老、地方豪杰都来议事。三老、豪杰都说："将军您身披铠甲手执武器，讨伐无道昏君，诛灭暴虐的秦王朝，重新建立楚国的政权，论功劳应该为王。"陈胜就自立为王，国号"张楚"。

当此时，诸郡县苦秦吏者，皆刑其长吏，杀之以应陈涉。乃以吴叔为假王①，监诸将以西击荥阳②。令陈人武臣、张耳、陈馀徇赵地③，令汝阴④人邓宗徇九江⑤郡。当此时，楚兵数千人为聚者，不可胜数。

◎**注释** ①〔假王〕代理王。不是正式的王，但施行王的权利。②〔荥阳〕在今河南荥阳东北。③〔赵地〕战国时赵国的土地，相当于今河北南部一带。④〔汝阴〕在今安徽阜阳。⑤〔九江〕秦国的郡名，郡治在今安徽寿县。

◎**大意** 当这个时候，各郡县苦于秦吏暴政的人，都纷纷逮捕他们的地方官吏，杀死他们以响应陈涉。于是就以吴广为代理王，督率各将领向西进攻荥阳。命令陈县人武臣、张耳、陈馀带兵攻打赵地，命令汝阴人邓宗带兵攻打九江郡。在这个时候，楚地几千人聚集在一起起义的军队，不计其数。

葛婴至东城①，立襄彊为楚王。婴后闻陈王已立，因杀襄彊还报。至陈，陈王诛杀葛婴。陈王令魏人周市北徇魏地②。吴广围荥阳。李由③为三川④守，守荥阳，吴叔弗能下。陈王征国之豪杰与计，以上蔡⑤人房君蔡赐为上柱国⑥。

◎**注释** ①〔东城〕在今安徽定远东南。②〔魏地〕战国时魏国迁都以后的梁地，在今河南开封一带。③〔李由〕秦朝将领，丞相李斯的儿子。④〔三川〕秦朝的郡名，郡治在今河南洛阳东北。⑤〔上蔡〕在今河南上蔡西南。⑥〔上柱国〕战国时楚国的官职名，低于令尹。

◎**大意** 葛婴到达东城以后，立襄彊为楚王。葛婴后来听说陈胜自立为王，就杀了襄彊，回来向陈胜汇报。到了陈县，陈胜杀了葛婴。陈胜命令魏人周市向北攻略魏地。吴广率兵围攻荥阳。此时李由担任三川郡守，防守荥阳，吴广久攻不下。陈胜便召集国内的豪杰商量计策，任命上蔡人房君蔡赐为上柱国。

周文，陈之贤人也，尝为项燕军视日①，事春申君，自言习兵，陈王与之将军印，西击秦。行收兵至关，车千乘，卒数十万，至戏，军焉。秦令少府^②章邯^③免郦山^④徒、人奴产子生，悉发以击楚大军，尽败之。周文败，走出关，止次^⑤曹阳^⑥二三月。章邯追败之，复走次渑池^⑦十余日。章邯击，大破之。周文自刭，军遂不战。

◎ **注释** ①〔视日〕占测时日的吉凶。②〔少府〕秦汉官名，九卿之一，掌管山海池泽的税收，以供养天子。③〔章邯〕秦国将领，后来投降项羽。④〔郦山〕即骊山，在今陕西临潼东南。⑤〔次〕驻扎。⑥〔曹阳〕在今河南灵宝东。⑦〔渑（miǎn）池〕在今河南渑池西。

◎ **大意** 周文是陈县的贤人，曾为项燕的军队占测时日吉凶，也曾侍奉春申君，自称熟习用兵作战之法，陈胜授予他将军印，向西攻打秦军。一路行军招兵买马，到达函谷关时，有战车千辆，士卒几十万人，到达戏地后，安营扎寨。秦王朝命令少府章邯赦免郦山服役的人、家奴所生的儿子，将这些人全部编入军队去攻打张楚大军，取得大胜。周文兵败后，逃出函谷关，在曹阳驻扎休整了两三个月。章邯又追来打败了他们。周文又逃到渑池驻留了十余日。章邯又追击而来，大败周文的军队。周文自杀，军队已无法继续作战了。

　　武臣到邯郸^①，自立为赵王，陈馀为大将军，张耳、召骚为左右丞相。陈王怒，捕系武臣等家室，欲诛之。柱国曰："秦未亡而诛赵王将相家属，此生一秦也。不如因而立之。"陈王乃遣使者贺赵，而徙系武臣等家属宫中，而封耳子张敖为成都君，趣赵兵亟入关。赵王将相相与谋曰："王王赵，非楚意也。楚已诛秦，必加兵于赵。计莫如毋西兵，使使北徇燕地^②以自广也。赵南据大河，北有燕、代，楚虽胜秦，不敢制赵。若楚不胜秦，必重赵。赵乘秦之獘（弊），可以得志于天下。"赵王以为然，因不西兵，而遣故上谷^③卒史^④韩广将兵北徇燕地。

◎**注释** ①〔邯郸〕在今河北邯郸西南。②〔燕地〕战国时燕国的土地,即今河北北部及辽宁的部分地区。③〔上谷〕在今河北怀来东南。④〔卒史〕官职名,又称曹史,郡守的掾属。

◎**大意** 武臣到了邯郸以后,自立为赵王,陈馀为大将军,张耳、召骚为左右丞相。陈胜非常生气,立即逮捕、关押武臣等人的家属,准备杀了他们。上柱国蔡赐说:"秦国还没有灭亡就杀掉赵王将相的家属,这等于又生出一个秦国与我们为敌。不如乘势封他为王。"陈胜就派使者向赵王祝贺,同时将武臣等人的家属都转移到宫中囚禁,又封张耳的儿子张敖为成都君,以此来催促赵兵迅速进军函谷关。赵王的将相商议说:"大王您在赵称王,并非陈王的本意。等到楚国灭掉秦国后,一定会派兵来攻打赵地。最好的计策是不要向西进军,而派人带兵向北攻占燕地以扩大我们的土地。赵南面据守黄河,北面有燕、代的广大土地,楚国即使胜了秦国,也不敢来制服赵。如果楚军不能胜秦,一定会看重赵。到时赵国就可以乘着秦国疲惫不堪之时,得志于天下。"赵王认为大家说得有道理,就不再向西进军,而派曾在上谷郡做过卒史的韩广率军向北攻略燕地。

燕故贵人豪杰谓韩广曰:"楚已立王,赵又已立王。燕虽小,亦万乘之国也,愿将军立为燕王。"韩广曰:"广母在赵,不可。"燕人曰:"赵方西忧秦,南忧楚,其力不能禁我。且以楚之强,不敢害赵王将相之家,赵独安敢害将军之家!"韩广以为然,乃自立为燕王。居数月,赵奉燕王母及家属归之燕。

◎**大意** 燕国原来的贵族豪杰劝说韩广:"楚国已立了王,赵国也已立了王。燕地虽小,但是拥有万辆战车的国家,希望您自立为燕王。"韩广说:"我的母亲还在赵国,不能这样做。"燕人说:"赵国现在正担心西边的秦,南边的楚,他的力量不能限制我们。况且以楚国的强大,都不敢杀害赵王武臣及其将相的家属,单单一个赵国怎么敢加害您的家属呢!"韩广认为说得对,就自立为燕王。过了几个月,赵国护送燕王的母亲及家属回到燕国。

当此之时，诸将之徇地者，不可胜数。周市北徇地至狄①，狄人田儋②杀狄令，自立为齐王，以齐反，击周市。市军散，还至魏地，欲立魏后故宁陵③君咎④为魏王。时咎在陈王所，不得之魏。魏地已定，欲相与立周市为魏王，周市不肯。使者五反（返），陈王乃立宁陵君咎为魏王，遣之国。周市卒为相。

◎**注释** ①〔狄〕在今山东高青东南。②〔田儋〕战国时齐国的贵族，齐国灭亡后，与堂弟田荣、田横移居狄地，起兵反秦，自立为王，事迹详见《田儋列传》。③〔宁陵〕在今河南宁陵东南。④〔咎〕即魏咎，战国时魏国的公子，曾被封为宁陵君。

◎**大意** 在这个时候，各地将领攻城略地的，数不胜数。周市向北攻略到了狄县，狄县人田儋杀了县令，自立为齐王，在齐地起兵，攻打周市。周市的军队溃散，退回魏地，打算立原魏王的后代宁陵君魏咎为魏王。当时魏咎正在陈王那里，无法到魏地。魏地平定后，人们想拥立周市为魏王，周市不答应。使者先后五次往返于陈王与魏地之间，陈王才答应立宁陵君魏咎为魏王，将其遣送回魏国。周市最后做了魏国的相。

将军田臧①等相与谋曰："周章军已破矣，秦兵旦暮至，我围荥阳城弗能下，秦军至，必大败。不如少遗兵，足以守荥阳，悉精兵迎秦军。今假王骄，不知兵权，不可与计，非诛之，事恐败。"因相与矫王令②以诛吴叔，献其首于陈王。陈王使使赐田臧楚令尹③印，使为上将。田臧乃使诸将李归等守荥阳城，自以精兵西迎秦军于敖仓④。与战，田臧死，军破。章邯进兵击李归等荥阳下，破之，李归等死。

◎**注释** ①〔田臧〕吴广的部下。②〔矫王令〕诈称奉陈王之令。矫，假托，诈称。③〔令尹〕战国时楚国独有的最高官职名，相当于其他诸侯国的相国、丞相。④〔敖仓〕秦国储存粮食的仓库,在今河南荥阳北的敖山。

◎**大意** 将军田臧等共同谋划说:"周章的军队已被打败,秦军早晚要到来,我们包围荥阳城久攻不下,等秦军一到,我们肯定会被打得大败。不如留下少部分兵力,只要能围住荥阳就可以了,全部精锐部队都去迎击秦军。现在假王吴广骄傲自满,不懂得用兵策略,没法和他商议,如果不杀掉他,事情恐怕会失败。"于是他们假传陈王的命令诛杀了吴广,把吴广的头献给陈王。陈王派使者赐给田臧楚国令尹的印符,任他为上将。田臧就派部将李归等守荥阳城,自己率精兵向西到敖仓迎战秦军。与秦军交战,田臧战死,军队溃散。章邯乘胜进兵,在荥阳城下打败了李归的军队,李归等人战死。

阳城人邓说将兵居郯①,章邯别将击破之,邓说军散走陈。铚人伍徐将兵居许②,章邯击破之,伍徐军皆散走陈。陈王诛邓说。

◎**注释** ①〔郯(tán)〕在今山东郯城北。按,"郯"疑为"郏(jiá)"之误。郏,即今河南郏县。邓说为阳城人,其地与郏地相近。②〔许〕在今河南许昌东。
◎**大意** 阳城人邓说领兵驻扎在郯县,章邯的部将带兵打败了邓说,邓说的军队溃散逃到陈县。铚人伍徐率兵驻扎在许县,被章邯的军队打败,伍徐的军队都溃散逃到陈县。陈王杀了邓说。

陈王初立时,陵①人秦嘉、铚人董緤、符离人朱鸡石、取虑②人郑布、徐③人丁疾等皆特起,将兵围东海④守庆于郯。陈王闻,乃使武平君畔为将军,监郯下军。秦嘉不受命,嘉自立为大司马,恶属武平君。告军吏曰:"武平君年少,不知兵事,勿听!"因矫以王命杀武平君畔。

◎**注释** ①〔陵〕在今江苏泗阳西北。②〔取虑〕在今江苏睢宁西南。③〔徐〕在今安徽泗县南。④〔东海〕秦朝的郡名,郡治在今山东郯城西北。

◎**大意** 陈胜刚开始称王时，陵县人秦嘉、铚人董緤、符离人朱鸡石、取虑人郑布、徐人丁疾等都单独起兵反秦，他们率军在郯县包围了东海郡守庆。陈王听说后，就派武平君畔为将军，去统率郯城的各路军队。秦嘉不接受陈王的命令，自立为大司马，不愿隶属于武平君。他告诉自己的军吏说："武平君年轻，不懂军事，不要听他的指挥！"就假传陈王的命令杀了武平君畔。

章邯已破伍徐，击陈，柱国房君死。章邯又进兵击陈西张贺军。陈王出监战，军破，张贺死。

◎**大意** 章邯打败了伍徐之后，又进攻陈县，上柱国房君蔡赐战死。章邯又进军攻击陈县西边的张贺部队。陈王亲自出来督战，军队被打败，张贺战死。

腊月，陈王之汝阴①，还至下城父②，其御庄贾杀以降秦。陈胜葬砀③，谥曰隐王④。

◎**注释** ①〔汝阴〕在今安徽阜阳。②〔下城父〕在今安徽涡（guō）阳东南。③〔砀〕在今河南永城北。④〔隐王〕指陈胜功业未成，在位时间不长。
◎**大意** 十二月，陈王退到了汝阴，又退回到下城父时，他的车夫庄贾杀了他向秦军投降。陈胜葬在砀县，谥号隐王。

陈王故涓人①将军吕臣为仓（苍）头军，起新阳②，攻陈，下之，杀庄贾，复以陈为楚。

◎**注释** ①〔涓人〕近侍之臣。②〔新阳〕在今安徽界首西北。
◎**大意** 曾经担任陈王侍臣的将军吕臣组织了一支用青巾裹头的苍头军，在新阳起义，攻下陈县，杀了庄贾，又将陈县作为张楚的都城。

初，陈王至陈，令铚人宋留将兵定南阳①，入武关②。留已徇南阳，闻陈王死，南阳复为秦。宋留不能入武关，乃东至新蔡③，遇秦军，宋留以军降秦。秦传留至咸阳，车裂留以徇。

◎**注释** ①〔南阳〕在今河南南阳。②〔武关〕在今陕西丹凤东南。③〔新蔡〕在今河南新蔡。

◎**大意** 当初，陈王到达陈县时，派遣铚人宋留率兵平定南阳，进入武关。宋留攻取南阳后，听到陈王被杀的消息，南阳又被秦兵夺去。宋留没有办法进入武关，就向东到达新蔡，遇上秦军，宋留率领军队向秦军投降。秦军把宋留押解到咸阳，处以车裂之刑以示众。

秦嘉等闻陈王军破出走，乃立景驹①为楚王，引兵之方与②，欲击秦军定陶③下。使公孙庆使齐王，欲与并力俱进。齐王曰："闻陈王战败，不知其死生，楚安得不请而立王！"公孙庆曰："齐不请楚而立王，楚何故请齐而立王！且楚首事，当令于天下。"田儋诛杀公孙庆。

◎**注释** ①〔景驹〕战国时楚国贵族的后代。②〔方与〕在今山东鱼台。③〔定陶〕在今山东定陶西北。

◎**大意** 秦嘉等人听说陈王军队兵败逃走，就立景驹为楚王，率领军队到达方与，打算在定陶城外攻击秦军。派公孙庆出使齐国，拜见齐王田儋，想和他联合进军。齐王田儋说："听说陈王战败出逃，不知道他是死是活，楚国怎能不请示我就立王呢！"公孙庆说："齐国不请示楚国而立王，楚国为什么要请示齐国才能立王！况且楚国首先起兵反秦，本来就应当号令天下。"田儋杀死了公孙庆。

秦左右校①复攻陈，下之。吕将军走，收兵复聚。鄱②盗当阳君黥布③之兵相收，复击秦左右校，破之青波④，复以陈为楚。会项梁⑤立

陈涉世家第十八

怀王孙心为楚王。

◎**注释** ①〔左右校〕即左右校尉，章邯的部将。②〔鄱〕指鄱江，源于安徽西南部，流入鄱阳湖。③〔黥（qíng）布〕名英布，因受黥刑，故称"黥布"，事迹详见《黥布列传》。④〔青波〕在今河南新蔡西南。⑤〔项梁〕楚国贵族项燕的儿子，与侄子项羽在会稽起兵，自号武信君，立楚王。

◎**大意** 秦的左右校尉再次攻打陈县，并占领了它。将军吕臣败走，招兵再聚集。鄱江大盗当阳君黥布的兵马与吕臣的兵马合在一起，再次攻击秦的左右校尉，在青波打败了秦军，又把陈县定为张楚的都城。这时刚好项梁立了楚怀王的孙子芈心为楚王。

陈胜王凡六月。已为王，王陈。其故人尝与庸耕者闻之，之陈，扣宫门曰："吾欲见涉。"宫门令①欲缚之。自辩数，乃置，不肯为通。陈王出，遮道而呼涉。陈王闻之，乃召见，载与俱归。入宫，见殿屋帷帐，客曰："夥颐②！涉之为王沉沉者③！"楚人谓多为夥，故天下传之，夥涉为王，由陈涉始。客出入愈益发舒④，言陈王故情。或说陈王曰："客愚无知，颛（专）⑤妄言，轻威。"陈王斩之。诸陈王故人皆自引去，由是无亲陈王者。陈王以朱房为中正⑥，胡武为司过⑦，主司群臣。诸将徇地，至，令之不是者，系而罪之，以苛察为忠。其所不善者，弗下吏，辄自治之。陈王信用之。诸将以其故不亲附，此其所以败也。

◎**注释** ①〔宫门令〕守卫宫门的长官。②〔夥颐（huǒ yí）〕对某事物之多与美表示惊羡的叹词。③〔沉沉者〕富丽深邃的样子。④〔发舒〕放纵。⑤〔颛〕通"专"，专门。⑥〔中正〕职官名，主管考核官吏，确定官员的升降。⑦〔司过〕职官名，主管纠察官员的过失。

◎**大意** 陈胜称王总共六个月。当了王之后，以陈县作为都城。曾经跟他一起受雇耕地的同伴听到陈胜称王的消息后，来到陈县，敲着宫门说："我要见陈涉。"守宫门的长官要把他绑起来。经过他反复辩解，才放过他，还是不肯为他通报。等到陈王出了宫门，他拦在路上喊陈涉的名字。陈王听到了，才召见了他，带上他坐车一起回宫。进入宫殿，看到殿堂房屋、帷幕帐帘后，这位同伴说："夥颐！陈涉大王的宫殿高大深邃啊！"楚国人称多为夥，所以天下流传开"夥涉为王"的说法，就是从陈涉开始的。这位同伴在宫中进进出出越来越放纵，任意谈论陈王的旧事。有人劝说陈王："这位客人愚昧无知，专门胡说八道，有损您的威严。"陈王便杀了这位同伴。陈王的旧友都自动离去，从此没有人亲近陈王。陈王任命朱房为中正官，胡武为司过官，专门督察群臣过失。将领们在外攻城略地，回到陈县复命时，稍不服从命令，朱房、胡武就将他们抓起来治罪，以苛刻寻求群臣过失，显示自己对陈王的忠心。凡是他们不喜欢的人，就不交给主管官吏处置，而是自己任意惩治。陈王非常信任这两个人。将领们因此不亲近依附陈王，这就是陈王失败的原因。

陈胜虽已死，其所置遣侯王将相竟亡秦，由涉首事也。高祖时为陈涉置守冢三十家砀，至今血食①。

◎**注释** ①〔血食〕鬼神享受用牛、羊、猪做祭品的祭祀。
◎**大意** 陈胜虽然已经死了，但他所封立派遣的侯王将相最终灭掉了秦王朝，这是由陈胜首先起兵促成的。高祖的时候，在砀县为陈胜安置了三十家守坟的人，至今仍按时杀牲祭祀他。

褚先生①曰：地形险阻，所以为固也；兵革刑法，所以为治也。犹未足恃也。夫先王以仁义为本，而以固塞文法为枝叶，岂不然哉！吾闻贾生②之称曰：

◎**注释** ①〔褚先生〕即褚少孙,西汉经学家,汉成帝、汉元帝时期的博士官,增补《史记》十篇。②〔贾生〕即贾谊,汉文帝时期的政论家、文学家,作《过秦论》,事迹详见《屈原贾生列传》。

◎**大意** 褚先生说:地形险阻,是用来固守国家的;武器装备和法制规章,是用来统治国家的。这些还不足以作为依靠。先王以仁义为治国之本,而把稳固的边防和法律条文作为辅助,难道不是这样吗!我听贾谊评论说:

"秦孝公①据殽(崤)函②之固,拥雍州③之地,君臣固守,以窥周室。有席卷天下,包举宇内,囊括四海之意,并吞八荒之心。当是时也,商君④佐之,内立法度,务耕织,修守战之备;外连衡而斗诸侯。于是秦人拱手⑤而取西河⑥之外。

◎**注释** ①〔秦孝公〕名渠梁,前361年~前338年在位。②〔殽函〕崤山和函谷关。崤山在今河南灵宝东南,函谷关在今河南灵宝东北。③〔雍州〕古代九州之一,大概包括今陕西、甘肃及青海的部分地区。④〔商君〕即商鞅,辅佐秦孝公变法,史称"商鞅变法",事迹详见《商君列传》。⑤〔拱手〕双手合于胸前,形容毫不费力。⑥〔西河〕指在今陕西东部的黄河西岸地区。

◎**大意** "秦孝公占据崤山、函谷关的险固地势,占有整个雍州之地,君臣固守自己的地区,以窥视周王朝政权。大有席卷天下、统一宇内、囊括全国的意图,以及并吞八方的决心。那个时候,商鞅辅佐秦孝公,对内建立法度,致力于耕种纺织,整修防备和作战的武器;对外实行连横政策与诸侯相斗。于是秦人便很轻易地取得了黄河以西的大片土地。

"孝公既没(殁),惠文王、武王、昭王蒙故业,因遗策,南取汉中①,西举巴蜀②,东割膏腴之地,收要害之郡。诸侯恐惧,会盟而谋弱秦。不爱珍器重宝肥饶之地,以致天下之士。合从缔交,相与为一。当此之时，齐有孟尝③，赵有平原④，楚有春申，魏有信陵⑤：此四君者，皆明知而忠信，宽厚而爱人，尊贤而重士。约从连衡，兼韩、魏、燕、赵、宋、卫、中山之众。于是六国之士有宁越、徐尚、苏秦、杜赫之属为之谋，齐明、周冣、陈轸、邵滑、楼缓、翟景、苏厉、乐毅之徒通其意，吴起、孙膑、带他、儿良、王廖、田忌、廉颇、赵奢之伦制其兵。尝以什（十）倍之地，百万之师，仰关⑥而攻秦。秦人开关而延⑦敌，九国之师遁逃而不敢进。秦无亡矢遗镞之费，而天下固已困矣。于是从散约败，争割地而赂秦。秦有余力而制其獘（弊），追亡逐北，伏尸百万，流血漂橹⑧，因利乘便，宰割天下，分裂山河，强国请服，弱国入朝。

◎**注释** ①〔汉中〕秦朝的郡名，相当于现在陕西南部地区和湖北西北部地区。②〔巴蜀〕古代国名，巴国的都城在今重庆北，蜀国的都城在今四川成都。③〔孟尝〕即孟尝君田文，曾为齐国的相国，战国四公子之一，事迹详见《孟尝君列传》。④〔平原〕即平原君赵胜，赵惠文王的弟弟，赵国的相国，战国四公子之一，事迹详见《平原君虞卿列传》。⑤〔信陵〕即信陵君魏无忌，魏安釐王的弟弟，战国四公子之一。⑥〔仰关〕仰攻函谷关，因秦国地形高，故称"仰关"。⑦〔延〕引进、请，有不慌不忙、从容不迫的意思。⑧〔橹〕大盾。

◎**大意** "秦孝公死后，秦惠文王、秦武王、秦昭王承接了秦孝公的基业，遵循先人遗策，向南攻取汉中，向西攻占巴蜀，向东割取了肥沃的土地，夺得了形势险要的州郡。诸侯恐惧，结成同盟而谋划削弱秦国。他们不惜珍贵物品、贵重宝货和肥沃的土地，用来招揽天下的贤士。采取合纵策略缔结盟约，互相结为一体。在这个时候，齐国有孟尝君，赵国有平原君，楚国有春申君，魏国有信陵君；这四位公子，都贤明聪慧而忠实可靠，宽容厚道而爱惜人才，尊敬贤人而重用人才。各国约定实行合纵策略联合抵抗秦国，破坏秦国的连横策略，并联合韩、魏、燕、赵、宋、卫、中山等国的军队。这时六国有宁越、徐尚、苏秦、杜赫这些贤士为他们谋划，齐明、周冣、陈轸、邵滑、楼缓、翟景、苏厉、乐毅等人沟通联络各国,吴起、孙膑、带他、儿良、王廖、田忌、廉颇、赵奢这些人统率军队。诸侯们曾以十倍于秦的土地和百万大军仰攻函谷关,进击秦国。秦人开关迎敌,九国的军队逃跑而不敢前进。秦国没有耗费一根箭杆、一个箭头,天下诸侯却已经疲惫不堪了。于是合纵解散、盟约解除,各诸侯国争相割地贿赂秦国。秦国有充裕的力量来扼制疲困的诸侯,追逐逃亡的敌人,倒伏百万尸体,流的血都让盾牌漂浮了起来,秦国乘有利时机,主宰天下,分割土地,强国请求臣服,弱国前来朝拜。

"施及孝文王、庄襄王,享国之日浅,国家无事。

◎**大意** "延续到了秦孝文王、秦庄襄王时,他们在位的日子很短,国家没有发生大事。

"及至始皇,奋六世①之余烈②,振长策而御宇内③,吞二周④而亡诸侯,履至尊而制六合⑤,执敲朴以鞭笞天下,威振(震)四海。南取百越⑥之地,以为桂林⑦、象郡⑧,百越之君俯首系颈,委命下吏。乃使蒙恬⑨北筑长城而守藩篱,却匈奴七百余里,胡人不敢南下而牧马,士亦不敢贯弓而报怨。于是废先王之道⑩,燔百家之言,以愚黔首⑪。堕(隳)名城,杀豪俊,收天下之兵聚之咸阳,销锋镝(镝)⑫,铸以为金人十二,以弱天下之民。然后践华为城,因河为池,据亿丈之城,临不测之溪以为固。良将劲弩,守要害之处,信臣精卒,陈利兵而谁何⑬。天下已定,始皇之心,自以为关中之固,金城千里,子孙帝王万世之业也。

◎**注释** ①〔六世〕指秦孝公、秦惠文王、秦武王、秦昭王、秦孝文王、秦庄襄王。②〔余烈〕传留下来的事业。③〔御宇内〕统治天下。④〔二周〕指周王室分裂之后建立的东周、西周两个小国,东周都城在今河南巩义,西周都城在今河南洛阳。⑤〔履至尊而制六合〕履至尊,登上皇帝之位。制六合,亦指统治天下。六合,天地四方。⑥〔百越〕指今广东、广西一带的地区,这一地区民族众多,故称"百越"。⑦〔桂林〕秦郡名,郡治在今广西桂平西南。⑧〔象郡〕秦郡名,郡治在今广西崇左。⑨〔蒙恬〕秦朝的名将,事迹详见《蒙恬列传》。⑩〔先王之道〕即儒家所尊崇的仁义、礼乐。⑪〔黔首〕即指百姓。始皇二十六年,下令"更名民曰'黔首'"。⑫〔镞〕通"镝",箭头。⑬〔谁何〕喝问行人。

◎**大意** "等到了秦始皇,继续发扬六代传下来的功业,挥动长鞭而统治天下,吞并东周和西周两个小国,灭亡了其他诸侯国,登上帝位而控制天下,手持刑杖鞭打天下臣民,威震四海。向南攻取百越之地,设置桂林郡、象郡,百越的首领俯首听命,并将绳子系在脖子上,把性命交给秦国的下级官吏。秦始皇又派蒙恬到北方修筑长城驻守边塞,逐退匈奴七百余里,匈奴人不敢向南进犯,六国兵士也不敢搭起弓箭来报仇。于是废弃先王的道义,焚烧诸子百家的著作,来愚弄百姓。还毁坏各地的名城,杀戮豪杰,收集天下兵器集中于咸阳,销毁刀枪箭头,铸成十二个铜人,以此削弱天下百姓的反抗力量。然后以华山为城墙,以黄河为护城河,依据亿丈高的华山,守着深险莫测的黄河作为坚固屏障。派良将以精良的装备守卫要害之处,可靠的大臣和精锐的兵卒配备锋利的兵器盘查过往行人。天下平定以后,秦始皇自以为关中坚固,可以说是千里金城,子子孙孙可以承继帝王之位,以成就万世基业。

"始皇既没(殁),余威振(震)于殊俗①。然而陈涉瓮牖绳枢②之子,甿隶③之人,而迁徙之徒也。材能不及中人,非有仲尼、墨翟④之贤,陶朱⑤、猗顿⑥之富也。蹑足行伍之间,俯仰仟佰⑦之中,率罢(疲)散之卒,将数百之众,转而攻秦。斩木为兵,揭竿为旗,天下云会响应,赢粮⑧而景(影)从,山东⑨豪俊遂并起而亡秦族矣。

◎**注释** ①〔殊俗〕不同风俗的地区，即异国、异族。②〔瓮牖绳枢〕瓮牖，用破瓮作窗户。绳枢，用绳子拴门轴。极言其居室之贫。③〔氓（méng）隶〕平民。④〔墨翟〕墨家学派的创始人。⑤〔陶朱〕即陶朱公范蠡，春秋时越国的大夫，后弃官经商，成为巨富，事迹详见《越王句践世家》及《货殖列传》。⑥〔猗顿〕因放牧、制盐而成为富商，事迹详见《货殖列传》。⑦〔仟佰〕千夫长和百夫长，极言其品级之低。⑧〔赢粮〕带着粮食。⑨〔山东〕崤山以东，泛指战国时韩、魏、赵、燕、齐、楚等六国的地区。

◎**大意** "秦始皇死后，他的余威还震慑着异族远方。陈涉是一个用破瓮做窗户、用草绳拴门轴的穷苦人家的子弟，是耕田的雇农，是被征发戍边的人。他的才能比不上一般人，没有孔子、墨子那样的贤明，也没有陶朱、猗顿那样的财富。他置身在戍卒的行列之中，是一个低头走路的小头目，率领疲乏散乱的戍卒，统率着数百人，起兵转过来攻打秦朝。砍下树木当兵器，高举竹竿为旗帜，天下人如云聚般汇集响应，携带粮食如影随形地跟着他，崤山以东的英雄豪杰一齐起兵，灭亡了秦王朝。

"且天下非小弱也；雍州之地，殽（崤）函之固自若也。陈涉之位，非尊于齐、楚、燕、赵、韩、魏、宋、卫、中山之君也；锄櫌棘（戟）矜①，非铦②于句戟长铩③也；適（谪）戍之众，非俦于九国之师也；深谋远虑，行军用兵之道，非及乡（向）时之士也。然而成败异变，功业相反也。尝试使山东之国与陈涉度长絜大④，比权量力，则不可同年而语矣。然而秦以区区之地。致万乘之权，抑八州⑤而朝同列，百有余年矣。然后以六合为家，殽（崤）函为宫。一夫作难而七庙堕（隳）⑥，身死人手，为天下笑者，何也？仁义不施，而攻守之势异也。"

◎**注释** ①〔锄櫌（yōu）棘矜（qín）〕锄櫌，锄柄。棘矜，戟柄。棘，通"戟"。②〔铦（xiān）〕锐利。③〔长铩（shā）〕长矛。有本作"长锻"，即长箭。

④〔度（duó）长絜（xié）大〕比一比谁长谁大，即比较力量强弱。度、絜，都是度量、比较的意思。⑤〔八州〕古代划分九州，秦国居雍州，故此处称秦国以外的区域为八州。⑥〔七庙堕〕秦王朝七代宗庙被毁坏，也就意味着国家灭亡。

◎**大意**　"况且秦的天下并没有缩小变弱；雍州之地、崤山和函谷关还像从前一样坚固。陈涉的地位，并不比齐、楚、燕、赵、韩、魏、宋、中山的国君尊贵；锄柄戟柄并不比钩戟长矛更锋利；发配戍边的民众，并不比九国的军队强大；深谋远虑，行军与作战指挥的策略，并非能比得上先前六国的才士。然而成功与失败完全不同，功业也相反。试着把崤山以东各国诸侯和陈涉比量长短大小，比较权势衡量实力，那简直是不能同日而语的。然而秦国当初凭借着很小的地方，发展为一个强大的万乘之国，抑制其他八州而让其他诸侯来朝拜，持续了一百多年，然后把天下并为一家，以崤山、函谷关为宫墙。然而陈涉一个普通人发难就使秦王朝政权摧毁、国家灭亡，皇帝死在别人手中，被天下人讥笑，这是什么原因呢？这是因为不施行仁义政策，而使攻与守的形势完全改变了。"

◎**释疑解惑**

陈涉出身佣耕，对秦朝首先发动起义，建立张楚政权，历时不过六个月，且后继无人，本无"世家"可言，而司马迁将他列入世家，对此，历代颇有不同说法。或说陈涉的事业并非世代相续，不能列入"世家"。如唐人刘知几说："至如陈胜，起自群盗，称王六月而死，子孙不嗣，社稷靡闻，无'世'可传，无'家'可宅，而以'世家'为称，岂当然乎？"又如司马贞《史记索隐》谓："然时因扰攘，起自匹夫，假托妖祥，一朝称楚，岁历不永，勋业蔑如，继之齐、鲁，曾何等级！可降为'列侯'也。"或说陈涉入世家，是因为灭秦的王侯将相是陈涉所立的，这是太史公的旨意所在。如清人冯班说："陈涉起自谪戍而败，然亡秦之侯王将相多涉所置。自项梁未起，以天下之命制于一人之手，升为'世家'，太史公之旨也。"又如近人李景星说："陈涉未成，能为汉驱除，是当时极关系事，列之'世家'，盖所以重之而不与寻常等也。且涉虽一起即蹶，所遣之王侯将相，卒能亡秦，既不能一一皆为之传，又不能一一抹杀，摈而不录……将其余与涉俱起不能遍为立传之人皆纳入'世家'中，则一时之草泽英雄皆有归宿矣。"综合种种说法而言，司马迁将陈涉列入"世家"，是一种进步历史观的体现。虽然陈涉并没有灭秦，但是陈涉首义之功不可没，为他作"世家"，是为表彰他的功绩。

◎ **思考辨析题**

　　1.如何评价《陈涉世家》中陈涉的形象？

　　2.《陈涉世家》中秦朝的灭亡及陈涉的快速兴起与灭亡，是否对西汉王朝有借鉴意义？

外戚世家第十九

《外戚世家》名为"外戚",实际上记述了自汉高祖至汉武帝时的后妃事迹,以皇后为主,兼及其他妃嫔,对于真正的"外戚",只是顺带涉及。宫廷内后妃之间为争权夺宠而进行的明争暗斗,是历代统治集团内部斗争的重要组成部分。后妃是否得宠,不仅关系到她们的子孙能否成为皇位的继承人,而且关系到她们娘家父母兄弟的荣辱升降,一旦后妃的母族势力扩大,就成为影响朝政的重要力量。汉高祖刘邦死后,吕后专权的历史教训,对司马迁的撰写观念产生了重要影响,所以,《外戚世家》暗含司马迁希望后妃修德的心理。《外戚世家》大体以时代为序,可分为七个部分。第一部分是小序,叙写夏、商、周三代的兴亡都与后妃是否贤德有关系,认为后妃的作用对国家的治理有重要影响,与后妃本人能否善终也有很大的关系。第二部分写吕太后在汉惠帝时期为了自己、自己家族的利益所做的一些事情,比如让自己的外孙女做孝惠帝的皇后、分封诸吕为王。但是,在她死后,诸吕被灭,代王称帝,她所做的一切皆为徒劳。司马迁认为"此岂非天邪?非天命孰能当之?"第三部分写薄太后因祸得福。她先是被献给魏王,后入织室,被高祖看中纳入后宫,几番曲折之后被宠幸。又因不被宠爱而得以保全性命,跟随当时还为代王的汉文帝到代国,最后母以子贵,成为皇太后。第四部分写窦太后的传奇人生。在吕太后为各诸侯国送宫女时,她阴差阳错地被选去代国,得到了代王即后来的汉文帝的宠幸。因代王原来的王后早逝,所以她在代王继位皇帝后被封为皇后,所生的儿子被立为太子,娘家的窦氏兄弟也被封侯。第五部分写王太后的事迹。她原本已经嫁给金王孙,因为她的母亲"欲奇"之,而将她送入宫中,得到宠幸。又穿插写了栗姬因好嫉妒而死和她儿子被废的过程。其间不乏王太后的助力,从侧面展现出王太后狡诈的一面。第六部分叙写卫皇后本为平阳公主家歌姬,被汉武帝纳入后宫。并附带叙述了陈皇后、王夫人、李夫人等人的事。第七部分则是褚少孙所补的关于修成君、卫皇后弟弟卫青,以及尹夫人、钩弋夫人的史事。纵观《外戚世家》,司马迁在其中以"天命"思想贯穿始终,所记载的几位皇后的经历,颇有阴差阳错、命运所使的味道。有明言天命的地方,如对吕太后的评说,对占卜、异梦的记录;也有暗写天命的地方,如窦太后原本想回赵地,却因"宦者忘之"而被误置代籍中,陈皇后欲求子而"与医钱凡九千万,然竟无子"。司马迁对生活场景的描写也是十分生动的,如窦太后姐弟相见时的描写就非常精妙。褚少孙续写汉武帝寻找修成君一事,也堪称精彩绝妙,与司马迁的思想一脉相承。然而,对于汉武帝杀掉

> 太子生母钩弋夫人的事，褚少孙认为"岂可谓非贤圣哉！昭然远见，为后世计虑"，这样评说，未免荒谬。

自古受命帝王①及继体守文之君，非独内德茂也，盖亦有外戚之助焉。夏之兴也以涂山②，而桀之放也以末喜③。殷之兴也以有娀④，纣之杀也嬖妲己⑤。周之兴也以姜原⑥及大任⑦，而幽王之禽（擒）也淫于褒姒⑧。故《易》基《乾》《坤》⑨，《诗》始《关雎》，《书》美釐降⑩，《春秋》讥不亲迎⑪。夫妇之际，人道之大伦也。礼之用，唯婚姻为兢兢。夫乐调而四时和，阴阳之变，万物之统也。可不慎与？人能弘道，无如命何。甚哉，妃（配）匹之爱，君不能得之于臣，父不能得之于子，况卑下乎！既欢合矣，或不能成子姓；能成子姓矣，或不能要其终：岂非命也哉？孔子罕称命，盖难言之也。非通幽明之变，恶能识乎性命哉？

◎**注释** ①〔受命帝王〕古人认为历代开国之君往往是秉承天命而开创帝业。②〔涂山〕即涂山氏之女，是夏禹的妻子。③〔末喜〕也作"妹喜"，是夏朝末代国君桀的宠妃。夏桀因残暴无道而被商汤灭亡。④〔有娀（sōng）〕即有娀氏之女，是帝喾的次妃，吞鸟卵而生殷商始祖契。⑤〔嬖（bì）妲（dá）己〕嬖，宠幸。妲己，商纣王的宠妃。⑥〔姜原〕也作"姜嫄"，周朝始祖后稷的母亲，传说她踩了巨人脚印而生下后稷。⑦〔大任〕即"太任"，周文王的妻子，周武王的母亲。⑧〔褒姒〕西周亡国之君周幽王的宠妃，周幽王为博得褒姒一笑，点燃烽火戏弄诸侯，等到犬戎真正入侵，举烽火而诸侯不至，周幽王被杀。⑨〔《易》基《乾》《坤》〕《周易》从《乾》卦和《坤》卦开始。乾与坤分别代表阳与阴、男与女。⑩〔釐降〕分派下嫁。釐，整治，分派。降，指帝王之女下嫁。按，帝尧为了考察虞舜，把自己的两个女儿嫁给了他，事见《五帝本纪》。⑪〔《春秋》讥不亲迎〕纪国君主娶鲁国女子，不亲自迎娶，而派大夫裂前去迎接，孔子认为这种做法不合礼仪，故记之以示讥讽。

◎**大意**　自古以来受天命的开国帝王，以及继承帝位遵守先祖法度的国君，不仅自身内在品德美好，大都也有外戚的帮助。夏朝的兴起是因为有涂山氏之女，而夏桀被放逐是由于末喜。殷朝的兴起是由于有娀氏之女，而纣王被杀是由于宠爱妲己。周朝的兴起是由于有姜原和大任，而周幽王被擒则是由于宠爱褒姒。所以《周易》以《乾》《坤》开始，《诗经》以《关雎》为首篇，《尚书》赞美唐尧把女儿下嫁给虞舜，《春秋》讽刺纪侯娶妻却不亲自去迎接。夫妇之间的关系，是人道之中最重要的伦常关系。礼的应用，尤其在婚姻方面最应谨慎。乐声协调就会四季风调雨顺，阴阳的变化，是万物生长变化的统领。能不慎重吗？人能弘扬人伦之道，却对天命无可奈何。就是这样啊，夫妻之间的恩爱之情，国君不能从大臣那里得到，父亲不能从儿子那里得到，何况处于卑下地位的人！夫妇合欢之后，有的不能繁育子孙；能繁育子孙的，有些也没有好的结果：难道不是命吗？孔子很少谈天命，大概是因为很难说清楚。不通晓阴阳的变化，怎能懂得人性和天命的道理呢？

　　太史公曰：秦以前尚略^①矣，其详靡得而记焉。汉兴，吕娥姁^②为高祖正后，男为太子。及晚节色衰爱弛，而戚夫人^③有宠，其子如意几代太子者数矣。及高祖崩，吕后夷戚氏，诛赵王，而高祖后宫唯独无宠疏远者得无恙。

◎**注释**　①〔尚略〕久远，稀少。②〔娥姁（xū）〕即汉高祖刘邦的皇后吕雉，字娥姁，事迹详见《吕太后本纪》。③〔戚夫人〕汉高祖刘邦的宠妃，生子刘如意。刘邦曾经几次想废掉太子改立刘如意，被大臣劝阻，而封刘如意为赵王。

◎**大意**　太史公说：秦以前后妃的事情太久远，没有详情记载下来。汉朝建立，吕娥姁为高祖的正室皇后，所生的儿子被立为太子。等到吕后晚年姿色衰老失宠，而戚夫人得宠，她生的儿子如意好多次差点取代太子的地位。高祖去世后，吕后灭了戚氏，诛杀赵王刘如意，高祖后宫中唯有不受宠爱而被疏远的人才平安无事。

吕后长女为宣平侯张敖①妻,敖女为孝惠皇后②。吕太后以重亲故,欲其生子万方,终无子,诈取后宫人子为子。及孝惠帝崩,天下初定未久,继嗣不明③。于是贵外家,王诸吕以为辅,而以吕禄④女为少帝⑤后,欲连固根本牢甚,然无益也。

◎**注释** ①〔张敖〕汉高祖刘邦长女鲁元公主的丈夫,父亲是汉初功臣张耳,张耳死后,他继承爵位为赵王,后因部下涉嫌谋反,被降为宣平侯。②〔孝惠皇后〕名嫣,张敖与鲁元公主所生的女儿。汉孝惠帝是她的亲舅舅。③〔继嗣不明〕孝惠皇后抱养的孩子,大臣认为不是汉孝惠帝的孩子,故不承认其地位。④〔吕禄〕吕太后次兄吕释的儿子,被封为赵王。⑤〔少帝〕名弘,原名刘义,在孝惠皇后抱养的儿子之后被立为皇帝。

◎**大意** 吕后的大女儿是宣平侯张敖的妻子,张敖的女儿是孝惠皇后。吕太后为亲上加亲,用种种方法想让孝惠皇后生儿子,最终也没生下儿子,就从后宫抱来别人的儿子谎称是她的儿子。等到孝惠帝去世,因为天下安定才不久,继承皇位的人身份不明。吕后于是重用外家,封诸吕为王,以此作为自己的辅佐势力,又封吕禄的女儿为少帝皇后,想让吕氏的根基联结得更牢固,但是没有什么作用。

高后崩,合葬长陵①。禄、产②等惧诛,谋作乱。大臣征之,天诱(佑)其统,卒灭吕氏。唯独置孝惠皇后居北宫③。迎立代王,是为孝文帝,奉汉宗庙。此岂非天邪?非天命孰能当之?

◎**注释** ①〔长陵〕汉高祖刘邦的陵墓,在今陕西咸阳东北。②〔产〕即吕产,是吕太后长兄吕泽的儿子,被封为梁王。③〔北宫〕位于未央宫的北边,故称北宫。

◎**大意** 吕后去世以后,与高祖合葬在长陵。当时吕禄、吕产等人害怕被杀,谋划作乱。大臣们征讨他们,上天保佑汉王室的皇统,最终灭掉了吕氏。唯独把孝惠皇后安置在北宫。群臣迎立代王,即孝文帝,供奉汉家宗庙。这难道不是天命吗?不是天命谁能做皇帝?

薄太后，父吴①人，姓薄氏，秦时与故魏王②宗家女魏媪③通，生薄姬，而薄父死山阴④，因葬焉。

◎**注释** ①〔吴〕在今江苏苏州。②〔故魏王〕秦朝统一以前的魏国君主。③〔魏媪〕姓魏的妇人。④〔山阴〕在今浙江绍兴。
◎**大意** 薄太后的父亲是吴地人，姓薄，秦朝时与魏王宗族家的女子魏媪私通，生下了薄姬，而薄姬的父亲后来死在山阴，就葬在那里。

及诸侯畔（叛）秦，魏豹①立为魏王，而魏媪内（纳）其女于魏宫。媪之许负所相②，相薄姬，云当生天子。是时项羽方与汉王相距（拒）荥阳，天下未有所定。豹初与汉击楚，及闻许负言，心独喜，因背汉而畔（叛），中立，更与楚连和。汉使曹参等击虏魏王豹，以其国为郡，而薄姬输织室③。豹已死，汉王入织室，见薄姬有色，诏内（纳）后宫，岁余不得幸。始姬少时，与管夫人、赵子儿相爱，约曰："先贵无相忘。"已而管夫人、赵子儿先幸汉王。汉王坐河南宫成皋台④，此两美人相与笑薄姬初时约。汉王闻之，问其故，两人具以实告汉王。汉王心惨然，怜薄姬，是日召而幸之。薄姬曰："昨暮夜妾梦苍龙据（距）吾腹。"高帝曰："此贵征也，吾为女（汝）遂成之。"一幸生男，是为代王。其后薄姬希（稀）见高祖。

◎**注释** ①〔魏豹〕战国时魏国的诸公子，秦朝灭亡后，被项羽封为西魏王，事迹详见《魏豹彭越列传》。②〔之许负所相〕到许负那里去相面。许负，当时有名的相面之人。③〔织室〕汉代官署名，掌管皇室丝帛制造和染色的机构。④〔成皋台〕即灵台，在今河南汜水西北。
◎**大意** 等到诸侯起兵反叛秦朝时，魏豹被立为魏王，魏媪就把她的女儿送入魏宫。魏媪曾到许负那里给薄姬相面，许负说她将来生的儿子会当天子。这时项羽正在荥阳和汉王刘邦对峙，天下还没有安定。魏豹刚开始时与汉联合击楚，等听到许负的话，心里暗自高兴，就背叛汉王，表示中立，继而又与楚联合。后来刘邦派曹参等人攻打并俘虏了魏王豹，将他的领地设为郡，薄姬被送进织室。魏豹死后，汉王刘邦有次进入织室，看到薄姬颇有姿色，便下诏将她纳入后宫，她一年多也没得到宠幸。当初薄姬年少的时候，与管夫人、赵子儿关系很亲密，三人约定："谁先富贵了，不要忘记其他人。"不久管夫人、赵子儿先得到汉王的宠幸。有一次汉王坐在河南宫成皋台，两位美人相互笑着谈论与薄姬当初的约定。汉王听到这些，问其中的原因，两人就将事情如实相告。汉王心里感到哀戚，怜惜薄姬，当天就召她侍寝。薄姬说："昨夜我梦见苍龙盘卧在我的腹上。"汉王说："这是贵兆，我来成全你吧。"一次同宿就生了男孩，就是后来的代王。其后薄姬很少见到高祖。

高祖崩，诸御幸姬①戚夫人之属，吕太后怒，皆幽之，不得出宫。而薄姬以希（稀）见故，得出，从子之代，为代王太后。太后弟薄昭从如代②。

◎**注释** ①〔诸御幸姬〕御幸，亲近，宠爱。姬，皇后以外妃嫔的统称。②〔代〕在今山西平遥西南。
◎**大意** 高祖去世后，那些被高祖宠幸的爱姬如戚夫人等，遭到了吕太后的怨恨，吕太后把她们都囚禁起来，不许她们出宫。而薄姬因为很少见高祖，得以出宫，跟随儿子到代国，为代王的太后。太后弟弟薄昭也跟着到了代国。

代王立十七年，高后崩。大臣议立后，疾外家吕氏强，皆称薄氏仁善，故迎代王，立为孝文皇帝，而太后改号曰皇太后，弟薄昭封为轵①侯。

◎**注释** ①〔轵〕在今河南济源东南。
◎**大意** 代王被封立的第十七年，吕太后去世。大臣们商议拥立新皇帝，担心外戚像吕氏家族一样势力强大，都称赞薄氏仁德善良，所以迎回代王，立为孝文皇帝，而薄太后改号为皇太后，弟弟薄昭被封为轵侯。

薄太后母亦前死，葬栎阳①北。于是乃追尊薄父为灵文侯，会稽郡②置园邑③三百家，长丞④已（以）下吏奉守冢寝庙上食祠如法⑤。而栎阳北亦置灵文侯夫人园，如灵文侯园仪。薄太后以为母家魏王后，早失父母，其奉薄太后诸魏有力者，于是召复⑥魏氏，赏赐各以亲疏受（授）之。薄氏侯者凡一人。

◎**注释** ①〔栎阳〕在今陕西西安。②〔会稽郡〕汉代的郡名，治所在今江苏苏州。③〔园邑〕为供应陵园的祭祀与负责陵园的守护而设立的行政建制。④〔长丞〕即长与丞，分别是主管陵园的长官与副职。⑤〔奉守冢寝庙上食祠如法〕奉守，供奉，守护。寝庙，指庙，前殿供神位者曰庙，后殿象人起居者曰寝。上食，上供。祠如法，按照规定进行祭祀。⑥〔复〕免除劳役及租税。

◎**大意** 薄太后母亲也在这以前死去，葬在栎阳北边。于是便追尊薄太后父亲为灵文侯，在会稽郡设置三百户的园邑，园邑的长与丞以下的官吏被派去看守陵墓，负责上供及按规定的礼制举行祭祀。栎阳北边又修建了灵文侯夫人园，所有礼仪都和灵文侯园一样。薄太后认为母家是魏王的后代，她的父母早逝，早年受到魏氏家族中许多人的悉心照顾，于是下令召魏氏族人进京，免除一切赋税徭役，又根据亲疏程度给予了不同赏赐。薄氏家族中被封侯的只有一人。

薄太后后文帝二年，以孝景帝前二年崩，葬南陵①。以吕后会葬长陵，故特自起陵，近孝文皇帝霸陵②。

◎**注释** ①〔南陵〕位于汉文帝霸陵的南边，故称南陵，在今陕西西安。②〔霸陵〕在今陕西西安东郊毛西村西。

◎**大意**　薄太后比孝文帝晚两年去世，时为孝景帝前元二年，葬在南陵。由于吕太后已与高祖合葬在长陵了，所以单独给薄太后另找一地建了陵墓，靠近孝文帝的霸陵。

窦太后①，赵之清河②观津③人也。吕太后时，窦姬以良家子④入宫侍太后。太后出宫人以赐诸王，各五人，窦姬与在行中。窦姬家在清河，欲如赵近家，请其主遣宦者吏："必置我籍赵之伍中。"宦者忘之，误置其籍代伍中。籍奏，诏可，当行。窦姬涕泣，怨其宦者，不欲往，相强，乃肯行。至代，代王独幸窦姬，生女嫖，后生两男。而代王王后生四男。先代王未入立为帝而王后卒。及代王立为帝，而王后所生四男更病死。孝文帝立数月，公卿请立太子，而窦姬长男最长，立为太子。立窦姬为皇后，女嫖为长公主。其明年，立少子武为代王，已而又徙梁⑤，是为梁孝王。

◎**注释**　①〔窦太后〕名猗房，汉文帝的皇后，汉景帝的生母。②〔清河〕汉代的郡名，治所在今河北清河东。③〔观津〕在今河北武邑东南。④〔良家子〕清白人家的孩子，以别于因犯罪被罚没为奴者。⑤〔梁〕汉代的封国，都城睢阳，在今河南商丘。

◎**大意**　窦太后是赵国清河观津人。吕太后的时候，她作为良家子女被选入宫中服侍吕太后。后来吕太后遣出宫女，以赏赐诸侯王，每个王五人，窦姬也在这次出宫的行列中。窦姬家在清河，想到离家近些的赵国，请求主管遣送宫女的宦官说："请一定把我的名册放在去赵国的宫女当中。"结果这位宦官忘记了此事，误把她的名册放在去代国的宫女队中。名册上奏，吕太后下诏批准，应该上路了。窦姬痛哭流涕，埋怨那位宦官，不想去代地，后来被逼无奈，才肯动身。到了代国，代王独宠窦姬，生了个女儿名嫖，后又生了两个儿子。而代王的王后生了四个儿子。在代王还未成为皇帝时，王后就死了。后来代王成为皇帝，王后所生的四个儿子相继病死。孝文帝即位几个月后，公卿大臣请求立太子，而窦姬的长子年龄最大，立为太子。立窦姬为皇后，女儿嫖为长公主。第二年，立小儿子武为代王，不久刘武又迁徙到梁国，就是梁孝王。

　　窦皇后亲①蚤（早）卒，葬观津。于是薄太后乃诏有司②，追尊窦后父为安成侯，母曰安成夫人。令清河置园邑二百家，长丞奉守，比灵文园法。

◎**注释**　①〔亲〕父亲和母亲。②〔有司〕主管某种事务的官吏。
◎**大意**　窦皇后父母早死，葬在观津。于是薄太后就下诏有关官员，追尊窦皇后的父亲为安成侯，母亲为安成夫人。下令在清河郡设置二百户的园邑，由园邑的长与丞侍奉看守，一切规格待遇与灵文园相同。

　　窦皇后兄窦长君①，弟曰窦广国，字少君。少君年四五岁时，家贫，为人所略（掠）卖②，其家不知其处。传（转）十余家，至宜阳③，为其主入山作炭，暮卧岸下百余人，岸崩，尽压杀卧者，少君独得脱，不死。自卜数日当为侯，从其家之长安。闻窦皇后新立，家在观津，姓窦氏。广国去时虽小，识（志）其县名及姓，又常（尝）与其姊采桑堕，用为符信，上书自陈。窦皇后言之于文帝，召见，问之，具言其故，果是。又复问他何以为验？对曰："姊去我西时，与我决（诀）于传舍中，丐沐沐我，请食饭我，乃去。"于是窦后持之而泣，泣涕交横下。侍御左右皆伏地泣，助皇后悲哀。乃厚赐田宅金钱，封公昆弟，家于长安。

◎**注释**　①〔窦长君〕名窦建，字长君。②〔略卖〕被劫走转卖。③〔宜阳〕在今河南宜阳。

◎**大意** 窦皇后的哥哥叫窦长君，弟弟叫窦广国，字少君。窦广国四五岁时，家境贫困，被人劫走拐卖，家里人不知道他的下落。窦广国被转卖了十几家，最后到了宜阳，为主人进山采炭，一百多个人夜里躺在山崖下，山崖崩塌，把睡在下面的人全部压死了，只有窦广国一人得以脱身，没被压死。自己占卜几天之内要被封侯，就跟着主人家到了长安。听说新立的皇后家在观津，姓窦。窦广国离家时虽然年纪还小，但记得县名和自家的姓，又记得曾经跟姐姐一起采桑叶从树上掉下来，就以此事为凭证，上书陈述自己的经历。窦皇后把此事告诉了文帝，召见窦广国，询问他的身世，他详细说明了情况，果然是皇后的弟弟。又问他用什么来验证？他回答："姐姐离开我入宫时，和我在驿馆诀别，她讨来水给我洗头，又要来食物给我吃，然后才离去。"于是窦皇后拉住弟弟痛哭起来，眼泪纵横。身边的侍从也都趴在地上哭泣，一起为窦皇后悲伤。于是朝廷赏赐给窦广国优厚的田地住宅和金钱，分封窦皇后的同祖兄弟，让他们在长安城安了家。

绛侯①、灌将军②等曰："吾属不死，命乃且县（悬）此两人。两人所出微，不可不为择师傅宾客，又复效吕氏大事也。"于是乃选长者士之有节行者与居。窦长君、少君由此为退让君子，不敢以尊贵骄人。

◎**注释** ①〔绛侯〕即周勃，刘邦的开国功臣，被封为绛侯，后来又诛灭吕氏，拥立汉文帝继位，官做到丞相，事迹详见《绛侯周勃世家》。②〔灌将军〕即灌婴，刘邦的开国功臣，被封为颍阴侯，后来又诛灭吕氏，拥立汉文帝继位，事迹详见《樊郦滕灌列传》。

◎**大意** 绛侯周勃、将军灌婴等人说："我们这些人不死，命都将悬在窦氏兄弟二人手中。这两人出身低微，不能不给他们选择师傅和宾客，否则又会再次效法吕氏阴谋叛乱。"于是就挑选年长而品行端正、有节操的士人和两人相处。窦长君、少君因此成为恭谦礼让的君子，不敢凭借他们贵戚的身份对人骄横傲慢。

窦皇后病，失明。文帝幸邯郸慎夫人、尹姬，皆毋子。孝文帝崩，孝景帝立，乃封广国为章武侯①。长君前死，封其子彭祖为南皮侯②。吴、楚反③时，窦太后从昆弟子窦婴④，任侠自喜，将兵，以军功为魏其侯。窦氏凡三人为侯。

◎**注释** ①〔章武侯〕封地在今河北黄骅西南。②〔南皮侯〕封地在今河北南皮。③〔吴、楚反〕即汉景帝三年的七国之乱。④〔窦婴〕字王孙，封为魏其侯，事迹详见《魏其武安侯列传》。

◎**大意** 窦皇后生了重病，双目失明。汉文帝宠幸邯郸慎夫人、尹姬，都没有生下儿子。汉文帝去世，孝景帝即位，封窦广国为章武侯。窦长君在此之前就死了，他的儿子彭祖被封为南皮侯。窦太后堂兄弟的儿子窦婴喜欢行侠仗义，吴、楚等七国叛乱时，窦婴率领军队平叛，因有军功而被封为魏其侯。窦氏共三人被封侯。

窦太后好黄帝、老子言，帝及太子①诸窦不得不读《黄帝》②《老子》③，尊其术。

◎**注释** ①〔太子〕指汉景帝的庶长子刘荣，栗姬所生，后被废。②〔《黄帝》〕后人伪托的古书，现在的《黄帝四经》应该就是其中重要的一种。③〔《老子》〕又称《道德经》，相传是老子所撰，是道家的代表作。

◎**大意** 窦太后喜欢黄帝、老子的学说，汉景帝和太子刘荣以及所有的窦氏子弟都不得不读《黄帝》《老子》，尊奉其学术思想。

窦太后后孝景帝六岁，建元六年崩，合葬霸陵。遗诏尽以东宫①金钱财物赐长公主嫖。

◎**注释** ①〔东宫〕长乐宫，因在未央宫的东边，故称东宫，当时是太后居住的地方。

◎**大意**　窦太后在汉景帝去世六年后，即建元六年去世，与文帝合葬在霸陵。留下诏书把长乐宫里的金钱财物全部赏赐给长公主刘嫖。

王太后①，槐里②人，母曰臧儿。臧儿者，故燕王臧荼③孙也。臧儿嫁为槐里王仲妻，生男曰信，与两女④。而仲死，臧儿更嫁长陵⑤田氏，生男蚡、胜⑥。臧儿长女嫁为金王孙妇，生一女矣，而臧儿卜筮之，曰两女皆当贵。因欲奇两女，乃夺金氏。金氏怒，不肯予决，乃内（纳）之太子宫。太子幸爱之，生三女⑦一男⑧。男方在身时，王美人梦日入其怀。以告太子，太子曰："此贵征也。"未生而孝文帝崩，孝景帝即位，王夫人生男。

◎**注释**　①〔王太后〕名娡，汉景帝的皇后。②〔槐里〕在今陕西兴平东南。③〔燕王臧荼〕先被项羽封为燕王，后来降汉，又因反汉被灭。④〔两女〕即王太后和王兒姁。⑤〔长陵〕汉高祖刘邦陵墓所在的县，在今陕西咸阳东北。⑥〔蚡、胜〕即田蚡、田胜。⑦〔三女〕即后来的平阳公主、南宫公主、林虑公主。⑧〔一男〕即汉武帝。

◎**大意**　王太后是槐里人，她的母亲叫臧儿。臧儿是原来的燕王臧荼的孙女。臧儿嫁给槐里王仲为妻，生了个男孩名叫信，还有两个女儿。后来王仲死了，臧儿改嫁给长陵的田氏，生了两个儿子田蚡、田胜。臧儿的大女儿嫁给金王孙为妻，生了一个女儿，而臧儿曾为子女算卦，说两个女儿都会成为贵人。她想把两个女儿作为奇货，于是把大女儿从金家接了回来。金氏大怒，不肯和妻子分离，臧儿则把大女儿送进太子宫中。臧儿的大女儿很受太子宠爱，生了三女一男。她怀着男孩时，梦见太阳投入怀中。她把这个梦告诉了太子，太子说："这是显贵的征兆。"这个男孩还没有出生，孝文帝就去世了。孝景帝即位，王夫人生下了这个男孩。

外戚世家第十九

先是臧儿又入其少女儿姁，儿姁生四男①。

◎**注释** ①〔四男〕即广川王刘越、胶东王刘寄、清河王刘乘、常山王刘舜。
◎**大意** 在此之前臧儿已经把她的小女儿王儿姁送进宫里，王儿姁生了四个儿子。

景帝为太子时，薄太后以薄氏女为妃。及景帝立，立妃曰薄皇后。皇后毋子，毋宠。薄太后崩，废薄皇后。

◎**大意** 汉景帝还是太子的时候，薄太后把薄家的女儿立为太子妃。等到汉景帝即位，立太子妃为皇后。皇后没有生儿子，不受宠爱。薄太后去世以后，汉景帝就废掉了薄皇后。

景帝长男荣，其母栗姬。栗姬，齐①人也。立荣为太子。长公主嫖有女，欲予为妃。栗姬妒，而景帝诸美人皆因长公主见景帝，得贵幸，皆过栗姬，栗姬日怨怒，谢长公主，不许。长公主欲予王夫人，王夫人许之。长公主怒，而日谗栗姬短于景帝曰："栗姬与诸贵夫人幸姬会，常使侍者祝唾其背，挟邪媚道。"景帝以故望之。

◎**注释** ①〔齐〕汉高祖刘邦儿子刘肥的封国，地域在今山东。
◎**大意** 汉景帝的长子名刘荣，他的生母是栗姬。栗姬，是齐国人。汉景帝立刘荣为太子。长公主刘嫖有个女儿，想让她做太子妃。栗姬为人善妒，汉景帝的几位美人都是靠长公主见到汉景帝，所得到的尊贵和宠幸都超过了栗姬，栗姬每天都怨恨长公主，因此谢绝了长公主的要求，不答应这门亲事。长公主又想把女儿许配给王夫人的儿子，王夫人答应了。长公主怨恨栗姬，常常在汉景帝面前说栗姬的坏话："栗姬与各位贵夫人及宠姬聚会时，常让侍者在她们背后吐口水诅咒，施用妖邪惑人的手段。"汉景帝因此责怨栗姬。

景帝尝体不安，心不乐，属（嘱）诸子为王者于栗姬，曰："百岁后，善视之。"栗姬怒，不肯应，言不逊。景帝恚，心嗛之①而未发也。

◎**注释**　①〔嗛（xián）之〕怀恨在心。
◎**大意**　汉景帝曾经感到身体不适，心里不高兴，就将被封王的儿子都嘱托给栗姬，说："我死后，你要善待他们。"栗姬生气，不肯答应，出言不逊。汉景帝很恼怒，心里憎恨她，但没有发作。

长公主日誉王夫人男之美，景帝亦贤之，又有曩者①所梦日符，计未有所定。王夫人知帝望栗姬，因怒未解，阴使人趣大臣立栗姬为皇后。大行②奏事毕，曰："'子以母贵，母以子贵'，今太子母无号，宜立为皇后。"景帝怒曰："是而所宜言邪！"遂案诛大行，而废太子为临江③王。栗姬愈恚恨，不得见，以忧死。卒立王夫人为皇后，其男为太子，封皇后兄信为盖侯④。

◎**注释**　①〔曩（nǎng）者〕昔日。②〔大行〕执掌礼仪典章的官员。③〔临江〕在今湖北荆州。④〔盖侯〕封地盖县，在今山东沂源。
◎**大意**　长公主天天在汉景帝面前称赞王夫人儿子的优点，汉景帝也认为他贤能，又因为有从前王夫人梦日入怀的符兆，想改立太子但还没拿定主意。王夫人知道汉景帝责怨栗姬，趁着他怒气还没消的时候，暗中派人催促大臣向汉景帝请求立栗姬为皇后。有一次大行官奏事完毕，说："'儿子因母亲而尊贵，母亲因儿子而尊贵'，现在太子的母亲还没有封号，应该立为皇后。"汉景帝发怒说："这是你应该讲的话吗！"就把大行官论罪处死，并且把太子贬为临江王。栗姬心中更加怨恨，又见不到汉景帝，因此忧伤而死。汉景帝最终立王夫人为皇后，立她的儿子为太子，封皇后的哥哥王信为盖侯。

景帝崩，太子袭号为皇帝。尊皇太后母臧儿为平原君①。封田蚡为武安侯②，胜为周阳侯③。

◎**注释** ①〔平原君〕封地平原县，在今山东平原南。②〔武安侯〕封地武安县，在今河北武安西南。③〔周阳侯〕封地周阳邑，在今山西绛县西南。
◎**大意** 汉景帝去世后，太子继位为皇帝。尊皇太后的母亲臧儿为平原君。封田蚡为武安侯，田胜为周阳侯。

景帝十三男，一男为帝，十二男皆为王。而儿姁早卒，其四子皆为王。王太后长女号曰平阳公主，次为南宫公主，次为林虑公主。

◎**大意** 汉景帝有十三个儿子，一个儿子做了皇帝，其余十二个儿子都被封为王。王儿姁死得早，她的四个儿子也都被封为王。王太后的大女儿封号是平阳公主，二女儿封号是南宫公主，三女儿封号是林虑公主。

盖侯信好酒。田蚡、胜贪，巧于文辞。王仲蚤（早）死，葬槐里，追尊为共侯，置园邑二百家。及平原君卒，从田氏葬长陵，置园比共侯园。而王太后后孝景帝十六岁，以元朔四年崩，合葬阳陵①。王太后家凡三人为侯。

◎**注释** ①〔阳陵〕在今陕西咸阳。
◎**大意** 盖侯王信喜欢喝酒。田蚡、田胜贪婪，且巧言善辩。王仲早死，葬在槐里，追封为共侯，设置了二百户的园邑。等到平原君去世，跟田氏一起葬在长陵县，设置的陵园规格跟共侯王仲相同。王太后比汉孝景帝晚十六年去世，时年为元朔四年，与汉景帝合葬在阳陵。王太后家共有三个人被封侯。

卫皇后字子夫，生微矣。盖其家号曰卫氏，出平阳侯①邑。子夫为平阳主②讴者。武帝初即位，数岁无子。平阳主求诸良家子女十余人，饰置家。武帝祓③霸上还，因过平阳主。主见所侍美人，上弗说（悦）。既饮，讴者进，上望见，独说（悦）卫子夫。是日，武帝起更衣④，子夫侍尚衣轩中，得幸。上还坐，欢甚。赐平阳主金千斤⑤。主因奏子夫奉送入宫。子夫上车，平阳主拊其背曰："行矣，强饭，勉之！即贵，无相忘。"入宫岁余，竟不复幸。武帝择宫人不中用者，斥出归之。卫子夫得见，涕泣请出。上怜之，复幸，遂有身，尊宠日隆。召其兄卫长君⑥、弟青⑦为侍中⑧。而子夫后大幸，有宠，凡生三女一男。男名据。

◎ **注释** ①〔平阳侯〕汉高祖刘邦首封曹参为平阳侯，曹参的重孙曹时袭为平阳侯。②〔平阳主〕即平阳公主。平阳侯曹时娶了汉景帝的女儿阳信公主，通常称为平阳公主。③〔祓（fú）〕三月上巳日在水边祭祀，以祛除不祥。④〔更衣〕上厕所的委婉说法。⑤〔千斤〕千金，一斤即指一金，相当于现在的二百五十八克。⑥〔卫长君〕名长子，字长君，卫子夫的异母哥哥。⑦〔青〕即卫青，字仲卿，西汉名将，因抗击匈奴有功，被封为长平侯，事迹详见《卫将军骠骑列传》。⑧〔侍中〕职官名，皇帝的近侍，分掌乘舆服物，上属郎中令。

◎ **大意** 卫皇后字子夫，出身低微。她自称是卫氏，生长在平阳侯的封地。卫子夫是平阳公主的歌姬。武帝刚即位时，几年没有生子。平阳公主挑选了十几个良家女子，打扮起来安置在家里。武帝在霸上举行除灾求福的仪式回来，顺便到平阳公主家里。平阳公主就让那些准备好的女子出来见皇帝，皇帝都不喜欢。宴会开始后，歌姬进来，皇帝远远看了一眼，唯独喜欢卫子夫。这一天，武帝起身上厕所时，卫子夫在皇帝的衣车中侍奉，得到宠幸。皇帝回到座位上，特别高兴，赐平阳公主千金。平阳公主趁机奏请把卫子夫奉送入宫。卫子夫上车后，平阳公主抚着她的背说："去吧，好好吃饭，努力吧！如果尊贵了，别忘了我。"她入宫一年多，竟然没有再得宠幸。汉武帝挑选不中用的宫人，让她们出宫回家。卫子夫因而得见皇帝，哭泣着请求出宫。皇帝怜爱她，再次亲幸，于是有了身孕，一天比一天尊贵受宠。皇帝召来她的哥哥卫长君、弟弟卫青担任侍中。卫子夫后来大受宠爱，共生三女一男。男孩名叫刘据。

初，上为太子时，娶长公主女为妃。立为帝，妃立为皇后，姓陈氏①，无子。上之得为嗣，大长公主有力焉，以故陈皇后骄贵。闻卫子夫大幸，恚，几死者数矣。上愈怒。陈皇后挟妇人媚道，其事颇觉，于是废陈皇后，而立卫子夫为皇后。

◎**注释** ①〔陈氏〕陈皇后的父亲是堂邑侯陈午，曾祖父是西汉开国功臣陈婴。

◎**大意** 当初，汉武帝还是太子的时候，娶了长公主的女儿为妃子。即位后，这个妃子被立为皇后，姓陈，没有儿子。皇帝能够被立为太子，长公主起了很大的作用，因此陈皇后既骄且贵。她听说卫子夫大深受皇帝宠幸，非常生气，有好几次气得几乎死去。而皇帝对陈皇后更加怨怒。陈皇后施用巫术诅咒，汉武帝察觉此事后，废掉了陈皇后，改立卫子夫为皇后。

陈皇后母大长公主，景帝姊也，数让武帝姊平阳公主曰："帝非我不得立，已而弃捐吾女，壹何不自喜而倍（背）本乎！"平阳公主曰："用无子故废耳。"陈皇后求子，与医钱凡九千万，然竟无子。

◎**大意** 陈皇后的母亲长公主是汉景帝的姐姐，她多次责备汉武帝的姐姐平阳公主说："皇帝没有我的话就不能继位，过后竟然抛弃我女儿，怎么这样不自爱而忘了本呢！"平阳公主说："她是因为没有儿子才被废掉的。"陈皇后为了生儿子，共花费医药钱九千万，但最终也没有生儿子。

卫子夫已立为皇后，先是卫长君死，乃以卫青为将军，击胡有功，封为长平①侯。青三子在襁褓②中，皆封为列侯。及卫皇后所谓姊卫少儿，少儿生子霍去病，以军功封冠军侯③，号骠骑将军④。青号大将军⑤。立卫皇后子据为太子。卫氏枝属以军功起家，五人为侯。

◎**注释** ①〔长平〕在今河南西华东北。②〔襁褓〕裹婴儿的小被，这里指年龄很小。③〔冠军侯〕封地冠军县，在今河南邓州西北。④〔骠骑将军〕汉代高级武官的称号，地位仅次于大将军。⑤〔大将军〕汉代最高的武官称号，地位在三公之上。

◎**大意** 卫子夫最终被立为皇后，在此之前卫长君死了，卫青被任命为将军，因为抗击匈奴有功，被封为长平侯。卫青的三个儿子在年龄很小的时候，就都被封为列侯。卫皇后的姐姐叫卫少儿，卫少儿的儿子是霍去病，因军功被封为冠军侯，号骠骑将军。卫青号大将军。卫皇后的儿子刘据被立为太子。卫氏的家族以军功起家，有五人被封侯。

及卫后色衰，赵之王夫人幸，有子，为齐王。

◎**大意** 等到卫皇后年老色衰后，赵国的王夫人受宠幸，她有个儿子叫刘闳，被封为齐王。

王夫人蚤（早）卒。而中山①李夫人有宠，有男一人，为昌邑王②。

◎**注释** ①〔中山〕刘姓诸侯国，都城在今河北定州。②〔昌邑王〕名刘髆，封地昌邑，在今山东巨野。

◎**大意** 王夫人死得早。中山的李夫人受宠，生了一个儿子，被封为昌邑王。

李夫人蚤（早）卒，其兄李延年以音幸，号协律^①。协律者，故倡也。兄弟^②皆坐奸，族。是时其长兄广利^③为贰师将军，伐大宛，不及诛，还，而上既夷李氏，后怜其家，乃封为海西侯。

◎ **注释** ①〔协律〕李延年当时被封为协律都尉，所以称之为"协律"。②〔兄弟〕指李延年和他弟弟李季。③〔广利〕即李广利，汉武帝时的将领。
◎ **大意** 李夫人死得比较早，她的哥哥李延年因精通音律而得宠，号为协律。协律，就是过去的歌舞艺人。后来李延年兄弟都犯淫乱后宫罪，被灭族。这时他的长兄李广利被封为贰师将军，率兵讨伐大宛，灭族时没有被杀，班师回朝后，汉武帝已灭了李氏，后来又怜悯他们一家，就封李广利为海西侯。

他姬子二人为燕王、广陵王。其母无宠，以忧死。

◎ **大意** 其他的姬妾还生了两个儿子刘旦、刘胥，分别被封为燕王、广陵王。他们的母亲不受宠幸，因忧伤而死。

及李夫人卒，则有尹婕妤^①之属，更有宠。然皆以倡见，非王侯有土之士女，不可以配人主也。

◎ **注释** ①〔婕妤（jié yú）〕妃嫔的称号，汉武帝时其地位仅比皇后低。
◎ **大意** 等李夫人死后，则有尹婕妤这些人，交替受宠。但她们都是以歌女的身份得见皇帝，不是有封地的王侯家的女子，身份与皇帝不匹配。

褚先生曰：臣为郎^①时，闻习汉家故事者钟离生。曰：王太后在民间时所生子女者，父为金王孙。王孙已死，景帝崩后，武帝已立，

王太后独在。而韩王孙名嫣②，素得幸武帝，承间白言太后有女在长陵也。武帝曰："何不蚤（早）言！"乃使使往先视之，在其家。武帝乃自往迎取之。跸道③，先驱旄骑④出横城门⑤，乘舆⑥驰至长陵。当小市西入里，里门闭，暴开门，乘舆直入此里，通至金氏门外止，使武骑围其宅，为其亡走，身自往取不得也。即使左右群臣入呼求之。家人惊恐，女亡匿内中床下。扶持出门，令拜谒。武帝下车泣曰："嚄⑦！大姊，何藏之深也！"诏副车载之，回车驰还，而直入长乐宫。行诏门著引籍⑧，通到谒太后。太后曰："帝倦矣，何从来？"帝曰："今者至长陵得臣姊，与俱来。"顾曰："谒太后！"太后曰："女某邪⑨？"曰："是也。"太后为下泣，女亦伏地泣。武帝奉酒前为寿，奉钱千万，奴婢三百人，公田百顷，甲第⑩，以赐姊。太后谢曰："为帝费焉。"于是召平阳主、南宫主、林虑主三人俱来谒见姊，因号曰修成君。有子男一人，女一人。男号为修成子仲，女为诸侯王王后。此二子非刘氏，以故太后怜之。修成子仲骄恣，陵折吏民，皆患苦之。

◎**注释** ①〔郎〕皇帝的侍从，分为郎中与中郎。②〔韩王孙名嫣〕即韩嫣，韩王信的曾孙，汉武帝的男宠。③〔跸道〕帝王出行时，先清理道路，禁止百姓通行。④〔旄骑〕担任先驱的骑兵。⑤〔横城门〕京城长安北城墙最西边的门。⑥〔乘舆〕皇帝乘坐的车子。⑦〔嚄（huò）〕惊怪声。⑧〔著引籍〕将姓名记录在门籍上。引籍即门籍，守门人掌握的一种名册，登记在册的人可以进入。⑨〔女某邪〕指称这个女人的名字。⑩〔甲第〕上等的府宅。

◎**大意** 褚先生说：我当郎官的时候，有一位熟悉汉家旧事的钟离先生。据他说：王太后在民间时所生的女儿，父亲是金王孙。金王孙已经死了，汉景帝去世后，汉武帝继位，只有王太后还在。韩嫣一向深受汉武帝宠爱，他找机会告诉汉武帝王太后有个女儿在长陵。汉武帝说："为什么不早说！"就派人先去探察，王太后的那个女儿正好在家。汉武帝就亲自前往迎接她。路上清道戒严，走在前面的快骑举着旗帜出横城门，汉武帝的车子飞驰到长陵。从小街西进入里巷，里巷大门关着，侍从们用力打开门后，汉武帝的车子直接进入这条里巷，到达金氏门外才停下来，派武装骑兵包围这座宅院，因为怕她逃走，汉武帝亲自来接也接不着了。随即派左右群臣进去呼喊寻找。金家人惊恐，女子吓得躲藏在内室的床下。左右群臣找到后扶着她出来，让她拜见皇上。汉武帝下车哭着说："哎呀！大姐，为何隐藏这么深呢！"然后下令随从车辆载上她，掉转车子飞驰回城，直入长乐宫。汉武帝在路上时就下令看守宫门的人把姐姐的名字记于门籍上，车一到就去拜见王太后。王太后说："皇上看起来很疲倦，从哪里过来的？"皇帝说："今天我到长陵找到了我姐姐，跟她一起回来了。"回头对姐姐说："快拜见太后！"王太后说："你是我的那个女儿吗？"回答："是的。"王太后因此流下了眼泪，女儿也伏在地上哭泣。汉武帝捧着酒上前为太后敬酒祝贺，又将一千万钱、三百个奴婢、一百顷公田、一幢上等住宅赐给姐姐。王太后道谢说："让皇上破费了。"于是又召平阳公主、南宫公主、林虑公主三人一起来拜见姐姐，并封她为修成君。修成君有一个儿子、一个女儿。儿子被封为修成子仲，女儿做了诸侯王的王后。这两人都不是刘家的孩子，因此王太后十分怜爱他们。修成子仲骄纵傲慢，欺凌官吏百姓，人们都为此而忧虑苦恼。

　　卫子夫立为皇后，后弟卫青字仲卿，以大将军封为长平侯。四子，长子伉为侯世子①，侯世子常侍中，贵幸。其三弟皆封为侯，各千三百户，一曰阴安侯②，二曰发干侯③，三曰宜春侯④，贵震天下。天下歌之曰："生男无喜，生女无怒，独不见卫子夫霸天下！"

◎**注释**　①〔世子〕古代有爵位的王侯等达官贵人的继承人。②〔阴安侯〕即卫不疑，封地在阴安。③〔发干侯〕即卫登，封地在发干。④〔宜春侯〕即卫伉，封地在宜春。

◎**大意**　卫子夫被立为皇后，她的弟弟卫青字仲卿，在做大将军时被封为长平侯。卫青有四个儿子，长子伉是要继承爵位的世子，曾任侍中，非常受宠信。卫伉的三个弟弟都被封了侯爵，各有食邑一千三百户，第一个叫阴安侯，第二个叫发干侯，第三个叫宜春侯，富贵显赫，名震天下。天下流传着这样的歌谣："生儿莫高兴，生女莫发愁，难道没看见卫子夫称霸天下呀！"

是时平阳主寡居，当用列侯①尚②主。主与左右议长安中列侯可为夫者，皆言大将军可。主笑曰："此出吾家，常（尝）使令骑从我出入耳，奈何用为夫乎？"左右侍御者曰："今大将军姊为皇后，三子为侯，富贵振（震）动天下，主何以易之乎？"于是主乃许之。言之皇后，令白之武帝，乃诏卫将军尚平阳公主焉。

◎**注释**　①〔列侯〕列位分封侯爵的人。②〔尚〕娶公主为妻。
◎**大意**　当时平阳公主守寡，需要选一个列侯做她的丈夫。公主与身边的侍从讨论长安城中的列侯可以选谁做丈夫，大家都说大将军卫青可以。公主笑着说："这个人从我家出去，他曾经作为骑兵护卫跟随着我出入，怎能选他做我的丈夫？"身边的侍从都说："如今大将军的姐姐是皇后，三个儿子都封了侯，富贵震动天下，公主为何轻看人家呢？"于是公主就答应了。公主将这件事告诉了皇后，让她禀报汉武帝，汉武帝就下诏让卫青娶了平阳公主。

褚先生曰：丈夫龙变。传曰："蛇化为龙，不变其文；家化为国①，不变其姓。"丈夫当时富贵，百恶灭除，光耀荣华，贫贱之时②何足累之哉！

◎**注释**　①〔家化为国〕指获得王侯的爵位。汉代称诸侯王和列侯的封地为国。②〔贫贱之时〕这里指贫贱的时候不光彩的事情。
◎**大意**　褚先生说：大丈夫的一生像龙一样变化无穷。古书中说："蛇变成龙，不会改变它的花纹；获得了王侯的爵位，也不会改变姓氏。"大丈夫在富贵的时候，什么污点都可以被消除，只显得光耀荣华，贫贱之时的事情怎么能够影响他呢！

武帝时，幸夫人尹婕妤。邢夫人号娙娥①，众人谓之"娙何"。娙何秩比中二千石，容华②秩比二千石，婕妤秩比列侯。常从婕妤迁为皇后。

◎**注释** ①〔娙（xíng）娥〕妃嫔的称号，地位比婕妤低。②〔容华〕妃嫔的称号，地位比娙娥低。
◎**大意** 汉武帝时，宠爱夫人尹婕妤。邢夫人号娙娥，人们都叫她"娙何"。娙何的品级相当于中二千石的官员，容华的品级相当于二千石的官员，婕妤的品级相当于列侯。皇后往往是从婕妤中升迁的。

尹夫人与邢夫人同时并幸，有诏不得相见。尹夫人自请武帝，愿望见邢夫人，帝许之。即令他夫人饰，从御者数十人，为（伪）邢夫人来前。尹夫人前见之，曰："此非邢夫人身也。"帝曰："何以言之？"对曰："视其身貌形状，不足以当①人主矣。"于是帝乃诏使邢夫人衣故衣，独身来前。尹夫人望见之，曰："此真是也。"于是乃低头俯而泣，自痛其不如也。谚曰："美女入室，恶女之仇。"

◎**注释** ①〔当〕匹配。
◎**大意** 尹夫人与邢夫人同时得到皇帝宠幸，皇帝下令不让两人相见。一次尹夫人亲自请求汉武帝，希望能远远地看看邢夫人，汉武帝答应了她。汉武帝让另一位夫人装扮，带了数十个侍从，假冒邢夫人来到面前。尹夫人上前看她，说："这不是邢夫人本人。"汉武帝说："为什么这样说？"尹夫人回答："看她的容貌姿态，不足以和皇上相匹配。"于是汉武帝下令让邢夫人穿上旧衣服，独自前来。尹夫人见邢夫人后，说："这才是真的。"于是低头俯身哭泣，为自己不如邢夫人而伤心。谚语说："美女进屋，就成了丑女的仇人。"

　　褚先生曰：浴不必江海，要之去垢；马不必骐骥，要之善走；士不必贤世，要之知道；女不必贵种①，要之贞好。传曰："女无美恶，入室见妒；士无贤不肖，入朝见嫉。"美女者，恶女之仇。岂不然哉！

◎**注释**　①〔贵种〕贵族的后代。
◎**大意**　褚先生说：洗澡不一定到江海里，重要的是能洗去污垢；马不一定要骏马，只要善于奔驰；士人不一定要比其他人更贤能，重要的是懂得道理；女子不一定出身高贵，只要她贞洁美好。古书上说："女子不论美丑，一入宫室就会被嫉妒；士人不论贤与不贤，一入朝廷就会被嫉妒。"美女正是丑女的仇人。难道不是这样吗！

　　钩弋夫人姓赵氏，河间①人也。得幸武帝，生子一人，昭帝是也。武帝年七十，乃生昭帝。昭帝立时，年五岁耳。

◎**注释**　①〔河间〕汉代的封国，治所在今河北献县东南。
◎**大意**　钩弋夫人姓赵，河间人。得到汉武帝的宠幸后，生了一个儿子，就是汉昭帝。汉武帝七十岁时，才生了汉昭帝。汉昭帝即位时，年仅五岁。

　　卫太子①废后，未复立太子。而燕王旦上书，愿归国入宿卫。武帝怒，立斩其使者于北阙②。

◎**注释**　①〔卫太子〕即卫子夫所生的太子刘据。②〔北阙〕宫殿北面的门楼，是大臣等候皇帝召见或上奏疏的地方，这里指未央宫的北门。

◎**大意**　卫皇后的儿子被废后，武帝没有再立太子。而燕王刘旦上书，表示希望交还封国，回到京城入宫担任警卫之职。汉武帝非常生气，立刻在北阙斩杀了来使。

上居甘泉宫^①，召画工图画周公负成王也。于是左右群臣知武帝意欲立少子也。后数日，帝谴责钩弋夫人。夫人脱簪珥^②叩头。帝曰："引持去，送掖庭狱^③！"夫人还顾，帝曰："趣行，女（汝）不得活！"夫人死云阳宫^④。时暴风扬尘，百姓感伤。使者夜持棺往葬之，封识（志）其处。

◎**注释**　①〔甘泉宫〕汉代的行宫名，在今陕西淳化西北的甘泉山上。②〔脱簪珥〕摘下首饰，表示请罪的姿态。③〔掖庭狱〕宫中的监狱。掖庭，宫殿中的旁舍，妃嫔所住的地方。④〔云阳宫〕在甘泉宫附近。

◎**大意**　汉武帝居住在甘泉宫，召画工画了一幅周公背负周成王的图。于是身边的群臣就知道汉武帝想要立小儿子为太子。过了几天，汉武帝斥责钩弋夫人。夫人摘下发簪耳饰等饰品叩头请罪。汉武帝说："把她拉走，送到掖庭狱！"夫人回过头来看，汉武帝说："快走，你活不成了！"夫人死在云阳宫。当时狂风扬起灰尘，百姓都感到悲伤。使者夜里抬着棺材去埋葬，在埋葬的地方做了标记。

其后帝闲居，问左右曰："人言云何？"左右对曰："人言且立其子，何去其母乎？"帝曰："然。是非儿曹^①愚人所知也。往古国家所以乱也，由主少母壮也。女主独居骄蹇^②，淫乱自恣，莫能禁也。女（汝）不闻吕后邪？"故诸为武帝生子者，无男女，其母无不谴死，岂可谓非贤圣哉！昭然远见，为后世计虑，固非浅闻愚儒之所及也。谥为"武"，岂虚哉！

◎ **注释** ①〔儿曹〕犹言儿辈。②〔骄蹇〕傲慢，不顺从。

◎ **大意** 后来汉武帝闲居时，问身边的侍从说："人们都怎么说？"身边的人回答："人们说已经决定要立她的儿子了，为什么要杀掉他的母亲？"汉武帝说："是的。这不是你们这些愚蠢的人所能理解的。自古以来国家出现动乱，都是由于皇帝年龄小而母亲年壮。女主独居而傲慢，淫乱而为所欲为，没有人能禁止。你们没有听说过吕太后的事吗？"因此所有为汉武帝生过孩子的女子，无论生的是男是女，都被处死，难道说武帝不是圣贤之主吗？这种卓然的远见，为后世深谋远虑，确实不是那些见闻浅陋的愚儒所能达到的。谥号叫作"武"，难道是虚假的吗！

◎ **释疑解惑**

汉武帝晚年打算立钩弋夫人生的儿子为太子，于是将钩弋夫人赐死。汉武帝在她死后谈了原因："往古国家所以乱也，由主少母壮也。女主独居骄蹇，淫乱自恣，莫能禁也。女不闻吕后邪？"褚少孙对此行为极力赞扬："昭然远见，为后世计虑，固非浅闻愚儒之所及也。谥为'武'，岂虚哉！"后世多有学者在表示理解的同时予以批判。梁玉绳说："赞武帝谴死钩弋为圣贤，虽立言之体，究非人情。"黄震说："为武帝王子者，其母无不谴死。褚先生赞其为圣矣，虽曰有感之言，亦岂人情也哉？"余嘉锡说："盖为王氏五族擅权，有激而发。"王叔岷说："《正义》引《谥法》云：'刚强直理曰武，克定祸乱曰武。'武帝之谴死钩弋，诚可谓'武'矣，然其残忍亦自可见。审'固非浅闻愚儒之所及'一语，似又讥讽意。"也有学者直接予以指责，朱翌说："夫不问有罪无罪，一切杀之，此与桀纣何异？迁乃以为圣，何哉？"王若虚说："母子，天伦也。立其子，必杀其母，是母乃子之贼，子乃母之累。生子皆谴死，后宫谁敢举子者？非惟不仁，抑且不智。末流至元魏，以此为定制。椒庭忧恐，皆祈祝不愿生冢嫡，有辄相劝为自安计。读之令人惨然，武帝此举可为法哉？而帝自以为明，史臣又从而赞誉之，何其怪也！"邵云说："武帝杀钩弋，岂其有鉴于周之厉王、晋之献公乎？不知褒也戏烽，骊也毒胙，则有罪矣。钩弋有是哉？史称武帝昭然远见，曷不移此心以烛巫蛊之奸也耶？"汉武帝杀钩弋夫人而立其子，不只是有鉴于吕氏专权的教训，还有亲身经历的影响。他刚刚继位时，祖母窦太后掌握朝廷权力，后来又有其母族王家擅权，皇帝的权力受到了极大的干扰和阻碍，所以汉武帝为了防止外戚专权而杀掉太子的母亲。然而，这种行为终究是罔顾人伦、不近人情的，而褚少孙的评论也颇为不合常理。

◎ **思考辨析题**

1. 司马迁认为三代之兴有后妃因素，三代之亡也有后妃因素，请谈谈你的看法。

2. 后宫女子得帝王宠爱者，也许能够母仪天下；一朝失去皇帝宠爱，则落得门庭冷落。她们肩负家族荣辱，在波谲云诡中艰难行走。有人认为是幸，有人认为是不幸，请谈谈你的看法。

楚元王世家第二十

楚国是汉高祖刘邦的同母弟刘交的封国。刘交跟随刘邦打天下，成为刘邦的得力助手和亲信，深受信任，为西汉王朝立下汗马功劳。汉高祖六年，刘邦废黜楚王韩信，封刘交为楚王。本篇名为《楚元王世家》，实际上，先叙述了刘邦的大哥刘伯一家的事迹，详写"羹尽栎釜"之事。其次叙述了刘邦二哥刘仲的事迹。然后主要叙述了刘邦的小弟弟刘交及其后代的事迹：刘交被封为楚王，传至孙子刘戊，刘戊联合吴国发动七国之乱，兵败自杀。叛乱平定后，汉景帝封楚元王的儿子刘礼为楚王。到汉宣帝时，楚王刘纯被告谋反，刘纯自杀，封国被废除。最后，又附叙了刘邦的儿子刘友及其后代的事迹。其中，主要叙写的是楚王刘戊与赵王刘遂联合刘邦二哥之子刘濞谋反，并被迅速平定的过程。司马迁做出的评论是国家的兴盛、战争的胜败，与贤才能否得到任用有很大的关系，慨叹楚

> 王与赵王不听贤者之言而导致国败身亡。在天人感应观念流行的汉代，司马迁的评论体现出进步的历史观。这篇史传被认为跟《管蔡世家》很像，都是以同姓诸侯王发动叛乱为重点，合并同类写成的传记。

楚①元王刘交者，高祖之同母少弟也，字游。

◎**注释** ①〔楚〕汉代的封国，都城在今江苏徐州。
◎**大意** 楚元王刘交是汉高祖的同母小弟，字游。

高祖兄弟四人，长兄伯，伯蚤（早）卒。始高祖微时，尝辟（避）事，时时与宾客过巨嫂①食。嫂厌叔，叔与客来，嫂详（佯）为羹尽，栎釜②，宾客以故去。已而视釜中尚有羹，高祖由此怨其嫂。及高祖为帝，封昆弟，而伯子独不得封。太上皇以为言，高祖曰："某非忘封之也，为其母不长者③耳。"于是乃封其子信为羹颉侯④。而王次兄仲于代。

◎**注释** ①〔巨嫂〕大嫂，即刘伯之妻。②〔栎釜（lì fǔ）〕用勺子刮锅边，发出声音，以表示锅内没有食物了。③〔不长者〕不厚道。④〔羹颉侯〕只有爵号，没有封地。
◎**大意** 汉高祖兄弟四人，大哥刘伯，死得比较早。当初汉高祖还没有发迹的时候，曾无业闲居，经常与朋友一起到大嫂家吃饭。大嫂不喜欢刘邦来白吃，有一次刘邦带宾客来家时，就假装羹汤已经吃完，用饭勺刮锅边发出响声，宾客因此都离开了。过了一会儿刘邦看到锅里还有羹汤，因此怨恨他的大嫂。等到汉高祖当了皇帝，分封兄弟，唯独大哥的儿子没有受封。太上皇为此事来说情，汉高祖说："我并不是忘记封他，是因为他的母亲不厚道。"于是就封大哥的儿子刘信为羹颉侯。封二哥刘仲为代王。

高祖六年，已禽（擒）楚王韩信于陈，乃以弟交为楚王，都彭城。即位二十三年卒，子夷王郢立。夷王四年卒，子王戊立。

◎**大意** 汉高祖六年，在陈地抓住楚王韩信后，就封自己的弟弟刘交为楚王，建都彭城。刘交在位二十三年去世，他的儿子楚夷王刘郢继位。楚夷王在位四年去世，他的儿子刘戊继位。

王戊立二十年，冬，坐为薄太后服私奸，削东海郡①。春，戊与吴王②合谋反，其相张尚、太傅赵夷吾谏，不听。戊则杀尚、夷吾，起兵与吴西攻梁③，破棘壁④。至昌邑南，与汉将周亚夫⑤战。汉绝吴、楚粮道，士卒饥，吴王走，楚王戊自杀，军遂降汉。

◎**注释** ①〔东海郡〕郡治在今山东郯城北。②〔吴王〕即刘濞，刘邦二哥刘仲的儿子。③〔梁〕汉代的诸侯国，建都睢阳，在今河南商丘。④〔棘壁〕在今河南柘城西北。⑤〔周亚夫〕西汉名将，西汉开国功臣周勃的儿子。

◎**大意** 楚王刘戊继位二十年，这年冬天，因为在给薄太后服丧期间与人通奸，被削去东海郡封地。第二年春天，刘戊和吴王联合谋反，他的相国张尚、太傅赵夷吾劝阻，刘戊不听。后来刘戊杀了张尚、赵夷吾，起兵与吴王一起向西攻打梁国，占据了棘壁。到了昌邑南边，与汉将周亚夫交战。汉军断绝了吴、楚运送粮草的通道，士兵因饥饿无法作战，吴王逃走，楚王刘戊自杀，吴、楚军队就向汉朝廷投降。

汉已平吴、楚，孝景帝欲以德侯①子续吴，以元王子礼②续楚。

窦太后曰："吴王，老人也，宜为宗室顺善③。今乃首率七国，纷乱天下，奈何续其后！"不许吴，许立楚后。是时礼为汉宗正④。乃拜礼为楚王，奉⑤元王宗庙，是为楚文王。

◎**注释** ①〔德侯〕刘广，刘仲的二儿子，刘濞的弟弟。②〔元王子礼〕楚元王刘交的儿子，刘戊的叔叔。③〔顺善〕做榜样，带头做好事。④〔宗正〕职官名，九卿之一，掌管皇家宗族的事务。⑤〔奉〕主持祭祀。

◎**大意** 汉朝平定吴、楚叛乱之后，汉孝景帝想让德侯刘广的儿子继承吴国王位，让楚元王刘交的儿子刘礼继承楚国王位。窦太后说："吴王是老一辈的人了，理应为宗室效忠行善。而今他却首先率领七国来扰乱天下，为何还要立他的后代啊！"不允许立德侯的儿子，只允许立楚元王刘交的儿子。当时刘礼担任汉朝的宗正。于是封刘礼为楚王，主持楚元王的宗庙祭祀，这就是楚文王。

文王立三年卒，子安王道立。安王二十二年卒，子襄王注立。襄王立十四年卒，子王纯代立。王纯立，地节二年，中人上书告楚王谋反，王自杀，国除，入汉为彭城郡。

◎**大意** 楚文王在位三年去世，他的儿子楚安王刘道继位。楚安王在位二十二年去世，他的儿子楚襄王刘注继位。楚襄王在位十四年去世，他的儿子刘纯继位。刘纯继位后，在汉宣帝地节二年，有宦官上书告发楚王刘纯谋反，刘纯自杀，封国被撤，归入汉朝廷，改为彭城郡。

赵王刘遂者，其父高祖中子，名友，谥曰"幽"①。幽王以忧死，故为"幽"。高后王吕禄②于赵，一岁而高后崩。大臣诛诸吕吕禄等，乃立幽王子遂为赵王。

◎**注释** ①〔谥曰"幽"〕《逸周书·谥法解》:"蚤孤铺位曰幽,壅遏不通曰幽,动祭乱常曰幽。"刘友因其王后吕氏进献谗言,被吕后召回京城囚禁起来,活活饿死。其谥"幽"乃取"壅遏不通"之意。②〔吕禄〕吕后的弟弟吕释之的二儿子。

◎**大意** 赵王刘遂,他父亲是汉高祖排行在中间的儿子,名刘友。谥号"幽"。赵幽王因忧闷而死,所以称为"幽"。吕后封吕禄为赵王,一年后吕后去世。大臣诛杀了吕氏集团吕禄等人,就立赵幽王的儿子刘遂为赵王。

孝文帝即位二年,立遂弟辟彊,取赵之河间郡为河间王,是为文王。立十三年卒,子哀王福立。一年卒,无子,绝后,国除,入于汉。

◎**大意** 汉孝文帝即位第二年,立刘遂的弟弟刘辟彊为王,分出赵国的河间郡封刘辟彊为河间王,这就是河间文王。文王在位十三年去世,他的儿子河间哀王刘福继位。一年后哀王去世,没有儿子,后代断绝,国号被废除,封地归入汉朝廷。

遂既王赵二十六年,孝景帝时坐晁错①以適(谪)削赵王常山之郡②。吴、楚反,赵王遂与合谋起兵。其相建德、内史③王悍谏,不听。遂烧杀建德、王悍,发兵屯其西界,欲待吴与俱西。北使匈奴,与连和攻汉。汉使曲周侯郦寄④击之。赵王遂还,城守邯郸,相距(拒)七月。吴楚败于梁,不能西。匈奴闻之,亦止,不肯入汉边。栾布⑤自破齐还,乃并兵引水灌赵城。赵城坏,赵王自杀,邯郸遂降。赵幽王绝后。

◎**注释** ①〔晁错〕汉景帝时为内史,后升任御史大夫。②〔常山之郡〕即常山郡,郡治在今河北元氏西北。③〔内史〕职官名,主管民政。④〔郦寄〕字况,汉代开国功臣郦商的儿子,承袭其父爵位为曲周侯。⑤〔栾布〕汉代的名将。

◎**大意**　刘遂被封为赵王二十六年后，在汉孝景帝时因犯错被晁错削去封国的常山郡。吴国、楚国造反的时候，赵王刘遂就跟他们合谋起兵。他的相国建德、内史王悍劝阻，赵王刘遂不听。于是烧死了建德、王悍，派兵驻扎在赵国的西部边界，想等待吴军到达后一起向西进兵。又派使者到北边的匈奴，想跟他们联合攻打汉朝廷。汉朝廷派曲周侯郦寄攻打刘遂。赵王刘遂撤回军队，据守邯郸城，与汉军对峙了七个月。吴国、楚国的军队在梁地遭遇失败，无法再向西进军。匈奴听到这个消息，也停止进军，不肯进入汉朝边界。栾布打败齐军返回后，就与郦寄合兵，用水灌注邯郸城。邯郸城被毁坏，赵王刘遂自杀，邯郸守军于是投降。赵幽王断绝了后代。

　　太史公曰：国之将兴，必有祯祥①，君子用而小人退。国之将亡，贤人隐，乱臣贵。使楚王戊毋刑申公②，遵其言，赵任防与先生③，岂有篡杀之谋，为天下僇（戮）④哉？贤人乎，贤人乎！非质有其内，恶能用之哉？甚矣，"安危在出令，存亡在所任"，诚哉是言也！

◎**注释**　①〔国之将兴，必有祯祥〕出自《礼记·中庸》。②〔申公〕名培，为楚王刘戊的太傅，因劝谏刘戊被罚作苦役。③〔防与先生〕姓名不详，这里用地望称呼他，防与是赵国的县名。④〔僇〕通"戮"，辱，耻笑。

◎**大意**　太史公说：国家将要兴盛的时候，必定有吉祥的征兆，君子得到重用而小人被斥退。国家将要灭亡时，贤人隐退，乱臣小人得到重用。假如楚王刘戊不用刑罚处置申公，而是听从他的建议，赵王任用防与先生，哪里会有篡夺杀害的阴谋，又被天下人耻笑呢？贤人啊，贤人啊！如果不是自身有美好品质，如何能重用贤人呢？太重要了，"国家的安危在于发出什么样的政令，国家的存亡在于任用什么样的大臣"，这话果然说得不错！

◎**释疑解惑**
　　《楚元王世家》并没有详写楚元王刘交的事迹。刘交早期跟随汉高祖刘邦打天下，是西汉的开国功臣。天下平定后，刘交被封楚王，息武兴文，传诵《诗经》等典籍，不被刘邦、吕后猜忌，懂得进退，可以说是刘邦兄弟中的佼佼者。而他的孙子刘戊性情残暴，申培是他的老傅，却因谏阻他谋反而遭受严刑，这些内容《汉书·楚元王传》有记载，但本篇传记中没有写，不得不说是一种缺憾。将赵王附于《楚元王世家》中，是因为赵王刘遂不听劝谏，与吴、楚发动叛乱，其事与楚王刘戊类似，都是不用贤能而招致国破身死之祸。司马迁论赞说："使楚王戊毋刑申公，遵其言，赵任防与先生，岂有篡杀之谋，为天下僇哉？"其深意可知矣。

◎ **思考辨析题**

1. 如何看吴、楚两国的叛乱？吴王刘濞也参加了叛乱，为什么没有合撰入《楚元王世家》而另起《吴王濞列传》？

2. 对汉高祖刘邦嫂嫂"羹尽栎釜"的举动，你有什么看法？

荆燕世家第二十一

　　《荆燕世家》记载的是荆王刘贾与燕王刘泽的事迹,因为二人都是刘氏宗族的一员,虽搞不清楚究竟属于哪一宗系,但毕竟随刘邦建立了汉王朝,并最终得以封王,故合两人为一世家,叙其始终。本篇可分为三部分。由"荆王刘贾者"至"十二年,立沛侯刘濞为吴王,王故荆地"为第一部分,是刘贾的传记。荆王刘贾追随刘邦起兵,颇建功勋,刘邦称帝后,因兄弟不多、儿子年少,于是想分封同姓王以镇守天下,军功卓著的同姓刘贾便被封为荆王。后来,黥布叛乱,向东攻打荆王刘贾,刘贾战败,逃往富陵,最终被黥布的军队杀掉了。由"燕王刘泽者"至"定国自杀,国除为郡"为第二部分,是刘泽的传记。刘泽从一个郎中因军功被封营陵侯,又因遇到齐国谋士田生出奇计蛊惑吕太后,而得以封王。吕太后死后，刘泽即刻联合齐王刘襄讨伐诸吕，并因拥立汉文帝而被封为燕王。刘泽的燕王之位传至孙子刘定国时，刘定国因乱伦通奸等不检点行为而被判罪自杀，封国就此被废除。由"太史公曰"至本文结束为第三部分，是司马迁的论赞，主要分析了刘贾与刘泽得以封王的原因。司马迁认为，刘贾得以封荆王，主要是因为刘邦在汉初想要利用同姓镇守江淮一带。在司马迁看来，刘泽得以封王，是因为他揣摩出吕太后想要封吕氏为王的心思，从而以权变之术逢迎吕太后。并且在政治的风云变幻中，刘泽善于观察时机、把握时机，使自己在汉文帝即位后仍旧可以被封王，且传了三代，着实是位奇特的人物。司马迁"尚奇"，故在《荆燕世家》写作时，无论是前面的传记还是最后的论赞，给予燕王刘泽的笔墨都要多些。田生如何帮助刘泽定计，如何若无其事地游说张子卿，如何料事如神地帮助刘泽摆脱吕太后的追捕，层层相扣，俨然是战国纵横家精彩故事的翻版，颇有可读性。清代学者李景星评论《荆燕世家》："《荆燕世家》用笔最简括，事最多，而制局又最紧，是太史公极用意文字。《荆世家》曰'诸刘，不知其何属'，《燕世家》曰'诸刘远属'，两世家相合处，即在于此。《荆世家》叙刘贾之功，凡分五层，俱用重笔；《燕世家》叙刘泽之王，全在田生说张卿一段，虽亦分五层，而笔笔灵活，与前半叙次有奇正相生之妙。赞语劲矫，'权激吕氏''事发相重'，造句极简重古奥。"

　　荆王刘贾者，诸刘，不知其何属初起时。汉王元年，还定三秦，刘贾为将军，定塞地①，从东击项籍。

◎**注释** ①〔塞地〕今陕西西安阎良。

◎**大意** 荆王刘贾,是众多刘氏宗室中的一员,但不知属于其中的哪一支。汉王元年,刘邦从汉中回军关中平定三秦,刘贾当时任将军,攻占塞地后,又跟随刘邦东向进军攻击项羽。

汉四年,汉王之败成皋①,北渡河,得张耳、韩信军,军修武②,深沟高垒,使刘贾将二万人,骑数百,渡白马津③入楚地,烧其积聚,以破其业,无以给项王军食。已而楚兵击刘贾,贾辄壁不肯与战,而与彭越④相保。

◎**注释** ①〔成皋〕在今河南荥阳西北。汉王兵败事详见《高祖本纪》。②〔修武〕即今河南获嘉的小修武。③〔白马津〕是今河南滑县东北黄河边上的一个渡口。④〔彭越〕强盗出身,秦朝末年起兵反秦,在楚汉战争中倒向刘邦,事迹详见《魏豹彭越列传》。

◎**大意** 汉四年,汉王刘邦在成皋被打败,向北渡过黄河,取得张耳、韩信率领的军队,驻扎在修武,深挖壕沟高筑壁垒,派刘贾统领两万人和数百骑兵,渡过白马津,进入楚国地界,烧掉楚军囤积的军需品,并破坏了当地的农业生产,使得当地人不能供应项羽的军粮。楚兵攻击刘贾,刘贾总是固守壁垒不肯与楚军作战,而且还和彭越相互支援。

汉五年,汉王追项籍至固陵①,使刘贾南渡淮围寿春②。还(旋)至,使人间③招楚大司马周殷。周殷反楚,佐刘贾举九江④,迎武王黥布⑤兵,皆会垓下⑥,共击项籍。汉王因使刘贾将九江兵,与太尉卢绾西南击临江王共尉⑦。共尉已死,以临江为南郡。

◎**注释** ①〔固陵〕在今河南太康南。②〔寿春〕在今安徽寿县。③〔间(jiàn)〕伺机。这里是暗地里、私下的意思。④〔九江〕九江国，是项羽所封的一个诸侯国，在今安徽中部地区。⑤〔武王黥布〕黥布即九江王，武王是黥布自命的称号。⑥〔垓（gāi）下〕在今安徽灵璧东南的沱河北岸。⑦〔共尉〕项羽所封的临江王共敖的儿子。

◎**大意**　汉五年，汉王刘邦追击项羽直到固陵，派刘贾向南渡过淮河围住寿春。刘贾迅速到达后，派人私下去招降楚国大司马周殷。周殷背叛楚国，协助刘贾攻取九江，联合武王黥布的军队，一齐会合于垓下，共同围攻项羽。汉王刘邦趁机派刘贾率领九江的军队，和太尉卢绾一起向西南攻击临江王共尉。共尉死后，就把临江国改为南郡。

汉六年春，会诸侯于陈，废楚王信，因之，分其地为二国①。当是时也，高祖子幼，昆弟少，又不贤，欲王②同姓以镇天下，乃诏曰："将军刘贾有功，及择子弟可以为王者。"群臣皆曰："立刘贾为荆王，王淮东③五十二城；高祖弟交为楚王，王淮西④三十六城。"因立子肥为齐王。始王昆弟刘氏也。

◎**注释**　①〔二国〕楚王韩信的封地被分为两个诸侯国，建都彭城（今江苏徐州）的称楚国，建都吴县（今江苏苏州）的称荆国。②〔王〕封王。③〔淮东〕今安徽天长一带，在淮河南岸。④〔淮西〕今安徽凤阳一带，也处于淮河南岸。

◎**大意**　汉六年春，汉高祖在陈会合诸侯，废了韩信的楚王封号，把他囚禁起来，又将楚王韩信原有的封地分作两个诸侯国。在这个时候，汉高祖的儿子幼小，兄弟稀少，又都没有才能，所以高祖想要封同姓刘氏的人做王来镇守天下，于是下诏说："将军刘贾有功可以做王，再从刘氏子弟中挑选可以做王的人。"群臣齐声说："立刘贾为荆王，统领淮东五十二座城；皇上的弟弟刘交为楚王，统领淮西三十六座城。"又立汉高祖的儿子刘肥为齐王。由此开始让刘氏兄弟、族人做王。

高祖十一年秋，淮南王黥布反，东击荆。荆王贾与战，不胜，走富陵①，为布军所杀。高祖自击破布。十二年，立沛侯刘濞为吴王，王故荆地。

◎**注释** ①〔富陵〕在今江苏盱眙东北。
◎**大意** 高祖十一年秋，淮南王黥布造反，向东攻击荆国。荆王刘贾与他交战，没有取胜，逃到富陵，被黥布的军队杀死。高祖亲自率军出击打败黥布。高祖十二年，立沛侯刘濞为吴王，统领原来荆国的封地。

燕王刘泽者，诸刘远属也。高帝三年，泽为郎中。高帝十一年，泽以将军击陈豨①，得王黄②，为营陵侯。

◎**注释** ①〔陈豨（xī）〕原是刘邦的得力将领，汉朝建立后，曾任代国相，监管代国、赵国的边地军队。高祖十一年秋，陈豨与一些大臣矛盾激化，便起兵反叛汉朝。②〔王黄〕原是韩王信的部将，韩王信叛逃匈奴后，王黄在边境与陈豨等联合叛乱。事迹详见《韩信卢绾列传》。
◎**大意** 燕王刘泽，是众多刘氏宗室中与刘邦关系比较疏远的一个。汉高祖三年，刘泽担任郎中。汉高祖十一年，刘泽以将军的身份随从汉高祖攻击陈豨，俘获王黄，被封为营陵侯。

高后时，齐人田生游乏资，以画干①营陵侯泽。泽大说（悦）之，用金二百斤为田生寿。田生已得金，即归齐。二年，泽使人谓田生曰："弗与矣。"田生如长安，不见泽，而假大宅②，令其子求事吕后所幸大谒者③张子卿。居数月，田生子请张卿临，亲修具④。张卿许往。田生盛帷帐共具，譬如列侯。张卿惊。酒酣，乃屏人说张卿曰："臣观诸侯王邸弟（第）⑤百余，皆高祖一切功臣。今吕氏雅故本推毂⑥高帝就天下，功至大，又亲戚太后之重。太后春秋长，诸吕弱，太后欲立吕产⑦为吕王，王代。太后又重发之，恐大臣不听。今卿最幸，大臣所敬，何不风（讽）⑧大臣以闻太后，太后必喜。诸吕已王，万户侯亦卿之有。太后心欲之，而卿为内臣，不急发，恐祸及身矣。"张卿大然之，乃风（讽）大臣语太后。太后朝，因问大臣。大臣请立吕产为吕王。太后赐张卿千斤金，张卿以其半与田生。田生弗受，因说之曰："吕产王也，诸大臣未大服。今营陵侯泽，诸刘，为大将军，独此尚觖（缺）望。今卿言太后，列（裂）十余县王之，彼得王，喜去，诸吕王益固矣。"张卿入言，太后然之。乃以营陵侯刘泽为琅邪王。琅邪王乃与田生之国。田生劝泽急行毋留。出关，太后果使人追止之，已出，即还。

◎**注释** ①〔以画干营陵侯泽〕为刘泽出谋划策以求取赏识任用。画，谋划。干，求见，求取任用。②〔假大宅〕向人租借了一套大房子。③〔大谒者〕谒者的头目。谒者是替帝王通报、传达与赞礼各种事务的侍从人员。④〔亲修具〕亲手为其置备筵席。⑤〔邸弟〕府第住宅。⑥〔推毂〕推着车轮前进。常用来比喻协助他人做大事。⑦〔吕产〕吕后大哥吕泽的儿子。⑧〔风〕通"讽"，用委婉的言辞暗示、劝告。

◎**大意** 吕后掌权的时候，齐国人田先生游说而缺乏费用，就用进献计谋的方式求用于营陵侯刘泽。刘泽大为高兴，拿出二百金作为田先生的寿礼。田先生得到金子后，立即返回齐国。第二年，刘泽派人对田先生说："您没有帮助我啊。"田先生进入长安城，不去见刘泽，而是租借了一座大宅子，让他的儿子去求见并侍奉受吕太后恩宠的大谒者张子卿。住了几个月，田先生的儿子请张子卿光临自己的家，并说田先生要亲自招待。张子卿答应前往。田先生盛大地摆设帷帐和器皿，规格就像列侯一样高。张子卿深感惊异。饮酒正痛快时，田先生屏退身边的人游说张子卿道："我观察了百余所诸侯王邸宅，全是高祖同时代的功臣。如今的吕氏本来就辅佐高祖取得天下，功劳最大，又是吕太后亲戚之尊。吕太后年事已高，吕氏宗族的地位低弱，吕太后想要立吕产为吕王，统领代国。但吕太后难于开口，恐怕大臣们不听从。现在您最受宠信，为大臣们所敬重，何不给大臣们一些暗示，让他们去建议太后这样做，吕太后必定高兴。吕氏宗族被封了王，万户侯也肯定有您的份。吕太后心里想这样做，而您身为内臣，不赶快去办，恐怕祸害会落在您身上啊。"张子卿非常赞同，便暗示大臣们去向太后进言。吕太后上朝，便询问大臣。大臣们请求立吕产为吕王。太后赏赐张子卿千金，张子卿拿一半给田先生。田先生不接受，并乘机游说他道："吕产封了王，大臣们并不是很心服。如今营陵侯刘泽，是刘氏宗族中的一员，担任大将军，只有他未封王而不满。如今您应向太后进言，划分十几个县封他为王，他得到王位，高兴地去封地，吕氏宗族的王位也就更加巩固了。"张子卿入宫进言，吕太后同意他说的。于是封营陵侯刘泽为琅琊王。琅琊王刘泽便与田先生前往琅琊。田先生劝刘泽急速行进而不要逗留。一出函谷关，吕太后果然派人追来阻止他，刘泽已经出关，追赶他的人只好回去了。

及太后崩，琅邪王泽乃曰："帝少，诸吕用事，刘氏孤弱。"乃引兵与齐王合谋西，欲诛诸吕。至梁①，闻汉遣灌将军②屯荥阳，泽还兵备西界，遂跳驱至长安。代王亦从代至。诸将相与琅邪王共立代王为天子。天子乃徙泽为燕王，乃复以琅邪予齐，复故地。

◎**注释**　①〔梁〕在今山东定陶一带。②〔灌将军〕即灌婴，西汉的开国功臣。事迹详见《樊郦滕灌列传》。

◎**大意**　等到吕太后去世，琅琊王刘泽便说："皇帝年纪小，而吕氏宗族把持政事，刘氏宗族势单力弱。"于是他领兵与齐王联合而谋划向西进军，打算诛灭吕氏宗族。到达梁地时，听说汉朝廷派将军灌婴领兵屯驻荥阳，刘泽便回军守备西部边界，接着就独自脱身奔驰至长安。代王也从代国赶到。诸将和琅琊王刘泽共同拥立代王为天子。天子便把刘泽改封到燕国为王，又将琅琊还给齐国，恢复了齐国原来的领地。

泽王燕二年，薨，谥为敬王。传子嘉，为康王。

◎**大意**　刘泽在燕国做王二年，去世，谥号敬王。王位传给儿子刘嘉，就是燕康王。

至孙定国，与父康王姬奸，生子男一人。夺弟妻为姬。与子女三人奸。定国有所欲诛杀臣肥如①令郢人，郢人等告定国，定国使谒者以他法劾捕格杀郢人以灭口。至元朔元年，郢人昆弟复上书具言定国阴事，以此发觉。诏下公卿，皆议曰："定国禽兽行，乱人伦，逆天，当诛。"上许之。定国自杀，国除为郡。

◎**注释**　①〔肥如〕在今河北卢龙北。
◎**大意**　爵位传到刘泽的孙子刘定国时，他与父亲燕康王的姬妾通奸，生了一个儿子。他又强夺弟弟的妻子做姬妾。还与三个女儿通奸。刘定国想要杀他的下属肥如县令郢人，郢人等告发刘定国，刘定国派谒者用其他法令检举逮捕并击杀郢人以灭口。到元朔元年，郢人的兄弟再次上书详细揭发了刘定国的丑事，刘定国的罪行因此败露。皇帝下令公卿讨论，都议论说："刘定国的禽兽行为，乱了人伦，违反天理，应当诛杀。"皇上同意这一建议。刘定国自杀，燕国被废除而改为郡。

太史公曰：荆王王也，由汉初定，天下未集，故刘贾虽属疏，然以策为王，填（镇）江淮之间。刘泽之王，权激吕氏，然刘泽卒南面①称孤者三世。事发相重，岂不为伟乎！

◎**注释**　①〔南面〕古代以面朝南为尊位，君王的座位是朝向南面的，所以用来代指君王之位。

◎**大意** 太史公说：荆王刘贾能做王，是由于汉朝刚刚安定下来，天下还没有完全统一，因此刘贾虽属于刘氏宗室中疏远的一员，但是被册封为王，用来镇抚江淮之间的土地。刘泽的王位，是用权谋手段激发吕氏得来的，然而刘泽最终南面称王而传了三代。事情始于刘泽与田先生的互相推重，难道不算是奇特吗！

◎**释疑解惑**

司马迁《太史公自序》概括了《荆燕世家》的写作宗旨："维祖师旅，刘贾是与；为布所袭，丧其荆吴。营陵激吕，乃王琅邪；怵午信齐，往而不归，遂西入关，遭立孝文，获复王燕。天下未集，贾、泽以族，为汉藩辅。"再结合他为《荆燕世家》所作的论赞，可以看出，他认为荆王刘贾、燕王刘泽能够封王，很大程度上是由客观形势造就的。刘贾被封为荆王时，刘邦下诏称"将军刘贾有功"，可回头来看，刘贾的功劳是什么呢？司马迁写了刘贾所立下的三件"功劳"：一是刘贾作为将军，跟随刘邦平定了项羽所封的塞王司马欣的土地，并进一步向东攻打项羽。二是刘邦在成皋打了败仗，派遣刘贾率兵去烧掉楚军囤积的粮食，以便断绝项羽军粮的来源。这个时候，项羽出兵攻打刘贾，而刘贾的策略则是坚守不出、自保为上。三是刘邦追击项羽到达固陵，派遣刘贾去包围寿春，后又暗中派人招降楚国的大司马周殷，因周殷投降，刘贾才能攻下九江，从而与黥布的军队会集到垓下共同攻击项羽。在司马迁的描述中，刘贾并不是一个英勇善战的将军，好像只是多了一些运气，才能够多次无过而有功。而刘贾被封为荆王之后，汉高祖十一年黥布叛乱，攻打刘贾。刘贾战败，直接弃国而逃，并不是英雄所为，最终为黥布所杀，身死国灭。倘若不是那时"高祖子幼，昆弟少，又不贤，欲王同姓以镇天下"，加之刘贾无过而又姓刘，荆王的封号未必能被刘贾轻易得到。

刘贾的封王更多的是运气使然，刘泽的封王则凭借了一些个人的努力。毕竟，当田生前来以计谋求任用时，刘泽能够慷慨赠送两百金。当时的田生尚没有为刘泽带来丝毫利益，这两百金的付出，既显示了刘泽对谋士的重视，也显示了他不是一个只谋求眼前利益的人。后来的两年间，一直没有田生的消息；再后来，田生来到长安城仍不与刘泽往来。最终，田生运用计谋，使刘泽得以封王。这固然与田生的谋划有关，更重要的是刘泽能够沉得住气，让田生按照自己的心思帮助他完成计划。因此，刘泽这个人还是有一定才智的。

◎ 思考辨析题

1. 本篇虽是刘贾、刘泽二人的合传，但叙写刘泽详而叙写刘贾略，如何看司马迁这样的安排？

2. 如何看待刘泽在吕太后执政时，犹如变色龙般的处世方式？

齐悼惠王世家

第二十二

《齐悼惠王世家》记载的是齐悼惠王刘肥一脉的兴衰始末。汉高祖分封同姓诸侯王时,因为刘肥是他庶出的大儿子而特别优待,所谓"诸民能齐言者皆予齐王",使刘肥被分封的齐国成了同姓诸侯国中最大的一个。可是,同姓诸侯国势力太过庞大,对于汉朝廷来说毕竟是一种威胁,因此在刘肥去世之后,齐国的领地便开始逐步被朝廷拆分,用来分封其他诸侯王,避免齐国独大。全篇可分为六部分。从"齐悼惠王刘肥者"至"高后立诸吕为三王,擅权用事"是第一部分,写齐王父子即刘肥与刘襄为了自我保全,将齐国的土地献于吕太后,从而避免了吕太后对于齐国的迫害,也使吕太后在当权时能够如愿将齐国土地分封给吕氏族人。从"朱虚侯年二十"至"而琅邪王亦从齐至长安"是第二部分,写朱虚侯刘章势力渐渐壮大，吕太后死后，齐王刘襄得到弟弟刘章的通风报信，从而调兵遣将，倡导诛灭诸吕，并得到广泛响应，诸吕被全部消灭。在这期间，朱虚侯刘章与琅邪王刘泽等颇有功劳。从"大臣议欲立齐王"至"子次景立，是为厉王"是第三部分，写齐王刘襄虽一度成为皇位继承人之一，但朝臣最终决定拥立代王刘恒，即后来的汉文帝。汉文帝即位后，因齐王兄弟诛灭诸吕有功，对其加以封赏；并在齐文王刘侧死后，将齐国的土地分成若干部分，使齐悼惠王的儿子皆得以封王，享有齐国的领地。但是，七国之乱爆发后，在被封王的齐悼惠王诸子中，有四人因响应吴楚叛乱而获罪，封国被废除，国土被收归汉朝廷。如此一来，齐悼惠王一脉仅剩下城阳王刘章、昔日的济北王、现今的菑川王刘志，以及继承齐国王位的刘将闾之子刘寿尚且为诸侯王。从"齐厉王，其母曰纪太后"至"齐厉王立五年死，毋后，国入于汉"是第四部分，写齐王刘寿之子刘次景继承王位后，因与他的姐姐通奸，加上他生母纪太后得罪了主父偃，被主父偃告发，刘次景自杀身死，齐国就此灭亡，国土被收归汉朝廷。从"齐悼惠王后尚有二国"至"地入于汉，为胶东郡"是第五部分，补写前面没有涉及的齐悼惠王诸子被汉文帝分封为王而又陆续失国的前因后果。最早是济北王刘兴居造反被诛；后来七国之乱时，济南王刘辟光、菑川王刘贤、胶西王刘卬、胶东王刘雄渠都因为追随吴楚叛乱而被诛。第六部分是司马迁的论赞，说明齐国从开始的大国到后来被逐步瓜分，是形势所致，也是历史的发展趋势。

《齐悼惠王世家》以齐王一族为叙述的主线，而在此主线之外，还详细叙述了刘泽、魏勃、路中大夫及主父偃的有关史事。本篇和上一篇《荆燕世家》，在刘泽如何参与诛杀诸吕、拥立代王的具体写法上，多少有些出入。魏勃是齐王的臣子，在齐哀王刘襄在位时，权势颇大。史文中顺带写了魏勃如何引起齐国相国曹参的注意，从而得以侍奉齐王的过程。路中大夫是齐孝王在吴楚之乱时派往朝廷的使者，在返回齐国报告汉朝廷即将打败吴楚叛军的消息时，被叛军抓住。叛军要求路中大夫向齐王谎称汉朝廷已经被吴楚联军打败，路中大夫假意服从，却在齐国城下讲出实情，让齐国坚守，于是为叛军所杀。主父偃是为汉武帝制定"推恩令"的主谋，很受汉武帝的赏识。他在得知王太后派使者去往齐国表示要将女儿嫁给齐王时，便让使者向齐国表示自己也想将女儿嫁给齐王。然而，齐厉王的母亲纪太后对这件事颇不以为意，并且口出妄言，致使王太后的使者向王太后透露了齐厉王与其亲姐姐乱伦的事情；而主父偃对此更是心怀不满，便以此事撺掇武帝治齐厉王之罪，使得齐国最终覆灭。全篇主线副线分明，叙述详略有致，将齐王一族的兴衰及其因由展现得淋漓尽致。

齐①悼惠王刘肥者，高祖长庶男②也。其母外妇也，曰曹氏。高祖六年，立肥为齐王，食③七十城，诸民能齐言者皆予齐王。

◎**注释** ①〔齐〕这里指封给刘肥的齐国，都城在今山东淄博的临淄城西北方。②〔庶男〕不是正妻生的儿子。③〔食〕即食邑，指诸侯王、卿大夫的封地。
◎**大意** 齐悼惠王刘肥，是汉高祖庶出的儿子。他的生母是汉高祖的情妇，叫曹氏。汉高祖六年，立刘肥为齐王，封地有七十座城，凡是民众能说齐国话的都分给了齐王。

齐王，孝惠帝①兄也。孝惠帝二年，齐王入朝。惠帝与齐王燕饮，亢（抗）礼②如家人③。吕太后怒，且诛齐王。齐王惧不得脱，乃用其内史勋④计，献城阳郡⑤，以为鲁元公主汤沐邑。吕太后喜，乃得辞就国。

◎**注释** ①〔孝惠帝〕刘邦和吕后生的儿子刘盈。②〔亢礼〕即抗礼，以平等之礼相待。③〔家人〕平民。④〔内史勋〕指担任齐国内史职务的叫作勋的人。内史是汉代诸侯国的行政长官，掌管民政。⑤〔城阳郡〕在今山东莒县，当时属于齐国管辖。

◎**大意** 齐王刘肥，是汉惠帝的兄长。汉惠帝二年，齐王进入京城朝见。汉惠帝与齐王在宴席饮酒时，用平等的礼仪相待，如同平民。吕太后大怒，要杀齐王。齐王害怕不能脱身，便采纳内史勋的计策，献出城阳郡，作为鲁元公主的汤沐邑。吕太后高兴了，齐王才得以告辞返回齐国。

悼惠王即位十三年，以惠帝六年卒。子襄立，是为哀王。

◎**大意** 悼惠王在齐王位上十三年，到汉惠帝六年去世。儿子刘襄继承王位，这就是齐哀王。

哀王元年，孝惠帝崩，吕太后称制①，天下事皆决于高后。二年，高后立其兄子郦侯吕台为吕王，割齐之济南郡②为吕王奉邑。

◎**注释** ①〔称制〕指代行皇帝的权力。②〔济南郡〕今山东济南东北部地区。
◎**大意** 齐哀王元年，汉孝惠帝去世，吕太后掌握朝政，天下大事都由吕太后决定。齐哀王二年，吕太后立她哥哥的儿子郦侯吕台为吕王，分出齐国的济南郡给吕王作为封地。

哀王三年，其弟章入宿卫①于汉，吕太后封为朱虚侯，以吕禄女妻之。后四年，封章弟兴居为东牟侯，皆宿卫长安中。

◎**注释** ①〔宿卫〕在皇宫里值宿警卫。
◎**大意** 齐哀王三年，他的弟弟刘章进入汉长安城的宫廷中值班守卫，吕太后封刘章为朱虚侯，把吕禄的女儿嫁给刘章为妻。此后四年，又封刘章的弟弟刘兴居为东牟侯，都在长安城的宫中值班守卫。

哀王八年，高后割齐琅邪郡立营陵侯刘泽为琅邪王。

◎**大意** 齐哀王八年，吕太后分出齐国的琅琊郡，封营陵侯刘泽为琅琊王。

其明年，赵王友入朝，幽死于邸。三赵王①皆废。高后立诸吕为三王②，擅权用事。

◎**注释** ①〔三赵王〕指先后被封为赵王的刘如意、刘友、刘恢。②〔三王〕指燕王吕通、梁王吕产、赵王吕禄。
◎**大意** 第二年，赵王刘友入京朝见，被幽禁而死在府邸里。三个赵王都被废了。吕太后立吕氏宗族中的人为三王，在朝中专权处理政事。

朱虚侯年二十，有气力①，忿刘氏不得职②。尝入侍高后燕饮，高后令朱虚侯刘章为酒吏。章自请曰："臣，将种也，请得以军法行酒③。"高后曰："可。"酒酣，章进饮歌舞。已而曰："请为太后言耕田歌④。"高后儿子畜⑤之，笑曰："顾而父知田耳。若生而为王子，安知田乎？"章曰："臣知之。"太后曰："试为我言田。"章曰：

"深耕概⑥种，立苗欲疏，非其种者，锄而去之。"吕后默然。顷之，诸吕有一人醉，亡酒⑦，章追，拔剑斩之而还，报曰："有亡酒一人，臣谨行法斩之。"太后左右皆大惊。业已许其军法，无以罪也。因罢。自是之后，诸吕惮朱虚侯，虽大臣皆依朱虚侯，刘氏为益强。

◎**注释** ①〔有气力〕慷慨任气，且勇武多力。②〔不得职〕不被任用，不能在位掌权。③〔行酒〕监督酒席上的一切活动。④〔耕田歌〕"歌"字疑衍。⑤〔畜〕养育。这里是对待、看待的意思。⑥〔概（jì）〕密。⑦〔亡酒〕因躲避喝酒而逃走。

◎**大意** 朱虚侯刘章时年二十岁，慷慨任气而有勇力，因刘氏宗室的人得不到职权而愤愤不平。刘章曾入内宫侍奉吕太后宴饮，吕太后命令他做酒令官。刘章自动请求说："臣是将军家庭出身，请允许按军法行酒令。"吕太后说："可以。"酒喝到畅快时，刘章献酒歌舞助兴。过了一会儿他说："请让我为太后说说耕田之事。"吕太后一直把他当小孩儿看待，笑着说："你父亲倒是知道耕田的事。你一生下来便是王子，怎么知道耕田呢？"刘章说："臣知道。"吕太后说："你就试着给我说说耕田的事吧。"刘章说："深深地耕地密密地播种，禾苗成长要稀疏，不是同一品种的杂草，要将它锄掉。"吕太后沉默不语。不一会儿，吕氏家族中有一人醉了，逃酒离席，刘章追上去，拔剑杀了他，然后返回座席，报告说："有一个人逃离酒席，臣谨执行军法杀了他。"吕太后和左右之人都大为吃惊。但已经允许他按军法行酒令，就无法追究了。因此宴会也散了。从此之后，吕氏族人都畏惧朱虚侯刘章，即使朝中大臣也都依顺刘章，刘氏声威有所增强。

其明年，高后崩。赵王吕禄为上将军，吕王产为相国，皆居长安中，聚兵以威大臣，欲为乱。朱虚侯章以吕禄女为妇，知其谋，乃使人阴出告其兄齐王，欲令发兵西，朱虚侯、东牟侯为内应，以诛诸吕，因立齐王为帝。

◎**大意** 第二年，吕太后去世。赵王吕禄为上将军，吕王吕产为相国，都居住在长安城中，聚集兵士用来威慑大臣，想要发动叛乱。朱虚侯刘章娶了吕禄的女儿为妻，知道他们的阴谋，于是派人悄悄出了长安，去告诉他的哥哥齐王刘襄，想让他派兵向西进发，朱虚侯刘章、东牟侯刘兴居做内应，以便诛灭吕氏宗族，随后拥立齐王为皇帝。

齐王既闻此计，乃与其舅父驷钧、郎中令①祝午、中尉魏勃阴谋发兵。齐相②召平③闻之，乃发卒卫王宫。魏勃给召平曰："王欲发兵，非有汉虎符④验也。而相君围王，固善。勃请为君将兵卫卫王。"召平信之，乃使魏勃将兵围王宫。勃既将兵，使围相府。召平曰："嗟乎！道家之言'当断不断，反受其乱'，乃是也。"遂自杀。于是齐王以驷钧为相，魏勃为将军，祝午为内史⑤，悉发国中兵。使祝午东诈琅邪王曰："吕氏作乱，齐王发兵欲西诛之。齐王自以儿子，年少，不习兵革之事，愿举国委大王。大王自高帝将也，习战事。齐王不敢离兵，使臣请大王幸之临菑见齐王计事，并将齐兵以西平关中之乱。"琅邪王信之，以为然，乃驰见齐王。齐王与魏勃等因留琅邪王，而使祝午尽发琅邪国而并将其兵。

◎**注释** ①〔郎中令〕齐王的警卫、侍从人员，负责守卫齐国的宫殿。②〔齐相〕指齐国的相国。西汉的各个诸侯王国与汉朝廷一样都设有丞相或相国之职，但为朝廷所委派，多单称为相。③〔召平〕当时汉朝廷派他到齐国担任丞相，并负责监视齐王，对朝廷负责。④〔虎符〕用铜制成的虎形印信，分作两半，一半朝廷存放，一半给领兵的将帅。一旦朝廷调派军队，持两半虎符相合，用来验证真假。⑤〔内史〕指齐国的内史，掌管齐国的民政。
◎**大意** 齐王得知这一计谋，便与他的舅舅驷钧、郎中令祝午、中尉魏勃暗中谋划出兵。齐国的相国召平听说了这种事，便发兵围住了齐王宫殿。魏勃哄骗召平说:"大王想要发兵,但并没有汉朝廷的虎符做凭证。相国您围住了齐王,当然很好。我请求为您统兵护卫齐王。"召平相信了他,便派魏勃率兵包围齐王宫殿。魏勃统兵之后,派兵包围了相国府。召平说:"哎呀!道家说的'当断不断,反受其乱',正是这种情形。"接着就自杀了。于是齐王委任驷钧为相国,魏勃为将军,祝午为内史,发动了齐国境内的全部军队。派祝午往东去欺骗琅琊王刘泽说:"吕氏宗族的人作乱,齐王发兵打算西去诛灭他们。齐王自认为是儿孙辈,年纪小,不熟悉军事,情愿将全国的军队委托给大王。大王从高皇帝时就是将军,熟悉军事。齐王不敢离开军队,派我来请大王亲自前往临菑城见齐王,商议大事,并请您统率齐兵西进讨伐关中之乱。"琅琊王听信了他的话,认为这样做是对的,便向西奔驰面见齐王。齐王与魏勃等趁机扣留了琅琊王,而派祝午调发了琅琊国的全部军队,并且统领这些兵士。

琅邪王刘泽既见欺,不得反(返)国,乃说齐王曰:"齐悼惠王高皇帝长子,推本言之,而大王高皇帝适(嫡)长孙也,当立。今诸大臣狐疑未有所定,而泽于刘氏最为长年,大臣固待泽决计。今大王留臣无为也,不如使我入关计事。"齐王以为然,乃益具车送琅邪王。

◎**大意** 琅琊王刘泽知道被欺骗了,不能返回琅琊国,便劝说齐王:"齐悼惠王是高皇帝的大儿子,向前推算根本,大王您就是高皇帝的嫡长孙,应当继承皇位。如今大臣们正犹豫着没确定立谁,而我在刘氏宗室中最为年长,大臣本应等待我参与决策。现在大王您留我在这里毫无用处,不如派我进入关中商议大事。"齐王认为很对,便备足车马送琅琊王入京。

琅邪王既行,齐遂举兵西攻吕国之济南。于是齐哀王遗诸侯王书曰:"高帝平定天下,王诸子弟,悼惠王于齐。悼惠王薨,惠帝使留侯张良立臣为齐王。惠帝崩,高后用事,春秋高,听诸吕擅废高帝所立，又杀三赵王，灭梁、燕、赵以王诸吕，分齐国为四。忠臣进谏，上惑乱不听。今高后崩，皇帝春秋富，未能治天下，固恃大臣诸侯。今诸吕又擅自尊官①，聚兵严威，劫列侯忠臣，矫制以令天下，宗庙②所以危。今寡人率兵入诛不当为王者。"

◎**注释**　①〔尊官〕提高官职。②〔宗庙〕皇室的代称。
◎**大意**　琅琊王走后，齐国就派兵攻打吕国的济南郡。齐王在送给诸侯王的信上说："高皇帝平定天下，使儿子、兄弟都做王，悼惠王被封在齐国。悼惠王逝世，惠帝派留侯张良册封我为齐王。惠帝逝世，吕太后掌权处理朝政，年纪大了，听凭吕氏宗族的人任意废除高皇帝所封的王，又杀害三位刘氏宗室的赵王，灭了梁国、燕国、赵国，以使吕氏宗族的人为王，并把齐国一分为四。忠臣进言劝谏，主上迷惑于乱臣而不听。如今太后逝世，皇帝年少，未能治理天下，自然要依赖大臣和诸侯王。如今吕氏宗族又擅自提高自己的官职，集结兵马耀武扬威，劫持列侯忠臣，假传圣旨来号令天下，刘氏的皇位因此很危险。今天寡人率军入关，诛杀不应当为王的人。"

　　汉闻齐发兵而西，相国吕产乃遣大将军灌婴东击之。灌婴至荥阳，乃谋曰："诸吕将兵居关中，欲危刘氏而自立。我今破齐还报，是益吕氏资也。"乃留兵屯荥阳，使使喻齐王及诸侯，与连和，以待吕氏之变而共诛之。齐王闻之，乃西取其故济南郡，亦屯兵于齐西界以待约。

◎**大意**　汉朝廷听到齐王发兵西进，相国吕产就派遣大将军灌婴向东迎击齐国军队。灌婴到达荥阳，和人商议说："吕氏宗族的人统领军队驻扎关中，想危害刘氏皇族而自立为帝。我现今打败齐国而回报朝廷，就是增强吕氏的实力。"于是停留下来，将兵马屯驻在荥阳，派使者通告齐王和各诸侯王，与他们联合，而等待吕氏宗族的变乱，共同诛灭他们。齐王听说此事，便向西夺取齐国原来的土地济南郡，也屯兵在齐国西部边界，等待联络。

吕禄、吕产欲作乱关中，朱虚侯与太尉勃、丞相平等诛之。朱虚侯首先斩吕产，于是太尉勃等乃得尽诛诸吕。而琅邪王亦从齐至长安。

◎**大意** 吕禄、吕产想要在关中发动叛乱，朱虚侯刘章与太尉周勃、丞相陈平等诛杀了他们。朱虚侯刘章首先斩杀吕产，于是太尉周勃等人才能全部诛杀吕氏宗族的人。而琅琊王也从齐国赶到京城长安。

大臣议欲立齐王，而琅邪王及大臣曰："齐王母家驷钧，恶戾，虎而冠者也。方以吕氏故几乱天下，今又立齐王，是欲复为吕氏也。代王母家薄氏，君子长者；且代王又亲高帝子，于今见（现）在，且最为长。以子则顺，以善人则大臣安。"于是大臣乃谋迎立代王，而遣朱虚侯以诛吕氏事告齐王，令罢兵。

◎**大意** 大臣们商议要立齐王为帝，但是琅琊王和一些大臣说："齐王的舅舅驷钧，凶恶残暴，是一个顶着人的帽子的老虎。刚刚因吕氏几乎扰乱了天下，如今又准备拥立齐王做皇帝，这等于再扶植一批吕氏。代王的舅家薄氏，是性情善良温厚的君子；而且代王是高皇帝的嫡亲儿子，至今健在，且最为年长。他作为儿子继位就是顺理成章，作为善人主持朝政就会让大臣安心。"于是大臣们便商议迎立代王为帝，并派朱虚侯刘章把诛灭吕氏的事通告给齐王，命令他收兵。

灌婴在荥阳，闻魏勃本教齐王反，既诛吕氏，罢齐兵，使使召责问魏勃。勃曰："失火之家，岂暇先言大人而后救火乎！"因退立，股战而栗，恐不能言者，终无他语。灌将军熟视笑曰："人谓魏勃勇，妄庸人耳，何能为乎！"乃罢魏勃。魏勃父以善鼓琴见秦皇帝。及魏勃少时，欲求见齐相曹参①，家贫无以自通，乃常独早夜扫齐相舍人②门外。相舍人怪之，以为物，而伺之，得勃。勃曰："愿见相君，无因，故为子扫，欲以求见。"于是舍人见（现）勃曹参，因以为舍人。一为参御，言事，参以为贤，言之齐悼惠王。悼惠王召见，则拜为内史。始，悼惠王得自置二千石③。及悼惠王卒而哀王立，勃用事，重于齐相。

◎**注释** ①〔曹参〕西汉的开国功臣，被派到齐国为相国。事迹详见《曹相国世家》。②〔舍人〕达官显贵的宾客，常侍从于身边。③〔二千石〕汉代用谷粟作为官吏的俸给，所以用石的数量多少来表达官吏品级的大小高低，称为粟石品级，共有十六级。二千石是粟石品级中的第三级，如一郡的最高长官太守就属于二千石的品级。

◎**大意** 灌婴屯兵荥阳时，听说是魏勃教唆齐王谋反的，诛灭吕氏后，撤回齐国兵士，派使者召来魏勃责问。魏勃说："失火的人家，哪有时间先去告诉主人再救火呀！"说完退后站立，两腿直战栗，恐惧得不能说话了，到最后也没说别的话。灌婴仔细打量后笑着说："人都说魏勃勇敢，不过是一个狂妄平庸的人罢了，能有什么作为呀！"于是放过了魏勃。魏勃的父亲因善于弹琴，曾见过秦朝的皇帝。魏勃年轻时，想求见齐国的相国曹参，但家贫拿不出礼物去打通关节，于是经常独自在一早一晚时到齐相舍人的大门外扫地。齐相舍人很奇怪，以为是怪物，便在暗中探察，抓住了魏勃。魏勃说："希望见到相国大人，没有门路，因此为您扫地，想用这个办法求得与相国相见。"于是舍人把魏勃引荐给曹参，曹参因此收留他为舍人。有一次他为曹参驾车，谈论了一件事，曹参认为他是能人，将他的情况告诉了齐悼惠王。齐悼惠王召见魏勃，就任命他为内史。起初，齐悼惠王可以自己任命二千石级别的官吏。到齐悼惠王去世而哀王继位，魏勃当政，权势重于齐相。

王既罢兵归，而代王来立，是为孝文帝。

◎**大意**　齐王撤兵回国后，代王来到京城长安，被立为皇帝，这就是汉孝文帝。

孝文帝元年，尽以高后时所割齐之城阳①、琅邪、济南郡复与齐，而徙琅邪王王燕，益封朱虚侯、东牟侯各二千户。

◎**注释**　①〔城阳〕汉郡名，在今山东莒县一带。
◎**大意**　汉孝文帝元年，把吕太后掌权时从齐国分割出去的城阳郡、琅琊郡、济南郡又还给齐国，而将琅琊王刘泽迁至燕国为王，增加朱虚侯刘章、东牟侯刘兴居各两千户的封地。

是岁，齐哀王卒，太子则立，是为文王。

◎**大意**　这一年，齐哀王去世，太子刘则继位，就是齐文王。

齐文王元年，汉以齐之城阳郡立朱虚侯为城阳王，以齐济北郡①立东牟侯为济北王。

◎**注释**　①〔济北郡〕在今山东长清一带。
◎**大意**　齐文王元年，汉朝廷把齐国的城阳郡作为封地立朱虚侯刘章为城阳王，把齐国的济北郡作为封地立东牟侯刘兴居为济北王。

二年，济北王反，汉诛杀之，地入于汉。

◎**大意**　齐文王二年，济北王刘兴居谋反，汉朝廷诛灭了他，封地纳入汉朝廷的版图。

后二年，孝文帝尽封齐悼惠王子罢军等七人皆为列侯。

◎**大意**　过了两年，汉孝文帝将齐悼惠王的儿子刘罢军等七人全部封为列侯。

齐文王立十四年卒，无子，国除，地入于汉。

◎**大意**　齐文王刘侧在位十四年后去世，没有继承王位的儿子，齐国被废除，封地纳入汉朝廷的版图。

后一岁，孝文帝以所封悼惠王子分齐为王，齐孝王将闾①以悼惠王子杨虚侯为齐王。故齐别郡尽以王悼惠王子：子志为济北王，子辟光为济南王，子贤为菑川王，子卬为胶西王，子雄渠为胶东王，与城阳、齐凡七王。

◎**注释**　①〔齐孝王将闾〕指刘肥的儿子刘将闾，是刘襄、刘章的弟弟。
◎**大意**　又一年后，汉孝文帝让所封齐悼惠王的儿子们分割齐国原来的土地各自为王，齐孝王刘将闾以齐悼惠王的儿子杨虚侯的身份当了齐王。原来齐国别的郡都分给齐悼惠王的儿子们：儿子刘志为济北王，儿子刘辟光为济南王，儿子刘贤为菑川王，儿子刘卬为胶西王，儿子刘雄渠为胶东王，加上城阳王刘章、齐王刘将闾共七王。

齐孝王十一年，吴王濞、楚王戊反，兴兵西，告诸侯曰"将诛汉贼臣晁错以安宗庙"。胶西、胶东、菑川、济南皆擅发兵应吴楚。欲与①齐，齐孝王狐疑，城守不听，三国兵共围齐。齐王使路中大夫②告于天子。天子复令路中大夫还告齐王："善坚守，吾兵今③破吴楚矣。"路中大夫至，三国兵围临菑数重，无从入。三国将劫与路中大夫盟，曰："若反言汉已破矣，齐趣下三国，不（否）且见屠。"路中大夫既许之，至城下，望见齐王，曰："汉已发兵百万，使太尉周亚夫击破吴楚，方引兵救齐，齐必坚守无下！"三国将诛路中大夫。

◎**注释** ①〔与〕联合。②〔路中大夫〕路是姓，中大夫是官职名，诸侯王身边的侍从人员，掌管议论。③〔今〕将，很快就。

◎**大意** 齐孝王十一年，吴王刘濞、楚王刘戊反叛，起兵西进，通告诸侯说"将要诛杀汉朝廷贼臣晁错使刘氏的皇位安稳"。胶西王、胶东王、菑川王、济南王都擅自发兵与吴王、楚王相呼应。他们想要联合齐国，齐孝王犹豫，坚守城池不听从，胶西国、菑川国和济南国的军队共同包围了齐国。齐孝王派姓路的中大夫向皇上告急。皇上又命令姓路的中大夫返回齐国告诉齐王："好好坚守，我的军队现在就要打败叛军了。"姓路的中大夫赶到时，三国的军队已将临菑城重重包围，无法进入城中。三国的将领劫持了姓路的中大夫，要与他盟誓，说："你要反过来说汉朝廷的军队已被打败了，齐国赶快向三国投降，否则要杀光城中的人。"姓路的中大夫答应了他们，到了城下，看到齐王，说："汉朝廷已发兵百万，派太尉周亚夫打败叛军，正带兵前来援救齐国，齐国一定要坚守不投降！"三国的将领杀了姓路的中大夫。

齐初围急，阴与三国通谋，约未定，会闻路中大夫从汉来，喜，及其大臣乃复劝王毋下三国。居无何，汉将栾布、平阳侯①等兵至齐，击破三国兵，解齐围。已而复闻齐初与三国有谋，将欲移兵伐齐。齐孝王惧，乃饮药自杀。景帝闻之，以为齐首善②，以迫劫有谋，非其罪也，乃立孝王太子寿为齐王，是为懿王，续齐后。而胶西、胶东、济南、菑川王咸诛灭，地入于汉。徙济北王王菑川。齐懿王立二十二年卒，子次景立，是为厉王。

◎**注释** ①〔平阳侯〕指相国曹参的孙子曹奇。②〔首善〕开始时的用心是好的，指不跟从叛乱。

◎**大意** 齐国起初被围攻得紧急时，曾暗中和三国往来谈判，但盟约未定，正好听说姓路的中大夫从汉朝廷回来，齐王大喜，同时大臣们也劝告齐王不要投降三国。过了不久，汉军将领栾布、平阳侯曹奇等率兵到达齐国，打败了三国的军队，解除了齐国的围困。不久又听说齐王当初与三国有过谈判，将要调兵讨伐齐国。齐孝王害怕，便喝了毒药自杀。汉景帝听说后，认为齐王开头是好的，后来由于威胁和逼迫才与三国进行了谈判，这不是他的罪过，便封齐孝王的太子刘寿为齐王，这就是懿王，延续齐国的血脉。而胶西王、胶东王、济南王、菑川王都被诛灭，封地被纳入汉朝廷的版图。改封济北王到菑川为王。齐懿王刘寿在位二十二年后去世，儿子刘次景继位，就是齐厉王。

齐厉王，其母曰纪太后。太后取（娶）其弟纪氏女为厉王后。王不爱纪氏女。太后欲其家重宠，令其长女纪翁主入王宫，正①其后宫，毋令得近王，欲令爱纪氏女。王因与其姊翁主奸。

◎**注释** ①〔正〕纠察，整治。

◎**大意** 齐厉王的母亲是纪太后。纪太后将她弟弟纪氏的女儿嫁给齐厉王做王后。齐厉王不爱纪氏的女儿。纪太后想要让她的娘家人世代受重视宠爱，命她的大女儿纪翁主进入王宫，整治后宫的宫女，不让她们接近齐厉王，想让齐厉王专爱纪氏的女儿。齐厉王因此与他的姐姐纪翁主通奸。

齐有宦者徐甲，入事汉皇太后。皇太后有爱女曰修成君，修成君非刘氏，太后怜之。修成君有女名娥，太后欲嫁之于诸侯，宦者甲乃请使齐，必令王上书请娥。皇太后喜，使甲之齐。是时齐人主父偃知甲之使齐以取（娶）后事，亦因谓甲："即事成，幸言偃女愿得充王后宫。"甲既至齐，风（讽）以此事。纪太后大怒，曰："王有后，后宫具备。且甲，齐贫人，急乃为宦者，入事汉，无补益，乃欲乱吾王家！且主父偃何为者？乃欲以女充后宫！"徐甲大穷①，还报皇太后曰："王已愿尚娥，然有一害，恐如燕王。"燕王者，与其子昆弟奸，新坐②以死，亡国，故以燕感③太后。太后曰："无复言嫁女齐事。"事浸浔④闻于天子。主父偃由此亦与齐有隙。

◎**注释** ①〔大穷〕狼狈到了极点。②〔坐〕获罪的因由。③〔感〕刺激，打动。④〔浸浔〕渐渐，犹水之浸润。

◎**大意** 有一个从齐国出去的宦官叫徐甲，进入汉朝廷的后宫，侍奉皇太后。皇太后有个爱女叫修成君，修成君不是皇太后和刘姓皇帝生的女儿，太后很怜惜她。修成君有一个名叫娥的女儿，皇太后想将她嫁给诸侯王，宦官徐甲便请求出使齐国，表示一定会让齐王上书请求娶娥。皇太后很高兴，派徐甲到齐国。这时齐国人主父偃知道徐甲出使齐国是让齐王娶王后的事，也乘机对徐甲说："如果事情成功，请您说说我的女儿希望充当齐王后宫的妃子。"徐甲到齐国后，婉转表达了这个意思。纪太后听了大怒，说："齐王已有王后，后宫妃子也已齐备。况且徐甲是齐国的穷人，没办法才去做了宦官，入京侍奉汉朝廷，没有为齐国做好事，竟然要扰乱我王家！再说主父偃是干什么的？竟想让女儿来后宫充当妃子！"徐甲大为窘迫，回朝禀报皇太后说："齐王已愿意娶娥，但有一个坏处，恐怕会和燕王一样。"燕王这个人，与他的几个女儿奸淫，最近犯罪而死，被废除了封国，所以徐甲用燕王的事来刺激皇太后。皇太后说："不要再说嫁女给齐王的事了。"这件事慢慢被皇帝知道了。主父偃从此也与齐国有了嫌隙。

主父偃方幸于天子，用事，因言："齐临菑十万户，市租千金，人众殷富，巨于长安，此非天子亲弟爱子不得王此。今齐王于亲属益疏。"乃从容言："吕太后时齐欲反，吴楚时孝王几为乱。今闻齐王与其姊乱。"于是天子乃拜主父偃为齐相，且正其事。主父偃既至齐，乃急治王后宫宦者为王通于姊翁主所者，令其辞证皆引王。王年少，惧大罪为吏所执诛，乃饮药自杀。绝无后。

◎**大意** 主父偃正得宠于皇帝，掌权主事，趁机说："齐国的临菑城有十万户，每天的市场税收就有千金，人口多而富裕，超过了长安城，不是皇帝亲弟弟和喜爱的儿子不能在这个地方做王。如今齐王与皇室的亲属关系更疏远了。"接着又漫不经心地说道："吕太后时齐国想谋反，吴楚之乱时齐孝王几乎作乱。现今又听说齐王与他的姐姐乱伦。"于是皇帝就任命主父偃为齐国的相国，并且主持审理这件事。主父偃到齐国后，就紧急审问齐王后宫中帮助齐王与他的姐姐纪翁主私通的宦官，让他们的供词都牵连了齐王。齐王年少，害怕犯大罪被官吏逮捕诛杀，就喝毒药自杀了。没有后代。

是时赵王惧主父偃一出废齐，恐其渐疏骨肉，乃上书言偃受金及轻重之短。天子亦既囚偃。公孙弘言："齐王以忧死毋后，国入汉，非诛偃无以塞①天下之望②。"遂诛偃。

◎**注释** ①〔塞〕堵，平息。②〔望〕怨恨，不满。
◎**大意** 这时赵王因主父偃一出任齐国相国就废除了齐国而害怕，担心他会慢慢离间诸侯王国与汉朝廷的关系，便上书告发主父偃接受贿赂和随意判案定罪的过错。皇帝后来囚禁了主父偃。公孙弘说："齐王因担忧而死，没有后代，国土被纳入汉朝廷的版图，不杀主父偃就无法平息天下人的怨恨。"皇帝于是杀了主父偃。

齐厉王立五年死,毋后,国入于汉。

◎**大意** 齐厉王刘次景在位五年后死了,没有继任人,国土被纳入汉朝廷的版图。

齐悼惠王后尚有二国,城阳及菑川。菑川地比齐。天子怜齐,为悼惠王冢园在郡,割临菑东环悼惠王冢园邑尽以予菑川,以奉悼惠王祭祀。

◎**大意** 齐悼惠王的后代还有两个王国,就是城阳国和菑川国。菑川国的封地邻近齐国。皇帝怜悯齐国,因为悼惠王的墓地在齐郡,便分出临菑东面环绕悼惠王陵墓的地区,全部给了菑川国,让菑川王主持齐悼惠王的祭祀。

城阳景王章,齐悼惠王子,以朱虚侯与大臣共诛诸吕,而章身首先斩相国吕王产于未央宫。孝文帝既立,益封章二千户,赐金千斤。孝文二年,以齐之城阳郡立章为城阳王。立二年卒,子喜立,是为共王。

◎**大意** 城阳景王刘章是齐悼惠王的儿子,以朱虚侯的身份和大臣们共同诛灭吕氏宗族的人,而刘章最先冲进未央宫斩了相国吕产。汉孝文帝即位后,增加刘章的封地两千户,赏金千斤。汉孝文帝二年,把齐国的城阳郡作为国土,封刘章为城阳王。刘章在位两年后去世,儿子刘喜继位,这就是共王。

共王八年,徙王淮南。四年,复还王城阳。凡三十三年卒,子延立,是为顷王。

齐悼惠王世家第二十二

◎**大意** 共王在位八年，改封到淮南为王。过了四年，又从淮南王恢复为城阳王。总共在位三十三年后去世，儿子刘延继位，这就是顷王。

顷王二十六年卒，子义立，是为敬王。敬王九年卒，子武立，是为惠王。惠王十一年卒，子顺立，是为荒王。荒王四十六年卒，子恢立，是为戴王。戴王八年卒，子景立，至建始三年，十五岁，卒。

◎**大意** 顷王刘延在位二十六年后去世，儿子刘义继位，这就是敬王。敬王刘义在位九年后去世，儿子刘武继位，这就是惠王。惠王刘武在位十一年后去世，儿子刘顺继位，这就是荒王。荒王刘顺在位四十六年后去世，儿子刘恢继位，这就是戴王。戴王刘恢在位八年后去世，儿子刘景继位，到建始三年，刘景十五岁，去世。

济北王兴居，齐悼惠王子，以东牟侯助大臣诛诸吕，功少。及文帝从代来，兴居曰："请与太仆婴①入清宫。"废少帝，共与大臣尊立孝文帝。

◎**注释** ①〔太仆婴〕即担任太仆之职的夏侯婴。太仆的职责是掌管宫中的车马，并为皇帝驾车。夏侯婴也叫滕婴，是西汉的开国功臣，事迹详见《樊郦滕灌列传》。

◎**大意** 济北王刘兴居是齐悼惠王的儿子，以东牟侯的身份协助大臣们诛灭吕氏宗族的人，功劳轻。等汉文帝刘恒从代国来到京城长安，刘兴居说："请让我和太仆夏侯婴先入内清理宫廷。"废黜汉少帝刘弘后，与大臣们一起尊立汉文帝。

孝文帝二年，以齐之济北郡立兴居为济北王，与城阳王俱立。立二年，反。始大臣诛吕氏时，朱虚侯功尤大，许尽以赵地王朱虚侯，尽以梁地王东牟侯。及孝文帝立，闻朱虚、东牟之初欲立齐王，故绌（黜）①其功。及二年，王诸子，乃割齐二郡以王章、兴居。章、兴居自以失职夺功。章死，而兴居闻匈奴大入汉，汉多发兵，使丞相灌婴击之，文帝亲幸太原，以为天子自击胡，遂发兵反于济北。天子闻之，罢丞相及行兵，皆归长安。使棘蒲侯柴将军击破虏济北王，王自杀，地入于汉，为郡。

◎**注释** ①〔绌〕通"黜"，罢斥，废除。
◎**大意** 汉文帝二年，把齐国的济北郡作为国土，封刘兴居为济北王，和城阳王刘章一起受封。刘兴居在位二年，谋反。当初大臣们诛灭吕氏宗族的人时，朱虚侯刘章的功劳尤其大，汉朝廷答应将赵国的土地全部封给朱虚侯刘章，将梁国的土地全部封给东牟侯刘兴居。等汉文帝被立为皇帝，听说朱虚侯、东牟侯当初想拥立齐王做皇帝，因此降低了他们的功劳。到汉文帝二年，分封自己的儿子为诸侯王时，才分出齐国的两郡作为国土封刘章、刘兴居为王。刘章、刘兴居认为自己有功而未得到应得的封赏。刘章死后，刘兴居听说匈奴大举侵入汉朝廷的边境，汉朝廷派出了许多兵士，命丞相灌婴领兵反击匈奴，汉文帝亲临太原，以为是天子亲自率军抗击胡人，就在济北发兵，发动叛乱。汉文帝听到这个消息后，立即将丞相所率领的军队都调回长安。派棘蒲侯柴将军击败并虏获了济北王刘兴居，济北王自杀，封地被纳入汉朝廷的版图，设置为郡。

后十三年，文帝十六年，复以齐悼惠王子安都侯志为济北王。十一年，吴楚反时，志坚守，不与诸侯合谋。吴楚已平，徙志王菑川。

◎**大意** 十三年后，即汉文帝十六年，又把齐悼惠王的儿子安都侯刘志封为济北王。十一年后，吴楚反叛时，济北王刘志坚守，不和反叛的诸侯王合谋。吴楚叛乱平定后，把刘志改封到菑川为王。

济南王辟光，齐悼惠王子，以勒侯孝文十六年为济南王。十一年，与吴楚反。汉击破，杀辟光，以济南为郡，地入于汉。

◎**大意** 济南王刘辟光是齐悼惠王的儿子，以勒侯的身份在汉文帝十六年被封为济南王。十一年后，与吴楚一道反叛。汉朝廷派兵打败叛军，杀了刘辟光，把济南设为郡，土地被纳入汉朝廷的版图。

菑川王贤，齐悼惠王子，以武城侯文帝十六年为菑川王。十一年，与吴楚反，汉击破，杀贤。

◎**大意** 菑川王刘贤是齐悼惠王的儿子，以武城侯的身份在汉文帝十六年被封为菑川王。十一年后，与吴楚一道反叛，汉朝廷派兵打败叛军，杀了刘贤。

天子因徙济北王志王菑川。志亦齐悼惠王子，以安都侯王济北。菑川王反，毋后，乃徙济北王王菑川。凡立三十五年卒，谥为懿王。子建代立，是为靖王。二十年卒，子遗代立，是为顷王。三十六年卒，子终古立，是为思王。二十八年卒，子尚立，是为孝王。五年卒，子横立，至建始三年，十一岁，卒。

◎**大意** 于是汉景帝把济北王刘志改封到菑川为王。刘志也是齐悼惠王的儿子，以安都侯的身份被封为济北王。菑川王反叛，没有后代，才把济北王刘志改封到菑川为王。刘志总共在位三十五年去世，谥号懿王。儿子刘建继位为菑川王，这就是靖王。靖王刘建在位二十年去世，儿子刘遗继位为菑川王，这就是顷王。顷王刘遗在位三十六年去世。儿子刘终古继位，这就是思王。思王刘终古在位二十八年去世，儿子刘尚继位，这就是孝王。孝王刘尚在位五年去世，儿子刘横继位，到建始三年，刘横十一岁，去世。

胶西王卬，齐悼惠王子，以昌平侯文帝十六年为胶西王。十一年，与吴楚反。汉击破，杀卬，地入于汉，为胶西郡。

◎**大意** 胶西王刘卬是齐悼惠王的儿子，以昌平侯的身份在汉文帝十六年被封为胶西王。过了十一年，与吴楚一道反叛，汉朝廷派兵打败叛军，杀了刘卬，土地纳入汉朝廷的版图，设置为胶西郡。

胶东王雄渠，齐悼惠王子，以白石侯文帝十六年为胶东王。十一年，与吴楚反，汉击破，杀雄渠，地入于汉，为胶东郡。

◎**大意** 胶东王刘雄渠是齐悼惠王的儿子，以白石侯的身份在汉文帝十六年被封为胶东王。过了十一年，与吴楚一道反叛，汉朝廷派兵打败叛军，杀了刘雄渠，土地纳入汉朝廷的版图，设置为胶东郡。

太史公曰：诸侯大国无过齐悼惠王。以海内初定，子弟少，激秦之无尺土封，故大封同姓，以填（镇）万民之心。及后分裂，固其理也。

◎**大意** 太史公说：诸侯王中的大国没有一个超过齐悼惠王的。因为天下刚刚平定，刘氏皇族的子弟少，朝廷吸取秦朝没有分封皇族子弟的教训，所以大量分封同姓为王，用来镇抚天下万民之心。到后来把诸侯王大国割分为小国，这当然是有道理的。

◎**释疑解惑**
在《荆燕世家》中，无论是吕太后在世时，还是吕太后死后，刘泽诛灭诸吕或拥立代王，都显得十分睿智，似乎未来的形势尽在掌握之中，站对了阵营，最终被汉文帝封为燕王，传位三世。在《齐悼惠王世家》中，有关刘泽参与诛诸吕与拥立汉文帝的表现，甚至比《荆燕世家》写得还要详细。但是在细节上，《齐悼惠王世家》与《荆燕世家》对于刘泽在诛灭诸吕时的表现，描述得颇有出入。

先看《荆燕世家》中的叙述："及太后崩，琅邪王泽乃曰：'帝少，诸吕用事，刘氏孤弱。'乃引兵与齐王合谋西，欲诛诸吕。至梁，闻汉遣灌将军屯荥阳，泽还兵备西界，遂跳驱至长安。代王亦从代至。诸将相与琅邪王共立代王为天子。天子乃徙泽为燕王，乃复以琅邪予齐，复故地。"吕太后去世后，刘泽认为皇帝年少，诸吕肯定会专权，刘氏的势力将会愈发弱小。于是，他主动出兵，与齐王刘襄会合，想要诛灭诸吕。到达梁国后，听说汉朝廷派遣灌婴屯兵荥阳，他便领兵返回，在琅琊国界的西面加强军事戒备，接着自己迅速来到长安。而这个时候，代王刘恒也来到了长安，刘泽便和大臣一起拥立代王刘恒，是为汉文帝。因此，对于汉文帝刘恒来说，刘泽是拥立他登上帝位的功臣，于是封刘泽为燕王。再看《齐悼惠王世家》中的叙述：对诸吕首先发难的是齐王刘襄，因为刘襄的弟弟朱虚侯刘章乃吕禄的女婿，刘章从妻子那里得知了诸吕的阴谋，便给刘襄通风报信，为的是拥立哥哥刘襄为帝。因此，刘襄对诛灭诸吕特别积极，调动了齐国的全部兵马，欲西进关中。为了增强势力，刘襄"使祝午东诈琅邪王曰：'吕氏作乱，齐王发兵欲西诛之。齐王自以儿子，年少，不习兵革之事，愿举国委大王。大王自高帝将也，习战事。齐王不敢离兵，使臣请大王幸之临菑见齐王计事，并将齐兵以西平关中之乱。'琅邪王信之，以为然，乃驰见齐王。齐王与魏勃等因留琅邪王，而使祝午尽发琅邪国而并将其兵。"刘襄派遣祝午前去诱骗琅琊王刘泽来到齐国，却让祝午统率琅琊国的全部兵马支援自己的军事行动。这个地方与《荆燕世家》叙写琅琊王刘泽主动联合刘襄很不相同。此后又写道："琅邪王刘泽既见欺，不得反国，乃说齐王曰：'齐悼惠王高皇帝长子，推本言之，而大王高皇帝適长孙也，当立。今诸大臣狐疑未有所定，而泽于刘氏最为长年，大臣固待泽决计。今大王留臣无为也，不如使我入关计事。'齐王以为然，乃益具车送琅邪王。"琅邪王刘泽为齐王刘襄所诱，自知返国无望，便提出要去关中与大臣筹划立刘襄为帝，刘襄信以为真，便派人护送刘泽去了京城长安。与此同时，朝廷派灌婴迎击齐王刘襄，可是，灌婴也不愿诸吕取代刘氏政权，便屯兵荥阳，并派人告知齐王刘襄，称愿与齐联合，共同诛灭诸吕。而齐王得知此事后，"乃西取其故济南郡，亦屯兵于齐西界以待约"。此处所述，与《荆燕世家》中所说"泽还兵备西界"亦有出入。在《齐悼惠王世家》中，调动刘泽军队并在得知灌婴驻守荥阳时"兵备西界"的人，一直都是刘襄而非刘泽。而在这时，刘泽正被刘襄所派的车骑送往长安，直到朱虚侯刘章与太尉周勃共同谋划诛灭诸吕，刘泽才到达长安。后来，大臣们商议想要拥立刘襄为帝，可是，刘泽没有如他和刘襄所承诺的那样，即为刘襄即位助力，反而和其他大臣共同谋划拥立了代王刘恒。这比《荆燕世家》的记载更加详细。

那么，为什么在《史记》中相邻的两篇，对同一个人的记载会有明显的出入呢？《三代世表》开篇，太史公感慨"五帝、三代之记，尚矣"，又说："至于序《尚书》，则略，无年月；或颇有，然多阙，不可录。故疑则传疑，盖其慎也。"这是说《尚书》编排十分简略，根本没有对年月的记录，有的虽然略有对年月的记录，但是多有缺漏，没有办法详细著录。因此，司马迁进一步指出自己作史的一个原则，即对于那些不能断定的内容就将它们先一一记录下来，即所谓"疑则传疑"。司马迁在撰著《史记》之前，搜集了大量文献资料，同时也通过实地考察、亲身采访等方式获取了很多宝贵的第一手资料。可是他在具体的写作过程中发现，涉及同一人物或同一事件的不同材料，在内容或者某些细节上会有出入。为了将自己搜集到的历史材料谨慎地、更加完整地展现出来，司马迁往往会在不同的传记中采用不同的材料谋篇布局，从而在整体上保留下更多的他认为应该保留下来的历史材料。有关刘泽的事迹在前后两篇中有所出入，可能就是这个原因。

◎思考辨析题

1. 齐国的兴起与灭亡给你带来了哪些启示？

2. 《齐悼惠王世家》篇幅较长，所叙人物也较多，其中哪些人物给你留下的印象较深刻？

萧相国世家

第二十三

　　萧何并非武将，在刘邦打天下的过程中毫无军功，然而，刘邦还是认为对于大汉的建立而言，萧何功列第一。《萧相国世家》记叙了萧何为什么能够被刘邦推为第一功臣，而在刘邦对功臣有所猜忌的时候，萧何又如何能够自保，从而获得善终并惠及子孙的整个历程。全篇可分为五个部分来解读。从"萧相国何者，沛丰人也"至"于是何从其计，汉王大说"为第一部分，主要叙写在刘邦为平民时，作为沛县县令主吏掾的萧何就多次帮助刘邦，而在刘邦起兵后，萧何凭借个人的才能为刘邦管理后方，稳定人心，并善于为未来谋划，提前准备。如攻入咸阳后，萧何率先想到的是收集秦国的法律诏令和图书典籍，而后来这些材料成为刘邦成功把握各种形势的重要基础，也为后来大汉王朝各项制度的建立提供了参考。从"汉五年，既杀项羽"至"以帝尝繇咸阳时何送我独赢奉钱二也"为第二部分，叙写刘邦称帝后论功行赏，尤其优待萧何。萧何不曾带兵打仗，且毫无军功，但得到刘邦的重视与推崇，这使很多功臣包括战功赫赫的曹参感到不满。然而，在鄂千秋的争辩下，刘邦还是如愿列萧何为首功，恩赏有加。从"汉十一年，陈豨反"至"吾故系相国，欲令百姓闻吾过也"为第三部分，叙写昔日功臣频频叛乱，使得刘邦对功臣多有猜忌，这时，萧何听从了别人的建议而得以明哲保身。从"何素不与曹参相能"至"功臣莫得比焉"为第四部分，叙写萧何公而忘私、克己勤俭，因而能够惠及子孙，直到汉武帝时，他的后代还被封侯。第五部分是司马迁的论赞，认为萧何能够建立如此功勋，声名流传后世，主要是因为他能够认清形势，顺应时代潮流。

清人汤谐《史记半解》评这篇史传说："写相国朴忠，汉高猜忌，及诸人维护相国，章法极为缜密，情事极是刻透，而精神飞动，意致潇洒。读之，但觉一片爽气清光萦绕于笔墨之外，可谓妙处难名。"确实，萧何作为丞相，谨慎行事、恪尽职守，而汉高祖对他还是百般猜忌。若非萧何在他人的指点下及时化解高祖的猜忌，怕也难以善终。对比萧何与汉高祖微贱时的情分，着实让人慨叹万分！而司马迁将有情与无情巧妙地布局成一篇，写出了当时平静中暗潮涌动、危机四伏的形势。萧何若不顺应形势而权宜行事，又怎能保全自身！这里的萧何未必拥有完美的个人形象，但这些都无法磨灭他为汉王朝建立做出的功绩，也无法掩盖他作为一代名相对汉王朝做出的贡献。

萧相国世家第二十三

萧相国何①者，沛丰②人也。以文无害为沛主吏掾③。

◎**注释** ①〔萧相国何〕即担任相国之职的萧何。相国即丞相，称相国较丞相更显尊贵。②〔沛丰〕沛是一个县，在今江苏沛县。丰是一个邑，属于沛县管辖，在今江苏丰县。③〔主吏掾（yuàn）〕主管一县人事的官吏。
◎**大意** 相国萧何是沛县丰邑人。因通晓法令起草文书没有毛病而担任沛县的主吏掾。

高祖为布衣时，何数以吏事①护高祖。高祖为亭长②，常左右之。高祖以吏繇（徭）咸阳，吏皆送奉钱三，何独以五。

◎**注释** ①〔吏事〕涉及官方规定的公事。②〔亭长〕低于乡长的基层小吏，主管偷盗等事。
◎**大意** 汉高祖刘邦还是平民的时候，萧何屡次庇护牵涉公家事务的汉高祖。汉高祖做亭长时，萧何也经常帮助他。汉高祖以小吏身份带领当地人到咸阳服役，其他官吏奉送高祖的钱都是三百，唯独萧何奉送的钱是五百。

秦御史监郡①者与从事，常辨之。何乃给泗水②卒史事，第一。秦御史欲入言征何，何固请，得毋行。

◎**注释** ①〔御史监郡〕以御史身份被朝廷派到郡里监督政务的官员。御史的本职是在朝中负责监察。②〔泗水〕在今安徽濉溪一带。
◎**大意** 秦朝一位监督郡里政事的御史与萧何有交往，认为萧何办事很清楚。萧何于是担任了泗水郡的卒史，考核得第一。秦朝的这位御史想在入朝时建议朝廷调用萧何，萧何再三推辞，才没有被调走。

及高祖起为沛公①，何常为丞②督事。沛公至咸阳③，诸将皆争走金帛财物之府分之，何独先入收秦丞相御史律令图书藏之。沛公为汉王，以何为丞相。项王与诸侯屠烧咸阳而去。汉王所以具知天下厄塞，户口多少，强弱之处，民所疾苦者，以何具得秦图书也。何进言韩信，汉王以信为大将军。语在《淮阴侯》事中。

◎**注释** ①〔沛公〕即沛县县令。战国时期的楚国人在习惯上称县令为公。②〔丞〕一县的正长官为令，副长官为丞。③〔咸阳〕秦朝的都城，在今陕西咸阳。

◎**大意** 等到汉高祖刘邦起兵，做了沛公后，萧何经常以沛县县丞的身份监督沛县的事务。沛公进入咸阳城，诸位将领争先恐后地进入存放金帛财物的仓库分东西，唯独萧何首先入宫收取秦朝丞相府和御史府中的律令档案图册书籍，将其收藏起来。沛公刘邦当了汉王，任命萧何为丞相。项王和诸侯军攻破、烧掉咸阳城后离开。汉王能够详细地知晓天下的军事要塞、户口多少、地方强弱、民众疾苦，是因为萧何将秦朝的图册书籍档案资料全都收集了起来。萧何向汉王推荐韩信，汉王就任命韩信为大将军。这件事记载在《淮阴侯列传》中。

汉王引兵东定三秦①，何以丞相留收巴蜀②，填（镇）抚谕告，使给军食。汉二年，汉王与诸侯击楚，何守关中，侍太子，治栎阳③。为法令约束，立宗庙社稷宫室县邑，辄奏上，可，许以从事；即不及奏上，辄以便宜施行，上来以闻。关中事计户口转漕④给军，汉王数失军遁去，何常兴关中卒，辄补缺。上以此专属任⑤何关中事。

◎**注释** ①〔三秦〕指今陕西关中地区。②〔巴蜀〕指今陕西汉中，以及与汉中相邻的大巴山区和四川北部。③〔栎阳〕楚汉战争时期汉王刘邦的都城，在今陕西西安的阎良区。④〔转漕〕运输。陆运曰"转"，水运曰"漕"。⑤〔属（zhǔ）任〕委任。

◎**大意** 汉王刘邦率军向东进发平定三秦时，萧何作为丞相留在巴蜀一带收服民心，镇守安抚宣告政令，使百姓能够供给军需粮食。汉二年，汉王与各路诸侯攻打楚军，萧何镇守关中，侍奉太子，治理栎阳城。萧何还制定了法令规章，建立起祭祀皇帝祖先的宗庙、祭祀土地神和谷神的高坛、宫殿，划分了县乡的行政区域，每件事都先请示汉王，得到许可而后实行；即使来不及请示，也总是先酌情施行，汉王回来就汇报给他听。萧何在关中负责按户口征收粮食，并通过水陆运输供给军队。汉王军队屡次失败减损兵士，萧何常常调发关中士卒，马上补充兵员缺额。汉王因此专门委任萧何负责办理一切关中事务。

汉三年，汉王与项羽相距京、索①之间，上数使使劳苦丞相。鲍生谓丞相曰："王暴衣露盖，数使使劳苦君者，有疑君心也。为君计，莫若遣君子孙昆弟能胜兵者悉诣军所，上必益信君。"于是何从其计，汉王大说（悦）。

◎**注释** ①〔京、索〕皆地名，在今河南荥阳。
◎**大意** 汉三年，汉王刘邦与项羽对峙于京、索之间，汉王屡次派使者慰问丞相萧何。有位鲍先生对萧何说："汉王风吹日晒地暴露在战场上，还屡次派使者慰劳您，这是有怀疑您的心思了。我为您打算，不如把您的子孙兄弟中能胜任军事的人都派到汉王军队中去，汉王必定更加信任您。"于是萧何听从了他的意见，汉王大为高兴。

汉五年，既杀项羽，定天下，论功行封。群臣争功，岁余功不决。高祖以萧何功最盛，封为酂①侯，所食邑②多。功臣皆曰："臣等身被（披）坚执锐，多者百余战，少者数十合，攻城略地，大小各有差。今萧何未尝有汗马之劳，徒持文墨议论，不战，顾反居臣等上，何也？"高帝曰："诸君知猎乎？"曰："知之。""知猎狗乎？"曰：

"知之。"高帝曰:"夫猎,追杀兽兔者狗也,而发踪指示兽处者人也。今诸君徒能得走兽耳,功狗也。至如萧何,发踪指示,功人也。且诸君独以身随我,多者两三人;今萧何举宗数十人皆随我,功不可忘也。"群臣皆莫敢言。

◎**注释** ①〔酂(cuó)〕在今河南永城,是萧何被封为侯的领地。②〔食邑〕王侯贵族的封地,可以收取封地内的赋税等自用。

◎**大意** 汉五年,已经杀死项羽,平定了天下,于是讨论功劳进行封赏。群臣争功,一年多的时间还不能确定功劳的大小。汉高祖认为萧何的功劳最大,封他为酂侯,享受的食邑最多。功臣们都说:"我们身穿铠甲手执兵器,多的经过一百多次战斗,少的也打过数十仗,攻占城镇夺取土地,功劳大小各有等次。而今萧何从未有打仗的功劳,只凭操持文墨发议论,不参战,封赏却在我们之上,这是为什么?"汉高祖问:"诸位知道打猎吗?"群臣回答:"知道。"又问:"知道猎狗吗?"群臣回答:"知道。"汉高祖说:"打猎这种事,追逐咬死野兽兔子的是猎狗,而发现野兽兔子踪迹,指出野兽兔子所处位置的是猎人。如今诸位只能追捕、获得奔跑的野兽罢了,就像猎狗的功劳一样。至于萧何,发现踪迹指出野兽,就像猎人的功劳一样。况且诸位只是独个追随我,一家多的也不过两三人;如今萧何是全宗族数十人都跟随我,他的功劳是不可忘记的。"群臣都不敢再说什么了。

列侯毕已受封,及奏位次,皆曰:"平阳侯曹参身被(披)七十创,攻城略地,功最多,宜第一。"上已桡(挠)功臣多封萧何,至位次未有以复难之,然心欲何第一。关内侯鄂君①进曰:"群臣议皆误。夫曹参虽有野战略地之功,此特一时之事。夫上与楚相距(拒)五岁,常失军亡众,逃身遁者数矣。然萧何常从关中遣军补其处,非上所诏令召,而数万众会上之乏绝者数矣。夫汉与楚相守荥阳数年,军无见（现）粮，萧何转漕关中，给食不乏。陛下虽数亡（无）山东，萧何常全关中以待陛下，此万世之功也。今虽亡曹参等百数，何缺于汉？汉得之不必待以全。奈何欲以一旦之功而加万世之功哉！萧何第一，曹参次之。"高祖曰："善。"于是乃令萧何第一，赐带剑履上殿，入朝不趋。

◎**注释** ①〔鄂君〕指鄂千秋，这时封为关内侯，后又封为安平侯。君是对人的敬称。

◎**大意** 众多功臣的侯爵受封完毕后，待到评议位置的高低时，大家都说："平阳侯曹参受过七十处创伤，攻占城池夺取土地，功劳最多，应该排在第一。"汉高祖已经通过折服功臣而多封赏了萧何，到了排列位置时就没有什么理由能再说服他们了，但在心里还是想把萧何排为第一。关内侯鄂千秋进献意见道："群臣的议论都是错误的。曹参虽有野外作战夺取土地的功劳，但这只是较短时间内的事。而陛下与楚国相持了五年，常常损失兵众，有好几次都是独自脱身。然而萧何常常从关中派遣军队补充到陛下所在的地方，这并不是陛下下令召集的，而有好几次都是数万兵员正好出现在陛下缺少军队的时候。汉与楚相持于荥阳数年，军中没有现成的粮食，萧何从关中运送粮食，使军队的粮食供应从不缺乏。虽然陛下多次丢失崤山以东的土地，但萧何总是保全着关中以等待陛下，这是万世的功劳。今天即使没有像曹参这样的数以百计的人，对于汉朝来说有什么缺损？而汉朝得到他们也不一定能保全。为什么要让一朝一夕的功劳凌驾在永存万代的功劳之上呢！萧何应是第一，曹参是第二。"汉高祖说："好。"于是确定萧何第一，特恩赐他可以带着剑穿着鞋上殿，进入朝堂不必小步快走。

上曰："吾闻进贤受上赏。萧何功虽高，得鄂君乃益明。"于是因鄂君故所食关内侯邑封为安平侯。是日，悉封何父子兄弟十余人，皆有食邑。乃益封何二千户，以帝尝繇（徭）咸阳时何送我独赢奉钱二也。

◎**大意**　汉高祖说:"我听说推荐贤能的人应该受到上等奖赏。萧何的功劳虽然很高,但得到鄂君的申辩才更加显现出来。"就这样让鄂千秋在原有的关内侯食邑的基础上,晋封为安平侯。这一天,萧何父子兄弟十多人全部获得了封赏,都有封地食邑。此外又加封萧何食邑二千户,这是因为汉高祖当年去咸阳服役时萧何赠钱比别人多出二百。

汉十一年,陈豨①反,高祖自将,至邯郸。未罢,淮阴侯谋反关中,吕后用萧何计,诛淮阴侯,语在《淮阴》事中。上已闻淮阴侯诛,使使拜丞相何为相国,益封五千户,令卒五百人一都尉②为相国卫。诸君皆贺,召平独吊③。召平者,故秦东陵侯。秦破,为布衣,贫,种瓜于长安城东,瓜美,故世俗谓之"东陵瓜",从召平以为名也。召平谓相国曰:"祸自此始矣。上暴露于外而君守于中,非被矢石之事而益君封置卫者,以今者淮阴侯新反于中,疑君心矣。夫置卫卫君,非以宠君也。愿君让封勿受,悉以家私财佐军,则上心说(悦)。"相国从其计,高帝乃大喜。

◎**注释**　①〔陈豨(xī)〕以赵国相国的身份监督赵国、代国边境上的军队,后与朝廷产生嫌隙而反叛,事见《韩信卢绾列传》。②〔都尉〕级别略低于将军的武官。③〔召(shào)平独吊〕召平,当时是萧何的门客。吊,对遭遇不幸者表示慰问,这里有警告之意。

◎**大意**　汉十一年,陈豨反叛,高祖亲自带兵讨伐,到达邯郸。讨伐陈豨的战役还没结束,淮阴侯韩信在关中谋反,吕后采用萧何的计谋,诛杀了淮阴侯,有关事迹记载在《淮阴侯列传》中。汉高祖听说淮阴侯被诛杀后,派使者前去授予萧何相国的职位,加封食邑五千户,并命令士卒五百人和一名都尉作为相国的卫队。众人都祝贺萧何,唯独召平表示慰问。召平这个人,原来是秦朝的东陵侯。秦朝灭亡后,召平沦为平民,家贫,在长安城的东郊种瓜,瓜很香甜,因此当时人们称之为"东陵瓜",这是依照召平的封号起的名。召平对萧何说:"祸患从这里开始了。皇上露宿在外地而您留守在朝中,并没有经历冒着飞箭弹石的战事,现在皇上却增加您的封邑并设置卫队,是因为淮阴侯刚刚反叛于京城中,皇上有怀疑您的心了。而设置卫队保卫您,并不是宠信您。希望您推让封赏,并把全部家产献出佐助军队,那么皇上就会高兴。"萧何依从召平的计策,高祖果然大为欢喜。

汉十二年秋,黥布反,上自将击之,数使使问相国何为。相国为上在军,乃拊循①勉力百姓,悉以所有佐军,如陈豨时。客有说相国曰:"君灭族不久矣。夫君位为相国,功第一,可复加哉?然君初入关中,得百姓心,十余年矣,皆附君,常复孳(孜)孳(孜)②得民和。上所为数问君者,畏君倾动关中。今君胡不多买田地,贱贳贷③以自污?上心乃安。"于是相国从其计,上乃大说(悦)。

◎**注释** ①〔拊循〕安抚,抚慰。②〔孳孳(zī)〕同"孜孜",勤勉,努力。③〔贳(shì)贷〕借贷。

◎**大意** 汉十二年秋,黥布反叛,汉高祖亲自带兵攻击叛军的时候,频繁派使者询问萧何在干什么。萧何因皇上在军中,就安抚、勉励百姓,用自己家的全部财产佐助军队,如同陈豨反叛时所做的那样。有一门客劝说萧何道:"您离灭族之祸不远了。您位居相国,功劳第一,难道还能再加吗?然而从您进入关中开始,深得民心,有十多年了,百姓都亲附您,而您还在努力赢得百姓的拥戴。皇上询问您现在的作为,是因为害怕关中百姓倒向您。如今您何不多买田地,压价强买或向百姓借贷,以此来玷污自己的名节呢?这样皇上才会安心。"于是萧何依从他的计策做了,汉高祖大为高兴。

上罢布军归,民道遮行上书,言相国贱强买民田宅数千万。上至,相国谒。上笑曰:"夫相国乃利民!"民所上书皆以与相国,曰："君自谢民。"相国因为民请曰："长安地狭，上林①中多空地，弃，愿令民得入田，毋收稿②为禽兽食。"上大怒曰："相国多受贾人财物，乃为请吾苑！"乃下相国廷尉③，械系之。数日，王卫尉④侍，前问曰："相国何大罪，陛下系之暴也？"上曰："吾闻李斯相秦皇帝，有善归主，有恶自与。今相国多受贾竖金而为民请吾苑，以自媚于民，故系治之。"王卫尉曰："夫职事苟有便于民而请之，真宰相事，陛下奈何乃疑相国受贾人钱乎！且陛下距（拒）楚数岁，陈豨、黥布反，陛下自将而往，当是时，相国守关中，摇足则关⑤以西非陛下有也。相国不以此时为利，今乃利贾人之金乎？且秦以不闻其过亡天下，李斯之分过，又何足法哉。陛下何疑宰相之浅也。"高帝不怿。是日，使使持节赦出相国。相国年老，素恭谨，入，徒跣谢⑥。高帝曰："相国休矣！相国为民请苑，吾不许，我不过为桀纣主，而相国为贤相。吾故系相国，欲令百姓闻吾过也。"

◎**注释**　①〔上林〕指上林苑，秦、汉时的皇家猎场，在今陕西西安。②〔稿〕禾类植物的茎秆。③〔廷尉〕在朝廷掌管司法事务的官员。④〔卫尉〕在朝廷掌管警卫宫殿事务的官员。⑤〔关〕指函谷关，在今河南灵宝东北。⑥〔徒跣（xiǎn）谢〕光着脚谢罪。

◎**大意**　汉高祖消灭黥布叛军返归朝廷时，有百姓拦在道路上告状，说相国萧何用低价强买百姓的田地房屋有数千万。汉高祖回到京城，萧何拜见。汉高祖笑着说："相国这样与百姓争夺利益！"就把百姓递上的控告书都交给萧何，说："你自己去向百姓道歉。"萧何趁机为百姓请愿说："长安土地狭窄，上林苑中有许多空地荒弃着，希望陛下下令允许百姓进去耕种，不收秸秆，使之作为飞禽野兽的饲料。"汉高祖大怒道："你接受了许多商人的财物，就为他们来求取我的上林苑！"于是将萧何交给廷尉，用刑具拘系了他。过了几天，王卫尉侍奉高祖，上前问道："萧相国犯了什么大罪，陛下突然拘禁了他？"汉高祖说："我听说李斯当秦皇帝的丞相，总是有好事归主上，有坏事自己承担。如今相国接受商贩很多金钱而为百姓求取我的上林苑，以此献媚于民，所以拘系治他的罪。"王卫尉说："分内的事如有便于百姓的就请求实行，这真是宰相应该做的事，陛下为什么要怀疑相国接受了商人的金钱呢！况且陛下曾经与楚军对抗多年，陈豨、黥布反叛，陛下亲自率军前往讨伐，在那时，相国留守关中，他跺一下脚就能使函谷关以西的关中地区不属于陛下了。相国不在那时图谋私利，现在竟会贪图商人的金钱吗？而且秦皇帝是由于听不到自己的过错而失去天下，李斯分担过错，又有什么值得效法呢！陛下为何要怀疑相国这样浅薄。"汉高祖听了很不愉快。这一天，汉高祖派使者拿着符节去释放了萧何。萧何年纪已老，平素谦恭谨慎，这时入宫，光着脚谢罪。汉高祖说："相国算了！相国为百姓请求上林苑，我不允许，我不过是夏桀王、商纣王一样的君主，而相国是贤明的丞相。我故意拘系相国，是要让百姓知道我的过错。"

何素不与曹参相能，及何病，孝惠自临视相国病，因问曰："君即百岁后①，谁可代君者？"对曰："知臣莫如主。"孝惠曰："曹参何如？"何顿首曰："帝得之矣！臣死不恨矣！"

◎**注释** ①〔百岁后〕人死的一种隐讳说法。
◎**大意** 萧何一向与曹参的关系不好，等到萧何得病时，汉孝惠帝亲自到萧何的府上探视病情，顺便问道："您去世后，谁可以接替您担任丞相？"萧何回答："懂得臣下心思的莫过于主上了。"汉孝惠帝说："曹参怎样？"萧何叩头说："陛下得到合适的人选了！我死后没有遗憾了！"

何置田宅必居穷处，为家不治垣屋。曰："后世贤，师吾俭；不贤，毋为势家所夺。"

◎**大意** 萧何购置的田地住宅总是在贫穷荒僻的地方，建造的房子也不是有围墙的大宅子。他说:"后代如果贤明,就学习我的俭朴;如果不贤明,家产也不会被权势人家夺去。"

孝惠二年,相国何卒,谥为文终侯。

◎**大意** 汉孝惠帝二年,相国萧何去世,谥号叫作文终侯。

后嗣以罪失侯者四世,绝,天子辄复求何后,封续酂侯,功臣莫得比焉。

◎**大意** 萧何的后代因犯罪失去侯爵封号的有四世,每当爵位继承人断绝,皇上总是再寻求萧何的后代,封其为酂侯,其他功臣中没人能与之相比。

太史公曰:萧相国何于秦时为刀笔吏①,录录②未有奇节。及汉兴,依日月③之末光,何谨守管籥(钥)④,因民之疾秦法,顺流与之更始。淮阴、黥布等皆以诛灭,而何之勋烂焉。位冠群臣,声施⑤后世,与闳夭、散宜生⑥等争烈矣。

◎**注释** ①〔刀笔吏〕秦汉时期的文书档案是用笔写在竹简、木牍上的,一旦写错了字,就用小刀刮去重写。所以,凡在官府中做文案工作的小官吏,都会随身带刀、笔两样文具,人们把那些在官府中抄写起草各种文件的人员泛称为刀笔吏。②〔录录〕平庸的样子。③〔日月〕这里喻指刘邦和吕后。④〔何谨守管籥(yuè)〕管籥,钥匙。这里有萧何为刘邦看家护院的喻义,是指萧何镇守和经营关中这个大后方,使在前线作战的刘邦无后顾之忧。⑤〔施(yì)〕延续。⑥〔闳夭、散宜生〕二人为西周初年大臣,与太颠等共同辅佐周文王。文王被囚禁,他们以有莘氏女、骊戎文马等献纣,使文王获释。后助周武王灭商。

◎**大意**　太史公说：相国萧何在秦朝时只是一个做文书的小官吏，平庸没有奇特的作为。待到汉朝兴起，仰仗高祖和吕后的信任，萧何谨守职责，利用民众对秦朝法令的痛恨，顺应潮流为他们除旧立新。韩信、黥布等都被诛灭，而萧何的功勋灿烂无比。萧何地位冠于群臣，名声延于后世，可以和闳夭、散宜生等人的功业相媲美了。

◎**释疑解惑**

　　司马迁在《萧相国世家》中塑造的萧何形象，后世学者大都赞誉有加。如《史记评林》所引董份的评论："当汉王与楚相持，天下方未定而何首立宗庙，何其见之大也，为汉元功有以也夫。"而萧何如此功高，依旧受汉高祖猜疑，乃后人议论的主要着眼点。如清人王治皞称："下记进何说者三，而皆以'上大喜''上大悦'结之，见三人之言有益于相国，而帝猜忌之心无一日忘何者矣。囚系之时，王卫尉何人，乃能琅琅诵其功，较鄂君殊难。呜呼，人臣如此，救死不赡，何暇图经国大事哉！况何本未之能耶？"能够保全自身的萧何，又常常被人拿来与韩信相比较。明人董份称："相国所以免祸者以三，得智谋士耳，功名难处如此。淮阴之败，以无士也，存亡在所画，悲哉。"萧何能够免祸，是因他有谋士，而韩信没有谋士，故而未能自保，着实可惜。可是，在《萧相国世家》中有这么一句："淮阴侯谋反关中，吕后用萧何计，诛淮阴侯，语在《淮阴》事中。"具体是怎样的情况呢？《淮阴侯列传》记载："信乃谋与家臣夜诈诏赦诸官徒奴，欲发以袭吕后、太子。部署已定，待豨报。其舍人得罪于信，信囚，欲杀之。舍人弟上变，告信欲反状于吕后。吕后欲召，恐其党不就，乃与萧相国谋，诈令人从上所来，言豨已得死，列侯群臣皆贺。相国绐信曰：'虽疾，强入贺。'信入，吕后使武士缚信，斩之长乐钟室。信方斩，曰：'吾悔不用蒯通之计，乃为儿女子所诈，岂非天哉！'遂夷信三族。"吕后在得知韩信要联合已经反叛的陈豨对她及太子发动攻击时，提前计划好了，想要先发制人，斩杀韩信。因为此处称"乃与萧相国谋"，加之在《萧相国世家》中司马迁又称"吕后用萧何计"，所以后人皆以为这里定计诛杀韩信的正是昔日举荐韩信的萧何。而清代学者徐经颇不以为然，他说："史公于酂侯相业，备写高帝猜忌，盖阴为淮阴痛哭矣。然樊哙，帝之故人，功多，又吕后弟吕媭之夫，有亲且贵，人有短恶之者，帝即命陈平至军中斩哙头，何况淮阴哉！夫遣子弟悉诣军所，何从鲍生计；以家私财佐军，何从召平计；多买田地自污，何从说客计。是何尚不能自为计，又焉能为吕后计诛淮阴。盖后欲召信，恐其不就，故令何绐信入贺，此何先受吕后之绐，观于信方斩之言，并无一语怨及何，固知何录录谨守，非能画计害信者。当时徒见何邀信往见吕后，遂讹传吕后用何计诛淮阴，读史者贵能深思而细察之。呜呼，读至此，又当为何痛哭矣！岂特淮阴也哉！"也就是说，萧何尚且不能出谋保全自己，都是靠别人献计，又何以帮助吕后谋划诛杀韩信呢？其实是吕后利用萧何召来了韩信，而人们皆以为吕后是用萧何的计策欺骗了韩信，并最终诛杀了他。所以说萧何虽得以保全性命，但背负了不好的名声，同样值得悲叹。

◎ 思考辨析题

1. 如何评价萧何？他能够保全性命，确实是依靠谋士提点吗？
2. 司马迁在论赞中为何要以闳夭与散宜生同萧何做比较？此三人有何相似之处？

曹相国世家

第二十四

有一个成语叫"萧规曹随",说的是继萧何任丞相的曹参(shēn)遵从萧何所制的规章制度来治理国家,一点儿也没有变动。曹参与萧何昔日的关系还是不错的,然而,因汉高祖刘邦称帝后为功臣排列等次,力排众议举萧何为一等功,而曾身披七十余创、立下赫赫战功的曹参,只能居于萧何之后,位列第二,因此曹参心中怨恨萧何。后来,曹参赴齐国任丞相,因为学习了黄老之术,性情发生了很大的转变,叹服于清净无为的治国之道,也从自身做起,修身养德。《曹相国世家》就展现了曹参从勇猛善战的将军转变为宽厚退让的君子的过程。本篇可分为四部分来解读。从"平阳侯曹参者"至"大莫敖、郡守、司马、候、御史各一人"为第一部分,叙写作为大将军的曹参在西汉王朝建立过程中所立的战功。曹参原本是秦朝沛县里颇有名望的官吏，高祖刘邦在沛县起兵，曹参以亲近之人的身份追随并屡立战功。他从最初刘邦为沛公时所封的七大夫、五大夫，到后来的执帛建成君，从刘邦为汉王时所封的将军、中尉到代理左丞相再至右丞相，而刘邦称帝后，他又被任命为刘邦庶长子齐王刘肥的相国，且封为平阳侯，食邑封地多达一万零六百三十户。尽管汉高祖在为功臣排列次序时，认为萧何强于曹参，但对于曹参，汉高祖也是十分重视与优待的。在这一部分中，司马迁重点刻画的是曹参的英勇善战及其取得的种种战功。无论是出击还是防御，曹参都表现出了杰出的军事才能。从"孝惠帝元年，除诸侯相国法"至"载其清净，民以宁一"为第二部分，叙写曹参在齐国担任相国时，修习和践行黄老之术的过程。曹参任相国时，遇到了精通黄老之术的盖公，盖公告诉他，采用清净无为的治理方针才可以使百姓安居乐业的道理。曹参深为叹服，于是学习并实践以黄老之术治理齐国。后来，曹参继萧何担任汉朝廷的相国，便以清净无为的方法管理国家，没有改动萧何所制的规章制度，看似整天无所事事。后来，汉惠帝觉得曹参不理政事，派曹参的儿子旁敲侧击，曹参却反问汉惠帝："且高帝与萧何定天下，法令既明，今陛下垂拱，参等守职，遵而勿失，不亦可乎？"曹参为相，貌似无所作为，百姓却得以安居乐业。从"平阳侯窋，高后时为御史大夫"至"宗坐太子死，国除"为第三部分，主要写曹参子孙承袭侯爵的情况。第四部分为司马迁的论赞，认为曹参功劳卓著，是由于他一直和淮阴侯韩信一起领兵打仗，而韩信的反叛使得曹参成为战功最为显赫的一个。曹参以清净无为的方式治理国家，顺应时代的发展趋势，取得了很好的效果，为后人所称赞。

平阳侯曹参者，沛人也。秦时为沛狱掾①，而萧何为主吏②，居县为豪吏矣。

◎**注释** ①〔狱掾〕主管一县刑狱事务的官吏。②〔主吏〕主管一县人事关系的官吏。
◎**大意** 平阳侯曹参这个人，是沛县人。秦朝时做沛县的狱掾，而萧何做主吏，他们在县里是有权势的官吏了。

高祖为沛公而初起也，参以中涓①从。将击胡陵、方与②，攻秦监公③军，大破之。东下薛④，击泗水守⑤军薛郭西。复攻胡陵，取之。徙守方与。方与反为魏，击之。丰反为魏，攻之。赐爵七大夫。击秦司马㾉⑥军砀东，破之，取砀、狐父、祁善置⑦。又攻下邑⑧以西，至虞⑨，击章邯⑩车骑。攻爰戚及亢父⑪，先登。迁为五大夫。北救阿⑫，击章邯军，陷陈（阵），追至濮阳⑬。攻定陶⑭，取临济⑮。南救雍丘⑯，击李由⑰军，破之，杀李由，虏秦候⑱一人。秦将章邯破杀项梁⑲也，沛公与项羽引而东。楚怀王⑳以沛公为砀郡长，将砀郡兵。于是乃封参为执帛㉑，号曰建成君。迁为戚公㉒，属砀郡。

◎**注释** ①〔中涓〕负责刘邦起居内务的侍从人员。②〔胡陵、方与〕胡陵在今山东鱼台东南，方与在今山东鱼台西。③〔监公〕监指监督一郡的长官，公是对人的尊称。④〔薛〕即薛郡，今山东曲阜。⑤〔泗水守〕泗水，郡名，在今安徽濉溪一带。守，即郡守，郡的最高长官。⑥〔司马㾉（yí）〕司马，主管军法的武官。㾉，是这位司马的名字。⑦〔砀（dàng）、狐父、祁善置〕砀，在今河南夏邑东南。狐父，在砀郡东南。祁，在今河南夏邑东北。善置，一个叫作善的驿馆。⑧〔下邑〕今安徽砀山。⑨〔虞〕今河南虞城。⑩〔章邯〕镇压秦末起义的秦军将领之一。⑪〔爰戚及亢父〕爰戚，在今山东嘉祥东南。亢父，在今山东济宁南。⑫〔阿〕今山东阳谷东北的阿城镇。⑬〔濮阳〕在今河南濮阳西南。⑭〔定陶〕在今山东定陶东南。⑮〔临济〕在今河南封丘东。⑯〔雍丘〕今河南杞县。⑰〔李由〕秦朝丞相李斯的儿子，是镇压秦末起义的秦军将领之一。⑱〔候〕级别较低的军官。⑲〔项梁〕战国时楚国大将项燕的儿子，项羽的叔父，秦末起义军的主要头领之一。详见《项羽本纪》。⑳〔楚怀王〕战国时楚怀王的孙子熊心，被秦末起义军拥立为共主，也称楚怀王。详见《项羽本纪》。㉑〔执帛〕战国时楚国较低级的爵位。㉒〔戚公〕爰戚县县令。

◎ **大意** 汉高祖刘邦做沛县县令而刚刚起事的时候，曹参以中涓的身份随从汉高祖。曹参率军攻击胡陵县、方与县，攻打秦朝泗水郡郡监的军队，大败敌军。又向东拿下薛县，在薛县城郭西面攻打泗水郡郡守的军队。再次攻打胡陵，占领了它。然后转去镇守方与县。方与县反叛投向魏国，曹参就进击方与县。当时丰邑也反叛投向魏国，曹参又攻打丰邑。刘邦赐给曹参第七级的大夫爵位。曹参在砀东面进击秦司马尼的军队，打败了他，夺取了砀、狐父和祁的驿馆。又攻到下邑县以西，直至虞县，进击章邯的车队骑兵。攻打爰戚县和亢父县时，率先登上城墙。曹参升为第五级的大夫爵位。他向北援救东阿县，进击章邯率领的秦军，攻陷敌阵，追击到濮阳县。攻打定陶县，夺取临济县。他向南援救雍丘县，攻打李由率领的秦军，打败并杀了李由，俘虏了一个秦候。当时秦将章邯打败并杀了项梁，刘邦与项羽领军向东而去。楚怀王任命刘邦为砀郡的郡守，统率砀郡的军队。于是刘邦便封曹参为执帛，号称建成君。又迁曹参为爰戚县县令，隶属砀郡。

其后从攻东郡尉①军，破之成武②南。击王离军成阳南③，复攻之杠里④，大破之。追北，西至开封⑤，击赵贲⑥军，破之，围赵贲开封城中。西击秦将杨熊军于曲遇⑦，破之，虏秦司马及御史⑧各一人。迁为执珪⑨。从攻阳武⑩，下轘辕、缑氏⑪，绝河津，还击赵贲军尸⑫北，破之。从南攻犨⑬，与南阳守吕齮战阳城郭东⑭，陷陈（阵），取宛⑮，虏吕齮，尽定南阳郡。从西攻武关、峣关⑯，取之。前攻秦军蓝田南，又夜击其北，秦军大破，遂至咸阳，灭秦。

◎ **注释** ①〔东郡尉〕东郡，在今河南濮阳一带。尉，指东郡的郡尉。郡尉是一郡的副长官。②〔成武〕今山东成武。③〔击王离军成阳南〕王离，秦朝名将王翦之孙，是镇压秦末起义的秦军将领之一。成阳，在今山东鄄城东南。④〔杠里〕成阳县西的一个城镇。⑤〔开封〕在今河南开封南。⑥〔赵贲〕镇压秦末起义的秦军将领之一。⑦〔曲遇〕今河南中牟东的一个城镇。⑧〔御史〕指秦朝派到京城以外的郡进行监督的官员，一般称郡监。⑨〔执珪〕战国时楚国较高级的爵位。⑩〔阳武〕在今河南原阳东南。⑪〔轘（huán）辕、缑（gōu）氏〕轘辕，轘辕山的关口，在今河南偃师东南。缑氏，在今河南偃师东南。⑫〔尸〕今河南偃师东南的一个乡镇。⑬〔犨（chōu）〕在今河南鲁山东南。⑭〔与南阳守齮战阳城郭东〕南阳，今河南南阳一带。守，指郡守。齮，南阳郡守的名字。阳城，在今河南方城东。⑮〔宛（yuān）〕在今河南南阳。⑯〔武关、峣（yáo）关〕关名。武关在今陕西商南南边，峣关在今陕西蓝田东南边。

◎**大意** 曹参后来随从沛公攻打东郡郡尉的军队，在成武县南打败敌军。在成阳县南进击秦将王离率领的秦军，又在杠里攻打王离的军队，大败敌军。追击败军，西至开封，进击秦将赵贲率领的秦军，打败了他，把赵贲围困在开封城中。向西在曲遇攻击秦将杨熊率领的秦军，打败了他，并且俘虏了秦朝的司马和御史各一人。曹参的爵位升为执珪。跟随沛公攻打阳武县，拿下轘辕关、缑氏县，封锁了黄河渡口，回军到达尸乡北攻击赵贲的军队，将其打败。跟从沛公向南攻打犨县，与南阳郡守齮在阳城城郭东交战，攻陷敌阵，夺取宛县城，俘虏了郡守齮，完全平定了南阳郡。跟从沛公向西进攻武关、峣关，夺取了这些地方。前进到达蓝田县南而攻打秦军，又在夜间攻打蓝田县北的秦军，大败秦军，终于到达秦朝都城咸阳，灭了秦朝。

项羽至，以沛公为汉王。汉王封参为建成侯。从至汉中①，迁为将军。从还定三秦②，初攻下辩、故道、雍、斄③。击章平军于好畤④南，破之，围好畤，取壤乡⑤。击三秦军壤东及高栎⑥，破之。复围章平，章平出好畤走。因击赵贲、内史⑦保军，破之。东取咸阳，更名曰新城。参将兵守景陵⑧二十日，三秦⑨使章平等攻参，参出击，大破之。赐食邑于宁秦⑩。参以将军引兵围章邯于废丘⑪。以中尉从汉王出临晋关⑫。至河内⑬，下修武⑭，渡围津⑮，东击龙且、项他⑯定陶，破之。东取砀、萧、彭城⑰。击项籍军，汉军大败走。参以中尉围取雍丘⑱。王武反于外黄⑲，程处反于燕⑳，往击，尽破之。柱天侯反于衍氏㉑，又进破取衍氏。击羽婴于昆阳㉒，追至叶㉓。还攻武强㉔，因至荥阳。参自汉中为将军、中尉，从击诸侯及项羽，败，还至荥阳，凡二岁。

◎**注释** ①〔汉中〕指秦朝设置的汉中郡，即今陕西汉中一带。②〔三秦〕项羽封秦朝降将章邯为雍王，管辖今陕西咸阳以西和甘肃东部地区，封秦朝降将司马欣为塞王，管辖今陕西咸阳以东地区；封秦朝降将董翳为翟王，管辖今陕西北部地区：合称三秦。后也用来泛指关中地区。③〔下辩、故道、雍、斄（tái）〕下辩，在今甘肃成县西北。故道，在今陕西宝鸡南。雍，在今陕西凤翔南。斄，在陕西武功西南。④〔好畤（zhì）〕在今陕西乾县东北。⑤〔壤乡〕好畤县的一个乡镇，在今陕西武功东南。⑥〔高栎〕壤乡东面的一个乡镇。⑦〔内史〕负责治理京城及周围地区的官员。⑧〔景陵〕当时关中地区的一个县。⑨〔三秦〕这里指关中三王，即章邯、司马欣和董翳。⑩〔宁秦〕在今陕西华阳东。⑪〔废丘〕在今陕西兴平东南。⑫〔以中尉从汉王出临晋关〕中尉，负责京城治安的长官，这里只是表明曹参带兵的头衔。临晋关，在今陕西大荔东面的黄河边上。⑬〔河内〕今河南武陟。⑭〔修武〕今河南获嘉。⑮〔围津〕即白马津，是今河南滑县东北黄河边上的一个渡口。⑯〔龙且（jū）、项他（tuó）〕皆为项羽部下将领。⑰〔萧、彭城〕萧，在今安徽萧县西北。彭城，项羽的都城，今江苏徐州。⑱〔雍丘〕今河南杞县。⑲〔外黄〕在今河南民权西北。⑳〔燕〕在今河南延津东北。㉑〔柱天侯反于衍氏〕柱天侯，一位被封为柱天侯的汉军将领，姓名不详。衍氏，今河南郑州北面的一个城镇。㉒〔昆阳〕今河南叶县。㉓〔叶〕在今河南叶县西南。㉔〔武强〕今河南郑州东北的一个城镇。

◎**大意** 项羽到了咸阳，封沛公刘邦为汉王。汉王刘邦封曹参为建成侯。曹参跟从汉王到汉中，升为将军。跟从汉王又回军平定关中三王占据的地方，先是攻打下辩县、故道县、雍县、斄县等地。又前进到达好畤县南攻击章平的军队，败之，包围好畤城，夺取壤乡。在壤乡东面和高栎一带攻击关中三王的军队，打败了他们。再次围攻章平，章平从好畤城逃走。乘势攻击赵贲、内史保的军队，打垮了他们。向东攻取了咸阳城，改名叫作新城。曹参率军镇守景县二十天，关中三王派章平等进攻曹参，曹参出兵迎击，将他们打得大败。汉王赏赐给曹参的食邑封地在宁秦县一带。曹参以将军的身份领兵把章邯包围在废丘城里。曹参又以中尉的身份跟从汉王出临晋关。到了河内郡境内，攻下修武，从围津渡过黄河，向东进至定陶县攻击龙且、项他，打败了他们。又向东攻取砀、萧县、彭城。汉王进攻项羽的军队，结果汉军大败而逃。曹参以中尉的身份领兵围攻夺取了雍丘。王武在外黄县反叛，程处在燕县反叛，曹参前往攻击，打败了全部的叛军。柱天侯在衍氏反叛，曹参又打败叛军夺回了衍氏。在昆阳攻击羽婴，一直追击到叶县。回军攻打武强县，乘势打到荥阳县。曹参从汉中开始为将军、中尉，后跟从汉王进击诸侯和项羽，到这时被项羽打败，回到荥阳，共两年时间。

高祖二年，拜为假左丞相①，入屯兵关中。月余，魏王豹②反，以假左丞相别与韩信东攻魏将军孙遫军东张③，大破之。因攻安邑④，得魏将王襄。击魏王于曲阳⑤，追至武垣⑥，生得魏王豹。取平阳⑦，得魏王母妻子，尽定魏地，凡五十二城。赐食邑平阳。因从韩信击赵相国夏说军于邬⑧东，大破之，斩夏说。韩信与故常山王张耳引兵下井陉⑨，击成安君⑩，而令参还围赵别将戚将军于邬城中。戚将军出走，追斩之。乃引兵诣敖仓⑪汉王之所。韩信已破赵，为相国⑫，东击齐。参以右丞相⑬属韩信，攻破齐历下⑭军，遂取临菑⑮。还定济北郡⑯，攻著、漯阴、平原、鬲、卢⑰。已而从韩信击龙且军于上假密⑱，大破之，斩龙且，虏其将军周兰。定齐，凡得七十余县。得故齐王田广、相田光、其守相许章及故齐胶东将军田既。韩信为齐王，引兵诣陈⑲，与汉王共破项羽，而参留平齐未服者。

◎**注释**　①〔假左丞相〕代理左丞相。这里只是给一个高级头衔，以抬高地位。②〔魏王豹〕即魏豹，战国时魏国王室的后代，秦末参加起义，秦亡后，被项羽封为魏王。后归附汉王刘邦,至汉军败于彭城时,又叛汉独立。事迹详见《魏豹彭越列传》。③〔东张〕今山西永济西北的一个城镇。④〔安邑〕今山西夏县西北的一个城镇。⑤〔曲阳〕在今山西绛县东南。⑥〔武垣〕在今山西垣曲东南。⑦〔平阳〕在今山西临汾西南。⑧〔邬〕在今山西介休东北。⑨〔与故常山王张耳引兵下井陉(xíng)〕张耳,战国时魏国人,秦末参加陈胜起义军,秦亡,被项羽封为常山王,但未能进入封地为王,后投靠汉王刘邦。事迹详见《张耳陈馀列传》。井陉,太行山上的一个关口,在今河北井陉西北。⑩〔成安君〕陈馀的封号。陈馀,战国时魏国人,与张耳为同乡好友。在秦末战乱时,二人扶立战国时赵国王室的后代为赵王。秦亡,在项羽分封诸侯王后,二人关系恶化,而陈馀扶持赵王对抗汉王刘邦。事迹详见《张耳陈馀列传》。⑪〔敖仓〕秦朝建的储存粮食的仓库,在今河南荥阳东北的黄河边上。⑫〔相国〕这里只是为抬高韩信地位所加的虚衔。⑬〔右丞相〕亦是虚衔。⑭〔历下〕今山东济南西面的一个城镇。⑮〔临菑〕当时齐国的都城,在今山东临淄西北。⑯〔济北郡〕今山东泰安。⑰〔著、漯(tà)阴、平原、鬲(gé)、卢〕著,在今山东济阳西。漯阴,在今山东禹城东。平原,在今山东平原西南。鬲,在今山东德州东南。卢,在今山东长清西南。⑱〔上假密〕在今山东高密西。⑲〔陈〕今河南淮阳。

◎**大意** 汉高祖二年,曹参被任命为代理左丞相,进入关中屯兵驻守。过了一个多月,魏王魏豹反叛,曹参以代理左丞相的身份另带一支人马与韩信率领的汉军向东进攻魏国将军孙遬(sù)的军队于东张城,将其打得大败。趁势攻打安邑城,俘获魏国将领王襄。到曲阳县进击魏王,追到武垣县,活捉了魏王魏豹。攻取平阳县,俘获魏王的母亲与妻子儿女,完全平定了魏国,共有五十二城。汉王将平阳县赐给曹参作为食邑。曹参继续跟从韩信前进到达邬县东面攻击赵国相国夏说(yuè)的军队,大败敌军,斩了夏说。韩信与原来的常山王张耳引兵到井陉关,进击成安君陈馀,同时命令曹参回军将赵国的别将戚将军围在邬县城中。戚将军突围逃走,曹参追击杀死了他。于是率军抵达敖仓的汉王驻地。韩信拿下了赵国之后,被任命为相国,率汉军向东进击齐国。曹参以右丞相的身份带兵隶属于韩信,击败齐国在历下的军队,于是趁势夺取了临菑。回军平定了济北郡,攻打著县、漯阴县、平原县、鬲县、卢县等地。不久又跟从韩信在上假密县进击龙且的军队,大败敌军,斩了龙且,俘虏了他的将军周兰。平定了齐地,总共占领七十余县。俘获齐王田广、齐丞相田光、守相许章以及原来的齐胶东将军田既。韩信被封为齐王,率军抵达陈县,与汉王刘邦共同打败了项羽,而使曹参留下来继续平定齐国还没归顺的人。

项籍已死,天下定,汉王为皇帝,韩信徙为楚王,齐为郡。参归汉相印。高帝以长子肥为齐王,而以参为齐相国。以高祖六年赐爵列侯,与诸侯剖符①,世世勿绝。食邑平阳万六百三十户,号曰平阳侯,除前所食邑。

◎**注释** ①〔剖符〕古代帝王在分封诸侯或功臣时,将符节剖为两半,双方各拿其中的一半,以此作为信守约定的物证。
◎**大意** 项羽已死,天下平定,汉王刘邦做了皇帝,改封韩信为楚王,把原来齐国的地方改为郡。曹参交回汉丞相印。高祖把大儿子刘肥封为齐王,同时任命曹参为齐国的相国。高祖六年,赏赐曹参列侯的爵位,和其他许多封侯的人一起剖符为证,让他们的爵位世代相传不断。以平阳一万零六百三十户作为曹参的食邑,封号叫作平阳侯,废除以前赏赐的食邑。

以齐相国击陈豨将张春军,破之。黥布反,参以齐相国从悼惠王将兵车骑十二万人,与高祖会击黥布军,大破之。南至蕲①,还定竹邑、相、萧、留②。

◎**注释** ①〔蕲(qí)〕在今安徽宿州。②〔竹邑、相、萧、留〕竹邑,在今安徽宿州。相,在今安徽濉溪西北。萧,在今安徽萧县西北。留,在今江苏沛县西。
◎**大意** 曹参以齐国相国的身份领兵攻打陈豨部将张春的军队,败之。黥布反叛,曹参又以齐国相国的身份跟从齐悼惠王刘肥率领的兵车骑兵十二万人,与汉高祖会合共同攻打黥布叛军,将其打得大败。向南打到蕲县,回军又平定了竹邑、相、萧、留等地。

参功： 凡下二国①，县一百二十二；得王二人②，相三人③，将军六人④，大莫敖⑤、郡守、司马、候、御史各一人。

◎**注释**　①〔二国〕指魏国和齐国。②〔王二人〕指魏王魏豹和齐王田广。③〔相三人〕指夏说、田光和许章。④〔将军六人〕指李由、王襄、戚公、龙且、周兰和田既。⑤〔大莫敖〕战国时楚的官名，地位和职权比令尹（相当于宰相）略低。项羽多沿袭楚国的旧制。

◎**大意**　曹参的功绩：总共攻占两个诸侯国，攻占一百二十二个县；俘获两位诸侯王，俘获三位相国，俘获六位将军，俘获大莫敖、郡守、司马、候、御史各一人。

　　孝惠帝元年，除诸侯相国法，更以参为齐丞相。参之相齐，齐七十城。天下初定，悼惠王富于春秋，参尽召长老诸生，问所以安集百姓如齐故俗，诸儒以百数，言人人殊，参未知所定。闻胶西①有盖公，善治黄老②言，使人厚币请之。既见盖公，盖公为言治道贵清静而民自定，推此类具言之。参于是避正堂，舍盖公焉。其治要用黄老术，故相齐九年，齐国安集，大称贤相。

◎**注释**　①〔胶西〕今山东高密一带。②〔黄老〕战国时发展起来的以黄帝、老子为名义的道家学说。

◎**大意**　汉惠帝元年，朝廷改变了诸侯国设立相国的办法，把曹参改任为齐国丞相。曹参做齐国丞相，齐国有七十座城。天下刚刚平定，齐悼惠王还年轻，曹参把有名望的老者和儒生全都叫来，询问他们怎么样按照齐国原来的风俗安抚百姓，当时的儒生数以百计，各人说的都不同，曹参不知谁说得对。他听说胶西有位盖公，精通黄老之学，便派人带着厚重的礼物前去邀请他。见到盖公后，盖公对曹参说治理国家贵在清净无为而民众会自行安定，由此再推及同类的道理而加以详细说明。曹参于是让出正堂,请盖公住在里面。曹参治理齐国的纲要就是黄老之术,因此在他当齐国丞相的九年间,齐国安定繁荣,人们大为称赞他是贤相。

惠帝二年,萧何卒。参闻之,告舍人趣治行①,"吾将入相"。居无何,使者果召参。参去,属其后相曰:"以齐狱市为寄,慎勿扰也。"后相曰:"治无大于此者乎?"参曰:"不然。夫狱市者,所以并容也,今君扰之,奸人安所容也?吾是以先之。"

◎**注释** ①〔趣(cù)治行〕趣,赶快,从速。治行,整理行装。
◎**大意** 汉惠帝二年,萧何去世。曹参听到这个消息,告诉门客赶快整理行装,说"我要去朝廷当相国了"。过了不久,朝廷果然派使者来召见曹参。曹参离开时,嘱咐齐国继任的丞相说:"我把齐国的刑狱和市场托付于你,谨慎对待这两件事,不要过多干预整治。"继任的丞相说:"治理齐国的事没有比这更重大的了吗?"曹参说:"不能这样说。刑狱和市场这二者,是要善恶并存的,现在您去干预它,其中的奸人何处容身呢?我因此要先托付这二者。"

参始微时,与萧何善;及为将相,有隙。至何且死,所推贤唯参。参代何为汉相国,举事无所变更,一遵萧何约束。

◎**大意** 曹参起初微贱的时候,与萧何关系亲密;等两人做了将相,便有了嫌隙。萧何将死时,向皇上推荐贤相只提到曹参。曹参接替萧何做汉朝的相国,没有什么改变,一切遵循萧何制定的规章。

择郡国吏木讷①于文辞,重厚长者,即召除为丞相史②。吏之言文刻深,欲务声名者,辄斥去之。日夜饮醇酒。卿大夫已下吏及宾客见参不事事，来者皆欲有言。至者，参辄饮以醇酒，间之，欲有所言，复饮之，醉而后去，终莫得开说，以为常。

◎**注释** ①〔木诎（qū）〕犹"木讷"，质朴迟钝，不善言辞。②〔除为丞相史〕除，授职。丞相史，指在丞相府中办理各种事务的人。

◎**大意** 曹参挑选的郡里和诸侯国中的官吏都是质朴而不善言辞的，其中有持重厚道的人，就选拔为丞相史。那些执行法律条文苛刻及严格按规章办事，一心追求声誉的官吏，曹参立即赶走。曹参一天到晚痛饮味道浓厚的美酒。卿大夫以下的官吏和宾客发现曹参不理政事，前来拜访时都想进言劝告。那些人一到，曹参总是拿美酒让他们喝，过了一会儿，那些人刚想讲些劝告的话，曹参就又让他们喝酒，直到喝醉后离去，终究得不到开口劝说的机会，这种情况习以为常。

相舍后园近吏舍，吏舍日饮歌呼。从吏恶之，无如之何，乃请参游园中，闻吏醉歌呼，从吏幸相国召按之①。乃反取酒张坐②饮，亦歌呼与相应和。

◎**注释** ①〔幸相国召按之〕幸，希望。按，惩治。②〔张坐〕张设座席。

◎**大意** 相国住宅的后院靠近小吏的宿舍，小吏整天在宿舍里饮酒唱歌呼喊。曹参的随从官吏很讨厌他们，又没有什么办法阻止，就请曹参到后院游玩，希望他听到小吏醉酒唱歌叫喊后，把小吏叫来整治一番。曹参反而叫人张设座席喝起酒来，也歌唱呼喊与小吏相应和。

参见人之有细过，专掩匿覆盖之，府中无事。

◎**大意** 曹参看到别人有细小的过失，专门帮他们隐瞒掩盖，相国府中因此相安无事。

参子窋为中大夫。惠帝怪相国不治事，以为"岂少①朕与？"乃谓窋曰："若归，试私从容问而父曰：'高帝新弃群臣，帝富于春秋，君为相，日饮，无所请事，何以忧天下乎？'然无言吾告若也。"窋既洗沐②归，闲侍，自从其所③谏参。参怒，而答窋二百，曰："趣入侍，天下事非若所当言也。"至朝时，惠帝让参曰："与窋胡治乎？乃者我使谏君也。"参免冠谢曰："陛下自察圣武孰与高帝？"上曰："朕乃安敢望先帝乎！"曰："陛下观臣能孰与萧何贤？"上曰："君似不及也。"参曰："陛下言之是也。且高帝与萧何定天下，法令既明，今陛下垂拱④，参等守职，遵而勿失，不亦可乎？"惠帝曰："善。君休矣！"

◎**注释**　①〔少〕看不起，轻视。②〔洗沐〕指休假。③〔自从其所〕意为用自己的话表达惠帝的意思。④〔垂拱〕垂衣拱手，形容清闲无事的样子。

◎**大意**　曹参的儿子曹窋（zhú）担任中大夫的职务。汉惠帝怪相国曹参不理政事，心想"这是不是轻视我？"于是对曹窋说："你回家后，试探着私下随意问问你父亲：'高祖皇帝刚刚丢下群臣离去，当今皇上又年轻，您身为相国，每日饮酒，不向皇上请示国事，怎样忧心天下呢？'但不要说是我告诉你的。"曹窋在休假日回到家后，闲暇时侍奉父亲，就用自己的口吻表达了惠帝的意思，劝谏曹参。曹参大怒，抽了曹窋二百鞭子，说道："赶快进宫侍奉皇上去，天下的事不是你该说的。"到上朝时，汉惠帝责备曹参说："为什么惩治曹窋呢？先前是我叫他劝说相国的。"曹参脱下帽子谢罪说："请陛下想想您和高皇帝谁圣明英武些？"惠帝说："我怎么敢跟先帝比呀！"曹参说："陛下看我的才能与萧何比谁更高明？"惠帝说："您好像不及他。"曹参说："陛下说对了。况且高皇帝与萧何平定了天下，法令都已明了，现今陛下只要垂衣拱手，我等一班朝臣遵守职责，遵循原有法度而不改变，不也可以吗？"汉惠帝说："好。相国可以休息了！"

参为汉相国，出入三年。卒，谥懿侯。子窋代侯。百姓歌之曰：“萧何为法，顜若画一[①]；曹参代之，守而勿失。载其清净，民以宁一。”

◎**注释** ①〔顜（jiǎng）若画一〕顜，直，明。画一，一致，一律。

◎**大意** 曹参担任汉朝廷的相国，从始到终有三年时间。去世后，谥号叫作懿侯。儿子曹窋继承平阳侯爵位。百姓歌颂曹参说：“萧何制法，整齐严明；曹参代相，守旧而行。清净无为，百姓安宁。”

平阳侯窋，高后时为御史大夫。孝文帝立，免为侯。立二十九年卒，谥为静侯。子奇代侯，立七年卒，谥为简侯。子时代侯。时尚平阳公主[①]，生子襄。时病疠，归国。立二十三年卒，谥夷侯。子襄代侯。襄尚卫长公主[②]，生子宗。立十六年卒，谥为共侯。子宗代侯。征和二年中，宗坐太子死，国除。

◎**注释** ①〔平阳公主〕汉武帝的姐姐。②〔卫长公主〕汉武帝与卫皇后所生的大女儿。

◎**大意** 平阳侯曹窋在吕后掌握朝政时担任御史大夫的职务。汉文帝立为皇帝后，他被免去了官职而只是平阳侯。曹窋在侯爵位上二十九年后去世，谥号叫作静侯。儿子曹奇继承平阳侯爵位，在侯爵位上七年后去世，谥号叫作简侯。儿子曹时继承平阳侯爵位。曹时娶了平阳公主，生的儿子叫曹襄。曹时得了麻风病，回到平阳侯封地。在位二十三年去世，谥号叫作夷侯。儿子曹襄继承平阳侯爵位。曹襄娶了卫长公主，生的儿子叫曹宗。曹襄在侯爵位上十六年后去世，谥号叫作共侯。儿子曹宗继承平阳侯爵位。征和二年中，曹宗因受戾太子事件的牵连而被处死，平阳侯的爵位封地被废除。

太史公曰：曹相国参攻城野战之功所以能多若此者，以与淮阴侯俱。及信已灭，而列侯成功，唯独参擅其名。参为汉相国，清静极言合道。然百姓离秦之酷后，参与休息无为，故天下俱称其美矣。

◎**大意**　太史公说：相国曹参攻城野战的功绩这么多，是因他跟随淮阴侯韩信一起行军作战。韩信被诛灭后，就列侯的功绩来说，只有曹参算得上最大。曹参做汉朝廷的相国，坚持认为清净无为最合乎治国原则。当时百姓刚脱离秦朝的残酷统治，曹参无为而治使百姓休养生息，因此天下人都称颂他的好处。

◎**释疑解惑**

　　《曹相国世家》中的曹参在前后两个阶段，表现出截然不同的性格特征。前一阶段，曹参是战功赫赫的将军，在汉初划分功劳等级时，他因居于萧何之下而颇为不满。而后一阶段，曹参因学习黄老之术，性格变得谦和退让，极力主张清净无为。

　　黄老学说最初流行于齐国稷下学宫。稷下学宫是战国时田齐设在国都临淄城稷门附近的官办高等学府，曾容纳了当时诸子百家中的绝大多数学派。以道家为主融合其他各家学说而形成的黄老学派，既讲道德又主刑名，既尚无为又崇法治，政治上要求统治者"虚静谨听，以法为符"，不受任何干扰，无为而无不为。黄老学说在汉初蔚为鼎盛。因经历了秦朝灭亡到汉朝建立的数年战争，汉初的统治者采取与民休息的政策，符合当时的社会形势。因此，在黄老思想指导下的行政措施，使得汉初社会在各方面都得到了恢复与发展。曹参在齐国向盖公学习黄老之术后，无论是对自身还是对治国，都有了更为深刻的认识和理解。曹参以黄老学说治理齐国，使得齐国安定团结，齐国人都称赞他是贤明的相国。后来，他又以黄老学说辅佐皇帝治理天下，尽管只是完全依照萧何制定的法令与方案行事，但把天下治理得很好。照章办事而无差错，清净无为而不折腾，反而使得百姓安居乐业。故而明人钟惺评论曹参："曹参大学问人，深于黄老言者也。相齐，'问所以安集百姓如齐故俗'，其主意何尝不定？礼盖公以定群疑，即田单拜卒为神师故智耳。盖'如齐故俗',参一生作用始终只此四字,故去齐以狱市为寄……为汉相,一遵萧何约束,只是'如齐故俗'之意。吏之言文刻深、务声名者辄去之,知千古吏治无如'务声名'三字,正恶其扰耳,何其识之远也!饮醇一段,似顽钝,复似滑稽,其藏身之妙即寓于治国之中,善用黄老者,留侯外,参一人而已。"又说:"萧一心为国,不知有身,故须旁人作眼;曹以保身为保国,以无名为令名,着着稳,着着静,而又不落智巧机数,要之二人皆天授,后来名相多不及也。"

◎ 思考辨析题

1. 如何看待"萧规曹随"的问题?
2. 《曹相国世家》在写作上有何巧妙之处?

留侯世家

第二十五

张良是秦末汉初一位极具传奇色彩的人物。他家世显赫，祖父开地是韩昭侯、宣惠王、襄哀王时的相国，父亲平是韩釐王、悼惠王时的相国。张良虽未能如祖父与父亲一样位列国相，但以远见卓识帮助刘邦夺取天下，以奇计高谋帮助太子保住其位，又谦恭退让而能够善始善终。《太史公自序》称："运筹帷幄之中，制胜于无形，子房计谋其事，无知名，无勇功，图难于易，为大于细。"宋人真德秀更称："子房为汉谋臣，虽未尝一日居辅相之位，而其功实为三杰之冠，故高帝首称之。其人品在伊、吕间，而学则有王伯之杂；其才如管仲，而气象高远则过之。其汉而下，惟诸葛孔明略相伯仲。"《留侯世家》就记载了张良的传奇人生，可分为七部分。从"留侯张良者，其先韩人也"至"良乃更名姓，亡匿下邳"为第一部分,叙写张良的身世与青年时刺杀秦始皇的壮举。张良是韩国人,年少时,秦国便灭掉了韩国。因此,少年张良一心想要为韩国报仇,并把全部家财拿出来寻找能够刺杀秦王的勇士。后来在沧海君那里找到一位大力士,秦始皇东巡时,张良与大力士在博浪沙用铁锤伏击秦始皇,然而没有成功,只好藏匿到下邳一带。从"良尝闲从容步游下邳圯上"至"项伯尝杀人,从良匿"为第二部分,叙写张良在下邳时偶遇黄石老人,喜得《太公兵法》的神奇经历。黄石老人通过数次对张良的羞辱与批评磨砺了他的意志,有助于他从冲动的少年郎转变为深沉隐忍成熟的人。从"后十年,陈涉等起兵"至"良说汉王,汉王用其计,诸侯皆至。语在《项籍》事中"为第三部分,叙写秦楚之际,张良积极投身于反秦的事业中。他原本想要投靠景驹,因为在下邳先遇到刘邦而归附了他。后来他屡献奇策,帮助刘邦灭掉了项羽,统一天下。在这个过程中,张良虽因体弱不曾带兵打仗,但为刘邦谋划的奇计使他屡建功勋。从"汉六年正月,封功臣"至"留侯性多病,即道引不食谷,杜门不出岁余"为第四部分,叙写张良为汉初政局稳定所做出的贡献,其中主要有两件事。一是建议刘邦封他最恨的雍齿为侯而使其他臣子安心,二是劝谏刘邦定都关中并陈明利害。在刘邦欲加封张良时,张良则百般推让,不自以为功。从"上欲废太子,立戚夫人子赵王如意"至"竟不易太子者,留侯本招此四人之力也"为第五部分,叙写刘邦欲废太子,而在张良的谋划下,刘邦最终打消了这个念头。刘邦因与戚夫人亲厚而想要改立戚夫人的儿子刘如意为太子,吕后请张良谋划。张良让太子请来昔日刘邦未能请入朝中的商山四皓加以礼遇,刘邦见到四位老人,深感太子羽翼已丰,便忍痛打消了废太子刘盈而改立刘如意的念头。从"留侯从上击代,出奇计马邑下"至"留侯不疑，孝文帝五年坐不敬，国除"为第六部分，主要追叙了张良的一些奇闻逸事。一是辟谷不食欲以修仙，二是跟随刘邦经过济北时见到了昔年黄石老人所说的黄石。最后一部分是司马迁的论赞。司马迁好"奇"，从黄石老人授兵书的奇事写起，而后又感叹自己原本以为汉高祖所谓"运筹策帷帐之中，决胜千里外"的张良是一个魁伟的大汉，不料真正的张良像是苗条漂亮的女子。因此，他大为感慨地说，人果真是不可貌相啊！

留侯①张良者，其先韩人也。大父开地，相韩昭侯、宣惠王、襄哀王②。父平，相釐王、悼惠王③。悼惠王二十三年，平卒。卒二十岁，秦灭韩。良年少，未宦事韩。韩破，良家僮三百人，弟死不葬，悉以家财求客④刺秦王，为韩报仇，以大父、父五世相韩故。

◎**注释** ①〔留侯〕张良随刘邦打天下立功后的封号，留即封地留县。②〔韩昭侯、宣惠王、襄哀王〕韩昭侯，战国时韩国君主，懿侯之子。宣惠王，昭侯之子。襄哀王，宣惠王之子。③〔釐王、悼惠王〕釐王，襄哀王之子。悼惠王，《韩世家》作"桓惠王"，釐王之子。④〔客〕对人的客气称呼。

◎**大意** 留侯张良这个人，祖先是韩国人。祖父叫开地，在韩昭侯、韩宣惠王、韩襄哀王三代做相国。父亲叫平，在韩釐王、韩悼惠王两代做相国。韩悼惠王二十三年，张良的父亲去世。二十年后，秦国灭了韩国。当时张良还年轻，没在韩国做官。韩国被攻占，张良家虽有家奴三百人，但弟弟死了都不多花费钱财埋葬，为的是拿出全部家财寻求刺杀秦王的人，为韩国报仇，这是因为他的祖父、父亲做了韩国五代君主的相国。

良尝学礼淮阳①。东见仓海君②。得力士，为铁椎重百二十斤。秦皇帝东游，良与客狙击秦皇帝博浪沙中③，误中副车。秦皇帝大怒，大索天下，求贼甚急，为张良故也。良乃更名姓，亡匿下邳④。

◎**注释** ①〔淮阳〕今河南淮阳。②〔仓海君〕当时一位贤士的名号。③〔狙击秦皇帝博浪沙中〕狙击，在半道上伏击。博浪沙，在今河南原阳。④〔下邳〕在今江苏睢宁西北。

◎**大意** 张良曾经在淮阳学习礼制，到东方拜见仓海君。招募了一位大力士，并为他制造了重一百二十斤的大铁锤。秦始皇到东方巡游，张良和力士在博浪沙伏击秦始皇，结果误中扈从的车子。秦始皇大为震怒，于是在全国范围内进行大搜捕，追捕刺客非常紧急，这是张良行刺的缘故。张良便改名换姓，逃到下邳躲避。

良尝闲从容步游下邳圯①上，有一老父，衣褐，至良所，直堕其履圯下，顾谓良曰："孺子，下取履！"良愕然，欲殴之。为其老，强忍，下取履。父曰："履我！"良业为取履，因长跪履之。父以足受，笑而去。良殊大惊，随目之。父去里所，复还，曰："孺子可教矣。后五日平明，与我会此。"良因怪之，跪曰："诺。"五日平明，良往。父已先在，怒曰："与老人期，后，何也？"去，曰："后五日早会。"五日鸡鸣，良往。父又先在，复怒曰："后，何也？"去，曰："后五日复早来。"五日，良夜未半往。有顷，父亦来，喜曰："当如是。"出一编书，曰："读此则为王者师矣。后十年兴。十三年，孺子见我济北②，谷城山③下黄石即我矣。"遂去，无他言，不复见。旦日视其书，乃《太公兵法》④也。良因异之，常习诵读之。

◎**注释** ①〔圯（yí）〕桥。一说是架在沂水上的桥。②〔济北〕今山东泰安一带。

③〔谷城山〕在今山东东阿的东南方。④〔《太公兵法》〕相传是齐太公吕望写的一部兵书。

◎**大意** 张良曾在空闲时散步走到下邳的一座桥上。有一位老翁，穿着粗布短衣，走到张良散步时停留的地方，故意把自己的鞋子扔到桥下，看着张良说："小伙子，下去把鞋子拾回来！"张良猛然一愣，想要揍他，但看他是老人，强忍下一口气，到桥下把鞋子拾了回来。老翁说："为我穿上鞋子！"张良心想既然给他拾回了鞋子，就给他穿上吧，便直挺挺地跪着给他穿鞋。老翁伸出脚让他穿上鞋，笑着走了。张良特别惊讶，随着老翁的去向注视着他。老翁走了约一里地，又返回来，说道："你这小伙子可以调教。往后数第五天的天亮时，和我在这里相会。"张良感觉非常奇怪，跪下说："好的。"第五天的天亮时分，张良去了。老翁已经先到了那里，生气地说："跟老人约会，却迟到了，为什么？"老翁离去，并说："往后过五天再早来相会。"第五天鸡刚叫，张良就去了。老翁又先到了那里，再次生气地说："迟到了，为什么？"老翁离去，并说："过五天再早来。"第五天，张良不到半夜就去了。过了一会儿，老翁也来到，高兴地说："应当像这样。"于是掏出一册书，说道："读了这本书就能做帝王的老师了。过十年后你会发迹。十三年后，小伙子到济北来见我，看到谷城山下的那块黄石就是我了。"说完便走了，没有其他的话，从此张良再也没见过这位老翁。天亮后张良观看那册书，发现是《太公兵法》。张良因为觉得很奇异，就经常诵读它。

居下邳，为任侠。项伯①尝杀人，从良匿。

◎**注释** ①〔项伯〕项羽的一位叔父。
◎**大意** 张良住在下邳时，为人仗义而好抱打不平。项伯曾经杀了人，投奔张良而张良将他藏匿起来。

后十年，陈涉等起兵，良亦聚少年百余人。景驹自立为楚假王①，在留②。良欲往从之，道遇沛公。沛公将数千人，略地下邳西，遂属焉。沛公拜良为厩将③。良数以《太公兵法》说沛公，沛公善之，常用其策。良为他人言，皆不省。良曰："沛公殆天授。"故遂从之，不去见景驹。

◎**注释** ①〔景驹自立为楚假王〕景驹，战国时楚国王室的后代。楚假王，楚国的代理国王。②〔留〕在今江苏沛县东南。③〔厩将〕主管军中马匹的将官。

◎**大意** 十年后，陈涉等人起兵，张良也聚集了一百多人。景驹自立为楚假王，在留县。张良要前去跟随他，在路上遇见了沛公。沛公率领数千人，占领了下邳以西的地方，张良便依附了沛公。沛公任命张良为厩将。张良屡次用《太公兵法》上的计谋劝说沛公，沛公很欣赏，常常采用他的策略。张良对别人讲这些道理，别人都不能领悟。张良说："沛公的聪明大概是天生的。"因此就跟随了沛公，不再去找景驹了。

及沛公之薛①，见项梁。项梁立楚怀王。良乃说项梁曰："君已立楚后，而韩诸公子②横阳君成贤，可立为王，益树党。"项梁使良求韩成，立以为韩王。以良为韩申徒③，与韩王将千余人西略韩地，得数城，秦辄复取之，往来为游兵颍川④。

◎**注释** ①〔薛〕在今山东滕州东南。②〔诸公子〕帝王与正妻所生的大儿子以外的儿子。③〔申徒〕即司徒，职权及地位相当于丞相。④〔颍川〕今河南禹州。

◎**大意** 沛公到了薛地，会见了项梁。项梁拥立了楚怀王。张良于是劝说项梁道："您已经拥立了楚王的后代，而在韩国的诸位公子当中有一位横阳君韩成是贤能的人，可以立为韩王，增加盟友。"项梁派张良找到韩成，立他为韩王。同时让张良做韩国的申徒，随韩王率领千余人向西收复韩国原来的领地，夺取了几座城镇，但秦军又立即夺了回去，韩军就来回游击于颍川一带。

沛公之从雒阳南出轘辕，良引兵从沛公，下韩十余城，击破杨熊军。沛公乃令韩王成留守阳翟①，与良俱南，攻下宛，西入武关。沛公欲以兵二万人击秦峣下军，良说曰："秦兵尚强，未可轻。臣闻其将屠者子，贾竖易动以利。愿沛公且留壁，使人先行，为五万人具食，益为张旗帜诸山上，为疑兵，令郦食其持重宝啖秦将②。"秦将果畔（叛），欲连和俱西袭咸阳，沛公欲听之。良曰："此独其将欲叛耳，恐士卒不从。不从必危，不如因其解（懈）击之。"沛公乃引兵击秦军，大破之。逐北至蓝田③，再战，秦兵竟败。遂至咸阳，秦王子婴降沛公。

◎**注释** ①〔阳翟〕今河南禹州。②〔令郦食其（yì jī）持重宝啖秦将〕郦食其，刘邦的一位谋士，详见《郦生陆贾列传》。啖，引诱。③〔蓝田〕在今陕西蓝田西。

◎**大意** 沛公从雒阳向南穿过轘辕山时，张良领兵跟从沛公，攻下韩地十多座城镇，击溃了杨熊率领的秦军。沛公于是让韩王韩成留守阳翟，自己与张良一起向南，攻下宛县，向西进入武关。沛公打算用两万兵力进击峣关下的秦军，张良劝道："秦军还很强大，不可轻视。我听说那边的守将是屠夫的儿子，商贩容易受钱的利诱。希望您暂且留下坚守营垒，派人先行一步，为五万人准备好粮饷，并多多地在各山头上张挂旗帜，作为疑兵，派郦食其带上贵重的宝物去收买秦将。"秦将果然叛变了，要跟沛公联合西进袭击咸阳，沛公打算听从秦将的建议。张良说："这只是秦将要叛变罢了，恐怕士兵是不服从的。士兵不服从必然带来危害，不如趁他们松懈时进军袭击。"沛公于是率军攻击秦军，大败秦军。追击败军直到蓝田，再次交战，秦军彻底溃败了。于是到达咸阳，秦王子婴向沛公投降。

沛公入秦宫，宫室帷帐狗马重宝妇女以千数，意欲留居之。樊哙谏沛公出舍①，沛公不听。良曰："夫秦为无道，故沛公得至此。夫为天下除残贼，宜缟素②为资。今始入秦，即安其乐，此所谓'助桀为虐'。且'忠言逆耳利于行，毒药③苦口利于病'，愿沛公听樊哙言。"沛公乃还军霸上。

◎**注释** ①〔出舍〕搬到外面居住。②〔缟素〕无文绣的服饰，喻俭朴。③〔毒药〕指猛药、烈药。

◎**大意** 沛公进入秦宫，看到宫室、帷帐、狗马、贵重宝物及妇女数以千计，想留在秦宫居住。樊哙劝说沛公搬出去住，沛公不听。张良说："秦朝无道，所以您才到了这里。替天下人铲除残暴统治百姓的贼人，应以朴素为本。现今刚刚进入秦国都城，就要享乐，这就是人们所说的'助桀为虐'。况且'忠言逆耳利于行，毒药苦口利于病'，希望您能听樊哙的话。"沛公于是领军回驻霸上。

项羽至鸿门下，欲击沛公，项伯乃夜驰入沛公军，私见张良，欲与俱去。良曰："臣为韩王送沛公，今事有急，亡去不义。"乃具以语沛公。沛公大惊，曰："为将奈何？"良曰："沛公诚欲倍（背）项羽邪？"沛公曰："鲰生①教我距（拒）关无内（纳）诸侯，秦地可尽王②，故听之。"良曰："沛公自度③能却项羽乎？"沛公默然良久，曰："固不能也。今为奈何？"良乃固要（邀）项伯。项伯见沛公。沛公与饮为寿，结宾婚。令项伯具言沛公不敢倍（背）项羽，所以距（拒）关者，备他盗也。及见项羽后解。语在《项羽》事中。

◎**注释** ①〔鲰（zōu）生〕浅薄愚陋的人，小人。②〔王（wàng）〕称王。③〔度（duó）〕估量、推测。

◎**大意** 项羽到达鸿门下，打算攻击沛公。项伯便在晚上驰入沛公军中，私下与张良相见，让张良和他一起离去。张良说："我替韩王护送沛公，如今事态紧急，逃离是不道义的。"于是将情况全部告诉了沛公。沛公大为惊慌，说："这该怎么办？"张良说："您真的想要背叛项羽吗？"沛公说："一个愚陋的小子教我守住函谷关不要接纳诸侯的军队,就可全部掌握秦国的土地而称王,因此才听从了。"张良说:"您自己估量能够击退项羽吗?"沛公沉默了好一会,说:"本来就不行,现在该怎么办?"张良便硬把项伯邀请来。项伯会见了沛公。沛公陪着饮酒为他祝寿,结为朋友和儿女亲家。请项伯回去详细说明沛公是不敢背叛项羽的,把守函谷关,是为了防备其他盗贼。等见到项羽后就和解了,这件事记在《项羽本纪》中。

汉元年正月,沛公为汉王,王巴蜀。汉王赐良金百镒①,珠二斗,良具(俱)以献项伯。汉王亦因令良厚遗项伯,使请汉中地。项王乃许之,遂得汉中地。汉王之国,良送至褒中②,遣良归韩。良因说汉王曰:"王何不烧绝所过栈道③,示天下无还心,以固项王意。"乃使良还。行烧绝栈道。

◎**注释** ①〔镒(yì)〕古代的重量单位,二十四两为一镒。②〔褒中〕古县名。治所在今陕西汉中褒城镇以东。③〔栈道〕用木头在山谷间或半山腰架设成的空中通道。

◎**大意** 汉元年正月,沛公刘邦被封为汉王,统管巴蜀地区。汉王赏赐张良金子百镒、珠子二斗,张良全部献给了项伯。汉王也通过张良赠送一份厚礼给项伯,让项伯向项羽请求汉中地区。项羽就答应了,汉王于是得到了汉中地区。汉王到封地去,张良送到褒中,汉王派张良回归韩国。张良劝说汉王:"大王为何不烧掉所经过的栈道,向天下人表示您没有再回去的意思,用这个方法稳住项王的心。"于是汉王让张良回去。汉王在向汉中行进的路上边走边烧掉了栈道。

良至韩,韩王成以良从汉王故,项王不遣成之国,从与俱东。良说项王曰:"汉王烧绝栈道,无还心矣。"乃以齐王田荣①反书告项王。项王以此无西忧汉心,而发兵北击齐。

◎**注释** ①〔田荣〕战国时齐国王室的后代,详见《田儋列传》。

◎**大意** 张良来到韩国,因为韩王韩成当初让张良跟从汉王,项王怀恨在心,所以不派韩成回封地去,而让他跟着一起东归。张良劝说项王:"汉王烧掉了栈道,已经没有返回的心思了。"并把齐王田荣反叛的书信给了项王。项王由此消除了对西边汉王的疑虑,而发兵向北攻击齐国。

项王竟不肯遣韩王,乃以为侯,又杀之彭城。良亡,间行①归汉王,汉王亦已还定三秦矣。复以良为成信侯,从东击楚。至彭城,汉败而还。至下邑,汉王下马踞鞍而问曰:"吾欲捐关以东等弃之,谁可与共功者?"良进曰:"九江王黥布,楚枭将,与项王有郄(隙);彭越与齐王田荣反梁地②:此两人可急使。而汉王之将独韩信可属(嘱)大事,当一面。即欲捐之,捐之此三人,则楚可破也。"汉王乃遣随何③说九江王布,而使人连彭越。及魏王豹反,使韩信将兵击之,因举燕、代、齐、赵。然卒破楚者,此三人力也。

◎**注释** ①〔间行〕抄小道。②〔彭越与齐王田荣反梁地〕彭越,强盗出身,是一支反秦独立武装的首领,详见《彭越列传》。梁地,泛指今河南东北部地区。③〔随何〕刘邦的谋士。

◎**大意** 项王最终还是不肯派韩王回封地去,就改封他为侯,又在彭城杀了他。张良逃走,抄小路回到汉王那里。汉王这时也已回军平定了三秦。又封张良为成信侯,让他跟着向东进击楚国。到了彭城,汉军战败退回。行至下邑,汉王卸下马鞍坐着问道:"我愿意放弃函谷关以东等地方,看谁可以与我共建功业?"张良说:"九江王黥布,是楚国的猛将,与项王有嫌隙;彭越与齐王田荣在梁地反楚:这两个人马上可以利用。而在汉王的将领中只有韩信可托付大事,独当一面。如果想舍弃函谷关以东的地方,就送给这三个人,那么,楚国就可以攻破了。"汉王于是派随何去游说九江王黥布,又派人去联合彭越。待到魏王魏豹反汉时,便派韩信率军击败了他,还趁势攻占了燕、代、齐、赵四国。最终打败楚国，就是靠这三个人的力量。

张良多病，未尝特将也，常为画策臣，时时从汉王。

◎**大意** 张良多病，未曾独自领兵作战，他作为出谋划策的谋臣，时时跟在汉王身边。

汉三年，项羽急围汉王荥阳，汉王恐忧，与郦食其谋桡（挠）楚权。食其曰："昔汤伐桀，封其后于杞①。武王伐纣，封其后于宋②。今秦失德弃义，侵伐诸侯社稷，灭六国之后，使无立锥之地。陛下诚能复立六国后世，毕已受印，此其君臣百姓必皆戴陛下之德，莫不乡（向）风慕义，愿为臣妾。德义已行，陛下南乡（向）称霸，楚必敛衽③而朝。"汉王曰："善。趣刻印，先生因行佩之矣。"

◎**注释** ①〔杞〕即周朝时的杞国，都城在今河南杞县。②〔宋〕即周朝时的宋国，都城在今河南商丘南。③〔敛衽〕整理衣襟，表示恭敬顺从，愿意臣服。

◎**大意** 汉三年，项羽把汉王围困在荥阳，形势非常危急，汉王恐惧忧心，与郦食其谋划削弱楚国力量之策。郦食其说："从前商汤王讨伐夏桀王，封夏朝的后代于杞地。周武王讨伐商纣王，封商朝的后代于宋地。如今秦朝丧失仁德抛弃道义，侵伐各诸侯国，灭掉六国之后，使他们的后代无立锥之地。陛下如果真能重新扶立六国的后代，全部授予印信，这样会使各国的君臣百姓感戴陛下的恩德，没有人不向往您的风范、倾慕您的德义，甘愿成为您的臣妾。随着德义的施行，陛下就可以向南而坐称霸天下，项王必然会整理衣襟恭敬地前来朝拜了。"汉王说："好。赶快刻制印信，先生随时可以带上出发了。"

食其未行，张良从外来谒。汉王方食，曰："子房前！客有为我计桡（挠）楚权者。"具以郦生语告，曰："于子房何如？"良曰："谁为陛下画此计者？陛下事去矣。"汉王曰："何哉？"张良对曰："臣请藉前箸为大王筹之。"曰："昔者汤伐桀而封其后于杞者，度能制桀之死命也。今陛下能制项籍之死命乎？"曰："未能也。""其不可一也。武王伐纣封其后于宋者，度能得纣之头也。今陛下能得项籍之头乎？"曰："未能也。""其不可二也。武王入殷，表商容①之闾，释箕子②之拘，封比干③之墓。今陛下能封圣人之墓，表贤者之闾，式智者之门乎？"曰："未能也。""其不可三也。发巨桥④之粟，散鹿台⑤之钱，以赐贫穷。今陛下能散府库以赐贫穷乎？"曰："未能也。""其不可四矣。殷事已毕，偃革为轩，倒置干戈，覆以虎皮，以示天下不复用兵。今陛下能偃武行文，不复用兵乎？"曰："未能也。""其不可五矣。休马华山⑥之阳，示以无所为。今陛下能休马无所用乎？"曰："未能也。""其不可六矣。放牛桃林⑦之阴，以示不复输积。今陛下能放牛不复输积乎？"曰："未能也。""其不可七矣。且天下游士⑧离其亲戚，弃坟墓，去故旧，从陛下游者，徒欲日夜望咫尺之地。今复六国，立韩、魏、燕、赵、齐、楚之后，天下游士各归事其主，从其亲戚，反（返）其故旧坟墓，陛下与谁取天下乎？其不可八矣。且夫楚唯无强，六国立者复桡（挠）而从之，陛下焉得而臣之？诚用客之谋，陛下事去矣。"汉王辍⑨食吐哺，骂曰："竖儒⑩，几败而公事！"令趣销印。

◎**注释** ①〔商容〕殷纣王时的贤明之士，劝谏纣王而纣王不听，逃走隐居。②〔箕（jī）子〕殷纣王的叔父，劝谏纣王而纣王不听，被囚禁。③〔比干〕殷纣王的忠臣，劝谏纣王而纣王不听，被杀害。④〔巨桥〕即储存粮食的巨桥仓，在今河南曲周的东北方。⑤〔鹿台〕殷纣王储藏财宝的高台,在今河南汤阴。⑥〔华山〕在今陕西华州南。⑦〔桃林〕今河南灵宝以西、陕西潼关以东地区。⑧〔游士〕四处奔走而追求名利的人士。⑨〔辍〕停止,中断。⑩〔竖儒〕指儒生中不明事理的迂腐小子。

◎**大意** 郦食其还没成行,张良从外面回来拜见汉王。汉王正在吃饭,说道:"子房请到我跟前!有位门客为我出了个削弱楚国力量的计策。"接着把郦食其的话全告诉了张良,说道:"依你看怎么样?"张良说:"谁替陛下谋划了这个计策?陛下的大事可完了。"汉王说:"为什么?"张良回答:"臣请求借用您面前的筷子为大王筹划一下。"接着说:"从前商汤王伐夏桀王而封夏朝的后代于杞地,是估量自己能置夏桀王于死地。如今陛下能置项羽于死地吗?"汉王说:"不能。"张良说:"这是不可封六国后代的第一个原因。周武王伐商纣王而封商朝的后代于宋地,是估量自己能得到商纣王的首级。如今陛下能得到项羽的首级吗?"汉王说:"不能。"张良说:"这是不可封六国后代的第二个原因。周武王进入殷商的都城,马上对商容的里门做上标记以示表彰,把箕子从监狱里释放出来,修整了比干的坟墓。如今陛下能修整圣人的坟墓,标出贤者的里门,到智者的门前去致敬吗?"汉王说:"不能。"张良说:"这是不可封六国后代的第三个原因。周武王曾经发放巨桥粮仓的粮食,散发鹿台府库的钱财,赐给贫穷的人。如今陛下能够散发府库中的钱粮赏给贫穷的人吗?"汉王说:"不能。"张良说:"这是不可封六国后代的第四个原因。伐殷的战事完毕,周武王把战车改为民用车,把兵器倒着放,覆盖上虎皮,用来表示天下不再使用兵器。如今陛下能偃息武事而实行文治,不再使用兵器吗?"汉王说:"不能。"张良说:"这是不可封六国后代的第五个原因。周武王将战马放在华山的南坡,表示没什么用了。如今陛下能让战马休养而不再使用吗?"汉王说:"不能。"张良说:"这是不可封六国后代的第六个原因。周武王把牛放养在桃林的北边,用来表示不再运输军需、囤积粮草了。如今陛下能放养牛而不再运输军需、囤积粮草吗?"汉王说:"不能。"张良说:"这是不可封六国后代的第七个原因。况且天下的游士远离他们的亲戚,抛弃祖坟,离开朋友,跟从您奔走的原因,只是日夜想得到一小块立足之地。如今恢复六国,立韩、魏、燕、赵、齐、楚的后代,天下游士各自回去侍奉他们的君主,跟他们的亲戚团聚,回到朋友身边和祖坟所在的家乡,您与谁一起去夺取天下呢?这是不可封六国后代的第八个原因。而且当前只有使楚国无法加强才对，如果被扶立的六国后代再屈从了楚国，陛下又怎能使他们臣服呢？如果真的采用了这位门客的计谋，陛下的事业也就完了。"汉王停止吃饭吐出口中的食物，骂道："这个书呆子，几乎败坏了你老子的大事！"于是急忙下令销毁了那些印信。

汉四年，韩信破齐而欲自立为齐王，汉王怒。张良说汉王，汉王使良授齐王信印，语在《淮阴》事中。

◎**大意**　汉四年，韩信攻破齐国而想要自立为齐王，汉王大怒。张良劝说汉王，汉王派张良前去授予韩信齐王印信，这件事记在《淮阴侯列传》中。

其秋，汉王追楚至阳夏①南，战不利而壁固陵②，诸侯③期不至。良说汉王，汉王用其计，诸侯皆至。语在《项籍》事中。

◎**注释**　①〔阳夏〕今河南太康。②〔固陵〕在今河南太康南。③〔诸侯〕指刘邦手下那些已被许诺封王的将领，如韩信、彭越等。
◎**大意**　这年秋天，汉王追击楚军到阳夏的南面，作战失利后坚守固陵营垒，诸侯的军队过了约定日期还不到来。张良劝说汉王，汉王采用了他的计策，诸侯的军队都到了。这件事记在《项羽本纪》中。

汉六年正月，封功臣。良未尝有战斗功，高帝曰："运筹策帷帐中，决胜千里外，子房功也。自择齐三万户。"良曰："始臣起下邳，与上会留，此天以臣授陛下。陛下用臣计，幸而时中，臣愿封留足矣，不敢当三万户。"乃封张良为留侯，与萧何等俱封。

◎**大意** 汉六年正月，封赏功臣。张良未曾有过作战的功劳，高祖说："在营帐之中运筹定策，决定千里之外战争的胜利，这就是子房的功劳。你自己选择齐地的三万户作为封邑。"张良说："当初我在下邳起兵，与皇上在留县相会，这是上天把我交给了陛下。陛下采用我的计策，有几次幸运地应验了，按我的愿望封地在留县就足够了，不敢接受三万户的封邑。"于是封张良为留侯，是与萧何等一起封的。

上已封大功臣二十余人，其余日夜争功不决，未得行封。上在雒阳南宫，从复道①望见诸将往往相与坐沙中语。上曰："此何语？"留侯曰："陛下不知乎？此谋反耳。"上曰："天下属②安定，何故反乎？"留侯曰："陛下起布衣，以此属取天下，今陛下为天子，而所封皆萧、曹故人所亲爱，而所诛者皆生平所仇怨。今军吏计功，以天下不足遍封，此属畏陛下不能尽封，恐又见疑平生过失及诛，故即相聚谋反耳。"上乃忧曰："为之奈何？"留侯曰："上平生所憎，群臣所共知，谁最甚者？"上曰："雍齿与我故，数尝窘辱我。我欲杀之，为其功多，故不忍。"留侯曰："今急先封雍齿以示群臣，群臣见雍齿封，则人人自坚矣。"于是上乃置酒，封雍齿为什方③侯，而急趣④丞相、御史定功行封。群臣罢酒，皆喜曰："雍齿尚为侯，我属无患矣。"

◎**注释** ①〔复道〕连接各楼阁的空中通道。②〔属（zhǔ）〕刚，新近。③〔什（shí）方〕即什邡，地名，在四川。④〔急趣（cù）〕紧急催促。

◎**大意** 高祖封赏了二十多位功臣后，其余的人没日没夜地争功而决定不下来，未能进行封赏。高祖在雒阳南宫，从复道上望见许多将领常常三五成群地坐在沙地上窃窃私语。高祖问："他们在说什么？"留侯张良说："陛下还不知道吗？这是图谋造反罢了。"高祖说："天下刚刚安定，为什么要造反呢？"张良说："陛下以平民的身份起兵，依靠这帮人取得天下，如今陛下成了天子，而封赏的都是萧何、曹参这些亲近、喜爱的老友,诛杀的都是陛下平时怨恨的仇人。如今军中的有关官员统计了战功,认为天下的土地不足以遍封有功之人,这帮人怕陛下不封赏他们,又恐怕因以往的过失而遭诛杀,因此就聚集在一起计划谋反。"高祖于是担忧地说:"该怎么办呢?"张良说:"陛下往常最憎恨的而且群臣都知道的人是谁?"高祖说:"雍齿与我有旧怨,屡次使我遭受窘迫和侮辱。我想杀他,但因为他的功劳多,不忍心。"张良说:"现在赶紧先封赏雍齿来昭示群臣,群臣见到雍齿受封,那么,人人对自己会得到封赏就坚信不疑了。"于是高祖便设置酒宴,封雍齿为什方侯,并紧急催促丞相、御史等官员论定功劳进行封赏。群臣参加酒宴后,都欢喜地说:"雍齿尚且被封为侯,我们这些人没什么可担忧的了。"

　　刘敬①说高帝曰:"都关中。"上疑之。左右大臣皆山东人,多劝上都雒阳:"雒阳东有成皋②,西有崤(xiáo)黾③,倍(背)河,向伊雒④,其固亦足恃。"留侯曰:"雒阳虽有此固,其中小,不过数百里,田地薄,四面受敌,此非用武之国也。夫关中左崤(xiáo)函,右陇蜀⑤,沃野千里,南有巴蜀⑥之饶,北有胡⑦苑之利,阻三面而守,独以一面东制诸侯。诸侯安定,河渭漕挽⑧天下,西给京师;诸侯有变,顺流而下,足以委输。此所谓金城⑨千里,天府⑩之国也,刘敬说是也。"于是高帝即日驾,西都关中。

◎**注释** ①〔刘敬〕原本姓娄,名敬,因建议把都城建在关中而受到刘邦的赞赏,被赐予皇室的姓,故又叫"刘敬"。详见《刘敬叔孙通列传》。②〔成皋〕地势险要的军事重镇,在今河南大伾山上。③〔崤黾(miǎn)〕崤山和黾池县。崤山在今河南洛宁西北和灵宝东南一带。黾池在今河南渑池西。④〔伊雒〕伊河和雒河,都流经今河南洛阳附近。⑤〔陇蜀〕陇山和岷山。陇山在今甘肃陇西西,岷山在今四川与甘肃交界处。⑥〔巴蜀〕巴郡和蜀郡,都在今四川北部。⑦〔胡〕古代对活动于北方边境地区的游牧民族的泛称。⑧〔漕挽(wǎn)〕泛指水陆运输。⑨〔金城〕形容坚固如金属做成的城。⑩〔天府〕形容富裕如天然的府库。

◎**大意** 刘敬劝说高祖："都城要建在关中。"皇上犹豫不决。左右大臣都是崤山以东的人，所以大多数人劝皇上以雒阳为都城："雒阳的东面有成皋，西面有崤山、黾池，背靠黄河，西面向着伊河、雒河，它的坚固也足以凭借。"留侯张良说："雒阳虽有这些天然险要之地，但它的腹地狭小，不过方圆几百里，田地贫瘠，四面受敌，这里不是用武之地。而关中的东边有崤山和函谷关，西边有陇山和蜀山，肥沃的田野方圆千里，南边有巴蜀的富饶资源，北边有胡人大草场的畜牧利益，靠三面险阻而防守，只用东方一面控制诸侯。如果诸侯安定，可通过黄河、渭河的水道运输天下粮食，向西供给京城及周围地区需要的物资；如果诸侯发生事变，可以顺流而下，足以运输军需物资。这就是所谓的金城千里，天府之国，刘敬所说的是对的。"于是高祖当天就起驾，向西到关中建都。

留侯从入关。留侯性多病，即道引不食谷，杜门不出岁余。

◎**大意** 留侯张良跟从高祖进入关中。留侯平时身体就多病，于是学习道家的导引吐纳术，不吃谷类食物，闭门静修了一年多。

上欲废太子①，立戚夫人②子赵王如意。大臣多谏争，未能得坚决者也。吕后恐，不知所为。人或谓吕后曰："留侯善画计策，上信用之。"吕后乃使建成侯吕泽劫留侯，曰："君常（尝）为上谋臣，今上欲易太子，君安得高枕而卧乎？"留侯曰："始上数③在困急之中，幸用臣策。今天下安定，以爱欲易太子，骨肉之间，虽臣等百余人何益。"吕泽强要曰："为我画计。"留侯曰："此难以口舌争也。顾上有不能致者，天下有四人。四人者年老矣，皆以为上慢侮人，故逃匿山中，义不为汉臣。然上高此四人。今公诚能无爱金玉璧帛，令太子为书，卑辞安车④，因使辩士固请，宜来。来，以为客，时时从入朝，令上见之，则必异而问之。问之，上知此四人贤，则一助也。"于是吕后令吕泽使人奉太子书，卑辞厚礼，迎此四人。四人至，客建成侯所。

◎**注释** ①〔太子〕即刘邦与吕后所生的嫡长子刘盈。②〔戚夫人〕当时刘邦最宠爱的一位姬妾。③〔数（shuò）〕屡次，频繁。④〔安车〕安稳舒适的车子。

◎**大意** 高祖想要废掉太子刘盈，立戚夫人生的儿子赵王刘如意为太子。大臣大多争论劝阻，但都未能使高祖坚定不废太子的心意。吕后很恐慌，不知道怎么办。有人对吕后说："留侯善于谋划计策，皇上信任他。"吕后就派建成侯吕泽去逼迫留侯张良，说道："您曾经做皇上的谋臣，如今皇上要更换太子，您怎么能高枕而卧呢？"张良说："当初皇上屡次处于危难之中，所以能采用我的计策。如今天下安定了，皇上因为偏爱戚夫人要更换太子，这种骨肉亲情之间的事，即使有一百多个像我这样的人又有什么用处。"吕泽强行要求说："为我谋划一条计策。"张良说："这种事情是难以用口舌来争辩的。不过，皇上曾有不能招来的人，天下共有四位。这四个人的年纪都很大了，都认为皇上对人傲慢、轻侮，因此躲藏在山中，坚持节义不做汉朝的臣子。然而皇上崇尊这四个人。现今您如果真能不吝惜金玉璧帛，让太子写一封信，言辞谦恭并备好车子，派辩士去敦请，他们应当会来。如果来了，把他们待为贵客，请他们常常跟从太子上朝，让皇上看见他们，皇上一定会感到惊异并询问他们。问到他们，皇上知道这四个人贤能，这对稳定太子的地位是一大帮助。"于是吕后让吕泽派人捧着太子的亲笔信，用谦恭的言辞和丰厚的礼物，前去迎接这四个人。四个人到来后，作为贵客住在建成侯吕泽的寓所。

汉十一年，黥布反，上病，欲使太子将，往击之。四人相谓曰："凡来者，将以存太子。太子将兵，事危矣。"乃说建成侯曰："太子将兵，有功则位不益太子；无功还，则从此受祸矣。且太子所与俱诸将，皆尝与上定天下枭将也，今使太子将之，此无异使羊将狼也，皆不肯为尽力，其无功必矣。臣闻'母爱者子抱'，今戚夫人日夜侍御，赵王如意常抱居前,上曰'终不使不肖子①居爱子之上',明乎其代太子位必矣。君何不急请吕后承间为上泣言:'黥布,天下猛将也,善用兵,今诸将皆陛下故等夷,乃令太子将此属,无异使羊将狼,莫肯为用,且使布闻之,则鼓行而西耳。上虽病,强载辎车②,卧而护之,诸将不敢不尽力。上虽苦,为妻子自强。'"于是吕泽立夜见吕后,吕后承间为上泣涕而言,如四人意。上曰:"吾惟竖子固不足遣,而公自行耳。"于是上自将兵而东,群臣居守,皆送至灞上③。留侯病,自强起,至曲邮④,见上曰:"臣宜从,病甚。楚人剽疾,愿上无与楚人争锋。"因说上曰:"令太子为将军,监关中兵。"上曰:"子房虽病,强卧而傅太子。"是时叔孙通为太傅⑤,留侯行少傅⑥事。

◎**注释** ①〔不肖子〕不成材、没出息的儿子。②〔辎(zī)车〕有篷帐的可以让伤病者坐卧的车子。③〔灞上〕灞河的边上。灞河流经今陕西西安市郊的东边而又向北流入渭河。④〔曲邮〕在今陕西临潼东北方的一个乡镇。⑤〔叔孙通为太傅〕叔孙通,曾在秦朝为博士,秦亡后投靠刘邦,并制定出一套朝廷礼仪。详见《刘敬叔孙通列传》。太傅,即太子太傅,是负责辅导教育太子的朝廷官员,就是太子的老师。⑥〔少傅〕即太子少傅,是协助太子太傅的副官。

◎**大意** 汉十一年,黥布反叛,皇上正生病,想要派太子为将军,前往讨伐黥布。四位老人相互商量说:"我们来的目的,是要保全太子。如果太子领兵,事情就危险了。"于是劝告建成侯吕泽说:"太子领兵,即使有战功,获封的爵位也不可能超过太子之位;如果无功而返,那么从此就要遭受灾祸了。而且太子率领一起出征的将领,都是曾经与皇上一道平定天下的骁勇战将,如今让太子统领他们,这无异于让羊统领狼,都是不肯为太子尽力的,那太子无功而返就是必然的了。我们听说'母亲受宠爱那么她生的儿子常会被父亲怀抱',现今戚夫人日夜侍奉皇上,赵王刘如意经常被抱在皇上跟前,皇上说'我终究不会让那个不成器的儿子爬到我的爱子头上',很明显他代替太子之位是肯定的了。您为什么不赶快请吕后找个机会向皇上哭诉:'黥布是天下猛将,善于用兵。如今的将领都是陛下的旧友或同辈,却让太子统领这批人,无异于让羊统领狼,没有人肯为太子所用。而且让黥布听到这样一种部署,那他就会大张旗鼓地向西进犯了。皇上即使生着病,也可勉力乘坐大车,躺着监督众将领,众将领不敢不尽力。皇上虽会吃些苦,但为了妻子儿子也得强打精神。'"于是吕泽连夜去见吕后,吕后找了个机会向皇上边哭边说了一番,全如四人所说的意思。皇上说:"我想这小子本来就不能派遣,你老子亲自走一趟吧。"于是皇上亲自率兵向东进发,群臣留守,都送到灞上。留侯张良有病,自己勉强起来,赶到曲邮,拜见皇上说:"我本应随从,但病得很厉害。楚人勇猛迅疾,希望皇上不要与楚人争锋。"接着又劝说皇上:"命令太子做将军,监领在关中戍守的士兵。"皇上说:"子房即使病重,躺着也得勉力辅佐太子。"这个时候,叔孙通做太子太傅,张良代理太子少傅的职事。

汉十二年,上从击破布军归,疾益甚,愈欲易太子。留侯谏,不听,因疾不视事。叔孙太傅称说引古今,以死争太子。上详(佯)许之,犹欲易之。及燕(宴),置酒,太子侍。四人从太子,年皆八十有余,须眉皓白,衣冠甚伟。上怪之,问曰:"彼何为者?"四人前对,各言名姓,曰东园公,甪里先生①,绮里季,夏黄公。上乃大惊,曰:"吾求公数岁,公辟(避)逃我,今公何自从吾儿游乎?"四人皆曰:"陛下轻士善骂,臣等义不受辱,故恐而亡匿。窃闻太子为人仁孝,恭敬爱士,天下莫不延颈欲为太子死者,故臣等来耳。"上曰:"烦公幸卒调护太子。"

◎**注释** ①〔甪(lù)里先生〕也作"角里先生",音同。
◎**大意** 汉十二年,高祖击败黥布叛军后回朝,病加重,更想换太子了。张良劝阻,高祖不听,因而以生病为由请假不问政事。太子太傅叔孙通引用古今事例进行劝说,誓死争辩保全太子。高祖假装答应了,内心还是想更换太子。一次宴会上,摆好了酒,太子侍奉在旁。四位老人跟着太子,年纪都有八十多了,胡须眉毛雪白，衣服帽子很奇特。高祖感到奇怪，问道："他们是干什么的？"四位老人上前对答，各自说出自己的姓名，分别叫作东园公、角里先生、绮里季、夏黄公。高祖大为惊奇，说："我访求诸位先生好几年，诸位先生总是逃避我，今天诸位先生为什么自动跟我的儿子来往呢？"四位老人都说："陛下轻视士人还爱骂人，我们坚持节义不愿受辱，因此惶恐而躲避起来。我们私下听说太子为人仁义孝顺，恭敬有礼喜爱士人，天下的人无不伸长脖子要为太子拼死效力，因此我们来了。"高祖说："有劳诸位先生始终如一地调教照顾太子。"

四人为寿已毕，趋去。上目送之，召戚夫人指示四人者曰："我欲易之，彼四人辅之，羽翼已成，难动矣。吕后真而主矣。"戚夫人泣，上曰："为我楚舞，吾为若楚歌。"歌曰："鸿鹄高飞，一举千里。羽翮①已就，横绝四海。横绝四海，当可奈何！虽有矰缴②，尚安所施！"歌数阕③，戚夫人嘘唏流涕，上起去，罢酒。竟不易太子者，留侯本招此四人之力也。

◎**注释** ①〔羽翮（hé）〕羽翼。②〔矰缴（zēng zhuó）〕这里泛指弓箭之类的发射器具。矰，射鸟的短箭。缴，系在箭尾的丝绳。③〔阕〕乐曲终结，后来多指乐曲的段落。

◎**大意** 四位老人敬酒祝福完毕，便小步快走离去。高祖目送他们，并招戚夫人来指着四人对她说："我想更换太子，那四人辅助太子，太子的羽翼已经丰满，难以变动了。吕后真是你的主人了。"戚夫人哭泣，高祖说："你为我跳楚舞，我给你唱楚歌。"唱道："鸿鹄高高飞起，一飞就是千里。羽翼已经长成，飞起超越四海。飞起超越四海，当真无可奈何！即使手持弓箭，又能射向哪里！"接连唱了几遍，戚夫人叹息流泪，高祖起身离去，酒宴就散了。最终没有更换太子，这是张良当初招来四位老人的结果。

留侯从上击代①，出奇计马邑②下，及立萧何相国，所与上从容言天下事甚众，非天下所以存亡，故不著。留侯乃称曰："家世相韩，及韩灭，不爱万金之资，为韩报仇强秦，天下振（震）动。今以三寸舌为帝者师，封万户，位列侯，此布衣之极，于良足矣。愿弃人间事，欲从赤松子③游耳。"乃学辟谷，道（导）引轻身。会高帝崩，吕后德留侯，乃强食之，曰："人生一世间，如白驹过隙④，何至自苦如此乎！"留侯不得已，强听而食。

◎**注释** ①〔代〕即代国，在今山西北部及河北西北部。当时代国的相国陈豨反叛，刘邦率军征讨，详见《韩信卢绾列传》。②〔马邑〕在今山西朔州。③〔赤松子〕古代传说中的仙人。④〔白驹过隙〕白马驰过墙缝，比喻时间短暂。

◎**大意** 留侯张良跟从皇上去攻打代国的叛军，在马邑城下为皇上出奇计，还建议立萧何为相国，他与皇上从容谈论的事很多，因不是关系天下存亡的大事，所以就不记载了。张良说："我家世代做韩国的相国，到韩国灭亡，我不爱惜万贯家财，为韩国向强秦报仇，使得天下震动。如今凭三寸之舌成为帝王的军师，受封食邑万户，位居列侯，这是平民百姓的最高荣耀，对于我来说已经满足了。我希望抛弃人世间的事情，想要随着赤松子四处云游。"于是他学习道家辟谷法而不吃食物，修行导引轻身术。恰逢高祖去世，吕后感激张良，便强迫他进食，说："人生一世，如白驹过隙般短暂，何必自找苦吃到这种地步！"张良不得已，勉强听从而恢复进食。

后八年卒，谥为文成侯。子不疑代侯。

◎**大意** 八年之后，张良去世，谥号叫作文成侯。他的儿子张不疑接替侯爵之位。

子房始所见下邳圯上老父与《太公书》者，后十三年从高帝过济北，果见谷城山下黄石，取而葆（宝）祠之。留侯死，并葬黄石。每上冢伏腊①，祠黄石。

◎**注释** ①〔伏腊〕伏，指在夏季伏日举行的祭祀活动。腊，指在冬季腊月举行的祭祀活动。

◎**大意** 张良当初在下邳桥上见到那位给他《太公兵法》的老人，十三年后张良随高祖经过济北，果然看到谷城山下有块黄石，张良取回并珍重地供奉它。张良死后，与黄石一起埋葬。后人每逢上坟及伏腊节令祭扫，也要祭祀黄石。

留侯不疑，孝文帝五年坐不敬，国除。

◎**大意** 留侯张不疑，在汉文帝五年犯了不敬之罪，封国被废除。

太史公曰：学者多言无鬼神，然言有物。至如留侯所见老父予书，亦可怪矣。高祖离困者数矣，而留侯常有功力焉，岂可谓非天乎？上曰："夫运筹策帷帐之中，决胜千里外，吾不如子房。"余以为其人计魁梧奇伟，至见其图，状貌如妇人好女。盖孔子曰："以貌取人，失之子羽①。"留侯亦云。

◎**注释** ①〔子羽〕孔子的弟子澹台灭明，字子羽，貌丑而有德才。

◎**大意** 太史公说：学者大多都说没有鬼神，然而谈论有精灵怪物。至于像留侯张良遇见老人给他兵书，也可看作神奇之事了。汉高祖多次遭遇困境，而张良常在这种时刻有奇功神力，难道说不是天意吗？汉高祖说："在营帐之中运筹定策，在千里之外决定胜利，我不如张良。"我原来以为张良这个人是高大奇特的，后来看到他的画像，相貌却像妇人美女。这大概正如孔子所说："根据容貌评判人，澹台灭明就会被错误地看待。"留侯张良也属于这种情形。

◎ 释疑解惑

张良是历代被称颂的功成身退的典范。他帮助刘邦得天下、安天下，却从不居功，而称自己"今以三寸舌为帝者师，封万户，位列侯，此布衣之极，于良足矣"。并且一心要弃绝人间事而修道成仙。后人论及张良，常常从明哲保身的角度出发。如司马光说："以子房之明辨达理，足以知神仙之为虚伪矣，然其欲从赤松子游者，其智可知也。夫功名之际，人臣之所难处。如高帝之所称者，三杰而已，淮阴诛夷，萧何系狱，非以履盛满而不止也？故子房托于神仙，遗弃人间，等功名于物外，置荣利而不顾，所谓明哲保身者，子房有焉。"汤谐也说："高帝性多猜忌，鸟尽弓藏之理，留侯久已了然，故其生平辅汉，不惟并无勇功，亦且不居智名，虽知无不言，言无不尽，而属意措辞常超然于功罪之表。至于天下已定，汉高欲易太子，则更暗用商山，全不露相。盖其所以用人处，正其所以自全处。"也有一些人认为张良虽然自我标榜高洁，但其举动让人轻视。如袁黄就说："张良辟谷，曹参湎于酒，陈平淫于酒与妇人，其皆有不得已乎？其忧思深，其道周，其当吕氏之际乎？良也辟世，故引而立于洁；参、平避事，故推而纳诸污。夫神仙为高尚所托，而公宰非优游之司，余以是轻留侯焉。"此话是以曹参、陈平做比较，认为他们几位为求自保或意欲修道成仙，或沉湎于饮酒，或淫于美酒美妇，都没有尽到人臣的职责。吴汝纶更有所谓的高论："史公于高帝君臣，皆不当其一哂。子房'状貌如妇人好女'，盖轻之也。叙四皓事，亦见此意，皆讥其阴附吕氏以取媚。"认为司马迁之所以称张良"状貌如妇人好女"，乃是讥讽他取媚于吕氏。不过，也有学者称张良之高洁，称其不居功，懂谦让，乃德行而非机巧。林伯桐说："汉高一生最喜狎侮，又多猜忌，老成如酂侯，英雄如淮阴，皆不免于疑忌；他如黥布之勇，郦食其之辩，其始皆不免于狎侮。唯遇留侯，则自始至终无敢失礼，亦无有疑心。岂徒以其谋略哉？观留侯自称，一则曰为韩报仇强秦，再则曰愿弃人间事，欲从赤松子游，其进退绰绰有余于功名爵禄之外者矣。考其生平，居得为之地，而无田宅之好，无声色之嗜，至其经营天下，则如行所无事者，谁能及之哉？太史公称曰'无知名，无勇功，图难于易，为大于细'，斯观其深矣，安得不令汉高心折也乎！"他认为张良最终能够保全自身，是因为他真正让汉高祖心折。宗臣也有一段看似高论的文字："良所以辅汉者，为其足以灭楚也。良所以有志灭楚者，为其灭韩也。使楚未尝有怨于韩，则良何心以仇楚。使汉不足以灭楚，则良亦何心以兴汉哉。然则良之兴汉者，非为汉也，为韩也。汉不兴，则楚不灭。楚不灭，则韩之仇不复。良岂能自已哉。"说白了，张良此生最大的心愿，就是为韩国复仇，若非如此，昔日他也不会散尽家财只为求得猛士击杀秦始皇了。然而，张良刺杀失败了，失败后的他明白了孤掌难鸣的道理。反秦浪潮中的刘邦刚好是张良能够实现目标与心愿的依靠。他帮助刘邦灭强秦、诛项羽、得天下，其实已经实现了自己的人生理想。其后，他又佐刘邦安天下，算是对刘邦帮自己实现目标的回报。诚如林伯桐所论，张良一生中没有过多的爱好或欲望，故国的仇报了，就足以功满。因此，所谓明哲保身的典范，或许只是后人的议论罢了。

◎ 思考辨析题

1. 谈谈张良的"明哲保身"。

2. 明人王守仁称："《世家》谓留侯招四皓为太子辅，余疑非真四皓也，乃子房为之也夫。四人遁世已久，形容状貌人皆不识之矣。故子房于吕泽劫计之时，阴与筹度取他人之眉须皓白者，伟其衣冠以诳高帝，此又不可知也。良、平之属，平日所挟以事君者，何莫而非奇功巧计，彼岂顾其欺君之罪哉。况是时高帝之惑已深，吕氏之请又急，何以明其计之不出此也。"就是说张良让太子请来的商山四皓，乃由他人假扮，这是张良一生当中使用计谋的一部分。如何认识和理解这样的观点？

陈丞相世家

第二十六

陈平少时家贫，却不事生产，唯好读书求学，乡里人皆取笑议论他。然而，陈平的哥哥一直支持他。后来，乡里富户张负看重了陈平的才华，认为陈平一定不会长久贫贱，因此将孙女嫁给陈平。陈平由此迎来了命运的转机。生活的富裕使他的交游变得广泛，也不再受人嘲笑而得到了尊重，更使他有了施展才能的机会。在秦楚之际的乱世中，陈平先后跟随过魏王咎与项羽，而最终投靠刘邦，屡出奇计，辅佐刘邦平定天下，登上帝位。吕太后为政时，他先是假意逢迎，最终与大臣共同诛灭诸吕，护卫了刘氏江山。文帝时，他依旧位列丞相，得以善终。

《陈丞相世家》可分为六部分。自"陈丞相平者，阳武户牖乡人也"至"使平得宰天下，亦如是肉矣"为第一部分，写陈平青年时代就有远大抱负，在乡里祭社活动中分配祭肉公平，便说自己如果有机会主宰天下，也必定如分祭肉一般公平。自"陈涉起而王陈，使周市略定魏地"至"诸将乃不敢复言"为第二部分，写秦楚之际，陈平先后投靠了魏王咎与项羽，后来因为项羽的猜忌不得不转而投向汉军，在魏无知的引荐下，得以面见刘邦并与之深入交谈，很快就得到赏识，被委以重任。后来，刘邦对陈平的人品有所怀疑，魏无知替陈平辩解，陈平又自我辩解，刘邦才释疑。自"其后，楚急攻，绝汉甬道，围汉王于荥阳城"至"奇计或颇秘，世莫能闻也"为第三部分，写陈平六出奇计，辅佐刘邦平定天下，又帮助他平定内部叛乱，从而被列土封侯。由于陈平为刘邦所制定的计策有些过于隐秘，因此，司马迁未能知其根底，便存疑说"奇计或颇秘，世莫能闻也"。而这一部分写到的奇计，主要有两处：一是楚、汉相争时，陈平建议通过离间计逐渐瓦解楚军力量，从而最终打败了项羽；二是建议以诱骗手段捉拿韩信，并取得了成功。自"高帝从破布军还，病创，徐行至长安"至"审食其免相"为第四部分，写在吕太后当政时，陈平假意顺从吕太后的意旨，如分封诸吕为王，被吕太后立为右丞相。吕太后的妹妹吕媭因昔日陈平设计捉拿樊哙而故意对吕太后说陈平好饮酒美色，陈平借机表现得更加放纵，从而使吕太后彻底放松了警惕。最终，在吕太后死后，陈平与诸大臣共同诛灭了诸吕。此外，这一部分还附带叙述了王陵与审食其的有关史事。自"孝文帝立，以为太尉勃亲以兵诛吕氏，功多"至"然其后曾孙陈掌以卫氏亲贵戚，愿得续封陈氏，然终不得"为第五部分，写陈平先假意将右丞相之位让给周勃，后来周勃在文帝面前对答时的表现远不如陈平，放弃了丞相之位，陈平得以独揽大权。"太史公曰"为第六部分，是司马迁的论赞，概括了陈平一生中的重大事件，并感慨他通过智慧与谋略为国家做出了贡献，也保全了自身，善始善终，让人钦佩。

陈丞相平者，阳武户牖乡①人也。少时家贫，好读书，有田三十亩，独与兄伯居。伯常耕田，纵平使游学。平为人长大美色。人或谓陈平曰："贫何食而肥若是？"其嫂嫉平之不视家生产，曰："亦食糠覈②耳。有叔如此，不如无有。"伯闻之，逐其妇而弃之。

◎**注释** ①〔阳武户牖乡〕阳武，县名，在今河南原阳东南。户牖乡是阳武县下辖的一个乡。②〔糠覈（hé）〕指粗劣的食粮。覈，糠中的粗屑。

◎**大意** 陈平这个人，是阳武县户牖乡人。小时候家境贫困，爱好读书，家里有三十亩田地，与大哥一起生活。大哥经常下田耕种，听任陈平外出求学。陈平长得高大漂亮。有人对陈平说："你家这么穷，你吃了什么胖成这样？"他的嫂嫂恼恨陈平不管家中生计，说："也不过吃糠而已。有这样的小叔子，不如没有。"大哥听到这种话，将妻子赶走了。

及平长，可娶妻，富人莫肯与者，贫者平亦耻之。久之，户牖富人有张负，张负女孙五嫁而夫辄死，人莫敢娶。平欲得之。邑中有丧，平贫，侍丧，以先往后罢为助。张负既见之丧所，独视伟平，平亦以故后去。负随平至其家，家乃负郭穷巷，以弊（敝）席为门，然门外多有长者①车辙。张负归，谓其子仲曰："吾欲以女孙予陈平。"张仲曰："平贫不事事，一县中尽笑其所为，独奈何予女乎？"负曰："人固有好美如陈平而长贫贱者乎？"卒与女。为平贫，乃假贷币以聘，予酒肉之资以内（纳）妇。负诫其孙曰："毋以贫故，事人不谨。事兄伯如事父，事嫂如母。"平既娶张氏女，赍（资）用益饶，游道日广。

◎**注释** ①〔长者〕指有道德、才干的知名之人或豪侠之士。

◎**大意** 到了陈平长大，应该娶妻时，富人没有肯把女儿嫁给他的，而陈平也耻于娶穷人家的女子。过了很久，户牖乡有个富人叫张负，张负的孙女五次嫁人而丈夫都死了，再也没有人敢娶她。陈平想要娶她。邑中有丧事，陈平因家贫，就去帮人家办丧事，早去晚归地帮忙。张负在办丧事的地方看到了陈平，特别看上了陈平的魁伟，陈平也因为想要接触张负而很晚离开。张负跟随陈平到了他家，原来陈平的家在靠城墙的穷巷里，用一张破席子做门；然而门外有很多长者停车的车轮印迹。张负回到家里，对他的二儿子说："我想把孙女嫁给陈平。"张家老二说："陈平家境贫困又不从事生计，全县的人都嗤笑他的行为，为什么偏要把女儿嫁给他呢？"张负说："像陈平这样有才华又俊美的人会长久贫贱下去吗？"最终将孙女嫁给了陈平。因为陈平贫困，张负便借钱给他用来下聘礼，还送购买酒肉的钱让他娶媳妇。张负告诫他的孙女说："不要因为陈平家里穷，待人就不恭谨。侍奉陈平的长兄要像侍奉父亲一样，侍奉陈平的嫂嫂要像侍奉母亲一样。"陈平娶了张负的孙女后，生活用度比先前富裕了，交游的范围一天比一天广。

里中社，平为宰，分肉食甚均。父老曰："善，陈孺子之为宰！"平曰："嗟乎，使平得宰天下，亦如是肉矣！"

◎**大意** 陈平居住的里巷祭祀土神时，陈平做祭祀的主持人，分配作为祭品的肉非常公平。父老乡亲说："陈家小子当祭祀土神的主持人，好极了。"陈平说："唉，如果让我主持分割天下，也会像分配祭肉一样公平的！"

陈涉起而王陈①，使周市②略定魏地，立魏咎为魏王，与秦军相攻于临济③。陈平固已前谢其兄伯，从少年往事魏王咎于临济。魏王以为太仆④。说魏王不听，人或谗之，陈平亡去。

◎**注释** ①〔王（wàng）陈〕占据陈郡一带为王。陈指陈郡，即今河南淮阳。②〔周市（fú）〕陈涉的部将，是战国时魏国官员的后代。③〔临济〕在今河南开封东北方的一个城镇。④〔太仆〕负责管理帝王车马的官员。

◎**大意** 陈涉起兵后占据陈地称王，派遣周市占领了魏地，拥立魏咎为魏王，与秦军在临济会战。陈平在此之前已辞别了他的大哥，带着一些年轻人前往临济投奔魏王魏咎。魏王魏咎任命陈平为太仆。陈平向魏王游说献计而未被采纳，有人又说他的坏话，陈平就离开了。

久之，项羽略地至河上，陈平往归之，从入破秦，赐平爵卿。项羽之东王彭城①也，汉王还定三秦而东，殷王②反楚。项羽乃以平为信武君，将魏王咎客在楚者以往，击降殷王而还。项王使项悍拜平为都尉③，赐金二十溢（镒）④。居无何，汉王攻下殷。项王怒，将诛定殷者将吏。陈平惧诛，乃封其金与印，使使⑤归项王，而平身间行杖剑亡。渡河，船人见其美丈夫独行，疑其亡将，要（腰）中当有金玉宝器，目之，欲杀平。平恐，乃解衣裸而佐刺船⑥。船人知其无有，乃止。

◎**注释** ①〔王彭城〕据彭城为王。②〔殷王〕即司马卬，曾随项羽进入关中，被封为殷王，后又反叛项羽。③〔都尉〕中级军官。④〔溢〕同"镒"，二十四两。⑤〔使使〕前一"使"字为动词，派遣的意思；后一"使"字为名词，使者的意思。⑥〔刺船〕划船。

◎**大意** 过了一段时间，项羽攻占地盘到了黄河岸边，陈平前往归顺他，跟从他进入关中灭了秦朝，项羽赐给陈平卿一级的爵位。后来项羽向东回到彭城称王，汉王从汉中回军平定了三秦并继续东进。殷王反叛了楚国。项羽于是封陈平为信武君，让他率领魏王魏咎留在楚国的部下前往，打败并降服殷王后返回。项王派项悍任命陈平为都尉，赐金二十镒。过了不久，汉王攻占了殷地。项王大怒，准备诛杀先前平定殷地的将领和军官。陈平惧怕被杀，便封存他所得的赏金和官印，派人送还项王，而自己提剑抄小路逃走了。渡黄河时，船夫见他一个美男子独行,怀疑他是逃亡的将领,腰间一定藏有金玉宝器,因而一直注视着他,想要杀掉他。陈平很害怕,于是解开衣服裸露上身帮助船夫撑船。船夫知道他一无所有,才没有动手。

平遂至修武降汉,因魏无知①求见汉王,汉王召入。是时万石君奋②为汉王中涓,受平谒,入见平。平等七人俱进,赐食。王曰:"罢,就舍矣。"平曰:"臣为事来,所言不可以过今日。"于是汉王与语而说(悦)之。问曰:"子之居楚何官?"曰:"为都尉。"是日乃拜平为都尉,使为参乘,典护军。诸将尽讙③,曰:"大王一日得楚之亡卒,未知其高下,而即与同载,反使监护军长者!"汉王闻之,愈益幸平。遂与东伐项王。至彭城,为楚所败。引而还,收散兵至荥阳,以平为亚将④,属于韩王信⑤,军广武。

◎**注释** ①〔魏无知〕刘邦的一位谋士。②〔万石君奋〕即石奋,是刘邦的侍从官员。他后来和四个儿子的官位都做到二千石,合起来是一万石,时人誉为"万石君"。③〔讙(huān)〕喧哗。④〔亚将〕将军的副将。⑤〔韩王信〕即韩信(非淮阴侯韩信),原是战国时韩国贵族的后代,在秦末及楚汉战争时成为刘邦的部将,被封为韩王。

◎**大意** 陈平终于逃到修武投靠了汉军,通过魏无知求见汉王,汉王召见了他。这个时候,万石君石奋做汉王的中涓,接受了陈平的名帖,让陈平进入拜见汉王。陈平等七人都进去了,汉王赏赐了他们酒食。汉王说:"吃完后,到客舍去休息吧。"陈平说:"我是专门为重要的事而来的,所要说的事不可以过了今天。"于是汉王就与他交谈,谈得很高兴。汉王问道:"先生在楚军中担任什么官职?"陈平说:"担任都尉。"当天汉王就任命陈平为都尉,让他做自己的陪乘官,主管监督协调各军将领的事。众将领都喧哗起来,说:"大王当天才得到一个楚军的逃兵,还不知道他的本事高低,就立即让他同乘一辆车,反而让他来监护军中老将!"汉王听到这些议论,反而更加信任陈平。于是与陈平一起向东攻伐项王。到达彭城,被楚军击败。汉王领兵返回,一路收集散兵到达荥阳,任命陈平为亚将,隶属于韩王韩信,驻扎在广武。

绛侯①、灌婴②等咸谗陈平曰:"平虽美丈夫,如冠玉耳,其中未必有也。臣闻平居家时,盗其嫂;事魏不容,亡归楚;归楚不中,又亡归汉。今日大王尊官之,令护军。臣闻平受诸将金,金多者得善处,金少者得恶处。平,反覆乱臣也,愿王察之。"汉王疑之,召让魏无知。无知曰:"臣所言者,能也;陛下所问者,行也。今有尾生③、孝己④之行而无益于胜负之数,陛下何暇用之乎?楚汉相距(拒),臣进奇谋之士,顾其计诚足以利国家不(否)耳。且盗嫂受金又何足疑乎?"汉王召让平曰:"先生事魏不中,遂事楚而去,今又从吾游,信者固多心乎?"平曰:"臣事魏王,魏王不能用臣说,故去,事项王。项王不能信人,其所任爱,非诸项即妻之昆弟,虽有奇士不能用,平乃去楚。闻汉王之能用人,故归大王。臣裸身⑤来,不受金无以为资。诚臣计画有可采者,愿大王用之;使无可用者,金具在,请封输官,得请骸骨。"汉王乃谢,厚赐,拜为护军中尉⑥,尽护诸将。诸将乃不敢复言。

◎**注释** ①〔绛(jiàng)侯〕即周勃,是刘邦的得力战将,屡立战功,被封为绛侯。详见《绛侯周勃世家》。②〔灌婴〕刘邦部下的大将,颇有军功,被封为荥阳侯。详见《樊郦滕灌列传》。③〔尾生〕古代传说中讲信义的人。④〔孝己〕殷高宗武丁的儿子,宁愿白受冤枉,也要信守孝道。⑤〔裸身〕意思是身无分文,穷得像没穿衣服似的。⑥〔护军中尉〕在军中握有监察大权的将官。

◎**大意** 绛侯周勃、灌婴等人都在汉王面前说陈平的坏话:"陈平虽是美男子,但不过像用美玉装饰的帽子罢了,他的腹中未必真有学问。我们听说陈平在家时,和他的嫂嫂私通;侍奉魏王魏咎不能容身,逃出来归顺楚王;归顺楚王不合意,又逃来归汉。今日大王看重他给他官做,派他监督各军将领。我们听说陈平收受将领的礼金,礼金给得多的待遇好,礼金给得少的待遇差。陈平这个人,是反复无常的乱臣,希望大王审察他。"汉王对陈平怀疑起来,召来魏无知责问。魏无知说:"我所介绍的,是他的才能;陛下所问的,是他的品行。如果现在有品行像尾生、孝己那样但对于决定胜负的方略却毫无益处的人,陛下会有什么闲空去使用他吗?楚汉相持不下,我进荐奇谋之士,只看他的计谋是否足以利于国家而已。至于私通嫂子、收受礼金又有什么值得怀疑的呢?"汉王召见陈平责问说:"先生侍奉魏王不相投合,便离开了他去侍奉楚王,如今又跟我交往,讲信用的人原来是如此三心二意的吗?"陈平说:"我侍奉魏王,魏王不能采用我的建议,因此我离开,侍奉项王。项王不能信用人,他所信任和喜欢的,不是项氏本家的人就是妻子的兄弟,即使有奇谋之士也不能被任用,我便离开了楚军。曾听说汉王能用人,因此归顺大王。我来时一无所有,不收受礼金就没有什么可作为费用。如果我的计谋的确有值得采纳的,希望大王采用;假使没有可采用的,礼金都还在,请允许我封起来送交官府,并批准我辞职。"汉王听后便向陈平道歉,给了他丰厚的赏赐,任命他为护军中尉,军中各个将领都归他监督。众将领就不敢再说什么了。

其后,楚急攻,绝汉甬道①,围汉王于荥阳城。久之,汉王患之,请割荥阳以西以和。项王不听。汉王谓陈平曰:"天下纷纷,何时定乎?"陈平曰:"项王为人,恭敬爱人,士之廉节好礼者多归之。至于行功爵邑,重之,士亦以此不附。今大王慢而少礼,士廉节者不来;然大王能饶②人以爵邑,士之顽钝嗜利无耻者亦多归汉。诚各去其两短,袭其两长,天下指麾(挥)③则定矣。然大王恣侮人,不能得廉节之士,顾楚有可乱者,彼项王骨鲠之臣亚父、钟离眜、龙且、周殷之属④,不过数人耳。大王诚能出捐数万斤金,行反间,间其君臣,以疑其心,项王为人意忌信谗,必内相诛。汉因举兵而攻之,破楚必矣。"汉王以为然,乃出黄金四万斤,与陈平,恣所为,不问其出入。

◎**注释** ①〔甬道〕两侧建有防御工事的通道，用于战时交通，运送粮草等军需品。②〔饶〕丰饶，多，这里是舍得、大方的意思。③〔指麾〕形容很容易，就像挥一下手这么简单。④〔骨鲠（gěng）之臣亚父、钟离眛（mò）、龙且、周殷之属〕骨鲠之臣，指刚直可靠的大臣。亚父，即范增，项羽的谋士。亚父是项羽对他的尊称。钟离眛、龙且、周殷，皆为忠于项羽的大将。

◎**大意** 后来，楚军紧急进攻，切断了汉军运输粮草的通道，将汉王围在荥阳城中。过了一段时间，汉王忧虑这种困境，请求以割让荥阳以西的地方为条件讲和。项王不接受。汉王对陈平说："天下纷纷攘攘，什么时候才能安定呢？"陈平说："项王的为人，恭敬有礼而爱惜士人，清廉有气节讲礼义的士人大多归附了他。到了论功授予爵位封赏土地的时候，项王却很吝啬，士人也因此不愿依附他。如今大王傲慢而缺少礼仪，清廉有气节的士人不来投奔；然而大王能慷慨地将爵位食邑封赏给人，因此圆滑无气节而好利无廉耻的士人又多归附于汉。如果你们两人谁能去掉自己的短处，吸取对方的长处，那么天下只要一挥手就可以安定了。虽然大王喜欢恣意侮辱人，不能得到清廉有气节的士人，但楚国也有可扰乱的因素，项王身边刚直而得力的臣子只有范增、钟离眛、龙且、周殷之辈，不过几个人而已。大王真能拿出几万斤黄金，施行反间计，离间楚国的君臣，使他们彼此起疑心，项王为人爱猜忌而好信谗言，这样他们内部一定会互相残杀。汉军乘机出兵进攻他们，打败楚军就是必然了。"汉王认为陈平说得对，于是拿出黄金四万斤，交给陈平，任凭他使用，不过问黄金的支出情况。

陈平既多以金纵反间于楚军，宣言诸将钟离眛等为项王将，功多矣，然而终不得裂地而王，欲与汉为一，以灭项氏而分王其地。项羽果意不信钟离眛等。项王既疑之，使使至汉。汉王为太牢具①，举进。见楚使，即详（佯）惊曰："吾以为亚父使，乃项王使！"复持去，更以恶草具进楚使。楚使归，具以报项王。项王果大疑亚父。亚父欲急攻下荥阳城，项王不信，不肯听。亚父闻项王疑之，乃怒曰："天下事大定矣，君王自为之！愿请骸骨归！"归未至彭城，疽②发背而死。陈平乃夜出女子二千人荥阳城东门，楚因击之，陈平乃与汉王从城西门夜出去。遂入关，收散兵复东。

◎**注释** ①〔太牢具〕牛、羊、猪三牲齐备的饭食，是待客的最高礼数。②〔疽（jū）〕痈疮。

◎**大意** 陈平用了很多金钱在楚军中大肆实行反间计，公开散布言论说钟离眛等人做项王的将领，功劳很多了，然而终究没分封土地为王，想要与汉军联合，由此消灭项氏家族分割他们的土地而称王。项羽果然猜疑钟离眛等人。项王已经起了疑心，派使者到汉王那里。汉王准备了太牢规格的菜肴，让人端进去。见到楚国的使者，便假装吃惊地说："我以为是亚父的使者，原来是项王的使者！"又将菜肴端回去，换了粗糙的食物给楚国使者。楚国使者回去后，把这些情况全部报告给了项王。项王果真大大怀疑亚父了。亚父想要急速攻下荥阳城，项王不信他的话，不肯听从。亚父听说项王在怀疑自己，便发怒道："天下的事大致已成定局了，君王自己干吧！希望准许我辞别回家！"亚父东归，还没到彭城，背上毒疮发作而死。陈平于是设计在黑夜让两千名妇女出荥阳城的东门，楚军便去追击，陈平就和汉王连夜从荥阳城的西门逃离。随后进入关中，聚集打散了的败兵再向东进军。

其明年，淮阴侯破齐，自立为齐王，使使言之汉王。汉王大怒而骂，陈平蹑汉王。汉王亦悟，乃厚遇齐使，使张子房卒立信为齐王。封平以户牖乡。用其奇计策，卒灭楚。常（尝）以护军中尉从定燕王臧荼①。

◎**注释** ①〔燕王臧荼〕臧荼因随项羽进入关中，被封为燕王，后归附于汉。刘邦做皇帝后，又起兵反汉。详见《张耳陈馀列传》等。

◎**大意** 第二年，淮阴侯韩信攻破齐国，自立为齐王，派使者将这件事报告汉王。汉王大怒而骂，陈平踩了踩汉王的脚。汉王也领悟了，于是款待齐使，最终派张良前去册立韩信为齐王。汉王将户牖乡作为封地赏给陈平。采用陈平的妙计，终于灭掉了楚国。后来陈平还曾以护军中尉的身份跟从刘邦平定了燕王臧荼的叛乱。

汉六年，人有上书告楚王韩信反。高帝问诸将，诸将曰："亟发兵坑竖子耳。"高帝默然。问陈平，平固辞谢，曰："诸将云何？"上具告之。陈平曰："人之上书言信反，有知之者乎？"曰："未有。"曰："信知之乎？"曰："不知。"陈平曰："陛下精兵孰与楚？"上曰："不能过。"平曰："陛下将用兵有能过韩信者乎？"上曰："莫及也。"平曰："今兵不如楚精，而将不能及，而举兵攻之，是趣①之战也，窃为陛下危之。"上曰："为之奈何？"平曰："古者天子巡狩，会诸侯。南方有云梦②，陛下弟③出伪游云梦，会诸侯于陈。陈，楚之西界，信闻天子以好出游，其势必无事而郊迎谒。谒，而陛下因禽（擒）之，此特一力士之事耳。"高帝以为然，乃发使告诸侯会陈，"吾将南游云梦"。上因随以行。行未至陈，楚王信果郊迎道中。高帝豫具武士，见信至，即执缚之，载后车。信呼曰："天下已定，我固当烹！"高帝顾谓信曰："若毋声！而反，明矣！"武士反接之。遂会诸侯于陈，尽定楚地。还至雒阳，赦信以为淮阴侯，而与功臣剖符定封。

◎**注释** ①〔趣（cù）〕逼使。②〔云梦〕即云梦泽，是一个有沼泽地的湖泊，在今湖北监利南。③〔弟〕只，仅仅。

◎**大意** 汉六年，有人上书告发楚王韩信谋反。高皇帝询问众将领意见，众将领都说："赶紧发兵去活埋这小子吧。"高皇帝默默不语。又询问陈平，陈平先一再推辞，后又说："众将领说了些什么？"高皇帝把众将领说的全部告诉了他。陈平说："有人上书说韩信谋反的事，有人知道吗？"高皇帝说："没有。"陈平说："韩信知道吗？"高皇帝说："不知道。"陈平说："陛下的精锐部队和楚国的比起来如何？"高皇帝说："不能超过。"陈平说："陛下的将领带头作战有能超过韩信的吗？"高皇帝说："没有谁赶得上。"陈平说："如今陛下的军队不如楚国的精锐，而将领又赶不上韩信，却要发兵攻伐他，这是在逼他起兵作战。我私下认为陛下这样做很危险。"高皇帝说："这该怎么办呢？"陈平说："古时候的天子有巡视诸侯国封地而会见诸侯的制度。南方有个云梦泽，陛下只装作出游云梦泽，要在陈县会见诸侯。陈县，在楚国的西部边界，韩信听到天子带着和平会见的愿望出游，必定会无所戒备地到郊外迎接拜见陛下。当他拜见时，陛下趁机捉拿他，这是只要一个力士就可办到的事。"高皇帝认为这样是可行的，于是就派出使者通告诸侯到陈县会见，"我将南游云梦泽"。高皇帝随即出行。还没有到达陈县，楚王韩信果然在郊外的路上迎接。高皇帝预先安排了武士，看见韩信到来，立即将他捉住捆绑起来，装进后面的车子。韩信呼喊："天下已经平定，我本来就应被煮死了！"高皇帝回头对韩信说："你不要大声叫！你谋反，是明摆着的！"武士又将韩信双手反绑住。于是高皇帝在陈县会见诸侯，全部平定了楚地。回到雒阳，赦免了韩信的罪，封他为淮阴侯，又与功臣分剖信符确定封地。

于是与平剖符，世世勿绝，为户牖侯。平辞曰："此非臣之功也。"上曰："吾用先生谋计，战胜克敌，非功而何？"平曰："非魏无知，臣安得进？"上曰："若子可谓不背本矣。"乃复赏魏无知。其明年，以护军中尉从攻反者韩王信于代①。卒至平城②，为匈奴所围，七日不得食。高帝用陈平奇计，使单于阏氏③，围以得开。高帝既出，其计秘，世莫得闻。

◎**注释**　①〔代〕即秦时的代郡，汉时为代国，在今山西北部与河北西北部一带。②〔平城〕在今山西大同东北的一个城镇。③〔单于阏氏（yān zhī）〕单于，匈奴部落最高君长的称号。阏氏，汉代匈奴单于、诸王妻子的统称。

◎**大意**　于是高皇帝与陈平分剖信符,让陈平的爵位封地世代承袭不绝,封其为户牖侯。陈平推辞说:"这不是我的功劳。"高皇帝说:"我采用先生的谋略计策,战胜敌人,不是功劳又是什么?"陈平说:"如果不是魏无知,我怎能得到任用?"高皇帝说:"你这位先生可说是不忘本了。"于是又赏赐了魏无知。第二年,陈平以护军中尉的身份跟从高皇帝在代地攻伐了反叛者韩王信。最后到平城,被匈奴包围,整整七天得不到食物吃。高皇帝采用陈平的奇计,派人到匈奴单于的妃子那里去活动,围困才得以解除。高皇帝突破包围之后,陈平的计策一直秘而不宣,世间没人得知。

　　高帝南过曲逆,上其城,望见其屋室甚大,曰:"壮哉县!吾行天下,独见雒阳与是耳。"顾问御史①曰:"曲逆户口几何?"对曰:"始秦时三万余户,间者兵数起,多亡匿,今见(现)五千户。"于是乃诏御史,更以陈平为曲逆侯,尽食②之,除前所食户牖。

◎**注释**　①〔御史〕御史大夫的下属官员,掌管朝廷的图书典籍、文献档案。②〔食〕指作为食邑。
◎**大意**　高皇帝向南经过曲逆时,登上曲逆城,望见城里的房屋很大,说:"好壮观的县城!我走遍天下,只见过雒阳城和这座城一样。"回头问御史道:"曲逆的户口有多少?"御史回答道:"秦朝时有三万多户,近年来屡次发生兵乱,居民多逃亡躲藏,如今有五千户。"这时高皇帝便命令御史,把陈平改封为曲逆侯,全县都作为他的食邑,撤除以前享有的食邑户牖乡。

　　其后常(尝)以护军中尉从攻陈豨及黥布。凡六出奇计,辄益邑,凡六益封。奇计或颇秘,世莫能闻也。

◎**大意**　陈平后来曾以护军中尉的身份跟从高皇帝攻伐陈豨和黥布。陈平先后共六次提出奇计，每提出一次奇计就加封一次食邑，共六次增加食邑。他的奇计有的很隐秘，世间没人能够知晓。

高帝从破布军还，病创，徐行至长安。燕王卢绾反①，上使樊哙以相国将兵攻之。既行，人有短恶哙者。高帝怒曰："哙见吾病，乃冀我死也。"用陈平谋而召绛侯周勃受诏床下，曰："陈平亟驰传载勃代哙将，平至军中即斩哙头！"二人既受诏，驰传未至军，行计之曰："樊哙，帝之故人也，功多，且又乃吕后弟吕媭之夫，有亲且贵，帝以忿怒故，欲斩之，则恐后悔。宁因而致上，上自诛之。"未至军，为坛，以节②召樊哙。哙受诏，即反接载槛车，传诣长安，而令绛侯勃代将，将兵定燕反县。

◎**注释** ①〔燕王卢绾（wǎn）反〕详见《韩信卢绾列传》。②〔节〕符节，帝王派遣使者出使时所持的信物。

◎**大意** 高皇帝从打败黥布的前线回来，因受伤而卧病，慢慢地行至长安。燕王卢绾反叛，高皇帝派樊哙以相国的身份攻伐他。动身后，有人诋毁樊哙。高皇帝发怒说："樊哙看我病倒了，竟然希望我快死。"高皇帝采用陈平的计谋召来绛侯周勃，让他在病床前接受诏令，说："陈平急速乘驿馆的快车载着周勃去代替樊哙领兵，陈平到达军中立即斩下樊哙的头！"陈平和周勃二人受命后，乘坐驿馆车子急奔，还未到军中，边行边计议说："樊哙，是陛下的老友，功劳多，又是吕后的妹妹吕媭的丈夫，与陛下有亲戚关系而且尊贵。陛下因一时愤怒，要杀掉他，但恐怕会后悔。宁可把樊哙囚禁起来送交皇上，由陛下亲自诛杀他。"没有进入军营，就先建起宣布诏令的高台，用符节召见樊哙。樊哙来接受诏令，二人立即将他反绑起来装进囚车，用驿馆的车马送回长安，而周勃代替樊哙为将，率领军队平定了燕地反叛的各县。

平行闻高帝崩，平恐吕太后及吕嬃谗怒，乃驰传先去。逢使者诏平与灌婴屯于荥阳。平受诏，立复驰至宫，哭甚哀，因奏事丧前。吕太后哀之，曰："君劳，出休矣。"平畏谗之就，因固请得宿卫中。太后乃以为郎中令①，曰："傅教孝惠②。"是后吕嬃谗乃不得行。樊哙至，则赦复爵邑。

◎**注释**　①〔郎中令〕负责宫廷警卫和帝王安全的高官。②〔孝惠〕指先前为太子而现在做皇帝的刘盈，孝惠是他死后的谥号，这里是史家的追述。

◎**大意**　陈平在返回的途中听到了高皇帝逝世的消息，他害怕吕太后发怒和吕嬃的谗言，于是乘驿馆的车子快奔先行。路上遇到朝廷的使者命令陈平与灌婴屯驻于荥阳。陈平接受诏令后，立即又驱车赶到皇宫，哭丧非常哀痛，乘机在高皇帝灵柩前向吕太后说明前事。吕太后哀怜陈平，说："您很辛苦，出去休息吧。"陈平畏惧谗言中伤，因而坚决请求在宫中值夜班做警卫。吕太后于是任命他为郎中令，说："辅佐教导孝惠帝。"这以后吕嬃的谗言才未能发生效用。樊哙到后，就被赦免并恢复了原来的爵位与封地。

　　孝惠帝六年，相国曹参卒，以安国侯王陵为右丞相，陈平为左丞相。

◎**大意**　汉孝惠帝六年，相国曹参去世，朝廷任命安国侯王陵为右丞相，陈平为左丞相。

　　王陵者，故沛人，始为县豪①，高祖微时，兄事陵。陵少文，任气，好直言。及高祖起沛，入至咸阳，陵亦自聚党数千人，居南阳，不肯从沛公。及汉王之还攻项籍，陵乃以兵属汉。项羽取陵母置军中，陵使至，则东乡（向）②坐陵母，欲以招陵。陵母既私送使者，泣曰："为老妾③语陵，谨事汉王。汉王，长者也，无以老妾故，持二心。妾以死送使者。"遂伏剑而死。项王怒，烹陵母。陵卒从汉王定天下。以善雍齿，雍齿，高帝之仇，而陵本无意从高帝，以故晚封，为安国侯。

◎**注释** ①〔县豪〕沛县里的豪绅。②〔东乡〕古人平时在家或宴席上向东而坐是一种尊敬的表示。乡，同"向"。③〔老妾〕这里是王陵母亲自称。

◎**大意** 王陵这个人，原是沛县人，起初是县里的豪强，刘邦低贱时，像对待兄长一般地侍奉王陵。王陵缺少文化素养，意气用事，喜欢直言。等到刘邦起兵沛县，进入关中到达咸阳，王陵也聚集同党几千人，屯居在南阳，不肯依从刘邦。刘邦回军攻打项羽时，王陵才率兵归属于汉。项羽劫取王陵的母亲留置在军中，王陵的使者来到，项羽就让王陵的母亲朝东而坐，想用这个办法招降王陵。王陵的母亲在独自送别使者的时候，哭着说："请替我老太婆转告王陵，要好好侍奉汉王。汉王，是个值得敬重的长者，不要因为我老太婆而怀有二心。老太婆以死送别使者。"接着就用剑自刎而死。项王大怒，把王陵母亲的尸体煮了。王陵终于跟从刘邦平定天下。王陵与雍齿要好，雍齿这个人是刘邦的仇人，而且王陵原本无意跟从刘邦，因此较晚才得到封赏，被封为安国侯。

安国侯既为右丞相，二岁，孝惠帝崩。高后欲立诸吕为王，问王陵，王陵曰："不可。"问陈平，陈平曰："可。"吕太后怒，乃详（佯）迁陵为帝太傅，实不用陵。陵怒，谢疾免，杜门竟不朝请，七年而卒。

◎**大意** 安国侯当了右丞相后，过了两年，孝惠帝去世。吕太后想立吕氏家族的人为王，询问王陵的意见，王陵说："不可以。"询问陈平的看法，陈平说："可以。"吕太后很生气，便名义上升迁王陵做皇帝的太傅，实际上是不任用他。王陵很气愤，借口有病辞去职务，闭门不再入朝拜见请安，七年后去世。

陵之免丞相，吕太后乃徙平为右丞相，以辟阳侯审食其为左丞相。左丞相不治，常给事于中。

◎**大意**　王陵被免去丞相职位后，吕太后便调任陈平为右丞相，任命辟阳侯审食其为左丞相。左丞相不设立专门的办事机构，经常是在宫中服务。

食其亦沛人。汉王之败彭城西，楚取太上皇、吕后为质，食其以舍人①侍吕后。其后从破项籍为侯，幸于吕太后。及为相，居中，百官皆因决事。

◎**注释**　①〔舍人〕以门客身份管理主人生活杂务的人。
◎**大意**　审食其也是沛县人。汉王在彭城大败而向西逃跑时，楚军劫取太上皇、吕后做人质，审食其以舍人的身份侍奉吕后。后来审食其跟从高祖打败项羽而被封为辟阳侯，得到吕太后的宠信。他任左丞相后，住在宫中，百官都通过他决断事务。

吕嬃常以前陈平为高帝谋执樊哙，数谗曰："陈平为相非治事，日饮醇酒，戏妇女。"陈平闻，日益甚。吕太后闻之，私独喜。面质吕嬃于陈平曰："鄙语曰'儿妇人口不可用'，顾君与我何如耳。无畏吕嬃之谗也。"

◎**大意**　吕嬃因为以前陈平替高皇帝谋划拘捕樊哙的事，而多次向吕太后进谗言：

"陈平做丞相不处理政事，每天痛饮美酒，戏弄妇女。"陈平听说后，饮酒玩乐一天比一天厉害。吕太后知道了，心里暗自高兴。她当着陈平的面训斥吕媭说："俗话说'小孩子和女人说的话不可信'，只是要看您对我怎么样罢了。不要怕吕媭的谗言。"

吕太后立诸吕为王，陈平伪听之。及吕太后崩，平与太尉勃合谋，卒诛诸吕，立孝文皇帝，陈平本谋也。审食其免相。

◎**大意** 吕太后立吕氏家族的人为王，陈平假装听从。等到吕太后去世，陈平与太尉周勃合谋，终于诛灭了吕氏家族，拥立了汉文帝，这件事陈平是主谋。审食其被免去左丞相。

孝文帝立，以为太尉勃亲以兵诛吕氏，功多；陈平欲让勃尊位，乃谢病。孝文帝初立，怪平病，问之。平曰："高祖时，勃功不如臣平。及诛诸吕，臣功亦不如勃。愿以右丞相让勃。"于是孝文帝乃以绛侯勃为右丞相，位次第一；平徙为左丞相，位次第二。赐平金千斤，益封三千户。

◎**大意** 文帝即位，认为太尉周勃亲自领兵诛灭吕氏家族，功劳多；陈平想将尊位让给周勃，于是称病请假。文帝刚刚即位，对陈平称病感到奇怪，向他询问。陈平说："高祖的时候，周勃的功劳不如我。诛灭吕氏家族，我的功劳不如周勃。我愿把右丞相的职位让给周勃。"于是文帝就任命绛侯周勃为右丞相，地位列为第一；陈平调任左丞相，地位列为第二。赏赐陈平千金，加封食邑三千户。

居顷之，孝文皇帝既益明习国家事，朝而问右丞相勃曰："天下一岁决狱几何？"勃谢曰："不知。"问："天下一岁钱谷出入几何？"勃又谢不知，汗出沾背，愧不能对。于是上亦问左丞相平。平曰："有主者。"上曰："主者谓谁？"平曰："陛下即问决狱，责廷尉；问钱谷，责治粟内史①。"上曰："苟各有主者，而君所主者何事也？"平谢曰："主臣！陛下不知其驽下，使待罪宰相。宰相者，上佐天子理阴阳，顺四时，下育万物之宜，外镇抚四夷②诸侯，内亲附百姓，使卿大夫各得任其职焉。"孝文帝乃称善。右丞相大惭，出而让陈平曰："君独不素教我对！"陈平笑曰："君居其位，不知其任邪？且陛下即问长安中盗贼数，君欲强对邪？"于是绛侯自知其能不如平远矣。居顷之，绛侯谢病请免相，陈平专为一丞相。

◎**注释** ①〔治粟内史〕主管钱粮税收的官。②〔四夷〕四方边境上的少数民族。

◎**大意** 过了不久，文帝已经更加明了熟习国家大事，有次朝会时询问右丞相周勃说："天下一年判决的诉讼案件有多少？"周勃谢罪说："不知道。"又询问："天下一年钱粮的支出和收入有多少？"周勃又谢罪说不知道，紧张得汗流浃背，因不能对答而惭愧。这时候文帝又询问左丞相陈平。陈平说："有主管的人。"文帝说："主管的人是谁？"陈平说："陛下若问判决案件的事，就向廷尉查询；若问钱粮收支的事，就向治粟内史查询。"文帝说："如果各方面的事都有主管的人，那么您所主管的是什么事呢？"陈平谢罪说："主管群臣！陛下不知道我们资质愚笨，让我们供职宰相。宰相这一职务，对上辅佐天子调理阴阳、顺应四时，对下适时化育万物，对外镇抚四夷与诸侯，对内使百姓亲附，使卿大夫各能胜任他们的职责。"文帝听后称赞不已。右丞相周勃大为惭愧，退朝出来责怪陈平说："您偏偏不在平时教我对答！"陈平笑着说："您身居丞相之位，不知道丞相的职责吗？况且陛下如果问长安城中盗贼的数目，您也想勉强对答吗？"这时周勃才自知能力远不如陈平。过了不久，周勃自称有病辞去右丞相之位，从此丞相之职便由陈平一人担任了。

陈丞相世家第二十六

孝文帝二年，丞相陈平卒，谥为献侯。子共侯买代侯。二年卒，子简侯恢代侯。二十三年卒，子何代侯。二十三年，何坐略人妻，弃市，国除。

◎**大意** 文帝二年，丞相陈平去世，追赠谥号叫作献侯。他的儿子共侯陈买继承侯爵。两年后陈买去世，他的儿子简侯陈恢继承侯爵。二十三年后陈恢去世，他的儿子陈何继承侯爵。过了二十三年，陈何犯了霸占别人妻子的罪，在闹市中被处以死刑，封国被废除。

始陈平曰："我多阴谋，是道家之所禁。吾世即废，亦已矣，终不能复起，以吾多阴祸也。"然其后曾孙陈掌以卫氏亲贵戚，愿得续封陈氏，然终不得。

◎**大意** 当初陈平说过："我多用诡秘的计谋，这是道家所禁忌的。如果在我这一辈侯爵就被废黜，也就永远完了，不能复兴，因为我有许多暗中积下的祸根。"尽管后来他的曾孙陈掌凭着卫氏的亲戚关系而显贵，希望能够续封陈氏，但是最终未能实现。

太史公曰：陈丞相平少时，本好黄帝、老子之术。方其割肉俎①上之时，其意固已远矣。倾侧扰攘楚魏之间，卒归高帝。常出奇计，救纷纠之难，振国家之患。及吕后时，事多故矣，然平竟自脱，定宗庙，以荣名终，称贤相，岂不善始善终哉！非知（智）谋孰能当此者乎？

◎**注释** ①〔俎（zǔ）〕切肉切菜的砧板。
◎**大意** 太史公说：陈平年轻时，原本喜好黄老学说。他在砧板上分割祭肉的时候，志向就已经很远大了。后来他艰难地徘徊在楚魏之间，最终归附了高皇帝。他经常献出奇计，解救纷杂的危难，消除国家的祸患。到吕太后时期，国事多有变故，然而陈平竟能自免于祸，安定汉室，终生享有荣耀和名誉，被称为贤相，这难道不是善始善终吗！如果没有智慧和谋略谁能做到这样呢？

◎ 释疑解惑

　　唐代诗人周昙《曲逆侯》一诗吟咏陈平："社肉分平未足奇，须观大用展无私。一朝如得宰天下，必使还如宰社时。"抓住了陈平人生中的一个细节展开叙写，那就是陈平年轻时在乡中祭典上分祭肉，大家都夸陈平分得很公平，陈平却说："嗟乎，使平得宰天下，亦如是肉矣！"当时，陈平刚得妻家相助，生活质量有所提高，交游也逐渐广泛，便有了"宰天下"的豪壮之语，可见陈平的鸿鹄之志由来已久。往后的经历中，陈平"宰天下"的志向是一以贯之的。张良入汉是为了替韩国报仇，功名利禄对他来说没有那么重要，因此，他处处退让。而陈平入汉是为了实现昔日"宰天下"的人生理想，他凭借智谋替汉高祖赢得了天下，也为自己赢得了"宰天下"的可能。

　　陈平的智谋无人否认，其机心却屡遭诟病。高塘说："通篇纯是见智谋处，末用'阴谋''阴祸'四字作结，人之居心宜何如哉！太史公揭出此语，含蕴无穷，垂戒深远。"指出司马迁对陈平之居心有所不满。而后世批判陈平的人更是不在少数。黄震说："陈平虽诛诸吕，然使诸吕逆者，平阿意太后之过也。纵火人之家，而随以扑灭言功，功耶？罪耶？代右相勃决狱钱谷之对，徒以大言胜勃，平无其实也。董晋有言：天下安危，丞相之能与否可见，谋议于上前者不足道也。平一时欺君之言，后世犹或称之，误矣。始平自以多阴谋惧多阴祸，以此足觇其本心云。"此论称陈平先助诸吕增强势力而作乱，后又与周勃合力诛灭诸吕，此与先放火而后灭火无异，着实不知何功之有，分明是罪过才对。而与周勃同在汉文帝面前应对，以巧言魅惑汉文帝而使周勃自动请辞，从而独揽大权，其居心可见。杨维桢也说："宰相于天下事无不知，况于狱数系民命、钱谷系国命，廷尉、内史其职主也，而一岁生杀、出纳之数，上计冢宰者，独可不知乎？平所学黄老术，战国之纵横说尔。其丞相职于帝者，平果能之否乎？亦不过剿言以妄帝尔。帝善其言，而勃又惭其言而去，遂专相以为德也，君子哂之。"以为陈平所学之黄老，实乃战国纵横之策，应答汉文帝之语，分明是诡辩之言，目的是让周勃自愧不如、主动请辞，后人还以为陈平有德，着实可笑。程敏政说："吕氏之杀淮阴，千古共愤，而予以为平实启之，吕氏特成之耳。伪游云梦之言，使高帝为无恩之主，元勋受无罪之诛，平亦不义之甚矣。"对陈平设计诛杀韩信愤愤不平。王鸣盛说："陈平，小人也。汉得天下皆韩信功，一旦有告反者，间左蜚语，略无证据，平不以此时弥缝其隙，乃唱伪游云梦之邪说，使信无故见黜。其后为吕后所杀，直平杀之耳。殆高祖命即军中斩樊哙，而平械之归。哙，吕氏党也，故平活之，其揣时附势如此。且平六出奇计，而其解白登之围，特图画美人以遗阏氏，计甚庸鄙，又何奇焉！"

诚然，陈平佐汉有自己的私欲，为了实现人生理想与抱负，为了能够"宰天下"，不惜使用"阴谋"，顺应主上而因势权宜。然而，《陈丞相世家》中的一段叙事，或许对我们看待这个问题会有另外的启示。陈平初被刘邦封为都尉，周勃与灌婴都不服气，便去刘邦那里说陈平的坏话，说陈平在家里与嫂嫂私通，被封都尉之后，利用职权收受贿赂，再加上他之前投奔魏王咎又投奔项羽，如此反复无常、品行恶劣，难道可以相信吗？俗话说三人成虎，此二人之言即令刘邦对陈平生了疑心，便叫来曾经举荐陈平的魏无知加以责问。魏无知却说出了这么一段话："臣所言者，能也；陛下所问者，行也。今有尾生、孝己之行而无益于胜负之数，陛下何暇用之乎？楚汉相距，臣进奇谋之士，顾其计诚足以利国家不耳。且盗嫂受金又何足疑乎？"意思是说德行再高的人，如果不能为国家带来利益，那就是无用之人。只要能为国家带来利益，即使有与嫂嫂私通和收受贿赂的事，又有什么大不了呢？此处，魏无知便提示刘邦，不应该单纯地以道德标准来评判一个人，只要对国家有利，即便道德有所亏缺，也不应该有所怀疑。我们应该充分考虑到当时的形势，安邦治国是当时的第一要务，陈平能够将个人理想与国家需要紧密结合在一起，虽然有私欲、有阴谋，但他无疑是刘邦打天下、治天下急需的人才。

◎ **思考辨析题**

1. 如何评价陈平这个人？
2. 《陈丞相世家》有何写作特色？

绛侯周勃世家

第二十七

《绛侯周勃世家》是西汉初年的功臣周勃、周亚夫父子的合传。前半部分写周勃。他出身低微，以编织蚕箔、给办理丧事的人家吹箫维持生计。追随刘邦后，他先在灭秦大业中冲锋陷阵，屡立战功，接着在楚汉战争中身先士卒，功勋卓著，后又在平定韩王信、代国、燕王等叛乱中再建奇功。西汉初年他以列侯事汉惠帝，颇具大臣风节，故能在诸吕危刘时，与丞相陈平共谋，诛灭吕氏，拥立汉文帝，维护和巩固汉王朝，贡献突出。然而，周勃晚年时常处于将被杀戮的惶恐不安中，每次遇到河东郡的郡守郡尉巡行绛县时，都会被甲执兵，时时防备，可知汉初屠杀功臣给周勃留下了很重的心理阴影。周勃最终被人告发谋反而入狱，饱受羞辱，危急之时，幸得薄昭、薄太后在汉文帝面前疏通、求情才幸免于难。

后半部分写周勃之子周亚夫。作为将门之后，他以善于将兵、直言持正著称。周亚夫治军才能突出，屯军细柳营，军纪严明，壁垒森严，受到汉文帝的褒扬，被赞为"真将军"。景帝继位，吴、楚等七国反，周亚夫率兵平定七国之乱，为维护国家统一建立了巨大功勋。他在平乱后为丞相，深得大臣之体，因争废栗太子、不侯皇后兄信和匈奴降王而得罪汉景帝，于是被景帝以其他事情为由关进监狱，最终绝食而死。

周勃父子的一生有许多相似之处。周勃是诛吕安刘的主要决策者和组织者，周亚夫是平定七国之乱的汉军统帅，父子二人都是在最关键的时刻有功于汉王朝。但是，他们都只做了两三年的丞相就被免职，晚年都因被诬告谋反而被捕入狱。周勃父子的遭遇具有典型性，所以，有人认为这是一篇专写功臣受辱的传记。然而，司马迁在塑造周勃父子形象时所用的手法截然不同。如写周勃之功，详细罗列他跟随刘邦东征西讨时参加过的所有军事行动：灭亡秦朝、征讨项羽、平定内乱、防御匈奴，所立大小战功数十次。此以琐碎胜。而对他诛吕安刘的主要功绩只寥寥几笔带过，以"互见法"详记于《吕太后本纪》《孝文本纪》中。这一方面可为汉高祖临终遗言"周勃重厚少文，然安刘氏者必勃"提供可信的依据，另一方面又与后来周勃被捕入狱时拙于言对形成强烈的对比。写周亚夫则选取两个典型事件突出人物形象，运用特写的手法描绘了他的大将风度。此以整齐胜。先是通过对细柳军营的精彩描述突出了周亚夫治军的严谨、严肃与严格。汉文帝亲自劳军，到了霸上和棘门军营，可以长驱直入，将军及官兵骑马迎送；而到了细柳军营，军容威严，号令如山，即使是文帝驾到，也不准入营，大臣都被惊呆，文帝也不能不为之赞叹。司马迁以对比、反衬的手法，生动地刻画了一位治军严谨、刚正不阿的将军形象。周亚夫的所作所为是西汉朝廷安内攘外、拯救危亡的精神力量,的确值得敬佩。接着写他在平定七国之乱时的胸有成竹、从容不迫,任何干扰也不能动摇他的既定策略,皇帝的诏令也不例外。

司马迁在篇末赞语中称颂周勃、周亚夫父子的为人和功绩,认为周勃可比拟伊尹、周公,周亚夫可与司马穰苴相媲美,从而委婉地抨击了专制帝王猜忌功臣的罪行,并对二人的不幸遭遇寄予了无限的同情。

绛侯周勃者,沛人也。其先卷①人,徙沛。勃以织薄(箔)曲②为生,常为人吹箫给丧事③,材官引强④。

◎**注释** ①〔卷(quān)〕在今河南原阳西南。②〔薄曲〕养蚕器具,用竹子或芦苇编织,今称"蚕箔"。③〔吹箫给丧事〕给办丧事的人家吹箫奏哀乐或为唱挽歌伴奏。④〔材官引强〕材官,汉代一种由力大善射者组成的兵种。引强,拉硬弓。

◎**大意** 绛侯周勃是沛县人。他的祖先是卷县人,后来迁居到沛县。周勃靠编织蚕箔维持生活,也常常给办理丧事的人家吹箫,后成为拉强弓的勇战兵士。

高祖之为沛公初起,勃以中涓从攻胡陵①,下方与。方与反,与战,却适(敌)。攻丰,击秦军砀东。还军留及萧。复攻砀,破之。下下邑,先登。赐爵五大夫②。攻蒙、虞,取之。击章邯车骑,殿。定魏地。攻爰戚、东缗③,以往至栗,取之。攻啮桑④,先登。击秦军阿下,破之。追至濮阳,下甄(鄄)城。攻都关、定陶,袭取宛朐,得单父令。夜袭取临济,攻张,以前至卷,破之。击李由军雍丘下。攻开封,先至城下为多。后章邯破杀项梁,沛公与项羽引兵东如砀。

自初起沛还至砀一岁二月。楚怀王封沛公号安武侯，为砀郡长。沛公拜勃为虎贲令，以令从沛公定魏地。攻东郡尉于城武，破之。击王离军，破之。攻长社，先登。攻颍阳、缑氏，绝河津。击赵贲军尸北。南攻南阳守齮，破武关、峣关。破秦军于蓝田，至咸阳，灭秦。

◎**注释** ①〔胡陵〕在今山东鱼台东南。②〔五大夫〕秦爵二十级，五大夫为第五级。③〔爰戚、东缗（mín）〕皆县名。爰戚在今山东嘉祥东南，东缗在今山东金乡。④〔啮桑〕在今江苏沛县西南。

◎**大意** 刘邦夺得沛县县令起兵时，周勃就以中涓的身份跟从刘邦攻打胡陵，打下了方与。方与反叛，周勃参加了战斗，并击退了敌军。进攻丰邑，在砀县东面打击秦军。领军回到留县和萧县。再次攻打砀县，攻破了城池。攻占下邑时，周勃最先登上城。刘邦赐给他五大夫的爵位。进攻蒙邑、虞县，都攻下了。攻击秦将章邯的车骑部队时，周勃率军殿后。接着平定了魏地。进攻爰戚、东缗，一直到达栗县，都打下来了。攻取啮桑时，周勃最先登城。又在东阿城下打击秦军，将他们打得大败。追击至濮阳，攻下了甄城。又攻打都关、定陶，偷袭夺取了宛朐，掳获单父（shàn fǔ）县的县令。夜袭夺取临济，再进攻张县，往前到达卷县，并攻破城池。在雍丘城下攻击秦将李由的军队。进攻开封时，周勃的军队先到达城下的最多。后来章邯大破项梁的军队并杀了项梁，刘邦和项羽领兵向东回到砀县。刘邦从沛县开始起兵到回军砀县共一年零两个月。楚怀王封刘邦为安武侯，担任砀郡长官。刘邦任命周勃为虎贲（bēn）令，周勃以虎贲令的身份跟从刘邦平定魏地。在城武攻打东郡郡尉的军队，大败了他们。又攻打王离的军队，大败了他们。进攻长社时，周勃最先登城。接着进攻颍阳、缑氏，切断了黄河的渡口。在尸乡以北攻打赵贲的军队。又向南攻打南阳郡的守将吕齮，攻破武关、峣关。在蓝田大破秦军，然后到达咸阳，最终灭了秦朝。

项羽至，以沛公为汉王。汉王赐勃爵为威武侯。从入汉中，拜为将军。还定三秦，至秦，赐食邑怀德。攻槐里、好畤，最。击赵贲、内史保于咸阳，最。北攻漆。击章平、姚卬军。西定汧。还下郿、频阳。围章邯废丘。破西丞。击盗巴军，破之。攻上邽。东守峣关。转击项籍。攻曲逆，最。还守敖仓，追项籍。籍已死，因东定楚地泗川、东海郡，凡得二十二县。还守雒阳、栎阳，赐与颍阴侯共食钟离①。以将军从高帝击反者燕王臧荼，破之易下。所将卒当驰道为多。赐爵列侯②，剖符世世勿绝。食绛八千一百八十户，号绛侯。

◎**注释** ①〔共食钟离〕以钟离县作为二将共同的食邑。②〔列侯〕秦汉时设置的二十等爵位中最高的爵位。

◎**大意** 项羽到了咸阳，封刘邦为汉王。汉王赐给周勃爵位叫威武侯。周勃跟从汉王进入汉中，被任命为将军。回军平定了三秦，到秦地后，汉王将怀德县赐给周勃作食邑。攻打槐里、好畤时，周勃的功劳最大。在咸阳攻打赵贲、内史保，功劳也最大。向北攻打漆县，进击章平、姚卬的军队。向西平定了汧（qiān）县。再回军攻打下郿、频阳。把章邯包围在废丘。又打败了西县县丞。攻击盗巴的军队，大败了他们。再进攻上邽（guī）县。往东防守峣关。转而攻击项籍。进攻曲逆时，功劳又最大。回军守卫敖仓。后又追击项羽。项羽死后，周勃乘势向东平定了楚地泗川、东海二郡，总共取得二十二个县。回军守卫雒阳、栎阳，高祖把钟离县赐给周勃与颍阴侯灌婴共作食邑。周勃又以将军的身份跟从高祖攻击反叛者燕王臧荼，在易县城下打败了臧荼的军队。周勃所率领的士兵在驰道上阻挡叛军功劳最多。高祖赐给周勃列侯的爵位，并剖符为证让周勃的爵位代代相传不绝。周勃以绛县八千一百八十户为食邑，号称绛侯。

以将军从高帝击反韩王信于代，降下霍人。以前至武泉，击胡骑，破之武泉北。转攻韩信军铜鞮，破之。还，降太原六城。击韩信胡骑晋阳下，破之，下晋阳。后击韩信军于硰石，破之，追北八十里。还攻楼烦三城，因击胡骑平城下，所将卒当驰道①为多。勃迁②为太尉。

◎**注释** ①〔驰道〕古代供皇帝车马行驶的大道。②〔迁〕调动官职，多指升官。

◎**大意** 周勃曾以将军的身份跟从高皇帝在代地讨伐反叛者韩王信，降服了霍人县。他的军队向前攻到武泉县，打击匈奴骑兵，在武泉以北打败了他们。转而在铜鞮（dī）攻击韩王信的军队，打垮了他们。回军时，降服了太原六城。在晋阳城下攻击韩王信与匈奴的联军，大败敌军，拿下了晋阳城。后来在硰（shā）石打击韩王信的军队，大破叛军，追击逃跑的敌军八十里。回军又攻打楼烦三城，乘势在平城下打击匈奴骑兵，他所率领的士兵在驰道上阻击敌军功劳最多。周勃升任为太尉。

　　击陈豨，屠马邑。所将卒斩豨将军乘马绨①。击韩信、陈豨、赵利军于楼烦，破之。得豨将宋最、雁门守圂。因转攻得云中守遬、丞相箕肆、将勋。定雁门郡十七县、云中郡十二县。因复击豨灵丘，破之，斩豨，得豨丞相程纵、将军陈武、都尉高肆。定代郡九县。

◎**注释** ①〔乘马绨（chī）〕人名。复姓乘马。

◎**大意** 周勃曾讨伐叛将陈豨，毁灭了马邑城。他所率领的士兵斩了陈豨的将军乘马绨。周勃又在楼烦攻打韩王信、陈豨、赵利的军队，打败了他们。掳得陈豨的将军宋最、雁门郡郡守圂。乘势转攻云中郡，掳获郡守遬、丞相箕肆、将军勋。平定了雁门郡十七个县、云中郡十二个县。乘势再在灵丘打击陈豨，大败陈豨的军队，并将其斩杀，掳得陈豨的丞相程纵、将军陈武、都尉高肆。平定了代郡九个县。

　　燕王卢绾反，勃以相国代樊哙将，击下蓟，得绾大将抵、丞相偃、守陉、太尉弱、御史大夫施，屠浑都①。破绾军上兰，复击破绾军沮阳。追至长城②，定上谷十二县，右北平十六县，辽西、辽东二十九县，渔阳二十二县。最③从高帝得相国一人，丞相二人，将军、二千石④各三人；别破军二，下城三，定郡五，县七十九，得丞相、大将各一人。

◎**注释** ①〔浑都〕在今北京昌平西南。②〔长城〕指昔日燕国所筑的旧长城。③〔最〕总计。④〔二千石〕指年俸是二千石这一等级的官吏。

◎**大意** 燕王卢绾反叛，周勃以相国身份取代樊哙统率军队，攻下蓟县，虏获卢绾的大将抵、丞相偃、郡守陉、太尉弱、御史大夫施，毁灭了浑都。在上兰大败卢绾的军队，又在沮阳击溃卢绾军。一直追击到长城，平定了上谷郡十二个县，右北平郡十六个县，辽西、辽东两郡二十九个县，渔阳郡二十二个县。总计起来，他跟从高祖虏获了相国一人，丞相两人，将军、二千石官吏各三人；单独打垮两支军队，攻下三座城池，平定了五个郡，共七十九个县，掳得丞相、大将各一人。

勃为人木强①敦厚，高帝以为可属大事。勃不好文学，每召诸生说士，东乡（向）坐而责之："趣②为我语。"其椎③少文如此。

◎**注释** ①〔木强〕憨厚刚直。②〔趣（cù）〕速。③〔椎（chuí）〕朴直。

◎**大意** 周勃为人质朴刚强、诚笃忠厚，高祖认为他可以嘱托大事。周勃不喜好文辞修养，每次召见儒生或游说之士，自己朝东坐着命令他们："有话快说。"他就是这样质朴而缺乏文化修养。

勃既定燕而归，高祖已崩矣，以列侯事孝惠帝。孝惠帝六年，置太尉官，以勃为太尉。十岁，高后崩。吕禄以赵王为汉上将军，吕产以吕王为汉相国，秉汉权，欲危刘氏。勃为太尉，不得入军门。陈平为丞相，不得任事。于是勃与平谋，卒诛诸吕而立孝文皇帝。其语在《吕后》《孝文》事中。

◎**大意** 周勃平定燕地回朝时，高祖已经逝世了，之后他就以列侯的身份侍奉孝惠帝。孝惠帝六年，设置了太尉官职，任命周勃为太尉。十年之后，吕后去世。吕禄以赵王的身份担任汉朝上将军，吕产以吕王的身份担任汉朝相国，把持汉朝廷的政权，想要颠覆刘家天下。周勃担任太尉，却不能进入军营的大门。陈平担任丞相，却不能处理政事。于是周勃与陈平谋划，最终诛灭了吕氏家族而迎立了孝文皇帝。这事记在《吕太后本纪》《孝文本纪》中。

文帝既立，以勃为右丞相，赐金五千斤，食邑万户。居月余，人或说勃曰："君既诛诸吕，立代王，威震天下，而君受厚赏，处尊位，以宠，久之即祸及身矣。"勃惧，亦自危，乃谢请归相印。上许之。岁余，丞相平卒，上复以勃为丞相。十余月，上曰："前日吾诏列侯就国，或未能行，丞相吾所重，其率先之。"乃免相就国①。

◎**注释** ①〔就国〕前往封地。
◎**大意** 文帝即位后，任命周勃为右丞相，赐金五千斤，食邑一万户。过了一个多月，有人劝说周勃："您已经诛灭了吕氏家族，迎立了代王，威震天下，而您受到丰厚的赏赐，处于尊贵的地位，得到宠信，长久这样下去就会祸殃降身的。"周勃惧怕起来，也自感处境危险，于是提出辞职，请求交还丞相印信。文帝答应了他。一年多后，丞相陈平去世，文帝再次任命周勃为丞相。过了十多个月，文帝说："前些日子我命令列侯都回到自己的封地去，有些人还没能成行，丞相是我器重的人，可以带头回到自己的封地去。"于是周勃被免除丞相职务回到封地。

岁余，每河东守、尉行县①至绛，绛侯勃自畏恐诛，常被（披）甲，令家人持兵以见之。其后人有上书告勃欲反，下廷尉。廷尉下其事长安，逮捕勃治之。勃恐，不知置辞。吏稍②侵辱之。勃以千金与狱吏，狱吏乃书牍背示之，曰："以公主为证。"公主者，孝文帝女也，勃太子胜之尚之③，故狱吏教引为证。勃之益封受赐，尽以予薄昭④。及系急，薄昭为言薄太后，太后亦以为无反事。文帝朝，太后以冒絮⑤提文帝，曰："绛侯绾⑥皇帝玺，将兵于北军，不以此时反，今居一小县，顾欲反邪！"文帝既见绛侯狱辞，乃谢曰："吏方验而出之。"于是使使持节赦绛侯，复爵邑。绛侯既出，曰："吾尝将百万军，然安知狱吏之贵乎！"

◎**注释** ①〔守、尉行县〕郡守、郡尉到各县巡视。②〔稍〕逐渐。③〔勃太子胜之尚之〕太子胜之，指周勃嫡长子周胜之。汉初皇帝、诸王及列侯的嫡长子皆称"太子"。尚之，指娶公主为妻。公主地位高，故娶之曰"尚"。④〔薄昭〕汉文帝的舅父，薄太后的弟弟。⑤〔冒絮〕头巾之类。⑥〔绾〕掌握，把持。

◎**大意** 过了一年多，每当河东郡的郡守、郡尉巡行至绛县，周勃就害怕被杀，经常身披铠甲，命令家人手拿兵器接见郡守、郡尉。此后有人向朝廷上书告发周勃想要谋反，朝廷将此事交给廷尉处理。廷尉又将此事交给长安办理，逮捕了周勃并进行审问。周勃心中恐惧，不知用什么话来回答。狱吏逐渐欺侮他。周勃拿千金送给狱吏，狱吏便在公文木简的背面写上字提示他，写道："以公主为证人。"所谓公主，就是孝文帝的女儿，周勃的长子周胜之娶了她，因此狱吏教周勃让她为证人。周勃先前加封所受的赏赐，全都送给了薄昭。等到案件办得紧急时，薄昭为周勃把事情告诉了薄太后，薄太后也认为周勃并没有干谋反的事。汉文帝上朝时，薄太后将头巾掷给汉文帝，说："绛侯周勃当年掌管皇帝的玉玺，在北军统率军队，不在这种时候谋反，如今住在一个小小的绛县，反而想要谋反吗？"汉文帝看了绛侯周勃答复狱吏的记录之后，向薄太后道歉说："官吏刚查清了这件事而准备释放他。"于是派使者拿着符节赦免了周勃，恢复了他的爵位和食邑。周勃出狱后，说："我曾经统率百万军队，但哪里知道狱吏的尊贵呀！"

绛侯复就国。孝文帝十一年卒，谥为武侯。子胜之代侯。六岁，尚公主，不相中，坐杀人，国除。绝一岁，文帝乃择绛侯勃子贤者河内守亚夫，封为条侯，续绛侯后。

◎**大意**　绛侯周勃再次回到封地。他在汉文帝十一年去世，谥号为武侯。儿子周胜之继承了侯爵。过了六年，周胜之娶的公主与他感情不和睦，后来周胜之犯了杀人罪，封国被废除。绛侯的爵位断绝了一年，汉文帝于是选择周勃的儿子中贤能的河内郡郡守周亚夫，封其为条侯，作为周勃的后继人。

条侯亚夫自未侯为河内守时，许负相之，曰："君后三岁而侯。侯八岁为将相，持国秉（柄），贵重矣，于人臣无两。其后九岁而君饿死。"亚夫笑曰："臣之兄已代父侯矣，有如卒，子当代，亚夫何说侯乎？然既已贵如负言，又何说饿死？指示我。"许负指其口曰："有从理①入口，此饿死法②也。"居三岁，其兄绛侯胜之有罪，孝文帝择绛侯子贤者，皆推亚夫，乃封亚夫为条侯，续绛侯后。

◎**注释**　①〔从（zòng）理〕竖纹。②〔法〕古代相术家称人的面相或骨相。
◎**大意**　条侯周亚夫尚未封侯而担任河内郡守时，许负给他看面相，说："您三年之后会被封侯。封侯八年后会担任大将和丞相，掌握国家大权，那时地位尊贵，群臣当中无人可比。再过九年您会被饿死。"周亚夫笑道："我的哥哥已继承父亲的侯爵了，如果他死了，他的长子应当继承，我说得上什么封侯呢？再说如果我像你说的那样显贵了，又怎么会饿死呢？请你指点我。"许负指着周亚夫的嘴说："有道竖纹进入您的口中，这就是饿死的面相。"过了三年，他的哥哥绛侯周胜之犯了罪，文帝选择周勃儿子中贤能的人，大家都推荐周亚夫，于是封周亚夫为条侯，作为周勃的后继人。

文帝之后六年，匈奴大入边。乃以宗正刘礼为将军，军霸上；祝兹侯徐厉为将军，军棘门；以河内守亚夫为将军，军细柳①：以备胡。上自劳军。至霸上及棘门军，直驰入，将以下骑送迎。已而之细柳军，军士吏被（披）甲，锐兵刃，彀②弓弩，持满。天子先驱至，不得入。先驱曰："天子且至！"军门都尉曰："将军令曰'军中闻将军令，不闻天子之诏'。"居无何，上至，又不得入。于是上乃使使持节诏将军："吾欲入劳军。"亚夫乃传言开壁门。壁门士吏谓从属车骑曰："将军约，军中不得驱驰。"于是天子乃按辔徐行。至营，将军亚夫持兵揖曰："介胄之士不拜，请以军礼见。"天子为动，改容式（轼）车。使人称谢："皇帝敬劳将军。"成礼而去。既出军门，群臣皆惊。文帝曰："嗟乎，此真将军矣！曩者霸上、棘门军，若儿戏耳，其将固可袭而虏也。至于亚夫，可得而犯邪？"称善者久之。月余，三军皆罢。乃拜亚夫为中尉。

◎**注释** ①〔细柳〕在今陕西咸阳西南渭河北岸。②〔彀（gòu）〕把弓弩张满。

◎**大意** 汉文帝后元六年，匈奴大举入侵边境。汉文帝于是任命宗正刘礼为将军，驻军霸上；任命祝兹侯徐厉担任将军，驻军棘门；任命河内守周亚夫为将军，驻军细柳：用以防备匈奴。文帝亲自去慰劳军队。到达霸上和棘门军营，直接驰马进入，将军及其手下的人都骑着马迎送。不久文帝到了细柳军营，军中的将士都披着铠甲，拿着锋利的兵器，把弓弩张满。文帝的先遣队来到，不能进营。先遣队说："天子就要到了！"守军门的都尉说："将军命令说'军中只听将军的命令，不听天子的诏令'。"没等多久，文帝到了，又没能进入。于是文帝就派使者拿着符节下诏给周亚夫："我要进入军营慰劳军队。"周亚夫这才传令打开营门。守营门的军官对文帝的随行车骑人员说："将军规定，军营中不准车马奔跑。"于是文帝让侍从控紧马缰绳慢慢行进。到了中军营帐，将军周亚夫拿着兵器向天子拱手说："穿铠甲戴头盔的武士不跪拜，请允许我用军中的礼节参见。"文帝为之感动，面容变得严肃，俯在车前横木上向军队致敬，并派人宣告："皇帝郑重地来慰劳将军。"完成了慰劳军队的礼节后离开。文帝出了军营大门，群臣都很惊讶。文帝说："啊，这才是真正的将军呀！前面看过的霸上、棘门的军队，像是儿戏，他们的将军很可能遭到袭击而成为俘虏。至于周亚夫，能有机会侵犯他吗？"赞美了好久。一个多月以后，三支军队都撤防了。文帝任命周亚夫为中尉。

孝文且崩时，诫太子曰："即有缓急，周亚夫真可任将兵。"文帝崩，拜亚夫为车骑将军。

◎**大意** 汉文帝将逝世的时候，告诫太子说："假使国家有紧急事件发生，周亚夫真正可以担当统领军队的重任。"汉文帝逝世后，汉景帝任命周亚夫为车骑将军。

孝景三年，吴、楚反①。亚夫以中尉为太尉，东击吴、楚。因自请上曰："楚兵剽轻，难与争锋。愿以梁委之，绝其粮道，乃可制。"上许之。

◎**注释** ①〔吴、楚反〕以吴王濞为首的吴、楚等七国发动叛乱，史称"七国之乱"。详见《袁盎晁错列传》《吴王濞列传》。
◎**大意** 汉景帝三年，吴、楚等国反叛。周亚夫以中尉代理太尉之职，向东进击吴、楚。他向景帝请示说："楚军剽悍，难以与他们正面交锋。我想暂将梁国丢给他们攻打，而派兵去断绝他们的粮道，这样才可制服他们。"景帝同意了。

太尉既会兵荥阳，吴方攻梁，梁急，请救。太尉引兵东北走昌邑，深壁而守。梁日使使请太尉，太尉守便宜，不肯往。梁上书言景帝，景帝使使诏救梁。太尉不奉诏，坚壁不出，而使轻骑兵弓高侯等绝吴、楚兵后食道。吴兵乏粮，饥，数欲挑战，终不出。夜，军中惊，内相攻击扰乱，至于太尉帐下。太尉终卧不起。顷之，复定。后吴奔壁东南陬①，太尉使备西北。已而其精兵果奔西北，不得入。吴兵既饿，乃引而去。太尉出精兵追击，大破之。吴王濞弃其军，而与壮士数千人亡走，保于江南丹徒。汉兵因乘胜，遂尽虏之，降其兵，购吴王千金。月余，越人斩吴王头以告。凡相攻守三月，而吴、楚破平。于是诸将乃以太尉计谋为是。由此梁孝王与太尉有隙。

◎**注释** ①〔陬（zōu）〕角落。
◎**大意** 太尉周亚夫在荥阳会合各路军队后，吴军正在进攻梁国，梁国危急，请求救援。周亚夫却带领军队向东北急行到昌邑，挖壕沟、坚壁不出。梁国每天都派使者请求太尉救援，周亚夫坚守对自己有利的计策，不肯前去。梁国上书给汉景帝说明情况，景帝派使者命令周亚夫救援梁国。周亚夫不执行景帝的命令，仍坚守营垒不出兵，而派弓高侯等率领轻骑兵断绝了吴、楚军队后方的粮道。吴军缺乏粮食，将士饥饿，屡次挑战，周亚夫始终不出城应战。一天夜里，周亚夫军中突然惊乱，营内士兵互相攻击，一直闹到周亚夫的营帐下。但周亚夫始终卧床不起。过了一会儿，营中恢复了安定。后来吴军奔向城墙的东南角，周亚夫却派人戒备西北。不一会儿吴军的精兵果然奔袭西北，不能攻入。吴军已饿得受不了了，于是引军离去。周亚夫派出精兵追击，大败吴军。吴王刘濞丢弃他的军队，和几千名精壮兵士逃跑，在江南丹徒县坚守自保。汉军乘胜追击，全部俘虏了吴国叛军，迫使他们投降，又以千金悬赏捉拿吴王。一个多月后，越人斩了吴王的头前来报告。从防守到反攻总共用了三个月时间，就将吴、楚等国的叛乱彻底平定。这时诸位将领才认识到周亚夫的计谋是正确的。也由于此事梁孝王与周亚夫有了嫌隙。

归，复置太尉官。五岁，迁为丞相，景帝甚重之。景帝废栗太子，丞相固争之，不得。景帝由此疏之。而梁孝王每朝，常与太后言条侯之短。

◎**大意** 周亚夫回到京城，朝廷重新设置了太尉官。五年之后，周亚夫升任丞相，景帝很器重他。景帝废栗太子时，丞相周亚夫极力为栗太子争辩，但没成功。景帝由于这件事疏远了周亚夫。而梁孝王每每进京朝见，常对窦太后说条侯周亚夫的坏话。

窦太后曰："皇后兄王信可侯也。"景帝让曰："始南皮、章武侯①先帝不侯，及臣即位乃侯之。信未得封也。"窦太后曰："人主各以时行耳。自窦长君在时，竟不得侯，死后乃其子彭祖顾得侯。吾甚恨之。帝趣侯信也！"景帝曰："请得与丞相议之。"丞相议之，亚夫曰："高皇帝约'非刘氏不得王，非有功不得侯。不如约，天下共击之'。今信虽皇后兄，无功，侯之，非约也。"景帝默然而止。

◎**注释** ①〔南皮、章武侯〕南皮侯窦彭祖，窦太后之兄窦长君的儿子。章武侯窦广国，窦太后之弟。
◎**大意** 窦太后对景帝说："皇后的哥哥王信可以封侯了。"景帝谦让说："当初先帝都没有封南皮侯、章武侯为侯，等到我即位后才封他们做侯的。王信还不能封呢。"窦太后说："君主各自按照当时的情况办事就行了。我哥哥窦长君在世时，竟未能封侯，死后他的儿子彭祖反而封侯，我对这件事非常悔恨。你赶快封王信做侯吧！"景帝说："请让我与丞相商议这件事。"景帝与丞相周亚夫商议，周亚夫说："高皇帝规定'不是刘氏家族的人不能封王，不是有功劳的人不能封侯。不遵守这规定的，天下的人可以共同攻击他'。现今王信虽然是皇后的哥哥，但没有功劳，给他封侯，不合规定。"景帝默默不语而此事就此作罢。

其后匈奴王唯徐卢等五人降，景帝欲侯之以劝后。丞相亚夫曰："彼背其主降陛下，陛下侯之，则何以责人臣不守节者乎？"景帝曰："丞相议不可用。"乃悉封唯徐卢等为列侯。亚夫因谢病。景帝中三年，以病免相。

◎**大意** 后来匈奴王唯徐卢等五人投降了汉朝，景帝想要封他们为侯以鼓励其他匈奴人来投降。丞相周亚夫说："他们背叛了自己的君主来投降陛下，陛下封他们为侯，那么用什么来斥责不守节操的臣子呢？"景帝说："丞相的议论不可采用。"于是把唯徐卢等全部封为列侯。周亚夫因此借病请假。景帝中元三年，他因病被免除了丞相职务。

顷之，景帝居禁中，召条侯，赐食。独置大胾①，无切肉，又不置櫡（箸）。条侯心不平，顾谓尚席②取櫡（箸）。景帝视而笑曰："此不足君所乎？"条侯免冠谢。上起，条侯因趋出。景帝以目送之，曰："此怏怏者非少主臣也！"

◎**注释** ①〔大胾（zì）〕大块肉。②〔尚席〕主管为皇帝安排酒席的官吏。
◎**大意** 不久，景帝住在宫中，召见条侯周亚夫，赐他吃饭。周亚夫的席上只放了一大块肉，而没有切碎，又不放筷子。周亚夫心感不平，转过头来叫主管酒席的人取筷子。景帝看着笑道："这样不如您的意吗？"周亚夫忙脱帽谢罪。景帝叫他起来，周亚夫随即快步走出去了。景帝看着他出去，说："这个愤愤不平的人可不是少主的臣子啊！"

居无何，条侯子为父买工官尚方甲楯五百被可以葬者①。取庸（佣）苦之，不予钱。庸（佣）知其盗买县官②器，怒而上变告子，事连污条侯。书既闻上，上下吏。吏簿责条侯，条侯不对。景帝骂之曰："吾不用也。"召诣③廷尉。廷尉责曰："君侯欲反邪？"亚夫曰："臣所买器，乃葬器也，何谓反邪？"吏曰："君侯纵不反地上，即欲反地下耳。"吏侵之益急。初，吏捕条侯，条侯欲自杀，夫人止之，以故不得死，遂入廷尉。因不食五日，呕血而死。国除。

◎**注释** ①〔工官尚方甲楯五百被（pī）可以葬者〕工官尚方，主管为皇家制造器物的部门。被，量词，犹"套"。可以葬，可做殉葬之用。②〔县官〕指天子。③〔诣〕到……去。

◎**大意** 过了没多久，条侯周亚夫的儿子为父亲到工官尚方那里购买了五百件殉葬用的铠甲盾牌。搬取甲盾的雇佣工匠因周亚夫的儿子不给钱而着急。雇佣工匠知道他偷偷购买的是皇家用器，一怒之下上书以紧急变故控告了周亚夫的儿子，这件事牵连了周亚夫。景帝看了雇佣工匠的上书后，就交给官吏办理。官吏根据文书中所列的罪状审问周亚夫，周亚夫拒不回答。景帝骂周亚夫说："我不用你对簿公堂了。"下诏令将周亚夫交给廷尉。廷尉责问他说："你想造反吗？"周亚夫说："我所买的器物，都是葬器，怎么说是造反呢？"官吏说："你纵然不在地上造反，也要在地下造反哩。"官吏侵辱他越来越厉害。起初，官吏逮捕周亚夫的时候，他想要自杀，夫人劝止了他，因此没有死，于是下了廷尉。周亚夫因而绝食五天，吐血而死。他的封邑也被废除。

绝一岁，景帝乃更封绛侯勃他子坚为平曲侯，续绛侯后。十九年卒，谥为共侯。子建德代侯，十三年，为太子太傅。坐酎金①不善，元鼎五年，有罪，国除。

◎**注释** ①〔酎（zhòu）金〕汉朝规定诸侯每年应向朝廷进献助祭的贡金。
◎**大意** 条侯的爵位断绝一年之后，汉景帝于是改封绛侯周勃的另一个儿子周坚为平曲侯，作为周勃的后继人。十九年后，周坚去世，谥号叫作共侯。周坚的儿子周建德继承侯爵，十三年后，被任命为太子太傅。由于他进献的酎金质量不好，汉武帝元鼎五年，获罪，封邑被废除。

条侯果饿死。死后，景帝乃封王信为盖侯。

◎**大意** 条侯周亚夫果然饿死了。他死后，汉景帝就封王信为盖侯。

太史公曰：绛侯周勃始为布衣时，鄙朴人也，才能不过凡庸。及从高祖定天下，在将相位，诸吕欲作乱，勃匡国家难，复之乎正。虽伊尹、周公，何以加哉！亚夫之用兵，持威重，执坚刃，穰苴曷有加焉！足己而不学，守节不逊，终以穷困。悲夫！

◎**大意** 太史公说：绛侯周勃当初为平民的时候，是一个粗鄙质朴的人，才能不超过普通人。等到他跟随高祖平定天下，身居将相的职位，吕氏家族想要作乱，他挽救了国家的危难，使国家恢复正常。即使是伊尹、周公，又有什么超过他的呢！周亚夫用兵，能做到威严典重，信念坚定，就是司马穰苴又有什么超过他的呢！可惜他满足于自己的才智而不学习，严守节操而不够恭顺，最后以悲剧告终。可悲啊！

◎**释疑解惑**

绛侯周勃、条侯周亚夫都功绩卓著，朴实正直，然而，都有被关进监狱的不幸遭遇，原因何在？学者多有议论。有人站在周勃父子的立场上谴责汉朝皇帝刻薄寡恩，苛待功臣。如赵恒说："亚夫不学守节，肖乃父矣。然卒穷困饿死，景帝忌刻少恩可知……"余有丁说："按亚夫不得其死，此景帝之失。"有人站在汉朝廷的立场上指责周勃父子守节不逊、足己不学，自致祸患。如司马迁在本篇论赞中说:"足己而不学,守节不逊,终以穷困。悲夫!"郝敬说:"勃父子不学无术,文帝宽假,幸而免。景帝深刻,遂及于祸,五日不食,呕血以死,悲夫!"有人认为周勃父子均有大功于汉王朝,却不熟悉为官之道,不会逢迎人主,触犯皇上而自招灾祸。综上所述,周勃父子的遭遇令人痛惜,学者的分析也较为全面地涉及了主、客观因素。

◎ **思考辨析题**

1. 司马迁在叙写周勃、周亚夫父子的史事时手法有何异同?
2. 司马迁用伊尹、周公比周勃,用司马穰苴比周亚夫,有何深意?

梁孝王世家

第二十八

梁孝王作为汉景帝的弟弟，既在平定七国之乱中与汉景帝生死相依，建立大功，又在母亲窦太后的宠溺下野心膨胀，妄图继承帝位，乃至刺杀朝廷重臣，犯下弥天大错。《梁孝王世家》主要记述梁孝王及其子孙的事迹，总体上可划分为四部分。自"梁孝王武者"至"为帝加一餐"为第一部分，主要叙写梁孝王的生平事迹，集中突出了梁孝王与哥哥汉景帝之间的尖锐矛盾。这不仅是兄弟之间的家庭矛盾，而且涉及汉王朝中央政权与地方藩国之间的权力之争。自"梁孝王长子买为梁王"至"地入于汉，为济阴郡"为第二部分，主要叙写梁孝王子孙的结局。在汉武帝强化中央集权而实行"推恩令"的过程中，他们大多被取消封国，变成汉朝廷的郡县。这也反映出历史发展的必然趋势。自"太史公曰"至"然亦僭矣"为第三部分，是司马迁的论述，谴责梁孝王依仗母后宠爱，僭越名分，骄奢淫逸，最终酿成大祸，抑郁而亡。自"褚先生曰"以后为第四部分，是褚少孙补叙梁孝王的相关事迹。

　　这篇史传主要叙述了梁孝王及其子孙支脉的兴衰史。梁孝王与哥哥汉景帝之间激烈复杂的权力矛盾是记叙的主旨，揭示出统治者内部权力斗争的不可调和。同时，也记叙了窦太后为支持小儿子梁孝王继承王位，而与大儿子汉景帝之间存在的复杂矛盾。当然，这种皇室家庭内部的继承权之争，贯穿着整个封建社会，是一个带有普遍性的问题。《梁孝王世家》可说是重复上演了《郑世家》中"郑伯克段于鄢"的一幕，进一步揭示了因权力争夺而造成的人性扭曲和家庭伦理的崩坏。同时，司马迁又在《伯夷列传》中对此问题予以回应，力图寻求一条解决王位继承权归属问题的有效途径。但是，这种努力由于时代所限，最终未能成功。

梁孝王武者，孝文皇帝子也，而与孝景帝同母。母，窦太后也。

◎**大意**　梁孝王刘武这个人，是汉文帝的儿子，与汉景帝同母所生。他的生母，就是窦太后。

孝文帝凡四男：长子曰太子，是为孝景帝；次子武；次子参；次子胜。孝文帝即位二年，以武为代王，以参为太原王，以胜为梁王。二岁，徙代王为淮阳王。以代尽与太原王，号曰代王。参立十七年，孝文后二年卒，谥为孝王。子登嗣立，是为代共王。立二十九年，元光二年卒。子义立，是为代王。十九年，汉广关①，以常山为限，而徙

代王王清河。清河王徙以元鼎三年也。

◎**注释** ①〔广关〕扩大边界关塞。
◎**大意** 汉文帝共有四个儿子：大儿子为太子，就是汉景帝；二儿子叫刘武；三儿子叫刘参；四儿子叫刘胜。汉文帝即位二年，将刘武封为代王，将刘参封为太原王，将刘胜封为梁王。过了两年，迁代王为淮阳王。将代国土地全部交给了太原王刘参，号称代王。刘参在位十七年，于汉文帝后元二年去世，谥号叫作孝王。他的儿子刘登继位，就是代共王。代共王在位二十九年，汉武帝元光二年去世。他的儿子刘义继位，就是代王。刘义在位十九年，汉朝廷扩展关塞，以常山为界限，从而迁移代王为清河王。清河王迁移于汉武帝元鼎三年。

初，武为淮阳王十年，而梁王胜卒，谥为梁怀王。怀王最少子，爱幸异于他子。其明年，徙淮阳王武为梁王。梁王之初王梁①，孝文帝之十二年也。梁王自初王通历已十一年矣。

◎**注释** ①〔王梁〕成为梁地诸侯王。
◎**大意** 当初，刘武做淮阳王十年，而梁王刘胜去世，谥号叫梁怀王。梁怀王是汉文帝最小的儿子，汉文帝对他的宠爱不同于其他儿子。第二年，迁淮阳王刘武为梁王。梁王刘武开始统治梁国，是在汉文帝十二年。刘武从初封代王算起，到迁为梁王共经历了十一个年头。

梁王十四年，入朝。十七年，十八年，比年入朝，留，其明年，乃之国。二十一年，入朝。二十二年，孝文帝崩。二十四年，入朝。二十五年，复入朝。是时上未置太子也。上与梁王燕（宴）饮，尝从容言曰："千秋万岁后传于王。"王辞谢。虽知非至言，然心内喜。太后亦然。

◎**大意** 梁王十四年，进京朝见皇帝。梁王十七年和十八年，连续两年进京朝见皇帝，并留在京师，第二年才回到封国梁地。梁王二十一年，进京朝见。梁王二十二年，汉文帝逝世。梁王二十四年，进京朝见。梁王二十五年，再进京朝见。这时景帝还没有被确立太子。景帝与梁王一道宴饮，曾随口说道："我死后把帝位传给你。"梁王向景帝辞谢。虽然明知不是真心诚意的话，但心中欢喜。窦太后也是如此。

其春，吴、楚、齐、赵七国反。吴、楚先击梁棘壁，杀数万人。梁孝王城守睢阳，而使韩安国、张羽等为大将军，以距（拒）吴、楚。吴、楚以梁为限，不敢过而西，与太尉亚夫等相距（拒）三月。吴、楚破，而梁所破杀虏略与汉中分。明年，汉立太子。其后梁最亲，有功，又为大国，居天下膏腴地。地北界泰山，西至高阳，四十余城，皆多大县。

◎**大意** 那年春天，吴、楚、齐、赵等七国反叛。吴、楚的军队首先攻击梁国的棘壁，杀死数万人。梁孝王坚守睢阳城，派出韩安国、张羽等为大将军，抵御吴、楚叛军。吴、楚叛军因有梁国阻挡，不敢越过梁国转而向西进攻，与太尉周亚夫等部相持三个月。吴、楚叛军被打败，梁国所斩杀俘虏的叛军人数与汉朝廷所斩杀俘虏的相当。次年，汉朝廷确立太子。在这以后梁国与汉朝廷最为亲近，有功劳，又是大国，处在天下肥沃富庶的地方。其地北边以泰山为界，西边到达高阳，有四十多座城邑，而且多数是大县。

孝王，窦太后少子也，爱之，赏赐不可胜道。于是孝王筑东苑，方三百余里。广睢阳城七十里。大治宫室，为复道，自宫连属于平台三十余里。得赐天子旌旗，出从千乘万骑。东西驰猎，拟于天子。出言跸，入言警①。招延四方豪桀，自山以东游说之士莫不毕至。齐人羊胜、公孙诡、邹阳之属。公孙诡多奇邪计，初见王，赐千金，官至中尉，梁号之曰公孙将军。梁多作兵器弩弓矛数十万，而府库金钱且百巨万②，珠玉宝器多于京师。

◎**注释** ①〔出言跸（bì），入言警〕指出入都要清道戒严，加强警备。跸，清道戒严。警，警卫，戒备。②〔巨万〕亿。

◎**大意** 梁孝王刘武是窦太后的小儿子，窦太后很宠爱他，给他的赏赐多得无法说尽。于是梁孝王修筑东苑，方圆三百多里。还扩大睢阳城七十里。他大肆修建宫室，架起凌空通道，从宫殿连接到平台长达三十多里。梁孝王得到朝廷赏赐的天子旌旗，外出时随从的车马成千上万。他东来西往地驰马打猎，排场比拟天子。出门要清道，回宫要警戒。梁孝王招揽四方豪杰，自崤山以东的游说之士，没有不来的。如齐地的羊胜、公孙诡、邹阳等人。公孙诡多出稀奇古怪的计策，初次拜见，梁王就赏赐他千金，官职至中尉，梁国称他为公孙将军。梁国制造了弩、弓、矛等数十万件兵器，而且府库中积聚的金钱将近百亿，珠宝玉器比京城的还多。

二十九年十月，梁孝王入朝。景帝使使①持节乘舆驷马，迎梁王于关下。既朝，上疏，因留。以太后亲故，王入则侍景帝同辇，出则同车游猎，射禽兽上林中。梁之侍中、郎、谒者著籍引出入天子殿门，与汉宦官无异。

◎**注释** ①〔使使〕派遣使者。

◎**大意** 梁王二十九年的十月，梁孝王入京朝见。景帝派使者拿着符节乘着驷马高车，到边关地界迎接梁孝王。朝见后，梁孝王上奏章，因而留在了京城。因窦太后宠爱，梁孝王入宫则陪侍汉景帝同坐辇车，出宫则与景帝同坐一辆车子游猎，在上林苑中射猎鸟兽。梁国的侍中、郎、谒者只需在名册上登记便可从天子宫殿的禁门出入，与汉朝廷的官吏没有什么区别。

十一月，上废栗太子，窦太后心欲以孝王为后嗣。大臣及袁盎等有所关说①于景帝，窦太后义格②，亦遂不复言以梁王为嗣事由此。以事秘，世莫知。乃辞归国。

◎**注释** ①〔关说〕这里意为劝谏。②〔格〕搁置。
◎**大意** 这一年的十一月，景帝废黜了栗太子，窦太后心想让梁孝王做继承人。袁盎等大臣在景帝面前对此事进行劝谏。窦太后的想法未能实现，从此也就不再说让梁孝王做继承人的事了。由于事情隐秘，世人不知道。梁孝王于是告辞回封国去了。

其夏四月，上立胶东王为太子。梁王怨袁盎及议臣，乃与羊胜、公孙诡之属阴使人刺杀袁盎及他议臣十余人。逐其贼，未得也。于是天子意梁王，逐贼，果梁使之。乃遣使冠盖相望于道，覆按梁，捕公孙诡、羊胜。公孙诡、羊胜匿王后宫。使者责二千石①急，梁相轩丘豹及内史韩安国进谏王，王乃令胜、诡皆自杀，出之。上由此怨望于梁王。梁王恐，乃使韩安国因长公主谢罪太后，然后得释。

◎**注释** ①〔二千石〕这里指诸侯国的执政大臣，如丞相、内史等。
◎**大意** 这一年的四月，景帝立胶东王刘彻为太子。梁孝王怨恨袁盎和参议的大臣，就与羊胜、公孙诡等人暗中派人刺杀了袁盎和其他参议大臣十多人。朝廷追捕那些凶手，没有捕获。于是景帝怀疑梁王，后来逮捕到凶手，果然是梁国所派遣的。于是朝廷派遣了许多使者，到梁国反复调查，搜捕公孙诡、羊胜。公孙诡、羊胜躲藏在梁孝王的后宫中。汉朝使者非常急迫地督责梁国的执政大臣，梁国的丞相轩丘豹和内史韩安国向梁孝王进谏，梁孝王才命令羊胜、公孙诡自杀，再将他们抬出后宫。景帝由此对梁孝王产生了怨恨。梁孝王害怕了，便派韩安国通过长公主到窦太后面前说情，这样才得到宽恕。

上怒稍解，因上书请朝。既至关，茅兰说王，使乘布车，从两骑入，匿于长公主园。汉使使迎王，王已入关，车骑尽居外，不知王处。太后泣曰："帝杀吾子！"景帝忧恐。于是梁王伏斧质于阙下，谢罪，然后太后、景帝大喜，相泣，复如故。悉召王从官入关。然景帝益疏王，不同车辇矣。

◎**大意** 景帝的怒气稍稍消解之后，梁孝王便上书请求朝见。已经到达汉朝廷的边关，茅兰劝说梁孝王，让梁孝王乘坐普通的布车，只带两个人骑马随从进入汉朝廷，躲藏在长公主的园中。汉朝廷派遣使者迎接梁孝王，梁孝王已经进入汉朝廷，而随从的车马全都在汉朝廷的边关以外，不知道梁孝王的所在。窦太后哭泣着说："皇帝杀了我的儿子！"景帝为此担忧恐慌。就在这时梁孝王来到宫阙之下服罪受刑，向景帝谢罪。然后窦太后、景帝大为欢喜，相对而泣，恢复了原来的关系。接着将梁孝王的随从官吏全部召进朝廷。但景帝愈来愈疏远梁孝王了，不再和他同乘车辇。

三十五年冬，复朝。上疏欲留，上弗许。归国，意忽忽不乐。北猎良山，有献牛，足出背上，孝王恶之。六月中，病热，六日卒，谥曰孝王。

◎**大意** 梁孝王三十五年的冬天，梁孝王又进京朝见。上奏章要求留住京城，景帝没有许可。梁孝王回封国后，心情恍惚不乐。北上良山射猎，有人献上一头牛，此牛脚从背上长出来，梁孝王很厌恶它。这年六月中，梁孝王得了热病，过了六天就去世了，谥号孝王。

孝王慈孝，每闻太后病，口不能食，居不安寝，常欲留长安侍太后。太后亦爱之。及闻梁王薨①，窦太后哭极哀，不食，曰："帝果杀吾子!"景帝哀惧,不知所为。与长公主计之,乃分梁为五国,尽立孝王男五人为王,女五人皆食汤沐邑。于是奏之太后,太后乃说(悦),为帝加一餐。

◎**注释** ①〔薨(hōng)〕古代称诸侯或有爵位的大官死去,也可以用于皇帝的高等级妃嫔和所生育的皇子公主,或者封王的贵族。

◎**大意** 梁孝王仁慈孝顺,每次听说窦太后有病,就吃不下饭,也不能安睡,常想留在长安城侍奉太后。窦太后也很宠爱他。听说梁孝王去世,窦太后哭得极其哀伤,不进食,说:"皇帝果然杀死了我的儿子!"景帝既悲伤又忧惧,不知该怎么做。与长公主商议,便将梁国土地分为五国,封梁孝王的五个儿子全部为王,五个女儿也都赐给汤沐邑。景帝把这些报告给窦太后,窦太后才高兴,特地为景帝而吃了一顿饭。

梁孝王长子买为梁王,是为共王;子明为济川王;子彭离为济东王;子定为山阳王;子不识为济阴王。

◎**大意** 梁孝王的大儿子刘买继位为梁王,就是梁共王;第二个儿子刘明被封为济川王;第三个儿子刘彭离被封为济东王;第四个儿子刘定被封为山阳王;第五个儿子刘不识被封为济阴王。

孝王未死时,财以巨万计,不可胜数。及死,藏府余黄金尚四十余万斤,他财物称是。

◎**大意** 梁孝王未死时,财产以亿计算,多得数不清。他死后,府库中剩余的黄金还有四十多万斤,其他财物的价值与此相当。

梁共王三年，景帝崩。共王立七年卒，子襄立，是为平王。

◎**大意** 梁共王三年，景帝逝世。梁共王在位七年去世，儿子刘襄继位，就是梁平王。

梁平王襄十四年。母曰陈太后。共王母曰李太后。李太后，亲平王之大母①也。而平王之后姓任，曰任王后。任王后甚有宠于平王襄。初，孝王在时，有罍樽②，直（值）千金。孝王诫后世，善保罍樽，无得以与人。任王后闻而欲得罍樽。平王大母李太后曰："先王有命，无得以罍樽与人。他物虽百巨万，犹自恣也。"任王后绝欲得之。平王襄直使人开府取罍樽，赐任王后。李太后大怒，汉使者来，欲自言，平王襄及任王后遮止，闭门，李太后与争门，措（笮）③指，遂不得见汉使者。李太后亦私与食官长及郎中尹霸等士通乱，而王与任王后以此使人风（讽）止④李太后，李太后内有淫行，亦已。后病薨。病时，任后未尝请病；薨，又不持丧。

◎**注释** ①〔大母〕祖母。②〔罍（léi）樽〕古代盛酒的器具。③〔措（zé）〕通"笮"，夹住。④〔风止〕讽劝阻止。

◎**大意** 梁平王刘襄十四年。梁平王的母亲叫陈太后。梁共王的母亲叫李太后。李太后是梁平王的祖母。而梁平王的王后姓任，叫任王后。任王后得宠于梁平王刘襄。当初，梁孝王在世时，有一只罍尊，值千金。梁孝王曾告诫后代子孙，要妥善保存罍尊，不得将它赠予别人。任王后听到这事后却想要得到罍尊。梁平王的祖母李太后说："先王有遗命，不得将罍尊给人。其他财物即使价值百亿，还可以自由处置。"任王后还是极想得到罍尊。梁平王径直派人打开府库取出罍尊，赐给了任王后。李太后大怒，汉朝廷使者来到，她要亲自去诉说，梁平王和任王后阻止了她，关上门，李太后和他们争门，夹住了手指，于是没能见到汉朝廷的使者。李太后曾私下与食官长和郎中尹霸等人通奸，而梁平王和任王后借此事派人含蓄地劝止李太后，李太后因私下有淫乱行为，也就作罢。后来李太后病死。她生病时，任王后未曾去请安问病；她去世后，又不给她料理丧事。

元朔中，睢阳人类犴反者，人有辱其父，而与淮阳太守客出同车。太守客出下车，类犴反杀其仇于车上而去。淮阳太守怒，以让梁二千石。二千石以下求反甚急，执反亲戚。反知国阴事①，乃上变事，具告知王与大母争樽状。时丞相以下见知之，欲以伤梁长吏，其书闻天子。天子下吏验问，有之。公卿请废襄为庶人。天子曰："李太后有淫行，而梁王襄无良师傅，故陷不义。"乃削梁八城，枭任王后首于市。梁余尚有十城。襄立三十九年卒，谥为平王。子无伤立为梁王也。

◎**注释**　①〔阴事〕隐秘的不法之事。
◎**大意**　汉武帝元朔年间，睢阳城有个叫类犴（àn）反的人，有人侮辱了他的父亲，这人与淮阳太守的门客同车出游。太守的门客下车，类犴反在车上杀死他的仇人后逃走。淮阳太守大怒，以此责备梁国的二千石执事官吏。二千石以下的官吏紧急搜捕类犴反，捉拿了类犴反的亲戚。类犴反知道梁国宫中的秘事，于是向朝廷上书报告事变，全部说出了梁平王与祖母李太后争夺罍尊的情形。当时丞相以下的官吏都知道了这件事，想借此打击梁国的上层官吏，将此事上报天子。天子交给官吏审问，果然有这件事。公卿请求废黜梁平王刘襄为平民。天子说："李太后有淫乱行为，而梁王刘襄没有好的老师，所以陷于不义。"于是削除梁国封地的八座城，在街市上将任王后斩首示众。梁国还剩有十个城邑。刘襄在位三十九年去世，谥号叫平王。他的儿子刘无伤继立为梁王。

济川王明者，梁孝王子，以桓邑侯孝景中六年为济川王。七岁，坐射杀其中尉，汉有司请诛，天子弗忍诛，废明为庶人。迁房陵，地入于汉为郡。

◎**大意** 济川王刘明这个人，是梁孝王的儿子，汉景帝中元六年由桓邑侯晋封为济川王。七年后，因射杀中尉而犯罪，朝廷主管官吏请求诛杀他，天子不忍杀他，废黜其王位降为庶人。迁移到房陵，原封地收归朝廷，改为郡。

济东王彭离者，梁孝王子，以孝景中六年为济东王。二十九年，彭离骄悍，无人君礼，昏暮私与其奴、亡命少年数十人行剽杀人，取财物以为好。所杀发觉者百余人，国皆知之，莫敢夜行。所杀者子上书言。汉有司请诛，上不忍，废以为庶人，迁上庸，地入于汉，为大河郡。

◎**大意** 济东王刘彭离这个人，是梁孝王的儿子，在汉景帝中元六年被封为济东王。在位二十九年，刘彭离骄横凶悍，没有做君王的礼仪，夜晚私下与他的奴仆、亡命少年几十人干抢劫杀人的勾当，以夺取财物为嗜好。被他们杀死的已发现的就有一百多人，济东国的人都知道，不敢在晚上行走。被杀害者的儿子上书告发。朝廷主管官吏请求诛杀刘彭离，皇上不忍心，将他废黜为平民，迁徙到上庸，原来的封地收归朝廷，改为大河郡。

山阳哀王定者，梁孝王子，以孝景中六年为山阳王。九年卒，无子，国除，地入于汉，为山阳郡。

◎**大意** 山阳哀王刘定这个人，是梁孝王的儿子，在汉景帝中元六年封为山阳王。在位九年去世，没有儿子继承王位，封国被废除，领地收归朝廷，改为山阳郡。

济阴哀王不识者，梁孝王子，以孝景中六年为济阴王。一岁卒，无子，国除，地入于汉，为济阴郡。

◎**大意** 济阴哀王刘不识这个人，是梁孝王的儿子，在汉景帝中元六年封为济阴王。在位一年去世，没有儿子继承王位，封国被废除，领地收归朝廷，改为济阴郡。

太史公曰：梁孝王虽以亲爱之故，王膏腴之地，然会汉家隆盛，百姓殷富，故能植其财货，广宫室，车服拟于天子。然亦僭[1]矣。

◎**注释** ①〔僭（jiàn）〕超越本分。
◎**大意** 太史公说：梁孝王因为是窦太后的爱子、景帝的亲弟弟，受封于肥沃富庶的土地为王，当时他正遇上汉朝兴盛，百姓富足，所以他能够积累金钱财物，扩建宫室，他的车马服饰仿照天子。但这样也已超越本分了。

褚先生曰：臣为郎时，闻之于宫殿中老郎吏好事者称道之也。窃以为令梁孝王怨望，欲为不善者，事从中生[1]。今太后，女主也，以爱少子故，欲令梁王为太子。大臣不时正言其不可状，阿意治小[2]，私说（悦）意以受赏赐[3]，非忠臣也。齐如魏其侯窦婴之正言也，何以有后祸？景帝与王燕见[4]，侍太后饮，景帝曰："千秋万岁之后传王。"太后喜说（悦）。窦婴在前，据地言曰："汉法之约，传子適（嫡）孙[5]，今帝何以得传弟，擅乱高帝约乎！"于是景帝默然无声。太后意不说（悦）。

◎**注释** ①〔事从中生〕事情是从宫中产生的。②〔阿意治小〕阿谀逢迎，不顾大局。③〔私说意以受赏赐〕私下讨好来获得赏赐。④〔燕见〕皇帝退朝闲居时召见臣子。⑤〔传子適（dí）孙〕传给儿子，再传给孙子。

◎**大意**　褚先生说：我做郎官时，从宫殿里好事的老侍从官口中听到他们谈论这些事。我私下以为使梁孝王怨恨，想夺取帝位的原因，是从宫中产生的。那位窦太后，是女主，因为宠爱小儿子，想要让梁孝王做太子。大臣不及时直说这样做不行，一味迎合而不顾大局，暗中讨好太后以期得到赏赐，这不是忠臣。假如都像魏其侯窦婴那样直说，怎么会有后来的祸患？景帝与梁孝王闲时在内廷会见，一起侍奉窦太后饮酒，景帝说："我死后把帝位传给你。"窦太后很高兴。窦婴在面前，伏地叩头说："汉朝廷法制规定，帝位要传子传嫡孙，现在陛下凭什么要传给弟弟，擅自扰乱高祖的规定呀！"当时景帝默不作声。窦太后心里很不高兴。

　　故成王与小弱弟立树下，取一桐叶以与之，曰："吾用封汝。"周公闻之，进见曰："天王封弟，甚善。"成王曰："吾直与戏耳。"周公曰："人主无过举，不当有戏言，言之必行之。"于是乃封小弟以应县。是后成王没齿^①不敢有戏言，言必行之。《孝经》曰："非法不言，非道不行。"此圣人之法言也。今主上不宜出好言于梁王。梁王上有太后之重，骄蹇日久，数闻景帝好言，千秋万世之后传王，而实不行。

◎**注释**　①〔没齿〕终身。
◎**大意**　从前周成王与幼小的弟弟站在树下，成王拿了一片桐叶给弟弟，说："我用它封你。"周公听见了，进谏说："天子分封弟弟，很好。"成王说："我只不过是与他玩玩罢了。"周公说："国君没有错误的举动，不应当有戏耍的话，说了就一定要做到。"成王于是就将应县封给了小弟。此后成王一辈子不敢有戏言，说了就一定做到。《孝经》说："不合法度的不说，不合正道的不做。"这是圣人的格言。如今，皇上不应该讲一些好听的话给梁孝王听。梁孝王上有窦太后的宠爱，骄横傲慢的日子久了，好几次听到景帝好听的话，说死后把帝位传给梁孝王，而实际上并没有施行。

又诸侯王朝见天子,汉法凡当四见耳。始到,入小见;到正月朔旦,奉皮荐璧玉①贺正月,法见;后三日,为王置酒②,赐金钱财物;后二日,复入小见,辞去。凡留长安不过二十日。小见者,燕见于禁门内,饮于省中③,非士人所得入也。今梁王西朝,因留,且半岁。入与人主同辇,出与同车。示风(讽)以大言而实不与,令出怨言,谋畔(叛)逆,乃随而忧之,不亦远乎!非大贤人,不知退让。今汉之仪法,朝见贺正月者,常一王与四侯俱朝见,十余岁一至。今梁王常比年入朝见,久留。鄙语曰"骄子不孝",非恶言也。故诸侯王当为置良师傅相忠言之士,如汲黯、韩长孺等,敢直言极谏,安得有患害!

◎**注释** ①〔皮荐璧玉〕把璧玉放在皮子做的衬垫上。荐,垫。②〔为王置酒〕为王侯摆设酒宴。③〔饮于省中〕在宫中饮酒。

◎**大意** 再者诸侯王朝见天子,按照朝廷制度只能见四次面。刚到时,进宫小见;到正月初一清晨,捧上皮子作垫的玉璧向天子恭贺正月,这是礼仪规定的正式朝见;过后三天,天子为诸侯王摆酒设宴,赏赐金钱财物;过两天再进宫小见,然后辞别。一共留在长安城不过二十日。所谓小见,就是在皇宫禁门内私下相见,在宫禁中饮酒,这不是普通士人所能进入的。而现在梁孝王西入京城朝见,乘机留下来,将近半年。进宫与天子同坐辇车,出外也与天子同车。天子告诉他一些大话而实际上不施行,使得他产生怨言,图谋叛逆,这时才为他忧虑,不是太远离事理了吗?不是大贤人,不知道退让。现今汉朝的礼仪制度,朝见天子庆贺正月的,通常是一个诸侯王与四个列侯同时朝见,十多年进京一次。如今梁孝王常常是连年进京朝见,并留得很久。俗话说"骄子不孝",这并不是坏话。因此,应当为诸侯王配置好的师傅,任用能进忠言的人为他们的相,如汲黯、韩长孺等,敢于直言竭力劝谏,怎么会有祸患!

盖闻梁王西入朝,谒窦太后,燕见,与景帝俱侍坐于太后前,语言私说（悦）。太后谓帝曰："吾闻殷道亲亲①，周道尊尊②，其义一也。安车大驾，用梁孝王为寄。"景帝跪席举身曰："诺。"罢酒出，帝召袁盎诸大臣通经术者曰："太后言如是，何谓也？"皆对曰："太后意欲立梁王为帝太子。"帝问其状，袁盎等曰："殷道亲亲者，立弟。周道尊尊者，立子。殷道质，质者法天，亲其所亲，故立弟。周道文，文者法地，尊者敬也，敬其本始③，故立长子。周道，太子死，立适（嫡）孙。殷道，太子死，立其弟。"帝曰："于公何如？"皆对曰："方今汉家法周，周道不得立弟，当立子。故《春秋》所以非宋宣公。宋宣公死，不立子而与弟。弟受国死，复反（返）之与兄之子④。弟之子争之，以为我当代父后，即刺杀兄子。以故国乱，祸不绝。故《春秋》曰'君子大居正，宋之祸宣公为之'。臣请见太后白之。"袁盎等入见太后："太后言欲立梁王，梁王即终，欲谁立？"太后曰："吾复立帝子。"袁盎等以宋宣公不立正，生祸，祸乱后五世不绝，小不忍害大义状报太后。太后乃解说（悦），即使梁王归就国。而梁王闻其义出于袁盎诸大臣所，怨望，使人来杀袁盎。袁盎顾之曰："我所谓袁将军者也，公得毋误乎？"刺者曰："是矣！"刺之，置其剑，剑著身⑤。视其剑，新治。问长安中削厉工⑥，工曰："梁郎某子来治此剑。"以此知而发觉之，发使者捕逐之。独梁王所欲杀大臣十余人，文吏穷本之，谋反端颇见。太后不食，日夜泣不止。景帝甚忧之，问公卿大臣，大臣以为遣经术吏往治之，乃可解。于是遣田叔、吕季主往治之。此二人皆通经术，知大礼。来还，至霸昌厩，取火悉烧梁之反辞，但空手来对景帝。景帝曰："何如？"对曰："言梁王不知也。造为之者，独其幸臣羊胜、公孙诡之属为之耳。谨以伏诛死，梁王无恙也。"景帝喜说（悦），曰："急趋谒太后。"太后闻之，立起坐餐，气平复。故曰，不通经术知古今之大礼，不可以为三公及左右近臣。少见之人，如从管中窥天也。

◎**注释**　①〔亲亲〕亲近亲人。②〔尊尊〕尊敬祖先。③〔敬其本始〕敬重本源。④〔复反之与兄之子〕重新返还哥哥的儿子。⑤〔剑著身〕剑刺在身上。⑥〔削厉工〕打造并磨砺刀剑的工匠。

◎**大意**　据说梁孝王西入京城长安朝见，进见窦太后，在内廷相见，与景帝一起陪坐在窦太后面前，言谈亲热和悦。窦太后对景帝说："我听说殷朝王位继承的原则是亲爱自己的兄弟，周朝王位继承的原则是尊重祖帝正统，他们的道理是一致的。我死后，把梁孝王托付给你。"景帝跪在席上挺起身子说："好的。"吃罢酒宴出来，景帝召集袁盎等通晓经术的大臣说道："太后说了这样的话，是什么意思呢？"大家都回答："太后的意思是想要立梁孝王为陛下的太子。"景帝问其中的道理，袁盎等说："殷道亲亲的意思，是让弟弟继位。周道尊尊的意思，是让儿子继位。殷朝的制度较质朴，质朴的是效法了天，亲爱他所亲爱的，所以立弟。周朝的制度重文采，有文采的是效法了地，尊是敬的意思，敬重本源，所以立长子。周朝的制度，太子死了，立嫡长孙。殷朝的制度，太子死了，立他的弟弟。"景帝说："你们认为怎么样？"都回答："当今汉朝是效法周朝，周朝的制度不得立弟弟，应当立儿子。所以《春秋》否定宋宣公。宋宣公死后，不立儿子而传位给弟弟。弟弟接受国家权力后死了，又将帝位归还给兄长的儿子。弟弟的儿子又去争夺帝位，认为自己应当在父亲之后接替帝位，便刺杀了兄长的儿子。因为这样国家发生了动乱，祸患不绝。所以《春秋》说'君子尊崇居于正位的人，宋国的祸乱是宣公造成的'。我们请求进见太后说明这些道理。"袁盎等进宫拜见太后说："太后说要立梁孝王，梁孝王如果死了，想立谁？"太后说："我再立皇帝的儿子。"袁盎等人把宋宣公不立嫡长子，生出祸乱，祸乱延续五代都不断绝，小处不忍伤害了大义的情形报告给了窦太后。窦太后才理解和高兴，并马上让梁孝王返回封国。然而梁孝王听说那些议论出于袁盎等大臣，就怨恨起来，派人来杀袁盎。袁盎回头看着刺客说："我是人们所说的袁将军，你不会弄错人吧？"刺客说："正是你！"一剑刺去，扔下剑逃了，剑还刺在袁益身上。看那把剑，是新磨利的。审问长安城中制造磨砺刀剑的工匠，工匠说："梁国的郎官某人来磨这把剑的。"因此了解和发觉了刺客，派遣使者追捕刺客。仅梁孝王所要杀的大臣就有十多位，审察官吏追究到底，结果发现梁孝王谋反的迹象颇为显露。窦太后不进饮食，日夜哭泣。景帝为此很忧虑，询问公卿大臣，大臣认为要派遣精通经术的官吏去处理，方可妥善解决。于是派遣田叔、吕季主去处理。这两个人都通晓经术，懂得大礼。回来到达霸昌厩时，他们拿火将梁国谋反的证词全部烧掉，空手回来向景帝汇报。景帝说："怎么样？"他们回答："都说梁孝王不知情。开始干这件事的，只是梁孝王的宠臣羊胜、公孙诡之流罢了。他们已伏法，梁孝王没有受伤害。"景帝很高兴，说："赶快去拜见太后。"窦太后听说这个情况，立即坐起吃了一顿饭，心情恢复平静。所以说，不通经术，不知古今之大乱，便不可以担任三公及左右近臣。缺乏见识的人，就像从竹管中去窥看天空。

◎ 释疑解惑

皇室成员的权力之争是酿成许多帝王家悲剧的根源。梁孝王在窦太后的宠溺之下，处心积虑想要谋得皇位的继承权。但是，兄死弟及的王位继承传统早已被嫡长子继承制取代，因而才有了梁孝王阴谋杀害汉朝廷那些坚持嫡长子继承权的大臣事件。如此一来，梁孝王谋取皇位继承权的问题就不仅是窦太后母子与汉景帝之间的矛盾斗争，而是事关天下安危了。自然，梁孝王死后，他的子孙继承权也逐渐被取消，封国的土地并入汉朝廷，设置为郡县，这是封建专制皇权不断强化集权统治的必然趋势。由此史传也可窥见人心欲望是如何被激发膨胀，最终酿成惨祸的。梁孝王争夺皇权的家庭惨剧，也可以说是人的贪欲酿成的人间悲剧。

◎ 思考辨析题

1. 如何认识窦太后的宠爱对梁孝王人生产生的重大影响？
2. 如果汉景帝让梁孝王继承帝位，会产生什么样的政治后果？

五宗世家

第二十九

　　《五宗世家》以"五宗"为经、"十三王"为纬，载述了汉景帝五个妃子所生的十三个儿子封王建国的史事及其各自封国的兴衰始末。首先以总叙指出同母为宗，点明十三子为栗姬三子刘荣、刘德、刘阏于，程姬三子刘馀、刘非、刘端，贾夫人二子刘彭祖、刘胜，唐姬一子刘发，王夫人兒姁四子刘越、刘寄、刘乘、刘舜。提纲挈领，统领全传。然后按照首段史文所列顺序，逐人叙写，分枝布叶，各表一宗，章法严整。而中间记叙诸王处，或先提后叙，或先叙后提，或从旁通，或写余情，移步换形，一节一样式，极变化之能事。叙家人琐事，善于抓住人物个性，语言简洁凝练，寥寥数语即栩栩如生地写出诸王面目。如习儒好文的河间献王刘德，衣着服饰、行为举止都以儒者为榜样，德行堪为诸侯王之冠。又如身世悲惨的临江闵王刘荣,初为太子,无罪被废,降格为王,又飞来横祸,身死国灭,令人悲叹。又如不善言辞的鲁共王刘馀,早年沉溺于营造宫室、驯养犬马之中,晚年生活习性却忽然转变,爱好声乐。又如孔武有力、爱好征战的江都易王刘非,结交豪杰,有燕赵遗风。又如桀骜不驯的胶西王刘端,故意与汉朝廷作对,坐视财毁物坏。又如口蜜腹剑的赵王刘彭祖,热衷政事,网织官吏,以捕捉盗贼为乐。再如嗜好酒色的中山王刘胜,纸醉金迷,尽享王侯人生。这些经司马迁之笔稍加点染,诸王神貌自异,各具面目。

《五宗世家》在成功刻画出诸王形象特征的同时,也有力地揭露了各诸侯王违法乱纪、腐败荒淫的现象,如无视伦理、坏事做尽而畏罪自杀的江都王刘建,屡犯王法、残害官吏却寿终正寝的胶西王刘端,恃宠而骄、懈怠多淫的常山宪王刘舜。《五宗世家》也在字里行间揭示了诸侯王内部及其与汉朝廷之间尔虞我诈、争权夺利的种种矛盾,如常山王刘勃家庭内部嫡庶勾心斗角、互相噬啮,临江王刘荣被陷害而死,江都王刘建与胶东康王刘寄阴谋作乱等,可见统治者内部冷酷无情、骨肉相残的尖锐斗争。在汉王朝隆盛时期,这些与汉朝廷对抗的势力必会遭到有力的遏止。司马迁赞语从今昔盛衰入手,对汉代诸侯的迅速衰落颇为感慨。封建宗法制度裂土分封的皇子王侯,本应是封建王朝的坚强柱石,世为国家之藩辅。然而,大多数宗族、藩王骄奢淫逸、飞扬跋扈,在生活上道德败坏、荒淫无度、肆意妄行,在政治上阳奉阴违、无恶不作、图谋不轨。在七国之乱后,各地诸侯王国势力不断削弱。从大规模的削藩到隐蔽的推恩令,汉朝廷逐渐取得了绝对的主导地位,封建大一统政权日益巩固。

孝景皇帝子凡十三人为王，而母五人，同母者为宗亲①。栗姬子曰荣、德、阏于。程姬子曰馀、非、端。贾夫人子曰彭祖、胜。唐姬子曰发。王夫人兒姁子曰越、寄、乘、舜。

◎**注释** ①〔宗亲〕同一宗派的亲属。
◎**大意** 景帝的儿子共有十三人封王，他们分别是五个母亲所生，同母生的称为宗亲。栗姬的儿子叫刘荣、刘德、刘阏（è）于。程姬的儿子叫刘馀、刘非、刘端。贾夫人的儿子叫刘彭祖、刘胜。唐姬的儿子叫刘发。王夫人兒姁（ní xū）的儿子叫刘越、刘寄、刘乘、刘舜。

河间献王德，以孝景帝前二年用皇子为河间王。好儒学，被服造次必于儒者。山东诸儒多从之游。

◎**大意** 河间献王刘德，在景帝前元二年凭着皇子身份封为河间王。他爱好儒学，衣着服饰、行为举止都以儒者为标准。山东地区的儒生大都与他交游。

二十六年卒，子共王不害立。四年卒，子刚王基代立。十二年卒，子顷王授代立。

◎**大意** 河间献王在位二十六年去世，儿子共王刘不害继位。共王在位四年去世，儿子刚王刘基继位。刚王在位十二年去世，儿子顷王刘授继位。

临江哀王阏于，以孝景帝前二年用皇子为临江王。三年卒，无后，国除为郡。

◎**大意**　临江哀王刘阏于，在景帝前元二年凭皇子身份封为临江王。在位三年去世，没有后代，封国被撤除改为郡。

　　临江闵王荣，以孝景前四年为皇太子，四岁废，用故太子为临江王。

◎**大意**　临江闵王刘荣，在景帝前元四年立为皇太子，四年后被废除，以曾经做过皇太子的身份降为临江王。

　　四年，坐侵庙壖垣为宫①，上征荣。荣行，祖②于江陵北门。既已上车，轴折车废。江陵父老流涕窃言曰："吾王不反（返）矣！"荣至，诣中尉府簿。中尉郅都责讯王，王恐，自杀。葬蓝田。燕数万衔土置冢上，百姓怜之。

◎**注释**　①〔坐侵庙壖（ruán）垣为宫〕坐，因某事而犯罪。侵庙壖垣为宫，建造宫室时侵占了先祖庙宇正式院墙与周围矮墙之间的空地。壖垣，宫殿或庙宇正式院墙外的矮墙。②〔祖〕出行时祭祀路神。

◎**大意**　临江王四年，刘荣因侵占宗庙外围空地扩建宫室而犯罪，皇上召刘荣进京。刘荣出行时，在江陵北门祭了路神。上车后，车轴忽然折断，车子毁坏。江陵的父老流着泪私下说："我们的国王不会回来了！"刘荣到了京城，去中尉府受审。中尉郅都审讯临江王，临江王很害怕，自杀而死。埋葬在蓝田。几万只燕子衔土放在他的坟上，百姓都哀怜他。

　　荣最长，死无后，国除，地入于汉，为南郡。

◎**大意**　刘荣是景帝最年长的儿子，死了没有后代，封国撤除，领地收归朝廷，改为南郡。

右三国本王①皆栗姬之子也。

◎**注释**　①〔右三国本王〕右，犹今所说"以上"，因古书文字自右向左竖排。本王，第一代封为某某国的国王。
◎**大意**　以上三国的本封王都是栗姬生的儿子。

鲁共王馀，以孝景前二年用皇子为淮阳王。二年，吴、楚反破后，以孝景前三年徙为鲁王。好治宫室苑囿狗马。季年好音。不喜辞辩，为人吃。

◎**大意**　鲁共王刘馀，在景帝前元二年凭皇子身份封为淮阳王。第二年，吴、楚反叛平定后，在景帝前元三年改封为鲁王。他爱好修建宫室苑囿驯养狗马。晚年爱好音乐。他不喜欢言辞辩说，说话口吃。

二十六年卒，子光代为王。初好音舆马；晚节啬，惟恐不足于财。

◎**大意**　鲁共王在位二十六年去世，儿子刘光接替为王。刘光起初爱好音乐车马；晚年变得很吝啬，唯恐钱财不够多。

江都易王非，以孝景前二年用皇子为汝南王。吴、楚反时，非年十五，有材力，上书愿击吴。景帝赐非将军印，击吴。吴已破，二岁，徙为江都王，治吴故国①，以军功赐天子旌旗。元光五年，匈奴大入汉为贼，非上书愿击匈奴，上不许。非好气力，治宫观，招四方豪桀，骄奢甚。

◎**注释** ①〔治吴故国〕以吴国的都城广陵作为江都国的都城。

◎**大意** 江都易王刘非，在景帝前元二年凭皇子身份封为汝南王。吴、楚反叛时，刘非十五岁，有气力，上书志愿去讨伐吴国。景帝赐给刘非将军印信，攻打吴军。吴国被打败后，第二年，改封为江都王，治理原吴国领地，因军功得到天子赏赐的旌旗。武帝元光五年，匈奴大举侵入汉朝边境，刘非上书志愿去打击匈奴，武帝不同意。刘非喜好武力，修建宫室台观，招纳四方豪杰，十分骄纵奢华。

立二十六年卒，子建立为王。七年自杀。淮南、衡山谋反时，建颇闻其谋。自以为国近淮南，恐一旦发，为所并，即阴作兵器，而时佩其父所赐将军印，载天子旗以出。易王死未葬，建有所说（悦）易王宠美人淖姬，夜使人迎与奸服舍①中。及淮南事发，治党与（羽），颇及江都王建。建恐，因使人多持金钱，事绝其狱。而又信巫祝，使人祷祠妄言。建又尽与其姊弟奸。事既闻，汉公卿请捕治建。天子不忍，使大臣即讯王。王服所犯，遂自杀。国除，地入于汉，为广陵郡。

◎**注释** ①〔服舍〕守丧者休息的房舍。

◎**大意** 江都易王刘非在位二十六年去世，儿子刘建即位为王。刘建在位七年自杀。淮南王刘安、衡山王刘赐谋反时，刘建略微听到他们的一些谋划。他自认为国土接近淮南，恐怕一旦事发，被他们吞并，就暗中制造兵器，而且经常佩带景帝赐给他父亲的将军印信，车上插上天子赏赐的旌旗出巡。易王死后还没安葬，刘建喜欢上了易王宠爱的美人淖姬，夜里派人把她接到守丧的房子里通奸。等到淮南王刘安谋反的事被发觉，朝廷惩治淮南王刘安的同党，略微牵连到江都王刘建。刘建心中害怕，因而派人带了很多金钱，去活动平息这场官司。刘建又相信巫祝，派人祭祀祈祷胡言乱语。刘建又与所有的姊妹通奸。这些丑事被朝廷听到后，朝廷公卿请求逮捕惩办刘建。天子不忍心，派大臣前往审讯他。他承认所犯的罪行，就自杀了。于是封国被撤除，领地收归朝廷，改为广陵郡。

胶西于王端，以孝景前三年吴、楚七国反破后，端用皇子为胶西王。端为人贼戾，又阴痿，一近妇人，病之数月。而有爱幸少年为郎。为郎者顷之与后宫乱，端禽（擒）灭之，及杀其子母。数犯上法，汉公卿数请诛端，天子为兄弟之故不忍，而端所为滋甚。有司再请，削其国，去太半。端心愠，遂为无訾省①。府库坏漏，尽腐财物，以巨万计，终不得收徙。令吏毋得收租赋。端皆去卫，封其宫门，从一门出游。数变名姓，为布衣，之他郡国。

◎**注释** ①〔訾省（zī xǐng）〕指计算、查核财物。
◎**大意** 胶西于王刘端，在景帝前元三年吴、楚等七国反叛平定后，凭皇子身份封为胶西王。刘端为人凶残暴戾，又患有阳痿病，一接触妇女，便病上几个月。他有一个宠爱的青年担任侍郎。这个担任侍郎的青年不久便与后宫妇女淫乱，刘端捕杀了他，并且杀了他的儿子和母亲。刘端屡次触犯天子法令，朝廷公卿几次请求诛杀他，天子因为手足之情不忍心，于是刘端的犯法行为更厉害了。主管官吏再次请求削夺他的封地，削去了一大半。刘端心中恼怒，于是完全不理财管事。府库全部破烂漏雨，腐烂的财物以亿计，始终不去收拾搬移。又命令官吏不得收租税。刘端将警卫人员全部撤走，封闭上宫门，只从一门出外游玩。他多次变换姓名，假扮为平民，前往其他郡国。

相、二千石往者，奉汉法以治，端辄求其罪告之，无罪者诈药杀之。所以设诈究变，强足以距（拒）谏，智足以饰非。相、二千石从王治，则汉绳以法。故胶西小国，而所杀伤二千石甚众。

◎**大意** 前往胶西国任职的相、二千石官吏，奉行汉朝法令进行治理，刘端就搜寻他们的罪过向朝廷控告，无罪可寻的就设骗局毒死他们。他设骗局的方法变化多端，他的强势足以拒绝别人的劝谏，他的智巧足以掩饰自己的过错。相、二千石官吏听从刘端的命令办事，那么朝廷就要将他们绳之以法。所以一个小小的胶西国，被杀或受伤害的二千石官吏很多。

立四十七年，卒，竟无男代后，国除，地入于汉，为胶西郡。

◎**大意** 胶西于王在位四十七年，去世后，终因没有儿子接替王位，封国被撤除，领地收归朝廷，改为胶西郡。

右三国本王皆程姬之子也。

◎**大意** 以上三国的本封王都是程姬生的儿子。

赵王彭祖，以孝景前二年用皇子为广川王。赵王遂反破后，彭祖王广川。四年，徙为赵王。十五年，孝景帝崩。彭祖为人巧佞①，卑谄足恭，而心刻深。好法律，持诡辩以中人。彭祖多内宠姬及子孙。相、二千石欲奉汉法以治，则害于王家。是以每相、二千石至，彭祖衣皂布衣，自行迎，除二千石舍，多设疑事以作动之，得二千石失言，中忌讳②，辄书之。二千石欲治者，则以此迫劫；不听，乃上书告，及污以奸利事。彭祖立五十余年，相、二千石无能满二岁，辄以罪去，大者死，小者刑，以故二千石莫敢治。而赵王擅权，使使即县为贾人榷会③，入多于国经租税。以是赵王家多金钱，然所赐姬诸子，亦尽之矣。彭祖取故江都易王宠姬王建所盗与奸淖姬者为姬，甚爱之。

◎**注释** ①〔巧佞〕乖巧，善于逢迎别人。②〔中忌讳〕触犯皇帝的忌讳。③〔使使即县为贾人榷（què）会〕指派人到各县经商并垄断市场。

◎**大意** 赵王刘彭祖，在景帝前元二年凭皇子身份封为广川王。赵王刘遂反叛被击败时，刘彭祖在广川为王。景帝前元四年，改封为赵王。第十五年，景帝逝世。刘彭祖为人花言巧语奉承谄媚，外表特别恭顺，而内心险酷阴毒。他喜欢抠法律条文，用诡辩中伤他人。刘彭祖有很多宠爱的姬妾和子孙。相、二千石官吏要奉行汉朝法令来治理，就损害了赵王家。因此每当朝廷派来相、二千石官吏，刘彭祖便穿上差役穿的黑布衣，亲自前往迎接，清扫二千石官吏的房舍，设下许多疑难的事来引动他们，一遇到二千石官吏失言，或触犯忌讳的事，就立即记载下来。二千石官吏要奉法治理的，刘彭祖就用记下的言语来要挟；如果官吏不听要挟，他便上书控告，并且用奸乱贪利之类的事污蔑他们。刘彭祖在位五十多年，相、二千石官吏没有能任职满两年的，总是因犯罪离去，罪大的处死，罪小的受刑，因此二千石官吏都不敢治理赵国。因而赵王独揽大权。他派人到各县经商并垄断生意，收入比赵国的经常性租税还多。因此赵王家有很多金钱，但都赏赐给姬妾子孙，也用光了。刘彭祖还把原江都易王宠爱的，后来被江都王刘建夺得并通奸的淖姬纳为姬妾，很宠爱她。

彭祖不好治宫室、机祥①，好为吏事。上书愿督国中盗贼。常夜从走卒行徼②邯郸中。诸使过客以彭祖险陂③，莫敢留邯郸。

◎**注释** ①〔机（jī）祥〕指祈禳求福之事。②〔行徼（jiào）〕巡行视察。③〔险陂（bì）〕又作"险诐"，阴险邪僻。

◎**大意** 刘彭祖不喜欢修建宫室、祭祀求福，却爱好刑狱方面的事务。他上书朝廷志愿监管国内的盗贼。经常在夜里带上兵丁在邯郸城中巡逻。各地使者和过往客人因刘彭祖阴险奸邪，不敢在邯郸城逗留。

其太子丹与其女及同产姊奸，与其客江充有隙。充告丹，丹以故废。赵更立太子。

◎**大意**　刘彭祖的太子刘丹与自己的女儿及同胞姐姐通奸，与他的门客江充有嫌隙。江充告发了刘丹，刘丹因此被废。赵王刘彭祖改立了太子。

中山靖王胜，以孝景前三年用皇子为中山王。十四年，孝景帝崩。胜为人乐酒好内①，有子枝属百二十余人。常与兄赵王相非，曰："兄为王，专代吏治事。王者当日听音乐声色。"赵王亦非之，曰："中山王徒日淫，不佐天子拊循百姓，何以称为藩臣！"

◎**注释**　①〔好内〕好养姬妾。
◎**大意**　中山靖王刘胜，在景帝前元三年凭皇子身份封为中山王。在位第十四年，景帝逝世。刘胜为人嗜酒好色，有各支子孙一百二十多人。他常常跟哥哥赵王刘彭祖互相指责，他说："我哥哥做王，专门代替官吏办理事务。做王的应当每天听听音乐欣赏女色。"赵王刘彭祖也责难他说："中山王只是每天荒淫享乐，不帮助天子安抚百姓，凭什么称为藩臣！"

立四十二年卒，子哀王昌立。一年卒，子昆侈代为中山王。

◎**大意**　中山靖王在位四十二年去世，儿子哀王刘昌继位。刘昌在位一年去世，儿子刘昆侈接替为中山王。

右二国本王皆贾夫人之子也。

◎**大意** 以上两国的本封王都是贾夫人生的儿子。

长沙定王发，发之母唐姬，故程姬侍者。景帝召程姬，程姬有所辟（避）①，不愿进，而饰侍者唐儿使夜进。上醉不知，以为程姬而幸之，遂有身。已乃觉非程姬也。及生子，因命曰发。以孝景前二年用皇子为长沙王。以其母微，无宠，故王卑湿贫国②。

◎**注释** ①〔有所辟〕指月经期。②〔卑湿贫国〕长沙国汉时为人烟稀少、低洼潮湿的穷国。

◎**大意** 长沙定王刘发，母亲是唐姬，原来是程姬的侍女。景帝召幸程姬，程姬因月事不愿进御房，便妆扮了侍女唐儿，让她夜里进去。景帝酒醉不知内情，以为她是程姬而宠幸了她，于是有了身孕。事后才发觉不是程姬。等到生下儿子，就起名叫发。刘发在景帝前元二年凭皇子身份封为长沙王。因为他的母亲身份微贱，不受宠爱，所以让他统辖低湿贫穷的领地。

立二十七年卒，子康王庸立。二十八年，卒，子鲋鮈立为长沙王。

◎**大意** 刘发在位二十七年去世，儿子康王刘庸即位。刘康在位二十八年，去世，儿子刘鲋鮈（fù jū）即位为长沙王。

右一国本王唐姬之子也。

◎**大意** 以上一国的本封王是唐姬生的儿子。

广川惠王越，以孝景中二年用皇子为广川王。

◎**大意** 广川惠王刘越，在景帝中元二年凭皇子身份封为广川王。

十二年卒，子齐立为王。齐有幸臣桑距。已而有罪，欲诛距，距亡，王因禽（擒）其宗族。距怨王，乃上书告王齐与同产奸。自是之后，王齐数上书告言汉公卿及幸臣所忠①等。

◎**注释** ①〔所忠〕汉武帝的近臣。
◎**大意** 刘越在位十二年去世，儿子刘齐即位为王。刘齐有个宠爱的臣子叫桑距。不久桑距犯了罪，刘齐要杀桑距，桑距逃亡，刘齐便逮捕了他家族中的人。桑距因此怨恨刘齐，便上书控告广川王刘齐与同胞姊妹通奸。从此以后，广川王刘齐几次上书控告朝廷公卿和宠臣所忠等人。

胶东康王寄，以孝景中二年用皇子为胶东王。二十八年卒。淮南王谋反时，寄微闻其事，私作楼车①镞矢战守备，候淮南之起。及吏治淮南之事，辞出之。寄于上最亲，意伤之，发病而死，不敢置后②，于是上闻。寄有长子者名贤，母无宠；少子名庆，母爱幸，寄常欲立之，为不次③，因有过，遂无言。上怜之，乃以贤为胶东王奉康王嗣，而封庆于故衡山地，为六安王。

◎**注释** ①〔楼车〕古代战车上设有望楼，用以瞭望敌军城堡或营垒中的虚实。②〔置后〕确立继承人。③〔不次〕不合长幼次序。
◎**大意** 胶东康王刘寄，在景帝中元二年凭皇子身份封为胶东王。在位二十八年去世。淮南王刘安谋反时，刘寄略微听到谋反的事，便私下制造楼车弓箭等武器装备，以等候淮南王刘安起事。等到后来朝廷官吏审理淮南王谋反的事件，供词中带出了刘寄。刘寄与皇上最为亲密，于是心里对此感到内疚伤痛，终于因病情发作而死去，并且不敢安排继承人，当时皇上听说了这种情况。刘寄有个大儿子名叫刘贤，他的母亲不受宠爱；小儿子名叫刘庆，他的母亲受宠爱，刘寄常想立刘庆为继承人，因为不合次序，又因自己有罪过，所以不敢上言。皇上同情刘寄，于是封刘贤为胶东王，作为康王的继承人，又把刘庆封到原衡山王刘赐的领地，成为六安王。

胶东王贤立十四年卒，谥为哀王。子庆为王①。

◎**注释** ①〔子庆为王〕据上文刘贤之弟名"庆"，则其子不应也名"庆"。《史记·汉兴以来诸侯王年表》《汉书·诸侯王表》皆作"通平"，疑是。
◎**大意** 胶东王刘贤在位十四年去世，谥号叫哀王。他的儿子刘庆继位为王。

六安王庆，以元狩二年用胶东康王子为六安王。

◎**大意** 六安王刘庆，在武帝元狩二年以胶东康王儿子的身份封为六安王。

清河哀王乘，以孝景中三年用皇子为清河王。十二年卒，无后，国除，地入于汉，为清河郡。

◎**大意** 清河哀王刘乘，在景帝中元三年凭皇子身份封为清河王。刘乘在位十二年去世，没有后代，封国被撤除，领地收归朝廷，改为清河郡。

常山宪王舜，以孝景中五年用皇子为常山王。舜最亲，景帝少子，骄怠多淫，数犯禁，上常宽释之。立三十二年卒，太子勃代立为王。

◎ **大意** 常山宪王刘舜，在景帝中元五年凭皇子身份封为常山王。刘舜与武帝最亲近，是景帝的小儿子，骄懒而多淫乱，多次违犯法禁，武帝常常宽恕他。刘舜在位三十二年去世，太子刘勃接替为王。

初，宪王舜有所不爱姬生长男棁。棁以母无宠故，亦不得幸于王。王后修生太子勃。王内多，所幸姬生子平、子商，王后希（稀）得幸。及宪王病甚，诸幸姬常侍病，故王后亦以妒媢①不常侍病，辄归舍。医进药，太子勃不自尝药，又不宿留侍病。及王薨，王后、太子乃至。宪王雅不以长子棁为人数，及薨，又不分与财物。郎或说太子、王后，令诸子与长子棁共分财物，太子、王后不听。太子代立，又不收恤棁。棁怨王后、太子。汉使者视宪王丧，棁自言宪王病时，王后、太子不侍，及薨，六日出舍，太子勃私奸，饮酒，博戏，击筑，与女子载驰，环城过市，入牢视囚。天子遣大行骞验王后及问王勃，请逮勃所与奸诸证左，王又匿之。吏求捕，勃大急，使人致击笞掠，擅出汉所疑囚者。有司请诛宪王后修及王勃。上以修素无行，使棁陷之罪，勃无良师傅，不忍诛。有司请废王后修，徙王勃以家属处房陵，上许之。

◎ **注释** ①〔妒媢（mào）〕嫉妒。

◎ **大意** 原先，宪王刘舜有一个不宠爱的姬妾生了大儿子刘棁。刘棁因为母亲不受宠爱，也不得宪王的宠爱。刘舜的王后修生下太子刘勃。刘舜的姬妾很多，他所宠爱的姬妾生下儿子刘平、刘商。刘舜的王后很少得到宠幸。刘舜病重时，那几个宠姬经常在旁侍奉，刘舜的王后因嫉妒不常去侍病，总是回自己的宫室。御医进药，太子刘勃不自己先尝药，又不肯守夜侍奉。等到刘舜逝世，王后、太子才赶到。刘舜向来不把大儿子刘棁当人看待，他逝世了，又不分给刘棁财物。侍从郎官中有人劝说太子、王后，让各个儿子同大儿子刘棁共同分享财物，太子、王后不听。太子接替王位后，又不安抚照顾刘棁。刘棁因此怨恨王后、太子。汉朝廷使者来视察刘舜的丧事时，刘棁亲自诉说了刘舜病重时，王后、太子不侍奉，刘舜逝世才六天，他们就跑出守丧的房子，太子刘勃私下奸淫妇女，饮酒取乐，赌博戏耍，击筑作乐，与女子乘车兜风，绕城墙过闹市，又进入监牢探视囚犯。武帝派遣大行官张骞审问王后并查问新王刘勃，要求逮捕与刘勃奸淫过的各个证人，刘勃又将他们藏匿起来。官吏搜捕，刘勃非常着急，竟派人攻击鞭打吏人，并擅自放出朝廷所囚禁的嫌疑犯。主管官员请求诛杀刘舜的王后修和新王刘勃。武帝认为刘舜的王后修向来没有好品行，使得刘棁告发她的罪行，而刘勃没有贤良的师傅，不忍心诛杀他们。主管官员请求废除王后修，把刘勃以及家属迁徙到房陵，武帝同意这样做。

勃王数月，迁于房陵，国绝。月余，天子为最亲，乃诏有司曰："常山宪王蚤（早）夭，后妾不和，適（嫡）孽诬争，陷于不义以灭国，朕甚闵焉。其封宪王子平三万户，为真定王；封子商三万户，为泗水王。"

◎**大意**　刘勃为王只有几个月，便迁居到房陵，封国灭绝。一个多月后，武帝因为宪王刘舜与自己最亲近，便命令主管官员说："常山宪王早死，王后与姬妾不和，王后生的儿子和姬妾生的儿子相互指控，彼此争斗，陷于不义以致封国灭绝，我对此非常怜悯。封给宪王儿子刘平三万户，为真定王；封给宪王儿子刘商三万户，为泗水王。"

真定王平，元鼎四年用常山宪王子为真定王。

◎**大意**　真定王刘平，在武帝元鼎四年以常山宪王儿子的身份封为真定王。

泗水思王商，以元鼎四年用常山宪王子为泗水王。十一年卒，子哀王安世立。十一年卒，无子。于是上怜泗水王绝，乃立安世弟贺为泗水王。

◎**大意** 泗水思王刘商，在武帝元鼎四年以常山宪王儿子的身份封为泗水王。刘商在位十一年去世，儿子哀王刘安世即位。哀王在位十一年去世，没有儿子。当时武帝怜惜泗水王绝了后代，便封刘安世的弟弟刘贺为泗水王。

右四国本王皆王夫人兒姁子也。其后汉益封其支子为六安王、泗水王二国。凡兒姁子孙，于今为六王。

◎**大意** 以上四国的本封王都是王夫人兒姁生的儿子。后来汉朝廷加封他们的庶子为六安、泗水二国的国王。兒姁的子孙，到现在共有六位国王。

太史公曰：高祖时诸侯皆赋，得自除①内史以下，汉独为置丞相，黄金印。诸侯自除御史、廷尉正、博士，拟于天子。自吴、楚反后，五宗王世，汉为置二千石，去"丞相"曰"相"，银印。诸侯独得食租税，夺之权②。其后诸侯贫者或乘牛车也。

◎**注释** ①〔自除〕自行任命。②〔权〕指管理政事的大权。
◎**大意** 太史公说：汉高祖时的诸侯王都有赋税征收权，可以自行任命内史以下的官员，朝廷只给他们配置丞相，丞相佩黄金印信。诸侯王自己任命御史、廷尉正、博士，比拟于天子。自从吴、楚等七国反叛后，在五宗封王的时代，朝廷给配置二千石官吏，取消"丞相"而改称"相"，佩银印。诸侯王只能享受封地内的租税，削夺了他们的行政权力。这以后诸侯王中的贫穷者甚至只能乘坐牛车了。

◎ 释疑解惑

诸侯是古代朝廷所分封的各国君主的统称。周朝时分公、侯、伯、子、男五等，汉朝分王、侯两等。周朝制度，名义上，诸侯需服从周王室的政令，向周王室朝贡、述职、服役，以及出兵帮助周王室等。汉初分封的诸侯国有同姓，也有异姓功臣，但朝廷对异姓王并不放心，所以逐渐以同姓王代替。诸侯国自行征税，设置丞相和九卿百官。其中丞相由朝廷委派，佩黄金印信。诸侯王自己任命御史、廷尉正、博士等官职，类似于天子。汉景帝为了实现朝廷的长治久安，接受晁错削藩的建议，导致了七国之乱。后来汉武帝采用主父偃的建议，实行推恩令，允许诸侯王把封地分为几部分传给几个儿子，形成直属于朝廷的诸侯国，意在减少诸侯的封地，削弱诸侯王的势力。自汉景帝的五支宗属封王起，汉朝廷给配置二千石官吏，改丞相曰"相"，缩小编制，削弱其威权，把军政、民政、财政都收归朝廷，诸侯王只享用定额租税。

◎ 思考辨析题

1. 诸侯王身份尊贵，又有傅相辅佐，却多数不得善终，原因何在？
2. 《五宗世家》在《汉书》中题为《景十三王传》，原因何在？

三王世家

第三十

　　《三王世家》记载了汉武帝的三个儿子刘闳、刘旦和刘胥同时被策立为王的历史事件。司马迁在撰写这篇史传时，三王尚年幼，既未传宗接代，又无事迹可记，于是，他把武帝策立三王的封策文抄写下来敷衍成篇。这一点，司马迁在篇末赞语和书后《自序》中都有较为明确的交代。后来，褚少孙搜求相关的逸闻秘事，说明封策文的意义，旨在佐证司马迁"文辞烂然"之言，然而，这实际上违背了司马迁的微言大义。司马迁以"文辞烂然"称之，明褒暗贬，含有深意。汉武帝将汉初功臣及前代诸帝子孙所封王侯以推恩令及酎金不善等种种借口消灭殆尽，却想要自己的儿子"世为汉藩辅"，岂不可笑？三王无一传世系者，与封策文中的谆谆告诫、殷殷期望一对照，就产生了一种莫名的讥讽意味。

《三王世家》因特殊的写作背景，导致了写法上不同于其他各篇世家。全篇抄录汉武帝君臣之间为分封三王而六次往复的制诏奏章，这也向后世展示了汉朝廷决定一件重要事情的具体程序。而交代这件事的来龙去脉、前因后果的文字，仅有一百多字。故本篇可谓是司马迁"紬史记石室金匮之书"（《太史公自序》）的典型代表。制诏奏章关涉国家大事，实乃中秘文献，而司马迁巧妙利用此类史料组织成篇，可谓善于纪史者也。这也是《三王世家》首先引人注意的独特之处。

褚少孙十分爱好阅读《史记》，拜访名流、学士，费尽周折，得到前朝相关史料，分条解释于《三王世家》后：齐王刘闳之国，左右能竭力维持以礼义，全身无过，不幸早夭；广陵王刘胥包藏祸心，果作威福，谋反自杀；燕王刘旦心怀怨愤，谋为叛逆，亦自杀。三王之封，诏制奏请皆尔雅深婉，上下皆得体。天子恭让，群臣守义。今读其策命词语，申以风土之宜，教以辅佐之义，语言温厚，直有周训诰风度，惜三子或夭或自杀，竟无一人成伯禽、康叔之业，愧对列祖列宗，令人感慨不已！

汉武帝共有六个儿子，只有三王写入"世家"，这是因为赵婕妤所生的刘弗陵后来为昭帝，自然不应列入世家。李夫人所生的刘贺，受封于汉武帝天汉四年，司马迁因寿命所限，没有机会知道了，所以不见于"世家"。卫皇后所生的刘据，因曾为皇太子，自不应列入世家。

这篇史传规模《尚书》，词语古奥，使人读起来有一种庄重肃穆之感。在行文中较突出地体现了汉代诏书制诰常常借用《尚书》"封建"诰命体语言的特点。如在三王的封策文中频用"封于东土""封于北土""封于南土"之语，就是效仿《尚书·康诰》"肆汝小子封在兹东土"之行文习惯；又如"惟命不于常"，亦是活用《康诰》文义。

"大司马臣去病昧死①再拜上疏皇帝陛下：陛下过听，使臣去病待罪行间。宜专边塞之思虑，暴骸中野无以报，乃敢惟他议以干用事者，诚见陛下忧劳天下，哀怜百姓以自忘，亏膳贬乐②，损郎员。皇子赖天，能胜衣趋拜，至今无号位③师傅官。陛下恭让不恤，群臣私望，不敢越职而言。臣窃不胜犬马心，昧死愿陛下诏有司，因盛夏吉时定皇子位。唯陛下幸察。臣去病昧死再拜以闻皇帝陛下。"三月乙亥，御史臣光守尚书令奏未央宫。制曰："下御史。"

◎**注释** ①〔昧死〕冒着被杀头的危险。②〔亏膳贬乐〕降低伙食标准，裁减歌舞人员。③〔号位〕指"王""侯"一类的封号。

◎**大意** "大司马臣霍去病冒着死罪再拜上疏皇帝陛下：由于陛下误听人言，使我供职于行伍之间。我本该专心考虑边塞防务，即使是暴尸荒野也不能报答陛下的恩德，又怎敢想出别的议论来打扰主管官员，实在是看到陛下为天下忧虑操劳，体恤百姓而忘掉了自己，减少膳食，节制娱乐，裁减侍从官员。皇子们有赖上天保佑，已能配穿朝服趋拜陛下，但至今没有封号爵位和师傅官。陛下谦让不予考虑，朝臣们暗自埋怨，但不敢越职进言。我私下按捺不住犬马效劳之心，冒死请陛下命令主管官员，趁着盛夏吉日确定皇子们的封位。敬请陛下鉴察。臣霍去病冒死再拜报告皇帝陛下。"汉武帝元狩六年三月乙亥这一天，御史兼尚书令臣光将奏章呈报未央宫。武帝批示说："下交御史办理。"

六年三月戊申朔，乙亥，御史臣光守尚书令、丞非，下御史书到①，言："丞相臣青翟、御史大夫臣汤、太常臣充、大行令臣息、太子少傅臣安行宗正事昧死上言：大司马去病上疏曰：'陛下过听，使臣去病待罪行间。宜专边塞之思虑，暴骸中野无以报，乃敢惟他议以干用事者，诚见陛下忧劳天下，哀怜百姓以自忘，亏膳贬乐，损郎员。皇子赖天，能胜衣趋拜，至今无号位师傅官。陛下恭让不恤，群臣私望，不敢越职而言。臣窃不胜犬马心，昧死愿陛下诏有司，因盛夏吉时定皇子位。唯愿陛下幸察。'制曰'下御史'。臣谨与中二千石②、二千石臣贺等议：古者裂地立国，并建诸侯③以承天子，所以尊宗庙④重社稷也。今臣去病上疏，不忘其职，因以宣恩，乃道天子卑让自贬以劳天下，虑皇子未有号位。臣青翟、臣汤等宜奉义遵职，愚憧而不逮事。方今盛夏吉时，臣青翟、臣汤等昧死请立皇子臣闳、臣旦、臣胥为诸侯王。昧死请所立国名。"

◎**注释** ①〔下御史书到〕此句表意不明。这里的具体程序应是武帝将霍去病的奏章下到御史府，御史府提出处理意见后交丞相府，丞相府组织官员讨论后再向武帝提出具体意见。下文所载即丞相府向武帝提出的意见。②〔中二千石〕月俸一百八十斛的官员，等级在二千石之上。③〔并建诸侯〕同时建立很多诸侯王。④〔宗庙〕天子、诸侯祭祀祖先的处所。封建帝王以天下为一家所有，世代相传，故以宗庙为朝廷或国家的代称。

◎**大意** 汉武帝元狩六年三月初一是戊申，乙亥这一天，御史臣光、尚书令丞非将霍去病的奏章下到了御史府，御史府将处理意见形成文件交给丞相府，丞相府组织讨论后向武帝上书说："丞相臣庄青翟、御史大夫臣张汤、太常臣赵充、大行令臣李息、太子少傅兼宗正事臣安冒着死罪上奏：大司马霍去病上疏说：'由于陛下误听人言，使我供职于行伍之间。我本该专心考虑边塞防务，即使是暴尸荒野也不能报答陛下的恩德，又怎敢想出别的议论来打扰主管官员，实在是看到陛下为天下忧虑操劳，体恤百姓而忘掉了自己，减少膳食，节制娱乐，裁减侍从官员。皇子们有赖上天保佑，已能配穿朝服趋拜陛下，但至今没有封号爵位和师傅官。陛下谦让不予考虑，朝臣们暗自埋怨，但不敢越职进言。我私下按捺不住犬马效劳之心，冒死请陛下命令主管官员，趁着盛夏吉日确定皇子们的封位。敬请陛下鉴察。'皇上批示说'下交御史办理'。我们谨与中二千石、二千石官员公孙贺等讨论：古时候分地立国，普遍建立诸侯国以承奉天子，这是尊重宗庙和社稷的做法。如今霍去病上疏，不忘他的职责，也用以宣扬皇恩，其中说到天子谦让自节而操劳天下,他才思虑皇子们没有封予爵位的事。臣庄青翟、张汤等本应崇奉礼义遵守职责,但愚笨而不能完成好任务。现在正是盛夏吉时,臣庄青翟、张汤等冒死请求封立皇子刘闳、刘旦、刘胥为诸侯王。冒死请求确立他们封国的名称。"

制曰:"盖闻周封八百,姬姓并列,或子、男、附庸①。《礼》'支子②不祭'。云并建诸侯所以重社稷,朕无闻焉。且天非为君生民也。朕之不德,海内未洽,乃以未教成者强君连城③,即股肱④何劝?其更议以列侯家之。"三月丙子,奏未央宫。

◎**注释** ①〔附庸〕附属于诸侯的小国。②〔支子〕古代宗法制度下称嫡长子以外的儿子。③〔强君连城〕勉强让他们去充当连城之君。连城,毗邻的诸城。④〔股肱〕大腿和胳膊,喻辅佐君主的大臣。

◎**大意** 武帝批示说:"听说周朝分封诸侯八百,姬姓宗室同时受封,有子爵、男爵、附庸国。《礼记》上说'庶子不得祭祀先祖'。你们说建立诸侯国是重社稷的做法,我没有听说过。况且上天并不是为君王而降生人民的。由于我没有德行,海内还没有融洽,如果让没有教导成熟的人勉强统治那么多城邑,那么他的左右大臣将怎么劝导?应重新讨论以列侯等级封赐他们。"汉武帝元狩六年三月丙子这一天,奏章呈报未央宫。

"丞相臣青翟、御史大夫臣汤昧死言:臣谨与列侯臣婴齐、中二千石、二千石臣贺、谏大夫博士臣安等议曰:伏闻周封八百,姬姓并列,奉承天子。康叔以祖考①显,而伯禽以周公立,咸为建国诸侯,以相傅为辅。百官奉宪,各遵其职,而国统备矣。窃以为并建诸侯所以重社稷者,四海诸侯各以其职奉贡祭。支子不得奉祭宗祖,礼也。封建使守藩国②,帝王所以扶德施化。陛下奉承天统,明开圣绪,尊贤显功，兴灭继绝。续萧文终之后于酂，褒厉群臣平津侯等。昭六亲之序，明天施之属，使诸侯王封君得推私恩分子弟户邑，锡（赐）号尊建百有余国。而家皇子为列侯，则尊卑相逾，列位失序，不可以垂统③于万世。臣请立臣闳、臣旦、臣胥为诸侯王。"三月丙子，奏未央宫。

◎**注释** ①〔考〕古时敬称死去的父亲。②〔藩国〕古代称分封及臣服的各国。③〔垂统〕把基业传给后代子孙。

◎**大意** "丞相臣庄青翟、御史大夫臣张汤冒死上言：我们谨与列侯臣婴齐、中二千石、二千石臣公孙贺、谏大夫博士臣安等商议说：听说周朝封诸侯八百，姬姓也在分封之列，共同侍奉天子。康叔依靠祖父和父亲而显贵，伯禽依靠周公而受封，他们都是建国的诸侯，以相和傅的职位辅佐君主。百官奉行法律，各自遵守职责，国家的统纪就完备了。我们私下认为并建诸侯是重社稷的做法，是因为四方诸侯都能各自根据他们的职责供奉贡物和祭品。庶子不得祭祀先祖，这是礼制的规定。而封立诸侯让他们守卫自己的藩国，则是帝王用来扶植道德施行教化的措施。陛下奉行上天的正统，光大圣人的绪业，使贤德者尊贵，有功者显达，复兴灭亡了的国家，接续绝了后的宗族。把萧文终的后代续封于酂县，褒奖勉励平津侯公孙弘等功臣。昭示了六亲的次序，表明了上天施恩的类属，使诸侯王得以推广恩泽将户邑分给子弟，赐给封号建立封国的已有一百多个。而今若以大夫级封皇子使之为列侯，这就使得尊卑颠倒，名位失去次序，不可能给子孙后代流传好的传统。为此我们请求封刘闳、刘旦、刘胥为诸侯王。"汉武帝元狩六年三月丙子这一天，奏章呈报未央宫。

制曰："康叔亲属有十而独尊者，褒有德也。周公祭天命郊，故鲁有白牡、骍刚①之牲。群公不毛②，贤不肖差也。'高山仰之，景行向之'，朕甚慕焉。所以抑未成，家以列侯可。"四月戊寅，奏未央宫。

◎**注释** ①〔白牡、骍（xīng）刚〕白牡，白色公牛。骍刚，赤色公牛。②〔不毛〕指毛色不纯的祭牲。

◎**大意**　武帝批示说："康叔有十个兄弟而唯他最尊贵，是为了褒奖有德的人。周公被特许在郊外祭天，所以鲁国用白色公牛、赤色公牛的祭牲。而其他公侯则用毛色不纯的祭牲，贤者与不肖者是有区别的。'巍峨的高山令人仰望，高尚的德行令人向往'，我非常仰慕这些人。为了抑制不成熟的人，以大夫级封他们为列侯就可以了。"汉武帝元狩六年四月戊寅这一天，奏章呈报未央宫。

"丞相臣青翟、御史大夫臣汤昧死言：臣青翟等与列侯、吏二千石、谏大夫、博士臣庆等议：昧死奏请立皇子为诸侯王。制曰：'康叔亲属有十而独尊者，褒有德也。周公祭天命郊，故鲁有白牡、骍刚之牲。群公不毛，贤不肖差也。"高山仰之，景行向之"，朕甚慕焉。所以抑未成，家以列侯可。'臣青翟、臣汤、博士臣将行等伏闻康叔亲属有十，武王继体，周公辅成王，其八人皆以祖考之尊建为大国。康叔之年幼，周公在三公之位，而伯禽据国于鲁，盖爵命之时，未至成人。康叔后捍禄父之难，伯禽殄淮夷之乱。昔五帝异制，周爵五等①，春秋三等，皆因时而序尊卑。高皇帝拨乱世反诸正，昭至德，定海内，封建诸侯，爵位二等。皇子或在襁褓②而立为诸侯王，奉承天子，为万世法则，不可易。陛下躬亲仁义，体行圣德，表里文武。显慈孝之行，广贤能之路。内褒有德，外讨强暴。极临北海，西溱（臻）月氏，匈奴、西域，举国奉师。舆械之费，不赋于民。虚御府之藏以赏元戎，开禁仓以振贫穷，减戍卒之半。百蛮③之君，靡不乡（向）风，承流称意。远方殊俗，重译而朝，泽及方外。故珍兽至，嘉谷兴，天应甚彰。今诸侯支子封至诸侯王，而家皇子为列侯，臣青翟、臣汤等窃伏孰（熟）计之，皆以为尊卑失序，使天下失望，不可。臣请立臣闳、臣旦、臣胥为诸侯王。"四月癸未，奏未央宫，留中不下④。

◎**注释** ①〔周爵五等〕指公、侯、伯、子、男。②〔襁褓〕裹婴儿的小布被,引申为婴儿时期。③〔百蛮〕古代南方少数民族的总称。后也泛称少数民族。④〔留中不下〕留在宫中没有批示下达。

◎**大意** "丞相臣庄青翟、御史大夫臣张汤冒死罪上言:臣庄青翟等与列侯、二千石官吏、谏大夫、博士臣庆等商议:冒死奏请封皇子为诸侯王。皇上批示说:'康叔有十个兄弟而唯他最尊贵,是为了褒奖有德的人。周公被特许在郊外祭天,所以鲁国用白色公牛、赤色公牛的祭牲,而其他公侯则用毛色不纯的祭牲,贤者与不肖者是有区别的。"巍峨的高山令人仰望,高尚的德行令人向往",我非常仰慕这些人。为了抑制不成熟的人,以大夫级封他们为列侯就可以了。'臣庄青翟、臣张汤、博士臣将行等听说康叔兄弟有十个,武王继承了王位,周公辅佐成王,其他八人都凭着祖父和父亲的尊贵建为大国。康叔的年纪幼小,周公位居三公之列,伯禽在鲁地立国,授予爵位的时候,还没有成人。可康叔后来抵御了禄父的叛乱,伯禽消灭了淮夷的叛乱。过去五帝制度不同,周朝爵位分为五等,春秋时分为三等,都是根据时代不同而规定尊卑位次。高皇帝拨乱反正,宣明圣德,安定海内,封立诸侯,爵位分为二等。有的皇子还在襁褓之中就立为诸侯王了,让他们侍奉承继天子,这已成为万世的法则,不可变更。陛下亲自施行仁义,身体力行圣德,文治武功互为表里。表彰慈孝的德行,广开贤能的道路。对内褒奖有德的人,对外讨伐强暴的侵犯者。北临北海,西到月氏,匈奴、西域全都来供给朝廷的军队。车辆军械的费用,不向百姓征收。拿出皇家府库的藏物来赏赐将士,打开朝廷廪仓来赈济贫穷,裁减守边士兵多达一半。外族的君主,无不向往汉朝的风化,接受汉朝教化的影响以称合朝廷的意旨。远方异俗的人们,辗转翻译前来朝拜,圣上恩泽已遍及国外。所以珍禽异兽不断送来,美好的谷物移植兴旺,天道的应验十分昭彰。如今诸侯的庶子已有封诸侯王的,而以大夫级封皇子为列侯,臣庄青翟、张汤等私下仔细考虑,都以为尊卑失去了应有的秩序,会使天下人失望,是不可以的。我们请求立刘闳、刘旦、刘胥为诸侯王。"汉武帝元狩六年四月癸未这一天,奏章呈报未央宫,奏章留在宫中没有批示下达。

"丞相臣青翟、太仆臣贺行御史大夫事、太常臣充、太子太傅臣安行宗正事昧死言：臣青翟等前奏大司马臣去病上疏言，皇子未有号位，臣谨与御史大夫臣汤、中二千石、二千石、谏大夫、博士臣庆等昧死请立皇子臣闳等为诸侯王。陛下让文武，躬自切，及皇子未教。群臣之议，儒者称其术，或悖其心。陛下固辞弗许，家皇子为列侯。臣青翟等窃与列侯臣寿成等二十七人议，皆曰以为尊卑失序。高皇帝建天下，为汉太祖，王子孙，广支辅①。先帝法则弗改，所以宣至尊也。臣请令史官择吉日，具礼仪上，御史奏舆地图，他皆如前故事②。"制曰："可。"四月丙申，奏未央宫。

◎**注释** ①〔广支辅〕广泛分封子孙，以为汉之藩辅。②〔故事〕旧例，先例，即先前的典章制度。

◎**大意** "丞相臣庄青翟、太仆兼理御史大夫事臣公孙贺、太常臣赵充、太子太傅兼理宗正事臣安冒着死罪上言：臣庄青翟等前次呈上大司马霍去病上疏说，皇子没有封号爵位，我们谨与御史大夫臣张汤、中二千石、二千石、谏大夫、博士庆等冒死请求封立皇子刘闳等为诸侯王。陛下谦让自己的文治武功，严于自责，谈到皇子们没有教导成熟。群臣议论的时候，有的儒者称扬自己的理论，而有的说的话与内心相违背。陛下坚决推辞不予许可，只肯以大夫级封皇子们为列侯。臣庄青翟等私下与受封为列侯的臣子萧寿成等二十七人合议，都以为这样尊卑就失去应有的次序了。高皇帝创建国家，为汉朝太祖，封子孙为王，扩大皇家的藩辅。先帝的法则不改，为的是显示皇族的至尊。我们请求让史官选择吉日，开列礼仪奉上，御史呈上地图，其他事都依照旧例。"武帝批示说："可以。"汉武帝元狩六年四月丙申这一天，奏章呈报未央宫。

"太仆臣贺行御史大夫事昧死言：太常臣充言卜入四月二十八日乙巳，可立诸侯王。臣昧死奏舆地图，请所立国名。礼仪别奏。臣昧死请。"

◎**大意**　"太仆兼理御史大夫事臣公孙贺冒着死罪上言：太常臣赵充说占卜求得四月二十八日乙巳可以封立诸侯王。我冒死呈上地图，请求陛下指示皇子封国的名称。有关礼仪另行上报。臣冒死请求。"

制曰："立皇子闳为齐王，旦为燕王，胥为广陵王。"四月丁酉，奏未央宫。

◎**大意**　武帝批示说："封立皇子刘闳为齐王，刘旦为燕王，刘胥为广陵王。"四月丁酉这一天，奏章上报未央宫。

六年四月戊寅朔癸卯，御史大夫汤下丞相，丞相下中二千石，二千石下郡太守、诸侯相，丞书从事下当用者。如律令。

◎**大意**　汉武帝元狩六年四月初一是戊寅，癸卯这一天，御史大夫张汤将批示下达丞相，丞相下达中二千石官吏，二千石官吏下达郡太守、诸侯相，丞书从事下达有关办事人员。大家都按照命令行事。

"维六年四月乙巳，皇帝使御史大夫汤庙立子闳为齐王。曰：於戏，小子闳，受兹青社①！朕承祖考，维稽古建尔国家，封于东土，世为汉藩辅。於戏念哉！恭朕之诏，惟命不于常。人之好德，克明显光。义之不图，俾君子怠。悉尔心，允执其中，天禄永终。厥有愆（愆）不臧②，乃凶于而国，害于尔躬。於戏，保国艾（乂）③民，可不敬与！王其戒之。"

◎**注释**　①〔青社〕古代诸侯受封时，由皇帝授予代表其封国方位的某一色土，作为分得土地的象征。齐国在东方，东方配青色，所以授予青土立社。②〔有憨（qiān）不臧〕只做坏事不做好事。憨，同"愆"，罪。臧，善。③〔艾（yì）〕同"乂"，安抚。

◎**大意** "元狩六年四月乙巳这一天，皇帝派御史大夫张汤在太庙赐封皇子刘闳为齐王。圣旨说：啊，小子刘闳，接受这块青色社土！我继承祖先的绪业，参考古制建立你的国家，把你封在东方土地上，希望世世代代成为汉朝的屏障和辅臣。你要永记啊！奉行我的诏令，要想到天命不是固定不变的。人若能爱好美德，就会昭显光明。若不追求道义，就会使有德者懈怠而远离。尽你的心意，公正不阿，天赐的福禄就永远属于你。如果只做坏事不做好事，就会祸害你的国家，殃及你自身。啊，保国安民，能不慎重吗？齐王你必须警惕。"

右齐王策。

◎**大意** 以上是封齐王的策文。

"维六年四月乙巳，皇帝使御史大夫汤庙立子旦为燕王。曰：於戏，小子旦，受兹玄社①！朕承祖考，维稽古，建尔国家，封于北土，世为汉藩辅。於戏！荤粥氏②虐老兽心，侵犯寇盗，加以奸巧边萌（氓）③。於戏！朕命将率徂征厥罪，万夫长，千夫长，三十有（又）二君皆来，降旗奔师。荤粥徙域，北州以绥。悉尔心，毋作怨，毋俷④德，毋乃废备。非教士不得从征。於戏，保国艾（乂）民，可不敬与！王其戒之。"

◎**注释** ①〔玄社〕燕国在北方，北方配黑色，所以授予黑土立社。玄，黑色。②〔荤粥（xūn yù）氏〕匈奴的祖先。③〔奸巧边萌〕引诱蛊惑边民作乱。萌，通"氓"，百姓。④〔俷（fèi）〕背弃，败坏。

◎**大意** "元狩六年四月乙巳这一天,皇帝派御史大夫张汤在太庙赐封皇子刘旦为燕王。圣旨说:啊,小子刘旦,接受这块黑色社土!我继承祖先的绪业,参考古制建立你的国家,把你封在北方土地上,希望世世代代成为汉朝的屏障和辅臣。哎!匈奴虐待老人心如禽兽,侵扰掠夺,蛊惑边地百姓作乱。哎!我命令大将率军前去讨伐他们的罪恶,他们的万夫长、千夫长,共三十二个君长都来投降,旗帜降落军队溃散。匈奴迁徙到别的地区,北方州郡得以安定。尽你的心意,不要产生怨恨,不要背弃道德,不要荒废武备。不是受过训练的士兵不得从军出征。啊,保国安民,能不慎重吗?燕王你必须警惕。"

右燕王策。

◎**大意** 以上是封燕王的策文。

"维六年四月乙巳,皇帝使御史大夫汤庙立子胥为广陵王。曰:於戏,小子胥,受兹赤社①!朕承祖考,维稽古建尔国家,封于南土,世为汉藩辅。古人有言曰:'大江之南,五湖之间,其人轻心。杨(扬)州保疆,三代要服,不及以政。'於戏!悉尔心,战战兢兢,乃惠乃顺,毋侗好轶(逸)②,毋迩宵人③,维法维则。《书》云:'臣不作威,不作福,靡有后羞。'於戏,保国艾(乂)民,可不敬与!王其戒之。"

◎**注释** ①〔赤社〕广陵国在南方,南方配赤色,所以授予赤土立社。②〔毋侗(tóng)好轶〕侗,幼稚无知。轶,通"逸",安乐。③〔宵人〕小人,坏人。
◎**大意** "元狩六年四月乙巳这一天,皇帝派御史大夫张汤在太庙封皇子刘胥为广陵王。圣旨说:啊,小子刘胥,接受这块红色社土!我继承祖先的绪业,参考古制建立你的国家,把你封在南方土地上,希望世世代代成为汉朝的屏障和辅

2375

臣。古人有言：'长江以南，五湖之间，那里的百姓比较随便。扬州是保卫中原的边疆，三代时强迫他们服从中原习俗，政教不大能够波及。'啊！尽你的心意，小心谨慎，对下慈惠，对上顺从，不要幼稚无知贪图安逸，不要和坏人接近，一切都要遵循法制和规则。《尚书》上说：'臣子不作威，不作福，这样以后就不会遭受耻辱。'啊，保国安民，能不慎重吗？广陵王你必须警惕。"

右广陵王策。

◎**大意** 以上是封广陵王的策文。

太史公曰：古人有言曰"爱之欲其富，亲之欲其贵"。故王者疆土建国，封立子弟，所以褒亲亲①，序骨肉，尊先祖，贵支体②，广同姓于天下也。是以形势强而王室安。自古至今，所由来久矣。非有异也，故弗论箸（著）也。燕、齐之事，无足采者。然封立三王，天子恭让，群臣守义，文辞烂然，甚可观也，是以附之《世家》。

◎**注释** ①〔亲亲〕亲近、爱护亲属。②〔支体〕指子孙。
◎**大意** 太史公说：古人说"爱他就想要他富，亲他就想要他贵"。所以帝王就划分土地建立国家，封立子弟，这是用来褒扬爱护亲属的精神，使骨肉有次第，使先祖受到尊重，使子孙显贵，使同姓广布天下的。因此国势强大而王室安稳。自古至今，由来已久了。历来没有什么不同的地方，所以不再记述评论。燕、齐等国的事迹，本没有什么值得采录的。但是封立三王，天子谦恭礼让，大臣恪守道义，文章词句华美，很是可观，因此附录在《三王世家》中。

褚先生曰：臣幸得以文学①为侍郎，好览观太史公之列传。传中称《三王世家》文辞可观，求其世家终不能得。窃从长老好故事者取其封策书，编列其事而传之，令后世得观贤主之指意。

◎**注释** ①〔文学〕指经术。

◎**大意** 褚先生说：我有幸以文学的身份担任侍郎，喜爱阅读太史公的列传。列传中称赞《三王世家》文辞可观，但寻找这篇文章始终没有找到。私下从喜欢旧事的老先生那里找到了武帝分封三王的策书，现编列出有关事迹传于后代，让后世得以看到贤明君主的旨意。

盖闻孝武帝之时，同日而俱拜三子为王：封一子于齐，一子于广陵，一子于燕。各因子才力智能，及土地之刚柔，人民之轻重，为作策以申戒之。谓王："世为汉藩辅，保国治民，可不敬与！王其戒之。"夫贤主所作，固非浅闻者所能知，非博闻强记君子者所不能究竟其意。至其次序分绝，文字之上下，简之参差长短，皆有意，人莫之能知。谨论次其真草诏书，编于左方，令览者自通其意而解说之。

◎**大意** 听说武帝的时候，在同一天一道赐封三位皇子为诸侯王：一位皇子封在齐，一位皇子封在广陵，一位皇子封在燕。武帝根据各皇子的才能智力，及所封土地的贫瘠或肥饶、人民习俗的轻佻或庄重，为他们作策书用来劝勉告诫。对三位被封的诸侯王说："希望世世代代成为汉朝的屏障和辅臣，保国安民，能不慎重吗！你必须警惕。"这些策书是贤明君主所作，本不是见识浅陋的人所能理解的，不是博闻强记的君子就不能透彻理解其中的意思。至于其中次序的划分，文字的上下安排，句子的参差长短，都是有用意的，人们不能够知道。我谨对那些用楷书和草书写成的诏文进行论述，编在下面，让读者自己理解它们的意思而进行解说。

王夫人者，赵人也，与卫夫人并幸武帝，而生子闳。闳且立为王时,其母病,武帝自临问之。曰:"子当为王,欲安所置之?"王夫人曰:"陛下在,妾又何等可言者。"帝曰:"虽然,意所欲,欲于何所王之?"王夫人曰:"愿置之雒阳。"武帝曰:"雒阳有武库敖仓①,天下冲厄②,汉国之大都也。先帝以来,无子王于雒阳者。去雒阳,余尽可。"王夫人不应。武帝曰:"关东之国无大于齐者。齐东负海而城郭大,古时独临菑中十万户,天下膏腴地莫盛于齐者矣。"王夫人以手击头,谢曰:"幸甚。"王夫人死而帝痛之,使使者拜之曰:"皇帝谨使使太中大夫明奉璧一,赐夫人为齐王太后。"子闳王齐,年少,无有子,立,不幸早死,国绝,为郡。天下称齐不宜王云。

◎ **注释** ①〔敖仓〕秦朝在敖山上建置的谷仓。②〔冲厄〕要冲,重地。

◎ **大意** 王夫人是赵国人,与卫夫人同受武帝的宠幸,生下皇子刘闳。刘闳将要封为王时,他的母亲病了,武帝亲自前来探问病情。说道:"儿子要封王,你想把他封到什么地方?"王夫人说:"有陛下在,我又有什么可说的。"武帝说:"尽管这样,就你的意愿来说,想封他到什么地方为王?"王夫人说:"希望将他封在雒阳。"武帝说:"雒阳有武库和敖仓,是天下的要冲,是汉朝廷的大都市。自先帝以来,没有皇子被封在雒阳为王的。除去雒阳,其余的都可以。"王夫人没有应声。武帝说:"关东的封国没有比齐国更大的。齐国东西靠海而城邑大,古时候单是临菑城就有十万户,天下富饶的土地没有比齐国更多的了。"王夫人用手打了一下头,谢道:"太好了。"王夫人死后武帝十分悲痛,派使者去祭拜说:"皇帝谨派使者太中大夫明奉上白璧一块,赐封夫人为齐王太后。"皇子刘闳刚做齐王时,年纪小,没有儿子,虽封了王,但不幸早死,封国废绝,改为郡。人们说齐地不宜封王。

所谓"受此土"者,诸侯王始封者必受土于天子之社,归立之以为国社,以岁时祠之。《春秋大传》曰:"天子之国有泰社①。东方青,南方赤，西方白，北方黑，上方黄。"故将封于东方者取青土，封于南方者取赤土，封于西方者取白土，封于北方者取黑土，封于上方者取黄土。各取其色物，裹以白茅，封以为社。此始受封于天子者也。此之为主土。主土者，立社而奉之也。"朕承祖考"，祖者先也，考者父也。"维稽古"，维者度也，念也，稽者当也，当顺古之道也。

◎**注释** ①〔泰社〕古代帝王的宗社。

◎**大意** 所谓"接受这块社土"，是指开始受封的诸侯王一定要在天子的泰社受土，拿回去将它立为国社，每年按时祭祀。《春秋大传》说："天子之国有泰社。东方为青色，南方为红色，西方为白色，北方为黑色，中央为黄色。"所以将封于东方的诸侯取青土，封于南方的取红土，封于西方的取白土，封于北方的取黑土，封于中央的取黄土。各取其相应颜色的土，用白茅裹着，封为一个社。这就是开始受封于天子的情形。这种仪式称为主土。主土，就是立社而祭祀它。"我继承祖考"，"祖"是祖先，"考"是父亲。"维稽古"，"维"是思量、考虑的意思，"稽"是应当的意思，这是说应当遵从古制。

齐地多变诈，不习于礼义，故戒之曰"恭朕之诏，唯命不可为常。人之好德，能明显光。不图于义，使君子怠慢。悉若心，信执其中，天禄长终。有过不善，乃凶于而国，而害于若身"。齐王之国，左右维持以礼义，不幸中年早夭。然全身无过，如其策意。

◎**大意** 齐国人多诡变巧诈，不习礼义，所以武帝告诫齐王说"奉行我的诏令，要想到天命不是固定不变的。人若能爱好美德，就会昭显光明。若不追求道义，就会使有德者懈怠而远离。尽你的心意，公正不阿，天赐的福禄就永远属于你。如果只做坏事不做好事，就会祸害你的国家，殃及你自身"。齐王到封国后，左右群臣能用礼义维持朝政，不幸齐王英年早逝。可他一生没有过错，正像武帝给他的策书说的那样。

传曰"青采出于蓝,而质青于蓝"者,教使然也。远哉贤主,昭然独见:诫齐王以慎内①;诫燕王以无作怨,无俷德;诫广陵王以慎外②,无作威与福。

◎**注释** ①〔慎内〕加强自己的道德修养。②〔慎外〕注意自己的对外活动。
◎**大意** 古书说"青色染料出于蓝草,而颜色比蓝草更青",是比喻人受教育的结果。贤明的君主有远见啊,只有他才看得清楚:告诫齐王要加强自己的道德修养;告诫燕王不要产生怨恨,不要背弃道德;告诫广陵王注意自己的对外活动,不要作威作福。

夫广陵在吴越①之地,其民精而轻,故诫之曰"江湖之间,其人轻心。杨(扬)州葆疆,三代之时,迫要使从中国俗服,不大及以政教,以意御之而已。无侗好佚,无迩宵人,维法是则。无长好佚乐驰骋弋猎淫康,而近小人。常念法度,则无羞辱矣"。三江、五湖有鱼盐之利,铜山之富,天下所仰。故诫之曰"臣不作福"者,勿使行财币,厚赏赐,以立声誉,为四方所归也。又曰"臣不作威"者,勿使因轻以倍(背)义也。

◎**注释** ①〔吴越〕指春秋时的吴国与越国。
◎**大意** 广陵在吴越之地,那里的百姓精明而随便,所以武帝告诫广陵王说"长江五湖之间,那里的百姓比较随便。扬州是保卫中原的边疆,三代之时迫使他们服从中原习俗,政教不大波及,只是心意上认为在统治那里罢了。不要幼稚无知贪图安逸,不要和坏人接近,一切都要遵循法制和规则。不要一味贪图逸乐、驰骋射猎、荒淫无度,而接近小人。经常想想法制,就不会遭受羞辱了"。三江、五湖有鱼盐的利益,铜山的富饶,为天下人所羡慕。所以告诫广陵王说"臣不作福"的用意,是不让他滥用财货钱币,加重赏赐,来树立声誉，使四方归顺。又说"臣不作威"的用意，是不让他因为轻举妄动而做出违背正义的事情。

会孝武帝崩，孝昭帝初立，先朝广陵王胥，厚赏赐金钱财币，直三千余万，益地百里，邑万户。

◎**大意** 适逢武帝逝世，昭帝初即位，首先让广陵王刘胥来朝见，昭帝赏赐了他很多金银财礼，价值三千多万，增加封地百里，食邑万户。

会昭帝崩，宣帝初立，缘恩行义，以本始元年中，裂①汉地，尽以封广陵王胥四子：一子为朝阳侯；一子为平曲侯；一子为南利侯；最爱少子弘，立以为高密王。

◎**注释** ①〔裂〕从朝廷管辖的地方分出领土。
◎**大意** 适逢昭帝逝世，宣帝初即位，因骨肉恩情施行道义，在本始元年中，划出汉朝廷的领地，用来赐封广陵王刘胥的四个儿子：一个儿子封为朝阳侯；一个儿子封为平曲侯；一个儿子封为南利侯；广陵王最疼爱小儿子刘弘，宣帝把他封为高密王。

其后胥果作威福，通楚王使者。楚王宣言曰："我先元王，高帝少弟也，封三十二城。今地邑益少，我欲与广陵王共发兵云。立广陵王为上，我复王楚三十二城，如元王时。"事发觉，公卿有司请行罚诛。天子以骨肉之故，不忍致法于胥，下诏书无治广陵王，独诛首恶楚王。传曰"蓬生麻中，不扶自直；白沙在泥中，与之皆黑"者，土地教化①使之然也。其后胥复祝诅②谋反，自杀，国除。

◎**注释** ①〔教化〕指环境影响。②〔祝诅〕祈神降殃祸于人。

◎**大意** 后来广陵王刘胥果然作威作福，派使者勾结楚王。楚王扬言说："我的先祖元王，是高祖的小弟弟，封给他三十二城。如今封地越来越少了，我要与广陵王共同发兵，拥立广陵王为皇上，我要恢复统治楚国的三十二城，像元王时一样。"事情被发觉后，公卿和主管官吏请求予以惩罚处死。天子念及骨肉亲情，不忍对刘胥执法，下诏书不要惩处广陵王，只诛杀了首恶楚王。古书说"蓬草生长在苎麻之中，不扶它也自然会挺直；白沙在污泥之中，会变得同污泥一样黑"，说的就是环境的影响。这以后刘胥又向神鬼诅咒宣帝，结果自杀，封国被废除。

燕土墝埆^①，北迫匈奴，其人民勇而少虑，故诫之曰"荤粥氏无有孝行而禽兽心，以窃盗侵犯边民。朕诏将军往征其罪，万夫长，千夫长，三十有（又）二君皆来，降旗奔师。荤粥徙域远处，北州以安矣"。"悉若心，无作怨"者，勿使从俗以怨望也。"无俷德"者，勿使王背德也。"无废备"者，无乏武备，常备匈奴也。"非教士不得从征"者，言非习礼义不得在于侧也。

◎**注释** ①〔墝埆（qiāo què）〕土地贫瘠。

◎**大意** 燕国的土地贫瘠，北面接近匈奴，那里的百姓勇敢但缺少谋虑，所以策文中告诫燕王说"匈奴没有孝顺的行为而是禽兽心肠，他们抢劫侵犯边地人民。我命令将军前去征讨他们的罪行，他们的万夫长、千夫长，共有三十二个君长都来投降，旗帜降落军队溃散。匈奴迁徙到很远的地方，北方州郡得以安定"。说"尽你的心，不要产生怨恨"的用意，是不让他入乡随俗后产生怨恨。说"不要背弃道德"的用意，是不使燕王背弃道德。说"不要荒废武备"的用意，是不要放松武备，对匈奴要常备不懈。说"不是受过训练的士兵不得从征"的用意，是说不懂礼义的人不准在身边。

会武帝年老长，而太子不幸薨，未有所立，而旦使来上书，请身入宿卫①于长安。孝武见其书，击地，怒曰："生子当置之齐鲁礼义之乡，乃置之燕赵，果有争心，不让之端见（现）矣。"于是使使即斩其使者于阙下。

◎**注释** ①〔宿卫〕在宫禁中值宿警卫。
◎**大意** 适逢武帝老迈年高，而太子不幸去世，还没有再立太子，而刘旦派使者来上书，请求自己到长安加入武帝的宿卫。武帝看了他的书信，扔到地上，发怒说："生了儿子应当将他放在齐鲁礼义之乡，竟将他放在燕赵之地，果然有了争夺之心，不谦让的端倪已经表现出来了。"当时就派人在宫阙下把刘旦的使者杀了。

会武帝崩，昭帝初立，旦果作怨而望大臣。自以长子当立，与齐王子刘泽等谋为叛逆，出言曰："我安得弟在者！今立者乃大将军子也。"欲发兵。事发觉，当诛。昭帝缘恩宽忍，抑案不扬。公卿使大臣请①，遣宗正与太中大夫公户满意、御史二人，偕往使燕，风（讽）喻之。到燕，各异日，更见责王。宗正者，主宗室诸刘属籍②，先见王，为列陈道昭帝实武帝子状。侍御史乃复见王，责之以正法，问："王欲发兵罪名明白，当坐之。汉家有正法，王犯纤介小罪过，即行法直断耳，安能宽王。"惊动以文法。王意益下，心恐。公户满意习于经术，最后见王，称引古今通义③，国家大礼，文章尔雅。谓王曰："古者天子必内有异姓大夫，所以正骨肉也；外有同姓大夫，所以正异族也。周公辅成王，诛其两弟，故治。武帝在时，尚能宽王。今昭帝始立，年幼，富于春秋，未临政，委任大臣。古者诛罚不阿亲戚，故天下治。方今大臣辅政，奉法直行，无敢所阿，恐不能宽王。王可自谨，无自令身死国灭，为天下笑。"于是燕王旦乃恐惧服罪，叩头谢过。大臣欲和合骨肉④,难伤之以法。

◎**注释** ①〔公卿使大臣请〕"使"字疑衍。②〔属籍〕家族的名册。③〔通义〕普遍适用的道理与法则。④〔和合骨肉〕意为调和刘旦与昭帝之间的亲属关系。

◎**大意** 适逢武帝逝世,昭帝初即位,刘旦果然对大臣们产生了怨恨。刘旦自以为是大儿子应该继承帝位,与齐王的儿子刘泽等图谋发动叛乱,扬言说:"我哪里有弟弟在!如今登帝位的是大将军的儿子。"想要发兵。事情被发觉,应当诛杀。昭帝因骨肉亲情予以宽忍,压下案件不让张扬。公卿大臣请求予以查办,朝廷便派遣宗正与太中大夫公户满意、两名侍御史,一同出使燕国,去讽劝燕王。到了燕国后,各以不同的时间,分别去会见并责问燕王。宗正,是主管刘氏宗族名籍的,首先会见燕王,给他列举事实说明昭帝确实是武帝儿子的情况。侍御史再会见燕王,按国法责问他:"大王想要发兵罪状很明白,应当判罪。汉朝有法律,王侯只要犯有细小的罪过,就得依法判处,怎么能宽恕大王?"用法律条文使他惊惧震动。燕王的情绪越来越低落,心里恐惧。公户满意熟悉经术,最后会见燕王,引述古今通用的道理,国家的大礼,言辞严正。他对燕王说:"古代天子必定在朝廷内设有异姓大夫,用来匡正王族子弟;朝廷外设有同姓大夫,用来匡正异族诸侯。周公辅佐成王,诛杀了他的两个弟弟,所以国家太平。武帝在时,还能宽容大王。如今昭帝刚登位,年龄幼小,富有年华,尚未亲自执政,国家大事委任大臣。古代诛杀惩罚是不顾亲戚的,所以天下太平。当今大臣辅政,尊奉法律公正办事,不敢有所偏私,恐怕不能宽恕大王。大王可要自己谨慎,不要使自己身死国灭,被天下人耻笑。"于是燕王刘旦便恐惧服罪,叩头认错。大臣们想要调和昭帝与刘旦的关系,未用法律伤害他。

其后旦复与左将军上官桀等谋反,宣言曰"我次太子,太子不在,我当立,大臣共抑我"云云。大将军光辅政,与公卿大臣议曰:"燕王旦不改过悔正,行恶不变。"于是修法直断,行罚诛。旦自杀,国除,如其策指。有司请诛旦妻子。孝昭以骨肉之亲,不忍致法,宽赦旦妻子，免为庶人。传曰"兰根与白芷，渐之滫①中，君子不近，庶人不服"者，所以渐然也。

◎**注释** ①〔滫（xiǔ）〕臭水。

◎**大意** 这以后刘旦又与左将军上官桀等谋反，扬言说"我年纪仅次于太子，太子不在，我应当继位，大臣们共同抑制了我"之类的话。大将军霍光辅政，与公卿大臣商议说："燕王刘旦不悔改过错走正道，仍然作恶不改变。"于是严肃法律加以判决，即行诛杀。刘旦自杀，封国被废除，像策文所指出的一样。主管官吏请求诛杀刘旦的妻子儿女。昭帝念及骨肉亲情，不忍执法，宽恕赦免了刘旦的妻子儿女，把他们降为平民。古书说"兰根和白芷，将它们浸到臭水中，君子就不接近，平民也不佩带"，是浸泡使它们这样的。

宣帝初立，推恩宣德，以本始元年中尽复封燕王旦两子：一子为安定侯；立燕故太子建为广阳王，以奉燕王祭祀。

◎**大意** 宣帝初即帝位，推广恩泽宣扬德化，在本始元年中又赐封了燕王刘旦的两个儿子：一个儿子封为安定侯；把燕王原来的太子刘建封为广阳王，让他承奉燕王的祭祀。

◎**释疑解惑**

关于《三王世家》的撰者，自《史记》面世以来就争论不休，主要有三种看法。第一种认为司马迁在撰写这篇史传时，三王尚在幼年，既未传宗接代，又无事迹可记载，就把封策文抄写下来敷衍成篇。如明人归有光说："《三王世家》本不缺，读此赞文可见。太史公亦不及见三王后事，褚先生浅陋，遂谓'求其世家不可得也'。"第二种认为《史记》无此篇，褚少孙在遍阅群籍的基础上搜求相关的逸闻秘事，说明封策文的意义，旨在佐证太史公"文辞烂然"之言。如明人柯维骐说："太史公书原缺《三王世家》，独其赞语尚存，故褚先生取廷臣之议和封策书补之。"第三种认为这篇史传是后人所补。当然，大多数学者还是根据司马迁论赞和褚少孙补语，认为司马迁以封策文代替传记，褚少孙搜罗采集遗事为补写传记。

◎ 思考辨析题

1. 为什么《三王世家》与各世家叙史体例不同？
2. 你认为《三王世家》的撰者究竟是谁？

全注全译本

国际儒学联合会教育系列丛书

丛书指导委员会主任
———— 滕文生 张岂之 李学勤

总主编
———— 钱逊

执行总主编
———— 于建福

组编
———— 国际儒学联合会
———— 国家教育行政学院国学教育研究中心

本书主编 张新科 赵望秦

史记

第七册　列传〔一〕

济南出版社　汉唐书局

图书在版编目（CIP）数据

史记 / 张新科，赵望秦主编 . —济南：济南出版社，2022.9

ISBN 978-7-5488-5209-4

Ⅰ . ①史… Ⅱ . ①张… ②赵… Ⅲ . ①中国历史—古代史—纪传体 ②《史记》—注释 ③《史记》—译文 Ⅳ . ① K204.2

中国版本图书馆 CIP 数据核字（2022）第 164694 号

出 版 人	田俊林
图书策划	冀瑞雪
责任编辑	孙育臣
图书审读	孙尚勇
装帧设计	王铭基
出版发行	济南出版社
地　　址	济南市二环南路1号（250002）
编辑热线	0531-86131747（编辑室）
发行热线	82709072　86131747　86131729　86131728（发行部）
印　　刷	山东彩峰印刷股份有限公司
版　　次	2022 年 10 月第 1 版
印　　次	2022 年 10 月第 1 次印刷
成品尺寸	170 mm×240 mm　16开
印　　张	247.5
字　　数	4170 千
定　　价	1686.00元（全9册）

（济南版图书，如有印装错误，请与出版社联系调换。联系电话：0531-86131736）

目　录

第七册

伯夷列传第一	2387
管晏列传第二	2394
老子韩非列传第三	2402
司马穰苴列传第四	2418
孙子吴起列传第五	2425
伍子胥列传第六	2440
仲尼弟子列传第七	2459
商君列传第八	2506
苏秦列传第九	2522
张仪列传第十	2566
樗里子甘茂列传第十一	2605

穰侯列传第十二	2623
白起王翦列传第十三	2635
孟子荀卿列传第十四	2650
孟尝君列传第十五	2662
平原君虞卿列传第十六	2682
魏公子列传第十七	2702
春申君列传第十八	2717
范雎蔡泽列传第十九	2734
乐毅列传第二十	2769
廉颇蔺相如列传第二十一	2782
田单列传第二十二	2804
鲁仲连邹阳列传第二十三	2813
屈原贾生列传第二十四	2836
吕不韦列传第二十五	2860
刺客列传第二十六	2873

伯夷列传第一

《伯夷列传》是《史记》七十列传之首，颇为独特，与其他列传明显不同。其他列传多以叙述传主事迹为主，结尾处略加议论；但《伯夷列传》恰恰相反，全传七百多字，涉及伯夷、叔齐生平经历的只有二百多字，堪称正体列传的变例，在大量论赞之中夹叙了伯夷、叔齐的简短事迹。从体例上看，全文可分为五个段落，从开头到"其文辞不少概见，何哉"是第一个段落，提到了许多以让国著称的人物。其中，有的见于儒家经典，被孔子所称道；有的则并未如此，司马迁对此提出疑问，由此而引出伯夷、叔齐。从"孔子曰"到"怨邪非邪"是第二个段落，叙写伯夷、叔齐事迹，并且质疑孔子的"无怨"说，认为评论与事实不符。从"或曰"到"是邪非邪"是第三个段落，将伯夷的遭遇和当前的社会现实做比较，进一步质疑

"天道无亲，常与善人"的传统敬天观念。从"子曰"到"其轻若此哉"是第四个段落，言说自己只能借赞扬前贤的高尚道德，缓解心中的抑郁之情。从"君子疾没世而名不称焉"到结尾是第五个段落，想到人身后成名尚需大人物推崇，不然难免姓名湮灭，默默无闻，于是又悲愤起来。通篇都在表现对天道存在的怀疑，以及对天道不公的愤慨，司马迁借此表达对自我身世的慨叹。理想在现实面前不堪一击，发人深省。本传文法构思颇为独特，五个段落的结尾都是问句，问六艺、孔子、天道、人事、君子何以不朽，意境极为开阔。《史记》中其他列传对所论赞人物的褒贬都是极其明显的，而《伯夷列传》是以反问的口吻提出，答案或多或少隐于问题本身中，使人难窥其意旨所在。司马迁将人物传记嵌入议论当中，以论为主，以传为辅，将历史上的简单故事加以剪裁，把伯夷、叔齐拒绝接受王位而让国出逃，武王伐纣，叩马而谏，天下归周，耻食周粟，采薇而食和作歌明志而饿死在首阳山上这几件事连缀起来叙写，极力颂扬他们的"让德"，抒发了司马迁的诸多感慨。题为《伯夷列传》，其实通篇都是在写自己，可视为另一篇《报任安书》。

夫学者载籍极博，犹考信于六艺①。《诗》《书》虽缺，然虞、夏之文②可知也。尧将逊位，让于虞舜，舜、禹之间，岳牧咸荐，乃试之于位，典职数十年，功用既兴，然后授政。示天下重器，王者大统，传天下若斯之难也。而说者曰尧让天下于许由③，许由不受，耻之，逃隐。及夏之时，有卞随、务光④者。此何以称焉？太史公曰：余登箕山⑤，其上盖有许由冢云。孔子序列古之仁圣贤人，如吴太伯⑥、伯夷之伦详矣。余以所闻由、光义至高，其文辞不少概见，何哉？

◎**注释** ①〔六艺〕即《诗》《书》《礼》《乐》《易》《春秋》六部儒家经典。②〔虞、夏之文〕指《诗》《书》中有关虞、夏的文字记载。③〔许由〕传说为尧帝时的隐士。尧帝想把天下让给他，他不肯接受，逃到颍水以北、箕山下面而隐居不出。④〔卞随、务光〕传说中的人物，商汤曾向他们请教讨伐夏桀的问题，他们不肯回答。商汤灭夏桀后，想把天下让给他们，二人气愤得投河而死。⑤〔箕山〕在今河南登封南。⑥〔吴太伯〕周朝祖先古公亶父的大儿子，后来让位给弟弟季历，自己出走到吴地。

◎**大意** 学者记事的典籍尽管极其广博，但要从"六艺"中考察真实可信的记载。《诗经》和《尚书》虽然有残缺，但从记载虞、夏两代的文献中可以考察清楚。唐尧将要退位，打算把帝位让给虞舜，虞舜把帝位让给夏禹之际，一定要经过四方诸侯和州牧的一致推举，才在一定的职位上先加以试用，任职数十年，功绩效用都非常显著了，然后才把政权交给他。这表明天下是最贵重的宝器，帝王是最尊崇的法统，传承国家权位是这样慎重。但有的书上说唐尧要把帝位让给许由，许由不接受，还把这件事看作是耻辱，逃走隐居起来。到了夏朝的时候，有两位叫卞随、务光的隐士。这些事情又如何解说呢？太史公说：我登过箕山，山上据说有许由的坟墓。孔子依次论列古代的仁人、圣人、贤人，像吴太伯、伯夷这些人都讲得很详细。我认为所听说的许由、务光的德行是很高尚的，但在经传上对他们的事迹竟然没有一点儿简略的记载，这是为什么呢？

孔子曰："伯夷、叔齐，不念旧恶，怨是用希。""求仁得仁，又何怨乎？"余悲伯夷之意，睹轶诗①可异焉。其传曰：

伯夷、叔齐，孤竹君②之二子也。父欲立叔齐，及父卒，叔齐让伯夷。伯夷曰："父命也。"遂逃去。叔齐亦不肯立而逃之。国人立其中子。于是伯夷、叔齐闻西伯昌③善养老,盍(盖)往归焉。及至,西伯卒,武王④载木主,号为文王,东伐纣⑤。伯夷、叔齐叩马而谏曰:"父死不葬,爰及干戈,可谓孝乎?以臣弑君,可谓仁乎?"左右欲兵之。太公⑥曰:"此义人也。"扶而去之。武王已平殷乱,天下宗周,而伯夷、叔齐耻之,义不食周粟,隐于首阳山⑦,采薇而食之。及饿且死,作歌。其辞曰:"登彼西山兮,采其薇矣。以暴易暴兮,不知其非矣。神农⑧、虞、夏忽焉没兮,我安适归矣?于嗟徂兮,命之衰矣!"遂饿死于首阳山。

由此观之,怨邪非邪?

◎**注释** ①〔轶诗〕散失的诗歌,指下文伯夷、叔齐所作的《采薇歌》。②〔孤竹君〕孤竹国的国君,姓墨胎。孤竹,传说是商汤所封的诸侯国名,在今河北卢龙南。③〔西伯昌〕即周文王姬昌。姬昌在商时为西伯,故称。 ④〔武王〕即周文王的儿子姬发。⑤〔纣〕商朝末代国王。⑥〔太公〕姓姜,名尚,字子牙,又名吕尚,称太公望。⑦〔首阳山〕一说为今山西永济附近的雷首山,一说为今河南偃师西北的首阳山。⑧〔神农〕神农氏,传说中的远古帝王,教民稼穑,提倡农事。

◎**大意** 孔子说:"伯夷、叔齐,不记过去的仇恨,因此怨恨也就少了。"又说:"祈求仁德而得到仁德,又有什么怨恨呢?"我同情伯夷的用心,看到他们遗留下来的诗篇而感到惊异。有关他们的传记上说:

伯夷、叔齐,是孤竹君的两个儿子。父亲想把王位传给叔齐,等到父亲死后,叔齐想把王位让给伯夷。伯夷说:"这是父亲的遗命。"于是逃走了。叔齐也不肯继承王位便逃走了。国人只好立孤竹君的第二个儿子为王。这时候伯夷、叔齐听说西伯姬昌善于尊奉老人,于是去投奔他。等到了那里,西伯已死了,武王载着父亲的灵牌,追尊谥号为周文王,向东去讨伐纣王。伯夷、叔齐拉住武王的马缰绳后劝阻说:"父亲死了不安葬,却要发动战争,能说是孝吗?作为臣子去杀国君,能说是仁义吗?"武王的随从想杀了他们。太公吕尚说:"这是讲仁义之人啊。"搀扶他们让他们走了。武王平定殷国的祸乱之后,天下都归附了周国，但伯夷、叔齐认为这是可耻的，坚守节义不吃周国的粮食，隐居在首阳山，采摘野菜充饥。等到将要饿死时，作了一首歌。歌词说："登上西山啊，采摘那里的野菜。以暴臣取代暴君啊，还不知道自己的错误。神农、虞舜、夏禹的盛世很快过去了啊，叫我到哪里去呀？唉，快要死了啊，命运真是衰薄了！"于是饿死在首阳山。

由此看来，伯夷、叔齐是怨恨还是不怨恨呢？

或曰："天道无亲，常与善人。"若伯夷、叔齐，可谓善人者非邪？积仁洁行如此而饿死！且七十子之徒，仲尼独荐颜渊①为好学。然回也屡空，糟糠不厌，而卒蚤（早）夭。天之报施善人，其何如哉？盗跖②日杀不辜，肝人之肉，暴戾恣睢，聚党数千人横行天下，竟以寿终。是遵何德哉？此其尤大彰明较著者也。若至近世，操行不轨，专犯忌讳，而终身逸乐，富厚累世不绝。或择地而蹈之，时然后出言，行不由径，非公正不发愤，而遇祸灾者，不可胜数也。余甚惑焉，傥所谓天道，是邪非邪？

◎**注释** ①〔颜渊〕春秋时期鲁国人颜回，字子渊，孔子最得意的弟子，却英年早逝。②〔盗跖（zhí）〕相传为春秋时期民众起义的领袖。"盗"是当时统治者对他的贬称。

◎**大意** 有人说："上天公正无私，经常帮助好人。"像伯夷、叔齐，可称得上是好人，难道不是吗？积累仁德修养品行，却被饿死了！再说了，在七十个学生当中，孔子只推重颜渊好学。可是颜渊经常陷于穷困，连最粗糙的食物都吃不上，最终早死。上天给好人的报偿，怎么是这样的呢？盗跖每天杀害无辜的人，吃人的肉，残暴凶狠纵情任性，聚集同党几千人横行天下，竟然寿终正寝，这又是遵循哪种德行呢？这些不过是特别明显的例子罢了。就像到了近代，不遵法度，专门违法犯禁的人，却终身安逸享乐，富贵优裕几代都不断。有些人选好地方才落脚，选准时机才说话，出门不走小路，不是公正的事情不努力去做，然而遭遇的灾祸，数也数不清。我对这种情况很迷惑，如果这就叫作天道，那么，这是对的呢，还是错的呢？

子曰"道不同不相为谋"，亦各从其志也。故曰"富贵如可求，虽执鞭之士，吾亦为之。如不可求，从吾所好"。"岁寒，然后知松柏之后凋。"举世混浊，清士乃见。岂以其重若彼，其轻若此哉？

◎**大意** 孔子说"思想观点不同的人不在一起谋划事情"，也就各人按照自己的意志去做了。因而又说"富贵如果可以求得，即使是做个卑贱的赶车人，我也愿意去做。如果追求不到，那就按照我所爱好的去做了"。"天气寒冷，这时才会知道松树、柏树是最后凋落枯萎的。"整个世道混乱污浊，清高之士才会显现出来。这难道不是因为有些人那么看重富贵，才显得清高的人如此轻视富贵吗？

"君子疾没世而名不称焉。"贾子①曰："贪夫徇（殉）②财，烈士徇（殉）名，夸者死权，众庶冯（凭）生。""同明相照，同类相求。""云从龙，风从虎，圣人作而万物睹。"伯夷、叔齐虽贤，得夫子而名益彰。颜渊虽笃学，附骥尾③而行益显。岩穴之士，趣（趋）舍④有时若此，类名堙灭而不称，悲夫！闾巷之人，欲砥行立名者，非附青云之士，恶能施于后世哉？

◎**注释** ①〔贾子〕指贾谊，西汉著名政论家、文学家。②〔徇〕为某种目的牺牲生命。③〔附骥尾〕比喻追随贤者、名人之后。骥，千里马。这里喻贤者、名人。④〔趣舍〕出仕和退隐。

◎**大意** "君子最担心的是名声在死后不被传扬。"贾谊说："贪财的人为财而死，英烈的人为名献身，热衷权利的人为权势而丧命，一般平民只在乎个人的生命。""同样明亮的东西自然会互相映照，同类性质的东西自然会互相感应。""云会随着龙的吟声而飞,风会随着虎的啸声而吹,圣人制定规则而万物显现。"伯夷、叔齐尽管有贤才德行,但因孔子的称赞名声更显扬。颜渊尽管好学,但因追随孔子才使德行更加明显。隐居深山僻野的人,入世和出世的时机也像这样,声名被埋没而不被人们称扬,实在是可悲啊!居住在乡间的人,想要磨炼操行、显扬名声,如果不依附德高望重的人,又怎么能流传于后世呢?

◎ 释疑解惑

司马迁为什么把《伯夷列传》放在《史记》列传首篇,具体原因在《史记》中没有明确表达,但根据具体内容也可探究一二,大致可以总结为三点。首先,从时间上看,伯夷、叔齐距今年代可谓最久远,因此放在列传第一。其次,二人先是拒绝接受王位,让国出逃;武王伐纣的时候,又以仁义叩马而谏;等到天下归周之后,又耻食周粟,采薇而食,作歌明志,于是饿死在首阳山上。他们的积仁洁行、清风高节契合了儒家的君子气节,这也是司马迁极力推崇和大力赞扬的崇高品格。最后,司马迁借伯夷、叔齐的遭遇抒发自我感慨。伯夷和叔齐有坚持、有气节,有君子品行,然而最终饿死在首阳山中。司马迁为写《史记》遭受腐刑,也是有坚持的君子,于是有用伯夷、叔齐自比的意味。司马迁在史传中多次反问,为何好人不被天佑,坏人却能善终,天道到底怎么了,并借此来抒发心中的愤懑。因此,司马迁看到世间奔竞扰攘、争名逐利的坏风气,取用让国而饿死的人为列传之首,以标榜高让重义而矫正世俗,与"嘉伯之让"的《吴太伯世家》居于世家之首,有异曲同工之妙。

◎ 思考辨析题

1. 司马迁对伯夷、叔齐两人的看法与孔子相同吗?如有不同,请给出理由。

2. 结合本传内容,试讨论针对伯夷、叔齐的生前身后,司马迁关于"好人是否会有好报"的议论是否正确。

管晏列传第二

　　《管晏列传》是春秋时期齐国最有名的两位政治家管仲和晏婴的合传,是司马迁"水到渠成,无意于文而天然成妙"的作品。两人都是齐国辅臣,又都为齐国做出了重大贡献。其中,管仲辅佐齐桓公成就霸业,晏婴三世名显诸侯,两人一前一后,交相辉映。两人同为春秋时期极为突出的人物,该都有较多的事迹可写。然而司马迁另辟蹊径,主要论著他们的逸事,这是《管晏列传》有别于其他史传的独特之处。传记层次清晰,可分为三大段落。从开头到"后百余年而有晏子焉"是第一个段落,主要论述管仲与鲍叔牙之间的感人友谊与管仲的治国才干。此段结构合理,逻辑严密:先总述管仲少时的性格缺陷,突出鲍叔牙的宽厚仁慈;然后分写鲍叔牙对管仲的知遇之恩;再总写鲍叔牙举贤让贤的美德;接着分写管仲内政建树和外交功绩；最后从侧面描写管仲对齐国的贡献和影响，自然过渡到晏婴。最为后人津津乐道的是关于管仲和鲍叔牙交往和深挚友谊的情节，尤其是管仲对鲍叔牙多年深交的回顾。从经商、谋事、出仕、作战、事君五个方面展开，写鲍叔牙对自己的深知和理解，突出了鲍叔牙的大度和"知己"。从感情上看，管仲十分动情，表达了对鲍叔牙的感激，洋溢着对真挚友情的礼赞。司马迁对管仲早年的经历记载简略，却用较长篇幅引述管仲的剖白，既是对前文鲍叔牙"知其贤"的具体印证，又借以交代管仲早期的坎坷生涯，为后来任政相齐时的"顺民心"做铺垫。从"晏平仲婴者"到"晏子荐以为大夫"是第二段落，叙写晏婴的为人行事和赏拔贤才。先交代晏婴辉煌的经历和处事特点；再交代晏婴不拘一格地礼遇越石父和提拔马车夫的事迹；接下来又不避琐细，选择两个生动的事例，将晏婴的知人和谦逊生动地演绎出来。从"太史公曰"到"所忻慕焉"是第三个段落，是司马迁的论赞，总述管、晏二人，交代写作意图。再针对各自特点评价了管仲、晏婴。司马迁称道管仲因势利导的治国本领，认为这是他的主要成就；赞扬了晏婴的见义勇为与犯颜直谏，表现出倾慕之情。

　　管仲夷吾者，颍上人也。少时常与鲍叔牙游，鲍叔知其贤。管仲贫困，常欺鲍叔，鲍叔终善遇之，不以为言。已而鲍叔事齐公子小白，管仲事公子纠。及小白立，为桓公，公子纠死，管仲囚焉。鲍叔遂进管仲。管仲既用，任政于齐，齐桓公以霸，九合诸侯，一匡天下，管仲之谋也。

◎**大意**　管仲名夷吾，是颍上人。他年轻时经常跟鲍叔牙交游，鲍叔知道他很有才德。管仲贫乏困穷，经商时常常多占鲍叔的财物，鲍叔却一直友好地对待他，不因为这事议论他。不久鲍叔侍奉齐国公子小白，管仲侍奉公子纠。等到小白即位为桓公，公子纠被杀，管仲被囚禁。鲍叔就推荐管仲。管仲被任用后，在齐国执掌政事，齐桓公因而成为霸主，多次盟会诸侯，匡正天下所有事务，靠的是管仲的智谋。

管仲曰："吾始困时，尝与鲍叔贾，分财利多自与，鲍叔不以我为贪，知我贫也。吾尝为鲍叔谋事而更穷困，鲍叔不以我为愚，知时有利不利也。吾尝三仕三见逐于君，鲍叔不以我为不肖，知我不遭时也。吾尝三战三走，鲍叔不以我为怯，知我有老母也。公子纠败，召忽死之，吾幽囚受辱，鲍叔不以我为无耻，知我不羞小节而耻功名不显于天下也。生我者父母，知我者鲍子也。"

◎**大意**　管仲说："我当初贫困的时候，曾经和鲍叔牙一道经商，分财利时我多分给自己，鲍叔牙不认为我贪财，知道我很贫穷。我曾经替鲍叔牙谋事反而使他更穷困，鲍叔牙不认为我愚笨，知道时机有利和不利。我曾经多次做官又多次被君主罢斥，鲍叔牙不认为我不贤，知道我没有遇上好时运。我曾多次作战多次逃跑，鲍叔牙不认为我胆怯，知道我家有老母。公子纠失败，召忽自杀，我被囚禁受辱，鲍叔牙不认为我没有廉耻，知道我不拘泥于小节，而以功名不显扬于天下为耻辱。生我的是父母，了解我的是鲍叔牙先生！"

鲍叔既进管仲，以身下之。子孙世禄于齐，有封邑者十余世，常为名大夫。天下不多管仲之贤而多鲍叔能知人也。

◎**大意**　鲍叔牙推荐管仲以后，自己位居其下。子孙世代都在齐国做官，领有封地达十多代，常常成为有名的大夫。天下人不推重管仲的贤能，而称颂鲍叔牙能够识拔人才。

管仲既任政相齐，以区区之齐在海滨，通货积财，富国强兵，与俗同好恶。故其称曰："仓廪实而知礼节，衣食足而知荣辱，上服度则六亲固。四维不张，国乃灭亡。下令如流水之原，令顺民心。"故论卑而易行。俗之所欲，因而予之；俗之所否，因而去之。

◎**大意** 管仲在齐国掌管政事担任国相以后，凭借处在东海边上的小小齐国，流通货物，积累资财，使得国家富足、兵力强大，制定的政策与百姓同好恶。所以他说："仓库充实百姓就懂得礼节，衣食充足百姓就懂得荣辱，在上位的人遵守法度，父母、兄弟、妻子才能亲密团结。礼义廉耻如果不能发扬，国家就会灭亡。颁布的命令就像流水的源头，使它能顺应百姓的心愿。"所以他政令简易而又容易推行。百姓所需要的，就顺着意愿给予他们；百姓所反对的，就顺着意愿而废弃。

其为政也，善因祸而为福，转败而为功。贵轻重，慎权衡。桓公实怒少姬，南袭蔡，管仲因而伐楚，责包茅不入贡于周室。桓公实北征山戎，而管仲因而令燕修召公之政。于柯之会，桓公欲背曹沫之约，管仲因而信之，诸侯由是归齐。故曰："知与之为取，政之宝也。"

◎**大意** 管仲在处理政事时，善于化祸为福，化失败为成功。重视财政经济，谨慎权衡事情的利弊。齐桓公本来因为少姬改嫁而发怒，南下袭击蔡国，管仲趁机讨伐楚国，谴责它不把包茅进贡给周朝。齐桓公本来北上征伐山戎，而管仲就顺便让燕国重修召公的政教。在柯地会盟时，齐桓公想背弃与曹沫的盟约，管仲顺应形势让齐桓公信守盟约，诸侯因此归附齐国。所以说："知道给予就是为了获取，这是为政的法宝。"

管仲富拟于公室，有三归、反坫①，齐人不以为侈。管仲卒，齐国遵其政，常强于诸侯。后百余年而有晏子焉。

◎**注释** ①〔三归、反坫（diàn）〕三归，一说指娶三房家室，一说指有三处家产。另有地名、台名等解释。反坫，周代诸侯宴会时的一种礼节。互相敬酒后，把空酒杯放在坫（土筑平台）上。

◎**大意** 管仲的财富和齐国公室人员的相等，有很多房产家室和诸侯宴会的设备，齐国人却不认为他奢侈。管仲死后，齐国遵循他的政策法度，常常比其他诸侯国强盛。一百多年后，齐国又出了晏子。

晏平仲婴者，莱之夷维人也。事齐灵公、庄公、景公，以节俭力行重于齐。既相齐，食不重肉，妾不衣帛。其在朝，君语及之，即危言；语不及之，即危行。国有道，即顺命；无道，即衡命。以此三世显名于诸侯。

◎**大意** 晏平仲名婴，是莱地夷维人。他侍奉齐灵公、庄公、景公，因为节俭、尽力办事而被齐国人敬重。他担任齐相后，吃饭不用两道肉食，妻妾不穿绸衣。他在朝廷时，国君说话提到他，他就正言以对；没有提到他，他就秉公而行。国家有法度时，他就顺从命令；国家没有法度时，他就衡量命令斟酌而行。因此，他连续三朝名声都显扬于各诸侯国。

越石父贤，在缧绁①中。晏子出，遭之涂（途），解左骖赎之，载归。弗谢，入闺。久之，越石父请绝。晏子愳然②，摄衣冠谢曰："婴虽不仁，免子于厄，何子求绝之速也？"石父曰："不然。吾闻君子诎于不知己而信（伸）于知己者。方吾在缧绁中，彼不知我也。夫子既已感寤而赎我，是知己；知己而无礼，固不如在缧绁之中。"晏子于是延入为上客。

◎**注释** ①〔缧绁（léi xiè）〕捆人的绳索。②〔惧然〕吃惊的样子。

◎**大意** 越石父贤能，但正在囚禁之中。晏子出行时，在路上遇到他，便解下车子左边的套马把他赎了出来，与他一同坐车回来。晏子没有跟他打招呼，就进入内室。过了很久，越石父请求与晏子绝交。晏子很震惊，整理好衣帽向他道歉说："晏婴虽然算不上宽厚，但让您从困境中脱身，为什么您这么快就要求绝交呢？"越石父说："不是这样的。我听说君子在不了解自己的人面前受委屈，在了解自己的人面前伸展意志。当我在囚禁之中时，那些人不了解我。您已经察觉我的长处而把我赎出来，这是了解我；了解我却又对我无礼，我还不如在囚禁之中。"晏子于是请他进入内室，奉为上宾。

晏子为齐相，出，其御之妻从门间而窥其夫。其夫为相御，拥大盖，策驷马，意气扬扬，甚自得也。既而归，其妻请去。夫问其故。妻曰："晏子长不满六尺，身相齐国，名显诸侯。今者妾观其出，志念深矣，常有以自下者。今子长八尺，乃为人仆御，然子之意自以为足，妾是以求去也。"其后夫自抑损。晏子怪而问之，御以实对。晏子荐以为大夫。

◎**大意** 晏子做齐国的国相，一次外出，他车夫的妻子从门缝偷看丈夫。她的丈夫给国相驾驭车马，坐在高大的车盖下，鞭打着四匹马，扬扬得意，很是满足。等到回家后，他的妻子请求离去，车夫问她原因。妻子说："晏子身高不到六尺，却担任齐国国相，名声显扬于各诸侯国。今天我看他出行，思虑很深远，总是显出谦虚卑逊的表情。现在你身高八尺，却给人做驾驭车马的奴仆，然而看你的神情，自己还感到志得意满，我因此请求离去。"从此以后，这位丈夫便自我克制，态度非常谦逊。晏子觉得很奇怪，就问他，车夫如实做了回答。晏子就推荐他做了大夫。

太史公曰：吾读管氏《牧民》《山高》《乘马》《轻重》《九府》，及《晏子春秋》，详哉其言之也。既见其著书，欲观其行事，故次其传。至其书，世多有之，是以不论，论其轶事。

◎**大意** 太史公说：我读管仲的《牧民》《山高》《乘马》《轻重》《九府》等篇和《晏子春秋》，论述得多么详尽啊！我已经看过了他们所著的书，便想观察他们所做的事，所以编列了他们的传记。至于他们的书，世间已有很多，因此不再论述，只论列他们不为世人知道、未经史书记载的逸事。

管仲，世所谓贤臣，然孔子小之。岂以为周道衰微，桓公既贤，而不勉之至王，乃称霸哉？语曰："将顺其美，匡救其恶，故上下能相亲也。"岂管仲之谓乎？

◎**大意** 管仲虽是世人称道的贤臣，但孔子看不起他。难道是因为周朝的王道衰败，齐桓公很是贤能，管仲不鼓励他推行王道，却只称霸吗？古话说："要顺势助成君主的美德，匡正挽救君主的过失，所以君臣上下能够和睦相处。"难道说的就是管仲吗？

方晏子伏庄公尸哭之，成礼然后去，岂所谓"见义不为无勇"者邪？至其谏说，犯君之颜，此所谓"进思尽忠，退思补过"者哉！假令晏子而在，余虽为之执鞭，所忻（欣）慕焉。

◎ **大意** 当晏子趴在齐庄公的尸体上为之哭泣，尽到君臣的礼节以后才离去，这难道是所说的"见到正义而不做，便是没有勇气"的人吗？至于晏子劝谏国君，冒犯国君的威严，这就是所说的"在朝想着尽忠，退朝想着补过"的人吧？假如晏子还活着，我就是替他拿着鞭子赶车，也是我心甘情愿的！

◎ **释疑解惑**

《管晏列传》记录了春秋齐国的两位著名大臣——管仲和晏婴的事迹。《史记》中的传记有专传、合传、附传等几大类。而通常合传的传主都有相通或者相似之处，司马迁将管仲和晏婴合写的原因是什么呢？首先，管仲与晏婴都是齐国的贤臣，管仲打造了齐国的强盛和桓公的霸业；晏婴则不同，他所处的时期正值姜姓齐国衰弱之时，他对维持齐国内政外交起到了重要的作用。可参看《齐太公世家》。二人治国方略上虽有不同，但都以民为本，重视民生，尽心竭力地辅助君主治理国家。管仲"以区区之齐在海滨"，促进货物流通，使国富兵强，且与百姓同好恶，"顺民心"。晏婴同样重视民生，办事尽心，且身体力行，崇尚节俭，"食不重肉，妾不衣帛"，深受百姓爱戴。因此，重视民生、顺应民意是管仲与晏婴在政治主张上最大的共同点，也是司马迁将二人合写的重要原因。其次，抒发其世无知己的人生感慨，寄寓了他的社会人生理想。最后，将二人合写，还意在探讨和论证如何识别才能和举荐贤人，这既是司马迁撰作的目的，也是将二人合传的深层原因。二人一为盛时之名相，一为衰世之名相，太史公尤其推重晏婴的品格，原因在此。

◎ **思考辨析题**

1. 读完《管晏列传》，你认为司马迁创作本传的意图是什么？
2. 管晏合传的内在联系是什么？请对比管仲、晏婴两个人物形象。

老子韩非列传

第三

《老子韩非列传》是先秦道家的代表人物老子、庄子和法家的代表人物申子、韩非子四人的合传。诸子能被司马迁选中立传的并不多，列子、慎子、许行、惠施、鬼谷子、杨朱和黄老、儒家中诸名人物，甚至战国时期法家重要代表人物李悝都没有立传。加之篇幅所限，司马迁也无法详细论述道家、法家等各个学派，因而选取最具代表性的老、庄、申、韩四人，为他们立传，足见这几人在其学派中的地位。司马迁的这篇传记是后人研究先秦道家、法家思想的重要文献，大致可以分为五个段落。从开头到"清静自正"是第一段落，叙写老子其人和其学术。老子是道家学派的创始人，是春秋晚期的思想家。他的学说对本文其他三位传主有较大影响，因此被列在本传之首。此段不但记载了老子的生平逸事，而且涉及此一学派在后世的概况。从"庄子者"到"以快吾志焉"是第二段落，写庄子的生平与学术，仅用二百三十五个字对庄子做了极为简单的介绍。从具体内容可知，司马迁认可庄子遍览古籍、学识渊博："其学无所不窥"。他还认为庄子之学是以老子思想为基础的，还对老子思想做出了一些解释。同时，司马迁说庄子虽善行文措辞，但空设语言，喜欢攻击当时的其他学者。庄子和老子的学说差异还是比较大的，而且司马迁在谈论庄子的作品时只涉及《渔父》《盗跖》《胠箧》三篇，完全没有提及《内篇》，而《内篇》才是庄子思想的精华。司马迁对庄子不断批评儒家、墨家的行为不满，言庄子思想偏激，虽有一定道理，但是流于表面，对庄子其人其说的评论有失公允。从"申不害者"到"号曰《申子》"是第三段落，叙写申不害的生平与学术。申不害是法家学派的重要创始人之一，思想学说源于黄老，讲究循名责实，名实相合。他在韩国为相十五年，主持改革，把自己的政治思想与韩国实际情况相结合，帮助韩昭侯推行法治、术治，取得了很大成效。申不害主张用严刑峻法执政，是从道家到法家转变的关键人物。司马迁虽然对申不害的介绍非常简略，但肯定其变法成绩。从"韩非者"到"而不能自脱耳"是第四段落，叙写韩非的生平与学术。司马迁认为，韩非"喜刑名法术之学，而其归本于黄老"。韩非虽有口吃，不善于讲话，但擅长著书立说。韩非屡次上书规劝韩王，却未能得到韩王认可；于是考察了古往今来各种学说的得失变化，撰写《说难》等十余万字。韩非的文章，思维严密，逻辑性强，论证有力，且语言犀利，锐不可当。因此，本传全文收录了韩非《说难》，既可见韩非文采之非凡，又从侧面证明司马迁对其文采的认可。同样，对于韩非死于秦国狱中之事，司马迁也是相当痛惜。"太史公曰"段是第五个段落，论述了司马迁将四人合为一传的理由：老子之学"无为自化，清静自正"，庄子著书"以明老子之术"，申子"本于黄老而主刑名"，韩非之学"其归本于黄老"，四人"皆原于道德之意"。由此可见，贯穿此篇传记的中心纲领正是老子之学。这样就明确了道家学派与法家学派的继承、发展关系。从《史记》其他史传可知，司马迁对法家人物多是不喜欢的，比如他对吴起、商君、晁错等人都颇有微词；但本篇在指责韩非"惨礉少恩"的同时，也对韩非的悲惨结局表现了深深的感慨。这里有司马迁个人的身世之悲，也表现了他对君主专制的厌恶与批判。

老子者，楚苦县厉乡①曲仁里人也，姓李氏，名耳，字聃，周守藏室之史②也。

◎**注释** ①〔苦县厉乡〕苦县，在今河南鹿邑东。厉乡，苦县城东的厉乡沟。②〔守藏（zàng）室之史〕看管国家藏书室的小吏。
◎**大意** 老子是楚国苦县厉乡曲仁里人，姓李，名耳，字聃，做过周朝看管国家藏书室的小吏。

孔子适周，将问礼于老子。老子曰："子所言者，其人与骨皆已朽矣，独其言在耳。且君子得其时则驾①，不得其时则蓬②累而行。吾闻之，良贾深藏若虚，君子盛德，容貌若愚。去子之骄气与多欲，态色与淫志，是皆无益于子之身。吾所以告子，若是而已。"孔子去，谓弟子曰："鸟，吾知其能飞；鱼，吾知其能游；兽，吾知其能走。走者可以为罔（网），游者可以为纶③，飞者可以为矰④。至于龙吾不能知，其乘风云而上天。吾今日见老子，其犹龙邪！"

◎**注释** ①〔驾〕坐车，这里引申为外出做官。②〔蓬〕一种根叶极细的小草，风吹根断，随风飘转。③〔纶〕钓鱼线。④〔矰（zēng）〕古代系有细绳的箭，以射飞鸟。

◎**大意** 孔子到周朝国都，打算向老子请教礼的学问。老子说："您所说的，制定它的人尸骨都已腐朽了，只有他们的言论还在。再说君子遇到适当的时势就做官，没有遇到适当的时势就像飞蓬随风飘转似的随遇而安。我听说，会做生意的商人深藏货物，好像空虚无物；君子有很高的德行，外表却像愚钝的人。去掉您的骄气与过多的欲望，抛弃您做作的情态神色与过高的志向，这些都对您本身没有好处。我想要告诉您的，就这些罢了。"孔子离开周都后，对弟子们说："鸟，我知道它能飞；鱼，我知道它能游；兽，我知道它能跑。能跑的可以用网去捕捉它，能游的可以用丝线去钓它，能飞的可以用箭去射它。至于龙我就无法了解，它是怎样乘风驾云而飞上天空的。我今天见到老子，他大概就是龙吧！"

老子修道德，其学以自隐无名为务。居周久之，见周之衰，乃遂去。至关①，关令尹喜②曰："子将隐矣，强为我著书。"于是老子乃著书上下篇③，言道德之意五千余言而去，莫知其所终。

◎**注释** ①〔关〕函谷关，在今河南灵宝境内。②〔关令尹喜〕守关的官吏，姓尹，名喜。③〔著书上下篇〕即今传《老子》，或称《道德经》，上篇《道经》，下篇《德经》。

◎**大意** 老子研究道德学问，他的学说以自己韬隐、不求名声为主旨。他居住在周都很长时间，看到周朝的衰微，于是就离开了。到了函谷关，关令尹喜说："您就要隐居了，请尽力为我写本书。"于是老子就写了本书，分上下两篇，阐述有关道德的内容，共五千多字，然后就离开了，没有人知道他的下落。

或曰：老莱子①亦楚人也，著书十五篇，言道家之用，与孔子同时云。

◎**注释** ①〔老莱子〕相传为春秋时隐士，《列仙传》中有其相关记载。
◎**大意** 有人说：老莱子也是楚国人，著书十五篇，阐述道家思想的作用，与孔子是同一时代的人。

盖老子百有（又）六十余岁，或言二百余岁，以其修道而养寿也。

◎**大意** 老子大概活了一百六十多岁，也有人说他活了二百多岁，因为他能修道养心所以长寿。

自孔子死之后百二十九年，而史记周太史儋见秦献公①曰："始秦与周合，合五百岁而离，离七十岁而霸王者出焉。"或曰儋即老子，或曰非也，世莫知其然否。老子，隐君子也。

◎**注释** ①〔周太史儋见秦献公〕周太史儋，周朝的太史官，名儋，姓不存。秦献公，战国时期秦国君主，姓嬴，名师隰。
◎**大意** 孔子死后一百二十九年，史书记载周太史儋见秦献公说："当初秦国与周朝合并，合并了五百年就分开了，分开七十年后称霸称王的人就出现了。"有人说太史儋就是老子，也有人说不是，世上没有人知道哪种说法正确。老子是个隐居的君子。

老子之子名宗，宗为魏将，封于段干①。宗子注，注子宫，宫玄孙假，假仕于汉孝文帝。而假之子解为胶西王卬太傅②，因家于齐焉。

◎**注释** ①〔段干〕魏国的城邑名。②〔胶西王卬（áng）太傅〕胶西王卬，刘邦的孙子，齐悼惠王刘肥的儿子。汉文帝十六年被封为胶西王。太傅，古代职官，三公之一，位尊职虚。

◎**大意** 老子的儿子叫李宗，李宗是魏国的将军，封地在段干。李宗的儿子叫李注，李注的儿子叫李宫，李宫的玄孙叫李假，李假在汉文帝朝做官。李假的儿子李解是胶西王刘卬的太傅，因而世代居住在齐地。

  世之学老子者则绌（黜）儒学，儒学亦绌（黜）老子。"道不同不相为谋"，岂谓是邪？李耳无为自化，清静自正。

◎**大意** 世上学习老子学说的人就排斥儒家学说，学习儒家学说的人也排斥老子学说。"主张不同不能共同谋事"，难道说的是这种情况吗？李耳主张不必作为，而百姓自然会感化，内心清虚明静，百姓自然变得正直。

  庄子者，蒙①人也，名周。周尝为蒙漆园②吏，与梁惠王、齐宣王③同时。其学无所不窥④，然其要本归于老子之言。故其著书十余万言，大抵率寓言也。作《渔父》《盗跖》《胠箧》⑤，以诋訾⑥孔子之徒，以明老子之术。《畏累虚》《亢桑子》⑦之属，皆空语无事实。然善属书离辞⑧，指事类情，用剽剥儒、墨，虽当世宿学⑨不能自解免也。其言洸洋⑩自恣以适己，故自王公大人不能器之。

◎**注释** ①〔蒙〕战国时宋邑名，在今河南商丘东北。②〔漆园〕地名，古属蒙县，在今安徽蒙城。③〔梁惠王、齐宣王〕梁惠王，又称魏惠王（前369年～前319年在位），姬姓，魏氏，名䓨（yīng）。后因由安邑迁都大梁（今河南开封），魏国亦称梁国。齐宣王，战国时齐国国君（前319年～前300年在位），妫姓，田氏，名辟疆，齐威王之子。④〔窥〕研究。⑤〔《渔父》《盗跖》《胠箧（qū qiè）》〕

都为《庄子》中的篇名。⑥〔诋訾（zǐ）〕诽谤，毁辱。⑦〔《畏累虚》《亢桑子》〕应为《庄子》中的篇名，今已不传。⑧〔属书离辞〕属书，连缀文辞。离辞，铺陈辞藻。⑨〔宿学〕年老而博学的人，如孔子、墨子。⑩〔洸（guāng）洋〕水无涯际貌，比喻言辞或文章恣肆放纵。

◎**大意**　庄子是蒙地人，名叫周。他曾经做过蒙地漆园的小吏，和梁惠王、齐宣王同一时代。他的学说各个方面都有涉及，然而其要旨源于老子的学说。因此他写的书有十多万字，大都是寓言文字。他作《渔父》《盗跖》《胠箧》，用来诋毁孔子学派的门徒，也用来阐明老子的道术。《畏累虚》《亢桑子》这类文章，都是空发议论没有事实根据。然而他善于连缀文字以成词句，表达事理形容情状，用来攻击和驳斥儒家、墨家，即使当代学识渊博的人也不能避免他的批评。他的言论像浩大的洪水自由放纵以随个人的心意，所以那些王公大臣都不能采用他的学说。

　　楚威王①闻庄周贤，使使厚币迎之，许以为相。庄周笑谓楚使者曰："千金，重利；卿相，尊位也。子独不见郊祭之牺牛②乎？养食之数岁，衣以文绣，以入大庙③。当是之时，虽欲为孤豚，岂可得乎？子亟去，无污我。我宁游戏污渎之中自快，无为有国者所羁，终身不仕，以快吾志焉。"

◎**注释**　①〔楚威王〕战国时楚国的君主。名商。②〔郊祭之牺牛〕郊祭，古代帝王在郊外举行祭祀天地的活动。牺牛，用作牺牲，即祭祀贡品的牛。③〔大庙〕即太庙，帝王的祖庙。

◎**大意**　楚威王听说庄周贤能，派使者用厚礼聘请他，许诺让他出任相国。庄周笑着对楚国使者说："千金，是重利；卿相，是尊位。您难道没有见过郊祭时所用的牛吗？喂养它几年，给它披上有花纹的刺绣品，送进太庙去当祭品。在这个时候，它即使想变成一头孤独的小猪，还能办得到吗？你赶快走吧，不要玷污我。我宁愿愉快地在肮脏的水沟中游戏，也不愿被权重之人所束缚，终身不去做官，让我的心志快乐。"

申不害者，京①人也，故郑之贱臣。学术以干韩昭侯②，昭侯用为相。内修政教，外应诸侯，十五年。终申子之身，国治兵强，无侵韩者。

◎**注释** ①〔京〕战国时郑国的城邑名，在今河南荥阳东南。②〔韩昭侯〕战国时韩国的君主。

◎**大意** 申不害，是京邑人，原来是郑国的下级官吏。他学习法家治国之术，向韩昭侯求官，韩昭侯任用他为相国。他对内修明政教，对外应对诸侯，前后执政十五年。申子执政的整个时期，国家安定，军队强大，没有哪国敢侵扰韩国。

申子之学本于黄老而主刑名。著书二篇，号曰《申子》。

◎**大意** 申子的学说源于黄老之学，却主张循名责实。他著书两篇，书名为《申子》。

韩非者，韩之诸公子也。喜刑名法术之学，而其归本于黄老。非为人口吃，不能道说，而善著书。与李斯俱事荀卿，斯自以为不如非。

◎**大意** 韩非是韩国的贵族公子。他爱好刑名法术的学说，然而他的学说基础来源于黄老之学。韩非生来口吃，不善言谈，却善于著书。与李斯都师事荀卿，李斯自认为学识比不上韩非。

非见韩之削弱，数以书谏韩王①，韩王不能用。于是韩非疾治国不务修明其法制，执势以御其臣下，富国强兵而以求人任贤，反举浮淫之蠹②而加之于功实之上。以为儒者用文乱法，而侠者以武犯禁。宽则宠名誉之人，急则用介胄之士。今者所养非所用，所用非所养。悲廉直不容于邪枉之臣，观往者得失之变，故作《孤愤》《五蠹》《内、外储》《说林》《说难》③十余万言。

◎**注释** ①〔韩王〕韩国末代国君。②〔蠹（dù）〕蛀虫，比喻像蛀虫一样危害国家的人。③〔《孤愤》《五蠹》《内、外储》《说林》《说难》〕均为《韩非子》书中的篇名。

◎**大意** 韩非看到韩国土地削减，军力弱小，多次上书规劝韩王，但韩王没有采纳他的意见。当时韩非痛恨韩王治理国家不致力于加强法制，不能凭借君王掌握的权势去驾驭臣子，不能为使国家富足、兵力强大访求任用贤人，反而任用一些浮夸淫乱的蛀虫，并把他们置于务功利、讲实际的人之上。他认为儒者用文献典籍扰乱法制，而游侠之士凭武力违犯禁令。国家安定时就宠信虚有声誉的人，国家危急时就用披甲戴盔的武士。现在国家所供养的不是所使用的人，所使用的不是所供养的人。他悲叹廉洁正直之士被奸邪不正之臣排挤，考察了历史上成功和失败的变异情况，所以写下了《孤愤》《五蠹》《内、外储》《说林》《说难》等十余万字的著作。

然韩非知说之难，为《说难》①书甚具，终死于秦，不能自脱。

◎**注释** ①〔说（shuì）难〕意为向君主进言的种种难处。

◎**大意** 然而韩非懂得游说的艰难，写了《说难》一文，很详细，自己最后死在秦国，没能逃脱游说带来的灾祸。

《说难》曰：

◎**大意**　《说难》说：

凡说之难，非吾知之有以说之难也，又非吾辩之难能明吾意之难也，又非吾敢横失（佚）①能尽之难也。凡说之难，在知所说之心，可以吾说当之。

◎**注释**　①〔横失（yì）〕辩说驰骋，无所顾忌。
◎**大意**　大凡游说的艰难，不在于将我所懂得的事理向对方游说，不在于我的言辞不能表达我的想法，也不在于我敢于肆意尽情地把意见全部表达出来。大凡游说的艰难，在于了解被游说者的心理，可以用我的言辞去适应他。

所说出于为名高者也，而说之以厚利，则见下节而遇卑贱，必弃远矣。所说出于厚利者也，而说之以名高，则见无心而远事情，必不收矣。所说实为厚利而显为名高者也，而说之以名高，则阳收其身而实疏之；若说之以厚利，则阴用其言而显弃其身。此之不可不知也。

◎**大意**　游说的对象想得到好的名声，而游说者以丰厚的利益劝说他，就会被看作志节卑下而受到卑贱的待遇，必然被抛弃和疏远。游说的对象想追求丰厚的利益，而游说者以高尚的名声劝说他，就会被看作没有头脑而脱离实际，必然不会被接受。游说的对象实际上追求丰厚的利益而表面上装作追求高尚的名声，而游说者以高尚的名声去劝说他，就会表面上接受游说者而实际上疏远他；如果以丰厚的利益去劝说他，就会暗中采纳游说者的意见而公开抛弃游说者本身。这些都是游说者不能不知道的。

夫事以密成，语以泄败。未必其身泄之也，而语及其所匿之事，如是者身危。贵人有过端，而说者明言善议以推其恶者，则身危。周泽未渥也而语极知，说行而有功则德亡，说不行而有败则见疑，如是者身危。夫贵人得计而欲自以为功，说者与（预）知焉，则身危。彼显有所出事，乃自以为也故，说者与（预）知焉，则身危。强之以其所必不为，止之以其所不能已者，身危。故曰：与之论大人，则以为间己；与之论细人，则以为粥（鬻）权。论其所爱，则以为借资；论其所憎，则以为尝己。径省其辞，则不知（智）而屈之；泛滥博文，则多而久之。顺事陈意，则曰怯懦而不尽；虑事广（旷）肆，则曰草野而倨侮。此说之难，不可不知也。

◎**大意** 事情因为保密而成功，因为讲话泄露而失败。不一定是游说者本身泄露了秘密，而是他的言语中涉及游说对象心中隐藏的事情，像这样游说者就很危险。权贵者有了过失的萌芽，游说者却以明白的陈说、巧妙的议论来推断他的过失会引发的严重后果，那么游说者就会有危险。权贵者对游说者的恩泽不够深厚，游说者却把所知道的全部说出来，主张被推行而且有功效，游说者的功德就会被忘掉；主张不推行遭到失败，游说者就会被怀疑，像这样游说者就很危险。权贵者自以为计谋得当而想独占其功，游说者参与了解此事，就会有危险。权贵者公开要做一件不便说出的事，却称要做另外一件事，如果游说者知道他所作所为的真相，就会有危险。勉强权贵者去做他坚决不做的事，阻止权贵者去做他不能罢休的事，就会有危险。所以说：与权贵者谈论大臣，他就认为你在离间君臣关系；与权贵者谈论近臣，他就认为你在卖弄权势。谈论权贵者所宠爱的人，他就认为你在借助他们的权势；谈论权贵者所憎恨的人，他就认为你在试探他。与权贵者谈话直截了当，他就认为你不聪明而轻侮他；如果夸夸其谈、辞藻丰富，他就认为你说得太多、占得时间太久。就事论事，陈述意见，他就认为你胆小怕事不敢把意见全部说出来；考虑问题周到，说话不受拘束，他就认为你粗野傲慢。这些游说的艰难，是不能不知道的。

凡说之务，在知饰所说之所敬，而灭其所丑。彼自知其计，则毋以其失穷之；自勇其断，则毋以其敌怒之；自多其力，则毋以其难概之。规异事与同计，誉异人与同行者，则以饰之无伤也。有与同失者，则明饰其无失也。大忠无所拂牾①，辞言无所击排，乃后申其辩知（智）焉。此所以亲近不疑，知尽之难也。得旷日弥久，而周泽既渥，深计而不疑，交争而不罪，乃明计利害以致其功，直指是非以饰（饬）其身，以此相持，此说之成也。

◎**注释** ①〔拂牾（wǔ）〕顶撞。
◎**大意** 大凡游说的要旨，在于懂得美化游说对象想要宣扬的事情，掩盖游说对象想要遮盖的事情。他自己认为计策高明，就不要用他以往的过失使他难堪；他自己认为决断果敢，就不要用他的对手来激怒他；他自认为力量强大，就不要用困难来压抑他。游说者筹划的另一件事与权贵者计划相同，称赞的另一个人与权贵者行为相同，美化与权贵者同计之事、同行之人便绝对没有坏处。有与权贵者犯有同样过失的，就要明确称赞他没有过失。游说者对权贵者非常忠诚没有违逆，言辞也没有抵触，然后就可以施展聪明才智了。这就是游说者要做到与君主亲近不被怀疑，也是尽知事理的难处。等到历时已久，并且恩泽已经周到了、深厚了，深远的计策不被怀疑，交锋争论也不被怪罪，就可以明白地衡量利害关系以获得成功，直接指出是非以端正其身，用这种办法去扶助权贵者，这样游说就成功了。

伊尹为庖，百里奚为虏，皆所由干其上也。故此二子者，皆圣人也，犹不能无役身而涉世如此其污也，则非能仕之所设也。

◎**大意** 伊尹做厨师，百里奚当奴仆，都是由此求得君主的重用。所以这两个人，都是圣人，尚且不能不做低贱的事情，处于如此卑微的地位，那么聪明之士就不能以此为羞耻了。

宋有富人，天雨墙坏。其子曰"不筑且有盗"，其邻人之父亦云，暮而果大亡其财，其家甚知（智）其子而疑邻人之父。昔者郑武公①欲伐胡，乃以其子②妻之。因问群臣曰："吾欲用兵，谁可伐者？"关其思③曰："胡可伐。"乃戮关其思，曰："胡，兄弟之国也，子言伐之，何也？"胡君闻之，以郑为亲己而不备郑。郑人袭胡，取之。此二说者，其知皆当矣，然而甚者为戮，薄者见疑。非知之难也，处知则难矣。

◎**注释**　①〔郑武公〕春秋初期郑国君主。②〔子〕女儿。古代儿子、女儿都可称作子。③〔关其思〕郑国的臣子。

◎**大意**　宋国有个富人，天下雨毁坏了他的墙壁。他儿子说"不修好将会有小偷"，他邻居的父亲也这样说。晚上果然丢了很多财物，他的家人都认为他的儿子非常聪明而怀疑邻居的父亲。从前郑武公想要进攻胡国，却把他的女儿嫁给胡国君主做妻子。于是他询问群臣说："我想要用兵，哪一国可以讨伐？"关其思说："胡国可以讨伐。"郑武公就杀掉了关其思，说："胡国，是我们的兄弟之国，你说讨伐它，为什么？"胡国国君听到这个消息，以为郑国亲近自己，就不提防郑国。郑国人趁机袭击胡国，占领了它。这两个游说者，他们的见解都是正确的，但是言重的被杀掉，言轻的被怀疑。所以知道有些事理并不难，怎样正确地处理已知的事就很困难了。

昔者弥子瑕①见爱于卫君。卫国之法，窃驾君车者罪至刖②。既而弥子之母病，人闻，往夜告之，弥子矫驾君车而出。君闻之而贤之曰："孝哉，为母之故而犯刖罪！"与君游果园，弥子食桃而甘，不尽而奉君。君曰："爱我哉，忘其口而念我！"及弥子色衰而爱弛，得罪于君。君曰："是尝矫驾吾车，又尝食我以其余桃。"故弥子之行未变于初也，前见贤而后获罪者，爱憎之至变也。故有爱于主，则知（智）当而加亲；见憎于主，则罪当而加疏。故谏说之士不可不察爱憎之主而后说之矣。

◎**注释** ①〔弥子瑕〕春秋时卫国君主灵公的男宠。②〔刖（yuè）〕古代的断足之刑。

◎**大意** 从前弥子瑕被卫君宠爱。卫国的法律规定，偷驾国君车的人要受到断足的刑罚。不久，弥子瑕的母亲生病，有人听说了，连夜告诉了他，弥子瑕便假借君主的名义驾着卫君的车子出去看望母亲。卫君听到这件事却认为他很贤德，说："孝顺啊，因为母亲而甘愿受断足的处罚。"弥子瑕跟卫君在果园游玩，弥子瑕感到吃的桃子很甜，没吃完就奉献给卫君。卫君说："真是爱我啊，忘掉自己的口福而想到我。"等到弥子瑕姿色衰老受到的宠爱减退，便得罪于卫君。卫君说："这个人曾经假借我的名义驾我的车，又曾经把吃剩的桃子给我吃。"所以，弥子瑕的行为和当初并没有不同，从前被认为贤德而后来被治罪的原因，就在于卫君对他爱憎的态度彻底改变了。所以国君宠爱你，他就认为你所做的一切都是对的而更加受宠；国君憎恶你，他就认为你所做的一切都是错的而更加疏远。因此，劝谏游说之士不能不考察君主的爱憎态度然后再游说他。

夫龙之为虫也，可扰狎①而骑也。然其喉下有逆鳞径尺，人有婴（撄）之，则必杀人。人主亦有逆鳞，说之者能无婴（撄）人主之逆鳞，则几矣。

◎**注释** ①〔扰狎（xiá）〕训练玩耍。

◎**大意** 龙作为爬虫类动物，可以驯养、戏耍而后乘骑。然而它的喉咙下倒生着一尺长的鳞，人如果触动它，就一定会被伤害。君主也有倒生的鳞，游说他的人能够不触动君主的逆鳞，就差不多了。

人或传其书至秦。秦王见《孤愤》《五蠹》之书，曰："嗟乎，寡人得见此人与之游，死不恨矣！"李斯曰："此韩非之所著书也。"秦因急攻韩。韩王始不用非，及急，乃遣非使秦。秦王悦之，未信用。李斯、姚贾①害之，毁之曰："韩非，韩之诸公子也。今王欲并诸侯，非终为韩不为秦，此人之情也。今王不用，久留而归之，此自遗患也，不如以过法诛之。"秦王以为然，下吏治非。李斯使人遗非药，使自杀。韩非欲自陈，不得见。秦王后悔之，使人赦之，非已死矣。

◎**注释** ①〔姚贾〕魏国梁人，后到秦国被任用为上卿。
◎**大意** 有人把韩非的书传到秦国。秦王见到《孤愤》《五蠹》等书，说："唉，我如果能见到这个人同他交往，就死而无憾了！"李斯说："这是韩非所著的书。"秦国因此马上攻打韩国。韩王当初没有任用韩非，等到形势危急，才派韩非出使秦国。秦王喜欢韩非，但没有任用他。李斯、姚贾陷害他，诋毁他说："韩非，是韩国的贵族公子，现在大王想要吞并诸侯，韩非说到底会帮助韩国而不会帮助秦国，这是人之常情。现在大王不任用他，留他很久再让他回去，这是自己留下后患，不如加以罪名，依法处死他。"秦王认为他们说得对，把韩非交给狱吏治罪。李斯派人把毒药送给韩非，让他自杀。韩非想要当着秦王的面剖白自己，但没能见到秦王。秦王后来对这事后悔了，派人赦免韩非，但他已经死了。

申子、韩子皆著书，传于后世，学者多有。余独悲韩子为《说难》而不能自脱耳。

◎**大意** 申子、韩子都著书，流传于后世，学者大都有他们的书。我唯独悲叹韩子写了《说难》，自己却不能逃脱游说的灾难。

太史公曰：老子所贵道，虚无，因应变化于无为，故著书辞称微妙难识。庄子散道德，放论，要亦归之自然。申子卑卑，施之于名实。韩子引绳墨，切事情，明是非，其极惨礉①少恩。皆原于道德之意，而老子深远矣。

◎ **注释** ①〔礉（hé）〕苛刻。

◎ **大意** 太史公说：老子所推重的道，特征是虚无，以无为来顺应自然随机应变，因此他写的书言辞微妙、旨趣难懂。庄子离散道德，放任言论，他的理论的根本也是归于自然。申子勤勉自励，用之于循名责实。韩子用法制作为规范行为的绳墨，切中事实，明辨是非，他的主张残酷苛刻、缺少恩德。他们的思想都根源于道德，只是老子的道德论更深远些。

◎ **疑难解惑**
　　道家学派的创始人老子究竟是谁，学界长期以来争论不休，难有定论。司马迁依据当时存在的史料撰写的老子传文，所记就不是很清晰，也没有定论，只是采诸说以存疑，列出了三种可能性：一是姓李名耳字聃，二是老莱子，三是周太史儋。目前，历史课本和研究论著中的记述多倾向于第一种说法。在本传中提到第二个可能的人是与孔子同时的老莱子。老莱子的事迹在各种史籍中都缺乏记载，即使老莱子有著述，也早已失传。文中所记虽然模棱两可，但是可以看出司马迁对老莱子为老子是持怀疑态度的，基本认定老子和老莱子是不同的两个人。最后，司马迁又记载了另一位候选人周太史儋，这只是一种推测，据各种史料的研究显示，他是老子的可能性比较低。在这三种说法之后，司马迁还附了老子的后代谱系，可见司马迁心目中最倾向于老子就是李耳，这也是目前学术界较为公认的看法。

◎ **思考辨析题**
　　1.请认真阅读史传，试论韩非的法家主张及《说难》的核心内容。
　　2.司马迁把道家的老子与法家的韩非放在一起，是否合适？请谈谈你的想法。

司马穰苴列传第四

司马穰苴（ráng jū）是春秋时齐国名将，曾经主管齐国军事，率领齐军击退晋、燕联军，因功被封为大司马，所以后人称他为司马穰苴。他不仅武功赫赫，而且有兵书传世，堪称文武双全。唐肃宗将他供奉于武成王庙内，成为武庙十哲之一。司马迁将他置于列传第四，单独成传，虽传文不满千字，但将司马穰苴有威有恩的非凡将才，明大义、知礼节、雍容揖让的儒将风度展现了出来，生动传神，有声有色，可说是《史记》中的一篇上等文字。传记可分为三大段落。从开头到"田氏日以益尊于齐"是第一个段落，写司马穰苴受命为将，杀庄贾立威，及打退燕、晋联军，收复失地的情形。晏婴在齐国危难之际，慧眼识才，让当时名不见经传的司马穰苴有展示才能的机会。司马迁使用粗线条勾勒出当时的背景，点明司马穰苴走上历史舞台的特殊环境，这样更突出了人物的个性特征。最精彩的是叙写他军法严明和与士卒同甘共苦两件事，从而道出了司马穰苴治军的精髓所在。从"已而大夫"到"因号曰《司马穰苴兵法》"是第二个段落，叙写司马穰苴遭谗而死，以及后来田氏篡夺齐国政权、齐威王时编纂《司马穰苴兵法》的情形。良才被谗的悲剧又一次上演，司马穰苴建立卓越的功勋，壮大了田氏家族，最终引起其他大家族的嫉妒和诋毁。"太史公曰"段是第三个段落，是司马迁的论赞，表达了对《司马兵法》一书与司马穰苴的赞赏之情。司马迁在本篇论赞和《太史公自序》中两处论及撰写此传的目的，也都提到了《司马兵法》，由此可以看出作《司马穰苴列传》和这部兵法有莫大的关系。司马穰苴兵法的核心在于"行威"，而司马迁的叙写和评价也是围绕着"威"字展开。司马迁颇为欣赏这种治军严谨的行为，无论犯法的人有怎样的背景，无论有谁为之求情，司马穰苴都严格按照军规办事。虽着墨不多，但在军队中绝对权威的形象被充分展示出来。所以本传的情节多是围绕如何严格执行军法这一主题展开的，即司马迁作《司马穰苴列传》的目的是要告诉后人如何在实践中"申明"《司马兵法》的治军精髓。

司马穰苴①者，田完②之苗裔也。齐景公时，晋伐阿、甄③，而燕侵河上④，齐师败绩。景公患之。晏婴乃荐田穰苴曰："穰苴虽田氏庶孽⑤，然其人文能附众，武能威敌，愿君试之。"景公召穰苴，与语兵事，大说（悦）之，以为将军，将兵扞（捍）燕晋之师。穰苴曰："臣素卑贱，君擢之闾伍⑥之中，加之大夫之上，士卒未附，百姓不信，人微权轻，愿得君之宠臣国之所尊以监军，乃可。"于是景公许之，使庄贾往。穰苴既辞，与庄贾约曰："旦日日中会于军门。"穰苴先驰至军，立表下漏⑦待贾。贾素骄贵，以为将己之军而己为监，不甚急；亲戚左右送之，留饮。日中而贾不至。穰苴则仆表决漏，入，行军勒兵，申明约束。约束既定，夕时，庄贾乃至。穰苴曰："何后期为？"贾谢曰："不佞⑧大夫亲戚送之，故留。"穰苴曰："将受命之日则忘其家，临军约束则忘其亲，援枹鼓⑨之急则忘其身。今敌国深侵，邦内骚动，士卒暴露于境，君寝不安席，食不甘味，百姓之命皆悬于君，何谓相送乎！"召军正⑩问曰："军法期而后至者云何？"对曰："当斩。"庄贾惧，使人驰报景公，请救。既往，未及反（返），于是遂斩庄贾以徇三军⑪。三军之士皆振（震）栗。久之，景公遣使者持节⑫赦贾，驰入军中。穰苴曰："将在军，君令有所不受。"问军正曰："驰三军法何？"正曰："当斩。"使者大惧。穰苴曰："君之使不可杀之。"乃斩其仆，车之左驸⑬，马之左骖⑭，以徇三军。遣使者还报，然后行。士卒次舍井灶饮食，问疾医药，身自拊（抚）循之。悉取将军之资粮享士卒，身与士卒平分粮食。最比其羸弱⑮者。三日而后勒兵。病者皆求行，争奋出为之赴战。晋师闻之，为罢去。燕师闻之，度水而解。于是追击之，遂取所亡封内故境而引兵归。未至国，释兵旅，解约束，誓盟而后入邑。景公与诸大夫郊迎，劳师成礼，然后反（返）归寝。既见穰苴，尊为大司马。田氏日以益尊于齐。

◎**注释** ①〔司马穰苴〕姓田，后来用司马官职作为姓氏。②〔田完〕又称陈完，本名妫完，是陈厉公的次子，后来逃到齐国，改名田完，事见《田敬仲完世家》。③〔阿、甄〕齐国的城邑名。阿即东阿，在今山东阳谷东部的阿城镇。甄在今山东鄄城北。④〔河上〕黄河岸边。⑤〔庶孽（niè）〕妾室所生的孩子。⑥〔闾（lú）伍〕平民百姓。闾与伍都是户籍的基层组织。⑦〔立表下漏〕古代的计时方式。立表，立木为表，以测日影、定时刻。下漏，使漏壶中的水下滴，以标记时刻。⑧〔不佞〕谦称自己。⑨〔援枹（fú）鼓〕指擂鼓进军。枹，鼓槌。⑩〔军正〕军中的司法官。⑪〔徇三军〕徇，巡行示众。三军，指全军。古代的军队大多分为上、中、下三军。⑫〔节〕符节，古代使臣所持以作凭证。⑬〔车之左驸〕车厢左侧的立木。⑭〔骖（cān）〕古代三匹或四匹马拉车时，车子两边的马叫骖。⑮〔羸（léi）弱〕瘦弱。

◎**大意** 司马穰苴是田完的后世子孙。齐景公时，晋国征伐齐国的东阿和甄城，而燕国侵犯齐国黄河南岸的领土，齐国军队大败。齐景公为此忧虑，晏婴就向齐景公推荐田穰苴说："司马穰苴虽是田氏的偏房所生，但是这个人，文才能得到众人拥戴，武略可使敌人畏惧，希望君上能试用他。"齐景公召见了司马穰苴，跟他谈论用兵之道，对他很满意，任命他为将军，率兵抵抗燕、晋两国的军队。司马穰苴说："臣向来出身低微，君上把我从平民中提拔上来，位居大夫之上，士兵不会拥戴，百姓不会信任，人微权轻，希望能有君上宠爱的臣子、国人所敬畏的人来做监军才行。"于是齐景公答应了他的条件，派庄贾前往督军。司马穰苴辞别了齐景公，便和庄贾约定说："明天正午在营门相会。"司马穰苴先骑马赶到军营，树立计时的木表，打开滴漏，等待庄贾。庄贾向来骄横显贵，认为率领自己的军队而自身又是监军，就不太着急。亲属朋友为他送行，留他喝酒。正午时庄贾还没到。司马穰苴便放倒木表，截断滴漏，进入军营，巡视军队，整治士兵，宣布规章纪律。部署完毕，已经是傍晚时分，庄贾才赶到。司马穰苴问："为什么超过了约定的时间呢？"庄贾道歉说："大夫和亲属为我送行，所以耽搁了。"司马穰苴说："身为将领，接受命令的那一天就要忘掉家庭；到军队中制定了规章纪律，就要忘掉亲人；拿起鼓槌擂动战鼓的紧急时刻，就要忘掉自身。现在敌国侵入国境，国内骚乱不安，士兵在边境上风餐露宿，君上睡不安稳，吃不下饭，百姓的性命都系在您身上，还说什么送行呢！"他召见军法官问道："军法规定不按约定时间到的人应如何处置？"军法官回答："应当斩首。"庄贾害怕了，派人飞马报告齐景公，请求解救。派的人去后不久，还没来得及赶回来，司马穰苴就斩了庄贾来向全军示众。全军的士兵皆震惊战栗。过了好长时间，齐景公派使者带着符节来赦免庄贾，使者驰马闯入军营中。司马穰苴说："将领在外作战，国君的命令不必完全照办。"问军法官说："驰马闯入军营按军法当如何处置？"军法官说："应当斩首。"使者很害怕。司马穰苴说："国君的使者不可以杀。"便斩了驾车的随从，砍断车子左边的木杆，杀掉左边驾车的马，并在全军示众。他让使者回去报告，然后军队才出发。士兵们宿营、掘井、开灶、饮水、吃饭、探问疾病、安排医药这些事，司马穰苴都亲自安排。他把将军的专用物资、粮食全部拿来分享给士兵，自己跟士兵平分粮食，尤其照顾那些身体瘦弱者。三天之后重新整编军队。有病的士兵都要求随军出动，奋勇争先为他作战。晋国的军队听说这种情况就撤回去了。燕国的军队听到这个消息，渡过黄河撤兵而去。这时齐国的军队就趁势追击他们，于是夺回了沦陷的土地，然后率兵回国。军队还没到达国都，司马穰苴就解除武装，取消战时法令，盟誓效忠之后才进入都城。齐景公和大夫到郊外迎接，慰问犒赏军队的仪式完成后，才回到寝宫。齐景公接见司马穰苴后，擢升他为大司马。田氏从此在齐国的地位一天天显贵起来。

已而大夫鲍氏、高、国①之属害之，谮②于景公。景公退穰苴，苴发疾而死。田乞、田豹③之徒由此怨高、国等。其后及田常④杀简公，尽灭高子、国子之族。至常曾孙和，因自立，为齐威王，用兵行威，大放（仿）穰苴之法，而诸侯朝齐。

◎**注释**　①〔鲍氏、高、国〕指齐国掌握实权的世袭大贵族鲍牧、高张、国夏等人。②〔谮（zèn）〕中伤、诬陷。③〔田乞、田豹〕田乞是田桓子的儿子，齐悼公的相国。田豹是田乞的同宗族人员。④〔田常〕田乞的儿子。

◎**大意**　后来大夫鲍牧、高张、国夏等人嫉妒他，在齐景公面前说他的坏话。齐景公罢免了司马穰苴，司马穰苴生病死了。田乞、田豹等人因此怨恨高张、国夏等人。此后等到田常杀齐简公时，全部诛灭了高张、国夏的家族。到田常的曾孙田和，就自立为齐国君主，称齐威王，他统兵行使威权，大多仿效司马穰苴的做法，因而各国诸侯都来朝拜齐国。

齐威王使大夫追论古者《司马兵法》而附穰苴于其中，因号曰《司马穰苴兵法》。

◎**大意**　齐威王派大臣整理古代的《司马兵法》，将司马穰苴的兵法也附在里面，因此称作《司马穰苴兵法》。

太史公曰：余读《司马兵法》，闳廓①深远，虽三代征伐，未能竟其义，如其文也，亦少（稍）褒矣。若夫穰苴，区区为小国行师，何暇及《司马兵法》之揖让②乎？世既多《司马兵法》，以故不论，著穰苴之列传焉。

◎**注释**　①〔闳（hóng）廓〕宏大广博。②〔揖让〕拱手作揖，以示谦让。
◎**大意**　太史公说：我读《司马兵法》，立论宏大深远，即使是夏、商、周三代的大战争，也没能全部发挥它的意蕴，说司马穰苴的兵法类似《司马兵法》，有点过分褒奖了。至于司马穰苴，为区区小国用兵，怎么能赶得上《司马兵法》呢？世人既然推重《司马兵法》，因此不再评论，就写了这篇司马穰苴的列传。

◎**释疑解惑**
　　《司马法》是我国古代重要的兵书之一，相传为春秋时司马穰苴撰，共三卷。这部兵书在汉代得到了非常高的评价；但其后渐渐失传，今存五篇三千余字，分别为《仁本》《天子之义》《定爵》《严位》《用众》，主要讲的是军事理论。有学者认为，《司马法》并非司马穰苴所著。如四库馆臣撰《四库全书总目》就说：《司马法》旧题司马穰苴撰。今考正《史记·司马穰苴列传》，称齐威王命令大夫追论《司马兵法》，把穰苴的名字加在其中，所以名叫《司马穰苴兵法》。还有学者认为《司马法》是后人伪托。如姚际恒在《古今伪书考》中说："今此书仅五篇，为后人伪造无疑。"另外，姚鼐、龚自珍、康有为等人也认为《司马法》系后人伪造。不过,学界大多认可《司马法》是司马穰苴所作。如蓝永蔚在《〈司马法〉书考》一文中说:"穰苴是唯一能够申明古者《司马法》的人。"金建德在《古籍丛考》中说:"姚(际恒)、龚(自珍)二家虽都怀疑今本《司马法》为伪,可是他们并没有提出充分的证据。"刘建国在《〈司马法〉伪书辨正》一文中说:"经过考证,我们认为现存的今本《司马法》并非伪书,而是一部齐国大军事家司马穰苴撰述的兵法或兵法残篇。"

◎ 思考辨析题

1. 结合传文,谈谈本传是如何刻画司马穰苴"威"的形象的?
2. 从司马穰苴通过战争最后达到目标这一点出发,探讨春秋时期各诸侯国发动战争的目的是什么。

孙子吴起列传

第五

　　《孙子吴起列传》是三位著名军事家的合传，司马迁在传中以时间为序，先写孙武"吴宫教战"；再写孙膑"围魏救赵"，在马陵道上与庞涓斗智；最后，集中笔墨叙写吴起在魏、楚两国展示军事才华，使魏、楚富国强兵的经历。本篇传记以兵法起，以兵法结，中间也以兵法贯穿，将三个时代不同、经历不同、国度不同的军事家通过兵法连缀在一起，以典型事件带动人物形象，大致可以分为四个段落。从开头到"孙子与有力焉"是第一个段落，写孙武任于吴，并为吴国立功的事迹。虽然只浓墨重彩地记载了孙武教战这一件事，但与前一篇《司马穰苴列传》联系起来，道出司马迁对"将在外，君命有所不受"的高度赞同。文中虽未实写其在战场上的胜利，但在结尾处肯定了孙武的军事才能和其兵法的实用价值："西破强楚，入郢，北威齐晋，显名诸侯，孙子与有力焉。"从"孙武既死"到"世传其兵法"是第二个段落，写孙膑为齐将，两次挫败魏将庞涓的史事。此段文字亦是虚实结合，既写了孙膑的不幸遭遇，又连续记述了他的三个故事，即教田忌赛马取胜的方法、围魏救赵和马陵道上与庞涓斗智，字里行间透露出孙膑冷静而隐忍、身残而志坚的品质与宏伟志向、卓识远见。尤其是马陵道智斗庞涓极为精彩，堪称《史记》众多精彩片段之一。孙膑虽经历坎坷，但能凭借自我坚定的意志和出众的才能，最终一展抱负，名留千古。从"吴起者"到"死者七十余家"是第三个段落，写吴起为鲁、魏、楚建立功勋，但处处受排挤，最终为楚人所杀的经历。吴起集军事家和政治家于一身，既善于用兵，又积极革新政治，为魏、楚两国的富国强兵做出了巨大贡献。但他因变法得罪守旧贵族，惨遭杀害。此外，司马迁还将吴起生命中那些"刻暴少恩"的事情一一记载下来，比如杀掉耻笑他的三十余人、杀妻求将、母丧不归等。他过于贪"名"，为了"名"可以放弃一切，为了"名"可以不择手段。虽然吴起是战国初期举足轻重的人物，但历史上对他的评价贬多于褒。"太史公曰"以下是第四个段落，为论赞，司马迁既有对这些军事家、兵法家成就和才能的肯定，也有对其品格上不同程度的不满与批评，充分体现出司马迁迥异于他人的德才观。

孙子武①者，齐人也。以兵法见于吴王阖庐②。阖庐曰："子之十三篇③，吾尽观之矣，可以小试勒兵乎？"对曰："可。"阖庐曰："可试以妇人乎？"曰："可。"于是许之，出宫中美女，得百八十人。孙子分为二队，以王之宠姬二人各为队长，皆令持戟。令之曰："汝知而心与左右手背乎？"妇人曰："知之。"孙子曰："前，则视心；左，视左手；右，视右手；后，即视背。"妇人曰："诺。"约束既布，乃设铁钺④，即三令五申之。于是鼓之右，妇人大笑。孙子曰："约束不明，申令不熟，将之罪也。"复三令五申而鼓之左，妇人复大笑。孙子曰："约束不明，申令不熟，将之罪也；既已明而不如法者，吏士之罪也。"乃欲斩左右队长。吴王从台上观，见且斩爱姬，大骇。趣（促）使使下令曰："寡人已知将军能用兵矣。寡人非此二姬，食不甘味，愿勿斩也。"孙子曰："臣既已受命为将，将在军，君命有所不受。"遂斩队长二人以徇。用其次为队长，于是复鼓之。妇人左右前后跪起皆中规矩绳墨，无敢出声。于是孙子使使报王曰："兵既整齐，王可试下观之，唯王所欲用之，虽赴水火犹可也。"吴王曰："将军罢休就舍，寡人不愿下观。"孙子曰："王徒好其言，不能用其实。"于是阖庐知孙子能用兵，卒以为将。西破强楚，入郢⑤，北威齐晋，显名诸侯，孙子与有力焉。

◎**注释** ①〔孙子武〕即孙武，字长卿，春秋末期齐国乐安（今山东北部）人。他是我国古代著名的军事家、政治家，被尊称为兵圣或孙子（孙武子），又称"兵家至圣"，被誉为"百世兵家之师""东方兵学的鼻祖"。②〔阖庐（hé）〕名光，又称公子光，吴王诸樊的儿子，春秋末期吴国君主。③〔十三篇〕即《孙子兵法》，今本十三篇是《始计》《作战》《谋攻》《军形》《兵势》《虚实》《军争》《九变》《行军》《地形》《九地》《火攻》《用间》。④〔铁钺（fū yuè）〕斫刀和大斧。腰斩、砍头的刑具。⑤〔郢（yǐng）〕楚国的都城，在今湖北江陵附近。

◎**大意** 孙武是齐国人。因为长于兵法被吴王阖庐接见。阖庐说："您的十三篇兵书，我全都读过了。能够小规模地试验一下如何指挥军队吗？"孙武回答："可以。"阖庐问："可以用妇人来试验吗？"孙武说："可以。"于是阖庐就答应了他，叫出宫中的美女，共一百八十人。孙武把她们编成两队，让吴王的两个宠姬分任两队的队长，让她们全体持戟。命令她们说："你们知道自己的心口、左右手和后背吗？"妇人们回答："知道！"孙武说："向前看，就看心口所指的方向；向左看，就看左手所在的方向；向右看，就看右手所在的方向；向后看，就看后背所对的方向。"妇人们答道："是。"各项操练规程已经宣布明白，就陈设好斧、钺等刑具，又把各项操练规程重复了几遍，然后击鼓传令让她们向右，妇人们大笑。孙武说："操练规程不明确，申述命令不熟悉，这是将领的过错。"又重复了几遍操练规程，再击鼓传令让她们向左，妇人们又大笑。孙武说："操练规程不明确，申述命令不熟悉，这是将领的过错。号令已很明确仍不按规程去操练，这是军官和士兵的过错。"就要杀左右两队的队长。吴王在台上观看，看到孙武要杀掉自己的爱姬，大吃一惊。急忙派使下达命令说："寡人已经知道将军善于用兵了。寡人没有这两个侍妾，吃饭都没味道，希望不要杀她们。"孙武说："臣既然接受命令做了将军，将军在军营中，国君的命令有的可以不接受。"就杀了两个队长示众。依次派第二人做队长。然后又击鼓发令。妇人们向左、向右、向前、向后、蹲下、站起都符合操练规程，再没有谁敢出声。这时孙武派使者报告吴王说："队伍已经训练整齐，大王可以试着下来检阅她们，任凭大王怎样使用她们，即使让她们赴汤蹈火也完全可以。"吴王说："将军解散队伍到馆舍休息吧，寡人不想下去观看。"孙武说："大王只是喜欢我的兵书，却不能让我实际用兵。"由此阖庐知道孙武善于用兵，最终任用他为将军。后来吴国向西打败强大的楚国，攻入郢都，向北威震齐国和晋国，在诸侯国中显扬名声，孙武都参与并出了大力。

孙武既死，后百余岁有孙膑①。膑生阿、鄄之间，膑亦孙武之后世子孙也。孙膑尝与庞涓②俱学兵法。庞涓既事魏，得为惠王③将军，而自以为能不及孙膑，乃阴使召孙膑。膑至，庞涓恐其贤于己，疾之，则以法刑断其两足而黥④之，欲隐勿见（现）。

◎**注释** ①〔孙膑〕战国时的军事家。②〔庞涓〕战国初期魏国名将，相传与孙膑同拜于隐士鬼谷子门下。③〔惠王〕姬姓，魏氏，名䓨，又称梁惠王，是魏武侯的儿子，魏文侯的孙子，在位五十年。④〔黥（qíng）〕墨刑，一种在犯人脸上刺字的刑罚。

◎**大意** 孙武死后，过了一百多年又出了孙膑。孙膑生长在阿城、鄄城一带，也是孙武的后代子孙。孙膑曾经跟庞涓一起学习兵法。庞涓在魏国做事后，当了魏惠王的将军，但他认为才能比不上孙膑，就暗中派人召见孙膑。孙膑到来后，庞涓担心他的才能超过自己，嫉恨他，就假借法令砍断他的两只脚，并在他脸上刺了字，想使他隐藏起来不在世上露面。

齐使者如梁，孙膑以刑徒阴见，说齐使。齐使以为奇，窃载与之齐。齐将田忌①善而客待之。忌数与齐诸公子驰逐重射②。孙子见其马足不甚相远，马有上、中、下辈。于是孙子谓田忌曰："君弟（第）重射，臣能令君胜。"田忌信然之，与王及诸公子逐射千金。及临质，孙子曰："今以君之下驷与彼上驷，取君上驷与彼中驷，取君中驷与彼下驷。"既驰三辈毕，而田忌一不胜而再胜，卒得王千金。于是忌进孙子于威王。威王问兵法，遂以为师。

◎**注释** ①〔田忌〕妫姓，田氏，亦姓陈，名忌，字期，又字期思，封于徐州（今山东滕州南），故又称徐州子期，战国时齐国名将。②〔重射〕下重的赌注。

◎**大意** 齐国使者到了大梁，孙膑以受刑犯人的身份秘密会见了齐国使者，并说服了他。齐国使者认为他是奇才，就秘密地用车把他带到齐国。齐国的将军田忌认为他贤能，用宾客之礼款待他。田忌屡次跟齐国的宗室公子下大赌注赛马。孙膑看到那些马的脚力相差不大，马有上、中、下三等。于是他告诉田忌说："您只管下大赌注，我能让您取胜。"田忌相信他的话，跟齐王和宗室公子下了千金赌注。等到比赛开始时，孙膑说："现在用您的下等马同他们的上等马比，用您的上等马同他们的中等马比，用您的中等马同他们的下等马比。"三个等级的马轮流比赛完毕，田忌输一场胜两场，终于赢得了齐王的千金。于是田忌就把孙膑推荐给齐威王。齐威王向孙膑询问兵法，就拜他为军师。

其后魏伐赵，赵急，请救于齐。齐威王欲将孙膑①，膑辞谢曰："刑余②之人不可。"于是乃以田忌为将，而孙子为师，居辎车③中，坐为计谋。田忌欲引兵之赵，孙子曰："夫解杂乱纷纠者不控卷（拳），救斗者不搏撠④，批亢捣虚，形格势禁，则自为解耳。今梁赵相攻，轻兵锐卒必竭于外，老弱罢（疲）于内。君不若引兵疾走大梁，据其街路，冲其方虚，彼必释赵而自救。是我一举解赵之围而收獘（弊）于魏也。"田忌从之，魏果去邯郸，与齐战于桂陵⑤，大破梁军。

◎**注释** ①〔将（jiàng）孙膑〕使孙膑为将。②〔刑余〕受过肉刑。③〔辎（zī）车〕古代有帷盖的车子。既可载物，又可作卧车。④〔搏撠（jǐ）〕揪住。⑤〔桂陵〕古地名，在今河南长垣西北。

◎**大意** 后来魏国攻打赵国，赵国情势危急，向齐国求救。齐威王想拜孙膑为主将，孙膑推辞说："受过酷刑的人不宜为主将。"于是齐威王就任命田忌为主将，孙膑做军师，在有篷的车子中起居，为其出谋划策。田忌打算领兵直接前往赵国，孙膑说："想要解开纠结在一起的乱丝，就不能握紧拳头乱砸；想要劝解斗殴的人，不能帮着去打。如果能避实击虚，让对方感到形势受阻有所顾忌，就会自动解围了。现在魏国攻打赵国，精锐的士兵肯定在国外精疲力竭，老弱的士兵在国内疲惫不堪。您不如领兵迅速赶往大梁，占据它的交通要道，冲击它空虚之处，它肯定放弃赵国回头自救。这样我们一举解了赵国之围而又可以坐收魏国自行挫败的结果。"田忌听从了孙膑的意见，魏军果然离开邯郸，跟齐军在桂陵交战，魏军大败。

后十三岁，魏与赵攻韩，韩告急于齐。齐使田忌将而往，直走大梁。魏将庞涓闻之，去韩而归，齐军既已过而西矣。孙子谓田忌曰："彼三晋①之兵素悍勇而轻齐，齐号为怯，善战者因其势而利导之。兵法，百里而趣（趋）利者蹶上将，五十里而趣（趋）利者军半至。使齐军入魏地为十万灶，明日为五万灶，又明日为三万灶。"庞涓行三日，大喜，曰："我固知齐军怯，入吾地三日，士卒亡者过半矣。"乃弃其步军，与其轻锐倍日并行逐之。孙子度其行，暮当至马陵②。马陵道陕（狭），而旁多阻隘，可伏兵，乃斫大树白而书之曰"庞涓死于此树之下"。于是令齐军善射者万弩，夹道而伏，期曰"暮见火举而俱发"。庞涓果夜至斫木下，见白书，乃钻火③烛之。读其书未毕，齐军万弩俱发，魏军大乱相失。庞涓自知智穷兵败，乃自刭④，曰："遂成竖子之名！"齐因乘胜尽破其军，虏魏太子申以归。孙膑以此名显天下，世传其兵法。

◎**注释** ①〔三晋〕指魏国。春秋末年，三家分晋，成为战国时的韩国、赵国和魏国，故人多称魏国为三晋或晋。②〔马陵〕古地名，因"马陵之战"而闻名，在今山东莘县马陵村至河南范县老城一带。③〔钻火〕古人钻木取火，这里引申为点火。④〔自刭（jǐng）〕用刀割脖子自杀。

◎**大意** 十三年后，魏国与赵国征伐韩国，韩国向齐国告急。齐国派田忌领兵前往救援，直奔大梁。魏将庞涓听到这个消息，便离开韩国赶往魏国，齐军已经越过齐国国界而西行进入魏国了。孙膑告诉田忌："魏国的士兵向来强悍勇猛而轻视齐国，齐国以胆小怯弱出名，善于作战的人就要利用这种形势向有利于自己的方向引导。兵法上说，奔突到百里之外去逐利的折损上将，奔突到五十里之外去逐利的军队只有一半能赶到。命令齐国军队进入魏境后筑十万人煮饭用的灶，第二天筑五万人煮饭用的灶，第三天筑三万人煮饭用的灶。"庞涓行军三天，非常高兴，说："我就知道齐军胆小怯弱，进入我们国境三天，逃亡的士兵已经超过一半了。"于是丢下步兵，跟他的轻装精锐部队昼夜兼程追赶齐军。孙膑估计他的行军速度，傍晚就会赶到马陵。马陵道路狭窄，旁边又有很多险要地带，可以埋下伏兵，就命人削去大树外皮，在露出的白木上写上："庞涓死在这棵树下"。这时他又下令军中善于射箭的万名士兵，埋伏在道路两旁，约定说："傍晚看见火光亮起就一齐放箭。"庞涓果然在夜里来到那棵树下，看见白木上的字，就点火照着树上的字。还没有读完，齐军万箭齐发，魏军大乱，彼此失去联系。庞涓无计可施，军队大败，就刎颈自杀，说："竟然成就了这小子的名声！"齐军乘胜彻底打败魏军，俘虏魏国的太子申回国。孙膑因为这场战争的胜利而扬名天下，至今世上一直在流传他的兵法。

吴起者，卫人也，好用兵。尝学于曾子①，事鲁君②。齐人攻鲁，鲁欲将吴起，吴起取（娶）齐女为妻，而鲁疑之。吴起于是欲就名，遂杀其妻，以明不与齐也。鲁卒以为将。将而攻齐，大破之。

◎**注释** ①〔曾子〕孔子弟子曾参的儿子。②〔鲁君〕鲁穆公，名显。
◎**大意** 吴起是卫国人，善于用兵。曾经向曾子求学，侍奉鲁国君主。齐人攻打鲁国，鲁国打算拜吴起为将，吴起娶了齐国女子为妻，因而鲁国怀疑他。吴起这时想要成名立业，就杀死了自己的妻子，用这个行动表明自己并不会亲附齐国。鲁国终于拜他为将。他领兵攻打齐国，最终大败齐军。

鲁人或恶吴起曰："起之为人，猜忍人也。其少时，家累千金，游仕不遂，遂破其家。乡党①笑之，吴起杀其谤己者三十余人，而东出卫郭门。与其母诀，啮臂②而盟曰：'起不为卿相，不复入卫。'遂事曾子。居顷之，其母死，起终不归。曾子薄之，而与起绝。起乃之鲁，学兵法以事鲁君。鲁君疑之，起杀妻以求将。夫鲁小国，而有战胜之名，则诸侯图鲁矣。且鲁、卫兄弟之国③也，而君用起，则是弃卫。"鲁君疑之，谢吴起。

◎**注释** ①〔乡党〕古代五百家为党,一万两千五百家为乡,合而称乡党。后指乡邻。②〔啮(niè)臂〕古人发誓的方式之一。啮,咬。③〔鲁、卫兄弟之国〕鲁国是周公姬旦的后代,卫国是康叔姬封的后代,周公、康叔二人是亲兄弟,故称鲁、卫为兄弟之国。

◎**大意** 鲁国有人诋毁吴起说:"吴起为人,猜忌残忍。他年轻时,家里积蓄了千金,游历求官没有如愿,也耗掉了家产。同乡邻里嘲笑他,吴起就杀掉三十多个嘲笑他的人,从卫国外城的东门逃走了。跟母亲告别时,他咬破胳膊发誓说:'我不做卿相,不再回卫国。'就侍奉曾子。过了没多久,他母亲死了,吴起最终没有回去。曾子看不起他,跟他断绝了关系。吴起就到了鲁国,学习兵法来侍奉鲁国君主。鲁国君主怀疑他,吴起就杀死妻子来谋求将军的职位。鲁国是个小国,却有着战胜的名声,诸侯就打鲁国的主意。再说鲁国、卫国是兄弟之国,您却重用吴起,这是抛弃卫国。"鲁国君主怀疑吴起,疏远了他。

吴起于是闻魏文侯①贤,欲事之。文侯问李克②曰:"吴起何如人哉?"李克曰:"起贪而好色,然用兵司马穰苴不能过也。"于是魏文侯以为将,击秦,拔五城。

◎**注释** ①〔魏文侯〕名斯,战国初期魏国的君主。②〔李克〕魏国名臣。

◎**大意** 吴起这时听说魏文侯贤明,想要侍奉他。魏文侯询问李克:"吴起是个怎样的人呢?"李克回答:"吴起贪名而好色,但是论用兵连司马穰苴也不能超过他。"于是魏文侯用他做主将,攻打秦国,攻克了五座城池。

起之为将,与士卒最下者同衣食。卧不设席,行不骑乘,亲裹赢粮,与士卒分劳苦。卒有病疽①者,起为吮之。卒母闻而哭之。人曰:"子卒也,而将军自吮其疽,何哭为?"母曰:"非然也。往年吴公吮其父,其父战不旋踵,遂死于敌。吴公今又吮其子,妾不知其死所矣。是以哭之。"

◎**注释** ①〔疽（jū）〕一种毒疮。

◎**大意** 吴起做将军时，跟最下等的士兵穿一样的衣服，吃一样的饭。睡觉时不铺垫褥，行军时不骑马、不乘车，亲自背着粮食，替士兵分担劳苦。有士兵生了痈疮，吴起用嘴给他吸脓。士兵的母亲听说后哭了起来。别人问她："你儿子是士兵，将军却亲自给他吸脓，为什么哭呢？"母亲说："不是这样的。往年吴公给他父亲吸脓，他父亲打仗时勇往直前不后退，于是被敌人打死了。吴公现在又给他吸脓，我不知道他会死在哪里。因而为他哭泣。"

文侯以吴起善用兵，廉平，尽能得士心，乃以为西河①守，以拒秦、韩。

◎**注释** ①〔西河〕指陕西、山西交界的那段黄河。

◎**大意** 魏文侯因为吴起善于用兵，廉洁公正，能够得到所有士兵的拥戴，就任命他为西河郡守，来抵御秦国、韩国。

魏文侯既卒，起事其子武侯①。武侯浮西河而下，中流，顾而谓吴起曰："美哉乎山河之固，此魏国之宝也！"起对曰："在德不在险。昔三苗氏②左洞庭，右彭蠡③，德义不修，禹灭之。夏桀之居，左河济④，右泰华，伊阙⑤在其南，羊肠⑥在其北，修政不仁，汤放之。殷纣之国，左孟门⑦，右太行⑧，常山⑨在其北，大河经其南，修政不德，武王杀之。由此观之，在德不在险。若君不修德，舟中之人尽为敌国也。"武侯曰："善。"

◎**注释** ①〔武侯〕名击，魏文侯的儿子。②〔三苗氏〕古代传说中的南方部落。③〔彭蠡〕即彭蠡湖，一说为鄱阳湖的古称。④〔济〕济水，古名沇水，发源于今河南济源，流经河南、山东入渤海。⑤〔伊阙〕山名，又名龙门山，在今河南洛阳南。⑥〔羊肠〕指羊肠坂，太行山上的通道，弯曲如羊肠。⑦〔孟门〕古隘道名，在今河南辉县西。⑧〔太行〕山名，在今山西东北部与河南、河北交界处。⑨〔常山〕即恒山，在今河北曲阳西北。

◎**大意**　魏文侯死后，吴起侍奉他的儿子魏武侯。魏武侯坐船沿着西河顺流而下，船到中途时，回头对吴起说："壮丽啊，山河是这样险固，这是魏国的国宝啊。"吴起回答："国家的强盛在于仁德而不在于险固。从前三苗氏左有洞庭湖，右有彭蠡湖，但那里的人不施行德政，夏禹灭掉了他们。夏桀的领土，左有黄河、济水，右有泰山、华山，伊阙山在其南边，羊肠坂在其北面，但他不施行仁政，商汤放逐了他。殷纣的国都，左有孟门山，右有太行山，常山在其北面，黄河流经其南面，但他不修德政，周武王杀死了他。由此看来，治国在于仁德而不在于险固。如果国君不修德政，即使是同船的人也会变成仇敌。"魏武侯说："好。"

　　吴起为西河守，甚有声名。魏置相，相田文①。吴起不悦，谓田文曰："请与子论功，可乎？"田文曰："可。"起曰："将三军，使士卒乐死，敌国不敢谋，子孰与起？"文曰："不如子。"起曰："治百官，亲万民，实府库，子孰与起？"文曰："不如子。"起曰："守西河而秦兵不敢东乡（向），韩赵宾从，子孰与起？"文曰："不如子。"起曰："此三者，子皆出吾下，而位加吾上，何也？"文曰："主少国疑，大臣未附，百姓不信，方是之时，属（嘱）之于子乎？属（嘱）之于我乎？"起默然良久，曰："属（嘱）之子矣。"文曰："此乃吾所以居子之上也。"吴起乃自知弗如田文。

◎**注释**　①〔田文〕魏国的重臣，与齐国的孟尝君田文不是同一个人。

◎**大意**　吴起做西河郡守，很有声名。魏国设置相国，让田文来做。吴起不高兴，对田文说："请让我同您比比功劳，可以吗？"田文说："可以！"吴起问：

"统帅三军，使士兵乐意战死，敌国不敢打魏国的主意，您跟我谁行？"田文答道："不如您。"吴起问："治理百官，使万民亲附，使府库充实，您跟我谁行？"田文答道："不如您。"吴起问："镇守西河使秦兵不敢到东方骚扰，韩国、赵国归附，您跟我谁行？"田文答道："不如您。"吴起说："这三方面，您都不如我，地位却在我之上，为什么？"田文答道："国君年少，国内不安，大臣不亲附，百姓不信任，在这个时候，把国家政务嘱托给您呢，还是嘱托给我呢？"吴起沉默了很久，答道："嘱托给您。"田文说："这就是我的地位在您之上的原因。"吴起才知道自己不如田文。

田文既死，公叔为相，尚①魏公主，而害吴起。公叔之仆曰："起易去也。"公叔曰："奈何？"其仆曰："吴起为人节廉而自喜名也。君因先与武侯言曰：'夫吴起贤人也，而侯之国小，又与强秦壤界，臣窃恐起之无留心也。'武侯即曰：'奈何？'君因谓武侯曰：'试延以公主，起有留心则必受之。无留心则必辞矣。以此卜之。'君因召吴起而与归，即令公主怒而轻君。吴起见公主之贱君也，则必辞。"于是吴起见公主之贱魏相，果辞魏武侯。武侯疑之而弗信也。吴起惧得罪，遂去，即之楚。

◎ **注释** ①〔尚〕古代臣下娶帝王的女儿叫尚。

◎ **大意** 田文死后，公叔做相国，娶了魏国公主，却嫉恨吴起。公叔的仆人说："吴起容易赶走。"公叔问："怎么办？"他的仆人说："吴起为人廉直、有节操，又重视自己的名誉。您趁机先跟武侯说：'吴起是贤人，武侯的国家却很小，又跟强大的秦国接壤，臣私下担心吴起没有留在魏国的意思。'武侯就会问：'怎么办？'您趁机对武侯说：'可试以公主许配给他的办法来留住他，吴起要是有留下的心，肯定会接受，没有留下的意思肯定会推辞。用这个办法就能试探出他的心意。'您趁机召见吴起，跟他同归相府，故意让公主生气而轻视您。

吴起看到公主瞧不起您，肯定会推辞。"于是吴起看到公主轻视魏国相国，果然谢绝了魏武侯。魏武侯怀疑他而不再相信他。吴起担心惹祸，就离开魏国，立即前往楚国。

楚悼王①素闻起贤，至则相楚。明法审令，捐不急之官，废公族疏远者，以抚养战斗之士。要在强兵，破驰说之言从横②者。于是南平百越③；北并陈蔡④，却三晋；西伐秦。诸侯患楚之强。故楚之贵戚尽欲害吴起。及悼王死，宗室大臣作乱而攻吴起，吴起走之王尸而伏之。击起之徒因射刺吴起，并中悼王。悼王既葬，太子⑤立，乃使令尹⑥尽诛射吴起而并中王尸者。坐射起而夷宗死者七十余家。

◎**注释** ①〔楚悼王〕芈姓，熊氏，名疑，战国时楚国的君主，楚声王的儿子。②〔从横〕齐、楚、赵、韩、魏、燕国形成南北关系的纵线联合，用以抵抗秦国，叫合纵。六国分别与秦国形成东西关系的联盟，叫连横。③〔百越〕也作"百粤"，指在今福建、广东、广西一带的部族，因部族众多而称百越。④〔陈蔡〕西周以后的诸侯国。陈，建都于宛丘，即今河南淮阳。蔡，都于上蔡，即今河南上蔡。⑤〔太子〕即楚肃王，名臧。⑥〔令尹〕楚官名，相当于某些诸侯国的相国。

◎**大意** 楚悼王一向听说吴起贤能，吴起一到楚国就拜他为相。吴起法纪严明，令出必行，裁减不必要的官员，废除国君远门宗族的爵禄，用来抚养作战的士兵。他认为治国的根本在于使兵力强盛，斥退到处奔走谈论纵横的游说之士。于是向南平定百越，向北吞并陈国、蔡国，击退三晋，向西讨伐秦国。诸侯各国都在忧虑楚国的强盛。原先被楚王疏远的楚国的王族都想谋害吴起。等到楚悼王死后，宗室大臣发动政变攻击吴起，吴起逃到楚悼王的尸体旁，并伏在上面。攻击吴起的那伙人趁机射死吴起，也射中了楚悼王的尸体。楚悼王下葬后，太子即位，就命令令尹把那些射死吴起并射中楚悼王尸体的人全部杀掉。由于射死吴起而被灭族的有七十多家。

太史公曰：世俗所称师旅①，皆道《孙子》十三篇、《吴起兵法》，世多有，故弗论，论其行事所施设者。语曰："能行之者未必能言，能言之者未必能行。"孙子筹策庞涓明矣，然不能蚤（早）救患于被刑。吴起说武侯以形势不如德，然行之于楚，以刻暴少恩亡其躯。悲夫！

◎**注释** ①〔师旅〕古代军队的编制，两千五百人为师，五百人为旅。也以师旅作为军队的通称。

◎**大意** 太史公说：世上的人凡谈论军旅战法，都称道《孙子》十三篇和《吴起兵法》，这两部书世上多有流传，所以不加论述，只论述孙武、孙膑及吴起生平的所作所为。俗话说："能推行某种主张的不一定能谈论，能谈论这种主张的不一定能推行。"孙膑算计庞涓，是神明的，却不能在受刑前预先防范灾祸。吴起以形势险要不如修治德行游说魏武侯，但是他在楚国推行政令，却因刻薄残暴少恩断送了性命。可悲啊！

◎**释疑解惑**

孙子即孙武，是著名的军事家、政治家，著有《孙子兵法》十三篇，为后世兵法家所推崇。然而史学界对孙武是否真实存在，时至今日，也未能达成一致的意见。大致可概括为三种说法。一种是孙武实际存在。最早为孙武作传的就是司马迁，他用浓重的笔墨记载了一件事情——孙武斩美人。虽然《史记》对孙武的记载特别简单，但之后许多文人学者在此基础上，使孙武的生平经历日趋完整。比如《吴越春秋》《越绝书》，都记有孙武随阖庐、伍子胥一起攻入楚国郢都之事。《新唐书》甚至给孙武列了一个族谱，认为他是齐国大夫孙书的孙子，以证孙武存在的真实性。第二种是完全不存在。《国语》《左传》都没提孙武，翻检当时的文献，可知并没有关于孙武明确的记载。第三种则是来自另外一个真实存在的历史人物的形象分化。关于这一点，大致有两种看法。一是认为孙武是伍子胥的化名。因为孙武与伍子胥的经历基本重合，他的政治和军事才能也与伍子胥相似；二人也都性格刚硬，比较讲原则，有经天纬地之才却缺少政客的圆滑；再加上史料的匮乏，很多学者认为孙武为伍子胥的化名。另一种看法是孙武和孙膑为一人。近代学者钱穆认为孙武就是孙膑。

◎ **思考辨析题**

1.有人认为司马迁对孙膑有着特殊的感情，为其作传是"借他人之酒杯，浇自己之块垒"，你认为这种说法有道理吗？

2.请结合《孙子吴起列传》和《史记》其他篇目，谈谈古代战争与仁义礼智信的关系。

伍子胥列传

第六

《伍子胥列传》是《史记》中最著名的篇目之一，具有强烈的悲剧性。司马迁着重记述了伍子胥为报父仇，弃小义灭大恨之事。昭关受窘、中途乞讨等痛苦不堪的经历，都未曾使之忘记父兄遭杀害的仇恨，他一直忍辱负重，终于复仇雪恨，佐吴称霸。传记以伍子胥为主，又兼涉太子建、白公胜、太宰嚭、申包胥、夫差等诸多人物，大体可分为五大段落。开头到"退而与太子建之子胜耕于野"是第一个段落，写伍子胥父兄被害，辗转入吴的过程。这是伍子胥到达吴国之前的人生经历，其中包括伍子胥父兄和楚国太子建的传记。从"五年而楚平王卒"到"南服越人"是第二个段落，写伍子胥引吴兵破楚报仇，并辅佐阖庐称霸。这是伍子胥到吴国后发生的事，伍子胥到达吴国后被当时的公子光（即后来的吴王阖庐）看中，收为门客，后来又帮助公子光除掉篡位的吴王僚。伍子胥为阖庐所重用，帮助吴国攻破楚国的都城，鞭尸楚平王，报了父兄的仇恨。吴王在伍子胥等人的辅佐下，最终成为春秋五霸之一。从"其后四年"到"与己比周也"是第三个段落，写伍子胥因反对吴王夫差忽视越王句践而北上征伐齐国，被夫差杀害。从"伍子胥初所与"到"而求惠王复立之"是第四个段落，写白公胜为父报仇的故事。"太史公曰"以下是第五个段落，为论赞。司马迁说伍子胥的怨毒对于平常人来说是很厉害的了，但他的才华和忠心不是一般人能比拟的。司马迁盛赞了伍子胥弃小义、雪大耻，隐忍以就功名的壮烈行为，寄予了他对个人身世的无限感慨。

本篇传记情节起伏跌宕，人物关系错综复杂，爱恨情仇、阴谋诡计、人性丑恶等聚集在一起，十分牵动人心。在生动的描写中，塑造出一个既桀骜不驯，又能忍辱负重；既能因时机不成熟到乡下种地以韬光养晦，又丝毫没有忘记复仇心志的独特鲜明的伍子胥形象。这与其最后的悲壮自刎形成了强烈的反差，更凸显出其形象的悲剧性。司马迁用互见法，将伍子胥的事迹记载于《史记》其他章节中，且较为详细。其他人物如渔父、申包胥、夫差、句践、白公胜、石乞等，司马迁只用了寥寥几笔，即能形神兼备。

伍子胥者，楚人也，名员。员父曰伍奢。员兄曰伍尚。其先曰伍举，以直谏事楚庄王，有显，故其后世有名于楚。

◎**大意** 伍子胥是楚国人，名叫员。伍员的父亲叫伍奢，伍员的哥哥叫伍尚。

他的祖先叫伍举，因为直言敢谏侍奉楚庄王，颇有声望，所以他的后人在楚国很有名气。

楚平王①有太子名曰建，使伍奢为太傅②，费无忌③为少傅。无忌不忠于太子建。平王使无忌为太子取（娶）妇于秦，秦女好，无忌驰归报平王曰："秦女绝美，王可自取（娶），而更为太子取（娶）妇。"平王遂自取（娶）秦女而绝爱幸之，生子轸④。更为太子取（娶）妇。

◎**注释** ①〔楚平王〕芈姓，熊氏，名弃疾，继位后改名居，又称陈公、蔡公，是楚共王的小儿子，楚灵王的弟弟，春秋时楚国的君主。②〔太傅〕这里指的是太子太傅，官名。商、周两代已有太子太傅及太子少傅，是太子的师傅。③〔费无忌〕春秋末年楚国佞臣，官至太子少师。④〔轸（zhěn）〕楚平王的儿子，春秋时楚国的君主，世称楚昭王。

◎**大意** 楚平王太子名字叫建，楚平王让伍奢做他的太傅，费无忌做他的少傅。费无忌对太子建不忠心。楚平王派费无忌到秦国给太子娶妻，秦女漂亮，费无忌骑马赶回，报告楚平王说："秦女长得非常漂亮，大王可以自己娶了她，另外给太子娶妻。"楚平王于是就自己娶了秦女，并且极度宠爱她，她后来生了个儿子叫轸。楚平王另外给太子娶了妻子。

无忌既以秦女自媚于平王，因去太子而事平王。恐一旦平王卒而太子立，杀己，乃因谗太子建。建母，蔡女也，无宠于平王。平王稍益疏建，使建守城父①，备边兵。

◎**注释** ①〔城父〕陈夷邑，太子建居此，改夷邑为城父邑，建城父县，在今安徽亳州。

◎**大意** 费无忌既然用这个秦女向楚平王讨好，就离开太子建而侍奉楚平王。他害怕一旦楚平王死了而太子建继位，会杀了自己，就趁机在楚平王面前诋毁太子建。太子建的母亲是蔡国女子，不受楚平王宠爱。楚平王越来越疏远太子建，派他驻守城父，以防备边境战事。

顷之，无忌又日夜言太子短于王曰："太子以秦女之故，不能无怨望，愿王少自备也。自太子居城父，将兵，外交诸侯，且欲入为乱矣。"平王乃召其太傅伍奢考问之。伍奢知无忌谗太子于平王，因曰："王独奈何以谗贼小臣疏骨肉之亲乎？"无忌曰："王今不制，其事成矣。王且见禽（擒）。"于是平王怒，囚伍奢，而使城父司马奋扬①往杀太子。行未至，奋扬使人先告太子："太子急去，不然将诛。"太子建亡奔宋。

◎**注释** ①〔司马奋扬〕楚国人，任楚城父邑的司马。司马是官名，主管军中的纠察、司法等事。

◎**大意** 不久，费无忌又日夜在楚平王面前谈论太子建的短处，说："太子因为秦女的缘故，不可能不怨恨，希望大王稍加防备。自从太子驻守城父，统率军队，在外结交诸侯，他将要进入都城作乱了。"楚平王于是召见太子太傅伍奢审问这件事。伍奢知道是费无忌在平王面前诋毁太子，就说："为什么大王单凭谗贼小臣的坏话就疏远骨肉亲情呢？"费无忌说："大王现在不制止，他的阴谋眼看就要成功了。大王也将要被捕。"于是，楚平王发怒，囚禁了伍奢，派城父司马奋扬去杀太子。奋扬还没到城父，派人先报告太子："太子赶快离开，不然将被杀。"太子建逃亡去投奔宋国。

无忌言于平王曰："伍奢有二子，皆贤，不诛且为楚忧。可以其父质而召之，不然且为楚患。"王使使谓伍奢曰："能致汝二子则生，不能则死。"伍奢曰："尚为人仁，呼必来。员为人刚戾忍诟，能成大事，彼见来之并禽（擒），其势必不来。"王不听，使人召二子曰："来，吾生汝父；不来，今杀奢也。"伍尚欲往，员曰："楚之召我兄弟，非欲以生我父也，恐有脱者后生患，故以父为质，诈召二子。二子到，则父子俱死。何益父之死？往而令仇不得报耳。不如奔他国，借力以雪父之耻，俱灭，无为也。"伍尚曰："我知往终不能全父命。然恨父召我以求生而不往，后不能雪耻，终为天下笑耳。"谓员："可去矣！汝能报杀父之仇，我将归死。"尚既就执，使者捕伍胥。伍胥贯（弯）弓执矢向使者，使者不敢进，伍胥遂亡。闻太子建之在宋，往从之。奢闻子胥之亡也，曰："楚国君臣且苦兵矣。"伍尚至楚，楚并杀奢与尚也。

◎**大意** 费无忌对楚平王说："伍奢有两个儿子，都很贤能，如果不一起杀掉，将会成为楚国的忧患。可以用他们的父亲做人质，把他们招来。如果不这样，将成为楚国的后患！"楚平王派使者对伍奢说："能把你两个儿子召来，就能活命；不能召来，就处死。"伍奢说："伍尚为人仁慈，叫他肯定来。伍员为人坚忍卓绝，能干大事，他知道来了会一起被捉，势必不会来。"楚王不听，派人召伍奢的两个儿子说："你们来，我让你们父亲活；不来，现在就杀了伍奢。"伍尚打算去，伍员说："楚王召我们兄弟，不是想让我们父亲活，只是害怕有逃脱的后来生出祸患，所以把父亲作为人质，用欺骗的方法召见我们。两个儿子一去，那么父子会一起被处死。这对父亲的死有什么好处？去了就没法报仇了。不如投奔别的国家，借助外力来洗雪父亲的耻辱，一起被杀，没有意义。"伍尚说："我知道去了终究不能保全父亲的性命。遗憾的是父亲召我们以求活命而我们不去，以后又不能洗雪耻辱，终究会被天下耻笑。"他对伍员说："你快逃走，你能报杀父之仇，我将去就死。"伍尚被捉住之后，使者又追捕伍子胥。伍子胥弯弓搭箭射向使者，使者不敢上前，伍子胥便逃走了。他听说太子建在宋国，就前去追随他。伍奢听说伍子胥逃走了，说："楚国君臣将要受战争之苦了。"伍尚到了楚国，楚国把伍奢和伍尚一起杀掉了。

伍胥既至宋，宋有华氏之乱①，乃与太子建俱奔于郑。郑人甚善之。太子建又适晋，晋顷公②曰："太子既善郑，郑信太子。太子能为我内应，而我攻其外，灭郑必矣。灭郑而封太子。"太子乃还郑。事未会，会自私欲杀其从者，从者知其谋，乃告之于郑。郑定公与子产③诛杀太子建。建有子名胜。伍胥惧，乃与胜俱奔吴。到昭关④，昭关欲执之。伍胥遂与胜独身步走，几不得脱。追者在后。至江，江上有一渔父乘船，知伍胥之急，乃渡伍胥。伍胥既渡，解其剑曰："此剑直（值）百金，以与父。"父曰："楚国之法，得伍胥者赐粟⑤五万石，爵执珪⑥，岂徒百金剑邪！"不受。伍胥未至吴而疾，止中道，乞食。至于吴，吴王僚⑦方用事，公子光⑧为将。伍胥乃因公子光以求见吴王。

◎**注释** ①〔华氏之乱〕指宋国发生的政治动乱。②〔晋顷公〕姬姓，名弃疾，晋昭公的儿子，在位期间，六卿逐渐壮大，向公室夺权。③〔子产〕春秋后期政治家，郑国的执政大臣。郑穆公的孙子，名侨，亦称公孙侨。④〔昭关〕山名，吴、楚边界因山为关，在今安徽含山北。⑤〔粟〕俗称小米。古代的粟是黍、稷之类粮食的总称。⑥〔执珪〕春秋战国时楚国的爵名，又称上执珪，为楚国的最高爵位。⑦〔吴王僚〕姬姓，吴氏，名僚，号州于，吴王夷昧的儿子。⑧〔公子光〕即吴王阖庐，姬姓，名光，吴王诸樊的儿子。

◎**大意** 伍子胥到了宋国，正好遇上宋国华氏政变，就跟太子建一同跑到郑国。郑国人对他们很好。太子建又到晋国，晋顷公说："太子既然与郑国友好，郑人相信太子。太子要是能给我做内应，而我从外面攻打，肯定能灭掉郑国。灭掉郑国，我就把郑地封给太子。"太子建于是回到郑国，事情还没准备妥当，恰巧太子建因私事要杀掉他的一个随从。这人知道太子建的计划，就向郑国告发了这件事。郑定公跟子产杀了太子建。太子建有个儿子叫胜。伍子胥怕丧命，便与胜一起逃奔吴国。到了昭关，昭关的官兵要捉拿他们。伍子胥就跟胜徒步逃亡，几乎不能脱身。追赶的人紧跟在他们后面。二人到了江边，江上有一个渔父驾着船，知道伍子胥所处情势紧急，就渡伍子胥过江。伍子胥过江以后，解下佩剑说："这把剑值百金，送给您。"渔父说："按照楚国的法令，捉到伍子胥的人赏五万石粮食，封给执珪的官爵，难道只值百金的宝剑吗！"渔父不接受。伍子胥还没到吴国就病了，停在半路，讨饭苟存。到了吴国时，吴王僚正掌权，公子光做将军。伍子胥就通过公子光求见吴王。

久之，楚平王以其边邑钟离①与吴边邑卑梁②氏俱蚕，两女子争桑相攻，乃大怒，至于两国举兵相伐。吴使公子光伐楚，拔其钟离、居巢③而归。伍子胥说吴王僚曰："楚可破也。愿复遣公子光。"公子光谓吴王曰："彼伍胥父兄为戮于楚，而劝王伐楚者，欲以自报其仇耳。伐楚未可破也。"伍胥知公子光有内志，欲杀王而自立，未可说以外事，乃进专诸④于公子光，退而与太子建之子胜耕于野。

◎**注释** ①〔钟离〕楚国城邑名，在今安徽凤阳东北。②〔卑梁〕吴国城邑名，紧挨着钟离。③〔居巢〕楚国城邑名，在今安徽六安北。④〔专诸〕春秋时吴国棠邑（今南京六合西北）人，刺客，事见《刺客列传》。

◎**大意** 过了一段时间，楚平王因为楚国边城的钟离人跟吴国的边城的卑梁氏都养蚕，两地的女子争采桑叶而厮打，于是大怒，以致两国动用军队互相讨伐。吴国派公子光讨伐楚国，攻占楚国的钟离、居巢后回来了。伍子胥劝吴王僚说："楚国是可以攻破的，希望再派公子光去。"公子光对吴王僚说："伍子胥的父兄被楚国国君杀死，他劝大王讨伐楚国，是想报他的私仇罢了。讨伐楚国并不一定能攻破。"伍子胥知道公子光心中另有打算，想杀死吴王僚自己做吴王，不能用对外的战事劝说他，就把专诸推荐给公子光，自己隐退，跟太子建的儿子胜在田野耕种。

五年而楚平王卒。初，平王所夺太子建秦女生子轸，及平王卒，轸竟立为后，是为昭王。吴王僚因楚丧，使二公子①将兵往袭楚。楚发兵绝吴兵之后，不得归。吴国内空，而公子光乃令专诸袭刺吴王僚而自立，是为吴王阖庐。阖庐既立，得志，乃召伍员以为行人②，而与谋国事。

◎**注释**　①〔二公子〕指吴王僚的弟弟盖余、烛庸。②〔行人〕掌管接待诸侯及诸侯之上卿的礼仪官。
◎**大意**　五年后，楚平王死了。当初，楚平王抢夺太子建的秦女生的儿子名轸，等到楚平王一死，轸竟然即位为王，就是楚昭王。吴王僚趁楚国有丧事，派两个公子率兵前去袭击楚国。楚国出兵截断吴军的后路，吴军不能退兵。吴国内部空虚，公子光就命令专诸暗杀吴王僚，然后自立为王，就是吴王阖庐。阖庐做了吴王，志得意满，就召来伍员让他做行人，跟他商量国家大事。

　　楚诛其大臣郤宛、伯州犁①，伯州犁之孙伯嚭②亡奔吴，吴亦以嚭为大夫。前王僚所遣二公子将兵伐楚者，道绝不得归。后闻阖庐弑王僚自立，遂以其兵降楚，楚封之于舒③。阖庐立三年，乃兴师与伍胥、伯嚭伐楚，拔舒，遂禽（擒）故吴反二将军。因欲至郢④，将军孙武曰："民劳，未可，且待之。"乃归。

◎**注释**　①〔郤（xì）宛、伯州犁〕郤宛，字子恶，春秋时期楚国人，伯州犁的儿子。伯州犁，晋国大夫伯宗的儿子。原为晋国贵族，其父伯宗被"三郤"所迫害，逃奔楚国，为楚国太宰。②〔伯嚭（pǐ）〕春秋末期人，生于楚国贵族家庭。因躲避父难投奔吴国，在伍子胥的引荐下担任了吴国的太宰。③〔舒〕楚国城邑名，今安徽舒城。④〔郢〕楚国都城，在今湖北荆州江陵西北。
◎**大意**　楚国杀了大臣郤宛、伯州犁。伯州犁的孙子伯嚭逃到吴国，吴国也任命伯嚭做大夫。从前吴王僚派遣率兵讨伐楚国的两个公子，后路断绝不能回吴。后来听说阖庐杀了吴王僚自立为王，于是带着军队投降了楚国，楚国将他们封在舒地。阖庐即位三年后，就出兵跟伍子胥、伯嚭讨伐楚国，攻占舒地，擒获了从前反叛吴国的两个将军。阖庐趁机打算进军郢都，将军孙武说："百姓劳苦，不行，暂且等待机会。"就收兵回国。

四年，吴伐楚，取六与灊①。五年，伐越，败之。六年，楚昭王使公子囊瓦②将兵伐吴。吴使伍员迎击，大破楚军于豫章③，取楚之居巢。

◎**注释** ①〔六（lù）与灊（qián）〕六，古城邑名，在今安徽六安东北。灊，在今安徽霍山东北。②〔囊瓦〕春秋时楚国大夫，字子常，是楚庄王第三个儿子王子贞的孙子。为人奸诈，贪财。③〔豫章〕古地区名，在今江西江北之地。
◎**大意** 第四年，吴攻楚，夺取六地和灊地。第五年，攻越，大败越。第六年，楚昭王派公子囊瓦率兵讨伐吴国。吴国派伍子胥迎战，在豫章大败楚军，攻占了楚国的居巢。

九年，吴王阖庐谓子胥、孙武曰："始子言郢未可入，今果何如？"二子对曰："楚将囊瓦贪，而唐①、蔡皆怨之。王必欲大伐之，必先得唐、蔡乃可。"阖庐听之，悉兴师与唐、蔡伐楚，与楚夹汉水而陈（阵）。吴王之弟夫概将兵请从，王不听，遂以其属五千人击楚将子常。子常败走，奔郑。于是吴乘胜而前，五战，遂至郢。己卯②，楚昭王出奔。庚辰③，吴王入郢。

◎**注释** ①〔唐〕姓姬，春秋时小诸侯国，都城在今湖北随县西北。②〔己卯〕即当年十一月二十七日。③〔庚辰〕己卯第二天，十一月二十八日。

◎**大意** 第九年，吴王阖庐对伍子胥、孙武说："当初，你们说郢都不能进攻，现在能行了吗？"两人答道："楚将囊瓦贪财，唐国、蔡国都恨他。大王要想大举进攻楚国，一定要先取得唐国、蔡国的支持才可以。"阖庐听了他们的话，军队全部出动跟唐国、蔡国讨伐楚国，跟楚国在汉水两岸摆开阵势。吴王的弟弟夫概带兵请求随军出征，吴王不同意，夫概就带着他手下的五千兵士向楚将子常发动进攻。子常败逃，逃往郑国。于是吴国乘胜进军，经过五次战役，就打到郢都。己卯日，楚昭王出逃。庚辰日，吴王进入郢都。

昭王出亡，入云梦①；盗击王，王走郧②。郧公③弟怀曰："平王杀我父，我杀其子，不亦可乎！"郧公恐其弟杀王，与王奔随④。吴兵围随，谓随人曰："周之子孙在汉川者，楚尽灭之。"随人欲杀王，王子綦匿王，己自为王以当之。随人卜与王于吴，不吉，乃谢吴不与王。

◎**注释** ①〔云梦〕即云梦泽，在湖北武汉东南，今已不存。②〔郧（yún）〕古代诸侯国名，为楚所灭，在今湖北安陆。③〔郧公〕楚国国内的封君，姓斗，名辛，其弟名怀。④〔随〕姬姓，春秋时小诸侯国，都城在今湖北随县。
◎**大意** 楚昭王出逃，躲进云梦泽；强盗袭击楚昭王，他逃到郧地。郧公的弟弟怀说道："楚平王杀了我们的父亲，我们把他的儿子杀了，不也是可以的吗？"郧公担心他的弟弟杀楚昭王，跟楚昭王投奔随地。吴兵包围随地，对随人说："在汉水流域的周朝子孙，都被楚人灭掉了。"随人打算杀楚昭王，王子綦把楚昭王藏匿起来，自己冒充昭王来应付他们。随人卜卦来决定要不要把楚昭王交给吴国，结果是交出不吉利，于是婉拒了吴国，不愿意交出楚昭王。

始伍员与申包胥为交，员之亡也，谓包胥曰："我必覆楚。"包胥曰："我必存之。"及吴兵入郢，伍子胥求昭王。既不得，乃掘楚平王墓，出其尸，鞭之三百，然后已。申包胥亡于山中，使人谓子胥曰：

"子之报仇，其以（已）甚乎！吾闻之，人众者胜天，天定亦能破人。今子故平王之臣，亲北面而事之，今至于僇①死人，此岂其无天道之极乎！"伍子胥曰："为我谢申包胥曰，吾日莫（暮）途远，吾故倒行而逆施之。"于是申包胥走秦告急，求救于秦。秦不许。包胥立于秦廷，昼夜哭，七日七夜不绝其声。秦哀公②怜之，曰："楚虽无道，有臣若是，可无存乎！"乃遣车五百乘③救楚击吴。六月，败吴兵于稷④。会吴王久留楚求昭王，而阖庐弟夫概乃亡归，自立为王。阖庐闻之，乃释楚而归，击其弟夫概。夫概败走，遂奔楚。楚昭王见吴有内乱，乃复入郢。封夫概于堂溪⑤，为堂溪氏。楚复与吴战，败吴，吴王乃归。

◎**注释** ①〔僇（lù）〕侮辱。②〔秦哀公〕嬴姓，秦景公的儿子，秦国君主。③〔乘（shèng）〕指兵车，包括一车四马。④〔稷〕古地名，在今河南桐柏。⑤〔堂溪〕楚国地名，在今河南西平西。

◎**大意** 当初伍员与申包胥是好朋友，伍员逃跑的时候，对申包胥说："我一定要颠覆楚国。"申包胥说："我一定要保全它。"等到吴兵攻入郢都，伍子胥寻找楚昭王，没有找到，就掘开楚平王的墓，拖出尸骨，抽打了三百鞭，然后才罢休。申包胥逃到山中，派人对伍子胥说："您这样报仇，太过分了！我听说，人数众多可以胜过上天，天道恒定也能打破人谋。现在您是已故楚平王的臣子，亲自北面为臣侍奉过他，如今到了侮辱死人的地步，这难道不是没有天理到极点吗！"伍子胥说："替我向申包胥表示歉意说，我处境好像日暮途远，所以我只能倒行逆施。"于是申包胥就跑到秦国去告急，请求秦国救援。秦国不答应。申包胥站在秦国朝廷上，日夜痛哭，七天七夜哭声不断。秦哀公同情他，说："楚王尽管无道，可有像这样的臣子，能不保全吗！"就派遣五百辆兵车援救楚国，抗击吴国。六月，秦军在稷打败了吴军。恰巧吴王长时间停留在楚国寻找楚昭王，而阖庐的弟弟夫概就回国自立为王。阖庐听到这个消息，便放弃楚国回国，攻打他的弟弟夫概。夫概兵败逃走，于是投奔了楚国。楚昭王看到吴国发生内乱，又重返郢都。他把夫概封在堂溪，叫堂溪氏。楚国又跟吴国打仗，打败了吴国，吴王就回国了。

后二岁，阖庐使太子夫差将兵伐楚，取番（鄱）①。楚惧吴复大来，乃去郢，徙于鄀②。当是时，吴以伍子胥、孙武之谋，西破强楚，北威齐晋，南服越人。

◎**注释** ①〔番〕通"鄱"，楚国城邑名，在今江西鄱阳。②〔鄀（ruò）〕春秋时楚国都城，在今湖北宜城东南。

◎**大意** 两年后，阖庐派太子夫差率军进攻楚国，攻占了鄱地。楚国害怕吴国再次大举前来，就离开郢都，迁都到鄀邑。在这个时候，吴国用伍子胥、孙武的谋略，西破强楚，北震齐、晋，南服越。

其后四年，孔子相鲁。

◎**大意** 此后四年，孔子在鲁国任相。

后五年，伐越。越王句践迎击，败吴于姑苏，伤阖庐指，军却。阖庐病创将死，谓太子夫差曰："尔忘句践杀尔父乎？"夫差对曰："不敢忘。"是夕，阖庐死。夫差既立为王，以伯嚭为太宰①，习战射。二年后伐越，败越于夫湫②。越王句践乃以余兵五千人栖于会稽之上，使大夫种③厚币遗吴太宰嚭以请和，求委国为臣妾。吴王将许之。伍子胥谏曰："越王为人能辛苦。今王不灭，后必悔之。"吴王不听，用太宰嚭计，与越平。

◎**注释** ①〔太宰〕古代官职，相当于后世的丞相。②〔夫湫（jiǎo）〕山名，在今江苏太湖中。③〔大夫种〕即文种，一名会，字子禽，楚国郢城人，春秋末期著名的谋略家。

◎**大意** 五年以后，吴国讨伐越国。越王句践迎击，在姑苏打败了吴军，阖庐的脚趾负了伤，吴军退却。阖庐创伤发作将要死去，对太子夫差说："你会忘记句践杀了你的父亲吗？"夫差回答："不敢忘记。"当晚，阖庐就死了。夫差立为吴王后，任命伯嚭为太宰，加紧练兵。两年后攻打越国，在夫湫打败了越军。越王句践就带着五千残兵住在会稽山上，派大夫文种带着厚礼贿赂吴国太宰伯嚭以求和，愿意交出国家大权，和妻子一起给吴王当奴仆。吴王准备答应越国的请求。伍子胥劝谏道："越王为人能吃苦耐劳，现在大王不杀他，将来一定会后悔。"吴王不听，采纳太宰嚭的计策，跟越国议和。

其后五年，而吴王闻齐景公死而大臣争宠，新君弱，乃兴师北伐齐。伍子胥谏曰："句践食不重味，吊死问疾，且欲有所用之也。此人不死，必为吴患。今吴之有越，犹人之有腹心疾也。而王不先越而乃务齐，不亦谬乎！"吴王不听，伐齐，大败齐师于艾陵①，遂威邹②鲁之君以归。益疏子胥之谋。

◎**注释** ①〔艾陵〕齐国地名，在今山东莱芜东北。②〔邹〕诸侯国名，在今山东邹城东南。

◎**大意** 这以后五年，吴王听说齐景公死后大臣争权夺位，新君年幼，就出兵向北攻打齐国。伍子胥劝谏说："句践吃饭不吃两个荤菜，哀悼死者问民疾苦，打算将来有所作为。此人不死，必定成为吴国的祸患。现在吴国有越国，就像人腹心中有疾病。大王却不先对付越国而专力攻打齐国，不也是大错特错吗！"吴王不听，攻打齐国，在艾陵大败齐军，于是威震邹国、鲁国的国君而回国。吴王越发不相信伍子胥的计谋。

其后四年，吴王将北伐齐，越王句践用子贡①之谋，乃率其众以助吴，而重宝以献遗太宰嚭。太宰嚭既数受越赂，其爱信越殊甚，日夜为言于吴王。吴王信用嚭之计。伍子胥谏曰："夫越，腹心之病，今信其浮辞诈伪而贪齐。破齐，譬犹石田，无所用之。且《盘庚之诰》②曰：'有颠越不恭，劓殄③灭之，俾无遗育，无使易④种于兹邑。'此商之所以兴。愿王释齐而先越；若不然，后将悔之无及。"而吴王不听，使子胥于齐。子胥临行，谓其子曰："吾数谏王，王不用，吾今见吴之亡矣。汝与吴俱亡，无益也。"乃属（嘱）其子于齐鲍牧⑤，而还报吴。

◎**注释** ①〔子贡〕复姓端木，字子贡，以字行世。卫国人，孔子的得意门生，事见《仲尼弟子列传》。②〔《盘庚之诰》〕即《尚书》中的《盘庚》篇，是商王盘庚告诫臣民的讲话记录。③〔劓（yì）殄〕刑灭之使尽绝。④〔易〕繁衍。⑤〔鲍牧〕姒姓，鲍氏，鲍叔牙的后代。

◎**大意** 又过了四年，吴王要向北攻打齐国，越王句践采用了子贡的计谋，率领他的军队帮助吴国作战，并把贵重的宝物奉献给太宰伯嚭。太宰伯嚭屡次接受越国的贿赂，很愿意信任越国，整天在吴王面前替越国说好话。吴王相信并采纳伯嚭的计策。伍子胥劝阻说："越国是心腹之患，现在您却相信一些虚伪诡诈的言辞而贪图齐国。攻破齐国，好像得到了一块石田，丝毫没有用处。再说《盘庚之诰》说：'对叛逆不顺从的，就彻底消灭他，不让他留下后代，不让他在这地方繁衍种族。'这就是商朝兴盛的原因。希望大王放弃齐国先对付越国；如果不这样，以后后悔就来不及了。"但吴王不听，派伍子胥出使齐国。伍子胥临行前，对他的儿子说："我屡次劝阻大王，大王不听，我现在看到吴国的灭亡了。你和吴国一起灭亡，没有好处。"于是伍子胥把他的儿子托付给齐国的鲍牧，再回国报告吴王。

吴太宰嚭既与子胥有隙，因谗曰："子胥为人刚暴，少恩，猜贼，其怨望恐为深祸也。前日王欲伐齐，子胥以为不可，王卒伐之而有大功。子胥耻其计谋不用，乃反怨望。而今王又复伐齐，子胥专愎①强谏，沮毁用事，徒幸吴之败以自胜其计谋耳。今王自行，悉国中武力以伐齐，而子胥谏不用，因辍谢，详（佯）病不行。王不可不备，此起祸不难。且嚭使人微伺之，其使于齐也，乃属（嘱）其子于齐之鲍氏。夫为人臣，内不得意，外倚诸侯，自以为先王之谋臣，今不见用，常鞅（怏）鞅（怏）怨望。愿王早图之。"吴王曰："微子之言，吾亦疑之。"乃使使赐伍子胥属镂②之剑，曰："子以此死。"伍子胥仰天叹曰："嗟乎！谗臣嚭为乱矣，王乃反诛我。我令若父霸。自若未立时，诸公子争立，我以死争之于先王，几不得立。若既得立，欲分吴国予我，我顾（固）不敢望也。然今若听谀臣言以杀长者。"乃告其舍人曰："必树吾墓上以梓，令可以为器；而抉吾眼县（悬）吴东门之上，以观越寇之入灭吴也。"乃自刭死。吴王闻之大怒，乃取子胥尸盛以鸱夷③革，浮之江中。吴人怜之，为立祠于江上，因命曰胥山。

◎**注释**　①〔专愎（bì）〕倔强专断。②〔属镂〕古代名剑。③〔鸱（chī）夷〕革囊。

◎**大意**　吴国太宰伯嚭已经跟伍子胥不和，就趁机诋毁伍子胥说："伍子胥为人刚强暴戾，没有感情，猜疑嫉害，他的怨恨恐怕要酿成大灾难。上次大王打算攻打齐国，伍子胥认为不行，大王最终攻破齐国而且取得重大胜利。伍子胥对他的计谋不被采纳而感到耻辱，反而埋怨愤恨。现在大王又打算攻打齐国，伍子胥倔强不从，强加劝阻，败坏毁谤大王要干的事，只盼望吴国战败以证明他的计策高明罢了。现在大王亲征，发动国内全部兵力来讨伐齐国，而伍子胥的劝阻没有被采纳，因此推辞，装病不去。大王不能不防备，他这时要挑起祸端并不困难。再说我派人暗中观察他，他出使齐国时，竟把自己的儿子托付给齐国的鲍氏。作为人臣，在国内愿望得不到满足，就在国外依靠诸侯，他还自以为是先王的谋臣，现在不被重用，经常郁闷怨恨。希望大王及早谋划这件事。"吴王说："没有你这番话，我也怀疑他。"就派使者把属镂宝剑赐给伍子胥，说："你用它自杀吧。"伍子胥仰天长叹道:"唉!谗臣伯嚭作乱,大王反而杀我。我让你父亲称霸。你还没有立为太子时,诸公子相争,若非我拼死在先王面前力争,你几乎不能被立为太子。你被立为太子后,想把吴国分一部分给我,我却不敢奢望。然而现在你听信了谄谀奸臣的话来杀害长辈。"于是告诉他的门客说:"一定要在我的墓上种上梓树,它长大之后可以用来造棺材;并挖出我的眼睛挂在吴国东门上,来看着越国强盗进入都城灭亡吴国。"他说完就自杀而死。吴王听到这些话大怒,就让人取来伍子胥的尸体装在革囊中,让其漂浮在江中。吴国人同情他,在江边给他设立祠堂,因而将这个地方命名为胥山。

吴王既诛伍子胥,遂伐齐。齐鲍氏杀其君悼公而立阳生。吴王欲讨其贼,不胜而去。其后二年,吴王召鲁、卫之君会之橐皋①。其明年,因北大会诸侯于黄池②,以令周室。越王句践袭杀吴太子,破吴兵。吴王闻之,乃归,使使厚币与越平。后九年,越王句践遂灭吴,杀王夫差;而诛太宰嚭,以不忠于其君,而外受重赂,与己比周也。

◎**注释** ①〔橐皋(tuó gāo)〕古地名,在今安徽巢湖。②〔黄池〕古地名,在今河南封丘西南。
◎**大意** 吴王杀了伍子胥后,就攻打齐国。齐国鲍氏杀死他的国君悼公而立了阳生。吴王打算讨伐齐国的乱臣鲍氏,没有取胜就离开了。此后两年,吴王召集鲁国、卫国国君在橐皋会盟。第二年,他趁势北上,在黄池大会诸侯,来号令周天子。越王句践偷袭杀了吴国太子,攻破吴军。吴王听到这个消息,就回国了,派使者用厚礼向越国求和。九年后,越王句践终于灭掉了吴国,杀了吴王夫差,又杀了太宰伯嚭,因为他不忠于他的国君,在外接受很重的贿赂,私下勾结越国。

伍子胥初所与俱亡故楚太子建之子胜者,在于吴。吴王夫差之时,楚惠王①欲召胜归楚。叶公②谏曰:"胜好勇而阴求死士,殆有私乎！"惠王不听。遂召胜，使居楚之边邑鄢③，号为白公。白公归楚三年而吴诛子胥。

◎ **注释** ①〔楚惠王〕楚国君主，芈姓，熊氏，名章，楚昭王的儿子。②〔叶公〕芈姓，沈尹氏，名诸梁，字子高。春秋末期楚国的军事家、政治家。大夫沈尹戌的儿子，封地在叶邑，自称叶公。③〔鄢（yān）〕古地名，在今河南鄢陵西北。

◎ **大意** 当初和伍子胥一起逃亡的故楚太子建的儿子胜，在吴国。吴王夫差在位的时候，楚惠王打算召胜回楚国。叶公劝谏道："胜喜好勇武，又暗中寻找敢死之士，恐怕有野心。"楚惠王不听，还是把胜召回，让他住在楚国的边城鄢邑，号称白公。白公回到楚国的第三年吴王杀了伍子胥。

白公胜既归楚，怨郑之杀其父，乃阴养死士求报郑。归楚五年，请伐郑，楚令尹子西①许之。兵未发而晋伐郑，郑请救于楚。楚使子西往救，与盟而还。白公胜怒曰："非郑之仇，乃子西也。"胜自砺剑，人问曰："何以为？"胜曰："欲以杀子西。"子西闻之，笑曰："胜如卵耳，何能为也。"

◎ **注释** ①〔子西〕春秋末楚国的令尹，名申，字子西，楚平王的庶子，楚昭王的兄长。

◎ **大意** 白公胜回到楚国后，怨恨郑国杀了他的父亲，就暗中收养敢死之士要向郑国报仇。他回到楚国的第五年，请求讨伐郑国，楚令尹子西答应了他的要求。军队还没出发，而晋国攻打郑国，郑国向楚国求救。楚国派子西前往救援，他与郑国订立了盟约回来。白公胜发怒说："我的仇敌不是郑国，而是子西！"白公胜亲自磨剑，别人问道："磨剑干什么？"白公胜回答："想用它杀子西。"子西听到这话，笑着说："胜就像鸟蛋一样，能有什么作为呢。"

其后四岁，白公胜与石乞袭杀楚令尹子西、司马子綦于朝。石乞曰："不杀王，不可。"乃劫王如高府。石乞从者屈固负楚惠王亡走昭夫人之宫。叶公闻白公为乱，率其国人攻白公。白公之徒败，亡走山中，自杀。而虏石乞，而问白公尸处，不言将亨（烹）。石乞曰："事成为卿，不成而亨（烹），固其职也。"终不肯告其尸处。遂亨（烹）石乞，而求惠王复立之。

◎**大意** 这以后四年，白公胜与石乞在朝廷上袭杀了楚国的令尹子西、司马子綦。石乞说："不杀掉楚王，不行。"就把楚惠王劫持到高府。石乞的随从屈固背着惠王逃到昭夫人的宫中。叶公听到白公作乱，率领他封地的人攻打白公。白公的党徒失败了，他逃入山里，自杀了。叶公捉住了石乞，问白公的尸体所在，不说出来就把他烹杀。石乞说："事情成功了就做卿相，不成功就被烹杀，职分本来就是这样。"始终不肯说出白公的尸体在什么地方。叶公于是将石乞烹杀，并找到楚惠王，再次立他为国君。

太史公曰：怨毒之于人甚矣哉！王者尚不能行之于臣下，况同列乎！向令伍子胥从奢俱死，何异蝼蚁。弃小义，雪大耻，名垂于后世，悲夫！方子胥窘于江上，道乞食，志岂尝须臾忘郢邪？故隐忍就功名，非烈丈夫孰能致此哉？白公如不自立为君者，其功谋亦不可胜道者哉！

◎**大意** 太史公说：怨恨对人来说真是太可怕了。做国君的尚且不能跟臣下结仇，何况是处在同等地位的人呢！假如让伍子胥跟着伍奢一起死，与蝼蚁有什么区别。抛弃小的道义，洗雪大的耻辱，名声传于后代，悲壮啊！当伍子胥在江边处境危险，在半路上讨饭时，心里何曾有一会儿忘了郢都呢？所以隐忍成就功名，不是刚毅的大丈夫谁能达到这种地步呢？白公如果不自立为王，他的功业谋略也是说不尽呀！

◎ 释疑解惑

伍子胥为报父兄之仇，将楚平王尸体挖出来用鞭子抽打，这种做法是否正当，自古以来，争议不断，褒贬不一。有人认为伍子胥的行为是正义的，像楚平王这种昏君，将其鞭尸也是理所当然的。也有人觉得伍子胥是楚国人，里通敌国，背叛自己的国家，是卖国的贼子。评价可谓两个极端。总体而言，历史对于伍子胥的评价，褒大于贬，原因大概有以下几点。首先，春秋战国时期是一个战争频仍的时代，朝秦暮楚时时有之，不能把一个国家的毁灭归咎于个人身上。当时的楚国忠奸不分、佞臣当道，是逃不掉被攻伐的结果的。在春秋战国特殊的政治背景下，诸侯国也都算周王的土地，很多人在各诸侯国间来去自由，合则留，不合则去。一国不容便出走他国，也是当时盛行的一种风气。其次，伍子胥出色的政治才能也是后人尊重他的重要原因。他为吴国领兵打仗，为吴国称霸一方立下汗马功劳。最后，他坎坷的命运激发了读者的同情心。伍子胥多次规劝吴王伐越，为其分析形势，指陈利害，仍遭伯嚭谗言诬害，最终自刎。他悲剧的一生，让人哀叹不已，引吴伐楚的罪过随之淡化。司马迁赞扬伍子胥有坚忍的意志，认为他如果像伍尚一样愚忠愚孝，就不可能名留青史。正因为他能舍小义，成大名，意志非一般人可比。因此，后人对他褒多于贬，这也得益于司马迁对他的美化和高度激赏。

◎ 思考辨析题

1. 从伍子胥的复仇经历看，古代的个人复仇是否具有正当性。
2. 伍子胥曾经帮助吴国成就霸业，为什么他会被新任君主疏远呢？

仲尼弟子列传

第七

《仲尼弟子列传》是孔子学生的合传,主要记述孔子七十七位学生的言语和行事,对孔子身后的儒学推衍及学生的生平亦有记录。古籍中这些人物事迹或过于简单,或支离破碎,司马迁将史料中的点滴事件、三言两语和散落于各处的人物事迹收集起来,分别成传,使人物的精神面貌、性格特征赫然鲜明。《仲尼弟子列传》风格温和,少有其他传记中惊心动魄的故事,或紧张激烈的冲突。在叙写方式上,主要采用孔子与学生的问答形式。这篇传记大致可以分为八个段落。从开头到"不并世"是第一个段落,是篇前的小序,概述了孔子学生的总体情况、孔子的大致交游和孔子所称道的学生。这段序文,可视为全传的纲领,可以仔细品读,并推究其来龙去脉。传记全篇以德行、政事、言语、文学四目为序。从"颜回者"

到"山川其舍诸"是第二个段落，写颜回、闵损、冉耕、冉雍，也就是以"德行"著称的学生的生平事迹，叙述较为平和温婉。从"冉求，字子有"到"是时子贡为鲁使于齐"是第三个段落，写冉有、子路，也就是以"政事"著称的学生的生平事迹。其中，子路的个性鲜明。从"宰予，字子我"到"卒终于齐"是第四个段落，写宰予、子贡，也就是以"言语"著称的学生的生平事迹。宰予被写成反面人物，但也形象鲜活；而子贡的传记，则被视为全篇最生动的文字，纵横捭阖，气宇轩昂。从"言偃"到"哭之失明"是第五个段落，写子游、子夏，也就是以"文学"著称的学生的生平事迹。此段文风又趋于平和。从"颛孙师"到"少孔子五十三岁"是第六个段落，写"四科"以外见于书传的学生的生平事迹，相对简略。从"自子石已右三十五人"到"公孙蔵，字子上"是第七个段落，记录了孔子无事迹流传的学生四十二人。"太史公曰"以下是第八个段落，为论赞，点明此篇的撰写目的与编写原则。

本篇涉及人物众多，用几千字之文，传几十人之事。清末民初著名文史学家李景星在《四史评议》中说此篇史传"是高格文字"。而且司马迁在史传结构和史料剪裁上有着独到之处。比如，司马迁根据史料，叙写年龄可考的学生传记时，在其姓名、籍贯后加一句"少孔子××岁"，既是独特的行文，又是一条贯穿始终的线索，把单人的传记像珠子一样串了起来。再者，司马迁多次将《论语》里孔子门下讲学论道、交流切磋的场景和孔子及其弟子深切挚厚的师生情谊生动地再现了出来，可视为贯穿弟子传记的精神线索。本篇也并未将笔墨平分，而是有的人记述较详，洋洋洒洒一大段，有的人记述简略，只有两个字的人名，详略得当，剪裁合宜。

孔子曰"受业身通者^①七十有（又）七人"，皆异能之士也。德行：颜渊，闵子骞，冉伯牛，仲弓。政事：冉有，季路。言语：宰我，子贡。文学：子游，子夏。师也僻，参也鲁，柴也愚，由也喭^②，回也屡空。赐不受命，而货殖焉，亿（臆）则屡中^③。

◎**注释** ①〔受业身通者〕接受教育精通六艺即礼、乐、射、御、书、数的人。②〔喭（yàn）〕粗俗。③〔中（zhòng）〕符合。

◎**大意** 孔子说其学生"受教育而通晓六艺的弟子有七十七人"，都是才能出众之士。道行高尚的：颜渊，闵子骞，冉伯牛，仲弓。善于处理行政事务的：冉有，季路。长于言语的：宰我，子贡。长于文学的：子游，子夏。颛孙师偏激，曾参迟钝，高柴愚笨，仲由粗鲁，颜回常常贫穷一无所有。端木赐不受命运安排而去经商，预料行情常常很准确。

孔子之所严事：于周则老子；于卫，蘧伯玉^①；于齐，晏平仲；于楚，老莱子；于郑，子产；于鲁，孟公绰^②。数称臧文仲、柳下惠、铜鞮伯华、介山子然^③，孔子皆后之，不并世。

◎**注释** ①〔蘧（qú）伯玉〕春秋末年卫国大夫，为人有贤名。孔子周游列国走投无路之际，数次投奔蘧伯玉，曾称赞蘧伯玉是真正的君子。②〔孟公绰（chuò）〕鲁国大夫，三桓孟氏族人，是孔子所尊敬的人。③〔臧文仲、柳下惠、铜鞮（dī）伯华、介山子然〕臧文仲，名辰，谥文，春秋时鲁国大夫，世袭司寇。柳下惠，原名展获，字子禽，谥号惠，后人尊称其为柳下惠。曾担任鲁国大夫，后隐遁。铜鞮伯华，即羊舌赤，复姓羊舌，名赤，字伯华，封邑在铜鞮，也称铜鞮伯华。春秋时晋国大夫。铜鞮是古地名，在今山西沁水南。介山子然，即介之推，春秋时晋国君主晋文公的忠厚臣僚，不慕虚名，不计报酬。

◎**大意** 孔子所尊敬的人：在周朝是老子；在卫国，是蘧伯玉；在齐国，是晏平仲；在楚国，是老莱子；在郑国，是子产；在鲁国，是孟公绰。他也多次称道臧文仲、柳下惠、铜鞮伯华、介山子然，孔子出生比他们都晚，不是同一时代的人。

颜回^①者，鲁人也，字子渊。少孔子三十岁。

◎ **注释**　①〔颜回〕后人尊称颜子。他十四岁拜孔子为师，是孔子最得意的学生。
◎ **大意**　颜回是鲁国人，字子渊。比孔子小三十岁。

颜渊问仁，孔子曰："克己复礼，天下归仁焉。"

◎ **大意**　颜渊问什么是仁，孔子说："克制自己，使言行回到礼制上来，天下就会称赞你是有仁德的人了。"

孔子曰："贤哉回也！一箪^①食，一瓢饮，在陋巷，人不堪其忧，回也不改其乐。""回也如愚；退而省其私，亦足以发，回也不愚。""用之则行，舍之则藏，唯我与尔有是夫！"

◎ **注释**　①〔箪（dān）〕古代用来盛饭食的圆形竹器。
◎ **大意**　孔子说："颜回真是贤能啊！一竹筐饭，一瓢水，住在简陋的巷子里，别人受不了这种困苦，颜回却自得其乐。""颜回听讲时如同蠢人；退下后观察他的言行，却也能发扬义理，颜回并不愚蠢。""用我就推行道义，不用我就藏道在身，只有我和你有这种生活态度吧！"

回年二十九，发尽白，蚤（早）死。孔子哭之恸，曰："自吾有回，门人益亲。"鲁哀公①问："弟子孰为好学？"孔子对曰："有颜回者好学，不迁怒，不贰过。不幸短命死矣，今也则亡（无）。"

◎**注释** ①〔鲁哀公〕春秋末战国初鲁国君主，名蒋，鲁定公的儿子。
◎**大意** 颜回二十九岁时，头发全白了，过早死去。孔子哭得很伤心，说："自从我有了颜回，弟子们更加亲近我。"鲁哀公问："弟子中谁最喜欢学习？"孔子回答："有个叫颜回的最喜欢学习，不向别人发泄怨气，不重犯同一过失。不幸短命死了，现在没有这样的人了。"

闵损①，字子骞。少孔子十五岁。

◎**注释** ①〔闵损〕春秋时鲁国人，孔丘的学生，为孔门七十二贤之一，以孝闻名。
◎**大意** 闵损，字子骞，比孔子小十五岁。

孔子曰："孝哉闵子骞！人不间于其父母昆弟之言。"不仕大夫，不食污君之禄。"如有复我者，必在汶上矣。"

◎**大意** 孔子说："闵子骞真孝顺！别人在他父母兄弟面前都说不出非议的话。"他不做大夫的官，不吃昏君的俸禄。他说："如果有再来召我做官的，我一定逃到汶水北面去了。"

冉耕①，字伯牛。孔子以为有德行。

◎**注释** ①〔冉耕〕春秋时鲁国人，孔子的学生，为人质朴，擅长待人接物。
◎**大意** 冉耕，字伯牛，孔子认为他有德行。

伯牛有恶疾，孔子往问之，自牖①执其手，曰："命也夫！斯人也而有斯疾，命也夫！"

◎**注释** ①〔牖（yǒu）〕窗户。
◎**大意** 冉耕得了难治的病，孔子前去看望他，从窗口握住他的手，说："是命啊！这样的人却患了这种病，是命啊！"

冉雍①，字仲弓。

◎**注释** ①〔冉雍〕孔子的学生，与冉耕、冉求都在孔门十哲之内，世称"一门三贤"。
◎**大意** 冉雍，字仲弓。

仲弓问政，孔子曰："出门如见大宾，使民如承大祭。在邦无怨，在家①无怨。"

◎**注释** ①〔家〕卿大夫的领地。
◎**大意** 仲弓问怎样处理政事。孔子说："出门办事就像接待贵宾，使用民力就像承办重大的祭典。在诸侯国的封地任职不与人结怨，在大夫的家邑里任职也不与人结怨。"

孔子以仲弓为有德行，曰："雍也可使南面①。"

◎**注释** ①〔南面〕古代以坐北朝南为尊位，故天子、诸侯见群臣，或卿大夫见僚属，皆面南而坐。后用来代称帝位，也泛指居尊位或官位。

◎**大意**　孔子认为仲弓有德行，说："冉雍这个人，可以让他做大官。"

仲弓父，贱人。孔子曰："犁牛之子骍①且角，虽欲勿用，山川其舍诸？"

◎**注释**　①〔骍（xīng）〕赤色的马和牛，通常用于祭祀。
◎**大意**　仲弓的父亲是个地位卑贱的人。孔子说："杂色牛生的小牛毛色纯红双角齐整，即使不想用它做祭品，山川的神灵难道会舍弃它吗？"

冉求①，字子有，少孔子二十九岁。为季氏宰②。

◎**注释**　①〔冉求〕通称"冉有"，后人尊称"冉子"，鲁国人。②〔宰〕主宰，这里指掌贵族家务的家宰、掌管一邑的邑宰。
◎**大意**　冉求，字子有，比孔子小二十九岁。做季孙氏的家臣。

季康子①问孔子曰："冉求仁乎？"曰："千室之邑，百乘之家，求也可使治其赋。仁则吾不知也。"复问："子路仁乎？"孔子对曰："如求。"

◎**注释**　①〔季康子〕即季孙肥，姬姓，季氏，名肥，春秋时鲁国的正卿，谥号康，史称"季康子"。
◎**大意**　季康子问孔子说："冉求仁德吗？"孔子回答："千户人家的公邑，百辆兵车的采邑，冉求可以管理那里的军政。至于他有没有仁德我就不知道了。"季康子又问："子路有仁德吗？"孔子回答："像冉求一样。"

求问曰:"闻斯行诸?"子曰:"行之。"子路问:"闻斯行诸?"子曰:"有父兄在,如之何其闻斯行之!"子华①怪之,"敢问问同而答异?"孔子曰:"求也退,故进之。由也兼人,故退之。"

◎**注释** ①〔子华〕即公孙赤,字子华。
◎**大意** 冉求问道:"听到该做的事就要立刻去做吗?"孔子回答:"去做。"子路问道:"听到该做的事就要立刻去做吗?"孔子回答:"有父亲兄长在,怎么能一听到就立刻去做呢!"子华感到很奇怪,说:"大胆问一下,为什么问题相同而答案各异?"孔子说:"冉求办事犹豫,所以要鼓励他;子路胆量过人,所以要抑制他。"

仲由,字子路,卞①人也。少孔子九岁。

◎**注释** ①〔卞〕春秋时鲁国的城邑名,在今山东泗水东。
◎**大意** 仲由,字子路,卞地人,比孔子小九岁。

子路性鄙,好勇力,志伉直①,冠②雄鸡,佩猳豚③,陵暴孔子。孔子设礼稍诱子路,子路后儒服委质(贽),因门人请为弟子。

◎**注释** ①〔伉(kàng)直〕刚强直爽。②〔冠(guàn)〕把帽子戴在头上。③〔猳(jiā)豚〕小公猪,后泛指公猪。这里指用猪皮作为佩剑的装饰。
◎**大意** 子路性情质朴,喜欢勇力,志气刚直,戴着雄鸡似的帽子,佩着用猪皮装饰的剑,曾经欺辱孔子。孔子陈设礼乐,慢慢引导子路,子路后来穿着儒服带着拜师的礼物,通过门人请求做孔子的学生。

子路问政，孔子曰："先之，劳之。"请益。曰："无倦。"

◎**大意**　子路问管理政事的道理，孔子说："自己先做出榜样，再使百姓勤劳地工作。"子路请求孔子多告诉他一些，孔子说："不要懈怠。"

子路问："君子尚勇乎？"孔子曰："义之为上（尚）。君子好勇而无义则乱，小人好勇而无义则盗。"

◎**大意**　子路问："君子崇尚勇力吗？"孔子说："最崇尚的是义。君子喜欢勇力却没有义，就会作乱；小人喜欢勇力却没有义，就会为盗。"

子路有闻，未之能行，唯恐有（又）闻。

◎**大意**　子路听到了道理，还没来得及去做，只怕又听到新的道理。

孔子曰："片言可以折狱者，其由也与！""由也好勇过我，无所取材（哉）。""若由也，不得其死然。""衣敝缊袍①与衣狐貉②者立而不耻者，其由也与！""由也升堂矣，未入于室也。"

◎**注释**　①〔缊（yùn）袍〕以旧絮或碎麻外罩布面做成的袍子，表示粗恶的衣服。②〔狐貉（hé）〕指狐、貉的毛皮制成的皮衣。

◎**大意**　孔子说："根据单方面的言辞就可以判决案件的，大概只有仲由吧！""仲由喜欢勇力超过了我，此外就没有可取的了。""像仲由，不会得到好死。""穿着破烂的旧丝棉袍跟穿着狐皮大衣的人站在一起而不感到羞耻，恐怕只有仲由吧！""仲由的学问好像已经登上正厅了，还没有进入内室。"

季康子问："仲由仁乎？"孔子曰："千乘之国可使治其赋，不知其仁。"

◎**大意**　季康子问道："仲由仁德吗？"孔子说："有一千辆兵车的国家可以让仲由管理军政，不知道他有没有仁德。"

子路喜从游，遇长沮、桀溺①、荷蓧丈人②。

◎**注释**　①〔长沮、桀溺〕都是传说中春秋时的隐士。②〔荷蓧（diào）丈人〕荷，扛。蓧，除草用的农具。丈人，古代对老年人的尊称。
◎**大意**　子路喜欢跟随孔子出游，曾经遇到过长沮、桀溺、扛着除草工具的老人。

子路为季氏宰，季孙问曰："子路可谓大臣与？"孔子曰："可谓具臣矣。"

◎**大意**　子路担任季孙氏的家宰，季孙问孔子："子路可以说是大臣吗？"孔子说："可说是恪守本职的臣子罢了。"

子路为蒲①大夫，辞孔子。孔子曰："蒲多壮士，又难治。然吾语汝：恭以敬，可以执勇；宽以正，可以比众；恭正以静，可以报上。"

◎**注释**　①〔蒲〕春秋时卫国地名，战国时属于魏国，在今河南长垣。
◎**大意**　子路要出任蒲邑的大夫，向孔子辞行。孔子说："蒲邑壮士很多，又很难治理。然而我告诉你：恭谨且谦敬，可以制服勇猛；宽和且公正，可以使众人亲近；恭谨公正地处事，可以报效上司。"

初，卫灵公①有宠姬曰南子②。灵公太子蒉聩③得过南子，惧诛出奔。及灵公卒而夫人欲立公子郢④。郢不肯，曰："亡人太子之子辄在。"于是卫立辄为君，是为出公⑤。出公立十二年，其父蒉聩居外，不得入。子路为卫大夫孔悝⑥之邑宰。蒉聩乃与孔悝作乱，谋入孔悝家，遂与其徒袭攻出公。出公奔鲁，而蒉聩入立，是为庄公。方孔悝作乱，子路在外，闻之而驰往。遇子羔⑦出卫城门，谓子路曰："出公去矣，而门已闭，子可还矣，毋空受其祸。"子路曰："食其食者不避其难。"子羔卒去。有使者入城，城门开，子路随而入。造蒉聩，蒉聩与孔悝登台。子路曰："君焉用孔悝？请得而杀之。"蒉聩弗听。于是子路欲燔台，蒉聩惧，乃下石乞、壶黡⑧攻子路，击断子路之缨。子路曰："君子死而冠不免。"遂结缨而死。

◎**注释** ①〔卫灵公〕姬姓，名元，春秋时卫国君主。②〔南子〕原为宋国公主，今河南商丘人。③〔蒉聩（kuǎi kuì）〕亦作"蒯聩"，卫国君主卫庄公，为人荒唐。④〔公子郢〕字子南，卫灵公的小儿子。⑤〔出公〕姬姓，卫氏，名辄，卫国君主，曾因国内政变而被逐出，史称卫出公。⑥〔孔悝（kuī）〕卫国大夫，卫庄公的外甥。⑦〔子羔〕即孔子的学生高柴，字子羔，又称子皋、子高、季高，比孔子小三十岁，为卫国大夫。⑧〔石乞、壶黡（yǎn）〕卫庄公手下的人。

◎**大意** 当初，卫灵公有个宠姬叫南子。卫灵公的太子蒉聩得罪了南子，担心被害逃到国外。等到卫灵公死后夫人要立公子郢为王。公子郢不肯，说："流亡太子的儿子辄还在国内。"于是立辄为国君，就是卫出公。卫出公在位十二年，他父亲蒉聩居住在国外，不能回国。子路担任卫国大夫孔悝采邑的长官。蒉聩就和孔悝一起作乱，用计进入孔悝家里，跟他的党徒袭击卫出公。卫出公逃奔鲁国，蒉聩入朝即位，就是卫庄公。当孔悝作乱时，子路在外面，听到这事急忙赶回。碰到子羔正从卫国城门出来，他对子路说："出公逃跑了，城门已闭，您可以回去了，不要白白遭受灾祸。"子路说："吃他的饭不躲避他的灾难。"子羔最终离开了。有个使者进城,城门开了,子路随着进城。他找到蒉聩,蒉聩跟孔悝登上宫台。子路说:"大王怎能重用孔悝?请让我捉住杀掉他。"蒉聩不听。这时子路想烧掉宫台,蒉聩害怕,就派石乞、壶黡攻打子路,打断了子路的帽带。子路说:"君子就是死了帽子也不能掉下来。"于是系好帽带就死了。

孔子闻卫乱,曰:"嗟乎,由死矣!"已而果死。故孔子曰:"自吾得由,恶言不闻于耳。"是时子贡为鲁使于齐。

◎**大意** 孔子听说卫国政变,说:"唉呀,仲由死了!"不久仲由果然死了。因此孔子说:"自从我得到仲由,耳朵中再也听不到恶言了。"这时子贡替鲁国出使齐国。

宰予,字子我。利口辩辞。既受业,问:"三年之丧不已久乎?君子三年不为礼,礼必坏;三年不为乐,乐必崩。旧谷既没,新谷既升,钻燧改火,期①可已矣。"子曰:"于汝安乎?"曰:"安。""汝安则为之。君子居丧,食旨不甘,闻乐不乐,故弗为也。"宰我出,子曰:"予之不仁也!子生三年然后免于父母之怀。夫三年之丧,天下之通义也。"

◎**注释** ①〔期(jī)〕一周年。
◎**大意** 宰予,字子我,口齿伶俐、能言善辩。他拜在孔子门下后,问:"三年的守孝时间不也太长了吗?君子三年不习礼仪,礼仪肯定荒疏;三年不奏音乐,音乐肯定荒废。陈谷已经吃完,新谷已经入仓,取火的木头换了一遍,守孝一年就可以停止了。"孔子说:"对你来说心安吗?"宰予说:"心安。"孔子说:"你心安就那样做吧。君子守孝,吃美味也感觉不到甘甜,听音乐也感觉不到快乐,所以不这样做。"宰我退了出去。孔子说:"宰予太不仁了!儿女生下来三年,然后才能脱离父母的怀抱。守孝三年,是天下通行的道理啊。"

宰予昼寝。子曰:"朽木不可雕也,粪土之墙不可圬①也。"

◎**注释** ①〔圬(wū)〕泥瓦工人用的抹子。引申为抹墙等泥瓦工作。
◎**大意** 宰我白天睡觉。孔子说:"朽烂的木头不能雕刻,粪土砌成的墙壁不能粉刷。"

宰我问五帝①之德,子曰:"予非其人也。"

◎**注释** ①〔五帝〕指黄帝、颛顼(zhuān xū)、帝喾(kù)、尧、舜。
◎**大意** 宰我询问五帝的德行。孔子说:"你不是问这样问题的人。"

宰我为临菑①大夫,与田常②作乱,以夷其族,孔子耻之。

◎**注释** ①〔临菑(zī)〕齐国的城邑名,今山东淄博东北。②〔田常〕即田成子,是齐国田氏家族的首领。
◎**大意** 宰我做齐国临菑的大夫,跟随田常作乱,因而被灭族,孔子为此感到耻辱。

端木赐,卫人,字子贡。少孔子三十一岁。

◎**大意** 端木赐,卫国人,字子贡。比孔子小三十一岁。

子贡利口巧辞,孔子常黜其辩。问曰:"汝与回也孰愈?"对曰:"赐也何敢望回!回也闻一以知十,赐也闻一以知二。"

◎**大意**　子贡口齿伶俐、巧于言辞，孔子常常驳斥他的言辞。孔子问道："你跟颜回谁强？"子贡回答："我哪里敢同颜回比！颜回听到一个道理就可以推知十个道理，我听到一个道理只能推知两个道理。"

　　子贡既已受业，问曰："赐何人也？"孔子曰："汝器也。"曰："何器也？"曰："瑚琏①也。"

◎**注释**　①〔瑚琏（hú liǎn）〕为宗庙祭祀的礼器。此处用以比喻治国安邦之才。
◎**大意**　子贡已经接受了教育，问道："我是怎样的人？"孔子说："你好比一个器皿。"子贡又问："什么器皿？"孔子答："宗庙里的瑚琏。"

　　陈子禽①问子贡曰："仲尼焉学？"子贡曰："文、武之道未坠于地，在人，贤者识其大者，不贤者识其小者，莫不有文、武之道。夫子焉不学，而亦何常师之有！"又问曰："孔子适是国必闻其政。求之与？抑与之与？"子贡曰："夫子温良恭俭让以得之。夫子之求之也，其诸异乎人之求之也。"

◎**注释**　①〔陈子禽〕即陈亢，妫姓，字子亢，一字子禽，春秋末年陈国人，孔子的学生，曾做过单父邑宰。
◎**大意**　陈子禽问子贡说："仲尼的学问是从哪儿学来的？"子贡说："文王、武王的道统没有灭绝，流传在人间，贤能的人抓住它的根本，不贤能的人抓住它的细节，到处都有文王、武王的道统。先生在哪里不能学习？又哪里需要固定的老师呢！"陈子禽又问道："孔子到一个国家必定要了解这个国家的政事。是访求到的呢，还是别人告诉他的？"子贡说："是先生凭着温和、纯良、恭谨、节制、谦让而得到的。先生这种访求的方法，或许不同于别人访求的办法吧。"

子贡问曰:"富而无骄,贫而无谄,何如?"孔子曰:"可也。不如贫而乐道,富而好礼。"

◎**大意** 子贡问道:"富有而不骄横傲慢,贫困而不谄媚讨好,怎么样?"孔子说:"可以。但不如贫困而能乐于道,富有而能喜欢礼。"

田常欲作乱于齐,惮高、国、鲍、晏①,故移其兵欲以伐鲁。孔子闻之,谓门弟子曰:"夫鲁,坟墓所处,父母之国,国危如此,二三子何为莫出?"子路请出,孔子止之。子张、子石②请行,孔子弗许。子贡请行,孔子许之。

◎**注释** ①〔高、国、鲍、晏〕齐国握有实权的卿大夫贵族,分别是高昭子、国惠子、鲍牧、晏圉。②〔子张、子石〕子张,即颛孙师,字子张,孔子的得意学生,位列"十哲"。子石,公孙龙的字,春秋时卫国人,孔子的学生。
◎**大意** 田常想要在齐国发动政变,害怕高、国、鲍、晏四家的势力,所以调动他的军队,想用来攻打鲁国。孔子听到这事,告诉学生们说:"鲁国,是祖宗坟墓所在的地方,父母之邦。国家这样危急,你们为什么不挺身而出?"子路请求前去,孔子阻止了他。子张、子石请求前去,孔子也不答应。子贡请求前去,孔子答应了他。

遂行,至齐,说田常曰:"君之伐鲁过矣。夫鲁,难伐之国,其城薄以卑,其地狭以泄①,其君愚而不仁,大臣伪而无用,其士民又恶甲兵之事,此不可与战。君不如伐吴。夫吴,城高以厚,地广以深,甲坚以新,士选以饱,重器精兵尽在其中,又使明大夫守之,此易伐也。"田常忿(愤)然作色曰:"子之所难,人之所易;子之所易,人之所难。而以教常，何也？"子贡曰："臣闻之，忧在内者攻强，忧在外者攻弱。今君忧在内。吾闻君三封而三不成者，大臣有不听者也。今君破鲁以广齐，战胜以骄主，破国以尊臣，而君之功不与焉，则交日疏于主。是君上骄主心，下恣群臣，求以成大事，难矣。夫上骄则恣，臣骄则争，是君上与主有隙，下与大臣交争也。如此，则君之立于齐危矣。故曰不如伐吴。伐吴不胜，民人外死，大臣内空，是君上无强臣之敌，下无民人之过，孤主制齐者唯君也。"田常曰："善。虽然，吾兵业已加鲁矣，去而之吴，大臣疑我，奈何？"子贡曰："君按兵无伐，臣请往使吴王，令之救鲁而伐齐，君因以兵迎之。"田常许之，使子贡南见吴王。

◎**注释** ①〔其地狭以泄〕王念孙曰："《越绝书》与《吴越春秋》并'地'作'池'，'泄'作'浅'。"按，王说是，此句应作"其池狭以浅"。下文"地广以深"亦应作"池广以深"。池，护城河。

◎**大意** 子贡于是出行，到达齐国，劝田常说："您要攻打鲁国就错了。鲁国是难以进攻的国家，它的城墙又薄又矮，它的护城河又窄又浅，它的国君愚昧而且不仁慈，大臣虚伪而无用，它的士兵和百姓又厌恶武器军队之事，这都是不能跟它交战的理由。您不如进攻吴国。吴国城墙又高又厚，护城河又宽又深，铠甲坚固且新，士卒齐整又充足，重器精兵都在其中，又派贤明的大夫防守，这是容易进攻的。"田常生气地变了脸色说："你认为困难的事，别人认为容易；你认为容易的事，别人认为困难。却用来教训我，为什么？"子贡说："我听说，忧虑来自国内的就攻打强国，忧虑来自国外的就攻打弱国。现在您的忧虑来自国内。我听说您三次受封却三次都失败，是因为有大臣不服。现在您攻占鲁国来扩充齐国，战胜鲁国只能使国君骄横，攻占鲁国只能提高大臣的威望，您的功劳却不在其中，与国君的关系会一天天疏远。这就是您对上使国君心里骄横，对下使群臣放纵，想以此成就大事，太难了。国君骄横就会放肆，臣僚骄横就会相互争权夺利，这将使您上与国君有嫌隙，下与大臣互相争权。像这样，那么您在齐国立足就危险了。所以说不如攻打吴国。攻打吴国没有取胜，百姓在外战死，大臣在内势力空虚，这就使您在上没有强臣作对，在下没有百姓非难，孤立国君、专擅齐国的肯定就是您了。"田常说："好。尽管如此，我的军队已经到鲁国了，再撤兵开赴吴国，大臣怀疑我，怎么办？"子贡说："您先按兵不动，我请求出使吴国去见吴王，劝他援救鲁国而攻打齐国，您趁机让军队迎击他。"田常答应了子贡，派他南下去见吴王。

说曰："臣闻之，王者不绝世，霸者无强敌，千钧之重加铢两①而移。今以万乘之齐而私千乘之鲁，与吴争强，窃为王危之。且夫救鲁，显名也；伐齐，大利也。以抚泗上②诸侯，诛暴齐以服强晋，利莫大焉。名存亡鲁，实困强齐。智者不疑也。"吴王曰："善。虽然，吾尝与越战，栖之会稽③。越王苦身养士，有报我心。子待我伐越而听子。"子贡曰："越之劲不过鲁，吴之强不过齐，王置齐而伐越，则齐已平鲁矣。且王方以存亡继绝为名，夫伐小越而畏强齐，非勇也。夫勇者不避难，仁者不穷约，智者不失时，王者不绝世，以立其义。今存越示诸侯以仁，救鲁伐齐，威加晋国，诸侯必相率而朝吴，霸业成矣。且王必恶越，臣请东见越王，令出兵以从，此实空越，名从诸侯以伐也。"吴王大说（悦），乃使子贡之越。

◎**注释** ①〔铢（zhū）两〕古代重量单位，二十四铢等于旧制一两。铢两，比喻极轻微的分量。②〔泗上〕泛指泗水北岸的地区。③〔会稽（kuài jī）〕山名，位于今浙江绍兴东南。

◎**大意** 子贡劝吴王说："我听说，推行王道的人不允许他的属国被人灭绝，推行霸道的人不允许有强大的对手，在千钧重物上加上微小的重量也要移位。现在拥有万辆兵车的齐国再吞并有千辆兵车的鲁国，来与吴国争强，我私下为大王感到危险。再说救援鲁国，使名声显扬；攻打齐国，有很大的好处。借此安抚泗水北面的诸侯，讨伐暴虐的齐国以镇服强大的晋国，好处再没有比这更大的了。名义上是保存了危亡的鲁国，实际上是阻扼了强大的齐国，聪明人是不会迟疑的。"吴王说："好。尽管这样，我曾经跟越国交战，越王栖身在会稽。越王自身刻苦，屯养士兵，有报复我的野心。您等我先攻打越国再听您的。"子贡说："越国的实力超不过鲁国，吴国的强大超不过齐国，大王放下齐国而攻伐越国，那时齐国已经平定鲁国了。再说大王正打着存亡继绝的旗号，却攻打弱小的越国而畏惧强大的齐国，这不是勇敢的表现。勇敢的人不回避危难，仁义的人不使受困的人走投无路，聪明的人不丧失时机，称王的人不能让属国灭绝，凭借这些来树立他的道义。现在保存越国向诸侯显示仁德，援救鲁国攻打齐国，威慑晋国，诸侯肯定会相约来朝拜吴国，霸业就成功了。再说大王真的担心越国，我请求向东去见越王，让他出兵跟随大王，这实际上是使越国空虚。名义上跟随诸侯讨伐齐国。"吴王很高兴，就派子贡到越国。

越王除道郊迎，身御至舍而问曰："此蛮夷之国，大夫何以俨然辱而临之？"子贡曰："今者吾说吴王以救鲁伐齐，其志欲之而畏越，曰'待我伐越乃可'。如此，破越必矣。且夫无报人之志而令人疑之，拙也；有报人之意，使人知之，殆也；事未发而先闻，危也。三者举事之大患。"句践顿首再拜曰："孤尝不料力，乃与吴战，困于会稽，痛入于骨髓，日夜焦唇干舌，徒欲与吴王接踵而死，孤之愿也。"遂问子贡。子贡曰："吴王为人猛暴，群臣不堪；国家敝于数战，士卒弗忍；百姓怨上，大臣内变；子胥以谏死，太宰嚭用事，顺君之过以安其私：是残国之治也。今王诚发士卒佐之以徼（邀）其志，重宝以说（悦）其心，卑辞以尊其礼，其伐齐必也。彼战不胜，王之福矣。战胜，必以兵临晋，臣请北见晋君，令共攻之，弱吴必矣。其锐兵尽于齐，重甲困于晋，而王制其敝，此灭吴必矣。"越王大说（悦），许诺。送子贡金百镒①，剑一，良矛二。子贡不受，遂行。

◎**注释** ①〔镒（yì）〕古代重量单位，一镒合二十两或二十四两。

◎**大意** 越王清扫道路在郊外迎接子贡，亲自驾车到馆舍问道："这里是偏远落后的国家，大夫为何降低身份来这里？"子贡说："现在我劝说吴王去救援鲁国攻伐齐国，他心里愿意而顾虑越国，说'等我攻伐越国后才可以'。这样，肯定要攻占越国了。再说本来没有报复别人的打算却让人怀疑他，是笨拙；有报复别人的打算，让人知道了，很危险；事情还没办就让人先听说了，很不安全。这三点是办事的大祸患。"句践叩头拜了又拜说："我曾不自量力，就与吴国交战，被困在会稽，痛入骨髓，日夜唇焦舌干，只想和吴王拼死，这就是我的愿望啊。"就问子贡怎么办。子贡说："吴王为人凶猛残暴，群臣受不了；国家疲敝却屡次作战，兵士受不了；百姓埋怨国君，大臣心生乱意；伍子胥因直谏而死，太宰伯嚭专权，顺从国君的过错来保证自己的私利：这是国家衰败的政治表现。现在大王真能派兵协助吴王来投合他的狂妄志向，用珍贵的宝物来使他心里高兴，用谦恭的言辞礼仪来推尊他，他肯定去攻打齐国。他交战不胜，就是大王的福气。交战胜了，他肯定带兵逼近晋国，我请求北上去见晋国国君，让他一同攻打吴国，肯定能削弱吴国。他精锐的部队全消耗在齐国，大部队困在晋国，大王利用他的疲敝，肯定能灭掉吴国。"越王很高兴，答应了。送给子贡百镒黄金，一把好剑，两杆好矛。子贡没有接受，就走了。

报吴王曰："臣敬以大王之言告越王，越王大恐，曰：'孤不幸，少失先人，内不自量，抵罪于吴，军败身辱，栖于会稽，国为虚（墟）莽，赖大王之赐，使得奉俎豆①而修祭祀，死不敢忘，何谋之敢虑！'"后五日，越使大夫种顿首言于吴王曰："东海役臣孤句践使者臣种，敢修下吏问于左右。今窃闻大王将兴大义，诛强救弱，困暴齐而抚周室，请悉起境内士卒三千人，孤请自被（披）坚执锐，以先受矢石。因越贱臣种奉先人藏器，甲二十领，铁屈卢之矛②，步光③之剑，以贺军吏。"吴王大说（悦），以告子贡曰："越王欲身从寡人伐齐，可乎？"子贡曰："不可。夫空人之国，悉人之众，又从其君，不义。君受其币④,许其师,而辞其君。"吴王许诺,乃谢越王。于是吴王乃遂发九郡兵伐齐。

◎**注释** ①〔俎（zǔ）豆〕古代祭祀、宴飨时盛食物用的礼器,亦泛指各种礼器,后引申为祭祀和崇奉的意思。②〔铁屈卢之矛〕铁,铡刀,用于切草。古代也用为斩人的刑具。屈卢,古代善造弓矛的良匠。③〔步光〕古代有名的宝剑。④〔币〕本指用来送人的丝织品,引申为赠送车马、玉帛等一切值钱的礼物。

◎**大意** 子贡回报吴王说:"我郑重地把大王的话告诉越王,越王十分恐惧,说:'我不幸,从小失去父亲,不自量力,得罪吴国,军队失败自己受辱,被困在会稽,国家变成废墟荒地,仰赖大王的恩赐,使我能捧着祭品祭祀祖先,至死不敢忘记,哪里敢有别的打算!'"过了五天,越王派大夫文种向吴王叩头上言道:"东海罪臣句践使者文种,冒昧进言。最近私下听说大王将发动正义之师,诛强扶弱,围困残暴的齐国而扶助周王室,我们请求出动三千越国士卒,越王请求身披铠甲、拿起武器,冒着箭石打前锋。由小臣奉献先人收藏的宝器、二十领铠甲、斧和屈卢矛、步光剑,向大王表示祝贺。"吴王很高兴,把事情经过告诉子贡说:"越王要亲自跟我攻打齐国,可以吗?"子贡说:"不可以。使越国空虚,调动人家全部的军队,又让其国君跟随,不合乎义。大王可接受礼物,应许越国出兵,谢绝越君出征。"吴王应允,就谢绝了越王。于是吴王调集了九郡的兵力攻打齐国。

子贡因去之晋,谓晋君曰:"臣闻之,虑不先定不可以应卒（猝）,兵不先辨（办）不可以胜敌。今夫齐与吴将战,彼战而不胜,越乱之必矣;与齐战而胜,必以其兵临晋。"晋君大恐,曰:"为之奈何?"子贡曰:"修兵休卒以待之。"晋君许诺。

◎**大意** 子贡便离开吴国前往晋国,对晋国国君说:"我听说,计谋不事先定好不能应付突发事变,军队不事先整训不能战胜敌人。现在齐国与吴国将要交战,吴国要是打不赢,越国肯定要作乱;吴国要是打赢了,它的军队肯定逼近晋国。"晋国国君很恐慌,说:"这事怎么办?"子贡说:"修缮武器、休养士卒等着它。"晋国国君答应了。

子贡去而之鲁。吴王果与齐人战于艾陵①,大破齐师,获七将军之兵而不归,果以兵临晋,与晋人相遇黄池之上。吴晋争强。晋人击之,大败吴师。越王闻之,涉江袭吴,去城七里而军。吴王闻之,去晋而归,与越战于五湖②。三战不胜,城门不守,越遂围王宫,杀夫差而戮其相。破吴三年,东向而霸。

◎**注释** ①〔艾陵〕古地名。春秋时齐国地名。在今山东莱芜东北。②〔五湖〕这里指太湖,在今江苏苏州西南。

◎**大意** 子贡离开晋国回到鲁国。吴王果然与齐军在艾陵交战,大败齐军,俘获七名将军的兵马却不回军,果真带兵逼近晋国,与晋军在黄池相遇。吴国、晋国争强。晋军攻击吴军,大败吴军。越王闻讯,渡过钱塘江袭击吴国,距吴都七里扎营。吴王听到这个消息,舍晋国返回,与越军在五湖交战。三战都没有打赢,都城大门失守,越军包围王宫,杀死夫差和他的相国。灭吴后三年,越国东向称霸。

故子贡一出,存鲁,乱齐,破吴,强晋而霸越。子贡一使,使势相破,十年之中,五国各有变。

◎**大意** 所以子贡一次出使,保存了鲁国,扰乱了齐国,破灭了吴国,强大了晋国而使越国称霸。子贡一次出使,使国与国间的势力互相破坏,十年之中,五个国家的局势各有变化。

子贡好废举，与时转货赀（资）。喜扬人之美，不能匿人之过。常（尝）相鲁卫，家累千金，卒终于齐。

◎**大意** 子贡喜欢卖出买进，随时贱买贵卖以谋取利润。他喜欢宣扬别人的美德，不能隐藏别人的过错。他曾经担任过鲁国、卫国的相国，家产积累千金，最后死在齐国。

言偃①，吴人，字子游。少孔子四十五岁。

◎**注释** ①〔言偃〕又称叔氏，春秋时吴国人，孔子七十二贤弟子中唯一一位南方弟子。
◎**大意** 言偃，是吴国人，字子游。比孔子小四十五岁。

子游既已受业，为武城①宰。孔子过，闻弦歌之声。孔子莞尔而笑曰："割鸡焉用牛刀？"子游曰："昔者偃闻诸夫子曰，君子学道则爱人，小人学道则易使。"孔子曰："二三子，偃之言是也。前言戏之耳。"孔子以为子游习于文学。

◎**注释** ①〔武城〕鲁国地名，在今山东费县。
◎**大意** 子游学成后，担任武城的邑宰。孔子经过武城，听到弹琴吟诗的声音。孔子微笑着说："杀鸡哪里用得上牛刀？"子游说："过去听先生说，君子学道就会爱护人，百姓学道就容易被驱使。"孔子说："学生们，言偃的话是对的。我刚才说的不过是跟他开玩笑罢了。"孔子认为子游对文学熟悉。

卜商①，字子夏。少孔子四十四岁。

◎**注释** ①〔卜商〕姬姓，卜氏，名商，字子夏，尊称卜子。以"文学"著称，曾担任莒父宰。

◎**大意** 卜商，字子夏。比孔子小四十四岁。

　　子夏问："'巧笑倩兮，美目盼兮，素以为绚兮'，何谓也？"子曰："绘事后素。"曰："礼后乎？"孔子曰："商始可与言《诗》已矣。"

◎**大意** 子夏问道："'姣好的笑容多甜美，美丽的眼睛多明亮，洁白的面容施上脂粉多漂亮'，这几句诗说的是什么意思？"孔子说："先有白底子然后绘成画。"子夏又问："那么礼仪产生在仁义之后吧？"孔子说："卜商现在可以同我谈论《诗》了。"

　　子贡问："师与商孰贤？"子曰："师也过，商也不及。""然则师愈与？"曰："过犹不及。"

◎**大意** 子贡问道："颛孙师和卜商谁更贤能？"孔子说："颛孙师做事过分，卜商做事赶不上。""那么颛孙师要好些吗？"孔子说："过分和赶不上并没两样。"

　　子谓子夏曰："汝为君子儒，无为小人儒。"

◎**大意** 孔子对子夏说："你要做有道德修养的君子儒，不要做只图私利的小人儒。"

　　孔子既没（殁），子夏居西河①教授，为魏文侯②师。其子死，哭之失明。

◎**注释** ①〔西河〕指今河南安阳一带。②〔魏文侯〕名斯，战国初期魏国君主，魏国霸业的开创者。

◎**大意** 孔子死后，子夏住在西河教授学生，做魏文侯的老师。后来他儿子死了，他哭得双目失明。

颛孙师，陈人，字子张。少孔子四十八岁。

◎**大意** 颛孙师，是陈国人，字子张。比孔子小四十八岁。

子张问干禄，孔子曰："多闻阙疑，慎言其余，则寡尤；多见阙殆，慎行其余，则寡悔。言寡尤，行寡悔，禄在其中矣。"

◎**大意** 子张请问求得禄位的途径。孔子说："多听别人说，有疑问的暂且保留，其余有把握的谨慎讲述，就能少犯过错；多看，有疑问的地方先放在一旁不做，其他有把握的事情谨慎地施行，就能少生懊悔。说话少过错，做事少后悔，禄位就在这里面了。"

他日，从在陈蔡间，困，问行。孔子曰："言忠信，行笃敬，虽蛮貊①之国行也；言不忠信，行不笃敬，虽州里②行乎哉！立则见其参于前也，在舆则见其倚于衡，夫然后行。"子张书诸绅。

◎**注释** ①〔蛮貊（mò）〕古代对南方和北方少数民族的蔑称。②〔州里〕古代两千五百家为州，二十五家为里。本为行政建制，后泛指乡里或本土。

◎**大意** 有一次，子张跟随孔子在陈国和蔡国之间被围困，问怎样才能行得通。孔子说："说话忠诚可信，行为真诚恭敬，就是在偏远的异国他乡也行得通；言语不忠诚有信，行为不真诚恭敬，即使在东方本土，那能行得通吗！站着时就看见忠信笃敬在眼前，坐车时就看见忠信笃敬挂在车前横木上，这样就能行得通。"子张把这些话写在了自己的衣带上。

　　子张问："士何如斯可谓之达矣？"孔子曰："何哉，尔所谓达者？"子张对曰："在国必闻，在家必闻。"孔子曰："是闻也，非达也。夫达者，质直而好义，察言而观色，虑以下人，在国及家必达。夫闻也者，色取仁而行违，居之不疑，在国及家必闻。"

◎**大意**　子张问："读书人要怎样才能算作通达呢？"孔子说："你所说的通达是什么意思呢？"子张回答："在诸侯国必然有声誉，在大夫封地也必然有声誉。"孔子说："这是声誉，不是通达。所谓通达，是指品性正直、爱好正义，分析人家的言语、观察人家的容色，总想到对人谦恭有礼，这样的人无论在诸侯国还是大夫的封地必然能通达。所谓声誉，表面上仁厚，行为上却违背常理，自己安然处之而毫不疑惑，在诸侯国和大夫封地也能取得一定的虚名。"

　　曾参，南武城人，字子舆。少孔子四十六岁。

◎**大意**　曾参，是南武城人，字子舆。比孔子小四十六岁。

　　孔子以为能通孝道，故授之业。作《孝经》①。死于鲁。

◎**注释**　①〔《孝经》〕古代儒家的伦理学著作，以孝为论述中心，相传为曾子所作，也有学者认为是孔门其他弟子所作。
◎**大意**　孔子认为曾参能遵循孝道，所以传授他学业。他撰写了《孝经》。后来死在鲁国。

澹台灭明①,武城人,字子羽。少孔子三十九岁。

◎**注释** ①〔澹(tán)台灭明〕澹台,复姓。
◎**大意** 澹台灭明,是武城人,字子羽。比孔子小三十九岁。

状貌甚恶。欲事孔子,孔子以为材(才)薄。既已受业,退而修行,行不由径,非公事不见卿大夫。

◎**大意** 澹台灭明的体态面貌很丑陋。他想侍奉孔子,孔子认为他资质浅薄。接受学业之后,他回去培养自己的德行,行动不走邪路,不是公事就不见公卿大夫。

南游至江,从弟子三百人,设取予去就,名施乎诸侯。孔子闻之,曰:"吾以言取人,失之宰予;以貌取人,失之子羽。"

◎**大意** 澹台灭明向南游历到长江,跟随他的弟子有三百人,他订立了获取、给予、离弃、趋就的准则,名声在诸侯中传扬。孔子听到这事,说:"我按照言论衡量人,错看了宰予;按照相貌衡量人,错看了子羽。"

宓不齐①,字子贱。少孔子三十岁。

◎**注释** ①〔宓(fú)不齐〕孔子弟子,鲁人。
◎**大意** 宓不齐,字子贱。比孔子小三十岁。

孔子谓"子贱君子哉!鲁无君子,斯焉取斯?"

◎**大意**　孔子评论子贱："真是君子啊！如果鲁国没有君子，这个人又从哪儿学到这样好的品德呢？"

子贱为单父①宰，反（返）命于孔子，曰："此国有贤不齐者五人，教不齐所以治者。"孔子曰："惜哉不齐所治者小，所治者大则庶几矣。"

◎**注释**　①〔单（shàn）父〕春秋时鲁国城邑名，在今山东单县南。
◎**大意**　子贱做单父的邑宰，后返回向孔子报告，说："这个地方有五个人比我贤明，他们教给我管理政事的办法。"孔子说："可惜啊，不齐治理的地方太小，如果治理的地方大就更好了。"

原宪，字子思。

◎**大意**　原宪，字子思。

子思问耻。孔子曰："国有道，谷①。国无道，谷，耻也。"

◎**注释**　①〔谷〕指做官，拿俸禄。
◎**大意**　子思请教孔子什么是耻辱。孔子说："国家政治清明，做官领取俸禄。国家政治黑暗，也做官领取俸禄，这就叫耻辱。"

子思曰："克伐怨欲不行焉，可以为仁乎？"孔子曰："可以为难矣，仁则吾弗知也。"

◎**大意** 子思说:"好胜、自夸、怨恨、贪心都没有出现过,可以称得上仁吗?"孔子说:"可以说是难能可贵了,至于是不是算作仁我就不知道了。"

　　孔子卒,原宪遂亡在草泽中。子贡相卫,而结驷①连骑,排藜藿②入穷阎,过谢原宪。宪摄敝衣冠见子贡。子贡耻之,曰:"夫子岂病乎?"原宪曰:"吾闻之,无财者谓之贫,学道而不能行者谓之病。若宪,贫也,非病也。"子贡惭,不怿而去,终身耻其言之过也。

◎**注释** ①〔驷(sì)〕指套着四匹马的车子,也指同驾一辆车的四匹马。②〔藜藿(lí huò)〕指荒草。
◎**大意** 孔子去世后,原宪于是跑到满是荒草的水边隐居。子贡做卫国相国,出门时驾着四马的大车,后跟着一队骑士,排开杂草来到荒僻的小巷,看望原宪。原宪穿破旧的衣帽接见子贡。子贡为此感到羞耻,说:"您难道是病了吗?"原宪说:"我听说,没有财产叫贫,学了道术而不能实行才叫病。像我原宪,是贫,不是病。"子贡很惭愧,不高兴地走了,很长时间一直为自己说错了话而感到羞耻。

　　公冶长,齐人,字子长。

◎**大意** 公冶长,是齐国人,字子长。

　　孔子曰:"长可妻也,虽在累绁①之中,非其罪也。"以其子妻之。

◎**注释** ①〔累绁(xiè)〕捆绑罪人的绳索。引申为牢狱。
◎**大意** 孔子说:"公冶长是值得把女儿嫁给他的人。尽管他被监禁过,但并不是他的罪过。"就把自己的女儿嫁给他。

南宫括，字子容。

◎**大意**　南宫括，字子容。

　　问孔子曰："羿①善射，奡②荡舟，俱不得其死然；禹稷躬稼而有天下？"孔子弗答。容出，孔子曰："君子哉若人！上德哉若人！""国有道，不废；国无道，免于刑戮。"三复"白珪之玷③"，以其兄之子妻之。

◎**注释**　①〔羿〕指后羿，传说是夏朝有穷氏的酋长，善于射箭。②〔奡（ào）〕传说是寒浞的儿子，后来为夏王少康所杀。③〔白珪之玷（diàn）〕白玉圭上的一个斑点，比喻人或物大体很好，只是有些小缺点。

◎**大意**　南宫括问孔子："后羿善于射箭，奡善于驾船，都不得好死；为什么夏禹、后稷亲自种庄稼却得到了天下？"孔子没有回答。南宫括退出。孔子说："这个人真是君子啊！这个人真是崇尚道德啊！""国家政治清明，他不会被废弃；国家政治黑暗，他也不受刑罚。"南宫括经常诵读"白珪之玷"几句诗，孔子把哥哥的女儿嫁给了他。

　　公晳哀，字季次。

◎**大意**　公晳哀，字季次。

　　孔子曰："天下无行，多为家臣，仕于都；唯季次未尝仕。"

◎**大意**　孔子说："天下动乱无道，很多人都做卿大夫的家臣，在都邑做官；只有季次没有去做官。"

曾蒧①，字皙。

◎**注释** ①〔曾蒧（diǎn）〕又作曾点，字皙，亦称曾皙，春秋末年鲁国人，曾参的父亲，孔子早年的学生。
◎**大意** 曾蒧，字皙。

侍孔子，孔子曰："言尔志。"蒧曰："春服既成，冠者①五六人，童子六七人，浴乎沂②，风乎舞雩③，咏而归。"孔子喟尔叹曰："吾与蒧也！"

◎**注释** ①〔冠者〕指成年人。古代男子到二十岁时就举行加冠礼。②〔沂〕水名，发源于山东，流入江苏。③〔舞雩（yú）〕古代求雨时举行的伴有乐舞的祭祀，这里指求雨的台子。
◎**大意** 曾蒧陪着孔子，孔子说："谈谈你的志向。"曾蒧说："穿着春天的衣服，带着五六个成年人，六七个童子，在沂水里沐浴，在舞雩台上乘凉，唱着歌回来。"孔子深深地叹息说："我赞同曾蒧的志向！"

颜无繇，字路。路者，颜回父，父子尝各异时事孔子。

◎**大意** 颜无繇，字路。颜路是颜回的父亲。父子曾经在不同时期师事孔子。

颜回死，颜路贫，请孔子车以葬。孔子曰："材不材，亦各言其子也。鲤①也死，有棺而无椁②，吾不徒行以为之椁，以吾从大夫之后，不可以徒行。"

◎**注释** ①〔鲤〕孔子唯一的儿子孔鲤,字伯鱼,先于孔子而亡。②〔椁(guǒ)〕古时候套在棺材外面的大棺材。

◎**大意** 颜回死后,颜路贫穷,请求孔子卖掉车子来安葬颜回。孔子说:"不管有才能还是没才能,都是自己的儿子。鲤儿死了,有内棺而没有外椁,我不能卖掉车子步行给他买椁,因为我曾经位居大夫的行列,不能步行。"

商瞿,鲁人,字子木。少孔子二十九岁。

◎**大意** 商瞿是鲁国人,字子木。比孔子小二十九岁。

孔子传《易》于瞿,瞿传楚人馯臂子弘①,弘传江东人矫子庸疵②,疵传燕人周子家竖,竖传淳于人光子乘羽,羽传齐人田子庄何③,何传东武人王子中同④,同传菑川人杨何⑤。何元朔中以治《易》为汉中大夫。

◎**注释** ①〔馯(hàn)臂子弘〕姓馯,名臂,字子弘、子弓、子肱,是孔子的再传弟子。②〔矫子庸疵〕姓矫,名疵,字子庸,战国时鲁国人。③〔田子庄何〕字子庄,号杜田生,西汉今文《易》学的开创者、经学家。④〔王子中同〕字子中,也作子仲,《易》学大师田何的学生,著有《易传》数篇。⑤〔杨何〕字叔元,曾受《易》于王同,汉武帝时担任中大夫。著有《易传杨氏》二篇。

◎**大意** 孔子把《周易》传授给商瞿,商瞿传授给楚国人子弘,子弘传授给江东人子庸,子庸传授给燕国人子家,子家传授给淳于人子乘,子乘传授给齐国人子庄,子庄传授给东武人子中,子中传授给菑川人杨何。杨何在元朔年间因为研究《周易》担任汉朝的中大夫。

高柴,字子羔。少孔子三十岁。

◎**大意** 高柴，字子羔。比孔子小三十岁。

子羔长不盈五尺，受业孔子，孔子以为愚。

◎**大意** 子羔身高不满五尺，受业于孔子，孔子认为他愚笨。

子路使子羔为费、郈①宰，孔子曰："贼夫人之子！"子路曰："有民人焉，有社稷焉，何必读书然后为学！"孔子曰："是故恶夫佞②者。"

◎**注释** ①〔费（bì）、郈（hòu）〕费，春秋时鲁国城邑名，在今山东鱼台西南。郈，春秋时鲁国的城邑名，在今山东东平。②〔佞（nìng）〕用花言巧语谄媚人。

◎**大意** 子路让子羔做费、郈的邑宰。孔子说："这是害了人家的儿子啊！"子路说："那里有老百姓，又有祭祀土神和谷神的社稷坛，为什么一定要读书，才算是学习？"孔子说："因此我讨厌花言巧语的人。"

漆雕开，字子开。

◎**大意** 漆雕开，字子开。

孔子使开仕，对曰："吾斯之未能信。"孔子说（悦）。

◎**大意** 孔子让漆雕开做官。漆雕开回答："我对做官没有信心。"孔子很高兴。

公伯缭，字子周。

◎**大意**　公伯缭，字子周。

周愬（诉）子路于季孙，子服景伯以告孔子，曰："夫子固有惑志，缭也吾力犹能肆①诸市朝。"孔子曰："道之将行，命也；道之将废，命也。公伯缭其如命何！"

◎**注释**　①〔肆〕犯人处死刑后暴尸示众。
◎**大意**　子周在季孙氏面前毁谤子路，子服景伯把这事告诉了孔子，说："夫子本就不信公伯缭，我还是有能力把他的尸首陈列在街头示众的。"孔子说："道能够推行，是天命；道被废弃，也是天命。公伯缭又能把天命怎么样呢！"

司马耕，字子牛。

◎**大意**　司马耕，字子牛。

牛多言而躁。问仁于孔子，孔子曰："仁者其言也讱①。"曰："其言也讱，斯可谓之仁乎？"子曰："为之难，言之得无讱乎！"

◎**注释**　①〔讱（rèn）〕出言缓慢谨慎。
◎**大意**　子牛爱说话、性情急躁。他向孔子问仁。孔子说："有仁德的人说话都很谨慎。"子牛问："说话谨慎，就是仁吗？"孔子说："做起来很难，说起来能不谨慎吗！"

问君子，子曰："君子不忧不惧。"曰："不忧不惧，斯可谓之君子乎？"子曰："内省不疚，夫何忧何惧！"

◎**大意**　司马耕问怎样才是君子。孔子说："君子不忧愁不恐惧。"司马耕问："不忧愁不恐惧，就可称作君子吗？"孔子说："自我反省毫无愧疚，那还有什么忧愁、什么恐惧！"

　　樊须，字子迟。少孔子三十六岁。

◎**大意**　樊须，字子迟。比孔子小三十六岁。

　　樊迟请学稼，孔子曰："吾不如老农。"请学圃①，曰："吾不如老圃。"樊迟出，孔子曰："小人②哉樊须也！上好礼，则民莫敢不敬；上好义，则民莫敢不服；上好信，则民莫敢不用情。夫如是，则四方之民襁③负其子而至矣，焉用稼！"

◎**注释**　①〔圃（pǔ）〕种植蔬菜等的园地。②〔小人〕这里指体力劳动者。③〔襁（qiǎng）〕背婴儿用的宽带子。
◎**大意**　樊迟请求学种庄稼，孔子说："我比不上老农。"请求学种菜，孔子说："我比不上菜农。"樊迟退出。孔子说："干体力活的呀，樊迟！在上位的人重视礼，那么老百姓没有谁敢不尊敬；在上位的人重视义，那么老百姓没有谁敢不服从；在上位的人重视信，那么老百姓没有谁敢不讲真话。如果真能这样，那么四方的老百姓就会背着自己的小孩来投奔，哪里用得着自己去种庄稼！"

　　樊迟问仁，子曰："爱人。"问智，曰："知人。"

◎**大意**　樊迟问怎样才算是仁，孔子说："爱护别人。"又问怎样才算是智，孔子说："了解别人。"

有若,少孔子四十三岁。有若曰:"礼之用,和为贵,先王之道斯为美。小大由之,有所不行;知和而和,不以礼节之,亦不可行也。""信近于义,言可复也;恭近于礼,远耻辱也;因不失其亲,亦可宗也。"

◎**大意** 有若比孔子小四十三岁。有若说:"礼的应用,以和谐为可贵,先王治国之道的好处就在这里。小事大事都照这样去做,也有行不通的;只知道为和谐而和谐,不用礼节制它,也行不通。"又说:"信用符合义理,这样说出的话就能经得起检验;恭敬符合礼仪,就可以避免耻辱;所依靠的都是可亲的,也就值得崇敬了。"

孔子既没(殁),弟子思慕,有若状似孔子,弟子相与共立为师,师之如夫子时也。他日,弟子进问曰:"昔夫子当行,使弟子持雨具,已而果雨。弟子问曰:'夫子何以知之?'夫子曰:'《诗》不云乎?"月离(麗)于毕①,俾滂沱②矣。"昨暮月不宿毕乎?'他日,月宿毕,竟不雨。商瞿年长无子,其母为取(娶)室。孔子使之齐,瞿母请之。孔子曰:'无忧,瞿年四十后当有五丈夫子③。'已而果然。敢问夫子何以知此?"有若默然无以应。弟子起曰:"有子避之,此非子之座也!"

◎**注释** ①〔毕〕毕宿,二十八星宿之一。②〔滂沱〕形容雨下得很大。③〔丈夫子〕这里指男孩。古时子女通称子,男孩称丈夫子,女孩称女子子。

◎**大意** 孔子死后,弟子们想念他。有若相貌像孔子,弟子们共同立他为老师,对待他就像以前对待孔子那样。有一天,弟子进来问道:"从前老师出行时,让弟子带上雨具,后来果真下雨了。弟子问道:'老师凭什么知道会下雨?'老师说:

'《诗》中不是说过吗？"月亮遭遇毕星，就会有滂沱大雨。"昨天晚上月亮不是遇到了毕星吗？'但是另一天，月亮遇见毕星，竟然没有下雨。商瞿年纪很大还没儿子，他母亲要给他另外娶妻。孔子让他到齐国，他的母亲为他求情。孔子说：'不要担心，商瞿四十岁以后会有五个儿子。'后来果真如此。请问老师凭什么知道会这样？"有若沉默着没有回答。弟子起身说："您让开吧，这不是您的座位！"

公西赤，字子华。少孔子四十二岁。

◎**大意** 公西赤，字子华。比孔子小四十二岁。

子华使于齐，冉有为其母请粟。孔子曰："与之釜①。"请益，曰："与之庾②。"冉子与之粟五秉③。孔子曰："赤之适齐也，乘肥马，衣轻裘。吾闻君子周（赒）急不继富。"

◎**注释** ①〔釜（fǔ）〕古代量器名，六斗四升为一釜。②〔庾（yǔ）〕古代容量单位，一庾等于十六斗。③〔秉〕古代容量单位，合十六斛。
◎**大意** 子华出使齐国，冉有替他母亲向孔子请求小米。孔子说："给她一釜。"冉有请求增加。孔子说："给她一庾。"冉子给了她五秉小米。孔子说："公西赤到齐国去，乘着肥壮的骏马，穿着轻暖的皮衣。我听说君子救济有急难的人，而不接济富有的人。"

巫马施，字子旗。少孔子三十岁。

◎**大意** 巫马施，字子旗。比孔子小三十岁。

陈司败①问孔子曰："鲁昭公②知礼乎？"孔子曰："知礼。"退而揖巫马旗曰："吾闻君子不党，君子亦党乎？鲁君娶吴女为夫人，命之为孟子。孟子姓姬，讳称同姓，故谓之孟子。鲁君而知礼，孰不知礼！"施以告孔子，孔子曰："丘也幸，苟有过，人必知之。臣不可言君亲之恶，为讳者，礼也。"

◎**注释** ①〔陈司败〕陈国的大夫，又称陈司寇。②〔鲁昭公〕姬姓，名裯，鲁国的君主。

◎**大意** 陈司败问孔子："鲁昭公懂礼吗？"孔子说："懂礼。"孔子走后，陈司败向巫马旗作揖说："我听说君子不偏袒人。君子也偏袒人吗？鲁君娶吴女作夫人，称她孟子。孟子姓姬，避忌称同姓，所以称她孟子。鲁君如果懂礼，谁不懂礼呢！"巫马施把这话转告孔子。孔子说："我真幸运，如果有过失，人家一定会知道。臣子不可谈论君主的过错，替他避忌，就是懂礼。"

梁鱣①，字叔鱼。少孔子二十九岁。

◎**注释** ①〔梁鱣（shàn）〕字叔鱼，号子京，齐国人。
◎**大意** 梁鱣，字叔鱼。比孔子小二十九岁。

颜幸，字子柳。少孔子四十六岁。

◎**大意** 颜幸，字子柳。比孔子小四十六岁。

冉孺，字子鲁，少孔子五十岁。

◎**大意**　冉孺，字子鲁。比孔子小五十岁。

曹䘏^①，字子循。少孔子五十岁。

◎**注释**　①〔曹䘏（xù）〕蔡国人。
◎**大意**　曹䘏，字子循。比孔子小五十岁。

伯虔^①，字子析，少孔子五十岁。

◎**注释**　①〔伯虔（qián）〕鲁国人，勤奋好学，以儒行著称。
◎**大意**　伯虔，字子析。比孔子小五十岁。

公孙龙，字子石。少孔子五十三岁。

◎**大意**　公孙龙，字子石。比孔子小五十三岁。

自子石已（以）右^①三十五人，显有年名及受业闻见于书传。其四十有（又）二人，无年及不见书传者纪于左：

◎**注释**　①〔右〕古代竖行写字，自右而左。
◎**大意**　从子石以上三十五人，古籍上记录有明确的年龄、姓名及受业情况。其余四十二人，没有年龄可考，也找不到文字记载的，记在下面：

冉季^①，字子产。

◎**注释** ①〔冉季〕鲁国人。
◎**大意** 冉季,字子产。

公祖句兹①,字子之。

◎**注释** ①〔公祖句兹〕又称公祖兹,鲁国人。
◎**大意** 公祖句兹,字子之。

秦祖,字子南。

◎**大意** 秦祖,字子南。

漆雕哆①,字子敛。

◎**注释** ①〔漆雕哆(chǐ)〕漆雕氏,名哆,鲁国人。
◎**大意** 漆雕哆,字子敛。

颜高,字子骄。

◎**大意** 颜高,字子骄。

漆雕徒父①。

◎**注释** ①〔漆雕徒父〕漆雕氏,名徒父,字子文,鲁国人。
◎**大意** 漆雕徒父。

壤驷赤，字子徒。

◎**大意**　壤驷赤，字子徒。

商泽①。

◎**注释**　①〔商泽〕字子秀，一作子季，鲁国人，为孔门七十二贤之一，以涉览六籍为乐。
◎**大意**　商泽。

石作蜀，字子明。

◎**大意**　石作蜀，字子明。

任不齐，字选。

◎**大意**　任不齐，字选。

公良孺，字子正。

◎**大意**　公良孺，字子正。

后处，字子里。

◎**大意**　后处,字子里。

秦冉,字开。

◎**大意**　秦冉,字开。

公夏首,字乘。

◎**大意**　公夏首,字乘。

奚容箴①,字子皙。

◎**注释**　①〔奚容箴(zhēn)〕奚容氏,名箴,卫国人。
◎**大意**　奚容箴,字子皙。

公肩定,字子中。

◎**大意**　公肩定,字子中。

颜祖,字襄。

◎**大意**　颜祖,字襄。

鄡单①,字子家。

◎**注释**　①〔鄡单（qiāo shàn）〕一作"邬单"。

◎**大意**　鄡单，字子家。

　　句井疆。

◎**大意**　句井疆。

　　罕父黑，字子索。

◎**大意**　罕父黑，字子索。

　　秦商，字子丕。

◎**大意**　秦商，字子丕。

　　申党，字周。

◎**大意**　申党，字周。

　　颜之仆，字叔。

◎**大意**　颜之仆，字叔。

　　荣旂[①]，字子祺。

◎**注释** ①〔荣旂（qí）〕鲁国人，一说卫国人。
◎**大意** 荣旂，字子祺。

县成，字子祺。

◎**大意** 县成，字子祺。

左人郢①，字行。

◎**注释** ①〔左人郢〕鲁国人，一说字子行。
◎**大意** 左人郢，字行。

燕伋，字思。

◎**大意** 燕伋，字思。

郑国，字子徒。

◎**大意** 郑国，字子徒。

秦非，字子之。

◎**大意** 秦非，字子之。

施之常,字子恒。

◎**大意** 施之常,字子恒。

颜哙,字子声。

◎**大意** 颜哙,字子声。

步叔乘,字子车。

◎**大意** 步叔乘,字子车。

原亢籍。

◎**大意** 原亢籍。

乐欬[1],字子声。

◎**注释** ①〔乐欬(kài)〕鲁国人。
◎**大意** 乐欬,字子声。

廉絜[1],字庸。

◎ **注释** ①〔廉絜（jié）〕卫国人。
◎ **大意** 廉絜，字庸。

叔仲会，字子期。

◎ **大意** 叔仲会，字子期。

颜何，字冉。

◎ **大意** 颜何，字冉。

狄黑，字皙。

◎ **大意** 狄黑，字皙。

邦巽①，字子敛。

◎ **注释** ①〔邦巽（xùn）〕鲁国人。
◎ **大意** 邦巽，字子敛。

孔忠。

◎ **大意** 孔忠。

公西舆如,字子上。

◎**大意** 公西舆如,字子上。

公西葳①,字子上。

◎**注释** ①〔公西葳〕应作"公西葴(zhēn)"。
◎**大意** 公西葳,字子上。

太史公曰:学者多称七十子之徒,誉者或过其实,毁者或损其真,钧(均)之未睹厥容貌。则论言弟子籍,出孔氏古文,近是。余以弟子名姓文字悉取《论语》弟子问并次为篇,疑者阙(缺)焉。

◎**大意** 太史公说:学者大多说到孔子的七十个学生,赞誉的人或者言过其实,毁谤的人有的损害了他们的真相,都没有看到他们的真实面貌。因此要论述孔子学生的事迹,还是孔壁出土的古文资料接近事实。我关于孔子学生姓名的文字都从《论语》的学生问答中取出,编排成篇,有疑问的就空着。

◎**释疑解惑**
　　司马迁《仲尼弟子列传》对子贡这个人物着笔颇多,单就篇幅而言,在孔门诸多学生中子贡的传文是最长的。其中,最为后人乐道的是子贡为保存鲁国而出使各国:"故子贡一出,存鲁,乱齐,破吴,强晋而霸越。子贡一使,使势相破,十年之中,五国各有变。"然而,这段记载既不符合历史事实,也不合乎当时的风气。如《史记会注考证》引苏辙曰:"齐之伐鲁,本于悼公之怒季姬,而非陈恒;吴之伐齐,本怒悼公之反复,而非子贡。吴齐之战,陈乞犹在,而恒未任事。所记皆非,盖战国说客设为子贡之辞,以自托于孔氏,而太史公信之耳。"清晰明确地道出，这段颇具传奇色彩的子贡游说五国之事不可信，应为战国时人依托。据《论语》等史料所载，孔子最中意的学生是颜回，对他赞赏有加，而对子贡有所不满。但司马迁略写颜回，详写子贡，还在《货殖列传》等篇目中肯定其诚信经商之道，足见他对子贡的激赏之情。由此可以推测，司马迁是出于对子贡才干的极度欣赏，掺杂了个人情感，将原本只是战国纵横家的文字，作为史料写进《仲尼弟子列传》中，从而引起后来学者的议论甚至争执。

◎ **思考辨析题**

1.《仲尼弟子列传》涉及人物众多，很容易写成一本"流水账"，司马迁是如何避免这一问题的？

2.《仲尼弟子列传》中对孔门诸多学生的评语来自哪些古籍？请举例说明。

商君列传

第八

《商君列传》主要记述了商鞅辅佐秦孝公变法革新,使秦国空前富强的丰功伟绩,以及后来商鞅惨遭车裂的全过程,大体可分为四个段落。从开头到"岂不悖哉"是第一个段落,交代了商鞅的来历和他在魏国不受重用的情况,言商鞅好刑名法术之学,为变法做铺垫。从"公叔既死"到"号为商君"是第二个段落,叙写商鞅辅佐秦孝公实行变法,使秦国富强的情形。先写商鞅三次向秦孝公讲"帝道""王道"和"霸道",而秦孝公因为急于求成,要求实行速速见效的"霸道",商鞅于是迎合秦孝公,以求"显名于天下"。接着写商鞅欲变法,导出革新与守旧的斗争,最终确定变法之令,而太子犯法,他处罚太子的老师,以严法令。从"商君相秦十年"到"遂灭商君之家"是第三个段落,写商鞅不听赵良的劝告,孝公死后,秦国发生动乱,商鞅被杀害。这部分先写赵良劝说商鞅,鉴于朝野积怨太多,不如功成身退,交出封地,到偏远的地方耕田浇园,"可以少安";但商鞅认为有秦孝公支持,自己功绩卓著,没有谁能撼得动,因而没有采用赵良的良方。紧接着交代商君的结局:商鞅变法使秦国民富国强之功难没,却落得个车裂族亡的悲惨结局。"太史公曰"往后是第四个段落,是司马迁对商鞅为人行事的议论和评价。司马迁对商鞅的刻薄少恩持严厉的批评态度。商鞅变法是中国历史上取得明显成效的变法。根据《商君列传》的记载,商鞅建立了适合秦国发展的新制度,如把零星的乡村合并为县,重新划分了田塍,鼓励开垦荒地,平衡税赋,统一度量衡等,极大地促进了秦国经济的发展。同时,严格管理制度,如将十家编一什,五家编一伍,相互监督,连带治罪。十年之内,秦国出现了路不拾遗、山无盗贼、城乡秩序稳定的大好局面。再就是申明法令政策。如太子犯法,商鞅依新法处治了他的两个老师。公子虔再犯,被处劓刑,打击并瓦解了旧的血缘宗法制度。此外,兴教化、重农业和奖军功等政策与措施,极大地提高了秦国军队的战斗力,为秦国实现统一大业奠定了基础。然而,商鞅变法的宗旨是富国强兵、称霸诸侯,虽然效果卓著,但很少从百姓利益出发,忽视了百姓的尊严。比如"民有二男以上不分异者,倍其赋""相牧司连坐""不告奸者腰斩",让亲人、邻里之间没有安全感。大奖军功,"民勇公战",把人培养成了战争机器。百姓之中有议论新法的,直接"尽迁之于边城"。过度使用严刑、酷刑容易引起民愤,造成积怨。商鞅自己立法、执法,拒绝接受监督,不听赵良的逆耳忠言。商鞅受封于商於之地,恃功自傲,"南面而称寡人",过于高调;出任秦相,大规模营建宫阙,损资耗财。这些都是商鞅最后落得车裂、诛灭九族的原因。

商君①者，卫之诸庶孽公子②也，名鞅，姓公孙氏，其祖本姬姓也。鞅少好刑名之学③，事魏相公叔座为中庶子④。公叔座知其贤，未及进。会座病，魏惠王⑤亲往问病，曰："公叔病有如不可讳⑥，将奈社稷何？"公叔曰："座之中庶子公孙鞅，年虽少，有奇才，愿王举国而听之。"王嘿（默）然。王且去，座屏（摒）人言曰："王即不听用鞅，必杀之，无令出境。"王许诺而去。公叔座召鞅谢曰："今者王问可以为相者，我言若，王色不许我。我方先君后臣，因谓王即弗用鞅，当杀之。王许我。汝可疾去矣，且见禽（擒）。"鞅曰："彼王不能用君之言任臣，又安能用君之言杀臣乎？"卒不去。惠王既去，而谓左右曰："公叔病甚，悲乎，欲令寡人以国听公孙鞅也，岂不悖哉！"

◎**注释** ①〔商君〕战国时政治家，卫国人，亦称卫鞅。②〔庶孽（niè）公子〕庶孽，古代指妾所生的儿子。公子，古代诸侯嫡长子称作太子或者世子，其余的儿子都称公子。③〔刑名之学〕指春秋战国时以李悝、申不害等为代表的法家学派。主张循名责实，慎赏明罚。④〔公叔座为中庶子〕公叔座，战国时魏国大臣，后任相国，并娶魏国公主为妻。中庶子，战国时官名，为掌管公族事务的官员。⑤〔魏惠王〕又称梁惠王，姬姓，魏氏，名䓪，魏国第三代国君。⑥〔不可讳〕死亡的委婉说法。

◎**大意** 商君是卫国君主的姬妾所生的公子，名鞅，姓公孙，他的祖先原本姓姬。公孙鞅年轻时喜欢刑名之学，侍奉魏国相国公叔座，做了中庶子。公叔座了解他的才能，还没有来得及举荐他。恰巧公叔座病了，魏惠王亲自前往探病，说："如果你有个三长两短，国家将怎么办？"公叔座说："我的中庶子公孙鞅，虽然年轻，但有奇才，希望大王将国事都交给他。"魏惠王默然不应。魏惠王将要离去，公叔座遣退随侍人员说："大王若不能重用公孙鞅，一定要杀掉他，别让他走出国境。"魏惠王答应后离去了。公叔座召见公孙鞅道歉说："刚才大王询问可以担任相国的人，我推荐了你，看大王的神色不会答应。我应当先忠于国君后顾及大臣，告诉大王不用公孙鞅，就该杀掉他。大王答应了我。你赶紧离开吧，不然将被捉住。"公孙鞅说："大王既然不采纳您的话任用我，又怎能采纳您的话杀我呢？"公孙鞅始终没有离开。魏惠王走后，对随侍人员说："公叔痤的病很重，可悲啊，他想让我把国事交给公孙鞅，难道不荒谬吗！"

公叔既死，公孙鞅闻秦孝公①下令国中求贤者，将修缪公②之业，东复侵地，乃遂西入秦，因孝公宠臣景监③以求见孝公。孝公既见卫鞅，语事良久，孝公时时睡，弗听。罢而孝公怒景监曰："子之客妄人耳，安足用邪！"景监以让卫鞅。卫鞅曰："吾说公以帝道，其志不开悟矣。"后五日，复求见鞅。鞅复见孝公，益愈，然而未中旨。罢而孝公复让景监，景监亦让鞅。鞅曰："吾说公以王道而未入也。请复见鞅。"鞅复见孝公，孝公善之而未用也。罢而去。孝公谓景监曰："汝客善，可与语矣。"鞅曰："吾说公以霸道，其意欲用之矣。诚复见我，我知之矣。"卫鞅复见孝公。公与语，不自知跀（膝）之前于席也。语数日不厌。景监曰："子何以中吾君？吾君之欢甚也。"鞅曰："吾说君以帝王之道比三代，而君曰：'久远，吾不能待。且贤君者，各及其身显名天下，安能邑（悒）邑（悒）待数十百年以成帝王乎？'故吾以强国之术说君，君大说（悦）之耳。然亦难以比德于殷周矣。"

◎**注释** ①〔秦孝公〕嬴姓，名渠梁。②〔缪公〕即秦穆公。嬴姓，赵氏，名任好，秦德公的小儿子，春秋时秦国君主。③〔景监〕芈（mǐ）姓，景氏，名监。战国时秦孝公宠幸的宦官，曾引荐商鞅。

◎**大意** 公叔痤死后，公孙鞅听说秦孝公下令在国内访求贤才，准备重整秦穆公的霸业，向东收复失地，于是就西行进入秦国，通过秦孝公的宠臣景监求见秦孝公。秦孝公召见了公孙鞅，谈论很长时间国事，秦孝公时时打瞌睡，没有听。结束后秦孝公对景监发脾气说："你的客人只不过是个无知妄言之徒罢了，怎么能任用呢？"景监就拿秦孝公的话责备公孙鞅。公孙鞅说："我用五帝之道劝说孝公，看来他不能领悟。"五天后，景监又请求孝公召见公孙鞅。公孙鞅又见到秦孝公，两人谈得时间更长，然而还不能合于秦孝公的心意。交谈结束后秦孝公又责备景监，景监也责备公孙鞅。公孙鞅说："我以三王的治国之道劝说孝公，还不能说到他的心里去，请再召见我。"公孙鞅又见到秦孝公，这次孝公认为他说得好，却未采纳。交谈结束后公孙鞅离去。孝公对景监说："你的客人还行，可以跟他谈谈了。"公孙鞅说："我以霸道劝孝公，看来他是想要采纳了。真再召见我，我知道该怎么说了。"商鞅又见到秦孝公。孝公跟他谈话，不知不觉移动膝盖到座席前。两人谈了几天还不知厌倦。景监问道："您用什么打动了我们君主？我们君主高兴极了。"公孙鞅说："我用秦国推行帝王之道可与夏、商、周三代相比劝说君王，可是君王说：'太久远了，我不能等待。再说贤明的君主，都希望在位时扬名天下，怎能闷闷不乐地等待几十上百年后才成就帝王之业呢？'所以我用富国强兵的办法劝说君王，君王就格外高兴了。然而这样也就很难跟殷、周的德行相比拟了。"

孝公既用卫鞅，鞅欲变法，恐天下议己。卫鞅曰："疑行无名，疑事无功。且夫有高人之行者，固见非于世；有独知之虑者，必见敖（謷）于民①。愚者暗于成事，知（智）者见于未萌。民不可与虑始而可与乐成。论至德者不和于俗，成大功者不谋于众。是以圣人苟可以强国，不法其故；苟可以利民，不循其礼。"孝公曰："善。"甘龙②曰："不然。圣人不易民而教，知（智）者不变法而治。因民而教，不劳而成功；缘法而治者，吏习而民安之。"卫鞅曰："龙之所言，世俗之言也。常人安于故俗，学者溺于所闻。以此两者居官守法可也，非所与论于法之外也。三代不同礼而王，五伯（霸）不同法而霸。智者作法，愚者制焉；贤者更礼，不肖者拘焉。"杜挚曰："利不百，不变法；功不十，不易器③。法古无过，循礼无邪。"卫鞅曰："治世不一道，便国不法古。故汤武不循古而王，夏殷不易礼而亡。反古者不可非，而循礼者不足多。"孝公曰："善。"以卫鞅为左庶长④，卒定变法之令。

◎**注释** ①〔见敖于民〕为民所诋毁。敖，通"謷"，诋毁。②〔甘龙〕秦孝公时的世族名臣。③〔器〕器具、器物，这里指古代标志名位、爵号的器物。④〔左庶长〕爵位名，也是官职，是秦国沿用了几百年的官名，最有实权的职务。

◎**大意** 秦孝公任用了公孙鞅，卫鞅想要变法，但秦孝公担心天下议论自己。公孙鞅说："行动犹豫不决就不能成名，做事迟疑不定就没有结果。再说有超出常人行为的人，本来就被世人非议；有独到见识的人，肯定会被普通人诋毁。愚蠢的人对已经成功的事情还不明白，聪明的人在事情还未发生时就能预见。在开始办事时不能跟老百姓商量，而在事情办成后可以和他们共享快乐。讲求高深道理的人不迎合世俗，成就大功的人不跟众人共谋。因此圣人只要能使国家强大，不效法旧制；只要能对百姓有利，也不遵循旧礼。"秦孝公说："好。"甘龙说："不对。圣人不改变民俗而教化民心，聪明人不改变法度而治理国家。因循民俗而教化民心，不费力就能成功；沿用旧法来治理国家，官吏习惯而百姓安宁。"公孙鞅说："甘龙所说的，不过是世俗的说法。一般人安于旧有的习俗，学者拘泥于书本上的见闻。两种人做官守法还行，不能跟他们谈论旧法以外的事情。三代的礼制不同却能成就王业，五霸的法度不同却都能成就霸业。聪明的人制定法度，愚蠢的人被它制约；贤能的人改变礼制，平庸的人受它束缚。"杜挚说："没有百倍的利益，不改变法度；没有十倍的功用，不换掉器物。效法古代可以没有过错，遵循礼制可以没有偏差。"公孙鞅说："治理天下不是只用一种办法，有利于国家就不必效法古代。所以商汤、周武王不遵循古法却能统一天下，夏桀、商纣不改旧礼而灭亡。反对古法的人不用非难，而遵循旧礼的人也不值得肯定。"秦孝公说："好。"任命公孙鞅为左庶长，终于确定了变法的条令。

令民为什伍①，而相牧司连坐②。不告奸者腰斩，告奸者与斩敌首同赏，匿奸者与降敌同罚。民有二男以上不分异③者，倍其赋。有军功者，各以率受上爵；为私斗者，各以轻重被刑大小。僇（勠）力本业，耕织致粟帛多者复其身。事末利④及怠而贫者，举以为收孥⑤。宗室非有军功论，不得为属籍。明尊卑爵秩等级，各以差次；名田宅臣妾衣服以家次：有功者显荣，无功者虽富无所芬华。

◎**注释** ①〔什伍〕古代的户籍编制，居民十家为什，五家为伍。②〔牧司连坐〕牧司，监督举发。连坐，指因他人犯罪而与犯罪者有关系的人连带受刑的一种制度。③〔分异〕分开居住，即分家。商鞅变法的目的在于划小生产规模，确立以小家庭为单位的农民经济，鼓励各自谋生，努力从事生产，同时增加人口。 ④〔事末利〕指从事商贩之业。古代认为这是末业，而耕织才是本业。⑤〔收孥（nú）〕一人犯法，妻子连坐，没为官奴婢，谓之收孥。

◎**大意** 新法规定百姓十家为什而五家为伍，互相检举揭发，一家犯法十家连坐。不告发奸人的处以腰斩，告发奸人的跟斩敌人首级一样受赏，窝藏奸人的跟投降敌人一样受罚。百姓家有两个以上成年男子而不分家的，要加倍征收赋税。立了军功的，各按标准接受上一等的爵位；为私利争斗的，各按情节轻重处以大小不同的刑罚。努力从事农业生产，勤耕细织使粟米布帛丰产的，可以免除其徭役赋税。从事工商业和因懒惰而贫穷的，并其妻子，收入官府做奴婢。国君的宗亲经过评定没有军功的，不得列入宗室的谱牒。明确规定尊卑爵禄的等级，各按等级；占有田宅、奴婢的衣服样式按主人家地位的高低而定：有军功的享受荣耀，没有军功的即使富有也没有地方显示他的荣华。

　　令既具，未布，恐民之不信，已乃立三丈之木于国都市南门，募民有能徙置北门者予十金①。民怪之，莫敢徙。复曰"能徙者予五十金"。有一人徙之，辄予五十金，以明不欺。卒下令。

◎**注释** ①〔金〕古代的货币单位。

◎**大意** 新法已经拟定，还未公布，公孙鞅担心百姓不相信，就在都城市场南门竖了一根三丈长的木头，招募百姓中有能把它搬到北门的，赏给十金。百姓都感觉这事奇怪，没有人敢去移动。公孙鞅又宣布说"能移动的人赏五十金"。有一个人搬动了木头，公孙鞅就赏了他五十金，用这种办法表明没有欺骗百姓。然后终于公布了新法。

令行于民期年，秦民之国都言初令之不便者以千数。于是太子犯法。卫鞅曰："法之不行，自上犯之。"将法太子。太子，君嗣也，不可施刑，刑其傅公子虔①，黥②其师公孙贾。明日，秦人皆趋令。行之十年，秦民大说（悦），道不拾遗，山无盗贼，家给人足。民勇于公战，怯于私斗，乡邑大治。秦民初言令不便者有来言令便者，卫鞅曰"此皆乱化之民也"，尽迁之于边城。其后民莫敢议令。

◎**注释** ①〔其傅公子虔〕傅，官职名，太子的老师，负责教导太子。公子虔，战国时秦公子，秦孝公的大哥。②〔黥（qíng）〕在犯人脸上刺字并涂墨之刑，后亦施于士兵以防其逃跑。
◎**大意** 新法在民众中推行了一年，秦国百姓到国都投诉新法不适宜的人数以千计。这时太子触犯了新法。卫鞅说："新法行不通，是因为上面的人先触犯它。"要依法惩办太子。太子是国君的继承人，不能施加刑罚，就处罚了他的太傅公子虔，他的太师公孙贾被处以黥刑。第二天，秦国人都奉行新法了。新法实行了十年，秦国百姓非常高兴，路上不拾取他人丢失的财物，山中没有盗贼，家家富裕，人人饱暖。百姓勇敢为国作战，不敢为私利争斗，乡村和城市都治理得很好。秦国百姓当初说法令不适宜的，现在又来说法令适宜，卫鞅说"这些都是扰乱教化的人"，于是把他们都迁移到边疆。这以后百姓再也没有谁敢议论新法。

于是以鞅为大良造①。将兵围魏安邑②，降之。居三年，作为筑冀阙③宫庭于咸阳，秦自雍④徙都之。而令民父子兄弟同室内息者为禁。而集小乡邑聚⑤为县，置令、丞⑥，凡三十一县。为田开阡陌⑦封疆，而赋税平。平斗桶权衡丈尺⑧。行之四年，公子虔复犯约，劓⑨之。居五年，秦人富强，天子致胙⑩于孝公，诸侯毕贺。

◎**注释** ①〔大良造〕官职名，商鞅变法所建立的秦国早期军功爵制的最高级，在大良造之上没有其他爵位，相当于别国之相。②〔安邑〕魏国都城名，在今山西运城。③〔冀阙〕古时宫廷外的门阙。④〔雍〕指雍城，是东周时的秦国都城。⑤〔乡邑聚〕为当时的居民编制。聚，相当于现在的自然村。⑥〔令、丞〕县令、县丞。县令是秦汉以来一县的长官。县丞为县令之佐官。⑦〔阡陌〕指纵横交错的田间小路，南北叫阡，东西为陌。⑧〔斗桶权衡丈尺〕均为量器。⑨〔劓〕古代割掉鼻子的一种酷刑。⑩〔胙（zuò）〕古时天子祭祀后将祭肉赏赐诸侯，表示礼遇。

◎**大意** 于是让公孙鞅担任大良造。让他率兵包围魏国的安邑，使其投降了。过了三年，公孙鞅在咸阳兴建和修筑了城阙宫廷，秦国从雍迁都到咸阳。他下令禁止百姓父子兄弟同居一室。合并小乡、小邑和村落为县，设置县令、县丞，共三十一个县。废除井田上旧有的道路疆界，而使赋税平衡。统一度量衡。施行四年，公子虔又触犯法令，被处以劓刑。过了五年，秦国富裕强盛，周天子把祭肉送给秦孝公，诸侯都来祝贺。

其明年，齐败魏兵于马陵，虏其太子申，杀将军庞涓。其明年，卫鞅说孝公曰："秦之与魏，譬若人之有腹心疾，非魏并秦，秦即并魏。何者？魏居领（岭）阨①之西，都安邑，与秦界河而独擅山东之利。利则西侵秦，病则东收地。今以君之贤圣，国赖以盛。而魏往年大破于齐，诸侯畔（叛）之，可因此时伐魏。魏不支秦，必东徙。东徙，秦据河山之固，东乡（向）以制诸侯，此帝王之业也。"孝公以为然，使卫鞅将而伐魏。魏使公子卬②将而击之。军既相距（拒），卫鞅遗魏将公子卬书曰："吾始与公子欢，今俱为两国将，不忍相攻，可与公子面相见，盟，乐饮而罢兵，以安秦魏。"魏公子卬以为然。会盟已，饮，而卫鞅伏甲士而袭虏魏公子卬，因攻其军，尽破之以归秦。魏惠王兵数破于齐秦，国内空，日以削，恐，乃使使割河西之地献于秦以和。而魏遂去安邑，徙都大梁。梁惠王曰："寡人恨不用公叔座之言也。"卫鞅既破魏还，秦封之於、商③十五邑，号为商君。

◎**注释** ①〔领阨（è）〕山岭险要的地方。②〔公子卬〕魏武侯的儿子，魏惠王的异母弟弟，当时为魏国大将。③〔於、商〕古代城邑名。於在今河南西峡东，商在今陕西丹凤。

◎**大意** 第二年，齐国军队在马陵击败魏军，俘虏魏太子申，杀了将军庞涓。又过一年，公孙鞅劝秦孝公说："秦国与魏国，就像人有心腹之病，不是魏国吞并秦国，就是秦国吞并魏国。为什么呢？魏国盘踞在山岭险要的西部，建都安邑，与秦国以黄河为界，独占了崤山以东的地利。条件有利就可以西向侵扰秦国，条件不利还可以东向开拓领地。现在凭借大王的英明才干，已使秦国强盛。而魏国去年被齐国打得大败，诸侯背叛它，可以借此机会攻打魏国。魏国抵抗不住秦兵，肯定向东迁移。魏国向东迁移后，秦国就可以占据黄河、崤山的险固，向东控制诸侯，这是帝王的伟大事业。"秦孝公认为很对，派公孙鞅率兵攻打魏国。魏国派公子卬领兵迎击秦军。两军对峙，公孙鞅送信给魏将公子卬说："我当初与公子友好，如今为两国将领，不忍心互相攻伐，可以同公子会见，订立盟约，痛饮一番而后撤兵，以安定秦国和魏国。"魏公子卬认为很对。会盟结束，两方饮酒，公孙鞅埋伏的士兵突然袭击，捉住了魏公子卬，趁机攻打魏军，彻底打垮了魏军才撤兵回国。魏惠王的军队屡次败于齐国和秦国，国内空虚，势力渐衰，于是很恐惧，就派遣使者割让河西之地奉送给秦国以求和。最终魏国离开安邑，迁都到大梁。梁惠王说："我后悔当初没有听公叔座的意见。"公孙鞅打败魏军归来，秦国把於、商等十五个城邑封给他，称他商君。

商君相秦十年，宗室贵戚多怨望者。赵良①见商君。商君曰："鞅之得见也，从孟兰皋②，今鞅请得交，可乎？"赵良曰："仆③弗敢愿也。孔丘有言曰：'推贤而戴者进，聚不肖而王者退。'仆不肖，故不敢受命。仆闻之曰：'非其位而居之曰贪位，非其名而有之曰贪名。'仆听君之义，则恐仆贪位贪名也。故不敢闻命。"商君曰："子不说（悦）吾治秦与？"赵良曰："反听之谓聪，内视之谓明，自胜之谓强。虞舜有言曰：'自卑也尚矣。'君不若道虞舜之道，无为问仆矣。"商君曰："始秦戎翟（狄）之教，父子无别，同室而居。今我更制其教，而为其男女之别，大筑冀阙，营如鲁卫矣。子观我治秦也，孰与五羖大夫④贤？"赵良曰："千羊之皮，不如一狐之掖（腋）；千人之诺诺，不如一士之谔谔⑤。武王谔谔以昌，殷纣墨（默）墨（默）以亡。君若不非武王乎，则仆请终日正言而无诛，可乎？"商君曰："语有之矣，貌言华也，至言实也，苦言药也，甘言疾也。夫子果肯终日正言，鞅之药也。鞅将事子，子又何辞焉！"赵良曰："夫五羖大夫，荆之鄙人也。闻秦缪公之贤而愿望见，行而无资，自粥（鬻）于秦客，被褐食牛。期年，缪公知之，举之牛口之下，而加之百姓之上，秦国莫敢望焉。相秦六七年，而东伐郑，三置晋国之君，一救荆国之祸。发教封内，而巴⑥人致贡；施德诸侯，而八戎⑦来服。由余⑧闻之，款关请见。五羖大夫之相秦也，劳不坐乘⑨，暑不张盖，行于国中，不从车乘，不操干戈，功名藏于府库⑩，德行施于后世。五羖大夫死，秦国男女流涕，童子不歌谣，舂者不相杵⑪。此五羖大夫之德也。今君之见秦王也，因嬖人⑫景监以为主，非所以为名也。相秦不以百姓为事，而大筑冀阙，非所以为功也。刑黥太子之师傅，残伤民以骏（峻）刑，是积怨畜祸也。教之化民也深于命，民之效上也捷于令。今君又左建外易，非所以为教也。君又南面而称寡人，日绳秦之贵公子。《诗》曰：'相鼠有体，人而无礼，人而无礼，何不遄死。'以《诗》观之，非所以为寿也。公子虔杜门不出已八年矣，君又杀祝懽而黥公孙贾。《诗》曰：'得人者兴，失人者崩。'此数事者，非所以得人也。君之出也，后车十数，从车载甲，多力而骈胁者为骖乘⑬，持矛而操闟戟⑭者旁车而趋。此一物不具，君固不出。《书》曰：'恃德者昌，恃力者亡。'君之危若朝露，尚将欲延年益寿乎？则何不归十五都，灌园于鄙，劝秦王显岩穴之士⑮，养老存孤，敬父兄，序有功，尊有德，可以少（稍）安。君尚将贪商、於之富，宠秦国之教，畜百姓之怨，秦王一旦捐宾客而不立朝⑯，秦国之所以收君者，岂其微哉？亡可翘足而待。"商君弗从。

◎**注释** ①〔赵良〕秦国游说之士。②〔孟兰皋〕秦国游说之士。③〔仆〕古时男子对自己的谦称。④〔五羖（gǔ）大夫〕百里奚，事迹详见《秦本纪》。⑤〔谔谔（è）〕正言批评的样子。⑥〔巴〕古国名，在今重庆西北部。⑦〔八戎〕这里泛指西边的各戎狄国。⑧〔由余〕姬姓，名由余，字怀忠，祖先原为晋国人，因避乱逃到西戎，后来奉命出使秦国，被秦穆公任为上卿，帮助秦国称霸西戎，并使秦穆公成为春秋五霸。⑨〔坐乘〕即使再累也不在车上坐着，只是站着乘车。说明百里奚谦卑。⑩〔府库〕指国家收藏文书、财物和兵器的地方。⑪〔舂（chōng）者不相杵（chǔ）〕舂，把东西放在石臼或乳钵里捣掉皮壳或捣碎。杵，舂米或捶衣的木棒或其他工具。⑫〔嬖（bì）人〕指国君身边的近臣。⑬〔骈胁（pián xié）者为骖乘（cān chéng）〕骈胁，肌肉健壮而不显肋骨。骖乘，陪乘的人。古时乘车，尊者在左，御者在中，又一人在右，称车右或骖乘，由武士充任，负责警卫。⑭〔闟（xì）戟〕短矛。⑮〔岩穴之士〕指隐士，古时隐士多隐居山中，故称。⑯〔捐宾客而不立朝〕对居高位者死去的婉辞。

◎**大意** 商鞅做秦相十年，宗室贵戚很多人怨恨他。赵良去见商鞅。商鞅说：

"我能够见到您，是孟兰皋的介绍，现在我想与您结交，可以吗？"赵良说："我不敢奢望。孔丘有句话说：'推举贤才，拥戴者自然前来；招揽不贤的人，讲王道者便会离去。'我不才，所以不敢从命。我听说：'处于不属于自己的官位叫贪位，拥有不属于自己的名望叫贪名。'我如果接受您的深情厚谊，恐怕我就成了贪位贪名之人了。所以不敢从命。"商鞅说："您不高兴我治理秦国吗？"赵良说："反思自己叫聪，省察自己叫明，克制自己叫强。虞舜有句话说：'自处卑下者更受尊崇。'您不如遵从虞舜的道理，不要问我了。"商鞅说："当初秦国风俗和戎狄一样，父子没有分别，同室而居。现在我改变了这种风俗，使他们男女有别，大筑城阙，治理得像鲁国和卫国一样了。您看我治理秦国，与五羖大夫相比谁更贤能？"赵良说："一千张羊皮，比不上一只狐狸的腋毛；一千人随声附和，比不上一个人抗言直谏。周武王因为大臣抗言直谏而兴盛，殷纣王因为大臣默默不语而灭亡。您如果不否定周武王，那么我请求整天直言而不受处罚，可以吗？"商鞅说："古话说，表面应酬的话是华美的，真心话是实在的，苦涩的话是药物，甜言蜜语是疾病。您果真愿意终日直言，就是我治病的药物。我将侍奉您，您又何必推辞呢！"赵良说："五羖大夫是楚国边鄙之人，他听说秦穆公贤明想去拜见他，想动身却没有路费，就把自己卖给秦国人，身穿粗布短衣喂牛。一年后，秦穆公知道了他，把他从卑贱的地位提拔起来，凌驾在百官之上，秦国没有谁敢埋怨。他做秦相六七年，向东进攻郑国，三立晋君，一次阻止楚国北进之患。在国内施行教化，巴国人都来纳贡；给诸侯施加恩德，四境的夷族前来归附。由余听闻，叩关求见。五羖大夫做秦相时，劳累了也不在车上坐着，热天不张伞盖，在都城中行走，没有跟从的车队，不拿防卫的武器，因而他的功名记在府库收藏的史册中，德行流传到后代。五羖大夫去世，秦国的男女都流泪，儿童也不唱歌，春谷人送杵时也不呼喊。这就是五羖大夫的德行。现在您能见到秦王，是通过宠臣景监的介绍，这不是求取声名的正常途径。您做秦相不以百姓利益为重，却大筑城阙，这不是建立功业的正常办法。对太子的师傅处以惩罚和黥刑，用严刑酷法残害百姓，这是积蓄仇恨和灾祸。对百姓的改变教令比国君的命令还深刻，百姓听从教令比听从国君的命令还迅速。现在您又以邪僻的做法建立威权，对外改变君命，这就不是教化。您又在商、於封地南面称君，每天都以新法制裁秦国的贵公子。《诗·相鼠》中说：'看那老鼠都有肢体，人却没有礼仪；人没有礼仪，为什么不快快死去？'从《诗》中的诗句来看，您的作为就不值得祝福了。公子虔闭门不出已经八年了，您又杀死祝懽而判处公孙贾黥刑。《诗》中说：'得到人心的兴盛，失去人心的崩溃。'您做的这几件事，是不得人心的。您出行时，后面随从的车子有十几辆，随从的车上载着穿甲的武士，力大而肌肉发达的大汉做随从，拿着长矛短戟的士兵在车旁奔驰。这些东西一样不齐备，您必然不出门。《尚书》上说：'依仗德行的昌盛，依仗暴力的灭亡。'您的危险就像早晨的露水，还想要延年益寿吗？那么为什么不交还十五座都邑，到偏僻的地方浇灌菜园，劝秦王任用隐居山林的贤士，赡养老人、抚育孤儿，敬重父兄，录用有功的人，尊敬有德的人，这样可以稍微安全点。您如果贪恋商、於的财富，专擅秦国的教令，积聚百姓的怨怒，秦王一旦驾崩，秦国想要抓捕您的人，难道还会少吗？您的死亡只要一抬足就会到来。"商鞅没有听从赵良的劝告。

后五月而秦孝公卒，太子立。公子虔之徒告商君欲反，发吏捕商君。商君亡至关①下，欲舍客舍②。客人不知其是商君也，曰："商君之法，舍人无验③者坐之。"商君喟然叹曰："嗟乎，为法之弊一至此哉！"去之魏。魏人怨其欺公子卬而破魏师，弗受。商君欲之他国。魏人曰："商君，秦之贼。秦强而贼入魏，弗归，不可。"遂内（纳）秦。商君既复入秦，走商邑，与其徒属发邑兵北出击郑④。秦发兵攻商君，杀之于郑黾池。秦惠王车裂⑤商君以徇，曰："莫如商鞅反者！"遂灭商君之家。

◎**注释** ①〔关〕即函谷关，在今河南灵宝东北。②〔舍客舍〕第一个舍，动词，住。第二个舍，名词，旅店。③〔验〕像路条之类的可证明身份的证件。④〔郑〕秦县名，在今陕西华州。⑤〔车裂〕古代酷刑，俗称五马分尸。
◎**大意** 五个月后秦孝公去世，太子即位。公子虔的党徒告发商鞅要谋反，派官吏逮捕商鞅。商鞅逃到边境的关口，想住旅店。旅店主人不知道他是商鞅，说："按照商君的法令，留宿没有凭证的客人连带判罪。"商鞅深深地叹息道：

"唉，新法的贻害到了这种地步。"他逃离秦国前往魏国。魏国人恨他欺骗公子卬打败魏军，拒绝收留他。商鞅想去投奔别的国家。魏国人说："商鞅是秦国的逃犯。秦国强大而逃犯逃到魏国，不送回去是不行的。"于是就把商鞅送回秦国。商鞅又回到秦国，跑到商邑，跟他的部属发动城中军队向北袭击郑。秦国出兵攻打商鞅，在郑县的黾池杀了他。秦惠王又把商鞅五马分尸后示众，说："不要像商鞅那样造反。"于是杀了商鞅全家。

太史公曰：商君，其天资刻薄人也。迹其欲干孝公以帝王术，挟持浮说，非其质矣。且所因由嬖臣，及得用，刑公子虔，欺魏将卬，不师赵良之言，亦足发明商君之少恩矣。余尝读商君《开塞》《耕战》书，与其人行事相类。卒受恶名于秦，有以也夫！

◎**大意** 太史公说：商鞅天性是残忍少恩的人。考察他当初想用帝王之道请求秦孝公任用，只不过是华而不实的表面话，并不是他的本意。再说他投靠受宠幸的小臣，等到被重用，处罚公子虔，欺诈魏将公子卬，不听从赵良的话，也足以证明商鞅的残忍寡恩了。我曾读过商鞅的《开塞》《耕战》等文章，所谈的内容跟他的行事相类似。最后在秦国落了个叛逆的罪名，是有来由的！

◎**释疑解惑**

对于商鞅这个人物，司马迁的评价相对来讲还是比较客观的。先是肯定了他变法的历史功绩："行之十年，秦民大说，道不拾遗，山无盗贼，家给人足。民勇于公战，怯于私斗，乡邑大治。"在商鞅变法的功效和秦国由于变法而得以富强，并为日后统一天下奠定了基础这些史实的记载上，司马迁是很认真求实的。同时，由于个人经历，司马迁痛恨苛法酷刑，因此对商鞅的评价有褒有贬。司马迁既鄙视商鞅通过国君身边嬖臣引荐而接近秦孝公的方式，又看不起商鞅一味迎合秦孝公的政治投机行为。对于商鞅"刑公子虔，欺魏将卬，不师赵良之言"的种种举动，司马迁以商鞅"天资刻薄""少恩"概言之，由此可知，他对商鞅的个人品德持尖锐的批评态度。如果说刻薄少恩是司马迁否定商鞅的第一个原因，那么，变法中过于苛刻严酷的连坐法，就是司马迁批判商鞅的第二个原因。而且，司马迁也认为商鞅最后的悲惨结局是其性格刻薄少恩所致。

◎ **思考辨析题**

    1. "商君相秦十年，宗室贵戚多怨望者"的主要原因是什么？

    2. 司马迁评论商鞅变法的主要标准是什么？谈谈你对这一标准的认识。

苏秦列传第九

战国时期，周王室进一步衰微，而诸侯国越发强大，齐、楚、燕、赵、韩、魏、秦七国成为其中实力较强的诸侯国。尤其是秦国，在秦孝公任用商鞅变法之后，综合国力一跃而上，其余六国都十分畏惧。在这个时候，面对天下大势，出现了两种截然不同的政治主张，一曰合纵，一曰连横。简单来说，合纵是"合众弱以攻一强"，即实力较弱的国家联合起来对抗实力更强的国家，以保住自身；连横则为"事一强以攻众弱"，即通过向强国称臣的方式与强国联合，攻打实力不足的国家而保住自身。而这两种主流政治手段的推行者，于合纵乃以苏秦为代表，于连横则以张仪为代表。由此，司马迁在《史记》中相继作《苏秦列传》和《张仪列传》，阐明二人以合纵与连横之策游说各诸侯国并对当时形势产生影响的过程。

《苏秦列传》是苏秦与他的两个弟弟苏代和苏厉的传记，前面大半部分是苏秦的传记，后面一小部分则是苏代和苏厉的传记。

苏秦的传记大致可分为九个部分。从"苏秦者，东周雒阳人也"至"方诛商鞅，疾辩士，弗用"为第一部分。这部分叙写苏秦乃鬼谷子的学生，外出游说多年，却没有人肯任用。家人觉得他不管生计是舍本逐末的行为，而他不改初衷，依旧勤奋读书，终于悟出了揣摩游说对象心理而加以游说的方法。然而，他先游说了周显王与秦王，都没有得到任用。从"乃东之赵"至"子必欲合从以安燕，寡人请以国从"为第二部分。从此开始便是苏秦游说六国的过程及其说辞。先写苏秦来到赵国，而当时赵国相国奉阳君不相信苏秦，因此，苏秦没能见到赵肃侯。后来他又来到燕国，为燕文侯详细分析了燕国的地理特征及国家优势，并进一步讲明燕国与赵国的关系，建议燕文侯联合赵国后再联合其他诸侯国，一起对抗暴秦。最终，燕文侯接受了苏秦的建议。从"于是资苏秦车马金帛以至赵"至"乃饰车百乘，黄金千溢，白璧百双，锦绣千纯，以约诸侯"为第三部分。这部分叙写在燕文侯的支持下，苏秦再次来到赵国。因奉阳君已死，苏秦得以见到赵肃侯并进行游说。他为赵肃侯分析了赵国的外患，并详细说明赵国联合五国与联合秦国的各种利弊，又从地理位置上分析了赵国的优势，奉劝赵国与五国联合。赵肃侯接受了苏秦的建议。从"是时周天子致文、武之胙于秦惠王"至"今主君诏以赵王之教，敬奉社稷以从"为第四部分，叙写苏秦游说韩宣王的过程。当时秦国进一步强大，且对魏国发动攻击，并企图向东进军。苏秦以韩国盛产良弓宝剑及兵士勇猛的优势，来劝说韩宣王与五国联合，韩宣王也接受了苏秦的建议。从"又说魏襄王曰"至"今主君以赵王之诏诏之，敬以国从"为第五部分。这部分叙写苏秦前去游说魏襄王，以魏国的地理优势与人口众多来阐明魏国的实力，并奉劝魏襄王不要臣服于秦国，而是要联合五国抗秦。魏襄王接受了苏秦的建议。从"因东说齐宣王曰"至"今足下以赵王诏诏之，敬以国从"为第六部分，叙写苏秦对齐宣王的游说。当时齐国的实力仅次于秦国，于是苏秦以齐国军队精良、人口众多等优势劝说齐宣王，并举例说明秦国根本无法威胁到齐国，故而不应该向秦国称臣，而应联合五国共同对抗秦国。齐宣王接受了苏秦的建议。从"乃西南说楚威王曰"至"今主君欲一天下，收诸侯，存危国，寡人谨奉社稷以从"为第七部分，叙写苏秦游说楚威王的过程。苏秦称楚国凭借地理位置和楚威王的贤明，完全有称霸的资本，而楚国与秦国素有仇怨，所以楚威王一定要联合五国对抗秦国，避免被狼子野心的秦国吞并。楚威王接受了苏秦的建议。从"于是六国从合而并力焉"至"秦兵不敢窥函谷关十五年"为第八部分。这部分叙写苏秦成功游说六国君主后，六国合力抗秦，而苏秦也得以担任六国纵约长，备受恩赏。苏秦回到家乡，昔日嘲笑过他的亲戚都换了一副嘴脸对待他，不过，苏秦还是将自己所得到的赏赐分给了亲戚和曾经对自己有恩德的人。苏秦的合纵之策，也使秦国在十五年内都没有轻易攻打六国。从"其后秦使犀首欺齐、魏，与共伐赵"至"燕闻之曰：'甚矣，齐之为苏生报仇也！'"为第九部分。这部分叙写六国合纵之约因为各种利益逐渐瓦解，而苏秦为燕国到齐国为官，被想和他争权的齐国大夫派刺客杀死，而苏秦在死前已设计好陷阱使齐国抓住凶手为自己报了仇。苏秦的弟弟苏代和苏厉也以游说谋略见长，以下便是对苏代与苏厉事迹的叙述，其中又以苏代的事迹为主。主要可分为三个部分。从"苏秦既死,其事大泄"至"而苏代、苏厉遂不敢入燕,皆终归齐,齐善待之"为第一部分,写苏秦死后,苏代与苏厉也以纵横术游说燕王,但因燕国大臣子之之乱,苏代和苏厉逃奔至齐国。从"苏代过魏,魏为燕执代"至"竟破齐,湣王出走"为第二部分,写苏代在给燕昭王的信中指出燕国如何打败齐国,使得燕昭王重新赏识苏代。从"久之,秦召燕王,燕王欲往"至"代、厉皆以寿死,名显诸侯"为第三部分,主要记录苏代给燕昭王的信中劝说他不要接受邀请前往秦国,苏代因此又被燕国重用。

最后是司马迁的论赞,旨在表明以时间为序详写苏秦事迹的原因是,世人因不理解苏秦的游说之术而误以为他是一个反复无常的小人。司马迁指出,苏秦的游说之术本来就是善于通达权变的,而苏秦说服六国合纵抗秦,使秦国与六国因相互忌惮而保持了十五年的平稳关系,这是苏秦的功劳。因此,苏秦不应该只担负骂名。所以司马迁要详细叙述苏秦的事迹,不让苏秦的真实面目被抹黑。

苏秦者,东周雒阳人也。东事师于齐,而习之于鬼谷先生[①]。

◎**注释** ①〔鬼谷先生〕即鬼谷子。相传为纵横家之祖。
◎**大意** 苏秦是东周雒阳人。他曾经东行到齐国去拜师,在鬼谷先生那里学习。

出游数岁,大困而归。兄弟嫂妹妻妾窃皆笑之,曰:"周人之俗,治产业,力工商,逐什二以为务[①]。今子释本而事口舌,困,不亦宜乎!"苏秦闻之而惭,自伤,乃闭室不出,出其书遍观之。曰:"夫士业已屈首受书，而不能以取尊荣，虽多亦奚以为！"于是得周书《阴符》②，伏而读之。期年，以出揣摩③，曰："此可以说当世之君矣。"求说周显王④。显王左右素习知苏秦，皆少之，弗信。

◎**注释**　①〔逐什二以为务〕意为以追求其中十分之二的利润为第一要务。什二，十分之二。②〔《阴符》〕古代兵书，即《汉书·艺文志》"诸子略·道家"中《太公》一书，传说是西周姜太公吕尚所著。《太公》包括《谋》八十一篇，《言》七十一篇，《兵》八十五篇。《阴符》即其中的谋略部分。③〔揣摩〕此处指苏秦读书所学到的揣摩游说对象心理而加以利用的游说方法。④〔周显王〕东周君主，姬姓，名扁。

◎**大意**　苏秦外出游历了几年，极其穷困地回到家里。他的哥哥、弟弟、嫂子、妹妹、妻子、侍妾背地里都讥笑他，说："周人的生活习俗，是治理产业，从事工商业，以追求其中十分之二的利润为第一要务。现在你放弃本业而卖弄口舌，不得意，不是很自然的吗！"苏秦听到这话感到惭愧，暗自伤心，就关门不出，拿出全部藏书阅读一遍，说："读书人已经接受书中所讲的道理，却不能凭此取得荣华富贵，即使读书再多又有什么用处！"于是得到周地流传的书《阴符》，埋头苦读。一年后，他悟出了揣摩人心意的诀窍，说："凭此可以游说当代的国君了。"他请求游说周显王，周显王的左右近臣一向熟悉了解苏秦，都轻视他，不相信他的游说之辞。

乃西至秦。秦孝公①卒。说惠王②曰："秦四塞之国，被山带渭③，东有关河，西有汉中，南有巴蜀，北有代马，此天府也。以秦士民之众，兵法之教，可以吞天下，称帝而治。"秦王曰："毛羽未成，不可以高蜚（飞）；文理未明，不可以并兼④。"方诛商鞅，疾辩士，弗用。

◎**注释**　①〔秦孝公〕秦献公的儿子，战国时秦国君主。②〔惠王〕即秦惠文王嬴驷，秦孝公的儿子，战国时秦国君主。③〔被山带渭〕指背靠群山而襟带渭河。④〔并兼〕兼并，即统一天下。

◎**大意**　苏秦就西行到了秦国，这时秦孝公已死。苏秦就游说秦惠王道："秦国是四面都有天险的国家，背靠群山而襟带渭河，东边有函谷关和黄河，西边有汉中，南边有巴郡和蜀都，北边有代地胡马之利，这是天然的府库。凭着秦国众多的百姓，严格的军事训练，可以吞并天下，成就帝业而长治久安。"秦惠王说："鸟的羽毛没有长成，不能高飞；国家的政治没有走上正路，不能兼并天下。"秦国刚杀了商鞅，憎恨能言善辩的人，没有任用苏秦。

乃东之赵。赵肃侯①令其弟成为相，号奉阳君。奉阳君弗说（悦）之。

◎**注释**　①〔赵肃侯〕赵肃侯赵语，战国时赵国君主，赵成侯的儿子，赵武灵王的父亲。

◎**大意**　苏秦就东行到了赵国。赵肃侯任用他的弟弟赵成为相国，号称奉阳君。奉阳君讨厌苏秦。

去游燕，岁余而后得见。说燕文侯①曰："燕东有朝鲜、辽东，北有林胡、楼烦，西有云中、九原，南有滹沱②、易水，地方二千余里，带甲数十万，车六百乘，骑六千匹，粟支数年。南有碣石③、雁门之饶，北有枣栗之利，民虽不佃作④而足于枣栗矣。此所谓天府者也。

◎**注释**　①〔燕文侯〕即燕后文公，姬姓，燕后桓公的儿子，战国时燕国君主。②〔滹沱（hū tuó）〕即滹沱河，在今河北西部。③〔碣（jié）石〕山名，在今河北昌黎北。④〔佃（tián）作〕从事农业生产。

◎**大意** 苏秦去游说燕国,一年多后才被召见。于是他游说燕文侯道:"燕国东边有朝鲜、辽东,北边有林胡和楼烦,西边有云中、九原,南边有滹沱河、易水,土地方圆两千多里,兵士几十万,战车六百辆,战马六千匹,粮食可以供给几年。南面有碣石、雁门的肥沃土地,北边有枣子、栗子的收益,百姓即使不耕种田地而枣子、栗子的收入也够用了。这就是人们所说的天然府库。

"夫安乐无事,不见覆军杀将,无过燕者。大王知其所以然乎?夫燕之所以不犯寇被甲兵者,以赵之为蔽其南也。秦赵五战①,秦再胜而赵三胜。秦赵相毙,而王以全燕制其后,此燕之所以不犯寇也。且夫秦之攻燕也,逾云中、九原,过代、上谷,弥地②数千里,虽得燕城,秦计固不能守也。秦之不能害燕亦明矣。今赵之攻燕也,发号出令,不至十日而数十万之军军于东垣矣。渡滹沱,涉易水,不至四五日而距国都矣。故曰秦之攻燕也,战于千里之外;赵之攻燕也,战于百里之内。夫不忧百里之患而重千里之外,计无过于此者。是故愿大王与赵从亲③,天下为一,则燕国必无患矣。"

◎**注释** ①〔秦赵五战〕此为苏秦假设之辞。②〔弥地〕指整个土地。③〔从亲〕合纵相亲,指六国合纵结为联盟。

◎**大意** "安居乐业没有战争,看不到覆败的军队、被杀的将领,没有能比得上燕国的。大王知道其中的原因吗?燕国不被侵犯和遭受战争,是因为赵国在南面做了屏障。秦国、赵国之间打了五次仗,秦国两次取胜而赵国三次取胜。秦国、赵国互相拼杀,而大王以完好的燕国从背后牵制它,这就是燕国不受侵犯的原因。况且秦国攻打燕国,要越过云中、九原,经过代郡、上谷,穿行几千里,即使能攻下燕城,秦国也会考虑到根本守不住。秦国不能危害燕国也就很明显了。现在赵国要是攻打燕国,发布号令,不到十天,几十万大军就会进驻东垣了。接着渡过滹沱,涉过易水,不到四五天就能抵达燕国都城了。所以说秦国攻打燕国，是在千里之外作战；赵国攻打燕国，是在百里之内作战。不担心百里之内的祸患，却看重千里之外的战争，策略上的错误再没有比这更严重的了。因此我希望大王与赵国合纵亲善，使天下结为一体，那么燕国肯定没有外患了。"

文侯曰："子言则可，然吾国小，西迫强赵，南近齐，齐、赵强国也。子必欲合从以安燕，寡人请以国从。"

◎**大意** 燕文侯说："你的话虽然对，但是我国很小，西边靠近强大的赵国，南边接近齐国，齐国、赵国是强国。先生一定想要用合纵联盟来保证燕国的安全，我愿意以燕国相从。"

于是资苏秦车马金帛以至赵。而奉阳君已死，即因说赵肃侯曰："天下卿相人臣及布衣之士，皆高贤君之行义，皆愿奉教陈忠于前之日久矣。虽然，奉阳君妒而君不任事，是以宾客游士莫敢自尽于前者。今奉阳君捐馆舍①，君乃今复与士民相亲也，臣故敢进其愚虑。

◎**注释** ①〔捐馆舍〕抛弃所居住的馆舍，即死亡的委婉说法。
◎**大意** 于是燕文侯资助苏秦车马、金子、布帛，让他去赵国。而奉阳君已经死了，苏秦就趁机游说赵肃侯道："天下的卿相大臣和平民身份的读书人，都敬重您这位贤明君主的操行节义，早就想听从您的教导，在您面前倾诉忠言。尽管这样，奉阳君嫉妒贤能而您又不理事，因此宾客和游说之士没有谁敢在您面前尽心效力。现在奉阳君已经死了，您如今又与士人、民众相亲近，我这才敢进献愚昧的意见。

"窃为君计者，莫若安民无事，且无庸有事于民也。安民之本，在于择交，择交而得则民安，择交而不得则民终身不安。请言外患：齐秦为两敌而民不得安，倚秦攻齐而民不得安，倚齐攻秦而民不得安。故夫谋人之主，伐人之国，常苦出辞断绝人之交也。愿君慎勿出于口。请别白黑，所以异阴阳而已矣。君诚能听臣，燕必致旃（毡）裘①狗马之地，齐必致鱼盐之海，楚必致橘柚之园，韩、魏、中山皆可使致汤沐②之奉，而贵戚父兄皆可以受封侯。夫割地包利，五伯（霸）之所以覆军禽（擒）将而求也；封侯贵戚，汤武之所以放弑而争也。今君高拱③而两有之，此臣之所以为君愿也。

◎**注释** ①〔旃（zhān）裘〕指毛制的衣服。②〔汤沐〕即汤沐邑，是周代的一种制度，指诸侯朝见天子，而天子赐以王畿以内的、供住宿和斋戒沐浴的封邑。后来则指受封者收取赋税的私邑。③〔高拱〕将双手高拢在袖中，比喻安坐而不需要有所作为。

◎**大意** "我私下为您考虑，不如安定百姓平安无事，并且不要生事，劳烦百姓。安定百姓的根本，在于选择邦交。邦交选择得当，百姓就能安定；邦交选择不得当，百姓就一辈子不能安定。请允许我再说说外患：把齐国和秦国作为两个敌人，百姓就无法安定；投靠秦国攻打齐国，百姓不能安定；投靠齐国攻打秦国，百姓也不能安定。所以谋害别人的君主，攻打别人的国家，常常苦于公开断绝跟别人的外交。希望您谨慎，不要把这种意思说出口。请允许我以辨别黑色和白色做比方，这是为了区别阴阳罢了。您真能听我的，燕国一定会献出盛产毛毡、皮衣和良狗、良马的土地，齐国一定会献上盛产鱼和盐的海域，楚国一定会献上盛产橘子和柚子的园林，韩国、魏国、中山国也都会献出供您收取赋税的私邑，而您尊贵的亲戚父兄都可以得到封侯的奖赏。让别国割让土地垄断权利，这是五霸打败敌军、俘虏敌将才能求到的；让自己尊贵的亲戚封侯，这是商汤和周武王流放和杀死国君才争到的。现在您高高地拱起手而两种好处都得到了，这是我替您希望得到的结果。

"今大王与秦①，则秦必弱韩、魏；与齐，则齐必弱楚、魏。魏弱则割河外，韩弱则效宜阳，宜阳效则上郡绝，河外割则道不通，楚弱则无援。此三策者，不可不孰（熟）计②也。

◎**注释** ①〔与秦〕指和秦国交往、交好。②〔孰计〕仔细谋划，周密考虑。
◎**大意** "现在大王如果支持秦国，那么秦国就一定会削弱韩国和魏国；如果支持齐国，那么齐国就一定会削弱楚国和魏国。魏国被削弱就会割让黄河以南的土地，韩国被削弱就会献出宜阳，献出宜阳就会使上郡处于绝境，割让黄河以南的土地而通往上郡的道路就会断绝，楚国被削弱而赵国就失去了外援。这三种策略，不能不仔细考虑啊。

"夫秦下轵道，则南阳危；劫韩包周，则赵氏自操兵；据卫取卷，则齐必入朝秦。秦欲已得乎山东，则必举兵而向赵矣。秦甲渡河逾漳，据番吾，则兵必战于邯郸之下矣。此臣之所为君患也。

◎**大意** "秦军攻占轵道，那么南阳就危险；夺取韩国的南阳，包围周之雒阳，那么赵国人就得自己拿起武器；占据卫国夺取卷城，那么齐国人一定会向秦国称臣。秦国的欲望在山东地区得到满足后，一定会发兵进攻赵国。秦国的精锐士兵渡过黄河、越过漳河，占据番吾，那么秦国和赵国的军队一定会在邯郸城下交战。这就是我所替您忧虑的。

"当今之时，山东之建国莫强于赵。赵地方二千余里，带甲数十万，车千乘，骑万匹，粟支数年。西有常山，南有河漳，东有清河，北有燕国。燕固弱国，不足畏也。秦之所害①于天下者莫如赵，然而秦不敢举兵伐赵者，何也？畏韩、魏之议其后也。然则韩、魏，赵之南蔽也。秦之攻韩、魏也，无有名山大川之限，稍蚕食之，傅②国都而止。韩、魏不能支秦，必入臣于秦。秦无韩、魏之规③，则祸必中④于赵矣。此臣之所为君患也。

◎**注释** ①〔害〕忌恨，忌惮。②〔傅〕靠近，迫近。③〔规〕阻隔。④〔中（zhòng）〕正对上目标。

◎**大意** "当今，在山东一带建立的国家，没有比赵国更强大的。赵国的土地方圆两千多里，有精兵几十万，有战车千辆，有战马万匹，粮食可以供应好几年。西面有常山，南面有黄河、漳河，东面有清河，北面有燕国。燕国本来就是个弱国，不值得害怕。天下诸国中秦国最想攻取的没有谁比得上赵国，然而秦国不敢发兵攻打赵国，为什么呢？是怕韩国、魏国在背后谋算。这样看来，韩国和魏国就是赵国南边的屏障。秦国进攻韩国和魏国，没有名山大川的阻隔，逐渐蚕食，逼近韩国和魏国的都城才罢休。韩国、魏国不能抵挡秦国，一定会向秦国臣服。秦国没有韩国、魏国的阻隔，那么灾祸就必然落到赵国的头上。这就是我替您忧虑的地方。

"臣闻尧无三夫之分①，舜无咫尺之地②，以有天下；禹无百人之聚，以王诸侯；汤武之士不过三千，车不过三百乘，卒不过三万，立为天子：诚得其道也。是故明主外料其敌之强弱，内度其士卒贤不肖③，不待两军相当而胜败存亡之机固已形于胸中矣，岂揜（掩）于众人之言而以冥冥决事哉！

◎**注释** ①〔三夫之分〕古代一个农夫耕地一百亩，故"三夫之分"即指三百亩土地。②〔咫尺之地〕即指一小块土地。比喻微小，距离近。③〔贤不肖〕贤与不肖是一对反义词，即有才能的、没有才能的。

◎**大意** "我听说唐尧没有三夫的田地，虞舜没有尺寸的土地，他们却能拥有天下；夏禹没有聚集一百人，却在诸侯中称王；商汤、周武王的射手不过三千，战车不过三百辆,兵士不过三万人,却登位做了天子:他们确实掌握了谋取天下的策略。因此贤明的君主对外能预料敌人的强弱,对内能衡量自己士兵的好坏,不等两军对抗交战而胜败存亡的先机就已在胸中形成了,怎么会被一般人的言论所蒙蔽而糊里糊涂地决定大事呢!

"臣窃以天下之地图案之,诸侯之地五倍于秦,料度①诸侯之卒十倍于秦,六国为一,并力西乡(向)而攻秦,秦必破矣。今西面而事之,见臣于秦②。夫破人之与破于人也,臣人之与臣于人也,岂可同日而论哉!

◎**注释** ①〔料度〕料想与揣度。②〔见臣于秦〕"见"为助词,表示被动。见臣于秦,指被秦国当作臣下。

◎**大意** "我私下根据天下的地图来推算,各诸侯国的土地是秦国的五倍,估计各诸侯国的士兵是秦国的十倍。六个诸侯国成为一体,合力向西攻打秦国,秦国一定会被打败。现在您面向西侍奉秦国,向秦国称臣。打败别人与被别人打败,使别人做臣子与做别人的臣子,难道可以同日而语吗!

"夫衡人①者,皆欲割诸侯之地以予秦。秦成,则高台榭,美宫室,听竽瑟之音,前有楼阙轩辕,后有长姣美人,国被秦患而不与其忧。是故夫衡人日夜务以秦权恐猲②诸侯以求割地,故愿大王孰(熟)计之也。

◎**注释** ①〔衡人〕指持连横主张的人。连横指张仪游说六国共同侍奉秦国的主张。②〔恐猲(hè)〕恐吓。

◎**大意** "那些主张连横策略的人,都想把诸侯国的土地割给秦国。秦国成就了霸业,他们就可以高筑楼台亭阁,装饰宫殿房屋,听美妙的音乐,前边有楼阁宫阙、高大的辕门，后边有高挑的美女，诸侯国遭受秦国的祸害而主张连横策略的人不分担忧患。所以说主张连横策略的人日夜都用秦国的权威来恫吓威胁诸侯国，要求割让土地，希望大王仔细考虑这个问题。

"臣闻明主绝疑去谗，屏（摒）流言之迹，塞朋党之门，故尊主广地强兵之计臣得陈忠于前矣。故窃为大王计，莫如一韩、魏、齐、楚、燕、赵以从亲，以畔（叛）秦①。令天下之将相会于洹水②之上，通质③，刳④白马而盟。要约曰：'秦攻楚，齐、魏各出锐师以佐之，韩绝其粮道，赵涉河漳，燕守常山之北。秦攻韩魏，则楚绝其后，齐出锐师而佐之，赵涉河漳，燕守云中。秦攻齐，则楚绝其后，韩守城皋，魏塞其道，赵涉河漳、博关，燕出锐师以佐之。秦攻燕，则赵守常山，楚军武关，齐涉勃海，韩、魏皆出锐师以佐之。秦攻赵，则韩军宜阳，楚军武关，魏军河外，齐涉清河，燕出锐师以佐之。诸侯有不如约者，以五国之兵共伐之。'六国从亲以宾秦，则秦甲必不敢出于函谷以害山东矣。如此，则霸王之业成矣。"

◎**注释** ①〔畔秦〕即背叛秦国，与秦国绝交。②〔洹（huán）水〕又名安阳河，在今河南北部。③〔通质〕指六国之间相互交换人质。④〔刳（kū）〕杀，割。

◎**大意** "我听说贤明的君主决断疑难、排除谗言，摒除流言的来源，堵塞结党营私的门路，所以我才能在您面前陈述推尊主上、扩充土地、增强兵力的计谋。因此私下为您谋划，不如将韩国、魏国、齐国、楚国、燕国、赵国联合为一体，相互亲近，凭此对抗秦国。让天下的将、相在洹水边举行盟会，互相交换人质，杀白马结盟誓。订立盟约说：'如果秦国军队攻打楚国，齐国和魏国各自出动精兵援助楚国，韩国军队断绝秦国军队的运粮道路，赵国军队渡过黄河、漳河，燕国军队防守在常山北面。如果秦国军队攻打韩国和魏国，那么楚国军队就截断秦国军队的后路，齐国出动精兵援助，赵军渡过黄河、漳河，燕国军队防守云中。

如果秦国军队攻打齐国,那么楚国军队就截断它的后路,韩国军队防守成皋,魏国军队堵住秦国军队进攻的要道,赵国军队渡过黄河、漳河,通过博关,燕国也派精兵援助。如果秦国军队攻打燕国,那么赵国军队防守常山,楚国驻军武关,齐国军队渡过渤海,韩国、魏国都出精兵援助。如果秦国军队攻打赵国,那么韩国就驻军宜阳,楚国驻军武关,魏国屯军河外,齐国军队渡过清河,燕国也派精兵支援。各诸侯国有不遵守盟约的,便联合五国军队共同讨伐它,六国合纵共同对抗秦国,那么秦国军队一定不敢出函谷关来危害山东各国了。这样,霸王的事业就成功了。"

赵王曰:"寡人年少,立国日浅,未尝得闻社稷之长计也。今上客有意存天下,安诸侯,寡人敬以国从。"乃饰车百乘,黄金千溢(镒)①,白璧百双,锦绣千纯②,以约诸侯。

◎ **注释** ①〔溢〕通"镒",重量单位。②〔纯〕本义为蚕丝,这里用作数量单位。

◎ **大意** 赵肃侯说:"我年纪轻,继承赵国王位的时间很短,还没有听过治国的长远之计。现在您这样尊贵的客人有心保全天下,安定诸侯,我愿意让赵国依从您的策略。"就资助苏秦有纹彩装饰的车子一百辆,金子一千镒,白璧一百对,锦绣一千匹,用来邀约各诸侯国结盟。

是时周天子致文、武之胙①于秦惠王。惠王使犀首②攻魏,禽(擒)将龙贾③,取魏之雕阴,且欲东兵。苏秦恐秦兵之至赵也,乃激怒张仪,入之于秦。

◎ **注释** ①〔致文、武之胙〕用来祭祀周文王、周武王的祭肉。②〔犀首〕原是战国时魏国的武官名,后因公孙衍曾担任过这一官职,故常常用来借称公孙衍。这里即指时任秦国大良造的公孙衍。③〔龙贾〕战国时魏国将军。

◎**大意** 这时的周天子把祭祀文王、武王的祭肉赐给秦惠王。秦惠王派犀首率秦军攻打魏国，活捉魏将龙贾，攻占了魏国的雕阴，并打算向东进军。苏秦担心秦军打到赵国，就用计激怒张仪，逼张仪投奔秦国。

于是说韩宣王[①]曰："韩北有巩洛、成皋之固，西有宜阳、商阪[②]之塞，东有宛、穰[③]、洧水，南有陉山，地方九百余里，带甲数十万，天下之强弓劲弩皆从韩出。谿子、少府时力、距来[④]者，皆射六百步之外。韩卒超足而射[⑤]，百发不暇止，远者括（栝）蔽洞胸[⑥]，近者镝弇心[⑦]。韩卒之剑戟皆出于冥山、棠溪、墨阳、合赙[⑧]、邓师、宛冯、龙渊、太阿，皆陆断牛马，水截鹄雁，当敌则斩。坚甲、铁幕、革抉[⑨]、㕹芮[⑩]，无不毕具。以韩卒之勇，被（披）坚甲，跖[⑪]劲弩，带利剑，一人当百，不足言也。夫以韩之劲与大王之贤，乃西面事秦，交臂而服，羞社稷而为天下笑，无大于此者矣。是故愿大王孰（熟）计之。

◎**注释** ①〔韩宣王〕即韩宣惠王韩康，亦称韩威侯、韩宣王，韩昭侯的儿子，战国时韩国君主。②〔商阪（bǎn）〕指秦国的商邑武关。③〔穰（ráng）〕地名，在今河南邓州东南。④〔谿子、少府，时力、距来〕谿子、少府所生产的时力弓与距来弓。时力弓与距来弓都是当时的良弓。⑤〔超足而射〕两脚用力踩踏从而使弓箭不停地发射。这是一种特殊的连弩箭，可以通过踩踏来发射。⑥〔括蔽洞胸〕指射箭穿过蔽体之物和胸膛。⑦〔镝弇（dí yǎn）心〕指箭头可以深深射入心脏。⑧〔合赙（fù）〕战国时韩国地名，在今河南西平西。此地以铸剑而闻名。⑨〔铁幕、革抉〕铁幕，以铁叶制成的臂衣。革抉，以皮革制成的臂衣。⑩〔㕹芮（fá ruì）〕㕹为盾，芮为用以系盾的绶带。⑪〔跖〕踏。

◎**大意** 于是苏秦游说韩宣王道："韩国北面有巩洛、成皋的险固，西面有宜阳、商阪的要塞，东面有宛、穰和洧水，南面有陉山，土地方圆九百多里，精锐军队几十万，天下张力强劲的弓弩都产自韩国。谿子、少府制造的时力弓和距来弓弩，都能射到六百步以外，韩国士兵抬脚踏射连弩，连续发射一百多支箭而不停歇，远的能射穿胸部，近的能射穿心房。韩国士兵持有的剑戟都出产于冥山、棠溪、墨阳、合赙、邓师、宛冯、龙渊、太阿，都能在陆地上斩杀牛马，在水中截击天鹅和大雁，一与敌人交战就能斩杀对方。坚固的铠甲、铁衣、皮制的臂衣、系在盾牌上的绶带，没有不具备的。凭着韩军的勇敢，身穿坚甲，脚踏劲弩，腰佩利剑，一个人抵挡一百个人，也不在话下。凭着韩军的强大和大王的贤明，竟然向西方去侍奉秦国，拱手称臣，使国家蒙受耻辱而被天下人耻笑，没有比这更严重的了。因此希望大王仔细考虑这件事。

"大王事秦，秦必求宜阳、成皋。今兹效之，明年又复求割地。与则无地以给之，不与则弃前功而受后祸。且大王之地有尽而秦之求无已，以有尽之地而逆无已之求，此所谓市怨①结祸者也，不战而地已削矣。臣闻鄙谚曰：'宁为鸡口，无为牛后。'②今西面交臂而臣事秦，何异于牛后乎？夫以大王之贤，挟强韩之兵，而有牛后之名，臣窃为大王羞之。"

◎**注释** ①〔市怨〕这里是说割地给秦相当于用土地去买取仇怨。②〔宁为鸡口，无为牛后〕宁可做鸡的嘴巴，也不做牛的屁股。因为鸡的嘴巴虽然小，但是用来吃食物的；牛的屁股尽管大，却是用来排泄粪便的。

◎**大意** "大王侍奉秦国，秦国一定会索取宜阳、成皋。如果现在献给秦国，秦国明年又会要求割让土地。给他却没有那么多土地可给，不给他就会前功尽弃并带来后患。而且大王的土地有限而秦国的索取没有止境，拿有限的土地去满足没有止境的索取，这就是所谓的埋了仇恨、种下祸根，还没有交战而土地已经被削夺了。我听民间有俗话说：'宁愿做鸡的嘴巴，也不做牛的屁股。'现在向西拱手称臣、侍奉秦国，跟牛屁股有什么区别呢？凭着大王的贤明，拥有强大的韩军，却蒙受牛屁股的丑名，我私下替大王感到羞愧。"

于是韩王勃然作色,攘臂瞋目①,按剑仰天太息曰:"寡人虽不肖,必不能事秦。今主君诏以赵王之教,敬奉社稷以从。"

◎**注释** ①〔攘臂瞋(chēn)目〕捋起袖子露出胳膊,表示振奋;瞪大眼睛,表示愤怒。
◎**大意** 这时韩宣王一下子变了脸色,捋起袖子,瞪大眼睛,握紧宝剑,仰头望天而大声叹气说:"我尽管不算贤能,但也不会侍奉秦国。现在您转告了赵王的指教,我诚恳地把国家交您安排。"

又说魏襄王①曰:"大王之地,南有鸿沟、陈、汝南、许、郾②、昆阳、召陵、舞阳、新都、新郪③,东有淮、颍、煮枣、无胥,西有长城之界,北有河外卷、衍、酸枣,地方千里。地名虽小,然而田舍庐庑④之数,曾无所刍牧⑤。人民之众,车马之多,日夜行不绝,輷輷殷殷⑥,若有三军之众。臣窃量大王之国不下楚。然衡人怵⑦王交强虎狼之秦以侵天下,卒(猝)有秦患,不顾其祸。夫挟强秦之势以内劫其主,罪无过此者。魏,天下之强国也;王,天下之贤王也。今乃有意西面而事秦,称东藩,筑帝宫,受冠带,祠春秋⑧,臣窃为大王耻之。

◎**注释** ①〔魏襄王〕魏襄王嗣,魏惠王的儿子,战国时魏国君主。②〔郾(yǎn)〕古郾子国,至战国时其地属魏国,在今河南郾城南。③〔新郪(qī)〕古地名,在今安徽太和赵庙。④〔庐庑(wǔ)之数(cù)〕庐庑,房屋。数,稠密。⑤〔刍(chú)牧〕割草放牧。⑥〔輷輷(hōng)殷殷〕拟声词,即轰轰隆隆的车轮声。⑦〔怵〕使恐惧,恐吓。⑧〔祠春秋〕每年春秋季节向秦国贡献祭祀的贡品。
◎**大意** 苏秦又游说魏襄王道:"大王的国土,南面有鸿沟、陈、汝南、许、郾、昆阳、召陵、舞阳、新都、新郪,东面有淮河、颍河、煮枣、无胥,西面有长城作为边界，北面有河外的卷、衍、酸枣，土地方圆千里。国土面积名义上虽小，但田地房屋十分密集，连放养牲畜的地方都没有。人民众多，车马成群，日夜奔驰，络绎不绝，轰轰隆隆，那声势好像是三军士兵发出来的。我私下估计大王的国家并不比楚国小。然而主张连横策略的人想恐吓大王同虎狼一样的秦国交往，来侵吞天下，这样当魏国突然有一天受到秦国加害的时候，其他诸侯国不会分担忧患。那种仗着强秦的势力而对内胁迫自己的国君，罪过没有比这更严重的了。魏国是天下强大的国家，大王是天下贤明的君王。您现在竟然有意向西侍奉秦国，自称为秦国的东方属国，为秦国建造帝王的行宫，接受秦国的服饰制度，春秋两季给秦国献物助祭，我私下替大王感到羞愧。

"臣闻越王句践战敝卒三千人，禽（擒）夫差于干遂；武王卒三千人，革车三百乘，制纣于牧野：岂其士卒众哉，诚能奋其威也。今窃闻大王之卒，武士二十万，苍头①二十万，奋击②二十万，厮徒③十万，车六百乘，骑五千匹。此其过越王句践、武王远矣，今乃听于群臣之说而欲臣事秦。夫事秦必割地以效实④，故兵未用而国已亏矣。凡群臣之言事秦者，皆奸人，非忠臣也。夫为人臣，割其主之地以求外交，偷取一时之功而不顾其后，破公家而成私门，外挟强秦之势以内劫其主，以求割地，愿大王孰（熟）察之。

◎**注释** ①〔苍头〕以青巾裹头的兵士。②〔奋击〕能奋力击敌的士卒，即精锐兵士。③〔厮徒〕指军队中的后勤人员。④〔效实〕贡献实物。

◎**大意** "我听说越王句践用三千战败的兵士作战，最终在干遂活捉吴王夫差；周武王的士兵只有三千人，蒙着皮革的战车三百辆，最终在牧野制服殷纣王：难道是他们的士兵多吗？实在是因为能够发挥出自己的威力罢了。现在我私下听说大王的士兵，武士有二十万，以青巾裹头的兵士有二十万，冲锋陷阵的精兵有二十万，后勤兵有十万，战车有六百辆，战马有五千匹。这些都远远超过了越王句践、周武王，您现在却听信群臣的话而打算称臣侍奉秦国。侍奉秦国就一定要割让土地来表示诚意，所以还没有动用军队而国家已经亏损了。凡是群臣中主张侍奉秦国的人，都是奸臣，不是忠臣。他们作为人臣，割让自己国君的土地来求得和外国结交，只求取得一时的成功而不顾这样所带来的后果，破坏公家的利益而成就私家的利益，对外仗着强秦的势力而对内胁迫自己的国君，由此割让土地给秦国，希望大王仔细审查这种情况。

"《周书》曰：'绵绵不绝，蔓蔓奈何？豪（毫）氂（厘）不伐，将用斧柯。①'前虑不定，后有大患，将奈之何？大王诚能听臣，六国从亲，专心并力壹意，则必无强秦之患。故敝邑赵王使臣效愚计，奉明约，在大王之诏诏之。"

◎**注释** ①〔豪氂不伐，将用斧柯〕应该在藤蔓尚且微小时就斩锄，否则，等它长大蔓延了，就需要更大的力气才能除去。

◎**大意** "《周书》上说：'细微时不斩断，蔓延开了怎么办？在毫厘大小时不砍伐，长大了就得使用斧头。'事前不考虑成熟，事后就会有大祸患，那时怎么办？大王果真能听从我的意见，使六国合纵结盟相亲近，专心并力、统一意志，一定不会遭受强秦侵犯的祸患。所以敝国的赵王派我来献出计策，奉上明确的公约，全靠大王的诏命去号召大家。"

魏王曰："寡人不肖，未尝得闻明教。今主君以赵王之诏诏之，敬以国从。"

◎**大意** 魏襄王说："我不够贤明，没听到过高明的指教。现在您用赵王的诏命来指教，我诚恳地让魏国依从您。"

因东说齐宣王曰："齐南有泰山，东有琅邪，西有清河，北有勃海，此所谓四塞之国也。齐地方二千余里，带甲数十万，粟如丘山。三军之良，五家之兵^①，进如锋矢，战如雷霆，解如风雨。即有军役，未尝倍（背）泰山，绝清河，涉勃海也。临菑之中七万户，臣窃度之，不下户三男子，三七二十一万，不待发于远县，而临菑之卒固已二十一万矣。临菑甚富而实，其民无不吹竽鼓瑟，弹琴击筑，斗鸡走狗，六博蹋鞠^②者。临菑之涂（途），车毂击，人肩摩，连衽成帷，举袂成幕，挥汗成雨，家殷人足，志高气扬。夫以大王之贤与齐之强，天下莫能当。今乃西面而事秦，臣窃为大王羞之。

◎**注释** ①〔五家之兵〕牛鸿恩曰："齐国不设郡而设都，凡五都。都之长官曰'大夫'，如'即墨大夫''阿大夫'是也。五都皆驻有常备军队，称'五都之兵'。'大夫'之领地称'家'，故'五都之兵'亦称'五家之兵'。"盖亦即齐国之兵。齐之五都指临淄、即墨、莒、平陆、阿。或说无阿有高唐。②〔六博蹋鞠〕六博，古代的一种博戏，共有十二棋子，六白六黑，投六箸行六棋。蹋鞠，古代一种蹴球游戏，与今天的足球运动相类似。

◎**大意** 苏秦接着又到东方游说齐宣王道："齐国的南面有泰山，东面有琅琊山，西面有清河，北面有渤海，这就是人们所说的四面都有要塞的国家。齐国土地方圆两千多里，精兵几十万，粮食堆积如山。全军精良，驻守五大都城的精兵，前进时像锋利的箭一样快，作战时像雷霆一样威猛，撤退时像风雨一样迅急。就是有军事行动，敌人也从未翻过泰山，横渡清河，乘船渡过渤海。临菑城内有七万户人家，我私下估计，每户的男子不少于三个，七万户就是二十一万人，不用到远处的县乡去征发，单是临菑的士卒就有二十一万了。临菑十分富裕，这里的人没有不会吹竽鼓瑟、弹琴击筑、斗鸡赛狗、下棋踢球的。临菑的道路上，车轴撞击，人肩摩擦，行人的衣襟连接起来就成了帷帐，行人举起袖子就成了幕布，抹洒汗水就成了雨滴，家家殷实，人人富足，志向高远，意气昂扬。凭着大王的贤明和齐国的富强，天下没有谁能对抗。现在您却向西侍奉秦国，我私下为大王感到羞愧。

"且夫韩、魏之所以重畏秦者，为与秦接境壤界也。兵出而相当，不出十日而战胜存亡之机决矣。韩、魏战而胜秦，则兵半折，四境不守；战而不胜，则国已危，亡随其后。是故韩、魏之所以重与秦战，而轻为之臣也。今秦之攻齐则不然。倍（背）韩、魏之地，过卫阳晋之道，径乎亢父之险，车不得方轨①，骑不得比行，百人守险，千人不敢过也。秦虽欲深入，则狼顾②，恐韩、魏之议其后也。是故恫疑虚喝③，骄矜而不敢进，则秦之不能害齐亦明矣。

◎**注释** ①〔方轨〕指两车并行。②〔狼顾〕狼天性机敏狡诈，因此在走路时常会回头观看动静。这里用来比喻有所畏惧。③〔恫疑虚喝〕虚张声势，使人害怕。

◎**大意** "再说韩国、魏国十分害怕秦国，是因为和秦国的边境相连接。军队出动交锋，不超过十天而胜败存亡的趋势就决定了。韩国、魏国如果战胜了秦国，军队也会损失一半，四面的边境也无力防守；韩国、魏国如果不能战胜秦国，那么国家就已危险，亡国之祸也会随之而来。所以韩国、魏国把与秦国交战看得很重，而轻易就对秦国称臣了。现在秦国要攻打齐国就不能这样。秦国背靠韩国、魏国的土地，越过卫国阳晋的通道，经历亢父的险要关塞，战车不能并排通过，骑兵不能并肩行走，只要用一百人守住险地，一千人也过不去。秦国虽想要深入，但像狼一样时时回顾，害怕韩国、魏国从背后谋算它。因此虚张声势，使人害怕，狂妄自大而不敢冒失前进，那么秦国不能危害齐国也就很明显了。

"夫不深料秦之无奈齐何，而欲西面而事之，是群臣之计过也。今无臣事秦之名而有强国之实，臣是故愿大王少留意计之。"

◎**大意** "不能充分估计到秦国对齐国无可奈何这一点，却想向西侍奉秦国，这是群臣策略上的失误。现在如果能听从我说的，就可使齐国没有臣服秦国的丑名而有强国的实效，我因此希望大王稍微考虑一下。"

齐王曰："寡人不敏，僻远守海，穷道东境之国也，未尝得闻余教。今足下以赵王诏诏之，敬以国从。"

◎**大意** 齐宣王说："我不聪明，居住在偏僻遥远的地方，守着大海，齐国是一个道路险阻的东方边境上的国家，没能听到您的教诲。现在您带着赵王的诏命来开导我，我愿意让齐国依从您的安排。"

乃西南说楚威王①曰："楚，天下之强国也；王，天下之贤王也。西有黔中②、巫郡，东有夏州、海阳，南有洞庭、苍梧，北有陉塞、郇阳③，地方五千余里，带甲百万，车千乘，骑万匹，粟支十年。此霸王之资也。夫以楚之强与王之贤，天下莫能当也。今乃欲西面而事秦，则诸侯莫不西面而朝于章台④之下矣。

◎**注释** ①〔楚威王〕楚宣王的儿子，战国时楚国君主。②〔黔中〕战国时楚国设置黔中郡，在今湖南、江西一带。③〔陉（xíng）塞、郇（xún）阳〕陉塞，在今河南漯河东。郇阳，在今陕西旬阳东北。④〔章台〕秦国宫殿名。
◎**大意** 苏秦又前往西南去游说楚威王道："楚国是天下强大的国家，大王是天下贤明的君主。楚国的西面有黔中、巫郡，东面有夏州、海阳，南面有洞庭湖、苍梧山，北面有陉塞山、郇阳，土地方圆五千多里，精兵有一百万，战车有一千辆，战马有一万匹，粮食储备够十年用的。这就是建立霸王大业的资本。以楚国的强大和您的贤明，天下没有谁能抗衡。现在却想西向侍奉秦国，那么诸侯国就没有哪个不向西在章台之下朝拜秦国了。

"秦之所害莫如楚，楚强则秦弱，秦强则楚弱，其势不两立。故为大王计，莫如从亲以孤秦。大王不从亲，秦必起两军，一军出武关，一军下黔中，则鄢郢①动矣。

◎**注释** ①〔鄢（yān）郢〕春秋时楚文王定都于郢，楚惠王初曾迁都于鄢，仍号郢，因此用"鄢郢"来代指楚国都城。

◎**大意** "秦国所忧虑的国家没有能比得上楚国的，楚国强秦国就弱，秦国强楚国就弱，这种对抗势头是不能同时存在的。所以我替大王考虑，不如用合纵联盟来孤立秦国。大王不合纵联盟，秦国一定会出动两支军队，一支军队从武关出击，一支军队进攻黔中，那么楚国国都就要受到威胁了。

"臣闻治之其未乱也，为之其未有也。患至而后忧之，则无及已。故愿大王蚤（早）孰（熟）计之。

◎**大意** "我听说在乱子还没发生时就要治理，在兆头还没出现时就要制止。祸患临头而后忧虑它，就来不及了。所以希望大王及早考虑这事。

"大王诚能听臣，臣请令山东之国奉四时之献，以承大王之明诏，委社稷，奉宗庙①，练士厉兵②，在大王之所用之。大王诚能用臣之愚计，则韩、魏、齐、燕、赵、卫之妙音美人必充后宫，燕、代橐③驼良马必实外厩。故从合则楚王，衡成则秦帝。今释霸王之业，而有事人之名，臣窃为大王不取也。

◎**注释** ①〔奉宗庙〕献出宗庙，即交出国家的政权。②〔厉兵〕磨砺兵器，使其锋利。③〔橐（tuó）驼〕指骆驼。

◎**大意** "大王真能听从我的意见，我愿让山东各诸侯国奉献四季的礼物，来接受大王的英明指示。把国家委托给您，把宗庙交给您，训练兵士、修治兵器，听凭大王调遣。大王要真能采纳我这不高明的计策，那么韩国、魏国、齐国、燕国、赵国、卫国的美妙音乐和美丽女人一定会充满您的后宫，燕国、代地的骆驼、良马就会填满您的马厩。所以合纵结盟成功楚国就称王，连横策略成功秦国

苏秦列传第九

就称帝。现在放弃霸王的事业,却蒙受侍奉别人的名声,我私下认为这种做法不可取。

"夫秦,虎狼之国也,有吞天下之心。秦,天下之仇雠也。衡人皆欲割诸侯之地以事秦,此所谓养仇而奉雠者也。夫为人臣,割其主之地以外交强虎狼之秦,以侵天下,卒有秦患,不顾其祸。夫外挟强秦之威以内劫其主,以求割地,大逆不忠,无过此者。故从亲则诸侯割地以事楚,衡合则楚割地以事秦,此两策者相去远矣,二者大王何居焉?故敝邑赵王使臣效愚计,奉明约,在大王诏之。"

◎**大意**　"秦国是像虎狼一样的国家,有并吞天下的野心。秦国是天下的仇敌。主张连横策略的人都想割让诸侯国的土地来侍奉秦国,这就是人们所说的供养仇人而侍奉敌人。作为臣子,割让自己国君的土地来对外结交像虎狼一样强暴的秦国,达到侵略别国的目的,最终遭受秦国侵犯却不顾及这种灾祸。对外倚仗强暴的秦国的威势,用来对内胁迫自己的国君,由此求得割让土地的目的,大的叛逆和不忠,没有超过这个的了。所以合纵结盟,各诸侯国就会割让土地来侍奉楚国;连横策略成功,楚国就要割让土地侍奉秦国,这两种策略相差太远了,大王在这二者中选择哪一种呢?所以敝国的赵王派我献上不高明的计谋,奉上明确的盟约,全在大王的指示。"

楚王曰:"寡人之国西与秦接境,秦有举巴蜀并汉中之心。秦,虎狼之国,不可亲也。而韩、魏迫于秦患,不可与深谋,与深谋恐反人以入于秦,故谋未发而国已危矣。寡人自料以楚当秦,不见胜也;内与群臣谋,不足恃也。寡人卧不安席,食不甘味,心摇摇然如县(悬)旌①而无所终薄(泊)。今主君欲一天下,收诸侯,存危国,寡人谨奉社稷以从。"

◎ **注释**　①〔旌〕古代用羽毛装饰的旗子。

◎ **大意**　楚威王说："我的国家西面和秦国接壤，秦国有兼并巴蜀和汉中的心思。秦国是像虎狼一样的国家，不能亲近。而韩国、魏国为秦国的侵扰所威胁，不能与这两国进行深入的谋算，跟这两国进行深入的谋算，恐怕反而会背叛我去讨好秦国，所以谋算还没实施而国家就已经危险了。我自己估计用楚国来抵挡秦国，不见得能取胜；在朝廷内与群臣商议，他们不值得信赖。我睡觉睡不安稳，吃饭没味道，心神摇动就像悬挂的旗帜没有依附。现在您想统合天下为一体，收拢各诸侯国，保存危亡的国家，寡人恭敬地奉上楚国，依从您的谋划。"

于是六国从合而并力焉。苏秦为从约长，并相六国。

◎ **大意**　这个时候的六国合纵成功而同心合力。苏秦担任合纵联盟的盟约长，同时担任六国的相国。

北报赵王，乃行过雒阳，车骑辎重，诸侯各发使送之甚众，疑（拟）于王者。周显王闻之恐惧，除道，使人郊劳①。苏秦之昆弟妻嫂侧目不敢仰视，俯伏侍取食。苏秦笑谓其嫂曰："何前倨而后恭②也？"嫂委蛇蒲服③，以面掩地而谢曰："见季子④位高金多也。"苏秦喟然叹曰："此一人之身，富贵则亲戚畏惧之，贫贱则轻易之，况众人乎！且使我有雒阳负郭田⑤二顷，吾岂能佩六国相印乎！"于是散千金以赐宗族朋友。初，苏秦之燕，贷人百钱为资，乃得富贵，以百金偿之。遍报诸所尝见德者。其从者有一人独未得报，乃前自言。苏秦曰："我非忘子。子之与我至燕，再三欲去我易水之上，方是时，我困，故望子深，是以后子。子今亦得矣。"

◎ **注释**　①〔郊劳〕到郊外迎接并慰劳。②〔前倨而后恭〕先前傲慢无礼，后来又谦卑恭敬。比喻待人势利，态度转变迅速。③〔委蛇（wēi yí）蒲服〕匍匐在地上曲折爬行。④〔季子〕指小叔子。⑤〔负郭田〕靠近城郊的田地。

◎**大意**　苏秦北上报告赵肃侯，经过雒阳，随行的车辆、马匹装载着物资，诸侯国各自派遣很多使者护送他，气派能跟周王相比。周显王听到这事很吃惊，便派人清扫街道，在郊外迎接、慰劳他。苏秦的兄弟、妻子、嫂子伏在地上不敢仰头看他，俯伏着服侍他吃饭。苏秦笑着对他的嫂子说："你为什么以前傲慢现在却这样恭顺呢？"嫂子屈着身子匍匐前进，把脸贴着地面道歉说："我看见现在小叔子地位高、金钱多。"苏秦长长地叹息说："同样是我这个人，富贵了亲戚就敬畏我，贫贱了亲属就轻视我，何况是一般人呢！假如我当初在雒阳近郊有二顷耕地，怎么能佩上六国的相印呢！"于是他散发千金赏赐给宗族朋友。当初，苏秦到燕国，曾借别人一百钱作为路费，等到他富贵了，就偿还百金。一一报答曾有恩于他的人。有一个随从他的人没有得到报偿，就走上前自己说明。苏秦说："我不是忘记了你。你和我到燕国时，在易水边上再三要离开我，那时我穷困，因此怨恨你，所以把你放在最后。你现在也可以得到报偿了。"

苏秦既约六国从亲，归赵，赵肃侯封为武安君，乃投从约书于秦。秦兵不敢窥函谷关十五年。

◎**大意**　苏秦约定六国合纵结盟后，回到赵国，赵肃侯封他为武安君，他就把合纵的盟约文书送到秦国。秦国十五年不敢窥伺函谷关。

其后秦使犀首欺齐、魏，与共伐赵，欲败从约。齐、魏伐赵，赵王让苏秦。苏秦恐，请使燕，必报齐。苏秦去赵而从约皆解。

◎**大意**　后来秦国派犀首欺骗齐国、魏国，与齐国和魏国一起攻打赵国，想破坏合纵联盟。齐国、魏国攻打赵国，赵王责备苏秦。苏秦害怕，请求出使燕国，表示一定要报复齐国。苏秦离开赵国而后合纵联盟都瓦解了。

秦惠王以其女为燕太子妇。是岁，文侯卒，太子立，是为燕易王。易王初立，齐宣王因燕丧伐燕，取十城。易王谓苏秦曰："往日先生至燕，而先王资先生见赵，遂约六国从。今齐先伐赵，次至燕，以先生之故为天下笑，先生能为燕得侵地乎？"苏秦大惭，曰："请为王取之。"

◎**大意**　秦惠王把自己的女儿嫁给燕国的太子为妻。这一年，燕文侯逝世，太子继位，就是燕易王。燕易王刚继位，齐宣王趁着燕国在大丧时期攻打燕国，夺取了十座城池。燕易王对苏秦说："以前先生来到燕国，而后先王资助先生去见赵王，就约定六国合纵。现在齐国先攻打赵国，接着又攻打燕国，因为先生的原因让天下耻笑二国，先生能替燕国讨回被侵占的土地吗？"苏秦很惭愧，说："请让我替大王取回失地。"

苏秦见齐王，再拜，俯而庆，仰而吊。齐王曰："是何庆吊相随之速也？"苏秦曰："臣闻饥人所以饥而不食乌喙①者，为其愈充腹而与饿死同患也。今燕虽弱小，即秦王之少婿也。大王利其十城而长与强秦为仇。今使弱燕为雁行而强秦敝其后，以招天下之精兵，是食乌喙之类也。"齐王愀然变色②曰："然则奈何？"苏秦曰："臣闻古之善制事者，转祸为福，因败为功。大王诚能听臣计，即归燕之十城。燕无故而得十城，必喜；秦王知以己之故而归燕之十城，亦必喜。此所谓弃仇雠而得石交③者也。夫燕、秦俱事齐，则大王号令天下，莫敢不听。是王以虚辞④附秦，以十城取天下。此霸王之业也。"王曰："善。"于是乃归燕之十城。

◎**注释**　①〔乌喙（huì）〕中药附子的别称。附子如未经炮制直接使用，会造成心脏停搏、呼吸急促，甚至死亡，是一种毒药。②〔愀（qiǎo）然变色〕形容神色变得不愉快。③〔石交〕金石之交，比喻友谊如金石般坚固。④〔虚辞〕空洞的言辞，即空话，假话。

◎**大意**　苏秦会见齐宣王，连续叩拜，低下头而庆贺，仰起头而哀悼。齐宣王说："为什么庆贺和哀悼跟得这么快呢？"苏秦说："我听说饥饿的人再饿也不吃乌喙，因为用乌喙充腹与饿死是一样的结果。现在燕国虽然弱小，但是秦王的小女婿。大王贪图燕国十座城池，却长期跟强秦结仇。现在让弱小的燕国打头阵，而强秦在后保障，用来招引天下的精兵，这跟吃乌喙是一回事。"齐宣王紧张得变了脸色说："那怎么办？"苏秦说："我听说古时善于控制事态发展的人，能将灾祸转化为幸福，借失败的机会取得成功。大王真能采纳我的计策，就归还燕国的十座城。燕国白白收回十座城，一定会高兴；秦国得知您是因为秦国的缘故而归还了燕国的十座城，也一定会高兴。这就是人们所说的抛弃仇恨而得到金石之交。燕国、秦国都跟齐国交好，那么大王对天下发号施令，没有谁敢不听从。这就是说大王口头上依附秦国，用十座城取得天下。这是霸王的事业。"齐宣王说："好。"于是就把十座城归还燕国。

人有毁苏秦者曰："左右卖国反覆之臣也，将作乱。"苏秦恐得罪，归，而燕王不复官也。苏秦见燕王曰："臣，东周之鄙人也，无有分寸之功，而王亲拜之于庙而礼之于廷。今臣为王却齐之兵而攻得十城，宜以益亲。今来而王不官臣者，人必有以不信伤臣于王者。臣之不信，王之福也。臣闻忠信者，所以自为也；进取者，所以为人也。且臣之说齐王，曾非欺之也。臣弃老母于东周，固去自为而行进取也。今有孝如曾参，廉如伯夷，信如尾生。得此三人者以事大王，何若？"王曰："足矣。"苏秦曰："孝如曾参，义不离其亲一宿于外，王又安能使之步行千里而事弱燕之危王哉？廉如伯夷，义不为孤竹君之嗣，不肯为武王臣，不受封侯而饿死首阳山下。有廉如此，王又安能使之步行千里而行进取于齐哉？信如尾生，与女子期于梁下，女子不来，水至不去，抱柱而死。有信如此，王又安能使之步行千里却齐之强兵哉？臣所谓以忠信得罪于上者也。"燕王曰："若不忠信耳，岂有以忠信而得罪者乎？"苏秦曰："不然。臣闻客有远为吏而其妻私于人①者，其夫将来，其私者忧之，妻曰'勿忧，吾已作药酒待之矣'。居三日，其夫果至，妻使妾举药酒进之。妾欲言酒之有药，则恐其逐主母也；欲勿言乎，则恐其杀主父也。于是乎详（佯）僵而弃酒。主父大怒，笞之五十。故妾一僵而覆酒，上存主父，下存主母，然而不免于笞，恶在乎忠信之无罪也夫？臣之过，不幸而类是乎！"燕王曰："先生复就故官。"益厚遇之。

◎**注释**　①〔私于人〕指与人私通。

◎**大意**　有人向燕易王诋毁苏秦说："苏秦是个左右摇摆、出卖国家而反复无常的臣子，会作乱的。"苏秦害怕被定罪，就回到燕国，而燕易王不让他担任官职。苏秦求见燕易王说："我本是东周粗鄙的乡下人，没有半点功劳，大王却在宗庙里亲自封我为官，在朝廷上对我以礼相待。现在我替大王退了齐兵而收取十座城，应该更受信任。现在回来而大王不给我封官，肯定有人在大王面前用没有信义这样的话攻击我。我没有信义，正是大王的福分。我听说忠信之人，都是为自己的；讲求进取的人，则是为别人。况且我游说齐王，并没有欺骗他。我把老母抛在东周，本来就是丢掉了个人谋利益的打算。现在有人像曾参一样孝顺，像伯夷一样廉洁，像尾生一样守信，得到这样三个人来侍奉大王，怎么样？"燕王说："足够了。"苏秦说："像曾参一样孝顺，一定不会离开父母在外住一夜，大王又怎么能使他步行千里，替弱小的燕国与处在危险境地的燕王效劳呢？像伯夷一样廉洁，一定会坚守节义，不做孤竹君的继承人，不肯做周武王的臣子，不接受封侯的赏赐，而饿死在首阳山下。廉洁到这种地步，您又怎么能使他步行千里，到齐国去干进取的事业呢？像尾生一样守信，跟女子在桥下约会，女子没有来，洪水来了也不走，抱着桥柱被水淹死了。守信到这种程度，大王又怎么能让他步行千里去退却齐国的强兵呢？我可以说是因为忠信而得罪了在上位的人。"

燕易王说："您本来就不讲忠诚，哪里会因忠诚而得罪于人呢？"苏秦说："不是这样。我听说有个人到远方做官而妻子与人私通，丈夫快回来了，与妻子私通的人担心这事。妻子说'不要担心，我已经准备好药酒等着他了'。过了三天，她的丈夫果然回到家，妻子让侍妾把药酒送给丈夫。侍妾想说酒里有毒药，又担心主母被驱逐；不说吧，又担心主母毒死主父。于是她假装跌倒而抛洒了药酒。主父很生气，抽打了她五十下。侍妾跌倒而泼了药酒，对上保护了主父，对下保护了主母，然而免不了被抽打，怎么能说忠信就不会得罪人呢？我的过错，不幸的是正跟这事相似啊！"燕易王说："先生再做原来的官吧。"越发厚待苏秦了。

易王母，文侯夫人也，与苏秦私通。燕王知之，而事之加厚。苏秦恐诛，乃说燕王曰："臣居燕不能使燕重，而在齐则燕必重。"燕王曰："唯先生之所为。"于是苏秦详（佯）为得罪于燕而亡走齐，齐宣王以为客卿①。

◎**注释**　①〔客卿〕任用他国人为卿士，称为"客卿"。
◎**大意**　燕易王的母亲，是燕文侯的夫人，跟苏秦私通。燕易王知道了这事，对待他更优厚。苏秦担心被杀，就劝说燕易王道："我留在燕国不能提高燕国的地位，在齐国一定能提高燕国的地位。"燕易王说："先生怎么做都可以。"于是苏秦假装得罪了燕易王而逃奔齐国，齐宣王让他做客卿。

齐宣王卒，湣王即位，说湣王厚葬以明孝，高宫室大苑囿以明得意，欲破敝齐而为燕。燕易王卒，燕哙立为王。其后齐大夫多与苏秦争宠者，而使人刺苏秦，不死，殊而走①。齐王使人求贼，不得。苏秦且死，乃谓齐王曰："臣即死，车裂臣以徇于市，曰'苏秦为燕作乱于齐'，如此则臣之贼必得矣。"于是如其言，而杀苏秦者果自出，齐王因而诛之。燕闻之曰："甚矣，齐之为苏生报仇也！"

◎**注释**　①〔殊而走〕指重伤而逃跑。

◎**大意**　齐宣王死后，齐湣王继承齐国王位，苏秦劝说齐湣王用厚葬齐宣王来表明孝心，用高筑宫室、大建苑囿来表明得志，其实想要使齐国破败疲敝而有利于燕国。燕易王死后，姬哙继立为燕王。后来齐国许多大夫和苏秦争宠，派人行刺苏秦，苏秦没有死，重伤逃走了。齐湣王派人捉拿凶手，没有抓到。苏秦临死前，就对齐王说："我就要死了，死后把我五马分尸在街市上示众，说：'苏秦为了燕国在齐国作乱。'这样就可捉住行刺我的凶手。"于是齐湣王就按苏秦说的办，行刺苏秦的人果然自己站了出来，齐湣王因而杀了他。燕国听到这个消息说："太过分了，齐国竟用这种办法替苏先生报仇！"

　　苏秦既死，其事大泄。齐后闻之，乃恨怒燕。燕甚恐。苏秦之弟曰代，代弟苏厉，见兄遂，亦皆学。及苏秦死，代乃求见燕王，欲袭故事。曰："臣，东周之鄙人也。窃闻大王义甚高，鄙人不敏，释锄耨而干大王①。至于邯郸，所见者绌于所闻于东周，臣窃负其志。及至燕廷，观王之群臣下吏，王，天下之明王也。"燕王曰："子所谓明王者何如也？"对曰："臣闻明王务闻其过，不欲闻其善，臣请谒王之过。夫齐、赵者，燕之仇雠也；楚、魏者，燕之援国也。今王奉仇雠以伐援国，非所以利燕也。王自虑之，此则计过，无以闻者，非忠臣也。"王曰："夫齐者固寡人之仇，所欲伐也，直患国敝力不足也。子能以燕伐齐，则寡人举国委子。"对曰："凡天下战国七，燕处弱焉。独战则不能，有所附则无不重。南附楚，楚重；西附秦，秦重；中附韩、魏，韩、魏重。且苟所附之国重，此必使王重矣。今夫齐，长主而自用也②。南攻楚五年，畜聚竭；西困秦三年，士卒罢（疲）敝；北与燕人战，覆三军，得二将。然而以其余兵南面举五千乘之大宋，而包十二诸侯。此其君欲得，其民力竭，恶足取乎！且臣闻之，数战则民劳，久师则兵敝矣。"燕王曰："吾闻齐有清济、浊河可以为固，长城、钜防足以为塞，诚有之乎？"对曰："天时不与，虽有清济、浊河，恶足以为固！民力罢（疲）敝，虽有长城、钜防，恶足以为塞！且异日济西不师，所以备赵也；河北不师，所以备燕也。今济西河北尽已役矣，封内敝矣。夫骄君必好利，而亡国之臣必贪于财。王诚能无羞从子母弟以为质③，宝珠玉帛以事左右，彼将有德燕而轻亡宋，则齐可亡已。"燕王曰："吾终以子受命于天矣。"燕乃使一子质于齐。而苏厉因燕质子而求见齐王。齐王怨苏秦，欲囚苏厉。燕质子为谢，已遂委质为齐臣。

◎**注释** ①〔释锄耨而干（gān）大王〕指放弃耕作田地而向大王求取功名。锄耨，耕作的工具，这里借指耕作。干，求见。②〔长主而自用也〕长主，指齐王的年纪大。自用，指齐国自恃其强大。③〔从子母弟以为质〕将侄子和自己的亲弟弟送去作为人质。从子，兄弟之子，即侄子。

◎**大意** 苏秦死后，他暗地里损害齐国的事大多泄露了。齐国后来知道了这些事，十分怨恨燕国。燕国很害怕。苏秦的弟弟叫苏代，苏代的弟弟叫苏厉，他们看到哥哥得遂心意，也都学习纵横之术。苏秦死后，苏代就求见燕王姬哙，想仿效苏秦以前的做法。苏代说："我是东周粗鄙之人。私下听说大王的道义很高，鄙人不算聪明，放弃耕作田地而向大王求取功名。到了邯郸，看到的情况不如在东周听到的，我私下感到很失望。等来到燕国的朝堂，观察了大王的群臣和下属官吏，感到大王真是天下贤明的君主。"燕王说："先生所说的贤明的君主是什么样子呢？"苏代回答："我听说贤明的君王一定愿意听取自己的过失，不愿只听别人夸奖自己的优点，请大王允许我指出大王的过失。齐国和赵国是燕国的仇敌，楚国和魏国是燕国的援国。现在大王拥护仇敌来攻打援国，这对燕国是不利的。大王自己考虑，这是策略上的失误，不让大王知道这种失误，就不是忠臣。"燕王姬哙说："齐国本来就是寡人的仇敌，是我想讨伐的，只是担心国家衰弱、力量不够。先生能使燕国打败齐国，那么寡人就把整个国家交给您。"苏代对答："天下互相攻占的国家共有七个，燕国处于弱小的地位。独立作战不行，有所依附就会增强所依附国家的力量。南面依附楚国，楚国的力量就增强了；向西依附秦国，秦国的力量就增强了；在中部依附韩国、魏国，韩国、魏国的力量就增强了。况且如果所依附国家的力量增强了，一定会使大王的力量也增强。现在的齐国，国君年长而自恃其强。向南攻打楚国五年，积蓄用尽；向西困扰秦国三年，兵士疲敝；向北与燕国交战，覆没了三军，只捉了两员将领。然而以它残余的军队向南攻破拥有五千辆兵车的宋国，而且吞并十二个小国。这样，齐国君主的野心虽得到满足，但齐国的民力衰竭了。有什么可取之处呢！况且我听说，频繁作战就会使百姓劳苦，长期用兵就会使兵力疲敝。"燕王姬哙说："我听说齐国有清济、浊河可用来固守，有长城、钜防能够用作要塞，真是这样吗？"苏代回答："上天不给好的时运，即使有清济、浊河，哪能用来固守呢！百姓力量用尽，即使有长城、钜防，哪能用作要塞！况且从前济西的军队不能征用，是为了防备赵国；河北的军队也不能征用，是为了防备燕国。现在济西、河北的军队都已经征用了，境内防卫的兵力已经薄弱。那种骄横的君主必然贪利，而亡国的臣子一定贪财。大王真能不以侄子、同母弟做人质为耻，用宝珠、美玉、绢帛去拉拢齐王的亲信，他就会厚待燕国而轻易地消灭宋国，那么齐国就可以灭掉了。"燕王姬哙说："我终将因为先生而接受天命了。"燕国就派一个公子到齐国去做人质。而苏厉通过燕国的质子求见齐宣王。齐宣王怨恨苏秦，想要囚禁苏厉。燕国的质子代苏厉道歉，随后苏厉就委身做了齐国的臣子。

燕相子之与苏代婚，而欲得燕权，乃使苏代侍质子于齐。齐使代报燕，燕王哙问曰："齐王其霸乎？"曰："不能。"曰："何也？"曰："不信其臣。"于是燕王专任子之，已而让位，燕大乱。齐伐燕，杀王哙、子之。燕立昭王，而苏代、苏厉遂不敢入燕，皆终归齐，齐善待之。

◎**大意** 燕国的相国姬子之和苏代结为姻亲，而想取得燕国的大权，就派苏代到齐国去陪侍燕国的质子。齐宣王派苏代回报燕王姬哙，燕王姬哙问道："齐王大概要称霸了吧?"苏代答道:"不能。"燕王姬哙问:"为什么?"苏代答道:"齐王不信任他的大臣。"于是燕王姬哙把权力专门委任给子之,不久又让位给子之,燕国大乱。齐国军队进攻燕国,杀了燕王姬哙和子之。燕国人拥立燕昭王,而苏代、苏厉便不敢再进入燕国,都最终归属齐国,齐国优待他们。

苏代过魏,魏为燕执代。齐使人谓魏王曰:"齐请以宋地封泾阳君①,秦必不受。秦非不利有齐而得宋地也,不信齐王与苏子也。今齐魏不和如此其甚,则齐不欺秦。秦信齐,齐秦合,泾阳君有宋地,非魏之利也。故王不如东苏子②,秦必疑齐而不信苏子矣。齐秦不合,天下无变,伐齐之形成矣。"于是出苏代。代之宋,宋善待之。

◎**注释** ①〔泾阳君〕指秦昭王的弟弟嬴悝。②〔东苏子〕指让苏代回到东边的齐国。

◎**大意** 苏代路过魏国,魏国替燕国拘留了苏代。齐宣王派人对魏襄王说:"齐国请求把宋国的土地封给泾阳君,秦国肯定不接受。秦国不是不想控制齐国而取得宋国的土地,而是不相信齐王和苏先生。现在齐国、魏国不和已到了如此严重的地步,那么齐国就不会欺骗秦国了。秦国相信齐国。齐国、秦国联合,泾阳君拥有宋国的土地,这不是对魏国有利的事。所以大王不如让苏先生去东方,秦国必定怀疑齐国而不相信苏先生了。齐国、秦国不合作,天下形势没有变化,攻伐齐国的形势也就形成了。"魏国释放了苏代。苏代到了宋国,宋国优待他。

齐伐宋,宋急,苏代乃遗燕昭王书曰:

◎**大意** 齐国攻打宋国,宋国危急,于是苏代写信给燕昭王说:

夫列在万乘而寄质于齐,名卑而权轻;奉万乘助齐伐宋,民劳而实费；夫破宋，残楚淮北，肥大齐，仇强而国害：此三者皆国之大败也。然且王行之者，将以取信于齐也。齐加不信于王，而忌燕愈甚，是王之计过矣。夫以宋加之淮北，强万乘之国也，而齐并之，是益一齐也。北夷方七百里，加之以鲁、卫，强万乘之国也，而齐并之，是益二齐也。夫一齐之强，燕犹狼顾而不能支，今以三齐临燕，其祸必大矣。

◎**大意** 燕国居于拥有万辆兵车的大国地位却送人质到齐国，名声低下而权势轻微；奉献万辆兵车帮助齐国进攻宋国，百姓劳苦而财物耗费；攻破了宋国，残损了楚国的淮北，增强了齐国力量，仇敌强盛却使燕国受损害：这三种情况都是燕国的大祸。然而大王还是这样做，想用来取信于齐国。齐国却更加不相信大王，反而更忌恨燕国，这是大王的策略有过失。宋国再加上淮北这块土地，抵得上一个拥有万辆兵车的强国，而齐国吞并了它，等于又增加了一个齐国。山戎和北狄的土地方圆七百里，加上鲁国、卫国，也抵得上一个拥有万辆兵车的强国，齐国吞并了它，等于增加了两个齐国。只是一个强大的齐国，燕国就惊疑恐惧，对付不了，现在三个齐国的份量加到燕国的头上，这灾祸一定更大了。

虽然，智者举事，因祸为福，转败为功。齐紫败素也，而贾（价）十倍；越王句践栖于会稽，复残强吴而霸天下：此皆因祸为福，转败为功者也。

◎**大意** 尽管这样，聪明的人办事，能够变祸为福，转败为胜。齐国的紫帛是用劣质的白帛染成的，价格却翻了十倍；越王句践栖身在会稽，却又打败了强大的吴国而称霸天下：这都是变祸为福、转败为胜的事例。

今王若欲因祸为福，转败为功，则莫若挑霸齐而尊之，使使盟于周室，焚秦符，曰："其大上计，破秦；其次，必长宾（摈）之"。秦挟宾（摈）以待破，秦王必患之。秦五世伐诸侯，今为齐下，秦王之志苟得穷齐，不惮以国为功。然则王何不使辩士以此言说秦王曰："燕、赵破宋肥齐，尊之为之下者，燕、赵非利之也。燕、赵不利而势为之者，以不信秦王也。然则王何不使可信者接收燕、赵，令泾阳君、高陵君①先于燕、赵？秦有变，因以为质，则燕、赵信秦。秦为西帝，燕为北帝，赵为中帝，立三帝以令于天下。韩、魏不听则秦伐之，齐不听则燕、赵伐之，天下孰敢不听？天下服听，因驱韩、魏以伐齐，曰'必反（返）宋地，归楚淮北'。反（返）宋地，归楚淮北，燕、赵之所利也；并立三帝，燕、赵之所愿也。夫实得所利，尊得所愿，燕、赵弃齐如脱躧②矣。今不收燕、赵，齐霸必成。诸侯赞齐而王不从，是国伐也；诸侯赞齐而王从之，是名卑也。今收燕、赵，国安而名尊；不收燕、赵，国危而名卑。夫去尊安而取危卑，智者不为也。"秦王闻若说，必若刺心然。则王何不使辩士以此若言说秦？秦必取③，齐必伐矣。

◎**注释** ①〔高陵君〕指秦昭王的弟弟嬴显。②〔躧（xǐ）〕草鞋。③〔取〕指取信于秦国，与秦国结交。

◎**大意** 现在大王如果想要变祸为福，转败为胜，不如挑动齐国称霸并尊崇它，派使臣到周王室结盟，烧掉秦国的符信，说："最上等的计谋，是打败秦国；次一等的计谋，是一定要长久地排斥秦国。"秦国遭受排斥，面临被打败的威胁，秦王一定非常忧虑。秦国接连五代君主都攻打诸侯国，现在屈居齐国之下，秦王的愿望是假若能困住齐国，不惜倾注全国的力量求得成功。那么大王为什么不派遣能言善辩的人，游说秦王道："燕国、赵国攻破宋国壮大齐国，尊重它，并屈从它，燕国、赵国并不想从中得利。燕国、赵国得不到利益却顺势这样做，是因为不相信秦王。那么大王为什么不派遣一个可信赖的人联络燕国、赵国，让泾阳君、高陵君先到燕国、赵国？秦国一旦改变主意，燕国、赵国就可以把他们作为人质，那么燕国、赵国就会相信秦国了。秦国为西帝，燕国为北帝，赵国为中帝，拥立三帝来号令天下。韩国、魏国不听从而秦国攻打它，齐国不听从而燕国、赵国攻打它，天下谁还敢不服从？天下顺服听从了，就趁势驱使韩国、魏国去攻打齐国，就说'一定要交出宋国的土地，归还楚国的淮北'。交回宋国的土地，归还楚国的淮北，正是对燕国、赵国有利的；并立三帝，也是燕国、赵国所希望的。这样实际得到想得到的利益，地位尊显又是所愿意的，燕国、赵国抛弃齐国就会像脱掉草鞋似的。现在不联络燕国、赵国，齐国的霸业肯定成功。各诸侯国拥护齐国而大王不服从，这将使秦国遭到多国的攻打；各诸侯国拥护齐国而大王也服从，这将使秦国的名声降低。现在联络燕国、赵国，将使国家安定而且名声尊荣；不联络燕国、赵国，将使国家危险而且名声降低。放弃尊荣安宁却选择危亡卑下，聪明的人不这样干。"秦王听到这类话，感觉一定像心脏被针刺一样痛。那么大王为什么不派遣能言善辩的人，用这类话游说秦王？秦国一定能够结交，齐国一定会遭到攻伐。

夫取秦，厚交也；伐齐，正利也。尊厚交，务正利，圣王之事也。

◎**大意** 结交秦国，是有利的外交；攻打齐国，是正当的利益。奉行有利的外交，追求正当的利益，是圣王的事业。

燕昭王善其书，曰："先人尝有德苏氏，子之之乱而苏氏去燕。燕欲报仇于齐，非苏氏莫可。"乃召苏代，复善待之，与谋伐齐。竟破齐，湣王出走。

◎**大意**　燕昭王很赞赏苏代这封信，说："先王曾对苏家有过恩德，由于子之的政变而使苏家兄弟离开了燕国。燕国想要向齐国报仇，没有苏家兄弟不行。"就召见苏代，又优待他，跟他谋划攻打齐国的事。终于攻破齐国，齐湣王出逃。

久之，秦召燕王，燕王欲往，苏代约①燕王曰："楚得枳而国亡，齐得宋而国亡，齐、楚不得以有枳、宋而事秦者，何也？则有功者，秦之深仇也。秦取天下，非行义也，暴也。秦之行暴，正告天下。

◎**注释**　①〔约〕约束，引申为劝阻。
◎**大意**　过了很久，秦国邀请燕昭王，燕昭王打算前往秦国，苏代劝阻燕昭王说："楚国夺取枳地而使国家危亡，齐国取得宋地而导致国家危亡，齐国、楚国不能因为取得枳地、宋地而侍奉秦国，为什么呢？就在于只要有战功的国家，就是秦国的大敌。秦国夺取天下，并不是施行仁义，而是使用暴力。秦国使用暴力，公开宣告天下。

"告楚曰：'蜀地之甲，乘船浮于汶，乘夏水而下江，五日而至郢。汉中之甲，乘船出于巴，乘夏水而下汉，四日而至五渚①。寡人积甲宛东下随，智者不及谋，勇士不及怒，寡人如射隼②矣。王乃欲待天下之攻函谷，不亦远乎！'楚王为是故，十七年事秦。

◎**注释**　①〔五渚（zhǔ）〕洞庭湖一带的地方，因有湘、资、沅、澧四水汇入洞庭湖，故称之为五渚。②〔射隼（sǔn）〕隼是一种鹰类猛禽，飞行速度极快，射隼即形容行动迅猛。
◎**大意**　"向楚国宣告说：'蜀地的军队，乘船浮于汶水，趁着夏季的水势而进入长江，五天就能到郢都。汉中的军队，乘船由巴水出发，趁着夏季的水势而直下汉江，四天就能到五渚。寡人在宛东集结军队向东直至随城，聪明的人来不及谋划,勇敢的人来不及发怒,寡人进攻楚国像射隼一样快。楚王还想等天下的军队攻打函谷关,不是很遥远的事吗!'楚王因为这个缘故,前后十七年侍奉秦国。

"秦正告韩曰:'我起乎少曲,一日而断大行。我起乎宜阳而触平阳,二日而莫不尽繇(摇)。我离两周而触郑,五日而国举。'韩氏以为然,故事秦。

◎**大意** "秦国郑重地向韩国宣告:'我军从少曲发兵,一天就可切断太行山的要道。我军从宜阳出发而后抵达平阳,两天就可使韩国全境动摇。我军穿过东周、西周而后抵达新郑,五天就可攻占韩国。'韩国认为确实是这样,所以就侍奉秦国。

"秦正告魏曰:'我举安邑,塞女戟①,韩氏太原卷②。我下轵,道南阳、封、冀,包两周。乘夏水,浮轻舟,强弩在前,锬戈③在后,决荥口,魏无大梁;决白马之口,魏无外黄、济阳;决宿胥之口,魏无虚、顿丘。陆攻则击河内,水攻则灭大梁。'魏氏以为然,故事秦。

◎**注释** ①〔女戟〕地名,在太行山之西。②〔卷〕断绝。③〔锬(tán)戈〕锋利的戈。
◎**大意** "秦国郑重地向魏国宣告说:'我军攻占安邑,围住女戟,韩国的太原就被切断。我军直至轵道,通过南阳、封陵、冀地,包抄东周、西周。趁着夏季的水势,驾着轻便的船,张力强劲的弓弩在前,尖锐锋利的戈在后,掘开荥泽口,魏国的大梁城就被淹没了;掘开白马河口,魏国的外黄、济阳就被淹没了;掘开宿胥口,魏国的虚城、顿丘就被淹没了。从陆路进攻就可以攻破河内,从水路进攻就可毁灭大梁。'魏国认为确实是这样,所以侍奉秦国。

"秦欲攻安邑，恐齐救之，则以宋委于齐。曰：'宋王无道，为木人以写寡人，射其面。寡人地绝兵远，不能攻也。王苟能破宋有之，寡人如自得之。'已得安邑，塞女戟，因以破宋为齐罪。

◎**大意**　"秦国准备攻打安邑，害怕齐国援救，就把宋国交付齐国。说：'宋王无道，做了个木偶象征寡人，射木偶的面部。寡人的国土与宋国隔绝，军队距宋国遥远，不能进攻它。齐王如果攻破宋国并占有它，那就像寡人自己占有一样。'后来秦国夺取安邑，围困女戟，又反过来把攻破宋国作为齐国的罪过。

"秦欲攻韩，恐天下救之，则以齐委于天下。曰：'齐王四与寡人约，四欺寡人，必率天下以攻寡人者三。有齐无秦，有秦无齐，必伐之，必亡之。'已得宜阳、少曲，致蔺①、离石，因以破齐为天下罪。

◎**注释**　①〔蔺（lìn）〕赵国城邑名，在今山西离石西。
◎**大意**　"秦国准备攻打韩国，担心天下诸侯国救援韩国，就把齐国许给天下诸侯。说：'齐王四次跟寡人订立盟约，四次欺骗寡人，并先后三次率领天下诸侯来进攻我国。有齐国就没有秦国，有秦国就没有齐国，一定要讨伐齐国，一定要消灭齐国。'后来秦国夺取了宜阳、少曲，占领了蔺城、离石，又反过来把攻破齐国作为天下诸侯的罪名。

"秦欲攻魏重楚，则以南阳委于楚。曰：'寡人固与韩且绝矣。残均陵，塞鄳阨①，苟利于楚，寡人如自有之。'魏弃与国而合于秦，因以塞鄳阨为楚罪。

◎**注释** ①〔郾陉（méng è）〕古时关隘通道名，在今河南信阳西南平靖关。
◎**大意** "秦国准备进攻魏国而讨好楚国，就把南阳许给楚国。说：'寡人本来就要跟韩国绝交了。攻破均陵，阻塞郾陉，如对楚国有利，寡人就像自己占有它们一样。'魏国抛弃盟国跟秦国联合，秦国又反过来把阻塞郾陉作为楚国的罪名。

"兵困于林中，重燕、赵，以胶东委于燕，以济西委于赵。已得讲于魏，至公子延，因犀首属行①而攻赵。

◎**注释** ①〔属行（zhǔ háng）〕集结军队。
◎**大意** "秦兵被困在林中，秦国为了讨好燕国、赵国，把胶东许给燕国，把济西许给赵国。后来秦国跟魏国讲和，送公子延做人质，就派魏将犀首组织军队进攻赵国。

"兵伤于谯石，而遇败于阳马，而重魏，则以叶①、蔡委于魏。已得讲于赵，则劫魏，魏不为割。困则使太后弟穰侯为和，赢则兼欺舅与母。

◎**注释** ①〔叶（shè）〕楚国城邑名，在今河南叶县南。
◎**大意** "秦军在谯石受到损失，又在阳马遭到失败，而讨好魏国。秦国就把叶城、上蔡许给魏国。后来秦国和赵国讲和，就胁迫魏国，不割地给魏国。秦国陷入困境，就派太后的弟弟穰侯去讲和，取得胜利就背弃了舅父和太后的诺言。

"適（谪）燕者曰'以胶东'，適（谪）赵者曰'以济西'，適（谪）魏者曰'以叶、蔡'，適（谪）楚者曰'以塞郾陉'，適（谪）齐者曰'以宋'。此必令言如循环，用兵如刺蜚，母不能制，舅不能约。

◎**大意**　"秦国指责燕国的罪名是说'为了胶东',指责赵国的罪名是说'为了济西',指责魏国的罪名是说'为了叶城和上蔡',指责楚国的罪名是说'为了阻塞郾陉',指责齐国的罪名是说'为了宋国'。像这样的说法就像转圆圈一样,军事手段毒辣凶狠,母亲不能制止,舅父不能约束。

"龙贾之战①,岸门之战②,封陵之战③,高商之战④,赵庄之战⑤,秦之所杀三晋之民数百万,今其生者皆死秦之孤也。西河之外,上雒之地,三川晋国之祸,三晋之半,秦祸如此其大也。而燕、赵之秦者,皆以争事秦说其主,此臣之所大患也。"

◎**注释**　①〔龙贾之战〕魏惠王后元五年(前330年),秦国在雕阴打败魏国,并捉拿了魏国将领龙贾。②〔岸门之战〕韩宣惠王十九年(前314年),秦国在岸门打败韩国。③〔封陵之战〕魏襄王十六年(前303年),秦国攻取魏国封陵。④〔高商之战〕未详其事。⑤〔赵庄之战〕赵武灵王十三年(前313年),秦国攻取赵国蔺城,捉拿赵国将领赵庄。

◎**大意**　"龙贾之战,岸门之战,封陵之战,高商之战,赵庄之战,秦国杀死的三晋百姓有几百万人,现在活下来的都是被秦国杀死的人的孤儿。晋国西河以外,上雒、三川地区的灾祸,占了三晋地区灾祸的一半,秦国制造的灾祸是这样重大。而燕国、赵国到秦国去的人,都用争着侍奉秦国的策略游说他们的君主,这是我最担心的事。"

燕昭王不行。苏代复重于燕。

◎**大意**　燕昭王没有去秦国。苏代又在燕国被重用。

燕使约诸侯从亲如苏秦时，或从或不（否），而天下由此宗苏氏之从约。代、厉皆以寿死，名显诸侯。

◎**大意**　燕国派遣使者邀约各诸侯国合纵结盟，像苏秦在的时候那样，有的国家参加，有的国家没有参与，但天下诸侯国从此都推崇苏氏兄弟倡导的合纵联盟。苏代、苏厉都高寿而死，名声在各诸侯国传扬。

太史公曰：苏秦兄弟三人，皆游说诸侯以显名，其术长于权变①。而苏秦被反间以死，天下共笑之，讳学其术。然世言苏秦多异，异时事有类之者皆附之苏秦。夫苏秦起闾阎②，连六国从亲，此其智有过人者。吾故列其行事，次其时序③，毋令独蒙恶声焉。

◎**注释**　①〔权变〕指灵活应付随时变化的情况，即随机应变。②〔闾（lú）阎〕里巷内外的门。后多借指民间。③〔次其时序〕编定事情的年代。

◎**大意**　太史公说：苏秦兄弟三人，都因游说诸侯而扬名，他们的纵横之术长于权谋机变。而苏秦背着反间的罪名被杀死，天下人都嘲笑他，忌讳学习他的纵横之术。然而社会上流传的苏秦的事迹多有出入，不同时代有类似苏秦的事都附会在他的身上。苏秦这个人由街巷的一个平民发迹，联络六国合纵结盟，这说明他的智谋有超过常人的地方。所以我按时间顺序列出他的事迹，不让他独独蒙受丑恶的名声。

◎**释疑解惑**

在《苏秦列传》中有这么一段记述：有人在燕王面前毁谤苏秦，燕昭王因此猜疑他。苏秦得知此事后，凭借三寸不烂之舌打消了燕王的顾虑，燕王恢复了苏秦官职，更加厚待他。在前面的《陈丞相世家》中，也有一段类似的论述。陈平因在秦、楚之际先后投奔魏王咎与项羽，被人诟病为反复无常，刘邦心里怀疑，便叫来曾经举荐陈平的魏无知来质询。而魏无知也以尾生、孝己作比，指出那些中伤陈平的人虽有美名，但不能对国家有所贡献，与苏秦之论类似。大概魏无知也曾读到过苏秦的此段高论吧！

综观整篇《苏秦列传》，无论谋篇布局，还是行文论述，都能看出司马迁对苏秦是怀有深深的赞叹与同情的。苏秦在游说六国的过程中，其通达权变的处事方式充满了智慧。但在司马迁看来，所谓权变，原本就是纵横家的特点，加上苏秦游说六国所形成的合纵局势，使秦国十五年都不敢轻举妄动，难道不是功德一件吗？司马迁不愿意看到苏秦只背负骂名，故而专门详细叙述苏秦游说六国的过程，欲向世人展现一个真实的苏秦。

不过，对于苏秦的历史贡献，尤其是他通过游说使秦国不敢轻举妄动这一事实，后世有人以为是司马迁为游说家浮说所惑。如苏辙在《古史》中论述曰："秦强而诸侯弱，游谈之士为横者易，为纵者难。然而纵成则诸侯利而秦病，横成则秦帝而诸侯虏，要之二者皆出于权谲，而纵为愈与。苏秦本说秦为横，不合，而激于燕、赵，甘心于所难。为之期年，而歃血于洹水之上，可不谓能乎？然口血未干，犀首一出而齐、赵背盟，纵约皆破，盖诸侯异心，譬如连鸡不能俱栖，势固然矣。而太史公以为约书入秦，秦人为之闭函谷关者十五年，此说客之浮语，而太史公信之，过矣。"苏辙认为，苏秦之所以取得成功，不过是形势使然，并没有司马迁所说的那么神奇伟大。不过，苏秦能够在当时的恶劣形势下使较之连横更为艰难的合纵成为现实，他的能力也是值得肯定的。这个观点，也可作为阅读和理解《苏秦列传》的参考。

◎思考辨析题

1. 如何评价苏秦这个人？
2. 苏秦在获得六国相印后返回家乡，司马迁详细描写了其亲戚前倨后恭的情态。而在《史记》诸多篇目中，也有对一个人身份地位转变而使得他周围的人在态度上产生变化的描写，请结合其他篇目举出相关例证，并思考司马迁着力描写此类事件的原因。

张仪列传

第十

战国时有那么一批人,大多出身贫贱,却可由布衣之身游说诸侯,以三寸之舌退百万雄师,也可用纵横之术解不测之危,这就是《汉书·艺文志》中被列为"九流"之一的纵横家学派。纵横家多为言辩之士,堪称古代最早也是最特殊的外交政治家。他们在战国时期的社会舞台上非常活跃,其思想和活动对当时的政治、军事局势产生了重要影响。其中,魏国人张仪就是这样一位能"一口倾国"的显要人物。所以,司马迁为其撰写了《张仪列传》,可视为《苏秦列传》的姊妹篇,从中可看出司马迁的人才策士观,以及司马迁对战国时期其他人物感情上的倾向性。本文通过详细记载张仪游说六国的过程及其前后的情节,描摹出这位"倾危之士"的完整一生,这一部分内容可大体分为九部分。从开头到"若善守汝国,我顾且盗而城"是第一部分，叙述张仪受笞、苏秦激张仪入秦之事，情节曲折多变，故事性强。从"苴、蜀相攻击"到"轻诸侯"是第二部分，写张仪与司马错就伐蜀之事于秦惠王前争论，秦惠王最终采纳司马错的建议讨伐巴蜀，张仪虽不赞成，但也鼎力相助，终于伐蜀成功，对秦国的发展做出了极大的贡献。从"秦惠王十年"到"明年，魏复事秦"是第三部分，叙述张仪相魏，游说魏国背纵连横之事。从"秦欲伐齐"到"故卒许张仪，与秦亲"是第四部分，叙述张仪游说楚王背纵，与秦国连横之事。这里写到张仪相楚，以商於之地六百里欺骗楚王的事，既有戏剧性的冲突和曲折的情节，又将人物刻画得鲜明生动而富于个性。从"张仪去楚"到"计无便于此者"是第五部分，叙述张仪游说韩王背纵，与秦国连横之事。从"韩王听张仪计"到"乃许张仪"是第六部分，叙述张仪游说齐王与秦国连横之事。从"张仪去"到"赵王许张仪，张仪乃去"是第七部分，叙述张仪游说赵王与秦国连横之事。从"北之燕"到"复合从"是第八部分，叙述张仪游说燕王与秦国连横之事；并写道秦惠王去世，张仪开始失势，诸侯背叛了连横盟约。从"秦武王元年"到"卒于魏也"是第九部分，叙述张仪在秦武王执政后受各方势力排挤，只能前往魏国为相，一年后死于魏的结局。传记详细描摹张仪游说各国的情形，既有对张仪能力的肯定，也有对张仪帮助秦国的做法的不认同。当然，其中还突出表现了忍辱发愤的复仇情结，这也是《史记》其他篇章中所经常显现的主题，与司马迁的人生观、价值观较为一致。而结尾"太史公曰"的论赞，司马迁称苏秦、张仪为"倾危之士"，但相比之下，他更同情苏秦，对张仪的厌恶之情更甚。张仪传后还附了同为纵横家，却与张仪颇为不和的陈轸、犀首两人的小传，以此表现战国时纵横家的全貌。

张仪者，魏人也。始尝与苏秦俱事鬼谷先生，学术，苏秦自以不及张仪。

◎**大意**　张仪是魏国人，曾经跟苏秦一起师事鬼谷先生，在学习游说之术方面，苏秦自认为比不上张仪。

张仪已学而游说^①诸侯。尝从楚相饮，已而楚相亡璧^②，门下意张仪，曰："仪贫无行，必此盗相君之璧。"共执张仪，掠笞^③数百，不服，醳（释）之。其妻曰："嘻！子毋读书游说，安得此辱乎？"张仪谓其妻曰："视吾舌尚在不（否）？"其妻笑曰："舌在也。"仪曰："足矣。"

◎**注释**　①〔游说〕指多方活动陈述自己的建议、主张，希望被采纳。②〔璧〕圆形、中间有孔的玉，是古人在举行典礼时用的礼器，也可作饰物。③〔笞（chī）〕用鞭子或竹板打。

◎**大意**　张仪完成学业就去游说诸侯。他曾与楚国的相国一起饮酒，席散后，楚国的相国丢了一块玉璧，门客们怀疑是张仪偷的，说："张仪贫穷没有德行，一定是他偷了相国的玉璧。"于是，众人抓住张仪，用竹板打了他几百下，张仪始终不屈服，大家只好把他释放还家。他妻子说："唉！您如果不读书游说，怎会受到这样的侮辱呢？"张仪对妻子说："你看一下我的舌头还在吗？"妻子笑着回答："舌头还在。"张仪说："这就够了。"

苏秦已说赵王而得相约从亲，然恐秦之攻诸侯，败约后负，念莫可使用于秦者，乃使人微感张仪曰："子始与苏秦善，今秦已当路，子何不往游，以求通子之愿？"张仪于是之赵，上谒^①求见苏秦。苏秦乃诫门下人不为通，又使不得去者数日。已而见之，坐之堂下，赐仆妾之食。因而数②让之曰："以子之材能，乃自令困辱至此。吾宁不能言而富贵子？子不足收也。"谢去之。张仪之来也，自以为故人，求益，反见辱，怒，念诸侯莫可事，独秦能苦赵，乃遂入秦。

◎**注释**　①〔谒〕这里是名词，名帖、名片的意思。②〔数〕列举事实以责之。

◎**大意**　苏秦已经说服了赵肃侯与各国订立合纵联盟的盟约，然而担心秦国趁机进攻各诸侯国，使合纵联盟还没完成就被破坏，考虑到没有人可以派去出使秦国，就派人暗中劝说张仪："您以前就与苏秦感情好，现在他已经当政，您为什么不前去结交他，以便实现您的理想呢？"张仪这时就前往赵国，他递上名帖请求会见苏秦。苏秦却告诫门下人不要替张仪通报，又使他好几天都不能离开。后来苏秦才接见他，让他坐在堂下，赏给他和奴仆一样的饭菜，还责备他说："凭着你的才能，却把自己弄到这等困穷窘辱的地步。我难道不能说句话使你得到富贵吗？只是你不值得录用。"说完他就把张仪打发走了。张仪这次来，本以为是旧交，可以得到好处，不料反而受到侮辱，很生气，想到各诸侯国没有可以效力的，只有秦国能够困扰赵国，于是便到了秦国。

　　苏秦已而告其舍人①曰："张仪，天下贤士，吾殆弗如也。今吾幸先用，而能用秦柄者，独张仪可耳。然贫，无因以进。吾恐其乐小利而不遂，故召辱之，以激其意。子为我阴奉之。"乃言赵王，发金币车马，使人微随张仪，与同宿舍②，稍稍近就之，奉以车马金钱，所欲用，为取给，而弗告。张仪遂得以见秦惠王。惠王以为客卿，与谋伐诸侯。

◎**注释**　①〔舍人〕古代豪门贵族家中有一定职务的门客。②〔宿舍〕这里都为动词，住宿的意思。

◎**大意**　苏秦随后就告诉他的门客:"张仪是天下的贤士,我恐怕比不上他。现在我侥幸先当权,而能掌握秦国权力的,只有张仪。然而他现在贫困,没有进身的资本。我担心他满足于小利而不能实现自我,所以羞辱他,以激发他的意志。您替我暗中侍奉他。"苏秦又禀告赵王,发给他黄金、礼物和车马,派人暗中跟随张仪,与其住在同一个客栈,慢慢接近他,送给他车马金钱,凡是他想用的财物,都支付给他,却不告诉他实情。张仪于是得以见到秦惠王。秦惠王任用张仪为客卿,与他商量进攻诸侯的计划。

　　苏秦之舍人乃辞去。张仪曰:"赖子得显,方且报德,何故去也?"舍人曰:"臣非知君,知君乃苏君。苏君忧秦伐赵败从约,以为非君莫能得秦柄,故感怒君,使臣阴奉给君资,尽苏君之计谋。今君已用,请归报。"张仪曰:"嗟乎,此在吾术中而不悟,吾不及苏君明矣!吾又新用,安能谋赵乎?为吾谢苏君,苏君之时,仪何敢言。且苏君在,仪宁渠能乎!"张仪既相秦,为文檄①告楚相曰:"始吾从若饮,我不盗而璧,若笞我。若善守汝国,我顾且盗而城!"

◎**注释**　①〔檄(xí)〕古代官府用以征召或声讨的文书,这里作动词,声讨。
◎**大意**　苏秦的门客就要告辞。张仪说:"依靠您的帮助我才得以显贵,正要报答您的恩德,为什么要离去呢?"门客说:"我并不了解你,了解你的是苏先生,苏先生担心秦国攻打赵国而破坏他的合纵联盟,认为除了您没有人能掌握秦国的权力,所以故意激怒先生,又派我暗中供给先生费用,这都是苏先生的计谋。现在先生已经得到重用,请让我回去汇报。"张仪说:"哎呀,这些都在我学过的权术之中,我却没有感觉到,我比不上苏先生。我又是刚刚被任用,怎么能谋算赵国呢?替我拜谢苏先生,在苏先生当权之时,我哪敢说什么。况且苏先生在位,我也没有这个能力。"张仪担任秦国相国后,写了一封信警告楚国相国,说:"当初我跟你喝酒,我没有盗取你的玉璧,你却抽打我。你好好守着你的国家,我要盗取你的城池!"

苴、蜀①相攻击，各来告急于秦。秦惠王欲发兵以伐蜀，以为道险狭难至，而韩又来侵秦。秦惠王欲先伐韩，后伐蜀，恐不利，欲先伐蜀，恐韩袭秦之敝，犹豫未能决。司马错②与张仪争论于惠王之前，司马错欲伐蜀，张仪曰："不如伐韩。"王曰："请闻其说。"

◎**注释** ①〔苴(jū)、蜀〕苴，指苴国，东周时西部地区古国名，古蜀国的分封国。蜀指蜀国，周代诸侯国，在今四川成都一带。②〔司马错〕少梁人，战国时秦国名将，司马迁八世祖，历仕秦惠文王、秦武王、秦昭襄王三位国君。

◎**大意** 苴国、蜀国互相攻击，各自都来向秦国告急。秦惠王想要出兵攻打蜀国，又觉得道路险要狭窄难以到达，而韩国又来侵扰秦国。秦惠王想要先攻打韩国，后攻打蜀国，担心不能取胜，想要先攻打蜀国，又怕韩国趁秦国疲惫时来偷袭，秦惠王因此犹豫不决。司马错与张仪在秦惠王面前争议，司马错主张攻打蜀国，张仪说："不如攻打韩国。"惠王说："请让我听听你们的理由。"

仪曰："亲魏善楚，下兵三川①，塞什谷②之口，当屯留③之道，魏绝南阳④，楚临南郑⑤，秦攻新城、宜阳⑥，以临二周⑦之郊，诛周王⑧之罪，侵楚、魏之地。周自知不能救，九鼎宝器必出。据九鼎，案图籍⑨，挟天子以令于天下，天下莫敢不听，此王业也。今夫蜀，西僻之国而戎翟（狄）之伦也，敝兵劳众不足以成名，得其地不足以为利。臣闻争名者于朝，争利者于市。今三川、周室，天下之朝市也，而王不争焉，顾争于戎翟（狄），去王业远矣。"

◎**注释** ①〔三川〕即三川郡，战国时韩宣王置，因境内有黄河、洛水、伊水三川而得名。②〔什谷〕战国时韩国地名，在今河南巩义西南。③〔屯留〕战国时韩国县名，在今山西东南部。④〔南阳〕战国时韩国地名，在今河南济源、焦作一带。⑤〔南郑〕指战国时韩国的都城新郑。⑥〔新城、宜阳〕战国时韩国的两个县名。

新城，在今河南伊川西南。宜阳，在今河南宜阳西。⑦〔二周〕指战国末期，周室分裂成的西周与东周两个小国。⑧〔周王〕这里指的是周慎靓王。⑨〔图籍〕地图和户籍，指疆土人民。

◎**大意** 张仪说："我们先亲近魏国、交好楚国，然后出兵三川，阻塞什谷的出入口，挡住屯留的要道，让魏国隔断南阳，楚兵逼近南郑，秦国进攻新城和宜阳，逼近东周和西周的城郊，声讨周王的罪过，再侵占楚国和魏国的土地。周王自己知道无力挽救，一定会献出九鼎宝器。我们有了九鼎，掌握了地图和户籍，控制着天子来号令天下，天下谁敢不听？这是称王的大业。现在的蜀国，是西方偏僻的国家和戎狄民族，攻打它只能使军队疲惫、部众劳苦，却不能建立声名，得到它的土地也没有实际的益处。我听说在朝廷中争名，在市场上争利。现在的三川和周王室，正是天下的朝廷和市场，大王却不去那里竞争，反而到戎狄去竞争，离称王的大业太远了。"

司马错曰："不然。臣闻之，欲富国者务广其地，欲强兵者务富其民，欲王者务博其德，三资者备而王随之矣。今王地小民贫，故臣愿先从事于易。夫蜀，西僻之国也，而戎翟（狄）之长也，有桀纣之乱。以秦攻之，譬如使豺狼逐群羊。得其地足以广国，取其财足以富民，缮兵不伤众而彼已服焉。拔一国而天下不以为暴，利尽西海而天下不以为贪，是我一举而名实附也，而又有禁暴止乱之名。今攻韩，劫天子，恶名也，而未必利也，又有不义之名，而攻天下所不欲，危矣。臣请谒其故：周，天下之宗室也；齐，韩之与国也。周自知失九鼎，韩自知亡三川，将二国并力合谋，以因乎齐、赵而求解乎楚、魏，以鼎与楚，以地与魏，王弗能止也。此臣之所谓危也。不如伐蜀完。"

◎**大意** 司马错说："不是这样。我听说，想使国家富足的人一定要扩大他的领土,想使军队强大的人一定要使百姓富裕,想要称王的人一定要广施他的恩德。这三个条件齐备,王业也就跟着成功了。现在大王的领土小、百姓穷,所以我希望先做容易的事。蜀国是西方偏僻的国家,又是戎狄的首领,已经发生了类似夏桀、殷纣一样的祸乱。用秦国的军队攻打它,就像用豺狼追赶群羊。攻占它的土地可以扩大领土,夺取它的财富足以富足百姓,充实甲兵不用伤亡多少人它就可以降服了。占领一个国家天下却不认为是残暴,占尽西方的利益天下却不认为是贪婪,这样我们一举就可以名实两得,又有制止暴乱的名声。现在如果攻打韩国,挟持天子,是丑恶的名声,不一定能得利,又有不义的名声,攻打天下都不愿意攻打的国家,这就很危险了。我请求陈述其中的原因:周朝是天下的宗室,齐国是韩国的盟国。周朝自己知道将失去九鼎,韩国自己知道将失去三川,两个国家将会通力合作,凭借齐国、赵国的力量,再谋求与楚国、魏国和解,假如周把九鼎送给楚国,把土地送给魏国,大王不可能制止。这就是我所说的危险。攻打韩国不如攻打蜀国更稳妥。"

惠王曰:"善,寡人请听子。"卒起兵伐蜀,十月,取之,遂定蜀,贬蜀王更号为侯,而使陈庄①相蜀。蜀既属秦,秦以益强,富厚,轻诸侯。

◎**注释** ①〔陈庄〕秦国将军。
◎**大意** 秦惠王说:"好,寡人愿意听您的。"终于起兵攻打蜀国,十月,攻下蜀国。平定蜀国后,贬谪蜀王改封号为侯,并派陈庄担任蜀相。蜀国归附秦国后,秦国因此更加强大,富足丰厚,更加轻视各国诸侯。

秦惠王十年,使公子华①与张仪围蒲阳,降之。仪因言秦复与魏,而使公子繇②质于魏。仪因说魏王曰:"秦王之遇魏甚厚,魏不可以无礼。"魏因入上郡、少梁③,谢秦惠王。惠王乃以张仪为相,更名少梁曰夏阳。

◎**注释**　①〔公子华〕即嬴华，一说为秦惠王的儿子，一说为秦孝公的儿子、秦惠王的弟弟。②〔公子繇〕秦惠王的儿子。③〔上郡、少梁〕上郡为魏国的一个郡，在今陕西东北部。少梁在今陕西韩城南，原本属梁国。春秋时秦国灭梁，为少梁。战国时曾属晋国、魏国，后又归秦国，改名夏阳。

◎**大意**　秦惠王十年，派公子华与张仪围攻蒲阳，降服了它。张仪趁机劝秦王把蒲阳还给魏国，派公子繇到魏国做人质。张仪借机劝说魏王："秦王对魏国很优厚，魏国不能失礼。"魏国因而把上郡、少梁献给秦国，来报答秦惠王。惠王就用张仪为国相，把少梁改名作夏阳。

仪相秦四岁，立惠王为王①**。居一岁，为秦将，取陕**②**。筑上郡塞。**

◎**注释**　①〔立惠王为王〕秦孝公之前的秦国君主都称公，秦惠王即位后称惠文君，秦惠王十三年，号称为王。②〔陕〕战国时韩国县名，即陕县，今河南三门峡西。

◎**大意**　张仪任秦相四年，拥戴秦惠王称王。过了一年，张仪任秦将，夺取陕县，修筑上郡要塞。

其后二年，使与齐、楚之相会啮桑①**。东还而免相，相魏以为秦，欲令魏先事秦而诸侯效之。魏王不肯听仪。秦王怒，伐取魏之曲沃、平周**②**，复阴厚张仪益甚。张仪惭，无以归报。留魏四岁而魏襄王卒，哀王立。张仪复说哀王，哀王不听。于是张仪阴令秦伐魏。魏与秦战，败。**

◎**注释**　①〔啮桑〕战国时楚地，在今江苏沛县西南。②〔曲沃、平周〕曲沃，战国时魏国县名，在今山西曲沃南。平周，战国时魏国县名，在今山西介休。

◎**大意**　这以后两年，秦王派张仪与齐国和楚国在啮桑会盟。从东边回国后张仪被免去相国职务，为了秦国的利益，他去魏国担任相国，想让魏国先侍奉秦国，再让诸侯效法它。魏王不肯听张仪的。秦王发怒，攻占了魏国的曲沃、平周，又暗中更加厚待张仪。张仪惭愧，因为他没有什么能回报惠王。他留在魏国四年后魏襄王死了，哀王即位。张仪又劝哀王，哀王也不听。于是张仪暗中让秦国攻打魏国。魏国与秦国交战，魏国战败了。

明年，齐又来败魏于观津。秦复欲攻魏，先败韩申差①军，斩首八万，诸侯震恐。而张仪复说魏王曰："魏地方②不至千里，卒不过三十万。地四平，诸侯四通辐凑③，无名山大川之限。从郑至梁二百余里，车驰人走，不待力而至。梁南与楚境，西与韩境，北与赵境，东与齐境，卒戍四方，守亭鄣④者不下十万。梁之地势，固战场也。梁南与楚而不与齐，则齐攻其东；东与齐而不与赵，则赵攻其北；不合于韩，则韩攻其西；不亲于楚，则楚攻其南：此所谓四分五裂之道也。

◎**注释** ①〔申差〕韩国将领。②〔地方〕纵横面积。③〔辐凑〕形容人或物聚集，像车辐集中于车毂一样。④〔亭鄣〕古代各国在边境及关塞所置守望报警的防御工事。

◎**大意** 第二年，齐国又在观津打败了魏国。秦国又想进攻魏国，先战败了韩国将领申差的军队，斩首八万，诸侯震惊。张仪又劝告魏王说："魏国的土地方圆不到一千里，士兵不超过三十万。土地四面平坦，诸侯从四面都可以长驱而入，没有名山大川的阻隔。从新郑到大梁只有二百多里，兵车驰骋、士兵奔走，不费力气就可到达。大梁南面与楚国接境，西面与韩国接境，北面与赵国接境，东面与齐国接境，士兵戍守在四方，防守边防堡垒的不下十万人。大梁的地理形势，本来就是战场。魏国如果在南面亲附楚国而不亲附齐国，那么齐国进攻它的东面；在东面亲附齐国而不亲附赵国，那么赵国进攻他的北面；不与韩国联合，那么韩国进攻它的西面；不与楚国亲近，那么楚国进攻它的南面：这就是所说的四分五裂的局面。

"且夫诸侯之为从者,将以安社稷尊主强兵显名也。今从者一天下,约为昆弟①,刑白马②以盟洹水之上,以相坚也。而亲昆弟同父母,尚有争钱财,而欲恃诈伪反覆苏秦之余谋,其不可成亦明矣。

◎**注释** ①〔昆弟〕指兄和弟,比喻亲密友好。②〔刑白马〕杀白马祭天,是古代一种高级的祭祀活动。

◎**大意** "再说诸侯各国合纵结盟,是为了安定国家,尊崇国君,增强兵力,显扬名声。现在合纵结盟的诸侯国想统一天下,结为兄弟,在洹水边上宰杀白马立誓为盟,以表示互相坚守盟约。然而同一父母所生的亲兄弟,尚且有争夺钱财的,而想依赖欺诈虚伪、反复无常的苏秦遗留下来的策略,很明显它是不可能成功的。

"大王不事秦,秦下兵攻河外①,据卷、衍、燕、酸枣②,劫卫取阳晋③,则赵不南,赵不南而梁不北,梁不北则从道绝,从道绝则大王之国欲毋危不可得也。秦折韩而攻梁,韩怯于秦,秦韩为一,梁之亡可立而须④也。此臣之所为大王患也。

◎**注释** ①〔河外〕指当时黄河以南的沿河地区,与"河内"相对。②〔卷、衍、燕、酸枣〕均为战国时魏县名。③〔阳晋〕战国时卫国城邑名,在今山东郓城西。④〔立而须〕犹言"翘足而待",形容极短的时间。须,等待。

◎**大意** "如果大王不侍奉秦国,秦国就会出兵攻打黄河以南,占据卷、衍、燕、酸枣等地,并且胁迫卫国夺取阳晋,那么赵国就无法南下,赵国不南下魏国就不能北上,魏国不北上那么合纵联盟的道路就断绝了,合纵联盟的道路断绝那么大王的国家就危险了。秦国迫使韩国攻打魏国,韩国害怕秦国,秦、韩结成一体,魏国的灭亡就在眼前了。这正是我替大王忧虑的问题。

"为大王计,莫如事秦。事秦则楚、韩必不敢动;无楚、韩之患,则大王高枕而卧,国必无忧矣。

◎**大意** "替大王考虑,不如侍奉秦国。假如侍奉秦国,那么楚国和韩国不敢妄动;没有了楚国和韩国的威胁,那么大王就可以高枕而卧,国家一定没有忧患了。

"且夫秦之所欲弱者莫如楚,而能弱楚者莫如梁。楚虽有富大之名而实空虚;其卒虽多,然而轻走易北,不能坚战。悉梁之兵南面而伐楚,胜之必矣。割楚而益梁,亏楚而适秦,嫁祸安国,此善事也。大王不听臣,秦下甲士而东伐,虽欲事秦,不可得矣。

◎**大意** "再说秦国最想削弱的国家是楚国,而能削弱楚国的莫过于魏国。楚国虽然有富裕强大的名声,但实际很空虚;它的士兵虽然多,但容易败逃,不能顽强作战。用魏国的全部军队南下攻打楚国,战胜是必然的。割裂楚国而增强魏国,亏损楚国而讨好秦国,转嫁灾祸、安定国家,这是好事。大王如果不听我的,秦国出动精兵向东进攻,即使想侍奉秦国,也不可能办到了。

"且夫从人多奋辞而少可信,说一诸侯而成封侯,是故天下之游谈士莫不日夜搤(扼)腕瞋目①切齿以言从之便,以说人主。人主贤其辩而牵其说,岂得无眩哉。

◎**注释** ①〔搤(è)腕瞋目〕搤腕,抓住手腕,表示激动、振奋、悲愤、惋惜等。瞋目,瞪大眼睛表示愤怒。
◎**大意** "再说主张合纵的人,多说空话而缺少诚信,他们游说一个诸侯成功就能封侯，因此天下的游说之士无不日夜握紧手腕、瞪大眼睛、磨着牙齿鼓吹合纵的好处，来游说国君。国君赞赏他们的巧辩，迷信他们的游说，哪能不迷惑呢。

"臣闻之，积羽沈（沉）舟，群轻折轴，众口铄金①，积毁销骨，故愿大王审定计议，且赐骸骨②辟魏。"

◎**注释** ①〔铄金〕熔化金属，引申为伤人的谗言。②〔赐骸骨〕古代大臣请求退休的婉辞。

◎**大意** "我听说，聚积羽毛可以把船压沉，许多轻的东西聚集在一起也可以把车轴压断，众人同口的议论可以把金属熔化，众多的毁谤可以把骨头销毁，因此希望大王审慎地制定治国方略，并且允许我乞身引退，离开魏国。"

哀王于是乃倍（背）从约而因仪请成于秦。张仪归，复相秦。三岁而魏复背秦为从。秦攻魏，取曲沃。明年，魏复事秦。

◎**大意** 哀王于是背弃合纵盟约，并且通过张仪请求与秦结好。张仪回到秦国，又担任秦相。三年后，魏国又背弃秦国参加合纵联盟。秦国进攻魏国，夺取了曲沃。第二年，魏国又归顺秦国。

秦欲伐齐，齐楚从亲，于是张仪往相楚。楚怀王①闻张仪来，虚上舍而自馆之。曰："此僻陋之国，子何以教之？"仪说楚王曰："大王诚能听臣，闭关②绝约于齐，臣请献商、於之地六百里，使秦女得为大王箕帚之妾③，秦楚娶妇嫁女，长为兄弟之国。此北弱齐而西益秦也，计无便此者。"楚王大说（悦）而许之。群臣皆贺，陈轸独吊之。

楚王怒曰："寡人不兴师发兵得六百里地，群臣皆贺，子独吊，何也？"陈轸对曰："不然，以臣观之，商、於之地不可得而齐秦合，齐秦合则患必至矣。"楚王曰："有说乎？"陈轸对曰："夫秦之所以重楚者，以其有齐也。今闭关绝约于齐，则楚孤。秦奚贪夫孤国，而与之商、於之地六百里？张仪至秦，必负王，是北绝齐交，西生患于秦也，而两国之兵必俱至。善为王计者，不若阴合而阳绝于齐，使人随张仪。苟与吾地，绝齐未晚也；不与吾地，阴合谋计也。"楚王曰："愿陈子闭口毋复言，以待寡人得地。"乃以相印授张仪，厚赂之。于是遂闭关绝约于齐，使一将军随张仪。

◎**注释** ①〔楚怀王〕战国时楚国君主，芈姓，名槐，楚威王的儿子，楚顷襄王的父亲。②〔闭关〕闭塞、关门，这里引申为断绝往来。③〔箕帚之妾〕持箕帚的奴婢，借作妻妾之谦称。

◎**大意** 秦国准备攻打齐国，齐国就和楚国合纵联盟，于是张仪前往楚国视察情况。楚怀王听说张仪来了，腾出最好的宾馆亲自安排他住下。楚怀王说："这是个偏僻落后的国家，您拿什么指教我？"张仪对怀王说："大王如果真能听我的，就关闭边界与齐国断绝盟约，我们愿意把商、於的六百里土地献给楚国，让秦国女子做服侍大王的姬妾，秦、楚两国娶妇嫁女，永为兄弟之国。这样便北面削弱齐国而西面有利于秦国，找不到比它更好的策略了。"楚怀王很高兴地答应了他。群臣都表示祝贺，唯有陈轸表示哀悼。怀王生气地说："寡人不用派兵便得到六百里土地，群臣都来祝贺，只有您哀悼，为什么？"陈轸回答说："不对，依我看来，商、於的土地得不到，而齐国和秦国联合倒是很有可能，齐国和秦国联合灾祸就一定会降临了。"楚怀王问道："有理由吗？"陈轸回答："秦国之所以看重楚国，是因为楚国有齐国做盟国。现在关闭边界跟齐国断绝盟约，那么楚国就会孤立无援。秦国哪会看重一个孤立的国家，而把商、於的六百里地给它呢？张仪回到秦国，一定背弃大王，这将使楚国在北面断绝了齐国的邦交，在西面从秦国招来灾祸，齐、秦两国的军队一定会同时打来。我妥善地为大王考虑，不如暗中与齐修好而表面上与齐绝交，派人跟张仪到秦国。如果秦给了我们土地，与齐绝交也不晚；不给我们土地，我们可以暗中与齐联合，商量对策。"楚王说："希望陈先生闭口不要再说，就等着寡人得到土地吧。"楚王就把相印授予张仪，还馈赠他大量财物。于是关闭边界跟齐国断交，派一员将军随张仪到秦国。

张仪至秦，详（佯）失绥①堕车，不朝三月。楚王闻之，曰："仪以寡人绝齐未甚邪？"乃使勇士至宋②，借宋之符，北骂齐王。齐王大怒，折节而下秦。秦齐之交合，张仪乃朝，谓楚使者曰："臣有奉（俸）邑③六里，愿以献大王左右。"楚使者曰："臣受令于王，以商、於之地六百里，不闻六里。"还报楚王，楚王大怒，发兵而攻秦。陈轸曰："轸可发口言乎？攻之不如割地反以赂秦，与之并兵而攻齐，是我出地于秦，取偿于齐也，王国尚可存。"楚王不听，卒发兵而使将军屈匄④击秦。秦齐共攻楚，斩首八万，杀屈匄，遂取丹阳、汉中⑤之地。楚又复益发兵而袭秦，至蓝田⑥，大战，楚大败，于是楚割两城以与秦平。

◎**注释** ①〔绥（suí）〕指登车时手挽的索。②〔宋〕春秋五霸之一的宋国，战国时国力日衰，原都城在商丘（今河南商丘），后迁至彭城（今江苏徐州）。③〔奉邑〕以收取赋税作为俸禄的封地。④〔屈匄（gài）〕战国时楚国将军，在丹阳战败身亡。⑤〔丹阳、汉中〕都是战国时楚国的地名。丹阳在今河南西峡，汉中在今湖北西北部与陕西东南部一带。⑥〔蓝田〕战国时秦县名，今陕西蓝田。

◎**大意** 张仪回到秦国，假装上车时没有抓住绳索而从车上坠地，三个月没有上朝。楚怀王听到这个消息，说："张仪认为寡人跟齐国绝交还不坚决吗？"便派勇士前往宋国，借宋国的符节，北上斥骂齐王。齐王大怒，折断符节，情愿委屈自己结交秦国。秦国与齐国结交了，张仪才上朝，对楚国的使臣说："我有六里封地，愿意献给你们大王。"楚国使臣说道："我受楚王之命，来接受商、於的六百里土地，没听说是六里。"使臣回报楚王，楚王大怒，发兵攻秦。陈轸说："我可以开口讲话了吗？攻打秦国，不如反过来割地送给它，跟它合兵攻打齐国，这样我们送地给秦国，再从齐国取到补偿，大王的国家还可以保存。"楚王不听，终于发兵派将军屈匄攻打秦国。秦、齐两国共同攻打楚国，杀掉八万楚兵，杀了屈匄，于是秦、齐两国占领了丹阳、汉中的土地。楚国又增兵袭击秦国，到达蓝田，两军大战，楚军大败，于是楚国割让两座城池跟秦国讲和。

秦要楚欲得黔中①地，欲以武关②外易之。楚王曰："不愿易地，愿得张仪而献黔中地。"秦王欲遣之，口弗忍言。张仪乃请行。惠王曰："彼楚王怒子之负以商、於之地，是且甘心于子。"张仪曰："秦强楚弱，臣善靳尚③，尚得事楚夫人郑袖④，袖所言皆从。且臣奉王之节使楚，楚何敢加诛。假令诛臣而为秦得黔中之地，臣之上愿。"遂使楚。楚怀王至则囚张仪，将杀之。靳尚谓郑袖曰："子亦知子之贱于王乎？"郑袖曰："何也？"靳尚曰："秦王甚爱张仪而不欲出之，今将以上庸⑤之地六县赂楚，以美人聘楚，以宫中善歌讴者为媵⑥。楚王重地尊秦，秦女必贵而夫人斥矣。不若为言而出之。"于是郑袖日夜言怀王曰："人臣各为其主用。今地未入秦，秦使张仪来，至重王。王未有礼而杀张仪，秦必大怒攻楚。妾请子母俱迁江南，毋为秦所鱼肉也。"怀王后悔，赦张仪，厚礼之如故。

◎**注释** ①〔黔中〕战国时楚国设置的黔中郡，在今湖南西部和贵州东部。②〔武关〕古代晋、楚和秦、楚国界出入检查处，位于今陕西丹凤东武关河的北岸。③〔靳(jìn)尚〕战国时楚臣，事迹详见《屈原贾生列传》。④〔郑袖〕战国时楚怀王的宠妃。⑤〔上庸〕古代县名，属于汉中郡，在今湖北西北部。⑥〔媵(yìng)〕古时指随嫁，也指随嫁的人。

◎**大意**　秦国要挟楚国，想得到黔中的土地，想用武关以外的土地交换它。楚王说："我不愿意交换土地，只求得到张仪，才愿意献出黔中的土地。"秦王想派张仪赴楚，但不忍说出口。张仪却请求前往。惠王说："楚王恨你背弃了给他商、於之地的诺言，这是要杀掉你才甘心。"张仪说："秦强楚弱，我和靳尚又交好，他正侍奉楚王夫人郑袖。郑袖说的话楚王都听。况且我是拿着大王的符节出使，楚王怎敢杀我。假如杀了我而替秦国得到黔中的土地，这也是我最大的愿望。"于是他出使楚国。楚怀王待张仪一到就囚禁了他，准备杀掉他。靳尚对郑袖说："您知道您将会被楚王抛弃吗？"郑袖问："为什么？"靳尚说："秦王很宠爱张仪，本不想让他出使，现在将把上庸的六县送给楚国，把美女嫁到楚国，用宫中能歌善舞的宫女作为陪嫁。楚王看重土地，也会因此尊敬秦国，秦国女子一定会被宠爱而显贵，这样您就要被抛弃了。不如替张仪说句话放他走。"于是郑袖日夜对怀王说："作为人臣，各自为自己国君效力。现在土地还没献给秦国，秦国就派来张仪，算是很尊重大王了。大王没有回礼却要杀张仪，秦王一定很生气，想要进攻楚国。我请求让我们母子都搬到江南去，以免被秦国当鱼肉宰割。"怀王后悔了，赦免了张仪，并且像原来一样优待他。

张仪既出，未去，闻苏秦死，乃说楚王曰："秦地半天下，兵敌四国，被（披）险带河，四塞以为固。虎贲①之士百余万，车千乘，骑万匹，积粟如丘山。法令既明，士卒安难乐死，主明以严，将智以武，虽无出甲，席卷常山②之险，必折天下之脊，天下有后服者先亡。且夫为从者，无以异于驱群羊而攻猛虎，虎之与羊不格明矣。今王不与猛虎而与群羊，臣窃以为大王之计过也。

◎**注释**　①〔虎贲（bēn）〕军中的勇士。②〔常山〕即恒山。汉代因避文帝刘恒讳，改称"常山"。

◎**大意**　张仪被释放出来，还没离去，就听说苏秦死了，于是劝说楚王："秦国的土地占天下一半，兵力足以抵挡四方的国家，据有险要的地势又有黄河围绕，四面都有要塞可以防守。勇猛的将士有一百多万，战车千辆，战马万匹，储粮堆积如山。法令严明，士卒安于吃苦，乐于牺牲，国君贤明威严，将帅聪慧英勇，即使不出动军队，凭它的声威也能轻易夺取险峻的常山，折断天下的脊梁。天下臣服晚的国家一定先灭亡。再说主张合纵的人，与驱赶群羊进攻猛虎没有不同，虎与羊不能成为敌手是很明显的。现在大王不亲附猛虎却亲附群羊，我私下认为大王的策略错了。

"凡天下强国，非秦而楚，非楚而秦，两国交争，其势不两立。大王不与秦，秦下甲据宜阳，韩之上地不通。下河东①，取成皋②，韩必入臣，梁则从风而动。秦攻楚之西，韩、梁攻其北，社稷安得毋危？

◎**注释** ①〔河东〕战国时魏地，指今山西西南部的临汾、运城一带。②〔成皋〕战国时韩国城邑名，在今河南荥阳西北。

◎**大意** "现在天下的强国，不是秦国就是楚国，不是楚国就是秦国，两国互相征战，从它的情势看是没法两存的。如果大王不亲附秦国，秦国就会出兵占据宜阳，那么韩国的上地地区就不能通行。秦国攻占河东，夺取成皋，韩国一定会向秦国称臣，魏国就闻风而动。秦国进攻楚国的西面，韩、魏两国进攻楚国的北面，国家就很危险了。

"且夫从者聚群弱而攻至强，不料敌而轻战，国贫而数举兵，危亡之术也。臣闻之，兵不如者勿与挑战，粟不如者勿与持久。夫从人饰辩虚辞，高主之节，言其利不言其害，卒（猝）有秦祸，无及为已。是故愿大王之孰（熟）计之。

◎**大意** "再说合纵是聚集一群弱国攻打最强的国家，不估量敌国的力量便轻率交战，国家贫穷却频繁用兵，这是自招危亡的策略。我听说，军队不如对方的不要向对方挑战，粮食不如对方的不要跟对方持久作战。主张合纵的人粉饰言辞说空话，使国君的言行高傲，只说它的益处而不说它的害处，一旦招来秦国的灾祸，挽救就来不及了。因此希望大王仔细考虑这个问题。

"秦西有巴蜀，大船积粟，起于汶（岷）山①，浮江已（以）下，至楚三千余里。舫船②载卒，一舫载五十人与三月之食，下水而浮，一日行三百余里，里数虽多，然而不费牛马之力，不至十日而拒扞关③。扞关惊，则从境以东尽城守矣，黔中、巫郡④非王之有。秦举甲出武关，南面而伐，则北地绝。秦兵之攻楚也，危难在三月之内，而楚待诸侯之救，在半岁之外，此其势不相及也。夫待弱国之救，忘强秦之祸，此臣所以为大王患也。

◎**注释** ①〔汶（mín）山〕即岷山，位于今四川松潘北，绵延于四川、甘肃两省，为长江、黄河两大水系的分水岭。②〔舫船〕并排连接的两只船，可载士卒。③〔扞（hàn）关〕古关名，在今湖北长阳西。④〔巫郡〕楚怀王时设置，因巫山得名，今重庆巫山一带。

◎**大意** "秦国西面有巴、蜀，用大船装载粮食，从汶山出发，顺江而下，到楚国有三千余里。用并排连接的两只船运送士兵，一条方船可以装运五十个人和三个月的粮食，顺流而下，一天能行三百多里，里程尽管长，却不用费牛马的力气，不到十天就可到达扞关。扞关震动，那么从边境以东都要据城防守，黔中、巫郡就不再属于大王了。秦国再发兵出武关，向南面进攻，那么楚国北部就会被切断。秦兵进攻楚国，在三个月之内就会给楚国造成危险，楚国要等来其他诸侯国的救援，却需要半年以上，从形势上看，根本来不及。依赖弱国的救援，忘记强秦所带来的灾祸，这是我替大王忧虑的原因。

"大王尝与吴人战，五战而三胜，阵卒尽矣；偏守新城，存民苦矣。臣闻功大者易危，而民敝者怨上。夫守易危之功而逆强秦之心，臣窃为大王危之。

◎**大意**　"大王曾经与吴国人作战，五战三胜，能上阵的士兵都死了；远守着新得的城池，活着的百姓够苦的了。我听说功业大容易招致危险，百姓疲惫就容易怨恨国君。维持容易产生危险的功业而违背强秦的心意，我私下替大王感到危险。

"且夫秦之所以不出兵函谷十五年以攻齐、赵者，阴谋有合天下之心。楚尝与秦构难，战于汉中，楚人不胜，列侯执珪①死者七十余人，遂亡汉中。楚王大怒，兴兵袭秦，战于蓝田。此所谓两虎相搏者也。夫秦楚相敝，而韩魏以全制其后，计无危于此者矣。愿大王孰（熟）计之。

◎**注释**　①〔执珪〕春秋战国时楚国设置的爵位。
◎**大意**　"再说秦国之所以十五年不出兵函谷关攻打齐国和赵国，是因为它暗中定下了吞并天下的计划。楚国曾经与秦国发生冲突，在汉中交战，楚国人没有打胜，有侯爵和执珪之爵的将领战死的有七十多人，最后丢了汉中。楚王大怒，又发兵袭击秦国，在蓝田交战。这就是所说的两虎相斗。秦、楚两国厮杀得很疲惫而韩、魏两国以完整的兵力从后面牵制，策略中再没有比这更危险的了。希望大王仔细考虑这个问题。

"秦下甲攻卫阳晋，必大关天下之匈（胸）。大王悉起兵以攻宋，不至数月而宋可举，举宋而东指，则泗上十二诸侯①尽王之有也。

◎**注释** ①〔泗上十二诸侯〕泗上,泛指泗水北岸的地域。十二诸侯,泗水流域的十二个诸侯国,分别是宋国、卫国、鲁国、邹国、滕国、薛国、郳国、莒国、任国、郯国、费国、邳国。

◎**大意** "如果秦发兵进攻卫国的阳晋,一定会完全堵塞天下的胸膛。大王出动全部军队去进攻宋国,不到数月就可攻下,攻占了宋国再挥师东向,那么泗水边的十二个诸侯国就会全归大王所有了。

"凡天下而以信约从亲相坚者苏秦,封武安君,相燕,即阴与燕王谋伐破齐而分其地;乃详(佯)有罪出走入齐,齐王因受而相之;居二年而觉,齐王大怒,车裂苏秦于市。夫以一诈伪之苏秦,而欲经营天下,混一诸侯,其不可成亦明矣。

◎**大意** "天下提倡凭信用合纵结盟互相团结的是苏秦,他被封为武安君,担任燕国相国,却在暗中与燕王策划攻破齐国后瓜分它的土地;还假装有罪逃到齐国,齐王收留他并封他为相国;过了两年发觉他的阴谋,齐王大怒,把苏秦车裂于刑场。靠一个狡诈虚伪的苏秦,就想经营天下、统一诸侯,很明显是不能成功的。

"今秦与楚接境壤界,固形亲之国也。大王诚能听臣,臣请使秦太子入质于楚,楚太子入质于秦,请以秦女为大王箕帚之妾,效万室之都以为汤沐之邑①,长为昆弟之国,终身无相攻伐。臣以为计无便于此者。"

◎**注释** ①〔汤沐之邑〕专指诸侯国朝见周天子,周天子赐给王畿以内的、供住宿和斋戒沐浴的封邑。后泛指国君、皇后、公主等受封者收取赋税的私邑。

◎**大意** "现在秦国与楚国边界相接,本来就是地势接近的国家。大王假使真能听我的,我请求派秦国的太子到楚国做人质,楚国的太子到秦国做人质,并请求让秦国的女子做服侍大王的姬妾,献上有万户人家的都邑作为大王汤沐的地方,永远作为兄弟邻邦,永世不互相攻伐。我认为没有比这更好的策略了。"

于是楚王已得张仪而重出黔中地与秦,欲许之。屈原①曰:"前大王见欺于张仪,张仪至,臣以为大王烹②之;今纵弗忍杀之,又听其邪说,不可。"怀王曰:"许仪而得黔中,美利也。后而倍(背)之,不可。"故卒许张仪,与秦亲。

◎**注释** ①〔屈原〕楚国宗室大臣,事迹详见《屈原贾生列传》。②〔烹〕这里指烹杀,是古代的一种酷刑。

◎**大意** 此时楚怀王已经得到张仪,却不愿意把黔中地区让给秦国,想要答应张仪的要求。屈原说:"以前大王被张仪欺骗,张仪一来,我认为大王应该烹杀他;现在不忍心杀他把他放了,又听信他的胡言乱语,这样是不行的。"怀王说:"答应了张仪可以保住黔中,这是很有利的事啊。事后又背弃他,这样是不好的。"因此最终答应了张仪,与秦国亲善。

张仪去楚,因遂之韩,说韩王①曰:"韩地险恶山居,五谷②所生,非菽③而麦,民之食大抵菽饭藿羹④。一岁不收,民不餍糟糠⑤。地不过九百里,无二岁之食。料大王之卒,悉之不过三十万,而厮徒负养在其中矣。除守徼亭鄣塞⑥,见卒不过二十万而已矣。秦带甲百余万,车千乘,骑万匹,虎贲之士跿跔科头贯颐奋戟⑦者,至不可胜计。秦马之良,戎兵之众,探前趹⑧后蹄间三寻腾者,不可胜数。山东之士被(披)甲蒙胄以会战,秦人捐甲徒裼⑨以趋敌,左挈人头,右挟生虏。夫秦卒与山东之卒,犹孟贲之与怯夫;以重力相压,犹乌获⑩之与婴儿。夫战孟贲、乌获之士以攻不服之弱国，无异垂千钧之重于鸟卵之上，必无幸矣。

◎**注释** ①〔韩王〕这里指的是韩襄王，姬姓，韩氏，名仓。②〔五谷〕一般指稻、黍、稷、麦、菽。③〔菽(shū)〕豆类植物的总称。④〔藿(huò)羹〕豆叶煮成的菜羹，指古代平民吃的粗菜。⑤〔糟糠〕指酒糟、米糠等粗劣食物，是穷人用来充饥的食物。⑥〔徼(jiào)亭鄣塞〕徼亭，边境上的哨所。鄣塞，用来防守边境的城堡关塞。⑦〔跿跔(tú jū)科头贯颐奋戟〕形容作战之勇猛。跿跔，跳跃。科头，光着头，不戴头盔。贯颐，指箭矢贯穿面颊。奋戟，举着武器愤怒地扑向敌人。⑧〔趹(jué)〕奔驰。⑨〔捐甲徒裼(xī)〕捐甲，抛掉铠甲。徒裼，赤脚露体。⑩〔乌获〕古代有名的勇士。

◎**大意** 张仪离开楚国，便前往韩国，对韩王说："韩国地势险要，处在山区，生产的五谷，不是豆子就是麦子，百姓的食物大都是豆子饭、豆叶汤。一年不收，人们连糟糠这样粗劣的食物都吃不饱。土地不到九百里，没有两年的粮食储存。估计大王的士兵，总共不足三十万，而且包括勤杂兵和搬运夫了。除了防守边疆险要地方的士兵外，可以调用的士兵不过二十万罢了。秦国的士兵有一百多万，战车千辆，战马万匹，像老虎一样勇猛的士兵飞跃前进，不戴头盔，箭矢贯穿面颊仍能挥动长戟战斗的士兵，也多得数不清。秦军战马精良，士兵众多，奔驰时前蹄扬起后蹄腾空，两蹄间相距两丈多的骏马不可胜数。山东地区的士兵披甲戴盔去会合交战，秦国的士兵却脱甲赤脚袒臂冲向敌人，左手提人头，右手挟俘虏。秦国士兵与山东士兵相比，就像大力士孟贲与怯懦的人相比；用最大的力量压下去，就像大力士乌获对付婴儿一样。让孟贲、乌获般的勇士去攻打不服从的弱国，与把千钧重力压在鸟卵上没有不同，一定没有幸存的了。

"夫群臣诸侯不料地之寡，而听从人之甘言好辞，比周以相饰也，皆奋曰'听吾计可以强霸天下'。夫不顾社稷之长利而听须臾之说，诖误①人主，无过此者。

◎**注释** ①〔诖（guà）误〕贻误，连累。

◎**大意** "那些大臣和诸侯不估量自己土地狭小，却听主张合纵的人的甜言蜜语，结党营私，互相掩饰，都振振有词地说：'听了我的计策便可以称霸天下。'不考虑国家的长远利益而听信一时的谬论，贻误国君，没有比这更严重的了。

"大王不事秦，秦下甲据宜阳，断韩之上地，东取成皋、荥阳，则鸿台之宫、桑林之苑非王之有也。夫塞成皋，绝上地，则王之国分矣。先事秦则安，不事秦则危。夫造祸而求其福报，计浅而怨深，逆秦而顺楚，虽欲毋亡，不可得也。

◎**大意** "大王如果不投靠秦国，秦国将出兵占据宜阳，隔断韩国的土地，再东取成皋、荥阳，那么鸿台的宫殿、桑林的苑囿就不再属于大王所有了。阻塞成皋，隔断上地，那大王的国土就要被分割了。先投靠秦国就安宁，不投靠秦国就危险。制造灾祸却求善报，计谋短浅而结怨很深，违背秦国而顺从楚国，即使想免于灭亡，也是不可能的。

"故为大王计，莫如为秦。秦之所欲莫如弱楚，而能弱楚者莫如韩。非以韩能强于楚也，其地势然也。今王西面而事秦以攻楚，秦王必喜。夫攻楚以利其地，转祸而说（悦）秦，计无便于此者。"

◎**大意** "因此替大王考虑，不如帮助秦国。秦国的愿望莫过于削弱楚国，能削弱楚国的莫过于韩国。并不是因为韩国比楚国强大，而是它的地势是这样。现在大王向西侍奉秦国来攻打楚国，秦王必然高兴。攻打楚国以增加韩国的土地，转嫁灾祸而使秦国高兴，这是最好的办法了。"

韩王听仪计。张仪归报，秦惠王封仪五邑，号曰武信君。使张仪东说齐湣王①曰："天下强国无过齐者，大臣父兄殷众富乐。然而为大王计者，皆为一时之说，不顾百世之利。从人说大王者，必曰'齐西有强赵，南有韩与梁。齐，负海之国也，地广民众，兵强士勇，虽有百秦，将无奈齐何'。大王贤其说而不计其实。夫从人朋党比周，莫不以从为可。臣闻之，齐与鲁三战而鲁三胜，国以危，亡随其后，虽有战胜之名，而有亡国之实。是何也？齐大而鲁小也。今秦之与齐也，犹齐之与鲁也。秦赵战于河漳之上，再战而赵再胜秦；战于番吾②之下，再战又胜秦。四战之后，赵之亡卒数十万，邯郸仅存，虽有战胜之名而国已破矣。是何也？秦强而赵弱。

◎**注释** ①〔齐湣（mǐn）王〕妫姓，田氏，名地，齐宣王的儿子，战国时齐国君主。②〔番吾〕战国时赵国地名，在今河北磁县境内。

◎**大意** 韩王听信了张仪的计策。张仪回到秦国禀报，秦惠王赏赐给他五座城邑，封号武信君。又派张仪到东方去劝说齐湣王："天下的强国没有超过齐国的，大臣百姓都富裕。然而替大王考虑的，都是一时之说，没有考虑长远利益。主张合纵劝大王的人，一定说'齐国西面有强盛的赵国，南面有韩国与魏国。齐国是背靠大海的国家，地广人多，军强兵勇，即使有一百个秦国，也不能把齐国怎么样。'大王赞赏这种说法而没有考虑它的实际情况。主张合纵的人结党营私，没有不认为合纵是对的。我听说，齐国跟鲁国交战三次，鲁国胜了三次，国家却因此危亡，虽然有战胜的名声，但存在亡国的现实。这是为什么？是因为齐国强大而鲁国弱小。现在秦国跟齐国，就像齐国跟鲁国。秦、赵两国在黄河、漳河边上交战，两次交战赵国都战胜了秦国；在番吾城下交战，两次交战又胜了秦国。四次交战以后，赵国损失的士兵有几十万，只留下邯郸，虽然有战胜的名声，但国家已残破了。这是为什么？是因为秦国强大而赵国弱小。

"今秦楚嫁女娶妇，为昆弟之国。韩献宜阳；梁效河外；赵入朝渑池①，割河间②以事秦。大王不事秦，秦驱韩梁攻齐之南地，悉赵兵渡清河③，指博关④，临菑、即墨⑤非王之有也。国一日见攻，虽欲事秦，不可得也。是故愿大王孰（熟）计之也。"

◎**注释** ①〔渑（miǎn）池〕战国时韩国县名，在今河南渑池西。②〔河间〕古地名，在今河北献县东南。③〔清河〕战国时流经齐国、赵国境内的河流。④〔博关〕即博陵，战国时齐国县名，在今山东聊城东北。⑤〔即墨〕战国时齐国县名，在今山东平度东南。

◎**大意** "现在秦、楚两国嫁女娶妇，成了兄弟邻邦。韩国献出宜阳；魏国献出河外；赵王到渑池朝拜，割让河间以侍奉秦国。大王不侍奉秦国，秦国驱使韩、魏两国进攻齐国的南部，出动全部赵军渡过清河，指向博关，临菑、即墨就不是大王所有了。国家一旦被攻打，即使想侍奉秦国，也不可能了，因此希望大王仔细考虑这个问题。"

齐王曰："齐僻陋，隐居东海之上，未尝闻社稷之长利也。"乃许张仪。

◎**大意** 齐王说："齐国偏僻落后，隐藏在东海边上，从来没有听到过对国家的长远打算。"就答应了张仪。

张仪去，西说赵王①曰："敝邑②秦王使使臣效愚计于大王。大王收率天下以宾（摈）秦，秦兵不敢出函谷关十五年。大王之威行于山东③，敝邑恐惧慑伏，缮甲厉兵，饰车骑，习驰射，力田积粟，守四封之内，愁居慑处，不敢动摇，唯大王有意督过之也。

◎**注释** ①〔赵王〕即赵武灵王,嬴姓,赵氏,名雍,战国中后期赵国的君主。死后谥号武灵。他在位期间推行"胡服骑射",赵国因此而强盛。②〔敝邑〕对本国的谦称。③〔山东〕这里指崤山(在今河南境内)以东地区,指东方各诸侯国。

◎**大意** 张仪离开齐国,去西方劝说赵王:"敝国国君派我把不成熟的计策献给大王。大王率领天下来抵御秦国,秦军十五年不敢出函谷关。大王的声威传遍山东各国,敝国恐惧畏服,修缮铠甲,磨砺兵器,整治战车马匹,练习骑马射箭,努力种田储存粮食,防守四方边界,忧愁害怕地待着,不敢动摇一下,只怕大王有意挑我们的毛病。

"今以大王之力,举巴蜀,并汉中,包两周,迁九鼎,守白马之津①。秦虽僻远,然而心忿含怒之日久矣。今秦有敝甲凋兵,军于渑池,愿渡河逾漳,据番吾,会邯郸之下,愿以甲子合战,以正殷纣之事,敬使使臣先闻左右。

◎**注释** ①〔白马之津〕即白马津渡口,在今河南滑县北。

◎**大意** "现在依靠大王的威力,秦国攻占了巴蜀,吞并汉中,取得了东西两周,迁移了九鼎,守卫着白马渡口。秦国虽然偏僻遥远,但心里满怀愤怒太久了。现在秦国有残兵败将,驻守在渑池,准备渡过黄河、跨过漳河,进占番吾,聚集在邯郸城下,希望在甲子那天会战,来仿效周武王讨伐商纣的故事,特意派我先来告知大王。

"凡大王之所信为从者恃苏秦。苏秦荧惑诸侯,以是为非,以非为是,欲反齐国,而自令车裂于市。夫天下之不可一亦明矣。今楚与秦为昆弟之国,而韩梁称为东藩①之臣,齐献鱼盐之地,此断赵之右臂也。夫断右臂而与人斗,失其党而孤居,求欲毋危,岂可得乎?

◎**注释** ①〔东藩〕东方的屏障。

◎**大意** "大王相信并组织合纵联盟靠的是苏秦。苏秦蛊惑诸侯，颠倒是非，企图倾覆齐国，而自己在街市上被肢解。天下诸侯不能统一也就很明显了。现在楚国与秦国结成了兄弟邻邦，韩、魏两国自称为秦国东边的屏障之国，齐国献出盛产鱼盐的地方，这就等于斩断了赵国的右臂。折断右臂而跟人搏斗，失去同党而陷于孤立，想要没有危险，怎么可能呢？

"今秦发三将军：其一军塞午道①，告齐使兴师渡清河，军于邯郸之东；一军军成皋，驱韩梁军于河外；一军军于渑池。约四国为一以攻赵，赵服，必四分其地。是故不敢匿意隐情，先以闻于左右。臣窃为大王计，莫如与秦王遇于渑池，面相见而口相结，请案（按）兵无攻。愿大王之定计。"

◎**注释** ①〔午道〕纵横交贯的要道。

◎**大意** "现在秦国派出三名将军：其中一支军队堵住午道，通知齐国出兵渡过清河，驻扎在邯郸的东面；一支军队驻扎在成皋，驱使韩、魏两国军队驻扎在河外；一支军队驻守在渑池。联合四国成为一体来进攻赵国，赵国被攻破，一定会有四国分割土地。因此不敢隐瞒实情，先把它告诉给大王的左右人员。我私下替大王考虑，不如与秦王在渑池相会，见面亲口约定，请求按兵不动。希望大王拿定主意。"

赵王曰："先王①之时，奉阳君②专权擅势，蔽欺先王，独擅绾③事，寡人居属师傅④，不与国谋计。先王弃群臣⑤，寡人年幼，奉祀之日新，心固窃疑焉，以为一从不事秦，非国之长利也。乃且愿变心易虑，割地谢前过以事秦。方将约车⑥趋行，适闻使者之明诏。"赵王许张仪，张仪乃去。

◎**注释** ①〔先王〕这里指赵肃侯。先,尊称死去的人,多指长辈。②〔奉阳君〕赵肃侯弟成,为相,号奉阳君。见《苏秦列传》。③〔绾(wǎn)〕控制。④〔居属师傅〕言说自身为太子时,主要是接受太师、太傅的教导,不涉政事。⑤〔弃群臣〕帝王死去的委婉说法。⑥〔约车〕套车,这里指准备车马。

◎**大意** 赵王说:"先王在世的时候,奉阳君专权擅势,蒙蔽先王,处理政事独断专行,寡人深居宫中从师学习,不参与国家大计。先王驾崩的时候,寡人尚且年幼,继承君位的日子还很短,心里本来私下就怀疑那种做法,认为统一合纵不侍奉秦国,并不利于国家的长远利益。我愿意改变主意,割让土地为以前的过错道歉,来侍奉秦国。我正要准备车辆前往,恰好听到了您明智的教诲。"赵王答应了张仪的要求,张仪于是离开了赵国。

北之燕,说燕昭王①曰:"大王之所亲莫如赵。昔赵襄子②尝以其姊为代王妻,欲并代,约与代王遇于句注③之塞。乃令工人作为金斗,长其尾,令可以击人。与代王饮,阴告厨人曰:'即酒酣乐,进热啜,反斗以击之。'于是酒酣乐,进热啜,厨人进斟,因反斗以击代王,杀之,王脑涂地。其姊闻之,因摩(磨)笄④以自刺,故至今有摩(磨)笄之山。代王之亡,天下莫不闻。

◎**注释** ①〔燕昭王〕姬姓,名职,战国时燕国君主,燕王哙的儿子。②〔赵襄子〕春秋末期晋国大夫,嬴姓,赵氏,谥号"襄子",故称"赵襄子"。③〔句(gōu)注〕即句注山,又叫雁门山,在今山西代县北,为古代九个险要关塞之一。④〔笄(jī)〕簪。

◎**大意** 张仪北行到燕国,对燕昭王说:"大王所亲近的国家莫过于赵国。从前赵襄子曾经把他姐姐嫁给代王为妻。后来他想吞并代国,跟代王约定在句注山要塞会晤。他就命令工匠制作铜勺子,把斗柄做得很长,让它可以用来击杀人。赵襄子在与代王饮酒时,暗中吩咐厨工说:'趁喝酒高兴时,送上热汤,把铜勺反转过来击打代王。'当酒喝得正高兴时,厨工送上热汤,递上汤勺,趁机反转铜勺击打代王,把他打死了,代王的脑浆流了一地。赵襄子的姐姐听到这个消息,便磨利头上的金簪自杀了，因此到现在还有摩笄山。代王的死因，天下没有不知道的。

"夫赵王之狼戾无亲，大王之所明见，且以赵王为可亲乎？赵兴兵攻燕，再围燕都而劫大王，大王割十城以谢。今赵王已入朝渑池，效河间以事秦。今大王不事秦，秦下甲云中、九原①，驱赵而攻燕，则易水、长城非大王之有也。

◎**注释** ①〔云中、九原〕云中，战国时赵国的郡名，在今内蒙古包头以东、呼和浩特西南一带。九原，战国时赵国的县名，在今内蒙古包头西。

◎**大意** "赵王的暴戾凶狠、六亲不认，是大王明显可以看到的，难道您还认为赵王是可以亲近的吗？赵国曾经出兵攻打燕国，两次包围了燕国的都城胁迫大王，大王割让十座城池来谢罪。现在赵王已经到渑池朝见秦王，献上河间来侍奉秦国。现在大王不侍奉秦国，秦国出兵云中、九原，驱使赵国进攻燕国，那么易水、长城就不是大王所有了。

"且今时赵之于秦犹郡县也，不敢妄举师以攻伐。今王事秦，秦王必喜，赵不敢妄动，是西有强秦之援，而南无齐赵之患，是故愿大王孰（熟）计之。"

◎**大意** "况且现在赵国对于秦国来说就如同郡县，不敢随便出兵攻打别国。现在大王依附秦国，秦王一定高兴，赵国就不敢轻举妄动，这样就西面有强秦的援助，南面没有齐、赵两国的忧患，因此希望大王仔细考虑这个问题。"

燕王曰："寡人蛮夷僻处，虽大男子，裁如婴儿，言不足以采正计。今上客幸教之，请西面而事秦，献恒山之尾五城。"燕王听仪。仪归报，未至咸阳而秦惠王卒，武王①立。武王自为太子时不说（悦）张仪，及即位，群臣多谗张仪曰："无信，左右卖国以取容。秦必复用之，恐为天下笑。"诸侯闻张仪有隙武王，皆畔（叛）衡，复合从。

◎**注释** ①〔武王〕嬴姓，赵氏，名荡，也称秦武烈王、秦悼武王，秦惠文王的儿子。

◎**大意** 燕王说："我就像蛮夷一样处在偏僻的地方，这里的人即使是大男子，裁断事情也像婴儿，他们的言论不值得采纳作为正确的意见。现在幸亏贵客教诲我，我愿意向西方侍奉秦国，献出恒山下边的五座城池。"燕王听信了张仪的话。张仪回报秦王，但是还没走到咸阳，秦惠王就去世了，秦武王即位。秦武王从做太子的时候就不喜欢张仪，即位以后，群臣中许多人攻击张仪说："他没有信义，不过是出卖国家利益来取得国君的善待。秦国再任用他，恐怕要被天下人讥笑。"诸侯听说张仪与秦武王有嫌隙，都背叛了连横盟约，又恢复合纵联盟了。

秦武王元年，群臣日夜恶张仪未已，而齐让又至。张仪惧诛，乃因谓秦武王曰："仪有愚计，愿效之。"王曰："奈何？"对曰："为秦社稷计者，东方有大变，然后王可以多割得地也。今闻齐王甚憎仪，仪之所在，必兴师伐之。故仪愿乞其不肖①之身之梁，齐必兴师而伐梁。梁齐之兵连于城下而不能相去，王以其间伐韩，入三川，出兵函谷而毋伐，以临周，祭器必出。挟天子，按图籍，此王业也。"秦王以为然，乃具革车②三十乘，入仪之梁。齐果兴师伐之。梁哀王恐。张仪曰："王勿患也，请令罢齐兵。"乃使其舍人冯喜③之楚，借使之齐，谓齐王曰："王甚憎张仪；虽然，亦厚矣王之托仪于秦也！"齐王曰：

"寡人憎仪，仪之所在，必兴师伐之，何以托仪？"对曰："是乃王之托仪也。夫仪之出也，固与秦王约曰：'为王计者，东方有大变，然后王可以多割得地。今齐王甚憎仪，仪之所在，必兴师伐之。故仪愿乞其不肖之身之梁，齐必兴师伐之。齐梁之兵连于城下而不能相去，王以其间伐韩，入三川，出兵函谷而无伐，以临周，祭器必出。挟天子，案图籍，此王业也。'秦王以为然，故具革车三十乘而入之梁也。今仪入梁，王果伐之，是王内罢（疲）国而外伐与国，广邻敌以内自临，而信仪于秦王也。此臣之所谓'托仪'也。"齐王曰："善。"乃使解兵。

◎**注释**　①〔不肖〕谦辞，即不才、不贤的意思。②〔革车〕古代兵车的一种。③〔冯喜〕战国时张仪的舍人，因在魏国时帮助张仪使齐国罢兵而出名。

◎**大意**　秦武王元年，群臣日夜不停地诋毁张仪，齐国也派使臣责备秦国任用张仪。张仪害怕被杀，便趁机对秦武王说："我有一条不高明的计策，希望献出它。"秦武王问道："什么样的计策？"张仪回答："为秦国的利益考虑，东方各国有大变，然后大王才可以多割得土地。现在听说齐王很憎恶我，我到哪里，齐王就一定会出兵攻打那里。因此我希望您让我这不成才的人到魏国，齐国一定会出兵攻打魏国。魏、齐两国的军队在城下相遇难以抽身离开时，大王趁这空隙攻打韩国，进入三川，从函谷关出兵而不进攻，以逼近周都，周王室一定会献出祭器。这样大王就可以挟持天子，掌握地图和户籍，这就是帝王的事业。"秦武王认为这样是可行的，就准备了三十乘兵车，送张仪到魏国。齐国果然出兵攻打魏国。魏哀王害怕了。张仪说："大王不要担心，请让我退掉齐兵。"于是他派门客冯喜前往楚国，冯喜作为楚国使者前往齐国，对齐王说："大王很憎恶张仪，虽然如此，但大王使秦国更加信赖张仪。"齐王说："我憎恨张仪，张仪在哪里，一定要出兵攻打那里，怎么说使他更受信任呢？"冯喜回答说："这正是使张仪更受信任的做法啊。张仪从秦国出来时，本来就与秦王约定：'替大王考虑，东方有大变，然后大王就可以多分割到土地。现在齐王非常憎恶张仪，张仪到哪里，一定出兵攻打那里。因此张仪希望到魏国,齐国一定会出兵攻打魏国。魏、齐两国的军队在城下纠缠不能抽身离开,大王趁这空隙攻打韩国,进入三川,从函谷关出兵而不进攻,以逼近周都,周天子一定会献出祭器。挟持天子,掌握地图和户籍,这就是帝王的大业。'秦武王认为是这样。因此准备了三十乘兵车载他入魏。现在张仪到了魏国,大王果然攻打这里,大王这是对内使国力疲惫,对外攻打盟国,广泛树敌自寻危险,而使秦武王更加信任张仪。这就是我所说的您使张仪更受信赖。"齐王说:"好。"就派人撤回军队。

张仪相魏一岁,卒于魏也。

◎**大意** 张仪担任魏国相国一年,死于魏国。

陈轸者,游说之士。与张仪俱事秦惠王,皆贵重,争宠。张仪恶陈轸于秦王曰:"轸重币轻使秦楚之间,将为国交也。今楚不加善于秦而善轸者,轸自为厚而为王薄也。且轸欲去秦而之楚,王胡不听乎?"王谓陈轸曰:"吾闻子欲去秦之楚,有之乎?"轸曰:"然。"王曰:"仪之言果信矣。"轸曰:"非独仪知之也,行道之士尽知之矣。昔子胥忠于其君而天下争以为臣,曾参孝于其亲而天下愿以为子。故卖仆妾不出闾巷而售者,良仆妾也;出妇①嫁于乡曲者,良妇也。今轸不忠其君,楚亦何以轸为忠乎?忠且见弃,轸不之楚何归乎?"王以其言为然,遂善待之。

◎**注释** ①〔出妇〕被丈夫休弃的妇女。
◎**大意** 陈轸这个人,是游说的策士。他与张仪一同侍奉秦惠王,都地位尊贵而受到重用,互争宠幸。张仪在秦惠王面前攻击陈轸说:"陈轸用贵重的礼物随意地出使在秦、楚两国之间，本来是为国家的邦交。现在楚国对秦国不友好却对陈轸友好的原因，是陈轸为自己考虑的多而为大王考虑的少。而且陈轸想要离开秦国前往楚国，大王为何不听任他呢？"秦惠王对陈轸说："我听说你想要离秦投楚，有这回事吗？"陈轸说："是这样。"秦惠王说："张仪的话果然是真的。"陈轸说："不只张仪知道这事，过路的人都知道这事了。从前伍子胥忠于他的国君，因而天下诸侯都争着让他做自己的臣子；曾参孝敬双亲，因而天下父母都希望让他作为自己的儿子。因此卖奴仆不出里巷街道便被买去的，是好奴仆；被抛弃的妇女能再嫁在本地乡里的，是好妇人。现在我如果对我的国君不忠，楚国又怎么认为我是忠臣呢？忠于国君还要被抛弃，我不去楚国又到哪去呢？"秦惠王认为他说的话很对，就善待他。

居秦期年，秦惠王终相张仪，而陈轸奔楚。楚未之重也，而使陈轸使于秦。过梁，欲见犀首。犀首谢弗见。轸曰："吾为事来，公不见轸，轸将行，不得待异日。"犀首见之。陈轸曰："公何好饮也？"犀首曰："无事也。"曰："吾请令公厌事①可乎？"曰："奈何？"曰："田需②约诸侯从亲，楚王疑之，未信也。公谓于王曰：'臣与燕、赵之王有故，数使人来，曰"无事何不相见"，愿谒行于王。'王虽许公，公请毋多车，以车三十乘，可陈之于庭，明言之燕、赵。"燕、赵客闻之，驰车告其王，使人迎犀首。楚王闻之大怒，曰："田需与寡人约，而犀首之燕、赵，是欺我也。"怒而不听其事。齐闻犀首之北，使人以事委焉。犀首遂行，三国相事皆断于犀首。轸遂至秦。

◎**注释** ①〔厌事〕事情多得忙不过来。厌，饱，这里指事情很多。②〔田需〕时为魏国的相国。
◎**大意** 陈轸在秦国逗留了一整年，秦惠王终于让张仪担任相国，陈轸就去投奔楚国。而楚国没有重用他，派他出使秦国。路过魏国时，陈轸想见犀首。犀首谢绝不肯见他。陈轸说:"我有要事相商,您不见我,我将要走了,不能等到改天了。"犀首便接见了他。陈轸问:"您为什么喜欢饮酒呢?"犀首答说:"我没有事干。"陈轸说:"我让您事情多得忙不过来可以吗?"犀首问:"怎么办?"陈轸说:"田需邀集诸侯合纵联盟,楚王怀疑他,不相信他。您跟魏王说:'我与燕、赵两国的国君有旧交,他们几次派人来,说"你没事干为什么不来相见",我愿意替魏王去见他们。'魏王即使答应了您,您也不必多要车辆,只用三十辆车,把它陈放在庭中,公开声言要去燕、赵两国。"燕、赵两国的外交人员听到这个消息,驱车报告他们的国君,派人迎接犀首。楚王闻知此事大怒,说:"田需跟寡人盟约,犀首却到燕、赵两国去,这是欺骗我。"楚王生气,不再听信合纵的事了。齐王听说犀首到北方去了,派人把国事托付给他。犀首就动身了,三个国家的相国职务都由犀首决断。陈轸于是到了秦国。

　　韩魏相攻,期年不解。秦惠王欲救之,问于左右。左右或曰救之便,或曰勿救便,惠王未能为之决。陈轸适至秦,惠王曰:"子去寡人之楚,亦思寡人不(否)?"陈轸对曰:"王闻夫越人庄舄①乎?"王曰:"不闻。"曰:"越人庄舄仕楚执珪,有顷而病。楚王曰:'舄故越之鄙细②人也,今仕楚执珪,贵富矣,亦思越不(否)?'中谢③对曰:'凡人之思故,在其病也。彼思越则越声,不思越则楚声。'使人往听之,犹尚越声也。今臣虽弃逐之楚,岂能无秦声哉!"惠王曰:"善。今韩魏相攻,期年不解,或谓寡人救之便,或曰勿救便,寡人不能决,愿子为子主计之余,为寡人计之。"陈轸对曰:"亦尝有以夫卞庄子④刺虎闻于王者乎?庄子欲刺虎,馆竖子⑤止之,曰:'两虎方且食牛,食甘必争,争则必斗,斗则大者伤,小者死,从伤而刺之,一举必有双虎之名。'卞庄子以为然,立须之。有顷,两虎果斗,大者伤,小者死。庄子从伤者而刺之,一举果有双虎之功。今韩魏相攻,期年不解,是必大国伤,小国亡,从伤而伐之,一举必有两实。此犹庄子刺虎之类也。臣主与王何异也。"惠王曰："善。"卒弗救。大国果伤，小国亡，秦兴兵而伐，大克之。此陈轸之计也。

◎**注释** ①〔庄舄(xì)〕又称越舄，越国人，战国时楚国大臣。②〔鄙细〕微贱。③〔中谢〕也作"中射"，帝王身边的侍从。④〔卞庄子〕春秋时鲁国大夫，有名的勇士。封邑在卞地，谥号庄，故称卞庄子。⑤〔竖子〕这里指年轻的仆人。

◎**大意** 韩、魏两国交战，一年后还没和解。秦惠王想去制止它们，向左右大臣询问。左右大臣有的说制止好，有的说不制止好，惠王没能做出决断。陈轸刚好到秦国，惠王问："你离开寡人到楚国，也想念寡人吗？"陈轸答道："大王听说过越国的庄舄吗？"惠王说："没有听说过。"陈轸说："越国人庄舄在楚国担任执珪爵位，不久得了病。楚王问：'庄舄本来是越国的低贱小民，如今在楚国做了执珪爵位的官，已经富贵了，还思不思念越国呢？'侍从回答：'大凡人们思念故乡，都是在他生病的时候。他如果思念越国就操越国口音，不思念越国就操楚国口音。'派人前去听，他还是操着越国口音。现在我虽然被抛弃驱逐到楚国，怎么能不发出秦国的口音呢！"秦惠王说："好。现在韩、魏两国交战，一年了还不和解，有人告诉寡人制止好，有人说不制止好，寡人不能决断，希望你能在替你的国君谋划之余，也为寡人谋划一下这件事。"陈轸答道："有人把卞庄子刺虎的事讲给大王听吗？卞庄子想除去老虎，旅舍里的小伙计制止他，说：'两只老虎正要吃掉牛，尝到滋味后一定相争，要相争就一定搏斗，要搏斗就会使大的受伤，小的死亡，趁大的受伤时刺它，一下就会赢得杀死两只老虎的名声。'卞庄子认为他说得对，就站着等待时机。过了一会，两只老虎果然搏斗起来，结果大的受伤，小的死去。卞庄子趁大虎受伤刺它，一举获得杀死双虎的功劳。现在韩、魏两国交战，一年没有和解，这肯定使得大国损伤，小国危亡，趁着大国损伤时攻打它，一举就能得到削弱两个国家的成果。这就像卞庄子刺虎一样。楚王和您有什么不同呢？"秦惠王说："好。"终究没有去制止。大国果然受了损伤，小国危亡，秦王出兵进攻，打败了它们。这是陈轸的计策。

犀首者，魏之阴晋人也，名衍，姓公孙氏。与张仪不善。

◎**大意** 犀首这个人，是魏国阴晋人，名叫衍，姓公孙。与张仪关系不好。

张仪为秦之魏，魏王相张仪。犀首弗利，故令人谓韩公叔曰："张仪已合秦魏矣，其言曰'魏攻南阳，秦攻三川'。魏王所以贵张子者，欲得韩地也。且韩之南阳已举矣，子何不少（稍）委焉以为衍功，则秦魏之交可错矣。然则魏必图秦而弃仪，收韩而相衍。"公叔以为便，因委之犀首以为功。果相魏。张仪去。

◎**大意** 张仪为了秦国的事前往魏国，魏王让张仪担任相国。犀首认为对己不利，因此派人对韩国公叔说："张仪已经使秦、魏两国联合了，他扬言说'魏国攻取南阳，秦国攻占三川'。魏王之所以看重张先生，是想得到韩国的土地。况且韩国的南阳已经被占领了，您为什么不稍稍委托点事给公孙衍，让他建立功劳，那么秦、魏两国的交往就可以中断了。这样魏国就一定会算计秦国而抛弃张仪，结交韩国而任用公孙衍为相。"公叔认为这样很好，就把政事委托给犀首，让他建立功劳。犀首果然担任了魏国相国，张仪便离开了魏国。

义渠①君朝于魏。犀首闻张仪复相秦，害之。犀首乃谓义渠君曰："道远不得复过，请谒事情。"曰："中国②无事，秦得烧掇焚杅③君之国；有事，秦将轻使重币事君之国。"其后五国伐秦④。会陈轸谓秦王曰："义渠君者，蛮夷之贤君也，不如赂之以抚其志。"秦王曰："善。"乃以文绣千纯⑤，妇女百人遗义渠君。义渠君致群臣而谋曰："此公孙衍所谓邪（耶）？"乃起兵袭秦，大败秦人李伯之下。

◎**注释**　①〔义渠〕即义渠国，都城在今甘肃宁县。义渠国西面为西戎国，或称义渠之戎。②〔中国〕这里指中原各诸侯国。③〔烧掇焚杅（wū）〕烧掇，焚烧侵略。焚杅，牵制，控制。④〔五国伐秦〕指楚国、魏国、齐国、韩国、赵国共同讨伐秦国。⑤〔纯〕匹。一纯即一匹。

◎**大意**　义渠的国君到魏国朝见。犀首听说张仪又担任秦国相国，忌恨他。犀首就对义渠的国君说："路途遥远不能再去拜访，请让我告诉您一件事情。"他说："中原各国不进攻秦国，秦国就会侵扰控制您的国家；进攻秦国，秦国将频繁派出使臣带着厚礼结交您的国家。"此后，五个国家共同讨伐秦国。正好陈轸对秦王说："义渠的国君，是蛮夷地方贤明的君主，不如赠送礼物来安定他的心志。"秦王说："好。"就把一千匹锦缎、一百名美女送给义渠的国君。义渠的国君召集群臣商量说："这就是公孙衍所说的情况吗？"就出兵袭击秦国，在李伯城下大败秦兵。

张仪已卒之后，犀首入相秦。尝佩五国之相印，为约长。

◎**大意**　张仪死了以后，犀首到秦国担任相国。他曾经佩带五国的相印，担任合纵联盟的领袖。

太史公曰：三晋多权变之士，夫言从衡强秦者大抵皆三晋之人也。夫张仪之行事甚于苏秦，然世恶苏秦者，以其先死，而仪振暴其短以扶其说，成其衡道。要之，此两人真倾危之士哉！

◎**大意**　太史公说：三晋地区有许多善于权谋机变的策士，那些谈论合纵连横使秦国强大的策士大多是三晋地区的人。张仪所做的事比苏秦恶劣，然而世人诽谤苏秦，是因为他比张仪先死，张仪又揭露他的短处来证明自己的主张，促成自己的连横政策。总之，这两个人真是能倾覆邦国的策士啊！

◎ 释疑解惑

《张仪列传》带有较浓重的感情色彩，使得其中的很多段落情节曲折，语言生动，不像史书，更像小说，可谓真假参半。据现有材料考证，此传最不与史实相符的就是张仪的年龄以及他和苏秦的关系问题。两千多年以来，苏秦和张仪一直被说成是战国时推行合纵、连横策略的对手。苏秦推行合纵的策略，而张仪首创连横的策略。司马迁受《战国策》影响，在《张仪列传》中将张仪和苏秦列为同时代的人。本篇述及二人早年同为鬼谷子的学生，在苏秦发迹后，张仪受苏秦的激励而进入秦国。本篇还写道张仪多次称说自己尊重苏秦，但也多次言及苏秦合纵的错误而指责苏秦，最后又记张仪死于苏秦之后。然而据1973年出土的长沙马王堆汉墓帛书《战国纵横家书》，张仪应比苏秦大几十岁，他们即使是同门师兄弟，也基本没有交集。苏秦生于公元前337年，卒于公元前284年；张仪生年不可考，但去世于公元前309年，比苏秦早去世26年。张仪辅佐的君王为秦惠王，在位时间是公元前338年到公元前311年。由此可以看出张仪的生活时代在苏秦之前，不可能出现受苏秦的激励而入秦的事情。本篇关于张仪游说各国的记载是没有问题的。而苏秦的年辈比张仪晚，张仪在秦国任相时，苏秦还没有游说经历。苏秦是在张仪死后，才游说各国而崭露头角的。可以说是苏秦破坏了张仪的连横策略。和张仪同时的是公孙衍、陈轸等人。《史记》记张仪的年代基本正确，而把苏秦的经历提早了约三十年。由此可以推断，《张仪列传》里的很多细节都是不准确的。

◎ 思考辨析题

1. 《张仪列传》的语言在艺术上成就是多方面的，请结合内容，谈谈你的看法。

2. "两虎相争，必有一伤"的故事说明了什么道理？

樗里子甘茂列传第十一

《樗里子甘茂列传》是樗里子、甘茂的合传,并附甘罗传。他们身份基本相同:樗里子任右丞相,甘茂任左丞相。但是他们各具特点,呈现出战国时期谋士多样化的生活状态。本篇人物众多,且各具性格,这是司马迁在写作上的一个显著特点。除传主外涉及历史人物近二十个,其中富有鲜明个性特征的就有十余人,包括国君卿相、文臣武将、策士说客等,如一幅政治人物画卷。司马迁善于选择,精于提炼,能够在特定语言环境中,使用个性化语言,把人物个性鲜明地揭示出来。这在甘茂、甘罗身上有着明显的体现。如甘茂攻打宜阳时对秦武王的表白,就反映出他作为"羁旅之臣"的后顾之忧,还表现出他攻打宜阳时成竹在胸的智谋和才干。还有樗里子准确的预见性、秦武王的贪婪、胡衍的狡狯及苏代的纵横捭阖等,都是从个性化的语言中呈现出来的。本传大体可分为六个部分。从"樗里子者，名疾，秦惠王之弟也，与惠王异母"至"智则樗里"为第一部分，写樗里子讨伐魏国、赵国、楚国的功劳。从"甘茂者，下蔡人也"至"楚兵去"为第二部分，写甘茂与樗里子一同辅佐秦武王以及攻伐拔取宜阳的功劳。从"秦使向寿平宜阳"至"樗里子与魏讲，罢兵"为第三部分，写甘茂因功高被谗害，于是不得不出奔。从"甘茂之亡秦奔齐，逢苏代"至"而甘茂竟不得复入秦，卒于魏"为第四部分，写甘茂担任齐国上卿，又出使楚国，最后死在魏国的过程。从"甘茂有孙曰甘罗"至"复以始甘茂田宅赐之"为第五部分，写甘茂的孙子甘罗十二岁即为秦国上卿的各种经历。最后"太史公曰"至最后为司马迁的论赞，分别评论了樗里子、甘茂与甘罗，认为他们虽不是什么仁厚君子，但在战国时期的纷乱中，善用谋诈之术乃各国共同的选择，因此这三位纵横家才有了施展才华的机会。

这篇传记还生动地叙写了少年政治家甘罗的事迹。甘罗仅十二岁，即能洞察时局，充分利用国与国、人与人之间的矛盾，解决了丞相吕不韦解决不了的问题，从而使秦国不费一兵一卒就得到赵国五座城池，功劳甚大。

樗里子①者，名疾，秦惠王之弟也，与惠王异母。母，韩女也。樗里子滑稽②多智，秦人号曰"智囊"。

◎**注释** ①〔樗（chū）里子〕姓嬴，名疾，以其所居之地为号。②〔滑稽〕能言善辩，语多诙谐。

◎**大意** 樗里子这个人，名疾，是秦惠王的弟弟，但和秦惠王是同父异母。他的母亲，是韩国女子。樗里子风趣善辩足智多谋，秦国人都称他为"智囊"。

秦惠王八年，爵樗里子右更，使将而伐曲沃，尽出其人，取其城，地入秦。秦惠王二十五年，使樗里子为将伐赵，虏赵将军庄豹，拔蔺。明年，助魏章攻楚，败楚将屈匄，取汉中地。秦封樗里子，号为严君。

◎**大意** 秦惠王八年，授予樗里子嬴疾右更的爵位，派他率领秦军攻打魏国的曲沃。樗里疾把当地的魏国人驱逐出城，占领了曲沃，这个地方从此并入秦国。秦惠王二十五年，任命樗里子为将军攻打赵国，俘虏了赵国将军庄豹，攻取了蔺地。第二年，樗里疾帮助魏章攻打楚国，打败了楚将屈匄，占领了汉中地区。秦国封赏了樗里子，封号为严君。

秦惠王卒，太子武王立，逐张仪、魏章，而以樗里子、甘茂为左右丞相。秦使甘茂攻韩，拔宜阳。使樗里子以车百乘入周。周以卒迎之，意甚敬。楚王怒，让周，以其重秦客。游腾为周说楚王曰："知（智）伯之伐仇犹，遗之广车①，因随之以兵，仇犹遂亡。何则？无备故也。齐桓公伐蔡，号曰诛楚，其实袭蔡。今秦，虎狼之国，使樗里子以车百乘入周，周以仇犹、蔡观焉，故使长戟居前，强弩在后，名曰卫疾，而实囚之。且夫周岂能无忧其社稷哉？恐一旦亡国以忧大王。"楚王乃悦。

◎**注释** ①〔遗之广车〕送给它大车。
◎**大意** 秦惠王去世，太子秦武王即位，驱逐了张仪、魏章，任命樗里子、甘茂为左右丞相。秦国派甘茂攻打韩国，攻占了宜阳。又让樗里子带着一百辆战车进入东周都城。周王派士兵列队迎接他，态度非常恭敬。楚王很生气，责备周王，因为他太看重秦国的使臣。游腾替周王劝楚王道："智伯攻打仇犹时，送给仇犹大车，接着派军队紧随其后，于是仇犹被消灭了。为什么？是由于它没有防范。齐桓公攻打蔡国，名义上是攻击楚国，其实是袭击蔡国。现在的秦国，是个像虎狼一样的国家，派樗里子带着一百辆战车进入周都，周王以仇犹、蔡国为鉴，所以派手持长戟的兵卒走在前面，让手持强弩的士兵走在后面，名义上是保护樗里子，实际上是把他囚禁起来。再说，周王难道不担心自己国家的安全吗？恐怕一旦周朝真的覆亡会使您感到忧虑。"楚王这才高兴起来。

秦武王卒，昭王立，樗里子又益尊重。

◎**大意** 秦武王逝世，秦昭王即位，对樗里子更加尊重。

昭王元年，樗里子将伐蒲。蒲守恐，请胡衍。胡衍为蒲谓樗里子曰："公之攻蒲，为秦乎？为魏乎？为魏则善矣，为秦则不为赖矣。夫卫之所以为卫者，以蒲也。今伐蒲入于魏，卫必折而从之。魏亡西河之外而无以取者，兵弱也。今并卫于魏，魏必强。魏强之日，西河之外必危矣。且秦王将观公之事，害秦而利魏，王必罪公。"樗里子曰："奈何？"胡衍曰："公释蒲勿攻，臣试为公入言之，以德①卫君。"樗里子曰："善。"胡衍入蒲，谓其守曰："樗里子知蒲之病矣，其言曰必拔蒲。衍能令释蒲勿攻。"蒲守恐，因再拜曰："愿以请。"因效金三百斤，曰："秦兵苟退，请必言子于卫君，使子为南面②。"故胡衍受金于蒲以自贵于卫。于是遂解蒲而去。还击皮氏，皮氏未降，又去。

◎注释　①〔德〕施恩德，使之感激。②〔南面〕古代帝王的座位面向南，故称帝王位为"南面"，也泛指居尊位。

◎大意　秦昭王元年，樗里子将要攻打卫国的蒲城。蒲城的长官很害怕，向胡衍请教。胡衍为了蒲城对樗里子说："您攻打蒲城，是为了秦国，还是为了魏国？为了魏国就好；为了秦国，那就不见得有什么好处。卫国之所以能作为卫国而存在，是因为拥有蒲城。现在您攻打蒲城迫使它投靠魏国，卫国肯定会屈膝投靠魏国。魏国失去了西河以外的地方而无法夺回来，是因为兵力薄弱。现在使卫国并入魏国，魏国必定强大起来。魏国强大之日，西河之外的土地就危险了。况且秦王也要观察您的行动，对秦国有害而对魏国有利，秦王一定会降罪于您。"樗里子说："那怎么办呢？"胡衍说："您放弃蒲城不要进攻，我试着替您到蒲城游说，让卫君感激您的恩德。"樗里子说："好。"胡衍进入蒲城，对蒲城的长官说："樗里子知道蒲城的弱点，他扬言一定拿下蒲城。但是我能让他放弃攻打蒲城。"蒲城的长官十分恐惧，于是再三下拜说："这事就全拜托给您了。"于是献上黄金三百斤，说："如果秦军撤去，请让我一定把您的功劳报告给卫君，使您身居尊位。"所以胡衍在蒲城得到重金而使自己在卫国成了显贵。这时樗里子便放弃蒲城撤走了，回头攻击皮氏，皮氏没投降，便又撤离了。

　　昭王七年，樗里子卒，葬于渭南章台①之东。曰："后百岁，是当有天子之宫夹我墓。"樗里子疾室在于昭王庙西渭南阴乡樗里，故俗谓之樗里子。至汉兴，长乐宫②在其东，未央宫③在其西，武库④正直其墓。秦人谚曰："力则任鄙，智则樗里。"

◎注释　①〔章台〕秦国渭南离宫的台名。②〔长乐宫〕西汉宫殿名，汉高祖时建，遗址在今陕西西安西北郊汉长安故城东南角。③〔未央宫〕西汉宫殿名，汉高祖时建，遗址在今陕西西安西北郊汉长安故城西南角。④〔武库〕储藏武器的仓库，未央宫的组成部分。

◎大意　秦昭王七年，樗里子去世，葬在渭水南边章台之东。他临终前说：

"一百年后，这里会有天子的宫殿把我的坟墓夹在中间。"樗里子嬴疾的住宅在昭王庙西边渭水之南的阴乡樗里，所以人们通常叫他樗里子。汉朝建立之后，长乐宫在他坟墓的东边，未央宫在他坟墓的西边，武库正对着他的坟墓。秦国人有句俗话说："论力气是任鄙最大，论智谋是樗里最高。"

甘茂者，下蔡人也。事下蔡史举先生，学百家之术。因张仪、樗里子而求见秦惠王。王见而说（悦）之，使将，而佐魏章略定汉中地①。

◎**注释** ①〔汉中〕今陕西的西南部地区。
◎**大意** 甘茂这个人，是下蔡人。他从师于下蔡的史举先生，学习百家学说。他通过张仪、樗里子求见秦惠王。秦惠王一见便喜欢他，让他带兵，协助魏章攻占和平定了汉中地区。

惠王卒，武王立。张仪、魏章去，东之魏。蜀侯辉、相壮反，秦使甘茂定蜀。还，而以甘茂为左丞相，以樗里子为右丞相。

◎**大意** 秦惠王去世，秦武王即位。张仪、魏章离开秦国，向东去了魏国。蜀侯嬴辉和蜀相陈壮谋反，武王派甘茂平定了蜀地叛乱。从蜀地归来，秦王任命甘茂为左丞相，任命樗里子为右丞相。

秦武王三年，谓甘茂曰："寡人欲容车①通三川，以窥周室，而寡人死不朽矣。"甘茂曰："请之魏，约以伐韩，而令向寿辅行。"甘茂至，谓向寿曰："子归，言之于王曰'魏听臣矣，然愿王勿伐'。事成，尽以为子功。"向寿归，以告王，王迎甘茂于息壤。甘茂至，王问其故。对曰："宜阳，大县也，上党、南阳积之久矣。名曰县，其实郡也。今王倍数险②，行千里攻之，难。昔曾参之处费，鲁人有与曾参同姓名者杀人，人告其母曰'曾参杀人'，其母织自若也。顷之，一人又告之曰'曾参杀人'，其母尚织自若也。顷又一人告之曰'曾参杀人'，其母投杼下机③，逾墙而走。夫以曾参之贤与其母信之也，三人疑之，其母惧焉。今臣之贤不若曾参，王之信臣又不如曾参之母信曾参也，疑臣者非特三人，臣恐大王之投杼也。始张仪西并巴蜀之地，北开西河之外，南取上庸，天下不以多张子而以贤先王。魏文侯令乐羊将而攻中山，三年而拔之。乐羊返而论功，文侯示之谤书④一箧。乐羊再拜稽首⑤曰：'此非臣之功也，主君之力也。'今臣，羁旅⑥之臣也。樗里子、公孙奭二人者挟⑦韩而议之，王必听之，是王欺魏王而臣受公仲侈之怨也。"王曰："寡人不听也，请与子盟。"卒使丞相甘茂将兵伐宜阳。五月而不拔，樗里子、公孙奭果争之。武王召甘茂，欲罢兵。甘茂曰："息壤在彼⑧。"王曰："有之。"因大悉起兵，使甘茂击之。斩首六万，遂拔宜阳。韩襄王使公仲侈入谢，与秦平⑨。

◎**注释** ①〔容车〕原指古代妇女坐乘的小车，其盖饰有帷幔以遮形貌，这里指有帷盖的车。②〔数险〕多处险要关隘，指函谷关、三崤等。③〔其母投杼下机〕杼，织布的梭子。今为成语"曾母投杼"，指曾参的母亲接连三次听到"曾参杀人"的传闻，便信以为真，投杼而走。后来比喻流言可畏。④〔谤书〕攻击别人的书信。⑤〔稽首〕古代最恭敬的跪拜礼。⑥〔羁旅〕寄居异国他乡。⑦〔挟〕倚仗。⑧〔息壤在彼〕息壤就在那里，意思是不要忘记在息壤的盟约。⑨〔平〕讲和。

◎**大意** 秦武王三年，秦王对甘茂说："我想驾着客车通过三川，去周朝看看，我死了也算是不朽了。"甘茂说："请让我去魏国，与魏国相约去攻打韩国，让向寿协助我同去。"甘茂到魏国后，对向寿说："您回去，把情况向大王汇报说'魏国听从我的话，但我希望大王不要攻打韩国'。事情成功了，全算作您的功劳。"向寿回到秦国，把甘茂的话转告秦王，秦王到息壤迎接甘茂。甘茂到来后，秦王问他不希望进攻韩国的原因。甘茂回答说："宜阳，是个大县，上党、南阳的物资积蓄已久。名义上是县，其实是个郡。现在大王要经过许多险要的地方，远行千里去进攻它，是很难成功的。从前曾参住在费邑，鲁国有个与曾参同姓同名的人杀了人，有人告诉曾参的母亲'曾参杀了人'，他的母亲还是神态镇定地织着布。过了一会儿，另一个人告诉她'曾参杀了人'，他的母亲仍然织布神情不变。又过了一会儿，另外一个人告诉她'曾参杀了人'，他母亲扔下梭子下了织机，翻墙逃跑了。凭着曾参高尚的品行和他母亲对他的信任，有三个人怀疑他杀了人，他母亲就害怕了。现在我的品行比不上曾参，大王对我的信任也不及曾参的母亲信任曾参，怀疑我的人不止三个，我害怕大王也会像曾母投杼一样不相信我。当初张仪在西边兼并巴蜀之地，在北方开拓了西河之外，在南方攻取了上庸，天下人并不因此尊崇张仪，却因此而赞美先王。魏文侯派乐羊带兵攻打中山，经过三年终于征服了中山。乐羊回国后论功行赏，魏文侯给他看了一箱子诋毁他的文书。乐羊连连下拜叩头说：'这不是我的功劳，而是由于主上的贤明。'现在的我，是寄居在秦国的一个客卿。樗里子、公孙奭二人对进攻韩国提出异议，大王一定会听从他们的话，这样大王欺骗了魏王而我将遭到韩相公仲侈的怨恨。"武王说："我不听他们的，请让我跟您订个盟约。"他最终派丞相甘茂带兵攻打宜阳。五个月还没有攻下来，樗里子、公孙奭果然反对这件事。秦武王告诉甘茂，想要撤兵。甘茂说："不要忘记在息壤的盟约。"秦武王说："有过盟誓。"于是大规模出兵，让甘茂攻打宜阳。斩敌六万人，终于攻占宜阳。韩襄王派公仲侈到秦国谢罪，同秦国讲和。

武王竟至周，而卒于周。其弟立，为昭王。王母宣太后，楚女也。楚怀王怨前秦败楚于丹阳而韩不救，乃以兵围韩雍氏。韩使公仲侈告急于秦。秦昭王新立，太后楚人，不肯救。公仲因甘茂，茂为韩言于秦昭王曰："公仲方有得秦救，故敢扞（捍）楚也。今雍氏围，秦师不下殽（崤），公仲且仰首而不朝，公叔且以国南合于楚。楚、韩为

一，魏氏不敢不听，然则伐秦之形成矣。不识坐而待伐孰与伐人之利？"秦王曰："善。"乃下师于殽（崤）以救韩。楚兵去。

◎ **大意** 武王终于来到了周都，最后死在那里。他的弟弟即位，就是秦昭襄王。昭襄王的母亲宣太后，是楚国人。楚怀王怨恨从前秦国在丹阳打败楚军时韩国不肯相救，便派兵包围了韩国的雍氏。韩王派公仲侈到秦国告急。秦昭襄王刚刚即位，太后又是楚国人，所以不肯救援。公仲侈托甘茂进言，甘茂替韩国对秦昭襄王说："公仲侈认为可以得到秦国援救，所以才敢于抵抗楚国。眼下雍氏被围攻，秦军不肯下崤山救援，公仲侈将会仰着头不来朝见。公叔将会向南让韩楚两国联合，楚国和韩国联合起来，魏国不敢不服从他们的命令，这样共同进攻秦国的局面就形成了。不知道坐等别人进攻与主动进攻别人哪一个更有利？"秦昭襄王说："好。"于是从崤山出兵援救韩国。楚国的军队撤走了。

　　秦使向寿平宜阳，而使樗里子、甘茂伐魏皮氏。向寿者，宣太后外族①也，而与昭王少相长，故任用。向寿如楚，楚闻秦之贵向寿，而厚事向寿。向寿为秦守宜阳，将以伐韩。韩公仲使苏代谓向寿曰："禽困覆车。公破韩，辱公仲，公仲收国复事秦，自以为必可以封。今公与楚解口地，封小令尹以杜阳。秦楚合，复攻韩，韩必亡。韩亡，公仲且躬率其私徒以阏②于秦。愿公孰（熟）虑之也。"向寿曰："吾合秦楚非以当韩也，子为寿谒③之公仲，曰秦韩之交可合也。"苏代对曰："愿有谒于公。人曰贵其所以贵者贵。王之爱习公也，不如公孙奭；其智能公④也，不如甘茂。今二人者皆不得亲于秦事，而公独与王主断于国者何？彼有以失之也。公孙奭党⑤于韩，而甘茂党于魏，故王不信也。今秦楚争强而公党于楚，是与公孙奭、甘茂同道也，公何以异之？人皆言楚之善变也，而公必亡之，是自为责也。公不如与王谋其变也，善韩以备楚，如此则无患矣。韩氏必先以国从公孙奭而后委国于甘茂。韩，公之仇也。今公言善韩以备楚，是外举不僻（避）仇也。"向寿曰："然，吾甚欲韩合。"对曰："甘茂许公仲以武遂，反（返）宜阳之民，今公徒收之，甚难。"向寿曰："然则奈何？武遂终不可得也？"对曰："公奚不以秦为韩求颍川于楚？此韩之寄地⑥也。公求而得之，是令行于楚而以其地德韩也。公求而不得，是韩楚之怨不解而交走秦也。秦楚争强，而公徐过楚以收韩，此利于秦。"向寿曰："奈何？"对曰："此善事也。甘茂欲以魏取齐，公孙奭欲以韩取齐。今公取宜阳以为功，收楚韩以安之，而诛齐魏之罪，是以公孙奭、甘茂无事也。"

◎**注释**　①〔外族〕外戚，指帝王的母亲、妻子一方的亲属。②〔阏（è）〕阻止。③〔谒〕陈述。④〔智能公〕认为您的智慧和才能。⑤〔党〕偏袒，偏私。⑥〔寄地〕颍川原为韩国土地，被楚国夺去，故言"寄地"。

◎**大意**　秦王派向寿平定宜阳，派樗里子和甘茂攻打魏国皮氏。向寿是宣太后的娘家人，与昭襄王从年轻时就互相推重，所以得到重用。向寿前往楚国，楚王听说秦王尊重向寿，因而隆重地接待他。向寿为秦国驻守宜阳，将要攻打韩国。韩相公仲侈派苏代对向寿说："鸟兽处于困境时，也能掀翻车辆。您打败了韩国，侮辱了公仲侈；公仲侈重整国事然后再去侍奉秦国，自认为一定可以得到秦国的封赏。现在您把解口送给楚国，把杜阳封给楚国的小令尹。秦、楚联合，再进攻韩国，韩国肯定要灭亡。韩国灭亡了，公仲侈必将亲自率领部属抵抗秦国。希望您慎重考虑这件事。"向寿说："我使秦楚联合并不是为了对付韩国，您可以把我的想法转告公仲侈，说秦国与韩国可以搞好关系。"苏代回答："我愿意向您进一言。人们常说尊重自己所以得到尊重的地方，自己将更受尊重。秦王爱护和亲近您，比不上公孙奭；秦王赏识您的才能，比不上赏识甘茂。现在这两个人都不能亲自参与秦国大事，而您为什么能够跟秦王一起决断国事呢？他们丧失信任是有原因的。公孙奭和韩国勾搭，而甘茂和魏国有染，所以秦王不信任他们。现在秦国与楚国争霸,可是您与楚国交好,这是与公孙奭、甘茂走同一条路。您跟他们有什么区别呢?人们都说楚国善变,您一定会葬送在它手里,这是在自取灭亡呀。您不如与秦王商量对付狡诈多变的楚国,与韩国交好共同防范楚国,这样就没有什么祸患了。韩国肯定先把国事托付给公孙奭,然后把国家托付给甘茂。韩国,是您的仇敌。现在您提出与韩国友好而防备楚国,这是在争取同盟时不排除自己的敌人。"向寿说:"对,我很想与韩国合作。"苏代回答:"甘茂曾答应公仲侈把武遂还给韩国,让宜阳的百姓返回家园,现在您这是空口说和韩国交好,事情很难办。"向寿说:"既然如此,那怎么办呢?武遂最终不能还给韩国吗?"苏代回答:"您为什么不依仗秦国的威力替韩国向楚国索回颍川呢?颍川本来是韩国的土地,现在被楚国占据。您向楚国提出要求而使韩国得到了它,这是您的命令在楚国得到执行而用这块土地赢得韩国人的心。您提出要求而韩国得不到这块土地,这样韩楚之间的怨恨不能解除,就会交相走向秦国。秦楚两国争雄,而您慢慢地责备楚国来交好韩国,这对秦国是有利的。"向寿说:"怎么办呢?"苏代说:"这是件好事。甘茂曾经想借助魏国攻打齐国,公孙奭曾经想胁迫韩国攻打齐国。现在您夺取了宜阳建立了赫赫战功,又笼络了楚国和韩国,安抚了它们,再声讨齐国和魏国的罪过。因此公孙奭和甘茂就无法参与国事了。"

甘茂竟言秦昭王,以武遂复归之韩。向寿、公孙奭争之,不能得。向寿、公孙奭由此怨,谗甘茂。茂惧,辍伐魏蒲阪,亡去。樗里子与魏讲,罢兵。

◎**大意** 甘茂终于向秦昭襄王进言,把武遂还给了韩国。向寿和公孙奭反对这件事,但没有成功。因此向寿、公孙奭怨恨甘茂,在秦王面前说甘茂的坏话。甘茂害怕了,放弃进攻魏国的蒲阪,而后逃走了。樗里子与魏国和解,撤回军队。

甘茂之亡秦奔齐,逢苏代。代为齐使于秦。甘茂曰:"臣得罪于秦,惧而遁逃,无所容迹。臣闻贫人女与富人女会绩[①]**,贫人女曰:**

'我无以买烛,而子之烛光幸有余,子可分我余光,无损子明而得一斯便焉。'今臣困而君方使秦而当路②矣。茂之妻子在焉,愿君以余光振(赈)之。"苏代许诺。遂致使于秦。已,因说秦王曰:"甘茂,非常士也。其居于秦,累世③重矣。自殽(崤)塞及至鬼谷,其地形险易皆明知之。彼以齐约韩、魏反以图秦,非秦之利也。"秦王曰:"然则奈何?"苏代曰:"王不若重其贽④,厚其禄以迎之,使彼来则置之鬼谷,终身勿出。"秦王曰:"善。"即赐之上卿,以相印迎之于齐。甘茂不往。苏代谓齐湣王曰:"夫甘茂,贤人也。今秦赐之上卿,以相印迎之。甘茂德王之赐,好为王臣,故辞而不往。今王何以礼之?"齐王曰:"善。"即位之上卿而处之。秦因复甘茂之家以市于齐。

◎**注释**　①〔会绩〕一起搓麻线。②〔当路〕当道,即掌握权势。③〔累世〕甘茂先后辅佐秦惠王、秦武王、秦昭襄王三代君王。④〔贽〕古时初次求见人时所送的礼物。

◎**大意**　甘茂逃离秦国奔向齐国,遇到了苏代。苏代替齐国出使秦国。甘茂说:"我在秦国获罪,心里害怕就逃了出来,没有地方容身。我听说有个穷人的女儿和富人的女儿一起纺线,穷人的女儿说:'我没有钱买蜡烛,而您的烛光幸好有剩余,您可以分给我一点余光,不损害您照明而我能得到同样的方便。'现在我走投无路而您正出使秦国受到重用。我的妻子儿女都在秦国,希望您用余力拯救他们。"苏代答应了。然后苏代出使秦国。完成任务后,苏代对秦王说:"甘茂是个不平常的士人。他居住在秦国,连续几代受到重用,从崤塞至鬼谷,那里地形的险要和平坦他都非常清楚。如果他借齐国的名义约同韩国、魏国反过来图谋秦国,对秦国是非常不利的。"秦王说:"既然这样,那么该怎么办呢?"苏代说:"大王不如送他丰厚的礼物,提高他的俸禄,把他迎回来,他回来后就把他安置在鬼谷,终身不准他出来。"秦王说:"好。"立即赐给甘茂上卿官位,派人带着相印到齐国迎接他。甘茂不愿意回去。苏代对齐湣王说:"甘茂,是个贤人。现在秦国赐给他上卿官位，带着相印来迎接他了。甘茂感激大王的恩赐，乐意做大王的臣下，所以推辞上卿的官位不去秦国。现在大王准备怎么对待他？"齐王说："好。"于是赐给甘茂上卿官位。秦国也免除了甘茂家的赋税徭役，同齐国争着收买甘茂。

齐使甘茂于楚，楚怀王新与秦合婚而欢。而秦闻甘茂在楚，使人谓楚王曰："愿送甘茂于秦。"楚王问于范蜎曰："寡人欲置相于秦，孰可？"对曰："臣不足以识之。"楚王曰："寡人欲相甘茂，可乎？"对曰："不可。夫史举，下蔡之监门①也，大不为事君，小不为家室，以苟贱不廉闻于世，甘茂事之顺焉。故惠王之明，武王之察，张仪之辩，而甘茂事之，取十官而无罪。茂诚贤者也，然不可相于秦。夫秦之有贤相，非楚国之利也。且王前尝用召滑于越，而内行章义之难②，越国乱，故楚南塞厉门而郡江东③。计王之功所以能如此者，越国乱而楚治也。今王知用诸越而忘用诸秦，臣以王为钜（巨）过矣。然则王若欲置相于秦，则莫若向寿者可。夫向寿之于秦王，亲也，少与之同衣，长与之同车，以听事④。王必相向寿于秦，则楚国之利也。"于是使使⑤请秦相向寿于秦。秦卒相向寿。而甘茂竟不得复入秦，卒于魏。

◎**注释** ①〔监门〕看守城门的人。②〔而内行章义之难〕暗地里鼓动章义挑起祸乱。③〔塞厉门而郡江东〕以厉门为边塞，在江东设郡县。④〔听事〕听从别人的意见来处理政事。⑤〔使使〕前一个"使"字是动词，派遣；后一个"使"字是名词，使臣。

◎**大意** 齐国派甘茂出使楚国，楚怀王刚刚与秦国通婚，双方关系正好。秦王听说甘茂在楚国，派人对楚王说："希望把甘茂送到秦国。"楚王向范蜎请教说："我想给秦国安排个丞相，您看谁合适？"范蜎回答："我没有能力来识别那样的人。"楚王说："我想让甘茂去任丞相，行吗？"范蜎回答："不行。史举，是下蔡的守门人，他大而言之没有能力事奉国君，小而言之不能成家立业，由于苟且卑贱、不干不净而闻名于当世，甘茂却很顺从地服侍他。就惠王的英明、武王的敏锐、张仪的善辩来说，甘茂服侍他们，取得十个官位也没有什么差错，甘茂是个贤能的人，但不能到秦国任丞相。秦国有贤能的丞相，对楚国是没有好处的。大王曾使召滑在越国得到任用，他暗地里鼓动章义挑起祸乱，搞得越国大乱，因此楚国才能在南部以厉门为边塞，在江东设郡县。总结一下大王能够这样成功的原因，在于越国内乱而楚国安定。现在大王知道这种用于越国的计策，却忘记用于秦国，我认为您犯了一个巨大的错误。然而大王如果想在秦国安置丞相，那么没有像向寿那样合适的人。向寿对于秦王来说，是亲戚，小时候和他伙着穿衣服，长大后合乘一辆车子，因此听他的话。大王如果让向寿到秦国任相，那么对楚国太有利了。"因此楚王派使臣去请求秦王让向寿在秦国任相。秦国终于让向寿担任了丞相。甘茂最终也没能够再到秦国，死在了魏国。

甘茂有孙曰甘罗。

◎**大意** 甘茂有个孙子叫甘罗。

甘罗者，甘茂孙也。茂既死后，甘罗年十二，事秦相文信侯吕不韦。

◎**大意** 甘罗这个人，是甘茂的孙子。甘茂死后，甘罗十二岁，服侍秦国丞相文信侯吕不韦。

秦始皇帝使刚成君蔡泽于燕，三年而燕王喜使太子丹入质[①]于秦。秦使张唐往相燕，欲与燕共伐赵以广河间之地。张唐谓文信侯曰："臣尝为秦昭王伐赵，赵怨臣，曰：'得唐者与百里之地。'今之燕必经赵，臣不可以行。"文信侯不快，未有以强也。甘罗曰："君侯何不快之甚也？"文信侯曰："吾令刚成君蔡泽事燕三年，燕太子丹已入质矣，吾自请张卿相燕而不肯行。"甘罗曰："臣请行之。"文信侯叱曰："去！我身自请之而不肯，女（汝）焉能行之？"甘罗曰："大项橐生七岁为孔子师。今臣生十二岁于兹矣，君其试臣，何遽叱乎？"于是甘罗见张卿曰："卿之功孰与武安君②？"卿曰："武安君南挫强楚，北威燕、赵，战胜攻取，破城堕（隳）③邑，不知其数，臣之功不如也。"甘罗曰："应侯④之用于秦也，孰与文信侯专？"张卿曰："应侯不如文信侯专。"甘罗曰："卿明知其不如文信侯专与（欤）？"曰："知之。"甘罗曰："应侯欲攻赵，武安君难之，去咸阳七里而立死于杜邮。今文信侯自请卿相燕而不肯行，臣不知卿所死处矣。"张唐曰："请因孺子行。"令装治行。

◎**注释** ①〔入质〕做人质。即派往别国做抵押的人。②〔武安君〕即秦国大将白起。③〔堕（huī）〕同"隳"，毁坏。这里是攻陷的意思。④〔应侯〕即秦国重臣范雎。

◎**大意** 秦始皇帝嬴政派刚成君蔡泽出使燕国，三年后燕王姬喜派太子丹到秦国做人质。秦国让张唐去协助燕国，想和燕国共同讨伐赵国来扩张河间的领地。张唐对文信侯吕不韦说："我曾经替秦昭襄王攻打赵国，赵国对我怀恨在心，说：'能够抓住张唐的人就赏给他方圆百里的土地。'现在去燕国必定要经过赵国，我不能前往。"文信侯很不高兴，可是没有办法勉强他。甘罗说："您为什么这样不高兴呢？"文信侯说："我让刚成君蔡泽侍奉燕国三年，燕太子丹已经来秦国做人质了，我亲自请张唐去协助燕国而他不肯去。"甘罗说："让我来劝说他。"文信侯呵斥说："我亲自请他去他都不愿意，你怎么能让他去？"甘罗说："非凡的项橐七岁就做了孔子的老师。如今，我已经十二岁了，您不如让我试试。何必这么急着呵斥我呢？"于是甘罗去见张唐说："您和武安君相比谁的功劳大？"张唐说："武安君在南面打败楚国，在北面施威震慑燕国、赵国，战必胜，攻必克，夺城取邑，不计其数，我的功劳怎么能和他相比。"甘罗说："应侯在秦国，和文信侯相比哪一个更受宠信？"张唐说："应侯比不上文信侯有权势。"甘罗说："您真的知道应侯比不上文信侯的权势吗？"张唐说："知道。"甘罗说："应侯想攻打赵国，武安君认为这很困难，离开咸阳七里地就死在了杜邮。如今文信侯亲自请您去协助燕国，而您执意不肯，我不知您要死在什么地方了。"张唐说："请让我按照你说的去吧。"便让手下人整理行装上路。

行有日，甘罗谓文信侯曰："借臣车五乘，请为张唐先报赵。"文信侯乃入言之于始皇曰："昔甘茂之孙甘罗，年少耳，然名家之子孙，诸侯皆闻之。今者张唐欲称疾不肯行，甘罗说而行之。今愿先报赵，请许遣之。"始皇召见，使甘罗于赵。赵襄王郊迎甘罗。甘罗说赵王曰："王闻燕太子丹入质秦欤？"曰："闻之。"曰："闻张唐相燕欤？"曰："闻之。""燕太子丹入秦者，燕不欺秦也。张唐相燕者，秦不欺燕也。燕、秦不相欺者，伐赵，危矣。燕、秦不相欺无异故①，欲攻赵而广河间。王不如赍②臣五城以广河间，请归燕太子，与强赵攻弱燕。"赵王立自割五城以广河间。秦归燕太子。赵攻燕，得上谷三十城，令秦有十一。

◎**注释** ①〔无异故〕没有别的原因。②〔赍（jī）〕送物给人。
◎**大意** 启程的日期确定了，甘罗就对文信侯说："请借给我五辆车子，让我替张唐先向赵国通报。"文信侯就进宫对秦始皇说："当年的甘茂有个孙子甘罗，年纪很轻，却是著名卿相的子孙，各国都知道他。张唐自称有疾而不愿意去燕国，甘罗劝说他才同意去燕国。现在甘罗希望先通报赵国，请答应派他去。"秦始皇召见了甘罗，就派他去赵国。赵襄王到郊外远迎甘罗。甘罗对赵襄王说："大王听说燕太子丹到秦国做人质了吗？"赵襄王说："听说了。"甘罗说："听说张唐去协助燕国了吗？"赵襄王说："听说了。"甘罗说："燕太子丹到秦国，是为了表明燕国不欺骗秦国。燕国和秦国不相互欺骗建立信用，是为了攻打赵国，那样赵国就危险了。燕、秦两国互不相欺没有别的原因，是想进攻赵国来扩大河间的领地。大王不如送给我五座城邑来扩大秦国在河间的领地，请秦王让太子丹回国，然后和强大的赵国一起进攻弱小的燕国。"赵襄王立即亲自划出五座城邑让秦国扩充河间的土地。秦国让太子丹返回燕国。赵国攻打燕国，占领了上谷三十座城邑，分给秦国十一座。

甘罗还报秦，乃封甘罗以为上卿，复以始甘茂田宅赐之。

◎**大意** 甘罗回来报告秦始皇，于是封赏甘罗让他做上卿，又把原来甘茂的田宅赐给他。

太史公曰：樗里子以骨肉重，固其理，而秦人称其智，故颇采焉。甘茂起下蔡闾阎①，显名诸侯，重强齐楚。甘罗年少，然出一奇计，声称后世。虽非笃行之君子，然亦战国之策士也。方秦之强时，天下尤趋②谋诈哉。

◎**注释** ①〔闾阎〕古代里巷的门称"闾"或"阎"，这里指居住在乡里的平民。②〔趋〕趋向，这里是盛行的意思。
◎**大意** 太史公说：樗里子是秦王的近亲因而受到重用，这本来是常理，但秦国人称赞他的智慧，所以我较多地采录了他的事迹。甘茂出身于下蔡小巷里的平民，在各国声名赫赫，在强大的齐国、楚国受到重用。甘罗年纪很轻，然而献出一条妙计，名垂后世。他们虽然不是行为敦厚的君子，但也是战国时的谋士。当秦国变得越来越强大的时候，天下各国也变得喜欢权谋诡计了。

◎ 释疑解惑

　　樗里子和甘茂在对韩国、赵国、魏国、楚国等国用兵方面颇有功绩，因而《太史公自序》说："秦所以东攘雄诸侯，樗里、甘茂之策。"这是《樗里子甘茂列传》一篇的主旨。樗里子、甘茂同时贵显于秦国而境遇大不相同。樗里子是秦惠王的弟弟，故秦惠王信而不疑，在秦惠王时就受封，历秦武王、秦昭襄王两代为秦相。他足智多谋，秦人因而称他为"智囊"。甘茂则是由楚国进入秦国的"羁旅之臣"，尽管也是"非常之士"，被任为左丞相，但得不到秦国的真正信任。因而他事事小心，但最后还是免不了遭受谗言而逃往齐国。司马迁认识到这种不合理的社会现象，并在传记中予以揭示！故其在文后的论赞称："樗里子以骨肉重，固其理，而秦人称其智，故颇采焉。甘茂起下蔡闾阎，显名诸侯，重强齐楚。"这也反映出在古代宗法制社会中，血缘关系在整个社会关系中所占的重要地位。而对于甘罗，司马迁在最后的论赞说："甘罗年少，然出一奇计，声称后世。虽非笃行之君子，然亦战国之策士也。方秦之强时，天下尤趋谋诈哉。"就是说甘罗这种人虽不是什么道德君子，但能够顺应时代的潮流，在需要谋辩之士的战国时期把握机遇，因此小小年纪就成为秦国的卿士，取得了一定的成就。然而，后世学人对于甘罗这样的战国策士，还是颇有不满的。如柳宗元说："彼甘罗者，左右反复，得利弃信，使秦背燕之亲，已而反与赵合以致危于燕，天下是以益知秦无礼不信，视函谷若虎狼之窟，罗之徒实使然也。"又如苏辙说："苏秦为诸侯弱秦，张仪为秦弱诸侯，其说犹可言也。如樗里疾、公孙奭党于韩，甘茂党于魏，向寿党于楚，皆偕秦之强，以摇动诸侯而成其私，民生其间，其害可胜言乎？今世虽无战国相倾之势，然士居其间，其以喜怒成败天下事者多矣，人主诚得其情，其罪可胜诛乎？"他们认为，在战国时期，许多策士为诸侯国出谋划策，不是为了民生大义，而是为了自己显名于诸侯，所追求的是个人的成就。因此，他们才会有左右摇摆、唯利是图、不顾大局等诸多作为。

◎ 思考辨析题

　　1. 怎样看待神童甘罗不费一兵一卒得到十六座城的伟绩？
　　2. 如何看待樗里子、甘茂的成功之处？

穰侯列传第十二

穰侯魏冉从秦惠王时起就任职用事，功劳很大。第一，秦武王因举鼎而死，没有儿子，兄弟争位。而魏冉实力较强，拥立了秦昭襄王，同时清除了争位对手。魏冉凭借与秦昭襄王的特殊关系，四任丞相，独揽大权，党羽众多，深受宣太后宠信。第二，他保举白起为将，东向攻城略地，击败三晋和强楚，战绩卓著，威震诸侯。第三，他东征西讨，不断扩充秦国疆土，为后来秦始皇统一天下奠定了基础。同时，魏冉身上的缺点也十分突出。他利用秦国军事力量攻打齐国，夺取陶邑，为自己扩大封地。他担任丞相，权势赫赫，对秦国君主构成严重威胁。这也是范雎能够进谏取代他相位的重要原因。随后，他就被秦王罢免，迁到关外封邑，由范雎代相，最后"身折势夺而以忧死"于陶邑，并葬于此。

《穰侯列传》可分为四个部分。从"穰侯魏冉者,秦昭王母宣太后弟也"至"宣太后自治,任魏冉为政"为第一部分,叙写魏冉因是宣太后异父同母的弟弟,被委以重任。从"昭王七年,樗里子死,而使泾阳君质于齐"至"于是穰侯不行,引兵而归"为第二部分,叙写魏冉推荐名将白起,并出兵讨伐韩国、魏国、齐国、楚国,从而使秦国在诸侯国中称雄。从"昭王三十六年,相国穰侯言客卿灶"至"穰侯卒于陶,而因葬焉"为第三部分,叙写魏冉因权重而被秦昭襄王所忌惮,最终死在了自己的封地陶邑。第四部分是司马迁的论赞,感叹魏冉作为秦昭襄王的舅父,曾经为秦国向东扩张做出了巨大贡献,但当魏冉的权力到达巅峰之时,却因范雎的游说而失势,忧愁而死。秦国皇室的亲眷尚且如此,那么,寄居在秦国的客卿又会是怎样呢?

穰侯魏冉者,秦昭王母宣太后弟也。其先楚人,姓芈氏。

◎**大意** 穰侯魏冉这个人,是秦昭襄王母亲宣太后的弟弟。他的祖先是楚国人,姓芈。

秦武王卒,无子,立其弟,为昭王。昭王母故号为芈八子①,及昭王即位,芈八子号为宣太后。宣太后非武王母。武王母号曰惠文后,先武王死②。宣太后二弟:其异父长弟曰穰侯,姓魏氏,名冉;同父弟曰芈戎,为华阳君。而昭王同母弟曰高陵君、泾阳君。而魏冉最贤,自惠王、武王时任职用事。武王卒,诸弟争立,唯魏冉力为能立昭王。昭王即位，以冉为将军，卫咸阳。诛季君之乱③，而逐武王后出之魏，昭王诸兄弟不善者皆灭之，威振（震）秦国。昭王少，宣太后自治，任魏冉为政。

◎**注释** ①〔八子〕官内女官名号。②〔先武王死〕据《秦本纪》，秦昭襄王二年，"庶长壮与大臣、诸公子为逆，皆诛，及惠文后皆不得良死"。与此处说法有出入。③〔季君之乱〕季君即公子嬴壮，自号季君。昭王二年，公子嬴壮与大臣诸公子谋反，被魏冉诛灭。

◎**大意** 秦武王去世后，由于他没有儿子，众人就拥立他的弟弟登位，即秦昭襄王。秦昭襄王的母亲原来叫芈八子，等到秦昭襄王即位，芈八子就改称宣太后。宣太后不是秦武王的生母。秦武王亲生母亲称为惠文后，比秦武王去世还早。宣太后有两个弟弟：她的同母异父弟叫穰侯，姓魏，名冉；同父异母弟叫芈戎，就是华阳君。秦昭襄王的胞弟称高陵君、泾阳君。其中魏冉最贤能，从秦惠王、秦武王时即已任职掌权。秦武王死后，几个弟弟争夺王位。只有魏冉最有实力，他拥立秦昭襄王继位。秦昭襄王即位后，任命魏冉为将军，卫成都城咸阳。魏冉平定了季君公子壮的叛乱，并且把秦武王王后驱逐到魏国，秦昭襄王兄弟中有行为不良的全部被诛灭，声威震动秦国。秦昭襄王当时年轻，宣太后亲自主持朝政，让魏冉执掌国家大权。

昭王七年，樗里子死，而使泾阳君质于齐。赵人楼缓①来相秦，赵不利，乃使仇液之秦，请以魏冉为秦相。仇液将行，其客②宋公谓液曰："秦不听公，楼缓必怨公。公不若谓楼缓曰'请为公毋急秦'。秦王见赵请相魏冉之不急，且不听公。公言而事不成，以德楼子；事成，魏冉故德公矣。"于是仇液从之。而秦果免楼缓而魏冉相秦。

◎**注释** ①〔楼缓〕赵国的游说之士，做过秦国丞相。②〔客〕指门客，寄食贵族豪门的人。

◎ **大意** 秦昭襄王七年，樗里子嬴疾死了，派泾阳君到齐国做人质。赵国人楼缓来秦国任相，赵国认为对自己不利，就派仇液到秦国，请求让魏冉担任秦相。仇液将要出发，他的门客宋公对他说："秦王不会听从您的劝说，楼缓必定怨恨您。您不如对楼缓说'为了您，我劝秦王不要急着任用魏冉为相'。秦王感到赵国不着急让魏冉做秦国丞相，将不会听您的话。您说了事情却不能成功，用这样的办法就可以笼络楼缓；如果事情成功了，魏冉当然会感激您了。"因此仇液听从了宋公的话。秦国果然免掉了楼缓的丞相职位，让魏冉做了丞相。

欲诛吕礼，礼出奔齐。昭王十四年，魏冉举白起，使代向寿①将而攻韩、魏，败之伊阙②，斩首二十四万，虏魏将公孙喜。明年，又取楚之宛、叶③。魏冉谢病免相，以客卿寿烛为相。其明年，烛免，复相冉，乃封魏冉于穰④，复益封陶，号曰穰侯。

◎ **注释** ①〔向寿〕秦将。②〔伊阙〕山名，在今河南洛阳南。③〔宛、叶〕宛，城邑名，在今河南南阳。叶，城邑名，在今河南叶县南。④〔穰〕古县名，在今河南邓州。

◎ **大意** 秦国要杀吕礼，吕礼逃到齐国。秦昭襄王十四年，魏冉推举白起，派他代替向寿领兵攻打韩国、魏国，在伊阙战败了它们，斩敌二十四万人，俘虏了魏将公孙喜。第二年，又攻占了楚国的宛邑和叶邑。魏冉托病免职，秦王任用客卿寿烛为丞相。又过了一年，寿烛被免职，又让魏冉担任丞相，于是把魏冉封在穰邑，又加封陶邑，称为穰侯。

穰侯封四岁，为秦将攻魏。魏献河东①方四百里。拔魏之河内，取城大小六十余。昭王十九年，秦称西帝，齐称东帝。月余，吕礼来，而齐、秦各复归帝为王。魏冉复相秦。六岁而免。免二岁，复相秦。四岁，而使白起拔楚之郢②，秦置南郡③。乃封白起为武安君。白起者，穰侯之所任举也，相善。于是穰侯之富，富于王室。

◎**注释** ①〔河东〕指今山西西南部。②〔郢〕楚国都城，在今湖北江陵西北。③〔南郡〕郡名，在今湖北中西部。

◎**大意** 穰侯魏冉受封四年后，担任秦国的将领攻打魏国。魏国献出河东方圆四百里的土地。魏冉攻下了魏国的河内，占领了大小城邑六十余座。秦昭襄王十九年，秦王号称西帝，齐王号称东帝。一个多月之后，吕礼到秦国，齐王和秦王又各自取消帝号仍旧称王。魏冉又担任秦国丞相，六年之后被罢免。他被免职两年后，又一次担任秦国丞相。四年后，白起攻陷楚国的郢都，秦国设置了南郡。于是秦王赐封白起为武安君。白起是穰侯魏冉推举的，两人关系很好。在这时穰侯魏冉的富有，超过了王室。

昭王三十二年，穰侯为相国，将兵攻魏，走芒卯，入北宅①，遂围大梁②。梁大夫须贾说穰侯曰："臣闻魏之长吏③谓魏王曰：'昔梁惠王伐赵，战胜三梁④，拔邯郸⑤；赵氏不割，而邯郸复归。齐人攻卫，拔故国⑥，杀子良；卫人不割，而故地复反。卫、赵之所以国全兵劲而地不并于诸侯者，以其能忍难而重出地⑦也。宋、中山数伐割地，而国随以亡。臣以为卫、赵可法，而宋、中山可为戒也。秦，贪戾之国也，而毋亲。蚕食魏氏，又尽晋国，战胜暴子⑧，割八县⑨，地未毕入，兵复出矣。夫秦何厌之有哉！今又走芒卯，入北宅，此非敢攻梁也，且劫王以求多割地。王必勿听也。今王背楚、赵而讲秦，楚、赵怒而去王，与王争事秦，秦必受之。秦挟楚、赵之兵以复攻梁，则国求无亡不可得也。愿王之必无讲也。王若欲讲，少割而有质⑩；不然，必见欺。'此臣之所闻于魏也，愿君之以是虑事也。《周书》曰'惟命不于常'，此言幸之不可数也。夫战胜暴子，割八县，此非兵力之精也,又非计之工也,天幸为多⑪矣。今又走芒卯,入北宅,以攻大梁,是以天幸自为常也,智者不然。臣闻魏氏悉其百县胜甲以上戍大梁,臣以为不下三十万。以三十万之众守梁七仞之城,臣以为汤、武复生,不易攻也。夫轻背楚、赵之兵,陵⑫七仞之城,战三十万之众,而志必举之,臣以为自天地始分以至于今,未尝有者也。攻而不拔,秦兵必罢(疲),陶邑必亡,则前功必弃矣。今魏氏方疑,可以少割收也。愿君逮⑬楚、赵之兵未至于梁,亟以少割收魏。魏方疑而得以少割为利,必欲之,则君得所欲矣。楚、赵怒于魏之先己也,必争事秦,从以此散,而君后择焉。且君之得地岂必以兵哉!割晋国,秦兵不攻,而魏必效⑭绛、安邑。又为陶开两道,几尽故宋,卫必效单父⑮。秦兵可全,而君制之,何索而不得,何为而不成!愿君熟虑之而无行危⑯。"穰侯曰:"善。"乃罢梁围。

◎**注释** ①〔北宅〕即宅阳,在今河南荥阳西南。②〔大梁〕魏国都城,在今河南开封西北。③〔长吏〕地位较高的官员。④〔三梁〕即南梁,在今河南汝州西。⑤〔邯郸〕赵国都城,在今河北邯郸。⑥〔故国〕指卫国都城楚丘,在今山东曹县东。⑦〔重出地〕以出地为重,即坚决不割地。⑧〔暴子〕指韩国将领暴鸢。⑨〔割八县〕指韩国割给秦国八县。⑩〔少割而有质〕要少割地,并要求秦国派遣人质。⑪〔天幸为多〕多半靠运气好。⑫〔陵〕登上。⑬〔逮〕趁。⑭〔效〕献出。⑮〔单父〕城邑名,在今山东单县东。⑯〔无行危〕不要做围攻魏国这种危险的事情。

◎**大意** 秦昭襄王三十二年,穰侯魏冉担任相国,带兵进攻魏国,赶走了芒卯,进入北宅,接着包围魏国都城大梁。魏国的大夫须贾劝穰侯说:"我听魏国的高级官员对魏王说:'从前梁惠王攻打赵国,在三梁打了胜仗,攻陷了邯郸;赵国不愿意割地,后来邯郸又回到赵国手里。齐国人攻打卫国,攻陷了卫国的旧都楚丘,杀死了子良;卫国人坚决不割让土地,后来旧都楚丘又回归卫国。卫国、赵国之所以能保全国家、军队强劲,而土地并没有被诸侯吞并,是因为他们能够忍受苦难而不肯轻易割让土地。宋国、中山国屡遭进犯又屡次割地，国家很快就灭亡了。我认为卫国、赵国可以作为效法的榜样，而宋国、中山国的做法应引以为戒。秦国，是个贪婪暴戾的国家，不可亲近。它蚕食魏国，又尽占赵国的土地，战胜了韩将暴鸢，割占了八县，土地还没有全部接收，军队又出动了。秦国怎样才会满足呢！现在秦国又赶走芒卯，攻入了北宅，它并不是想消灭魏国，而是威胁大王割让更多的土地。大王一定不要听从它。现在大王如果背弃楚国、赵国而与秦国讲和，楚、赵两国会发怒而抛弃大王，和大王争着侍奉秦国，秦国肯定会接纳它们。秦国挟制楚、赵两国的军队再攻魏国，那么魏国想要不亡国是不可能的。希望大王一定不要讲和。大王如果要讲和，也要少割地并且要求秦国派人质来。不这样的话，肯定会被欺骗。'这是我在魏国听到的，希望您据此来考虑问题。《周书》上说'天命不是固定不变的'，这是说好运气不可多次遇到。战胜暴鸢，割取八县，这不是由于兵力精良，也不是由于计谋高超，多半靠运气。现在又驱走了芒卯，占领了北宅，来进攻大梁，这是自己把幸运当作常事了，聪明的人不会这样。我听说魏国出动百县的强兵来守卫大梁，我认为不少于三十万人。用三十万的大军来守卫五六丈高的城墙，我认为就是商汤、周武王再生，也是难以攻下的。轻率地背对楚、赵两国军队，登上六七丈高的城墙，与三十万大军交战，心想一定要攻下来，我以为自从天地开始形成直到今天，这是从来没有过的事情。攻而不克，秦军肯定会疲惫，陶邑也就丢失了，那么从前的战绩肯定要丧失。现在魏王正在犹疑，可以让他少割点土地来收服它。希望您趁楚国和赵国援军还没有到达魏国，赶快以让魏国少割土地的条件来收服它。魏国正在犹疑，认为少割土地对魏国有利，一定愿意这么办，那您就得到了您希望得到的东西。楚、赵两国对于魏国抢先与秦国和解感到恼火，肯定会争着侍奉秦国，合纵的联盟便因此瓦解，而您随后可以采取新的行动。况且您想得到土地难道一定要打仗吗？割占了晋国的旧地，秦国的军队不需要进攻，魏国肯定会献出绛邑、安邑。这样又为陶邑开辟了两条通道，您几乎占有了宋国全部的旧地，而卫国必会献出单父。秦军可以保全，您也可以控制局势，有什么要求不能达到，有什么行动不能成功！希望您仔细考虑这件事而不要做围攻魏国这种危险的事情。"穰侯说："好。"他就停止了对大梁的围攻。

明年，魏背秦，与齐从亲。秦使穰侯伐魏，斩首四万，走魏将暴鸢，得魏三县。穰侯益封。

◎**大意** 第二年，魏国背离了秦国，和齐国合纵交好。秦王派穰侯魏冉讨伐魏国，斩敌四万人，赶走了魏将暴鸢，夺取了魏国三个县。穰侯因此增加了封地。

明年，穰侯与白起、客卿胡阳复攻赵、韩、魏，破芒卯于华阳①下，斩首十万，取魏之卷、蔡阳、长社②，赵氏观津③。且与赵观津，益赵以兵，伐齐。齐襄王惧，使苏代为齐阴遗穰侯书曰："臣闻往来者言曰'秦将益赵甲四万以伐齐'，臣窃必之敝邑之王曰'秦王明而熟于计，穰侯智而习于事，必不益赵甲四万以伐齐'。是何也？夫三晋之相与也，秦之深仇也。百相背也，百相欺也，不为不信，不为无行。今破齐以肥赵。赵、秦之深仇，不利于秦。此一也。秦之谋者，必曰'破齐，獘（弊）晋、楚，而后制晋、楚之胜'。夫齐，罢（疲）国也，以天下攻齐，如以千钧之弩决溃痈④也，必死，安能獘（弊）晋、楚？此二也。秦少出兵，则晋、楚不信也；多出兵，则晋、楚为制于秦。齐恐，不走⑤秦，必走晋、楚。此三也。秦割齐以啖⑥晋、楚，晋、楚案（按）之以兵，秦反受敌。此四也。是晋、楚以秦谋齐，以齐谋秦也，何晋、楚之智而秦、齐之愚？此五也。故得安邑以善事之，亦必无患矣。秦有安邑，韩氏必无上党矣。取天下之肠胃⑦，与出兵而惧其不反（返）也，孰利？臣故曰秦王明而熟于计，穰侯智而习于事，必不益赵甲四万以伐齐矣。"于是穰侯不行，引兵而归。

◎**注释** ①〔华阳〕城邑名，在今河南郑州东南。②〔长社〕城邑名，在今河南长葛东。③〔观津〕城邑名，在今河北武邑东南。④〔溃痈（yōng）〕溃烂的毒疮。⑤〔走〕投靠。⑥〔啖（dàn）〕吃，这里引申为引诱。⑦〔天下之肠胃〕比喻魏国安邑、韩国上党为天下的肠胃，就是腹心地带。

◎**大意**　第二年，穰侯魏冉跟白起和客卿胡阳又一次攻打赵国、韩国、魏国，在华阳城下打败芒卯，斩敌十万人，攻占了魏国的卷邑、蔡阳、长社，赵国的观津。又把观津还给赵国，并且增加了赵国的兵力，让它攻打齐国。齐襄王很害怕，派苏代替齐国暗地里送给穰侯一封信说："我听来往的人说'秦国将增援赵国四万士兵来讨伐齐国'，我却很肯定地对齐王说'秦王精明而又善于谋划，穰侯明智而又善于办事，一定不会增援赵国四万兵力来攻打齐国'。这是为什么呢？韩、赵、魏三国联合起来，是秦国最嫉恨的。它们上百次背弃秦国，欺骗秦国，还自认为不算没有信用，不算不讲道义。现在攻打齐国去壮大赵国。赵国、秦国之间的深仇大恨，对秦国是没有好处的。这是其一。秦国的谋士一定会说'打败齐国，先削弱韩、赵、魏三国和楚国的力量，然后再战而胜之'。齐国是个疲困的国家，调集天下诸侯的兵力攻打齐国，就如同用千钧强弓去冲开溃烂的痈疽，齐国必亡无疑，怎么能削弱韩、赵、魏和楚国呢？这是其二。秦国若出兵少，那么韩、赵、魏和楚国就不相信秦国；若出兵多，就会让韩、赵、魏和楚国担忧将被秦国控制。齐国害怕了，不会投靠秦国，必定投靠韩、赵、魏和楚国。这是其三。秦国以瓜分齐国来引诱韩、赵、魏和楚国，而韩、赵、魏和楚国用军队挟制齐国，秦国反而会受到它们的对抗。这是其四。这是让韩、赵、魏和楚国借秦国之力谋取齐国，拿齐国之地对付秦国，怎么韩、赵、魏和楚国如此聪明而秦国、齐国如此愚蠢？这是其五。所以占取安邑把它治理好，也一定没有祸患了。秦国占据了安邑，韩国肯定会丢失上党。夺取天下的中心部位，与出兵而担忧其不能返回比较起来，哪个有利？所以我才说秦王精明而长于谋划，穰侯明智而又善于处理事务，肯定不会增援赵国四万士兵来攻打齐国。"于是穰侯不再前进，领兵回国了。

昭王三十六年，相国穰侯言客卿灶①，欲伐齐取刚、寿②，以广其陶邑。于是魏人范雎自谓张禄先生，讥穰侯之伐齐，乃越三晋以攻齐也，以此时奸（干）说秦昭王。昭王于是用范雎。范雎言宣太后专制，穰侯擅权于诸侯，泾阳君、高陵君之属太侈，富于王室。于是秦昭王悟，乃免相国，令泾阳之属皆出关③，就封邑。穰侯出关，辎车④千乘有余。

◎**注释** ①〔言客卿灶〕与客卿灶商量。②〔刚、寿〕刚，城邑名，在今山东宁阳东北。寿，城邑名，在今山东东平西南。③〔关〕指函谷关。④〔辎车〕载重之车。

◎**大意** 秦昭襄王三十六年，相国穰侯魏冉与客卿灶商议，想攻伐齐国夺取刚、寿两城，来扩大他在陶邑的封地。这时魏国有个叫范雎而自称张禄先生的人，讥笑穰侯讨伐齐国，是越过韩、赵、魏而去远征齐国，趁此时机要求游说秦昭襄王。秦昭襄王于是任用了范雎。范雎说宣太后专制，穰侯魏冉对外专权，泾阳君、高陵君等人则过于奢侈，比王室还富有。于是秦昭襄王有所醒悟，就免掉穰侯的相国职务，责令泾阳君等人都迁往关外，到他们的封地去。穰侯魏冉出关时，装载财物的车辆超过千辆。

穰侯卒于陶，而因葬焉。秦复收陶为郡。

◎**大意** 穰侯魏冉死于陶邑，就葬在那里。之后秦国收回陶邑设为郡。

太史公曰：穰侯，昭王亲舅也。而秦所以东益地①，弱诸侯，尝称帝②于天下，天下皆西乡（向）稽首③者，穰侯之功也。及其贵极富溢，一夫开说④，身折势夺而以忧死，况于羁旅之臣⑤乎？

◎**注释** ①〔益地〕扩张土地。②〔尝称帝〕指秦昭襄王十九年称西帝之事。③〔稽首〕叩头，这里比喻臣服。④〔一夫开说〕一夫，指范雎。开说，指上文范雎游说秦昭襄王事。⑤〔羁旅之臣〕指在秦国做官的客卿。

◎**大意**　太史公说：穰侯魏冉，是秦昭襄王的亲舅父。秦国之所以能够向东扩张领土，削弱诸侯，曾经称帝于天下，天下都向西俯首称臣，都是穰侯魏冉的功劳。等到他显贵至极、富足有余之时，由于一个人的游说，就身受挫折、权势削免而忧愁致死，更何况那些在秦国做官的客卿呢？

◎**释疑解惑**

　　穰侯魏冉是个颇受争议的人物。有人认为他谋权不谋国，善始难善终。魏冉依靠自己的才智，为秦国强大做出了重要贡献。但他的初衷并不是为了秦国一统天下，而只是为了自己的权力和地位。他通过东征西讨积累战功、财富和地位。他尽力对付齐国，是因为自己封地临近齐国的边界而远离秦国，占领齐国土地就可以顺势将其纳入自己的封地。这是谋私利而不谋国的典型。由于他权势显赫，直接威胁到王权，范雎抓住这个问题，致魏冉于死地。范雎建议秦昭襄王撤去魏冉相位，罢黜宣太后，把外戚势力一网打尽。秦昭襄王立刻采纳了范雎的建议，罢免魏冉相位，将其迁出关外，魏冉最终死在封地。司马迁对魏冉的功绩是赞扬与肯定的；对于魏冉最后的遭遇，也持同情的态度。在《太史公自序》中，司马迁称"苞河山，围大梁，使诸侯敛手而事秦者，魏冉之功"。在《穰侯列传》的论赞中，他又指出："穰侯，昭王亲舅也。而秦所以东益地，弱诸侯，尝称帝于天下，天下皆西乡稽首者，穰侯之功也。及其贵极富溢，一夫开说，身折势夺而以忧死，况于羁旅之臣乎！"他在肯定魏冉功绩的同时，对于魏冉因为一个谋辩之士的挑拨即失势并最终幽愤而死，是十分同情的。凌稚隆在《史记评林》中说："太史公首贤魏冉，继历叙其摧齐、挠楚、破魏、围梁之功，以见四相而封陶者，非过也。卒以一夫开说，忧愤而亡，秦亡其少恩哉。"其实，通读《史记》会发现，司马迁不会因为一个人追求个人利益就非议这个人的品性；相反，在他看来，追求个人利益本身就是第一位的，只有在个人利益满足的情况下，才能有精力去追求更高尚的东西。如果在追求个人利益的同时，能够满足国家利益、百姓利益，那样，其动机是否是单纯的"大义"，又有什么要紧呢？司马迁也充分认识到了时代对个人的影响，在一个尔虞我诈的纷乱时代，那些追求道德制高点的人是值得尊敬的，但他们站在道德的制高点上往往又没有办法作为。只有顺应时代的潮流，才能真正为时代做出贡献。

◎ **思考辨析题**
    1. 怎样评价魏冉这个人？
    2. 魏冉对于秦国的发展有什么贡献？

白起王翦列传

第十三

　　《白起王翦列传》是秦国大将白起、王翦的合传。二人为秦国攻伐东方六国、统一天下立下了汗马功劳。白起、廉颇、李牧、王翦被称为战国四大名将，名列武庙十哲，足见二人在军事史上的地位。但二人的结局在司马迁看来都是悲剧性的，这也是他将二人传记合在一起撰写的重要原因。

　　白起熟知兵法，善于用兵，交好秦宣太后和穰侯魏冉，辅佐秦昭襄王，屡立战功。他担任秦军主将三十余年，为秦国攻夺七十余座城池，为秦国统一六国做出了巨大贡献，因而受封为武安君。但他功高震主，得罪应侯，接连贬官，被赐死在杜邮。

　　王翦少时喜欢军事，随侍秦王嬴政，在秦统一天下的战争中功劳显著。他率军攻破赵国都城邯郸，扫平三晋地区；统兵六十万大败楚将项燕，消灭楚国；连同儿子王贲一起扫平天下，成为秦始皇统一天下的最大功臣。

　　此传可分为三个部分。从"白起者，郿人也"至"死而非其罪，秦人怜之，乡邑皆祭祀焉"为第一部分，写白起攻打三晋、讨伐楚国、大战赵国，建立了显赫的功勋，然而最终因为功高震主蒙冤而死。从"王翦者，频阳东乡人也"至"王离军遂降诸侯"为第二部分，写王翦父子在诛灭六国时所建立的功绩，王翦的孙子王离却没能保持父祖辈的功勋，最终向诸侯联军投降。司马迁的论赞是第三部分，以"尺有所短，寸有所长"起兴，评论白起、王翦：尽管他们战功赫赫，然而他们也有不足的地方，加之各种时代因素，从而导致了不好的结局。

　　白起者，郿人也。善用兵，事秦昭王。昭王十三年，而白起为左庶长，将而击韩之新城。是岁，穰侯相秦，举任鄙以为汉中守。其明年，白起为左更，攻韩、魏于伊阙，斩首二十四万，又虏其将公孙喜，拔五城。起迁为国尉。涉河取韩安邑以东，到乾河。明年，白起为大良造。攻魏，拔之，取城小大六十一。明年，起与客卿错攻垣城，拔之。后五年，白起攻赵，拔光狼城。后七年，白起攻楚，拔鄢、邓五城。其明年，攻楚，拔郢，烧夷陵①，遂东至竟陵。楚王亡去郢，东走徙陈。秦以郢为南郡。白起迁为武安君。武安君因取楚，定巫、黔中郡。昭王三十四年，白起攻魏，拔华阳，走芒卯，而虏三晋将②，斩首十三万。与赵将贾偃战，沈（沉）其卒二万人于河中。昭王四十三年，白起攻韩陉城，拔五城，斩首五万。四十四年，白起攻南阳太行道，绝之。

◎**注释** ①〔夷陵〕楚国先王的墓地。②〔三晋将〕这里指赵、魏两国的将领。

◎**大意** 白起,是郿地人。他善于用兵打仗,效力于秦昭襄王嬴稷。秦昭襄王十三年,白起担任左庶长,带兵攻打韩国的新城。这一年,穰侯魏冉担任秦国丞相。他推举任鄙做了汉中郡守。第二年,白起担任左更,在伊阙山攻击韩军和魏军,斩敌二十四万人,又俘虏了魏国将军公孙喜,攻取了五个城邑。白起升为国尉。后来又过黄河攻占韩国安邑以东的地方,一直攻到乾河。又过了一年,白起做了大良造。攻打魏国,夺取了大小城邑六十一座。次年,白起与客卿错进攻垣城,攻陷了它。五年后,白起进攻赵国,攻陷了光狼城。七年后,白起攻打楚国,攻陷了鄢、邓等五个城邑。次年攻打楚国,攻陷了郢都,烧毁了夷陵,接着向东打到竟陵。楚顷襄王逃离郢都,向东逃到陈邑。秦国把郢都设为南郡。白起升迁为武安君,他趁势攻取楚地,平定了巫、黔中两郡。秦昭襄王三十四年,白起攻打魏国,攻陷了华阳,打跑了芒卯,俘获了魏国将领,斩敌十三万人。他和赵国将领贾偃交战,把赵国两万士兵沉到黄河里。秦昭襄王四十三年,白起进攻韩国的陉城,攻陷了五个城邑,斩敌五万人。秦昭襄王四十四年,白起攻打南阳太行道,断绝了这条道路。

四十五年,伐韩之野王。野王降秦,上党道绝。其守冯亭与民谋曰:"郑道已绝,韩必不可得为民。秦兵日进,韩不能应,不如以上党归赵。赵若受我,秦怒,必攻赵。赵被①兵,必亲韩。韩、赵为一,则可以当秦。"因使人报赵。赵孝成王与平阳君、平原君计之。平阳君曰:"不如勿受。受之,祸大于所得。"平原君曰:"无故得一郡,受之便。"赵受之,因封冯亭为华阳君。

◎**注释** ①〔被〕遭受。

◎**大意** 秦昭襄王四十五年,白起进攻韩国的野王。野王投降了秦国,使韩国通往上党的道路断绝了。上党郡守冯亭便同百姓商量说:"通往国都新郑的道路被切断,韩国肯定不能管我们了。秦国军队一天天逼近,韩国不能接应咱们,不如使上党归附赵国。赵国如果接受我们,秦国恼火,必定攻打赵国。赵国被攻击,必定会亲近韩国。韩、赵联合起来,就可以抵挡秦国。"于是他派人通报赵国。赵孝成王赵丹和平阳君赵豹、平原君赵胜商量这件事。平阳君赵豹说:"不如不接受。接受它,祸害比得到的利益大。"平原君赵胜说:"平白得到一郡,接受它就是了。"赵国就接受了上党,封冯亭为华阳君。

四十六年,秦攻韩缑氏^①、蔺,拔之。

◎**注释** ①〔缑(gōu)氏〕韩县名,在今河南登封。
◎**大意** 秦昭襄王四十六年,秦国进攻韩国的缑氏和蔺邑,攻陷了它们。

四十七年,秦使左庶长王龁攻韩,取上党。上党民走赵。赵军^①长平,以按据^②上党民。四月,龁因攻赵。赵使廉颇将。赵军士卒犯秦斥兵^③,秦斥兵斩赵裨将茄。六月,陷赵军,取二鄣四尉。七月,赵军筑垒壁而守之。秦又攻其垒,取二尉,败其阵,夺西垒壁。廉颇坚壁以待秦,秦数挑战,赵兵不出。赵王数以为让。而秦相应侯又使人行千金于赵为反间^④,曰:"秦之所恶^⑤,独畏马服子赵括将耳,廉颇易与^⑥,且^⑦降矣。"赵王既怒廉颇军多失亡,军数败,又反坚壁不敢战,而又闻秦反间之言,因使赵括代廉颇将以击秦。秦闻马服子将,乃阴使武安君白起为上将军,而王龁为尉裨将,令军中有敢泄武安君将者斩。赵括至,则出兵击秦军。秦军详(佯)败而走,张^⑧二奇兵以劫之。赵军逐胜,追造秦壁。壁坚拒不得入,而秦奇兵二万五千人绝赵军后,又一军五千骑绝赵壁间,赵军分而为二,粮道绝。而秦出轻兵击之。赵战不利,因筑壁坚守,以待救至。秦王闻赵食道绝,王自之河内,赐民爵各一级,发年十五以上悉诣长平,遮绝赵救及粮食。

◎**注释** ①〔军〕屯兵。②〔按据〕屯兵支援。③〔斥兵〕侦察兵。④〔反间〕指在敌人内部制造矛盾、纠纷。⑤〔恶〕忧患。⑥〔与〕对付。⑦〔且〕将要，就要。⑧〔张〕布置。

◎**大意** 秦昭襄王四十七年，秦国派左庶长王龁攻打韩国，夺取了上党。上党的百姓逃往赵国。赵国在长平屯兵，以接应上党的百姓。四月，王龁接着进攻赵国。赵国任命廉颇为将军。赵军碰到了秦军侦察兵，秦军侦察兵又斩了赵军名叫茄的副将。六月，秦军冲入赵军阵地，夺下两个城堡，杀了四个尉官。七月，赵军修筑壁垒工事进行防守。秦军又攻下了他们的堡垒，杀死两个尉官，摧毁了他们的阵地，夺下西边的营垒。廉颇坚守营寨以对付秦军的进攻，秦军屡次挑战，赵兵坚守不出。因此赵王多次指责廉颇。秦国丞相应侯又派人到赵国花费千金施行反间计，说："秦国所担忧的，只是马服君赵奢的儿子赵括带兵，廉颇容易对付，他就要投降了。"赵王早已恼怒廉颇军队伤亡很多，屡次战败，又坚守营垒不敢出战，又听到秦国反间谣言，于是派赵括取代廉颇率兵攻击秦军。秦国得知赵括担任将领，暗地里派武安君白起为上将军，王龁为副将，并命令军队中有敢泄露白起为上将军的人要斩首。赵括到达营寨，就发兵进击秦军。秦军假装战败而逃，安排两支突袭部队靠近赵军。赵军乘胜追击，一直追到秦军营垒。但是秦军营垒十分坚固攻不进去，而秦军的一支两万五千人的突袭部队已经切断了赵军的后路，另一支五千骑兵的快速部队插入赵军的营垒之间，赵军被分割为两股，运粮通道也被堵绝。秦军派出轻装精兵攻击赵军。赵军交战失利，就构筑壁垒，顽强固守，等待援兵的到来。秦王听说赵国运粮通道已被截断，亲自到河内，封给百姓爵位各一级，征调十五岁以上的人全部前往长平，完全阻绝赵国的援兵和粮食。

至九月，赵卒不得食四十六日，皆内阴相杀食。来攻秦垒，欲出。为四队，四五复之，不能出。其将军赵括出锐卒自搏战，秦军射杀赵括。括军败，卒四十万人降武安君。武安君计曰："前秦已拔上党，上党民不乐为秦而归赵。赵卒反覆，非尽杀之，恐为乱。"乃挟诈①而尽坑杀之，遗其小者二百四十人归赵。前后斩首虏四十五万人。赵人大震。

◎**注释**　①〔挟诈〕暗用欺骗诡计。

◎**大意**　到九月，赵国士兵断绝口粮已经四十六天，都暗中残杀以人肉充饥。赵军进攻秦军营垒，想突围出去。分成四队，轮番进攻了四五次，仍冲不出去。赵国将军赵括派出精锐士兵，并亲自披挂上阵搏斗，秦军射死了赵括。赵括的部队大败，士兵四十万人向武安君投降。武安君白起跟部下商量说："以前秦军攻破上党后，上党的百姓不甘心做秦国的臣民而归附赵国。赵国士兵变化无常，不全部杀掉他们，恐怕要出乱子。"于是用欺骗的伎俩把赵国降兵全部活埋了，留下年纪尚小的士兵二百四十人回到赵国。先后杀死和俘虏了四十五万人，赵国人大为震惊。

四十八年十月，秦复定上党郡。秦分军为二：王龁攻皮牢，拔之；司马梗定太原。韩、赵恐，使苏代厚币说秦相应侯曰："武安君禽（擒）马服子乎？"曰："然。"又曰："即围邯郸乎？"曰："然。""赵亡则秦王王①矣，武安君为三公②。武安君所为秦战胜攻取者七十余城，南定鄢、郢、汉中，北禽（擒）赵括之军，虽周、召、吕望之功不益于此矣。今赵亡，秦王王，则武安君必为三公，君能为之下乎？虽无欲为之下，固不得已矣。秦尝攻韩，围邢丘，困上党，上党之民皆反为赵，天下不乐为秦民之日久矣。今亡赵，北地入燕，东地入齐，南地入韩、魏，则君之所得民亡（无）几何人。故不如因而割之③，无以为武安君功也。"于是应侯言于秦王曰："秦兵劳，请许韩、赵之割地以和，且休士卒。"王听之，割韩垣雍、赵六城以和。正月，皆罢兵。武安君闻之，由是与应侯有隙。

◎**注释**　①〔王〕称王，统治天下。②〔三公〕指辅佐国君掌握军政大权的最高长官。③〔因而割之〕趁机让它们割让土地。

◎**大意**　秦昭襄王四十八年十月，秦军又一次平定上党。秦国把军队分为两部分：王龁进攻皮牢，攻陷了它；司马梗平定太原。韩国和赵国害怕了，就派苏代献上丰厚的礼物劝说秦国丞相应侯："武安君白起擒杀赵括了吗？"应侯回答："是。"苏代又问："接着又围攻邯郸吗？"应侯回答："是的。""赵国灭亡秦王就统治天下了，那么武安君白起肯定位列三公。武安君白起为秦国攻占的城邑有七十多座，在南方平定了楚国的鄢、郢和汉中地区，在北方俘获了赵括的军队，即使周公姬旦、召公姬奭和太公吕望的功劳也超不过这些了。现在赵国灭亡，秦王君临天下，那么武安君白起必定会位居三公，您愿意做他的下属吗？即使您不愿意做他的下属，恐怕根本上不得不这样做。秦国曾攻打韩国，围攻刑丘，围困上党，上党的百姓都反而愿意做赵国的臣民，天下百姓早就不愿意做秦国的臣民了。现在消灭赵国，它的北方土地将落入燕国，东方土地将并入齐国，南方土地将归入韩国、魏国，那么您所得到的百姓就没有多少了。所以不如趁机割占赵国的土地，不要再让武安君白起建立功劳了。"因此应侯便向秦王说："秦国士兵太劳累了，请您应允韩国、赵国割地讲和，先让士兵休整一下。"秦王听从了他的建议，割占韩国的垣雍、赵国的六个城邑后讲和了。正月，秦军全部撤回。武安君白起听说了原委，因此和应侯之间产生了隔阂。

其九月，秦复发兵，使五大夫王陵攻赵邯郸。是时武安君病，不任①行。四十九年正月，陵攻邯郸，少利，秦益发兵佐陵。陵兵亡五校。武安君病愈，秦王欲使武安君代陵将。武安君言曰："邯郸实未易攻也。且诸侯救日至②，彼诸侯怨秦之日久矣。今秦虽破长平军，而秦卒死者过半，国内空。远绝③河山而争人国都，赵应其内，诸侯攻其外，破秦军必矣。不可。"秦王自命，不行；乃使应侯请之，武安君终辞不肯行，遂称病。

◎**注释** ①〔任〕堪，能够。②〔日至〕就要到来。③〔绝〕渡过，越过。
◎**大意** 那一年九月，秦国又一次出兵，派五大夫王陵进攻邯郸。这时候武安君白起有病，不能出征。秦昭襄王四十九年正月，王陵攻打邯郸，没有得到多少便宜，秦国又出兵协助王陵。王陵部队损失了五个军营。武安君白起病好了，秦王想派武安君白起代替王陵统率部队。武安君说："邯郸委实不易攻下。而且各国的救兵就要到来，那些国家对秦国怀恨已久。现在虽然消灭了长平的赵军，但秦国的士兵死伤过半，国力空虚。远行千里越过河山去争夺别人的国都，赵军在城里应战，各国援军在城外攻击，肯定会打垮秦军。这是不行的。"秦王自己命令武安君为将，他不肯启程；就派应侯去请他，但武安君始终推辞不肯赴任，从此称病不起。

秦王使王龁代陵将，八九月围邯郸，不能拔。楚使春申君及魏公子将兵数十万攻秦军，秦军多失亡。武安君言曰："秦不听臣计，今如何矣！"秦王闻之，怒，强起武安君，武安君遂称病笃。应侯请之，不起。于是免武安君为士伍①，迁之阴密。武安君病，未能行。居三月，诸侯攻秦军急，秦军数却，使者日至。秦王乃使人遣白起，不得留咸阳中。武安君既行，出咸阳西门十里，至杜邮。秦昭王与应侯群臣议曰："白起之迁，其意尚怏怏不服，有余言。"秦王乃使使者赐之剑自裁。武安君引剑将自刭，曰："我何罪于天而至此哉？"良久，曰："我固当死。长平之战，赵卒降者数十万人，我诈而尽坑之，是足以死。"遂自杀。武安君之死也，以秦昭王五十年十一月。死而非其罪，秦人怜之，乡邑皆祭祀焉。

◎**注释**　①〔免武安君为士伍〕免掉武安君的官爵，让其与士卒为伍。
◎**大意**　秦王派王龁代替王陵统兵，围攻邯郸八九个月攻不下来。楚国派春申君黄歇和魏公子无忌率数十万士兵攻击秦军，秦军伤亡惨重。武安君说："秦国不听我的意见，现在怎么样了！"秦王听到后，很生气，强令武安君就职，武安君就称病情严重。应侯请他，他不来就任。秦王因而免掉武安君的官爵，让其与士卒为伍，让他迁到阴密。武安君有病，没有动身。过了三个月，诸侯联军攻击秦军更加紧迫,秦军屡次退却,送信的使者天天到来。秦王就派人驱逐白起,不让他留在咸阳城里。白起只好上路,走出咸阳西门十里路,到了杜邮。秦昭襄王与应侯以及群臣商议说:"白起被驱逐,他心情不快,心中不服,有怨言。"秦王就派遣使者赐给他一把剑让他自尽。武安君白起拿着剑要自刎时,说:"我对上天有什么罪过,竟落得这样的下场?"过了很久,说:"我本来就该死。长平之战,赵国士兵投降的有几十万人,我欺骗他们,把他们都活埋了,这足够死罪了。"随即自杀。武安君白起之死,在秦昭襄王五十年十一月。武安君死而无罪,秦国人怜惜他,乡村都祭祀他。

王翦者,频阳东乡人也。少而好兵,事秦始皇。始皇十一年,翦将攻赵阏与,破之,拔九城。十八年,翦将攻赵。岁余,遂拔赵,赵王降,尽定赵地为郡。明年,燕使荆轲为贼于秦,秦王使王翦攻燕。燕王喜走辽东,翦遂定燕蓟而还。秦使翦子王贲击荆①,荆兵败。还击魏,魏王降,遂定魏地。

◎ **注释** ①〔荆〕楚国的别称。
◎ **大意** 王翦,是频阳东乡人。他少年时就喜欢军事,侍奉秦始皇嬴政。秦始皇十一年,王翦率兵攻打赵国的阏与,攻破了赵军,占领九座城邑。秦始皇十八年,王翦领兵进攻赵国。一年多,就攻取了赵国,赵王投降,赵国各地被平定,设置为郡。第二年,燕国派荆轲谋刺秦王,秦王嬴政派王翦攻打燕国。燕王姬喜逃往辽东,王翦就平定了燕国都城蓟胜利而回。秦王派王翦的儿子王贲攻打楚国,楚兵战败。王贲返回来进攻魏国,魏王投降。

秦始皇既灭三晋,走燕王,而数破荆师。秦将李信者,年少壮勇,尝以兵数千逐燕太子丹至于衍水中,卒破得丹,始皇以为贤勇。于是始皇问李信:"吾欲攻取荆,于将军度用几何人而足?"李信曰："不过用二十万人。"始皇问王翦，王翦曰："非六十万人不可。"始皇曰："王将军老矣，何怯也！李将军果势壮勇，其言是也。"遂使李信及蒙恬将二十万南伐荆。王翦言不用，因谢病，归老于频阳。李信攻平与，蒙恬攻寝，大破荆军。信又攻鄢郢，破之，于是引兵而西，与蒙恬会城父。荆人因随之，三日三夜不顿舍①，大破李信军，入两壁②，杀七都尉，秦军走。

◎**注释** ①〔顿舍〕停留，止息。②〔壁〕军营。
◎**大意** 秦始皇嬴政已经消灭了韩国、赵国和魏国，赶走了燕王，并多次战败楚军。秦国将军李信，年轻骁勇，曾带着数千士兵把燕国太子丹追到衍水中，终于打败燕军活捉了太子丹，秦始皇认为他贤能勇敢。因此秦始皇问李信："我想攻取楚国，以将军看来需要多少兵马才够？"李信说："不超过二十万人。"秦始皇又问王翦，王翦说："没有六十万人不行。"秦始皇说："王翦将军老了，多么胆怯呀！李信将军果然骁勇，他的话很正确。"于是派李信和蒙恬率领二十万大军到南方攻打楚国。王翦的建议没有被采纳，于是称病告退，回到频阳养老。李信进攻平与，蒙恬进攻寝邑，大败楚军。李信又进攻鄢郢，攻陷了它，接着又率兵西去，与蒙恬在城父会师。楚军在后面跟随着他们，三天三夜没有停歇，重创李信的部队，攻入两座军营，杀死七名都尉，秦军逃跑了。

始皇闻之，大怒，自驰如频阳，见谢王翦曰："寡人以不用将军计，李信果辱秦军。今闻荆兵日进而西，将军虽病，独忍弃寡人乎！"王翦谢曰："老臣罢（疲）病悖乱，唯大王更择贤将。"始皇谢曰："已矣，将军勿复言！"王翦曰："大王必不得已用臣，非六十万人不可。"始皇曰："为听将军计耳。"于是王翦将兵六十万人，始皇自送至灞上。王翦行，请美田宅园池甚众。始皇曰："将军行矣，何忧贫乎？"王翦曰："为大王将，有功终不得封侯，故及大王之向①臣，臣亦及时以请园池为子孙业耳。"始皇大笑。王翦既至关，使使还请善田者五辈。或曰："将军之乞贷②，亦已甚矣。"王翦曰："不然。夫秦王怚③而不信人。今空秦国甲士而专委于我，我不多请田宅为子孙业以自坚④，顾令秦王坐而疑我邪？"

◎**注释** ①〔向〕偏爱，器重。②〔乞贷〕请求借贷。这里指请求赐予家产。③〔怚（cū）〕粗暴。④〔自坚〕使其对自己坚信不疑。

◎**大意** 秦始皇听说了这个消息，大发雷霆，亲自乘车前往频阳，见到王翦道歉说："我没有听从您的谋划，李信果然让秦军受辱，吃了败仗。现在听说楚兵一天天向西挺进，您虽然生病，难道能忍心丢下寡人不管吗！"王翦推辞说："老臣疲困多病不明事理，希望大王另选良将。"秦始皇赔礼说："行了吧，将军不要再推辞了！"王翦说："如果大王万不得已要任用我为将领，没有六十万人不行。"秦始皇说："就听您的安排。"于是王翦率兵六十万人，秦始皇亲自送行来到灞上。王翦出发时，要求秦始皇赏赐他很多好的土地、宅院、园林和池塘。秦始皇说："将军去吧，为什么还要担心贫穷呢？"王翦说："替大王带兵，有功劳最后也不能封侯，所以趁着大王信任我，我就及时地请求封赏园林池塘，为子孙留点产业罢了。"秦始皇放声大笑。王翦已经到了函谷关，还接连五次派使者回来要求赏赐良田。有人说："将军的要求，也太过分了吧。"王翦说："不是这样。秦王粗暴而不信任人。现在把秦国的士兵全都交给我，我不要求土地宅院作为子孙产业来坚定秦王对我的信任，反而让秦王无缘无故地怀疑我吗？"

王翦果代李信击荆。荆闻王翦益军而来，乃悉国中兵以拒秦。王翦至，坚壁而守之，不肯战。荆兵数出挑战，终不出。王翦日休士洗沐①，而善饮食抚循之，亲与士卒同食。久之，王翦使人问军中戏乎？对曰："方投石超距②。"于是王翦曰："士卒可用矣。"荆数挑战而秦不出，乃引而东。翦因举兵追之，令壮士击，大破荆军。至蕲南，杀其将军项燕，荆兵遂败走。秦因乘胜略定荆地城邑。岁余，虏荆王负刍，竟平荆地为郡县。因南征百越之君。而王翦子王贲，与李信破定燕、齐地。

◎**注释** ①〔休士洗沐〕让士兵休整洗浴。②〔投石超距〕投石，扔石头。超距，跳跃。

◎**大意** 王翦终于代替李信攻打楚国。楚王听说王翦增兵而来，于是出动全国的士兵抗击秦军。王翦来了之后，修筑坚固的营寨坚守阵地，不肯出战。楚军多次出击挑战，他始终没有出来应战。王翦天天让士兵休整洗浴，改善伙食，安抚他们，自己和士兵一起吃饭。过了很久，王翦派人去问士兵玩什么游戏？回来报告说："正在做投石和跳跃活动。"于是王翦说："士兵可以使用了。"楚军多次挑战，秦军没有应战，于是楚军撤兵东去。王翦趁机发兵追击楚军，让精壮的士兵追击，大破楚军。大军追到蕲南，杀死了楚将项燕，楚军就败逃了。秦军乘胜占领并平定了楚国城邑。一年多后，抓住了楚王熊负刍，完全平定了楚地，改设为郡县。接着大军向南讨伐百越部落的首领。王翦的儿子王贲，和李信攻取平定了燕国和齐国的领地。

秦始皇二十六年，尽并天下，王氏、蒙氏功为多，名施①于后世。

◎**注释** ①〔施（yì）〕延续。
◎**大意** 秦始皇二十六年，秦国吞并了天下，王翦和蒙恬功劳是最大的，声名流传于后世。

秦二世之时，王翦及其子贲皆已死，而又灭蒙氏。陈胜之反秦，秦使王翦之孙王离击赵，围赵王及张耳巨鹿城。或曰："王离，秦之名将也。今将强秦之兵，攻新造①之赵，举之必矣。"客曰："不然。夫为将三世者必败。必败者何也？以其所杀伐多矣，其后受其不祥。今王离已三世将矣。"居无何，项羽救赵，击秦军，果虏王离，王离军遂降诸侯。

◎**注释** ①〔造〕建立。
◎**大意** 秦二世的时候，王翦和他的儿子王贲都已死去，接着秦二世又诛灭了蒙恬、蒙毅。陈胜反抗秦朝，秦朝派王翦的孙子王离攻打赵国，把赵王赵歇和张耳包围在巨鹿城里。有人说："王离，是秦朝的名将。现在他率领强大的秦军，进攻刚刚建立的赵国，肯定能攻陷它。"有门客说："不是这样。世代为将的，到第三代肯定会失败。为什么肯定会失败呢？因为先辈杀戮的人太多了，后代会受到不祥的报应。现在王离已是第三代为将军了。"过了没多久，项羽救援赵国，攻击秦军，果然俘虏了王离，王离的军队于是投降了诸侯联军。

太史公曰：鄙语①云"尺有所短，寸有所长"。白起料敌合变②，出奇无穷，声震天下，然不能救患于应侯。王翦为秦将，夷六国，当是时，翦为宿将③，始皇师之，然不能辅秦建德，固其根本，偷合取容④，以至圽（殁）身。及孙王离为项羽所虏，不亦宜乎！彼各有所短也。

◎**注释** ①〔鄙语〕俗话。②〔料敌合变〕预料敌人的行动，随机应变。③〔宿将〕德高望重的老将。④〔取容〕取悦于人主。
◎**大意** 太史公说：俗话说"尺有尺的短处，寸有寸的长处"。白起能够预料敌情，随机应变，出奇之计无数，声威震动天下，可是不能够逃脱应侯的陷害。王翦是秦国大将，扫平六国，成为当时德高望重的老将，秦始皇把他当作老师，可是他不能辅佐秦始皇建立德治，巩固国家的根本，反而苟且迎合秦始皇以取得容身之地，直到死去。他的孙子王离后来被项羽俘虏，不也是应该的吗！他们各自都有短处。

◎ 释疑解惑

对于白起和王翦的军事才能与赫赫战功,司马迁给予了高度评价和赞扬。同时,司马迁有自己的评价标准,认为白起和王翦"尺有所短,寸有所长"。在处理人际关系方面,的确是如此!

白起交好宣太后和魏冉,在他们掌权时,自然一帆风顺。而魏冉失势后,白起与秦国丞相应侯范雎产生矛盾,引起范雎的嫉恨,自然结局悲惨。白起临死之时的感慨,也说明了司马迁所持的因果报应观念。白起一生征伐,杀敌坑卒多达一百六十万,因而也死得其所了。

后世论白起,往往集中在白起与魏冉相连的命运上。白起是由于魏冉的举荐才得以成为秦国大将,而魏冉的沉浮也造就了白起的起落。如明人钟惺说:"穰侯有功于秦,在举白起;范雎逐穰侯,岂能听白起之留于秦哉?《史记·穰侯传》云'秦置南郡,乃封起为武安君','白起者,穰侯之所任举也,相善',插此一段,明起之死于此也。祸福机缘,看得甚透。"近代人马非百说:"大抵当日秦国情形,每执政当国时,必有其自己所最亲信之人为之将,如魏冉为相,则任举白起为将;范雎为相,亦任举郑安平为将。而将相之进退,又往往相互为转移。故范雎既说昭王罢穰侯,不久即杀白起;郑安平战败降敌,而范雎亦随之去位。"此外,由于白起为秦国立下的战功,是建立在对本国兵士的征用与对其他诸侯国的屠戮之上的,所以,后人对于白起之残忍也颇觉不满。如宋人黄震所论:"白起为秦将,其斩杀之数多,而载于史者凡百万,不以数载者不与焉。长平之役,秦民年十五以上者皆诣之,而死者过半,以此类推,秦民之死于兵者,又不可以数计也。后起不复为秦用,而赐之死:自秦而言,虽杀之非其罪;自公理而言,一死何以尽其罪哉!"又《史记评林》引董份说:"白起非独坑赵卒,始攻韩斩二十四万,烧楚夷陵,攻魏斩十三万,沉贾偃卒二万于河,攻陉斩五万,盖所斩已四十四万矣,而烧者不与焉。至赵卒已降而坑之,则尤益甚耳。以起一人而前后所坑斩,计且百万,古今之惨莫以加矣。战国之民其亦悲夫痛哉!以起之惨,虽夷族灭姓,万万不足赎,何啻哉!而秦人怜之又何耶!"

王翦一生为人谨慎,敢于坚持自己的观点,即便面对秦始皇也敢于据理力争,从而赢得尊重。王翦是秦始皇的得力干将,和儿子王贲帮助秦始皇统一天下。司马迁从历史发展的高度指出:王翦能够使用武力,建功立业,但他不能帮助秦始皇采取德政治国，酿成秦王朝短命而亡的悲剧。总之，人或多或少总会存在缺陷的。总体来看，白起和王翦算得上是古代功勋卓著的伟大人物。

◎ **思考辨析题**

    1. 白起与王翦为秦国的发展做出了什么贡献？

    2. 如何评价白起与王翦？

孟子荀卿列传

第十四

《太史公自序》中说"猎儒墨之遗文，明礼义之统纪，绝惠王利端，列往世兴衰"，表明撰写《孟子荀卿列传》的主旨。司马迁通过叙写孟子、荀子事迹，肯定"明礼义""绝利端"的思想，并进一步说明这种学说的渊源及影响。司马迁从孟子、荀子等人的思想和为人两个方面，对其事迹进行了比较客观、公允的评述。

对孟子，司马迁着重强调他直接继承了孔子思想，具有守道不阿、执着追求的精神；也指出他宣扬的仁政主张不合时宜。对荀卿，司马迁突出其总结儒、墨、道三家得失，进而改造儒学的功绩，也说明其遭遇坎坷而坚守正道的精神价值。他们的思想学说有承袭关系，对后人影响巨大。他们都发愤著述，不阿世媚主，不慕荣求利。因此，司马迁将他们并称，并在传序中推重。

这篇传记在写法上有两个特点。一是形散神聚。本篇写了十四人,以孟、荀为主,从三邹到稷下学者乃至墨子,看似漫不经心,实则错落有致。二是比照衬托。传主孟子、荀子用笔较少,写诸子则如泼墨,宾实主虚,以实衬虚,更见孟子、荀子地位之高、人格之贵。

此篇传记可分为六个部分。从"太史公曰:余读孟子书"至"自天子至于庶人,好利之弊何以异哉"为第一部分,是本篇的绪论。在这一部分中,司马迁阐述了自己对《孟子》一书中梁惠王问利一段的看法,认为追逐私利确实是社会动乱的根源。这一部分其实相当于《史记》其他篇目中置于文末的论赞。从"孟轲,邹人也"至"其后有邹子之属"为第二部分,写孟子的身世和思想。从"齐有三邹子"至"邹衍其言虽不轨,傥亦有牛鼎之意乎"为第三部分,写齐国三邹子中对当时及后世影响很大的邹衍的学说。从"自邹衍与齐之稷下先生"至"言齐能致天下贤士也"为第四部分,写齐国的稷下学士及其所崇尚的黄老学说。从"荀卿,赵人"至"因葬兰陵"为第五部分,写荀卿的事迹,阐明荀卿的学说是综合了儒家、墨家与道家三家思想的新儒学。从"而赵亦有公孙龙为坚白同异之辩"至"或曰并孔子时,或曰在其后"为第六部分,写战国时赵国、魏国、楚国、宋国的学术家。

太史公曰:余读孟子书①,至梁惠王问"何以利吾国",未尝不废②书而叹也。曰:嗟乎,利诚乱之始也!夫子③罕言利者,常防其原也。故曰"放④于利而行,多怨"。自天子至于庶人,好利之弊何以异哉!

◎**注释** ①〔孟子书〕即《孟子》,儒家经典之一,主要记载孟轲的政治学说、哲学伦理、教育思想等。②〔废〕放下。③〔夫子〕指孔子。④〔放(fǎng)〕依据。

◎**大意** 太史公说:我读《孟子》时,读到梁惠王问"怎么样才对我的国家有利",忍不住放下书叹息。说:唉,功利实在是祸乱的根源!孔子很少讲功利,是为了防止祸乱的根源。所以说"根据自己的利益去行动,会招来很多怨恨"。从天子到平民百姓,追逐功利所带来的弊端有什么差别呀!

孟轲,邹人也。受业子思①之门人。道既通,游事齐宣王,宣王不能用。适梁②,梁惠王不果所言,则见以为迂远③而阔于事情。当是之时,秦用商君,富国强兵;楚、魏用吴起,战胜弱敌;齐威王、宣王用孙子、田忌之徒,而诸侯东面朝齐④。天下方务于合从连衡,以攻伐为贤,而孟轲乃述唐、虞、三代之德,是以所如者不合。退而与万章之徒序《诗》《书》,述仲尼之意,作《孟子》七篇。其后有邹子之属。

◎**注释** ①〔子思〕孔子嫡孙,春秋时期著名思想家。②〔梁〕即魏国,因国都建在大梁,故别称梁国。③〔迂远〕不切合实情。④〔东面朝齐〕面向东方,朝拜齐国君主。

◎**大意** 孟轲,是邹地人。他曾经跟子思的学生学习。学业精通之后,他去游说齐宣王,齐宣王没有任用他。他前往魏国,魏惠王不赞成他所讲的道理,认为他的话迂远空阔、不切实际。在这个时候,秦国任用商鞅,国家富裕、军队强大了;楚国、魏国任用吴起,打败了弱小的敌人;齐威王、齐宣王任用孙武、田忌那类人,各国都向东方朝拜齐国。天下各国正致力于合纵连横,认为能征善战的人才是贤明的,而孟轲讲述的是唐尧、虞舜和夏、商、周三朝的德政,因此和他所到国家的实际需要不相符。于是他回去和弟子万章等人论说《诗》《书》,阐述孔子的主张,写作《孟子》七篇。在他以后出现了邹子等人。

齐有三邹子。其前邹忌，以鼓琴干威王，因及①国政，封为成侯而受相印，先孟子。其次邹衍，后孟子。邹衍睹有国者②益淫侈不能尚德，若《大雅》③整之于身、施及黎庶矣。乃深观阴阳④消息而作怪迂之变，《终始》⑤《大圣》之篇十余万言。其语闳大不经，必先验小物，推而大之，至于无垠。先序今以上至黄帝，学者所共术，大并世盛衰，因载其礻几祥⑥度制，推而远之，至天地未生，窈冥不可考而原也。先列中国名山大川通谷禽兽水土所殖、物类所珍，因而推之，及海外人之所不能睹。称引天地剖判⑦以来，五德转移⑧，治各有宜，而符应若兹。以为儒者所谓中国者，于天下乃八十一分居其一分耳。中国名曰赤县神州。夫赤县神州内自有九州，禹之序九州是也，不得为州数。中国外如赤县神州者九，乃所谓九州也。于是有裨海环之，人民禽兽莫能相通者，如一区中者，乃为一州。如此者九，乃有大瀛海环其外，天地之际焉。其术皆此类也。然要其归，必止乎仁义节俭、君臣上下、六亲之施，始也滥耳。王公大人初见其术，惧然顾化，其后不能行之。

◎**注释** ①〔及〕参与。②〔有国者〕指有封地的诸侯。③〔大雅〕指《诗经·大雅》，多是西周王室贵族的作品。④〔阴阳〕原指日光的向背，向日为阳，背日为阴。后来，古代有些哲学家用阴阳这个概念来解释自然界两种对立和相互消长的物质势力，认为二者的相互作用是一切自然现象变化的根源。邹衍则把"阴阳"变成了和"天人感应说"相结合的神秘概念。⑤〔《终始》〕即《邹子终始》。据《汉书·艺文志》记载，邹衍著有《邹子》四十九篇，《邹子终始》五十六篇，今已不传。⑥〔礻几(jī)祥〕泛指吉凶，这里指求神赐福去灾。⑦〔剖判〕开辟。⑧〔五德转移〕又称"五德终始"，邹衍创立的学说，指用金、木、水、火、土相生相克、循环变化的理论，来解释王朝兴废的原因。

◎**大意** 齐国有三个邹子。在前面的是邹忌，他借弹琴谒见齐威王，因而能够参与国家事务，被封为成侯，授予相印。他出生在孟轲之前。其次是邹衍，他出生于孟子之后。邹衍眼看着国君越来越荒淫奢侈，不能推行德政，如果能用《大雅》所说的崇高德行约束自身，就能推行到老百姓中间去。于是他密切观察阴阳的发展变化，记述各种怪诞迂远的变幻，写下《终始》《大圣》篇共十多万字。那些话夸大虚幻不合情理，都是先验证小的事物，然后推广扩大它，直到无边无际。先从现在往前直追溯到黄帝时代，学者所共同讨论的问题，大致随着时代的兴衰，于是记下祈神求福、消灾避祸的措施，接着推广扩大，直至天地尚未形成之时，深远奥妙而不能考究溯源。先罗列中原的名山大川，深山幽谷中的禽兽，水陆繁殖的生物，各种物类中的珍品，接着扩大到遥远的异域一般人所不能看到的东西。他记述天地分开以来，五行相克相生的道理，认为治理天下顺乎天意，天命才能顺乎人意。他认为儒者所说的中国，在整个天下不过是占八十一分之一罢了。中国名叫赤县神州。赤县神州内有九个州，是大禹划分的九州，这九个州不能算作州。中国之外有九个像赤县神州的地方，才是所说的真正的九州。在这里有小海环绕着它们，人们和禽兽都被隔开而不能彼此往来，像是限定在一定的区域里，这才是一个州。像这样的州有九个，还有广阔的大洋环绕在它们外面，一直通到天地的边缘。他所阐述的都是这一类东西。可是它的宗旨，一定归结到仁爱、正义和节俭，施行到君臣上下和六亲中间，他的道理就不切实际了。王公大人开始见到他的学说，往往感到惊奇，想要学习，后来却发现无法做到。

是以邹子重于齐。适梁，惠王郊迎，执宾主之礼。适赵，平原君侧行撇席。如燕，昭王拥彗先驱①，请列弟子之座而受业，筑碣石宫②，身亲往师之。作《主运》。其游诸侯见尊礼如此，岂与仲尼菜色陈、蔡③，孟轲困于齐、梁同乎哉！故武王以仁义伐纣而王，伯夷饿不食周粟④；卫灵公问陈（阵），而孔子不答；梁惠王谋欲攻赵，孟轲称大王去邠。此岂有意阿世俗苟合而已哉！持方枘欲内（纳）圜（圆）凿⑤，其能入乎？或曰，伊尹负鼎而勉汤以王，百里奚饭牛车下而缪公用霸，作先合，然后引之大道。邹衍其言虽不轨，傥亦有牛鼎之意乎？

◎**注释** ①〔拥彗先驱〕拿着扫帚清扫道路为其做先导，表示尊敬。彗，扫帚。②〔碣石宫〕在燕国都城蓟。③〔仲尼菜色陈、蔡〕指孔子在陈国、蔡国之间被困而断粮挨饿，面有饥色。④〔伯夷饿不食周粟〕周武王讨伐商纣王，伯夷表示反对；武王灭商后，伯夷逃避到首阳山，不食周粟而饿死。⑤〔持方枘（ruì）欲内圜凿〕方枘，方形的榫子。圜凿，圆形的孔槽。

◎**大意** 因此，邹衍在齐国受到重视。他前往魏国，魏惠王亲自到郊外迎接，施行宾主的礼仪。他前往赵国，平原君侧身走上前为他擦拭座席。他来到燕国，燕昭王拿着扫帚在前为他清扫道路，要求坐在学生的座位上拜他为师，为他修建了碣石宫，亲自前往请教。这时他写了一篇《主运》。他周游各国受到这样的尊重和礼遇，怎么能和孔丘在陈国、蔡国饿得面有饥色，孟轲在齐国、魏国遭遇困窘相比！所以周武王以推行仁义讨伐商纣王而成就王业，伯夷宁愿饿死也不吃周朝的粮食；卫灵公向孔子请教军事，孔子避而不答；梁惠王谋划进攻赵国，孟轲却称颂古公亶父离开邠地的事。这些人哪里会迎合世俗呢！想把方形的榫头放进圆形的孔眼中，它能进去吗？有人说，伊尹背着烹饪用的鼎而勉励商汤王成就大业，百里奚在车下喂牛而秦穆公任用他成就了霸业，行动上能合拍，然后才能引导对方走上大道。邹衍的学说虽超越常规，但也有百里奚喂牛、伊尹背鼎的用意吧？

　　自邹衍与齐之稷下先生①，如淳于髡②、慎到、环渊、接子、田骈、邹奭③之徒，各著书言治乱之事④，以干世主，岂可胜道哉！

◎**注释** ①〔稷下先生〕指战国时齐宣王在国都临淄稷门一带设置学官所招揽的诸多文学游说之士。②〔淳于髡（kūn）〕详见下文。③〔邹奭（shì）〕齐人，阴阳家。④〔治乱之事〕指社会政治、历史的变迁。

◎**大意** 自从邹衍和齐国稷下的淳于髡、慎到、环渊、接子、田骈、邹奭等学者著书立说阐述治理国家的大事，用来求见当时的君主以来，这样的人就越来越多，难道能全都记述下来吗！

淳于髡，齐人也。博闻强记，学无所主。其谏说，慕晏婴之为人也，然而承意观色为务。客有见髡于梁惠王，惠王屏（摒）左右，独坐而再见之，终无言也。惠王怪之，以让客曰："子之称淳于先生，管、晏不及，及见寡人，寡人未有得也。岂寡人不足为言邪？何故哉？"客以谓髡。髡曰："固也。吾前见王，王志在驱逐；后复见王，王志在音声：吾是以默然。"客具以报王，王大骇，曰："嗟乎，淳于先生诚圣人也！前淳于先生之来，人有献善马者，寡人未及视，会先生至。后先生之来，人有献讴者①，未及试，亦会先生来。寡人虽屏（摒）人，然私心在彼，有之。"后淳于髡见，壹语连三日三夜无倦。惠王欲以卿相位待之，髡因谢去。于是送以安车驾驷②，束帛③加璧，黄金百镒。终身不仕。

◎**注释** ①〔讴（ōu）者〕指歌女。②〔安车驾驷〕安车，古代一种可以坐乘的小车。驾驷，一辆车套着四匹马。③〔束帛〕古代帛五匹为一束。

◎**大意** 淳于髡，齐国人。他见多识广记忆超群，学术上没有专注于某一方面。从他的进谏劝说来看，是仰慕晏婴的为人，然而专注于察言观色，顺着君主的意思进行劝说。宾客中有人向魏惠王引荐淳于髡。魏惠王让左右的侍从退下，独自坐下来两次接见他，可他始终没有讲话。魏惠王感到奇怪，因此责备引见他的客人，说道："您称许淳于先生，说管仲、晏婴都比不上他，等到他和我会面之后，我却没得到什么。难道他有话不值得对我讲吗？这是为什么？"客人转告淳于髡。淳于髡说道："确实如此。我前一次见到君王，他的心思在驱车打猎；后来再见君王，他心里想的是女乐歌舞，因此我默然不语。"客人把话全部报告给魏惠王，魏惠王大吃一惊，说："哎呀，淳于先生真是圣人啊！淳于先生第一次来的时候，有人给我进献了一匹好马，我还没来得及过目，恰逢先生来到。后一次先生来见我，有人给我进献了歌舞伎，我没来得及面试，恰逢淳于先生来到。我虽然让左右侍从退下，但自己的心在想那些事，的确有这回事。"后来淳于髡再见魏惠王，一直说了三天三夜毫无倦意。魏惠王想任用他为卿相，淳于髡谢绝离开了。于是魏惠王赠送给他四马驾的坐车，成捆的丝织品，厚重的玉璧，黄金一百镒。淳于髡终身没有出来做官。

慎到，赵人。田骈、接子，齐人。环渊，楚人。皆学黄老道德之术①，因发明序其指（旨）意。故慎到著十二论②，环渊著上下篇③，而田骈、接子皆有所论焉。

◎**注释** ①〔黄老道德之术〕指黄老学派的学说，是道家学说的一个分支。②〔慎到著十二论〕《汉书·艺文志》著录《慎子》四十二篇，已失传，现仅存辑佚七篇。③〔环渊著上下篇〕《汉书·艺文志》著录环渊《环子》十三篇，已失传。

◎**大意** 慎到这个人，是赵国人。田骈、接子这两个人，是齐国人。环渊这个人，是楚国人。他们都学习黄老道德学说，从而发挥阐述道家的旨意。所以慎到写了十二论，环渊著有上下篇，田骈、接子也都有关于道家学说的言论。

邹奭者，齐诸邹子，亦颇采邹衍之术以纪文。

◎**大意** 邹奭这个人，是齐国诸位邹子之一，也采纳了很多邹衍的学说来写文章。

于是齐王嘉之，自如①淳于髡以下，皆命曰列大夫，为开第康庄之衢②，高门大屋，尊宠之。览（揽）天下诸侯宾客，言齐能致天下贤士也。

◎**注释** ①〔自如〕这里是"从""由"的意思。②〔为开第康庄之衢（qú）〕开第,建造住宅。第,大住宅。康庄之衢,四通八达的道路。

◎**大意** 于是齐宣王嘉奖他们,从淳于髡以下这些人,都任命为列大夫,为他们修建大住宅和四通八达的道路,高门大屋,尊重和宠信他们。招揽天下各国的宾客,说明齐国能罗致天下的贤能之士。

荀卿,赵人。年五十始来游学于齐。邹衍之术迂大而闳辩;奭也文具难施;淳于髡久与处,时有得善言。故齐人颂曰:"谈天衍①,雕龙奭②,炙毂过(輠)髡③。"田骈之属皆已死齐襄王时,而荀卿最为老师④。齐尚修列大夫之缺,而荀卿三为祭酒⑤焉。齐人或谗荀卿,荀卿乃适楚,而春申君以为兰陵令。春申君死而荀卿废,因家兰陵。李斯尝为弟子,已而相秦。荀卿嫉浊世之政,亡国乱君相属,不遂大道而营于巫祝,信禨祥,鄙儒小拘,如庄周等又滑稽乱俗,于是推儒、墨、道德之行事兴坏,序列著数万言而卒。因葬兰陵。

◎**注释** ①〔谈天衍〕高谈阔论的是邹衍。②〔雕龙奭〕精心雕饰文章的是邹奭。③〔炙毂过髡〕炙毂过,即"炙輠(guǒ)"。輠,古时车上盛贮油膏的器具。輠炙热后流油,润滑车轴。比喻聪慧机敏。④〔老师〕年老资深的学者。⑤〔祭酒〕古代飨宴、酬酒、祭神要由位尊长者举酒祭地,因而把位尊者或年长者称为祭酒。

◎**大意** 荀卿这个人,是赵国人。他五十岁时才来齐国游学。邹衍的学说迂曲宏大又雄辩;邹奭的文章完备却无法施行;和淳于髡相处久了,经常能听到一些有益的言论。所以齐国人传颂说:"谈天说地数邹衍,雕饰文章数邹奭,聪慧机敏数淳于髡。"齐襄王时田骈等人都已死,荀卿是资历最深的学者。齐国还在补充列大夫的空缺,荀卿三次充当祭酒。齐国有人诋毁荀卿,荀卿就到楚国去了,春申君黄歇任他为兰陵令。春申君死后荀卿被免职,于是就住在兰陵。李斯曾是荀卿的弟子,后来做了秦国的丞相。荀卿痛恨昏乱世道的政治,灭亡的国家和昏乱的君主一个接一个,不遵循正道却听信巫祝,迷信吉凶预兆,鄙陋的儒生拘泥胆小，像庄周那样的人又巧言善辩、伤风败俗，因此他研究儒家、墨家、道家各家学说施于政治与兴亡盛衰的关系，整理著述几万字的作品后去世。于是就葬在兰陵。

　　而赵亦有公孙龙为坚白同异之辩①，剧子之言②；魏有李悝，尽地力之教③；楚有尸子、长卢；阿之吁子焉。自如孟子至于吁子，世多有其书，故不论其传云。

◎**注释**　①〔坚白同异之辩〕指战国时公孙龙学派的"离坚白"和惠施学派的"合同异"的名实论辩。公孙龙认为石头的坚硬和白色是脱离了石头而互相分离、相互独立的实体，夸大了事物的差别性而抹杀了其统一性；惠施则认为万物的同和异是相对的，而相同和不同性质的事物都可以抽象地统一起来，忽视了事物个体的差别性。二者各夸大了事物的一个方面，因而都流为诡辩。②〔剧子之言〕《汉书·艺文志》著录《剧子》九篇，已失传。③〔尽地力之教〕指李悝鼓励耕作、开荒以尽地力的经济改革主张。

◎**大意**　赵国也有公孙龙等人进行"离坚白""合同异"的辩论，还有剧子的有关言论；魏国有李悝，提出充分利用土地生产能力的说教；楚国有尸子、长卢；东阿有吁子。从孟轲至吁子，他们的著作在世间多有流传，所以就不论述它们的内容了。

　　盖墨翟，宋之大夫，善守御①，为节用。或曰并孔子时，或曰在其后。

◎**注释**　①〔善守御〕善于守卫和防御战术。
◎**大意**　大概墨翟这个人，是宋国的大夫，善于守卫和防御战术，提倡节用。有人说他和孔子同时代，有人说他在孔子之后。

◎ 释疑解惑

此篇传记以司马迁读到《孟子》中梁惠王问"何以利吾国"的感受开篇,后世学者的讨论也往往由此开始,认为开篇即有深意。如《史记评林》引赵恒曰:"读孟子书,首揭孟子答梁惠'利国'之问,而合之于孔子'罕言'之旨,推尊孟子之意至矣。其时稷下诸儒犹多,而推尊孟子,使后人以孔、孟并称者,自太史公始。'受业子思之门人',师友渊源之出于孔子也。'述唐虞三代之德',立身行道之出于孔子也。'退而与万章'云云,著书立言之出于孔子也。至末言'岂与仲尼菜色云云同乎哉',困厄不遇之不异孔子也。以下言其不阿世俗以苟合,如伯夷、孔子,持方枘而不能纳圆凿;岂肯为邹衍'作先合,然后引之大道',欲如伊尹之负鼎,百里之饭牛,枉寻直尺之为哉?牛鼎之说,在《孟子》已断其所传之妄,而此传乃举以论衍有'牛鼎之意',则孟子所谓'好事者之流',直指衍辈言也。"又宋人黄震曰:"太史公之传孟子,首举'不言利'之对,叹息以先之,然后为之传。而传自'受业子思'之外复无他语,唯详述一时富国强兵之流,与驺衍迂怪不可究诘以取重当世之说,形孟子之守道不变,与仲尼之菜色陈蔡者同科。奇哉迁之文,卓哉迁之识与!盖传申韩于老庄之后者,所以讥老庄;而传淳于髡诸子于孟、荀之间者,所以长孟、荀也。荀卿年五十始自赵学于齐,三为齐祭酒,后为楚兰陵令,春申君死而卿废,卒死于兰陵葬焉。嫉世之浊,而鄙儒小拘,如庄周等又滑稽乱俗,于是著书数万言,此亦能守道不变者,故太史公进之与孟子等。"黄履翁曰:"昔太史公读孟子书,至利国之对,而为之废卷太息,流涕而言之。彼盖有感当时功利之徒,而深信孟子塞原之论也。虽然,迁之学盖有自来也。董子尝有'正谊不谋利'之一言,诚得孔孟之余论,而迁从仲舒游,而得是言欤!"齐树楷曰:"孟子荀卿,皆不得于时之儒者,故史公重之。其不得于时之故,与孔子同。盖有儒者所未及著述,而史公知之言之者矣。然于孟子不言利,反复咏叹,其本意乃未能明言。古人著书之难如此。"

除此之外,史传中以较大篇幅记载了邹衍的学说、事迹。邹衍"五德终始"学说的思想本受孟子的影响,曾流行一时。司马迁肯定其"止乎仁义"目的的正确性,而批评其荒诞怪异的内容,就为人来说,邹衍则有"阿世俗"的嫌疑。司马迁还记述了淳于髡等稷下先生，其主张在不同程度上与儒、墨思想相关，但都"干世主"、慕权贵，屈服于现实而失去高远追求。因此，他们的地位和为人就远不及孟子、荀子。传末只用一语点出墨子的主张，这也是回应上文。墨家在当时是与儒家并称的显学，故毋庸多言。由此不难看出，司马迁十分推崇孔孟思想，对阿谀世俗的学派持批评态度。

◎ **思考辨析题**

1. 司马迁笔下的孟子有什么特点？
2. 孟子的思想运用于当代是否合适？为什么？

孟尝君列传第十五

孟尝君田文、平原君赵胜、信陵君魏无忌、春申君黄歇乃是著名的"战国四公子"，其中，孟尝君、平原君与信陵君都因好养士、善用士而闻名。

《孟尝君列传》的前半部分是孟尝君田文的传记，后半部分则重点记述了孟尝君门下的杰出人才冯驩的事迹。传记可分为五个部分。从"孟尝君名文，姓田氏"至"人人各自以为孟尝君亲己"为第一部分，叙写孟尝君的身世。他是齐国贵族田婴卑妾所生的儿子，因出生的日子是五月初五，于是田婴忌讳这个孩子，叫孟尝君的母亲不要养活他。然而，孟尝君还是被养大了，母亲让他得以见到自己的父亲，而孟尝君也以智慧与才干渐渐得到了田婴的赏识，最终继承了封邑。孟尝君招揽大量宾客，不惜重金，且一视同仁，因此得到了大量的食客。从

"秦昭王闻其贤"至"遂灭一县以去"为第二部分，叙写孟尝君被困秦国，门客以狗盗鸡鸣的本事帮助他逃离秦国，昔日嘲笑孟尝君养士不加甄别的人方知孟尝君的远见。从"齐湣王不自得"至"孟尝绝嗣无后也"为第三部分，叙写孟尝君原本打算联合其他诸侯国攻打楚国、秦国，却在苏代的建议下转而助秦、助楚。后来孟尝君为了自身的利益，在魏国联合秦国、赵国、燕国围攻齐国时保持中立，由此为齐襄王所忌惮。孟尝君死后，他的儿子争位，最终为魏国与齐国所灭。从"初，冯驩闻孟尝君好客"至"闻先生之言，敢不奉教焉"为第四部分，叙写孟尝君门客冯驩的事迹，主要有四件：第一件是初至孟尝君馆舍时弹铗以唱出自己的要求；第二件是至薛邑替孟尝君收债时烧毁债券以示义；第三件是在孟尝君失势时唯有他待孟尝君始终如一且助孟尝君重登相位；第四件是奉劝孟尝君理解那些在他失势时远离的门客，并规劝孟尝君继续善待自己的门客。第五部分是论赞，以司马迁至薛邑的见闻为开端。司马迁在薛邑感觉民风粗暴，于是询问当地人，得知昔日孟尝君好养士，因此许多作奸犯科的人来到薛邑，而这些人常常带着一些豪侠的匪气。最后司马迁说孟尝君的好客果然名不虚传。无一句评论之辞，却有无尽的言外之意。

孟尝君名文，姓田氏。文之父曰靖郭君田婴。田婴者，齐威王少子而齐宣王庶弟也。田婴自威王时任职用事，与成侯邹忌及田忌将而救韩伐魏。成侯与田忌争宠，成侯卖田忌。田忌惧，袭齐之边邑，不胜，亡走。会威王卒，宣王立，知成侯卖田忌，乃复召田忌以为将。

宣王二年，田忌与孙膑、田婴俱伐魏，败之马陵，虏魏太子申而杀魏将庞涓。宣王七年，田婴使于韩、魏，韩、魏服于齐。婴与韩昭侯、魏惠王会齐宣王东阿南，盟而去。明年，复与梁惠王会甄（鄄）。是岁，梁惠王卒。宣王九年，田婴相齐。齐宣王与魏襄王会徐州而相王也。楚威王闻之，怒田婴。明年，楚伐败齐师于徐州，而使人逐田婴。田婴使张丑说楚威王，威王乃止。田婴相齐十一年，宣王卒，湣王即位。即位三年，而封田婴于薛。

◎**大意** 孟尝君名叫文，姓田。田文的父亲是靖郭君田婴。田婴这个人，是齐威王的小儿子，即齐宣王庶母所生的弟弟。田婴从齐威王时就开始担任要职处理国事，和成侯邹忌、田忌率兵讨伐魏国，救援韩国。成侯邹忌和田忌争宠，邹忌出卖了田忌。田忌害怕，袭击齐国边境的城镇，没拿下，便逃跑了。正巧齐威王去世，齐宣王继位。他知道邹忌出卖田忌，就重新召田忌回来为大将。齐宣王二年，田忌和孙膑、田婴共同讨伐魏国，在马陵打败魏军，俘虏了魏国太子魏申，又杀了魏国大将庞涓。齐宣王七年，田婴出使韩国和魏国，韩国、魏国听命于齐国。田婴和韩昭侯、魏惠王在东阿的南面会见齐宣王，结盟后离去。第二年，又在鄄城会见魏惠王。这一年，魏惠王去世。齐宣王九年，田婴任齐国的相国。齐宣王和魏襄王在徐州会见后相互承认对方称王。楚威王熊商听说这件事，对田婴很恼火。到了第二年，楚国在徐州打败了齐国军队，而且派人出使齐国要求驱逐田婴。田婴派张丑前去游说楚威王熊商，楚威王才罢休。田婴担任齐国相国的第十一年，齐宣王去世，齐湣王继位。齐湣王继位三年之后，把薛地封赏给田婴。

初，田婴有子四十余人。其贱妾有子名文，文以五月五日生。婴告其母曰："勿举也。"其母窃举生之。及长，其母因兄弟而见（现）其子文于田婴。田婴怒其母曰："吾令若去此子，而敢生之，何也？"

文顿首，因曰："君所以不举五月子者，何故？"婴曰："五月子者，长与户齐，将不利其父母。"文曰："人生受命于天乎？将受命于户邪？"婴默然。文曰："必受命于天，君何忧焉。必受命于户，则可高其户耳，谁能至者！"婴曰："子休矣。"

◎ **大意**　当初，田婴有四十多个儿子，他的小妾生了个儿子叫田文，田文生于五月五日。田婴告诉他的生母说："不要养活他。"他的生母偷偷地将他抚养长大。等到田文长大了，他的生母通过自己的兄弟让他出现在田婴面前。田婴责备田文的生母说："我让你扔了这个孩子，你竟敢养活他，为什么？"田文叩头下拜，接着说："您不愿意养活五月五日生的孩子，是什么缘故？"田婴说："五月五日生的孩子，长大了身高和门楣相等，将会对父母不利。"田文说："人的命运是由上天安排呢，还是由大门来安排呢？"田婴沉默不语。田文说："肯定是由上天安排的，您何必忧虑呢？如果是由大门安排的，那么可以把大门修高，谁能长到那么高！"田婴说："你不要说了！"

久之，文承间问其父婴曰："子之子为何？"曰："为孙。""孙之孙为何？"曰："为玄孙。""玄孙之孙为何？"曰："不能知也。"文曰："君用事相齐，至今三王矣，齐不加广而君私家富累万金，门下不见一贤者。文闻将门必有将，相门必有相。今君后宫蹈绮縠而士不得短褐①，仆妾余粱肉而士不厌糟糠②。今君又尚厚积余藏，欲以遗所不知何人，而忘公家之事日损，文窃怪之。"于是婴乃礼文，使主家待宾客。宾客日进，名声闻于诸侯。诸侯皆使人请薛公田婴以文为太子③，婴许之。婴卒，谥为靖郭君。而文果代立于薛，是为孟尝君。

◎ **注释**　①〔后宫蹈绮縠（hú）而士不得短褐〕蹈，指长裙曳地。绮縠，指丝织品。短褐，平民穿的粗布短衣。②〔不厌糟糠〕即使用糟糠充饥也吃不饱，形容生活极贫苦。糟糠，用来充饥的酒渣、米糠等粗劣食物。③〔太子〕先秦至西汉初期，帝王与其他有土封君的嫡长子都称"太子"。

◎**大意** 过了很久，田文瞅准时机问他的父亲田婴说："儿子的儿子是什么人？"田婴说："是孙子。""孙子的孙子是什么人？"田婴说："是玄孙。""玄孙的孙子是什么人？"田婴说："这就不知道了。"田文说："您担任齐国的相国处理国事，到现在经历了三代君王，齐国土地没有扩大而您的私人财富累积上万金，您的门下没有一个贤能的人。我听说将门肯定出将军，相门一定出相国。现在您的姬妾身穿绫罗绸缎而贤士穿不上粗布短衣，您的奴仆侍从有吃不完的美味佳肴而贤士连糟糠也吃不上。现在您又喜好大量的财物，积蓄储藏，想把它留给不知是谁的人，却忘记了齐国的事业一天天在削弱。我私下感到疑惑不解。"这时田婴才开始礼待田文，让他主持家政，接待宾客。宾客日益增多，田文的名声传遍各诸侯国。诸侯国都派人来请求田婴把田文立为太子，田婴答应了。田婴死后，谥号为靖郭君。田文果然在薛地继承了田婴的爵位，就是孟尝君。

　　孟尝君在薛，招致诸侯宾客及亡人有罪者，皆归孟尝君。孟尝君舍业①厚遇之，以故倾天下之士。食客数千人，无贵贱一与文等。孟尝君待客坐语，而屏风后常有侍史②，主记君所与客语，问亲戚居处。客去，孟尝君已使使存问，献遗其亲戚。孟尝君曾待客夜食，有一人蔽火光。客怒，以饭不等，辍食辞去。孟尝君起，自持其饭比之。客惭，自刭。士以此多归孟尝君。孟尝君客无所择，皆善遇之。人人各自以为孟尝君亲己。

◎**注释** ①〔舍业〕舍弃家业，耗尽家财。②〔侍史〕负责记录的官吏。
◎**大意** 孟尝君在薛地，招揽诸侯国的宾客和那些犯罪逃亡的人，他们都归附孟尝君。孟尝君耗尽家业厚待他们，因此天下的士人都倾心归附。寄食的门客有几千人，不分贵贱都和田文平等。孟尝君招待客人座谈，而在屏风后常有随从的官吏，负责记录孟尝君和宾客的谈话，孟尝君询问宾客亲属的住址。客人离开时，孟尝君就已经派人前去问候，赠送宾客亲属礼物。孟尝君曾经在夜里招待客人吃饭，有一个人遮住了烛光。有位宾客大怒，认为饭菜不一样，停下不吃要告辞。孟尝君起身，亲自端着自己的饭和客人的饭对比。这位客人羞愧得很，自刎而死。士人都因此归附孟尝君。孟尝君对宾客没有偏向，全部都友善地对待他们。他们每个人都认为孟尝君亲近自己。

秦昭王闻其贤，乃先使泾阳君为质于齐，以求见孟尝君。孟尝君将入秦，宾客莫欲其行，谏，不听。苏代谓曰："今旦代从外来，见木禺（偶）人与土禺（偶）人相与语。木禺（偶）人曰：'天雨，子将败矣。'土禺（偶）人曰：'我生于土，败则归土。今天雨，流子而行，未知所止息也。'今秦，虎狼之国也，而君欲往，如有不得还，君得无为土禺（偶）人所笑乎？"孟尝君乃止。

◎**大意** 秦昭襄王听说孟尝君贤能，就先派泾阳君到齐国做人质，以此来要求见到孟尝君。孟尝君打算去秦国，宾客没人想要他去，都劝说他，孟尝君不听。苏代说："今天早晨我从外面来时，见到木偶人和土偶人交谈。木偶人说：'天下雨，你将会烂掉。'土偶人说：'我是土做成的，烂掉后又回到土中。现在天下雨，雨水会把你冲走，不知漂到什么地方才能停下。'现在的秦国是虎狼一般凶猛的国家，而您执意前往，如果去了不能回来，您能不被土偶人嘲笑吗？"孟尝君这才罢休。

齐湣王二十五年，复卒使孟尝君入秦，昭王即以孟尝君为秦相。人或说秦昭王曰："孟尝君贤，而又齐族也，今相秦，必先齐而后秦，秦其危矣。"于是秦昭王乃止。囚孟尝君，谋欲杀之。孟尝君使人抵昭王幸姬求解。幸姬曰："妾愿得君狐白裘①。"此时孟尝君有一狐白裘，直（值）千金，天下无双，入秦献之昭王，更无他裘。孟尝君患之,遍问客,莫能对。最下坐有能为狗盗②者,曰:"臣能得狐白裘。"乃夜为狗,以入秦宫臧(藏)中,取所献狐白裘至,以献秦王幸姬。幸姬为言昭王,昭王释孟尝君。孟尝君得出,即驰去,更封传③,变名姓以出关。夜半至函谷关。秦昭王后悔出孟尝君,求之已去,即使人驰传逐之。孟尝君至关,关法鸡鸣而出客,孟尝君恐追至,客之居下坐者有能为鸡鸣,而鸡齐鸣,遂发传出。出如食顷,秦追果至关,已后孟尝君出,乃还。始孟尝君列此二人于宾客,宾客尽羞之,及孟尝君有秦难,卒此二人拔之。自是之后,客皆服。

◎注释 ①〔狐白裘〕以狐腋白毛部分制成的皮衣。②〔狗盗〕伪装成狗进行盗窃。③〔封传(zhuàn)〕指驿券,即出入别国的通行证。

◎大意 齐湣王二十五年,终于又派遣孟尝君到秦国,秦昭襄王就任命孟尝君为秦国的丞相。有人劝说秦昭襄王:"孟尝君贤明有才,又是齐国的王族,现在让他做秦国的丞相,办事一定先为齐国着想然后才为秦国着想,那么秦国就危险了。"秦昭襄王才作罢。秦昭襄王囚禁了孟尝君,并谋算着杀他。孟尝君指使别人去见秦昭襄王的宠姬,请求释放他。这位宠姬说:"我希望得到孟尝君的白色狐狸皮裘大衣。"当时孟尝君有一件白色狐狸皮裘大衣,价值千金,天下无双,来秦国后献给了秦昭襄王,再没有第二件了。孟尝君为这件事忧心,一一请教各位宾客,没人能想出办法。最后的座位上坐着一个善于伪装成狗盗窃的人,说:"我能拿到那件白色狐狸皮裘大衣。"于是他当夜伪装成狗,钻入了秦宫中的仓库,取到了献给秦昭襄王的那件白色狐狸皮裘大衣,把它献给了秦昭襄王的宠姬。这个宠姬替孟尝君劝说秦昭襄王,秦昭襄王就释放了孟尝君。孟尝君得以脱身,立即驾车奔驰而去,更改了通行证,为了通过关卡也更换了姓名。半夜到达了函谷关。秦昭襄王后悔放走了孟尝君,搜寻他时发现人已经离开了,立即派人驱车飞奔追赶。孟尝君来到函谷关,按照法规鸡叫后关卡才放客通行,孟尝君害怕追兵赶到,宾客当中有一位平时坐在末位的人能学鸡叫,一时间公鸡齐鸣,于是一行人拿出通行证出了函谷关。出函谷关后有一顿饭的时间,秦兵果然追到函谷关，但已是在孟尝君出关之后，于是只好返回。当初孟尝君把这二人当作宾客，其他宾客都羞辱他们，等孟尝君在秦国有难，最终是这两人解救了他。从此以后，宾客都佩服这两人。

　　孟尝君过赵，赵平原君客之。赵人闻孟尝君贤，出观之，皆笑曰："始以薛公①为魁然也，今视之，乃眇小丈夫②耳。"孟尝君闻之，怒。客与俱者下，斫③击杀数百人，遂灭一县以去。

◎**注释**　①〔薛公〕即孟尝君，因封地在薛，故称。②〔眇小丈夫〕身材矮小的男子。③〔斫（zhuó）〕砍，削。
◎**大意**　孟尝君经过赵国，赵国平原君赵胜以宾客之礼接待他。赵国人听说孟尝君贤明，出来观看他，都笑着说："起初还以为薛公是身材魁梧的样子，现在看来，不过是个矮小的男人罢了。"孟尝君听到这话，很恼怒。随从的宾客都跳下车，砍杀了几百人，于是灭掉一个县才离去。

　　齐湣王不自得，以其遣孟尝君。孟尝君至，则以为齐相，任政。

◎**大意**　齐湣王很内疚，因为是他派遣孟尝君去秦国的。孟尝君回到齐国，齐湣王就让他担任齐国的相国，主持政务。

　　孟尝君怨秦，将以齐为韩、魏攻楚，因与韩、魏攻秦，而借兵食于西周。苏代为西周谓曰："君以齐为韩、魏攻楚九年，取宛、叶以北以强韩、魏，今复攻秦以益之。韩、魏南无楚忧，西无秦患，则齐危矣。韩、魏必轻齐畏秦，臣为君危之。君不如令敝邑深合于秦，而君无攻，又无借兵食。君临函谷而无攻，令敝邑以君之情谓秦昭王曰'薛公必不破秦以强韩、魏。其攻秦也,欲王之令楚王割东国以与齐,而秦出楚怀王以为和'。君令敝邑以此惠秦,秦得无破而以东国自免也,秦必欲之。楚王得出,必德齐。齐得东国益强,而薛世世无患矣。秦不大弱,而处三晋之西,三晋必重齐。"薛公曰:"善。"因令韩、魏贺秦,使三国无攻,而不借兵食于西周矣。是时,楚怀王入秦,秦留之,故欲必出之。秦不果出楚怀王。

◎**大意** 孟尝君对秦国怀恨在心,准备以齐国曾帮助韩国、魏国攻打楚国为由,联合韩国、魏国攻打秦国,为此向西周借兵器和军粮。苏代替西周答复说:"您用齐国的军队帮助韩国、魏国攻打楚国九年,占取了宛、叶以北的地方来加强韩国、魏国,现在又进攻秦国而使韩国、魏国更加强大。韩国、魏国的南面没有了楚国的忧患,西面没有了秦国的祸害,那么齐国的形势就危险了。韩国、魏国肯定轻视齐国害怕秦国,我为您感到危险。您不如让我国和秦国加深交往,而您不要攻打秦国,又不需要借军粮。您兵临函谷关却不进攻,让我们国君把您的真实意图告诉秦昭襄王,说是'薛公肯定不会攻破秦国以增强韩国、魏国的实力。他攻打秦国,是想让楚王把东国割让给齐国,秦国会释放楚怀王来讲和'。您让我国用这个办法给秦国好处,秦国不会被攻破,而是迫使楚国割让东国以使自己免遭进攻,肯定愿意这样做。楚怀王被释放,一定会感激齐国。齐国得到东国一定会更加强盛,薛地就世世代代没有忧患了。秦国没有太大的削弱,而它处在三晋的西面,三晋一定会倚重齐国。"孟尝君说:"好。"于是让韩国、魏国与秦国结交,使这三个国家之间没有战事,也不用向西周借军粮了。这个时候,楚怀王进入秦国,秦国扣留了他,所以苏代想让秦国释放他。不料秦国没有释放楚怀王。

孟尝君相齐,其舍人魏子为孟尝君收邑入,三反(返)而不致一入。孟尝君问之,对曰:"有贤者,窃假①与之,以故不致入。"孟尝君怒而退魏子。居数年,人或毁孟尝君于齐湣王曰:"孟尝君将为乱。"及田甲劫湣王,湣王意疑孟尝君,孟尝君乃奔。魏子所与粟贤者闻之，乃上书言孟尝君不作乱，请以身为盟，遂自刭宫门以明孟尝君。湣王乃惊，而踪迹验问①，孟尝君果无反谋，乃复召孟尝君。孟尝君因谢病，归老于薛。湣王许之。

◎**注释**　①〔踪迹验问〕寻根找证据。
◎**大意**　孟尝君担任齐国的相国时，他的家臣魏子替他到封地收租税。去了三次也没有收到一点税粮。孟尝君询问原因，他回答说："有位贤德的人，我私下借给他了，所以没有收回税粮。"孟尝君生气，斥退了魏子。过了几年，有人在齐湣王面前诬陷孟尝君说："孟尝君打算叛乱。"等到田甲劫持了齐湣王，齐湣王怀疑孟尝君，孟尝君就逃亡了。魏子所借给粮食的那个贤能的人听到这件事，就上书齐湣王说孟尝君不会作乱，请求以性命来替他担保，于是他就在宫门口刎颈自杀来证明孟尝君是清白的。齐湣王大为吃惊，就寻根找证据，发现孟尝君确实没有造反的阴谋，就又召回孟尝君。孟尝君趁机声称有病，要求回到薛地养老。齐湣王同意了他的请求。

其后，秦亡将吕礼①相齐，欲困苏代。代乃谓孟尝君曰："周最②于齐，至厚也，而齐王逐之，而听亲弗③相吕礼者，欲取秦也。齐、秦合，则亲弗与吕礼重矣。有用，齐、秦必轻君。君不如急北兵，趋（促）赵以和秦、魏，收周最以厚行，且反（返）齐王之信，又禁天下之变。齐无秦，则天下集齐，亲弗必走，则齐王孰与为其国也！"于是孟尝君从其计，而吕礼嫉害于孟尝君。

◎**注释**　①〔吕礼〕齐康公七世孙，后自齐国入秦国，为秦国的柱国、少宰、北平侯。②〔周最〕东周王室的公子，侍奉秦昭王。③〔亲弗〕齐湣王的信臣。
◎**大意**　在那以后，秦国逃亡的将军吕礼担任齐国的相国，想跟苏代过不去。苏代就对孟尝君说："周最对于齐国，极为亲近忠诚，齐王却驱逐他，而听信亲弗而使吕礼担任相国，是为了笼络秦国。齐国、秦国联合起来，那么亲弗与吕礼就会得到重用了。有亲弗与吕礼可以任用，齐国、秦国肯定轻视您。您不如迅速挥军北上，迅速进攻赵国而跟魏国、秦国和好，以宽厚的心胸召回周最，这样既挽回了齐王的信用，又可防止天下发生变乱。齐国不和秦国勾结，那么天下各国都愿归附齐国，亲弗肯定会逃走，那齐王靠谁来治理他的国家呢！"对此，孟尝君听从了苏代的计策，而吕礼嫉恨并要谋害孟尝君。

孟尝君惧，乃遗秦相穰侯魏冉书曰："吾闻秦欲以吕礼收齐，齐，天下之强国也，子必轻矣。齐、秦相取以临三晋，吕礼必并相矣，是子通齐以重吕礼也。若齐免于天下之兵，其仇子必深矣。子不如劝秦王伐齐。齐破，吾请以所得封子。齐破，秦畏晋之强，秦必重子以取晋。晋敝于齐而畏秦，晋必重子以取秦。是子破齐以为功，挟晋以为重；是子破齐定封，秦、晋交重子。若齐不破，吕礼复用，子必大穷①。"于是穰侯言于秦昭王伐齐，而吕礼亡。

◎**注释** ①〔穷〕处境恶劣。

◎**大意** 孟尝君害怕了，就送给秦国丞相穰侯魏冉一封信说："我听说秦国想通过吕礼来交好齐国，齐国是天下的强国，您肯定会因此被轻视。齐国、秦国联合起来对付三晋，吕礼肯定会兼任齐、秦两国的丞相，这是您结交齐国而使吕礼受宠。如果齐国不受各国军队的威胁，他肯定更加仇恨您。您不如劝秦王讨伐齐国。打败齐国之后，我请求把秦国占领的地方封赐给您。齐国被攻破，秦国害怕三晋的强大，肯定会重用您来攻取三晋。三晋被齐国挫败而又害怕秦国，一定会看重您以笼络秦国。这样会使您建立打败齐国的功业，靠着三晋加强自己的地位；这样会使您通过打败齐国扩大自己的封地，秦国和三晋争相推重您。如果齐国不被攻破，吕礼又得到重用，那么您的处境会非常艰难。"于是，穰侯魏冉劝说秦昭襄王进攻齐国，而吕礼逃亡了。

后齐湣王灭宋，益骄，欲去孟尝君。孟尝君恐，乃如魏。魏昭王①以为相，西合于秦、赵，与燕共伐破齐。齐湣王亡在莒，遂死焉。齐襄王②立，而孟尝君中立于诸侯，无所属。齐襄王新立，畏孟尝君，与连和，复亲薛公。文卒，谥为孟尝君。诸子争立，而齐、魏共灭薛。孟尝绝嗣无后也。

◎**注释** ①〔魏昭王〕魏襄王的儿子，战国时魏国君主。②〔齐襄王〕齐湣王的儿子，战国时齐国君主。

◎**大意** 后来齐湣王消灭了宋国，更加骄傲了，想要除掉孟尝君。孟尝君害怕了，就前往魏国。魏昭王让他当相国，向西联络秦国、赵国，跟燕国一起打败了齐国。齐湣王出逃住在莒城，最终死在那里。齐襄王继位，而孟尝君在各国争斗中保持中立，不归属任何一国。齐襄王刚刚继位，害怕孟尝君，跟他交往和好，又一次亲近他。田文死后，追赠谥号孟尝君。他的儿子们争着继位，而齐国和魏国趁机瓜分了薛县。孟尝君断绝了后代。

初，冯驩闻孟尝君好客，蹑屩①而见之。孟尝君曰："先生远辱，何以教文也？"冯驩曰："闻君好士，以贫身归于君。"孟尝君置传舍②十日，孟尝君问传舍长曰："客何所为？"答曰："冯先生甚贫，犹有一剑耳，又蒯缑③。弹其剑而歌曰'长铗④归来乎，食无鱼'。"孟尝君迁之幸舍⑤，食有鱼矣。五日，又问传舍长。答曰："客复弹剑而歌曰'长铗归来乎，出无舆'。"孟尝君迁之代舍⑥，出入乘舆车矣。五日，孟尝君复问传舍长。舍长答曰："先生又尝弹剑而歌曰'长铗归来乎，无以为家'。"孟尝君不悦。

◎**注释** ①〔蹑屩（juē）〕踩着草鞋。蹑，踩踏。屩，草鞋。②〔置传（zhuàn）舍〕安置在待客的房舍中。③〔蒯缑（gōu）〕用草绳缠结剑柄。④〔铗（jiá）〕剑。

⑤〔幸舍〕中等房舍。⑥〔代舍〕上等房舍。

◎**大意** 当初，冯谖听说孟尝君喜好宾客，穿着草鞋去见他。孟尝君问："先生远道屈尊而来，用什么来指导我呢？"冯谖说："听说您喜欢士人，我就以卑贱的身份来归附您。"孟尝君把他安排在客馆住了十天后，问客馆的舍监说："这个客人干什么呢？"舍监回答："冯先生太穷了，只有一把剑，还是草绳缠着剑把。他弹着那把剑唱道'长剑回去吧，吃饭吃不到鱼'。"孟尝君就把他安置到中等房舍，饭菜里有了鱼。过了五天，孟尝君又问客馆的舍监。回答："客人又弹着剑唱道'长剑回去吧，出门没有车坐'。"于是孟尝君让他迁居上等房舍，出入乘着车子。过了五天，孟尝君又问客馆的舍监。舍监说："冯先生又曾弹着剑唱道'长剑回去吧，没有什么来养家'。"孟尝君不高兴。

居期年，冯谖无所言。孟尝君时相齐，封万户于薛。其食客三千人。邑入不足以奉客，使人出钱①于薛。岁余不入，贷钱者多不能与其息，客奉将不给。孟尝君忧之，问左右："何人可使收债于薛者？"传舍长曰："代舍客冯公形容状貌甚辩，长者，无他伎能，宜可令收债。"孟尝君乃进冯谖而请之曰："宾客不知文不肖，幸临文者三千余人，邑入不足以奉宾客，故出息钱于薛。薛岁不入，民颇不与其息。今客食恐不给，愿先生责（债）之。"冯谖曰："诺。"辞行，至薛，召取孟尝君钱者皆会，得息钱十万。乃多酿酒，买肥牛，召诸取钱者，能与息者皆来，不能与息者亦来，皆持取钱之券书合之②。齐为会③，日杀牛置酒。酒酣，乃持券如前合之，能与息者，与为期；贫不能与息者，取其券而烧之。曰："孟尝君所以贷钱者，为民之无者以为本业也；所以求息者，为无以奉客也。今富给者以要（邀）期，贫穷者燔④券书以捐之。诸君强饮食。有君如此，岂可负哉！"坐者皆起，再拜。

◎**注释** ①〔出钱〕放贷。②〔取钱之券书合之〕取钱之券书，借钱时立的契约。合，验证。③〔齐为会〕全部人一起聚会。④〔燔（fán）〕焚烧。

◎**大意** 过了一年，冯谖没再说什么。孟尝君那时担任齐国相国，在薛地受封一万户。他的食客有三千人，薛邑的租税不够用来供养食客，就派人到薛地放债。一年多没有什么收成，贷钱的人多数不能偿还他利息，宾客的供养将供应不上。孟尝君对这状况很忧虑，问身边的人："可以派谁前往薛邑收债？"客舍舍监说："上舍的食客冯先生的面容看起来能说会道，是个忠诚的人，没有别的技能，可以让他去讨债。"孟尝君就召见冯谖恳求他说："众宾客不知道我没有什么本事，有幸来到我门下的有三千多人，封邑的租税不够用来供养宾客，所以我在薛邑放贷。薛地今年收成不好，百姓多数不能偿还利息。宾客吃饭恐怕都成问题，希望先生去讨回那些债来。"冯谖说："没问题。"便告别出发，到了薛邑，召集借贷孟尝君钱的人都来开会，得到利息钱款十万。他就酿造了很多酒，买了肥壮的牛，召集借款的人，能还利息的人都来，没法还利息的人也来，都拿着借贷的契约来验证。大家全都来聚会，这天杀牛摆酒宴。酒喝到兴头上，他拿着契约文书到席前验证，能还利息的人，跟他们约定期限；贫穷不能还利息的人，就取出契约焚烧了。他说："孟尝君放债，是为了让没钱的人可以从事农业生产；收利息，是因为没有钱来供养宾客。现在富有的人要约定期限，贫穷的人把契约烧了废弃债务。各位尽量吃好喝好。你们能有这样的主人，怎么能够辜负他呢！"在座的人都起身，一再拜谢。

孟尝君闻冯谖烧券书，怒而使使召谖。谖至，孟尝君曰："文食客三千人，故贷钱于薛。文奉邑少，而民尚多不以时①与其息，客食恐不足，故请先生收责（债）之。闻先生得钱，即以多具牛酒而烧券书，何？"冯谖曰："然。不多具牛酒即不能毕会，无以知其有余不足。有余者，为要（邀）期。不足者，虽守而责（债）之十年，息愈多，急，即以逃亡自捐之。若急，终无以偿，上则为君好利不爱士民，下则有离上抵负之名，非所以厉（励）士民彰君声也。焚无用虚债之券，捐不可得之虚计，令薛民亲君而彰君之善声也，君有何疑焉！"孟尝君乃拊手而谢之。

◎**注释** ①〔以时〕按时。
◎**大意** 孟尝君听说冯骥烧毁了契约文书，愤怒地派使者召回冯骥。冯骥回来了，孟尝君说："我有食客三千人，所以在薛邑放贷。我的俸禄和封地少，况且人们大多不按时偿还他们的利息，客人的食物恐怕都供应不上，所以才请您去收那些债款。听说您收到钱，就用钱办牛肉酒宴，又把契约文书烧毁了，为什么呢？"冯骥说："是这样。不多置办牛肉酒菜就不能把他们都召集起来，就没有办法知道他们是富足还是贫困。富足的人，就与他们约定还账的日期。贫困的人，即使守着他们不断催账十年，利息越来越多，他们急了，就会用逃跑的办法让自己摆脱债务。如果把他们逼急了，最后还是无力偿还，在上就会认为您贪图钱财而不爱护士人和百姓，在下则会落得背弃和抵触长上之名，这不是激励士人百姓、传扬您名声的做法。烧掉没有用处的空头债券，抛弃不可能收回的空头账，让薛邑的百姓拥护您、传扬您仁爱的名声，您还有什么疑惑呢！"孟尝君于是拍手向他道歉。

齐王惑于秦、楚之毁，以为孟尝君名高其主而擅齐国之权，遂废孟尝君。诸客见孟尝君废，皆去。冯骥曰："借臣车一乘，可以入秦者，必令君重于国而奉邑益广，可乎？"孟尝君乃约车币而遣之。冯骥乃西说秦王曰："天下之游士冯（凭）轼结靷①西入秦者，无不欲强秦而弱齐；冯（凭）轼结靷东入齐者，无不欲强齐而弱秦。此雄雌之国也，势不两立为雄，雄者得天下矣。"秦王跽②而问之曰："何以使秦无为雌而可？"冯骥曰："王亦知齐之废孟尝君乎？"秦王曰："闻之。"冯骥曰："使齐重于天下者，孟尝君也。今齐王以毁废之，其心怨，必背齐；背齐入秦，则齐国之情，人事之诚，尽委之秦，齐地可得也，岂直为雄也！君急使使载币阴迎孟尝君，不可失时也。如有齐觉悟，复用孟尝君，则雌雄之所在未可知也。"秦王大悦，乃遣车十乘黄金百镒以迎孟尝君。冯骧辞以先行，至齐，说齐王曰："天下之游士冯（凭）轼结靷东入齐者，无不欲强齐而弱秦者；冯（凭）轼结靷西入秦者，无不欲强秦而弱齐者。夫秦齐雄雌之国，秦强则齐弱矣，此势不两雄。今臣窃闻秦遣使车十乘载黄金百镒以迎孟尝君。孟尝君不西则已，西入相秦则天下归之，秦为雄而齐为雌，雌则临淄、即墨危矣。王何不先秦使之未到，复孟尝君，而益与之邑以谢之？孟尝君必喜而受之。秦虽强国，岂可以请人相而迎之哉！折秦之谋，而绝其霸强之略。"齐王曰："善。"乃使人至境候秦使。秦使车适入齐境，使还驰告之，王召孟尝君而复其相位，而与其故邑之地，又益以千户。秦之使者闻孟尝君复相齐，还车而去矣。

◎**注释** ①〔冯轼结靷（yǐn）〕指驾车。冯轼，靠在车前横木上。靷，引车前进的皮带，一端套在车上，一端套在牲口的胸前。②〔跽（jì）〕长跪，挺直上身两膝着地。古人跪坐于地，这里秦王抬起身子呈长跪状，是因为听得入神。

◎**大意** 齐王被秦国、楚国散布的流言蜚语蒙骗了，认为孟尝君的名声高过了他，独揽齐国大权，就罢免了孟尝君。诸多食客看到孟尝君被罢免，都弃他而去。冯骧说："借给我一辆可以进入秦国的车子，我一定会让您受到齐国的尊崇，俸禄和封地更多，可以吗？"孟尝君便准备车辆、财物送他去秦国。冯骧就到西方对秦王说："天下的游说之士驾车奔驰向西来到秦国的，没有谁不想加强秦国而削弱齐国；乘着车马奔走向东前往齐国的，没有谁不想加强齐国而削弱秦国。这是两个敌对争雄的国家，形势不可能并立称雄，称雄者将会获得天下。"秦王长跪着问他说："用什么办法可以使秦国不失败呢？"冯骧说："大王也知道齐国罢免了孟尝君吗？"秦王说："听说过这事。"冯骧说："让齐国被各国看重的人，是孟尝君。如今齐国国君听信了毁谤之言而罢免孟尝君，孟尝君心中怨恨，必定背离齐国；他背离齐国进入秦国，那么齐国的国情，朝廷中上至君王下至官吏的状况都将为秦国所掌握。您将得到整个齐国的土地，岂止是称雄呢！您赶快派使者载着礼物暗中去迎接孟尝君，不能错失良机啊。如果齐王明白过来，再度起用孟尝君，则谁是雌谁是雄还是个未知数。"秦王听了非常高兴，就派遣十辆马车载着百镒黄金去迎接孟尝君。冯骧告别了秦王而抢在使者前面赶往齐国，到了齐国，他劝说齐王道："天下游说之士驾车奔驰向东来到齐国的，没有谁不想使齐国强大而使秦国削弱；驾车奔驰向西进入秦国的，没有谁不想使秦国强大而使齐国削弱。秦国与齐国是两个决一雌雄的国家，秦国强大那么齐国必定衰弱，这两个国家势必不能同时称雄。现在我私下得知，秦国已经派遣使者用十辆马车载着百镒黄金来迎接孟尝君了。孟尝君不西去就罢了，如果西去担任秦国宰相，那么天下将归秦国所有。秦国是强大的雄国，齐国就是软弱无力的雌国，软弱无力，那么临淄、即墨就危在旦夕了。大王何不在秦国使者到达之前，赶快恢复孟尝君的官位，并增加他的封邑来向他道歉呢？如果这么做了，孟尝君必定欣然接受。秦国虽是强国，岂能任意到别的国家迎接人家的宰相呢！挫败秦国的阴谋，也就断绝了它称强称霸的计划。"齐王说："好。"于是他派人到边境等候秦国使者。秦国使者的车子刚进入齐国边境，齐国在边境的使臣便立即转车奔驰而回报告了这个情况，于是齐王召回孟尝君并恢复了他的相位，同时还给他原来的封邑，又增加了千户。秦国的使者听说孟尝君重新成了齐国的相国，就转车回去了。

  自齐王毁废孟尝君，诸客皆去。后召而复之，冯骧迎之。未到，孟尝君太息叹曰："文常好客，遇客无所敢失，食客三千有余人，先生所知也。客见文一日废，皆背文而去，莫顾文者。今赖先生得复其位，客亦有何面目复见文乎？如复见文者，必唾其面而大辱之。"冯骧结辔下拜①。**孟尝君下车接之，曰："先生为客谢乎？"冯骧曰："非为客谢也，为君之言失。夫物有必至，事有固然，君知之乎？"孟尝君曰："愚不知所谓也。"曰："生者必有死，物之必至也；富贵多士，贫贱寡友，事之固然也。君独不见夫趣（趋）市朝者乎？明旦，侧肩争门而入；日暮之后，过市朝者掉臂而不顾。非好朝而恶暮，所**

期物忘（亡）其中。今君失位，宾客皆去，不足以怨士而徒绝宾客之路。愿君遇客如故。"孟尝君再拜曰："敬从命矣。闻先生之言，敢不奉教焉。"

◎**注释**　①〔结辔下拜〕绑好马缰绳下车跪拜。

◎**大意**　自从齐王听信谗言罢免了孟尝君，食客都离他而去。后来齐王将他召回，恢复了他的相位，冯骥去迎接他。还没有到达齐国都城，孟尝君长叹一声说："我一直喜好接纳宾客，对待宾客不敢有什么过失，门下食客达三千多人，先生您是知道的。食客一看到我被罢免，都背弃我离开了，没有回头看我一眼的。现在靠您才得以恢复相位，其他食客还有什么脸面再来见我呢？如果再有求见我的，我一定唾到他脸上，好好羞辱他一番。"冯骥绑好马缰绳下车跪拜。孟尝君下车扶起他，说："先生您是替食客们道歉吗？"冯骥说："我不是替食客道歉，而是由于您说的话失之偏颇。事物的发展有它的必然归宿，世态人情有它本来的面目，您知道吗？"孟尝君说："我不懂您说的话。"冯骥说："活着的生物终有一天要死，这是事物发展的必然归宿；富贵的时候门下就有很多门客，贫贱的时候门前就少有朋友，这就是世态人情的本来面目。您难道没有见过那些赶集的人吗？早晨，他们侧着肩膀争夺入口进去，太阳落山之后，路过集市的人们甩着胳膊走开头也不回。他们并不是喜欢早晨而讨厌傍晚，而是由于所期望的东西市场里已经没有了。现在您失去相位，宾客都离去了，不值得因此抱怨士人，白白断绝宾客投奔的来路。希望您对待宾客还像以前那样。"孟尝君一再行礼说："我恭敬地听从您的教导。听了先生的话，怎么敢不接受您的指教呢。"

太史公曰：吾尝过薛，其俗闾里率多暴桀①子弟，与邹、鲁殊。问其故，曰："孟尝君招致天下任侠②，奸人入薛中盖六万余家矣。"世之传孟尝君好客自喜，名不虚矣。

◎**注释**　①〔暴桀〕凶暴强悍。②〔任侠〕以抑强扶弱为己任。

◎ **大意** 太史公说：我曾经走访薛邑，那里的城乡间有很多凶狠强悍的年轻人，和邹国、鲁国的风气很不一样。打听其原因，有人说："孟尝君招徕天下豪杰和侠客，来到薛邑的坏人有六万多家。"世上传说孟尝君以好客而自鸣得意，这个说法确实不假。

◎ **释疑解惑**

　　孟尝君喜好养士，但他养士不加选择，尤其是豢养鸡鸣狗盗之士，在后世常常为人所诟病。其中最有名的论断大概是宋代王安石的《读孟尝君传》。王安石说道："世皆称孟尝君能得士，士以故归之，而卒赖其力，以脱于虎豹之秦。嗟乎！孟尝君特鸡鸣狗盗之雄耳，岂足以言得士？不然，擅齐之强，得一士焉，宜可以南面而制秦，尚取鸡鸣狗盗之力哉？鸡鸣狗盗之出其门，此士之所以不至也。"在王安石看来，孟尝君根本不是善于养士的人。尽管那些鸡鸣狗盗之人曾经协助孟尝君脱困于秦国，但是凭借齐国的实力，若真有才能之士相助，完全可以制服秦国，孟尝君也就不会为秦所困，哪里用得着鸡鸣狗盗之人去解救呢？正因为孟尝君所养之士皆是此等鸡鸣狗盗之徒，那些真正有才能的人才不愿意归附孟尝君。由此看来，孟尝君又何以被认为是善于养士呢？苏轼也说："田文所宾礼者至于狗盗皆以客礼食之，其取士亦陋矣。然微此二人，几不脱于死。当是之时，虽道德礼义之士无所用之，然道德礼义之士当救之于未危，亦无用此士也。"与王安石的观点类似。

　　孟尝君养士为己不为国的行为更让后人反感。如司马光在《资治通鉴》中评论："君子之养士，以为民也。大则利天下，小则利一国。是以君子丰禄以富之，隆爵以尊之。养一人而及万人者，养贤之道也。今孟尝君之养士也，不恤智愚，不择臧否，盗其君之禄，以立私党、张虚誉，上以侮其君，下以蠹其民，是奸人之雄也。乌足尚哉！《书》曰'受为天下逋逃主、萃渊薮'，此之谓也。"而清人姚苎田在《史记菁华录》中也说："为相而结客，固将以网罗天下之英才，而为国树人也。即不然，亦必绿池应教，文章枚马之俦；东阁从游，参佐邢温之远。于以鼓吹风雅，翊赞丝纶，不无小补云尔。田文起庶孽之中，假声援之助，挟持浮说，固非本怀，乃至号召奸人，侈张幸舍，家作逋逃之薮，身为盗贼之魁。语有之：'披其枝者伤其心，根之拔者实将落。'齐之不亡亦幸矣！岂特鸡鸣狗盗近出门墙，为士林之耻，而裹足不前也哉！夫药笼之品，应不弃乎溲勃之才；夹袋之名，或曲隐乎疵瑕之士。鸡鸣狗盗处之末座，政亦何嫌？但文之立心已非，设科无择，忘公室而便身图，遂致甘为奸魁而不惜耳。"

但也有为孟尝君养士翻案者，如明人凌稚隆在《史记评林》中引邵宝论说："以一时排难权变言之，西伯之贤亦以宝货美女脱羑里之囚，君子不以临难苟免非之。然则鸡鸣狗盗之客谓之士，固不可；谓之无功于孟尝君，亦不可。不然，孟尝君且客死秦关，如怀王之不反矣。予尝谓金虏之邀二帝也，当其时使得鸡鸣狗盗之力而用之，必能脱翠华而宵遁，何至比辕哉？呜呼！以宋养士之盛，坐视君难无奇策焉，则予于鸡鸣狗盗之客也何尤！"徽、钦二帝被金人所虏，士人颇觉痛心，故而认为如能救二帝脱困，即便是鸡鸣狗盗之人又有什么值得诟病呢？

其实，以上各种说法都有一定的道理。孟尝君不拘一格养士用人，自然有其可取之处，并且事实证明，即便是鸡鸣狗盗之人也确实能够为孟尝君发挥他们的才能。孟尝君之养士，也有为己不为国之嫌，然而在风云变幻的战国时期，国家的概念在人们的心中显然没有国家统一后那么强烈。因此，为国者值得称道，而为己者也没必要深责。孟尝君门下的三千食客，只有冯驩一人让司马迁作为附传写入《孟尝君列传》。这大概是冯驩在孟尝君失势之时依旧不离不弃，为孟尝君出谋划策，让其重登相位的行为，引起司马迁的强烈共鸣吧！在孟尝君感慨其他门客无情之时，冯驩还劝说孟尝君，世间之事皆是趋利避害，原本如此，不必在意。于是，孟尝君得以想通而继续善待士人。也许冯驩对孟尝君的劝慰，也让司马迁的内心得到了些许安慰吧！"天下熙熙，皆为利来；天下攘攘，皆为利往"，这是司马迁看到的人间规律，尽管不喜欢，可它就是一个客观的存在。司马迁为了友情而没有选择趋利避害，为李陵求情最终让自己的身心受到了伤害，但他并不后悔，因为对他自己而言，"士为知己者死"是比趋利避害更重要的交往原则。

◎思考辨析题

1. 如何看待孟尝君不加选择地养士？孟尝君养鸡鸣狗盗之徒真的是有才能的士人不愿归附孟尝君的原因吗？

2. 司马迁为何要重点描写冯驩这个人？你认为冯驩身上有哪些亮点？

平原君虞卿列传

第十六

《平原君虞卿列传》是赵国平原君赵胜和赵国上卿虞卿的合传。平原君作为赵武灵王的儿子、赵惠文王的弟弟，以贤明、喜宾客而著称。平原君平时待人厚道，有宾客数千人。他因身份贵重而在赵惠文王、赵孝成王时三次担任赵国的相国。

传记主要围绕长平之战、邯郸之围展开，记叙了平原君在坚守合纵、维护赵国利益方面所进行的一系列活动。作为辅政大臣，平原君忠君爱国，勇于担当，关键时刻能以大局为重，可谓国家的栋梁。秦国围攻邯郸时，赵王曾派平原君去求援，当时拟推楚国为盟主，订立合纵盟约联兵抗秦。平原君打算挑选有勇有谋、文武兼备的门下食客二十人一同前往楚国，并说："使文能取胜，则善矣。文不能取胜，则歃血于华屋之下，必得定从而还。"他最终在门客毛遂的鼎力协助下，说服楚国缔结盟约，求得救兵。此其功绩之一。平原君回国时，楚国和魏国援军未到，秦国加紧攻击，邯郸告急。邯郸传舍吏的儿子李同提议："现在是赵国生死存亡之际，但你的众姬妾仍吃好穿好，如果赵国被攻破，还能做到这样吗？不如让夫人以下的人都帮助守城，把家里的财物都拿来犒劳士兵。如果守得住，还愁没有这些财物吗？"平原君果断地接受了李同的建议，筹建抗秦敢死队，散尽家财，激励士气，由李同率领攻击秦军。军民一心，众志成城，使秦军退却三十里，而李同也在此役中战死。此举为楚、魏两国的救兵到达赢得了时间。随后，楚国、魏国的援军赶来，解除了邯郸之围。此其功绩之二。平原君在虞卿欲以信陵君之存邯郸为平原君请封一事上，也能够听取公孙龙的意见，是非分明，知错能改，也算差强人意。但是，平原君才智有限，不识大体，贪图小利，在许多问题的处理上表现出一个纨绔子弟的平庸无知。他鼠目寸光、利令智昏，不懂政治韬略和人情世故，授人以柄，为了贪图冯亭献城的小便宜而招致长平之战赵军覆没的大祸。他自诩好士而有眼无珠，不识贤才，虽招徕宾客数千，但不过是显豪富、摆样子而已，对像毛遂那样真正的贤才竟一无所知。矫情杀妾以讨好宾客，更显出他的残忍。

　　这篇传记脍炙人口的主要原因是司马迁生动地描写了两位爱国志士的事迹。一位是门客毛遂，他在赵国危难时挺身而出，自荐随同平原君出使楚国，在同楚王订立盟约的过程中表现出大智大勇，从而起到中流砥柱的作用。另一位是李同，当赵国危在旦夕时，他不仅向平原君提出有效的应急措施，而且亲身冒死赴敌，最后壮烈牺牲，表现了舍生取义的高尚爱国精神。

虞卿原是游说之士，因劝谏赵王被任命为上卿。他长于战略谋划，在长平之战前主张联合楚国、魏国迫使秦国媾和。邯郸解围后，他力斥楼昌、赵郝、楼缓的连横之说，反对割地给秦国以自弱，坚持主张以赵国为主联合齐国、魏国以抵抗秦国，捍卫了赵国的利益。后因拯救魏国的相国魏齐，他抛弃高官厚禄离开赵国，最终困在魏国，于是只得发愤著书。司马迁肯定了虞卿谋略的精细周密，并赞扬其发愤著书的精神，引为同调。

由于平原君与虞卿的生平事迹不同，司马迁采取的写法也各异。平原君的传记以选取典型事迹，详细描述为主，特别是毛遂自荐和折服楚王之事写得极富戏剧色彩，毛遂的形象也因此栩栩如生，呼之欲出。司马迁描述毛遂自荐前往楚国时，抓住毛遂与平原君的冲突，巧妙地安排对话场面，将二人不同的神态状貌、心理气质展示出来。而写毛遂折服楚王时，则通过描绘毛遂"按剑历阶而上"的动作、理直气壮的说辞和楚王连声称"诺"的状貌，把毛遂居高临下的气势、有胆有识的性格和快刀斩乱麻的作风刻画得形神毕肖、活灵活现。虞卿的传记主要是引述针对长平之战的局势，虞卿与赵王、楼昌、赵郝、楼缓的论辩说辞，从中表现出其目光敏锐、思虑深远，对赵国负责的思想性格。

平原君①赵胜者，赵之诸公子②也。诸子中胜最贤，喜宾客，宾客盖至者数千人。平原君相赵惠文王及孝成王，三去相，三复位，封于东武城③。

◎**注释** ①〔平原君〕赵武灵王的儿子,赵惠文王的弟弟。因早期封地在平原(今山东平原西南),故称为平原君。②〔公子〕古时称太子以外的诸侯国君的儿子。③〔东武城〕赵国城邑名,在今山东武城西北。

◎**大意** 平原君赵胜这个人,是赵国的公子。在诸多公子中赵胜最贤明,喜欢结交宾客,宾客达到几千人。平原君担任赵惠文王和孝成王的相国,他三次被罢免相位,三次恢复相位,封地在东武城。

平原君家楼临民家。民家有躄①者,槃散②行汲。平原君美人居楼上,临见,大笑之。明日,躄者至平原君门,请曰:"臣闻君之喜士,士不远千里而至者,以君能贵士而贱妾也。臣不幸有罢(疲)癃③之病,而君之后宫临而笑臣,臣愿得笑臣者头。"平原君笑应曰:"诺。"躄者去,平原君笑曰:"观此竖子④,乃欲以一笑之故杀吾美人,不亦甚乎!"终不杀。居岁余,宾客门下舍人稍稍引去者过半。平原君怪之,曰:"胜所以待诸君者未尝敢失礼,而去者何多也?"门下一人前对曰:"以君之不杀笑躄者,以君为爱色而贱士,士即去耳。"于是平原君乃斩笑躄者美人头,自造门进躄者,因谢焉。其后门下乃复稍稍来。是时齐有孟尝,魏有信陵,楚有春申,故争相倾以待士。

◎**注释** ①〔躄(bì)〕跛,腿瘸。②〔槃(pán)散〕行走时一瘸一拐的样子。③〔罢癃(lóng)〕病弱残疾。④〔竖子〕对人一种轻蔑的称呼。

◎**大意** 平原君的住所可以俯视老百姓家。一户百姓家有一个腿瘸的跛子,一瘸一拐地去担水。平原君的姬妾站在楼上,向下看见这样的情景,大声讥笑他。第二天,跛子来到平原君门前,请求道:"我听说您喜欢接纳宾客,宾客不远千里投靠您,以为您能重视宾客而轻视姬妾。我不幸患有残疾,可是您的姬妾在楼上看到后笑话我,我想得到讥笑我的人的脑袋。"平原君笑着回答:"好。"这个跛子离开后,平原君笑着说:"我看这家伙,竟因一笑的缘故要杀我的爱妾,不也太过分了吗!"始终不杀他的爱妾。过了一年多,超过半数的宾客和门人纷纷离去。平原君为此觉得很奇怪,说:"我不曾敢怠慢诸位君子,为什么这么多人离开?"一个门客走上前去回答:"因为您不杀讥笑跛子的人,大家认为您喜好美色而轻视士人,所以士人都离开了。"这时平原君斩下耻笑跛子的那个爱妾的头,亲自登门献给跛子,顺便谢罪。这以后他门下的宾客又渐渐回来了。这个时候,齐国有孟尝君,魏国有信陵君,楚国有春申君,因此互相比拼看谁最能礼贤下士。

秦之围邯郸,赵使平原君求救,合从于楚,约与食客①门下有勇力文武备具者二十人偕。平原君曰:"使文能取胜,则善矣。文不能取胜,则歃血②于华屋之下,必得定从而还。士不外索,取于食客门下足矣。"得十九人,余无可取者,无以满二十人。门下有毛遂者,前,自赞于平原君曰:"遂闻君将合从于楚,约与食客门下二十人偕,不外索。今少一人,愿君即以遂备员而行矣。"平原君曰:"先生处胜之门下几年于此矣?"毛遂曰:"三年于此矣。"平原君曰:"夫贤士之处世也,譬若锥之处囊中,其末立见(现)。今先生处胜之门下三年于此矣,左右未有所称诵,胜未有所闻,是先生无所有也。先生不能,先生留。"毛遂曰:"臣乃今日请处囊中耳。使遂蚤(早)得处囊中,乃颖脱而出③,非特其末见(现)而已。"平原君竟与毛遂偕。十九人相与目笑之④而未废也。

◎**注释** ①〔食客〕投靠达官贵人并为其出谋划策,用来谋取衣食的人。②〔歃(shà)血〕古代的一种盟誓仪式。宰杀牲畜,盛血盘中,盟誓者以口吮吸,或将血涂于口旁,以示诚意。③〔颖脱而出〕锥芒全部脱出。颖,锥芒。④〔目笑之〕用眼光示意,暗笑毛遂。

◎**大意** 秦国围攻邯郸，赵王派平原君去求援，与楚国组成联盟，平原君想邀请门客中有胆识有力量、文武兼备的二十个人一起去。平原君说："如果用和平的方式能完成任务，当然很好。如果用和平的方式不能完成任务，就要用武力强迫楚王歃血为盟，总之一定要订好盟约后才回来。不必到外面去找人，从门客中挑选就可以了。"找到了十九个人，其余的无法再挑选，没有办法选够二十个人。这时门下有个叫毛遂的人，走到前面来，向平原君自我介绍说："我听说您准备和楚国合纵，邀请二十个门客一起去，不去外面寻找。现在少一个人，希望您用我凑数一起去吧。"平原君问："您在我的门下有几年啦？"毛遂回答道："我在您这里有三年了。"平原君又说："有才能的人处世，就好像把锥子放在布袋里，它的锋芒立即会显现出来。现在先生在我门下三年了，从未有人称赞过您，我也没有听说过您，可见先生没有什么才能，先生不能去，还是留下吧。"毛遂说："我现在请求您把我放在布袋中。假如我早被放在袋中，就会露出整个锥芒，而不仅仅是露出锥尖。"平原君最后只好带着毛遂一起去。另外十九个人互相用眼光暗笑毛遂，却也没有说出口。

毛遂比至楚，与十九人论议，十九人皆服。平原君与楚合从，言其利害，日出而言之，日中不决。十九人谓毛遂曰："先生上。"毛遂按剑历阶①而上，谓平原君曰："从之利害，两言而决耳。今日出而言从，日中不决，何也？"楚王谓平原君曰："客何为者也？"平原君曰："是胜之舍人也。"楚王叱曰："胡不下！吾乃与而君言，汝何为者也！"毛遂按剑而前曰："王之所以叱遂者，以楚国之众也。今十步之内，王不得恃楚国之众也，王之命县（悬）于遂手。吾君在前，叱者何也？且遂闻汤以七十里之地王天下，文王以百里之壤而臣诸侯，岂其士卒众多哉，诚能据其势而奋其威。今楚地方五千里，持戟百万，此霸王之资②也。以楚之强，天下弗能当。白起，小竖子耳，率数万之众，兴师以与楚战，一战而举鄢郢，再战而烧夷陵，三战而辱王之先人。此百世之怨而赵之所羞，而王弗知恶焉。合从者为楚，非为赵也。吾君在前，叱者何也？"楚王曰："唯唯，诚若先生之言，谨奉社稷而以从。"毛遂曰："从定乎？"楚王曰："定矣。"毛遂谓楚王之左右曰："取鸡狗马之血来。"毛遂奉铜槃（盘）而跪进之楚王曰："王当歃血而定从，次者吾君，次者遂。"遂定从于殿上。毛遂左手持槃（盘）血而右手招十九人曰："公相与歃此血于堂下。公等录（碌）录（碌），所谓因人成事者也。"

◎**注释** ①〔历阶〕越阶而上，形容急速。②〔霸王之资〕争霸称王所凭借的资本。

◎**大意** 等到毛遂到了楚国，与那十九个人谈论，他们都很信服。平原君与楚国商议合纵的事，说明合纵的利与弊，从日出时谈起，到中午时仍没有决定。那十九个人鼓动毛遂说："先生您上吧。"毛遂左手提着剑，右手握着剑把，越阶而上，对平原君说："合纵的利与弊，两句话就可以决定了。现在从早晨就谈合纵，到了中午仍不能决定，为什么呢？"楚王问平原君："这位客人是干什么的？"平原君说："是我的门客。"楚王呵斥道："还不退下！我跟你的主人说话，你来干什么！"毛遂握住剑把向前答道："您之所以呵斥我，是倚仗楚国人多。现在十步之内，您不能凭借楚国人多了，您的命悬在我手中。我的主人就在面前，您呵斥什么？况且我听说商汤曾凭着七十里的土地统治天下，周文王凭着百里的土地使诸侯臣服，难道是由于他们士卒众多吗，实在是因为他们善于掌握形势而扬其威力。现在楚国方圆五千里，士兵百万，这是争王称霸的资本。凭着楚国的强大，天下谁也不能抵挡。白起，毛头小子而已，率领数万士兵，兴师与楚国交战，第一战就攻克了鄢郢，再战烧毁了夷陵，三战侮辱了您的祖先。这是楚国百代的怨恨，赵国也感到耻辱，而您不感到羞耻。合纵的事是为了楚国，不是为了赵国。我的主人就在面前，您为什么这样呵斥我？"楚王说："好，好。如果真像先生所说，我愿意用社稷来订立合纵盟约。"毛遂问道："合纵决定了吗？"楚王答道："决定了。"毛遂对楚王的左右大臣说："拿鸡狗马的血来。"毛遂捧着铜盘跪下，把它进献给楚王说："您应当歃血决定合纵的盟约，其次是我的主人，然后是我。"于是在殿堂上确定了合纵盟约。毛遂左手捧着铜盘里的血，用右手招呼那十九个人说："你们都在堂下歃血吧。你们这些人平庸无能，都是依赖别人而坐享成果。"

平原君已定从而归，归至于赵，曰："胜不敢复相士①。胜相士多者千人，寡者百数，自以为不失天下之士，今乃于毛先生而失之也。毛先生一至楚，而使赵重于九鼎大吕②。毛先生以三寸之舌，强于百万之师。胜不敢复相士。"遂以为上客。

◎**注释** ①〔相士〕观察、识别人才。②〔九鼎大吕〕九鼎和大钟，传国的宝器。
◎**大意** 平原君签订合纵的盟约归来，回到赵国，说："我不敢再观察人才了。我观察人才多说上千，少说几百，自认为不会遗漏天下有才能的人，现在竟然把毛先生给漏下了。毛先生一到楚国，使赵国的分量比九鼎大钟还要重。毛先生凭着三寸之舌，胜过百万雄师。我不敢再观察人才了。"于是把毛遂尊为上等宾客。

平原君既返赵，楚使春申君将兵赴救赵，魏信陵君亦矫夺晋鄙军往救赵，皆未至。秦急围邯郸，邯郸急，且降，平原君甚患之。邯郸传舍吏子李同说平原君曰："君不忧赵亡邪？"平原君曰："赵亡则胜为虏，何为不忧乎？"李同曰："邯郸之民，炊骨易子而食，可谓急矣，而君之后宫以百数，婢妾被绮縠，余粱肉，而民褐衣不完，糟糠不厌。民困兵尽，或剡①木为矛矢，而君器物钟磬自若。使秦破赵，君安得有此？使赵得全，君何患无有？今君诚能令夫人以下编于士卒之间，分功而作，家之所有尽散以飨士，士方其危苦之时，易德②耳。"于是平原君从之，得敢死之士三千人。李同遂与三千人赴秦军，秦军为之却三十里。亦会楚、魏救至，秦兵遂罢，邯郸复存。李同战死，封其父为李侯。

◎**注释** ①〔剡（yǎn）〕削尖。②〔易德〕容易感激。

◎**大意** 平原君回到赵国后，楚王派春申君率领部队赶来救援赵国，魏国的信陵君也假托魏王的命令夺取了晋鄙统率的军队来解救赵国，都还没有赶到。秦军加紧围攻邯郸，邯郸告急，将要投降，平原君极为焦虑。邯郸城里管理馆舍的官吏的儿子李同劝说平原君："您不担心赵国灭亡吗？"平原君说："如果赵国灭亡我就成了俘虏，为什么不忧虑呢？"李同说："邯郸的百姓，拿人骨当柴烧，交换孩子当饭吃，可以说危急万分，可是您的妻妾数以百计，侍女穿着绫罗绸缎，精美的饭菜吃不完，百姓却连完好的粗布短衣都穿不上，连酒渣、糠皮都吃不上。百姓困顿、兵器匮乏，有的人削尖木头作矛矢，可是您的用具、乐器像以前一样精美。如果秦军攻破赵国，您还能有这些东西吗？假若赵国得以保全，您又何愁没有这些东西？现在您真能命令夫人以下的人员编队成士兵，分担一份守护城池的任务，家中所有的财宝都赏赐给士兵，士兵正处在危难痛苦之中，很容易赢得他们的感激。"于是平原君采纳了他的意见，召集敢死队员三千人。李同就和这三千人冲向秦军，秦军为此退却三十里。正好楚国、魏国的援兵赶到，秦军便撤走了，邯郸得以保全。李同却战死了，他的父亲被封为李侯。

  虞卿欲以信陵君之存邯郸为平原君请封。公孙龙①闻之，夜驾见平原君曰："龙闻虞卿欲以信陵君之存邯郸为君请封，有之乎？"平原君曰："然。"龙曰："此甚不可。且王举君而相赵者，非以君之智能为赵国无有也。割东武城而封君者，非以君为有功也，而以国人无勋，乃以君为亲戚故也。君受相印不辞无能，割地②不言无功者，亦自以为亲戚故也。今信陵君存邯郸而请封，是亲戚受城而国人计功也。此甚不可。且虞卿操其两权，事成，操右券③以责（债）；事不成，以虚名德君。君必勿听也。"平原君遂不听虞卿。

◎**注释** ①〔公孙龙〕赵国人，能言善辩，名家学派的代表人物，著有《公孙龙子》十四篇。②〔割地〕划出东武城封给平原君。③〔右券〕为债权人所执的债券。古代借债的契券分左右两半，双方各执一半作为凭证，左半叫左券，右半叫右券。

◎**大意** 虞卿想凭借信陵君保全邯郸的功劳为平原君请赏封爵。公孙龙听说这件事后，连夜乘车去见平原君说："我听说虞卿想用信陵君保全邯郸的功劳为您请赏封爵，有这回事吗？"平原君说："是。"公孙龙说："这样做很不妥当。赵王推举您做赵国的相国，不是因为您的才能是赵国所没有的。划出东武城封给您，也不是因为您有别人都没有的功劳，而是因为您是国君的近亲。您接受相印不推辞说自己无能，接受封邑不推让说自己没有功劳，也是因为自己是国君的近亲。现在信陵君保全了邯郸而您请功论赏，这是凭王亲国戚之名受封土地而以普通人的身份计算功劳。这样很不合适。况且虞卿掌握了两方面的主动权。如果事情办成了，他拿着右券向您请赏；如果事情办不成，他也会因为曾经建议给您请功而博得您的好感。您千万不要听从他的建议。"于是平原君没有听从虞卿的建议。

平原君以赵孝成王十五年卒。子孙代，后竟与赵俱亡。

◎**大意** 平原君于赵孝成王十五年去世。子孙代代继承爵位封地，一直到赵国灭亡时，其封地爵位也被一同取消。

平原君厚待公孙龙。公孙龙善为坚白之辩，及邹衍过赵言至道，乃绌（黜）公孙龙。

◎**大意** 平原君厚待公孙龙。公孙龙善于"坚""白"的辩证，等到邹衍路过赵国讨论真正的道理时，平原君疏远了公孙龙。

虞卿者，游说之士①也。蹑屩檐簦②说赵孝成王。一见，赐黄金百镒，白璧一双；再见，为赵上卿，故号为虞卿。

◎**注释** ①〔游说之士〕战国时历游各国,凭借口才劝说诸侯君主接受其治国主张,用来取得官职俸禄的策士。②〔蹑屩檐(dàn)簦(dēng)〕脚踏草鞋,身背雨伞。檐,负荷。簦,古代有柄的笠,类似现在的雨伞。

◎**大意** 虞卿这个人,是游说的策士。他穿着草鞋、背着雨伞游说赵孝成王。第一次见面,孝成王就赏赐他百镒黄金,一对白璧;第二次见面,就拜他为赵国的上卿,所以他被称为虞卿。

秦赵战于长平,赵不胜,亡一都尉。赵王召楼昌与虞卿曰:"军战不胜,尉复死,寡人使束甲而趋之,何如?"楼昌曰:"无益也,不如发重使为媾①。"虞卿曰:"昌言媾者,以为不媾军必破也。而制媾②者在秦。且王之论秦也,欲破赵之军乎,不(否)邪?"王曰:"秦不遗余力矣,必且欲破赵军。"虞卿曰:"王听臣,发使出重宝以附楚、魏,楚、魏欲得王之重宝,必内(纳)吾使。赵使入楚、魏,秦必疑天下之合从,且必恐。如此,则媾乃可为也。"赵王不听,与平阳君为媾,发郑朱入秦。秦内(纳)之。赵王召虞卿曰:"寡人使平阳君为媾于秦,秦已内(纳)郑朱矣,卿以为奚如?"虞卿对曰:"王不得媾,军必破矣。天下贺战胜者皆在秦矣。郑朱,贵人也,入秦,秦王与应侯必显重③以示天下。楚、魏以赵为媾,必不救王。秦知天下不救王,则媾不可得成也。"应侯果显郑朱以示天下贺战胜者,终不肯媾。长平大败,遂围邯郸,为天下笑。

◎**注释** ①〔媾(gòu)〕结交,求和。②〔制媾〕掌握讲和与不讲和的主动权。③〔显重〕此指秦国假意"显重"赵国重臣郑朱,用来离间东方各国与赵国的关系,以孤立赵国。

◎**大意** 秦国、赵国在长平交战,赵国没有取胜,还牺牲了一个都尉。赵王召见楼昌和虞卿说:"军队打不赢,都尉战死,我让军队装束铠甲、奔赴战场,怎么样?"楼昌说:"这样不好,不如派遣一位重要的使臣去讲和。"虞卿说:"楼昌想讲和,认为不求和军队会大败。可是控制和谈的主动权在秦国一方。请大王分析秦国的意图,是想打败赵国的军队呢,还是不想?"赵王回答:"秦国不遗余力,一定想打败赵国的军队。"虞卿说:"请大王听我的,派出使臣带着珍贵的财宝去联合楚国、魏国,楚国、魏国想得到您珍贵的财宝,一定会接纳我们的使臣。赵国使臣进入楚国、魏国,秦国必定怀疑天下要合纵攻打秦国,一定感到害怕。如果这样,和谈才能进行。"赵王不听从,决定与平阳君求和,派郑朱去秦国。秦国接纳了他。赵王召见虞卿说:"我派平阳君到秦国求和,秦国已经接纳郑朱了,您认为怎么样?"虞卿回答:"大王的和谈不能成功,我军一定会失败的。天下庆贺胜利的都在秦国了。郑朱是个显贵之人,进入秦国,秦王和应侯一定张扬此事以向天下显示自己的威风。楚国、魏国认为赵国到秦国求和,必定不会救援大王。秦国知道天下都不解救大王,因此求和是不可能成功的。"应侯果然把郑朱来到秦国这件事给天下前来庆祝胜利的使臣看,始终不肯和谈。赵军在长平大败,于是邯郸被围困,赵王也被天下人耻笑。

秦既解邯郸围,而赵王入朝,使赵郝约事于秦,割六县而媾。虞卿谓赵王曰:"秦之攻王也,倦而归乎?王以其力尚能进,爱王而弗攻乎?"王曰:"秦之攻我也,不遗余力矣,必以倦而归也。"虞卿曰:"秦以其力攻其所不能取,倦而归,王又以其力之所不能取以送之,是助秦自攻①也。来年秦复攻王,王无救矣。"王以虞卿之言告赵郝。赵郝曰:"虞卿诚能尽秦力之所至乎?诚知秦力之所不能进,此弹丸之地弗予,令秦来年复攻王,王得无割其内而媾乎?"王曰:"请听子割,子能必使来年秦之不复攻我乎?"赵郝对曰:"此非臣之所敢任也。他日三晋之交于秦,相善也。今秦善韩、魏而攻王,王之所以事秦必不如韩、魏也。今臣为足下解负亲之攻,开关通币,齐交韩、魏,至来年而王独取攻于秦,此王之所以事秦必在韩、魏之后也。此非臣之所敢任也。"

◎**注释** ①〔助秦自攻〕帮助秦国攻打自己。

◎**大意** 秦国解除了对邯郸的包围后，赵王上朝，派赵郝与秦国订立盟约，割让六县讲和。虞卿对赵王说："秦军进攻大王，是疲惫无力才撤回吗？还是他们尚有能力进攻，只是由于爱护大王才不进攻呢？"赵王说："秦国攻打我们时，没有留一点余力，一定是疲倦后才撤回的。"虞卿说："秦国倾其全力进攻它不能攻取的地方，疲倦而归，大王您又将他们不能攻取的土地送给他们，这是帮助秦国攻打自己。明年秦军再次进攻大王，大王您就没有救了。"赵王把虞卿的话告诉了赵郝。赵郝说："虞卿真能了解秦国兵力的底细吗？如果真知道秦军没有能力进攻，这样的弹丸之地不给它们，让秦军明年再进攻大王，大王能不割让自己的领地去求和吗？"赵王说："我听从你割让土地的建议，你一定能保证明年秦军不再攻打我吗？"赵郝说："这个可不是我所敢承担的事情。以往韩、赵、魏三国与秦国结交，相处得很好。现在秦国与韩、魏两国相处得很好而攻打大王，大王一定是侍奉秦国不如韩、魏两国。现在我为大王解除背叛秦国而招来的攻击，开放边关使两国互相交往，与韩、魏两国友好的程度相同，到明年如果大王独自招来秦国的进攻，这一定是大王侍奉秦国又落在韩、魏两国的后面了。这不是我敢承担的事情。"

王以告虞卿。虞卿对曰："郝言'不媾，来年秦复攻王，王得无割其内而媾乎'。今媾，郝又以不能必秦之不复攻也。今虽割六城，何益！来年复攻，又割其力之所不能取而媾，此自尽之术①也，不如无媾。秦虽善攻，不能取六县；赵虽不能守，终不失六城。秦倦而归，兵必罢（疲）。我以六城收天下以攻罢（疲）秦，是我失之于天下而取偿于秦也。吾国尚利，孰与坐而割地，自弱以强秦哉？今郝曰'秦善韩、魏而攻赵者，必王之事秦不如韩、魏也'，是使王岁以六城事秦也，即坐而城尽。来年秦复求割地，王将与之乎？弗与，是弃前功而挑秦祸也；与之，则无地而给之。语曰'强者善攻，弱者不能守'。今坐而听秦，秦兵不獘（弊）而多得地，是强秦而弱赵也。

以益强之秦而割愈弱之赵,其计故不止矣。且王之地有尽而秦之求无已②,以有尽之地而给无已之求,其势必无赵矣。"

◎**注释** ①〔自尽之术〕自取灭亡的办法。②〔无已〕没有止境。
◎**大意** 赵王把这些话告诉了虞卿。虞卿说:"赵郝说'如果不讲和,明年秦军再次进攻大王,大王不割让其地去求和吗'。现在讲和,赵郝又不能保证秦军不再进攻。现在即使割让六个城邑,又有什么用!明年秦国再来进攻,又割让他们力量所不能取得的城池去讲和。这是自取灭亡的办法,不如不讲和。秦国虽然善于攻伐,但不能轻易地夺取六个县;赵国虽然不能防守,终归也不会丧失六座城。秦国疲倦而归,士兵一定疲乏无力。我们用六城来笼络天下之心进攻疲惫的秦国,是我们因为拉拢诸国失去六个城邑而从秦国得到补偿。我国还能得到好处,与平白割让土地,削弱自己来加强秦国的力量哪一个更好呢?现在赵郝说'秦国与韩、魏两国相处很好却进攻赵国,一定是大王侍奉秦国不如韩、魏两国',这是让大王每年用六个城邑去孝敬秦国,是平白地断送自己的国土。明年秦国又要求割让土地,大王准备给他们吗?不给,就是放弃以前奉献之功而挑起与秦国的祸端;给它,却没有那么多土地奉送。俗语说'强者善于进攻,弱者不能防守'。现在平白无故地听从秦国,秦军不必苦战就可以得到很多土地,这是增强秦国而削弱赵国。用越来越强大的秦国削弱越来越弱小的赵国,他们侵略的野心不会停止。况且大王的土地有限而秦国的要求没有穷尽,拿有限的土地去应付无穷的要求,这样的趋势一定是赵国灭亡。"

赵王计未定,楼缓从秦来,赵王与楼缓计之,曰:"予秦地何如毋予,孰吉?"缓辞让曰:"此非臣之所能知也。"王曰:"虽然,试言公之私。"楼缓对曰:"王亦闻夫公甫文伯母乎?公甫文伯仕于鲁,病死,女子为自杀于房中者二人。其母闻之,弗哭也。其相室①曰:'焉有子死而弗哭者乎?'其母曰:'孔子,贤人也,逐于鲁,而是人不随也。今死而妇人为之自杀者二人,若是者必其于长者薄而于妇人厚也。'故从母言之,是为贤母;从妻言之,是必不免为妒妻。故其言一也,言者异则人心变矣。今臣新从秦来而言勿予,则非计也;言予之,恐王以臣为为秦也:故不敢对。使臣得为大王计,不如予之。"王曰:"诺。"

◎ **注释** ①〔相室〕古代保育贵族子女的老年人。

◎ **大意** 赵王计谋还没有决定,楼缓从秦国回来,赵王与楼缓商量对策,问:"给秦国土地与不给其土地,哪种办法好?"楼缓推辞说:"这不是我所能知道的。"赵王说:"尽管如此,请试着说说你的个人意见。"楼缓说:"大王听说过公甫文伯母亲的事吗?公甫文伯在鲁国做官,病死了,妻妾中为他在卧房中自杀的有两个人。他的母亲听说了这件事,没有哭泣。她家帮助料理家务的人说:'哪里有儿子病死而母亲不哭的呢?'他的母亲说:'孔子,是个贤明的人,被驱逐出鲁国,公甫文伯却不追随他。现在他死了有两个妇人为他自杀,这样的人一定对有德行的人冷淡而对姬妾感情深厚。'这话从母亲的口中说出,人们一定认为这位母亲是位贤母;从妻子的口中说出,就不免被人们说是嫉妒了。所以同样的话,由于说话的人不同,人们的看法也就不同。现在我刚从秦国归来,说不割地,不是办法;说割地,又害怕大王说我为秦国说话:所以我不敢对答。让我为大王考虑,不如割地给秦国。"赵王说:"好吧。"

虞卿闻之,入见王曰:"此饰说①也,王慎勿予!"楼缓闻之,往见王。王又以虞卿之言告楼缓。楼缓对曰:"不然。虞卿得其一,不得其二。夫秦、赵构难②而天下皆说(悦),何也?曰'吾且因强而乘③弱矣'。今赵兵困于秦,天下之贺战胜者则必尽在于秦矣。故不如亟割地为和,以疑天下而慰秦之心。不然,天下将因秦之怒,乘赵之獘(弊),瓜分之。赵且亡,何秦之图乎?故曰虞卿得其一,不得其二。愿王以此决之,勿复计也。"

◎**注释** ①〔饰说〕虚伪、粉饰的言辞。②〔构难〕结下怨仇，引起兵祸。③〔乘〕欺压、侵凌。

◎**大意** 虞卿听说这件事后，入宫拜见赵王说："这是虚伪的言论，大王千万小心，不要割地！"楼缓听说了，就去拜见赵王。赵王把虞卿的话告诉了楼缓。楼缓说："不是这样的，虞卿只知其一，不知其二。秦国、赵国结为仇敌而天下各国都高兴，为什么呢？他们都说'我们可以依仗强国欺凌弱国'。现在赵军被秦军围困，天下祝贺胜利的人一定都在秦国。所以不如迅速割让土地讲和，使天下各国疑惑而慰藉秦国之心。不这样的话，天下诸侯将借着秦国的怨怒，趁着赵国疲困，瓜分我们。赵国即将灭亡，还谈什么算计秦国呢？所以说虞卿知其一，不知其二。希望大王就此决定，不要再考虑了。"

虞卿闻之，往见王曰："危哉楼子之所以为秦者，是愈疑天下①，而何慰秦之心哉？独不言其示天下弱乎？且臣言勿予者，非固勿予而已也。秦索六城于王，而王以六城赂齐。齐，秦之深仇也，得王之六城，并力西击秦，齐之听王，不待辞之毕也。则是王失之于齐而取偿于秦也。而齐、赵之深仇可以报矣，而示天下有能为也。王以此发声，兵未窥于境，臣见秦之重赂至赵而反媾于王也。从秦为媾②，韩、魏闻之，必尽重王；重王，必出重宝以先于王。则是王一举而结三国之亲③，而与秦易道④也。"赵王曰："善。"则使虞卿东见齐王，与之谋秦。虞卿未返，秦使者已在赵矣。楼缓闻之，亡去。赵于是封虞卿以一城。

◎**注释** ①〔疑天下〕使东方各国疑心赵国与秦国的关系好。②〔从秦为媾〕答应秦国，与之讲和。③〔结三国之亲〕与韩、魏、齐三国交好。④〔易道〕互相更换了处事的位置。

◎**大意** 虞卿听说这事后，前往拜见赵王说："太危险了，楼缓竟这样帮助秦国，这样会使天下各国更加迷惑，又怎么能安慰秦国的心呢？为什么不说他这样做是把赵国的弱点暴露给天下？况且我说不给土地，不只是不给秦国而已。秦国向大王索取六个城邑，而大王可用这六个城邑贿赂齐国。齐国，是秦国的大敌，齐国如果得到大王的六个城邑，一定会和大王齐心协力向西进攻秦国，齐王听从大王的话，不用等话说完，就会同意。这样大王失去送给齐国的城邑而可以从秦国得到补偿。齐国、赵国的深仇大恨都可以报了，而且让天下看到赵国能有所作为。大王把齐、赵两国修好的消息传扬出去，两国的军队还没有窥伺秦国的边境，我就会看到秦国把大量的财物送到赵国向大王求和。答应秦国，与之讲和，韩、魏两国听说后，一定都很尊重大王；尊重大王，一定会拿着珍贵的财宝争先献给大王。这样大王一举与韩、魏、齐三国交好，而且与秦国交换了主动与被动的地位。"赵王说："好。"就派虞卿向东去拜见齐王，与齐王商议攻打秦国的问题。虞卿还没有回来，秦国的使臣已经在赵国了。楼缓得知这个消息，逃离了赵国。赵王于是把一个城邑封赏给虞卿。

居顷之，而魏请为从。赵孝成王召虞卿谋。过平原君，平原君曰："愿卿之论从也。"虞卿入见王。王曰："魏请为从。"对曰："魏过。"王曰："寡人固未之许。"对曰："王过。"王曰："魏请从，卿曰魏过，寡人未之许，又曰寡人过，然则从终不可乎？"对曰："臣闻小国之与大国从事也，有利则大国受其福，有败则小国受其祸。今魏以小国请其祸，而王以大国辞其福，臣故曰王过，魏亦过。窃以为从便。"王曰："善。"乃合魏为从。

◎**大意** 过了不久，魏国请求与赵国订立合纵的盟约。赵孝成王召见虞卿商量。虞卿拜访平原君，平原君说："希望你讲讲合纵的好处。"虞卿上朝去见赵王。赵王说："魏国请求订立合纵的盟约。"虞卿说："魏国错了。"赵王说："我暂时没有答应这件事。"虞卿说："大王错了。"赵王说："魏国请求合纵，您说魏国错了；我没有答应这事，您又说我错了。那么合纵盟约最终不能订立吗？"虞卿说："我听说小国和大国打交道，如果胜利了大国享受利益，如果失败了小国承受灾难。现在魏国以小国而愿意承受灾难，大王却以大国推辞好处，所以我说大王错了，魏国也错了。我私下认为合纵是对赵国有好处的。"赵王说："好。"于是与魏国订立合纵盟约。

  虞卿既以魏齐之故^①，不重万户侯卿相之印，与魏齐间行，卒去赵，困于梁^②。魏齐已死，不得意，乃著书，上采《春秋》，下观近世，曰《节义》《称号》《揣摩》《政谋》，凡八篇。以刺讥国家得失，世传之曰《虞氏春秋》^③。

◎**注释** ①〔以魏齐之故〕因魏相魏齐。②〔梁〕这里是魏国的别称，因魏国后期的都城在梁（今河南开封），故称。③〔《虞氏春秋》〕《汉书·艺文志》著录《虞氏春秋》十五篇，今佚，有清人马国翰的辑本。
◎**大意** 虞卿因为魏齐，不看重万户侯卿相的官爵，与魏齐从偏僻的小路逃走，终于离开了赵国，在魏国情况窘迫。魏齐死后，虞卿郁郁不得志，就著书立说，上从《春秋》收集材料，在下观察当时的世态人情，写成了《节义》《称号》《揣摩》《政谋》，一共八篇。用来批评国家大事的成败得失，世上流行他的书，称作《虞氏春秋》。

  太史公曰：平原君，翩翩^①浊世之佳公子也，然未睹大体。鄙语曰"利令智昏"，平原君贪冯亭邪说^②，使赵陷长平兵四十余万众，邯郸几亡。虞卿料事揣情，为赵画策，何其工^③也！及不忍魏齐，卒困于大梁，庸夫且知其不可，况贤人乎？然虞卿非穷愁，亦不能著书以自见（现）于后世云。

◎**注释** ①〔翩翩〕形容举止洒脱，风采美好。②〔贪冯亭邪说〕赵孝成王四年，秦军进攻韩国，韩国割让上党地区给秦国，上党郡守冯亭不愿降附秦国，想要归附赵国。赵孝成王召见平阳君、平原君计议这件事，平阳君主张不接受，平原君则主张接受。于是赵国接受上党地区，并封冯亭为华阳君。此后秦国、赵国交恶，在长平之战中赵军大败，被坑杀四十余万士卒。③〔工〕巧妙、周全。

◎ **大意**　太史公说：平原君是混乱的战国时代风流潇洒的公子，然而不能通晓有关大局的道理。俗语说"利令智昏"，平原君贪恋冯亭的邪说，结果使赵国在长平被活埋的兵士达到四十多万人，邯郸城几乎灭亡。虞卿衡量时事、考虑情况，为赵国出谋划策，多么周密慎重啊！到后来不忍心看魏齐被人追杀，终于在大梁遭到困厄，平常人尚且知道这样做是不行的，何况贤能的人呢？然而虞卿若不是穷困愁苦，也不能著书立说使自己的名声流传于后世了。

◎ 释疑解惑

　　平原君在邯郸被围时，能搬动楚国、魏国军队来救国家之难，所以，司马迁赞赏他是"翩翩浊世之佳公子"。但是，他在养士方面徒有虚名，不能与信陵君相提并论；在见识方面又不知大体，贪图小利，主张接受冯亭而导致赵国在长平之战中大败。故历代学者对其功过，评价不一。谯周说："长平之陷，乃赵王信间易将之咎，何怨平原受冯亭哉？"吴鼎说："信间易将固自赵王，而贪利启衅实由平原君始谋之不臧也。"黄震说："去谗而远色，固尊贤之道也。平原君以宾客稍引去，乃斩笑躄者美人头，虽曰人情所难，亦已甚矣。邯郸之急，得毛遂以合楚之纵，得李同募死士以须楚魏之救，邯郸之获全，固平原君之力也。然向使不受上党之嫁祸，则赵必无长平之败，亦必无邯郸之围，平原之功于是不足赎误国之罪也。"长平之战对赵国影响甚大，而平原君贪恋冯亭献地的小利，为秦军围攻赵国埋下了祸患，险些身死国灭。

　　对于虞卿，后人多称誉他的侠义，认为他能够始终谋利益于赵国，毫无左右摇摆的态度，这在战国时期的策士之中是难能可贵的。苏辙说："游说之士皆历抵诸侯，以左右网其利，独虞卿始终事赵，传持纵说，其言前后可考，无反复之病。观其赴魏齐之急，捐相印、弃万户侯而不顾，此固义侠之士，非说客也哉！"鲍彪说："虞卿可谓见明者矣，当赵以四十万覆于长平之下，凡在赵庭之臣孰不魄夺气丧，愿媾秦以偷须臾之宁？卿独为之延虑却顾，折楼缓之口，挫强秦之心，反使秦人先赵而媾。于此亦足以见纵者天下之势。七国辩士，策必中，计必得，而不失其正，惟卿与陈轸有焉，贤矣哉！"

◎ **思考辨析题**
　　1. 在司马迁的笔下，平原君与其他三公子相比形象如何？
　　2. 司马迁将平原君、虞卿合为一传的原因是什么？

魏公子列传第十七

《魏公子列传》以"战国四公子"之一的信陵君为传主，可分为五大段落。从开头到"公子怪之"是第一个段落，先写信陵君"仁而下士"，重点叙写礼遇侯嬴的情况。从"魏安釐王二十年"到"公子留国"是第二个段落，写信陵君在侯嬴、朱亥等人的协助下，窃取兵符救赵的经过。从"公子闻赵有处士毛公"到"告车趣驾归救赵"是第三个段落，叙述信陵君以礼对待薛公、毛公，在二人劝导下又返魏救国。从"魏王见公子"到"奉祠公子"是第四个段落，交代信陵君返回魏国后的晚年遭遇。"太史公曰"是第五个段落，是司马迁的论赞，表达了他对信陵君的景仰之情。《魏公子列传》是司马迁倾注了高度热情为信陵君所撰的一篇专传，通篇都以"公子"相称，洋溢着敬慕和惋惜之情。本传精于选材，着眼于突出主旨，主要通过"窃符救赵"这件大事,来表现信陵君的礼贤下士和救人于危难之中的优秀品质。刻画信陵君形象的手法除选择典型材料外,还有对比互衬、明暗交替等,也有对人物言行心理的直接描绘。结构上,则前后照应,详略得当。另外,本篇在细节描写上十分真实,如写晋鄙合符验证后的怀疑心理,用"举手视公子"五个字加以刻画,便把一位"嚄唶宿将"当时惊奇、怀疑而又坚定的形态生动地呈现出来,是神来之笔。除刻画信陵君形象外,司马迁还用大量笔墨刻画了一批秉持"士为知己者死"信念的隐士,可视为附传,如侯嬴、朱亥、毛公、薛公等。其中,尤以侯嬴的形象塑造得最为成功。无论是在与信陵君的交往过程中,还是在窃符救赵这一重大历史事件当中,侯嬴的表现都称得上是一位奇士。在刻画侯嬴形象的同时,信陵君礼贤下士的品格也凸显出来。司马迁在《太史公自序》中说:"能以富贵下贫贱,贤能诎于不肖,唯信陵君为能行之。"真正的"仁而下士"唯信陵君能做到,这也是后人对"战国四公子"加以比较而多推崇信陵君的缘由。

魏公子无忌者,魏昭王少子而魏安釐王异母弟也。昭王薨,安釐王即位,封公子为信陵君。是时范雎①亡魏相秦,以怨魏齐故,秦兵围大梁②,破魏华阳③下军,走芒卯④。魏王及公子患之。

◎**注释** ①〔范雎〕字叔,战国时魏国人,著名的政治家、军事家。范雎本来是魏国中大夫须贾的门客,因须贾诬陷他通齐卖魏,魏国大臣魏齐鞭笞范雎,差点致死。后在他人帮助下,范雎改名张禄,逃到秦国,成为秦昭王倚重的大臣。②〔大梁〕战国时魏国的都城，在今河南开封西北。③〔华阳〕西周时期封国华阳的都城，今河南新郑华阳故城。④〔芒卯〕战国时魏国将领。

◎**大意** 魏国的公子魏无忌这个人，是魏昭王的小儿子，是魏安釐王的异母弟弟。魏昭王死后，安釐王继承王位，封公子魏无忌为信陵君。当时范雎从魏国逃至秦国为相，因为怨恨魏齐，秦军包围了大梁，击败了魏国驻守华阳的下军，赶走了魏将芒卯。为此魏安釐王和公子魏无忌都很担忧。

公子为人仁而下士，士无贤不肖皆谦而礼交之，不敢以其富贵骄士。士以此方数千里争往归之，致食客三千人。当是时，诸侯以公子贤，多客，不敢加兵谋魏十余年。

◎**大意** 公子魏无忌为人厚道而尊重士人，士人无论是大才小才，他都谦恭有礼地同他们交往，不敢因自己富贵而以骄横的态度对待士人。因此周围几千里以内的士人都争相归附他，招来食客三千人。在这个时候，各诸侯国因为公子魏无忌贤明，又有很多门客，数十年间都不敢派兵侵犯魏国。

公子与魏王博①，而北境传举烽，言"赵寇至，且入界"。魏王释博，欲召大臣谋。公子止王曰："赵王田猎耳，非为寇也。"复博如故。王恐，心不在博。居顷，复从北方来传言曰："赵王猎耳，非为寇也。"魏王大惊，曰："公子何以知之？"公子曰："臣之客有能深得赵王阴事者，赵王所为，客辄以报臣，臣以此知之。"是后魏王畏公子之贤能，不敢任公子以国政。

◎**注释** ①〔博〕古代的一种棋类游戏。
◎**大意** 公子无忌与魏王下棋，北面边境传来烽火警报，说"赵国出兵进犯，快要攻入边界了"。魏王停止下棋，想召集大臣商议对策。公子无忌阻止魏王说："那是赵王打猎而已，不是进犯边境。"又照常下棋。魏王害怕，心思不在下棋上。过了一会，又从北方传来消息说："是赵王在打猎，不是进犯的敌军。"魏王非常吃惊，说："公子是怎么知道的？"公子无忌说："我的门客中有能够仔细打听赵王隐秘事情的人，赵王的所作所为，门客经常报告给我，我因此知道这事。"从此以后，魏王畏惧公子无忌的贤能，不敢把国家政务托付给他。

魏有隐士曰侯嬴，年七十，家贫，为大梁夷门监者。公子闻之，往请，欲厚遗之。不肯受，曰："臣修身洁行数十年，终不以监门困故而受公子财。"公子于是乃置酒大会宾客。坐定，公子从车骑①，虚左②，自迎夷门侯生。侯生摄敝衣冠，直上载公子上坐，不让，欲以观公子。公子执辔愈恭。侯生又谓公子曰："臣有客在市屠中，愿枉车骑过之。"公子引车入市，侯生下见其客朱亥，俾（睥）倪（睨）③，故久立与其客语，微察公子。公子颜色愈和。当是时，魏将相宗室④宾客满堂，待公子举酒。市人皆观公子执辔。从骑皆窃骂侯生。侯生视公子色终不变，乃谢客就车。至家，公子引侯生坐上坐，遍赞宾客，宾客皆惊。酒酣，公子起，为寿侯生前。侯生因谓公子曰："今日嬴之为公子亦足矣。嬴乃夷门抱关者也，而公子亲枉车骑，自迎嬴于众人广坐之中，不宜有所过，今公子故过之。然嬴欲就公子之名，故久立公子车骑市中，过客以观公子，公子愈恭。市人皆以嬴为小人，而以公子为长者能下士也。"于是罢酒，侯生遂为上客。

◎**注释**　①〔车骑（qí）〕这里指车马。②〔虚左〕空着左边的座位。当时乘车以左位为尊。③〔俾倪（pì nì）〕同"睥睨"，用余光偷看人。④〔宗室〕同一宗族的贵族，指国君的宗族。

◎**大意**　魏国有个隐士叫侯嬴，七十岁了，家境贫寒，是大梁城东门的守门人。公子无忌听说后，前去问候，想赠予他丰厚的礼物。侯嬴不肯接受，说："我几十年来修养品德操守，终究不能因守门人的穷困接受公子的财物。"公子无忌于是设置酒席大宴宾客。客人坐定后，公子无忌带着随从的车马，空着车子左边的位子，亲自去夷门迎接侯嬴。侯嬴整理破旧的衣帽，直接登上车坐在上座，不谦让，想借此观察公子无忌。公子无忌握着缰绳赶车而表情更加谦恭。侯嬴又对公子无忌说："我有一位朋友在街市的屠场上，希望委屈您的车马去拜访他。"公子无忌驾车进入市场，侯嬴下车看望他的朋友朱亥，傲慢地斜着眼睛打量公子，故意站立很长时间与朋友说话，暗中观察公子无忌。公子无忌的脸色更加温和。就在这个时候，魏国的将相、宗室、宾客坐满堂上，等待着公子无忌举杯祝酒。街市上的人都看见公子无忌手持着驾车的缰绳。随从都暗骂侯嬴。侯嬴看到公子无忌的脸色始终不变，于是告别朋友登上车子。到了家中，公子无忌引领着侯嬴坐在上座，一一向宾客引见侯嬴，宾客都很吃惊。酒喝到尽兴的时候，公子无忌站起来，走到侯嬴面前给他敬酒。侯嬴于是对公子无忌说："今天，我为难公子您已经足够了。我只是东门的一个守门人，公子却不怕麻烦，亲自带着车马在大庭广众之下迎接我，本来不应该拜访，现在公子却特意拜访我。其实，我是想成就公子您的美名，所以让公子的车马长时间地停在街市上，看望朋友以观察公子的反应，公子更加谦恭。街市上的人都认为我是小人，认为公子您是有德行而能够宽厚待士的人。"到这时候酒宴散了，侯嬴就成为公子无忌的上宾。

侯生谓公子曰："臣所过屠者朱亥，此子贤者，世莫能知，故隐屠间耳。"公子往数请之，朱亥故不复谢，公子怪之。

◎**大意**　侯嬴对公子说："我拜访的屠夫朱亥，他是贤能之人，世人都不了解，所以隐身在屠夫中罢了。"公子无忌多次前去问候他，朱亥一次也不回谢，公子无忌为此感到奇怪。

魏安釐王二十年，秦昭王已破赵长平①军，又进兵围邯郸。公子姊为赵惠文王弟平原君夫人，数遗魏王及公子书，请救于魏。魏王使将军晋鄙将十万众救赵。秦王使使者告魏王曰："吾攻赵旦暮且下，而诸侯敢救者，已拔赵，必移兵先击之。"魏王恐，使人止晋鄙，留军壁邺②，名为救赵，实持两端以观望。平原君使者冠盖相属于魏，让魏公子曰："胜所以自附为婚姻者，以公子之高义，为能急人之困。今邯郸旦暮降秦而魏救不至，安在公子能急人之困也！且公子纵轻胜，弃之降秦，独不怜公子姊邪？"公子患之，数请魏王，及宾客辩士说王万端。魏王畏秦，终不听公子。公子自度终不能得之于王，计不独生而令赵亡，乃请宾客，约车骑百余乘，欲以客往赴秦军，与赵俱死。

◎注释 ①〔长平〕战国时的赵国城邑，在今山西高平西北。②〔邺〕古地名，在今河北临漳西南。

◎大意 魏安釐王二十年，秦昭王在长平大破赵国军队后，又进兵包围了邯郸。公子无忌的姐姐是赵惠文王弟弟平原君的夫人，多次给魏安釐王和公子无忌写信，向魏国求救。魏安釐王派将军晋鄙率领十万大军援救赵国。秦王派使臣告诫魏安釐王说："我进攻赵国早晚都会攻下，诸侯国中敢救赵国的，攻陷赵国后，一定调兵先攻打它。"魏安釐王很害怕，派人阻止晋鄙，停止进军驻扎在邺，名义上是援救赵国，实际上犹豫不定观察形势。平原君的使者络绎不绝地来到魏国，指责魏公子说："我和公子结为姻亲，是因为看重公子的高尚品德，能够解救人于危难之中。现在邯郸早晚都要投降秦国而魏国的救兵未到，公子能解救人于危难之中又体现在哪里呢！况且您即使瞧不起我，抛弃我，使我投降秦国，难道不可怜你的姐姐吗？"公子无忌很担心这事，几次请示魏安釐王，和宾客门人以各种理由劝说魏王。但魏安釐王害怕秦国，始终不肯听从公子的意见。公子无忌自己估计始终不能得到魏安釐王的同意，决定不能自己偷生而使赵国灭亡，于是召集门客，凑集一百多辆马车，打算率领门客与秦军拼命，和赵国共存亡。

行过夷门，见侯生，具告所以欲死秦军状。辞决而行，侯生曰："公子勉之矣，老臣不能从。"公子行数里，心不快，曰："吾所以待侯生者备矣，天下莫不闻，今吾且死而侯生曾无一言半辞送我，我岂有所失哉？"复引车还，问侯生。侯生笑曰："臣固知公子之还也。"曰："公子喜士，名闻天下。今有难，无他端而欲赴秦军，譬若以肉投馁虎，何功之有哉？尚安事客？然公子遇臣厚，公子往而臣不送，以是知公子恨之复返也。"公子再拜，因问。侯生乃屏（摒）人间语，曰："嬴闻晋鄙之兵符①常在王卧内，而如姬最幸，出入王卧内，力能窃之。嬴闻如姬父为人所杀，如姬资之三年，自王以下欲求报其父仇，莫能得。如姬为公子泣，公子使客斩其仇头，敬进如姬。如姬之欲为公子死，无所辞，顾未有路耳。公子诚一开口请如姬，如姬必许诺，则得虎符夺晋鄙军，北救赵而西却秦，此五霸之伐也。"公子从其计，请如姬。如姬果盗晋鄙兵符与公子。

◎**注释** ①〔兵符〕古代调兵用的符信，分为两半，一半为带兵将领所持，另一半存于国君处，国君有军令，就命使者持符前往，以两半符相契合为信。

◎**大意** 路过东门，见到侯嬴，公子无忌把想和秦军拼命的情况告诉他。然后向侯嬴辞别准备上路，侯嬴说："公子好好努力吧，我老了不能跟随您。"公子无忌走了几里路，心里不痛快，说："我对待侯嬴够周到了，天下没有谁不知道，现在我快要死了而侯嬴没有一言半语送给我，难道我有什么过失吗？"他又驾车返回，询问侯嬴。侯嬴笑着说："我本来就知道您要回来。"又说："公子喜欢接纳士人，名声传遍天下。现在公子有困难，没有其他办法却想和秦军拼命，就好像把肉扔给饥饿的老虎，有什么用呢？又哪里用得着我们这些宾客呢？然而公子待我情深意厚，公子去决战我不去送行，因此知道公子会埋怨我再返回来。"公子无忌再次拜谢了侯嬴，询问办法。侯嬴于是支开旁边的人悄悄地说："我听说晋鄙的兵符经常放在魏王的寝宫内，而如姬最受宠爱，常出入魏王的寝宫，一定能偷到它。我听说如姬的父亲被人杀死,如姬悬赏替父报仇三年,自魏王以下的人都想替她报杀父之仇,但没人办得到。如姬对公子哭诉,公子派门客斩了她仇人的头,恭敬地献给如姬。如姬要为公子效命而死,一定不会推辞,只是没有找到机会罢了。公子如果真的开口请如姬帮忙,如姬一定会答应,那么就可以得到虎符夺取晋鄙的军队,向北救援赵国,向西打退秦军,这是五霸一样的功业。"公子无忌听从了他的计策,请求如姬。如姬果然偷来晋鄙的兵符交给了公子。

公子行,侯生曰:"将在外,主令有所不受,以便国家。公子即合符,而晋鄙不授公子兵而复请之,事必危矣。臣客屠者朱亥可与俱,此人力士。晋鄙听,大善;不听,可使击之。"于是公子泣。侯生曰:"公子畏死邪?何泣也?"公子曰:"晋鄙嚄唶①宿将,往恐不听,必当杀之,是以泣耳,岂畏死哉?"于是公子请朱亥。朱亥笑曰:"臣乃市井鼓刀屠者,而公子亲数存之,所以不报谢者,以为小礼无所用。今公子有急,此乃臣效命之秋也。"遂与公子俱。公子过谢侯生。侯生曰:"臣宜从,老不能。请数公子行日,以至晋鄙军之日,北乡(向)自刭,以送公子。"公子遂行。

◎**注释** ①〔嚄唶(huò zè)〕大声呼叫,形容勇士威猛豪迈。

◎**大意** 公子无忌临行,侯嬴说:"将帅在外面,国君的命令有的可以不接受,以求对国家有利。如果您合了兵符,但晋鄙不给您军队又向魏王请示,情况一定很危急。我的朋友朱亥可以跟您一起前往,这个人是个大力士。晋鄙听从,很好;他不听从,可以让朱亥击杀他。"这时公子无忌哭了。侯嬴说:"您害怕死吗?为什么哭呢?"公子无忌说:"晋鄙是一位威猛豪迈的老将军,我去恐怕他不会听从,一定要杀死他,因此哭泣罢了,怎么会害怕死呢?"于是公子无忌请见朱亥。朱亥笑着说:"我是市井中的屠夫,您几次亲自慰问我,我之所以没有答谢，是认为小礼节没有什么用处。现在公子有急难，这就是我为您效命的时候了。"他就与公子无忌一起上路了。公子无忌向侯嬴辞行。侯嬴说："我应该跟随您，因年老不能去。请让我计算你们的行程，您到达晋鄙军营的那一天，我面向北方自杀，以此报答您。"公子无忌于是出发了。

至邺，矫魏王令代晋鄙。晋鄙合符，疑之，举手视公子曰："今吾拥十万之众，屯于境上，国之重任，今单车来代之，何如哉？"欲无听。朱亥袖四十斤铁椎，椎杀晋鄙，公子遂将晋鄙军。勒兵下令军中曰："父子俱在军中，父归；兄弟俱在军中，兄归；独子无兄弟，归养。"得选兵八万人，进兵击秦军。秦军解去，遂救邯郸，存赵。赵王及平原君自迎公子于界，平原君负韊①矢为公子先引。赵王再拜曰："自古贤人未有及公子者也。"当此之时，平原君不敢自比于人。公子与侯生决，至军，侯生果北乡（向）自刭。

◎**注释**　①〔韊（lán）〕盛弩矢的器具或囊袋。
◎**大意**　公子无忌一行人到了邺地，假传魏王的命令取代晋鄙。晋鄙合了兵符，怀疑这件事，举起手盯着公子无忌说："我拥兵十万之众，驻扎在边境上，这是国家委托的重任，现在你一个人来接替我，这是为什么呢？"不想听从。朱亥取出藏在衣袖里的四十斤铁椎，击杀了晋鄙，公子无忌于是统领晋鄙的军队。他整顿军队，向全军发布命令说："父子都在军队里的，父亲可以回去；兄弟同在军队里的，哥哥可以回去；没有兄弟的独子，回去赡养父母。"由此挑选了八万精兵，进兵攻打秦军。秦军解除包围退去，于是救了邯郸，保存了赵国。赵王和平原君亲自在城郊迎接公子无忌。平原君背着箭袋为公子无忌在前面引路。赵王两次拜谢说："自古以来的贤人没有能赶得上公子的。"在这个时候，平原君不敢拿自己跟别人相比。公子无忌与侯嬴诀别后，到达军营的那一天，侯嬴果然面向北方自杀。

魏王怒公子之盗其兵符矫杀晋鄙，公子亦自知也。已却秦存赵，使将将①其军归魏，而公子独与客留赵。赵孝成王德公子之矫夺晋鄙兵而存赵，乃与平原君计，以五城封公子。公子闻之，意骄矜而有自功之色。客有说公子曰："物有不可忘，或有不可不忘。夫人有德于公子，公子不可忘也；公子有德于人，愿公子忘之也。且矫魏王令，夺晋鄙兵以救赵，于赵则有功矣，于魏则未为忠臣也。公子乃自骄而功之，窃为公子不取也。"于是公子立自责，似若无所容者。赵王埽（扫）除自迎，执主人之礼，引公子就西阶。公子侧行辞让，从东阶上。自言罪过，以负于魏，无功于赵。赵王侍酒至暮，口不忍献五城，以公子退让也。公子竟留赵。赵王以鄗②为公子汤沐邑，魏亦复以信陵奉公子。公子留赵。

◎**注释** ①〔将将（jiàng）〕前一"将"字是名词，"将领"的意思，后一"将"字是动词，"率军、带兵"的意思。②〔鄗（hào）〕古地名，在今河北高邑东。

◎**大意** 魏王恼怒公子偷了他的兵符，假传命令杀了晋鄙，公子无忌自己也知道。他打退秦军保存了赵国后，就派部将率领军队返回魏国，而自己与门客留在赵国。赵孝成王感激公子无忌假托君命夺取晋鄙军权从而保住了赵国，就与平原君商量，把五座城邑封赏给公子无忌。公子无忌听说了这件事，心中骄傲起来，露出自以为有功的神色。门客中有人劝说公子道："有些事情不能忘记，有些事情不能不忘记。别人对公子有恩德，公子不能忘；公子对别人有恩德，希望您能忘记。况且您假传魏王命令，夺取了晋鄙的军队去救赵国，对于赵国是有功的，对于魏国却不是忠臣。您却认为有功而骄傲起来，我私下认为公子不能这样。"于是公子无忌立刻自我责备，惭愧得好像没有地方可以躲藏的样子。赵王打扫台阶亲自迎接，执行主人的礼仪，领着公子无忌从西阶上。公子无忌侧着身体前进表示谦虚退让，从东阶上。他自称罪过，有负于魏国，对赵国没有功劳。赵王陪着饮酒一直到晚上，始终不好意思开口谈封献五座城邑的事，因为公子无忌谦退礼让。公子无忌最终留在赵国。赵王把鄗地作为公子的封地，魏国又把信陵这个地方送给公子。公子无忌留在了赵国。

公子闻赵有处士毛公藏于博徒，薛公藏于卖浆家，公子欲见两人，两人自匿不肯见公子。公子闻所在，乃间步^①往从此两人游，甚欢。平原君闻之，谓其夫人曰："始吾闻夫人弟公子天下无双，今吾闻之，乃妄从博徒卖浆者游，公子妄人耳。"夫人以告公子。公子乃谢夫人去，曰："始吾闻平原君贤，故负魏王而救赵，以称平原君。平原君之游，徒豪举耳，不求士也。无忌自在大梁时，常闻此两人贤，至赵，恐不得见。以无忌从之游，尚恐其不我欲也，今平原君乃以为羞，其不足从游。"乃装为去。夫人具以语平原君。平原君乃免冠谢，固留公子。平原君门下闻之，半去平原君归公子，天下士复往归公子，公子倾平原君客。

◎**注释**　①〔间步〕微服私访，悄悄地步行。
◎**大意**　公子无忌听说赵国有一位隐士毛公寄身于赌徒中，另一位隐士薛公藏身在沽酒人家，公子无忌想见这两个人，两个人躲了起来不肯见公子。公子打听到他们住的地方，就悄悄地步行与他们交往，彼此非常融洽。平原君听说了这件事，对他的夫人说："以前我听说您的弟弟公子无忌在天下独一无二，现在我听说他随便与赌徒、卖酒的人交往，公子无忌是荒唐的人啊。"平原君的夫人把这些话告诉了公子无忌。公子无忌辞谢夫人离去，说："我以前听说平原君贤德，所以背弃魏王而救赵国，来满足平原君的心愿。原来平原君交朋友，只是摆阔气的举动而已，并不是渴求贤士。我在大梁的时候，常听说这两个人很贤能，到了赵国，怕见不到他们。以我这样的人与他们交往，还害怕他们不理睬我，现在平原君却因为这样感到羞辱，他不值得我跟他交游。"于是他整理行装准备离去。夫人把这些话全都告诉了平原君，平原君就摘去帽子谢罪，坚决地挽留公子。平原君的门客听说这件事，有一半人离开平原君投靠了公子无忌，天下的士人又前去归附公子无忌，公子无忌的门客远远超过了平原君。

公子留赵十年不归。秦闻公子在赵，日夜出兵东伐魏。魏王患之，使使往请公子。公子恐其怒之，乃诫门下："有敢为魏王使通者，死。"宾客皆背魏之赵，莫敢劝公子归。毛公、薛公两人往见公子曰："公子所以重于赵，名闻诸侯者，徒以有魏也。今秦攻魏，魏急而公子不恤，使秦破大梁而夷先王之宗庙，公子当何面目立天下乎？"语未及卒，公子立变色，告车趣（促）驾归救魏。

◎**大意** 公子无忌留在赵国十年没有回去。秦国听说公子无忌在赵国，连续几次出兵向东攻打魏国。魏王很害怕这件事，就派使臣去请公子无忌。公子无忌害怕魏王怨恨自己，就告诫门客说："有谁敢替魏王使臣通报，处以死罪。"门客都是背弃魏国来到赵国，没有人敢劝公子无忌回去。毛公和薛公两人去见公子说："您被赵国尊重，声名流传于各诸侯国，只是因为有魏国呀。现在秦军攻打魏国，魏国危急您却不忧虑，假如秦军攻下大梁，夷平先王的宗庙，您有什么脸面立于天下呢？"话还没说完，公子无忌立刻变了脸色，嘱咐车夫赶快准备车马回去援救魏国。

魏王见公子，相与泣，而以上将军印授公子，公子遂将。魏安釐王三十年，公子使使遍告诸侯。诸侯闻公子将，各遣将将兵救魏。公子率五国①之兵破秦军于河外②，走蒙骜③。遂乘胜逐秦军至函谷关，抑秦兵，秦兵不敢出。当是时，公子威振天下，诸侯之客进兵法，公子皆名之，故世俗称《魏公子兵法》。

◎**注释** ①〔五国〕指魏、楚、燕、韩、赵。②〔河外〕指黄河以南的地区。当时称黄河以北为"河内",黄河以南为"河外"。③〔蒙骜(ào)〕秦将,蒙恬的祖父,当时是秦国上卿。

◎**大意** 魏安釐王见到公子无忌,两人相对着哭泣,然后魏王把上将军大印授给公子无忌,公子无忌于是成了统帅。魏安釐王三十年,公子无忌派使臣通告各诸侯国。诸侯国听说公子无忌做了统帅,各自派将领率领军队援救魏国。公子无忌率领五国的军队在黄河以南打败秦军,赶走了蒙骜。于是联军乘胜追击,把秦军赶到了函谷关,抑制住秦军,秦军不敢出关。那个时候,公子无忌的威名震动了天下。各诸侯国的门客进献兵法,公子无忌都给它们题名,所以世上俗称《魏公子兵法》。

秦王患之,乃行金万斤于魏,求晋鄙客,令毁公子于魏王曰:"公子亡在外十年矣,今为魏将,诸侯将皆属,诸侯徒闻魏公子,不闻魏王。公子亦欲因此时定南面而王,诸侯畏公子之威,方欲共立之。"秦数使反间,伪贺公子得立为魏王未也。魏王日闻其毁,不能不信,后果使人代公子将。公子自知再以毁废,乃谢病不朝,与宾客为长夜饮,饮醇酒,多近妇女。日夜为乐饮者四岁,竟病酒而卒。其岁,魏安釐王亦薨。

◎**大意** 秦王很害怕这种状况,于是送了一万斤黄金到魏国,求见晋鄙的门客,让他们在魏安釐王面前诋毁公子无忌说:"公子无忌在外面逃亡十年,现在担任魏国将领,各诸侯国的将领都属于他,诸侯国只听说魏公子,没有听说过魏王。公子也想乘这个机会称王,诸侯国害怕公子的威名,正想拥戴他。"秦国多次使用反间计,假装祝贺公子,问他到底有没有被立为魏王。魏安釐王每天听到这样的谗言,不能不信以为真,后来果然派人代替公子无忌统率军队。公子无忌知道自己再次因毁谤而被废黜,于是推托有病不去朝见,与门客通宵宴饮,痛饮烈性酒,沉迷声色,日夜寻欢作乐四年,最终因饮酒过度生病而死。这一年,魏安釐王也去世了。

秦闻公子死，使蒙骜攻魏，拔二十城，初置东郡①。其后秦稍蚕食魏，十八岁而虏魏王，屠大梁。

◎**注释** ①〔东郡〕秦王嬴政五年设置，在今河南东北部、河北东南部、山东西部一带。

◎**大意** 秦王听说公子无忌死了，派蒙骜攻打魏国，夺下二十座城池，开始设立东郡。从此以后，秦国逐渐蚕食魏国疆土，过了十八年，就俘虏了魏王，毁灭了大梁城。

高祖始微少时，数闻公子贤。及即天子位，每过大梁，常祠公子。高祖十二年，从击黥布还，为公子置守冢五家，世世岁以四时奉祠公子。

◎**大意** 高祖当初贫贱的时候，多次听说公子无忌的贤能。等到他登上帝位，每次路过大梁，常常去祭祀公子无忌。高祖十二年，他打败黥布返回后，为公子无忌安排了五户人家看守墓地，世世代代每年四季都祭祀公子无忌。

太史公曰：吾过大梁之墟，求问其所谓夷门。夷门者，城之东门也。天下诸公子亦有喜士者矣，然信陵君之接岩穴隐者，不耻下交，有以也。名冠诸侯，不虚耳。高祖每过之而令民奉祠不绝也。

◎**大意** 太史公说：我路过大梁城的废墟，探访了人们所说的夷门。夷门，就是大梁城的东门。天下的诸多公子也有喜欢门客的，但信陵君亲近安居山野的隐士，不以和地位低贱的人交朋友为耻，是有道理的。他的声名盖过各个诸侯，真不是虚传。高祖每次经过信陵君的墓地时，都命令百姓永远祭祀他。

◎ **释疑解惑**

　　本篇中的侯嬴具有"士为知己者死"的精神，用智慧和鲜血谱写了一曲悲壮之歌。在"窃符救赵"事件中，如姬盗得兵符，朱亥答应相助，公子无忌前往晋鄙军后，侯嬴选择"北向自刭以送公子"。侯嬴为什么要自杀呢？历代学者对此多有争议。如明人陈璐典说："侯生自刭，固侠烈之慨，然亦料魏王知公子谋皆夷门擘画，势必收而诛之，故宁自杀以为名，正是高处。"认为魏王一旦得知"窃符救赵"是侯嬴的主意，就会"收而诛之"。于是侯生选择自杀来保全名节。明人徐中行说："侯生度为公子窃符，必杀晋鄙，鄙何辜哉？心必有不忍而不自安者，乃以死谢之耳。不然，诚报公子，即死耳，何必数公子至晋鄙军日而后自刭耶？……侯生之死，世谓报公子，余谓谢晋鄙也。"认为其自杀是为了晋鄙的无辜惨死，谢罪以自安。明人李贽说："田光以死激荆轲而匕首发，侯生以死激朱亥而晋鄙椎。何者？荆轲与太子本无相知之素，朱亥于公子亦无深交之分也。故侯生死而朱亥决矣。"认为侯嬴自杀，是为了坚定朱亥完成使命的决心。基于前人的研究，立足于史传，可推知侯嬴自杀主要是为了担负教公子无忌窃符夺军的罪责，坚定其夺军救援赵国的决心，成全公子无忌，报答他的知遇之恩，同时献身于救亡报国大业，成就自己。正如清人李景星评说："盖魏公子一生大节在救赵却秦，成救赵却秦之功，全赖乎客！"

◎ **思考辨析题**

　　1. 信陵君的礼贤下士表现在哪些方面？结合具体内容谈一谈。

　　2. 这一篇传记突出表现了"士为知己者死"的思想意识，对此，你是如何认识的？

春申君列传

第十八

　　《春申君列传》叙写了春申君黄歇一生的功过是非，他可以说是英明一世，糊涂一时，晚年不保，足以让后人引以为戒。

　　本篇大体可以分为五部分。自"春申君者"至"发使赂楚，约为与国"为第一部分，主要写春申君阻止秦国联合韩国、魏国进攻楚国等事件，显示了他的过人才能。自"黄歇受约归楚"至"秦因遣黄歇"为第二部分，主要写春申君舍身救助楚国太子归国，为他后来的发达富贵奠定了基础。自"歇至楚三月"至"春申君由此就封于吴，行相事"为第三部分，主要写春申君担任楚国执政大臣时的一些事情，也是他人生最为辉煌的阶段。自"楚考烈王无子"至"而吕不韦废"为第四部分，主要写春申君受李园迷惑，不听朱英劝诫，阴谋窃取楚国江山，结果落得家破人亡的悲惨结局。这是他利令智昏、自取灭亡的阶段。

到这里，本篇完整展示了春申君的人生轨迹，值得后人深思与警戒。自"太史公曰"至文末为第五部分，是司马迁对春申君一生的评论：司马迁既赞扬春申君前半生的英明练达和其为楚国强大做出的重要贡献，又为春申君后半生志得意满后日益昏愦而深感遗憾。

虽说"人非圣贤，孰能无过"，但是，春申君被假象欺骗了眼睛，骄奢淫逸，不听劝谏，可说是自食恶果。这是春申君犯的过错，也是每一个人都可能会犯的过错。司马迁的悲剧人生，使他倾注了更多的情感精力关注这些悲剧人物。

春申君者，楚人也，名歇，姓黄氏。游学博闻①，事楚顷襄王。顷襄王以歇为辩，使于秦。秦昭王使白起攻韩、魏，败之于华阳，禽（擒）魏将芒卯，韩、魏服而事秦。秦昭王方令白起与韩、魏共伐楚，未行，而楚使黄歇适至于秦，闻秦之计。当是之时，秦已前使白起攻楚，取巫、黔中之郡，拔鄢郢，东至竟陵，楚顷襄王东徙治②于陈县。黄歇见楚怀王之为秦所诱而入朝，遂见欺，留死于秦。顷襄王，其子也，秦轻之，恐壹举兵而灭楚。歇乃上书说秦昭王曰：

◎**注释** ①〔游学博闻〕游历学习，见闻广博。②〔徙治〕迁移治所，这里是被迫迁移都城的意思。

◎**大意** 春申君，是楚国人，名歇，姓黄。他游历学习，见闻广博，辅佐楚顷襄王。楚顷襄王因为黄歇善于辩论，派遣他到秦国。秦昭王派白起攻打韩国、魏国，在华阳打败他们，活捉了魏国将领芒卯，韩国、魏国归顺侍奉秦国。秦昭王正命令白起同韩国、魏国一起进攻楚国，还没有出发，楚国使臣黄歇到了秦国，听说了秦国的计划。在那个时候，秦国已经派白起攻打楚国，夺取了巫郡、黔中郡，攻占了都城鄢郢，向东到达竟陵，楚顷襄王被迫向东迁都到陈县。黄歇看到过楚怀王被秦国引诱朝见，结果受骗，被扣留并死在秦国。楚顷襄王是他的儿子，秦国轻视他，黄歇害怕秦国出兵灭亡楚国。因此他上书对秦昭王说：

天下莫强于秦、楚。今闻大王欲伐楚，此犹两虎相与斗。两虎相与斗而驽犬受其弊（弊），不如善楚。臣请言其说：臣闻物至则反，冬夏是也；致至则危，累棋是也。今大国之地，遍天下有其二垂，此从生民已（以）来，万乘之地未尝有也。先帝文王、庄王之身，三世不妄（忘）接地于齐，以绝从亲之要②。今王使盛桥守事于韩，盛桥以其地入秦，是王不用甲，不信（伸）威，而得百里之地。王可谓能矣。王又举甲而攻魏，杜大梁之门，举河内，拔燕、酸枣、虚、桃，入邢，魏之兵云翔而不敢捄（救）。王之功亦多矣。王休甲息众，二年而后复之；又并蒲、衍、首、垣，以临仁、平丘，黄、济阳婴城③而魏氏服；王又割濮历④之北，注齐秦之要，绝楚赵之脊，天下五合六聚而不敢救。王之威亦单（殚）矣。

◎**注释** ①〔莫强〕没有更强大的。②〔从亲之要〕合纵政策的纽带。③〔婴城〕环城而守。④〔濮历〕濮水一带的地名。

◎**大意** 天下没有哪一个国家比秦国、楚国强大。现在听说大王您想攻打楚国，这好像是两只老虎互相搏斗。两虎相斗而劣狗趁机得到好处，不如交好楚国。我请求说一说我的想法：我听说物极必反，冬天、夏天的交替就是这样；达到极点就很危险，堆叠棋子就是一个例子。现在秦国的土地，在全天下中占有两个边，这是从有人类以来，从未有过的广阔土地。先王楚文王、楚庄王及大王自己，三代不忘夺取土地与齐国相接，从而割断合纵的纽带。现在大王派盛桥在韩国任职，盛桥把他管辖的土地交给秦国，这是大王不动用武力，不伸张威严，就得到百里的土地。大王可以说真能干呀。大王又发兵攻打魏国，堵塞大梁城的门户，攻下河内，夺取燕地、酸枣、虚地、桃地，进入邢丘，魏国的军队像云一样飘散不敢来解救。大王的功勋太多了。大王停止用兵使军队得以休整，两年后又用兵；又吞并了蒲地、衍地、首地、垣地，逼近仁地、平丘，吓得黄地、济阳守军环城坚守，魏国只能归服；大王又割取了赵国濮水北岸之地，打通了齐国、秦国的交通要道，截断了楚国、赵国的关键据点，东方大国多次商量却不敢援救。大王的威望可说达到极点了。

王若能持功守威①，绌（黜）攻取之心而肥仁义之地，使无后患，三王不足四，五伯（霸）不足六也。王若负人徒之众，仗兵革之强，乘毁魏之威，而欲以力臣天下之主②，臣恐其有后患也。《诗》曰"靡不有初，鲜克有终"。《易》曰"狐涉水，濡其尾"。此言始之易，终之难也。何以知其然也？昔智氏见伐赵之利而不知榆次之祸，吴见伐齐之便而不知干隧之败。此二国者，非无大功也，没利于前而易患于后也。吴之信越也，从而伐齐，既胜齐人于艾陵，还为越王禽（擒）三渚之浦。智氏之信韩、魏也，从而伐赵，攻晋阳城，胜有日矣，韩、魏叛之，杀智伯瑶于凿台之下。今王妒楚之不毁也，而忘毁楚之强韩、魏③也，臣为王虑而不取也。

◎**注释** ①〔持功守威〕保持功劳，守住威严。②〔以力臣天下之主〕用武力使天下的国君称臣。③〔忘毁楚之强韩、魏〕忘记毁灭楚国会使韩国、魏国强大。

◎**大意** 大王如果保持功劳，守住威严，消除攻取别国的野心，把仁义施行到已占有的土地中，使得没有后患，那么三王不愁没有第四位，五霸不愁没有第六位。大王如果凭借人口众多，依仗军队强大，乘着摧毁魏国的声威，而想用武力使天下的国君称臣，我恐怕会有后患啊。《诗经》上说"事物都有好的开端，但很少能够有好的结局"。《周易》上说"狐狸从水中走过，沾湿了尾巴"。这是说开始容易，保持到最后很难。凭什么知道是这样的呢？以前智氏看到了进攻赵国的好处却不知道榆次的灾祸，吴国看到了攻打齐国的便利条件却不知会有干隧的失利。这两个国家，不是没有大的功劳，是贪于眼前利益而换来了后来的祸患。吴国相信赵国，因而进攻齐国，在艾陵战胜了齐军，返回时被越王在三江口水边捉住。智氏相信韩国、魏国，因而攻伐赵国，夺取了晋阳城，胜利在望了，韩国、魏国却背叛了他，把智伯瑶杀死在凿台的下面。现在大王妒忌楚国的存在，却忘记毁灭楚国会使韩国和魏国强大，我是为大王考虑不要这样做。

《诗》曰"大武远宅而不涉"。从此观之，楚国，援也；邻国，敌也。《诗》云"趯（跃）趯（跃）毚兔①，遇犬获之。他人有心，余忖度之"。今王中道而信韩、魏之善王也，此正吴之信越也。臣闻之，敌不可假，时不可失。臣恐韩、魏卑辞除患而实欲欺大国也。何则？王无重世之德于韩、魏，而有累世之怨焉。夫韩、魏父子兄弟接踵而死于秦者将十世矣。本国残，社稷坏，宗庙毁。刳②腹绝肠，折颈摺（拉）颐③，首身分离，暴骸骨于草泽，头颅僵仆，相望于境，父子老弱系脰④束手为群虏者相及于路。鬼神孤伤，无所血食。人民不聊生，族类离散，流亡为仆妾者，盈满海内矣。故韩、魏之不亡，秦社稷之忧也，今王资之与攻楚，不亦过乎！

◎**注释**　①〔趯（yuè）趯毚（chán）兔〕跳跃的狡猾兔子。②〔刳（kū）〕剖开。③〔摺（lā）颐〕摺，同"拉"。拉折。颐，面颊。④〔脰（dòu）〕脖子。

◎**大意**　《诗经》上说"大军不能长途跋涉攻伐远地"。从这句话来看，楚国是援军，邻国才是仇敌。《诗经》上说"跳跃的狡兔，遇到猎犬就被捉住。别人的心思，我估量揣摩它"。现在大王中途相信韩国、魏国与您友善，这正像吴国相信越国一样。我听说，对敌人不能宽容，时机不能错过。我恐怕韩国、魏国谦恭地说铲除祸患实际上是想欺骗秦国啊。为什么这样说呢？大王对韩国、魏国没有世代的恩德，却有几代的仇怨。韩国、魏国父子兄弟将近十代人相继死于秦国之手。他们的国土不完整，政权被破坏，宗庙被践踏。他们的士兵被秦军挖肚断肠，断颈毁面，头和身体分开，尸骨暴露在荒野中，头颅僵卧在地上，在境内到处可以看得见，那些大人、孩子被系着脖子、捆着手成为成群结队的俘虏，在路上跟着走。他们的鬼魂孤苦悲伤，没有人来祭祀。人民不能生活下去，家族分离走散，逃亡成仆人贱妾的，四海之内到处都是。所以韩国、魏国不灭亡，是秦国社稷的后患，现在大王资助他们攻打楚国，不也是错了吗？

且王攻楚，将恶出兵？王将借路于仇雠①之韩、魏乎？兵出之日而王忧其不返也，是王以兵资于仇雠之韩、魏也。王若不借路于仇雠之韩、魏，必攻随水右壤。随水右壤，此皆广川大水，山林溪谷，不食之地也，王虽有之，不为得地。是王有毁楚之名而无得地之实也。

◎**注释** ①〔仇雠（chóu）〕仇家，对头。
◎**大意** 况且大王进攻楚国，准备怎么出兵呢？大王要向仇敌韩国、魏国借路吗？出兵的时候大王担心他们不能返回，这是大王用军队资助仇敌韩国、魏国啊。大王如果不从仇敌韩国、魏国借路，那就必定攻打随水右边的地区。随水右边的土地都是大河大水，山林溪谷，是不能长庄稼的地方，大王虽然拥有它们，但不能作为耕地。这样大王就有了毁灭楚国的名声而没有得到土地的实惠。

且王攻楚之日，四国必悉起兵以应王。秦、楚之兵构而不离①，魏氏将出而攻留、方与、铚、湖陵、砀、萧、相②，故宋必尽。齐人南面攻楚，泗上必举。此皆平原四达，膏腴之地，而使独攻。王破楚以肥韩、魏于中国而劲齐。韩、魏之强，足以校③于秦。齐南以泗水为境，东负海，北倚河，而无后患，天下之国莫强于齐、魏，齐、魏得地葆利而详（佯）事下吏，一年之后，为帝未能，其于禁王之为帝有余矣。

◎**注释** ①〔构而不离〕战斗处于胶着状态。②〔留、方与、铚(zhì)、湖陵、砀(dàng)、萧、相〕皆地名。这些地区战国中期以前属宋,后被齐灭,后又被楚国占领。③〔校〕违抗,对抗。

◎**大意** 况且大王攻打楚国的时候,韩、赵、魏、齐四国必定一起发兵接应大王。秦国、楚国的军队交锋处于胶着状态,魏国将出兵攻打留地、方与、铚地、湖陵、砀地、萧地、相地,所以以前宋国的土地都归于魏国。齐国从南面攻打楚国,泗水流域一定被占领。这里都是四通八达的平原、肥沃的土地,却让他们单独占领。大王打败楚国,使韩国、魏国在中原地区壮大起来,使齐国更加强劲。韩国、魏国强大后,完全可以同秦国抗衡。齐国南面以泗水为边境,东靠大海,北面依恃黄河,没有后顾之忧,天下各诸侯国没有比齐国、魏国强大的,齐国、魏国得到土地获得了利益,还假装侍奉秦国,一年以后,他们即使不能称帝于天下,也有足够的力量制止秦王称帝。

夫以王壤土之博,人徒之众,兵革之强,壹举事而树怨于楚,迟令韩、魏归帝重于齐,是王失计也。臣为王虑,莫若善楚。秦、楚合而为一以临韩,韩必敛手。王施以东山之险,带以曲河之利,韩必为关内之侯。若是而王以十万戍郑,梁氏寒心,许、鄢陵婴城,而上蔡、召陵不往来也,如此而魏亦关内侯矣。王壹善楚,而关内两万乘之主注地于齐,齐右壤可拱手而取也。王之地一经两海,要约天下,是燕、赵无齐、楚,齐、楚无燕、赵也。然后危动燕、赵,直摇齐、楚,此四国者不待痛而服矣。

◎**大意** 大王凭着广博的土地、众多的人口、强大的军队,一旦发兵与楚国结下怨仇,就会让韩、魏两国尊齐称帝,这是大王的失策啊。我为大王考虑,不如善待楚国。秦国、楚国联合起来统一行动进逼韩国,韩国一定束手无策。大王依靠东山的险阻,凭借曲河的便利,韩国一定成为关内诸侯国。如果大王派十万军队驻守在郑地,魏国害怕,许地、鄢陵闭门自守,上蔡、召陵互不往来,这样一来魏国也是关内诸侯国了。大王一旦与楚国友善,关内两个可以出动万辆兵车的大国就会专注攻打齐国的土地,齐国右边的土地可以轻易取得。秦王的土地从西海贯穿到东海,天下牢牢控制在大王的手中,这样燕国、赵国无法与齐国、楚国联系,齐国、楚国无法与燕国、赵国接应。这样以后震慑燕国、赵国,摇撼齐国、楚国,这四个国家不用等到秦军进攻就臣服了。

昭王曰:"善。"于是乃止白起而谢韩、魏。发使赂楚,约为与国。

◎**大意** 秦昭王说:"好吧。"于是制止白起进攻楚国并辞退了韩国和魏国的使者。他派使臣贿赂楚国,订立盟约成为盟国。

黄歇受约归楚,楚使歇与太子完入质于秦,秦留之数年。楚顷襄王病,太子不得归。而楚太子与秦相应侯善,于是黄歇乃说应侯曰:"相国诚善楚太子乎?"应侯曰:"然。"歇曰:"今楚王恐不起疾,秦不如归其太子。太子得立,其事秦必重而德相国无穷,是亲与国而得储万乘也。若不归,则咸阳一布衣耳;楚更立太子,必不事秦。夫失与国而绝万乘之和,非计也。愿相国孰(熟)虑之。"应侯以闻秦王。秦王曰:"令楚太子之傅先往问楚王之疾,返而后图之。"黄歇为楚太子计曰:"秦之留太子也,欲以求利也。今太子力未能有以利秦也,歇忧之甚。而阳文君子二人在中,王若卒大命①,太子不在,阳文君子必立为后,太子不得奉宗庙矣。不如亡秦,与使者俱出;臣请止,以死当之。"楚太子因变衣服为楚使者御以出关,而黄歇守舍,常为谢病②。度太子已远,秦不能追,歇乃自言秦昭王曰:"楚太子已归,出远矣。歇当死,愿赐死。"昭王大怒,欲听其自杀也。应侯曰:"歇为人臣,出身以徇其主，太子立，必用歇，故不如无罪而归之，以亲楚。"秦因遣黄歇。

◎**注释** ①〔卒大命〕死掉。②〔谢病〕称病。

◎**大意** 黄歇接受了盟约返回楚国，楚国派黄歇与太子完到秦国做人质，秦国扣留他们好几年。楚顷襄王生病，太子完不能回去。太子完与秦相应侯关系很好，黄歇就劝说应侯："您真的和楚太子很好吗？"应侯说："是。"黄歇说："现在楚王恐怕一病不起了，秦国不如让太子回去。太子如果继位，一定会谨慎地服侍秦国，永远感激相国您，这样亲近了盟国，又有万乘战车的大国君主做朋友。太子如果不回去，就是咸阳城中的一个寻常百姓；楚国另立太子，一定不服侍秦国。失去了盟国、断绝了万乘之君的朋友，不是好计策。希望您能好好地考虑这件事。"应侯把这些话告诉了秦王。秦王说："命令楚国太子完的太傅先往楚国询问楚王的病情，回来以后再商量对策。"黄歇替楚国太子谋划说："秦国挽留您，想借此谋求好处。现在太子没有能力让秦国得到好处，我十分忧虑这件事。而大王的弟弟阳文君的两个儿子在国内，大王如果寿终，太子不在中，阳文君的儿子一定被立为继承人，太子就不能侍奉宗庙了。您不如从秦国逃亡，和使臣一起出走；我请求留下来，拼死担当责任。"楚国太子完因此换了衣服扮成楚国使臣的车夫混出了函谷关，黄歇留在咸阳楚国使馆舍中，常常假托太子有病谢绝宾客。估计太子已经走远，秦军已无法追赶，黄歇就亲自向秦昭王说："楚国太子完已经回去，离开很远了。我应该被处死，愿您赐我一死。"秦昭王非常恼怒，想让他自杀。应侯说："黄歇作为臣子，愿意挺身为他的君主而死，太子完被立为王后，一定会重用黄歇，所以不如赦他无罪让他回国，以亲善楚国。"秦王就放走了黄歇。

歇至楚三月，楚顷襄王卒，太子完立，是为考烈王。考烈王元年，以黄歇为相，封为春申君，赐淮北地十二县。后十五岁，黄歇言之楚王曰："淮北地边①齐，其事急，请以为郡便。"因并献淮北十二县，请封于江东。考烈王许之。春申君因城故吴墟②，以自为都邑。

◎**注释**　①〔边〕接近。②〔因城故吴墟〕在吴国废墟上筑城。
◎**大意**　黄歇回到楚国三个月，楚顷襄王去世，太子完继位，就是楚考烈王。楚考烈王元年，任用黄歇为相国，封号是春申君，将淮北地区十二个县赏赐给他。过了十五年，黄歇对楚考烈王说："淮北地区靠近齐国，那里防务十分紧张，在那设置一个郡就方便了。"因此一下子献出了淮北地区的十二个县，请求将他封在江东。楚考烈王答应了他的请求。春申君黄歇就在吴国的废墟上建城，以此作为自己的封地都会。

　　春申君既相楚，是时齐有孟尝君，赵有平原君，魏有信陵君，方争下士，招致宾客，以相倾夺，辅国持权。

◎**大意**　春申君黄歇执掌楚国大权后，这时齐国有孟尝君，赵国有平原君，魏国有信陵君，都争着谦恭地对待士人，招揽门客，互相竞争，辅佐国君把持政权。

　　春申君为楚相四年，秦破赵之长平军四十余万。五年，围邯郸。邯郸告急于楚，楚使春申君将兵往救之，秦兵亦去，春申君归。春申君相楚八年，为楚北伐灭鲁，以荀卿为兰陵令。当是时，楚复强。

◎**大意**　春申君担任楚国相国的第四年，秦国在长平打败赵国的四十多万守军。第五年，秦国包围了邯郸。邯郸向楚国告急，楚国派春申君率领军队前去解救，秦军解围撤退后，春申君回来。春申君在楚国做相国的第八年，替楚国北伐，消灭了鲁国，任命荀卿为兰陵令。这个时候，楚国又强大了。

　　赵平原君使人于春申君，春申君舍之于上舍。赵使欲夸楚，为玳瑁簪①，刀剑室以珠玉饰之，请命春申君客。春申君客三千余人，其上客皆蹑珠履以见赵使，赵使大惭。

◎**注释** ①〔玳瑁（dài mào）簪〕用玳瑁装饰的簪子，用来绾住头发的一种首饰。
◎**大意** 赵国平原君派使臣见春申君，春申君把他们安排在上等的客房里。赵国使臣想在楚国炫耀，头上插着玳瑁装饰的簪子，刀剑的套子用珠玉装饰，请求会见春申君的门客。春申君的门客有三千多人，其中上等的宾客都穿着缀满珠玉的鞋子会见赵国使臣，赵国使臣非常惭愧。

春申君相十四年，秦庄襄王立，以吕不韦为相，封为文信侯。取东周。

◎**大意** 春申君任相国的第十四年，秦庄襄王继位，任用吕不韦做相国，封其为文信侯。夺取了东周的土地。

春申君相二十二年，诸侯患秦攻伐无已时，乃相与合从，西伐秦，而楚王为从长，春申君用事①。至函谷关，秦出兵攻，诸侯兵皆败走。楚考烈王以咎春申君，春申君以此益疏。

◎**注释** ①〔用事〕指挥。
◎**大意** 春申君任相国的第二十二年，诸侯国担心秦国的进攻没完没了，于是联合起来，向西攻打秦国，楚王担任合纵长，春申君指挥。到了函谷关，秦国出兵反击，诸侯军队都失败而逃。楚考烈王因此责备春申君，春申君从此渐渐被疏远。

客有观津人朱英，谓春申君曰："人皆以楚为强而君用之弱，其于英不然。先君时善秦二十年而不攻楚，何也？秦逾黾隘之塞①而攻楚，不便；假道于两周，背韩、魏而攻楚，不可。今则不然，魏旦暮亡，不能爱许、鄢陵，其许魏割以与秦。秦兵去陈百六十里，臣之所观者，

2727

见秦、楚之日斗也。"楚于是去陈徙寿春；而秦徙卫野王，作置东郡。春申君由此就封于吴，行相事。

◎**注释** ①〔黾（méng）隘之塞〕即黾塞，战国时的要塞。故址在今河南信阳。
◎**大意** 门客中有个观津人朱英，对春申君说："人们都认为楚国很强大而您把它治理贫弱了，我不这样看。先王时与秦国交好二十年而秦国不攻打楚国，为什么？秦军越过黾隘的要塞攻打楚国，不方便；从西周、东周两国借路，背向着韩国、魏国来攻打楚国，不可以。现在就不是这样了，魏国危在旦夕，不能维护许地、鄢陵，或许魏国会割让给秦国。秦军离陈地只有一百六十里，我所见到的是，秦国、楚国的斗争愈加频繁。"于是楚国离开陈地将都城迁移到寿春；而秦国迁移了卫国野王，设置了东郡。春申君从此被封到了吴地，行使相国的职权。

楚考烈王无子，春申君患之，求妇人宜子①者进之，甚众，卒无子。赵人李园持其女弟，欲进之楚王，闻其不宜子，恐久毋宠。李园求事春申君为舍人，已而谒归，故失期。还谒，春申君问之状，对曰："齐王使使求臣之女弟，与其使者饮，故失期。"春申君曰："娉（聘）入乎？"对曰："未也。"春申君曰："可得见乎？"曰："可。"于是李园乃进其女弟，即幸于春申君。知其有身，李园乃与其女弟谋。园女弟承间以说②春申君曰："楚王之贵幸君，虽兄弟不如也。今君相楚二十余年，而王无子，即百岁后将更立兄弟，则楚更立君后，亦各贵其故所亲③，君又安得长有宠乎？非徒然也，君贵用事久，多失礼于王兄弟，兄弟诚立，祸且及身，何以保相印江东之封乎？今妾自知有身矣，而人莫知。妾幸君未久，诚以君之重而进妾于楚王，王必幸妾；妾赖天有子男④，则是君之子为王也，楚国尽可得，孰与身临不测之罪乎？"春申君大然之，乃出李园女弟谨舍⑤，而言之楚王。楚王召入幸之，遂生子男，立为太子，以李园女弟为王后。楚王贵李园，园用事。

◎ **注释**　①〔宜子〕能生育孩子。②〔承间以说〕找到机会劝说。③〔各贵其故所亲〕每个人重用以前的亲信。④〔赖天有子男〕依赖上天所赐，有个儿子。⑤〔谨舍〕恭敬地安排在馆舍里。

◎ **大意**　楚考烈王没有儿子，春申君忧虑此事，寻求会生育的妇女献给楚考烈王，找了很多，最终楚考烈王还是没有儿子。赵国人李园带着他的妹妹，想进献给楚考烈王，听说他不能生养儿子，害怕时间长了不能得到宠幸。李园请求在春申君身边做家臣，不久请假回去，故意误了日期。回来拜见春申君，春申君询问他原委，他说："齐王派使臣来求聘我的妹妹，和他的使臣饮酒，所以延误了归期。"春申君说："送过聘礼了吗？"李园说："没有。"春申君说："可以见见她吗？"李园说："可以。"于是李园献上了他的妹妹，立即就受宠于春申君。李园知道妹妹有了身孕，于是和他的妹妹商量。李园的妹妹找了个机会劝说春申君："楚王宠信您，即使是兄弟也比不上。现在您在楚国做了二十多年相国，而楚王没有儿子，如果百年之后改立他的兄弟，那么楚国改立的国君，每个人也会重用以前的亲信，您又怎能长时间地被宠信呢？不但如此，您执掌权力很久，在楚王的兄弟面前多有失礼的地方，他的兄弟果真继位，灾祸将落在您身上，靠什么来保存相国的印信和江东的封地呢？现在我知道自己有了身孕，而别人不知道。我被您宠爱时间不长，如果您凭着自己尊贵的身份把我献给楚王，大王一定宠爱我；我依赖上天生个儿子，那么就是您的儿子被封为王，楚国的土地可以全部得到，这与面临想不到的罪过哪一个更好呢？"春申君很认同这些话，就把李园的妹妹恭谨地安排在馆舍里，对楚考烈王说了这事。楚考烈王召她入宫宠爱她，于是生了个儿子，将其立为太子，封李园的妹妹为王后。楚考烈王看重李园，李园就掌握了大权。

李园既入其女弟，立为王后，子为太子，恐春申君语泄而益骄，阴养死士，欲杀春申君以灭口，而国人颇有知之者。

◎**大意** 李园让他的妹妹进入宫中，被立为王后，儿子是太子，害怕春申君泄露秘密而更加骄横，暗中养死士，想杀死春申君灭口，居住在国都的很多人都知道这件事。

春申君相二十五年，楚考烈王病。朱英谓春申君曰："世有毋望①之福，又有毋望之祸。今君处毋望之世，事毋望之主，安可以无毋望之人乎？"春申君曰："何谓毋望之福？"曰："君相楚二十余年矣，虽名相国，实楚王也。今楚王病，旦暮且卒，而君相少主，因而代立当国，如伊尹、周公，王长而反（返）政，不即遂南面称孤而有楚国？此所谓毋望之福也。"春申君曰："何谓毋望之祸？"曰："李园不治国而君之仇也，不为兵而养死士之日久矣，楚王卒，李园必先入据权而杀君以灭口。此所谓毋望之祸也。"春申君曰："何谓毋望之人？"对曰："君置臣郎中，楚王卒，李园必先入，臣为君杀李园。此所谓毋望之人也。"春申君曰："足下置之，李园，弱人也，仆又善之，且又何至此！"朱英知言不用，恐祸及身，乃亡去。

◎**注释** ①〔毋望〕意料不到。
◎**大意** 春申君任相国的第二十五年，楚考烈王病重。朱英对春申君说："世上有料想不到而忽然来的幸福，也有料想不到而忽然来的灾祸。现在您处在料想不到而来的时代，服侍料想不到而来的国君，怎么可以没有料想不到而来的助手呢？"春申君说："什么叫料想不到而来的幸福呢？"朱英说："您在楚国担任相国二十多年，虽然名义上是辅助国政，实际上就是楚王。现在楚王病重，早晚要死，您辅佐幼主，因此代替他掌握国家政权，好像伊尹、周公一样，幼主长大再把政权还给他，不就等着坐南面北称王而占有楚国吗？这就是料想不到而来的幸福。"春申君说："什么叫料想不到而来的灾祸呢？"朱英说："李园不执掌国政便是您的仇人，不统领军队却养着死士已经很久了，楚王一死，李园一定先入宫掌握政权杀死您灭口。这就是料想不到而来的灾祸。"春申君说："什么叫料想不到而来的助手呢？"朱英说："您派我担任郎中，楚王一死，李园一定先进入王宫，我替您杀掉李园。这就是料想不到而来的助手。"春申君说："您放弃这个计划吧，李园这个人，是个胆小的人，我又和他很好，将来怎么会到这种地步！"朱英知道劝说也没有用，害怕祸患殃及自身，就逃走了。

后十七日，楚考烈王卒，李园果先入，伏死士于棘门之内。春申君入棘门，园死士侠（夹）刺春申君，斩其头，投之棘门外。于是遂使吏尽灭春申君之家。而李园女弟初幸春申君有身而入之王所生子者遂立，是为楚幽王。

◎**大意**　过了十七天，楚考烈王去世，李园果然抢先入宫，安排死士埋伏在宫门里边。春申君进入宫门，李园的死士从两面包抄刺杀了春申君，斩下他的头，扔到宫门外边。接着派官吏杀死春申君一家人。而李园的妹妹当初被春申君宠幸，有了身孕后被春申君献给楚考烈王，楚考烈王因宠幸李园的妹妹，便让李园的妹妹生下的儿子继了位，这就是楚幽王。

是岁也，秦始皇帝立九年矣。嫪毐①亦为乱于秦，觉，夷其三族，而吕不韦废。

◎**注释**　①〔嫪毐（lào ǎi）〕战国末期秦国人，秦王嬴政母亲赵太后的男宠。
◎**大意**　这一年，秦始皇登位九年了。嫪毐也在秦国叛乱，被发觉后，秦始皇诛灭了他的三族，而吕不韦被废黜。

太史公曰：吾适楚，观春申君故城，宫室盛矣哉！初，春申君之说秦昭王，及出身遣楚太子归，何其智之明也！后制于李园，旄（耄）①矣。语曰："当断不断，反受其乱。"春申君失朱英之谓邪？

◎**注释** ①〔旄〕通"耄（mào）"，昏聩。

◎**大意** 太公史说：我到楚国，看见春申君的旧城，宫室十分华美呀！当初，春申君说服秦昭王，到豁出自己的性命让楚太子回国，这是多么明智的举动！后来他被李园控制，就昏聩无能了。俗话说："该决断时不决断，反而遭受其祸乱。"春申君不听朱英的建议不就是这样吗？

◎**释疑解惑**

春秋战国时期，谋士在各国的政治、外交等方面发挥着重要作用。而春申君作为王族成员，为楚国的强大做出了重大贡献。尤其是他舍身救主的行为，值得赞扬。但当春申君掌握大权后，逐渐尊享荣华，未能采纳身边谋士的意见，犯下致命错误，导致家破人亡！李园为获取私利，利用自己的妹妹，设计陷害春申君的行为尤为可耻。而春申君不听取朱英的意见采取防范措施，也可以说是咎由自取了。李景星《史记评议》称："四君以爱客联传，其三君皆得客之力，孟尝君有冯驩，平原君有毛遂，信陵君有侯嬴，或以免身，或以救国，好客之效，昭然共见。独春申君有一朱英而不能用，遂至丧身覆族，虽与三君并列，其不及三君远甚。故太史公《春申君传赞》曰：'当断不断，反受其乱，春申君失朱英之谓邪！'"春申君大概是战国四公子中被后人认为最差的一个。《史记评林》引赵恒评说："四君，春申君最劣，珠履三千客中，唯闻朱英，不闻其他。"又引邓以赞评说："四豪食客各数千，然就中独冯、毛、侯、朱为奇。信陵自迎固为上；孟尝至令收债而谢之，次；平原至令自赞，又次；春申说而不听，下矣。英具小识，非彼三贤同。"战国四公子皆好养士，各有门下数千食客，然而，唯有春申君门下有名的食客不多，仅有一个献计的，春申君还不听从。春申君身死，更被后人认为是"利令智昏"。《史记评林》针对此点而引杨维桢评说：

"志天下之奇货者，必中天下之奇祸。传曰'圣人甚祸无故之利'，即吾所谓奇祸也。楚之春申君，秦之文信侯是也。春申售娠姬于考烈王而生悍，文信售娠姬于庄襄王而生政。文信卒杀于政，春申免于悍而杀于园，此岂非天下之奇祸，足为小人之奇贪者戒哉！"又凌稚隆评说："此传前叙春申君以智能安楚，而就封于吴；后叙春申君以奸谋盗楚而身死棘门，为天下笑。摹写情事，春申君殆两截人。太史公谓平原君利令智昏，余于春申君亦云。"穆文熙曰："歇为太子谋若是之忠，而后乃进幸女以绝楚嗣，则失其初心矣。岂亦平原君之利令智昏乎。"余有丁《史记评注》曰："春申之死，智以利昏也。使当园妹进说之时峻斥之，则无此祸矣。既惑于邪谋，而包藏祸心移人家国，则乱贼而已。"又钟惺评曰："春申君，楚功臣也，上书秦昭王，全楚，获楚太子归国，其功在社稷，然皆从富贵起念，不能烛李园之奸，所谓富贵到手，器满智昏也，详其始末，与好士无干。"

◎ 思考辨析题

1. 怎么理解春申君拒绝朱英的劝诫？
2. 怎样认识春申君的人生悲剧？

范雎蔡泽列传

第十九

《范雎蔡泽列传》是范雎和蔡泽二人的合传。范雎和蔡泽都是依靠杰出的口辩才智，取代前任而任秦国的丞相，性质接近，合在一处较为恰切。本篇可分为五部分。

自"范雎者"至"厌天下辩士，无所信"为第一部分，主要叙述范雎早年不得志的经历。范雎能逃离魏国，辗转入秦，且逃过当时秦国丞相的搜查，保全身家性命，可谓智者。正是这样的艰苦磨难，激发了范雎出人头地的决心，为后文范雎取代秦国丞相穰侯埋下了伏笔。

自"穰侯，华阳君"至"当是时，秦昭王四十一年也"为第二部分，是本篇的核心内容。这一部分主要叙述范雎通过游说秦王而赢得信任，排挤了穰侯，取得秦国丞相之位。这一过程既是范雎充分展示辩才的舞台，也是范雎达到权力巅峰的前奏。

自"范雎既相秦"至"蔡泽闻之,往入秦也"为第三部分,是范雎赢得相位,达到人生巅峰的时候,也是盛极而衰,逐渐失势之时。这部分内容主要描写了范雎得势后一系列的报恩报仇的事,显示出快意恩仇的鲜明形象。并且在范雎的推动下,秦国一步步兼并周边小国,取得一系列对外战争的胜利,变得更为强大。依此而言,范雎是秦国发展壮大的功臣。同时,这里引出了蔡泽入秦,暗示了范雎的命运巨变。

自"蔡泽者,燕人也"至"三年而燕使太子丹入质于秦"为第四部分,主要叙述蔡泽使用同样的游说方法,劝退范雎,取得相位。但是,蔡泽又畏于人言,不久便谢病辞任。

最后一段为第五部分,是司马迁对范雎、蔡泽的评论,总结二人的奇特人生经历,并借此抒发深沉的感慨!

范雎、蔡泽在乱世中,依靠杰出的辩才赢得秦国的丞相之位,这是春秋战国时期众多谋士的至高梦想。范雎、蔡泽通过努力,发挥才华,追求梦想,并且成功了,这是值得肯定的。司马迁不太认可这种发迹的途径,但仍用生动的笔墨描绘出二人的形象,也有存史鉴戒之意!

范雎者,魏人也,字叔。游说诸侯,欲事魏王,家贫无以自资,乃先事魏中大夫须贾。

◎**大意** 范雎,是魏国人,字叔。他游说各诸侯国,想效力魏王,家庭贫困没办法养活自己,于是先侍奉魏国的中大夫须贾。

须贾为魏昭王使于齐，范雎从。留数月，未得报。齐襄王闻雎辩口，乃使人赐雎金十斤及牛酒，雎辞谢不敢受。须贾知之，大怒，以为雎持魏国阴事①告齐，故得此馈，令雎受其牛酒，还其金。既归，心怒雎，以告魏相。魏相，魏之诸公子，曰魏齐。魏齐大怒，使舍人笞击雎，折胁摺（拉）齿②。雎详（佯）死，即卷以箦③，置厕中。宾客饮者醉，更溺雎，故僇辱以惩后，令无妄言者。雎从箦中谓守者曰："公能出④我，我必厚谢公。"守者乃请出弃箦中死人。魏齐醉，曰："可矣。"范雎得出。后魏齐悔，复召求之。魏人郑安平闻之，乃遂操范雎亡，伏匿，更名姓曰张禄。

◎**注释** ①〔阴事〕隐秘的事情。②〔折胁摺（lā）齿〕打折肋骨，打断牙齿。③〔箦（zé）〕竹编床席。④〔出〕放走。

◎**大意** 须贾为魏昭王出使齐国，范雎跟随他一起去。留在齐国几个月，没有得到答复。齐襄王听说范雎善于辩论，就派人赏赐给范雎十斤黄金和牛肉美酒，范雎推辞不敢接受。须贾知道了这件事，非常生气，认为范雎把魏国隐秘的事告诉了齐国，所以才得到这些礼物，命令范雎收下牛肉、美酒，归还黄金。回到魏国后，须贾心里十分恼怒范雎，把这件事告诉了魏国宰相。魏国宰相，是魏国国君的庶子，叫魏齐。魏齐听后大怒，派家臣拷打范雎，打断了肋骨，打落了牙齿。范雎假装死了，魏齐就派人用席子把他卷起来，扔在厕所里。魏齐门客中有喝醉的人，一个个在范雎身上撒尿，故意侮辱他来警告以后的人，使他们不敢乱说话。范雎从席子中对看守说："您如果放我走，我日后必定重重地谢您。"看守于是请求出去扔掉席中的死人。魏齐醉了，说："可以。"范雎因而得以逃脱。后来魏齐很后悔，又派人去搜索范雎。魏国人郑安平听说了这件事，于是带着范雎逃亡，躲躲藏藏，范雎更改了姓名叫张禄。

当此时，秦昭王使谒者王稽于魏。郑安平诈为卒，侍王稽。王稽问:"魏有贤人可与俱西游者乎?"郑安平曰:"臣里中有张禄先生,欲见君,言天下事。其人有仇,不敢昼见(现)。"王稽曰:"夜与俱来。"郑安平夜与张禄见王稽。语未究,王稽知范雎贤,谓曰:"先生待我于三亭之南。"与私约而去。

◎**大意** 在这个时候,秦昭王派出使臣王稽到魏国。郑安平就假装成差役,侍候王稽。王稽问:"魏国有贤才可以与我一起到西方吗?"郑安平说:"我同乡中有一位张禄先生,想见您,谈谈天下大事。这个人有仇敌,不敢在白天出现。"王稽说:"晚上和他一起来。"郑安平晚上和张禄一起去见王稽。话还没谈完,王稽就发现范雎是个贤才,对他说:"您在三亭南面等着我。"和他暗地里相约离去。

王稽辞魏去,过,载范雎入秦。至湖,望见车骑从西来。范雎曰:"彼来者为谁?"王稽曰:"秦相穰侯东行县邑。"范雎曰:"吾闻穰侯专秦权,恶内(纳)诸侯客,此恐辱我,我宁且匿车中。"有顷,穰侯果至,劳王稽,因立车而语曰:"关东有何变?"曰:"无有。"又谓王稽曰:"谒君得无与诸侯客子俱来乎?无益,徒乱人国耳。"王稽曰:"不敢。"即别去。范雎曰:"吾闻穰侯智士也,其见事迟,乡(向)者疑车中有人,忘索之。"于是范雎下车走,曰:"此必悔之。"行十余里,果使骑还索车中,无客,乃已。王稽遂与范雎入咸阳。

◎**大意** 王稽辞别魏王离去,经过三亭南边时载上范雎进入了秦国国境。到了湖地,看见一队车马从西面过来。范雎问:"那边来的是谁?"王稽答道:"秦国的丞相穰侯向东边巡视县邑。"范雎说:"我听说穰侯独霸秦国大权,讨厌接纳诸侯国的游说之士，这样见面恐怕会侮辱我，我宁愿暂且躲在车中。"过了一会儿，穰侯果然来了，慰问了王稽，并停车问王稽："关东的局势有什么变化？"王稽说："没有变化。"穰侯又对王稽说："您没有和诸侯国的说客一起来吧？这些人没有用，只会扰乱别的国家。"王稽说："不敢。"于是告别离去。范雎说："我听说穰侯是聪明人，他遇事反应慢，刚才他怀疑车中藏着人，忘记了搜查。"于是范雎下车步行，说："他一会儿会后悔。"走了十几里路，穰侯果然派人回来搜查车子，没有发现门客，才罢休。于是王稽和范雎一起进入咸阳。

已报使，因言曰："魏有张禄先生，天下辩士也。曰'秦王之国危于累卵，得臣则安。然不可以书传也'。臣故载来。"秦王弗信，使舍食草具。待命岁余。

◎**大意** 王稽向秦王汇报完出使的情况，趁机说："魏国有个张禄先生，是天下能言善辩之士。他说'秦王的国家像垒起来的鸡蛋一样危险，得到我就能平安。然而这些话不能用书信传达'。所以我把他带来了。"秦王不相信，安排范雎在下等客舍中吃素饭。范雎在那里等待了一年多。

当是时，昭王已立三十六年。南拔楚之鄢郢，楚怀王幽死于秦。秦东破齐。湣王尝称帝，后去之。数困三晋。厌天下辩士，无所信。

◎**大意** 这时，秦昭王已经即位三十六年了。秦国向南夺取了楚国的都城鄢郢，楚怀王在秦国被幽禁而死。秦国向东打败了齐国。齐湣王曾经称帝，后来又去掉了帝号。秦国多次围困韩、赵、魏三国。秦王讨厌天下的说客，从不听信他们。

穰侯，华阳君，昭王母宣太后之弟也；而泾阳君、高陵君皆昭王同母弟也。穰侯相，三人者更将，有封邑，以太后故，私家富重于王室。及穰侯为秦将，且欲越韩、魏而伐齐纲、寿，欲以广其陶封。范雎乃上书曰：

◎**大意**　穰侯、华阳君，都是秦昭王母亲宣太后的弟弟；而泾阳君、高陵君都是秦昭王的同胞弟弟。穰侯做相国，三个人轮流担任将领，都有封地，因为宣太后的缘故，私人财产比王室还要多。等到穰侯做秦国的将领时，穰侯准备越过韩国、魏国去侵伐齐国的纲地、寿地，想借此扩大他的陶邑封地。范雎于是上书说：

　　臣闻明主立政，有功者不得不赏，有能者不得不官，劳大者其禄厚，功多者其爵尊，能治众者其官大。故无能者不敢当职焉，有能者亦不得蔽隐①。使以臣之言为可，愿行而益利其道；以臣之言为不可，久留臣无为也。语曰："庸主赏所爱而罚所恶；明主则不然，赏必加于有功，而刑必断于有罪。"今臣之胸不足以当砧质②，而要（腰）不足以待斧钺③，岂敢以疑事尝试于王哉！虽以臣为贱人而轻辱，独不重任臣者之无反复于王邪？

◎**注释**　①〔蔽隐〕埋没不彰。②〔砧（zhēn）质〕指腰斩人时所用的垫板。③〔斧钺（yuè）〕指刑具。

◎**大意**　我听说圣明的君主推行政事，有功劳的人不应该不给奖赏，有能力的人不应该不给官职，功劳大的人他的俸禄就多，功绩多的人他的爵位就高，能管理众人的人他的官职就大。所以没有能力的人不敢担任官职，有才能的人也不会被埋没。假使您认为我的话可行，希望您推行从而有益于您的政治统治；如果您认为我的话不对，那么长久地留住我也没有什么用处。俗话说："平庸的君主奖赏喜爱的人，惩罚厌恶的人；英明的君主却不这样，奖赏一定给有功的人，刑罚一定判给有罪的人。"现在我的胸膛不能抵挡砧板，腰不能抵挡斧钺，难道敢拿毫无把握的事去试探大王吗？虽然别人认为我是卑贱之人而轻易羞辱我，您难道还不相信推荐我的人不会对大王做毫无把握的事情吗？

且臣闻周有砥砨①，宋有结绿，梁有县（悬）藜，楚有和朴，此四宝者，土之所生，良工之所失也，而为天下名器。然则圣王之所弃者，独不足以厚国家乎？

◎**注释** ①〔砥砨（è）〕美玉名。
◎**大意** 况且我听说周朝有砥砨玉石，宋国有结绿玉石，魏国有县藜玉石，楚国有和朴玉石，这四件宝贝，都是土中所生，被优秀的工匠遗弃，而都是天下有名的宝贵器物。那么圣明的大王所抛弃的人，难道对国家就没有好处吗？

臣闻善厚家者取之于国，善厚国者取之于诸侯。天下有明主则诸侯不得擅厚者，何也？为其割荣也。良医知病人之死生，而圣主明于成败之事，利则行之，害则舍之，疑则少尝之，虽舜禹复生，弗能改已。语之至者，臣不敢载之于书，其浅者又不足听也。意者臣愚而不概于王心①邪？亡其言臣者贱而不可用乎？自非然者，臣愿得少赐游观之间，望见颜色。一语无效，请伏斧质。

◎**注释** ①〔不概于王心〕不合大王内心所思。
◎**大意** 我听说善于使自己封地富足的人是从国家窃取利益，善于使国家富强的人是从诸侯国中夺取财富。天下有英明的君主而诸侯国不能独占贤才，为什么呢？因为他会分割荣耀。好大夫知道病人的死生，圣明的君主了解事业的成功与失败，有利的事就实行，有害的事就舍弃，有疑问就不妨先试一试，即使是虞舜帝、夏禹王再生，也不能改变这种状态。最要紧的话，我不敢写在书面上，那些浅薄的话又不值得听取。想来莫非是我愚笨，说的话不合大王心中所思吗？要不就是嫌弃我卑贱不值得任用？如果不是那样的话，我希望得到一个大王游览的间隙，拜见您的容颜。如果一句话也没用，甘愿服罪。

于是秦昭王大说（悦），乃谢王稽，使以传车召范雎。

◎**大意** 于是秦昭王非常高兴，就向王稽道歉，派他用驿传的车去接范雎。

于是范雎乃得见于离宫，详（佯）为不知永巷而入其中。王来而宦者怒，逐之，曰："王至！"范雎缪^①为曰："秦安得王？秦独有太后、穰侯耳。"欲以感怒昭王。昭王至，闻其与宦者争言，遂延迎^②，谢曰："寡人宜以身受命^③久矣，会义渠之事急，寡人旦暮自请太后；今义渠之事已，寡人乃得受命。窃闵然不敏^④，敬执宾主之礼。"范雎辞让。是日观范雎之见者，群臣莫不洒然变色易容^⑤者。

◎**注释** ①〔缪（miù）〕错误。②〔延迎〕走上前去迎接。③〔受命〕请教。④〔闵然不敏〕昏昧糊涂不聪敏。⑤〔洒然变色易容〕突然改变态度。

◎**大意** 因此范雎能够在行宫中拜见秦王，他假装不知道通往内宫的长巷而进入其中。秦昭王来时宦官大怒，驱赶他，说："大王到！"范雎故意胡说："秦国哪里有什么大王？秦国只有太后、穰侯罢了。"他想用这些话激怒秦昭王。秦昭王到了，听到他与宦官争执，于是走上去迎接，道歉说："我应当早些来请教，正赶上义渠的事情紧急，我早晚亲自请示太后；现在义渠的事情已经完了，我才能请教您。我昏昧糊涂不聪敏，让我向您敬行一礼。"范雎客气地还了礼。这一天凡是看到范雎谒见秦昭王的文武百官，没有一个不是突然改变态度的。

秦王屏（摒）左右，宫中虚无人。秦王跽①而请曰："先生何以幸教寡人？"范雎曰："唯唯。"有间，秦王复跽而请曰："先生何以幸教寡人？"范雎曰："唯唯。"若是者三。秦王跽曰："先生卒不幸教寡人邪？"范雎曰："非敢然也。臣闻昔者吕尚之遇文王也，身为渔父而钓于渭滨耳。若是者，交疏也。已说而立为太师，载与俱归者，其言深也。故文王遂收功于吕尚而卒王天下。乡（向）使文王疏吕尚而不与深言，是周无天子之德，而文、武无与成其王业也。今臣羁旅之臣也，交疏于王，而所愿陈者皆匡君之事，处人骨肉之间，愿效愚忠而未知王之心也。此所以王三问而不敢对者也。臣非有畏而不敢言也。臣知今日言之于前而明日伏诛于后，然臣不敢避也。大王信行臣之言，死不足以为臣患，亡不足以为臣忧，漆身为厉（癞）、被（披）发为狂不足以为臣耻。且以五帝之圣焉而死，三王之仁焉而死，五伯（霸）之贤焉而死，乌获、任鄙之力焉而死，成荆、孟贲、王庆忌、夏育之勇焉而死。死者，人之所必不免也。处必然之势，可以少有补于秦，此臣之所大愿也，臣又何患哉！伍子胥橐载②而出昭关，夜行昼伏，至于陵水，无以糊其口，膝行蒲伏③，稽首肉袒，鼓腹吹篪④，乞食于吴市，卒兴吴国，阖闾为伯（霸）。使臣得尽谋如伍子胥，加之以幽囚，终身不复见，是臣之说行也，臣又何忧？箕子、接舆漆身为厉（癞），被（披）发为狂，无益于主。假使臣得同行于箕子，可以有补于所贤之主，是臣之大荣也，臣有何耻？臣之所恐者，独恐臣死之后，天下见臣之尽忠而身死，因以是杜口裹足，莫肯乡（向）秦耳。足下上畏太后之严，下惑于奸臣之态，居深宫之中，不离阿保⑤之手，终身迷惑，无与昭奸。大者宗庙灭覆，小者身以孤危，此臣之所恐耳。若夫穷辱之事，死亡之患，臣不敢畏也。臣死而秦治，是臣死贤于生。"秦王跽曰："先生是何言也！夫秦国辟（僻）远，寡人愚不肖，先生乃幸辱至于此，是天以寡人㥯⑥先生而存先王之宗庙也。寡人得受命于先生，是天所以幸先王，而不弃其孤也。先生奈何而言若是！事无小大，上及太后，下至大臣，愿先生悉以教寡人，无疑寡人也。"范雎拜，秦王亦拜。

◎**注释** ①〔跽（jì）〕长跪，即挺直身体跪着，是古人的一种坐姿，表示敬重。②〔橐（tuó）载〕钻在袋子里，让车拉载。橐，口袋。③〔蒲伏〕犹"匍匐"。伏地而行。④〔篪（chí）〕一种竹制管乐器。⑤〔阿保〕此指左右幸近之臣。⑥〔㥯（hùn）〕打扰。

◎**大意** 秦昭王使左右退避，宫中没有别的人。秦昭王长跪请教说："先生有什么指教我的？"范雎说："是是。"过了一会，秦昭王又长跪请教说："先生有什么指教我的？"范雎说："是是。"这样来回三次。秦王长跪着说："先生最终不想指教我吗？"范雎说："不敢这样。我听说过去吕尚遇到周文王时，自己是个渔人在渭河边垂钓罢了。像这样，他们的关系很疏远。文王诚服任命他为太师后，带着他一起回去，他的话很深切啊。所以周文王便借力于吕尚最终统一了天下。假如周文王疏远吕尚，不跟他深谈，这样周朝就没有做天子的德望，而周文王、周武王也就无人辅佐来成就他们统一天下的大业了。现在我是客居别国的人，与大王交情疏远，而我所要说的都是匡扶国君的事，处理人家骨肉之间的关系，我愿意献出一片忠心却不了解大王的心意。这就是大王询问我三次而我不敢应答的原因。我不是害怕什么不敢说。我知道今天说的这些话，在天明前就会被处死，然而我不逃避。大王若相信我的话，死不值得我忧虑，流放不值得我担心，用漆涂身变成癞子、披头散发装成疯子不值得我羞耻。况且像五帝那样的圣贤死了，三王那样的仁义之人死了，五霸那样的贤明之人死了，乌获、任鄙那样的大力士死了，成荆、孟贲、王庆忌、夏育那样的勇敢之人也死了。死亡，人们一定不能避免。处在必然的死亡面前，可以稍微有利于秦国，这是我最大的心愿，我又有什么担忧呢！伍子胥钻进袋子被车拉着逃出了昭关，晚上赶路白天躲藏，到了陵水，没有饭吃，伏在地上爬行，赤裸身体叩头，鼓着空肚皮吹箫，在吴国集市讨饭，最终振兴了吴国，使阖闾成为霸主。假如我能像伍子胥那样做出贡献，再把我关押起来，终身不见面，这是我的主张实行了，我又有什么忧虑呢？箕子、接舆用漆涂身变成癞子，披头散发装成疯子，对君主没有好处。假使我的行为像箕子一样，对贤明的君王有好处，这是我的光荣，我有什么羞耻的呢！我所担心的，只是我死了之后，天下人看到我尽忠而死，因此闭口不说，没有人肯投效秦国了。您在上害怕太后的威严，在下被奸臣的媚态所迷惑，住在深宫中，离不开左右幸臣，没有办法分辨奸邪。如此下去大则国家灭亡，小则自身危急，这是我所担心的。至于穷困羞辱的事情、死亡的灾祸，我不会害怕。我死了而秦国安定，这样我死胜过生。"秦昭王跪着说："先生这是什么话！秦国处于偏僻的地方，我愚钝不聪敏，先生却委屈地来到这里，这是上天要我劳累先生保存先王的宗庙啊。我能够受教于先生，是上天赐福先王，不抛弃他们的后代。先生怎么说这样的话！事情没有大小，上到太后，下到大臣，希望先生都能指点我，不要怀疑我。"范雎拜谢，秦昭王也拜谢。

范雎曰："大王之国，四塞以为固，北有甘泉、谷口，南带泾、渭，右陇、蜀，左关、阪，奋击①百万，战车千乘，利则出攻，不利则入守，此王者之地也。民怯于私斗而勇于公战②，此王者之民也。王并此二者而有之。夫以秦卒之勇，车骑之众，以治诸侯，譬若施韩卢而搏蹇兔③也，霸王之业可致也，而群臣莫当其位。至今闭关十五年，不敢窥兵④于山东者，是穰侯为秦谋不忠，而大王之计有所失也。"秦王跽曰："寡人愿闻失计。"

◎**注释** ①〔奋击〕指军队。②〔怯于私斗而勇于公战〕为私人争斗感到羞怯，为国战斗勇猛无比。③〔施韩卢而搏蹇（jiǎn）兔〕韩卢，韩国出产的迅猛的猎犬。蹇兔，跛脚的兔子。④〔窥兵〕出兵攻打。

◎**大意** 范雎说："大王的国家，四面有要塞可以坚守,北边有甘泉、谷口，南边围绕着泾水、渭水,右边有陇山、蜀道,左边有函谷关、商阪,雄师百万,战车千辆,有利就进攻,不利就退守,这是建立霸业的地方。百姓为私人争斗感到羞怯,为国战斗勇猛无比,这是成就霸业的百姓。大王兼有地利和人利两个条件。凭借着秦军的勇敢、众多的车马,来对付诸侯国,好像驱赶天下名犬韩卢去捕捉跛兔,霸王的大业可以完成,但是秦国朝廷中的群臣没有人能担此重任。到现在闭关十五年,不敢用兵攻打山东的原因,是穰侯为秦国出谋划策不够忠诚,大王的计划有失误。"秦昭王长跪着说:"我愿意听您说说我的过失。"

然左右多窃听者,范雎恐,未敢言内,先言外事,以观秦王之俯仰①。因进曰:"夫穰侯越韩、魏而攻齐纲、寿,非计也。少出师则不足以伤齐,多出师则害于秦。臣意王之计,欲少出师而悉韩、魏之兵也,则不义矣。今见与国之不亲也,越人之国而攻,可乎?其于计疏矣。且昔齐湣王南攻楚,破军杀将,再辟地千里,而齐尺寸之地无得焉者,岂不欲得地哉,形势不能有也。诸侯见齐之罢(疲)弊(弊),君臣之不和也,兴兵而伐齐,大破之。士辱兵顿,皆咎其王,曰:'谁为此计者乎?'王曰:'文子为之。'大臣作乱,文子出走。故齐所以大破者,以其伐楚而肥韩、魏也。此所谓借贼兵而赍②盗粮者也。王不如远交而近攻,得寸则王之寸也,得尺亦王之尺也。今释③此而远攻,不亦缪乎!且昔者中山之国地方五百里,赵独吞之,功成名立而利附焉,天下莫之能害也。今夫韩、魏,中国之处而天下之枢也,王其欲霸,必亲中国以为天下枢,以威楚、赵。楚强则附赵,赵强则附楚,楚、赵皆附,齐必惧矣。齐惧,必卑辞重币以事秦。齐附而韩、魏因可虏也。"昭王曰:"吾欲亲魏久矣,而魏多变之国也,寡人不能亲。请问亲魏奈何?"对曰:"王卑词重币以事之;不可,则割地而赂之;不可,因举兵而伐之。"王曰:"寡人敬闻命矣。"乃拜范雎为客卿,谋兵事。卒听范雎谋,使五大夫绾伐魏,拔怀。后二岁,拔邢丘。

◎**注释** ①〔俯仰〕反应。②〔赍(jī)〕送。③〔释〕放弃。
◎**大意** 然而左右有许多窃听的人,范雎很担心,不敢说秦国内部的事,先说外面的事,以此观察秦王的态度。因而进言说:"穰侯越过韩国、魏国进攻齐国的纲地、寿地,不是好计策。出兵少就不能损伤齐国,出兵多反会损害秦国自己。我揣摩大王的心意,想出动少量的军队而让韩国、魏国出动全部兵力,这是不义之举。现在看到盟国不够亲密,越过他人的国家去进攻,可以吗?这在策略上有疏忽。再说以前齐湣王向南攻打楚国,打败楚军杀死楚将,又开辟千里土地,而齐国最后连尺寸土地都没有得到,难道齐国不想拥有土地吗?是形势所迫不能这样做。诸侯国看到齐国疲乏,君臣不团结,发兵攻打齐国,把它打得大败。士兵受辱、军队困顿,都埋怨他们的大王,说:'谁出的这个主意?'齐王说:'孟尝君田文出的主意。'大臣作乱,田文出走。齐国之所以遭到失败,是因为它攻打楚国却使韩国、魏国强大了。这就是把兵器送给强盗,把粮草送给小偷。大王不如结交隔得远的国家而进攻邻近的国家,得到一寸地是大王的一寸地,得到一尺地是大王的一尺地。现在放弃近的国家而去进攻远的国家,不是太荒谬了吗!况且以前中山国领土有方圆五百里,赵国独自把它吞并了,功成名就利益归附赵国,天下没有谁能侵害赵国。现在韩国、魏国地处中原,是天下的门户,大王想称霸,一定要亲近中原地区的国家,掌握天下的门户,来威胁楚国、赵国。楚国强大就支持赵国,赵国强大就支持楚国,楚国、赵国都归附了,齐国一定会害怕。齐国害怕,一定会用谦卑的语言、贵重的宝物侍奉秦国。齐国归附后,韩国、魏国就会臣服。"秦王说:"我想亲善魏国很久了,可魏国是个多变的国家,我不能亲近它。请问要亲近魏国该怎么办?"范雎说:"大王用谦卑的言辞、贵重的宝物服侍它;不行,就割地贿赂它;再不行,就寻找机会发兵攻打它。"秦昭王说:"我恭候地听您的指教。"于是拜范雎为客卿,策划军事行动。最终秦昭王听从范雎的意见,派五大夫绾进攻魏国,拿下了怀地。两年后,夺取了邢丘。

客卿范雎复说昭王曰："秦、韩之地形，相错如绣。秦之有韩也，譬如木之有蠹①也，人之有心腹之病也。天下无变则已，天下有变，其为秦患者孰大于韩乎？王不如收韩。"昭王曰："吾固欲收韩，韩不听，为之奈何？"对曰："韩安得无听乎？王下兵而攻荥阳，则巩、成皋之道不通；北断太行之道，则上党之师不下。王一兴兵而攻荥阳，则其国断而为三。夫韩见必亡，安得不听乎？若韩听，而霸事因可虑矣。"王曰："善。"且欲发使于韩。

◎**注释** ①〔蠹（dù）〕蛀虫。

◎**大意** 客卿范雎又游说秦昭王说："秦国、韩国的地形，互相交错像锦绣。秦国有韩国，好像树木有了蛀虫，人的心腹有了重病。天下没有变化就罢了，天下有变化，成为秦国后患的还有谁比韩国更大呢？大王不如收服韩国。"秦昭王说："我本来想收服韩国，如果韩国不听从，该怎么办呢？"范雎说："韩国怎么会不听从呢？大王发兵攻打荥阳，那么巩地、成皋的道路就不畅通了；向北截断太行山的通道，那么上党的军队就不能南下。大王一旦发兵攻打荥阳，那么韩国就会被分割成三个部分。韩国眼见要灭亡，怎么能不听从呢？如果韩国听从，那么霸业就可以图谋了。"秦昭王说："好。"准备派使臣到韩国。

范雎日益亲，复说用数年矣，因请间说曰："臣居山东时，闻齐之有田单，不闻其有王也；闻秦之有太后、穰侯、华阳、高陵、泾阳，不闻其有王也。夫擅国之谓王，能利害之谓王，制杀生之威之谓王。今太后擅行不顾，穰侯出使不报，华阳、泾阳等击断无讳，高陵进退不请。四贵备而国不危者，未之有也。为此四贵者下，乃所谓无王也。然则权安得不倾，令安得从王出乎？臣闻善治国者，乃内固其威而外重其权。穰侯使者操王之重，决制于诸侯，剖符于天下，政

（征）适（敌）伐国，莫敢不听。战胜攻取则利归于陶，国獘（弊）御于诸侯；战败则结怨于百姓，而祸归于社稷。诗曰'木实繁者披其枝，披其枝者伤其心；大其都者危其国，尊其臣者卑其主'。崔杼、淖齿管齐，射王股，擢①王筋，县（悬）之于庙梁，宿昔而死。李兑管赵，囚主父于沙丘，百日而饿死。今臣闻秦太后、穰侯用事，高陵、华阳、泾阳佐之，卒无秦王，此亦淖齿、李兑之类也。且夫三代所以亡国者，君专授政，纵酒驰骋弋猎，不听政事。其所授者，妒贤嫉能，御下蔽上，以成其私，不为主计，而主不觉悟，故失其国。今自有秩以上至诸大吏，下及王左右，无非相国之人者。见王独立于朝，臣窃为王恐，万世之后，有秦国者非王子孙也。"昭王闻之大惧，曰："善。"于是废太后，逐穰侯、高陵、华阳、泾阳君于关外。秦王乃拜范雎为相。收穰侯之印，使归陶，因使县官给车牛以徙，千乘有余。到关，关阅其宝器，宝器珍怪多于王室。

◎**注释** ①〔擢（zhuó）〕拔，抽。
◎**大意** 范雎日益亲近秦昭王，又被宠信任用了几年，因此找机会劝说秦昭王说："我在山东的时候，听说齐国有田单，没有听说齐国的大王；听说秦国有太后、穰侯、华阳君、高陵君、泾阳君，没有听说秦国的大王。只有专断国家政权的人称得上王，能够兴利除害的人称得上王，能够握有生杀大权的人称得上王。现在太后独断专行不考虑您，穰侯出使别国不报告，华阳君、泾阳君等人处事专断，毫无顾忌，高陵君擅自决定事情不请示。这四种贵人齐备而国家不危亡，是没有的事情啊。朝廷大臣屈从在这四大权贵手下，心目中没有秦王了。那么大权怎么会不旁落，政令怎么会出自大王手中？我听说善于治国的人，对内树立自己的威信，对外重视权力。穰侯派人把持王权，控制各诸侯国，到处订立盟约，征伐敌国，没有敢不听从的。打了胜仗，利益归功于陶地，国家疲敝将受制于诸侯；战败了就会和百姓结下仇怨，把灾祸归咎于国家。有诗歌说'果实繁茂会压断枝干，压断枝干会伤害树心；属国大了会伤害主国，臣子尊贵会使君主卑微'。崔杼、淖齿控制了齐国政权，用箭射齐庄公，抽掉齐庄公的脚筋，悬挂在宗庙的梁上，一夜就吊死了。李兑掌握赵国的权力，把主父囚禁在沙丘，百天后饿死。现在我听说秦国太后、穰侯掌握大权，高陵君、华阳君、泾阳君辅佐他们，终究会取代秦王，这些人就是淖齿、李兑一类人。况且夏、商、周三代亡国的原因，就是君主把大权全都交给宠臣，自己恣意饮酒、驰骋打猎，不理朝政。那些被授权的人，妒贤嫉能，控制大臣，欺骗君主，来谋取他们的私利，不为君主谋划政事，君主却不醒悟，所以失掉了自己的国家。现在从小官吏到上面的大臣，向下到大王的左右侍从，没有不是穰侯的人的。我发现大王在朝廷中很孤立，私下里为大王担心，百年之后，统治秦国的就不是大王的子孙了。"秦昭王听了之后非常害怕，说："对。"于是废除了太后，把穰侯、高陵君、华阳君、泾阳君驱逐出函谷关。秦昭王于是拜范雎为丞相。他收回了穰侯的印信，让他回到封地陶邑，派官府用牛车运送东西，车子有一千多辆。到了关口，守关的官吏检查他的宝物，珍奇器物比王室还多。

秦封范雎以应，号为应侯。当是时，秦昭王四十一年也。

◎**大意** 秦昭王给范雎的封邑在应地，号称应侯。这个时候，是秦昭王四十一年。

范雎既相秦，秦号曰张禄，而魏不知，以为范雎已死久矣。魏闻秦且东伐韩、魏，魏使须贾于秦。范雎闻之，为微行①，敝衣间步②之邸，见须贾。须贾见之而惊曰："范叔固无恙乎！"范雎曰："然。"须贾笑曰："范叔有说于秦邪？"曰："不（否）也。雎前日得过于魏相，故亡逃至此，安敢说乎！"须贾曰："今叔何事？"范雎曰："臣为人庸赁③。"须贾意哀之，留与坐饮食，曰："范叔一寒如此哉！"乃取其

一绨袍④以赐之。须贾因问曰："秦相张君，公知之乎？吾闻幸于王，天下之事皆决于相君。今吾事之去留在张君。孺子岂有客习于相君者哉？"范雎曰："主人翁习知之。唯雎亦得谒，雎请为见君于张君。"须贾曰："吾马病，车轴折，非大车驷马，吾固不出。"范雎曰："愿为君借大车驷马于主人翁。"

◎**注释**　①〔微行〕便服出行。②〔敝衣间步〕穿着破衣，从小路行走。③〔庸赁〕做佣人。④〔绨(tí)袍〕光滑厚实的丝袍。

◎**大意**　范雎已经在秦国做了丞相，秦国人叫他张禄，魏国人不知道这事，认为范雎早已死了。魏王听到秦国准备向东攻打韩国、魏国，便派须贾出使秦国。范雎听说这事，隐瞒自己的身份便装出行，穿着破旧的衣服从小路到宾馆，见到了须贾。须贾见到他吃惊地说："范叔原来没有遭难啊！"范雎说："是。"须贾笑着说："范叔到秦国是来游说的吗？"范雎说："不是。我从前得罪了魏国的相国，所以逃亡到这里，怎么敢游说呢！"须贾说："现在范叔干什么？"范雎说："我为人做帮工。"须贾心里很怜悯他，留他坐下来一起喝酒吃饭，说："范叔穷困到了这种地步！"于是取了一件光滑厚实的丝袍送给他。须贾趁机询问道："秦国的丞相张先生，您知道他吗？我听说他得宠于秦王，天下的事都由他决定。现在我的事情成败在于张先生。你有朋友熟悉丞相吗？"范雎说："我的主人熟悉他。我也能求见，愿意把您介绍给张先生。"须贾说："我的马生病了，车轴也断了，不是四匹马拉的大车，我不能出去。"范雎说："我愿意为您从我的主人那里借来四匹马拉的大车。"

范雎归取大车驷马，为须贾御之，入秦相府。府中望见，有识者皆避匿。须贾怪之。至相舍门，谓须贾曰："待我，我为君先入通于相君。"须贾待门下，持车良久，问门下曰："范叔不出，何也？"门下曰："无范叔。"须贾曰："乡（向）者与我载而入者。"门下曰："乃吾相张君也。"须贾大惊，自知见卖，乃肉袒膝行，因门下人谢罪。于是范雎盛帷帐，侍者甚众，见之。须贾顿首言死罪，曰："贾不意君能自致于青云之上，贾不敢复读天下之书，不敢复与天下之事。贾有汤镬之罪①，请自屏（摒）于胡貉（貊）之地②，唯君死生之！"范雎曰："汝罪有几？"曰："擢贾之发以续贾之罪，尚未足。"范雎曰："汝罪有三耳。昔者楚昭王时而申包胥为楚却吴军，楚王封之以荆五千户，包胥辞不受，为丘墓之寄于荆也。今雎之先人丘墓亦在魏，公前以雎为有外心于齐而恶雎于魏齐，公之罪一也。当魏齐辱我于厕中，公不止，罪二也。更醉而溺我，公其何忍乎？罪三矣。然公之所以得无死者，以绨袍恋恋，有故人之意，故释公。"乃谢罢。入言之昭王，罢归须贾。

◎**注释** ①〔汤镬（huò）之罪〕指用开水煮死的罪过。镬，大锅。②〔胡貉（mò）之地〕指异族边荒之地。

◎**大意** 范雎回去后带来了四匹马拉的大车，亲自为须贾驾车，进入秦国丞相府。相府里的人看见，有认识他的人都躲开了。须贾很奇怪。到了丞相住舍门前，范雎对须贾说："等我一会儿，我先进去替您向丞相通报一下。"须贾在门前等候，他停留在车子上等了很久，问守门人说："范叔还不出来，为什么呀？"守门人说："没有范叔这个人。"须贾说："就是刚才跟我一起驾车进来的那个人。"守门人说："那是我们的丞相张先生。"须贾大吃一惊，明白自己受骗了，于是赤裸上身跪着走路，通过守门人请求谢罪。这时范雎坐在华丽的帷帐中，服侍的人很多，接见须贾。须贾磕头说自己有死罪，说："我没想到您能自己达到青云之上，我不敢再读天下的书，不敢再说天下的事。我有汤锅煮死的罪刑，我愿意把自己放逐到异族聚居的荒远之地，是死是活听您安排。"范雎说："你有几条罪状？"须贾说："拔取我的头发来数我的罪行，还不够用。"范雎说："你有三条罪。以前楚昭王时，申包胥为楚国谋划打退了吴军，楚王把楚国的五千户封赏给申包胥，申包胥坚决不接受，因为他的祖坟安放在楚国。现在我的祖坟也在魏国。你以前认为我与齐国有外心，在魏齐面前说我的坏话，这是你的第一条罪行。当时魏齐在厕所侮辱我，你不制止，这是第二条罪行。又喝醉了在我身上撒尿，你是多么残忍啊？这是第三条罪行。然而你之所以没被处死，是我看在你送我绸袍，有老朋友的情意，所以放了你。"于是礼貌地结束会见。范雎入宫告诉秦昭王，于是驱逐了须贾。

须贾辞于范雎，范雎大供具①，尽请诸侯使，与坐堂上，食饮甚设。而坐须贾于堂下，置莝豆②其前，令两黥徒③夹而马食之。数曰："为我告魏王，急持魏齐头来！不然者，我且屠大梁。"须贾归，以告魏齐。魏齐恐，亡走赵，匿平原君所。

◎**注释** ①〔大供具〕大摆宴席。②〔莝（cuò）豆〕喂牲口的草料。莝，铡碎的草。③〔黥（qíng）徒〕受黥刑的囚徒。

◎**大意** 须贾将要辞别范雎离去，范雎便大摆宴席，邀请的全部是诸侯的使臣，和他们一起坐在大堂上，宴席十分丰盛。而让须贾坐在大堂之下，在他的面前放着喂牲口的草料，派两个脸上刺字的囚犯夹持须贾强迫他吃马料。范雎数落须贾说："请替我告诉魏王，赶快拿魏齐的头来！不然的话，我就要毁灭大梁城。"须贾回去后，把这些话告诉了魏齐。魏齐很害怕，逃到赵国，藏在平原君家里。

范雎既相，王稽谓范雎曰："事有不可知者三，有不可奈何者亦三。宫车一日晏驾①，是事之不可知者一也。君卒（猝）然捐馆舍②，是事之不可知者二也。使臣卒（猝）然填沟壑③，是事之不可知者三也。宫车一日晏驾，君虽恨于臣，无可奈何。君卒（猝）然捐馆舍，君虽恨于臣，亦无可奈何。使臣卒（猝）然填沟壑，君虽恨于臣，亦无可奈何。"范雎不怿④，乃入言于王曰："非王稽之忠，莫能内

（纳）臣于函谷关；非大王之贤圣，莫能贵臣。今臣官至于相，爵在列侯，王稽之官尚止于谒者，非其内（纳）臣之意也。"昭王召王稽，拜为河东守，三岁不上计⑤。又任郑安平，昭王以为将军。范雎于是散家财物，尽以报所尝困厄者。一饭之德必偿，睚眦⑥之怨必报。

◎**注释** ①〔宫车一日晏驾〕指昭王突然去世。②〔君卒然捐馆舍〕指范雎突然死亡。③〔使臣卒然填沟壑（hè）〕我突然死亡。④〔不怿（yì）〕不高兴。⑤〔三岁不上计〕三年不用向朝廷汇报施政情况。⑤〔睚眦（yá zì）〕发怒时瞪眼睛，这里指极小的仇恨。

◎**大意** 范雎做了丞相之后，王稽对范雎说："事情不能预料的情况有三种，没有办法的情况也有三种。君王说不定哪一天死去，这是不能预料的第一种情况。您突然死去，这是无法预料的第二种情况。我突然死亡，这是无法预料的第三种情况。如果君王有一天死了，您会为没有推荐我感到遗憾，这是没有办法的事。如果您突然死去了，您会为没有推荐我感到遗憾，也是没有办法的事。假使我突然死去了，您会为没有推荐我而感到遗憾，也是没有办法的事。"范雎不高兴，于是进入宫中对秦王说："如果不是王稽的忠诚，我不能进入函谷关；如果不是大王的贤明，没有人能重用我。现在我的官职做到了宰相，爵位列入列侯，王稽的官职还只是个谒者，这不是他带我来的本意。"秦昭王召见王稽，拜他为河东太守，三年不用向朝廷汇报施政情况。范雎又推荐郑安平，秦昭王任命他为将军。范雎于是散发家里的财物，来报答他生活困顿时帮助过他的人。一顿饭的恩德都要报答，瞪眼睛的怨忿也要报复。

范雎相秦二年，秦昭王之四十二年，东伐韩少曲、高平，拔之。

◎**大意** 范雎任秦国丞相的第二年，秦昭王四十二年，向东讨伐韩国的少曲、高平，攻陷了它们。

秦昭王闻魏齐在平原君所，欲为范雎必报其仇，乃详（佯）为好书遗平原君曰："寡人闻君之高义，愿与君为布衣之友，君幸过寡人，寡人愿与君为十日之饮。"平原君畏秦，且以为然，而入秦见昭王。昭王与平原君饮数日，昭王谓平原君曰："昔周文王得吕尚以为太公，齐桓公得管夷吾以为仲父，今范君亦寡人之叔父也。范君之仇在君之家，愿使人归取其头来；不然，吾不出君于关。"平原君曰："贵而为交者，为贱也；富而为交者，为贫也。夫魏齐者，胜之友也，在，固不出也，今又不在臣所。"昭王乃遗赵王书曰："王之弟在秦，范君之仇魏齐在平原君之家。王使人疾持其头来；不然，吾举兵而伐赵，又不出王之弟于关。"赵孝成王乃发卒围平原君家，急，魏齐夜亡出，见赵相虞卿。虞卿度赵王终不可说，乃解其相印，与魏齐亡，间行①，念诸侯莫可以急抵②者，乃复走大梁，欲因信陵君以走楚。信陵君闻之，畏秦，犹豫未肯见，曰："虞卿何如人也？"时侯嬴在旁，曰："人固未易知，知人亦未易也。夫虞卿蹑屩檐簦，一见赵王，赐白璧一双，黄金百镒；再见，拜为上卿；三见，卒受相印，封万户侯。当此之时，天下争知之。夫魏齐穷困过虞卿，虞卿不敢重爵禄之尊，解相印，捐万户侯而间行。急士之穷③而归公子，公子曰'何如人'。人固不易知，知人亦未易也！"信陵君大惭，驾如野迎之。魏齐闻信陵君之初难见之，怒而自刭。赵王闻之，卒取其头予秦。秦昭王乃出平原君归赵。

◎**注释** ①〔间行〕从小路行走。②〔急抵〕危急时依靠。③〔急士之穷〕将别人的困难当作自己的困难一样着急。

◎**大意** 秦昭王听说魏齐在平原君的家中，一定要替范雎报这个仇，于是写了一封假装友好的书信送给平原君说："我听说您品行高尚，愿意跟你做平等的朋友,希望您到我这里来,我愿意和您畅饮十天。"平原君害怕秦王,认为信中的话是真的,于是到秦国见秦昭王。秦昭王和平原君喝了几天酒,对平原君说:"以前周文王得到吕尚把他看作太公,齐桓公得到管夷吾把他当作仲父,现在范先生也是我的叔父。范先生的仇人在您家里,希望您派人取来他的头;如果不这样的话,我不放您出函谷关。"平原君说:"人尊贵了还和旧友交往,是为了不忘卑贱的友情;人富裕了还和旧友交往,是为了不忘贫困的友情。魏齐,是我的朋友,在我家中,我本来也不会把他交出,何况现在他又不在我家中。"秦昭王就写信给赵孝成王说:"大王的弟弟在秦国,范先生的仇人魏齐在平原君家里。大王派人赶快拿他的头来;不这样的话,我要发兵攻打赵国,还不让大王的弟弟出函谷关。"于是赵孝成王派兵包围了平原君的家,形势危急,魏齐晚上逃出来,拜见赵国的相国虞卿。虞卿估计赵孝成王最终不会听从劝谏,于是解下自己的相印,跟魏齐一起逃跑,走在荒僻的小路上,考虑到诸侯中没有急难时可以投靠的人,又逃进大梁城,想依靠信陵君的帮助逃到楚国。信陵君听说了这件事,害怕秦国,犹豫不决,不肯接见,说:"虞卿是什么人?"这时侯嬴在旁边,说:"一个人本来不容易被他人了解,了解一个人也不是容易的事。虞卿脚穿草鞋、背负雨伞,第一次见到赵王,被赏赐一对白璧、百镒黄金;第二次见到赵王,被任命为上卿;第三次见到赵王,终于得到相印,赐封万户侯。在那个时候,天下人争着了解他。魏齐走投无路投靠虞卿,虞卿不看重爵位俸禄的尊贵,辞去相国大印,放弃万户侯而和魏齐逃走。他把别人的困难当成自己的困难一样着急来投靠您,您却问'是怎样的人'。一个人本来很难被人了解,了解一个人也不是一件容易的事!"信陵君非常惭愧,驾车到郊外迎接他们。魏齐听说信陵君起初表示为难,一怒之下自杀。赵孝成王听说这件事,终于取下他的头给秦国。秦昭王就让平原君回到赵国。

昭王四十三年,秦攻韩汾陉①,拔之,因城河上广武。

◎**注释** ①〔汾陉(xíng)〕韩国要塞。在今河南许昌。
◎**大意** 秦昭王四十三年,秦军攻打韩国的汾陉,夺取了它,趁机在靠近黄河的广武山上筑城。

后五年，昭王用应侯谋，纵反间卖赵，赵以其故，令马服子代廉颇将。秦大破赵于长平，遂围邯郸。已而与武安君白起有隙，言而杀之。任郑安平，使击赵。郑安平为赵所围，急，以兵二万人降赵。应侯席稿请罪①。秦之法，任人而所任不善者，各以其罪罪之。于是应侯罪当收三族。秦昭王恐伤应侯之意，乃下令国中："有敢言郑安平事者，以其罪罪之。"而加赐相国应侯食物日益厚，以顺适其意。后二岁，王稽为河东守，与诸侯通，坐法诛。而应侯日益以不怿。

◎**注释** ①〔席稿请罪〕跪在草席上请求治罪。

◎**大意** 过了五年，秦昭王采用应侯范雎的计谋，用反间计欺骗了赵国，赵国因为这个缘故，命令马服君赵奢的儿子赵括接替廉颇担任将军。秦军在长平大败赵军，于是包围了邯郸。不久应侯范雎与武安君白起产生矛盾，进谗言杀了白起。任命郑安平为将军，派他带兵攻打赵军。郑安平被赵军包围，情况危急，带着二万人投降了赵国。范雎跪在草席上请求治罪。秦国的法律规定，推荐者因所推荐的人犯了罪，用相等的刑罚处治。这样应侯范雎应当诛灭三族。秦昭王害怕伤害了应侯范雎的心意，于是在国都下令："有谁敢说郑安平的事，处以与他同样的刑罚。"而且赏赐给应侯的食物一天比一天丰厚，来顺从他的心意。过了两年，王稽担任河东太守，与诸侯有勾结，犯法被处死。应侯范雎一天比一天懊丧。

昭王临朝叹息，应侯进曰："臣闻'主忧臣辱，主辱臣死'。今大王中朝而忧，臣敢请其罪。"昭王曰："吾闻楚之铁剑利而倡优拙。夫铁剑利则士勇，倡优拙则思虑远。夫以远思虑而御勇士，吾恐楚之图秦也。夫物不素具，不可以应卒（猝），今武安君既死，而郑安平等畔（叛），内无良将而外多敌国，吾是以忧。"欲以激励应侯。应侯惧，不知所出。蔡泽闻之，往入秦也。

◎**大意** 秦昭王坐在朝堂上叹息，应侯进言说："我听说'君主忧虑是大臣的耻辱，君主被侮辱大臣应当去死'。现在大王当朝忧虑，我请求给我惩罚。"秦昭王说："我听说楚国的铁剑锋利而乐工俳优笨拙。铁剑锋利士兵就勇猛，乐工俳优笨拙则国君考虑长远。楚王考虑长远还率领勇猛的士兵，我担心楚国图谋秦国。凡事如果平时不做好准备，就不能应付突然的变化，现在武安君已经死了，郑安平等人叛国，国内没有杰出将领而国外又有很多敌对国家，我因此而忧虑。"秦昭王想用这些话来激励应侯。应侯很担心，不知道该怎么办。蔡泽听说后，就前往秦国。

蔡泽者，燕人也。游学干诸侯①小大甚众，不遇。而从唐举相，曰："吾闻先生相李兑，曰'百日之内持国秉'，有之乎？"曰："有之。"曰："若臣者何如？"唐举孰（熟）视而笑曰："先生曷（蝎）鼻，巨肩，魋颜，蹙齃，膝挛②。吾闻圣人不相，殆先生乎？"蔡泽知唐举戏之，乃曰："富贵吾所自有，吾所不知者寿也，愿闻之。"唐举曰："先生之寿，从今以往者四十三岁。"蔡泽笑谢而去，谓其御者曰："吾持粱刺齿肥③，跃马疾驱，怀黄金之印，结紫绶于要（腰），揖让人主之前，食肉富贵，四十三年足矣。"去之赵，见逐。之韩、魏，遇夺釜鬲于涂（途）④。闻应侯任郑安平、王稽皆负重罪于秦，应侯内惭，蔡泽乃西入秦。

◎**注释** ①〔游学干诸侯〕游历学习，干谒诸侯。②〔曷鼻，巨肩，魋（tuí）颜，蹙齃（cù è），膝挛〕曷鼻，鼻如蝎虫。魋颜，额头突出。蹙齃，鼻与眉相聚拢。膝挛，膝关节无法伸直。③〔持粱刺齿肥〕食用精米肥肉，享受美味佳肴。④〔遇夺釜鬲（lì）于涂〕在路上遇见强盗，炊具被抢走。釜、鬲皆为古代炊具。

◎**大意** 蔡泽，是燕国人。凭自己所学游说大大小小很多诸侯谋取官职，没有受到赏识。就找唐举看相，问："我听说先生给李兑相面，说'百日之内掌握国家权力'，有这事吗？"唐举说："有这事。"蔡泽问："像我这样的人怎么样？"唐举仔细看了看笑着说："先生是鼻如蝎虫，肩膀宽大，额头突出，鼻眉相聚，双膝无法伸直。我听说圣人不在乎相貌，大概是说先生吧？"蔡泽知道唐举嘲笑他，说："荣华富贵我本来就有，我不知道的是寿数，想听听您的说法。"唐举说："先生的寿数，从现在起有四十三年。"蔡泽笑着感谢离去，他对自己的赶车人说："我食用精米肥肉，享受美味佳肴，纵马飞奔，抱着黄金印信，腰系高官的绶带，在人主前受到礼遇，享受富贵，四十三年足够了。"他前往赵国，在路上遇见强盗，炊具被抢走。又到韩国、魏国，在路上遇到强盗，炊具被抢走。听说应侯范雎任命的郑安平、王稽都在秦国犯下大罪，应侯心里很惭愧，蔡泽就向西来到秦国。

　　将见昭王，使人宣言以感怒应侯曰："燕客蔡泽，天下雄俊弘辩智士也。彼一见秦王，秦王必困君而夺君之位。"应侯闻，曰："五帝三代之事，百家之说，吾既知之，众口之辩，吾皆摧之，是恶能困我而夺我位乎？"使人召蔡泽。蔡泽入，则揖应侯。应侯固不快，及见之，又倨①，应侯因让之曰："子尝宣言欲代我相秦，宁有之乎？"对曰："然。"应侯曰："请闻其说。"蔡泽曰："吁，君何见之晚也！夫四时之序，成功者去。夫人生百体坚强，手足便利，耳目聪明而心圣智，岂非士之愿与？"应侯曰："然。"蔡泽曰："质仁秉义，行道施德，得志于天下，天下怀乐敬爱而尊慕之，皆愿以为君王，岂不辩智之期与？"应侯曰："然。"蔡泽复曰："富贵显荣，成理万物，使各得其所；性命寿长，终其天年而不夭伤；天下继其统，守其业，传之无穷；名实纯粹，泽流千里，世世称之而无绝，与天地终始：岂道德之符而圣人所谓吉祥善事者与？"应侯曰："然。"

◎**注释**　①〔倨（jù）〕傲慢。

◎**大意** 蔡泽准备见秦昭王，派人扬言激怒应侯说："燕国人蔡泽，是天下见识高超、长于辩论的人才。他一见到秦王，秦王一定为难您并夺取您的官位。"应侯听到后，说："五帝三代的事情，百家的学说，我都知道，众人的巧辩，我都能挫败，这个人怎么能为难我并夺走我的官位呢？"派人召见蔡泽。蔡泽进来了，向应侯行拱手礼。应侯本来就不高兴，等见到他时，看他又如此傲慢，因此斥责他说："你曾扬言要取代我做秦相，有这样的事吗？"蔡泽说："是。"应侯说："请说说你的想法。"蔡泽说："唉，您看问题怎么这么迟钝！自然的规律，是做完自己的事情后就离去。人活着身体各部分健壮结实，手脚敏捷，耳聪目明而心智清楚，这难道不是贤士的期望吗？"应侯说："是。"蔡泽说："本性厚道又能坚持大义，执行政策施行恩惠，在天下实现自己的志向，天下人高兴地敬爱他、拥戴他，都愿意他做君王，这难道不是智辩之士的心愿吗？"应侯说："是。"蔡泽又说："富贵荣华，治理万物，使它们各得其所；性命长久，尽享天年而不夭折；天下继续他的传统，保持他的事业，使之永远流传；美名和功劳完全一致，恩泽流传千里，世世代代称颂不绝，与天地共长久：这难道不是道德的效应和圣人所说的吉祥善事吗？"应侯说："是。"

蔡泽曰："若夫秦之商君，楚之吴起，越之大夫种，其卒然亦可愿①与？"应侯知蔡泽之欲困己以说，复谬②曰："何为不可？夫公孙鞅之事孝公也，极身无贰虑，尽公而不顾私；设刀锯以禁奸邪，信赏罚以致治；披腹心，示情素，蒙怨咎，欺旧友，夺魏公子卬，安秦社稷，利百姓，卒为秦禽（擒）将破敌，攘地千里。吴起之事悼王也，使私不得害公，谗不得蔽忠，言不取苟合，行不取苟容，不为危易行，行义不辟（避）难，然为霸主强国，不辞祸凶。大夫种之事越王也，主虽困辱，悉忠而不解（懈），主虽绝亡，尽能而弗离，成功而弗矜，贵富而不骄怠。若此三子者，固义之至也，忠之节也。是故君子以义死难，视死如归；生而辱不如死而荣。士固有杀身以成名，唯义之所在，虽死无所恨。何为不可哉？"

◎**注释** ①〔可愿〕值得羡慕。②〔复谬〕再次诡辩。

◎**大意** 蔡泽说："像秦国的商鞅、楚国的吴起、越国的大夫种，他们的不幸结局也值得羡慕吗？"应侯知道蔡泽想使自己困惑而说服自己，再次诡辩说："为什么不可以？商鞅侍奉秦孝公，终身没有二心，完全为公而不考虑私利；设置刑罚来杜绝奸邪，信赏必罚来治理国家；敞开心胸，显示真情，蒙受怨恨，欺骗老朋友，捉住魏公子卬，安定秦国政局，造福百姓，终于为秦国俘虏敌将、打败敌军，开拓千里国土。吴起侍奉楚悼王，让私人不能损害公事，让逸侈的奸臣不能损害忠臣，不听信随声附和的话，不欣赏苟合献媚的行为，不因为危险就改变自己的行动，执行正义不怕别人非难，为了使主上称霸、国家富强，不躲避个人的祸患。大夫种辅佐越王，即使君主遭困受辱，也竭尽忠诚不懈怠，即使君主快要绝代亡国，也竭尽所能不离开，成功了不自夸，富贵了不骄横倦怠。像这三个人，本来是节义的典范、忠诚的榜样。所以君子为了保持气节而遭难，视死如归；活着受辱不如死去赢得荣誉。士人本就该以杀身来成就名节，只要正义存在，即使死了也没有什么遗憾。为什么不值得呢？"

蔡泽曰："主圣臣贤，天下之盛福也；君明臣直，国之福也；父慈子孝，夫信妻贞，家之福也。故比干忠而不能存殷，子胥智而不能完吴，申生孝而晋国乱。是皆有忠臣孝子，而国家灭乱者，何也？无明君贤父以听之，故天下以其君父为僇辱而怜其臣子。今商君、吴起、大夫种之为人臣，是也；其君，非也。故世称三子致功而不见德，岂慕不遇世死乎？夫待死而后可以立忠成名，是微子不足仁，孔子不足圣，管仲不足大也。夫人之立功，岂不期于成全邪？身与名俱全者，上也。名可法而身死者，其次也。名在僇辱而身全者，下也。"于是应侯称善。

◎**大意** 蔡泽说："君主圣明、大臣贤良，是天下人最大的幸福；君主贤明、大臣正直，是国家的福气；父亲慈爱、儿子孝顺，丈夫诚实可信、妻子贞节，是家庭的福气。所以比干忠诚却不能保住殷朝,伍子胥聪明却不能保全吴国,申生孝顺晋国却大乱。这些国家都有忠心的大臣、孝顺的儿子,国家却大乱灭亡的原因,是什么呢?没有英明的君主、贤明的父亲听取他们的意见,所以天下的人把他们的君主、父亲的行为看成耻辱而可怜他们尽了忠孝。商鞅、吴起、大夫种作为大臣,所作所为是对的;他们的君主,做得不对。所以人们说他们三人立功却得不到恩德,难道他们真希望遇不到明主而死吗?如果等到死后才可以建立忠诚的名声,那么微子也不足以称为仁爱,孔子也不足以称为圣贤,管仲也不足以称为伟大了。人们立功,难道不希望圆满周全吗?性命和功名都保全,是上策。功名可以效法、性命不能保全,是中策。声名蒙受耻辱而保全性命,是下策。"这时应侯称赞他讲得好。

蔡泽少得间①,因曰:"夫商君、吴起、大夫种,其为人臣尽忠致功则可愿矣,闳夭事文王,周公辅成王也,岂不亦忠圣乎?以君臣论之,商君、吴起、大夫种其可愿孰与闳夭、周公哉?"应侯曰:"商君、吴起、大夫种弗若也。"蔡泽曰:"然则君之主慈仁任忠,惇厚旧故②,其贤智与有道之士为胶漆,义不倍(背)功臣,孰与秦孝公、楚悼王、越王乎?"应侯曰:"未知何如也。"蔡泽曰:"今主亲忠臣,不过秦孝公、楚悼王、越王,君之设智,能为主安危修政,治乱强兵,批患折难③,广地殖谷,富国足家,强主,尊社稷,显宗庙,天下莫敢欺犯其主,主之威盖震海内,功彰万里之外,声名光辉传于千世,君孰与商君、吴起、大夫种?"应侯曰:"不若。"蔡泽曰:"今主之亲忠臣不忘旧故不若孝公、悼王、句践,而君之功绩爱信亲幸又不若商君、吴起、大夫种,然而君之禄位贵盛,私家之富过于三子,而身不退者,恐患之甚于三子,窃为君危之。语曰'日中则移,月满则亏'。物盛则衰,天地之常数也。进退盈缩,与时变化,圣人之常道也。故'国有道则仕,国无道则隐'。圣人曰'飞龙在天,利见大人'。'不义而富且贵，于我如浮云'。今君之怨已仇④而德已报，意欲至矣，而无变计，窃为君不取也。且夫翠、鹄、犀、象，其处势非不远死也，而所以死者，惑于饵也。苏秦、智伯之智，非不足以辟（避）辱远死也，而所以死者，惑于贪利不止也。是以圣人制礼节欲，取于民有度，使之以时，用之有止，故志不溢，行不骄，常与道俱而不失，故天下承而不绝。昔者齐桓公九合诸侯，一匡天下，至于葵丘之会，有骄矜之志，畔（叛）者九国。吴王夫差兵无敌于天下，勇强以轻诸侯，陵齐晋，故遂以杀身亡国。夏育、太史噭⑤叱呼骇三军，然而身死于庸夫。此皆乘至盛而不返道理，不居卑退处俭约之患也。夫商君为秦孝公明法令，禁奸本，尊爵必赏，有罪必罚，平权衡，正度量，调轻重，决裂阡陌，以静生民之业而一其俗，劝民耕农利土，一室无二事，力田蓄积，习战陈（阵）之事，是以兵动而地广，兵休而国富，故秦无敌于天下，立威诸侯，成秦国之业。功已成矣，而遂以车裂。楚地方数千里，持戟百万，白起率数万之师以与楚战，一战举鄢郢以烧夷陵，再战南并蜀汉。又越韩、魏而攻强赵，北坑马服，诛屠四十余万之众，尽之于长平之下，流血成川，沸声若雷，遂入围邯郸，使秦有帝业。楚、赵天下之强国而秦之仇敌也，自是之后，楚、赵皆慑伏不敢攻秦者，白起之势也。身所服者七十余城，功已成矣，而遂赐剑死于杜邮。吴起为楚悼王立法，卑减大臣之威重，罢无能，废无用，损不急之官，塞私门之请，一楚国之俗，禁游客之民，精耕战之士，南收杨越，北并陈、蔡，破横散从，使驰说之士无所开其口，禁朋党以励百姓，定楚国之政，兵震天下，威服诸侯。功已成矣，而卒枝（肢）解。大夫种为越王深谋远计，免会稽之危，以亡为存，因辱为荣，垦草入邑，辟地殖谷，率四方之士，专上下之力，辅句践之贤，报夫差之仇，卒擒劲吴，令越成霸。功已彰而信矣，句践终负而杀之。此四子者，功成不去，祸至于此。此所谓信（伸）而不能诎（屈），往而不能返者也。范蠡知之，超然辟（避）世，长为陶朱公。君独不观夫博者乎？或欲大投，或欲分功，此皆君之所明知也。今君相秦，计不下席，谋不出廊庙，坐制诸侯，利施三川，以实宜阳，决羊肠之险，塞太行之道，又斩范、中行之涂（途），六国不得合从，栈道千里，通于蜀汉，使天下皆畏秦，秦之欲得矣，君之功极矣，此亦秦之分功之时也。如是而不退，则商君、白公、吴起、大夫种是也。吾闻之，'鉴于水者见面之容，鉴于人者知吉与凶'。《书》曰'成功之下，不可久处'。四子之祸，君何居焉？君何不以此时归相印，让贤者而授之，退而岩居川观，必有伯夷之廉，长为应侯，世世称孤，而有许由、延陵季子之让，乔松之寿，孰与以祸终哉？即君何居焉？忍不能自离，疑不能自决，必有四子之祸矣。《易》曰'亢龙有悔'，此言上而不能下，信（伸）而不能诎（屈），往而不能自返者也。愿君孰（熟）计之！"应侯曰："善。吾闻'欲而不知足，失其所以欲；有而不知止，失其所以有'。先生幸教，雎敬受命。'于是乃延入坐，为上客。

◎**注释** ①〔少得间〕不久找到机会。②〔惇（dūn）厚旧故〕对故人亲厚。③〔批患折难〕平定祸患，除去灾难。④〔仇〕报复。⑤〔夏育、太史噭〕皆为古代的勇士。

◎**大意** 蔡泽不久找到一个机会，趁机说："商鞅、吴起、大夫种，他们作为大臣竭尽忠诚建立功绩值得羡慕，闳夭服侍周文王，周公辅佐周成王，难道不也是忠诚而圣明吗？从君臣的关系看，商鞅、吴起、大夫种虽值得羡慕，但和闳夭、周公相比怎么样？"应侯说："商鞅、吴起、大夫种比不上闳夭、周公。"蔡泽说:"既然这样,您的君主慈善仁义任用忠臣,对故人亲厚,贤能多智而和有识之士建立如胶似漆的关系,遵守道义不背叛功臣,与秦孝公、楚悼王、越王句践相比哪一个好呢?"应侯说:"不知道怎么样啊。"蔡泽说:"现在您的君王亲近忠诚的大臣,不超过秦孝公、楚悼王、越王句践,您发挥才干,为君主平定危难治理国政,平定叛乱加强军队,平定祸患除去灾难,开拓疆土增产粮食,使国家富强百姓富足,使君主的权力加强,使国家尊贵,使宗庙显赫,天下没人敢欺骗冒犯您的君主,您的君主声威震慑四海之内,功劳昭著于万里之外,声名光辉流传千代,这些事您与商鞅、吴起、大夫种相比怎么样呢?"应侯说:"不如他们。"蔡泽说:"现在您的君主亲近忠良、不忘记老朋友不如秦孝公、楚悼王、越王句践,而您的功绩、受到的宠爱信任亲近又不如商鞅、吴起、大夫种,但是您的俸禄多地位高,私人的财产超过这三个人,如果不隐退,恐怕祸患会比这三个人还多,我私下里为您担心这件事。俗话说'太阳正中就要偏斜,月亮圆了就要亏缺'。事物发展到极点就要衰落,这是天地间的必然规律。进退伸缩,随着形势变化,这是圣人常有的准则。所以'国家有道义就做官,国家没有道义就退隐'。圣人说'明君在位,利益体现在高官者'。'用不仁义的手段获得的富贵,我把它当作是天上的浮云'。现在您的怨仇已报而恩德也已报答,心满意足,却不考虑退路,我私下认为不妥当。再说翠鸟、天鹅、犀牛、大象,它们生长的环境不是不远离死地,之所以死亡,是被诱饵迷惑。苏秦、智伯的才能,不是不能够躲避耻辱远离死亡,之所以死,原因是迷惑于利益而没有止境。所以圣人制定礼法节制欲望,向百姓索取有一定的限度,按一定的时间使用民力,征收民财有一定的限度,所以欲望不膨胀,行为不骄横,永远遵守天理而不违背它,所以天下继承其传统而不断绝。以前齐桓公九次会盟诸侯,一统天下,到了葵丘之会时,有骄傲自矜的意象,结果许多国家叛离了他。吴王夫差的军队强大天下无人能抵挡,自恃强大勇猛轻视诸侯,欺负齐国、晋国,所以自身被杀国家被灭。夏育、太史嗷大声呼喊可以吓退三军,却死在平庸之辈手中。这都是只看到自己处于鼎盛之势却没有回到正确的处世之道上,不处在贫困的位置保持节俭而引发的祸患。商鞅为秦孝公修明法令,堵塞犯罪的根本,有功一定提高爵位奖赏,有罪一定惩罚,平均权力统一度量衡,调节轻重,废除阡陌,来安定人民的生活,统一文化教令,鼓励百姓耕种以充分利用土地,家家致力农业没有别的事,努力种田积蓄粮食，练习作战阵法，所以军队出动疆土就扩大，军队休整国家就富强，所以秦国天下无敌，在诸侯中树立威信，成就霸业。但功业建立后，商鞅就被五马分尸。楚国国土幅员千里，军队上百万，白起率领几万军队和楚国交战，第一战便攻克鄢郢、火烧夷陵，再战向南吞并蜀汉。又越过韩国、魏国攻打强大的赵国，在北方活埋马服君之子赵括的部队，杀了四十多万人，把他们都歼灭在长平城下，血流成河，血水奔腾咆哮如同雷鸣，接着包围邯郸城，使秦国有了建立帝业的基础。楚国、赵国是天下的强国又是秦国的敌国，从那以后，楚国、赵国都惊惧屈服而不敢进攻秦国，这都是白起造成的威势。他征服了七十多座城池，功业告成，后来却被赐剑死在杜邮。吴起为楚悼王建立法度，削弱大臣的权力，罢免庸才，废黜无用之辈，裁减不紧要的官员，杜绝私人的求情，统一楚国的风俗，禁止游民无业游荡，奖励务农备战的人，向南收取了杨越，向北兼并了陈地、蔡地，破坏瓦解了纵横家的说法，使善于游说的人没有办法张开他们的嘴，禁止结党营私而鼓励百姓，安定楚国的政权，使楚国军队威震天下，声威慑服诸侯。功业建立后，吴起却被肢解。大夫种为越王句践深谋远虑，解除会稽的危难，在危亡中求得生存。他忍受耻辱并以此为荣，开垦荒地招抚百姓充实城邑，开辟土地种植粮食，率领四方的民众，聚集上下的力量，辅佐贤明的越王句践，报吴王夫差之仇，最后消灭了强大的吴国，使越国成为霸主。他功劳昭著，句践却最终负心杀死了他。这四个人，功业建立却不隐退，受害到这种地步。这就是所说的能伸不能屈，能进不能退。范蠡明白这个道理，超然躲避尘世，长期自称陶朱公。您没有见过那些赌博的人吗？有时孤注一掷，有时分次下小赌注，这些都是您明白的。现在您在秦国为相，出谋划策不用离开席位，制定计策不用走出朝廷，坐着就可以牵制诸侯，在三川地区施利，来增强宜阳的富庶，打通羊肠坂的要塞，堵塞太行山的通道，切断范氏、中行氏两家的要道，使六国不能合纵，修筑千里长的栈道，通往蜀国和汉中，使天下人都害怕秦国，秦国的愿望实现了，您的功劳达到极点了，这也是秦国分次下投注的时候了。像这样了还不隐退，那就像商鞅、白起、吴起、大夫种一样。我听说，'以水为镜可以看见自己的容貌，以人为镜可以知道吉祥与凶险'。《尚书》上说'成就功业的地方，不能久留'。这四个人的祸患，您为什么要承受呢？您为什么不在这个时候交还宰相的大印，让贤德的人接受它，隐退到山泽中，这样必然赢得伯夷的美名，长期享受应侯的爵位,世世代代保有封国,享有许由、延陵季子辞让的美名,享有王乔、赤松子的高寿,和那些遭受灾祸的人相比如何呢?您选择哪一种呢?犹豫着不离开,犹疑而不能下决心,一定会有这四个人的灾祸。《周易》上说'高飞天空的龙一定后悔',这就是说那些能上不能下、能伸不能屈、能进不能退的人。希望您认真考虑这件事!"应侯说:"好。我听说'有欲望而不知道满足,会失去想得到的东西;拥有时不知道适可而止,会失去拥有的东西'。承蒙先生教导,我恭谨地接受您的指教。"于是礼请蔡泽入座,尊为上宾。

后数日,入朝,言于秦昭王曰:"客新有从山东来者曰蔡泽,其人辩士,明于三王之事,五伯(霸)之业,世俗之变,足以寄秦国之政。臣之见人甚众,莫及,臣不如也。臣敢以闻。"秦昭王召见,与语,大说(悦)之,拜为客卿。应侯因谢病请归相印。昭王强起应侯,应侯遂称病笃。范雎免相,昭王新说(悦)蔡泽计画,遂拜为秦相,东收周室。

◎**大意** 过了几天,范雎上朝,对秦昭王说:"有一个从山东来的新客人叫蔡泽,这个人是个雄辩之士,明白三王的事情、五伯的霸业、世间的变化,完全可以把秦国的大政托付给他。我见过很多辩士,没有人能赶得上他,我也不如他。我冒昧向您推荐他。"秦昭王召见了蔡泽,和他谈论,非常高兴,拜他为客卿。应侯因此推托有病交还相印。秦昭王坚持请应侯理政,于是应侯说自己病重。范雎辞去相位,秦昭王新近赏识蔡泽的谋划,于是拜蔡泽为秦国丞相。向东收服了西周。

蔡泽相秦数月,人或恶之,惧诛,乃谢病归相印,号为纲成君。居秦十余年,事昭王、孝文王、庄襄王。卒事始皇帝,为秦使于燕,三年而燕使太子丹入质于秦。

◎**大意**　蔡泽在秦国做了几个月丞相，有人说他的坏话，他害怕被杀，于是推辞有病交还相印，被赐封为纲成君。他住在秦国十多年，服侍秦昭王、秦孝文王、秦庄襄王。最后侍奉秦始皇帝，为秦国出使燕国，三年后燕国派太子丹到秦国做人质。

太史公曰：《韩子》称"长袖善舞，多钱善贾"，信哉是言也！范雎、蔡泽世所谓一切辩士，然游说诸侯至白首无所遇者，非计策之拙，所为说力少也。及二人羁旅入秦，继踵取卿相，垂功于天下者，固强弱之势异也。然士亦有偶合，贤者多如此二子，不得尽意，岂可胜道哉！然二子不困厄，恶能激乎？

◎**大意**　太史公说：《韩非子》上说"穿长袖的人善于跳舞，钱多的人善于做生意"，这话是真的！范雎、蔡泽是世人所说的一般说客，然而有些人游说诸侯到头发白了也没人赏识，不是计策笨拙，而是帮助游说成功的因素太少。他们两个离开故土去秦国，相继取得卿相的官职，在天下立功留名，凭借的是强弱形势的不同。然而士人的遭遇也有偶然性，有很多人像他们两个一样贤明，却不能尽展才华，哪能数得清啊！如果他们两个人不遭受困苦，怎么能奋发呢？

◎**释疑解惑**

李景星称"《史记》合传之最自然者，无过《范雎蔡泽传》"。为什么这样说呢？李景星说："范雎一生作用，在推倒穰侯；蔡泽一生作用，在推倒范雎。至二人之所以利用其推倒者，则全在于口辩，故传于二人辩词从详叙述。就一人论，一步进一步；就二人论，又一层高一层。谚所谓'棋逢对手'，又所谓'以此始者，必以此终'，俱于是乎见之。"对于范雎与蔡泽，后人批判者多于赞誉者。论者多从二人用口舌之辩追逐私利而枉顾他人利益的角度评议。如司马光曰："穰侯援立昭王，除其灾害，荐白起为将，南取鄢郢，东属地于齐，使天下诸侯稽首而事秦,秦益强大者,穰侯之功也。虽其专恣骄贪足以贾祸,亦未尽如范雎之言。范雎者,亦非能为秦忠谋,直欲得穰侯之处,故扼其吭而夺之耳。遂使秦王绝母子之义,失甥舅之恩,要之,雎真倾危之士哉!"又苏辙曰:"范雎相秦,其所以利秦者少,而害秦者多。以魏冉之专,忘其旧勋而逐之可也;并逐宣太后,使昭王以子绝母,不已甚乎?宣太后之于秦,非郑武姜、庄襄后之恶也。郑武姜、庄襄后犹不可绝,而雎绝之,独不愧颍考叔、茅焦乎?及雎任秦事,杀白起而任王稽、郑安平,使民怨于内,兵折于外,曾不若魏冉之一二。范雎、蔡泽自为身谋,取卿相可耳,未见有益于秦也。"不过,当代人也多以为司马迁用"长袖善舞,多钱善贾"评价范雎、蔡泽,是带有强烈个人感情色彩的。客观而言,范雎、蔡泽都为秦国的发展壮大做出了重要贡献,是战国谋士中比较成功的。二人虽未以大富大贵终结,但至少是封侯善终。当然,范雎的形象似乎更具有典型性,代表着一切底层奋斗者的追梦身影。范雎的聪慧才智是他奋斗成功的基石,他善于抓住时机,充分展示自己,去实现梦想,也是励志的典型。

◎ 思考辨析题

1. 今天怎样看待范雎、蔡泽的人生历程?
2. 对照元杂剧《诌范叔》来阅读本篇,以比较同一人物在不同作品中的特点。

乐毅列传第二十

　　《乐毅列传》主要叙写乐毅及其子孙的史事，核心是乐毅与燕昭王的君臣知遇。也叙写了燕惠王中齐国的离间计，排斥乐毅而使燕国最终失败的历史。司马迁赞扬乐毅杰出的军事才干，更欣赏乐毅与燕昭王之间的鱼水关系。本篇总体上可划分为五部分。

　　自"乐毅者，其先祖曰乐羊"至"燕昭王以为亚卿，久之"为第一部分，主要叙写乐毅家世和乐毅到达燕国的过程，也交代了燕国与齐国之间的历史仇怨，为下文乐毅伐齐埋下伏笔。自"当是时，齐湣王强"至"而迎襄王于莒，入于临菑"为第二部分，主要叙述乐毅为燕昭王讨伐齐国，赢得最大的胜利，建立最大的功勋；适逢燕昭王病死，燕惠王继位，中了齐国反间计，罢免了乐毅，于是前功尽弃。自"燕惠王后悔使骑劫代乐毅"至"乐毅卒于赵"为第三部分，主要记载乐毅给燕惠王的回信内容，也交代了乐毅死于赵国的结局。这封书信表明了乐毅的心迹和做人原则，在后世影响较大，诸葛亮的《出师表》中也可看出此信的影子。自"乐间居燕三十余年"至"显闻于齐，称贤师"为第四部分，主要记载了乐毅后代的事迹，进一步说明乐毅留赵带来的赵国和燕国之间的恩怨。最后一段为第五部分，是司马迁的论赞，高度赞扬乐毅的高风亮节及其对后世的影响，表彰乐毅后代在传播黄老学说中做出的重要贡献和占据的重要地位。

司马迁十分欣赏乐毅与燕昭王之间君臣知遇、鱼水相得之乐，故笔墨中饱含真情。这也是司马迁因为李陵辩护而遭受不幸的委曲反映！汉武帝不失为英明君主，但司马迁的人生偏偏在盛世遭遇悲惨，不能不说是莫大的不幸。

乐毅者，其先祖曰乐羊。乐羊为魏文侯将，伐取中山，魏文侯封乐羊以灵寿。乐羊死，葬于灵寿，其后子孙因家①焉。中山复国，至赵武灵王时复灭中山，而乐氏后有乐毅。

◎**注释** ①〔因家〕以之为家。
◎**大意** 乐毅，他的祖先是乐羊。乐羊担任魏文侯的将军时，攻取了中山国，魏文侯把灵寿封给了乐羊。乐羊死后，安葬在灵寿，他的子孙后代因此住在这里。中山重新建国，到赵武灵王时中山国又被灭掉，而乐氏的后代有乐毅。

乐毅贤，好兵，赵人举之。及武灵王有沙丘之乱，乃去赵适魏。

闻燕昭王以子之之乱而齐大败燕，燕昭王怨齐，未尝一日而忘报齐也。燕国小，辟（僻）远，力不能制，于是屈身下士，先礼郭隗①以招贤者。乐毅于是为魏昭王使于燕，燕王以客礼待之。乐毅辞让，遂委质为臣，燕昭王以为亚卿，久之。

◎**注释** ①〔郭隗（wěi）〕燕国大臣。
◎**大意** 乐毅很贤能，喜好军事，赵国人曾举荐他出来做官。到赵武灵王时赵国发生了沙丘之乱，于是他离开赵国来到魏国。他听说燕昭王因为子之的祸乱而被齐国打得大败，燕昭王怨恨齐国，没有一天忘记向齐国报仇。燕国小，处偏僻荒远之地，力量不能制服齐国，所以燕王降低身份礼贤下士，先以礼仪对待郭隗，以此招徕贤人。乐毅在这时为魏昭王出使到燕国，燕昭王以宾客的礼节对待他。乐毅推辞谦让，于是归服为臣，燕昭王拜他为亚卿，他担任这个职务的时间很长。

当是时，齐湣王强，南败楚相唐眛于重丘，西摧三晋于观津，遂与三晋击秦，助赵灭中山，破宋，广地千余里。与秦昭王争重为帝，已而复归之。诸侯皆欲背秦而服于齐。湣王自矜，百姓弗堪。于是燕昭王问伐齐之事。乐毅对曰："齐，霸国之余业也，地大人众，未易独攻也。王必欲伐之，莫如与赵及楚、魏。"于是使乐毅约赵惠文王，别使连楚、魏，令赵啁（啖）说①秦以伐齐之利。诸侯害齐湣王之骄暴，皆争合从与燕伐齐。乐毅还报，燕昭王悉起兵，使乐毅为上将军，赵惠文王以相国印授乐毅。乐毅于是并护赵、楚、韩、魏、燕之兵以伐齐，破之济西。诸侯兵罢归，而燕军乐毅独追，至于临菑。齐湣王之败济西，亡走，保于莒。乐毅独留徇齐，齐皆城守。乐毅攻入临菑，尽取齐宝财物祭器输之燕。燕昭王大说（悦），亲至济上劳军，行赏飨士，封乐毅于昌国，号为昌国君。于是燕昭王收齐卤（虏）获以归，而使乐毅复以兵平齐城之不下者。

◎**注释** ①〔嚪（dàn）说〕以利劝诱。
◎**大意** 在那个时候，齐湣王很强大，向南在重丘打败楚国相国唐眛，向西在观津打败了魏国和赵国，还和韩国、赵国、魏国联合攻打秦国，帮助赵国灭掉中山国，打败了宋国，拓展疆土一千多里。齐湣王又和秦昭王争着称帝，不久又取消了帝号。诸侯都想背叛秦国臣服齐国，齐湣王很得意，百姓不能忍受。于是燕昭王问讨伐齐国的事。乐毅回答："齐国有霸主留下的基业，土地广阔人口众多，不能轻易单独进攻。大王一定想讨伐齐国，不如和赵国、楚国、魏国联合。"因此燕昭王派乐毅去与赵惠文王订立合约，别的使臣联合楚国、魏国，并让赵国用征伐齐国的好处游说秦国。诸侯国苦于齐湣王的骄横暴虐，都争着跟燕国联合进攻齐国。乐毅回来报告，燕昭王出动全部军队，派乐毅担任上将军，赵惠文王把相印交给了乐毅。乐毅统一指挥赵国、楚国、韩国、魏国、燕国的军队征伐齐国，在济水西岸打败了齐国。诸侯的军队都停止进攻返回，而燕国军队在乐毅的率领下单独追击，到了齐国都城临菑。齐湣王在济水西岸失败后，逃跑了，守在莒城。乐毅单独留在齐国，齐军都坚城固守，乐毅攻进临菑，掠夺齐国全部宝物祭器运回燕国。燕昭王非常高兴，亲自在济水上慰劳军士，大办酒宴犒劳士兵，将乐毅封在昌国，称为昌国君。当时燕昭王接收从齐国捕获的俘虏返回，派乐毅又带兵平定齐国没有攻下的城邑。

乐毅留徇齐五岁，下齐七十余城，皆为郡县以属燕，唯独莒、即墨未服。会燕昭王死，子立为燕惠王。惠王自为太子时尝不快于乐毅，及即位，齐之田单闻之，乃纵反间于燕，曰："齐城不下者两城耳。然所以不早拔者，闻乐毅与燕新王有隙，欲连兵且留齐①，南面而王齐。齐之所患，唯恐他将之来。"于是燕惠王固已疑乐毅，得齐反间，乃使骑劫代将，而召乐毅。乐毅知燕惠王之不善代之，畏诛，遂西降赵。赵封乐毅于观津，号曰望诸君。尊宠乐毅以警动于燕、齐。

◎**注释** ①〔连兵且留齐〕拖延战争从而留在齐国。

◎**大意** 乐毅留在齐国五年，攻下齐国七十多座城邑，都设置郡县归属燕国，只有莒城、即墨城没有降服。这时燕昭王死去，他的儿子立为燕惠王。燕惠王做太子时就对乐毅有所不满，他继位后，齐国的田单听说了这件事，就在燕国施行反间计，说："没有攻下的齐国城邑只有两座罢了。之所以不早早攻取，是听说乐毅与燕国新王有矛盾，想拖延战争从而留在齐国，面南做齐国的君主。齐国担心的，只是燕国其他将军的到来。"当时燕惠王本来就已经怀疑乐毅，听到齐国反间的话，就派骑劫代替乐毅率兵，召他回来。乐毅知道燕惠王派人取代自己是不怀好意，害怕被杀，就向西投降了赵国。赵国将乐毅封在观津城，称为望诸君。赵国尊重宠信乐毅是为了震动燕国、齐国。

齐田单后与骑劫战，果设诈诳燕军，遂破骑劫于即墨下，而转战逐燕，北至河上，尽复得齐城，而迎襄王于莒，入于临菑。

◎**大意** 齐国田单后来与骑劫作战，果然设置计谋诈骗燕军，就在即墨城下打败了骑劫，又辗转战斗追逐燕军，北到黄河，全部收复了齐国失陷的城邑，在莒城迎接齐襄王，进入临菑城。

燕惠王后悔使骑劫代乐毅，以故破军亡将失齐；又怨乐毅之降赵，恐赵用乐毅而乘燕之獘（弊）以伐燕。燕惠王乃使人让乐毅，且谢之曰："先王举国而委将军，将军为燕破齐，报先王之仇，天下莫不震动，寡人岂敢一日而忘将军之功哉！会先王弃群臣，寡人新即位，左右误寡人。寡人之使骑劫代将军，为将军久暴露于外，故召将军且休，计事。将军过听①，以与寡人有隙，遂捐燕归赵。将军自为计则可矣，而亦何以报先王之所以遇将军之意乎？"乐毅报遗燕惠王书曰：

◎**注释** ①〔过听〕误听传言。
◎**大意** 燕惠王后悔派骑劫代替乐毅,因此军队失败、将领被杀而失去了齐国城邑;又怨恨乐毅投降赵国,害怕赵国任用乐毅乘着燕国疲惫时攻击燕国。燕惠王派人责备乐毅,并且表示歉意说:"先王把整个国家托付给将军,将军为燕国战败齐国,报了先王的仇恨,天下人没有不震惊的,我怎么敢有一天忘记将军的功劳!正在这时先王去世,我刚即位,左右的人迷惑了我。我派骑劫代替将军,是因为将军长年在外行军作战,所以召将军回来暂且休息,商量大事。将军误听传言,认为和我有矛盾,于是抛弃燕国归附赵国。将军为自己打算是可以的,但又用什么来报答先王对待您的恩情呢?"乐毅回复燕惠王的书信说:

臣不佞①,不能奉承王命,以顺左右之心,恐伤先王之明,有害足下之义,故遁逃走赵。今足下使人数之以罪,臣恐侍御者不察先王之所以畜幸②臣之理,又不白臣之所以事先王之心,故敢以书对。

◎**注释** ①〔不佞〕没有才华,自谦之辞。②〔畜幸〕宠用。
◎**大意** 我不才,不能接受大王的命令,来顺从左右人的心思,恐怕伤害先王的圣明,损害您的道义,所以逃到赵国。现在您派人列举我的罪状,我担心您的侍从不能体察先王重用我的原因,又不明白我侍奉先王的心意,所以大胆地用书信回复您。

臣闻贤圣之君不以禄私亲,其功多者赏之,其能当者处之。故察能而授官者,成功之君也;论行而结交者,立名之士也。臣窃观先王之举也,见有高世主之心,故假节于魏,以身得察于燕。先王过举,厕之宾客之中,立之群臣之上,不谋父兄,以为亚卿。臣窃不自知,自以为奉令承教,可幸无罪,故受令而不辞。

◎**大意**　我听说贤明的君主不用爵禄偏爱亲信，他的功劳多就奖赏他，他的才能称职就授予他官职。所以那些考察下属才能而授予官职的，是能成就功业的君主；能够衡量德行结交朋友的，是会树立名声的士人。我私下里观察先王选用人才，有超出当世一般君主的见识，所以利用为魏国出使的机会，到燕国接受考察。先王格外抬举我，把我安排在宾客之中，提升在群臣之上，有事不与父兄辈的同族商议，让我担任亚卿。我没有自知之明，相信自己接受命令后能够完成任务，不会有什么过错，所以接受了先王的委托而没有推辞。

先王命之曰："我有积怨深怒于齐，不量轻弱，而欲以齐为事。"臣曰："夫齐，霸国之余业而最胜之遗事也。练于兵甲，习于战攻。王若欲伐之，必与天下图之。与天下图之，莫若结于赵。且又淮北、宋地，楚魏之所欲也，赵若许而约，四国攻之，齐可大破也。"先王以为然，具符节南使臣于赵。顾反（返），命起兵击齐。以天之道，先王之灵，河北之地随先王而举之济上。济上之军受命击齐，大败齐人。轻卒锐兵，长驱至国。齐王遁而走莒，仅以身免；珠玉财宝车甲珍器尽收入于燕。齐器设于宁台，大吕陈于元英，故鼎反（返）乎历室①，蓟丘之植植于汶篁②，自五伯（霸）已来，功未有及先王者也。先王以为慊于志③，故裂地而封之，使得比小国诸侯。臣窃不自知，自以为奉命承教，可幸无罪，是以受命不辞。

◎**注释**　①〔历室〕战国时燕国宫殿名。②〔汶篁（huáng）〕汶水的竹子。篁，竹之通称。③〔慊（qiè）于志〕心愿得到满足。

◎**大意**　先王命令我说："我跟齐国有深仇大恨，不考虑国小力弱，要以向齐国报仇为大任。"我说："齐国有称霸留下的基业和多次胜仗的影响，熟悉军事，精于用兵打仗。大王如果想攻打它，一定要和天下诸侯共同对付它。和天下人共同对付它，不如和赵国结交。况且又有淮北地区、宋地，是楚、魏两国想要的地方，赵国如果同意约请四个国家进攻它，齐国一定会被打败。"先王认为这样是对的，就准备了符节派我向南出使赵国。我回来复命后，率军攻打齐国。凭借上天的帮助、先王的威望，黄河以北的军队追随先王全部集结在济水之上。济水的军队接受命令攻击齐国，大败齐军。轻装精锐的部队，一直攻入齐国。齐王逃到莒邑，仅仅只身逃跑；珠玉财宝战车武器都收归燕国。齐国的宝器都放在燕国都城的宁台，齐国的大吕摆置在燕国的元英宫，我们被齐国抢去的鼎又回到燕国放在磨室宫里，燕国的蓟丘种上了齐国汶水上的竹子，自从五霸以来，丰功伟绩没有比得上先王的。先王认为心愿得到满足，所以割地封赏我，使我能比上小国的国君。我没有自知之明，相信自己可以完成先王交给我的任务，不会有过错，所以接受封赏时没有推辞。

臣闻贤圣之君，功立而不废，故著于《春秋》；蚤（早）知之士，名成而不毁，故称于后世。若先王之报怨雪耻，夷万乘之强国，收八百岁之蓄积，及至弃群臣之日，余教未衰，执政任事之臣，修法令，慎庶孽①，施及乎萌（氓）隶②，皆可以教后世。

◎**注释** ①〔慎庶孽〕谨慎地安排王室公子。庶孽，姬妾的儿子。②〔萌隶〕平民，百姓。
◎**大意** 我听说贤明的君主，建立功业不衰败，所以记载在《春秋》中；有先见之明的士人，获得声名不毁坏，所以被后世称颂。像先王报仇雪恨，削平拥有万辆战车的强国，收取齐国八百年蓄积的珍宝，等到他去世的时候，他的遗教没有衰落，掌握政策、管理政策的大臣休整法令，小心地安排王室诸公子，继续施恩于下层百姓，这些都可以教育后代。

臣闻之，善作者不必善成，善始者不必善终。昔伍子胥说听于阖闾，而吴王远迹至郢；夫差弗是也，赐之鸱夷而浮之江。吴王不寤

（悟）先论之可以立功，故沈（沉）子胥而不悔；子胥不蚤（早）见主之不同量，是以至于入江而不化。

◎**大意** 我听说，善于开创的不一定善于完成，有好的开始不一定有好的结局。以前伍子胥的话被吴王阖闾采纳，使吴王的足迹最远达到楚国的都城郢；阖闾之子夫差却不听伍子胥的话，居然用皮袋把他装起来抛入江中。夫差不明白伍子胥的意见可以建立功业，所以把伍子胥沉入江里而不后悔；伍子胥不能早早看出两代君主的不同气量，所以直到被投入江中，对夫差的态度也没变。

夫免身立功，以明先王之迹，臣之上计也。离（罹）①毁辱之诽谤，堕先王之名，臣之所大恐也。临不测之罪，以幸为利，义之所不敢出也。

◎**注释** ①〔离〕同"罹（lí）"，遭受。
◎**大意** 使自己不受灾祸建立功勋，来证明先王重用我的心意，是我的最高理想。遭受侮辱诽谤，损坏先王的声名，是我最害怕的事情。面对不能预料的罪行，用侥幸的举动去谋取利益，从道义上讲不能这样做。

臣闻古之君子，交绝不出恶声；忠臣去国，不絜（洁）其名。臣虽不佞，数奉教于君子矣。恐侍御者之亲左右之说，不察疏远之行，故敢献书以闻，唯君王之留意焉。

◎**大意** 我听说古代的君子，友情断绝也不说别人的坏话；忠臣离开本国，不洗刷自己的名声。我虽然没有才能，但多次从君子处获得教诲。我担心您听信左右亲信的话，不能体察我这个被疏远者的苦心，所以大胆上书表明心迹，希望大王留心。

于是燕王复以乐毅子乐间为昌国君；而乐毅往来复通燕，燕、赵以为客卿。乐毅卒于赵。

◎**大意**　于是燕惠王又封赏乐毅的儿子乐间为昌国君；而乐毅往来于赵国、燕国之间，燕国、赵国都拜他为客卿。乐毅死在了赵国。

乐间居燕三十余年，燕王喜用其相栗腹之计，欲攻赵，而问昌国君乐间。乐间曰："赵，四战之国也，其民习兵，伐之不可。"燕王不听，遂伐赵。赵使廉颇击之，大破栗腹之军于鄗，禽（擒）栗腹、乐乘。乐乘者，乐间之宗也。于是乐间奔赵，赵遂围燕。燕重割地以与赵和，赵乃解而去。

◎**大意**　乐间住在燕国三十多年，燕惠王姬喜采用相国栗腹的计策，想攻打赵国，询问昌国君乐间。乐间说："赵国是四面受敌的国家，百姓熟悉军事，进攻它不可取。"燕惠王不听从他的意见，于是征伐赵国。赵国派廉颇还击燕军，在鄗地大败栗腹的军队，活捉了栗腹、乐乘。乐乘与乐间同祖。于是乐间投奔赵国，赵国就包围了燕国。燕国割让大片土地和赵国讲和，赵军才解围离去。

燕王恨不用乐间，乐间既在赵，乃遗乐间书曰："纣之时，箕子不用，犯谏不怠，以冀其听；商容不达，身祇辱①焉，以冀其变。及民志不入，狱囚自出，然后二子退隐。故纣负桀暴之累，二子不失忠圣之名。何者？其忧患之尽矣。今寡人虽愚，不若纣之暴也；燕民虽乱，不若殷民之甚也。室有语②，不相尽③，以告邻里。二者，寡人不为君取也。"

◎**注释** ①〔身祇（zhǐ）辱〕自身受辱。②〔室有语〕家庭内部有纠纷。③〔相尽〕解决。

◎**大意** 燕惠王悔恨没听用乐间的意见，乐间已经去了赵国，于是燕王送信给乐间说："商纣王时，不重用箕子，箕子仍不断犯颜直谏，希望纣王能听从；商容不显达，自身受辱，仍希望商纣王能回心转意。直到人心离散，罪犯逃窜，他们两个才退朝隐居。所以商纣担负残暴的恶名，而这两个人没有失去忠诚贤德的圣名。为什么呢？他们忧国忧民尽到了责任。现在我虽然愚笨，但不像商纣那样残暴；燕国百姓虽不安定，但不像殷朝百姓那么严重。家庭内部有纷争，不在家里解决，却告诉邻里。从这两方面说，我认为您做得不对。"

乐间、乐乘怨燕不听其计，二人卒留赵。赵封乐乘为武襄君。

◎**大意** 乐间、乐乘埋怨燕惠王不听从他们的计谋，两个人最终留在了赵国。赵国封乐乘为武襄君。

其明年，乐乘、廉颇为赵围燕，燕重礼以和，乃解。后五岁，赵孝成王卒。襄王使乐乘代廉颇。廉颇攻乐乘，乐乘走，廉颇亡入魏。其后十六年而秦灭赵。

◎**大意** 第二年，乐乘、廉颇为赵国包围了燕国，燕国用大量礼物求和，才解围。后来五年，赵孝成王死了。赵襄王派乐乘代替了廉颇。廉颇攻打乐乘，乐乘逃跑，廉颇逃到了魏国。这之后十六年而秦国消灭了赵国。

其后二十余年，高帝过赵，问："乐毅有后世乎？"对曰："有乐叔。"高帝封之乐乡，号曰华成君。华成君，乐毅之孙也。而乐氏

之族有乐瑕公、乐臣公，赵且为秦所灭，亡之齐高密。乐臣公善修黄帝、老子之言，显闻于齐，称贤师。

◎**大意**　这以后二十多年，汉高祖经过赵国，问道："乐毅有后代吗？"有人回答说："有个乐叔。"汉高祖将他封在乐乡，称华成君。华成君是乐毅的孙子。乐氏家族中有乐瑕公、乐臣公，赵国将要被秦国消灭时，他们逃到了齐国的高密城。乐臣公擅长研究黄帝、老子的言论，闻名于齐地，被称作贤师。

太史公曰：始齐之蒯通①及主父偃读乐毅之报燕王书，未尝不废书而泣②也。乐臣公学黄帝、老子，其本师号曰河上丈人，不知其所出③。河上丈人教安期生，安期生教毛翕公④，毛翕公教乐瑕公，乐瑕公教乐臣公，乐臣公教盖公。盖公教于齐高密、胶西，为曹相国师。

◎**注释**　①〔蒯通〕秦汉之际的辩士。②〔废书而泣〕放下书信而流泪。③〔不知其所出〕不知道他从哪里来的。④〔毛翕（xī）公〕人名。
◎**大意**　太史公说："当初齐人蒯通和主父偃读乐毅写给燕惠王的信时，都曾放下书信而流泪。乐臣公学习黄帝、老子的学说，他的宗师叫河上丈人，不知道他从哪里来的。河上丈人教安期生，安期生教毛翕公，毛翕公教乐瑕公，乐瑕公教乐臣公。乐臣公教盖公。盖公在齐国的高密、胶西一带教学，是曹相国的老师。

◎**释疑解惑**
　　乐毅为燕昭王讨伐齐国能够迅速取得成功，既有乐毅军事才干杰出的因素，也有赖于燕昭王与乐毅君臣一心，更是燕国百姓同仇敌忾迸发出来的强大力量。司马迁在这里更看重的是乐毅对燕昭王忠心耿耿的品质，羡慕这种君臣相得的知己之交。因此，李景星评曰："乐毅出处，本末尽在报燕惠王一书。故太史公之传乐毅,即以此书为主。前半叙事,步步为此书伏根。后半叙事,处处与此书照应。赞语,引蒯通、主父偃事,又遥遥为此书证明。合观通篇,命意最高,章法亦最严,诚佳传也。盖乐毅在战国中,另是一流人物,绝不染当时习气。史公爱其品,重其人,是以慎言其事。'贤好兵'三字,是通传骨子。'卒于赵'三字,是通传归宿。开首详其先代,末尾说其后世,是通传特笔。赞之后数句,于'乐臣公'等,独留连置,则尤见史公之于乐毅之爱慕之极致也。"司马迁对乐毅的爱慕,缘于"士为知己者死"的情结。综观整部《史记》,司马迁对于这种为了知己两肋插刀的事往往不惜笔墨,最典型的例子就是《刺客列传》中的刺客。而司马迁因替朋友李陵说好话被施以宫刑,难道不是对于自己理想的一种践行吗?与此同时,司马迁也希望能遇到一位有如知己般的贤明君主,可以理解、支持自己的理想。可是,其时的汉武帝显然不是这样一位能够明了司马迁真正心意的君王知己。所以,司马迁对于历史中君臣惺惺相惜的事往往很是羡慕。而对于那些不忘知遇之恩的历史人物,也带有一种天然的亲近感。后人称刘备与诸葛孔明就好像燕昭王与乐毅,而诸葛孔明的《出师表》即如乐毅所写的《遗燕惠王书》。如《史记评林》引楼昉曰:"此书可以见燕昭王、乐毅君臣相与之际,略似蜀昭烈、诸葛武侯,书词明白,洞见肺腑。"又日本学者泷川资言曰:"六国将相有儒生气象者,惟望诸君一人。其《答燕王书》,义理明正,当世第一文字。诸葛孔明以管乐自比,而其《出师表》实得力于此文尤多,彼此对看,必知其风貌气骨有相通者。"由此也可以看出,这种"士为知己者死"的情愫,在历史的长河中一直被流传了下来,不曾消散。

◎思考辨析题

1. 今天如何认识燕昭王与乐毅之间的君臣知遇之恩?
2. 乐毅伐齐能够迅速取得成功,乐毅离开之后燕国迅速溃败的原因是什么?

廉颇蔺相如列传

第二十一

《廉颇蔺相如列传》是一篇人物合传,也是《史记》中的名篇。司马迁在本文中生动地刻画了廉颇、蔺相如等人物形象。

廉颇、蔺相如是这篇列传中的两个主要人物,蔺相如更是本传中着墨最多的人物,司马迁用一系列小故事全方位地塑造了蔺相如的形象。

在全文开篇,司马迁先以"完璧归赵"之事表现了蔺相如的大智大勇。赵惠文王从楚国得到了和氏璧,秦昭王以十五座城池前来交换此璧。这是一个显而易见的陷阱,也是一个赵国不得不踏入的陷阱。正在赵惠文王左右为难之际,蔺相如被缪贤推上了历史舞台。接下来,司马迁将蔺相如出使秦国的经历写得跌宕起伏,精彩绝伦。"相如视秦王无意偿赵城，乃前曰：'璧有瑕，请指示王'"一句，是写蔺相如敏锐过人之处；"王授璧，相如因持璧却立，倚柱，怒发上冲冠，谓秦王曰……相如持其璧睨柱，欲以击柱"一段，是写蔺相如有理有力之处；"相如度秦王特以诈详为予赵城，实不可得……相如度秦王虽斋，决负约不偿城，乃使其从者衣褐，怀其璧，从径道亡，归璧于赵"一段，是写蔺相如小心谨慎之处。之后，蔺相如向秦王说出实情，又是他坦荡有礼之处。蔺相如完璧归赵，使相对弱小的赵国取得了对秦国外交上的一次重大胜利。紧接着，司马迁又以"渑池会"的故事强调了蔺相如忠君爱国的特质。秦国对赵国的讨伐既是实现其野心的手段，也可以看作是秦王对蔺相如"完璧归赵"的报复。在接连战败的不利形势下，蔺相如在渑池会上仍能挺身而出，据理力争，为赵王争取尊严和地位，使弱势的赵国在对秦国的外交上取得了又一次胜利。

之后，司马迁安排了廉颇的出场。在"将相和"这个故事中，廉颇首先是一个傲慢自大的老将形象，蔺相如则显示出了谦和宽容、深明大义的性格特点。在故事的后半段，廉颇性格中知错能改、襟怀坦荡的特点于"负荆请罪"中表现了出来，从而使这个人物没有流于简单片面。

这三个故事各具首尾，既相互独立，又有紧密的联系。它们以时间为轴，依次展开，又以廉颇、蔺相如两人的地位变化和冲突的产生、发展、结束为线索，以将相交欢为故事的结局，环环相套，丝丝入扣，构思巧妙，突出表现了蔺相如的"智"和"勇"，以及廉颇耿直坦荡、勇于认错的大将风度。其后附入赵奢秉公执法，破秦军于阏于，赵孝成王不听劝阻，以只会纸上谈兵的赵括代替大将廉颇，致使兵败长平，战功卓越的李牧死于秦国的反间计,赵国覆亡等事,使本篇列传内容更加丰富,结构更加完整。

在艺术手法上,可以看出司马迁努力追求人物形象的张力,因此层层衬染,极力蓄势,有如大江截流,极尽渲染之能事。例如在写蔺相如从秦王手中要回和氏璧时,以"持璧却立,倚柱,怒发上冲冠"等细节描写渲染紧张的局面,在写蔺相如请秦王为赵王击缶时,更是以"五步之内,相如请得以颈血溅大王"等针锋相对的语言表现紧张的氛围。另外,本传中有许多鲜明的对比,如秦国的强大与赵国的弱小、蔺相如的机智与秦王的无可奈何、蔺相如的谦逊得体与廉颇的无理取闹、蔺相如对秦王的不卑不亢与对廉颇的隐忍退让、廉颇的英勇善战与赵括的纸上谈兵等。通过这些对比,人物形象更加鲜明而富有张力,传记语言也更加生动具有活力。

除此之外,本文还诞生了许多脍炙人口的成语、典故,如"价值连城""完璧归赵""渑池会""负荆请罪""刎颈之交""怒发冲冠""白璧微瑕""胶柱鼓瑟""纸上谈兵"等,这些都已经成为今人的常用词。

廉颇者,赵之良将也。赵惠文王十六年,廉颇为赵将伐齐,大破之,取阳晋①,拜为上卿,以勇气闻于诸侯。蔺相如者,赵人也,为赵宦者令②缪贤③舍人。

◎**注释** ①〔阳晋〕古邑名,在今山东菏泽东北。②〔宦者令〕主管宦官内侍的头目。③〔缪(miào)贤〕战国时期赵国的宦者令,曾舍命举荐门下客蔺相如为国效力。
◎**大意** 廉颇是赵国杰出的将领。赵惠文王十六年,廉颇作为赵国将军讨伐齐国,大败齐国的军队,夺取了阳晋城,被任命为上卿,他勇猛善战的名声在诸侯间传扬开来。蔺相如是赵国人,在赵国宦者令缪贤家当门客。

  赵惠文王时,得楚和氏璧。秦昭王闻之,使人遗赵王书,愿以十五城请易璧。赵王与大将军廉颇诸大臣谋:欲予秦,秦城恐不可得,徒见欺;欲勿予,即患秦兵之来。计未定,求人可使报秦者,未得。宦者令缪贤曰:"臣舍人蔺相如可使。"王问:"何以知之?"对曰:"臣尝有罪,窃计欲亡走燕,臣舍人相如止臣,曰:'君何以知燕王?'臣语曰:'臣尝从大王与燕王会境上,燕王私握臣手,曰"愿结友"。以此知之,故欲往。'相如谓臣曰:'夫赵强而燕弱,而君幸于赵王,故燕王欲结于君。今君乃亡赵走燕,燕畏赵,其势必不敢留君,而束君归赵矣。君不如肉袒伏斧质请罪,则幸得脱矣。'臣从其计,大王亦幸赦臣。臣窃以为其人勇士,有智谋,宜可使。"于是王召见,问蔺相如曰:"秦王以十五城请易寡人之璧,可予不(否)?"相如曰:"秦强而赵弱,不可不许。"王曰:"取吾璧,不予我城,奈何?"相如曰:"秦以城求璧而赵不许,曲在赵。赵予璧而秦不予赵城,曲在秦。均之二策,宁许以负秦曲。"王曰:"谁可使者?"相如曰:"王必无人,臣愿奉璧往使。城入赵,而璧留秦;城不入,臣请完璧归赵。"赵王于是遂遣相如奉璧西入秦。

  ◎**大意** 赵惠文王在位时,赵国得到了楚国的和氏璧。秦昭王听说了这件事,就派人给赵王送了一封信,愿意用十五座城池来交换和氏璧。赵王与大将军廉颇以及各位大臣商量:如果把和氏璧交给秦国,恐怕得不到秦国的城邑,反而会白白地受欺骗;如果不交出和氏璧,又担心秦军来进犯。谋划了很久也没有商量好计策,想要寻找一个可以充当使者答复秦国的人,也没有找到。宦者令缪贤说："我的门客蔺相如可以当使臣。"赵王问："你怎么知道他可以胜任呢？"缪贤回答说："我曾经犯了罪，私下打算逃到燕国，我的门客蔺相如劝阻我，说：'您怎么知道燕王是可以信任之人呢？'我对他说：'我曾经跟随大王与燕王在国境上相见，燕王私下握住我的手，说"希望能跟你成为朋友"。我就结识了燕王，所以想去投奔他。'相如对我说：'赵国强大而燕国弱小，并且您受到赵王的宠信，所以燕王想要和您结交。现在您是从赵国逃到燕国，燕国畏惧赵国，在这种形势下燕王一定不敢收留您，反而会把您捆绑起来送回赵国。您不如脱掉上衣趴伏在刀斧之下请罪，那么或许大王能赦免您的罪过。'我听从了他的计策，大王也开恩赦免了我。我认为这个人是个勇士，有智慧和谋略，应该可以出使秦国。"于是赵王召见蔺相如，问他："秦王请求用十五座城池交换我的和氏璧，可以给他吗？"相如说："秦国强大而赵国弱小，不能不答应。"赵王说："如果秦国拿了我的和氏璧，不给我城池，怎么办呢？"相如说："秦国请求用城池交换和氏璧而赵国不答应，是赵国理亏；赵国给了秦国和氏璧而秦国不给赵国城池，是秦国理亏。两者比较，宁可答应秦国让他们来担负理亏的责任。"赵王说："谁可以出使秦国？"相如说："如果大王没有合适的人选，我愿意手捧和氏璧出使秦国。如果赵国得到了城池，就把宝璧留给秦国；如果赵国没有得到城池，我保证把和氏璧完好地带回赵国。"于是赵王派遣蔺相如带着和氏璧向西出使秦国。

秦王坐章台①见相如，相如奉璧奏秦王。秦王大喜，传以示美人及左右，左右皆呼万岁。相如视秦王无意偿赵城，乃前曰："璧有瑕，请指示王。"王授璧，相如因持璧却立，倚柱，怒发上冲冠，谓秦王曰："大王欲得璧，使人发书至赵王，赵王悉召群臣议，皆曰秦贪，负其强，以空言求璧，偿城恐不可得。议不欲予秦璧。臣以为布衣之交尚不相欺，况大国乎！且以一璧之故逆强秦之欢，不可。于是赵王乃斋戒五日，使臣奉璧，拜送书于庭。何者？严大国之威以修敬也。今臣至，大王见臣列观，礼节甚倨；得璧，传之美人，以戏弄臣。臣观大王无意偿赵王城邑，故臣复取璧。大王必欲急臣，臣头今与璧俱碎于柱矣！"相如持其璧睨柱，欲以击柱。秦王恐其破璧，乃辞谢固请，召有司案图，指从此以往十五都予赵。相如度秦王特以诈详（佯）为予赵城，实不可得，乃谓秦王曰："和氏璧，天下所共传宝也，赵王恐，不敢不献。赵王送璧时，斋戒五日，今大王亦宜斋戒五日，设九宾②于廷，臣乃敢上璧。"秦王度之，终不可强夺，遂许斋五日，舍相如广成传。相如度秦王虽斋，决负约不偿城，乃使其从者衣褐，怀其璧，从径道亡，归璧于赵。

◎**注释** ①〔章台〕秦离宫中的台观名，旧址在今陕西西安长安区一带。②〔九宾〕即九宾礼，我国古代外交上最为隆重的礼节，有九个负责迎宾赞礼的官员引领进殿。

◎**大意** 秦王坐在章台接见了蔺相如，相如捧着和氏璧献给秦王。秦王非常高兴，把和氏璧传给嫔妃和身边的大臣观看，侍臣都高呼万岁。相如看出秦王没有补偿赵国城邑的意思，就走上前说："和氏璧上有个瑕疵，请让我指给大王看。"秦王把璧交还给他，于是相如手持璧玉退后几步站定，靠在柱子上，怒发冲冠地对秦王说："大王想得到和氏璧，派人送信给赵王，赵王召集全体大臣商议，大家都说：'秦国贪婪，倚仗它的强大，想用空话来讨要和氏璧，许诺给我们的城邑恐怕是得不到的。'商议的结果是不想给秦国和氏璧。我认为平民百姓之间的交往尚且不互相欺骗，何况是大国呢？况且为了一块璧玉而让强大的秦国不高兴，是不应该的。于是赵王斋戒了五天，派我捧着宝璧，在朝堂之上拜送国书。这是为什么呢？是尊重大国的威望以表示恭敬啊。现在我来了，大王却在便殿召见我，礼节十分傲慢；拿到宝璧后，传给姬妾观看，来戏弄我。我看大王没有把十五城给赵国的诚意，所以我要回宝璧。大王如果一定要逼迫我，我的头今天就同和氏璧一起撞碎在柱子上！"相如手持宝璧，眼睛瞄着庭柱，就要向庭柱上撞去。秦王怕他真把宝璧撞碎，便向他道歉，并再三请他息怒，召见有司查看地图，指明从某地到某地的十五座城邑交割给赵国。相如估计秦王是假装交割城邑来欺骗赵国，实际上赵国是不可能得到城邑的，于是对秦王说："和氏璧是天下公认的宝物，赵王敬畏秦国，不敢不奉献出来。赵王送璧之前，斋戒了五天，现在大王也应该斋戒五天，在殿堂上安排九宾礼，我才敢献上和氏璧。"秦王估量此事，不能用强力夺取，就答应斋戒五天，让相如住在广成传舍。相如估计秦王虽然答应斋戒，但必定背约不给城邑，就派他的随从穿上粗麻布衣服，怀里藏着宝璧，从小路逃走，把宝璧送回了赵国。

秦王斋五日后，乃设九宾礼于廷，引赵使者蔺相如。相如至，谓秦王曰："秦自缪公以来二十余君，未尝有坚明约束者也。臣诚恐见欺于王而负赵，故令人持璧归，间至赵矣。且秦强而赵弱，大王遣一介之使至赵，赵立奉璧来。今以秦之强而先割十五都予赵，赵岂敢留璧而得罪于大王乎？臣知欺大王之罪当诛，臣请就汤镬，唯大王与群臣孰（熟）计议之。"秦王与群臣相视而嘻。左右或欲引相如去，秦王因曰："今杀相如，终不能得璧也，而绝秦赵之欢，不如因而厚遇之，使归赵，赵王岂以一璧之故欺秦邪！"卒廷见相如，毕礼而归之。

◎**大意**　秦王斋戒五天后，就在朝廷举行了九宾典礼，去请赵国使者蔺相如。相如来到后，对秦王说："秦国从穆公以来的二十多位君主中，从来没有坚守盟约的人。我实在是怕被大王欺骗而辜负赵王，所以派人带着和氏璧返回，已从小路到了赵国。况且秦强而赵弱，大王派一位使臣到赵国，赵国立即就捧着和氏璧前来。如今秦国凭借自身的强大先割让十五座城邑给赵国，赵国怎么敢留下和氏璧而得罪大王呢？我知道欺骗大王应被诛杀，我愿意受汤镬之刑，只希望大王和各位大臣仔细商议这件事。"秦王和群臣相视露出吃惊和愤怒的表情。侍从中有人想拉着相如去受刑，秦王说："现在杀死相如，最后还是得不到和氏璧，反而断绝了秦、赵两国的友好关系，不如趁此机会好好招待他，让他回赵国，赵王难道会为了一块璧玉而欺骗秦国吗！"最终还是在朝廷上接见了相如，礼节完成后让他回国了。

相如既归，赵王以为贤大夫使不辱于诸侯，拜相如为上大夫。秦亦不以城予赵，赵亦终不予秦璧。

◎**大意**　相如回到赵国，赵王认为他是一位有才能的大夫，出使时没有令赵国受到羞辱，于是任命相如为上大夫。秦国没有把城邑给赵国，赵国也始终没有给秦国和氏璧。

其后秦伐赵，拔石城①。明年，复攻赵，杀二万人。

◎**注释**　①〔石城〕古城名，在今河南林州西南。
◎**大意**　之后秦国攻打赵国，攻下了石城。第二年，秦国再次攻打赵国，杀死两万人。

秦王使使者告赵王，欲与王为好会于西河外渑池①。赵王畏秦，欲毋行。廉颇、蔺相如计曰："王不行，示赵弱且怯也。"赵王遂行，相如从。廉颇送至境，与王诀曰："王行，度道里会遇之礼毕，还，不过三十日。三十日不还，则请立太子为王，以绝秦望。"王许之，遂与秦王会渑池。秦王饮酒酣，曰："寡人窃闻赵王好音，请奏瑟。"赵王鼓瑟。秦御史前书曰："某年月日，秦王与赵王会饮，令赵王鼓瑟。"蔺相如前曰："赵王窃闻秦王善为秦声，请奏盆缻（缶）秦王，以相娱乐。"秦王怒，不许。于是相如前进缻（缶），因跪请秦王。秦王不肯击缻（缶）。相如曰："五步之内，相如请得以颈血溅大王矣！"左右欲刃相如，相如张目叱之，左右皆靡。于是秦王不怿，为一击缻（缶）。相如顾召赵御史书曰"某年月日，秦王为赵王击缻（缶）"。秦之群臣曰："请以赵十五城为秦王寿"。蔺相如亦曰："请以秦之咸阳为赵王寿。"秦王竟酒，终不能加胜于赵。赵亦盛设兵以待秦，秦不敢动。

◎**注释** ①〔渑（miǎn）池〕古城名，在今河南渑池西。

◎**大意** 秦王派使者告诉赵王，想和赵王在西河外的渑池进行友好会面。赵王畏惧秦国，不想去。廉颇、蔺相如商议道："如果大王不去，就显得赵国既软弱又胆小。"于是赵王赴会，相如随行。廉颇把他们送到边境，和赵王诀别说："大王这次出行，预计赶路加上会见的时间，不超过三十天就能回来。如果三十天还没回来，就请允许我们立太子为王，以断绝秦国的妄想。"赵王答应了这件事，于是便与秦王在渑池会见。秦王饮酒到高兴时，说："我私下里听说赵王爱好音乐，请您弹一曲瑟吧！"赵王就弹了一曲。秦国的御史上前写道："某年某月某日，秦王与赵王相会饮酒，令赵王弹瑟。"蔺相如上前说："赵王私下里听说秦王擅长演奏秦地土乐，请让我给秦王献上盆缶，让大家一起娱乐。"秦王非常生气，不肯击缶。这时相如向前递上盆缶，跪下请秦王演奏。秦王还是不肯击缶，相如说："在这五步之内，我要将脖颈里的血溅在大王身上了！"秦王的侍从想杀死相如，相如睁圆双眼呵斥，侍从都吓得退下去了。于是秦王很不高兴，勉强敲了一下缶。相如回头招呼赵国御史写道："某年某月某日，秦王为赵王敲击盆缶。"秦国的大臣说："请你们用赵国的十五座城邑向秦王献礼。"蔺相如也说："请你们用秦国的都城咸阳向赵王献礼。"直到酒宴结束，秦国终究未能压倒赵国。赵国部署了大批军队防备秦国，秦国也不敢轻举妄动。

既罢归国，以相如功大，拜为上卿，位在廉颇之右。廉颇曰："我为赵将，有攻城野战之大功，而蔺相如徒以口舌为劳，而位居我上，且相如素贱人，吾羞，不忍为之下。"宣言曰："我见相如，必辱之。"相如闻，不肯与会。相如每朝时，常称病，不欲与廉颇争列。已而相如出，望见廉颇，相如引车避匿。于是舍人相与谏曰："臣所以去亲戚而事君者，徒慕君之高义也。今君与廉颇同列，廉君宣恶言而君畏匿之，恐惧殊甚，且庸人尚羞之，况于将相乎！臣等不肖，请辞去。"蔺相如固止之，曰："公之视廉将军孰与秦王？"曰："不若也。"相如曰："夫以秦王之威，而相如廷叱之，辱其群臣，相如虽驽，独畏廉将军哉？顾吾念之，强秦之所以不敢加兵于赵者，徒以吾两人在也。今两虎共斗，其势不俱生。吾所以为此者，以先国家之急而后私仇也。"廉颇闻之，肉袒负荆，因宾客至蔺相如门谢罪。曰："鄙贱之人，不知将军宽之至此也。"卒相与欢，为刎颈之交。

◎**大意** 渑池会结束以后返回赵国，蔺相如因为功劳大，被任命为上卿，地位在廉颇之上。廉颇说："我是赵国将军，有攻城略地的大功，蔺相如只不过凭借嘴巴的功劳，地位却在我之上，况且相如本来是地位卑贱的人，我感到羞耻，不甘心地位在他之下。"扬言说："我遇见蔺相如，一定要羞辱他。"相如听说后，便不肯和廉颇见面。每到上朝时，相如常常推说身体有病，不愿和廉颇争位次的先后。相如外出时，远远看到廉颇，就掉转车子回避。于是相如的门客就一起来进谏说："我们离开亲人来侍奉您，是因为仰慕您高尚的节义呀。如今您与廉将军官位相同，廉将军公然恶言相向，您却因害怕而躲避他，也太胆怯了，普通的人也会感到羞耻，何况是身为将相的人呢！我们这些人没有才干，请让我们告辞吧！"蔺相如坚决挽留他们，说："你们认为廉将军和秦王相比谁厉害？"门客回答说："廉将军没有秦王厉害。"相如说："以秦王的威严，我都敢在朝廷上呵斥他，羞辱他的群臣，我虽然平庸无能，难道唯独害怕廉将军吗？我只是考虑到，强大的秦国不敢发兵攻打赵国，就是因为有我们两人在啊。如今两虎相斗，一定不能共存。我这样忍让，就是为了把国家的急难摆在首位而把个人的恩怨放在其次。"廉颇听说了这些话,就袒露肩膀,背着荆条,由宾客引导,来到蔺相如的门前道歉。他说:"我是个粗野卑贱的人,想不到将军对我宽厚到如此地步。"二人最终和好,成为生死之交。

是岁,廉颇东攻齐,破其一军。居二年,廉颇复伐齐几①,拔之。后三年,廉颇攻魏之防陵、安阳②,拔之。后四年,蔺相如将而攻齐,至平邑③而罢。其明年,赵奢破秦军阏与④下。

◎**注释** ①〔几〕古城名,在今河北大名东南。②〔防陵、安阳〕古城名,均在今河南安阳西南。③〔平邑〕古城名,在今河南南乐东北。④〔阏(yù)与〕古城名,在今山西和顺西北。

◎**大意** 这一年,廉颇向东攻打齐国,打败了齐国的一支军队。过了两年,廉颇又进攻齐国的几邑,攻下了它。之后三年,廉颇进攻魏国的防陵、安阳,攻下了它们。又过了四年,蔺相如领兵攻打齐国,打到平邑就收兵了。第二年,赵奢在阏与城下大破秦军。

赵奢者,赵之田部吏也。收租税,而平原君家不肯出。赵奢以法治之,杀平原君用事者九人。平原君怒,将杀奢。奢因说曰:"君于赵为贵公子,今纵君家而不奉公则法削,法削则国弱,国弱则诸侯加兵,诸侯加兵是无赵也,君安得有此富乎?以君之贵,奉公如法则上下平,上下平则国强,国强则赵固,而君为贵戚,岂轻于天下邪?"平原君以为贤,言之于王。王用之治国赋,国赋大平,民富而府库实。

◎**大意** 赵奢是赵国征收田税的官吏。他收税时,平原君家不肯缴纳,赵奢依法处置，杀了平原君家九个当权管事的人。平原君大怒，要杀死赵奢。赵奢趁机劝说平原君："您在赵国是贵公子，现在纵容家臣不遵守公家的法令，那么国法就会被损害，国法被损害了国家就会衰弱，国家衰弱了诸侯就要出兵侵犯，诸侯出兵侵犯赵国就会灭亡，您怎能有如今的富贵呢？以您尊贵的地位，奉公守法就会使国家上下公平，上下公平国家就能强盛，国家强盛了赵氏的政权就会稳固，而您身为赵国贵戚，难道会被天下人小看吗？"平原君认为赵奢很贤能，告诉了赵王。赵王任用他掌管全国的税收，从此国家赋税公平合理，百姓富足而国库充实。

秦伐韩，军于阏与。王召廉颇而问曰："可救不（否）？"对曰："道远险狭，难救。"又召乐乘而问焉，乐乘对如廉颇言。又召问赵奢，奢对曰："其道远险狭，譬之犹两鼠斗于穴中，将勇者胜。"王乃令赵奢将，救之。

◎**大意** 秦国攻打韩国，军队驻扎在阏与。赵王召见廉颇询问道："可以去援救阏与吗？"廉颇回答："道路漫长又艰险狭窄，难以援救。"他又召见乐乘询问这件事，乐乘的回答和廉颇一样。他又召见赵奢来询问，赵奢回答说："路途遥远艰险狭窄，譬如两只老鼠在洞里争斗，哪个将领勇猛就会得胜。"赵王便任命赵奢为将军，去救援阏与。

兵去邯郸三十里，而令军中曰："有以军事谏者死。"秦军军武安①西，秦军鼓噪勒兵，武安屋瓦尽振。军中候有一人言急救武安，赵奢立斩之。坚壁，留二十八日不行，复益增垒。秦间来入，赵奢善食而遣之。间以报秦将，秦将大喜曰："夫去国三十里而军不行，乃增垒，阏与非赵地也。"赵奢既已遣秦间，乃卷甲而趋之，二日一夜至，令善射者去阏与五十里而军。军垒成，秦人闻之，悉甲而至。军士许历请以军事谏，赵奢曰："内（纳）之。"许历曰："秦人不意赵师至此，其来气盛，将军必厚集其阵以待之。不然，必败。"赵奢曰："请受令。"许历曰："请就铁②质之诛。"赵奢曰："胥（须）后令邯郸。"许历复请谏，曰："先据北山上者胜，后至者败。"赵奢许诺，即发万人趋之。秦兵后至，争山，不得上，赵奢纵兵击之，大破秦军。秦军解而走，遂解阏与之围而归。

◎**注释** ①〔武安〕古城名，在今河北武安西南。②〔铁（fū）〕用于切草的铡刀，古代也用为斩人的刑具。

◎**大意** 军队离开邯郸三十里，赵奢在军中下令说："谁谏言军事就将被处以死刑。"秦军驻扎在武安西边，秦军击鼓呐喊的声音，把武安城中的屋瓦都震动了。赵军中有一人请求马上援救武安，赵奢立即将他斩首。赵军坚守营垒，停留二十八天不出战，反而又加筑壁垒。秦军间谍潜入，赵奢用佳肴款待后把他送了回去。间谍向秦军将领汇报了这个情况，秦将非常高兴地说："离开国都三十里军队就不前进了，还增修壁垒，阏与不会是赵国的领地了。"赵奢把秦军间谍送走之后，就令士兵卸下铠甲快速向阏与进军，两天一夜就到了，命令善射的士兵在距离阏与五十里的地方驻扎。营寨刚扎好，秦军听说了这事，立即全部过来围攻。一个叫许历的军士请求谏言军事，赵奢说："让他进来。"许历说："秦军没想到赵军会来到这里，现在他们来势汹汹士气正盛，将军一定要集中兵力严阵以待。不然的话，一定会失败。"赵奢说："我会接受你的建议。"许历说："我甘愿接受斩首的处罚。"赵奢说："等回到邯郸再处治。"许历又请求谏言，说："先占据北边山头的人将会胜利，后到的会失败。"赵奢答应，立即派出一万人抢占北山。秦兵后到，与赵军争夺北山，攻不上去，赵奢指挥士兵出击，秦军大败。秦军四散逃跑，于是解除了阏与的包围，班师回国。

赵惠文王赐奢号为马服君，以许历为国尉①。赵奢于是与廉颇、蔺相如同位。

◎**注释** ①〔国尉〕低于将军的军官，相当于后世的都尉、校尉。
◎**大意** 赵惠文王封赵奢为马服君，任命许历为国尉。赵奢于是与廉颇、蔺相如地位相同。

后四年，赵惠文王卒，子孝成王①立。七年，秦与赵兵相距（拒）长平②，时赵奢已死，而蔺相如病笃，赵使廉颇将攻秦，秦数败赵军，赵军固壁不战。秦数挑战，廉颇不肯。赵王信秦之间。秦之间言曰："秦之所恶，独畏马服君赵奢之子赵括为将耳。"赵王因以括为将，代廉颇。蔺相如曰："王以名使括，若胶柱而鼓瑟耳。括徒能读其父书传，不知合变也。"赵王不听，遂将之。

◎**注释** ①〔孝成王〕嬴姓，赵氏，名丹，前266年～前246年在位。②〔长平〕古城名，在今山西晋城。
◎**大意** 过了四年，赵惠文王去世，他的儿子孝成王继位。孝成王七年，秦军与赵军在长平对抗，这时赵奢已死，蔺相如病重，赵王任命廉颇为将攻打秦军，秦军几次打败赵军，赵军坚守阵地不出战。秦军多次挑战，廉颇没有理会。赵王听信了秦军间谍的谣言。秦军间谍说："秦军最担心的是马服君赵奢的儿子赵括当将军。"于是赵王就以赵括为将军，取代廉颇。蔺相如说："大王只凭虚名来任用赵括，就好像用胶把弦柱粘死再去弹瑟。赵括只会读他父亲留下的书，不懂得随机应变。"赵王不听，仍然任命赵括为将。

赵括自少时学兵法，言兵事，以天下莫能当。尝与其父奢言兵事，奢不能难，然不谓善。括母问奢其故，奢曰："兵，死地也，而括易言之。使赵不将括即已，若必将之，破赵军者必括也。"及括将行，其母上书言于王曰："括不可使将。"王曰："何以？"对曰："始妾事其父，时为将，身所奉饭饮而进食者以十数，所友者以百数，大王及宗室所赏赐者尽以予军吏士大夫,受命之日,不问家事。今括一旦为将,东向而朝,军吏无敢仰视之者,王所赐金帛,归藏于家,而日视便利田宅可买者买之。王以为何如其父?父子异心,愿王勿遣。"王曰:"母置之,吾已决矣。"括母因曰:"王终遣之,即有如不称,妾得无随坐乎?"王许诺。

◎**大意** 赵括从幼年起就学习兵法,谈论军事,以为天下没人能比得过他。他曾与父亲赵奢谈论军事,赵奢也难不倒他,可是并不夸奖他。赵括的母亲问赵奢这是什么缘故,赵奢说:"战争是置自身于死地的事,可赵括说得太轻松。假如赵国不以赵括为将也就罢了,如果一定让他领兵,葬送赵军的一定是赵括。"等到赵括将要出征的时候,他母亲上书给赵王说:"赵括不能做将军。"赵王说:"为什么?"他母亲回答:"当初我侍奉他父亲赵奢,那时赵奢是将军,由他亲自捧着饭食招待吃喝的下属有十几人,被他当作朋友看待的有数百人,他把大王和宗室贵族赏赐的东西全部分给军吏和幕僚,接受命令的那天起,就不再过问家事。现在赵括做了将军,就面向东接见下属,军吏中没有人敢抬头看他,大王赏赐的金帛,他都拿回家收藏起来,还每天寻找合适的土地房屋,可以买的就买下来。大王认为他哪里比得上他父亲?父子二人的心思不同,希望大王不要派他出征。"赵王说:"做母亲的不要考虑这些,我已经决定了。"赵括的母亲接着说:"您一定要派他出征,如果他不称职,我能不受株连吗?"赵王答应了。

赵括既代廉颇,悉更约束,易置军吏。秦将白起闻之,纵奇兵,详(佯)败走,而绝其粮道,分断其军为二,士卒离心。四十余日,军饿,赵括出锐卒自搏战,秦军射杀赵括。括军败,数十万之众遂降秦,秦悉坑之。赵前后所亡凡四十五万。明年,秦兵遂围邯郸,岁余,几不得脱。赖楚、魏诸侯来救,乃得解邯郸之围。赵王亦以括母先言,竟不诛也。

◎**大意** 赵括取代廉颇之后，改变了全部军规，撤换了下级军官。秦将白起听说了这件事，派出奇兵，假装败走，又派兵截断赵军运输粮食的道路，把赵军断为两部分，赵军军心涣散。四十多天后，赵军饥饿，赵括带领精兵亲自与秦军战斗，被秦军射死。赵军战败，几十万士卒投降了秦军，秦军把他们全部活埋了。这场战争中，赵国前后死亡的士兵总共四十五万。第二年，秦军就包围了邯郸，又过了一年多，赵国几乎不能避免亡国的危险。幸好楚国、魏国军队来援救，才解除了邯郸之围。赵王因为赵括的母亲有言在先，最终没有杀她。

自邯郸围解五年，而燕用栗腹①之谋，曰"赵壮者尽于长平，其孤未壮"，举兵击赵。赵使廉颇将，击，大破燕军于鄗②，杀栗腹，遂围燕。燕割五城请和，乃听之。赵以尉文封廉颇为信平君，为假相国。

◎**注释** ①〔栗腹〕燕国国相。②〔鄗(hào)〕古地名，在今河北高邑东。
◎**大意** 邯郸解围后的第五年，燕国采纳栗腹的主意，说："赵国的壮丁都死在长平了，他们的孤儿尚未成年。"便发兵攻打赵国。赵王派廉颇为将反击，在鄗城大破燕军，杀掉了栗腹，包围了燕国都城。燕国割让五座城池求和，赵王接受了。赵王把尉文邑封赏给廉颇，并封他为信平君，代理相国的职务。

廉颇之免长平归也，失势之时，故客尽去。及复用为将，客又复至。廉颇曰："客退矣！"客曰："吁！君何见之晚也？夫天下以市道交，君有势，我则从君，君无势则去，此固其理也，有何怨乎？"居六年，赵使廉颇伐魏之繁阳①，拔之。

◎**注释** ①〔繁阳〕古地名，在今河南内黄西北。
◎**大意** 廉颇被免职从长平回来，失去权势的时候，原来的门客都离开他了。等到他复职为将军，门客又回来了。廉颇说："门客们请回吧！"门客说："唉！您为什么不明白啊？天下之人都是按做生意的道理结交朋友，你有权势，我们就追随你，你没有权势我们就离开，这是很自然的道理，有什么可抱怨的呢？"过了六年，赵国派廉颇进攻魏国的繁阳，攻下了它。

赵孝成王卒，子悼襄王①立，使乐乘代廉颇。廉颇怒，攻乐乘，乐乘走。廉颇遂奔魏之大梁。其明年，赵乃以李牧为将而攻燕，拔武遂、方城②。

◎注释 ①〔悼襄王〕嬴姓，赵氏，名偃，前244年～前236年在位。②〔武遂、方城〕武遂，古地名，在今河北徐水西。方城，古地名，在今河北固安南。
◎大意 赵孝成王去世，他的儿子悼襄王继位，任命乐乘替代廉颇。廉颇非常愤怒，攻打乐乘，乐乘逃跑。廉颇于是逃亡到魏国的大梁。第二年，赵国便以李牧为将攻打燕国，夺取了武遂、方城。

廉颇居梁久之，魏不能信用。赵以数困于秦兵，赵王思复得廉颇，廉颇亦思复用于赵。赵王使使者视廉颇尚可用否。廉颇之仇郭开多与使者金，令毁之。赵使者既见廉颇，廉颇为之一饭斗米，肉十斤，被甲上马，以示尚可用。赵使还报王曰："廉将军虽老，尚善饭，然与臣坐，顷之三遗矢（屎）矣。"赵王以为老，遂不召。

◎大意 廉颇住在大梁很久，但没有得到魏国的信任和重用。由于赵国多次被秦兵围困，赵王就想重新任用廉颇为将，廉颇也想再被赵国重用。赵王派出使臣去探望廉颇，看他还能不能被任用。廉颇的仇人郭开送给使臣很多黄金，让他说廉颇坏话。赵国使臣见到廉颇之后，廉颇当他的面一顿饭吃了一斗米、十斤肉，又披上铠甲上马，以示自己还可以被任用。赵国使者回去报告赵王说："廉将军虽然年老，饭量还不错，但是陪我坐着时，一会儿就上了三次厕所。"赵王认为廉颇老了，就没有召他回国。

楚闻廉颇在魏，阴使人迎之。廉颇一为楚将，无功，曰："我思用赵人。"廉颇卒死于寿春①。

◎**注释** ①〔寿春〕古地名，在今安徽寿县。
◎**大意** 楚国听说廉颇在魏国，就暗中派人去迎接。廉颇担任楚国的将军后，并没有战功，他说："我想指挥赵国的军队啊。"廉颇最终死在楚国的寿春。

李牧者，赵之北边良将也。常居代雁门①，备匈奴。以便宜置吏，市租皆输入莫（幕）府②，为士卒费。日击数牛飨士，习射骑，谨烽火，多间谍，厚遇战士。为约曰："匈奴即入盗，急入收保，有敢捕虏者斩。"匈奴每入，烽火谨，辄入收保，不敢战。如是数岁，亦不亡失。然匈奴以李牧为怯，虽赵边兵亦以为吾将怯。赵王让李牧，李牧如故。赵王怒，召之，使他人代将。

◎**注释** ①〔雁门〕古地名，在今山西代县。②〔莫府〕同"幕府"，将军办公的帐篷。
◎**大意** 李牧是镇守赵国北部边境的杰出将领。他长期驻扎在代地雁门郡，防御匈奴。他有权任免官吏，他管辖的城邑的赋税都送入了他的府中，作为军队的经费。他每天宰杀几头牛犒赏士卒，教他们射箭骑马，留意烽火台的联络信号，多派侦察敌情的间谍，善待士卒。他制定规章说："如果匈奴入侵，要赶快收敛财物进入营垒，有敢去捕杀敌人的一律斩首。"匈奴每次入侵，烽火及时警报，部队立即收拢人马退入营垒，不敢出战。像这样过了好几年，人马物资没有损失。

匈奴却认为李牧胆小，就连赵国守边的官兵也认为自己的主将胆怯。赵王责备李牧，李牧依然如故。赵王发怒了，召他返回，派别人代替他为将军。

岁余，匈奴每来，出战。出战，数不利，失亡多，边不得田畜。复请李牧。牧杜门不出，固称疾。赵王乃复强起使将兵。牧曰："王必用臣，臣如前，乃敢奉令。"王许之。

◎**大意** 之后一年多，匈奴每次来侵犯，赵军就出战迎敌。出兵交战，多次失利，损失伤亡很多，边境上无法耕种放牧。赵王只好再请李牧。李牧闭门不出，坚持说自己生病了。赵王一再勉强李牧出来率领军队。李牧说："如果大王一定要用我，我还是像以前那样，才敢奉命。"赵王答应了。

李牧至，如故约。匈奴数岁无所得。终以为怯。边士日得赏赐而不用，皆愿一战。于是乃具选车得千三百乘，选骑得万三千匹，百金之士五万人，彀者①十万人，悉勒习战。大纵畜牧，人民满野。匈奴小入，详（佯）北不胜，以数千人委之。单于闻之，大率众来入。李牧多为奇陈（阵），张左右翼击之，大破杀匈奴十余万骑。灭襜褴②，破东胡③，降林胡④，单于奔走。其后十余岁，匈奴不敢近赵边城。

◎**注释** ①〔彀（gòu）者〕能拉硬弓的射手。彀，拉满弓。②〔襜褴（dān lán）〕当时活动在代郡以北的少数民族。③〔东胡〕当时活动在今辽宁西部、内蒙古东部一带的少数民族。④〔林胡〕当时活动在鄂尔多斯高原东部的民族。

◎**大意** 李牧到任后，还是按照原来的章程办事。匈奴多年都没有收获，但始终认为李牧胆怯。边境的官兵每天得到赏赐却不被重用，都愿意和匈奴打一仗。于是李牧准备了精选的战车一千三百辆，精选的战马一万三千匹，获得过百金赏赐的勇士五万人，射手十万人，全部组织起来训练作战。同时他还组织人大规模放牧，放牧的人漫山遍野。匈奴小股人马入侵，李牧就假装失败逃走，故意丢弃几千人。单于听说了这件事，就率领大批人马入侵。李牧部署许多奇兵，从左右两翼围攻他们，把匈奴十多万人杀得大败。灭了襜褴，打败了东胡，收降了林胡，单于逃走。之后十几年，匈奴不敢接近赵国边城。

赵悼襄王元年，廉颇既亡入魏，赵使李牧攻燕，拔武遂、方城。居二年，庞煖①破燕军，杀剧辛。后七年，秦破杀赵将扈辄于武遂，斩首十万。赵乃以李牧为大将军，击秦军于宜安②，大破秦军，走秦将桓齮③。封李牧为武安君。居三年，秦攻番吾④，李牧击破秦军，南距（拒）韩、魏。

◎**注释** ①〔庞煖（xuān）〕赵将。②〔宜安〕古地名，在今河北藁城西南。③〔走秦将桓齮（yǐ）〕打跑了秦将桓齮。④〔番吾〕古地名，在今河北平山。

◎**大意** 赵悼襄王元年，廉颇已经逃亡到魏国，赵国派李牧攻打燕国，攻下了武遂、方城。过了两年，庞煖打败燕军，杀掉燕将剧辛。七年之后，秦军在武遂打败赵军，杀掉赵将扈辄，斩杀十万人。于是赵国让李牧担任大将军，在宜安反攻秦军，大败秦军，打跑了秦将桓齮。赵王封李牧为武安君。又过了三年，秦军攻打番吾，李牧击败秦军，又抵御南面的韩、魏两国。

赵王迁①七年，秦使王翦攻赵，赵使李牧、司马尚御之。秦多与赵王宠臣郭开金，为反间，言李牧、司马尚欲反。赵王乃使赵葱及齐将颜聚代李牧。李牧不受命，赵使人微捕得李牧，斩之。废司马尚。后三月，王翦因急击赵，大破杀赵葱，虏赵王迁及其将颜聚，遂灭赵。

◎**注释** ①〔赵王迁〕即赵幽缪王，嬴姓，赵氏，名迁，前235年～前228年在位。

◎**大意** 赵王迁七年，秦国派王翦进攻赵国，赵国派李牧、司马尚抵御秦军。秦国用重金收买赵王的宠臣郭开，让他施行反间计，造谣说李牧、司马尚要谋反。于是赵王派赵葱和齐国将军颜聚代替李牧。李牧不接受命令，赵王就派人暗中抓住了李牧，把他杀了，并罢免了司马尚的官职。三个月之后，王翦趁机猛攻赵国，大破赵军并杀死赵葱，俘虏了赵王迁和他的将军颜聚，于是灭亡了赵国。

太史公曰：知死必勇，非死者难也，处死者难。方蔺相如引璧睨柱，及叱秦王左右，势不过诛，然士或怯懦而不敢发。相如一奋其气，威信（伸）敌国，退而让颇，名重太山，其处智勇，可谓兼之矣！

◎**大意** 太史公说：知道自己身在死地的人一定很勇敢，死并不难，怎样对待死亡才是难事。当蔺相如手举和氏璧斜视庭柱，以及呵斥秦王侍从大臣的时候，明知这形势不过是被杀，然而有的士人会因为胆小懦弱而不敢如此表现。相如一旦振奋起他的勇气，使威严在敌国面前显现，又对廉颇谦逊退让，他的声誉比泰山还要重，他做事时表现出的智慧和勇气，可以说是兼而有之啊！

◎**释疑解惑**

本篇虽名为《廉颇蔺相如列传》，但加入了赵奢、赵括、李牧等赵国将领的事迹，堪称赵国将领群像。

廉颇是司马迁在本篇中重点描写的武将。从他起初对蔺相如被拜为上卿的不满，可以看出他有争强好胜的一面；"负荆请罪"一事又展示了他耿直坦荡的品性。在阏与之战和长平之战这两场重要战役中，廉颇的做法显示出一员老将的严谨和保守。在长平之战中，廉颇被赵括取而代之，门客纷纷离他而去；长平之战以后，赵国元气大伤，廉颇再次统军，大破燕军，燕国割地求和，廉颇被封为信平君，他的门客也纷纷回归。面对这样的人情冷暖，廉颇愤怒不已，但在门客的解释下，廉颇又很快释怀了，这说明他具有宽容大度的性格特点。赵悼襄王让乐乘取代了廉颇的地位，廉颇大怒，攻打乐乘，乐乘战败逃走，廉颇也不得不离开赵国，并且终其一生都未能再回到故乡，这又暴露了他冲动易怒的性格缺陷。

另一位老将赵奢的形象与廉颇有所不同。在本文中，司马迁主要表现了赵奢果敢的一面，一句"将勇者胜"使赵奢英勇无畏的形象跃然纸上；他在阏与之战中的表现又显示出他确实能征善战；而他对儿子赵括的了解，又表现出他眼光过人之处。司马迁在本文中没有对长平之战进行详细描写，但从各类史书的记载来看，赵括确实年轻气盛、好胜轻敌，缺乏实战经验，最终导致了赵国在长平之战中大败。

司马迁将李牧单列一段，与廉颇、赵奢、赵括等人分别开来。这是因为阏与之战、长平之战发生之时，李牧正驻守赵国的北部边境，与这两场战役关系较小。李牧是赵国抵御匈奴的重要将领，治理边境成果斐然，却被赵王责问罢用，他因此心灰意冷。当赵王请他重新出山之时，他闭门不出，在赵王的反复催请下，他虽复出，但说："王必用臣，臣如前，乃敢奉令。"这一段情节说明了李牧对赵国的赤诚，也说明了他性格中孤直耿介的特点。李牧整顿边境军民，有效地抗击了匈奴，之后与秦国的战斗亦是屡战屡胜，最后却死于郭开这等小人之口。司马迁将李牧被杀与赵国被灭连在一起描写，正是将个人的悲剧与国家的悲剧联系在了一起。

赵国的灭亡，从外部原因来看，主要是受到秦国持续不断的攻击以及北方匈奴的侵扰。尤其是长平一战，赵国的青壮年损失殆尽，国力大减，社会生产难以恢复，再也无力对抗秦国的猛烈攻势。从内部原因来看，此时期赵国君主的个人能力较为平庸。蔺相如死后，赵王非但不能近贤臣远小人，而且还想当然地任用毫无实战经验的赵括担当重任，又因佞臣郭开之言错过了启用廉颇和李牧的最后机会，一次次延误战机、指挥失当，再加上同一时期秦国明君猛将层出不穷。内外交困，此消彼长，赵国的灭亡就是必然的了。

◎ 思考辨析题

1. 司马迁在叙述完璧归赵、渑池之会等事件时，用了"持璧却立，倚柱，怒发上冲冠"等细节描写与"秦王度之，终不可强夺"等心理描写，司马迁不可能目睹事情经过，也无法得知当事人的心理活动，很明显，这些情节是虚构的。有些人认为这样的虚构情节不应该在史书中出现。对此你怎么看？

2. 本传名为《廉颇蔺相如列传》，却又附入赵奢、赵括、李牧等人的事迹，这是为什么？

田单列传第二十二

　　《田单列传》是田单的独传，主要记叙了齐国将军田单率领即墨军民打败前来进犯的燕国军队的经过。司马迁从田单担任临菑小吏、不受重用时写起，展现了田单虽是无名小吏，但是有独特见识的特点。在燕国大将乐毅率军攻打齐国时，他命令族人改装车轴，使所有族人得以保全。因此他被即墨人民推举为将军，率领众人抵御燕国。乐毅攻打齐国是在燕昭王的支持下进行的，燕昭王死后，燕惠王与乐毅不睦。田单抓住这个机会，派人前去齐国行离间之计，燕惠王果然中计，临阵换将，以骑劫取代了乐毅。

　　除了对敌人使用反间计，田单还对即墨城中的军民使用了多种激励士气的手段。首先，田单让燕军误以为齐军有天神的庇佑指点，误导燕军做出令人发指的暴行，以激怒齐军，使齐军士气高涨，期盼着出城杀敌。之后，田单身先士卒，甚至将自己的妻妾编入行伍之中，以示与民同在；接着派出老弱妇孺前去城墙站岗防卫，并派人与燕军约定投降事宜，以疲其斗志；最后，田单又以重金贿赂燕国将领，使其放松警惕。在这些准备工作全部完成之后，田单实践了他深思熟虑的计策，也是这次战争中最精彩的一次战斗。田单将城中的千余头牛收集起来，披红画彩，角缠兵器，在夜晚点燃牛尾巴，火牛痛而狂奔，夜袭燕军，即墨军民随之冲锋陷阵、英勇杀敌，使燕军四散溃逃，将军骑劫被杀。齐军追击燕军，收回大片失地。传记的末尾，司马迁赞扬了田单奇正相生、出奇无穷的军事指挥能力。又补入太史嫩之女与王蠋二人的事迹，使本传在以战争为主线的情况下增加了动人的细节和人性的光辉。

与《史记》中的其他篇章相比，本传的选材布局类似小说，而不像人物传记，其人物刻画和场面描写也与小说十分相像。本传通篇扣住一"奇"字，写田单的奇事奇谋，歌颂田单运用奇计战胜强敌的杰出智慧。正如清人吴见思所云："田单是战国一奇人，火牛是战国一奇事，遂成太史公一篇奇文，其声色气势，如风车雨阵，拉杂而来，几令人弃书下席。"

田单者，齐诸田疏属也。湣王时，单为临菑市掾①，不见知。及燕使乐毅伐破齐，齐湣王出奔，已而保莒城。燕师长驱平齐，而田单走安平②，令其宗人尽断其车轴末而傅铁笼。已而燕军攻安平，城坏，齐人走，争涂（途），以轊③折车败，为燕所房，唯田单宗人以铁笼故得脱，东保即墨。燕既尽降齐城，唯独莒、即墨不下。燕军闻齐王在莒，并兵攻之。淖齿既杀湣王于莒，因坚守，距（拒）燕军，数年不下。燕引兵东围即墨，即墨大夫④出与战，败死。城中相与推田单，曰："安平之战，田单宗人以铁笼得全，习兵。"立以为将军，以即墨距（拒）燕。

◎**注释**　①〔市掾（yuàn）〕管理市场的小吏。②〔安平〕古地名，在今山东临淄东北。③〔輨（wèi）〕车轴头，即套在车轴末端的金属筒状物。④〔大夫〕城邑的行政长官，相当于后世的县令。

◎**大意**　田单，是齐国田氏王室的远房子弟。齐湣王在位时，田单任临菑管理市场的小官，不被重用。燕国派乐毅攻破齐国，齐湣王出逃，其后据守莒城。燕军长驱直入几乎占领齐地，而田单逃到安平，让他的族人把车子轴头锯掉而包上铁籀。不久燕军攻安平，城池被攻破，齐国人逃跑时，争抢道路，许多车子因轴头撞折而损坏，乘客被燕军俘虏，只有田单一族人因车轴有铁籀保护而得以逃脱，一路向东，据守即墨。燕军已降服了齐国所有城邑，只有莒和即墨久攻未下。燕军听说齐王在莒城，便集中兵力攻打这里。齐将淖齿在莒城杀了齐湣王，坚守抵抗，燕军几年都未攻下莒城。燕国将领便率军向东围攻即墨。即墨守城大夫出城与燕军交战，失败战死，城里的人共同推举田单为将，说："安平一战，田单的族人因为铁籀得以保全，他是懂得用兵的人。"于是立田单为将军，据守即墨抵抗燕军。

顷之，燕昭王卒，惠王立，与乐毅有隙。田单闻之，乃纵反间于燕，宣言曰："齐王已死，城之不拔者二耳。乐毅畏诛而不敢归，以伐齐为名，实欲连兵南面而王齐。齐人未附，故且缓攻即墨以待其事。齐人所惧，唯恐他将之来，即墨残矣。"燕王以为然，使骑劫代乐毅。

◎**大意** 过了不久，燕昭王逝世，燕惠王即位，他和乐毅有矛盾。田单听说了，就派人到燕国实行反间计，扬言说："齐王已经死了，齐国只有两座城邑没有被攻下。乐毅害怕被杀而不敢回来，名义上是征讨齐国，其实是要在齐国称王。齐国百姓还没有归附，所以暂时放缓进攻即墨而等待时机。齐国人所害怕的是其他将军的到来，这样即墨就难以保全了。"燕王认为很对，便任命骑劫代替乐毅。

乐毅因归赵，燕人士卒忿。而田单乃令城中人食必祭其先祖于庭，飞鸟悉翔舞城中下食。燕人怪之。田单因宣言曰："神来下教我。"乃令城中人曰："当有神人为我师。"有一卒曰："臣可以为师乎？"因反走。田单乃起，引还，东乡（向）坐，师事之。卒曰："臣欺君，诚无能也。"田单曰："子勿言也！"因师之。每出约束，必称神师。乃宣言曰："吾唯惧燕军之劓①所得齐卒，置之前行，与我战，即墨败矣。"燕人闻之，如其言。城中人见齐诸降者尽劓，皆怒，坚守，唯恐见得。单又纵反间曰："吾惧燕人掘吾城外冢墓，僇先人，可为寒心。"燕军尽掘垄墓，烧死人。即墨人从城上望见，皆涕泣，俱欲出战，怒自十倍。

◎**注释** ①〔劓（yì）〕古代一种割去鼻子的肉刑。
◎**大意** 于是乐毅回到家乡赵国，燕国人对此都愤愤不平。田单命令城里的人吃饭时一定要在庭院祭祀自己的祖先，于是飞鸟都在城邑上空盘旋，去吃祭祀的食物。燕国人觉得奇怪。田单就趁机宣传说："这是神灵下凡来教我如何打仗。"于是命令城中人说："应当有神人当我的军师。"有一个士卒说："我可以做军师吗？"说完转身就跑。田单便站起身来，把他请回来，让他面向东坐，依照礼节拜他为军师。士卒说："我欺骗了您，我确实没有才能。"田单说："您不要说话！"于是把他尊为军师。他每次发布号令，必定说是神师的主意。又扬言说："我只害怕燕军把割掉鼻子的齐兵俘虏放在阵前与我们作战，这样即墨就会被攻下。"燕人听说之后，照着做了。城里的人看见齐国所有投降的士卒被割了鼻子，都很愤怒，坚守城邑，只怕被俘。田单又派出间谍说："我们害怕燕国人挖开我们城外的坟墓，侮辱祖先，这会令我们寒心。"燕军于是挖开城外所有坟墓，焚烧尸体。即墨城里的人在城头看见，全都痛哭流涕，要求出战，对燕军的怨恨增加了十倍。

田单知士卒之可用，乃身操版插（锸）①，与士卒分功，妻妾编于行伍之间，尽散饮食飨士。令甲卒皆伏，使老弱女子乘城，遣使约降于燕，燕军皆呼万岁。田单又收民金，得千溢（镒），令即墨富豪遗燕将，曰："即墨即降，愿无虏掠吾族家妻妾，令安堵。"燕将大喜，许之。燕军由此益懈。

◎**注释** ①〔版插〕版，筑墙工具。插，通"锸"，掘土工具。
◎**大意** 田单看出兵士此时已斗志昂扬，就亲自携带筑墙掘土的工具，与士卒一起修筑防御工事，又把自己的妻妾编排在军队里，把食物全部发给兵士。他让披甲的士兵全部埋伏起来，让老弱妇女登上城墙守卫，派遣使者到燕国部队谈判投降的条件，燕军都欢呼万岁。田单又收集百姓的金子，得到一千镒，让即墨城里的富豪送去给燕将，说："即墨马上要投降，希望不要俘虏我们族人家的妻妾，能使安居。"燕将大喜，答应了他们。燕军由此更加松懈。

田单乃收城中得千余牛，为绛缯①衣，画以五彩龙文，束兵刃于其角，而灌脂束苇于尾，烧其端。凿城数十穴，夜纵牛，壮士五千人随其后。牛尾热，怒而奔燕军，燕军夜大惊。牛尾炬火光明炫耀，燕军视之皆龙文，所触尽死伤。五千人因衔枚击之，而城中鼓噪从之，老弱皆击铜器为声，声动天地。燕军大骇，败走。齐人遂夷杀其将骑劫。燕军扰乱奔走，齐人追亡逐北，所过城邑皆畔（叛）燕而归田单，兵日益多，乘胜，燕日败亡，卒至河上，而齐七十余城皆复为齐。乃迎襄王②于莒，入临菑而听政。

◎**注释** ①〔缯（zēng）〕丝织品的总称。②〔襄王〕妫姓，田氏，名法章，前283年～前265年在位。

◎**大意** 田单从城中收集了一千余头牛，给它们穿上大红色的丝衣，画上五颜六色的龙纹，在牛角上捆着兵器，在牛尾上绑着浇灌油脂的芦苇，点燃末端。在城墙上凿开几十个洞穴，夜里放出牛群，又让五千名壮士跟随在牛的后面。牛感到尾巴灼热，发狂奔向燕军，燕军被吓得心惊胆战。牛尾上的火把光明耀眼，燕军目之所及都是龙纹，撞到牛的人都要死伤。五千壮士趁此机会口中衔枚，迅速出击，而城中人随着擂鼓呐喊，老弱之人也都敲击铜器助威，响声惊天动地。燕军十分害怕，兵败逃跑。于是齐国人斩杀了燕国将军骑劫。燕军慌忙奔逃，齐国人追击败军，所经过的城邑人们都背叛燕国而归附田单，兵士一天比一天多，乘胜追击，燕军每天溃败逃跑，终于退到黄河边上，而齐国的七十余城都回到齐国手中。于是田单到莒城迎回齐襄王，襄王就进入临菑处理政事。

襄王封田单，号曰安平君。

◎**大意** 襄王封赏了田单，赐封号为安平君。

太史公曰：兵以正合，以奇胜。善之者，出奇无穷。奇正还相生，如环之无端。夫始如处女，适（敌）人开户；后如脱兔，适（敌）不及距（拒）：其田单之谓邪！

◎**大意** 太史公说：用兵打仗要正面交锋，而用奇兵制胜。善于用兵的人，总是能够有无穷的奇计。正面的交锋和奇兵的制胜两种战术相互转化，就如同圆环没有接口。用兵之初要像处女那样沉静柔弱,这样敌人就会敞开门户不做防备;之后就要像逃跑的兔子一般快速敏捷,使敌人来不及防御:田单的用兵之道大概就是这样了!

初,淖齿之杀湣王也,莒人求湣王子法章,得之太史嬓①之家,为人灌园。嬓女怜而善遇之。后法章私以情告女,女遂与通。及莒人共立法章为齐王,以莒距(拒)燕,而太史氏女遂为后,所谓"君王后"也。

◎**注释** ①〔太史嬓(jiào)〕人名,姓太史,名嬓。
◎**大意** 当初,淖齿杀死齐湣王,莒城人寻找湣王的儿子法章,在太史嬓的家中找到了他,他正在给主人浇菜园。太史嬓的女儿因怜惜他而善待他。后来法章就悄悄把实情告诉了她,她就和法章私通了。等到莒城百姓共同拥立法章为齐王,坚守莒城抵御燕军,太史嬓的女儿就被立为王后,就是所说的"君王后"。

燕之初入齐,闻画邑人王蠋①贤,令军中曰"环画邑三十里无入",以王蠋之故。已而使人谓蠋曰:"齐人多高子之义,吾以子为将,封子万家。"蠋固谢。燕人曰:"子不听,吾引三军而屠画邑。"王蠋曰:"忠臣不事二君,贞女不更二夫。齐王不听吾谏,故退而耕于野。国既破亡,吾不能存;今又劫之以兵为君将,是助桀为暴也。与其生而无义,固不如烹!"遂经其颈于树枝,自奋绝脰②而死。齐亡大夫闻之,曰:"王蠋,布衣也,义不北面于燕,况在位食禄者乎!"乃相聚如莒,求诸子,立为襄王。

◎**注释** ①〔画邑人王蠋(zhú)〕画邑,古地名,在今山东临淄西北。王蠋,齐人。②〔脰（dòu）〕颈部。

◎ **大意**　燕军刚攻入齐国的时候，听说画邑人王蠋有才能，就命令士兵说"不能进入画邑周围三十里之内的地方"，这是因为王蠋的缘故。不久燕军又派人对王蠋说："齐国有许多人都称赞您的高尚品德，我们要任用您为将军，封赏您一万户的食邑。"王蠋坚决推辞。燕人说："您如果不顺从，我们就要带领三军消灭整个画邑！"王蠋说："忠臣不能侍奉两个君主，贞女不可更换第二个丈夫。齐王不听我的谏言，所以我才隐退在乡野耕作。齐国已经灭亡，我没有能力保存国家；现在又用武力劫持我当你们的将军，这是让我助纣为虐。与其活着做不讲道义的事情，还不如受烹刑死了！"于是把脖子缠在树枝上，自己奋力扭断脖子而死。齐国出逃的大夫听说了这件事，说："王蠋这个人，只是一介平民，尚且能坚守道义不向燕人投降，更何况我们这些有官位拿俸禄的人呢！"于是他们就聚集在一起赶赴莒城，寻找齐湣王的儿子，拥立他为襄王。

◎ **释疑解惑**
　　《田单列传》是《史记》中比较简短的一篇。司马迁在这篇传记中主要塑造了田单的人物形象。
　　在本文中，田单的身份主要有三个：一是"齐诸田疏属"，即王室远亲；二是"临菑市掾"，即临淄城中管理市场的无名小吏；三是"将军"，即被即墨百姓推举为将军。这三个身份对田单的所作所为都产生了巨大影响。王室远亲的身份使他对齐国有着高于普通百姓的责任感，这应该也是促使他担任将军的原因之一，毕竟指挥作战并不能只靠军事才能，更应有强烈的使命感和责任感。从这一点来说，田单是当时即墨百姓的不二选择。担任临菑市掾使他能够接近百姓，从情感和生活上与百姓打成一片，这为他之后率领城中百姓拼死战斗奠定了群众基础。而田单的军事才能则是在被推举为将军之后展现出来的。以离间计挑拨燕惠王与乐毅的关系，展现了田单善于见机行事的一面。以"神师"之名引导即墨百姓，又引诱燕军多行不义之举以激怒即墨百姓，这些都说明田单是一个心理战的高手，熟知人性的弱点并能够巧妙地加以利用。"火牛阵"的完成，集中展现了田单的军事能力，他不仅善于组织士兵、引导人心，而且善于利用一切能够利用的事物来取得战争的胜利。在前期准备充足的情况下，田单对燕军进行了一次漂亮的反攻，进而收复失地，成功复国。司马迁在赞语中对田单的军事才能表达了充分的肯定。

除田单的事迹之外，司马迁在本文中还补充了两个小故事。法章与太史氏女的故事是为了交代前文出现的"襄王"；王蠋的故事一是对王蠋的高尚品德进行肯定，二是为齐国士大夫众志成城、同仇敌忾地复国土和立襄王之事进行了补充。全文张弛有度，详略得当，主次分明，是一篇非常成功的人物传记。

◎ **思考辨析题**

1. 本传赞颂田单使用奇谋奇计的智慧，体现了司马迁怎样的军事思想？

2. 司马迁在本传的论赞中补入了太史嫩之女与王蠋的事迹，这两件事与本传的主题有何关联？

鲁仲连邹阳列传第二十三

本篇是鲁仲连与邹阳二人的合传，也是《史记》中一篇经典的类传。赵孝成王六年（前260年），赵国在长平之战中大败，秦军坑杀赵卒四十余万，赵都邯郸被围，形势危急。救援赵国的魏军迫于秦的威势，驻扎荡阴，不敢前进，于是派遣客籍将军新垣衍潜入赵国，试图游说平原君，使平原君劝说赵王尊秦王为帝。在平原君心急如焚、束手无策时，在赵国游历的鲁仲连主动去见新垣衍，用具体的事例作比，生动形象地阐明了抽象的道理，指出帝秦有百害而无一利，最终让新垣衍拜服，放弃游说。秦将听到了这个消息，竟也退兵五十里。二十多年后，齐将田单欲取聊城，迟迟没有攻下，士卒死伤惨重。鲁仲连写了一封信送给守城的燕将，陈说利害，燕将读后哭泣三日，不知所措，最终自杀身亡。本篇主要通过这两件事，刻画了鲁仲连"好奇伟俶傥之画策，而不肯仕宦任职，好持高节"的名士形象。他胸罗奇想，品质高洁，乐于为人排忧解难而一无所取。他认为："所贵于天下之士者，为人排患释难解纷乱而无取也。即有取者，是商贾之事也，而连不忍为也。"他重义轻利、放浪形骸、不受羁绁的性格，为后世所广为传诵。文中所录的两件事情分别发生在长平之战和田单破秦之后，而长平之战和田单破秦的史实，司马迁已在前面的《廉颇蔺相如列传》和《田单列传》中做了交代。紧接着这两篇列传而记叙鲁仲连的事迹，在时间顺序和逻辑联系上是合理的。

邹阳的形象主要是通过他含冤下狱后写给梁孝王的信来塑造的，他在信中自鸣其冤，取譬引喻，不仅得以自解，而且获得到了梁孝王的赏识，成了座上宾，这表现了邹阳的出众文采与明哲机智。司马迁将他和百年前的鲁仲连放在一起记叙，是因为他们身上都具有慷慨陈词、比物连类的纵横家的特点。

《鲁仲连邹阳列传》是一篇感情色彩浓郁的传记。语言精彩，节奏强烈，人物性格鲜明。宋人洪迈在《容斋随笔》中评道："重沓熟复，如骏马下驻千丈坡，其文势正尔。风行于上而水波，真天下之至文也。"

鲁仲连者，齐人也。好奇伟俶（倜）傥之画策，而不肯仕宦任职，好持高节。游于赵。

◎**大意**　鲁仲连是齐国人，喜欢奇特宏伟卓异不凡的谋略，却不肯做官任职，讲求保持高尚的节操。他曾在赵国游历。

赵孝成王时，而秦王使白起破赵长平之军前后四十余万，秦兵遂东围邯郸。赵王恐，诸侯之救兵莫敢击秦军。魏安釐王使将军晋鄙救赵，畏秦，止于荡阴①不进。魏王使客将军新垣衍间入邯郸，因平原君谓赵王曰："秦所为急围赵者，前与齐湣王争强为帝，已而复归帝；今齐已益弱，方今唯秦雄天下，此非必贪邯郸，其意欲复求为帝。赵诚发使尊秦昭王为帝，秦必喜，罢兵去。"平原君犹预②未有所决。

◎注释　①〔荡阴〕古地名，即今河南汤阴。②〔犹预〕犹豫。
◎大意　赵孝成王时，秦王派白起领兵在长平大败四十多万赵军，于是秦国的军队向东挺进包围了邯郸。赵王惊恐，各诸侯国派来的救兵也都不敢迎击秦军。魏安釐王派出将军晋鄙救援赵国，因为害怕秦军，晋鄙停留在荡阴不敢前进。魏王派客籍将军新垣衍从小路潜入邯郸，通过平原君面见赵王说："秦军之所以急于围攻赵国，是因为以前和齐湣王争强称帝，不久又都撤销了帝号；如今齐国已经日益弱小，当今只有秦国称霸天下，这次围城并不是一定要攻占邯郸，其意图是想要再度称帝。赵国果真能派遣使臣尊奉秦昭王为帝，秦王一定高兴，就会撤兵而去。"平原君心中犹豫，拿不定主意。

此时鲁仲连适游赵，会秦围赵，闻魏将欲令赵尊秦为帝，乃见平原君曰："事将奈何？"平原君曰："胜也何敢言事！前亡四十万之众于外，今又内围邯郸而不能去。魏王使客将军新垣衍令赵帝秦，今其人在是。胜也何敢言事！"鲁仲连曰："吾始以君为天下之贤公子也，吾乃今然后知君非天下之贤公子也。梁客新垣衍安在？吾请为君责而归之。"平原君曰："胜请为绍介而见之于先生。"平原君遂见新垣衍曰："东国有鲁仲连先生者，今其人在此，胜请为绍介，交之于将军。"新垣衍曰："吾闻鲁仲连先生，齐国之高士也。衍，人臣也，使事有职，吾不愿见鲁仲连先生。"平原君曰："胜既已泄之矣。"新垣衍许诺。

◎**大意** 这时鲁仲连恰好游历赵国，正赶上秦军围攻邯郸，听说魏国的将军想要让赵国尊奉秦昭王称帝，就去拜见平原君说："这件事怎么办？"平原君说："我哪里还敢议论这样的大事！前不久四十万军队损失在外，现在秦军又围困邯郸而不退兵。魏王派客籍将军新垣衍劝赵国尊奉秦昭王称帝，现在他还在这里。我哪里还敢议论这样的大事！"鲁仲连说："我从前认为您是天下贤能的公子，现在才知道您并不是天下贤能的公子。魏国的客人新垣衍在何处？我替您去责问他，让他回去。"平原君说："我愿介绍他跟先生相见。"平原君就去见新垣衍，说："齐国有位鲁仲连先生，现在就在这儿，我愿做介绍，让他和将军见面。"新垣衍说："我听说过鲁仲连先生，他是齐国品行高尚的人。我是魏王的臣子，奉命出使身负职责，不愿意见鲁仲连先生。"平原君说："我已经把您在这儿的消息告诉他了。"新垣衍只好答应了。

鲁连见新垣衍而无言。新垣衍曰："吾视居此围城之中者，皆有求于平原君者也；今吾观先生之玉貌，非有求于平原君者也，曷为久居此围城之中而不去？"鲁仲连曰："世以鲍焦为无从颂（容）而死者，皆非也。众人不知，则为一身。彼秦者，弃礼义而上（尚）首功之国也，权使其士，虏使其民。彼即肆然而为帝，过而为政于天下，则连有蹈东海而死耳，吾不忍为之民也。所为见将军者，欲以助赵也。"

◎**大意** 鲁仲连见到新垣衍一言不发。新垣衍说："我看凡留在这座围城中的人，都有求于平原君；现在我看先生的模样，不像是有求于平原君，为什么要久留在这围城之中不肯离去呢？"鲁仲连说："世人认为鲍焦是因为心胸狭窄而死，他们都是错的。大家都不了解他，以为他是为个人打算。那秦国，是个抛弃礼义而崇尚战功的国家，用权谋之术对待士卒，对待百姓像役使奴隶一样。如果让秦王肆无忌惮地称帝，甚至统治天下，那么我只有跳进东海而死，我不甘心做秦国的百姓啊。我之所以面见将军，是想要帮助赵国。"

　　新垣衍曰："先生助之将奈何？"鲁连曰："吾将使梁及燕助之，齐、楚则固助之矣。"新垣衍曰："燕则吾请以从矣；若乃梁者，则吾乃梁人也，先生恶能使梁助之？"鲁连曰："梁未睹秦称帝之害故耳。使梁睹秦称帝之害，则必助赵矣。"

◎**大意**　新垣衍说："先生将怎么帮助赵国呢？"鲁仲连说："我会请魏国和燕国来帮助它，齐、楚两国本来就是要帮助赵国的。"新垣衍说："燕国，我相信您的说法；至于魏国，我就是魏国人，先生如何能让魏国帮助赵国呢？"鲁仲连说："这是因为魏国还没有看到秦王称帝的危害。只要让魏国看清秦王称帝的危害，那么就一定会帮助赵国了。"

　　新垣衍曰："秦称帝之害何如？"鲁连曰："昔者齐威王①尝为仁义矣，率天下诸侯而朝周。周贫且微，诸侯莫朝，而齐独朝之。居岁余，周烈王②崩，齐后往，周怒，赴（讣）于齐曰：'天崩地坼，天子下席。东藩之臣因齐后至，则斮（斫）③。'齐威王勃然怒曰：'叱嗟，而母婢也！'卒为天下笑。故生则朝周，死则叱之，诚不忍其求也。彼天子固然，其无足怪。"

◎**注释**　①〔齐威王〕妫姓，田氏，名因齐，前356年～前320年在位。②〔周烈王〕姬姓，名喜，前376年～前369年在位。③〔斮〕通"斫"，斩、削。

◎**大意**　新垣衍说："秦王称帝的危害是怎样的呢？"鲁仲连说："从前齐威王曾经奉行仁义之道，率领天下诸侯朝拜周天子。当时周朝贫困弱小，诸侯谁都不去朝拜，只有齐国去朝拜。过了一年多，周烈王逝世，齐王奔丧去迟了，新继位的周王很生气，给齐国发讣告说：'天子逝世是天崩地裂般的大事，新继位的天子都要睡在草席上守孝居丧。因为东方属国齐国后到，要把齐王斩首。'齐威王听了勃然大怒，说：'呸！你母亲是贱婢！'最终成为天下的笑柄。齐威王在周天子活着的时候去朝拜，周天子死了就破口大骂，实在是忍受不了新天子的苛求啊。那天子本来就是这个样子，也没什么值得奇怪的。"

新垣衍曰："先生独不见夫仆乎？十人而从一人者，宁力不胜而智不若邪？畏之也。"鲁仲连曰："呜呼！梁之比于秦若仆邪？"新垣衍曰："然。"鲁仲连曰："吾将使秦王烹醢①梁王。"新垣衍怏然不悦，曰："噫嘻，亦太甚矣先生之言也！先生又恶能使秦王烹醢梁王？"鲁仲连曰："固也，吾将言之。昔者九侯、鄂侯、文王，纣之三公也。九侯有子而好，献之于纣，纣以为恶，醢九侯。鄂侯争之强，辩之疾，故脯②鄂侯。文王闻之，喟然而叹，故拘之牖里③之库百日，欲令之死。曷为与人俱称王，卒就脯醢之地？齐湣王将之鲁，夷维子为执策而从，谓鲁人曰：'子将何以待吾君？'鲁人曰：'吾将以十太牢④待子之君。'夷维子曰：'子安取礼而来待吾君？彼吾君者，天子也。天子巡狩，诸侯辟（避）舍，纳筦籥⑤，摄衽抱机（几），视膳于堂下，天子已食，乃退而听朝也。'鲁人投其籥，不果纳。不得入于鲁，将之薛，假途于邹。当是时，邹君死，湣王欲入吊，夷维子谓邹之孤曰：'天子吊，主人必将倍（背）殡棺，设北面于南方，然后天子南面吊也。'邹之群臣曰：'必若此，吾将伏剑而死。'固不敢入于邹。邹、鲁之臣，生则不得事养，死则不得赙襚⑥，然且欲行天子之礼于邹、鲁，邹、鲁之臣不果纳。今秦万乘之国也，梁亦万乘之国也。俱据万乘之国，各有称王之名，睹其一战而胜，欲从而帝之，是使三晋之大臣不如邹、鲁之仆妾也。且秦无已而帝，则且变易诸侯之大臣。彼将夺其所不肖而与其所贤，夺其所憎而与其所爱。彼又将使其子女谗妾为诸侯妃姬，处梁之宫。梁王安得晏然而已乎？而将军又何以得故宠乎？"

◎**注释** ①〔烹醢（hǎi）〕古时的两种酷刑。烹是将人煮死，醢是把人剁成肉酱。②〔脯（fǔ）〕古时一种酷刑，把人做成肉干。③〔牖（yǒu）里〕即羑里，古地名，在今河南汤阴。④〔十太牢〕牛、羊、猪各一头为太牢。十太牢是当时献享诸侯的礼节。⑤〔筦籥（guǎn yuè）〕钥匙。⑥〔赙禭（fù suì）〕送给丧家钱财衣物。

◎**大意** 新垣衍说："难道先生没有见过那些奴仆吗？十个奴仆听从一个主人，难道是力气和才智比不上他吗？是因为害怕他啊。"鲁仲连说："唉！魏王和秦王相比像个奴仆吗？"新垣衍说："是的。"鲁仲连说："我就让秦王烹煮魏王，并把他剁成肉酱。"新垣衍十分不高兴，说："哎呀，先生的话也太过分了！先生又怎么能让秦王把魏王烹煮并剁成肉酱呢？"鲁仲连说："当然可以，我说给您听。从前九侯、鄂侯、文王是殷纣王的三个诸侯。九侯有个女儿长得很美，献给纣王，可纣王认为她长相丑陋，把九侯剁成了肉酱。鄂侯为九侯激烈争辩，纣王又把鄂侯杀死，做成肉干。文王听到这些事，长长地叹息，纣王又把他囚禁在牖里监牢一百天，想要他死。魏国和秦国同样称王，为何要最终落到被做成肉干剁成肉酱的地步？齐湣王要去鲁国，夷维子替他赶着车子做随从，对鲁国人说：'你们准备怎样接待我们国君？'鲁国人说：'我们打算用十副太牢的礼仪接待你们国君。'夷维子说：'你们这是按照什么礼仪接待我们国君？我的国君是天子。天子到各国巡视，诸侯应该把自己的宫室让给天子，交出钥匙，撩起衣襟安排几案，站在堂下伺候天子吃饭，天子吃完后，才能退回朝堂听政。'鲁国人听后就关上城门，不让齐湣王入境。齐湣王没能进入鲁国，就准备到薛地去，借道邹国。这时候，邹国国君刚逝世，湣王想去吊丧，夷维子对邹国国君的遗孤说：'天子来吊丧，丧主应该把灵柩掉转，放到坐南朝北的方位，然后天子面向南方吊丧。'邹国大臣说：'如果一定要这样，我们只好用剑自杀。'所以湣王不敢进入邹国。邹、鲁两国的臣子，对君主生前不能够奉养，君主死后又不能办好葬礼，但当齐国想要在邹、鲁行天子之礼时，邹、鲁两国的大臣坚决不接受。现在秦国是拥有万乘兵车的国家，魏国也是拥有万乘兵车的国家。都是万乘大国，又都有称王的名分，只看秦国打了一次胜仗，就要顺从秦王让他称帝，这样做就使魏国的大臣比不上邹、鲁的奴仆和婢妾了。如果秦王贪得无厌地称了帝，就会更换诸侯的大臣。他将要罢免他认为没有才干的，任命他认为贤能的人；罢免他憎恶的，任命他所喜爱的人。还要让他的女儿和能说会道的姬妾做诸侯妃妾，住在魏国的宫廷里。魏王怎么能够平安地生活呢？而您又怎么能得到昔日的宠信呢？"

于是新垣衍起，再拜，谢曰："始以先生为庸人，吾乃今日知先生为天下之士也。吾请出，不敢复言帝秦。"秦将闻之，为却军五十里。适会魏公子无忌夺晋鄙军以救赵，击秦军，秦军遂引而去。

◎**大意** 于是新垣衍站起来，拜了两次，谢罪说："开始我认为先生是个平庸的人，现在我才知道先生是天下有才德的高士。我请求离开赵国，不敢再提拥护秦王为帝的事了。"秦军主将听说了这个消息，把军队后撤五十里。刚好这时魏公子无忌夺取了晋鄙的军权来救援赵国，攻击秦军，于是秦军被迫撤离回国去了。

于是平原君欲封鲁连，鲁连辞让者三，终不肯受。平原君乃置酒，酒酣，起，前以千金为鲁连寿。鲁连笑曰："所贵于天下之士者，为人排患释难解纷乱而无取也。即有取者，是商贾之事也，而连不忍为也。"遂辞平原君而去，终身不复见。

◎**大意** 于是平原君想要封赏鲁仲连，鲁仲连再三推辞，始终不肯接受。平原君就设宴款待他，酒兴正浓时平原君起身，走上前送给鲁仲连上千金来酬谢他。鲁仲连笑着说："被天下所重视的贤能之士，是能替人排除祸患，消释灾难，解决纠纷而不取报酬的人。如果接受报酬，那就成了商贾的做法，我鲁仲连是不愿意这样做的。"于是辞别平原君而去，终身没有再与平原君相见。

其后二十余年，燕将攻下聊城，聊城人或谗之燕，燕将惧诛，因保守聊城，不敢归。齐田单攻聊城岁余，士卒多死而聊城不下。鲁连乃为书，约之矢以射城中，遗燕将。书曰：

◎**大意** 这之后二十多年，燕国将领攻占了聊城，聊城有人向燕王说这位将军的坏话，这位将军害怕被杀，就据守聊城，不敢回燕国。齐国田单为了收复聊城攻打了一年多，士兵死伤惨重，聊城却久攻不下。鲁仲连就写了一封信，系在箭上射到城中，送给燕将。信上说：

吾闻之，智者不倍（背）时而弃利，勇士不却死而灭名，忠臣不先身而后君。今公行一朝之忿，不顾燕王之无臣，非忠也；杀身亡聊城，而威不信（伸）于齐，非勇也；功败名灭，后世无称焉，非智也。三者世主不臣，说士不载，故智者不再计，勇士不怯死。今死生荣辱，贵贱尊卑，此时不再至，愿公详计而无与俗同。

◎**大意** 我听说，明智的人不丢失时机而放弃利益，勇敢的人不躲避死亡而埋没名声，忠臣不先为自己打算而后为君主考虑。现在您发泄一时的气愤，不顾及燕王失去臣子，是不忠；身死城破，威名不能在齐国传扬，是不勇；功业失败，名声破灭，后世无所称道，是不智。不忠不勇不智的人当世的君主不会让他做臣子，游说之士也不会传颂他的事迹，所以聪明的人不会犹豫不决，勇敢的人不会贪生怕死。如今生死荣辱、贵贱尊卑在此一举，这种时机不会再来，希望您仔细考虑而不要和普通人一般见识。

且楚攻齐之南阳①，魏攻平陆②，而齐无南面之心，以为亡南阳之害小，不如得济北③之利大，故定计审处之。今秦人下兵，魏不敢东面；衡秦之势成，楚国之形危；齐弃南阳，断右④壤，定济北，计犹且为之也。且夫齐之必决于聊城，公勿再计。今楚魏交退于齐，而燕救不至。以全齐之兵，无天下之规，与聊城共据期年之敝，则臣见公之不能得也。且燕国大乱，君臣失计，上下迷惑，栗腹以十万之众五折于外，以万乘之国被围于赵，壤削主困，为天下僇笑。国敝而祸多，民无所归心。今公又以敝聊之民距（拒）全齐之兵，是墨翟之守也。食人炊骨，士无反外之心，是孙膑之兵也。能见于天下。虽然，为公计者，不如全车甲以报于燕。车甲全而归燕，燕王必喜；身全而归于国，士民如见父母，交游攘臂而议于世，功业可明。上辅孤主以制群臣，下养百姓以资说士，矫国更俗，功名可立也。亡意亦捐燕弃世，东游于齐乎？裂地定封，富比乎陶、卫⑤，世世称孤，与齐久存，又一计也。此两计者，显名厚实也，愿公详计而审处一焉。

◎**注释** ①〔南阳〕泰山之阳，即今山东泰安一带。②〔平陆〕古地名，在今山东汶上北。③〔济北〕指聊城。聊城在济水之北。④〔右〕西方。⑤〔陶、卫〕陶，指穰侯魏冉，秦宣太后同母异父长弟，秦昭襄王之舅。曾带领秦兵攻下齐国陶邑，死后葬于此。卫，卫鞅，卫国国君的后裔，姬姓，公孙氏，故称卫鞅、公孙鞅。后因获封于商，号为"商君"，亦称商鞅。

◎**大意** 况且楚军进攻齐国的南阳，魏军进攻齐国的平陆，而齐国并没有向南面反击的打算，认为丢掉南阳的损失小，不如收回济北的利益大，所以定下计划，慎重处理这件事。现在秦国派遣军队，魏国不敢向东进攻；齐国与秦国连横的局面已经形成，楚国的处境就危险了；齐国舍弃南阳，割让西边的国土，平定济北，是经过权衡得失定下的策略。况且齐国下定决心夺回聊城，您不要再犹豫了。如今楚、魏两国先后从齐国撤兵，而燕国救兵又迟迟未到。以齐国全部兵力，对天下没有别的谋划，而全力攻打聊城，如果还要据守已经围困了一年多的聊城，我看您是办不到的。况且燕国发生大动乱，君臣拿不定主意，全国上下人心混乱，栗腹率领十万大军在外连续打了五次败仗，一个拥有万辆兵车的大国却被赵国包围，国土被侵占而国君被围困，遭到天下人耻笑。国家衰败，祸患繁多，百姓之心无所归附。如今您又用聊城疲惫的军民来抵御整个齐国的兵力，可见您如墨翟那样精通守城之法。没有粮食和柴火，士兵以人肉当食物，以骨头当柴烧，而没有叛离之心，可见您如同孙膑一样擅长带兵。现在天下人都知道了您的才干。既然这样，我为您打算，不如保全兵力来报答燕国。使军队完好地回归燕国，燕王必然高兴；士卒完好地回到燕国，百姓会像重见父母一样高兴，朋友兴奋地在街上赞许议论您，您的功业可得以显扬。对上辅佐国君以制约群臣，对下养育百姓以资助游说之士，矫正国事，改易民俗，功名就可以建立了。如果您不想这么做，那不顾世人的唾弃离开燕国，向东来齐国怎么样？齐王会给您划地分封，使您如魏冉、商鞅一般富贵，世世代代称孤，和齐国永久共存，这也是一种计策。这两种方法，是既能扬名于世又能得到利益的好主意，希望您仔细考虑而谨慎地选择其中的一种。

且吾闻之，规小节者不能成荣名，恶小耻者不能立大功。昔者管夷吾射桓公中其钩，篡也；遗公子纠不能死，怯也；束缚桎梏①，辱也。若此三行者，世主不臣而乡里不通。乡（向）使管子幽囚而不出，身死而不反（返）于齐，则亦名不免为辱人贱行矣。臧获②且羞与之同名矣，况世俗乎！故管子不耻身在缧绁③之中而耻天下之不治，不耻不死公子纠而耻威之不信（伸）于诸侯，故兼三行之过而为五霸首，名高天下而光烛邻国。曹子④为鲁将，三战三北，而亡地五百里。乡（向）使曹子计不反顾，议（义）不还踵，刎颈而死，则亦名不免为败军禽（擒）将矣。曹子弃三北之耻，而退与鲁君计。桓公朝天下，会诸侯，曹子以一剑之任，枝桓公之心于坛坫⑤之上，颜色不变，辞气不悖，三战之所亡一朝而复之，天下震动，诸侯惊骇，威加吴、越。若此二士者，非不能成小廉而行小节也，以为杀身亡躯，绝世灭后，功名不立，非智也。故去感忿之怨，立终身之名；弃忿悁⑥之节，定累世之功。是以业与三王争流，而名与天壤相弊也。愿公择一而行之。

◎注释 ①〔桎梏（zhì gù）〕脚镣手铐。②〔臧获〕古代对奴婢的贱称。③〔缧绁（léi xiè）〕捆绑犯人的绳索，借指牢狱。④〔曹子〕曹沫。⑤〔坫（diàn）〕古时放置酒器的土台。⑥〔忿悁（yuān）〕怨怒。

◎大意 我还听说，拘泥于小节的人不会有荣耀的名声，忍受不了小耻辱的人不能成就伟大的功业。从前管夷吾射中齐桓公的衣带钩，是犯上；离开公子纠而不能为他去死，是怯懦；身戴刑具，是耻辱。有这三种行为的人，国君不会让他为臣，乡亲不愿跟他交往。假如当初管子宁愿坐牢也不出仕，宁愿身死也不返回齐国，那么也不免被人侮辱人格，落个行为卑贱的名声。奴婢也耻于与他为伍，更何况普通人呢！因此管夷吾不以身遭囚禁为耻，而以不能治理天下为耻，不以不为公子纠效死为耻，而以不能在诸侯中扬名为耻，所以他虽身负犯上、怕死、受辱三种过失，但辅佐齐桓公成为五霸之首，他的名声冠于天下，而他的光彩照耀着邻国。曹沫是鲁国的将军，曾经多次打仗多次失败，丢掉了五百里的国土。假使曹沫没有仔细地考虑，仓促决定刎颈自杀，那也不免落个常败被擒的名声。曹沫不顾多次战败的耻辱，却回来和鲁君商量。齐桓公大会天下诸侯的时候，曹沫用一把短剑，在会盟坛上逼住齐桓公的心窝，脸色不变，谈吐不乱，多次战败丢失的土地顷刻间就被收复，天下震动，诸侯惊骇，使鲁国的威名超过了吴、越等国。像管仲、曹沫二位志士，并不是不能顾全小的名节和廉耻，而是认为杀身捐躯，名绝后世，功业无成，是不明智的。所以他们抛开一时的怨怼，建立终身的威名；摒弃一时的愤恨，奠定万世不朽的功业。所以他们的功绩可以和三王的功业媲美，而名声可与天地共存。希望您选择其中一个方案施行。

燕将见鲁连书，泣三日，犹豫不能自决。欲归燕，已有隙，恐诛；欲降齐，所杀虏于齐甚众，恐已降而后见辱。喟然叹曰："与人刃我，宁自刃。"乃自杀。聊城乱，田单遂屠聊城。归而言鲁连，欲爵之。鲁连逃隐于海上，曰："吾与富贵而诎于人，宁贫贱而轻世肆志焉。"

◎**大意** 这位燕国将军看了鲁仲连的信，哭泣多日，犹豫不能做出决定。他想要回燕国，但已经和燕国有了嫌隙，害怕被杀。他想要投降齐国，但他杀死和俘虏了很多齐人，恐怕投降后受到侮辱。他长叹一声说："与其让别人杀我，不如自杀。"于是就自杀了。聊城大乱，于是田单出兵血洗了聊城。田单回来之后向齐王汇报了鲁仲连的事，齐王想要封他爵位。鲁仲连逃到海边隐居起来，说道："与其富贵而屈身侍奉人，不如贫贱而远离世俗过舒心的日子。"

邹阳者，齐人也。游于梁，与故吴人庄忌夫子、淮阴枚生之徒交。上书而介于羊胜、公孙诡之间。胜等嫉邹阳，恶之梁孝王。孝王怒，下之吏，将欲杀之。邹阳客游，以谗见禽（擒），恐死而负累，乃从狱中上书曰：

◎**大意** 邹阳是齐国人。他游历到梁国，和原吴国人庄忌、淮阴人枚乘等人交往。他上书而受到梁孝王的器重，地位与羊胜、公孙诡等人相当。羊胜等人嫉妒邹阳，在梁孝王面前说他的坏话。梁孝王发怒，把邹阳下狱，想要杀死他。邹阳在梁国游历，因为谗言被捕，恐怕死后还得承担罪名，于是在狱中写信给梁孝王，信中说：

臣闻忠无不报，信不见疑，臣常以为然，徒虚语耳。昔者荆轲慕燕丹[①]之义，白虹贯日，太子畏之；卫先生[②]为秦画长平之事，太白蚀昂，而昭王疑之。夫精变天地而信不喻两主，岂不哀哉！今臣尽忠竭诚，毕议愿知，左右不明，卒从吏讯，为世所疑，是使荆轲、卫先生复起，而燕、秦不悟也。愿大王孰（熟）察之。

◎**注释** ①〔燕丹〕燕太子丹，燕王喜之子。②〔卫先生〕秦人。长平之战时，卫先生向秦昭王请求增加兵粮，为人所害，事不成，但其精诚感动苍天，出现太白食昂的天象。

◎**大意** 我听说忠诚的人都能得到回报，诚信的人不会遭到怀疑，曾经我总认为是对的，现在才明白这不过是一句空话。从前荆轲仰慕燕太子丹的高义而去行刺秦王，天空出现白虹贯日的异常天象，可燕太子丹仍担心荆轲反悔；卫先生替秦昭王谋划长平之战，出现了金星遮掩昂星的天象，而秦昭王仍然怀疑他。荆轲和卫先生的精诚感动了天地，而不为两位君主所理解，难道不是悲哀的事情吗？如今我竭尽忠诚，贡献所有的计策，希望大王采纳。您身边的臣子不了解情况，把我交给狱吏审讯，被世人误解，即使荆轲、卫先生死而复生，也不能使燕丹、秦昭王醒悟。希望大王仔细地审察这件事。

昔卞和①献宝，楚王刖②之；李斯竭忠，胡亥极刑。是以箕子③详（佯）狂，接舆④辟世，恐遭此患也。愿大王孰（熟）察卞和、李斯之意，而后楚王、胡亥之听，无使臣为箕子、接舆所笑。臣闻比干剖心，子胥鸱夷，臣始不信，乃今知之。愿大王孰（熟）察，少加怜焉。

◎**注释** ①〔卞和〕又作和氏，春秋时楚国人，他发现了和氏璧，并把宝璧献给楚王。②〔刖〕古代的一种肉刑，把脚砍掉。③〔箕子〕殷商末期人，纣王的叔父。④〔接舆〕春秋时楚国隐士。

◎**大意** 从前卞和献宝，楚王却砍掉了他的脚；李斯尽忠，却被秦二世胡亥处以极刑。因此箕子装疯，接舆避世，都是怕遭到这种灾祸。希望大王仔细考察卞和、李斯的心意，不要像楚王、胡亥那样做出错误的判断，不要让我被箕子、接舆所耻笑。我听说比干被挖心，伍子胥死后被装进皮囊抛到江里，刚开始我并不相信，现在我才明白。希望大王仔细审察，稍稍给我一点怜悯吧！

谚曰："有白头如新，倾盖如故。"何则？知与不知也。故昔樊於期①逃秦之燕，藉荆轲首以奉丹之事；王奢②去齐之魏，临城自刭以却齐而存魏。夫王奢、樊於期非新于齐、秦而故于燕、魏也，所以去二国死两君者，行合于志而慕义无穷也。是以苏秦不信于天下，而为燕尾生③；白圭战亡六城，为魏取中山④。何则？诚有以相知也。苏秦相燕，燕人恶之于王，王按剑而怒，食以駃騠⑤；白圭显于中山，中山人恶之魏文侯⑥，文侯投之以夜光之璧。何则？两主二臣，剖心坼肝⑦相信，岂移于浮辞哉！

◎**注释** ①〔樊於期（wū jī）〕战国末期将领。原为秦国将军，后投奔燕国太子丹。太子丹派荆轲刺秦，荆轲请求以樊於期首级进献秦王，以利行刺。樊於期获悉，自刎而死。②〔王奢〕战国时齐国大臣。因得罪齐王，投奔魏国。后来齐伐魏，王奢为不使魏国受到自己的牵累，自刎而死。③〔尾生〕古代传说中坚守信约的男子。与一女子约定在桥梁相会，久候女子不到，水涨，乃抱桥柱而死。④〔中山〕古地名，在今河北中部。⑤〔駃騠（jué tí）〕古时良马名。⑥〔魏文侯〕姬姓，魏氏，名斯，一名都，前445年～前396年在位。⑦〔剖心坼（chè）肝〕形容坦诚相待。坼，裂。

◎**大意** 俗话说："有的人相处到老年犹如新相识，有的人偶然相遇犹如故人。"为什么？关键在于是否相知。所以从前樊於期从秦国投奔燕国，把自己的头颅借给荆轲来帮助太子丹刺杀秦王；王奢离开齐国投奔魏国，在城上自刎以使齐兵撤退保存魏国。不是因为王奢、樊於期与齐、秦两国是新交，而与燕、魏两国是故交，他们离开齐、秦两国，为燕君和魏君去死，是因为他们的行为和志向与燕、魏国君相合，对正义无限仰慕啊。所以苏秦对天下人不讲信义，对燕国却像尾生一样诚信；白圭战败丢掉了六座城池，却为魏国夺回了中山。为什么？实在是因为遇到知己。苏秦做燕国的宰相，有的燕人在燕王面前说他的坏话，燕王气得手按宝剑对着进谗之人，却杀了一匹骏马赏给苏秦吃；白圭的名声在中山显扬，有的中山人到魏文侯面前诋毁他，魏文侯却拿出夜光璧赏赐给他。为什么？两位君主和两位臣子之间，剖心披胆，深信彼此，怎么能听到流言蜚语就变心呢！

　　故女无美恶，入宫见妒；士无贤不肖，入朝见嫉。昔者司马喜髌脚①于宋，卒相中山；范雎摺（拉）胁折齿于魏，卒为应侯。此二人者，皆信必然之画，捐朋党之私，挟孤独之位，故不能自免于嫉妒之人也。是以申徒狄自沉于河，徐衍负石入海。不容于世，义不苟取比周②于朝，以移主上之心。故百里奚乞食于路，缪公委之以政；宁戚饭牛车下，而桓公任之以国。此二人者，岂借宦于朝，假誉于左右，然后二主用之哉？感于心，合于行，亲于胶漆，昆弟不能离，岂惑于众口哉？故偏听生奸，独任成乱。昔者鲁听季孙之说而逐孔子，宋信子罕之计而囚墨翟。夫以孔、墨之辩，不能自免于谗谀，而二国以危。何则？众口铄金，积毁销骨也。是以秦用戎人由余而霸中国，齐用越人蒙而强威、宣③。此二国，岂拘于俗，牵于世，系阿偏之辞哉？公听并观，垂名当世。故意合则胡越为昆弟，由余、越人蒙是矣；不合，则骨肉出逐不收，朱、象、管、蔡④是矣。今人主诚能用齐、秦之义，后宋、鲁之听，则五伯（霸）⑤不足称，三王易为也。

◎**注释**　①〔髌（bìn）脚〕挖去膝盖骨。②〔比周〕结党营私。③〔威、宣〕威，齐威王，妫姓，田氏，名因齐，前356年～前320年在位。宣，齐宣王，妫姓，田氏，名辟疆，前320年～前301年在位。④〔朱、象、管、蔡〕朱，丹朱，尧的长子。象，舜的异母弟。管，周文王姬昌第三子，周武王姬发同母弟。蔡，周文王姬昌第五子，周武王姬发同母弟。⑤〔五伯〕即"五霸"，指春秋时齐桓公、晋文公、楚庄王、吴王阖闾、越王句践五位霸主。

◎**大意** 所以女子不论美丑，进入宫廷就遭到嫉妒；士子不论有才能还是没有才能，入朝做官就遭到嫉恨。从前司马喜在宋国遭受挖去膝盖骨的刑罚，最终做了中山国的国相；范雎在魏国被打断肋骨和牙齿，最终被秦王封为应侯。这两个人，都相信自己的谋划，不去结党营私，处于孤立的境地，因此不能免于被嫉妒之人陷害。所以申徒狄投河自尽，徐衍抱着石头跳海。他们不被世人所接纳，坚守正义而不做苟且之事，不在朝廷里结党营私，来动摇国君的心志。百里奚曾是大街上的乞丐，秦穆公却把国政交付给他；宁戚曾在车下喂牛，齐桓公却让他治理国家。他们两人难道是依靠朝中官员的举荐、左右侍臣的吹捧，才得到两位君主重用的吗？彼此的心灵相感召，行为相契合，比胶漆还亲密，像兄弟那样不可分离，难道还会被谗言迷惑吗？所以听信一面之词就会滋生奸邪，只任用个别人就会酿成祸乱。从前鲁国国君听信季孙的话而赶走了孔子，宋国国君采纳子罕的计谋而将墨翟关进了牢狱。孔子、墨翟这样有辩才的圣贤，尚且不能免于被谗言伤害，因而鲁、宋两国出现了危机。为什么呢？众多的谗言能把金石熔化，诽谤之词多了会置人于死地。所以秦国任用了戎人由余而称霸中原，齐国任用了越人蒙而使威王和宣王两代强盛。这两个国家，难道是拘泥于流俗，牵累于世风，受制于阿谀偏私的谗言吗？他们能公正地听取，全面地观察，所以在当世留下美名。所以只要心意相合，即使北边的胡人和南边的越人也可以成为兄弟，戎人由余和越人蒙就是如此；心意不合，就是至亲骨肉也会相互驱逐而不能容纳彼此，丹朱、象、管叔、蔡叔就是这样。现在君主如果采取齐、秦两国符合道义的做法，摒弃宋国和鲁国听信一面之词的错误做法，那么春秋五霸与您的事迹相比就没有什么值得称颂的了，三王的功业也就不难做到了。

是以圣王觉寤（悟），捐子之①之心，而能不说（悦）于田常②之贤；封比干之后，修孕妇之墓，故功业复就于天下。何则？欲善无厌也。夫晋文公亲其仇，强霸诸侯；齐桓公用其仇，而一匡天下。何则，慈仁殷勤，诚加于心，不可以虚辞借也。

◎**注释** ①〔子之〕战国时期燕国国相，受到燕哙王重用。燕哙王老年时，把燕国政权交给了他。②〔田常〕即田恒，又称田成子、陈成子，齐国田氏家族首领。杀害齐简公，拥立齐简公之弟齐平公，自任相国。

◎**大意** 因此圣明的君王头脑清醒，就会抛弃子之的伪善心肠，也不赏识田常的才能；而要封赏比干的后代，整修被商纣王剖腹的孕妇的坟墓，所以能再次在天下成就功业。为什么呢？因为圣明的君王会从善如流而永不满足。晋文公亲近他的仇人，而在诸侯中称霸；齐桓公任用他的仇敌，而使天下走上正轨。为什么呢？因为晋文公和齐桓公心地仁慈，情意恳切，用真诚感动人心，不是虚言假意可以代替的。

至夫秦用商鞅之法，东弱韩、魏，兵强天下，而卒车裂之；越用大夫种之谋，禽（擒）劲吴，霸中国，而卒诛其身。是以孙叔敖①三去相而不悔，于陵子仲②辞三公为人灌园。今人主诚能去骄傲之心，怀可报之意，披心腹，见情素，堕肝胆，施德厚，终与之穷达，无爱于士，则桀之狗可使吠尧，而跖之客可使刺由③；况因万乘之权，假圣王之资乎？然则荆轲之湛④七族，要离⑤之烧妻子，岂足道哉！

◎**注释** ①〔孙叔敖〕春秋时期楚国令尹。②〔于陵子仲〕陈仲子，齐国人。其兄为齐卿，食禄万钟，仲子以为不义，迁居于陵，自谓于陵仲子。③〔跖（zhí）之客可使刺由〕跖，盗跖，又作"盗跖"，春秋时期率领盗匪数千人的大盗。由，许由，尧舜时代的贤人。④〔湛（chén）〕诛灭。⑤〔要离〕春秋时期吴国人，曾为吴王阖闾刺杀吴王僚之子庆忌。他为取得庆忌的信任，施行苦肉计，让吴王阖闾烧死了自己的妻子儿女，并砍下自己一臂。

◎**大意** 至于秦国用商鞅的变法，向东发展，削弱了韩、魏两国的势力，军队是天下最强大的，而最终把商鞅处以车裂的酷刑；越国采纳大夫文种的谋划，打败了强大的吴国，称霸中原，而文种最终遭遇杀身之祸。所以孙叔敖三次被罢相而不后悔，于陵子仲辞去了三公的职位而去替别人浇灌菜园。现在国君果能抛弃骄傲的情绪，怀有让别人为自己效力的心意，敞开胸怀，真心相待，披肝沥胆，施以厚德，始终和大家同甘共苦，对士子无限爱护，那么就可以让夏桀养的狗去咬尧，让盗跖的门客去刺杀许由；何况您有大国的权位和圣王的才干呢？那么荆轲冒灭七族的危险刺杀秦王，要离忍心让妻子儿女被烧死，难道值得称道吗？

　　臣闻明月之珠，夜光之璧，以暗投人于道路，人无不按剑相眄①者。何则？无因而至前也。蟠木根柢，轮囷离诡②，而为万乘器者。何则？以左右先为之容也。故无因至前，虽出随侯之珠，夜光之璧，犹结怨而不见德。故有人先谈，则以枯木朽株树功而不忘。今夫天下布衣穷居之士，身在贫贱，虽蒙尧、舜之术，挟伊、管之辩，怀龙逢③、比干之意，欲尽忠当世之君，而素无根柢之容，虽竭精思，欲开忠信，辅人主之治，则人主必有按剑相眄之迹，是使布衣不得为枯木朽株之资也。

◎**注释**　①〔眄（miàn）〕斜视。②〔轮囷（qūn）离诡〕弯曲盘旋的样子。③〔龙逢〕即关龙逢，夏朝宰相，因直言进谏而被杀。
◎**大意**　我听说在黑夜之中把月明珠、夜光璧掷向走路的人，行人没有不愤怒地按着佩剑斜视投掷者的。这是为什么呢？因为宝物无缘无故地被扔到了面前。老树的根弯曲奇特，却是国君玩赏的器物。为什么呢？是因为国君身边的侍臣先把树根做了雕饰美化。所以无缘无故来到面前的东西，即使是随侯明珠、夜光宝璧，也会招致怨恨而得不到感谢。所以如果有人事先美言推荐，即便是枯朽的树木也能发挥作用而不被遗忘。如今那些穿着布衣、穷居陋巷的士人，身处贫困的境地，即使有尧、舜的治国之术，有伊尹、管仲那样的辩论之才，有龙逢、比干那样的心志，想要尽忠于当世的君主，而平素没有被推荐的根底，即使是用尽意念，想要为当时的国君奉献自己的忠心，但没人替他们引荐，那么国君一定会像对待在黑夜中投掷宝物的人那样愤怒地按剑斜视，这就使布衣之士不能发挥枯朽的树木那样的价值。

是以圣王制世御俗，独化于陶钧①之上，而不牵于卑乱之语，不夺于众多之口。故秦皇帝任中庶子蒙嘉之言，以信荆轲之说，而匕首窃发；周文王猎泾、渭，载吕尚而归，以王天下。故秦信左右而杀，周用乌集而王。何则？以其能越挛拘之语，驰域外之议，独观于昭旷之道也。

◎**注释**　①〔陶钧〕古代制造陶器的机器。
◎**大意**　因此圣明的君王治理国家，掌控风俗，就像操作制陶工具一样有法度，而不为下流邪乱的言论所牵制，不为众人的口舌所改变。所以秦始皇相信了中庶子蒙嘉的话，才被荆轲所蛊惑，荆轲才能偷偷地取出匕首来行刺；周文王在泾水、渭水一带打猎，用车子把吕尚带了回来，才能称王于天下。秦王轻信了身边侍臣的话而险些遭遇杀身之祸，周文王仓促之间结识吕尚却能称王于天下。为什么呢？因为周文王能不拘泥于言词，接受超越世俗的言论，卓然独立地看到宽广豁达的光明大道。

今人主沉于谄谀之辞，牵于帷裳之制，使不羁之士与牛骥同皂①，此鲍焦②所以忿于世而不留富贵之乐也。

◎**注释**　①〔牛骥同皂〕和牛马一样的待遇。皂，牛马的食槽。②〔鲍焦〕周朝时期的隐士，他因不满时政，廉洁自守，隐居山林。

◎**大意**　现如今国君沉溺于阿谀谄媚的言辞之中，被姬妾近臣牵制，对待卓异超群的士人如同对待牛马，这就是鲍焦对世道愤愤不满而对富贵毫不留恋的原因。

臣闻盛饰入朝者不以利污义，砥厉名号者不以欲伤行，故县名胜母而曾子不入，邑号朝歌而墨子回车。今欲使天下寥廓之士，摄（慑）于威重之权，主于位势之贵，故回面污行以事谄谀之人而求亲近于左右，则士伏死堀（窟）穴岩薮之中耳，安肯有尽忠信而趋阙下者哉！

◎**大意**　我听说穿着整齐的人上朝绝不会贪图利益来玷污道义，重视名誉的人绝不会放纵私欲来败坏名节，因此曾子不进入叫作"胜母"的县，墨子在名叫"朝歌"的城邑前回车离去。如今要让天下志存高远的士子，被威重的权势所威胁，被高位大势所奴役，故意丑化面容、污染品行去侍奉阿谀谄媚的小人，以求得亲近于大王身边的臣子，那么这些士子只能老死在岩穴山谷之中了，怎么能有情愿竭尽忠信而供大王驱使的人！

书奏梁孝王，孝王使人出之，卒为上客。

◎**大意**　这封信上呈给梁孝王，孝王看完信就派人把邹阳从狱中放出来了，最终邹阳成为梁孝王的上等门客。

太史公曰：鲁连其指意虽不合大义，然余多其在布衣之位，荡然肆志，不诎（屈）于诸侯，谈说于当世，折卿相之权。邹阳辞虽不逊，然其比物连类，有足悲者，亦可谓抗直不桡（挠）矣，吾是以附之列传焉。

◎ **大意**　太史公说：虽然鲁仲连的言行不合大义，但我赞许他作为平民百姓，能无拘无束地按照自己的意志行事，不屈服于诸侯，潇洒自如地谈论当世，挫抑卿相的权势。邹阳的言辞虽不谦逊，但他引用同类人物做比较，确实有令人感同身受之处，也可以说是刚正不屈了，所以我把他附在这篇列传之中。

◎ **释疑解惑**

　　《鲁仲连邹阳列传》是《史记》中的名篇。司马迁将本篇安排在《廉颇蔺相如列传》和《田单列传》之后，从时间线索和逻辑线索上来看都具有很强的合理性。首先，正是有了长平之战赵军全军覆没的惨烈现实，才使平原君面对秦国对邯郸的围困束手无策，也才给了新垣衍和鲁仲连登场的机会。其次，正是因为即墨等地与燕国长期交战的现实，才催生了鲁仲连游说燕将的那封信。鲁仲连在说服新垣衍时慷慨陈词，旁征博引，层层推进，比物连类，写信劝说燕国将领时又正反论说，入情入理，两次游说都颇有纵横家的风采。但纵横家给诸侯贵族出谋划策、排忧解难是为了立致公卿、一步登天，鲁仲连却并非如此。他面对平原君的封赏和酬谢坚辞不受，给出的理由是"所贵于天下之士者，为人排患释难解纷乱而无取也。即有取者，是商贾之事也，而连不忍为也"。为人排忧解难而始终能够保持"士"的高尚节操，这是鲁仲连与一般纵横家截然不同的地方。后来在帮助齐国化解燕国的进犯之时，鲁仲连依然坚持自己的原则："鲁连逃隐于海上，曰：'吾与富贵而诎于人，宁贫贱而轻世肆志焉。'"相比于以尊严换取富贵，他更愿意为自由而忍受贫贱。司马迁明白并且赞赏鲁仲连的这种品格，因此在本文开篇便说鲁仲连"好奇伟俶傥之画策，而不肯仕宦任职，好持高节"，明确地概括了他的性格特点。

　　至于司马迁将百余年后西汉初期的邹阳也写入本传，应该是着眼于他的《狱中上梁王书》写得洋洋洒洒、不卑不亢，运用比喻纵横议论，与鲁仲连的游说之辞有异曲同工之妙。但邹阳没有成为一位纵横家或者说客，而是成了一位文学家，这也反映出战国末期和西汉初期社会背景的区别。司马迁在本篇中没有选择使用形象描写、细节描写等手段来刻画鲁仲连和邹阳的形象，而是使用了"以文传人"和语言描写两种手段，以重点突出他们二人口才过人、言辞锋利的共同点。

◎ **思考辨析题**

1. 李白有诗云："齐有倜傥生，鲁连特高妙。明月出海底，一朝开光曜。却秦振英声，后世仰末照。意轻千金赠，顾向平原笑。吾亦澹荡人，拂衣可同调。"请结合本传思考，李白诗中所赞颂的是鲁仲连的哪种品格？

2. 后世有人认为鲁仲连、邹阳时代相隔，事不相类，文辞亦不相侔，二人不应合传。对此你怎么看？

屈原贾生列传

第二十四

　　《屈原贾生列传》是屈原和贾谊的合传，是《史记》中最经典的篇章之一。司马迁在撰写这篇传记时，投入了大量的情感，全篇风格幽抑哀婉，深沉蕴藉。

　　屈原是楚国的贵族，与楚王同姓，这也就意味着他的个人命运与楚国的国运紧密结合在一起。屈原为自己的出身而骄傲，因此自我要求极高，自我培养也十分全面，这一点在其《离骚》的开篇便已做了说明。由于《离骚》的存在，司马迁在本文中并没有着重介绍屈原的成长经历，而是将记叙的起始时间放在了屈原担任楚怀王左徒之时，简洁明了地介绍了屈原"博闻强志，明于治乱，娴于辞令"的高妙才华，"入则与王图议国事，以出号令；出则接遇宾客，应对诸侯"的工作内容，以及"王甚任之"的政治处境。寥寥几笔便将屈原的形象勾勒于纸上。

屈原的人生是悲剧的人生，他的悲剧在于小人的嫉妒和国君的昏庸。在介绍了屈原的基本情况之后，司马迁直接写出了屈原第一次被楚怀王疏远的始末。楚怀王对屈原的疏远来自上官大夫对屈原的嫉妒和陷害，而他的疏远又直接导致了《离骚》的诞生。司马迁对于《离骚》的解释和评价，在学术史上产生了巨大而深远的影响。"推此志也，虽与日月争光可也"一句，将《离骚》的艺术成就和屈原的人格光辉一起推向了顶峰。此后，司马迁详细描述了秦、楚、齐三国之间的军事和外交斗争，这段叙述既是为了向读者展现屈原的政治和外交才能，以呼应首段"图议国事""应对诸侯"的描述，又是为了引出屈原被楚顷襄王疏远之事。楚顷襄王的偏听偏信和执迷不悟令屈原心灰意冷，他徘徊在汨罗江畔，在与渔父的问答中重申了自己高尚的情操，"宁赴常流而葬乎江鱼腹中耳，又安能以皓皓之白而蒙世俗之温蠖乎"一句已经预示了他的结局。屈原在人生的最后时刻写下了《怀沙》之赋，这篇作品成为屈原留给世人的遗书。

司马迁对于屈原的高度评价是通过对其后景差、唐勒的批评来进行的。在司马迁心中，屈原不仅是一位从容辞令的文学家，更是一位敢于直谏的政治家，他的才华和情操值得后人永远铭记，努力追慕。

这种追慕典型地体现在西汉的贾谊身上，因此司马迁以"自屈原沉汨罗后百有余年"一笔带过了这一百年的世事变幻，紧接着叙述起贾谊的生平事迹。

贾谊是雒阳人，十八岁时便以能诵诗书闻名于当地。吴廷尉担任河南郡守时，听说贾谊才学优异，就把他召到衙门任职，并器重有加，后来又向汉文帝推荐了他，因此贾谊很顺利地成了汉文帝的博士。当时贾谊二十多岁,在诸位博士中最年轻,才华也最出众,因此得到了汉文帝的破格提拔。不过,贾谊向汉文帝提出的一系列改革措施,触及了权贵的利益,在周勃等人的诽谤之下,汉文帝渐渐疏远了贾谊,不再采纳他的意见,任命他为长沙王太傅。在前去长沙赴任的途中,贾谊路过汨罗江,在屈原投江之处看到了自己与屈原命运的相似性,因此写作了《吊屈原赋》。《吊屈原赋》的思想情感与屈原的作品非常相近,它的出现说明贾谊确实是屈原的异代知音。贾谊在担任长沙王太傅的第三年,又写出了他的另一篇代表作《鵩鸟赋》。这篇赋流露出浓厚的道家思想,"知命不忧"四个字是贾谊此时对自己的期许。此后又一年左右,贾谊重新得到了汉文帝的接见。汉文帝对贾谊是尊重的,但他并未向贾谊咨询治国理政的相关问题,而是与他彻夜探讨鬼神之事,并且对他的学识产生了发自内心的钦佩,任命他为小儿子梁怀王的太傅。几年之后,年少的梁怀王坠马而死,这是压垮贾谊的最后一根稻草。在身心俱损的情况下,贾谊英年早逝,年仅三十三岁。

司马迁对于屈原的感情是钦佩和敬仰的,而对于贾谊则在肯定之余又流露出惋惜和遗憾,这两种感情源于司马迁本人的经历和西汉的社会背景,值得细细体会。

屈原者,名平,楚之同姓也①。为楚怀王左徒②。博闻强志,明于治乱,娴③于辞令。入则与王图议国事,以出号令;出则接遇宾客,应对诸侯。王甚任之。

◎**注释** ①〔楚之同姓〕楚王姓芈，有屈、景、昭三大同姓，屈原始祖屈瑕是楚武王熊通之子，受封于屈，因以屈为姓。②〔左徒〕楚官名，参与政事，起草政令，协办外交。③〔娴〕擅长。

◎**大意** 屈原，名平，是楚王的同姓。他担任楚怀王的左徒。他学识广博而记忆力强，通晓国家存亡兴衰的道理，擅长应酬交往的辞令。他入朝就和楚王商议国家大事，制定政令；散朝之后则接待各国宾客，处理与各诸侯国的外交事务。楚怀王对他非常信任。

上官大夫①与之同列，争宠而心害②其能。怀王使屈原造为宪令，屈平属③草稿未定。上官大夫见而欲夺之，屈平不与，因谗之曰："王使屈平为令，众莫不知，每一令出，平伐④其功，曰以为'非我莫能为'也。"王怒而疏屈平。

◎**注释** ①〔上官大夫〕即靳尚。②〔害〕嫉妒。③〔属〕起草。④〔伐〕夸耀。

◎**大意** 上官大夫和屈原职位相同，他为了争得怀王的宠信而嫉妒屈原的才能。怀王命令屈原制定国家法令，屈原刚写完草稿还没有修订。上官大夫见到之后想据为己有，屈原不肯给他。他就向楚怀王进谗言道："大王您让屈原制定法令，无人不知，每颁布一条法令，屈原就自夸其功，说是'除了我别人都制定不出来'。"怀王听了很生气，逐渐疏远了屈原。

屈平疾王听之不聪也，谗谄之蔽明也，邪曲①之害公也，方正之不容也，故忧愁幽思而作《离骚》。"离骚"者，犹离（罹）忧②也。夫天者，人之始也；父母者，人之本也。人穷则反（返）本，故劳苦倦极，未尝不呼天也；疾痛惨怛③，未尝不呼父母也。屈平正道直行，竭忠尽智以事其君，谗人间之，可谓穷矣。信而见疑，忠而被谤，能无怨乎？屈平之作《离骚》，盖自怨生也。《国风》好色而不淫，《小雅》怨诽而不乱④。若《离骚》者，可谓兼之矣。上称帝喾，下道齐桓，中述汤武，以刺世事。明道德之广崇，治乱之条贯⑤，靡不毕见（现）。其文约，其辞微，其志洁，其行廉，其称文小而其指极大，举类迩而见义远⑥。其志洁，故其称物芳。其行廉，故死而不容。自疏濯淖⑦污泥之中，蝉蜕于浊秽，以浮游⑧尘埃之外，不获世之滋垢⑨，皭然泥而不滓⑩者也。推此志也，虽与日月争光可也。

◎**注释** ①〔邪曲〕不正。②〔离忧〕遭受忧患。③〔惨怛（dá）〕内心伤痛。④〔《国风》好色而不淫，《小雅》怨诽而不乱〕《国风》描写男女之情而不淫荡，《小雅》有怨刺之言，但不逾越君臣之分。⑤〔条贯〕条理。⑥〔其文约，其辞微，其志洁，其行廉，其称文小而其指极大，举类迩而见义远〕约，简练。微，深微。称，陈述。指，旨意。迩，近，浅显。⑦〔濯淖（zhuó nào）〕污渍。⑧〔浮游〕超脱。⑨〔滋垢〕秽物。⑩〔皭（jiào）然泥而不滓〕皭然，洁白的样子。滓，染黑。

◎**大意** 屈原痛心于怀王偏听偏信而难以分辨是非，被谗佞之徒遮掩了洞察力，邪恶小人伤害了公道，正直的人不为朝廷所容，所以忧愁深思而写成《离骚》。所谓"离骚"，就是遭受忧患的意思。上天是人的起源，父母是人的根本。人在处境窘迫的时候就要追念本源，所以在劳累困苦达到极点时，没有不呼叫上天的；身心伤痛无法忍受时，没有不呼叫父母的。屈原坚持正确的原则与耿直的行为，竭尽忠诚和才智来侍奉国君，却受到小人的挑拨离间，其处境可谓极其困窘了。诚信反被猜疑，忠心反被诽谤，怎能没有怨愤呢？屈原所作的《离骚》，可以说是由怨愤产生的。《国风》虽然有许多描写男女之情的作品但不涉及淫乱，《小雅》虽然有许多抒发诽谤愤怨之情的作品但没有扰乱君臣分际。《离骚》可以说是兼具以上两者的优点。它向上追溯到帝喾的事迹，向下称道齐桓公的伟业，中间叙述商汤、周武王的德政，以此来批评时政。它阐明道德的广博深远，治乱的因果条理，无不详尽地体现出来。其语言简约，其内容深微，其情志高洁，其品行廉正，其文句虽写的是细小事物，但意旨极其博大；其所举的比喻虽然都是近在眼前之事，但体现的意义极其深远。其情志高洁，所以作品中反复提到芬芳的草木。其品行廉正，所以至死也未能容于自己的祖国。身处污泥浊水之中而能洁身自好，就像蝉脱壳于污秽的环境，而浮游于尘埃之外，不被世俗的污垢所玷污，清白高洁出淤泥而不染。推想他的高尚情志，就是与日月争辉也是可以的。

屈平既绌（黜）①，其后秦欲伐齐，齐与楚从亲，惠王患之，乃令张仪详（佯）去秦，厚币委质（贽）②事楚，曰："秦甚憎齐，齐与楚从亲，楚诚能绝齐，秦愿献商、於之地③六百里。"楚怀王贪而信张仪，遂绝齐，使使如秦受地。张仪诈之曰："仪与王约六里，不闻六百里。"楚使怒去，归告怀王。怀王怒，大兴师伐秦。秦发兵击之，大破楚师于丹、淅④，斩首八万，虏楚将屈匄，遂取楚之汉中地。怀王乃悉发国中兵以深入击秦，战于蓝田。魏闻之，袭楚至邓⑤。楚兵惧，自秦归。而齐竟怒不救楚，楚大困。

◎**注释** ①〔绌〕通"黜"，贬谪。②〔委质〕呈送礼物。③〔商、於之地〕在今陕西商县至河南内乡一带的地方。④〔丹、淅（xī）〕两水名，流经陕西和河南。⑤〔邓〕在今湖北襄阳。

◎**大意** 屈原被贬黜后，秦国打算攻打齐国，可是齐国与楚国有合纵的盟约，秦惠王对此感到忧虑，于是命令张仪假装脱离秦国，备了丰厚的礼物来投靠楚国，说："秦国非常痛恨齐国，齐国和楚国有合纵的盟约，楚国如果真能和齐国断交，秦国愿意献出商、於一带六百里的土地。"楚怀王贪图土地而相信了张仪的话，就和齐国断绝了关系，并派使臣到秦国接受所献土地。张仪骗使者道："我和楚王约定的是六里土地，没听说过什么六百里。"楚国使臣愤怒而回，禀报怀王。楚怀王勃然大怒，起兵攻打秦国。秦国也派兵迎击，在丹水和淅水流域大破楚军，斩杀八万人，俘虏了楚将屈匄，乘胜夺取了楚国的汉中地区。于是楚怀王调发国内全部兵力深入秦地攻打秦国，在蓝田展开大战。魏国得知此事，派兵偷袭楚国，进军至邓地。楚军惊恐，从秦国撤退。齐国因痛恨楚国的绝交而不发兵相救，楚国的处境大为困窘。

明年①，秦割汉中地与楚以和。楚王曰："不愿得地，愿得张仪而甘心焉。"张仪闻，乃曰："以一仪而当②汉中地，臣请往如楚。"如楚，又因厚币用事者臣靳尚，而设诡辩于怀王之宠姬郑袖。怀王竟听郑袖，复释去张仪。是时屈平既疏，不复在位，使于齐，顾反（返），谏怀王曰："何不杀张仪？"怀王悔，追张仪不及。

◎**注释** ①〔明年〕第二年。②〔当〕换取。
◎**大意** 第二年，秦国要割让汉中地区与楚国讲和。但楚怀王说："不愿得到土地，只想得到张仪就甘心了。"张仪听到这话，就说："用我一个来换取汉中之地很值得，我请求到楚国去。"张仪到了楚国，又用丰厚的礼物送给楚国当权的大臣靳尚，继而用诡辩来欺骗怀王的宠姬郑袖。怀王竟然听信了郑袖的话，又放走了张仪。这时屈原已被疏远，不再担任重要官职，出使于齐国，回来之后，劝谏怀王道："怎么不杀掉张仪？"怀王后悔，派人追赶张仪却已追不到了。

其后诸侯共击楚，大破之，杀其将唐眛。

◎**大意** 此后诸侯国联合攻打楚国，大败楚军，杀死了楚国大将唐眛。

时秦昭王与楚婚，欲与怀王会。怀王欲行，屈平曰："秦虎狼之国，不可信，不如毋行。"怀王稚子子兰劝王行："奈何绝秦欢①！"怀王卒行②。入武关，秦伏兵绝其后，因留怀王，以求割地。怀王怒，不听。亡走赵，赵不内（纳）。复之秦，竟死于秦而归葬。

◎**注释** ①〔绝秦欢〕拒绝秦王的好意。②〔卒行〕最终去了。
◎**大意** 这时秦昭王想和楚国结为姻亲，要求和怀王会晤。楚怀王想要前往，屈原说："秦国是虎狼一般凶暴的国家，不能信任，不如不去。"怀王的小儿子子兰劝怀王前去，说："为什么要拒绝秦王的好意！"怀王最终去了。他进入武关，秦国的伏兵断绝了他的归路，因而拘留怀王，以此要求割让土地。怀王大怒，不答应。他逃到赵国，赵国拒绝收留他。楚怀王不得已又回到秦国，最终死在秦国而遗体归葬楚国。

长子顷襄王①立，以其弟子兰为令尹。楚人既咎②子兰以劝怀王入秦而不反（返）也。

◎**注释** ①〔顷襄王〕芈姓，熊氏，名横，前298年～前263年在位。②〔咎〕责怪。
◎**大意** 怀王的大儿子顷襄王继位，任命他的弟弟子兰为令尹。楚国人都怪罪子兰劝怀王误入秦国而不得生还。

屈平既嫉之，虽放流，眷顾①楚国，系心怀王，不忘欲反（返），冀幸②君之一悟，俗之一改也。其存君兴国而欲反覆之③，一篇之中三致志焉。然终无可奈何，故不可以反，卒以此见怀王之终不悟也。人君无④愚智贤不肖，莫不欲求忠以自为，举贤以自佐，然亡国破家相随属⑤，而圣君治国累世而不见者，其所谓忠者不忠，而所谓贤者不贤也。怀王以不知忠臣之分⑥，故内惑于郑袖，外欺于张仪，疏屈平而信上官大夫、令尹子兰。兵挫地削，亡其六郡，身客死于秦，为天下笑。此不知人之祸也。《易》曰："井泄⑦不食，为我心恻，可以汲。王明，并受其福。"王之不明，岂足福哉！

◎注释　①〔眷顾〕眷恋，关心。②〔冀幸〕殷切地希望。③〔欲反覆之〕想把楚国从困弱之境中拯救出来。④〔无〕不论。⑤〔相随属〕一个接一个。⑥〔分〕分别。⑦〔泄〕清除污秽。

◎大意　屈原痛恨子兰的所作所为，虽然身遭放逐，但眷恋楚国，心系怀王，时刻不忘重回朝廷，殷切地希望国君能醒悟，改变不良的风气。他总是不忘君王和复兴国家而想把楚从困弱之境中拯救出来，因此在一篇作品中多次流露这种情志。然而终究无可奈何，也未能重返朝廷，终于明白怀王始终是不能醒悟的。国君无论是愚蠢的、明智的、贤能的、无能的，都想寻求忠臣来帮助自己，选举贤才来辅佐自己，然而亡国破家的悲剧不断发生，而明君治世好多代都见不到，原因就在于其所谓忠臣其实不忠，所谓贤才其实不贤。怀王因不知晓忠臣与不忠者的分别，所以在宫廷内被郑袖迷惑，在宫廷外被张仪欺骗，疏远屈原而亲信上官大夫、令尹子兰。使军队受挫国土侵削，失去了六个郡县，自身也客死秦国，被天下人耻笑。这是不能识人所造成的灾祸啊。《易经》上说："井已经疏浚干净了却没人来喝水，使我心中难过，这是可以饮用的啊。君主贤明，大家都得到幸福。"而怀王这样不贤明，哪里能获得幸福啊！

令尹子兰闻之大怒，卒使上官大夫短①屈原于顷襄王，顷襄王怒而迁之。

◎注释　①〔短〕说坏话。

◎大意　令尹子兰听到以上情况非常愤怒，便让上官大夫在顷襄王的面前说屈原的坏话，顷襄王非常恼怒，于是把屈原放逐到更远的地方。

屈原至于江滨，被发行吟泽畔。颜色憔悴，形容枯槁。渔父见而问之曰："子非三闾大夫①欤？何故而至此？"屈原曰："举世混浊而我独清，众人皆醉而我独醒，是以见放②。"渔父曰："夫圣人者，不凝滞于物而能与世推移。举世混浊，何不随其流而扬其波？众人皆醉，何不铺其糟而啜其醨③？何故怀瑾握瑜而自令见放为？"屈原曰："吾闻之，新沐者必弹冠，新浴者必振衣，人又谁能以身之察察④，受物之汶汶⑤者乎！宁赴常流而葬乎江鱼腹中耳，又安能以皓皓之白而蒙世俗之温蠖⑥乎！"

◎**注释** ①〔三闾大夫〕掌管王族事务的官员。②〔见放〕被放逐。③〔铺（bū）其糟而啜其醨（lí）〕铺，吃。糟，酒渣。啜，喝。醨，淡酒。④〔察察〕洁净。⑤〔汶汶〕污辱。⑥〔温蠖（huò）〕混污。

◎**大意** 屈原来到江边，披头散发悲吟于泽边。脸色憔悴，形体干瘦。一位渔翁看见后问他："您不是三闾大夫吗？为什么到这里来了？"屈原说："世人都是浑浊的而我独自清白，众人都昏醉而我独自清醒，所以才被流放。"渔翁说："道德修养达到最高境界的人不会凝固滞留在对事物的某种看法上，而是能随着世情的变化而变化。既然社会都混浊，何不随波逐流？既然世人都昏醉，何不跟着吃糟喝酒？为什么要保持美玉一般的品德而落得自身被流放的结果呢？"屈原说："我听说过，刚洗过头的人一定要弹弹帽子，刚洗过澡的人一定要抖抖衣服，人们又有谁愿意以清白的自身，去忍受外物的污辱呢？我宁愿投身长流的江水而葬身于鱼腹之中，又怎么能让清白的品德蒙受世俗的污染呢！"

乃作怀沙之赋。其辞曰：

◎**大意** 于是写了《怀沙》赋，其中写道：

陶陶孟夏兮，草木莽莽。伤怀永哀兮，汩徂南土①。眴（瞬）兮窈窈，孔静幽墨。冤结纡轸②兮，离（罹）愍之长鞠③；抚情效志兮，俛（俯）诎（屈）以自抑。

◎**注释** ①〔汩徂（gǔ cú）南土〕汩，水流湍急的样子，这里指人急行。徂，往。南土，南方。②〔纡轸（yū zhěn）〕委屈而悲痛。③〔离愍（mǐn）之长鞠〕愍，痛苦。长鞠，长期陷入困境。

◎**大意** 天气和暖的初夏呀，草木茂盛地生长。悲伤长期充满胸怀啊，我急匆匆来到南方。眼前是一片茫茫啊，沉寂得毫无声响。冤情凝结为委屈沉痛啊，遭遇忧愁困苦的日子太长。抚心自问而无过错啊，蒙受冤屈而自我克制。

刓①方以为圜（圆）兮，常度未替，易初本由兮，君子所鄙。章画职（识）墨②兮，前度未改；内直质重兮，大人所盛。巧匠不斫兮，孰察其揆正？玄文幽处兮，矇③谓之不章；离娄微睇④兮，瞽⑤以为无明。变白而为黑兮，倒上以为下。凤皇在笯⑥兮，鸡雉翔舞。同糅玉石兮，一概而相量。夫党人之鄙妒兮，羌不知吾所臧。

◎**注释** ①〔刓（wán）〕削。②〔章画职墨〕章，明。画，规划。职，通"识（zhì）"，记住。墨，绳墨，引申为法度。③〔矇（méng）〕盲人。④〔离娄微睇（dì）〕离娄，传说中的明眼人。睇，斜眼看。⑤〔瞽（gǔ）〕盲人。⑥〔笯（nú）〕竹笼。

◎**大意** 想把方木削成圆木啊，但正常法度不可改易。抛弃当初的正道而走邪路啊，这是君子所鄙视的。明确规划而牢记法度啊，往日的初衷不会改变。品性忠厚而心地端正啊，为君子所赞美。巧匠不挥动斧头砍削啊，谁能看出是否合乎标准。黑色的花纹放在幽暗之处啊，盲人会说花纹并不明显；离娄稍微一瞥就看清了啊，盲人反说他是瞎了眼。白色被当作黑色啊，上方被颠倒成下方。凤凰被关进了笼子里啊，却让鸡起舞飞翔。美玉和粗石混在一起啊，竟认为价值等量。那些帮派小人卑鄙嫉妒啊，全然不了解我的纯洁高尚。

任重载盛兮，陷滞而不济；怀瑾握瑜兮，穷不得余所示。邑犬群吠兮，吠所怪也；诽骏疑桀兮，固庸态也。文质疏内兮，众不知吾之异采；材朴委积兮，莫知余之所有。重仁袭义兮，谨厚以为丰；重华不可牾①兮，孰知余之从容！古固有不并兮，岂知其故也？汤禹久远兮，邈不可慕也。惩违改忿兮，抑心而自强；离（罹）湣②而不迁兮，愿志之有象。进路北次兮，日昧昧其将暮；含忧虞哀兮，限之以大故。

◎**注释** ①〔重华不可牾（wǔ）〕重华，即虞舜。牾，逢。②〔离湣〕遭受忧患。

◎**大意** 任重道远负载太重啊，却陷入泥坑停滞不前；身怀美玉般的品格啊，处境困窘而不能自我表白。城中群犬胡乱狂吠啊，吠它所感到怪异的事物。诽谤俊才猜疑豪杰啊，这本来就是庸人的丑态。外表粗疏内心朴实啊，众人不知我的异采；未雕饰的材料被丢弃啊，没人知道我所具有的美质。我注重仁与义的修养啊，恭敬忠厚地不断增强；虞舜已不可再遇啊，又有谁知晓我的自信与安详！古代的圣贤也难得同世而生啊，哪里能知道这是什么缘故？商汤、夏禹距今年代久远啊，渺茫到没有办法追慕。停止怨恨改正愤慨啊，抑制内心而使自己更加坚强。遭受忧患而不改变初衷啊，只希望我的情志成为后人的榜样。我又顺路北行啊，迎着昏暗将落的夕阳。忍着忧虑而强作欢颜啊，死亡就在不远的前方。

乱曰：浩浩沅、湘兮，分流汩兮。修路幽拂兮，道远忽兮。曾吟恒悲兮，永叹慨兮。世既莫吾知兮，人心不可谓兮。怀情抱质兮，独无匹兮。伯乐既殁兮，骥将焉程兮？人生禀命兮，各有所错（措）兮。定心广志，余何畏惧兮？曾伤爰哀，永叹喟兮。世溷①不吾知，心不可谓兮。知死不可让兮，愿勿爱兮。明以告君子兮，吾将以为类兮。

◎**注释** ①〔溷（hùn）〕混乱。

◎**大意** 尾声：浩荡的沅水、湘江啊，不停地流淌着翻波涌浪。道路漫长而又昏暗啊，前程又是何等渺茫。我怀着长久的悲伤不断地歌吟啊，长声地叹息而又感慨凄凉。世上没人了解我啊，谁能听我诉说衷肠。怀有高尚的情操和纯美的本质啊，卓然独立举世无双。伯乐早已死去啊，谁能识别千里马是骏良？人生一世秉承命运啊，各有各的应当措置的地方。我内心坚定心胸宽广啊，其他还有什么值得畏惧？重重的忧伤与悲哀啊，只有叹息声不断增长。世道混乱没有知音啊，人心叵测难以估量。知道人终须死去啊，就不必对生命过分地珍爱了。明白地告诉君子啊，我将为后人做出榜样。

于是怀石遂自投汨罗①以死。

◎**注释** ①〔汨（mì）罗〕湘江支流，在湖南东北部。
◎**大意** 于是屈原怀抱石头自沉汨罗江而死。

屈原既死之后，楚有宋玉、唐勒、景差之徒者，皆好辞而以赋见称；然皆祖屈原之从容辞令，终莫敢直谏。其后楚日以削，数十年竟为秦所灭。

◎**大意** 屈原死后，楚国有宋玉、唐勒、景差等人，他们都爱好文学而以擅长辞赋著名。但是他们都只师法屈原的文辞委婉含蓄的特点，而最终没有敢像屈原那样直言劝谏。此后楚国一天天削弱，几十年之后终于被秦国消灭。

自屈原沉汨罗后百有余年，汉有贾生，为长沙王太傅①，过湘水，投书以吊屈原。

◎**注释** ①〔太傅〕负责辅导诸侯王之官。
◎**大意** 屈原沉江而死一百多年之后，汉朝有个贾谊，去做长沙王太傅，经过湘水时，写了篇文章投入江中来祭吊屈原。

贾生名谊，雒阳人也。年十八，以能诵诗属书①闻于郡中。吴廷尉为河南守，闻其秀才②，召置门下，甚幸爱。孝文皇帝③初立，闻河南守吴公治平④为天下第一，故与李斯同邑而常学事焉，乃征为廷尉。廷尉乃言贾生年少，颇通诸子百家之书。文帝召以为博士。

◎**注释** ①〔属书〕善于写文章。②〔秀才〕高才。③〔孝文皇帝〕汉文帝刘恒，前180年～前157年在位。事迹详见《孝文本纪》。④〔治平〕治理辖区平和安定。
◎**大意** 贾生名叫贾谊，是雒阳人。十八岁时就因诵读诗书和会写文章而闻名当地。吴廷尉担任河南郡守时，听说贾谊才学优异，就召请他到官府任职，很是器重。汉文帝刚即位，听说河南郡守吴公政绩为全国第一，还和李斯是同乡，从前曾向李斯学习，就调任他为廷尉。吴廷尉就向文帝推荐贾谊，说他年轻有为，精通诸子百家的学问。汉文帝就征召贾谊为博士。

是时贾生年二十余，最为少。每诏令议下，诸老先生不能言，贾生尽为之对，人人各如其意所欲出。诸生于是乃以为能不及也。孝文帝说（悦）之，超迁①，一岁中至太中大夫。

◎**注释** ①〔超迁〕破格提拔。
◎**大意** 这时贾谊二十多岁，在博士中最年轻。每次文帝下诏让博士讨论一些问题，那些老先生都说不出什么，贾谊一一对答，人人都觉得说出了自己想说的话。众博士于是认为贾谊才能杰出，谁也比不上他。汉文帝也非常喜欢他，将他破格提拔，一年之内就升任太中大夫。

贾生以为汉兴至孝文二十余年，天下和洽，而固当改正朔①，易服色②，法制度③，定官名，兴礼乐④，乃悉草具其事仪法，色尚黄，数用五，为官名，悉更秦之法。孝文帝初即位，谦让未遑⑤也。诸律令所更定，及列侯悉就国⑥，其说皆自贾生发之。于是天子议以为贾生任公卿之位。绛、灌、东阳侯、冯敬⑦之属尽害之，乃短贾生曰："雒阳之人，年少初学，专欲擅权，纷乱诸事。"于是天子后亦疏之，不用其议，乃以贾生为长沙王太傅。

◎**注释** ①〔改正（zhēng）朔〕改岁首正月一日，即改历。②〔易服色〕更换朝仪、官服、车马器用之色。③〔法制度〕健全制度。④〔兴礼乐〕创作汉代祭祀天地宗庙之礼仪与音乐。⑤〔未遑〕无暇，顾不上。⑥〔就国〕前往封地。⑦〔绛、灌、东阳侯、冯敬〕绛，绛侯周勃。灌，颍阴侯灌婴。东阳侯，东阳侯张相如。冯敬，御史大夫。

◎**大意** 贾谊认为从西汉建立到汉文帝时已有二十多年，天下太平，正是应该更改历法，更换朝仪、官服、车马器用之色，完善法令制度，决定官职名称，振兴礼乐的时候，于是他草拟了各项仪式法度，崇尚黄色，遵用五行之说，创设官名，完全改变了秦朝的旧法。汉文帝刚刚即位，谦虚退让而没来得及实行。各项法令的修改审定，以及诸侯都必须住到封国等主张都由贾谊提出。于是汉文帝就和大臣商议要提拔贾谊担任公卿的职位。绛侯周勃、颍阴侯灌婴、东阳侯张相如、御史大夫冯敬这些人都嫉妒贾谊，就诽谤他说："这个雒阳人，年纪轻而学识浅，只想独揽大权，把政事弄得一团糟。"于是汉文帝后来疏远了贾谊，不采纳他的建议，遂使贾谊做了长沙王太傅。

贾生既辞往行，闻长沙卑湿①，自以寿不得长，又以谪去，意不自得②。及渡湘水，为赋以吊屈原。其辞曰：

◎**注释** ①〔卑湿〕地势低洼，气候潮湿。②〔不自得〕不愉快。
◎**大意** 贾谊辞行前往长沙就任，他听说长沙地势低洼、气候潮湿，自认为寿命不会很长，又因为是贬谪而去，内心非常不愉快。他在渡过湘水的时候，写下一篇辞赋悼念屈原。辞赋中写道：

共（恭）承嘉惠兮，俟罪长沙。侧闻屈原兮，自沉汨罗。造托湘流兮，敬吊先生。遭世罔极兮，乃殒厥身。呜呼哀哉，逢时不祥！鸾凤伏窜兮，鸱枭①翱翔。阘茸②尊显兮，谗谀得志；贤圣逆曳兮，方正倒植。世谓伯夷贪兮，谓盗跖廉；莫邪为顿兮，铅刀为铦③。于嗟嘿（默）嘿（默）④兮，生之无故！斡弃周鼎兮宝康瓠（壶）⑤，腾驾罢（疲）牛兮骖蹇驴⑥，骥垂两耳兮服盐车。章甫荐屦⑦兮，渐不可久；嗟苦先生兮，独离（罹）此咎！

◎注释　①〔鸱枭（chī xiāo）〕猫头鹰，旧时被认为是不祥之鸟。②〔阘（tà）茸〕庸碌低劣。③〔铦（xiān）〕锋利。④〔嘿（mò）嘿〕不为人知。⑤〔斡（wò）弃周鼎兮而宝康瓠（hù）〕斡弃，抛弃。康瓠，空壶，破壶。⑥〔蹇（jiǎn）驴〕瘸腿的驴子。⑦〔章甫荐屦（jù）〕章甫，商代的一种冠。荐屦，垫在鞋子下。

◎大意　我恭奉朝廷的恩命啊，戴罪于长沙。曾听说过屈原啊，自沉于汨罗江。凭托湘江流水啊，恭敬地吊念先生的英灵。遭遇纷乱邪恶的时代啊，才逼得您自杀身亡。啊呀哀痛啊，碰到的时代不吉祥。鸾凤潜伏隐藏啊，猫头鹰自在翱翔。无能之辈尊贵显赫啊，阿谀奉承之人得志猖狂；圣贤被倒着拖垮啊，方正的人屈居于下。世人竟然说伯夷是贪婪的，说盗跖是廉洁的；莫邪宝剑太钝，铅刀很锋利。唉呀呀，不为人知啊，平白遭此横祸！丢弃了周代传国的宝鼎，而把破瓦罐当宝贝；让疲惫的牛驰骋啊跛驴拉车，驾盐车的却是垂着双耳的骏马。帽子当成鞋垫啊，这样的日子怎能长？哎呀真苦了屈先生，独自遭受这祸殃！

讯曰：已矣，国其莫我知，独堙郁①兮其谁语？凤漂漂其高遰（逝）兮，夫固自缩而远去。袭九渊之神龙兮，沕②深潜以自珍。弥融燏③以隐处兮，夫岂从蚁与蛭螾（蚓）④？所贵圣人之神德兮，远浊世而自藏。使骐骥可得系羁兮，岂云异夫犬羊！般纷纷其离（罹）此尤兮，亦夫子之辜也！瞝⑤九州而相君兮，何必怀此都也？凤皇翔于千仞之上兮，览德辉焉下之；见细德之险征兮，摇增（层）翮⑥逝而去之。彼寻常之污渎兮，岂能容吞舟之鱼！横江湖之鳣鲟⑦兮，固将制于蚁蝼。

◎**注释** ①〔堙(yīn)郁〕抑郁。②〔汩(mì)〕潜藏。③〔弥融燏(yuè)〕远离亮光。弥，远。融燏，亮光。④〔蛭螾(zhì yǐn)〕蛭，蚂蟥。螾，蚯蚓。⑤〔瞝(chī)〕环顾。⑥〔增翮(céng hé)〕强壮有力的翅膀。⑦〔鳣鲟(zhān xún)〕鳣，鲟鳇鱼的古称。鲟，白鲟。

◎**大意** 尾声：算了吧！既然国人不了解我，抑郁不快又能和谁诉说？凤凰高飞远走，本应这样自我引退。效法深渊的神龙啊，深藏起来自我爱惜。韬光晦迹来隐居啊，岂能与蚂蚁、水蛭、蚯蚓为邻居？圣人品德之所以可贵啊，在于远离浊世而隐匿。若是千里马可以随意栓系，怎能说和犬羊有异！世态纷乱遭遇这殃祸，也怪先生您自己！环顾九州择君而仕啊，何必眷恋楚国不愿离去？凤凰飞翔千仞之上啊，看到有德之君才下来栖息。一旦发现小人暗害的征兆啊，就应当振翅高飞远远地离去。狭小污浊的小水沟啊，怎能容得下吞舟的大鱼！横绝江湖的大鱼，最终还要受制于蝼蚁。

贾生为长沙王太傅三年，有鹏①飞入贾生舍，止于坐隅②。楚人命鹏曰服（鵩）。贾生既以谪居长沙，长沙卑湿，自以为寿不得长，伤悼之，乃为赋以自广③。其辞曰：

◎**注释** ①〔鹏(xiāo)〕即猫头鹰。②〔坐隅〕座位旁边。③〔自广〕自我宽解。
◎**大意** 贾谊在担任长沙王太傅的第三年，有一只猫头鹰飞进他的居室，停在了座位旁边。楚国人把猫头鹰叫作"鵩"。贾谊受贬谪居长沙,这里低洼潮湿,自认为寿命不长,因此感到悲伤哀痛,于是写了一篇赋来自我宽解。赋中写道:

单阏①之岁兮,四月孟夏,庚子日施兮,服(鵩)集予舍,止于坐隅,貌甚闲暇。异物来集兮,私怪其故,发书占之兮,策言其度。曰"野鸟入处兮,主人将去"。请问于服(鵩)兮:"予去何之?吉乎告我,凶言其菑(灾)。淹数之度兮,语予其期。"服(鵩)乃叹息,举首奋翼,口不能言,请对以意(臆)。

◎**注释** ①〔单阏(chán yè)〕卯年的别称。
◎**大意** 丁卯之年啊,四月初夏,庚子这天太阳西斜,猫头鹰飞进我的居室,停在座位旁边,样子是那样的闲暇。怪鸟突然来我家,私下奇怪是为何。打开卦书占卜啊,进行预测。说"野鸟闯入住舍呀,主人将会离开家"。请问猫头鹰:"我离开将去何方?是吉请明说,是凶请告知我会遭什么祸殃。生死迟速有定数啊,请把期限说端详。"猫头鹰闻言叹息,抬头振翅,口虽不能说话,就请示意作答。

万物变化兮,固无休息。斡流而迁兮,或推而还。形气转续兮,变化而嬗。沕穆①无穷兮,胡可胜言!祸兮福所倚,福兮祸所伏;忧喜聚门兮,吉凶同域。彼吴强大兮,夫差以败;越栖会稽兮,句践霸世。斯游遂成兮,卒被五刑;傅说胥靡②兮,乃相武丁。夫祸之与福兮,何异纠缠③。命不可说兮,孰知其极?水激则旱(悍)兮,矢激则远。万物回薄兮,振荡相转。云蒸雨降兮,错缪相纷。大专槃(盘)物④兮,坱轧⑤无垠。天不可与虑兮,道不可与谋。迟数有命兮,恶识其时?

◎**注释** ①〔沕（wù）穆〕深微貌。②〔胥靡〕用绳索把奴隶或罪犯连在一起。③〔纠缦（mò）〕绳索。④〔大专槃物〕大专，大钧。指天，大自然。槃，同"盘"，旋转，盘绕。⑤〔块轧（yǎng yà）〕漫无边际貌。

◎**大意** 万物不断变化啊，原本无停止之时。如涡流旋转啊，反复循环。形体和精气相转相续啊，像蝉的蜕化。其道理深微无穷啊，哪能用语言说得完！祸当中傍倚着福，福当中也埋藏着祸。忧和喜聚在一起啊，吉和凶在一个领域。那吴国强大啊，吴王夫差却以此而失败。越国困居会稽啊，越王句践却以此称霸于世。李斯游秦顺利成功啊，最终遭受了五刑。傅说原是刑徒啊，后来却辅佐殷高宗武丁。那祸与福啊，就像绳索般纠缠不清。天命不能解说啊，谁能预知它的究竟？水成激流就势猛啊，箭遇强力射得远。万物往返冲激啊，相互振荡转化。云上升雨下降啊，其变化错综复杂。自然界运转万物啊，范围广阔无垠。天命不可能预测啊，天道不可能预谋。生死的迟早都由命啊，哪能知道限数？

且夫天地为炉兮，造化为工；阴阳为炭兮，万物为铜。合散消息兮，安有常则；千变万化兮，未始有极。忽然为人兮，何足控抟①；化为异物兮，又何足患！小知（智）自私兮，贱彼贵我；通人大观兮，物无不可。贪夫徇财兮，烈士殉名；夸者死权兮，品庶冯（凭）生。怵迫之徒兮，或趋西东；大人不曲兮，亿变齐同。拘士系俗兮，攌②如囚拘；至人遗物兮，独与道俱。众人或（惑）或（惑）兮，好恶积意；真人淡漠兮，独与道息。释知遗形兮，超然自丧；寥廓忽荒兮，与道翱翔。乘流则逝兮，得坻③则止；纵躯委命兮，不私与己。其生若浮兮，其死若休；澹乎若深渊之静，泛乎若不系之舟。不以生故自宝兮，养空而浮；德人无累兮，知命不忧。细故蒂荠④兮，何足以疑！

◎**注释** ①〔控抟（tuán）〕控制，这里指为保护生命而努力，即爱惜生命之意。

②〔摶（huǎn）〕大木笼，引申为束缚。③〔坻（chí）〕水中小洲。④〔懲葪（dì jì）〕亦作"懲芥""懲介"，鲠刺，比喻想不通或心怀嫌隙。

◎**大意** 何况天地是座巨炉，大自然是司炉的工匠；阴阳二气是炉炭，万物是供铸造的铜。聚散消长啊或生或灭，哪有常规可循；千变万化，未曾见过有终极。偶然成了人啊，没什么值得贪恋珍惜；化为异物死去，又怎么值得忧虑！小智之人只顾自己，以外物为贱而以自身为贵；通达之人胸怀坦荡，对万物等量齐观无所不宜。贪夫为财殒命啊，烈士乐于殉名；喜好虚名者死于追求权势啊，一般的人又怕死贪生。为名利所诱和被贫贱所迫的人啊，不停地奔走西东；而道德修养极高的人不向物欲屈服，对千变万化的事物一视同仁。愚夫被世俗羁绊，拘束得如遭受囚禁；有至德的人能遗世弃俗，只与大道并存。天下众人迷惑，爱憎之情积满胸臆；有真德的人恬淡无为啊，独和大道同生息。舍弃智慧而忘却形体啊，超然物外不知有己；在那空旷恍惚的境界里，和大道一起翱翔。乘着流水任意而行，碰上小洲就停止；将身躯托付给命运啊，不把它看作私有之体。活着如同浮游于世，死了是长期休息；内心宁静就像静静的深渊，任意游荡就像不系缆绳的小舟。不因活着就珍惜自己，要不断涵养空灵之性；有至德的人无世俗之累啊，乐天知命而不忧愁。一些细小的事啊，哪里值得生疑！

后岁余，贾生征见①。孝文帝方受釐②，坐宣室。上因感鬼神事，而问鬼神之本。贾生因具道所以然之状。至夜半，文帝前席③。既罢，曰："吾久不见贾生，自以为过之，今不及也。"居顷之，拜贾生为梁怀王太傅。梁怀王，文帝之少子，爱，而好书，故令贾生傅之。

◎**注释** ①〔征见〕召还。②〔受釐〕享用祭肉。釐，胙肉，祭鬼神后的福食。③〔前席〕将座席向前挪动，越来越靠近贾谊，说明汉文帝听得很入迷。

◎**大意** 一年多之后，贾谊被召至长安朝见皇帝。汉文帝正在享用祭祀后的胙肉，坐在宣室殿里。文帝因有感于鬼神之事，就向贾谊询问鬼神的本原。贾谊就乘机周详地讲述了鬼神之事的种种情形。到了半夜，文帝听得非常入神而将座席渐渐前移。听完之后，文帝说："我好长时间没见贾谊了，自认为能超过他，现在看来还是赶不上他。"过了不久，文帝任命贾谊为梁怀王太傅。梁怀王是汉文帝的小儿子，受文帝宠爱，又喜欢读书，所以让贾谊当他老师。

　　文帝复封淮南厉王①子四人皆为列侯。贾生谏，以为患之兴自此起矣。贾生数上疏，言诸侯或连数郡，非古之制，可稍削之②。文帝不听。

◎**注释**　①〔淮南厉王〕名刘长，高祖子，文帝异母弟，文帝六年因谋反被流放，死于途中。文帝八年，复封刘长四子为侯，至十二年又以其三子为王。②〔稍削之〕渐渐削弱诸侯的势力。

◎**大意**　汉文帝又封淮南厉王的四个儿子为列侯。贾谊劝谏，认为国家的祸患将由此而起。贾谊又多次上疏皇帝，说有的诸侯封地接连几郡，不合古代的制度，应该逐渐削弱诸侯的势力。汉文帝不肯听从。

　　居数年，怀王骑，堕马而死，无后。贾生自伤为傅无状①，哭泣岁余，亦死。贾生之死时年三十三矣。及孝文崩，孝武皇帝立，举贾生之孙二人至郡守，而贾嘉最好学，世其家②，与余通书。至孝昭时，列为九卿。

◎**注释**　①〔无状〕不称职。②〔世其家〕承袭其家风家业。

◎**大意**　过了几年，梁怀王骑马时不慎落马而死，没有留下后代。贾谊感伤自己做太傅没有尽到责任，忧郁地哭了一年多，也死去了。他死的时候年仅三十三岁。汉文帝去世后，汉武帝即位，提拔贾谊的两个孙子官至郡守。其中贾嘉最为好学，继承了贾谊的家业，曾和我有过书信往来。到汉昭帝时，贾嘉担任九卿之职。

太史公曰：余读《离骚》《天问》《招魂》《哀郢》，悲其志。适长沙，观屈原所自沉渊①，未尝不垂涕，想见其为人。及见贾生吊之，又怪屈原以彼其材，游诸侯，何国不容，而自令②若是。读《服（鵩）鸟赋》，同死生，轻去就，又爽然自失③矣。

◎**注释** ①〔观屈原所自沉渊〕看到屈原自沉的地方。②〔自令〕使自己。③〔爽然自失〕怅然若失。

◎**大意** 太史公说：我读了《离骚》《天问》《招魂》《哀郢》之后，感到屈原的情志很悲壮。我来到长沙，特意去看了屈原自沉的地方，不禁掉下眼泪，由此更加想到他的为人。我后来读了贾谊悼念屈原的赋，又责怪屈原凭借自己超人的才华，如果去游说诸侯，哪个国家不能容纳，却把自己弄到这般境地。我读《鵩鸟赋》，赋中将生死等量齐观，对官场上的去留看得很轻，这又使我感到怅然若失，无所适从。

◎**释疑解惑**

屈原和贾谊所生活的年代相差约200年，司马迁之所以将这两个人物放在同一篇列传中加以记述，是因为他们两人有许多共同点。

第一，相似的人生经历。屈原出身楚国贵族，在国中执掌政务，当权理政，见诸侯则娴于辞令，进退有度。他因受上官大夫的排挤谗害而遭到了楚怀王的冷遇和疏远。屈原对这种境况感到痛心疾首，因此创作了千古名篇《离骚》。司马迁对《离骚》给予了很高的评价，并通过这一方式肯定了屈原的光辉人格。虽然蒙冤受难，但屈原并没有怨恨楚王、抛弃祖国。楚怀王因为不听从屈原的建议而身死秦国，楚顷襄王登基，屈原却未能迎来政治上的重生，只能行吟于泽畔，以"宁赴常流而葬乎江鱼腹中耳，又安能以皓皓之白而蒙世俗之温蠖乎"的意志，写下《怀沙》之赋，投江自尽。贾谊的经历与屈原相似。在被举荐给汉文帝之后，贾谊一度受到重用，但因为得罪了周勃、灌婴等人而被他们排挤，汉文帝也就慢慢地疏远了他，并将他派去给长沙王做太傅。贾谊在经过湘水的时候，想起了屈原的事迹，于是写作《吊屈原赋》来表明心志。后来贾谊又回到了朝廷，但汉文帝并没有在政治上重用他，而是让他担任了梁怀王的太傅。梁怀王的意外去世使贾谊受到了很大打击，最终郁郁而终。屈原和贾谊都是蒙冤受屈、壮志难酬的政治家的典型代表。

第二，相似的文学才华。屈原所作的《离骚》，前半部分反复倾诉了他对楚国及其人民的关心，表达了自己希求改革的愿望，和坚持理想、虽逢冤难也绝不向邪恶势力妥协的意志；后半段通过神游天界、追求理想和失败后欲以身殉志的陈述，反映出诗人热爱国家和人民的理想主义精神。全诗运用美人香草的比喻、大量的神话传说和丰富的想象，拥有绚烂的文采和宏伟的结构，表现出积极的浪漫主义精神，开创了中国文学史上的"骚体"诗歌形式，被后世文人学者尊称为"骚经"。除此之外，屈原还创作有《橘颂》《九歌》《怀沙》等作品，都是中国文学史上不朽的经典。而贾谊也是中国文学史上重要的文学家。其《吊屈原赋》堪称古今凭吊屈原的作品中最重要的一篇，开创了"吊屈"的抒情传统。《过秦论》探讨秦亡汉兴的原因，为后世统治者提供了借鉴，是见解深刻而极富艺术感染力的散文名篇。屈原和贾谊都以自己的文学才华为中国文学贡献了一批经典作品，被后人不断地学习、研究和模仿。

第三，相似的道德情操。在司马迁笔下，屈原是高洁的代名词。他忠君爱国，洁身自好，不与世俗同流合污；虽被君王疏远，但仍然心系家国黎民。"亦余心之所善兮，虽九死其犹未悔"，这是他在《离骚》中的表白。屈原最终殉国，正如司马迁所说，"推此志也，虽与日月争光可也"。他的光辉人格足以照耀千古。贾谊也是忠君爱国的典型人物。他尽心尽力地为汉文帝出谋划策，试图削弱诸侯王和功臣权贵的力量，强化皇帝的集权。虽然他的建议没有被汉文帝采纳，但他并未心灰意冷，而是尽心辅佐教导长沙王和梁怀王。梁怀王的意外去世，使贾谊深陷自责和悲伤之中，最终郁郁而亡。他对君主和国家的忠诚值得古代士大夫学习。

司马迁在对屈原和贾谊进行描写时，其手法既有相同点，也有不同点。一个相同点是司马迁对二人都采用了"以文传人"的方法，即通过屈原与贾谊的文学作品表现他们的才华和情操。另一个共同点则是司马迁几乎没有对他们进行外貌描写。这样一来，读者的全部注意力都集中在他们的文学才华、政治理想、内心情感和性格特点上了。最后，司马迁还用上官大夫、令尹子兰、周勃、灌婴对屈原和贾谊的排挤谗害，以及汉文帝自以为才学不如贾谊的感慨，从侧面烘托了二人的才能。这三种描写手法都有利于塑造屈原和贾谊才华横溢、情志高洁的形象。司马迁对屈原和贾谊的人物塑造也有不同之处。相比于贾谊，司马迁在塑造屈原的形象时还运用了语言描写的方法。屈原对楚怀王的进谏以及他与渔父的对答，直接表明了屈原的政治远见和高洁情操。这也显示出司马迁对于屈原格外的尊崇，以至于忍不住让屈原"开口说话"，也使读者更加直观地感受到屈原的内心世界。

◎ **思考辨析题**

1. 本文塑造了屈原怎样的形象？

2. 从本文对屈原和贾谊人生经历的记述和文学作品的著录中，可以看出二人的形象有何异同？

吕不韦列传

第二十五

《吕不韦列传》是秦朝重要政治人物吕不韦的个人传记。吕不韦本是一位大商人，以低买高卖的方式积累了富可敌国的家产。但他意识到，通过经商获得的财富始终是有限的，于是决定在政治上为自己谋求倚仗。他敏锐地意识到秦国将要横扫六国、统一天下的历史趋势，因此选择了在赵国为人质的秦国公子子楚作为自己的合作伙伴。

子楚是秦昭王次子安国君的儿子，既不是正妻所出，排行又不靠前，生母更不得宠，因此在秦国和赵国的处境都非常艰难。但吕不韦以一个商人的眼光发现了子楚的价值，他的出现是子楚人生的转折点。吕不韦为子楚制订了一个周密的夺嫡计划。他首先拿出一笔巨款送给子楚，作为日常生活和人际交往之用；又亲自前往秦国替子楚拉近与安国君正妻华阳夫人的关系。在吕不韦动之以情、晓之以理的游说下，华阳夫人成为子楚的有力支持者。最终，子楚以庶子之身成了安国君的继承人。

吕不韦除了将自己的金银财宝作为子楚的政治活动经费之外，还将自己的宠姬献给子楚。这位宠姬就是秦始皇嬴政的生母。她在离开吕不韦，来到子楚身边的时候隐瞒了自己已经怀孕的事实，这就为秦始皇的身世之谜埋下了伏笔。子楚经历了九死一生，终于回到秦国继位称王。吕不韦也由此正式登上秦国的政治舞台，被封为文信侯，担任丞相一职，大权在握，总揽朝政。子楚在位仅仅三年就去世了，其子嬴政登基，是为秦始皇。

吕不韦的政治才能在此时也得到了一定体现，典型代表之一就是组织编纂《吕氏春秋》一书。此书以儒家学说为主干，以道家理论为基础，熔名、法、墨、农、兵、阴阳家思想学说于一炉，分为十二纪、八览、六论三大部分，共二十六卷，一百六十篇，二十余万字。吕不韦对这部书是颇为自信的，将此书刊布在咸阳的城门旁，遍请诸侯各国的游士宾客，号称倘若有人能增删一字，就给予一千金的奖励，真可谓"一字千金"。这部书是吕不韦对于秦国统一天下之后的治国方式的构想，但秦始皇选择了以法家思想作为自己的治国方略，吕不韦的设想并没有实现。

治国理念的差异只是秦始皇与吕不韦的矛盾之一，吕不韦对于后宫的干涉也是秦始皇所不能容忍的。在处理宫闱之乱时，年纪尚轻的秦始皇展现了他作为一位伟大政治家的勇气和谋略。在处理试图威胁自己王位的嫪毐及其与太后的私生子时，他杀伐决断，毫不容情；发现此事牵涉自己的"仲父"吕不韦时，他坚定地追查到底，拔除了吕不韦在朝中的势力，却聪明地适可而止，没有伤害吕不韦的性命。这既对朝廷官员起到了极好的震慑作用，又不至于激起更大的动乱，维持了朝廷的稳定。

> 吕不韦在离开咸阳之后,声威不减,与各国使节来往密切,秦始皇对此很是愤怒,专门写信斥责于他。吕不韦深恐秦始皇秋后算账,因此饮鸩自尽。秦始皇至此才完全掌握了秦国的内政和外交权力,为统一六国奠定了良好的政治基础。
>
> 司马迁对于吕不韦的所作所为和个人品行是比较反感的,但他对于吕不韦在秦国历史上所起的作用也是承认的,因此才会为其单独立传。从吕不韦的人生经历中,可以窥见政治斗争的残酷,也可以感受到巧合对于历史的影响。以一己之力而影响中国历史的进程,吕不韦是一个典型的案例,而记录和分析这个案例正是本文的价值所在。

吕不韦者,阳翟①大贾人②也。往来贩贱卖贵③,家累千金。

◎**注释** ①〔阳翟〕今河南禹州。②〔贾人〕商人。③〔贩贱卖贵〕低价买进,高价卖出。

◎**大意** 吕不韦,是阳翟的大商人。他往来各地低价买进高价卖出物品,家产积累了千金之多。

秦昭王①四十年,太子死。其四十二年,以其次子安国君为太子。安国君有子二十余人。安国君有所甚爱姬,立以为正夫人,号曰华阳夫人。华阳夫人无子。安国君中男②名子楚,子楚母曰夏姬,毋爱。子楚为秦质子于赵。秦数攻赵,赵不甚礼子楚。

◎**注释** ①〔秦昭王〕即秦昭襄王。前306年~前251年在位。②〔中男〕排行在中间的儿子。

◎**大意**　秦昭王四十年，太子死。秦昭王四十二年，把他的第二个儿子安国君立为太子。安国君有二十多个儿子。安国君有一个非常宠爱的姬妾，被立为正妻，号称华阳夫人。华阳夫人没有儿子。安国君有个排行居中的儿子名叫子楚，子楚的母亲叫夏姬，不受宠爱。子楚作为秦国的人质被送到赵国。秦国多次攻打赵国，赵国对子楚极不礼遇。

　　子楚，秦诸庶孽孙①，质于诸侯，车乘进用不饶，居处困②，不得意。吕不韦贾邯郸，见而怜之，曰"此奇货可居"。乃往见子楚，说曰："吾能大子之门③。"子楚笑曰："且自大君之门，而乃大吾门！"吕不韦曰："子不知也，吾门待子门而大。"子楚心知所谓，乃引与坐，深语④。吕不韦曰："秦王老矣，安国君得为太子。窃闻安国君爱幸华阳夫人，华阳夫人无子，能立嫡嗣者独华阳夫人耳。今子兄弟二十余人，子又居中，不甚见幸，久质诸侯。即大王薨，安国君立为王，则子无几（冀）⑤得与长子及诸子旦暮在前者争为太子矣。"子楚曰："然。为之奈何？"吕不韦曰："子贫，客于此，非有以奉献于亲及结宾客也⑥。不韦虽贫，请以千金为子西游，事安国君及华阳夫人，立子为嫡嗣。"子楚乃顿首曰："必⑦如君策，请得分秦国与君共之。"

◎**注释**　①〔庶孽孙〕非嫡系的子孙。②〔居处困〕生活贫困。③〔大子之门〕光大你的门庭。④〔深语〕密谋。⑤〔无几〕没有希望。⑥〔非有以奉献于亲及结宾客也〕拿不出什么财物献给亲长，结交宾客。⑦〔必〕果真。

◎**大意**　子楚是秦国姬妾所生的子孙，在赵国当人质，所用车马和日常的财用不富足，生活贫困，不得意。吕不韦在邯郸经商，见到子楚后非常喜欢，说："这是稀奇的货物，可以囤积起来。"就前去拜访子楚，游说道："我能光大你的门庭。"子楚笑着说："你先光大自己的门庭，然后再来光大我的门庭！"吕不韦说：“你不知道，我的门庭要等你的门庭光大了之后才能光大。”子楚心里知道他话中的意思，就拉他一起坐下，秘密谋划起来。吕不韦说："秦王年老了，安国君被立为太子。我听说安国君宠爱华阳夫人，华阳夫人没有儿子，能够选立嫡系继承人的只有华阳夫人。现在你的兄弟有二十多人，你又排行居中，很不受宠，长期在诸侯国当人质。如果大王死了，安国君立为君王，你也没有希望与长子以及早晚陪侍在君王面前的兄弟竞争太子之位。"子楚说："是这样，该怎么办呢？"吕不韦说："你很贫穷，又客居在此，拿不出什么财物献给亲长，结交宾客。我虽然贫穷，但请求用千金替你到西边去游说，侍奉安国君和华阳夫人，立你为嫡系继承人。"子楚就叩头说："如果真能实现您的计策，我甘愿分割秦国与您共享。"

吕不韦乃以五百金与子楚，为进用，结宾客；而复以五百金买奇物玩好，自奉①而西游秦，求见华阳夫人姊，而皆以其物献华阳夫人。因言子楚贤智，结诸侯宾客遍天下，常曰"楚也以夫人为天，日夜泣思太子及夫人"。夫人大喜。不韦因使其姊说夫人曰："吾闻之，以色事人者，色衰而爱弛。今夫人事太子，甚爱而无子，不以此时蚤（早）自结于诸子中贤孝者，举立以为嫡而子之②，夫在则重尊，夫百岁之后，所子者为王，终不失势，此所谓一言而万世之利也。不以繁华时树本③，即色衰爱弛，虽欲开一语，尚可得乎？今子楚贤，而自知中男也，次不得为嫡，其母又不得幸，自附夫人，夫人诚以此时拔以为嫡，夫人则竟世④有宠于秦矣。"华阳夫人以为然，承太子间⑤，从容言⑥子楚质于赵者绝贤，来往者皆称誉之。乃因涕泣曰："妾幸得充后宫，不幸无子，愿得子楚立以为嫡嗣，以托妾身。"安国君许之，乃与夫人刻玉符，约以为適（嫡）嗣。安国君及夫人因厚馈遗子楚，而请吕不韦傅之，子楚以此名誉益盛于诸侯。

◎**注释** ①〔奉〕携带。②〔子之〕以之为子。③〔不以繁华时树本〕不在受荣宠时打下根基。④〔竟世〕一辈子。⑤〔承太子间〕在侍奉太子时找了个机会。⑥〔从容言〕尽情诉说。

◎**大意** 吕不韦就将五百金送给子楚,作为日常生活费用,以结交宾客;又拿出五百金买珍奇的玩赏物品,自己带着向西去游说秦国,见到了华阳夫人的姐姐,托她把带来的物品全部献给华阳夫人,并趁机在华阳夫人面前夸赞子楚聪明贤能,结交的诸侯宾客遍及天下,常常说"子楚把夫人看成天一样,日夜流泪思念太子和夫人"。夫人十分高兴。吕不韦乘机让华阳夫人的姐姐劝说华阳夫人道:"我听说,凭美色来侍奉人的,美色减退宠爱就会失去。如今夫人侍奉太子,很受宠爱但没有儿子,何不在这个时候及早在众多儿子中结交一个有才能又孝顺的,抬举他立为嫡子,并把他作为亲儿子,这样丈夫在世时更为尊贵,丈夫去世后,所认的儿子为君王,最终不会失去权势,这就是所说的一句话能得到万代的利益。不趁着受荣宠时培植根基,等到容貌衰竭失去宠爱后,想进一言,还可能吗?如今子楚贤能,而自己知道是排行居中的儿子,按次序不可能立为嫡子,他的生母又得不到宠幸,自己依附夫人,夫人果真在这个时候提拔他为嫡子,那么夫人终生都能在秦国受尊宠了。"华阳夫人认为很对,在侍奉太子时找了个机会,尽情地说起在赵国做人质的子楚最能干,来往的人都称赞他。更流着眼泪说:"我有幸充列于后宫,不幸没有儿子,希望能得到子楚作为嫡子,以托付我的终身。"安国君答应了她,就和夫人刻下玉符,约定立子楚为嫡子。于是安国君和华阳夫人送给子楚很多财物,并请吕不韦辅导他,子楚因此在诸侯中名声日益大起来。

吕不韦取邯郸诸姬绝好善舞者与居,知有身①。子楚从不韦饮,见而说(悦)之,因起为寿,请之。吕不韦怒,念业已破家②为子楚,欲以钓奇,乃遂献其姬。姬自匿有身,至大期③时,生子政。子楚遂立姬为夫人。

◎**注释**　①〔有身〕怀有身孕。②〔破家〕花费家财。③〔大期〕预产期。

◎**大意**　吕不韦与最漂亮而又善于跳舞的邯郸女子居住在一起，知道她怀孕了。子楚和吕不韦饮酒，看见并喜欢上这个女子，因而起身向吕不韦敬酒，请求得到她。吕不韦很生气，但想到已经为子楚破费家产，想以此钓取奇货，就献上了他的姬妾。姬妾自己隐瞒已经怀孕的事实，到了足月生产的时候，生下儿子嬴政。子楚就立她为夫人。

秦昭王五十年，使王龁①围邯郸，急，赵欲杀子楚。子楚与吕不韦谋，行金六百斤予②守者吏，得脱，亡赴秦军，遂以得归。赵欲杀子楚妻子，子楚夫人，赵豪家女也，得匿，以故母子竟得活。秦昭王五十六年，薨，太子安国君立为王，华阳夫人为王后，子楚为太子。赵亦奉子楚夫人及子政归秦。

◎**注释**　①〔王龁（yǐ）〕秦国将领。②〔予〕行贿。

◎**大意**　秦昭王五十年，派王龁围攻邯郸，情况紧急，赵国想杀子楚。子楚与吕不韦密谋，送了六百斤黄铜以贿赂看守的官吏，得以逃脱，逃到秦军营地，于是回到秦国。赵国想杀子楚的妻子和儿子，子楚的夫人是赵国富豪人家的女儿，得以躲藏，因此母子最终活命。秦昭王五十六年去世，太子安国君立为王，华阳夫人立为王后，子楚立为太子。赵国也就护送子楚的夫人和儿子政回到秦国。

秦王立一年，薨，谥为孝文王。太子子楚代立，是为庄襄王。庄襄王所母华阳后为华阳太后，真母①夏姬尊以为夏太后。庄襄王元年，以吕不韦为丞相，封为文信侯，食河南雒阳十万户。

◎**注释**　①〔真母〕亲生母亲。

◎**大意**　安国君继位一年便去世了，谥号为"孝文王"。太子子楚继承王位，就是庄襄王。庄襄王尊奉他认的母亲华阳夫人为华阳太后，生母夏姬被尊为夏太后。庄襄王元年，任命吕不韦为丞相，封其为文信侯，将河南雒阳十万户百姓作为他的食邑。

庄襄王即位三年，薨，太子政立为王，尊吕不韦为相国，号称"仲父"。秦王年少，太后时时窃私通吕不韦。不韦家僮万人。

◎ **大意** 庄襄王在位三年，去世，太子政继立为王，尊奉吕不韦为相国，号称"仲父"。秦王政年纪还小，太后经常暗地里和吕不韦私通。吕不韦家有奴仆万人。

当是时，魏有信陵君，楚有春申君，赵有平原君，齐有孟尝君，皆下士喜宾客以相倾①。吕不韦以秦之强，羞不如，亦招致士，厚遇之，至食客三千人。是时诸侯多辩士，如荀卿之徒，著书布天下。吕不韦乃使其客人人著所闻，集论以为八览、六论、十二纪，二十余万言。以为备②天地万物古今之事，号曰《吕氏春秋》③。布咸阳市门，悬千金其上，延④诸侯游士宾客有能增损一字者予千金。

◎ **注释** ①〔相倾〕相互竞争。②〔备〕囊括。③〔《吕氏春秋》〕又名《吕览》，融汇诸子之说，为秦国统一天下制造舆论，《汉书·艺文志》将其列为杂家。④〔延〕邀请。

◎ **大意** 此时，魏国有信陵君，楚国有春申君，赵国有平原君，齐国有孟尝君，他们都谦恭对待士人，并喜欢招揽宾客以此互相争胜。吕不韦认为秦国如此强大，以比不上他们为耻，于是也招徕士人，优厚地对待他们，以至有了食客三千人。这时诸侯有不少能言善辩的士人，像荀卿之类的人，著书立说流行天下。吕不韦就让他的食客人人记下自己的见闻，汇成八览、六论、十二纪，共二十多万字。他认为其中包括了天地万物和古往今来的事情，书名叫《吕氏春秋》。吕不韦将它刊布在咸阳市场的大门上，上面悬挂着千金，邀请诸侯各国的游士宾客，有能够增加或减少书上一个字的奖给千金。

始皇帝益壮，太后淫不止。吕不韦恐觉祸及己，乃私求大阴人嫪毐以为舍人，时纵倡乐，使毐以其阴关①桐轮而行，令太后闻之，以啗（啖）②太后。太后闻，果欲私得之。吕不韦乃进嫪毐，诈令人以腐罪告之③。不韦又阴谓太后曰："可事诈腐，则得给事中。"太后乃阴厚赐主腐者吏，诈论之，拔其须眉为宦者，遂得侍太后。太后私与通，绝爱之。有身，太后恐人知之，诈卜当避时④，徙宫居雍。嫪毐常从，赏赐甚厚，事皆决于嫪毐。嫪毐家僮数千人，诸客求宦为嫪毐舍人千余人。

◎**注释** ①〔关〕作为轮轴。②〔啗〕通"啖"，引诱。③〔诈令人以腐罪告之〕假装让人告发他犯下了该受宫刑的罪。④〔避时〕回避一段时间。

◎**大意** 秦始皇逐渐成年了，但太后依然淫乱不止。吕不韦害怕私情被发觉之后牵连自己，就私下找了一个阴茎特别粗长的名叫嫪毐的人作为门客，不时放纵淫乐，命嫪毐在阴茎上套上桐轮转动，故意让太后知道此事，来引诱太后。太后听说之后，果真想暗中得到他。吕不韦就进献嫪毐，假意让人告发嫪毐犯了当受宫刑的罪。吕不韦又暗中对太后说："可以假装行宫刑，以后让他在后宫做给事中。"太后就暗中厚赏了主持宫刑的官吏，假装治了嫪毐的罪，拔掉了他的胡须、眉毛，让他装成宦官，于是得以侍奉太后。太后暗中和他通奸，非常喜欢他。后来太后有了身孕，害怕别人知道，便假称卜卦说应当回避一段时间，就搬到雍地的宫殿中去居住。嫪毐每日跟随侍奉她，得到非常丰厚的赏赐，大小事情都由嫪毐决定。嫪毐家中有奴仆几千人，为求当官而成为嫪毐家门客的多达一千多人。

始皇七年，庄襄王母夏太后薨。孝文王后曰华阳太后，与孝文王会葬寿陵。夏太后子庄襄王葬芷阳，故夏太后独别葬杜东，曰"东望吾子，西望吾夫。后百年，旁当有万家邑"。

◎**大意**　秦始皇七年，庄襄王的生母夏太后去世。孝文王后叫华阳太后，和孝文王合葬在寿陵。夏太后的儿子庄襄王埋葬在芷阳，所以夏太后单独葬在杜原之东，她曾说："向东可以看到我的儿子，向西可以看到我的丈夫。百年之后，旁边定会有个万户人家的城邑"。

始皇九年，有告嫪毐实非宦者，常与太后私乱，生子二人，皆匿之。与太后谋曰"王即薨，以子为后"。于是秦王下吏治，具得情实，事连相国吕不韦。九月，夷嫪毐三族①，杀太后所生两子而遂迁太后于雍。诸嫪毐舍人皆没其家而迁之蜀。王欲诛相国，为其奉先王功大，及宾客辩士为游说者众，王不忍致法②。

◎**注释**　①〔三族〕即父族、母族和妻族。②〔致法〕依法治罪。
◎**大意**　秦始皇九年，有人告发嫪毐其实并不是宦官，还经常和太后私通，生下两个儿子，都隐藏起来了。嫪毐与太后谋划说："大王如果死了，就立这儿子继位。"于是秦始皇令官吏审讯，知道了所有的实情，事情牵连相国吕不韦。九月，诛杀嫪毐的三族，杀死太后所生的两个儿子，于是将太后迁到雍地居住。嫪毐家的食客都被没收家产并流放到蜀地。秦王本来想诛杀相国吕不韦，因其侍奉先王的功劳极大，以及很多宾客辩士为他游说，便不忍心将他法办了。

秦王十年十月，免相国吕不韦。及齐人茅焦说秦王，秦王乃迎太后于雍，归复咸阳，而出①文信侯就国河南。

◎**注释** ①〔出〕贬谪。

◎**大意** 秦始皇十年十月，罢免了相国吕不韦。齐人茅焦劝说秦王，秦王便将太后从雍地接回咸阳，而将吕不韦贬谪到河南的封地。

　　岁余，诸侯宾客使者相望于道，请文信侯。秦王恐其为变，乃赐文信侯书曰："君何功于秦？秦封君河南，食十万户。君何亲于秦？号称仲父。其①与家属徙处蜀！"吕不韦自度稍侵②，恐诛，乃饮酖（鸩）③而死。秦王所加怒吕不韦、嫪毐皆已死，乃皆复归嫪毐舍人迁蜀者。

◎**注释** ①〔其〕应当。②〔稍侵〕逐渐受到逼迫。③〔酖（zhèn）〕通"鸩"，毒酒。

◎**大意** 吕不韦到封地一年多以后，各诸侯国的宾客使者在道路上往来不断，来问候文信侯。秦王恐怕他发动叛乱，就写信给文信侯："你对秦国有什么功劳？秦国将你分封在河南，享受十万户的租税。你与秦国有什么亲缘？号称仲父。你与家属都应该迁徙到蜀地去！"吕不韦认识到自己正渐受逼迫，害怕日后被杀，就喝下毒酒自杀了。秦王所怨怒的吕不韦、嫪毐都已经死了，于是将迁到蜀地的嫪毐门客都迁了回来。

　　始皇十九年，太后薨，谥为帝太后，与庄襄王会葬茞阳①。

◎**注释** ①〔茞（zhǐ）阳〕即上文所称"芷阳"。

◎**大意** 秦始皇十九年，太后去世，谥号为帝太后。与庄襄王合葬在芷阳。

　　太史公曰：不韦及嫪毐贵，封号文信侯。人之告嫪毐，毐闻之。秦王验①左右，未发②。上之雍郊③，毐恐祸起，乃与党谋，矫太后玺发卒以反蕲年宫④。发吏攻毒，毒败亡走，追斩之好畤，遂灭其宗。而吕不韦由此绌（黜）矣。孔子之所谓"闻⑤"者，其吕子乎？

◎**注释** ①〔验〕证实。②〔发〕揭发。③〔郊〕祭祀。④〔蕲（qí）年宫〕在雍，秦惠王所筑。⑤〔闻〕言行不一，骗取名声。

◎**大意** 太史公说：吕不韦连带嫪毐显贵，封号文信侯。有人告发嫪毐，嫪毐听说了这个消息。秦始皇派左右官员调查，还没有被揭发。秦王到雍地祭天，嫪毐害怕灾祸发生，就与党羽合谋，盗用太后印调集兵士在蕲年宫造反。秦王派官兵攻打嫪毐，嫪毐失败逃走，在好畤被赶上杀了，于是秦王灭了他的宗族。而吕不韦从此被贬斥了。孔子所说的"骗取名声"的人，大概就是吕不韦这样的人吧？

◎**释疑解惑**

吕不韦是司马迁笔下的典型人物，司马迁在塑造这一人物形象时主要使用了两种描写手法。

首先是语言描写。在第一次见过子楚之后，吕不韦就说出了"此奇货可居"这样的话，充分说明作为一位成功的大商人，吕不韦评判事物的眼光是十分独到精准的。这也为他之后步步为营地推进自己的计划埋下伏笔。在确定要与子楚结成政治同盟之后，吕不韦第二次拜见子楚，开门见山地说出"吾能大子之门"的话，显得十分自信，甚至有些自负。果然，子楚对于他的表态并不信任，立刻提出了质疑。然而吕不韦接下来的分析有理有据、逻辑严密，体现了他高超的论辩技巧，更体现了他缜密的谋略。下文中吕不韦对华阳夫人姐姐及华阳夫人本人的说辞，进一步说明了这一点。而这种能够动之以情、晓之以理、层层推进、有理有节的说话方式，又与他白手起家，常年经商的经历密切相关，符合一个"往来贩贱卖贵，家累千金"的大商人形象。

其次是心理描写。司马迁第一次明确地对吕不韦进行心理描写是在子楚向他讨要赵姬之时。司马迁对吕不韦此时的心理活动做了细致的描写："吕不韦怒，念业已破家为子楚，欲以钓奇，乃遂献其姬。"听到子楚的要求之后，吕不韦的第一反应是愤怒，因为他对赵姬也十分宠爱，此时子楚直接讨要，吕不韦当然心生不悦。但转念一想，既然已经为帮助子楚而倾尽家财，那么将赵姬送给他又何妨呢？商人的本能使吕不韦在一瞬间计算清楚了其间的利害关系。这一段描写也充分体现了吕不韦为达目的不择手段的投机心理。第二次心理描写是在始皇继位之后。随着秦始皇逐渐长大，吕不韦害怕自己与太后偷情的事情被始皇发觉，进而危及自己的地位和生命，即所谓"恐觉祸及己"。一个"恐"字说明了吕不韦对秦始皇的畏惧和他性格中谨慎的特点，也从侧面说明秦始皇此时已在与吕不韦的政治斗争中占据了上风。第三次心理描写是在吕不韦被秦始皇贬谪并且训斥之后，"自度稍侵，恐诛"。此时吕不韦权势尽失，只能任凭秦始皇发落。在悬殊的实力对比之下，吕不韦对秦始皇的恐惧是本能的，他也深知自己的所作所为会令秦始皇不满，因此在极端的恐惧之下，选择了饮鸩自尽。

司马迁从语言和心理两个方面入手，描摹了吕不韦初识子楚时的自信满满、意气风发，也刻画了秦始皇登基之后，吕不韦的谨慎、战战兢兢。这两种形象的前后对照，很好地体现了吕不韦作为一个商人和一个政客的鲜明的性格特点。也正因为这些特点，司马迁才会在最后评价他说："孔子之所谓'闻'者，其吕子乎？"以"闻"字许之，表明了司马迁对吕不韦的批判和不屑。

◎思考辨析题

1. 本文塑造了吕不韦怎样的形象？
2. 嬴政对吕不韦等人的处置说明了他怎样的性格特点？

刺客列传

第二十六

刺客是历史人物中一个较为特殊的群体，司马迁为他们专门立传，勾勒出他们身处的时代以及他们的行刺行为的背景。在具体的行刺过程中，司马迁又通过对刺客语言、心理、动作等的刻画，揭示出刺客不畏强暴、将生死置之度外的侠义精神。本传虽是五人的类传，但能"逐段脱卸，如鳞之次，如羽之压，故论事则一人更胜一人，论文则一节更深一节"（吴见思《史记论文》）。全篇次第井然，始于曹沫，终于荆轲，中间依次为专诸、豫让和聂政。统摄全篇的内在思想则反映了本篇的写作宗旨，也体现了太史公写人叙事中蕴藏的情感。本篇描摹各人物的笔墨并不平均，笔法也颇有变化。如写曹沫劫持齐桓公，管仲缘情理而谏说，桓公权利害而宽容，最终使曹沫身名两全。故事到这里也就结束了，不复枝蔓。聂政的故事相较起来就显得曲折一些：先铺叙聂政避仇市井，严仲子具酒奉金请事，又在奉金问题上通过严仲子固进、聂政固谢把"请"和"不许"的矛盾揭示出来，然后铺叙聂政的心理活动，而以母死归葬收束上文，以感恩图报引起下文。"杖剑至韩"段是故事的高潮，写得干净利落而又惊心骇目。后又一波三折，写了聂政姐姐哭尸为弟扬名的事，从而深化了传旨。而在写荆轲的时候，则通过各种次要人物的铺垫、对照，以及环境烘托等手法，为我们展示了一个完整的悲剧人物形象。尤其是易水诀别，那悲凉的筑声、萧萧的寒风以及送行人的神态动作，都为我们传达了英雄末路的悲壮感受。因此，读者可以细读文本，体会太史公剪裁的功力、写人叙事的技巧以及故事编排层层推进的用心。

此外，在阅读过程中，最好能确定重点，以一两个典型故事为中心，深入探讨交流，充分发挥主动性。如在分析荆轲刺秦王时，可以抓住描写中的一些矛盾点，通过师生探讨，更深入地了解人物的立体性以及作者在创作时蕴含的情感。如写盖聂、鲁句践和荆轲的交往，是否说明了荆轲的懦弱？这与后文荆轲在秦廷上的表现是否矛盾？可以体会太史公正欲写荆卿勇敢，偏写其怯懦的用意，从而感受太史公笔法之妙。荆轲在行刺失败后，说"事所以不成者，以欲生劫之，必得约契以报太子也"，这是否是一个失败者的托词？要回答这一问题，就不能仅仅凭感觉和直觉，而要还原人物生活的时代，深入人物生存的文化土壤。荆轲视死如归的气概、对知己者的报答以及秦廷之上的勇气，都焕发着英雄的光辉。然而，历史的趋势不会因个人的行为而改变，荆轲刺杀行为的本质注定了这只能是一出悲剧，这也是太史公在刺杀前着力刻画易水诀别的用意。当然，历史不以成败论英雄，太史公以及后世咏史诗中对荆轲刺秦王的评价，都已超出事件本身的意义，而上升为对荆轲其人的称颂与感慨。此外，贯穿在这篇人物传记中的那种"士为知己者死"的刺客信条，也有加以讨论的必要。太子丹真的是荆轲的知己吗？什么样的人才能称为知己？这一问题可以激发读者认真研读文本并深化自己的认识。

细读是对作品进行审美的重要途径。只有通过文本细读，并在此基础上交流探讨，才能将被动接受转化为主动生成。如在写荆轲时，"倚柱而笑，箕倨以骂"，靠在柱上大笑，伸着两腿坐在地上大骂，这八个字，活脱脱地表现出一个侠义之士虽死不屈的悲壮场景。

曹沫①者，鲁人也，以勇力事鲁庄公。庄公好力。曹沫为鲁将，与齐战，三败北。鲁庄公惧，乃献遂邑②之地以和。犹③复以为将。

◎**注释** ①〔曹沫〕鲁国刺客。据出土文献及学者考证，曹沫与曹刿实属一人。②〔遂邑〕邑名，今山东宁阳西北与肥城接界处有遂乡。③〔犹〕还，仍然。

◎**大意** 曹沫，鲁国人，凭借勇气和体力侍奉鲁庄公。庄公喜欢有勇力的人。曹沫担任鲁国的将领，与齐国交战，三次都失败了。鲁庄公害怕，于是献上遂邑的土地求和。继续任用曹沫为将领。

齐桓公许与鲁会于柯①而盟。桓公与庄公既盟于坛上，曹沫执匕首劫齐桓公，桓公左右莫敢动，而问曰："子将何欲？"曹沫曰："齐强鲁弱，而大国侵鲁亦以甚矣。今鲁城坏即压齐境，君其②图之。"桓公乃许尽归鲁之侵地。既已言，曹沫投其匕首，下坛，北面就群臣之位，颜色不变，辞令如故。桓公怒，欲倍（背）其约。管仲曰："不可。夫贪小利以自快，弃信于诸侯，失天下之援，不如与之。"于是桓公乃遂割鲁侵地，曹沫三战所亡地尽复予鲁。

◎**注释**　①〔柯〕古城名，原属卫国，后属齐国。战国时改称阿邑，仍隶齐国。②〔其〕还是。

◎**大意**　齐桓公同意与鲁庄公在柯地会谈并订立盟约。桓公与庄公在盟坛上订立盟约后，曹沫手持匕首劫持齐桓公，桓公身边的人都不敢动，桓公问："你打算干什么？"曹沫说："齐国强大鲁国弱小，而且大国侵略鲁国也太过分了。如今鲁国都城城墙倒塌下来就会压在齐国的边境上，您还是考虑一下这件事吧。"于是桓公答应归还所侵占的鲁国土地。桓公话说完，曹沫放下他的匕首，走下盟坛，回到面向北的臣子的座位上，脸色没有改变，谈吐与平时一样。桓公生气，想要背弃约定。管仲说："不可以。贪图小利以满足自己的快意，在诸侯面前失去信用，就失去天下的援助，不如把土地给他们。"于是桓公就割让了所侵占的鲁国土地，曹沫三次作战所丧失的土地又全部归还了鲁国。

其后百六十有（又）七年而吴有专诸之事。

◎**大意**　此后过了一百六十七年，吴国有专诸的事迹。

专诸者，吴堂邑①人也。伍子胥之亡楚而如吴也，知专诸之能。伍子胥既见吴王僚②，说以伐楚之利。吴公子光③曰："彼伍员父兄皆死于楚而员言伐楚，欲自为报私仇也，非能为吴。"吴王乃止。伍子胥知公子光之欲杀吴王僚，乃曰："彼光将有内志，未可说以外事。"乃进专诸于公子光。

◎**注释** ①〔堂邑〕在今江苏六合北。②〔吴王僚〕吴王夷昧之子,春秋时期吴国第二十三任君主。③〔吴公子光〕即吴王阖闾,春秋末年吴国国君。

◎**大意** 专诸,吴国堂邑人。伍子胥从楚国逃亡到吴国时,知道专诸的本领。伍子胥见到吴王僚后,用征伐楚国的好处来游说他。吴公子光说:"那个伍员,父亲兄弟都死于楚国,因而伍员劝说讨伐楚国,是想为自己报私仇,不是为了吴国。"于是吴王不再想伐楚的事。伍子胥知道公子光想杀害吴王僚,于是说:"那个公子光有在国内争取王位的志向,不可以用外国的事来说服他。"于是向公子光推荐了专诸。

光之父曰吴王诸樊。诸樊弟三人:次曰余祭,次曰夷昧,次曰季子札。诸樊知季子札贤而不立太子,以次传三弟,欲卒致国于季子札。诸樊既死,传余祭。余祭死,传夷昧。夷昧死,当传季子札;季子札逃不肯立,吴人乃立夷昧之子僚为王。公子光曰:"使以兄弟次邪,季子当立;必以子乎,则光真適(嫡)嗣,当立。"故尝阴①养谋臣以求立。

◎**注释** ①〔阴〕暗地里,私下。

◎**大意** 公子光的父亲是吴王诸樊。诸樊有三个弟弟:大弟叫余祭,二弟叫夷昧,三弟叫季子札。诸樊知道季子札贤能,就不立太子,想按兄弟的排行传位,最终好把国家传给季子札。诸樊死后,传余祭。余祭死后,传夷昧。夷昧死后,应当传季子札,季子札却逃走不肯即位,吴国人便立夷昧的儿子僚为吴王。公子光说:"假如按照兄弟次序,季子应当即位;如果一定要儿子嗣位,那么我才是真正的嫡子,应当即位。"因此常私下供养谋士以求取得王位。

光既得专诸,善客待之。九年而楚平王死。春,吴王僚欲因楚丧,使其二弟公子盖余、属庸将兵围楚之灊①;使延陵季子于晋,以观诸侯之变②。楚发兵绝吴将盖余、属庸路，吴兵不得还。于是公子光谓专诸曰："此时不可失，不求何获！且光真王嗣，当立，季子虽③来，不吾废也。"专诸曰："王僚可杀也。母老子弱，而两弟将兵伐楚，楚绝其后。方今吴外困于楚，而内空无骨鲠之臣④，是无如我何。"公子光顿首曰："光之身，子之身也。"

◎**注释** ①〔灊（qián）〕在今安徽霍山东北。②〔变〕动向。③〔虽〕即使。④〔骨鲠（gěng）之臣〕正直的大臣。

◎**大意** 公子光得到专诸后，像对待宾客一样好好待他。吴王僚九年，楚平王去世。春天，吴王僚想趁着楚国有丧事，派他的两个弟弟公子盖余、属庸，率兵围攻楚国的灊地；又派延陵季子到晋国，以观察诸侯国的动向。楚国调发军队切断了盖余、属庸的后路，吴国的军队不能回国。于是公子光对专诸说："这个时机不可失去，不争取哪会有收获！况且我是真正的王位继承人，应当即位，季子即使回来，也不会废除我的。"专诸说："吴王僚可以杀死。他母亲年老孩子弱小，而且两个弟弟领兵征伐楚国，楚国已切断了他们的退路。如今吴国正处于外面被楚国围困，而内部没有正直敢言的忠臣的时候，这样吴王僚就不能对我们怎么样了。"公子光叩头说："我的身体，就是您的身体。"

四月丙子，光伏甲士于窟室中，而具酒请王僚。王僚使兵陈自宫至光之家，门户阶陛左右，皆王僚之亲戚①也。夹立侍，皆持长铍②。酒既酣，公子光详（佯）为足疾，入窟室中，使专诸置匕首鱼炙之腹中而进之。既至王前，专诸擘③鱼，因以匕首刺王僚，王僚立死。左右亦杀专诸，王人扰乱。公子光出其伏甲以攻王僚之徒，尽灭之，遂自立为王，是为阖闾。阖闾乃封专诸之子以为上卿。

◎**注释** ①〔亲戚〕这里指的是亲信。②〔铍（pī）〕两边都有锋刃的刀。③〔擘（bò）〕撕开。

◎**大意** 四月丙子日，公子光在地下室里埋伏了身穿铠甲的兵士，并备办酒宴请吴王僚。吴王僚派兵士从宫里一直排到公子光家中，门户、台阶左右，都是吴王僚的亲信。他们夹道侍立，手中都持有长刀。酒喝到畅快时，公子光假装脚有毛病，走到地下室中，叫专诸把匕首放入烤熟的鱼腹中进献上来。走到王僚面前，专诸掰开鱼腹，趁机用匕首刺杀吴王僚，吴王僚当即被刺死。左右武士也杀了专诸，吴王僚的手下一时非常混乱。公子光指挥他埋伏的兵士出来攻打吴王僚的部下，将他们全部消灭，于是自立为王，就是阖闾。阖闾就封专诸的儿子为上卿。

其后七十余年而晋有豫让之事。

◎**大意** 这以后七十余年晋国有豫让的事迹。

豫让者，晋人也，故尝事范氏及中行氏，而无所知名。去而事智伯，智伯甚尊宠之。及智伯伐赵襄子，赵襄子与韩、魏合谋灭智伯，灭智伯之后而三分其地。赵襄子最怨智伯，漆其头以为饮器。豫让遁逃山中，曰："嗟乎！士为知己者死，女为说（悦）己者容。今智伯知我，我必为报仇而死，以报智伯，则吾魂魄不愧矣。"乃变名姓为刑人，入宫涂厕①，中挟匕首，欲以刺襄子。襄子如厕，心动，执问涂厕之刑人，则豫让，内持刀兵，曰："欲为智伯报仇！"左右欲诛之。襄子曰："彼义人也，吾谨避之耳。且智伯亡无后，而其臣欲为报仇，此天下之贤人也。"卒释去之。

◎**注释** ①〔涂厕〕修整厕所。涂，以泥抹墙。
◎**大意** 豫让，晋国人，从前曾经服侍过范氏以及中行氏，没有什么声名。他便离去转而侍奉智伯，智伯对他很尊敬，且十分宠幸他。智伯讨伐赵襄子时，赵襄子与韩、魏合谋消灭了智伯。灭了智伯后就瓜分了智伯的土地。赵襄子最怨恨智伯，把他的头颅涂上油漆作为酒器。豫让逃到山中，说："唉！士人为了解自己的人去死，女子为爱慕自己的人修饰容貌。如今智伯了解我，我一定要为他报仇而献出生命，用以报答智伯，那样我的魂魄就无愧了。"于是改换姓名装成服刑的人，进入赵襄子宫中修治厕所，身上挟带匕首，想刺杀赵襄子。赵襄子上厕所，感到心惊，抓住并审问修整厕所的服刑之人，正是豫让，衣服里面还带有凶器，豫让说："想为智伯报仇！"赵襄子左右的人想杀掉他。赵襄子却说："他是个有义气的人，我小心避开他就是了。而且智伯死后没有后代，他的臣子想为他报仇，这是天下的贤人啊！"最终把他放走了。

居顷之，豫让又漆身为厉①，吞炭为哑，使形状不可知，行乞于市。其妻不识也。行见其友，其友识之，曰："汝非豫让邪？"曰："我是也。"其友为泣曰："以子之才，委质②而臣事襄子，襄子必近幸子。近幸子，乃为所欲，顾不易邪？何乃残身苦形，欲以求报襄子，不亦难乎！"豫让曰："既已委质臣事人，而求杀之，是怀二心以事其君也。且吾所为者极难耳！然所以为此者，将以愧天下后世之为人臣怀二心以事其君者也。"

◎**注释** ①〔厉〕恶疮病。②〔委质〕委身。
◎**大意** 过了不久，豫让又用漆涂身使全身肿癞，吞下火炭使嗓子变哑，让自己的模样不被人认出，在街市上乞讨。他的妻子认不出他。路上遇见他的朋友，朋友认出是他，说："你不是豫让吗？"回答："我就是。"他的朋友为他流泪说："以你的才能，委身去侍奉赵襄子，赵襄子肯定亲近宠爱你。亲近宠爱你以后，你再干你要干的事，难道不是更容易吗？为什么要残害身体，丑化形象，想要以此报复赵襄子，不也困难吗？"豫让说："如果委身去侍奉一个人，却又想杀他，这是怀有二心来侍奉人。何况我所做的事是极其困难的！之所以要这样做，是让后代那些怀有二心来侍奉人的臣子感到羞愧。"

既去，顷之①，襄子当出，豫让伏于所当过之桥下。襄子至桥，马惊，襄子曰："此必是豫让也。"使人问之，果豫让也。于是襄子乃数②豫让曰："子不尝事范、中行氏乎？智伯尽灭之，而子不为报仇，而反委质臣于智伯。智伯亦已死矣，而子独何以为之报仇之深也？"豫让曰："臣事范、中行氏，范、中行氏皆众人遇③我，我故众人报之。至于智伯，国士遇我，我故国士报之。"襄子喟然叹息而泣曰："嗟乎豫子！子之为智伯，名既成矣，而寡人赦子，亦已足矣。子其自为计，寡人不复释子！"使兵围之。豫让曰："臣闻明主不掩人之美，而忠臣有死名之义。前君已宽赦臣，天下莫不称君之贤。今日之事，臣固伏诛，然愿请君之衣而击之，焉以致报仇之意，则虽死不恨。非所敢望也，敢布腹心！"于是襄子大义之，乃使使持衣与豫让。豫让拔剑三跃而击之，曰："吾可以下报智伯矣！"遂伏剑自杀。死之日，赵国志士闻之，皆为涕泣。

◎**注释** ①〔顷之〕没过多久。②〔数〕责备。③〔遇〕对待。

◎**大意** 豫让离开后，没过多久，赵襄子要外出，豫让躲藏在赵襄子将要经过的桥下。襄子来到桥上，马受惊，赵襄子说："这一定是豫让。"派人查问，果然是豫让。于是赵襄子责问豫让说："你不是曾经侍奉过范氏、中行氏吗？智伯将他们全部消灭，你不为他们报仇，反而委身做智伯的臣子。智伯也已死了，而你为什么单单要如此深切地为他报仇呢？"豫让说："我侍奉范氏、中行氏，范氏、中行氏都把我当普通人对待，所以我就如同普通人一样报答他们。至于智伯，把我当国士看待，因此我要像国士一样来报答他。"赵襄子感慨地叹息流泪说："唉，豫让！你为智伯报仇，已经成名了，而我赦免你，也已经足够了。你应该替自己考虑，我不会再放过你了！"派兵包围了他。豫让说："我听说贤明的君王不掩盖别人的美名，而忠心的臣子有为名节牺牲的道义。先前您已经从宽赦免我，天下没有谁不称颂您的贤明。今天的事情，我本来就应服罪受诛，但我希望求得您的衣服刺几下，这样来表达我替智伯报仇的心愿，这样即使死也没有遗憾了。我不敢指望，只不过敢于披露我的心愿！"于是赵襄子十分赞赏他的义气，就派人拿衣服给豫让。豫让拔剑跳了三下来击刺它，说："我可以报答九泉之下的智伯了！"于是伏剑自杀。他死的那天，赵国志士听到这个消息，都为他哭泣。

其后四十余年而轵①有聂政之事。

◎**注释**　①〔轵（zhǐ）〕魏邑名，在今河南济源东南。
◎**大意**　这之后四十余年，魏国的轵邑有聂政的事迹。

聂政者，轵深井里人也。杀人避仇，与母、姊如①齐，以屠为事。

◎**注释**　①〔如〕到。
◎**大意**　聂政，轵县深井里的人。他因为杀了人而躲避仇家，与母亲、姐姐逃到齐国，以屠宰为职业。

久之，濮阳严仲子事韩哀侯，与韩相侠累①有隙。严仲子恐诛，亡去，游求人可以报侠累者。至齐，齐人或言聂政勇敢士也，避仇隐于屠者之间。严仲子至门请，数反（返），然后具酒自畅②聂政母前。酒酣，严仲子奉黄金百溢（镒），前为聂政母寿。聂政惊怪其厚，固谢③严仲子。严仲子固进，而聂政谢曰："臣幸有老母，家贫，客游以为狗屠，可以旦夕得甘毳（脆）④以养亲。亲供养备，不敢当仲子之赐。"严仲子辟（避）人，因为聂政言曰："臣有仇，而行游诸侯众矣；然至齐，窃闻足下义甚高，故进百金者，将用为大人⑤粗粝之费，得以交足下之欢，岂敢以有求望邪！"聂政曰："臣所以降志辱身居市井屠者，徒幸以养老母；老母在，政身未敢以许人也。"严仲子固让，聂政竟不肯受也。然严仲子卒备宾主之礼而去。

◎**注释**　①〔侠累〕韩相韩傀，字侠累。②〔畅〕一作"赐"，《战国策》作"觞"。③〔固谢〕坚决推辞。④〔甘毳(cuì)〕即"甘脆"，美味的食物。⑤〔大人〕古代对父母等长辈的敬称，这里指聂政之母。

◎**大意**　过了很久，濮阳人严仲子侍奉韩哀侯，与韩国国相侠累有嫌隙。严仲子怕侠累杀他，逃走，游历各地寻访可以报复侠累的人。到了齐国，齐国有人说聂政是个勇敢之士，因躲避仇家隐藏在屠夫之间。严仲子登门拜访，多次往返，然后备办酒席，亲自捧杯到聂政母亲面前敬酒。酒兴正浓，严仲子奉献上黄金百镒，上前为聂政的母亲祝寿。聂政对此厚礼感到惊奇，坚决辞谢严仲子。严仲子坚持进献，聂政推辞说："我庆幸有老母健在，家境贫穷，客居于此以屠狗为职业，可以早晚得到些美味的食物来孝敬母亲。母亲的供养已齐备，不敢接受仲子的馈赠。"严仲子避开旁人，趁机对聂政说："我有仇人，我在外游历诸侯各国（都没有找到合适的报仇之人）；然而我到了齐国，私下听说您重义气，所以送上这百金，作为你母亲买粗粮的费用，以便与您交好，难道还敢有别的企求和指望吗？"聂政说："我降低志向并屈身于市井之中当屠夫，只是希望借此来奉养我的老母；老母在世，我不敢对别人以身相许。"严仲子坚持要送，聂政终究不肯接受。但是严仲子最后仍尽了宾主相见之礼才离开。

久之，聂政母死。既已葬，除服①，聂政曰："嗟乎！政乃市井之人，鼓刀以屠；而严仲子乃诸侯之卿相也，不远千里，枉车骑②而交臣。臣之所以待之，至浅鲜③矣，未有大功可以称者，而严仲子奉百金为亲寿，我虽不受，然是者徒深知政也。夫贤者以感忿睚眦之意④而亲信穷僻之人，而政独安得嘿（默）然而已乎！且前日要（邀）政，政徒以老母；老母今以天年终，政将为知己者用。"乃遂西至濮阳，见严仲子曰："前日所以不许仲子者，徒以亲在；今不幸而母以天年终。仲子所欲报仇者为谁？请得从事焉！"严仲子具告曰："臣之仇韩相侠累，侠累又韩君之季父也，宗族盛多，居处兵卫甚设，臣欲使人刺之，终莫能就。今足下幸而不弃，请益其车骑壮士可为足下辅翼者。"聂政曰："韩之与卫，相去中间不甚远，今杀人之相，相又国君之亲，此其势不可以多人，多人不能无生得失，生得失则语泄，语泄是韩举国而与仲子为仇，岂不殆⑤哉！"遂谢车骑人徒。

◎**注释** ①〔除服〕也称"除丧""脱服"，俗称"脱孝"。古代丧礼仪式之一，即除去丧礼之服。②〔枉车骑〕犹言"屈尊"。枉，谦辞，谓使对方受屈。③〔浅鲜（xiǎn）〕浅薄。④〔睚眦（yá zì）之意〕指怨恨。睚眦，瞪眼看人，借指微小的怨恨。⑤〔殆〕危险。

◎**大意** 过了很久，聂政的母亲去世了。安葬完毕，服丧期满，聂政说："唉！我只是市井之人，拿着刀来屠宰牲畜；而严仲子是诸侯的卿相，不远千里，放下身段来结交我。我对待他实在是太浅薄了，我没有什么大功劳与他对我的情谊相称，而严仲子奉上百镒黄金为母亲祝寿，我虽然不肯接受，但是这足以说明他特别了解我。贤明的人因感愤于仇恨而亲近信任穷困僻壤的人，我怎么能默不作声算了呢！况且以前他来邀请我，我只是因为有老母才没有答应；如今老母寿终，我要为知己效力了。"于是他向西到达濮阳，见到严仲子说："先前我没有答应您，只是因为母亲在；如今不幸老母已经寿终。您想要报复的仇人是谁？请让我去做这件事吧！"于是严仲子详细地说："我的仇人是韩国国相侠累，侠累又是韩国国君的叔父，宗族强盛人员众多，居住的地方有很多兵士，我想派人刺杀他，最终没有成功。如今有幸蒙您不嫌弃我，请增派车马壮士作为您的助手。"聂政说："韩国与卫国，距离并不遥远。如今要杀别人的国相，国相又是国君的亲戚，这种形势不能派很多人，人多了不可能不出意外，出了意外就会泄露消息，泄露消息那韩国全国都要与您为敌，岂不是太危险了吗！"于是谢绝车马众人。

聂政乃辞，独行杖剑至韩，韩相侠累方坐府上，持兵戟而卫侍者甚众。聂政直入，上阶刺杀侠累，左右大乱。聂政大呼，所击杀者数十人，因①自皮面决眼，自屠出肠，遂以死。

◎**注释**　①〔因〕于是。
◎**大意**　聂政于是辞别，独自拿着宝剑到达韩国，韩相侠累正坐在堂上，身边手持刀戟的护卫很多。聂政直接闯入，上了台阶刺杀侠累，左右护卫大乱。聂政大声呼喊，所击杀的有几十人，然后便自己割破脸面挖出眼睛，剖腹流出肠子，就这样死去了。

韩取聂政尸暴于市，购问莫①知谁子。于是韩县（悬）②购之，有能言杀相侠累者予千金。久之莫知也。

◎**注释**　①〔莫〕没有人。②〔县〕悬赏。
◎**大意**　韩国人将聂政的尸首陈列在街市上，悬赏查问但没有人知道这是谁家的子弟。于是韩国人又悬赏征求，有谁能够认出刺杀国相侠累的人，就赏给他千金。过了很久都没有人知道。

政姊荣闻人有刺杀韩相者，贼不得，国不知其名姓，暴其尸而县（悬）之千金，乃於邑①曰："其是吾弟与（欤）？嗟乎，严仲子知吾弟！"立起，如韩，之市，而死者果政也，伏尸哭，极哀，曰："是轵深井里所谓聂政者也。"市行者诸众人皆曰："此人暴虐吾国相，王县（悬）购其名姓千金，夫人不闻与（欤）？何敢来识之也？"荣应之曰："闻之。然政所以蒙污辱自弃于市贩之间者，为老母幸无恙，妾未嫁也。亲既以天年下世，妾已嫁夫，严仲子乃察举吾弟困污之中而交之，泽厚矣，可奈何！士固为知己者死，今乃以妾尚在之故，重自刑以绝从，妾其奈何畏殁身之诛，终灭贤弟之名！"大惊韩市人。乃大呼天者三，卒於邑悲哀而死政之旁。

◎**注释** ①〔於（wū）邑〕哭泣，犹呜咽。

◎**大意** 聂政的姐姐聂荣听说有人刺杀韩国国相，凶手不知是谁，韩国人不知道他的姓名，于是暴露他的尸首而悬赏千金招认，就哭着说："这大概是我的弟弟吧？哎呀，严仲子了解我弟弟！"她立即动身，到了韩国街市上，看见死者果然是聂政，就伏在尸体上痛哭，非常悲痛，说："他是轵县深井里的聂政呀！"街市上来往的许多人都说："这个人残害了我国的国相，国王悬赏千金来征求他的姓名，夫人难道没有听说吗？怎么敢来认尸呢？"聂荣说："我听说了。然而聂政忍辱委身于市井商贩之中，是因为老母健在，我没有出嫁。现在母亲寿终，我也嫁了丈夫，而严仲子在我弟弟穷困低贱之时看重他并和他结交，恩情深厚，我弟弟能怎么办呢？士本来应为知己者去死，现在他因为我还活着，狠狠地毁坏自己的面容以不使亲人受株连，我怎能为怕遭杀身之祸，最终埋没贤弟的姓名呢！"韩国市上的人听到这话大惊。于是聂荣大呼三声"天呀！"最终因悲哀哭泣过度而死在聂政的旁边。

晋、楚、齐、卫闻之，皆曰："非独政能也，乃其姊亦烈女也。乡（向）使政诚知其姊无濡忍①之志，不重暴骸之难，必绝险千里以列其名，姊弟俱僇（戮）于韩市者，亦未必敢以身许严仲子也。严仲子亦可谓知人能得士矣！"

◎**注释** ①〔濡（róu）忍〕柔顺忍耐。

◎**大意** 晋国、楚国、齐国、卫国的人听说这件事，都说："不但聂政了不起，连他的姐姐也是烈女。如果聂政早知道他的姐姐没有软弱忍耐的性格，不怕遭受暴露尸首的苦难，一定要越过千里险阻来公布他的姓名，姐弟同死于韩国街市，那他也不一定敢对严仲子以身相许。严仲子也可以说能够识人，才能够赢得贤士啊！"

其后二百二十余年秦有荆轲之事。

◎**大意** 这以后二百二十余年秦国有荆轲的事迹。

荆轲者，卫人也。其先乃齐人，徙于卫，卫人谓之庆卿。而之燕，燕人谓之荆卿。

◎**大意** 荆轲，卫国人。他的祖先是齐国人，迁徙到卫国，卫国的人称他为庆卿。而到了燕国，燕国的人称他为荆卿。

荆卿好读书击剑，以术说卫元君，卫元君不用。其后秦伐魏，置东郡①，徙卫元君之支属于野王。

◎**注释** ①〔东郡〕秦郡名，郡治在濮阳，原来是卫国都城。
◎**大意** 荆卿喜爱读书击剑，曾经以强国之术游说卫元君，卫元君没有任用他。此后秦国征伐魏国，设置东郡，把卫元君的旁支亲属迁到了野王。

荆轲尝游过榆次①，与盖聂论剑，盖聂怒而目之。荆轲出，人或言复召荆卿。盖聂曰："曩者②吾与论剑有不称者，吾目之；试往，是宜去，不敢留。"使使往之主人，荆卿则已驾而去榆次矣。使者还报，盖聂曰："固去也，吾曩者目摄（慑）之！"

◎**注释** ①〔榆次〕在今山西榆次。②〔曩（nǎng）者〕先前。
◎**大意** 荆轲游历时曾途经榆次，和盖聂谈论剑术，盖聂怒目相视。荆轲出去后，有人劝盖聂再把荆轲叫回来。盖聂说："先前我与他论剑话不投机，我瞪了他一眼；试着去找找看，他应当走了，不敢留下。"派人到荆轲房东处寻找，荆轲已经乘车离开榆次了。使者回来报告，盖聂说："本来就该走了，我先前怒目而视，吓坏了他。"

荆轲游于邯郸①，鲁句践与荆轲博②，争道，鲁句践怒而叱之，荆轲嘿（默）而逃去，遂不复会。

◎**注释** ①〔邯郸〕今河北邯郸。②〔博〕类似下棋的一种游戏。
◎**大意** 荆轲在邯郸游历时，鲁句践与他下棋，争执棋路，鲁句践生气斥骂他，荆轲默默地逃走了，于是不再相见。

荆轲既至燕，爱燕之狗屠及善击筑①者高渐离。荆轲嗜酒，日与狗屠及高渐离饮于燕市，酒酣以往，高渐离击筑，荆轲和而歌于市中，相乐也，已而相泣，旁若无人者。荆轲虽游于酒人乎，然其为人沉深好书；其所游诸侯，尽与其贤豪长者相结。其之燕，燕之处士田光先生亦善待之，知其非庸人也。

◎**注释** ①〔筑〕古代弦乐器。
◎**大意** 荆轲到了燕国后，跟燕国一个杀狗的屠夫和善于击筑的高渐离交好。荆轲嗜好饮酒，每天与杀狗的屠夫和高渐离在燕国的街市上饮酒，饮酒半醉以后，高渐离击着筑，荆轲就和着节拍在街市上唱歌，以此为乐，过一会儿又相对哭泣，好像旁边没有其他人似的。荆轲虽然同酒徒交游，但他为人稳重深沉而且喜爱读书；他游历诸侯国，都与当地贤能的豪杰和德高望重的人结交。他到燕国，燕国的处士田光先生也善待他，知道他并非平庸之辈。

居顷之，会燕太子丹质秦亡归燕①。燕太子丹者，故尝质于赵，而秦王政生于赵，其少时与丹欢。及政立为秦王，而丹质于秦。秦王之遇燕太子丹不善，故丹怨而亡归。归而求为报秦王者，国小，力不能。其后秦日出兵山东②以伐齐、楚、三晋，稍蚕食诸侯，且③至于燕，燕君臣皆恐祸之至。太子丹患之，问其傅鞠武。武对曰："秦地遍天下，威胁韩、魏、赵氏，北有甘泉、谷口④之固，南有泾、渭之沃，擅巴、汉之饶，右陇、蜀之山，左关、殽（崤）之险，民众而士厉，兵革有余。意有所出，则长城之南，易水以北，未有所定也。奈何以见陵之怨，欲批其逆鳞哉！"丹曰："然则何由？"对曰："请入图⑤之。"

◎ **注释** ①〔会燕太子丹质秦亡归燕〕会，恰巧，适逢。质秦，在秦国当人质。亡，逃跑。②〔山东〕崤山以东。③〔且〕将要。④〔甘泉、谷口〕甘泉，在今陕西淳化西北。谷口，泾水出山的山口，在今陕西泾阳西北。⑤〔图〕考虑，打算。

◎ **大意** 过了不久，正好在秦国做人质的燕国太子丹逃回燕国。燕国太子丹，曾经在赵国做人质，而秦王嬴政出生于赵国，他小时候和丹要好。嬴政被立为秦王后，太子丹作为人质来到秦国。秦王对待燕太子丹不友善，因此太子丹怨恨而逃了回来。太子丹回来以后寻求报复秦王的人，但是国家弱小，力不能及。这以后秦国每天出兵崤山以东攻伐齐国、楚国和韩、魏、赵三国，像蚕食桑叶一般侵吞诸侯，将要到燕国了，燕国的君臣都害怕灾祸的到来。太子丹为此担忧，问他的老师鞠武。鞠武回答说："秦国的土地遍及天下，威胁着韩国、魏国、赵国。北边有甘泉、谷口那样坚固的要塞，南边有泾河、渭河流域那样肥沃的原野，占据着巴郡、汉中郡那样富饶的地区，右边是陇、蜀的山岭，左边有函谷关、崤山这样的要塞，百姓众多而士卒勇猛，武器绰绰有余。假如意图扩张，那么长城以南，易水以北，就没有安定的地方了。为什么要因被欺凌的怨恨，想去触犯秦王颈下的逆鳞呢！"太子丹说："既然这样，那么该怎么办呢？"鞠武回答说："请让我深思这件事。"

居有间①，秦将樊於期得罪于秦王，亡之燕，太子受而舍②之。鞠武谏曰："不可。夫以秦王之暴而积怒于燕，足为寒心，又况闻樊将军之所在乎？是谓'委肉当饿虎之蹊③'也，祸必不振④矣！虽有管、晏，不能为之谋也。愿太子疾遣樊将军入匈奴以灭口。请西约三晋，南连齐、楚，北购于单于，其后乃可图也。"太子曰："太傅之计，旷日弥久，心惛然⑤，恐不能须臾。且非独于此也，夫樊将军穷困于天下，归身于丹，丹终不以迫于强秦而弃所哀怜之交，置之匈奴，是固丹命卒之时也。愿太傅更虑之。"鞠武曰："夫行危欲求安，造祸而求福，计浅而怨深，连结一人之后交，不顾国家之大害，此所谓'资⑥怨而助祸'矣。夫以鸿毛燎于炉炭之上，必无事矣。且以雕鸷之秦，行怨暴之怒，岂足道哉！燕有田光先生，其为人智深而勇沉，可与谋。"太子曰："愿因太傅而得交于田先生，可乎？"鞠武曰："敬诺。"出见田先生，道"太子愿图国事于先生也"。田光曰："敬奉教。"乃造⑦焉。

◎**注释** ①〔居有间〕过了不久。②〔舍〕使……安顿下来。③〔蹊（xī）〕小路。④〔振〕救。⑤〔惛（hūn）然〕心情烦闷的样子。⑥〔资〕增加。⑦〔造〕去，到，引申为拜访。

◎**大意** 又过了不久，秦国将军樊於期得罪了秦王，逃亡到燕国。太子丹接纳并安排他住下。鞠武劝谏说："不可以。像秦王那样暴虐而且对燕国有积怨，足以使人胆战心惊，更何况听到樊将军在这里呢？这就是所说的'把肉扔在饿虎出没的路上'，灾祸必然无法解救！即使有管仲、晏婴，也不能够为你谋划。希望太子赶快遣送樊将军到匈奴去以消除秦国攻打我们的借口。请西面结交韩、魏、赵三国，南面联合齐国、楚国，北面与单于讲和，这样以后才可以想方法对付秦国。"太子丹说："太傅的计策，需要的时间太长，我心情忧闷烦乱，恐怕一刻也不能等。况且不仅如此，樊将军在天下各地难以容身，投奔于我，我总不能因受强秦的逼迫而抛弃我所同情的朋友，把他送往匈奴，就是我命终的时候。希望太傅另作考虑。"鞠武说："行动危险却想求得安全，制造灾祸却想要幸福，计划浅薄却怨恨很深，结交一个新知的朋友，不顾国家的大祸害，这就是所说的'增加怨恨而助长祸患'了。把鸿毛放在炉炭上烧，当然会一下子就烧光。况且像雕鸷一般凶猛的秦国，要发泄仇怨暴虐的怒气，难道还用说吗！燕国有一位田光先生，他为人智虑深远而且勇敢沉着，可以和他商量。"太子丹说："希望通过太傅与田先生结交，行吗？"鞠武说："遵命。"鞠武出去拜见田先生，说："太子希望跟先生商讨国家大事。"田光说："谨领教。"于是去拜访太子。

太子逢迎，却行^①为导，跪而蔽^②席。田光坐定，左右无人，太子避席而请曰："燕秦不两立，愿先生留意也。"田光曰："臣闻骐骥盛壮之时，一日而驰千里；至其衰老，驽马先之。今太子闻光盛壮之时，不知臣精已消亡矣。虽然，光不敢以图国事，所善荆卿可使也。"太子曰："愿因先生得结交于荆卿，可乎？"田光曰："敬诺。"即起，趋出。太子送至门，戒（诫）曰："丹所报，先生所言者，国之大事也，愿先生勿泄也！"田光俛（俯）而笑曰："诺。"偻^③行见荆卿，曰："光与子相善，燕国莫不知。今太子闻光壮盛之时，不知吾形已不逮也，幸而教之曰'燕秦不两立，愿先生留意也'。光窃不自外，言足下于太子也，愿足下过太子于宫。"荆轲曰："谨奉教。"田光曰："吾闻之，长者为行，不使人疑之。今太子告光曰'所言者，国之大事也，愿先生勿泄'，是太子疑光也。夫为行而使人疑之，非节侠也。"欲自杀以激荆卿，曰："愿足下急过^④太子，言光已死，明不言也。"因遂自刎而死。

◎**注释** ①〔却行〕倒着走路。②〔蔽〕拂。③〔偻（lǚ）〕佝偻的样子。④〔过〕拜访。

◎**大意**　太子丹前去迎接，倒退着为田光引路，跪着把座席扫拂干净。田光坐定，左右没有人，太子丹离开座席请求说："燕、秦二国势不两立，希望先生放在心上。"田光说："我听说良马强壮的时候，一天能驰骋千里；等到它衰老的时候，劣马都能跑在他的前面了。如今太子听说我盛壮之年的情景，却不知道我的精力已经耗尽了。不过，我虽不敢图谋国家大事，但我所交好的荆轲可以派遣。"太子丹说："希望通过先生与荆卿结交，可以吗？"田光说："遵命。"随即起身，快步走出。太子丹送他到门口，告诫说："我所说的，先生所说的，都是国家的大事，希望先生不要泄露！"田光俯身笑着说："是。"田光弯腰驼背去见荆卿说："我和你交好，燕国的人没有不知道的。如今太子听说我盛壮之年的情景，不知道我的身体已赶不上从前了，有幸听他教诲我说：'燕、秦两国势不两立，希望先生放在心上。'我私下认为和你不是外人，就向太子介绍了你，希望你能到宫中去拜见太子。"荆轲说："谨领教。"田光说："我听说，年长的人行事，不要让人怀疑他。如今太子告诉我说'我们所说的话，是国家的大事，希望先生不要泄露'，这是太子怀疑我了。替别人办事却让人怀疑，不是有节操的侠士。"田光想自杀来激励荆轲，说："希望你赶快去见太子，说田光已经死了，以表明我不会泄露机密。"于是就割颈自杀。

　　荆轲遂见太子，言田光已死，致光之言。太子再拜而跪，膝行流涕，有顷而后言曰："丹所以诫田先生毋言者，欲以成大事之谋也。今田先生以死明不言，岂丹之心哉！"荆轲坐定，太子避席顿首曰："田先生不知丹之不肖，使得至前，敢有所道，此天之所以哀燕而不弃其孤也。今秦有贪利之心，而欲不可足也。非尽天下之地，臣海内之王者，其意不厌。今秦已虏韩王，尽纳其地。又举兵南伐楚，北临赵；王翦将数十万之众距漳、邺①，而李信出太原、云中②。赵不能支秦，必入臣，入臣则祸至燕。燕小弱，数困于兵，今计举国不足以当秦。诸侯服秦，莫敢合从。丹之私计，愚以为诚得天下之勇士使于秦，窥③以重利；秦王贪，其势必得所愿矣。诚得劫秦王，使悉反诸侯侵地，若曹沫之与齐桓公，则大善矣；则不可，因④而刺杀之。彼秦大将擅兵于外而内有乱，则君臣相疑，以其间诸侯得合从，其破秦必矣。此丹之上愿，而不知所委命，唯荆卿留意焉。"久之，荆轲曰："此国之大事也，臣驽下，恐不足任使。"太子前顿首，固⑤请毋让，然后许诺。于是尊荆卿为上卿，舍上舍。太子日造门下，供太牢⑥具，异物⑦间进，车骑美女恣荆轲所欲，以顺适其意。

◎**注释** ①〔漳、邺〕漳水、邺城，当时为赵国的南境。②〔云中〕郡名，郡治在今内蒙古托克托东北。③〔窥〕示。④〔因〕趁机。⑤〔固〕坚决。⑥〔太牢〕古代帝王祭祀社稷时，牛、羊、豕三牲全备为"太牢"。这里指牛、羊、豕皆备的筵席。⑦〔异物〕珍奇的宝物。

◎**大意** 荆轲就去见太子丹，说田光已经死了，转达了田光的话。太子拜了两拜跪下来，跪着前行并流下眼泪，过了一会儿说："我之所以告诫田先生不要泄露，是想要完成大事的计谋。如今田先生用死来证明不泄露机密，这哪是我的心意呢！"荆轲坐定，太子离开座席叩头说："田先生不知道我不贤能，使我能到您的面前，大胆地表达我的意愿，这是上天怜悯燕国而不抛弃他的后人。如今秦国有贪利的心，欲望不可满足。不吞并天下的土地，使各国的君主都向他称臣，他的野心是不能满足的。如今秦国已经俘虏韩王，吞并了韩王的全部土地。又举兵向南攻伐楚国，向北迫近赵国。王翦率领几十万兵士到达漳河、邺城，李信出兵太原、云中。赵国不能抵挡秦国，一定会投降称臣，赵国称臣，那么灾祸就降临燕国了。燕国弱小，多次被战争困扰，如今估计全国动员也不能抵挡秦国。诸侯畏惧秦国，都不敢合纵反抗。我私下计议，认为若能找到一位勇士到秦国，用重利引诱秦王，秦王贪婪，这样一定可以找到接近他的机会。如果真能劫持秦王，使他完全归还侵占的诸侯土地，像曹沫劫持齐桓公那样，就太好了；如不行，就趁机刺杀他。秦国的大将领兵在外，国内有乱，那么君臣互相猜疑，利用这个机会，诸侯国得以合纵反抗，这样肯定能打败秦国。这是我最大的愿望，但不知道把这个使命委托给谁，希望您能放在心上。"过了好一会儿，荆轲说："这是国家的大事，我才智低下，恐怕不能胜任。"太子丹上前叩头，坚持请求荆轲不要推让，这样荆轲才答应。于是太子丹便尊荆轲为上卿，让他住上等的馆舍。太子丹每天到他门前问候，供给他牛、羊、猪三牲齐备的筵席，时不时还献上珍奇的礼品，车马美女任荆轲享用，来迎合他的心意。

久之，荆轲未有行意。秦将王翦破赵，虏赵王，尽收入其地，进兵北略地至燕南界。太子丹恐惧，乃请荆轲曰："秦兵旦暮渡易水，则虽欲长侍足下，岂可得哉！"荆轲曰："微①太子言，臣愿谒之。今行而毋信，则秦未可亲也。夫樊将军，秦王购之金千斤，邑万家。诚得樊将军首与燕督亢②之地图，奉献秦王，秦王必说（悦）见臣，臣乃得有以报。"太子曰："樊将军穷困来归丹，丹不忍以己之私而伤长者之意，愿足下更虑之！"

◎**注释** ①〔微〕没有。②〔督亢〕相当于今天河北涿州、定兴、新城、固安一带，当时为燕国的富庶地带。

◎**大意** 过了很久，荆轲还没出发的意思。秦国的大将王翦攻破赵国，俘虏赵王，将赵王的土地全部吞并，向北进兵侵略土地，到达燕国南方的边境。太子丹恐惧，便请求荆轲说："秦军早晚要渡易水，那么即使我想长期侍奉你，怎么可能呢！"荆轲说："没有太子这话，我也要去拜见您了。如今去秦国而没有凭信，不能接近秦王。樊将军，秦王用千斤黄金、万户封邑来悬赏抓他。如果真能得到樊将军的头和燕国督亢的地图，奉献给秦王，秦王必定高兴来接见我，我就能够报效您了。"太子丹说："樊将军在穷困的时候来投靠我，我不忍为了一己之私而伤害长者的心，希望你再考虑别的办法！"

荆轲知太子不忍，乃遂私见樊於期曰："秦之遇将军可谓深矣，父母宗族皆为戮没。今闻购将军首金千斤，邑万家，将奈何？"於期仰天太息流涕曰："於期每念之，常痛于骨髓，顾①计不知所出耳！"荆轲曰："今有一言可以解燕国之患，报将军之仇者，何如？"於期乃前曰："为之奈何？"荆轲曰："愿得将军之首以献秦王，秦王必喜而见臣，臣左手把其袖，右手揕②其匈（胸），然则将军之仇报而燕见陵③之愧除矣。将军岂有意乎？"樊於期偏袒扼捥（腕）而进曰："此臣之日夜切齿腐心也，乃今得闻教！"遂自刭。太子闻之，驰往，伏尸而哭，极哀。既已不可奈何，乃遂盛樊於期首函④封之。

◎**注释** ①〔顾〕只是。②〔揕（zhèn）〕刺。③〔见陵〕被欺侮。④〔函〕用木匣装。

◎**大意** 荆轲知道太子丹不忍心，于是就私下去见樊於期说："秦国对待将军，可以说是太残忍了，您的父母和宗族都被杀死了。如今听说秦王悬赏千斤黄金、万家食邑来买将军的头，您准备怎么办？"樊於期抬头看着天叹息流泪说："我每次想起这些，常常痛入骨髓，只是想不出办法罢了！"荆轲说："现在我有一句话可以解除燕国的祸患，报将军的仇恨，怎么样？"樊於期就走上前说："该怎么办？"荆轲说："希望能得到将军的头，献给秦王，秦王必定高兴来见我，我用左手抓住他的衣袖，右手拿匕首击刺他的胸膛，这样将军的深仇可以报了，燕国被欺凌的耻辱也洗除了。将军是否打算这样做呢？"樊於期脱下一边衣袖并用一只手抓住另一只手腕说："这正是我日夜咬牙切齿心欲碎裂的事，如今才得到您的指教！"就自杀了。太子丹听到这个消息，飞快地驾车前往，伏在樊於期尸体上痛哭，极为哀伤。既然已经无可奈何，于是就将樊於期的头盛在木匣内封存起来。

于是太子豫求天下之利匕首，得赵人徐夫人匕首，取之百金，使工以药焠①之，以试人，血濡缕，人无不立死者。乃装为遣荆卿。燕国有勇士秦舞阳，年十三，杀人，人不敢忤视。乃令秦舞阳为副。荆轲有所待，欲与俱；其人居远未来，而为治行。顷之，未发，太子迟之，疑其改悔，乃复请曰："日已尽矣，荆卿岂有意哉？丹请得先遣秦舞阳。"荆轲怒，叱太子曰："何太子之遣？往而不返者，竖子也！且提一匕首入不测之强秦，仆所以留者，待吾客与俱。今太子迟之，请辞决矣！"遂发。

◎ **注释** ①〔淬（cuì）〕浸染。

◎ **大意** 这时太子事先已在访求天下最锋利的匕首，得到了赵国徐夫人的匕首，用了百金买下它，让工匠用毒药浸染它，用来试验杀人，只要渗出一丝血来，人没有不立刻死去的。于是就准备行装，安排荆轲出发。燕国有个勇士秦舞阳，十三岁时就杀过人，人们不敢用违抗的眼光看他。于是派秦舞阳作为副手。荆轲等待另一个人，想与他一同去；这个人住得很远没有赶来，荆轲为他准备了行装。过了不久，荆轲没有出发，太子丹认为荆轲在拖延时日，怀疑他反悔，就又请求说："已经没有时间了，您有动身的打算吗？我请求先派秦舞阳去。"荆轲发怒，呵斥太子丹说："太子这样派遣是什么意思？只顾去而不顾返回的，是无能小子。况且手提一把匕首进入无法预测的强暴的秦国，我之所以逗留，是等待我的朋友与我一同去。如今太子认为我迟缓了，那就告辞诀别吧！"于是出发。

太子及宾客知其事者，皆白衣冠以送之。至易水之上，既祖，取道，高渐离击筑，荆轲和而歌，为变徵①之声，士皆垂泪涕泣。又前而为歌曰："风萧萧兮易水寒，壮士一去兮不复还！"复为羽声②慷慨，士皆瞋目③，发尽上指冠。于是荆轲就车而去，终已不顾。

◎ **注释** ①〔变徵（zhǐ）〕古代乐律名。其调苍凉悲凄。②〔羽声〕古代五声之一，其调激昂慷慨。③〔瞋（chēn）目〕瞪大眼睛。

◎**大意** 太子丹和知道这件事的宾客，都穿着白色的衣服，戴着白色的帽子来为荆轲送行。到了易水边，祭路神后，上路。高渐离击筑，荆轲和着筑声唱歌，发出苍凉凄婉的声调，人们都不禁流泪。荆轲又一边前进一边歌唱道："风声萧萧啊易水寒凉，壮士一去啊不再还乡！"又变为慷慨激昂的羽声，人们听了都睁大眼睛，头发直竖，把帽子都顶起来了。于是荆轲上车离去，再也没有回头。

遂至秦，持千金之资币物，厚遗秦王宠臣中庶子①蒙嘉。嘉为先言于秦王曰："燕王诚振（震）怖大王之威，不敢举兵以逆军吏，愿举国为内臣，比诸侯之列，给贡职如郡县，而得奉守先王之宗庙。恐惧不敢自陈，谨斩樊於期之头，及献燕督亢之地图，函封，燕王拜送于庭，使使以闻大王，唯大王命之。"秦王闻之，大喜，乃朝服，设九宾②，见燕使者咸阳宫。荆轲奉樊於期头函，而秦舞阳奉地图匣，以次进。至陛，秦舞阳色变振（震）恐，群臣怪之。荆轲顾笑舞阳，前谢曰："北蕃（藩）蛮夷之鄙人，未尝见天子，故振（震）慑。愿大王少假借之，使得毕使于前。"秦王谓轲曰："取舞阳所持地图。"轲既（即）取图奏之秦王，发图，图穷而匕首见（现）。因左手把秦王之袖，而右手持匕首揕之。未至身，秦王惊，自引而起，袖绝。拔剑，剑长，操其室③。时惶急，剑坚，故不可立拔。荆轲逐秦王，秦王环柱而走。群臣皆愕，卒（猝）起不意，尽失其度。而秦法，群臣侍殿上者不得持尺寸之兵；诸郎中执兵皆陈殿下，非有诏召不得上。方急时，不及召下兵，以故荆轲乃逐秦王。而卒（猝）惶急，无以击轲，而以手共搏之。是时侍医夏无且以其所奉药囊提④荆轲也。秦王方环柱走，卒（猝）惶急，不知所为，左右乃曰："王负剑！"负剑，遂拔以击荆轲，断其左股。荆轲废，乃引其匕首以擿（掷）⑤秦王，不中，中桐柱。秦王复击轲，轲被八创。轲自知事不就，倚柱而笑，箕倨⁶以骂曰:"事所以不成者,以欲生劫之,必得约契以报太子也。"于是左右既前杀轲,秦王不怡者良久。已而论功,赏群臣及当坐者各有差,而赐夏无且黄金二百溢(镒),曰:"无且爱我,乃以药囊提荆轲也。"

◎**注释** ①〔中庶子〕太子的官属,主要掌管官中及诸吏嫡子庶子的支系谱籍。②〔九宾〕我国古代最隆重的礼节,原是周朝天子专门用来接待天下诸侯的重典。③〔室〕剑鞘。④〔提(dǐ)〕掷击。⑤〔擿(zhì)〕同"掷",投掷。⑥〔箕倨〕像簸箕一样坐着。

◎**大意** 到了秦国,荆轲拿着价值千金的礼物,厚赠秦王的宠臣中庶子蒙嘉。蒙嘉为他先向秦王报告说:"燕王确实恐惧大王的威严,不敢出兵抗拒秦国将士,愿意全国成为臣子,排列在诸侯的行列中,像郡县一样交纳贡物和赋税,以便能奉守燕国先王的宗庙。因恐惧,不敢亲自来陈说,特地斩了樊於期的头,并献上燕国督亢的地图,用匣子封存,燕王在朝廷上拜送使臣,派使臣告知大王。只等大王的命令。"秦王听了,非常高兴,便穿上朝服,安排极为隆重的九宾之礼,在咸阳宫接见燕国使者。荆轲捧着盛樊於期头颅的匣子,秦舞阳捧着装地图的匣子,依次序进入。走到宫殿台阶下,秦舞阳吓得脸色都变了,大臣们感到奇怪。荆轲回过头来对秦舞阳笑笑,上前谢罪说:"北方属国蛮夷地区的粗野之人,没有见过天子,所以惊恐畏惧。希望大王宽恕他,让他在大王面前完成使命。"秦王对荆轲说:"把秦舞阳拿的地图送来。"荆轲就拿过地图送上去。秦王打开地图,地图完全展开而露出了匕首。荆轲用左手握住秦王的衣袖,右手拿起匕首就刺秦王。没有刺到,秦王大惊,抽身奋起,衣袖都扯断了。秦王抽剑,剑很长,只是抓住了剑鞘。当时惊惶急迫,剑套得紧,所以不能一下子拔出。荆轲追赶秦王,秦王绕着柱子跑。群臣都惊呆了,突然发生意外的事故,全失了常态。依据秦国法律,大臣在殿堂上侍奉的,不准带任何兵器,负责宫廷侍卫的郎中带着兵器都排列在殿下,没有诏令召唤不准上殿。正在紧急的时候,来不及召唤殿堂下的兵士,因此荆轲才能追赶秦王。仓促惊惶的情况下,大家没有东西来击打荆轲,只得一齐徒手与他搏击。这时,侍医官夏无且用他所捧的药囊投击荆轲。秦王正在绕着柱子逃跑,仓促惊急,不知道怎么办,左右的人就说:"大王把剑背起来!"秦王把剑背起来,拔了出来击刺荆轲,砍断了他的左腿。荆轲倒地,举起匕首掷向秦王,没有击中,击中了铜柱。秦王又去杀荆轲,荆轲身上被斩伤八处。荆轲知道事情不能成功,靠着铜柱大笑,伸开两腿像簸箕一样坐着骂道:"事情不能成功,是因为想活捉你,一定要得到你归还土地的契约去回报太子。"这时左右的人上前杀死了荆轲,秦王很长时间都不愉快。不久论功过按差别赏赐了群臣,惩办了有罪人员,秦王赏赐夏无且二百镒黄金,说:"无且爱我,竟能拿药囊投击荆轲。"

于是秦王大怒,益发兵诣赵,诏王翦军以伐燕。十月而拔蓟城①。燕王喜、太子丹等尽率其精兵东保②于辽东。秦将李信追击燕王急,代王嘉乃遗燕王喜书曰:"秦所以尤追燕急者,以太子丹故也。今王诚杀丹献之秦王,秦王必解,而社稷幸得血食③。"其后李信追丹,丹匿衍水中,燕王乃使使斩太子丹,欲献之秦。秦复进兵攻之。后五年,秦卒灭燕,虏燕王喜。

◎注释 ①〔蓟城〕燕国国都,在今北京。②〔保〕据守。③〔血食〕指享受祭祀。
◎大意 于是秦王大怒,加派军队到赵国,诏令王翦的军队征伐燕国。十个月攻占了蓟城。燕王喜、太子丹等一起率领他们的精兵向东去守辽东。秦将李信紧追燕王,代王嘉就写信给燕王喜说:"秦国追击大王特别急,是太子丹的缘故。如今大王若能杀了太子丹献给秦王,秦王肯定会放弃追击,燕国社稷之神侥幸可以继续享受祭祀。"这以后李信紧追太子丹,太子丹藏身在衍水中,燕王便派人斩杀了太子丹,想献给秦国,秦国又进兵攻击燕国。过后五年,秦国最终灭亡燕国,俘虏了燕王喜。

其明年,秦并天下,立号为皇帝。于是秦逐太子丹、荆轲之客,皆亡。高渐离变名姓为人庸保，匿作于宋子。久之，作苦，闻其家堂上客击筑，傍徨不能去。每出言曰："彼有善有不善。"从者以告其主曰："彼庸乃知音，窃言是非。"家丈人召使前击筑，一坐称善，赐酒。而高渐离念久隐畏约无穷时，乃退，出其装匣中筑与其善衣，更容貌而前。举坐客皆惊，下与抗礼，以为上客。使击筑而歌，客无不流涕而去者。宋子传客之，闻于秦始皇。秦始皇召见，人有识者，乃曰："高渐离也。"秦皇帝惜其善击筑，重赦之，乃矐①其目。使击筑，未尝不称善。稍益近之，高渐离乃以铅置筑中，复进得近，举筑朴②秦皇帝，不中。于是遂诛高渐离，终身不复近诸侯之人。

◎**注释**　①〔矐（huò）〕使眼睛失明。②〔朴〕扑打。
◎**大意**　第二年，秦国吞并天下，立号为皇帝。于是秦国追缉太子丹、荆轲的门客，他们都逃亡了。高渐离改变姓名替人家当酒保，躲藏在宋子县。过了很长时间，他感到劳作辛苦，听见主人厅堂上有客人在击筑，徘徊不肯离去。每每脱口而出说："那人击筑有好的地方也有不足的地方。"手下人将这情况告诉了主人，说："那个佣工竟然懂得音乐，私下评论击筑的好坏。"酒店主人便叫他到堂上击筑，满座客人全都叫好，赏给他酒喝。高渐离心想老是这样隐姓埋名畏缩害怕没有尽头，就退下，拿出他行装中匣里的筑和好衣服，改装整容再到堂前来。所有在座的客人都吃了一惊，走到堂下跟他平等行礼，尊他为上等宾客。客人请他击筑唱歌，没有一个不流着泪离开的。宋子县的人轮流请他做客，秦始皇听说了，召见了他。有人认识他，就说："这是高渐离。"秦始皇爱惜他擅长击筑，特别赦免了他的死罪，但弄瞎了他的眼睛。叫他击筑，没有不称赞的。高渐离渐渐地接近秦始皇，便把铁块藏在筑里，等到再进宫靠近秦始皇时，举起筑来扑打秦始皇，没有击中。于是秦始皇诛杀了高渐离，以后终身不再接近从前诸侯国的人。

鲁句践已闻荆轲之刺秦王，私曰："嗟乎，惜哉其不讲于刺剑之术也！甚矣吾不知人也！曩者吾叱之，彼乃以我为非人①也！"

◎**注释**　①〔非人〕不是同道人。
◎**大意**　鲁句践听说荆轲刺杀秦王的事以后，私下里说："唉！可惜他不精通刺剑的技术！我太不了解他了！当初我呵斥他，他一定以为我不是同道中人了！"

　　太史公曰：世言荆轲，其称太子丹之命，"天雨粟，马生角"也，太过。又言荆轲伤秦王，皆非也。始公孙季功、董生与夏无且游，具知其事，为余道之如是。自曹沫至荆轲五人，此其义或成或不成，然其立意较（皎）然①，不欺其志，名垂后世，岂妄也哉！

◎**注释**　①〔较然〕同"皎然"，明显的样子。
◎**大意**　太史公说：世间流传的荆轲的故事中，说到太子丹在秦国当人质时，有'天上落下谷子，马头生出角来'的话，太过分了。又说荆轲刺伤了秦王，都不是事实。当初公孙季功、董生与夏无且有交往，知道这件事的详细情况，对我说的就是我记载的这些。从曹沫到荆轲这五个人，他们的侠义有的成功，有的没成功，但他们的志向都很明确，没有辱没自己的侠义，声名流传后世，这难道是虚假的吗！

◎**释疑解惑**
　　1.曹刿和曹沫是同一个人吗？
　　《左传》记载了鲁庄公手下一位著名的谋士"曹刿"，他曾于庄公十年指挥长勺之战大败齐国军队，又于庄公二十三年劝谏庄公不要去齐国观社。司马贞《史记索隐》从古音通假的角度指出，"刿""沫"二字古音相近，可相通假，故"曹刿"与"曹沫"实为一人。上海博物馆藏战国楚竹书《曹沫之陈》中记载

"曹沫"向鲁庄公提出了一系列军政方针,显示出一个谋士的智谋。可见,作为谋士的"曹刿"在战国时期就被写作"曹沫"了。

2. 在荆轲行刺的过程中,如果不是秦舞阳,刺杀成功的概率会不会更大一些?

有人认为,秦舞阳的"色变"让秦王产生了怀疑,之后有了防备,这是荆轲刺杀失败的原因之一。如果细读文本,从文本中找答案,那么,这种说法恐怕并不能成立。首先,从行刺计划的完成情况来看,秦舞阳协助荆轲顺利见到了秦王,而计划中行刺的实施者也是荆轲。另外,秦舞阳在秦廷上的表现只是为了衬托荆轲的英勇无畏,并没有从实质上影响行刺的计划。秦王后面表现出来的"卒起不意",也说明秦王根本没有防备。还有人认为,秦舞阳应该协助荆轲一起搏击。需要注意的是,秦舞阳此刻在殿下,即使有心也无力。不管秦舞阳是不是真怯懦,毕竟陪荆轲走到了最后,并让荆轲有了刺杀秦王的机会。因此,荆轲刺杀秦王不成功,实在不能怪罪于秦舞阳。

◎ 思考辨析题

1. 比较太史公笔下五位刺客的异同。
2. 从人物(包括主要人物和次要人物)塑造、情节承接与推动、环境的烘托、作品的语言等角度中任选一位,结合文本内容进行赏析。

史记

全注全译本

国际儒学联合会教育系列丛书

丛书指导委员会主任
——— 滕文生 张岂之 李学勤

总主编
——— 钱逊

执行总主编
——— 于建福

组编
——— 国际儒学联合会
——— 国家教育行政学院国学教育研究中心

本书主编 张新科 赵望秦

第八册　列传〔二〕

济南出版社　汉唐书局

图书在版编目（CIP）数据

史记 / 张新科，赵望秦主编 . —济南：济南出版社，2022.9

ISBN 978-7-5488-5209-4

Ⅰ.①史… Ⅱ.①张… ②赵… Ⅲ.①中国历史—古代史—纪传体 ②《史记》—注释 ③《史记》—译文 Ⅳ.① K204.2

中国版本图书馆 CIP 数据核字（2022）第 164694 号

出 版 人	田俊林
图书策划	冀瑞雪
责任编辑	孙育臣
图书审读	杨海峥
装帧设计	王铭基

出版发行	济南出版社
地　　址	济南市二环南路1号（250002）
编辑热线	0531-86131747（编辑室）
发行热线	82709072　86131747　86131729　86131728（发行部）
印　　刷	山东彩峰印刷股份有限公司
版　　次	2022年10月第1版
印　　次	2022年10月第1次印刷
成品尺寸	170 mm × 240 mm　16开
印　　张	247.5
字　　数	4170千
定　　价	1686.00元（全9册）

（济南版图书，如有印装错误，请与出版社联系调换。联系电话：0531-86131736）

目　录

列傳 第八册

李斯列傳第二十七　　2903
蒙恬列傳第二十八　　2939
张耳陈馀列傳第二十九　　2951
魏豹彭越列傳第三十　　2975
黥布列傳第三十一　　2986
淮阴侯列傳第三十二　　3003
韩信卢绾列傳第三十三　　3035
田儋列傳第三十四　　3051
樊郦滕灌列傳第三十五　　3063
张丞相列傳第三十六　　3089
郦生陆贾列傳第三十七　　3111
傅靳蒯成列傳第三十八　　3133

刘敬叔孙通列传第三十九	3141
季布栾布列传第四十	3160
袁盎晁错列传第四十一	3171
张释之冯唐列传第四十二	3190
万石张叔列传第四十三	3203
田叔列传第四十四	3218
扁鹊仓公列传第四十五	3232
吴王濞列传第四十六	3273
魏其武安侯列传第四十七	3296
韩长孺列传第四十八	3318
李将军列传第四十九	3332
匈奴列传第五十	3351

李斯列传

第二十七

　　《李斯列传》是《史记》中篇幅较长,且具有很高历史价值和文学价值的人物传记。对于李斯的历史功绩,司马迁在《太史公自序》中称:"能明其画,因时推秦,遂得意于海内,斯为谋首。"这样一位对秦统一天下做出巨大贡献的人物,最后的人生结局却是悲剧的。司马迁以时间顺序记述了李斯从一位小郡吏成为秦国的丞相,最后又被腰斩的人生命运。太史公在刻画李斯这一人物时,除对李斯上《谏逐客书》、沙丘密谋以及身陷图圄等主要事件进行描绘外,也通过一些细节来充实人物。如李斯对仓中鼠与厕中鼠的感慨:"人之贤不肖譬如鼠矣,在所自处耳!"体现了他对人生的深刻理解,也反映了他立志改变人生境遇的志向。这一细节以小见大,也与李斯后来的人生命运相互印证。为了实现自己的目标,李斯向荀子学习帝王之术。作者没有具体写学习的过程,而直接将笔锋转向学成之后,李斯基于当时天下的形势,认为"今秦王欲吞天下,称帝而治,此布衣驰骛之时而游说者之秋也",这是很有眼光的。"故诟莫大于卑贱,而悲莫甚于穷困。久处卑贱之位,困苦之地,非世而恶利,自托于无为,此非士之情也。"这段话同样体现了李斯对功名的看法和他的人生价值观,这些细节也与李斯后来的命运相互印证。读者在研读过程中,要重点分析这些表现人物性格、暗含人物命运的细节,通过细节精读和揣摩,体会司马迁高超的写人叙事手法。

对于大事件的描写,司马迁善于将事件的矛盾冲突展现出来,通过对人物的心理和语言进行描写、渲染,将事件的紧张气氛推向高潮。这样,《史记》在叙述历史的同时,也保存了大量的论、说文献。比如李斯的《谏逐客书》、赵高与胡亥的对话、李斯与赵高的对话等,都具有强烈的论辩艺术。读者可以探讨其中的论辩方法和艺术。比如,通过赵高劝胡亥的一段话,就能看出赵高的老谋深算。赵高先从或生或死的角度阐明利害,继而又以"制人"与"见制于人"两个方面的比较诱惑胡亥,接着举历史上所谓的"忠义"之道为胡亥扫除心理障碍,最后强调机会的稍纵即逝。可以说,赵高步步紧逼,每一句话都说到了胡亥的心坎上。李斯与赵高的对话也十分精彩。这段对话近七百字,两个人言语往返共六次。在这唇枪舌剑的场面中,可以看出赵高的老奸巨猾以及稳操胜券的自得和从容,而李斯则是色厉内荏、彷徨游移,最终在利害的权衡中缴械投降,加入了赵高、胡亥的阵营。

司马迁在为李斯作传时,有意避免将人物性格扁平化。李斯官至丞相,扁平式的艺术处理不免有简单化嫌疑,所以司马迁力争准确地写出人物心理层面的复杂性,从而提高史书的可信度。在李斯被斩之前，他与儿子的那句"吾欲与若复牵黄犬俱出上蔡东门逐狡兔，岂可得乎！"正是《史记》悲剧美学的反映。李斯置身于当时的历史洪流中，有拒绝，有抵制，有痛苦，有挣扎。人物的命运既与自身的性格相关，又不仅仅限于此。此外，虽然这里是为李斯一人作传，但出于史实记载的需要，传记中的次要人物也是需要关注的。此篇虽名《李斯列传》，但司马迁对赵高这个秦朝历史中的关键人物的大量刻画，也使本传实有李、赵二人合传之名。所以在分析李斯其人时，也应注意司马迁对赵高、胡亥的描写，感受次要人物和主要人物命运交织而引起的情节冲突。

总之，司马迁在本篇中对史料的取舍、人物形象的塑造、情节前后的照应与对比等都有很好的把握。

李斯者，楚上蔡①人也。年少时，为郡小吏，见吏舍厕中鼠食不洁，近人犬，数惊恐之。斯入仓，观仓中鼠，食积粟，居大庑②之下，不见人犬之忧。于是李斯乃叹曰："人之贤不肖譬如鼠矣，在所自处耳！"

◎**注释** ①〔上蔡〕汝南上蔡县，战国时为楚地，因此称"楚上蔡"，今属河南驻马店。②〔庑（wǔ）〕房屋。

◎**大意** 李斯，楚国上蔡人。他年轻时，担任郡里的小官员，看到办公处厕所里的老鼠吃脏东西，人或狗接近时，多次受惊。李斯进入仓库，看到仓库中的老鼠，吃着囤积的粟米，住在大屋子里，不见它被人或狗惊扰。于是李斯慨叹："人有出息还是没出息，就像老鼠一样，是由自己所处的环境决定的！"

乃从荀卿①学帝王之术。学已成，度楚王不足事，而六国皆弱，无可为建功者，欲西入秦。辞于荀卿曰："斯闻得时无怠，今万乘方争时，游者②主事。今秦王欲吞天下，称帝而治，此布衣驰骛之时而游说者之秋③也。处卑贱之位而计不为者，此禽（擒）鹿视肉，人面而能强行者耳。故诟莫大于卑贱，而悲莫甚于穷困。久处卑贱之位，困苦之地，非④世而恶利，自托于无为，此非士之情也。故斯西说秦王矣。"

◎**注释** ①〔荀卿〕即荀子，战国时期赵国人，著名的思想家、文学家以及政治家。②〔游者〕游说的人。③〔秋〕时机、时候。④〔非〕非议。

◎**大意** 于是李斯跟荀卿学习统治天下的理论和策略。完成学业之后，李斯估计楚王不能成大事，而六国都衰弱，不可能为他们建功立业，想向西到秦国。他辞别荀卿说："我听说抓住时机就不要松懈。如今各诸侯国都在争斗的时候，游说之士掌握实权。现在秦王想吞并天下，称帝统治，这正是平民出身的政治活动家和游说之士奔走四方、施展抱负的好时机。处于卑贱地位而不想办法的人，就像是捉住了鹿而只能看着它的肉却吃不到嘴里，白白长了一副人的面孔而只能勉强直立行走。所以没有比卑贱更大的耻辱，没有比穷困更大的悲哀。长期处于卑贱的地位、穷困的逆境之中，还非议世俗，厌恶名利，标榜与世无争，这不是士人的本意。所以我将向西去游说秦王。"

至秦，会庄襄王卒，李斯乃求为秦相文信侯吕不韦舍人；不韦贤①之，任以为郎。李斯因以得说，说秦王曰："胥人②者，去其几③也。成大功者，在因瑕衅④而遂忍之。昔者秦缪公之霸，终不东并六国者，何也？诸侯尚众，周德未衰，故五伯（霸）迭兴，更尊周室。自秦孝公以来，周室卑微，诸侯相兼，关东为六国，秦之乘胜役诸侯，盖六世矣。今诸侯服秦，譬若郡县。夫以秦之强，大王之贤，由灶上骚（扫）除⑤，足以灭诸侯，成帝业，为天下一统，此万世之一时也。今怠而不急就，诸侯复强，相聚约从，虽有黄帝之贤，不能并也。"秦王乃拜斯为长史，听其计，阴遣谋士赍持金玉以游说诸侯。诸侯名士可下以财者，厚遗结之；不肯者，利剑刺之。离其君臣之计，秦王乃使其良将随其后。秦王拜斯为客卿。

◎**注释** ①〔贤〕认为……贤。②〔胥人〕一般的人，普通人。③〔几〕机会。④〔瑕衅〕可乘之机。⑤〔骚除〕扫除。

◎**大意** 到了秦国，适逢秦庄襄王去世，李斯就请求充当秦国丞相文信侯吕不韦的家臣；吕不韦认为他贤能，任命他为侍卫官。李斯因此有了游说的机会，游说秦王说："平庸的人，常失去机会。成就大功业的人，总是在有机可乘时下狠心消灭敌人。从前秦穆公称霸，但最终没有向东兼并六国，为什么呢？当时诸侯还相当多，周王室德望没有衰落，所以五霸交替兴起，更相尊奉周王室。自从秦孝公以来，周王室卑弱衰微，诸侯互相兼并，函谷关以东地区形成六国，秦国乘胜控制诸侯，已经有六代了。如今诸侯服从秦国，就像秦国的郡县一样。以秦国的强大、大王的贤明，如同扫除灶上的灰尘，完全可以消灭诸侯，成就帝业，统一天下，这是万世难逢的好机会呀。现在懈怠不赶紧去做，诸侯再强盛，互相聚合订立合纵盟约，即使有黄帝的贤明，也不能兼并它们了。"秦始皇就任命李斯为长史，听从他的计谋，暗中派遣谋士挟带黄金美玉去游说诸侯国。诸侯国的知名人士可以用金钱收买的，就赠送厚礼来结交他们；不肯接受礼物的，就用利剑刺杀他们。施展离间诸侯国君臣关系的计策后，秦王接着派得力将领去攻打。秦王任命李斯为客卿。

会韩人郑国①来间秦，以作注溉渠，已而觉。秦宗室大臣皆言秦王曰："诸侯人来事秦者，大抵为其主游间于秦耳，请一切逐客。"李斯议亦在逐中。斯乃上书曰：

◎**注释** ①〔郑国〕战国时期韩国卓越的水利专家，韩国都城新郑（今河南新郑）

人。被韩王派去秦国修建水利工事，从而"疲秦"。但是郑国渠的修建，却使关中成为天下粮仓。

◎**大意**　正巧韩国人郑国来离间秦国君臣，劝说秦国修建灌溉的水渠，不久被发觉。秦国宗室大臣都对秦王说："诸侯国的人来为秦国服务的，大都是为他们的国君到秦国来游说离间罢了，请大王把所有宾客一律驱逐。"李斯也在被提议放逐的行列中。李斯就上书说：

　　臣闻吏议逐客，窃以为过矣。昔缪公求士，西取由余于戎，东得百里奚①于宛，迎蹇叔②于宋，来丕豹、公孙支于晋。此五子者，不产于秦，而缪公用之，并国二十，遂霸西戎。孝公用商鞅之法，移风易俗，民以殷盛，国以富强，百姓乐用，诸侯亲服，获楚、魏之师，举地千里，至今治强。惠王用张仪之计，拔③三川之地，西并巴、蜀，北收上郡，南取汉中，包九夷，制鄢、郢④，东据成皋⑤之险，割膏腴之壤，遂散六国之从，使之西面事秦，功施到今。昭王得范雎，废穰侯，逐华阳，强公室，杜私门，蚕食诸侯，使秦成帝业。此四君者，皆以客之功。由此观之，客何负于秦哉！向使四君却客而不内（纳），疏士而不用，是使国无富利之实而秦无强大之名也。

◎**注释**　①〔百里奚〕原为虞国大夫，晋欲灭虢，向虞国借道，百里奚以唇亡齿寒的道理劝阻虞君，不听，结果虞国也被晋国所灭。百里奚被俘后潜逃，又被楚人捕获。秦穆公以五张羊皮将他换回，任以国政，遂佐穆公称霸。②〔蹇叔〕百里奚在秦被任用后向穆公推荐蹇叔，穆公迎以为上大夫。③〔拔〕攻下。④〔鄢（yān）、郢（yǐng）〕都曾为楚国都城。⑤〔成皋〕在今河南荥阳西北。

◎**大意**　我听说官吏提议驱逐宾客，私下认为是错误的。从前缪公寻找人才，西面从戎地找到由余，东面从宛地得到了百里奚，从宋国迎来了蹇叔，从晋国招来了丕豹、公孙支。这五个人不在秦国出生，而秦穆公重用他们，吞并了二十多个国家，于是称霸西戎。秦孝公采用商鞅的新法，移风易俗，人民因此殷实兴盛，国家因此富裕强盛，百姓乐于为国家效力，诸侯亲近归附，俘获了楚国、魏国的军队，攻占了千里土地，直到今天国家仍太平强盛。秦惠王用张仪的计策，夺取了三川地区，向西兼并了巴、蜀，向北收取上郡，向南攻取汉中，囊括九夷，控制鄢、郢地区，向东占据成皋险关，割占了肥沃的土地，于是瓦解了六国的合纵联盟，使他们向西服从秦国，功业一直延续到今天。秦昭王得范雎，废黜穰侯，驱逐华阳君，使王室权力强大，杜绝了贵戚的专权，蚕食诸侯国，使秦国成就了帝王大业。这四位君主，都是依靠了宾客的功劳。由此看来，宾客有什么地方对不起秦国呢！假使这四位君主拒绝宾客而不接纳，疏远贤士而不加任用，这就会使秦国既无富足之实，又无强大之名了。

今陛下致①昆山之玉，有随、和之宝，垂明月之珠，服太阿之剑，乘纤离之马，建翠凤之旗，树灵鼍②之鼓。此数宝者，秦不生一焉，而陛下说（悦）之，何也？必秦国之所生然后可，则是夜光之璧不饰朝廷，犀象之器不为玩好，郑、卫之女不充后宫，而骏良駃騠③不实外厩，江南金锡不为用，西蜀丹青不为采。所以饰后宫充下陈娱心意说（悦）耳目者，必出于秦然后可，则是宛珠之簪，傅玑之珥④，阿缟之衣，锦绣之饰不进于前，而随俗雅化佳冶窈窕赵女不立于侧也。夫击瓮叩缶弹筝搏髀⑤，而歌呼呜呜快耳者，真秦之声也；《郑》《卫》《桑间》《昭》《虞》《武》《象》者，异国之乐也。今弃击瓮叩缶而就《郑》《卫》，退弹筝而取《昭》《虞》，若是者何也？快意当前，适观而已矣。今取人则不然。不问可否，不论曲直，非秦者去，为客者逐。然则是所重者在乎色乐珠玉，而所轻者在乎人民也。此非所以跨海内制诸侯之术也。

◎**注释** ①〔致〕招致，罗致。②〔灵鼍（tuó）〕即扬子鳄，先秦时期被视为灵物。

因鼓用鳄鱼皮蒙制，故用灵鼍指称鼓。③〔驶䮭（jué tí）〕良马。④〔傅玑（jī）之珥（ěr）〕傅，粘贴，装饰。玑，小珠。珥，耳饰。⑤〔搏髀（bì）〕拍大腿。

◎**大意** 现在陛下罗致昆山的美玉，拥有隋侯之珠、和氏之璧，垂挂着明月珠，佩带着太阿剑，骑着纤离马，竖立起用翠凤羽毛装饰的旗，陈设起用鼍皮蒙的鼓。这几件宝物，没有一样是秦国出产的，而陛下喜爱它们，为什么呢？一定是秦国出产的才可以的话，那么夜光之璧就不能用来装饰朝廷，犀角象牙饰物就不能用来赏玩，郑国、卫国的美女就不能招来充实后宫，良马也不能养在马厩里，江南的金锡不能供人使用，西蜀的丹青颜料不能用来彩绘。如果用来装饰后宫、充当姬妾、娱人心意、乐人耳目的东西，一定要出产于秦国才可以的话，那么用宛地珍珠装饰的簪子、用玑珠镶嵌的耳坠、东阿白绢制成的衣服、锦绣制成的饰物都不能进献到面前，而那些时髦娴雅、身容娇美的赵国女子也不能侍立于您的身边。击打瓦瓮扣敲酒器，弹着秦筝拍着大腿呜呜歌唱而使耳目愉快的，才是真正的秦国音乐。像《郑》《卫》《桑间》《昭》《虞》《武》《象》等，是其他国家的音乐。如今抛弃击打瓦瓮扣敲酒器而欣赏《郑》《卫》，把弹筝放在一边而欣赏《昭》《虞》之曲，这样做是为什么呢？图眼前快乐、满足耳目的需求罢了。如今用人却不是这样，不问是否可用，不论是非曲直，不是秦国的就要除掉，客卿一律被驱逐。这样做就是只看重女色音乐珠宝美玉，而轻视人才。这不是统一天下控制诸侯的策略啊！

　　臣闻地广者粟多，国大者人众，兵强则士勇。是以太山不让土壤，故能成其大；河海不择细流，故能就其深；王者不却众庶，故能明其德。是以地无四方，民无异国，四时充美，鬼神降福，此五帝、三王之所以无敌也。今乃弃黔首①**以资敌国，却宾客以业诸侯，使天下之士退而不敢西向，裹足不入秦，此所谓"藉寇兵而赍**②**盗粮"者也。**

◎**注释** ①〔黔首〕百姓。②〔赍（jī）〕把东西送给别人。
◎**大意** 我听说土地广阔粮食就充足，国家广大人口就众多，军队强大士兵就勇敢。因此泰山不拒绝土壤，所以能成就它的高大；河海不挑剔细小的水流，所以能够成就它的深广；帝王不舍弃民众，所以能够彰显他的恩德。因此土地不论四方，民众不分国别，一年四季充实美满，鬼神赐予福泽，这就是五帝、三王无敌于天下的原因。如今陛下抛弃了百姓来帮助敌国，排斥宾客而使他们为其他诸侯国建立功业，使天下的人才退缩而不敢西行，如缠住双脚一样不敢进入秦国，这就是所谓"借兵器给敌寇而送粮食给强盗"啊。

夫物不产于秦，可宝者多；士不产于秦，而愿忠者众。今逐客以资敌国，损民以益仇，内自虚而外树怨于诸侯，求国无危，不可得也。

◎**大意**　物品不出产在秦国的，值得珍视的很多；士人不出生在秦国的，愿意效忠的也很多。如今驱逐宾客来资助敌国，减少民众以帮助仇敌，使自己内部空虚而外部又与诸侯结下怨恨，要使国家没有危险，是不可能的。

秦王乃除逐客之令，复李斯官，卒用其计谋。官至廷尉①。二十余年，竟②并天下，尊主为皇帝，以斯为丞相。夷郡县城，销其兵刃，示不复用。使秦无尺土之封，不立子弟为王、功臣为诸侯者，使后无战攻之患。

◎**注释**　①〔廷尉〕官名，主管司法刑狱，秦始置，北齐后改名为"大理卿"。②〔竟〕最终。
◎**大意**　于是秦王废除驱逐宾客的命令，恢复了李斯的官职，最终采用了他的计谋。李斯官至廷尉。经过二十多年，秦国最终兼并了天下，尊崇秦王为皇帝，任命李斯为丞相。拆除郡县的城墙，销毁郡县的兵器，以表示不再使用。秦国的土地一尺也不分封，不立宗室子弟为王、不立功臣为诸侯，为的是以后不再有战争的祸患。

始皇三十四年，置酒咸阳宫，博士仆射周青臣等颂称始皇威德。齐人淳于越①进谏曰："臣闻之，殷、周之王千余岁，封子弟功臣自为支辅。今陛下有海内，而子弟为匹夫，卒有田常、六卿之患，臣无辅弼，何以相救哉？事不师古而能长久者，非所闻也。今青臣等又面谀以重陛下过，非忠臣也。"始皇下其议丞相。丞相谬其说，绌②其辞，乃上书曰："古者天下散乱，莫能相一，是以诸侯并作，语皆道古以害今，饰虚言以乱实，人善其所私学，以非上所建立。今陛下并有天下，别白黑而定一尊；而私学乃相与非法教之制，闻令下，即各以其私学议之，入则心非，出则巷议，非主以为名，异趣以为高，率群下以造谤。如此不禁，则主势降乎上，党与成乎下。禁之便。臣请诸有文学《诗》《书》百家语者，蠲③除去之。令到满三十日弗去，黥为城旦④。所不去者，医药卜筮种树之书。若有欲学者，以吏为师。"始皇可其议，收去《诗》《书》百家之语以愚百姓，使天下无以古非今。明法度，定律令，皆以始皇起。同文书。治离宫别馆，周遍天下。明年，又巡狩，外攘四夷，斯皆有力焉。

◎**注释** ①〔淳于越〕战国时齐国博士，秦朝时曾任仆射，主张实行分封。②〔绌〕批驳。③〔蠲（juān）〕免除。④〔黥为城旦〕黥，古代刑罚，在面额刻字，并涂以墨。城旦，古代刑罚名，一种筑城四年的劳役。

◎**大意** 秦始皇三十四年，在咸阳宫摆设酒宴，博士仆射周青臣等人称颂秦始皇的威望德行。齐人淳于越进谏道："我听说，殷和周统治天下一千多年，分封子弟及功臣，作为自己的辅佐力量。如今陛下享有天下，宗室子弟却为平民，如若出现田常、六卿那样的祸患，没有辅佐的藩臣，怎么来救助呢？办事不学习古人的经验而能够长久的，我没有听说过。现在周青臣等人又当面阿谀奉承以加重陛下的过失，不是忠臣。"始皇把这个意见交给丞相讨论。李斯认为这种说法荒谬，批驳他的说法。于是李斯上书说："古代天下散乱，没有谁能统一，因此诸侯纷纷兴起，人们说话都称道过去而非议当代，用空言粉饰以混乱事实，人人都称赞自己一派的学说，来否定朝廷所建立的法令制度。如今陛下已经统一天下，分辨了黑白是非，使海内共同尊崇皇帝一人；然而私家学说非议朝廷的法令制度，听说法令颁布，立即用自己的一套学说来评论它，在家的时候怀有不满，外出的时候就在街头巷尾议论，以批评君王来炫耀自己的名声，以标新立异为高明，率领下层民众诽谤朝廷。这种情况如不禁止，那么在上面的君主的权势要下降，在下面的臣子就要结成党朋。禁止这种情况才有利。我请求凡有《诗》《书》诸子百家著作的，都要清除掉。命令下达三十天后还不清除的，处以黥刑并服四年的筑城苦役。不在清除之列的，是医药、占卜、种植等类的书籍。如果有想学习的，可拜官吏为老师。"秦始皇认可他的奏议，收缴了《诗》《书》和诸子百家的著作以使百姓愚昧，使天下的人无法借古讽今。严明制度，修订律令，都从秦始皇开始。统一文字。修建离宫别馆，使其遍布天下。第二年，秦始皇又巡视各地，对外讨伐四方异族，李斯都出了力。

斯长男由为三川守，诸男皆尚秦公主，女悉嫁秦诸公子。三川守李由告归咸阳，李斯置酒于家，百官长皆前为寿，门廷车骑以千数。李斯喟然而叹曰："嗟乎！吾闻之荀卿曰'物禁大盛'。夫斯乃上蔡布衣，闾巷之黔首，上不知其驽下，遂擢①至此。当今人臣之位无居臣上者，可谓富贵极矣。物极则衰，吾未知所税（脱）驾②也！"

◎ **注释** ①〔擢〕提拔。②〔税驾〕停车。这里引申为归宿。
◎ **大意** 李斯的长子李由担任三川郡守，几个儿子都娶了秦国的公主，女儿都嫁了秦国的皇族子弟。三川郡守李由请假回咸阳，李斯在家中设下酒宴，文武百官都前往祝贺，门前的车马数以千计。李斯深深叹息说："唉！我听荀卿说过'事物忌过于旺盛'。我原是上蔡的平民、街巷里的普通百姓，皇帝不知道我才能平庸，才把我提拔到这个地步。如今做臣子的没有人地位在我之上的，可以说是富贵到极点了。事物发展到极点就要衰退，我不知道归宿在何方呢！"

始皇三十七年十月，行出游会稽，并海上，北抵琅邪。丞相斯、中车府令赵高兼行符玺令事，皆从。始皇有二十余子，长子扶苏以数直谏上，上使监兵上郡，蒙恬为将。少子胡亥爱，请从，上许之。余子莫从。

◎**大意**　秦始皇三十七年十月，出外巡游到会稽山，沿海北上，抵达琅琊。丞相李斯、中车府令赵高兼管符节玺令事务，都跟随着。秦始皇有二十多个儿子，长子扶苏因多次直言劝谏皇帝，始皇派他到上郡监督军队，蒙恬为将领。小儿子胡亥受到宠爱，请求随从，皇上同意了。其余的儿子都没有随从。

　　其年七月，始皇帝至沙丘，病甚，令赵高为书赐公子扶苏曰："以兵属蒙恬，与丧会咸阳而葬。"书已封，未授使者，始皇崩。书及玺皆在赵高所，独子胡亥、丞相李斯、赵高及幸宦者五六人知始皇崩，余群臣皆莫知也。李斯以为上在外崩，无真太子，故秘之。置始皇居辒辌车①中，百官奏事、上食如故，宦者辄从辒辌车中可诸奏事。

◎**注释**　①〔辒辌（wēn liáng）车〕指古代的卧车，也可用作丧车。
◎**大意**　这一年七月，秦始皇到达沙丘，病重，命令赵高写信给公子扶苏说："把军队交给蒙恬，到咸阳参加葬礼，然后安葬。"书信都已封好，但还没交给使者，秦始皇就去世了。书信和印玺都在赵高处，只有小儿子胡亥、丞相李斯、赵高以及受宠幸的五六个宦官知道始皇去世，其他的大臣都不知道。李斯认为皇帝在外地去世，朝中没有正式确定的太子，所以秘不发丧。将秦始皇的尸体安放在一辆封闭而能通风的卧车中，百官报告政事、进献饮食和平常一样，宦官则从安放秦始皇尸体的卧车中批准各种奏报的政事。

　　赵高因留所赐扶苏玺书，而谓公子胡亥曰："上崩，无诏封王诸子而独赐长子书。长子至，即立为皇帝，而子无尺寸之地，为之奈何？"胡亥曰："固也。吾闻之，明君知臣，明父知子。父捐命①，不封诸子，何可言者！"赵高曰："不然。方今天下之权，存亡在子与高及丞相耳，愿子图之。且夫臣人与见臣于人，制人与见制于人，岂可同日道哉！"胡亥曰："废兄而立弟，是不义也；不奉父诏而畏死，是不孝也；能薄而材谫②，强因人之功，是不能也：三者逆德，天下不服，身殆倾危，社稷不血食。"高曰："臣闻汤、武杀其主，天下称义焉，不为不忠。卫君杀其父，而卫国载其德，孔子著之，不为不孝。夫大行不小谨③，盛德不辞让，乡曲各有宜而百官不同功。故顾小而忘大，后必有害；狐疑犹豫，后必有悔。断而敢行，鬼神避之，后有成功。愿子遂④之！"胡亥喟然叹曰："今大行未发，丧礼未终，岂宜以此事干丞相哉！"赵高曰："时乎时乎，间⑤不及谋！赢粮跃马，唯恐后时！"

◎**注释** ①〔捐命〕失去生命，意谓死亡。②〔谫（jiǎn）〕浅薄。③〔小谨〕细枝末节的小事。④〔遂〕顺依，就这样。⑤〔间〕空隙，这里指的是时间短暂。

◎**大意** 赵高趁机扣留下秦始皇赐给扶苏的盖过印玺的书信，而对公子胡亥说："皇上去世，没有诏令分封各位公子为王而只赐给长子一封书信。长子到来，立即会被立为皇帝，而您没有尺寸的封地，怎么办呢？"胡亥说："本来就是。我听说，贤明的君主了解臣下，贤明的父亲了解儿子。父亲临终，不分封儿子们，还有什么可说的呢！"赵高说："不对。如今天下的大权，存亡在您与我以及丞相罢了，希望您考虑一下。况且使别人称臣和向别人称臣，控制别人和被别人控制，怎么能够相提并论呢！"胡亥说："废黜兄长而拥立弟弟，这是不义；不尊奉父亲的诏令而怕死，这是不孝；能力低下而才智浅陋，勉强依靠别人而建立功业，这是无能。做这三件违反道德的事，天下人不服，自身将陷于危险，国家也会灭亡。"赵高说："我听说商汤、周武王杀死他们的君王，而天下人称赞是义举，不算不忠。卫君杀死他的父亲，而卫国人称颂他的功德，孔子记载了这件事，不算不孝。做大事可以不拘于细枝末节，道德崇高不必在细节上礼让，乡里风俗各有不同，百官职事各有分工。所以顾细节而失大体，日后必定有祸害；多疑拿不定主意，日后必定要后悔；果断而敢于去做，鬼神也会回避，日后必定成功。希望您按我说的去做。"胡亥深深叹息说："如今皇上去世还未发丧，丧礼没有结束，怎好拿这种事去要求丞相呢！"赵高说："时间啊时间，短暂得来不及谋划！我如同背负干粮骑马赶路一样，唯恐耽误了时间！"

胡亥既然高之言，高曰："不与丞相谋，恐事不能成，臣请为子与丞相谋之。"高乃谓丞相斯曰："上崩，赐长子书，与丧会咸阳而立为嗣。书未行，今上崩，未有知者也。所赐长子书及符玺皆在胡亥所，定太子在君侯与高之口耳。事将何如？"斯曰："安得亡国之言！此非人臣所当议也！"高曰："君侯自料能孰与①蒙恬？功高孰与蒙恬？谋远不失孰与蒙恬？无怨于天下孰与蒙恬？长子旧而信之孰与蒙恬？"斯曰："此五者皆不及蒙恬，而君责之何深也？"高曰："高固内官之厮役也，幸得以刀笔之文进入秦宫，管事二十余年，未尝见秦免罢丞相功臣有封及二世者也，卒皆以诛亡。皇帝二十余子，皆君之所知。长子刚毅而武勇，信人而奋士，即位必用蒙恬为丞相，君侯终不怀通侯之印归于乡里，明矣。高受诏教习胡亥，使学以法事数年矣，未尝见过失。慈仁笃厚，轻财重士，辩于心而诎②于口，尽礼敬士，秦之诸子未有及此者，可以为嗣。君计而定之。"斯曰："君其反（返）位！斯奉主之诏，听天之命，何虑之可定也？"高曰："安可危也，危可安也。安危不定，何以贵圣？"斯曰："斯，上蔡闾巷布衣也，上幸擢为丞相，封为通侯③，子孙皆至尊位重禄者，故将以存亡安危属臣也。岂可负哉！夫忠臣不避死而庶几④，孝子不勤劳而见危，人臣各守其职而已矣。君其勿复言，将令斯得罪。"高曰："盖闻圣人迁徙无常，就变而从时，见末而知本，观指而睹归。物固有之，安得常法哉！方今天下之权命悬于胡亥，高能得志焉。且夫从外制中谓之惑，从下制上谓之贼。故秋霜降者草花落，水摇动者万物作，此必然之效也。君何见之晚？"斯曰："吾闻晋易太子，三世不安；齐桓兄弟争位，身死为戮；纣杀亲戚，不听谏者，国为丘墟，遂危社稷：三者逆天，宗庙不血食。斯其犹人哉，安足为谋！"高曰："上下合同，可以长久；中外若一，事无表里。君听臣之计，即长有封侯，世世称孤，必有乔、松之寿，孔、墨之智。今释此而不从，祸及子孙，足以为寒心。善者因祸为福，君何处⑤焉？"斯乃仰天而叹，垂泪太息曰："嗟乎！独遭乱世，既以不能死，安托命哉！"于是斯乃听高。高乃报胡亥曰："臣请奉太子之明命以报丞相，丞相斯敢不奉令！"

◎**注释** ①〔孰与〕与……相比怎么样。②〔诎〕指言语迟钝。③〔通侯〕秦汉时代侯爵的最高一等。④〔庶几〕希望。⑤〔何处〕如何处理，如何打算。

◎**大意** 胡亥赞同赵高的话后，赵高说："不跟丞相商议，恐怕事情不能成功，我请求为您与丞相商议这件事。"赵高就去对丞相李斯说："始皇去世，赐给长子书信，让他到咸阳参加丧礼并立为继承人。书信没有发出，如今皇帝去世，没有知道这件事的人了。皇帝赐给长子的书信以及符玺都在胡亥手里，确定太子在您和我一句话罢了。这事准备如何办？"李斯说："怎么能说出这种亡国的话！这不是为人臣子所应当议论的！"赵高说："您自己估量才能和蒙恬相比怎么样？功劳高低和蒙恬相比怎么样？谋略深远而不失误和蒙恬相比怎么样？被天下人拥戴和蒙恬比起来怎么样？跟长子有旧交又深得信任相比蒙恬怎么样？"李斯说："这五个方面我都不如蒙恬，您为什么要如此苛求我呢？"赵高说："我本来是宦官仆吏，有幸凭着精通刑法条文进入秦朝宫廷，管理事务二十多年，没有见过被皇帝罢免的丞相、功臣有把封爵传到第二代的，最终都被诛杀。皇帝有二十多个儿子,都是您所了解的。长子刚毅而且勇武,信任人并善于激励人,即位后肯定会用蒙恬担任丞相,您最终不能带着通侯的印信回到家乡,这是很明显的。我奉诏令教育胡亥,让他学习法律已经好几年了,没有见过他的过失。他仁慈忠厚,轻视钱财而重视贤士,内心敏捷但不善言辞,竭尽礼仪尊敬贤士,秦皇室的各位儿子没有谁赶得上他,可以做继承人。您考虑后做决定吧。"李斯说:"您回到您的位置上去吧!我遵照皇上的诏令,听从上天的安排,有什么事需要考虑决定的呢?"赵高说:"安全可以转为危险,危险可以转为安全。在安危面前不早做决定,怎么能算尊贵圣明呢?"李斯说:"我本是上蔡街巷里的平民,承蒙皇上提拔为丞相,封为通侯,子孙都得到尊贵的地位和丰厚的俸禄,所以皇帝把国家安危存亡托付于我。我怎么能辜负皇上!忠臣不会因贪生而希望生存,孝子不因过分操劳而危害自身,为人臣子要恪守自己的职分。您不要再说了,否则会使我蒙受罪过。"赵高说:"听说圣人处世变化无常,为了顺应时势的变化赶上时代,看见事物的苗头就知道事物的根本,看见事物的动向就知道事物的归宿。事物本来就有变化,哪有一成不变的道理!如今天下的权力和命运都掌握在胡亥手中,我能控制局势。况且由外朝来控制内朝叫作惑乱,从下面来控制上面叫作反叛。所以秋霜一降花草随之凋落,冰消雪化就万物更生,这是必然的结果。您为什么见识如此迟钝呢?"李斯说:"我听说晋国改立太子,三代不得安宁;齐桓公兄弟争夺王位,被人杀死;商纣杀害亲戚,不听从劝谏,国家成为废墟,终于危害社稷:这三件事违背天意,造成国破家亡。我还是人啊,怎么能参与这种阴谋!"赵高说:"上下齐心,可以长久;内外一致,事无差错。您听我的计策,就会长期保有爵位,世世代代称王称侯;肯定会有王子乔、赤松子那样的长寿,孔子、墨子那样的智慧。现在放弃这个机会,灾祸连及子孙,实在令人寒心。聪明人可以因祸得福,您究竟作何打算?"于是李斯仰面朝天叹息,流着眼泪长叹:"唉!我偏偏遭遇这样的乱世,既然不能去死,又到哪里寄托我的生命呢?"于是李斯就听从了赵高的建议。赵高就向胡亥报告说:"我请求奉太子的命令去通报丞相,丞相怎敢不服从命令。"

于是乃相与谋,诈为受始皇诏丞相立子胡亥为太子。更为书赐长

子扶苏曰："朕巡天下，祷祠名山诸神以延寿命。今扶苏与将军蒙恬将师数十万以屯边，十有（又）余年矣，不能进而前，士卒多耗（耗），无尺寸之功，乃反数上书直言诽谤我所为，以不得罢归为太子，日夜怨望。扶苏为人子不孝，其赐剑以自裁！将军恬与扶苏居外，不匡正，宜知其谋。为人臣不忠，其赐死，以兵属裨将①王离。"封其书以皇帝玺，遣胡亥客奉书赐扶苏于上郡。

◎**注释** ①〔裨（pí）将〕副将。
◎**大意** 于是李斯就参与谋划，假称受了秦始皇给丞相的诏令，立秦始皇的儿子胡亥为太子。另伪造诏书给秦始皇的长子扶苏说："我巡视天下，请求各地名山的神灵以延长寿命。如今扶苏与将军蒙恬率领几十万军队守卫边疆，十多年了。不能向前开拓疆土，士兵多有死亡，没有一点功劳，反而多次上书直言毁谤我的行为，因为不能免除屯守任务回朝当太子，整天抱怨。扶苏作为儿子不孝顺，现赐剑让你自杀！将军蒙恬与扶苏居住在外，不纠正扶苏的过错，应当知道他的阴谋。作为臣下不忠诚，赐死，把军队交给副将王离。"封好这封信并盖上皇帝的印，派胡亥的门客带着书信到上郡交给扶苏。

使者至，发书①，扶苏泣，入内舍，欲自杀。蒙恬止扶苏曰："陛下居外，未立太子，使臣将三十万众守边，公子为监，此天下重任也。今一使者来，即自杀，安知其非诈？请复请，复请而后死，未暮也。"使者数趣②之。扶苏为人仁，谓蒙恬曰："父而赐子死，尚安复请！"即自杀。蒙恬不肯死，使者即以属吏，系于阳周。

◎**注释** ①〔发书〕打开诏书。②〔趣（cù）〕催促。
◎**大意** 使者到达，拆开书信，扶苏看后哭泣，进入内室，想自杀。蒙恬劝止扶苏说："陛下居住在外，没有立太子，派我带领三十万兵士守边，公子为监军，这是天下的重任。如今来了一个使者,就自杀,怎么知道这不是假的?请您再请示,请示之后再死,不迟。"使者多次催促扶苏,扶苏为人忠厚,对蒙恬说:"父亲赐儿子死,还用得着再请示吗!"就自杀了。蒙恬不肯死,使者就把他交给司法官吏,囚禁在阳周。

使者还报,胡亥、斯、高大喜。至咸阳,发丧,太子立为二世皇帝。以赵高为郎中令,常侍中用事。

◎**大意** 使者回来报告,胡亥、李斯、赵高很高兴。回到咸阳,给秦始皇发丧,太子胡亥被立为二世皇帝。任命赵高为郎中令,经常在宫中侍奉皇帝,并掌握实权。

二世燕居①,乃召高与谋事,谓曰:"夫人生居世间也,譬犹骋六骥过决隙也。吾既已临天下矣,欲悉耳目之所好,穷心志之所乐,以安宗庙而乐万姓,长有天下,终吾年寿,其道可乎?"高曰:"此贤主之所能行也,而昏乱主之所禁也。臣请言之,不敢避斧钺之诛,愿陛下少留意焉。夫沙丘之谋,诸公子及大臣皆疑焉,而诸公子尽帝兄,大臣又先帝之所置也。今陛下初立,此其属意怏怏②皆不服,恐为变。且蒙恬已死,蒙毅将兵居外,臣战战栗栗,唯恐不终。且陛下安得为此乐乎?"二世曰:"为之奈何?"赵高曰:"严法而刻刑,令有罪者相坐诛,至收族,灭大臣而远骨肉;贫者富之,贱者贵之。尽除去先帝之故臣,更置陛下之所亲信者近之。此则阴德归陛下,害除而奸谋塞,群臣莫不被润泽,蒙厚德,陛下则高枕肆志宠乐矣。计莫出于此。"二世然高之言,乃更为法律。于是群臣诸公子有罪,辄下高,令鞫(鞠)③治之。杀大臣蒙毅等,公子十二人僇(戮)死咸阳市，十公主矺（磔）④死于杜，财物入于县官，相连坐者不可胜数。

◎**注释**　①〔燕居〕闲居。②〔怏怏〕不服气的样子。③〔鞫〕通"鞫"，审问治罪。④〔矺（zhé）〕同"磔"，古代分裂肢体的酷刑。

◎**大意**　秦二世退朝闲居，就召见赵高商议事情，对他说："人生在世间，就像驾着六匹骏马飞奔过裂缝那样短暂。我已经统治天下，想满足耳目方面的一切欲望，享受尽我所能想到的一切乐趣，使宗庙安定、百姓快乐，永久享有天下，直到我寿命结束，我的想法行吗？"赵高说："这是贤明的君王能够办到的，而昏乱的君主行不通。我冒昧地说一句不怕杀头的话，请您稍加注意一些。沙丘的密谋，各位公子及大臣都有怀疑，而各位公子都是陛下的兄长，大臣又是先帝所任命的。如今陛下刚继位，这些人心中都怨愤不平，恐怕出变乱。况且蒙恬已经死了，蒙毅领兵在外，我心惊胆战，唯恐不能有好下场，陛下怎能享受这种快乐？"秦二世说："这该怎么办？"赵高说："实行严峻的法律而加重刑罚，让有罪的相互牵连受罚，直至收捕家族所有人员，诛灭大臣并疏远兄弟姐妹；使贫穷的人富有，低贱的人尊贵；除掉先帝所任用的所有旧臣，另外任命陛下所亲信的人在身边。这样他们会内心感激而归附于陛下，祸害消除而奸计杜绝，群臣上下都得到您的恩泽，承受您的厚德，陛下就可以高枕无忧地纵情享乐了。没有比这更好的计谋了。"秦二世赞同赵高的话，于是修改法律。大臣们和各位公子有罪，总是把他们交给赵高，令赵高审讯治罪。杀死大臣蒙毅等，十二个公子在咸阳街市被杀，十个公主在杜县被肢解，财产被官府没收，被牵连治罪的不计其数。

　　公子高欲奔，恐收族，乃上书曰："先帝无恙时，臣入则赐食，出则乘舆。御府之衣，臣得赐之；中厩之宝马，臣得赐之。臣当从死而不能，为人子不孝，为人臣不忠。不忠者无名以立于世，臣请从死，愿葬郦山之足。唯上幸哀怜之。"书上，胡亥大说（悦），召赵高而示之，曰："此可谓急乎？"赵高曰："人臣当忧死而不暇，何变之得

谋!"胡亥可其书,赐钱十万以葬。

◎**大意** 公子高想逃走,害怕全族被收捕,就上书说:"先帝健在的时候,我进宫就赐给食物,出宫就赐乘车。皇帝内府中的衣服,我得到过赏赐;宫中马房中的宝马,我得到过赏赐。我应当跟随先帝去死却没有做到,这是做儿子的不孝顺,做臣子的不忠诚。不忠诚的人没有脸面活在世上,我请求跟随先帝去死,只希望把我葬在骊山脚下。求皇上可怜我。"书上奏后,胡亥十分高兴,召见赵高并给他看,说:"这可以说是急迫无奈了吧?"赵高说:"做臣子的担心死都来不及,哪里还有心思谋反。"胡亥同意了公子高的上书,赐给他十万钱作为安葬费用。

法令诛罚日益刻深,群臣人人自危,欲畔(叛)者众。又作阿房之宫,治直、驰道,赋敛愈重,戍徭无已。于是楚戍卒陈胜、吴广等乃作乱,起于山东,杰俊相立,自置为侯王,叛秦,兵至鸿门而却。李斯数欲请间谏,二世不许。而二世责问李斯曰:"吾有私议而有所闻于韩子也,曰:'尧之有天下也,堂高三尺,采椽不斫①,茅茨不翦,虽逆旅之宿不勤于此矣。冬日鹿裘,夏日葛衣,粝粢②之食,藜藿③之羹,饭土匦④,啜土铏⑤,虽监门之养不觳⑥于此矣。禹凿龙门,通大夏,疏九河,曲九防,决渟水⑦致之海,而股无胈⑧,胫无毛,手足胼胝⑨,面目黎黑,遂以死于外,葬于会稽,臣虏之劳不烈于此矣。'然则夫所贵于有天下者,岂欲苦形劳神,身处逆旅之宿,口食监门之养,手持臣虏之作哉?此不肖人之所勉也,非贤者之所务也。彼贤人之有天下也,专用天下适己而已矣,此所以贵于有天下也。夫所谓贤人者,必能安天下而治万民,今身且不能利,将恶能治天下哉!故吾愿赐志广欲,长享天下而无害,为之奈何?"李斯子由为三川守,群盗吴广等西略地，过去弗能禁。章邯以（已）破逐广等兵，使者覆案三川相属，诮⑩让斯居三公位，如何令盗如此。李斯恐惧，重爵禄，不知所出，乃阿二世意，欲求容，以书对曰：

◎**注释** ①〔采椽（chuán）不斫〕采来木料不加砍削修饰而直接用为椽子。斫，砍。②〔粢粝（zī lì）〕粗劣的饭食。③〔藜藿（lí huò）〕藜，一种野菜。藿，豆叶。④〔土瓯（guǐ）〕土罐。⑤〔土铏（xíng）〕土钵。⑥〔敖（què）〕简陋。⑦〔渟（tíng）水〕积水。⑧〔胈（bá）〕人大腿上的细毛。⑨〔胼胝（pián zhī）〕老茧。⑩〔诮（qiào）〕责备，讥讽。

◎**大意** 法令刑罚一天天严酷苛刻，群臣人人自危，想反叛的人很多。秦二世又造阿房宫，修筑直道、驰道，赋税越来越重，兵役和劳役没有尽头。于是楚地戍守兵士陈胜、吴广等就起来造反，在山东地区起事，英雄豪杰相继响应，自立为侯王，反叛秦朝，他们的军队一直攻到鸿门才退去。李斯多次想找机会劝谏，秦二世不允许。秦二世反而责问李斯说："我有个看法，是从韩非子那里听来的。他说：'尧有天下，殿堂只有三尺，采来做椽子的木料不加雕饰，茅草盖的屋顶不加修剪，即使是旅店的住宿条件，也没有比这艰苦的。冬天穿鹿皮衣，夏天穿麻布衣，吃粗米饭，喝野菜汤，用土罐吃饭，拿土钵喝水，即使看门人的衣食，也不会如此简陋。夏禹开凿龙门，流通大夏，疏浚众多河流，曲折地筑起多道堤防，引导积水进入大海，而大腿上掉了细密的汗毛，小腿上脱了汗毛，手掌脚掌长出了厚茧，面容黝黑，最终累死在外面，葬在会稽山，即使奴隶的劳苦，也不会比这厉害。'那么因统治天下而尊贵的人，难道就想劳苦自己的身心，身住旅社那样的宿舍，口中吃看门人的衣物，双手干和奴隶一样的活吗？这是没出息的人应尽力干的事，不是贤明的人应该干的。贤明的人享有天下，专门用天下的一切来满足自己罢了，这就是以统治天下为尊贵的缘故。所谓贤明的人，肯定能够安定天下并治理百姓，如今连对自身都不能有好处，怎么能治理天下呢！所以我想随心所欲，永久享有天下而不致发生祸害，这该怎么办？"李斯的儿子李由任三川郡守，群盗吴广等向西攻占地盘，李由没能禁止。章邯击败吴广等的部队后，派人相继去调查三川郡，责备李斯居于三公的位置，怎么让盗贼如此猖狂。

李斯恐惧，又把爵位俸禄看得很重，不知怎么办好。于是逢迎秦二世的心意，想求得宽容，便上书回答说：

夫贤主者，必且能全道而行督责之术者也。督责之，则臣不敢不竭能以徇①其主矣。此臣主之分定，上下之义明，则天下贤不肖莫敢不尽力竭任以徇其君矣。是故主独制于天下而无所制也。能穷乐之极矣，贤明之主也，可不察焉！

◎**注释** ①〔徇〕依从，顺从。
◎**大意** 贤明的君主，肯定是能建立一套制度以实行督察责罚统治术的人。实行督察责罚，那么臣下就不敢不尽他所能为君主效命。这样臣下和君主的名分确定了，上下的职责分明了，那么天下无论是有才能还是无才能的人都不敢不尽心尽职地为君主效命。因此君王能专制天下而不受任何制约。这样就能够享尽一切快乐并达到极点。贤明的君主，怎么可以不认识这一点呢？

故申子曰"有天下而不恣睢①，命之曰以天下为桎梏"者，无他焉，不能督责，而顾以其身劳于天下之民，若尧、禹然，故谓之"桎梏"也。夫不能修申、韩之明术，行督责之道，专以天下自适也，而徒务苦形劳神，以身徇百姓，则是黔首之役，非畜天下者也，何足贵哉！夫以人徇己，则己贵而人贱；以己徇人，则己贱而人贵。故徇人者贱，而人所徇者贵，自古及今，未有不然者也。凡古之所为尊贤者，为其贵也；而所为恶不肖者，为其贱也。而尧、禹以身徇天下者也，因随而尊之，则亦失所为尊贤之心矣！夫可谓大缪矣。谓之为"桎梏"，不亦宜乎？不能督责之过也。

◎**注释** ①〔恣睢〕放任无拘束。

◎**大意** 所以申不害说"享有天下而不能为所欲为,这叫作把天下变成约束自身的枷锁",没有别的原因,是因为不能实行督察责罚,而只是劳苦自身为天下民众服务,像尧、禹那样,所以称之为"枷锁"。不能学会申不害、韩非子的高明法术,实行督察责罚的手段,专以天下为自己享乐服务,却白白劳苦身心,为百姓卖命,那就是百姓的奴仆,不是治理天下的人了,有什么值得尊贵的呢!使别人为自己效命,那么自己尊贵而别人低贱;使自己为别人效命,那么自己低贱而别人尊贵。所以为别人效命的人低贱,而别人所效命的人才尊贵,从古至今,没有不是这样的。自古以来尊重贤明的人,是因为他尊贵;厌恶无能的人,是因为他低贱。而尧、禹是用身心为天下效命的人,因循世俗而尊敬他们,那么就失去了尊重贤人的用意,可以说太荒谬了!说他们把天下作为"枷锁",不也很恰当吗?这就是不能督察责罚的过错。

故韩子曰"慈母有败子而严家无格虏"者,何也?则能罚之加焉必也。故商君之法,刑弃灰于道者。夫弃灰,薄罪也,而被(披)刑,重罚也。彼唯明主为能深督轻罪。夫罪轻且督深,而况有重罪乎?故民不敢犯也。是故韩子曰"布帛寻常,庸人不释,铄金百溢(镒),盗跖不搏①"者,非庸人之心重,寻常之利深,而盗跖之欲浅也;又不以盗跖之行,为轻百镒之重也。搏必随手刑,则盗跖不搏百镒;而罚不必行也,则庸人不释寻常。是故城高五丈,而楼季不轻犯也;泰山之高百仞,而跛牂②牧其上。夫楼季也而难五丈之限,岂跛牂也而易百仞之高哉?峭堑之势异也。明主圣王之所以能久处尊位,长执重势,而独擅天下之利者,非有异道也,能独断而审督责,必深罚,故天下不敢犯也。今不务所以不犯,而事慈母之所以败子也,则亦不察于圣人之论矣。夫不能行圣人之术,则舍为天下役何事哉?可不哀邪!

◎ **注释** ①〔搏〕取。②〔牂〕母羊。

◎ **大意** 所以韩非子说"慈爱的母亲有败家的儿子,而严厉的主人没有强悍的奴仆",这是为什么呢?是加重处罚过失的必然结果。所以商鞅的法令,对把灰倒在路上的要判刑。倒灰,轻罪,而判刑,是重罚。只有贤明的君主才能够严厉地督责轻微的罪过。罪过轻微尚且督责严厉,何况犯有重罪呢?所以民众不敢犯罪。因此韩非子说"对几尺绸布,一般人见到就不会放手,百镒熔化的金子,盗跖不会取走",不是平常人的贪心重,几尺绸布的利益大,而盗跖的贪欲小,也不是因为盗跖行为高尚,轻视百镒黄金的重利。原因是一旦夺取,就要受刑,所以盗跖不敢夺取百镒黄金;若是不坚决施行刑罚的话,那么一般人也就不会放弃几尺绸布。因此五丈高的城墙,楼季不敢轻易攀越,而几百丈高的泰山,跛脚的母羊却能爬上山顶。难道楼季能够被五丈高的障碍阻拦,而跛脚的母羊却能轻易地爬上几百丈高的山顶吗?这是因为陡峭与平缓的状况不同。贤明的君主和神圣的帝王之所以能够长久居于尊贵的地位,长期掌握大权而独自垄断天下的利益,不是有特别的办法,而是能够独断专行并严厉地督察和惩罚,所以天下人不敢犯法。如今不致力于让人不犯法,反而学习慈祥的母亲养出败家子,这就是没有弄清圣人的理论。不能够实行圣人的法术,那么除了为天下人服役外还能干什么呢?这难道不悲哀吗?

且夫俭节仁义之人立于朝,则荒肆之乐辍①矣;谏说论理之臣间于侧,则流漫之志诎矣;烈士死节之行显于世,则淫康之虞(娱)废矣。故明主能外此三者,而独操主术以制听从之臣,而修其明法,故身尊而势重也。凡贤主者,必将能拂世磨俗,而废其所恶,立其所欲,故生则有尊重之势,死则有贤明之谥也。是以明君独断,故权不在臣也。然后能灭仁义之涂,掩驰说②之口,困烈士之行,塞聪揜(掩)明,内独视听,故外不可倾以仁义烈士之行,而内不可夺以谏说忿争之辩。故能荦然③独行恣睢之心而莫之敢逆。若此然后可谓能明申、韩之术,而修商君之法。法修术明而天下乱者,未之闻也。故曰"王道约而易操"也。唯明主为能行之。若此则谓督责之诚则臣无邪，臣无邪则天下安，天下安则主严尊，主严尊则督责必，督责必则所求得，所求得则国家富，国家富则君乐丰。故督责之术设，则所欲无不得矣。群臣百姓救过不给，何变之敢图？若此则帝道备，而可谓能明君臣之术矣。虽申、韩复生，不能加也。

◎**注释** ①〔辍〕中止。②〔驰说〕游说。③〔荦（luò）然〕突出貌。

◎**大意** 再说节俭仁义的人在朝中任职，随心所欲的享乐就要中止；劝说论理的臣子留在身边，放荡的心思就要受收敛；烈士为节操而死的行为推崇于社会，安逸享乐的思想就要放弃。所以贤明的君主能够排斥这三种人，而独自掌握统治之术以控制驯服的臣子，建立严明的法度，所以自身尊贵而权势盛大。凡是贤明的君主，一定能够抵制背弃世俗人情，废除他不喜欢的，扶植他想要的；所以生前就有尊贵的权势，死后就有贤明的谥号。正因为贤明的君主独断专行，所以大权不会被臣下掌握。然后才能斩断仁义之路，堵住游说之口，限制节烈人士的行为，闭塞耳朵并蒙上眼睛，一切视听全凭个人内心独断。所以外在行为不致被仁义节烈人士的举动所左右，内心意志也不会被规劝和谏诤的言辞所动摇；所以能够独自放开肆意纵乐的心志，而没有人敢反抗。像这样，就可以明了申不害、韩非子的法术，学会商鞅的法制。精通法制、明了权术，天下还会大乱，这样的事我还没听说过。所以说"帝王统治术简单而容易掌握"。只有贤明的君主能够奉行它。像这样，可以说认真实行了督察责罚而臣下没有邪念了。臣下没有邪念天下就安定，天下安定君主就有尊严，君主有尊严，督察责罚就会彻底，督察责罚彻底，君主的要求就能满足，君主的要求满足国家就会富裕，国家富裕君王的享受就会丰富多彩。所以实施了督察责罚的方法，那么一切想要的没有办不到的。群臣百姓，补救过错还来不及，怎么敢图谋造反！像这样，帝王统治之术完备，可以说能通晓君臣的法术了。即使申不害、韩非子再生，也不能超过。

书奏，二世悦。于是行督责益严，税民①深者为明吏。二世曰：

"若此则可谓能督责矣。"刑者相半于道,而死人日成积于市。杀人众者为忠臣。二世曰:"若此则可谓能督责矣。"

◎**注释** ①〔税民〕向百姓征税。
◎**大意** 李斯上书奏报,秦二世看了很高兴。于是实行督察责罚越来越严酷,向百姓征收重税的官吏被认为是贤明的官吏。秦二世说:"像这样可以说是能够督察责罚了。"路上的行人中有一半是受过刑的,死人的尸体每天堆积在街市上,杀人多的被认为是忠臣。秦二世说:"像这样可以说能够督察责罚了。"

初,赵高为郎中令,所杀及报私怨众多,恐大臣入朝奏事毁恶之,乃说二世曰:"天子所以贵者,但以闻声,群臣莫得见其面,故号曰'朕'。且陛下富于春秋①,未必尽通诸事,今坐朝廷,谴举②有不当者,则见短于大臣,非所以示神明于天下也。且陛下深拱③禁中,与臣及侍中习法者待事,事来有以揆④之。如此则大臣不敢奏疑事,天下称圣主矣。"二世用其计,乃不坐朝廷见大臣,居禁中。赵高常侍中用事,事皆决于赵高。

◎**注释** ①〔富于春秋〕指年少、年轻。春秋,指年数,年数尚多,故年少。②〔谴举〕谴责和荐举,这里指惩罚和奖励。③〔拱〕拱手,指无所事事。④〔揆〕研究,掌握。
◎**大意** 起初,赵高为郎中令,杀害的人以及因报私怨而陷害的人很多,害怕大臣入朝奏报事务时说他的坏话,就劝说秦二世:"天子尊贵,是因为群臣只能听到他的声音,没有一个能见到他的面,所以号称'朕'。况且陛下年纪轻,不一定通晓所有事情,如今坐在朝廷上,责罚赏拔有不妥当的,就在大臣面前暴露了短处,那就不能向天下显示您的神圣与明智了。陛下深居宫中,与我和宫中懂法律的侍奉一起等待事务奏报,事务奏报来再权衡处理。这样,大臣就不敢奏报疑难的事，天下就称颂您为圣明君主了。"秦二世采用了他的建议，就不坐朝接见大臣，而是居住在宫中。赵高经常在宫中侍奉掌权，事务都决定于赵高。

　　高闻李斯以为言，乃见丞相曰："关东群盗多，今上急益发繇（徭）①治阿房宫，聚狗马无用之物。臣欲谏，为位贱。此真君侯之事，君何不谏？"李斯曰："固也，吾欲言之久矣。今时上不坐朝廷，上居深宫，吾有所言者，不可传也，欲见无闲。"赵高谓曰："君诚能谏，请为君候上闲语君。"于是赵高待二世方燕乐②，妇女居前，使人告丞相："上方闲，可奏事。"丞相至宫门上谒，如此者三。二世怒曰："吾常多闲日，丞相不来。吾方燕私，丞相辄来请事。丞相岂少③我哉？且固我哉？"赵高因曰："如此殆矣！夫沙丘之谋，丞相与焉。今陛下已立为帝，而丞相贵不益，此其意亦望裂地而王矣。且陛下不问臣，臣不敢言。丞相长男李由为三川守，楚盗陈胜等皆丞相傍县④之子，以故楚盗公行，过三川，城守不肯击。高闻其文书相往来，未得其审，故未敢以闻。且丞相居外，权重于陛下。"二世以为然。欲案丞相，恐其不审，乃使人案验三川守与盗通状。李斯闻之。

◎**注释**　①〔繇〕通"徭"，徭役，此处指服徭役的民工。②〔燕乐〕在住处安居。③〔少〕轻视，看不起。④〔傍县〕旁边的县，邻县。

◎**大意**　赵高听说李斯进言，就去见丞相说："关东地区成群的盗贼很多，如今皇上却加紧增派劳役去修建阿房宫，搜集狗马之类的无用玩物。我想劝谏，只因为地位低贱，这实在是属于您的事，您为什么不劝谏？"李斯说："确实是啊，我想说已经很久了！如今皇上不坐在朝廷，而居住在深宫，我有要说的话，但不能传达进去，想要见又没有机会。"赵高对他说："您果真能劝谏，请让我趁皇上有空时告诉您。"于是赵高就等秦二世正在闲暇取乐，美女在面前时，派人去告诉丞相："皇上正有时间，可以奏报事务。"丞相到宫门求见，这样一连三次。秦二世发怒说:"我平常空闲的日子很多,丞相不来,我正要私宴娱乐,丞相就来请求奏报事务。丞相难道瞧不起我?还是故意为难我?"赵高趁机说:"这样就危险了!沙丘的阴谋,丞相参与了。如今陛下已立为皇帝,而丞相的尊贵没有增加,他的意思是想割地封王了。而且陛下不问我,我不敢说。丞相的长子李由担任三川郡守,楚地盗贼陈胜等人都是丞相邻县的子弟,因此楚地盗贼横行,经过三川郡时,李由只是防守而不肯出击。我听说他们有文书往来,没能核实,所以不敢来报告。而且丞相居住在宫外,权势重于陛下。"秦二世认为赵高说得对。他想给丞相治罪,又担心所了解的情况不实,就派人去调查三川郡守与盗贼勾结的情况。李斯知道了这个消息。

是时二世在甘泉,方作觳(角)抵优俳①之观。李斯不得见,因上书言赵高之短曰:"臣闻之,臣疑(拟)②其君,无不危国;妾疑(拟)其夫,无不危家。今有大臣于陛下擅利擅害,与陛下无异,此甚不便。昔者司城子罕相宋,身行刑罚,以威行之,期年③遂劫其君。田常为简公臣,爵列无敌于国,私家之富与公家均,布惠施德,下得百姓,上得群臣,阴取齐国,杀宰予于庭,即弑简公于朝,遂有齐国。此天下所明知也。今高有邪佚④之志,危反之行,如子罕相宋也;私家之富,若田氏之于齐也。兼行田常、子罕之逆道而劫陛下之威信,其志若韩玘为韩安相也。陛下不图,臣恐其为变也。"二世曰:"何哉?夫高,故宦人也,然不为安肆志,不以危易心,洁行修善,自使至此,以忠得进,以信守位,朕实贤之,而君疑之,何也?且朕少失先人,无所识知,不习治民,而君又老,恐与天下绝矣。朕非属(嘱)⑤赵君,当谁任哉?且赵君为人精廉强力,下知人情,上能适朕,君其勿疑。"李斯曰:"不然。夫高,故贱人也,无识于理,贪欲无厌,求利不止,列势次主,求欲无穷,臣故曰殆。"二世已前信赵高,恐李斯杀之,乃私告赵高。高曰:"丞相所患者独高，高已死，丞相即欲为田常所为。"于是二世曰："其以李斯属郎中令！"

◎**注释**　①〔觳（jué）抵优俳（pái）〕觳抵，即"角抵"，类似于现在的摔跤。优俳，滑稽戏。②〔疑〕通"拟"，势均力敌。③〔期（jī）年〕一整年。④〔邪佚〕邪僻恣纵。⑤〔属〕托付，依靠。

◎**大意**　这时候，秦二世在甘泉宫，正在观看摔跤和滑稽戏表演。李斯不能见到他，就上书说赵高的过错道："我听说，臣下与国君势均力敌，没有不危害国家的；妾与丈夫平起平坐，没有不危害家庭的。如今有的大臣独揽陛下的赏罚大权，跟陛下没有差别，这非常不利。从前司城子罕在宋国任宰相，亲自执行刑罚，用威权行事，一年后就劫持了他的国君。田常作为简公的臣子，爵位在国内没有人比得上，私家的财富与公家相等，广泛施行恩泽，下得到百姓的拥护，上得到群臣的信任，于是暗中夺取了齐国政权，在庭院杀死宰予，又在朝廷杀死简公，最终掌握了齐国。这是天下人都清楚的。如今赵高有邪恶的意图，危害和反叛的行为，犹如子罕为宋国的丞相；私家的富有，犹如田氏在齐国；他兼行田常、子罕的叛逆手段，窃夺陛下的威信，他的志向犹如韩玘担任韩王安的丞相一样。陛下不想办法对付他，我担心他会叛乱。"秦二世说："为什么呢？赵高，本是宦官，但他不因为处于顺境而为所欲为，不因为处境危险就改变初心，廉洁向善，自己努力才到达今天的地位，他以忠心被提拔，以信实守住职位，我确实认为他贤良，而您怀疑他，为什么？况且我年少时又失去了父亲，没有什么见识，不懂得治理民众，而您又老了，恐怕要和天下人隔绝了。我不依靠赵高，将任用谁呢？况且赵高精明廉洁强壮有力，下能知道民情，上能适合我的心意，请您不要怀疑了！"李斯说："不对。赵高，本是低贱的人，不懂得治理国家，贪婪的欲望不能满足，谋求利益不肯停止，地位权势仅次于君主，欲望无穷，所以我说危险。"秦二世早已信任赵高，恐怕李斯杀掉他，就私下告诉了赵高。赵高说："丞相所害怕的只有我，我一死，丞相就想干田常所做的事。"于是秦二世说："那就把李斯交给郎中令。"

赵高案治李斯。李斯拘执束缚①，居囹圄②中，仰天而叹曰："嗟乎，悲夫！不道之君，何可为计哉！昔者桀杀关龙逢，纣杀王子比干，吴王夫差杀伍子胥。此三臣者，岂不忠哉，然而不免于死，身死而所忠者非也。今吾智不及三子，而二世之无道过于桀、纣、夫差，吾以忠死，宜矣。且二世之治岂不乱哉！日者③夷其兄弟而自立也，杀忠臣而贵贱人，作为阿房之宫，赋敛天下。吾非不谏也，而不吾听也。凡古圣王，饮食有节，车器有数，宫室有度，出令造事，加费而无益于民利者禁，故能长久治安。今行逆于昆弟④，不顾其咎；侵杀忠臣，不思其殃；大为宫室，厚赋天下，不爱其费：三者已行，天下不听。今反者已有天下之半矣，而心尚未寤（悟）也，而以赵高为佐，吾必见寇至咸阳，麋鹿游于朝也。"

◎**注释**　①〔拘执束缚〕被捕后套上刑具。②〔囹圄（líng yǔ）〕监狱。③〔日者〕先前。④〔昆弟〕兄弟。

◎**大意**　赵高负责查办李斯。李斯被抓起来并套上刑具，关在监狱中，仰面朝天叹息说："唉！可悲啊！无道的昏君，怎么可以为他出谋划策呢！从前夏桀杀死关龙逢，商纣杀死王子比干，吴王夫差杀死伍子胥。这三个臣子，难道不忠吗，然而没能免于死亡，他们虽然尽忠而死，只可惜忠非其人。如今我的智谋比不上这三个人，而二世的无道又超过了桀、纣、夫差，我因尽忠而死，是必然的。况且秦二世治国，难道不乱吗！不久前杀死了兄弟而自立为皇帝，杀害忠臣而使贱人尊贵，修建阿房宫，向天下横征暴敛。我不是不劝谏，他不听我的话。凡是古代圣明的帝王，饮食有节制，车马器物有定数，宫殿有限度，颁布命令和办事情，增加费用而不利于百姓的一律禁止，所以能长治久安。如今秦二世叛逆于兄弟，不考虑灾祸；杀害忠臣，不想到后患；大规模建造宫室，加重天下赋税负担，不爱惜钱财。这三件事已经做了，天下人不会服从他。如今造反的已占天下的一半了，而他心里还不醒悟，反而让赵高辅佐，我肯定会看到盗贼进入咸阳，麋鹿在朝廷上嬉游了。"

于是二世乃使高案丞相狱，治罪，责斯与子由谋反状，皆收捕宗族宾客。赵高治斯，榜掠①千余，不胜痛，自诬服②。斯所以不死者，自负其辩，有功，实无反心，幸得上书自陈，幸二世之寤（悟）而赦之。李斯乃从狱中上书曰："臣为丞相，治民三十余年矣。逮秦地之陕（狭）隘。先王之时秦地不过千里，兵数十万。臣尽薄材，谨奉法令，阴行谋臣，资之金玉，使游说诸侯，阴修甲兵，饰政教，官斗士，尊功臣，盛其爵禄，故终以胁韩弱魏，破燕、赵，夷齐、楚，卒兼六国，虏其王，立秦为天子。罪一矣。地非不广，又北逐胡、貉（貊），南定百越，以见秦之强。罪二矣。尊大臣，盛其爵位，以固其亲。罪三矣。立社稷，修宗庙，以明主之贤。罪四矣。更剋画③，平斗斛④度量，文章布之天下，以树秦之名。罪五矣。治驰道，兴游观，以见主之得意。罪六矣。缓刑罚，薄赋敛，以遂主得众之心，万民戴主，死而不忘。罪七矣。若斯之为臣者，罪足以死固久矣。上幸尽其能力，乃得至今，愿陛下察之！"书上，赵高使吏弃去不奏，曰："囚安得上书！"

◎**注释** ①〔榜掠〕严刑拷打。②〔诬服〕冤屈地认罪。③〔剋（kè）画〕指度量衡上的刻度。④〔斛（hú）〕量器，一斛为十斗。

◎**大意** 这时秦二世就派赵高审理丞相的案件，定罪名，责问李斯和儿子李由谋反的情状，将其宾客、家族全部逮捕。赵高审讯李斯，拷打了一千多下，李斯受不了痛苦，自己冤屈地认罪。李斯之所以不肯自杀，是自以为善辩，有功劳，确实没有反叛之心，希望有机会上书陈述自己的冤屈，侥幸秦二世醒悟而赦免他。李斯就从监狱中上书说："我担任丞相，治理民众三十多年了。我曾赶上秦国土地狭小的时代。先王的时期，秦国土地不超过千里，士兵几十万。我尽微薄的才能，谨慎地奉行法令，暗中派遣智谋之士，给他们金银财宝，让他们去游说诸侯，暗中整顿武器装备，整治政教，提拔勇敢善战的人做官，尊敬功臣，增加他们的爵位俸禄，所以最终能够胁迫韩国、削弱魏国，攻破燕国、赵国，消灭齐国、楚国，终于吞并六国，俘虏他们的国王，立秦王为天子。这是第一条罪状。秦国土地并非不广阔，还要在北方驱逐胡人、貉人，在南方平定百越，以显示秦国的强大。这是第二条罪状。尊重大臣，增加他们的爵位俸禄，以加强他们同秦王的亲密关系。这是第三条罪状。建立社稷，修建宗庙，以彰明君主的贤德。这是第四条罪状。改变礼器制度的装饰，统一度量衡和文字，颁布天下，以树立秦朝的威名。这是第五条罪状。修筑驰道，兴建亭台楼阁，以显示君主志得意满。这是第六条罪状。减轻刑罚，减少税收，以实现君主获得民心的愿望，使万民拥戴皇帝，至死不能忘怀。这是第七条罪状。像我这样做臣子的，罪过之大早就应该被处死了。幸亏皇上允许我尽我所能，才活到今天。希望陛下明察。"书呈上，赵高让狱吏丢弃而不上报，说："囚犯怎能上书！"

赵高使其客十余辈诈为御史、谒者、侍中，更往覆讯斯。斯更以其实对，辄使人复榜之。后二世使人验斯，斯以为如前，终不敢更言，辞服。奏当上，二世喜曰："微赵君，几为丞相所卖。"及二世所使案三川之守至，则项梁已击杀之。使者来，会丞相下吏，赵高皆妄为反辞。

◎**大意** 赵高指使十多名宾客假扮成御史、谒者、侍中，轮流去审问李斯。李斯推翻了自己禁不住拷打写下的不实之词，而以实情陈述，赵高就让人再拷打他。以后秦二世派人去验证李斯的供词，李斯以为与以前一样，终于不再推翻屈打成招的供词，承认了罪状。赵高向皇上呈送判决书，秦二世高兴地说："没有赵君，我几乎被丞相出卖了。"等到秦二世派去调查李由的使者到了三川郡，项梁已经杀死了李由。使者回来，正好李斯已交狱吏看守，赵高编造李斯父子谋反的言辞。

二世二年七月，具斯五刑[①]，论腰斩咸阳市。斯出狱，与其中子[②]

俱执，顾谓其中子曰："吾欲与若复牵黄犬俱出上蔡东门逐狡兔，岂可得乎！"遂父子相哭，而夷三族。

◎**注释** ①〔五刑〕中国古代五种刑罚的统称，不同时期五种刑罚的具体所指并不相同。②〔中子〕次子。

◎**大意** 二世二年七月，李斯备受五刑之苦，判处在咸阳街市上腰斩。李斯被带出监狱，与他的次子一同被押解，他回头对次子说："我想和你再牵着黄狗一同出上蔡东门去追逐狡兔，还能办得到吗？"于是父子二人相对痛哭，李斯三族的人都被处死。

李斯已死，二世拜赵高为中丞相，事无大小辄决于高。高自知权重，乃献鹿，谓之马。二世问左右："此乃鹿也？"左右皆曰"马也"。二世惊，自以为惑，乃召太卜，令卦之，太卜曰："陛下春秋郊祀，奉宗庙鬼神，斋戒不明，故至于此。可依盛德而明斋戒。"于是乃入上林斋戒。日游弋猎，有行人入上林中，二世自射杀之。赵高教其女婿咸阳令阎乐劾不知何人贼杀人移上林。高乃谏二世曰："天子无故贼杀不辜人，此上帝之禁也，鬼神不享，天且降殃，当远避宫以禳①之。"二世乃出居望夷之宫。

◎**注释** ①〔禳（ráng）〕祈祷以消除灾祸。

◎**大意** 李斯死后，秦二世任命赵高为中丞相，无论大事小事都由赵高决定。赵高自知权势太重，就献上一只鹿，说它是马。秦二世问左右的人说："这是鹿吧？"左右都说："是马。"秦二世惊讶，自以为神经错乱，就召见太卜，命他算上一卦。太卜说："陛下春秋季节举行郊外祭祀，供奉宗庙鬼神，斋戒不虔诚，所以到这种地步。可以按照圣明君主的做法虔诚地斋戒。"于是秦二世就到上林苑中去斋戒。秦二世每天游玩打猎，有个行人走进上林苑，秦二世亲手射杀了他。赵高指使他的女婿咸阳令阎乐出面弹劾不知谁杀死了人，将尸体移入上林苑。赵高就劝谏秦二世说："天子无故杀害无罪的人，这是上帝所不允许的，鬼神不接受供祭，上天将会降下灾祸，应该远行离开皇宫祈祷消灾。"二世就出外居住到望夷宫。

留三日，赵高诈诏卫士，令士皆素服①持兵内乡（向），入告二世曰："山东群盗兵大至！"二世上观而见之，恐惧，高即因劫令自杀。引玺而佩之，左右百官莫从；上殿，殿欲坏者三。高自知天弗与，群臣弗许，乃召始皇弟，授之玺。

◎**注释** ①〔素服〕白色的衣服。
◎**大意** 秦二世在望夷宫住了三天，赵高伪造诏令调来卫士，命令卫士都穿着白色的衣服拿着兵器朝宫内冲，又进去告诉秦二世说："崤山以东各路强盗的大批军队到了！"秦二世上楼台看到他们，感到害怕，赵高趁机胁迫他自杀。然后赵高取过玉玺带在身上，左右百官都不随从他；他上殿，殿堂几次像要倒塌。赵高自知上天不允许，群臣不答应，就召来秦始皇的弟弟，把玉玺交给了他。

子婴即位，患①之，乃称疾不听事，与宦者韩谈及其子谋杀高。高上谒，请病，因召入，令韩谈刺杀之，夷其三族。

◎**注释** ①〔患〕担心。
◎**大意** 子婴继位后，担心赵高（害他），就假称有病不理政事，与宦官韩谈和他的儿子谋杀赵高。赵高前来求见，询问病情，子婴趁机召他入宫，命令韩谈刺杀了他，诛灭了他的三族。

子婴立三月，沛公兵从武关入，至咸阳，群臣百官皆畔（叛），不適（敵）。子婴与妻子自系其颈以组①，降轵道旁。沛公因以属（嘱）吏。项王至而斩之。遂以亡天下。

◎**注释** ①〔组〕丝带。
◎**大意** 子婴继位三个月，沛公的军队就从武关打了进来，到达咸阳，群臣全部背叛，不做抵抗。子婴和妻子儿女都用丝带系在自己脖子上，到轵道亭旁去请求投降。沛公把他们交给管刑狱的官吏。项羽到达后将他们杀了。秦朝就这样失去了天下。

太史公曰：李斯以闾阎①历诸侯，入事秦，因以瑕衅，以辅始皇，卒成帝业，斯为三公，可谓尊用矣。斯知六艺②之归，不务明政以补主上之缺，持爵禄之重，阿顺苟合，严威酷刑，听高邪说，废適（嫡）③立庶。诸侯已畔（叛），斯乃欲谏争，不亦末乎！人皆以斯极忠而被五刑死，察其本，乃与俗议之异。不然，斯之功且与周、召列矣。

◎**注释** ①〔闾阎〕平民百姓。②〔六艺〕指《诗》《书》《礼》《乐》《易》《春秋》。③〔適〕通"嫡"，这里指公子扶苏。
◎**大意** 太史公说：李斯作为平民游历诸侯国，入关侍奉秦朝，利用可乘之机，来辅佐秦始皇，最终成就帝王大业，李斯位居三公，可以说得到重用了。李斯懂得六艺的要旨，却不力求修明政治以弥补主上的过失，把爵位和俸禄看得太重，阿谀奉承，严威酷刑，听从赵高的邪说，废除秦始皇嫡子而立其庶子。诸侯已经反叛，李斯才想直言劝谏，这不是太晚了吗！人们都认为李斯极为忠诚反而受五刑而死，但考察他的根源，就会和世俗的看法不同。如果不是这样，李斯的功劳就要与周公、召公并列了。

◎ **释疑解惑**

1. 李斯师承儒家学派的代表人物荀子,最后却成为法家的代表人物,这之间矛盾吗?

荀子是战国末期儒家思想的集大成者,李斯师从他学习帝王之术。荀子主张人性本恶,因此需要通过后天的努力加以节制。荀子同时认为,追逐名利、求荣尊显是人的本性。作为儒者,荀子一方面认同礼乐对社会的警示作用以及理性的自我调节功用,另一方面也重视现世治理的实用功利。儒法之间没有不可逾越的鸿沟,从"礼"到"法"是整合社会秩序、进入大一统时期思想的自然延伸。李斯继承了荀子的思想又加以发展,后来成为法家的代表人物,这之间并不矛盾。

2. 当李斯已经位极人臣时,为何还发出"物极则衰,吾未知所税驾也"的感叹?

中国古代社会是一体化的,也是一元化的。整个社会是差序结构,秦始皇统一之后宣布"六合之内,皇帝之土""人迹所至,无不臣者"。秦始皇确立了在权力体系中,皇帝至上,统治者独一、绝对的地位,确定了君尊臣卑的政治依附关系。从这个角度来说,李斯所拥有的一切都是皇帝恩赐的,皇帝可以生杀予夺他所拥有的一切。另一方面,位高权重往往会招致帝王的猜忌和大臣的嫉恨。所以李斯处于权力的高层有高处不胜寒的感觉,是十分自然的事情,他的喟然长叹来自对自身未来的担忧。

◎ **思考辨析题**

1. 清人李景星在其《史记评议》中对《李斯列传》有较为全面的分析:"盛衰在秦,所以盛衰之故则皆由于斯。行文以'五叹'为筋节,以'六说'当实叙。"结合文本内容,谈谈你对这段话的理解。

2. 从情节详略、事件的过程与结果、照应与伏笔等任一角度,结合文本,谈谈你对《李斯列传》叙事手法的认识。

蒙恬列传

第二十八

《蒙恬列传》在《史记》的人物传记中篇幅较短，主要讲述了蒙恬与其弟弟蒙毅的人生命运。此篇列传刚开始就陈述了蒙恬家族的赫赫战功：在秦始皇统一中国的大业中，蒙恬的祖父蒙骜、父亲蒙武，都是秦国著名将领，为秦国攻城略地、出生入死，为秦始皇统一中国立下了汗马功劳。这样的开篇既追溯历史，客观陈述史实，又在情节上与后文蒙恬兄弟二人的悲剧命运形成对比，不免令人唏嘘。读者通过阅读文本以及相关史实资料，或者通过互联网检索手段，了解蒙恬家族的情况，这对于把握历史、理解文本来说，是十分必要的。

蒙恬和弟弟蒙毅的命运，与这篇列传中的次要人物赵高密切相关。佞宦赵高犯罪当诛，是由蒙毅依法经办的，但秦始皇因为赵高平日办事勤勉，最后赦免了他。奸诈的赵高因此与蒙恬、蒙毅结下怨仇。在始皇帝驾崩后，赵高趁机捏造罪名，日夜毁谤两兄弟，其间虽有子婴的劝阻，但二人最终仍被处死。蒙氏的忠与赵高的奸互相对比，互相映衬，使忠之所以忠、奸之所以奸更加突出、鲜明，太史公寓于其中的情感态度不言而喻。需要注意的是，为了情节展开的需要，司马迁对秦始皇死后赵高、胡亥的密谋也做了介绍，但为了避免与《李斯列传》重复，这里只是简略勾勒。在《李斯列传》中，读者对赵高、胡亥的人物形象已经有了认识，通过本篇列传，可以加深对赵高、胡亥狼狈为奸的理解。一个人物在某一篇传记中重点塑造，而在其他传记中也有与之相关的情节和信息，这是《史记》人物塑造中常见的互见手法。这既是出于记录史实的客观需要，同时也体现了太史公剪裁的高超艺术。

  对于蒙恬和蒙毅临死前与使者的对话，读者可以反复朗读，因声求气，来感受文字气脉中贯的力量。蒙恬和蒙毅在与使者的对话中，通过回顾往日事迹表明忠心，又通过排比列举历史上的各类事件希求以古鉴今，最后又不得不面对残忍的事实，流露出走向死亡的无奈和伤感。同时，散文的句子长短不一，外在表现或整或散，或缓或急，本身也适合朗读。

  蒙恬在自杀前有一段自白，他先是叹息："我何罪于天，无过而死乎？"后沉默良久，认为："恬罪固当死矣。起临洮属之辽东，城堑万余里，此其中不能无绝地脉哉？此乃恬之罪也。"对于蒙恬临死前的自我剖析，司马迁在最后的论赞中称："夫秦之初灭诸侯，天下之心未定，痍伤者未瘳，而恬为名将，不以此时强谏，振百姓之急，养老存孤，务修众庶之和，而阿意兴功，此其兄弟遇诛，不亦宜乎！何乃罪地脉哉？"这里体现了史家眼光的高人之处，也反映了司马迁从百姓的角度出发、垂戒深远的用心。对于这两个观点，历来的评论家也持有不同的观点。比如，于慎行在《读史漫录》中说："蒙恬之诛也，以筑长城万里，不能无绝地脉，引为己罪。太史公谓其轻百姓之力，遇诛固宜，不当专罪地脉，其见深矣。"邵晋涵《史记辑评》称："轻百姓之力易见也，阿意兴功难见也，深文定案，使贤者不能以才与功自解其罪，此史家眼力高处。"当然，也有评论者站在蒙恬的角度，认为太史公的评价过于苛刻。如郭嵩焘在《史记札记》中称："而蒙氏固将也，以任边事，其职应然，观其临死绝地脉之言，抑何其言之沉痛也？史公责其'阿意兴功'，而以其遇诛为宜，不亦过乎！"蒋庆第在《友竹草堂文集》中认为："蒙将军将死，自咎城堑万里，掘断地脉，其言是也，而史责其不谏始皇，始皇岂受谏者；扶苏亲子，以谏疏之于外，而责蒙恬乎？"

蒙恬①者，其先②齐人也。恬大父蒙骜③，自齐事秦昭王，官至上卿④。秦庄襄王元年，蒙骜为秦将，伐韩，取成皋、荥阳，作置三川郡。二年，蒙骜攻赵，取三十七城。始皇三年，蒙骜攻韩，取十三城。五年，蒙骜攻魏，取二十城，作置东郡。始皇七年，蒙骜卒。骜子曰武，武子曰恬。恬尝书狱典文学⑤。始皇二十三年，蒙武为秦裨将军，与王翦⑥攻楚，大破之，杀项燕⑦。二十四年，蒙武攻楚，虏楚王。蒙恬弟毅。

◎**注释** ①〔蒙恬〕姬姓，蒙氏，名恬，祖籍齐国（今山东蒙阴），秦朝著名将领。②〔先〕祖先。③〔大父蒙骜〕大父，祖父。蒙骜，战国末期秦国著名将领，历仕秦昭襄王、秦孝文王、秦庄襄王、秦始皇四朝。④〔上卿〕战国时爵位的称谓，一般授予劳苦功高的大臣或贵族。⑤〔书狱典文学〕书狱，指在审理案件时做记录工作。狱,案件。典文学,掌管文献典籍。⑥〔王翦〕战国时期秦国名将,杰出的军事家,主要战绩有破赵国都城邯郸,消灭燕、赵,攻打楚国。与其子王贲一起成为秦始皇兼灭六国的最大功臣。⑦〔项燕〕楚国将领,下相(今江苏宿迁)人。项燕家族世代为楚国将领,受封于项,后用为姓氏。

◎**大意** 蒙恬,他的祖先是齐国人。蒙恬的祖父蒙骜,从齐国到秦国侍奉秦昭王,官做到上卿。秦庄襄王元年,蒙骜担任秦国将领,征伐韩国,夺取了成皋、荥阳,设置了三川郡。庄襄王二年,蒙骜攻打赵国,夺取了三十七座城池。秦始皇三年,蒙骜攻打韩国,夺取了十三座城池。始皇五年,蒙骜攻打魏国,夺取了二十座城池,设置了东郡。始皇七年,蒙骜去世。蒙骜的儿子叫蒙武,蒙武的儿子叫蒙恬。蒙恬曾做过狱讼记录工作,并负责掌管有关文件和狱讼档案。秦始皇二十三年,蒙武担任秦国的副将,和王翦一同攻打楚国,大败楚军,杀死了项燕。始皇二十四年,蒙武又攻打楚国,俘虏了楚王。蒙恬的弟弟是蒙毅。

始皇二十六年,蒙恬因家世得为秦将,攻齐,大破之,拜①为内史。秦已并天下,乃使蒙恬将三十万众北逐戎狄②,收河南③。筑长城,因地形,用制险塞,起临洮④,至辽东,延袤万余里。于是渡河,据阳山,逶蛇(迤)⑤而北。暴(曝)师⑥于外十余年,居上郡。是时蒙恬威振(震)匈奴。始皇甚尊宠蒙氏,信任贤之。而亲近蒙毅,位至上卿,出则参(骖)乘⑦,入则御前。恬任外事而毅常为内谋,名为忠信,故虽诸将相莫敢与之争焉。

◎**注释** ①〔拜〕授予官职。②〔戎狄〕泛指我国西部、北部的少数民族。③〔河南〕秦汉时期指今内蒙古自治区河套以南的地区。④〔临洮〕在今甘肃境内。⑤〔逶蛇〕即"逶迤",弯曲而延续不断的样子。⑥〔暴师〕同"曝师",指军队遭受风吹日晒。⑦〔参乘〕亦作"骖(cān)乘",古代乘车时,陪皇帝同乘一辆车,兼充警卫的人。

◎**大意** 秦始皇二十六年,蒙恬因为家族世代为将得以担任秦国将领,率兵攻打齐国,大破齐军,被任命为内史。秦国吞并天下后,就派蒙恬带领三十万兵士北上驱逐戎狄，收复河套以南的土地。修筑长城，顺应地形，用来控制险关要塞，西起临洮，东到辽东，绵延万余里。于是渡过黄河，占据阳山，逶迤向北延伸。蒙恬领军在外十余年，驻守上郡。这时蒙恬的声威足以震慑匈奴。秦始皇十分尊重宠信蒙氏，信任并赏识他们。亲近蒙毅，使他官至上卿，外出就与始皇同坐一辆车，入朝时在皇帝面前侍奉。蒙恬处理外面的事务而蒙毅经常在内谋划，被誉为忠信大臣，所以众将相大臣没有人敢和他们争宠。

赵高者，诸赵疏远属①也。赵高昆弟数人，皆生隐宫②，其母被刑僇（戮）③，世世卑贱。秦王闻高强力，通于狱法，举以为中车府令。高即私事公子胡亥，喻④之决狱。高有大罪，秦王令蒙毅法治之。毅不敢阿⑤法，当高罪死，除其宦籍。帝以高之敦⑥于事也，赦之，复其官爵。

◎ **注释** ①〔诸赵疏远属〕诸赵，指赵氏王族的各支派。疏远属，远房的亲族。②〔隐宫〕即宫刑。受宫刑的人需隐于荫室一百日养伤，所以称隐宫。③〔刑僇〕受刑罚或被处死。④〔喻〕使明白，教导。⑤〔阿〕违背，歪曲。⑥〔敦〕勉力。

◎ **大意** 赵高，是赵国王氏的远房亲戚。赵高兄弟几人，都是生下来就被阉割而成为宦者的，他的母亲受过刑罚，世世代代地位卑贱。秦王听说赵高办事能力很强，精通刑狱法律，提拔他担任中车府令。赵高就私下侍奉公子胡亥，教他审理和判决案件。赵高犯了重罪，秦王命令蒙毅依照法令惩处他。蒙毅不敢违背法令，依法判处赵高死刑，除去他的宦官属籍。始皇因为赵高办事认真努力，就赦免了他，恢复了他的官职。

始皇欲游天下，道九原①，直抵甘泉②，乃使蒙恬通道，自九原抵甘泉，堑山堙谷③，千八百里。道未就。

◎ **注释** ①〔九原〕郡名，相当于现在内蒙古后套及其以东至包头南、黄河南岸的鄂尔多斯北部地区。②〔甘泉〕甘泉宫，故址在今陕西淳化西北甘泉山上。③〔堑山堙（yīn）谷〕堑，挖掘。堙，填。

◎ **大意** 始皇想周游天下，经过九原郡，直达甘泉宫。于是派蒙恬开路，从九原到甘泉宫，挖掘山脉填塞深谷，长达一千八百里。然而这条通道没能筑成。

始皇三十七年冬，行出游会稽，并海上，北走琅邪。道病，使蒙毅还祷山川，未反（返）。

◎ **大意** 秦始皇三十七年冬天，御驾外出巡游会稽，沿海而上，向北直奔琅琊。始皇半途生病，派蒙毅回去祷告山川神灵。没有返回。

始皇至沙丘崩，秘之，群臣莫知。是时丞相李斯、公子胡亥、中车府令赵高常从。高雅①得幸于胡亥，欲立之，又怨蒙毅法治之而不为己也。因有贼心，乃与丞相李斯、公子胡亥阴谋，立胡亥为太子。太子已立，遣使者以罪赐公子扶苏、蒙恬死。扶苏已死，蒙恬疑而复请之。使者以蒙恬属吏，更置。胡亥以李斯舍人为护军。使者还报，胡亥已闻扶苏死，即欲释蒙恬。赵高恐蒙氏复贵而用事，怨之。

◎ **注释** ①〔雅〕向来。
◎ **大意** 秦始皇到沙丘的时候去世了，消息被封锁，群臣都不知道。这时丞相李斯、公子胡亥、中车府令赵高经常侍奉在秦始皇左右。赵高素来被胡亥宠幸，想拥立胡亥，又怨恨蒙毅依法惩处他而没有维护他，因而有了坏心，就和丞相李斯、公子胡亥暗中策划，拥立胡亥为太子。太子确立之后，派遣使者用罪名赐公子扶苏、蒙恬死罪。扶苏死了，蒙恬怀疑并请求申诉。使者就把蒙恬交给狱吏处理，派人接替他的职务。胡亥任命李斯的家臣担任护军。使者回来报告，胡亥听说扶苏死了，就想释放蒙恬。赵高害怕蒙氏再次显贵而当权，因此怨恨他们。

蒙恬列传第二十八

　　毅还至，赵高因为①胡亥忠计，欲以灭蒙氏，乃言曰："臣闻先帝欲举贤立太子久矣，而毅谏曰'不可'。若知贤而俞（逾）弗立，则是不忠而惑主也。以臣愚意，不若诛之。"胡亥听而系蒙毅于代②。前已囚蒙恬于阳周③。丧至咸阳，已葬，太子立为二世皇帝，而赵高亲近，日夜毁恶④蒙氏，求其罪过，举劾之。

◎**注释**　①〔因为〕因，趁机。为，替。②〔代〕代县，今河北蔚（yù）县东北代王城，秦、西汉时为代郡治所。③〔阳周〕地名，秦所置县，在今陕西子长市西北。④〔毁恶〕诋毁中伤。

◎**大意**　蒙毅祈祷山川神灵后回来，赵高趁机表示替胡亥尽忠献策，想要铲除蒙氏兄弟，就说："我听说先帝长久以来就想选贤用能确定您为太子，但蒙毅劝阻说：'不可以。'他知道您贤能而拖延不立，那么就是不忠诚而且迷惑先帝了。以我愚昧的浅见，不如把他杀了。"胡亥听从他的建议，把蒙毅囚禁在代地。此前已经把蒙恬囚禁在阳周。秦始皇的灵柩运至咸阳，安葬以后，太子立为二世皇帝，赵高得到亲近信用，日夜诋毁蒙氏，寻求他们的罪过，检举弹劾他们。

　　子婴进谏曰："臣闻故赵王迁杀其良臣李牧而用颜聚①，燕王喜阴用荆轲之谋而倍（背）秦之约②，齐王建杀其故世忠臣而用后胜之议③。此三君者，皆各以变古者失其国而殃及其身。今蒙氏，秦之大臣谋士也，而主欲一旦弃去之，臣窃以为不可。臣闻轻虑者不可以治国，独智者不可以存君。诛杀忠臣而立无节行之人，是内使群臣不相信而外使斗士之意离也，臣窃以为不可。"

◎**注释**　①〔赵王迁杀其良臣李牧而用颜聚〕李牧是战国时赵国镇守北部边疆的武将，军功显赫。秦国伐赵，施行反间计，诬陷李牧叛赵。赵王迁听信谗言杀了李牧，让颜聚率兵抗秦，次年赵国即被灭掉，赵王迁被俘虏。②〔燕王喜阴用荆轲之谋而倍秦之约〕

战国时燕王喜用太子丹之谋，派刺客荆轲刺杀秦王，违背了燕秦盟约。于是秦发兵攻燕，燕王杀了太子丹献给秦。五年后秦灭燕，燕王喜被俘。③〔齐王建杀其故世忠臣而用后胜之议〕在秦灭六国的过程中，后胜劝谏齐王建，不帮助另外五国与秦国作战。秦灭五国之后，攻打齐国，齐王建又听从后胜之议，不战而降，当了俘虏。

◎**大意**　子婴进言劝谏说："我听说从前赵王迁杀死他的贤臣李牧而起用颜聚，燕王喜暗地里采用荆轲的计谋而背叛了与秦国的盟约，齐王建杀死他前代的忠臣而采纳后胜的建议。这三位国君，都各自因为变更旧规失去了他们的国家而且殃及自身。如今蒙氏兄弟，是秦国的大臣和谋士，而国君想突然抛弃他们，我私下认为是不可以的。我听说考虑问题轻率的人不能治理国家，独断专行的人不能保全君位。诛杀忠臣而任用没有品行的人，这样在内使大臣相互不信任而在外使战士离心离德，我私下认为不行。"

　　胡亥不听。而遣御史曲宫乘传①之代，令蒙毅曰："先主欲立太子而卿难之。今丞相以卿为不忠，罪及其宗。朕不忍，乃赐卿死，亦甚幸矣。卿其图之！"毅对曰："以臣不能得先主之意，则臣少宦②，顺幸没世③，可谓知意矣。以臣不知太子之能，则太子独从，周旋天下，去诸公子绝远，臣无所疑矣。夫先主之举用太子，数年之积也，臣乃何言之敢谏，何虑之敢谋！非敢饰辞以避死也，为羞累先主之名，愿大夫为虑焉，使臣得死情实。且夫顺成全者，道之所贵也；刑杀者，道之所卒也。昔者秦缪公杀三良④而死，罪百里奚而非其罪也，故立号曰'缪'。昭襄王杀武安君白起⑤。楚平王杀伍奢⑥。吴王夫差杀伍子胥⑦。此四君者，皆为大失，而天下非之，以其君为不明，以是籍于诸侯⑧。故曰'用道治者不杀无罪，而罚不加于无辜'。唯大夫留心！"使者知胡亥之意，不听蒙毅之言，遂杀之。

◎**注释**　①〔传（zhuàn）〕驿站的车马。②〔少宦〕指年轻时做官。③〔顺幸没世〕顺从先帝受到宠幸直到先帝去世。④〔秦缪公杀三良〕三良,指奄息、仲行、铖虎三位良臣,秦穆公死时以他们殉葬。⑤〔昭襄王杀武安君白起〕白起,秦将,因战功累累被封为武安君,后因几次称病,拒绝带兵出战,触怒昭襄王,被免为士卒,在迁出咸阳途中被迫自杀。⑥〔楚平王杀伍奢〕伍奢,春秋时楚国大夫,为太子太傅。有人诬陷太子,伍奢劝楚平王不要听信谗言而触怒楚平王,伍奢与儿子伍尚一起被杀。⑦〔吴王夫差杀伍子胥〕伍子胥,伍奢之子,父兄被楚平王杀后,他投奔吴国,辅佐吴王夫差伐楚、伐越。后来吴王听信谗言,逼迫伍子胥自杀。⑧〔籍于诸侯〕在诸侯中声名狼藉。

◎**大意** 胡亥不听子婴的规劝。他派遣御史曲宫乘坐驿车到达代地,命令蒙毅说:"先主想立太子而你加以阻挠。如今丞相认为你不忠诚,罪过牵累你的家族。我不忍心,就赐你死,也算是相当幸运了。你还是考虑一下吧!"蒙毅回答:"如果说我不能体会先主的心意,那么我从年轻时做官,一直顺从先主,承蒙宠幸直到先主去世,可以说是最能体会先主的心意了。如果说我不知道太子的才能,那么太子独自跟随先主,周游天下,绝对在各位公子之上,我没有什么怀疑的。先主提拔任用太子,是多年的深思积虑,我还有什么话敢去劝谏,有什么计策敢去谋议!我不敢托词粉饰来逃避死罪,只是为连累到先主的名声感到羞愧,希望大夫加以考虑,使我能够因实情而死。况且顺理成全,为道义所推崇;严刑杀戮,为道义所贬斥。从前秦穆公用三位贤臣为他殉葬,以不实的罪名判处百里奚,所以谥号称'穆'。昭襄王杀死武安君白起。楚平王杀死伍奢。吴王夫差杀了伍子胥。这四位国君,都犯了重大的过失,天下人非议他们,认为他们作为国君不贤明,因此在诸侯中声名狼藉。所以说:'用道义治理国家的人不杀没有罪过的臣民,刑罚不施加于无辜的人身上。'希望大夫留心!"使者知道胡亥的意图,所以不听蒙毅的话,就杀死了他。

二世又遣使者之阳周,令蒙恬曰:"君之过多矣,而卿弟毅有大罪,法及内史。"恬曰:"自吾先人,及至子孙,积功信于秦三世矣。今臣将兵三十余万,身虽囚系,其势足以倍(背)畔(叛),然自知必死而守义者,不敢辱先人之教,以不忘先主也。昔周成王初立,未离襁褓①，周公旦②负王以朝，卒定天下。及成王有病甚殆，公旦自揃（剪）其爪以沈（沉）于河，曰：'王未有识，是旦执事。有罪殃，旦受其不祥。'乃书而藏之记府，可谓信矣。及王能治国，有贼臣言：'周公旦欲为乱久矣，王若不备，必有大事。'王乃大怒，周公旦走而奔于楚。成王观于记府，得周公旦沈（沉）书，乃流涕曰：'孰谓周公旦欲为乱乎！'杀言之者而反（返）周公旦。故《周书》曰'必参而伍之③'。今恬之宗，世无二心，而事卒如此，是必孽臣逆乱，内陵④之道也。夫成王失而复振则卒昌；桀杀关龙逢，纣杀王子比干而不悔，身死则国亡。臣故曰过可振而谏可觉也。察于参伍，上圣之法也。凡臣之言，非以求免于咎⑤也，将以谏而死，愿陛下为万民思从道⑥也。"使者曰："臣受诏行法于将军，不敢以将军言闻于上也。"蒙恬喟然太息曰："我何罪于天，无过而死乎？"良久，徐曰："恬罪固当死矣。起临洮属之辽东，城堑万余里，此其中不能无绝地脉哉？此乃恬之罪也。"乃吞药自杀。

◎**注释** ①〔襁褓（qiǎng bǎo）〕包裹婴儿的被子和带子，这里指年幼。②〔周公旦〕周公姬旦，周文王姬昌第四子，周武王姬发的弟弟。曾两次辅佐周武王东伐纣王，并制作礼乐。③〔参而伍之〕指错综比较，加以验证。④〔陵〕侵犯，欺侮。⑤〔咎〕罪过。⑥〔从道〕应当遵从的规律、事理。

◎**大意** 秦二世又派遣使者到阳周，命令蒙恬说："您的罪过太多了，而您的弟弟蒙毅有重罪，依法牵连您。"蒙恬说："从我的祖父，直到后代子孙，在秦国建立功劳和信誉已经三代了。如今我带兵三十多万，虽然身遭囚禁，但是势力完全可以叛乱。然而我知道一定会死而仍坚守节义，是因为不敢玷污祖先的教诲，以表示不忘记先主。从前周成王刚刚即位，还没有离开襁褓，周公旦背负着成王上朝，最终安定天下。等到成王病情很危险的时候，周公旦剪下自己的指甲沉入黄河，祷告说：'国君年幼无知，都是我在掌管事务。如有罪过，我愿受灾殃。'就把这祷语记录下来收藏于保存文书的府库中，这可以说是忠信了。到了成王能亲自治理国家的时候，有奸臣说：'周公旦想要作乱已经很久了，王若不防备，一定会出大事。'于是成王大怒，周公旦逃到楚国。成王到保存文书的府库观看，得到周公旦的祷告书，流着泪说：'谁说周公旦想要作乱！'于是杀死进谗言的人而迎回周公旦。所以《周书》上说：'一定要多方询问，反复审察。'如今蒙氏宗族世代没有二心，事情的结局却是这样，这一定是奸臣作逆谋乱，在内欺侮君主的缘故。周成王有过失而能改正，最终使周朝昌盛；夏桀杀死关龙逢，商纣杀死王子比干而不后悔，最终国破身亡。所以我说有过失可以改正而听从规劝可以觉醒，多方询问，反复审察，这是英明君主的做法。我所说的，并不是想开脱罪过，而是准备以谏言而死，希望陛下替百姓着想，考虑遵从正确的治国道路。"使者说："我接受诏令对将军执行刑法，不敢把将军的话报告皇上。"蒙恬深深地叹息说："我怎么得罪了上天，要无故被处死呢？"过了好一会儿，他慢慢地说："我的罪过本就该死了。从临洮接连到辽东，筑长城挖壕沟一万余里，这中间能没有截断大地脉络的地方吗？这是我的罪过。"于是吞下毒药自杀了。

　　太史公曰：吾适北边，自直道①归，行观蒙恬所为秦筑长城亭障，堑山堙谷，通直道，固轻百姓力矣。夫秦之初灭诸侯，天下之心未定，痍伤者未瘳②，而恬为名将，不以此时强谏，振（赈）百姓之急，养老存孤，务修众庶之和，而阿意兴功，此其兄弟遇诛，不亦宜乎！何乃罪地脉哉？

◎**注释**　①〔直道〕秦始皇下令从云阳修造一条通往九原郡的道路，全长七百余千米，由蒙恬负责修造。②〔痍伤者未瘳（chōu）〕痍，创伤。瘳，病愈。
◎**大意**　太史公说：我到北方边境，从直道返回，沿途观察了蒙恬替国修筑的长城和边塞堡垒，开山填谷，连通直道，本来就是不顾惜老百姓的人力了。秦国刚刚灭掉诸侯国，天下人心尚未安定，战争的创伤还没有恢复，而蒙恬作为名将，不在这时候尽力劝谏，救济百姓的急难，供养老人，抚育孤儿，尽力使百姓生活安宁，反而迎合始皇心意大兴土木，这样一来他们兄弟被诛杀，不也应该吗？为什么要归罪于挖断地脉呢？

◎ 释疑解惑

1. 明人茅坤说《蒙恬列传》"通篇以客形主"，除传主蒙恬外，蒙毅等人在《蒙恬列传》中也有或详或略的描写。如何看待这一现象？

就传中内容而言，《蒙恬列传》是蒙恬、蒙毅的合传。清人李景星解释了《蒙恬列传》缘何单以蒙恬为名："《蒙恬列传》极写其兄弟权势之盛，故篇中于恬、毅之事，不用并提，即用对叙。看似恬、毅合传，实则以恬为主。"司马迁采用"并提""对叙"的手法，叙述兄弟二人在秦始皇去世之后遭受迫害致死的事迹，看似合传，但实际上是以蒙恬为主。因为蒙恬击匈奴、修长城名声更甚，且蒙恬是司马迁着意讽咏的对象。

2. 蒙氏家族的功绩及其地位。

蒙氏是秦代非常显耀的家族，秦国攻伐天下，蒙氏厥功甚伟，故与王翦、王贲的王氏家族比肩，史称"（秦）尽并天下，王氏、蒙氏功为多，名施于后世"。蒙骜，蒙武，蒙恬、蒙毅兄弟三代，威名不减。蒙骜攻伐韩、赵、魏，战功卓著。始皇二十三年（前224年），蒙武为秦裨将军，与王翦攻楚，大破之，杀项燕。次年，蒙武攻楚，俘虏楚王。这是其人生最显赫的功勋。至蒙恬、蒙毅这一代，则更胜一筹。蒙恬参与了秦统一的最后一战，并且抗击匈奴，收河套，修长城和直道，可以说是为秦始皇的统治立下了汗马功劳。蒙毅在朝为上卿，为皇帝出谋划策，得到秦始皇的恩宠与信任，这在残暴不仁、刻薄寡恩的秦始皇时代是颇为难得的。

◎ 思考辨析题

1. 本篇写蒙氏家族的历史功勋和蒙氏兄弟遇害的过程都很简略，其详细叙述的是子婴的一段谏辞和蒙氏兄弟两人的辨冤之辞。请对这三段文字进行赏析。

2. 你认为，造成蒙氏兄弟悲剧的原因是什么？

张耳陈馀列传

第二十九

这是一篇张耳、陈馀二人的合传。这篇列传主要记述了二人从刎颈之交到反目成仇的史实,不虚美,不隐恶。太史公以时间线索客观讲述张耳、陈馀交往及交恶的过程,在这篇传记的末尾,又附以张耳儿子张敖的事迹;同时在描述事件时,突出了贯高的人物个性。

人物传记是一个人经历的高度浓缩,合传在单人传记的基础上,又需要抓住二人相关联的地方,高度凝练地展现二人事迹。在这篇传记的前半部分,太史公始终突出张耳、陈馀二人非同寻常的能力,强调他们"非庸人也"。太史公从不同角度写他们的贤德与才干。秦闻二人"魏之名士",悬重金以"求购",陈涉闻其贤,"见即大喜",都是从侧面表现他们名誉早已远播。为陈涉设计"据咸阳以令诸侯"而成帝业的方略,也反衬出他们的远见卓识。请缨北略赵地，共立武臣为王，又从正面表现他们的谋略。这样旗鼓相当的两人，他们的友谊又是在艰辛的环境之中、在不屈的奋斗之中结下的：屈处监门，忍辱负重；同谒陈涉，北略赵地；共佐赵王，得为将相；邯郸脱险，兵败李良……他们共尝艰难危厄的苦辛，分享胜利与成功的欢乐，真可谓风雨同舟、荣辱与共的挚友。然而，这样的刎颈之交却没能摆脱人性深处对自我利益的追求。在张耳困守巨鹿时，二人的关系开始转变。陈馀此时拥兵自保，不肯相救，二人友谊出现裂痕；解围之后，张耳收缴陈馀印信，造成友谊的彻底破裂。项羽分封，张耳为王，陈馀为侯，使二人矛盾激化，甚至到了势不两立的地步。汉王召陈馀击楚，陈馀竟以"汉杀张耳"为条件，这样的条件未免让人齿寒。因此，司马迁也在最后的论赞中表达了自己的观点："张耳、陈馀，世传所称贤者；其宾客厮役，莫非天下俊杰，所居国无不取卿相者。然张耳、陈馀始居约时，相然信以死，岂顾问哉。及据国争权，卒相灭亡，何乡者相慕用之诚，后相倍之戾也！岂非以势利交哉？名誉虽高，宾客虽盛，所由殆与太伯、延陵季子异矣。"从写作手法的角度可以说是一种先扬后抑，然而，历史本身就是现实的呈现。

世界上的事物都是相互依存、相互联系的，而这种联系又往往处在对立统一的矛盾状态。文学艺术上的对比映衬的原则和手法，正是这种关系的反映和运用。比如《管晏列传》将管仲的奢与晏婴的俭对照来写，一俭一奢，同样成了治世能臣；《刘敬叔孙通列传》中刘敬的秉正直言与叔孙通的阿世取容形成对比；《陈丞相世家》中陈平的灵活变通与王陵的耿正犯难的对比，陈平的见识高远、应付裕如与周勃的木强敦厚、鲁钝窘迫又是对比；《绛侯周勃世家》周亚夫军细柳，与霸上军、

> 棘门军形成对照；《廉颇蔺相如列传》中蔺相如的多谋善断与廉颇的耿直急躁形成对比。在本传中，张耳、陈馀从刎颈之交演变成势不两立的仇敌，与贯高、赵午等人的唯义是重形成强烈反差。使二者对立，能够让人们清楚地认识到两种不同的价值取向的高下。在人物传记中，虽然像贯高、赵午、秦舞阳、樊哙等人物并非主要人物，但他们个性鲜明，除了映衬出主要人物的性格外，也为传记本身增添了更多精彩。

张耳者，大梁①人也。其少时，及魏公子毋忌②为客。张耳尝亡命游外黄③。外黄富人女甚美，嫁庸奴，亡其夫去，抵父客④。父客素知张耳，乃谓女曰："必欲求贤夫，从张耳。"女听，乃卒为请决，嫁之张耳。张耳是时脱身游，女家厚奉给张耳，张耳以故致千里客。乃宦魏为外黄令。名由此益贤。陈馀者，亦大梁人也，好儒术，数游赵苦陉⑤。富人公乘氏以其女妻之，亦知陈馀非庸人也。馀年少，父事张耳，两人相与为刎颈交。

◎**注释** ①〔大梁〕地名，战国时为魏国都城，在今河南开封西北。②〔魏公子毋忌〕毋忌，又作"无忌"，魏昭王之子，被封为信陵君。③〔亡命游外黄〕亡命，消除户籍流亡。外黄，地名，在今河南民权西北。④〔抵父客〕投奔父亲的朋友。⑤〔苦陉〕战国时赵国地名，在今河北定州东南。

◎**大意** 张耳，是大梁人。他年轻时，到魏国做魏公子无忌的门客。张耳曾被消除本地名籍逃亡在外，来到外黄。外黄有一富人家的女儿很美，嫁给了一个见识浅陋的人，因此背弃丈夫逃走，去投奔她父亲的朋友。她父亲的朋友向来了解张耳，就对女子说："你一定要寻找一个贤能的丈夫的话，就跟从张耳吧。"这女子听了他的话，就跟前夫断绝了关系，改嫁给张耳。张耳这时从困窘中摆脱出来，女家出重金供给张耳，张耳因此可以罗致千里以外的宾客。于是在魏国担任外黄县令。名声从此日益提高。陈馀，也是大梁人，喜欢儒家学说，多次游历赵国的苦陉。富人公乘氏把女儿嫁给他，也是因为知道陈馀不是平庸无为的人。陈馀年轻，像对待父辈一样侍奉张耳，两人结下生死之交。

  秦之灭大梁也，张耳家外黄。高祖为布衣时，尝数从张耳游，客数月。秦灭魏数岁，已闻此两人魏之名士也，购求有得张耳千金，陈馀五百金。张耳、陈馀乃变名姓，俱之陈，为里监门①以自食。两人相对。里吏尝有过笞陈馀，陈馀欲起，张耳蹑②之，使受笞。吏去，张耳乃引陈馀之桑下而数③之曰："始吾与公言何如？今见小辱而欲死一吏乎？"陈馀然之。秦诏书购求两人，两人亦反用门者以令里中。

◎**注释**　①〔里监门〕里，古代居民区单位，相传周代以二十五家为里，有里门。监门，守门人。②〔蹑〕踩。③〔数〕批评，责备。
◎**大意**　秦国灭亡大梁的时候，张耳正住在外黄。汉高祖为平民时，曾多次与张耳交游，一住就是几个月。秦国灭亡魏国几年后，听说这两个人是魏国的名士，就悬赏抓住张耳的人赏给千金，捉住陈馀的人赏给五百金。张耳、陈馀就变更名姓，一起到了陈县，为里巷看门以谋生。两人相对守门。里中小吏曾因陈馀有过失鞭打他，陈馀想起来抗争，张耳用脚踩陈馀，让他受鞭打。小吏走后，张耳就把陈馀带到桑树下责备说："当初我是怎么对你说的？如今受到一点小屈辱就想跟一个小吏拼死吗？"陈馀认为张耳说得对。秦国下诏书悬赏捉拿他们俩，他俩反而利用里巷看门人的身份号令里中的居民。

  陈涉起蕲①，至入陈②，兵数万。张耳、陈馀上谒陈涉。涉及左右生平数闻张耳、陈馀贤，未尝见，见即大喜。

◎**注释** ①〔蕲（qí）〕古县名，在今安徽宿州。②〔陈〕古县名，在今河南淮阳及安徽亳州一带。

◎**大意** 陈涉在蕲州起义，等到攻入陈县，兵士已有几万人。张耳、陈馀前去求见陈涉。陈涉以及身边的人平时经常听说张耳、陈馀贤能，但没有见过面，见到后非常高兴。

陈中豪杰父老乃说陈涉曰："将军身被（披）坚执锐，率士卒以诛暴秦，复立楚社稷①，存亡继绝，功德宜为王。且夫监临②天下诸将，不为王不可，愿将军立为楚王也。"陈涉问此两人，两人对曰："夫秦为无道，破人国家，灭人社稷，绝人后世，罢（疲）百姓之力，尽百姓之财。将军瞋目张胆，出万死不顾一生之计，为天下除残也。今始至陈而王之，示天下私。愿将军毋王，急引兵而西，遣人立六国后，自为树党，为秦益敌也。敌多则力分，与众则兵强。如此野无交兵，县无守城，诛暴秦，据咸阳以令诸侯。诸侯亡而得立，以德服之，如此则帝业成矣。今独王陈，恐天下解也。"陈涉不听，遂立为王。

◎**注释** ①〔社稷〕国家政权的标志。社，土神；稷，谷神。②〔监临〕监察临视。

◎**大意** 陈县的豪杰父老就劝说陈涉："将军身披坚甲而手执利器，率领士兵以诛灭暴虐的秦朝，重新建立楚国社稷，使灭亡了的国家得以复存，断绝了的祭祀得以延续，论功德应该称王。况且统领天下各路的将领，不称王不行，希望将军立为楚王。"陈涉问陈馀、张耳的意见，两人回答："秦国没有道义，攻破别人的国家，毁灭别人的社稷，断绝别人的后代，榨干百姓的力量，使百姓钱财耗尽。将军您瞋目张胆，出生入死，不顾一切，为天下除去残暴。如今刚刚到陈县就称王，向天下显示了私心。希望将军不要称王，赶快率兵向西进攻，派人拥立六国的后代，为自己树立党羽，为秦国增添敌人。敌人多力量就分散，朋党多兵力就强盛。这样一来，田野上无人敢与您交战，城中无人敢为秦朝坚守，也不存在坚守的县城，铲除暴虐的秦国，就可以占据咸阳向诸侯发号施令。诸侯国灭亡后又得以恢复，加上用恩德使他们服从，这样帝王大业就可以成功了。如今单单在陈县称王，恐怕天下人心离散。"陈涉不听，于是自立称王。

陈馀乃复说陈王曰："大王举梁、楚而西，务在入关，未及收河北也。臣尝游赵，知其豪桀及地形，愿请奇兵北略赵地。"于是陈王以故所善陈人武臣为将军，邵骚为护军，以张耳、陈馀为左右校尉，予卒三千人，北略赵地。

◎**大意** 陈馀就又劝说陈王："大王从梁、楚向西挺进，目标在于进入关中，没有来得及收复河北地区。我曾经游历赵国，知道那里的豪杰和地理形势，希望派出一支出其不意的军队向北攻取赵地。"于是陈王就任用从前的好朋友陈县人武臣为将军，邵骚为护军，任命张耳、陈馀为左右校尉，给予三千士兵，向北攻取赵地。

武臣等从白马①渡河，至诸县，说其豪桀曰："秦为乱政虐刑以残贼天下，数十年矣。北有长城之役，南有五岭②之戍，外内骚动，百姓罢（疲）敝，头会箕敛③，以供军费，财匮力尽，民不聊生。重之以苛法峻刑，使天下父子不相安。陈王奋臂为天下倡始，王楚之地，方二千里，莫不响应，家自为怒，人自为斗，各报其怨而攻其仇，县杀其令丞，郡杀其守尉。今已张大楚，王陈，使吴广、周文④将卒百万西击秦。于此时而不成封侯之业者，非人豪也。诸君试相与计之！夫天下同心而苦秦久矣。因天下之力而攻无道之君，报父兄之怨而成割地有土之业，此士之一时也。"豪桀皆然其言。乃行收兵，得数万人，号武臣为武信君。下赵十城，余皆城守，莫肯下。

◎ **注释**　①〔白马〕白马津，在河南滑县东北。②〔五岭〕晋·裴渊《广州记》称五岭指的是大庾、始安、临贺、桂阳、揭阳。③〔头会（kuài）箕敛〕按人头收谷，用箕收取，言赋税苛重。④〔吴广、周文〕吴广，与陈涉一起领导起义的起义军领袖。周文，起义军将领之一，后战败自杀。

◎ **大意**　武臣等人从白马津渡过黄河，到达各县，劝说当地的豪杰："秦国施行乱政酷刑残害天下百姓有几十年了。北边有长城的苦役，南边有五岭的戍守，内外骚动，百姓疲惫，按人头征敛赋税，以供给军费，财尽力竭，民不聊生。加上苛刻的法律和严峻的刑罚，使天下人都不得安宁。陈王振臂为天下人倡导，在楚地称王，周围两千里，无人不响应，家家义愤填膺，人人为之战斗，各自报复自己的怨恨，攻打自己的敌人，各县杀死本县的县令县丞，各郡杀死本郡的郡守郡尉。如今陈王已树立大楚的旗号，在陈县称王，派吴广、周文领兵百万向西攻击秦军。在这时不成就封侯的功业，不是人中的豪杰。请诸位筹划一番！天下同心忍受秦的暴政已经很久了。凭着天下的力量来攻击无道的君主，报父兄的怨恨而成就割据土地的大业，这是有志之士难得的机会。"当地的豪杰都认为他说得很对。于是行军作战、收编队伍，扩充到几万人，称武臣为武信君。攻下赵国十座城池，其余的据城坚守，都不肯投降。

乃引兵东北击范阳^①。范阳人蒯通^②说范阳令曰："窃闻公之将死，故吊。虽然，贺公得通而生。"范阳令曰："何以吊之？"对曰："秦法重，足下为范阳令十年矣，杀人之父，孤人之子，断人之足，黥人之首，不可胜数。然而慈父孝子莫敢倳刃^③公之腹中者，畏秦法耳。今天下大乱，秦法不施，然则慈父孝子且倳刃公之腹中以成其名，此臣之所以吊公也。今诸侯畔（叛）秦矣，武信君兵且至，而君坚守范阳，少年皆争杀君，下武信君。君急遣臣见武信君，可转祸为福，在今矣。"

◎**注释** ①〔范阳〕古县名，在今河北定兴西南。②〔蒯（kuǎi）通〕人名，以善辩著名，有权变，武信君用其策降赵三十余城，韩信用其计而平定齐地。后劝韩信叛汉，韩信不听，遂佯狂遁去。③〔剌（zì）刃〕用刀刺入。

◎**大意** 于是武臣等人又带兵向东北方向攻击范阳。范阳人蒯通规劝范阳令说："我私下听说您要死了，所以来吊丧。虽然如此，祝贺您得到我而有了生路。"范阳令说："为什么来吊丧？"蒯通回答："秦国的法律严酷，您担任范阳县令十年了，杀害人家的父亲，使人家的儿子成为孤儿，砍断人家的脚，在人家脸上刺字，这样的事数不胜数。然而慈祥的父亲、孝顺的儿子都不敢用刀刺您的腹部，是畏惧秦朝的法律而已。如今天下大乱，秦国的法令无法施行，既然这样，慈父孝子就要用刀刺您的腹部而成就他们的名声，这就是我要吊丧的原因。如今诸侯反叛秦国，武信君的军队就要到了，而您坚守在范阳，年轻人都争着杀您，投降武信君。您赶快派遣我去见武信君，可以转祸为福，就在眼前了。"

　　范阳令乃使蒯通见武信君曰："足下必将战胜然后略地，攻得然后下城，臣窃以为过矣。诚听臣之计，可不攻而降城，不战而略地，传檄而千里定①，可乎？"武信君曰："何谓也？"蒯通曰："今范阳令宜整顿其士卒以守战者也，怯而畏死，贪而重富贵，故欲先天下降，畏君以为秦所置吏，诛杀如前十城也。然今范阳少年亦方杀其令，自以城距（拒）君。君何不赍②臣侯印，拜范阳令，范阳令则以城下君，少年亦不敢杀其令。令范阳令乘朱轮华毂③，使驱驰燕、赵郊。燕、赵郊见之，皆曰此范阳令，先下者也，即喜矣，燕、赵城可毋战而降也。此臣之所谓传檄而千里定者也。"武信君从其计，因使蒯通赐范阳令侯印。赵地闻之，不战以城下者三十余城。

◎**注释** ①〔传檄（xí）而千里定〕言不用攻战，只传文书便可平定千里。檄，古代征召、声讨的官方文书。②〔赍（jī）〕交给。③〔朱轮华毂（gǔ）〕红漆车轮，彩绘车毂，指古代贵族所乘的车。毂，车轮中心有圆孔可以插轴的部分。

◎**大意**　范阳令就派蒯通去见武信君说："您一定要战胜敌人然后夺取土地，攻破守敌然后夺取城池，我私下认为是错误的。您果真能听从我的计策，可以不用攻打而使城池守敌投降，不用战斗而夺取土地，传送檄文而千里平定，可以吗？"武信君说："这怎么说？"蒯通说："如今范阳令本应该整顿他的士兵来守卫城池的，但他胆小怕死，贪心而且重富贵，所以想在天下人之前投降，但怕您认为他是秦国任命的官吏，像先前十个城池的官吏一样被诛杀。而现在范阳的年轻人也正想杀掉他们的县令，自己守城来抵御您。您为什么不让我带上封侯的印信，委任范阳令，范阳令就以城池来向您投降，这样城中的年轻人也不敢杀他们的县令了。让范阳令坐着彩饰豪华的车子，奔驰在燕国、赵国的郊野。燕国、赵国郊野的人见到他，都说这是范阳令，他是率先投降的啊，马上就得到如此优厚的待遇了，燕、赵的城池就可以不用攻打而投降了。这就是我说的传送檄文而千里安定的计策。"武信君听从他的计策，就派遣蒯通赐给范阳令侯印。赵国听到这个消息，不战而降的有三十余座城池。

至邯郸，张耳、陈馀闻周章军入关，至戏①却；又闻诸将为陈王徇地②，多以谗毁得罪诛，怨陈王不用其策不以为将而以为校尉。乃说武臣曰："陈王起蕲，至陈而王，非必立六国后。将军今以三千人下赵数十城，独介居河北，不王无以填（镇）之。且陈王听谗，还报，恐不脱于祸。又不如立其兄弟；不，即立赵后。将军毋失时，时间不容息。"武臣乃听之，遂立为赵王。以陈馀为大将军，张耳为右丞相，邵骚为左丞相。

◎**注释**　①〔戏〕戏水，古水名，在今陕西西安临潼区东。②〔徇地〕攻取土地。
◎**大意**　到达邯郸后，张耳、陈馀听说周章军队进入关中，到达戏水时败退；又听说各位将领为陈王攻城略地，多数因遭谗言毁谤而获罪被诛杀，又埋怨陈王不用他们的计谋、不任用他们为将领而用他们为校尉。就规劝武臣道："陈王在蕲县起义，到了陈县称王，不一定拥立六国的后代。将军如今用三千人攻下赵地几十座城，单独据守河北，不称王则无法镇守。况且陈王听信谗言，回去报告，恐怕脱不了灾祸。还不如拥立自己的兄弟；要不然，就拥立赵国的后代。将军不要失去时机，时机不容许片刻喘息。"武臣听从他们的建议，于是自立为赵王。任命陈馀为大将军，张耳为右丞相，邵骚为左丞相。

使人报陈王，陈王大怒，欲尽族武臣等家，而发兵击赵。陈王相国房君谏曰："秦未亡而诛武臣等家，此又生一秦也。不如因而贺之，使急引兵西击秦。"陈王然之，从其计，徙系武臣等家宫中，封张耳子敖为成都君。

◎**大意**　武臣派人去报告陈王，陈王大为震怒，想把武臣等人的家族全部诛灭，然后发动军队进攻赵地。陈王的国相房君劝谏说："秦国没有灭亡而诛杀武臣等人的家族，这是又生出一个像秦国一样的敌人。不如顺势去祝贺他，派他赶快领兵向西去攻打秦国。"陈王认为对，听从了他的建议，将武臣等人的家属迁移到宫中关押，封张耳的儿子张敖为成都君。

陈王使使者贺赵，令趣①发兵西入关。张耳、陈馀说武臣曰："王王赵，非楚意，特以计贺王。楚已灭秦，必加兵于赵。愿王毋西兵，北徇燕、代，南收河内以自广。赵南据大河，北有燕、代，楚虽胜秦，必不敢制赵。"赵王以为然，因不西兵，而使韩广略燕，李良略常山②，张黡略上党③。

◎**注释**　①〔趣〕赶快。②〔常山〕秦郡名，在今河北石家庄东北。③〔张黡（yǎn）略上党〕上党，秦郡名，在今山西长治北。

◎**大意**　陈王派使者向赵王祝贺，命令他赶快发兵向西进入关中。张耳、陈馀劝武臣说："大王在赵地称王，不是楚国的本意，只是用权宜之计来祝贺大王。楚国消灭秦国之后，必定会对赵国用兵。希望大王不要向西进军，应向北攻燕、代两地，向南收复河内以扩大自己的地盘。赵国南面占据黄河，北面有燕、代两地，楚国即使战胜秦国，也肯定不敢制服赵国。"赵王认为对，因而不向西进军，而派韩广攻取燕地，李良夺取常山郡，张黡攻取上党郡。

韩广至燕，燕人因立广为燕王。赵王乃与张耳、陈馀北略地燕界。赵王间①出，为燕军所得。燕将囚之，欲与分赵地半，乃归王。使者往，燕辄杀之以求地。张耳、陈馀患之。有厮养卒②谢其舍中曰："吾为公说燕，与赵王载归。"舍中皆笑曰："使者往十余辈，辄死，若何以能得王？"乃走燕壁。燕将见之，问燕将曰："知臣何欲？"燕将曰："若欲得赵王耳。"曰："君知张耳、陈馀何如人也？"燕将曰："贤人也。"曰："知其志何欲？"曰："欲得其王耳。"赵养卒乃笑曰："君未知此两人所欲也。夫武臣、张耳、陈馀杖马箠③下赵数十城，此亦各欲南面而王，岂欲为卿相终已邪？夫臣与主岂可同日而道哉，顾其势初定，未敢参分而王，且以少长先立武臣为王，以持赵心。今赵地已服，此两人亦欲分赵而王，时未可耳。今君乃囚赵王。此两人名为求赵王，实欲燕杀之，此两人分赵自立。夫以一赵尚易④燕，况以两贤王左提右挈，而责杀王之罪，灭燕易矣。"燕将以为然，乃归赵王，养卒为御⑤而归。

◎**注释** ①〔间〕空隙，空闲。②〔厮养卒〕伙夫。③〔箠（chuí）〕鞭子。④〔易〕轻视。⑤〔为御〕为（赵王）驾驶车马。

◎**大意** 韩广到达燕地，燕人就拥立他为燕王。赵王就和张耳、陈馀向北攻打燕国的边境。赵王空闲时外出，被燕军俘虏。燕军将领将他囚禁起来，想要分得赵国一半的土地，才放回赵王。使者前往，燕军就杀了他们以求割地。张耳、陈馀对此感到忧虑。赵军中有一个伙夫与同宿舍的人告别说:"我去为张耳、陈馀劝说燕军,与赵王一同坐车回来。"同宿舍的人都笑他说:"使者去了十多批,一去就死,你怎么能够救赵王?"这个伙夫就去了燕军军营。燕军将领接见了他,他问燕将:"知道我想干什么吗?"燕将说:"你想救回赵王罢了。"又问道:"您知道张耳、陈馀是什么样的人?"燕将说:"贤明的人。"又问道:"知道他们的志向吗?"回答说:"想救回他们的大王罢了。"赵军伙夫就笑着说:"您不知道这两个人的欲望。武臣、张耳、陈馀扬马鞭攻下赵国几十座城池,他们都想南面为王,难道想当卿相终老一生吗?臣子与君王怎么能相提并论呢,只不过大势刚定,没有敢三分赵地而各自称王,暂且按年龄的大小先立武臣为王,以安定赵地人心。如今赵地已经归服,这两个人也想分赵地各自称王,时机不许可罢了。现在您囚禁赵王,这两个人名义上要救赵王,实际上是想让燕军杀了他,这两个人就可以分赵国自立为王。一个赵国还敢轻视燕国,何况两位贤明大王相互支持,以杀王之罪追究,灭亡燕国更容易了。"燕国将领认为对,就放了赵王,伙夫驾车与赵王一同归来。

李良已定常山,还报,赵王复使良略太原①。至石邑②,秦兵塞井陉③,未能前。秦将诈称二世使人遗李良书,不封④,曰:"良尝事我得显幸⑤。良诚能反赵为秦,赦良罪,贵良。"良得书,疑不信。乃还之邯郸,益请兵。未至,道逢赵王姊出饮,从百余骑。李良望见,以为王,伏谒⑥道旁。王姊醉,不知其将,使骑谢李良。李良素贵,起,惭其从官⑦。从官有一人曰:"天下畔(叛)秦,能者先立。且赵王素出将军下,今女儿乃不为将军下车,请追杀之。"李良已得秦书,固欲反赵,未决,因此怒,遣人追杀王姊道中,乃遂将其兵袭邯郸。邯郸不知,竟杀武臣、邵骚。赵人多为张耳、陈馀耳目者,以故得脱出。收其兵,得数万人。客有说张耳曰:"两君羁旅,而欲附赵,难;独立赵后,扶以义,可就功。"乃求得赵歇,立为赵王,居信都。

李良进兵击陈馀，陈馀败李良，李良走归章邯⑧。

◎ **注释** ①〔太原〕郡名，在今山西太原西南。②〔石邑〕古邑名，在今河北鹿泉东南，西汉时属常山郡。③〔井陉〕太行八陉之一，是河东和河北中部地区太行山井陉隧道。今河北鹿泉西南东土门为隧道东口。④〔不封〕不密封。故意泄密，使赵国君臣相疑。⑤〔显幸〕显荣宠幸。⑥〔伏谒〕跪伏拜见。⑦〔惭其从官〕在从官面前感到惭愧。⑧〔章邯〕秦朝著名将领，上将军。秦二世时任少府，秦王朝最后一员大将。

◎ **大意** 李良已经平定常山，回来报告，赵王又派李良攻取太原。李良率军到达石邑，秦国军队扼守井陉关，李良无法前进。秦国将领假称秦二世派人送给李良一封信，没有封口，信中说："李良曾经侍奉我得到显贵和宠幸。李良如果能够弃赵而归秦，一定赦免李良的罪过，使李良显贵。"李良得到信，很是怀疑。于是回邯郸，请求增加兵力。还没有到，路上遇到赵王的姐姐外出宴饮，随从有一百多人。李良望见，以为是赵王，伏在路边拜见。赵王的姐姐喝醉了，不知道他是将军，派骑士答谢李良。李良一向骄贵，起身，在随从面前感到很惭愧。随从官员中有一个人说："天下反叛暴秦，有能力的人先立为王。况且赵王地位向来在将军之下，如今一个女子竟然不为将军下车，请追上去杀了她。"李良已经得到秦二世的信，本来想反叛赵国，只是没有下决心，因为这件事生气，就派人追赶赵王的姐姐，在途中杀了她。随即又率领他的军队袭击邯郸。邯郸事先毫无准备，李良竟杀害了武臣、邵骚。赵国人有不少是张耳、陈馀的耳目，因此他们得以逃脱。两人逃出后收罗他们的兵士，得到几万人。宾客中有人劝说张耳道："您二位都是异乡人，想要赵国人归附，难；只有立赵王室之后，辅助以大义，才可以成就功业。"于是他们找到赵歇，立他为赵王，让他居住在信都。李良进军攻击陈馀，被陈馀打败，就逃走归附了章邯。

章邯引兵至邯郸，皆徙其民河内，夷其城郭。张耳与赵王歇走入巨鹿①城，王离围之。陈馀北收常山兵，得数万人，军巨鹿北。章邯军巨鹿南棘原，筑甬道属②河，饷王离。王离兵食多，急攻巨鹿。巨鹿城中食尽兵少，张耳数使人召前陈馀，陈馀自度兵少，不敌秦，不敢前。数月，张耳大怒，怨陈馀，使张黡、陈泽往让③陈馀曰："始吾与公为刎颈交，今王与耳旦暮且死，而公拥兵数万，不肯相救，安在其相为死！苟必信，胡不赴秦军俱死？且有十一二相全。"陈馀曰："吾度前终不能救赵，徒尽亡军。且馀所以不俱死，欲为赵王、张君报秦。今必俱死，如以肉委饿虎，何益？"张黡、陈泽曰："事已急，要以俱死立信，安知后虑！"陈馀曰："吾死顾以为无益。必如公言。"乃使五千人令张黡、陈泽先尝秦军，至皆没。

◎**注释** ①〔巨鹿〕在今河北平乡。②〔属〕连接。③〔让〕责备。
◎**大意** 章邯领兵到达邯郸，将全体民众都迁到河内，摧毁了邯郸的城郭。张耳和赵王歇逃入巨鹿城，王离包围了他们。陈馀向北收集了常山的兵士，得到几万人，驻军在巨鹿城以北。章邯驻军在巨鹿城以南的棘原，修筑一条甬道与黄河连接，向王离供应军粮。王离兵多粮足，猛攻巨鹿。巨鹿城中粮尽兵少，张耳多次派人去叫陈馀前来救援，陈馀估计自己兵力不足，敌不过秦军，不敢前来。过了几个月，张耳大怒，怨恨陈馀，派张黡、陈泽去责备陈馀说："起初我和您结为生死之交，如今赵王和我早晚要战死，而你拥兵数万，不肯相救，那同生共死的交情在哪儿呢？如果说话一定算数，为什么不奔赴秦军决一死战？况且还有十分之一二的可能相互保全。"陈馀说："我估计前去终究不能救赵，白白使全军灭亡。况且我之所以不同归于尽，是想为赵王、张耳向秦国报仇。如今一定要去同归于尽，如同把肉送给饿虎，有什么好处呢？"张黡、陈泽说："事情已经万分紧急，需要以同归于尽来表明守信义，哪里还能考虑以后的事！"陈馀说："我死没什么可顾惜的，只是死而无益，但是我一定按照二位的话去做。"就派五千人让张黡、陈泽率领去试攻秦军，结果全军覆没。

当是时，燕、齐、楚闻赵急，皆来救。张敖亦北收代兵，得万余人，来，皆壁①馀旁，未敢击秦。项羽兵数绝章邯甬道，王离军乏食，项羽悉引兵渡河，遂破章邯。章邯引兵解②，诸侯军乃敢击围巨鹿秦军，遂虏王离。涉间自杀。卒存巨鹿者，楚力也。

◎**注释** ①〔壁〕修建营垒驻扎。②〔解〕溃散。
◎**大意** 在这个时候，燕国、齐国、楚国听说赵国危急，都来救援。张敖也向北收集了代地兵力，得到一万多人，来了，都在陈馀军队旁边建立营垒，不敢攻击秦军。项羽军队多次断绝章邯的甬道，王离的军队缺乏粮食，项羽率领全部士兵渡过黄河，于是击破章邯。章邯带兵撤退，诸侯军队才敢攻击围困巨鹿的秦军，于是俘虏了王离。涉间自杀。最终保全巨鹿的，是楚国的力量。

于是赵王歇、张耳乃得出巨鹿，谢诸侯。张耳与陈馀相见，责让陈馀以不肯救赵，及问张黡、陈泽所在。陈馀怒曰："张黡、陈泽以必死责臣，臣使将五千人先尝秦军，皆没不出。"张耳不信，以为杀之，数问陈馀。陈馀怒曰："不意君之望①臣深也！岂以臣为重去②将哉？"乃脱解印绶，推予张耳。张耳亦愕不受。陈馀起如厕。客有说张耳曰："臣闻'天与不取，反受其咎'。今陈将军与君印，君不受，反天不祥。急取之！"张耳乃佩其印，收其麾下。而陈馀还，亦望张耳不让，遂趋③出。张耳遂收其兵。陈馀独与麾下所善数百人之河上泽中渔猎。由此陈馀、张耳遂有隙。

◎**注释** ①〔望〕怨恨。②〔重去〕不容易失去，不舍得放弃。③〔趋〕快步走。
◎**大意** 这时赵王歇、张耳才得以出巨鹿城，向诸侯致谢。张耳和陈馀见面，（张耳）责备陈馀不肯救援赵王，并追究张黡、陈泽的下落。陈馀生气说："张黡、陈泽以同归于尽来责备我，我派他们领五千人先去试攻秦军，全军覆没无人逃出。"张耳不信，以为陈馀把他们杀了，多次追问陈馀。陈馀发火说："想不到您怨恨我这么深！难道以为我舍不得放弃将军的职位吗？"就解下系印的丝带，推给张耳。张耳也感到惊愕而不接受。陈馀起身上厕所。宾客中有人劝张耳道："我听说'上天赐予而不接受，反会遭到祸殃'。如今陈将军给您印信，您不接受，违背天意不吉祥。赶快收下它！"张耳就佩带了陈馀的印绶，收编了他的部下。陈馀回来，也埋怨张耳不推让，就快步走出。张耳就接收了他的军队。陈馀只跟部下中要好的几百人在黄河沿岸的湖泽中打鱼捕猎去了。从此陈馀、张耳就有了嫌隙。

赵王歇复居信都①。**张耳从项羽诸侯入关。汉元年二月，项羽立诸侯王，张耳雅游**②，**人多为之言，项羽亦素数闻张耳贤，乃分赵立张耳为常山王，治信都。信都更名襄国。**

◎**注释**　①〔信都〕古县名，秦置，属巨鹿郡，治今河北邢台。②〔雅游〕向来善于交际。
◎**大意**　赵王歇又回信都居住。张耳跟随项羽和诸侯进入关中。汉元年二月，项羽分封诸侯王，张耳向来交游很广，人们多帮他说话，项羽也在平时多次听说张耳贤能，于是从赵国分出一部分土地封张耳做常山王，以信都为治所。信都改名为襄国。

陈馀客多说项羽曰："陈馀、张耳一体有功于赵。"项羽以陈馀不从入关，闻其在南皮①，**即以南皮旁三县以封之，而徙赵王歇王代。**

◎**注释**　①〔南皮〕县名，今属河北沧州。
◎**大意**　陈馀宾客中很多人劝说项羽："陈馀和张耳一样有功于赵国。"项羽因为陈馀没有随从他进入关中，听说他在南皮，就将南皮附近的三个县分封给他，把赵王歇迁到代地称王。

张耳之国，陈馀愈益怒，曰："张耳与馀功等也，今张耳王，馀独侯，此项羽不平。"及齐王田荣畔（叛）楚，陈馀乃使夏说说田荣曰："项羽为天下宰不平，尽王诸将善地，徙故王王恶地，今赵王乃居代！愿王假臣兵，请以南皮为扞蔽①。"田荣欲树党于赵以反楚，乃遣兵从陈馀。陈馀因悉三县兵袭常山王张耳。张耳败走，念诸侯无可归者，曰："汉王与我有旧故，而项羽又强，立我，我欲之楚。"甘公②曰："汉王之入关，五星聚东井③。东井者，秦分也。先至必霸。楚虽强，后必属汉。"故耳走汉。汉王亦还定三秦，方围章邯废丘。张耳谒汉王，汉王厚遇之。

◎**注释** ①〔扞（hàn）蔽〕屏障。②〔甘公〕甘德，古天文学家。③〔五星聚东井〕五星，金、木、水、火、土五大行星。东井，星宿名，即井宿。古代天文学家把十二星次、二十八星宿的位置与地上州、国的位置相对应，认为东井是秦的分野。古人常以天象的变异来比附州国的吉凶。

◎**大意** 张耳到达封国，陈馀更加恼怒，说："张耳与陈馀功劳相同，如今张耳为王，我陈馀只封为侯，这是项羽办事不公平。"等到齐王田荣反叛楚国，陈馀就派夏说去劝田荣道："项羽作为天下的主宰不公平，把各将领都封在好地方为王，把原来的王都迁到坏地方做王，如今赵王就居住在代！希望大王借给我兵力，请把南皮作为屏障。"田荣想在赵国树立党羽以反对楚国，就派遣军队跟随陈馀。陈馀就依靠三县的所有军队袭击常山王张耳。张耳兵败逃走，考虑到诸侯之中没有可以投奔的地方，说："汉王与我有旧交，而项羽又强盛，立我为王，我想到楚国。"甘公说："汉王进入关中，五星会聚于井宿。井宿是秦国的分野。先到秦国一定称霸。楚国虽然强盛，今后必定归汉。"所以张耳投奔汉王。汉王也回军平定三秦，正在废丘围攻章邯。张耳拜见汉王，汉王优厚地对待他。

陈馀已败张耳，皆复收赵地，迎赵王于代，复为赵王。赵王德①陈馀，立以为代王。陈馀为赵王弱，国初定，不之国，留傅赵王，而使夏说以相国守代。

◎**注释** ①〔德〕感激。
◎**大意** 陈馀打败张耳后，将赵地全部收复，到代迎接赵王，又让他当上赵国的国王。赵王感激陈馀，立他为代王。陈馀因为赵王势力弱，国家刚平定，不去自己的封国，留下来辅佐赵王，而派夏说以相国的身份驻守代地。

汉二年，东击楚，使使告赵，欲与俱。陈馀曰："汉杀张耳乃从。"于是汉王求人类张耳者斩之，持其头遗陈馀。陈馀乃遣兵助汉。汉之败于彭城西，陈馀亦复觉张耳不死，即背汉。

◎**大意** 汉二年，汉王向东攻打楚国，派使者告诉赵国，想与赵国共同发兵。陈馀说："汉王杀掉张耳才从命。"于是汉王找到一个像张耳的人杀了，将他的头送给陈馀。陈馀就派兵帮助汉王。汉王在彭城西兵败，陈馀也觉察到张耳没死，就背叛了汉王。

汉三年，韩信已定魏地，遣张耳与韩信击破赵井陉，斩陈馀泜水①上，追杀赵王歇襄国。汉立张耳为赵王。汉五年，张耳薨，谥为景王。子敖嗣立为赵王。高祖长女鲁元公主为赵王敖后。

◎**注释** ①〔泜（chí）水〕在今河北南部。
◎**大意** 汉三年，韩信已经平定魏地，汉王派张耳和韩信在井陉打败赵军，在泜水边斩杀陈馀，又追到襄国县杀了赵王歇。汉王立张耳为赵王。汉五年，张耳去世，谥号为景王。儿子张敖继立为赵王。汉高祖的长女鲁元公主是赵王张敖的王后。

汉七年，高祖从平城过赵，赵王朝夕袒韝蔽①，自上食，礼甚卑，有子婿礼。高祖箕踞詈②，甚慢易之。赵相贯高、赵午等年六十余，故张耳客也。生平为气，乃怒曰："吾王孱③王也！"说王曰："夫天下豪桀并起，能者先立。今王事高祖甚恭，而高祖无礼，请为王杀之！"张敖啮④其指出血，曰："君何言之误！且先人亡国，赖高祖得复国，德流子孙，秋豪皆高祖力也。愿君无复出口。"贯高、赵午等十余人皆相谓曰："乃吾等非也。吾王长者，不倍（背）德。且吾等义不辱，今怨高祖辱我王，故欲杀之，何乃汙（污）王为乎？令事成归王，事败独身坐耳。"

◎**注释** ①〔袒韝（gōu）蔽〕脱下外衣，戴上皮套袖。韝，皮制套袖。②〔詈（lì）〕骂。③〔孱（chán）〕软弱。④〔啮（niè）〕咬。

◎**大意** 汉七年，高祖由平城经过赵国，赵王早晚都脱下外衣戴上套袖，亲自侍奉饮食，礼节很谦卑，有女婿的礼貌。汉高祖像簸箕一样伸直双腿坐着骂人，对赵王非常傲慢。赵国国相贯高、赵午等人已六十多岁，原是张耳的门客，生性豪气，于是发怒说："我们的王是懦弱的王！"他们劝赵王道："天下豪杰并起，有能力的先立为王。如今大王侍奉高祖十分恭敬，高祖却没有礼貌，我们请求为大王杀了他！"张敖咬破自己的手指流出血来，说："你们说的话多么错误！况且先人亡国，依靠高祖得以恢复国家，恩德泽及子孙，一丝一毫都是高祖出的力。希望你们不要再说这样的话了。"贯高、赵午等十多人议论说："这是我们不对。我们的国王是忠厚的人，不肯背负恩德。而我们义不受辱，如今怨恨高祖侮辱我王，所以想杀死他，为什么玷污我们的国王呢？假使事情成功了，功劳归王所有，失败了，我们自己承担罪责！"

汉八年，上从东垣①还，过赵，贯高等乃壁人柏人②，要之置厕（侧）。上过欲宿，心动问曰："县名为何？"曰："柏人。""柏人者，迫于人也！"不宿而去。

◎**注释** ①〔东垣〕古县名，在今河北石家庄。②〔柏人〕古县名，在今河北隆尧。
◎**大意** 汉八年，高祖从东垣回来，经过赵国，贯高等人在柏人县馆舍中埋伏武士，把他们藏在侧壁中准备截杀高祖。高祖经过这里想留宿，忽然心跳，问道："县名叫什么？"从者回答说："柏人。""柏人，便是被人迫害啊！"就不住宿而离开了。

汉九年，贯高怨家知其谋，乃上变告之。于是上皆并逮捕赵王、贯高等。十余人皆争自刭，贯高独怒骂曰："谁令公为之？今王实无谋，而并捕王；公等皆死，谁白王不反者！"乃轞车胶致①，与王诣长安。治张敖之罪。上乃诏赵群臣宾客有敢从王皆族。贯高与客孟舒等十余人，皆自髡钳②，为王家奴，从来。贯高至，对狱，曰："独吾属为之，王实不知。"吏治榜笞③数千，刺剟④，身无可击者，终不复言。吕后数言张王以鲁元公主故，不宜有此。上怒曰："使张敖据天下，岂少而女乎！"不听。廷尉以贯高事辞闻，上曰："壮士！谁知者，以私问之。"中大夫泄公曰："臣之邑子，素知之。此固赵国立名义不侵为然诺者也。"上使泄公持节问之箯舆⑤前。仰视曰："泄公邪？"泄公劳苦如生平欢，与语，问张王果有计谋不（否）。高曰："人情宁不各爱其父母妻子乎？今吾三族皆以论死，岂以王易吾亲哉！顾为王实不反，独吾等为之。"具道本指所以为者王不知状。于是泄公入，具以报，上乃赦赵王。

◎**注释** ①〔轞（jiàn）车胶致〕四周用木条密封的囚车。轞车，囚车。胶致，指用胶密封囚车。②〔髡（kūn）钳〕剪去头发，铁箍束颈。③〔榜笞〕鞭打。

④〔剟(duō)〕古代的一种酷刑，以铁器刺人身体。⑤〔箯(biān)舆〕竹轿。

◎**大意**　汉九年，贯高的仇家知道了他的阴谋，就上书告发他反叛。于是皇上将赵王、贯高等一起逮捕。和贯高一起谋事的十多人争相刎颈自杀，贯高独自怒骂道："谁让你们干的？如今大王确实没有参与谋划，却被一块逮捕；你们都死了，谁来表明大王没有谋反！"就坐上密封的囚车，与赵王一起到长安。朝廷审判张敖的罪行。皇上诏令有敢于随从赵王的群臣宾客全部灭族。贯高和宾客孟舒等十多人，都自己剃掉头发带上刑具，作为赵王的家奴，随从而来。贯高到来，接受审讯，说："只是我们这班人干的，赵王确实不知道。"官吏惩治杖打他几千下，又用针刺身，身上打烂了，已不好再打，贯高始终没改口。吕后多次说到张敖因为鲁元公主，不应有此举动。皇上生气说："假如张敖占据了天下，难道还在乎你的女儿！"不听吕后的劝说。廷尉将贯高案件的供词报告皇上，皇上说："壮士！谁了解他，用私情去问他。"中大夫泄公说："他是我的同乡，我向来了解他。他本是赵国讲究名誉而不违背诺言的人。"皇上派泄公拿着符节到舆床前问他。贯高抬头望着泄公说："是泄公吗？"泄公关心、慰问他，和平常一样跟他交谈，问张敖参与计划没有。贯高说："人之常情，有谁不爱自己的父母和妻子儿女吗？如今我三族都判以死刑，难道会为赵王而牺牲我的亲人吗？只是考虑到赵王确实没有谋反，都是我们这班人干的。"详细地说出了他们的本意和所干的一切，以及赵王张敖不知道的情况。于是泄公进宫，详细报告，皇上就赦免了赵王。

　　上贤贯高为人能立然诺，使泄公具告之，曰："张王已出。"因赦贯高。贯高喜曰："吾王审①出乎？"泄公曰："然。"泄公曰："上多足下，故赦足下。"贯高曰："所以不死一身，无余者，白张王不反也。今王已出，吾责已塞，死不恨矣。且人臣有篡杀之名，何面目复事上哉！纵上不杀我，我不愧于心乎？"乃仰绝肮②，遂死。当此之时，名闻天下。

◎**注释** ①〔审〕的确,果然。②〔肮(háng)〕咽喉。

◎**大意** 皇上赞赏贯高为人能够重信义,派泄公把情况都告诉他,说:"赵王张敖已放出。"因而赦免贯高。贯高高兴地说:"我们赵王确实已经出狱了吗?"泄公说:"是的。"泄公说:"皇上称赞您,所以赦免了您。"贯高说:"我不去死,没有其他的原因,是为了说明赵王张敖确实没有谋反。如今赵王张敖已经出狱,我的责任已尽到,死也没有遗憾了。况且为人臣子有篡杀的名声,还有什么脸面再侍奉皇上!即使皇上不杀我,我心中不感到惭愧吗?"就仰头割断颈脉而死。在这时候,他的名声传遍天下。

张敖已出,以尚鲁元公主故,封为宣平侯。于是上贤张王诸客以钳奴①从张王入关,无不为诸侯相、郡守者。及孝惠、高后、文帝、孝景时,张王客子孙皆得为二千石。

◎**注释** ①〔钳奴〕髡钳为奴者,即上文所指剪发锁颈随赵王张敖入长安的孟舒等人。

◎**大意** 张敖出狱后,因为是鲁元公主的丈夫,被封为宣平侯。这时皇上称赞赵王张敖的各位宾客,凡是带上刑具作为家奴跟随赵王张敖进入关中的,没有不被任命为诸侯王的卿相或郡的太守的。直到孝惠帝、高后、文帝、孝景帝时,赵王张敖宾客的子孙都得到二千石的官爵。

张敖,高后六年薨。子偃为鲁元王。以母吕后女故,吕后封为鲁元王。元王弱,兄弟少,乃封张敖他姬子二人:寿为乐昌侯,侈为信都侯。高后崩,诸吕无道,大臣诛之,而废鲁元王及乐昌侯、信都侯。孝文帝即位,复封故鲁元王偃为南宫侯,续张氏。

◎**大意** 张敖于高后六年去世。儿子张偃为鲁元王。因为母亲是吕后的女儿,吕后封他做鲁元王。鲁元王孤弱,兄弟少,吕后就封张敖其他姬妾生的两个儿子:张寿为乐昌侯,张侈为信都侯。高后去世后,吕氏族人不行正道,大臣诛杀他们,并废黜了鲁元王以及乐昌侯、信都侯。孝文帝即位,重新封鲁元王张偃为南宫侯,以延续张氏的后代。

太史公曰:张耳、陈馀,世传所称贤者;其宾客厮役,莫非天下俊杰,所居国无不取卿相者。然张耳、陈馀始居约时①,相然信以死,岂顾问哉。及据国争权,卒相灭亡,何乡(向)者相慕用之诚,后相倍(背)之戾也!岂非以势利交哉?名誉虽高,宾客虽盛,所由殆与太伯、延陵季子异矣。

◎ **注释** ①〔居约时〕处于贫贱时。约,卑下,穷困。
◎ **大意** 太史公说:张耳、陈馀在世间传说中是被称赞的贤人;他们的宾客奴仆,没有人不是天下的英雄豪杰,在所居国都取得了卿相的职位。然而张耳、陈馀当初贫贱时,彼此信任,誓同生死,哪里有什么顾虑呢?等到占据国土争权时,最终相互攻灭,为什么过去互相仰慕信任如此真诚,后来又相互背叛如此凶狠呢?难道不是为了权势、利害相互交往吗?虽然他们名誉高,宾客多,但他们所走的道路与吴太伯、延陵季子相比,就不相同了。

◎ **释疑解惑**

1. 张耳、陈馀在反秦斗争中的地位。

司马迁在《太史公自序》中称"镇赵,塞常山,以广河内,弱楚权,明汉王之信于天下",这是其撰写《张耳陈馀列传》的原因。张耳、陈馀所处的赵国在秦汉之际的军事斗争中具有重要的地理位置,张耳、陈馀在建立、发展赵国的政治和军事实力中都发挥了关键性的作用。反秦起义初期,反秦力量强大的地区主要有三处:一是梁、楚(今河南东部和安徽、江苏北部一带),代表人物先后有陈胜、项梁、项羽、刘邦等；二是齐国（今山东中部一带），代表人物先后有田儋、田荣等；三是赵国（今河北南部），以武臣、张耳、陈馀等为代表。

2. 本文详细记叙了蒯通游说范阳令和武信君的经过，蒯通是如何游说成功的？

蒯通能言善辩，足智多谋，对于政治形势有较为清醒的认识。游说成功的关键就在于他很好地揣摩出了被游说者范阳令和武信君的心理，通过陈说利害得失来打动他们，说辞极具针对性。范阳令守城不降的原因，可能正如蒯通所说，他在做范阳令的十年里，"杀人之父，孤人之子，断人之足，黥人之首，不可胜数"，既担心孤城难守，又害怕范阳百姓趁乱起事，危及自己性命。听说蒯通有"转祸为福"的良策，自然言听计从。武信君正在筹划攻克范阳的良策，听到蒯通有"不攻而降城，不战而略地"的妙计，也是欣然恭听。不战而屈人之兵，传檄而定千里，乃用兵之上策。

◎ 思考辨析题

1. 《史记》中随处可见对比映衬的表现手法，张耳、陈馀的"以势力交"与贯高、赵午等人的"以情义交"就是一种对照。谈谈《史记》中其他人物传记这一表现手法的运用及其文学效果。

2. "朋友相交，知己难寻"是文学作品中的常见主题，请列举出相关作品，并谈谈你对这一问题的理解。

魏豹彭越列传第三十

《史记》中的人物合传，常常以类相从。《魏豹彭越列传》虽为二人合传，但实际上记录了魏咎、魏豹、彭越三人的事迹。他们列于合传的基础是，三人在诸侯灭秦以及之后的楚汉战争中，都在魏地有过重要的活动，且先后在魏地称王。魏咎是六国时魏国国君的后代，陈胜起义时，他也归入陈胜的麾下，而当陈胜被章邯打败时，魏咎也被困于临济。魏咎为其百姓约降，最后自焚而死，表现出大义凛然的气概。魏豹是魏咎的弟弟，魏咎死后，魏豹继续战斗，攻下二十余城，被项羽封为魏王。秦灭后，项羽大封诸侯时，将魏豹迁到了山西平阳，引起了魏豹的不满。于是魏豹又跟随汉王攻击楚王。汉王战败，退回荥阳，魏豹请求回去探视母亲病情，到国后，就切断黄河渡口反叛汉王，后又降刘邦，与周珂一起镇守荥阳，最后被周珂所杀。彭越相较前面两位，是用笔最多的。他是江洋大盗出身，陈涉起义后，他也拉着一帮人马，转战于今鲁豫苏皖交界一带。在项羽自封西楚霸王后，主张反项的就有田荣和彭越。在楚汉战争中，彭越对于刘邦的胜利，起着至关重要的作用。文本中记载："彭越常往来为汉游兵，击楚，绝其后粮于梁地"，"汉五年秋，项王之南走阳夏，彭越复下昌邑旁二十余城，得谷十余万斛，以给汉王食"。由于特殊的功绩，彭越成为刘邦最早封王的极少数功臣之一。但即使彭越没有任何的谋反之心，刘邦和吕后最后也借机夷其宗族。

在合传中，太史公往往不是平均笔墨，而是有所侧重。魏咎、魏豹笔墨较少，写彭越则用笔较多。对于彭越的结局，太史公是充满了深刻的同情的。从文章的叙述来看，"梁王恐，欲自往谢""梁王不听，称病""梁王怒其太仆，欲斩之"等各处，都说明彭越并无谋反之心和谋反的行为。最后"夷越宗族，国除"的悲惨结局是因为"吕后乃令其舍人告彭越复谋反"，这完全是强加罪名而诛杀功臣的险恶手段。太史公"不虚美，不隐恶"，明确地揭露了刘邦、吕后的卑污与残暴，这已达到了封建社会中指斥统治阶级的最大限度，这是《史记》闪耀着批判光芒的重要体现。

《史记》中的论赞是太史公融入自身情感、表达自我观点的窗口。在这篇传记的末尾，司马迁没有直接表达对彭越结局的看法，而是宕开一笔，抓住"及败，不死而虏囚，身被刑戮，何哉？"这一问题，做了解答。"中材已上且羞其行，况王者乎！彼无异故，智略绝人，独患无身耳。得摄尺寸之柄，其云蒸龙变，欲有所会其度，以故幽囚而不辞云。"其中表现了司马迁的生死观念，体现出其忍辱发愤的立身之道。董份称："谓其喋血乘胜，功名闻天下，而身反不死，以其囚虏，盖志有欲为也。太史公腐刑，不即死，亦欲以自见耳，故于此委曲致意如此。"（录自凌稚隆《史记评林》）读者可以将此与《报任安书》中"草创未就，会遭此祸，惜其不成，是以就极刑而无愠色。仆诚已著此书，藏之名山，传之其人，通邑大都，则仆偿前辱之责，虽万被戮，岂有悔哉！然此可为智者道，难为俗人言也"这一段话结合起来，参照理解。

魏豹者，故魏诸公子也。其兄魏咎，故魏时封为宁陵君。秦灭魏，迁咎为家人①。陈胜之起王也，咎往从之。陈王使魏人周市徇魏地②，魏地已下，欲相与立周市为魏王。周市曰："天下昏乱，忠臣乃见（现）。今天下共畔（叛）秦，其义必立魏王后乃可。"齐、赵使车各五十乘，立周市为魏王。市辞不受，迎魏咎于陈。五反（返），陈王乃遣立咎为魏王。

◎注释 ①〔家人〕平民。②〔周市（fú）徇魏地〕周市，陈胜的将领之一，后拥立魏国贵族后裔魏咎为魏王，自任丞相。徇，攻取，占领。
◎大意 魏豹，原魏国王室的公子。他的哥哥魏咎，原来魏国时被封为宁陵君。秦国灭了魏国，将魏咎放逐外地做了平民。陈胜起义称王，魏咎前去追随他。陈王派魏国人周市攻取魏地，魏地攻下后，大家想拥立周市为魏王。周市说："天下混乱，忠臣才会显现。如今天下人一起反叛秦国，以道义一定要拥立魏王的后代才行。"齐国、赵国各派战车五十辆，拥立周市做魏王。周市推辞不肯接受，到陈国迎接魏咎。五次往返，陈王才把魏咎派回去做魏王。

章邯已破陈王，乃进兵击魏王于临济①。魏王乃使周市出请救于齐、楚。齐、楚遣项它②、田巴③将兵随市救魏。章邯遂击破杀周市等军，围临济。咎为其民约降。约定，咎自烧杀。

◎**注释** ①〔临济〕在今河南封丘东，南临古济水。②〔项它〕人名，楚国将领。③〔田巴〕人名，齐国将领。

◎**大意** 章邯打败陈王后，就进兵临济攻击魏王。魏王派周市到齐国、楚国请求援救。齐、楚派遣项它、田巴领兵跟随周市去救魏国。章邯又打败周市等人的军队并且杀了周市，围攻临济。魏咎为了他的民众，请求投降。条约商定后，魏咎就自焚而死。

魏豹亡走楚。楚怀王①予魏豹数千人，复徇魏地。项羽已破秦，降章邯。豹下魏二十余城，立豹为魏王。豹引精兵从项羽入关。汉元年，项羽封诸侯，欲有梁地，乃徙魏王豹于河东，都平阳②，为西魏王。

◎**注释** ①〔楚怀王〕熊心，战国时楚怀王熊槐之孙。项梁起义后，立之为王，仍称楚怀王。后来项羽自立为西楚霸王，表面上尊熊心为义帝，但强迫他迁往长沙，命人击杀他于郴县。②〔平阳〕在今山西临汾西南。

◎**大意** 魏豹逃奔至楚国。楚怀王给魏豹几千人，让他再夺取魏地。项羽已经打败秦军，降服章邯。魏豹接连攻下魏地二十多座城池，被立为魏王。魏豹率领精兵跟随项羽进入关中。汉元年，项羽分封诸侯，想要得到梁地，就把魏王豹迁往河东，建都平阳，封为西魏王。

汉王还定三秦，渡临晋①，魏王豹以国属焉，遂从击楚于彭城。汉败还，至荥阳②，豹请归视亲病，至国，即绝河津畔（叛）汉。汉王闻魏豹反，方东忧楚，未及击，谓郦生曰："缓颊③往说魏豹，能下之，吾以万户封若。"郦生说豹。豹谢曰："人生一世间，如白驹过隙耳。今汉王慢而侮人，骂詈诸侯群臣如骂奴耳，非有上下礼节也，吾不忍复见也。"于是汉王遣韩信击虏豹于河东，传诣④荥阳，以豹国为郡。汉王令豹守荥阳。楚围之急，周苛遂杀魏豹。

◎**注释** ①〔临晋〕在今陕西大荔东。②〔荥阳〕在今河南荥阳北。③〔缓颊〕婉言劝解或代人说情。④〔传诣〕用驿站的车马押送。

◎**大意** 汉王回师平定三秦，从临晋渡黄河，魏豹率魏国归顺汉王，于是跟随汉王到彭城攻击楚王。汉王战败，退回荥阳，魏豹请求回去探视母亲病情，到国后，就切断黄河渡口反叛汉王。汉王听说魏豹反叛，（但此时）正在忧虑东边的楚国，来不及去攻击，就对郦生说："你去好言劝说魏豹，能说服他，我封你一万户。"郦生去游说魏豹。魏豹谢绝说："人生一世，只如白马经过一道缝隙罢了。如今汉王傲慢而且侮辱人，责骂诸侯群臣如同责骂奴仆，没有上下的礼节，我不想再忍气见到他。"于是汉王派遣韩信到河东击败并俘虏了魏豹，用驿站的车马把他押送到荥阳，将魏豹的封国改为郡。汉王命令魏豹驻守荥阳。楚军围攻荥阳，形势危急，汉将周苛就杀了魏豹。

彭越者，昌邑①人也，字仲。常渔巨野泽②中，为群盗。陈胜、项梁之起，少年或谓越曰："诸豪桀相立畔（叛）秦，仲可以来，亦效之。"彭越曰："两龙方斗，且待之。"

◎**注释** ①〔昌邑〕古县名，秦置，在今山东巨野东南。②〔巨野泽〕水泽名，在今山东巨野北。

◎**大意** 彭越，是昌邑人，字仲。他平时在巨野泽中打鱼，与他人结伙做强盗。陈胜、项梁起义，有年轻人对彭越说："各路豪杰相继自立反叛秦朝，你可以站出来，也效法他们。"彭越说："两条龙正在争斗，暂且等一等。"

居岁余，泽间少年相聚百余人，往从彭越，曰："请仲为长。"越谢曰："臣不愿与诸君。"少年强请，乃许。与期①旦日日出会，后期者斩。旦日日出，十余人后，后者至日中。于是越谢曰："臣老，诸君强以为长。今期而多后，不可尽诛，诛最后者一人。"令校长②斩之。皆笑曰："何至是？请后不敢。"于是越乃引一人斩之，设坛祭，乃令徒属。徒属皆大惊，畏越，莫敢仰视。乃行略地，收诸侯散卒，得千余人。

◎**注释** ①〔期〕约定。②〔校长〕指古代士卒一队之长。
◎**大意** 过了一年多，泽中年轻人聚集了一百多人，前去跟随彭越，说："请你做我们的首领。"彭越拒绝说："我不愿与各位一起干。"年轻人坚持请求，彭越才答应。与他们约好第二天太阳出来时会合，后到的人斩首。第二天太阳出来时，十多人迟到，最迟的到正午才到。于是彭越抱歉地说："我岁数大，各位一定要我当首领。今天到约定时间而迟到的人很多，不能全都杀头，只杀最后到的人。"命令队长斩杀他。大家都笑着说："何必到如此地步？以后不敢再迟到就是了。"这时彭越就拉出那个人杀了，设置祭坛祭祀，并向部下发布命令。部下都大惊，畏服彭越，没有一人敢抬头看他。于是出发夺取土地，收集诸侯流散士兵，得到一千多人。

沛公之从砀①北击昌邑，彭越助之。昌邑未下，沛公引兵西。彭越亦将其众居巨野中，收魏散卒。项籍入关，王诸侯，还归，彭越众万余人毋所属。汉元年秋，齐王田荣②畔（叛）项王，汉乃使人赐彭越将军印，使下济阴③以击楚。楚命萧公角将兵击越，越大破楚军。汉王二年春，与魏王豹及诸侯东击楚，彭越将其兵三万余人归汉于外黄④。汉王曰："彭将军收魏地得十余城，欲急立魏后。今西魏王豹亦魏王咎从弟也，真魏后。"乃拜彭越为魏相国，擅将其兵，略定梁地。

◎**注释** ①〔砀（dàng）〕古县名，秦置，治今河南永城东北。②〔田荣〕秦末齐国狄县人，故齐王田氏宗族。秦末陈涉起义后，田荣与其兄田儋在齐地响应，恢复齐国，田荣为相国。公元前206年，田荣自立为齐王，起兵反抗项羽。③〔济阴〕郡名，在今山东定陶西北。④〔外黄〕在今河南民权西北。

◎**大意** 刘邦从砀县向北进攻昌邑时，彭越援助他。昌邑没有攻下，刘邦领兵西去。彭越也率领他的部队在巨野泽中驻扎，收集魏军流散的士兵。项籍进入关中，分封诸侯王，诸侯王各自回到封地，彭越的部队一万多人没有归属。汉元年秋天，齐王田荣反叛项王，就派人赐给彭越将军印信，让他从济阴南下进攻楚军。楚军命令萧公角领兵迎击彭越，彭越大破楚军。汉王二年春，汉王刘邦与魏王豹以及诸侯向东攻打楚国，彭越率领他的部队三万多人在外黄归附汉王。汉王说："彭将军收复魏地得到十几座城池，急着拥立魏王的后代。如今魏王豹是魏王咎的堂弟，正是魏国的后代。"就任命彭越为魏王相国，独揽魏国兵权，攻打平定了梁地。

汉王之败彭城解而西也，彭越皆复亡其所下城，独将其兵北居河上。汉王三年，彭越常往来为汉游兵，击楚，绝其后粮于梁地。汉四年冬，项王与汉王相距（拒）荥阳，彭越攻下睢阳①、外黄十七城。项王闻之，乃使曹咎守成皋，自东收彭越所下城邑，皆复为楚。越将其兵北走谷城②。汉五年秋，项王之南走阳夏③，彭越复下昌邑旁二十余城，得谷十余万斛，以给汉王食。

◎**注释** ①〔睢（suī）阳〕今河南商丘以南。②〔谷城〕今山东平阴西南东阿镇。③〔阳夏〕在今河南太康。

◎**大意** 汉王在彭城战败，向西退却，彭越所攻占的城池又全部丢失，独自带领他的军队向北驻扎在黄河沿岸。汉王三年，彭越经常作为汉王的游击部队往来出没，攻击楚军，在梁地断绝楚军的后援粮草。汉四年冬，项王和汉王在荥阳相持，彭越攻下睢阳、外黄等十七座城邑。项王听说了以后，就派曹咎驻守成皋，自己向东收复彭越所攻下的城邑，这些城邑都重新被楚国占有。彭越率领他的部队北上谷城。汉五年秋，项王向南撤退到阳夏，彭越又攻下昌邑旁边的二十多座城池，得到十多万斛谷物，用来供应汉王的军粮。

汉王败，使使召彭越并力击楚。越曰："魏地初定，尚畏楚，未可去。"汉王追楚，为项籍所败固陵①。乃谓留侯②曰："诸侯兵不从，为之奈何？"留侯曰："齐王信③之立，非君王之意，信亦不自坚。彭越本定梁地，功多，始君王以魏豹故，拜彭越为魏相国。今豹死毋后，且越亦欲王，而君王不蚤（早）定。与此两国约：即胜楚，睢阳以北至谷城，皆以王彭相国；从陈④以东傅海，与齐王信。齐王信家在楚，此其意欲复得故邑。君王能出捐⑤此地许二人，二人今可致；即不能，事未可知也。"于是汉王乃发使使彭越，如留侯策。使者至，彭越乃悉引兵会垓下，遂破楚。项籍已死。春，立彭越为梁王，都定陶。

◎**注释** ①〔固陵〕在今河南太康南。②〔留侯〕指张良。③〔齐王信〕韩信。初从项羽，后归刘邦，拜为大将军，平定齐地后，韩信认为权轻不行，要求称假王，刘邦怕他反叛，立之为齐王。破楚之后改封为楚王。④〔陈〕古县名，在今河南淮阳。⑤〔出捐〕出，支付，给予。捐，舍弃，抛弃。

◎**大意** 汉王兵败，派使者叫彭越合力攻打楚军。彭越说："魏地刚平定，还畏惧楚军，不可以离开。"汉王追击楚军，在固陵被项羽打败。汉王就对留侯说："诸侯军队不服从，应该怎么办？"留侯说："齐王韩信被立，不是君王的本意，韩信自己也不坚定。彭越本来平定梁地，功劳多，当初君王因为魏豹的缘故，任命彭越为魏王相国。如今魏豹死后没有后代，而且彭越也想称王，但君王没有早做决定。可跟这两国约定：假如战胜楚国，睢阳以北直至谷城，都让彭相国做王；从陈县以东直到海边，给齐王韩信。齐王韩信家乡在楚国，他的意思是想再得到他的故乡。君王能够放弃这些地区许给二人,二人马上可以招来;如果不能来,事情就不可预料了。"于是汉王派出使者去见彭越,照留侯的计策办。使者到达,彭越就率领着所有部队到垓下会战,终于打败楚军。项籍已经死了。这年春天,彭越被立为梁王,在定陶建都。

六年,朝陈。九年,十年,皆来朝长安。

◎**大意** 汉六年,彭越到陈地朝见汉高祖。九年,十年,都到长安朝拜。

十年秋,陈豨①反代地②,高帝自往击,至邯郸,征兵梁王。梁王称病,使将将兵诣邯郸。高帝怒,使人让梁王。梁王恐,欲自往谢③。其将扈辄④曰:"王始不往,见让而往,往则为禽(擒)矣。不如遂发兵反。"梁王不听,称病。梁王怒其太仆,欲斩之。太仆亡走汉,告梁王与扈辄谋反。于是上使使掩梁王,梁王不觉,捕梁王,囚之雒阳。有司治反形已具,请论⑤如法。上赦以为庶人,传处蜀青衣⑥。西至郑,逢吕后从长安来,欲之雒阳,道见彭王。彭王为吕后泣涕,自言无罪,愿处故昌邑。吕后许诺,与俱东至雒阳。吕后白上曰:"彭王壮士,今徙之蜀,此自遗患,不如遂诛之。妾谨与俱来。"于是吕后乃令其舍人告彭越复谋反。廷尉⑦王恬开奏请族之。上乃可,遂夷越宗族,国除。

◎**注释** ①〔陈豨(xī)〕人名,勾结匈奴在代地自立为王。②〔代地〕在今河北蔚县一带。③〔谢〕道歉,认错。④〔扈辄〕人名,彭越部将。⑤〔论〕判罪,判决。⑥〔青衣〕在今四川雅安以北。⑦〔廷尉〕官名,九卿之一,掌刑狱。

◎**大意** 汉十年秋天,陈豨在代地反叛,汉高帝亲自前去讨伐,到达邯郸,向梁王彭越征兵。梁王彭越声称有病，派部将领兵到邯郸。高帝发怒，派人去责备梁王。梁王很害怕，想亲自去谢罪。他的部将扈辄说："大王开始不去，受了责备才去，去了就会被捉拿。不如就此起兵造反。"梁王彭越不听，称有病。梁王对他的太仆生气，想斩杀他。太仆逃到汉高祖处，告发梁王和扈辄谋反。于是皇上派使者偷袭梁王彭越，梁王彭越没有察觉，使者逮捕了梁王，把他囚禁在雒阳。经主管官吏审理，彭越已构成反叛罪，官吏请求按法律规定处罚。皇上将彭越赦免为平民，流放到蜀地青衣县。彭越西行到郑县，正赶上吕后从长安来，想到雒阳，路上与彭越相见。彭越向吕后痛哭流涕，说自己没有罪过，希望回到故乡昌邑。吕后答应了，和他一同向东到达雒阳。吕后对皇上说："彭越是壮士，如今迁徙到蜀地，这是给自己留下祸患，不如诛杀他。我让他一起来了。"于是吕后就指派彭越的家臣告彭越又谋反。廷尉王恬开上奏请求诛灭彭越家族，皇上批准了，于是诛杀了彭越，灭其家族，封国被废除。

太史公曰：魏豹、彭越虽故贱，然已席卷千里，南面称孤，喋血①乘胜日有闻矣。怀畔（叛）逆之意，及败，不死而虏囚，身被刑戮，何哉？中材已上且羞其行，况王者乎！彼无异故，智略绝人，独患无身耳。得摄尺寸之柄，其云蒸龙变②，欲有所会其度，以故幽囚而不辞云。

◎**注释** ①〔喋血〕踏着血迹。②〔云蒸龙变〕比喻英雄豪杰乘时机而起。云蒸，云气升腾，喻政治形势急剧变化。

◎**大意** 太史公说：魏豹、彭越虽然原来贫贱，然而已经像卷席子一样席卷千里，南面称王，踏着血迹乘胜前进而声名日益显赫。后来他胸怀叛逆之心，等到失败了，不自杀而甘愿做阶下囚，以致身遭杀戮，这是为什么呢？中等才智的人尚且以这种行为为羞耻，何况称王的人呢！他们之所以忍辱不死，没有别的缘故，只是才智过人，只怕不能保住性命罢了。只要他们能掌握一点点权力，遇到合适的机会，必能奋起施展作为。因此，他们宁愿做囚徒也在所不惜！

◎ **释疑解惑**

1.《魏豹彭越列传》中的悲剧意蕴。

《史记》中的叙事充满了悲剧美感,而这些悲剧常常体现在传主对时间流逝、功业未就的感慨上,体现在人自身无法完全把握个人命运的悲剧中,体现在人物性格的缺陷带来的悲剧中……在这篇传记中,彭越以他卓越的军事才能,攻城略地,屡立战功,辗转南北,为刘邦的最后胜利立下了汗马功劳,但仅仅因刘邦征兵时他未亲自前往就获罪,又被吕后设下圈套,遭到夷其宗族的悲剧下场。此外,《史记》常常通过细节以及只言片语的描写,就能使人体验到一种悲剧的审美感受。如对魏咎结局的描写,"咎为其民约降。约定,咎自烧杀",在兵临城下的紧迫关头,魏咎为百姓着想,提出投降条件,而在谈判成功后即自焚而死,给人以气概豪迈、悲壮慷慨之感。

◎ **思考辨析题**

1. 请谈谈司马迁在写魏豹和彭越时,写法上有哪些不同。

2. 结合《报任安书》以及历史上的其他人物事迹,谈谈你对本篇赞语中"独患无身耳"这一人生选择的理解。

黥布列传第三十一

在归入刘邦麾下之前，黥布有着丰富的人生经历。他首先在长江一带为盗，陈涉起义后，他也聚兵数千，加入反秦队伍。陈涉失败后，他又追随项梁，因骁勇善战被列于众军之首。项梁兵败被杀后，黥布又跟着项羽，成了项羽手下最得力的将领。因此，在项羽发动的各类大事件中，黥布都有参与，如坑杀几十万秦兵、追杀义帝等。在黥布被封为九江王后，他与项羽之间的裂痕也渐渐产生。刘邦在彭城被项羽打败后，谋士随何利用黥布与项羽之间的嫌隙，成功劝说黥布归入刘邦的阵营。这成为刘邦阵营壮大、项羽势力削弱，最后刘邦取得楚汉战争胜利的重要因素。然而，黥布因为怀疑自己的姬妾与贲赫私交，被贲赫诬告谋反。黥布不得不起兵造反，最后，黥布与韩信、彭越一样，被刘邦斩杀。

对黥布的描写，是与其他人物的描写共同展开的。首先，通过对其他人物的描写，来表现黥布的事迹和人物特点。如写项羽之事迹，正好侧面写出了黥布的英勇；随何劝说一段，又通过随何论功，展现出黥布的功绩。这些表现手法都十分自然，不露痕迹。其次，黥布一生兜兜转转，但都在别人的领导下进行战斗，而其人生命运，也难免掌握在别人的手上。李景星在《史记评议》中称："《黥布传》纯以旁写取胜。前路处处以项羽伴说，见布之勇不在项羽下，其人之归附与否，与汉极有关系。中间详述随何说布，见布之所以归汉也。后幅详述薛公策布，见汉之所以制布也。一个草泽英雄，自始至终，不能出人范围。是可用之才，确非用人之才。"这种看法是十分精辟的。再次，本篇对与黥布有关的次要人物的描写刻画，也能见出人物风神。如对项羽的描写，除《项羽本纪》外，其他传记如《高祖本纪》《陈丞相世家》《黥布列传》等，均从不同的侧面和角度对项羽的人物形象进行补充塑造。再如本篇写刘邦为了使初次见面的黥布折服，故意做出傲慢之态，后又美其帷帐，厚其饮食，多其从官，使黥布心悦诚服地归顺自己，体现了刘邦的老谋深算。这也是在《高祖本纪》之外，对刘邦性格的进一步补充。这种叙事方法就是《史记》中常见的"互见法"。"互见法"是司马迁在《史记》创作过程中，继承古代史官记述史实的传统，适应纪传体史书五体结构的需要，为塑造完整人物形象而创造的一种记述历史的叙事方法，即"本传晦之，而他传发之"。人物的某些事迹不写入本传中，而放在别人的传记中叙述，这需要作者强大的驾驭材料、统筹材料的能力。另外，黥布的功绩通过随何之口说出时，也为读者展示了随何的谋略与口才，《黥布列传》同时也可以看成是随何的附传。

太史公在论赞中认为黥布的死是由他自己造成的，在分析其被杀的原因时，思路和分析蒙恬被杀的原因是一致的。"身被刑法，何其拔兴之暴也！项氏之所坑杀人以千万数，而布常为首虐。功冠诸侯，用此得王，亦不免于身为世大僇。祸之兴自爱姬殖，妒媢生患，竟以灭国！"司马迁始终能站在同情百姓的立场上，具有史官高度的责任感和正义感。在一些细节上，本篇体现出作者对刘邦统治集团的态度。如写"汉诛梁王彭越，醢之，盛其醢遍赐诸侯。至淮南，淮南王方猎，见醢，因大恐"，极写刘邦手段之残忍。故楚令尹"往年杀彭越，前年杀韩信，此三人者，同功一体之人也。自疑祸及身，故反耳"的话，既照应了前文黥布的恐惧，也写出了刘邦杀一儆百，意欲以威制人的手段。

黥布者，六①人也，姓英氏。秦时为布衣。少年，有客相之曰："当刑而王。"及壮，坐②法黥。布欣然笑曰："人相我当刑而王，几是乎？"人有闻者，共俳笑③之。布已论输郦（骊）山④，郦山之徒数十万人，布皆与其徒长⑤豪桀交通，乃率其曹偶⑥，亡之江中为群盗。

◎**注释** ①〔六〕秦时置县，在今安徽六安。②〔坐〕犯法。③〔俳（pái）笑〕嬉笑。④〔论输郦山〕论，判罪。输，送。郦山，即骊山，在今陕西临潼东南。⑤〔徒长〕刑徒的头目。⑥〔曹偶〕同类。

◎**大意** 黥布，六县人，姓英。秦朝时是平民。少年时，有客人给他看相说："当受刑后称王。"等到壮年，他因犯法受黥刑。黥布高兴地笑着说："人家给我看相说当受刑后称王，差不多吧？"听到这话的人，都调笑他。黥布被判处去骊山服役，骊山有几十万刑徒，黥布与其中的头目豪杰来往，就率领一批人，逃到长江一带结伙为强盗。

陈胜之起也，布乃见番君①，与其众叛秦，聚兵数千人。番君以其女妻之。章邯之灭陈胜，破吕臣②军，布乃引兵北击秦左右校，破之清波③，引兵而东。闻项梁定江东会稽，涉江而西。陈婴④以项氏世为楚将，乃以兵属项梁，渡淮南，英布、蒲将军亦以兵属项梁。

◎**注释** ①〔番君〕秦末番县（西汉作"番阳"，今江西鄱阳）县令吴芮，甚得民心，号曰番君。②〔吕臣〕陈胜起义军中将领，陈胜死后，他组织苍头军，继续反秦。③〔清波〕在今河南新蔡西南。④〔陈婴〕人名，秦末在东阳（今江苏盱眙东南）起义。

◎**大意** 陈胜起义时，黥布就去见番县令吴芮，跟他的部众反叛秦朝，聚集兵士几千人。番县令将他的女儿嫁给黥布。章邯消灭陈胜，打败吕臣的军队，黥布就带兵向北攻击秦军的左、右校尉，在清波打败他们，领兵向东挺进。他听说项梁平定江东会稽，渡过长江向西进发。陈婴因为项氏世世代代为楚国将领，就率军归属项梁，向南渡过淮河，英布、蒲将军也率军归属了项梁。

项梁涉淮而西，击景驹、秦嘉等，布常冠军①。项梁至薛②，闻陈王定死，乃立楚怀王。项梁号为武信君，英布为当阳君。项梁败死定陶③，怀王徙都彭城④，诸将英布亦皆保聚彭城。当是时，秦急围赵，赵数使人请救。怀王使宋义⑤为上将，范曾⑥为末将，项籍为次将，英布、蒲将军皆为将军，悉属宋义，北救赵。及项籍杀宋义于河上，怀王因立籍为上将军，诸将皆属项籍。项籍使布先渡河击秦，布数有利，籍乃悉引兵涉河从之，遂破秦军，降章邯等。楚兵常胜，功冠诸侯。诸侯兵皆以服属楚者，以布数以少败众也。

◎**注释** ①〔冠军〕勇猛善战为诸军之首。②〔薛〕古县名,在今山东滕州一带。③〔定陶〕在今山东定陶西北。④〔彭城〕在今江苏徐州。⑤〔宋义〕原楚国令尹,加入项梁起义军。⑥〔范曾〕项羽的谋士。

◎**大意** 项梁渡过淮河向西挺进,攻打景驹、秦嘉等,黥布骁勇善战,总是列于众军之首。项梁到达薛县,听说陈王的确死了,就拥立了楚怀王。项梁号称武信君,英布称为当阳君。项梁在定陶战败而死,楚怀王移都到彭城,将领们和英布都聚集到彭城防守。正在这个时候,秦军加紧围攻赵国,赵国屡次派人来请求救援。楚怀王派宋义为上将,范曾为末将,项籍为次将,英布、蒲将军都为将军,一起归宋义统领,向北救援赵国。等到项籍在黄河岸边杀死宋义,楚怀王趁势立项籍为上将军,各路将领都归属项籍统率。项籍派英布先渡过黄河进攻秦军,英布多次取胜,项籍才率领全军渡河跟随他,于是打败秦军,迫使章邯等人投降。楚军经常胜利,在诸侯军中功劳最大。诸侯军都能服从楚军,是因为英布多次以少胜多。

项籍之引兵西至新安①,又使布等夜击坑章邯秦卒二十余万人。至关,不得入,又使布等先从间道②破关下军,遂得入,至咸阳。布常为军锋。项王封诸将,立布为九江王,都六。

◎**注释** ①〔新安〕在今河南渑池东。②〔间道〕偏僻的路。

◎**大意** 项籍领兵向西到达新安时,又派英布等在夜间袭击并活埋了章邯的降兵二十多万人。到达函谷关,不能入关,又派英布等先从隐蔽的小路打败关下守军,才得以入关,到达咸阳。英布经常作为军队的前锋。项王分封各位将领,封英布为九江王,在六县建都。

汉元年四月,诸侯皆罢戏下,各就国。项氏立怀王为义帝,徙都长沙,乃阴令九江王布等行击之。其八月,布使将击义帝,追杀之郴县①。

◎**注释** ①〔郴（chēn）县〕今属湖南。
◎**大意** 汉元年四月，分封的诸侯王在戏水旁罢兵，各自去封国。项王拥立怀王为义帝，迁都长沙，却暗中指使九江王英布等前去偷袭他。这年八月，英布派部将攻击义帝，追到郴县把他杀死。

汉二年，齐王田荣畔（叛）楚，项王往击齐，征兵九江，九江王布称病不往，遣将将数千人行。汉之败楚彭城，布又称病不佐楚。项王由此怨布，数使使者诮让①召布，布愈恐，不敢往。项王方北忧齐、赵，西患汉，所与者独九江王，又多布材，欲亲用之，以故未击。

◎**注释** 〔诮（qiào）让〕责备。
◎**大意** 汉二年，齐王田荣反叛楚国，项王前往攻击齐国，向九江王征兵，九江王英布声称有病不去，只派将领带着几千人前往。汉王在彭城打败楚军，英布又声称有病不帮助楚军。项王从此怨恨英布，多次派使者去谴责他，并征召英布前往，英布更加恐慌，不敢前往。项王正担心北面的齐国、赵国，又忧虑西面的汉王起兵，能帮助的只有九江王，又赞赏英布的才能，想亲信重用他，因此没有攻打他。

汉三年，汉王击楚，大战彭城，不利，出梁地，至虞①，谓左右曰："如彼等者，无足与计天下事。"谒者随何进曰："不审②陛下所谓。"汉王曰："孰能为我使淮南，令之发兵倍（背）楚，留项王于齐数月，我之取天下可以百全③。"随何曰："臣请使之。"乃与二十人俱，使淮南。至，因太宰④主之，三日不得见。随何因说太宰曰："王之不见何，必以楚为强，以汉为弱，此臣之所以为使。使何得见，言之而是邪，是大王所欲闻也；言之而非邪，使何等二十人伏斧质⑤淮南市，以明王倍（背）汉而与楚也。"太宰乃言之王，王见之。随何曰：

"汉王使臣敬进书大王御者,窃怪大王与楚何亲也。"淮南王曰:"寡人北乡(向)而臣事之。"随何曰:"大王与项王俱列为诸侯,北乡(向)而臣事之,必以楚为强,可以托国也。项王伐齐,身负板筑,以为士卒先,大王宜悉淮南之众,身自将之,为楚军前锋,今乃发四千人以助楚。夫北面而臣事人者,固若是乎?夫汉王战于彭城,项王未出齐也,大王宜骚(扫)淮南之兵⑥渡淮,日夜会战彭城下,大王抚万人之众,无一人渡淮者,垂拱⑦而观其孰胜。夫托国于人者,固若是乎?大王提空名以乡(向)楚,而欲厚自托,臣窃为大王不取也。然而大王不背楚者,以汉为弱也。夫楚兵虽强,天下负之以不义之名,以其背盟约而杀义帝也。然而楚王恃战胜自强,汉王收诸侯,还守成皋、荥阳,下蜀、汉之粟⑧,深沟壁垒⑨,分卒守徼乘塞⑩,楚人还兵,间以梁地,深入敌国八九百里,欲战则不得,攻城则力不能,老弱转粮千里之外;楚兵至荥阳、成皋,汉坚守而不动,进则不得攻,退则不得解。故曰楚兵不足恃也。使楚胜汉,则诸侯自危惧而相救。夫楚之强,适足以致天下之兵耳。故楚不如汉,其势易见也。今大王不与万全之汉而自托于危亡之楚,臣窃为大王惑之。臣非以淮南之兵足以亡楚也。夫大王发兵而倍(背)楚,项王必留;留数月,汉之取天下可以万全。臣请与大王提剑而归汉,汉王必裂地⑪而封大王,又况淮南,淮南必大王有也。故汉王敬使使臣进愚计,愿大王之留意也。"淮南王曰:"请奉命。"阴许畔(叛)楚与汉,未敢泄也。

◎**注释** ①〔虞〕在今河南虞城北。②〔审〕明白,清楚。③〔百全〕百无一失。④〔太宰〕为帝王掌管膳食的官员。⑤〔伏斧质〕行刑时置人于砧板上,以斧砍之。质,杀人时用作垫座的砧板。⑥〔骚淮南之兵〕出动淮南国的全部兵力。⑦〔垂拱〕垂衣拱手,形容置身事外。⑧〔下蜀、汉之粟〕取得蜀郡、汉中郡的粮食。⑨〔深沟壁垒〕作动词使用，挖深战壕，筑牢营垒。⑩〔守徼（jiào）乘塞〕坚守边界要塞。徼，边界、边塞防御工事。乘，防守。塞，边疆要塞。⑪〔裂地〕分割土地。

◎**大意** 汉三年，汉王攻打楚军，在彭城大战，失利后从梁地撤退，到达虞县，对左右的人说："像你们这些人，不能够一同商议天下大事。"负责禀报的随何上前说："不明白陛下所说的意思。"汉王说："谁能为我到淮南当使者，叫英布发兵叛变楚国，在齐把项王牵制住几个月，我夺取天下就可以有百分之百的把握了。"随何说："我请求出使。"随何就与二十个人一道，出使淮南。到达后，随何找到英布的太宰，让他引见，三天也没能见到英布。随何趁机劝说太宰："大王之所以不召见我，一定认为楚国强盛，汉国弱小，这正是我出使的原因。假使我见到大王，说的话是对的，正是大王想听的；说的话不对，就让我们二十个人在淮南闹市受斧质之刑，以表明大王背弃汉国而与楚国友好。"太宰就对英布说了，英布接见了他们。随何说："汉王派我恭敬地呈献书信给大王，我私下奇怪大王与楚国为什么亲近。"淮南王英布说："我面向北边以臣子的身份侍奉他。"随何说："大王和项王都列为诸侯，面朝北以臣子的身份侍奉他，一定认为楚国强盛，可以作为国家的依托。项王讨伐齐国，他亲自背负墙板筑杵，作为士兵先锋，大王应出动淮南国的全部兵力，亲自率领，做楚军的前锋，如今才调发了四千人帮助他。面朝北以臣子身份侍奉人的人，本应该这样吗？项王和汉王在彭城作战，项王没有离开齐国，大王应该集中淮南的军队渡过淮河，日夜在彭城下会战，大王掌握上万兵众，没有一个人渡过淮河，袖手旁观。靠别人保护自己封国的人，本应该这样吗？大王挂着依附楚国的空名，实际上想趁机发展自己的实力，我私下认为大王的做法不可取。然而大王不背叛楚国的原因，是认为汉国弱小。楚兵虽然强盛，但天下人认为项王有不义的名声，因为他背弃盟约杀害了义帝。可是项王凭借着战争的胜利自认为强大，汉王联合诸侯，退回驻守成皋、荥阳，从蜀、汉运来粮食，深挖壕沟，建起堡垒，分兵坚守边境要塞，楚人从齐地退兵，中间隔着梁地，深入敌国八九百里，想战斗不可能，攻打城池又力量不够，用年老体弱的士兵到千里之外运粮；楚军到达荥阳、成皋，汉军坚守不出动，楚军前进不能攻取，后退不能脱身。所以说楚军不能够依靠。假使楚军战胜汉军，那么诸侯自己感到危险，必然会相互救援。楚军的强盛，正好可以招来天下兵力的对抗。所以楚国不如汉国,形势是明显可以看见的。如今大王不和万无一失的汉国交好反而托付于危亡的楚国,我私下为大王感到疑惑。我不认为淮南的军队能够灭亡楚国。但大王发兵背弃楚国,项王必定滞留齐地,滞留齐地几个月,汉王夺取天下就万无一失了。我请求为大王提着宝剑归附汉王,汉王一定会割让土地来分封大王,又何况淮南之地,淮南一定归大王所有。所以汉王恭敬地派遣使臣来进献不成熟的计策,希望大王留心考虑。"英布说:"请遵命。"暗地里同意背叛楚而与汉交好,没敢泄露这个消息。

楚使者在,方急责英布发兵,舍传舍①。随何直入,坐楚使者上坐,曰:"九江王已归汉,楚何以得发兵?"布愕然②。楚使者起。何因说布曰:"事已搆(构)③,可遂杀楚使者,无使归,而疾走汉并力。"布曰:"如使者教,因起兵而击之耳。"于是杀使者,因起兵而攻楚。楚使项声、龙且攻淮南,项王留而攻下邑④。数月,龙且击淮南,破布军。布欲引兵走汉,恐楚王杀之,故间行与何俱归汉。

◎**注释** ①〔传舍〕供行人休息住宿的处所。②〔愕然〕吃惊的样子。③〔搆(gòu)〕同"构",成。④〔下邑〕古县名,秦置,今安徽砀山。

◎**大意** 楚国的使者在淮南,正急切地催促英布出兵,住在客馆里。随何直接闯入,坐在楚国使者的上席,说:"九江王已归附汉王,楚国怎么能得到调发的军队呢?"英布大吃一惊。楚国使者起身。随何趁机劝说英布:"事情已成,可以杀掉楚国的使者,不要让他回去,赶快归附汉王合力作战。"英布说:"就按照使者的指教,趁势起兵攻打楚国。"于是杀了使者,就起兵攻打楚国。楚国派项声、龙且攻打淮南,项王留下来攻打下邑。几个月后,龙且进攻淮南,打败英布的军队。英布想率领军队逃往汉国,怕楚王杀他,所以从小路与随何一起归附汉国。

淮南王至,上方踞床洗①,召布入见,布甚大怒,悔来,欲自杀。

出就舍，帐御饮食从官如汉王居，布又大喜过望。于是乃使人入九江。楚已使项伯收九江兵，尽杀布妻子。布使者颇②得故人幸臣，将众数千人归汉。汉益分布兵而与俱北，收兵至成皋。四年七月，立布为淮南王，与击项籍。

◎**注释** ①〔踞床洗〕坐在床上让人洗脚。②〔颇〕稍微。
◎**大意** 淮南王英布到来，汉王正坐在床上让人洗脚，召英布进来相见，英布大怒，后悔前来，想自杀。英布出来到了客舍，见帐幔、用器、饮食、侍从官员如到了汉王的住处，又因超出意料而感到非常高兴。于是他就派人到九江。楚王已经派项伯收编了九江军队，将英布的妻子儿女全部杀了。英布使者稍稍得了一些老朋友和亲近臣属，带领几千人回到汉国。汉王增加英布的兵力，跟他一起向北，一路收集士兵到达成皋。汉四年七月，立英布为淮南王，和他一起去攻打项籍。

汉五年，布使人入九江，得数县。六年，布与刘贾入九江，诱大司马周殷①，周殷反楚，遂举九江兵与汉击楚，破之垓下②。

◎**注释** ①〔大司马周殷〕大司马，武官名。周殷，楚军将领。②〔垓下〕今安徽灵璧东南。
◎**大意** 汉五年，英布派人攻入九江，得到几个县。汉六年，英布和刘贾进入九江，诱降大司马周殷，周殷反叛楚国，于是英布率领九江的军队与汉军一同攻击楚国，在垓下打败楚军。

项籍死，天下定，上置酒。上折①随何之功，谓何为腐儒，为天下安用腐儒。随何跪曰："夫陛下引兵攻彭城，楚王未去齐也，陛下发步卒五万人，骑五千，能以取淮南乎？"上曰："不能。"随何曰："陛下使何与二十人使淮南，至，如陛下之意，是何之功贤于步卒五万人骑五千也。然而陛下谓何腐儒，'为天下安用腐儒'，何也？"上曰："吾方图子之功。"乃以随何为护军中尉。布遂剖符②为淮南王，都六，九江、庐江、衡山、豫章郡皆属布。

◎ **注释** ①〔折〕贬低。②〔剖符〕把帝王授予诸侯和功臣的符（凭据）剖分为二，帝王与诸侯各执一半。

◎ **大意** 项籍死，天下平定，皇上置酒设宴。皇上贬低随何的功劳，称随何是迂腐的儒生，治理天下怎么能任用迂腐的儒生。随何跪下说："陛下带兵攻打彭城时，项王没有离开齐国，陛下调发五万步兵，五千骑兵，能够夺取淮南吗？"皇上说："不能。"随何说："陛下派我与二十人出使淮南，到达淮南后，使陛下如愿，我的功劳超过五万步兵、五千骑兵。然而陛下说我是迂腐的儒生，还说治理天下怎么能用迂腐的儒生，这是为什么呢？"皇上说："我正考虑你的功劳。"就任命随何为护军中尉。刘邦就与英布剖符为信，封英布为淮南王，在六县建都，九江、庐江、衡山、豫章郡都归属英布。

　　七年，朝陈①。八年，朝雒阳。九年，朝长安。

◎ **注释** ①〔陈〕在今河南淮阳。
◎ **大意** 汉七年，英布到陈县朝拜皇上。汉八年，英布到雒阳朝拜皇上。汉九年，英布到长安朝拜皇上。

　　十一年，高后①诛淮阴侯，布因心恐。夏，汉诛梁王彭越，醢②之，盛其醢遍赐诸侯。至淮南，淮南王方猎，见醢，因大恐，阴令人部聚兵，候伺旁郡警急。

◎**注释** ①〔高后〕即吕后。②〔醢（hǎi）〕古代一种酷刑，把人杀死后剁成肉酱。

◎**大意** 汉十一年，吕后诛杀淮阴侯韩信，英布因此心生恐惧。夏天，汉王诛杀梁王彭越，并把他剁成肉酱，将肉酱盛起来分别赐给诸侯。送到淮南，英布正在打猎，看到肉酱，因此极为恐惧，暗中派人部署集结军队，侦察邻郡的军情。

布所幸姬疾，请就医，医家与中大夫①贲赫对门，姬数如医家，贲赫自以为侍中，乃厚馈遗②，从姬饮医家。姬侍王，从容语次③，誉赫长者也。王怒曰："汝安从知之？"具说状。王疑其与乱。赫恐，称病。王愈怒，欲捕赫。赫言变事，乘传诣长安。布使人追，不及。赫至，上变，言布谋反有端，可先未发诛也。上读其书，语萧相国。相国曰："布不宜有此，恐仇怨妄诬之。请系赫，使人微验④淮南王。"淮南王布见赫以罪亡，上变，固已疑其言国阴事；汉使又来，颇有所验，遂族赫家，发兵反。反书闻，上乃赦贲赫，以为将军。

◎**注释** ①〔中大夫〕诸侯国侍从官员，汉置，备顾问应对。②〔厚馈遗〕赠送厚礼。③〔从容语次〕闲暇中谈论。从容，不慌不忙，闲暇。次，中间。④〔微验〕暗中调查。

◎**大意** 英布所宠幸的姬妾生病，请求就医，大夫家和中大夫贲赫家对门，英布的宠姬多次到大夫家，贲赫认为自己在宫中任职，就给那位大夫赠送了丰厚的礼物，与英布的宠姬在大夫家饮酒。宠姬侍奉淮南王英布，闲暇中谈论，称赞贲赫是忠厚老实的人。英布发怒说："你从哪里知道他的？"宠姬便详细说明情况。英布怀疑她和贲赫淫乱。贲赫害怕，声称有病。英布更加生气，想逮捕贲赫。贲赫要说出变乱的事，乘驿车前往长安。英布派人追赶，没赶上。贲赫到长安，上书告发变乱，说英布有谋反的迹象，可以在未发动前诛杀他。皇上读到他的上书，告诉萧相国。萧相国说："英布不应该有这样的举动，恐怕是仇家怨恨随意诬告他。请求拘禁贲赫，派人暗中调查淮南王。"淮南王英布见贲赫畏罪潜逃，上书言变，本来已经怀疑他会说出自己暗中部署的情况，汉王的使臣又来了，抓到了一些把柄，于是英布杀死贲赫的全家，起兵造反。反叛的消息传到朝廷，皇上就赦免了贲赫，任命他为将军。

上召诸将问曰："布反，为之奈何？"皆曰："发兵击之，坑竖子耳。何能为乎！"汝阴侯滕公①召故楚令尹②问之。令尹曰："是故当反。"滕公曰："上裂地而王之，疏爵而贵之，南面而立万乘之主，其反何也？"令尹曰："往年杀彭越，前年杀韩信，此三人者，同功一体之人也。自疑祸及身，故反耳。"滕公言之上曰："臣客故楚令尹薛公者，其人有筹策之计，可问。"上乃召见问薛公。薛公对曰："布反不足怪也。使布出于上计，山东非汉之有也；出于中计，胜败之数未可知也；出于下计，陛下安枕而卧矣。"上曰："何谓上计？"令尹对曰："东取吴，西取楚，并齐取鲁，传檄燕、赵，固守其所，山东非汉之有也。""何谓中计？""东取吴，西取楚，并韩取魏，据敖庾③之粟，塞成皋之口，胜败之数未可知也。""何谓下计？""东取吴，西取下蔡④，归重于越，身归长沙，陛下安枕而卧，汉无事矣。"上曰："是计将安出？"令尹对曰："出下计。"上曰："何谓废上中计而出下计？"令尹曰："布故丽山之徒也，自致万乘之主，此皆为身，不顾后为百姓万世虑者也，故曰出下计。"上曰："善。"封薛公千户。乃立皇子长为淮南王。上遂发兵自将东击布。

◎**注释** ①〔滕公〕夏侯婴，秦末随刘邦起兵反秦，屡立战功，封汝阴侯。②〔楚令尹〕曾在项羽处当过令尹的人，后文称其为"薛公"（在秦朝当过薛县县令）。③〔敖庾〕即敖仓，秦代所建仓名，在河南荥阳东北敖山上。④〔下蔡〕在今安徽凤台。

◎**大意** 皇上召集各将领问道:"英布反叛,该怎么办?"大家都说:"调发军队攻打他,活埋了这小子罢了,还能怎么样呢!"汝阴侯滕公召见原楚国令尹问这件事。令尹说:"他本来就应该造反。"滕公说:"皇上割地使他称王,分赐爵位使他显贵,使他面南听政做大国的国王,他造反是为什么?"令尹说:"去年杀了彭越,前年杀了韩信,这三个人,是有同等功劳、类型相同的人。英布自然会怀疑祸患降到自身,所以造反了。"滕公告诉皇上说:"我的宾客是原楚国令尹薛公,这个人很有计谋,可以问他。"皇上就召见并询问薛公。薛公回答:"英布造反不值得奇怪。假使英布采用上策,山东一带就不是汉朝所有了;采用中策,胜败不可以预料;采用下策,陛下可以安稳地靠枕睡觉了。"皇上问:"什么叫上策?"薛公回答:"向东夺取吴国,向西夺取楚国,吞并齐国并占领鲁国,向燕国、赵国传递檄文,坚守自己的地盘,山东一带就不是汉朝所有了。"皇上问:"什么叫中策?"薛公说:"向东夺取吴国,向西夺取楚国,吞并韩国占领魏国,占有敖仓的粮食,封锁成皋的关口,这样胜败就不可预料。"皇上又问:"什么叫下策?"薛公说:"向东夺取吴国,向西夺取下蔡,把重点放在越国,自己回长沙,陛下就可以安稳地靠枕睡觉,汉朝平安无事了。"皇上说:"他将采用什么计策?"薛公回答:"采用下策。"皇上说:"他为什么不用上策和中策而采用下策呢?"薛公说:"英布本是原先丽山的刑徒,自己奋力做到大国的国王,这都是为了自己,而不顾及百姓,不为子孙后代考虑,所以说会采用下策。"皇上说:"好。"封薛公一千户。于是立皇子刘长为淮南王。皇上就亲自统领军队向东攻打英布。

布之初反,谓其将曰:"上老矣,厌兵,必不能来。使诸将,诸将独患淮阴、彭越,今皆已死,余不足畏也。"故遂反。果如薛公筹之,东击荆,荆王刘贾走死富陵。尽劫其兵,渡淮击楚。楚发兵与战徐、僮间,为三军,欲以相救为奇。或说楚将曰:"布善用兵,民素畏之。且兵法,诸侯战其地为散地。今别为三,彼败吾一军,余皆走,安能相救!"不听。布果破其一军,其二军散走。

◎**大意** 英布开始反叛时，对他的将领说："皇上老了，厌倦战争，肯定不能前来。只能派将领前来，诸位将领中我只担心淮阴侯、彭越，如今两人都已经死了，其他人没什么可怕了。"所以就造反。他确实如薛公谋划的那样，向东攻打荆国，荆王刘贾逃跑，在富陵被杀死。英布夺走了他的部队，渡过淮河攻打楚国。楚国调动军队在徐县、僮县之间和英布作战，分成三支军队，想以相互支援出奇制胜。有人劝说楚将："英布善于用兵，民众向来畏惧他。况且依兵法，诸侯在自己土地上作战士兵容易败散。如今军队分成三支，他打败我们一支军队，其他的两支军队都会逃跑，怎么能互相救援！"楚将不听劝告。英布果然打败其中一路军队，其他两路军队都四散逃跑了。

遂西，与上兵遇蕲西会甀①。布兵精甚，上乃壁庸城②，望布军置陈（阵）如项籍军，上恶之。与布相望见，遥谓布曰："何苦而反？"布曰："欲为帝耳。"上怒骂之，遂大战。布军败走，渡淮，数止战，不利，与百余人走江南。布故与番君婚，以故长沙哀王使人绐（诒）③布，伪与亡，诱走越，故信而随之番阳。番阳人杀布兹乡民田舍，遂灭黥布。

◎**注释** ①〔蕲（qí）西会甀（zhuì）〕蕲县西南的会甀邑。蕲，在今安徽宿州东南。②〔庸城〕古邑名，应离会甀不远。③〔绐（dài）〕同"诒"，欺骗。

◎**大意** 于是英布向西进军，与皇上率领的部队在蕲县以西的会甀相遇。英布的军队相当精锐，皇上就躲进庸城壁垒，坚守不出，望见英布军布阵如同项籍军队一样，心中厌恶。皇上望见英布后，远远地对他说："何苦要造反呢？"英布说："想做皇帝罢了。"皇上怒骂他，于是两军大战。英布的军队失败逃走，渡过淮河，多次停下来交战，失利，与一百多人逃到江南。英布曾经与番县令通婚，因此长沙哀王派人诱骗英布，假装同他一起逃跑，引诱他逃向越地，所以英布相信他而随他到了番阳。番阳人在兹乡百姓的田舍里杀死了英布，终于消灭了他。

立皇子长为淮南王,封贲赫为期思侯,诸将率多以功封者。

◎**大意**　皇上立皇子刘长为淮南王,封贲赫为期思侯,各将领大多因战功受到封赏。

太史公曰:英布者,其先岂《春秋》所见楚灭英、六,皋陶之后哉?身被刑法,何其拔兴之暴也!项氏之所坑杀人以千万数,而布常为首虐。功冠诸侯,用此得王,亦不免于身为世大僇①**。祸之兴自爱姬殖,妒媢**②**生患,竟以灭国!**

◎**注释**　①〔僇(lù)〕侮辱。②〔妒媢(mào)〕嫉妒。
◎**大意**　太史公说:英布,他的祖先难道是《春秋》所载的被楚国灭亡的英国和六国,也就是皋陶的后代吗?他自身遭受黥刑,为什么能发迹那么快啊!项氏活埋杀掉的人要以千万计算,英布常常是罪魁祸首。他的功劳盖过诸侯,因此得以封王,但免不了被杀,并遭受世人的耻笑与辱骂。灾祸是由宠爱的姬妾引起的,嫉妒产生祸患,竟然因此而使国家灭亡!

◎**释疑解惑**

　　1. 汤谐在《史记半解》中称:"此文自始至终,一片奇气。"如何理解这里的"奇气"?

　　作者着笔,落墨生奇。英布犯法黥面,本来是灾祸,他却"欣然笑曰:'人相我当刑而王,几是乎?'"为初验相士之言而高兴,真是奇人奇语,使得"奇气"一开始就笼罩全篇。江洋大盗出身的黥布响应陈胜起义,兵不过数千,当秦军消灭陈胜,挫败吕臣时,他却引军击秦获胜,此为一奇。他投奔项氏,常为军中冠军。"楚兵常胜,功冠诸侯。诸侯兵皆以服属楚者,以布数以少败众也。"可见他用兵之奇。作者还以奇妙的手法描写了黥布与项羽、刘邦的关系。项羽令黥布坑秦卒、杀义帝，他不问是非，忠实执行，可谓毫无二心。但当项羽击齐，征兵九江时，他却"称病不往"，仅派几千人马前去敷衍，奇人又做出奇事。随何最终利用英布和项羽间出现的裂痕，乘隙而入，以致他不得不叛楚归汉。他牵制楚军数月而兵败，只身与随何间行归汉。刘邦召见他时，却在踞床洗足，令人备感奇特。黥布被羞辱得怒悔交集，几欲自杀。他回到宾馆，见"帐御饮食从官如汉王居"，又"大喜过望"。以奇法制奇人，可见刘邦深谙"对症下药"的真谛。作品的结构严整而紧密，足见太史公奇笔下的功力。

2."淮南王至，上方踞床洗，召布入见，布甚大怒，悔来，欲自杀。出就舍，帐御饮食从官如汉王居，布又大喜过望。"如何理解刘邦前后态度的转变？

刘邦是老谋深算之人，在黥布第一次见刘邦的时候，刘邦通过"踞床洗"这一行为从气势上压制住了黥布。这一傲慢的动作仿佛在宣示主臣关系。而当黥布对刘邦大失所望，甚至懊悔自己来投奔时，刘邦又用超出一般礼节的待客之道来款待他，使得黥布大喜过望，产生了为刘邦效命的想法。从中我们可以看出，刘邦的御人之术是十分高明的。

◎思考辨析题

1.结合文本，说说《史记》中的"互见法"对于人物塑造起到了什么样的作用？

2.你认同黥布的悲剧是出于他个人的原因这一看法吗？如何理解司马迁论赞中的观点？

淮阴侯列传第三十二

《淮阴侯列传》以韩信之封爵名篇，在篇末的论赞以及《太史公自序》中，我们都能感受到司马迁对淮阴侯韩信既赞赏又惋惜同情的态度。《太史公自序》在谈到作《淮阴侯列传》的目的时，称："楚人迫我京索，而信拔魏赵、定燕齐，使汉三分天下有其二，以灭项籍，作《淮阴侯列传》。"可见，司马迁对韩信杰出的军事才能是由衷敬佩和赞赏的。司马迁为了表现韩信"志与众异"，既有对其谋略与战绩的正面描写，也通过其他人物的烘托和对细小事件的着笔来丰富人物的个性层次。如韩信分析楚汉形势，体现了他的雄才大略和高瞻远瞩；韩信设疑兵，装出想要强渡临晋的样子，而实际上埋伏士兵，从阳夏用木盆渡河，袭击安邑，于是俘虏了魏豹，平定了魏地，改为河东郡，体现出韩信的用兵谋略非同一般；而萧何在刘邦面前介绍韩信,以及樊哙对韩信"跪拜送迎,言称臣"的态度等处,均从侧面展现韩信是一代名将。除了军事谋略,司马迁还通过对材料的剪裁,展现韩信其他方面的过人之处。比如,韩信受胯下之辱时表面的胆怯,与他统帅万军投入战争的勇气形成对比,体现出韩信能屈能伸的性格特点。韩信为布衣时漂母对他的帮助,和他功成名就之后对漂母的回报,为这一人物增添了更多的人性光辉,也为本篇传记注入了更强的文学性。

《淮阴侯列传》的篇幅很长,司马迁在第一次漫游时,就来到韩信的家乡进行考察,在写作中也凝聚了自己的强烈感情。司马迁按照韩信一生经历的几个阶段,有次序、有重点地加以剪裁和记录。读者在阅读本篇时,可以选取一个场景或者一个事件、一个细节加以鉴赏。在鉴赏过程中,需紧扣文本,探讨人物刻画的方法和艺术特色。

此外,《淮阴侯列传》总共八千余字,其中武涉、蒯通游说韩信的片段就有近两千字,篇幅不可谓不大。两个并不十分起眼的小人物、两次最终没有成功的游说,司马迁却花了这么多的笔墨记录,是否有喧宾夺主之嫌呢?如果读者能用心体会文本,就不难发现司马迁的用心。首先,通过阅读这些游说文字,读者可以遥想当时云谲波诡、胜败难测的局面,感受韩信作为一代名将所面临的时代背景,从而使自己置身于历史的现场。其次,武涉和蒯通的游说不可谓不精彩,利害的陈说不可谓不透彻。但是,面对武涉三分天下愿景的诱惑,韩信表示"夫人深亲信我,我倍之不祥,虽死不易"。蒯通站在韩信的角度为他考虑:"足下戴震主之威,挟不赏之功,归楚,楚人不信;归汉,汉人震恐:足下欲持是安归乎?夫势在人臣之位而有震主之威,名高天下,窃为足下危之。"韩信依然不为所动,顾虑到刘邦的恩情而断然拒绝。这里的大段文字正好说明韩信是一心向汉的。韩信在他实力最强的时候没有起兵谋反,却在充任闲职时谋求叛逆,其中的变故耐人寻味,同时也暗示了韩信的追求。这些文字,暗含了司马迁对韩信谋反一事的态度。最后,史书中次要人物的加入,从写作手法和艺术生成的角度看,也为主要人物烘托出一些斑斓的色彩来。基于以上几点,清代史学家赵翼在《陔余丛考》中说:"《史记·淮阴侯传》全载蒯通语,正以见淮阴之心乎为汉,虽以通之说喻百端,终确然不变,而他日之诬以反而族之者之冤痛不可言也。"而梁启超在《中国历史研究法》中,认为如若将蒯通言语抹去而另行立蒯通传(如《汉书》那样),则会使得"配角固然无所附丽,主角亦显得单调孤独了"。这些评价都较为准确地体现了《史记》谋篇布局的用意和剪裁艺术的高超。

  需要说明的是,诵读一直是我们接近经典、理解经典,感受语言文字美感的重要手段。《史记》作为优秀散文的代表,长短有间,简致而有风神。在表现人物性格、烘托环境的氛围时,也会利用谣谚歌诗。比如在《淮阴侯列传》中,韩信意识到自己处境的艰难时,用"狡兔死,良狗亨;高鸟尽,良弓藏;敌国破,谋臣亡"来表达内心的恐惧和伤感,耐人寻味而又充满了强烈的悲剧气氛。

  淮阴侯韩信者,淮阴①人也。始为布衣时,贫无行,不得推择为吏,又不能治生商贾,常从人寄食饮,人多厌之者。常数从其下乡南昌亭长寄食,数月,亭长妻患之,乃晨炊蓐食②。食时信往,不为具食③。信亦知其意,怒,竟绝去。

◎**注释** ①〔淮阴〕秦县名，故城在今江苏淮安淮阳。②〔蓐（rù）食〕在床上吃饭。蓐，草垫子。③〔具食〕准备食物。

◎**大意** 淮阴侯韩信，是淮阴人。他当初为平民时，贫穷，没有好品行，不能被推选为吏，又不能以买卖谋生，经常寄居在别人家吃喝，人们大多讨厌他。他曾经多次去下乡南昌亭长家蹭饭吃，几个月后，亭长的妻子嫌恶他，就清早烧饭，端到床上吃掉。开饭时韩信前往，没有给他准备饭食。韩信也知道他们的意思，很生气，最终离去不再回来。

信钓于城下，诸母漂①，有一母见信饥，饭信，竟漂数十日。信喜，谓漂母曰："吾必有以重报母。"母怒曰："大丈夫不能自食，吾哀王孙而进食，岂望报乎！"

◎**注释** ①〔漂〕漂洗。

◎**大意** 韩信在城下钓鱼，几位老大娘在漂洗棉絮，有位老大娘看到韩信饥饿，就送饭给韩信吃，直到几十天后漂洗的活儿做完。韩信高兴，对漂洗的老大娘说："我一定重重地回报您。"老大娘生气地说："男子汉不能养活自己，我是可怜你才给你饭吃，难道指望你报答吗！"

淮阴屠中少年有侮信者，曰："若虽长大，好带刀剑，中情怯耳。"众辱之曰："信能死，刺我；不能死，出我袴（胯）下。"于是信孰（熟）视之，俛（俯）出袴（胯）下，蒲（匍）伏（匐）。一市人皆笑信，以为怯。

◎**大意** 淮阴屠夫中有个年轻人侮辱韩信，说："你虽然又高又大，喜欢带刀佩剑，内心却很胆怯。"当众侮辱他说："韩信敢拼死，就用刀刺我；不敢拼死，就从我裤裆下爬过去。"这时韩信注视他好久，俯下身来，从他裤裆下爬过去了。满街的人都讥笑韩信,认为他胆小。

及项梁渡淮,信杖剑从之,居戏(麾)下,无所知名。项梁败,又属项羽,羽以为郎中。数以策干项羽,羽不用。汉王之入蜀,信亡楚归汉,未得知名,为连敖①。坐法当斩,其辈十三人皆已斩,次至信,信乃仰视,适见滕公,曰:"上不欲就天下乎?何为斩壮士!"滕公奇其言,壮其貌,释而不斩。与语,大说(悦)之。言于上,上拜以为治粟都尉②,上未之奇也。

◎**注释** ①〔连敖〕掌管仓库粮饷的小官。②〔治粟都尉〕管理粮饷的军官。
◎**大意** 等到项梁渡过淮河,韩信提着宝剑跟从他,在其部下,没有名声。项梁战败,韩信又隶属项羽,项羽任用他为郎中。他多次向项羽献策以求重用,但项羽没有采纳。汉王进入蜀郡时,韩信从楚军逃跑归附汉王,没有出名,当了一名管理仓库的小官。后来犯了法判处斩刑,同案的十三人都已被斩首,轮到韩信,他抬头仰视,正好看见滕公,说:"汉王不是想成就天下大业吗?为什么要斩杀壮士!"滕公对他的话感到惊奇,又见他相貌威武,就释放了他。滕公跟他交谈,十分高兴。于是滕公将韩信介绍给汉王,汉王任命他为治粟都尉,不认为他是个奇才。

信数与萧何语,何奇之。至南郑①,诸将行道亡②者数十人,信度何等已数言上,上不我用,即亡。何闻信亡,不及以闻,自追之。人有言上曰:"丞相何亡。"上大怒,如失左右手。居一二日,何来谒上,上且怒且喜,骂何曰:"若亡,何也?"何曰:"臣不敢亡也,臣追亡者。"上曰:"若所追者谁?"何曰:"韩信也。"上复骂曰:"诸将亡者以十数,公无所追;追信,诈也。"何曰:"诸将易得耳。至如信者，国士无双。王必欲长王汉中，无所事信；必欲争天下，非信无所与计事者。顾③王策安所决耳。"王曰："吾亦欲东耳，安能郁郁久居此乎？"何曰："王计必欲东，能用信，信即留；不能用，信终亡耳。"王曰："吾为公以为将。"何曰："虽为将，信必不留。"王曰："以为大将。"何曰："幸甚。"于是王欲召信拜之。何曰："王素慢无礼，今拜大将如呼小儿耳，此乃信所以去也。王必欲拜之，择良日，斋戒④，设坛场⑤，具礼，乃可耳。"王许之。诸将皆喜，人人各自以为得大将。至拜大将，乃韩信也，一军皆惊。

◎**注释** ①〔南郑〕今陕西汉中。②〔亡〕逃跑。③〔顾〕只是。④〔斋戒〕古人于祭祀行礼之先，必沐浴更衣，不饮酒，不茹荤，以为这样可以一其心志，接通鬼神，称斋戒。⑤〔坛场〕指在广场上设立高坛。

◎**大意** 韩信多次与萧何谈话，萧何器重他。到了南郑，将领在半路上逃跑的有几十人，韩信料想萧何他们已经在汉王面前多次保荐过他了，可是汉王一直不重用自己，也逃跑了。萧何听说韩信逃跑，来不及报告，就去追他。有人对汉王说："丞相萧何逃跑了。"汉王大怒，好像失去了左右手。过了一两天，萧何来进见汉王，汉王既生气又高兴，骂萧何说："你为什么逃跑？"萧何说："我不敢逃跑，我追赶逃跑的人。"汉王说："你所追的是谁？"萧何说："韩信。"汉王又骂道："将领逃跑的有好几十个，您没有去追；追韩信，这是撒谎。"萧何说："这些将领容易得到。至于像韩信这样的，一国之中没有第二个。大王如果想长期在汉中称王，不需要任用韩信；如果大王一定要争夺天下，除了韩信没有人能和您商量大事。只看大王如何决策罢了。"汉王说："我也想向东挺进，怎么能郁郁不乐地长久居住在这里呢？"萧何说："大王如果决计打回东方，能任用韩信，韩信就能留下；不能用，韩信终究要逃跑。"汉王说："我看您的面子用他为将领。"萧何说："即使做了将军，韩信肯定也留不住。"汉王说："任命他做大将。"萧何说："太好了。"于是汉王想要召见韩信来任命他。萧何说："大王一向傲慢无礼，如今任命大将就像招呼小孩子一样，这就是韩信要离去的原因。大王若想任命他，要选择好日子，斋戒，设置高坛，举行完备的仪式，这样才可以啊。"汉王同意了他的意见。将领们都很高兴，人人都以为自己要做大将。等到任命大将的时候，才知道是韩信，全军都感到惊奇。

信拜礼毕，上坐。王曰："丞相数言将军，将军何以教寡人计策？"信谢，因问王曰："今东乡（向）争权天下，岂非项王邪？"汉王曰："然。"曰："大王自料勇悍仁强孰与项王？"汉王默然良久，曰："不如也。"信再拜贺曰："惟信亦为大王不如也。然臣尝事之，请言项王之为人也。项王喑噁①叱咤，千人皆废，然不能任属贤将，此特匹夫之勇耳。项王见人恭敬慈爱，言语呕呕②，人有疾病，涕泣分食饮，至使人有功当封爵者，印刓（玩）敝③，忍不能予，此所谓妇人之仁也。项王虽霸天下而臣诸侯，不居关中而都彭城。有背义帝之约，而以亲爱王，诸侯不平。诸侯之见项王迁逐义帝置江南，亦皆归逐其主而自王善地。项王所过无不残灭者，天下多怨，百姓不亲附，特劫于威强耳。名虽为霸，实失天下心。故曰其强易弱。今大王诚能反其道：任天下武勇，何所不诛！以天下城邑封功臣，何所不服！以义兵从思东归之士，何所不散！且三秦王为秦将，将秦子弟数岁矣，所杀亡不可胜计，又欺其众降诸侯，至新安，项王诈坑秦降卒二十余万，唯独邯、欣、翳得脱，秦父兄怨此三人，痛入骨髓。今楚强以威王此三人，秦民莫爱也。大王之入武关，秋豪（毫）无所害，除秦苛法，与秦民约，法三章耳，秦民无不欲得大王王秦者。于诸侯之约，大王当王关中，关中民咸知之。大王失职入汉中，秦民无不恨者。今大王举而东，三秦可传檄而定④也。"于是汉王大喜，自以为得信晚。遂听信计，部署诸将所击。

◎**注释** ①〔喑噁（yīn wù）〕厉声呵斥。②〔呕呕（xū）〕温和的样子。③〔刓（wán）敝〕刓，通"玩"，摩挲。敝，损坏。④〔传檄（xí）而定〕指下一道文书便可平定。檄，声讨罪行的文告。

◎**大意** 任命韩信的仪式完毕，汉王就座。汉王说："丞相多次称道将军，将军有什么样的计策来指教我呢？"韩信谦让，趁势问汉王："如今向东去争天下大权，难道敌人不是项王吗？"汉王说："对。"韩信说："大王自己估计在勇敢、强悍、仁厚、兵力方面，和项王比起来怎么样呢？"汉王沉默了好久，说："比不上。"韩信拜了两拜赞许地说："我也认为大王比不上。然而我曾经侍奉过项王，请让我说说他的为人。项王厉声怒喝，上千人都瘫软，然而不能放手任用贤能的将领，这只是没有智谋的血气之勇罢了。项王待人恭敬慈爱，言语温和在。有人生病，他流着眼泪把饮食分给他；但有人立下战功应当分给爵位时，他把官印拿在手里弄来弄去，官印都磨得光滑了，还舍不得给立功之人。这就是所说的妇人的仁慈了。项王虽然称霸天下而使诸侯臣服了，但他不居住在关中，却建都彭城。又背弃与义帝的约定，把自己宠信和喜爱的人分封为王，因此诸侯不服。诸侯看到项王把义帝迁移到江南僻远的地方，也都回去驱逐自己的国君，占据了好的地方自立为王。项王所到之处没有不残害毁灭的，天下的人多有怨恨，百姓不愿亲近归附他，只是迫于他的威势罢了。项王名义上虽是霸主，但实际上失去了天下人的心。所以说他的强盛容易衰弱。如今大王果真能采用与他相反的办法：任用天下英武的勇士，有什么敌人不能诛灭！将天下的城邑分封给有功之臣，有什么人不服从！用正义激励士兵并顺从将士东归的心愿，有什么敌人不能打败！况且被项羽封立在关中的章邯、司马欣和董翳这三个诸侯王，都曾是秦朝的将领，率领秦地的子弟兵几年了，被杀死和逃跑的多到没法计算，又欺骗他们的部下向诸侯投降，到达新安，项王用欺诈的手段活埋了秦军二十多万投降的士兵，只有章邯、司马欣、董翳得以脱身，秦地的父老兄弟对这三个人恨入骨髓。如今楚王强行凭威势让这三个人为王，秦地的百姓没有人爱戴他们。大王进入武关时，秋毫无犯，去除秦朝苛暴的法令，向秦地百姓许诺，法令只有三条罢了，秦地百姓没有一个不想要大王在秦地称王的。按照与诸侯的约定，大王应当在关中做王，关中的百姓都知道这件事。大王失掉封爵进入汉中，秦地百姓没有不遗憾的。如今大王举兵向东，只要一道文书三秦封地就可以平定了。"于是汉王十分高兴，自认为得到韩信迟了。就听从韩信的计策，部署各将领所攻击的目标。

八月，汉王举兵东出陈仓①，定三秦。汉二年，出关，收魏、河南，韩、殷王皆降。合齐、赵共击楚。四月，至彭城，汉兵败散而还。信复收兵与汉王会荥阳②，复击破楚京、索③之间，以故楚兵卒不能西。

◎注释 ①〔陈仓〕在今陕西宝鸡。②〔荥阳〕在河南郑州西。③〔京、索〕京，古县名，在今荥阳东南。索，索城，在今河南荥阳。

◎大意 八月，汉王调发军队向东出陈仓，平定三秦。汉二年，出函谷关，收复魏、河南，韩王、殷王都来投降。会合齐国、赵国共同攻击楚军。四月，到达彭城，汉军战败溃散而回。韩信又收集兵士与汉王在荥阳相会，再次在京县、索城之间打败楚军，因此楚军始终不能西进。

汉之败却彭城，塞王欣、翟王翳亡汉降楚，齐、赵亦反汉与楚和。六月，魏王豹谒归视亲疾，至国，即绝河关①反汉，与楚约和。汉王使郦生说豹，不下。其八月，以信为左丞相，击魏。魏王盛兵蒲坂②，塞临晋③，信乃益为疑兵，陈船欲度临晋，而伏兵从夏阳以木罂缻渡军④，袭安邑⑤。魏王豹惊，引兵迎信，信遂虏豹，定魏为河东郡。汉王遣张耳与信俱，引兵东北击赵、代。后九月，破代兵，禽（擒）夏说阏与⑥。信之下魏破代，汉辄使人收其精兵，诣荥阳以距（拒）楚。

◎注释 ①〔河关〕即河津，在今陕西大荔东黄河西岸。②〔蒲坂〕古县名，今山西永济西南，属河东郡。③〔临晋〕古关名，西汉改名薄津关，又称薄津。在今山西永济蒲州黄河岸边,以渡口东岸在薄坂,故名。④〔从夏阳以木罂缻(yīng fǒu)渡军〕夏阳,在今陕西韩城西南。木罂缻,木盆等运输工具。⑤〔安邑〕在今山西夏县西北,当时为河东重镇。⑥〔阏(yù)与〕在今山西和顺。

◎**大意** 汉军在彭城失败退却,塞王司马欣、翟王董翳从汉军中逃跑投降楚军,齐国、赵国也背叛汉王跟楚国和好。六月,魏王魏豹请假回家探视母亲的病,到了封国,就封锁了河关反叛汉王,与楚军订约交好。汉王派郦生游说魏豹,没有成功。这年八月,任命韩信为左丞相,征讨魏国。魏王魏豹在蒲坂布置重兵,封锁临晋,韩信就增设疑兵,陈设船只表示想在临晋渡河,而埋伏的士兵从夏阳用木盆渡河,袭击安邑。魏王魏豹惊慌,领兵来迎战韩信,于是韩信俘虏了魏王魏豹,平定了魏地,改为河东郡。汉王派张耳和韩信一起,领兵向东挺进,向北攻打赵国、代国。闰九月,打败代国军队,在阏与擒获代国丞相夏说。韩信攻克魏国、摧毁代国后,汉王就立刻派人调走韩信的精锐部队,开往荥阳抵御楚军。

信与张耳以兵数万,欲东下井陉击赵。赵王、成安君陈馀闻汉且袭之也,聚兵井陉口,号称二十万。广武君李左车说成安君曰:"闻汉将韩信涉西河,虏魏王,禽(擒)夏说,新喋血阏与,今乃辅以张耳,议欲下赵,此乘胜而去国远斗,其锋不可当。臣闻千里馈粮,士有饥色,樵苏后爨①,师不宿饱②。今井陉之道,车不得方轨,骑不得成列,行数百里,其势粮食必在其后。愿足下假臣奇兵三万人,从间道绝其辎重;足下深沟高垒③,坚营勿与战。彼前不得斗,退不得还,吾奇兵绝其后,使野无所掠,不至十日,而两将之头可致于戏(麾)下。愿君留意臣之计。否,必为二子所禽(擒)矣。"成安君,儒者也,常称义兵不用诈谋奇计,曰:"吾闻兵法十则围之④,倍则战。今韩信兵号数万,其实不过数千。能千里而袭我,亦已罢(疲)极。今如此避而不击,后有大者,何以加之!则诸侯谓吾怯,而轻来伐我。"不听广武君策,广武君策不用。

◎**注释**　①〔爨（cuàn）〕起火做饭。②〔宿饱〕经常饱。③〔深沟高垒〕挖深护营的沟，加高军营的围墙。④〔十则围之〕兵力超过敌人十倍就围攻敌人。

◎**大意**　韩信和张耳率领几万士兵，想向东攻占井陉以攻打赵国。赵王、成安君陈馀听说汉军将要袭击他们，在井陉聚集军队，号称二十万大军。广武君李左车劝说成安君："听说汉将韩信渡过西河，俘虏魏豹，生擒夏说，刚刚使阏与血流遍地，如今又以张耳为辅佐，商议打下赵国，这是乘胜利的锐气离开本国远征，其锋芒不可阻挡。我听说千里运送粮饷，士兵就会面带饥色，就地砍柴然后烧饭，军队就不可能经常吃饱。眼下井陉这条道路，两辆战车不能并行，骑兵不能排成行列，行进的军队迤逦数百里，运粮草食物的队伍势必远远地落到后边，希望您临时拨给我三万奇兵，从隐蔽的小路拦截他们的粮草，您就深挖战壕，高筑营垒，使营盘变得坚固，不与之交战。他们向前无法打仗，向后无法撤兵，我的偷袭部队断绝他们的后路，使他们在野外抢掠不到东西，不出十天，这两位将领的头颅就可以送到指挥帐前。希望您考虑我的计策。否则，肯定要被这两个小子俘虏了。"成安君陈馀，一介书生，经常说正义的军队不用阴谋诡计，于是他说："我听兵法说超过敌人十倍的兵力就围攻它，超过一倍的兵力就可以交战。如今韩信士兵号称几万，其实不过几千，敢行千里来袭击我们，也已经极其疲惫了。如今这样退避而不迎击，以后有强大的敌人，怎么对付呢！诸侯会认为我们胆小，就会轻易地来攻打我们。"陈馀不听从广武君所说的计策，广武君的计策未被采用。

　　韩信使人间视，知其不用，还报，则大喜，乃敢引兵遂下。未至井陉口三十里，止舍①。夜半传发，选轻骑二千人，人持一赤帜，从间道萆（蔽）山②而望赵军，诫曰："赵见我走，必空壁逐我，若疾入赵壁，拔赵帜，立汉赤帜。"令其裨将传飧③，曰："今日破赵会食！"诸将皆莫信，详（佯）应曰："诺。"谓军吏曰："赵已先据便地为壁，且彼未见吾大将旗鼓，未肯击前行，恐吾至阻险而还。"信乃使万人先行，出，背水陈（阵）④。赵军望见而大笑。平旦，信建大将之旗鼓，鼓行出井陉口，赵开壁击之，大战良久。于是信、张耳详（佯）弃鼓旗，走水上军。水上军开入之，复疾战。赵果空壁争汉鼓旗，逐韩信、张耳。韩信、张耳已入水上军，军皆殊死战，不可败。信所出奇兵二千骑，共候赵空壁逐利，则驰入赵壁，皆拔赵旗，立汉赤帜二千。赵军已不胜，不能得信等，欲还归壁，壁皆汉赤帜，而大惊，以为汉皆已得赵王将矣，兵遂乱，遁走，赵将虽斩之，不能禁也。于是汉兵夹击，大破虏赵军，斩成安君泜水上，禽（擒）赵王歇。

◎**注释** ①〔止舍〕停下来扎营。②〔间道萆（bì）山〕从小路隐蔽到山上。③〔飱（sūn）〕饭食。④〔背水陈〕背靠河水排开阵势。

◎**大意** 韩信派人暗中打探，知道广武君的计策没有被采用，探子回来报告，韩信大喜，才敢领兵直接前进。在距井陉口三十里处，驻军宿营。半夜军队传令出发，挑选轻装骑兵两千人，每人拿一面红旗，从小路上山隐蔽起来观察赵军，韩信告诫说："赵军看见我军退走，一定会倾巢出动追击我军，你们火速进入赵军的营垒，拔掉赵军的旗帜，竖起汉军的红旗。"又让副将传达开饭的命令，说："今天打垮赵军之后再正式会餐。"将领们都不相信，假装答应说："是。"韩信对军吏说："赵军已先占据了有利地形扎下营垒，而且他们在没有看见我们大将的仪仗旗号之前，（是）不肯出来攻打先头部队的，怕我们到了险要的地方回头。"韩信就派一万人在前，出了防区，背靠河水排开阵势。赵军看到了因而大笑。天刚蒙蒙亮，韩信打起大将的旗帜和仪仗，敲着鼓出了井陉口，赵军打开营垒攻击汉军，激战了很长时间。这时韩信、张耳假装丢弃旗鼓，退往河边的军营。河边的军营打开营门放他们进去，又进行激战。赵军果然倾巢而出争夺汉军的旗鼓，追逐韩信、张耳。韩信、张耳已经进入河边军营，部队都拼死战斗，赵军无法打败他们。韩信所派出的两千奇兵，都在等候赵军倾巢出动追夺战利品，于是飞快地进入赵军营垒，把赵军的旗帜全部拔掉，竖立起两千面汉军红旗。赵军已不能取胜，又不能俘获韩信等，想回军营，看见军营都是汉军的红旗，因而十分惊慌，以为汉军把赵王的将领都俘虏了，士兵就慌乱逃跑，赵将虽然斩杀逃兵，但不能禁止。这时汉兵前后夹击，彻底摧垮了赵军，在泜水旁杀死了成安君陈馀，俘虏了赵王歇。

信乃令军中毋杀广武君，有能生得者购千金。于是有缚广武君而致戏（麾）下者，信乃解其缚，东乡（向）坐，西乡（向）对，师①事之。

◎**注释**　①〔师〕像对待老师一样。
◎**大意**　韩信就下令军中不要杀害广武君李左车，有能活捉他的赏一千金。于是有人捆着广武君李左车到指挥帐前，韩信就解下他的绑绳，请他面朝东坐下，自己面向西对坐，像对待老师一样对待他。

诸将效首虏，毕贺，因问信曰："兵法右倍（背）山陵，前左水泽，今者将军令臣等反背水陈（阵），曰破赵会食，臣等不服。然竟以胜，此何术也？"信曰："此在兵法，顾诸君不察耳。兵法不曰'陷之死地而后生，置之亡地而后存'？且信非得素拊循①士大夫也，此所谓'驱市人而战之'，其势非置之死地，使人人自为战；今予之生地，皆走，宁尚可得而用之乎！"诸将皆服曰："善。非臣所及也。"

◎**注释**　①〔拊（fǔ）循〕安抚，这里有统率、领导之意。
◎**大意**　各位将领呈献首级和俘虏，都向韩信祝贺，趁机问韩信："按兵法行军布阵应该右边和背后靠山，前边和左边临水，这次将军命令我们背水列阵，说打败赵国会餐，我们并不信服。然而最终获胜了，这是什么战术啊？"韩信说："这也在兵法上，只是诸位没有留意罢了。兵法上不是说'陷于死亡之地然后可以求生，置于灭亡之地然后可以求存'吗？况且我平素没有统率过诸位将士，这就是人们所说的'赶着街市上的百姓去打仗',这种形势下非把将士置之死地,使人人为保全自己而战不可;今天如果给他们逃生的地方,他们都逃跑了,怎么能够用他们作战呢!"各位将领都佩服地说:"好。这不是我们所能比得上的。"

于是信问广武君曰:"仆欲北攻燕,东伐齐,何若而有功?"广武君辞谢曰:"臣闻败军之将,不可以言勇;亡国之大夫,不可以图存。今臣败亡之虏,何足以权大事乎!"信曰:"仆闻之,百里奚居虞而虞亡,在秦而秦霸,非愚于虞而智于秦也,用与不用,听与不听也。诚令成安君听足下计,若信者亦已为禽(擒)矣。以不用足下,故信得侍耳。"因固问曰:"仆委心归计,愿足下勿辞。"广武君曰:"臣闻智者千虑,必有一失;愚者千虑,必有一得。故曰'狂夫之言,圣人择焉'。顾恐臣计未必足用,愿效愚忠。夫成安君有百战百胜之计,一旦而失之,军败鄗①下,身死泜上。今将军涉西河,虏魏王,禽(擒)夏说阏与,一举而下井陉,不终朝②破赵二十万众,诛成安君。名闻海内,威震天下,农夫莫不辍耕释耒③,褕衣甘食④,倾耳以待命者。若此,将军之所长也。然而众劳卒罢(疲),其实难用。今将军欲举倦獘(弊)之兵,顿之燕坚城之下,欲战恐久力不能拔,情见势屈,旷日粮竭,而弱燕不服,齐必距(拒)境以自强也。燕齐相持而不下,则刘项之权未有所分也。若此者,将军所短也。臣愚,窃以为亦过矣。故善用兵者不以短击长,而以长击短。"韩信曰:"然则何由?"广武君对曰:"方今为将军计,莫如案甲休兵,镇赵抚其孤,百里之内,牛酒日至,以飨士大夫醳⑤兵,北首⑥燕路,而后遣辩士奉咫尺之书,暴(曝)其所长于燕,燕必不敢不听从。燕已从,使喧言者东告齐,齐必从风而服,虽有智者,亦不知为齐计矣。如是,则天下事皆可图也。兵固有先声而后实者,此之谓也。"韩信曰："善。"从其策，发使使燕，燕从风而靡。乃遣使报汉，因请立张耳为赵王，以镇抚其国。汉王许之，乃立张耳为赵王。

◎**注释** ①〔鄗（hào）〕秦县名，县治在今河北高邑东南。②〔不终朝〕要不了一个早晨，极言破赵之快。③〔辍耕释耒（lěi）〕指放下农具，停止耕作。④〔褕（yú）衣甘食〕美好的衣服和食物。褕，衣服华美。⑤〔醳（yì）〕赏赐酒食。⑥〔首〕朝着，向。

◎**大意** 于是韩信问广武君道："我想向北攻打燕国，向东讨伐齐国，怎样才会有功绩？"广武君李左车谦让说："我听说败军的将领，不可以谈论勇敢；亡国的大夫，不可以谋划国家的生存。如今我是兵败国亡的俘虏，怎么能够商议大事呢！"韩信说："我听说百里奚居住在虞国而虞国灭亡，在秦国而秦国称霸，不是他在虞国愚蠢而到了秦国就聪明了，关键在于君主用不用他，听从不听从他。如果成安君陈馀听从您的计策，像我这样的人也已经被擒获了。因为不用您，我才得以侍奉您啊。"因而一再请教说："我诚心诚意听取您的计谋，希望您不要推辞。"广武君李左车说："我听说'智者千虑，必有一失；愚者千虑，必有一得'。所以说'狂人的话，圣人可以有选择地听取'。只怕我的计谋不一定有用，但愿尽我的愚忠。成安君陈馀有百战百胜的计谋，一朝失算，军队在鄗地失败，自己死在泜水旁。如今将军横渡西河，俘虏魏王，在阏与俘获夏说，一举攻克井陉，不到一上午就打垮了二十万人的赵军，诛杀成安君陈馀。（您的）名声传扬四海，威望震动天下，许多农民都停止耕种、放下农具，穿好吃好，专心倾听等待着您出兵的命令。像这些，是将军的长处。然而百姓劳苦、士卒疲惫，其实难以作战。现在将军想率领疲惫的军队，在燕国坚固的城池之下驻扎，战吧，恐怕时间过长，力量不足不能攻克，到那时实情暴露，威势就会减弱，旷日持久，粮食耗尽，而弱小的燕国不肯降服，齐国一定会拒守边境，以图自强。燕、齐两国坚持不肯降服，那么刘、项双方胜负的比重就分不出来。像这样，是将军的短处。我的见识浅薄，但我私下认为攻燕伐齐是失策啊。所以善于带兵的人不用短处攻击长处，而以长处攻击短处。"韩信说："那么应该怎么办呢？"广武君李左车回答："如今为将军考虑，不如放下铠甲休整士兵，镇守赵国，安抚他们的孤儿，使百里之内（的人们）每天送来牛肉和美酒，邀请将士慰劳士兵。（然后）摆出向北进攻燕国的姿态，而后派出说客送书信，把自己的优势显示给燕国看，燕国肯定不敢不听从。燕国服从后，再派善于辞令的人向东告诉齐国，齐国必定会看风向而顺服，即使有聪明睿智的人，也不知该怎样为齐国谋划了。如果这样，那么天下大事都可以安排了。用兵本就有先虚后实的，我说的就是这个道理。"韩信说："好。"听从他的计策，派遣使者到燕国，燕国听到消息立刻投降，于是派遣使者向汉王报告，并请求立张耳为赵王，以镇守安抚赵国。汉王同意，就立了张耳为赵王。

楚数使奇兵渡河击赵，赵王耳、韩信往来救赵，因行定赵城邑，发兵诣汉。楚方急围汉王于荥阳，汉王南出，之宛、叶间①，得黥布，走入成皋，楚又复急围之。六月，汉王出成皋，东渡河，独与滕公俱，从张耳军修武②。至，宿传舍。晨自称汉使，驰入赵壁。张耳、韩信未起，即其卧内上夺其印符，以麾召诸将，易置之。信、耳起，乃知汉王来，大惊。汉王夺两人军，即令张耳备守赵地，拜韩信为相国，收赵兵未发者击齐。

◎**注释**　①〔宛、叶间〕宛，秦县名，县治在今河南南阳。叶，亦秦县名，在今河南叶县南。②〔修武〕在今河南获嘉。

◎**大意**　楚国多次派奇兵渡过黄河攻击赵国，赵王张耳、韩信往来救援赵国，在行军之中平定赵国城邑，发兵去支援汉王。楚国正加紧在荥阳围攻汉王，汉王向南突围，到宛县、叶县一带，得到黥布，逃进成皋，楚军又加紧围攻他。六月，汉王逃出成皋，向东渡过黄河，单独跟滕公一起，投奔张耳军在修武的驻地。到达后，住宿在客馆。早晨起来，汉王自称是汉王使者，奔入赵军军营。张耳、韩信还没有起床，汉王就到他们的卧室中，夺取了他们的印信和兵符，用军旗召集将领，调动将领的职位。韩信、张耳起身，才知道汉王来了，大吃一惊。汉王夺了两人的军队，命令张耳防守赵地，任命韩信为相国，集结赵国军队中没有调发的士兵去攻打齐国。

信引兵东，未渡平原①，闻汉王使郦食其②已说下齐，韩信欲止。范阳辩士蒯通说信曰："将军受诏击齐，而汉独发间使下齐，宁有诏止将军乎？何以得毋行也！且郦生一士，伏轼③掉三寸之舌，下齐七十余城，将军将数万众，岁余乃下赵五十余城，为将数岁，反不如一竖儒之功乎？"于是信然之，从其计，遂渡河。齐已听郦生，即留纵酒，罢备汉守御。信因袭齐历下④军，遂至临菑⑤。齐王田广以郦生卖己，乃亨（烹）之，而走高密⑥，使使之楚请救。韩信已定临菑，遂东追广至高密西。楚亦使龙且将，号称二十万，救齐。

◎**注释** ①〔平原〕古邑名，故治在今山东平原南二十五里。②〔郦食其（yì jī）〕陈留高阳乡（今河南杞县）人，本为里监门吏，后归刘邦，献计克陈留，封广野君。③〔伏轼〕轼为车前横木，古人俯身其上以表敬意。这里指乘车。④〔历下〕在今山东济南。⑤〔临菑〕今山东临淄。⑥〔高密〕今山东高密西。

◎**大意** 韩信领兵向东挺进，还没有渡过平原津，已听说汉王派郦食其劝说齐国归降，韩信想停止进军。范阳说客蒯通规劝韩信："将军接受诏令攻打齐国，而汉王暗中派密使说降齐王，难道有诏令制止将军行动了吗？怎么能不前进呢！况且郦生是个读书人，坐着车子鼓动三寸之舌，降服了齐国七十多座城池，将军率领几万士兵，一年多才攻克赵国五十多座城邑，做将领几年，反不如一个小小书生的功劳吗？"于是韩信听从他的计策，就渡过黄河。齐国已经听信了郦食其，就挽留他纵情饮酒，撤除了对汉军的防卫。韩信乘机袭击齐的历下驻军，于是打到临菑。齐王田广认为郦食其出卖自己，就将他烹杀了，然后逃往高密，派使者到楚国请求救援。韩信已经平定临菑，就向东追击田广直到高密城西。楚国也派龙且作为将领，率领号称二十万人的大军，救援齐国。

齐王广、龙且并军与信战，未合。人或说龙且曰："汉兵远斗穷战，其锋不可当。齐、楚自居其地战，兵易败散。不如深壁，令齐王使其信臣招所亡城，亡城闻其王在，楚来救，必反汉。汉兵二千里客居，齐城皆反之，其势无所得食，可无战而降也。"龙且曰："吾平生知韩信为人，易与耳。且夫救齐不战而降之，吾何功？今战而胜之，齐之半可得，何为止！"遂战，与信夹潍水①陈（阵）。韩信乃夜令人为万余囊②，满盛沙，壅③水上流，引军半渡，击龙且，详（佯）不胜，还走。龙且果喜曰："固知信怯也。"遂追信渡水。信使人决壅囊，水大至。龙且军大半不得渡，即急击，杀龙且。龙且水东军散走，齐王广亡去。信遂追北（败）至城阳④，皆虏楚卒。

◎**注释** ①〔潍水〕即今山东的潍河。②〔囊〕袋子。③〔壅（yōng）〕堵住，阻塞。④〔城阳〕古地名，因地处长城之南，故名。在今山东莒县。

◎**大意** 齐王田广、龙且合兵一处与韩信作战，还未交战。有人规劝龙且："汉军远来拼死作战，锋芒不可阻挡。而齐、楚两军在自己的地盘作战，士兵容易逃散。不如深挖壕沟、高筑堡垒，让齐王田广派亲信大臣去招抚已经沦陷的城邑，沦陷的城邑听说他们的国王还在，楚军又来援救，一定会反叛汉军。汉军士兵在两千里之外客居，齐国城邑都反叛他们，这样势必没有粮食来源，不需战斗就可降服。"龙且说："我平生知道韩信的为人，容易对付他。况且救助齐国，不战斗而降服汉军，我有什么功劳？如今战胜汉军，可以得到齐国的一半土地，为什么停止交战！"于是交战，与韩信在潍水两岸摆开阵势。韩信就连夜派人做了一万多个口袋，装满沙土，堵住潍水上游，领着一半军队渡河，击打龙且，假装不能取胜，往回跑。龙且果然高兴地说："我本来就知道韩信胆小。"就渡过潍水追赶韩信。韩信派人挖开堵塞潍水的沙袋，河水倾泻下来，龙且大半的军队不能渡过去，韩信急忙回击，杀死龙且。龙且在潍水东岸的部队逃散，齐王田广逃跑。韩信追击败军直到城阳，将楚军士兵全部俘虏。

汉四年，遂皆降平齐。使人言汉王曰："齐伪诈多变，反覆之国也，南边楚，不为假王①以镇之，其势不定。愿为假王便。"当是时，楚方急围汉王于荥阳，韩信使者至，发书，汉王大怒，骂曰："吾困于此，旦暮望若来佐我，乃欲自立为王！"张良、陈平蹑汉王足，因附耳语曰："汉方不利，宁能禁信之王乎？不如因而立，善遇之，使自为守。不然，变生。"汉王亦悟，因复骂曰："大丈夫定诸侯，即为真王耳，何以假为！"乃遣张良往立信为齐王，征其兵击楚。

◎**注释** ①〔假王〕代理齐王。

◎**大意** 汉四年，韩信降服、平定了齐国。韩信派人对汉王说："齐国虚伪狡诈多变，是反复无常的国家，而且南面靠近楚，不设立一个代理国王来镇守它，局势不能稳定。希望允许我暂时代理齐王。"在这个时候，楚军正在荥阳加紧围攻汉王，韩信的使者到来，汉王打开书信，十分生气，骂道："我在这儿被围困，早晚盼你来帮助我，你竟要自立为王！"张良、陈平暗中踩汉王的脚，并贴近他的耳朵说："汉军正处在不利的情势下，怎么能阻止韩信称王？不如顺势立他，好好对待他，使他自己镇守齐国。不这样的话，会发生变乱。"汉王也醒悟了，就又骂道："大丈夫平定了诸侯，就做真王罢了，为什么要做代理的呢！"于是派遣张良立韩信为齐王，征调他的军队攻打楚军。

楚已亡龙且，项王恐，使盱眙①人武涉往说齐王信曰："天下共苦秦久矣，相与戮力②击秦。秦已破，计功割地，分土而王之，以休士卒。今汉王复兴兵而东，侵人之分，夺人之地，已破三秦，引兵出关，收诸侯之兵以东击楚，其意非尽吞天下者不休，其不知厌足如是甚也。且汉王不可必，身居项王掌握中数矣，项王怜而活之，然得脱，辄倍约，复击项王，其不可亲信如此。今足下虽自以与汉王为厚交，为之尽力用兵，终为之所禽（擒）矣。足下所以得须臾至今者，以项王尚存也。当今二王之事,权在足下。足下右投则汉王胜,左投则项王胜。项王今日亡,则次取足下③。足下与项王有故,何不反汉与楚连和,参④分天下王之?今释此时,而自必于汉以击楚,且为智者固若此乎!"韩信谢曰:"臣事项王,官不过郎中,位不过执戟,言不听,画不用,故倍(背)楚而归汉。汉王授我上将军印,予我数万众,解衣衣我,推食食我,言听计用,故吾得以至于此。夫人深亲信我,我倍(背)之不祥,虽死不易。幸为信谢项王!"

◎**注释** ①〔盱眙(xū yí)〕在今江苏。②〔戮力〕合力。③〔次取足下〕下一个就收拾你了。④〔参〕古"三"字,今写作"叁"。

◎**大意** 楚国丧失龙且后,项王害怕,派盱眙人武涉前去劝说齐王韩信道:"天下人都受秦朝的苦很久了,合力攻打秦朝。秦朝被打败后,项王按照功劳裂土分封,使有功者各自称王,以使士兵休息。如今汉王又起兵东进,侵犯他人权力,夺取他人土地,已经打败三秦,又领兵出函谷关,收集诸侯的军队向东攻打楚国,汉王的意图是不完全吞并天下不罢休,他这样不知足实在太过分了。而且汉王不可信任,他被项王抓到手中已多次了,项王可怜他而让他活下来,但他一脱离危险,就背弃盟约,又攻击项王,他是这样不可亲近、不可信任。如今您虽然自认为和汉王交情深厚,为他尽力打仗,但最终要被他擒拿的。您之所以能够暂且保全性命至今,是因为项王还存在。当前两个大王的成败,决定的砝码在您。您向右依附那么汉王胜,您向左依附那么项王胜。项王今天被灭,那么下一个就轮到您。您与项王有旧交,为什么不反叛汉王而与楚国联合,三分天下称王呢?现在错过这机会,自己一定站到汉王一边来攻打楚国,一个聪明睿智的人,难道应该这样做吗?"韩信辞谢说:"我侍奉项王,当官不过是郎中,职位不过是持戟卫士,言语得不到听从,计策得不到采纳,所以背叛楚国而归附汉王。汉王授予我上将军的印信,给我几万士兵,脱下衣服给我穿,让出饮食给我吃,言听计从,所以我才能够到这个地步。人家对我亲近、信赖,我背叛他不吉祥,即使到死也不变心。希望你替我辞谢项王!"

武涉已去，齐人蒯通知天下权在韩信，欲为奇策而感动之，以相人说韩信曰："仆尝受相人之术。"韩信曰："先生相人何如？"对曰："贵贱在于骨法，忧喜在于容色，成败在于决断，以此参之，万不失一。"韩信曰："善。先生相寡人何如？"对曰："愿少间①。"信曰："左右去矣。"通曰："相君之面，不过封侯，又危不安。相君之背，贵乃不可言。"韩信曰："何谓也？"蒯通曰："天下初发难也，俊雄豪桀建号壹呼②，天下之士云合雾集，鱼鳞杂沓③，熛至风起④。当此之时，忧在亡秦而已。今楚汉分争，使天下无罪之人肝胆涂地⑤，父子暴（曝）骸骨于中野，不可胜数。楚人起彭城，转斗逐北，至于荥阳，乘利席卷，威震天下。然兵困于京、索之间，迫西山而不能进者，三年于此矣。汉王将数十万之众，距（拒）巩、雒，阻山河之险，一日数战，无尺寸之功，折北不救，败荥阳，伤成皋，遂走宛、叶之间，此所谓智勇俱困者也。夫锐气挫于险塞，而粮食竭于内府，百姓罢（疲）极怨望，容容⑥无所倚。以臣料之，其势非天下之贤圣固不能息天下之祸。当今两主之命县（悬）于足下。足下为汉则汉胜，与楚则楚胜。臣愿披腹心，输肝胆，效愚计，恐足下不能用也。诚能听臣之计，莫若两利而俱存之，参分天下，鼎足而居，其势莫敢先动。夫以足下之贤圣，有甲兵之众，据强齐，从燕、赵，出空虚之地而制其后，因民之欲，西乡（向）为百姓请命，则天下风走而响应矣，孰敢不听！割大弱强，以立诸侯，诸侯已立，天下服听而归德于齐。案⑦齐之故，有胶、泗之地，怀诸侯以德，深拱揖让，则天下之君王相率而朝于齐矣。盖闻天与弗取，反受其咎；时至不行，反受其殃。愿足下孰（熟）虑之。"

◎**注释** ①〔愿少间〕意思是稍稍屏退从人方可进言。②〔建号壹呼〕建号,建立名号,指称王。壹呼,一声号召。③〔鱼鳞杂沓〕像鱼鳞一样密集地排列着。④〔熛(biāo)至风起〕如火一样飞腾,如风一样卷起。熛,火焰飞腾的样子。⑤〔肝胆涂地〕形容战乱中死亡惨烈。⑥〔容容〕纷乱动荡貌。⑦〔案〕稳固。

◎**大意** 武涉离去后,齐国人蒯通知道决定天下局势的砝码在韩信手中,想用奇妙的计策来打动他,就以看相的身份去劝说韩信道:"我曾经学过给人看相的技艺。"韩信说:"先生怎样给人看相?"蒯通回答说:"人的富贵和低贱在于骨骼的长相,忧愁与喜悦在于面容气色,成功和失败在于决断,以这三项参酌相人,万无一失。"韩信说:"好。先生看我的面相如何?"蒯通说:"希望其他人暂时回避。"韩信说:"左右的人离开。"蒯通说:"看您的面相,不过封侯,而且危险。看您的背相,却贵不可言。"韩信说:"这是什么意思?"蒯通说:"天下刚起事时,英雄豪杰建立王号振臂一呼,天下的志士像云雾一样汇聚,像鱼鳞一样密集地排列着,如火一样飞腾,如风一样卷起。在这个时候,考虑的只是灭亡秦朝而已。如今楚国、汉国分争天下,使天下无辜的人肝胆涂地,父子的尸骨暴露于旷野,死于战乱的人不计其数。楚国人从彭城出发,辗转战斗追逐败兵,到达荥阳,乘胜像卷席子一样向前挺进,威名震动天下。然而军队在京、索之间受困,被阻在西部山岳地带不能前进,到现在已经三年了。汉王率领几十万兵士,在巩县和雒阳一带抗拒楚军,依靠着山河的险要地形阻击,一天战斗多次,没有一点功绩,受挫败逃几乎不能自救,汉王在荥阳战败,在成皋受伤,于是逃到宛县、叶县之间,这就是所说的智尽勇乏了。锐气在险要关塞受挫,国库的粮食消耗尽了,百姓疲惫到极点而心生怨恨,人心动荡没有依靠。以我预料,这种形势下,若不是天下的圣贤,就肯定平定不了天下的灾祸。如今两主的命运在您掌握之中。您帮助汉王那么汉王取胜,与楚国交好那么楚国取胜。我愿意披露腹心,输出肝胆,敬献愚计,只怕您不采纳。果真能听从我的计策,不如双方都不损害而共存下去,您与他们三分天下,鼎足而立,这样的形势谁都不敢先动手。凭借您的聪明才智,拥有的人马武器之多,占据强大的齐国,胁迫燕、赵屈从,出兵到刘、项两军的空虚地带,牵制他们的后方,顺应民众的愿望,向西为百姓请求结束战争,那么天下百姓就会像风一样迅速跑来响应,谁还敢不听从!分割大国与削弱强国,用以分封诸侯,诸侯拥立后,天下就会服从听命而归功于齐国。稳定齐国原有地盘，占据胶河、泗水流域，以恩德来安抚诸侯，恭谨谦让，那么天下的君王就会相继前来朝拜齐国。您大概听说过天赐给的不接受，反而受到它的惩罚；时机来到了不行动，反而受到它的灾难。希望您仔细地考虑这件事。"

韩信曰："汉王遇我甚厚，载我以其车，衣我以其衣，食我以其食。吾闻之，乘人之车者载人之患，衣人之衣者怀人之忧，食人之食者死人之事，吾岂可以乡（向）利倍（背）义乎！"蒯生曰："足下自以为善汉王，欲建万世之业，臣窃以为误矣。始常山王、成安君为布衣时，相与为刎颈之交，后争张黡、陈泽之事，二人相怨。常山王背项王，奉项婴头而窜逃，归于汉王。汉王借兵而东下，杀成安君泜水之南，头足异处，卒为天下笑。此二人相与，天下至欢也。然而卒相禽（擒）者，何也？患生于多欲而人心难测也。今足下欲行忠信以交于汉王，必不能固于二君之相与也，而事多大于张黡、陈泽。故臣以为足下必汉王之不危己，亦误矣。大夫种、范蠡存亡越，霸句践，立功成名而身死亡①。野兽已尽而猎狗亨（烹）。夫以交友言之，则不如张耳之与成安君者也；以忠信言之，则不过大夫种、范蠡之于句践也。此二人者，足以观矣。愿足下深虑之。且臣闻勇略震主者身危，而功盖天下者不赏。臣请言大王功略：足下涉西河，虏魏王，禽（擒）夏说，引兵下井陉，诛成安君，徇赵，胁燕，定齐，南摧楚人之兵二十万，东杀龙且，西乡（向）以报，此所谓功无二于天下，而略不世出者也。今足下戴震主之威，挟不赏之功，归楚，楚人不信；归汉，汉人震恐：足下欲持是安归乎？夫势在人臣之位而有震主之威，名高天下，窃为足下危之。"韩信谢曰："先生且休矣，吾将念之。"

◎**注释** ①〔大夫种、范蠡存亡越，霸句践，立功成名而身死亡〕文种与范蠡辅佐越王句践重振越国后，又灭了吴国，句践遂称霸一时。范蠡感到自己的地位不安，辞官做了商人，而文种留恋权位，最终为句践所杀。

◎**大意** 韩信说："汉王对待我相当优厚，把他的车子给我乘，把他的衣裳给我穿，把他的食物给我吃。我听说，乘坐别人的车子要承担别人的祸患，穿上别人的衣服要想到别人的忧患，吃别人的食物要为别人的事情去死，我怎么能够图谋私利而背信弃义呢！"蒯通说："你自认为和汉王交情好，想建立万世的功业，我私下认为错了。当初常山王张耳、成安君陈馀是平民时，相互交好为断头之交，后来因为张黡、陈泽的事争执，两人相互怨恨。常山王背叛项王，捧着项婴的头颅逃窜，归顺了汉王。汉王借给他军队向东进攻，在泜水以南杀了成安君，身首异处，最终被天下人耻笑。这两个人交好，是天下最要好的朋友。然而到头来，都想把对方置于死地，这是为什么呢？祸患产生于贪得无厌而人心又难以猜测。如今您想以忠诚和信义的行为来交结汉王，肯定不可能比常山王和成安君的交情更稳固，而你们之间的事却要比张黡、陈泽的事大得多。所以我认为您断定汉王不会危害自己，也是错误的。大夫文种、范蠡使灭亡的越国保存下来，使句践称霸，但功成名就之后或死或逃。野兽打完了猎犬就要被烹杀。以朋友交情而论，您和汉王比不上张耳与陈馀；以忠诚信义而论，也赶不上大夫文种、范蠡与越王句践。这两个人，足可以作借鉴了。希望您认真考虑。况且我听说勇敢与谋略震动君主的人生命就有危险，功劳冠于天下的人无法封赏。请让我说一说大王的功绩和谋略：您渡过西河，俘虏魏王，生擒夏说，带领军队夺取井陉口，杀死成安君，攻占赵国，迫降燕国，平定齐国，向南打败二十万楚国军队，向东杀了楚将龙且，西面向汉王报捷，这可以说是功劳天下无二，而计谋出众，世上少有。如今您拥有震动君主的威势，持有无法赏赐的功劳，归附楚国，楚国人不会相信；归附汉国，汉国人震动害怕：在这种情况下哪有安身之地呢？身处臣子的地位而有震动君主的威势，名声比天下人高，我私下为您感到危险。"韩信辞谢说："先生暂且不要说了，我会考虑这件事。"

后数日，蒯通复说曰："夫听者事之候也，计者事之机也，听过

计失而能久安者，鲜矣。听不失一二者，不可乱以言；计不失本末者，不可纷①以辞。夫随厮养之役者，失万乘之权；守儋（担）石之禄者，阙（缺）卿相之位。故知（智）者决之断也，疑者事之害也，审豪（毫）氂（厘）之小计，遗天下之大数，智诚知之，决弗敢行者，百事之祸也。故曰'猛虎之犹豫，不若蜂虿之致螫②；骐骥之跼躅③，不如驽马之安步；孟贲④之狐疑，不如庸夫之必至也；虽有舜禹之智，吟而不言，不如喑聋之指麾⑤也'。此言贵能行之。夫功者难成而易败，时者难得而易失也。'时乎时，不再来'。愿足下详察之。"韩信犹豫不忍倍（背）汉，又自以为功多，汉终不夺我齐，遂谢蒯通。蒯通说不听，已详（佯）狂为巫。

◎**注释** ①〔纷〕乱。②〔蜂虿（chài）之致螫（shì）〕虿，蝎子一类的毒虫。螫，以毒刺刺人。③〔跼躅（jú zhú）〕徘徊不前。④〔孟贲〕战国有名的勇士。⑤〔喑聋之指麾〕喑，哑。指麾，打手势。

◎**大意** 过了几天，蒯通又劝说道："能够听取意见是事情成功的征兆，能计划周密是事情成功的关键，听取错误意见和考虑问题失误而能长久安全的，实在少有。听取意见很少判断失误的人，不能用花言巧语去惑乱他；计谋筹划周到不本末倒置的人，不能用花言巧语去扰乱他。一个安心做奴仆的人，就会失去得到君主权柄的机会；一个留恋微薄俸禄的人，就不可能得到公卿宰相的高位。所以聪明的人善于决断，迟疑不决一定坏事，在一毫一厘的小事情上用心思，就会忘记天下的大事，理智上已知道应处理的事，决定了又不敢去执行，这是一切事情的祸根。所以说'猛虎犹豫不决，不如黄蜂、蝎子用毒刺刺人；千里马徘徊不前，不如劣马稳步前进；勇士孟贲狐疑不定，不如凡夫俗子一定要达到目的地实干；有虞舜、夏禹的智慧而闭口不说，不如聋哑人打手势'。这些意在说明行动的可贵。功业难成而容易失败，时机难以得到而容易失掉。时机啊时机，失去了便不可能再来。希望您仔细地考虑这件事。"韩信犹豫不决，不忍心背叛汉王，又自认为功劳多，汉王最终不会夺去自己的齐国，就谢绝了蒯通。蒯通的劝说没有被听取，后来就假装疯癫做了巫师。

汉王之困固陵①，用张良计，召齐王信，遂将兵会垓下②。项羽已破，高祖袭夺齐王军。汉五年正月，徙齐王信为楚王，都下邳③。

◎**注释** ①〔固陵〕地在今河南淮阳西北。②〔垓下〕在安徽灵璧。③〔下邳（pī）〕秦所置县，治所在今江苏邳州东。

◎**大意** 汉王在固陵被围困时，采用张良的计策，征召齐王韩信，于是韩信领兵到垓下会战。项羽被打败后，汉高祖突然袭击夺取了齐王韩信的军权。汉五年正月，高祖将齐王韩信封为楚王，在下邳建都。

信至国，召所从食漂母，赐千金。及下乡南昌亭长，赐百钱，曰："公，小人也，为德不卒①。"召辱己之少年令出胯下者以为楚中尉。告诸将相曰："此壮士也。方辱我时，我宁不能杀之邪？杀之无名，故忍而就于此。"

◎**注释** ①〔为德不卒〕做好事不做到底。

◎**大意** 韩信到了封国，召见曾经给他饭吃的漂洗丝絮的老大娘，赐给她一千金。还召见下乡南昌亭长，赐给他一百钱，说："您是小人，做好事不做到底。"又召见曾经侮辱过自己让从他裤裆下爬过去的年轻人，任命为楚国的中尉。对各位将领说："这是位壮士。当他侮辱我的时候，我难道不能杀死他吗？杀掉他没有意义，所以我忍受了一时的侮辱而成就了今天的功业。"

项王亡将钟离眛①家在伊庐②，素与信善。项王死后，亡归信。汉王怨眛，闻其在楚，诏楚捕眛。信初之国，行县邑，陈兵出入。汉六年，人有上书告楚王信反。高帝以陈平计，天子巡狩会诸侯，南方有云梦③，发使告诸侯会陈："吾将游云梦。"实欲袭信，信弗知。高祖且至楚，信欲发兵反，自度无罪，欲谒上，恐见禽（擒）。人或说信曰："斩眛谒上，上必喜，无患。"信见眛计事。眛曰："汉所以不击取楚，以眛在公所。若欲捕我以自媚于汉，吾今日死，公亦随手亡矣。"乃骂信曰："公非长者④！"卒自刭。信持其首，谒高祖于陈。上令武士缚信，载后车。信曰："果若人言，'狡兔死，良狗亨（烹）；高鸟尽，良弓藏；敌国破，谋臣亡'。天下已定，我固当亨（烹）！"上曰："人告公反。"遂械系信。至雒阳，赦信罪，以为淮阴侯。

◎**注释** ①〔钟离眛（mò）〕楚国将领，素与韩信相善。项羽败死垓下后，钟离眛改名潜逃，以躲避刘邦的缉拿。②〔伊庐〕在今江苏灌云东北。③〔云梦〕古代泽薮名，在楚地，广八九百里。④〔长者〕忠厚的人，德行高尚的人。

◎**大意** 项王的逃亡将领钟离眛在伊庐，向来与韩信交好。项王死后，他逃跑出来归附韩信。汉王怨恨钟离眛，听说他在楚国，下诏书让楚国逮捕钟离眛。韩信刚到封国，巡察各县邑，进进出出都有军队戒严。汉六年，有人上书告发楚王韩信谋反。汉高祖采用陈平的计谋，借天子巡行打猎会见诸侯，南方有云梦泽，派使者告诉诸侯到陈县聚会："我要巡游云梦泽。"实际上想袭击韩信，韩信却不知道。汉高祖快到楚国了，韩信想发兵反叛，考虑自己没有罪过，想拜见皇上，又怕被擒拿。有人劝说韩信道："斩杀钟离眛去朝见皇上，皇上一定高兴，没有祸患了。"韩信去见钟离眛商议这件事。钟离眛说："汉王不攻打夺取楚国，是因为我在您这里。你想逮捕我用来讨好汉王，我今天死，你也要随着灭亡了。"于是骂韩信说："你不是个德行高尚的人！"就自杀了。韩信带着他的首级，到陈县拜见汉高祖。高祖命令武士将韩信捆绑起来，放在后面的车上。韩信说："果真如同他人说的，'狡猾的兔子死了，出色的猎狗就要被烹杀；高飞的鸟光了，好的弓箭就要被收藏；敌国被打败了，谋臣就要死亡'。天下已经安定，我本来就应当被烹杀了！"高祖说："有人告您谋反。"就给韩信戴上了刑具。到达雒阳，赦免了韩信的罪过，任命他为淮阴侯。

信知汉王畏恶其能，常称病不朝从。信由此日怨望，居常鞅鞅①，羞与绛、灌等列。信尝过樊将军哙，哙跪拜送迎，言称臣，曰："大王乃肯临臣！"信出门，笑曰："生乃与哙等为伍！"上常从容与信言诸将能不（否），各有差。上问曰："如我能将几何？"信曰："陛下不过能将十万。"上曰："于君何如？"曰："臣多多而益善耳。"上笑曰："多多益善，何为为我禽（擒）？"信曰："陛下不能将兵，而善将将，此乃信之所以为陛下禽（擒）也。且陛下所谓天授，非人力也。"

◎ **注释** ①〔鞅鞅〕因不平或不满而闷闷不乐的样子。
◎ **大意** 韩信知道汉王畏惧嫉妒自己的才能，常常托病不朝见、侍从汉王。韩信从此日夜怨恨，平时在家闷闷不乐，又为与绛侯、灌婴等人处于同等地位感到羞耻。韩信曾经拜访樊哙将军，樊哙跪拜迎来送往，口称臣子，说："大王竟肯光临臣门！"韩信出门，笑着说："我这辈子竟然和樊哙等人在一起！"皇上曾经跟韩信闲谈各位将领才能大小，各有高低。皇上问道："像我能带多少兵？"韩信说："陛下不过能带十万兵。"皇上说："对您来说怎么样？"韩信："我是越多越好。"皇上笑着说："越多越好，为什么被我俘虏了？"韩信说："陛下不能领兵，却善于统率将领，这就是为什么我被陛下擒拿了。而且陛下的地位是上天赐予的，不是人力能做到的。"

陈豨拜为巨鹿守，辞于淮阴侯。淮阴侯挈①其手，辟左右与之步于庭，仰天叹曰："子可与言乎？欲与子有言也。"豨曰："唯将军令之。"淮阴侯曰："公之所居，天下精兵处也；而公，陛下之信幸臣也。人言公之畔（叛），陛下必不信；再至，陛下乃疑矣；三至，必怒而自将。吾为公从中起，天下可图也。"陈豨素知其能也，信之，曰："谨奉教！"汉十年，陈豨果反。上自将而往，信病不从。阴使人至豨所，曰："弟举兵，吾从此助公。"信乃谋与家臣夜诈诏赦诸官徒奴，欲发以袭吕后、太子。部署已定，待豨报。其舍人得罪于信，信囚，欲杀之。舍人弟上变，告信欲反状于吕后。吕后欲召，恐其党不就，乃与萧相国谋，诈令人从上所来，言豨已得死，列侯群臣皆贺。相国绐（诒）②信曰："虽疾，强入贺。"信入，吕后使武士缚信，斩之长乐钟室③。信方斩，曰："吾悔不用蒯通之计，乃为儿女子所诈，岂非天哉！"遂夷信三族。

◎注释　①〔挈（qiè）〕拉，提。②〔绐（dài）〕同"诒"，欺骗。③〔长乐钟室〕长乐宫中的悬钟之室。

◎大意　陈豨被任命为巨鹿郡守，向淮阴侯韩信辞行。淮阴侯韩信拉着他的手，回避左右的人与他一起在庭院里漫步，仰面朝天叹息说："可以跟您谈话吗？有话想对您说。"陈豨说："将军只管吩咐。"淮阴侯韩信说："您管辖的地区，是国家屯聚精兵的地方；而您，是陛下亲信宠爱的臣子。有人说您反叛，陛下一定不会相信；再有人说，陛下就会怀疑了；第三次有人说，陛下肯定发怒而亲自领兵征讨。我为您在京城做内应，天下可以图谋。"陈豨向来知道他的才能，相信他，说："谨从教诲！"汉十年，陈豨果真造反。皇上亲自领兵前往，韩信托病没有随从。他暗地里派人到陈豨的处所，说："只管起兵，我在这里帮助您。"韩信就和家臣谋划趁夜晚假传诏书赦免各官府服役的罪犯和奴隶，想调发他们去袭击吕后、太子。布置已经停当，等待陈豨回报。韩信有个家臣得罪了韩信，韩信囚禁了他，想杀了他。这个家臣的弟弟上书告发，向吕后告发韩信想谋反的情况。吕后想召韩信，又怕他的党羽不肯就范，就与萧相国谋划，假说有人从皇上那里来，说陈豨已经被擒获处死，列侯群臣都去祝贺。萧相国欺骗韩信说："即使有病，也要勉强进宫祝贺。"韩信进宫，吕后指使武士将韩信捆绑了，在长乐宫的钟室将他斩杀。韩信临刑时，说："我悔恨不用蒯通的计谋，竟被妇女小子欺骗，难道不是天意吗！"于是诛杀韩信三族。

高祖已从豨军来，至，见信死，且喜且怜之，问："信死亦何言？"吕后曰："信言恨不用蒯通计。"高祖曰："是齐辩士也。"乃诏齐捕蒯通。蒯通至，上曰："若教淮阴侯反乎？"对曰："然，臣固教之。竖子不用臣之策，故令自夷于此。如彼竖子用臣之计，陛下安得而夷之乎！"上怒曰："亨（烹）之。"通曰："嗟乎，冤哉亨（烹）也！"上曰："若教韩信反，何冤？"对曰："秦之纲绝而维弛①，山东大扰，异姓并起，英俊乌集。秦失其鹿②，天下共逐之，于是高材疾足者先得焉。跖之狗吠尧，尧非不仁，狗固吠非其主。当是时，臣唯独知韩信，非知陛下也。且天下锐精持锋欲为陛下所为者甚众，顾力不能耳。又可尽亨（烹）之邪？"高帝曰："置之。"乃释通之罪。

◎ **注释** ①〔纲绝而维弛〕这句话指的是法度混乱，朝政崩溃。纲，网上的大绳。维，系车盖的绳。均用以比喻国家的法度。②〔鹿〕比喻帝位或国家政权。

◎ **大意** 高祖从征讨陈豨的军中回来后，到了京城，见韩信死了，既高兴又怜悯，问："韩信临死时说了什么话？"吕后说："韩信说悔恨没有采纳蒯通的计谋。"高祖说："这是齐国的说客。"就诏令到齐国逮捕蒯通。蒯通被送到，高祖说："你叫淮阴侯谋反的吗？"蒯通回答说："对，我确实教过他。这小子不采纳我的计策，所以今天落个自取灭亡。如果这小子采纳我的计策，陛下怎能灭掉他呢！"高祖生气地说："烹杀他。"蒯通说："哎呀，烹杀我冤枉啊！"皇上说："你教韩信谋反，有什么冤枉？"蒯通回答："秦朝的法度败坏政权崩溃，山东一带大乱，异姓王纷纷自立，英雄豪杰像群鸦飞聚在一起。秦朝失去了帝位，天下人一起追求它，这时才能高而行动快的人先得到它。盗跖的狗对着尧狂叫，不是因为尧不仁义，而是因为尧不是它的主人。在那个时候，我只知道韩信，并不知道陛下。况且当时天下磨快武器、手执利刃想干陛下所干的事业的人很多，只是能力不够罢了。又可以将他们全烹杀吗？"高祖说："放了他。"就赦免了蒯通的罪过。

太史公曰： 吾如淮阴，淮阴人为余言，韩信虽为布衣时，其志与众异。其母死，贫无以葬，然乃行营高敞地，令其旁可置万家。余视其母冢，良然。假令韩信学道谦让，不伐己功，不矜其能，则庶几①哉，于汉家勋可以比周、召、太公之徒，后世血食②矣。不务出此，而天下已集，乃谋畔（叛）逆，夷灭宗族，不亦宜乎！

◎**注释** ①〔庶几〕差不多。②〔血食〕指受到祭享。

◎**大意** 太史公说：我到淮阴，淮阴人对我说，韩信即使是平民时，志向也和大家不一样。他的母亲死了，贫穷无法埋葬，然而他四处奔走寻找又高又宽敞的坟地，使坟墓旁可以安置下万户人家。我看了他母亲的坟墓，确实如此。假如韩信能学习圣贤之道懂得谦让，不夸耀自己的功劳，不因自己的才能骄傲，那么就差不多了，他对汉朝的功劳就可以跟周朝的周公、召公、太公这些人相比，可以享受后代的祭祀了。不朝这个方向努力，天下已经安定，还谋求反叛，诛灭他的宗族，不也是应该的吗？

◎**释疑解惑**

　　1. 以"淮阴侯列传"而非以"韩信列传"名篇，体现了太史公怎样的思想感情？

　　首先，司马迁以"淮阴侯列传"名篇，体现了对韩信的敬佩与认可。在楚汉相争当中，韩信是关系到刘、项谁胜谁负的举足轻重的人物。韩信自弃楚归汉，拜为上将军后，连破魏、赵、燕诸国，平齐败楚，功盖于世。其次，淮阴侯于韩信而言，并不是荣耀的事，封淮阴侯可以说是韩信一生的转折点。太史公为其作传不称将军或楚王，实乃别具匠心。这一命名寄寓了司马迁对韩信命运的同情，甚至流露出一丝愤愤不平。

　　2. 关于韩信到底有没有反叛刘邦，历来就存在着两种截然相反的看法：一种意见认为他与陈豨密谋反叛，最终被吕后设计逮捕，夷灭宗族；另一种看法则认为韩信没有反叛，韩信之死实出于刘邦和吕后的迫害。如何看待这一问题？

　　首先，韩信对漂母的一饭之恩尚且终生牢记，并予以厚报，怎么会忘记刘邦的知遇之恩呢？那个曾使韩信受胯下之辱的少年屠夫，韩信最后没有杀他，还任命他为自己手下的军官。胯下之辱，对于一位军人来说，可谓奇耻大辱，韩信尚且以德报怨，有如此宽厚的胸怀，他怎么可能反叛刘邦呢？其次，韩信在灭齐之后，向刘邦讨封齐王一事，既然是讨，就表明他并无反志；如果要反，那他还用得着向刘邦讨封吗？再次，文章的详略安排，也是解开文本奥妙的一个重要方面。对于韩信这样一位叱咤风云、功业显赫的将军，可以大书特书的战绩自然是很多的。但是司马迁对韩信的生平事迹只用虚写、略写，而不惜以将近全文四分之一的篇幅，记载武涉和蒯通对韩信的游说，其目的正是为了暗示，韩信在非常有利的形势之下都没有叛汉自立，怎么可能在统一之后背叛刘邦呢？

◎ **思考辨析题**

1. 《史记》中保存了较为丰富的歌诗、谣谚，它们出自人物之口，既丰富了人物形象特征，又在文章的情节推动、艺术效果的叠加上起到了作用。请结合《淮阴侯列传》和其他传记中的例子，谈谈你的感想。

2. 文中多处出现前后照应，请试举一例并加以说明。

韩信卢绾列传第三十三

本篇记述了韩王信、卢绾、陈豨一开始受到刘邦的信任，后来被刘邦怀疑，直至投靠匈奴叛变，最后被刘邦讨伐的过程。这篇人物列传与《魏豹彭越列传》《黥布列传》《淮阴侯列传》一样，反映了刘邦夺取政权后，与功臣之间的激烈矛盾。因此，这几篇列传，读者可以互相参看。与另外几篇一样，本篇客观叙述了三人反叛的政治背景。正如《太史公自序》中所说："楚汉相距巩、雒，而韩信为填颍川；卢绾绝籍粮饷。"他们与黥布、彭越、淮阴侯韩信一样，为汉王朝的建立立下了汗马功劳。韩王信抵御匈奴，因不敌匈奴而投降，为汉将柴武所击杀。卢绾与汉高祖关系密切，因二人同里同日生，起兵时又相随，故高祖封他为燕王。后与陈豨通谋反汉，最后亡入匈奴，死胡中。陈豨监赵、代边兵御匈奴，招致宾客，被赵相周昌上告有异心。高祖十年，陈豨反代地，自称代王，高祖自击破，最后，陈豨为樊哙所杀。

虽然三人最后都走上了谋反的道路，但其过程及心理动机，读者应加以探讨。以韩王信为例，刘邦因"韩王信材武""居天下劲兵处"，"乃诏徙韩王信王太原以北，备御胡，都晋阳"。后来韩王信上书请求治马邑而徙往马邑，其后因用和解的办法处理匈奴问题而被刘邦猜疑，最后因"恐诛"的心理而叛汉。而陈豨则是因为"招致宾客"而引猜疑，韩王信派人与陈豨暗通，陈豨顺势与之联合。至于卢绾，被刘邦指派讨伐陈豨，起初并无反心，部下张胜与匈奴暗通，经过张胜的劝说，卢绾才动了心思。但其内在的心理动机，则是由于"往年春，汉族淮阴，夏，诛彭越，皆吕后计。今上病，属任吕后。吕后妇人，专欲以事诛异姓王者及大功臣"。这段话和《魏豹彭越列传》《淮阴侯列传》等篇目中所呈现出来的政治形势是相似的。但由往日和刘邦关系最为亲近的卢绾说出来，这对于揭示当时那种严峻的政治形势以及汉初功臣们内心的惊惧具有相当的典型性。

司马迁"通古今之变，成一家之言"的宗旨体现在：在传记的编排上，司马迁主要按照时代顺序，勾勒历史发展的线索，同时以类相从，通过排比论证的方法来探讨历史发展的兴衰规律；在每篇传记的论赞中，司马迁直接表达自我观点，有时又采用春秋笔法，选取与传记正文不同的角度来暗含褒贬。《韩信卢绾列传》与前面几篇表现汉初功臣人物命运的传记，同样给人带来强烈的悲剧感受。在正文中，司马迁如实记述，一些人物的语言以及心理动机体现了司马迁对汉初滥杀功臣的反感，对紧张对抗的君臣关系是充斥着不满的，而对那种已经逝去的理想的君臣关系则充满了向往。在论赞中，司马迁虽然也肯定传记中人物所做出的历史功绩，但常常从个人身上寻找原因，这既与正文内容互为补充，也体现了司马迁载述和评论历史人物的理智分析。

韩王信者，故韩襄王孽孙①也，长八尺五寸。及项梁之立楚后怀王也，燕、齐、赵、魏皆已前王，唯韩无有后，故立韩诸公子横阳君成②为韩王，欲以抚定韩故地。项梁败死定陶③，成奔怀王。沛公引兵击阳城④，使张良以韩司徒降下韩故地，得信，以为韩将，将其兵从沛公入武关⑤。

◎**注释** ①〔孽孙〕庶出的孙子。姬妾生的儿子为孽。②〔横阳君成〕横阳君是韩成的旧爵，因韩成使司徒张良随沛公入关破秦，项羽发怒，废韩王为侯，后杀之。③〔定陶〕今山东定陶西北。④〔阳城〕在今河南登封东南。⑤〔武关〕在今陕西丹凤东南。

◎**大意** 韩王韩信，原韩襄王的庶出孙子，身高八尺五寸。项梁拥立楚王的后代楚怀王时，燕国、齐国、赵国、魏国都在前立了王，只有韩国没有后继的人，所以立了韩国王室的公子横阳君韩成为韩王，想用他来安抚平定韩国原有地区。项梁在定陶战败死亡后，韩成投奔楚怀王。沛公领兵攻打阳城，派张良以韩国司徒的身份攻占韩国原有地区，得到韩信，任命他为韩国将领，率领他的部队随从沛公进入武关。

沛公立为汉王，韩信从入汉中，乃说汉王曰："项王王诸将近地，而王独远居此，此左迁①也。士卒皆山东人，跂②而望归，及其锋③东乡（向），可以争天下。"汉王还定三秦④，乃许信为韩王，先拜信为韩太尉，将兵略韩地。

◎**注释** ①〔左迁〕降职。②〔跂（qǐ）〕抬起脚后跟，形容十分期待。③〔锋〕锐气。④〔三秦〕指关中地区。

◎**大意** 沛公立为汉王，韩信随从沛公进入汉中，就劝说汉王道："项王分封各位将领在附近地区称王，而大王单独处在这遥远的地方，这是降职了。您部下的士兵都是崤山以东的人，踮着脚尖盼望回家，趁着他们的锐气向东进发，可以争夺天下。"汉王回军平定三秦，就许诺封韩信为韩王，先任命他为韩太尉，领兵去攻取韩国地区。

项籍之封诸王皆就国，韩王成以不从无功，不遣就国，更以为列侯。及闻汉遣韩信略韩地，乃令故项籍游吴时吴令郑昌为韩王以距（拒）汉。汉二年，韩信略定韩十余城。汉王至河南，韩信急击韩王昌阳城。昌降，汉王乃立韩信为韩王，常将韩兵从。三年，汉王出荥阳，韩王信、周苛等守荥阳。及楚败荥阳，信降楚，已而得亡，复归汉，汉复立以为韩王，竟从击破项籍，天下定。五年春，遂与剖符为韩王，王颍川①。

◎**注释** ①〔颍川〕古郡名，治所在今河南中部和东南一带。

◎**大意** 项籍分封的各路诸侯王都到封国去了，韩王韩成因没跟随项羽征战，没有立功，不派他到封地去，改封为列侯。项籍听说汉王派韩信攻取韩地，就任命原先他在吴地周游时的吴县县令郑昌为韩王以抵御汉军。汉高祖二年（前205年），韩信攻取平定了韩国的十几座城池。汉王到达河南，韩信在阳城加紧攻打韩王郑昌。郑昌投降，汉王就立韩信为韩王，经常率领韩军随从作战。三年，汉王撤出荥阳，韩王韩信和周苛等人守卫荥阳。等到楚军攻下荥阳，韩信投降楚军，不久得以逃脱，又回到汉军，汉王又立他为韩王，终于跟随汉王打败项籍，平定天下。五年春天，汉王就剖符任命韩信为韩王，封地在颍川。

明年春，上以韩信材武①，所王北近巩、雒，南迫宛、叶，东有淮阳，皆天下劲兵处，乃诏徙韩王信王太原以北，备御胡②，都晋阳③。信上书曰："国被边，匈奴数入，晋阳去塞远，请治马邑④。"上许之，信乃徙治马邑。秋，匈奴冒顿大围信，信数使使胡求和解。汉发兵救之，疑信数间使，有二心，使人责让信。信恐诛，因与匈奴约共攻汉，反，以马邑降胡，击太原⑤。

◎**注释** ①〔材武〕指有军事才能。②〔胡〕古代北方的少数民族，这里指匈奴。③〔晋阳〕在今山西太原西南。④〔马邑〕在今山西朔州。⑤〔太原〕在今山西太原西南。

◎**大意** 第二年春天，皇上认为韩信有文韬武略，所辖地区北面靠近巩县、雒阳，南面逼近宛县、叶县，东面有淮阳，都是天下战略要地，就下诏将韩王信迁往太原以北称王，防备抵抗胡人，在晋阳建都。韩王信上书说："我的封国邻近边界，匈奴多次入侵，晋阳离边塞远，请求在马邑建都。"皇帝同意了他的请求，韩王信就迁都马邑。同年秋天，匈奴冒顿大举围攻韩王信，韩王信多次派使者向胡人请求和解。汉朝调发军队援救，怀疑韩王信多次私派使者，有背叛汉朝之心，派人责备他。韩王信害怕被诛杀，因而与匈奴约定共同攻击汉朝，反叛，把国都马邑拿出投降匈奴，并攻打太原。

七年冬，上自往击，破信军铜鞮①，斩其将王喜。信亡走匈奴。其将白土②人曼丘臣、王黄等立赵苗裔赵利为王，复收信败散兵，而与信及冒顿谋攻汉。匈奴使左右贤王③将万余骑与王黄等屯广武④以南，至晋阳，与汉兵战，汉大破之，追至于离石⑤，复破之。匈奴复聚兵楼烦⑥西北，汉令车骑击破匈奴。匈奴常败走，汉乘胜追北，闻冒顿居代谷⑦，高皇帝居晋阳，使人视冒顿，还报曰"可击"。上遂至平城⑧。上出白登⑨，匈奴骑围上，上乃使人厚遗阏氏⑩。阏氏乃说冒顿曰："今得汉地，犹不能居；且两主不相厄⑪。"居七日，胡骑稍引去。时天大雾，汉使人往来，胡不觉。护军中尉陈平言上曰："胡者全兵，请令强弩傅两矢外向，徐行出围。"入平城，汉救兵亦到，胡骑遂解去。汉亦罢兵归。韩信为匈奴将兵往来击边。

◎**注释** ①〔铜鞮（dī）〕在今山西沁县南。②〔白土〕古县名，属上郡。在今陕西神木。③〔左右贤王〕左右贤王是匈奴单于下面的最高职官，左贤王为单于副储。④〔广武〕在今山西代县西南。⑤〔离石〕在今山西西部，吕梁山西侧，黄河支流三川河流域一带。⑥〔楼烦〕在今山西朔州东。⑦〔代谷〕在今山西代县西北。⑧〔平城〕在今山西大同东。⑨〔白登〕在今山西大同东北。⑩〔阏氏（yān zhī）〕单于的正妻，相当于皇后。⑪〔相厄〕彼此妨碍。

◎**大意** 高祖七年冬天，皇帝亲自去征讨，在铜鞮击败韩王信的军队，斩杀他的将领王喜。韩王信逃奔匈奴，他的部将白土人曼丘臣、王黄等拥立赵王的后裔赵利为王，又收集起韩王信被击败逃散的军队，与韩王信及冒顿一起谋划攻打汉朝。匈奴派遣左右贤王带领一万多骑兵和王黄等在广武以南驻扎，到晋阳，与汉军交战，汉军大败他们，直追到离石，又打败他们。匈奴又在楼烦西北集结军队，汉高祖命令战车和骑兵部队进攻打败匈奴。匈奴常败退逃跑，汉军乘胜追击败兵，听说冒顿单于驻扎在代谷，汉高祖当时在晋阳，派人去侦察冒顿，侦察人员回来报告说"可以出击"。皇帝也就到达了平城。皇帝出城登上白登山，匈奴骑兵包围了皇上，皇上就派人用重礼贿赂匈奴王后。匈奴王后就劝说冒顿道："如今得到汉朝地盘，还是不能居住；况且两位君主不能相互危害。"过了七天，胡人骑兵逐渐撤去。当时天降大雾，汉军派人来往，胡人没有察觉。护军中尉陈平对皇上说："匈奴人都用长枪弓箭，请命令士兵每张强弩朝外搭两支利箭，慢慢地撤出包围。"进入平城，汉朝的救援军队也赶到了，胡人骑兵就解围而去。汉朝也收兵回朝。韩王信为匈奴领兵来往攻打边境。

汉十年，信令王黄等说误陈豨。十一年春，故韩王信复与胡骑入居参合①，距（拒）汉。汉使柴将军②击之，遗信书曰："陛下宽仁，诸侯虽有畔（叛）亡，而复归，辄复故位号，不诛也。大王所知。今王以败亡走胡，非有大罪，急自归！"韩王信报曰："陛下擢仆起闾巷，南面称孤，此仆之幸也。荥阳之事，仆不能死，囚于项籍，此一罪也。及寇攻马邑，仆不能坚守，以城降之，此二罪也。今反为寇，将兵与将军争一旦之命，此三罪也。夫种、蠡无一罪，身死亡；今仆有三罪于陛下，而欲求活于世，此伍子胥所以偾③于吴也。今仆亡匿山谷间，旦暮乞贷蛮夷，仆之思归，如痿④人不忘起，盲者不忘视也，势不可耳。"遂战。柴将军屠参合，斩韩王信。

◎**注释** ①〔参合〕在今山西阳高。②〔柴将军〕柴武。③〔偾（fèn）〕坏事，弄糟。④〔痿（wěi）〕神经瘫痪而不能起。

◎**大意** 汉十年，韩王信指使王黄等人游劝陈豨谋反。十一年春天，韩王信又和匈奴骑兵入侵占据参合，与汉军对抗。汉朝派柴将军攻打他，送信给韩王信说："陛下宽厚仁爱，诸侯即使有反叛逃亡的，只要又归顺，就恢复原来的职位和称号，不加诛杀。大王是知道的。如今大王因为兵败而逃归胡人，没有大罪过，您应该赶快来归顺！"韩王信回信说："皇帝把我从里巷平民中提拔上来，使我南面称王，这对我来说是万分荣幸的。荥阳战役，我没有战死，而被项籍俘虏，这是第一项罪过。等到敌寇攻打马邑，我没能坚守，以城投降敌寇，这是第二项罪过。如今反过来为敌寇，领兵和将军争一时的性命，这是第三项罪过。文种、范蠡没有一项罪过，或死或逃亡；如今我对陛下犯下三项罪过，而想在世间求活，这就是伍子胥在吴国死去的原因。如今我逃在荒山野谷之间，早晚向蛮夷乞讨生活，我想回乡的心情，如同瘫痪的人不忘起身，盲人不忘观看一样，情势不允许罢了。"于是交战。柴将军血洗参合城，斩杀韩王信。

信之入匈奴，与太子俱；及至颓当城①，生子，因名曰颓当。韩太子亦生子，命曰婴。至孝文十四年，颓当及婴率其众降汉。汉封颓当为弓高侯，婴为襄城侯。吴楚军时，弓高侯功冠诸将。传子至孙，孙无子，失侯。婴孙以不敬失侯。颓当孽孙韩嫣，贵幸，名富显于当世。其弟说，再封，数称将军，卒为案道侯。子代，岁余坐法死。后岁余，说孙曾拜为龙额侯，续说后。

◎**注释** ①〔颓当城〕在匈奴境中。在今内蒙古呼和浩特东北。
◎**大意** 韩王信投靠匈奴时，与太子同行；等到了颓当城时，生了儿子，因而取名颓当。韩太子也生了个儿子，命名为婴。到汉文帝十四年，韩颓当以及韩婴率领他们的部众投降汉朝。汉朝封韩颓当为弓高侯，韩婴为襄城侯。平定吴楚之乱时，弓高侯的功劳在各将领中居第一。爵位传给儿子直到孙子，孙子没有儿子，所以失去了侯爵。韩婴的孙子因犯有不敬之罪失去侯爵。韩颓当庶出的孙子韩嫣，很受皇上宠幸，名声和财富在当代显扬。他的弟弟韩说，两次受封，多次获得将军称号，死时是案道侯。韩说的儿子继承侯爵，一年多后因犯法被处死。又过了一年多，韩说的孙子韩曾被封为龙额侯，继承了韩说的爵位。

卢绾者，丰人①也，与高祖同里。卢绾亲与高祖太上皇相爱，及生男，高祖、卢绾同日生，里中持羊酒贺两家。及高祖、卢绾壮，俱学书，又相爱也。里中嘉两家亲相爱，生子同日，壮又相爱，复贺两家羊酒。高祖为布衣时，有吏事辟（避）匿，卢绾常随出入上下。及高祖初起沛，卢绾以客从，入汉中为将军，常侍中。从东击项籍，以太尉常从，出入卧内，衣被饮食赏赐，群臣莫敢望，虽萧曹等，特以事见礼，至其亲幸，莫及卢绾。绾封为长安侯。长安，故咸阳也。

◎**注释** ①〔丰人〕秦沛县丰邑镇，在今江苏丰县。
◎**大意** 卢绾，丰邑人，与汉高祖同乡。卢绾的父亲和高祖的父亲交好，到生儿子时，汉高祖、卢绾同一天出生，乡里人带着羊、酒向两家祝贺。高祖、卢绾长大后，一起读书，也成为好友。乡里人称赞两家父亲交好，生儿子在同一天，儿子长大后又交好，又向两家以羊、酒祝贺。高祖为平民时，因吃官司躲藏，卢绾经常跟随东奔西走。高祖在沛县刚起兵时，卢绾以宾客的身份随从，到汉中后，担任将军，总是陪伴在高祖身边。跟随高祖向东攻打项籍时，卢绾作为太尉经常在高祖身边，进出卧室，衣服、被褥和饮食等的赏赐，群臣都不敢企望，就是萧何、曹参等人，只是因为公事职守得到礼遇，至于亲近宠幸，都比不上卢绾。卢绾被封为长安侯。长安，是原先的咸阳。

汉五年冬，以破项籍，乃使卢绾别将①，与刘贾击临江王共尉②，破之。七月还，从击燕王臧荼③，臧荼降。高祖已定天下，诸侯非刘氏而王者七人。欲王卢绾，为群臣觖望④。及虏臧荼，乃下诏诸将相列侯，择群臣有功者以为燕王。群臣知上欲王卢绾，皆言曰："太尉长安侯卢绾常从平定天下，功最多，可王燕。"诏许之。汉五年八月，乃立卢绾为燕王。诸侯王得幸莫如燕王。

◎**注释** ①〔别将〕另带军队。②〔共尉〕项羽所封临江王共敖之子。③〔臧荼（zāng tú）〕初为燕王韩广部将，后随项羽入关中。楚汉相争时，臧荼附刘邦，后又反叛。④〔觖（jué）望〕不满意，抱怨。
◎**大意** 汉高祖五年的冬天，因为已打败项籍，高祖就派卢绾另带一支军队，和刘贾一起攻打临江王共尉，打败了他。七月凯旋，随从攻打燕王臧荼，臧荼投降。汉高祖平定天下后，分封的诸侯王中不是刘姓而封王的共有七个人。他想使卢绾称王，因为群臣不满而作罢。俘虏臧荼后，高祖就向将相列侯下诏书，挑选群臣中有功的人做燕王。群臣知道高祖想封卢绾为王，都说："太尉长安侯卢绾跟随陛下平定天下，功劳最多，可以做燕王。"下诏同意。汉高祖五年八月，就将卢绾立为燕王。诸侯王得到的宠幸没有一个比得上燕王卢绾。

汉十一年秋，陈豨反代地，高祖如邯郸击豨兵，燕王绾亦击其东北。当是时，陈豨使王黄求救匈奴。燕王绾亦使其臣张胜于匈奴，言豨等军破。张胜至胡，故燕王臧荼子衍出亡在胡，见张胜曰："公所以重于燕者，以习胡事也。燕所以久存者，以诸侯数反，兵连不决也。今公为燕欲急灭豨等，豨等已尽，次亦至燕，公等亦且为虏矣。公何不令燕且缓陈豨而与胡和？事宽，得长王燕；即有汉急，可以安国。"张胜以为然，乃私令匈奴助豨等击燕。燕王绾疑张胜与胡反，上书请族张胜。胜还，具道所以为者。燕王寤（悟），乃诈论它人①，脱胜家属，使得为匈奴间②，而阴使范齐之陈豨所，欲令久亡，连兵勿决。

◎**注释** ①〔诈论它人〕用替身替代张胜家属。②〔间〕间谍，奸细。
◎**大意** 汉高祖十一年秋天，陈豨在代地造反，高祖到邯郸攻打陈豨的军队，燕王卢绾也攻打陈豨的东北部。在这个时候，陈豨派王黄向匈奴求救。燕王卢绾也派部下张胜到匈奴，说陈豨等人的部队已被击败。张胜到达匈奴，前燕王臧荼的儿子臧衍出逃在匈奴，看见张胜说："您之所以被燕王看重，是因为熟悉匈奴事务。燕国之所以长期存在，因为诸侯多次反叛，战争连年不断。如今您为燕王想尽快消灭陈豨等人，陈豨等人灭亡后，就要轮到燕国了，您这班人也要成为俘虏了。您为什么不让燕王暂缓消灭陈豨而与匈奴联合？战争延缓了，能使卢绾长期为燕王，如果汉朝有紧急事变，也可以借此安定国家。"张胜认为他的话对，就私下叫匈奴帮助陈豨等人攻打燕国。燕王卢绾怀疑张胜和匈奴勾结反叛，上书请求族灭张胜。张胜回来，详细说出为什么这样做。卢绾醒悟，就用替身替代张胜家属，使他们解脱了，派他做匈奴的间谍，又暗地里派范齐到陈豨的处所，想让他长期亡叛，使战争连年不断。

汉十二年，东击黥布，豨常将兵居代，汉使樊哙击斩豨。其裨将降，言燕王绾使范齐通计谋于豨所。高祖使使召卢绾，绾称病。上又使辟阳侯审食其、御史大夫赵尧往迎燕王，因验问左右。绾愈恐，闭匿①，谓其幸臣曰："非刘氏而王，独我与长沙耳。往年春，汉族淮阴，夏，诛彭越，皆吕后计。今上病，属任吕后。吕后妇人，专欲以事诛异姓王者及大功臣。"乃遂称病不行。其左右皆亡匿。语颇泄，辟阳侯闻之，归具报上，上益怒。又得匈奴降者，降者言张胜亡在匈奴，为燕使。于是上曰："卢绾果反矣！"使樊哙击燕。燕王绾悉将其宫人家属骑数千居长城下，候伺，幸上病愈，自入谢。四月，高祖崩，卢绾遂将其众亡入匈奴，匈奴以为东胡卢王。绾为蛮夷所侵夺，常思复归。居岁余，死胡中。

◎**注释** ①〔闭匿〕藏身在秘密处所。

◎**大意** 汉高祖十二年，向东攻打黥布，陈豨经常率兵屯驻在代地，汉朝派遣樊哙击杀了陈豨。陈豨的副将投降，说燕王卢绾派范齐到陈豨处所互通计谋。高祖派使臣召卢绾，卢绾声称有病。皇帝又派辟阳侯审食其、御史大夫赵尧去迎接燕王，借机验问卢绾左右的人。卢绾更加害怕，躲藏起来，对他亲信的臣子说："不是刘姓而称王的，只有我和长沙王罢了。去年春天汉朝廷族灭淮阴侯，夏天诛杀彭越，都是吕后的计谋。如今皇上生病，委托重任给吕后。吕后是女人，专门想借故诛灭异姓诸侯王和大功臣。"于是就称病不肯走。他的部下都逃跑躲藏起来。但卢绾的话泄露了一些，辟阳侯听到了，便把这一切都上报给皇上，皇上更加生气。汉朝又得到了从匈奴投降的人，投降者说张胜作为燕王的使者，逃亡在匈奴。于是皇上说："卢绾果真反叛了！"派樊哙去攻打燕国。燕王卢绾率领所有的宫人家属以及几千名骑兵驻扎在长城下，等待机会，希望皇上病愈，亲自入宫谢罪。四月，汉高祖逝世，卢绾就率领他的部众逃入匈奴，匈奴任命他为东胡卢王。卢绾遭到蛮夷的侵凌掠夺，经常想着回到汉朝。过了一年多，死在匈奴。

高后时，卢绾妻子亡降汉，会高后病，不能见，舍燕邸，为欲置酒见之。高后竟崩，不得见。卢绾妻亦病死。

◎**大意** 高后的时候，卢绾的妻子儿女逃出匈奴回到汉朝，正遇上高后生病，不能相见，高后将他们安置在燕王官邸，想要在病愈后设酒宴召见他们。没想到高后竟去世了，没能相见。卢绾的妻子也病死了。

孝景中六年，卢绾孙他之，以东胡王降，封为亚谷侯。

◎**大意** 汉景帝中元六年，卢绾的孙子卢他之以匈奴东胡王的身份投降汉朝，被封为亚谷侯。

陈豨者，宛朐①人也，不知始所以得从。及高祖七年冬，韩王信反，入匈奴，上至平城还，乃封豨为列侯，以赵相国将监赵、代边兵，边兵皆属焉。

◎**注释** ①〔宛朐〕在今山东菏泽西南。
◎**大意** 陈豨，宛朐人，不知当初是因为什么原因跟从汉高祖。到高祖七年冬天，韩王信反叛，逃入匈奴，皇帝到平城后回来，就封陈豨为列侯，他以赵国相国的身份统领监督赵国、代国的边防部队，这一带戍卫边疆的军队统归他管辖。

豨常告归①过赵，赵相周昌见豨宾客随之者千余乘，邯郸官舍皆满。豨所以待宾客如布衣交，皆出客下②。豨还之代，周昌乃求入见。见上，具言豨宾客盛甚，擅兵于外数岁，恐有变。上乃令人覆案③豨客居代者财物诸不法事，多连引豨。豨恐，阴令客通使王黄、曼丘臣所。及高祖十年七月，太上皇崩，使人召豨，豨称病甚。九月，遂与王黄等反，自立为代王，劫略赵、代。

◎**注释** ①〔告归〕请假回家。②〔皆出客下〕指陈豨屈礼于客下。③〔覆案〕审理，查办。

◎**大意** 陈豨曾经请假回乡探亲经过赵国，赵相国周昌看到随从陈豨的宾客车子有一千多辆，邯郸官府旅店都住满了。陈豨用平民的礼节来对待宾客，谦卑地礼遇他们。陈豨回到代国，周昌就请求入宫朝见。见到皇上，周昌详细地陈述了陈豨宾客众多，在外掌握兵权多年，恐怕会有变乱。皇帝就命人追查陈豨的宾客在财物等方面违法乱纪的事，很多事情牵连陈豨。陈豨害怕，暗地里派宾客到王黄、曼丘臣处勾结。到高祖十年七月，太上皇去世，高祖派人去召见陈豨，陈豨声称病重。九月，陈豨便与王黄等人反叛，自立为代王，抢劫掠夺赵国、代国。

上闻，乃赦赵、代吏人为豨所诖误①劫略者，皆赦之。上自往，至邯郸，喜曰："豨不南据漳水，北守邯郸，知其无能为也。"赵相奏斩常山守、尉，曰："常山二十五城，豨反，亡其二十城。"上问曰："守、尉反乎？"对曰："不反。"上曰："是力不足也。"赦之，复以为常山守、尉。上问周昌曰："赵亦有壮士可令将者乎？"对曰："有四人。"四人谒，上谩骂曰："竖子能为将乎？"四人惭伏。上封之各千户，以为将。左右谏曰："从入蜀、汉，伐楚，功未遍行，今此何功而封？"上曰："非若所知！陈豨反，邯郸以北皆豨有，吾以羽檄②征天下兵，未有至者，今唯独邯郸中兵耳。吾胡爱四千户封四人，不以慰赵子弟！"皆曰："善。"于是上曰："陈豨将谁？"曰："王黄、曼丘臣，皆故贾人。"上曰："吾知之矣。"乃各以千金购③黄、臣等。

◎**注释** ①〔诖（guà）〕误连累。②〔羽檄〕用鸟羽插在檄书上，表示是紧急公文。③〔购〕悬赏缉拿或高价收买。

◎**大意** 皇上听说以后,就赦免了被陈豨所牵累而进行劫掠的赵、代官吏。皇帝亲自前往,到达邯郸,高兴地说:"陈豨不向南面占据漳水,向北防守邯郸,我知道他没有作为了。"赵相国奏报要斩杀常山郡的郡守和郡尉,说:"常山郡二十五座城池,陈豨反叛,失掉了其中二十座城池。"皇上问道:"郡守、郡尉反叛了吗?"回答:"没反叛。"皇上说:"这是力量不够。"赦免了他们,重新任命他们为常山郡守、郡尉。皇上问周昌:"赵国可有壮士能做将军吗?"回答:"有四个人。"四个人拜见,皇上辱骂道:"你们这些小子们能当将领吗?"四个人惭愧地伏在地上。皇上封他们每人一千户,任命为将领。左右的人劝谏:"随从进入蜀郡、汉中,讨伐楚国,有功的还没有一一封赏,如今这些人有什么功劳受封?"皇上说:"不是你们所能了解的!陈豨反叛,邯郸以北都被陈豨占有,我用紧急公文征调天下兵马,没有人到来,如今只有邯郸城中的军队罢了。我为什么要吝惜四千户封给四个人,而不用来抚慰赵国的子弟!"大家都说:"好。"这时皇上说:"陈豨的将领是谁?"说:"王黄、曼丘臣,原来都是商人。"皇上说:"我知道了。"就各用千金来悬赏捉拿王黄、曼丘臣等。

十一年冬,汉兵击斩陈豨将侯敞、王黄于曲逆①下,破豨将张春于聊城②,斩首万余。太尉勃入定太原、代地。十二月,上自击东垣③,东垣不下,卒骂上;东垣降,卒骂者斩之,不骂者黥之。更命东垣为真定。王黄、曼丘臣其麾下受购赏之,皆生得,以故陈豨军遂败。

◎**注释** ①〔曲逆〕在今河北顺平东南。②〔聊城〕今山东聊城东北。③〔东垣〕河北石家庄东北。

◎**大意** 十一年冬天,汉军在曲逆城下打败并斩杀了陈豨部将侯敞、王黄,在聊城打败陈豨的部将张春,斩杀一万多人。太尉周勃进军平定了太原、代郡。十二月,皇上亲自攻打东垣,东垣坚守不下,士兵骂皇上;东垣投降后,骂皇上的士卒被斩首,不骂的受黥刑。改东垣名为真定。王黄、曼丘臣的部下为得到赏金,将王黄、曼丘臣活捉押送汉营,因此陈豨军队就失败了。

上还至雒阳。上曰："代居常山北，赵乃从山南有之，远。"乃立子恒为代王，都中都①，代、雁门皆属代。

◎**注释** ①〔中都〕今山西平遥西南。
◎**大意** 皇帝回到雒阳。皇上说："代地在常山的北面，赵国要从常山南面管辖代地，太远了。"于是立儿子刘恒为代王，在中都建都，代郡、雁门都属于代国。

高祖十二年冬，樊哙军卒追斩豨于灵丘①。

◎**注释** ①〔灵丘〕今山西灵丘东。
◎**大意** 高祖十二年冬天，樊哙部队的士兵在灵丘追上并斩杀了陈豨。

太史公曰：韩信、卢绾非素积德累善之世，徼（侥）一时权变，以诈力成功，遭汉初定，故得列地，南面称孤。内见疑强大，外倚蛮貊以为援，是以日疏自危，事穷智困，卒赴匈奴，岂不哀哉！陈豨，梁人，其少时数称慕魏公子；及将军守边，招致宾客而下士，名声过实。周昌疑之，疵瑕颇起，惧祸及身，邪人进说，遂陷无道。於戏①悲夫！夫计之生孰成败于人也深矣！

◎**注释** ①〔於戏（wū hū）〕呜呼。
◎**大意** 太史公说：韩王信、卢绾不是一贯积累美德善行的人，侥幸有一时机遇，以欺诈和暴力立功，遇到汉朝刚安定，所以能够分得土地，南面称王。内部因势力强大被怀疑，外部依靠蛮夷来援助，因此日益被皇帝疏远，自陷危境，走投无路，无计可施，最终迫不得已投奔匈奴，难道不可悲吗！陈豨，梁地人，他年轻时总是称赞、倾慕魏公子；后来他领兵守卫边疆，收罗宾客而谦恭下士，名声超过了实际。周昌怀疑他，许多过失就从这里产生了，由于害怕灾祸上身，奸邪小人趁机游说，终于陷入无道的泥坑。呜呼，可悲啊！谋虑的成熟与否和成败如何，这对一个人的影响太深远了！

◎ 释疑解惑

1. 汉初消灭异姓王的历史背景是怎样的？

在楚汉战争期间，迫于形势需要，刘邦违心地分封了一批异姓诸侯王，分别为齐王韩信、韩王信、赵王张耳、梁王彭越、九江王英布、燕王臧荼、长沙王吴芮。这些人大多是战功显赫的猛将，他们的封地占据了除关中、蜀汉之外几乎所有富饶膏腴之地以及"天下劲兵处"，是不容忽视的政治离心力量。这些异姓诸侯王国的存在，一方面对中央政权在政治和军事上构成潜在的威胁，使汉王朝难以成为一个真正意义上的中央集权国家；另一方面也影响到社会经济的全面恢复和发展，所以是刘邦的心腹大患。

2. 本篇在叙述三人事迹时，角度与写法上有何异同？

《韩信卢绾列传》写三位反臣，各有角度。《韩传》先言韩王信将韩兵、略韩地，后叙其投靠匈奴。《卢传》前半极写卢绾受刘邦宠幸，"同日生""相爱"等处与后文形成照应。《陈传》写陈豨因好客便被怀疑，只好顺势而反。三传写来一样笔法，都是先封王、封侯，后又因不同的原因而反叛。汉初封了七位异姓王，此传在张耳、彭越、英布、淮阴侯列传之后，说明汉初平定异姓王的斗争已处于尾声。

◎ 思考辨析题

1. 请结合《淮阴侯列传》《魏豹彭越列传》《黥布列传》以及《韩信卢绾列传》，探讨"叛乱者"叛乱的共同点。

2. 本篇是韩王信、卢绾二人的合传，陈豨为附传。在《史记》中还有其他附传吗？请举出例子并说明这种写法的好处。

田儋列传 第三十四

　　《田儋列传》记述了齐国后裔田儋、田荣、田横等人的事迹,因田儋首难建齐,故以《田儋列传》命名。田氏诸人在诸侯反秦时大多数时候是独立的,在秦汉战争中他们并不是刘邦的党羽,却在实质上为刘邦提供了巨大帮助。《太史公自序》中称:"诸侯叛项王,唯齐连子羽城阳,汉得以间遂入彭城。作《田儋列传》第三十四。"正是由于他们对项羽的牵制,刘邦才得以顺利还定三秦,并出关打入了彭城。可以说,田氏是刘邦并没有结盟的同盟军。

　　本传的头绪甚多,却写得很有条理。陈文灿说:"此传头脑甚多,当以田儋、田荣、田横为主案。"李景星在《史记评议》中称:"通篇将三人事一串写来,以田儋领起,接着叙述儋弟荣、荣弟横,一篇大局已定于此。而又及儋子市、荣子广与诸田中田假、田角、田间、田都、田安等，其间争立贼杀，虽纷如乱丝，而指画详明，了如列图。于列传中参用世家体，是最有章法文字，不独写田横处生色也。"司马迁记载诸齐王事迹，在简练的叙述中也体现出田儋三兄弟政治上的某种落后性。比如，田儋一起事就为独霸齐国而击破了陈胜所派去的周市军，客观上帮助了秦军。当田儋被章邯击杀后，其弟田荣困于东阿，是项梁击破秦军将其解救，但被救出来后，田荣并没有跟随项梁抗秦，而是立即回齐国打跑了被齐人立为齐王的田假。此后，项梁要求与田荣共抗秦军，但田荣提出的条件是杀掉田假三兄弟。这些都体现出他们未能考虑长远利益，以致最终在风云变幻的时局中被历史捉弄。

  本篇虽然人物众多，但记录的重点是田横。而司马迁对田横的态度，在《史记》中也是有代表性意义的。在篇末的论赞中，司马迁称："田横之高节，宾客慕义而从横死，岂非至贤！余因而列焉。不无善画者，莫能图，何哉？"赞赏之情可谓溢于言表。钱穆在《现代中国学术论衡》中认为："司马迁作《史记》乃取法孔子之《春秋》，其记事多采之《左传》《国策》诸书，而有取舍，又有增益，兹不论，姑论其载楚汉之际乃及西汉开国后事，则所略而不备者多矣，而乃特载田横其人与其事。此亦特见中国之史学精神、民族精神处。"因此，理解司马迁对田横自杀这一行为的评价及情感，是深度解读《田儋列传》的重点。田横自刎之前说："横始与汉王俱南面称孤，今汉王为天子，而横乃为亡虏而北面事之，其耻固已甚矣。且吾亨人之兄，与其弟并肩而事其主，纵彼畏天子之诏，不敢动我，我独不愧于心乎？"在这里，田横不媚俗贪生，也不屈身事人，这种来自骨子里的傲气体现着人性的高贵和王者的风度，从而超越了一己之得失，超越了胜败，体现出永恒的生命价值和感召力。司马迁对于生死的理解又尤为深刻，赞赏田横，实际上是赞赏这种生死选择背后的气节。综观《史记》，司马迁写各类人物临终前的言行心理，无不充斥着悲剧的美感，渗透着他个人对生死的理解。其中，既有对刺客、田横等慷慨悲歌之士的同情与理解，也有对季布、彭越等受过困辱而试图苟活的人的认同与肯定，认为他们有更高远的抱负。凡此，均可以体现司马迁精神境界与思想形态的高远与丰满。

此外，《史记》在写作时十分注重前后的呼应。开篇写田氏三兄弟"能得人"，结尾写田横"能得士"，首尾形成照应。而之所以能得人，还是因为贤，刘邦的"岂不贤乎哉"与司马迁的"岂非至贤"已经清楚地说明了田氏"能得士"的根本原因。田横死前的内心剖白让人心生敬仰，以致刘邦流涕，说明他也为田横的死而感动。而随田横而来的二客"穿其冢旁孔，皆自刭，下从之"，使这种悲剧气氛往前又推进了一层。等到了五百门客"闻田横死，亦皆自杀"，这种悲剧所体现出的崇高美也达到了高潮。

田儋者，狄①人也，故齐王②田氏族也。儋从弟田荣，荣弟田横，皆豪，宗强，能得人。

◎**注释**　①〔狄〕秦县名，县治在今山东高青东南。②〔故齐王〕指战国时代齐国的国王。
◎**大意**　田儋，是狄县人，是原齐王田氏宗族的后人。田儋的堂弟田荣、田荣的弟弟田横，都才力过人，宗族强盛，能得人心。

陈涉之初起王楚也，使周市略定魏地，北至狄，狄城守。田儋详（佯）为缚其奴，从少年之廷，欲谒杀奴①。见狄令，因击杀令，而召豪吏子弟曰："诸侯皆反秦自立，齐，古之建国，儋，田氏，当王。"遂自立为齐王，发兵以击周市。周市军还去，田儋因率兵东略定齐地。

◎**注释** ①〔欲谒杀奴〕古法杀奴必须报官。此句意思是说欲向县令陈述理由而后将奴仆杀掉。

◎**大意** 陈涉刚起兵称楚王时，派周市攻取平定魏地，向北到达狄，狄城固守。田儋假装捆绑他的奴仆，让一伙年轻人跟随到县府，称拜见县令后杀死奴仆。见到狄县县令后，田儋趁机击杀县令，然后召集有权势的官吏和年轻人说："诸侯都反叛秦朝自立，齐，古代建立的国家，而我是田氏宗族的人，应当称王。"于是田儋自立为齐王，调发军队进击周市。周市军队退回，田儋就率领军队向东攻略平定齐地。

秦将章邯围魏王咎于临济①，急。魏王请救于齐，齐王田儋将兵救魏。章邯夜衔枚②击，大破齐、魏军，杀田儋于临济下。儋弟田荣收儋余兵东走东阿③。

◎**注释** ①〔临济〕在今河南封丘附近。②〔枚〕古代行军时防止士卒喧哗的用具，形如筷。③〔东阿〕在今山东阳谷东北的阿城镇。

◎**大意** 秦将章邯带兵在临济围攻魏王咎，情况紧急。魏王派人到齐国请求救援，齐王田儋带领军队援救魏国。章邯在夜间让兵马口中衔枚出击，大败齐、魏军队，在临济城下杀死田儋。田儋的堂弟田荣收集田儋的余部向东逃到了东阿。

齐人闻王田儋死，乃立故齐王建之弟田假为齐王，田角为相，田间为将，以距（拒）诸侯。

◎**大意**　齐国人听说田儋战死了，就拥立以前齐王田建的弟弟田假为齐王，田角为丞相，田间为将领，来抵御诸侯。

田荣之走东阿，章邯追围之。项梁闻田荣之急，乃引兵击破章邯军东阿下。章邯走而西，项梁因①追之。而田荣怒齐之立假，乃引兵归，击逐齐王假。假亡走楚。齐相角亡走赵；角弟田间前求救赵，因留不敢归。田荣乃立田儋子市为齐王，荣相之，田横为将，平齐地。

◎**注释**　①〔因〕趁势。
◎**大意**　田荣退往东阿时，章邯追击并包围了他。项梁听说田荣处境危急，就领兵前来在东阿城下打败章邯的军队。章邯向西逃跑，项梁乘胜追他。田荣对齐人拥立田假感到愤怒，就领兵回齐，攻打并驱逐齐王田假。田假逃往楚国，齐国国相田角逃往赵国；田角的弟弟田间此前已到赵国求救，因而留在赵国不敢回来。田荣就拥立田儋的儿子田市为齐王，田荣自任丞相，田横做将领，平定齐地。

项梁既追章邯，章邯兵益盛，项梁使使告赵、齐，发兵共击章邯。田荣曰："使楚杀田假，赵杀田角、田间，乃肯出兵。"楚怀王曰："田假与国之王，穷而归我，杀之不义。"赵亦不杀田角、田间以市于齐。齐曰："蝮①螫手则斩手，螫足则斩足。何者？为害于身也。今田假、田角、田间于楚、赵，非直手足戚也，何故不杀？且秦复得志于天下，则龂龂②用事者坟墓矣。"楚、赵不听，齐亦怒，终不肯出兵。章邯果败杀项梁，破楚兵，楚兵东走，而章邯渡河围赵于巨鹿。项羽往救赵，由此怨田荣。

◎**注释**　①〔蝮（fù）〕毒蛇。②〔龁齕（yǐ hé）〕咬噬，引申为毁伤。

◎**大意**　项梁追击章邯以后，章邯兵力日益增强，项梁派使者通报赵国、齐国，要求调发军队共同打击章邯。田荣说："如果楚国杀死田假，赵国杀死田角、田间，才肯出兵。"楚怀王说："田假是盟国的君王，走投无路归附于我，杀了他不仁义。"赵国也不杀田角、田间来和齐国做交易。齐国人说："蝮蛇咬了手就砍掉手，咬了脚就砍掉脚。为什么呢？因为有害全身。如今田假、田角、田间对于楚国、赵国来说，并不是手足骨肉至亲，为什么不杀他们？况且若是秦朝再得志于天下的话，那么我们要身受其辱，而且连祖坟恐怕也要被人毁坏了。"楚国、赵国不听，齐国也发怒，最终不肯出兵。章邯果真打败并杀死项梁，打败楚国军队，楚国军队向东退走，而章邯渡过黄河在巨鹿围攻赵军。项羽前往救援赵国，由此怨恨田荣。

　　项羽既存赵，降章邯等，西屠咸阳，灭秦而立侯王也，乃徙齐王田市更王胶东①，治即墨②。齐将田都从共救赵，因入关，故立都为齐王，治临淄。故齐王建孙田安，项羽方渡河救赵，田安下济北③数城，引兵降项羽，项羽立田安为济北王，治博阳④。田荣以负项梁不肯出兵助楚、赵攻秦，故不得王；赵将陈馀亦失职，不得王：二人俱怨项王。

◎**注释**　①〔胶东〕项羽把原齐国一分为三，东部称胶东，中部仍称齐，西部称济北。②〔即墨〕古邑，县名，在今山东平度东南。③〔济北〕故城在今山东长清南。④〔博阳〕故邑在今山东泰安东南。

◎**大意**　项羽已保全赵国，降服章邯等，向西入咸阳进行杀戮，灭亡秦朝而分封诸侯王，于是他把齐王田市改封为胶东王，治所在即墨。齐国将领田都随项羽一起救助赵国，随后进入关中，所以分封田都为齐王，在临淄建都。原齐王田建的孙子田安，项羽在渡黄河救赵国时，田安攻下济北几座城池，领兵向项羽投降，项羽分封田安为济北王，在博阳建都。田荣因为曾经亏负项梁，没有出兵帮助楚国、赵国攻打秦军，所以没有被封王；赵国将领陈馀失职，也没有被封王：二人都怨恨项王。

项王既归，诸侯各就国，田荣使人将兵助陈馀，令反赵地，而荣亦发兵以距（拒）击田都，田都亡走楚。田荣留齐王市，无令之胶东。市之左右曰："项王强暴，而王当之胶东，不就国，必危。"市惧，乃亡就国。田荣怒，追击杀齐王市于即墨，还攻杀济北王安。于是田荣乃自立为齐王，尽并三齐之地。

◎**大意** 项羽既已回到楚国，诸侯各自到封国去，田荣派人领兵帮助陈馀，让他在赵地反叛，而田荣也调发军队抗击田都，田都逃往楚国。田荣留下齐王田市，不让他到胶东。田市手下的人说："项王强悍暴躁，而大王应该到胶东，不到封国去，必然会危险。"田市害怕，就逃往封国。田荣发怒，在即墨追上田市将他杀死，回过来攻打并杀死济北王田安。于是田荣就自立为齐王，将三齐土地全部吞并。

项王闻之，大怒，乃北伐齐。齐王田荣兵败，走平原①，平原人杀荣。项王遂烧夷齐城郭，所过者尽屠之。齐人相聚畔（叛）之。荣弟横收齐散兵，得数万人，反击项羽于城阳。而汉王率诸侯败楚，入彭城。项羽闻之，乃醳（释）齐而归，击汉于彭城，因连与汉战，相距（拒）荥阳。以故田横复得收齐城邑，立田荣子广为齐王，而横相之，专国政，政无巨细皆断于相。

◎**注释** ①〔平原〕在今山东平原西南。

◎**大意** 项王听说这件事，大怒，就向北讨伐齐国。齐王田荣的军队被打败，逃往平原，平原人杀死了田荣。项王就烧毁齐国城郭，经过的地方都被血洗。齐国人相聚反叛项王。田荣的弟弟田横，收集齐军逃散的士兵，得到几万人，在城阳反击项羽。这时汉王率领诸侯打败楚军，进入彭城。项羽听说后，就放弃齐国返回，在彭城打击汉军，接着与汉军连续作战，在荥阳对峙。因此田横又得以收复齐国城池，拥立田荣的儿子田广为齐王，而田横为相辅佐他，独揽国家政事，政事不管大小都由他决定。

横定齐三年，汉王使郦生往说下齐王广及其相国横。横以为然，解其历下军。汉将韩信引兵且东击齐。齐初使华无伤、田解军于历下以距（拒）汉，汉使至，乃罢守战备，纵酒，且遣使与汉平。汉将韩信已平赵、燕，用蒯通计，度平原，袭破齐历下军，因入临淄。齐王广、相横怒，以郦生卖己，而亨（烹）郦生。齐王广东走高密，相横走博阳，守相田光走城阳，将军田既军于胶东。楚使龙且救齐，齐王与合军高密。汉将韩信与曹参破杀龙且，虏齐王广。汉将灌婴追得齐守相田光。至博阳，而横闻齐王死，自立为齐王，还击婴，婴败横之军于嬴下①。田横亡走梁，归彭越。彭越是时居梁地，中立，且为汉，且为楚。韩信已杀龙且，因令曹参进兵破杀田既于胶东，使灌婴破杀齐将田吸于千乘。韩信遂平齐，乞自立为齐假王，汉因而立之。

◎**注释** ①〔嬴下〕在今山东莱芜西北。

◎**大意** 田横平定齐国三年，汉王派郦生前往劝说齐王田广，让他和相国田横投降。田横认为此事可行，就解除了齐国在历下对汉军的防备。汉将韩信领兵将要向东攻打齐国。齐国当初派华无伤、田解在历下驻军来抵御汉军。汉使者到来，就解除了战备，放纵士兵饮酒，并派使者与汉朝讲和。汉军将领韩信平定赵国、燕国后，采用蒯通的计策，度过平原津，突袭打败齐国历下的驻军，乘势进入临淄。齐王田广和相国田横愤怒，认为郦生出卖自己，因而烹杀了郦生。齐王田广向东逃往高密，相国田横逃往博阳，守相田光逃往城阳，将军田既在胶东驻军。楚国派龙且救援齐国，齐王田广与龙且在高密会师。汉军将领韩信与曹参打败并杀死龙且，俘虏了齐王田广。汉军将领灌婴追击并俘获齐代理相国田光。灌婴继续进军，到达博阳。田横听到齐王田广已死，就自立为齐王，转过来与灌婴交战，灌婴在嬴下打败了田横的军队。田横逃奔梁地，归附彭越。这时彭越占据梁地，保持中立，又像为了汉王，又像为了楚王。韩信已经杀了龙且，就命令曹参进军，在胶东打败并杀死田既，派灌婴在千乘打败并杀死田吸。于是韩信平定齐国，请求自立为齐国的代理国王，汉王顺势立韩信为齐王。

后岁余，汉灭项籍，汉王立为皇帝，以彭越为梁王。田横惧诛，而与其徒属五百余人入海，居岛中。高帝闻之，以为田横兄弟本定齐，齐人贤者多附焉，今在海中，不收，后恐为乱，乃使使赦田横罪而召之。田横因谢曰："臣亨（烹）陛下之使郦生，今闻其弟郦商为汉将而贤，臣恐惧，不敢奉诏，请为庶人，守海岛中。"使还报，高皇帝乃诏卫尉郦商曰："齐王田横即至，人马从者敢动摇者致族夷！"乃复使使持节具告以诏商状，曰："田横来，大者王，小者乃侯耳；不来，且举兵加诛焉。"田横乃与其客二人乘传诣雒阳。

◎**大意** 过了一年多，汉王灭掉项籍，登上帝位，任命彭越为梁王。田横害怕被诛杀，就跟他的徒众五百多人入海，居住在岛上。汉高祖刘邦听到这个消息后，认为田横兄弟本来就平定了齐国，齐国的贤士大都依附于他，如今要让他流落在海中而不加以收揽的话，以后恐怕有祸患，就派使者去赦免田横的罪过而召见他。田横辞谢说："我烹杀了陛下的使者郦生，如今听说他的弟弟郦商在汉朝当将领而且很贤德，我害怕，不敢接受诏命，请求让我作为一个普通百姓，留守在海岛上。"使者回来报告，高皇帝就下诏给卫尉郦商说："齐王田横就要来了，随从人马有谁敢动一动就诛灭家族！"就又派使者拿着符节将皇上诏命郦商的情况详细说明，说："田横来，大可分封为王，小则分封为侯；不来，将发兵诛杀。"田横就跟他的两个宾客乘坐驿站车到雒阳。

未至三十里，至尸乡厩置①，横谢使者曰："人臣见天子当洗沐。"止留。谓其客曰："横始与汉王俱南面称孤，今汉王为天子，而横乃为亡虏而北面事之，其耻固已甚矣。且吾亨（烹）人之兄，与其弟并肩而事其主，纵彼畏天子之诏，不敢动我，我独不愧于心乎？且陛下所以欲见我者，不过欲一见吾面貌耳。今陛下在雒阳，今斩吾头，驰三十里间，形容尚未能败，犹可观也。"遂自刭，令客奉其头，从使者驰奏之高帝。高帝曰："嗟乎，有以②也夫！起自布衣，兄弟三人更王，岂不贤乎哉！"为之流涕，而拜其二客为都尉，发卒二千人，以王者礼葬田横。

◎**注释** ①〔尸乡厩（jiù）置〕指的是尸乡的驿站。尸乡，在今河南偃师西。②〔有以〕有原因的。

◎**大意** 距离雒阳三十里，到了尸乡驿站，田横婉言对使者说："人臣拜见天子应该梳洗沐浴。"于是停留下来。他对宾客说："我当初与汉王都曾南面称王，如今汉王是天子，而我是逃亡的俘虏，要北面侍奉他，这种耻辱本来就已很大了。况且我烹杀了别人的哥哥，又同被烹杀者的弟弟并肩侍奉他的主人，即使他的弟弟畏惧天子的诏命而不敢动我，我难道不感到内心有愧吗？况且陛下之所以想见我，不过是想看我的面貌罢了。如今陛下在雒阳，现在斩去我的头颅，奔驰三十里，容貌还不会改变，还可以看的。"于是自己割颈死了，让宾客捧着他的头，跟随使者飞奔，向高帝奏报。高帝说："哎呀，（田氏兄弟的兴起）是有原因的呀！从百姓起家，兄弟三人相继称王，难道不是贤能的人吗！"为他流下了眼泪，任命他的两个宾客为都尉，派两千士兵，按王的礼节安葬田横。

既葬，二客穿其冢旁孔，皆自刭，下从之。高帝闻之，乃大惊，以田横之客皆贤。"吾闻其余尚五百人在海中"，使使召之。至则闻田横死，亦皆自杀。于是乃知田横兄弟能得士也。

◎**大意**　田横被安葬以后，两个宾客在他的坟墓旁挖坑，都割颈自杀，倒在坑中跟随田横而去。高帝听说这件事，就大吃一惊，认为田横的宾客都是贤人。"我听说还有五百人在海岛上"，于是汉高祖派使者去招安他们。进京之后，这五百门客听到田横已死，也都自杀了。由此可知田横兄弟确实是能够得到贤士拥戴的人。

太史公曰：甚矣蒯通之谋，乱齐骄淮阴，其卒亡此两人！蒯通者，善为长短①说，论战国之权变，为八十一首。通善齐人安期生②，安期生尝干项羽，项羽不能用其策。已而项羽欲封此两人，两人终不肯受，亡去。田横之高节，宾客慕义而从横死，岂非至贤！余因而列焉。不无善画者，莫能图，何哉？

◎**注释**　①〔长短〕犹言纵横。②〔安期生〕姓安名期，楚汉之际的黄老兼神仙家一流。

◎**大意**　太史公说：蒯通的计策太厉害了，既乱了齐王又使淮阴侯骄纵，最终使这两个人灭亡！蒯通，善于说短论长，议论战国的权宜机变，写了八十一篇文章。蒯通与齐人安期生交好，安期生曾经求见项羽，项羽没能用他的计策。后来项羽想分封这两个人，两个人始终不肯接受，逃跑了。田横高风亮节，宾客仰慕节义而跟随田横去死，难道不是极为贤能的人吗！我根据事实把他们的事迹记录在这里。当时并非没有善于绘画的人，却不知图画田横及其党慕义死节之事，这是什么原因呢？

◎ **释疑解惑**

田横及门客之死为何具有如此强大的感染力？

不管是何种理由促使田横做出了最后的选择，他的这种决心代表了那个时代人们所推崇的一种生命价值取向。那时的人们也会认为生命可贵，比生命更可贵的是义。孟子曾经提出，当生与死、利与义不可兼得之时，舍生取义才是仁人志士应该做出的选择。田横以死表明自己不愿接受屈辱，同时也是为了保全岛上的五百门客；而岛上五百门客也以死表明自己永远追随田横。他们之间涌动着的高义，不仅惊动了当时的人，而且成为后世文人不断吟咏、不断感叹的主题。

◎ **思考辨析题**

1. 为什么说田氏诸人是刘邦非结盟的同盟军？请结合文本内容加以说明。

2. 《史记》中的人物在面对死亡时，有哪几种不同的态度？司马迁又是如何表现自己的生死观的？

樊郦滕灌列传第三十五

《樊郦滕灌列传》是樊哙、郦商、夏侯婴、灌婴四个人的合传。这四个人都是汉初开国功臣，又均为高祖心腹之将，所以司马迁把他们放在一起传述。樊哙和刘邦一样，都是沛人。他出身寒微，年轻的时候以屠狗为业，后来跟随刘邦平定臧荼、卢绾、陈豨、韩信等，是刘邦麾下最勇猛的战将。他在历史上著名的鸿门宴事件中果敢营救汉高祖刘邦，从而拉开楚汉相争的序幕。他曾被封为舞阳侯，谥武侯，担任大将军、左丞相等要职，深得汉高祖和吕后信任。郦商是陈留高阳人，陈胜起兵反秦时，他招兵买马，得到数千人。刘邦攻城夺地到陈留，郦商带领将士四千多人投归刘邦。公元前206年，刘邦被封汉王，赐给郦商信成君爵位，郦商以将军职位担任陇西都尉。公元前202年，燕王臧荼谋反，郦商以将军的身份随从刘邦攻打臧荼，在易下击败臧荼的军队。他因杀敌有功，升任右丞相，封号涿侯，后改封曲周侯。夏侯婴，即汝阴侯，又称滕公，是泗水郡沛县人。他与刘邦是少时的朋友，有着深厚的友谊。他跟随刘邦起义，立下战功，后封为汝阴侯。灌婴是睢阳人，官至太尉、丞相。秦二世二年，灌婴参加刘邦军队，以骁勇著称。这四个人都是追随高祖刘邦起事的重要人物，骁勇善战，攻城略地，为西汉的建立奠定了坚实的基础，立下汗马功劳。太史公在传记中完整地记录了他们的参战经历，同时也记录了他们和高祖的点滴小事，有血有肉，鲜活可见，结合起来自然地表现出高祖在交友用人方面的过人之处，同时也反映出西汉建国的艰难困苦。樊、郦、滕、灌在楚汉战争以及汉初巩固政权的斗争中，都建立了比较大的战功。他们都起自寒微，然而时势造英雄，这引起了司马迁的极大兴趣。太史公通过实地调查，写成了他们的传记。其在文末赞曰："吾适丰沛，问其遗老，观故萧、曹、樊哙、滕公之家，及其素，异哉所闻！方其鼓刀屠狗卖缯之时，岂自知附骥之尾，垂名汉廷，德流子孙哉？余与他广通，为言高祖功臣之兴时若此云。"司马迁在编著《史记》之初，就对丰沛之地进行过实地考察，当看到萧何、曹参、樊哙、滕公夏侯婴居住过的地方，并通过与老人的交流了解他们平素的所作所为时，不禁感慨："当他们操刀杀狗或贩卖丝缯的时候，怎会知道日后可以跟随高祖垂名汉室，德惠传及子孙呢？"从而表现出一种对于历史命运的难以捉摸之感。

樊郦滕灌列传第三十五

舞阳侯樊哙者，沛人也。以屠狗为事，与高祖俱隐①。

◎**注释** ①〔隐〕指樊哙在二世元年与刘邦一起隐藏于芒山和砀山一带。
◎**大意** 舞阳侯樊哙，是沛县人。他曾以杀狗卖狗肉为职业，与汉高祖刘邦一起隐居。

初从高祖起丰①，攻下沛。高祖为沛公，以哙为舍人②。从攻胡陵、方与，还守丰，击泗水监丰下，破之。复东定沛，破泗水守薛西。与司马㡰③战砀东，却敌，斩首十五级，赐爵国大夫。常从，沛公击章邯军濮阳，攻城先登，斩首二十三级，赐爵列大夫。复常从，从攻城阳，先登。下户牖④，破李由军，斩首十六级，赐上间爵。从攻围东郡守尉于成武，却敌，斩首十四级，捕虏十一人，赐爵五大夫。从击秦军，出亳南。河间守军于杠里，破之。击破赵贲军开封北，以却敌先登，斩候一人，首六十八级，捕虏二十七人，赐爵卿。从攻破杨熊军于曲遇。攻宛陵，先登，斩首八级，捕虏四十四人，赐爵封号贤成君。从攻长社、轘辕⑤，绝河津，东攻秦军于尸，南攻秦军于犨⑥。破南阳守齮⑦于阳城东。攻宛城，先登。西至郦，以却敌，斩首二十四级，捕虏四十人，赐重封。攻武关，至霸上，斩都尉一人，首十级，捕虏百四十六人，降卒二千九百人。

◎**注释** ①〔丰〕沛县所属丰邑，汉置县，即今江苏丰县。②〔舍人〕随从副官。③〔司马㡰(yí)〕司马，官名，主管司法。名㡰。④〔户牖(yǒu)〕乡名，在今河南原阳北。⑤〔轘辕(huán yuán)〕山名，在河南偃师东南。⑥〔犨(chōu)〕邑名，在今河南鲁山东南。⑦〔齮〕吕齮，秦朝将领，南阳官守。
◎**大意** 樊哙刚开始跟从高祖在丰县起兵，随后攻取沛县。高祖做了沛公后，就以樊哙为舍人。他跟随沛公攻打胡陵、方舆后，又回军镇守丰县，在丰县城下出击泗水郡郡监的军队，并打败了他们。随后又向东平定沛县，并在薛县西面击败了泗水郡郡守的军队。在砀县东面跟司马尼交锋，击退敌军，斩了十五个人的首级，沛公赐给他国大夫的爵位。樊哙经常跟随在沛公的左右，沛公在濮阳攻击章邯的军队，是他最先登上城楼，斩了二十三个人的首级，因此被赐予列大夫的爵位。他又跟从沛公进攻城阳，再次率先登城，还攻下了户牖，打败了秦将李由的军队，斩了十六个人的首级，被赐予上间爵位。跟着沛公把东郡郡守和郡尉围困于成武而攻之。击退敌军，斩了十四个人的首级，俘虏了十一人，被赐予五大夫爵位。跟着沛公攻打秦军，出兵亳邑以南，河间郡守的军队驻扎在杠里，樊哙大败了他们。在开封以北又击败了赵贲的军队，因为打退敌军率先登城，斩杀军候一人，斩敌六十八人，俘虏二十七人，被赐予卿爵。跟着沛公在曲遇打败了杨熊的军队。攻打宛陵，率先登城，斩首八人，俘虏四十四人，被赐爵并封号贤成君。跟随沛公攻打长社、轘辕，封锁黄河渡口，向东进攻驻扎在尸一带的秦军，又向南进攻驻扎在犨邑的秦军。在阳城打败南阳郡郡守吕齮的军队。向东攻打宛城，率先登城。向西到郦县，打退敌军，斩首二十四人，俘虏四十人，被再加封赏。进军武关，来到霸上，杀秦都尉一人，斩首十人，俘虏一百四十六人，收降卒两千九百人。

项羽在戏下，欲攻沛公。沛公从百余骑因项伯面见项羽，谢无有闭关事。项羽既飨①军士，中酒，亚父②谋欲杀沛公，令项庄拔剑舞坐中，欲击沛公，项伯常屏蔽之。时独沛公与张良得入坐，樊哙在营外，闻事急，乃持铁盾入。到营，营卫止哙，哙直撞入，立帐下。项羽目之，问为谁。张良曰："沛公参乘樊哙。"项羽曰："壮士。"赐之卮酒彘肩③。哙既饮酒，拔剑切肉食，尽之。项羽曰："能复饮乎？"哙曰："臣死且不辞，岂特卮酒乎！且沛公先入定咸阳，暴师霸上，以待大王。大王今日至，听小人之言，与沛公有隙，臣恐天下解，心疑大王也。"项羽默然。沛公如厕，麾（挥）④樊哙去。既出，沛公留车骑,独骑一马,与樊哙等四人步从,从间道山下归走霸上军,而使张良谢项羽。项羽亦因遂已,无诛沛公之心矣。是日微⑤樊哙奔入营谯让⑥项羽,沛公事几殆。

◎**注释** ①〔飨(xiǎng)〕以酒肉犒军。②〔亚父〕叔父,指项羽谋臣范增。③〔卮(zhī)酒彘(zhì)肩〕卮,一种圆底酒杯。彘肩,猪腿。④〔麾(huī)〕通"挥",挥手招呼而去。⑤〔微〕非,没有。⑥〔谯(qiào)让〕谴责。

◎**大意** 项羽驻军戏水之下,准备进攻沛公。凭借项伯的介绍,沛公带领一百多骑兵来面见项羽,向项羽谢罪并说明没有封锁函谷关的事。项羽就用盛宴款待军中将士,酒喝得正酣畅时,亚父范增想谋杀沛公,命令项庄拔剑在酒座中间起舞,想乘机击杀沛公,但项伯常常掩护他。这时只有沛公和张良能够进入营帐坐着,樊哙在大营之外,听说情况紧急,就手持铁盾来到大营前。守营卫士阻挡樊哙,他径直撞开闯入,站在帐下。项羽注视着他,问是什么人。张良说:"他是沛公的参乘樊哙。"项羽称赞道:"真是个壮士。"并赐给他一大碗酒和一条猪腿。樊哙喝完酒,拔剑切肉吃,将肉吃得一点儿不剩。项羽问:"能再喝些酒吗?"樊哙说道:"我死尚且不推辞,难道还怕喝一碗酒吗!况且沛公首先进入并平定咸阳,露宿霸上,以等待大王。大王今天一到这里,就听信小人的胡言乱语,跟沛公有了隔阂,我担心联盟要分解,因为人们心里怀疑大王啊!"项羽沉默不语。沛公借口上厕所,召樊哙出去。出来后,沛公留下车辆和随从的骑兵,独自骑一匹马,让樊哙等四个人步行跟从,从山间小路跑回霸上的军营,而派张良代替自己向项羽辞谢。项羽也因为顺心遂意,没有诛杀沛公的念头了。这一天若不是樊哙闯进大营责备项羽,沛公的事业几乎就完了。

明日,项羽入屠咸阳,立沛公为汉王。汉王赐哙爵为列侯,号临武侯。迁为郎中,从入汉中。

◎**大意** 第二天,项羽进入咸阳大肆杀戮,封沛公为汉王。汉王赐给樊哙列侯的爵位，称为临武君。后又升任郎中，跟随汉王到了汉中。

还定三秦①，别击西丞白水北、雍②轻车骑于雍③南，破之。从攻雍、斄④城，先登。击章平军好畤⑤，攻城，先登陷阵，斩县令、丞各一人，首十一级，虏二十人，迁郎中骑将。从击秦车骑壤东，却敌，迁为将军。攻赵贲，下郿⑥、槐里、柳中、咸阳；灌废丘，最。至栎阳⑦，赐食邑杜之樊乡。从攻项籍，屠煮枣。击破王武、程处军于外黄。攻邹、鲁、瑕丘、薛。项羽败汉王于彭城，尽复取鲁、梁地。哙还至荥阳，益食平阴二千户。以将军守广武一岁。项羽引而东，从高祖击项籍，下阳夏，虏楚周将军卒四千人。围项籍于陈，大破之。屠胡陵。

◎**注释** ①〔三秦〕即关中，项羽分关中为雍、塞、翟三国。②〔雍〕雍王章邯。③〔雍〕雍县，在今陕西凤翔南。④〔斄（tái）〕县名，在今陕西武功西南。⑤〔好畤（zhì）〕县名，在今陕西乾县东。⑥〔郿（méi）〕县名，在今陕西眉县。⑦〔栎（yuè）阳〕县名，在今陕西临潼东北。

◎**大意** 汉王回军平定三秦，樊哙率领一支部队在白水以北攻打西城县丞的军队，又在雍县以南攻打雍王章邯的轻车骑兵，把他们都打败了。他随后跟从汉王攻打雍县、斄县县城，率先登城。在好畤攻打章平的军队，攻城时，他又率先登城并冲锋陷阵，斩杀县令、县丞各一人，斩首十一人，俘虏二十人，升任郎中骑将。他跟从汉王在壤乡以东攻打秦军的车骑部队，打退敌军，升任将军。在攻打赵贲的军队时，在攻取郿、槐里、柳中、咸阳的战斗中，以及引水灌废丘敌军的战争中，樊哙的功劳都最大。到了栎阳，汉王把杜县的樊乡赐给樊哙当作食邑。他跟从汉王攻打项羽，血洗了煮枣。在外黄打败王武、程处的部队。接着攻打邹、鲁、瑕丘、薛几个地方。项羽在彭城把汉王打得大败，收复了鲁、梁地区。樊哙回军到荥阳，汉王又给他增加了平阴两千户食邑，他以将军的身份驻守广武一年。之后项羽领兵东去，樊哙跟从汉王攻打项羽，占领阳夏，俘虏了楚国周将军的四千士兵。把项羽围困在陈县，大败其军，并血洗了胡陵。

  项籍既死，汉王为帝，以哙坚守战有功，益食八百户。从高帝攻反燕王臧荼，虏荼，定燕地。楚王韩信反，哙从至陈，取信，定楚。更赐爵列侯，与诸侯剖符，世世勿绝，食舞阳，号为舞阳侯，除前所食。以将军从高祖攻反韩王信于代。自霍人以往至云中，与绛侯等共定之，益食千五百户。因击陈豨与曼丘臣军，战襄国，破柏人，先登，降定清河、常山凡二十七县，残东垣，迁为左丞相。破得綦毋印①、尹潘军于无终、广昌。破豨别将胡人王黄军于代南，因击韩信军于参合。军所将卒斩韩信，破豨胡骑横谷，斩将军赵既，虏代丞相冯梁、守孙奋、大将王黄、将军、太仆解福等十人。与诸将共定代乡邑七十三。其后燕王卢绾反，哙以相国击卢绾，破其丞相抵蓟南，定燕地，凡县十八，乡邑五十一。益食邑千三百户，定食舞阳五千四百户。从斩首百七十六级，虏二百八十八人。别破军七，下城五，定郡六，县五十二，得丞相一人，将军十二人，二千石已（以）下至三百石十一人。

◎**注释** ①〔綦（qí）毋印〕陈豨的部将。
◎**大意** 项羽死后，汉王称帝，因樊哙坚守攻战有功，加封食邑八百户。又跟随高祖攻打反叛的燕王臧荼，并俘虏了他，平定了燕地。楚王韩信谋反，樊哙跟随高祖到陈县，逮捕了韩信，平定了楚地。高祖改赐他为列侯的爵位，与其他诸侯一起受封，爵位世代相传不绝，樊哙的食邑是舞阳，号为舞阳侯，被除去了以前所封的食邑。樊哙以将军身份跟随高祖去代地攻打反叛的韩王信。从霍人一直打到云中，和绛侯周勃等人共同平定了代地，增加食邑一千五百户。他因为攻打叛臣陈豨和曼丘臣的军队，战于襄国，攻破柏人，率先登城，降服平定了清河、常山两郡的二十七个县，捣毁了东垣，被提升为左丞相。在无终、广昌一带击破綦毋卬和尹潘的军队并活捉了这两个人。在代地南部击败陈豨部将匈奴人王黄的军队，趁势到参合进攻韩王信的军队。他所带领的将士斩杀韩王信，在横谷大败陈豨的匈奴骑兵，斩杀了将军赵既，俘虏了代国丞相冯梁、郡守孙奋、大将军王黄、将军和太仆解福等十人。他和诸将领共同平定了代地的七十三个乡邑。在此之后燕王卢绾反叛，樊哙以相国身份攻打卢绾，在蓟县南部击败燕国丞相抵的军队，平定了燕地，共十八个县，五十一个乡邑。于是高祖又给樊哙增加食邑一千三百户，确定舞阳的五千四百户为他的食邑。樊哙跟从高祖征战，共斩敌人首级一百七十六个，俘虏敌兵二百八十八人。他单独领兵作战，共击垮七支敌军，攻占五座城池，平定了六个郡、五十二个县，俘虏敌人丞相一人、将军十二人、俸禄在二千石以下到三百石的官员十一人。

哙以吕后女弟吕须为妇，生子伉，故其比诸将最亲。

◎**大意** 樊哙娶了吕后的妹妹吕须为妻，生下儿子樊伉，因此与其他将领相比他和高祖的关系最亲近。

先黥布反时，高祖尝病甚，恶见人，卧禁中，诏户者①无得入群臣。群臣绛、灌等莫敢入。十余日，哙乃排闼②直入，大臣随之。上独枕一宦者卧。哙等见上流涕曰："始陛下与臣等起丰沛，定天下，何其壮也！今天下已定，又何惫也！且陛下病甚，大臣震恐，不见臣等计事，顾③独与一宦者绝乎？且陛下独不见赵高之事乎？"高帝笑而起。

◎**注释** ①〔户者〕守宫门的人。②〔排闼〕推门。③〔顾〕难道。
◎**大意** 先前黥布反叛时，高祖曾病得很厉害，不想见其他人，躺在宫禁之中，诏令守门人不得让群臣进入。群臣中如绛侯周勃、灌婴等人都不敢入宫。这样过了十多天，樊哙竟推开宫门径直闯了进去，大臣们跟随着他。只见高祖独自枕着一个宦官躺着。樊哙等拜见高祖后流着泪说："想当初陛下和我等臣子在丰沛起兵，平定天下，那是什么样的壮举！而天下已经安定，陛下又是何等的疲惫啊！况且陛下病得很严重，大臣们都惊慌不安，陛下不肯召见我等臣下来商议国事，难道独自跟一个宦官诀别吗？况且陛下没有看见赵高的事情吗？"高祖笑着从床上坐起来。

其后卢绾反，高帝使哙以相国击燕。是时高帝病甚，人有恶哙党于吕氏，即①上一日宫车晏驾②，则哙欲以兵尽诛灭戚氏、赵王如意之属。高帝闻之大怒，乃使陈平载绛侯代将，而即军中斩哙。陈平畏吕后，执哙诣长安。至则高祖已崩，吕后释哙，使复爵邑。

◎**注释**　①〔即〕假如。②〔宫车晏驾〕帝王死亡的讳辞。

◎**大意**　后来卢绾反叛，高祖命令樊哙以相国的身份攻打燕国。这时高祖病得很厉害，有人诋毁樊哙和吕氏结党，假如皇上某一天去世，樊哙就会带兵把戚夫人、赵王如意那帮人全部杀死。高祖听到这些话后勃然大怒，就派陈平用车送绛侯周勃去代替樊哙统帅军队，并在军中将樊哙斩首。陈平畏惧吕后，逮捕樊哙送到长安。到了长安后高祖已经去世，吕后释放了樊哙，并恢复了他的爵位和封邑。

孝惠六年，樊哙卒，谥为武侯。子伉代侯。而伉母吕须亦为临光侯，高后时用事专权，大臣尽畏之。伉代侯九岁，高后崩。大臣诛诸吕、吕须婘（眷）属①，因诛伉。舞阳侯中绝②数月。孝文帝既立，乃复封哙他庶子市人为舞阳侯，复故爵邑。市人立二十九岁卒，谥为荒侯。子他广代侯。六岁，侯家舍人得罪他广，怨之，乃上书曰："荒侯市人病不能为人③，令其夫人与其弟乱而生他广，他广实非荒侯子，不当代后。"诏下吏。孝景中六年，他广夺侯为庶人，国除。

◎**注释**　①〔婘（juàn）属〕亲属。②〔中绝〕职位空缺。③〔为人〕生育。
◎**大意**　汉惠帝六年时，樊哙去世，谥号为武侯。他的儿子樊伉继承了侯位。而樊伉的母亲吕须也被封为临光侯，在高后时管事揽权，大臣们都很害怕她。樊伉继承侯位的第九年，吕后去世。大臣们诛杀吕氏宗族和吕须的亲属，接着就杀了樊伉。舞阳侯的爵位中断了几个月。汉文帝即位后，才又封樊哙另外的庶子樊市人为舞阳侯，恢复了原来的爵位和食邑。樊市人继位二十九年去世，谥号为荒侯。他的儿子樊他广代其为侯。六年之后，荒侯家中舍人得罪了樊他广，非常怨恨他，就上书说："荒侯市人有病不能生育孩子，让他的夫人和他的弟弟淫乱而生下樊他广。樊他广实际上不是荒侯的儿子，不应当继承侯位。"皇帝下诏把此事交给官吏去审理。汉景帝中元六年，樊他广被剥夺侯爵而成为平民，封国也就废除。

曲周侯郦商者，高阳人。陈胜起时，商聚少年东西略人，得数千。沛公略地至陈留，六月余，商以将卒四千人属沛公于岐。从攻长社，先登，赐爵封信成君。从沛公攻缑氏①，绝河津，破秦军雒阳东。从攻下宛、穰，定十七县。别将攻旬关，定汉中。

◎**注释**　①〔缑（gōu）氏〕县名，在今河南偃师东南。
◎**大意**　曲周侯郦商，是高阳人。在陈胜起兵反秦时，他聚集了一伙年轻人四处招兵买马，得到了几千人。沛公攻城略地来到陈留，六个多月后，郦商就带领四千多将士到岐地归属沛公。郦商跟随沛公攻打长社，率先登城，赐爵封为信成君。他跟随沛公攻打缑氏，封锁黄河渡口，在雒阳的东面打败了秦军。他跟从沛公攻取宛、穰两地，平定了十七个县。自己单独领兵攻打旬关，平定了汉中。

项羽灭秦，立沛公为汉王。汉王赐商爵信成君，以将军为陇西都尉。别将定北地、上郡。破雍将军乌氏，周类军枸邑①，苏驵②军于泥阳。赐食邑武成六千户。以陇西都尉从击项籍军五月，出巨野，与钟离眛战，疾斗，受梁相国印，益食邑四千户。以梁相国将从击项羽二岁三月，攻胡陵。

◎**注释** ①〔枸（xún）邑〕县名，在今陕西旬邑。②〔苏驵（zǎng）〕秦将军。

◎**大意** 项羽灭亡秦朝，封沛公为汉王。汉王赐给郦商信成君的爵位，并让他以将军的身份担任陇西都尉。郦商单独领兵平定了北地、上郡。在焉氏打败了雍王章邯部下所率领的军队，在枸邑打败了周类所率领的军队，在泥阳打败了苏驵所率领的军队。汉王把武成县的六千户赐给他作食邑。郦商以陇西都尉的身份跟随沛公攻打项羽的军队达五个月之久，出兵巨野，和钟离眛交战，战斗激烈，沛公授予他梁国相国印，增加食邑四千户。郦商以梁国相国的身份率兵跟随汉王攻打项羽达两年三个月，攻克了胡陵。

项羽既已死，汉王为帝。其秋，燕王臧荼反，商以将军从击荼，战龙脱，先登陷阵，破荼军易下①，却敌，迁为右丞相，赐爵列侯，与诸侯剖符，世世勿绝，食邑涿②五千户，号曰涿侯。以右丞相别定上谷，因攻代，受赵相国印。以右丞相赵相国别与绛侯等定代、雁门，得代丞相程纵、守相③郭同、将军已（以）下至六百石十九人。还，以将军为太上皇卫一岁七月。以右丞相击陈豨，残东垣。又以右丞相从高帝击黥布，攻其前拒④，陷两陈（阵），得以破布军，更食曲周五千一百户，除前所食，凡别破军三，降定郡六，县七十三，得丞相、守相、大将各一人，小将二人，二千石已（以）下至六百石十九人。

◎**注释** ①〔易下〕易水岸上。②〔涿（zhuō）〕县名，即今河北涿州。③〔守相〕代理丞相。④〔前拒〕前沿阵地。

◎**大意** 项羽死后，汉王称帝。这年秋天，燕王臧荼反叛，郦商以将军的身份随从高帝攻打臧荼。双方在龙脱交战，郦商率先登城冲锋陷阵，在易水击败臧荼的军队，由于退敌有功，升任右丞相，赐予列侯的爵位，和其他诸侯一样剖符为信，世世代代永不断绝，以涿邑五千户作食邑，封号涿侯。他以右丞相的身份单独带兵平定上谷，趁势攻打代国，接受了高帝赐予的赵国相国印。他以右丞相加赵国相国的身份带兵和绛侯周勃等人平定了代国和雁门，俘获了代国丞相程纵、代理丞相郭同、将军以下到六百石的官员共十九人。凯旋之后，他以将军的身份担任太上皇的护卫一年零七个月。然后他以右丞相的身份攻打陈豨，摧毁东垣。他又以右丞相的身份跟随高帝攻打黥布，猛击敌军的前沿阵地，夺取了两个阵地，从而使汉军能够打垮黥布的军队，改封曲周的五千一百户为食邑，免除以前所封的食邑。郦商单独领兵共打垮三支敌军，降服平定六个郡、七十三个县，俘获丞相、代理丞相、大将各一人，小将二人，二千石以下到六百石的官员十九人。

　　商事孝惠、高后时，商病，不治①。其子寄，字况，与吕禄善。及高后崩，大臣欲诛诸吕，吕禄为将军，军于北军，太尉勃不得入北军，于是乃使人劫郦商，令其子况给（诒）吕禄，吕禄信之，故与出游，而太尉勃乃得入据北军，遂诛诸吕。是岁商卒，谥为景侯。子寄代侯。天下称郦况卖交②也。

◎**注释** ①〔不治〕不能处理政事。②〔卖交〕出卖朋友。

◎**大意** 郦商在侍奉孝惠帝、高后时，得了重病，不能料理政事。他的儿子郦寄，字况，与吕禄很要好。等到高后去世时，大臣们想诛杀吕氏家族，吕禄担任将军，驻扎在北军军营，太尉周勃无法进入北军军营。于是就派人威逼郦商，让他的儿子郦况诱骗吕禄。吕禄相信郦况的话，所以和他一起出去游玩，而太尉周勃才能够进入军营控制北军。于是诛杀了吕氏家族。这一年郦商去世，谥号为景侯。他的儿子郦寄继承了侯位。天下人都说郦况出卖朋友。

孝景前三年，吴、楚、齐、赵反，上以寄为将军，围赵城，十月不能下。得俞侯栾布自平齐来，乃下赵城，灭赵，王自杀，除国。孝景中二年，寄欲取（娶）平原君①为夫人，景帝怒，下寄吏，有罪，夺侯。景帝乃以商他子坚封为缪侯，续郦氏后。缪靖侯卒，子康侯遂成立。遂成卒，子怀侯世宗立。世宗卒，子侯终根立，为太常，坐法，国除。

◎**注释** ①〔平原君〕景帝王皇后之母，名臧儿。
◎**大意** 孝景帝前元三年，吴、楚、齐、赵等诸侯国反叛，皇帝任命郦寄为将军，围攻赵国的都城，十个月未能攻克。等到俞侯栾布平定齐国后前来助战，才攻取了赵国都城，灭亡赵国，赵王自杀，封国被废除。景帝中元二年，郦寄想娶景帝王皇后的母亲平原君作夫人，景帝大怒，把郦寄交给司法官吏去审理，判决有罪，剥夺侯爵。景帝把郦商的另一个儿子郦坚封为缪侯，以延续郦氏的后代。缪靖侯郦坚去世，儿子康侯郦遂成继位。郦遂成去世，儿子怀侯郦世宗继位。郦世宗去世，儿子郦终根继承侯位，担任太常，后来因为犯法，封国被废除。

汝阴侯夏侯婴，沛人也。为沛厩司御。每送使客还，过沛泗上亭，与高祖语，未尝不移日①也。婴已而试补县吏，与高祖相爱。高祖戏而伤婴，人有告高祖。高祖时为亭长，重坐伤人②，告故不伤婴③，婴证之。后狱覆④，婴坐高祖系⑤岁余，掠笞⑥数百，终以是脱高祖。

◎**注释** ①〔移日〕日影移动位置，形容时间长。②〔重坐伤人〕加重判处伤人罪。刘邦为亭长，伤人要加重治罪。③〔告故不伤婴〕高祖呼冤，说没有伤害夏侯婴。秦律判罪后允许被告申白呼冤。④〔狱覆〕翻案复审。⑤〔系〕关押。⑥〔掠笞〕鞭打。

◎**大意** 汝阴侯夏侯婴，是沛县人。他起初在沛县县府的马房里掌管养马驾车。

每当他驾车送完使者或客人返回的时候，都要经过沛县泗上亭，和高祖交谈很久。夏侯婴后来做了试用的县吏，和高祖交情深厚。高祖因为开玩笑而误伤了夏侯婴，有人就告发了高祖。高祖当时是亭长，伤了人要加重惩罚，所以申诉没有伤害夏侯婴，夏侯婴也对此进行了证明。后来复审这个案件的时候，夏侯婴因受高祖的牵连被关押一年多，挨了几百板子，但他终究为高祖开脱了罪责。

高祖之初与徒属欲攻沛也，婴时以县令史^①为高祖使。上降^②沛一日，高祖为沛公，赐婴爵七大夫，以为太仆^③。从攻胡陵，婴与萧何降泗水监平，平以胡陵降，赐婴爵五大夫。从击秦军砀东，攻济阳，下户牖，破李由军雍丘下，以兵车趣（促）攻战疾，赐爵执帛^④。常以太仆奉车从击章邯军东阿、濮阳下，以兵车趣（促）攻战疾，破之，赐爵执珪^⑤。复常奉车从击赵贲军开封，杨熊军曲遇。婴从捕虏六十八人，降卒八百五十人，得印一匮（柜）。因复常奉车从击秦军雒阳东，以兵车趣（促）攻战疾，赐爵封，转为滕公。因复奉车从攻南阳，战于蓝田、芷阳，以兵车趣（促）攻战疾，至霸上。项羽至，灭秦，立沛公为汉王。汉王赐婴爵列侯，号昭平侯，复为太仆，从入蜀、汉。

◎**注释** ①〔县令史〕县衙掌文书的小官。②〔降（xiáng）〕攻下。③〔太仆〕九卿之一，掌皇帝车马。④〔执帛〕楚爵名。⑤〔执珪〕楚爵名，高于执帛。

◎**大意** 当初高祖带领他的徒众准备攻打沛县的时候，夏侯婴以县令属官的身份替高祖出使。高祖降服沛县的那天成为沛公，赐给夏侯婴七大夫的爵位，并任命他为太仆。在跟随高祖攻打胡陵时，夏侯婴和萧何一起招降了泗水郡的郡监平，平交出胡陵投降了，高祖赐给夏侯婴五大夫的爵位。他跟随高祖在砀县以东攻打秦军，进攻济阳，夺取户牖，在雍丘一带击败李由的军队，他用兵车急攻速战，高祖赐给他执帛的爵位。他曾经以太仆的身份指挥兵车跟从高祖在东阿、濮阳一带攻打章邯的军队，用兵车急攻速战，击败敌军，高祖赐给他执珪的爵位。他又曾指挥兵车跟从高祖在开封攻打赵贲的军队，在曲遇攻打杨熊的军队。夏侯婴跟从高祖征战而俘虏六十八个人，收降士兵八百五十人，缴获一匣子官印。他又曾经指挥兵车跟从高祖在雒阳以东攻打秦军。他用兵车急攻速战，高祖赐予他滕公的封爵。他又指挥兵车跟从高祖攻打南阳，在蓝田、芷阳作战，用兵车急攻速战，一直打到霸上。项羽到达关中后，灭掉了秦朝，封沛公为汉王。汉王赐予夏侯婴列侯的爵位，号为昭平侯，又做太仆，跟随汉王进入蜀、汉地区。

还定三秦，从击项籍。至彭城，项羽大破汉军。汉王败，不利，驰去。见孝惠、鲁元，载之。汉王急，马罢（疲），虏在后，常蹶①两儿欲弃之，婴常收，竟②载之，徐行面雍树③乃驰。汉王怒，行欲斩婴者十余，卒得脱，而致孝惠、鲁元于丰。

◎**注释** ①〔蹶（jué）〕踢。②〔竟〕终于。③〔面雍树〕面对面抱小孩，小孩抱大人之颈似抱树一般，称雍树，当时的南方方言。

◎**大意** 汉王回军平定三秦，夏侯婴跟从汉王攻打项羽。到彭城，项羽把汉军打得大败。汉王兵败，形势不利，就驾车急速逃跑。在路上遇见孝惠帝、鲁元公主，赶车的夏侯婴就把他们收到车上。汉王焦急，马又疲惫，敌兵紧追于后，就用脚几次把两个孩子踢下车，夏侯婴每次都把他们收上来，最终还是让他俩坐在车上。先是慢慢行走，等到两个孩子抱好站定后才驾车奔驰。汉王发怒，在路上有十多次想杀掉夏侯婴，但终于逃离了险境，把孝惠帝、鲁元公主送到丰邑。

汉王既至荥阳，收散兵，复振，赐婴食祈阳。复常奉车从击项籍，追至陈，卒定楚，至鲁，益食兹氏。

◎**大意** 汉王到了荥阳，收集散兵，重振军威，把祈阳赐给夏侯婴作为食邑。夏侯婴又指挥兵车跟从汉王攻打项羽，追击到陈县，终于平定楚地，到了鲁地，汉王又给他增加了兹氏地区作为食邑。

汉王立为帝。其秋，燕王臧荼反，婴以太仆从击荼。明年，从至陈，取楚王信。更食①汝阴，剖符世世勿绝。以太仆从击代，至武泉、云中，益食千户。因从击韩信军胡骑晋阳旁，大破之。追北至平城，为胡所围，七日不得通。高帝使使厚遗阏氏，冒顿开围一角。高帝出欲驰，婴固徐行②，弩皆持满外向，卒得脱。益食婴细阳千户。复以太仆从击胡骑句注北，大破之。以太仆击胡骑平城南，三陷陈（阵），功为多，赐所夺邑五百户。以太仆击陈豨、黥布军，陷陈（阵）却敌，益食千户，定食汝阴六千九百户，除前所食。

◎**注释** ①〔更食〕改封。②〔徐行〕指部队严整地从匈奴所开的缺口慢慢突围，不致惊乱，使敌不敢动。

◎**大意** 汉王做了皇帝。这一年秋天，燕王臧荼反叛，夏侯婴以太仆的身份跟从高祖攻打臧荼。第二年，他又跟从高祖到陈县，逮捕了楚王韩信。高祖把夏侯婴的食邑改封在汝阴，剖符为信使爵位世世代代传下去。夏侯婴又以太仆的身份跟从高祖攻打代地，一直打到武泉、云中，高祖给他增加食邑一千户。接着他跟随汉王到晋阳附近攻打韩王信军中的匈奴骑兵，将他们打得大败。追击败军到了平城，被匈奴军队包围，困了七天不能解脱。高祖派使者送厚重的礼物给匈奴王的王后，匈奴王冒顿这才把包围圈打开一角。高帝突围后想驱车奔驰，夏侯婴坚决止住车马慢慢行走，命令弓箭手都拉满弓向外，最后终于脱离了险境。高祖把细阳一千户加封给夏侯婴作食邑。夏侯婴又以太仆的身份跟随高帝在句注山背面攻打匈奴的骑兵，把他们打得大败。夏侯婴以太仆的身份领兵在平城南边攻打匈奴骑兵，多次攻破敌阵，功劳最多，高祖就从别人那里没收封邑五百户赐给他。夏侯婴以太仆的身份领兵攻打陈豨、黥布的军队，攻陷敌阵并击退敌军，又加封食邑一千户，高祖将汝阴的六千九百户确定为夏侯婴的食邑，收回以前所封的食邑。

婴自上初起沛，常为太仆，竟高祖崩。以太仆事孝惠。孝惠帝及高后德①婴之脱孝惠、鲁元于下邑之间也，乃赐婴县北第第一②，曰"近我"，以尊异之。孝惠帝崩，以太仆事高后。高后崩，代王之来，婴以太仆与东牟侯入清宫③，废少帝，以天子法驾④迎代王代邸，与大臣共立为孝文皇帝，复为太仆。八岁卒，谥为文侯。子夷侯灶立，七年卒。子共侯赐立，三十一年卒。子侯颇尚平阳公主。立十九岁，元鼎二年，坐与父御婢奸罪，自杀，国除。

◎**注释** ①〔德〕感恩。②〔县北第第一〕一座靠近皇宫北阙的住宅，是第一等住宅。县，指京城。③〔清宫〕指入宫逐吕太后所立少帝。④〔法驾〕天子车驾，属车三十六乘。

◎**大意** 夏侯婴自从高祖刚起兵于沛县，长期担任太仆，一直到高祖去世。他之后又以太仆的职位侍奉孝惠帝。孝惠帝和吕后感激夏侯婴在下邑的路上救了孝惠帝、鲁元公主，就把宫殿北面的一等宅第赐给他，名为"近我"，以此表示对他的格外宠信。孝惠帝去世，夏侯婴以太仆的职位侍奉高后。高后去世，代王到来，夏侯婴以太仆的职位和东牟侯刘兴居一起清理宫室，废去少帝，用天子的车驾到代王府第迎接代王，和大臣们一起立代王为孝文皇帝，夏侯婴又担任太仆。八年后去世，谥号为文侯。他的儿子夷侯夏侯灶继承侯位，七年后去世。夏侯灶的儿子共侯夏侯赐继承侯位，三十一年后去世。夏侯赐的儿子夏侯颇娶的是平阳公主。他继位十九年，即元鼎二年，因为和他父亲的御婢通奸有罪，自杀，封国被废除。

颍阴侯灌婴者，睢阳贩缯者①也。高祖之为沛公，略地至雍丘下，章邯败杀项梁，而沛公还军于砀，婴初以中涓②从击破东郡尉于成武及秦军于杠里，疾斗，赐爵七大夫。从攻秦军亳南、开封、曲遇，战疾力，赐爵执帛，号宣陵君。从攻阳武以西至雒阳，破秦军尸北，北绝河津，南破南阳守龂阳城东，遂定南阳郡。西入武关，战于蓝田，疾力，至霸上，赐爵执珪，号昌文君。

◎**注释** ①〔睢（suī）阳贩缯（zēng）者〕睢阳，县名，在今河南商丘南。缯，丝织品。②〔中涓〕主洒扫的近侍臣。

◎**大意** 颍阴侯灌婴，是睢阳县贩卖丝缯的小商人。高祖做了沛公，攻城略地来到雍丘城下，章邯大败并杀死了项梁。而沛公也回军到砀县，灌婴起初以内侍中涓官的身份跟随沛公，在成武打败了东郡郡尉的军队，在扛里打败了秦军，因其作战得力，沛公赐给他七大夫的爵位。他跟随沛公在亳县以南、开封、曲遇攻打秦军，以其力战有功，沛公赐给他执帛的爵位，号为宣陵君。他跟随沛公攻打阳武以西至雒阳，于尸乡北面打败秦军，向北封锁了黄河渡口，向南在南阳以东打败了南阳郡郡守吕龂的军队，于是平定了南阳郡。他向西进入武关，在蓝田与秦军交战，英勇奋战，到霸上，沛公赐给他执珪的爵位，号昌文君。

沛公立为汉王，拜婴为郎中，从入汉中，十月，拜为中谒者。从还定三秦，下栎阳，降塞王。还围章邯于废丘，未拔。从东出临晋关，击降殷王，定其地。击项羽将龙且、魏相项他军定陶南，疾战，破之。赐婴爵列侯，号昌文侯，食杜平乡。

◎**大意** 沛公被封为汉王，任命灌婴为郎中，他跟从汉王进入汉中，这年十月，被任命为中谒者。灌婴跟从汉王还师平定三秦，攻取了栎阳，降服了塞王司马欣。回军在废丘包围了章邯，未能攻克。后来又跟随汉王东出临晋关，攻打并降服了殷王董翳，平定了殷王所统辖的地区。在定陶以南攻打项羽的部下龙且、魏国国相项他的军队，经过激战，打败了他们。汉王赐给灌婴列侯的爵位，号为昌文侯，把杜县的平乡赐给他作食邑。

复以中谒者从降下砀，以至彭城。项羽击，大破汉王。汉王遁而西，婴从还，军于雍丘。王武、魏公申徒反，从击破之。攻下黄，西收兵，军于荥阳。楚骑来众，汉王乃择军中可为骑将者，皆推故秦骑士重泉人李必、骆甲习骑兵，今为校尉，可为骑将。汉王欲拜之，必、甲曰："臣故秦民，恐军不信臣，臣愿得大王左右善骑者傅①之。"灌婴虽少，然数力战，乃拜灌婴为中大夫②，令李必、骆甲为左右校尉，将郎中骑兵击楚骑于荥阳东，大破之。受诏别击楚军后，绝其饷道，起阳武至襄邑。击项羽之将项冠于鲁下，破之，所将卒斩右司马、骑将各一人。击破柘公王武军于燕西，所将卒斩楼烦将五人、连尹一人。击王武别将桓婴白马下，破之，所将卒斩都尉一人。以骑渡河南，送汉王到雒阳，使北迎相国韩信军于邯郸。还至敖仓，婴迁为御史大夫。

◎**注释** ①〔傅〕辅佐。②〔中大夫〕谏议之官。

◎**大意** 灌婴又以中谒者的身份跟随汉王降服并拿下砀县，到达彭城。项羽领兵迎击，把汉王打得大败。汉王向西逃跑，灌婴随汉王还师，驻军于雍丘。王武、魏公申徒反叛，灌婴随从汉王出击并打败了他们。攻克外黄县，西进收集散兵，驻军于荥阳。楚军前来进攻的骑兵多，汉王就在军中选择能够担任骑兵将领的人，大家都推荐原来的秦军骑士重泉人李必、骆甲，说他们俩熟悉骑兵，现在又担任校尉，可以做骑兵将领。汉王准备任命他们，李必、骆甲说："我俩原是秦朝人，恐怕军中士卒不信任我俩，我俩愿意辅佐大王身边善于骑射的人。"当时灌婴虽然年轻，但多次奋力作战，所以就任命他为中大夫，让李必、骆甲担任左右校尉，率领郎中骑兵在荥阳以东和楚国骑兵交战，打败了他们。灌婴奉汉王命令单独领兵攻击楚军的后方，断绝了自阳武一直到襄邑的楚军的粮道。在鲁地攻打项羽部将项冠的军队，打败了他们，所统帅的士兵斩杀楚军的右司马、骑将各一人。击败柘公王武的军队，驻军于燕国西部，所统帅的士兵斩杀楼烦将领五人、连尹一人。在白马地区进攻王武的别将桓婴的军队，打败了他们，所统帅的士兵斩都尉一人。率领骑兵南渡黄河，护送汉王到雒阳，奉命北上到邯郸迎接相国韩信的部队。还军到敖仓，灌婴被提升为御史大夫。

三年，以列侯食邑杜平乡。以御史大夫受诏将郎中骑兵东属相国韩信，击破齐军于历下，所将卒虏车骑将军华毋伤及将吏四十六人。降下临菑，得齐守相田光。追齐相田横至嬴、博，破其骑，所将卒斩骑将一人，生得骑将四人。攻下嬴、博，破齐将军田吸于千乘，所将卒斩吸。东从韩信攻龙且、留公旋于高密，卒斩龙且，生得右司马、连尹各一人，楼烦将十人，身生得亚将①周兰。

◎**注释** ①〔生得亚将〕生得，活捉。亚将，副将。
◎**大意** 汉王三年，灌婴以列侯的爵位得到杜县的平乡作食邑。他以御史大夫的身份接受诏命，统帅郎中骑兵东下隶属相国韩信，在历下击败齐国的军队，所统帅的士兵俘虏了车骑将军华毋伤和将吏四十六人，降服并拿下了临菑，俘获齐国的代理丞相田光。他率军追击齐国国相田横到嬴县、博邑，打败了他的骑兵，士卒斩杀齐将一人，活捉骑将四人。他率军攻克嬴县、博邑，在千乘打败齐国将军田吸的军队，士兵斩杀了田吸。他率军向东跟从韩信在高密进攻龙且、留公旋的军队，最后斩杀龙且，活捉右司马、连尹各一人，楼烦将领十人，亲自活捉副将周兰。

齐地已定，韩信自立为齐王，使婴别将击楚将公杲于鲁北，破之。转南，破薛郡长，身虏骑将一人。攻傅阳，前至下相以东南僮、取虑、徐。度淮，尽降其城邑，至广陵。项羽使项声、薛公、郯公①复定淮北。婴度淮北，击破项声、郯公下邳，斩薛公，下下邳，击破楚骑于平阳，遂降彭城，虏柱国项佗，降留、薛、沛、酂②、萧、相。攻苦、谯③，复得亚将周兰。与汉王会颐乡。从击项籍军于陈下，破之，所将卒斩楼烦将二人，虏骑将八人。赐益食邑二千五百户。

◎**注释** ①〔郯（tán）公〕项羽部将，郯县县令。郯县县治在今山东郯城。②〔鄚（cuó）〕县名，县治在今河南永城。③〔谯〕县名，在今安徽亳州。

◎**大意** 齐地平定后，韩信自立为齐王，派遣灌婴单独领兵去鲁北攻打楚将公杲的军队，打败了他们。灌婴挥师南下，打败了薛郡郡守的军队，亲自俘虏骑将一人。攻打傅阳，进军到下相东南的僮县、取虑、徐县。渡过淮河，降服了那个地区全部的城邑，到达广陵。项羽派遣项声、薛公、郯公重新收复淮北地区。灌婴渡过淮河北上，在下邳击败了项声、郯公，斩杀薛公，攻取下邳，在平阳打败楚军的骑兵，接着降服了彭城，俘获了楚国的柱国项佗，降服了留、薛、沛、鄚、萧、相等县。攻打苦县，谯县，又活捉亚将周兰。然后在颐乡和汉王会师。跟随汉王在陈县一带攻打项羽的军队，打败了他们，所统帅的士兵斩杀楼烦将领二人，俘获骑将八人。汉王给灌婴增加食邑二千五百户。

项籍败垓下去也，婴以御史大夫受诏将车骑别追项籍至东城，破之。所将卒五人共斩项籍，皆赐爵列侯。降左右司马各一人，卒万二千人，尽得其军将吏。下东城、历阳。渡江，破吴郡长吴下，得吴守，遂定吴、豫章、会稽郡。还定淮北，凡五十二县。

◎**大意** 项羽在垓下战败突围，灌婴以御史大夫身份受汉王诏令带领车骑部队分路追击项羽到东城，打败他们。他所统帅的士兵五人一道斩杀了项羽，他们都被赐予列侯的爵位。降服楚军左右司马各一人，士兵一万二千人，俘获了楚军的全部将吏。接着攻取东城、历阳。渡过长江，在吴县一带打败吴郡郡守的军队，活捉吴郡郡守，于是平定了吴、豫章、会稽三郡。还师平定了淮北地区，一共五十二个县。

汉王立为皇帝，赐益婴邑三千户。其秋，以车骑将军从击破燕王臧荼。明年，从至陈，取楚王信。还，剖符，世世勿绝，食颍阴二千五百户，号曰颍阴侯。

◎**大意**　汉王称帝后，给灌婴加封食邑三千户。这年秋天，灌婴以车骑将军的身份跟从高祖打败燕王臧荼。第二年，他跟从高祖到陈县，逮捕了楚王韩信。班师回朝后，高祖剖符为信，使其世世代代继承爵位而不断绝，把颍阴的两千五百户封给灌婴作为食邑，号为颍阴侯。

以车骑将军从击反韩王信于代，至马邑，受诏别降楼烦以北六县，斩代左相，破胡骑于武泉北。复从击韩信胡骑晋阳下，所将卒斩胡白题①将一人。受诏并将燕、赵、齐、梁、楚车骑，击破胡骑于硰石②。至平城，为胡所围，从还军东垣。

◎**注释**　①〔白题〕匈奴的一支。②〔硰（shā）石〕在今山西宁武一带。
◎**大意**　灌婴以车骑将军的身份随从高祖到代地攻打反叛的韩王信，到达马邑，奉高祖诏令单独领兵降服楼烦以北的六县，斩了代国的左丞相，在武泉以北打败匈奴的骑兵。他又跟从高祖在晋阳一带攻打韩王信的匈奴骑兵，所统帅的士卒斩杀匈奴白题将一人。他奉高祖命令一并率领燕、赵、齐、梁、楚等国的车骑部队，在硰石打败匈奴的骑兵。到了平城，被匈奴军队包围，突围后跟随高祖还师到东垣。

从击陈豨，受诏别攻豨丞相侯敞军曲逆下，破之，卒斩敞及特将五人。降曲逆、卢奴、上曲阳、安国、安平。攻下东垣。

◎**大意**　灌婴跟随高帝攻打陈豨，奉召单独领兵于曲逆一带攻打陈豨的丞相侯敞的军队，打败了他们，麾下士兵斩杀侯敞和特将五人。降服了曲逆、卢奴、上曲阳、安国、安平等地，攻取了东垣。

黥布反，以车骑将军先出，攻布别将于相，破之，斩亚将楼烦将三人。又进击破布上柱国军及大司马军。又进破布别将肥诛。婴身生得左司马一人，所将卒斩其小将十人，追北至淮上。益食二千五百户。布已破，高帝归，定令婴食颍阴五千户，除前所食邑。凡从得二千石二人，别破军十六，降城四十六，定国一，郡二，县五十二，得将军二人，柱国、相国各一人，二千石十人。

◎**大意** 黥布反叛，灌婴以车骑将军身份率先领兵出发，在相县攻打黥布别将的军队，打败了他们，斩杀副将、楼烦将领三人。又进兵击败黥布上柱国和大司马的军队。又进军击破黥布别将肥诛的军队。灌婴亲手活捉左司马一人，所统率的士兵斩杀他们的小将十人，追击败军直到淮河沿岸。高祖又给他增加食邑二千五百户。黥布已被彻底击破，高祖还朝，确定把颍阴的五千户作为灌婴的食邑，免除以前所封的食邑。灌婴跟从高祖作战共俘获二千石的官吏二人，单独领兵作战击破敌军十六支，降服城池四十六座，平定了诸侯国一个，郡两个，县五十二个，俘获将军二人，柱国、相国各一人，二千石的官吏十人。

婴自破布归，高帝崩，婴以列侯事孝惠帝及吕太后。太后崩，吕禄等以赵王自置为将军，军长安，为乱。齐哀王①闻之，举兵西，且入诛不当为王者。上将军吕禄等闻之，乃遣婴为大将，将军往击之。婴行至荥阳，乃与绛侯等谋，因屯兵荥阳，风（讽）②齐王以诛吕氏事，齐兵止不前。绛侯等既诛诸吕，齐王罢兵归，婴亦罢兵自荥阳归，与绛侯、陈平共立代王，为孝文皇帝。孝文皇帝于是益封婴三千户，赐黄金千斤，拜为太尉。

◎**注释** ①〔齐哀王〕刘襄，齐悼惠王刘肥之子。②〔风〕通"讽"，示意。

◎**大意** 灌婴打败黥布以后回到京城，高祖去世，灌婴以列侯的身份侍奉孝惠帝和吕太后。太后去世后，吕禄等人以赵王的身份自命为将军，驻军长安，图谋叛乱。齐哀王刘襄听到消息，发兵西进，准备进入京城诛杀不应该称王的人。上将军吕禄等人听说之后，就派遣灌婴为大将，领兵前往阻击他们。灌婴来到荥阳，就和绛侯周勃等人商议，顺势将军队屯扎于荥阳，向齐哀王暗中示意准备诛杀吕氏的事，齐兵也屯兵不前。绛侯周勃等人杀死诸吕之后，齐王收兵归去。灌婴也收兵从荥阳回到京城，和周勃、陈平共同立代王为孝文皇帝。孝文皇帝于是就加封灌婴食邑三千户，赏赐黄金一千斤，并任命他为太尉。

三岁，绛侯勃免相就国，婴为丞相，罢太尉官。是岁，匈奴大入北地、上郡，令丞相婴将骑八万五千往击匈奴。匈奴去，济北王①反，诏乃罢婴之兵。后岁余，婴以丞相卒，谥曰懿侯。子平侯阿代侯。二十八年卒，子强代侯。十三年，强有罪，绝二岁。元光三年，天子封灌婴孙贤为临汝侯，续灌氏后，八岁，坐行赇②有罪，国除。

◎**注释** ①〔济北王〕刘兴居，刘肥次子。②〔赇（qiú）〕贿赂。

◎**大意** 三年以后，绛侯周勃被免除丞相职务而回到封国，灌婴继任丞相，撤销了太尉职务。这一年，匈奴大举入侵北地、上郡，皇帝命丞相灌婴带领骑兵八万五千人前去迎击匈奴。匈奴退去，济北王刘兴居反叛，于是皇帝令灌婴收兵回京。过了一年多，灌婴以丞相的身份去世，谥号为懿侯。他的儿子平侯灌阿继承了侯位。灌阿继承侯位二十八年以后去世，儿子灌强继承侯位。十三年之后，灌强犯了罪，侯位中断了两年。元光三年，天子封灌婴的孙子灌贤为临汝侯，延续灌氏家族的侯位。八年之后，灌贤因犯贿赂罪，封国被废除。

太史公曰：吾适①丰沛，问其遗老②，观故萧、曹、樊哙、滕公之家，及其素，异哉所闻！方其鼓刀③屠狗卖缯之时，岂自知附骥④之尾，垂名汉廷，德流子孙哉？余与他广⑤通，为言高祖功臣之兴时若此云。

◎ **注释** ①〔适〕到。②〔遗老〕指前朝秦时所遗留下来的老人。③〔鼓刀〕屠宰敲击其刀有声，故称鼓刀。④〔附骥〕苍蝇附在千里马的尾巴上可以致千里。比喻樊、滕等人跟随刘邦而贵。⑤〔他广〕樊他广，樊哙的孙子。

◎ **大意** 太史公说：我曾经到丰沛，访问当地的遗老，考察萧何、曹参、樊哙、滕公夏侯婴居住的地方，以及他们平时的为人，所听到的真是令人惊异呀！当他们操刀杀狗或贩卖丝缯的时候，难道他们能知道日后可以跟随高祖建功立业，垂名汉室，德惠传及子孙吗？我和樊哙的孙子樊他广有过交往，他对我谈起高祖功臣兴起的情况就是这样的。

◎ **释疑解惑**

　　在写本篇四位传主的时候，作者既注意到同中之异，也注意到异中之同。例如，他们四个人都为大将，这是相同点；不同之处在于他们所带领的兵种不一样。樊哙率领步兵，攻城野战，多次率先登城。夏侯婴则是率领战车部队，南征北战，虽然攻坚不如步兵，但可以横扫千里，长驱直入。刘邦之所以能迅速入关，攻破咸阳，有夏侯婴的一份功劳。灌婴作为当时最年轻的大将之一，在楚汉相争的关键时刻被任命为骑兵将领。在垓下，灌婴带领骑兵追击仓皇而逃的项羽，并在东城彻底打垮了他，部下五人共同斩下了项羽的头颅。于是，对刘邦威胁最大的敌人也就被彻底消灭了。又如，樊哙、郦商、夏侯婴、灌婴四人都出身下层，这是相同点；不同之处在于这四个人原来所从事的职业不尽相同。樊哙原是一个杀狗的屠夫，灌婴原是一个贩卖布匹的小贩，而夏侯婴则是原沛县官府中的马车夫，作者不露声色地写出了这些生活经历对其以后事业的重大影响和在未来军事活动中所起的作用。因为他们都出身卑微，所以才忠心耿耿地追随刘邦南北转战，无论环境如何险恶，处境如何艰难，他们都毫不动摇。再如，樊哙等四人都对刘邦一片赤诚，这是相同点；不同之处在于他们四人和刘邦的关系不大一样。相对而言，樊哙和夏侯婴与刘邦的关系更为密切一些，因为他们是贫贱之交，故旧知己，所以在刘邦犯了错误时，他们能够予以补正。如刘邦战败后为了自己逃命，要扔掉自己的两个孩子，夏侯婴及时把他们拉上车子，使其免于一死；在黥布造反，刘邦又因病萎靡不振的时候，樊哙闯宫力谏，使刘邦重振精神，带病出征，平定了叛乱。由此可见，他们对刘邦事业的成功所起的作用是巨大的。在《太史公自序》中，司马迁曾有一段对樊哙等人的总评价："攻城野战，获功归报，哙、商有力焉，非独鞭策，又与之脱难。作《樊郦列传》第三十五。"他们攻城略地，战功显赫，都是高祖的得力干将。他们不仅是高祖的随从，而且能够在关键时刻为其排忧解难，真是难得的有力之士。

◎思考辨析题

1. 思考并总结樊哙的形象特点。

2. 思考文末太史公论赞中"方其鼓刀屠狗卖缯之时，岂自知附骥之尾，垂名汉廷，德流子孙哉"这句话蕴含的思想感情。

张丞相列传第三十六

　　该传是西汉初年大臣张苍、周昌、任敖、申屠嘉四个人的合传。萧何、曹参、陈平等已在世家中有专传，其余丞相总写一传以见梗概。该传叙写了张苍之雍容，周昌之刚强，任敖于吕后之旧德，申屠嘉之守节，以各人独特的语言和行动表现人物性格，体现了司马迁在运用语言方面的深厚功力。张苍是阳武人，喜欢图书、乐律和历法，在秦朝还担任过御史，掌管宫中的各种文书档案。张苍的本事主要体现在管理上，重点是财务管理。因此在刘邦一统天下之后，张苍被封为管理财物的丞相，称之为计相。周昌是沛县人，刘邦的老乡，他和哥哥周苛本来是秦朝的小吏，后来跟随刘邦一起造反，两个人最突出的特点就是敢于直言。周昌和哥哥相比有过之而无不及，为人坚韧刚直敢于直言不讳，萧何和曹参对他都十分敬畏。就算是对

3089

刘邦,周昌也直言不讳。刘邦十分敬佩,对他非常信任。周昌是对事不对人的典范,其"能相"之名当之无愧。任敖本是沛县的狱吏,和高祖刘邦关系要好,为人非常有原则,对于刘邦和吕后十分忠诚。因此在吕雉死后,他没有参加周勃、陈平等人策划的歼灭诸吕的行动。申屠嘉是梁地人,最初以武士身份跟随高祖刘邦,后来在攻打项羽和平定英布叛乱的时候立有战功,被封为侯爵。他在文帝时任丞相,为人廉洁正直,传中用他与邓通、晁错的故事来凸显其性格的主要特征。

张丞相苍者,阳武人也。好书律历。秦时为御史①,主柱下方书②。有罪,亡归。及沛公略地过阳武,苍以客从攻南阳。苍坐法当斩,解衣伏质③,身长大,肥白如瓠④,时王陵见而怪其美士,乃言沛公,赦勿斩。遂从西入武关,至咸阳。沛公立为汉王,入汉中,还定三秦。陈馀击走常山王张耳,耳归汉,汉乃以张苍为常山守。从淮阴侯击赵,苍得陈馀。赵地已平,汉王以苍为代相⑤,备边寇。已而徙为赵相,相赵王耳。耳卒,相赵王敖。复徙相代王。燕王臧荼反,高祖往击之。苍以代相从攻臧荼有功,以六年中封为北平侯,食邑千二百户。

◎**注释** ①〔御史〕御史府属官。秦代御史兼掌监察,开监察机关之端。②〔柱下方书〕主管公卿百官的奏章,掌管图籍秘书等。③〔伏质〕匍匐在椹质(刑具)上,以待受刑。④〔瓠(hù)〕瓠瓜,果实圆而长。⑤〔为代相〕为代王韩王信之相。

◎**大意** 丞相张苍,是阳武人。他爱好图书、乐律及历法。在秦朝时担任过御史,从事在殿柱之下收录四方文书的工作。后因犯了罪,逃回家乡。到沛公攻城略地经过阳武时，张苍以宾客的身份跟随沛公攻打南阳。张苍犯法罪当斩首，脱下衣服伏在刑具上，身体又高又大，又胖又白，如同瓠瓜，当时王陵看见后惊叹他是个美男子，就去向沛公说情，赦免了他的死罪。于是跟随沛公西征进入武关，到达咸阳。沛公立为汉王，进入汉中，还师平定三秦。陈馀打跑常山王张耳，张耳投归汉王，汉王就任命张苍为常山郡守。张苍跟随淮阴侯韩信攻打赵国，俘获了陈馀。赵国地区平定之后，汉王任命张苍为代国相国，防备边境敌寇。不久改任赵国相国，辅佐赵王张耳。张耳去世后，张苍又辅佐赵王张敖。又改辅佐代王。燕王臧荼反叛，高祖前往攻打他，张苍以代国相国的身份跟随高祖攻打臧荼有功，在高祖六年被封为北平侯，食邑一千二百户。

迁为计相^①，一月，更以列侯为主计^②四岁。是时萧何为相国，而张苍乃自秦时为柱下史，明习天下图书计籍。苍又善用算律历，故令苍以列侯居相府，领主郡国上计者。黥布反亡，汉立皇子长为淮南王，而张苍相之。十四年，迁为御史大夫。

◎**注释** ①〔计相〕汉初设立的临时职官，主管朝廷财政收支。计，计籍，各郡国所上户口、财赋等内容的报表、簿籍。②〔主计〕主管国家财赋的官吏。
◎**大意** 张苍被升任为管理财政的计相。一个月后，又以列侯的身份担任主计四年。这时萧何担任相国，而张苍是在秦朝时就担任过柱下史的，非常熟悉天下的图书和各种簿籍。张苍又精通应用计算、乐律和历法，因此就以列侯的身份住在相国府，负责管理郡县与诸侯国呈报上来的会计账簿。黥布谋反被诛灭，汉高祖就立他的儿子刘长为淮南王，而张苍担任相国辅佐刘长。十四年后，调任御史大夫。

周昌者，沛人也。其从兄^①曰周苛，秦时皆为泗水卒史^②。及高祖起沛，击破泗水守监，于是周昌、周苛自卒史从沛公，沛公以周昌为职志③，周苛为客。从入关，破秦。沛公立为汉王，以周苛为御史大夫，周昌为中尉。

◎**注释** ①〔从兄〕堂兄。父亲亲兄弟的儿子中比自己年龄大的，即伯叔父的儿子中比自己年龄大的。②〔卒史〕掌书记之小吏。③〔职志〕掌旗官。

◎**大意** 周昌，是沛县人。他的堂兄叫周苛，二人在秦朝时都是泗水郡的卒史。等到汉高祖在沛县起兵，打败了泗水郡的郡守、郡监，周昌、周苛就以卒史的资历来追随沛公。沛公用周昌做管理旗帜的官，周苛做幕僚。两人跟从沛公入关，推翻秦朝。沛公封为汉王，任用周苛为御史大夫，周昌为中尉。

汉王四年，楚围汉王荥阳急，汉王遁①出去，而使周苛守荥阳城。楚破荥阳城，欲令周苛将。苛骂曰："若趣（促）降汉王！不然，今为虏矣！"项羽怒，亨（烹）周苛。于是乃拜周昌为御史大夫。常从击破项籍。以六年中与萧、曹等俱封：封周昌为汾阴侯；周苛子周成以父死事，封为高景侯。

◎**注释** ①〔遁〕逃跑。

◎**大意** 汉王四年，楚军在荥阳围困住汉王，情况紧急，汉王冲出重围逃跑了，而让周苛留守荥阳城。楚军攻破荥阳城，想让周苛做将领。周苛骂道："你们赶快投降汉王！不这样，很快就要做俘虏了！"项羽大怒，煮死了周苛。这时汉王就任命周昌为御史大夫。他经常跟随汉王打败项羽。在汉王六年同萧何、曹参等一起受封：周昌被封为汾阴侯；周苛的儿子周成因父亲为国捐躯的原因，被封为高景侯。

昌为人强力①，敢直言，自萧、曹等皆卑下之②。昌尝燕时③入奏事，高帝方拥戚姬，昌还走④，高帝逐得，骑周昌项，问曰："我何如主也?"昌仰曰:"陛下即桀纣之主也。"于是上笑之,然尤惮周昌。及帝欲废太子,而立戚姬子如意为太子,大臣固争⑤之,莫能得;上以留侯策⑥即止。而周昌廷争之强,上问其说⑦,昌为人吃,又盛怒,曰:"臣口不能言,然臣期期⑧知其不可。陛下虽欲废太子,臣期期不奉诏。"上欣然而笑。既罢,吕后侧耳于东厢听,见周昌,为跪谢曰:"微君,太子几废。"

◎**注释** ①〔强力〕倔强刚强。②〔卑下之〕屈礼在周昌之下,即敬畏周昌。③〔燕时〕指高祖退朝闲居时。④〔还走〕回头就跑。⑤〔固争〕强谏。⑥〔留侯策〕指张良劝太子刘盈礼请商山四老为辅翼之计。⑦〔说〕原因。⑧〔期期〕盛怒口吃之状。期,无义,模拟口吃之音。

◎**大意** 周昌为人倔强刚强,敢于直言不讳,像萧何、曹参这些人都敬畏他。周昌曾经在高祖休息的时候进宫报告事情,高祖正搂着戚夫人,周昌转身便跑,高帝追上抓住他,骑在他的脖子上问道:"我是什么样的君主?"周昌仰起头说:"陛下就是夏桀、商纣一样的君主。"这时高祖笑了,然而特别敬畏周昌。到高祖想要废掉太子,立戚姬之子如意为太子时,大臣们都坚决反对,但是都未奏效;高祖因为留侯张良的策略打消了废太子的念头。而周昌在朝廷中争辩得最强硬,高帝问他理由何在,周昌本来就有口吃的毛病,又非常生气,说:"我的嘴巴不太会讲话,但是我知道这样做是不行的。虽然陛下想废掉太子,但是我不能接受诏令。"高祖欣然而笑。散朝之后,吕后因为在东厢听到上述对话,见到周昌,就跪谢说:"没有您,太子几乎就被废掉了。"

是后戚姬子如意为赵王,年十岁,高祖忧即万岁之后不全也。赵尧年少,为符玺御史。赵人方与公①谓御史大夫周昌曰:"君之史赵尧,年虽少,然奇才也,君必异之,是且代君之位。"周昌笑曰;"尧年少,刀笔吏②耳,何能至是乎!"居顷之,赵尧侍高祖。高祖独心不乐，悲歌，群臣不知上之所以然。赵尧进请问曰："陛下所为不乐，非为赵王年少而戚夫人与吕后有郄（隙）邪？备万岁之后而赵王不能自全乎？"高祖曰："然。吾私忧之，不知所出③。"尧曰："陛下独宜为赵王置贵强相④，及吕后、太子、群臣素所敬惮乃可。"高祖曰："然。吾念之欲如是，而群臣谁可者？"尧曰："御史大夫周昌，其人坚忍质直，且自吕后、太子及大臣皆素敬惮之。独昌可。"高祖曰："善。"于是乃召周昌，谓曰："吾欲固烦公，公强为我相赵王。"周昌泣曰："臣初起从陛下，陛下独奈何中道而弃之于诸侯乎？"高祖曰："吾极知其左迁，然吾私忧赵王，念非公无可者。公不得已强行！"于是徙御史大夫周昌为赵相。

◎**注释** ①〔方与公〕方与县县令。一说是方与县的一位老人。②〔刀笔吏〕抄写公文的小吏。秦汉时用简策，误书则用刀刮削去，故称抄写公文的小吏为刀笔吏。③〔不知所出〕不知道办法从何而出。④〔置贵强相〕以地位尊贵而又有铁腕的人为相。

◎**大意** 这以后戚夫人的儿子如意被立为赵王，年仅十岁，高祖担心自己百年之后他不会有好下场。赵尧年轻，任掌符玺的御史。赵国人方与公对御史大夫周昌说："您的御史赵尧，年纪虽轻，但是一个奇才，您对他要另眼相待，这人将会接替您的职位。"周昌笑着说："赵尧年轻，只不过是个刀笔小吏罢了，怎能到这种程度呢！"过了没多久，赵尧被调去侍奉高祖。高祖独自心中不乐，慷慨悲歌，大臣们不知道皇帝为什么会这样。赵尧上前请安问道："陛下您闷闷不乐的原因，莫非是为赵王年轻而戚夫人和吕后有矛盾吗？是担心在您百年之后赵王不能保全自身吗？"高祖说："是的。我私下里担心这些，但是又想不出办法。"赵尧说："陛下最好为赵王任命一个地位高贵而坚强有力的相国，这个人还得是吕后、太子和群臣平日都敬畏的人才行。"高祖说："对。我也是这样考虑，但是众大臣中谁行呢？"赵尧说："御史大夫周昌，这个人坚韧不拔质朴正直，并且吕后、太子和大臣们历来都敬畏他。只有周昌行。"高祖说："好。"于是高祖就召见周昌，对他说："我一定得麻烦您，您无论如何也要为我辅佐赵王。"周昌哭着说："我从陛下起兵之初就跟随在身边，陛下为什么要在半路上把我扔给诸侯王呢？"高祖说："我深深地知道这是降职，但是我私下里担忧赵王，考虑到非您不能担此重任。您就不得已为我勉强走一遭吧！"于是调御史大夫周昌做赵国国相。

既行久之，高祖持御史大夫印弄之，曰："谁可以为御史大夫者？"孰（熟）视①赵尧，曰："无以易尧②。"遂拜赵尧为御史大夫。尧亦前有军功食邑，及以御史大夫从击陈豨有功，封为江邑侯。

◎注释　①〔孰视〕仔细观察、考虑。②〔无以易尧〕没有能替换赵尧的。即赵尧最合适。

◎大意　周昌走后很久，高祖拿着御史大夫的官印在手里抚弄，说："谁可以做御史大夫呢？"仔细观察赵尧，说："没有谁可以代替赵尧。"就任命赵尧担任御史大夫。赵尧先前有军功和食邑，等到他以御史大夫之职跟随高祖攻打陈豨立功之后，被封为江邑侯。

高祖崩，吕太后使使①召赵王，其相周昌令王称疾不行。使者三反（返），周昌固为不遣赵王。于是高后患之，乃使使召周昌。周昌至，谒②高后，高后怒而骂周昌曰："尔不知我之怨戚氏乎？而不遣赵王，何？"昌既征③，高后使使召赵王，赵王果来。至长安月余，饮药而死。周昌因谢病不朝见，三岁而死。

◎注释　①〔使使〕派使者。②〔谒〕朝见。③〔既征〕被召还京。

◎大意　高祖去世后，吕太后派使者召赵王进京，相国周昌让赵王推说有病不去。使者往返三次，周昌一直坚持不让赵王进京。这时吕太后忧虑起来，就派使者召周昌进京。周昌到京城，拜见吕太后，吕太后非常生气地骂周昌道："你不知道我怨恨戚夫人吗？你却不让赵王进京，为什么？"周昌被召回朝廷后，吕太后派使者召赵王，赵王果然来到京城。他到长安一个多月，就被迫喝毒药而死。周昌因此装病不朝拜，三年后去世。

后五岁，高后闻御史大夫江邑侯赵尧高祖时定①赵王如意之画，乃抵尧罪，以广阿侯任敖为御史大夫。

◎**注释** ①〔定〕保全。
◎**大意** 周昌死后五年，吕太后听说御史大夫江邑侯赵尧在高祖时谋划了保全赵王如意的计策，于是除去他江邑侯的爵位以抵其罪，任命广阿侯任敖为御史大夫。

任敖者，故沛狱吏。高祖尝辟吏①，吏系②吕后，遇之不谨③。任敖素善高祖，怒，击伤主吕后吏。及高祖初起，敖以客从为御史，守丰二岁，高祖立为汉王，东击项籍，敖迁为上党守。陈豨反时，敖坚守，封为广阿侯，食千八百户。高后时为御史大夫。三岁免，以平阳侯曹窋④为御史大夫。高后崩，与大臣共诛吕禄等。免，以淮南相张苍为御史大夫。

◎**注释** ①〔辟吏〕躲避官差。②〔系〕拘捕。③〔不谨〕不礼貌。④〔曹窋（zhú）〕汉相曹参之子，汉惠帝时曾任中大夫、御史大夫等职。
◎**大意** 任敖，原来是沛县的狱吏。高祖曾经躲避官司，狱吏拘捕了吕后，对她很不规矩。任敖平素与高祖要好，非常生气，打伤了拘管吕后的狱吏。等到高祖起兵的时候，任敖就以宾客的身份跟从，担任御史，驻守丰邑两年。高祖被立为汉王，引兵向东进击项羽，任敖升为上党郡守。陈豨反叛时，任敖坚守城池，被封为广阿侯，食邑一千八百户。高后时他担任御史大夫。三年后免职，任命平阳侯曹窋为御史大夫。高后去世之后，曹窋和大臣们共同诛杀吕禄等人。曹窋后来被免职，淮南王的相国张苍被任命为御史大夫。

苍与绛侯等尊立代王为孝文皇帝。四年，丞相灌婴卒，张苍为丞相。

◎**大意** 张苍和绛侯周勃等人共同尊立代王为孝文皇帝。文帝四年，丞相灌婴去世，张苍继任丞相。

自汉兴至孝文二十余年，会天下初定，将相公卿皆军吏。张苍为计相时，绪①正律历。以高祖十月始至霸上，因故秦时本以十月为岁首②，弗革③。推五德之运，以为汉当水德之时，尚黑如故④。吹律调乐，入之音声⑤，及以比定律令。若百工，天下作程品⑥。至于为丞相，卒就之，故汉家言律历者，本之张苍。苍本好书，无所不观，无所不通，而尤善律历。

◎**注释** ①〔绪〕条理，反复推求。②〔岁首〕一年之始。③〔弗革〕不改修历法。④〔"推五德之运"句〕按五德终始学说，周为火德，秦胜周，是水德，尚黑色。汉初，主张更历者以汉为土德，尚黄色。张苍认为汉仍为水德，直接承继周统。应尚黑色如故。⑤〔吹律调乐，入之音声〕吹奏律管调整五音，谱入乐章。吹律，吹奏律管以定音。律，用竹或金属管制作的定音、候气的仪器。⑥〔程品〕度量标准。

◎**大意** 自汉朝建立到孝文帝已有二十多年，当时天下刚刚安定，将相公卿都是军中将官担任。张苍担任计相时，订正音律和历法。因为高祖是在十月到达霸上的，所以原来秦朝以十月作为一年开端的历法，不加以变革了。他推算金、木、水、火、土五德运转的规律，认为汉朝正当水德的时代，所以仍然像秦朝那样崇尚黑色。他还吹奏律管并调整乐调，使其合于五声八音，并用它们确定时令节气。并且由此制定出各种器物的度量标准，以作为天下百工的规范。他直到做丞相，终于完成了这些工作，所以整个汉代研究音律历法的，都依附张苍。张苍原本喜爱图书，什么样的书籍都读，什么样的学问都精通，尤其擅长音律和历法。

张苍德①王陵。王陵者，安国侯也。及苍贵，常父事王陵②。陵死后，苍为丞相，洗沐③，常先朝陵夫人上食，然后敢归家。

◎**注释** ①〔德〕感激。因王陵曾救张苍免于死刑。②〔父事王陵〕像侍奉父亲一样侍奉王陵。③〔洗沐〕沐浴。汉时官员五日上朝一日洗沐，即休息。
◎**大意** 张苍感激王陵曾救过他的恩德。王陵，就是安国侯。等到张苍地位显贵了，还经常像侍奉父亲一样侍奉王陵。王陵死后，张苍担任丞相，每逢休假，他先去探望王陵夫人并伺候老人吃饭，这才敢回家。

苍为丞相十余年，鲁人公孙臣上书言汉土德时，其符有黄龙当见。诏下其议张苍，张苍以为非是，罢之。其后黄龙见（现）成纪①，于是文帝召公孙臣以为博士，草土德之历制度，更元年。张丞相由此自绌（黜）②，谢病称老。苍任人为中候③，大为奸利，上以让苍，苍遂病免。苍为丞相十五岁而免。孝景前五年，苍卒，谥为文侯。子康代侯，八年卒。子类代为侯，八年，坐临诸侯丧后就位不敬，国除。

◎**注释** ①〔成纪〕县名，在今甘肃通渭东北。②〔自绌〕自我贬黜。③〔任人为中候〕任人，举荐人。中候，官名。
◎**大意** 张苍担任丞相十多年之后，鲁国人公孙臣上书向皇帝陈说汉朝正处在土德的时代，其征兆是不久将有黄龙出现。皇帝下诏把这种说法交给张苍审鉴，张苍认为并非如此，否定了这种说法。这以后黄龙出现在成纪，于是汉文帝征召公孙臣做博士，起草土德时代的历法制度，改定元年。丞相张苍因此自行引退，托病称老。张苍曾保举某人做中候官，那人大干贪赃枉法的事，皇帝以此责备张苍，张苍就因病免职。张苍担任宰相十五年被免职。孝景帝前元五年，张苍去世，谥号为文侯。儿子康侯继承侯爵，八年之后去世。康侯的儿子张类继承侯爵，在位的第八年，因为犯下了参加诸侯丧礼而未及时就位的不敬之罪，侯国被废除。

初，张苍父长①不满五尺，及生苍，苍长八尺余，为侯、丞相。苍子复长②。及孙类，长六尺余，坐法失侯。苍之免相后，老，口中无齿，食乳，女子为乳母。妻妾以百数，尝孕者不复幸。苍年百有余岁而卒。

◎**注释** ①〔长〕身高。②〔长〕高大。
◎**大意** 当初，张苍的父亲身高不足五尺，后来生下张苍，等张苍成人后却身高八尺多，被封为侯、丞相。张苍的儿子又很高大。到了孙子张类，身高六尺多，因为犯法而失去侯爵。张苍被免去丞相职务之后，年岁已经很大了，口里没有牙齿，吸食乳汁，青年妇女当他的乳母。他的妻妾有上百人，凡是怀过孕的就不再同房。张苍活到一百多岁才去世。

申屠丞相嘉①者，梁人，以材官蹶张②从高帝击项籍，迁为队率③。从击黥布军，为都尉。孝惠时，为淮阳守。孝文帝元年，举故吏士二千石从高皇帝者，悉以为关内侯，食邑二十四人，而申屠嘉食邑五百户。张苍已为丞相，嘉迁为御史大夫。张苍免相，孝文帝欲用皇后弟窦广国为丞相，曰："恐天下以吾私广国。"广国贤有行，故欲相之，念久之不可，而高帝时大臣又皆多死，余见无可者，乃以御史大夫嘉为丞相，因故邑封为故安侯。

◎**注释** ①〔申屠丞相嘉〕姓申屠，名嘉，梁国睢阳（今河南商丘）人。②〔材官蹶张〕材官，当时的一种地方预备兵兵种，是在山地或少马的地方作战的步兵。蹶张，能脚踏强弓。形容力大勇猛。③〔队率〕队长。

◎**大意** 丞相申屠嘉，是梁地人，以能拉强弓硬弩的武士的身份跟随高祖攻打项羽，提升为队长。他跟随高帝攻打黥布叛军，担任都尉。孝惠帝时，他担任淮阳郡守。孝文帝元年，提拔那些曾经跟随高祖的官至二千石的旧将士，全部赐封关内侯，得到食邑的有二十四人，而申屠嘉得到五百户的食邑。张苍已经担任了丞相，申屠嘉升任为御史大夫。张苍免除丞相，孝文皇帝想用皇后的弟弟窦广国为丞相，说："只怕天下人会认为我偏爱广国。"窦广国贤能有德行，所以想用他为相，考虑很久还是不行，而高祖时候的大臣又多已死去，余下的看来也没有能胜任的，于是便任命御史大夫申屠嘉为丞相，就在他原来的食邑封他为故安侯。

嘉为人廉直，门不受私谒。是时太中大夫邓通方隆爱幸，赏赐累巨万。文帝尝燕饮通家，其宠如是。是时丞相入朝，而通居上傍，有怠慢之礼。丞相奏事毕，因言曰："陛下爱幸臣，则富贵之；至于朝廷之礼，不可以不肃！"上曰："君勿言，吾私①之。"罢朝坐府中，嘉为檄召邓通诣丞相府，不来，且斩通。通恐，入言文帝。文帝曰："汝第②往，吾今使人召若。"通至丞相府，免冠，徒跣③，顿首谢④。嘉坐自如，故不为礼，责曰："夫朝廷者，高皇帝之朝廷也。通小臣，戏殿上，大不敬，当斩。吏今行斩之⑤！"通顿首，首尽出血，不解。文帝度丞相已困通，使使者持节召通，而谢丞相曰："此吾弄臣，君释之。"邓通既至，为文帝泣曰："丞相几杀臣。"

◎**注释** ①〔私〕喜欢，宠爱。②〔第〕但，只管。③〔徒跣（xiǎn）〕赤足。④〔顿首谢〕顿首，叩头触地。谢，认错，道歉。⑤〔行斩之〕立即推出去斩首。

◎**大意** 申屠嘉为人廉洁正直，在家不接受私事拜访。这时太中大夫邓通特别受皇帝的宠爱，被赏赐的财物累计上亿。汉文帝曾经到邓通家赴私宴，宠爱到这种程度。当时丞相申屠嘉入朝拜见皇帝，而邓通站在皇帝身边，礼数上有些怠慢。申屠嘉奏事完毕，顺便说："陛下喜爱宠臣，就让他富贵；至于朝廷上的礼节，却是不能不整肃的！"皇帝说："你别说了，我宠幸他。"申屠嘉下朝后坐在丞相府里，写道手令让邓通到相府来，如果不来，就要把邓通斩首。邓通惊恐，进宫告诉文帝。文帝说："你尽管前去，我立刻派人召你进宫。"邓通到了丞相府，摘下帽子，赤着脚，叩头请罪。申屠嘉很随便地坐在那里，故意不表示礼节，指责道："朝廷嘛，是高祖皇帝的朝廷。你只不过是一个小臣，胆敢在宫殿之上放肆，犯有大不敬之罪，应该斩首。来人即刻推出去斩了他！"邓通磕头，头上碰得满是血，不得解脱。文帝估计丞相已使邓通陷入困境，派使者拿着符节召邓通进宫，而向丞相道歉说："这是我亲昵戏弄的臣子，您就放了他吧！"邓通回到宫廷，对文帝哭着说："丞相差点杀了我。"

　　嘉为丞相五岁，孝文帝崩，孝景帝即位。二年，晁错为内史，贵幸用事，诸法令多所请变更，议以谪罚侵削诸侯①。而丞相嘉自绌（屈）②所言不用，疾③错。错为内史④，门东出，不便，更穿一门南出。南出者，太上皇庙堧垣⑤。嘉闻之，欲因此以法错擅穿宗庙垣为门，奏请诛错。错客有语⑥错，错恐，夜入宫上谒，自归⑦景帝。至朝，丞相奏请诛内史错。景帝曰："错所穿非真庙垣，乃外垣，故他官居其中⑧，且又我使为之，错无罪。"罢朝，嘉谓长史曰："吾悔不先斩错，乃先请之，为错所卖⑨。"至舍，因欧（呕）血而死。谥为节侯。子共侯蔑代，三年卒。子侯去病代，三十一年卒。子侯臾代，六岁，坐为九江太守受故官送有罪，国除。

◎**注释** ①〔议以谪罚侵削诸侯〕晁错建言因诸侯罪过削减其地以壮京师。②〔自绌〕自感委屈。③〔疾〕痛恨。④〔内史〕后名京兆尹,京师行政长官。⑤〔堧(ruán)垣〕庙墙外之矮墙。⑥〔语〕告诉。⑦〔自归〕自首。⑧〔他官居其中〕除内史外还有许多官员都住在太上皇庙的矮墙里面。⑨〔卖〕欺骗。

◎**大意** 申屠嘉担任丞相五年,孝文帝去世,孝景帝继承皇位。景帝二年,晁错担任内史,深受景帝宠幸和喜爱,经他请求各种法令多有变更的,还建议用贬谪处罚的方式来削弱诸侯王的势力。而丞相申屠嘉为自己所提意见得不到采纳而委屈,嫉恨晁错。晁错担任内史,觉得内史府的门本是由东边通出宫外,进出多有不便,就向南另开了一道门。而向南出的门所凿开的墙,正是太上皇宗庙的外墙。申屠嘉听说后,就想借晁错擅自凿开宗庙围墙为门一事治他的罪,奏请皇上杀掉他。晁错的门客中有人把这件事告诉了他,晁错非常害怕,连夜跑到宫中拜见皇上,向景帝自首。到了第二天早朝,丞相申屠嘉奏请诛杀内史晁错。景帝说:"晁错所凿的墙并不是真正的宗庙墙,而是宗庙的外围短墙,所以才有其他官员住在里面,况且又是我让他这样做的,他并没有罪过。"退朝后,申屠嘉对长史说:"我后悔没有先杀了晁错,却先报告皇帝,结果被晁错欺骗。"回到相府之后,他便吐血而死。谥号为节侯。他的儿子共侯申屠蔑继承侯爵,三年之后去世。共侯之子申屠去病继承侯爵,三十一年后去世。申屠去病的儿子申屠臾继承侯爵,六年后,他由于身为九江太守接受原任官员送礼而犯了罪,侯国被废除。

　　自申屠嘉死之后,景帝时开封侯陶青、桃侯刘舍为丞相。及今上时,柏至侯许昌、平棘侯薛泽、武强侯庄青翟、高陵侯赵周等为丞相。皆以列侯继嗣,娖娖①廉谨,为丞相备员②而已,无所能发明功名③有著于当世者。

◎**注释** ①〔娖娖(chuò)〕拘谨的样子。②〔备员〕充位备数。③〔无所能发明功名〕无所作为,无高明见解,留不下功名。

◎**大意** 自申屠嘉死了以后,景帝时开封侯陶青、桃侯刘舍先后担任过丞相。到了当今皇上时,柏至侯许昌、平棘侯薛泽、武强侯庄青翟、高陵侯赵周等人相继担任丞相。他们都是世袭的列侯,谨小慎微,做丞相凑个数罢了,没有一个能在世上显扬功绩和名声的。

太史公曰:"张苍文学律历①,为汉名相,而绌(黜)贾生、公孙臣等言正朔服色事而不遵②,明③用秦之颛顼历,何哉?周昌,木强人④也。任敖以旧德用。申屠嘉可谓刚毅守节矣,然无术学⑤,殆与萧、曹、陈平异⑥矣。

◎**注释** ①〔文学律历〕文学,经学。律历,律度历算。②〔遵〕采纳。③〔明〕显明,引申为公然,明目张胆的意思。④〔木强人〕刚强人。木,喻人之品性正直如木。⑤〔无术学〕没有权变的学识、手段。⑥〔异〕不同。此为差一等的意思。

◎**大意** 太史公说:张苍精通文章学问和音律历法,是汉朝一代名相,但是他罢斥贾生、公孙臣等人提出的改变历法及车马颜色等意见而不采纳,执意要用秦代的颛顼历,这是为什么呢?周昌,是个像木石一般倔强的人。任敖,凭旧日对吕后有恩德才被重用。申屠嘉,可以说是刚正坚毅恪守气节的人,但没有权变的学识、手段,这几个人和萧何、曹参、陈平相比就略逊一筹了。

孝武时丞相多甚①,不记,莫录其行起居状略,且纪征和以来②。

◎**注释** ①〔孝武时丞相多甚〕至此以下疑为褚少孙所补。②〔且纪征和以来〕武帝征和以后任用两丞相,即刘屈氂、车千秋。刘屈氂于征和二年(前91年)五月拜丞相,征和三年六月腰斩,只任职一年,且极罪而死,故下文不载,而只记车千秋,也是一笔带过。下记昭宣中兴时期五丞相:魏相、邴吉、黄霸、韦玄成、匡衡,与褚少孙补史时代相符,且起句大类褚少孙语,故疑为褚氏所补。褚少孙,颍川人，宣帝五凤年间应博士弟子选，甘露元年（前53年）以高第为郎，出入宫禁十余年，元、成之间为博士。

◎**大意**　汉武帝时丞相很多，不作传记，也不收录他们的言行事迹，暂且记下征和年间以来的丞相。

有车丞相①，长陵人也。卒而有韦丞相代。韦丞相贤②者，鲁人也。以读书术为吏，至大鸿胪③。有相工④相之，当至丞相。有男四人，使相工相之，至第二子，其名玄成。相工曰："此子贵，当封。"韦丞相言曰："我即为丞相，有长子，是安从得之？"后竟为丞相，病死，而长子有罪论，不得嗣，而立玄成。玄成时伴狂，不肯立，竟立之，有让国之名。后坐骑至庙，不敬，有诏夺爵一级，为关内侯，失列侯，得食其故国邑。韦丞相卒，有魏丞相代。

◎**注释**　①〔车丞相〕即田千秋，为相十二年。因年老，昭帝赐以乘车出入宫中，因号"车丞相"，史称车千秋。②〔韦丞相贤〕宣帝时丞相。其子韦玄成，元帝时丞相。③〔大鸿胪（lú）〕主掌接待宾客的官员。④〔相工〕旧指以相术供职或为业的人。

◎**大意**　车千秋丞相，是长陵人。他去世之后由韦丞相接替。韦丞相名贤，是鲁国人。他凭谙于读书而担任小吏，升到了大鸿胪。有相面的人给他相面，说他能官至丞相。他有四个儿子，让相面的人给他们看相，相到第二个儿子，即名叫韦玄成的。相面人说："这孩子是贵相，会被封为列侯。"韦丞相说："即使我当了丞相，有长子继承爵位，二儿子从哪里得到爵位呢？"后来，韦贤果然当了丞相，他病死了，而长子因为有罪等待判决，不能继位，却立了韦玄成。韦玄成当时装疯，不肯继位，最终还是立了他，而他有了让国的美名。后来他因为骑马到皇帝祖庙，犯了不敬罪，皇帝下诏降爵一级，成为关内侯，失去了列侯的爵位，但仍然享有以前的食邑。韦丞相去世，由魏丞相接替。

魏丞相相①者，济阴人也。以文吏至丞相。其人好武，皆令诸吏带剑，带剑前奏事。或有不带剑者，当入奏事，至乃借剑而敢入奏事。其时京兆尹赵君，丞相奏以免罪②，使人执③魏丞相，欲求脱罪而不听。复使人胁恐魏丞相，以夫人贼杀侍婢事而私独奏请验之，发吏卒至丞相舍，捕奴婢笞击问之，实不以兵刃杀也。而丞相司直繁君奏京兆尹赵君迫胁丞相，诬以夫人贼杀婢，发吏卒围捕丞相舍，不道；又得擅屏骑士事④，赵京兆坐要（腰）斩。又有使掾陈平等劾中尚书，疑以独擅劫事⑤而坐之，大不敬，长史以下皆坐死，或下蚕室。而魏丞相竟以丞相病死。子嗣。后坐骑至庙，不敬，有诏夺爵一级，为关内侯，失列侯，得食其故国邑。魏丞相卒，以御史大夫邴吉代⑥。

◎**注释** ①〔魏丞相相〕即宣帝时贤相魏相。②〔免罪〕该免职的罪行。③〔执〕要挟。④〔擅屏骑士事〕赵广汉冤害骑士苏贤事。⑤〔独擅劫事〕胁迫丞相事件的主谋。⑥〔以御史大夫邴（bǐng）吉代〕魏相在宣帝地节三年（前67年）为丞相，九年病卒，邴吉代相，在宣帝神爵三年（前59年）。

◎**大意** 魏丞相名字叫魏相，是济阴人。由文职小吏升到丞相。这个人喜好武艺，让自己的部下都佩带宝剑，要佩带宝剑上前报告公事。偶尔有人没佩剑，要进相府报告事情，竟要借剑佩上才敢进府。当时的京兆尹是赵广汉，魏丞相上奏皇帝说他犯了应该免职的罪行，他派人胁迫魏丞相，想请求开脱罪责而没有得到同意。他又派人威胁魏丞相，拿丞相夫人残杀婢女的事私下单独上奏皇帝并请核实，同时调动官吏士兵到丞相官邸，逮捕家奴、婢女严刑拷打，结果问出婢女并非魏夫人用利器杀死的。丞相府的司直繁先生就上奏皇帝京兆尹赵广汉威胁丞相，诬告丞相夫人残杀婢女，派遣官吏士兵包围丞相府抓人，犯了不道之罪；又查出赵广汉冤害骑士苏贤一事，京兆尹赵广汉被判处腰斩。其后又有掾使陈平等人弹劾中尚书，怀疑中尚书是胁迫丞相事件的主谋而罪当连坐，犯有大不敬之罪，致使长史以下数名官员都被处死，有的被处宫刑。而魏丞相最后在丞相的职位上因病去世。他的儿子继承了爵位，后来因为骑马到皇帝祖庙，犯下了不敬之罪，皇帝下诏降爵一级，成为关内侯，失去了列侯的爵位，但依然享有原来的封地和食邑。魏丞相去世，御史大夫邴吉继任丞相。

邴丞相吉者，鲁国人也。以读书好法令至御史大夫。孝宣帝时，以有旧故①，封为列侯，而因为丞相。明于事，有大智，后世称之。以丞相病死。子显嗣。后坐骑至庙，不敬，有诏夺爵一级，失列侯，得食故国邑。显为吏至太仆，坐官耗乱②，身及子男有奸赃③，免为庶人。

◎**注释**　①〔旧故〕旧恩之故。宣帝刘询幼时因巫蛊案被囚禁，蒙邴吉救护免于难。②〔耗乱〕滥用职权，挥霍浪费。③〔奸赃〕贪赃枉法。
◎**大意**　邴丞相的名字叫邴吉，是鲁国人。他因为喜欢读书和好法令官至御史大夫。孝宣帝时，他因为有旧功，被封为列侯，而接替了丞相的职务。他明了事理，有极大的智慧，受到后世的称赞。他在丞相任内病死。他的儿子邴显继承爵位，后来因为骑马到皇帝祖庙，犯了不敬之罪，皇帝下诏降爵一级，失去列侯的爵位，但依然享有原来的封地和食邑。邴显做官到太仆，因为在任上滥用职权和挥霍浪费，本人和儿子都有贪赃枉法之罪，被免除官职降为平民。

邴丞相卒，黄丞相①代。长安中有善相工田文者，与韦丞相、魏丞相、邴丞相微贱时会于客家，田文言曰："今此三君者，皆丞相也。"其后三人竟更相代为丞相，何见之明也。

◎**注释**　①〔黄丞相〕邴吉为相五年卒，黄霸代相，在宣帝五凤三年（前55年）。
◎**大意**　邴吉丞相去世后，由黄丞相接任他的职务。长安城中有个善相面的人叫田文，当韦丞相、魏丞相、邴丞相地位低下之时，三人曾与田文在一户人家中做客，田文说："现在这里的三位先生，都能做丞相。"这以后三个人果然相继做了丞相，这个人怎么看得如此清楚啊。

　　黄丞相霸者，淮阳人也。以读书为吏，至颍川太守。治颍川，以礼义条教喻告化之。犯法者，风（讽）晓①令自杀。化大行，名声闻。孝宣帝下制曰："颍川太守霸，以宣布诏令治民，道不拾遗，男女异路，狱中无重囚。赐爵关内侯，黄金百斤。"征为京兆尹而至丞相，复以礼义为治。以丞相病死。子嗣，后为列侯。黄丞相卒，以御史大夫于定国代。于丞相已有廷尉传，在《张廷尉》语中②。于丞相去，御史大夫韦玄成代。

◎**注释**　①〔风（fěng）晓〕含蓄地示意，暗示。②〔在《张廷尉》语中〕《张廷尉》，指《张释之冯唐列传》，但其中并无于定国事。

◎**大意**　黄丞相名叫黄霸，是淮阳人。他因为读书做了官吏，升任颍川太守。他在治理颍川时，用礼义条例和教令来教喻感化百姓。对于犯死罪的，他暗示其情节使其自杀。教化大行于世，名声远近皆知。孝宣帝下文告说："颍川太守黄霸，用宣布朝廷诏令之法治理百姓，达到了行人在路上不拾别人丢失的东西、男女分途而行、监狱里没有重罪囚犯的程度。特赐予关内侯的爵位，黄金一百斤。"他被征为京兆尹而官至丞相，又以礼义治理国家。他最后病死在丞相任上。他的儿子继承爵位，后来被封为列侯。黄丞相去世后，御史大夫于定国接任。于定国丞相已经有传记，在《张廷尉》一传中。于丞相去职后，御史大夫韦玄成接替他的职位。

　　韦丞相玄成者，即前韦丞相子也。代父，后失列侯。其人少时好读书，明于《诗》《论语》。为吏至卫尉，徙为太子太傅。御史大夫薛君免，为御史大夫。于丞相乞骸骨①免，而为丞相，因封故邑为扶阳侯。数年，病死。孝元帝亲临丧，赐赏甚厚。子嗣后。其治容容②随世俗浮沉，而见谓谄巧③。而相工本谓之当为侯代父，而后失之；复自游宦而起，至丞相。父子俱为丞相，世间美之，岂不命哉！相工其先知之。韦丞相卒，御史大夫匡衡代。

◎**注释** ①〔乞骸骨〕官员申请退休的婉辞。②〔容容〕苟且敷衍。③〔谄巧〕谄媚取巧。

◎**大意** 韦丞相的名字叫韦玄成，就是前边所说的韦贤丞相的儿子。他继承了父亲的封爵，后来失去了列侯的爵位。这个人小时候喜欢读书，精通《诗经》《论语》。他从吏员升到卫尉，提升为太子太傅。御史大夫薛广德免职后，他做了御史大夫。于丞相请求告老还乡卸任后，他做了丞相，就以原来的食邑封为扶阳侯。数年之后，他因病去世。孝元帝亲自参加他的丧礼，给予非常丰厚的赏赐。儿子继承爵位。韦玄成治理国家苟且敷衍、随从世俗上下浮沉，被称为谄媚取巧。而相面的人原本说他应当继承父爵为列侯，但后来失去了；他又从一般官员做起，升到丞相。父亲儿子都做丞相，世上的人赞美他们，这难道不是命运的安排吗！相面的人竟能事先预知。韦丞相去世后，御史大夫匡衡接任。

丞相匡衡者，东海人也。好读书，从博士受《诗》。家贫，衡佣作①以给食饮。才下，数射策②不中，至九，乃中丙科。其经以不中科故明习③。补平原文学卒史。数年，郡不尊敬。御史征之，以补百石属荐为郎，而补博士，拜为太子少傅，而事孝元帝。孝元好《诗》，而迁为光禄勋，居殿中为师，授教左右，而县官坐其旁听，甚善之，日以尊贵。御史大夫郑弘坐事免，而匡君为御史大夫。岁余，韦丞相死，匡君代为丞相，封乐安侯。以十年之间，不出长安城门而至丞相，岂非遇时而命也哉！

◎**注释** ①〔佣作〕出卖苦力，为人打工。②〔射策〕汉代以考试取士的一种方式。③〔明习〕努力研读。

◎**大意**　丞相匡衡，是东海人。他爱好读书，跟随博士学习《诗经》。家中贫穷，匡衡靠给人做工来供给自己的吃喝。他才能低下，多次参加朝廷选拔人才的考试而没有考中，考到第九次，才考中了丙科。他读经书因没能达到中科的程度而更加努力研读。后来担任平原郡候补文学卒史。几年来，郡里的人都对他不尊敬。御史征调他进京，以候补百石级官属的身份被推荐为郎官，担任候补博士，被任命为太子少傅，而侍奉孝元帝。孝元帝爱好《诗经》，就提拔匡衡为光禄勋，让他身居皇宫之中当老师，教授皇帝的左右侍臣，而皇帝也坐在一旁听他讲课，非常赞赏他，于是他一天天尊贵。御史大夫郑弘因犯错被免职，匡衡就做了御史大夫。过了一年多，韦玄成丞相去世，匡衡接替为丞相，封为乐安侯。他在十年之间，不出长安城门而官至丞相，这难道不是遇到机会和命中注定吗！

太史公曰：深惟①**士之游宦所以至封侯者，微甚**②**。然多至御史大夫即去者。诸为大夫而丞相次**③**也，其心冀幸丞相物故**④**也。或乃阴私相毁害，欲代之。然守之日久不得，或为之日少而得之，至于封侯，真命也夫！御史大夫郑君守之数年不得，匡君居之未满岁，而韦丞相死，即代之矣，岂可以智巧得哉！多有贤圣之才，困厄不得者众甚也。**

◎**注释**　①〔深惟〕深深地思考。②〔微甚〕极为稀少。③〔次〕候补。④〔冀幸丞相物故〕冀幸，希望。物故，死亡。

◎**大意**　太史公说：细想读书人从做地方小吏而能官至封侯的，少得很。大多数人都是做到御史大夫就要被免职的。那些做了御史大夫因而处在丞相候补位置的人，都希望丞相死。有的竟暗地里诋毁伤害丞相，想替代他。可是有的做了多年的御史大夫竟不得做丞相，而有的没等多久就得到了相位，被封为列侯，真是命运的安排啊！御史大夫郑先生留任了多年没得到相位，匡衡先生任御史大夫未满一年，韦丞相死了，就接任了丞相，难道这个位置是凭借智巧得到的吗！世上有圣贤之才却因处境窘迫而不能施展抱负的人多得很啊。

◎ 释疑解惑

在本篇记述的四个人当中，周昌和申屠嘉的形象特征最为明显。从这两个人身上，可以看出太史公刻画人物的深厚功力，特别是以人物的语言和行动表现人物性格这一点，更是后人学习的榜样。例如传中有这样一段，"昌尝燕时入奏事，高帝方拥戚姬，昌还走，高帝逐得，骑周昌项，问曰：'我何如主也？'昌仰曰：'陛下即桀纣之主也。'"高祖在休息时间，和戚姬拥抱在一起，周昌入内奏事，看到之后直接逃跑了事。高祖竟然追上他，骑在他脖子上问"我是怎样的君主？"而周昌毫不客气地说"桀纣之主"。在这里有两个关键的句子，一是"骑周昌项"，一是"昌仰曰"。前一句只是捎带一笔，用一个动作就把刘邦的流氓气质刻画得惟妙惟肖；后一句只用了三个字，就把周昌耿直、刚强、不屈不挠的性格刻画得非常突出。本来臣子对皇帝讲话应该低头垂手、恭恭敬敬，而周昌骂皇帝，还挺直了脖子，看准了皇帝，面对面地骂，就更加鲜明地表现了他的性格。司马迁的文字表现能力在《史记》中得到充分体现，令人叹服，其中用个性化的语言来塑造人物独具特色。比如，在立太子的问题上，周昌和刘邦的意见不一致，本传中这样写他："上问其说，昌为人吃，又盛怒，曰'臣口不能言，然臣期期知其不可。陛下虽欲废太子，臣期期不奉诏。'"周昌本来就口吃，再加上是在非常气愤的时候，所以就口吃得更加厉害，作者以"期期"的口吃声来写当时周昌的情态，很确切地表现了他憨厚、正直，但口齿不清的特点。由此更可以看出司马迁在运用语言方面的深厚功力。

◎ 思考辨析题

1. 传中四位丞相有何共同特点？
2. 请查找相关材料，谈一谈你对《史记》中细节描写的认识。

郦生陆贾列传

第三十七

本传是郦食其、陆贾、朱建三个人的合传。这三个人具有能言善辩的特点，大有战国时代纵横家的遗风。郦食其、陆贾是汉高祖的重要谋臣，以舌辩为长，所以两人合传。另外楚人平原君朱建也是一位善谋之士，故附在其后。郦生就是陈留县高阳人郦食其，最初任里监门一职。当沛公到高阳的时候，郦食其奔赴投靠沛公，建言献策攻取陈留，封号广野君。楚汉相争之时，郦食其为汉王出使齐国，通过中肯的论说促使齐王达成联盟。之后由于韩信攻破齐国，齐王田广认为是郦食其出卖了自己，便烹杀了他。楚人陆贾，是秦汉间著名的策士，后来成为高祖谋臣，官拜太中大夫。汉朝建立之初，尉他平定了南越，高祖派陆贾出使南越，他凭借着高超的论说艺术，成功地说服了南越王尉他臣服汉朝。朱建最早任淮南王黥布之相，后

> 来黥布反叛的时候，朱建"谏不与谋"，所以高祖在平定黥布之后，便封朱建为平原君。朱建长居长安，与陆贾关系友善。该传以记载郦食其、陆贾、朱建的言语为主，其内在的逻辑理路和解决问题的方式方法，真可谓卓识宏议，令人钦佩。

　　郦生食其①者，陈留高阳人也。好读书，家贫落魄，无以为衣食业，为里监门吏②。然县中贤豪不敢役，县中皆谓之狂生。

◎**注释**　①〔郦生食其（yì jī）〕即郦食其。生，对士人的尊称。②〔里监门吏〕协助里正管理治安的小吏。

◎**大意**　郦食其先生，是陈留县高阳乡人。他爱好读书，但家境贫寒，穷困潦倒，没有用来谋得衣食的产业，只得当了个看管里门的小吏。即使这样，县里的那些贤士和豪强也不敢随便役使他，县里的人都称他为狂生。

　　及陈胜、项梁等起，诸将徇地过高阳者数十人，郦生闻其将皆握（龌）龊好苛礼自用①，不能听大度之言②，郦生乃深自藏匿。后闻沛公将兵略地陈留郊，沛公麾下骑士适③郦生里中子④也，沛公时时问邑中贤士豪俊。骑士归，郦生见，谓之曰："吾闻沛公慢而易人⑤，多大略⑥，此真吾所愿从游，莫为我先⑦。若见沛公，谓曰'臣里中有郦生，年六十余，长八尺，人皆谓之狂生，生自谓我非狂生'。"骑士曰："沛公不好儒，诸客冠儒冠来者，沛公辄解其冠，溲溺⑧其中。与人言，常大骂。未可以儒生说也。"郦生曰："弟言之。"骑士从容言如郦生所诫⑨者。

◎**注释** ①〔握龊好苛礼自用〕握龊，气量狭小。好苛礼，喜欢琐细的小礼。自用，自以为是。②〔大度之言〕远大的见识。③〔适〕恰好。④〔里中子〕同乡人。⑤〔慢而易人〕对人傲慢，又看不起人。⑥〔大略〕远见。⑦〔先〕介绍。⑧〔溲（sōu）溺〕小便。⑨〔诫〕嘱咐。

◎**大意** 等到陈胜、项梁等起事，各路将领攻城略地经过高阳的有数十人，郦食其听说这些将领都气量狭小并喜欢烦琐细小的礼节而又刚愎自用，不愿听有远大见识的话，就远远地躲藏起来。后来他听说沛公领兵攻城略地来到陈留郊外，沛公部下的一个骑士恰好是郦食其的邻里故人，沛公时常向他打听县里的贤士俊杰。骑士回家，郦食其见到后对他说："我听说沛公傲慢而看不起人，富有雄才大略，这真是我愿意结交的，可是没有人替我介绍。你见到沛公，告诉他说'我的家乡有位郦先生，六十多岁了，身高八尺，人们都称他狂生，郦先生自称不是狂生。'"骑士说："沛公不喜欢儒生，许多宾客戴着儒生的帽子来见他，沛公总是要摘下他们的帽子，在里面撒尿。他在和人谈话时，常破口大骂。您不要用儒生的身份前去游说。"郦食其说："只管把这些话告诉他。"骑士把郦生嘱咐的话告诉了沛公。

    沛公至高阳传舍，使人召郦生。郦生至，入谒，沛公方倨（踞）①床使两女子洗足，而见郦生。郦生入，则长揖②不拜，曰："足下欲助秦攻诸侯乎，且欲率诸侯破秦也？"沛公骂曰："竖儒③！夫天下同苦秦久矣，故诸侯相率而攻秦，何谓助秦攻诸侯乎？"郦生曰："必聚徒合义兵诛无道秦，不宜倨见长者。"于是沛公辍洗，起摄衣④，延郦生上坐，谢之。郦生因言六国从横时。沛公喜，赐郦生食，问曰："计将安出？"郦生曰："足下起纠合之众⑤，收散乱之兵，不满万人，欲以径入强秦，此所谓探虎口者也。夫陈留，天下之冲，四通五达之郊也，今其城又多积粟。臣善其令⑥，请得使之，令下⑦足下。即不听，足下举兵攻之，臣为内应。"于是遣郦生行，沛公引兵随之，遂下陈留。号郦食其为广野君。

◎**注释** ①〔倨〕通"踞",箕踞。极不礼貌的坐姿。②〔揖(yī)〕古代的拱手礼。③〔竖儒〕对儒生的鄙称。④〔摄衣〕整理容装。⑤〔纠合之众〕未经训练的乌合之众。⑥〔善其令〕与陈留县令关系很好。⑦〔下〕投降。

◎**大意** 沛公住在高阳旅社,派人召见郦食其。郦食其来到馆舍,进去拜见,沛公正坐在床边伸着两腿让两个女子洗脚,就叫郦食其进见。郦食其进来,只是做个长揖而没有跪拜,说道:"您是想帮助秦攻打诸侯呢,还是想率领诸侯灭掉秦?"沛公骂道:"毫无见识的儒生!天下的人被秦残害很久了,所以诸侯们才相继率兵攻打秦,你怎么说帮助秦攻打诸侯呢?"郦食其说:"如果您一定要聚合民众、联合义兵去讨伐无道的秦朝,那就不应该坐在床边伸腿洗脚来接见长者。"于是沛公停止洗脚,起身整理衣服,请郦食其上座,向他道歉。郦食其顺势谈起了六国时合纵连横所用的谋略。沛公喜出望外,招待他吃饭,问道:"计策该怎样制定?"郦食其说:"您发动乌合之众,收集散兵游勇,总共不足一万人,想靠这点兵力径直进攻强大的秦朝,这就如人们常说的探虎口啊。陈留县是天下的交通要道,四通八达的地方,现在城里又有很多存粮。我和陈留的县令关系很好,请允许我奉命出使,让他向您投降。如果他不听从,您举兵攻城,我做内应。"于是派遣郦食其前往,沛公带兵紧随其后,便降服了陈留。沛公赐给郦食其广野君的称号。

郦生言^①其弟郦商,使将数千人从沛公西南略地。郦生常为说客,驰使诸侯。

◎**注释** ①〔言〕劝说。
◎**大意** 郦食其劝说他的弟弟郦商,让他带领几千人跟从沛公到西南攻城略地。郦食其经常做说客,以使臣身份奔走于诸侯之间。

汉三年秋,项羽击汉,拔荥阳,汉兵遁保巩、雒。楚人闻淮阴侯破赵,彭越数反梁地,则分兵救之。淮阴方东击齐,汉王数困荥阳、成皋，计欲捐①成皋以东，屯巩、雒以拒楚。郦生因曰："臣闻知天之天者，王事可成；不知天之天者，王事不可成。王者以民人为天，而民人以食为天。夫敖仓，天下转输久矣，臣闻其下乃有藏粟甚多，楚人拔荥阳，不坚守敖仓，乃引而东，令适（谪）卒②分守成皋，此乃天所以资汉也。方今楚易取而汉反却，自夺其便③，臣窃以为过④矣。且两雄不俱立，楚汉久相持不决，百姓骚动，海内摇荡，农夫释耒，工女下机，天下之心未有所定也。愿足下急复进兵，收取荥阳，据敖仓之粟，塞成皋之险，杜大行之道，距（拒）蜚狐之口，守白马之津，以示诸侯效实形制之势⑤，则天下知所归矣。方今燕、赵已定，唯齐未下。今田广据千里之齐，田间将二十万之众，军于历城，诸田宗强，负⑥海，阻河济，南近楚，人多变诈，足下虽遣数十万师，未可以岁月破也。臣请得奉明诏说齐王，使为汉而称东藩。"上曰："善。"

◎**注释** ①〔捐〕放弃。②〔適卒〕即士卒。因秦时多发罪人征戍，故称"谪卒"。適，通"谪"。③〔自夺其便〕自己放弃了有利的时机。④〔过〕退守巩、雒的战略是错误的。⑤〔以示诸侯效实形制之势〕指汉军牢牢地占有天下各地要道、险关、津渡等要地，向诸侯显示以地形制服敌人的态势。⑥〔负〕依靠。

◎**大意** 汉王三年的秋天，项羽攻打汉军，攻克了荥阳，汉兵退守巩县、雒阳。楚国人听说淮阴侯韩信攻破了赵国，彭越多次在梁地反叛，就分兵前去营救。淮阴侯韩信正向东攻打齐国，汉王多次被围困在荥阳、成皋，因此想放弃成皋以东的地盘，屯兵巩县、雒阳来抵抗楚军。郦食其就此进言道："我听说能知道天之所以为天的人，可以成就帝王的大业；不知道天之所以为天的人，不可以成就帝王的大业。成就大业的帝王把民众视作天，而民众把粮食视作天。那个敖仓，天下往此地转运输送粮食已经很久了，我听说该处现在贮藏的粮食非常多。楚国人攻克了荥阳，不坚守敖仓，却领兵向东，让士卒分守成皋，这实在是上天要把粮食用来资助汉军啊。当前楚军容易攻取汉军反而退却,自己断送有利的时机,我私下里认为这是错误的。况且两个强有力的对手不能并立,楚汉两军长久相持不下,百姓不安定,全国动荡,农夫放下农具停耕,织女走下织机辍织,天下的民心没有归向。希望您赶快再次进兵,收复荥阳,占有敖仓的粮食,阻塞成皋的险要地段,断绝太行山的通道,扼制住蜚狐关口,把守住白马渡口,向诸侯显示出以地形制服敌人的态势,那么天下的人民也就知道该归顺何方了。如今燕国、赵国已经平定,只有齐国还没有攻打下来。现在田广占据着幅员千里的齐国,田间率领二十万军队,驻扎在历城,各支田氏宗族都势力强大,他们背靠大海,以黄河、济水为阻隔,南面接近楚国,那里的人多善变狡诈,您即使是派遣数十万军队,也不可能用一年或几个月的时间攻破它。我请求奉您的诏命去游说齐王,使他归汉而成为东方的属国。"汉王说:"好。"

乃从其画,复守敖仓,而使郦生说齐王曰:"王知天下之所归乎?"王曰:"不知也。"曰:"王知天下之所归,则齐国可得而有也;若不知天下之所归,即齐国未可得保也。"齐王曰:"天下何所归?"曰:"归汉。"曰:"先生何以言之?"曰:"汉王与项王戮力西面击秦,约先入咸阳者王之。汉王先入咸阳,项王负约不与而王之汉中。项王迁杀义帝,汉王闻之,起蜀汉之兵击三秦,出关而责义帝之处,收天下之兵,立诸侯之后。降城即以侯其将,得赂①即以分其士,与天下同其利,豪英贤才皆乐为之用。诸侯之兵四面而至,蜀汉之粟方船②而下。项王有倍(背)约之名,杀义帝之负③;于人之功无所记,于人之罪无所忘;战胜而不得其赏,拔城而不得其封;非项氏莫得用事;为人刻印,刓④而不能授;攻城得赂,积而不能赏:天下畔(叛)之,贤才怨之,而莫为之用。故天下之士归于汉王,可坐而策也⑤。夫汉王发蜀汉,定三秦;涉西河之外,援上党之兵;下井陉,诛成安君;破北魏,举三十二城:此蚩尤之兵也,非人之力也,天之福也。今已据敖仓之粟，塞成皋之险，守白马之津，杜大行之阪，距蜚狐之口，天下后服者先亡矣。王疾先下汉王，齐国社稷可得而保也；不下汉王，危亡可立而待也。"田广以为然，乃听郦生，罢历下兵守战备，与郦生日纵酒。

◎**注释** ①〔赂〕馈赠。②〔方船〕两船相并。③〔负〕亏缺，罪过。④〔刓〕磨去棱角。⑤〔可坐而策也〕可坐着掐指计算。形容形势显而易见。

◎**大意** 汉王听从郦食其的谋划，再次出兵据守敖仓，并派郦食其游说齐王道："大王知道天下人心的归向吗？"齐王回答："不知道。"郦食其说："大王若是知道天下人心的归向，那么齐国就可以保全，若是不知道天下人心的归向，那么齐国就不能保全了。"齐王问："天下人心究竟归向谁呢？"回答道："归向汉王。"问："先生凭什么这样讲呢？"郦食其说："汉王和项王并力向西攻打秦朝，义帝约定谁先攻入咸阳谁就在那里称王。汉王先攻入咸阳，项王背弃盟约不给他咸阳地区而让他到汉中称王。项王迁徙义帝并派人刺死了他，汉王听到这件事，征集了蜀汉的军队来攻打三秦，出函谷关而追问义帝的所在，收集天下的军队，封立诸侯的后代。攻下城池立刻就给有功的将领封侯，缴获的财物立刻就分赏给参战的士兵，与天下的人同享其利，所以那些英雄豪杰贤士才子都乐意供他驱使。诸侯的军队从四面八方来归附，蜀汉的粮食船挨着船地顺江而下。项王有背弃盟约的坏名声，杀死义帝的罪责；对于别人的功劳不记得，对于别人的罪过不忘掉；他的部下打了胜仗得不到赏赐，攻取了城池得不到分封；不是项氏家族的人就不能掌权主事；给该封者侯印的时候，他吝啬地抚摩很久，把印的棱角都磨光了还不肯授予；攻城得到财物，堆积起来不愿赏赐。天下的人反叛他，贤士才子怨恨他，没有人为他效力。所以天下之士归向汉王，汉王安坐着就可以驱使他们。汉王发兵于蜀汉，平定了三秦；占领了西河之外的大片土地，率领投诚过来的上党的军队；攻下了井陉，诛杀了成安君；击败了河北魏豹，夺取了三十二座城池：这真是如同战神蚩尤的军队，不是靠人的力量，而靠的是上天所降的洪福啊。现在汉王已经据有敖仓的粮食，阻塞成皋的险要，守住了白马渡口，断绝了太行山的要道，扼守住蜚狐关口，天下后降服的诸侯就会先被消灭。大王若是赶快投降汉王,齐国的江山就可以保住;倘若不投降汉王,那么齐国的危亡很快就会降临啊。"田广认为郦食其的话很对,便听从了他,解除了历下的守备,天天和郦食其纵酒作乐。

淮阴侯闻郦生伏轼①下齐七十余城,乃夜度兵平原袭齐。齐王田广闻汉兵至,以为郦生卖己,乃曰:"汝能止汉军,我活汝;不然,我将亨(烹)汝!"郦生曰:"举大事不细谨②,盛德不辞让③。而公④不为若更言!"齐王遂亨(烹)郦生,引兵东走。

◎**注释** ①〔伏轼〕即凭轼,乘车者双手扶在车前横木上表示敬礼的姿势。此处意指乘车。②〔不细谨〕不拘小节。③〔不辞让〕不怕别人责备。④〔而公〕犹今所谓"你老子"。郦生自指。由此可见其狂生之态。

◎**大意** 淮阴侯韩信听说郦食其乘着车轻松地走了一趟就收降了齐国七十余座城池,便趁夜色领兵渡过平原津袭击齐国。齐王田广听说汉军杀到,认为是郦食其出卖了自己,就说:"你能阻止汉军,我让你活着;不这样,我就把你煮了!"郦食其说:"成就大事业的人不拘小节,道德高尚的人不怕别人责备。你老子不会替你再去游说韩信!"齐王便把郦食其煮了,带兵向东逃跑。

汉十二年,曲周侯郦商以丞相将兵击黥布有功。高祖举列侯功臣,思郦食其。郦食其子疥数将兵,功未当侯,上以其父故,封疥为高梁侯。后更食武遂,嗣三世。元狩元年中,武遂侯平坐诈诏衡山王取百斤金,当弃市①,病死,国除也。

◎**注释** ①〔弃市〕在众人集聚的闹市对犯人执行死刑。
◎**大意** 汉高祖十二年,曲周侯郦商以丞相的身份带兵攻打黥布有功。高祖在分封列侯功臣时,想到了郦食其。郦食其的儿子郦疥曾多次带兵,战功没有达到封侯的程度，高祖因郦食其的缘故，封郦疥为高梁侯。后来食邑又改在武遂，侯爵传了三代。在元狩元年时，武遂侯郦平因伪称皇帝的诏令骗取了衡山王一百斤黄金，论罪应当众处斩，病死了，封邑也被废除。

陆贾①者，楚人也。以客从高祖定天下，名为有口②辩士，居左右，常使诸侯。

◎**注释** ①〔陆贾〕汉初楚国人，思想家、政治家、外交家。著有《新语》等。②〔有口〕有口才。
◎**大意** 陆贾，是楚国人。他以门客身份随从高祖平定天下，被称为有口才的说客，伴随在高祖身边，常常出使各个诸侯国。

及高祖时，中国初定，尉他①平南越，因王之。高祖使陆贾赐尉他印为南越王。陆生至，尉他魋结②箕倨见陆生。陆生因进说他曰："足下中国人，亲戚昆弟坟墓在真定。今足下反天性，弃冠带，欲以区区之越与天子抗衡为敌国，祸且及身矣。且夫秦失其政，诸侯豪杰并起，唯汉王先入关，据咸阳。项羽倍（背）约，自立为西楚霸王，诸侯皆属，可谓至强。然汉王起巴蜀，鞭笞天下③，劫略④诸侯，遂诛项羽灭之。五年之间，海内平定，此非人力，天之所建也。天子闻君王王南越，不助天下诛暴逆，将相欲移兵而诛王，天子怜百姓新⑤劳苦，故且休之，遣臣授君王印，剖符通使。君王宜郊迎，北面称臣，乃欲以新造未集⑥之越，屈（倔）强⑦于此。汉诚闻之，掘烧王先人冢，夷灭宗族，使一偏将将十万众临越，则越杀王降汉，如反覆手耳。"

◎**注释** ①〔尉他〕南海尉赵他，秦末汉初割据南越称王。②〔魋（tuí）结〕挽发于顶，其状如椎，南夷人之打扮。③〔鞭笞天下〕征服天下。④〔劫略〕制服。⑤〔新〕刚经历。⑥〔新造未集〕新造，新建。未集，人心未集，政权未固。⑦〔屈强〕同"倔强"，桀骜不驯，态度强硬。

◎**大意**　到高祖做皇帝时，中原地区刚刚平定，南越地区也刚刚被尉他平定，尉他便在那里称王。高祖派遣陆贾去赐给尉他印章，封他为南越王。陆贾到了南越，尉他梳着锥形的发髻并叉开两腿坐着接见陆贾。陆贾便上前劝他道："您本是中原地区的人，亲戚和兄弟的坟墓在真定。如今您违反习俗，丢弃衣冠巾带，想用小小的南越来和天子抗衡成为敌国，灾祸就要临头了。秦朝政治混乱，诸侯豪杰纷纷起事，只有汉王首先入关，占据咸阳。项羽背叛盟约，自立为西楚霸王，诸侯都归属于他，可以称得上是强大无比。但是汉王已从巴蜀起兵，征服天下，控制各路诸侯，于是讨伐项羽并消灭了他。五年之内，全国平定，这不是人力所能办到的，而是上天的旨意啊。天子听说您在南越称王，不帮助天下人诛灭暴逆，汉朝众将相想调动军队来讨伐您，天子体谅老百姓刚刚经历了战争的劳苦，所以暂且休养生息，派遣我授予您南越王的金印，剖符为信并互通使臣。您理应到郊外远迎，面向北方俯首称臣，竟想凭借刚刚建立尚未安定的南越，在此顽抗。倘若被汉朝知道，挖掘烧毁您祖先的坟墓，诛灭您的宗族，再派一员副将带领十万人马来到南越，那么南越人杀掉您投降汉朝，就如同翻一下手背那样容易。"

于是尉他乃蹶然起坐①，谢陆生曰："居蛮夷中久，殊失礼义。"因问陆生曰："我孰与萧何、曹参、韩信贤？"陆生曰："王似贤。"复曰："我孰与皇帝贤？"陆生曰："皇帝起丰沛，讨暴秦，诛强楚，为天下兴利除害，继五帝三王之业，统理中国。中国之人以亿计，地方万里，居天下之膏腴，人众车舆②，万物殷富，政由一家，自天地剖泮③未始有也。今王众不过数十万，皆蛮夷，崎岖山海间，譬若汉一郡，王何乃比于汉！"尉他大笑曰："吾不起中国，故王此。使我居中国，何渠④不若汉？"乃大说（悦）陆生，留与饮数月。曰："越中无足与语，至生来，令我日闻所不闻。"赐陆生橐中装⑤直千金，他送亦千金。陆生卒拜尉他为越王，令称臣奉汉约。归报，高祖大悦，拜贾为太中大夫。

◎**注释** ①〔蹶然起坐〕突然惊起跪坐。以膝着地跪坐，是古人席地而坐的正常姿势。②〔奥〕众多。③〔天地剖泮（pàn）〕开天辟地。④〔何渠〕哪能。⑤〔橐（tuó）中装〕袋中所装礼物，大抵珠宝之类。

◎**大意** 于是尉他突然惊起坐定，向陆贾道歉说："我在蛮夷中居住已久，所以太失礼了。"便问陆贾道："我和萧何、曹参、韩信相比，谁更贤能？"陆贾回答："您似乎比他们强一点。"又问："我和皇帝相比谁更贤能？"陆贾说："皇帝从丰沛起兵，讨伐暴秦，诛灭强楚，替天下兴利除害，继承了五帝三皇的伟业，统理整个中原地区。中原地区的人口以亿来计算，土地纵横万里，处于天下最富饶的地区，人民众多，车马繁盛，物产丰富，政令出自一家，这种盛况是开天辟地以来未曾有过的。如今大王的人口不过数十万，都是蛮夷，又居住在局促狭小的山海之间，如同汉朝的一个郡，大王哪能同皇帝相比！"尉他大笑着说："我不是在中原地区起事，所以才在此称王。假使我处在中原地区，难道就比不上汉朝皇上吗？"尉他非常喜欢陆贾，留下陆贾和他一起饮酒畅谈好几个月。尉他说："南越人中没有和我谈得来的，您来了，使我每天都能听到过去未曾听到的事情。"他赏赐给陆贾装在袋里的珠宝价值千金，其他的礼品也价值千金。陆贾终于完成封尉他为南越王的使命，使他对汉称臣并服从朝廷的约束。陆贾回朝汇报，高祖非常高兴，任命他为太中大夫。

陆生时时前说称《诗》《书》。高帝骂之曰："乃公居马上而得之，安事《诗》《书》！"陆生曰："居马上得之，宁可以马上治之乎？且汤武逆取而以顺守之①，文武并用，长久之术也。昔者吴王夫差、智伯极武而亡；秦任刑法不变，卒灭赵氏②。乡（向）使秦已并天下，行仁义，法先圣，陛下安得而有之？"高帝不怿③而有惭色，乃谓陆生曰："试为我著秦所以失天下，吾所以得之者何，及古成败之国。"陆生乃粗述存亡之征,凡著十二篇。每奏一篇,高帝未尝不称善,左右呼万岁,号其书曰"新语"。

◎**注释** ①〔逆取而以顺守之〕逆取,指用武力夺取。顺守,指以仁义守之。②〔赵氏〕指秦国。秦赵同姓。③〔不怿(yì)〕不高兴。

◎**大意** 陆贾在皇帝面前时常谈论《诗经》《尚书》。高帝骂他道:"你老子的天下是骑在马上得来的,哪里用得着《诗经》《尚书》!"陆贾说:"骑在马上得到了天下,难道还可以骑在马上治理天下吗?况且商汤和周武王以武力取得天下而以顺应形势的文治守成,文治武功并用,这是国家长治久安的最好办法啊。从前吴王夫差、智伯都是因极力炫耀武功而灭亡;秦朝也是使用严酷刑法而不变更,最终毁灭了自己。假使秦朝统一天下之后,施行仁义,效法古代的圣君,陛下又怎么能取得天下呢?"高帝虽然不高兴但面有愧色,就对陆贾说:"您试着替我论述一下秦朝失去天下,我取得天下的原因是什么,以及古代成功和失败国家的史实。"陆贾就粗略地论述了国家存亡的征兆,共写了十二篇文章。他每写完一篇就上奏给皇帝,皇帝读完没有不称赞的,左右群臣也是齐呼万岁,把他所写的书称为"新语"。

孝惠帝时,吕太后用事,欲王诸吕,畏大臣有口①者,陆生自度②不能争之,乃病免家居。以好畤田地善,可以家焉。有五男,乃出所使越得橐中装,卖千金,分其子,子二百金,令为生产。陆生常安车驷马③,从歌舞鼓琴瑟侍者十人,宝剑直百金,谓其子曰:"与汝约:过汝,汝给吾人马酒食,极欲④,十日而更⑤。所死家,得宝剑车骑侍从者。一岁中往来过他客,率不过再三过,数见不鲜,无久慁⑥公为也。"

◎**注释** ①〔有口〕能言善辩。②〔度〕考虑。③〔安车驷马〕安车,古代可以坐乘的小车。古车立乘，此为坐乘，故称安车。供年老的高级官员及贵妇人乘用。安车多用一马，礼尊者则用四马。④〔极欲〕尽量让我满意。⑤〔更〕轮流。⑥〔恩（hùn）〕打扰。

◎**大意** 孝惠帝时，吕太后当权，想要封吕氏家族的许多人为王，但有点害怕大臣中那些能言善辩的人据理力争，而陆贾自料力争也无济于事，因此就称病辞职在家中闲居。他认为好畤这个地方土地肥沃，可以安家。他有五个儿子，就把出使南越时所得的袋中的珠宝拿出来变卖了千斤黄金，分给儿子们，每个儿子二百金，让他们从事生产。陆贾常常坐着四匹马拉的舒适的车辆，带着十个能歌善舞和鼓瑟弹琴的侍从，佩带着价值黄金百斤的宝剑到处游玩。他对儿子们说："和你们约定：当我出游经过你们家时，你们要供给我的人马酒食，尽量让我满意，每十天换一家。我死在谁家，宝剑车骑以及侍从人员就归谁所有。一年中除去别人家里做客，到你们各家不过两三次，时常来看你们就不觉得新鲜了，你们也不会因为我常来打扰而嫌弃我了。"

　　吕太后时，王诸吕，诸吕擅权，欲劫少主，危刘氏①。右丞相陈平患之，力不能争，恐祸及己，常燕居深念②。陆生往请③，直入坐，而陈丞相方④深念，不时见⑤陆生。陆生曰："何念之深也？"陈平曰："生揣我何念？"陆生曰："足下位为上相，食三万户侯，可谓极富贵无欲矣。然有忧念，不过患诸吕、少主耳。"陈平曰："然。为之奈何？"陆生曰："天下安，注意相；天下危，注意将。将相和调，则士务附⑥；士务附，天下虽有变，即权不分。为社稷计，在两君掌握耳。臣常欲谓太尉绛侯，绛侯与我戏，易⑦吾言。君何不交欢⑧太尉，深相结？"为陈平画吕氏数事。陈平用其计，乃以五百金为绛侯寿，厚具乐饮⑨；太尉亦报如之。此两人深相结，则吕氏谋益衰。陈平乃以奴婢百人，车马五十乘，钱五百万，遗陆生为饮食费。陆生以此游汉廷公卿间，名声藉甚。

◎**注释** ①〔危刘氏〕篡夺刘氏天下。②〔燕居深念〕静居深思。③〔请〕问候。④〔方〕正在。⑤〔不时见〕没有立刻看到。⑥〔务附〕全心归附。⑦〔易〕不重视。⑧〔交欢〕搞好关系。⑨〔厚具乐饮〕准备盛大的歌舞宴会来招待他。

◎**大意** 吕太后时,封诸吕为王,诸吕专揽大权,想劫持幼主,篡夺刘氏天下。右丞相陈平对此很是担忧,感到势单力薄不能强争,害怕灾祸降临自身,常常静静地坐在家中深思。有一次陆贾去请安,径直到陈平身边坐下,而陈平正在深思,没有立即发现陆贾的到来。陆贾问:"怎么想得这样入神呢?"陈平说:"您能猜测出我想的是什么吗?"陆贾说:"您位居右丞相之职,是有三万户食邑的列侯,可以说富贵到极点而没有什么欲望了。然而有忧虑,不过是担忧诸吕、幼主罢了。"陈平说:"是的,那该怎么办呢?"陆贾说:"天下安定,要注意丞相;天下危难,要注意大将。将相和睦协调,那么士人就会亲附;士人亲附,即使天下有意外的事情发生,国家的大权也不会分散。为国家大业考虑,事情全在您和太尉周勃两个人的掌握之中了。我常想对太尉周勃谈谈这件事,但是他和我开玩笑开惯了,总是不重视我的话。您为什么不和太尉周勃搞好关系,建立起深厚的友谊呢?"陆贾又为陈平筹划出几种对付吕氏的办法。陈平采用他的计策,拿出五百金来给绛侯周勃祝寿,并且准备了盛大的歌舞宴会来招待他;太尉周勃也以同样的方法回报陈平。这两个人建立起深厚的友情,而吕氏的阴谋越来越衰弱。陈平又把一百个奴婢、五十辆车马、五百万钱送给陆贾作为其饮食费用。陆贾凭借这些物品在汉朝公卿大臣之间交游,名声越来越大。

及诛诸吕,立孝文帝,陆生颇有力焉。孝文帝即位,欲使人之南越。陈丞相等乃言陆生为太中大夫,往使尉他,令尉他去黄屋称制①**,令比诸侯**②**,皆如意旨。语在《南越》语中。陆生竟以寿终。**

◎**注释** ①〔去黄屋称制〕去黄屋,说服赵他不坐黄屋车。黄屋,黄色丝绸的车盖,是天子之仪。称制,称帝。②〔令比诸侯〕让他采用诸侯的礼节。

◎**大意** 等到诛灭诸吕,拥立孝文帝,陆贾出力颇多。孝文帝即位后,想派人出使南越。陈平丞相等人就提议陆贾担任太中大夫,奉使命去见南越王尉他,命令南越王尉他取消黄屋称制等越礼行为，让他采用诸侯的礼节，陆贾出使的结果都符合文帝的意旨。具体情节记录在《南越列传》中。陆贾最后享尽天年而善终。

平原君朱建者，楚人也。故尝为淮南王黥布相，有罪去，后复事黥布。布欲反时，问平原君，平原君止之，布不听而听梁父侯，遂反。汉已诛布，闻平原君谏不与谋，得不诛。语在《黥布》语中。

◎**大意** 平原侯朱建，是楚国人。他曾经担任过淮南王黥布的国相，因有罪而离去。后来又侍奉黥布。黥布想造反的时候，问过平原君朱建的看法，朱建极力反对，黥布没有听从他的意见而听从了梁父侯的，于是反叛。汉朝诛杀黥布以后，听说平原君朱建曾经劝谏黥布并且没有参与造反，就没有杀他。这件事记载在《黥布列传》中。

平原君为人辩有口，刻①廉刚直，家于长安。行不苟合，义不取容。辟阳侯行不正②，得幸吕太后。时辟阳侯欲知③平原君，平原君不肯见。及平原君母死，陆生素与平原君善，过④之。平原君家贫，未有以发丧，方假贷服具⑤，陆生令平原君发丧。陆生往见辟阳侯，贺曰："平原君母死。"辟阳侯曰："平原君母死，何乃贺我乎？"陆贾曰："前日君侯欲知平原君，平原君义不知君，以其母故⑥。今其母死，君诚厚送丧，则彼为君死矣。"辟阳侯乃奉百金往税⑦。列侯贵人以辟阳侯故，往税凡五百金。

◎**注释** ①〔刻〕恪守。②〔辟阳侯行不正〕指辟阳侯审食其阿谀吕太后。③〔知〕相知，交好。④〔过〕造访。⑤〔方假贷服具〕正在多方借钱筹备丧服器具。⑥〔以其母故〕《礼记·曲礼上》："父母存，不许友以死。"此为陆贾借托之辞，平原君本意为不与审食其交。⑦〔税〕赠送丧服。

◎**大意**　平原君朱建为人能言善辩极有口才，恪守廉洁并且刚强正直，家在长安。他行事不苟合于流俗，守义不阿谀时势。辟阳侯审食其品行不端正，却得到了吕太后的宠爱。当时辟阳侯想和平原君交好，平原君不肯相见。待平原君母亲去世的时候，陆贾向来和平原君交好，就前去吊唁。平原君家境贫寒，没有财力举办丧事，正忙着借钱贷款置办丧服和用具，陆贾却让他中止借贷只管发丧。陆贾去见辟阳侯，祝贺道："平原君的母亲死了。"辟阳侯说："平原君的母亲死了，为何要向我表示祝贺？"陆贾说："前些时候您想结交平原君，平原君固守道义不和您往来，是因为他的母亲在世。现在他母亲死了，您诚心地赠送厚礼为他母亲送丧，那么他就会为您拼死效力了。"辟阳侯就奉送一百斤黄金前去送葬。列侯贵人因为辟阳侯送重礼，也都前去送礼共计黄金五百斤。

　　辟阳侯幸吕太后，人或毁①辟阳侯于孝惠帝，孝惠帝大怒，下吏，欲诛之。吕太后惭，不可以言。大臣多害②辟阳侯行，欲遂诛之。辟阳侯急，因使人欲见平原君。平原君辞曰："狱急③，不敢见君。"乃求见孝惠幸臣闳籍孺④，说之曰："君所以得幸帝，天下莫不闻。今辟阳侯幸太后而下吏，道路皆言君谗，欲杀之。今日辟阳侯诛，旦日太后含怒，亦诛君。何不肉袒⑤为辟阳侯言于帝？帝听君出辟阳侯，太后大欢。两主共幸君，君贵富益倍矣。"于是闳籍孺大恐，从其计，言帝，果出辟阳侯。辟阳侯之囚，欲见平原君，平原君不见辟阳侯，辟阳侯以为倍（背）己，大怒。及其成功出之，乃大惊。

◎**注释**　①〔毁〕说坏话。②〔害〕痛恨。③〔狱急〕案子正在紧急关头。④〔闳（hóng）籍孺〕惠帝时的佞幸宠臣。据《佞幸列传》载，高祖时有籍孺，惠帝时有闳孺，此误将两人合而为一。⑤〔肉袒（tǎn）〕裸露肩背，接受鞭打，以示认罪。

◎**大意** 辟阳侯受吕太后宠幸,有的人就在孝惠帝面前说他的坏话,孝惠帝大怒,把辟阳侯交给官吏审讯,想要杀掉他。吕太后感到惭愧,不能替他说情。大臣们大都痛恨辟阳侯的丑行,更想借此机会杀掉他。辟阳侯很着急,便派人传信想见平原君。平原君推辞道:"案件紧急,不敢见您。"平原君请求拜会孝惠帝的宠臣闳籍孺,劝说他:"您被皇帝宠爱的原因,天下的人都知道。现在辟阳侯被吕太后宠幸而被逮捕入狱,路上走的人都说您向皇帝进了谗言,想杀掉您。如果今天辟阳侯被皇帝杀了,明天太后心怀恼怒,也会杀掉您。您为什么不裸露上身替辟阳侯到皇帝面前求情呢?皇帝听从您的意见放出辟阳侯,太后必然大喜。两位主子都宠爱您,您也就会加倍富贵了。"于是闳籍孺非常恐惧,就听从了平原君的计谋,向皇帝求情,果然放出了辟阳侯。辟阳侯在被囚禁时,想要见平原君,平原君却不见辟阳侯,辟阳侯认为他背叛了自己,所以很生气。等到他被平原君成功救出之后,才大吃了一惊。

吕太后崩,大臣诛诸吕,辟阳侯于诸吕至深,而卒不诛。计画所以全者,皆陆生、平原君之力也。

◎**大意** 吕太后去世后,大臣们诛杀诸吕,辟阳侯和诸吕关系很深,而最终没有被杀。保全辟阳侯生命的计划之所以成功,全靠陆贾、平原君朱建的力量。

孝文帝时,淮南厉王杀辟阳侯①,以诸吕故。文帝闻其客平原君为计策,使吏捕欲治。闻吏至门,平原君欲自杀。诸子及吏皆曰:"事未可知,何早自杀为?"平原君曰:"我死祸绝,不及②而身矣。"遂自刭。孝文帝闻而惜之,曰:"吾无意杀之。"乃召其子,拜为中大夫。使匈奴,单于无礼,乃骂单于,遂死匈奴中。

◎**注释** ①〔淮南厉王杀辟阳侯〕淮南厉王刘长母原为赵王张敖的美人,后得高祖宠幸怀有身孕而生刘长。张敖臣贯高谋刺高祖事发,牵涉刘长之母,审食其力能救助而未救,刘长怨恨他,在汉文帝三年(前177年)亲自刺杀审食其。事详见《淮南衡山列传》。文帝不忍致法刘长,反治审食其交深诸吕事而涉及平原君。②〔及〕连累。

◎**大意** 孝文帝时,淮南厉王杀死了辟阳侯,因为他和诸吕关系很深。文帝听说辟阳侯的门客平原君曾替他出谋划策,派遣官吏去逮捕他并想治他的罪。听到官吏已到家门口,平原君想自杀。儿子们和官吏都说:"事情的结果还不知晓,为何要早早自杀呢?"平原君说:"我死了灾祸也就断绝,就不会连累你们了。"于是割颈自杀。孝文帝听到后感到惋惜,说:"我没有杀他的意思。"并召见平原君的儿子,任命为太中大夫。平原君的儿子出使匈奴,由于单于无礼,就大骂单于,于是死在了那里。

    初,沛公引兵过陈留①,郦生踵②军门上谒③曰:"高阳贱民郦食其,窃闻沛公暴露④,将兵助楚讨不义,敬劳从者,愿得望见,口画天下便事⑤。"使者入通,沛公方洗,问使者曰:"何如人也?"使者对曰:"状貌类大儒,衣儒衣,冠侧注⑥。"沛公曰:"为我谢之,言我方以天下为事,未暇见儒人也。"使者出谢曰:"沛公敬谢先生,方以天下为事,未暇见儒人也。"郦生瞋目案(按)剑叱使者曰:"走!复入言沛公,吾高阳酒徒也,非儒人也。"使者惧而失谒,跪拾谒,还走,复入报曰:"客,天下壮士也,叱臣,臣恐,至失谒。曰'走!复入言,而公高阳酒徒也'。"沛公遽雪足杖矛⑦曰:"延客入!"

◎**注释** ①〔初,沛公引兵过陈留〕此句以下,至后文"遂入破秦",重叙郦生事,与本传赞语"郦生被儒衣往说汉王,乃非也"相矛盾,显系窜入之文。梁玉绳曰:"考《御览》三百六十引《楚汉春秋》与此正同。则是后人因其小有异同而附之。"(《史记志疑》卷三十二)②〔踵〕至,达。③〔谒〕犹今之名片。④〔暴露〕日晒雨淋。⑤〔便事〕利国之事。⑥〔冠侧注〕戴的是儒冠。侧注,冠名,又名高山冠,即儒冠。⑦〔遽（jù）雪足杖矛〕立即擦干脚拄着矛站起来。

◎ **大意** 当初，沛公带兵经过陈留，郦食其到军营门前递上名片说："高阳的卑贱小民郦食其，私下里听说沛公日晒雨淋，率领军队帮助楚王讨伐不义之徒，劳驾诸位随从，通禀我希望见到沛公，陈述谋划天下大事的请求。"使者入内禀告，沛公正在洗脚，问使者道："来者是什么样的人？"使者回答说："相貌像个大儒，穿着儒生的衣服，戴着高山冠。"沛公说："替我谢绝，就说我正以平定天下为事业，没有时间会见儒生。"使者出来谢绝说："沛公敬谢先生，他正忙于平定天下的大事，没有时间会见儒生。"郦食其瞪圆双眼按着剑呵斥使者道："快点！再去禀告沛公，说我是高阳酒徒，不是儒生。"使者恐惧得掉落了名片，跪下捡起，转身就跑，再次入内禀告道："外边那个客人，是天下的壮士，他大声呵斥我，我很害怕，竟怕到把名片掉到地上的程度。他说：'快走！再次去禀报，你老子是个高阳酒徒。'"沛公立刻擦干脚拄着矛站起来说："请客人进来！"

郦生入，揖沛公曰："足下甚苦，暴衣露冠，将兵助楚讨不义，足下何不自喜①也？臣愿以事见，而曰'吾方以天下为事，未暇见儒人也'。夫足下欲兴天下之大事而成天下之大功，而以目皮相②，恐失天下之能士。且吾度足下之智不如吾，勇又不如吾。若欲就天下而不相见，窃为足下失之。"沛公谢曰："乡（向）者闻先生之容，今见先生之意矣。"乃延而坐之，问所以取天下者。郦生曰："夫足下欲成大功，不如止③陈留。陈留者，天下之据冲④也，兵之会地也，积粟数千万石，城守甚坚。臣素善其令，愿为足下说之。不听臣，臣请为足下杀之，而下陈留。足下将陈留之众，据陈留之城，而食其积粟，招天下之从兵⑥；从兵已成，足下横行天下，莫能有害足下者矣。"沛公曰："敬闻命矣。"

◎**注释** ①〔自喜〕自重自爱。②〔以目皮相〕只看表面。③〔止〕驻军。④〔据冲〕要冲。⑤〔从兵〕合纵之兵，即可联合的兵马。

◎**大意** 郦食其进入，朝沛公作揖道："您很辛苦，日晒雨淋，率领军队协助楚王征讨不义之徒，您为什么不自重自爱呢？我想以谋划天下大事为由见到您，而您说'我正以平定天下为事业，没有时间见儒生'。您想兴办天下的大事，成就平定天下的大功，却只看人的外表，恐怕要失去天下有才能的人。况且我估计您的智慧比不上我，勇气又不如我。如果要成就天下的大事而不与我相见，我私下认为您失算了。"沛公道歉道："刚才我只听说了先生的外貌，现在我才了解了先生的心意啊。"于是请他就座，问他平定天下的良策。郦食其说："您想成就大功，不如驻军陈留。陈留是四通八达的交通要冲，兵家必争之地，贮藏的粮食有几千万石，城池的防守工事非常牢固。我和陈留县令平素关系很好，愿替您去说服他。如果他不听我的，请您应允杀了他，然后攻占陈留。您率领陈留的兵将，据守陈留城池，吃陈留的存粮，召集天下想跟从您攻秦的人马；招募到想跟从您攻秦的人马后，您就可以纵横天下，没有能妨碍您的人了。"沛公说："敬从您的指教。"

于是郦生乃夜见陈留令，说之曰："夫秦为无道而天下畔（叛）之，今足下与天下从则可以成大功。今独为亡秦婴（缨）城而坚守①，臣窃为足下危之。"陈留令曰："秦法至重也，不可以妄言②，妄言者无类③，吾不可以应。先生所以教臣者，非臣之意也，愿勿复道。"郦生留宿卧，夜半时斩陈留令首，逾城而下报沛公。沛公引兵攻城，县（悬）令首于长竿以示城上人，曰："趣（促）下④，而令头已断矣！今后下者必先斩之！"于是陈留人见令已死，遂相率而下沛公。沛公舍陈留南城门上，因其库兵⑤，食积粟，留出入三月，从兵以万数，遂入破秦。

◎注释 ①〔婴城而坚守〕环城固守。婴,通"缨",环绕。②〔妄言〕乱说话。③〔无类〕灭族。④〔趣下〕赶快投降。⑤〔因其库兵〕因,凭借。库兵,库府所藏的武器。

◎大意 于是郦食其连夜去见陈留县令,游说他道:"秦朝暴虐无道而天下的人都反叛它,现在您和天下人一起造反就可以成就大功。而您偏要替将要灭亡的秦朝拥城固守,我私下里认为您的处境非常危险。"陈留县令说道:"秦朝的法令最严苛,不要乱说,乱说的话会被灭族,我不能答应您。先生用来指教我的话,不是我的心意,希望不要再说了。"郦食其就在城中留宿静卧,半夜里斩下陈留县令的首级,越墙而下报告沛公。沛公率领军队攻城,把县令的首级悬挂在长竿上给城上的人看,说道:"赶快投降,你们县令的脑袋已经被我们斩了!现在谁后投降就先斩了谁!"这时陈留人看到县令已死,便相继投降了沛公。沛公住在陈留的南城城门上,利用陈留武库里的兵器,吃着陈留储存的粮食,逗留了三个月,招募到愿跟从他攻秦的几万人马,然后入关攻灭秦朝。

太史公曰:世之传郦生书①,多曰汉王已拔三秦,东击项籍而引军于巩雒之间,郦生被(披)儒衣往说汉王。乃非也。自沛公未入关,与项羽别而至高阳,得郦生兄弟。余读陆生《新语》书十二篇,固②当世之辩士。至平原君子与余善,是以得具论之。

◎注释 ①〔郦生书〕有关郦食其的传记。②〔固〕确实。

◎大意 太史公说:社会上流传的有关郦食其的传记,大多说汉王攻克三秦后,向东攻打项羽而带领军队退守在巩县和雒阳之间,郦食其身穿儒衣前去游说汉王。这种说法是错误的。实际情况是在沛公攻入函谷关之前,与项羽分兵而到了高阳,得到了郦食其兄弟二人。我读陆贾的十二篇《新语》,认为他确实是当代少有的辩士。而平原君的儿子与我交好,因此能够详细地把这些事记录下来。

◎ 释疑解惑

郦食其、陆贾二人在刘邦统一中国、征服南越，以及后来平定诸吕的过程中，起了很大作用。他们不仅有摇唇鼓舌的高才，而且有非凡的政治远见和卓越的军事见解。郦食其初会高祖的记载体现了太史公一贯的妙笔，其突出的矛盾和关键性的细节描写使得这一场景栩栩如生，令人印象深刻。另外，郦食其的狂是豪狂，体现在其独窥大计、不屑细务，这是太史公撰写的重点所在。例如攻取陈留这一重要计谋，当时"汉王数困荥阳、成皋，计欲捐成皋以东，屯巩、雒以拒楚"，郦食其详细分析了天下形势，认为楚军内部空虚，正是进攻的好时机。所以，他又进一步向刘邦进言："愿足下急复进兵，收取荥阳，据敖仓之粟，塞成皋之险，杜大行之道，距蜚狐之口，守白马之津，以示诸侯效实形制之势，则天下知所归矣。"收取荥阳、占据敖仓之后，也就稳住了中原，为统一天下打下了基础。陆贾的辩说艺术又有着独特的味道。他出使南越，面对尉他的无礼，英爽豁达，以君子之度从大处着眼，使尉他真实地认识到当时的局面，心悦诚服，从而归顺汉朝。所以，司马迁在《自序》中写道："结言通使，约怀诸侯；诸侯咸亲，归汉为藩辅，作《郦生陆贾列传》第三十七。"还有陆贾针对刘邦认为自己的天下是"居马上而得之，安事《诗》《书》"的思想，提出了"逆取顺守""文武并用"才是"长久之术"的观点。陆贾还总结历代王朝成功和失败的经验教训，写出了《新语》一书，不仅促进了汉朝的安定和发展，而且为后代的统治提供了经验和借鉴。

◎ 思考辨析题

1. 郦食其初会高祖时的细节描写反映出二人怎样的性格特征？
2. 请简要分析陆贾的论说艺术。

傅靳蒯成列传第三十八

本传是随从汉高祖刘邦起事的三个亲随侍臣傅宽、靳歙和周緤的合传。他们都是平庸的人物,由于能够尽忠尽职而发迹。司马迁记载这些人,可以从一个侧面来观察刘邦的为人特点。本传篇名以人名姓与封爵混合。傅,指傅宽;靳,指靳歙;蒯成,指蒯成侯周緤。傅宽,原为魏将,从沛公入关。楚汉相争,傅宽为曹参部属,从韩信攻战,因定齐地,封阳陵侯,食邑二千六百户。靳歙,秦末起兵宛朐,从刘邦为侍卫官,常随刘邦征讨,以功封信武侯,食邑四千六百户。周緤,沛人,从刘邦起沛,常为参乘,以功封蒯成侯,食邑三千三百户。传中主要记述了傅、靳、周三人随从刘邦征战和升迁的过程。三人的共同点是均为刘邦信任的近臣,都封高爵、享厚禄。本篇在写法上主要采用简要的记述和说明,基本是平铺直叙，几乎没有人物思想性格的直接描写。其中，周緤的"泣曰"及其表示忠心的一句话，是本传唯一的描写句子，真实地表现出其忠厚的一面。

阳陵侯傅宽，以魏五大夫骑将从，为舍人①，起横阳。从攻安阳、杠里，击赵贲军于开封，及击杨熊曲遇、阳武，斩首十二级，赐爵卿。从至霸上。沛公立为汉王，汉王赐宽封号共（恭）德君。从入汉中，迁为右骑将。从定三秦，赐食邑雕阴。从击项籍，待怀②，赐爵通德侯。从击项冠、周兰、龙且，所将卒斩骑将一人敖下，益食邑。

◎**注释** ①〔舍人〕家臣。②〔待怀〕奉命在怀县接应。怀，县名，在今河南武陟城南。

◎**大意** 阳陵侯傅宽，以魏国五大夫的爵位任骑将，跟随沛公刘邦，曾做过家臣，起兵于横阳。他跟随沛公进攻安阳、杠里，在开封攻打赵贲的军队，又在曲遇、阳武等地攻打杨熊的军队，斩获敌人十二首级，沛公赐给他卿的爵位。他跟从沛公到达霸上。沛公立为汉王，赐予傅宽共德君的封号。傅宽跟从汉王进入汉中，升迁为右骑将。他跟从汉王平定三秦，汉王赐给他雕阴作为食邑。他跟从汉王攻打项羽，奉命在怀县接应，汉王赐给他通德侯的爵位。他跟从汉王攻打项冠、周兰、龙且，所率领的士兵在敖仓下斩杀敌军骑将一人，因而增加了食邑。

属淮阴①，击破齐历下军，击田解。属相国参，残博②，益食邑。因定齐地，剖符世世勿绝，封为阳陵侯，二千六百户，除前所食。为齐右丞相，备齐③。五岁为齐相国。

◎**注释** ①〔属淮阴〕隶属韩信指挥。②〔残博〕摧毁了博县。博,古邑名,在今山东泰安东南。③〔为齐右丞相,备齐〕汉四年,韩信为齐王,傅宽任右丞相,防备齐王韩信和原来的齐相田横。备,防备。

◎**大意** 傅宽隶属淮阴侯韩信,击败了齐国在历下的驻军,打败了齐国守将田解。傅宽隶属相国曹参,摧毁了博县,增加了食邑。由于他平定齐地有功,汉王把表示凭证的符分成两半,与他各执其一,表示使他的爵位世代相传,封他为阳陵侯,食邑二千六百户,收回以前所赐食邑。他担任齐国的右丞相,防备齐王韩信反叛和原来的齐相田横卷土重来。他在齐国任国相五年。

四月,击陈豨,属太尉勃,以相国代丞相哙击豨。一月,徙为代相国,将屯①。二岁,为代丞相,将屯。

◎**注释** ①〔将屯〕兼为边郡屯兵将。
◎**大意** 汉高祖十一年四月,攻打叛臣陈豨,他隶属太尉周勃,以齐国相国的身份代替丞相樊哙攻打陈豨。第二年一月,他调任为代国相国,率部驻防。两年后,他担任代国丞相,领兵驻守。

孝惠五年卒,谥为景侯。子顷侯精立,二十四年卒。子共侯则立,十二年卒。子侯偃立,三十一年,坐与淮南王谋反,死,国除。

◎**大意** 汉惠帝五年傅宽去世,谥号为景侯。儿子顷侯傅精继承爵位,二十四年后去世。傅精的儿子共侯傅则继承爵位,十二年后去世。傅则的儿子傅偃继承爵位,三十一年后,因参与淮南王刘安的谋反,被处死,封地被废除。

信武侯靳歙,以中涓从,起宛朐。攻济阳。破李由军。击秦军亳南、开封东北,斩骑千人将一人,首五十七级,捕虏七十三人,赐爵封号临平君。又战蓝田北，斩车司马二人，骑长一人，首二十八级，捕虏五十七人。至霸上。沛公立为汉王，赐歙爵建武侯，迁为骑都尉。

◎**大意** 信武侯靳歙，以侍从官员的身份跟随沛公刘邦，起兵于宛朐。他进攻济阳。打败了秦将李由的军队。在亳县南、开封东北攻打秦军，斩杀一名统领千人骑兵的敌将，斩获五十七首级，俘虏七十三人，被赐予爵位并封号为临平君。他又在蓝田北面作战，斩秦军车司马二人，骑兵将领一人，斩获二十八首级，俘虏五十七人。到了霸上。沛公被立为汉王，赐给靳歙建武侯的爵位，升迁他为骑都尉。

从定三秦。别西击章平军于陇西，破之，定陇西六县，所将卒斩车司马、候各四人，骑长十二人。从东击楚，至彭城。汉军败还，保雍丘，去击反者王武等。略梁地，别将击邢说军菑南，破之，身得说都尉二人，司马、候十二人，降吏卒四千一百八十人。破楚军荥阳东。三年，赐食邑四千二百户。

◎**大意** 靳歙随从汉王平定了三秦。他分领一支部队于陇西往西攻打章平所率秦军，击败了他们，平定了陇西六县，麾下士兵斩杀秦军车司马、军候各四人，骑兵长官十二人。他又随从汉王挥师东进攻打楚军，到达彭城。汉军战败撤回，退守雍丘，他领兵去攻打反叛者王武等人。汉军夺取梁地，他分领一支部队到菑南攻打邢说所率楚军，击败了他们，亲自活捉了邢说的都尉二人，司马、军候十二人，收降军官士兵四千一百八十人。另外他在荥阳东大败楚军。汉高祖三年，赐予他食邑四千二百户。

别之河内[①]，击赵将贲郝军朝歌[②]，破之，所将卒得骑将二人，车马二百五十四。从攻安阳以东，至棘蒲，下七县。别攻破赵军，得其将司马二人，候四人，降吏卒二千四百人。从攻下邯郸。别下平阳，身斩守相，所将卒斩兵守、郡守各一人，降邺。从攻朝歌、邯郸，及别击破赵军，降邯郸郡六县。还军敖仓，破项籍军成皋南，击绝楚饷道③，起荥阳至襄邑。破项冠军鲁下。略地东至缯、郯、下邳，南至蕲、竹邑。击项悍济阳下。还击项籍陈下，破之。别定江陵，降江陵柱国、大司马以下八人，身得江陵王，生致之雒阳，因定南郡。从至陈，取楚王信，剖符世世勿绝，定食四千六百户，号信武侯。

◎**注释** ①〔河内〕郡名，治怀县。辖今河南省黄河以北地区及河北省部分地区。②〔朝歌〕县名，在今河南淇县。③〔饷道〕粮道。

◎**大意** 靳歙分领一支部队前往河内，在朝歌进攻赵将贲郝的军队，打败了他，所率领的士兵活捉骑将二人，缴获车马二百五十匹。他跟随汉王进攻安阳以东，打到棘蒲，拿下七个县。他又分兵击溃赵军，活捉赵将的司马二人，军候四人，收降赵军官兵二千四百人。他跟随汉王攻克邯郸。他又分军攻破平阳，亲自斩杀驻平阳的赵国代理相国，所率士兵斩杀兵守、郡守各一人，收降了邺县。他跟随汉王进攻朝歌、邯郸，又分军击破赵军，收降了邯郸郡所辖六县。他率军返回敖仓，在成皋南击败了项羽的军队，袭击并断绝了楚军的粮道，自荥阳至襄邑。他在鲁城之下大败项冠的军队。他夺取了东至缯、郯、下邳，南至蕲、竹邑的大片土地。他在济阳城下攻打项悍。他回师在陈县城下攻击项羽，打败了他。又分军平定江陵，招降了在江陵的临江王的柱国、大司马以下官吏八人，亲自活捉了临江王共尉，并把临江王押送到雒阳，因而平定了南郡。他跟随汉高祖到陈县，逮捕了图谋不轨的楚王韩信，汉王把作为凭证的符剖开分一半给他，以示让他世代继承爵位，确定食邑为四千六百户，封号为信武侯。

以骑都尉从击代，攻韩信平城下，还军东垣。有功，迁为车骑将军，并将梁、赵、齐、燕、楚车骑，别击陈豨丞相敞，破之，因降曲逆。从击黥布有功，益封，定食五千三百户。凡斩首九十级，虏百三十二人；别破军十四，降城五十九，定郡、国各一，县二十三；得王、柱国各一人，二千石以下至五百石三十九人。

◎**大意** 靳歙以骑都尉的身份随从高祖进攻代地，在平城下攻打韩王信的叛军，然后回师东垣。他因平乱有功，被提升为车骑将军，同时统率梁、赵、齐、燕、楚几国的车骑部队，分兵进攻陈豨的丞相侯敞，打败了他，趁势降服了曲逆。他随从高祖进攻黥布有功，加封确定食邑为五千三百户。他总共斩敌九十首级，俘虏一百三十二人；另打败敌军十四次，降服城池五十九座，平定郡、国各一个，县城二十三个；活捉诸侯王、柱国各一人，二千石以下至五百石的官员三十九人。

高后五年，歙卒，谥为肃侯。子亭代侯。二十一年，坐事国人过律①，孝文后三年，夺侯，国除。

◎**注释** ①〔坐事国人过律〕因役使民众超过法律规定而被判罪。事，役使。过律，超过法律规定。
◎**大意** 高后五年，靳歙去世，谥号为肃侯。儿子靳亭继承侯爵。二十一年后，他因役使百姓超过了律令规定而被治罪，孝文帝后元三年，剥夺了他的爵位，封地被免除。

蒯成侯緤①者，沛人也，姓周氏。常（尝）为高祖参乘，以舍人从起沛。至霸上，西入蜀、汉，还定三秦，食邑池阳。东绝甬道，从出度（渡）平阴，遇淮阴侯兵襄国②，军乍利乍不利③，终无离上心。以緤为信武侯，食邑三千三百户。高祖十二年，以緤为蒯成侯，除前所食邑。

◎**注释** ①〔蒯成侯緤（xiè）〕周緤，以功封蒯成侯。②〔襄国〕县名，在今河北邢台西南。③〔军乍利乍不利〕作战有时获胜有时失利。

◎**大意**　蒯成侯名緤，是沛县人，姓周。他曾任汉高祖的陪乘，以家臣的身份跟随高祖在沛县起兵。他随从高祖到达霸上，往西进入蜀郡、汉中，还师平定三秦，以池阳作为食邑。他领兵东进截断了敌人的运输通道，跟从高祖出征渡过了平阴渡口，在襄国与淮阴侯韩信的部队会合，作战有时获胜有时失利，始终没有背离高祖的心思。高祖封周緤为信武侯，赐予食邑三千三百户。高祖十二年，封周緤为蒯成侯，同时收回其以前所封的食邑。

上欲自击陈豨，蒯成侯泣曰："始秦攻破天下，未尝自行①。今上常自行，是为无人可使者乎？"上以为爱我，赐入殿门不趋②，杀人不死。

◎**注释**　①〔自行〕亲自出征。②〔趋〕快走。
◎**大意**　高祖想要亲自领兵进攻陈豨，蒯成侯流着泪说："以前秦王打败天下各国，不曾亲自出征。现在您经常亲自征战，难道是没有可以派遣的人吗？"高祖认为周緤爱护自己，恩赐他进入殿门不必碎步快走，杀人不定死罪。

至孝文五年，緤以寿终，谥为贞侯。子昌代侯，有罪，国除。至孝景中二年，封緤子居代侯。至元鼎三年，居为太常，有罪，国除。

◎**大意**　到孝文帝五年，周緤年老善终，谥号为贞侯。他的儿子周昌接替侯爵，犯了罪，封地被废除。到了孝景帝中元二年，又封周緤的儿子周居继承侯爵。到元鼎三年，周居担任太常，犯了罪，封地被废除。

太史公曰：阳陵侯傅宽、信武侯靳歙皆高爵①，从高祖起山东，攻项籍，诛杀名将，破军降城以十数，未尝困辱②，此亦天授也。蒯成侯周緤操心坚正③，身不见疑，上欲有所之④，未尝不垂涕，此有伤心者然，可谓笃厚君子矣。

◎ **注释** ①〔高爵〕食邑数千户的列侯。②〔困辱〕挫折和困厄。③〔操心坚正〕忠心耿耿。④〔上欲有所之〕高祖每有出征的行动。

◎ **大意** 太史公说：阳陵侯傅宽、信武侯靳歙都享有很高的爵位，跟随高祖自崤山以东起兵，进攻项羽，诛杀名将，击败敌军收降城池数十座，不曾遭到挫折和困厄，这也是上天授予的啊。蒯成侯周緤忠心耿耿，其人不被怀疑，高祖每有出征的行动，他未尝不流泪，只有动真感情才能达到这种程度，可以说是个诚实忠厚的君子了。

◎ **释疑解惑**

　　本传在记叙风格上与《樊郦滕灌列传》是相似的，传主都是随高祖一起打天下的近臣。不同的是，傅宽、靳歙和周緤都是非常平正的人物，所以叙写得非常平正。通篇按部就班，不矜奇，不立异，而叙述简明，安顿妥帖，好像是一篇公牍文字，这也是《史记》中一种独特的体例。《太史公自序》说："欲详知秦楚之事，维周緤常从高祖，平定诸侯。作《傅靳蒯成列传》第三十八。"周緤是如何"常从高祖"的呢？传文有明确答案："常为高祖参乘"，"军乍利乍不利，终无离上心"，以至高祖上战场时"蒯成侯泣曰：'始秦攻破天下，未尝自行。今上常自行，是为无人可使者乎？'"于是，他博得汉高祖"以为爱我"的信任。所以周緤没有独立带兵打仗，却得封信武侯，食邑三千三百户，并被高祖特别赏赐"入殿门不趋，杀人不死"。对于这种爵禄与功绩不相称的现象，太史公在论赞中称"此亦天授也"，可感受到其中些许的不满与无奈。这篇传记虽然简短，但周緤的形象忠诚蔼然，给人留下深刻的印象。

◎ **思考辨析题**

　　1. 请简要分析该篇的传述特点。

　　2. 读过此文后，谈谈本篇太史公的意旨。

刘敬叔孙通列传 第三十九

  本篇是汉初两位重要臣僚刘敬和叔孙通的合传。汉建朝初期,百端待举,在辅佐汉高祖刘邦建设西汉政权的过程中,刘敬和叔孙通从不同方面发挥了重要作用,故合而为传。刘敬建言献策,直言秉正;叔孙通则阿世取容。两人品格迥然不同,但他们都具有高人一等的智慧,能洞察时势的变化,在巩固西汉的政权建设方面,做出了各自的贡献。刘敬,齐人,本姓娄,因去陇西戍守路过雒阳,便主动劝说高祖建都关中,高祖采纳了他的意见,赐姓刘,拜为郎中,号奉春君。当时匈奴兵力强盛,时扰边境,刘敬献与匈奴和亲之策,并出使匈奴订立和亲盟约。后来又建议迁山东诸侯后裔豪强十万余口来充实关中,外备匈奴,内防宗强,一举两得,使得中央统治得到巩固。叔孙通,薛人,汉初大儒,曾为秦代博士,精通朝廷礼仪制度。秦灭之后跟从项羽，之后又率儒生百余人降汉王。汉朝初建，群臣不懂礼节，常常在朝堂之上醉态妄呼，拔剑击柱，对此高祖很是苦恼。于是叔孙通以古礼结合秦仪，并根据高祖要求，订立朝仪制度，一举确立了朝堂的威仪。后任太常、太子太傅，为高祖和惠帝贡献了诸多良策。《太史公自序》中说："徙强族，都关中，和约匈奴；明朝廷礼，次宗庙仪法。作《刘敬叔孙通列传》第三十九。"这几件事都是事关西汉统治的重要改变，所以司马迁将其二人放在一起叙写，对他们的贡献给予了充分肯定，并在文末赞语中评论道："刘敬脱挽辂一说，建万世之安，智岂可专耶！叔孙通希世度务制礼，进退与时变化，卒为汉家儒宗。"可见两人对西汉统治的重要影响。

刘敬者，齐人也。汉五年，戍陇西，过雒阳，高帝在焉。娄敬脱挽辂①，衣其羊裘，见齐人虞将军曰："臣愿见上言便事②。"虞将军欲与之鲜衣③，娄敬曰："臣衣帛④，衣帛见；衣褐⑤，衣褐见：终不敢易衣。"于是虞将军入言上。上召入见，赐食。

◎**注释** ①〔脱挽辂（wǎn lù）〕解脱了车前牵引的横木。即卸了车。挽辂，车上供牵引用的横木。挽，后作"挽"。②〔便事〕有利于国家的事。③〔鲜衣〕华美的新衣。④〔衣帛〕穿丝绸做的衣服。帛，丝织品的总称。⑤〔褐〕粗布短衣。
◎**大意** 刘敬，是齐国人。汉高祖五年，他去戍守陇西，经过雒阳，汉高祖正在那里。娄敬解下车上的横木，穿着一件羊皮袄，去见齐人虞将军说："我希望见到皇帝谈谈有关国家的大事。"虞将军想给他换一件漂亮的新衣，娄敬说："我穿着丝绸衣服来，就穿着丝绸衣服去拜见；穿着粗布短衣来，就穿着粗布短衣去拜见：我是始终不敢随便换衣服穿的。"于是虞将军进去禀报皇上。皇上召娄敬进见，并赏赐饭食。

已而①问娄敬，娄敬说曰："陛下都雒阳，岂欲与周室比隆哉？"上曰："然。"娄敬曰："陛下取天下与周室异。周之先自后稷，尧封之邰②，积德累善十有余世。公刘避桀居豳③。太王以狄伐故，去豳，杖马箠（棰）居岐④，国人争随之。及文王为西伯，断虞芮之讼，始受命，吕望、伯夷自海滨来归之。武王伐纣，不期而会孟津之上八百诸侯，皆曰纣可伐矣，遂灭殷。成王即位，周公之属傅相⑤焉，乃营成周雒邑，以此为天下之中也，诸侯四方纳贡职，道里⑥均矣，有德则易以王，无德则易以亡。凡居此者，欲令周务以德致人，不欲依阻险，令后世骄奢以虐民也。及周之盛时，天下和洽，四夷乡（向）风慕义，怀德附离⑦，而并事天子，不屯一卒，不战一士⑧，八夷大国之民莫不宾服，效⑨其贡职。及周之衰也，分而为两，天下莫朝，周不能制也。非其德薄也，而形势弱也。今陛下起丰沛，收卒三千人，以之径往⑩而卷蜀汉，定三秦，与项羽战荥阳，争成皋之口⑪，大战七十，小战四十，使天下之民肝脑涂地，父子暴骨中野，不可胜数，哭泣之声未绝，伤痍者未起⑫，而欲比隆于成康之时，臣窃以为不侔⑬也。且夫秦地被山带河，四塞以为固⑭，卒（猝）然有急，百万之众可具也。因秦之故，资甚美膏腴之地，此所谓天府者也。陛下入关而都之，山东虽乱，秦之故地可全而有也。夫与人斗，不扼其亢⑮，拊⑯其背，未能全其胜也。今陛下入关而都，案（按）⑰秦之故地，此亦扼天下之亢而拊其背也。"

◎**注释** ①〔已而〕过了一会儿。②〔邰（tái）〕古国名，周祖先发祥之地，在今陕西武功西南。③〔豳（bīn）〕古国名，周王先公公刘所建，在今陕西旬邑西。④〔杖马箠（chuí）居岐〕握鞭赶马移居到岐山。箠，同"棰"，鞭子。岐，山名，在今陕西岐山东北。周先王古公亶父建国于此，史称岐周。⑤〔傅相〕辅助国君、诸侯王之官。⑥〔道里〕路程。⑦〔附离〕使离者相附。⑧〔不屯一卒，不战一士〕不要一兵驻守，不用一卒出战。⑨〔效〕献纳贡赋。⑩〔径往〕径直前往。⑪〔囗〕险关要塞。⑫〔伤痍者未起〕指百姓饱受战争之祸还没有恢复。痍，肌肤受创。⑬〔不侔（móu）〕谓今日之时势不能与周成康之时相提并论。侔，相等。⑭〔四塞以为固〕关中形胜，有黄河为池，华山为城，加之东有函谷关，南有武关，西有大散关，北有萧关，是为四塞。⑮〔亢（gāng）〕喉咙。比喻要害。⑯〔拊（fǔ）〕拍打。⑰〔案〕同"按"，按住，控制。

◎**大意**　过了一会儿皇上问娄敬，娄敬说道："陛下建都雒阳，难道想跟周朝比比兴隆吗？"皇上说："是的。"娄敬说："陛下夺取天下的途径和周朝是不同的。周朝的祖先从后稷开始，唐尧就封给他邰那块土地，积累了德政善行十几代。公刘为避开夏桀的暴政而迁居豳。太王古公亶父因为狄族侵扰，离开豳，握鞭赶马移居到岐山，部族里的男女老少紧随而去。等到周文王做了西方的诸侯之长，妥善地解决了虞国和芮国的争端，才承受了天命，吕望、伯夷从遥远的海滨赶来归附他。周武王讨伐殷纣，不用相约而有八百诸侯会师于孟津，他们都说殷纣可以讨伐，于是就灭掉殷。周成王即位，有周公等人辅佐他，就在雒邑营造了王城，认为这里是天下的中心，四方诸侯来交纳土贡和赋税，路程的远近都差不多，君主有德行就容易在这里称王，君主无德就容易在这里灭亡。凡是在这里建都的人，都想要像周朝那样务必用德政来感召百姓，而不想依靠险要的地形，让后代子孙骄纵奢侈来残害百姓。在周朝鼎盛时期，天下和睦，四方的外族向往礼乐教化之风，仰慕周君的道义并感念他的恩德，依附而且一同侍奉周天子，周朝不要一兵驻守，不用一卒出战，八方大国的百姓没有不归顺臣服的，都纷纷前来交纳贡物和赋税。到周朝衰落的时候，京都雒邑分为西周和东周两个小国，天下再没有来朝拜的，周王室已无力控制诸侯。这不是周天子恩德寡薄，而是形势不同了。如今陛下从丰邑沛县起兵，招集三千士卒，率领他们径直前往而席卷了蜀郡、汉中，平定了三秦，与项羽在荥阳交战，争夺成皋的险关要塞，大战七十次，小战四十次，使得天下的百姓伤亡惨重，父子的白骨曝露于原野之中，尸体多得无法数清，处处可闻哀号之声，百姓饱受战争之祸还没恢复，而这个时候想和周朝的成王、康王时代比比兴隆，我私下认为这是不能同日而语的。况且秦地有高山被覆，有黄河环绕，四面的边塞可以作为坚固的防线，即使突然有了危急情况，百万之众的军队立刻就能召集起来。靠着秦国原有的基础，借助秦地的美丽富饶，这就是所谓天然府库的地利啊。陛下进入函谷关而在那里建都，崤山之东就是乱了，秦国的旧地还是可以完整据有的。与别人争斗，不掐住他的咽喉，而击打他的背部，这是不能完全获胜的。如果陛下进入函谷关建都，控制秦国原有的土地，这就是掐住天下的咽喉并击打它的背部啊。"

高帝问群臣，群臣皆山东人，争言周王数百年，秦二世即亡，不如都周①。上疑未能决。及留侯明言入关便，即日车驾西都关中。

◎**注释** ①〔都周〕建都雒阳。

◎**大意** 汉高祖征求大臣们的意见，大臣们都是崤山以东的人，争着说周朝在雒邑建都称王几百年，秦朝在关内建都只经历二代就灭亡，不如以周朝旧都雒阳为汉朝京都。皇上犹疑难以决断。等到留侯张良明确地阐述了入关建都的有利条件后，当日皇上就乘车西行到关中建都。

于是上曰："本言都秦地者娄敬，'娄'者乃'刘'也。"赐姓刘氏，拜为郎中，号为奉春君。

◎**大意** 当时皇上说："本来主张建都秦地的是娄敬，'娄'就是'刘'嘛。"于是赐娄敬改姓刘，任命他为郎中，称号叫奉春君。

汉七年，韩王信反，高帝自往击之。至晋阳①，闻信与匈奴欲共击汉，上大怒，使人使匈奴。匈奴匿其壮士肥牛马，但见（现）老弱及赢②畜。使者十辈③来，皆言匈奴可击。上使刘敬复往使匈奴，还报曰："两国相击，此宜夸矜见（现）所长。今臣往，徒见赢瘠老弱，此必欲见（现）短，伏奇兵以争利。愚以为匈奴不可击也。"是时汉兵已逾句注④，二十余万兵已业行⑤。上怒，骂刘敬曰："齐虏！以口舌得官，今乃妄言沮⑥吾军。"械系敬广武。遂往，至平城，匈奴果出奇兵围高帝白登⑦，七日然后得解。高帝至广武，赦敬，曰："吾不用公言，以困平城。吾皆以斩前使十辈言可击者矣。"乃封敬二千户，为关内侯，号为建信侯。

◎**注释** ①〔晋阳〕县名，在今山西太原西南。②〔赢（léi）〕瘦弱。③〔辈〕批。④〔句注〕山名。在今山西代县西北。⑤〔业行〕已经出动。⑥〔沮〕阻挠。⑦〔白登〕山名。在今山西大同东北。

◎**大意** 汉高祖七年，韩王信反叛，高祖亲自前往讨伐他。到达晋阳，得知了韩王信与匈奴勾结要共同进攻汉朝的消息，高祖大为震怒，派人出使匈奴。匈奴藏匿起他们强壮的士兵和肥壮的牛马，只显露年老弱小的士兵和瘦弱的牲畜。有十批使者返回，都说匈奴可以攻打。高祖派刘敬再去出使匈奴，他回来报告说："两国相攻，这时该炫耀自己的长处。现在我去那里，只看到老弱的士兵和瘦弱的牲畜，这一定是故意显露自己的短处，埋伏奇兵来争取胜利。我认为匈奴不可以攻打。"这时汉朝军队已经越过了句注山，二十万大军已经出动。高祖大为震怒，骂刘敬道："齐国的奴才！凭着嘴巴和舌头捞了官，现在竟敢胡言乱语阻碍我军。"就用镣铐把刘敬囚禁在广武县。高祖率军前往，到了平城，匈奴果然出动奇兵将高祖围困在白登山上，七天后才得以解围。高祖回到广武县，赦免了刘敬，说："我没有采用你的意见，因而被围困在平城。我已经把前面十来批说匈奴可以攻打的使臣都斩首了。"于是赏赐刘敬食邑二千户，爵位是关内侯，称号为建信侯。

高帝罢平城归，韩王信亡入胡。当是时，冒顿为单于①，兵强，控弦三十万，数苦北边。上患之，问刘敬。刘敬曰："天下初定，士卒罢（疲）于兵②，未可以武服也。冒顿杀父代立，妻群母，以力为威，未可以仁义说也。独可以计久远子孙为臣③耳，然恐陛下不能为。"上曰："诚④可，何为不能！顾⑤为奈何？"刘敬对曰："陛下诚能以适（嫡）长公主⑥妻之，厚奉遗之，彼知汉适（嫡）女送厚，蛮夷必慕，以为阏氏，生子必为太子，代单于。何者？贪汉重币⑦。陛下以岁时⑧汉所余彼所鲜⑨数问遗，因使辩士风（讽）谕⑩以礼节。冒顿在，固为子婿；死，则外孙为单于。岂尝闻外孙敢与大父⑪抗礼者哉？兵可无战以渐臣⑫也。若陛下不能遣长公主，而令宗室及后宫诈称公主，彼亦知，不肯贵近⑬，无益也。"高帝曰："善。"欲遣长公主。吕后日夜泣，曰："妾唯太子、一女，奈何弃之匈奴！"上竟不能遣长公主，而取家人子名为长公主，妻单于。使刘敬往结和亲约。

◎**注释** ①〔冒顿为单于〕冒顿，挛鞮氏，于公元前209年（秦二世元年）杀父而自立。首次统一北方草原，建立起庞大强盛的匈奴帝国。单于，匈奴人对他们部落联盟首领的专称。意为广大之貌。此称号始创于冒顿单于之父头曼单于，之后一直沿用至匈奴灭亡。②〔罢于兵〕被战争拖累得筋疲力尽。③〔子孙为臣〕令冒顿的子孙后代作为汉朝的臣子。④〔诚〕副词，当真，果真。⑤〔顾〕转折连词，只是，但。⑥〔适长公主〕指吕后所生长公主，后为赵王张敖后。⑦〔重币〕厚礼。⑧〔岁时〕每年。⑨〔汉所余彼所鲜〕汉朝多余而匈奴缺少的东西。⑩〔风谕〕劝告说服。⑪〔大父〕祖父或外祖父。⑫〔渐臣〕在潜移默化中使匈奴臣服。⑬〔贵近〕尊敬亲近。

◎**大意** 汉高祖从平城撤回，韩王信逃入匈奴。这时候，冒顿做单于，军队强大，有善射的勇士三十万，屡次侵扰北部边境。皇上为此而忧虑，问刘敬对策。刘敬说："天下刚刚平定，士兵被战争弄得疲惫不堪，不可以用武力去制服。冒顿杀死父亲自立为单于，把他父亲的许多姬妾收作妻子，凭借武力来树立威势，是不能用仁义去说服的。只能够从长计议让他的子孙后代来做汉朝的臣子，然而又怕陛下办不到。"高祖说："果真可行的话，哪里有办不到的！究竟该怎么办？"刘敬回答说："陛下如果能把皇后生的大公主嫁给他，再送上丰厚的礼物，他知道所得到的是汉朝皇后的女儿和汉朝送来的丰厚礼物，粗野的外族人一定爱慕而把大公主封作阏氏，生下的儿子一定封作太子，接替单于。什么道理呢？因为他贪恋汉朝的丰厚财礼。陛下每年按时拿汉朝多余而匈奴缺少的东西多次去慰问和馈赠，顺便派能言善辩的人用礼节去开导说服他。冒顿活着，当然是汉朝的女婿；他死了，那么汉朝的外孙就会接任单于。哪曾听说外孙敢同外祖父分庭抗礼的呢？这样军队可以不作战而使匈奴逐渐臣服了。如果陛下不能遣嫁大公主，而让皇族女子或后宫女子假冒公主，他也会知道，不肯尊敬亲近她，于事无益。"高祖说："好。"便打算遣嫁大公主。吕后日夜哭泣，说："我只有太子和一个女儿，怎么忍心把女儿抛弃给匈奴！"皇上终究不能遣嫁大公主，而选取一位宫女冒称大公主，嫁给单于。派刘敬前去缔结和亲盟约。

刘敬从匈奴来，因言"匈奴河南白羊、楼烦王[①]**，去长安近者七百里，轻骑一日一夜可以至秦中**[②]**。秦中新破，少民，地肥饶，可益实**[③]**。夫诸侯初起时，非齐诸田，楚昭、屈、景莫能兴。今陛下虽都关中，实少人。北近胡寇，东有六国之族，宗强，一日有变，陛下亦未得高枕而卧也。臣愿陛下徙齐诸田，楚昭、屈、景，燕、赵、韩、魏后，及豪桀名家居关中。无事，可以备胡；诸侯有变，亦足率以东伐。此强本弱末之术也"。上曰："善。"乃使刘敬徙所言关中十余万口。**

◎**注释** ①〔河南白羊、楼烦王〕河南一带匈奴的两个部落首领。河南，在今内蒙古河套地区。②〔秦中〕关中。③〔益实〕充实人口。

◎**大意** 刘敬从匈奴回来,便说"匈奴在河南的白羊、楼烦,离长安最近的只有七百里,轻装骑兵一天一夜就可到达关中地区。关中地区刚刚经过战争,还很残破,人丁稀少,土地肥沃,可以移民来充实加强。当初各地诸侯起兵时,若不是有齐国的田氏各家,楚国的昭、屈、景三族就无法强盛。现在陛下虽然建都关中,但实际缺少人口。北边接近匈奴敌寇,东边有六国的王族,宗族势力强大,一旦有什么变故,陛下是不能高枕无忧的。我希望陛下把齐国的田姓诸侯,楚国的昭、屈、景三大宗族,和燕、赵、韩、魏等国的后裔,以及豪门名家都搬迁到关中居住。平安无事时,可以防备匈奴;诸侯变乱时,也足以率领他们东征。这是加强中央权力而削弱地方势力的策略啊。"皇上说:"好。"于是派刘敬把所提到的十多万人口迁到了关中。

叔孙通①者,薛人也。秦时以文学②征,待诏博士③。数岁,陈胜起山东,使者以闻,二世召博士诸儒生问曰:"楚戍卒攻蕲入陈,于公如何?"博士诸生三十余人前曰:"人臣无将④,将即反,罪死无赦。愿陛下急发兵击之。"二世怒,作色⑤。叔孙通前曰:"诸生言皆非也。夫天下合为一家,毁郡县城,铄其兵⑥,示天下不复用。且明主在其上,法令具于下,使人人奉职,四方辐辏⑦,安敢有反者!此特群盗鼠窃狗盗耳,何足置之齿牙间⑧。郡守尉今捕论⑨,何足忧。"二世喜曰:"善。"尽问诸生,诸生或言反,或言盗。于是二世令御史案诸生言反者下吏,非所宜言。诸言盗者皆罢之。乃赐叔孙通帛二十四,衣一袭⑩,拜为博士。叔孙通已出宫,反(返)舍⑪,诸生曰:"先生何言之谀也?"通曰:"公不知也,我几不脱于虎口!"乃亡去,之薛,薛已降楚矣。及项梁之薛,叔孙通从之。败于定陶,从怀王。怀王为义帝,徙长沙,叔孙通留事项王。汉二年,汉王从五诸侯⑫入彭城,叔孙通降汉王。汉王败而西,因竟从汉。

◎**注释** ①〔叔孙通〕叔孙何，字通，生卒年不详，薛县（今山东滕州南部）人，秦二世时被封为博士。西汉立国之初，叔孙通自荐为汉王制定朝仪，采用古礼并参照秦的仪法而制礼。②〔文学〕善写文章、知识渊博。③〔博士〕职官名。起源于战国，秦、汉时设置。因其掌通古今，以备咨询，为学术顾问的性质。④〔将〕指自为将，聚集众人。⑤〔作色〕变了脸色。秦二世不许人说造反，要粉饰太平。⑥〔铄（shuò）其兵〕指秦始皇销毁了天下兵器。⑦〔辐辏（còu）〕形容人或物聚集像车辐集中于车毂一样。此处指归附朝廷。⑧〔置之齿牙间〕谈论。⑨〔论〕定罪。⑩〔袭〕量词，指成套的衣服。⑪〔舍〕学馆。⑫〔从五诸侯〕率领五诸侯。此指率领天下之兵。

◎**大意** 叔孙通，是薛县人。秦朝时以善写文章和知识渊博被征召，等待任命为博士。几年后，陈胜在山东起事，使者把这件事报告给朝廷，秦二世召见各位博士和儒生问道："从楚地征调去戍边的士卒攻下蕲县进入陈县，诸位对这件事有什么看法？"三十多位博士以及儒生走上前去说："做臣子的不能聚众，聚众就是造反，这是不能赦免的死罪。希望陛下火速发兵攻打他们。"秦二世恼怒，变了脸色。叔孙通走上前说："众儒生的话都不对。如今天下已合为一家，毁掉了郡县的城池，销熔了各地的兵器，向天下人昭示不再使用它。况且在上面有贤明的君主，在下面有完备的法令，使得人人遵法守职，四面八方都归附朝廷，哪有敢反叛的！这只不过是一伙盗贼行窃罢了，哪有什么谈论的价值。郡守和郡尉正在搜捕定罪，哪里值得忧虑。"秦二世高兴地说："好。"他又问遍了众儒生，儒生们有的说是造反，有的说是盗贼。于是秦二世命令御史查究，凡说是造反的都交给官吏治罪，因为他们说了不合时宜的话。凡是说盗贼的都不予追究。秦二世赐给叔孙通二十匹帛，一套服装，并授给他博士职位。叔孙通走出宫来，回到居舍，儒生们说："先生为何要讲阿谀奉承的话呢？"叔孙通说："诸位有所不知，我几乎逃不出虎口！"于是他逃离都城，到了薛县，薛县已经投降楚军了。等项梁到了薛县，叔孙通便跟从了他。项梁在定陶兵败身亡，叔孙通便跟随了楚怀王。楚怀王做了义帝，迁往长沙，叔孙通就留下来服侍项羽。汉高祖二年，汉王刘邦带领各路诸侯王的军队攻入彭城，叔孙通投降了汉王。汉王兵败西撤，叔孙通最终跟从了汉军。

叔孙通儒服，汉王憎之；乃变其服，服短衣，楚制①，汉王喜。

◎ **注释** ①〔制〕衣着款式。
◎ **大意** 叔孙通穿着儒生服装，汉王见了很厌恶；于是他改换服装，穿起了短衣，而且是楚地服装的式样，汉王见了很高兴。

叔孙通之降汉，从儒生弟子百余人，然通无所言进①，专言诸故群盗壮士进之。弟子皆窃骂曰："事先生数岁，幸得从降汉，今不能进臣等，专言大猾②，何也？"叔孙通闻之，乃谓曰："汉王方蒙矢石争天下，诸生宁能斗乎？故先言斩将搴旗③之士。诸生且待我，我不忘矣。"汉王拜叔孙通为博士，号稷嗣君。

◎ **注释** ①〔进〕推荐。②〔大猾〕奸猾无赖之人。③〔搴(qiān)旗〕夺旗。
◎ **大意** 叔孙通投降汉王的时候，跟随他的儒生弟子有一百多人，然而他没有说过推荐谁，却专门推荐那些曾经聚众偷盗的勇士。弟子们都暗地里抱怨道："服侍先生几年，幸好能跟他投降汉王，如今他不能推荐我们，却专门称道那些特别狡诈的人，这是什么道理？"叔孙通听到后，就对弟子们说："汉王正冒着利箭坚石争夺天下，各位儒生难道能搏斗吗？所以我先要推荐那些能够斩将夺旗的勇士。各位儒生姑且等等我，我不会忘记你们的。"汉王任命叔孙通为博士，称稷嗣君。

汉五年，已并天下，诸侯共尊汉王为皇帝于定陶，叔孙通就其仪号①。高帝悉去秦苛仪法，为简易。群臣饮酒争功，醉或妄呼②，拔剑击柱，高帝患之。叔孙通知上益厌之也，说上曰："夫儒者难与进取③，可与守成。臣愿征鲁诸生，与臣弟子共起④朝仪。"高帝曰：

"得无难乎⑤?"叔孙通曰:"五帝异乐,三王不同礼。礼者,因时世人情为之节文⑥者也。故夏、殷、周之礼所因损益⑦可知者,谓不相复也。臣愿颇采古礼与秦仪杂就之⑧。"上曰:"可试为之,令易知,度吾所能行为之。"

◎**注释** ①〔就其仪号〕拟定庙堂礼仪和君臣职称守号。②〔妄呼〕狂呼乱叫。③〔进取〕攻战。④〔起〕草拟,制订。⑤〔得无难乎〕实行起来会烦琐吗?⑥〔节文〕礼节文饰。⑦〔因损益〕因,沿袭。损,删减。益,增加。⑧〔杂就之〕参酌制订。

◎**大意** 汉高祖五年,已吞并天下,诸侯在定陶共同尊推汉王为皇帝,叔孙通负责拟定典章制度。当时汉高祖已经把秦朝烦琐的礼仪法规全部取消,力求简便易行。可是群臣经常喝酒争功,醉后有的狂呼乱叫,甚至拔出剑来砍削梁柱,高祖为此而感到头疼。叔孙通知道高祖愈来愈讨厌这类事,进谏高祖道:"那些儒生很难为您攻取天下,可是能够为您守住已成的基业。我愿意去征召鲁地的一些儒生,跟我的子弟们共同制订朝廷的礼仪。"高祖说:"实行起来会烦琐吗?"叔孙通说:"五帝有不同的乐制,三王有不同的礼节。礼,就是根据当时的世事、人情给人们制订节制或修饰的法则。所以从夏、商、周三代的礼节有所继承、删减和增加的过程中就可以知晓这一点,就是说不同朝代的礼节是不相重复的。我愿意略微采用古代的礼节,与秦朝的礼仪糅合起来,制订新礼节。"高祖说:"可以试着去办,但要让它容易通晓,考虑我能够做得到的。"

于是叔孙通使征鲁诸生三十余人。鲁有两生不肯行,曰:"公所事者且十主,皆面谀①以得亲贵。今天下初定,死者未葬,伤者未起②,又欲起礼乐。礼乐所由起,积德百年而后可兴也。吾不忍为公所为。公所为不合古,吾不行。公往矣,无污我!"叔孙通笑曰:"若真鄙儒③也,不知时变。"

◎**注释** ①〔面谀〕当面阿谀奉承。②〔起〕恢复。③〔鄙儒〕迂腐不达时务的儒生。
◎**大意** 于是叔孙通奉命出使征召了鲁地三十多名儒生。鲁地有两个儒生不肯走，说："您已经服侍了将近十位君主，都靠着当面阿谀奉承来取得亲近和显贵。现在天下刚刚平定，死者还没有埋葬，伤者还没有恢复，又要制礼作乐。从礼乐兴办的根由看，只有积累功德百年后才能兴办。我们不忍心做您所要做的事。您所做的事不合古法，我们不去。您去吧，不要玷辱了我们！"叔孙通笑着说："你们真是迂腐不达时务的儒生啊，一点也不懂得时局的变化。"

　　遂与所征三十人西①，及上左右为学者②与其弟子百余人为绵蕞野外③。习之月余，叔孙通曰："上可试观。"上既观，使行礼，曰："吾能为此。"乃令群臣习肄④，会十月。

◎**注释** ①〔西〕西入长安。②〔上左右为学者〕高帝身边近臣中素有学问的人。③〔绵蕞（zuì）野外〕指在野外拉起长绳，结扎茅草定礼仪之位，进行演习。绵，引绳。蕞，束茅以表位。④〔习肄（yì）〕学习，练习。
◎**大意** 于是叔孙通和征来的三十位儒生西行，他们和高祖左右有学问的侍从以及叔孙通的弟子一百多人在野外拉起长绳，结扎茅草定礼仪之位，进行演习。演习了一个多月，叔孙通说："皇上可以试着去看看。"皇上看后，让他们举行仪式，说道："我能做到这些。"便命令群臣边学边练，准备在十月岁首举行朝会。

　　汉七年，长乐宫成，诸侯群臣皆朝十月①。仪：先平明②，谒者治礼③，引以次入殿门，廷中陈车骑步卒卫宫，设兵张旗志。传言"趋"④。殿下郎中侠（夹）陛，陛数百人⑤。功臣列侯诸将军军吏以次陈西方，东向；文官丞相以下陈东方，西向。大行设九宾，胪传⑥。于是皇帝辇出房，百官执职（帜）传警⑦，引诸侯王以下至吏六百石以次奉贺⑧。自诸侯王以下莫不振（震）恐肃敬。至礼毕，复置法酒。诸侍坐殿上皆伏抑首⑨，以尊卑次起上寿。觞九行⑩，谒者言"罢酒⑪"。御史执法举不如仪者辄引去。竟朝置酒⑫，无敢欢哗⑬失礼者。于是高帝曰："吾乃今日知为皇帝之贵也。"乃拜叔孙通为太常，赐金五百斤。

◎ **注释** ①〔朝十月〕参加十月的朝会。②〔先平明〕在天亮之前。③〔治礼〕主持典礼。④〔传言"趋"〕传呼群臣上殿，曰"趋"，要急行进入。⑤〔殿下郎中侠陛，陛数百人〕殿下台阶两旁站了几百个警卫郎。陛，宫殿的台阶。⑥〔大行设九宾，胪传〕大行，朝廷上的司礼官。九宾，即"九傧"，主管传呼导从。胪传，依次呼唱传入。⑦〔百官执职传警〕百官手执旗帜，传呼清道。⑧〔以次奉贺〕依官吏尊卑依次到皇帝面前奉承庆贺。⑨〔伏抑首〕严肃地低着头。⑩〔觞（shāng）九行〕饮酒九次。⑪〔罢酒〕宴会结束。⑫〔竟朝置酒〕从朝见到宴会的全过程。⑬〔欢哗〕高声说话，叫喊。

◎ **大意** 汉高祖七年，长乐宫落成，各诸侯王及朝廷群臣都来参加十月的朝会。仪式如下：在天亮之前，谒者主持典礼，引导所有人员按次序进入殿门，廷中排列着战车、骑兵、步兵和宫廷侍卫，设置着各种兵器，树立着各式旗帜。谒者传呼"快步走"。殿下郎中站在台阶两旁，台阶两旁有数百人。功臣列侯各级军官都按次序排列在西边，面向东方；文职官员从丞相以下排列在东边，面向西方。大行令设置了九个礼仪官，从上到下地传呼。于是皇帝乘坐辇车从宫房里出来，百官举起旗帜传呼警备，引导诸侯王以下至六百石以上的各级官员按次序朝拜皇帝。从诸侯王以下无不惊惧肃敬。等到仪式完毕，再举行正式宴会。凡陪坐在殿上的官员都严肃地低着头，按尊卑次序起身给皇上敬酒祝福。斟酒九巡，谒者宣布"宴会结束"。御史执行礼仪法规，找出那些不符合礼仪规定的人把他们带走。从朝见到宴会的全过程，没有一个敢大声说话和违反礼节的。于是汉高祖说："我今天才知道当皇帝的尊贵啊。"就任命叔孙通为太常，赏赐黄金五百斤。

叔孙通因进曰："诸弟子儒生随臣久矣，与臣共为仪，愿陛下官之。"高帝悉以为郎。叔孙通出，皆以五百斤金赐诸生。诸生乃皆喜曰："叔孙生诚圣人也，知当世之要务。"

◎**大意** 叔孙通趁机进言说："各位弟子儒生跟随我很久了，和我一同制定朝仪，希望陛下授给他们官职。"高祖让他们都做了郎官。叔孙通出宫，把皇上赏赐的五百斤黄金全部赏赐给众儒生。这些儒生都高兴地说："叔孙先生真是位圣人，知晓当代的紧要事务。"

汉九年，高帝徙叔孙通为太子太傅。汉十二年，高祖欲以赵王如意易太子，叔孙通谏上曰："昔者晋献公以骊姬之故废太子，立奚齐，晋国乱者数十年，为天下笑。秦以不早定扶苏，令赵高得以诈立胡亥，自使灭祀，此陛下所亲见。今太子仁孝，天下皆闻之；吕后与陛下攻苦食啖（淡）①，其可背②哉！陛下必欲废嫡而立少，臣愿先伏诛③，以颈血污地。"高帝曰："公罢矣，吾直戏耳④。"叔孙通曰："太子天下本，本一摇天下振动，奈何以天下为戏！"高帝曰："吾听公言。"及上置酒，见留侯所招客从太子入见，上乃遂无易太子志矣。

◎**注释** ①〔攻苦食啖〕攻苦，艰苦奋斗。食啖，吃粗茶淡饭。啖，通"淡"。②〔背〕背弃。③〔伏诛〕受死。④〔直戏耳〕只是开玩笑罢了。

◎**大意** 汉高祖九年，高祖调派叔孙通做太子太傅。汉高祖十二年，高祖想让赵王刘如意代替太子，叔孙通劝谏高祖道："从前晋献公因为宠幸骊姬而废掉了太子，立了奚齐，晋国为此乱了数十年，被天下人耻笑。秦始皇因为不早确定扶苏当太子，使赵高得以假传圣旨立胡亥，自己造成宗庙祭祀断绝，这是陛下亲眼见到的。如今太子仁爱孝顺，天下人都知道；吕后跟随陛下艰苦奋斗，吃粗茶淡饭，怎么可以背弃呢！陛下一定要废掉嫡长子而扶立小儿子，我愿意先受死刑，把一腔热血洒在地上。"高祖说："您不要讲了，我只是开玩笑罢了。"叔孙通说："太子是天下的根本，根本一动摇天下就会震动，怎么能拿天下来开玩笑！"高祖说："我听您的话。"等到高祖举行宴会，看到张良招来客人随从太子进宫拜见，就再没有更换太子的想法了。

　　高帝崩，孝惠即位，乃谓叔孙生曰："先帝园陵寝庙①，群臣莫能习②。"徙为太常，定宗庙仪法。及稍定汉诸仪法，皆叔孙生为太常所论著也。

◎**注释**　①〔先帝园陵寝庙〕指先帝园陵寝庙的相关礼仪。②〔习〕熟悉。
◎**注释**　汉高祖去世，孝惠帝即位，就对叔孙先生说："先帝陵园和宗庙的祭礼，群臣都不熟悉。"因此调他做太常，制定了宗庙的礼仪制度。此后又逐步制定了汉朝的诸项仪礼制度，这些都是叔孙通任太常时论定的。

　　孝惠帝为东朝长乐宫①，及间往②，数跸③烦人，乃作复道④，方筑武库南。叔孙生奏事，因请间曰："陛下何自筑复道高寝，衣冠月出游高庙⑤？高庙，汉太祖，奈何令后世子孙乘宗庙道上行哉⑥？"孝惠帝大惧，曰："急坏⑦之。"叔孙生曰："人主无过举⑧。今已作，百姓皆知之，今坏此，则示有过举。愿陛下原庙⑨渭北，衣冠月出游之，益广多宗庙，大孝之本也。"上乃诏有司立原庙。原庙起，以复道故。

◎**注释**　①〔孝惠帝为东朝长乐宫〕惠帝为了到东边的长乐宫去朝见吕太后。汉制，皇帝居未央宫，在长安西城。太后居长乐宫，在长安东城。②〔间往〕平时来往。间，非朝会之间。③〔跸（bì）〕清道止行人，戒严。④〔复道〕架筑阁廊走道。⑤〔筑复道高寝，衣冠月出游高庙〕把天桥修建在每月从高祖陵寝送衣冠出游到高祖祠庙的通道上面。高寝，高祖陵寝。衣冠月出游高庙，指每个月都要把高祖生前所用衣冠从高祖陵寝中请出来，抬着到高庙中巡游一回。⑥〔高庙，汉太祖，奈何令后世子孙乘宗庙道上行哉〕惠帝所建复道有一段建在高帝庙通道之上。今帝行复道上，等于是高帝子孙凌驾在高帝之上。⑦〔坏〕拆毁。⑧〔人主无过举〕君王不办错事。⑨〔原庙〕再盖一座高帝庙。

◎**大意**　汉孝惠帝为了到东边的长乐宫去朝拜吕太后，加之平时也要到长乐宫走走，时常要禁止百姓通行，烦扰百姓，于是就修了一座天桥，这座天桥正好建在武库的南面。叔孙通去禀报事务，趁机请求秘密地谈话说："陛下怎么能擅自修筑天桥，而把天桥修建在每月从高祖陵寝送衣冠出游到高祖祠庙的通道上面呢？高祖的祠庙，是汉朝的始祖庙，怎么能让后代子孙到宗庙通道的上面行走呢？"孝惠帝大为惊恐，说："赶快将天桥拆毁。"叔孙先生说："做君主的不能有错误的举动。现在已经建成，百姓都知道了，如果拆毁它，就表示您做了错事。希望陛下在渭水北面另建一座原样的祠庙，让高祖陵寝的衣冠每月出游到那里，进一步扩大并增加宗庙，这是大孝的根本啊。"皇上就下诏令让主管官员另立一座祠庙。这座原样的高祖祠庙的建立，就是修天桥的缘故。

　　孝惠帝曾春出游离宫，叔孙生曰："古者有春尝果①，方今樱桃孰（熟），可献，愿陛下出，因取樱桃献宗庙。"上乃许之。诸果献②由此兴。

◎**注释**　①〔春尝果〕古代帝王最先享用春季成熟的水果，并敬献宗庙。②〔果献〕在宗庙向祖先进献果品。

◎**大意**　孝惠帝曾在春天出游离宫，叔孙先生说："古代有春天给宗庙进献果品的礼仪，现在正当樱桃成熟的季节，可以来进献，希望陛下出游时，顺便采些樱桃进献宗庙。"皇上便答应这样办。各种进献果品的礼仪从此兴起了。

　　太史公曰：语曰①"千金之裘，非一狐之腋也；台榭之榱②，非一木之枝也；三代之际，非一士之智也"。信哉！夫高祖起微细，定

海内，谋计用兵，可谓尽之矣。然而刘敬脱鞔辂一说，建万世之安，智岂可专邪③！叔孙通希世度务④制礼，进退⑤与时变化，卒为汉家儒宗。"大直若诎（屈），道固委蛇"⑥，盖谓是乎？

◎**注释** ①〔语曰〕出自《慎子》。②〔榱（cuī）〕房屋的椽子。③〔智岂可专邪〕智慧不是少数人专有的。④〔希世度务〕希世，阿顺世俗，随波逐流。度务，计算、考虑事务。⑤〔进退〕指个人的去留。⑥〔"大直若诎，道固委蛇"〕语出《老子》第四十一章。委蛇，即逶迤，形容道路延续不绝。

◎**大意** 太史公说：古语说"价值千金的皮衣，不是一只狐狸的腋皮所能制成的；楼台亭榭的椽子，不是一棵树上的枝条所能制成的；三代的功业，不是一个贤士的才智所能成就的"。确实如此呀！高祖从低微的平民起事，平定天下，谋划大计和用兵作战，可以说极尽能事了。然而刘敬解下拉车的横木提一次建议，就建立了万代相传的稳固大业，智慧不是少数人专有的呀！叔孙通迎合世俗考虑事务，制定礼仪，去就取舍随着时势而变化，终于成了汉朝的儒家宗师。"最正直的好似弯曲，事理本来就是曲折发展的"，大概说的就是这种情况吧？

◎**释疑解惑**

　　刘敬献策定都和叔孙通制礼，共同奠定了汉初的稳定统治，具有非常重要的意义。刘敬脱鞔辂，以裘衣见高祖，可见其质直而不徇流俗。建言定都关中，并迁民充实关中，都是出于汉长治久安的考量。与匈奴和亲换来了西汉初期相对和平稳定的发展环境，成为这一时期对匈奴问题的最优解。叔孙通为汉朝订立朝仪制度，从而明确了大一统帝国的内部秩序，并为后世提供了范式。叔孙通由秦至楚再到汉，侍奉了多位君主，其经历是十分传奇的。太史公在文末的赞语中言其"希世度务制礼"，"希世"一词概括了其突出的特点。叔孙通在面对秦二世的询问时，将楚地戍边士兵的造反粉饰为不足挂齿的强盗；在跟随高祖之后，大力推荐了许多"故群盗壮士"；汉朝立国之初便兴办礼乐。叔孙通所做的一些事情在他人眼中是非常不齿的，认为其"谀言""专言大猾",不忍其所为。但在叔孙通眼中,这可以说是识时务。面对不同时期不同的君主,叔孙通都能切实地进言献策,实际上是其在对各个时期现实情况深刻理解的前提下做出的最佳选择。太史公记载叔孙通直言谏止高祖改立太子的事情,又彰显出其正直的一面,如《史记评林》中茅坤的评语:"叔孙虽希世取容,然览谏易太子数语,凛凛然有正气。"

◎ **思考辨析题**

1. 请谈谈刘敬和叔孙通的同和异。
2. 叔孙通成功的原因是什么?

季布栾布列传 第四十

本篇是汉初名臣季布和栾布的合传。季布和栾布都出身社会下层,他们讲义气,重信用,爱打抱不平,具有侠客的特点。季布作战英勇,扬名楚地。他不阿谀逢迎,不随声附和,也不惧权贵,即使在吕后面前也敢直言进谏。栾布知恩报恩,重义轻生,视死如归。

季布,楚人,项羽将,多次困迫刘邦。项羽灭亡后,刘邦悬赏捉拿季布,并下令有胆敢窝藏季布的要夷灭三族,他隐匿在大侠朱家家里为耕田奴。后经朱家活动,被赦免,惠帝时官至河东太守。栾布,梁人,为彭越将。汉诛彭越,将其头悬在雒阳示众,并发布诏令,"有敢收视者,辄捕之"。栾布因对刘邦猜忌功臣不满,在彭越被杀后毅然为其收尸,哭祭彭越,结果被捉,将被用汤镬烹杀,幸而他据理力争,刘邦壮其义,赦免了他。孝文时他官至燕相,景帝时平吴楚有功,封俞侯。

季布栾布列传第四十

"知死必勇，非死者难，处死者难。"季布不死，以屈为伸；栾布冒死赴义，因以显名。二人合传，殊途同归，形成鲜明对比。

本传除记述季布、栾布两人的生平事迹外，还记载了季心和丁公的事迹。

季布者，楚人也。为气任侠①，有名于楚。项籍使将兵，数窘汉王。及项羽灭，高祖购求②布千金，敢有舍匿，罪及三族。季布匿濮阳周氏。周氏曰："汉购将军急，迹③且至臣家，将军能听臣，臣敢献计；即不能，愿先自刭。"季布许之。乃髡钳④季布，衣褐衣，置广柳车⑤中，并与其家僮数十人，之鲁朱家所卖之。朱家心知是季布，乃买而置之田。诫其子曰："田事听此奴，必与同食。"朱家乃乘轺车⑥之雒阳，见汝阴侯滕公。滕公留朱家饮数日。因谓滕公曰："季布何大罪，而上求之急也？"滕公曰："布数为项羽窘上，上怨之，故必欲得之。"朱家曰："君视季布何如人也？"曰："贤者也。"朱家曰："臣各为其主用，季布为项籍用，职耳。项氏臣可尽诛邪？今上始得天下，独以己之私怨求⑦一人，何示天下之不广⑧也！且以季布之贤而汉求之急如此，此不北走胡即南走越耳。夫忌壮士以资敌国，此伍子胥所以鞭荆平王之墓也。君何不从容⑨为上言邪？"汝阴侯滕公心知朱家大侠，意⑩季布匿其所，乃许曰："诺。"待间⑪，果言如朱家指。上乃赦季布。当是时，诸公皆多季布能摧刚为柔⑫，朱家亦以此名闻当世。季布召见，谢，上拜为郎中。

◎**注释** ①〔为气任侠〕好逞意气,打抱不平。任侠,本义为互相信任,引申有多种含义,逞意气,打抱不平,轻生重义等,都是任侠行为。②〔购求〕悬赏捉拿。③〔迹〕指追踪搜查痕迹。④〔髡(kūn)钳〕指打扮成囚徒。髡,剃去头发。钳,带上枷锁。⑤〔广柳车〕泛指载货大车、运转大车。一说丧车。⑥〔轺(yáo)车〕轻便的马车。⑦〔求〕追捕。⑧〔不广〕心胸狭窄。⑨〔从容〕找机会。⑩〔意〕想到。⑪〔待间〕等待机会。⑫〔摧刚为柔〕由刚烈转变成阴柔,意谓能屈能伸。

◎**大意** 季布,是楚地人。爱打抱不平,在楚地很有名气。项羽派他率领军队,曾多次使汉王走投无路。项羽事败后,汉高祖悬赏千金捉拿季布,并下令有敢收留隐藏季布的,就要论罪诛灭三族。季布躲藏在濮阳一个姓周的人家。那人说:"汉朝悬赏捉拿你非常紧急,就要追踪搜查到我家,将军如果能听我的话,我才敢献上计谋;如果不能,我愿意先自杀。"季布同意了。那人便把季布的头发剃去并用铁箍套住他的脖子,给他穿上粗布衣服,放在运货的大车里,连同周家的几十个奴仆,一起送到鲁地朱家的住所卖掉。朱家心知是季布,就将他买下来,安置在田庄里劳作,并且告诫他的儿子说:"田间耕作的事听从这个奴仆的,一定要给他吃和你同样的饭。"朱家就乘坐轻便的马车前往雒阳,进见汝阴侯滕公。滕公留朱家喝了几天酒。朱家乘机问滕公道:"季布犯了什么大罪,皇上追捕他这么急迫?"滕公说:"季布多次替项羽把皇上打得走投无路,皇上怨恨他,所以一定要捉到他。"朱家问:"您看季布是什么样的人?"滕公答:"是一个有才能的人。"朱家说:"做人臣的各受自己的主上差遣使用,季布被项羽差遣使用,这完全是职责范围内的事。项羽的臣子难道可以统统诛杀吗?如今皇上刚刚夺得天下,仅凭私怨去追捕一个人,为什么要向天下人显示自己胸襟的狭小呢!况且凭着季布的贤能,汉朝追捕如此紧急,他在这种情况下不向北逃到匈奴就会向南逃到南越。由于嫉恨勇士而使其为敌国所用,这就是伍子胥鞭打楚平王尸体的原因了。您为什么不寻找机会向皇上说明这个道理呢?"汝阴侯滕公知道朱家是位大侠客,猜想季布一定躲藏在他的家里,就应允道:"好。"滕公等待机会,果真按照朱家的意思向皇上奏明。皇上便赦免了季布。在这个时候,许多有名望的人物都称赞季布能变刚强为柔顺,朱家也因此而闻名天下。季布被皇上召见,表示服罪,皇上任命他为郎中。

孝惠时，为中郎将。单于尝为书嫚吕后①，不逊②，吕后大怒，召诸将议之。上将军樊哙曰："臣愿得十万众，横行匈奴中。"诸将皆阿吕后意，曰"然"。季布曰："樊哙可斩也！夫高帝将兵四十余万众，困于平城，今哙奈何以十万众横行匈奴中，面欺！且秦以事于胡③，陈胜等起。于今创痍未瘳④，哙又面谀，欲摇动天下。"是时殿上皆恐，太后罢朝，遂不复议击匈奴事。

◎**注释** ①〔为书嫚（màn）吕后〕写信侮辱吕后。②〔不逊〕不恭敬。③〔以事于胡〕因为对匈奴用兵。④〔创痍未瘳〕人民遭受战争的创伤还未平复。

◎**大意** 汉孝惠帝时，季布担任中郎将。单于曾经写信侮辱吕后，态度不恭敬，吕后大怒，召集各位将领商议对策。上将军樊哙说："我愿带领十万人马，横扫匈奴。"各位将领都迎合吕后的心意，说"对"。季布说："樊哙该斩首！从前高祖率领四十万大军，尚且被匈奴围困在平城，如今樊哙怎么能用十万人马就横扫匈奴呢，这是当面撒谎！况且秦朝因为对匈奴用兵，才引得陈胜起事。现在百姓遭受战争的创伤还未平复，樊哙又当面阿谀逢迎，想要使天下动荡不安。"这时，殿上的将领都感到惊恐，太后宣布退朝，此后不再议论攻打匈奴的事。

季布为河东守，孝文时，人有言其贤者，孝文召，欲以为御史大夫。复有言其勇，使酒难近①。至，留邸②一月，见罢③。季布因进曰："臣无功窃宠，待罪④河东。陛下无故召臣，此人必有以臣欺陛下者；今臣至，无所受事，罢去，此人必有以毁臣者。夫陛下以一人之誉而召臣，一人之毁而去臣，臣恐天下有识闻之有以窥陛下⑤也。"上默惭，良久曰："河东吾股肱郡⑥，故特召君耳。"布辞之官⑦。

◎**注释** ①〔使酒难近〕意为季布好纵酒，难以接近。②〔邸〕官舍。③〔见罢〕文帝召见后让他还郡。④〔待罪〕在职的谦辞。⑤〔窥陛下〕窥测陛下的心意。⑥〔股肱(gōng)郡〕河东近畿辅,有如国之股肱。这是文帝的遁词。⑦〔布辞之官〕季布拜辞文帝,回到任上。

◎**大意** 季布担任河东郡守,孝文帝时,有人说他有才能,孝文帝便召见他,想要任命他为御史大夫。又有人说他有勇力,但酗酒任性难以接近。季布来到京城,在客馆里居留了一个月,被召见后遣回原郡。季布因此进言道:"我没有功劳而窃取了皇上的恩宠,在河东郡任职。陛下无缘无故地召见我,这一定是有人妄誉我来欺骗陛下;如今我来到京城没有接受任何事情,陛下就让我回去,这一定是有人在毁谤我。陛下因为一个人的赞誉而召见我,又因为一个人的毁谤而遣送我,我恐怕天下有见识的人听到这件事,就窥探出陛下的心意了。"皇上沉默,感到惭愧,过了很久才说道:"河东是我视若腿臂一样重要的郡,所以特地召见你啊。"季布辞别皇帝回到任上。

楚人曹丘生,辩士,数招权顾金钱①。事贵人赵同等,与窦长君善。季布闻之,寄书谏窦长君曰:"吾闻曹丘生非长者,勿与通。"及曹丘生归,欲得书请季布②。窦长君曰:"季将军不说足下,足下无往。"固请书,遂行。使人先发书,季布果大怒,待曹丘。曹丘至,即揖季布曰:"楚人谚曰'得黄金百,不如得季布一诺',足下何以得此声于梁楚间哉?且仆楚人,足下亦楚人也。仆游扬足下之名于天下,顾不重邪?何足下距(拒)仆之深也!"季布乃大说(悦),引入,留数月,为上客,厚送之。季布名所以益闻者,曹丘扬之也。

◎**注释** ①〔数招权顾金钱〕多次打着权贵的旗号,索取请托者的金钱。②〔请季布〕请季布接见。

◎**大意** 楚地人曹丘先生,能言善辩,多次借重权势获得钱财。他侍奉赵同等贵人,与窦长君也有交情。季布听到这件事,寄信劝窦长君说:"我听说曹丘先生不是忠厚长者,您不要和他来往。"曹丘先生返乡时,想要窦长君写封信介绍他去见季布。窦长君说："季将军不喜欢先生，先生不要去。"曹丘坚持请求窦长君写信，便启程去找季布了。曹丘先派人把窦长君的信送给季布，季布果然大怒，等待着曹丘的到来。曹丘到了，向季布作了个揖说道："楚人有句谚语说'得到黄金百斤，比不上得到季布的一句承诺'，您怎么会在梁、楚一带获得这样的声誉呢？况且我是楚地人，您也是楚地人。我把您的名字宣扬给天下人知道，难道还不重要吗？您为什么要这样坚决地拒绝我呢！"季布于是大喜，请曹丘入室，留他住了几个月，把他作为最尊贵的客人，赠送丰厚的礼物。季布的名声之所以愈加显著，是曹丘宣扬的啊。

季布弟季心，气盖关中，遇人恭谨，为任侠，方数千里，士皆争为之死。尝杀人，亡之吴，从袁丝①匿。长事②袁丝，弟畜③灌夫、籍福之属。尝为中司马，中尉郅都不敢不加礼④。少年多时时窃籍其名以行⑤。当是时，季心以勇，布以诺，著闻关中。

◎**注释** ①〔袁丝〕即袁盎，字丝。②〔长（zhǎng）事〕待之如兄长。③〔弟畜〕待之如弟。④〔不加礼〕不以礼相待。⑤〔窃籍其名以行〕暗中假借他的名义办事。

◎**大意** 季布的弟弟季心，勇气和胆略在关中首屈一指，待人恭敬谨慎，因为仗义行侠，方圆几千里的士人都争着替他效命。季心曾经杀过人，逃到吴地，躲藏在袁丝家中。季心用对待兄长的礼节侍奉袁丝，把灌夫、籍福等人当弟弟看待。他曾经担任中尉下属的司马，中尉郅都也不敢不以礼相待。青年人常常暗中假借他的名义办事。那个时候，季心因勇敢，季布因重诺言，都在关中名声显赫。

季布母弟丁公，为楚将。丁公为项羽逐窘高祖彭城西，短兵接，高祖急，顾丁公曰："两贤岂相厄①哉！"于是丁公引兵而还，汉王遂解②

去。及项王灭，丁公谒见高祖。高祖以丁公徇③军中，曰："丁公为项王臣不忠，使项王失天下者，乃丁公也。"遂斩丁公，曰："使后世为人臣者无效丁公！"

◎**注释**　①〔相厄〕互相迫害。②〔解〕脱围。③〔徇〕示众。
◎**大意**　季布的舅舅丁公，担任楚国将领。丁公曾经在彭城西面替项羽追逐高祖并使之陷入困窘的境地，在短兵相接的时候，高祖感到危急，回头对丁公说："我们两个好汉难道要互相迫害吗！"于是丁公领兵返回，汉王便脱身解围。项羽灭亡后，丁公去拜见高祖。高祖把丁公捉拿到军营中示众，说："丁公做项王的臣子不忠诚，使项王失去天下的，就是丁公。"于是斩了丁公，说道："让后代做人臣的不要仿效丁公！"

　　栾布者，梁人也。始梁王彭越为家人①时，尝与布游。穷困，赁佣②于齐，为酒人保。数岁，彭越去之巨野中为盗，而布为人所略卖，为奴于燕。为其家主报仇，燕将臧荼举以为都尉。臧荼后为燕王，以布为将。及臧荼反，汉击燕，虏布。梁王彭越闻之，乃言上，请赎布以为梁大夫。

◎**注释**　①〔家人〕平民。②〔赁佣〕做佣工。
◎**大意**　栾布，是梁地人。当初梁王彭越为平民时，曾经与栾布交往。栾布家境贫困，在齐地被人雇用，替卖酒的人家做佣工。几年后，彭越前往巨野做强盗，而栾布被人劫持出卖，在燕地为奴仆。栾布因为替他的主人家报了仇，燕将臧荼推荐他担任都尉。臧荼后来做了燕王，就任用栾布为将领。等到臧荼反叛，汉朝进攻燕国，俘虏了栾布。梁王彭越听到了这个消息，便向皇上进言，请求赎出栾布并让他担任梁国的大夫。

使于齐，未还，汉召彭越，责以谋反，夷三族。已而枭①彭越头于雒阳，下诏曰："有敢收视②者，辄捕之。"布从齐还，奏事③彭越头下，祠④而哭之。吏捕布以闻⑤。上召布，骂曰："若与彭越反邪？吾禁人勿收，若独祠而哭之，与越反明矣。趣（促）亨（烹）之。"方提趣（促）汤⑥，布顾曰："愿一言而死。"上曰："何言？"布曰："方上之困于彭城，败荥阳、成皋间，项王所以不能遂西，徒以彭王居梁地，与汉合从苦楚也。当是之时，彭王一顾，与楚则汉破，与汉而楚破。且垓下之会，微彭王，项氏不亡。天下已定，彭王剖符受封，亦欲传之万世。今陛下一征兵于梁，彭王病不行，而陛下疑以为反，反形未见，以苛小案诛灭之，臣恐功臣人人自危也。今彭王已死，臣生不如死，请就亨（烹）。"于是上乃释布罪，拜为都尉。

◎**注释** ①〔枭（xiāo）〕悬首示众。②〔收视〕收殓。③〔奏事〕禀报出使情况。④〔祠〕祭奠。⑤〔闻〕报告朝廷。⑥〔方提趣汤〕正架着栾布走向开水锅。

◎**大意** 栾布出使齐国，还未返回，汉朝征召彭越，以谋反的罪名责罚他，诛灭了彭越的三族。之后又把彭越的头割下来悬挂在雒阳城门下，并下诏令道："有敢收殓彭越脑袋的，立即逮捕。"栾布从齐国返回，在彭越的脑袋下禀报出使情况，边祭奠边哭泣。官吏逮捕了栾布并把情况报告朝廷。皇上召见栾布，骂道："你与彭越一同谋反吗？我禁止人收尸，你偏要去祭奠他、为他哭，你同彭越一起造反已经很清楚了。赶快烹杀了他。"皇上左右的人正架着栾布走向开水锅的时候，栾布回头说："希望能说一句话再死。"皇上问："你要说什么话？"栾布说："当皇上被困彭城，兵败于荥阳、成皋一带的时候，项王不能顺利西进，是因为彭王据守梁地，与汉军联合而牵制楚军。在那个时候，彭王稍一偏重，与楚军联合则汉军就会失败，与汉军联合则楚军就会失败。况且垓下之战，没有彭王，项羽不会灭亡。天下已经安定，彭王接受符节受了封，也想要世世代代地传下去。现在仅仅因为到梁国征兵，彭王因病不能前来，陛下就产生怀疑并认为他要谋反，可是谋反的形迹没有显露，却因苛求小节而诛灭了他的家族，我担心有功之臣人人都会感到自己危险啊。现在彭王已死，我活着不如死去，请把我烹杀了。"于是皇上赦免了栾布的罪过，任命他为都尉。

孝文时，为燕相，至将军。布乃称曰："穷困不能辱身下志①，非人也；富贵不能快意②，非贤也。"于是尝有德者厚报之，有怨者必以法灭之。吴楚反时，以军功封俞侯，复为燕相。燕齐之间皆为栾布立社③，号曰栾公社。

◎**注释** ①〔辱身下志〕忍受屈辱降低志向。②〔快意〕畅遂心意。③〔社〕祠堂。
◎**大意** 孝文帝时，栾布担任燕国国相，官至将军。他扬言说："困窘时不能辱身降志，不是好汉；富贵时不能称心快意，不是贤才。"于是对曾经有恩于自己的人便优厚地报答他，对有怨仇的人一定假借法律手段诛灭他。吴楚七国反叛时，栾布因军功被封为俞侯，再次担任燕国的国相。燕齐一带都为栾布建造祠庙，叫作栾公社。

景帝中五年薨。子贲嗣，为太常，牺牲不如令，国除。

◎**大意** 汉景帝中元五年栾布去世。儿子栾贲继承爵位，担任太常，因为祭祀时所用的牺畜不合法令的规定，封国被废除。

太史公曰：以项羽之气，而季布以勇显于楚，身屦军①搴旗者数矣，可谓壮士。然至被刑戮②，为人奴而不死，何其下也！彼必自负其材，故受辱而不羞，欲有所用其未足③也，故终为汉名将。贤者诚重其死④。夫婢妾贱人感慨而自杀者，非能勇也，其计画无复之耳⑤。栾布哭彭越，趣（促）汤如归者，彼诚知所处⑥，不自重其死。虽往古烈士，何以加⑦哉！

◎**注释** ①〔屡军〕当作"覆军"解，消灭敌军。②〔被刑戮〕指季布被刘邦列为死刑犯遭通缉。③〔未足〕指还没有施展出来的抱负。④〔重其死〕看重死亡，即不会轻易去死。⑤〔其计画无复之耳〕指没有解脱的办法。⑥〔知所处〕知道要死得其所。⑦〔加〕超过。

◎**大意** 太史公说：因为项羽崇尚力气，所以季布靠勇敢在楚国扬名，他亲身消灭敌军和拔取敌旗多次，可称得上好汉。然而到他遭受刑罚，替人做奴仆而不肯死去，显得何等卑下啊！他一定是自负有才能，虽蒙受屈辱但不以为羞耻，这是想要发挥他还没有施展的才干，所以终于成为汉朝的名将。贤能的人不会轻易去死。至于奴婢、姬妾一类低贱的人因为感愤而自杀，算不上勇敢，只是因为他们觉得再也没有别的办法解脱了。栾布为彭越痛哭，把赴汤镬看成回家一样，他是知道要死得其所，所以不吝惜自己的生命。即使古代重义轻生的人，又怎么能超过他呢！

◎**释疑解惑**

司马迁在《报任少卿书》中说："人固有一死，或重于泰山，或轻于鸿毛，用之所趋异也。"又说："且勇者不必死节，怯夫慕义，何处不勉焉？"司马迁受宫刑后，"隐忍苟活，幽于粪土之中而不辞者，恨私心有所不尽，鄙陋末世，而文采不表于后也"。故有《史记》之作。由此可见，司马迁非常注重生死关头的选择，认为人不能死得毫无价值。司马迁忍辱而著《史记》，季布忍辱而名显于汉，有相通之处。所以，司马迁在赞中说季布忍辱为奴是"欲有所用其未足也"，这恰是《报任少卿书》所要表达的中心意思。

当初，项羽英雄盖世，而季布在项羽手下居然能以勇闻名，而且数有攻战之功，实在不简单，可以想象，季布是一个何等刚勇的壮士。卖身为奴，对他这样的人来说当是一种奇耻大辱，但他没有轻易选择去死，而是忍辱求生。"当是时，诸公皆多季布能摧刚为柔。""摧刚为柔"，就是能屈能伸的意思。当时的人们很佩服季布的这种忍辱精神，有一个例子可以作为对比。淮南王刘长为人刚，骄纵不法，被文帝发配到蜀郡。他不能够忍辱，说："谁说我是一个勇敢的人？人生一世间，怎么能够如此愁闷不安？"于是他选择了绝食而死。按照司马迁的评价标准，淮南王不能摧刚为柔，也就算不得勇敢。

可以说，司马迁描写季布的重点正在于他能够"摧刚为柔"。《太史公自序》中说，季布"能摧刚作柔，卒为列臣；栾公不劫于执而倍死。作《季布栾布列传》第四十"。如果说司马迁意在歌颂季布的气节任侠，那么大可不必于开篇竭力描写季布脱难一节，而是可以直接从他为汉臣时的事迹写。至于为什么要先写季布为奴，然后才写他折樊哙、谏文帝，姚苎田说得好："《季布传》史公赞中独反复叹息于始之为奴朱家，自重其死处，故起一段亦极意描写，比《游侠传》尤觉精神，而特以能'摧刚为柔'先下一句断语，然既将其柔处写得奄奄欲尽，势必再将其刚处特一振刷之，方显得始之贬损，大有深意。故接手便将廷折樊哙语写得毛发欲竖，此相救之法也。"本篇后来对季布的描写说明了季布仍是刚直之人，对比之下，前面的忍辱求生就更显得他"摧刚为柔"的难得了。

但司马迁并不是赞成毫无原则地偷生苟活，他也十分赞赏那种勇于舍生取义的牺牲精神。在本篇中，栾布哭彭越一事足以显示司马迁在这方面的态度。汉高祖以谋反罪名杀彭越，又明诏禁止收尸。栾布作为彭越的故友和下属，置死地而不顾，"奏事彭越头下，祠而哭之"，充分表现了他在生死关头坚守情义。就像赞语中所言，栾布确实做到了知道自己的大义所在，所以毫不吝惜生命，可以比得上古代的烈士。在《史记》中，有许多这样的光辉形象，如挫折强秦的蔺相如、投身汨罗的屈原、自刎乌江的项羽等。

◎ **思考辨析题**

1. 谈谈你对季布、栾布的认识。
2. 如何理解司马迁所说的"摧刚为柔"？

袁盎晁错列传第四十一

本传是袁盎和晁错的合传。袁盎在汉文帝时,深得信任,所言皆听;到汉景帝时,却被查办,降为庶人。而在文帝时默默无闻、数十次上书也不被采纳的晁错,到景帝时却青云直上,权倾九卿。真可谓一朝天子一朝臣。晁错削藩,目的是加强中央集权,巩固刘氏王朝的统治。但在吴楚叛乱的危急时刻,景帝亲自下令将其杀死,由此可见统治者的残忍无情。司马迁在《袁盎晁错列传》中对此都有细致的描写。袁盎为人敢言直谏,有较浓厚的儒家思想,强调等级名分,要求人们都按"礼"的规定行事,不能有僭越行为。文章中所写袁盎与皇帝、后妃、丞相、诸侯王的几件事情,都是围绕着这一中心来选材的,通过对这些典型事件的精细刻画,把袁盎的性格特征较鲜明地凸显了出来。与袁盎不同,

> 晁错受法家思想影响极深，要求依法行事，为此他不顾大臣的反对，多次修改法令。他主张加强中央集权，削减诸侯王的势力，为此他不仅置大臣的反对于不顾，而且拒绝了父亲的劝说。文中写晁错，主要写他的"峭直刻深"，似乎不近人情，这给人留下了深刻印象。这篇文章不仅能紧紧围绕人物的性格特点来选取典型事件，而且能把两个人的合传写得浑然一体。文中对袁盎、晁错两人生平事迹的叙述有分有合，分得清楚，合得自然，既条理井然，又结构完整。

袁盎者，楚人也，字丝。父故①为群盗，徙处安陵②。高后时，盎尝为吕禄舍人。及孝文帝即位，盎兄哙任③盎为中郎。

◎注释 ①〔故〕原来，早先。②〔安陵〕汉惠帝陵，陵寝在今陕西渭城。③〔任〕保荐。

◎大意 袁盎，是楚地人，字丝。其父从前当过强盗，后来搬迁定居在安陵。吕后时期，袁盎曾经做过吕禄的家臣。汉文帝登位后，袁盎的兄长袁哙保举袁盎做了中郎。

绛侯为丞相，朝罢趋出，意得甚。上礼之恭，常自送之①。袁盎进曰："陛下以丞相何如人？"上曰："社稷臣。"盎曰："绛侯所谓功臣，非社稷臣，社稷臣主在与在，主亡与亡②。方吕后时，诸吕用事，擅相王，刘氏不绝如带。是时绛侯为太尉，主兵柄，弗能正。吕后崩，大臣相与共畔（叛）诸吕，太尉主兵，适会其成功，所谓功臣，非社稷臣。丞相如有骄主色。陛下谦让，臣主失礼③，窃为陛下不取也。"后朝,上益庄④,丞相益畏。已而绛侯望⑤袁盎曰:"吾与而兄善,今儿⑥廷毁我!"盎遂不谢⑦。

◎**注释** ①〔自送之〕《汉书》作"目送之"。王先谦补注曰:"君无自送臣之理,帝礼绛侯,亦不至是。"②〔主在与在,主亡与亡〕意谓社稷臣能与人主共存亡。③〔臣主失礼〕臣骄而君谦让,是君臣俱失礼度。④〔庄〕严肃。⑤〔望〕怨恨。⑥〔儿〕你小子。⑦〔不谢〕不赔礼。

◎**大意** 绛侯周勃担任丞相,朝觐之后,便急急忙忙地走出朝廷,很是得意。皇上对他非常恭敬,常常目送他出朝廷。袁盎进谏说:"陛下以为丞相绛侯是什么样的人?"皇上说:"他是国家的重臣。"袁盎说:"绛侯是通常所说的功臣,并不是国家的重臣。国家的重臣能与皇上生死与共。当年吕后的时候,诸吕掌权,擅自争相为王,以致刘家的天下就像丝带一样细微,几乎快要断绝。在这个时候,绛侯周勃当太尉,掌握兵权,却不能匡正挽救。吕后逝世,大臣们共同反对诸吕,太尉掌握兵权,又恰好遇到那个成功的机会,所以他是通常所说的功臣,而不是国家的重臣。丞相如果对皇上表现出骄傲的神色,而陛下谦虚退让,臣下与主上都违背了礼节,我私下认为陛下不应该采取这种态度。"以后在上朝的时候,皇上逐渐威严起来,丞相也逐渐敬畏起来。过了不久,丞相怨恨袁盎说:"我与你的兄长袁哙有交情,现在你小子却在朝廷上毁谤我!"袁盎也不向他谢罪。

及绛侯免相之国,国人上书告以为反,征系清室①,宗室诸公莫敢为言,唯袁盎明绛侯无罪。绛侯得释,盎颇有力。绛侯乃大与盎结交。

◎**注释** ①〔清室〕《汉书》作"请室",即请罪之室,是天子直属的狱室。

◎**大意** 等到绛侯被免除丞相的职位,回到自己的封国,封国中有人上书告发他谋反,于是绛侯被召进京,囚禁在监狱中。皇族中的公侯都不敢替他说话,只有袁盎向皇上申明绛侯无罪。绛侯得以被释放，袁盎出了不少力。绛侯于是与袁盎倾心结交。

淮南厉王①朝，杀辟阳侯，居处②骄甚。袁盎谏曰："诸侯大骄必生患，可適（谪）③削地。"上弗用。淮南王益横。及棘蒲侯柴武太子谋反事觉，治，连淮南王，淮南王征④，上因迁之蜀，辎车⑤传送。袁盎时为中郎将，乃谏曰："陛下素骄淮南王，弗稍禁，以至此，今又暴摧折之。淮南王为人刚，如有遇雾露⑥行道死，陛下竟为以天下之大弗能容，有杀弟之名，奈何？"上弗听，遂行之。

◎**注释** ①〔淮南厉王〕刘长，汉文帝少弟，谥号厉王。②〔居处〕平日里。③〔適〕同"谪"，责罚。④〔征〕召唤询问。⑤〔辎（jiàn）车〕有栅栏和帷帐的囚车。⑥〔雾露〕伤寒。

◎**大意** 淮南王刘长来京朝见的时候，杀死了辟阳侯，他平时待人处事也相当骄横。袁盎劝谏皇上说："诸侯太骄横必然会发生祸患，可削减他们的封地以示惩戒。"皇上没有采纳他的意见，淮南王更加骄横。后来棘蒲侯柴武太子准备造反的事被发觉，追查治罪，这件事牵连了淮南王，淮南王被征召，皇上便将他贬谪到蜀地，用囚车传送。袁盎当时担任中郎将，便劝谏说："陛下向来放纵淮南王，不稍稍加以限制，以致沦落到了现在这种地步，如今又突然摧折他。淮南王为人刚烈，万一在路上遇到风寒而死在半途中，陛下就会被认为以天下之大却容不下弟弟，而背上杀死弟弟的恶名，到时怎么办呢？"皇上不听，就这样让淮南王上路了。

淮南王至雍①，病死，闻，上辍食，哭甚哀。盎入，顿首请罪。上曰："以不用公言至此。"盎曰："上自宽，此往事，岂可悔哉！且陛下有高世之行②者三，此不足以毁名。"上曰："吾高世行三者何事？"盎曰："陛下居代时，太后尝病，三年，陛下不交睫③，不解衣，汤药非陛下口所尝弗进。夫曾参以布衣犹难之，今陛下亲以王者修之，过曾参孝远矣。夫诸吕用事，大臣专制，然陛下从代乘六乘传驰不测之渊④，虽贲育之勇⑤不及陛下。陛下至代邸⑥，西向让天子位者再，南面让天子位者三。夫许由一让，而陛下五以天下让，过许由四矣。且陛下迁淮南王，欲以苦其志，使改过，有司卫不谨，故病死。"于是上乃解，曰："将奈何？"盎曰："淮南王有三子，唯在陛下耳。"于是文帝立其三子皆为王。盎由此名重朝廷。

◎**注释**　①〔雍〕县名，在今陕西凤翔南。②〔高世之行〕高出世人的行为。③〔交睫〕上下睫毛合在一块，指睡觉。④〔乘六乘传驰不测之渊〕六乘传，六匹马拉的驿车。不测之渊，祸福未卜之地。⑤〔贲育之勇〕孟贲、夏育的勇气。贲，孟贲。育，夏育。二人都是秦武王时的勇士。⑥〔代邸〕建于京师的代王馆舍。

◎**大意**　淮南王到了雍地就病死了，这个消息传来，皇上不吃也不喝，哭得很伤心。袁盎进入，叩头请罪。皇上说："因为没有采用你的意见，所以才落得这样。"袁盎说："皇上请想开点，这已经是过去的事了，难道还可以追悔吗！再说陛下有三种高出世人的行为，这件事不足以毁坏您的名声。"皇上说："我高于世人的行为是哪三种？"袁盎说："陛下住在代国的时候，太后曾经患病，三年的时间，陛下不曾合眼，也不脱下衣服睡觉，凡汤药不是陛下亲口尝过的，就不准进奉给太后。曾参作为平民尚且难以做到这样，现在陛下作为君主却做到了，比起曾参的孝超过很多。诸吕当权时，大臣独断专行，而陛下从代地乘坐六辆马拉的车子，奔驰到祸福难料的京城，即使是孟贲、夏育那样的勇士，也比不上陛下。陛下到达代国在京城的客馆，面向西两次辞让天子位，面向南坐着三次辞让天子位。许由辞让天下也只是一次，而陛下五次辞让天下，超过许由四次之多啊。再说陛下贬谪淮南王，是想让他的心志受些劳苦，使他改正过错，由于官吏护卫得不谨慎，所以他才病死。"于是皇上才感到宽解，说道："这事接下来如何处理？"袁盎说："淮南王有三个儿子，全看您安排。"于是文帝便把淮南王的三个儿子都封为王。而袁盎也因此在朝廷中名声大振。

袁盎常引忼（慷）慨①大体。宦者赵同以数幸，常害袁盎，袁盎患之。盎兄子种为常侍骑，持节夹乘②，说盎曰："君与斗，廷辱之，使其毁③不用。"孝文帝出，赵同参乘，袁盎伏车前曰："臣闻天子所与共六尺舆者，皆天下豪英。今汉虽乏人，陛下独奈何与刀锯余人载！"于是上笑，下赵同。赵同泣下车。

◎**注释** ①〔大体〕指重要事务的法式、规范。②〔持节夹乘〕手持符节护驾。③〔毁〕指赵同毁谤袁盎的话。

◎**大意** 袁盎常常称引些有关大局的道理，说得慷慨激昂。宦官赵同以数术星历之学得到皇上的宠幸，常常暗中毁谤袁盎，袁盎为此感到忧虑。袁盎的侄儿袁种担任侍从骑士，手持符节护卫在皇帝左右。袁种劝袁盎说："您和他相斗，在朝廷上侮辱他，使他所毁谤的话不起作用。"汉文帝出巡，赵同陪同乘车，袁盎伏在车前，说道："我听说陪同天子乘高大车舆的人，都是天下的英雄豪杰。如今汉王朝虽然缺乏人才，陛下也不至于要和受过刀锯切割的人同坐一辆车啊！"于是皇上笑着让赵同下去，赵同流着眼泪下了车。

文帝从霸陵上，欲西驰下峻阪。袁盎骑，并（傍）车揽辔①。上曰："将军怯邪？"盎曰："臣闻千金之子坐不垂堂②，百金之子不骑衡③，圣主不乘危④而徼（侥）幸。今陛下骋六骓⑤，驰下峻山⑥，如有马惊车败，陛下纵自轻，奈高庙、太后何？"上乃止。

◎**注释** ①〔并车揽辔〕袁盎骑马，紧靠在文帝座车前，还拉紧辔绳。袁盎故作此态，谏文帝注意安全。②〔坐不垂堂〕不坐在屋檐下，以避免落瓦伤人。③〔骑衡〕倚在屋栏杆上。④〔乘危〕冒险。⑤〔六骓（fēi）〕古代皇帝的车驾用六匹马，疾行如飞，故名。⑥〔峻山〕陡坡。

◎**大意**　文帝从霸陵上山，打算从西边的陡坡奔驰而下。袁盎骑着马，紧靠着皇帝的车子，还拉着马缰绳。皇上说："将军害怕了吗？"袁盎说："我听说家有千金的人不坐在屋檐下，家有百金的人站的时候不倚在楼台的栏杆上，英明的君主不去冒险而存侥幸心理。现在陛下放纵驾车的六匹马，从高坡上奔驰而下，假如有马匹受惊车辆毁坏的事，陛下纵然看轻自己，怎么对得起高祖和太后呢？"皇上这才停下来。

上幸上林，皇后、慎夫人从。其在禁中①，常同席坐。及坐，郎署长布席，袁盎引却慎夫人坐②。慎夫人怒，不肯坐。上亦怒，起，入禁中。盎因前说曰："臣闻尊卑有序则上下和。今陛下既已立后，慎夫人乃妾，妾主岂可与同坐哉！适③所以失尊卑矣。且陛下幸之，即厚赐之。陛下所以为慎夫人，适所以祸之。陛下独不见'人彘④'乎？"于是上乃说（悦），召语慎夫人。慎夫人赐盎金五十斤。

◎**注释**　①〔禁中〕宫中。②〔袁盎引却慎夫人坐〕袁盎引退慎夫人的座位，使之不得与皇后等齐。③〔适〕恰好。④〔人彘（zhì）〕刘邦宠妃戚夫人因受宠，在刘邦去世后被吕后断去四肢，抛入厕所，称为"人彘"。详见《吕太后本纪》。

◎**大意**　皇上驾临上林苑，窦皇后、慎夫人跟从。她们在宫中的时候，慎夫人常常是同席而坐。这次，就座的时候，郎署长布置座席，袁盎引退慎夫人的座位，使之不得与皇后等齐。慎夫人生气，不肯就座。皇上也发怒，站起身来，回到宫中。袁盎就上前劝说："我听说尊贵和卑下有区别，那样上下才能和睦。如今陛下既然已经确定了皇后，慎夫人只不过是个妾，妾和主上怎么可以同席而坐呢！这样恰恰失去了尊卑的分别。再说陛下宠爱她，可以厚厚地赏赐她。陛下以为这样是对慎夫人好，其实恰好害了她。陛下难道没有见过'人彘'吗？"皇上这才高兴，召来慎夫人，把袁盎的话告诉了她。慎夫人赐给袁盎黄金五十斤。

然袁盎亦以数直谏，不得久居中①，调为陇西都尉。仁爱士卒，士卒皆争为死。迁为齐相。徙为吴相，辞行，种谓盎曰："吴王骄日久，国多奸。今苟欲劾治②，彼不上书告君，即利剑刺君矣。南方卑湿③，君能日饮，毋何④，时说王曰毋反而已。如此幸得脱。"盎用种之计，吴王厚遇盎。

◎**注释** ①〔居中〕居禁中，留在朝中。②〔劾（hé）治〕揭发其罪状加以惩治。③〔卑湿〕地势低洼潮湿。④〔毋何〕什么事也别管。
◎**大意** 但是袁盎也因为多次直言劝谏，不能长久地留在朝廷，被调任陇西都尉。他对士兵仁慈爱护，士兵都争相为他效死。之后，他被提升为齐相。又调任吴相。在辞别启程的时候，袁种对袁盎说："吴王骄横的时间已经很长了，国中有许多奸诈之人。现在如果您要揭发惩办他们的罪行，他们不是上书控告您，就是用利剑把您刺死。南方地势低洼潮湿，你最好每天喝酒，什么事也别管，时常劝说吴王不要反叛就是了。这样您就可能侥幸摆脱祸患。"袁盎采纳了袁种的策略，吴王厚待袁盎。

盎告归①，道逢丞相申屠嘉，下车拜谒，丞相从车上谢袁盎。袁盎还，愧其吏②，乃之丞相舍上谒，求见丞相。丞相良久而见之。盎因跪曰："愿请间③。"丞相曰："使君④所言公事，之曹⑤与长史掾议，吾且奏之；即私邪，吾不受私语。"袁盎即跪说曰："君为丞相，自度孰与陈平、绛侯？"丞相曰："吾不如。"袁盎曰："善，君即自谓不如。夫陈平、绛侯辅翼高帝，定天下，为将相，而诛诸吕，存刘氏；君乃为材官蹶张⑥，迁为队率，积功至淮阳守，非有奇计攻城野战之功。且陛下从代来，每朝，郎官上书疏，未尝不止辇受其言，言不可用置之，言可受采之，未尝不称善。何也？则欲以致天下贤士大夫。上日闻所不闻，明所不知，日益圣智；君今自闭钳⑦天下之口而日益愚。夫以圣主责愚相，君受祸不久矣。"丞相乃再拜曰："嘉鄙野人，乃不知（智），将军幸教⑧。"引入与坐，为上客。

◎**注释** ①〔告归〕从吴国告假回家。②〔愧其吏〕袁盎受到丞相怠慢，在属吏面前感到惭愧。③〔请间〕请求在空隙之时说事，不欲对众言之。意即请丞相屏退左右。④〔使君〕对奉命出使或外任官员之称。袁盎为吴相，故称。⑤〔之曹〕到丞相府去。⑥〔材官蹶张〕能脚踏强弓的武卒。⑦〔闭钳〕封闭，钳制。⑧〔幸教〕承蒙教诲。

◎**大意** 袁盎从吴国告假回家的时候，路上碰到丞相申屠嘉，便下车行礼拜见，丞相只在车上表示谢意。袁盎回到家里，在下属官吏面前感到羞愧，于是到丞相府上，要求拜见丞相。丞相过了很长时间才出来见他，袁盎便下跪说："希望别人回避，单独会见。"丞相说："如果你所说的是公事，请到官署与长史掾吏商议，我会把你的意见报告上去；如果是私事，我不接受私下的谈话。"袁盎就跪着劝说："您当丞相，请自我权衡一下，与陈平、绛侯相比怎么样？"丞相说："我比不上他们。"袁盎说："好，您自己都说比不上他们。陈平、绛侯辅佐高祖，平定天下，当了将相，诛杀诸吕，保全了刘氏天下；您只是能脚踏弓弩，才当了低级武士，又提升为队长，积累功劳做到了淮阳郡守，并没有出什么奇计，在攻城夺地、野外厮杀中立下战功。再说陛下从代地来，每次上朝，郎官呈上奏书，他从来没有不停下车来听取他们的意见，意见不能采用的，就搁置一边，可以接受的，就采纳，而且没有一次不称赞他们。这是为了什么呢？是想用这种办法来招致天下贤能的士大夫。皇上每天听到自己从前没听过的事情，明白以前不曾明白的道理，一天比一天英明智慧；您现在自己封闭天下人之口，而一天比一天愚昧。以圣明的君主来督责愚昧的丞相，你遭受祸患的日子为期不远了啊！"丞相于是拜了两拜，说道："我是个粗鄙庸俗的人，就是不聪明，幸蒙将军教诲。"申屠嘉引袁盎入内室同坐，把他当作上宾。

盎素不好晁错，晁错所居坐，盎去；盎坐，错亦去：两人未尝同堂语。及孝文帝崩，孝景帝即位，晁错为御史大夫，使吏案①袁盎受吴王财物，抵罪，诏赦以为庶人。

◎ **注释** ①〔案〕查办。
◎ **大意** 袁盎向来不喜欢晁错，只要有晁错在的地方，袁盎就离去；只要有袁盎在的地方，晁错也离开：两个人从来没有在一起谈过话。汉文帝去世后，汉景帝继位，晁错当上了御史大夫，派官吏查核袁盎接收吴王刘濞财物的事，要按罪行的轻重给予惩罚。皇帝下诏令赦免袁盎为平民。

吴楚反闻，晁错谓丞史曰："夫袁盎多受吴王金钱，专为蔽匿①，言不反。今果反，欲请治盎宜知计谋。"丞史曰："事未发，治之有绝②。今兵西乡（向），治之何益！且袁盎不宜有谋。"晁错犹与（豫）未决。人有告袁盎者，袁盎恐，夜见窦婴，为言吴所以反者，愿至上前口对状③。窦婴入言上，上乃召袁盎入见。晁错在前，及盎请辟人赐间④，错去，固恨甚。袁盎具言吴所以反状，以错故，独急斩错以谢吴，吴兵乃可罢。其语具在吴事⑤中。使袁盎为太常，窦婴为大将军。两人素相与善。逮吴反，诸陵长者长安中贤大夫争附两人，车随者日数百乘。

◎ **注释** ①〔蔽匿〕遮掩。②〔绝〕绝吴之反心。③〔口对状〕当面对质陈说。④〔辟人赐间〕屏退左右，单独召见。⑤〔吴事〕记载吴国事情的篇章，指《吴王濞列传》。
◎ **大意** 吴楚叛乱的消息传到京城，晁错对丞史说："袁盎接受了吴王的许多金钱，专门为他遮掩，说他不会反叛。现在反叛已成事实，我请求处治袁盎知情不报的罪过。"丞史说："事情还没有暴露出来，就惩治他，可能中断叛乱阴谋。现在叛军向西进发，惩办袁盎有什么好处呢！再说袁盎也不该有什么阴谋。"晁错犹豫不决。有人将这件事告知了袁盎，袁盎害怕，当夜去见窦婴，向他说明吴王反叛的原因，希望能到皇上面前亲口对质。窦婴进宫向皇上报告，皇上就召袁盎进见。晁错就在面前，袁盎请求皇上避开别人单独接见，晁错退了下去，心里怨恨更深。袁盎详细地说明了吴王谋反的情况，吴王谋反就是因为晁错，只有赶快杀掉晁错来向吴王认错，吴军才可能停止。他的这些话都记载在《吴王濞列传》中。皇上任命袁盎担任太常，窦婴担任大将军。这两个人向来有交情。等到吴王谋反，居住在诸陵中有威望的人和长安城中的贤能官吏都争着依附他们，跟在他们身后的车子每天有几百辆。

及晁错已诛，袁盎以太常使吴。吴王欲使将，不肯。欲杀之，使一都尉以五百人围守盎军中。袁盎自其为吴相时，有从史尝盗爱盎侍儿①，盎知之，弗泄，遇之如故。人有告从史，言"君知尔与侍者通"，乃亡归②。袁盎驱自追之，遂以侍者赐之，复为从史。及袁盎使吴见守，从史适为守盎校尉司马，乃悉以其装赍置二石醇醪③，会天寒，士卒饥渴，饮酒醉，西南陬④卒皆卧，司马夜引袁盎起，曰："君可以去矣，吴王期旦日斩君。"盎弗信，曰："公何为者？"司马曰："臣故为从史盗君侍儿者。"盎乃惊谢曰："公幸有亲⑤，吾不足以累公。"司马曰："君弟⑥去，臣亦且亡，辟⑦吾亲，君何患！"乃以刀决张（帐）⑧，道从醉卒隧直出⑨。司马与分背⑩，袁盎解节毛⑪怀之，杖，步行七八里，明，见梁骑⑫，骑驰去，遂归报。

◎**注释** ①〔侍儿〕婢女。②〔亡归〕逃亡回家。③〔以其装赍（jī）置二石醇醪（láo）〕装赍，随身携带的财物。醇醪，美酒。④〔陬（zōu）〕角落。⑤〔有亲〕有父母在堂。⑥〔弟〕但，只管。⑦〔辟（bì）〕藏匿。⑧〔决张〕割开军帐。⑨〔道从醉卒隧直出〕从醉酒之卒所在的缝隙中出来。⑩〔分背〕分开相背而行。⑪〔节毛〕使节的旄饰。⑫〔梁骑〕抗击吴楚叛军的梁国骑兵。

◎**大意** 等到晁错已被诛杀，袁盎以太常的身份出使吴国。吴王想让他担任将领，袁盎不肯。吴王想杀死他，派一名都尉带领五百人把袁盎围困在军中。当初袁盎担任吴国国相的时候，曾经有一个从史偷偷地爱上了袁盎的婢女，与她私通，袁盎知道了这件事，没有泄露，对待从史仍跟从前一样。有人告诉从史，说袁盎知道他跟婢女私通的事，从史便逃回家去了。袁盎亲自驾车追赶从史，就把婢女赐给他，仍旧让他当从史。等到袁盎出使吴国被围困，从史刚好是围困袁盎的校尉司马，司马就把随身携带的全部财物卖了，用这些钱购买了两石味道浓厚的美酒，刚好碰上天气寒冷，围困袁盎的士兵又饿又渴，喝了酒，都醉了，围守城西南角的士兵都醉倒了，司马乘夜里领袁盎起身，说道："您可以走了，吴王约定明天一早杀您。"袁盎不相信，说："您是干什么的？"司马说："我是原先做从史与您的婢女私通的人。"袁盎这才吃惊地道谢说："您有父母在堂，不值得因为我而受连累。"司马说："您只管走，我也将要逃走，把我的父母藏匿起来，您又何必担忧呢？"于是他用刀把军营的帐幕割开，引导袁盎从醉倒的士兵围住的路上出来。司马与袁盎相背而行，袁盎解下了节旄揣在怀中，拄着杖，步行了七八里，天亮的时候，碰上了梁国的骑兵，骑兵奔驰而去，终于将袁盎出使吴国的情况报告了皇上。

吴楚已破，上更以元王子平陆侯礼为楚王，袁盎为楚相。尝上书有所言，不用。袁盎病免居家，与闾里浮沈（沉）①，相随行，斗鸡走狗。雒阳剧孟尝过袁盎，盎善待之。安陵富人有谓盎曰："吾闻剧孟博徒②，将军何自通之？"盎曰："剧孟虽博徒，然母死，客送葬车千余乘，此亦有过人者。且缓急③人所有。夫一旦有急叩门，不以亲为解④，不以存亡为辞，天下所望者，独季心、剧孟耳。今公常从数骑，一旦有缓急，宁足恃⑤乎！"骂富人，弗与通。诸公闻之，皆多⑥袁盎。

◎**注释** ①〔与闾里浮沈〕与乡里人混在一起。②〔博徒〕博戏之徒，赌徒。③〔缓急〕急难的事。④〔不以亲为解〕不以有父母在而推辞。⑤〔恃〕凭持，依靠。⑥〔多〕称赞。

◎**大意** 吴楚叛军已被击破，皇上便把楚元王的儿子平陆侯刘礼改封为楚王，袁盎担任楚相。他曾经上书进言，未被采用。袁盎因病免职闲居在家，与乡里人混在一起，一同去斗鸡赛狗。雒阳人剧孟曾拜访袁盎，袁盎热情地接待了他。安陵有个富人，对袁盎说："我听说剧孟是个赌徒，您为何要同这种人来往呢？"袁盎说："剧孟虽是个赌徒，但他的母亲死了，送葬客人的车子有一千多辆，这说明他有超过众人的地方。况且急难的事人人都有。一旦人家有急事来敲门，能不用父母还活着的理由推辞，不用离家外出的方式拒绝，天下所仰望的人，只有季心、剧孟而已。如今您身后常常有几个骑马的人跟着，一旦有急事，这些人难道可以依靠吗？"袁盎痛骂富人，从此不再与他交往。众人听到这件事，都称赞袁盎。

袁盎虽家居，景帝时时使人问筹策。梁王欲求为嗣，袁盎进说①，其后语塞②。梁王以此怨盎，曾使人刺盎。刺者至关中，问袁盎，诸君誉之皆不容口。乃见袁盎曰："臣受梁王金来刺君，君长者，不忍刺君。然后刺君者十余曹③，备之！"袁盎心不乐，家又多怪，乃之棓生④所问占。还，梁刺客后曹辈果遮刺杀盎安陵郭⑤门外。

◎**注释** ①〔进说〕进言劝说。②〔语塞〕景帝欲讨窦太后欢心，说死后将帝位传给梁王，袁盎进谏，景帝不再说这话。③〔十余曹〕十余批。④〔棓（péi）生〕善卜者。⑤〔郭〕外城。

◎**大意** 袁盎虽然闲居在家，但汉景帝时常派人向他询问计策。梁王想谋求成为皇位的继承人，袁盎进言劝说，以后这种议论便终止了。梁王因此怨恨袁盎，曾派人刺杀他。刺客来到关中，询问袁盎的为人，众人都赞不绝口。刺客便去见袁盎说："我接受了梁王的金钱来刺杀您，您是一位忠厚长者，我不忍心刺杀您。但以后行刺您的人会有十多批，希望您加强防备！"袁盎心中很不愉快，家里又发生了许多怪事，便到棓先生那里去占卜问吉凶。返回的时候，梁王随后派来的刺客果然在安陵外城门外拦住了袁盎，将他杀了。

晁错者，颍川人也。学申商刑名于轵①张恢先所，与雒阳宋孟及刘礼同师。以文学为太常掌故②。

◎**注释** ①〔轵（zhǐ）〕县名，在今河南济源东南。②〔太常掌故〕太常属官。
◎**大意** 晁错，是颍川人。他曾经在轵县张恢先生那里学习申不害和商鞅的刑名学说，与雒阳人宋孟和刘礼是同学。他凭着通晓文献典籍担任了太常掌故。

错为人陗（峭）直刻深①。孝文帝时，天下无治②《尚书》者，独闻济南伏生故秦博士，治《尚书》，年九十余，老不可征，乃诏太常使人往受之。太常遣错受《尚书》伏生所。还，因上便宜事，以《书》称说③。诏以为太子舍人、门大夫、家令。以其辩得幸太子，太子家号曰"智囊"。数上书孝文时，言削诸侯事，及法令可更定者。书数十上，孝文不听，然奇其材，迁为中大夫。当是时，太子善错计策，袁盎诸大功臣多不好错。

◎**注释** ①〔陗直刻深〕严厉刚直而又苛刻。②〔治〕研究。③〔以《书》称说〕引用《尚书》，汇报自己学习的情况。
◎**大意** 晁错为人严峻刚正而又苛刻。汉文帝时，天下没有研究《尚书》的人，只听说济南伏先生是原来秦朝的博士，研究《尚书》，已经九十多岁，年老不能征召，文帝于是下诏太常派人前往学习。太常派遣晁错前往伏先生那里学习《尚书》。回来后，晁错趁着向皇上陈述国家应办要务的机会，称引解说《尚书》。文帝下诏任命晁错担任太子舍人、门大夫、家令。晁错凭着能言善辩得到了太子的宠幸，太子在家里称他为"智囊"。汉文帝的时候晁错多次上书，说到削减诸侯势力的事，以及修改法令的事。他几十次上书，汉文帝都没有采纳，但汉文帝认为他有奇特的才能，提升他为中大夫。当时，太子称赞他的计策，袁盎和诸位大功臣都不喜欢晁错。

景帝即位，以错为内史。错常数请间，言事辄听，宠幸倾①九卿，法令多所更定。丞相申屠嘉心弗便，力未有以伤。内史府居太上庙壖中②，门东出，不便，错乃穿两门南出，凿庙壖垣。丞相嘉闻，大怒，欲因此过为奏请诛错。错闻之，即夜请间，具为上言之。丞相奏事，因言错擅凿庙垣为门，请下廷尉诛。上曰："此非庙垣，乃壖中垣，不致于法。"丞相谢。罢朝，怒谓长史曰："吾当先斩以闻，乃③先请，为儿所卖，固误。"丞相遂发病死。错以此愈贵。

◎**注释** ①〔倾〕超过。②〔壖中〕正式围墙以外，外围小墙以内的空地。③〔乃〕却。

◎**大意** 汉景帝登位，任命晁错为内史。晁错多次请求皇帝与他单独谈论政事，景帝每每听从，宠幸他超过了九卿，法令多被他修改。丞相申屠嘉心里不满，但又没有足够的力量来毁伤他。内史府建在太上庙内墙与外墙之间的空地上，门朝东，出入不便，晁错便向南开了两个门出入，因而凿开了太上庙的外围小墙，丞相申屠嘉听说了这件事，非常生气。他打算就晁错的这一过失写成奏章，请求诛杀晁错。晁错听到这个消息，当夜请求单独觐见皇上，详细地向皇上说明了这件事。丞相上朝奏事，乘机禀告了晁错擅自凿墙的事，请求把他交给廷尉处死。皇上说："晁错所凿的不是太上庙的墙，而是庙外围的小墙，不至于触犯法令。"丞相谢罪。退朝后，丞相生气地对长史说："我本当先杀了他再向皇上报告，却先奏请，反而被这小子出卖，实在是大错。"于是丞相气得发病死了。晁错因此更加显贵。

迁为御史大夫，请诸侯之罪过，削其地，收其枝郡①。奏上，上令公卿列侯宗室集议，莫敢难，独窦婴争之，由此与错有郤（隙）。错所更令三十章，诸侯皆喧哗疾晁错。错父闻之，从颍川来，谓错曰："上初即位，公为政用事，侵削诸侯，别疏人骨肉，人口议多怨公者,何也?"晁错曰:"固也。不如此,天子不尊,宗庙不安。"错父曰:"刘氏安矣,而晁氏危矣,吾去父归②矣!"遂饮药死,曰:"吾不忍见祸及吾身。"死十余日,吴楚七国果反,以诛错为名。及窦婴、袁盎进说,上令晁错衣朝衣斩东市③。

◎**注释** ①〔枝郡〕诸侯国王都之外的边郡。②〔归〕言去死。③〔衣朝衣斩东市〕朝衣,上朝的礼服。斩东市,在长安城东市设刑场斩杀晁错。按,斩晁错为景帝突然之举,未经司法程序,而是以召见的名义引晁错直赴刑场,故衣朝衣。

◎**大意** 晁错被提升为御史大夫,请求根据诸侯的罪过,相应地削减他们的封地,收回他们的边郡。奏章呈送上去,皇上命令公卿、列侯和皇族一起讨论,没有谁敢非难,只有窦婴与晁错进行争辩,因此和晁错有了隔阂。晁错所修改的法令有三十章,诸侯们都叫喊着反对并憎恨晁错。晁错的父亲听到了这个消息,从颍川赶来,对晁错说:"皇上刚刚登位,你执掌朝政,削弱诸侯,疏远人家的骨肉,人们纷纷议论并怨恨你,为什么要这样做呢?"晁错说:"事本该如此,不这样做,天子不会受到尊崇,国家不会得到安宁。"晁错的父亲说:"刘家的天下安宁了,而晁家危险了,我要离开你和你永别了。"于是服毒药而死,死前说:"我不忍心看到祸患连累自己。"晁错父亲死后十多天,吴楚七国果然反叛,以诛杀晁错为名义。等到窦婴、袁盎进言,晁错穿着上朝的礼服在长安东市被处斩。

晁错已死,谒者仆射①邓公为校尉,击吴楚军为将。还,上书言军事,谒见上。上问曰:"道②军所来,闻晁错死,吴楚罢不(否)?"邓公曰:"吴王为反数十年矣,发怒削地③,以诛错为名,其意非在错也。且臣恐天下之士噤口④,不敢复言也!"上曰:"何哉?"邓公曰:"夫晁错患诸侯强大不可制,故请削地以尊京师,万世之利也。计画始行,卒受大戮,内杜忠臣之口,外为诸侯报仇,臣窃为陛下不取也。"于是景帝默然良久，曰："公言善，吾亦恨⑤之。"乃拜邓公为城阳中尉。

◎**注释** ①〔谒者仆射（yè）〕谒者之长，掌接待宾客，通报传达。②〔道〕由，经。③〔发怒削地〕因为被削地而发怒。④〔噤（jìn）口〕闭口。⑤〔恨〕悔恨。

◎**大意** 晁错死后，谒者仆射邓公担任校尉，为攻打吴楚叛军的将领。他返京后，上书报告军机事务，觐见皇上。皇上问："你从军中来，听到晁错死了，吴楚叛军退了没有？"邓公说："吴王蓄意谋反已经有几十年了，他为朝廷削减封地而发怒，只是借诛杀晁错为名，他的本意并不在晁错啊。我担心天下之士从此都将闭口，再也不敢进言了。"皇上说："为什么呢？"邓公说："晁错忧虑诸侯强大了不能够制服，所以请求削减诸侯的封地来维护朝廷，这是关系到万代基业的好事啊。计划刚开始实行，竟然遭到杀戮，这对内堵塞了忠臣之口，对外替诸侯报了仇，我私下认为您这样做是不可取的。"这时景帝沉默了好久，说："您的话很对，我也悔恨这件事。"于是任命邓公担任城阳中尉。

邓公，成固人也，多奇计。建元中，上招贤良，公卿言邓公，时邓公免，起家为九卿。一年，复谢病免归。其子章以修黄老言显于诸公间。

◎**大意** 邓公是成固人，有许多奇妙的计谋。建元年间，皇上招纳贤良，公卿都推举邓公，这时邓公正免官居家，便被起用做了九卿。一年之后，他又推说有病辞职回家。他的儿子邓章因为研究黄老之学在朝廷大臣之间很有名望。

太史公曰：袁盎虽不好学①，亦善傅会②，仁心为质③，引义忼（慷）慨④。遭孝文初立，资适逢世。时以变易，及吴楚一说，说虽行哉，然复不遂⑤。好声矜贤，竟以名败⑥。晁错为家令时，数言事不用；后擅权，多所变更。诸侯发难，不急匡救，欲报私仇，反以亡躯。语曰"变古乱常，不死则亡"，岂错等谓邪！

◎ **注释** ①〔不好学〕因近游侠而远儒学，故云"不好学"。②〔傅会〕附会各种说法。③〔仁心为质〕指救周勃免于死之事。④〔引义忼慨〕指袁盎当众谏止文帝与宦官赵同并辇之事。⑤〔不遂〕未达到目的，指吴楚没有罢兵。⑥〔竟以名败〕指袁盎谏说景帝止立梁王为嗣，遭忌而死。

◎ **大意** 太史公说：袁盎虽然不喜欢读书，但善于附会各种说法，他以仁爱之心为本体，称引大义而且慷慨激昂。遇到汉文帝刚刚登位，才智恰好碰上了适宜施展的时代。时间变化推移而景帝登位，等到吴楚叛乱时他提议诛杀晁错，建议虽被采纳，但他最终未能令吴楚罢兵。他爱好名声夸耀才能，终于因为追求名声而招致杀身之祸。晁错做太子家令时，多次进言而不被采纳；后来专权，修改了国家的许多法令。诸侯发动叛乱，他不急于去匡正挽救这个危机，却想报私仇，反而因此招来杀身之祸。俗话说"变古乱常，不死则亡"，难道说的就是晁错这类人吗？

◎ **释疑解惑**

本篇记述了袁盎、晁错各自的政绩，以及他们相互倾轧、最后双双送命的经过。其中写了袁盎的某些"直谏"，和晁错维护中央集权，打击割据势力的重要事实。晁错作为一位杰出的政治家，除反对诸侯割据外，还提出过重本抑末、纳粟拜爵、募民徙边、防备匈奴等主张，具有能臣的风范，这是应该肯定的。作者对袁盎、晁错两人之间的相互倾轧、假公济私都予以批评，这是很对的。但作者说晁错"变古乱常，不死则亡"，严重失平，与《商君列传》《吴起列传》所表现的情况相同，这与司马迁因其自身经历而讨厌法家人物的一贯态度有关。袁盎传中有言道："盎素不好晁错，晁错所居坐，盎去；盎坐，错亦去：两人未尝同堂语。"太史公将这两位冤家放在一起传述，是非常独特的。袁盎和晁错基本是同一时期人，而太史公在本传中将一时之事分作两样写，体现出其高超的编撰能力。通过对比可以看出：盎传极详，错传极略；盎传写错之倾盎处虚，错传写盎之倾错处实；盎传写其死处曲折，错传写其死处直截；至晁错论贵粟、言兵事诸疏，综核精确，俱有关当世之务，太史公皆削去不载，只以"数上书言事"一语括之。值得注意的是，在晁错传的末尾，司马迁通过晁错与父亲的对话，表现出晁错之死的必然性。司马迁言简意赅地将此事叙写完毕，没有过多的描述性话语，给人一种非常冷静的感觉，使人不觉为晁错那无私为国之心而感到敬佩。

◎ 思考辨析题

1. 如何理解太史公对晁错的评价？
2. 请简要分析袁盎的直谏特点。

张释之冯唐列传第四十二

　　本传载述了汉文帝时的两位直臣张释之和冯唐的事迹，二人以犯颜谏诤闻名汉代，故篇中详细地记录了他们的言论，通过其至情至理的论说，表现其公正勇敢的秉性。张释之最初以资为郎，但一直没有得到重用，后来通过袁盎的举荐才受到文帝赏识。他为谒者仆射期间，谏止文帝拜啬夫为上林令，认为啬夫是争为口辩而无其实。他以绛侯周勃、东阳侯张相如二位不善言谈的长者为例，以秦重刀笔吏而徒具形式以至于天下土崩瓦解为戒，劝说文帝应以实用为重。张释之在文帝时曾官至廷尉，能够做到守法不阿，犯颜直谏，谏止文帝重罚惊吓其马的百姓，维护法律的权威。冯唐以孝顺著称，文帝时为中郎署长。文帝曾经感慨得不到像廉颇、李牧一样的大将来抵御匈奴的侵扰，冯唐却直言文帝即使得到也无法使其为之用。他直面犯颜的用意是替当时的云中太守魏尚解罪，文帝只因为魏尚上报斩杀敌人首级的数量差了六颗就判其罪，冯唐借此机会提醒文帝对将卒奖励太轻，惩罚太重。最终，文帝派遣冯唐出使云中赦免魏尚。张释之、冯唐都是汉文帝时杰出之士。他们不仅有真知灼见，而且敢于坚持正确意见，批评最高统治者，这些都是令人佩服的。司马迁对他们充满景仰之情，才由衷地称许他们。司马迁歌颂他们这种高尚品质的同时，也赞扬了文帝的善于纳谏。该传在写作上也能体现司马迁的风格，在朴实的叙写中，蕴蓄着强烈的爱憎之情。对一些细节也有栩栩如生的描写，特别是一些人物的对话，显示出人物独有的性格特征，使传文具备了强烈的文学性。

张廷尉释之者，堵阳人也，字季。有兄仲同居。以訾（资）为骑郎①，事孝文帝，十岁不得调②，无所知名。释之曰："久宦减仲之产③，不遂④。"欲自免归。中郎将袁盎知其贤，惜其去，乃请徙释之补谒者。释之既朝毕，因前言便宜事⑤。文帝曰："卑之⑥，毋甚高论，令今可施行也。"于是释之言秦汉之间事，秦所以失而汉所以兴者久之。文帝称善，乃拜释之为谒者仆射。

◎**注释** ①〔以訾（zī）为骑郎〕汉制，地方家资十万以上者可选补为郎。訾，通"资"。以訾为郎是入选条件，非以訾买郎。②〔调〕升迁。③〔久宦减仲之产〕因为訾郎要自备衣饰鞍马，所以说消耗了兄长的财物。④〔不遂〕不顺心，不满意。⑤〔便宜事〕应办的利国之事。⑥〔卑之〕谈些现实的事。

◎**大意**　廷尉张释之,是堵阳人,字季。有个哥哥张仲和他一起生活。由于家财殷实而选为骑郎,侍奉孝文帝,十年得不到升迁,没有人知道他。张释之说:"我长时间做郎官,耗减了哥哥的家产,于心不安。"想自动请求免职回家。中郎将袁盎知道他贤能,舍不得他离去。于是奏请迁调张释之替补谒者的空缺。张释之朝见完毕,趁此上前陈述便国利民的事,孝文帝说:"谈些现实的事,不要高谈阔论,说些当前能够施行的。"在这种情况下张释之就谈论秦、汉之间的事,讲起秦朝灭亡和汉朝兴盛的原因,讲了许久。孝文帝称好,便提升张释之为谒者仆射。

　　释之从行,登虎圈。上问上林尉诸禽兽簿,十余问,尉左右视,尽不能对。虎圈啬夫①从旁代尉对上所问禽兽簿甚悉,欲以观其能②口对响应③无穷者。文帝曰:"吏不当若是邪?尉无赖④!"乃诏释之拜啬夫为上林令。释之久之前曰:"陛下以绛侯周勃何如人也?"上曰:"长者也。"又复问:"东阳侯张相如何如人也?"上复曰:"长者。"释之曰:"夫绛侯、东阳侯称为长者,此两人言事曾不能出口⑤,岂敦(效)此啬夫谍(喋)谍(喋)利口捷给⑥哉!且秦以任刀笔之吏,吏争以亟疾苛察⑦相高,然其敝徒文具⑧耳,无恻隐之实。以故不闻其过,陵迟⑨而至于二世,天下土崩。今陛下以啬夫口辩而超迁⑩之,臣恐天下随风靡靡,争为口辩而无其实。且下之化上疾于景(影)响⑪,举错(措)⑫不可不审也。"文帝曰:"善。"乃止不拜啬夫。

◎**注释**　①〔啬(sè)夫〕掌管各项杂役的小官。②〔欲以观其能〕想以此显示一下自己的才能。③〔口对响应〕对答如流,如回声相应。④〔无赖〕不可靠,不足任使。⑤〔曾不能出口〕很少说话。⑥〔利口捷给〕能言善辩。⑦〔亟疾苛察〕办事急快、督察苛刻。⑧〔徒文具〕徒具形式。⑨〔陵迟〕日益衰颓废弛。⑩〔超迁〕越级提拔。⑪〔景响〕如影随形，如响随声。⑫〔举错〕此指任人与罢免。

◎**大意** 张释之跟随皇帝出行，来到虎圈观看。皇上问上林尉各种禽兽册子的登记情况，问了十几个问题，上林尉左瞅右瞧，都答不上来。看管虎圈的啬夫从旁代上林尉全面地回答了皇上所问的禽兽册的情况，想以此显示自己能对答如流，就像回声相应一样，毫无停顿。孝文帝说："官吏不应当像这样吗？上林尉无能！"于是命令张释之提拔啬夫做上林尉。张释之过了许久上前说："陛下认为绛侯周勃是怎样的人呢？"皇上说："是有才德的人！"又问："东阳侯张相如是怎样的人呢？"皇上回答："是有才德的人。"张释之说："绛侯周勃、东阳侯张相如被称为有才德的人，这两个人谈论事情时很少发议论，难道要学啬夫喋喋不休的伶牙俐齿吗！况且秦朝重用舞文弄法的书吏，致使书吏争相以办事急快、督过苛刻互比高低，然而其弊病在于徒具形式，而没有实际的内容。因此，秦王听不到自己的过失，日益衰落，到了二世，国家土崩瓦解。如今陛下因为啬夫伶牙俐齿就越级提拔他，我担心天下会随风附和，争相做口头文章而没有实际能力。况且下面受上面的感化，比影子和回声来得还快，不能不慎重啊！"文帝说："对。"于是收回命令，不提拔啬夫了。

上就车，召释之参乘①，徐行，问释之秦之敝。具以质言②。至宫，上拜释之为公车令。

◎**注释** ①〔参乘〕陪侍帝王乘车。②〔质言〕以实情相告。
◎**大意** 皇上上车，让张释之陪乘，车子缓缓前行。皇上问张释之秦朝统治的弊病。张释之以实情相告。到了宫中，皇上任命张释之为公车令。

顷之，太子与梁王共车入朝，不下司马门①，于是释之追止太子、梁王无得入殿门。遂劾②不下公门不敬，奏之。薄太后闻之，文帝免冠谢曰："教儿子不谨。"薄太后乃使使承诏赦太子、梁王，然后得入。文帝由是奇释之，拜为中大夫。

◎**注释** ①〔司马门〕汉宫的外门。当时禁令,凡出入司马门的都要下车步行。②〔劾(hé)〕揭发罪状。

◎**大意** 不久,太子与梁王同乘一辆车入朝,在司马门也没有下车,当时张释之追上去制止太子、梁王进入殿门。就检举他俩不下司马门为不敬罪,上报给朝廷。薄太后知道了这事,文帝摘下帽子赔罪道:"是我教育儿子不严。"薄太后才派使者传令赦免太子、梁王,这样太子、梁王才得以进入殿内。文帝从这件事上看出张释之与众不同,任命他为中大夫。

顷之,至中郎将。从行至霸陵,居北临厕(侧)①。是时慎夫人从,上指示慎夫人新丰道,曰:"此走②邯郸道也。"使慎夫人鼓瑟,上自倚瑟而歌,意惨凄悲怀③,顾谓群臣曰:"嗟乎!以北山石为椁,用纻絮斫陈④,蘩漆其间⑤,岂可动哉!"左右皆曰:"善。"释之前进曰:"使其中有可欲者⑥,虽锢⑦南山犹有名古郤(隙);使其中无可欲者,虽无石椁,又何戚⑧焉!"文帝称善。其后拜释之为廷尉。

◎**注释** ①〔居北临厕〕登临霸陵最北面的山头远望。厕,同"侧",这里指悬崖边缘。②〔走〕通往,去。③〔意惨凄悲怀〕文帝登上自己的寿陵,因而心中感到凄凉。④〔用纻(zhù)絮斫(zhuó)陈〕将苎麻絮等物切碎填塞棺椁缝隙。斫,斩,切碎。陈,排列,此处为塞严。⑤〔蘩(rú)漆其间〕用漆黏合。⑥〔有可欲者〕使其中有让人想偷盗的东西,指厚葬。⑦〔锢〕以金属熔化的汁液铸牢、封闭。⑧〔戚〕忧虑。

◎**大意** 不久,张释之被提拔为中郎将。他随从皇上到霸陵,皇上登临霸陵最北面的山头远望。这时慎夫人也跟随着,皇上指着去新丰的路给慎夫人看,说:"这就是通往邯郸的路。"让慎夫人弹瑟,皇上自己和着瑟的曲调唱歌,情意凄惨悲凉,回头对群臣说道:"唉!拿北山的石头做外椁,将苎麻丝絮剁碎充塞石椁的缝隙,再用漆黏合起来,难道还能打得开吗!"近侍都说:"好。"张释之上前说道:"假若它里面有能够引起人们贪欲的东西,即使封闭南山做棺椁,也还有缝隙；如果里面没有能够引起人们贪欲的东西，即便没有石椁，又何必担忧呢！"文帝称赞说好。此后便提拔张释之做了廷尉。

顷之，上行出中渭桥，有一人从桥下走出，乘舆马惊。于是使骑捕，属之廷尉。释之治问①。曰："县人来，闻跸②，匿桥下。久之，以为行已过，即出，见乘舆车骑，即走耳。"廷尉奏当③，一人犯跸，当罚金。文帝怒曰："此人亲惊吾马，吾马赖④柔和，令他马，固不败伤我乎？而廷尉乃当之罚金！"释之曰："法者天子所与天下公共⑤也。今法如此而更重之⑥，是法不信于民也。且方其时，上使立诛之则已。今既下廷尉，廷尉，天下之平也，一倾⑦而天下用法皆为轻重⑧，民安所措其手足⑨？唯陛下察之。"良久，上曰："廷尉当是也。"

◎**注释** ①〔治问〕审问。②〔跸（bì）〕古代帝王出行时，禁止行人以清道。③〔奏当〕上奏对惊驾人的判决。④〔赖〕幸亏。⑤〔所与天下公共〕给天下人共同遵守的。⑥〔更重之〕更改法律，从重判处。⑦〔倾〕不平。⑧〔为轻重〕随意解释法律，可轻可重。⑨〔民安所措其手足〕百姓岂不是手足无措。意谓法无定准，百姓整天惶恐生活。

◎**大意** 不久，张释之跟随皇上经过中渭桥，有一个人从桥下跑出来，使皇上驾车的马受了惊。皇上于是令随驾骑兵将那人逮捕，交付廷尉治罪。张释之审问那个人。那人说："我从乡下来这里，听到清道戒严，急忙躲在桥下。过了好久，以为皇上已经过去，便从桥下出来，见到皇上的车马和仪仗队，立刻就跑。"廷尉张释之审完后上奏判决的结果：一个人违反了清道戒严的号令，应处以罚金。文帝大怒道："这个人惊了我的马，幸亏我的马性情温和，假若是别的马，不早就摔伤我了吗？廷尉却仅仅处以罚金！"张释之说："法律是天子和天下人所共同遵守的。如今法律是这样规定的却要加重处罚，这样法律就不能取信于民了。况且在当时，皇上令人立刻杀掉他也就罢了。如今既然交付廷尉，廷尉是天下公平的象征，一旦有偏，天下使用法律时就会任意判轻判重，老百姓岂不是手足无措了吗？望陛下明察！"过了好久，皇上说："廷尉该当这样判处。"

其后有人盗高庙坐前玉环，捕得，文帝怒，下廷尉治。释之案律盗宗庙服御物者为奏，奏当弃市①。上大怒曰："人之无道，乃盗先帝庙器，吾属（嘱）廷尉者，欲致之族②，而君以法奏之，非吾所以共（恭）承宗庙意③也。"释之免冠顿首谢曰："法如是足也④。且罪等⑤，然以逆顺为差⑥。今盗宗庙器而族之，有如万分之一，假令愚民取长陵一抔土⑦，陛下何以加其法乎？"久之，文帝与太后言之，乃许廷尉当。是时，中尉条侯周亚夫与梁相山都侯王恬开见释之持议平，乃结为亲友。张廷尉由此天下称之。

◎**注释** ①〔弃市〕在人众集聚的闹市，对犯人执行死刑，以示为大众所弃的刑罚。②〔族〕灭族之罪。③〔共承宗庙意〕恭奉宗庙的本意。④〔法如是足也〕这是依法判得最重的罪。⑤〔罪等〕同等的罪。⑥〔以逆顺为差〕按顺逆的情节区别量刑。⑦〔取长陵一抔（póu）土〕意谓盗高祖墓。长陵，刘邦的陵寝。一抔土，一捧土。

◎**大意** 那以后有人偷了高祖庙神座前的玉环，被逮捕了，文帝大怒，交给廷尉治罪。张释之依照法律中偷盗宗庙服饰器物的条文，奏请判处偷盗者斩首。皇上勃然大怒说："这人胡作非为，居然偷盗先帝庙中的器物。我之所以交付廷尉审理，是想使他灭族，你却按照通常的法律条文奏请，这不是我恭敬承奉先人的本意。"张释之脱帽叩头解释："这是依法判得最重的罪。况且斩首与灭族同是死罪，但以顺逆轻重的程度而论，是有差别的。今日他偷盗祖庙的器物便诛灭他的全族，假设有愚民偷挖了高祖的陵墓，陛下又该怎样加重对他的刑罚呢？"过了很久，文帝和薄太后商谈了这件事，于是便批准了廷尉的判决。当时，中尉条侯周亚夫和梁相山都侯王恬开看到张释之判决公正，就同他结成亲密朋友。张释之由此受到天下人的称赞。

后文帝崩，景帝立，释之恐①，称病。欲免去，惧大诛至；欲见谢，则未知何如。用王生计，卒见谢，景帝不过②也。

◎**注释** ①〔释之恐〕张释之之前检举过太子（即后来的景帝）和梁王入司马门而不下车步行之事，所以太子继位后感到害怕。②〔不过〕不以为过，不怪罪。

◎**大意** 后来文帝驾崩，景帝即位。张释之想起得罪过景帝而心中害怕，便托病请假。他想辞职离开，又怕会招来更大更重的惩罚；想进宫当面谢罪，却又不知结果会如何。后来他采用了王先生的计策，终于进见景帝当面道歉，景帝没有责怪他。

王生者，善为黄老言，处士①也。尝召居廷中②，三公九卿尽会立③，王生老人，曰"吾袜解④"，顾谓张廷尉："为我结袜⑤！"释之跪而结之。既已，人或谓王生曰："独奈何廷辱张廷尉，使跪结袜？"王生曰："吾老且贱，自度终无益于张廷尉。张廷尉方今天下名臣，吾故聊辱廷尉，使跪结袜，欲以重之。"诸公闻之，贤王生而重张廷尉。

◎**注释** ①〔处士〕有德行的隐士。②〔召居廷中〕被召到朝廷之上。③〔会立〕相聚而立。④〔解〕松脱。群臣上殿必须去履，穿着袜子行走。⑤〔结袜〕系好袜子。

◎**大意** 王先生，擅长黄老之术，是位隐居不仕的人。他曾经被征召进朝廷，公卿大臣都相聚而立，王先生是个老人，说："我的袜带掉了。"回头看张廷尉说："请给我把袜带系好！"张释之跪在地上给他把袜带系好了。过后，有人问王先生说："怎么偏偏在朝廷上当众侮辱张廷尉，让他跪下结袜带？"王先生说："我年老并且地位卑贱。自料终究不会有什么好处给张廷尉。张廷尉是当今天下的名臣，我姑且委屈一下他，让他跪下给我绑袜带，是想以此来提高他的声望。"各公卿听了这话，都称赞王先生而敬重张廷尉。

张廷尉事景帝岁余，为淮南王相，犹尚以前过①也。久之，释之卒。其子曰张挚，字长公，官至大夫，免。以不能取容当世②，故终身不仕。

◎**注释** ①〔犹尚以前过〕还是因为以前止太子入殿门的过错。②〔取容当世〕迎合权贵苟安于世。

◎**大意** 张廷尉侍奉景帝一年多，被降为淮南王相，还是因为以前得罪景帝。过了许久，张释之去世。他的儿子叫张挚，字长公，官做到大夫，被免职。由于他不善于讨好当权者，所以直到身死再没有做官。

冯唐者，其大父①赵人。父徙代。汉兴徙安陵。唐以孝著，为中郎署长，事文帝。文帝辇过，问唐曰："父老何自为郎②？家安在？"唐具以实对。文帝曰："吾居代时③，吾尚食监④高祛数为我言赵将李齐之贤，战于巨鹿下。今吾每饭，意未尝不在巨鹿也。父⑤知之乎？"唐对曰："尚不如廉颇、李牧之为将也。"上曰："何以？"唐曰："臣大父在赵时，为官率将⑥，善⑦李牧。臣父故为代相，善赵将李齐，知其为人也。"上既闻廉颇、李牧为人，良说（悦）⑧，而搏髀⑨曰："嗟乎！吾独不得廉颇、李牧时⑩为吾将，吾岂忧匈奴哉！"唐曰："主臣⑪！陛下虽得廉颇、李牧，弗能用也。"上怒，起，入禁中。良久，召唐让曰："公奈何众辱我，独无间处⑫乎？"唐谢曰："鄙人不知忌讳。"

◎**注释** ①〔大父〕祖父。②〔父老何自为郎〕自何时起为郎官。父老，老人家，敬称。③〔吾居代时〕文帝即位前为代王。④〔尚食监〕管理帝王膳食的官。⑤〔父〕"父老"的省文。⑥〔官率将〕即官帅将，百夫之长。⑦〔善〕交好。⑧〔良说（yuè）〕非常高兴。⑨〔搏髀（bì）〕拍着大腿。⑩〔时〕此，是。⑪〔主臣〕臣子进对时的惶恐之词。⑫〔间处〕无人之处。

◎**大意** 冯唐,祖父是赵国人。父亲移居到代郡。汉朝建立后迁移到安陵。冯唐因为孝行而闻名,被推举做了中郎署长,侍奉汉文帝。文帝车乘经过,问冯唐说:"您老人家自何时起为郎官?家住在哪里?"冯唐一一作答。文帝说:"我住代郡时,我的尚食监高祛多次对我称赞赵将李齐的贤能,讲述在巨鹿城下作战的情景。如今我每逢吃饭,都会想到李齐鏖战巨鹿的情景。老人家知道这个人吗?"冯唐回答:"还不如廉颇、李牧为将带兵。"皇上问:"根据什么这样说呢?"冯唐说:"我祖父在赵国时,任官帅将,和李牧交好。我的父亲从前当代王丞相,和赵将李齐关系很好,了解他的为人。"皇上听完冯唐讲述廉颇、李牧的为人,很高兴,于是拍打着大腿说:"唉,可惜我偏偏得不到廉颇、李牧这样的人做我的将军,我难道还担忧虑匈奴吗?"冯唐说:"惭愧!陛下即使得到廉颇、李牧,也不可能任用。"皇上大怒,起身回宫。过了许久,皇上召见冯唐埋怨说:"您为什么当着众人侮辱我?难道不能私下说吗?"冯唐谢罪说:"我这个人鄙陋不懂忌讳。"

当是之时,匈奴新大入朝那,杀北地都尉卬。上以胡寇为意①,乃卒复问唐曰:"公何以知吾不能用廉颇、李牧也?"唐对曰:"臣闻上古王者之遣将也,跪而推毂②,曰阃以内者③,寡人制之;阃以外者④,将军制之。军功爵赏皆决于外,归而奏之。此非虚言也。臣大父言,李牧为赵将居边⑤,军市之租皆自用飨士⑥,赏赐决于外,不从中扰也。委任而责成功,故李牧乃得尽其智能,遣选车千三百乘,彀骑⑦万三千,百金之士⑧十万,是以北逐单于,破东胡,灭澹林,西抑强秦,南支⑨韩、魏。当是之时,赵几霸。其后会赵王迁立,其母倡也。王迁立,乃用郭开谗,卒诛李牧,令颜聚代之。是以兵破士北⑩,为秦所禽(擒)灭。今臣窃闻魏尚为云中守,其军市租尽以飨士卒,出私养钱⑪,五日一椎牛⑫,飨宾客军吏舍人,是以匈奴远避,不近云中之塞。虏曾一入,尚率车骑击之,所杀其众。夫士卒尽家人子⑬,起田中⑭从军，安知尺籍伍符⑮。终日力战，斩首捕虏，上功莫（幕）府⑯，一言不相应，文吏以法绳之。其赏不行而吏奉法必用。臣愚，以为陛下法太明，赏太轻，罚太重。且云中守魏尚坐上功首虏差六级⑰，陛下下之吏，削其爵，罚作之。由此言之，陛下虽得廉颇、李牧，弗能用也。臣诚愚，触忌讳，死罪死罪！"文帝说（悦）。是日令冯唐持节赦魏尚，复以为云中守，而拜唐为车骑都尉，主中尉及郡国车士。

◎**注释** ①〔为意〕很重视，很忧虑。②〔跪而推毂〕古时命将出师，王者弯腰屈身亲自为将军推车。③〔阃（kǔn）以内者〕朝中之事。阃，门槛，此指城门。④〔阃以外者〕军中之事。⑤〔居边〕驻守边防。⑥〔军市之租皆自用飨士〕军市之租，驻军区域内的市场租税。飨士，犒劳将士。⑦〔彀（gòu）骑〕善射的骑士。彀，张满弓弩。⑧〔百金之士〕其功可赏百金之战士，指英勇善战的精兵。⑨〔支〕支援。⑩〔兵破士北〕军队溃败，士卒逃散。北，败逃。⑪〔私养钱〕个人的俸给。⑫〔椎牛〕击杀牛。⑬〔家人子〕普通百姓家的子弟。⑭〔起田中〕出身农民。⑮〔尺籍伍符〕军队中的文书证件。尺籍，汉代军中书其斩首之功于一尺之板，称尺籍。伍符，军人伍伍相保之证件。⑯〔上功莫府〕向幕府报告战功。莫府，即幕府，古代军中将帅治事的地方。⑰〔坐上功首虏差六级〕因上报战功差了六个首级而被判罪。坐，被判罪。

◎**大意** 当时，匈奴新近大举侵犯朝那，杀死了北地都尉孙卬。皇上正在忧虑匈奴的入侵，最终又问冯唐："您怎么知道我不能任用廉颇、李牧呢？"冯唐答道："我听说古时君王遣将出征，临行跪下推着车子，说国门以内的事我来决定，国门以外的事情请将军决定。军功、爵位和赏赐都取决于将军，归来再上奏朝廷。这不是空话啊。我的祖父说，李牧给赵国领兵守边时，把从军中交易市场上征收的租税都用来犒赏将士，赏赐由将军决定，朝廷不从中干预。托付给他重任而责令他成功，所以李牧才能充分发挥他的智慧和才能，派遣挑选合格的战车一千三百辆，善射的骑兵一万三千，精锐的士卒十万，依靠这支部队在北面驱逐匈奴单于，打败东胡，灭掉澹林；在西面抑制强秦；在南面抗拒韩、魏。当此之时，赵国几乎成为霸主。此后恰逢赵王迁即位，他的母亲原是个卖唱的艺人。赵王迁即位，听信宠臣郭开的谗言，最终诛杀了李牧，让颜聚代替他。因此军败卒逃，被秦国俘虏灭亡。如今我私下听说魏尚任云中太守时，把军市交易上的税收全部拿来犒赏将士，还拿出私人的俸钱，每五天杀一次牛，宴请宾客、军吏和亲近的属官。因此匈奴远远躲避而不敢接近云中要塞。匈奴曾经入侵一次，魏尚率领兵马抗击，杀死很多敌军。那些士卒都是平常百姓家的子弟，从田间来参军的，哪里知道"尺籍""伍符"这类军法条令。整天努力作战，斩敌首，捕俘虏，可向衙门报功时，只要一句话不符合，司法官就援引法令来制裁他们。他们的赏赐未曾兑现而司法官所奉行的法令却必定执行。我愚蠢地认为陛下法令太严，赏赐太轻，惩罚太重。况且仅由于云中郡守魏尚上报斩杀敌军的数目差了六个首级，陛下就把他交给司法官治罪，削夺了他的爵位，判处一年徒刑。由此说来，陛下即使得到了廉颇、李牧，也是不能重用的。我的确愚蠢，触犯了忌讳，死罪死罪！"文帝听罢很高兴，当天就让冯唐持节出使赦免魏尚，重新让他担任云中郡守，又起用冯唐为车骑都尉，掌管中尉和各郡、国的车战之士。

七年，景帝立，以唐为楚相，免。武帝立，求贤良①，举冯唐。唐时年九十余，不能复为官，乃以唐子冯遂为郎。遂字王孙，亦奇士，与余善。

◎**注释** ①〔贤良〕才德兼备，敢直言极谏之士。皇帝因灾异举贤良求言，创始于汉文帝，由此成为汉代选拔人才的一种制度。

◎**大意** 汉文帝后元七年，汉景帝即位，让冯唐做楚国的丞相，不久免职。汉武帝即位后，诏举贤良，有人推举冯唐。冯唐当时已经九十多岁了，不能再任官职，便让他的儿子冯遂做郎官。冯遂字王孙，也是个杰出的人才，和我交好。

太史公曰：张季之言长者，守法不阿意；冯公之论将率，有味①哉！有味哉！语曰"不知其人，视其友"。二君之所称诵，可著廊庙②。书曰③"不偏不党，王道荡荡；不党不偏，王道便便"。张季、冯公近之矣。

◎ **注释** ①〔有味〕意味深长。②〔廊庙〕指朝廷。③〔书曰〕引自《尚书·洪范》。

◎ **大意** 太史公说：张释之谈论"长者"的话，严守法度而不迎合上意；冯公评论将帅的话，大有深意啊！大有深意啊！俗话说："不了解那个人，就看看他的朋友。"张、冯两位所赞美和称颂将帅的话，可以标注于朝廷。《尚书》上说："不偏心不阿私，圣王之道就平坦畅达；不阿私不偏心，圣王之道就辽阔广大。"张季、冯公接近这个意思了！

◎ **释疑解惑**

　　该传太史公重点记叙了汉文帝时期两位直臣张释之和冯唐的事情，通过太史公的评价可以看出，他非常敬重他们。《太史公自序》中"守法不失大理，言古贤人，增主之明，作《张释之冯唐列传》第四十二"，则一笔关涉两面：一方面，两人具有卓异的品格；另一方面，两人能显示出自己品格的卓异，是因为他们遇到了从谏如流的明主汉文帝。虽然该传对汉文帝着墨不多，但是其明君形象得以凸显。清代的汤谐在《史记半解》中曾评价道："一边写二君质直不阿，一边写文帝从谏若流，君明臣良意象，洋溢楮上。"所以，在传述张释之和冯唐耿直明谏故事的背后，我们可以看出汉文帝的重要作用。首先，文帝在张释之奏说应兴革之政事的时候，就提醒其不要高谈阔论，谈一些当下可以实施的实事，从中可以看出其务实的优秀品格。之后，在面对张释之的直言谏止时，文帝都能够耐心听完其陈述，并在认真思考后欣然接受。汉文帝作为一国之君，在处理问题时能够听从大臣的劝谏，及时修正自己的失误，在这样贤明国君的统率下，才能有张释之、冯唐这样的直谏良臣。文帝时期文法虽然比较严苛，但君臣之间如同家人父子，上下之情易达。

◎ **思考辨析题**

　　1. 文中有哪些故事细节令你印象深刻？请谈谈你的看法。

　　2. 后世诗作中和冯唐相关的典故很多，试举例论析。

万石张叔列传第四十三

汉九卿为二千石之官。石奋与其四子皆以忠勤位列九卿，一门五人皆为二千石，共万石，故石奋号万石君。本传记载了万石君石奋、建陵侯卫绾、塞侯直不疑、郎中令周文、御史大夫张叔等人的事迹。这几位都是谨慎笃行的君子，正如太史公赞语中所言，"斯可谓笃行君子矣！"传中万石君石奋为人处世十分恭谨，恪守道德法规，不仅以身作则，而且严格教育他的几个儿子，从而做到"以孝谨闻乎郡国，虽齐鲁诸儒质行，皆自以为不及也"。他的长子石建因为奏书上一个"馬"字少写了一笔而惶恐不已，少子石庆认认真真地以策数御马，太史公挑选了这些经典事例，充分表明了万石君一家恭谨至极的品质。建陵侯卫绾将文帝赐予的六把剑一直妥善保存，朝堂之上，蒙罪让功，文景二帝都认为他是忠厚长者。塞侯直不疑面对他人的猜忌和谗言，不做过多的解释和过激的反应，仍旧踏踏实实地做事。所以传文中有言称赞道："不好立名称，称为长者。"郎中令周文，名仁，以医术高明而被天子赏识。他为官时，不曾建言献策，也没有说过别人的坏话，也是一位非常深沉稳重的人。御史大夫张叔，对待部下十分宽厚，办案时只要可以退回重审的就退回，非常爱护他人。从该传中选载的这些事例来看，这几位传主都是淳谨平庸的大臣，从而反映出当时政治环境独有的特点。

万石君名奋，其父赵人也，姓石氏。赵亡，徙居温。高祖东击项籍，过河内，时奋年十五，为小吏，侍高祖。高祖与语，爱其恭敬，问曰："若何有①？"对曰："奋独有母，不幸失明。家贫。有姊，能鼓琴。"高祖曰："若能从我乎？"曰："愿尽力。"于是高祖召其姊为美人，以奋为中涓②，受书谒③，徙其家长安中戚里④，以姊为美人故也。其官至孝文时，积功劳至大中大夫。无文学⑤，恭谨无与比。

◎**注释** ①〔若何有〕你家中还有何人？②〔中涓〕近侍臣，主洒扫、洗涤等内务。③〔受书谒〕处理文书和引大臣谒见等事，即主传达工作。④〔戚里〕长安城中皇亲国戚聚居的街巷。⑤〔无文学〕不懂经学儒术。

◎**大意** 万石君名奋，父亲是赵国人，姓石。赵国灭亡后，迁移到温县。汉高祖向东攻打项籍，经过河内，当时石奋年纪十五岁，做小官吏，侍奉高祖。高祖与他谈话，喜爱他恭敬有礼，问道："你家中还有何人？"他回答："我只有母亲，不幸失明了。家境贫困。有个姐姐，会弹琴。"高祖说："你能跟随我吗？"他说道："愿意竭尽全力。"在这种情况下高祖召来他的姐姐做美人，任命石奋为中涓，兼管传达，将其家迁到长安城内的戚里，这是因为他姐姐做了美人。他做官到汉孝文帝时，积累功劳升到大中大夫。他没有文才学问，但恭敬谨慎没有人比得上。

文帝时，东阳侯张相如为太子太傅，免。选可为傅者，皆推奋，奋为太子太傅。及孝景即位，以为九卿；迫近，惮之①，徙奋为诸侯相。奋长子建，次子甲，次子乙②，次子庆，皆以驯③行孝谨，官皆至二千石。于是景帝曰："石君及四子皆二千石，人臣尊宠乃集其门。"号奋为万石君。

◎**注释** ①〔迫近，惮之〕石奋在朝，近在身边，因其恭谨无比，景帝不堪其拘谨。②〔次子甲，次子乙〕史失其名，以甲、乙称之。③〔驯〕和顺。

◎**大意** 文帝的时候，东阳侯张相如为太子太傅，被免职。要选择可以做太傅的人，大家都推荐石奋，石奋就做了太子太傅。等到汉景帝登位，让石奋担任九卿；石奋职居近侍，景帝不堪其拘谨，让他改任诸侯王国的相。石奋的长子石建、二子石某、三子石某、四子石庆，都因为性情和顺，孝敬父母，办事谨慎，官做到二千石的级别。当时景帝说："石君和四个儿子都是二千石的俸禄，作为臣子尊贵荣耀竟集中在他一家。"就称呼石奋为万石君。

孝景帝季年①，万石君以上大夫禄归老于家，以岁时为朝臣。过宫门阙，万石君必下车趋，见路马必式（轼）焉②。子孙为小吏，来归谒，万石君必朝服见之，不名③。子孙有过失，不谯让，为便坐④，对案不食。然后诸子相责，因长老⑤肉袒固谢罪，改之，乃许。子孙胜冠者⑥在侧，虽燕居必冠⑦，申申如也⑧。僮仆䜣䜣如也⑨，唯谨。上时赐食于家，必稽首俯伏而食之，如在上前。其执丧，哀戚甚悼。子孙遵教，亦如之。万石君家以孝谨闻乎郡国，虽齐鲁诸儒质行⑩，皆自以为不及也。

◎ **注释** ①〔季年〕晚年。②〔见路马必式焉〕见路马,指在路上见了皇帝的御马。必式,一定对御马凭轼敬礼。式,通"轼",车前用作扶手的横木。③〔不名〕不称其名,而称子孙的职衔。④〔为便坐〕不上正座,坐于偏侧。⑤〔长老〕族中长辈,或有德行的长者。⑥〔胜冠者〕能够行冠礼者,即成年者。古代男子二十岁行冠礼,以示成人。⑦〔虽燕居必冠〕子孙在石奋面前,即使闲居,也要郑重戴帽。⑧〔申申如也〕规矩的样子。⑨〔訢訢(xīn)如也〕柔顺的样子。⑩〔质行〕诚朴踏实。

◎ **大意** 景帝晚年,万石君按上大夫俸禄告老还乡,在定期朝会时作为大臣参加。过皇宫门楼,万石君一定要下车快走,看到皇帝的车马一定要手扶在车前的横木表示恭敬。子孙做小官,回家进见他,万石君一定穿上朝服接见他们,不称他们的名字。子孙有过失,不谴责,为此坐到旁侧座位,对着餐桌不吃饭。然后儿子们互相批评,通过族中长辈求情,本人去衣露体坚决谢罪、改过。这样才许可。已成年的子孙在他身边,即使闲居也必须戴礼帽,一派整齐严肃的气氛。奴仆一派恭敬和悦的气氛,特别谨慎规矩。皇上有时赏赐食物给他家,一定跪拜行礼低头弯腰来吃,如同在皇帝面前一样。他办理丧事,悲痛异常。子孙遵循教导,也像他一样。万石君一家以孝顺谨慎闻名于各郡、各国。即使齐地、鲁地许多质朴踏实的儒生,也都自认为比不上万石君一家。

　　建元二年,郎中令王臧以文学获罪。皇太后以为儒者文多质少,今万石君家不言而躬行,乃以长子建为郎中令①,少子庆为内史。

◎ **注释** ①〔郎中令〕官名,始于秦,汉初设置。九卿之一。所属有大夫、郎、谒者、期门和羽林宿卫官。掌守卫宫殿门户。汉武帝太初元年(前104年)改名"光禄勋"。

◎ **大意** 建元二年,郎中令王臧因为推行儒家学说而获罪。皇太后认为儒者外表修饰多而欠缺实际行动,现在万石君一家不多说话而能身体力行,就任命万石君长子石建为郎中令,小儿子石庆为内史。

建老白首，万石君尚无恙。建为郎中令，每五日洗沐归谒亲，入子舍①，窃问侍者，取亲中裙厕牏②，身自浣涤，复与侍者，不敢令万石君知，以为常。建为郎中令，事有可言，屏人恣言③，极切；至廷见，如不能言者。是以上乃亲尊礼之。

◎**注释** ①〔子舍〕偏房小屋，指侍者的小屋。②〔中裙厕牏（yú）〕中裙，贴身衣裤。厕牏，便器。③〔屏人恣言〕避开他人，独自向皇上畅所欲言。

◎**大意** 石建年老头白时，万石君尚健在。石建做郎中令，每五天休假回家拜见父亲，进到小房内，私下问侍从，取父亲的内裤溺器，亲自洗涤，再交给侍从，不敢让万石君知道，经常这样做。石建做郎中令，碰到事情可以说的，避开他人，独自向皇上畅所欲言，说得十分恳切。到朝廷进见时，则像个不会说话的人。因此皇上亲近他，以礼相待。

万石君徙居陵里①。内史庆醉归，入外门不下车。万石君闻之，不食。庆恐，肉袒请罪，不许。举宗②及兄建肉袒，万石君让曰："内史贵人，入闾里，里中长老皆走匿，而内史坐车中自如，固当！"乃谢罢③庆。庆及诸子弟入里门，趋至家。

◎**注释** ①〔陵里〕茂陵县中的街名。②〔举宗〕全族。③〔谢罢〕吩咐停止追究。

◎**大意** 万石君迁居陵里。内史石庆酒醉回来，进入外门没有下车。万石君听到这件事，不吃饭。石庆恐惧，袒露上身请求恕罪，没有得到宽恕。全族的人和哥哥石建袒露上身请罪，万石君责备说："内史是显贵的人，进入乡里，乡里年高的人都回避了，而内史坐在车中自由自在，本来应该这样吗！"这样才不再追究石庆的错误。此后，石庆和众子弟进入里门，都是快步走到家中。

万石君以元朔五年中卒。长子郎中令建哭泣哀思,扶杖乃能行。岁余,建亦死。诸子孙咸孝,然建最甚,甚于万石君。

◎**大意** 万石君于元朔五年去世。大儿子郎中令石建痛哭流涕极为悲伤,手扶拐杖才能行走,一年多后,石建也死了。众子孙都孝顺,然而石建最突出,胜过万石君。

建为郎中令,书奏事,事下,建读之,曰:"误书!'馬'者与尾当五,今乃四,不足一①。上谴死矣!"甚惶恐。其为谨慎,虽他皆如是。

◎**注释** ①〔不足一〕缺少一笔。
◎**大意** 石建做郎中令,上书报告政务,文件批下来了,石建读了,说道:"写错了!'馬'字下面四腿加一尾共五笔,现在只写了四笔,少一笔。皇上责备起来该死了!"非常恐惧。他的谨慎小心,即使其他事情也是这样。

万石君少子庆为太仆,御出①,上问车中几马,庆以策数②马毕,举手曰:"六马。"庆于诸子中最为简易③矣,然犹如此。为齐相,举齐国皆慕其家行,不言而齐国大治,为立石相祠。

◎**注释** ①〔御出〕皇帝坐车出行。②〔以策数〕用马鞭点数。③〔简易〕随便。
◎**大意** 万石君的小儿子石庆做太仆,有一天皇上乘车外出,问石庆车前头有几匹马,石庆用马鞭点数完毕后,举手说:"六匹马。"石庆在兄弟中间最为随便,尚且如此。石庆做齐国的国相,全齐国的人都仰慕他家的德行,不发命令而齐国太平,替他建立了石相祠。

元狩元年，上立太子，选群臣可为傅者，庆自沛守为太子太傅，七岁迁为御史大夫。

◎**大意** 元狩元年，皇上立太子，从群臣中选择可以做太子老师的人，石庆从沛郡太守调任太子太傅，七年后升任御史大夫。

元鼎五年秋，丞相有罪，罢。制诏御史："万石君先帝尊之，子孙孝，其以御史大夫庆为丞相，封为牧丘侯。"是时汉方南诛两越，东击朝鲜，北逐匈奴，西伐大宛，中国多事。天子巡狩海内，修上古神祠，封禅，兴礼乐。公家用少，桑弘羊等致利，王温舒之属峻法，儿宽等推文学至九卿，更进用事，事不关决于丞相，丞相醇谨而已①。在位九岁，无能有所匡言②。尝欲请治上近臣所忠、九卿咸宣罪，不能服，反受其过，赎罪。

◎**注释** ①〔丞相醇谨而已〕丞相只是唯唯诺诺，恭谨备员而已。②〔匡言〕正言。

◎**大意** 武帝元鼎五年秋，丞相赵周有罪，被罢官。皇帝发下诏书给御史大夫："先帝很敬重万石君，他们的子孙都很孝顺，命令御史大夫石庆担任丞相，封为牧丘侯。"这时，汉朝正在南方诛讨南越、东越，在东方攻打朝鲜，在北方追逐匈奴，在西方征伐大宛，国家正值多事之时。加上皇帝巡视全国各地，修复上古的神庙，到泰山封禅，大兴礼乐。国家财政困难，皇帝就让桑弘羊等谋取财利，王温舒等实行苛峻的法律，使儿宽等推尊儒学，他们都官至九卿，交替升迁当政，朝中大事不取决于丞相，丞相只是一味忠厚谨慎罢了。丞相在位九年，没有任何匡正时局纠谏错误的言论，他曾想惩治皇帝近臣所忠和九卿咸宣的罪过，结果未能使他们服罪，反而遭受了惩处，花费钱财才得以免罪。

元封四年中，关东流民二百万口，无名数者①四十万，公卿议欲请徙流民于边以适之。上以为丞相老谨，不能与其议，乃赐丞相告归，而案②御史大夫以下议为请者。丞相惭不任职，乃上书曰："庆幸得待罪③丞相，罢（疲）驽④无以辅治，城郭仓库空虚，民多流亡，罪当伏斧质，上不忍致法。愿归丞相侯印，乞骸骨归，避贤者路。"天子曰："仓廪既空，民贫流亡，而君欲请徙之，摇荡不安，动危之，而辞位，君欲安归难乎⑤？"以书让庆，庆甚惭，遂复视事。

◎**注释** ①〔无名数者〕无户籍的流民。②〔案〕查办治罪。指查治徙流民于边者之罪。③〔待罪〕官吏供职的谦辞。④〔罢（pí）驽〕低劣的马。比喻人才能低下。⑤〔君欲安归难乎〕你把责任推给谁呢？难，责任。

◎**大意** 汉武帝元封四年（前107年），关东百姓有两百万人流离失所，没有户籍的有四十万人，公卿大臣商议请求皇帝迁徙流民到边疆，以此来惩罚他们。皇帝认为丞相年老谨慎，不可能参与这种商议，就让他请假回家，而查办御史大夫以下商议提出这种请求的官吏。丞相因不能胜任职务而愧疚，就上书给皇帝说："我承蒙宠幸得以位居丞相，可是自己才能低劣不能辅佐陛下治理国家，以致城郊仓库空虚，百姓多流离失所，罪该处死，皇帝不忍心依法处置我，我愿归还丞相和侯爵的印信，请求告老还乡，给贤能的人让位。"皇帝说："粮仓已经空虚，百姓贫困流离失所，你却要请求迁徙他们，社会已经动荡不安了，社会的动荡使国家发生危机，在这种时候你却想辞去职位，你要把责任归结到谁身上呢？"用诏书责备石庆，石庆非常惭愧，才又重新处理政事。

庆文深审谨①，然无他大略，为百姓言。后三岁余，太初二年中，丞相庆卒，谥为恬侯。庆中子德，庆爱用之，上以德为嗣，代侯。后为太常，坐法当死，赎免为庶人。庆方为丞相，诸子孙为吏更至二千石者十三人。及庆死后，稍以罪去，孝谨益衰矣。

◎**注释** ①〔文深审谨〕思虑周密，小心谨慎。

◎**大意** 石庆为人思虑细密，处事审慎拘谨，却没有什么高明的见解及为百姓说话的表现。从此又过了三年多，在太初二年（前103年），丞相石庆去世，赐谥号为恬侯。石庆的次子名德，石庆喜爱器重他，皇帝让石德做石庆的继承人，承袭侯爵。他后来做到了太常。因为触犯法律判处死刑，赎罪后成了平民。石庆做丞相时，他的子孙中从小吏升到两千石职位的有十三人。石庆死后，这些人逐渐因不同罪名而被免职，孝顺谨慎的家风也更加衰落了。

建陵侯卫绾者，代大陵人也。绾以戏车①为郎，事文帝，功次迁为中郎将，醇谨无他。孝景为太子时，召上左右饮②，而绾称病不行。文帝且崩时，属（嘱）孝景曰："绾长者，善遇之。"及文帝崩，景帝立，岁余不噍（谯）呵③绾，绾日以谨力。

◎**注释** ①〔戏车〕在车上表演杂技。②〔召上左右饮〕景帝招待文帝身边的人喝酒。③〔噍（jiào）呵〕呵斥。

◎**大意** 建陵侯卫绾是代郡大陵人。卫绾靠在车上表演杂技当上了郎官，侍奉汉文帝，连续立功升任中郎将，为人忠厚谨慎而无其他才能。汉景帝做太子时，叫来皇上左右的人喝酒，而卫绾托病不去。文帝临死的时候，嘱咐景帝说："卫绾是个忠厚的人，要好好对待他。"等到文帝逝世，景帝即位，一年多没斥责卫绾，卫绾每天谨慎尽力。

景帝幸上林，诏中郎将参乘，还而问曰："君知所以得参乘乎？"绾曰："臣从车士幸得以功次迁为中郎将，不自知也。"上问曰："吾为太子时召君，君不肯来，何也？"对曰："死罪，实病！"上赐之剑。绾曰："先帝赐臣剑，凡六剑，不敢奉诏①。"上曰："剑，人之所施易②，独至今乎？"绾曰："具在。"上使取六剑，剑尚盛，未尝服③也。郎官有谴，常蒙④其罪，不与他将争；有功，常让他将。上以为廉，忠实无他肠⑤，乃拜绾为河间王太傅。吴楚反，诏绾为将，将河间兵击吴楚有功，拜为中尉。三岁，以军功，孝景前六年中封绾为建陵侯。

◎ **注释** ①〔不敢奉诏〕不敢再接受这样贵重的赏赐。②〔施易〕交易。③〔剑尚盛，未尝服〕宝剑还在鞘中，没有佩带过。④〔蒙〕遮盖。⑤〔无他肠〕没有别的心眼。

◎ **大意** 景帝驾临上林苑，命中郎将卫绾陪同乘车，回来时问道："你知道能够陪同乘车的原因吗？"卫绾说："我从车士幸而得以累功升任中郎将，不知道这个道理。"景帝又问："我做太子时叫你，你不肯来，为什么呢？"他回答："臣该死，实在是病了。"皇上赐给他宝剑。卫绾说："先帝赐给我的宝剑共有六把，您再赐剑我不敢接受了。"皇上说："宝剑是人们所爱好的，可以交换、买卖，难道还留到现在吗？"卫绾说："都还在。"皇上让他去取来那六把剑，宝剑还在鞘中，没有使用过。郎官有过失，他常常承担罪责，不和其他中郎将争论；有功劳，常常让给其他中郎将。皇上认为他品行方正，忠实而没有其他恶念，于是任命他担任河间王太傅。吴、楚等国反叛时，皇上命令卫绾担任将军，他率领河间军队攻打吴、楚有功劳，被皇上任命为中尉。三年后，他因为立了军功，于景帝前元六年被封为建陵侯。

其明年，上废太子，诛栗卿①之属。上以为绾长者，不忍，乃赐绾告归，而使郅都治捕栗氏。既已，上立胶东王为太子，召绾，拜为太子太傅。久之，迁为御史大夫。五岁，代桃侯舍为丞相，朝奏事如职所奏②。然自初官以至丞相，终无可言。天子以为敦厚，可相少主，尊宠之，赏赐甚多。

◎**注释** ①〔栗卿〕景帝栗姬之兄弟,栗太子之舅。栗太子被废,诛外戚。②〔如职所奏〕只上奏例行公事,别无所议。

◎**大意** 第二年,皇上废黜太子,诛杀栗卿等人。皇上认为卫绾是个忠厚的人,不忍心,便让他休假回家。而让郅都逮捕惩处栗家。案子办完后,皇上立胶东王为太子,召见卫绾,任命他为太子太傅。过了许久,他升任御史大夫。五年后,他接替桃侯刘舍担任丞相,在朝廷上报告政务照章办事。他从开始做官一直到任丞相,终究没有提过什么倡议。皇上认为他诚朴宽厚,可以辅佑少主,尊重宠信他,赏赐给他很多东西。

为丞相三岁,景帝崩,武帝立。建元年中,丞相以景帝疾时诸官囚多坐不辜①者,而君不任职,免之。其后绾卒,子信代。坐酎②金失侯。

◎**注释** ①〔不辜〕无辜。②〔酎(zhòu)金〕朝廷祭祀的贡金。
◎**大意** 他做丞相三年,景帝逝世,武帝登位。建元年间,丞相因为景帝生病时各官署的囚犯大多无辜受刑,而被认为不称职,被免去官职。以后卫绾去世,儿子卫信继承爵位。他由于助祭献金不合规定失去了爵位。

塞侯直不疑者,南阳人也。为郎,事文帝。其同舍有告归①,误持同舍郎金去,已而金主觉,妄意②不疑,不疑谢有之,买金偿。而告归者来而归金,而前郎亡金者大惭,以此称为长者。文帝称举,稍迁至太中大夫。朝廷见,人或毁曰:"不疑状貌甚美,然独无奈其善盗嫂何也!"不疑闻,曰:"我乃无兄。"然终不自明也。

◎**注释** ①〔告归〕请假回家。②〔妄意〕无端推测。
◎**大意** 塞侯直不疑是南阳人。做郎官,侍奉文帝。他同屋中有人告假回家,错拿了同屋郎官的黄金离去，不久失金的主人发觉了，无端猜测是直不疑偷的，直不疑认错，承认有这件事，买来黄金偿还了他。告假回家的人回来归还了失金，而失金的那个郎官大为惭愧，因此称赞直不疑是厚道人。文帝选拔人才，直不疑逐渐升至太中大夫。在朝廷上会见，有人诽谤说："直不疑相貌很美，然而他偏偏最爱跟嫂子私通，这不知把他怎么办呢！"直不疑听到这话，说："我就没有兄长。"可是终究不公开解释。

吴楚反时，不疑以二千石将兵击之。景帝后元年，拜为御史大夫。天子修吴楚时功，乃封不疑为塞侯。武帝建元年中，与丞相绾俱以过免。

◎**大意** 吴楚反叛时，直不疑以二千石级官员的身份率领军队攻打叛军。景帝后元元年，任命他为御史大夫。天子表彰平定吴楚叛乱的功劳，就封直不疑为塞侯。武帝建元年间，他与丞相卫绾一起因为过失被免去官职。

不疑学老子言。其所临，为官如故，唯恐人知其为吏迹也。不好立名称，称为长者。不疑卒，子相如代。孙望，坐酎金失侯。

◎**大意** 直不疑学习老子的言论。他所到的地方，做官都是按照老办法，唯恐人们知道他为官的事迹。他不喜欢树立名声，被人们称为有德行的人。直不疑去世，儿子直相如接任侯爵。孙子直望，由于助祭献金不合规定失去侯爵。

郎中令周文者，名仁，其先故任城人也。以医见。景帝为太子时，拜为舍人，积功稍迁，孝文帝时至太中大夫。景帝初即位，拜仁为郎中令。

◎**大意** 郎中令周文，名叫周仁，他的祖上原是任城人。凭医术进见。景帝做太子时，任命他为舍人，累积功劳官职逐渐提升，汉文帝时官至太中大夫。景帝刚即位，任命周仁为郎中令。

仁为人阴重不泄①，常衣敝补衣溺袴（裤），期为不洁清②，以是得幸。景帝入卧内，于后宫秘戏，仁常在旁。至景帝崩，仁尚为郎中令，终无所言。上时问人③，仁曰："上自察之。"然亦无所毁。以此景帝再自幸其家。家徙阳陵。上所赐甚多，然常让，不敢受也。诸侯群臣赂遗④，终无所受。

◎**注释** ①〔阴重不泄〕深沉稳重，不泄露别人的秘事。②〔常衣敝补衣溺袴，期为不洁清〕经常穿破旧缝补的衣裤，故意不讲究卫生。按，这样做是为了使后宫不愿接近他，以使皇帝放心。③〔问人〕问人之长短。④〔赂遗〕馈赠，送礼。

◎**大意** 周仁为人缜密持重，不泄露别人的话语。他经常穿着破旧缀有补丁的衣裤，使自己显得不干净，因此得到景帝的宠爱。景帝进入寝宫，在后宫秘密娱乐，周仁常在旁边。到景帝逝世，周仁还在做郎中令，终究没有什么建设性的言论。皇上有时向他询问别人，周仁说："陛下亲自考察他吧。"然而也没有讲别人的什么坏话。因为这样，景帝曾经两次驾临他家，他的家迁徙到了阳陵。皇帝赏赐的东西很多，可是他常常推辞，不敢接受。诸侯百官赠送的东西，他终究没有接受什么。

武帝立，以为先帝臣，重之。仁乃病免，以二千石禄归老，子孙咸至大官矣。

◎**大意** 武帝登位，认为他是先帝的臣子，很尊重他。周仁因病免职，拿两千石的俸禄辞官养老，子孙都做了大官。

御史大夫张叔者，名欧，安丘侯说之庶子也。孝文时以治刑名言事太子。然欧虽治刑名家，其人长者。景帝时尊重，常为九卿。至武帝元朔四年，韩安国免，诏拜欧为御史大夫。自欧为吏，未尝言案人，专以诚长者处官①。官属②以为长者，亦不敢大欺。上具狱，事有可却③，却之；不可者，不得已，为涕泣，面对而封之④。其爱人如此。

◎**注释** ①〔处官〕做官。②〔官属〕部属。③〔却〕退回重审。④〔为涕泣，面对而封之〕为罪人流泪，亲自看着把文书封上。

◎**大意** 御史大夫张叔，名叫张欧，是安丘侯张说妾生的儿子。孝文帝时因为研究刑名学侍奉太子。虽然张欧是研究刑名的专家，但他为人很忠厚。景帝时受到尊敬和重用，曾经担任九卿之职。到了汉武帝元朔四年，韩安国被免职，皇上下令张欧担任御史大夫。自从张欧做官起，从来没有说过惩办人，完全抱着诚恳忠厚的态度做官。部下认为他是个忠厚的人，也不敢太蒙蔽他。他往上呈报已经办好的狱案，有可以退回重审的，就退回；不可能退还的，才不得已，流着泪亲自看着文书密封好。他爱护人竟到了如此程度。

老病笃，请免。于是天子亦策罢，以上大夫禄归老于家。家于阳陵。子孙咸至大官矣。

◎**大意** 周仁年老病重，请求免职。在这种情况下天子特颁明令准予他退休，按照上大夫的俸禄回家养老。他家住在阳陵。子孙都做到大官。

太史公曰：仲尼有言曰"君子欲讷于言而敏于行①"，其万石、建陵、张叔之谓邪？是以其教不肃而成，不严而治。塞侯微巧②，而周文处诌③，君子讥之，为其近于佞也。然斯可谓笃行君子矣！

◎**注释**　①〔君子欲讷（nè）于言而敏于行〕引自《论语·里仁》第二十四章。讷，语言迟钝。②〔微巧〕有些投机取巧。指直不疑对有损声誉的行为不加争辩，使人认为是他做出来的。③〔处谀〕佞谀。

◎**大意**　太史公说：孔子有句话说"君子言语要迟钝，行动要敏捷"，这句话说的是万石君石奋、建陵侯卫绾和张叔吧！因此他们的教化不峻急而能成功，不苛严而能安定。塞侯直不疑有些投机取巧，周文陷于阿谀，君子讥笑他们，因为他们的作风接近奸巧谄媚。然而他们可说是行为敦厚的君子啦！

◎**释疑解惑**

　　太史公论赞在本传文末的中说："仲尼有言曰'君子欲讷于言而敏于行'，其万石、建陵、张叔之谓邪？"《太史公自序》中也说："敦厚慈孝，讷于言，敏于行，务在鞠躬，君子长者。作《万石张叔列传》第四十三。"通过这些言语可以看出太史公对本传所记载的这几位人物是持尊敬态度的。但是，古今的学者对太史公写此传的目的和态度有着丰富而深刻的讨论。例如，苏轼认为直不疑"其所以蒙垢受诬，非不求名也，求名之至者也"，刘大櫆认为太史公传石奋是持一种讥讽的态度："太史迁之传石奋也，褒之乎？讥之乎？曰，讥之……且迁已明斥石庆之非矣，曰'文深审谨，在位九岁，无能有所匡言'。"诸如此类的评论还有很多，这些学者通过司马迁在其他材料中所体现的价值观，以及此传中传主所处的具体历史政治环境，对此传进行分析，再结合此传中史公的"微言"，从而形成对司马迁在此传中所隐含的态度和目的之解读。读者在阅读《史记》时，应该细致地研读，并结合相关篇目对比分析，这样才能品味出司马迁的真正意旨和《史记》一书的韵味。正如本篇传记一样，虽然文字简省，但这几位具有鲜明特征的传主的事迹和太史公的评价是十分耐人寻味的。

◎**思考辨析题**

　　1. 文中的细节描写具有什么样的艺术效果？
　　2. 你认为本篇的真正意旨是什么？

田叔列传第四十四

田叔历仕高祖、惠帝、高后、文帝、景帝五朝，曾任汉中太守、赵王郎中令、鲁王相。本篇内容可分为三段，第一段讲田叔是齐国田氏的后代，喜爱剑术，又学习过黄老学说。他为人方正刚直，廉洁自好，多结交德高望重之人，有侠士之风。后来通过赵相赵午的推荐在赵国为官，恰逢赵王张敖的臣属因怨恨高祖对赵王无礼而谋反，事情败露之后朝廷下诏书逮捕赵王张敖及其臣属。田叔并没有像其他臣属一样离开赵王逃命，而是冒着被诛灭三族的危险，穿上囚徒的衣服，戴上刑具跟随赵王入京。案件审理清楚后，张敖被废黜为宣平侯并被释放，向文帝举荐田叔等人。文帝询问田叔谁为忠厚的长者，他极力推荐贤士孟舒，陈述孟舒抵御匈奴入侵时爱兵如子的行为，力辩孟舒得失。几年之后，田叔受景帝派遣去调查梁孝王刺杀袁盘一案。查清事情经过之后，他机智地建议景帝不要过问这桩案件，采取不了了之的态度，免除了景帝的烦忧，受到景帝的赏识，因此被任命为鲁国的国相。他在鲁国为相时，责罚了告发自己国君的鲁国民众，又巧妙地劝说鲁王归还从百姓手里掠夺的财物，使鲁王重新获得了百姓的爱戴与信任。他随鲁王游猎，只要鲁王在猎场，他就不在馆舍中休息，而故意暴露在烈日之下，以这种方式委婉地劝谏鲁王减少游猎。本篇的第二部分是田叔小儿子田仁的附传。附传中叙述了有关田仁的两件事：一件事是田叔死后，田仁为了维护父亲的名声而拒绝接受鲁王的祭礼；另一件事是在武帝之子戾太子叛变时，田仁牵连其中而被处死。这两件事，表现出田仁正直仁义的品质，继承了父亲田叔的风骨节操。第三段是司马迁的论赞和褚少孙所补的内容。论赞特别交代了写本篇列传所要彰显的精神，以及资料来源。褚少孙所补为田仁好友任安在卫青家中做门客的经历、任益州刺史时查处三河各郡贪官的经过以及戾太子事件中任安的所作所为。田叔是本传中最重要的人物，作者通过对田叔的言谈举止进行描写，展现出田叔独有的风姿和"义不忘贤，明主之美以救过"的品质。他身上虽然瑕瑜互见，但瑕不掩瑜，他的正直和忠诚具有独特的魅力，吸引着古往今来的读者。

　　从写作手法上来看，本传以田叔仕梁与仕鲁为主线，先后表现出他保护景帝一家骨肉亲情的智慧与规劝骄主的才干。在语言方面，最为精彩的是田叔与景帝议论孟舒的一段，转折反复，呼应错落，极尽变化。这段言论，不仅活灵活现地塑造出田叔能言善辩的一面，而且展现了太史公纵横捭阖的笔法。

　　《汉书》以下，多载地方良吏，可见司马迁此传影响深远，有创例之功。

田叔者，赵陉城人也。其先，齐田氏苗裔也。叔喜剑，学黄老术于乐巨公所。叔为人刻廉自喜，喜游诸公。赵人举之赵相赵午，午言之赵王张敖所，赵王以为郎中。数岁，切直廉平，赵王贤之，未及迁。

◎**大意** 田叔是赵国陉城人。他的祖先是齐国田氏的后代。田叔喜爱剑术，曾在乐巨公门下学习黄老学说。田叔为人严正端庄，廉洁自爱，喜欢和德高望重的人交往。赵国人把他举荐给赵国国相赵午，赵午又在赵王张敖那里称赞他，赵王就任命他为郎中。在任郎中的几年里，田叔刚直方正，廉洁公平，赵王认为他是个贤才，还没来得及提拔他。

会陈豨反代，汉七年，高祖往诛之，过赵，赵王张敖自持案进食，礼恭甚，高祖箕踞骂之。是时赵相赵午等数十人皆怒，谓张王曰："王事上礼备矣，今遇王如是，臣等请为乱。"赵王啮①指出血，曰："先人失国，微陛下，臣等当虫出。公等奈何言若是！毋复出口矣！"于是贯高等曰："王长者，不倍（背）德。"卒私相与谋弑上。会事发觉，汉下诏捕赵王及群臣反者。于是赵午等皆自杀，唯贯高就系。是时汉下诏书："赵有敢随王者罪三族。"唯孟舒、田叔等十余人赭衣自髡钳，称王家奴，随赵王敖至长安。贯高事明白，赵王敖得出，废为宣平侯，乃进言田叔等十余人。上尽召见，与语，汉廷臣毋能出其右者，上说（悦），尽拜为郡守、诸侯相。叔为汉中守十余年，会高后崩，诸吕作乱，大臣诛之，立孝文帝。

◎**注释** ①〔啮（niè）〕咬。
◎**大意** 适逢陈豨在代国造反，汉高祖七年，高祖前往讨伐，经过赵地，赵王张敖亲自端着餐盘进献饭食，礼节十分恭敬，高祖伸直双腿坐在席子上骂他。这时赵国国相赵午等几十人都十分生气，对张敖说："您侍奉皇上的礼节是完备的，现在皇上这样对待您，我们请求造反。"赵王把自己的手指咬出血，说："先父丢掉了封国，如果不是陛下怜悯，我们早就死无葬身之地。你们怎么能讲出这样的话！不要再说了！"于是贯高等人说："赵王是个忠厚老实的人，不会背叛对他有恩的人。"最终他们仍然暗中商量如何刺杀皇上。恰好事情败露，朝廷下令逮捕赵王和参与造反的臣属。于是赵午等人都自杀了，只有贯高甘愿被捕。这时朝廷又下诏说："赵国有敢跟随赵王的，将要罪及三族。"只有孟舒、田叔等十几个人穿上土黄色的囚衣并剃去头发，脖子上戴着铁箍，称自己是赵王家里的奴仆，跟随赵王张敖到了长安。贯高谋反与赵王无关的事情弄清楚了，赵王张敖得以释放，被废去王爵，降为宣平侯，于是向皇帝推荐田叔等十多人。皇上一一召见，与他们谈话，认为朝廷中的臣子没有能超越他们的。皇上十分高兴，把这些人都任命为郡守、诸侯王的国相。田叔担任汉中郡守十多年，这期间，高后去世，吕氏作乱，朝中大臣诛杀了吕氏乱臣，拥立了孝文帝。

孝文帝既立，召田叔问之曰："公知天下长者乎？"对曰："臣何足以知之！"上曰："公，长者也，宜知之。"叔顿首曰："故云中①守孟舒，长者也。"是时孟舒坐虏大入塞盗劫，云中尤甚，免。上曰："先帝置孟舒云中十余年矣，虏曾一入，孟舒不能坚守，毋故士卒战死者数百人。长者固杀人乎？公何以言孟舒为长者也？"叔叩头对曰："是乃孟舒所以为长者也。夫贯高等谋反，上下明诏，赵有敢随张王，罪三族。然孟舒自髡钳，随张王敖之所在，欲以身死之，岂自知为云中守哉！汉与楚相距（拒），士卒罢（疲）敝。匈奴冒顿新服北夷，来为边害，孟舒知士卒罢（疲）敝，不忍出言，士争临城死敌，如子为父，弟为兄，以故死者数百人。孟舒岂故驱战之哉！是乃孟舒所以为长者也。"于是上曰："贤哉孟舒！"复召孟舒以为云中守。

◎**注释** ①〔云中〕古郡名，郡治在今内蒙古托克托东北。

◎**大意** 孝文帝即位后，召见田叔，问他："您知道天下间有哪些忠厚长者吗？"田叔回答："我哪能知道！"皇上说："您就是长者，所以应该知道。"田叔磕头说："从前的云中郡守孟舒，是个长者。"当时匈奴大规模入侵抢夺财物，云中郡损失尤其严重，孟舒因此获罪被免职。皇上说："先帝任命孟舒为云中郡守十多年，匈奴才入侵一次，孟舒就不能坚守，白白死了几百名士兵。长者难道会这样杀人吗？您为什么说孟舒是长者呢？"田叔叩头回答："这就是我说孟舒是长者的原因。贯高等人谋反，先帝颁下明诏，赵国谁敢跟随赵王的，就要罪及三族。但是孟舒自愿剃去头发，戴上镣铐，跟随赵王张敖到了长安，打算为赵王效死，哪里能料到自己会做云中郡守！汉与楚对峙，士兵疲劳困苦。匈奴的冒顿单于刚刚征服北方的少数民族，就来侵略我们的边境，孟舒知道士兵疲劳困苦，不忍心下令出城迎敌，可士兵们争着登上城墙，与敌人决一死战，就好像儿子为父亲、弟弟为哥哥做事一样。正是由于这个缘故，几百名士卒战死。难道是孟舒故意驱赶他们去打仗的吗？这正是我说孟舒是长者的原因。"这时皇上说："孟舒真是个贤能的人！"于是再次起用孟舒为云中郡守。

后数岁，叔坐法失官。梁孝王①使人杀故吴相袁盎，景帝召田叔案梁，具得其事，还报。景帝曰："梁有之乎？"叔对曰："死罪！有之。"上曰："其事安在？"田叔曰："上毋以梁事为也。"上曰："何也？"曰："今梁王不伏诛，是汉法不行也；如其伏法，而太后食不甘味，卧不安席，此忧在陛下也。"景帝大贤之，以为鲁相。

◎**注释** ①〔梁孝王〕刘武，汉文帝之子，汉景帝之弟。

◎**大意** 几年后，田叔因犯法丢了官。梁孝王派人刺杀了曾当过吴国国相的袁盎，景帝召回田叔，派他去梁国查办此事。田叔将事情的原委查清后，回朝报告。景帝说："梁王杀袁盎是真的吗？"田叔回答："我该死！有这事！"皇上说："有关的档案资料在哪儿呢？"田叔说："皇上不要再追究梁国这桩案件了。"景帝说："为什么呢？"田叔说："您一旦查问清楚梁王有罪，如果不判处他死刑，我朝的法律将不能畅行无阻；如果判处他死刑，那么太后吃不下饭，睡不着觉，这样陛下您就要大伤脑筋了。"景帝觉得田叔非常贤明，就任命他为鲁国国相。

鲁相初到，民自言相，讼王取其财物百余人。田叔取其渠率^①二十人，各笞^②五十，余各搏^③二十，怒之曰："王非若主邪？何自敢言若主！"鲁王闻之大惭，发中府钱，使相偿之。相曰："王自夺之，使相偿之，是王为恶而相为善也。相毋与偿之。"于是王乃尽偿之。

◎**注释**　①〔渠率〕首领。②〔笞〕用棍子、板子打。③〔搏〕以手击打。

◎**大意**　田叔刚到鲁国上任，百姓就主动与他谈话，有一百多人控诉鲁王夺取他们的财物。田叔抓出领头告状的二十多人，每人打五十板，其余的各以手击打二十下，生气地对他们说："难道大王不是你们的主人吗？你们怎么敢说主人的坏话！"鲁王听后非常惭愧，拿出自己府中的钱，让国相偿还给他们。田叔说："大王自己抢来的钱财，却让我这个国相还给他们，这样使大王做了恶人，而我做了善人。我不能替您去还钱。"于是鲁王把钱财全部偿还给了百姓。

鲁王好猎，相常从入苑中，王辄休相就馆舍，相出，常暴坐待王苑外。王数使人请相休，终不休，曰："我王暴露苑中，我独何为就舍！"鲁王以故不大出游。

◎**大意**　鲁王喜爱游猎，田叔经常跟随他进入猎苑，鲁王总是让田叔到馆舍中休息，田叔经常走出馆舍，坐在露天的地方，在猎苑外等待鲁王打猎完毕。鲁王多次派人请田叔去休息，田叔始终不肯，说："我的大王暴露在猎苑中，我怎么能独自在馆舍中休息！"鲁王因此不再经常外出打猎。

数年，叔以官卒，鲁以百金祠，少子仁不受也，曰："不以百金伤先人名。"

◎**大意** 过了几年，田叔死在任上，鲁王给田叔家送去百金作为祭礼，田叔的小儿子田仁不肯接受，说："不能因为百金而损害先父的名声。"

仁以壮健为卫将军舍人，数从击匈奴。卫将军进言仁，仁为郎中。数岁，为二千石丞相长史，失官。其后使刺举三河。上东巡，仁奏事有辞，上说（悦），拜为京辅都尉。月余，上迁拜为司直。数岁，坐太子事。时左丞相自将兵，令司直田仁主闭守城门，坐纵太子，下吏诛死。仁发兵，长陵令车千秋上变仁，仁族死。陉城今在中山国。

◎**大意** 田仁因为身体健壮而成为将军卫青的门客，多次跟随他攻伐匈奴。卫将军向皇上推荐田仁，田仁做了郎中。过了几年，田仁以二千石的级别任丞相长史，丢了官。之后皇上派他监察河东、河西、河内三郡的刺史。皇上巡视东边，田仁奏事辞令精妙，皇上十分高兴，命他担任京辅都尉。一个多月后，皇上提拔他为司直。又过了几年，田仁因戾太子事件而获罪。当时左丞相亲自率领军队与戾太子战斗，命令司直田仁闭守城门，由于田仁私自放走了太子，故而被皇上下令处死。还有一种说法是田仁带兵到长陵，长陵令车千秋上奏田仁叛变，田仁被灭族。陉城现今隶属中山国。

太史公曰：孔子称曰"居是国必闻其政"，田叔之谓乎！义不忘贤，明主之美以救过。仁与余善，余故并论之。

◎**大意** 太史公说：孔子说过"不论在哪个国家，都努力解决那里存在的问题"，说的就是田叔。肯为贤德的孟舒仗义执言，彰显鲁王的美德来补救他的过失。田仁和我关系很好，所以我把他的事迹附入这篇传记。

褚先生曰：臣为郎时，闻之曰田仁故与任安相善。任安，荥阳人也。少孤贫困，为人将车之长安，留，求事为小吏，未有因缘也，因占著名数，家于武功①，扶风②西界小邑也，谷口蜀划（栈）道近山。安以为武功小邑，无豪，易高也，安留，代人为求盗亭父③。后为亭长。邑中人民俱出猎，任安常为人分麋鹿雉兔，部署老小当壮剧易处，众人皆喜，曰："无伤也，任少卿分别平，有智略。"明日复合会，会者数百人。任少卿曰："某子甲何为不来乎？"诸人皆怪其见之疾也。其后除为三老④，举为亲民，出为三百石长，治民。坐上行出游共（供）帐不办，斥免。

◎**注释** ①〔武功〕汉县名，县治在今陕西武功西南。②〔扶风〕古郡名，在长安西部郊区。③〔求盗、亭父〕均为亭长手下小官。④〔三老〕乡官，掌管教化。

◎**大意** 褚先生说：我做郎官时，听人说从前田仁和任安交好。任安是荥阳人，年幼时就成了孤儿，生活贫困，替人赶车到长安，留了下来，想寻找一个做小吏的差事，一直没有机会，于是占卜户籍当落何地，将自己的户口落在了武功县。武功是靠近扶风西部边界的小县，距离谷口不远，向里走就是通往蜀地的栈道。任安认为武功是一个小县，没有豪杰长者，自己容易出人头地，就住了下来，替别人做了求盗、亭父。后来当了亭长。县中百姓一起出城打猎，任安经常替人分发麋鹿、野鸡、兔子等猎物，把老人、孩子和壮丁安排到难易合理的位置上，大家都很高兴，说："任安做事没得说，他分配公平，又有智谋。"第二天又召集聚会，参加的有几百人。任安说："某某的儿子甲为什么不来呢？"大家都很惊异他这么快就认识人了。之后他被任命为三老，百姓都认为他是亲近百姓的好官吏，之后又担任三百石的小县长，管理民事。因皇上巡游到此时他没有事先准备好物资供应，被斥责免官。

乃为卫将军舍人，与田仁会，俱为舍人，居门下，同心相爱。此二人家贫，无钱用以事将军家监，家监使养恶啮马①。两人同床卧，仁窃言曰："不知人哉家监也！"任安曰："将军尚不知人，何乃家监也！"卫将军从此两人过平阳主，主家令两人与骑奴同席而食，此二子拔刀列断席别坐。主家皆怪而恶之，莫敢呵。

◎ **注释** ①〔恶啮马〕爱咬人、踢人的烈马。
◎ **大意** 他于是做了将军卫青的门客，跟田仁一道，同为门客，住在卫青府上，志同道合，相互敬爱。这两个人家中贫困，没有钱来给将军的管家送礼，管家派他们喂养咬人的烈马。两人同床而眠，田仁悄悄地说："这个管家不识人才！"任安说："将军尚且不识贤才，更何况管家！"卫青将军让他们两人跟着自己拜访平阳公主，公主的管家让他俩跟骑奴坐在一张席子上吃饭，他们拔出刀子割断席子，与骑奴分开坐。公主的家人都对他们两人既惊异又厌烦，可没人敢大声呵斥他们。

其后有诏募择卫将军舍人以为郎，将军取舍人中富给者，令具鞍马绛衣玉具剑①，欲入奏之。会贤大夫少府②赵禹来过卫将军，将军呼所举舍人以示赵禹。赵禹以次问之，十余人无一人习事有智略者。赵禹曰："吾闻之，将门之下必有将类。传曰'不知其君视其所使，不知其子视其所友'。今有诏举将军舍人者，欲以观将军而能得贤者文武之士也。今徒取富人子上之，又无智略，如木偶人衣之绮绣耳，将奈之何？"于是赵禹悉召卫将军舍人百余人，以次问之，得田仁、任安，曰："独此两人可耳，余无可用者。"卫将军见此两人贫，意不平。赵禹去，谓两人曰："各自具鞍马新绛衣。"两人对曰："家贫无用具也。"将军怒曰："今两君家自为贫，何为出此言？鞅鞅如有移德于我者，何也？"将军不得已，上籍以闻。有诏召见卫将军舍人，此二人前见，诏问能略，相推第也。田仁对曰："提桴③鼓立军门，使士大夫乐死战斗，仁不及任安。"任安对曰："夫决嫌疑。定是非，辩治官，使百姓无怨心，安不及仁也。"武帝大笑曰："善。"使任安护北军，使田仁护边田谷于河上。此两人立名天下。

◎**注释** ①〔绛衣玉具剑〕绛衣，皇帝郎官所穿的红色衣服。玉具剑，有美玉做装饰的佩剑。②〔少府〕九卿之一，主管皇帝的家庭理财。③〔桴（fú）〕鼓槌。

◎**大意** 后来皇帝下诏征募选拔卫青将军的门客做郎官，将军挑选门客中富裕的人，让他们准备好鞍马、红色的衣服、有美玉做装饰的佩剑，准备进宫服务。适逢贤能的太中大夫、少府赵禹前来拜访卫青将军，将军把那些要推荐给皇帝当郎官的门客给赵禹看。赵禹依次考问他们，十多个人中没一个通晓事理、腹有良谋的。赵禹说："我听说，将军家里一定有像将军的门客。古书说：'不了解一个国君就看这个国君任用的大臣，不了解一个人就看他结识的朋友。'现在皇帝下诏选拔将军的门客，要凭此观察将军能否得到有文韬武略的贤才。现在您只是选取富人家的儿子上奏，又都没有智慧和谋略，就像穿着锦绣衣服的木偶人，怎么办才好呢？"于是赵禹把卫青府中的一百多名门客全部召来，依次考问他们，发现了田仁、任安，说："除这两人能用之外，其他没有可用的人才。"卫青将军看这两个人穷困，心里十分不高兴。赵禹走后，卫青对两人说："你们自己准备鞍马、新衣。"二人回答："家中贫困，买不起这些东西。"将军生气地说："现今家中贫困是你们自己的事，为什么说出这样的话？看你们怒气冲冲得就像要迁怒于我，为什么呢？"将军不得已，把他们的名字上报皇帝。皇上下诏书要召见卫青将军的门客，他们二人前去拜见，皇帝问他们有什么才能谋略，两个人相互推崇。田仁回答："击鼓以发号令，使部下乐意拼死战斗，我不如任安。"任安回答:"决断嫌疑,评判是非,辨别官吏,使百姓心中没有怨恨,我不如田仁。"武帝大笑说:"好!"任命任安监督北军,任命田仁到边塞监护黄河岸边的粮食生产和粮食存储。这两人立即名扬天下。

其后用任安为益州①刺史,以田仁为丞相长史。

◎**注释** ①〔益州〕古地名,在今四川、贵州、云南及陕西汉中盆地一带。
◎**大意** 后来又任用任安为益州刺史,任用田仁为丞相长史。

田仁上书言:"天下郡太守多为奸利,三河①尤甚,臣请先刺举三河。三河太守皆内倚中贵人,与三公②有亲属,无所畏惮,宜先正三河以警天下奸吏。"是时河南③、河内④太守皆御史大夫杜父兄子弟也,河东⑤太守石丞相子孙也。是时石氏九人为二千石,方盛贵。田仁数上书言之。杜大夫及石氏使人谢,谓田少卿曰:"吾非敢有语言也,愿少卿无相诬污也。"仁已刺三河,三河太守皆下吏诛死。仁还奏事,武帝说(悦),以仁为能不畏强御,拜仁为丞相司直,威振天下。

◎**注释** ①〔三河〕即下文所说河南、河内、河东三郡。②〔三公〕指丞相、太尉、御史大夫。③〔河南〕汉郡名,郡治雒阳,在今河南洛阳东北。④〔河内〕汉郡名,郡治怀县,在今河南武陟西南,辖区包括今河南焦作、济源全境和新乡、安阳部分地区。⑤〔河东〕汉郡名,郡治安邑,在今山西夏县西北。
◎**大意** 田仁上书说:"全国上下有很多郡太守以不法手段谋取私利,三河地区尤其严重,臣请求调查三河地区。三河太守都依仗着朝中权贵,与丞相、太尉、御史大夫有亲戚关系,有恃无恐,应该首先整顿三河来警示全国的违法官吏。"当时河南郡、河内郡的太守都是御史大夫杜周的亲族,河东郡的太守是丞相石庆的子孙。这时石家有九人是二千石的高官,正值富贵鼎盛之时。田仁多次上书奏报这件事。御史大夫杜周和丞相石庆派人来道歉，对少卿田仁说："我并不敢为自己辩白，只希望您不要诬陷我们。"田仁纠察巡视三河地区后，把三河地区的太守都交给法官审理后判处死刑。田仁回朝报告此事，武帝非常高兴，认为田仁不畏权势，就任命田仁为丞相司直，威名震动全国。

其后逢太子有兵事，丞相自将兵，使司直主城门。司直以为太子骨肉之亲，父子之间不甚欲近，去之诸陵过。是时武帝在甘泉，使御史大夫暴君①下责丞相"何为纵太子"，丞相对言"使司直部守城门，而开太子"。上书以闻，请捕系司直。司直下吏，诛死。

◎**注释**　①〔暴君〕暴胜之，西汉大臣。
◎**大意**　之后遇到太子发兵之事，丞相亲自领兵，派司直田仁掌管城门。司直田仁认为太子是皇上的骨肉至亲，不愿参与他们父子之间的事情，就让太子从皇帝陵寝的方向逃走了。这时武帝在甘泉宫，派遣御史大夫暴胜之去责问丞相："为什么把太子放走了？"丞相回答："我派司直田仁守卫城门，是他开门放了太子。"于是上奏皇帝，请求逮捕司直田仁。把司直田仁交给法官审判，最终被处死。

是时任安为北军使者护军，太子立车北军南门外，召任安，与节令发兵。安拜受节，入，闭门不出。武帝闻之，以为任安为详（佯）邪，不傅事，何也？任安笞辱北军钱官小吏，小吏上书言之，以为受太子节，言"幸与我其鲜好者"。书上闻，武帝曰："是老吏也，见兵事起，欲坐观成败，见胜者欲合从之，有两心。安有当死之罪甚众，吾常活之，今怀诈，有不忠之心。"下安吏，诛死。

◎**大意**　这时任安担任北军使者护军,太子在北军的南门外停车等候,召见任安,授予他符节,命令他发北军以助自己。任安下拜接受了符节,进去后,把门关上不出来。武帝听说后,认为任安是假装接受太子所授的符节,并没有跟从太子谋反,为什么呢？任安曾鞭打辱骂北军中管钱的小军官,小军官上书揭发任安,认为他接受了太子符节,还对太子说:"希望日后您可以关照我,派给我美差。"奏书呈给武帝御览,武帝说:"这是一个老奸巨猾的官吏,看到太子起兵,想要在一旁按兵观望,等看出胜负的苗头时,再与胜者联合,有二心。任安不止一次犯了死罪,我都饶恕了他,如今他心怀诡计,有不忠诚的想法。"于是把任安交给法官审理,判处死刑。

　　夫月满则亏,物盛则衰,天地之常也。知进而不知退,久乘富贵,祸积为祟。故范蠡之去越,辞不受官位,名传后世,万岁不忘,岂可及哉！后进者慎戒之。

◎**大意**　月亮圆了就会亏缺,事物盛极就会衰落,这是天地间万物的规律。知道进取却不知退守,长期处在富贵之位,祸患就会渐渐积累而成为灾难。所以范蠡离开越国,推辞不肯受封官爵,美名流传到后代,万年之后都不会被人遗忘,其他人哪里比得上啊！后来求取功名的人一定要以此为戒。

◎**释疑解惑**
　　在本篇列传中,我们看到了一个身兼黄老色彩与儒家风范的田叔形象。在文章开篇,司马迁说田叔在巨乐公那里学习黄老之术。而跟随赵王张敖入京一节,又表现出他性格中的忠义耿直、不畏牺牲；举荐孟舒一事,体现了他刚正敢言、明达事理的特点；在规劝鲁王的几件事中,田叔的行为柔中带刚,有翩翩君子之风。在这些事件中,田叔是一个有才干和操守、公正无私的名臣长者形象。但在劝说景帝不要过问梁王刺杀袁盎一事时,田叔的行为又近于黄老之道。而褚少孙在《梁孝王世家》后补叙了与田叔相关的事情,并盛赞田叔:"故曰,不通经术知古人之大体，不可以为三公及左右近臣，少见之人，如从管中窥天也。"以此来看，在褚少孙眼中，田叔只是一个"通经术，识大体"的儒者，透露出汉代尊儒的思想倾向，这与司马迁的评判标准和审美趣味完全不同。

◎ **思考辨析题**

1. 后世有人认为田叔是一个具有"黄老"色彩的人物，也有人认为他是一个忠厚贤德的儒者，对此你怎么看？

2. 结合《汉书》等有关材料，分析任安这一悲剧人物。

扁鹊仓公列传

第四十五

本篇载述扁鹊、仓公两位医家的事迹，是史书中方技传之祖，也是我国第一篇医学传记。这篇传记的内容可分为四个部分：第一部分写了秦越人的故事。秦越人是渤海郡鄚县人，年少时在驿站当舍长，宾客长桑君为感谢他的礼遇，就把自己的秘方传授给他，并教给他透视人体五脏六腑的绝技。自此之后，秦越人以医术精良闻名，并获得了"扁鹊"这个称号。他在晋国行医，准确地判断出赵简子的病情与从前秦穆公所患之病是相同的，并预测出赵简子醒来的日期；他在虢国行医，救活了患尸厥症，状如死人的虢国太子，展示了起死回生的高超医术；他在齐国行医，远远一望便知齐桓侯的未发之病，并准确预测出讳疾忌医的齐桓侯的死期。因为医术精湛、医德高尚，秦越人赢得了大家的赞誉，同时也招致小人的嫉恨，最终死于秦国太医令李醯的暗算，他不幸的遭遇令人叹惋。第二部分写了汉代名医淳于意的故事。淳于意曾任齐国的太仓长，因而被称为仓公。他拜阳庆为师，学到了很多秘方绝学。他医术高明，诊断生死多能应验。但他经常拒绝为某些权贵诊病，因而遭到这些人的嫉恨，被他们控告而获刑。他的女儿缇萦上书汉文帝求情，使他获得了赦免。第三部分以汉文帝问话，淳于意对答的形式记录了齐国侍御史成的毒疽病、齐王之孙的气膈病、齐国郎中令循的涌疝病、齐国中御府长信的热病、齐王太后的膀胱风热、齐国曹山跗的肺消瘅、齐国中尉潘满如的小腹疼痛、阳虚侯丞相赵章的洞风病、济北王的风蹶胸懑病、齐北宫司空命妇的气疝病、济北王乳母的热蹶病、济北王侍女竖的脾虚病等二十五例病案，这些病案对患者的姓名、籍贯、职业、症状、诊断结果、治疗过程、治疗效果都有详细记载。这是司马迁直接引用的医案材料，不仅反映了淳于意的医学成就，而且标志着当时我国临床医学发展的高度，具有珍贵的史料价值。第四部分依旧是文帝与淳于意的问答，淳于意讲解了他是如何通过判断同名病症中的细微差别来给不同病人进行诊治，叙述了他师从公孙光及阳庆学习的经历，以及他教授学生的过程。这部分着重强调淳于意高明的医术来自他的勤奋好学、孜孜追求，说明精湛的医术靠的是后天的积累与丰富的临床经验。

扁鹊者，勃海郡郑人①也，姓秦氏，名越人。少时为人舍长②。舍客长桑君过，扁鹊独奇之，常谨遇之。长桑君亦知扁鹊非常人也。出入十余年，乃呼扁鹊私坐，间与语曰："我有禁方，年老，欲传与公，公毋泄。"扁鹊曰："敬诺。"乃出其怀中药予扁鹊："饮是以上池之水，三十日当知物矣。"乃悉取其禁方书尽与扁鹊。忽然不见，殆非人也。扁鹊以其言饮药三十日，视见垣一方人。以此视病，尽见五藏症结，特以诊脉为名耳。为医或在齐③，或在赵④。在赵者名扁鹊。

◎**注释** ①〔勃海郡郑人〕勃海郡，汉郡名，郡治浮阳，在今河北沧州东南。郑，当为"鄚（mào）"字，即今河北雄县鄚州镇。②〔舍长〕客馆主事。③〔齐〕诸侯国名，辖区约在今山东北部，国都在今山东临淄北。④〔赵〕诸侯国名，辖区约在今河北南部，国都在今河北邯郸。

◎**大意** 扁鹊是勃海郡鄚县人，姓秦，名叫越人。他年轻时给别人家做客馆的主事。客人长桑君造访这里，唯独扁鹊认为他是个非同寻常的人，对待他谨慎又恭敬。长桑君也看出扁鹊不是普通人。长桑君在客馆进出往来十多年，才叫扁鹊与自己单独坐在一起，避开别人，私下里对扁鹊说："我有秘方，因为年老，想传授给您，您不要把它泄露出去。"扁鹊恭敬地说："遵命！"于是长桑君从怀中取出药对扁鹊说："用未落地的露水将它服下，连服三十天就可以洞察事物了。"于是就拿出他全部的秘方医书交给扁鹊。转眼间长桑君就不见了，大概他不是凡人。扁鹊按照长桑君的话服药三十天，可以隔着墙壁看到另一边的人。扁鹊凭借这种本领看病，能够看清五脏病症所在，只是表面上还要为病人诊脉罢了。他行医有时在齐国，有时在赵国。在赵国时用扁鹊这个名字。

当晋昭公①时，诸大夫强而公族弱，赵简子②为大夫，专国事。简子疾，五日不知人，大夫皆惧，于是召扁鹊。扁鹊入视病，出，董安于问扁鹊，扁鹊曰："血脉治也，而何怪！昔秦缪公尝如此，七日而寤。寤之日，告公孙支与子舆③曰：'我之帝所甚乐。吾所以久者，适有所学也。帝告我：晋国且大乱，五世不安。其后将霸，未老而死。霸者之子且令而国男女无别。'公孙支书而藏之，秦策于是出。夫献公之乱④，文公之霸⑤，而襄公败秦师于殽（崤）而归纵淫，此子之所闻。今主君之病与之同，不出三日必间，间必有言也。"

◎**注释** ①〔晋昭公〕姬姓，名夷，前531年～前526年在位。②〔赵简子〕名鞅，亦称赵孟，简子是其谥号，为晋国大夫，嬴姓，因封于赵地，故以赵为氏。③〔公孙支与子舆〕公孙支，字子桑，原晋臣，因晋国政变而逃亡秦国。子舆，又名子车，事迹见《秦本纪》。④〔献公之乱〕献公宠爱骊姬，杀害太子申生，引起晋国内部动乱。⑤〔文公之霸〕在献公之乱中，献公之子重耳出逃。十九年后，重耳在秦国的支持下回到晋国夺取政权，成为霸主。

◎**大意** 晋昭公在位期间，各国大夫的势力强大而诸侯同族的势力弱小，赵简子是晋国大夫，独揽晋国政事。赵简子患病，昏迷五天不省人事，大夫们十分害怕，于是召见扁鹊。扁鹊进去为赵简子诊治，出来后，董安于询问扁鹊，扁鹊说："血脉正常，你们不必大惊小怪！秦穆公也曾有这种病症，七天后才醒过来，醒来的那天，他告诉公孙支和子舆说：'我到天帝那里了，很快乐。我在那里久留，是因为刚好遇到该学的东西。天帝告诉我：晋国将要有大的动乱，五世国君都不得安宁。此后的国君晋文公将会称霸，称霸不久他就会死去。霸主晋文公的儿子晋襄公将使你们国家的民风混乱。'公孙支把这些话记录并收藏起来，记载秦穆公离奇梦幻的史册就出现了。晋献公时的动乱，晋文公的称霸，以及晋襄公在崤山击败秦军而回国后放纵之事，这些您是知道的。现在主君跟秦穆公的症状一样，不超过三天他一定会清醒，醒后一定有话要说。"

居二日半，简子寤，语诸大夫曰："我之帝所甚乐，与百神游于钧天①，广乐九奏万舞②，不类三代之乐，其声动心。有一熊③欲援我，帝命我射之，中熊，熊死。有罴④来，我又射之，中罴，罴死。帝甚喜，赐我二笥⑤，皆有副⑥。吾见儿在帝侧，帝属我一翟（狄）犬⑦，曰：'及而子之壮也以赐之。'帝告我：'晋国且世衰，七世而亡。嬴姓将大败周人于范魁⑧之西，而亦不能有也。'"董安于受言，书而藏之。以扁鹊言告简子，简子赐扁鹊田四万亩。

◎ **注释** ①〔钧天〕天的中央。②〔广乐九奏万舞〕广乐，多种乐器演奏的音乐。九奏，多次演奏。万舞，各种舞蹈。③〔熊〕隐指赵简子的政敌中行氏，详见《赵世家》。④〔罴（pí）〕棕熊。隐指赵简子的政敌范氏，详见《赵世家》。⑤〔笥（sì）〕盛物的方形竹器。⑥〔副〕装饰物。⑦〔翟（dí）犬〕隐指代国，传说翟犬是代国国君的祖先。翟，通"狄"。⑧〔范魁〕古地名，在今河南范县。

◎ **大意** 两天半之后，赵简子醒了，对各位大夫说："我到天帝那里，很快乐，和众多的天神在天的中央遨游，听到多种乐器多次演奏乐曲，看到各种舞蹈表演，不像三代时的乐舞，它的声音令人心动。有一只熊要捉我，天帝命令我射杀它，我把它射死了。又有只罴来了，我又射它，把它射死了。天帝十分高兴，赐给我两个竹笥，都有装饰。我看见我的儿子在天帝身边，天帝交给我一只狄犬，说：'等你的儿子壮年时把狄犬赐给他。'天帝告诉我：'晋国将要逐渐衰落下去，七代灭亡。嬴姓国的人将在范魁的西边击败周人，但也不能占有他们的领地。'"董安于听了这番话，记下并收藏了起来。他将扁鹊所说的话转告赵简子，赵简子赏赐给扁鹊四万亩田地。

其后扁鹊过虢①。虢太子死，扁鹊至虢宫门下，问中庶子②喜方者曰："太子何病，国中治穰（禳）③过于众事？"中庶子曰："太子病血气不时，交错而不得泄，暴发于外，则为中④害。精神⑤不能止邪气⑥，邪气畜积而不得泄，是以阳缓而阴急，故暴蹶而死。"扁鹊曰："其死何如时？"曰："鸡鸣⑦至今。"曰："收乎？"曰："未也，其死未能半日也。""言臣齐勃海秦越人也，家在于郑，未尝得望精光⑧，侍谒于前也。闻太子不幸而死，臣能生之。"中庶子曰："先生得无诞之乎？何以言太子可生也！臣闻上古之时，医有俞跗⑨，治病不以汤液醴酒⑩、镵石挢引⑪、案（按）扤毒熨⑫，一拨⑬见病之应，因五藏之输（腧）⑭，乃割皮解肌，诀（决）⑮脉结筋，搦⑯髓脑，揲荒（肓）爪幕（膜）⑰，湔⑱浣肠胃，漱涤五藏，练精易形。先生之方能若是，则太子可生也；不能若是而欲生之，曾不可以告咳⑲婴之儿。"终日，扁鹊仰天叹曰："夫子之为方也，若以管窥天，以隙视文。越人之为方也，不待切脉、望色、听声、写形，言病之所在。闻病之阳，论得其阴；闻病之阴，论得其阳。病应见于大表，不出千里，决者至众，不可曲止也。子以吾言为不诚，试入诊太子，当闻其耳鸣而鼻张，循其两股以至于阴，当尚温也。"

◎**注释** ①〔虢（guó）〕西周与春秋时的古国名。②〔中庶子〕太子的属官。③〔治穰（ráng）〕举行祈祷活动。穰，通"禳"。④〔中〕中脏，即内脏。⑤〔精神〕指人体中的正气。⑥〔邪气〕指各种致病因素。⑦〔鸡鸣〕丑时，相当于现在凌晨一点到三点。⑧〔精光〕即神采。⑨〔俞跗（fū）〕古时名医。⑩〔汤液醴（lǐ）酒〕汤液，中药汤剂。醴酒，醴指各种治病的药酒，酒指洗涤患处的药水。⑪〔镵（chán）石挢（jiǎo）引〕镵石，石针。挢引，即导引，一种体育疗法。⑫〔案扤（wù）毒熨（yù）〕案扤，按摩。毒熨，以药物熨敷患处。毒，泛指药物。⑬〔拨〕解衣诊察。⑭〔五藏之输（shù）〕五藏，即五脏。指心、肝、脾、肺、肾。输，同"腧"，指穴位。⑮〔诀〕通"决"，疏导。⑯〔搦（nuò）〕按治。⑰〔揲（shé）荒爪幕〕触动膏肓，梳理膈膜。揲，持。荒，通"肓"，心脏与膈膜之间。爪，梳理。⑱〔湔（jiān）〕浣洗。⑲〔咳〕婴儿笑。

◎**大意** 之后扁鹊经过虢国。虢国的太子死了，扁鹊到虢国宫室门外，问一位喜爱方技的中庶子说："太子得了什么病，令城中的祈祷活动超过了其他所有的事情？"中庶子说："太子生病是因为血气不按正常规律运行，交错郁结而不能宣泄，发作于体表，使内脏受到伤害。人体的正气压制不了邪气，邪气积聚在体内不能宣泄，因此阳脉弛缓而阴脉拘急，以至突然昏厥而死。"扁鹊问："他死去多久了？"中庶子回答："丑时到现在。"扁鹊又问："收殓了吗？"中庶子回答："没有收殓，太子死了还不到半天。""请通报说我是齐国勃海的秦越人，家住在郑县，未曾瞻仰国君的风采，未能侍奉在他身边。听说太子不幸而死，我能让他起死回生。"中庶子说："先生不是在诓骗我吧？凭什么说太子可以死而复生？我听说上古时候，有位叫俞跗的名医，治病不使用汤剂药酒、针灸按摩、药敷患处，一经诊察就知道病的症候，顺着人体五脏的穴位，切开皮肤和肌肉，疏导血脉，梳理筋腱，按治髓脑，触动膏肓，梳理膈膜，清洗肠胃，洗涤五脏，修炼精气，改换形体。如果您的医术能如此高明，那么太子就能复生；如果您的医术没有这么高明，而说能让太子活过来，连刚会发笑的婴儿都不会相信。"过了很久，扁鹊仰天叹息说："您的医术，好比从竹管中窥视天空，从缝隙中观察斑纹。我的医术，不用给病人切脉、观察气色、听辨声音、查看体态，就能说出病症所在。诊察病人外在的症状，就能得知病人内在的症状；诊察病人内在的症状，就能得知病人外在的症状。体内的病症会反应在体表，即便病人远在千里，也能据此推测他的吉凶，诊断的方法有很多，无法一一向您解释其中原委。如果您认为我说得不对，请进去诊看太子，您会听到他耳朵鸣响，看到他鼻翼翕动。顺着他的两条腿向上直到阴部，应当还有体温。"

中庶子闻扁鹊言，目眩然而不瞚（瞬）①，舌挢②然而不下，乃以扁鹊言入报虢君。虢君闻之大惊，出见扁鹊于中阙③，曰："窃闻高义之日久矣，然未尝得拜谒于前也。先生过小国，幸而举之，偏国寡臣幸甚。有先生则活，无先生则弃捐填沟壑，长终而不得反（返）。"言未卒，因嘘唏服（愊）臆④，魂精泄横⑤，流涕长潸⑥，忽忽承睫⑦，悲不能自止，容貌变更。扁鹊曰："若太子病，所谓'尸蹶⑧'者也。夫以阳入阴中，动胃繵（缠）缘，中经维络，别下于三焦⑨、膀胱，是以阳脉下遂（坠），阴脉上争，会气闭而不通，阴上而阳内行，下内鼓而不起，上外绝而不为，使上有绝阳之络，下有破阴之纽，破阴绝阳，色废脉乱，故形静如死状。太子未死也。夫以阳入阴支兰（拦）⑩藏者生，以阴入阳支兰（拦）藏者死。凡此数事，皆

五藏蹙中之时暴作也。良工取之，拙者疑殆。"

◎ **注释** ①〔瞚(shùn)〕通"瞬"，眨眼。②〔挢〕抬起。③〔中阙〕王宫正门前的双阙之间。④〔服臆〕同"愊臆"，因悲伤而气满郁塞。⑤〔魂精泄横〕精神恍惚，神态散乱。泄，流露。横，纷乱。⑥〔长潸(shān)〕泪水长垂。⑦〔忽忽承睫〕泪珠滚动，不断落下。⑧〔尸蹙〕一种病症，病人昏厥如死尸，而经络运转如常。⑨〔三焦〕中医理论的六腑之一，上焦、中焦、下焦的统称。根据文意，此处应指下焦。⑩〔支兰〕遮拦，阻隔。

◎ **大意** 中庶子听了扁鹊的话，惊讶得目瞪口呆，于是进去把扁鹊的话报告给虢国君，国君听了非常惊讶，出来到中阙接见扁鹊，说："我早就听说过您高尚的德行，却未能有幸当面拜见。先生路过我们这个小国家，如果能得到您的帮助，处在偏远小国的我就十分幸运了。有了先生我的儿子就能活命，没有先生我儿子就要病死埋葬在山谷之中，永远不能返回人世。"他没说完，就唏嘘哀叹，气息郁结，神情恍惚，泪水长垂，不停哭泣，悲伤得不能自制，容貌都变了模样。扁鹊说："太子这样的症状，是所谓的'尸蹙'。由于阳气下陷于阴，缠绕胃部，使胃受伤，经脉受损，络脉受阻，下陷于下焦、膀胱，因此阳脉下坠，阴脉上浮，阴气阳气交会处闭塞不通，阴气上逆，阳气内行，阳气在身体下部和内部鼓动不升，居上居外的阳气被隔绝而不能引导阴气。这使得身体上部有隔绝阳气的络脉，下部有破坏阴气的筋纽，阴气破坏、阳气断绝，容颜失常，血脉紊乱，所以身体安静如同死人。太子没有死。因阳侵入阴而阻隔脏气的病人是可以救活的，因阴侵入阳而阻隔脏气的病人是救不活的。凡是这几种情况，都在五脏失调的时候突然发作。高明的医生能够救治，拙劣的医生就会疑惑不解。"

扁鹊乃使弟子子阳厉针砥石，以取外三阳五会①。有间，太子苏。乃使子豹为五分之熨②，以八减之齐（剂）③和煮之，以更熨两胁下。太子起坐。更适阴阳，但服汤，二旬而复故。故天下尽以扁鹊为能生死人。扁鹊曰："越人非能生死人也，此自当生者，越人能使之起耳。"

◎**注释** ①〔三阳五会〕三条阳脉与足厥阴肝经、督脉的交会处,即百会穴,位于头顶。②〔五分之熨〕五分剂量的熨药。③〔八减之齐(jì)〕八减之方的汤剂,即原来药量的十分之八。

◎**大意** 扁鹊就让弟子子阳在石头上磨针,用针刺太子的百会穴。过了不久,太子苏醒。于是扁鹊让子豹准备五分剂量的熨药,用八减之方的汤剂煎煮交替熨帖两胁下部。太子坐了起来。再进一步调适阴阳,仅服汤药,太子二十天就完全康复了。所以天下人都认为扁鹊能使人起死回生。扁鹊说:"我并非能让死人复生,这是他自身应当活过来的,我只是能让他恢复罢了。"

扁鹊过齐,齐桓侯客之。入朝见,曰:"君有疾在腠理①,不治将深。"桓侯曰:"寡人无疾。"扁鹊出,桓侯谓左右曰:"医之好利也,欲以不疾者为功。"后五日,扁鹊复见,曰:"君有疾在血脉,不治恐深。"桓侯曰:"寡人无疾。"扁鹊出,桓侯不悦。后五日,扁鹊复见,曰:"君有疾在肠胃间,不治将深。"桓侯不应。扁鹊出,桓侯不悦。后五日,扁鹊复见,望见桓侯而退走。桓侯使人问其故。扁鹊曰:"疾之居腠理也,汤熨之所及也;在血脉,针石之所及也;其在肠胃,酒醪②之所及也;其在骨髓,虽司命无奈之何。今在骨髓,臣是以无请也。"后五日,桓侯体病,使人召扁鹊,扁鹊已逃去。桓侯遂死。

◎**注释** ①〔腠(còu)理〕皮肤的纹理和皮下肌肉的空隙。②〔酒醪(láo)〕醇酒或浊酒,此处指药酒。

◎**大意** 扁鹊路过齐国,齐桓侯用招待宾客的礼节招待他。扁鹊入朝拜见齐桓侯,说:"您皮肤和肌肉之间有病,不治疗恐怕会加重。"齐桓侯说:"我没有病。"扁鹊退出,齐桓侯对身边的侍臣说:"医生希望得利,想拿没有病的人显示自己的本领。"过了五天,扁鹊又去拜见,说:"您的病已至血液中,不治疗恐怕会加重。"齐桓侯说："我没有病。"扁鹊退出，齐桓侯不高兴。过了五天，扁鹊又去拜见，说："您的病已至肠胃间，不治疗将会加重。"齐桓侯不回应他。扁鹊退出，齐桓侯不高兴。过了五天，扁鹊又去拜见，远远看到桓侯就退出走开。齐桓侯派人问扁鹊原因。他说："病在皮肤和肌肉间，汤药和熨药可以治疗；病在血脉，针刺和砭石可以治疗；病在肠胃，药酒可以治疗；病在骨髓，掌管人生死的神也无法救治。现在他的病已经深入骨髓，因此我不再请求为他治疗了。"过了五天，齐桓侯患了重病，派人召扁鹊，扁鹊已经逃走。齐桓侯就死了。

使圣人预知微，能使良医得蚤（早）从事，则疾可已，身可活也。人之所病，病疾多；而医之所病，病道少。故病有六不治：骄恣不论于理，一不治也；轻身重财，二不治也；衣食不能适，三不治也；阴阳并，藏①气不定，四不治也；形羸②不能服药，五不治也；信巫不信医，六不治也。有此一者，则重难治也。

◎**注释** ①〔藏〕内脏。②〔羸（léi）〕消瘦虚弱。
◎**大意** 如果圣人能够预先知道还没显露出外部症状的疾病，能让高明的医生尽早治疗，那么疾病可以治愈，病人可以活命。人们所担忧的，是疾病种类繁多；而医生所发愁的，是医治疾病的方法少。所以在六种情况下无法医治疾病：骄横放纵不讲道理，是第一种情况；轻视身体而看重钱财，是第二种情况；衣着饮食不能调节适当，是第三种情况；阴阳混乱，五脏功能紊乱，是第四种情况；形体极度瘦弱而不能吃药，是第五种情况；相信巫术而不相信医术，是第六种情况。有以上的一种情况，疾病就非常难治。

扁鹊名闻天下。过邯郸，闻贵妇人，即为带下医①；过雒阳，闻周人爱老人，即为耳目痹医；来入咸阳，闻秦人爱小儿，即为小儿医：

随俗为变。秦太医令李醯^②自知伎（技）不如扁鹊也，使人刺杀之。至今天下言脉者，由扁鹊也。

◎**注释** ①〔带下医〕妇科医生。带下，一种妇科疾病，此处泛指妇科疾病。②〔李醯（xī）〕秦武王时的太医令。

◎**大意** 扁鹊的名声传遍天下。他路过邯郸，听说人们尊重妇女，就当妇科医生；路过雒阳，听说周地的人敬爱老人，就当治耳鸣眼花、四肢麻痹的医生；到了咸阳，听说秦地人喜爱小孩，就当儿科医生：随各地习俗而改变行医的重点。秦国的太医令李醯自知医术不如扁鹊，就派人刺杀了他。直到现在天下谈论脉诊的人，都以扁鹊为宗。

太仓公者，齐太仓长^①，临菑^②人也，姓淳于氏，名意。少而喜医方术。高后八年，更受师同郡元里公乘阳庆^③。庆年七十余，无子，使意尽去其故方，更悉以禁方予之，传黄帝、扁鹊之脉书，五色^④诊病，知人死生，决嫌疑，定可治，及药论，甚精。受之三年，为人治病，决死生多验。然左右行游诸侯，不以家为家，或不为人治病，病家多怨之者。

◎**注释** ①〔齐太仓长〕齐，汉初诸侯国。太仓长，管理国家粮库的长官。②〔临菑〕齐国都城，在今山东临淄北。③〔元里公乘阳庆〕元里，临菑城中的里巷。公乘，爵位名。阳庆，人名。④〔五色〕赤、黄、青、白、黑。对应五脏心、脾、肝、肺、肾。中医理论认为如果某个脏器出了问题，病人面部的相应区域会呈现相应的颜色。

◎**大意** 太仓公是齐国掌管粮仓的长官，临菑人，姓淳于，名意。他年轻时就喜爱医术。高后八年，他又拜同乡元里的公乘阳庆为师。阳庆七十多岁，没有儿子能继承他的医术，他让淳于意放弃以前的医方，再把自己所有的秘方传授给他，传给他黄帝、扁鹊论述脉理的医书，根据病人的面色诊断疾病的方法，知晓人的生死,诊断疑难杂症,判定疾病能否治愈,以及论述药理的医术,非常精妙。淳于意学了三年,给人治病,判断生死大多准确。但他在四周的各诸侯国游历行医,长年在外,很少回家,有时又故意不肯为人治病,很多病人对他心生怨恨。

文帝四年中,人上书言意,以刑罪当传西之长安。意有五女,随而泣。意怒,骂曰:"生子不生男,缓急无可使者!"于是少女缇萦伤父之言,乃随父西。上书曰:"妾父为吏,齐中称其廉平,今坐法当刑。妾切痛死者不可复生而刑者不可复续,虽欲改过自新,其道莫由,终不可得。妾愿入身为官婢,以赎父刑罪,使得改行自新也。"书闻,上悲其意,此岁中亦除肉刑①法。

◎**注释** ①〔肉刑〕主要指宫刑、膑刑、黥刑三种残害人肢体的刑罚。
◎**大意** 汉文帝四年,有人上书朝廷,举报淳于意,他所犯的罪应用驿车押送到长安。淳于意有五个女儿,跟随着驿车哭泣。淳于意生气,骂道:"生孩子不生男孩,到紧急关头没有可差遣的人。"淳于意的小女儿缇萦因父亲的话而伤感,就随父西行。她上书说:"我的父亲当官,齐地人称赞他廉洁公平,如今触犯法律将要受刑。我深深痛惜被处死的人不能复活而被肉刑毁坏的肢体不能复原,即便想悔过自新,也无路可走,最终也无法改过。我愿意没入官府做奴婢,来为父亲赎罪,使他能有改过自新的机会。"这封信呈送上去,文帝怜悯她的心意,这一年也废除了肉刑。

意家居,诏召问所为治病死生验者几何人,主名为谁。

◎**大意** 淳于意回家居住,皇上下诏问经他手诊治的病患中,准确地预知了生死的有多少人,他们的姓名是什么。

诏问故太仓长臣意:"方伎所长,及所能治病者?有其书无有?皆安受学?受学几何岁?尝有所验,何县里人也?何病?医药已,其病之状皆何如?具悉而对。"臣意对曰:

◎**大意** 诏书讯问曾经掌管粮仓的长官淳于意:"你擅长哪些医术?都能治什么病?有没有医书?医术是怎样学来的?学了几年?经手治好的病人,都是哪个县里的人?他们得的什么病?经过你诊治服药后,那些病人的情况都怎么样?全部详细地回答。"淳于意答道:

自意少时,喜医药,医药方试之多不验者。至高后八年,得见师临菑元里公乘阳庆。庆年七十余,意得见事之。谓意曰:"尽去而方书,非是也。庆有古先道遗传黄帝、扁鹊之脉书,五色诊病,知人生死,决嫌疑,定可治,及药论书,甚精。我家给富①,心爱公,欲尽以我禁方书悉教公。"臣意即曰:"幸甚,非意之所敢望也。"臣意即避席再拜谒,受其脉书上下经、五色诊、奇咳术②、揆度阴阳外变、药论、石神、接阴阳禁书,受读解验之,可一年所。明岁即验之,有验,然尚未精也。要事之三年所,即尝已为人治诊病,决死生,有验,精良。今庆已死十年所,臣意年尽三年,年三十九岁也。

◎**注释** ①〔给(jǐ)富〕富裕,富足。②〔奇咳(jī gāi)术〕古医术。奇咳,奇异。

◎**大意** 我从年轻时起,就喜爱医药,但医方试于病人大多无效。直到高后八年,我遇见了临菑元里的公乘阳庆,并拜他为师。阳庆当时七十多岁,我得以侍奉他。他对我说:"忘掉你的那些医方,它们都不正确。我有古代先辈医家遗留传授的黄帝、扁鹊的医书,有望诊的方法,可以预知人的生死,诊断疑难杂症,确定能否治愈，还有一些医药理论的书，十分精妙。我家境富裕，打心里喜欢你，想把我所有私藏的医书传授给你。"淳于意说："我太幸运了，不是我所敢期望的！"淳于意立即离席拜了两拜，接受了他的脉书上下经、五色诊、奇咳术、揆度、阴阳外变、药论、石神、接阴阳等秘藏医书，用了约一年时间习诵、理解并实验。第二年就试着验证了一下，有效，但尚未精通此道。跟随阳庆学了三年左右，就尝试为病人诊断治疗，判定死生，有效，也十分准确。现在阳庆已死去约十年，我跟阳庆学医三年，出师时三十九岁。

齐侍御史①成自言病头痛，臣意诊其脉，告曰："君之病恶，不可言也。"即出，独告成弟昌曰："此病疽②也，内发于肠胃之间，后五日当臃肿，后八日呕脓死。"成之病得之饮酒且内③。成即如期死。所以知成之病者，臣意切其脉，得肝气。肝气浊而静，此内关④之病也。脉法曰"脉长而弦⑤，不得代四时者，其病主在于肝。和即经主病也，代⑥则络脉有过"。经主病和者，其病得之筋髓里。其代绝而脉贲⑦者，病得之酒且内。所以知其后五日而臃肿，八日呕脓死者，切其脉时，少阳⑧初代。代者经病，病去过人，人则去。络脉主病，当其时，少阳初关一分，故中热而脓未发也，及五分，则至少阳之界，及八日，则呕脓死，故上二分而脓发，至界而臃肿，尽泄而死。热上则熏阳明⑨，烂流络，流络动则脉结发，脉结发则烂解，故络交。热气已上行，至头而动，故头痛。

◎**注释** ①〔侍御史〕御史大夫的属官。②〔疽（jū）〕毒疮。③〔内〕房事。④〔内关〕脏腑间阳气不通。犹内闭。⑤〔脉长而弦〕意为按之似绷紧的弓弦。长、弦均为脉象的名称。⑥〔代〕代脉，脉象的一种，脉来缓慢而有规律地歇止。⑦〔贲（bēn）〕大，这里指脉搏有力。⑧〔少阳〕指足少阳胆经，中医十二经络之一。⑨〔阳明〕指足阳明胃经，中医十二经络之一。

◎**大意** 齐国侍御史成说自己得了头痛病,淳于意为他诊了脉,告诉他:"您的病很严重,不宜直接告诉您。"随即出来单独告诉成的弟弟昌说:"这是生了毒疮,从肠胃之间发出,五天后会溃烂,八天后将呕脓而死。"成的病得自饮酒并近女色。成如期死去。之所以知道成的病,是臣切脉时,感受到肝脏有病的脉象。肝脉重浊而迟缓,这是内关病。脉法说:"脉象长而弦,不能随四季的更替而变化的,是肝脏生了病。脉象均匀调和,是肝的经脉生了病,如果出现代脉,是肝的络脉出了问题。"肝的经脉有病,脉象调和的,是因为筋髓患病。出现代脉且脉搏有力的,是因为沉迷于酒色。我知道他五日后毒疮溃烂,八日后呕脓而死,是为他诊脉时,少阳经开始出现代脉。这就意味着疾病已从经脉转入络脉,病势遍及全身,病人将要死亡。当时,少阳经在左手关脉出现轻微的代脉时,仅有内热而脓未发作,代脉重至五分时,就到了少阳脉的极限,到第八天,就呕脓而死。所以,代脉到二分时,毒疮发作,到达极限,毒疮溃烂,脓泄尽病人就会死。热气上行,熏蒸阳明经,灼伤小络脉,小络脉变化,络脉联结之处就会发病并且糜烂离解,因此络脉将会交互阻塞。热气已经上行,到达头部而鼓动,所以头痛。

齐王[1]中子诸婴儿小子病,召臣意诊切其脉,告曰:"气鬲(膈)病[2]。病使人烦懑,食不下,时呕沫。病得之心忧,数忔[3]食饮。"臣意即为之作下气汤以饮之,一日气下,二日能食,三日即病愈。所以知小子之病者,诊其脉,心气也,浊躁而经也,此络阳病也。《脉法》曰:"脉来数[4]疾去难而不一者,病主在心。"周身热,脉盛者,为重阳。重阳者,逿(荡)[5]心主。故烦懑食不下,则络脉有过,络脉有过,则血上出,血上出者死。此悲心所生也,病得之忧也。

◎**注释** ①〔齐王〕刘将闾,刘肥之子,于汉文帝十六年(前164年)封齐王。②〔气鬲病〕气机阻隔在胸膈之间所导致的病。鬲,通"膈",胸膈。③〔数忔(shuò yì)〕数,屡次,经常。忔,厌恶。④〔数(shuò)〕急促。⑤〔逿(dàng)〕通"荡",侵犯,欺凌。

◎**大意** 齐王中子的小儿子得了病，召臣前去诊脉，我告诉他："是气膈病。这种病使人烦闷，吃不下饭，时常呕吐涎沫。病因是心气郁结，经常厌食。"臣就为他开了下气汤服用，一天向上逆行的浊气就降了下来，两天就能吃东西，三天就痊愈了。之所以诊断出这个小男孩的病，是因为为他诊脉时，感受到了心气郁结的脉象，心脉重浊快速有力且轻浮，这是阳气郁结所致。《脉法》说"脉搏达于指下时急促快速，而离开时滞涩，这种前后不统一的现象，表明病在心"。全身发热，脉搏旺盛有力，是阳热有余。阳热有余，则侵犯心神。所以烦闷吃不下饭，是络脉生了病，络脉有病血流就会上行，血流上行的病人就会死亡。这是心中悲戚所导致的，病因是忧虑。

齐郎中令循病，众医皆以为蹶①入中，而刺之。臣意诊之，曰："涌疝②也，令人不得前后溲③。"循曰："不得前后溲三日矣。"臣意饮以火齐（剂）汤④，一饮得前溲，再饮大溲，三饮而疾愈。病得之内。所以知循病者，切其脉时，右口气急，脉无五藏气，右口⑤脉大而数。数者，中下热而涌，左为下，右为上，皆无五藏应，故曰涌疝。中⑥热，故溺赤也。

◎**注释** ①〔蹶〕气逆。②〔涌疝（shàn）〕症状为腹痛胀满，气逆冲上，大小便闭塞。③〔前后溲（sōu）〕大小便。④〔火齐汤〕泻火解毒的汤药。⑤〔口〕指寸脉。⑥〔中〕中焦，三焦之一。中医将人的内脏、躯体与内脏之间的空隙叫作三焦，即上焦、中焦、下焦。中焦为横膈之下，肚脐之上的部分，包括脾、胃、肝、胆等内脏。

◎**大意** 齐国的郎中令循生了病，各位医生都认为是上逆之气进入体内，而对他施以针刺。臣为他诊断，说："这是涌疝病，使人不能大小便。"循说："已经三天不能大小便了。"臣让他服用火剂汤，服下一次就能小便，再服就使大小便畅通，服用三次后痊愈。病因是房事过度。臣诊断出循的病，是因为为他诊脉时，右手寸脉气息急迫，感受不到五脏的病气，只是脉象有力又急促。脉搏急促，是中、下焦热邪涌动，左手的寸脉有力急促是热邪向下，右手寸脉有力急促是热邪向上，都感受不到五脏的病气，所以说是涌疝。中焦积热，所以小便偏红。

齐中御府长①信病，臣意入诊其脉，告曰："热病②气也。然暑汗，脉少衰，不死。"曰："此病得之当浴流水而寒甚，已则热。"信曰："唯，然！往冬时，为王使于楚，至莒县阳周水③，而莒桥梁颇坏，信则揽车辕未欲渡也，马惊，即堕信身入水中，几死，吏即来救信，出之水中，衣尽濡，有间而身寒，已热如火，至今不可以见寒。"臣意即为之液汤火齐（剂）逐热，一饮汗尽，再饮热去，三饮病已。即使服药，出入二十日，身无病者。所以知信之病者，切其脉时，并阴。《脉法》曰"热病阴阳交者死"。切之不交，并阴。并阴者，脉顺清而愈，其热虽未尽，犹活也。肾气有时间浊，在太阴脉口而希（稀）④，是水气也。肾固主水，故以此知之。失治一时，即转为寒热。

◎**注释** ①〔中御府长〕主管王室事务的官职，又称中御府令。②〔热病〕因受风寒而引起的发热性疾病。③〔莒（jǔ）县阳周水〕莒县，今山东莒县。阳周水，莒县内一条叫阳周的河。④〔在太阴脉口而希〕太阴脉口，指左手寸脉。太阴即手太阴肺经，中医十二经络之一。希，同"稀"，弱。

◎**大意** 齐国名叫信的中御府令患病，臣为他诊脉，告诉他："是热病的脉象。但因天热出汗，脉象稍有减弱，不会死。"又说："病因是在流动的水中洗浴流水十分寒冷，寒冷消失后就开始发热。"信说："是，对！去年冬天，我替国君出使楚国，到莒县阳周河边，那里的桥梁有些损毁，我就揽住车辕不想过河，马受惊，令我掉进河里，我的身体没入河水中，差点淹死。同行的官吏立即把我救起，我从水中出来，衣服全部浸湿，过了一会儿身上发冷，过后身上又热得像火,到现在都不能受寒。"我就为他开了火齐汤,服用一次就不出汗了,服用第二次热就退了,服用第三次病就痊愈了。继续让他服药,前后二十余天,病就好了。之所以诊断出信所患的病,是给他诊脉时,发现都是阴脉。《脉法》说"患了热病,阴脉、阳脉交替出现的病人一定会死"。这种病脉象顺静就能治愈,身体中的热邪虽然没有完全消失,但能救治。肾脉有时微浊,左手寸脉微弱,说明患者体内有水气。肾本来是主管水液运行的,以此可以知道。一旦诊治失误,就会转为反复恶寒发热的病症。

齐王太后病,召臣意入诊脉,曰:"风瘅客脬①,难于大小溲,溺赤。"臣意饮以火齐(剂)汤,一饮即前后溲,再饮病已,溺如故。病得之流汗出溡(㵦)②。溡者,去衣而汗晞也。所以知齐王太后病者,臣意诊其脉,切其太阴之口③,湿然风气也。《脉法》曰"沈(沉)之而大坚,浮之而大紧者,病主在肾"。肾切之而相反也,脉大而躁。大者,膀胱气也;躁者,中有热而溺赤。

◎**注释** ①〔风瘅(dān)客脬(pāo)〕风热侵入膀胱。瘅,热。客,病邪由外而入。脬,膀胱。②〔溡(xiǔ)〕同"㵦",小便。③〔太阴之口〕右手寸脉。太阴为手太阴肺经,中医十二经络之一。

◎**大意** 齐王太后病了,召臣入宫诊脉,我说:"风热袭入膀胱,大小便困难,小便颜色发红。"臣让她服用火齐汤,服用一次就能大小便,服用两次痊愈,小便颜色正常。病因是在流汗时小便。小便时,脱下衣服汗被风吹干。之所以诊断出太后的病,是因为臣在为她诊脉时,感到她右手寸脉显示出受到湿热的脉象。《脉法》说"重按感觉脉象洪大坚实,轻按感觉脉象洪大而紧绷,是肾有病"。而我切到的肾脉相反,是洪大而燥热。脉象洪大,是病气在膀胱;脉象燥热,是体内有热邪而小便颜色发红。

齐章武里曹山跗①病，臣意诊其脉，曰："肺消瘅②也，加以寒热。"即告其人曰："死不治。适其共（供）养，此不当医治。"法曰"后三日而当狂，妄起行，欲走；后五日死"。即如期死。山跗病得之盛怒而以接内。所以知山跗之病者，臣意切其脉，肺气热也。《脉法》曰"不平不鼓，形弊"。此五藏高之远③数以（已）经病也，故切之时不平而代。不平者，血不居其处；代者，时参击并至，乍躁乍大也。此两络脉绝，故死不治。所以加寒热者，言其人尸夺。尸夺者，形獘（弊）；形獘（弊）者，不当关灸、镵石④及饮毒药也。臣意未往诊时，齐太医先诊山跗病，灸其足少阳脉口⑤，而饮之半夏丸，病者即泄注，腹中虚；又灸其少阴脉⑥，是坏肝刚绝深，如是重损病者气，以故加寒热。所以后三日而当狂者，肝一络连属结绝乳下阳明，故络绝，开阳明脉，阳明脉伤，即当狂走。后五日死者，肝与心相去五分，故曰五日尽，尽即死矣。

◎**注释** ①〔曹山跗（fū）〕人名。②〔肺消瘅〕即肺消，一种消渴症。③〔高之远〕高，高脏，即心、肺。因其位于其他脏器之上，故称。远，远脏，即肝、肾。因其离心较远，故称。④〔关灸、镵（chán）石〕关，用。灸，艾灸。镵石，治病用的石针。⑤〔足少阳脉口〕即左手关脉。足少阳脉即足少阳胆经，中医十二经络之一。⑥〔少阴脉〕指足少阴肾经，中医十二经络之一。

◎**大意** 齐国章武里的曹山跗病了，臣为他诊脉，说："这是肺消症，又有寒热往来的症状。"立即告诉他的家人："这是死症，不能医治。应该顺应病人的心意来供养他，不应再找医生医治。"医理说"病人三天后会发疯，神志不清地到处走，想要跑；五天后死"。果然如期而死。曹山跗的病因是盛怒后行房事。之所以诊断出曹山跗的病，是因为臣为他诊脉时，感受到肺部有热。《脉法》说"脉搏起伏不定，鼓动无力，是形体衰败"。这是五脏从上至下已有脏器得了病，所以诊脉时，脉象不平稳而出现代脉。脉象不平，是血不归肝，代脉时而缓长，时而急促，时而躁动，时而洪大。这是肝与肺的络脉已经失去了生机。所以是不治之症。又有寒热症，是因为病人已神形耗散，如同死尸。精神耗散，形体衰败，则不应当用针灸、药物来治疗。臣去诊治之前，齐国的太医已先治过曹山跗的病，针灸他的足少阳胆经所对应的左手关脉，给他吃了半夏丸，病人立即腹泻不止，腹中空虚。又针灸他的足少阴肾经，这样治疗就严重地损害了肝阳。这样严重损伤病人的元气，因此增添了寒热交替的症状。之所以三天后会发狂，是因为肝经的一条络脉横过乳下，与足阳明胃经相连。所以肝经的络脉被损坏，病气进入足阳明胃经，足阳明胃经受伤，病人就会发狂乱跑。五天后会死，是因为肝脉与心脉相隔五分，所以说肝脏的元气五天耗尽，元气耗尽人就会死。

齐中尉①潘满如病少腹痛，臣意诊其脉，曰："遗积瘕②也。"臣意即谓齐太仆③臣饶、内史④臣繇曰："中尉不复自止于内，则三十日死。"后二十余日，溲血死。病得之酒且内。所以知潘满如病者，臣意切其脉深小弱，其卒（猝）然合合也，是脾气也。右脉口气至紧小，见瘕气也。以次相乘，故三十日死。三阴俱抟⑤者，如法；不俱抟者，决在急期；一抟一代者，近也。故其三阴抟，溲血如前止。

◎**注释** ①〔中尉〕负责京城治安的官职。②〔遗积瘕（jiǎ）〕患了腹内肿瘤一类的疾病。遗，遗留，引申为患病。积瘕，积聚症瘕，即腹腔肿瘤。③〔太仆〕为君王管理车马的官职。④〔内史〕在诸侯国管理民政的官员。⑤〔抟（tuán）〕聚集，指同时出现。

◎**大意** 齐国的中尉潘满如得了小腹疼痛的毛病，臣为他诊脉，说："腹内有肿瘤。"臣立即对齐国的太仆饶和内史繇说："如果中尉再不控制自己停止房事，三十天内就会死。"二十多天后，潘满如小便出血而死。他的病因是酒色过度。之所以诊断出潘满如的病，是臣诊出他的脉象沉、小、弱，三种属阴的脉象猝然同时出现，这是病气在脾脉。右手寸脉紧绷、细小，出现瘕症的脉象。按照五脏相乘的次序规律，所以三十日内死去。三种属阴的脉象同时出现，符合规律；不同时出现，短期内也能决断死生。三种属阴的脉象同时出现，又出现了代脉，死期就近了。潘满如三种阴脉同时出现，所以像前面说的那样小便出血而死。

阳虚侯相①赵章病，召臣意。众医皆以为寒中。臣意诊其脉，曰迵（洞）风②。迵（洞）风者，饮食下嗌③而辄出不留。法曰"五日死"，而后十日乃死。病得之酒。所以知赵章之病者，臣意切其脉，脉来滑④，是内风⑤气也。饮食下嗌而辄出不留者，法五日死，皆为前分界法。后十日乃死，所以过期者，其人嗜粥，故中藏实，中藏实，故过期。师言曰"安谷者过期，不安谷者不及期"。

◎**注释** ①〔阳虚侯相〕阳虚侯的丞相。阳虚侯即刘将间，后被封为齐王。②〔迵（dòng）风〕一种疾病，症状是饮食入胃不能消化吸收，迅速吐出泻出。迵，通"洞"。③〔嗌（yì）〕咽喉。④〔滑〕一种脉象，特征是往来流利，如盘走珠。⑤〔内风〕由于体内脏腑失调引起的疾病。因其发病突然，所以称为"风"。

◎**大意** 阳虚侯的丞相赵章病了，召臣。众多医生都认为是寒气侵入体内。臣为他诊完脉，说是洞风。洞风是饮食下咽后立即吐出，不能留在胃里。按医理说"五天就要死去"，但赵章十天后才死。他的病因是饮酒。之所以诊断出赵章的病，是因为臣为他诊脉时，感受到滑脉，这是内风病的病气。饮食下咽而吐出不能留在胃里的，医理说五天会死，就是前面所说的分界法。赵章十天才死，超过期限的原因是他酷爱喝粥，所以脏器充实，生理机能旺盛，所以超过期限。老师说"能消化得了谷物的过期才死，消化不了谷物的不到期就会死"。

济北王①病，召臣意诊其脉，曰："风蹶②胸满（懑）。"即为药酒，尽三石，病已。得之汗出伏地。所以知济北王病者，臣意切其脉时，风气也，心脉浊。病法"过入其阳③，阳气尽而阴气入④"。阴气入张，则寒气上而热气下，故胸满。汗出伏地者，切其脉，气阴。阴气者，病必入中，出及灊水⑤也。

◎**注释** ①〔济北王〕刘杰，齐悼惠王之子，文帝十六年立为济北王。②〔风蹶〕外界风寒侵入体内，逆引于上所引起的疾病。③〔过入其阳〕病邪侵入肌表。过，过错，引申为病邪。阳，肌表。肌表在外所以为阳，脏腑在内所以为阴。④〔阳气尽而阴气入〕阳气，这里指行于体表的卫气，具有保卫肌表、抵御外邪的作用。阴气，这里指寒气。⑤〔灊（chán）水〕汗液。

◎**大意** 济北王病了，召下臣去诊脉，说："是风蹶导致的胸闷。"就制作药酒，济北王服完三石药酒，病好了。病因是出汗时躺在地上。之所以诊断出济北王的病，是臣为他诊脉，感受到风症的脉象，心脉重浊。按病理是"病邪侵入人体肌表，卫气耗完，寒气就会侵入身体"。寒气在体内肆虐，寒气上逆，热气下沉，所以胸闷。之所以说他在汗流出时躺在地上，是因为给他诊脉时感受到脉象中有阴寒之邪。脉象有阴寒之邪，一定是病气已经深入体内，服药后病邪会随着汗水排出。

齐北宫司空命妇出于病①，众医皆以为风入中，病主在肺，刺其足少阳脉②。臣意诊其脉，曰："病气疝③，客于膀胱，难于前后溲，而溺赤。病见寒气则遗溺，使人腹肿。"出于病得之欲溺不得，因以接内。所以知出于病者，切其脉大而实，其来难，是蹶阴④之动也。脉来难者，疝气之客于膀胱也。腹之所以肿者，言蹶阴之络结小腹也。蹶阴有过则脉结动，动则腹肿。臣意即灸其足蹶阴之脉，左右各一所，即不遗溺而溲清，小腹痛止。即更为火齐（剂）汤以饮之，三日而疝气散，即愈。

◎**注释** ①〔齐北宫司空命妇出于病〕北宫,王后的住处。司空,管理工程的官员。命妇,有封号的妇女。出于,命妇之名。②〔足少阳脉〕足少阳胆经,中医十二经络之一。③〔气疝〕疝病的一种,症状为腹中疼痛,时缓时急。④〔蹶阴〕指足厥阴肝经,中医十二经络之一。

◎**大意** 齐国北宫司空的夫人出于病了,众多医生都认为是风邪入侵身体,病气在肺,针刺她的足少阳胆经。臣为她诊脉,说:"患了气疝,病气侵入膀胱,大小便困难,而且小便颜色赤黄。病人着凉就会小便失禁,小腹肿胀。"病因是憋着小便行房事。之所以诊断出她的病,是因为为她诊脉时感觉到脉象洪大坚实,来时艰难,是足厥阴肝经发病。脉搏来时艰难,是疝气侵袭膀胱。腹部之所以肿,是因为足厥阴肝经的络脉连接小腹。足厥阴肝经生了病,它的络脉所连接的部位也发病,发病腹部就肿起。臣就针灸她的足厥阴肝经,左右各一处,即刻小便就不再失禁而且尿液清澈,小腹的疼痛也止住了。随即换为火剂汤让她服下,三天后疝气消散,就痊愈了。

故济北王阿母^①自言足热而懑,臣意告曰:"热蹶^②也。"则刺其足心各三所,案(按)之无出血,病旋已。病得之饮酒大醉。

◎**注释** ①〔故济北王阿母〕故济北王,指已故的济北王刘兴居,齐悼惠王之子,因谋反被诛。阿母,奶妈。②〔热蹶〕一种疾病,以足心发热为主要症状。

◎**大意** 已故济北王的奶妈说自己的脚心燥热,胸中烦闷,臣告诉她:"这是热蹶。"就用针刺她的左右脚心各三处,按住针孔不让血流出,病很快就好了。病因是喝酒喝得大醉。

济北王^①召臣意诊脉诸女子侍者,至女子竖,竖无病。臣意告永巷长^②曰:"竖伤脾,不可劳,法当春呕血死。"臣意言王曰:"才人女子竖何能?"王曰:"是好为方,多伎(技)能,为所是案法新,往年市之民所,四百七十万,曹偶四人。"王曰:"得毋有病乎?"

臣意对曰："竖病重，在死法中。"王召视之，其颜色不变，以为不然，不卖诸侯所。至春，竖奉剑从王之厕，王去，竖后，王令人召之，即仆于厕，呕血死。病得之流汗。流汗者，法病内重，毛发而色泽，脉不衰，此亦内关③之病也。

◎**注释** ①〔济北王〕此指刘志，齐悼惠王之子。②〔永巷长〕管理永巷的官职。永巷，宫中幽闭嫔妃宫女之处。③〔内关〕诊脉时，脾脉在右手关脉。侍女竖病在脾，所以称内关病。

◎**大意** 济北王召臣给各位侍女诊病，诊到一位名叫竖的侍女，发现她没有生病。我告诉永巷长说："竖伤了脾，不能劳累，按病情发展的规律，她到了春天就会呕血而死。"臣对济北王说："才人竖有什么技能？"济北王说："她喜好医术，有许多技能，她采用古法治病，多能推陈出新，去年从民间买来，花费四百七十石，是曹偶四人的价格。"济北王说："莫非她生病了吗？"臣回答："竖病重，按照病情发展的规律来看，是会死的。"济北王召竖来审视，看见她的面色没有变化，认为我说得不对，没有把她卖给其他诸侯。到了春天，竖捧着剑随从济北王去厕所，济北王离开，竖在后面，济北王让人叫她，她就扑倒在厕所，呕血而死。病因是辛苦过度、流汗多。这样的人，按病理来讲是脏腑病重，毛发和面色都有光泽，脉象没有减弱，这也是内关病。

齐中大夫病龋齿①，臣意灸其左大阳明脉②，即为苦参汤③，日嗽（漱）三升，出入五六日，病已。得之风，及卧开口，食而不嗽（漱）。

◎**注释** ①〔齐中大夫病龋（qǔ）齿〕中大夫，郎中令的属官，掌管议论。龋齿，蛀牙。②〔大阳明脉〕指手阳明大肠经，中医十二经络之一。③〔苦参汤〕一种中药方剂，其主药苦参性味苦寒，清热去湿，祛风杀虫。

◎**大意** 齐国的中大夫患龋齿，臣针灸他左手的手阳明大肠经，熬制苦参汤，让他每天含漱三升，过了五六天，病就好了。病因是受风，以及张着嘴睡觉，饭后不漱口。

菑川王美人①怀子而不乳，来召臣意。臣意往，饮以莨荡②一撮，以酒饮之，旋乳。臣意复诊其脉，而脉躁。躁者有余病，即饮以消石③一齐（剂），出血，血如豆比五六枚。

◎**注释** ①〔菑川王美人〕菑川王，刘贤，齐悼惠王之子，后谋反被诛。美人，汉代妃嫔称号之一。②〔莨（làng）荡〕即莨菪，一种草药。③〔消石〕即硝石，又称朴硝，有破淤通滞的功效，性味苦寒。

◎**大意** 菑川王的妃子生产之后没有奶水，来召臣。臣去了，让她用酒送服一撮莨荡，立即有了奶水。臣又给她诊脉，脉象燥热。脉象燥热说明病还没有完全好，就让她服饮一剂硝石，阴道排出血块，像豆粒那么大，有五六枚。

齐丞相舍人①奴从朝入宫，臣意见之食闺门外，望其色有病气。臣意即告宦者平。平好为脉，学臣意所，臣意即示之舍人奴病，告之曰："此伤脾气也，当至春鬲（膈）塞不通，不能食饮，法至夏泄血死。"宦者平即往告相曰："君之舍人奴有病，病重，死期有日。"相君曰："卿何以知之？"曰："君朝时入宫，君之舍人奴尽食闺门外，平与仓公立，即示平曰，病如是者死。"相即召舍人而谓之曰："公奴有病不？"舍人曰："奴无病，身无痛者。"至春果病，至四月，泄血死。所以知奴病者，脾气周乘五藏，伤部而交②，故伤脾之色也，望之杀然黄，察之如死青之兹③。众医不知，以为大虫④，不知伤脾。所以至春死病者，胃气黄，黄者土气也⑤，土不胜木⑥，故至春死。所以至夏死者，《脉法》曰"病重而脉顺清者曰内关"，内关之病，人不知其所痛，心急然无苦。若加以一病，死中春；一愈（愉）顺，及一时。其所以四月死者，诊其人时愈顺。愈顺者，人尚肥也。奴之病得之流汗数出，炙于火而以出见大风也。

◎**注释** ①〔舍人〕门客。②〔伤部而交〕脾脏损伤的颜色交错出现在面部的不同区域。中医理论认为，面部的不同区域分主五脏，某脏生病，相应部位会出现表示病变的颜色。③〔死青之兹〕死青，暗淡的青灰色。兹，草席，这里指死草。④〔大虫〕蛔虫，泛指肠道中的寄生虫。⑤〔胃气黄，黄者土气也〕中医理论认为，五行对应五脏：心属火，色赤；肝属木，色青；脾属土，色黄；肺属金，色白；肾属水，色黑。脾胃生病，患者面色发黄。⑥〔土不胜木〕五行之中，木克土。四季之中，春属木；五脏之中，脾属土。齐丞相舍人奴脾胃生病，因此死于春季木旺之时。

◎**大意** 齐国丞相门客的奴仆随主人上朝入宫，臣看见他在宫门外吃东西，发现他的面色带有病气。臣就告诉宦官平。平喜好给别人看病，他跟随臣学医，臣就拿门客奴仆的病当例子教他，告诉他："这种面色说明伤了脾，到了春天胸膈就会阻塞不通，不能吃喝，按照病情发展的规律到了夏天就会便血而死。"宦官平立即去告诉丞相："您门客的奴仆有病，病情严重，很快就会死。"丞相说："您怎么知道？"平回答："您上朝入宫时，您门客的奴仆在宫门外一直吃东西，我和仓公站在那里，仓公就指着这位奴仆对我说，像这样的病一定会死。"丞相立即召见门客对他说："您的奴仆生病了吗？"门客说："他没有生病，身上也不疼痛。"到春天，这位奴仆果然病了。到了四月，他就便血而死。之所以诊断出这位奴仆的病，是因为他脾脏的病气传遍五脏，病变的颜色交错出现在面部相应区域，所以他的面色是脾脏损伤的颜色，乍一看枯黄，仔细观察又有死草的青灰色。许多医生不知，以为是蛔虫病，不知道是脾脏受了损伤。到春天死的原因是脾胃患病的人脸色发黄，黄色是土的颜色，脾脏在春季木旺之时不能抵抗病气，所以在春天会死。之所以到夏天死去，是因为《脉法》说"病情严重而脉象正常的称为内关病"，内关病，人没有感觉哪里疼痛，即便心中惶急也感受不到痛苦。如果还有别的病，会在春季二月死去；如果精神愉悦，顺应自然规律，就可延长一段时间的寿命。他之所以在四月死去，是因为给他诊脉时他的精神愉悦。精神愉悦又顺应自然规律的人，体格比较健壮。奴仆生病的原因是多次流汗，用火烤干后又吹了风。

菑川王病，召臣意诊脉，曰："蹶①上为重，头痛身热，使人烦懑。"臣意即以寒水拊其头，刺足阳明脉②，左右各三所，病旋已。病得之沐发未干而卧。诊如前，所以蹶，头热至肩。

◎注释 ①〔蹶〕郁热之气上逆。②〔足阳明脉〕足阳明胃经，中医十二经络之一。

◎大意 菑川王病了，召臣诊脉，说："是蹶症，上部症状突出，头痛而身体燥热，使人烦闷。"臣就用冷水拍打他的头，针刺足阳明胃经，左右各三处，病立即好了。病因是洗了头发没干就睡觉。诊断如前，之所以称为蹶症，是因为头部的热邪到达肩部。

齐王黄姬兄黄长卿家有酒召客，召臣意。诸客坐，未上食。臣意望见王后弟宋建，告曰："君有病，往四五日，君要（腰）胁痛不可俛（俯）仰，又不得小溲。不亟治，病即入濡肾。及其未舍五藏，急治之。病方今客肾濡，此所谓'肾痹①'也。"宋建曰："然，建故有要（腰）脊痛。往四五日，天雨，黄氏诸倩②见建家京下方石③，即弄之，建亦欲效之，效之不能起，即复置之。暮，要（腰）脊痛，不得溺，至今不愈。"建病得之好持重。所以知建病者，臣意见其色，太阳④色干，肾部上及界要（腰）以下者枯四分所，故以往四五日知其发也。臣意即为柔汤⑤使服之，十八日所而病愈。

◎**注释** ①〔肾痹〕一种疾病，主要症状是腰痛，多是风寒湿邪阻于肾而引起。②〔倩〕女婿。④〔京下方石〕京，粮仓。方石，筑房用的基石。④〔太阳〕指太阳穴，在眼眶外后方。⑤〔柔汤〕药性柔和的温补汤剂。

◎**大意** 齐王黄姬的哥哥黄长卿在家中设酒宴招待客人，召臣。客人全部入座，还未上酒菜。臣看见王后的弟弟宋建，告诉他："您生病了，之后四五天，您的腰肋疼得不能俯仰，也不能小便。如果不及时治疗，病就会侵入肾脏。趁着病还没进入五脏，赶紧治疗。现在病正侵入肾脏，这就是所说的'肾痹'。"宋建说："是的，我以前就有腰背疼痛的毛病。之前的四五天，天下雨，黄氏的诸位女婿看见我家粮仓下的基石，就去摆弄它，我也想效仿他们，却不能像他们那样举起来，就又放下了。黄昏时，腰背就开始疼痛，不能小便，到现在还没有痊愈。"宋建的病因是喜好持举重物。之所以诊断出他的病，是臣看到他的面色，太阳穴那里的色泽干枯，肾部上至交界处与腰肾以下所对应部位的颜色枯干四分左右，所以判断出四五天前发病。臣熬制温补的汤剂让他服用，大约十八天后就痊愈了。

济北王侍者韩女病要（腰）背痛，寒热①**，众医皆以为寒热**②**也。臣意诊脉，曰："内寒，月事不下也。"即窜**③**以药，旋下，病已。病得之欲男子而不可得也。所以知韩女之病者，诊其脉时，切之，肾脉也，啬（涩）**④**而不属。啬而不属者，其来难，坚，故曰月不下。肝脉弦，出左口，故曰欲男子不可得也。**

◎**注释** ①〔寒热〕恶寒发热的症状。②〔寒热〕寒热病。③〔窜〕用药熏蒸的治疗方法。④〔啬（sè）〕同"涩"，涩脉。脉象特征是往来滞塞，不流畅。

◎**大意** 济北王的侍女韩女腰背痛，恶寒发热，医生都认为是寒热病。臣诊了脉，说："身体里有寒气，月经不来。"就给她用药熏蒸，月经马上就来了，病好了。病因是想接近男子却不能实现。之所以诊断出韩女的病，是因为给她诊脉时，感受到肾脉滞涩而不连贯。滞涩而不连贯的，脉来艰难，坚实有力，所以说月经不下。左手寸口的肝脉像绷紧的绳子,溢出寸口,超过本位,所以说是想接近男子而不能实现。

临菑氾里①女子薄吾病甚,众医皆以为寒热笃,当死,不治。臣意诊其脉,曰:"蛲瘕②。"蛲瘕为病,腹大,上肤黄粗,循③之戚戚然。臣意饮以芫华④一撮,即出蛲可数升,病已,三十日如故。病蛲得之于寒湿,寒湿气宛笃不发,化为虫。臣意所以知薄吾病者,切其脉,循其尺,其尺索刺粗,而毛美奉发,是虫气也。其色泽者,中藏无邪气及重病。

◎**注释** ①〔氾里〕里巷名。②〔蛲瘕(ráo jiǎ)〕一种疾病,蛲虫聚集在体内而形成瘕块。③〔循〕触按。④〔芫(yuán)华〕即芫花,一种草药,有消瘕杀虫的作用。

◎**大意** 临菑氾里的女子薄吾病得厉害,医生都认为是严重的寒热病,一定会死,无药可救。臣为她诊脉,说:"是蛲瘕病。"蛲瘕病会使人的腹部变大,腹部皮肤黄粗,触按病人腹部,病人会表现出忧惧的样子。臣让她服用一撮芫花,就排出约数升蛲虫,病情被控制住,三十天后就与往常一样了。蛲虫病病因是寒湿,寒湿郁结不能发散,化生为虫。臣之所以诊断出薄吾的病,是因为给她诊脉时,触按她的尺脉,发现她尺部的皮肤干枯粗糙,但是毛发有光泽,这是生虫的病气。她的面色润泽,内脏没有感染邪气和重病。

齐淳于司马①病,臣意切其脉,告曰:"当病迵(洞)风。迵(洞)风之状,饮食下嗌辄后之。病得之饱食而疾走。"淳于司马曰:"我之王家食马肝,食饱甚,见酒来,即走去,驱疾至舍,即泄数十出。"臣意告曰:"为火齐(剂)米汁饮之,七八日而当愈。"时医秦信在旁,臣意去,信谓左右阁都尉②曰:"意以淳于司马病为何?"曰:

"以为迵（洞）风，可治。"信即笑曰："是不知也。淳于司马病，法当后九日死。"即后九日不死，其家复召臣意。臣意往问之，尽如意诊。臣即为一火齐（剂）米汁，使服之，七八日病已。所以知之者，诊其脉时，切之，尽如法。其病顺，故不死。

◎**注释** ①〔司马〕掌军旅之事的官职。②〔阁都尉〕姓阁的都尉。都尉，武官名。

◎**大意** 齐国的淳于司马病了，臣给他诊脉，告诉他："应该是洞风病。洞风病的症状是饮食下咽后总是排泄出来。病因是饱餐后快跑。"淳于司马说："我到王家吃马肝，吃得很饱，看到有人端酒上来，就跑去拿，饭后又乘快马回家，就腹泻了几十次。"臣告诉他："熬制火剂汤，用米汁送服，七八天后应该就能痊愈。"当时医生秦信在旁边，臣离开后，秦信问身边的阁都尉："淳于意认为淳于司马得了什么病？"阁都尉答说："认为是洞风病，可以治。"秦信就笑着说："这是不清楚病情。淳于司马的病，按照病情发展的规律，应当在九天后死亡。"之后九天没有死，他的家人又召臣去，臣前往询问，全都与臣的诊断相符。臣就开一副火剂米汁，让他服用，七八天病就好了。之所以知道这些，是因为给他诊脉时，感觉到他的脉象完全符合病理。他的病情与脉象相符，所以不会死。

齐中郎破石病，臣意诊其脉，告曰："肺伤，不治，当后十日丁亥溲血死。"即后十一日，溲血而死。破石之病，得之堕马僵石上。所以知破石之病者，切其脉，得肺阴气，其来散，数道至而不一也。色又乘之。所以知其堕马者，切之得番阴脉①。番阴脉入虚里②，乘肺脉。肺脉散者，固色变也乘之。所以不中期死者，师言曰"病者安谷即过期，不安谷则不及期"。其人嗜黍，黍主肺，故过期。所以溲血者，诊脉法曰"病养喜阴处者顺死，养喜阳处者逆死"。其人喜自静，不躁，又久安坐，伏几而寐，故血下泄。

◎**注释** ①〔番阴脉〕反阴脉。番，反。②〔虚里〕又称"胃之大络"，位于左乳下心尖搏动处，贯膈终肺。

◎**大意** 齐国的中郎破石病了，臣为他诊脉，告诉他："肺部受到损伤，无法医治，当于十天后的丁亥日尿血而死。"此后十一天，他果然尿血而死。破石的病，病因是从马上跌下来后僵仆在石头上。之所以诊断出破石的病，是给他切脉时，感受到肺脉的阴气，脉象散乱，一呼一吸之间，几次脉搏的跳动都不一致。脸上又呈现出死灰色。之所以知道他是从马上跌下来，是诊脉时感受到反阴脉，反阴脉进入虚里，然后侵袭肺脉。肺脉散乱，原来的面色发生改变，也是因为心脉侵袭肺脉。之所以没有如期死去，师父说"病人能消化得了谷物的就超过期限才死，不能消化得了谷物的不到期限就会死去"。这人十分喜欢吃黄黍，黄黍补肺气，所以过期才死。尿血的原因，是诊脉法所说"病人性喜安静，则气血下行而死；病人性喜活动，则气血上逆而死"。这人喜欢安静，不急躁，又长时间坐着，趴在桌子上睡觉，所以血下泻。

齐王侍医遂①病，自练（炼）五石②服之。臣意往过之，遂谓意曰："不肖有病，幸诊遂也。"臣意即诊之，告曰："公病中热。论曰'中热不溲者，不可服五石'。石之为药精悍，公服之不得数溲，亟勿服。色将发臃（痈）。"遂曰："扁鹊曰'阴石以治阴病，阳石以治阳病'。夫药石者有阴阳水火之齐（剂），故中热，即为阴石柔齐（剂）治之；中寒，即为阳石刚齐（剂）治之。"臣意曰："公所论远矣。扁鹊虽言若是，然必审诊，起度量，立规矩，称权衡，合色脉表里有余不足顺逆之法，参其人动静与息相应，乃可以论。论曰'阳疾处内，阴形应外者，不加悍药及镵石'。夫悍药入中，则邪气辟③矣，而宛气④愈深。诊法曰'二阴⑤应外，一阳⑥接内者，不可以刚药'。刚药入则动阳，阴病益衰，阳病益著，邪气流行，为重困于俞（腧）⑦，忿发为疽。"意告之后百余日，果为疽发乳上，入缺盆，死。此谓论之大体也，必有经纪。拙工有一不习，文理阴阳失矣。

◎**注释** ①〔侍医遂〕名叫遂的宫廷医生。②〔练五石〕熬炼五石散。练，同"炼"。五石，五石散，古代的一种丹药。③〔辟〕聚。④〔宛气〕积蕴于体内的热气。⑤〔二阴〕指手足少阴经。⑥〔一阳〕少阳。⑦〔俞（shù）〕通"腧"，穴位。

◎**大意** 齐王宫中有个名叫遂的医生病了，自己炼制五石散服下。臣前去拜访他，他对臣说："我生病了，希望得到您的诊治。"臣就给他诊治，告诉他："您体内有热。医药理论说'内热不小便的，不能服用五石散'。石的药性燥热，您服下会多次小便闭塞，快别吃了。从您的面色来看还会长出毒痈。"遂说："扁鹊说'性寒的石药可用来治阴虚有热的病，性热的石药可用来治阳虚有寒的病'。药石可以组成阴阳寒热不同的方剂，所以内有热，就用阴石柔剂治疗；内有寒，就用阳石刚剂治疗。"臣说："您说得差远了。扁鹊虽然这样说，但必然审慎诊察，制定、掌握用药的标准，结合色与脉、表与里、有余与不足、顺与逆的规律，参考病人动作举止与呼吸相互协调的情况，才可以用药。医药理论说'热邪潜伏在内，寒症显露在外的，不能用猛烈的药和石针'。猛烈的药进入体内，那么邪气更加聚集，而且蕴积体内的热气越来越深。诊法说'少阴寒症表现于外，少阳郁火蓄积在内的，不能用刚猛的药'。刚猛的药进入体内就催动阳气，阴虚情况更加严重，多余的阳气更加显著，邪气流行，层层盘踞在穴位周围，激发为毒疮。"一百多天后，他果然在乳上长了毒疮，进入锁骨上窝，他就死了。这就是古人论述的大体，要注意把握其中的基本原则。低劣的医生有一处没学到，就会条理错乱而阴阳颠倒。

齐王故为阳虚侯时，病甚，众医皆以为蹶。臣意诊脉，以为痹，根在右胁下，大如覆杯，令人喘，逆气不能食。臣意即以火齐（剂）粥且饮，六日气下；即令更服丸药，出入六日，病已。病得之内。诊之时不能识其经解，大识其病所在。

◎**大意** 齐王从前当阳虚侯时，病重，医生都认为是蹶病，臣为其诊脉后，认为是痹病，病根在右胁下，大得好像倒扣的杯子，使人气喘，气上逆不能吃饭。臣就先拿火剂粥暂且让他服用，六天后气降；再让他改服丸药，前后六天，病就好了。病因是房事。诊断时不懂如何用经脉理论解释这种病，只是大概知道病所在的部位。

臣意尝诊安阳①武都里成开方，开方自言以为不病，臣意谓之病苦沓风②，三岁四支（肢）不能自用，使人瘖③，瘖即死。今闻其四支（肢）不能用，瘖而未死也。病得之数饮酒以见大风气。所以知成开方病者，诊之，其《脉法·奇咳》言曰"藏气相反者死"。切之，得肾反肺④，法曰"三岁死"也。

◎**注释** ①〔安阳〕地名，在今山东费县东南。②〔沓（tà）风〕中风病的一种。③〔瘖（yīn）〕失去声音，不能说话。⑦〔肾反肺〕肾属水，肺属金，金生水，则肺为母，肾为子。肾病累及肺，叫作子盗母气，即肾反肺。

◎**大意** 臣曾给安阳武都里的成开方诊病，成开方说自己没病，臣告诉他要受到风病的痛苦。三年后四肢就不听指挥，还会使人不能说话，不能说话就会死。现在听说他四肢不能动了，不能说话了却没有死。病因是多次饮酒又吹了大风。之所以诊断出成开方的病，是给他诊病时，病情如《脉法·奇咳》所说"脏气相反的人必死"。给他诊脉时感受到肾反肺的脉象，按照病情发展的规律说是"三年后会死"。

安陵阪里①公乘项处病，臣意诊脉曰牡疝②。牡疝在鬲（膈）下，上连肺。病得之内。臣意谓之："慎毋为劳力事，为劳力事则必呕血死。"处后蹴鞠③，要（腰）蹶（厥）④寒，汗出多，即呕血。臣意复诊之，曰："当旦日日夕死。"即死。病得之内。所以知项处病者，切其脉得番阳。番阳入虚里，处旦日死。一番一络（结）者，牡疝也。

◎**注释** ①〔安陵阪（bǎn）里〕安陵，汉惠帝陵邑所在，在今陕西咸阳东北。阪里，里巷名。②〔牡疝〕疝气病的一种。③〔蹴鞠（cù jū）〕又作"蹴鞫"。古代的一种球类运动。④〔蹶〕同"厥"，冷。

◎**大意** 安陵阪里的公乘项处病了，臣给他诊脉，说："是牡疝病。"牡疝在横膈下，上和肺相连。病因是房事。臣告诉他："千万不要干辛苦用力的事情，干费力的事就必定呕血而死。"项处后来参加蹴鞠，腰受了寒，出了很多汗，当时就吐血了。臣又给他诊治，说："将会在明天黄昏时死去。"到时就死了，病因是房事。之所以诊断出项处的病，是因为给他诊脉时感受到反阳脉。反阳脉进入虚里，项处就会在明天死。一反一结的脉象就是牡疝。

臣意曰：他所诊期决死生及所治已病众多，久颇忘之，不能尽识，不敢以对。

◎**大意** 臣说：给其他人诊脉预知死生和治好的病很多，时间一长就忘记了，不能全部记住，不敢用来回答。

问臣意："所诊治病，病名多同而诊异，或死或不死，何也？"对曰："病名多相类，不可知，故古圣人为之脉法，以起度量，立规矩，县（悬）权衡，案（按）绳墨①，调阴阳，别人之脉各名之，与天地相应，参合于人，故乃别百病以异之，有数者能异之，无数者同之。然脉法不可胜验，诊疾人以度异之，乃可别同名，命病主在所居。今臣意所诊者，皆有诊籍②。所以别之者，臣意所受师方适成，师死，以故表籍所诊，期决死生，观所失所得者合脉法，以故至今知之。"

◎**注释** ①〔案绳墨〕案，同"按"，掌握。绳墨，量曲直的工具，这里指诊脉的要领。②〔诊籍〕记录诊疗的簿籍，即今之医案、病历。

◎**大意** 问臣："你所诊治的病，病名多数相同而治疗的结果却不同，有的死，有的不死，为什么？"臣回答："很多病的名称是相似的，不能准确分辨病情，所以古代圣人制定脉法，用以确立诊断标准与原则，调理阴阳盛衰，区别病人的脉象并各自命名，与天地的变化相呼应，以人体的反应来验证，这样就能分辨各种疾病，医术精良的人能区别名称相同的病的不同之处，没有高超医术的人就会把它们混在一起。但是脉法不是完全准确的，诊察病人还要按法度来辨别病情，才能区分相同的病名，判断出病根所在部位。如今臣所诊治的病人，都有病历。之所以要加以区别，是因为臣刚学习完老师的医方，老师就去世了，所以将曾经诊断的病情一一记录下来，到期与病人的生死相验证，查验所失所得是否合乎脉法，所以到现在还能准确辨别各种疾病。"

问臣意曰："所期病决死生，或不应期，何故？"对曰："此皆饮食喜怒不节，或不当饮药，或不当针灸，以故不中期死也。"

◎**大意** 问臣："你预期病情，决断死生，有的与实际的日期不相符，为什么？"臣回答："这都是饮食不节制，喜怒无常，或者服下的药物不对症，或者不应针灸而施以针灸，所以他们没有在我预测的日期死去。"

问臣意："意方能知病死生，论药用所宜，诸侯王大臣有尝问意者不？及文王病时，不求意诊治，何故？"对曰："赵王、胶西王、济南王、吴王皆使人来召臣意,臣意不敢往。文王病时,臣意家贫,欲为人治病,诚恐吏以除拘臣意也,故移名数左右,不修家生,出行游国中,问善为方数者事之久矣,见事数师,悉受其要事,尽其方书,意及解论之。身居阳虚侯国,因事侯。侯入朝,臣意从之长安,以故得诊安陵项处等病也。"

◎**大意** 问臣:"你能知道病人的生死,能够谈论药物的疗效和禁忌,诸侯王大臣曾有人请你诊病吗?齐文王病时,没请你去诊治,为什么?"臣答道:"赵王、胶西王、济南王、吴王都曾派人来召臣,臣不敢去。齐文王生病时,臣家境贫困,想给人治病,实在害怕官吏委任臣官职,使我不自由,因此把户籍迁移到亲戚或邻里家,不治家产,在国中云游行医,寻访精通医术的人并向他们学习,这样过了很长时间,拜访了许多老师,接受他们所传授的全部医理,掌握了所有医方的内容并分析和评论它。臣住在阳虚侯的封国中,因此要侍奉他。阳虚侯来京城朝见,臣随从他到长安,因此才能给安陵项处等人诊病。"

问臣意:"知文王所以得病不起之状?"臣意对曰:"不见文王病,然窃闻文王病喘,头痛,目不明。臣意心论之,以为非病也。以为肥而蓄精①,身体不得摇,骨肉不相任,故喘,不当医治。脉法曰'年二十脉气当趋,年三十当疾步,年四十当安坐,年五十当安卧,年六十已上气当大董'。文王年未满二十,方脉气之趋也而徐之,不应天道四时。后闻医灸之即笃,此论病之过也。臣意论之,以为神气争②而邪气入,非年少所能复之也,以故死。所谓气③者,当调饮食,择晏日,车步广志,以适筋骨肉血脉,以泻气。故年二十,是谓'易贸'。法不当砭灸,砭灸至气逐。"

◎**注释** ①〔蓄精〕蓄积脂肪。②〔神气争〕人体正气衰退。③〔气〕此处指调养身体。

◎**大意** 问臣:"你知道齐文王得病不起的情况吗?"臣答道:"没有亲眼见到齐文王的症状,但私下听说齐文王患气喘,头发痛,双眼昏花。臣心中琢磨,认为这不是病。臣认为是肥胖引起的脂肪蓄积,身体难以活动,肌肉太多而骨头支撑不起,所以气喘,不适宜用药。脉法说'二十岁气血旺盛而应多跑动,三十岁应当快走,四十岁应当安坐,五十岁应当静卧,六十岁以上应当使气血深藏。'齐文王不到二十岁,脉气正旺盛而懒于走动,不符合自然规律。后来听说医生施以灸法而病情立即加剧,这是对病情论断失误。臣经过分析,认为是正气衰退而邪气入侵体内,不是依靠年轻体健就能抵抗得了,所以死亡。所说的调养身体,应调节饮食,选择天气晴朗的日子,或驾车或步行,以开阔胸襟。来调适筋、骨、肉、血脉,消散体内的郁结之气。所以二十岁的时候,正是所谓形体容易改变的时候,按照医理不应当使用砭法灸法治疗,用砭灸就会导致病气奔逐。"

问臣意:"师庆安受之?闻于齐诸侯不?"对曰:"不知庆所师受。庆家富,善为医,不肯为人治病,当以此故不闻。庆又告臣意曰:'慎毋令我子孙知若学我方也。'"

◎**大意** 问臣:"你的师父阳庆跟谁学的医术?齐国诸侯知道他吗?"臣回答:"不知道阳庆是跟随哪位老师学习的医术。阳庆家境殷实,擅长医术,却不肯给人治病,应该是由于这个原因,他不为人所知。阳庆又告诉臣:'千万不要让我的子孙知道你学了我的医术。'"

问臣意:"师庆何见于意而爱意,欲悉教意方?"对曰:"臣意不闻师庆为方善也。意所以知庆者,意少时好诸方事,臣意试其方,皆多验,精良。臣意闻菑川唐里①公孙光善为古传方,臣意即往谒之。得见事之,受方化阴阳及传语法,臣意悉受书之。臣意欲尽受他精方，公孙光曰：'吾方尽矣，不为爱公所。吾身已衰，无所复事之。是吾年少所受妙方也，悉与公，毋以教人。'臣意曰：'得见事侍公前，悉得禁方，幸甚。意死不敢妄传人。'居有间，公孙光闲处，臣意深论方，见言百世为之精也。师光喜曰：'公必为国工②。吾有所善者皆疏，同产③处临菑，善为方，吾不若，其方甚奇，非世之所闻也。吾年中时，尝欲受其方，杨中倩不肯，曰"若非其人也"。胥④与公往见之，当知公喜方也。其人亦老矣，其家给富。时者未往，会庆子男殷来献马，因师光奏马王所，意以故得与殷善。光又属意于殷曰：'意好数，公必谨遇之，其人圣儒。'即为书以意属（嘱）阳庆，以故知庆。臣意事庆谨，以故爱意也。"

◎**注释** ①〔唐里〕菑川的里巷名。②〔国工〕国中技艺高超者。③〔同产〕同胞兄弟，这里指公孙光同母异父的兄弟阳庆。④〔胥〕等到。

◎**大意** 问臣："你的老师阳庆为什么见到你就喜爱你，想把医方全部教给你？"臣答道："臣不知道老师阳庆擅长医术。臣知道阳庆，是因为臣年轻时爱好各家医方，臣试用那些医方，多数都灵验且精良。臣听说菑川唐里的公孙光擅长用古代流传的医方，就去拜访他。得以见到并向他学习，他传授给我医方、阴阳变化的理论及古代医家口头流传下来的治疗方法。臣全部接受并记录下来。臣想要全部接受他的精妙医方。公孙光说：'我的医方就这么多，没有任何保留。我已年迈体衰，没有什么值得你继续学习的了。这些是我年轻时所得到的精妙医方，全部交给您，不要再把它教给人。'臣说：'能够侍奉在您跟前学习，并得到全部秘方，已经十分幸运了。我死也不敢随便传给别人。'过了些时日，公孙光闲着没事，臣与他深入地讨论医方，他听到臣对历代医方的论述都很精妙。老师公孙光高兴地说：'您一定会成为国中技艺高超的名医。我所擅长的都生疏了，我的同胞兄弟在临菑，擅长医术，我不如他，他的医方十分精妙，不是世间人所能知道的。我中年的时候，曾想接受他的医方，好友杨中倩不同意，说"你不是那块料"。等有空我和你一起去见他，他就会知道你喜好医方。他也老了，家境富裕。一直没能成行，恰好阳庆的儿子阳殷前来献马，通过老师公孙光把马献给齐王，因此臣能够和阳殷熟识。公孙光又把臣托付给阳殷说：'淳于意喜好医家方术，您一定要善待他，他是个仰慕圣人之道的儒士。'就写信把臣嘱托给阳庆，臣因此认识了阳庆。臣恭敬谨慎地侍奉他，他因此而喜欢我。"

问臣意曰："吏民尝有事学意方，及毕尽得意方不？何县里人？"对曰："临菑人宋邑。邑学，臣意教以五诊①，岁余。济北王遣太医高期、王禹学，臣意教以经脉高下及奇络结②，当论俞（腧）③所居，及气当上下出入邪正逆顺，以宜镵石，定砭灸处，岁余。菑川王时遣太仓马长④冯信正方，臣意教以案（按）法逆顺，论药法，定五味及和齐（剂）汤法。高永侯家丞杜信，喜脉，来学，臣意教以上下经脉、五诊二岁余。临菑召里⑤唐安来学，臣意教以五诊、上下经脉、奇咳、四时应阴阳重，未成，除为齐王侍医。"

◎ **注释** ①〔五诊〕泛指诊脏腑之脉。②〔奇络结〕奇经络脉的交结之处。③〔俞（shù）〕通"腧"，穴位。④〔太仓马长〕太仓署中管理马政的长官。⑤〔召里〕里巷名。

◎ **大意** 问臣："官吏平民中曾有跟随你学习医术的，在他们结束学习时全部学到你的医方了吗？他们是哪里人？"臣答道："是临菑人宋邑。宋邑来学习，臣教他诊脉一年多。济北王派遣太医高期、王禹来学习，臣教他们经脉上下走向和奇经络脉结系之处，正确认识穴位的分布，以及经络之气通常上下出入的情况和区别邪正、顺逆的方法，什么是适合用针石治疗的病症，怎样依照病情确定砭灸治疗的部位，教了一年多。菑川王经常派遣太仓马长冯信来请教医方，臣教给他正、反两种按摩手法，论述用药的方法，鉴定药的性味与制作汤药的方法。高永侯的管家杜信，喜好诊脉，来学习，臣教给他经脉上下走向和诊脉的方法，教了两年多。临菑召里唐安来学习，臣教他诊脉和上下经脉的走向、奇咳术，以及脉象随四季阴阳而变化的道理，他还未学成，就被任命为齐王的侍医。"

问臣意："诊病决死生，能全无失乎？"臣意对曰："意治病人，必先切其脉，乃治之。败逆者不可治，其顺者乃治之。心不精脉，所期死生视可治，时时失之，臣意不能全也。"

◎**大意**　问臣："你诊病判断生死，能完全没有失误吗？"臣回答："我给人治病，一定先诊脉，再治疗。脉象呈现败逆之象的不能治疗，那些脉象平顺的才能治疗。如果心神不能分辨脉象，那么预料死期和判断能否治愈，就会经常出错，臣也不能完全没有失误。"

太史公曰：女无美恶，居宫见妒；士无贤不肖，入朝见疑。故扁鹊以其伎（技）见殃，仓公乃匿迹自隐而当刑。缇萦通尺牍，父得以后宁。故老子曰"美好者不祥之器"，岂谓扁鹊等邪？若仓公者，可谓近之矣。

◎**大意**　太史公说：女子不论美与丑，一旦入宫就会被妒忌；士无论贤能还是不肖，进入朝廷就会被猜疑。所以扁鹊因为他的医术而遭受灾祸，仓公因隐匿形迹自愿退隐而被判刑。缇萦上书朝廷，她的父亲才得到晚年的安宁。所以老子说"美好的东西是不祥之物"，难道是说扁鹊等人吗？如仓公这样的人，可以说是很接近的了。

◎**释疑解惑**

　　崔适在《史记探源》一书中提出此传以讲述扁鹊的医术为主，所记录的病人病症多取自杂传和寓言，不是信史。以扁鹊为赵简子诊病来推算时间，赵简子之前一百三十九年虢国就灭亡了，晋昭公也在此前九年去世，而赵简子死后的七十二年齐桓公才即位，以此推算，扁鹊的行医历程持续了二百多年，这明显是不可能的。"扁鹊"最早的身份是黄帝时代的名医，因此比较恰当的理解是本篇中的"扁鹊"并非单指一人，而是春秋战国时名医的代称。

在篇末的论赞中，作者感叹高明的医术会招致灾祸，成为不祥之器，表露了对名医不幸遭遇的扼腕叹息，寄寓了愤世嫉俗之情。

◎思考辨析题

1. 从齐桓侯讳疾忌医的故事中，我们可以得到什么启示？
2. 通过对本篇传记的研读，你对中医有什么看法？

吴王濞列传第四十六

　　吴王刘濞是汉高祖的侄子，高祖兄长刘仲的儿子，为汉初的诸侯王。本传虽名为"吴王濞列传"，但所塑造的主要人物并不止吴王刘濞一人，所记述的事件也不限于吴王刘濞的事迹，而是比较完整地记述了以吴王刘濞为首的七国之乱的起因、发展和结局。本传的第一部分主要写了两件事：第一件事是刘濞跟随高祖刘邦平定英布之乱，立下战功，又因荆王刘贾被英布杀害且没有子嗣继承王位，于是高祖封刘濞为吴王；第二件事是汉文帝时，吴国太子入京朝见，与皇太子对弈时发生争执，被皇太子失手误杀，刘濞因此对汉廷心生怨恨，这为七国之乱埋下了伏笔。第二部分写吴王刘濞依靠封国内的铜山和大海铸钱煮盐，获得了很多钱财，但也违反了汉廷的律法。诸侯王日渐跋扈，汉廷大臣晁错提出削减藩王封地的对策，严重影响了包括吴王刘濞在内的各位诸侯王的利益，引发了他们对汉廷的不满，并写信联合各方势力打算谋反。第三部分写袁盎一方面为了解除朝廷的忧患，一方面为了公报私仇，向景帝提出诛杀晁错使七国退兵的策略，被景帝采纳，把晁错腰斩于市。第四部分写汉军平叛的经过，其中详细写了剧孟、田禄伯、桓将等人为自己一方贡献的计谋，以及叛军和汉军调遣的过程和战争的胜败。整个事件情节完整，详略得当，穿插合宜，有条不紊，体现了太史公描写战争的巧妙笔法。

作品中的人物形象也极有特色。吴王刘濞虽为大逆不道的叛贼，但被写得有声有色。他虽目光短浅、独断专行，但不失豪迈，是一个富有悲剧气质的人物形象。汉景帝看似是维护汉室统治与国家安定的正义一方，但是他对失手打死吴国太子的行为毫无悔意，又在国家危亡时毫不留情地牺牲忠诚的臣子晁错，在与叛军开战时不愿积极救援自己的亲弟弟梁王刘武，而是希望他在与叛军的交战中损耗实力。这些情节都表现出他的冷酷残忍。除此之外，田禄伯、桓将军、周丘等次要人物，虽在本传中只有寥寥数语，但其过人的谋略与智慧依旧跃然纸上，活灵活现。可以说，本传对人物的描写极其高妙，突出表现了人物内心复杂的思想活动，使人物形象极有张力。

吴王濞者，高帝兄刘仲之子也。高帝已定天下七年，立刘仲为代王。而匈奴攻代，刘仲不能坚守，弃国亡，间行走雒阳，自归天子。天子为骨肉故，不忍致法，废以为郃阳侯。高帝十一年秋，淮南王英布反，东并荆①地，劫其国兵，西度淮，击楚②，高帝自将往诛之。刘仲子沛侯濞年二十，有气力，以骑将从破布军蕲③西会甀④，布走。

荆王刘贾为布所杀，无后。上患吴、会稽轻悍，无壮王以填之，诸子少，乃立濞于沛为吴王，王三郡五十三城。已拜受印，高帝召濞相之，谓曰："若状有反相。"心独悔，业已拜，因拊其背，告曰："汉后五十年东南有乱者，岂若邪？然天下同姓为一家也，慎无反！"濞顿首曰："不敢。"

◎**注释** ①〔荆〕荆国，都城吴县，今江苏苏州。荆王刘贾是刘邦同族，也是开国功臣。②〔楚〕楚国，国都彭城，今江苏徐州。楚王刘交是刘邦的同父异母弟。③〔蕲（qí）〕古地名，在今安徽宿州东南。④〔会甀（zhuì）〕蕲县下辖城邑。

◎**大意** 吴王刘濞，是汉高祖哥哥刘仲的儿子。汉高祖平定天下后的第七年，封刘仲为代王。匈奴进攻代国，刘仲不能坚守，丢下自己的封国逃走，从小路跑到雒阳，到皇帝面前自首。天子因为刘仲是自己的骨肉至亲，不忍心把刘仲处以死刑，就废去王爵，降为郃阳侯。汉高祖十一年的秋天，淮南王英布谋反，向东吞并荆国的土地，夺取了荆国的军队，又向西渡过淮河，进攻楚国，汉高祖亲自领兵前往征讨。刘仲的儿子沛侯刘濞二十岁，有豪气和武艺，参加了征伐英布的军队且担任骑将，在蕲县西的会甀打败了英布的军队，英布逃走。英布杀掉了荆王刘贾，刘贾没有后代。皇上担心吴与会稽一带的民风剽悍好斗，没有成年而又英武的国王镇守，刘邦自己的儿子还都年幼，就在沛县封立刘濞为吴王，掌管三郡五十三城。行过封王之礼，印信授予刘濞后，汉高祖召他来并为他相面，说："你的面相像是要造反的人。"心中暗自后悔，因为已经行过封王之礼，也已授予了印信，所以只能拍着他的背，说："汉立国后的第五十年冬天东南方有叛乱的人，难道是你吗？但天下的刘姓是一家人，千万不要造反！"刘濞叩头说："不敢。"

　　会孝惠、高后时，天下初定，郡国诸侯各务自拊（抚）循其民。吴有豫章郡铜山，濞则招致天下亡命者盗铸钱，煮海水为盐，以故无赋，国用富饶。

◎**大意** 在汉惠帝和高后时期，天下刚刚安定，各郡守和各封国的诸侯各自尽力安抚自己的百姓。吴国豫章郡有产铜的山，刘濞就找来天下的逃犯来私自铸钱，煮海水制盐，因此吴国不向百姓征税，而财用富足充盈。

孝文时，吴太子入见，得侍皇太子饮博①。吴太子师傅皆楚人，轻悍，又素骄，博，争道，不恭，皇太子引博局提吴太子，杀之。于是遣其丧归葬。至吴，吴王愠曰："天下同宗，死长安即葬长安，何必来葬为！"复遣丧之长安葬。吴王由此稍失藩臣之礼，称病不朝。京师知其以子故称病不朝，验问实不病，诸吴使来，辄系责治之。吴王恐，为谋滋甚。及后使人为秋请，上复责问吴使者，使者对曰："王实不病，汉系治使者数辈，以故遂称病。且夫'察见渊中鱼，不祥'。今王始诈病，及觉，见责急，愈益闭，恐上诛之，计乃无聊。唯上弃之而与更始。"于是天子乃赦吴使者归之，而赐吴王几杖，老，不朝。吴得释其罪，谋亦益解。然其居国以铜盐故，百姓无赋。卒践更②，辄与平贾（价）。岁时存问茂材，赏赐闾里③。佗（他）郡国吏欲来捕亡人者，讼共禁弗予。如此者四十余年，以故能使其众。

◎**注释** ①〔博〕古代的一种棋戏。②〔践更〕汉代的兵役叫"更"，亲自去服兵役的人叫"践更"。有一部分人不想亲自服兵役，就花钱雇人去。吴王刘濞为了收买人心，规定由他支付这笔钱，这样的话不想服兵役的人就不用出钱，去服兵役的人依旧能拿到钱。③〔闾里〕里巷，这里指平民百姓。

◎**大意** 汉文帝时，吴国太子刘贤进京朝见，有机会陪伴皇太子饮酒、下棋。吴国太子的师傅都是楚地人，他们轻浮剽悍的性格影响了吴国太子，使其性格一向骄横。吴国太子与皇太子下棋时，因为落子的方位而起了争执，吴国太子对皇太子不礼貌，皇太子拿起棋盘投击吴国太子，打死了他。于是派遣专人护送他的灵柩回吴国安葬。到了吴国，吴王生气地说："大家都是一家人，我的儿子死在长安就葬在长安，何必运回吴国安葬！"又派人护送灵柩到长安安葬。吴王因此渐渐不遵守藩臣的礼节，谎称自己有病，不进京朝见。朝廷知道他是因为儿子的缘故而谎称有病不来朝见，经查问得知吴王的确没病，所以所有前来朝拜的吴国使者都被拘押拷问。吴王害怕，加紧策划谋反。之后又派人在秋天进京朝拜，皇上又责问吴国使者，使者回答："吴王的确没有病，朝廷拘押处置了好几批吴国使者，因此就谎称有病。况且'看清深渊中的鱼，是不吉利的'。现在吴王刚谎称有病就被发现，受到了严厉的谴责，就愈来愈躲着陛下，因为害怕陛下把他杀掉，只能想出这些不靠谱的办法。希望陛下饶恕他以前的那些错误，和他重新建立良好的君臣关系。"于是皇帝就赦免了吴国使者，让他们回到吴国，并赐给吴王几杖，允许他因为年老而不来朝见。皇帝不追究吴王的过错，吴王造反的念头也就逐渐打消。然而因吴国盛产铜、盐，百姓不用纳税。凡是去服兵役的人，都按照当时市场雇工的价钱发给工钱。吴王逢年过节去慰问有才能的人，赏赐普通百姓。其他郡国的官吏来到吴国抓捕他们本国的逃犯，吴王对逃犯加以庇护，不予交出。这样做了四十多年，吴王已经可以随意调遣他的民众。

  晁错为太子家令①，得幸太子，数从容言吴过可削。数上书说孝文帝，文帝宽，不忍罚，以此吴日益横。及孝景帝即位，错为御史大夫②，说上曰："昔高帝初定天下，昆弟少，诸子弱，大封同姓，故王孽子悼惠王王齐七十余城，庶弟元王王楚四十余城，兄子濞王吴五十余城：封三庶孽，分天下半。今吴王前有太子之郄（隙），诈称病不朝，于古法当诛。文帝弗忍，因赐几杖，德至厚。当改过自新，乃益骄溢，即山铸钱，煮海水为盐，诱天下亡人，谋作乱。今削之亦反，不削之亦反。削之，其反亟，祸小；不削，反迟，祸大。"三年冬，楚王朝，晁错因言楚王戊往年为薄太后服，私奸服舍，请诛之。诏赦，罚削东海郡③。因削吴之豫章郡④、会稽郡⑤。及前二年赵王有罪，削其河间郡⑥。胶西王卬以卖爵有奸，削其六县。

◎**注释** ①〔太子家令〕为太子掌管饮食仓库的官职。②〔御史大夫〕主管弹劾的官职，位同副丞相。③〔东海郡〕郡治在今山东郯城，辖区在今山东临沂南部，江苏北部。④〔豫章郡〕郡治在今江西南昌，辖区大致为今江西全境。⑤〔会稽郡〕郡治在今江苏苏州，辖区大致为今江苏南部、上海西部、浙江大部以及福建部分地区。⑥〔河间郡〕郡治在今河北献县东南。

◎**大意** 晁错当太子家令时，得到了太子的信任，多次装作漫不经心地说吴王犯了重大过错，可以削减他的领地。他又多次上书劝谏汉文帝，文帝宽厚，不忍心责罚，因此吴王日益骄横。等到景帝即位，晁错担任御史大夫，劝谏皇帝说："当时高皇帝刚刚平定天下，兄弟少，儿子们幼弱，才会大量分封同姓诸侯王，所以封庶子悼惠王刘肥管辖齐国七十多座城池，庶弟楚元王刘交管辖楚国四十多座城池，侄儿刘濞管辖吴国五十多座城池；刘肥、刘交、刘濞三人的领土占了天下一半。现今吴王因杀子之仇，谎称生病不来朝见，按照古代的律法应当处死，文帝不忍心杀他，于是赏赐几杖，准许他不来朝见。恩德如此深厚。吴王本应改过自新，竟然更加骄横跋扈，就着铜山开采铸钱，把海水煮成盐，引诱天下的逃犯投奔他，图谋叛乱。现在削减他的封地他会造反，不削减他的封地他也会造反。削减他的封地，他反得急，危害小；不削减他的封地，他反得迟，危害大。"景帝三年的冬天，楚王来朝见，晁错趁机说楚王刘戊在给薄太后服丧时，在守丧的庐棚内奸淫了宫廷里的女子，请求判处他死刑。景帝下诏赦免楚王的死罪，削去他封国内的东海郡作为惩罚。又趁势削去吴国的豫章郡和会稽郡。前两年赵王有罪，削去他封地内的河间郡。胶西王刘卬因为在卖爵位时有非法行为，削去他封地内的六个县。

汉廷臣方议削吴。吴王濞恐削地无已，因以此发谋，欲举事。念诸侯无足与计谋者，闻胶西王勇，好气，喜兵，诸齐皆惮畏，于是乃使中大夫①应高誂②胶西王。无文书，口报曰："吴王不肖，有宿夕之忧，不敢自外，使喻其欢心。"王曰："何以教之？"高曰："今者主上兴于奸，饰于邪臣，好小善，听谗贼，擅变更律令，侵夺诸侯之地，征求滋多，诛罚良善，日以益甚。里语③有之，'舐糠及米'。吴与胶西，知名诸侯也，一时见察，恐不得安肆矣。吴王身有内病，不能朝请二十余年，尝患见疑，无以自白，今胁肩累足，犹惧不见释。窃闻大王以爵事有适，所闻诸侯削地，罪不至此，此恐不得削地而已。"王曰："然，有之。子将奈何？"高曰："同恶相助，同好相留，同情相成，同欲相趋，同利相死。今吴王自以为与大王同忧，愿因时循理，弃躯以除患害于天下，亿亦可乎？"王瞿然④骇曰："寡人何敢如是？今主上虽急，固有死耳，安得不戴？"高曰："御史大夫晁错，荧惑天子，侵夺诸侯，蔽忠塞贤，朝廷疾怨，诸侯皆有倍（背）畔（叛）之意，人事极矣。彗星出，蝗虫数起，此万世一时，而愁劳圣人之所以起也。故吴王欲内以晁错为讨，外随大王后车，彷徉天下，所乡（向）者降，所指者下，天下莫敢不服。大王诚幸而许之一言，则吴王率楚王略函谷关⑤，守荥阳⑥敖仓之粟，距（拒）汉兵。治次舍，须大王。大王有幸而临之，则天下可并，两主分割，不亦可乎？"王曰："善。"高归报吴王，吴王犹恐其不与，乃身自为使，使于胶西，面结之。

◎**注释** ①〔中大夫〕帝王身边的侍从官员。②〔誂（tiǎo）〕引诱，煽动。③〔里语〕俗话。④〔瞿（jù）然〕惊骇貌。⑤〔函谷关〕古代由东向西进入关中的门户，在今河南灵宝东北。⑥〔荥阳〕在今河南荥阳。

◎**大意** 汉廷的大臣正准备议论削减吴王的封地，吴王刘濞担心削减封地没有止境，就趁机想好计谋，打算起事。想到诸侯中没有可以一起谋划的人，听说胶西王勇猛，好任性使气，喜欢打仗，齐地的诸侯都畏惧他，于是就派中大夫应高去劝说他。没有书信，应高口头通报胶西王说："吴王没有才德，早晚面临忧患，不敢把自己当作外人，让我来传达他对您的好感。"胶西王说："有什么赐教？"应高说："现在皇帝内心产生了奸诈的想法，打着奸邪之臣的幌子，喜欢小恩小惠，听信谗言，随便更改国家的各项章程，侵夺诸侯王的领土，向诸侯国征调的财物日渐增多，惩治善良的人，一天比一天严重。俗语说，'把表皮上的糠舔掉，就吃到其中的米了'。吴国和胶西国都是知名的诸侯国，一旦被朝廷查办，就不能安宁随意了。吴王身有暗疾，二十多年不能进京朝见，曾经担心被怀疑，没法表明自己的心迹，如今紧缩双肩，收拢两足，如此小心翼翼，还惧怕不能被饶恕。我私下听说大王您因为卖爵之事受到责罚，听说其他遭到削地惩处的诸侯，所犯的过错没有大王您这么大，您的过错恐怕不只是削减封地能了结的。"胶西王说："是的，有这样的事。您看我该怎么办？"应高说："对付共同的仇恨对象应该互相帮助，有共同爱好的人应该相互关心，有共同情感的人应该彼此成就，有共同欲望的人应该互相奔走效力，有共同利益的人应该为彼此效死。现在吴王认为与大王您正忧虑同一个问题，希望趁着时机有利，遵循天理，牺牲自己为天下除害，想来是可以的吧？"胶西王吃惊地说："我怎敢做这样的事？如今即便皇帝逼得我无路可走，我能一死了之，怎么可以不拥戴他呢？"应高说："御史大夫晁错，迷惑皇帝，削减诸侯国的封地，蒙蔽忠良，阻塞贤臣，大臣们怨憎他，诸侯国想要反叛，人心向背的表现已经到了极点。彗星出现，蝗灾频发，是万年不遇的好时机，而百姓遭受苦难正是圣人起事的好时机。所以吴王想要以讨伐晁错为起兵的借口，跟随在大王您的车后，在天下间纵横驰骋，所向之处无人能敌，所指之处无城不降，天下没有谁敢不服从。大王您如果能答应一同举事，那么吴王率领楚王直取函谷关，占领荥阳，夺得敖仓的粮食，对抗朝廷的军队。给您安排好住处，等待大王您。如果大王您能够光临那里，那么就可以吞并天下，到时吴王与大王您分割天下，不也是可以的吗？"胶西王说："好。"应高回报吴王，吴王还害怕他不同意，就亲自出使胶西国，当面结盟。

胶西群臣或闻王谋，谏曰："承一帝，至乐也。今大王与吴西乡（向），弟令事成，两主分争，患乃始结。诸侯之地不足为汉郡什二，而为畔（叛）逆以忧太后，非长策也。"王弗听。遂发使约齐、菑川、胶东、济南、济北，皆许诺，而曰"城阳景王有义，攻诸吕，勿与，事定分之耳"。

◎**大意** 胶西国的一些大臣听说了这个密谋,劝谏说:"拥戴一个皇帝,是最好的事情。如今大王您与吴王向西用兵,即使起事成功,两个君主分争,祸患就从此开始了。诸侯国的封地不到朝廷直属郡县的十分之二,却发动叛乱使太后担忧,不是好主意。"胶西王没有听从。于是派遣使者联合齐王、菑川王、胶东王、济南王、济北王一同举事,他们都答应了,而且说"城阳景王讲道义,曾剿灭吕氏家族,不要让他参加,事情成功后也将利益分给他一份好了"。

诸侯既新削罚,振(震)恐,多怨晁错。及削吴会稽、豫章郡书至,则吴王先起兵,胶西正月丙午诛汉吏二千石以下,胶东、菑川、济南、楚、赵亦然,遂发兵西。齐王后悔,饮药自杀,畔(叛)约。济北王城坏未完,其郎中令①劫守其王,不得发兵。胶西为渠率,胶东、菑川、济南共攻围临菑。赵王遂亦反,阴使匈奴与连兵。

◎**注释** ①〔郎中令〕守卫王官门户,掌管王者身边侍从的官员。
◎**大意** 诸侯国都刚经受了削减封地的惩罚,震惊恐惧,大多怨恨晁错。等到削去吴国会稽郡、豫章郡的诏书到达,吴王就首先起兵,胶西王在正月丙午日诛杀朝廷派到吴国任职的二千石以下的官员,胶东王、菑川王、济南王、楚王、赵王也都这样做,于是发动军队西进。齐王后悔,喝下毒药自杀,背叛了盟约。济北王的城墙坏了没有修好,其郎中令劫持看守济北王,没能发兵。胶西王为首领,和胶东王、菑川王、济南王一起围攻临菑。赵王刘遂也造反了,暗中派出使者联合匈奴的军队。

七国之发也,吴王悉其士卒,下令国中曰:"寡人年六十二,身自将。少子年十四,亦为士卒先。诸年上与寡人比,下与少子等者,皆发。"发二十余万人。南使闽越、东越,东越亦发兵从。

◎**大意** 七国发动叛乱时，吴王征调所有他可征调的士兵，下令吴国全境说："我今年六十二岁了，亲自统率军队，我的小儿子十四岁，也在行伍的前列。凡是年龄上与我相同，下与我儿子一样的人，全部出征！"出动了二十多万人。派遣使者到南方的闽越国、东越国，东越国也出兵跟随。

孝景帝三年正月甲子，初起兵于广陵。西涉淮，因并楚兵。发使遗诸侯书曰："吴王刘濞敬问胶西王、胶东王、菑川王、济南王、赵王、楚王、淮南王、衡山王、庐江王、故长沙王子：幸教寡人！以汉有贼臣，无功天下，侵夺诸侯地，使吏劾系讯治，以僇辱之为故，不以诸侯人君礼遇刘氏骨肉，绝先帝功臣，进任奸宄①，诖②乱天下，欲危社稷。陛下多病志失，不能省察。欲举兵诛之，谨闻教。敝国虽狭，地方三千里；人虽少，精兵可具五十万。寡人素事南越三十余年，其王君皆不辞分其卒以随寡人，又可得三十余万。寡人虽不肖，愿以身从诸王。越直长沙者，因王子定长沙以北，西走蜀③、汉中④。告越、楚王、淮南三王，与寡人西面；齐诸王与赵王定河间⑤、河内⑥，或入临晋关⑦，或与寡人会雒阳；燕王、赵王固与胡王有约，燕王北定代⑧、云中⑨，抟（专）胡众入萧关⑩，走长安，匡正天子，以安高庙。愿王勉之。楚元王子、淮南三王或不沐洗十余年，怨入骨髓，欲一有所出之久矣，寡人未得诸王之意，未敢听。今诸王苟能存亡继绝，振弱伐暴，以安刘氏，社稷之所愿也。敝国虽贫，寡人节衣食之用，积金钱，修兵革，聚谷食，夜以继日，三十余年矣。凡为此，愿诸王勉用之。能斩捕大将者，赐金五千斤，封万户；列将，三千斤，封五千户；裨将，二千斤，封二千户；二千石，千斤，封千户；千石，五百斤，封五百户：皆为列侯。其以军若城邑降者，卒万人，邑万户，如得大将；人户五千，如得列将；人户三千，如得裨将；

人户千，如得二千石；其小吏皆以差次受爵金。佗（他）封赐皆倍军法。其有故爵邑者，更益勿因。愿诸王明以令士大夫，弗敢欺也。寡人金钱在天下者往往而有，非必取于吴，诸王日夜用之弗能尽。有当赐者告寡人，寡人且往遗之。敬以闻。"

◎**注释** ①〔宄（guǐ）〕坏人。②〔诖（guà）〕惑乱。③〔蜀〕汉郡名，郡治在今四川成都。④〔汉中〕汉郡名，郡治在南郑，即今陕西汉中。⑤〔河间〕河间郡，郡治在今河北献县东南，辖区在今河北一带。⑥〔河内〕汉郡名，郡治在怀县，即今河南武陟西南，辖区包括今河南焦作、济源全境和新乡、安阳部分地区。⑦〔临晋关〕在今陕西大荔东的黄河西岸。⑧〔代〕代郡，郡治在今河北蔚县的代王城。⑨〔云中〕云中郡，郡治在今内蒙古托克托东北。⑩〔抟（zhuān）胡众入萧关〕抟，专门统领。萧关，在今宁夏固原东南。

◎**大意** 汉景帝三年（前154年）正月甲子日，吴王率先在广陵起兵。向西渡过淮河，趁机归并楚国的军队。他派遣使者给诸侯王送去书信说："吴王刘濞恭敬地问候胶西王、胶东王、菑川王、济南王、赵王、楚王、淮南王、衡山王、庐江王、已故长沙王的儿子：幸得诸王赐教。朝廷中有奸臣晁错，对天下没有功劳，却要侵夺诸侯的土地，派遣官员弹劾、逮捕、审讯、惩治诸侯，专门来侮辱诸侯，不用对待诸侯王的礼仪来对待刘氏骨肉，抛弃前代皇上的功臣，提拔任用奸诈的坏人，惑乱天下，想要危害国家。陛下经常生病且神智失常，不能看清晁错的奸诈。诸侯想要起兵诛杀晁错，我就听从你们的教导起兵了。我的封国虽然狭小，领地尚有方圆三千里；人口虽然稀少，尚可以征集五十万精兵。我与南越王交好三十多年，那里的国君都不推辞向我提供援助，又可以得到三十多万士兵。我虽然没有才德，但甘愿亲自追随各诸侯王。北对长沙的南越，由故长沙王的子孙率军攻占长沙以北的长江流域，向西直奔蜀郡和汉中郡。通报南越王、楚王、淮南王，与我一起西进；齐地各诸侯王和赵王平定河间郡、河内郡，赵国军队进入临晋关，齐地四国军队与我在雒阳会师；燕王和赵王本来跟匈奴单于有盟约，燕王向北平定代郡、云中郡，率领匈奴士兵奔袭萧关，直趋长安，扶正天子，稳定朝廷秩序，使高祖的在天之灵不受惊扰。希望各位诸侯王努力行事。楚元王的儿子与淮南之地的三位诸侯王对朝廷的怨恨已积攒了十余年，一直想要找机会发泄，我没有征求各位诸侯王的意见，没敢听从。如今各位诸侯王如果能够使即将灭亡的国家存活下来，使快要断绝的世系延续下去，拯救弱小，讨伐强暴，从而安定刘氏的政权，对整个国家都是有好处的。我的封国虽然贫穷，我节省穿衣吃饭的花费，积攒金钱，修缮兵甲，屯聚粮食，日夜不停，已有三十多年了。我所做的这些，都是为了今日举事，请各位诸侯尽情使用这些财务。能够斩杀俘获朝中大将的，赏赐黄金五千斤，封万户侯；斩杀俘获一般将领的，赏赐黄金三千斤，封五千户侯；斩杀俘获副将的，赏赐黄金二千斤，封二千户侯；斩杀俘获级别二千石的官吏的，赏赐黄金一千斤，封千户侯；斩杀俘获级别一千石的官吏的，赏赐黄金五百斤，封五百户侯：都封为列侯。那些率领军队或带着城邑来投降的，带来士兵万人或者万户城邑的，比照斩杀俘获大将的封赏；带来士兵五千人或者五千户城邑的，比照斩杀俘获普通将军的封赏；带来士兵三千人或三千户城邑的，比照斩杀俘获副将的封赏；带来士兵一千人或千户城邑的，比照斩杀俘获二千石官员的封赏；不够上述级别的小官吏也会得到不同程度的奖金。在其他方面立功应该受到奖励的，也会比平时的奖励多一倍。原本就有爵禄和领地的人，现在会增加而不是维持原状。希望各诸侯王明确地把这些规定宣告给各级官吏，不要欺瞒。我的钱财在天下各处都有，不一定要到吴国来取，诸侯王们日夜使用也用不完。有应当赏赐的人就告诉我，我将前去授予他封赏。我把这些情况恭敬地告诉你们。"

七国反书闻天子，天子乃遣太尉条侯周亚夫将三十六将军，往击吴楚；遣曲周侯郦寄击赵；将军栾布击齐；大将军窦婴屯荥阳，监齐赵兵。

◎**大意** 七国的反叛文书上报天子，天子就派遣太尉条侯周亚夫率领三十六位将军及士兵，前往迎击吴、楚叛军；派遣曲周侯郦寄攻击赵国叛军；将军栾布攻击齐国叛军；大将军窦婴驻扎在荥阳，监视齐、赵两路叛军。

吴王濞列传第四十六

吴楚反书闻，兵未发，窦婴未行，言故吴相袁盎。盎时家居，诏召入见。上方与晁错调兵笇（算）军食，上问袁盎曰："君尝为吴相，知吴臣田禄伯为人乎？今吴楚反，于公何如？"对曰："不足忧也，今破矣。"上曰："吴王即山铸钱，煮海水为盐，诱天下豪桀，白头举事。若此，其计不百全，岂发乎？何以言其无能为也？"袁盎对曰："吴有铜盐利则有之，安得豪桀而诱之！诚令吴得豪桀，亦且辅王为义，不反矣。吴所诱皆无赖子弟、亡命铸钱奸人，故相率以反。"晁错曰："袁盎策之善。"上问曰："计安出？"盎对曰："愿屏左右。"上屏人，独错在。盎曰："臣所言，人臣不得知也。"乃屏错。错趋避东厢，恨甚。上卒问盎，盎对曰："吴楚相遗①书，曰'高帝王子弟各有分地，今贼臣晁错擅適（谪）过诸侯，削夺之地'。故以反为名，西共诛晁错，复故地而罢。方今计独斩晁错，发使赦吴楚七国，复其故削地，则兵可无血刃而俱罢。"于是上嘿（默）然良久，曰："顾诚何如，吾不爱一人以谢天下。"盎曰："臣愚计无出此，愿上孰（熟）计之。"乃拜盎为太常②，吴王弟子德侯为宗正③。盎装治行。后十余日，上使中尉④召错，绐（诒）⑤载行东市。错衣朝衣斩东市。则遣袁盎奉宗庙，宗正辅亲戚，使告吴如盎策。至吴，吴楚兵已攻梁壁矣。宗正以亲故，先入见，谕吴王使拜受诏。吴王闻袁盎来，亦知其欲说己，笑而应曰："我已为东帝，尚何谁拜？"不肯见盎而留之军中，欲劫使将。盎不肯，使人围守，且杀之，盎得夜出，步亡去，走梁军，遂归报。

◎**注释** ①〔遗（wèi）〕赠予，送给。②〔太常〕掌管宗庙祭祀的官职。③〔宗正〕掌管皇帝宗族事务的官职。④〔中尉〕主管京城治安的长官。⑤〔绐（dài）〕同"诒"。哄骗。

◎**大意** 吴国和楚国造反的文书上报后,朝廷还没有发兵,窦婴也没有出发,说起曾经的吴国国相袁盎。袁盎此时在家赋闲,皇帝下诏让他进见。皇帝正与晁错一起调遣军队,筹措军粮,皇帝问袁盎说:"您曾经担任吴国国相,知道吴国大臣田禄伯是什么样的人吗?如今吴楚七国造反,您看情况怎样?"袁盎回答:"不值得忧虑,马上就能打败他们了。"皇帝说:"吴王依傍着铜山铸造钱币,把海水煮成盐,招揽天下豪杰,到了老年才起事。这样看来,如果他的计划不是万分周全,他难道还会发难吗?为什么说他不会有所作为呢?"袁盎回答:"吴国有铜矿、海盐是真的,可哪有真正的豪杰能被他引诱去呢。如果吴王真的得到豪杰,他们会辅佐吴王做仁义的事情,吴王就不会反叛了。吴王所招致的都是无赖子弟、犯罪逃亡之人和盗铸私钱的恶人,所以彼此应和着造反。"晁错说:"袁盎分析得对。"皇上问:"应该采取什么对策?"袁盎回答:"请您让身边的人回避。"皇帝让身边的人退去,只有晁错在。袁盎又说:"我所说的,臣子是不能知道的。"皇帝让晁错回避,晁错小步疾行到东边的侧室里,十分恼恨。皇帝问袁盎,袁盎回答:"吴楚互相通信,说'高皇帝分封给子弟领土,如今奸臣晁错随意处罚诸侯,削减他们的领土'。所以以此为反叛的名号,一齐西进要诛杀晁错,收回原有的土地才能罢休。现在的对策只有诛杀晁错,派遣使臣赦免吴楚七国造反的罪名,恢复他们被削减的领土,那么可以不经过战争就让他们都退兵。"这时皇上沉默了好久,说:"关键是不知效果会怎样,我不吝惜杀掉一个人而向天下人致歉。"袁盎说:"我那些愚蠢的策略没有能超过这个的了,希望陛下仔细考虑。"于是皇帝任命袁盎为太常,吴王刘濞的侄儿德侯为宗正。袁盎收拾行装,做出发的准备。过后十多天,皇上派中尉召见晁错,哄骗晁错上车,把他拉到了长安城东的市场。晁错穿着朝服被斩杀于东市。之后皇帝派遣袁盎代表朝廷,宗正代表刘氏宗族,按照袁盎的策略通报吴王。他们达到吴国军中时,吴楚叛军已经开始进攻梁国的防线。由于宗正是亲属,先进去见吴王,让吴王行礼接受诏书。吴王听说袁盎来了,也知道他要游说自己,笑着回答:"我已经成为了东方的皇帝,还要向谁行拜礼?"不肯见袁盎而把他扣留在军营中,想要劫持逼迫他担任叛军的大将。袁盎不答应,吴王派人看守他,想把他杀掉,袁盎趁夜晚逃出军营,步行直奔梁军,回到朝廷通报。

条侯将乘六乘传①，会兵荥阳。至雒阳，见剧孟，喜曰："七国反，吾乘传至此，不自意全。又以为诸侯已得剧孟，剧孟今无动。吾据荥阳，以东无足忧者。"至淮阳，问父绛侯故客邓都尉②曰："策安出？"客曰："吴兵锐甚，难与争锋。楚兵轻，不能久。方今为将军计，莫若引兵东北壁昌邑③，以梁委吴，吴必尽锐攻之。将军深沟高垒，使轻兵绝淮泗口④，塞吴饷道。彼吴梁相敝而粮食竭，乃以全强制其罢（疲）极，破吴必矣。"条侯曰："善。"从其策，遂坚壁昌邑南，轻兵绝吴饷道。

◎**注释**　①〔乘六乘传（shèng zhuàn）〕乘坐六匹马拉的驿车。传，驿车。②〔都尉〕中级武官。③〔昌邑〕汉县名，县治在今山东金乡西北。④〔淮泗口〕淮水与泗水的汇流处，在今江苏洪泽西。

◎**大意**　条侯乘坐六匹马拉的驿车，与从各方调来的大军在荥阳相会，到达雒阳，见到剧孟，高兴地说："七国造反，我坐驿车到这里，想不到竟然能够安全到达。又以为诸侯们已经将剧孟请去，没想到剧孟现在还没有被叛军网罗。我一旦控制了荥阳，东方地区就没什么可值得忧虑的了。"到达淮阳，条侯问曾给他父亲绛侯当门客的邓都尉说："有什么策略呢？"门客说："吴军战斗力很强，不能与他们正面交锋。楚军不够持重，不能坚持长久。现在为将军筹谋，不如带领军队去东北方的昌邑修筑工事，把梁国扔给吴军，吴军一定用最精锐的士兵去攻打。将军挖深沟筑高墙坚守不战，派轻装部队斩断淮泗口吴军前方和后方的联络，断绝吴军粮食供给。等到吴国与梁国对战到士兵疲惫、粮食耗尽的时候，用您强大的兵团收拾他们疲惫到极点的军队，一定可以打败吴军。"条侯说："好。"就听从他的策略，在昌邑南边坚守，派遣灵活快速的突袭部队去断绝吴军的粮道。

吴王之初发也，吴臣田禄伯为大将军。田禄伯曰："兵屯聚而西，无佗（他）奇道，难以就功。臣愿得五万人，别循江淮而上，收淮南、长沙，入武关①，与大王会，此亦一奇也。"吴王太子谏曰："王以反为名，此兵难以藉人，藉人亦且反王，奈何？且擅兵而别，多佗（他）利害，未可知也，徒自损耳。"吴王即不许田禄伯。

◎**注释** ①〔武关〕在今陕西丹凤东南，是河南南部进入陕西的要道。
◎**大意** 吴王刚起事的时候，吴国臣子田禄伯担任大将军。田禄伯说："军队汇聚在一起向西前进，没有别的出乎意料的谋略，难以成功。我希望率领五万人，沿长江、淮河逆流而上，收服淮南国、长沙国的军队，攻入武关，跟大王您会师，这也是一条奇计。"吴国太子劝谏说："父王您以造反为名号，这种军队不能依靠别人统领，如果让别人来统领，别人也会带着这些军队来反叛您，到时该怎么办？况且握有兵权的大将一旦分兵而出，危险甚多，后果难以预料，只是白白地削弱自己的实力罢了。"于是吴王没有答应田禄伯的计策。

  吴少将桓将军说王曰："吴多步兵，步兵利险；汉多车骑，车骑利平地。愿大王所过城邑不下，直弃去，疾西据雒阳武库，食敖仓粟，阻山河之险以令诸侯，虽毋入关，天下固已定矣。即大王徐行，留下城邑，汉军车骑至，驰入梁楚之郊，事败矣。"吴王问诸老将，老将曰："此少年推锋之计可耳，安知大虑乎！"于是王不用桓将军计。

◎**大意** 吴国少将桓将军劝说吴王："吴国步兵多，步兵在崎岖险要之地作战有利；汉多车兵与骑兵，车兵与骑兵适宜在广阔的平原上作战。希望大王放弃一时攻不下的城邑，抛开它们前进，急速西进占领雒阳的武器库，取得敖仓的粮食，凭借有力的山川形势来号令诸侯，这样即使没有进入函谷关，天下也注定是您的了。如果大王缓慢前进，停下来攻占城邑，汉军的车兵和骑兵到来，占据梁国和楚国之间的要冲，事情就糟糕了。"吴王询问各位老将，老将说："这位少年冲锋陷阵的战术还行，哪里懂得深谋远虑啊！"于是吴王没有采用恒将军的主意。

  吴王专并将其兵，未度（渡）淮，诸宾客皆得为将、校尉、候、司马^①，独周丘不得用。周丘者，下邳^②人，亡命吴，酤酒无行，吴王濞薄之，弗任。周丘上谒，说王曰："臣以无能，不得待罪行间。臣非敢求有所将，愿得王一汉节^③，必有以报王。"王乃予之。周丘得节，夜驰入下邳。下邳时闻吴反，皆城守。至传舍^④，召令。令入户，使从者以罪斩令。遂召昆弟所善豪吏告曰："吴反兵且至，至，屠下邳不过食顷。今先下，家室必完，能者封侯矣。"出乃相告，下邳皆下。周丘一夜得三万人，使人报吴王，遂将其兵北略城邑。比至城阳^⑤，兵十余万，破城阳中尉军。闻吴王败走，自度无与共成功，即引兵归下邳。未至，疽^⑥发背死。

◎**注释**　①〔将、校尉、候、司马〕皆为古代军官名。当时一位将军麾下有五个部，各部的长官为校尉，各部中司法的官员称为司马；校尉属下又分为若干曲，曲的长官称为军候。②〔下邳（pī）〕汉县名，县治在今江苏邳州西南，当时属渤海郡。③〔汉节〕朝廷发给使者外出办事的凭证，使者可凭此对有关部门下令，甚至调兵。④〔传（zhuàn）舍〕相当于现在的旅社、宾馆。⑤〔城阳〕城阳国，国都在今山东莒县。⑥〔疽（jū）〕又称"痈"，一种恶疮，生于颈部和背部时有生命危险。

◎**大意**　吴王专断地集中统率他的军队，还没有渡过淮河时，众位宾客都得以担任将军、校尉、军候、司马等职，只有周丘没有得到任用。周丘是下邳县人，逃亡到吴国，以卖酒为生，品行不端，吴王刘濞轻视他，不任用他。周丘进见，游说吴王道："我没有才能，不能担任军职。我不敢让大王拨给我多少人马，只希望得一枚当年朝廷发给大王的符节，一定有收获来回报大王。"吴王就把符节给了他。周丘得到符节，在夜晚驱车进入下邳城。当时下邳人听说吴王反叛，都在城内防守。周丘达到旅社，召见县令。县令进门，周丘让随从给县令安了个罪名，并且杀掉了他。又召见他家中兄弟及和他关系好的官员，告诉他们："吴国的叛军就要来了，等他们一到，杀光下邳的人用不了一顿饭的工夫。如果带头投降吴国，家族一定能够完好无伤，有本事的人还可以封侯。"他们出去互相转告，下邳人全部投降。周丘一夜得到三万人，派人报告吴王，便率领他们向北攻城略地。等到了城阳，军队扩充到十万多人，打败了城阳中尉的军队。听说吴王战败逃走，估计没人可以和他合作，成就大事，就率领军队回到下邳。他还没到下邳，就因背上长出恶疮而死。

二月中，吴王兵既破，败走，于是天子制诏将军曰："盖闻为善者，天报之以福；为非者，天报之以殃。高皇帝亲表功德，建立诸侯，幽王、悼惠王绝无后，孝文皇帝哀怜加惠，王幽王子遂、悼惠王子卬等，令奉其先王宗庙，为汉藩国，德配天地，明并日月。吴王濞倍（背）德反义，诱受天下亡命罪人，乱天下币，称病不朝二十余年，有司数请濞罪，孝文皇帝宽之，欲其改行为善。今乃与楚王戊、赵王遂、胶西王卬、济南王辟光、菑川王贤、胶东王雄渠约从（纵）反，为逆无道，起兵以危宗庙，贼杀大臣及汉使者，迫劫万民，夭杀无罪，烧残民家，掘其丘冢，甚为暴虐。今卬等又重逆无道，烧宗庙，卤（虏）御物，朕甚痛之。朕素服避正殿，将军其劝士大夫击反虏。击反虏者，深入多杀为功，斩首捕虏比三百石以上者皆杀之，无有所置。敢有议诏及不如诏者，皆要（腰）斩。"

◎**大意** 二月中旬，吴王的军队被打垮，失败逃走，于是天子给诸位将军下令说："听说做好事的，上天用福禄来报答他；做了坏事的，上天用灾祸来惩罚他。高皇帝亲自表彰有功德的人，分封诸侯国，赵幽王、齐悼惠王没有后代承袭王位，孝文皇帝哀痛怜悯而施以恩惠，封赵幽王的儿子刘遂、齐悼惠王的儿子刘印等人为王，让他们奉祀前代国王的宗庙，同为汉廷的藩国，高皇帝与孝文皇帝的德行和天地匹配，光辉与日月相同。吴王刘濞背叛恩德违反道义，收容天下逃亡的罪人，扰乱国家的货币制度，二十多年来谎称有病不朝见天子，相关官员多次请求治刘濞之罪，孝文皇帝饶恕了他，想要他弃恶从善。现在他竟然与楚王刘戊、赵王刘遂、胶西王刘印、济南王刘辟光、菑川王刘贤、胶东王刘雄渠联合造反，做叛逆无道之事，起兵危害朝廷，杀害汉廷的大臣和使者，胁迫万民与他一起造反，滥杀无辜，烧毁民房，挖掘坟墓，残暴至极。如今刘印等人又加倍地倒行逆施，焚烧祖先庙堂，抄掠朝廷器物，朕十分悲痛。朕穿着素服搬离正殿，将军们请勉励全体将士反击叛军。攻击反贼的士兵，进剿越深，斩杀越多，功劳越大，捕捉到反贼中品级接近三百石的官吏一律诛杀，一个也不要放过。敢有议论此诏书以及不遵守诏书的，一律腰斩。"

初，吴王之度（渡）淮，与楚王遂西败棘壁①，乘胜前，锐甚。梁孝王恐，遣六将军击吴，又败梁两将，士卒皆还走梁。梁数使使报条侯求救，条侯不许。又使使恶条侯于上，上使人告条侯救梁，复守便宜不行。梁使韩安国及楚死事相弟张羽为将军，乃得颇败吴兵。吴兵欲西，梁城守坚，不敢西，即走条侯军，会下邑②。欲战，条侯壁，不肯战。吴粮绝，卒饥，数挑战，遂夜奔条侯壁，惊东南。条侯使备西北，果从西北入。吴大败，士卒多饥死，乃畔（叛）散。于是吴王乃与其麾下壮士数千人夜亡去，度（渡）江走丹徒③，保东越。东越兵可万余人，乃使人收聚亡卒。汉使人以利啖东越，东越即给吴王，吴王出劳军，即使人鈠④杀吴王，盛其头，驰传以闻。吴王子子华、子驹亡走闽越。吴王之弃其军亡也，军遂溃，往往稍降太尉、梁军。楚王戊军败，自杀。

◎**注释** ①〔棘壁〕汉邑名，在今河南永城西南。②〔下邑〕汉县名，县治在今安徽砀山。③〔丹徒〕汉县名，县治在今江苏镇江东南。④〔铍(cōng)〕短矛。

◎**大意** 当初，吴王渡过淮河，和楚王的军队一起打败棘壁守军，乘胜前进，士气正盛。梁孝王恐惧，派遣六位将军攻击吴军，吴军又打败梁国的两位将军，士兵都逃回梁国。梁国屡次派遣使者向条侯求救，条侯没有同意。又派遣使者到皇帝那里告状，皇帝派人告知条侯去援助梁国，条侯斟酌利弊决定不去援救。梁国派遣韩安国和楚国为国事牺牲的相国张尚之弟张羽担任将军，才稍稍打了一些胜仗。吴军想要西进，梁国据城而守，吴国不敢向西，就转而北攻条侯的军队，两股军队在下邑相遇。吴军想要交战，条侯坚守壁垒，不肯出战。吴军断了粮食，士兵饥饿，屡次挑战，便趁夜晚突袭条侯营垒，骚扰东南角。条侯命令防备西北角，吴军果然从西北角进入，吴军大败，饿死了很多士兵，吴军叛变逃散。于是吴王就和他部下中几千精壮的士兵趁夜晚逃走，渡长江逃到丹徒，又投奔东越。东越的军队约有一万人，于是吴王派人召集逃散的士兵。汉朝廷派人用厚利收买东越，东越就欺骗吴王，吴王外出慰问军队，便派人刺杀吴王，装着他的头乘驿车飞快地上报皇帝。吴王的儿子刘子华、刘子驹逃到闽越。吴王丢下他的军队逃亡，军队便溃散了，陆续向太尉与梁国军队投降。楚王刘戊因为战败自杀。

　　三王之围齐临菑也，三月不能下。汉兵至，胶西、胶东、菑川王各引兵归。胶西王乃袒跣，席稿，饮水①，谢太后。王太子德曰："汉兵远，臣观之已罢（疲），可袭，愿收大王余兵击之，击之不胜，乃逃入海，未晚也。"王曰："吾士卒皆已坏，不可发用。"弗听。汉将弓高侯颓当遗王书曰："奉诏诛不义，降者赦其罪，复故；不降者灭之。王何处，须以从事。"王肉袒叩头汉军壁，谒曰："臣卬奉法不谨，惊骇百姓，乃苦将军远道至于穷国，敢请菹醢②之罪。"弓高侯执金鼓见之，曰："王苦军事，愿闻王发兵状。"王顿首膝行对曰："今者，晁错天子用事臣，变更高皇帝法令，侵夺诸侯地。卬等以为不义，恐其败乱天下，七国发兵，且以诛错。今闻错已诛，卬等谨以罢兵归。"将军曰："王苟以错不善，何不以闻？乃未有诏虎符，擅发兵击义国。以此观之,意非欲诛错也。"乃出诏书为王读之。读之讫,曰:"王其自图。"王曰:"如卬等死有余罪。"遂自杀。太后、太子皆死。胶东、菑川、济南王皆死,国除,纳于汉。郦将军围赵,十月而下之,赵王自杀。济北王以劫故,得不诛,徙王菑川。

◎**注释** ①〔袒跣(xiǎn),席稿,饮水〕赤裸上身,光着脚,卧在草席上,喝白水。都是古人认罪、请罪的行为。②〔菹醢(zū hǎi)〕剁成肉酱。

◎**大意** 齐地造反的三个诸侯王围攻临菑,三个月没能攻下。汉军到来,胶西王、胶东王、菑川王各自带着军队返回。胶西王于是赤裸着上身,光着脚,卧在草席上,喝白水,向胶西王太后谢罪。胶西王的太子刘德说:"汉军长途奔袭,我看他们已经疲乏,可以偷袭,我想整合父王的残余军队去攻击他们,如果没有获胜,就逃到海上去,也为时不晚。"胶西王说:"我的士兵已经溃不成军,不能继续战斗。"没有听从。汉廷将领弓高侯颓当给胶西王送去书信说:"我奉皇帝诏令讨伐逆贼,投降的人将被赦免罪过,恢复原有的官位;不投降的人就要被消灭。大王您打算怎么办,我要等着您的答复以确定我的行动。"胶西王脱去上衣到汉军营前磕头,说:"我没能谨慎地遵守法度,惊扰了百姓,竟连累将军远道来到我这偏僻的小国,请求您把我剁成肉酱。"弓高侯手持战鼓接见他,说:"大王这一段时间忙于军事,十分辛苦,希望大王讲讲举事的过程。"胶西王叩头用膝盖前行,回答说:"现在晁错是天子身边当权的大臣,变更高皇帝的法令,削减诸侯国的封地。我等认为晁错不讲道义,害怕他败坏扰乱天下,所以七国才会出动军队,想要诛杀晁错。现在听说晁错已被诛杀,我等就谨慎地撤兵了。"韩将军说:"如果大王认为晁错不好,为什么不上报皇帝?竟然在没有皇帝的诏书,也没有调兵虎符的情况下,擅自发动军队袭击正义的诸侯国。由此看来,你们的意图不是要诛杀晁错。"于是拿出诏书向胶西王宣读。宣读完毕,说:"大王还是考虑一下怎么安置自己吧。"胶西王说:"像我这样的人死有余辜。"于是就自杀了。胶西国太后、太子都死了。胶东王、菑川王、济南王也都死了,他们的封国被废除,领土收归汉廷。郦将军围攻赵国十个月后攻下了它,赵王自杀了。济北王因为被劫持没有参与叛乱,没被处死,改封为菑川王。

初，吴王首反，并将楚兵，连齐赵。正月起兵，三月皆破，独赵后下。复置元王少子平陆侯礼为楚王，续元王后。徙汝南王非王吴故地，为江都王。

◎**大意** 当初，吴王第一个造反，同时统率楚军，联合齐国、赵国。正月起兵，到三月全部被打败，只有赵国最后才被攻下。汉廷又立楚元王的小儿子平陆侯刘礼为楚王，作为楚元王的继承者。改封汝南王刘非到从前吴国的封地为王，称为江都王。

太史公曰：吴王之王，由父省①也。能薄赋敛，使其众，以擅山海利。逆乱之萌，自其子兴。争技发难，卒亡其本；亲越谋宗，竟以夷陨。晁错为国远虑，祸反近身。袁盎权说，初宠后辱。故古者诸侯地不过百里，山海不以封。"毋亲夷狄，以疏其属"，盖谓吴邪？"毋为权首，反受其咎"，岂盎、错邪？

◎**注释** ①〔省〕削减。
◎**大意** 太史公说：吴王刘濞被封王是因为他的父亲被废除王位。他能够减少赋税，调遣他的百姓，是因为他占有铜山和大海带来的便利。造反心思萌发，是从他的太子被打死开始的。由于博弈上的小事而造反，终于丧失了封国；与南越国结盟来图谋颠覆宗族，最终走向灭亡。晁错为国家做长远打算，反而招致眼前的杀身之祸。袁盎擅长权术辞令，先得宠后受侮。所以古代诸侯的封地不超过一百里，并且不把山和海封给他们。"不要亲信外族，而疏远自己的亲属"，大概就是说吴王吧？"不要当挑头的人，不然会遭到报应"，难道说的是袁盎、晁错吗？

◎ **释疑解惑**

　　本篇名义上是吴王刘濞的传记，实际叙述的是吴王刘濞的事迹及吴楚反叛和被消灭的经过，深层次上则暗含司马迁对朝廷态度和决策的隐微讽刺。如写汉景帝身为太子时，仅因对弈争子发生口角这样的小事就打死吴国太子，且在事后丝毫没有悔意。袁盎为太子家令时受到宠信，然而他不实事求是地向文帝和皇太子汇报吴王的情况，而是故意夸大吴王的罪行。袁盎与晁错同为朝廷重臣，袁盎危难时刻不以国家为重，反而公报私仇，献计杀掉晁错。晁错为景帝效力多年，在叛军压境时，景帝却说"吾不爱一人以谢天下"，将晁错诓骗至东市而杀之，丝毫没有顾念多年的情义。景帝与梁王是同母兄弟，本该唇齿相依，亲密无间，而在七国之乱中，景帝与周亚夫密谋，故意不救援梁国，让梁国军队独挡叛军，以求削弱梁国的实力，达到一石二鸟的目的。如此种种，统治集团内部的钩心斗角、尔虞我诈可见一斑。

◎ **思考辨析题**

　　1. 本传中吴王刘濞的形象是怎样的？
　　2. 司马迁对汉景帝、梁孝王、袁盎、晁错等人在七国之乱中的行为持什么态度？

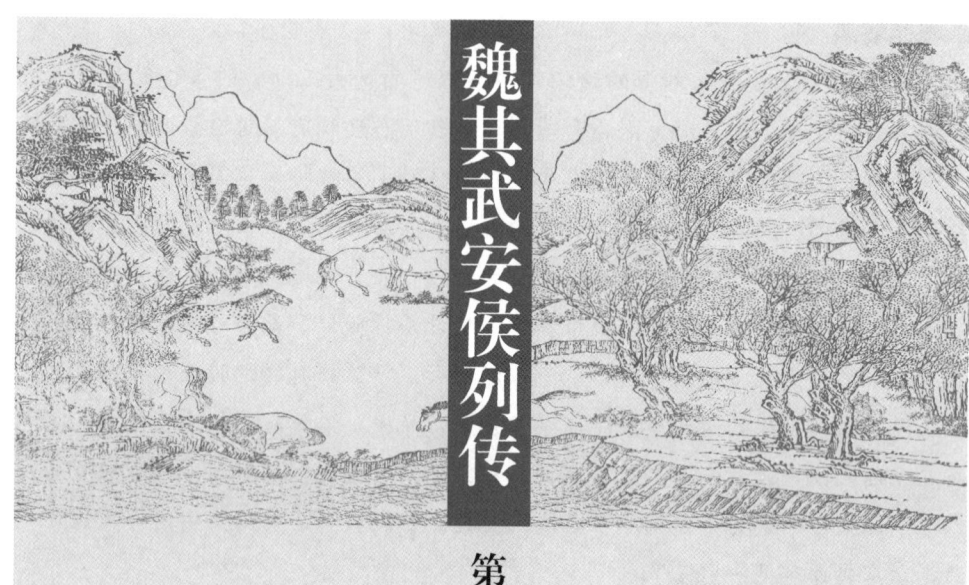

魏其武安侯列传

第四十七

本传名为"魏其武安侯列传",实际上是魏其侯窦婴、武安侯田蚡与将军灌夫三人的合传。窦婴与田蚡是本传矛盾冲突的焦点,而灌夫的故事则相当于附传。窦婴是汉文帝皇后窦氏的堂侄,因在景帝时的七国之乱中任大将军并立下军功,被封为魏其侯。田蚡是汉景帝皇后王氏同母异父之弟,没有显著的功勋,只因是外戚就被封为武安侯。灌夫出身军中,因他的父亲对吴国作战时殉国,他为父报仇,冲入敌军,勇猛杀敌,扬名天下。灌夫任太仆时,因犯罪而被罢官,在家赋闲时与窦婴交好而结为同党。本传虽是三人的合传,头绪纷繁,但太史公在分别交代每人经历的同时,能将三者交错起来叙述,有分有合,井然有序,又紧密完整,水乳交融,浑然一体,表现出较高的写作技巧。本传在表现双方紧张激烈的矛盾冲突时,又揭示了更为深刻的社会政治问题，即在武帝初登基之时，以窦太后为代表的窦氏家族与以王太后为代表的田氏家族争权夺利，干预朝政的行为，展现了在西汉盛世下的宫廷斗争。作者通过高超的艺术概括力和组织剪裁能力，含蓄而又准确地表达了对这一系列人物和事件的评判。

　　在叙述窦氏与田氏的矛盾时，最精彩的莫过于魏其设宴、灌夫骂坐、东廷辩论三个故事。灌夫为了让田蚡、窦婴二人交好，竟不顾丧服在身而仗义陪侍。魏其侯为了款待炙手可热的田蚡，夫妇二人从半夜洒扫准备到天明。然而田蚡却满不在乎，高卧不起，推说忘记了前一日说的话。直到灌夫上门邀请，他才慢吞吞地坐着马车前往。田蚡娶亲时，宗室贵族奉王太后诏令前往祝贺。在宴席上，窦婴备受冷眼，而田蚡志得意满。灌夫心中替窦婴鸣不平，故意酒后骂座，搅了田蚡的婚宴，并因此被田蚡报复，被捕下狱。窦婴为救灌夫，挺身而出，与田蚡在东廷展开论辩，这是他们二人唯一一次正面冲突。因为王太后对田蚡的庇护，窦婴也被下狱，随后断送了性命。这些描写把窦婴的忍气吞声、小心翼翼，田蚡的骄横跋扈、不可一世，灌夫的粗鲁莽撞、不谙世故表现得活灵活现。除了三个主要人物之外，司马迁又塑造了一些陪衬人物，如两个盛世君主、两个富有权力欲望的太后、一群畏首畏尾的大臣、一班投机钻营的宾客，描写出社会上层人物的相互倾轧，勾画出一幅绝妙的群丑图。

魏其①侯窦婴者，孝文后从兄子也。父世观津②人。喜宾客。孝文时，婴为吴相，病免。孝景初即位，为詹事③。

◎ **注释**　①〔魏其〕汉县名，县治在今山东临沂东南。②〔观津〕汉县名，县治在今河北武邑东南。③〔詹事〕官名，主管皇后、太子宫中事务。

◎ **大意**　魏其侯窦婴是孝文帝皇后堂兄的儿子，他的父辈以上世代生活在观津县。窦婴喜欢结交朋友。汉文帝时，窦婴担任吴国国相，因病免官。汉景帝刚即位时，他担任詹事。

梁孝王者，孝景弟也，其母窦太后爱之。梁孝王朝，因昆弟燕饮。是时上未立太子，酒酣，从容言曰："千秋之后传梁王。"太后欢。窦婴引卮酒进上，曰："天下者，高祖天下，父子相传，此汉之约也，上何以得擅传梁王！"太后由此憎窦婴。窦婴亦薄其官，因病免。太后除窦婴门籍，不得入朝请。

◎ **大意**　梁孝王是汉景帝的胞弟，他的母亲窦太后疼爱他。梁孝王入京朝见，与汉景帝以亲兄弟的身份在一起宴饮。这时皇帝没有立太子，喝酒正在兴头上，随口说道："我死之后把帝位传给梁王。"窦太后很高兴。窦婴端着一杯酒请皇上喝，说："天下是高祖开创的天下，父子相传是汉朝的法度，陛下怎么可以擅自传位给梁王！"窦太后因此憎恶窦婴。窦婴也嫌弃詹事这个官职，趁机称病辞职。窦太后注销了窦婴进出宫门的名籍，不让他入宫拜见皇帝。

孝景三年，吴楚反，上察宗室诸窦毋如窦婴贤，乃召婴。婴入见，固辞谢病不足任。太后亦惭。于是上曰："天下方有急，王孙①宁可以让邪？"乃拜婴为大将军，赐金千斤。婴乃言袁盎、栾布诸名将贤士在家者进之。所赐金，陈之廊庑②下，军吏过，辄令财取为用，金无入家者。窦婴守荥阳，监齐赵兵。七国兵已尽破，封婴为魏其侯。诸游士宾客争归魏其侯。孝景时每朝议大事，条侯、魏其侯，诸列侯莫敢与亢（抗）礼。

◎**注释** ①〔王孙〕窦婴之字。②〔廊庑（wǔ）〕堂前的廊屋。
◎**大意** 汉景帝三年（前154年），吴、楚等国造反，皇帝观察刘姓宗室及窦氏家族，没有人比窦婴贤能，就召见窦婴。窦婴进见，坚决推辞说自己有病不能胜任。窦太后也感到惭愧。这时皇帝说："天下正有急难，你难道还要推辞吗？"于是封窦婴为大将军，赏赐铜千斤。窦婴向皇帝推荐了袁盎、栾布等赋闲在家的名将、贤士。窦婴将皇帝赏赐的铜，陈列在堂前的廊屋中，让每个经过的军官酌量取用，没有拿一点铜回家。窦婴驻守荥阳县，监督齐、赵两国军队。七国叛军全部被攻破后，封窦婴为魏其侯。许多游士宾客争相归附魏其侯。汉景帝每次在朝中议论大事，列侯中没有谁能与周亚夫、窦婴分庭抗礼的。

孝景四年，立栗太子，使魏其侯为太子傅①。孝景七年，栗太子废，魏其数争不能得。魏其谢病，屏（摒）居蓝田南山之下②数月，诸宾客辩士说之，莫能来。梁人高遂乃说魏其曰："能富贵将军者，上也；能亲将军者，太后也。今将军傅太子，太子废而不能争；争不能得，又弗能死。自引谢病，拥赵女，屏间处而不朝。相提而论，是自明扬主上之过。有如两宫螫将军③，则妻子毋类矣。"魏其侯然之，乃遂起，朝请如故。

◎**注释** ①〔太子傅〕即太子太傅，主管对太子的教育、训导等事宜。②〔屏（bǐng）居蓝田南山之下〕屏居，退隐。蓝田，汉县名，县治在今陕西蓝田西。蓝田南山即蓝田山，是当时长安郊外的游览胜地。③〔两宫螫（shì）将军〕两宫，即皇帝与太后，当时皇帝居住在未央宫，太后居住在长乐宫。螫，昆虫以毒针刺人，此处指加害。

◎**大意**　汉景帝四年，立栗姬所生之子刘荣为太子，任命魏其侯担任太子太傅。汉景帝七年，栗太子被废黜，魏其侯屡次劝谏也没能阻止。他就借口生病，在蓝田山下隐居了几个月，他门下的宾客、说客来劝说他，都没能使他返回。于是梁人高遂游说魏其侯道："能令将军富贵的，是皇上；能把将军当成亲信的，是太后。现在将军做太子的老师，太子被废却不能力谏，力谏了也不能阻止，又不能以身殉职。自己推说有病，抱着能歌善舞的赵国美女，躲在家里闲居，也不参加朝会。把您正在做的事和没有做的事一对比，这是在表白您自己没有过错而彰显皇帝的过失。如果太后和皇上想对付将军，那么将军的妻子和儿女都会被杀掉。"魏其侯认为他说的对，就起身返回长安，如以往一样参加朝会。

桃侯免相，窦太后数言魏其侯。孝景帝曰："太后岂以为臣有爱，不相魏其？魏其者，沾沾自喜耳，多易。难以为相持重。"遂不用，用建陵侯卫绾为丞相。

◎**大意**　桃侯刘舍被罢免丞相，窦太后多次举荐魏其侯。汉景帝说："难道太后认为我吝啬，不舍得把丞相之位给魏其侯吗？魏其侯这个人，容易自满，轻率随便，难以承担丞相的重任。"最终没有任用他，而任命了建陵侯卫绾为丞相。

武安①侯田蚡者，孝景后同母弟也，生长陵②。魏其已为大将军后，方盛，蚡为诸郎③，未贵，往来侍酒魏其，跪起如子姓。及孝景晚节，蚡益贵幸，为太中大夫④。蚡辩有口，学槃盂⑤诸书，王太后贤之。孝景崩，即日太子立，称制，所镇抚多有田蚡宾客计策。蚡、弟田胜，皆以太后弟孝景后三年封：蚡为武安侯，胜为周阳侯。

◎**注释**　①〔武安〕汉县名，县治在今河北武安东北。②〔长陵〕汉县名，县治在今陕西咸阳东北，因汉高祖刘邦的陵墓长陵在这里而得名。汉制新皇即位的第二年要修筑自己的陵墓，并将陵墓周围的地区设置为陵邑，派遣官员治理，同时令各地富豪迁居至此。③〔诸郎〕普通郎官，皇帝的侍从人员。④〔太中大夫〕在皇帝面前掌议论的官职。⑤〔槃（pán）盂〕盘和盂，皆为古代器皿。这里指刻在盘、盂等器皿上的铭文。

◎**大意** 武安侯田蚡是汉景帝皇后同母异父的弟弟，出生在长陵县。魏其侯担任大将军，正显赫时，田蚡任郎官，还没有显贵，经常到魏其侯府中陪伴他喝酒，行礼的样子完全像个晚辈。到汉景帝晚年，田蚡日益显贵得宠，当了太中大夫。田蚡能言善辩，学习记录古代铭文的各种书籍，王太后认为他很贤能。汉景帝崩逝，当天太子刘彻即位，王太后代行天子的职权，协助王太后与年轻的武帝稳定政权的主要是田蚡和他的幕僚。田蚡和弟弟田胜，都因为是王太后的弟弟，在汉景帝后元三年（前141年）获封：田蚡为武安侯，田胜为周阳侯。

　　武安侯新欲用事为相，卑下宾客，进名士家居者贵之，欲以倾魏其诸将相。建元元年，丞相绾病免，上议置丞相、太尉。籍福说武安侯曰："魏其贵久矣，天下士素归之。今将军初兴，未如魏其，即上以将军为丞相，必让魏其。魏其为丞相，将军必为太尉。太尉、丞相尊等耳，又有让贤名。"武安侯乃微言太后风（讽）上，于是乃以魏其侯为丞相，武安侯为太尉。籍福贺魏其侯，因吊曰："君侯资性喜善疾恶，方今善人誉君侯，故至丞相；然君侯且疾恶，恶人众，亦且毁君侯。君侯能兼容，则幸久；不能，今以毁去矣。"魏其不听。

◎**大意** 武安侯想当丞相，装出礼贤下士的样子，推荐在家赋闲的名士做官，想要以此压倒魏其侯等景帝时的元老。建元元年（前140年），丞相卫绾因病免职，皇帝商议任命丞相、太尉的事。籍福游说武安侯："魏其侯已经显贵很久了，天下士人一向归附他。现在您刚刚得势，不如魏其侯，如果皇帝任命您为丞相，您一定要让给魏其侯。如果魏其侯任丞相，将军一定任太尉。太尉、丞相同样尊贵,您还能得到让贤的名声。"武安侯便含蓄地告诉王太后,让王太后暗示皇上,于是皇帝便任命魏其侯为丞相,武安侯任太尉。籍福去恭贺魏其侯,趁机警告说:"您的本性喜欢好人好事而憎恶坏人坏事,现在好人称赞您,所以您当了丞相;但您也憎恶坏人,坏人多,他们会毁谤您。如果您能不论好人坏人都不得罪,那么您有希望长久地处在丞相之位;如果您做不到,您很快会被人诽谤而罢官。"魏其侯没有听从。

魏其、武安俱好儒术,推毂①赵绾为御史大夫②,王臧为郎中令③。迎鲁申公,欲设明堂,令列侯就国,除关,以礼为服制,以兴太平。举適(谪)诸窦宗室毋节行者,除其属籍。时诸外家为列侯,列侯多尚公主,皆不欲就国,以故毁日至窦太后。太后好黄老之言,而魏其、武安、赵绾、王臧等务隆推儒术,贬道家言,是以窦太后滋不说(悦)魏其等。及建元二年,御史大夫赵绾请无奏事东宫。窦太后大怒,乃罢逐赵绾、王臧等,而免丞相、太尉,以柏至侯许昌为丞相,武强侯庄青翟为御史大夫。魏其、武安由此以侯家居。

◎**注释** ①〔推毂(gǔ)〕推车,引申为推荐。②〔御史大夫〕主管弹劾的官职,位同副丞相。③〔郎中令〕为皇帝掌管官廷门户并统领皇帝侍从的官员,一般为皇帝的亲信。

◎**大意** 魏其侯、武安侯都喜爱儒家学说,举荐赵绾为御史大夫,王臧为郎中令。他们请来鲁人申培,打算建立明堂,让列侯都到自己的封国去,废除诸侯到京师路上的关卡,按照礼制来设计各种礼服,以显示太平气象。检举贬黜窦氏家族和皇族中品行不端的人,将他们从谱牒中除名。当时很多外戚是列侯,他们多娶公主为妻,都不想到自己的封地去,因此毁谤的话整月传到窦太后处。窦太后喜爱黄老学说,而魏其侯、武安侯、赵绾、王臧等人极力鼓吹儒家学说,贬低道家学说,所以窦太后愈发不喜欢魏其侯等人。到建元二年(前139年),御史大夫赵绾请皇帝不要再让窦太后裁断政务。窦太后大怒,于是贬黜驱逐赵绾、王臧等人，并罢免丞相、太尉的职务，任命柏至侯许昌为丞相，武强侯庄青翟为御史大夫。魏其侯、武安侯从此以列侯身份赋闲在家。

武安侯虽不任职，以王太后故，亲幸，数言事多效，天下吏士趋势利者，皆去魏其归武安，武安日益横。建元六年，窦太后崩，丞相昌、御史大夫青翟坐丧事不办，免。以武安侯蚡为丞相，以大司农①韩安国为御史大夫。天下士郡诸侯愈益附武安。

◎**注释** ①〔大司农〕主管农业与粮食的官员。
◎**大意** 武安侯田蚡虽然没有官职，但因为王太后的缘故，仍得到宠信，议论政事的建议多次被采纳，天下趋炎附势的官员和士人，都离开魏其侯而投奔武安侯。武安侯日益骄横。建元六年（前135年），窦太后去世，丞相许昌、御史大夫庄青翟因丧事办得不好而获罪，被罢免官职。起用武安侯田蚡为丞相，任命大司农韩安国为御史大夫。天下的士人、各郡郡守、各诸侯王愈发依附武安侯。

武安者，貌侵，生贵甚。又以为诸侯王多长，上初即位，富于春秋，蚡以肺腑为京师相，非痛折节以礼诎（屈）之，天下不肃。当是时，丞相入奏事，坐语移日，所言皆听。荐人或起家至二千石，权移主上。上乃曰："君除吏已尽未？吾亦欲除吏。"尝请考工①地益宅，上怒曰："君何不遂取武库②！"是后乃退。尝召客饮，坐其兄盖侯南乡（向），自坐东乡（向），以为汉相尊，不可以兄故私桡（挠）。武安由此滋骄，治宅甲诸第。田园极膏腴，而市买郡县器物相属于道。前堂罗钟鼓，立曲旃③；后房妇女以百数。诸侯奉金玉狗马玩好，不可胜数。

◎**注释** ①〔考工〕官署名，主管为国家制造器械。②〔武库〕国家储备兵器的仓库，在未央宫与长乐宫之间。③〔曲旃（zhān）〕帝王专用的曲柄长伞，此言田蚡僭越。

◎**大意** 武安侯其貌不扬，可自幼生于权贵之家。他认为诸侯王大多年龄较大，皇上刚即位，青春年少，而自己以皇帝亲属的关系担任国家的丞相，如果不狠狠打击诸侯王，用礼制进行约束，天下就不会安定。在这个时候，丞相田蚡入朝上奏政务，坐着和皇帝说了大半天话，他所提的建议皇帝都采纳。他推荐的人有的从家居无职提拔到二千石的官员，把皇帝权力都抢夺了过来。皇帝甚至说："您要任命的官吏任命完了没有？我也想任用一些官吏。"他曾经请求把考工署所有的地盘给他扩大住宅面积，皇帝生气地说："您干脆把武库的地也拿去用算了！"从此以后田蚡才收敛一些。他曾经召集宾客饮酒，让他的哥哥盖侯王信面向南方坐，自己面向东方坐，认为汉廷的丞相地位尊贵，不可因为兄长的缘故而自行降低身份。武安侯从此愈发骄横，他的宅院比任何贵族家的都好。他的田园占据着最肥沃的土地，为他去各地郡县采买东西的人在道路上络绎不绝。前厅陈设着钟鼓，竖立曲柄的长伞；后院的姬妾数以百计。诸侯进献给他的玩物和珍宝，多得数不清。

　　魏其失窦太后，益疏不用，无势，诸客稍稍自引而怠傲，唯灌将军独不失故。魏其日默默不得志，而独厚遇灌将军。

◎**大意** 魏其侯失去了窦太后的庇护，日益被疏远而不受重用，没有权势，宾客们逐渐自动退去不再登门，对他的态度也怠慢起来，只有将军灌夫一人还和从前一样。魏其侯每天寡言少语，心情低落，唯独对灌将军厚待礼遇。

　　灌将军夫者，颍阴①人也。夫父张孟，尝为颍阴侯婴舍人，得幸，因进之，至二千石，故蒙灌氏姓为灌孟。吴楚反时，颍阴侯灌何为将军，属太尉，请灌孟为校尉。夫以千人与父俱。灌孟年老，颍阴侯强请之，郁郁不得意，故战常陷坚，遂死吴军中。军法，父子俱从军，有死事，得与丧归。灌夫不肯随丧归，奋曰："愿取吴王若将军头，以报父之仇。"于是灌夫被甲持戟，募军中壮士所善愿从者数十人。及出壁门，莫敢前。独二人及从奴十数骑驰入吴军，至吴将麾下，所杀伤数十人。不得前，复驰还，走入汉壁，皆亡其奴，独与一骑归。夫身中大创十余，适有万金良药，故得无死。夫创少瘳，又复请将军曰："吾益知吴壁中曲折，请复往。"将军壮义之，恐亡夫，乃言太尉，太尉乃固止之。吴已破，灌夫以此名闻天下。

◎**注释** ①〔颍阴〕汉县名，县治在今河南许昌。

◎**大意** 将军灌夫是颍阴县人。灌夫的父亲张孟，曾经是颍阴侯灌婴的门客，受到宠信，因而被提拔，升官到二千石的级别，因此用了灌氏姓，改名灌孟。吴、楚等国造反时，颍阴侯灌何担任将军，在太尉周亚夫部下。举荐灌孟为校尉。灌夫率领千人跟父亲同行。灌孟年老，颍阴侯勉强任用了他，他因此郁郁不得志，在战场上常常攻击敌军的坚固阵地，最终死在与吴军的战斗中。军法规定，父子同时参军，其中一人战死，则另一人可以陪同灵柩一道回家。灌夫不愿陪同父亲的灵柩回家，激愤地说："即便拿不到吴王刘濞的人头，也要拿到吴军大将的人头，来为父亲报仇。"于是灌夫身披铠甲手持戈戟，招募军队里关系要好且愿意跟随自己的壮士几十人。等到出了营门，没有谁敢再向前。只有两位壮士和几位家奴共十多个骑兵飞马冲入吴军营垒，直到吴国将军的指挥旗下，杀死杀伤数十吴军。无法前进了，就急速撤退，跑入汉军阵营，他的家奴全部战死，只有一人一马和他回来。灌夫身上有十几处大的伤口，恰好有名贵的良药，所以才没有死。等伤口稍微恢复一些，灌夫又一次向将军请求说："我更加了解吴军阵营中的道路了，请让我再去一次。"将军认为他英勇孝义，但害怕失去这员大将，便上报了太尉，太尉坚决地阻止了他。吴军被打败之后，灌夫因此名闻天下。

颍阴侯言之上，上以夫为中郎将①。数月，坐法去。后家居长安，长安中诸公莫弗称之。孝景时，至代相。孝景崩，今上初即位，以为淮阳天下交，劲兵处，故徙夫为淮阳太守。建元元年，入为太仆②。二年，夫与长乐卫尉③窦甫饮，轻重不得，夫醉，搏甫。甫，窦太后昆弟也。上恐太后诛夫，徙为燕相。数岁，坐法去官，家居长安。

◎**注释** ①〔中郎将〕皇帝的侍卫武官。〔太仆〕为皇帝掌管车驾的官。③〔卫尉〕统领禁军，主管防卫宫门的官职。

◎**大意** 颍阴侯把灌夫的事上报皇帝，皇帝任命灌夫为中郎将。几个月后，他因为犯法被免官。之后他赋闲在长安家中，长安城里的公侯贵族没有不称赞他的。汉景帝时，官至代国国相。汉景帝崩逝，汉武帝刚即位，认为淮阳郡是四通八达的交通枢纽，是需要有强大的军队驻扎的地方，所以命灌夫迁任淮阳郡太守。建元元年（前140年），他被调到京师任太仆。二年（前139年），灌夫和长乐宫卫尉窦甫饮酒，产生了分歧，灌夫酒醉，打了窦甫。窦甫，是窦太后的弟弟。皇帝担心窦太后诛杀灌夫，就把灌夫调任到燕国为国相。几年后，他由于犯法被罢官，回长安家中赋闲。

灌夫为人刚直，使酒，不好面谀。贵戚诸有势在己之右，不欲加礼，必陵之；诸士在己之左，愈贫贱，尤益敬，与钧（均）。稠人广众，荐宠下辈。士亦以此多之。

◎**大意** 灌夫为人刚直，经常因酒使气，不爱当面奉承别人。对地位在自己之上的皇亲贵族及众多有权势的人，他不仅不愿以礼相待，而且一定要欺侮他们；对地位在自己之下的士人，越是贫贱的，灌夫就越敬重，和他们平等相待。时常在人多的场合，推荐赞扬地位比自己低的人。士人也因此赞扬他。

夫不喜文学，好任侠，已然诺。诸所与交通，无非豪桀大猾。家累数千万，食客日数十百人。陂池①田园，宗族宾客为权利，横于颍川②。颍川儿乃歌之曰："颍水清，灌氏宁；颍水浊，灌氏族。"

◎**注释**　①〔陂（bēi）池〕池塘。②〔颍川〕汉郡名，郡治阳翟，即今河南禹州。
◎**大意**　灌夫不喜欢读书，喜欢以侠义之行自任，凡是答应人的事情一定会做到。和他交往的人，无不是带有侠义之气的地方豪绅。他的府中积蓄了很多财物，他的门客每天有几十上百人。为了修筑池塘、田园，灌夫的宗族、门客借着他的势力作威作福，在颍川郡横行霸道。颍川郡的儿童唱道："如果颍水清澈，灌氏就安宁；如果颍水变浑浊，灌氏就会被灭族。"

灌夫家居虽富，然失势，卿相侍中①宾客益衰。及魏其侯失势，亦欲倚灌夫引绳批根生平慕之后弃之者。灌夫亦倚魏其而通列侯宗室为名高。两人相为引重，其游如父子然。相得欢甚，无厌，恨相知晚也。

◎**注释**　①〔侍中〕侍候皇帝的近臣。
◎**大意**　灌夫赋闲在家时虽然富有，但失去了权势，卿相侍中那样的高贵宾客日益减少。等到魏其侯失去权势，也想依仗灌夫来弹压打击那些先前仰慕自己后来又离自己而去的人。灌夫也依靠魏其侯去结交王侯和皇亲贵族来提高自己的声望。二人彼此推重引荐，他们的交情亲密得如同父子。两人相处得十分愉快，毫无嫌隙，只遗憾互相了解得太晚了。

灌夫有服，过丞相。丞相从容曰："吾欲与仲孺①过魏其侯，会仲孺有服。"灌夫曰："将军乃肯幸临况魏其侯，夫安敢以服为解！请语魏其侯帐具，将军旦日蚤（早）临。"武安许诺。灌夫具语魏其侯如所谓武安侯。魏其与其夫人益市牛酒,夜洒埽(扫),早帐具至旦。平明,令门下候伺。至日中,丞相不来。魏其谓灌夫曰:"丞相岂忘之哉?"灌夫不怿,曰:"夫以服请,宜往。"乃驾,自往迎丞相。丞相特前戏许灌夫,殊无意往。及夫至门,丞相尚卧。于是夫入见,曰:"将军昨日幸许过魏其,魏其夫妻治具,自旦至今,未敢尝食。"武安鄂(愕)谢曰:"吾昨日醉,忽忘与仲孺言。"乃驾往,又徐行,灌夫愈益怒。及饮酒酣,夫起舞属丞相,丞相不起,夫从坐上语侵之。魏其乃扶灌夫去,谢丞相。丞相卒饮至夜,极欢而去。

◎**注释** ①〔仲孺〕灌夫之字。
◎**大意** 灌夫服丧时,拜访丞相田蚡。丞相随口说:"我想和你去拜访魏其侯,不巧你在服丧。"灌夫说:"将军竟肯光临魏其侯府上,我怎敢拿服丧来推脱!请让我来告知魏其侯置办宴席,恭候将军明日一早光临。"武安侯答应了。灌夫把他和武安侯说的话详细地转告给魏其侯。魏其侯和他的夫人采买肉食和美酒,半夜就开始打扫准备,一直布置到天亮。天刚亮,魏其侯就吩咐看门人注意眺望。到了中午,丞相没来。魏其侯对灌夫说:"难道丞相忘了这件事吗?"灌夫不高兴,说:"我不顾丧服在身而请他前来,他应该来。"于是灌夫驾着车,亲自去迎接丞相。丞相先前只不过随口答应了灌夫,实则没有打算前往。等到灌夫来到丞相府门前,丞相还没有起床。于是灌夫进去会见,说:"将军昨天说要光临魏其侯府,魏其侯夫妇准备宴席,从早晨忙到现在,没敢吃一点东西。"武安侯惊讶地道歉说:"我昨天喝醉了,忘记了跟你说的话。"于是驾车前往,又缓慢地行驶,灌夫更加不高兴。等到酒兴正浓时,灌夫起身跳舞,舞蹈结束后,他邀请丞相继续跳舞,丞相不肯起身,灌夫在座位上讽刺挖苦他。魏其侯便搀扶灌夫离去,又向丞相道歉。丞相最终与魏其侯饮酒至夜晚,尽兴而归。

丞相尝使籍福请魏其城南田。魏其大望曰:"老仆虽弃,将军虽贵,宁可以势夺乎!"不许。灌夫闻,怒,骂籍福。籍福恶两人有郄（隙），乃谩自好谢丞相曰："魏其老且死，易忍，且待之。"已而武安闻魏其、灌夫实怒不予田，亦怒曰："魏其子尝杀人，蚡活之。蚡事魏其无所不可，何爱数顷田？且灌夫何与也？吾不敢复求田。"武安由此大怨灌夫、魏其。

◎**大意** 丞相田蚡曾派籍福去请求魏其侯以他京城南郊的土地相赠。魏其侯大为不满地说："即便我失势，将军显贵，难道将军就可以仗势夺取我的土地吗！"没有答应。灌夫听说了，十分生气，骂了籍福。籍福不希望丞相与魏其侯产生矛盾，就私自编了一些好听的话劝说丞相："魏其侯年老，快要死了，再忍忍就能得到了，姑且等等。"之后武安侯听说魏其侯和灌夫实际是生气了不肯把土地送给他，也发怒说："魏其侯的儿子曾经杀了人，我替他掩盖罪名，救了他的命，我为魏其侯做事没有一处不尽心，他为什么要吝惜几顷土地？而且灌夫和这件事有什么关系呢？我不敢再要这些田地。"武安侯因此十分怨恨灌夫和魏其侯。

元光四年春，丞相言灌夫家在颍川，横甚，民苦之。请案。上曰："此丞相事，何请？"灌夫亦持丞相阴事，为奸利，受淮南王金与语言。宾客居间，遂止，俱解。

◎**大意** 元光四年（前131年）的春天，丞相田蚡说灌夫的家在颍川郡，族人蛮横得厉害，百姓深受其害。请皇帝下令查办。"皇帝说："这是丞相负责的事情，为什么要请示？"灌夫也抓住丞相不可告人的事，比如做坏事来谋取私利、接受淮南王的贿赂和秘密地谈话等。宾客们居中调停，双方停止了对彼此的攻击，最终和解。

夏，丞相取（娶）燕王女为夫人，有太后诏，召列侯宗室皆往贺。魏其侯过灌夫，欲与俱。夫谢曰："夫数以酒失得过丞相，丞相今者又与夫有郄（隙）。"魏其曰："事已解。"强与俱。饮酒酣，武安起为寿，坐皆避席伏。已魏其侯为寿，独故人避席耳，余半膝席。灌夫不悦。起行酒，至武安，武安膝席曰："不能满觞。"夫怒，因嘻笑曰："将军贵人也，属之！"时武安不肯。行酒次至临汝侯，临汝侯方与程不识耳语，又不避席。夫无所发怒，乃骂临汝侯曰："生平毁程不识不直一钱，今日长者为寿，乃效女儿呫嗫①耳语！"武安谓灌夫曰："程李俱东西宫卫尉，今众辱程将军，仲孺独不为李将军地乎？"灌夫曰："今日斩头陷匈（胸），何知程李乎！"坐乃起更衣，稍稍去。魏其侯去，麾（挥）灌夫出。武安遂怒曰："此吾骄灌夫罪。"乃令骑留灌夫。灌夫欲出不得。籍福起为谢，案（按）灌夫项令谢。夫愈怒，不肯谢。武安乃麾（挥）骑缚夫置传舍，召长史曰："今日召宗室，有诏。"劾灌夫骂坐不敬，系居室②。遂按其前事，遣吏分曹逐捕诸灌氏支属，皆得弃市罪。魏其侯大愧，为资使宾客请，莫能解。武安吏皆为耳目，诸灌氏皆亡匿，夫系，遂不得告言武安阴事。

◎**注释** ①〔呫嗫（chè niè）〕低语。②〔居室〕关押犯罪官员的场所。
◎**大意** 夏季，丞相田蚡娶燕王的女儿为夫人，王太后下令，让列侯与皇室宗亲都去祝贺。魏其侯窦婴拜访灌夫，想要同灌夫一道去。灌夫推辞说："我屡次因酒醉失礼得罪了丞相，丞相如今又和我有矛盾。"魏其侯说："事情已经解决了。"硬拉着他一起去了。酒兴正浓时，武安侯田蚡站起身来给大家敬酒，在座的客人都离开席位而伏在地上。后来魏其侯给大家敬酒，只有老朋友离开了席位，其余半数的人只是欠身直腰跪起，而未离席。灌夫不高兴。他起身挨个给客人斟酒，到武安侯面前时，武安侯双膝长跪席上说："我不能喝满杯了。"灌夫恼火，于是苦笑着说："将军是贵人，干了这杯！"武安侯不肯。灌夫到临汝侯面前时，临汝侯正在跟程不识低声说话，又没有离开席位。灌夫的怒气没有地方发泄,便骂临汝侯道:"你平时把程不识诋毁得一钱不值,今天长辈给你敬酒,你反而像个女孩子一样和他低声耳语!"武安侯对灌夫说:"程不识、李广二位将军都是东西宫的卫尉,今日你当众羞辱程将军,难道就不给李将军留点面子吗?"灌夫说:"今天即便斩我的头穿我的胸,我也认了,哪里还管什么程不识、李广!"客人见势不妙,装作上厕所陆续溜走,逐渐散去。魏其侯也离开了,挥手示意灌夫出来。武安侯发火说:"灌夫如此放肆,都是我平时把他惯的。"就命令手下的骑从卫士拘捕灌夫。灌夫想出去而没能出去。籍福起身代灌夫向田蚡道歉,又按着灌夫的脖子让他向田蚡道歉。灌夫愈发生气,不愿道歉。武安侯就挥手示意他的骑从卫士把灌夫捆起来放在家中的客房,召来长史说:"今日请皇室贵族到这里,是奉诏令的。"于是弹劾灌夫在宴席上骂人,对太后的诏令不恭敬,把他拘禁在专门关押官员的监狱里。于是追查他以前所犯的罪行,派遣官吏分批追捕灌家所有的旁支亲属,判处他们当众斩首。魏其侯十分惭愧,出钱请宾客向丞相求情,没能得到丞相的谅解。武安侯的下属都是他的耳目,所有灌氏族人都逃跑躲了起来,灌夫被拘押,于是灌夫没能控告武安侯私下干的不法勾当。

  魏其锐身为救灌夫。夫人谏魏其曰:"灌将军得罪丞相,与太后家忤,宁可救邪?"魏其侯曰:"侯自我得之,自我捐之,无所恨。且终不令灌仲孺独死,婴独生。"乃匿其家,窃出上书。立召入,具言灌夫醉饱事,不足诛。上然之,赐魏其食,曰:"东朝廷辩之。"

◎**大意** 魏其侯积极营救灌夫。魏其侯的夫人劝说魏其侯:"灌将军得罪了丞相,跟太后家族对着干,难道还能救得了吗?"魏其侯说:"列侯的爵位是我自己得来的,现在我把它弄丢了,没有什么值得遗憾的。再说我终不能让灌夫一个人死去,我一个人活着。"于是魏其侯背着家人,偷偷出来上书皇帝。皇上立刻召他进见,他详细说了灌夫酒醉失言的事情,够不上死罪。皇帝认为魏其侯说得对,赏赐他饭食,说:"太后那里当众辩说诸侯。"

魏其之东朝，盛推灌夫之善，言其醉饱得过，乃丞相以他事诬罪之。武安又盛毁灌夫所为横恣，罪逆不道。魏其度不可奈何，因言丞相短。武安曰："天下幸而安乐无事，蚡得为肺腑，所好音乐狗马田宅。蚡所爱倡优巧匠之属，不如魏其、灌夫日夜招聚天下豪桀壮士与论议，腹诽而心谤，不仰视天而俯画地，辟倪①两宫间，幸天下有变，而欲有大功。臣乃不知魏其等所为。"于是上问朝臣："两人孰是？"御史大夫韩安国曰："魏其言灌夫父死事，身荷戟驰入不测之吴军，身被数十创，名冠三军，此天下壮士，非有大恶，争杯酒，不足引他过以诛也。魏其言是也。丞相亦言灌夫通奸猾，侵细民，家累巨万，横恣颍川，凌轹②宗室，侵犯骨肉，此所谓'枝大于本，胫大于股，不折必披'，丞相言亦是。唯明主裁之。"主爵都尉③汲黯是魏其。内史④郑当时是魏其，后不敢坚对。余皆莫敢对。上怒内史曰："公平生数言魏其、武安长短，今日廷论，局趣（促）效辕下驹⑤，吾并斩若属矣。"即罢起入，上食太后。太后亦已使人候伺，具以告太后。太后怒，不食，曰："今我在也，而人皆藉吾弟，令我百岁后，皆鱼肉之矣。且帝宁能为石人邪！此特帝在，即录（碌）录（碌），设百岁后，是属宁有可信者乎？"上谢曰："俱宗室外家，故廷辩之。不然，此一狱吏所决耳。"是时郎中令石建为上分别言两人事。

◎**注释**　①〔辟倪（nì）〕又作"睥睨"，斜眼看，窥测。②〔凌轹（lì）〕欺凌。③〔主爵都尉〕主管列侯封爵有关事务的官职。④〔内史〕首都的行政长官，后称京兆尹。⑤〔局趣（cù）效辕下驹〕局趣，即局促，拘束的样子。辕下驹，车辕下不惯驾车的幼马。

◎**大意**　魏其侯到了东宫，大力称赞灌夫的优点，说他酒醉失言犯了错，而丞相田蚡却拿别的事诽谤他。武安侯又极力诋毁灌夫行事骄横放纵，犯了大逆不道之罪。魏其侯估计没法救灌夫，于是转而攻击丞相的短处。武安侯说："幸亏天下太平无事，我能够成为皇帝的心腹，所喜欢的只是音乐、狗马、田宅而已。我所喜欢的不过是歌姬舞姬、灵工巧匠罢了，不像魏其侯和灌夫夜以继日地召集天下间的豪杰壮士，跟他们议论国家大事，发泄对朝廷的不满，不是仰视天文，就是俯画地理，暗中窥测皇帝与太后，希望天下发生动乱，想要趁机建立功勋。我倒不理解魏其侯等人在做什么。"于是皇帝询问当朝大臣："他们两个谁对？"御史大夫韩安国说："魏其侯说灌夫的父亲为国战死，灌夫亲自手持戈戟飞马冲进情况不明的吴军阵营，身上受了几十处重伤，名声在全军中是第一，这是天下的勇士，没有大的罪过，只是酒醉与人争执，不应当援引其他的过错来判处他死刑。魏其侯的话是对的。丞相也说灌夫结交坏人，欺压百姓，积蓄亿万家财，在颍川郡横行霸道；欺辱、侵犯皇亲国戚。这就是人们所说的'树枝比树干大，小腿比大腿粗，如果不折断分支，本体就会受损'，因此丞相的话也是对的。希望英明的皇帝裁断这件事。"主爵都尉汲黯认为魏其侯对。内史郑当时也认为魏其侯对，但后来不敢坚持自己的说法。其他人都不敢回答。皇帝斥责内史道："你平时多次谈论魏其侯、武安侯的优缺点，今日让你公开发表言论，你却畏首畏尾像车辕下的马驹，我不如把你们全都杀掉。"立刻结束了朝会，起身进去，侍奉王太后吃饭。王太后也已经派人暗中打探，有人已将消息详细地向王太后汇报。王太后很生气，不吃饭，说："现在我还活着，竟然有人敢践踏我的弟弟，如果我死了，他就要像鱼肉一样任人宰割了。况且皇帝难道可以像石人一样得以长存吗？现在皇帝还健在，他们就这么毫无主见，如果皇帝崩逝，这些人有可以信赖的吗？"皇帝赔礼道："窦婴和田蚡都是外戚之家，所以在朝廷上辩论这件事。如果不是这样，这不过是交给狱吏所判决的事罢了。"这时郎中令石建单独向皇帝讲明了他对这两人之事的看法。

武安已罢朝，出止车门①，召韩御史大夫载，怒曰："与长孺②共一老秃翁，何为首鼠两端？"韩御史良久谓丞相曰："君何不自喜？夫魏其毁君，君当免冠解印绶③归，曰'臣以肺腑幸得待罪，固非其任，魏其言皆是'。如此，上必多君有让，不废君。魏其必内愧，杜门齰舌④自杀。今人毁君，君亦毁人，譬如贾竖女子争言，何其无大体也！"武安谢罪曰："争时急，不知出此。"

◎**注释** ①〔止车门〕皇宫的外门。群臣车马到此即止，不得向前行驶。②〔长孺〕韩安国之字。③〔绶〕系印的丝绦。④〔齰（zé）舌〕咬着舌头。

◎**大意** 武安侯在罢朝以后，出了止车门，招呼御史大夫韩安国一同乘车，生气地说："我和你共同对付窦婴这个无官无权的老家伙，你为什么要畏首畏尾，左右为难？"韩安国过了许久对田丞相说："您怎么不好好想想？魏其侯诽谤您，您应当摘下官帽，解下相印，归还天子，说：'我因皇上的亲近有幸得为丞相，本来就是不称职的，魏其侯的话都对。'这样，皇帝一定赞许您的礼让，不会罢黜您的丞相之位，魏其侯一定心中惭愧，关紧了门咬舌自尽，现在人家说您坏话，您也说人家的坏话，好像小商贩或是女人吵架，多么没有身份啊！"武安侯道歉说："争论时太着急，没想到要这样做。"

于是上使御史①簿责魏其所言灌夫，颇不雠②，欺谩。劾系都司空③。孝景时，魏其常受遗诏，曰"事有不便，以便宜论上"。及系，灌夫罪至族，事日急，诸公莫敢复明言于上。魏其乃使昆弟子上书言之，幸得复召见。书奏上，而案尚书大行④无遗诏。诏书独藏魏其家，家丞封。乃劾魏其矫先帝诏，罪当弃市。五年十月，悉论灌夫及家属。魏其良久乃闻，闻即恚⑤，病痱⑥，不食欲死。或闻上无意杀魏其，魏其复食，治病，议定不死矣。乃有蜚语为恶言闻上，故以十二月晦论弃市渭城⑦。

◎**注释** ①〔御史〕御史大夫的属官。②〔雠（chóu）〕相当。③〔都司空〕宗正的属官，主管皇帝发来的案犯。④〔尚书大行〕尚书，即尚书省，负责给皇帝收发管理文件。大行，已死的皇帝。⑤〔恚（huì）〕怨恨。⑥〔病痱（féi）〕中风。⑦〔渭城〕即秦时的咸阳，在今陕西咸阳东北。

◎**大意**　于是皇帝派遣御史按卷宗记载来追查魏其侯所说灌夫的事情，有很多与事实不相符，犯了欺谩皇帝之罪。魏其侯经有司弹劾，被关押在都司空。汉景帝时，魏其侯接受过景帝遗诏，说："日后如果遇到不利的情况，可以直接向皇帝说明。"魏其侯被拘禁以后，灌夫被判灭族之刑，事态一天天紧急，朝廷大臣没有人再敢替魏其侯向皇帝求情。于是魏其侯让侄子向皇帝上报，希望能够再次被皇帝召见。奏书送呈皇帝，可是查对尚书省的档案，找不到景帝给魏其侯遗诏的证据。诏书只收藏在魏其侯家里，由魏其侯的家丞盖印封存。于是又弹劾魏其侯伪造景帝的诏书，论罪应杀头示众。元光五年（前130年）十月，把灌夫一族全部处决。魏其侯过了很久才听说，听到后就十分怨恨，患了中风病，绝食要寻死。后来又听说皇帝没想杀掉魏其侯，魏其侯恢复了饮食，并请医生医治中风病，后来果然不判他死刑了。忽然有一天，关于窦婴的坏话传到了皇帝那里，因此在十二月的最后一天，判处他在渭城杀头示众。

其春，武安侯病，专呼服谢罪。使巫视鬼者视之，见魏其、灌夫共守，欲杀之。竟死。子恬嗣。元朔三年，武安侯坐衣襜褕①入宫，不敬。

◎**注释**　①〔襜褕（chān yú）〕短衣。
◎**大意**　同年春天，武安侯病了，一直痛呼认罪服罪。请能够看见鬼的巫师来看，发现魏其侯和灌夫共同看守着武安侯，想要杀死他。最终武安侯死掉了。他的儿子田恬承袭爵位。元朔三年（前126年），武安侯田恬因穿着短衣进入皇宫，犯不敬罪。

淮南王安谋反觉，治。王前朝，武安侯为太尉，时迎王至霸上①，谓王曰："上未有太子，大王最贤，高祖孙，即宫车晏驾，非大王立当谁哉！"淮南王大喜，厚遗金财物。上自魏其时不直武安，特为太后故耳。及闻淮南王金事，上曰："使武安侯在者，族矣。"

◎**注释** ①〔霸上〕在当时长安城东南的霸水西岸，即今白鹿原。

◎**大意** 淮南王刘安意图谋反被发觉，受到查办。淮南王前次入朝，武安侯田蚡任太尉，去霸上迎接淮南王，对淮南王说："皇帝没有太子，大王您最贤德，是高祖的孙子，倘若皇帝逝世，不立大王您为皇帝，还能立谁啊！"淮南王十分高兴，赠送给田蚡很多金钱财物。皇帝在魏其侯事件中就不认为武安侯是对的，只是因为王太后没有惩治魏其侯。等听说了淮南王赠送给武安侯财物的事，皇帝说："假使武安侯还活着，就该灭他全族了。"

太史公曰：魏其、武安皆以外戚重，灌夫用一时决策而名显。魏其之举以吴楚，武安之贵在日月之际。然魏其诚不知时变，灌夫无术而不逊，两人相翼，乃成祸乱。武安负贵而好权，杯酒责望，陷彼两贤。呜呼哀哉！迁怒及人，命亦不延。众庶不载，竟被恶言。呜呼哀哉！祸所从来矣！

◎**大意** 太史公说：魏其侯、武安侯都凭借外戚的身份而被重用，灌夫由于冲进吴军为父报仇而声名显赫。魏其侯是由于平定吴楚七国之乱而升迁，武安侯的显贵是因为与太后和皇上有亲戚关系。然而魏其侯实在不懂得朝廷局势的变化，灌夫不懂得处事做人的方法，又不够谦逊，两人互相依傍，以致酿成祸乱。武安侯依仗显贵的地位而喜好专权，由于一杯酒引发的嫌隙而去陷害两位贤能的人。可悲呀！灌夫因怨恨武安侯而迁怒于他人，以致丢掉了性命。百姓不拥戴灌夫，最终受到田蚡构陷。可悲呀！灾祸就是从这里来的呀！

◎**释疑解惑**

这篇列传行文的主线是魏其侯窦婴与武安侯田蚡的矛盾冲突，在他二人矛盾背后实际上是窦太后与王太后两股势力争权夺势的斗争，并且皇帝也参与其中，与内廷势力争夺自己的权力。司马迁对这些矛盾的层层剖析，揭露了汉代统治集团内部存在的问题，使这篇传记具有了更深刻、典型的意义。景帝与窦太后、王太后与窦太后、武帝与王太后之间的权力之争是在尊儒与反尊儒论争之下进行的，所以通过这篇文章我们也可窥探"罢黜百家，独尊儒术"这一事件的经过。

虽然窦婴与田蚡同为外戚，但二人的品行道德与行事风格完全不同。田蚡借助姐姐王太后的力量登上高位，窦婴却因为得罪堂姑母窦太后而被削职。田蚡当了丞相就不肯让兄长盖侯王信在宴会上的位次在自己之上，窦婴当了大将军首先想到的就是向朝廷举荐自己贤德的朋友。田蚡贪图物质享受，搜刮全国的财物供自己享乐；窦婴淡泊名利，即便得到千金赏赐也不以为意，把钱财放在廊屋中供别人取用。这些对比尽显窦婴、田蚡人格的高下美丑，也表露出司马迁对二人的态度倾向。

◎ **思考辨析题**

1. 对魏其侯窦婴与武安侯田蚡的矛盾，司马迁持怎样的态度？他是如何在文中彰显态度的？

2. 魏其侯窦婴和武安侯田蚡同为外戚，他们的矛盾冲突反映了当时怎样的政治与社会问题？

韩长孺列传
第四十八

《韩长孺列传》通过对韩安国仕宦经历的叙写,展现了汉初官吏升迁贬谪的一些情况。韩安国是汉初名将,他在为梁孝王出使朝廷时,因在汉景帝面前替梁孝王辩护而受到窦太后的赏识。随后虽曾因犯法失官,但由于窦太后的举荐,竟一下子从狱中囚徒提升为二千石级的梁国内史。他的仕途以外戚田蚡掌权为界,分为前后两个时期。武帝初年,外戚田蚡掌权,韩安国向其行贿,被召至京师,从此官运顺遂,官至御史大夫。田蚡死后,韩安国则被疏失势,不断降职,最后抑郁而终。韩安国为人精明,工于心计。他明知窦太后喜爱梁怀王,但碍于景帝而不能见梁国使者,于是就找大长公主为梁怀王说情辩护。果然他的辩护言辞正中太后下怀,所以受到赏识。后来,梁怀王的两个亲信为帮怀王争皇位继承人而杀了袁盎,景帝派人来抓，但因梁怀王藏匿罪犯而无所得。韩安国听说此事，便去劝说梁怀王，晓之以利害关系，终于说服了怀王，迫使两个罪犯自杀。这不仅缓解了梁怀王与朝廷的紧张关系，又得到梁怀王的感激，进而获得景帝和窦太后的赏识。韩安国不仅在平息吴楚七国叛乱时有功，而且也是其后与匈奴作战时的重要将领。自平城之役高祖刘邦白登脱围，派遣刘敬出使匈奴以后，西汉一直奉行与匈奴的和亲政策，但是朝廷中始终有讨伐匈奴的声音。武帝时，对匈奴采取和亲还是攻伐的政策问题进行了辩论。辩论双方以主和的韩安国与主战的王恢为代表，一开始汉武帝采取了主和派的意见，与匈奴和亲。后来汉武帝准备武力攻伐匈奴，汉王朝以马邑城诱敌深入，企图一举消灭匈奴时，由于消息意外泄露，诱敌失败。作为这次行动的主将，韩安国丝毫未被触动，而其部下王恢却被皇帝追究责任，被逼自杀。这些表现出韩安国全身远祸的本领。当然，文中还揭露了朝中的一些丑闻和弊端，如窦太后偏爱少子，耍弄权术，以及官吏行贿等。司马迁写韩安国时，并未将其经历详细罗列，而是择取其言行较为突出、显示他性格特征的典型事例加以描写刻画，塑造出一个谙于为官之道，又善于调和统治者内部关系的精明官僚形象。

御史大夫韩安国者，梁成安人也，后徙①睢阳。尝受《韩子》②、杂家③说于邹④田生所。事梁孝王，为中大夫。吴楚反时，孝王使安国及张羽为将，扞（捍）⑤吴兵于东界。张羽力战，安国持重⑥，以故吴不能过梁。吴楚已破，安国、张羽名由此显。

◎**注释** ①〔徙〕迁居。②〔《韩子》〕即《韩非子》，战国末年法家代表人物韩非的著作。③〔杂家〕糅合各派学说的一个学派。④〔邹〕今山东邹城。⑤〔扞〕通"捍"，抵御。⑥〔持重〕稳固防守。

◎**大意** 御史大夫韩安国，是梁国成安县人，后来迁居睢阳。曾在邹县田生那里学习《韩非子》、杂家学说。服事梁孝王，为中大夫。吴楚反叛时，梁孝王派韩安国和张羽为将军，于东界抵御吴兵。因为张羽奋力作战，韩安国稳固防守，因此吴兵不能越过梁国。吴楚叛乱平息，韩安国、张羽的名声由此显扬。

梁孝王，景帝母弟，窦太后爱之，令得自请置相、二千石，出入游戏，僭于天子①。天子闻之，心弗善也。太后知帝不善②，乃怒梁使者，弗见，案③责王所为。韩安国为梁使，见大长公主而泣曰："何梁王为人子之孝，为人臣之忠，而太后曾弗省④也？夫前日吴、楚、齐、赵七国反时，自关以东皆合从西乡（向），惟梁最亲，为艰难⑤。梁王念太后、帝在中⑥，而诸侯扰乱，一言泣数行下，跪送臣等六人将兵击却吴楚，吴楚以故兵不敢西，而卒破亡，梁王之力也。今太后以小节苛礼责望⑦梁王。梁王父兄皆帝王，所见者大，故出称跸，入言警⑧，车旗皆帝所赐也，即欲以侂（诧）⑨鄙⑩县，驱驰国中，以夸诸侯，令天下尽知太后、帝爱之也。今梁使来，辄案责之。梁王恐，日夜涕泣思慕，不知所为。何梁王之为子孝，为臣忠，而太后弗恤也？"大长公主具以告太后，太后喜曰："为言之帝。"言之，帝心乃解，而免冠谢太后曰："兄弟不能相教，乃为太后遗忧。"悉见梁使，厚赐之。其后梁王益亲欢。太后、长公主更赐安国可直千余金。名由此显，结于汉⑪。

◎**注释** ①〔僭（jiàn）于天子〕超越本分，比拟皇帝。僭，超越本分。梁孝王僭于天子事详见《梁孝王世家》。②〔不善〕不高兴。③〔案〕审查。④〔曾弗省〕曾，竟然。省，明察。⑤〔艰难〕指形势危险。⑥〔中〕指关中。一说指京城。⑦〔责望〕责备抱怨。⑧〔出称跸（bì），入言警〕跸，指帝王出行时开路清道，禁止他人通行。警，戒备。按，此二句为互文。⑨〔侘〕通"诧"，夸耀。⑩〔鄙〕边远的地方。⑪〔结于汉〕指与朝廷建立了关系。

◎**大意**　梁孝王是汉景帝的同母弟弟，窦太后喜欢他，允许他有自行任命梁国国相和二千石级官员的权力。梁孝王出入游戏，比拟天子。天子听说此事，心中不愉快。太后知道皇帝不愉快，就迁怒梁国的使者，不接见，查问责备梁王的作为。韩安国是梁国使者，进见大长公主时哭着说："为什么梁王为人子之孝，为人臣之忠，太后不曾明察呢？前些日子吴、楚、齐、赵等七国叛乱时，从函谷关以东的诸侯国都联合向西进军，只有梁王与皇上关系最亲，是叛军进攻的阻难。梁王念太后、皇帝在关中，而诸侯扰乱，一说起这事就泪落纷纷，跪送臣等六人，领兵打退吴楚叛军，吴楚叛军因此不敢向西进，而最终灭亡，这都是梁王的功劳啊。如今太后却为了一些苛细的礼节责怪梁王。梁王的父亲兄长都是帝王，看到的都是大场面，所以出行要禁止行人通行，车子旗帜都是皇帝赏赐的，就是想在边远的小县城夸耀，车马在封国境内奔驰，用来向别的诸侯国炫耀，让天下人都知道太后、皇帝疼爱他。如今梁国使者到来，就被查问责备。梁王恐惧，日夜哭泣思念，不知道怎么办。为什么梁王为人子孝敬，为人臣忠诚，而太后不体恤呢？"大长公主把这些话详细地告诉太后，太后高兴地说："我要替他把这些都告诉皇帝。"转告之后，皇帝的心思才宽解，而且摘下冠帽向太后道歉说："兄弟之间不能相互劝教，竟使太后忧愁。"于是接见梁国使者，重重地赏赐他们。从这以后梁王更加受到亲近宠爱。窦太后、长公主又赏赐韩安国价值千金的财物。他的名声从此显扬，与汉朝廷建立了联系。

其后安国坐法抵罪①，蒙狱吏田甲辱安国。安国曰："死灰独不复然（燃）乎？"田甲曰："然（燃）即溺（尿）之。"居无何②，梁内史缺，汉使使者拜安国为梁内史，起徒中为二千石。田甲亡走③。安国曰："甲不就官，我灭而宗④。"甲因肉袒谢。安国笑曰："可溺（尿）

矣！公等足与治⑤乎？"卒善遇之。

◎**注释** ①〔坐法抵罪〕因犯法被判罪。抵罪，抵偿其应负的罪责。②〔居无何〕过了不久。③〔亡走〕逃跑。④〔灭而宗〕而，你的。宗，宗族。⑤〔治〕惩办。

◎**大意** 后来韩安国犯法被判罪，蒙县的狱吏田甲侮辱韩安国。韩安国说："死灰难道不会复燃吗？"田甲说："要是再燃烧就撒一泡尿浇灭它。"过了不久，梁国内史之职缺员，汉朝廷派使者封韩安国为梁国内史，从囚徒直升为二千石级的官员。田甲弃官逃跑了。韩安国说："田甲不就任原来的官职，我就灭掉你的家族。"田甲便赤膊露体前去请罪。韩安国笑着说："你可以撒尿了！像你们这些人值得我惩办吗？"安国最终没有为难他。

梁内史之缺也，孝王新得齐人公孙诡，说（悦）之，欲请以为内史。窦太后闻，乃诏王以安国为内史。

◎**大意** 梁内史的职位空缺时，梁孝王刚刚延揽来齐国人公孙诡，很喜欢他，打算请求任命他为内史。窦太后听说了，就命令梁孝王任命韩安国为内史。

公孙诡、羊胜说孝王求为帝太子及益地事，恐汉大臣不听，乃阴使①人刺汉用事②谋臣。及杀故吴相袁盎，景帝遂闻诡、胜等计画，乃遣使捕诡、胜，必得。汉使十辈至梁，相以下举国大索③，月余不得。内史安国闻诡、胜匿孝王所，安国入见王而泣曰："主辱臣死。大王无良臣，故事纷纷④至此。今诡、胜不得，请辞赐死。"王曰："何至此？"安国泣数行下，曰："大王自度于皇帝，孰与太上皇⑤之与高皇帝及皇帝之与临江王⑥亲？"孝王曰："弗如也。"安国曰："夫太上、临江亲父子之间，然而高帝曰'提三尺剑取天下者朕也'，故太上皇终不得制事，居于栎阳⑦。临江王，適（嫡）长太子也，以一言过，废王临江；用宫垣事⑧，卒自杀中尉府。何者？治天下终不以私乱公。语曰：'虽有亲父，安知其不为虎？虽有亲兄，安知其不为狼？'今大王列在诸侯，悦一邪臣浮说⑨，犯上禁，桡（挠）⑩明法。天子以太后故，不忍致法于王。太后日夜涕泣，幸大王自改，而大王终不觉寤（悟）。有如太后宫车即晏驾⑪，大王尚谁攀乎？"语未卒，孝王泣数行下，谢安国曰："吾今出诡、胜。"诡、胜自杀。汉使还报，梁事皆得释⑫，安国之力也。于是景帝、太后益重⑬安国。孝王卒，共王⑭即位，安国坐法失官，居家。

◎**注释** ①〔阴使〕秘密派遣。②〔用事〕当权。③〔索〕搜查。④〔纷纷〕杂乱的样子。⑤〔太上皇〕指汉高祖刘邦之父刘太公。⑥〔临江王〕指汉景帝之长子刘荣。⑦〔栎（yuè）阳〕即栎阳宫。⑧〔用宫垣事〕用，因。宫垣事，指刘荣建宫室时侵占了祖庙墙内的空地。事见《五宗世家》。⑨〔浮说〕指虚妄的言论。⑩〔桡〕通"挠"，阻挠。⑪〔有如太后宫车即晏驾〕有如，假如。宫车即晏驾，帝王死亡的讳称。⑫〔释〕消解。⑬〔益重〕更加看重。⑭〔共王〕梁孝王的长子刘买。

◎**大意** 公孙诡、羊胜劝说梁孝王，要求他向汉景帝请求成为皇位的继承人并增加封地的事，害怕汉朝廷大臣不依从，就暗中派人刺杀当权的谋臣。后来他们杀害了原吴国国相袁盎，汉景帝听说了公孙诡、羊胜等人的谋划，于是派使者务必捉拿到公孙诡、羊胜。汉先后派了十批使者来到梁国，从梁国相以下在全封国境内大搜索，一个多月仍没有捕获。内史韩安国听说公孙诡、羊胜隐藏在梁孝王的住处。韩安国进见梁孝王并哭着说："主上受辱，臣下当死。大王没有良臣，所以事情乱成这样。如今捕捉不到公孙诡、羊胜，请大王先将我杀了。"梁孝王说："何至于这样？"韩安国的眼泪不住下流，说："大王您估量一下自己与皇帝的关系，与太上皇和高皇帝之间及皇帝与临江王之间的关系相比，哪个更亲密？"梁孝王说："比不上他们亲密。"韩安国说："太上皇与高皇帝、皇帝与临江王都是最亲的父子关系，然而高皇帝说'提三尺剑取得天下的是朕'，所以太上皇始终不能裁决国事，住在栎阳宫。临江王是皇帝的嫡长太子，因他的生母一句话说得失当，就被废黜为临江王；又因建宫室侵占宗庙空地之事，最后自杀于中尉府中。为什么这样呢？治理天下终究不能以私乱公。常言说：'即使是亲生父亲，怎么知道他不变成虎？即使是亲兄弟，怎么知道他不变成狼？如今大王在诸侯之列，竟然爱听一个邪臣的虚妄言论，触犯皇上的禁令，扰乱明文法纪。天子因为太后的缘故，不忍心用法律处置大王。太后日夜哭泣，希望大王自己改过，但大王始终不觉悟。假如太后突然逝世，大王还依靠谁呢？"话没说完，梁孝王落泪纷纷，向韩安国道歉说："我现在就交出公孙诡、羊胜。"公孙诡、羊胜自杀了。汉使者返回禀告，梁国的事能得到宽解，是韩安国的功劳。于是汉景帝、太后更加看重韩安国。梁孝王死后，梁共王继王位，韩安国因犯法丢了官，闲居在家。

建元①中，武安侯田蚡为汉太尉，亲贵用事，安国以五百金物遗蚡。蚡言安国太后②，天子亦素闻其贤，即召以为北地都尉，迁为大司农。闽越、东越③相攻，安国及大行王恢将兵。未至越，越杀其王降，汉兵亦罢。建元六年，武安侯为丞相，安国为御史大夫。

◎**注释** ①〔建元〕汉武帝的第一个年号（前140年—前135年）。②〔太后〕指王太后。③〔闽越、东越〕闽越，越部族的一支。东越，是闽越的分支。
◎**大意** 建元年间，武安侯田蚡为汉太尉，亲近显贵掌握大权，韩安国将价值五百金的物品赠送田蚡。田蚡向太后说到韩安国，天子也一向听说他的贤能，就召来并任命他为北地都尉，迁升大司农。闽越、东越互相攻伐，韩安国和大行王恢领兵征讨。还没到越地，越人就杀死他们的国王向汉朝投降了。汉兵也撤退了。建元六年（前135年），武安侯任丞相，韩安国任御史大夫。

匈奴来请和亲，天子下议。大行王恢，燕人也，数为边吏，习知胡事。议曰："汉与匈奴和亲，率不过数岁即复倍（背）约。不如勿许，兴兵击之。"安国曰："千里而战，兵不获利。今匈奴负戎马之足，怀禽兽之心，迁徙鸟举①，难得而制也。得其地不足以为广，有其众不足以为强，自上古不属为人②。汉数千里争利，则人马罢（疲），虏③以全制其敝。且强弩之极，矢不能穿鲁缟④；冲风⑤之末，力不能漂鸿毛。非初不劲，末力衰也。击之不便，不如和亲。"群臣议者多附安国，于是上许和亲。

◎**注释** ①〔迁徙鸟举〕迁移就像鸟飞一般。②〔不属为人〕意思是不内属为中国百姓。③〔虏〕对敌人的蔑称。④〔鲁缟（gǎo）〕鲁地出产的一种白色的生绢，以轻薄闻名。⑤〔冲风〕由下往上刮的强风。

◎**大意** 匈奴人前来请求和亲，天子交由群臣讨论。大行王恢是燕人，多次任边郡官吏，熟悉匈奴的情况。他说："汉与匈奴和亲，匈奴通常不过几年就又背弃盟约。不如不答应，领兵攻打他们。"韩安国说："派军队去千里之外作战，不能取得胜利。今匈奴依仗军马充足，怀着禽兽般的心，迁移如鸟飞，难以控制。得到它的土地也谈不上扩大了我们的领土，拥有它的百姓亦不足以增强我们的实力，它从上古就不附属为中原百姓。汉到千里外争夺利益，那么人马疲惫，匈奴人用所有优势对付我方弱点。况且强弩之末连鲁地所产的最薄的白绢也射不穿；强风吹到最后，风力吹不动鸿毛。并不是开始时不强劲，是后来力量衰竭了。攻击匈奴不利，不如和亲。"议事大臣多附和韩安国，于是皇上同意与匈奴和亲。

其明年①，则元光②元年，雁门马邑豪③聂翁壹因大行王恢言上曰："匈奴初和亲，亲信边④，可诱以利。"阴使聂翁壹为间，亡入匈奴，谓单于曰："吾能斩马邑令丞吏，以城降，财物可尽得。"单于爱信之，以为然，许聂翁壹。聂翁壹乃还，诈斩死罪囚，悬其头马邑城，示单于使者为信。曰："马邑长吏已死，可急来。"于是单于穿塞将十余万骑，入武州塞。

◎**注释**　①〔其明年〕指和亲的第二年。②〔元光〕汉武帝的第二个年号（前134年—前129年）。③〔豪〕豪绅。④〔亲信边〕亲信边地之民。

◎**大意**　第二年，就是元光元年，雁门郡马邑的豪强聂翁壹通过大行王恢进言朝廷说："匈奴刚和亲，亲近信任边民，可用财利引诱他们。"朝廷暗中派聂翁壹为间谍，逃入匈奴，对单于说："我能杀死马邑的县令、县丞等官吏，将马邑城献给您，您可以得到全部财物。"单于欢喜而相信他，认为可行，答应了聂翁壹。聂翁壹就回来了，用欺诈的手段斩杀几个死罪囚犯，将他们的头悬挂在马邑城上，作为信物展示给单于的使者，说："马邑的长官已死，可速来。"于是单于率领十余万骑兵通过边塞进入武州塞。

　　当是时，汉伏兵车骑材官①三十余万，匿马邑旁谷中。卫尉李广为骁骑将军，太仆公孙贺为轻车将军，大行王恢为将屯将军，太中大夫李息为材官将军。御史大夫韩安国为护军将军，诸将皆属护军。约单于入马邑而汉兵纵发②。王恢、李息、李广别从代主击其辎重③。于是单于入汉长城武州塞。未至马邑百余里，行掠卤（虏），徒见畜牧于野，不见一人。单于怪之，攻烽燧④，得武州尉史。欲刺问尉史。尉史曰："汉兵数十万伏马邑下。"单于顾谓左右曰："几为汉所卖！"乃引兵还。出塞，曰："吾得尉史，乃天也。"命尉史为"天王"。塞下传言单于已引去。汉兵追至塞，度弗及，即罢。王恢等兵三万，闻单于不与汉合，度往击辎重，必与单于精兵战，汉兵势必败，则以便宜⑤罢兵，皆无功。

◎**注释**　①〔车骑材官〕车骑，成队的车马。这里指骑兵。材官，力大善射的特殊兵种。②〔纵发〕奔驰出去。③〔辎重〕军用物资。④〔烽燧(suì)〕即烽火台。⑤〔便宜〕看怎样方便适宜，就酌情处理。

◎**大意**　正在这个时候，汉埋伏战车、骑兵、步兵三十多万，藏在马邑旁边的山谷中。卫尉李广为骁骑将军，太仆公孙贺为轻车将军，大行王恢为将屯将军，太中大夫李息为材官将军。御史大夫韩安国为护军将军，各将军都隶属护军将军。互相约定，单于进入马邑时汉兵发动攻击。王恢、李息、李广随从代王攻夺匈奴的军需物资。这时单于进入汉长城武州塞。距离马邑城还有一百多里，匈奴将要抢夺劫掠，可是只看见牲畜放养在荒野之中，却见不到一个人。单于奇怪，攻击烽火台，捉住了武州尉史，想向尉史探问情况。尉史说："几十万汉兵埋伏在马邑城下。"单于回头对左右人员说："差点儿被汉骗了！"就领兵撤回。出塞后，单于说："我抓住尉史，是天意。"称尉史为"天王"。塞下人传说单于已经引兵退去。汉兵追到边塞，估计追不上，就停止了。王恢等统领兵士三万，听说单于没有和汉军交战，如果去攻夺匈奴的军需物资，必定与单于的精兵交战，汉兵势必战败，权衡利害后就退兵了，都无功而返。

　　天子怒王恢不出击单于辎重，擅引兵罢也。恢曰："始约虏入马邑城，兵与单于接，而臣击其辎重，可得利。今单于闻，不至而还，臣以三万人众不敌，禔（只）取辱耳。臣固知还而斩，然得完①陛下士三万人。"于是下②恢廷尉。廷尉当恢逗桡③，当斩。恢私行④千金丞相蚡。蚡不敢言上，而言于太后曰："王恢首造⑤马邑事，今不成而诛恢，是为匈奴报仇也。"上朝太后，太后以丞相言告上。上曰："首为马邑事者，恢也，故发天下兵数十万，从其言，为此。且纵单于不可得，恢所部击其辎重，犹颇可得，以慰士大夫心。今不诛恢，无以谢天下。"于是恢闻之，乃自杀。

◎**注释**　①〔完〕保全。②〔下〕交给。③〔逗桡（náo）〕《集解》引《汉书音义》曰："逗，曲行避敌也；桡，顾望，军法语也。"④〔行〕给予。⑤〔造〕作。这里是倡议的意思。

◎**大意**　天子恼怒王恢不出击单于的军需物资，擅自领兵撤退。王恢说："当初约定匈奴入马邑城，我军与单于交战，而臣率兵攻夺他的军需物资，这样才有利可图。如今单于听了这个消息，不到马邑就撤回了，臣认为三万人不能抵挡敌军,只会招致耻辱罢了。臣原本知道撤回后要被斩杀,然而可以保全陛下三万士兵。"于是把王恢交给廷尉,廷尉判他曲行避敌观望不前,应当杀头。王恢私下送给丞相田蚡一千金。田蚡不敢对皇上说,而对太后说:"王恢首先谋划了马邑的事,现在不成功而诛杀王恢,这是在为匈奴报仇。"皇上朝见太后,太后把丞相的话告诉了皇上。皇上说:"最先谋划马邑事件的是王恢,所以发动天下几十万兵士,听从他的建议出击匈奴。况且即使抓不到单于,王恢率领部下攻夺匈奴的军需物资,很可能有所收获,以此安慰将士们的心。现在不诛杀王恢,无法向天下人谢罪。"王恢听了这话,就自杀了。

安国为人多大略①,智足以当世取合②,而出于忠厚焉。贪嗜于财。所推举皆廉士贤于己者也。于梁举壶遂、臧固、郅他,皆天下名士,士亦以此称慕之,唯天子以为国器③。安国为御史大夫四岁余,丞相田蚡死,安国行④丞相事,奉引⑤堕车,蹇⑥。天子议置相,欲用安国,使使视之,蹇甚,乃更以平棘侯薛泽为丞相。安国病免数月,蹇愈,上复以安国为中尉。岁余,徙为卫尉。

◎**注释**　①〔多大略〕指有韬略。②〔取合〕投合,迎合。③〔国器〕指主持国政的人才。④〔行〕代理。⑤〔奉引〕给皇帝导引车驾。⑥〔蹇(jiǎn)〕跛足。

◎**大意**　韩安国为人多有远大的谋略,才智足以随俗迎合,但都是出于忠厚之心。他贪图钱财。所举荐的人都是廉士,比他本人贤明。在梁国时推举壶遂、臧固、郅他,都是天下名士。士人也因此称道仰慕他,就是天子也认为他是国家栋梁。韩安国任御史大夫四年多,丞相田蚡死去,韩安国代理丞相职务,在导引皇上的车子时,从车上摔下跛了脚。天子商议设置丞相,想用韩安国,派使者去看他,跛得厉害,就改用平棘侯薛泽为丞相。韩安国因伤免于办公几个月,跛脚好了,皇上又任用韩安国为中尉。一年多,迁任卫尉。

车骑将军卫青击匈奴,出上谷,破胡茏城①。将军李广为匈奴所得②,复失之③;公孙敖大亡卒:皆当斩,赎为庶人。明年,匈奴大入边④,杀辽西太守,及入雁门,所杀略数千人。车骑将军卫青击之,出雁门。卫尉安国为材官将军,屯于渔阳。安国捕生虏,言匈奴远去。即上书言方田作时⑤,请且罢军屯。罢军屯月余,匈奴大入上谷、渔阳。安国壁⑥乃有七百余人,出与战,不胜,复入壁。匈奴虏略千余人及畜产而去。天子闻之,怒,使使责让安国。徙安国益东,屯右北平。是时匈奴虏言当入东方。

◎**注释** ①〔茏(lóng)城〕即龙城。匈奴祭天之处。②〔得〕俘获。③〔失之〕指李广被匈奴俘获后又逃走。事见《李将军列传》。④〔大入边〕大举入侵边境。⑤〔田作时〕农耕时节。⑥〔壁〕营垒。

◎**大意** 车骑将军卫青攻打匈奴,从上谷郡出塞,在茏城打败匈奴。将军李广被匈奴俘虏,又逃脱了;公孙敖损失了大量士兵:都该论处斩刑,后来出钱赎罪成为平民。第二年,匈奴大量侵入边地,杀死辽西太守,等到侵入雁门郡,汉民被杀死掳掠的有几千人。车骑将军卫青反击匈奴,从雁门出塞。卫尉韩安国任材官将军,驻防在渔阳。韩安国捉住一个俘虏,俘虏说匈奴军队走远了。韩安国就上书说时值耕种时节,请求暂且退兵驻防。退兵驻防一月多,匈奴大举侵入上谷郡、渔阳郡。韩安国的营垒中仅有七百多人,出兵与匈奴交战,不能取得胜利,又进入营垒中。匈奴掳掠一千多人和牲畜财产后离去。天子听说这个消息,大怒,派使者责备韩安国。把韩安国向东调动,驻防右北平。当时匈奴的俘虏说要侵入东方。

安国始为御史大夫及护军①,后稍斥疏②,下迁③;而新幸④壮⑤将军卫青等有功,益贵。安国既疏远,默默⑥也;将屯又为匈奴所欺,失亡多,甚自愧。幸得罢归,乃益东徙屯,意忽忽⑦不乐。数月，病欧（呕）血死。安国以元朔②二年中卒。

◎注释　①〔护军〕指护军将军。②〔稍斥疏〕渐渐被排斥疏远。③〔下迁〕降职。④〔幸〕得宠。⑤〔壮〕指年轻。⑥〔默默〕郁郁不得志的样子。⑦〔忽忽〕失意的样子。⑧〔元朔〕汉武帝第三个年号（前128年—前123年）。

◎大意　韩安国当初担任过御史大夫和护军将军，后来渐渐被排斥疏远，贬官降职；而新受宠幸的少壮将军卫青等人有功劳，地位益发显贵。韩安国被疏远后，很不得意；率兵驻防又为匈奴所欺，损失伤亡很多，自己甚感惭愧。希望能够回到朝廷，却被调往东边驻守，心中失意而闷闷不乐。几个月后，他得病呕血而死。韩安国在元朔二年（前127年）去世。

　　太史公曰：余与壶遂定律历①，观韩长孺之义，壶遂之深中隐厚②。世之言梁多长者，不虚哉！壶遂官至詹事，天子方倚以为汉相，会③遂卒。不然，壶遂之内廉行修④，斯鞠躬⑤君子也。

◎注释　①〔定律历〕指制订太初历之事。②〔深中隐厚〕深沉厚道。③〔会〕恰遇。④〔行修〕指行为端正。⑤〔鞠躬〕谦恭谨慎的样子。

◎大意　太史公说：我与壶遂制订历法，观察到韩安国行事得体，壶遂深沉厚道。世人说梁国多有忠厚长者，这话确实不错呀！壶遂做官做到詹事，天子正要任用他为汉朝廷的丞相，他恰巧在这时去世。不然的话，壶遂品行廉洁行为端正，这真是一个谦恭谨慎的君子啊。

◎释疑解惑

　　自平城之役高祖刘邦白登脱围，派遣刘敬出使匈奴以后，西汉政府一直奉行与匈奴的和亲政策。西汉经过六七十年的休养生息，国力昌盛，已具备征伐匈奴的经济基础和武装力量。但匈奴当时仍是"百蛮大国",所以要开战,必须慎之又慎。武帝时,匈奴又一次来请和亲,以汉武帝为首的西汉朝廷面临着一次重大抉择——和亲还是武力攻伐。汉武帝让大臣在朝堂上议论此事。燕人王恢为大行,建议举兵击之。而御史大夫韩安国则主张继续和亲,"群臣议者多附安国",汉武帝遂继续与匈奴和亲。后雁门马邑豪聂翁壹通过王恢上言以马邑诱单于,遂有以大行王恢及御史大夫韩安国为代表的两派大臣,在朝堂上展开了对匈奴实行何种政策的讨论。韩安国认为必须遵循祖法,不能轻开战端。王恢认为和亲并非长久之计,没有解决根本问题,匈奴对汉朝仍骚扰不止,故应摆脱前代政策的桎梏,大胆进行调整。其实西汉对匈奴持何种态度,关键是由统治者的态度决定的。汉武帝初即位,就派遣张骞出使西域,调任善战的边将,积极为伐胡做准备,由这一系列举措可以看出汉武帝一直有攻伐匈奴的决心,加之西汉经济发展,可为攻伐提供坚实的后盾。韩安国庭辩时主张和亲,但汉匈作战时,任护军将军,"诸将皆属护军",可见当时武帝对他的信任。

史公称韩安国"智足以当世取合,而出于忠厚",评价中肯。

◎ **思考辨析题**

1. 分析韩安国精明官僚的形象。
2. 韩安国受窦太后赏识的原因有哪些。

李将军列传

第四十九

《李将军列传》主要记述汉代名将李广的生平事迹。李广机智勇敢、廉洁宽厚,一生与匈奴战斗七十余次,常常以少胜多,险中取胜,以致匈奴人闻名丧胆,称之为"飞将军","避之数岁"。李广治军简易,与士卒同甘共苦,深得将士们的敬佩。李广这种战斗中身先士卒、生活中先人后己的品格,使士兵"咸乐为之死"。然而,这位战功卓著、深受将士爱戴的名将,却一生坎坷,终身未得封爵。文帝曰:"惜乎,子不遇时!如令子当高帝时,万户侯岂足道哉!"皇帝不敢重用李广,贵戚也借机排挤他,最终导致他含愤自杀。太史公通过李广的悲剧命运揭露并谴责了统治者的任人唯亲、刻薄寡恩,以及对贤能的压抑和扼杀,使得这篇传记具有了一定程度的政治意义,是《史记》中的传记名篇。传记叙事重点突出,擅于通过细节描写和生动的故事突出人物形象。如传记只选择两次有代表性的战斗（一次是遭遇战，一次是脱险战），在敌众我寡、紧张惊险的战斗描写中表现了李广惊人的机智和超人的胆略。再如通过叙述李广射杀匈奴射雕手、射杀敌军白马将、射退敌人的追骑、误以石为虎而力射没镞等小故事，以及平时以射箭与将士赌赛饮酒等细节描写，表现李广的善射，生动地展示了这位名将的风采。太史公还以克制、含蓄的叙事笔法，表达深沉、强烈的爱憎感情和自己的主观认识。《李将军列传》语言通俗，极富文采。如写李广与匈奴的遭遇战：因寡不敌众，汉军全军震恐。这时李广镇定自若，号令全军向匈奴军逼近，以示壮胆。"广令诸骑曰：'前！'前未到匈奴陈二里所，止。"十六个字，分为四句。第一个"前"字，是口令，显示了李广如雷霆之声的命令，表示只有勇往直前，才能在气势上压倒敌军，争取死里求生；第二个"前"字写进行，表示全军整齐前进的豪壮气势；一个"止"字，显示全军肃然不动的意志。十六个字，长短四句话，淋漓尽致地描绘出汉军视死如归、一往无前的精神。司马迁作《史记》的目的是表现其理想、是非与褒贬。他虽守着孔子"述而不作"的信条，自称"述故事，整齐其世传，非所谓作"，但在史料的选择、编排上颇费苦心，故能成一家之言。

李将军广者，陇西成纪人也。其先曰李信，秦时为将，逐得燕太子丹者也①。故槐里，徙成纪。广家世世受②射。孝文帝十四年，匈奴大入萧关，而广以良家子③从军击胡，用④善骑射，杀首虏多⑤，为汉中郎。广从弟⑥李蔡亦为郎，皆为武骑常侍，秩⑦八百石。尝从行⑧，有所冲陷折关⑨及格猛兽,而文帝曰:"惜乎,子不遇时!如令子当高帝时,万户侯⑩岂足道哉!"

◎**注释** ①〔逐得燕太子丹者也〕事见《刺客列传》。②〔受〕学习。③〔良家子〕清白人家的子弟。汉朝军队的来源有两种,一种是"良家子",另一种是罪犯和贫民等。④〔用〕由于,因为。⑤〔杀首虏多〕杀首,斩杀敌人首级。虏,俘虏。⑥〔从弟〕堂弟。⑦〔秩〕官阶。⑧〔从行〕跟从皇帝出行。⑨〔冲陷折关〕冲陷,冲锋陷阵。折关,抵御、拦阻,指抵挡敌人。⑩〔万户侯〕有万户封邑的侯爵。

◎**大意** 李广将军,是陇西郡成纪县人。他的先祖叫李信,秦朝时任将军,就是追获燕国太子丹的人。原来住在槐里县,后来迁移到成纪县。李广家世代传习射箭之术。汉文帝十四年(前166年),匈奴大举侵入萧关,李广以良家子弟的身份从军抗击匈奴,因为他善于骑射,斩杀、俘虏敌人很多,任汉中郎。李广的堂弟李蔡也任郎官,二人又都任武骑常侍,官阶是八百石。李广曾随从皇帝出行,冲锋陷阵抵御敌人,并能格杀猛兽,因而汉文帝说:"可惜啊,你没遇到时机!如果让你正赶上高祖的时代,封万户侯不在话下!"

及孝景初立,广为陇西都尉,徙①为骑郎将。吴楚军时②,广为骁骑都尉③,从太尉亚夫④击吴楚军,取旗⑤,显功名昌邑⑥下。以梁王授广将军印,还,赏不行。徙为上谷太守,匈奴日以合战。典属国⑦公孙昆邪为上泣曰:"李广才气,天下无双,自负其能,数与虏敌战,恐亡之。"于是乃徙为上郡太守。后广转为边郡太守,徙上郡。尝为陇西、北地、雁门、代郡、云中太守,皆以力战为名。

◎**注释** ①〔徙〕调任。②〔吴楚军时〕指吴楚等七国起兵叛乱。其事详见《吴王濞列传》。③〔骁骑都尉〕军官名。骁骑,如同今之所谓"轻骑兵"。④〔亚夫〕即周亚夫。⑤〔取旗〕夺取了敌方的主将之旗。⑥〔昌邑〕当时梁国的重镇，周亚夫的重兵当时就集结在这里。吴楚军败，就是从其攻昌邑失败开始。⑦〔典属国〕主管与他国、他族外交事务的官吏。

◎**大意** 等到景帝即位，李广任陇西都尉，调任骑郎将。吴楚七国起兵叛乱时，李广任骁骑都尉，随从太尉周亚夫攻打叛军，在昌邑城下夺得帅旗，从此扬名。由于梁王私自授予李广将军印信，回朝后，朝廷没有对他进行封赏。调任上谷郡太守，匈奴每天来交战。典属国公孙昆邪对皇上哭着说："李广的才气，天下无双，他自恃有本领，屡次和敌人正面作战，恐怕他会牺牲。"于是调任上郡太守。后来李广转任边境各郡太守，又调任上郡太守。他曾任陇西、北地、雁门、代郡和云中郡太守，都以奋力作战而出名。

匈奴大入上郡，天子使中贵人①从广勒②习兵击匈奴。中贵人将骑数十纵③，见匈奴三人，与战。三人还射，伤中贵人，杀其骑且尽。中贵人走广。广曰："是必射雕者④也。"广乃遂从百骑往驰三人。三人亡马步行，行数十里。广令其骑张左右翼，而广身自射彼三人者，杀其二人，生得一人，果匈奴射雕者也。已缚之上马，望匈奴有数千骑，见广，以为诱骑⑤，皆惊，上山陈（阵）。广之百骑皆大恐，欲驰还走。广曰："吾去大军数十里，今如此以百骑走，匈奴追射我立尽。今我留，匈奴必以我为大军之诱，必不敢击我。"广令诸骑曰："前！"前未到匈奴陈（阵）二里所⑥，止。令曰："皆下马解鞍！"其骑曰："虏多且近，即有急，奈何？"广曰："彼虏以我为走，今皆解鞍以示不走，用坚其意。"于是胡骑遂不敢击。有白马将出护⑦其兵，李广上马，与十余骑奔射杀胡白马将，而复还至其骑中，解鞍，令士皆纵马卧⑧。是时会暮，胡兵终怪之，不敢击。夜半时，胡兵亦以为汉有伏军于旁欲夜取之，胡皆引兵而去。平旦⑨，李广乃归其大军。大军不知广所之，故弗从。

◎**注释** ①〔中贵人〕宫中受宠的人,指宦官。②〔勒〕受约束。③〔纵〕放马奔驰。④〔射雕者〕射雕的能手。雕,猛禽,飞翔力极强而且迅猛,能射雕的人必有很高的射箭本领。⑤〔诱骑〕诱敌的骑兵。⑥〔所〕表示大约的数目。⑦〔护〕监护。⑧〔纵马卧〕把马放开,随意躺下。⑨〔平旦〕清晨,天刚亮。

◎**大意** 匈奴大举侵入上郡,天子派得宠的宦官随李广统率兵士抗击匈奴。这位得宠的宦官带着几十名骑兵放马驰骋,遇见三个匈奴人,就和他们交战。三个匈奴人转身射箭,射伤了这位得宠的宦官,把他带领的骑兵几乎全部射死。这位得宠的宦官逃到李广那里。李广说:"这一定是射雕手。"李广就带领一百骑兵追赶那三个人。那三个人失去马匹而步行,走了几十里。李广命令他的骑兵左右散开,而李广亲自射那三个人,射死二人,活捉一人,发现果然是匈奴的射雕手。捆绑那个人上马后,望见几千匈奴骑兵。他们看见李广,以为是引诱他们的骑兵,都很吃惊,上山摆好阵势。李广的一百骑兵都大为惊恐,想快马往回跑。李广说:"我们离开大军几十里,在这样的情况下往回跑,匈奴人追上来射击,我们就死定了。现在我们停留在这里,匈奴人一定认为我们是大军的诱敌者,一定不敢攻击我们。"李广命令骑兵说:"前进!"进到离匈奴军阵约二里的地方,停下来。李广命令说:"都下马解下马鞍!"他的骑兵说:"敌人很多并且离得近,倘若有紧急情况,怎么办?"李广说:"那些敌人以为我们会跑,现在我们都解下马鞍表示不跑,用这种办法来强化他们的猜疑。"于是匈奴的骑兵最终不敢攻击。有一个骑白马的匈奴将领出阵监护他的士兵,李广立即上马和十几名骑兵一起奔驰,射死那个骑白马的匈奴将领,然后又回到他的骑兵当中,解下马鞍,让士兵都放开马,随便躺卧。这时正值日暮,匈奴兵始终捉摸不定,不敢进攻。半夜时分,匈奴兵认为汉军在附近埋伏,要乘夜袭击他们,因此领兵撤离了。第二天清晨,李广才回到大军中。大军不知道李广去的地方,所以没有去接应。

居久之,孝景崩,武帝立,左右以为广名将也,于是广以上郡太守为未央卫尉,而程不识亦为长乐卫尉。程不识故与李广俱以边太守将军屯①。及出击胡,而广行无部伍行阵②,就善水草屯,舍止,人人自便，不击刁斗③以自卫，莫（幕）府省约文书籍事④，然亦远斥候⑤，未尝遇害。程不识正部曲行伍营陈（阵）⑥，击刁斗，士吏治⑦军簿至明⑧，军不得休息，然亦未尝遇害。不识曰："李广军极简易，然虏卒（猝）犯之，无以禁也；而其士卒亦佚（逸）乐，咸乐为之死。我军虽烦扰，然虏亦不得犯我。"是时汉边郡李广、程不识皆为名将，然匈奴畏李广之略，士卒亦多乐从李广而苦程不识。程不识孝景时以数直谏为太中大夫。为人廉，谨于文法⑨。

◎**注释** ①〔将军屯〕掌管军队的驻防。②〔部伍行阵〕部伍，指军队的编制。行阵，行列，阵势。③〔刁斗〕铜制的军用锅，白天用它做饭，夜里敲它巡更。④〔莫府省约文书籍事〕古代军队出征驻屯时，将帅的办公机构设在大帐幕中，称为"幕府"。省约，简化。籍，考勤或记载功过之类的簿册。⑤〔远斥候〕远远地布置侦察哨。斥候，侦察瞭望的士兵。另一种解释，到远离侦察瞭望所及的地方。⑥〔部曲行（háng）伍营陈〕部曲，古代军队编制，将军率领的军队，下有部，部下有曲，曲下有屯。行伍，古代军队的基层编制，五人为伍，二十五人为行。营陈，即营阵，营地和军队的阵势。⑦〔治〕办理，处理。⑧〔至明〕直到天明。也可解为非常明白，毫不含糊。⑨〔文法〕朝廷制定的条文法令。

◎**大意** 过了很久，汉景帝崩逝，武帝即位，左右侍臣认为李广是名将，于是李广由上郡太守调任未央宫卫尉。而程不识也任长乐宫卫尉。程不识从前和李广都以边郡太守的身份统率军队驻防。出兵攻打匈奴时，李广行军没有严格的编制、列队和阵势，靠近良好的水源草地驻扎下来，停留住宿，人人自便。晚上不敲刁斗巡逻，幕府的文书簿籍一概从简，但是也在远处布置侦查哨兵，所以没有遭遇过危险。程不识严格要求编制、队列和阵势，晚上敲刁斗巡逻，军官兵士处理军事文件到天亮，军队得不到休息，可是也没有遭遇过危险。程不识说："李广的军队十分随便，如果敌人突然袭击，他们就无法招架了；但他的士兵安逸快乐，都乐于为他拼死。我的军队虽然紧张忙碌，但是敌人也不敢侵犯我们。"这个时期的汉边郡太守李广、程不识都是名将，但是匈奴畏惧李广的谋略，士兵也都喜欢跟随李广而苦于跟随程不识。程不识在汉景帝时因屡次直言劝谏而任太中大夫。他为人廉洁，谨守文书、法令。

后汉以马邑城诱单于，使大军伏马邑旁谷，而广为骁骑将军，领属护军将军①。是时单于觉之，去，汉军皆无功。其后四岁，广以卫尉为将军，出雁门击匈奴。匈奴兵多，破败广军，生得广。单于素闻广贤，令曰："得李广必生致②之。"胡骑得广，广时伤病，置广两马间，络③而盛④卧广。行十余里，广详（佯）死，睨⑤其旁有一胡儿骑善马，广暂腾⑥而上胡儿马，因推堕儿，取其弓，鞭马南驰数十里，复得其余军，因引而入塞。匈奴捕者骑数百追之，广行取胡儿弓，射杀追骑，以故得脱。于是至汉，汉下⑦广吏⑧。吏当⑨广所失亡多，为虏所生得，当斩，赎为庶人。

◎**注释** ①〔领属护军将军〕领属，受统领节制。护军将军，即韩安国。②〔致〕送。③〔络〕用绳子编结的网兜。④〔盛〕放，装。⑤〔睨（nì）〕斜视。⑥〔暂腾〕突然跃起。⑦〔下〕交付。⑧〔吏〕指执法的官吏。⑨〔当〕判断，判决。

◎**大意** 后来，汉朝廷用马邑城引诱单于，派大军埋伏在马邑附近的山谷中，而李广担任骁骑将军，由护军将军韩安国统领。当时单于发觉了汉军的计谋，就逃跑了。汉军都没有战功。四年以后，李广由卫尉调任将军，从雁门郡出击匈奴。匈奴兵多，打败了李广的军队，并生擒了李广。单于一向听说李广有才能，下命令说："俘获李广一定要活着送来。"匈奴骑兵俘虏了李广，李广当时有伤病，他们把李广安置在两马之间，把绳索结成网让李广躺在上面。走了十多里，李广假装死去，斜眼看到他旁边的一个匈奴少年骑着一匹好马，于是突然跳到那匹马上，趁势把少年推下去，夺了他的弓箭，用鞭抽马向南跑了几十里，又收集了残余军队，就带领残军进入边塞。数百名匈奴骑兵追赶他，李广一边跑一边拿起那个匈奴少年的弓箭，射死追来的骑兵，因此得以脱身。于是回到汉境内，汉朝廷把李广交给执法官吏。执法官判决李广统率军队损失伤亡太多，自己又被敌人活捉，应该斩首，李广用钱物赎了死罪，削职为民。

　　顷之，家居数岁。广家与故颍阴侯孙屏野①居蓝田南山中射猎。尝夜从一骑出，从人田间饮。还至霸陵亭，霸陵尉醉，呵②止广。广骑曰："故李将军。"尉曰："今将军③尚不得夜行，何乃故也！"止广宿亭下。居无何④，匈奴入杀辽西太守，败韩将军，韩将军后徙右北平。于是天子乃召拜广为右北平太守。广即请霸陵尉与俱，至军而斩之。

◎**注释**　①〔屏野〕摒除人事而居于山野，即隐居。②〔呵〕大声喝斥。③〔今将军〕现任的将军，与"故（前）将军"相对而言。④〔居无何〕过了不久。

◎**大意**　转眼间，李广在家闲居数年。李广和已故颍阴侯灌婴的孙子灌强一起隐居在蓝田，常到南山中打猎。曾在一个夜里带着一名骑士外出，跟别人在田野间饮酒。回到霸陵亭，霸陵亭尉喝醉了，呵斥阻止李广。李广的随从骑士说："这是以前的李将军。"霸陵亭尉说："现任将军尚且不能夜间通过，何况是前任呢！"便扣留了李广，让他停宿在霸陵亭下。过了不久，匈奴入侵杀死辽西太守，打败了将军韩安国，后来韩安国调到右北平。于是天子就召见李广，任他为右北平太守。李广便请求派霸陵亭尉跟他一起去，到了军中就杀了霸陵亭尉。

　　广居右北平，匈奴闻之，号曰"汉之飞将军"，避之，数岁不敢入右北平。

◎**大意**　李广守右北平，匈奴听说后，称他为"汉之飞将军"，躲避他好几年，不敢侵入右北平。

广出猎，见草中石，以为虎而射之，中石没镞①，视之，石也。因复更射之，终不能复入石矣。广所居郡闻有虎，尝自射之。及居右北平，射虎，虎腾伤广，广亦竟射杀之。

◎**注释** ①〔镞（zú）〕箭头。
◎**大意** 李广出外打猎，看到草丛中的石头，以为是老虎，就向它射去，射中石头，连箭头都射进去了，走近一看，原来是石头。接着重新再射，始终不能再射入石头了。李广驻守过各郡，听说有老虎，常常亲自去射杀。他驻守右北平时，有一次射老虎，老虎跳起来扑伤了他，但他也终于射死了老虎。

广廉，得赏赐辄①分其麾下②，饮食与士共之。终广之身，为二千石四十余年，家无余财，终不言家产事。广为人长，猿臂③，其善射亦天性也，虽其子孙他人学者，莫能及广。广讷口④少言，与人居则画地为军陈（陈），射阔狭⑤以饮。专以射为戏，竟死。广之将兵，乏绝⑥之处，见水，士卒不尽饮，广不近水，士卒不尽食，广不尝食。宽缓不苛，士以此爱乐为用。其射，见敌急⑦，非在数十步之内，度不中不发，发即应弦而倒。用此⑧，其将兵数困辱，其射猛兽亦为所伤云。

◎**注释** ①〔辄〕总是，就。②〔麾下〕部下。③〔猿臂〕形容两臂像猿那样长而灵活。④〔讷（nè）口〕说话迟钝，口拙。⑤〔射阔狭〕即比赛谁射得准。阔狭，指实际射到之处与预定射到之处的距离大小。⑥〔乏绝〕指缺水断粮。⑦〔急〕逼近。⑧〔用此〕因此。
◎**大意** 李广为官清廉，得到赏赐就分给部下，饮食总与士兵在一起。李广一辈子任二千石俸禄的官共四十多年，家里没有多余的财物，始终不谈购置家产的事。李广身材高大，两臂如猿，他擅长射箭也是天赋，即使是他的子孙和别的学他射箭的人，也没有人能赶得上他。李广口才笨拙不多说话，和别人在一起就在地上画军阵，比谁射箭射得准，输了的罚喝酒。他专以射箭为快，一直到死。李广带兵行军，遇到缺水断粮的时候，士兵还没有喝足水，李广就不接近水；士兵还没有吃饱饭，李广一口饭也不吃。他对待士兵宽厚和缓而不苛求，士兵因此甘愿为他所用。他的射箭方法是，看见敌人逼近，如果不在数十步之内，估计射不中，就不发箭，只要一发射，敌人立即应弦倒地。但也因为这样，他带兵屡次遭围困受辱，射猛兽也曾被猛兽伤害过。

居顷之，石建卒，于是上召广代建为郎中令①。元朔②六年，广复为后将军，从大将军③军出定襄，击匈奴。诸将多中首虏率④，以功为侯者，而广军无功。后二岁，广以郎中令将四千骑出右北平，博望侯张骞将万骑与广俱，异道⑤。行可数百里，匈奴左贤王将四万骑围广，广军士皆恐，广乃使其子敢往驰之。敢独与数十骑驰，直贯胡骑，出其左右而还，告广曰："胡虏易与⑥耳。"军士乃安。广为圜（圆）陈（阵）外乡（向），胡急击之，矢下如雨。汉兵死者过半，汉矢且尽。广乃令士持满⑦毋发，而广身自以大黄⑧射其裨将，杀数人，胡虏益解。会日暮，吏士皆无人色，而广意气自如，益治军。军中自是服其勇也。明日，复力战，而博望侯军亦至，匈奴军乃解去。汉军罢（疲），弗能追。是时广军几没，罢归。汉法，博望侯留迟后期，当死，赎为庶人。广军功自如⑨，无赏。

◎**注释** ①〔郎中令〕当时的九卿之一，统领皇帝侍从，守卫宫门，实际是宫廷事务之总管。②〔元朔〕汉武帝的第三个年号，共六年（前128年—前123年）。③〔大将军〕武帝时的大将军地位崇高，名义上位在丞相之下，其权宠实在丞相之上。且与皇帝亲近，常在宫廷与皇帝决定大计，时称"内朝"。这里的大将军指卫青。④〔首虏率〕斩杀敌人首级和俘获敌人的数量规定。汉朝制度，凡达到规定数量的即可封侯。⑤〔异道〕走不同的路。⑥〔易与〕容易对付。与，打交道。⑦〔持满〕把弓拉满。⑧〔大黄〕弩弓名,用兽角制成,色黄,体大,是当时射程最远的武器。⑨〔军功自如〕指功过相当。

◎**大意** 过了不久,郎中令石建去世了,于是皇上召李广,让他接替石建为郎中令。元朔六年,李广又调任后将军,跟随大将军的军队自定襄郡出发,征伐匈奴。各将领多有杀敌俘敌达到规定数额而因功封侯的,李广却没有功劳。三年过后,李广以郎中令的身份率领四千骑兵从右北平出发,博望侯张骞率领一万骑兵和李广同行,分两路走。行军约几百里,匈奴左贤王带领四万骑兵包围了李广,李广的士兵都很恐惧,李广就派他的儿子李敢快马冲击敌人。李敢带几十骑兵飞奔而去,直穿匈奴骑兵的包围圈,抄出敌人的左右两翼而回,报告李广说:"匈奴兵容易对付。"士兵才安心。李广布成圆形阵势向着四处,匈奴猛攻他们,箭下如雨。汉兵死亡人数超过一半,汉军的箭将要用完。李广下令叫士兵把弓拉圆不要放开,而李广亲自用大黄弩弓射敌副将,射死了几个,匈奴人才渐渐散开。这时天色已晚,军官兵士都面无人色,可是李广的神气同平常一样,更加精神振奋地指挥军队。军中从此佩服他的勇气。第二天,又去奋力战斗,博望侯的军队赶到后,匈奴军队才解围而去。汉军疲乏了,不能追击。这时李广的军队几乎覆没,收兵退回。按汉朝廷的法律,博望侯行军迟缓,延误限期,应当处以死刑,用钱赎罪而降为平民。李广的功劳和罪责相当,没有封赏。

初,广之从弟李蔡与广俱事孝文帝。景帝时,蔡积功劳①至二千石。孝武帝时,至代相。以元朔五年为轻车将军,从大将军击右贤王,有功中率,封为乐安侯。元狩②二年中,代公孙弘为丞相。蔡为人在下中③,名声出广下甚远,然广不得爵邑④,官不过九卿,而蔡为列侯⑤,位至三公。诸广之军吏及士卒或取封侯。广尝与望气⑥王朔燕语,曰:"自汉击匈奴而广未尝不在其中,而诸部校尉以下,才能不及中人,然以击胡军功取侯者数十人,而广不为后人,然无尺寸之功以得封邑者,何也?岂吾相不当侯邪?且固命也?"朔曰:"将军自念,岂尝有所恨乎?"广曰:"吾尝为陇西守,羌尝反,吾诱而降,降者八百余人，吾诈而同日杀之。至今大恨独此耳。"朔曰："祸莫大于杀已降，此乃将军所以不得侯者也。"

◎**注释** ①〔积功劳〕此即所谓"没有功劳也有苦劳"，即凭着年头、资历而得升迁。②〔元狩〕汉武帝的第四个年号，共六年（前122年—前127年）。③〔下中〕下等里的中等，盖将人分为九等以排列之也。④〔不得爵邑〕未得裂土封侯。爵，勋级。邑，封地。⑤〔列侯〕亦称"彻侯""通侯"，封有一定领地，较无领地的"关内侯"地位高。⑥〔望气〕古人认为观察一个地方的云气，可以判断有关人事的吉凶祸福。

◎**大意** 当初，李广的堂弟李蔡与李广一同侍奉汉文帝。到景帝时，李蔡积累功劳做到二千石的官位。武帝时，做到代国的国相。元朔五年任轻车将军，跟随大将军出击右贤王有功，达到了封赏的标准，被封为乐安侯。元狩二年中，代替公孙弘为丞相。李蔡的才干在下等之中，声名远在李广之下，但是李广没有得到爵位和封邑，官职没有超过九卿，而李蔡被封为列侯，职位达到了三公。李广属下的军官和士兵，也有人得到了侯爵之封。李广曾和望气的术士王朔闲谈，说："从汉军出击匈奴以来，我没有一次不在其中，可是各支军队校尉以下的军官，才能够不上中等人，却因为出击匈奴有军功而取得侯爵的有几十人，我不甘人后，可是没有点滴的功劳来取得封邑，这是什么原因呢？难道我的面相不该封侯吗？还是命里注定的呢？"王朔说："将军自己回想一下，做过让自己悔恨的事吗？"李广说："我曾任陇西太守，羌人反叛，我引诱他们投降，投降的有八百多人，我用欺骗的手段在当天杀死了他们。到现在最大的悔恨就是这件事。"王朔说："能使人受祸的事，没有比杀死已投降的人更大的了，这就是将军不能封侯的原因。"

后二岁，大将军、骠骑将军①大出击匈奴，广数自请行。天子以为老，弗许；良久乃许之，以为前将军。是岁，元狩四年也。

◎**注释** ①〔骠(piào)骑将军〕即霍去病。

◎**大意** 两年后，大将军卫青、骠骑将军霍去病大举出兵攻打匈奴，李广几次主动请求随行，天子认为他老了，没有允许；过了好久才允许，任命为前将军。这一年是元狩四年。

　　广既从大将军青击匈奴，既出塞，青捕虏知单于所居，乃自以精兵走之，而令广并于右将军①军，出东道。东道少回远，而大军行水草少，其势不屯行②。广自请曰："臣部为前将军，今大将军乃徙令臣出东道，且臣结发③而与匈奴战，今乃一得当单于，臣愿居前，先死单于。"大将军青亦阴受上诫，以为李广老，数奇④，毋令当单于，恐不得所欲。而是时公孙敖新失侯⑤，为中将军从大将军，大将军亦欲使敖与俱当单于，故徙前将军广。广时知之，固自辞于大将军。大将军不听，令长史封书⑥与广之莫（幕）府，曰："急诣部，如书。"广不谢大将军而起行，意甚愠怒而就部，引兵与右将军食其合军出东道。军亡导，或失道，后大将军。大将军与单于接战，单于遁走，弗能得而还。南绝幕（漠）⑦，遇前将军、右将军。广已见大将军，还入军。大将军使长史持糒醪⑧遗广，因问广、食其失道状，青欲上书报天子军曲折⑨。广未对，大将军使长史急责广之幕府对簿⑩。广曰："诸校尉无罪，乃我自失道。吾今自上簿。"

◎**注释** ①〔右将军〕名赵食其。②〔屯行〕并队行进。屯，聚集。③〔结发〕即束发。古代男子到十五岁即可束发。这里是指年轻时。④〔数奇(jī)〕命运不好。数，命运。奇，单数。古代占卜以得偶为吉，奇为不吉。⑤〔公孙敖新失侯〕公孙敖原为合骑侯，后因罪当斩，赎为庶人，所以说"新失侯"。⑥〔令长史封书〕长史，官名，这里指大将军的秘书。封书，写好公文加封。⑦〔南绝幕(mò)〕绝，横穿。幕，通"漠"。⑧〔糒醪(bèi láo)〕指酒食。糒，干饭。醪，浓酒。⑨〔曲折〕

详细的情况。⑩〔对簿〕按簿册上的记载对质，即受审。

◎**大意**　李广跟随大将军卫青出击匈奴，出边塞后，卫青捉到俘虏而得知了单于住的地方，就亲自率领精兵突击单于，而命令李广的军队跟右将军赵食其的军队合并，从东路出击。东路稍微迂回绕远，而大军行经水草稀少的地方，势必不能聚集行进。李广亲自请求说："我所率部是前将军，现在大将军却改让我从东路出兵，况且我从年轻时候起就和匈奴打仗，今天才有一次可与单于对战的机会，我愿意担任前锋，先同单于决一死战。"大将军卫青曾暗中受到皇上嘱咐，认为李广年老，且运气不好，不要让他正面同单于对阵，恐怕不能实现俘获单于的愿望。那时公孙敖刚刚丢掉了侯爵，任中将军，随从大将军出征，大将军也想让公孙敖跟自己一起与单于对敌，故意把前将军李广调开。李广当时也知道内情，所以坚决要求大将军收回调令。大将军不答应他的请求，命令长史写文书发到李广的幕府，并对他说："赶快到右将军部队中去，照文书上写的办。"李广不向大将军告辞就起程了，心中非常恼怒地前往军部，领兵与右将军赵食其合兵后从东路出发。军队没有向导，又迷了路，落在大将军后面。大将军与单于交战，单于逃跑了，卫青没有战果只好回兵。大军向南通过沙漠，才遇到前将军和右将军。李广谒见大将军后，回到自己军中。大将军派长史拿着酒食送给李广，顺便问李广、赵食其迷路的情况。李广没有回答，大将军派长史追令李广的幕府人员前去听候审问。李广说："各位校尉无罪，是我自己迷了路。现在我亲自前去受审对质。"

至莫（幕）府，广谓其麾下曰："广结发与匈奴大小七十余战，今幸从大将军出接单于兵，而大将军又徙广部行回远，而又迷失道，岂非天哉！且广年六十余矣，终不能复对刀笔之吏。"遂引刀自刭。广军士大夫①**一军皆哭。百姓闻之，知与不知，无老壮皆为垂涕。而右将军独下吏，当死，赎为庶人。**

◎**注释**　①〔士大夫〕这里指军中的将士。
◎**大意**　李广到了幕府，对他的部下说："我从年轻时候起与匈奴打过大大小小七十多次战斗，这次有幸跟随大将军迎战单于的军队，可是大将军又调我的军队走迂回遥远的路，又迷了路，怎不是天意呀！我六十多岁了，实不能再受刀笔狱吏的侮辱。"便拔刀自杀了。李广部下官兵全都哭了。百姓听到这件事，无论认识的不认识的，无论年老的年轻的都为他流泪。而右将军赵食其被送交法官，判处死刑，出钱赎罪而降为平民。

广子三人，曰当户、椒、敢，为郎。天子与韩嫣戏，嫣少不逊，当户击嫣，嫣走。于是天子以为勇。当户早死，拜椒为代郡太守，皆先广死。当户有遗腹子名陵。广死军时，敢从骠骑将军。广死明年，李蔡以丞相坐侵孝景园堧地①，当下吏治，蔡亦自杀，不对狱②，国除。李敢以校尉从骠骑将军击胡左贤王，力战，夺左贤王鼓旗，斩首多，赐爵关内侯，食邑二百户，代广为郎中令。顷之，怨大将军青之恨其父③，乃击伤大将军，大将军匿讳④之。居无何，敢从上雍，至甘泉宫猎。骠骑将军去病与青有亲⑤，射杀敢。去病时方贵幸，上讳云鹿触杀之。居岁余，去病死。而敢有女为太子中人⑥，爱幸，敢男禹有宠于太子，然好利，李氏陵迟⑦衰微矣。

◎**注释** ①〔孝景园堧地〕孝景园，景帝的陵园。堧地，陵前神道（直通陵墓的大道）外边的空地。②〔对狱〕和狱吏对质，即受审。③〔恨其父〕使其父饮恨自杀。④〔匿讳〕隐瞒。⑤〔有亲〕霍去病是卫青的外甥。⑥〔中人〕指侍妾。⑦〔陵迟〕衰落，败落。

◎**大意** 李广有三个儿子，叫李当户、李椒、李敢，都任郎官。天子与宠臣韩嫣戏耍，韩嫣稍有不礼貌，李当户冲上去打韩嫣，韩嫣逃跑了。于是天子认为李当户勇敢。李当户早死，天子授任李椒为代郡太守，二人都比李广先死。李当户有个遗腹子叫李陵。李广在军中自杀时，李敢跟随骠骑将军。李广死后第二年，李蔡以丞相身份侵占汉景帝陵园中的空地，因而获罪，应当交给法官惩办，李蔡不愿受审对质，也自杀了，他的封国被废除。李敢以校尉的身份跟随骠骑将军攻打匈奴左贤王，奋力作战，夺得左贤王的战鼓和帅旗，斩杀很多敌人首级，赏赐爵位关内侯，食邑二百户，接替李广任中郎令。不久，李敢怨恨大将军卫青使其父饮恨自杀，便打伤了大将军。大将军隐瞒了这件事。过了不久，李敢侍从皇上到雍，在甘泉宫打猎。骠骑将军霍去病与卫青有亲戚关系，射死了李敢。霍去病当时正当显贵并受武帝宠信，皇上隐瞒真相，说李敢是被野鹿撞死的。过了一年多，霍去病死去。李敢有个女儿是太子的侍妾，很受宠爱，李敢的儿子李禹受到太子的宠信，可是他贪爱钱财，李氏家族逐渐衰败了。

　　李陵既壮，选①为建章监，监诸骑。善射，爱士卒。天子以为李氏世将，而使将八百骑。尝深入匈奴二千余里，过居延视地形，无所见虏而还。拜为骑都尉，将丹阳楚人五千人，教射酒泉、张掖以屯卫②胡。

◎**注释**　①〔选〕量才授官。②〔屯卫〕驻军防卫。
◎**大意**　李陵到壮年后，被选任为建章营的监督官，监管全部骑兵。他擅长射箭，爱护士兵。天子认为李家世代为将，因而让他带领八百骑兵。李陵曾经深入匈奴境内两千多里，经过居延边塞观察地形，没有发现敌人而返回。他又被任命为骑都尉，带领丹阳地方的五千名楚兵，在酒泉郡、张掖郡一带教练射箭而防备匈奴。

　　数岁，天汉①二年秋，贰师将军李广利将三万骑击匈奴右贤王于祁连天山②，而使陵将其射士步兵五千人出居延北可千余里，欲以分匈奴兵，毋令专走贰师③也。陵既至期还，而单于以兵八万围击陵军。陵军五千人，兵矢既尽，士死者过半，而所杀伤匈奴亦万余人。且引④且战，连斗八日，还未到居延百余里，匈奴遮狭绝道⑤，陵食乏而救兵不到，虏急击招降陵。陵曰："无面目报陛下。"遂降匈奴。其兵尽没，余亡散得归汉者四百余人。

◎**注释**　①〔天汉〕汉武帝的第八个年号，共四年（前100年—前97年）。②〔祁连天山〕即祁连山。③〔专走贰师〕专门对付贰师将军的军队。④〔引〕退。⑤〔匈奴遮狭绝道〕遮，拦挡。狭，指狭窄的山谷。绝，断绝。道，指李陵军队的归路。

◎**大意**　过了几年，天汉二年秋天，贰师将军李广利率领三万骑兵到祁连山攻打匈奴右贤王，派李陵率领五千步兵越过居延以北千余里，想以此分散匈奴的兵力，不让匈奴集中兵力冲击贰师将军的军队。李陵已到预定期限就要回兵，而单于用八万兵力围攻李陵的军队。李陵军队五千人，箭已用完，兵士死了过半，而所杀伤的匈奴兵也有一万多人，一边撤退一边战斗，连续战斗八天，走到离居延一百多里的地方，匈奴拦住狭窄的山谷而截断了归路，李陵军队缺乏粮食而救兵又没到，敌人一面加紧攻打一面劝李陵投降。李陵说："我没有脸面回报皇上了。"于是投降了匈奴。他的军队全部覆没，剩下得以回到汉境内的仅有四百多人。

　　单于既得陵，素闻其家声，及战又壮，乃以其女妻陵而贵之。汉闻，族①陵母妻子。自是之后，李氏名败，而陇西之士居门下者②皆用为耻焉。

◎**注释**　①〔族〕灭门，诛灭全族。这里指杀其全家。②〔居门下者〕在门下为宾客。

◎**大意**　单于得到李陵，向来听说他家族的名声，观他临战勇敢，便把自己的女儿嫁给李陵，使他地位尊显。汉朝廷知道了，杀了李陵全家。从此以后，李氏家族的名声败落，而陇西郡依托于李氏门下的士人宾客都为此感到耻辱。

　　太史公曰：传①曰"其身正，不令而行；其身不正，虽令不从"。其李将军之谓也？余睹李将军悛悛②如鄙人，口不能道辞。及死之日，天下知与不知，皆为尽哀。彼其忠实心诚信于士大夫也。谚曰"桃李不言，下自成蹊"。此言虽小，可以谕大也。

◎ **注释** ①〔传〕汉朝人称《诗》《书》《易》《礼》《春秋》为经，解说经书的著作都称为"传"。这里是指《论语》。因《论语》是孔子弟子及再传弟子所记，不是孔子亲笔著述，所以也称为传。②〔悛悛（xún）〕又作"恂恂"。老实厚道的样子。③〔蹊（xī）〕小路。

◎ **大意** 太史公说：《论语》里说"在上位的人本身行为端正，即使不下命令人们也会遵守奉行；在上位的人本身行为不端正，即使下命令人们也不会遵守奉行"。这是说的李将军吧？我看李将军诚实质朴像个乡下人，不善言谈。到他死的时候，天下无论认识的不认识的，都为他极尽哀痛。他那忠实之心确实取信于士大夫了吧？俗话说"桃树、李树不会说话，可是树下自然地被人们踏出一条小路"。这句话虽然说的是小事，但可以用来说明大道理。

◎ **释疑解惑**

《史记》所载历代良将大都在篇题中直书其名或以封号爵位为篇名，李广官不过前将军，传名却为《李将军列传》，且在传首被司马迁称为"李将军广者"。司马迁对李广如此青睐，与他写作《史记》列传的总意旨有关。司马迁自称他的这部著作要"究天人之际，通古今之变，成一家之言"，其对人生的理解（天人之际）又在社会总结（古今之变）之先；并说要为"扶义俶傥，不令己失时，立功名于天下"的人立传，可见《史记》是以人物为本位的，强调个人主观能动性，推崇人格美。《太史公自序》云："勇于当敌，仁爱士卒，号令不烦，师徒向之，作《李将军列传》第四十九。"这指明了司马迁为李广作传是因其仁、勇的为人，这与司马迁因卫青、霍去病"直曲塞，广河南，破祁连，通西国，靡北胡"的战功而为两人作传大不相同。司马迁曾在《报任少卿书》中表明他所推崇的人格美。李广作为武将，"善射"且"专以射为戏，竟死"，并依靠善射屡屡解围克敌，全赖"修身"之功。他治军既宽缓不苛，又廉洁奉公，"得赏赐皆分麾下，饮食与士共之"，颇得"爱施之仁""取予之义"。杀霸陵尉，宁死不愿复对刀笔吏，有耻辱心，故有以寡陷众而不乱之勇。文帝为之哀，公孙昆邪为之泣，单于素闻其贤，"及死之日，天下知与不知，皆为尽哀"，立名于天下久矣。李广正是司马迁心中理想人格的化身，传末的一连串赞词集中体现出太史公对李广的赞赏之情。

　　司马迁在字里行间渗透着对传主李广精神品格的褒扬，以及对他遭遇的深切同情。这篇作品充分展示了作者在人物传记写作方面的杰出才能。首先，司马迁善于抓住人物主要特征来突出其形象，本传中作者就抓住李广最突出的特点，通过一些生动的故事和细节，着力加以描写，使人物形象极为鲜明。如写他以百骑机智地吓退匈奴数千骑，受伤被俘而能飞身夺马逃脱，率四千人被四万敌军围困仍指挥若定，等等。这些惊险的战斗故事，突出表现了李广的智勇双全。作者更是不厌其烦地精心描写李广善射，如射杀匈奴射雕手，射杀敌军白马将，射退敌人的追骑，误以石为虎而力射没镞，平时常以射箭与将士赌赛饮酒，等等。这些精彩的片断犹如一个个特写镜头，生动地展示了这位名将的风采。其次，作者善于在叙事中抒情，故而《史记》中的人物传记往往笔端含情。这篇《李将军列传》更是倾注了对李广的深切同情，同时流露出对当权者的愤慨。如写李蔡"为人在下中，名声出广下远甚"，却能封侯拜相；写卫青徇私情而排挤李广。在这两段文字中我们都可感受到作者的愤愤不平。李广愤而自杀的消息传出后，"广军士大夫一军皆哭。百姓闻之，知与不知，无老壮皆为垂涕"。写全军与百姓的悲哭，自然也包含了作者个人的悲痛。我们可以想象，太史公写到此处时一定也是眼含热泪的。此外，侧面衬托，反面对比，剪裁精当，结构起伏跌宕，语言精练流畅、生动传神等，都是这篇传记文学杰作的突出特点。

◎思考辨析题

　　1. 茅坤云"（李广）乃最名将，而最无功"，请你谈谈对这句话的理解。

　　2. 李广与卫青都与匈奴作战。李广作为裨将，其传在《匈奴列传》之前；而卫青作为大将，其传反在《匈奴列传》之后。司马迁这样安排用意何在？

匈奴列传

第五十

匈奴是中国古代驰骋在北方的一个骁勇善战的民族，在秦汉时期，汉族政权最大的威胁就来自匈奴。以秦帝国之强大，也视匈奴为心腹之患。秦始皇派大将蒙恬北筑长城，以防御匈奴骑兵的侵袭，使匈奴向北退却了几百里。但是在楚汉战争期间，匈奴出现了一位强势的单于——冒顿。冒顿单于勇敢、机智又血腥残暴，杀死老单于头曼而自立为单于，逐渐使匈奴成为北方最强大的少数民族军事集团。《匈奴列传》记载了匈奴的族源、风俗习惯、政治组织等内容，梳理了自三代至汉武帝时期匈奴与中原王朝的关系史，重点讲述了汉武帝时期汉与匈奴的和战史。篇章首先是关于匈奴先祖的记载："匈奴，其先祖夏后氏之苗裔也，曰淳维。"司马迁提出匈奴为夏之后，也就是与华夏共祖于黄帝。紧接着从畜产、衣、食、住等方面叙及匈奴的习俗，描写的是典型的游牧生活，如食畜肉、衣皮毛、被旃裘、居无常处等。从"夏道衰，公刘失其稷官，变于西戎"开始，记述先周和两周时期，周人与戎狄之间的重大历史事件。随着冒顿崛起，汉匈关系居于四夷关系之首。汉朝初年，匈奴在与汉朝的和亲关系中反复无常的表现，最终导致了武帝时期的汉匈战争。汉朝与匈奴的战争是汉武帝政治生涯中的一件大事。从元光二年到元狩四年的四十余年中，汉与匈奴始终处于和、战交替的状态，且战多于和。作者在客观的叙述中，流露出对匈奴奴隶主不守信义、不遵礼法、侵扰边境、破坏和平、好杀成性的批评和指责。同时，作者也对汉武帝不停征战，耗费人力物力，特别是对他不知择贤、任人失当等，做了含蓄的讥讽，显示了作者对汉武帝这位雄才大略的政治家公允的态度和对历史的深刻认识。因为本文涉及对当时政治的述评，难免涉及某些敏感的政治问题，所以作者采用了寓论于叙的写法，篇中多忌讳之辞。"大史公曰"中连用两句"唯在择任将相哉"，"隐然言外"（何焯《义门读书记·史记》），"微旨实寓讥"（《史记评林》引余有丁语），使本文在《史记》中显示出叙事言志的特色。梁启超在《要籍解题及其读法》中认为："后世诸史之列传，多借史以传人；《史记》之列传，惟借人以明史。故与社会无大关系之人，滥竽者少。换一方面看，立传之人，并不限于政治方面，凡与社会各部分有关系之事业，皆有传为之代表。以行文而论，每叙一人，能将其面目活现。又极复杂之事项——例如《货殖列传》《匈奴列传》《西南夷列传》等所叙，皆能剖析条理，缜密而清晰。其才力固自复绝。"另外，由于本文较详细地记述了匈奴的世俗风情，文字简约，颇似一篇风俗书，很有文献史料的价值，是《史记》的名篇。

匈奴，其先祖夏后氏之苗裔①也，曰淳维。唐虞以上有山戎、猃狁、荤粥②，居于北蛮，随畜牧而转移。其畜之所多则马、牛、羊，其奇畜则橐驼、驴骡、駃騠、騊駼、驒騱③。逐水草迁徙，毋（无）城郭常处耕田之业，然亦各有分地。毋（无）文书④，以言语为约束。儿能骑羊，引弓射鸟鼠；少长则射狐兔：用为食。士力能毌（贯）弓，尽为甲骑。其俗，宽⑤则随畜，因射猎禽兽为生业，急则人习战攻以侵伐，其天性也。其长兵则弓矢，短兵则刀铤⑥。利则进，不利则退，不羞遁走。苟利所在，不知礼义。自君王以下，咸食畜肉，衣其皮革，被（披）旃裘⑦。壮者食肥美，老者食其余。贵壮健，贱老弱。父死，妻其后母；兄弟死，皆取（娶）其妻妻之。其俗有名不讳，而无姓字。

◎**注释** ①〔苗裔〕后代子孙。②〔唐虞以上有山戎、猃狁（xiǎn yǔn）、荤粥（xūn yù）〕唐，陶氏，即尧。虞，即虞舜。山戎、猃狁、荤粥，皆古代北方少数民族名。③〔驴骡、駃騠（jué tí）、騊駼（táo tú）、驒騱（tuó xí）〕骡，驴、马杂交而生者。駃騠、騊駼、驒騱，皆马名。④〔文书〕文字书籍。⑤〔宽〕不打仗之时。⑥〔铤（chán）〕铁柄的短矛。⑦〔旃（zhān）裘〕用兽毛、兽皮所制之衣。

◎**大意** 匈奴人的祖先是夏禹的后代，名叫淳维。唐尧、虞舜以前有山戎、猃狁、荤粥，生活在北方荒蛮之地，随畜牧而转移。那里牲畜较多的是马、牛、羊，那里奇特的牲畜有骆驼、驴骡、駃騠、騊駼、驒騱。他们寻找水草迁徙，不筑城郭定居，也没有农耕产业，但也各有分占的牧地。没有文字书籍，用言语来约束人们的行为。儿童能骑羊，拉弓射飞鸟、老鼠；稍大点就射狐狸、兔子：以此作为食物。男子力能弯弓，都当骑兵。他们的习俗，平时无事时就随着牲口游牧，以射猎飞禽走兽为生计，遇到紧急情况就人人练习攻占之术以便侵夺攻战，这是他们的天性。他们的长兵器是弓箭，短兵器是刀和短矛。打仗时形势有利就进攻，失利就退走，不以逃跑为羞耻。只要有利可图，他们便不顾礼义。自君王以下，都吃牲畜的肉，穿戴它们的皮革，披着毡裘。壮年人吃肥美的食物，老年人则吃剩余的。他们看重健壮的人，轻视老弱者。父亲死去，儿子娶后母为妻；

兄弟死去，活着的兄弟就娶死者的妻子作为自己的妻子。他们的习俗是有名而不避讳，没有姓氏和字。

夏道衰，而公刘失其稷官，变于西戎，邑①于豳。其后三百有余岁，戎狄攻大王亶父②，亶父亡走③岐下，而豳人悉从亶父而邑焉，作周。其后百有余岁，周西伯昌④伐畎夷氏。后十有余年，武王伐纣而营雒邑，复居于酆、鄗⑤，放逐戎夷泾、洛之北，以时入贡，命曰"荒服⑥"。其后二百有余年，周道衰，而穆王⑦伐犬戎，得四白狼、四白鹿以归。自是之后，荒服不至。于是周遂作《甫刑》之辟⑧。穆王之后二百有余年，周幽王用宠姬褒姒之故，与申侯有隙⑨。申侯怒而与犬戎共攻杀周幽王于骊山之下，遂取周之焦获，而居于泾渭之间，侵暴中国⑩。秦襄公救周，于是周平王去酆、鄗而东徙雒邑。当是之时，秦襄公伐戎至岐，始列为诸侯。是后六十有五年，而山戎越燕而伐齐，齐釐公与战于齐郊。其后四十四年，而山戎伐燕。燕告急于齐，齐桓公北伐山戎，山戎走。其后二十有余年，而戎狄至雒邑，伐周襄王，襄王奔于郑之氾邑。初，周襄王欲伐郑，欲娶戎狄女为后，与戎狄兵共伐郑。已而黜狄后，狄后怨，而襄王后母曰惠后，有子子带，欲立之，于是惠后与狄后、子带为内应，开戎狄⑪，戎狄以故得入，破逐周襄王，而立子带为天子。于是戎狄或居于陆浑，东至于卫，侵盗暴虐中国。中国疾⑫之，故诗人歌之曰"戎狄是应"⑬，"薄伐猃狁⑭，至于大原"，"出舆彭彭⑮，城彼朔方"。周襄王既居外四年，乃使使告急于晋。晋文公初立，欲修霸业，乃兴师伐逐戎翟（狄），诛子带，迎内（纳）周襄王，居于雒邑。

◎**注释** ①〔邑〕聚居之地。此指建立都邑。②〔大王亶父〕即古公亶父。③〔亡走〕逃跑。④〔昌〕即周文王姬昌。⑤〔酆（fēng）、鄗（hào）〕古地名。

均在今陕西省。⑥〔荒服〕离王都最远之地。按，《尚书·禹贡》把古代王都以外的地方分为五服，即甸服、侯服、绥服、要服、荒服。每服五百里，则荒服离王都二千五百里。⑦〔穆王〕即周穆王姬满。⑧〔《甫刑》之辟〕《甫刑》，《尚书》作《吕刑》，乃周穆王命其相吕侯所制定的刑律。吕侯后来为甫侯，故又称《甫刑》。辟，法。⑨〔与申侯有隙〕申侯，西周末年申国之君。其女为周幽王之后，后幽王宠爱褒姒，废申后及太子宜臼。申侯便暗结缯国与犬戎，攻杀了幽王，俘获了褒姒，拥立平王为帝。见《周本纪》。⑩〔侵暴中国〕侵暴，侵犯。中国，指中原地区。⑪〔开戎狄〕打开城门，放进戎狄。⑫〔疾〕痛恨。⑬〔诗人歌之曰"戎狄是应"〕诗人，指《诗经》的作者。此处所引"戎狄是应"出自《诗经·鲁颂·閟宫》，原文"应"作"膺"，打击之意。全句意思是"打击戎狄"。⑭〔薄伐猃狁〕引自《诗经·小雅·六月》。"薄"，语首助动词。⑮〔出舆彭彭〕引自《诗经·小雅·出车》。原文"舆"作"车"。彭彭，马盛多的样子。

◎**大意** 夏朝政治衰微时，公刘失去了掌管农事的官职，在西戎地区实施改革，在豳地建立都邑。这以后三百多年，戎狄进攻古公亶父，亶父逃奔至岐山之下。而豳地人都跟随亶父到岐山下聚居，开始建立周国。这以后又过了一百多年，周西伯姬昌攻打畎夷氏。以后十多年，周武王攻伐商纣王而营建雒邑，又返回住在酆、鄗，把戎夷驱逐到泾河、雒河以北，让他们按时进献贡物，称为"荒服"。这以后二百多年，周朝国运衰落，周穆王攻打犬戎，获得四只白狼和四只白鹿就回来了。从此以后，荒服地区不来朝贡了。当时周朝制定了《甫刑》的法律。周穆王之后两百多年，周幽王因宠姬褒姒，跟申侯有矛盾。申侯发怒，便跟犬戎一道攻杀周幽王于骊山之下，犬戎就夺取周的焦获之地，而且定居在泾河、渭河之间，侵扰蹂躏中原地区。秦襄公援救周王室，于是周平王离开酆、鄗而东迁到雒邑。就在这时，秦襄公进攻戎人到岐山，开始列为诸侯。这以后六十五年，山戎越过燕国进攻齐国。齐釐公和山戎交战于齐国郊野。此后四十四年，山戎进攻燕国。燕国向齐国告急。齐桓公北伐山戎，山戎逃走。此后二十多年，戎狄人来到雒邑，攻打周襄王。周襄王逃到郑国的氾邑。当初，周襄王准备讨伐郑国，所以娶戎狄人的女子为王后，与戎狄兵共同进攻郑国。不久废黜了狄后，狄后怨恨。而周襄王的后母叫惠后，生有儿子子带。惠后想立子带为王，于是惠后、狄后、子带做内应，给戎狄人打开城门，因此戎狄人能够进城，赶跑了周襄王，并且立子带为天子。这时戎狄有的住在陆浑，东边到达了卫国，侵扰蹂躏中原百姓。中原百姓憎恨他们，所以诗人作诗歌说"抗击戎狄"，"讨伐猃狁，到达太原"，"战车出动，筑城北方"。周襄王在外地住了四年后，才派使者到晋国告急。晋文公刚继位执政，想要创建霸业，便起兵攻打并驱逐戎狄人，诛杀子带，迎接周襄王回雒邑。

当是之时，秦晋为强国。晋文公攘①戎翟（狄），居于河西圁②、雒之间，号曰赤翟（狄）、白翟（狄）。秦缪公得由余，西戎八国服于秦，故自陇以西有绵诸、绲（混）戎、翟（狄）、獂③之戎，岐、梁山、泾、漆之北有义渠、大荔、乌氏、朐衍之戎。而晋北有林胡、楼烦之戎，燕北有东胡、山戎。各分散居溪谷，自有君长，往往④而聚者百有余戎，然莫能相一⑤。

◎**注释** ①〔攘〕排除。②〔圁（yín）〕河名。③〔绵诸、绲（hùn）戎、翟、獂（yuán）〕皆戎狄部落名。④〔往往〕常常。⑤〔相一〕相互统一。

◎**大意** 在那时，秦国、晋国是强国。晋文公驱逐戎狄人，狄人退守至河西地区的圁河和雒河之间，叫赤狄、白狄。秦穆公得到由余的帮助，使西戎八国归服秦国。所以从陇山以西有绵诸、绲戎、狄、獂各支戎族人，在岐山、梁山、泾河、漆河以北有义渠、大荔、乌氏、朐衍各支戎族人。而晋国北面则有林胡、楼烦各支戎族人，燕国北面有东胡、山戎。他们各自分散住在山谷中，各自有君长，常常聚居的有一百多支戎族，但都不能统一。

自是之后百有余年，晋悼公使魏绛和戎翟（狄），戎余朝晋。后百有余年，赵襄子逾句注而破并代①以临胡貉。其后既与韩魏共灭智伯，分晋地而有之，则赵有代、句注之北，魏有河西、上郡，以与戎界边。其后义渠之戎筑城郭以自守，而秦稍蚕食，至于惠王，遂拔②义渠二十五城。惠王击魏，魏尽入西河及上郡于秦。秦昭王时，义渠戎王与宣太后③乱，有二子。宣太后诈而杀义渠戎王于甘泉④，遂起兵伐残义渠。于是秦有陇西、北地、上郡，筑长城以拒胡。而赵武灵王亦变俗胡服，习骑射⑤，北破林胡、楼烦；筑长城，自代并（傍）阴山下，至高阙⑥为塞。而置云中、雁门、代郡。其后燕有贤将秦开，为质于胡，胡甚信之。归而袭破走东胡，东胡却千余里。与荆轲刺秦王秦舞阳者，开之孙也。燕亦筑长城，自造阳至襄平。置上谷、渔阳、右北平、辽西、辽东郡以拒胡。当是之时，冠带⑦战国七，而三国边于匈奴。其后赵将李牧时，匈奴不敢入赵边。后秦灭六国，而始皇帝使蒙恬将十万之众北击胡，悉收河南地。因河为塞，筑四十四县城临河，徙適（谪）戍以充之。而通直道，自九原至云阳，因边山险堑溪谷可缮⑧者治之，起临洮至辽东万余里。又度（渡）河据阳山北假中。

◎**注释** ①〔逾句（gōu）注而破并代〕句注，山名。破并，攻破和兼并。代，地名。②〔拔〕攻取。③〔宣太后〕秦昭王母。④〔甘泉〕秦宫名。⑤〔赵武灵王亦变俗胡服，习骑射〕详见《赵世家》。⑥〔高阙〕山名。⑦〔冠带〕戴帽，束带。这是古代高级官员的服饰，也是文明礼俗的标志。⑧〔缮〕治理。

◎**大意** 从此以后的一百多年，晋悼公派魏绛去同戎狄人讲和，戎狄人都朝见晋国。又过了一百多年，赵襄子越过句注山，打败和吞并代国而进逼胡貊地区。这以后赵襄子与韩、魏两家共灭智伯，分割占有晋国的土地，这样赵国占有代地、句注山以北，魏国占有河西、上郡，跟戎人临境。这以后义渠戎人建筑城郭用来自卫，而秦国逐渐吞食它，到秦惠王时，便夺取义渠二十五座城。秦惠王进攻魏国，魏国把西河和上郡献给秦国。秦昭王时，义渠戎王与宣太后私通，生下两个儿子。宣太后用欺诈的手段在甘泉山杀了义渠戎王，接着发兵攻灭义渠。这时秦国占有陇西、北地、上郡，修筑长城用来防御胡人。而赵武灵王也改革习俗而穿胡人服装，学习骑马射箭，向北打败林胡、楼烦。修筑长城，从代地沿阴山山麓，直到高阙，作为边塞。而且设置云中郡、雁门、代郡。这以后燕国有一位贤将秦开，在胡人那里做人质，胡人很信任他。他回国后率兵袭击打跑东胡，东胡退却一千多里。和荆轲一起行刺秦王的秦舞阳，便是秦开的孙子。燕国也修筑了长城，从造阳到襄平，又设置了上谷郡、渔阳郡、右北平郡、辽西郡、辽东郡用来抗拒胡人。这个时候，经济文化发达而相互攻打的大国有七个，而有三国靠近匈奴。后来赵国将军李牧镇守关塞时，匈奴不敢入侵赵国边境。后来秦国灭了六国，秦始皇便派蒙恬率领十万大军北击匈奴，尽收黄河河套以南的土地。凭借黄河为边塞，在黄河边上修筑四十四座县城，迁徙被判罚的犯人充实这些县城。而且修通直道，从九原到云阳，沿山岭、险堑、溪谷等能够修筑的地方建起城堡，从临洮到辽东，长达一万多里。又渡过黄河，占据阳山、北假地区。

当是之时，东胡强而月氏^①盛。匈奴单于曰头曼，头曼不胜秦，北徙。十余年而蒙恬死，诸侯畔（叛）秦，中国扰乱，诸秦所徙適（谪）戍边者皆复去，于是匈奴得宽，复稍^②度（渡）河^③南，与中国界^④于故^⑤塞。

◎**注释** ①〔月氏（zhī）〕古代游牧民族名。②〔稍〕逐渐。③〔河〕黄河。④〔界〕接界。⑤〔故〕旧。
◎**大意** 这时，东胡强大而月氏兴盛。匈奴单于叫头曼，头曼打不过秦军，向北迁徙。十多年后蒙恬死去，原六国贵族反叛秦朝，中原地区扰攘混乱，那些被秦朝流放去守卫边境的人都又离开了，于是匈奴趁此机会，又渐渐渡过黄河向南回到了原来与中原各国的边界。

单于有太子名冒顿^①。后有所爱阏氏^②，生少子，而单于欲废冒顿而立少子，乃使冒顿质于月氏。冒顿既质于月氏，而头曼急击月氏。月氏欲杀冒顿，冒顿盗其善马，骑之亡归。头曼以为壮，令将万骑。冒顿乃作为鸣镝^③，习勒^④其骑射，令曰："鸣镝所射而不悉射者，斩之。"行猎鸟兽，有不射鸣镝所射者，辄斩之。已而冒顿以鸣镝自射其善马，左右

或不敢射者，冒顿立斩不射善马者。居顷之，复以鸣镝自射其爱妻，左右或颇恐，不敢射，冒顿又复斩之。居顷之，冒顿出猎，以鸣镝射单于善马，左右皆射之。于是冒顿知其左右皆可用。从其父单于头曼猎，以鸣镝射头曼，其左右亦皆随鸣镝而射杀单于头曼，遂尽诛其后母与弟及大臣不听从者。冒顿自立为单于。

◎**注释** ①〔冒顿（mò dú）〕使匈奴族强大起来的关键人物。②〔阏氏（yān zhī）〕匈奴单于的正妻。③〔鸣镝（dí）〕一种射出后有响声的箭。④〔习勒〕训练，约束。

◎**大意** 头曼单于有位太子，名叫冒顿。后来他又有个宠爱的阏氏，生下小儿子，而头曼单于打算废掉冒顿，立小儿子为太子，便让冒顿去月氏做人质。冒顿已来到月氏当了人质，而头曼急攻月氏。月氏要杀冒顿，冒顿偷了月氏的良马逃回。头曼认为冒顿勇敢，让他统率一万骑兵。冒顿于是制造响箭，训练约束他们骑马射箭，下令说："我的响箭射什么，而你们不跟着射的话，就要被斩杀！"冒顿与他的部众出行射猎鸟兽，有不射响箭目标的人，就杀掉。不久冒顿用响箭射自己的良马，左右的人有不敢跟着射的，冒顿马上杀了这些人。又过了些时候，冒顿又用响箭射自己的爱妻，左右之人有的很害怕，不敢跟着射，冒顿又杀了他们。又过了些日子，冒顿外出打猎，用响箭射单于的良马，左右之人都跟着射，这时冒顿知道自己左右的人都可以随意支配了。他跟随父亲头曼单于出猎时，用响箭射头曼，他左右的人也都跟随着响箭而射死头曼单于。于是冒顿将其后母和弟弟以及不服从的大臣全部诛杀。冒顿自立为单于。

冒顿既立，是时东胡强盛，闻冒顿杀父自立，乃使使谓冒顿，欲得头曼时有千里马。冒顿问群臣，群臣皆曰："千里马，匈奴宝马也，勿与。"冒顿曰："奈何与人邻国而爱①一马乎？"遂与之千里马。居顷之，东胡以为冒顿畏之，乃使使谓冒顿，欲得单于一阏氏。冒顿复问左右，左右皆怒曰："东胡无道，乃求阏氏！请击之。"冒顿曰："奈何与人邻国爱一女子乎？"遂取所爱阏氏予东胡。东胡王愈益骄，西侵。与匈奴间，中有弃地，莫居，千余里，各居其边为瓯脱②。东胡使使谓冒顿曰："匈奴所与我界瓯脱外弃地，匈奴非能至也，吾欲有之。"冒顿问群臣，群臣或曰："此弃地，予之亦可，勿予亦可。"于是冒顿大怒曰："地者，国之本也，奈何予之！"诸言予之者，皆斩之。冒顿上马，令国中有后者斩，遂东袭击东胡。东胡初轻冒顿，不为备。及冒顿以兵至，击，大破灭东胡王，而虏其民人及畜产。既归，西击走月氏，南并楼烦、白羊河南王。悉复收秦所使蒙恬所夺匈奴地者，与汉关故河南塞，至朝那、肤施，遂侵燕、代。是时汉兵与项羽相距（拒），中国罢（疲）于兵革，以故冒顿得自强，控弦之士③三十余万。

◎**注释** ①〔爱〕吝惜。②〔瓯（ōu）脱〕瞭望哨所。或释为缓冲地带。③〔控弦之士〕能拉弓射箭的战士。

◎**大意** 冒顿继位以后，这时东胡强盛，听说冒顿杀死父亲自立为单于，便派使者对冒顿说，想得到头曼在世时的千里马。冒顿询问群臣意见，群臣都说："千里马是匈奴的宝马，不要给。"冒顿说："与人家是邻国，怎能吝惜一匹马呢？"便把千里马送给东胡。过了些时候，东胡以为冒顿惧怕他们，就派使者说，想要得到单于的一个阏氏。冒顿又询问侍臣的意见，侍臣发怒地说："东胡无理，竟然索要阏氏，请您出兵攻打他们。"冒顿说："与人家是邻国，怎能吝惜一个女人呢？"就把他所爱的一个阏氏送给东胡。东胡王愈发骄横，向西侵略。东胡跟匈奴之间有一片荒弃的地区，没人居住，有一千多里，双方各在自己的边缘地带建立守望哨所。东胡派使者对冒顿说："匈奴同我们边界守望哨所以外的荒弃地区，匈奴到不了那里，我们想占有它。"冒顿询问群臣意见，群臣中有人说："这是荒弃地区，给他们也行，不给也行。"这时冒顿大怒说："土地是国家的根本，怎么能送给他们！"凡是说可以送东胡土地的人，都斩杀了。冒顿骑上马，下令全国如有后退者就杀头，于是向东袭击东胡。东胡起初轻视冒顿，不做防备。冒顿率兵到来，发起进攻，打败并消灭了东胡王，而且虏掠东胡的居民和牲畜。返回后,向西击败了月氏,向南吞并了楼烦和白羊河南王。全部收复秦朝派遣蒙恬夺取的土地,与汉朝以原黄河河套地区的边塞为界,到达朝那、肤施,进而侵扰燕、代。这时汉军与项羽相持不下,中原地区被战争弄得疲惫不堪,因此冒顿得以自强,拥有三十多万能弯弓射箭的兵士。

自淳维以至头曼千有余岁,时大时小,别散分离,尚①矣,其世传②不可得而次③云。然至冒顿而匈奴最强大,尽服从北夷,而南与中国为敌国④,其世传国官号乃可得而记云。

◎**注释** ①〔尚〕久远。②〔世传〕世系。③〔次〕依次序排列。④〔敌国〕相匹敌的国家。

◎**大意** 从淳维到头曼一千多年,匈奴时大时小,时散时聚,因为时间久远,它的世系传承无法按次序排列出来。到冒顿时匈奴最强大,使北方各部族全部服从其统治,而跟南面中原地区的国家相匹敌。此后,匈奴的世系、国家的官位名号才被记录下来。

置左右贤王,左右谷蠡王①,左右大将,左右大都尉,左右大当户,左右骨都侯。匈奴谓贤曰"屠耆",故常以太子为左屠耆王。自如左右贤王以下至当户,大者万骑,小者数千,凡二十四长,立号曰"万骑"。诸大臣皆世官②。呼衍氏,兰氏,其后有须卜氏,此三姓其贵种也。诸左方王将居东方,直上谷以往者,东接秽貉③、朝鲜;右方王将居西方,直上郡以西,接月氏、氐、羌;而单于之庭直代、云中:各有分地,逐水草移徙。而左右贤王、左右谷蠡王最为大国,左右骨都侯辅政。诸二十四长亦各自置千长、百长、什长、裨小王、相封、都尉、当户、且渠之属。

◎**注释** ①〔谷蠡（lù lí）王〕管理军事和行政的匈奴官员。②〔世官〕世袭之官。③〔秽貉（mò）〕种族名。

◎**大意** 匈奴设有左右贤王、左右谷蠡王、左右大将、左右大都尉、左右大当户、左右骨都侯。匈奴人称贤明者为"屠耆"，所以常由太子担任左屠耆王。从左右贤王以下到当户，大的有部众万骑，小的有部众几千，共有二十四个君长，立名号叫"万骑"。各大臣都世袭官职。呼衍氏和兰氏，后来有须卜氏，这三姓是匈奴中的显贵家族。左方各王将居于东方，正对着上谷以东的地区，东接秽貉、朝鲜；右方各王将居于西方，正对着上郡以西的地区，而接月氏、氐族人、羌族人；而单于王庭正对着代郡、云中郡：各自分占地盘，随着水草迁移。而左右贤王、左右谷蠡王最大，左右骨都侯辅政。二十四个君长也各自设置千长、百长、什长、裨小王、相封、都尉、当户、且渠之类的官职。

岁正月，诸长小会单于庭，祠。五月，大会茏城，祭其先、天地、鬼神。秋，马肥，大会蹛林①，课校②人畜计③。其法：拔刃尺④者死，坐盗⑤者没入其家⑥；有罪，小者轧⑦，大者死。狱久者不过十日，一国之囚不过数人。而单于朝出营，拜日之始生，夕拜月。其坐，长左而北乡（向）。日上（尚）戊己。其送死，有棺椁金银衣裘，而无封树⑧丧服；近幸臣妾从死者，多至数千百人。举事而候星月⑨，月盛壮则攻战，月亏则退兵。其攻战，斩首虏⑩赐一卮酒，而所得卤（虏）获⑪因以予之，得人以为奴婢。故其战，人人自为趣（趋）利，善为诱兵以冒敌⑫。故其见敌则逐利，如鸟之集；其困败，则瓦解云散矣。战而扶舆死者⑬，尽得死者家财。

◎**注释** ①〔蹛（dài）林〕匈奴秋祭之地。②〔课校〕考核计算。③〔计〕数目。④〔拔刃尺〕把刀拔出刀鞘一尺。意为存意要杀人。⑤〔坐盗〕犯偷盗罪。坐，犯罪。⑥〔家〕指家产。⑦〔轧〕辗压身体骨节的一种刑罚。一说是刺面的刑罚。⑧〔封树〕坟上作为标志的树木。封，堆积泥土成坟。⑨〔举事而候星月〕举事，行事。此指战争等大事。候星月，观测星月。⑩〔斩首虏〕杀敌和俘虏敌人。⑪〔卤获〕指战利品。⑫〔冒敌〕冲击敌人。⑬〔扶舆死者〕把战死者尸体运回来安葬。

◎**大意** 每年正月，各位君长在单于王庭小集会，举行春祭。五月，在茏城举行大集会，祭祀他们的祖先、天地、鬼神。秋天马长肥了，在森林周围大集会，核算人口、牲畜的数目。匈奴的法律规定：有意向杀人，拔刀出鞘一尺者要处死，处以压碎骨节的刑罚，有重罪的处以死刑。坐牢时间长的不过十天，一国的囚犯不过几人。单于早晨走出营房，祭拜初升的太阳，晚上祭拜月亮。就座时，他们的长者在左而面向北。对于日期，他们尊崇戊日和己日。他们的丧葬，有棺椁金银衣裘，却没有坟堆墓树和丧葬制度；单于死了，他的近臣和爱妾殉葬的多达几十、上百人。举行大事要观察星月，月亮满圆的日子就攻战，月亮亏缺的日子就退兵。在战斗中，谁有斩获就赏他一壶酒，所得的战利品就归他，抓到人就作为奴婢。因此他们作战时，人人自动趋利，善于运用诱敌法包围攻击敌军。所以他们看见敌军便逐利前进，好像鸟雀云集一般；一旦受挫便土崩瓦解。打仗时谁搬运战死者的尸体，谁就可以尽得死者家中的财产。

后北服浑庾、屈射、丁零、鬲昆、薪犁之国。于是匈奴贵人大臣皆服，以冒顿单于为贤。

◎**大意** 后来冒顿单于向北征服浑庾、屈射、丁零、鬲昆、薪犁等国。于是匈奴的大臣都服从冒顿，认为冒顿单于贤能。

是时汉初定中国，徙韩王信于代，都马邑。匈奴大攻围马邑，韩王信降匈奴。匈奴得信，因引兵南逾句注，攻太原，至晋阳下。高帝自将兵往击之。会冬大寒雨雪①**，卒之堕指**②**者十二三，于是冒顿详（佯）败走，诱汉兵。汉兵逐击冒顿，冒顿匿其精兵，见（现）其羸弱**③**，于是汉**

悉兵④，多步兵，三十二万，北逐之。高帝先至平城，步兵未尽到，冒顿
纵精兵四十万骑围高帝于白登，七日，汉兵中外不得相救饷。匈奴骑，
其西方尽白马，东方尽青駹马⑤，北方尽乌骊马⑥，南方尽骍马⑦。高帝
乃使使间厚遗⑧阏氏，阏氏乃谓冒顿曰："两主不相困。今得汉地，而
单于终非能居之也。且汉王亦有神，单于察之。"冒顿与韩王信之将王
黄、赵利期⑨，而黄、利兵又不来，疑其与汉有谋，亦取阏氏之言，乃解
围之一角。于是高帝令士皆持满傅矢⑩外乡（向），从解角直出，竟与
大军合，而冒顿遂引兵而去。汉亦引兵而罢⑪，使刘敬结和亲之约。

◎**注释** ①〔雨（yù）雪〕下雪。②〔堕指〕手指被冻掉。③〔羸（léi）弱〕瘦弱，指老弱残兵。④〔悉兵〕大军全部出动。⑤〔青駹（máng）马〕青色马。⑥〔乌骊（lí）马〕黑马。⑦〔骍（xīng）马〕红色马。⑧〔间厚遗（wèi）〕间，秘密进行。遗，赠送。⑨〔期〕约会。⑩〔持满傅矢〕持满，把弓拉满。傅矢，箭上弦。⑪〔罢〕归。

◎**大意** 这时汉朝刚刚平定中国，把韩王信迁到代国，建都马邑。匈奴大军进攻并包围马邑，韩王信投降了匈奴。匈奴得到韩王信，就带兵向南越过句注山，进攻太原，到达晋阳城下。高皇帝亲自统率军队前往抗击匈奴。碰上冬天大寒下雪，士兵中冻掉手指的有十分之二三，这时冒顿假装败逃，引诱汉军。汉军追击冒顿，冒顿藏起他的精兵，只暴露老弱残兵，于是汉朝集中全部兵力，大多是步兵，共三十二万人追击冒顿。高皇帝先到平城，步兵没有全到，冒顿派出四十万骑兵把高皇帝围困在白登七天，汉军内外不能相互接济军粮。匈奴的骑兵，在西方的全骑白马，在东方的全骑青马，在北方的全骑黑马，在南方的全骑红马。高皇帝便派使者暗中厚赠礼物给阏氏，阏氏就对冒顿说："两主不应当困逼。现在即使夺得汉朝的土地，单于终究也不能住在那里。况且汉王也有神灵保佑，请单于仔细考虑。"冒顿跟韩王信的部将王黄、赵利约好攻汉，而王黄、赵利的军队到期没来，冒顿怀疑他们跟汉军有密谋，也就听从阏氏的话，便放开包围圈的一角。于是高皇帝命令士兵全部拉满弓搭上箭而面朝外，从解围的一角撤出，终于和大军会合，冒顿便率兵离去。汉朝也领兵撤退，派刘敬前去缔结联姻和约。

是后韩王信为匈奴将，及赵利、王黄等数倍（背）约，侵盗代、云中。居无几何，陈豨反①，又与韩信合谋击代。汉使樊哙往击之，复拔代、雁门、云中郡县，不出塞。是时匈奴以汉将众往降，故冒顿常往来侵盗代地。于是汉患之，高帝乃使刘敬奉宗室②女公主为单于阏氏，岁奉匈奴絮缯酒米食物各有数，约为昆弟以和亲，冒顿乃少止。后燕王卢绾反③，率其党数千人降匈奴，往来苦④上谷以东。

◎**注释**　①〔陈豨（xī）反〕事见《韩信卢绾列传》。②〔奉宗室〕奉，进献。宗室，皇族。③〔卢绾反〕事见《韩信卢绾列传》。④〔苦〕侵扰。

◎**大意**　此后韩王信成了匈奴的将领，和赵利、王黄等多次违背和约，侵犯掠夺代郡、云中郡。过了不久，陈豨反叛，又跟韩王信合谋进攻代地。汉朝派樊哙前去阻击他们，又夺回代、雁门、云中各郡县，但没有越过边塞。这时匈奴因有汉朝的将领前往投降，所以冒顿经常往来侵扰代地。汉朝对此感到忧虑，高皇帝便派刘敬奉送皇室女儿冒称公主去做单于的阏氏，每年奉送匈奴一定数量的丝绵、绸绢、酒、米、食物，相约结为兄弟，实行和亲，冒顿才稍稍停止侵扰。后来燕王卢绾反叛，率领他的党羽几千人投降匈奴，往来侵害上谷以东地区。

　　高祖崩，孝惠、吕太后时，汉初定，故匈奴以骄。冒顿乃为书遗高后①，妄言②。高后欲击之，诸将曰："以高帝贤武，然尚困于平城。"于是高后乃止，复与匈奴和亲。

◎**注释**　①〔为书遗高后〕为书，写信。遗，送给。高后，即吕后。②〔妄言〕胡说。按，《汉书·匈奴传》载冒顿之言："孤偾之君，生于沮泽之中，长于平野牛马之域，数至边境，愿游中国。陛下独立，孤偾独居。两主不乐，无以自虞，愿以所有，易其所无。"信中充满对汉及高后的轻视侮辱之意。

◎**大意** 汉高祖崩逝以后,汉惠帝、吕太后的时候,汉朝才安定,所以匈奴很骄横。冒顿竟写信给吕太后,口出狂言。吕太后想要反击匈奴,将军们说:"以高帝的贤明威武,尚且在平城被围困。"于是吕太后才作罢,又跟匈奴和亲。

至孝文帝初立,复修和亲之事。其三年①五月,匈奴右贤王入居河南地,侵盗上郡葆(堡)塞蛮夷,杀略人民。于是孝文帝诏丞相 灌婴发车骑八万五千,诣②高奴,击右贤王。右贤王走出塞。文帝幸太原。是时济北王反,文帝归,罢③丞相击胡之兵。

◎**注释** ①〔三年〕汉文帝三年(前177年)。②〔诣〕往……去。③〔罢〕解除。
◎**大意** 汉孝文帝刚刚继位,又推行和亲之事。汉文帝三年五月,匈奴右贤王侵占黄河河套以南地区,侵扰上郡保卫边塞的各部族,屠杀劫掠居民。这时汉文帝命令丞相灌婴出动八万五千战车和骑兵,进军高奴,攻打右贤王。右贤王逃出边塞。汉文帝巡幸太原。这时济北王反叛,汉文帝回京,解散了丞相反击匈奴的军队。

其明年,单于遗汉书曰:"天所立匈奴大单于敬问皇帝无恙。前时皇帝言和亲事,称书意①,合欢②。汉边吏侵侮右贤王,右贤王不请,听后义卢侯难氏等计,与汉吏相距(拒),绝二主之约,离兄弟之亲。皇帝让书③再至,发使以书报,不来,汉使不至,汉以其故不和,邻国不附。今以小吏之败④约故,罚右贤王,使之西求月氏击之。以天之福,吏卒良,马强力,以夷灭⑤月氏,尽斩杀降下之。定楼兰、乌孙、呼揭及其旁二十六国,皆以为匈奴。诸引弓之民,并为一家。北州已定,愿寝兵⑥休士卒养马,除前事,复故约,以安边民,以应始古⑦,使少者得成其长,老者安其处,世世平乐。未得皇帝之志⑧也,故使郎中系雩浅奉书，请献橐他一匹、骑马二匹、驾二驷。皇帝即不欲匈奴近塞，则且诏吏民远舍。使者至，即遣之。"以六月中来至薪望之地。书至，汉议击与和亲孰便。公卿皆曰："单于新破月氏，乘胜，不可击。且得匈奴地，泽卤⑨，非可居也。和亲甚便。"汉许之。

◎**注释** ①〔称书意〕称，相称。书意，信中的旨意。②〔合欢〕双方高兴。③〔让书〕责备的书信。④〔败〕毁坏，破坏。⑤〔夷灭〕平定，消灭。⑥〔寝兵〕休战。⑦〔始古〕往古以来。⑧〔志〕心意。⑨〔泽卤〕低洼盐碱地。

◎**大意** 第二年，单于给汉朝廷的书信中说："上天所立的匈奴大单于敬问皇帝平安。前些时候皇帝所说和亲之事，跟来信的意思符合，双方皆大欢喜。汉朝边境官吏侵侮右贤王，右贤王没有向我请示，听从后义卢侯难氏等人的意见，跟汉朝官吏互相攻打，断绝两国君主的盟约，离间兄弟的情谊。皇帝责问的书信两次送到，我派使者带书信前往回报，使者没归来，汉朝的使者也没有到匈奴来，汉朝廷因为这个不跟我们和解，我们作为邻国也不得归附。现在因为小吏破坏和约，我惩罚了右贤王，让他去西方找到月氏予以打击。由于上天福佑，将士精良，战马强壮，得以消灭月氏，全部斩杀降服了。平定了楼兰、乌孙、呼揭和他们附近的二十六国，都归匈奴统辖。各个游牧民族合为一家。北方已经平定，我希望停止战争休养士兵、牧养马匹，消除从前的误会，恢复过去的和约，以安定边民，继承两国自古以来的友好传统，让少年人得以成长，老年人能够安居，世世代代和平安乐。不知皇帝意下如何，所以派郎中系雩浅呈上书信，请示进献骆驼一匹、坐骑二匹、驾车之马八匹。皇帝若不想让匈奴靠近汉朝的边塞，那就姑且命令官吏百姓远离边塞居住。使者到后，请即刻打发他们回来。"匈奴使者在六月中旬到达薪望这个地方。书信送上朝廷后，汉君臣商议攻战与和亲哪种做法有利。公卿大臣都说："单于刚打败月氏，处在胜利之时，不可攻打。况且即使得到匈奴的土地，也都是盐碱地，不能居住。还是和亲更有利。"汉朝廷允许讲和。

孝文皇帝前六年①，汉遗匈奴书曰："皇帝敬问匈奴大单于无恙。使郎中系雩浅遗朕书曰：'右贤王不请，听后义卢侯难氏等计，绝二主之约，离兄弟之亲，汉以故不和，邻国不附。今以小吏败约故，罚右贤王使西击月氏，尽定之。愿寝兵休士卒养马，除前事，复故约，以安边民，使少者得成其长，老者安其处，世世平乐。'朕甚嘉之，此古圣主之意也。汉与匈奴约为兄弟，所以遗单于甚厚。倍（背）约离兄弟之亲者，常在匈奴。然右贤王事已在赦前，单于勿深诛②。单于若称书意，明告诸吏，使无负约，有信，敬如单于书。使者言单于自将③伐国有功，甚苦兵事。服绣袷绮衣、绣袷长襦、锦袷袍④各一，比余⑤一，黄金饰具带一，黄金胥纰⑥一，绣十匹，锦三十匹，赤绨、绿缯⑦各四十匹，使中大夫意、谒者令肩遗单于。"

◎**注释** ①〔前六年〕即前元六年（前174年）。②〔诛〕责罚。③〔将〕率领。④〔服绣袷（jiá）绮衣、绣袷长襦（rú）、锦袷袍〕服，天子所穿戴的衣物。绣袷绮衣，用绣花的丝织品做衣面，用织花丝绸做衣里的夹衣。绣袷长襦，用绣花丝品做衣面的长夹袄。锦袷袍，用彩色丝织品做衣面的夹袍。⑤〔比余〕金制的似梳的发饰。⑥〔胥纰〕或作"犀毗"，衣带钩。⑦〔赤绨（tí）、绿缯（zēng）〕赤绨，红色的厚而光滑的丝织品。绿缯，绿色的丝织品。

◎**大意** 汉文帝前元六年，汉朝廷送给匈奴书信说："皇帝敬问匈奴大单于平安。派遣郎中系雩浅送给朕的书信说：'右贤王没经请示，听从后义卢侯难氏等人的意见，断绝两国君主的盟约，离间兄弟的情谊，汉朝廷因此不与我们和解，我们作为邻国也不得归附。现在因为小吏破坏和约，所以惩罚右贤王让他西击月氏，已全部平定了。希望停止战争，休养士兵，牧养马匹，消除从前的误会，恢复过去的和约，以安定边民，让少年人得以成长，老年人能够安居，世世代代和平安乐。'朕对此非常赞赏，这是古代圣主的用心。汉朝与匈奴约定做兄弟，所以朕赠送单于的礼物非常丰厚。背弃和约离间兄弟情谊的，常常是匈奴。但右贤王的事发生在大赦之前，请单于不要过分追究。单于若能按来信所表示的意思去做，明确告诉大小官吏，让他们不要背弃和约，遵守信义，朕将恭敬地按照单于来信的意思办。使者说单于亲自率军攻伐他国有功，打仗很辛苦。特赠大礼服绣袷绮衣、绣袷长襦、锦袷袍各一件，比余一个，黄金饰具带一条，黄金胥纰一件，绣十匹，锦三十匹，赤绨、绿缯各四十匹，派中大夫意、谒者令肩前来赠送单于。"

后顷之，冒顿死，子稽粥立，号曰老上单于。

◎**大意** 后来不久，冒顿死去，儿子稽粥继位，称老上单于。

老上稽粥单于初立，孝文皇帝复遣宗室女公主为单于阏氏，使宦者燕人中行说傅^①公主。说不欲行，汉强使之。说曰："必我行也，为汉患者。"中行说既至，因降单于，单于甚亲幸之。

◎**注释** ①〔傅〕辅佐，教导。
◎**大意** 老上稽粥单于刚刚继位，汉文帝又派遣皇室女儿冒称公主去做单于阏氏，并派宦官燕地人中行说辅佐公主。中行说不想去，汉朝廷强迫他去。中行说说："一定要我去，我将会成为汉朝的祸害。"中行说到匈奴后，就投降了单于，单于很宠信他。

初，匈奴好汉缯絮食物，中行说曰："匈奴人众不能当汉之一郡，然所以强者，以衣食异，无仰于汉也。今单于变俗，好汉物，汉物不过什二，则匈奴尽归于汉矣。其得汉缯絮，以驰草棘中，衣袴（裤）皆裂敝^①，以示不如旃裘之完善也；得汉食物，皆去之，以示不如湩酪^②之便美也。"于是说教单于左右疏记^③，以计课其人众畜物。

◎**注释**　①〔裂敝〕破烂。②〔湩（dòng）酪〕湩，乳汁。酪，乳汁制品。③〔疏记〕分条记载事物。

◎**大意**　当初，匈奴喜好汉朝廷的绸绢、丝绵和食物，中行说说："匈奴人口抵不上汉朝的一个郡。然而匈奴强大，是因为衣食与汉朝不同，没什么要依赖汉朝的。如果单于改变习俗喜好汉朝的用物，那么汉人用不过其总数十分之二的物品，就可以使匈奴完全归属汉朝了。不如穿上汉朝的绸绢丝绵，在野草荆棘中奔驰，使衣服裤子都开裂破烂，以此显示汉朝的缯絮不如匈奴的旃衣皮袄坚固完美；把从汉朝得来的食物都丢掉，以此显示它们不如匈奴的乳汁和乳制品方便味美。"这时中行说教单于的侍从人员计算方法，以统计人口牲畜的数目。

　　汉遗单于书，牍以尺一寸，辞曰"皇帝敬问匈奴大单于无恙"，所遗物及言语云云。中行说令单于遗汉书以尺二寸牍，及印封①皆令广大长，倨傲其辞曰"天地所生日月所置匈奴大单于敬问汉皇帝无恙"，所以遗物言语亦云云。

◎**注释**　①〔印封〕印，印章。封，封泥。

◎**大意**　汉朝廷给单于的信，简牍一尺一寸长，开头语是"皇帝敬问匈奴大单于平安"，接着写所赠送的礼物和要说的话等。中行说教单于给汉朝廷写信用一尺二寸长的简牍，印章封缄很宽很长，开头语傲慢地说"天地所生日月所置匈奴大单于敬问汉皇帝平安"，接着也写赠送的礼物和要说的话等。

　　汉使或言曰："匈奴俗贱①老。"中行说穷②汉使曰："而③汉俗屯戍从军当发④者，其老亲岂有不自脱温厚肥美以赍送饮食行戍⑤乎？"汉使曰："然。"中行说曰："匈奴明以战攻为事，其老弱不能斗，故以其肥美饮食壮健者，盖以自为守卫，如此父子各得久相保，何以言匈奴轻老也？"汉使曰："匈奴父子乃同穹庐⑥而卧。父死，妻其后母；兄弟死，尽取其妻妻之。无冠带之饰，阙庭⑦之礼。"中行说曰："匈奴之俗，人食畜肉，饮其汁，衣⑧其皮；畜食草饮水，随时转移。故其急则人习骑射，宽则人乐无事，其约束轻，易行也。君臣简易，一国之政犹一身也。父子兄弟死，取其妻妻之，恶种姓⑨之失也。故匈奴虽乱，必立宗种。今中国虽详（佯）不取其父兄之妻，亲属益疏则相杀，至乃易姓⑩，皆从此类。且礼义之敝，上下⑪交怨望，而室屋之极⑫，生力必屈⑬。夫力耕桑以求衣食，筑城郭以自备，故其民急则不习战功，缓则罢（疲）于作业。嗟土室之人⑭，顾（姑）⑮无多辞令，喋喋而佔佔⑯，冠固⑰何当⑱？"

◎**注释** ①〔贱〕轻视。②〔穷〕诘难。③〔而〕你，你们。④〔发〕出发。⑤〔不自脱温厚肥美以赍（jī）送饮食行戍〕脱，让出。温厚，指暖和的衣服。肥美，美味的食物。赍，赠送。行戍，外出和戍守的人。⑥〔穹庐〕北方游牧民族的毡房。⑦〔阙庭〕此指朝廷。⑧〔衣〕穿。⑨〔种姓〕血统。⑩〔易姓〕改朝换代。⑪〔上下〕指君王与臣民。⑫〔室屋之极〕室屋，指修建官室。极，极度，肆无忌惮。⑬〔生力必屈〕生力，气力。屈，竭。⑭〔土室之人〕住在土石房中的人。此指汉人。⑮〔顾〕通"姑"。姑且。⑯〔喋喋而佔（chān）佔〕喋喋，说话没完没了。佔佔，低声耳语。⑰〔固〕岂，难道。⑱〔当〕合适。

◎**大意** 汉使者有的说："匈奴习俗轻视老人。"中行说诘难使者说："你们汉朝的习俗，凡参军驻防将要出发的人，他们年老的双亲难道不是自己脱下暖衣、让出美食来供养外出当兵的人吗？汉朝使者说："是这样。"中行说说："匈奴明确以打仗为大事，那些老弱者不能战斗，所以用家里的美味供养健壮者，这是为了保卫自己，这样父子得以长久相保，凭什么说匈奴轻视老人呢？"汉朝使者说："匈奴父子竟然同在一个毡帐里睡觉。父亲死了，儿子娶他的后母做妻子；兄弟死了，活着的兄弟都要娶死者的妻子做妻子。没有冠冕衣带等礼仪装饰，朝廷缺少礼仪。"中行说说："匈奴习俗，人人吃牲畜肉，喝它的奶汁，穿它的皮革；牲畜吃草喝水，随季节转移。所以他们紧急时就人人练习骑马射箭，平时就人人快乐无事，他们受到的约束很少，容易做到。君臣关系简单，一国的政务好像一个人的生活一样。父子兄弟死去，娶死者的妻子做妻子，这是害怕血统不纯。所以匈奴虽然伦常混乱，但继承者一定是本宗族子孙。现在汉朝虽然假装正经不要自己父兄的妻子，但亲属逐渐疏远而相互仇杀，直到改朝换代，都由这类正经造成。况且礼义的弊病，导致上下相互怨恨，而追求宫室的华美以至穷奢极侈，耗尽劳力。致力于耕田种桑以求衣食，修筑城郭以自卫，所以你们的百姓紧急时就不熟悉战争，和平时就疲于生产。唉，你们这些住在土石房子里的人，姑且不要多嘴，如果喋喋不休、窃窃私语，就是戴上帽子显得高贵，难道有什么了不起吗？"

自是之后，汉使欲辩论者，中行说辄曰："汉使无多言，顾汉所输匈奴缯絮米蘖①，令其量中②，必善美而已矣，何以为言乎？且所给③备④善则已；不备，苦恶⑤，则候秋孰（熟），以骑驰蹂而稼穑耳。"日夜教单于候利害处⑥。

◎**注释** ①〔蘖（niè）〕酒曲。②〔量中〕数量足。③〔给〕供给。④〔备〕齐全。⑤〔苦恶〕粗劣。⑥〔利害处〕指有利的进攻地点。

◎**大意** 从此以后，汉朝使者有想辩论的，中行说总是说："汉朝使者不要多言多语，只记着汉朝所送给匈奴的绸绢、丝绵、精米、酒曲，数量要足，并且质量要好就行了，何必说什么话呢？你们所给的用物保质保量便罢；如果数量不足，质量粗劣，那么等到秋熟时，我们用骑兵践踏你们的庄稼。"中行说日夜教导单于观察进攻汉朝有利的地点。

汉孝文皇帝十四年①，匈奴单于十四万骑入朝那、萧关，杀北地都尉卬，虏人民畜产甚多，遂至彭阳。使奇兵②入烧回中宫③，候骑至雍甘泉④。于是文帝以中尉周舍、郎中令张武为将军，发车千乘，骑十万，军⑤

长安旁以备胡寇。而拜昌侯卢卿为上郡将军，宁侯魏遫⑥为北地将军，隆虑侯周灶为陇西将军，东阳侯张相如为大将军，成侯董赤为前将军，大发车骑往击胡。单于留塞内月余乃去，汉逐出塞即还，不能有所杀。匈奴日已骄，岁入边⑦，杀略人民畜产甚多，云中、辽东最甚，至代郡万余人。汉患之，乃使使遗匈奴书。单于亦使当户报谢，复言和亲事。

◎**注释** ①〔汉孝文皇帝十四年〕即公元前166年。②〔奇兵〕突击队。③〔回中宫〕官名，在陕西陇县西北。④〔候骑至雍甘泉〕候骑，匈奴的侦察骑兵。雍甘泉，雍州的甘泉宫，在今陕西淳化西北。⑤〔军〕驻扎军队。⑥〔宁侯魏遫（sù）〕刘邦的开国功臣，以军功封宁远侯。⑦〔岁入边〕每年都侵入汉朝边境。

◎**大意** 汉文帝十四年，匈奴单于率领十四万骑兵攻入朝那、萧关，杀死北地都尉孙印，虏掠很多人口、牲畜，到达彭阳。匈奴派奇袭的兵士火烧回中宫，探查的骑兵到达雍州甘泉宫。这时汉文帝用中尉周舍、郎中令张武为将军出动战车千辆，骑兵十万，驻在长安附近以防备匈奴骚扰。而且任命昌侯卢卿为上郡将军，宁侯魏遫为北地将军，隆虑侯周灶为陇西将军，东阳侯张相如为大将军，成侯董赤为前将军，出动大批战车、骑兵前去攻打匈奴。单于驻留塞外一个多月才离开，汉军追出边塞就返回，没能斩杀敌人。匈奴一天天骄悍，每年侵入边塞，杀害抢掠很多居民、牲畜，云中郡、辽东郡受害最严重，只代郡被杀掠的就有一万多人。汉朝廷忧虑这事，便派使者送信给匈奴。单于也派当户回报，再谈和亲的事。

孝文帝后二年，使使遗匈奴书曰："皇帝敬问匈奴大单于无恙。使当户、且居雕渠难、郎中韩辽遗朕马二匹，已至，敬受。先帝制①：长城以北引弓之国，受命单于；长城以内冠带之室，朕亦制之。使万民耕织射猎衣食，父子无离，臣主相安，俱无暴逆②。今闻渫恶民贪降③其进取之利，倍（背）义绝约，忘万民之命，离两主之欢，然其事已在前矣。书曰：'二国已和亲，两主欢说（悦），寝兵休卒养马，世世昌乐，阘然更始④。'朕甚嘉之。圣人者日新，改作更始，使老者得息，幼者得长，各保其首领⑤而终其天年⑥。朕与单于俱由此道，顺天恤民⑦，世世相传，施之无穷，天下莫不咸便。汉与匈奴邻敌之国⑧，匈奴处北地，寒，杀气⑨早降，故诏吏遗单于秫⑩蘖金帛丝絮佗（他）物岁有数。今天下大安，万民熙熙，朕与单于为之父母。朕追念前事，薄物细故⑪，谋臣计失，皆不足以离兄弟之欢。朕闻天不颇覆，地不偏载。朕与单于皆捐⑫往细故，俱蹈大道，堕坏前恶，以图长久，使两国之民若一家，子元元⑬万民，下及鱼鳖，上及飞鸟，跂行喙息蠕动之类⑭，莫不就安利而辟（避）危殆。故来者不止，天之道也。俱去前事：朕释逃虏民，单于无言章尼等。朕闻古之帝王，约分明而无食言。单于留志⑮，天下大安，和亲之后，汉过不先⑯。单于其察之。"

◎**注释** ①〔先帝制〕先帝，指汉高祖刘邦。制，规定、体制。②〔暴逆〕暴虐叛逆之事。③〔贪降〕贪恋。④〔阘（xī）然更始〕阘然，安定的样子。更始，重新开始。⑤〔首领〕头颈，指生命。⑥〔天年〕自然寿命。⑦〔恤民〕安抚百姓。⑧〔邻敌之国〕势力相当的邻国。⑨〔杀气〕寒冷的天气。⑩〔秫（shú）〕黏高粱。⑪〔薄物细故〕微小的事情。故，事情。⑫〔捐〕抛弃。⑬〔元元〕犹"喁喁"，善良可爱。⑭〔跂（qí）行喙（huì）息蠕动之类〕跂行，有足而行的动物。喙息，以口出气的动物。蠕动，蚯蚓、蛇等动物。⑮〔留志〕留意。⑯〔汉过不先〕汉朝不先犯过失。

◎**大意** 汉文帝后元二年，汉朝廷派使者送信给匈奴说："皇帝敬问匈奴大单于平安。使臣当户、且居雕渠难、郎中韩辽赠送朕的两匹马已到，朕恭敬地接受。先帝规定：长城以北，是游牧民族的国家，受单于统治；长城以内，是讲究礼仪民族的家园，朕来掌管。使万民耕织射猎以谋衣食，父子不离散，君臣相安宁，都没有暴虐横逆之事。现在听说邪恶之徒贪图掠夺的利益，背信弃义破坏和约，不顾万民的性命，离间两国君主的友谊，然而这些事情已经过去了。信上说：'两国已经和亲，两国君主欢悦，停战休兵养马，世世代代昌盛安乐，安定友好的局面重新开始。'朕非常赞赏。圣人天天使自己的道法更新进步，改正不足重新振作，使老年人安生，幼儿成长，各得性命终享天年。朕和单于都遵循此道，顺应天意体恤民情，世代相传，延续无穷，天下人无不得便利。汉与匈奴是势均力敌的邻国，匈奴地处北方，天气寒冷，冬天来得早，因此下令有关官吏每年按定额送给单于秫蘖、金帛、丝绸、棉絮等物。现在天下太平，万民安乐，朕和单于做他们的父母。朕回想起以前的事，不过是为了一些细小的事和财物，加上谋臣计议，造成失误，都不值得因此离间兄弟友谊。朕听说天不偏盖一个地方，地不偏载一个地方。朕和单于都愿抛弃过去细微的隔阂，都遵循天地大道，消除以前的怨仇，以求长久和好，使两国的百姓如同一家儿女。善良的百姓，下及鱼鳖，上及飞鸟，所有用足行走用嘴呼吸的动物，没有不趋向平安而躲避危难的。所以来归的不予阻止，原是上天的意愿。我们都应放弃以前的做法；朕可以宽赦逃往匈奴的人，单于也不要责备章尼等人。朕听说古代的帝王，签约分明而决不食言。单于留心盟约，天下太平，和亲以后，汉朝廷绝不首先负约。请单于细细考虑。"

单于既约和亲，于是制诏①御史曰："匈奴大单于遗朕书，言和亲已定，亡人不足以益众广地，匈奴无入塞，汉无出塞，犯今约者杀之，可以久亲，后无咎②，俱便。朕已许之。其布告天下，使明知之。"

◎**注释**　①〔制诏〕皇帝的命令。②〔咎〕祸殃。
◎**大意**　单于约定和亲后，汉文帝便命令御史说："匈奴大单于送给朕的书信说，和亲已经确定，收留逃亡的百姓不足以增加人口、扩大土地，匈奴人不要入塞，汉人不要出塞，违反现在盟约的斩杀，这样可以长久亲睦，以后没有灾祸，对双方都有好处。朕已经应允。希望通告天下，使人人都明确了解。"

后四岁①，**老上稽粥单于死，子军臣立为单于。既立，孝文皇帝复与匈奴和亲。而中行说复事之。**

◎**注释** ①〔后四岁〕即孝文帝后元四年（前160年）。

◎**大意** 汉文帝后元四年，老上稽粥单于死去，儿子军臣立为单于。军臣继位以后，汉文帝又跟匈奴和亲。中行说又侍奉他。

军臣单于立四岁，匈奴复绝和亲，大入上郡、云中各三万骑，所杀略甚众而去。于是汉使三将军军屯①北地，代屯句注，赵屯飞狐口，缘边②亦各坚守以备胡寇。又置三将军③，军长安西细柳、渭北棘门、霸上以备胡。胡骑入代句注边，烽火通于甘泉、长安。数月，汉兵至边，匈奴亦去远塞，汉兵亦罢。后岁余，孝文帝崩，孝景帝立，而赵王遂乃阴使人于匈奴。吴楚反，欲与赵合谋入边。汉围破赵，匈奴亦止。自是之后，孝景帝复与匈奴和亲，通关市④，给遗匈奴，遣公主，如故约。终孝景时，时小入盗边，无大寇。

◎**注释** ①〔军屯〕率兵驻防。按，汉派将军张武率兵驻防北地，以故楚相苏意为将军驻防句注，以中大夫令勉为车骑将军驻防飞狐口。见《孝文本纪》。②〔缘边〕指汉与匈奴交界处。③〔置三将军〕部署三位将军。按，汉朝派河内郡郡守周亚夫驻防细柳，祝兹侯驻防棘门，宗正刘礼驻防霸上。见《孝文本纪》。④〔关市〕指边境贸易市集。

◎**大意** 军臣单于继位四年，匈奴又断绝了和亲，各以三万骑兵大举入侵上郡、云中郡，杀死许多汉人，抢掠大量财物而离去。于是汉朝派出张武等三位将军，驻军北地、代郡的句注、赵国的飞狐口，沿着边塞之地，也各派兵坚守，防备匈奴入侵。汉朝又部署三位将军，驻扎在长安城西的细柳、渭河北的棘门和霸上以防匈奴。匈奴骑兵攻入代郡的句注山附近，报警的烽火便通向甘泉和长安。几个月后，汉军到达边塞，匈奴也离开边塞远去，汉军收兵停下来。过后一年多，汉文帝崩逝，汉景帝继位，而赵王刘遂竟暗地里派人到匈奴联络。吴楚等七国反叛，匈奴想跟赵王合谋入侵边境。汉军围攻打败赵国，匈奴也停止了入侵。从此以后，汉景帝又和匈奴和亲，开放边关互相贸易，送给匈奴礼物，派遣公主嫁给单于，按以前的盟约行事。直到孝景帝去世，匈奴虽然时有小的骚扰边境的活动，但没有大的侵掠行动。

今帝即位，明和亲约束，厚遇，通关市，饶给之。匈奴自单于以下皆亲汉，往来长城下。

◎**大意** 当今皇帝继位，申明和亲规定，给匈奴以优厚待遇，开放边关互相贸易，供给丰足。匈奴自单于以下都亲近汉朝，往来于长城脚下。

汉使马邑下人聂翁壹奸兰（栏）①与匈奴交，详（佯）为卖马邑城以诱单于。单于信之，而贪马邑财物，乃以十万骑入武州塞。汉伏兵三十余万马邑旁，御史大夫韩安国为护军，护四将军以伏单于。单于既入汉塞，未至马邑百余里，见畜布野而无人牧者，怪之，乃攻亭。是时雁门尉史行徼②，见寇，葆（保）此亭，知汉兵谋，单于得，欲杀之，尉史乃告单于汉兵所居。单于大惊曰："吾固疑之。"乃引兵还。出曰："吾得尉史，天也，天使若言。"以尉史为"天王"。汉兵约单于入马邑而纵，单于不至，以故汉兵无所得。汉将军王恢部出代击胡辎重，闻单于还，兵多，不敢出。汉以恢本造兵谋③而不进，斩恢。自是之后，匈奴绝和亲，攻当路④塞，往往入盗于汉边，不可胜数。然匈奴贪，尚乐关市，嗜汉财物，汉亦尚关市不绝以中之⑤。

◎**注释** ①〔奸（gān）兰〕触犯禁令。奸，犯。兰，通"栏"。此指约束人们的禁令。②〔行徼（jiào）〕巡察。③〔造兵谋〕指最先建议朝廷设计伏击匈奴。④〔当路〕直通之路。⑤〔中之〕迎合匈奴的心意。

◎**大意** 汉朝派马邑县民聂翁壹犯禁私运货物出塞与匈奴进行交易，假装出卖马邑城来引诱单于。单于相信他的话，而且贪图马邑的财物，就率十万骑兵侵入武州塞。汉朝在马邑城附近埋伏三十余万士卒，御史大夫韩安国任护军将军，督统四将军伏击单于。单于已经进入汉朝边塞，距离马邑一百多里，看到四野散布着牲畜而无人放牧的情景，感到奇怪，就攻打了望亭。这时雁门郡的尉史正巡察边地，发现了敌人，就据守这个望亭，他知道汉军的计划，单于抓到他，要杀掉他，他便把汉军埋伏的地点告诉了单于。单于非常吃惊地说："我本来就怀疑。"就率兵回去。单于出塞以后说："我得到尉史，是天意，上天让你说出真情。"就封尉史为"天王"。汉军约定等单于进入马邑城后出击，结果单于没来，所以汉军一无所得。汉将军王恢的军队负责出代郡袭取匈奴辎重，听说单于回转，军队众多，因此不敢出击。汉朝廷因王恢最先策划马邑伏兵的计谋而自己又不出击，斩杀了王恢。从此以后，匈奴断绝和亲，进攻直通要道的边塞，每每入侵汉朝边塞进行抢掠，次数多得无法数清。由于匈奴贪婪，又喜欢互通贸易，爱好汉朝财物，汉朝还是不断绝贸易市场来投其所好。

　　自马邑军后五年之秋，汉使四将军各万骑击胡关市下。将军卫青出上谷，至茏城，得胡首虏七百人。公孙贺出云中，无所得。公孙敖出代郡，为胡所败七千余人。李广出雁门，为胡所败，而匈奴生得广①，广后得亡归②。汉囚敖、广，敖、广赎为庶人。其冬，匈奴数入盗边，渔阳尤甚。汉使将军韩安国屯渔阳备胡。其明年秋，匈奴二万骑入汉，杀辽西太守，略二千余人。胡又入败渔阳太守军千余人，围汉将军安国，安国时千余骑亦且③尽，会④燕救至，匈奴乃去。匈奴又入雁门，杀略千余人。于是汉使将军卫青将三万骑出雁门，李息出代郡，击胡。得首虏数千人。其明年，卫青复出云中以西至陇西，击胡之楼烦、白羊王于河南，得胡首虏数千，牛羊百余万。于是汉遂取河南地，筑朔方，复缮故秦时蒙恬所为塞，因河为固。汉亦弃上谷之什辟（僻）⑤县造阳地以予胡。是岁，汉之元朔二年⑥也。

◎**注释** ①〔生得广〕活捉李广。②〔亡归〕逃跑归来。③〔且〕将。④〔会〕适逢，正赶上。⑤〔什辟〕应作"斗辟"，即"斗僻"，曲折幽僻。此指与匈奴地界交错而偏僻之地。⑥〔元朔二年〕即公元前127年。

◎**大意** 马邑军事行动后的第五年秋天，汉朝派四位将军各率领一万骑兵，到关市攻打匈奴。将军卫青从上谷出击匈奴，到达茏城，杀死和俘虏匈奴七百人。公孙贺从云中郡出兵，无所斩获。公孙敖从代郡出兵，被匈奴消灭了七千多人。李广从雁门郡出兵，被匈奴打败，而且匈奴活捉了李广，李广后来又逃脱回来。汉朝廷拘禁公孙敖、李广，公孙敖、李广出钱赎罪成为平民。那年冬天，匈奴多次侵入边塞抢掠，渔阳郡尤其严重。汉朝派将军韩安国屯驻渔阳防备匈奴。第二年秋天，匈奴两万骑兵入侵汉朝，杀了辽西太守，虏掠两千多人，围攻汉朝将军韩安国，韩安国当时率领的一千多骑兵也快要被消灭，恰好燕国援兵到来，匈奴才撤退。匈奴又侵入雁门，杀掠了一千多人。于是汉朝派将军卫青率领三万骑兵从雁门郡出兵，李息从代郡出兵，攻击匈奴。汉军斩杀俘虏几千人。第二年，卫青又从云中郡出兵向西直到陇西郡，在黄河河套以南地区攻打匈奴的楼烦王、白羊王，斩杀俘虏匈奴几千人，夺得牛羊一百多万头。于是汉朝便收复黄河河套以南地区，筑起朔方城，重新修补原来秦朝蒙恬所建造的要塞，凭借黄河巩固边防。汉朝也放弃上谷郡偏僻曲折的造阳一带，丢给匈奴。这一年，是汉元朔二年。

其后冬，匈奴军臣单于死。军臣单于弟左谷蠡王伊稚斜自立为单于，攻破军臣单于太子於单。於单亡降汉，汉封於单为涉安侯，数月而死。

◎**大意** 之后一年的冬天，匈奴军臣单于死去。军臣单于的弟弟左谷蠡王伊稚斜自立为单于，打败军臣单于的太子於单。於单逃走，投降汉朝，汉朝封於单为涉安侯,几个月后,他就死了。

伊稚斜单于既立,其夏①,匈奴数万骑入杀代郡太守恭友,略千余人。其秋,匈奴又入雁门,杀略千余人。其明年②,匈奴又复入代郡、定襄、上郡,各三万骑,杀略数千人。匈奴右贤王怨汉夺之河南地而筑朔方,数为寇,盗边,及入河南,侵扰朔方,杀略吏民甚众。

◎**注释** ①〔其夏〕指元朔三年(前126年)的夏天。
◎**大意** 伊稚斜单于继位后的夏天,匈奴数万骑兵攻入代郡,杀死太守恭友,抢掠一千余人。当年秋天,匈奴又侵入雁门郡,杀死虏掠一千余人。第二年,匈奴又分别派遣三万骑兵攻入代郡、定襄、上郡,杀死和抢走数千人。匈奴右贤王怨恨汉朝夺走黄河河套南的土地,并修筑朔方城,因而屡次侵扰,到边境抢掠,攻入河套南,侵扰朔方城,杀死和抢劫很多官吏和平民。

其明年春,汉以卫青为大将军,将六将军①,十余万人,出朔方高阙击胡。右贤王以为汉兵不能至,饮酒醉,汉兵出塞六七百里,夜围右贤王。右贤王大惊,脱身逃走,诸精骑②往往随后去③。汉得右贤王众男女万五千人,裨小王十余人。其秋,匈奴万骑入杀代郡都尉朱英,略千余人。

◎**注释** ①〔将六将军〕将,率领。六将军,指苏建、李沮、公孙贺、李蔡、李息、张次公。见《卫将军骠骑列传》。②〔精骑〕精锐的骑兵。③〔去〕离开。
◎**大意** 第二年春天,汉朝任命卫青为大将军,统率六位将军,十余万大军,从朔方、高阙出击匈奴。右贤王认为汉军不能到来,喝醉了酒,汉军出塞六七百里,夜间围攻右贤王。右贤王大惊,脱身逃走,许多精锐骑兵跟着逃走。汉军俘获右贤王部众男女一万五千人,裨小王十余人。这年秋天,匈奴一万多骑兵入侵代郡杀死都尉朱英，虏掠一千余人。

其明年春，汉复遣大将军卫青将六将军，兵十余万骑，乃再出定襄数百里击匈奴，得首虏前后凡万九千余级，而汉亦亡两将军①，军三千余骑。右将军建得以身脱②，而前将军翕侯赵信兵不利，降匈奴。赵信者，故胡小王，降汉，汉封为翕侯，以前将军与右将军并军分行，独遇单于兵，故尽没。单于既得翕侯，以为自次王③，用其姊妻之，与谋汉。信教单于益北绝幕（漠）④，以诱罢（疲）汉兵，徼（邀）⑤极而取之，无近塞。单于从其计。其明年，胡骑万人入上谷，杀数百人。

◎**注释** ①〔亡两将军〕亡，损失。两将军，指苏建和赵信。②〔右将军建得以身脱〕苏建兵败，只身逃回。③〔自次王〕匈奴封赵信的王号。④〔益北绝幕〕益北，向北迁移。绝幕，越过沙漠。幕，通"漠"。⑤〔徼〕通"邀"。求得。

◎**大意** 第二年春天，汉朝又派大将军卫青统率六位将军和十余万骑兵，再次从定襄郡出兵几百里外攻打匈奴，前后共斩杀一万九千多人，而汉军也损失了两位将军和他们所统率的三千多骑兵。右将军苏建只身逃回，而前将军翕侯赵信军队失利，只得投降匈奴。赵信这个人，原本是匈奴的一个小王，投降汉朝后，汉朝封他为翕侯，因为前将军与右将军两军合并，而又与大队军马分开行进，独自遇上了单于的军队，所以全军覆没。单于既已得到了翕侯，就封他为自次王，并将自己的姐姐嫁给他做妻子，同他商量对付汉朝。赵信教单于向北迁移，越过沙漠，以此引诱汉军，使其疲惫，待他们极度疲劳时再攻取他们，不要到汉朝边塞那里。单于听信了他的计谋。第二年，匈奴一万骑兵攻入上谷郡，杀死数百汉人。

其明年①春，汉使骠骑将军去病将万骑出陇西，过焉支山千余里，击匈奴，得胡首虏骑万八千余级，破得休屠王祭天金人②。其夏，骠骑将军复与合骑侯③数万骑出陇西、北地二千里,击匈奴。过居延,攻祁连山,得胡首虏三万余人,裨小王以下七十余人。是时匈奴亦来入代郡、雁门,杀略数百人。汉使博望侯④及李将军广出右北平,击匈奴左贤王。左贤王围李将军,卒可⑤四千人,且尽,杀虏亦过当⑥。会博望侯军救至,李将军得脱。汉失亡数千人,合骑侯后骠骑将军期⑦,及与博望侯皆当死⑧,赎为庶人。

◎**注释**　①〔其明年〕指元狩二年(前121年)。②〔祭天金人〕用作祭天的金属偶像。匈奴祭天本在甘泉山,后改在休屠王右地,故休屠王有祭天金人。一说金人即佛像,匈奴自西域得来,与祭天无关(见泷川资言《史记会注考证》)。③〔合骑侯〕即公孙敖。④〔博望侯〕即张骞。⑤〔可〕约。⑥〔过当〕杀死和俘获敌兵的数目超过自己军队损失的数目。⑦〔期〕期限。此指两军会合的日期。⑧〔当死〕判为死刑。当,判刑,判罪。

◎**大意**　第二年春天,汉朝派骠骑将军霍去病率领一万骑兵从陇西郡出兵,越过焉支山一千多里,攻打匈奴,斩杀、俘获匈奴兵士一万八千多人,打败休屠王并且获得祭天金人。这年夏天,骠骑将军又与合骑侯率领几万骑兵从陇西郡、北地郡出兵两千里,攻打匈奴。汉军越过居延,进攻祁连山,斩杀、俘获匈奴三万多人,包括裨小王以下七十多人。这时匈奴也来入侵代郡、雁门郡,杀掠几百人。汉朝派博望侯和李广将军从右北平出兵,攻打匈奴左贤王。左贤王围攻李将军,李将军的兵卒约四千人,几乎全军覆没,但李将军的军队所杀匈奴人的数目超过了自己军队的损失。正好博望侯的救兵赶到,李将军得以逃脱。汉朝伤亡几千人。合骑侯耽误了骠骑将军所规定的日期,所以他与博望侯张骞都被判为死刑,交付了赎金,变成了平民。

其秋,单于怒浑邪王、休屠王居西方为汉所杀虏数万人,欲召诛之。浑邪王与休屠王恐,谋降汉,汉使骠骑将军往迎之。浑邪王杀休屠王,并将其众降汉。凡四万余人,号十万。于是汉已得浑邪王,则陇西、北地、河西益①少胡寇,徙关东贫民处所夺匈奴河南新秦中以实之,而减北地以西戍卒半。其明年,匈奴入右北平、定襄各数万骑,杀略千余人而去。

◎**注释** ①〔益〕愈。

◎**大意** 这年秋天,单于对浑邪王、休屠王驻守西方而被汉朝杀死和俘虏数万人的事感到愤怒,想召见并诛杀他们。浑邪王与休屠王感到恐惧,密谋投降汉朝,汉朝派骠骑将军前去迎接他们。浑邪王杀了休屠王,合并了他的军队,带领军队投降了汉朝。总共四万余人,号称十万。汉朝自从接受浑邪王投降之后,陇西、北地、河西遭受匈奴侵扰的事越来越少,就开始把关东的贫苦之民,迁移到从匈奴那里夺回的河套南岸和新秦中地区,充实这里的人口,并将北地以西的戍卒减少一半。第二年,匈奴各派数万骑兵入侵右北平和定襄,杀死和抢夺千余人而去。

其明年①春,汉谋曰"翕侯信为单于计,居幕(漠)北,以为汉兵不能至"。乃粟马②,发十万骑,负私从马③凡十四万匹,粮重④不与⑤焉。令大将军青、骠骑将军去病中分⑥军,大将军出定襄,骠骑将军出代,咸约绝幕(漠)击匈奴。单于闻之,远其辎重,以精兵待于幕(漠)北。与汉大将军接战一日,会暮,大风起,汉兵纵左右翼围单于。单于自度战不能如汉兵,单于遂独身与壮骑数百溃⑦汉围西北遁走。汉兵夜追不得。行斩捕匈奴首虏万九千级,北至阗颜山赵信城⑧而还。

◎**注释** ①〔其明年〕指元狩四年(前119年)。②〔粟马〕用粟米喂马。③〔负私从马〕指自愿担负衣食马匹跟随军队出征的人。④〔粮重〕指粮食辎重。⑤〔与〕指计算在内。⑥〔中分〕各分一半。⑦〔溃〕冲开。⑧〔阗(tián)颜山赵信城〕在今蒙古国杭爱山之南。

◎**大意** 第二年春天，汉朝君臣谋划对付匈奴的事情，说："翕侯赵信向单于献计，到大沙漠以北居住，认为汉朝军队不能到达。"就用粟米喂马，开出十万骑兵，再加上自愿担负粮食马匹随军出征的总共有十四万人，粮食和辎重不在此数目之内。命令大将军卫青和骠骑将军霍去病平分军队，大将军率兵走出定襄，骠骑将军率兵走出代郡，都约定越过沙漠攻打匈奴。单于听到这一消息，把辎重送往远处，率精兵守候在漠北。匈奴同大将军卫青的军队交战一天，正在日暮时分，刮起了大风，汉军从左右两翼急速围攻单于。单于自料打下去不能战胜汉军，于是独自同数百名健壮的骑兵冲破汉军的包围圈，向西北逃跑。汉军夜晚追赶，没有捉到他。但在行进中杀死和活捉匈奴一万九千人，到达北边阗颜山赵信城就退回来了。

单于之遁走，其兵往往与汉兵相乱而随单于。单于久不与其大众相得，其右谷蠡王以为单于死，乃自立为单于。真单于复得其众，而右谷蠡王乃去其单于号，复为右谷蠡王。汉骠骑将军之出代二千余里，与左贤王接战，汉兵得胡首虏凡七万余级，左贤王将皆遁走。骠骑封①于狼居胥山，禅②姑衍，临瀚海③而还。

◎**注释** ①〔封〕在山上建神坛祭天的仪式。②〔禅〕在山下建场祭地的仪式。③〔瀚海〕指大沙漠。

◎**大意** 单于逃跑时，他的军队常常同汉军混战在一起，并设法追随单于。单于很长时间没有和他的大队人马相会了，他的右谷蠡王以为单于死了，就自立为单于。真单于又找到了他的大军，右谷蠡王就自动去掉他的单于王号，又当起右谷蠡王来。汉朝骠骑将军霍去病从代郡北行两千余里，同左贤王交战，汉军杀死和俘虏匈奴共七万多人，左贤王与其将军都逃跑了。骠骑将军便在狼居胥山祭天，在姑衍山祭地，举行封禅之礼，直到瀚海才回师。

是后匈奴远遁，而幕（漠）南无王庭。汉度（渡）河自朔方以西至令居，往往通渠置田官，吏卒五六万人，稍①**蚕食，地接匈奴以北。**

◎**注释** ①〔稍〕逐渐地。
◎**大意** 此后，匈奴向远处逃走，大沙漠以南没有匈奴的王庭。汉朝军队渡过黄河，从朔方向西直到令居，常常在那里修通沟渠，开垦田地，有官吏士卒五六万人，渐渐蚕食北方土地，地界接近匈奴旧地以北。

初，汉两将军大出围单于，所杀虏八九万，而汉士卒物故①**亦数万，汉马死者十余万。匈奴虽病**②**，远去，而汉亦马少，无以复往。匈奴用赵信之计，遣使于汉，好辞请和亲。天子下其议**③**，或言和亲，或言遂臣之**④**。丞相长史任敞曰："匈奴新破，困，宜可使为外臣，朝请**⑤**于边。"汉使任敞于单于。单于闻敞计，大怒，留之不遣。先是汉亦有所降匈奴使者，单于亦辄留汉使相当。汉方复收士马，会骠骑将军去病死，于是汉久不北击胡。**

◎**注释** ①〔物故〕死亡。②〔病〕疲惫。③〔下其议〕把事情交给臣下商量。④〔遂臣之〕遂，趁机。臣之，使匈奴臣服。⑤〔朝请〕诸侯王朝见天子，春天朝见叫朝，秋天朝见称请。
◎**大意** 当初，汉朝两位将军大举出兵围攻单于，斩杀和俘虏匈奴八九万人，而汉军也死了好几万人，汉军战马死掉的多达十余万匹。匈奴疲敝，远远逃走，而汉军也缺少马匹，无法再进军。匈奴采用赵信的计策，派使者到汉朝廷，好言好语请求和亲。天子将这个问题交给臣下商议，有的主张和亲，有的主张干脆让匈奴称臣。丞相长史任敞说："匈奴刚刚遭受失败，走投无路，应当让他们做外臣，到边塞地带朝拜。"汉朝廷派任敞到单于那里。单于听了任敞的计议，大怒，扣留任敞不放回。先前汉朝廷也扣留有匈奴使者，单于也就扣留汉朝廷使者相抵偿。汉朝正在重新收集兵马,恰碰上骠骑将军霍去病死去,于是汉军长时间不向北攻击匈奴。

数岁,伊稚斜单于立十三年死,子乌维立为单于。是岁,汉元鼎三年①也。乌维单于立,而汉天子始出巡郡县。其后汉方南诛两越②,不击匈奴,匈奴亦不侵入边。

◎**注释** ①〔元鼎三年〕公元前114年。②〔两越〕指南越与东越。二者皆为古代部族名和国名。见《南越列传》和《东越列传》。
◎**大意** 几年后,伊稚斜单于在位十三年死去,他的儿子乌维立为单于。这一年,是汉朝元鼎三年。乌维单于继位后,汉朝天子开始出京巡视郡县。这以后汉朝向南讨伐两越,不再攻击匈奴,匈奴也不入侵边境。

乌维单于立三年,汉已灭南越,遣故太仆贺将万五千骑出九原二千余里,至浮苴井而还,不见匈奴一人。汉又遣故从骠侯赵破奴万余骑出令居数千里,至匈河水而还,亦不见匈奴一人。

◎**大意** 乌维单于继位三年,汉朝廷已经消灭南越,派遣原太仆公孙贺率领一万五千骑兵从九原出兵二千多里,直到浮苴井后返回,没见到一个匈奴人。汉朝廷又派遣以前跟从骠侯的赵破奴统率一万多骑兵出令居几千里,直到匈河水后返回,也没有看见一个匈奴人。

是时天子巡边,至朔方,勒兵①十八万骑以见(现)武节②,而使郭吉风(讽)③告单于。郭吉既至匈奴,匈奴主客问所使④,郭吉礼卑言好,曰:"吾见单于而口言。"单于见吉,吉曰:"南越王头已悬于汉北阙。今单于能即前与汉战,天子自将兵待边;单于即不能,即南面而臣于汉。何徒远走，亡匿于幕（漠）北寒苦无水草之地，毋为也。"语卒，而单于大怒，立斩主客见者，而留郭吉不归，迁之北海⑤上。而单于终不肯为寇于汉边，休养息士马，习射猎，数使使⑥于汉，好辞甘言⑦求请和亲。

◎**注释** ①〔勒兵〕统领和操练士兵。②〔武节〕军威。③〔风〕通"讽"。婉言劝告。④〔所使〕指使命。⑤〔北海〕今俄罗斯贝加尔湖。⑥〔数使使〕数，屡次。使使，派遣使者。⑦〔甘言〕与"好辞"同义，即好语。

◎**大意** 这时天子巡视边境，到达朔方郡，率领十八万骑兵以显示军威，并且派郭吉去游说单于。郭吉到了匈奴，匈奴礼宾官员询问他出使的任务，郭吉屈身行礼，讲了些好话，说："我见了单于再当面说。"单于接见郭吉，郭吉说："南越王的头已经悬挂在汉京城北门上，现在单于若能前去与汉军交战，天子将亲自率兵在边境上等待；单于如果不能前去，就对汉称臣。何必远远逃走，藏匿在大沙漠北又冷又苦没有水草的地方，这样也没有作为。"郭吉说完后单于大怒，立即杀了接待郭吉的礼宾官员，而且扣下郭吉不放，把他放逐到北海边上。但单于始终未再侵扰汉朝边境，只是休养士卒和马匹，练习射箭打猎的技术，屡次派使者到汉朝，说了好话，请求和亲。

汉使王乌等窥匈奴。匈奴法，汉使非去节而以墨黥①其面者不得入穹庐。王乌，北地人，习胡俗，去其节，黥面，得入穹庐。单于爱之，详（佯）许甘言，为遣其太子入汉为质，以求和亲。

◎**注释** ①〔黥（qíng）〕此指以墨汁涂面。
◎**大意** 汉朝廷派王乌等人去窥探匈奴。匈奴的法规，汉朝使者不放下符节并用墨自涂其面，就不能进入毡帐。王乌是北地郡人，熟悉匈奴习俗，他去掉符节，用墨涂面，得以进入毡帐。单于喜欢王乌，假装用好话许诺他，说是看在王乌份上派遣太子到汉朝做人质，以此求得和亲。

汉使杨信于匈奴。是时汉东拔秽貉、朝鲜以为郡，而西置酒泉郡以鬲（隔）绝胡与羌通之路。汉又西通月氏、大夏，又以公主妻①乌孙王，以分②匈奴西方之援国。又北益广田至眩雷③为塞，而匈奴终不敢以为言。是岁，翕侯信死，汉用事者以匈奴为已弱，可臣从也。杨信为人刚直屈（倔）强，素非贵臣，单于不亲。单于欲召入，不肯去节，单于乃坐穹庐外见杨信。杨信既见单于，说曰："即欲和亲，以单于太子为质于汉。"单于曰："非故约。故约，汉常遣翁主，给缯絮食物有品④，以和亲，而匈奴亦不扰边。今乃欲反古，令吾太子为质，无几（冀）⑤矣。"匈奴俗，见汉使非中贵人，其儒先⑥，以为欲说⑦，折其辩⑧；其少年，以为欲刺，折其气。每汉使入匈奴，匈奴辄报偿。汉留匈奴使，匈奴亦留汉使，必得当乃肯止。

◎**注释** ①〔妻〕以女嫁人。②〔分〕分化。③〔广田至眩雷〕广田，扩大田地。眩雷，古地名。④〔有品〕有一定的等级。⑤〔几〕通"冀"，希望。⑥〔其儒先〕其，为，是。儒先，即儒生。先，先生的略称。⑦〔说〕游说。⑧〔折其辩〕折，挫败。辩，辩辞。

◎**大意** 汉朝派遣杨信出使匈奴。此时汉朝在东边攻下秽貉、朝鲜，把它们改为郡，又在西边设置酒泉郡用来隔绝匈奴与羌人相通的道路。汉朝又向西与月氏、大夏交通，又把公主嫁给乌孙王，用来分化匈奴在西方的盟国。汉朝又向北继续开垦农田直到眩雷，作为边塞，而匈奴始终不敢对此表示不满。这一年，翕侯赵信死了，汉朝掌权大臣认为匈奴已经衰弱，可以让它称臣归服了。杨信为人刚直倔强，向来不是汉朝的显贵大臣，单于对他不亲近。单于要召他进入毡帐，他不肯去掉符节，单于便坐在毡帐外接见杨信。杨信见了单于后，劝告说："若想和亲，就把单于太子当作人质送到汉朝。"单于说："这不是从前盟约的内容。从前盟约规定，汉朝经常遣嫁公主，送给一定数量的绸绵、丝绢、食物，用来和亲，而且匈奴也不扰乱边境。现在竟想要改变过去的做法，让我的太子做人质，和亲是没有希望的。"按匈奴风俗，看到汉朝使者不是皇宫中受宠的宦官，而是儒生，就认为他是来游说的，便想法驳倒他的说辞；如果是少年，就认为他是来指责匈奴，便设法挫败他的气势。每次汉朝使者来到匈奴，匈奴总要给予报偿。如果汉朝扣留匈奴使者，匈奴也扣留汉朝使者，一定要使双方扣留的人数相等才肯停止。

杨信既归，汉使王乌，而单于复诡以甘言，欲多得汉财物，绐①谓王乌曰："吾欲入汉见天子，面相约为兄弟。"王乌归报汉，汉为单于筑邸②于长安。匈奴曰："非得汉贵人使，吾不与诚语。"匈奴使其贵人至汉，病，汉予药，欲愈之，不幸而死。而汉使路充国佩二千石印绶③往使，因送其丧，厚葬直（值）数千金，曰"此汉贵人也"。单于以为汉杀吾贵使者，乃留路充国不归。诸所言者，单于特空绐王乌，殊无意入汉及遣太子来质。于是匈奴数使奇兵侵犯边。汉乃拜郭昌为拔胡将军，及浞野侯④屯朔方以东，备胡。路充国留匈奴三岁，单于死。

◎**注释** ①〔绐（dài）〕骗。②〔邸（dǐ）〕馆舍。③〔印绶〕拴官印的带子。④〔浞（zhuó）野侯〕指赵破奴。

◎**大意** 杨信返回后，汉朝廷派王乌出使匈奴，而单于又用甜言蜜语奉承他，想要得到汉朝更多的财物，欺骗王乌说："我想到汉朝见天子，当面相约为兄弟。"王乌返回报告汉朝廷，汉朝廷专门为单于在长安修建了馆舍。匈奴单于说："汉朝不派尊贵者做使臣，我就不和他讲实话。"单于派他的尊贵之人来到汉朝，得了病，汉朝廷送给药物，想治好他，他却不幸死去。而汉朝廷派遣路充国佩二千石印信出使匈奴，顺便护送匈奴贵人的灵柩，丰厚葬礼的费用价值数千金，说："这是汉朝的贵人。"单于认为汉朝杀死其尊贵使者，就扣留了路充国，不让他返回汉朝。单于所说的那些话，只是白白地欺骗王乌，根本无意到汉朝拜见天子，也无意派太子到汉朝做人质。于是匈奴屡次派突击队侵犯汉朝边境。汉朝就任命郭昌做拔胡将军，同浞野侯驻防朔方以东，防御匈奴。路充国被扣留在匈奴三年，这时单于死了。

乌维单于立十岁而死，子乌师庐立为单于。年少，号为儿单于。是岁元封六年①也。自此之后，单于益西北，左方兵直（值）②云中，右方直酒泉、敦煌郡。

◎**注释**　①〔元封六年〕公元前105年。②〔直〕通"值"，面对着。
◎**大意**　乌维单于在位十年死去，儿子乌师庐立为单于，年岁小，号称儿单于。这一年是元封六年。自此以后，单于愈发向西北迁徙，左方军队直到云中郡，右方军队直到酒泉郡、敦煌郡。

　　儿单于立，汉使两使者，一吊单于，一吊右贤王，欲以乖①其国。使者入匈奴，匈奴悉将致单于。单于怒而尽留汉使。汉使留匈奴者前后十余辈，而匈奴使来，汉亦辄留相当。

◎**注释**　①〔乖〕不和。这里意为离间。
◎**大意**　儿单于继位，汉朝廷派出两名使者，一个到单于那里吊唁，一个到右贤王那里吊唁，想要离间匈奴君臣。使者到了匈奴，匈奴人把他们都送到单于那里。单于发了怒，把汉朝使者全部扣留。汉朝使者被扣留在匈奴的前后共有十多批，匈奴使者来到汉朝，汉朝也扣留相等数量的匈奴使者。

　　是岁①，汉使贰师将军广利西伐大宛，而令因杅②将军敖筑受降城。其冬，匈奴大雨雪，畜多饥寒死。儿单于年少，好杀伐，国人多不安。左大都尉欲杀单于，使人间告③汉曰："我欲杀单于降汉，汉远，即兵来迎我，我即发。"初，汉闻此言，故筑受降城。犹以为远。

◎**注释**　①〔是岁〕这年。指汉武帝太初元年（前104年）。②〔因杅〕本为匈奴地名,此用为将军名号。③〔间告〕暗中相告。

◎**大意** 这一年,汉朝廷派贰师将军李广利西攻大宛。并且派因杅将军公孙敖修筑受降城。这年冬天,匈奴下了大雪,大多数牲畜因饥寒而死。儿单于年轻,好杀人打仗,匈奴人多不安心。左大都尉想要杀死单于,派人暗中告知汉朝廷说:"我想要杀掉单于投降汉朝,但汉朝离得很远,如果派兵来迎接我,我就发难。"起初,汉朝听到这话,所以修了受降城。天子还是认为这座城离匈奴太远。

其明年春,汉使浞野侯破奴将二万余骑出朔方西北二千余里,期至浚稽山而还。浞野侯既至期而还,左大都尉欲发而觉,单于诛之,发左方兵击浞野。浞野侯行捕首虏数千人。还,未至受降城四百里,匈奴兵八万骑围之。浞野侯夜自出求水,匈奴间捕①生得浞野侯,因急击其军。军中郭纵为护,维王为渠②,相与谋曰:"及诸校尉畏亡将军而诛之,莫相劝归。"军遂没于匈奴。匈奴儿单于大喜,遂遣奇兵攻受降城。不能下,乃寇入边而去。其明年③,单于欲自攻受降城,未至,病死。

◎**注释** ①〔间捕〕暗中捕捉。②〔渠〕渠帅,即匈奴投降兵士的首领。③〔明年〕指汉武帝太初三年(前102年)。

◎**大意** 第二年春天,汉朝廷派浞野侯赵破奴率领两万多骑兵出朔方西北二千多里,约定到浚稽山后回师。浞野侯按约定到达后返回,左大都尉想杀单于而被发觉,单于杀了他,派出左方的军队攻击浞野侯。浞野侯边走边捕杀匈奴数千人。浞野侯回到离受降城四百里的地方,匈奴八万骑兵围攻他。浞野侯夜晚独自出去找水,匈奴偷偷地搜捕,活捉了浞野侯,趁机急攻他的军队。汉军郭纵担任护军,维王担任匈奴降兵的头领,两人商量道:"诸位校尉害怕因将军被俘回去要被诛杀,都不愿再回归汉朝。"汉军于是就陷没在匈奴了。匈奴儿单于大喜,就派遣突击队进攻受降城。受降城没攻下来,就入侵边塞而去。第二年,单于想亲自攻打受降城,但未到受降城,就病死了。

儿单于立三岁而死。子年少，匈奴乃立其季父乌维单于弟右贤王呴犁湖为单于。是岁太初三年也。

◎**大意**　儿单于在位三年死了。他儿子年纪尚小，匈奴就拥立他的叔父，也就是乌维单于的弟弟右贤王呴犁湖为单于。这一年是太初三年。

呴犁湖单于立，汉使光禄徐自为出五原塞数百里，远者千余里，筑城鄣①列亭②至庐朐③，而使游击将军韩说、长平侯卫伉屯其旁，使强弩都尉路博德筑居延泽④上。

◎**注释**　①〔鄣（zhàng）〕城堡。②〔亭〕哨所。③〔庐朐（qú）〕匈奴山名。④〔居延泽〕匈奴泽名。

◎**大意**　呴犁湖单于继位后，汉朝派光禄徐自为出五原塞，近者数百里，远者千余里，修筑城堡和哨所，直到庐朐，而派游击将军韩说、长平侯卫伉在这地方驻军，又派强弩都尉路博德在居延泽修建城堡。

其秋，匈奴大入定襄、云中，杀略数千人，败数二千石而去，行破坏光禄所筑城列亭鄣。又使右贤王入酒泉、张掖，略数千人。会任文击救，尽复失所得而去。是岁，贰师将军破大宛，斩其王而还。匈奴欲遮①之，不能至。其冬，欲攻受降城，会单于病死。

◎**注释**　①〔遮〕阻拦。

◎**大意**　这年秋天，匈奴大举入侵定襄、云中，杀掠数千人，打败几位俸禄二千石的高官才离开。行军途中破坏了光禄徐自为所修的城堡哨所。又派右贤王侵入酒泉、张掖，抢掠数千人。正遇上汉朝将军任文截击相救，匈奴又全部失掉了抢来的汉人而离去。这一年,贰师将军李广利攻破大宛,杀了大宛王才归来。匈奴想阻截李广利,却未能赶到。这年冬天,匈奴想攻打受降城,恰巧单于病死。

呴犁湖单于立一岁死。匈奴乃立其弟左大都尉且鞮侯为单于。

◎**大意** 呴犁湖单于在位一年死去。匈奴人就拥立他的弟弟左大都尉且鞮侯为单于。

汉既诛大宛,威震外国。天子意欲遂困胡,乃下诏曰:"高皇帝遗朕平城之忧,高后时单于书绝①悖逆。昔齐襄公复九世之仇②,《春秋》大之③。"是岁太初四年也。

◎**注释** ①〔绝〕极其,极端。②〔昔齐襄公复九世之仇〕《齐太公世家》未载齐襄公复九世之仇事。《春秋公羊传》中有"九世犹可以复仇乎"句。③〔《春秋》大之〕《春秋》,指《春秋公羊传》。大,赞美。
◎**大意** 汉朝征服了大宛,威震外国。天子想要进一步围攻匈奴,就下诏书说:"高皇帝遗留平城受困的怨仇给朕,高后时单于的来信极其荒谬背理。从前齐襄公报复九世以前的仇,《春秋》赞美这件事。"这一年是太初四年。

且鞮侯单于既立,尽归汉使之不降者。路充国等得归。单于初立,恐汉袭之,乃自谓"我儿子,安敢望汉天子!汉天子,我丈人行①也"。汉遣中郎将苏武厚币赂遗单于。单于益骄,礼甚倨②,非汉所望也。其明年,浞野侯破奴得亡归汉。

◎**注释** ①〔丈人行〕丈人,对年长者的尊称。行,辈分。②〔倨〕傲慢。
◎**大意** 且鞮侯单于继位后,把汉朝被扣留又不肯投降的使者送归汉朝,路充国等人才回到汉朝。单于刚刚继位,害怕汉朝袭击他,就说:"我是儿子辈份,哪敢同汉天子相比!汉天子是我的长辈。"汉朝派遣中郎将苏武给单于送去了丰厚的礼物。单于越发骄傲,礼节非常不恭敬,并非汉朝所希望的那样。第二年,浞野侯赵破奴逃离匈奴,回到汉朝。

其明年①,汉使贰师将军广利以三万骑出酒泉,击右贤王于天山,得胡首虏万余级而还。匈奴大围贰师将军,几不脱。汉兵物故②什六七。汉复使因杅将军敖出西河,与强弩都尉会涿涂山,毋(无)所得。又使骑都尉李陵将步骑五千人,出居延北千余里,与单于会,合战,陵所杀伤万余人,兵③及食尽,欲解归④,匈奴围陵,陵降匈奴,其兵遂没,得还者四百人。单于乃贵陵,以其女妻之。

◎**注释** ①〔明年〕指汉武帝天汉二年(前99年)。②〔物故〕死亡。③〔兵〕武器。④〔解归〕摆脱困境逃回。
◎**大意** 第二年,汉朝派贰师将军李广利率三万骑兵走出酒泉,在天山攻击右贤王,杀死和俘虏匈奴一万多人,回来的时候,匈奴人包围了贰师将军,几乎没能逃脱,汉朝军队死去十分之六七。汉朝又派因杅将军公孙敖走出西河地区,同强弩都尉在涿涂山会合,什么也没有得到。又派骑都尉李陵率步兵五千人,走出居延以北一千余里,同单于相遇,双方交战,李陵的军队杀死杀伤匈奴一万余人,最后武器和粮食用完了,李陵想摆脱困境逃回,可是匈奴包围了李陵,李陵投降了匈奴,他的军队就覆没了,最后回到汉朝的只有四百人。单于于是尊宠李陵,把自己的女儿嫁给李陵做妻子。

后二岁,复使贰师将军将六万骑,步兵十万,出朔方。强弩都尉路博德将万余人,与贰师会。游击将军说将步骑①三万人,出五原。因杅将军敖将万骑步兵三万人，出雁门。匈奴闻，悉远其累重②于余吾水③北，而单于以十万骑待水南，与贰师将军接战。贰师乃解而引归，与单于连战十余日。贰师闻其家以巫蛊④族灭，因并众⑤降匈奴，得来还千人一两人耳。游击说无所得。因杅敖与左贤王战，不利，引归。是岁汉兵之出击匈奴者不得言功多少，功不得御⑥。有诏捕太医令随但，言贰师将军家室族灭，使广利得降匈奴。

◎**注释** ①〔说将步骑〕说，指韩说。步骑，步兵与骑兵。②〔累重〕笨重的东西。③〔余吾水〕河名。④〔巫蛊（gǔ）〕古人迷信，以为用巫术诅咒可使人致死。汉武帝晚年多病，疑乃左右人巫蛊所致。征和二年（前91年），江充因与太子刘据有隙，借机诬告太子宫中埋有木人，太子惧，杀充及胡巫，武帝发兵追捕，太子发兵拒五日，战败自杀。掘蛊之事上牵丞相公孙贺，下连庶民，前后被杀者数万人，史称"巫蛊之祸"。事见《汉书·武帝纪》《江充传》《公孙贺传》。⑤〔并众〕合并军队。⑥〔御〕相抵。

◎**大意** 两年以后，汉朝廷又派贰师将军率领骑兵六万、步兵十万，从朔方出兵。强弩都尉路博德带领一万多人，和贰师将军会师。游击将军韩说率领步兵、骑兵共三万人从五原出兵。因杅将军公孙敖率领一万骑兵、三万步兵，从雁门郡出兵。匈奴听到消息，把他们的牲口、财物远远地运到余吾水北岸，而单于带领十万骑兵在余吾水南岸等候，与贰师将军交战。贰师将军离开原地，领兵退回，同单于连续交战十多天。贰师将军听说他家因巫蛊事件被灭族，于是收集部众投降匈奴，能返回的将士仅千分之一二罢了。游击将军韩说没有什么收获。因杅将军公孙敖与左贤王交战，失利，退兵返回。这一年，汉军出击匈奴的，都不能谈论自己功劳的多少，因为他们的功劳不能和损失相抵。皇帝下令逮捕太医令随但，因为他透露了贰师将军李广利家室被灭族的消息，使得李广利投降了匈奴。

太史公曰：孔氏著《春秋》，隐桓①之间则章（彰）②，至定哀③之际则微④，为其切⑤当世之文⑥而罔褒⑦，忌讳之辞也。世俗之言匈奴者，患其徼（邀）⑧一时之权，而务谄纳其说⑨，以便偏指（旨）⑩，不参彼己⑪；将率（帅）席⑫中国广大，气奋⑬，人主因以决策，是以建功不深。尧虽贤，兴事业不成，得禹而九州宁。且欲兴圣统，唯在择任将相哉！唯在择任将相哉！

◎ **注释** ①〔隐桓〕鲁隐公与鲁桓公。《春秋》记事起于鲁隐公元年（前722年）。隐桓时期是《春秋》记事的初期阶段。②〔章〕通"彰"，显著。③〔定哀〕鲁定公与鲁哀公。《春秋》记事终于鲁哀公十四年（前481年）。④〔微〕隐晦不明。⑤〔切〕切近。⑥〔文〕指法典条文、礼乐制度。实指现实政治。⑦〔罔褒〕没有可褒扬赞美之事。罔，无。⑧〔徼〕通"邀"。求取。⑨〔说〕说辞。⑩〔偏指〕同"偏旨"，片面的主张。⑪〔参彼己〕参，考察。彼己，指匈奴与汉朝。⑫〔率席〕率，通"帅"。席，依仗。⑬〔气奋〕气壮。

◎ **大意** 太史公说：孔子著《春秋》，记载鲁隐公、鲁桓公之间的事明白显著，至于鲁定公、鲁哀公之间的事却隐晦含糊，因为其切近当代政治又没什么可褒扬的，是忌讳的文辞。世俗中谈论匈奴问题的人，错误就在于他们为求取一时的权势，热衷于阿谀顺上，发表片面的观点，而不考虑敌我双方的情况。将帅依仗中原土地广大，士气雄壮，人君据此来决策，所以建立的功业不牢靠。唐尧虽然贤能，但也有一些事业未能成功，得到夏禹后才使九州安宁。要想发扬圣王的传统，关键在于选任将相啊！关键在于选任将相啊！

◎ **释疑解惑**

1. 冒顿本为头曼单于太子，后头曼单于欲立小儿子，将他送去月氏做人质。头曼单于急于攻打月氏时，月氏打算杀死冒顿，冒顿施计偷了月氏的良马逃回匈奴，得到头曼单于的认可，展现了他性格中勇敢、机智的一面。为训练约束部众，冒顿不惜让他们射杀自己的爱马和爱妻；他在让部众射杀头曼单于以后，又杀死了后母、弟弟和不听命于自己的大臣，这又体现了他性格中血腥残暴的一面。

2.《匈奴列传》的论赞是以《春秋》隐桓之事多显著之辞,而定哀之事多隐晦之辞发端,以言史公之意。靳德峻认为:"史公之修《史记》,原欲续周孔之业,法《春秋》,寓褒贬,示一己之意,垂后世而为一家之言也。然先代褒贬,诚无所讳,而于汉时之君相,岂敢放笔直书,明加褒贬乎?故不得不隐寓而微其词也。"确实如靳氏所言,司马迁是以沉默寄寓讽刺,并提出了自己的用人思考。张守节《史记正义》曰:"言尧虽圣贤,不能独理,得禹而九州安宁。以刺武帝不能择贤将相,而务谄纳小人浮说,多伐匈奴,故坏齐民。故太史公引禹圣成其太平,以攻当代之罪。"诚然,司马迁对求一时权势的谄媚之人予以讽刺批判。"缙绅之儒则守和亲,介胄之士则言征伐,各偏见一时之利害,而未究匈奴之终始也",他们在不了解汉匈双方实际情况下各执己见。史公认为"兴圣统"的重要条件在于"择任将相",所以提出国家需要贤臣将相的辅助。这些评价和思考与汉匈之战紧密相连,其对汉武帝的好大喜功与任人唯亲的讽喻褒贬自不必明言。

《匈奴列传》之前为《韩长孺列传》和《李将军列传》,之后为《卫将军骠骑列传》和《平津侯主父列传》,这样的编次结构虽令后人费解,但正如何焯《义门读书记》所言"下继以卫、霍,公孙弘,而全文录主父偃谏伐匈奴书,太史公之意深矣"。吴汝纶亦云"此篇后,继以卫、霍,公孙弘二篇,著汉所择任之将相也"。《李将军列传》中李广"勇于当敌,仁爱士卒",一生与匈奴战七十余次,匈奴人闻其名而丧胆,但"飞将军"一生坎坷,终身未受封爵,未得善用而自杀。太史公借此揭露了武帝的任人唯亲、刻薄寡恩和对贤将的压制。同是击胡将军的卫青与霍去病则"嬖宠擢用",皆因卫氏而受宠,遂有"卫将军击匈奴者七,骠骑将军击匈奴者六,诏书封拜者共八"之功。结合《平准书》等篇言及的汉军伤亡人马数和庞大的军费开支,可看出史公从侧面对武帝好大喜功的讽刺。《平津侯主父列传》记述公孙弘、主父偃与徐乐、严安均谏止征伐匈奴。郭嵩焘《史记札记》认为:"史公列《平津主父传》于《卫将军传》后,专以谏伐匈奴为义,又附徐乐、严安二疏,此是史公最用意处。"主父偃虽骄横,但能谏伐匈奴，相较略无匡救的公孙弘就略胜一筹。司马迁所言卫、霍，公孙弘之事，其中的微词意旨应是对武帝任人失当、未兴圣统的含蓄讽刺。尧、舜及三代待夷狄，并未大动干戈，而武帝时举国之力征伐匈奴，是否全然为了封固陲以安边呢？

◎ **思考辨析题**

1. 分析冒顿单于的形象。
2. 司马迁对武帝征伐匈奴持何种态度？请试加论析。

全注全译本

国际儒学联合会教育系列丛书

丛书指导委员会主任
——滕文生 张岂之 李学勤

总主编
——钱逊

执行总主编
——于建福

组编
——国际儒学联合会
——国家教育行政学院国学教育研究中心

本书主编 张新科 赵望秦

史记

第九册　列传〔三〕

济南出版社　汉唐书局

图书在版编目（CIP）数据

史记 / 张新科，赵望秦主编 . —济南：济南出版社，
2022.9

ISBN 978-7-5488-5209-4

Ⅰ.①史… Ⅱ.①张… ②赵… Ⅲ.①中国历史—古代史—纪传体 ②《史记》—注释 ③《史记》—译文 Ⅳ.① K204.2

中国版本图书馆 CIP 数据核字（2022）第 164694 号

出 版 人	田俊林
图书策划	冀瑞雪
责任编辑	殷　剑　李家成
图书审读	钟书林
装帧设计	王铭基

出版发行	济南出版社
地　　址	济南市二环南路1号（250002）
编辑热线	0531-86131747（编辑室）
发行热线	82709072　86131747　86131729　86131728（发行部）
印　　刷	山东彩峰印刷股份有限公司
版　　次	2022年10月第1版
印　　次	2022年10月第1次印刷
成品尺寸	170 mm×240 mm　16开
印　　张	247.5
字　　数	4170千
定　　价	1686.00元（全9册）

（济南版图书，如有印装错误，请与出版社联系调换。联系电话：0531-86131736）

目 录

列传

第九册

卫将军骠骑列传第五十一	3399
平津侯主父列传第五十二	3434
南越列传第五十三	3466
东越列传第五十四	3482
朝鲜列传第五十五	3492
西南夷列传第五十六	3501
司马相如列传第五十七	3511
淮南衡山列传第五十八	3563
循吏列传第五十九	3598
汲郑列传第六十	3606
儒林列传第六十一	3623
酷吏列传第六十二	3645

大宛列传第六十三	3679
游侠列传第六十四	3711
佞幸列传第六十五	3724
滑稽列传第六十六	3731
日者列传第六十七	3755
龟策列传第六十八	3769
货殖列传第六十九	3817
太史公自序第七十	3848
后记	3901

卫将军骠骑列传

第五十一

　　本文是汉代名将卫青和霍去病的合传，主要记述卫青七出边塞，霍去病六出北疆，指挥千军万马攻讨匈奴，扬威大漠的经历和赫赫战功。匈奴屡犯中原，严重破坏了汉匈人民的和平生活，给百姓和社会生产带来深重灾难。年轻的汉武帝大胆重用青年将领卫青和霍去病，令其频频出击，战争规模之大、兵威之盛，为汉代讨胡征战之最，有力地打击了匈奴侵扰中原的嚣张气焰，对汉朝的安定和富强，对汉匈人民的和平生活都有积极的意义，这是值得肯定的历史功绩，也是司马迁写作本传的用意所在。当然，对连年战争所造成的人员伤亡和物资的巨大损失，本文也暗含委婉的批评。本文的结构颇有特色，前边的主要部分写卫、霍事迹，是卫、霍的合传；篇末又附记公孙贺等十六位征胡将领的简略事迹，以类相从，实为一篇类传。

从结构上看，主次分明；从行文上看，前后一体，水乳交融，毫无游离或割裂之感。这显示了司马迁剪裁谋篇的匠心和《史记》行文灵活多变的特点。这就使本传成为汉武帝时代汉匈战争和汉匈关系的一篇简史，同时是一本征胡英雄的记功簿。本文虽以记事为主，但不乏精彩的景物和场面描写。如写元狩四年的漠北大战：先写狂风大作、飞沙走石的自然景象，为战争渲染了悲壮苍凉的气氛；再写汉匈两军交战，匈奴军失利，单于"乘六骡"，仓皇夜遁；后写大将军追亡逐北，真是兵威浩荡，强虏震恐，万马奔腾，浩气千里。这段文字既"描画如见"，又使读者如闻其声，很有艺术感染力。此传寓褒贬之意于叙事之中，却不留痕迹。如写卫青之功，多陈述事实，"摹写唯恐不尽"；而写霍去病之功则多用皇帝诏辞点出。这正是对诏辞所列骠骑三出，斩捕十一万余敌人之事的存疑之笔，真是"句中有筋，字中有眼"（曾国藩《求阙斋读书录》），暗示了作者行文的深意，确为好文章。文中通过描写大将军卫青不贪功、不敢专权、散金献寿等细节，凸显了他的品行。这与大将军及其子孙的悲剧结局形成对比，更可见汉武帝时代人才的可怜可悲。大将军卫青和骠骑将军霍去病那一场临阵对调的总决战，司马迁用三大段描述大将军的勇猛，写匈奴甚至被打得找不到单于，差点易主；而骠骑将军的战绩描写只有两行。结果竟然是骠骑将军旗下皆封侯，而大将军旗下皆无功。文中对此类不公平的封赏或治罪的叙写无处不见。

  大将军卫青者，平阳人也。其父郑季，为吏，给事①平阳侯家，与侯妾②卫媪③通④，生青。青同母兄卫长子，而姊卫子夫自平阳公主家得幸天子⑤，故冒姓为卫氏⑥。字仲卿。长子更字长君。长君母号为卫媪。媪长女卫孺，次女少儿，次女即子夫。后子夫男弟步、广皆冒卫氏。

◎**注释** ①〔给事〕供职。②〔妾〕指婢仆。③〔媪（ǎo）〕这里是妇女的通称。④〔通〕通奸。⑤〔而姊卫子夫自平阳公主家得幸天子〕据《外戚世家》载，卫子夫原为汉武帝姐姐平阳公主家的歌女。一次武帝到平阳公主家，所有侍奉他的美人，他都不喜欢，唯独喜欢卫子夫。卫子夫入宫，有宠，以生戾太子刘据而立为皇后。⑥〔冒姓为卫氏〕冒，冒充，假冒。卫青生父为郑季，当姓郑，以其为私生子，因依母姓，故曰"冒"。

◎**大意** 大将军卫青，是平阳县人。他的父亲郑季，任县吏，在平阳侯家里供职，和平阳侯的婢仆私通，生下卫青。卫青的同母兄长是卫长子，而姐姐卫子夫在平阳公主的家里得到武帝的宠幸，他们都冒充姓卫。卫青字仲卿。卫长子改字长君。长君的生母号称卫媪。卫媪的长女叫孺，二女儿叫少儿，三女儿就是子夫。后来卫子夫的弟弟步、广都冒充姓卫。

青为侯家人，少时归其父，其父使牧羊。先母①之子皆奴畜之②，不以为兄弟数。青尝从入至甘泉居室③，有一钳徒④相青⑤曰："贵人也，官至封侯。"青笑曰："人奴之生，得毋笞骂即足矣，安得封侯事乎！"

◎**注释** ①〔先母〕嫡母。这里指郑季前夫人。②〔奴畜之〕把卫青当作奴仆来养育。③〔甘泉居室〕甘泉，宫名。居室，即"保宫"，是囚禁犯法官员及其家属的处所。一说官署名，汉有甘泉居室令丞之官。④〔钳徒〕受钳刑的犯人。钳刑是用铁圈系颈的刑罚。⑤〔相青〕给卫青相面。

◎**大意** 卫青生在平阳侯家，但小时候回到他父亲身边，他父亲叫他放羊。嫡母的儿子都把他当奴仆看待，而不把他算在兄弟之列。卫青曾经跟随人到甘泉宫居室，有一个受钳刑的犯人给他相面说："是贵人相，将要封侯。"卫青笑着说："我是奴婢所生，能不挨打受骂就满足了，怎会有封侯的事呀！"

青壮，为侯家骑，从平阳主。建元二年春，青姊子夫得入宫幸上①。皇后，堂邑大长公主②女也，无子，妒。大长公主闻卫子夫幸，有身③，妒之，乃使人捕青。青时给事建章④，未知名。大长公主执囚青，欲杀之。其友骑郎公孙敖与壮士篡取⑤之，以故得不死。上闻，乃召青为建章监，侍中，及同母昆弟⑥贵，赏赐数日间累千金。孺为太仆公孙贺妻。少儿故与陈掌通，上召贵掌。公孙敖由此益贵。子夫为夫人⑦。青为大中大夫。

◎注释　①〔幸上〕被皇上宠爱。②〔堂邑大长公主〕即汉文帝长女，武帝姑母刘嫖，因嫁堂邑侯陈午，故名堂邑大长公主。汉代称皇帝的姑母为大长公主。刘嫖之女即武帝原配夫人陈阿娇，后被废。③〔有身〕怀孕。④〔建章〕宫名。⑤〔篡取〕夺取。⑥〔昆弟〕兄弟。⑦〔夫人〕后妃的封号。

◎大意　卫青长大后，作为平阳侯家的骑士，随从平阳公主。建元二年春天，卫青的姐姐卫子夫入宫得到武帝的宠幸。皇后是堂邑大长公主的女儿，没有儿子，爱嫉妒。大长公主听说卫子夫受到宠幸，怀了孕，嫉妒她，就派人捕捉卫青。卫青当时在建章宫供职，还没出名。大长公主拘禁卫青，想要杀了他。卫青的朋友骑郎公孙敖和壮士前去把他抢夺出来，因此得免一死。武帝听说了，就征召卫青任建章宫监，兼任侍中。连同他的同母兄弟都显贵了，几天的赏赐累计千金。卫孺是太仆公孙贺的妻子。卫少儿原先与陈掌私通，武帝于是征召陈掌，使他显贵。公孙敖从此更加显贵。卫子夫被封为夫人。卫青任大中大夫。

　　元光五年①，青为车骑将军，击匈奴，出上谷；太仆公孙贺为轻车将军，出云中；大中大夫公孙敖为骑将军，出代郡；卫尉李广为骁骑将军，出雁门：军各万骑。青至茏城，斩首虏数百。骑将军敖亡七千骑；卫尉李广为虏所得，得脱归：皆当②斩，赎为庶人。贺亦无功。

◎**注释** ①〔元光五年〕《汉书·卫青传》作"元光六年"。②〔当〕判罪,判处。

◎**大意** 元光五年,卫青任车骑将军,攻击匈奴,从上谷郡出兵;太仆公孙贺任轻车将军,从云中郡出兵;大中大夫公孙敖任骑将军,从代郡出兵;卫尉李广任骁骑将军,从雁门郡出兵。各路军队都有一万骑兵。卫青进军到茏城,斩杀俘虏敌军几百人。骑将军公孙敖损失七千骑兵;卫尉李广被敌兵俘虏,得以逃脱回归;二人论法皆当问斩,通过出钱赎罪成为平民。公孙贺也无战功。

元朔元年春,卫夫人有男,立为皇后。其秋,青为车骑将军,出雁门,三万骑击匈奴,斩首虏数千人。明年,匈奴入杀辽西太守,虏略渔阳二千余人,败韩将军①军。汉令将军李息击之,出代;令车骑将军青出云中以西至高阙。遂略河南地,至于陇西,捕首虏数千,畜数十万,走②白羊、楼烦王。遂以河南地为朔方郡。以三千八百户封青为长平侯。青校尉苏建有功,以千一百户封建为平陵侯。使建筑朔方城。青校尉张次公有功,封为岸头侯。天子曰:"匈奴逆天理,乱人伦,暴长虐老,以盗窃为务,行诈诸蛮夷,造谋③藉兵④,数为边害,故兴师遣将,以征厥⑤罪。诗不云乎,'薄伐猃狁,至于太原','出车彭彭,城彼朔方'。今车骑将军青度(渡)西河至高阙,获首虏二千三百级⑥,车辎畜产毕收为卤(虏)⑦,已封为列侯,遂西定河南地,按⑧榆溪旧塞,绝梓领(岭)⑨,梁北河⑩,讨蒲泥⑪,破符离⑫,斩轻锐之卒,捕伏听者⑬三千七十一级,执讯获丑⑭,驱马牛羊百有余万,全甲兵⑮而还,益封青三千户。"其明年,匈奴入杀代郡太守友,入略雁门千余人。其明年,匈奴大入代、定襄、上郡,杀略汉数千人。

◎**注释** ①〔韩将军〕指韩安国。②〔走〕逃跑。这里指赶跑。③〔造谋〕策划阴谋。④〔藉兵〕仗恃武力。⑤〔厥〕其,指匈奴。⑥〔级〕首级,人头。⑦〔卤〕

通"虏"。此指缴获的战利品。⑧〔按〕巡行。⑨〔绝梓（zǐ）领〕绝，横过。梓领，即"梓岭"，山名，一说塞名。⑩〔梁北河〕梁，桥，此处用为动词，架桥。北河，与上文的西河皆为古代黄河主河道的一部分。⑪〔讨蒲泥〕讨，征伐。蒲泥，匈奴人名。一说塞名。⑫〔符离〕塞名，在今内蒙古五原西北部。一说匈奴王之号。⑬〔伏听者〕指敌人的侦探。⑭〔执讯获丑〕意为捉到活口进行讯问，得知敌兵所在，进而俘获大量敌兵。讯，问。丑，对敌兵的蔑称。⑮〔全甲兵〕保全军队。

◎**大意** 元朔元年春，卫夫人生下一个男孩，于是被立为皇后。这年秋天，卫青任车骑将军，从雁门郡出兵，率领三万骑兵攻击匈奴，斩杀俘获敌兵几千人。第二年，匈奴入侵边塞杀死了辽西郡太守，掳掠渔阳郡两千多人，打败韩安国将军的军队。汉朝廷命令将军李息抗击匈奴，从代郡出兵，命令车骑将军卫青从云中郡出兵向西直到高阙，于是卫青占领黄河以南的地方，直到陇西郡，斩杀俘获敌军几千人，获得几十万头牲畜，赶跑了白羊王和楼烦王。于是朝廷把黄河河套以南地区设置为朔方郡。卫青被封为长平侯，食邑三千八百户。卫青的部下校尉苏建立有战功，被封为平陵侯，食邑一千一百户。朝廷又派苏建修筑朔方城。卫青的部下校尉张次公立有战功，封为岸头侯。武帝说："匈奴违背天理，悖乱人伦，欺侮尊长，虐待老人，以盗窃为务，欺诈各部蛮夷，策划阴谋，仗恃武力，屡次侵犯边境，因而朝廷调兵遣将，来征讨它的罪恶。《诗经》上不是说过吗，'攻伐猃狁，达到太原'，'战车出动，筑成朔方'。现在车骑将军卫青渡过西河直到高阙，斩杀俘获敌兵两千三百人，把它的军需物资、牲畜财产都缴获为战利品，已经封为列侯。之后又向西平定黄河河套以南地区，巡行旧塞，横越梓岭，架桥北河，讨平蒲泥，攻破符离，斩杀精锐敌兵，俘获侦察兵士三千零七十一人，审问俘虏后，知敌所在而俘获众敌，赶回马牛羊一百多万头，全师而还。因此增封卫青食邑三千户。"第二年，匈奴入侵并杀死代郡太守共友，入侵雁门郡掳掠一千多人。第三年，匈奴又大举侵入代郡、定襄郡、上郡，杀死抢掠汉朝军民几千人。

其明年，元朔之五年春，汉令车骑将军青将①三万骑，出高阙；卫尉苏建为游击将军，左内史李沮为强弩将军，太仆公孙贺为骑将军，代相李蔡为轻车将军,皆领属②车骑将军,俱出朔方;大行李息、岸头侯张次公为将军,出右北平:咸③击匈奴。匈奴右贤王当④卫青等兵,以为汉兵不能至此,饮醉。汉兵夜至,围右贤王,右贤王惊,夜逃,独与其爱妾一人壮骑数百驰,溃围⑤北去。汉轻骑校尉郭成等逐数百里,不及⑥,得右贤裨王⑦十余人,众男女万五千余人,畜数千百万,于是引兵而还。至塞,天子使使者持大将军印,即军中拜⑧车骑将军青为大将军,诸将皆以兵⑨属大将军,大将军立号⑩而归。天子曰:"大将军青躬率⑪戎士,师大捷,获匈奴王十有余人,益封青六千户。"而封青子伉为宜春侯,青子不疑为阴安侯,青子登为发干侯。青固谢⑫曰:"臣幸得待罪⑬行间⑭,赖陛下神灵,军大捷,皆诸校尉力战之功也。陛下幸已益封臣青。臣青子在襁褓中,未有勤劳⑮,上幸列(裂)地⑯封为三侯,非臣待罪行间所以劝⑰士力战⑱之意也。伉等三人何敢受封!"天子曰:"我非忘诸校尉功也,今固且图之⑲。"乃诏御史曰:"护军都尉公孙敖三从大将军击匈奴,常护军⑳,傅校㉑获王,以千五百户封敖为合骑侯。都尉韩说从大将军出窳浑㉒,至匈奴右贤王庭,为麾下搏战获王,以千三百户封说为龙额侯。骑将军公孙贺从大将军获王,以千三百户封贺为南窌侯㉓。轻车将军李蔡再从大将军获王,以千六百户封蔡为乐安侯。校尉李朔,校尉赵不虞,校尉公孙戎奴,各三从大将军获王,以千三百户封朔为涉轵侯,以千三百户封不虞为随成侯,以千三百户封戎奴为从平侯。将军李沮、李息及校尉豆如意有功,赐爵关内侯,食邑各三百户。"其秋,匈奴入代,杀都尉朱英。

◎**注释** ①〔将〕率。②〔领属〕隶属。③〔咸〕全。④〔当〕面对。⑤〔溃围〕冲开包围圈。⑥〔不及〕没追上。⑦〔裨王〕小王。⑧〔拜〕授给官职。⑨〔以兵〕率军队。

⑩〔号〕名号。⑪〔躬率〕亲自率领。⑫〔固谢〕坚决推辞。⑬〔待罪〕当官供职的谦辞。⑭〔行间〕行伍之间,即军队之中。⑮〔勤劳〕劳苦,此处实指功劳。⑯〔列地〕即"裂地"。分封土地。⑰〔劝〕鼓励。⑱〔力战〕拼力奋战。⑲〔固且图之〕本来就要做这件事。固,本来。且,将。图,考虑,谋划。之,指封赏卫青军中校尉之事。⑳〔护军〕接应各军。㉑〔傅校〕率领一校的军队。傅,率领。校,古代军队建制,五百人为一校。㉒〔窳(yǔ)浑〕塞名。㉓〔南窌(pào)侯〕封地在南窌,具体方位不详。

◎**大意** 第二年,元朔五年的春天,汉朝廷命令车骑将军卫青率领三万骑兵,从高阙出兵。卫尉苏建任游击将军,左内史李沮任强弩将军,太仆公孙贺任骑将军,代相李蔡任轻车将军,全部归属车骑将军统领,一起从朔方郡出兵。大行令李息、岸头侯张次公任将军,从右北平郡出兵,一齐出击匈奴。匈奴右贤王所在之地正对卫青等部,但以为汉军不能到他那里,就喝醉了。汉军夜间赶到,包围了右贤王。右贤王惊恐,连夜逃走,仅仅带着他的一个爱妾和几百精壮骑兵奔逃,冲出包围向北逃去。汉轻骑校尉郭成等人追了几百里,没追上,俘获右贤王下属小王十多人,众多男女一万五千余人,牲畜千百万头,于是卫青率兵返回。军队回到边塞,武帝派遣使者手捧大将军印,就在军营中任命车骑将军卫青为大将军,诸将把军队归大将军统领,树立大将军的名号之后才返回。武帝说:"大将军卫青亲自率领兵士征战,出师大捷,俘获匈奴小王十多人,增封卫青食邑六千户。"并封卫青的儿子卫伉为宜春侯,卫青的儿子卫不疑为阴安侯,卫青的儿子卫登为发干侯。卫青坚决辞让说:"有幸能在军中任职,仰赖陛下圣明威灵,军队大捷,全是各位校尉力战的功劳。陛下已加倍封赏了臣。臣的儿子还都幼小,没有功劳,承蒙陛下裂地封侯,这不是臣在军队里勉励将士努力作战的本意。卫伉等兄弟三人怎么敢接受封爵!"武帝说:"我没有忘记各位校尉的功劳,现在本来就要封赏他们。"于是下诏给御史说:"护军都尉公孙敖三次跟随大将军出击匈奴,常常调护各部,团结将校。俘获匈奴小王,用一千五百户封公孙敖为合骑侯。都尉韩说跟随大将军从窳浑出兵,一直打到匈奴右贤王的王庭,逼近敌人师旗之下搏斗拼杀而俘获小王,用一千三百户封韩说为龙额侯。骑将军公孙贺跟随大将军俘获匈奴小王,用一千三百户封公孙贺为南窌侯。轻车将军李蔡两次跟随大将军俘获匈奴小王,用一千六百户封李蔡为乐安侯。校尉李朔、校尉赵不虞、校尉公孙戎奴，都三次跟随大将军俘获匈奴小王，用一千三百户封李朔为涉轵侯，用一千三百户封赵不虞为随成侯，用一千三百户封公孙戎奴为从平侯。将军李沮、李息和校尉豆如意立有战功，赐封关内侯爵位，食邑各三百户。"这一年的秋天，匈奴入侵代郡，杀害都尉朱英。

其明年春①，大将军青出定襄，合骑侯敖为中将军，太仆贺为左将军，翕侯赵信为前将军，卫尉苏建为右将军，郎中令李广为后将军，右内史李沮为强弩将军，咸属大将军，斩首数千级而还。月余，悉②复出定襄击匈奴，斩首虏万余人。右将军建、前将军信并军③三千余骑，独逢单于兵，与战一日余，汉兵且尽。前将军故胡人，降为翕侯，见急，匈奴诱之，遂将④其余骑可⑤八百，奔降单于。右将军苏建尽亡其军，独以身得亡去，自归大将军。大将军问其罪正⑥闳、长史安、议郎周霸等："建当云何⑦？"霸曰："自大将军出，未尝斩裨将⑧。今建弃军，可斩以明将军之威。"闳、安曰："不然。兵法⑨'小敌之坚，大敌之禽也⑩'。今建以数千当⑪单于数万，力战一日余，士尽，不敢有二心，自归。自归而斩之，是示后无反意也。不当斩。"大将军曰："青幸得以肺腑待罪行间，不患无威，而霸说我以明威⑫，甚失臣意。且使臣职虽当斩将，以臣之尊宠而不敢自擅专诛于境外，而具归天子，天子自裁⑬之，于是以见为人臣不敢专权，不亦可乎？"军吏皆曰"善"。遂囚建诣行在所⑭。入塞罢兵。

◎**注释** ①〔明年春〕指元朔六年春。②〔悉〕全部。③〔并军〕把军队合在一起。④〔将〕率领。⑤〔可〕大约。⑥〔正〕军正，军中的法官。⑦〔云何〕怎么办。意谓按军法应定什么罪。⑧〔裨将〕副将。⑨〔兵法〕指中国现存最早的兵书《孙子兵法》。⑩〔小敌之坚，大敌之禽也〕出自《孙子兵法·作战篇》，意谓小的部队虽然顽强抵抗大的敌人，但终究将被大的敌人擒获。禽，"擒"的古字，俘获。⑪〔当〕抵挡，对抗。⑫〔明威〕表明威信，树立威严。⑬〔裁〕处理。⑭〔行在所〕指天子巡行时所在之地。

◎**大意** 第二年的春季，大将军卫青从定襄郡出兵，合骑侯公孙敖任中将军，太仆公孙贺任左将军，翕侯赵信任前将军，卫尉苏建任右将军，郎中令李广任后将军，右内史李沮任强弩将军，都隶属大将军统领，斩杀敌军几千人后返回。一个多月后，全部军队再次从定襄郡出兵攻打匈奴，斩杀俘获敌军一万多人。右将军苏建、前将军赵信的军队共有三千多骑兵，单独遇上了单于大军，跟他们交战一天多，汉军几乎全军覆没。前将军赵信原是匈奴人，降汉后封为翕侯。他看到情况危急，匈奴又来引诱他，就率领他的残余骑兵大约八百人，向单于投降了。右将军苏建全军覆没，只身脱逃，回来向卫青自首。卫青根据苏建所犯罪行询问军正闳、长史安和议郎周霸等人说："苏建该当何罪？"周霸说："自从大将军出兵以来，还没有杀过副将。现在苏建丢弃军队，可以斩杀他来表明将军的威严。"军正闳、长史安说："不能这样！兵法说'小股军队战斗力再强，也要被强大的军队打败'。现在苏建用几千人抵挡单于几万人，力战一天多，士兵战死了，他不敢有二心，逃回来自首。回来自首了而斩杀他，这种做法是告诉以后作战失败的人不要再回来。不应当斩杀。"卫青说："我有幸以皇上亲戚的身份在军队里任职，不怕没有威严，而周霸以树立威严劝说我，不合我的意思。况且我的职权虽可斩将，但我不敢擅自将其诛杀于国境之外，还是把情况详细报给皇上，让皇上自己去处理，以此表明我不敢专权，不也可以吗？"军官们都说："好。"于是把苏建装进囚车，送到武帝巡行的地方。卫青领兵入塞休整。

　　是岁①也，大将军姊子霍去病年十八，幸②，为天子侍中。善骑射，再从大将军，受诏与壮士，为剽姚校尉，与轻勇骑八百直弃大军③数百里赴利④，斩捕首虏过当⑤。于是天子曰："剽姚校尉去病斩首虏二千二十八级，及相国、当户⑥，斩单于大父行⑦籍若侯产，生捕季父⑧罗姑比，再冠军，以千六百户封去病为冠军侯。上谷太守郝贤四从大将军，捕斩首虏二千余人，以千一百户封贤为众利侯。"是岁，失两将军军，亡翕侯，军功不多，故大将军不益封。右将军建至，天子不诛，赦其罪，赎为庶人。

◎**注释** ①〔是岁〕指元朔六年。②〔幸〕受宠幸。③〔直弃大军〕径直离开大部队，孤军深入。④〔赴利〕奔向有利之处，指杀敌立功。⑤〔过当〕指杀伤敌军的数目超过了自己军队的伤亡数目。⑥〔相国、当户〕均为匈奴的低级官名。⑦〔大父行〕祖父辈。⑧〔季父〕叔父。

◎**大意** 这一年，卫青姐姐的儿子霍去病十八岁，很受武帝宠爱，担任侍中。他善于骑马射箭，两次跟从卫青出征。卫青接受诏令拨给他一些壮士，让他担任剽姚校尉。他和八百名轻捷勇猛的骑兵径直离开大军行进几百里夺取战功，斩杀俘获敌兵超过了己方损失的人数。于是武帝说："剽姚校尉霍去病斩杀俘获敌兵两千零二十八人，还有匈奴的相国、当户，斩杀单于祖父一辈的籍若侯产，活捉单于的叔父罗姑，两次功劳在全军第一，用一千六百户封霍去病为冠军侯。上谷郡太守郝贤四次跟随大将军，斩杀俘获敌军两千多人，用一千一百户封郝贤为众利侯。"这一年，汉朝损失两位将军所领的军队，翕侯赵信又投降了匈奴，对匈作战军功不多，所以卫青没有增加食邑。右将军苏建被押到，武帝没诛杀他，赦免了他的罪过，他出钱赎罪成为平民。

大将军既还，赐千金。是时王夫人①方幸于上，甯乘说大将军曰："将军所以功未甚多，身食万户②，三子皆为侯者，徒以皇后故也。今王夫人幸而宗族未富贵，愿将军奉所赐千金为王夫人亲③寿。"大将军乃以五百金为寿。天子闻之，问大将军，大将军以实言④，上乃拜甯乘为东海都尉。

◎**注释** ①〔王夫人〕汉武帝宠姬，生齐王刘闳。②〔食万户〕享受万户封邑的赋税和物产。③〔亲〕指父母。④〔以实言〕把实情说出来。

◎**大意** 卫青回朝以后，武帝赏赐他一千金。这时，王夫人正受武帝的宠爱。甯乘游说卫青说："将军之所以立功不是很多，却享受万户的食邑，三个儿子都封为侯，只因皇后是您的姐姐。现在王夫人受宠而她的家族没有富贵，希望将军将皇上赐给的千金给王夫人的双亲做寿礼。"卫青就拿出五百金去祝寿。武帝听到这件事，询问卫青，卫青照实说了。武帝就任命甯乘为东海郡都尉。

张骞从大将军，以尝使大夏，留匈奴中久，导军①，知善水草处，军得以无饥渴，因前使绝国②功，封骞博望侯。

◎**注释** ①〔导军〕为军队当向导。②〔绝国〕极远的国家。
◎**大意** 张骞跟随卫青，因为曾出使大夏，在匈奴的部落中滞留了很久，所以给军队当向导，知道水草充足的地方，使汉军免遭饥渴，再加上以前出使远方异国的功劳，张骞被封为博望侯。

冠军侯去病既侯三岁，元狩二年春，以冠军侯去病为骠骑将军，将万骑出陇西，有功。天子曰："骠骑将军率戎士逾乌盭①，讨遫濮②，涉狐奴③，历五王国，辎重人众慑慴④者弗取⑤，冀⑥获单于子。转战六日，过焉支山千有余里，合短兵⑦，杀折兰王，斩卢胡王，诛全甲⑧，执浑邪王子及相国、都尉，首虏八千余级，收休屠祭天金人，益封去病二千户。"

◎**注释** ①〔乌盭（lì）〕山名。②〔遫（sù）濮〕匈奴部族名。③〔狐奴〕河名。④〔慑慴（shè）〕畏惧。⑤〔弗取〕不掠取。⑥〔冀〕希望。⑦〔合短兵〕以刀、剑之类的短兵器交战。合，交锋。⑧〔全甲〕指全副武装的敌人。一说为国名。
◎**大意** 冠军侯霍去病封侯三年后，在元狩二年的春天，被武帝任命为骠骑将军，率领一万骑兵从陇西郡出兵，立了战功。武帝说："骠骑将军率领战士越过乌盭山，讨伐遫濮，渡过狐奴河，经过五个王国，不掠取畏服者的物资人口，希望捕获单于的儿子。大军转战六天，越过焉支山一千多里，和敌人短兵接战，杀死折兰王，斩了卢胡王，诛杀全身披甲的敌兵，捉住浑邪王的儿子和相国、都尉，斩杀俘获八千多敌人，缴获休屠王的祭天金人，因此加封霍去病食邑二千户。"

其夏，骠骑将军与合骑侯敖俱出北地，异道；博望侯张骞、郎中令李广俱出右北平，异道①：皆击匈奴。郎中令将四千骑先至，博望侯将万骑在后至。匈奴左贤王将数万骑围郎中令，郎中令与战二日，死者过半，所杀亦过当。博望侯至，匈奴兵引去。博望侯坐行留②，当斩，赎为庶人。而骠骑将军出北地，已遂（邃）③深入，与合骑侯失道④，不相得，骠骑将军逾居延至祁连山，捕首虏甚多。天子曰："骠骑将军逾居延，遂过小月氏，攻祁连山，得酋涂王，以⑤众降者二千五百人，斩首虏三万二百级，获五王，五王母，单于阏氏、王子五十九人，相国、将军、当户、都尉六十三人，师⑥大率⑦减什三⑧，益封去病五千户。赐校尉从至小月氏⑨爵左庶长。鹰击司马破奴再从骠骑将军斩遫濮王，捕稽沮王，千骑将得王、王母各一人，王子以下四十一人，捕虏三千三百三十人，前行⑩捕虏千四百人，以千五百户封破奴为从骠侯。校尉句王高不识，从骠骑将军捕呼于屠王王子以下十一人，捕虏千七百六十八人，以千一百户封不识为宜冠侯。校尉仆多有功，封为辉渠侯。"合骑侯敖坐行留不与骠骑会，当斩，赎为庶人。诸宿将⑪所将士马兵⑫亦不如骠骑，骠骑所将常选⑬，然亦敢深入，常与壮骑先其大军⑭，军亦有天幸，未尝困绝也。然而诸宿将常坐⑮留落⑯不遇⑰。由此骠骑日以亲贵，比⑱大将军。

◎**注释** ①〔异道〕指分道进军。②〔坐行留〕因行军迟缓贻误战机而获罪。坐，犯罪。行留，行军时滞留不进。③〔遂〕通"邃"，远。④〔失道〕迷路。⑤〔以〕

率领。⑥〔师〕军队。⑦〔大率〕大抵。⑧〔什三〕十分之三。⑨〔校尉从至小月氏〕即"从至小月氏之校尉",意谓跟随霍去病到过小月氏的校尉。⑩〔前行〕先头部队。⑪〔宿将〕资深的将军。⑫〔士马兵〕战士、马匹、兵器。⑬〔常选〕经常挑选的精兵。⑭〔先其大军〕跑在大军的前面。⑮〔坐〕因为。⑯〔留落〕行动迟缓,落在后边。⑰〔不遇〕遇不到好的战机。⑱〔比〕并列。

◎**大意**　这年夏天,骠骑将军霍去病和合骑侯公孙敖一起从北地郡出兵,分两路走。博望侯张骞和郎中令李广一块从右北平郡出兵,也分两路走,一齐攻打匈奴。郎中令李广率领四千骑兵先到,博望侯张骞率领一万骑兵随后到来。匈奴左贤王率领几万骑兵围攻郎中令李广,郎中令李广跟他们交战两天,汉军战死过半,杀死的敌人也很多。博望侯张骞赶到,匈奴军队撤退。博望侯张骞因犯行军迟缓罪,论处斩刑,出钱赎罪成为平民。霍去病从北地郡出兵,随后就向前深入,由于公孙敖走错了路,两军没能会合,霍去病越过居延,到达祁连山,斩杀俘获敌兵很多。武帝说:"骠骑将军越过居延,进而经过小月氏,攻打祁连山,俘获酋涂王,成群投降的有两千五百人,斩杀俘获敌军三万零二百人,俘获五个小王和五个小王的母亲,以及单于阏氏、王子五十九人,还有相国、将军、当户、都尉六十三人,汉军大约减损十分之三,加封骠骑将军食邑五千户。赐予跟随骠骑将军到达小月氏的校尉左庶长的爵位。鹰击司马赵破奴两次跟随骠骑将军出兵,斩逿濮王,捕捉稽沮王,他的部下千骑将俘获匈奴小王、小王的母亲各一人,王子以下四十一人,俘虏敌兵三千三百三十人,他的先锋将领俘获敌兵一千四百人,用一千五百户封赵破奴为从骠侯。校尉句王、高不识跟随骠骑将军俘获呼于屠王王子以下十一人,俘获敌兵一千七百六十八人,用一千一百户封高不识为宜冠侯。校尉仆多立有战功,封为辉渠侯。"合骑侯公孙敖犯行军迟缓未能与霍去病会合之罪,论处斩刑,出钱赎罪成为平民。各位老将统领的士兵、马匹和武器装备不如霍去病,霍去病统领的军队中多精兵强将,他也敢于深入作战,常常和精壮骑兵跑在大军的前头,他的军队也有上天给予的好运气,没有遭遇到大危险。而各位老将经常迟缓落后,遇不到好的战机。从此霍去病越来越被宠信,与卫青不相上下。

其秋，单于怒浑邪王居西方数为汉所破，亡数万人，以骠骑之兵也。单于怒，欲召诛浑邪王。浑邪王与休屠王等谋欲降汉，使人先要（邀）边①。是时大行李息将城河上②，得浑邪王使，即驰传以闻③。天子闻之，于是恐其以诈降而袭边，乃令骠骑将军将兵往迎之。骠骑既渡河，与浑邪王众相望。浑邪王裨将见汉军而多欲不降者，颇遁去。骠骑乃驰入与浑邪王相见，斩其欲亡者八千人，遂独遣浑邪王乘传先诣行在所④，尽将其众渡河，降者数万，号称十万。既至长安，天子所以赏赐者数十巨万。封浑邪王万户，为漯阴⑤侯。封其裨王呼毒尼为下摩⑥侯，鹰庇为辉渠侯，禽犁为河綦⑦侯，大当户铜离为常乐侯。于是天子嘉骠骑之功，曰："骠骑将军去病率师攻匈奴西域王浑邪，王及厥⑧众萌（氓）⑨咸相奔⑩，率以军粮接食⑪，并将控弦⑫万有余人，诛骁骍⑬，获首虏八千余级，降异国之主三十二人，战士不离（罹）⑭伤，十万之众咸怀集⑮服⑯，仍与之劳⑰，爰及河塞⑱，庶几⑲无患，幸既永绥⑳矣。以千七百户益封骠骑将军。"减陇西、北地、上郡戍卒之半，以宽天下之繇（徭）。

◎**注释** ①〔要边〕到边境迎接。要，通"邀"，迎接。②〔河上〕黄河岸边。③〔闻〕传报朝廷知道。④〔行在所〕帝王临时驻留的地方。⑤〔漯（tà）阴〕封地名。在今山东禹城。⑥〔下摩〕封地名。《建元以来侯者年表》作"下麾"。⑦〔河綦（qí）〕封地名。⑧〔厥〕代词，其。⑨〔众萌〕犹众民。萌，通"氓"，民众，百姓。⑩〔奔〕投奔。⑪〔接食〕接济。⑫〔控弦〕拉弓。此指拉弓的战士。⑬〔骁骍（xiāo hàn）〕本为剽悍勇敢之人，此指妄图逃亡的匈奴人。⑭〔离〕通"罹"，遭受。⑮〔怀集〕归来。按，《玉篇》曰："怀，归也。"《国语》"不其集亡"，韦昭注："集，至也。"⑯〔服〕承担。按，泷川资言《史记会注考证》："服，犹任也；任频兴之劳。"据此，此"服"字当属下句，应于"怀集"之后断句。⑰〔仍与之劳〕频繁承受战争之劳苦。仍，频繁。与，《汉书》作"兴",是。为军事活动而征聚物资曰兴。实指战争而言。劳,苦。⑱〔河塞〕泛指黄河以北至塞外地区。⑲〔庶几〕差不多、几乎。⑳〔绥〕安定。

◎**大意** 这一年的秋天,单于因浑邪王在西方多次被汉军打败,损失几万人而恼怒,这是霍去病出兵所致。单于发怒,想召浑邪王来杀掉他。浑邪王与休屠王商量要投降汉朝,于是派人先到边境与汉兵联络。这时大行令李息率兵在黄河边上修筑城堡,见到了浑邪王的使者,于是立即派快马向朝廷报告。武帝听到此消息,怕他们用诈降手段偷袭边境,就派霍去病率军前去接应他们。霍去病渡过黄河,与浑邪王兵众相互观望。浑邪王的部将看到汉军后,多数人不想投降,纷纷逃走。霍去病就骑马直接奔入匈奴军营,与浑邪王在阵中相见,斩杀掉想要逃跑的八千人,随后打发浑邪王乘坐馆驿传车先到武帝巡行的驻地,而自己率领浑邪王的全部人马渡过黄河,投降汉朝的匈奴兵士有几万人,号称十万。到达长安后,武帝用于赏赐他们的钱物价值几十万。封浑邪王食邑一万户,称为漯阴侯。封浑邪王的副王呼毒尼为下摩侯,鹰庇为辉渠侯,禽犁为河綦侯,大当户铜离为常乐侯。这时武帝嘉奖霍去病的功劳说:"骠骑将军霍去病率军攻打匈奴西方的浑邪部。浑邪王及其民众都来投降,骠骑将军用军粮维持他们的给养,并率领他们的射手一万多人,诛杀骁勇凶悍不想归服的人,斩杀了八千多人,降服异国之王三十二人,汉兵没有遭受伤亡,十万大军全都回归,由于骠骑将军出兵作战,不辞劳苦,因而黄河沿岸的边塞地区,几乎再无忧患,获得了永久的安定。所以要用一千七百户加封骠骑将军。"武帝又减少陇西郡、北地郡、上郡一半的驻防士兵,用来减轻天下百姓的徭役。

居顷之,乃分徙降者边五郡①故塞外,而皆在河南,因其故俗,为属国②。其明年,匈奴入右北平、定襄,杀略汉千余人。

◎**注释** ①〔边五郡〕边境上的五个郡,指陇西、北地、上郡、云中、朔方。②〔为属国〕做汉朝的属国。当时汉将匈奴降民安置在上述五郡之中,设五属国,各派都尉监护他们。

◎**大意** 不久之后，汉朝廷就把投降的匈奴人迁徙到边疆五个郡原先的边境外面，都住在黄河河套南岸，仍保留他们原来的习俗，作为汉朝的属国。第二年，匈奴入侵右北平郡、定襄郡，杀戮掳掠汉人一千多人。

其明年，天子与诸将议曰："翕侯赵信为单于画计①，常以为汉兵不能度幕（漠）②轻留③，今大发士卒，其势必得所欲。"是岁元狩四年也。

◎**注释** ①〔画计〕出谋划策。②〔度幕〕越过沙漠。幕，通"漠"。③〔轻留〕轻易滞留。
◎**大意** 第二年，武帝与诸将商议说："翕侯赵信为单于出谋划策，一直以为汉军不能渡过大沙漠，更不敢在那里轻易停留。现在大举发兵出击，形势必然能朝我们想要的方向发展。"这年是元狩四年。

元狩四年春，上令大将军青、骠骑将军去病将各五万骑，步兵转者①踵军②数十万，而敢力战深入之士皆属骠骑。骠骑始为出定襄，当单于。捕虏③言单于东，乃更令④骠骑出代郡，令大将军出定襄。郎中令⑤为前将军，太仆⑥为左将军，主爵⑦赵食其为右将军，平阳侯襄为后将军，皆属大将军。兵即⑧度幕（漠），人马凡⑨五万骑，与骠骑等咸击匈奴单于。赵信为单于谋曰："汉兵既度幕（漠），人马罢（疲），匈奴可坐收虏耳。"乃悉远北⑩其辎重，皆以精兵待幕（漠）北。而适值大将军军出塞千余里，见单于兵陈（阵）而待，于是大将军令武刚车⑪自环为营⑫，而纵五千骑往当匈奴。匈奴亦纵可万骑。会日且入⑬，大风起，沙砾击面，两军不相见，汉益⑭纵左右翼绕单于⑮。单于视汉兵多，而士马尚强，战而匈奴不利，薄莫（暮）⑯，单于遂乘六骡⑰，壮骑可数百，直冒⑱汉围西北驰去。时已昏，汉匈奴相纷挐⑲，杀伤大当⑳。汉军左校捕虏，言单于未昏而去，汉军因发轻骑夜追之，大将军军因随其后。匈奴兵亦散走。迟明㉑，行二百余里，不得单于，颇捕斩首虏万余级，遂至窴颜山㉒赵信城，得匈奴积粟食军。军留一日而还，悉烧其城余粟以归。

◎**注释** ①〔转者〕负责转运军需物资者，即今所谓后勤部队。②〔踵(zhǒng)军〕紧随大军之后。踵，脚后跟，此指跟随其后。③〔捕虏〕捉到的俘虏。④〔更令〕改变命令。⑤〔郎中令〕指李广。⑥〔太仆〕指公孙贺。⑦〔主爵〕即主爵都尉。⑧〔即〕立刻。⑨〔凡〕共。⑩〔远北〕远远地运到北方。⑪〔武刚车〕有防护的军车。⑫〔自环为营〕自己排成环形阵营。⑬〔日且入〕太阳将要落山。⑭〔益〕更。⑮〔绕单于〕包抄单于。⑯〔薄莫〕傍晚。莫，同"暮"。⑰〔六骡〕指六匹骡子拉的车。⑱〔冒〕冲。⑲〔纷挐(rú)〕混乱。这里是扭打的意思。⑳〔大当〕大致相当。㉑〔迟明〕天将亮时。㉒〔窴(tián)颜山〕即今蒙古国杭爱山。

◎**大意** 元狩四年的春天，武帝命令大将军卫青、骠骑将军霍去病各率领五万骑兵，紧随大军负责军需转运的步兵共计几十万，而敢于力战深入的士兵都隶属霍去病。霍去病开始是从定襄郡出兵，直接攻击单于。匈奴俘虏说单于向东去了，就改派霍去病由代郡出兵，而让卫青由定襄郡出兵。郎中令李广任前将军，太仆公孙贺任左将军，主爵都尉赵食其（yì jī）任右将军，平阳侯曹襄任后将军，都隶属卫青。军队随即越过大沙漠，总共五万骑兵，跟霍去病都去攻打匈奴单于。赵信给单于出主意说："汉军过大沙漠后，人乏马疲，我们可以轻松抓获俘虏了。"单于就把全部军需物资远远地运到北方，带着全部精兵在沙漠北边等待。而正值卫青率领的军队出塞一千多里，看到单于兵马列队等待，这时卫青命令用有防护的军车围成营栅，且放出五千骑兵前去冲击匈奴。匈奴方面也放出大约一万骑兵。正好在太阳快落山的时候刮起大风，沙石扑面，两军相互看不清，汉军便派左右两翼包抄单于。单于看见汉兵众多，而且兵强马壮，作战对匈奴不利，天快黑时，单于便乘坐六匹骡子拉的车子，带着大约几百精壮骑兵，直冲出汉军的包围向西北奔去。这时天已黑下来，汉军和匈奴兵士互相扭打，双方死伤大致相当。汉军左校尉捉到的俘虏说单于在天黑前已离去，汉军随即派出轻装骑兵乘夜追击单于，卫青的军队就跟在他们后面。匈奴兵也溃散逃走。将近天亮时，汉军行进二百多里，没捉到单于，俘虏斩杀敌兵一万多人，终于到达寘颜山赵信城，获得匈奴储积的粮食以供军队食用，汉军停留一天，把城里剩余的粮食全部烧掉后才返回。

大将军之与单于会①也，而前将军广、右将军食其军别从东道，或失道，后击单于。大将军引②还，过幕（漠）南，乃得前将军、右将军。大将军欲使使归报，令长史簿责③前将军广，广自杀。右将军至，下吏，赎为庶人。大将军军入塞，凡斩捕首虏万九千级。

◎**注释** ①〔会〕会战。②〔引〕领兵。③〔簿责〕依文书上所列罪状审问。
◎**大意** 卫青与单于会战时，前将军李广和右将军赵食其的军队另从东路前进，迷了路，落在后面不能攻击单于。卫青退兵到沙漠南面，才碰上前将军李广、右将军赵食其。卫青准备派人把情况回报武帝，命令长史根据文书所列罪状去审问前将军李广，李广自杀了。右将军赵食其返回后，交给了法官定罪，出钱赎罪成为平民。卫青率军进入塞外。总共斩杀、捕获匈奴一万九千人。

是时匈奴众失单于十余日，右谷蠡王闻之，自立为单于。单于后得其众，右王乃去单于之号。

◎**大意** 这时，匈奴部众和单于失去联系十多天，右谷蠡王听到这个消息，自立为单于。单于后来找到了他的部众，右谷蠡王才去掉单于称号。

骠骑将军亦将五万骑，车重①与大将军军等，而无裨将。悉以李敢等为大校，当裨将，出代、右北平千余里，直②左方兵③，所斩捕功已多大将军。军既还，天子曰："骠骑将军去病率师，躬将④所获荤粥⑤之士，约⑥轻赍（资）⑦，绝大幕（漠），涉获章渠，以诛比车耆⑧，转击左大将⑨，斩获旗鼓，历涉离侯⑩。济弓闾⑪，获屯头王、韩王等三人，将军、相国、当户、都尉八十三人，封狼居胥山，禅⑫于姑衍⑬，登临翰海。执卤（虏）获丑⑭七万有四百四十三级，师率减什三，取食于敌，逴⑮行殊远而粮不绝，以五千八百户益封骠骑将军。"右北平太守路博德属骠骑将军，会与城⑯，不失期，从至梼余山，斩首捕虏二千七百级，以千六百户封博德为符离侯。北地都尉邢山从骠骑将军获王，以千二百户封山为义阳侯。故归义⑰因淳王复陆支、楼专王伊即轩皆从骠骑将军有功，以千三百户封复陆支为壮侯，以千八百户封伊即轩为众利侯。从骠侯破奴、昌武侯安稽从骠骑有功，益封各三百户。校尉敢得旗鼓，为关内侯，食邑二百户。校尉自为⑱爵大庶长。军吏卒为官，赏赐甚多。而大将军不得益封，军吏卒皆无封侯者。

◎**注释** ①〔车重〕指军需物资。②〔直〕面对。③〔左方兵〕匈奴的左面军队，即左贤王的军队。④〔躬将〕亲自率领。⑤〔荤粥（xūn yù）〕指匈奴。殷代称匈奴为荤粥。⑥〔约〕捆束。⑦〔轻赍〕少量财物。⑧〔比车耆〕匈奴王名。⑨〔左大将〕匈奴高级将官名，非人名。⑩〔历涉离侯〕经过离侯山。⑪〔济弓闾〕渡过弓闾河。⑫〔禅〕在山上祭地的仪式。⑬〔姑衍〕山名。⑭〔执卤获丑〕捉到俘虏，问知消息，进而俘获大量敌兵。卤，通"虏"。丑，对匈奴的蔑称。⑮〔逴（chuō）〕远。⑯〔会与城〕在与城会师。⑰〔归义〕归附正义，此指投降汉朝。⑱〔自为〕人名，即徐自为。

◎**大意** 霍去病也率领五万骑兵，军需物资与卫青相等，但没有副将。全以李敢等人为大校尉，充作副将，从代郡、右北平郡出塞一千多里，直扑左贤王的军队，所斩杀俘获敌军的功劳已经远远超过卫青。军队返回后，武帝说："骠骑将军霍去病率军出征，亲自带领所俘获的匈奴士兵，携带少量军需物资，横穿大沙漠，渡水俘获匈奴大臣章渠，斩杀比车耆王，转攻左大将，夺得军旗战鼓，越过离侯山，渡过弓闾水，俘获屯头王、韩王等三人，以及将军、相国、当户、都尉八十三人，在狼居胥山祭天，在姑衍山祭地，登山眺望大沙漠，捉到俘虏问明敌兵之所在，进而俘获、斩杀敌兵七万零四百四十三人，汉军大约减损十分之三。从敌国夺取军粮，行军极远而军粮不绝。用五千八百户加封骠骑将军。"右北平郡太守路博德隶属霍去病，与霍去病会师与城，不误军期，跟随霍去病直到梼余山，斩杀俘获敌军两千七百人，用一千六百户封路博德为符离侯。北地都尉邢山跟随霍去病俘获匈奴小王，用一千二百户封邢山为义阳侯。原归降汉朝廷的因淳王复陆支、楼专王伊即靬，都跟随霍去病立了战功，用一千三百户封复陆支为壮侯，用一千八百户封伊即靬为众利侯。从骠侯赵破奴、昌武侯赵安稽跟随霍去病立有战功，各加封食邑三百户。校尉李敢夺得军旗战鼓，封为关内侯，赐给食邑二百户。赐给校尉徐自为大庶长的爵位。霍去病所属军队的官兵升迁官职，赏赐很多。而卫青没有得到加封。所属军队的官兵都没有封侯的。

两军之出塞，塞阅①官及私马凡十四万匹，而复入塞者不满三万匹。乃益置大司马位②，大将军、骠骑将军皆为大司马。定令③，令骠骑将军秩禄④与大将军等。自是之后，大将军青日退，而骠骑日益贵。举⑤大将军故人门下⑥多去事骠骑，辄得官爵，唯任安不肯。

◎**注释** ①〔塞阅〕出塞时检阅军队。②〔益置大司马位〕益置，增设。位，官位。按，大司马一职是武帝元狩四年所设，后来掌权的外戚常被授予此官，故卫青、霍去病在本官大将军、骠骑将军之外加大司马之称。③〔定令〕确定法令。④〔秩禄〕官吏的品级与俸禄。⑤〔举〕全部。⑥〔故人门下〕老朋友和门客。

◎**大意** 卫青、霍去病两支大军出塞时，在塞上登记官马和私马共十四万匹，而返回塞内的马不足三万匹。朝廷于是增设大司马职位。卫青、霍去病都任大司马。随后又确定法令，使霍去病的官阶俸禄同卫青一样。从此之后，卫青的权势日益减退，而霍去病日益尊贵。卫青的老友门客，有许多离开他而去服侍霍去病的，总能得到官爵，只有任安不肯这样做。

骠骑将军为人少言不泄①,有气敢任②。天子尝欲教之孙、吴兵法,对曰:"顾方略③何如耳,不至④学古兵法。"天子为治第⑤,令骠骑视之,对曰:"匈奴未灭,无以家为⑥也。"由此上益重爱之。然少而侍中,贵,不省士⑦。其从军,天子为遣太官赍⑧:数十乘,既还,重车⑨余弃梁肉⑩,而士有饥者。其在塞外,卒乏粮,或不能自振⑪,而骠骑尚穿域蹋鞠⑫。事多此类。大将军为人仁善退让,以和柔自媚于上,然天下未有称也。

◎**注释** ①〔少言不泄〕寡言少语,胆识内藏。②〔有气敢任〕有气魄敢作敢为。③〔方略〕战略、谋略。④〔不至〕不必。⑤〔治第〕建造府第。⑥〔无以家为〕不经营自家之事。家为,即为家,经营自家之事。⑦〔不省士〕不关心士卒。⑧〔赍(jī)〕携带。⑨〔重车〕装载军需品的车辆。⑩〔梁肉〕泛指精美的饭食。⑪〔振〕站立。⑫〔穿域蹋鞠〕开辟场地踢球。穿域,画定地段为球场。蹋鞠,古代的一种踢球游戏。

◎**大意** 霍去病为人少言寡语而胆识内藏,有气魄而敢作敢为。武帝曾想教他孙武、吴起的兵法,他说:"作战只看谋略怎样就是了,不必学习古代兵法。"武帝给他建造府第,让他去看看,他说:"匈奴没有消灭,不用考虑家室。"因而武帝更加宠信看重他。但他少年时就在武帝左右伺候,贵宠惯了,不关心士卒。他率军出征时,武帝给他派遣太官,携带生活用品几十车,返回后,从运输车上扔下剩余的米肉,但士兵有挨饿的。他在塞外时,兵士缺粮,有的人饿得爬不起来,而他还开辟球场踢球。此类事情很多。卫青为人仁爱善良,谦和退让,用柔顺宽和讨取武帝喜欢,但天下贤人君子没有赞许的。

骠骑将军自四年军①后三年,元狩六年而卒。天子悼之,发属国玄甲军②,陈(阵)自长安至茂陵,为冢象祁连山。谥之,并武与广地曰景桓侯③。子嬗代侯。嬗少，字子侯，上爱之，幸其壮而将之。居六岁，元封元年，嬗卒，谥哀侯。无子，绝，国除。

◎**注释** ①〔军〕军事行动，指率兵出击匈奴。②〔发属国玄甲军〕调集附属国的铁甲军。发，调遣。属国，指匈奴浑邪王率众来降时分置的五个边郡属国。玄甲，铁甲。③〔并武与广地曰景桓侯〕封建谥法规定，"布义行刚曰景""辟土服远曰桓"，霍去病的一生兼有此二者，故谥为景桓侯。武与广地，勇武与扩大国土。

◎**大意** 霍去病在元狩四年出兵后的第三年，即元狩六年逝世。武帝哀悼他，调发附属国的铁甲军，从长安排到茂陵，给他修建的墓冢像祁连山。给他制定谥号，同时包含勇武和扩大国土的意思，称为景桓侯。他儿子霍嬗接替侯位。霍嬗年纪小，字子侯，武帝喜爱他，希望他长大后任将军。过了六年，即元封元年，霍嬗逝世，谥号哀侯。他没有儿子，断绝了继承，封国被废除。

自骠骑将军死后，大将军长子宜春侯伉坐法失侯。后五岁①，伉弟二人，阴安侯不疑及发干侯登皆坐酎金②失侯。失侯后二岁③，冠军侯国除。其后四年，大将军青卒，谥为烈侯。子伉代为长平侯。

◎**注释** ①〔后五岁〕元鼎五年。②〔酎（zhòu）金〕汉朝举行宗庙祭祀，诸侯和列侯皆要献出助祭之金，称酎金。如酎金成色不佳，或者斤两不足，都算献金者犯法。在元鼎五年这次宗庙祭祀活动中，有一百零六人"坐酎金"而被削去爵位。③〔失侯后二岁〕指武帝元封元年。

◎**大意** 霍去病死后，卫青的长子宜春侯卫伉因犯罪丢掉侯爵。过后五年，卫伉的两个弟弟，阴安侯卫不疑和发干侯卫登都因助祭金不足而获罪，丢掉了侯爵。他们丢掉侯爵两年后，冠军侯霍去病的封国被废除。这以后四年，大将军卫青逝世，谥号烈侯。儿子卫伉接替为长平侯。

自大将军围单于之后，十四年而卒，竟不复击匈奴者，以汉马少，而方南诛两越，东伐朝鲜，击羌、西南夷，以故久不伐胡。

◎**大意** 自从卫青围攻单于，直到十四年后他逝世，其间汉朝不再攻打匈奴，因为汉军缺少马匹，而且正向南讨伐两越，向东攻打朝鲜，攻打羌人和西南夷人，因此很长时间不攻打匈奴。

大将军以其得尚①平阳公主故，长平侯伉代侯。六岁②，坐法③失侯。

◎**注释** ①〔尚〕娶公主为妻曰尚。汉武帝姐姐平阳公主，先嫁平阳侯曹寿，因曹寿有"恶疾"，汉武帝就下令卫青娶平阳公主为妻。②〔六岁〕指武帝天汉二年。按，《汉书·外戚恩泽侯表》载卫伉"太初元年嗣侯，五年，入宫，完为城旦"。则卫伉犯法当在天汉元年。③〔坐法〕即指"入宫"事。按汉代法律规定，进入宫门，必有符籍，无符籍随便进入则犯法。
◎**大意** 由于卫青娶了平阳公主，长平侯卫伉才得以接替侯位，六年以后，卫伉由于犯法丢了侯爵。

左方①两大将军②及诸裨将名：

◎**注释** ①〔左方〕古代文字由右向左竖书，所以古之"左方"就相当于今之"下列"。②〔两大将军〕指卫青、霍去病。按，霍去病未封大将军，但其秩禄皆同大将军，故这里称其为"大将军"。
◎**大意** 以下是两位大将军的主要战功和各位副将的名单：

最①大将军青，凡七出击匈奴②，斩捕首虏五万余级。一与单于战，收河南地，遂置朔方郡，再益封，凡万一千八百户③。封三子为侯，侯千三百户。并之，万五千七百户④。其校尉裨将以从大将军侯者⑤九人。其裨将及校尉已为将者十四人。为裨将者曰李广，自有传。无传者曰：

◎**注释** ①〔最〕总计。②〔凡七出击匈奴〕共七次出兵攻打匈奴。即元光五年首次出上谷击胡，元朔元年第二次出雁门击胡，元朔二年第三次出云中击胡，元朔五年第四次出高阙击胡，元朔六年二月第五次出定襄击胡，元朔六年四月第六次出定襄击胡，元狩四年第七次出定襄击胡。③〔万一千八百〕当为"万二千八百户"。元朔二年武帝"以三千八百户封青为长平侯"，同年"益封青三千户"，元朔五年"益封青六千户"，共一万二千八百户。④〔万五千七百户〕当为"万六千七百户"。卫青自己受封一万二千八百户，其三子各受封一千三百户，四人共受封一万六千七百户。⑤〔侯者〕被封侯的人。

◎**大意** 总计大将军卫青出击匈奴七次，斩杀俘获敌军五万多人。与单于会战一次，收复河套以南地区，进而设置朔方郡。两次加封，食邑共一万一千八百户。封他的三个儿子为侯，每个侯享有食邑一千三百户。合计他们父子的食邑，是一万五千七百户。他部下的校尉、副将因跟随他出征有功而被封侯的有九人。他部下的副将和校尉已经任将军的有十四人。任副将的有位叫李广，自有传记。没有立传的是：

将军公孙贺。贺，义渠人，其先胡种①。贺父浑邪，景帝时为平曲侯，坐法失侯。贺，武帝为太子时舍人。武帝立八岁，以太仆为轻车将军，军马邑。后四岁②，以轻车将军出云中。后五岁③，以骑将军从大将军有功，封为南窌侯。后一岁④，以左将军再从大将军出定襄，无功。后四岁⑤，以坐酎金失侯。后八岁⑥，以浮沮将军出五原二千余里，无功。后八岁⑦，以太仆为丞相，封葛绎侯。贺七为将军，出击匈奴无大功，而再侯⑧，为丞相。坐子敬声与阳石公主奸，为巫蛊⑨，族灭，无后。

◎**注释** ①〔胡种〕属匈奴种族。②〔后四岁〕当作"后三岁",指元光五年。③〔后五岁〕当指元朔五年。④〔后一岁〕元朔六年。⑤〔后四岁〕指元狩四年。⑥〔后八岁〕指元鼎六年。⑦〔后八岁〕指太初二年。⑧〔再侯〕第二次封侯。⑨〔坐子敬声与阳石公主奸,为巫蛊〕公孙贺的儿子公孙敬声曾犯法入狱,公孙贺请求追捕阳陵大侠朱安世来赎罪。武帝征和二年,公孙贺捕得朱安世后,朱安世在狱中诬告公孙敬声与武帝女儿阳石公主通奸,且以"巫蛊"谋害武帝。公孙贺被捕入狱,与其子死在狱中,其家被灭族。

◎**大意** 将军公孙贺。公孙贺是义渠县人。他的祖先是胡族。公孙贺的父亲浑邪在景帝时为平曲侯,因犯法丢掉侯爵。公孙贺在汉武帝做太子时任舍人。汉武帝即位后八年,公孙贺以太仆身份任轻车将军,驻军马邑。过后四年,以轻车将军身份从云中郡出兵。过后五年,以骑将军身份跟随卫青立有战功,封为南窌侯。过后一年,以左将军身份两次跟随卫青从定襄郡出兵,没有立功。过后四年,因助祭金不足而获罪丢掉侯爵。过后八年,以浮沮将军身份从五原郡出兵二千多里,没有立功。再过八年,由太仆升任丞相,封为葛绎侯。公孙贺七次做将军,出击匈奴,没有立过大功,却两次封侯,做丞相。因儿子公孙敬声被诬告与阳石公主通奸而获罪,又受"巫蛊"案牵连,全家被诛灭,没有后代。

将军李息,郁郅人。事景帝。至武帝立八岁,为材官将军,军马邑;后六岁①,为将军,出代;后三岁②,为将军,从大将军出朔方:皆无功。凡三为将军,其后常为大行。

◎**注释** ①〔后六岁〕指武帝元朔元年。②〔后三岁〕指元朔五年。

◎**大意** 将军李息,是北地郁郅县人。服侍汉景帝。到汉武帝即位八年后,任材官将军,驻军马邑。过后六年,任将军,从代郡出兵;过后三年,任将军,跟随卫青从朔方郡出兵:都没有战功。他总共三次任将军。后来经常任大行令。

将军公孙敖，义渠人。以郎事武帝。武帝立十二岁，为骑将军，出代，亡卒七千人，当斩，赎为庶人。后五岁，以校尉从大将军有功，封为合骑侯。后一岁，以中将军从大将军，再出定襄，无功。后二岁，以将军出北地，后骠骑期，当斩，赎为庶人。后二岁，以校尉从大将军，无功。后十四岁，以因杅将军筑受降城①。七岁，复以因杅将军再出击匈奴，至余吾，亡士卒多，下吏，当斩，诈死，亡居②民间五六岁。后发觉，复系③。坐妻为巫蛊，族④。凡四为将军，出击匈奴，一侯。

◎**注释** ①〔筑受降城〕元封六年匈奴乌维单于死去，其子乌师庐继任单于，他虽年龄小，但喜攻杀，常扣留汉使者。匈奴左大都尉欲杀乌师庐单于，便暗与汉朝联系，欲取得帮助，汉朝即命因杅将军公孙敖筑受降城以相助。见《匈奴列传》。②〔亡居〕逃亡匿居，以避死亡之祸。③〔系〕拘捕。④〔族〕灭族。按清梁玉绳《史记志疑》以为本文自"七岁"至"族"四十四字当删，因所记诸事不合逻辑，恐系后人所妄续。

◎**大意** 将军公孙敖，是义渠县人。以郎官身份侍奉汉武帝。汉武帝即位十二年，他任骑将军，从代郡出兵，损失兵士七千人，论处斩刑，出钱赎罪成为平民。过后五年，他以校尉身份跟随卫青立了战功，封为合骑侯。过后一年，又以将军身份跟随卫青，两次从定襄出兵，没有战功。过后两年，以将军身份从北地郡出兵，延误了与霍去病约定的会合日期，论处斩刑，出钱赎罪成为平民。过后两年，以校尉身份跟随卫青，没有战功。过后十四年，以因杅将军的身份率军修筑受降城。过后七年，又以因杅将军的身份两次出击匈奴，到达余吾水，损失很多士兵，交由司法官吏审问，论处斩刑，假装已死，躲藏在民间五六年。后来他被发觉，又被拘捕起来。因为他妻子参与"巫蛊"案，全家被处死。他总共四次任将军，出击匈奴，一次封为侯。

将军李沮，云中人。事景帝。武帝立十七岁①，以左内史为强弩将军。后一岁，复为强弩将军。

◎**注释** ①〔武帝立十七岁〕指元朔五年。

◎**大意** 将军李沮是云中郡人。侍奉汉景帝。汉武帝即位第十七年,他以左内史身份任强弩将军,过后一年,又任强弩将军。

将军李蔡,成纪人也。事孝文帝、景帝、武帝。以轻车将军从大将军有功,封为乐安侯。已①为丞相,坐法死②。

◎**注释** ①〔已〕随后、旋即。②〔坐法死〕因犯法而死。按,李蔡因盗卖坟地和侵占汉景帝陵园墓道外的土地的罪过自杀身亡。

◎**大意** 将军李蔡,是成纪县人。侍奉汉文帝、汉景帝、汉武帝。以轻车将军的身份跟随卫青立有战功,封为乐安侯。随后他任丞相,因犯罪被处死。

将军张次公,河东人。以校尉从卫将军青有功,封为岸头侯。其后太后崩①,为将军,军北军。后一岁,为将军,从大将军,再为将军,坐法失侯。次公父隆,轻车武射②也。以善射,景帝幸近之也。

◎**注释** ①〔太后崩〕武帝之母王太后死去。按,王太后死于元朔三年。②〔轻车武射〕轻车上的武射之士。轻车,轻便的战车。武射,指勇武而善于射击的士兵。

◎**大意** 将军张次公,是河东人。他以校尉身份跟随卫青立有战功,被封为岸头侯。其后太后逝世,他任将军,驻守北军。过后一年,任将军,跟随卫青出征。先后两次任将军,后因为犯法丢掉侯爵。张次公的父亲张隆,是轻便战车上的勇武射手。因为善于射箭,汉景帝便宠信亲近他。

将军苏建,杜陵人。以校尉从卫将军青,有功,为平陵侯,以将军①筑朔方。后四岁②,为游击将军,从大将军出朔方。后一岁③,以右将军再从大将军出定襄，亡翕侯，失军，当斩，赎为庶人。其后为代郡太守，卒，冢在大犹乡。

◎**注释** ①〔以将军〕凭将军的身份。②〔后四岁〕苏建于元朔元年封平陵侯，其后四岁当为元朔五年。这年春天苏建做游击将军随大将军出征匈奴。③〔后一岁〕指元朔六年。这年春天，苏建为右将军从大将军出击匈奴。

◎**大意** 将军苏建，是杜陵县人。他以校尉身份跟随卫青立了战功，被封为平陵侯，以将军身份主持修筑朔方城。过了四年，他任游击将军，跟随卫青从朔方郡出兵。过后一年，他又以右将军身份跟随卫青从定襄郡出兵。翕侯叛逃，苏建损失了军队，按罪当斩，出钱赎罪成为平民。此后他任代郡太守，死后，坟墓在大犹乡。

将军赵信，以匈奴相国降，为翕侯。武帝立十七岁①，为前将军，与单于战，败，降匈奴。

◎**注释** ①〔武帝立十七岁〕当为"武帝立十八岁"，即元朔六年。这一年赵信以前将军身份随卫青击匈奴，兵败投降匈奴。

◎**大意** 将军赵信以匈奴相国身份前来投降，被封为翕侯。汉武帝即位十七年，赵信任前将军，与单于交战，打了败仗，投降匈奴。

将军张骞，以使①通大夏，还，为校尉。从大将军有功，封为博望侯。后三岁②，为将军，出右北平，失期，当斩，赎为庶人。其后③使通乌孙，为大行而卒，冢在汉中。

◎**注释** ①〔以使〕凭使者身份。按，张骞两次出使西域，第一次为武帝建元二年至元朔三年。第二次为元狩四年至元鼎二年。②〔后三岁〕指元狩二年。③〔其后〕

指元狩四年，张骞第二次出使西域，通乌孙。

◎**大意** 将军张骞，以汉廷使者身份出使大夏，回来后，任校尉。他跟随卫青立有战功，封为博望侯。过后三年，任将军，从右北平郡出兵，延误了军期，论处斩刑，出钱赎罪成为平民。后来又出使乌孙，任大行令时去世，坟墓在汉中郡。

将军赵食其，祋祤①人也。武帝立二十二岁，以主爵为右将军，从大将军出定襄，迷失道，当斩，赎为庶人。

◎**注释** ①〔祋祤（duì yǔ）〕县名，即今陕西耀州。

◎**大意** 将军赵食其，是祋祤县人。武帝即位二十二年，他以主爵都尉身份任右将军，跟随卫青从定襄郡出兵，因迷路耽误了军期，论处斩刑，出钱赎罪成为平民。

将军曹襄，以平阳侯为后将军，从大将军出定襄。襄，曹参孙也。

◎**大意** 将军曹襄，以平阳侯身份任后将军，跟随卫青从定襄出兵。曹襄是曹参的孙子。

将军韩说，弓高侯①庶孙也。以校尉从大将军有功，为龙额侯，坐酎金失侯。元鼎六年，以待诏为横海将军，击东越有功，为按道侯。以②太初三年为游击将军，屯于五原外列城。为光禄勋，掘蛊③太子宫，卫太子④杀之。

◎**注释** ①〔弓高侯〕即韩颓当。②〔以〕在。③〔掘蛊〕挖掘木偶人。按《汉书·武五子传》载江充欲害卫子夫与太子刘据,"上使按道侯韩说、御史章赣、黄门苏文等助充。充遂至太子宫掘蛊,得桐木人……征和二年七月壬午,(太子)仍使客为使者收捕江充等。按道侯说疑使者有诈,不肯受诏,客格杀说"。④〔卫太子〕武帝太子刘据,因其是皇后卫子夫所生,故称卫太子。

◎**大意** 将军韩说,是弓高侯的庶出孙子,以校尉身份跟随卫青立有战功,封为龙额侯。他因助祭金不足而获罪丢掉了侯爵。元鼎六年,他以候补官员身份任横海将军,攻打东越有功,封为按道侯。太初三年他任游击将军,屯驻在五原塞外的城堡防御地带。任光禄勋时,曾到卫太子宅第挖掘木偶人,为卫太子所杀。

将军郭昌,云中人也。以校尉从大将军。元封四年,以太中大夫为拔胡将军,屯朔方。还击昆明,毋功,夺印①。

◎**注释** ①〔夺印〕收回印信,即被罢官。

◎**大意** 将军郭昌,是云中郡人。他以校尉身份跟随卫青。元封四年,他以太中大夫身份任拔胡将军,驻防朔方郡。回来后去攻打昆明,没有立战功,被罢免。

将军荀彘,太原广武人。以御见①,侍中,为校尉,数从大将军。以元封三年为左将军击朝鲜,毋功。以捕楼船将军②坐法死。

◎**注释** ①〔以御见〕以善于驾车得见皇上。御,驾车。②〔捕楼船将军〕逮捕楼船将军杨仆。按,荀彘讨伐朝鲜时,与友军杨仆发生矛盾。武帝派济南太守公孙遂前去处理此事时,荀彘又片面告状,使公孙遂逮捕了杨仆,合并其军。公孙遂回京被杀,平定朝鲜后,荀彘也被处死。参见《朝鲜列传》。

◎**大意**　将军荀彘，是太原郡广武人。以擅长驾车觐见皇上。在宫中侍候，任校尉，多次随卫青出征。在元封三年任左将军出击朝鲜，没有战功。在逮捕楼船将军杨仆时因犯法而被处死。

最骠骑将军去病，凡六出击匈奴①，其四出以将军，斩捕虏首十一万余级。及浑邪王以众降数万，遂开河西酒泉之地，西方益少胡寇。四益封，凡万五千一百户②。其校吏有功为侯者凡六人，而后为将军二人。

◎**注释**　①〔六出击匈奴〕霍去病六次出击匈奴，即元朔六年二月、四月两次出定襄击匈奴，元狩二年三月出陇西击匈奴，元狩二年夏季出北地击匈奴，元狩二年秋季渡黄河击匈奴，元狩四年春出代郡击匈奴。②〔万五千一百户〕当为"万六千一百户"。元朔六年霍去病受封冠军侯，食邑一千六百户，元狩二年以后四次益封，增加一万四千五百户，总计一万六千一百户。

◎**大意**　总计骠骑将军霍去病，共出击匈奴六次，其中四次以将军身份出击，斩杀俘获敌军十一万多人。到浑邪王带领几万部众来投降后，开拓河西酒泉的土地，汉朝的西部受匈奴的侵扰减少了。四次加封，共计食邑一万五千一百户。他部下的校尉军官立功封侯的共六人，后来任将军的有两人。

将军路博德，平州人。以右北平太守从骠骑将军有功，为符离侯。骠骑死后，博德以卫尉为伏波将军，伐破南越，益封。其后坐法失侯。为强弩都尉，屯居延，卒。

◎**大意**　将军路博德，是平州县人。他以右北平太守的身份跟随霍去病立有战功，被封为符离侯。霍去病死后，路博德以卫尉身份任伏波将军，攻下南越，加封食邑。这以后他因犯法丢失侯爵。后又任强弩都尉，驻防居延，直至逝世。

将军赵破奴，故九原人。尝亡入匈奴，已而归汉，为骠骑将军司马①。出北地时有功，封为从骠侯。坐酎金失侯。后一岁②，为匈河将军，攻胡至匈河水，无功。后二岁③，击虏楼兰王，复封为浞野侯。后六岁④，为浚稽将军，将二万骑击匈奴左贤王，左贤王与战，兵八万骑围破奴，破奴生为虏所得，遂没其军。居匈奴中十岁⑤，复与其太子⑥安国亡入汉。后坐巫蛊，族。

◎**注释** ①〔为骠骑将军司马〕元狩二年，赵破奴任骠骑将军司马，再从霍去病出征匈奴，立大功被封为从骠侯，食邑一千五百户。②〔后一岁〕指元鼎六年。③〔后二岁〕指武帝元封二年。④〔后六岁〕指武帝太初二年。⑤〔十岁〕当为四岁。⑥〔太子〕指赵破奴的长子。

◎**大意** 将军赵破奴，原是九原郡人，曾逃入匈奴，不久回到汉朝，任霍去病的司马。从北地郡出击立有战功，被封为从骠侯。因助祭金不足而获罪丢掉侯爵。过后一年，他任匈河将军，攻打匈奴直到匈河水，但没有立功。过后二年，攻打并活捉了楼兰王，又封浞野侯。过后六年，任浚稽将军，率领二万骑兵攻打匈奴左贤王。左贤王与他交战，用八万骑兵围攻他。赵破奴被匈奴人活捉，于是全军覆没。在匈奴那里居住四年，又和长子安国逃入汉朝。后来因巫蛊事件获罪，被灭族。

自卫氏兴，大将军青首封①，其后枝属②为五侯。凡二十四岁而五侯尽夺，卫氏无为侯者。

◎**注释** ①〔首封〕第一个封侯。②〔枝属〕指子孙和亲属。

◎**大意** 自从卫氏家族兴起，大将军卫青首先封侯，他的子孙亲属有五人封侯。前后二十四年，五侯侯爵全被剥夺，卫氏家族再无封侯的了。

太史公曰：苏建语①余曰："吾尝责大将军至尊重，而天下之贤大夫毋称焉，愿将军观古名将所招选择贤者，勉之哉。大将军谢②曰：'自魏其、武安③之厚宾客，天子常切齿④。彼亲附⑤士大夫，招贤绌（黜）⑥不肖者，人主之柄⑦也。人臣奉法遵职而已，何与招士！'"骠骑亦放（仿）⑧此意，其为将如此。

◎**注释** ①〔语〕告诉。②〔谢〕拒绝。③〔魏其、武安〕指魏其侯窦婴和武安侯田蚡。④〔切齿〕咬牙，形容极端愤慨。⑤〔亲附〕亲近安抚。⑥〔绌〕通"黜"，废黜。⑦〔柄〕权力。⑧〔放〕通"仿"，效法。

◎**大意** 太史公说：苏建对我说："我曾经指责大将军，地位极为尊贵，而天下的贤士大夫都不称誉，希望将军借鉴古代招选贤能之士的名将，努力招纳贤士。大将军谢绝说：'自从魏其侯、武安侯优待宾客，天子就常常切齿痛恨。笼络士大夫、招纳贤才、贬退不肖的人，是人主的权力。人臣奉守法度、遵循职责就行了，何必招纳贤士！'"骠骑将军也仿效这种态度，他们就是这样做将军的。

◎**释疑解惑**

　　李广、卫青一生都在为抗击匈奴而努力。卫青一生战功赫赫，封侯拜将；李广的人生却是另一番景象，他给后人留下的不只是"李广难封"的感慨，还有对他自杀的扼腕叹息。李广、卫青在汉匈战争中同样做出巨大贡献，却在封侯之路上有着截然不同的命运。汉武帝时期，一大批将领在汉匈战争中得以施展抗击匈奴、保家卫国的抱负，并因功获赏，实现了自己的价值。卫青无疑是其中的佼佼者："最大将军青，凡七出击匈奴，斩捕首虏五万余级。一与单于战，收河南地，遂置朔方郡，再益封，凡万一千八百户。封三子为侯，侯千三百户。并之，万五千七百户。"李广就没有那么幸运了。他对王朔说："自汉击匈奴而广未尝不在其中，而诸部校尉以下，才能不及中人，然以击胡军功取侯者数十人，而广不为后人，然无尺寸之功以得封邑者，何也？岂吾相不当侯邪？"（《李将军列传》）李广一生最大的理想就是解除匈奴对西汉政权的威胁，同时借军功封侯，却始终未能如愿以偿。李广难封的客观原因是封建官场上的各种不定因素，但主要原因是其不谙官场政治，自负其能等。尤为重要的是李广只是汉初战略防御指导思想下的名将，擅长防御作战，不适应汉武帝积极主动的进攻战略，所以当卫青、霍去病等青年将领出击匈奴屡建奇功的时候，他却不知所措，以至败多胜少。除此之外，还有一个很重要的原因，就是冯唐对汉武帝说的："愚以为陛下法太明，赏太轻，罚太重。"综观李广一生的经历，从汉文帝到汉武帝，对他无不是"赏轻罚重"。因此，李广虽然在平定"七国之乱"中战功卓著，但因为接受了梁王的将印，与爵位失之交臂。除时代背景等客观因素之外，李广与卫青自身的因素也起了重要作用，尤其是两人的性格，在其不同的人生遭际中，影响亦不可忽视。

◎ 思考辨析题

1. 霍去病在其短短四年的军事生涯中，每战必胜，为汉王朝边境的稳定立下了不世之功。试分析霍去病获胜的原因。

2. 司马迁在这篇传记中是如何措辞来曲折达意的？

平津侯主父列传

第五十二

本篇是公孙弘和主父偃的合传，并附徐乐与严安的两篇奏疏。传中记述了平津侯公孙弘以布衣而封侯，官至丞相，位列三公的经历，肯定了他官高戒奢，躬行节俭，倡导儒学，有益于教育事业发展的功绩，也肯定了他谏止征伐匈奴和罢通西南夷，关心民间疾苦的思想和行为，同时也指斥了他曲学阿世，"为人意忌"等缺失。公孙弘在武帝时以贤良征为博士。后因出使匈奴不合武帝旨意，称病免归。元光五年再度应征贤良文学，因对策第一，拜为博士，待诏金马门。公孙弘熟悉法律政事，并以儒术加以文饰。每逢朝会，他善于体察武帝心意，提出各种意见以供武帝选择，如果不合旨意，他也不坚持己见，因此博得武帝的欢心，不久被提拔为左内史。元朔三年他迁任御史大夫，后来又代薛泽为丞相。汉初常以功臣列侯或其后嗣充任丞相，公孙弘是第一个以布衣擢居相位的人。为此，武帝特地下诏以高成平津乡的六百五十户封弘为平津侯，丞相封侯遂成定例。公孙弘为人忌刻，外宽内深，睚眦必报。但他生活节俭，虽位居三公，俸禄丰厚，仍用布被，吃的也是普通饭菜，俸禄都用来供养故人宾客。淮南王、衡山王谋反后，公孙弘自以奉职不称，上书归侯印辞职，武帝不许，任丞相四年，元狩二年卒。主父偃出身贫寒，早年学长短纵横之术，后来听说汉武帝重视儒术，就改学《周易》《春秋》和百家之言。在齐受到儒生的排挤，于是北游燕、赵、中山等诸侯国，但都未受到礼遇。元光元年，主父偃抵达长安。他得到武帝重用后，对当时的政治颇有影响，几次上书，都能切中时弊。他认为，诸侯王连城数十，地方千里，缓则骄奢而为淫乱，急则合纵以反抗朝廷，不利于中央政令的推行。因此他向武帝建议，令诸侯得推恩分封子弟为侯，诸侯王的权力也随之削弱。他还提出，徙天下豪强巨富于茂陵，内实京师，外销奸猾，以达到强干弱枝的目的；设置朔方郡，以省内地转输戍漕，加强防御匈奴等建议。这些建议迎合了汉武帝强化专制主义中央集权的需要，因此多被采纳。传中虽对主父偃骄横之势有所讽刺，但对他的不幸也表示同情，特别是对当时的世态炎凉深有感慨，寓含着司马迁自己的身世之感。公孙弘和主父偃虽有共同的政治态度，但是冤家对头，把两人放到同一传中加以记述，从中能看出封建统治阶级内部的矛盾和斗争的尖锐性、复杂性。传文中插入徐乐和严安的奏疏，是因其思想与主父偃和公孙弘的思想一致，起到了强化主旨的作用，显示出司马迁谋篇布局的缜密性和处理材料的灵活性。另外本文记事简约，前后照应紧凑。特别是论说的内容多以奏疏形式出现，使叙论相间，浑融

> 交错,既突出了史实,又很好地阐明了司马迁的观点。"太史公曰"一段,作者以"悲夫"二字收束全文,增强了文章的感情色彩和艺术效果。

　　丞相公孙弘者,齐①菑川国②薛县人也,字季。少时为薛狱吏,有罪,免。家贫,牧豕③海上④。年四十余,乃学《春秋》杂说⑤。养后母孝谨。

◎**注释**　①〔齐〕指战国时齐国的旧地。②〔菑川国〕汉朝初年的封国,建都于剧县(今山东寿光)。③〔牧豕〕放猪。④〔海上〕海边。⑤〔《春秋》杂说〕解释《春秋》的各家学说。

◎**大意**　丞相公孙弘是齐地菑川国薛县人,字季。他年轻时做过薛县的狱吏,有罪,被免职。他家境贫寒,在海边靠放猪谋生。四十多岁,他才开始学习解释《春秋》及各家学说。他奉养后母孝顺谨慎。

　　建元元年,天子初即位,招贤良文学①之士。是时弘年六十,征以贤良为博士②。使匈奴,还报,不合上意,上怒,以为不能,弘乃病免归。

◎**注释**　①〔贤良文学〕汉代选拔官吏的科目。建元元年十月,武帝亲自招考贤良文学,董仲舒等一百余人前来应考。②〔博士〕学官名。知识渊博、学有专长者得任此职,以备天子所用,或传授弟子。文帝时就已设《诗经》等博士,武帝建元五年乃设五经博士。

◎**大意**　建元元年,武帝刚刚即位,招贤良文学之士。这时公孙弘六十岁,以贤良身份被征召为博士。出使匈奴,返回报告情况,不合武帝旨意,武帝恼怒,认为他无能，公孙弘便假借有病辞官回家。

元光五年，有诏征文学，菑川国复推上①公孙弘。弘让谢国人曰："臣已尝西应命②，以不能罢归，愿更推选。"国人固推弘，弘至太常。太常令所征儒士各对策③，百余人，弘第居下。策奏，天子擢④弘对为第一。召入见，状貌甚丽，拜为博士。是时通西南夷⑤道，置郡，巴蜀民苦⑥之，诏使弘视之。还奏事，盛毁⑦西南夷无所用，上不听。

◎**注释** ①〔推上〕推举。②〔西应命〕到西边的长安去接受皇帝的诏命。③〔对策〕指应考的贤良文学等人回答皇帝所提的治国方策。④〔擢〕提拔。⑤〔通西南夷〕武帝元光年间，唐蒙、司马相如等出使西南夷，夜郎等归附汉朝，汉在上述地区设立犍为郡等。详见《西南夷列传》。⑥〔苦〕感到困苦。⑦〔盛毁〕极度诋毁。

◎**大意** 元光五年，武帝下诏书，征召文学之士，菑川国又把公孙弘推荐上去。公孙弘推让说："我曾西去京城应征召之命，由于无能而罢官回来，希望更换推举的人选。"菑川国人坚持推荐公孙弘，公孙弘到太常那里。太常让所有征召来的儒生文士各出对策，在应召的一百多人中，公孙弘排名靠后。对策文章奏上后，武帝却把公孙弘的对策文章提到第一。召他入宫接见，武帝见他长得相貌堂堂，就任命他为博士。这时正开通往西南夷的道路，设置郡县，巴郡、蜀郡的百姓苦不堪言，武帝下令公孙弘去视察那里的情况。他回朝后汇报情况，极力诋毁开通西南夷道路之事，武帝没有听从。

弘为人恢奇①多闻，常称以为人主病不广大②，人臣病不俭节。弘为布被，食不重肉③。后母死，服丧三年。每朝会议，开陈其端，令人主自择，不肯面折庭（廷）争④。于是天子察其行敦厚，辩论⑤有余，习文法吏事，而又缘饰⑥以儒术⑦，上大说（悦）之。二岁中，至左内史。弘奏事，有不可，不庭（廷）辩之。尝与主爵都尉汲黯请间⑧，汲黯先发之，弘推其后，天子常说（悦），所言皆听，以此日益亲贵。尝与公卿约议⑨，至上前，皆倍（背）其约以顺上旨。汲黯庭（廷）诘⑩弘曰："齐人多诈而无情实，始与臣等建此议，今皆倍（背）之，不忠。"上问弘。弘谢⑪曰："夫知臣者以臣为忠，不知臣者以臣为不忠。"上然弘言。左右幸臣每毁弘，上益厚遇之。

◎**注释** ①〔恢奇〕气度恢宏，非同凡响。②〔人主病不广大〕意为做君主的就怕心胸狭小。病，忧虑。不广大，指心胸狭小。③〔重（chóng）肉〕两种肉菜。④〔面折庭争〕当面驳斥，在朝廷争辩。⑤〔辩论〕指言辞。⑥〔缘饰〕装饰。⑦〔儒术〕指儒家思想和治国主张。⑧〔请间（jiàn）〕请求分别觐见皇帝。间，间隔。⑨〔约议〕事前约定某些待议的问题。⑩〔诘〕质问。⑪〔谢〕告知，告诉。

◎**大意** 公孙弘为人气度非凡，见多识广，常常说做君主的就怕心胸狭小，做臣子的就怕生活不节俭。公孙弘用的是布被子，一顿饭不吃两样肉菜。后母死了，他为后母服丧三年。每当朝廷群臣议事，他总是把问题的方方面面讲清，让武帝自己选择，不肯当面反驳，在朝廷之上争辩。于是武帝看他行为敦实朴厚，辩论有余，熟悉文书法令、吏员公务，而且还用儒术加以文饰，很喜欢他。两年内，官位升到左内史。公孙弘论奏事务，武帝不同意的，他从不当面辩白。他曾与主爵都尉汲黯分别觐见武帝，汲黯先把事情及处理意见提出来，公孙弘在后面加以推究分析，武帝常常感到高兴，他所说的武帝都听从，由此日益亲近，地位越来越尊贵。他曾和公卿同意某项建议，到了武帝面前，却完全背弃达成的建议而顺从武帝的旨意。汲黯在朝堂上责备公孙弘说："齐地人大多狡诈而不诚实，开始与臣等一起提出这个建议，现在却完全背弃，不忠诚。"武帝询问公孙弘。公孙弘告知："了解我的认为我是忠诚的，不了解我的认为我是不忠诚的。"武帝同意公孙弘的说法。左右宠臣常常诋毁公孙弘，武帝却更加厚待他。

元朔三年，张欧免，以弘为御史大夫。是时通西南夷，东置沧海，北

筑朔方之郡。弘数谏，以为罢（疲）敝中国以奉无用之地，愿罢之。于是天子乃使朱买臣等难①弘置朔方之便。发十策，弘不得一。弘乃谢曰："山东鄙人，不知其便若是，愿罢西南夷、沧海而专奉朔方。"上乃许之。

◎**注释** ①〔难〕驳斥。

◎**大意** 元朔三年，张欧被免职，使公孙弘任御史大夫。这时开通西南夷，在东方设置沧海郡，在北方修筑朔方郡。公孙弘多次劝谏，认为这样会使中原之地疲惫不堪而经营无用之地，希望停止此事。于是武帝让朱买臣等人就设置朔方郡的便利驳难公孙弘。提出十个问题，公孙弘答不出一个。公孙弘于是谢罪说："我这个山东卑陋之人，不知道它的便利是这样的，希望停止西南夷、沧海郡的事务，专力经营朔方郡。"武帝这才准许他的请求。

汲黯曰："弘位在三公，奉（俸）禄甚多。然为布被，此诈也。"上问弘。弘谢曰："有之。夫九卿与臣善者无过黯，然今日庭（廷）诘弘，诚①中弘之病。夫以三公为布被，诚饰诈欲以钓名。且臣闻管仲相齐，有三归②，侈拟③于君，桓公以霸，亦上僭④于君。晏婴相景公，食不重肉，妾不衣丝，齐国亦治，此下比于民。今臣弘位为御史大夫，而为布被，自九卿以下至于小吏无差，诚如汲黯言。且无汲黯忠，陛下安得闻此言。"天子以为谦让，愈益厚之。卒以弘为丞相，封平津侯。

◎**注释** ①〔诚〕确实。②〔三归〕三处府第。一说为台名。③〔拟〕比拟，类似。④〔僭(jiàn)〕指封建社会中，地位低者越礼冒用地位高者的名分、礼仪、器物的行为。

◎**大意** 汲黯说："公孙弘位居三公，俸禄很多，可盖着布被子，这是虚伪。"武帝询问公孙弘。公孙弘请罪说："有这事。九卿中没有人比汲黯与我的关系更好，然而他今天在朝廷责难我，确实切中了我的缺点。以三公的显赫地位和优厚待遇却使用布被子，确实是虚伪，要借此沽名钓誉。况且我听说管仲任齐国国相，有三处宅第，奢侈比拟于国君，齐桓公靠他辅佐而称霸，排场也僭越了周天子。晏婴为齐景公的相国，一顿饭不吃两种肉菜，他的侍妾不穿丝绸衣服，齐国也治理得很好，这是对下接近百姓。现在臣位居御史大夫，却盖着布被子，从九卿以下直到小吏，都没有了贵贱差别，确实像汲黯说的。况且没有汲黯的忠心，陛下怎能听到这样的话。"武帝认为公孙弘十分谦让，越发厚待他。最终任用公孙弘为丞相，封平津侯。

弘为人意忌①，外宽内深。诸尝与弘有隙者，虽详（佯）与善，阴报其祸。杀主父偃，徙董仲舒于胶西，皆弘之力也。食一肉脱粟②之饭。故人所善宾客仰③衣食，弘奉（俸）禄皆以给之，家无所余。士亦以此贤之。

◎**注释** ①〔意忌〕猜疑忌恨。②〔脱粟〕去掉谷壳的粗米。③〔仰〕依赖。
◎**大意** 公孙弘为人善猜疑，表面宽宏大度而内心苛刻狠毒。官吏中与公孙弘有过嫌隙的，公孙弘假装与他们友善，暗地里却报复加害于他们。诛杀主父偃，贬迁董仲舒到胶西，都是公孙弘暗中使力。他一顿饭只吃一道肉菜和脱壳的粗米。老朋友和他喜欢的宾客，靠他供给衣食，公孙弘的俸禄全部用来供养他们，自己家里无所剩余。士人也因此认为他贤明。

淮南、衡山①谋反，治党与②方急。弘病甚，自以为无功而封，位至丞相，宜佐明主填（镇）抚国家，使人由臣子之道。今诸侯有畔（叛）逆之计，此皆宰相奉职不称③，恐窃病死，无以塞责。乃上书曰："臣闻'天下之通道五，所以行之者三。曰君臣，父子，兄弟，夫妇，长幼之序，此五者天下之通道也。智，仁，勇，此三者天下之通德，所以行之者也'。

故曰'力行近乎仁，好问近乎智，知耻近乎勇。知此三者，则知所以自治；知所以自治④，然后知所以治人'。天下未有不能自治而能治人者也，此百世不易之道也。今陛下躬行大孝，鉴三王，建周道，兼文武，厉贤予禄，量能授官。今臣弘罢（疲）驽⑤之质，无汗马之劳，陛下过意擢臣弘卒伍之中，封为列侯，致位三公。臣弘行能不足以称，素有负薪之病⑥，恐先狗马填沟壑⑦，终无以报德塞责。愿归侯印，乞骸骨⑧，避贤者路。"天子报曰："古者赏有功，褒有德，守成⑨尚文⑩，遭遇右武，未有易此者也。朕宿昔庶几⑪获承尊位⑫，惧不能宁，惟所与共为治者，君宜知之。盖君子善善恶恶，君宜知之，君若谨行，常在朕躬。君不幸罹霜露之病，何恙不已，乃上书归侯、乞骸骨？是章朕之不德也。今事少间⑬，君其省思虑，一精神，辅以医药。"因赐告⑭牛酒杂帛。居数月，病有瘳，视事⑮。

◎**注释** ①〔淮南、衡山〕均为汉初封国名。按，汉武帝元狩元年，淮南王刘安和衡山王刘赐阴谋叛乱，不久阴谋败露，淮南王自杀，先后被株连治罪者达数万人。事详《淮南衡山列传》。②〔治党与〕追究同党。③〔奉职不称〕即不称职。奉职，供职。不称，不合适。④〔自治〕自我约束，提升自身修养。⑤〔罢（pí）驽〕疲惫的劣马，此指才能低下。⑥〔负薪之病〕自称有病，不能胜任职位的谦辞。⑦〔先狗马填沟壑〕谦辞，意谓随时都会突然死去。⑧〔乞骸骨〕乞求保全尸骨。这是封建官员向皇帝请求退休的谦辞。⑨〔守成〕守住先人已得的事业。⑩〔尚文〕崇尚文德教化。⑪〔庶几〕有幸。⑫〔尊位〕指君王的地位。⑬〔少间〕稍得闲暇。⑭〔赐告〕恩准继续休假。⑮〔视事〕办理事务。

◎**大意** 淮南王、衡山王谋反，朝廷正在惩治党羽的紧急时刻。公孙弘病得厉害，自己觉得无功却受封，位至丞相，应该辅佐明君镇抚国家，使人遵循臣子之道。现在诸侯有反叛的阴谋，这都是因为丞相不称职，恐怕自己默默病死，无法尽到责任。于是上书说："臣听说'天下之常道有五个方面，用来实行五方面常道的美德有三点。君臣、父子、兄弟、夫妻、长幼的次序，这五方面是天下的常道；智，仁，勇，这三点是天下的常德，是用来实行常道的。'所以孔子曾说'努力实践近于仁，勤学好问近于智，知道羞耻近于勇。知道这三点，就懂得怎样自我约束；知道怎样自我约束，然后懂得怎样治民'。天下没有不能自我约束却能治民的人，这是百世不能改变的常道。现在陛下亲自奉行大孝道，借鉴三王，建立像周朝那样的完美政令，兼备周文王、周武王的德才，勉励贤能，给予俸禄，衡量才能授予官职。如今臣才能庸劣，没有汗马功劳，陛下破格提拔臣于行伍之中，封为列侯，使官位达到三公，臣的品行才能不足以同这样高的官爵相称。平常身患有病，恐怕突然死去，最终无法报答陛下的恩德，尽到应尽的职责。我愿意交回侯爵印信，辞职退休，给贤能者让位。"武帝答复说："自古以来奖赏有功者，表彰有德者，保持前人事业时崇尚文治，遇到祸乱时则重视武功，没有改变这一原则的。朕获承尊位，心中担忧恐惧不得安宁，只想与各位大臣共同治理好天下，您应该知道我的心意。君子喜欢善美而憎恶丑恶，只要您努力谨言慎行，至于赏罚进退之事，都在朕身上。您不幸身染风寒之病，何愁病不能愈，竟然上书请求交回侯爵印信，辞官退休？这是暴露朕的无德，现在朝中事情稍少，请您少用心思，保养精神，辅之以药物。"于是准许公孙弘续假，赏赐牛酒杂帛。过了几个月，公孙弘病好了，开始办理公事。

元狩二年，弘病，竟以丞相终。子度嗣①为平津侯。度为山阳太守十余岁，坐法失侯。

◎**注释** ①〔嗣〕继承。
◎**大意** 元狩二年，公孙弘病重，最终在丞相位上去世。儿子公孙度继承平津侯的爵位。公孙度任山阳太守十多年，因犯法失去侯爵。

主父偃者，齐临菑人也。学长短纵横之术①，晚乃学《易》、《春秋》、百家言②。游齐诸生③间，莫能厚遇也。齐诸儒生相与排摈④，不容于

齐。家贫，假贷⑤无所得，乃北游燕、赵、中山，皆莫能厚遇，为客甚困。孝武元光元年中，以为诸侯莫足游者，乃西入关见卫将军。卫将军数言上，上不召。资用乏，留久，诸公宾客多厌之，乃上书阙下⑥。朝奏，暮召入见。所言九事，其八事为律令，一事谏伐匈奴。其辞曰：

◎**注释** ①〔长短纵横之术〕即战国纵横家的思想学说。据《汉书·艺文志》记载，主父偃著书二十八篇，集为《主父偃》一书。②〔百家言〕诸子百家的学说。③〔诸生〕众多儒生。④〔排摈（bìn）〕排斥、摈弃。⑤〔假贷〕借贷。⑥〔阙下〕宫门之下，此指皇帝。

◎**大意** 主父偃，是齐国临菑人。他学习纵横家的学说，晚年才学习《易》、《春秋》、诸子百家学说。他在齐地读书人中间活动，没有遇到厚待他的人。齐地的儒生学士一起排挤他，使他不能在齐地容身。他家境贫穷，无处借贷，便北游燕国、赵国、中山国各地，都无人厚待他，作为宾客十分困窘。汉武帝元光元年，主父偃认为诸侯中没有值得游说的，便西入关中谒见将军卫青。卫青多次对武帝说起他，武帝不召见。主父偃花光了钱，在京城逗留很久，那些官僚门客大多讨厌他，他便上书朝廷。奏书早晨呈送武帝，傍晚就被武帝召进宫中相见。上书谏言了九件事，其中八件事是讲律令的，另外一件事是劝谏攻伐匈奴的。上书中说：

臣闻明主不恶切谏①以博观②，忠臣不敢避重诛③以直谏，是故事无遗策④而功流万世。今臣不敢隐忠避死以效⑤愚计，愿陛下幸赦而少察之。

◎**注释** ①〔切谏〕深切地谏言，意谓毫不避讳地直谏君王。②〔博观〕扩大见识。③〔重诛〕严厉的惩罚。④〔遗策〕失策。⑤〔效〕进献。

◎ **大意** 我听说圣明的君主不厌恶直切的劝谏以扩大见识,忠臣不会为了逃避严惩而放弃直言相谏,所以政事决策才能没有遗漏而功名流传万世。如今臣不敢隐瞒忠言逃避死罪,提出我愚拙的意见,希望陛下能宽恕我而稍稍考虑臣的意见。

《司马法》曰:"国虽大,好战必亡;天下虽平,忘战必危。天下既平,天子大凯①,春蒐秋狝②,诸侯春振旅③,秋治兵④,所以不忘战也。"且夫怒者逆德也,兵者凶器也,争者末节也。古之人君一怒必伏尸流血,故圣王重行⑤之。夫务战胜穷武事者,未有不悔者也。昔秦皇帝任战胜之威,蚕食天下,并吞战国,海内为一,功齐三代。务胜不休,欲攻匈奴,李斯谏曰:"不可。夫匈奴无城郭之居,委积⑥之守,迁徙鸟举⑦,难得而制也。轻兵深入,粮食必绝;踵粮⑧以行,重不及事⑨。得其地不足以为利也,遇其民不可役而守也。胜必杀之,非民父母也。靡獘(弊)中国,快心匈奴,非长策也。"秦皇帝不听,遂使蒙恬将兵攻胡,地千里,以河为境。地固泽卤⑩,不生五谷。然后发天下丁男⑪以守北河。暴兵露师⑫十有余年,死者不可胜数,终不能逾河而北。是岂人众不足,兵革不备哉?其势不可也。又使天下蜚(飞)刍挽粟⑬,起于黄、腄⑭、琅邪负海⑮之郡,转输北河,率三十钟⑯而致一石。男子疾耕不足于粮饷,女子纺绩⑰不足于帷幕⑱。百姓靡敝,孤寡老弱不能相养,道路死者相望,盖天下始畔(叛)秦也。

◎ **注释** ①〔大凯〕周王所奏凯旋班师的军乐。②〔春蒐(sōu)秋狝(xiǎn)〕指春、秋两季的打猎活动。蒐,春天打猎。狝,秋天打猎。③〔振旅〕训练军队。④〔治兵〕修治武器。⑤〔重行〕慎重对待。⑥〔委积〕此泛指仓廪所蓄的粮食和财物。⑦〔鸟举〕像鸟儿飞翔。举,飞起。⑧〔踵粮〕携带粮食行军。⑨〔重不及事〕指行动迟缓,难以成事。⑩〔泽卤〕盐碱地。⑪〔丁男〕

成年的男人。⑫〔暴兵露师〕把军队暴露在荒沙野地之中。⑬〔蜚刍挽粟〕飞速转运粮草。蜚,通"飞"。刍,喂牛马之草。⑭〔黄、腄(zhuì)〕指黄县和腄县,两县都在山东半岛的东北沿海。⑮〔负海〕靠海。⑯〔钟〕容量单位,即六斛四斗。⑰〔纺绩〕纺织、绩麻。⑱〔帷幕〕军帐。

◎**大意**　《司马法》上说:"国家虽然大,喜好战争必然灭亡;天下虽然太平,忘记战争必然危险。天下已经太平,天子演奏胜利回师的乐舞,按照礼仪春秋应进行打猎活动,诸侯春天整顿军队,秋天练兵,为的是不忘记战事。"况且发怒是悖逆的德行,兵器是不祥的器物,争斗是小事末节。古代人君一旦发怒必定杀人流血,所以圣王慎行其事。专事战争穷兵黩武的人,没有不为此后悔的。从前秦始皇凭借打仗取胜之威,蚕食天下,吞并列国,天下统一,功绩与夏、商、周三代开国之王相同。他好战无休,想攻打匈奴,李斯谏劝说:"不可这样做。匈奴没有城邑之居,没有守藏之所,流动迁徙,飘忽如鸟,难以得而制之。轻兵深入,粮草必然接济不上;转运粮草前进,又会行动迟缓,难以成事。得到那里的土地不能用来生利,得到那里的百姓不能役使、占有。要战胜就必定要杀掉他们,这不是为民父母该做的事。使中国财力竭尽衰败,却以攻打匈奴为愉快,这不是长久之计。"秦始皇不听劝谏,于是派蒙恬攻打匈奴,开辟千里土地,以黄河河套为界。此地本来就是盐碱沼泽地带,五谷不生。接着又调动天下的成年男子戍守北河。军队在此露宿十多年,死者不可胜数,终究不能越过黄河北进。这难道是人马不足,装备不够齐备吗?是当时客观形势不允许。又要天下百姓急速运送粮草,从黄、腄、琅邪等临海各郡县起运,辗转运往北河,往往发送三十钟粟而运到时才能得到一石。男子拼命耕种不能满足粮饷之需,女子努力纺线织麻不能满足帷幕之求。百姓精疲力竭,孤寡老弱者得不到养活,路上死者可见,正是由于这些情况,天下才开始反叛秦朝的。

　　及至高皇帝定天下,略①地于边,闻匈奴聚于代谷②之外而欲击之。御史成进谏曰:"不可。夫匈奴之性,兽聚而鸟散,从之如搏影③。今以陛下盛德攻匈奴,臣窃危之。"高帝不听,遂北至于代谷,果有平城之围。高皇帝盖悔之甚,乃使刘敬往结和亲之约,然后天下忘干戈之事。

故兵法曰"兴师十万,日费千金"。夫秦常积众暴兵数十万人,虽有覆军杀将系虏④单于之功,亦适足以结怨深仇,不足以偿天下之费。夫上虚府库,下敝百姓,甘心于外国,非完事也。夫匈奴难得而制,非一世也。行盗侵驱,所以为业也,天性固然。上及虞夏殷周,固弗程督⑤,禽兽畜之,不属为人。夫上不观虞夏殷周之统⑥,而下循近世之失,此臣之所大忧,百姓之所疾苦也。且夫兵久⑦则变⑧生,事苦则虑易⑨。乃使边境之民靡獘(弊)愁苦而有离心,将吏相疑而外市⑩,故尉佗、章邯得以成其私也。夫秦政之所以不行者,权分乎二子,此得失之效也。故《周书》曰"安危在出令,存亡在所用"。愿陛下详察之,少加意而熟虑焉。

◎**注释** ①〔略〕攻取。②〔代谷〕代郡的山谷。③〔搏影〕捕捉影子。④〔系虏〕俘虏。系,拴束。⑤〔程督〕按法律和道德的要求加以规范督导。⑥〔统〕经验。⑦〔兵久〕战争持续很久。⑧〔变〕动乱。⑨〔虑易〕想法改变,这里指图谋造反。⑩〔外市〕与敌方勾结。

◎**大意** 等到高皇帝平定天下,攻城略地于边境,听说匈奴聚集在代郡的山谷一带就想去攻打。御史成进劝谏说:"不可。匈奴的习性,一会儿好像野兽聚集,一会儿又像鸟雀飞散,追赶他们就像捕捉影子一样。现在以陛下的圣德去攻打鸟兽一般的匈奴,臣私下认为是很危险的。"高皇帝不听,就率军北进到达代郡的山谷,果然发生了被围于平城的事件。高皇帝可能非常悔恨,才派刘敬前往匈奴缔结和亲之约,然后使国家解除了战争的困扰。所以兵法说"兴师十万,日费千金"。秦朝经常在边界上屯驻数十万兵民,虽然有过歼灭敌兵、斩杀敌将、俘虏单于之功,但这也足以结下深仇大怨,并且不足以抵偿天下的耗费。上使府库空虚,下使百姓疲惫,以耀武扬威于外国而称心快意,这并不是什么完美之事。匈奴人难以制服,并非一代如此。他们对中原边境侵犯抢劫,是因为他们天性如此。上至虞、夏、商、周时代,中原帝王从来不向他们征收赋税,都没有对他们严加管理,只把他们当禽兽看待,而不视为人类。上不借鉴虞、夏、商、周各代的经验,而下蹈袭近世之失误,这是为臣深感忧虑之事,也是天下百姓深感痛苦的事。而且战争持续时间长，就会发生变乱；百姓饱受苦难，就会想到造反。结果搞得边境百姓凋敝愁苦而有离散之心，将吏相疑而与敌方暗地相通，因而使得尉佗、章邯实现其野心。秦朝政令之所以不能实行，只因权力被尉佗、章邯二人瓜分，这就是什么是得，什么是失的证明。所以《周书》上说"天下的安危在于天子发出什么号令，国家存亡在于天子用什么样的人物"。希望陛下认真研究，稍微注意而认真思考这一点。

是时赵人徐乐、齐人严安俱上书言世务①**，各一事。徐乐曰：**

◎**注释** ①〔世务〕社会事务，即治国之事。

◎**大意** 这时赵地人徐乐、齐地人严安都上书谈论时世事务，各讲一件。徐乐说：

臣闻天下之患在于土崩①，不在于瓦解②，古今一也。何谓土崩？秦之末世是也。陈涉无千乘之尊③，尺土之地，身非王公大人名族之后，无乡曲④之誉，非有孔、墨、曾子⑤之贤，陶朱、猗顿⑥之富也，然起穷巷，奋棘（戟）矜⑦，偏袒⑧大呼而天下从风⑨，此其故何也？由民困而主不恤⑩，下怨而上不知，俗已乱而政不修⑪，此三者陈涉之所以为资⑫也。是之谓土崩。故曰天下之患在于土崩。何谓瓦解？吴、楚、齐、赵之兵是也。七国谋为大逆，号皆称万乘之君⑬，带甲数十万，威足以严其境内，财足以劝⑭其士民，然不能西攘⑮尺寸之地而身为禽于中原者，此其故何也？非权轻于匹夫而兵弱于陈涉也，当是之时，先帝之德泽未衰而安土乐俗之民众，故诸侯无境外之助。此之谓瓦解。故曰天下之患不在瓦解。由是观之，天下诚有土崩之势，虽布衣穷处⑯之士或首恶⑰而危海内，陈涉是也。况三晋⑱之君或存乎！天下虽未有大治也，诚能无土崩之势，虽有强国劲兵不得旋踵⑲

而身为禽矣,吴、楚、齐、赵是也。况群臣百姓能为乱乎哉!此二体者,安危之明要也,贤主所留意而深察也。

◎**注释** ①〔土崩〕土地崩裂,喻百姓造反。②〔瓦解〕屋瓦破碎,喻统治者内部的纷争。③〔千乘之尊〕大国诸侯的尊贵地位。④〔乡曲〕乡里。⑤〔孔、墨、曾子〕指孔子、墨子、曾子三位圣贤。⑥〔陶朱、猗顿〕古代著名的富人。陶朱,即春秋末年越国大夫范蠡。他助越王勾践灭吴后,离越游齐,居于陶地,成为富有的大商人,称陶朱公。猗顿,战国时代的富商,以经营盐池和珠宝驰名。⑦〔奋棘矜〕挥舞戟柄。奋,挥舞。棘,通"戟",古代兵器。矜,矛柄。⑧〔偏袒〕露着一个膀子。⑨〔从风〕指百姓积极响应。⑩〔恤〕体恤,关照。⑪〔修〕治理。⑫〔资〕凭借。⑬〔万乘之君〕指君王。⑭〔劝〕鼓励。⑮〔攘〕抢夺。⑯〔穷处〕处于困迫之中。⑰〔首恶〕首先作恶,实指率先反抗朝廷。⑱〔三晋〕战国时韩、赵、魏三国的合称。此指想要起事夺权的王公大臣。⑲〔旋踵〕把脚跟掉转过来。此极言时间的短促。

◎**大意** 臣听说天下的祸患在于土崩,而不在于瓦解,古今是一样的道理。什么叫土崩?秦朝的末期就是。陈涉没大国诸侯的尊位,也没有尺寸的封地,身非王公大臣名门望族之后,没有乡野百姓对他的赞誉,也不具备孔子、墨子、曾子的贤能,陶朱、猗顿的财富,但他起自穷巷,舞动矛戟之柄,赤裸胳膊大呼而天下闻风响应,这是什么原因呢?是由于人民穷困而君主不能体恤,下面怨恨而上面不知道,社会习俗已乱而国家政治不整治,这三条就是陈涉凭借的客观条件。这就叫土崩。所以说天下的祸患在于土崩。什么叫瓦解呢?吴、楚、齐、赵等国的军事叛乱就是。吴、楚等七国诸侯图谋造反,都号称万乘之君,精兵几十万,威严足以调动整个国家,财富足以奖励他们的士民,但不能向西夺取尺寸之地而自身为朝廷所擒,这是什么原因呢?不是因为权势比匹夫小,也不是兵力比陈涉弱,而是因为在这个时候,先帝的恩德遗泽还未衰减而安居乐业的百姓很多,所以那些叛逆的诸侯没有来自国境外的援助。这就叫瓦解。所以说天下的祸患不在于瓦解。从这些情况看,天下若有土崩之势,即使身着粗布衣服而家住茅草屋的人也敢首先作恶,危害境内,陈涉就是这样,何况还有一些想要夺权的王公大臣呢！即使天下还未大治，只要不产生土崩之势，就算有强国精兵造反，也会在转身之间被消灭，吴、楚、齐、赵等国就是这样，那些普通的百姓又能怎样作乱呢！这两种情况，是关系国家存亡安危的根本，贤明的君主会留心而加以明察。

间者①关东五谷不登②，年岁③未复，民多穷困，重④之以边境之事⑤，推数循理⑥而观之，则民且有不安其处者矣。不安故易动。易动者，土崩之势也。故贤主独观万化之原⑦，明于安危之机⑧，修之庙堂⑨之上，而销（消）未形之患⑩。其要，期使天下无土崩之势而已矣。故虽有强国劲兵，陛下逐走兽，射蜚（飞）鸟，弘游燕（宴）之囿⑪，淫⑫纵恣之观，极驰骋之乐，自若也。金石丝竹⑬之声不绝于耳，帷帐之私⑭俳优⑮侏儒⑯之笑不乏于前，而天下无宿忧。名何必汤武，俗何必成康！虽然，臣窃以为陛下天然之圣，宽仁之资，而诚以天下为务，则汤武之名不难侔⑰，而成康之俗可复兴也。此二体者立，然后处尊安之实，扬名广誉于当世，亲天下而服四夷，余恩遗德为数世隆，南面负扆⑱摄袂⑲而揖王公⑳，此陛下之所服也。臣闻图王不成，其敝㉑足以安。安则陛下何求而不得，何为而不成，何征而不服乎哉！

◎**注释** ①〔间者〕最近。②〔五谷不登〕粮食歉收。③〔年岁〕年景，收成。④〔重〕加上。⑤〔边境之事〕指边境上的军事活动，如守边战争等。⑥〔推数循理〕按照常理推断。推数，推究事物的发展情势。循理，依照道理。⑦〔万化之原〕各种变化的原因。⑧〔机〕要害、关键。⑨〔庙堂〕指朝廷。⑩〔销未形之患〕消除隐患。销，通"消"，消除。未形，尚未表现出来的。⑪〔弘游燕之囿（yòu）〕扩张游乐的园林。游燕，游玩宴饮。囿，园林。⑫〔淫〕过分。⑬〔金石丝竹〕泛指各种乐器。⑭〔帷帐之私〕指男女情爱之事。⑮〔俳（pái）优〕演杂耍的演员。⑯〔侏儒〕身材矮小的人，统治者常令其逗乐取笑。⑰〔侔（móu）〕相等。⑱〔负扆（yǐ）〕背靠屏风。王宫中门窗之间的屏风称扆，王见诸侯时当负扆而立。⑲〔摄袂〕整理衣服，形容清闲无事的样子。⑳〔揖王公〕指接待王公大臣。㉑〔敝〕此指最差的结果。

◎**大意** 近年来关东地区粮食收成不好，年景没有恢复，百姓大多穷困，加之边境地区的战争，按照常理看，人民可能有不安其居的动向了。不安宁所以容易发生动乱，容易动乱，就形成土崩之势了。因而贤明的君主独观各种变化的原因，明了安危的关键，及时制定拨乱反正的政策，把灾难消除于萌芽状态。其主要方面，就是想办法使天下无土崩之势而已。所以即使有强国劲兵的威胁，而陛下逐走兽、射飞鸟，扩大游宴的园林，无所节制地纵情恣欲，极尽驰马、驱狗、打猎、游玩之乐，也没什么关系。金石丝竹之声不绝于耳，帐帷之乐和俳优侏儒之笑不乏于前，天下也不会有值得忧虑的。名声何必一定要像商汤王、周武王那么高，民俗何必要像周成王、周康王时代那么好！虽然这样，臣私下认为陛下天然圣明，有宽厚仁慈的资质，果真能以治理天下为首务的话，那么不难赶上商汤王、周武王的声誉，而且周成王、周康王时的淳厚世风可以复兴。抓住防止土崩、避免瓦解两个根本，然后身居尊贵安逸之实，扬名广誉于当世，亲近天下百姓，降服四方蛮夷，余恩遗德盛传数世，面南而立，背靠屏风，端整衣服，接待王公大臣，这是陛下所做的事。臣听说，谋求王道即使不成，最差也足以使天下得到安宁。天下安宁，而陛下求什么不能得到，干什么不能成功，征服谁不能获胜呢！

严安上书曰：

◎**大意** 严安上书说：

臣闻周有天下，其治三百余岁①，成康其隆也，刑错（措）②四十余年而不用。及其衰也，亦三百余岁，故五伯（霸）更③起。五伯（霸）者，常佐天子兴利除害，诛暴禁邪，匡正海内，以尊天子。五伯（霸）既没（殁）④，贤圣莫续，天子孤弱，号令不行。诸侯恣行，强陵⑤弱，众暴寡，田常篡齐，六卿分晋，并为战国，此民之始苦也。于是强国务攻⑥，弱国备守，合从连横，驰车击毂⑦，介胄⑧生虮虱，民无所告愬（诉）。

◎**注释** ①〔其治三百余岁〕指西周前、中期的稳定时代。治，太平。②〔刑错〕即"刑措"，刑法被搁置不用，言社会安宁，犯法之事极少。③〔更〕相继出现。④〔没〕通"殁"，死去。⑤〔陵〕侵犯，欺负。⑥〔务攻〕致力于攻伐征战。⑦〔击毂（gǔ）〕车毂相撞，极言车多。毂，车轮的中心部分，有圆孔，可以插轴。⑧〔介胄（zhòu）〕介，铠甲。胄，头盔。

◎**大意** 臣听说周朝统治天下，治世共三百多年，周成王、周康王在位时是其中的鼎盛时期，刑罚搁置四十多年而不用。等到周朝衰落了，也经过三百多年，因而五霸轮流兴起。五霸，经常辅佐天子兴利除害，诛暴禁邪，匡扶正道于海内，使天子享有尊贵。五霸消失后，没有贤君圣主继起，天子孤立衰弱，号令不行。诸侯恣意妄为，强者欺凌弱者，人多者损害人少者，田常篡夺了齐国政权，六卿瓜分了晋国政权，都成了好战之国，这就是人民痛苦的开始。于是强国致力于攻伐征战，弱国设法防守，出现合纵连横的策略，车马驰骋，来往相撞，兵士的盔甲生满了虮虱，百姓无处诉苦。

及至秦王，蚕食天下，并吞战国，称号曰皇帝，主海内之政，坏诸侯之城，销其兵，铸以为钟虡①，示不复用。元元②黎民得免于战国，逢明天子，人人自以为更生。乡（向）使秦缓其刑罚，薄赋敛，省繇（徭）役，贵仁义，贱权利，上笃厚，下智巧，变风易俗，化于海内，则世世必安矣。秦不行是风而循其故俗，为智巧权利者进，笃厚忠信者退；法严政峻，谄谀者众，日闻其美，意广心轶（溢）③。欲肆威④海外，乃使蒙恬将兵以北攻胡，辟地进境⑤，戍于北河，蜚刍挽粟以随其后。又使尉佗屠睢将楼船之士⑥南攻百越，使监禄凿渠运粮，深入越，越人遁逃。旷日持久，粮食绝乏，越人击之，秦兵大败。秦乃使尉佗将卒以戍越。当是时，秦祸北构于胡，南挂于越，宿兵⑧无用之地，进而不得退。行十余年，丁男被甲，丁女转输，苦不聊生，自经⑨于道树，死者相望。及秦皇帝崩，天下大叛。陈胜、吴广举陈，武臣、张耳举赵，项梁举吴，田儋举齐，景驹举郢，周市举魏，韩广举燕，穷山通谷⑩豪士并起，不可胜载也。然皆非公侯之后，非长官之吏也。无尺寸之势，起闾巷，杖棘（戟）矜，应时而皆动，不谋而俱起，不约而同会，壤长地进，至于霸王，时教使然也。秦贵为天子，富有天下，灭世绝祀⑪者，穷兵之祸也。故周失之弱，秦失之强，不变之患也。

◎**注释** ①〔钟虡（jù）〕钟，古代乐器。虡，悬挂钟磬的木架两侧的柱子。②〔元元〕平民。此指善良。③〔意广心轶（yì）〕野心极大。轶，通"溢"，满。④〔肆威扬威。⑤〔进境〕向前推进扩展边境。⑥〔楼船之士〕指水兵。⑦〔监禄〕监，指监御史。禄为其名。⑧〔宿兵〕驻军。⑨〔经〕上吊。⑩〔穷山通谷〕全部的山谷。极言遍地皆为起义者。⑪〔灭世绝祀〕世系政权全被断绝。

◎**大意** 直到秦王嬴政，蚕食天下，吞并六国，号称皇帝，掌握天下政权，拆除诸侯的城郭，销毁他们的兵器，铸造成钟架，表示不再使用。广大百姓得以免除战国动乱之苦，遇到圣明的天子，人人自以为获得了新生。如果秦朝放宽刑罚，轻赋薄敛，重视仁义，轻视钻营谋利，崇尚忠厚，鄙弃智巧，移风易俗，化于海内，那么秦朝天下必定世世代代太平。秦朝不倡导这样的社会风气而沿袭其旧俗，弄智巧耍心机者得到进用，行笃厚忠信者被斥退。法律严厉，政治残酷，很多谄媚阿谀者，秦始皇天天听他们的美言美语歌功颂德。志得意满而想入非非，想在海外逞威风，便派蒙恬率军北攻匈奴，扩大疆土，在北河戍守，让百姓急送粮草紧随其后。又派尉佗、屠睢率领水军南攻百越，派监御史禄开渠运送粮草，深入越地，越人逃跑了。天长日久，粮草接济不上，越人起而抵抗，秦军大败。秦朝于是派尉佗率兵屯戍越地。在这个时候，秦朝的祸患北起于匈奴，南结于越人，驻兵于无用之地，进取而不得退守。经过了十多年，成年男子当兵打仗，女子辗转运输，痛苦不堪，在路边树上上吊自杀的人一个接一个。等到秦始皇死去，天下人大量叛变，陈胜、吴广起事于陈，武臣、张耳起事于赵，项梁起事于吴，田儋起事于齐，景驹起事于郢，周市起事于魏，韩广起事于燕，漫山遍野豪杰并起，不可胜计。然而都不是公侯的后代，也非长官要员。他们没有一点权势，起于闾巷，手执去掉矛头、戟头的柄杖，顺应时势一齐行动，未经谋划而行动一致，不约而同全部起事，攻城略地，直至称王称霸，是时势使他们这样。秦朝皇帝贵为天子，富有天下，国家灭亡，祭祀断绝，是穷兵黩武所造成的祸害。因而周朝失之于衰弱，秦朝失之于恃强逞威，都是不能变通的灾难。

今欲招南夷，朝夜郎^①，降羌僰^②，略濊州^③，建城邑，深入匈奴，燔其茏城^④，议者美之。此人臣之利也，非天下之长策也。今中国无狗吠之惊，而外累于远方之备，靡敝国家，非所以子民^⑤也。行无穷之欲，甘心快意，结怨于匈奴，非所以安边也。祸结而不解，兵休而复起，近者愁苦，远者惊骇，非所以持久也。今天下锻甲砥剑，桥（矫）箭累弦^⑥，转输运粮，未见休时，此天下之所共忧也。夫兵久而变起，事烦而虑生。今外郡之地或几千里，列城数十，形束壤制^⑦，旁胁诸侯，非公室之利也。上观齐晋之所以亡者，公室卑削^⑧，六卿大盛也；下观秦之所以灭者，严法刻深，欲大无穷也。今郡守之权，非特^⑨六卿之重也；地几千里，非特闾巷之资也；甲兵器械，非特棘（戟）矜之用也；以遭万世之变^⑩，则不可称讳也。

◎ **注释** ①〔朝夜郎〕使夜郎来朝拜。夜郎，汉代南方（今贵州、云南一带）古国名，武帝时归服汉朝。②〔僰（bó）〕部族名。③〔濊（huì）州〕地名。④〔燔（fán）其茏城〕燔，烧。茏城，或作"龙城"，匈奴单于王庭所在的地方。⑤〔子民〕爱抚百姓。⑥〔锻甲砥（dǐ）剑，桥箭累弦〕谓加强战备，亦即厉兵秣马之意。砥剑，磨剑。桥箭，矫正箭杆。桥，通"矫"。累弦，聚积弓弦。⑦〔形束壤制〕土地山川的形势可以控制百姓。⑧〔公室卑削〕王室衰微。⑨〔非特〕不只。⑩〔万世之变〕此为"天下变乱"的委婉说法。

◎**大意** 现在朝廷想招抚西南夷，使夜郎来朝拜，降服羌、僰，攻取濊州，建筑城邑，深入匈奴，烧掉匈奴的茏城，议事者赞美这些事。但这只是人臣之利，并非天下的长久之计。现在国内太平、百姓安乐，而偏要挑起边境纠纷，使国家凋敝衰败，这不是养育人民的办法。为了满足无穷的欲望，图一时之快意，结怨于匈奴，这不是安定边境的办法。战祸接连不断而不能化解，罢兵后又起兵，内地百姓为此而愁苦，边地百姓闻此而惊骇，这不是持久之计。现在天下百姓都要锻造铠甲，磨砺刀剑，矫正箭杆，积聚弓弦，转运军粮，不见休止之时，这是天下人所共同忧苦的事情。用兵时间长了，就会引起变乱，做的事情多了就要出乱子。现在外郡有的占地千里，列城几十个，山川形势和土地足以挟制郡内百姓，威胁附近诸侯，这不是宫室皇族的利益。上观齐、晋灭亡的原因，在于公室衰弱，六卿太盛；下观秦朝灭亡的原因，在于严刑酷法，欲望大得无穷无尽。现在郡守手中的权力，不只是当年六卿那么大；土地千里，不只是闾巷那么点儿凭借的资本；武器装备，不只是无头矛柄、戟柄那么点儿作用；以这些有利条件，如遇上天下变乱之时，将出现何种局面，那就非常明显了。

书奏①天子，天子召见三人，谓曰："公等皆安在？何相见之晚也！"于是上乃拜主父偃、徐乐、严安为郎中②。偃数见，上疏言事，诏拜偃为谒者③，迁为中大夫④。一岁中四迁偃。

◎**注释** ①〔奏〕进献。②〔郎中〕皇帝身边的侍从官员，秩比三百石。③〔谒者〕皇帝身边的侍从官员，掌管收发传达与赞礼等，秩比六百石。④〔中大夫〕皇帝身边的顾问人员，掌议论，秩比八百石。

◎**大意** 奏书呈报武帝，武帝召见三人，对他们说："诸位都在哪里？为什么我们相见这么晚啊！"于是武帝就任命主父偃、徐乐、严安为郎中。主父偃多次觐见武帝，上疏言事，武帝下诏任命主父偃为谒者，迁任中大夫。一年中四次升迁主父偃的官职。

偃说上曰："古者诸侯不过百里，强弱之形易制。今诸侯或连城数十，地方千里，缓则骄奢易为淫乱，急则阻①其强而合从以逆京师。今以法割削之，则逆节②萌起，前日晁错是也。今诸侯子弟或十数，而適（嫡）嗣③代立，余虽骨肉，无尺寸地封，则仁孝之道不宣④。愿陛下令诸侯得推恩分子弟，以地侯之。彼人人喜得所愿，上以德施，实分其国，不削而稍弱矣。"于是上从其计。又说上曰："茂陵⑤初立，天下豪桀并兼之家⑥，乱众⑦之民，皆可徙茂陵，内实京师，外销奸猾，此所谓不诛而害除。"上又从其计。

◎**注释**　①〔阻〕依仗。②〔逆节〕叛逆之事。指吴楚七国反叛事。③〔適嗣〕即"嫡嗣"，正妻所生的长子。④〔宣〕显示。⑤〔茂陵〕汉武帝陵墓名，也是县名。按，建元二年，武帝在槐里茂乡预修陵墓，并设县，迁豪杰富绅之家至茂陵，充实那里的人口。⑥〔豪桀并兼之家〕指豪强巨富。豪桀，即"豪杰"，指豪强。并兼之家，指富人。⑦〔乱众〕使民众作乱。

◎**大意**　主父偃劝说武帝道："古时候，诸侯之地不过百里，无论势力强弱，都容易控制。现在诸侯有的连城几十座，土地方圆千里，平常他们骄奢放纵易于淫乱，危急时他们仗恃强大联合起来反叛朝廷。用法令强行分割削弱他们，他们叛乱思想就会萌生，从前晁错就是这样。现在诸侯王的子弟有的多达数以十计，而只有嫡长子世代继立，其余的人虽然是诸侯王的亲生骨肉，但没有寸尺土地的封国，那么仁孝之道就不能畅达体现。希望陛下让诸侯推恩均及子弟，分封诸侯国的土地，让他们都成为侯。他们人人喜得所愿，陛下施以恩德，实际上却分割了诸侯的封国，不削其封地而诸侯就会逐渐削弱了。"于是武帝听从了他的计策。主父偃又劝说武帝道："茂陵刚刚置县，可将天下豪强和富人、聚众作乱之人，都迁到茂陵，内可以充实京师，外可以消除奸猾，这是所说的不用诛杀而祸害消除。"武帝又采纳了他的计谋。

尊立卫皇后，及发燕王定国阴事①，盖偃有功焉。大臣皆畏其口，赂遗②累千金。人或说偃曰："太横矣。"主父曰："臣结发③游学四十余年，身不得遂，亲不以为子，昆弟不收，宾客弃我，我厄日久矣。且丈夫生不五鼎食④，死即五鼎烹⑤耳。吾日暮途远，故倒行暴施⑥之。"

◎**注释** ①〔及发燕王定国阴事〕燕王刘定国与其父康王刘嘉的姬妾通奸，又与三个女儿通奸，还夺取弟妻为妾，元朔元年，主父偃揭发此事，武帝令大臣议其死罪，燕王自杀。事见《荆燕世家》。发，揭发。阴事，隐私之事。②〔赂遗〕贿赂和赠送。③〔结发〕束发，指年轻时代。④〔五鼎食〕指侈奢的生活和显赫的政治地位。按，古代诸侯举行祭祀，用五个鼎分盛牛羊猪鹿鱼肉，以显示高贵。⑤〔烹〕用鼎将人煮死，这是古代的酷刑。⑥〔倒行暴施〕悖逆情理急促行事。

◎**大意** 尊立卫皇后，以及揭发燕王刘定国的犯罪阴私之事，主父偃都是有功的。大臣都害怕主父偃的嘴，贿赂他的钱财累计有千金。有人劝诫主父偃说："你太强横了。"主父偃说："我束发游学四十多年，自己不得志，父母不把我当作儿子，兄弟也不收留，朋友抛弃我，我穷困潦倒的时间很久了。况且大丈夫如果活着不能列五鼎而食，那就宁可受五鼎烹煮之刑而死！我年纪渐大而未有成就，所以悖逆情理急促行事。"

偃盛言朔方地肥饶，外阻河①，蒙恬城之以逐匈奴，内省转输戍漕②，广中国，灭胡之本也。上览其说，下公卿议，皆言不便。公孙弘曰："秦时常（尝）发三十万众筑北河，终不可就，已而弃之。"主父偃盛言其便，上竟用主父计，立朔方郡。

◎**注释** ①〔阻河〕以黄河为险阻。②〔漕〕水上运输。
◎**大意** 主父偃大讲朔方土地肥沃，物产丰饶，外凭黄河，蒙恬在那里筑城用以驱逐匈奴,可以节省辗转运输和戍守漕运的人力物力,扩大中国的疆土,是消灭匈奴的根本。武帝看了他的奏议,下发公卿议论,都说不便利。公孙弘说:"秦朝时曾经征发三十万人在北河筑城,始终没有筑成,后来就放弃了。"主父偃大讲那里的便利,武帝最终采纳主父偃的主张,设立朔方郡。

元朔二年,主父言齐王内淫佚行僻①,上拜主父为齐相。至齐,遍召昆弟宾客,散五百金予之,数之曰:"始吾贫时,昆弟不我衣食②,宾客不我内(纳)门③;今吾相齐,诸君迎我或千里。吾与诸君绝矣,毋复入偃之门!"乃使人以王与姊奸事动④王,王以为终不得脱罪,恐效⑤燕王论死⑥,乃自杀。有司以闻。

◎**注释** ①〔主父言齐王内淫佚行僻〕齐王刘次景与其姊通奸,主父偃向武帝揭发,被派任齐国相,穷究其事,齐王恐而自杀。事见《齐悼惠王世家》。内,指宫内私生活。淫佚,淫乱放荡。僻,邪僻。②〔不我衣食〕不给我衣食。③〔不我内门〕不许我进门。内,同"纳"。④〔动〕触动。⑤〔效〕仿效。⑥〔论死〕判为死刑。

◎**大意** 元朔二年,主父偃对武帝讲了齐王刘次景在王宫内淫乱放荡而行为邪僻的事,武帝任命主父偃为齐国相。主父偃到齐国后,遍召兄弟朋友,散发五百金给他们,并数落他们说:"当初我贫贱时,兄弟不给我衣食,朋友不让我进门;现在我做齐国相,诸位之中有人跑到千里以外迎接我。我要同诸君绝交了,诸君不要再登我的家门!"就派人将齐王与其姊通奸的事向齐王挑明,齐王以为最终不能逃脱罪责,害怕会像燕王刘定国一样论处死罪,就自杀了。主管官吏把这事呈报朝廷。

主父始为布衣时,尝游燕、赵,及其贵,发燕事。赵王恐其为国患,欲上书言其阴事,为偃居中①,不敢发。及为齐相,出关,即使人上书,告言主父偃受诸侯金,以故诸侯子弟多以得封者。及齐王自杀，上闻大怒，以为主父劫②其王令自杀，乃征③下吏治④。主父服⑤受诸侯金，实不劫王令自杀。上欲勿诛，是时公孙弘为御史大夫，乃言曰："齐王自杀无后，国除为郡，入汉，主父偃本首恶，陛下不诛主父偃，无以谢天下。"乃遂族主父偃。

◎**注释** ①〔居中〕身处朝廷之中。②〔劫〕要挟。③〔征〕召回。④〔下吏治〕交给法官治罪。⑤〔服〕认罪。

◎**大意** 主父偃当初为平民时，曾游燕国、赵国，显贵之后，他揭发了燕王犯罪之事。赵王怕他成为赵国的祸患，想上书揭发他的阴私之事，因为主父偃身居朝中，不敢发难。等主父偃做了齐国相，出了函谷关，赵王即派人上书，告发主父偃接受诸侯贿赂，因此诸侯子弟多能被封侯。齐王自杀后，武帝闻讯大怒，认为主父偃威胁齐王使他自杀，就把主父偃召回交法官治罪。主父偃承认他接受诸侯王贿赂的事实，但确实没有威胁齐王使他自杀。武帝不想杀主父偃，这时公孙弘任御史大夫，便说："齐王自杀而没有继承人，封国废除为郡，归入汉朝廷，主父偃本是首恶，陛下不杀主父偃，就无法向天下人交代。"于是就灭了主父偃全族。

主父方贵幸时，宾客以千数，及其族死，无一人收①者，唯独洨②孔车收葬之。天子后闻之，以为孔车长者也。

◎**注释** ①〔收〕收尸。②〔洨（xiáo）〕县名。

◎**大意** 主父偃被宠幸的时候，门客以千计数，但他被灭族后，没有一人去收殓的，唯独洨县人孔车把他收葬了。武帝后来听到这件事，认为孔车是个忠厚长者。

太史公曰：公孙弘行义虽修①，然亦遇时。汉兴八十余年矣，上方乡（向）文学②，招俊乂③，以广儒墨，弘为举首④。主父偃当路⑤，诸公皆誉之，及名败身诛，士争言其恶。悲夫！

◎**注释** ①〔修〕美。②〔乡文学〕崇尚儒学。乡，同"向"，此指崇尚。文学，此指儒家学说及其典籍。③〔俊乂（yì）〕具有超众才能的人。乂，才能出众。④〔举首〕第一。⑤〔当路〕身居要职，担任举足轻重的高官。

◎**大意** 太史公说：公孙弘品行道义虽然好，但也是因为遇上了好时机。汉朝兴起八十多年了，武帝正注重文学，招引才智之士，以发展儒墨之学，公孙弘首先被选拔。主父偃掌权，大臣都称赞他；等到他名败身亡，士大夫争相说他的坏话。可悲啊！

太皇太后①诏大司徒大司空："盖闻治国之道，富民为始；富民之要，在于节俭。《孝经》曰'安上治民，莫善于礼'。'礼，与奢也，宁俭'。昔者管仲相齐桓，霸诸侯，有九合一匡之功，而仲尼谓之不知礼，以其奢泰侈拟于君故也。夏禹卑宫室，恶衣服，后圣不循。由此言之，治之盛也，德优矣，莫高于俭。俭化俗民，则尊卑之序得，而骨肉之恩亲，争讼②之原息。斯乃家给人足，刑错（措）之本也欤？可不务哉！夫三公者，百寮（僚）之率③，万民之表也。未有树直表④而得曲影⑤者也。孔子不云乎，'子率而正，孰敢不正'。'举善而教不能则劝⑥'。维汉兴以来，股肱宰臣⑦身行俭约，轻财重义，较然著明，未有若故丞相平津侯公孙弘者也。位在丞相而为布被，脱粟之饭，不过一肉。故人所善宾客皆分奉（俸）禄以给之，无有所余。诚内自克约⑧而外从制⑨。汲黯诘之，乃闻于朝，此可谓减于制度⑩而可施行者也。德优则行，否则止，与内奢泰而外为诡服⑪以钓⑫虚誉者殊科⑬。以病乞骸骨，孝武皇帝即制曰'赏有功，褒有德，善善恶恶，君宜知之。其省思虑，存精神，辅以医药'。赐告治病，牛酒杂帛。居数月，有瘳，视事。至元狩二年，竟以善终于相位。夫知臣莫若君，此其效也。弘子度嗣爵，后为山阳太守，坐法失侯。夫表德章（彰）义，所以率俗厉（励）化⑭，圣王之制，不易之道也。其赐弘后子孙之次当为后者⑮爵关内侯⑯，食邑三百户，征诣公车⑰，上名尚书，朕亲临拜焉。"

◎**注释** ①〔太皇太后〕当朝皇帝的祖母。此指汉平帝的祖母王政君，她是汉成帝的生母，汉元帝的皇后。②〔争讼〕打官司。③〔百寮之率〕即百官之长。④〔直表〕直的标杆。⑤〔曲影〕弯曲的影子。⑥〔举善而教不能则劝〕此句引自《论语·为政》。举，选拔。善，指贤能的人。不能，无能的人。劝，鼓励。⑦〔股肱宰臣〕指宰辅大臣。股肱，大腿和胳膊，喻得力重臣。宰臣，统帅百官的长官，此指丞相。⑧〔克约〕克制约束。⑨〔从制〕遵循法制行事。⑩〔减于制度〕比法制规定的标准降低了一些。⑪〔诡服〕虚假的行为。⑫〔钓〕以手段谋取。⑬〔殊科〕不同类。⑭〔厉化〕勉励教化。⑮〔次当为后者〕按次序当为后代者，意谓嫡系子孙。⑯〔爵关内侯〕封关内侯的爵位。⑰〔征诣公车〕用公车召其进京。征，召。诣，往。公车，官车。

◎**大意** 太皇太后给大司徒、大司马的诏书说："听说治国之道，是以使人民富足为第一步；而使人民富足的关键，则在于厉行节俭。《孝经》上说'安上治民，没有比礼更好的东西'。'就礼仪活动来说，与其奢侈，宁可俭约'。从前管仲辅佐齐桓公，称霸诸侯，有多次会合四方诸侯和匡正天下的功劳，孔子却说他不懂得礼，因为他过分奢侈，比拟于君。夏禹住的宫室低矮简陋，平常穿的衣服也很粗劣朴素，后世帝王不遵循他这种节俭之道。从这方面说，天下大治臻于鼎盛之时，德政厚施，却没有能高过节俭的。用节俭的品德教化百姓，则尊卑之序井然，骨肉之恩加深，争讼根源消除。这就是实现家给人足、不用刑罚这种大治局面的根本吧？怎能不尽力去做呢！三公是百官之长、万民的表率。没有树立了垂直的标杆却产生弯曲的影子的道理。孔子不是说过吗，'您带头走正道，谁敢不走正路'。'选用贤能的人，又教育能力差的人，老百姓就会努力做事'。

汉朝兴起以来，身为宰辅大臣而能躬行节俭、轻财重义，表现特别突出者，没有像已故丞相平津侯公孙弘一样的人。他位居丞相之职却用布被子，吃脱壳的粗米饭，每顿饭不过一个肉菜。对老朋友和相好的门客，他都分给俸禄来供给他们，自己家里却无余财。这确实是克制自己而遵守制度。汲黯责难他，有关情况才被朝廷闻知，这可说是低于制度规定的标准而可施行的。只有像公孙弘那样德高的人才能做到，否则不行。与那种背地奢侈无度而表面上假装节俭来沽名钓誉的人是不同的。后来，公孙弘因病请求辞官退休，武帝即下令说'奖赏有功者，表彰有德者，扬善罚恶，您应当知道这些。请您少用心思，保养精神，辅之以药物'。又赐予假期使他用心治病，并赐给牛酒杂帛等物。过了几个月，公孙弘病好了，才办理公事。到元狩二年，他在丞相官位上善终。知臣者莫如君，这就是证明。公孙弘的儿子公孙度承袭爵位，后来做了山阳郡太守，因犯法而失去爵位。表彰德义，为的是引导流俗、激励风化，这是圣王的遗制和不可改变的原则。请你们找到公孙弘子孙中的嫡系者，封他为关内侯，封食邑三百户，用公车送他进京，把他的姓名报到尚书那里，我亲自授予他官职。"

班固称曰①：公孙弘、卜式、兒宽皆以鸿渐之翼②困于燕雀，远迹羊豕之间，非遇其时，焉能致此位乎？是时汉兴六十余载，海内乂安，府库充实，而四夷未宾，制度多阙，上方欲用文武③，求之如弗及。始以蒲轮迎枚生④，见主父而叹息。群臣慕向，异人⑤并出。卜式试于刍牧⑥，弘羊擢于贾竖⑦，卫青奋于奴仆⑧，日䃅出于降虏⑨，斯亦曩时⑩版筑⑪饭牛⑫之朋⑬矣。汉之得人，于兹为盛。儒雅则公孙弘、董仲舒、兒宽，笃行则石建、石庆，质直则汲黯、卜式，推贤则韩安国、郑当时，定令⑭则赵禹、张汤，文章则司马迁、相如，滑稽⑮则东方朔、枚皋，应对则严助、朱买臣，历数⑯则唐都、落下闳，协律则李延年，运筹则桑弘羊，奉使则张骞、苏武，将帅则卫青、霍去病，受遗⑰则霍光、金日䃅。其余不可胜纪。是以兴造功业⑱，制度遗文⑲，后世莫及。孝宣承统⑳，纂修洪业㉑，亦讲论六艺，招选茂异②，而萧望之、梁丘贺、夏侯胜、韦玄成、严彭祖、尹更始以儒术进，刘向、王褒以文章显。将相则张安世、赵充国、魏相、邴吉、于定国、杜延年，治民则黄霸、王成、龚遂、郑弘、邵信臣、韩延寿、尹翁归、赵广汉之属，皆有功迹见述于后。累其名臣，亦其次也。

◎**注释** ①〔班固称曰〕以下这段文字是《汉书·公孙弘卜式兒宽传》的"赞曰"部分，个别文字稍异。②〔鸿渐之翼〕喻超凡的才能。③〔文武〕有文才武略的人。④〔始以蒲轮迎枚生〕蒲轮，用蒲草缠轮的安稳之车。枚生，指西汉著名赋家枚乘。他曾规劝吴王刘濞切勿反叛，吴王不听。吴王谋反后，他致书吴王再行劝谏。武帝即位后慕其名而以安车蒲轮征召他进京，病死于途中。⑤〔异人〕有特殊才能的人。⑥〔卜式试于刍牧〕刍牧，割草放牧。卜式出身于畜牧主，故称"试于刍牧"。⑦〔弘羊擢于贾（gǔ）竖〕弘羊，即桑弘羊，武帝时官至御史大夫。他出身于洛阳商人之家，故称"擢于贾竖"。贾竖，对商人的蔑称。⑧〔卫青奋于奴仆〕卫青贵为大将军，但出身微贱，原先只是平阳侯家的奴仆，故称"奋于奴仆"。⑨〔日䃅（mì dī）出于降虏〕日䃅，即金日䃅。他原为匈奴休屠王太子，后来降汉，故称其"出于降虏"。⑩〔曩（nǎng）时〕从前。⑪〔版筑〕以版筑（修墙工具）修墙。指商代武丁时的名臣傅说。他原为傅岩的筑墙奴隶，商王武丁用为辅弼之臣，政绩显著。⑫〔饭牛〕喂牛。此指春秋时期齐桓公名臣宁戚。他本是卫国商人，曾宿于齐国都城东门下，时值齐桓公夜出，听到他喂牛时唱的怀才不遇的歌，知其为贤人，于是重用他为客卿。⑬〔朋〕同类。⑭〔定令〕制定刑法政令。⑮〔滑（gǔ）稽〕本为盛酒器，用以比喻能言善辩，语言诙谐幽默者。⑯〔历数〕指天文、数算之学。⑰〔受遗〕指接受皇帝的遗命，辅佐幼主。后元二年汉武帝病笃，霍光涕泣问曰："如有不讳，谁当嗣者？"武帝曰："立少子，君行周公之事。"光顿首让曰："臣不如金日䃅。"日䃅亦曰："臣外国人，不如光。"武帝以霍光为大司马大将军，日䃅为车骑将军，太仆上官桀为左将军，搜粟都尉桑弘羊为御史大夫，皆拜卧武帝床前，"受遗诏辅少主"。武帝去世以后，昭帝年幼，"政事一决于光"，日䃅亦竭忠尽虑辅政。事见《汉书·霍光金日䃅传》。⑱〔兴造功业〕创建功业。⑲〔遗文〕留下来的文章典籍。⑳〔孝宣承统〕汉宣帝刘询继位。承统，指继承皇位。㉑〔纂修洪业〕继续推行武帝创建的大业。洪业，大业。㉒〔茂异〕优秀特异的人才。

◎ **大意**　班固赞曰：公孙弘、卜式、儿宽都曾以鸿雁奋飞之翼受困于燕雀之群，远远混迹于猪羊之间，假若不遇时机，怎能取得公卿之位呢？当时，汉朝兴国六十多年，海内安定，府库充实，但四方蛮夷尚未归服，制度也多不健全，武帝正想选用有文才武略的人，求索他们像怕追不到似的。开始曾以安车蒲轮迎接枚乘，后来召见主父偃而赞叹不已。于是，群臣羡慕向往，有特殊才能的人同时出现。卜式用自牧人，桑弘羊拔自商贾，卫青举于奴仆，金日磾出于归降之虏，他们相当于古代盛传的傅说、宁戚那种人。汉朝得到的人才，以这个时候为最多，学问深湛气度雍容的有公孙弘、董仲舒、儿宽，忠诚老实勤劳奉公的有石建、石庆，质朴正直的有汲黯、卜式，荐贤举能的有韩安国、郑当时，制定法令的有赵禹、张汤，擅长文学的有司马迁、司马相如，能言善辩诙谐幽默的有东方朔、枚皋，善于应对的有严助、朱买臣，精通天文历算的有唐都、落下闳，协调乐律的有李延年，精于筹划国计的有桑弘羊，奉命出使而不辱君命的有张骞、苏武，著名的将帅有卫青、霍去病，接受遗诏辅弼新君的有霍光、金日磾。其他各种人才，数不胜数。所以创立的功业和传下来的制度典籍，后世没有比得上的。孝宣皇帝继承皇位，继续弘扬武帝创建的伟业，也宣扬儒家"六经"，招选优秀人才，而萧望之、梁丘贺、夏侯胜、韦玄成、严彭祖、尹更始以精于儒术被选用，刘向、王褒以长于文辞扬名于世。著名的将相有张安世、赵充国、魏相、邴吉、于定国、杜延年，治理百姓而成效卓著的有黄霸、王成、龚遂、郑弘、邵信臣、韩延寿、尹翁归、赵广汉一类人，都有功勋事迹被后世称述。名臣之盛，也仅次于武帝时。

◎ **释疑解惑**
　　《史记》对公孙弘的记载，淡化其优点，放大其劣处，令公孙弘"曲学阿世"的形象深入人心。司马迁生于西汉，经历了前代学识教育、社会环境思想的熏陶，接受了"直臣"思想。《佞幸列传》贬斥佞臣邓通、赵同和李延年三人，还在最能体现其真实想法的论赞中感慨佞臣的荣宠无常："甚哉爱憎之时！弥子瑕之行，足以观后人佞幸矣。虽百世可知也。"其化用弥子瑕与卫灵公之典，指出佞臣的可悲，亦可从侧面看出司马迁对直臣的推崇。司马迁如此坚持直臣之论，面对虽然忠君爱国，但行事委婉，并非直臣的公孙弘，自然无法认同。公孙弘在政事上过于审慎，所以并未有突出的政绩流传。如淮南、衡山谋反案，淮南王刘安为报父仇，联合刘赐共同谋反。此事举朝哗然，公孙弘位居丞相，却因病重未能及时处理。公孙弘觉得自己未有大功，却得以封赏至丞相，故向武帝上书检讨自己失职。一方面，公孙弘作为文官之首的丞相，此时必须站出来，因为这是丞相之责。另一方面，公孙弘此举并未试图遮掩、拖延，而是主动向武帝承认其错，凭此掌握先机，既得武帝怜悯，又保住了自己丞相之位，不至于被治罪免职。司马迁记叙公孙弘当时的心情，"恐窃病死，无以塞责"，反映了公孙弘自身政绩不突出，应对谋反时的惶惶不安。武帝随后回言安慰公孙弘，给予其假期静养，赏赐他牛酒绢帛，以示皇恩浩荡、君臣相谐。司马迁在《平津侯主父列传》中用很大的篇幅记此次政治事件的经过，并全录公孙弘上书武帝之策，除展现其承担责任、保全自我的智慧以外，也说明了其政绩实在没有说服力。

主父偃上书共含"九事"，其中八事属法制律令方面的，《史记》《汉书》均未介绍，本传只引录了他"谏伐匈奴"的文字。也许就是因为这些议论特别引起了武帝的注意。主父偃反对"好战"，不赞成发动对匈奴的战争。他说："怒者逆德也，兵者凶器也，争者末节也。古之人君一怒必伏尸流血，故圣王重行之。夫务战胜穷武事者，未有不悔者也。"又针对匈奴"无城郭之居，委积之守，迁徙鸟举，难得而制"的特性，指出"得其地不足以为利也，遇其民不可役而守也"的实情，强调对匈奴的战争劳民伤财，徒耗国力，得不偿失。他还用秦王朝不采纳李斯建议而强与匈奴争锋，导致国匮民乏、"天下始畔"的历史教训，以证伐匈奴之不可取。实事求是地说，主父偃的分析是明智的，有利于社会稳定和经济发展。但此时汉武帝已经下定以军事手段解决匈奴问题的决心，不可能因主父偃的谏言而改变自己的战略决策。尽管主父偃的意见不合口味，武帝还是充分肯定了他的深虑卓识，果断地委以重任，显示了武帝的非凡胸怀。

◎ **思考辨析题**

1. 公孙弘的人格是"曲"与"直"的矛盾统一：有从谀承意的一面，亦有正言直谏的一面；有曲学阿世的一面，亦有坚持儒家之道的一面。请做简单分析。

2. 思考主父偃跌宕起伏的人生对我们有何启示。

南越列传 第五十三

本传记述了南越王赵佗建国的史实及四位继承者同汉王朝的关系，描述了汉武帝出师攻灭南越，将南越置于汉王朝直接统治下的过程。司马迁没有把边疆的少数民族视为"种别域殊"的异族，而肯定"佗能集杨越以保南藩"的功劳，将南越视为汉王朝的一部分，视其民为汉王朝的同等臣民，把南越统一和南越归汉视为各民族走向统一的必然趋势，有一定的进步意义。赵佗原是秦朝的一员大将，历经了秦始皇时期、秦二世时期，以及西汉时期。秦始皇统一六国之后，就展开了对百越之地的征服。任嚣与赵佗受秦始皇之命，率领五十万大军企图统一南越。经过四年时间，岭南地区终于归顺大秦，从此成了大秦的郡。秦始皇在岭南地区设置了四个县，即番禺、龙川、博罗、四会，任嚣为郡尉，赵佗为龙川县令。并在岭南地区实行了"和集百越"的政策，安抚当地的越人，防止他们反抗。秦军就在岭南地区和当地的越人一起生活，教给他们中原先进的汉文化以及农耕的好处，岭南地区在汉越融合的过程中逐渐强大起来。任嚣死后，赵佗自称为王，宣布独立，杀掉了秦朝在当地安排的官员，并在岭南地区设置了重重关卡防止外部势力入侵。后中原地区处于混战状态，秦朝暴政，各地起义，无暇顾及岭南地区。汉初，赵佗接受了归顺大汉的建议，从此成为大汉的诸侯国，他也被刘邦封为"南越王"。之后赵佗和吕后交恶，于是南越又独立于汉朝，甚至攻占了汉朝的土地，成了和汉朝比肩的另外一个国家。赵佗从公元前219年作为秦始皇平定南越的五十万大军的副帅，一直到汉武帝建元四年去世，一共治理岭南八十一年。其间由于他一直实行"和集百越"的政策，促进了汉越民族的融合，并把中原地区的先进文化带到了南越之地，使南越得到了更好的发展。整篇传文记事"简括"（李景星《史记评议》），重点突出，于赵佗建国、武帝兴师则详写，余者略述，"条理井井"（吴见思《史记论文》）。此文善于描摹军威气势，如写伏波将军和楼船将军率师南征，浩浩荡荡，水陆并进，所向披靡，"声势赫奕"，"极其神妙，可云神化之笔"（吴见思《史记论文》）。本传太史公赞语用四字句韵语，不但形式整齐，而且声韵和谐，显示了作者赞语风格的多样性。

南越①王尉佗②者，真定人也，姓赵氏。秦时已并天下，略定③杨越④，置桂林、南海、象郡，以谪徙⑤民，与越杂处十三岁。佗，秦时用为南海龙川令。至二世时，南海尉任嚣病且死，召龙川令赵佗语曰："闻陈胜等作乱，秦为无道，天下苦之，项羽、刘季、陈胜、吴广等州郡各共兴军聚众,虎争天下,中国扰乱,未知所安,豪杰畔(叛)秦相立。南海僻远,吾恐盗兵⑥侵地至此,吾欲兴兵绝新道⑦,自备,待诸侯变,会病甚。且番禺负山险,阻南海,东西数千里,颇有中国人相辅,此亦一州之主也,可以立国。郡中长吏无足与言者,故召公告之。"即被佗书⑧,行南海尉事。嚣死,佗即移檄⑨告横浦、阳山、湟溪关⑩曰:"盗兵且至,急绝道聚兵自守!"因稍以法诛秦所置长吏,以其党为假守⑪。秦已破灭,佗即击并桂林、象郡,自立为南越武王。高帝已定天下,为中国劳苦,故释佗弗诛。汉十一年,遣陆贾因立佗为南越王,与剖符⑫通使,和集百越⑬,毋为南边患害,与长沙⑭接境。

◎**注释** ①〔南越〕一作"南粤",是越人的一支。又是南越王赵佗所建的国名。其地在今广东与广西一带,南至今越南中部,北至今湖南南部。②〔尉佗〕即赵佗。秦时在南越设立桂林、南海、象郡,三郡长官不称守,而称尉。赵佗曾任南海郡尉,故称"尉佗"。③〔略定〕攻取平定。④〔杨越〕即"扬越"。南越人所居住之地属古九州之一的扬州,故称。⑤〔谪徙〕被判刑而迁徙。⑥〔盗兵〕强盗之兵。这是赵佗对秦末反秦义军的蔑称。⑦〔新道〕秦朝所修的通到南越的道路。⑧〔被佗书〕向赵佗颁布任命文书。被,加。⑨〔移檄〕传递檄文。⑩〔横浦、阳山、湟(huáng)溪关〕皆为关名。⑪〔假守〕代理长官。⑫〔剖符〕此处的剖符就是汉朝确认赵佗为南越王的一种表示。符是古代君臣间的一种信物,皇帝分封诸侯或封赏功臣,或遣将出征等,将金、玉、铜、木制成的一符一分为二,君臣各持其半,以备合符相验。⑬〔和集百越〕和集,又作"和辑",和睦安定。百越,指南越的各个分支。⑭〔长沙〕汉代封国名。

◎**大意** 南越王尉佗是真定人,姓赵。秦朝吞并六国,统一天下后,攻占杨越,设置桂林郡、南海郡和象郡,把犯罪而被迁徙的百姓安置到这些地方,与越人杂居十三年。赵佗在秦朝时被任命为南海郡龙川县令。到秦二世时,南海郡尉任嚣病重将要死去,召来龙川令赵佗说:"听说陈胜等人犯上作乱,秦朝暴虐无道,天下人深受其苦,项羽、刘邦、陈胜、吴广等人各在州郡兴兵聚众,像猛虎一样地争夺天下，中原扰攘混乱，不知所安，豪杰背叛秦朝廷，相互对立。南海郡偏僻遥远，我怕盗贼在侵占土地时会攻到这里。我想兴兵切断新道，御敌自卫，等待诸侯之变，不巧病得厉害。番禺背靠山岭艰险，阻隔南海，东西数千里，还有些中原人士辅佐，这样能成一州之主，可以立国。军中官吏当中没有值得相谈的，所以召您来说这些话。"任嚣当即把有关文书颁给赵佗，让他代理南海尉职务。任嚣死后，赵佗即派人传递檄文通告横浦、阳山、湟溪关说："盗匪军队将要来了，要急速切断通道，保卫自己！"赵佗借此机会，逐渐用法律杀了秦朝安置的官吏，而任用他的亲信为代理长官。秦朝被灭后，赵佗便攻打吞并桂林郡、象郡，自立为南越武王。汉高祖平定天下后，因为中原百姓劳顿困苦，所以放过了赵佗，没有杀他。汉高祖十一年，派遣陆贾去南越，命令赵佗因袭南越王的称号，同他剖符定约，互通使者，让他协调百越，使其和睦相处，不要成为汉朝南边的祸患。南越边界与北方的长沙国接壤。

高后时，有司请禁南越关市①铁器。佗曰："高帝立我，通使物，今高后听谗臣，别异蛮夷，隔绝器物，此必长沙王计也，欲倚中国，击灭南越而并王之，自为功也。"于是佗乃自尊号为南越武帝，发兵攻长沙边邑，败数县而去焉。高后遣将军隆虑侯灶往击之。会暑湿，士卒大疫②，兵不能逾岭。岁余，高后崩，即罢兵③。佗因此以兵威边④，财物赂遗闽越⑤、西瓯⑥、骆⑦，役属焉，东西万余里。乃乘黄屋左纛⑧，称制⑨，与中国侔⑩。

◎**注释** ①〔关市〕在边境所设的贸易市场。②〔大疫〕重病。③〔罢兵〕停止军事行动。④〔威边〕在边境显示军威。⑤〔闽越〕越人的一支。汉初其首领无诸被封为闽越王。后来分为东越和繇。⑥〔西瓯（ōu）〕越人的一支。⑦〔骆〕即骆越，越人的一支。⑧〔黄屋左纛（dào）〕秦汉时皇帝的车饰。黄屋，以黄绸做车盖的里子。左纛，插在车厢左边的用牦牛尾或雉尾装饰的旗子。⑨〔称制〕自称皇帝，发号施令。⑩〔侔〕相等。

◎**大意** 高后时，有关官员奏请禁止南越在关市上买卖铁器。赵佗说："高帝立我为南越王，双方互通使节和物资，如今高后听从谗臣的意见，把蛮夷视为异类，断绝我们所需要的器物的来源，这一定是长沙王的主张，他想依仗中原之国，攻灭南越而一并加以统治，自谋功利。"于是赵佗便自加尊号，自称为南越武帝，发兵攻打长沙国边境城镇，打败几个县才离去。高后派将军隆虑侯周灶去攻打南越。正碰上酷暑潮湿的天气，士兵中发生大瘟疫，汉军不能越过阳山岭。过了一年多，高后崩逝，汉朝廷便停止了军事行动。赵佗趁机派兵扬威于边界，用财物贿赂闽越、西瓯、骆越，使其都归属南越，使他的领地从东到西长达一万余里。赵佗竟然乘坐黄屋左纛之车，以皇帝的名义发号施令，同汉朝皇帝地位相等。

及孝文帝元年，初镇抚天下，使告诸侯四夷从代来即位意，喻盛德焉。乃为佗亲①冢在真定，置守邑②，岁时奉祀③。召其从昆弟④，尊官厚赐宠之。诏丞相陈平等举可使南越者，平言⑤好畤陆贾，先帝时习使⑥南越。乃召贾以为太中大夫，往使，因让佗自立为帝，曾无一介之使报者⑦。陆贾至南越，王甚恐，为书谢，称曰："蛮夷大长老夫⑧臣佗，前日高后隔异南越，窃疑长沙王谗臣，又遥闻高后尽诛佗宗族，掘烧先人冢，以故自弃，犯长沙边境。且南方卑湿，蛮夷中间，其东闽越千人众⑨号称王，其西瓯骆裸国⑩亦称王。老臣妄窃帝号，聊以自娱，岂敢以闻天王哉！"乃顿首谢，愿长为藩臣，奉贡职⑪。于是乃下令国中曰："吾闻两雄不俱立，两贤不并世。皇帝，贤天子也。自今以后，去帝制黄屋左纛。"陆贾还报，孝文帝大说（悦）。遂至孝景时，称臣使人朝请⑫。然南越其居国，窃如故号名，其使天子，称王朝命如诸侯。至建元四年卒。

◎**注释** ①〔佗亲〕指赵佗的父母亲。②〔守邑〕犹"守冢"，指守墓的人家。③〔奉祀〕举行祭祀。④〔从昆弟〕堂兄弟。⑤〔言〕推荐。⑥〔习使〕屡次出使。⑦〔曾无一介之使报者〕此句极言其礼节之简略。曾，竟然。一介之使，派一个人作为使者。⑧〔大长老夫〕赵佗自称其身世，意谓年老的大君长。⑨〔人众〕民众，百姓。⑩〔裸国〕赤身裸体的国家。因其地炎热，人们穿衣少，故称为裸国。⑪〔奉贡职〕遵从纳贡的职责。⑫〔朝请〕汉时诸侯王朝见天子，在春天时叫朝，在秋天时叫请。

◎**大意** 待到孝文帝元年，文帝刚开始统治天下，便派出使者告知诸侯和四方蛮夷的君长他从代国来京即位的想法，让他们知道天子的圣明美德。于是为赵佗父母在真定的坟墓设置守护的人家，四季节日供奉祭祀。把赵佗的堂兄弟召来，用尊贵的官职、优厚的待遇笼络他们。文帝命令丞相陈平等举荐可以出使南越的人，陈平推荐好畤县人陆贾，称他先帝时就熟悉出使南越的事。文帝就召见陆贾，任命他为太中大夫，前往南越当使者，借机责备赵佗自立为皇帝，竟然不派一名使者向天子报告。陆贾到了南越，南越王赵佗特别恐惧，向文帝写信道歉，说："蛮夷年老的头领臣佗，从前高后歧视南越，我私下疑心长沙王是个善进谗言的臣子，又在这遥远之地听说高后杀尽了赵佗的宗族，挖掘并烧毁祖先的坟墓，因此自暴自弃，侵犯长沙国的边境地区。而且南方低湿之地，在蛮夷中间，东边的闽越只有上千民众，却称其君长为王；西面的西瓯和骆越这样的裸体之国也称王。所以我狂妄地窃取皇帝的尊号，聊以自我安慰，怎敢把这事禀告天子呢！"赵佗深深叩头谢罪，表示要长久做汉朝的属国之臣，遵守向汉朝天子纳贡的职责。于是赵佗就向辖境发布命令，说："我听说两个英雄豪杰是不能并存的，两个贤哲之人也不能共同生活在同一世界。汉朝皇帝，是贤明的天子。从今以后，我去掉帝制，不再乘坐黄屋左纛的车子。"陆贾回京报告此事，汉文帝非常高兴。直到汉景帝时代，赵佗向汉朝称臣，春秋两季派人到长安朝见天子。但是在南越国内，赵佗一直窃用南越武帝的名号，只是他派使者朝见天子时才称王，接受天子的命令同诸侯一样。建元四年，赵佗去世。

佗孙胡为南越王。此时①闽越王郢兴兵击南越边邑，胡使人上书曰："两越俱为藩臣，毋得擅兴兵相攻击。今闽越兴兵侵臣，臣不敢兴兵，唯天子诏之。"于是天子多②南越义，守职约，为兴师，遣两将军③往讨闽越。兵未逾岭④，闽越王弟馀善杀郢以降，于是罢兵。

◎**注释** ①〔此时〕指汉武帝建元六年。②〔多〕赞美。③〔两将军〕指王恢和韩安国。建元六年八月，武帝派大行王恢和大农令韩安国前去讨伐闽越王郢。④〔岭〕指阳山岭。

◎**大意** 赵佗的孙子赵胡为南越王。这时闽越王郢发兵攻打南越边境城邑，赵胡派人到朝廷上书说："两越都是藩臣，不得擅自兴兵互相攻打。现在闽越发兵侵略臣下，臣下不敢动兵，只有请天子下诏令处理。"于是武帝赞许南越王有义，恪守盟约，为他出兵，派遣王恢、韩安国两位将军前去讨伐闽越。汉军尚未越过阳山岭，闽越王的弟弟馀善杀死郢而投降，于是汉朝收兵。

天子使庄助往谕①意南越王，胡顿首曰："天子乃为臣兴兵讨闽越，死无以报德！"遣太子婴齐入宿卫②。谓助曰："国新被寇③，使者行矣。胡方日夜装④入见天子。"助去后，其大臣谏胡曰："汉兴兵诛郢，亦行以惊动南越。且先王昔言，事天子期⑤无失礼，要之不可以说好语入见。入见则不得复归，亡国之势也。"于是胡称病，竟不入见。后十余岁，胡实病甚，太子婴齐请归。胡薨，谥为文王。

◎**注释** ①〔谕〕说明白。②〔宿卫〕宫中的侍卫。③〔被寇〕遭受侵害。被，遭。④〔装〕整装待发。⑤〔期〕希望。

◎**大意** 武帝派庄助去向南越王说明朝廷的意思，赵胡磕头说："天子竟能为臣发兵讨伐闽越，臣虽死也无法报答天子的恩德！"赵胡就派太子婴齐到朝廷充当宫中的侍卫。他又对庄助说："国家刚刚遭受敌人的侵略，请使者先走吧。赵胡正在日夜整装待发，去京城朝见天子。"庄助离开后，他的大臣向赵胡进谏说："汉朝发兵诛杀郢，也是用这个行动来警告南越。而且先王过去曾说过，侍奉天子，只希望不要失礼，重要的是不可因为爱听使者的好话而去朝见天子。要是去朝见天子就不能回来了，这是亡国的形势啊。"于是赵胡就以生病为借口，最终也没去朝见武帝。过了十多年,赵胡真病得很严重,太子婴齐便请求回国。赵胡死了,朝廷追赐他文王的谥号。

婴齐代立,即藏其先武帝玺①。婴齐其入宿卫在长安时,取(娶)邯郸樛氏女②,生子兴。及即位,上书请立樛氏女为后,兴为嗣③。汉数使使者风(讽)谕婴齐,婴齐尚乐④擅杀生⑤自恣⑥,惧入见要⑦用汉法,比⑧内诸侯⑨,固(故)称病,遂不入见。遣子次公入宿卫。婴齐薨,谥为明王。

◎**注释** ①〔即藏其先武帝玺〕意为去掉私自称帝的帝号,表示不再称帝。其先祖自称南越武帝,"武帝玺"指此。②〔樛(jiū)氏女〕姓樛的女子。③〔嗣〕指王位继承人。④〔尚乐〕喜欢。⑤〔杀生〕指杀人。⑥〔恣〕放纵。⑦〔要〕要挟,强迫。⑧〔比〕比况,比照。⑨〔内诸侯〕汉朝国内的诸侯。

◎**大意** 赵婴齐代立为南越王后,就把他祖先的武帝印玺藏了起来。婴齐到长安做宫中侍卫时,娶了邯郸樛氏做妻子,生了儿子叫赵兴。待到他即位后,便上书汉朝廷,请求立樛氏为王后,赵兴为太子。汉朝廷多次派遣使者或明或暗地劝说赵婴齐进京拜见武帝,而赵婴齐仍然喜欢独揽生杀予夺大权而为所欲为,惧怕进京朝见武帝会被强迫使用汉朝法度,等同于国内的诸侯,因此他一直假称有病,始终未入京拜见武帝,只派遣儿子赵次公进京当侍卫。赵婴齐去世后,朝廷赐其谥号为明王。

太子兴代立,其母为太后。太后自未为婴齐姬时,尝与霸陵人安国少季通。及婴齐薨后,元鼎四年,汉使安国少季往谕王、王太后以入朝,比内诸侯;令辩士谏大夫终军等宣其辞,勇士魏臣等辅其缺①,卫尉路博德将兵屯桂阳,待使者。王年少,太后中国人也,尝与安国少季通,其使,复私焉。国人颇知之,多不附太后。太后恐乱起,亦欲倚汉威,数劝王及群臣求内属。即因使者上书,请比内诸侯,三岁一朝,除边关。于是天子许之，赐其丞相吕嘉银印，及内史、中尉、太傅印，余得自置。除其故黥劓②刑，用汉法，比内诸侯。使者皆留填（镇）抚之。王、王太后饬治③行装重赍（赀）④，为入朝具⑤。

◎**注释** ①〔缺〕缺失、不足。《汉书·南越传》作"决"，意为决策，也讲得通。②〔黥劓（qíng yì）〕二者皆为古代的酷刑。黥，用刀刺刻犯人的面额，再涂上墨，又叫"墨刑"。劓，割掉犯人的鼻子。③〔饬（chì）治〕整治。④〔重赍（zī）〕贵重的财物。⑤〔具〕准备。

◎**大意** 太子赵兴代立为南越王，他的生母当了太后。太后还未做赵婴齐的姬妾时，曾和霸陵人安国少季私通。待到赵婴齐死后，汉武帝元鼎四年，汉朝廷派遣安国少季前往南越劝说南越王和王太后入朝，让他们比照内地的诸侯，进京朝见武帝。命令辩士谏大夫终军等人宣读其辞，勇士魏臣等辅助弥补不足之处，卫尉路博德率兵驻扎在桂阳郡，等待使者。南越王赵兴年少，太后樛氏是中原人，曾经和安国少季私通，而安国少季这次出使时又和太后私通。南越国人都清楚这事，大多不依附太后。太后恐怕出乱子，也想依仗汉朝的威力，多次劝说南越王以及群臣归属汉朝。于是就通过使者上书，请求比照内地诸侯，三年拜见一次武帝，撤除边境关防。于是武帝答应了他们的请求，赐给南越国丞相吕嘉银印，以及内史、中尉、太傅印信，其余的官职允许南越王自己选择设置。废除南越原有的黥刑、劓刑，使用汉朝廷的法律，比照内地诸侯。汉朝廷的使者全部留下镇抚南越，南越王、王太后整治行装和贵重的财物，为朝见武帝做准备。

其相吕嘉年长矣，相三王，宗族官仕①为长吏者七十余人，男尽尚王女，女尽嫁王子兄弟宗室，及苍梧秦王有连②。其居国中甚重，越人信之，多为耳目者，得众心愈于王。王之上书，数谏止王，王弗听。有畔（叛）心，数称病不见汉使者。使者皆注意嘉，势未能诛。王、王太后亦恐嘉等先事发，乃置酒，介汉使者权，谋诛嘉等。使者皆东乡（向），太后南乡（向），王北乡（向），相嘉、大臣皆西乡（向），侍坐饮。

嘉弟为将，将卒居宫外。酒行，太后谓嘉曰："南越内属，国之利也，而相君③苦④不便者，何也？"以激怒使者。使者狐疑相杖⑤，遂莫敢发。嘉见耳目非是⑥，即起而出。太后怒，欲鏦⑦嘉以矛，王止太后。嘉遂出，分其弟兵就舍⑧，称病，不肯见王及使者。乃阴与大臣作乱。王素无意诛嘉，嘉知之，以故数月不发。太后有淫行，国人不附，欲独诛嘉等，力又不能。

◎**注释**　①〔官仕〕当官。②〔及苍梧秦王有连〕与苍梧秦王有婚姻关系。苍梧秦王，即赵光。他是越人之王，居住于汉朝所设的苍梧郡，自称秦王。③〔相君〕对丞相的尊称。④〔苦〕不满意。⑤〔相杖〕相持。⑥〔耳目非是〕跟前的人皆不同于以往。⑦〔鏦（cōng）〕用矛戟刺击。⑧〔就舍〕回到家中。

◎**大意**　南越丞相吕嘉年纪大了，先后辅佐过三代国王，他的宗族中做大官的有七十多人，儿孙都娶王女做妻子，女子全嫁给王子及其兄弟和宗室贵族，又与苍梧秦王联姻。吕嘉在南越国内地位很重要，越人十分信赖他，很多人都成了他的亲信，在得民心方面超过了南越王。南越王上书时，吕嘉多次劝阻，南越王不听。他有反叛之心，多次假称有病不见汉使者。使者都注意吕嘉的举动，而情势所限又不能诛杀他。南越王、王太后也怕吕嘉等人在事前首先发难，于是摆设酒宴，想通过汉使者的权威，谋划诛杀吕嘉等人。汉使者都面向东，太后面向南，南越王面向北，丞相吕嘉、大臣都面向西，奉陪饮酒。吕嘉的弟弟为将军，带兵守候在宫外。依次斟过酒后，太后对吕嘉说："南越归属朝廷，对国家有益，而您嫌不便利，为什么呢？"以此来激怒汉使者。使者犹豫不定，双方僵持不下始终没敢发作。吕嘉发现宴席上的侍者不是自己的亲信，当即起身出去。太后发怒，想要用矛投刺吕嘉，南越王阻止了太后。吕嘉于是出了宫门，分取他弟弟的兵士护卫着回府，装病不肯见南越王和汉朝使者。之后他又在背地里与大臣勾结作乱。南越王一向没有诛杀吕嘉的意思，吕嘉知道，所以好几个月未曾发难。太后有淫乱行为，国人不依附她，她想独自杀掉吕嘉等人，力量又不够。

天子闻嘉不听王，王、王太后弱孤不能制，使者怯无决。又以为王、王太后已附汉，独吕嘉为乱，不足以兴兵，欲使庄参以二千人往使。参曰："以好往，数人足矣；以武往，二千人无足以为也。"辞不可①，天子罢参也。郏壮士故济北相韩千秋奋曰："以区区之越，又有王、太后应，独相吕嘉为害，愿得勇士二百人，必斩嘉以报。"于是天子遣千秋与王太后弟樛乐将二千人往，入越境。吕嘉等乃遂反，下令国中曰："王年少。太后，中国人也，又与使者乱，专欲内属，尽持先王宝器入献天子以自媚，多从人，行至长安，虏卖以为僮仆。取自脱一时之利，无顾赵氏社稷，为万世虑计之意。"乃与其弟将卒攻杀王、太后及汉使者。遣人告苍梧秦王及其诸郡县，立明王长男越妻子术阳侯建德②为王。而韩千秋兵入，破数小邑。其后越直开道给食③，未至番禺四十里，越以兵击千秋等，遂灭之。使人函封④汉使者节置塞上，好为谩辞⑤谢罪，发兵守要害处。于是天子曰："韩千秋虽无成功，亦军锋之冠。"封其子延年为成安侯。樛乐，其姊为王太后，首愿属汉，封其子广德为龙亢侯。乃下赦曰："天子微，诸侯力政（征）⑥，讥臣不讨贼。今吕嘉、建德等反，自立晏如⑦，令罪人及江淮以南楼船十万师往讨之。"

◎**注释**　①〔辞不可〕推辞不同意。②〔明王长男越妻子术阳侯建德〕指明王赵婴齐的长子赵建德。他是明王所娶南越女子（不同于中原女子樛氏）生的儿子。赵建德后来降汉，被封为术阳侯。③〔直开道给（jǐ）食〕径直让开道路，供给饮食。按，这是为引敌深入，以便聚歼。④〔函封〕用木匣装好封上。⑤〔谩辞〕骗人的文辞。⑥〔力政〕大力征战。政，通"征"。或释为极力干预政事，亦通。⑦〔晏如〕安然的样子。

◎**大意**　武帝听说吕嘉不服从南越王，南越王与王太后孤弱，不能控制吕嘉，使者又怯懦而不能决断。又认为南越王和王太后已经归附汉朝廷，唯独吕嘉作乱，不值得兴师动众，打算派庄参带两千人出使南越。庄参说："若是为了和好前去，几人就够了；若是为了动武前去，两千人不足以干什么大事。"庄参推辞不答应，武帝就罢免了庄参的官。郏县壮士、原济北国相韩千秋奋然说道："以小小南越，又有南越王、王太后为内应，只有丞相吕嘉捣乱，希望得到二百勇士前去，一定斩杀吕嘉后回报。"于是武帝派遣韩千秋与王太后的弟弟樛乐带领两千人马前往，进入南越境内。吕嘉等人就造反了，并向国人下令说："国王年少，太后是中原人，又跟使者淫乱，一心要归属汉，将先王珍宝重器全部献给汉天子用来谄媚，带领很多随从人员，走到长安后，便将他们掠卖作为僮仆。她只想得到自己逃脱一时的好处，没有顾及赵氏的国家政权，没有为后世永久之计而谋划的意思。"于是吕嘉和他的弟弟一起带兵攻杀南越王、王太后及汉使者。他派人告知苍梧秦王赵光及其各郡县长官，立明王长子与越籍妻子所生的儿子赵建德为南越王。这时韩千秋军队进入南越境内，攻下几个小城。之后南越人径直让开道路，供给饮食，让韩千秋的军队顺利前进，走到离番禺四十里的地方，南越用兵攻击韩千秋等，把他们全部消灭了。吕嘉让人把汉朝使者的符节用木匣装好封上，放置到边塞，并说了些好听的骗人的话向汉朝谢罪，同时派兵守卫在要害的地方。于是武帝说："韩千秋虽说没有成功，但能够得上军中的先锋！"封他的儿子韩延年为成安侯。樛乐的姐姐是王太后，王太后首先愿意归属汉朝，因此武帝封樛乐的儿子樛广德为龙亢侯。随后又下令说："天子衰微，诸侯相互攻伐，人们讥讽人臣不为君主讨伐贼子。现在吕嘉、赵建德等人反叛，心安理得地自立为王，命令犯罪之人及江淮以南楼船水师十万人前去讨伐他们。"

元鼎五年秋，卫尉路博德为伏波将军，出桂阳，下汇水^①；主爵都尉杨仆为楼船将军，出豫章，下横浦^②；故归义越侯二人为戈船、下厉将军^③，出零陵，或下离水^④，或抵苍梧；使驰义侯^⑤因巴蜀罪人^⑥，发夜郎兵，下牂柯江^⑦：咸会番禺。

◎**注释** ①〔汇水〕古水名。一作"洭水"。《汉书·西南夷两粤朝鲜传》作"湟水"。②〔横浦〕关名。③〔归义越侯二人为戈船、下厉将军〕指降汉而被封侯的越人严和甲。严为戈船将军，甲为下厉将军。归义，归向大义，此指投降汉朝。④〔离水〕即今漓江。⑤〔驰义侯〕南越人，其名为遗。⑥〔因巴蜀罪人〕指调发巴、蜀两郡的罪犯。⑦〔牂（zāng）柯江〕即今北盘江。

◎**大意** 元鼎五年秋天，卫尉路博德任伏波将军，从桂阳郡出兵，直下汇水；主爵都尉杨仆任楼船将军，从豫章郡出兵，直下横浦；原先归降汉朝廷而被封侯的两位南越人当了戈船将军和下厉将军，从零陵郡出兵，有一支直下离水，有一支抵达苍梧；派驰义侯利用巴蜀犯罪之人，调发夜郎兵，直下牂柯江：最后都在番禺会合。

元鼎六年冬，楼船将军将精卒先陷寻陕（峡）①，破石门，得越船粟，因推而前，挫越锋，以数万人待伏波。伏波将军将罪人，道远，会期后②，与楼船会，乃有千余人，遂俱进。楼船居前，至番禺。建德、嘉皆城守。楼船自择便处，居东南面；伏波居西北面。会暮，楼船攻败越人，纵火烧城。越素闻伏波名，日暮，不知其兵多少。伏波乃为营，遣使者招降者，赐印，复纵令相招。楼船力攻烧敌，反驱而入伏波营中。犁（黎）旦③，城中皆降伏波。吕嘉、建德已夜与其属数百人亡入海，以船西去。伏波又因问所得降者贵人，以知吕嘉所之，遣人追之。以其故校尉司马苏弘得建德，封为海常侯；越郎都稽得嘉，封为临蔡侯。

◎**注释** ①〔陷寻陕〕攻陷寻峡。寻陕，即"寻峡"，指浈阳峡，赵佗在浈水上所修的险要关口。②〔期后〕过了约定的期限。③〔犁旦〕黎明。犁，通"黎"。

◎**大意** 元鼎六年冬天，楼船将军杨仆率领精兵首先攻下寻峡，占领石门，俘获南越舟船粮食，乘势向前推进，挫败南越先头军队，率数万人等候伏波将军路博德。伏波将军率领犯罪的人，道路遥远，而过了约定的期限，因此与楼船将军会合的只有一千多人，于是一起前进。楼船将军走在前头，到达番禺。赵建德、吕嘉都据城防守。楼船将军自择有利地形，驻兵东南面，伏波将军驻兵西北面。正值天黑，楼船将军打败南越人，放火烧城。南越人一向听说伏波将军的威名，如今天黑，不知道汉兵有多少。伏波将军便安营，派使者招来投降的人，赐给他们印信，又放他们回去招降别的人。楼船将军奋力攻打并火烧敌军，反而驱使敌军进入伏波将军营中投降。黎明时分，城中越人都向伏波将军投降。吕嘉、赵建德已在夜里与他们的部属几百人逃入海中，乘船西去。伏波将军又通过询问投降者中的贵人，得知吕嘉逃走的方向，派兵去追捕。原任校尉而现任军司马的苏弘抓到赵建德，被封为海常侯；南越国郎官都稽抓到吕嘉，被封为临蔡侯。

苍梧王赵光者，越王同姓，闻汉兵至，及越揭阳令定①自定②属汉；越桂林监居翁③谕瓯骆属汉：皆得为侯。戈船、下厉将军兵及驰义侯所发夜郎兵未下，南越已平矣。遂为九郡。伏波将军益封④。楼船将军兵以陷坚为将梁侯。

◎ **注释** ①〔越揭阳令定〕南越国揭阳县的县令，名定。②〔自定〕自行决定。③〔越桂林监居翁〕南越国桂林郡的监郡，姓居名翁。④〔益封〕增加食邑户数。

◎ **大意** 苍梧王赵光与南越王同姓，听说汉军到来，同南越揭阳县令定自行决定归属汉朝；南越桂林郡监居翁告知瓯骆归降汉朝。他们都被封了侯。戈船将军和下厉将军的军队，以及驰义侯所调动的夜郎军队还未到达，南越已经被平定了。于是汉朝在此设置了九个郡。伏波将军增加了封邑，楼船将军的军队攻破了敌人的坚固防守，因而被封为将梁侯。

自尉佗初王后，五世①九十三岁而国亡焉。

◎ **注释** ①〔五世〕五代。

◎ **大意** 自从赵佗开始做南越王后，经历五世，九十三年而南越国灭亡了。

太史公曰：尉佗之王，本由任嚣。遭汉初定，列为诸侯。隆虑离（罹）湿疫①，佗得以益骄。瓯骆相攻，南越动摇。汉兵临境，婴齐入朝。其后亡国，征自樛女；吕嘉小忠，令佗无后。楼船从欲，怠傲失惑②；伏波困穷③，智虑愈殖，因祸为福④。成败之转，譬若纠墨（缪）⑤。

◎**注释**　①〔离湿疫〕遭遇湿热瘟疫的恶劣情况。离，通"罹"，遭遇。湿疫，指天热地湿、疾病盛行的情况。②〔怠傲失惑〕怠惰傲慢、放荡惑乱。据《汉书·酷吏传》记载，汉武帝曾令杨仆伐东越，杨仆自夸伐南越之功，遭武帝训斥。《史记·朝鲜列传》载杨仆与荀彘共击朝鲜，杨仆擅自行动，而不与荀彘同心合作，造成重大损失，被判死罪，赎为庶民。此句所言当指上述诸事。③〔困穷〕不得志。④〔因祸为福〕指伏波将军路博德的曲折经历。据《史记》《汉书》记载，路博德于元狩四年因打匈奴有功被封为邳离侯，元鼎六年因打南越有功而益封，太初元年因罪失侯，三年后又被任为强弩都尉，驻军居延至死。⑤〔纠墨〕同"纠缪"。三股绳拧到一起称"纠"，两股绳拧到一起称"缪"。

◎**大意**　太史公说：赵佗当上南越王，本是由于任嚣的提拔和劝说。遇上汉朝廷刚刚平定天下，他被列为诸侯。隆虑侯周灶出兵讨伐而遭遇湿热瘟疫，尉佗因此更加骄傲。瓯骆互相攻打，南越国势动摇。汉军临境，太子赵婴齐入京朝拜。这以后南越的亡国，在赵婴齐娶樛氏女时已有征兆；吕嘉小忠，不识大体，使赵佗断绝了王位的继承人。楼船将军杨仆放纵欲望，变得怠惰傲慢、放荡惑乱。伏波将军路博德大志不顺，智谋思虑却越来越丰富，因祸得福。可见成败的转换，就如同几股绳搓在一起，是难以分开的。

◎**释疑解惑**

　　赵佗在多种场合宣示南越的"蛮夷"身份和自身的"蛮夷"形象。如《郦生陆贾列传》记载，陆贾初使南越，"尉他（佗）魋结箕倨见陆生"，完全一副"蛮夷"的架势。在陆贾告之中原局势，晓以利害关系后，赵佗向陆贾谢罪说："居蛮夷中久，殊失礼义。"又如本篇所载："高后时，有司请禁南越关市铁器。佗曰：'高帝立我，通使物，今高后听谗臣，别异蛮夷，隔绝器物……'"在给文帝的文书中，赵佗自称"蛮夷大长老夫臣佗"。赵佗宣示"蛮夷"有别于汉朝廷之异性,实际上是在为独立于汉朝寻找借口。赵佗上书文帝称西瓯、闽越为"蛮夷",长沙为"半蛮夷"。在他看来,"半蛮夷"之地都可以称王,更何况自己与汉朝隔有边关,仅称王不足以彰显自己特异之处,故敢"妄窃帝号"。赵佗此言,与楚君熊渠之语"我蛮夷也,不与中国之号谥"颇有相同之意味,因为"半蛮夷"长沙在地域上正是与"中国"相互关联的。

在南越成为汉朝外臣后,除高后时期独立于汉王朝以外,其他时间均在努力维系对外称臣、对内独立的局面。在文帝即位以前,因政治形势的复杂多变,南越既认同汉朝,又维持其自身独立地位。文帝之后,汉越关系趋于稳定,南越开始尽力维持两种认同之间的平衡。随着汉越之间往来的深入,南越国内可被汉朝利用来促使南越内属的资源越来越多,其独立性也渐趋弱化。四主赵兴即位后,汉越政治关系空前亲密,武帝派遣使者讽喻南越内属。但由于长久以来历任南越王对"独立天下"的追求及国内称帝、不入长安等实际行为的影响,在其国内,主张维持南越相对独立局面的势力一直相当强大。再加上吕嘉、南越太后的个人因素,使南越国内力主独立的势力远强于力主内属的势力,故而让南越成为"内诸侯"注定是要失败的。赵兴时,南越太后力主内属,却无力压制主张维持独立的吕嘉一派势力,吕嘉一味斩断南越与汉朝之间的政治联系,过于追求自我独立,无视长久以来汉朝对南越的政治攻势,当然为武帝所不容。最终,南越灭亡,其地分为汉郡,成为汉朝统治区域。

◎思考辨析题

1. 试分析赵佗在岭南开发中的作用。

2. 司马迁在《太史公自序》中评价赵佗"能集杨越以保南藩,纳贡取",试分析之。

东越列传 第五十四

《东越列传》记述东越的变迁史,可分为两部分。前段写秦末汉初时,东越由郡县变为闽越国和东海国,句践的后裔无诸成为闽越王,摇成为东海王。后来,东海王助汉诛杀叛乱首领吴王濞而迁处江淮间。馀善杀闽越王郢而得立东越王。后段写馀善谋反而被杀,东越国重新变为郡县,其民迁处江淮间。全篇仅千余字,杨琪光《史汉求是》卷五一云:"此传班仍史文,无多增易。然史亦无佳文,岂以闽越无奇足采耶!"司马迁在该传开头便指出:"闽越王无诸及越东海王摇者,其先皆越王句践之后也,姓邹氏。"篇末"太史公曰"亦云:"越虽蛮夷,其先岂尝有大功德于民哉,何其久也!历数代常为君王,句践一称伯。然馀善至大逆,灭国迁众,其先苗裔繇王居股等犹尚封为万户侯,由此知越世世为公侯矣。盖禹之余烈也。"

毫无疑问，司马迁认为东越、闽越都是黄帝的子孙，与其他篇目中的记载是一致的。文章接下来用极其简练的文字，着重叙述了秦汉以来，特别是汉武帝时东越、闽越民族的发展历程，展示了他们如何走向与汉王朝日益加强联系和一统的道路。秦之后，楚汉相争，项羽暴虐，汉王仁德，结果楚灭汉兴。司马迁对越族参加秦汉之际反暴政的斗争，做了肯定的评价。建元三年，闽越围东瓯，发兵前太尉田蚡和中大夫庄助各有一番议论，他们的意见实则代表了汉初几十年及武帝建元以来汉朝处理与周边民族关系的不同政策。武帝出于"德润四海、泽臻草木"的思想，倾向于庄助的意见，但最终采取了一个折中的办法：未出虎符发兵郡国，而是遣庄助以节发兵会稽。结果不战而胜，东瓯举国徙江淮之间。第二次战争发生在建元六年，"闽越击南越……上遣大行王恢出豫章，大农韩安国出会稽"，最终闽越王郢为其弟馀善所杀，汉军不战而胜，立无诸孙繇君丑为越繇王，后又立馀善为东越王。第三次战争是在元鼎六年，东越王馀善因闻楼船将军请诛之而反，拒汉道，杀汉校尉，自号其将军为"吞汉将军"，气焰一度十分嚣张。汉兵分三路，经过一番曲折，在东越内部一些人的倒戈帮助下，杀掉馀善，取得了胜利。最终多人封侯，东越、闽越徙江淮间，"东越地遂虚"。本文揭示了东越与中原的历史渊源和密切关系，表现了中华民族这个大家庭逐渐走向统一的历史趋势，反映了作者维护中央政权的大一统思想。文章叙事有分有合，主线分明，重点突出。文字朴实而简练，在平淡中显示出特异的风采。

闽越王无诸及越东海①王摇者,其先皆越王句践之后也,姓邹氏。秦已并天下,皆废为君长②,以其地为闽中郡。及诸侯畔(叛)秦,无诸、摇率越归鄱阳令吴芮,所谓鄱君者也,从诸侯灭秦。当是之时,项籍主命③,弗王④,以故不附楚。汉击项籍,无诸、摇率越人佐汉。汉五年,复立无诸为闽越王,王闽中故地,都东冶。孝惠三年,举高帝时越功⑤,曰闽君摇功多,其民便附⑥,乃立摇为东海王,都东瓯,世俗号为东瓯王。

◎**注释** ①〔东海〕指今浙江南部靠海的地区。②〔君长〕此指少数民族的首领。③〔主命〕把持向诸侯发布命令的大权。④〔弗王〕没有封无诸和摇为王。⑤〔越功〕指越人帮助刘邦开国的功劳。⑥〔便附〕愿意归附。

◎**大意** 闽越王无诸同越东海王摇,他们的祖先都是越王句践的后代,姓邹。秦朝吞并天下后,都被废除王号,成为君长,他们所管辖的地方被划为闽中郡。待到诸侯反叛秦朝,无诸和摇便率领越人归附鄱阳县令吴芮,就是人们所说的鄱君,跟随诸侯灭了秦朝。当时,项羽把持向诸侯发布命令的大权,没有立无诸和摇为王,因此,他们没有归附楚王。汉王刘邦攻击项羽,无诸和摇就率领越人辅助刘邦。汉五年,重新立无诸为闽越王,在原先的闽中称王,建都在东冶。汉惠帝三年,列举高祖刘邦开国时越人的援助之功,认为闽君摇功劳多,他的百姓愿意归附,于是立摇为东海王,建都东瓯,民间称为东瓯王。

后数世,至孝景三年,吴王濞反,欲从闽越①,闽越未肯行,独东瓯从吴。及吴破,东瓯受汉购②,杀吴王丹徒,以故皆得不诛,归国。

◎**注释** ①〔欲从闽越〕意谓想让闽越跟随他造反。②〔购〕以重金收买。

◎**大意** 后来过了几代,到汉景帝三年时,吴王刘濞谋反,想让闽越随他反叛汉朝,闽越不肯采取行动,唯独东瓯随从吴国。吴国被攻破后,东瓯接受朝廷的重金收买,在丹徒杀死吴王。因此闽越王、东瓯王都没有受到责罚,各自返国。

吴王子子驹亡走闽越，怨东瓯杀其父，常劝闽越击东瓯。至建元三年，闽越发兵围东瓯。东瓯食尽，困，且降，乃使人告急天子。天子问太尉田蚡，蚡对曰："越人相攻击，固其常，又数反覆，不足以烦中国往救也。自秦时弃弗属。"于是中大夫庄助诘蚡曰："特患力弗能救，德弗能覆；诚能，何故弃之？且秦举咸阳而弃之，何乃①越也！今小国以穷困来告急天子，天子弗振②，彼当安所告愬（诉）③？又何以子④万国乎？"上曰："太尉未足与计⑤。吾初即位，不欲出虎符发兵郡国。"乃遣庄助以节⑥发兵会稽。会稽太守欲距（拒）不为发兵，助乃斩一司马，谕意指（旨）⑦，遂发兵浮海救东瓯。未至，闽越引兵而去。东瓯请举国徙中国，乃悉举众来，处江淮之间。

◎**注释** ①〔何乃〕何况。②〔振〕救助。③〔安所告愬（sù）〕去哪里哭告呢？愬，同"诉"，求告。④〔子〕这里是养育、爱护的意思。⑤〔与计〕同他商量事情。⑥〔以节〕犹"持节"。节，使者信物。⑦〔意指〕此指皇帝的命令。

◎**大意** 吴王的儿子刘子驹逃到闽越，怨恨东瓯杀了他的父亲，经常劝说闽越攻打东瓯。到建元三年，闽越发兵围攻东瓯。东瓯的粮食耗尽，受困，将要投降，就派人向武帝告急。武帝询问太尉田蚡，田蚡回答说："闽人相互攻打，本来就是常事，又反复无常，不值得烦劳中原前往救助。从秦朝时它就不隶属中原了。"这时中大夫庄助质问田蚡说："只是担心力量小而不能援救，恩德薄而不能覆育；如果能够办到，为什么要放弃它？而且秦朝把国都咸阳都丢弃了，何况是越人呢？现在小国因走投无路来向天子告急，天子不予援助，它应当到哪里去告急诉苦？天子又怎么能养育保护天下万国呢？"武帝说："太尉不足以商讨大事。我刚刚即位，也不打算发出虎符从郡国调遣军队。"于是派庄助用符节从会稽发兵。会稽太守想要拒不发兵，庄助便斩杀一位司马，宣示朝廷旨意，于是发兵渡海援救东瓯。汉军尚未到达，闽越就退兵离去了。东瓯请求把族人全部迁往中原，于是朝廷将东瓯人迁移到江淮一带。

至建元六年，闽越击南越。南越守天子约，不敢擅发兵击，而以闻①。上遣大行王恢出豫章，大农韩安国出会稽，皆为将军。兵未逾岭，闽越王郢发兵距（拒）险。其弟馀善乃与相、宗族谋曰："王以擅发兵击南越，不请②，故天子兵来诛。今汉兵众强，今即幸胜之，后来益多，终灭国而止。今杀王以谢天子。天子听，罢兵，固一国完；不听，乃力战；不胜，即亡入海。"皆曰"善"。即鈠杀王，使使奉（捧）其头致大行。大行曰："所为来者诛王。今王头至，谢罪，不战而耘③，利莫大焉。"乃以便宜④案兵⑤告大农军⑥，而使使奉（捧）王头驰报天子。诏罢两将兵，曰："郢等首恶，独无诸孙繇君丑不与谋焉。"乃使郎中将立丑为越繇王，奉闽越先祭祀。

◎**注释** ①〔闻〕把事情报告给上级。②〔不请〕指不向汉武帝请示。③〔耘〕锄草。此指消除。④〔便宜〕方便灵活地处理事情。⑤〔案兵〕停止军事活动。⑥〔大农军〕指韩安国的军队。

◎**大意** 到建元六年，闽越攻打南越。南越遵守与武帝的条约，不敢擅自发兵还击，而把这事上报朝廷。武帝派遣大行王恢率军从豫章郡出兵，大农令韩安国率军从会稽郡出兵，两人都任将军。汉军还未越过阳山岭，闽越王郢发兵把守险要之地。他的弟弟馀善便与国相、宗族商量说："大王因擅自发兵攻打南越，不向天子请示，所以天子的军队前来讨伐。现在汉军人多势强，即使侥幸战胜，后面汉军会来得更多，最终消灭我们国家后才停止。现在杀掉大王来向天子谢罪。天子接受了，停止用兵，自然保全闽越一国；天子不接受，就跟汉军拼到底；不能取胜，就逃入大海。"大家都说"好"。当即用铁柄小矛刺死闽越王，并派使者带着他的头送到大行王恢那里。大行王恢说："我军来这里就是为了诛杀东越王，现在他的头已经送到，东越也已谢罪，没有打仗就消除了祸患，没有比这再大的好处了。"于是见机行事而按兵不动，并通知大农令韩安国，又派遣使者带上闽越王的首级速报武帝。武帝下令停止两位将军的军事行动，并说："闽越王郢等首先作恶，只有无诸的孙子繇君丑不参与阴谋。"便派郎中将前去册立丑为越繇王，奉行对闽越祖先的祭祀之礼。

馀善已杀郢，威行①于国，国民多属，窃自立为王。繇王不能矫其众持正②。天子闻之，为馀善不足复兴师，曰："馀善数与郢谋乱，而后首诛郢，师得不劳。"因立馀善为东越王，与繇王并处。

◎**注释** ①〔行〕传布。②〔持正〕保持正道。
◎**大意** 馀善杀了郢后，威望遍布闽越国，国内百姓大多归属他，他就暗中自立为王。繇王丑不能纠正部众的过失而使之保持正道。武帝听说了这种情况，认为馀善不值得再兴师动众，说："馀善屡屡与郢谋划叛乱，但后来带头诛杀郢，我们的军队得以不受劳苦。"于是册立馀善为东越王，和繇王并处。

至元鼎五年，南越反，东越王馀善上书，请以卒八千人从楼船将军击吕嘉等。兵至揭扬，以海风波①为解②，不行，持两端③，阴使南越。及汉破番禺，不至。是时楼船将军杨仆使使上书，愿便引兵击东越。上曰士卒劳倦，不许，罢兵，令诸校屯豫章梅领（岭）待命。

◎**注释** ①〔海风波〕海风掀起大浪。②〔解〕解释，此指借口。③〔持两端〕采取两不得罪的政策。
◎**大意** 到元鼎五年，南越反叛，东越王馀善上书武帝，请求带领八千士兵跟随楼船将军杨仆攻打南越相吕嘉等人。东越的军队到达揭阳时，便以海上风浪大为借口，不再前行，持观望态度，暗中派人出使南越。等到汉军攻下番禺，东越军队还没到。这时楼船将军杨仆派使者上书，希望顺便率军攻打东越。武帝说士卒辛苦疲倦，没有答应，要他停止用兵，命令各位校官在豫章的梅岭驻军待命。

元鼎六年秋，馀善闻楼船请诛之，汉兵临境，且往，乃遂反，发兵距（拒）汉道①。号②将军邹力等为"吞汉将军"，入白沙、武林、梅岭，杀汉三校尉。是时汉使大农张成、故山州侯齿③将屯④，弗敢击，却就便处⑤，皆坐畏懦诛⑥。

◎**注释**　①〔汉道〕汉军经过的道路。②〔号〕加封名号。③〔故山州侯齿〕指刘齿，元朔四年受封山州侯，元鼎五年被免去侯爵。所以这里称"故山州侯"。④〔将屯〕率兵驻防。⑤〔便处〕方便有利的地方。⑥〔坐畏懦诛〕因犯怯懦惧敌之罪被诛杀。

◎**大意**　元鼎六年的秋天，馀善听说楼船将军请求讨伐他，汉军已临近国境，将要打过来，于是就造反了，派遣军队扼守汉军要经过的道路。馀善给将军邹力等人加号"吞汉将军"，派他们攻进白沙、武林、梅岭，杀死汉军的三个校尉。这时汉朝廷派遣了大农令张成和原山州侯刘齿带兵屯驻那里，他们不敢反击，退到安全地带，结果全因怯懦畏敌被杀。

　　馀善刻"武帝"玺自立，诈其民，为妄言①。天子遣横海将军韩说出句章，浮海从东方往；楼船将军杨仆出武林；中尉王温舒出梅岭；越侯②为戈船、下濑将军，出若邪、白沙。元封元年冬，咸入东越。东越素发兵距（拒）险，使徇北将军守武林，败楼船军数校尉，杀长吏。楼船将军率钱唐辕终古斩徇北将军，为御儿侯。自兵未往。

◎**注释**　①〔妄言〕虚妄不实的言论。②〔越侯〕降汉后被封为侯的两个南越人，即严和甲。一任戈船将军，一任下濑将军。按，《南越列传》"下濑将军"作"下厉将军"。

◎**大意**　馀善镌刻了"武帝"字样的印玺而自立为帝，欺骗百姓，散布诽谤朝廷的言论。武帝派遣横海将军韩说从句章出兵，从东方渡海去攻打东越；楼船将军杨仆从武林出兵；中尉王温舒从梅岭出兵；降汉后被封侯的南越人严、甲分别任戈船将军、下濑将军，从若邪、白沙出兵。元封元年冬天，各路兵马都攻入东越。东越原先就派兵据守险要之处，派徇北将军守卫武林，打败了楼船将军的几个校尉，杀死了长吏。楼船将军率领钱唐人辕终古杀了徇北将军，被封作御儿侯。他自己的军队却没有前往武林。

故越衍侯吴阳前在汉，汉使归谕馀善，馀善弗听。及横海将军先至，越衍侯吴阳以①其邑七百人反，攻越军于汉阳。从建成侯敖，与其率从繇王居股谋曰："馀善首恶，劫守②吾属。今汉兵至，众强，计杀馀善，自归诸将，傥（倘）③幸得脱④。"乃遂俱杀馀善，以其众降横海将军，故封繇王居股为东成侯，万户；封建成侯敖为开陵侯；封越衍侯吴阳为北石侯；封横海将军说为案道侯；封横海校尉福为缭嫈⑤侯。福者，成阳共王子，故为海常侯，坐法失侯。旧从军无功，以宗室故侯。诸将皆无成功，莫封。东越将多军，汉兵至，弃其军降，封为无锡侯。

◎**注释**　①〔以〕犹"率"。②〔劫守〕劫持。③〔傥〕通"倘"，或许。④〔脱〕指逃脱被杀的命运。⑤〔缭嫈（yíng）〕封地名。

◎**大意**　原越衍侯吴阳在此之前留在汉朝，这时汉朝廷派他回东越劝说馀善，馀善不听。等横海将军韩说的军队先到东越，越衍侯吴阳率领他封邑内的七百人反叛东越，在汉阳攻打东越的军队。他和建成侯敖及其部众，跟繇王居股商量说："馀善首先作恶，挟持我们。现在汉军到来，人多势强，我们设法杀掉馀善，自动投归汉军各位将军，或许侥幸能逃脱被杀的命运。"于是就一起杀了馀善，带领他的部众投降了横海将军，因此封繇王居股为东成侯，食邑一万户；封建成侯敖为开陵侯，封越衍侯吴阳为北石侯；封横海将军韩说为案道侯；封横海校尉刘福为缭嫈侯。刘福是成阳共王刘喜的儿子，原为海常侯，因犯法失去侯爵。他以前从军没立下军功，因为宗室成员的缘故封为侯。其他各位将军都无战功，无人封侯。东越的将领多军，在汉军到来时，丢下军队向汉军投降，被封为无锡侯。

于是天子曰东越狭多阻①，闽越悍，数反覆，诏军吏皆将其民徙处江淮间。东越地遂虚②。

◎**注释**　①〔阻〕山势险要。②〔虚〕空。
◎**大意**　这时武帝说东越狭小而且多是险要地势，闽越人强悍难制，反复无常，诏令军事长官，把那里的民众迁移到江淮之间。东越之地就空无人烟了。

　　太史公曰：越虽蛮夷，其先岂尝有大功德于民哉，何其久也！历数代常为君王，句践一称伯（霸）。然馀善至大逆，灭国迁众，其先苗裔繇王居股等犹尚封为万户侯，由此知越世世为公侯矣。盖禹之余烈①也。

◎**注释**　①〔余烈〕遗留下来的功业。
◎**大意**　太史公说：虽然东越是蛮夷部族，但他们的祖先大概对百姓曾有大功大德吧，不然为什么世代相传那么久远！经历了几代都常常当君王，而句践竟一度称霸。然而馀善竟然做出大逆不道的事情，于是国家被消灭，百姓被迁徙。他们祖先的后代子孙繇王居股等还被封为万户侯，由此可知，东越世世代代都当公侯。大概是大禹所留下的功业吧。

◎**释疑解惑**
　　汉武帝即位伊始，东越间再次爆发战争，汉武帝当即派汲黯前去查究。然而，汲黯只到吴地就返朝复命说："越人相攻，固其俗，不足以辱天子使者。"劝汉武帝不予理睬。虽然汉武帝接受了大臣的劝阻，但这件事也反映出他对闽越王积极扩展势力一事的关注。建元三年，闽越王郢向东越国发动军事进攻，并迅速围困了东越王军队，东越王慌忙派人北上求助汉王朝。汉武帝力排众议，委派庄助发会稽郡之兵，救援东越国。这时闽越王郢听说汉朝出兵干预，自料难敌汉军,便急忙撤军。汉军为东越国解了围,但东越王仍心有余悸,惧怕闽越国卷土重来,就主动向汉王朝请求举国内迁。这对汉武帝来说自然求之不得,既能不费一兵一戟就消除了一个异族王国,又扼制了闽越王势力的扩张。最后汉王朝把东越迁徙到江淮一带安置。汉武帝两次决定出兵南下打击闽越王,但都没有借机侵入东越之地。闽越王郢死后,馀善人多势众,自立为王,咸行闽越,越繇王大权旁落。汉武帝闻知后,并不恼怒,而是追封馀善为东越王,使之与越繇王并处。这阶段汉武帝对东越的政治态度,是在继续奉行以往的分而治之、让其自治的政策基础上,逐步采取对东越进行干预的方针,而不像过去那样任其自然,不闻不问。这不仅有效地阻止了闽越王势力的扩张,而且使中央王朝在东越地区的影响日益扩大,进一步加强了西汉王朝与东越间的政治关系,迫使闽越的反汉活动有所收敛。其后南越国的灭亡,使闽越国完全陷入孤立。与此同时,汉军在北边对匈奴也连战告捷,在这种形势下,汉武帝再也不能容忍闽越作为一支独立的政治力量存在,决意用武力来消除这个隐患多年的异己力量,最终平定闽越,消除了地方割据势力,加强了中央集权,巩固了国家统一。

◎ 思考辨析题

1. 分析《东越列传》的叙述结构。
2. 司马迁对武帝征伐东越持何态度?

朝鲜列传第五十五

　　此传名为《朝鲜列传》,实则只写卫满及其子孙之事,着重记述朝鲜变为汉朝四郡的过程,显示了朝鲜与中国密切的历史关系。文中记事简约,但事情原委交代极清楚。作者善用对照写法:写涉何出使,又写卫山出使;写卫山被诛,又写公孙遂被诛;写楼船之疑,则续以左将军之疑;等等。两两对照,"节节相配,段段相生,极递换脱卸之妙","在诸传中,又是一格"(李景星《史记评议》)。本传的"太史公曰",采用押韵之语,韵味深长,增强了本文的文学情趣。

朝鲜王满者①，故燕人也。自始全燕②时，尝略属③真番、朝鲜，为置吏，筑鄣塞④。秦灭燕，属辽东外徼⑤。汉兴，为其远，难守，复修辽东故塞，至浿水⑥为界，属燕⑦。燕王卢绾反，入匈奴，满亡命⑧，聚党千余人，魋（椎）结⑨蛮夷服而东走出塞，渡浿水，居秦故空地上下鄣，稍役属真番、朝鲜蛮夷及故燕、齐亡命者王之，都王险。

◎**注释** ①〔朝鲜王满者〕秦末汉初，燕人卫满率民建立了卫氏朝鲜。满，即卫满。②〔全燕〕燕国全盛时期。③〔属〕使……归属。④〔鄣塞〕边塞御敌的城堡。⑤〔徼（jiào）〕边界。⑥〔浿水〕即今朝鲜国之清川江。⑦〔属燕〕归燕国管辖。按，燕为汉代诸侯王国之一。⑧〔亡命〕流亡。⑨〔魋（chuí）结〕古代少数民族的一种发式，结发如椎，上细下粗。

◎**大意** 朝鲜王卫满，原本是燕国人。当初燕国全盛时，曾经攻占真番、朝鲜，使它们隶属燕国，并在那里设置官吏，在边界险要地方修筑防御城堡。秦国灭亡燕国后，朝鲜是从属辽东郡的边界国家。汉朝建立，因为朝鲜偏远难守，重新修筑辽东郡原来边塞御敌的城堡，一直到浿水为界，隶属诸侯王国中的燕国。燕王卢绾反叛，逃入匈奴，卫满也流亡在外，聚集亲族同党一千多人，梳着椎髻，穿上蛮夷的衣服而向东逃出边塞，渡过浿水，住在秦朝原先空旷之地的上下城堡中，渐渐役使统领真番、朝鲜蛮夷部族以及原燕国、齐国的逃亡者，在那里称王，建都王险城。

会孝惠、高后时天下初定，辽东太守即约满为外臣①，保塞外蛮夷，无使盗边；诸蛮夷君长欲入见天子，勿得禁止。以闻，上许之，以故满得兵威财物侵降②其旁小邑，真番、临屯皆来服属，方数千里。

◎**注释** ①〔外臣〕属国的君主。②〔侵降〕侵略，降服。

◎**大意** 正值惠帝、高后时期，天下刚刚平定，辽东郡太守就约定卫满作为外藩之臣，保护塞外蛮夷部族，不要让他们侵扰边地；各蛮夷部族的君长想要入京拜见天子，也不要禁止他们。辽东郡太守把这事报告朝廷，天子表示同意，因此卫满得以用兵威、财物侵占降服附近小国之地，真番、临屯都来归附他，所辖地域方圆几千里。

传子至孙右渠，所诱汉亡人滋多①，又未尝入见；真番旁众国欲上书见天子，又拥阏②不通。元封二年，汉使涉何谯谕③右渠，终不肯奉诏。何去至界上，临浿水，使御刺杀送何者朝鲜裨王④长，即渡，驰入塞，遂归报天子曰"杀朝鲜将"。上为其名美⑤，即不诘⑥，拜⑦何为辽东东部都尉。朝鲜怨何，发兵袭攻杀何。

◎**注释**　①〔滋多〕越来越多。②〔拥阏（è）〕堵塞，阻拦。③〔谯（qiào）谕〕责问并晓谕。谯，责备。④〔裨王〕小王。⑤〔名美〕美名。⑥〔诘〕追究。⑦〔拜〕授予官职。

◎**大意**　卫满传位给儿子，再传到孙子右渠，这时被朝鲜所引诱的汉朝流亡百姓越来越多，而右渠又未曾入京朝拜。真番附近众多小国想要上书拜见天子，右渠阻拦不准上报。元封二年，汉朝廷派遣涉何前往朝鲜责问并晓谕右渠，右渠始终不肯遵奉诏令。涉何离开到达边界，临近浿水，叫车夫刺杀护送涉何的朝鲜小王长，立即渡过浿水，驱车驰入塞内，于是返回报告武帝，说"我杀了朝鲜的一个将军"。武帝因涉何有杀将军的美名，就不再追究他的过失，任命涉何为辽东东部都尉。朝鲜怨恨涉何，发兵突袭攻杀了涉何。

天子募罪人击朝鲜。其秋，遣楼船将军杨仆从齐浮渤海；兵五万人，左将军荀彘出辽东：讨右渠。右渠发兵距（拒）险①。左将军卒正多②率辽东兵先纵③，败散，多还走④，坐法斩。楼船将军将齐兵七千人先至王险。右渠城守⑤，窥知楼船军少，即出城击楼船，楼船军败散走。将军杨仆失其众,遁山中十余日,稍求收散卒,复聚。左将军击朝鲜浿水西军,未能破自前。

◎**注释** ①〔距险〕在险阻之地抗拒。②〔卒正多〕名字叫多的卒正。卒正是中级军官。③〔纵〕进击敌人。④〔还走〕往回逃跑。⑤〔城守〕即守城。

◎**大意** 武帝征集犯罪的人从军攻打朝鲜。这一年秋天,派楼船将军杨仆从齐地出发渡过渤海;兵士五万人,左将军荀彘从辽东郡出兵:去讨伐右渠。右渠发兵扼守在险要之地,抵抗汉朝军队。左将军部下一个叫多的卒正率领辽东兵首先进击,战败溃散,多往回逃跑,因犯军法而被斩首。楼船将军杨仆率领七千齐兵先到达王险城。右渠据城防守,探知楼船将军兵少,就出城攻打楼船将军,楼船将军兵败逃散。将军杨仆与自己的军队失散,逃到山里十多天,渐渐寻找收拢溃散的士卒,重新聚集起来。左将军荀彘攻打驻防浿水西岸的朝鲜军队,未能从前方击败敌军。

天子为两将未有利,乃使卫山因兵威往谕右渠。右渠见使者,顿首谢:"愿降,恐两将诈杀臣;今见信节①,请服降。"遣太子入谢,献马五千匹,及馈军粮。人众万余,持兵,方渡浿水,使者及左将军疑其为变,谓太子已服降,宜命人毋持兵。太子亦疑使者左将军诈杀之,遂不渡浿水,复引归。山还报天子,天子诛山。

◎**注释** ①〔信节〕使者所持的符节印信。

◎**大意** 武帝因两位将军未能取胜,便派卫山借着兵威前去朝鲜晓谕右渠。右渠见到使者卫山就磕头谢罪说:"我愿意投降,只是担心两位将军用欺骗的手段杀害我;现在看到符节印信了,请允许我降服。"右渠派太子入朝谢罪,献马五千匹,并馈赠军粮。朝鲜一万多兵众,手持兵器护送太子,正要渡过浿水时,使者卫山和左将军荀彘怀疑太子要发动变乱,说是太子已经降服,应该命令手下人放下兵器。太子也怀疑使者和左将军设圈套杀他，就不渡浿水，又率众返回。卫山返回报告武帝，武帝诛杀了卫山。

左将军破浿水上军，乃前，至城下，围其西北。楼船亦往会，居城南。右渠遂坚守城，数月未能下。

◎**大意**　左将军打败浿水边上的朝鲜军队，随后继续前进，抵达王险城下，包围城西北。楼船将军也前来会合，驻军城南。右渠便坚守城池，汉军几个月未能攻下。

左将军素侍中，幸，将燕代卒，悍，乘胜，军多骄。楼船将齐卒，入海，固已多败亡；其先与右渠战，困辱亡卒①，卒皆恐，将心惭，其围右渠，常持和节②。左将军急击之，朝鲜大臣乃阴间使人私约降楼船，往来言，尚未肯决。左将军数与楼船期战③，楼船欲急就其约，不会④；左将军亦使人求间隙⑤降下朝鲜⑥，朝鲜不肯，心附楼船：以故两将不相能⑦。左将军心意楼船前有失军罪，今与朝鲜私善⑧而又不降，疑其有反计⑨，未敢发⑩。天子曰将率（帅）不能前，乃使卫山谕降右渠，右渠遣太子，山使不能剸（专）决⑪，与左将军计相误，卒沮约⑫。今两将围城，又乖异⑬，以故久不决。使济南太守公孙遂往正之，有便宜得以从事⑭。遂至，左将军曰："朝鲜当下久矣，不下者有状。"言楼船数期不会，具以素所意⑮告遂，曰："今如此不取，恐为大害，非独楼船，又且与朝鲜共灭吾军。"遂亦以为然，而以节召楼船将军入左将军营计事，即命左将军麾下执捕楼船将军，并其军，以报天子。天子诛遂。

◎**注释** ①〔困辱亡卒〕被围困受辱，士卒蒙受伤亡。②〔持和节〕希望议和。③〔期战〕约定作战的日期。④〔不会〕不和左将军相会合。⑤〔求间隙〕寻找机会。⑥〔降下朝鲜〕让朝鲜投降。⑦〔不相能〕不和睦。⑧〔私善〕私下交好。⑨〔反计〕造反的阴谋。⑩〔未敢发〕未敢发动反叛战争。⑪〔剸（zhuān）决〕同"专决"，专断，独自处理。⑫〔沮约〕使朝鲜投降的约定遭到破坏。沮，败坏，毁坏。⑬〔乖异〕相互违背，不能一致行动。⑭〔有便宜得以从事〕意即授予其根据情势自行决断的权力。便宜，方便有利的时机。从事，处理事情。⑮〔素所意〕一向所想的。

◎**大意** 左将军一向在宫中侍奉武帝，得宠，所统率的燕代士卒十分凶悍。打败朝鲜军后，军中大多数人都骄傲起来。楼船将军统率齐地士卒，渡海前来作战，路上已有许多人败逃；他又先与右渠交战，被困受辱，兵力受损，兵卒都感到恐惧，将官心里也很惭愧，因此他围困右渠时，经常希望议和。左将军急攻王险城，朝鲜大臣便偷偷派人私下约定向楼船将军投降，使者往来商谈多次，还没有达成协议。左将军屡次同楼船将军商定同时进击的日期，楼船将军想尽快与朝鲜达成降约，所以不派兵与左将军会合。左将军也派人寻找机会招降朝鲜，朝鲜不肯投降左将军，而想归附楼船将军，因此两位将军不和。左将军揣度楼船将军以前有失散军队之罪，现在与朝鲜私下交好而朝鲜又不投降，于是怀疑楼船将军有反叛的阴谋，只是未敢发动。武帝说，将帅无能，不久前才派卫山去晓谕右渠投降，右渠也派遣太子来谢罪，而卫山不能果断地处理事情，同左将军一起谋事出现了失误，终于破坏了朝鲜投降的约定。现在两位将军围攻王险城，又不能同心协力，因此长时间解决不了问题。于是武帝派遣济南太守公孙遂前去纠正两位将军的错误，如果遇到有利的时机，可以自行处理事务。公孙遂到达朝鲜后，左将军说："朝鲜早就可以攻下了，现在还未攻下是有原因的。"他又说了同楼船将军约定进军日期，而楼船将军不来会师的事，并把他一向怀疑楼船将军谋反的想法都告诉了公孙遂，说："现在到了这种地步还不逮捕他，恐怕会成为大害，楼船将军不仅要谋反，而且要联合朝鲜来消灭我军。"公孙遂也认为是这样，就用符节召楼船将军来左将军军营中商量事情，当场命令左将军的部下捉拿楼船将军，并把他的军队合并到左将军手下，然后把这件事报告给武帝。武帝杀了公孙遂。

左将军已并两军，即急击朝鲜。朝鲜相路人①、相韩阴、尼溪相参、将军王唊相与谋曰："始欲降楼船，楼船今执②，独左将军并将，战益急，恐不能与③，王又不肯降。"阴、唊、路人皆亡降汉。路人道死。元封三年夏，尼溪相参乃使人杀朝鲜王右渠来降。王险城未下，故右渠之大臣成巳又反，复攻吏。左将军使右渠子长降、相路人之子最告谕其民，诛成巳，以故遂定朝鲜，为四郡④。封参为澅清侯，阴为荻苴侯，唊为平州侯，长降为几侯。最以父死颇有功，为温阳侯。

◎**注释** ①〔相路人〕名字叫路人的相国。相是朝鲜最高的行政长官，如同汉朝的丞相。下文"相韩阴""尼溪相参"之"相"同此。②〔执〕抓住。③〔与〕参战。④〔四郡〕即乐浪郡、真番郡、临屯郡、玄菟郡。

◎**大意** 左将军合并了两支军队以后，立即加急攻击朝鲜。朝鲜国相路人、国相韩阴、尼溪相参、将军王唊（jiā）相互商议说："开始想要投降楼船将军，如今楼船将军已被拘捕，只有左将军统率汉军，攻战更加紧急，恐怕我们不能坚持到底，而大王又不肯投降。"韩阴、王唊、路人都逃亡降汉。路人死在半路上。元封三年夏天，尼溪相参便派人杀死朝鲜王右渠前来投降。王险城还没攻下，所以右渠的大臣成巳又造反，并且攻打不与他造反的朝鲜官吏。左将军让右渠的儿子长降、国相路人的儿子路最晓谕朝鲜的百姓，杀了成巳，因而终于平定了朝鲜，在那里设立四个郡。封参为澅（huà）清侯，韩阴为荻苴侯，王唊为平州侯，长降为几侯，路最因他的父亲死在奔降途中而有功，被封为温阳侯。

左将军征至①，坐争功相嫉，乖计②，弃市③。楼船将军亦坐兵至列口，当待左将军，擅先纵，失亡多，当诛，赎为庶人。

◎**注释** ①〔征至〕召来。②〔乖计〕指违背战争计划。③〔弃市〕在闹市执行死刑，并将尸体曝露在街头。

◎**大意** 左将军被征召到京，因争功嫉妒，违背军事计划而获罪，在集市上被斩杀示众。楼船将军也因率军抵达列口，本应等候左将军，却擅自抢先进攻，士兵损失多而获罪，应处以死刑，他用钱赎罪成为平民。

太史公曰：右渠负固①，国以绝祀。涉何诬功②，为兵发首③。楼船将狭④，及难离（罹）咎⑤。悔失番禺，乃反见疑⑥。荀彘争劳，与遂皆诛。两军俱辱，将率莫侯矣。

◎**注释** ①〔负固〕倚仗地势险要牢固。②〔诬功〕假冒功劳，犹言"骗功"。③〔为兵发首〕为战争爆发开了头。④〔将狭〕处事心胸狭小。⑤〔及难离咎〕遭遇灾祸，指初战被朝鲜打败。及难，遇到危难。离咎，陷入祸患。离，通"罹"。⑥〔悔失番禺，乃反见疑〕《南越列传》载述楼船将军杨仆于武帝元鼎六年冬首先率兵攻至南越都城番禺城下，放火烧城，本当独得大功，可是敌人却跑到伏波将军路博德那里投降，分了杨仆的功劳。杨仆记取这次行动过急的教训，在此次攻朝鲜的战役中，他行事谨慎，约降朝鲜大臣，又被荀彘怀疑为联敌谋反。见疑，被怀疑。

◎**大意** 太史公说：朝鲜王右渠倚仗地势险要牢固顽抗，致使国家灭亡。涉何骗取功劳，成为战争爆发的开端。楼船将军心胸狭窄，遇到危难身遭不测，悔恨当年攻打番禺时冒进失功，按兵不动单独约降反被怀疑。荀彘争夺功劳，和公孙遂都被诛杀。最终征讨朝鲜的杨仆和荀彘的两支军队都遭受困辱，将帅都没有被封侯。

◎**释疑解惑**

汉武帝设置乐浪等四郡主要是因为，西汉之初，秦末战争造成的困顿和凋敝是新生的汉政权无法回避的问题。西汉为发展经济，振兴国力，采取了一系列与民休息、恢复生产的措施。汉朝初期，对于边疆政权的态度是十分宽容的，无论是"藩臣"还是"外臣"，在具体策略上都是安抚多于征伐。如朝鲜在立国之后,为"外臣"八十六年,竟无一次朝觐,而西汉对此也一直采取默然的态度。但西汉对此是颇为不满的,一旦国力允许,以新的统治形式取代旧有的藩属模式便是势之必然。朝鲜虽未曾朝贡于汉,但其"外臣"的地位是双方都不否认的,卫氏也通过这种关系,从汉朝接受大量物质利益和精神财富。比如,以汉之属臣的身份待周边小国,无威而威。但是,当约定的"外臣"规范遭到蔑视,汉天子的威信遇到挑衅时,西汉王朝的治边方略发生转变就在所难免,回归一统的结局成为必然。

◎ **思考辨析题**

1. 试比较《史记·朝鲜列传》与《汉书·朝鲜传》的文本异同。
2. 论述汉武帝设置乐浪等四郡的意义。

西南夷列传

第五十六

《西南夷列传》记述了我国西南地区在秦汉时期许多部落国家的地理位置和风俗民情，描述了夜郎、滇等先后归附汉王朝，变国为郡，设官置吏的过程。为了加强和巩固统一的多民族国家，实现北击匈奴的战略目的，汉武帝派遣张骞出使西域，在大夏发现了蜀身毒道，"于是汉以求大夏道始通滇国"，本传记的历史背景由此展开，所以其主要内容与汉王朝开拓西部边疆和建立巩固统一的多民族国家有关。该传重点记述了汉武帝四次通西南夷的历史过程，自建元六年唐蒙出使夜郎，司马相如、公孙弘和王然于等汉朝名臣先后抚定西南夷，至元封二年汉王朝经过二十六年的经营，在西南夷共设立七个"初郡"，使西南夷大部分地区都纳入全国统一的郡县体制中。这揭示了中国不同地域、不同民族，最终将形成一个和睦统一的多民族国家的必然趋势,反映了司马迁民族一统的历史观念,表现了他维护中央集权和国家统一的思想,有其进步意义。司马迁开篇很有层次地勾勒出了西南夷各民族的经济状况和社会生活。从司马迁的记述中可以看出,西南夷族系繁多,分布地域广阔,按其生产劳作方式主要分为以下三种类型:"耕田,有邑聚",即定居农耕民族,主要分布在夜郎、靡莫、滇、邛都等地区;"随畜迁徙,毋常处",即游牧民族,主要分布于同师、楪榆、嶲、昆明等地区;"其俗或土箸,或移徙",即半农半牧民族,主要分布在徙、筰都、冉、駹、白马等地区。西南夷又可分为"西夷"和"南夷"。在《西南夷列传》中有六次提到"南夷",四次提到"西夷"。巴蜀之南的"南夷",以夜郎、滇为代表,包括劳浸、靡莫、昆明;"西夷"在蜀之西,包括徙、邛、筰、冉、駹、白马。当然,本篇中所涉及的"西南"并不是现代的西南,司马迁所说的西南是以巴郡、蜀郡为基点,即"巴蜀西南外蛮夷",也就是将巴郡、蜀郡之西北、之西、之南的地区称为"西南",分布在这些地区的少数民族遂被称为"西南夷"。具体来说,本篇所说的"西南"地区相当于今天甘肃、四川、云南、贵州等省的相关地区。文章头绪甚多,但结构安排井然有序,前后映照,重点突出(主要写夜郎和滇),"文章之精密"(吴见思《史记论文》),达到"无隙可蹈,无懈可击"(李景星《史记评议》)的程度,有较高的艺术性。

西南夷君长以什数,夜郎最大;其西靡莫之属以什数,滇最大;自滇以北君长以什数,邛都最大:此皆魋(椎)结,耕田,有邑聚①。其外西自同师以东,北至楪榆,名为嶲②、昆明,皆编(辫)发③,随畜迁徙，毋常处，毋君长，地方可数千里。自巂以东北，君长以什数，徙、筰都④最大；自筰以东北，君长以什数，冉、駹⑤最大。其俗或土箸（著）⑥，或移徙，在蜀之西。自冉、駹以东北，君长以什数，白马最大，皆氐⑦类也。此皆巴蜀西南外蛮夷也。

◎**注释** ①〔邑聚〕村落。②〔巂(xī)〕古民族名。③〔编发〕把头发梳成辫。④〔筰(zuó)都〕古民族名。⑤〔冉、駹(máng)〕古民族名。⑥〔土箸〕定居某地，长期不移动。箸，通"著"。⑦〔氐(dī)〕古民族名。

◎**大意** 西南夷的民族部落多得以十计数，其中夜郎最大；它西面的靡莫一类的部落，多得以十计数，其中滇最大；从滇以北的民族部落以十计数，其中邛都最大：这些夷人都结着椎形发髻，耕种田地，有村落。这些部落以外，从西边的同师往东，北边到楪（yè）榆，称为巂、昆明，这些部落的人都结发为辫，随着放牧的畜群到处迁徙，没有固定的住处，没有部落君长，土地方圆几千里。从巂向东北，民族部落多得以十计数，其中徙、筰都最大；从筰都向东北，民族部落多得以十计数，其中冉、駹最大。那里的习俗有的定居，有的迁徙，在蜀郡的西面。从冉、駹向东北，民族部落多得以十计数，其中白马最大，都是氐族的同类。这些都是巴郡、蜀郡西南以外的蛮夷。

始楚威王①时，使将军庄蹻②将兵循江上，略巴、黔中以西。庄蹻者，故楚庄王苗裔③也。蹻至滇池，方三百里，旁平地，肥饶数千里，以兵威定属楚。欲归报，会秦击夺楚巴、黔中郡，道塞不通，因还，以其众王滇，变服④，从其俗以长之⑤。秦时常频略通五尺道⑥，诸此国颇置吏焉。十余岁，秦灭。及汉兴，皆弃此国而开蜀故徼⑦。巴蜀民或窃出商贾，取其筰马、僰僮⑧、髦牛⑨，以此巴蜀殷富。

◎**注释** ①〔楚威王〕楚国国君，前339年~前329年在位。②〔庄蹻(jiǎo)〕关于庄蹻其人，历来众说纷纭，一般认为他是先秦时期楚国大盗，常与盗跖并称。③〔苗裔〕后代子孙。④〔变服〕改变楚的服饰，穿起当地人的服装。⑤〔长之〕给当地人当长帅。⑥〔五尺道〕道路名。按，秦统一中国后，为控制西南地区，在四川宜宾和云南曲靖间修了一条大道，路面宽五尺，故称五尺道。⑦〔徼（jiào）〕边界。⑧〔僰（bó）僮〕僰族奴婢。僰，古代部族名。⑨〔髦牛〕即牦牛。

◎**大意**　当初楚威王时，曾派遣将军庄蹻率领军队沿长江而上，攻取巴郡、黔中郡以西地区。庄蹻，是从前楚庄王的后代。庄蹻到达滇池，看到这里方圆三百里，四周是平地，肥沃富饶的地方有几千里，于是庄蹻凭借军威平定这里并使之归属楚国。他想返回楚国报告这里的情况，正赶上秦国进攻夺取楚国的巴郡、黔中郡，道路阻塞不通，因而又退回滇池，依仗军队在滇池称王，改变服饰，顺从当地的习俗，从而统治滇地人。秦朝时，常额大略开通了五尺宽的栈道，在这些地方设置了官吏。十余年后，秦朝灭亡了。汉朝建立后，舍弃了这些地方而开通了蜀地原来的边关。巴蜀地区的百姓中有的暗中出关做买卖，换取那里的笮马、僰奴、牦牛，因此巴蜀地区兴旺富裕。

　　建元六年，大行王恢击东越，东越杀王郢以报。恢因兵威使番（鄱）阳令唐蒙风指晓南越。南越食蒙蜀枸酱①，蒙问所从来，曰"道西北牂柯，牂柯江广数里，出番禺城下"。蒙归至长安，问蜀贾人，贾人曰："独蜀出枸酱，多持窃出市夜郎。夜郎者，临牂柯江，江广百余步，足以行船。南越以财物役属②夜郎，西至同师，然亦不能臣使③也。"蒙乃上书说上曰："南越王黄屋左纛，地东西万余里，名为外臣，实一州主也。今以长沙、豫章往，水道多绝，难行。窃闻夜郎所有精兵，可得十余万，浮船牂柯江，出其不意，此制越一奇也。诚以汉之强，巴蜀之饶，通夜郎道，为置吏，易甚。"上许之。乃拜蒙为郎中将，将千人，食重万余人，从巴蜀笮关④入，遂见夜郎侯多同。蒙厚赐，喻以威德，约为置吏，使其子为令。夜郎旁小邑皆贪汉缯帛，以为汉道险，终不能有也，乃且听蒙约。还报，乃以为犍为郡。发巴蜀卒治道，自僰道指牂柯江。蜀人司马相如亦言西夷邛、筰可置郡。使相如以郎中将往喻，皆如南夷，为置一都尉，十余县，属蜀。

◎**注释** ①〔枸（jǔ）酱〕用枸的果实做的酱。枸，树名，即蒌叶，又名蒟酱、扶留藤，其果实绿黄色，可制酱。②〔役属〕归属而服役。③〔臣使〕像臣下那样驱使。④〔巴蜀筰关〕当作"巴符关"。

◎**大意** 建元六年，大行令王恢攻打东越，东越人将杀死东越王郢的事上报朝廷。王恢借军队的威势让鄱阳县令唐蒙把朝廷出兵的打算委婉地告诉南越。南越人把蜀地产的枸酱送给唐蒙吃，唐蒙问从哪里来的，说是"取道西北的牂柯江而来的，牂柯江宽几里，从番禺城下流过"。唐蒙回到长安，询问蜀地的商人，商人说："只有蜀地出产枸酱，许多人带着它偷偷到夜郎卖。夜郎靠近牂柯江，江面宽一百多步，完全可以行船。南越人想用钱财收买夜郎使其归附，西面直到同师，可还是不能像对臣属国那样使唤它。"唐蒙就上书劝说武帝道："南越王使用黄屋左纛，土地从东至西一万多里，名义上是外国藩臣，实际是一州之主。现在由长沙国、豫章郡前往，水路多数断绝，难以航行。臣私下听说夜郎的精兵有十余万，如果他们乘船沿牂柯江而下，出其不意，这是制服南越的一条奇计。如果真能利用汉朝的强威、巴蜀的富饶，开通夜郎的道路，在那里设置官吏，容易得很。"武帝接受唐蒙的建议。就委任唐蒙为郎中将，率领兵士一千多人，运输粮食军需品的民夫一万多人，从巴蜀筰关进入夜郎，随即会见夜郎侯多同。唐蒙用威势恩德开导，约定给夜郎设置官吏，让多同的儿子任县令。夜郎周围的小国都贪图汉朝的丝绸，以为汉人来这里的道路艰险，最终不能占有，就暂且接受唐蒙的盟约。唐蒙返回朝廷上报武帝，就在那里设置犍为郡。征调巴蜀地区的兵士修筑道路，从僰开通道路直到牂柯江。蜀地人司马相如也上书说西夷的邛、筰地区可以设郡。武帝派司马相如以郎中将的身份前往宣谕当地百姓，让他们和南夷一样，为他们设置一个都尉、十多个县，归蜀郡管辖。

当是时，巴蜀四郡①通西南夷道，戍转相饷。数岁，道不通，士罢（疲）饿离（罹）湿，死者甚众；西南夷又数反，发兵兴击②，耗费无功。上患之，使公孙弘往视问焉。还对，言其不便。及弘为御史大夫，是时方筑朔方以据河逐胡，弘因数言西南夷害，可且罢，专力事匈奴。上罢西夷，独置南夷夜郎两县一都尉，稍令犍为自葆（保）就③。

◎**注释** ①〔四郡〕指巴郡、蜀郡、广汉、汉中。②〔兴击〕发动攻击。③〔葆就〕保卫城池，修成郡县。葆，通"保"。

◎**大意** 在这个时候，巴、蜀等四郡要开通到西南夷的道路，戍边的士卒、运送物资和军粮的人很多。过了几年，道路也没修通，士卒疲惫饥饿，很多人遭受潮湿而死。西南夷又屡次造反，调遣军队去打击，耗费钱财和人力，却无成果。武帝忧虑此事，便派公孙弘去亲自观察询问。公孙弘回京禀告武帝，声称形势不利。等到公孙弘当了御史大夫，这时汉朝正修筑朔方郡城，以便凭借黄河驱逐匈奴，公孙弘乘机屡次陈说开发西南夷的害处，武帝同意了暂时停止开发西南夷的活动，集中力量对付匈奴。武帝下令停止对西夷的活动，只在南夷的夜郎设置两个县和一个都尉，让犍为郡保卫城池，并逐渐完善自己的郡县体制。

及元狩元年，博望侯张骞使大夏来，言居①大夏时见蜀布、邛竹杖，使问所从来②，曰"从东南身毒国③，可数千里，得蜀贾人市"。或闻邛西可二千里有身毒国。骞因盛言大夏在汉西南，慕中国，患匈奴隔其道，诚通蜀，身毒国道便近，有利无害。于是天子乃令王然于、柏始昌、吕越人等，使间出西夷西，指求身毒国。至滇，滇王尝羌乃留，为求道西十余辈④。岁余，皆闭昆明⑤，莫能通身毒国。

◎**注释** ①〔居〕生活，居住。②〔从来〕来路，来源。③〔身毒国〕古代国名。或译作"天竺""天毒""乾毒"等，即今印度。④〔为求道西十余辈〕指滇国派出找寻西去之路的有十多批人。辈，批，群。⑤〔皆闭昆明〕意为都被昆明人阻拦。闭，阻塞。

◎**大意**　待到元狩元年，博望侯张骞出使大夏国归来后，说他生活在大夏时曾经看到过蜀郡出产的布帛、邛都的竹杖，让人询问这些东西的来历，回答的人说："从东南边的身毒国弄来的，从这儿到那里的路途有数千里，可以和蜀地的商人做买卖。"有人听说邛地以西大约两千里处有个身毒国。张骞乘机大谈大夏在汉朝西南方，仰慕中国，忧虑匈奴阻隔他们与中国的交通要道，假若能开通蜀地的道路，使去往身毒国的路既方便又近，对汉朝有利无害。于是武帝就命令王然于、柏始昌、吕越人等，让他们寻找捷径从西夷的西边出发，去寻找身毒国。他们到达滇国，滇王尝羌就留下了他们，并为他们派出十多批到西边去寻找道路的人。过了一年多，寻路之人全被昆明国阻拦，没能通往身毒国。

滇王与汉使者言曰："汉孰与我大？"及夜郎侯亦然。以道不通故，各自以为一州主，不知汉广大。使者还，因盛言滇大国，足事亲附①。天子注意焉②。

◎**注释**　①〔足事亲附〕值得让他们亲近归附汉朝。②〔注意焉〕专注留意这件事。焉，兼词，相当于"于是（此）"。

◎**大意**　滇王问汉使者说："汉朝与我们相比谁的疆域更大？"汉使者到夜郎，夜郎侯也这样问。由于道路不通，这些少数民族都自以为是一州之主，不知道汉朝疆域的广大。使者回来后，就极力宣称滇是大国，值得让他们亲近和归附汉朝。于是武帝便对这事留心了。

及至南越反，上使驰义侯因犍为发南夷兵。且兰君①恐远行，旁国②虏其老弱，乃与其众反，杀使者及犍为太守。汉乃发巴蜀罪人尝击南越者八校尉击破之。会越已破，汉八校尉不下③，即引兵还，行诛头兰④。头兰，常隔滇道者也。已平头兰，遂平南夷为牂柯郡。夜郎侯始倚南越，南越已灭，会还诛反者，夜郎遂入朝。上以为夜郎王。

◎**注释** ①〔且（jū）兰君〕且兰国的国君。②〔旁国〕附近国家。③〔不下〕没有沿牂柯江南下击南越。④〔行诛头兰〕在行军中诛灭了头兰国。

◎**大意** 等到南越造反时，武帝派驰义侯用犍为郡的名义调遣南夷的军队。且兰君害怕他的军队远行后，附近的国家会乘机掳掠他的老弱之民，于是就同他的军队谋反，杀了汉朝使者和犍为郡的太守。于是汉朝调动巴郡和蜀郡原先准备攻打南越的八个校尉，率领被赦从军的罪犯去攻打且兰，把它平定了。正赶上南越已被攻破，汉朝的八个校尉尚未沿牂柯江南下，就领兵撤回，在行军中诛灭了头兰。头兰是经常阻隔汉朝与滇国交通道路的国家。平定头兰后，就平定了南夷，在那儿设置了牂柯郡。夜郎侯起初依靠南越，南越被消灭后，正赶上汉军回来诛杀反叛者，夜郎侯就随军入京朝见武帝。武帝封他为夜郎王。

南越破后，及汉诛且兰、邛君，并杀筰侯，冉、駹皆振（震）恐，请臣置吏。乃以邛都为越巂郡，筰都为沈犁郡，冉、駹为汶山郡，广汉西白马为武都郡。

◎**大意** 南越破灭之后，汉朝又诛杀且兰君、邛君，并且杀了筰侯，冉、駹都震动、惊恐，便向汉朝请求称臣，为他们设置官吏。汉朝就把邛都设置为越巂郡，筰都设置为沈犁郡，冉、駹设置为汶山郡，广汉西边的白马设置为武都郡。

上使王然于以越破及诛南夷兵威风（讽）喻①滇王入朝。滇王者，其众数万人，其旁东北有劳浸、靡莫，皆同姓相扶，未肯听。劳浸、靡莫数侵犯使者吏卒。元封二年，天子发巴蜀兵击灭劳浸、靡莫，以兵临滇。滇王始首善②，以故弗诛。滇王离难西南夷③，举国降，请置吏入朝。于是以为益州郡，赐滇王王印，复长④其民。

◎**注释** ①〔风喻〕委婉劝告。风,通"讽"。用含蓄的话暗示或劝告。②〔首善〕开始有善意。③〔滇王离难西南夷〕言滇王离开西夷,向东侍奉汉朝。④〔长〕做一国之长。此言统领其民。

◎**大意** 武帝派王然于利用破南越及诛杀南夷君长的兵威,委婉劝告滇王进京朝见。滇王有数万军队,滇国东北方有劳浸和靡莫,这两个部落都和滇王同姓,相互依靠,不愿滇王进京。劳浸和靡莫屡次侵犯汉朝使者和吏卒。元封二年,武帝调动巴郡和蜀郡的军队攻打并消灭了劳浸和靡莫,大军逼近滇国。滇王开始对汉朝怀有善意,因此没有被诛杀。滇王于是离开西夷,率领全国向汉朝投降,请求为他们设置官吏,并进京朝见武帝。于是汉朝就把滇国设置为益州郡,赐给滇王王印,让他继续统治他的百姓。

西南夷君长以百数,独夜郎、滇受王印。滇小邑,最宠焉。

◎**大意** 西南夷的君长多得以百计数,只有夜郎、滇的君长得到王印。滇是小国,最受汉朝廷的宠信。

太史公曰:楚之先岂有天禄①哉?在周为文王师,封楚②。及周之衰,地③称五千里。秦灭诸侯,唯楚苗裔尚有滇王。汉诛西南夷,国多灭矣,唯滇复为宠王。然南夷之端,见枸酱番禺,大夏杖邛竹。西夷后揃④,剽⑤分二方,卒为七郡。

◎**注释** ①〔天禄〕上天所赐的俸禄。②〔封楚〕受封于楚。《楚世家》记载,楚先人"熊绎当周成王之时,举文、武勤劳之后嗣,而封熊绎于楚蛮,封以子男之田,姓芈氏,居丹阳"。③〔地〕国土。④〔揃(jiǎn)〕分割。⑤〔剽〕分开。

◎**大意** 太史公说:楚国的祖先难道有上天赐给的禄位吗?在周朝时,他们的先祖鬻熊当了周文王的老师,后来的熊绎又被周成王封到楚蛮之地而立国。等到周朝衰微之时,楚国领土号称五千里。秦国灭亡诸侯,唯独楚国的后代子孙中还有滇王存在。汉朝讨伐西南夷，那里的国家多半被消灭，只有滇王又受到汉天子的宠爱。但是平定南夷的开始，是在番禺见到了枸酱，在大夏看到了邛竹杖。西夷后来被分割，分成西、南两方，最后被汉分设为七个郡。

◎ 释疑解惑

司马迁善于将复杂繁乱的历史问题叙述得条理分明，一丝不乱。民族问题原本就很复杂，再加上民族种类繁多、地处分散，一般很难理清头绪，但司马迁把它们写得有条不紊，明明白白。梁启超对《西南夷列传》的叙事艺术评价说："这篇传叙的川边川南、云南、贵州一带氐、羌、苗、蛮诸种族，情形异常复杂，虽在今日，尚且很难理清头绪，太史公却能用极简净的笔法把形势写得了如指掌，他把它们分为三大部，用土著游牧及头发的装束等等做识别，每一大部中复分为若干小部，每小部举出一个或两个部落为代表。代表之特殊地位固然见出，其他散部落亦并不挂漏。到下文虽然专记几个代表国，如滇、夜郎等的事情，然已显出这些事情与西南夷全体的关系，这是详略繁简的最好标准。"司马迁不愧为擅长描写复杂历史事件的能手。《西南夷列传》写了西南各少数民族错综复杂的民族特色和地理状况以及汉三次通西南夷的情况，没有高屋建瓴的叙事本领和对西南地理状况、风俗人情的了解，是无法写得如此条理分明的。近人李景星说，《西南夷列传》是最有结构的文字，总起总结，中间分叙："传之起首，如晴天霹雳，如平地奇峰，突兀得势；入后步步照应，有破竹之妙。"写其地理之文字能"于僻处见曲折"，写其特产之文字又"于细处见风致"。起以夜郎国、滇国为题展开，末又以夜郎国、滇国为结收尾；开始用"以什数"，结尾以"以百数"，这样就"篇如节，节如句，无隙可蹈，无懈可击，极精极密，又极道紧"。司马迁在《西南夷列传》中的这种因类相连、因事相连的布局结构，反映了他匠心独运的艺术技巧。

◎ 思考辨析题

1. 试分析《西南夷列传》的叙事技巧。
2. 通过《西南夷列传》，分析司马迁的民族观。

司马相如列传第五十七

《司马相如列传》是《史记》七十篇列传中篇幅最长的一篇，记述了"赋圣"司马相如传奇的一生。在撰写《司马相如列传》时，司马迁采取了"以文传人"的写作手法。司马迁之所以这样做，主要是出于以下两点考虑。

其一，司马相如是当时最伟大的文学家之一，他的文学作品具有珍贵的艺术价值和崇高的历史地位。同为伟大文学家的司马迁很清楚地认识到了这一点。如《子虚赋》是司马相如早期的赋作，也是他的辞赋代表作。此赋借子虚之口表现了汉王朝的强大声势和雄伟气魄，极尽铺张扬厉之能事，辞藻丰富，描写工丽，散韵相间，是汉大赋的代表作。而在赋的结尾，司马相如又借乌有先生之口，展现了"其要归引之节俭"的中心思想。后来，司马相如又为汉武帝创作了表现天子游猎情景的

《上林赋》。此赋依次夸饰天子上林苑中的山水、禽鸟、草木、走兽、台观、宫殿之胜，极言上林苑之巨丽；接着由状物转入渲染天子校猎的场面，最后写天子猎余庆功，将奢华的场面推向高潮。然后突然转折，写天子怅然长叹："此大奢侈。"全然推翻了前文的夸扬，又巧借天子之口提出了治国安民的政治主张，言褒意贬，委婉深刻。然后借题发挥，劝谏天子要以礼仪为准则，以圣王为榜样，广收贤才。最后叙述天子行仁义而天下大悦，正反对照，总结全文，首尾呼应。确如司马迁所说"此与《诗》之风谏何异！"

其二，司马相如还深入参与了汉武帝对于西南地区的治理。他的《难蜀父老文》和《喻巴蜀檄》是阐释汉武帝西南政策的重要文献，具有极高的历史价值，因此司马迁同样将其收入传中。而《封禅书》是司马相如的遗作，并非辞赋而是散文。该文叙述了古代君王封禅泰山的事迹；汉武帝之文治武功、雄才大略，可与历代明君圣主媲美，司马相如事实上是借此文劝汉武帝进行封禅。这篇作品对汉武帝此后多次举行封禅仪式的行为影响很大。《谏猎书》则对天子沉迷游猎之事进行劝说，很好地体现了司马相如"讽谏"的创作理念，也开创了后世"谏猎"题材文学作品的先河。

司马迁对司马相如的评价很高，既肯定了他出使西南夷所取得的成绩，又肯定了司马相如的文学创作成就。尤其是他对司马相如辞赋创作"讽谏之旨"的赞美，直接奠定了司马相如在中国辞赋史上的崇高地位。在这篇列传中，司马迁所载录的司马相如的作品以辞赋为主，其中有许多奇字僻典，识读和掌握它们是首先需要解决的难点。

司马相如者，蜀郡成都人也，字长卿。少时好读书，学击剑，故其亲名之曰犬子。相如既学，慕蔺相如之为人，更名相如。以赀（资）为郎①，事孝景帝，为武骑常侍②，非其好也。会景帝不好辞赋，是时梁孝王③来朝，从游说之士齐人邹阳、淮阴枚乘、吴庄忌夫子之徒，相如见而说（悦）之，因病免④，客游梁。梁孝王令与诸生同舍，相如得与诸生游士居数岁，乃著《子虚》之赋。

◎**注释** ①〔以赀为郎〕赀，通"资"，财产。郎，郎官，是汉代的官廷宿卫官。②〔武骑常侍〕皇帝的骑兵侍卫，侍从皇帝出巡、打猎。③〔梁孝王〕梁孝王刘武，汉文帝刘恒嫡次子，汉景帝刘启同母弟。④〔因病免〕借口生病，辞去官职。

◎**大意** 司马相如是蜀郡成都人，字长卿。少年时喜爱读书、学习击剑，他的父母给他取名"犬子"。相如完成学业后，因仰慕蔺相如的为人，改名相如。他依靠家资成为郎官，侍奉汉景帝，做了武骑常侍，但这原非他的志向。适值景帝不喜欢辞赋，当时梁孝王来京城朝拜景帝，随从来京的有邹阳、枚乘、庄忌等游说之士，相如一见就喜欢上了他们，于是借口有病辞去了官职，旅居梁国。梁孝王让他和那些文人住在一起，相如得以和那些文人及游说之士相处多年，在此期间写下了《子虚赋》。

会①梁孝王卒，相如归，而家贫，无以自业②。素与临邛令王吉相善，吉曰："长卿久宦游不遂，而来过我。"于是相如往，舍都亭。临邛令缪③为恭敬，日往朝相如。相如初尚见之，后称病，使从者谢吉，吉愈益谨肃。临邛中多富人，而卓王孙家僮八百人，程郑亦数百人，二人乃相谓曰："令有贵客，为具④召之。"并召令。令既至，卓氏客以百数。至日中，谒司马长卿，长卿谢病不能往，临邛令不敢尝食，自往迎相如。相如不得已，强往，一坐尽倾⑤。酒酣，临邛令前奏琴曰："窃闻长卿好之，愿以自娱。"

相如辞谢，为鼓一再行⑥。是时卓王孙有女文君新寡，好音，故相如缪与令相重，而以琴心挑之。相如之临邛，从车骑，雍容闲雅甚都⑦；及饮卓氏，弄琴，文君窃从户窥之，心悦而好之，恐不得当也。既罢，相如乃使人重赐文君侍者通殷勤⑧。文君夜亡奔⑨相如，相如乃与驰归成都。家居徒四壁立。卓王孙大怒曰："女至不材，我不忍杀，不分一钱也。"人或谓王孙，王孙终不听。文君久之不乐，曰："长卿第⑩俱如临邛，从昆弟假贷犹足为生，何至自苦如此！"相如与俱之临邛，尽卖其车骑，买一酒舍酤酒，而令文君当炉。相如身自著犊鼻裈⑪，与保庸杂作，涤器于市中。卓王孙闻而耻之，为杜门不出。昆弟诸公更谓王孙曰："有一男两女，所不足者非财也。今文君已失身于司马长卿，长卿故倦游⑫，虽贫，其人材足依也，且又令客，独奈何相辱如此！"卓王孙不得已，分予文君僮百人，钱百万，及其嫁时衣被财物。文君乃与相如归成都，买田宅，为富人。

◎ **注释** ①〔会〕恰好遇到。②〔业〕财产，此处指谋生。③〔缪（miù）〕假装。④〔为具〕置办酒席。⑤〔一坐尽倾〕在座的所有客人都惊服羡慕。⑥〔为鼓一再行〕鼓，弹奏。行，曲调名。一再行，一两首。⑦〔甚都〕非常美好。⑧〔通殷勤〕表达倾慕之情。⑨〔亡奔〕私奔。⑩〔第〕但，只要。⑪〔犊鼻裈（kūn）〕围裙。形如犊鼻，故名。⑫〔倦游〕厌倦官场宦游。

◎ **大意** 后来梁孝王去世，相如只好回到成都，而家中贫穷，没有维持生计的事可做。他一向与临邛县令王吉有交情，王吉曾经说："长卿如果多年做官不满意，可以到我这儿来。"于是相如到了临邛，住在城郭下的一座小亭中。王吉假装对相如很恭敬，每天去拜访他。起初相如还接见他，后来就称说有病，让随从谢绝王吉，王吉反而对相如更加恭敬小心了。临邛城中富人很多，其中卓王孙有家奴八百人，程郑也有数百人。两人相互商量说："县令有贵客，我们应办酒席宴请人家。"同时邀请了县令王吉。王吉来到后，卓家的宾客已到了数百人。到了中午，去请司马长卿，长卿推说有病不能前去，王吉因此不敢进食，便亲自去请相如，相如不得已，勉强前往，满座的客人都为他的风采所倾倒。饮酒到尽兴时，王吉捧琴走上前对相如说："我私下听说长卿喜爱弹琴，请弹一曲以助兴。"相如推辞一番，便弹奏了一两首曲子。当时卓王孙有个名叫文君的女儿寡居，她喜爱音乐，所以相如佯装与王吉相互尊重，实际上想用琴声挑逗文君。相如到临邛来的时候，大方文雅，非常英俊，在卓王孙家饮酒鼓琴时，文君从门缝偷看，心中高兴而爱上了他，担心没有相见的机会。宴会结束后，相如托人以重金赐赠文君的侍者以表达他的思慕之情。于是晚上文君逃出私奔到相如那里，相如遂与她驱车回到成都。然而家中一无所有，徒有四壁。卓王孙知道后大怒，说道："女儿太不成器，我不忍心杀她，但不分给她一文钱！"有人劝说王孙，王孙始终不听。生活了很长一段时间后，文君感到不满意，对相如说道："长卿只要和我回到临邛，就是向兄弟们借贷也能够生活，何至于像现在这个样子自找苦吃！"于是和相如一起到了临邛，将自己的车马全部卖掉，买了一个酒店做卖酒的生意，文君坐在炉前卖酒，相如自己穿上围裙，和雇工一起劳作，在大街市上洗涮餐具。卓王孙听说后感到很羞耻，为此闭门不出。兄弟和长辈轮番劝王孙说："你只有一儿两女，所缺的不是钱财。现在文君已成了司马长卿的人，长卿本来是懒于做官，虽然贫穷，但他的才能是足以立身的。况且他又是县令的客人，为什么要如此委屈他呢？"卓王孙不得已便分给文君一百个奴仆，钱一百万，以及她出嫁时的衣物钱财等。文君遂与相如回到成都，买了土地和房屋，成为富人。

居久之，蜀人杨得意为狗监①**，侍上。上读《子虚赋》而善之，曰："朕独**②**不得与此人同时哉！"得意曰："臣邑人司马相如自言为此赋。"上惊，乃召问相如。相如曰："有是。然此乃诸侯之事，未足观也。请为天子游猎赋，赋成奏之。"上许，令尚书给笔札**③**。相如以"子虚"，虚言也，为楚称；"乌有先生"者，乌有此事也，为齐难**④**；"无是公"者，无是人也，明天子之义。故空藉**⑤**此三人为辞，以推**⑥**天子诸侯之苑囿。**

其卒章归之于节俭,因以风(讽)谏。奏之天子,天子大说(悦)。其辞曰:

◎**注释** ①〔狗监〕为天子掌管猎狗的官员。②〔独〕难道。③〔笔札〕书写工具。④〔难〕诘难。⑤〔空藉〕虚构。⑥〔推〕推演,论述。

◎**大意** 过了许久,蜀郡人杨得意成为掌管猎犬的官员,侍奉武帝。武帝读到《子虚赋》,认为写得好,说道:"我难道不能与这个作者生活在同一个时代吗?"杨得意对武帝说:"臣的同乡司马相如自称这篇赋是他所写。"武帝大惊,于是召见相如加以询问。相如回答说:"有这回事。但这篇赋写的是有关诸侯的事情,不值得一看。请允许我写一篇关于天子的游猎之赋,写成后献上。"武帝同意了。命令尚书发给他书写工具。相如给赋中的第一个人物起名"子虚",意思是虚言,是为了借以称说楚国;给赋中的另一个人物起名"乌有先生",意思是无有此事,是为了借以替齐国诘难;给赋中的第三个人物起名"无是公",意思是没有此人,是为了借以说明做天子的道理。虚构此三人写成文章,目的在于推想天子诸侯苑囿的壮观。这篇赋的结尾将中心思想归结为提倡节俭之意,想借此达到讽谏的目的。进献给武帝,武帝十分喜欢。这篇赋写道:

楚使子虚使于齐,齐王悉发境内之士,备车骑之众,与使者出田①。田罢,子虚过诧②乌有先生,而无是公在焉。坐定,乌有先生问曰:"今日田乐乎?"子虚曰:"乐。""获多乎?"曰:"少。""然则何乐?"曰:"仆乐齐王之欲夸仆以车骑之众,而仆对以云梦③之事也。"曰:"可得闻乎?"

◎**注释** ①〔田〕射猎。②〔诧〕夸耀。③〔云梦〕楚国境内的大泽。
◎**大意** 楚国派子虚出使齐国,齐王发动境内所有的兵士,准备了许多车马,请楚使者一起出外打猎。打猎结束后,子虚去拜访乌有先生,向他夸耀一番，当时无是公也在场。坐定后，乌有先生向子虚问道："今日打猎快乐吗？"子虚回答说："快乐。""猎获的禽兽多吗？"回答说："不多。""既然如此怎么说快乐呢？"子虚回答说："我感到快乐是因为齐王想以他众多的车马向我夸耀，而我用楚国云梦之事回答了他。"乌有先生问道："可以让我听听吗？"

子虚曰："可。王驾车千乘，选徒万骑，田于海滨。列卒满泽，罘罔^①弥山，掩（揜）^②兔辚鹿，射麋脚^③麟。骛^④于盐浦，割鲜染轮。射中获多，矜而自功。顾谓仆曰：'楚亦有平原广泽游猎之地饶乐若此者乎？楚王之猎何与寡人？'仆下车对曰：'臣，楚国之鄙人也，幸得宿卫十有余年，时从出游，游于后园，览于有无，然犹未能遍睹也，又恶足以言其外泽者乎！'齐王曰：'虽然，略以子之所闻见而言之。'

◎**注释** ①〔罘（fú）罔〕捕兔的网。②〔揜（yǎn）〕同"掩"，用网拦堵捕捉。③〔脚〕名词作动词，用绳索绊脚。④〔骛〕驰骋。

◎**大意** 子虚说："可以。齐王驾驭千辆兵车，选拔万名骑士，在海边打猎。士卒布满了大泽，捕猎的罗网撒遍了山冈。以网捕兔，以车逐鹿，以箭射麋，以绳绊麟，纵横驰骋于海滨的盐滩之上，击杀鸟兽，血染车轮。猎获很多，因而对自己的功劳沾沾自喜。齐王回过头来问我：'楚国也有这样令人快乐的平原大泽作为游猎之地吗？楚王的打猎和我相比怎么样？'我下车回说："臣是楚国一个卑贱的人，有幸能够在宫中掌管侍卫十多年，常从楚王出游，在后园游览，见到的可谓不少，但还是未能全部看遍，又怎么能够去谈楚宫以外的平原大泽呢？'齐王说：'虽然这样，也请将您的所闻所见略谈一二。'

"仆对曰：'唯唯。臣闻楚有七泽，尝见其一，未睹其余也。臣之所见，盖特其小小者耳，名曰云梦。云梦者，方九百里，其中有山焉。其山则盘纡茀郁①，隆崇嵂崒②；岑岩参差，日月蔽亏；交错纠纷，上干青云；罢池陂陀③，下属江河。其土则丹青赭垩④，雌黄白坿⑤，锡碧金银，众色炫耀，照烂龙鳞。其石则赤玉玫瑰，琳珉琨珸⑥，瑊玏玄厉（砺）⑦，瑌石武夫⑧。其东则有蕙圃衡兰，芷若射干，穹穷昌蒲，江离麋芜，诸蔗猼且⑨。其南则有平原广泽，登降陁靡，案衍坛曼，缘以大江，限以巫山。其高燥则生葴菥苞荔，薛莎青薠⑩。其卑湿则生藏莨蒹葭，东蔷雕胡，莲藕菰芦，菴䕡轩芋，众物居之，不可胜图⑪。其西则有涌泉清池，激水推移；外发芙蓉菱华，内隐巨石白沙。其中则有神龟蛟鼍，玳瑁鳖鼋⑫。其北则有阴林巨树，梗楠豫章⑬，桂椒木兰，蘗离朱杨，樝梸（梨）梬栗⑭，橘柚芬芳。其上则有赤猨（猿）蠷蝚⑮，鹓雏孔鸾，腾远射干。其下则有白虎玄豹，蟃蜒貙犴⑯，兕象野犀，穷奇獌狿。

◎**注释** ①〔盘纡茀（fú）郁〕山势曲折的样子。②〔隆崇嵂崒（lǜ zú）〕挺拔陡峭。③〔罢（pí）池陂陀（pō tuó）〕山坡倾斜，山势宽广。④〔丹青赭垩（zhě è）〕可制染料的四种土。丹，朱砂，可制红染料。青，石青，可制青颜料。赭，红黄色的土。垩，白土，泛指可用来涂饰的土。⑤〔雌黄白坿（fú）〕雌黄，可制黄颜料。白坿，即白石英。⑥〔琳珉（mín）琨珸（kūn wú）〕琳，玉名。珉、琨珸，皆为像玉的美石。⑦〔瑊玏（jiān lè）玄厉〕瑊玏，似玉的美石。玄厉，磨刀的黑石。厉，通"砺"。⑧〔瑌（ruán）石武夫〕瑌石，一种次于玉的石，白中带赤。武夫，又作"碔砆"，赤中带白的玉石。⑨〔诸蔗猼且（pò jū）〕甘蔗和芭蕉。⑩〔葴菥（zhēn sī）苞荔，薛莎青薠（fán）〕皆草名。⑪〔图〕描述。⑫〔神龟蛟鼍（tuó），玳瑁（dài mào）鳖鼋（yuán）〕鼍，即扬子鳄。玳瑁，形似龟，甲上有花纹，可作为装饰品。鼋，大鳖。⑬〔梗楠豫章〕四种树名。⑭〔樝梸（lí）梬（yǐng）栗〕四种木名。⑮〔蠷蝚（jué náo）〕猿类动物。⑯〔蟃蜒（wàn yàn）貙犴（chū àn）〕两种大型猛兽。

◎**大意** "我回答说：'好，好。臣听说楚国有七个大泽，臣曾经见过其中一个，没见过其余的。臣所见到的，大概只是其中最小的一个。其名叫云梦，方圆九百里，其中有大山。那山山势曲折，高耸险峻；参差错落，蔽日遮月；重峦叠嶂，上接青云；山坡倾斜，山势宽广，连接江河。其矿藏有朱砂、石青、赤土、白土、石黄、石灰石、锡、玉、金、银，色彩绚烂，如龙鳞照耀。其玉石有赤玉、玫瑰、琳、珉、琨珸、瑊玏、瑛石、碱砆。其东部有蕙草之园的杜衡、兰草、白芷、杜若、射干、穹穷、菖蒲、江离、麋芜、甘蔗和芭蕉。其南部有平原大泽，高低起伏，绵延宽广，大江是它的边缘，巫山是它的极限。其干燥的地方生长着葳、蕲、苞、荔、薛、莎和青薠。其低湿的地方生长着藏莨、芦苇、东蔷、雕胡、莲藕、葫芦、菴蕳和轩芋，各种植物应有尽有，不可胜计。其西部有喷泉和清池，激流回荡；表面开着荷花和菱花，里面藏着巨石和白沙。其中部有神龟、蛟龙、灵鼍、玳瑁、大鳖。其北部则有密林、大树，生长着梗、楠、豫、章、桂、椒、木兰、蘖、离、朱杨、山楂、梨树、黑枣树、栗树及散发着芳香的橘树和柚子树。其上部则有赤猿、猕猴、鹓雏、孔雀、鸾鸟、腾远和射干。其下部则有白虎、黑豹、蟃蜒、貙豻、雌犀、大象、野犀、穷奇和獌狿。

"'于是乃使专诸之伦，手格此兽。楚王乃驾驯驳①之驷，乘雕玉之舆，靡（麾）鱼须之桡旃②，曳明月之珠旗，建干将之雄戟，左乌嗥之雕弓，右夏服（箙）③之劲箭。阳子骖乘，纤阿为御；案节④未舒，即陵狡兽，轔邛邛，蹴距虚，轶野马而辖駼駼⑤，乘遗风而射游骐；倏眒⑥凄浰，雷动熛（飙）⑦至，星流霆击，弓不虚发，中必决眦，洞胸达腋，绝乎心系，获若雨兽，掩草蔽地。于是楚王乃弭节裴回，翱翔容与，览乎阴林，观壮士之暴怒，与猛兽之恐惧，徼衭受诎⑧，殚⑨睹众物之变态。

◎**注释** ①〔驳〕毛色不纯的马。②〔靡（huī）鱼须之桡旃（náo zhān）〕挥动鱼须做的曲柄的旗。靡，通"麾"。桡，弯曲。旃，一种旗。③〔服〕通"箙"，箭袋。④〔案节〕使马行走缓慢而有节奏。⑤〔辖（wèi）駼駼（táo tú）〕辖，车轴头，名词作动词。駼駼，良马名。⑥〔倏眒（shū shēn）〕迅疾貌。⑦〔熛（biāo）〕通

"飙",疾风。⑧〔徼䝿(yāo jí)受诎(qū)〕拦阻疲乏过度而力尽的野兽。徼,拦截。䝿,疲劳。诎,困乏。⑨〔殚〕尽。

◎**大意**　"'于是楚王命令专诸一类的勇士,赤手与这些猛兽格斗。楚王则驾着训练有素的杂色骊马,坐上美玉装饰的兵车,挥动用鱼须装饰的曲柄旗,悬起明月之珠点缀的旌旗,高举干将一样锋利的大戟,左手提着乌嗥般的良弓,右手拿着夏箙盛装的利箭。伯乐是其骖乘,纤阿是其车手。车马起步尚未驰骋,就已追及凶狡的野兽。车轮碾压邛邛,铁蹄踏过距虚,猎车超过野马,轴头撞倒骐骥,乘上千里马去射击飞奔的骐。车骑迅疾异常,有如迅雷狂飙,星流电击。弓无虚发,箭箭射裂禽兽的眼眶,或穿胸达腋,射断动脉。击中的禽兽如同落雨,满山遍野。到这时楚王才按辔缓行,悠然自得,在密林中赏景,观赏壮士们的勇敢及猛兽的恐惧。拦捉精疲力竭的走兽,尽览各种景物的变化。

"'于是郑女曼姬,被阿锡①,揄②纻缟,杂纤罗,垂雾縠③;襞积褰绉④,纡徐委曲,郁桡⑤溪谷;衯衯裶裶⑥,扬衪戌削⑦,蜚纤垂髾;扶与猗靡⑧,噏呷萃蔡⑨,下摩兰蕙,上拂羽盖,错翡翠之威蕤,缪(缭)绕玉绥⑩;缥乎忽忽,若神仙之仿佛。

◎**注释**　①〔阿(ē)锡〕细布。②〔揄(yú)〕挥舞。③〔雾縠(hú)〕烟雾般轻薄的丝织品。④〔襞(bì)积褰绉(qiān zhòu)〕极言衣衫褶皱繁多。⑤〔郁桡(náo)〕深而曲折。⑥〔衯衯(fēn)裶裶(fēi)〕衣裙很长的样子。⑦〔扬衪(yì)戌削〕裙边飞扬齐整。⑧〔扶与猗靡〕形容衣服合身,体态姣好。⑨〔噏呷(xī xiā)萃蔡〕皆象声词,形容衣服飘动的声音。⑩〔缪绕玉绥(suí)〕衣服上用玉缀饰的璎珞纠结在一起。缪,通"缭"。

◎**大意**　"'此刻众美女娇妾,身穿软缯细布缝制的上衣,腰围麻纱素绢制作的裙子,身前披挂着鲜艳夺目的罗绮,身后拖着薄雾般的轻纱;脚步轻盈,屈曲上前,那衣褶线条深曲流畅犹如溪谷。其长袖上举,整齐如削,飘带轻扬,形若燕尾。其体态柔美,衣裙轻擦,声响宜人,飘带下拂兰花蕙草,上拭羽饰华盖。她们头上插着翡翠鸟的羽毛，衣服上的玉饰璎珞纠缠在一起。飘忽不定，恰似仙女下凡那样若隐若现。

　　"'于是乃相与獠于蕙圃，媻珊勃窣①，上金堤，掩翡翠，射鵔鸃②。微矰出，纤缴施，弋白鹄，连驾鹅，双鸧下，玄鹤加③。怠而后发，游于清池；浮文鹢，扬桂枻，张翠帷，建羽盖，罔玳瑁，钓紫贝；摐金鼓④，吹鸣籁，榜人歌，声流喝，水虫骇，波鸿沸，涌泉起，奔扬会，礧石⑤相击，硠硠礚礚⑥，若雷霆之声，闻乎数百里之外。

◎**注释**　①〔媻（pán）珊勃窣（sū）〕缓慢。②〔鵔鸃（jùn yí）〕雉一类的鸟，羽毛五彩斑斓。③〔加〕被射中。④〔摐（chuāng）金鼓〕击钲。摐，撞击。⑤〔礧（lèi）石〕众石。⑥〔硠硠（láng）礚礚（kē）〕水石撞击声。

◎**大意**　"'于是楚王便和众多美女在树林和深草间行走，君臣从容不迫，走上坚如铁壁的堤塘，用网捕捉翡翠鸟，用箭射取锦鸡。放出短箭，拖着细丝，射中白鹄，击落野鹅。鸧鸹双双坠地，玄鹤应声而落。打猎疲倦之后，泛舟于清池之中。划着绘有鹢鸟的彩船，扬起桂木制作的船桨，张挂翠幔，搭起华盖。用网捞取玳瑁，用钩钓取紫贝。擂动金钲，吹起排箫，船夫引吭，歌声悲咽，鱼鳖惊骇，波涛滚动，泉水涌出，与波涛汇合。众石撞击，轰轰隆隆，如雷霆轰鸣，传到百里之外。

　　"'将息獠者，击灵鼓，起烽燧，车案行，骑就队，纚①乎淫淫，班乎裔裔②。于是楚王乃登阳云之台，泊乎无为，澹乎自持，勺药之和具而后御之。不若大王终日驰骋而不下舆，脟割③轮淬，自以为娱。臣窃观之，齐殆不如。'于是王默然无以应仆也。"

◎**注释**　①〔纚（xǐ）〕连续不断。②〔班（bān）乎裔裔〕依次相连，向前移动。

③〔脔（luán）割〕把肉切成块。

◎ **大意**　"'夜猎将要结束的时候，敲起六面鼓，点燃火把，兵车依次排列而行。队伍浩浩荡荡，依次相连，向前移动。接着楚王便登上阳云之台，心情安然，宁静自若，等待芍药调和的食物准备好后享用。不像大王您终日驰骋不离战车，把肉切成块，在车轮边烧烤，自以为乐。在我看来，齐国恐怕不如楚国。'此时齐王默不作声，无以应对。"

乌有先生曰："是何言之过也！足下不远千里，来况（贶）①齐国，王悉发境内之士，而备车骑之众，以出田，乃欲戮力致获，以娱左右也，何名为夸哉！问楚地之有无者，愿闻大国之风烈，先生之余论也。今足下不称楚王之德厚，而盛推云梦以为高，奢言淫乐而显侈靡，窃为足下不取也。必若所言，固非楚国之美也。有而言之，是章（彰）君之恶；无而言之，是害足下之信。章（彰）君之恶而伤私义，二者无一可，而先生行之，必且轻于齐而累于楚矣。且齐东陼（渚）巨海，南有琅邪，观乎成山，射乎之罘，浮勃澥，游孟诸，邪（斜）与肃慎为邻，右以汤谷为界，秋田乎青丘，傍徨乎海外，吞若云梦者八九，其于胸中曾不蒂芥。若乃俶傥瑰伟，异方殊类，珍怪鸟兽，万端鳞萃②，充牣③其中者，不可胜记，禹不能名，契不能计。然在诸侯之位，不敢言游戏之乐，苑囿之大；先生又见客，是以王辞而不能复，何为无用应哉！"

◎ **注释**　①〔来况〕犹今所谓"光临"。况，通"贶"，赠给。②〔鳞萃〕群集。③〔充牣〕充满。

◎ **大意**　乌有先生说："这话为什么说得如此过分呢？您不远千里，光临齐国。齐王发动境内所有的士卒，准备了众多车马，出外打猎，是想协力猎获禽兽，以使您高兴，怎么能视为向您夸耀呢？询问楚国有没有游猎的平原大泽，是想得知泱泱大国的教化与功业，听听先生的高明言论。现在您不称颂楚王的美德，却竭力夸大楚王在云梦泽狩猎的事，侈谈淫乐，宣扬奢靡，我认为您这样做事不可取。如果确实像您所说的那样，那绝非楚国的美事。如果有这些事而您把它说出来，那是在宣扬楚王的丑恶；如果没有您却这样说，那就会损害您的威信。宣扬国君的丑恶或损害自己的威信，两者无一可取，而先生做了，这必将遭到齐国的轻视而使楚国受到损害。况且齐国东临大海，南有琅邪山，可在成山赏景，在之罘山射猎，在渤海泛舟，在孟诸泽游玩。侧面与肃慎为邻，右以汤谷为界，秋天在青丘打猎，驰骋于海外，其地可吞下云梦那样的大泽，而胸中没有任何感觉。至于那些贵重奇伟之物，各方特产，珍禽异兽，充塞其中，不可胜计，就是大禹也叫不上它们的名字，契也算不清它们的数目。但是身处在诸侯之位，齐王不敢谈及游猎的快乐、园林的宏大，先生又是受到接待的宾客，所以齐王辞让而不回答，怎么能认为他是无言以对呢？"

无是公听然^①而笑曰："楚则失矣，齐亦未为得也。夫使诸侯纳贡者，非为财币，所以述职也；封疆画界者，非为守御，所以禁淫也。今齐列为东藩，而外私肃慎，捐^②国逾限，越海而田，其于义故未可也。且二君之论，不务明君臣之义而正诸侯之礼，徒事争游猎之乐，苑囿之大，欲以奢侈相胜，荒淫相越，此不可以扬名发誉，而适足以贬君自损也。

◎**注释** ①〔听（yǐn）然〕笑的样子。②〔捐〕离开。
◎**大意** 无是公笑着说："楚固然错了，齐也谈不上正确。天子所以让诸侯交纳贡品，并不是为了财物，而是旨在使他们述职。划分疆界，不是为了守卫边境，而是为了禁止侵犯别国。现在齐国被列为卫护中央的东藩之国，而同境外的肃慎国私下往来，离国越境，过海打猎，这种做法按道理来说是不允许的。况且二位的高论，不是去努力阐明君臣之间的大义，端正诸侯之间的礼仪，而只是争论游猎的快乐、园林的广大，想以奢侈争强斗胜，以荒淫比高下，这不能宣扬美名扩大声誉，而恰恰只会贬低君主并损害自己。

"且夫齐楚之事又焉足道邪！君未睹夫巨丽也，独不闻天子之上林乎？左①苍梧，右西极，丹水更其南，紫渊径其北；终始霸、浐，出入泾、渭；酆、鄗、潦、潏，纡余委蛇，经营②乎其内。荡荡兮八川分流，相背而异态。东西南北，驰骛往来，出乎椒丘之阙，行乎洲淤之浦，径乎桂林之中，过乎泱漭之野。汨乎浑流，顺阿而下，赴隘陕之口。触穹石，激堆埼，沸乎暴怒，汹涌滂（澎）湃（湃），滭浡滵汩③，湢测泌瀄④，横流逆折，转腾潎洌，澎濞沆瀣，穹隆云挠，踠㜘胶戾，逾波趋浥，莅莅下濑，批岩冲壅，奔扬滞沛，临坻注壑，瀺灂⑤霣（陨）坠，湛湛隐隐，砰磅訇礚，潏潏淈淈，湁潗⑥鼎沸，驰波跳沫，汩急漂疾，悠远长怀，寂漻无声，肆乎永归。然后灏溔潢漾⑦，安翔徐徊，翯⑧乎滈滈，东注大湖，衍溢陂池。于是乎蛟龙赤螭，䱜䲛鰽离，鰅鳙鰬魠，禺禺魼鰨⑨，揵鳍掉尾，振鳞奋翼，潜处于深岩；鱼鳖欢声，万物众伙，明月珠子，玓瓅江靡，蜀石黄碝，水玉磊砢，磷磷烂烂，采色澔旰，丛积乎其中。鸿鹄鹔鸹，鴐鹅䴥鸀，鵁鶄䴋目，烦鹜鹔鶋，䴔鶋䴈鸬⑩，群浮乎其上，泛淫泛滥，随风澹淡⑪，与波摇荡，掩薄水渚，唼喋⑫菁藻，咀嚼菱藕。

◎**注释** ①〔左〕指东方。后面的"右"指西方。②〔经营〕周旋。③〔滭浡滵（mì）汩〕大水迅疾地流动。④〔湢（bì）测泌瀄（bì zhì）〕水流相击。⑤〔瀺灂（chán zhuó）〕小水声。⑥〔湁潗（chì jí）〕水沸腾状。⑦〔灏溔（yǎo）潢漾〕水浩荡无际的样子。⑧〔翯（hè）〕白而有光泽的样子。⑨〔䱜䲛（gèng méng）鰽（jiàn）离，鰅鳙（yú yōng）鰬魠（qián tuō），禺禺（yóng）魼鰨（qū nà）〕皆鱼或水虫名。⑩〔鸿鹄鹔（sù）鸹，鴐（gē）鹅䴥鸀（zhú yù），鵁鶄（jiāo jīng）䴋（huán）目，烦鹜鹔鶋（yōng qú），䴔鶋（zhēn cí）䴈鸬（xiāo lú）〕皆为鸟名。⑪〔澹淡〕在水上漂动。⑫〔唼（shà）喋〕水鸟聚食状。

◎**大意** "况且齐、楚两国的事情又哪里值得一提呢？你们没有见过真正巨大壮丽的场面，难道没有听说过天子的上林苑吗？上林苑的东方是苍梧山，西方是西极河，丹水流过它的南方，紫渊直通它的北方。霸水、浐水没有流出苑中，泾水、渭水注入而又复出。酆水、鄗水、潦水、潏水，迂回曲折，在苑中回环。浩浩荡荡的八条大川，流向相背而各呈异态。东西南北，奔流往复，从椒丘山的阙门中冲出，流经沙洲的水边，穿过桂树林中，越过无垠的原野。水势汹涌，沿山而下，直奔山隘。撞击巨石，拍打曲岸，波涛怒起，汹涌澎湃。水大流急，翻滚激荡，横流急转，轰轰作响，翻滚而去，浪卷如云，蜿蜒曲折，推波助澜，急湍冲来，拍岸击石，奔腾飞扬，越过沙滩进入谷地后，水势逐渐回落，这时水深浪大，轰轰隆隆，气势汹汹，如水沸腾，水沫四溅，漩涡急转，接着流向远方，寂然无声，无尽无穷。然后是浩渺无际的大水，迂回缓慢，白光闪闪，向东注入太湖，湖水涨溢，注满周围的池塘。于是蛟龙、赤螭、䱜䲛、螹离、鰛、鱅、鲵、魿、禺禺、鱳魶等都扬鳍摆尾，振鳞奋翼，潜藏于岩窟深处；鱼鳖惊跳、成群结队，明月与宝珠在江边交相辉映，蜀石、黄硬与水晶，种类繁多，璀璨夺目，光芒四射，聚藏在其中。天鹅、鹔鸹、野鹅、鸀鳿、鵁鶄、䴋目、烦鹜、鵷鸕、鵁䴋、鵁鸱，一群群地在水面上浮游，击水戏游，随水漂流，与波上下。或聚藏于小洲，争吃菁藻，咀嚼菱藕。

"于是乎崇山巃嵸①，崔巍嵯峨，深林巨木，崭（巉）岩②参嵯，九嵕、嶻嶭③，南山峨峨，岩陁甗锜④，摧（崔）崣（巍）崛崎，振溪通谷，蹇产沟渎，谽呀豁閜⑤，阜陵别岛，崴磈嵔瘣⑥，丘虚崛藟，隐辚郁䨄，登降施靡，陂池（陀）貏豸⑦，沇溶淫鬻⑧，散涣夷陆，亭皋千里，靡不被筑。掩以绿蕙，被以江离，糅以蘪芜，杂以流（留）夷。専（布）结缕，攒戾莎，揭车衡兰，槀本射干，茈姜蘘荷，葴橙若荪，鲜枝黄砾，蒋芧青薠，布濩闳泽，延曼太原，丽靡广衍，应风披靡，吐芳扬烈，郁郁斐斐，众香发越，肸蠁布写（泄）⑨，晻暧苾勃⑩。

◎**注释** ①〔巃嵸（lóng zōng）〕高峻耸立。②〔崭（chán）岩〕通"巉岩"，险峻的山岩。③〔九嵕（zōng）、巀嶭（jié niè）〕皆山名。④〔岩阤（yǐ）甗锜（yǎn qí）〕岩，险峻。阤，倾斜。甗锜，形容山岩倾斜如甗或锜。甗、锜皆古代器皿名。⑤〔嶜（hān）呀豁閜（xiǎ）〕广阔空虚状。⑥〔崴魄（wěi wěi）嵔瘣（wèi huì）〕山高峻貌。⑦〔陂池（pō tuó）鼻豸（bǐ zhì）〕陂池，山势倾斜貌。鼻豸，山势渐平貌。⑧〔沇（wěi）溶淫鬻（yù）〕水缓流貌。⑨〔胗蟗（xī xiǎng）布写〕香气四散。⑩〔晻暧（yè ài）苾（bì）勃〕香气浓郁盛大。

◎**大意** "此地崇山耸立，崔巍嵯峨，林深树大，峰峦起伏。九嵕山、巀嶭山、终南山高峻巍峨，有的山岩如甗如锜，有的崎岖多姿，溪流穿谷，曲折通幽。峡谷空廓，丘裂似鸟，挺拔矗立。重岩叠嶂，连绵不断，高低不同。山势渐缓，溪水出谷，浸润平原。千里平地，尽被开拓。到处覆盖着绿蕙，披戴着江离，混长着蘼芜，夹杂着留夷。结缕满地，戾莎丛生。又有揭车、杜衡、兰草、槁本、射干、茈姜、蘘荷、葴、橙、若、荪、鲜枝、黄砾、蒋芧、青薠等花木，遍布于广大的水泽，蔓延到辽阔的平原，茁壮成长，随风摆动，散发着芬芳，馥郁浓烈。尤其是百花齐放之时，遍地飘香，沁人心脾。

"于是乎周览泛观，瞋盼轧沕①，芒芒恍忽，视之无端，察之无崖。日出东沼，入于西陂。其南则隆冬生长，踊水跃波；兽则㺎旄獏氂②，沈牛麈麋③，赤首圜题，穷奇象犀。其北则盛夏含冻裂地，涉冰揭河④。兽则麒麟角𥷚⑤，騊駼橐驼，蛩蛩驒騱⑥，駃騠驴骡。

◎**注释** ①〔瞋盼轧沕（wù）〕繁盛而难以分别。②〔㺎（yōng）旄獏氂（mò máo）〕皆为野兽名。③〔麈（zhǔ）麋〕鹿类兽名。④〔揭（qì）河〕提起衣服过河。⑤〔角𥷚（duān）〕传说中的兽名。⑥〔驒騱（tuó xí）〕野马名。

◎**大意** "在这里环顾四周，事物纷繁难以分辨，各种景色使人眼花缭乱，视之不见其端，望之不见其涯。早晨太阳从苑东的池边升起，傍晚从苑西的山坡落下。上林苑的南面即使在隆冬也草木丛生，碧波荡漾；这里的兽类有㺎、旄、獌、獠、沈牛、麈、麋、赤首、圜题、穷奇、大象、犀牛。上林苑的北面即使在盛夏也是天寒地冻，可以提起衣服踏冰过河。这里的兽类有麒麟、角䚻、骑駼、骆驼、蛩蛩、驒騱、駃騠、毛驴和骡子。

"于是乎离宫别馆，弥山跨谷，高廊四注，重坐①曲阁，华榱②璧珰，辇道纚属③，步櫩周流，长途中宿。夷嵕筑堂，累台增成，岩突④洞房，俯杳眇而无见，仰攀橑⑤而扪天，奔星更于闺闼，宛虹拖于楯轩⑥。青虬蚴蟉⑦于东箱，象舆婉蝉于西清，灵圉燕于闲观，偓佺⑧之伦暴于南荣，醴泉涌于清室，通川过乎中庭。盘石裖⑨崖，嵌岩⑩倚倾，嵯峨磼礏⑪，刻削峥嵘，玫瑰碧琳，珊瑚丛生，珉玉旁唐，玢豳⑫文鳞，赤瑕驳荦，杂臿⑬其间，垂绥琬琰，和氏出焉。

◎**注释** ①〔重坐〕两层的楼房。②〔华榱（cuī）〕雕绘花纹的屋椽。③〔纚属（lí zhǔ）〕连绵不断。④〔岩突（yào）〕幽深貌。⑤〔橑（lǎo）〕屋椽。⑥〔楯（shǔn）轩〕有栏杆的长廊或小室。⑦〔蚴蟉（yǒu liú）〕屈曲行动。⑧〔偓佺（wò quán）〕仙人名。⑨〔裖（zhěn）〕重密而累积。⑩〔嵌（qīn）岩〕高峻的山岩。⑪〔磼礏（zá yè）〕山势高峻陡峭。⑫〔玢豳（bīn bān）〕玉的花纹。⑬〔杂臿（chā）〕错综夹杂。

◎**大意** "在这里离宫别馆，满山遍野，横跨溪谷，高廊相连，层楼宽敞，阁道曲折，雕梁画栋，红墙碧瓦。辇道逶迤，长廊环绕，路程遥远，中途需要歇息。削山筑堂，层台高耸，依岩凿洞，洞房相通，从台上俯视，幽深不见其底；沿屋椽仰攀，高得几乎可以摸到苍天。流星从宫门前飞过，曲虹在栏杆上横卧。青虬盘旋于东厢，象舆行在西厢。众位道长在清观中安居闲谈，仙人偓佺在南檐下沐浴阳光。甘泉在清室喷涌，大川流过中庭。以磐石作堤岸，参差错落，险峻嵯峨，如刻如削。满目玫瑰碧琳，珊瑚丛生，美石遍地，斑纹如鳞。更有赤玉陆离，夹杂其间，垂绥、琬琰及和氏璧在此出现。

“于是乎卢橘夏孰（熟），黄甘橙楱[①]，枇杷橪[②]柿，楟[③]奈厚朴，梬枣[④]杨梅，樱桃蒲陶，隐夫郁棣[⑤]，榙樑[⑥]荔枝，罗乎后宫，列乎北园。貤[⑦]丘陵，下平原，杨翠叶，杌紫茎，发红华，秀朱荣，煌煌扈扈，照曜巨野。沙棠栎槠[⑧]，华氾檘栌[⑨]，留落胥余[⑩]，仁频并闾[⑪]，欃檀木兰，豫章女贞，长千仞，大连抱，夸条直畅，实叶葰茂[⑫]，攒立丛倚，连卷累佹，崔错癹骫[⑬]，坑衡閜砢[⑭]，垂条扶於，落英幡纚，纷容萧蔘[⑮]，旖旎从风，浏莅卉吸[⑯]，盖象金石之声，管籥之音。柴池茈虒[⑰]，旋环后宫，杂遝累辑，被山缘谷，循阪下隰，视之无端，究之无穷。

◎**注释** ①〔楱（còu）〕小橘子。②〔橪（rǎn）〕酸枣。③〔楟（tíng）〕山梨。④〔梬（yǐng）枣〕黑枣。⑤〔隐夫郁棣〕棠棣、郁李。⑥〔榙樑（dá tà）〕果木名。⑦〔貤（yì）〕延续。⑧〔槠（zhū）〕一种常绿乔木。⑨〔檘栌（píng lú）〕两种树木名。⑩〔留落胥余〕留落，木名。一说留即刘子，落即檴；一说留落即今之石榴。胥余，椰子树。⑪〔仁频并闾〕槟榔树和棕榈树。⑫〔实叶葰（jùn）茂〕乃“实葰叶茂”之倒装。葰，大。⑬〔癹骫（bá wěi）〕迂回屈曲。⑭〔坑衡閜砢（ě luǒ）〕坑衡，树干直立的样子。閜砢，树干枝条重叠累积、盘结倾侧的情况。⑮〔纷容萧蔘（shēn）〕草木茂盛的样子。⑯〔浏莅卉（huì）吸〕象声词，风动树木之声。⑰〔茈虒(cǐ zhì)〕参差不齐。

◎**大意** “这里有卢橘在夏天成熟，黄柑、柚子、楱、枇杷、酸枣、柿子、山梨、苹果、厚朴、黑枣、杨梅、樱桃、葡萄、棠棣、榙樑和荔枝等果树，罗布于后宫，遍植于北园，绵延于丘陵，下至于平原。绿叶摆动，紫茎轻摇，沙棠、栎木、槠、桦树、枫树、银杏、黄栌、留落、椰子、槟榔、棕榈、檀树、木兰、樟树、冬青等树，有的高达千尺，数人合抱，枝条扶疏，叶实并茂。有的并立丛生，曲卷相连，纠结交横。有的挺枝扶持，垂条四布。每当落花飘零，柔条轻摆，摇曳随风，沙沙成韵，有如钟磬之鸣，箫管之声。林木参差错落，环绕后宫，相依成片，遮山缘谷，上至高坡，下至低地，望之不见其端，求之没有穷尽。

"于是玄猿素雌，蜼玃飞鼺①，蛭蜩蠷蝚②，螹胡縠蛫③，栖息乎其间；长啸哀鸣，翩幡互经，夭蟜（矫）④枝格，偃蹇杪颠⑤。于是乎隃（逾）绝梁⑥，腾殊榛，捷垂条，踔⑦稀间，牢落陆离⑧，烂曼远迁。

◎**注释** ①〔蜼玃(wèi jué)飞鼺(lěi)〕蜼，一种长尾猿。玃，大母猴。飞鼺，鼯鼠。②〔蛭蜩(zhì tiáo)蠷蝚(zhuó náo)〕蛭，兽名。蜩，兽名，大如驴，状如猴。蠷、蝚，皆猿猴类。③〔螹(chán)胡縠蛫(hù guǐ)〕螹胡，猿类。縠，似鼬而大。蛫，古籍中的兽名。④〔夭蟜(jiǎo)〕即"夭矫"，屈伸貌。⑤〔杪(miǎo)颠〕树木末梢。⑥〔绝梁〕断桥，此指无桥可渡的山涧。⑦〔踔(chuō)〕跳跃。⑧〔牢落陆离〕牢落，野兽奔走的样子。陆离，参差不齐。

◎**大意** "这里有黑色的雄猿和白色的雌猿，又有长尾猿、大母猴、鼯鼠、蛭、蜩、猕猴、螹胡、縠及蛫等动物，栖息在林间。有的长啸哀鸣，有的轻捷好动。上下于枝干，跳跃于树巅。随后它们跨过山涧，腾于丛林之间，扯着垂下的枝条嬉戏，在枝条稀疏处腾跃，一会儿四散奔跑，一会儿呼朋引伴。

"若此辈者①，数千百处。嬉游往来，宫宿馆舍，庖厨不徙，后宫不移，百官备具。

◎**注释** ①〔若此辈者〕像这样的地方。
◎**大意** "像这样的地方，有成百上千处。游乐往来，可住于离宫，食于别馆。食堂不必搬迁，嫔妃不必相随，百官一应俱全。

"于是乎背秋涉冬①，天子校猎。乘镂象，六玉虬②，拖霓旌③，靡云旗，前皮轩④，后道游⑤；孙叔奉辔，卫公骖乘，扈从横行，出乎四校之中。鼓严簿，纵猎者，江河为阹⑥，泰山为橹⑦，车骑雷起，隐⑧天动地，先后陆离，离散别追，淫淫裔裔，缘陵流泽，云布雨施。

◎**注释** ①〔背秋涉冬〕秋末冬初。②〔玉虬〕此处指以玉装饰辔络的马。③〔霓旌〕皇帝出行时的一种仪仗。④〔皮轩〕虎皮装饰的车子。⑤〔道（dǎo）游〕导车和游车。帝王出行时的先导之车。⑥〔阹（qū）〕围猎禽兽之圈。⑦〔樐〕望楼。⑧〔隐〕震动。

◎**大意** "于是秋末冬初，天子校猎。乘坐饰有象牙的大车，驾驭着六匹如龙的骏马，挂起以羽为饰的旌旗，挥动绘有彩图的云旗。前有虎皮之车开道，后有导游之车相随。太仆孙叔敖驾车，大将军卫青陪坐，侍卫队左右搜索，在猎场的四周巡逻。然后在庄严的仪仗队中击鼓，放手让猎手们狩猎。江河是校猎的栅栏，泰山是观察禽兽的望楼。车马奔腾，震天动地，前后相继，分头追捕，纷纷攘攘，沿山顺河，如云布雨落。

"生貔豹①，搏豺狼，手熊罴，足野羊，蒙鹖苏，绔（袴）白虎，被豳（斑）文，跨野马。陵三嵏之危，下碛历之坻②；径峻赴险，越壑厉水。推蜚廉③，弄解豸④，格瑕蛤，鋋猛氏⑤，罥騕褭⑥，射封豕。箭不苟⑦害，解脰⑧陷脑；弓不虚发，应声而倒。于是乎乘舆弥节裴回，翱翔往来，睨部曲之进退，览将率之变态。然后浸潭促节，倏夐⑨远去，流离轻禽，蹴履狡兽，轊⑩白鹿，捷狡兔，轶赤电，遗光耀，追怪物，出宇宙，弯繁弱，满白羽，射游枭，栎蜚虡⑪，择肉后发，先中命处，弦矢分，艺殪仆⑫。

◎**注释** ①〔生貔（pí）豹〕生，生擒。貔豹，两种猛兽名。②〔下碛（qì）历之坻（dǐ）〕碛历，不平的样子。坻，山坡。③〔推蜚廉〕推，击杀。蜚廉，异禽名。④〔解（xiè）豸〕神兽名。⑤〔鋋（chán）猛氏〕鋋，名词作动词，以矛刺杀。猛氏，兽名，状如熊而小，毛短有光泽。⑥〔罥（juàn）騕褭（yǎo niǎo）〕罥，用绳索绊。騕褭，骏马名。⑦〔苟〕任意。⑧〔解脰（dòu）〕解，破。脰，脖颈。⑨〔倏夐（xiòng）〕疾速远去的样子。⑩〔轊（wèi）〕碾压，践踏。⑪〔栎（lì）蜚虡（jù）〕栎，打击。蜚虡，怪兽名。⑫〔艺殪（yì）仆〕艺，箭靶，这里指猎物。殪仆，倒下。

◎**大意** "活捉貔豹，搏击豺狼，手擒熊罴，脚踢野羊。猎手们头戴鹖尾冠，身穿虎文裤，肩披彩色衣，乘坐野性马。登上三峰并峙的高山，下到坎坷不平的山坡，跨过沟壑蹚过溪水。搏击蜚廉，擒拿解豸，格杀瑕蛤，刺杀猛氏，绊倒骏马，射中野猪。箭不随便射出，射必穿颈陷脑；弓不白白引发，发必应声而倒。接着车驾按节缓步徐行，随意往来。巡视部队进退的军容，观察将帅应变的神态。随后加鞭疾行，忽然远去。惊散飞禽，踩死狡兽，碾压白鹿，追上野兔。其速度超过红色的闪电，将电光远远抛在后面。追上了怪兽，超出了宇宙。拉弯繁弱良弓，张满白羽之箭，射落飞动的枭鸟，击中翱翔的蜚虡。选择禽兽身上一定的部位射击，命中之处正是预定的部位。当箭离弦之时，禽兽应声而倒地。

"然后扬节而上浮，陵惊风，历骇飙，乘虚无，与神俱。辚玄鹤，乱昆鸡，遒①孔鸾，促②鵔鸃，拂鹥鸟③，捎凤皇，捷鸳雏，掩焦明④。

◎**注释** ①〔遒（qiú）〕迫近。②〔促〕接近。③〔鹥（yì）鸟〕传说中凤凰一类的鸟。④〔焦明〕传说中的神鸟，凤凰属。

◎**大意** "然后扬旗飞奔，驾惊风，过狂飙，登太空，与神同游。踏玄鹤，惊昆鸡，捕孔雀、鸾鸟，捉鵔鸃，击鹥鸟，打凤凰，取鸳雏，扑焦明。

"道尽涂（途）殚，回车而还。招摇乎襄（徜）羊（徉），降集乎北纮①，率乎直指，闇（奄）乎反乡（向）②。蹷石关③，历封峦，过鳷鹊，望露寒，下棠梨，息宜春，西驰宣曲，濯（棹）鹢牛首④，登龙台，掩细柳，观士大夫之勤略⑤，钧（均）獠者之所得获。徒车之所辚轹⑥，乘骑之所蹂若，人民之所蹈躔⑦，与其穷极倦䭼⑧，惊惮慴（慑）伏，不被创刃而死者，佗佗籍籍，填坑满谷，掩平弥泽。

◎**注释** ①〔北纮（hóng）〕极北之处。②〔闇（yǎn）乎反乡〕闇，通"奄"，忽然。反乡,即"反向",顺着来时的道路往回走。③〔蹶(jué)石关〕蹶,踏。石关,台观名。下文"封峦""鸤(zhī)鹊""露寒"皆为台观名。④〔濯鹢(zhào yì)牛首〕持棹行船。濯,通"棹",此指以棹划船。鹢,指绘有鹢鸟的龙舟。牛首,池名。⑤〔略〕收获。⑥〔轹(lì)〕以车轮碾压。⑦〔蹈躤(jí)〕践踏。⑧〔穷极倦䚟(jí)〕穷极,走投无路。倦䚟,极度疲倦。

◎**大意** "直到道尽途穷,才回车而还。逍遥漫步,来到上林苑的极北之地,随意前行,忽然返回家园。踏上石关观,走过封峦观,来到鸤鹊观,望着露寒观,下到棠梨宫,憩于宜春苑,然后策马向西来到宣曲园,在牛首池划起鹢船,接着向北登上龙台阁,到细柳亭赏景,慰问士大夫的辛苦,分配猎手们的所获。那些被兵车碾死的、飞骑踢死的、随员踩死的,以及穷途疲极、惊恐倒地,未受刀剑而死去的野兽,纵横狼藉,填满了深壑和山谷,覆盖了平原和川泽。

"于是乎游戏懈怠,置酒乎昊天之台,张乐乎轇輵①之宇;撞千石之钟,立万石之钜(虡);建翠华之旗,树灵鼍之鼓。奏陶唐氏之舞,听葛天氏之歌,千人唱,万人和,山陵为之震动,川谷为之荡波。巴俞宋蔡②,淮南《于遮》,文成颠(滇)歌,族举递奏③,金鼓迭起,铿锵(鎗)铛䶀④,洞心骇耳。荆、吴、郑、卫之声,《韶》《濩》《武》《象》之乐,阴淫案衍⑤之音,鄢、郢缤纷,《激楚》结风,俳优侏儒,狄鞮⑥之倡,所以娱耳目而乐心意者,丽靡烂漫于前,靡曼美色于后。

◎**注释** ①〔轇輵(jiāo gé)〕空旷深远。②〔巴俞宋蔡〕巴俞舞和先秦宋国、蔡国的音乐。③〔族举递奏〕各种乐器一会儿同时演奏,一会儿交错演奏。④〔铿锵(qiāng)铛䶀(dāng tà)〕形容乐器的声音响亮有力。⑤〔阴淫案衍〕淫靡放纵。⑥〔狄鞮(dī)〕古代少数民族名。

◎**大意** "此时游兴渐息,遂在高耸入云的台榭摆下酒宴,在广大无边的寰宇中演奏乐曲。敲打千石大钟,竖起万石钟架,高擎翠羽彩旗,架设灵鼍大鼓。奏响唐尧时的舞曲,聆听葛天氏的歌声,千人齐唱,万人相和,高山为此震动,河川为此起波。巴人与俞人的舞蹈、宋国和蔡国的音乐、淮南的地方小调、《于遮》之曲、辽西文成县的乡音、西南滇池的民歌，递相演奏，轮番献技，铿锵作响，惊心震耳。有荆、吴、郑、卫的歌声，《韶》《濩》《武》《象》的舞曲，淫靡放荡的音乐，鄢、郢之曲绕梁，《激楚》之舞回风。优伶、侏儒同台表演，西戎女乐，独领风骚，均是可以娱人耳目、快人心意的表演。前有美妙动听的歌曲，后有柔曼妖艳的美色。

"若夫青琴宓妃之徒，绝殊离俗，姣冶娴都，靓庄刻饬，便嬛①绰约，柔桡嬛嬛，妩媚姌袅②；曳独茧之褕袘③，眇阎易④以戌削，媥姺徶徥⑤，与世殊服；芬香沤郁，酷烈淑郁；皓齿粲烂，宜笑旳皪⑥；长眉连娟，微睇绵藐⑦；色授魂与，心愉于侧。

◎**注释** ①〔便嬛（pián xuān）〕轻盈美好。②〔姌（rǎn）袅〕细长柔弱貌。③〔独茧之褕袘（yú yì）〕独茧，纯色的丝茧。褕袘，襜褕（一种长的单衣）之袖。④〔眇阎易〕眇，美好。阎易，衣长大的样子。⑤〔媥姺（piān xiān）徶徥（bié xiè）〕旋转的舞态，飞扬的衣服。⑥〔旳皪（dì lì）〕牙齿洁白的样子。⑦〔微睇（dì）绵藐〕目光美好的样子。

◎**大意** "有天仙青琴、宓妃般的美女，超群脱俗，举世无双，端庄华贵，轻盈柔曼，绰约多姿，妩媚娇弱，身着一色直襟薄纱，长袖轻拖，动作舒缓，整齐如削，婆娑蹁跹，世间罕见。身上馥郁芬芳，皓齿如玉，宜于巧笑。长眉如月，凝目含情。使人魂牵意动心驰神往。

"于是酒中乐酣，天子芒然而思，似若有亡。曰：'嗟乎，此泰奢侈！朕以览听余闲，无事弃日，顺天道以杀伐，时休息于此，恐后世靡丽，遂往而不反，非所以为继嗣创业垂统也。'于是乃解酒罢猎，而命有司曰：'地可以垦辟，悉为农郊，以赡萌（氓）隶；隤①墙填堑，使山泽之民得至焉。实陂池而勿禁,虚宫观而勿仞②。发仓廪以振(赈)贫穷,补不足,恤鳏寡,存孤独。出德号③,省刑罚,改制度,易服色,更正朔,与天下为始。'

◎**注释** ①〔陨(tuí)〕坠落。②〔仞〕满。③〔号〕政令。

◎**大意** "到了酒酣乐极之时,天子怅然若失。对臣下说道:'唉呀,这太奢侈了!朕在听政余暇,不愿虚度时日,顺天之道来狩猎,于是在这里休息。朕担心后代子孙奢侈浪费,继续这样做下去而不肯休止,这不是继承大业保有天下的方法。'于是便罢宴休猎,命令主管官员说:'苑内可以开垦的土地,都要变为农田,以供养黎民百姓。推倒围墙,填平沟池,让山野之民可以到这里来生活。让捕捞的人充满沼池而不必禁止,让离宫别馆空闲起来而不要占用,打开官仓以赈济贫困的百姓。要补助不足之民,体恤鳏夫和寡妇,哀怜孤儿和老人。要发布仁德的政令,减轻刑罚,改革制度,变易服饰,更换年号,重新开始,除旧布新。'

"于是历①吉日以齐(斋)戒,袭朝衣,乘法驾②,建华旗,鸣玉鸾,游乎六艺之囿,骛乎仁义之涂,览观《春秋》之林,射《狸首》,兼《驺虞》,弋玄鹤,建干戚,载云罕③,掩群雅④,悲《伐檀》,乐乐胥⑤,修容乎《礼》园,翱翔乎《书》圃,述《易》道,放怪兽,登明堂,坐清庙⑥,恣群臣,奏得失,四海之内,靡不受获。于斯之时,天下大说(悦),乡(向)风而听,随流而化,喟然兴道而迁义,刑错(措)⑦而不用,德隆乎三皇,功羡⑧于五帝。若此,故猎乃可喜也。

◎**注释** ①〔历〕选择。②〔法驾〕天子的车驾。③〔云罕〕天子出行时前驱者所持的旌旗。④〔掩群雅〕招揽众多贤能之人。⑤〔胥〕有才智的人。⑥〔清庙〕太庙。⑦〔错〕通"措",搁置。⑧〔羡〕富饶。

◎**大意** "于是选择吉日斋戒，穿上朝服，乘坐宝驾，竖起彩旗，摇动鸾铃，游学于六艺的苑囿，行走于仁义的大道，观看《春秋》的经义，演奏《狸首》的乐章，学习《驺虞》的射礼。舞玄鹤，挥干戚，演奏古乐。旌旗开道，广收天下贤才。对《伐檀》中不遇明主的志士表示伤悲，为天子得到辅国栋梁感到欢心。在《礼记》的花园内修饰仪表，在《尚书》的蕙圃中赏景游遨。讲论《周易》之道，放归珍禽异兽，登上天子的明堂，坐在太庙中，让群臣任意进谏，奏明得失，使四海之内，无不受益。当此之时，百姓欢悦，闻风听命，随流而变。仁政勃然兴起，人民归向道义，于是刑罚弃置而不用。天子的道德高过三皇，功业超越五帝。如果达到这样的政绩，游猎才称得上是可喜的事情。

"若夫终日暴露驰骋，劳神苦形，罢（疲）车马之用，抏①士卒之精，费府库之财，而无德厚之恩，务在独乐，不顾众庶，忘国家之政，而贪雉兔之获，则仁者不由也。从此观之，齐楚之事，岂不哀哉！地方不过千里，而囿居九百，是草木不得垦辟，而民无所食也。夫以诸侯之细②，而乐万乘③之所侈，仆恐百姓之被其尤④也。"

◎**注释** ①〔抏（wán）〕损耗。②〔细〕地位低。③〔万乘〕天子。④〔尤〕祸。
◎**大意** "假使终日顶风冒雨奔驰，劳神辛苦，使车马疲惫，使士卒消耗精力，浪费国库的资财，对百姓没有大的恩德，只是志在一个人的享乐，不顾庶民百姓，忘掉国家的大政，而探求野鸡和兔子的猎获，这是仁爱之君不愿做的事情。由此看来，齐、楚两国的游猎之事，难道不令人感到可悲吗？土地方圆不足千里，而王室园林竟占九百，结果草木之地得不到开垦，使百姓没有谋食之所。诸侯国的地位低下，却要享受天子的奢侈之乐，我担心百姓将会遭灾呀！"

于是二子愀然①改容，超若②自失，逡巡③避席，曰："鄙人固陋，不知忌讳，乃今日见教，谨闻命矣。"

◎**注释**　①〔愀（qiǎo）然〕容色改变貌。②〔超若〕怅然。③〔逡（qūn）巡〕向后退。

◎**大意**　于是子虚和乌有两位先生脸色改变，怅然若失，恭敬地退离座席，说道："鄙人浅薄无知，不懂顾忌，而在今日受到教导，已认真领教了。"

　　赋奏，天子以为郎。无是公言天子上林广大，山谷水泉万物，及子虚言楚云梦所有甚众，侈靡过其实，且非义理所尚①，故删取其要，归正道而论之。

◎**注释**　①〔非义理所尚〕指司马相如在赋中的铺陈言过其实，不是道义所崇尚的内容。

◎**大意**　这篇赋献上以后，武帝任命相如为郎官。无是公称说上林苑的广大，有山谷、水泉及万物，子虚称说云梦泽景物众多，浮夸奢靡，皆言过其实，况且不是道义所崇尚的，所以选取要点，归于正道后加以论述。

　　相如为郎数岁，会唐蒙使略通夜郎西僰中，发巴蜀吏卒千人，郡又多为发转漕万余人，用兴法诛其渠帅①，巴蜀民大惊恐。上闻之，乃使相如责唐蒙等，因喻告巴蜀民以非上意。檄曰：

◎**注释**　①〔用兴法诛其渠帅〕指汉朝用军兴法诛杀西南夷的酋长。《汉书》作"用军兴法"。军兴法，指战时的法令。渠帅，大首领。

◎**大意**　相如担任郎官数年，碰上唐蒙奉命夺取并开通夜郎和西部的僰中。他征发巴、蜀二郡的上千士卒，郡中又多为他征调一万多人负责从水、陆两路转送粮草。他用战时军法诛杀了其首领，巴、蜀的百姓大为惊恐。武帝听说后，便派相如前往责备唐蒙，顺便告谕巴、蜀百姓，唐蒙所为并非武帝的旨意。文告说：

司马相如列传第五十七

告巴蜀太守：蛮夷自擅①不讨之日久矣，时侵犯边境，劳士大夫。陛下即位，存抚天下，辑安②中国。然后兴师出兵，北征匈奴，单于怖骇，交臂③受事，诎膝请和。康居西域，重译请朝，稽首来享。移师东指，闽越相诛。右吊番禺，太子入朝。南夷之君，西僰之长，常效贡职，不敢怠堕，延颈举踵，喁喁然皆争归义，欲为臣妾，道里辽远，山川阻深，不能自致。夫不顺者已诛，而为善者未赏，故遣中郎将往宾之，发巴蜀士民各五百人，以奉币帛，卫使者不然④，靡有兵革之事，战斗之患。今闻其乃发军兴制，惊惧子弟，忧患长老，郡又擅为转粟运输，皆非陛下之意也。当行者或亡逃自贼⑤杀，亦非人臣之节也。

◎**注释** ①〔自擅〕自作主张。②〔辑安〕安定团结。③〔交臂〕两臂相交，犹拱手。④〔不然〕事有不测。⑤〔贼〕残伤。

◎**大意** 兹告巴、蜀太守：蛮夷拥兵自重，已久未讨伐了。经常侵犯边境，使官吏不得安宁。今上即位以来，安抚天下，稳定中原。然后兴师出兵，北征匈奴，单于震恐，俯首称臣，屈膝求和。康居和西域诸国，辗转翻译，请求朝拜，叩首纳贡。遂移师东征，闽、越遭诛。接着安抚番禺，南粤王派太子入朝。南夷的君主，西僰的首领，经常纳贡述职，不敢怠慢。翘首企足，纷纷争着归附朝廷，欲做臣妾。道路遥远，山川阻隔，不能亲自前来致意。那些不顺从的人已被诛灭，而为善恭敬的人尚未得到奖赏，所以特派遣中郎将唐蒙前往安抚。征发巴、蜀士卒百姓各五百人，使他们供奉币帛，卫护使者以防不测，本没有兴师动众，交兵打仗的祸患。现在听说中郎将竟使用战时军法，使巴、蜀子弟担惊受怕，使父老尊长心存忧患，并且二郡又擅自为中郎将运送粮草，这些都不是皇上的旨意。至于被征发的人有的逃跑，有的自杀，这也不是人臣应做的事。

夫边郡之士，闻烽举燧燔①，皆摄弓而驰，荷兵而走，流汗相属，唯恐居后，触白刃，冒流矢，义不反顾，计不旋踵②，人怀怒心，如报私仇。

彼岂乐死恶生，非编列③之民，而与巴蜀异主哉？计深虑远，急国家之难，而乐尽人臣之道也。故有剖符之封，析珪而爵，位为通侯④，居列东第，终则遗显号于后世，传土地于子孙，行事甚忠敬，居位甚安佚，名声施于无穷，功烈著而不灭。是以贤人君子，肝脑涂中原，膏液润野草而不辞也。今奉币役至南夷，即自贼杀，或亡逃抵诛，身死无名，谥为至愚，耻及父母，为天下笑。人之度量相越⑤，岂不远哉！然此非独行者之罪也，父兄之教不先，子弟之率⑥不谨也；寡廉鲜耻，而俗不长厚也。其被刑戮，不亦宜乎！

◎**注释** ①〔烽举燧燔（fán）〕烽，指昼日生烟。燧，指夜间举火。燔，烧。②〔旋踵〕后退。③〔编列〕编组而列入户籍。④〔通侯〕秦汉爵位名。⑤〔相越〕互相间的距离。⑥〔率〕遵循。

◎**大意** 那些边疆郡县的士卒，一听说烽烟又起，都张弓策马，拿起兵器奔向战场，汗流不断，争先恐后。在战场上冒白刃，迎飞箭，义无反顾，决不后退。人人心怀愤怒，个个如报私仇。他们难道喜欢死而讨厌生，不是国家的臣民，而与巴、蜀不同属一个君主吗？他们是境界高远，把国家的祸患放在首位，乐于尽人臣的职责。所以能够建立剖符大功，获得析珪之爵，位至列侯，身居大宅，死后留美名于后世，将封地传给子孙后代，他们平时做事忠诚恭敬，居官安然无事，声名永远流传，功业显赫不灭。所以有才德的君子，都愿献身于沙场，甘洒热血肥野草而在所不辞。现在仅仅是供奉币帛到南夷，便畏惧自杀，或逃跑被诛，身死无名，可称得上是最愚蠢的人，耻辱连累父母，被天下人嘲笑。一个人见识的高低，不是相差太远了吗？不过这并不完全是应征者的罪过，和父兄没有对他们事先施教、弟兄的表率作用没有做好也有很大的关系。人们寡廉鲜耻，世风也就不会淳厚了。所以他们遭到诛灭，不也是应该的吗！

陛下患使者有司之若彼，悼不肖愚民之如此，故遣信使晓喻百姓以发卒之事，因数①之以不忠死亡之罪，让三老孝弟以不教诲之过。方今田时②，重③烦百姓，已亲见近县，恐远所溪谷山泽之民不遍闻，檄到，亟④下县道，使咸知陛下之意，唯毋忽也。

◎**注释** ①〔数〕责备。②〔田时〕耕作时节。③〔重〕多。④〔亟（jí）〕急。

◎**大意** 现在皇上担心使者和官员像中郎将及二郡那样的做法，又痛心不肖愚民的如此行为，所以派遣可靠的使者向百姓说明为何要征发士卒之事，同时指出他们不忠于国家临阵自杀逃亡的罪行，责备地方官员不加教诲的过错。如今正当农时，多次打扰百姓，我已亲自面见了临近郊县的人，担心远处溪谷、山泽间的百姓不能尽知，所以文告一到，应迅速下发到县里和道里，使百姓都知道皇上的旨意，希望不要忽视怠慢。

相如还报。唐蒙已略通夜郎，因通西南夷道，发巴、蜀、广汉卒，作者数万人。治道二岁，道不成，士卒多物故①，费以巨万计。蜀民及汉用事者②多言其不便。是时邛、筰之君长闻南夷与汉通，得赏赐多，多欲愿为内臣妾，请吏，比南夷。天子问相如，相如曰："邛、筰、冉、駹者近蜀，道亦易通，秦时尝通为郡县，至汉兴而罢。今诚复通，为置郡县，愈于南夷。"天子以为然，乃拜相如为中郎将，建节③往使。副使王然于、壶充国、吕越人驰四乘之传，因巴蜀吏币物以赂西夷。至蜀，蜀太守以下郊迎，县令负弩矢先驱，蜀人以为宠。于是卓王孙、临邛诸公皆因门下献牛酒以交欢。卓王孙喟然而叹，自以得使女尚④司马长卿晚，而厚分与其女财，与男等同。司马长卿便略定西夷，邛、筰、冉、駹、斯榆之君皆请为内臣。除边关，关益斥⑤，西至沫、若水，南至牂柯为徼⑥，通零关⑦道，桥孙水⑧以通邛都。还报天子，天子大说（悦）。

◎**注释** ①〔物故〕死亡。②〔用事者〕执政者。③〔建节〕执持符节。④〔尚〕

仰攀婚姻。⑤〔斥〕拓宽。⑥〔徼（jiào）〕边界。⑦〔零关〕即灵关，在今四川峨边南。⑧〔孙水〕若水的支流。

◎**大意** 等到相如回朝复命之时，唐蒙已打通了夜郎，随后准备开通去西南夷的道路。于是他又征发巴、蜀及广汉郡的士卒，投入数万筑路的人。修筑了两年，路未完工，许多士卒死了，耗资以万计。蜀地百姓和汉朝大臣中的多数人都说这样做不好。当时邛、笮两夷国的君长听说南夷已和汉朝来往，得到许多赏赐，也想成为汉朝的臣属，就像南夷那样。武帝向相如征求意见，相如说："邛、笮、冉、駹四夷靠近蜀郡，道路容易开通。秦时曾开通设置郡县，到汉朝建立时废置。现在如果真的再次开通设置郡县，其利胜过南夷。"武帝认为他说得对，于是拜相如为中郎将，使他持节出使西夷，副使是王然于、壶充国和吕越人。他们乘坐四匹马驾的传车前往，打算通过巴、蜀的官吏和财物笼络西夷。到达蜀郡后，蜀太守及所属官员都赶到郊外去迎接，县令亲自背上弓箭在前面引路，蜀郡人都以此为荣。这时卓王孙和临邛的名流都登门献上牛酒以讨相如的欢心。卓王孙慨叹万千，自以为让女儿嫁给相如嫁得太晚了，于是分给女儿许多财产，其数量和分给儿子的相等。司马相如随后和西夷建立了关系，邛、笮、冉、駹和斯榆等国的君主都请求做汉朝的臣属。于是拆除旧关卡，将边关扩大，西部到达沫水、若水，南部以牂柯江为边界，又凿开零关道，在孙水上架设桥梁，连通邛都。司马相如回到朝廷后报告武帝，武帝非常满意。

相如使时，蜀长老多言通西南夷不为用，唯大臣亦以为然。相如欲谏，业已建之①，不敢，乃著书，籍以蜀父老为辞，而己诘难之，以风（讽）天子，且因宣其使指②，令百姓知天子之意。其辞曰：

◎**注释** ①〔业已建之〕指汉武帝已发布了通西南夷的命令。②〔宣其使指〕阐明开通西南夷的意义。

◎**大意** 相如出使时，蜀郡的父老多数说开通西南夷的道路没有用处，即使是朝廷中的大臣也这样认为。相如也想劝谏，考虑到武帝已经下旨，所以就不敢多言，于是将自己的想法写成了文章。文章中借蜀地父老之口提出看法，自己进行反驳，用来讽喻武帝，同时借此说明自己出使的目的，让百姓知道武帝的意图。文章说：

汉兴七十有八载，德茂存乎六世，威武纷纭①，湛恩汪濊②，群生澍濡③，洋溢乎方外。于是乃命使西征，随流而攘，风之所被，罔不披靡。因朝冉从駹，定筰存邛，略④斯榆，举苞满⑤，结轶⑥还辕，东乡（向）将报，至于蜀都。

◎**注释** ①〔纷纭〕盛多。②〔湛恩汪濊（huì）〕湛，深。汪濊，深广。③〔澍(shù)濡〕雨水滋润万物，比喻承受恩惠。④〔略〕攻取。⑤〔举苞满〕举，攻打。苞满，又作"苞蒲"，汉代西南少数民族名。⑥〔结轶〕车辆返回。

◎**大意** 汉朝建立已有七十八年，德政延续了六代，国势强盛，皇恩浩荡，众生被泽，惠及域外。于是才派遣使者西征，顺势开拓，如风所及，无不披靡。遂使冉夷入朝，駹夷顺服，平定了筰地，安抚了邛民，夺取了斯榆，占领了苞满，然后调转车辕，东向报捷，到达蜀郡。

耆老大夫荐（搢）绅①先生之徒二十有七人，俨然造焉。辞毕，因进曰："盖闻天子之于夷狄也，其义羁縻②勿绝而已。今罢（疲）三郡之士，通夜郎之涂（途），三年于兹，而功不竟，士卒劳倦，万民不赡，今又接以西夷，百姓力屈，恐不能卒业，此亦使者之累也，窃为左右患之。且夫邛、筰、西僰之与中国并也，历年兹（滋）③多，不可记已。仁者不以德来，强者不以力并，意者其殆不可乎！今割齐民④以附夷狄，弊⑤所恃以事无用，鄙人固陋，不识所谓。"

◎**注释** ①〔荐绅〕即"搢绅"，又作"缙绅"，指有官职或做过官的人。②〔羁縻〕控制，束缚。③〔兹〕通"滋"，增加。④〔齐民〕平民。⑤〔弊〕疲困。

◎ **大意**　蜀郡长老、大小官员及缙绅先生等二十七人隆重地前来拜见使者。礼毕，大家向使者进言道："听说天子对夷狄的态度，旨在控制它们不使断绝关系而已。现在使三郡的士卒忍受疲劳，去开辟通往夜郎的道路，至今三年，而未见功效，士卒劳累，万民穷困。目前又接着要去开通西夷，百姓已疲惫不堪，恐怕难以完成此事，这也是使者的麻烦，因此我私下替你担心。况且邛、筰、西僰与中原地位等同，已有许多年代，无法记清了。仁慈的君主不能用道德使它们归顺，强大的君主不能用武力将它们兼并，我们猜想开通之事恐怕不可行吧。如今却要夺取百姓的财物以利夷狄，使所依靠的人民穷困而供养无用的夷狄，我等见识短浅，不知这样做的奥秘。"

　　使者曰："乌谓此邪？必若所云，则是蜀不变服而巴不化俗也。余尚^①恶闻若说。然斯事体大，固非观者之所觏^②也。余之行急，其详不可得闻已，请为大夫粗陈其略。

◎ **注释**　①〔尚〕犹。②〔觏（gòu）〕见。
◎ **大意**　使者回答说："话怎么能这样说呢？如果一定照你们所说的，那么蜀地就不会改变服饰，而巴地也不会改行中原的习俗。就是我本人也不愿意听到你们所说的这种话。不过事关重大，本不是旁观者所能看得准确的。我的行程紧急，不能详加解释，请允许我为诸位粗略地说明一下事情的大概。

　　"盖世必有非常之人，然后有非常之事；有非常之事，然后有非常之功。非常者，固常人之所异也。故曰非常之原^①，黎民惧焉；及臻^②厥成，天下晏如^③也。

◎ **注释**　①〔原〕开始。②〔臻〕达到。③〔晏如〕平静。
◎ **大意**　"大凡世上有了异乎寻常的人，然后才会出现异乎寻常的事；有了异乎寻常的事，然后才能建立异乎寻常的功劳。所谓异乎寻常，本来就是一般人所感到奇怪的。所以说，在异乎寻常的事开始出现的时候，老百姓都感到害怕；等到它获得成功的时候，天下人只会安然地享受其利。

"昔者鸿水浡①出，泛滥衍溢，民人登降移徙，崎岖②而不安。夏后氏戚之③，乃堙④鸿水，决江疏河，漉沈赡菑（灾）⑤，东归之于海，而天下永宁。当斯之勤，岂唯民哉。心烦于虑而身亲其劳，躬胝无胈⑥，肤不生毛。故休烈⑦显乎无穷，声称浃⑧乎于兹。

◎**注释** ①〔浡（bó）〕沸涌。②〔崎岖〕处境困难。③〔夏后氏戚之〕夏后氏，指禹。戚，忧愁。④〔堙（yīn）〕堵塞。⑤〔漉沈赡菑〕疏通洪水，稳定灾情。⑥〔躬胝（zhī）无胈（bá）〕亲历劳作而手脚磨起厚茧，皮肤不生汗毛。胝，茧。胈，人大腿上的细毛。⑦〔休烈〕盛美的事业。⑧〔浃（jiā）〕周遍。

◎**大意** "从前洪水滔滔，泛滥成灾，人民四处逃难，奔波不安。夏禹为此而忧愁，于是填塞洪水，疏导江河，分洪救灾，使江河东注于海，天下从此永保安宁。当时的辛苦，难道只是老百姓吗？夏禹既要费神考虑天下大事，又要亲自参加劳动，以致手脚磨出了老茧，皮不长毛。所以他的大功能够永远使后世获益，他的美名直到今天还被人颂扬。

"且夫贤君之践位也。岂特委琐龌龊，拘文牵俗，循诵习传，当世取说（悦）云尔哉！必将崇论闳议，创业垂统，为万世规。故驰骛乎兼容并包，而勤思乎参天贰地①。且《诗》不云乎：'普天之下，莫非王土；率土之滨，莫非王臣。'是以六合之内，八方之外，浸浔衍溢，怀生之物有不浸润于泽者，贤君耻之。今封疆之内，冠带之伦，咸获嘉祉，靡有阙遗矣。而夷狄殊俗之国，辽绝②异党之地，舟舆不通，人迹罕至，政教未加，流风犹微。内之则犯义侵礼于边境，外之则邪行横作，放③弑其上。君臣易位，尊卑失序，父兄不辜④，幼孤为奴，系累号泣，内乡（向）而怨，曰'盖闻中国有至仁焉，德洋而恩普，物靡不得其所，今独曷为遗己'。举踵思慕，若枯旱之望雨。盭⑤夫为之垂涕，况乎上圣，又恶能已？故北出师以讨强胡，南驰使以诮⑥劲越。四面风德⑦，二方之君鳞集⑧仰流，愿得受号者以亿计。故乃关沫、若，徼牂柯，镂零山，梁孙原。创道德之涂（途），垂仁义之统。将博恩广施，远抚长驾⑨，使疏逖⑩不闭，阻深暗昧得耀乎光明，以偃甲兵于此，而息诛伐于彼。遐迩一体，中外禔福⑪，不亦康⑫乎？夫拯民于沈溺，奉至尊之休德，反衰世之陵迟，继周氏之绝业，斯乃天子之急务也。百姓虽劳，又恶可以已哉？

◎**注释** ①〔参天贰地〕指人的德行可以与天地相比。②〔辽绝〕遥远。③〔放〕驱逐。④〔不辜〕无罪。⑤〔盭（lì）〕凶狠，暴戾。⑥〔诮（qiào）〕责问。⑦〔风德〕被其德行感化。⑧〔鳞集〕群集。⑨〔驾〕控御。⑩〔逖（tì）〕远。⑪〔禔（zhī）福〕幸福。⑫〔康〕乐。

◎**大意** "况且贤明的君主即位后，难道只是为琐碎事务所缠身，被文法和世俗所束缚，诵习古训，循规蹈矩，取悦于当世而已吗？应当深谋远虑，建功立业，做子孙万代的榜样。所以在行动上要能够包容众物，在思想上要同时考虑到天、地和人事。况且《诗经》中不是这样说吗：'普天之下，没有什么地方不是王的领土；四海之内，没有哪一个人不是王的臣民。'所以天地之内，八方之内，恩泽四布，如果生灵之中尚有未受到恩泽滋润者，贤明的君王将感到羞耻。现在疆土之内，所有戴冠着衣之民，都得到了嘉福，没有遗漏。而夷狄是风俗不同的国家，遥远的异族之地，舟车不通，人迹罕至，政治教化尚未施及，社会风尚较为低下。如果接受他们，他们就会不讲礼仪地侵犯边境；如果不接受他们，则可能会在自己的国内横行霸道，犯上作乱。颠倒君臣的地位，改变尊卑等级，使父兄无罪被杀，孤幼变为奴隶。遭囚禁的人痛哭流涕，面向汉朝发出怨诉，说道：'听说汉朝有最佳的仁政，道德广大而恩泽普及，万物各得其所，如今为什么偏偏要遗漏我们呢？'他们抬脚仰望中国，若久旱以望雨露。即使凶暴的人也会为此而感动流涕,更何况皇上圣明,又怎么会就此作罢?所以向北方出师讨伐强胡,向南方派使者责问南越。四面八方都受到仁德的教化,南夷与西夷的君长如群鱼涌向流水,数以万计的盼望得到汉朝封号者。所以就以沫水、若水作为关塞,以牂柯江作为边界,开凿零山通路,在孙水源头架桥。凿通了道德的坦途,树立了仁义的风范。行将广施恩德,安抚远方,长期治理,使边远之民不被隔绝,使偏僻黑暗之处见到光明,在此地消灭战争,在彼地停止征伐。远近一体,内外安乐,这样不是很快意的事吗?拯救百姓于水火之中,奉行天子的仁德美意,振兴逐渐衰败的社会,继承周代即将断绝的基业,这乃是天子的当务之急。百姓即使劳苦,又怎么可以停止呢?

"且夫王事固未有不始于忧勤,而终于佚乐者也。然则受命之符,合在于此矣。方将增泰山之封①,加梁父之事②,鸣和鸾③,扬乐颂,上咸五,下登三④。观者未睹指,听者未闻音,犹鹪明⑤已翔乎寥廓,而罗者犹视乎薮泽。悲夫!"

◎**注释** ①〔增泰山之封〕登泰山祭天。②〔加梁父之事〕在泰山南边的梁父山祭地。③〔鸣和鸾〕指车驾前行。和鸾,古代车上的铃铛。④〔上咸五,下登三〕指汉之德赶超三皇五帝。咸,同。⑤〔鹪(jiāo)明〕传说中的神鸟。

◎**大意** "况且没有一个帝王的事业不是从忧劳开始,而以安乐告终的。如此看来受命于天的祥瑞之兆,正应在通西夷这件事上。如今皇上将要封禅泰山,在泰山南边的梁父山祭地,车驾前行,颂扬乐章,上同五帝之德,下立三王之业。旁观者未知其旨,倾听者未得其音,就像鹪明已翱翔于辽阔的天空,而捕鸟者还盯着湖泽一样,实在可悲啊!"

于是诸大夫芒然丧其所怀来而失厥所以进,喟然并称曰:"允①哉汉德,此鄙人之所愿闻也。百姓虽怠,请以身先之。"敞罔靡徙②,因迁延③而辞避。

◎**注释** ①〔允〕诚信。②〔敝罔靡徙〕失意而退避。③〔迁延〕后退。
◎**大意** 此时诸位大夫茫然忘却来意,不知要说些什么,只是感慨万千地同声说道:"令人信服啊,汉朝的盛德,这正是我们这些鄙陋之人希望知道的。百姓即使疲困,请让我们为他们做出榜样。"于是个个神情沮丧,稍作停留就疾行告退了。

其后人有上书言相如使时受金①,失官。居岁余,复召为郎。

◎**注释** ①〔受金〕受贿。
◎**大意** 此后有人上书告相如出使期间接受了别人的贿金,相如因此被免官。过了一年多,又被朝廷召回任为郎官。

相如口吃而善著书。常有消渴疾①。与卓氏婚,饶②于财。其进仕宦,未尝肯与公卿国家之事,称病闲居,不慕官爵。常从上至长杨③猎,是时天子方好自击熊彘,驰逐野兽,相如上疏谏之。其辞曰:

◎**注释** ①〔消渴疾〕糖尿病。②〔饶〕富有。③〔长杨〕离宫名,在陕西周至。
◎**大意** 相如口吃,但善于写文章。他患有糖尿病。他和卓文君结婚后,富有钱财。他担任官职以来,未曾愿意和公卿一起商议大事,而是托病闲居家中,不追求高官厚禄。他曾跟随武帝到长杨宫打猎,当时武帝喜欢亲自击杀熊和野猪,追赶野兽,相如上疏劝谏,疏上写道:

臣闻物有同类而殊能者,故力称乌获,捷言庆忌,勇期贲、育。臣之愚,窃以为人诚有之,兽亦宜然。今陛下好陵①阻险,射猛兽,卒(猝)然遇轶材之兽②,骇不存③之地,犯属车之清尘,舆不及还辕,人不暇施巧,虽有乌获、逢蒙之伎,力不得用,枯木朽株尽为害矣。是胡越起于毂下，而羌夷接轸也，岂不殆哉！虽万全无患，然本非天子之所宜近也。

◎**注释** ①〔陵〕登。②〔轶材之兽〕本事超群、凶猛异常的野兽。③〔不存〕意想不到。

◎**大意** 臣听说有些东西虽属同类而能力完全不同，所以谈到力气则称乌获，谈到轻捷则称庆忌，谈到勇猛则称孟贲、夏育。下臣愚陋，私下以为人所具有的这种情况，野兽同样具有。现在突然遇到凶猛异常的野兽，在意想不到的地方发怒，冲向陛下的车驾，一时车辕来不及调转，侍从来不及动手，此刻即使有乌获、逢蒙的勇猛，而威力无法施展，枯木朽树都会成为危害了。这就像胡越之兵突然出现在车下，而羌夷之兵冲到了车后，岂不是太危险了吗？即使万无一失，但这本不是天子应该接近的地方。

且夫清道而后行，中路而后驰，犹时有衔橛之变①，而况涉乎蓬蒿，驰乎丘坟，前有利②兽之乐而内无存变之意，其为祸也不亦难矣！夫轻万乘之重不以为安，而乐出于万有一危之涂（途）以为娱，臣窃为陛下不取也。

◎**注释** ①〔衔橛（jué）之变〕指车马倾覆。衔橛，马嚼子。②〔利〕贪。

◎**大意** 况且清理道路然后行走，在路的中间驰马，尚且会有轴断翻车的事故，何况穿于蓬蒿之间，驰于高丘之上，只顾眼前猎获野兽的快乐而内心没有应付意外事故的防备，恐怕灾祸也不难发生了。如果看轻帝王的尊位，不以此为安适，而把行走在危险的道路上当作乐事，臣以为陛下不应该这样做。

盖明者远见于未萌而智者避危于无形，祸固多藏于隐微而发于人之所忽者也。故鄙谚曰"家累千金者，坐不垂堂①"。此言虽小，可以喻大。臣愿陛下之留意幸察。

◎**注释** ①〔垂堂〕靠近堂屋檐下。

◎**大意** 圣明的人在事态尚未萌发之前就能够看到它的出现，而聪慧的人在毫无形迹之时就能够避开灾祸。祸患实际上多藏在隐蔽之处而发生于人们疏忽之时。所以谚语说"家中富有千金的人，不坐在屋檐下"。这话虽然说的是小事，但可以用来比喻大道理。臣希望陛下能够留心。

上善①之。还过宜春宫②，相如奏赋以哀二世行失也。其辞曰：

◎**注释** ①〔善〕赞许。②〔宜春宫〕秦时离宫，在今陕西长安东部。

◎**大意** 武帝对司马相如的劝谏很赞赏。返回时路过宜春宫，相如向武帝献赋，对秦二世行为的过失表示惋惜。赋的原文是：

登陂陀①之长阪兮，坌入曾（层）宫②之嵯峨。临曲江之隑州③兮，望南山之参差。岩岩深山之谾谾④兮，通谷豁兮谽谺⑤。汩淢噏习⑥以永逝兮，注平皋之广衍。观众树之塕薆⑦兮，览竹林之榛榛。东驰土山兮，北揭石濑。弥节容与兮，历吊二世。持身不谨兮，亡国失势。信谗不寤兮，宗庙灭绝。呜呼哀哉！操行之不得兮，坟墓芜秽而不修兮，魂无归而不食。敻邈绝而不齐兮，弥久远而愈佅（昧）⑧。精罔阆⑨而飞扬兮，拾⑩九天而永逝。呜呼哀哉！

◎**注释** ①〔陂陀（pō tuó）〕倾斜不平。②〔坌（bèn）入曾宫〕坌入，并入。曾宫，即"层宫"，层叠的宫殿。③〔隑（qí）州〕曲折的堤岸。④〔谾谾（hōng）〕长而大。⑤〔谽谺（hān xiā）〕形容山深。⑥〔汩淢（yù yù）噏（xī）习〕水势迅疾翻滚的样子。⑦〔塕薆（wěng ài）〕草木茂盛。⑧〔佅〕通"昧"，昏暗。⑨〔罔阆（liǎng）〕心神恍惚而无依靠。⑩〔拾（shè）〕升。

◎**大意** 登上倾斜的山坡，走进层叠嵯峨的宫殿。临近曲江曲折的堤岸，遥望着高低起伏的南山。高峻的深山蜿蜒，通畅的空谷一望无边。疾逝的流水一去不返，流入广阔平坦的平原。看那树木多么茂盛，又见那草木丛生的竹林。骑马奔上那东边的土山，撩衣走过北边石上的急流。停下来徘徊不前，凭吊秦二世的陵园。呜呼哀哉！他立身太不严谨，终致亡国丧权。他听信谗言而不醒悟，落得个宗庙灭绝。他品行不端啊，致使坟墓荒芜而得不到修整啊，魂魄没有归处而又没有人祭祀。多么久远而没有定限啊，而愈是久远就愈暗淡。

相如拜为孝文园令①。天子既美《子虚》之事，相如见上好仙道，因曰："上林之事未足美也，尚有靡者②。臣尝为《大人赋》，未就③，请具而奏之。"相如以为列仙之传居山泽间，形容甚臞④，此非帝王之仙意也，乃遂就《大人赋》。其辞曰：

◎注释 ①〔孝文园令〕掌管汉文帝陵园维护的官员。②〔尚有靡者〕还有更令人向往的。③〔未就〕没有写完。④〔臞（qú）〕清瘦。

◎大意 其后相如被拜为掌管汉文帝陵园维护的官员。武帝赞美《上林赋》中所述的事情，相如发现武帝喜欢成仙之道，便进言道："《上林赋》中谈到的事物并不值得赞美，还有更令人向往的。臣曾经写过一篇《大人赋》，尚未完成，请允许我写完献上。"相如以为传说中的各种仙人都居住在山水之间，形体容貌都很清瘦，这不是帝王想成为的那种仙人，于是写成《大人赋》。赋的原文是：

世有大人兮，在于中州。宅弥万里兮，曾①不足以少留。悲世俗之迫隘兮，揭②轻举而远游。垂绛幡之素蜺兮，载云气而上浮。建格泽③之长竿兮，总④光耀之采旄。垂旬始以为惨兮⑤，曳彗星而为髾⑥。掉指桥⑦以偃蹇兮，又旖旎以招摇。揽欃枪⑧以为旌兮，靡屈虹而为绸。红杳渺以眩湣兮，猋风涌而云浮。驾应龙象舆之蠖略逶丽⑨兮，骖赤螭青虬之蚴蟉⑩蜿蜒。

低卬（昂）夭蛴据以骄骜兮⑪，诎折隆穷蠼（躩）⑫以连卷，沛艾赳螑（xiù）仡（yì）以佁儗兮⑬，放散畔岸骧以孱颜⑭。跮踱輵辖⑮容以委丽兮，绸缪偃蹇怵奂以梁倚⑯。纠蓼叫奡（嚻）踢以艐（届）路兮⑰，蔑蒙踊跃腾而狂进。莅飒卉翕⑱熛至电过兮，焕然雾除，霍然云消。

◎**注释** ①〔曾〕乃。②〔揭（qiè）〕离去。③〔格泽〕星宿名。④〔总〕系。⑤〔垂旬始以为幓（shān）兮〕旬始，星名。幓，旌旗的飘带。⑥〔髾（shāo）〕旌旗上所垂的羽毛。⑦〔掉指桥〕掉，摆动。指桥，柔弱的样子。⑧〔欃枪（chán chēng）〕指天欃、天枪两星。⑨〔蠖略逶丽〕行步进止貌。逶丽，蜿蜒曲折貌。⑩〔蚴蟉（yǒu liú）〕蛟龙曲折行动貌。⑪〔低卬夭蛴据以骄骜兮〕一低一高、忽曲忽伸地恣意奔驰。⑫〔蠼（jué）〕通"躩"，跳跃。⑬〔沛艾赳螑（xiù）仡（yì）以佁儗（chì yì）兮〕昂首抬头，停滞不前。⑭〔孱颜〕马昂首开口状。⑮〔輵（è）辖〕摇目吐舌。⑯〔绸缪偃蹇怵奂（chuò）以梁倚〕绸缪，掉头。偃蹇，屈曲。奂，一种像兔而比兔大的兽。梁倚，相互倚靠。⑰〔纠蓼叫奡踢以艐（jiè）路兮〕纠蓼，相引。叫奡，相呼。奡，通"嚻"。踢以艐路，踏上征途。⑱〔卉翕（xī）〕奔跑竞逐。

◎**大意** 世界上有位有德行的人啊，他居住在中原。宅第遍布万里啊，都不值得使他留恋。悲世俗难困苦而不自由啊，离去轻飘而远游。其上赤旗为带的白垂挂以白虹为装饰的赤色旗帜啊，驾祥云而凌空。竖起格泽星作为旗杆啊，挂上光芒四射的彩旗。垂挂着旬始星作为旗迎风而摆动啊，拖来彗星，把它当作旗上垂挂的羽毛。旌旗随风飘动，曲折辗转，时而轻飏时而飘飘。取来天欃、天枪星作为旌旗啊，挥动曲虹作为助舞的彩绸。满天红霞浑然一体啊，飙风突起云气飘动。乘坐应龙驾的象牙车逍遥前行啊，驾着赤螭、青虬蜿蜒行进。蛟龙有时昂扬翘首而腾飞啊，有时低回屈身而盘伏。有时伸颈转首环顾四周啊，有时纵情奔驰高下而不齐。忽前忽后、吞云吐雾、气势壮丽啊，逶迤起伏如惊奂呆立、相互倚靠。成群结队，喧嚣嘶鸣于道路啊，尘土飞扬，跳跃奔腾而狂进。互相追逐，迅猛异常，如雷至电过啊，去后云消雾散，突然明亮，阳光灿烂。

邪绝少阳而登太阴兮①，与真人乎相求。互折窈窕以右转兮，横厉飞泉以正东。悉征灵圉②而选之兮，部乘众神于瑶光。使五帝先导兮，反（返）太一而从陵阳。左玄冥而右含雷兮，前陆离而后潏湟③。厮征伯侨而役羡门兮，属岐伯使尚方④。祝融惊（警）而跸御兮，清氛气而后行。屯余车其万乘兮，綷⑤云盖而树华旗。使句芒其将行兮，吾欲往乎南嬉。

◎**注释** ①〔邪绝少阳而登太阴兮〕邪，斜。绝，渡。少阳，东方的极地。太阴，北方的极地。②〔灵圉〕神灵的统称。③〔潏湟（jué huáng）〕传说中的神名。④〔尚方〕尚，主持。方，方剂。⑤〔綷（cuì）〕五彩杂合。

◎**大意** 横渡东极而登上北极啊，与众仙人相聚。曲折幽深再向右转啊，横跨飞泉向正东飘去。将众仙全部召来进行推选啊，在北斗的首星瑶光之上排列座位。使五方之帝在前边开路啊，遣归尊神太乙而使陵阳仙人相随。左边是北方神玄冥，右边是造化神含雷啊，前边是陆离神而后边是潏湟神。让仙人征伯侨做小奴而役使仙人羡门啊，命天帝的太医岐伯将医药管好。让火神祝融负责警戒啊，清除妖氛而后前行。汇集成的车驾有万辆之多啊，杂合彩云作为车盖并竖起华丽的旗帜。命青帝的佐神句芒掌管巡行事务啊，我想到南方去旅游。

历唐尧于崇山兮，过虞舜于九疑。纷湛湛其差错兮，杂遝胶葛以方驰①。骚扰冲苁其相纷挐兮②，滂濞泱轧洒以林离。钻罗列聚丛以茏茸兮，衍曼流烂坛以陆离。径入雷室之砰磷郁律兮，洞出鬼谷之崛礨嵬磈③。遍览八纮④而观四荒兮，朅渡九江而越五河。经营炎火而浮弱水兮，杭绝浮渚而涉流沙。奄息总极泛滥水嬉兮，使灵娲鼓瑟而舞冯夷。时若薆薆⑤将混浊兮，召屏翳诛风伯而刑雨师。西望昆仑之轧沕⑥洸忽兮，直径驰乎三危。排阊阖⑦而入帝宫兮，载玉女而与之归。舒闾风而摇集兮，亢乌腾而一止。低回阴山翔以纡曲兮，吾乃今目睹西王母。曤然⑧白首载胜而穴处兮，亦幸有三足乌为之使。必长生若此而不死兮，虽济万世不足以喜。

◎**注释** ①〔杂遝（tà）胶葛以方驰〕杂遝，众多杂乱。胶葛，交错纠缠的样子。方，并排。②〔冲苁（cōng）其相纷挐（rú）兮〕冲苁，冲撞。纷挐，纷纭错杂。③〔洞出鬼谷之崛礨（lěi）嵬礨（wéi huái）〕洞出，穿出。鬼谷，传说中众鬼所聚之地。崛礨嵬礨，错落不平的样子。④〔八纮（hóng）〕八极。⑤〔菱菱（ài）〕阳暗不明貌。⑥〔轧沕〕不清晰。⑦〔阊阖（chāng hé）〕传说中的天门。⑧〔曤（hé）然〕白貌。

◎**大意** 越过崇山见到唐尧啊，于九疑拜访虞舜。车驾众多而交错啊，纷杂纵横而竞驰。骚扰冲撞一片混乱啊，声势浩大气象壮观。罗列丛聚汇集在一起啊，光彩掩映斑驳陆离。直接驰入宏大幽深的雷室啊，然后穿过高低不平的鬼谷。遍观八极而远望四荒啊，飞渡九江又跨越五河。翻过火焰山渡过弱水啊，又横越浮渚涉过流沙。在葱岭之巅歇息戏水啊，使女娲鼓瑟命河伯起舞。天色如果昏黑不明啊，即召雷神诛杀风神并讨伐雨师。西望昆仑山迷离模糊啊，遂径直驰往三危山。推开天门闯入帝宫啊，载上玉女与她同归。来到阆风山安歇啊，就像展翅腾飞的鸟鸟需要稍息。在阴山徘徊留恋啊，我今日才见到西王母。她满头白发、头戴玉簪住在洞穴中啊，幸亏有三足鸟供她役使。如果一定要像这样才能长生不老啊，即使活一万世也不值得高兴。

回车朅来兮，绝①道不周，会食幽都。呼吸沆瀣②兮餐朝霞，噍咀芝英兮叽琼华③。嬐（僸）侵浔④而高纵兮，纷鸿涌而上厉。贯列缺之倒景⑤兮，涉丰隆之滂沛。驰游道而修降兮，骛遗雾而远逝。迫区中之隘陕（狭）兮，舒节出乎北垠。遗屯骑于玄阙兮，轶先驱于寒门⑥。下峥嵘而无地兮，上寥廓而无天。视眩眠而无见兮，听惝恍而无闻。乘虚无而上假（遐）兮，超无友而独存。

◎**注释** ①〔绝〕渡过。②〔沆瀣（hàng xiè）〕夜间的水汽、露水。③〔噍（jiào）咀芝英兮叽（jī）琼华〕噍咀，咀嚼。芝英，灵芝。叽，稍微吃一点。琼华，神话中琼树的花蕊。④〔嫔（jīn）侵浔〕嫔，同"傑"，仰。侵浔，渐进。⑤〔倒景〕道家指天上最高的地方。⑥〔寒门〕传说中的地名，在极北。

◎**大意** 掉转车驾返回啊，径直跨过不周山，来到极北的幽都大会餐。呼吸沆瀣啊食朝霞，咀嚼灵芝啊含琼花。抬头仰望飘离地面啊，腾跃盘旋上青天。穿过雷电飞到最高处啊，冒着云神丰隆降下的大雨冲上天。飞驰的游车从天而降啊，将云雾远远地抛在它后方。迫于人间居处狭小啊，放慢车速驰出北边的天际。把随从车骑留在玄阙啊，在寒门超越先行的车骑。下界深险不见底啊，上界寥廓而不见天。视野迷茫而无所见啊，听觉模糊而无所闻。乘虚无而远去啊，无尘世俗友而独存。

　　相如既奏《大人之颂》，天子大说（悦），飘飘有凌云之气，似游天地之间意。

◎**大意** 相如进献《大人赋》后，武帝非常高兴，有超尘脱俗、腾云驾雾的感觉，好像真的遨游于天地之间那样舒适。

　　相如既病免，家居茂陵。天子曰："司马相如病甚，可往从悉取其书；若不然，后失之矣。"使所忠①往，而相如已死，家无书。问其妻，对曰："长卿固未尝有书也。时时著书，人又取去，即空居。长卿未死时，为一卷书，曰有使者来求书，奏之。无他书。"其遗札书言封禅事②，奏所忠。忠奏其书，天子异之。其书曰：

◎**注释** ①〔所忠〕人名，汉武帝的宠臣。②〔其遗札书言封禅事〕指司马相如的遗书讲的是关于封禅的事。

◎**大意** 相如因病辞官以后，住在茂陵。武帝说："司马相如病得很厉害，可派人去将他所著的书全部拿回来；如果不这样做，以后就会散失掉。"于是武帝派所忠前往，到时相如已死，家中无书。询问相如的妻子，妻子回答说："长卿确实不曾有书。他不断地写书，但又不断地被人拿走。所以家中总是空的。长卿没死的时候，写过一卷书，说有使者来求书时，把书献上。没有别的书了。"相如在这部遗稿中谈的是封禅之事，书稿献给了所忠。所忠又将书稿献给武帝，武帝读了之后感到很惊奇。书上写道：

伊上古之初肇，自昊穹兮生民，历撰列辟①，以迄于秦。率迩者踵武②，逖听者风声③。纷纶葳蕤④，堙灭而不称者，不可胜数也。续《昭》《夏》⑤，崇号谥，略可道者七十有二君。罔若淑而不昌⑥，畴⑦逆失而能存？

◎**注释** ①〔历撰列辟〕撰，数。辟，君王。②〔率迩者踵武〕迩，近。踵，追随。武，足迹，此指前人遗业。③〔逖（tì）听者风声〕逖，远。风声，指前代帝王的传闻。④〔纷纶葳蕤（wēi ruí）〕众多的样子。⑤〔续《昭》《夏》〕《昭》，舜时乐名。《夏》，禹时乐名。续《昭》《夏》谓继舜、禹而起。⑥〔罔若淑而不昌〕罔，无。若，顺。淑，善。昌，盛。⑦〔畴〕谁。

◎**大意** 从开天辟地的上古，苍天降生了万民，历经各代君王，到了统一的秦朝。各朝君主总是继承近代的法度，而参酌远代的流俗。纷乱繁多，事迹湮没无闻的，不可胜数。继承虞舜、夏禹，崇尚尊号美谥，稍可称道的只有七十二位君主。未遵循善道而不昌盛的，有谁背德而能长存？

轩辕之前，邈哉邈乎，其详不可得闻也。五三①《六经》载籍之传，维②见可观也。《书》曰"元首明哉，股肱良哉"。因斯以谈，君莫盛于唐尧，臣莫贤于后稷。后稷创业于唐，公刘发迹于西戎，文王改制，爰周郅③隆，大行越（粤）④成，而后陵夷衰微，千载无声，岂不善始善终哉。然无异端，慎所由于前，谨遗教于后耳。故轨迹夷易，易遵也；湛恩濛涌，易丰也；宪度著明，易则也；垂统理顺，易继也。是以业隆于襁褓而崇冠于二后⑤。揆厥所元，终都⑥攸卒，未有殊尤绝迹可考于今者也。然犹蹑梁父，登泰山，建显号，施尊名。大汉之德，逢涌原泉，沕潏漫衍⑦，旁魄四塞，云专⑧雾散，上畅九垓，下溯八埏⑨。怀生之类沾濡⑩浸润，协气横流，武节飘逝，迩陕（狭）游原，迥阔泳沫，首恶湮没，暗昧昭晢⑪，昆虫凯泽，回首面内。然后囿驺虞之珍群，徼麋鹿之怪兽，㪍一茎六穗于庖⑫，牺双觡共抵之兽⑬，获周余珍收龟于岐，招翠黄乘龙于沼。鬼神接灵圄，宾于闲馆。奇物谲诡，俶傥穷变。钦⑭哉，符瑞臻兹，犹以为薄，不敢道封禅。盖周跃鱼陨杭⑮，休之以燎⑯，微夫斯之为符也，以登介丘⑰，不亦恧⑱乎！进让之道，其何爽与？

◎**注释** ①〔五三〕三皇五帝。②〔维〕乃。③〔郅（zhì）〕极，大。④〔越〕通"粤"，于是。⑤〔是以业隆于襁褓而崇冠于二后〕襁褓，指周成王时期。二后，指周文王和周武王。⑥〔都〕于。⑦〔沕潏（mì jué）漫衍〕泉流貌。⑧〔专（fū）〕分布，散布。⑨〔上畅九垓，下溯八埏〕九垓，犹言"九天"。八埏，八方的边际。埏，大地的边际。⑩〔沾（zhān）濡〕浸润。⑪〔昭晢（zhé）〕明白，显著。⑫〔㪍（dào）一茎六穗于庖〕㪍，选择。一茎六穗，被视为嘉禾。庖，厨房。⑬〔牺双觡（gé）共抵之兽〕牺，祭品，这里用作动词。双觡共抵之兽，指麟。双觡，双角。抵，根。⑭〔钦〕敬。⑮〔陨杭〕落入船中。杭，渡船。⑯〔燎（liào）〕烧柴祭天。⑰〔介丘〕指泰山。介，大。⑱〔恧（nǜ）〕惭愧。

◎**大意** 轩辕黄帝以前，遥远幽邈，其详细情况已不可得知。五帝三王的事迹，《六经》记载流传，差不多可以看到。《尚书》上说："君主圣明啊！辅臣贤良啊！"据此可以说，君主没有哪个能超过唐尧，大臣没有哪个能贤于后稷。后稷在唐尧时代建立了大功，到公刘时兴起于西戎，文王时改革制度，使周繁荣昌盛，伟业告成。其后虽逐渐衰败微弱，但传千载而无恶声，难道不是善始善终吗？没有别的原因，只是由于前代君主能够谨慎对待他们的事业，又能严格将法度传给后代子孙而已。所以周文王制定的规范平易，容易遵守；恩德深广，容易兴盛；宪章制度显明，容易效法；传业顺理，容易继承。因此周朝的大业鼎盛于成王且超过了文、武之时。考察它的兴起，总结它的败亡，并没有比今天特别突出超绝的功业。但是他们涉足梁父，登上泰山，建立了大号，加上了尊名。大汉的威德，如滚滚泉涌，喷射漫溢，广被四方，如云布雾散，上通九天，下及八荒。一切生灵都得到浸润滋养，协和之气横吹，威武之名远扬。近者游于其恩泽之源头，远者浴于其教化之末流。首作乱者皆被消灭，蒙昧者因教化而明白事理。就连昆虫也乐受恩德，掉转头来面向中国。于是义兽驺虞蓄于苑囿，奇兽麋鹿入于栏中。在厨房选用一茎六穗的嘉禾，以双角并根的麟兽做祭品。在岐山获得了周朝的宝鼎和神龟，从池泽招来了黄帝登仙之黄龙。鬼神迎接仙人灵圉，使其居闲馆。四方贡物精巧珍奇、变化多端。多么令人敬仰啊！吉祥的征兆皆出现，但是汉天子尚以为道德浅薄，不敢言封禅。武王伐纣渡河时，有白鱼出水跳入船中。武王以为很吉利，因此烧柴祭天。多么微小啊！这也算吉祥之兆！因这样的征兆去封禅泰山，岂不羞愧汗颜吗？周武王不当封禅而封禅与汉天子当封禅而谦让的做法，差距何等之大啊！

于是大司马进曰："陛下仁育群生，义征不譓①，诸夏乐贡，百蛮执贽，德侔往初，功无与二，休烈浃洽②，符瑞众变，期应绍至，不特创见。意者泰山、梁父设坛场望幸，盖号以况（贶）③荣，上帝垂恩储祉，将以荐成，陛下谦让而弗发也。挈三神之欢，缺王道之仪，群臣恧焉。或谓且天为质暗，珍符固不可辞；若然辞之，是泰山靡记而梁父靡几④也。亦各并时而荣，咸济世而屈⑤，说者尚何称于后，而云七十二君乎？夫修德以锡符，奉符以行事，不为进越⑥。故圣王弗替，而修礼地祇，谒款天神，勒功中岳，以彰至尊，舒盛德，发号荣，受厚福，以浸黎民也。皇皇哉斯事！天下之壮观，王者之丕⑦业，不可贬也。愿陛下全之。而后因杂荐（搢）绅先生之略术，使获耀日月之末光绝炎，以展采错事，犹兼正列其义，校饬厥文，作《春秋》一艺，将袭旧六为七，摅⑧之无穷，俾万世得激清流，扬微波，蜚英声，腾茂实。前圣之所以永保鸿名而常为称首者用此，宜命掌故悉奏其义而览焉。"

◎**注释** ①〔憓（huì）〕顺服。②〔浃洽〕遍及。③〔况〕通"贶"，赐予。④〔靡几〕没有希望。⑤〔屈〕绝。⑥〔进越〕逾礼。⑦〔丕〕大。⑧〔摅（shū）〕传播。

◎**大意** 当时大司马进谏说："陛下以仁德抚育天下百姓，用道义征伐不顺之民，华夏诸国乐意进贡，蛮夷各族执礼朝拜，美德同于古贤，功业当世无二，德政遍及天下，吉兆层出不穷，时至一一应验，并非偶然出现。我想泰山、梁父山上设立坛场大概是希望天子早日幸临，加封尊号以显荣耀。上帝向人间降恩赐福，是要得知成功的报告，陛下如果谦让而不去封禅，就会引起天神、地神和山神的不快，使帝王的礼仪缺漏不全，使群臣对此感到遗憾。有人说天道质朴而难明，所以对珍贵的符兆是不能拒绝的；如果拒之不理，就会使泰山没有刻石而梁父山得不到祭祀了。如果说封禅只是一时的荣耀，年代一过会被遗忘，那么封禅之事为什么还会流传到后代，而有七十二君的事迹呢？加强德政上天就会赐降吉兆，按照吉兆去做事不能认为是越礼。所以圣明的君王不废封禅，而修礼敬祀地神，竭诚拜祭天神，在中岳刻石记功，显示皇帝的地位，宣扬隆盛的德行，显示荣耀的称号，承受丰厚的福运，以利众民。伟大隆重啊这封禅之事！是天下的壮观，帝王的大业，不可等闲视之。希望陛下成就此大典。然后综合缙绅先生之观点，使之获得日月之辉而发扬光大，以展示其能而用于功事。同时使其正确阐释封禅之大义，修饰其文辞，著成像《春秋》一样的经典，继原《六经》而增为《七经》，永远流传。使千秋万世能据以激励忠义，弘扬精神，流传英名，结成硕果。前代圣贤能美名永垂常为后人颂扬的原因正在于此，所以应当命令礼乐之官将封禅的意义全部上奏以供陛下阅览。"

于是天子沛然①改容，曰："愉乎，朕其试哉！"乃迁思回虑，总公卿之议，询封禅之事，诗②大泽之博，广符瑞之富。乃作颂曰：

◎**注释**　①〔沛然〕感动的样子。②〔诗〕歌咏。
◎**大意**　这时天子露出了感动的神色，说："好啊，我就试试吧！"于是改变想法，总结了大臣们的意见，询问封禅的具体事宜，歌颂功德的广大，夸耀吉兆的众多。遂写成颂词道：

自我天覆，云之油油①。甘露时雨，厥壤可游。滋液渗漉，何生不育；嘉谷六穗，我穑曷蓄。

◎**注释**　①〔油油〕云彩飘动。
◎**大意**　自从汉家承天运，祥云调和万象新。甘露更兼及时雨，沃野千里育万民。雨露滋润肥大地，万物长生叶森森；天降嘉谷生六穗，我民勤耕多富殷。

非唯雨之，又润泽之；非唯濡之，泛尃濩之①。万物熙熙，怀而慕思。名山显位，望君之来。君乎君乎，侯②不迈哉！

◎**注释**　①〔泛尃濩（fū hù）之〕大雨下得普遍广泛，比喻恩泽广布。尃濩，散布。②〔侯〕何。
◎**大意**　不但降雨润物，又赐恩惠泽民；非我独享其福，普天同获新生。万物欣欣向荣，戴德思往帝京。名山虚席以待，望君封禅告功。君王啊君王，何不早日启程！

般（斑）般（斑）之兽，乐我君囿；白质黑章，其仪可喜；旼旼①睦睦，君子之能（态）。盖闻其声，今观其来。厥涂（途）靡踪，天瑞之征。兹亦于舜，虞氏以兴。

◎ **注释** ①〔旼旼（mín）〕和蔼。
◎ **大意** 满身花纹的野兽，在帝王的苑囿中；白底黑纹，仪表令人喜爱；和悦而又静穆，大有君子风范。久闻鼎鼎大名，今日才得亲见。不知从何而至，吉兆当来自天。舜时亦曾出现，使虞氏业绩灿烂。

濯濯①之麟，游彼灵畤②。孟冬十月，君徂郊祀。驰我君舆，帝以享祉③。三代之前，盖未尝有。

◎ **注释** ①〔濯濯〕肥而有光泽。②〔灵畤（zhì）〕祭台名，祭祀天地五帝之处。③〔享祉〕指天帝接受祭祀而赐福。
◎ **大意** 白麟肥美安闲，来到祭台之处。正当初冬十月，君王郊祀上路。麟奔我君车驾，君王祭天得福。三代之前遥远，此事自古似无。

宛宛黄龙，兴德而升①；采色炫耀，熿炳②辉煌。正阳③显见，觉寤黎烝④。于传载之，云受命所乘。

◎ **注释** ①〔兴德而升〕德业兴盛时才出现。②〔熿（huáng）炳〕闪耀。③〔正阳〕指南面。④〔觉寤黎烝〕教化万民。黎烝，黎民。
◎ **大意** 盘曲缩居的黄龙，遇盛德而升腾；鳞甲金光闪闪，闪耀万里长空。黄龙南面显身，教化天下众生。典籍曾有记载，言为天子所乘。

厥之有章，不必谆谆。依类记寓①，谕以封峦。

◎ **注释** ①〔寓〕寄。
◎ **大意** 天意已见兆瑞，不必谆谆明言。依事寄其所托，告君登山封禅。

披艺观之，天人之际已交，上下相发允①答。圣王之德，兢兢翼翼也。故曰"兴必虑衰，安必思危"。是以汤武至尊严，不失肃祇②；舜在假③典，顾省④厥遗：此之谓也。

◎**注释** ①〔允〕相称，合适。②〔肃祇（zhī）〕恭敬。③〔假〕大。④〔省（xǐng）〕省察。

◎**大意** 翻开文献可以看到，天道和人事已经融通，上位和下民相互表达谐和。圣王的德政，就是兢兢业业、小心谨慎。所以说"兴盛的时候一定要考虑衰败，安定的时候一定要考虑危险"。因此，商汤和周武王虽是万乘之尊，但不忘恭敬；虞舜在主持大典之时，仍然省察自己的缺失：这些说的就是这个道理。

司马相如既卒五岁，天子始祭后土①。八年而遂先礼中岳②，封于太山，至梁父禅肃然③。

◎**注释** ①〔后土〕地神。②〔中岳〕嵩山。③〔肃然〕肃然山，在泰山东。

◎**大意** 司马相如死后五年，天子才开始祭祀地神。八年后终于先祭祀了中岳之神，然后在泰山筑坛祭天，接着到梁父祭祀了肃然山。

相如他所著，若《遗平陵侯书》《与五公子相难》《草木书》篇不采，采其尤著①公卿者云。

◎**注释** ①〔著〕声名卓越。

◎**大意** 相如的其他著作，如《遗平陵侯书》《与五公子相难》《草木书》等篇均没有收录，传中只收录了他在公卿中特别著名的作品。

太史公曰：《春秋》推见至隐，《易》本隐之以显，《大雅》言王公大人而德逮①黎庶，《小雅》讥小己之得失，其流②及上。所以言虽外殊③，其合德一也。相如虽多虚辞滥说，然其要归引之节俭，此与《诗》之风（讽）谏何异！杨雄④以为靡丽之赋，劝百风（讽）一，犹驰骋郑卫之声⑤，曲终而奏雅，不已亏乎？余采其语可论者著于篇。

◎**注释** ①〔德逮〕德，本质规律。逮，及，适用于。②〔流〕传播。③〔外殊〕外在形式不同。④〔杨雄〕即扬雄，西汉辞赋家、思想家。⑤〔郑卫之声〕指春秋战国时郑、卫等国的民间音乐。儒家认为其音淫靡，不同于雅乐，故斥之为淫声。

◎**大意** 太史公说：《春秋》由人事之显著推而明天道之隐微，《易》由推算隐微的天道来明了万物的规律，《大雅》讲的是王公大人，但其所说的规律也适用于黎民百姓，《小雅》讽刺个人的得失，其言却能影响到上位者。所以言辞的外在形式虽然不同，但其合于德的教化作用是一致的。相如的文章虽有许多夸张不实的说法，但其宗旨归于节俭，这与《诗经》的讽谏作用有何不同呢？扬雄认为相如的文章是华丽之赋，鼓励奢侈之言极多而劝导节俭之言极少，好像通篇演奏郑、卫的靡靡之音，只是在曲终时奏及雅乐，这不是歪曲了相如的本意吗？我采纳相如言辞中可称道者收录在本篇中。

◎**释疑解惑**

在刻画司马相如的形象时，司马迁除了使用前文所说"以文传人"的表现手法之外，还使用了其他艺术手法，如语言描写。司马相如在汉武帝询问《子虚赋》的创作情况时，回答："有是。然此乃诸侯之事，未足观也。请为天子游猎赋，赋成奏之。"不卑不亢，淡定自如，表现了司马相如对自身才华的自信。又如行为描写。通过司马迁的记述，可以知道司马相如在前去卓家赴宴之前是做了相应准备的。他先是通过与王吉的交往抬高自己的身价，在面对卓王孙的邀请时又再三推辞，吊足了众人的胃口，之后的出场则是风采照人、技惊四座，如此一来卓文君对他一见倾心也就毫不奇怪了。通过"既罢，相如乃使人重赐文君侍者通殷勤"等记述可知，司马相如与卓文君的相遇并不全凭天意，人为的因素同样是十分重要的。列传中将司马相如与卓文君婚恋的故事写得婉转秾丽，跌宕起伏，极富故事性，所以清人吴见思称其为"唐人传奇小说之祖"。它为后世文学艺术作品的创作提供了极好的范例和素材。除此之外，司马迁还运用了侧面描写的技巧。他借卓文君之口说司马相如："时时著书，人又取去，即空居。"从侧面反映了司马相如文名之盛，时人对他的追捧是十分热烈的。

司马迁综合运用这些描写手法，成功刻画了司马相如这一丰满的人物形象。

而司马迁本人对于自身所处的这个时代的矛盾心情也在本篇列传中有所流露。司马迁通过收录和评价司马相如的辞赋作品，铺排宫室苑囿的华美和富饶，以显示这个时代物质文明的伟大，表现出他赞美"大一统"的现实和中央集权的思想；但他又主张戒奢持俭，防微杜渐，并婉谏超世成仙之谬。这些矛盾的心情既属于司马相如，也属于司马迁，是那个时代知识分子内心共同的矛盾。

◎ **思考辨析题**

1. 从本文对司马相如生平的记述来看，司马相如具有哪些方面的才能？
2. 司马相如的成功受到了哪些个人因素和外部因素的影响？

淮南衡山列传第五十八

　　本传载述的是刘邦少子刘长的世系,是刘长、刘安、刘赐等人的合传。他们谋反被诛,故不立世家而贬为列传。这篇传记可以分为四部分:第一部分叙述淮南厉王刘长的事迹。刘长之母原是赵王张敖的妃嫔,在高祖刘邦经过赵国时,刘长之母被赵王张敖派去服侍刘邦,因此怀上刘邦的骨肉。后来赵国谋反,刘长之母被牵连下狱,审食其、吕后等人明知她怀着高祖的血脉却不愿全力相救,所以她在生下刘长后便悲愤自尽。生母死后,刘长生活在吕后的身边,所以在惠帝、吕后当政时期没有被杀害。因原淮南王黥布谋反,高祖改封刘长为淮南王。文帝即位后,对他宽容放纵,他因此嚣张跋扈,杀审食其以泄私愤,又在封国内制定法令、窝藏逃犯,图谋造反,做了很多大逆不道的事情。文帝不忍将他处死,于是下令将他流放蜀地，途中他绝食而死。汉文帝心中愧疚，处置了苛待刘长的官吏，并且厚葬了刘长。第二部分写刘长之子刘安蓄谋造反之事。文帝忧虑刘长的死会让自己背负杀弟的恶名，于是将淮南国一分为三：封刘长长子刘安为淮南王；次子刘勃为衡山王，后徙为济北王；刘赐为庐江王，后徙为衡山王。在七国之乱中，吴国的使者来到淮南国，劝说刘安举兵响应，刘安意图参与谋反，但被淮南国丞相阻止，因而得以在七国之乱平息之后保住王位。第三部分讲述淮南王刘安谋反的过程。刘安一直对其父刘长之死耿耿于怀，就派遣女儿刘陵去京城长安侦查情况，暗中结交宾客，与吴太子刘迁、吴臣伍被等人日夜谋划，又勾连弟弟衡山王刘赐，蓄谋反汉。刘安一再犹豫不决，迟迟没有起兵，最终消息泄露，刘安畏罪自杀，刘迁等参与谋反之人被灭族。第四部分讲述刘安弟弟衡山王刘赐参与谋反的经过，以及他后宫的矛盾和两位王子的争斗。刘赐想要废掉太子刘爽，改立刘孝，引起了刘爽的愤怒，于是刘爽把刘赐谋反之事上报朝廷。最终衡山王刎颈自杀，其他参与谋反的人被灭族，太子刘爽因举报父亲被其父告为不孝，也被斩首。

  本传只写刘长父子三人的变乱，对三个主要人物有三种不同的写法：写淮南厉王刘长时，用"不用汉法""出入骄恣""贼杀不辜"等语言描绘其桀骜之状，突出了他的刚猛狠辣；写淮南王刘安时，用大量笔墨来刻画他的心理活动，通过"欲""畏""恐""念""亦欲""时欲""偷欲""计欲"等字眼体现他在谋反前做贼心虚、愈发又止的心态，又通过引入他与伍被的谈话及"谋为叛逆"等语，突出了他狐疑善变的性格；在写衡山王刘赐时，叙述了他的家庭矛盾从产生到逐渐变得不可调和，又写了他和兄长淮南王刘安忽生嫌隙、忽又联合的关系，突显了他毫无主见、随波逐流、不明事理的性格特点。

淮南厉王长者,高祖少子也,其母故赵王张敖美人①。高祖八年,从东垣②过赵,赵王献之美人。厉王母得幸焉,有身。赵王敖弗敢内宫,为筑外宫而舍之。及贯高等谋反柏人③事发觉,并逮治王,尽收捕王母兄弟美人,系之河内④。厉王母亦系,告吏曰:"得幸上,有身。"吏以闻上,上方怒赵王,未理厉王母。厉王母弟赵兼因辟阳侯言吕后,吕后妒,弗肯白,辟阳侯不强争。及厉王母已生厉王,恚,即自杀。吏奉厉王诣上,上悔,令吕后母之,而葬厉王母真定⑤。真定,厉王母之家在焉,父世县也。

◎**注释** ①〔美人〕帝王妃嫔的封号名。②〔东垣〕汉县名,在今河北石家庄东北。③〔柏人〕汉县名,在今河北隆尧西。④〔河内〕汉郡名,郡治怀县,即今河南武陟西南,辖区包括今河南焦作、济源全境和新乡、安阳部分地区。⑤〔真定〕即东垣县。

◎**大意** 淮南厉王刘长是高祖刘邦的小儿子,他母亲曾是赵王张敖的妃妾。高祖八年,高祖从东垣县回京途中路过赵国,赵王把自己的一些姬妾送去侍奉高祖。厉王的母亲得到了高祖的宠幸,怀了身孕。从此赵王张敖不敢再让她当自己的妃嫔,另在宫外建造了一所房子让她居住。到了贯高等人在柏人县谋反之事被发觉的时候,赵王也被捕定罪,赵王的母亲、兄弟及嫔妃全都被拘捕,关押在河内郡。厉王的母亲也被囚禁,她告诉狱吏说:"我曾经得到皇帝的宠幸,怀了身孕。"狱吏将此事上报高祖,高祖正为赵王的事情生气,因而没有理会厉王的母亲。厉王母亲的弟弟赵兼通过辟阳侯将此事告诉吕后,吕后心生嫉妒,不愿为厉王母亲向皇帝求情,辟阳侯也没有尽力劝说吕后。厉王母亲生下厉王后,心中恼恨,就自杀了。狱吏抱着厉王到宫中觐见高祖,高祖心生悔意,让吕后当厉王的养母,并将厉王生母安葬在真定县。真定是厉王生母的故乡,是她父祖世代居住的地方。

高祖十一年七月，淮南王黥布反，立子长为淮南王，王黥布故地，凡四郡。上自将兵击灭布，厉王遂即位。厉王蚤（早）失母，常附吕后，孝惠、吕后时以故得幸无患害，而常心怨辟阳侯，弗敢发。及孝文帝初即位，淮南王自以为最亲，骄蹇，数不奉法。上以亲故，常宽赦之。三年，入朝。甚横。从上入苑囿猎，与上同车，常谓上"大兄"。厉王有材力，力能扛鼎，乃往请辟阳侯。辟阳侯出见之，即自袖铁椎椎辟阳侯，令从者魏敬刭之。厉王乃驰走阙下，肉袒谢曰："臣母不当坐赵事，其时辟阳侯力能得之吕后，弗争，罪一也。赵王如意子母无罪，吕后杀之，辟阳侯弗争，罪二也。吕后王诸吕，欲以危刘氏，辟阳侯弗争，罪三也。臣谨为天下诛贼臣辟阳侯，报母之仇，谨伏阙下请罪。"孝文伤其志，为亲故，弗治，赦厉王。当是时，薄太后及太子诸大臣皆惮厉王，厉王以此归国益骄恣，不用汉法，出入称警跸①，称制，自为法令，拟于天子。

◎**注释**　①〔警跸（bì）〕清道戒严。

◎**大意**　高祖十一年七月，淮南王黥布谋反，高祖封立儿子刘长为淮南王，让他管辖原先黥布的封地，一共有四个郡。高祖亲自率军击败了黥布，于是厉王登上了王位。厉王早年失去了母亲，一直跟在吕后身边，因此在惠帝和吕后时期他有幸没有遇到灾祸。他心中怨恨辟阳侯，却又不敢动手杀他。文帝即位之后，淮南王认为自己与文帝关系最亲密，骄纵桀骜，经常不遵守法令。文帝因他是自己的亲兄弟，经常宽恕他。文帝三年，淮南王入京朝见。十分骄横。跟从文帝到上林苑打猎，与文帝坐同一辆车，经常称呼文帝为"大哥"。厉王有力气，可以举起鼎，求见辟阳侯。辟阳侯出门接见他，他立即从袖子中抽出事先藏好的铁锥击打辟阳侯，又让随从魏敬割下了辟阳侯的头。随后厉王骑马疾驰到宫中，赤裸上身向文帝请罪说："我母亲本不该被赵国谋反之事牵连，当时辟阳侯完全有能力说动吕后为我母亲求情，但他没有努力向吕后争取，这是头一桩罪。赵王如意与他的母亲戚夫人没有犯罪，而吕后杀害了他们，辟阳侯没有尽力相救，这是第二桩罪。吕后大封吕氏族人为王，想要夺取刘氏江山，辟阳侯没有反对，这是第三桩罪。我现在既为天下铲除奸贼，又为母亲报了仇，因此到宫门口跪下请皇兄治罪。"文帝哀怜他的心愿，又因为他是亲兄弟，没有治他的罪，赦免了他。在那时，薄太后和太子以及朝臣都忌惮厉王，因此，厉王回到封国之后更加骄横跋扈，不遵守朝廷的法令，出入宫中时要清道戒严，把发布的命令称为"制"，在淮南国内私自制定了一套法令，与文帝的排场相同。

六年，令男子但等七十人与棘蒲侯柴武太子奇谋，以辇车①四十乘反谷口，令人使闽越、匈奴。事觉，治之，使使召淮南王。淮南王至长安。

◎**注释** ①〔辇（jú）车〕马拉的大车。
◎**大意** 文帝六年，厉王让男子但等七十人与棘蒲侯柴武的太子柴奇策划，打算用四十辆大车在谷口造反，又派出使者联络闽越、匈奴。事情被朝廷发觉，要治他们的罪，文帝派使臣召淮南王进京。淮南王来到长安。

"丞相臣张仓、典客①臣冯敬行御史大夫事、宗正②臣逸、廷尉臣贺、备盗贼中尉③臣福昧死言：淮南王长废先帝法，不听天子诏，居处无度，为黄屋盖乘舆，出入拟于天子，擅为法令，不用汉法。及所置吏，以其郎中春为丞相，聚收汉诸侯人及有罪亡者，匿与居，为治家室，赐其财物爵禄田宅，爵或至关内侯，奉以二千石所不当得，欲以有为。大夫但、士五开章等七十人与棘蒲侯太子奇谋反，欲以危宗庙社稷。使开章阴告长，与谋使闽越及匈奴发其兵。开章之淮南见长，长数与坐语饮食，为家室娶妇，以二千石俸奉之。开章使人告但，已言之王。春使使报但等。吏觉知，使长安尉奇等往捕开章。长匿不予，与故中尉蕑忌谋，杀以闭口。

为棺椁衣衾，葬之肥陵邑④，谩吏曰'不知安在'。又详（佯）聚土，树表其上，曰'开章死，埋此下'。及长身自贼杀无罪者一人；令吏论杀无罪者六人；为亡命弃市罪诈捕命者以除罪；擅罪人，罪人无告劾系治城旦舂⑤以上十四人；赦免罪人，死罪十八人，城旦舂以下五十八人；赐人爵关内侯以下九十四人。前日长病，陛下忧苦之，使使者赐书、枣脯。长不欲受赐，不肯见拜使者。南海⑥民处庐江界中者反，淮南吏卒击之。陛下以淮南民贫苦，遣使者赐长帛五千匹，以赐吏卒劳苦者。长不欲受赐，谩言曰'无劳苦者'。南海民王织上书献璧皇帝，忌擅燔其书，不以闻。吏请召治忌，长不遣，谩言曰'忌病'。春又请长，愿入见，长怒曰'女（汝）欲离我自附汉'。长当弃市，臣请论如法。"

◎**注释** ①〔典客〕即大行令，主管少数民族事务。②〔宗正〕主管皇族事务的官职。③〔中尉〕主管皇族事务的官职。④〔肥陵邑〕汉县名，在今安徽六安北。⑤〔城旦舂〕两种刑罚名。当时被判处五年徒刑的犯人，要做三年的苦工：男人的任务是白天巡逻放哨，晚上筑城，此为"城旦"；女人的任务则是舂米。⑥〔南海〕南海郡，郡治在今广东广州。

◎**大意** "丞相臣张仓、典客臣冯敬行御史大夫事、宗正臣逸、廷尉臣贺、备盗贼中尉臣福冒着死罪大胆上奏：淮南王刘长置先帝法令于不顾，不服从天子命令，生活做派不遵法度，乘坐黄绫做顶盖的车驾，出入的规格和天子相同，擅自制定法令，不使用朝廷的法规。他任命官吏时，让他的郎中春担任淮南国丞相，招揽汉郡县和诸侯国之人以及犯罪逃亡的人，为这些人提供住处，让他们躲藏起来，为他们娶妻，赐给他们财物、爵禄、田地和住宅，有的人爵位高到关内侯，有不该得到的二千石的俸禄，淮南王这样做是想要达到不可告人的目的。大夫但、士五开章等七十人与棘蒲侯的太子柴奇谋反，想要以此危害江山社稷。太子柴奇派遣开章密报刘长，与刘长策划派遣使者联络闽越和匈奴，让他们发兵。开章到淮南国见到了刘长，刘长屡次与他谈话并一起吃饭，还给他娶妻组建家庭，给他二千石的俸禄。开章派人告诉大夫但，说已经见到了淮南王。淮南国丞相春也派遣使者告知了大夫但等。朝廷官员发觉了此事，派出长安尉奇等人前去抓捕开章。刘长将开章藏了起来，不交给长安尉，并与曾经的中尉蕑忌商量，杀掉开章灭口。又做了棺椁和衣被，把他葬在了肥陵邑，哄骗长安尉等朝廷官员说'不知道开章在哪里'。又堆起土堆，伪造坟墓，并在其上竖立墓碑，上面写着'开章死后，埋在这下面'。刘长亲自杀害一个没有犯罪的人；让他的官吏判处并杀害六个没有犯罪的人；为了掩藏真正的逃犯而杀害无罪的百姓让他们顶罪；随意判处别人为罪犯，判人有罪时没有原告，未经审核，就将十四人判处了城旦舂以上的罪名；还任意赦免罪犯，有十八名死刑犯被赦免，有五十八名判处城旦舂的犯人被赦免；随意封赏九十四人关内侯以下的爵位。前几日淮南王刘长患病，陛下为他担忧伤心，派遣使臣送去书信、枣脯。而刘长不愿接受赏赐，拒绝接见使臣。居住在庐江的南海人造反，淮南国的官兵前往讨伐。陛下认为淮南国的百姓贫穷困苦，派遣使臣赐给刘长绢帛五千匹，让刘长发给官员和士兵中劳苦功高的人。刘长不愿接受赏赐，谎称军中'没有劳苦功高的人'。南海郡的百姓王织上书向皇帝进献玉璧，淮南国从前的中尉蕑忌擅自烧了他的上书，没有上报给皇帝。朝廷官员召蕑忌入京要治他的罪，刘长拒绝遣送他入京，撒谎说'蕑忌病了'。淮南国丞相春又向刘长请命，说自己愿意朝见天子，刘长发怒说'你想背叛我去投靠朝廷'。应当判处刘长斩首示众，臣等请求依法予以论处。"

制曰："朕不忍致法于王，其与列侯二千石议。"

◎**大意**　文帝下诏说："我不忍心依法惩治淮南王，请你们和列侯以及二千石的官员讨论一下怎样处理。"

"臣仓、臣敬、臣逸、臣福、臣贺昧死言：臣谨与列侯吏二千石臣婴等四十三人议，皆曰'长不奉法度，不听天子诏，乃阴聚徒党及谋反者，厚养亡命，欲以有为'。臣等议：论如法。"

◎**大意**　"臣仓、臣敬、臣逸、臣福、臣贺冒着死罪大胆上奏：臣等和列侯以及二千石官员婴等四十三人慎重地议论了刘长的罪行，大家都说'刘长不遵守朝廷法度，不服从天子诏令，暗中结党谋反，给亡命之徒优厚的待遇，是想利用他们图谋不轨'。臣等讨论的结果：依法惩处他。"

制曰："朕不忍致法于王，其赦长死罪，废勿王。"

◎**大意**　文帝下诏说："我不忍心依法惩处淮南王，还是赦免他的死罪，废去他的王位好了。"

"臣仓等昧死言：长有大死罪，陛下不忍致法，幸赦，废勿王。臣请处蜀郡严道邛邮①，遣其子母从居，县为筑盖家室，皆廪食给薪菜盐豉炊食器席蓐（褥）。臣等昧死请，请布告天下。"

◎**注释**　①〔蜀郡严道邛邮〕蜀郡，郡治在今四川成都。严道，县名，县治在今四川荥经。邛邮，在今四川荥经西南。

◎**大意**　"臣仓等冒着死罪大胆上奏：刘长犯有重罪应当判死刑，陛下不忍心按照法律惩处他，而是赦免了他，只废黜了他的王位。臣等请求将他流放到蜀郡严道县的邛邮，让他的妻子与儿女一同前往，让当地县里给他盖一间房子，朝廷给他提供柴火、蔬菜、食盐、豆豉、炊具、床席、被褥等生活用品。臣等冒着死罪大胆请求，请皇帝发布告示通知天下人。"

制曰："计食长给肉日五斤，酒二斗。令故美人才人得幸者十人从居。他可。"

◎**大意** 文帝下诏说："可以每日给刘长五斤肉，二斗酒。从之前得到宠幸的美人、才人中选出十人，让她们跟随刘长居住。其他事情按照你们奏请的办理。"

尽诛所与谋者。于是乃遣淮南王，载以辎车，令县以次传。是时袁盎谏上曰："上素骄淮南王，弗为置严傅相，以故至此。且淮南王为人刚，今暴摧折之。臣恐卒（猝）逢雾露病死，陛下为有杀弟之名，奈何！"上曰："吾特苦之耳，今复之。"县传淮南王者皆不敢发车封。淮南王乃谓侍者曰："谁谓乃公勇者？吾安能勇！吾以骄故不闻吾过至此。人生一世间，安能邑邑如此！"乃不食死。至雍①，雍令发封，以死闻。上哭甚悲，谓袁盎曰："吾不听公言，卒亡淮南王。"盎曰："不可奈何，愿陛下自宽。"上曰："为之奈何？"盎曰："独斩丞相、御史以谢天下乃可。"上即令丞相、御史逮考诸县传送淮南王不发封馈侍者，皆弃市。乃以列侯葬淮南王于雍，守冢三十户。

◎**注释** ①〔雍〕雍县，县治在今陕西凤翔西南。

◎**大意** 朝廷处决了所有参与造反的人。之后把淮南王遣送蜀郡，让他坐在有厢篷的载物大车上，命令沿途各县依次负责押送。这时袁盎劝阻文帝说："陛下向来宠爱淮南王，没有给他安排严厉的太傅和国相去管束他，才闹到今天这个地步。况且淮南王性格刚强，如今突然把他打击得过于厉害，我担心他会因无法接受突如其来的变故而死，这样陛下就要背负杀害兄弟的恶名，这可怎么办呢！"文帝说："我只不过想让他吃点苦头，很快就会让他回来的。"沿途各县负责押送淮南王的人都不敢打开辎车的封条。淮南王便对侍从说："谁说你老子我是好汉？我要是好汉还能沦落到今天这个地步吗！我因骄横听不到自己的过错落得如此下场。人生在世，怎么能受这种窝囊气！"于是绝食而死。到达雍县后，雍县县令打开了封条，发现淮南王已死，把消息上报给朝廷。文帝哭得十分伤心，对袁盎说："我没能听从你的劝告，终于失去了淮南王。"袁盎说："这已经是不可挽回的事情了，希望陛下想开些。"文帝问："现在如何是好呢？"袁盎说："只要将丞相和御史大夫斩首，向天下谢罪就可以了。"文帝没有同意，只是下令让丞相和御史大夫调查沿途各县不给淮南王打开封条、不给淮南王送饭的人，将他们斩首示众。随后以列侯的礼仪在雍县安葬了淮南王，并安排了三十户人家为淮南王守墓。

孝文八年，上怜淮南王，淮南王有子四人，皆七八岁，乃封子安为阜陵侯①，子勃为安阳侯②，子赐为阳周侯③，子良为东成侯④。

◎**注释** ①〔阜陵侯〕封地阜陵，在今安徽和县西。②〔安阳侯〕封地安阳，在今河南正阳西南。③〔阳周侯〕封地阳周，在今山东莒县。④〔东成侯〕封地东城，在今安徽定远东南。
◎**大意** 文帝八年，文帝又怜悯起淮南王，淮南王有四个儿子，都是七八岁，于是封长子刘安为阜陵侯，次子刘勃为安阳侯，三子刘赐为阳周侯，四子刘良为东成侯。

孝文十二年，民有作歌歌淮南厉王曰："一尺布，尚可缝；一斗粟，尚可舂。兄弟二人不能相容。"上闻之，乃叹曰："尧舜放逐骨肉，周公杀管蔡，天下称圣。何者？不以私害公。天下岂以我为贪淮南王地邪？"乃徙城阳王王淮南故地，而追尊谥淮南王为厉王，置园复如诸侯仪。

◎**大意** 文帝十二年，民间有人创作了一首关于淮南厉王的歌谣："一尺布，还能缝在一起；一斗谷，还能放在一起捣碎；但是兄弟两人不能相容。"文帝听说了，叹息道："尧流放他的儿子丹朱，舜流放他的弟弟象，周公杀死管叔、蔡叔，天下仍然把尧、舜、周公称为圣人。这是为什么？是因为他们不因私情而损害国家利益。天下人难道认为我废黜淮南王是因贪图他的封地吗？"于是迁城阳王刘喜为淮南王，管辖从前淮南国的领地，追封去世的刘长为淮南厉王，按照诸侯王的规格为他设置了园邑。

孝文十六年，徙淮南王喜复故城阳。上怜淮南厉王废法不轨，自使失国蚤（早）死，乃立其三子：阜陵侯安为淮南王，安阳侯勃为衡山王①，阳周侯赐为庐江王②，皆复得厉王时地，三分之。东城侯良前薨，无后也。

◎**注释** ①〔衡山王〕国都邾县，在今湖北黄冈西北。②〔庐江王〕国都舒县，在今安徽庐江西南。
◎**大意** 文帝十六年，文帝命令刘喜回到城阳为城阳王。文帝怜悯淮南厉王不遵朝廷法令，图谋不轨，以至被废黜王位，早早死去，于是重新分封了他的三个儿子：阜陵侯刘安为淮南王，安阳侯刘勃为衡山王，阳周侯刘赐为庐江王，都是在曾经淮南国的领地上，把之前的淮南国领土分成了三份。这时东城侯刘良已经死去，没有后代。

孝景三年，吴楚七国反，吴使者至淮南，淮南王欲发兵应之。其相曰："大王必欲发兵应吴，臣愿为将。"王乃属相兵。淮南相已将兵，因城守，不听王而为汉；汉亦使曲城侯将兵救淮南：淮南以故得完。吴使者至庐江，庐江王弗应，而往来使越。吴使者至衡山，衡山王坚守无二心。孝景四年，吴楚已破，衡山王朝，上以为贞信，乃劳苦之曰："南方卑湿。"徙衡山王王济北，所以褒之。及薨，遂赐谥为贞王。庐江王边越，数使使相交，故徙为衡山王，王江北。淮南王如故。

◎**大意** 景帝三年，吴、楚等七国造反，吴国的使者来到淮南国，淮南王刘安也想起兵响应。他的国相说："大王如果一定要起兵响应吴国，我愿意当将军。"淮南王就将淮南国的兵权交给国相执掌。淮南国国相得到兵权后，筑城而守，准备抗击吴国叛军，不服从淮南王的命令而站在朝廷一边；这时朝廷也派了曲城侯率军救援淮南国；淮南国因此得以完好无损。吴国的使者到了庐江国，庐江王没有响应，却与闽越、南越国相互勾结。吴国的使者到了衡山国，衡山王坚守城池，对朝廷毫无二心。景帝四年，朝廷平息了吴、楚等七国的叛乱，衡山王入京朝见，景帝认为他忠贞守信，便慰问他说："南方地势低洼潮湿。"迁衡山王到济北为济北王，作为对他的奖赏。济北王去世后，朝廷赐他谥号为贞王。庐江王的领土与南越国接壤，屡次派使者与南越国来往，所以把他迁为衡山王，管辖江北地区。淮南王则没有变动。

　　淮南王安为人好读书鼓琴，不喜弋猎狗马驰骋，亦欲以行阴德拊（抚）循百姓，流誉天下。时时怨望厉王死，时欲畔（叛）逆，未有因也。及建元二年，淮南王入朝。素善武安侯，武安侯时为太尉，乃逆王霸上，与王语曰："方今上无太子，大王亲高皇帝孙，行仁义，天下莫不闻。即宫车一日晏驾，非大王当谁立者！"淮南王大喜，厚遗武安侯金财物。阴结宾客，拊（抚）循百姓，为畔（叛）逆事。建元六年，彗星见（现），淮南王心怪之。或说王曰："先吴军起时，彗星出，长数尺，然尚流血千里。今彗星长竟天，天下兵当大起。"王心以为上无太子，天下有变，诸侯并争，愈益治器械攻战具，积金钱赂遗郡国诸侯游士奇材。诸辨士为方略者妄作妖言，谄谀王，王喜，多赐金钱，而谋反滋甚。

◎**大意** 淮南王刘安喜欢读书弹琴，不喜欢骑马打猎，也想私下做些好事来安抚百姓，以获得好的名声。他经常因厉王的死而怨恨，不时想造反，只是没找到机会。到了建元二年，淮南王入京朝见。淮南王一向和武安侯田蚡交好，当时武安侯任太尉，就到霸上迎接淮南王，对淮南王说："当今皇帝没有太子，大王您是高祖的亲孙子，多行仁义之事，天下人都知道。假如哪天皇帝不幸崩逝，除了大王您谁能被立为皇帝呢？"淮南王十分高兴，赠送武安侯许多财物。此后，淮南王暗中结交宾客，收买人心，策划造反。建元六年，天上出现了彗星，淮南王心中疑惑。有人劝说淮南王："之前吴王举兵造反时，天上也出现了彗星，虽只有数尺长，但发生了血流千里的祸乱。如今出现的彗星横跨整个天空，说明天下将会发生大的战乱。"淮南王认为皇帝没有太子，一旦天下发生战乱，各诸侯王都会争夺王位，于是更加积极地准备兵器和攻城战具，在全天下范围内大肆收买、招揽人才。一些能言善辩又对军事、政治有研究的人编造虚伪的说法，对淮南王说好听的话，淮南王非常高兴，赏赐他们许多金钱，而谋反的念头越来越强烈。

淮南王有女陵，慧，有口辩。王爱陵，常多予金钱，为中诇①长安，约结上左右。元朔三年，上赐淮南王几杖，不朝。淮南王王后荼，王爱幸之。王后生太子迁，迁取（娶）王皇太后外孙修成君女为妃。王谋为反具，畏太子妃知而内泄事，乃与太子谋，令诈弗爱，三月不同席。王乃详（佯）为怒太子，闭太子使与妃同内三月，太子终不近妃。妃求去，王乃上书谢归去之。王后荼、太子迁及女陵得爱幸王，擅国权，侵夺民田宅，妄致系人。

◎**注释** ①〔诇（xiòng）〕侦查，刺探。

◎**大意** 淮南王有个女儿名叫刘陵，聪慧有口才。淮南王非常喜欢刘陵，经常给她很多金钱，派她到长安刺探情况，结交武帝身边的近臣。元朔三年，武帝为了表示对淮南王的关爱，专门赐给他几案和手杖，允许他不必入京朝见。淮南王的王后名荼，很得淮南王宠爱。王后生太子刘迁，刘迁娶王皇太后的外孙女，即修成君的女儿为淮南国太子妃。淮南王为谋反准备各种物资器材，害怕太子妃知道并把消息泄露给朝廷，于是就和太子商量，让他假装不喜欢太子妃，三个月不与她同床而寝。之后淮南王假装生太子的气，把太子和太子妃关在同一间屋子里长达三个月,但太子始终没有靠近太子妃。太子妃要求离去,淮南王便向朝廷上奏致歉,把太子妃送了回去。王后荼、太子刘迁与女儿刘陵得到淮南王的宠幸,掌握封国内的大权,霸占百姓的土地住宅,随意拘捕无辜的人。

元朔五年,太子学用剑,自以为人莫及,闻郎中雷被巧,乃召与戏。被一再辞让,误中太子。太子怒,被恐。此时有欲从军者辄诣京师,被即愿奋击匈奴。太子迁数恶被于王,王使郎中令斥免,欲以禁后,被遂亡至长安,上书自明。诏下其事廷尉、河南①。河南治,逮淮南太子,王、王后计欲无遣太子,遂发兵反,计犹豫,十余日未定。会有诏,即讯太子。当是时,淮南相怒寿春②丞留太子逮不遣,劾不敬。王以请相,相弗听。王使人上书告相,事下廷尉治。踪迹连王,王使人候伺汉公卿,公卿请逮捕治王。王恐事发,太子迁谋曰:"汉使即逮王,王令人衣卫士衣,持戟居庭中,王旁有非是,则刺杀之,臣亦使人刺杀淮南中尉,乃举兵,未晚。"是时上不许公卿请,而遣汉中尉宏即讯验王。王闻汉使来,即如太子谋计。汉中尉至,王视其颜色和,讯王以斥雷被事耳,王自度无何,不发。中尉还,以闻。公卿治者曰:"淮南王安拥(雍)阏(遏)③奋击匈奴者雷被等,废格明诏,当弃市。"诏弗许。公卿请废勿王,诏弗许。公卿请削五县,诏削二县。使中尉宏赦淮南王罪,罚以削地。中尉入淮南界,宣言赦王。王初闻汉公卿请诛之,未知得削地,闻汉使来,恐其捕之,乃与太子谋刺之如前计。及中尉至,即贺王,王以故不发。其后自伤曰:"吾行仁义见削,甚耻之。"然淮南王削地之后,其为反谋益甚。诸使道从长安来,为妄妖言,言上无男,汉不治,即喜;即言汉廷治,有男,王怒,以为妄言、非也。

◎**注释** ①〔河南〕河南郡，郡治在雒阳，即今河南洛阳东北。②〔寿春〕淮南国国都，即今安徽寿县。③〔拥閼（è）〕同"壅遏"，压制，阻拦。

◎**大意** 元朔五年，淮南王太子刘迁学习剑术，自以为剑术精湛，没有人能赶得上，听说郎中雷被精通剑术，便召他来比试。雷被一再推辞，太子非比不可，比试中雷被失手击中太子。太子发怒，雷被十分惊恐。这时想应募当兵的人可以自行到长安报名，于是雷被提出愿意从军抗击匈奴。太子多次向淮南王说雷被的坏话，淮南王就让郎中令罢免了雷被的职务，想借此禁止人们随意离开淮南国到朝廷应募从军，于是雷被潜逃到长安，向朝廷申诉自己的遭遇。武帝下诏将此事交由廷尉与河南郡守共同处理。河南郡守查办此案，要拘捕淮南王太子到雒阳听候审讯，淮南王与王后商定不交出太子，想趁机举兵造反，又犹豫不决，十多天没有决定。适逢诏书下达，让审案官员到淮南国就地审问太子。这时，淮南国国相对寿春县丞听任太子逗留，不立即押送太子上京的做法十分不满，上书弹劾寿春县丞对武帝的旨意不恭敬。淮南王请求国相不要弹劾寿春县丞，国相没有听从。淮南王便派人上书控告国相，朝廷将此案交给廷尉审理。逐步追查，案件牵涉了淮南王，淮南王就派人打听文武群臣对此事的态度，公卿大臣请求将淮南王逮捕治罪。淮南王害怕谋反的事情被察觉，太子出主意说："如果朝廷使臣前来逮捕您，您可让亲信穿上卫士的衣服，手持战戟站在院子中，您身旁一旦有紧急情况，就让院子里的亲信刺杀朝廷使臣，我也派人刺杀淮南国的中尉，到那时再举兵造反，也为时不晚。"当时武帝没有批准公卿大臣的请求，而派遣朝中的中尉殷宏前往淮南国盘问调查。淮南王听说朝廷使臣要来，就按照太子的计划做了部署。朝廷中尉到了，淮南王看他的脸色温和，只询问自己罢免雷被的原因，自认为没有什么大问题，就没有下令袭击朝廷的中尉。中尉回到朝廷，把调查的情况上奏武帝。参与审案的公卿说："淮南王刘安阻拦雷被等人从军抗击匈奴，对抗皇帝的诏令，应该斩首示众。"武帝下诏没有批准。公卿大臣又奏请废黜淮南王的王位，武帝也没有批准。公卿大臣奏请削去淮南国的五个县，武帝下诏只削去两个县。武帝派遣中尉殷宏去宣布赦免淮南王的罪行，只削去封国中的两个县作为处罚。中尉一进入淮南国界，就放出消息说武帝赦免了淮南王。淮南王原先听说朝廷公卿大臣奏请诛杀他，不知道最后只以削地作为处罚，听说朝廷使臣要来，担心被捕，就和太子商量按照上次的计策刺杀使臣。中尉一见到淮南王，就向他表示祝贺,淮南王便没有动手。之后又暗自伤心地说:"我施行仁义还被削地,真是莫大的耻辱。"然而被削地后,淮南王从事谋反的活动更加积极。从长安来的使臣,凡是编造谎言,说武帝生不出儿子,朝廷局势不稳定,淮南王听了就高兴;谁要是说朝廷政局稳定,武帝会有儿子,淮南王就生气,就说他们胡说、不对。

　　王日夜与伍被、左吴等案舆地图,部署兵所从入。王曰:"上无太子,宫车即晏驾,廷臣必征胶东王①,不即常山王②,诸侯并争,吾可以无备乎!且吾高祖孙,亲行仁义,陛下遇我厚,吾能忍之;万世之后,吾宁能北面臣事竖子乎!"

◎**注释**　①〔胶东王〕刘寄,景帝之子,其母王兒姁是武帝母王太后之妹。②〔常山王〕刘舜,景帝与王兒姁之子。
◎**大意**　淮南王不分昼夜地与伍被、左吴等人对着地图策划,部署军队要从哪里攻入京师。淮南王说:"皇帝没有太子,一旦崩逝,朝中大臣一定会请胶东王入京继承皇位,否则就是常山王,到时诸侯王一拥而上争夺皇位,我能不提前准备吗?况且我是高祖的孙子,亲自做仁义之事,陛下待我不错,所以我能够容忍他当皇帝;一旦陛下崩逝,我难道要向这群小孩儿称臣吗!"

　　王坐东宫,召伍被与谋,曰:"将军上。"被怅然曰:"上宽赦大王,王复安得此亡国之语乎!臣闻子胥谏吴王,吴王不用,乃曰'臣今见麋鹿游姑苏①之台也'。今臣亦见宫中生荆棘,露沾衣也。"王怒,系伍被父母,囚之三月。复召曰:"将军许寡人乎?"被曰:"不,直来为大王画耳。臣闻聪者听于无声,明者见于未形,故圣人万举万全。昔文王一动而功显于千世,列为三代,此所谓因天心以动作者也,故海内不期而随。此千岁之可见者。夫百年之秦,近世之吴楚,亦足以喻国家之存亡矣。臣不敢避子胥之诛,愿大王毋为吴王之听。昔秦绝圣人之道,杀术士,燔《诗》《书》,弃礼义,尚诈力,任刑罚,转负海之粟致之西河②。当是之时,男子疾耕不足于糟糠,女子纺绩不足于盖形。遣蒙恬筑长城,东西数千里,暴兵露师常数十万,死者不可胜数,僵尸千里,流血顷亩,百姓力竭,欲为乱者十家而五。又使徐福入海求神异物,还为伪辞曰:'臣见海中大神,言曰:"汝西皇之使邪?"臣答曰:"然。""汝何求?"曰:"愿请延年益寿药。"神曰:"汝秦王之礼薄,得观而不得取。"即从臣东南至蓬莱山,见芝成宫阙,有使者铜色而龙形,光上照天。于是臣再拜问曰:"宜何资以献?"海神曰:"以令名男子若振女与百工之事,即得之矣。"'秦皇帝大说(悦),遣振男女三千人,资之五谷种种百工而行。徐福得平原广泽,止王不来。于是百姓悲痛相思,欲为乱者十家而六。又使尉佗逾五岭攻百越③。尉佗知中国劳极,止王不来,使人上书,求女无夫家者三万人,以为士卒衣补。秦皇帝可其万五千人。于是百姓离心瓦解,欲为乱者十家而七。客谓高皇帝曰:'时可矣。'高皇帝曰:'待之,圣人当起东南。'间不一年,陈胜、吴广发矣。高皇始于丰④沛,一倡天下不期而响应者不可胜数也。此所谓蹈瑕候间,因秦之亡而动者也。百姓愿之,若旱之望雨,故起于行陈(阵)之中而立为天子,功高三王,德传无穷。今大王见高皇帝得天下之易也,独不观近世之吴楚乎?夫吴王赐号为刘氏祭酒,复不朝,王四郡之众,地方数千里,内铸消铜以为钱,东煮海水以为盐,上取江陵⑤木以为船,一船之载当中国数十两(辆)车,国富民众。行珠玉金帛赂诸侯宗室大臣,独窦氏不与。计定谋成,举兵而西。破于大梁⑥,败于狐父⑦,奔走而东,至于丹徒,越人禽之,身死绝祀,为天下笑。夫以吴越之众,不能成功者何?诚逆天道而不知时也。方今大王之兵众不能十分吴楚之一,天下安宁有万倍于秦之时,愿大王从臣之计。大王不从臣之计,今见大王事必不成而语先泄也。臣闻微子过故国而悲，于是作《麦秀》之歌，是痛纣之不用王子比干也。故《孟子》曰'纣贵为天子，死曾不若匹夫'。是纣先自绝于天下久矣，非死之日而天下去之。今臣亦窃悲大王弃千乘之君，必且赐绝命之书，为群臣先，死于东宫也。"于是王气怨结而不扬，涕满匡（眶）而横流，即起，历阶而去。

◎**注释** ①〔姑苏〕吴王夫差的国都，即今江苏苏州。②〔西河〕指今宁夏一带由南向北流的那段黄河，是秦朝西部的前线。③〔逾五岭攻百越〕五岭，即大庾岭、骑田岭、萌渚岭、越城岭、都庞岭。百越，当时岭南地区诸多少数民族的统称。④〔丰〕沛县中的乡邑，刘邦建国后升之为县，即今江苏丰县。⑤〔江陵〕江陵县，县治在今湖北江陵西北。⑥〔大梁〕梁国都城睢阳，在今河南商丘南。⑦〔狐父〕古邑名，在今安徽砀山。

◎**大意** 淮南王坐在东宫，派人请伍被来商量事情，对他说："将军请过来。"伍被不高兴地说："皇帝已经宽赦了大王，大王怎么又说这种亡国的话呢？我听说伍子胥曾劝谏吴王放弃北伐齐国，警惕越王勾践，吴王不听伍子胥的话，伍子胥就说'现在我仿佛看到麋鹿在已成废墟的姑苏台上奔跑了'。现在我仿佛也看到您的宫殿要长满荆棘，荒草上的露水沾湿游人的衣裳了。"淮南王非常生气，逮捕了伍被和他的父母，将他们囚禁三个月之久。然后又召见伍被问道："将军答应寡人吗？"伍被回答："不答应，我只是来为大王出主意而已。我听说耳朵好的人在事物没发出动静的时候就能听到声响，眼睛好的人在事物出现以前就能预料得到，所以圣人无论做什么事情都能成功。从前周文王起兵灭商而流传千古，使周朝被后人推崇为美好的'三代'之一，这就是所谓的顺着上天的心意而行动，所以四海之内的诸侯都不约而同地跟从他。这是一千年前的历史经验。百年之前的秦朝灭亡与几十年前吴、楚等七国失败的历史教训，也足以说明国家存亡的道理。我不怕像伍子胥那样被杀，希望大王您不要像吴王夫差那样拒绝正确的谏言。从前秦朝灭绝圣人的道义，坑杀儒生，烧毁《诗经》《尚书》等儒家典籍，不顾礼义廉耻，崇尚诡计和暴力，滥用刑罚，强迫百姓将东部沿海地区所生产的粮食运到西河前线。那时，男子努力耕作还要忍饥挨饿，女子辛苦织布还没衣服穿。秦始皇派遣蒙恬修筑长城，东西绵延数千里，常有多达数十万的军民在野外服役，死去的人不计其数，尸横千里，血流遍地，百姓精疲力竭，想造反的人十家之中就有五家。秦始皇又派徐福到东海访求神仙，徐福回来后撒谎说：'我见到了海中的大神，神问道："你是西方皇帝派来的使臣吗？"我说："是的。"海神又问："你来访求什么东西？"我回答说："请您赐给我延年益寿的仙药。"神说道："你们秦王的礼物太少，只能让你看看延年益寿的仙药而不能让你带走。"随后海神让我跟着他向东南走，到了蓬莱山，见到了由灵芝草长成的城墙与宫殿，其中一个神仙使者颜色像铜，身形如龙，他身上的光彩照耀天空。当时我连拜两次问海神："我应该献上什么样的礼物？"海神说："带来生于良家的男童和女童以及各种工匠，就可以让你带走灵药了。"'秦始皇听后十分高兴，就遣送童男童女三千人、五谷的种子和各种工匠去见海神。而徐福到一个土地平坦湖泊广大的地方，住下称王不再回来。这又让百姓思念亲人万分痛苦，想造反的人十家之中就有六家。秦始皇又派尉佗翻越五岭攻打百越。尉佗知道当时秦朝的百姓已极端疲惫，便留在当地称王，没有回来，派人上书秦始皇，要求朝廷征募三万名没有出嫁的女人，去给他的将士们缝补衣裳。秦始皇派去了一万五千人。当时百姓更加与秦始皇离心离德，想造反的人十家之中就有七家。当时有人对高皇帝说：'发动起义的时机成熟了。'高皇帝说：'再等等，应该有圣人在东南方起事。'过了不到一年，陈胜、吴广发动起义。这时高皇帝从沛县丰邑起兵，振臂一呼，天下间不约而同响应的人多得数不清。这就是所谓的应机而动，趁秦朝要灭亡的时候行动。百姓期盼高皇帝这样的人，就像在大旱之年期盼雨露，所以高皇帝即便是普通士兵出身，也能成为天子，他的功业超过了三王，仁德流传千古。如今大王您只看到高皇帝取得天下的容易，为什么看不见近世吴、楚失败灭亡的教训呢？因吴王在皇族中年龄最大、辈分最高，所以是在祭祀中负责酹酒的人，皇帝又特别准许他不必入京朝拜，他管辖东阳、鄣、吴、会稽四郡的百姓，拥有方圆几千里的土地，在国内可以炼铜铸钱，在东边可以把海水熬成盐，在上游可以用江陵产的木材造船，一条船装载的东西抵得上中原地区的几十辆马车，吴国富强且人口众多。于是吴王用珠玉金帛收买各诸侯王、宗室贵族及朝廷大臣，只有窦氏家族没有被贿赂。吴王认为计策已经万无一失，便举兵西进。然而到了大梁就遭遇败仗，在狐父更是一败涂地，于是向东逃窜，到了丹徒被越人擒获，最后身死绝后，成为全天下的笑柄。吴越人多势众，为什么依然没有成功呢？他们实在是违逆了天道而不识时务。如今大王您的人马不到吴、楚叛军的十分之一，而天下安定远远超出秦朝万倍，希望大王听从我的劝告。大王如果不听我的意见，立即就能看到您还没有起事，计划已经泄露出去了。我听说微子路过昔日的国都时心中悲伤，作了《麦秀》之歌，表达对商纣王不听比干忠言的哀痛。所以《孟子》说'纣王是身份尊贵的天子，死的时候竟然不如一个普通的百姓'。这是因为纣王在很久以前已经自绝于天下了，不是到死的时候天下人才厌弃他。现在我也为大王您要抛弃千乘之国的王位而谋反暗自伤心，您要是执意这样做，朝廷一定会勒令您自杀，在处死参与造反的群臣之前先在东宫处死您。"淮南王听后心情郁结，脸色难看，眼泪夺眶而出，横流满面，随即起身，走下台阶离去。

王有孽子不害，最长，王弗爱，王、王后、太子皆不以为子兄数。不害有子建，材高有气，常怨望太子不省①其父；又怨时诸侯皆得分子弟为侯，而淮南独二子，一为太子，建父独不得为侯。建阴结交，欲告败太子，以其父代之。太子知之，数捕系而榜笞建。建具知太子之谋欲杀汉中尉，即使所善寿春庄芷以元朔六年上书于天子曰："毒药苦于口利于病，忠言逆于耳利于行。今淮南王孙建，材能高，淮南王王后荼、荼子太子迁常疾害建。建父不害无罪，擅数捕系，欲杀之。今建在，可征问，具知淮南阴事。"书闻，上以其事下廷尉，廷尉下河南治。是时故辟阳侯孙审卿善丞相公孙弘，怨淮南厉王杀其大父，乃深购（构）②淮南事于弘，弘乃疑淮南有畔（叛）逆计谋，深穷治其狱。河南治建，辞引淮南太子及党与。淮南王患之，欲发，问伍被曰："汉廷治乱？"伍被曰："天下治。"王意不说（悦），谓伍被曰："公何以言天下治也？"被曰："被窃观朝廷之政，君臣之义，父子之亲，夫妇之别，长幼之序，皆得其理，上之举错（措）遵古之道，风俗纪纲未有所缺也。重装富贾，周流天下，道无不通，故交易之道行。南越宾服，羌僰入献，东瓯入降，广长榆，开朔方，匈奴折翅伤翼，失援不振。虽未及古太平之时，然犹为治也。"王怒，被谢死罪。王又谓被曰："山东即有兵，汉必使大将军将而制山东，公以为大将军何如人也？"被曰："被所善者黄义，从大将军击匈奴，还，告被曰：'大将军遇士大夫有礼，于士卒有恩，众皆乐为之用。骑上下山若蜚，材干绝人。'被以为材能如此，数将习兵，未易当也。及谒者③曹梁使长安来，言大将军号令明，当敌勇敢，常为士卒先。休舍，穿井未通，须士卒尽得水，乃敢饮。军罢，卒尽已度（渡）河，乃度（渡）。皇太后所赐金帛，尽以赐军吏。虽古名将弗过也。"王默然。

◎**注释** ①〔省（xǐng）〕看，理睬。②〔购〕通"构"，罗织罪名。③〔谒者〕帝王身边的侍从官员，主管收发、传达、礼赞等。

◎**大意** 淮南王有个庶出的儿子叫刘不害，是长子，但不受淮南王喜爱，淮南王、王后不把他当作自己的儿子，太子不把他当作自己的兄长。刘不害有个儿子名叫刘建，才能出众，有怨气，常抱怨太子不尊重他的父亲刘不害；又怨恨诸侯王都分封自己的儿子们为列侯，而淮南王只有两个儿子，除了可以继承淮南王之位的太子，唯独他的父亲刘不害不能封侯。刘建暗中结交了一帮人，想向朝廷提出控告，扳倒太子，使他的父亲成为太子。太子知道后，多次逮捕并拷打刘建。刘建详细地知道太子企图杀害朝廷中尉的阴谋，就派遣和他关系要好的寿春人庄芷在元朔六年向天子上书说："烈性的药物虽然味道极苦但能治病，忠心的言论虽然不好听但能匡正言行。如今淮南王的孙子刘建很有才能，而淮南王的王后荼和荼所生的儿子太子刘迁经常因妒忌而迫害刘建。刘建的父亲刘不害没有犯罪，他们却屡次擅自将刘不害逮捕关押，想杀害他。现在刘建在那里，可以召他来询问，淮南王私下做的不可告人的坏事他全都知道。"奏书呈送朝廷后，皇帝将此事交给廷尉处理，廷尉又交给河南郡审理。当时被淮南厉王刘长杀死的老辟阳侯审食其之孙审卿与丞相公孙弘交好，审卿对淮南厉王杀他祖父一事怀恨在心，便极力罗织罪名向公孙弘告发，公孙弘就怀疑淮南王有造反的意图，于是要将这个案件追查到底。河南郡审问刘建，刘建供出了淮南国太子和他的同党。淮南王忧心忡忡，想要起兵，问伍被说："朝廷的政局稳定不稳定？"伍被回答："政局稳定。"淮南王不高兴，问伍被说："您怎么知道朝廷是稳定的？"伍被说："我暗自观察朝廷的政局，君臣之间的礼义、父子之间的感情、夫妇之间的区别、长幼之间的秩序，都有条不紊，皇帝的行为遵循古时的治国方法，风俗法纪都没有缺失。满载货物的富商在天下间往来，道路畅通无阻，所以贸易发达。南越称臣归顺，羌人和僰人入朝进贡，东瓯也来归降，汉朝北部边界扩展到了长榆，开辟了朔方郡，折断了匈奴的羽翼，使其因失去援助而一蹶不振。虽然比不得上古的太平盛世，但也称得上是政局稳定。"淮南王听了十分生气，伍被连忙道歉说自己犯了死罪。淮南王又问伍被说："崤山以东一旦发生动乱，朝廷一定派大将军卫青前去镇压，您认为卫青是个什么样的人？"伍被回答说："有一个叫黄义的人与我交好，他曾跟随大将军讨伐匈奴，从战场回来后他告诉我说：'大将军对士大夫有礼貌，对士卒有恩德，所有将士都乐于听从他的号令。大将军骑马上下山就像飞一样，没人能比得上他的才干。'我以为他有这样的才能，又多次为将，熟悉士兵，十分不好对付。淮南国的谒者曹梁出使长安回来，说大将军号令严明，遇到敌人时勇猛无畏，总能身先士卒。每当军队扎营住宿，水井没有打好时，等到士兵全部喝到了水，他才会喝水。军队撤回时，等到士兵全部渡河后，他才过河。皇太后赏赐他的金钱布匹，他全部赏给手下将士。即便是古代名将也比不上他。"淮南王听后默默无言。

淮南王见建已征治，恐国阴事且觉，欲发，被又以为难，乃复问被曰："公以为吴兴兵是邪非也？"被曰："以为非也。吴王至富贵也，举事不当，身死丹徒，头足异处，子孙无遗类。臣闻吴王悔之甚。愿王孰（熟）虑之，无为吴王之所悔。"王曰："男子之所死者一言耳。且吴何知反，汉将一日过成皋①**者四十余人。今我令楼缓先要成皋之口，周被下颍川兵塞辗辕、伊阙**②**之道，陈定发南阳兵守武关**③**，河南太守独有雒阳耳，何足忧。然此北尚有临晋关、河东、上党与河内、赵国**④**。人言曰'绝成皋之口，天下不通'。据三川⑤之险，招山东之兵，举事如此，公以为何如？"被曰："臣见其祸，未见其福也。"王曰："左吴、赵贤、朱骄如皆以为有福，什事九成，公独以为有祸无福，何也？"被曰："大王之群臣近幸素能使众者，皆前系诏狱，余无可用者。"王曰："陈胜、吴广无立锥之地，千人之聚，起于大泽，奋臂大呼而天下响应，西至于戏⑥而兵百二十万。今吾国虽小，然而胜兵者可得十余万，非直適（谪）戍之众，鑱凿棘矜也，公何以言有祸无福？"被曰："往者秦为无道，残贼天下。兴万乘之驾，作阿房之宫，收太半之赋，发闾左之戍，父不宁子，兄不便弟，政苛刑峻，天下熬然若焦，民皆引领而望，倾耳而听，悲号仰天，叩心而怨上，故陈胜大呼，天下响应。当今陛下临制天下，一齐海内，泛爱蒸（烝）庶，布德施惠。口虽未言，声疾雷霆，令虽未出，化驰如神，心有所怀，威动万里，下之应上，犹影响也。而大将军材能不特章邯、杨熊也。大王以陈胜、吴广谕之，被以为过矣。"王曰："苟如公言，不可徼（侥）幸邪？"被曰："被有愚计。"王曰："奈何？"被曰："当今诸侯无异心，百姓无怨气。朔方之郡田地广，水草美，民徙者不足以实其地。臣之愚计，可伪为丞相御史请书，徙郡国豪桀任侠及有耐⑦罪以上，赦令除其罪，产五十万以上者，皆徙其家属朔方之郡，益发甲卒，急其会日。又伪为左右都司空上林中都官诏狱逮书⑧，以逮诸侯太子幸臣。如此则民怨，诸侯惧，即使辩武随而说之，傥（倘）可徼（侥）幸什得一乎？"王曰："此可也。虽然，吾以为不至若此。"于是王乃令官奴入宫，作皇帝玺，丞相、御史、大将军、军吏、中二千石、都官令、丞印，及旁近郡太守、都尉印，汉使节法冠，欲如伍被计。使人伪得罪而西，事大将军、丞相；一日发兵，使人即刺杀大将军青，而说丞相下之，如发蒙耳。

◎**注释** ①〔成皋〕古城名,在今河南荥阳西北。②〔周被下颍川兵塞辕辕、伊阙之道〕周被,刘安部将。颍川,颍川郡,郡治在今河南禹州。辕辕,关隘名,在今河南登封西北,河南洛阳东南。伊阙,关隘名,在今河南洛阳南。③〔发南阳兵守武关〕南阳,南阳郡,郡治宛县,即今河南南阳。武关,在今陕西丹凤东南,河南南阳西。④〔临晋关、河东、上党与河内、赵国〕临晋关,在今陕西大荔东。河东,河东郡,郡治安邑,在今山西夏县西北。上党,上党郡,郡治长子,在今山西长子西南。河内,河内郡,郡治怀县,在今河南武陟西南。赵国,当时为景帝之子、武帝异母弟刘彭祖的封国,国都在今河北邯郸。⑤〔三川〕即汉时的河南郡,秦时称三川郡,因有黄河、雒河、伊河而得名。⑥〔戏〕戏亭,在当时咸阳东南,即今陕西临潼东,因戏水从此流过得名。⑦〔耐〕一种剃去胡须、头发的刑罚。⑧〔又伪为左右都司空上林中都官诏狱逮书〕左右都司空,指左右司空、都司空,职责都是查办案件、管理罪犯。上林中都官,设在上林苑里主管查办案件与管理犯人的官。诏狱,皇帝下令查办的重大案件。逮书,犹今之逮捕令。

◎**大意** 淮南王看到刘建已被召去京城审问,担心自己在封国策划谋反的事被发觉,想立即举兵造反,伍被又对他说造反难以成功,于是他再次询问伍被:"您认为吴王刘濞举兵造反是对还是错呢?"伍被回答说:"我认为是错的。吴王的富贵已经到了极点,因为做了不该做的事,而身死丹徒,首足异处,牵连子孙,断了香火。我听说吴王死前十分后悔。希望大王您仔细考虑,不要像吴王那样做出让自己后悔的事。"淮南王说:"男子汉大丈夫,即便要死,也不会更改说出的话。况且吴王哪里懂得造反,竟在一日之内让朝廷四十多个将士打过成皋关。现在我要让楼缓先拦截成皋关口,让周被率轻兵经颍川西下,然后截断辕辕、伊阙两个关隘的通道,让陈定率领南阳郡的军队守卫武关,这样河南郡所管辖的也就只剩雒阳一座孤城罢了,有什么值得担心的。当然这以北还有临晋关、河东郡、上党郡、河内郡及赵国。人们常说'截断成皋的关口,天下将无法通连'。我要凭借成皋关的险要,召集崤山以东的军队,如果我这样安排,您认为怎么样?"伍被回答说:"我只看到灾祸,没有看到好处。"淮南王说:"左吴、赵贤、朱骄如三人都认为这么做对我们有利,造反的事十拿九稳,只有您认为这样做有祸而无福,为什么?"伍被回答:"大王您的亲信和有能力服众的人,都在上次的案件中被逮捕关押了,其余没有可以任用的人了。"淮南王说:"陈胜、吴广没有一点领土，只带领着千人的队伍，在大泽乡振臂一呼，天下纷纷响应，向西前进到戏亭时军队人数就到了一百二十万。如今我的封国虽然面积狭小，但可以拿起武器从军的人有十多万，像陈胜、吴广那样被发配戍守边城，拿着镰刀、斧头、锄柄、木棍打仗的人是绝对比不上我的，您为什么说我有祸无福呢？"伍被说："从前秦王残暴无道，残害天下百姓。动用万辆战车讨伐匈奴，又建造阿房宫，将百姓绝大部分收入都作为赋税收走，调发大量百姓去服役戍边，父亲不能使儿子得到安宁，兄长不能给弟弟提供方便，政令刑罚暴虐严酷，百姓被煎熬得像是要糊了。百姓伸长脖子盼望，侧着耳朵倾听，悲痛得仰天大哭，捶着胸口埋怨秦朝皇帝，所以陈胜振臂高呼，天下百姓才会响应。如今皇帝统一天下，安定海内，爱护百姓，广施恩德。即便他没有说话，声音也能比雷电传播得还要迅捷震耳，即使他没有下发诏令，百姓改心向善的速度也如有神助。皇帝心中想做什么，便会威震万里，百姓对他的响应，如影随形，似回声相应。而且大将军卫青的才能不是秦将章邯、杨熊等人能比得上的。大王您把自己比喻为陈胜、吴广，我认为是错的。"淮南王说："如果如您所说，难道我就不可以侥幸成功吗？"伍被说："我有一条不高明的计策。"淮南王说："是什么？"伍被说："现在诸侯王对朝廷没有二心，老百姓对皇帝没有怨气。而朔方郡的土地广阔，水草丰美，虽有百姓迁入，但远远不够。我那不高明的计策就是伪造一份丞相、御史给皇帝的奏章，奏请将中央直辖各郡与各诸侯王封国中豪强、侠士与被判耐刑以上刑罚的囚犯，以及家产在五十万以上的人，连同家属一起迁往朔方郡居住，多派一些军队看守监督，将搬迁的期限定得很急。再伪造一个由左右司空、都司空和上林中都官下达的，奉旨查办案件的逮捕令，用来逮捕诸侯王的太子和宠臣。这样一来就会让百姓怨恨，诸侯恐惧，之后派能言善辩之士去说服他们造反，或许侥幸能有十分之一的把握吧？"淮南王说："这个办法可行。不过，我认为不会仅仅有十分之一的把握。"于是淮南王命令官府的工匠进入宫中，伪造皇帝的印玺，及丞相、御史、大将军、军吏、中二千石级别的官员、京城各官府正副长官的大印，又伪造了淮南国周围各郡太守、都尉的大印，仿制了朝廷使臣的节杖与朝廷御史所戴的官帽，想要按照伍被的计策行事。淮南王又派人假装得罪了他而向西逃往长安，投靠大将军和丞相；一旦起兵造反，就让他们立刻刺杀大将军，而说服丞相投降，他认为成功就像揭去蒙在器物上的布一样毫不费力。

王欲发国中兵，恐其相、二千石不听。王乃与伍被谋先杀相、二千石：伪失火宫中，相、二千石救火，至即杀之。计未决，又欲令人衣求盗①衣，持羽檄②，从东方来，呼曰"南越兵入界"，欲因以发兵。乃使人至庐江、会稽③为求盗，未发。王问伍被曰："吾举兵西乡（向），诸侯必有应我者；即无应，奈何？"被曰："南收衡山以击庐江，有寻阳④之船，守下雉⑤之城，结九江⑥之浦，绝豫章⑦之口，强弩临江而守，以禁南郡⑧之下，东收江都⑨、会稽，南通劲越，屈（倔）强江淮间，犹可得延岁月之寿。"王曰："善，无以易此。急则走越耳。"

◎**注释** ①〔求盗〕亭长手下负责缉捕盗贼的小吏。②〔羽檄〕古代插着羽毛的军事文书，插羽毛表示事态紧急。③〔会稽〕会稽郡，郡治在今江苏苏州。④〔寻阳〕寻阳县，县治在今湖北黄梅西南。⑤〔下雉〕下雉县，县治在今湖北阳新东。⑥〔九江〕即寻阳一带。⑦〔豫章〕豫章郡，郡治在今江西南昌。⑧〔南郡〕郡治在今湖北江陵西北。⑨〔江都〕江都国，国都广陵，在今江苏扬州西北。

◎**大意** 淮南王想发动国中的士兵，又担心他的国相和二千石级别的官员不服从。于是与伍被策划，先杀死国相和二千石的官员。于是他们假装宫中失火，让国相和二千石级别的官员来救，等他们到了就杀死他们。计策还没有确定，又想命人穿上求盗小吏的衣服，手持插着羽毛的军事文书，从东边赶来，口中喊"南越国的军队攻入国界了"，想借此发动士兵。于是派人到庐江郡、会稽郡冒充求盗小吏惊扰百姓，还没有发兵。淮南王问伍被："我发兵向西行进，诸侯王中一定有人响应我；万一没人响应，怎么办？"伍被说："向南先与您的弟弟衡山王合兵一处，再去攻打庐江郡，利用寻阳的战船，据守下雉，在九江一带的岸边集结兵力，掐断由豫章郡进入长江的口岸，用强劲的弓弩临江守卫，阻止南郡军队沿江而下；然后向东攻取江都国和会稽郡，与南方强大的南越国联合，这样即便在西北战场上被朝廷打败，也能在江淮之间坚守一段时间。"淮南王说："很好，没有比这更高明的计策了。一旦有紧急情况可以逃往越国。"

于是廷尉以王孙建辞连淮南王太子迁闻。上遣廷尉监①因拜淮南中尉，逮捕太子。至淮南，淮南王闻，与太子谋召相、二千石，欲杀而发兵。召相，相至；内史以出为解。中尉曰："臣受诏使，不得见王。"王念独杀相而内史、中尉不来，无益也，即罢相。王犹豫，计未决。太子念所坐者谋刺汉中尉，所与谋者已死，以为口绝，乃谓王曰："群臣可用者皆前系，今无足与举事者。王以非时发，恐无功，臣愿会逮。"王亦偷欲休，即许太子。太子即自刭，不殊。伍被自诣吏，因告与淮南王谋反，反踪迹具如此。

◎**注释** ①〔廷尉监〕廷尉的属官。

◎**大意** 廷尉将淮南王的孙子刘建交代出淮南国太子刘迁的事报告给了武帝。武帝派廷尉监趁着任命淮南国中尉的机会，去逮捕太子刘迁。廷尉监来到淮南国，淮南王听说廷尉监来了，就和太子商量将国相、二千石官员招来，想杀掉他们起兵造反。召国相入宫，国相来了；内史则以有事外出为借口没有来。中尉则说："我在迎接皇帝的使臣，不能去见大王。"淮南王心想只杀掉国相而杀不了内史、中尉，是没有用的，于是放国相走了。淮南王犹豫不决，不能决定是否此时起兵。太子想到自己所犯的罪只是谋刺朝廷中尉，而参与策划的人都已死去，没有了口供，便对淮南王说："淮南国的臣子之中可以任用的都已经被朝廷逮捕了，现在已经没有可以一起举事的人了。父王在不恰当的时机发动叛乱，恐怕不会成功，我甘愿接受逮捕。"淮南王内心也想结束此事，就答应了太子。太子随即举刀自刎，但自杀未遂。伍被向朝廷使臣自首，告发了与淮南王谋反的事，详细交代了谋反的经过。

吏因捕太子、王后，围王宫，尽求捕王所与谋反宾客在国中者，索得反具以闻。上下公卿治，所连引与淮南王谋反列侯二千石豪杰数千人，皆以罪轻重受诛。衡山王赐，淮南王弟也，当坐收，有司请逮捕衡山王。天子曰："诸侯各以其国为本，不当相坐。与诸侯王列侯会肄丞相诸侯议。"赵王彭祖、列侯臣让等四十三人议，皆曰："淮南王安甚大逆无道，谋反明白，当伏诛。"胶西王臣端议曰："淮南王安废法行邪，怀诈伪心，以乱天下，荧惑百姓，倍（背）畔（叛）宗庙，妄作妖言。《春秋》曰'臣无将，将而诛'。安罪重于将，谋反形已定。臣端所见其书节印图及他逆无道事验明白，甚大逆无道，当伏其法。而论国吏二百石以上及比者，宗室近幸臣不在法中者，不能相教，当皆免官削爵为士伍，毋得宦为吏。其非吏，他赎死金二斤八两。以章臣安之罪，使天下明知臣子之道，毋敢复有邪僻倍（背）畔（叛）之意。"丞相弘、廷尉汤等以闻，天子使宗正以符节治王。未至，淮南王安自刭杀。王后荼、太子迁诸所与谋反者皆族。天子以伍被雅辞多引汉之美，欲勿诛。廷尉汤曰："被首为王画反谋，被罪无赦。"遂诛被。国除为九江郡。

◎**大意**　于是朝廷使臣逮捕了淮南国太子、王后，包围了王宫，将国中参与谋反的宾客全部逮捕，搜查出准备谋反的物资器材，一并向朝廷奏报。武帝将此案交给公卿讨论裁决，本案所牵连的列侯、二千石级别的官员与豪强共有数千人，都按罪行的轻重给予了惩处。衡山王刘赐是淮南王的弟弟，受牵连应被逮捕，办案的官员请求逮捕衡山王。武帝说："诸侯王都以自己的封国为根基，不应该受到牵连。你们去和诸侯王、列侯一起同丞相商量怎么处置淮南王。"于是赵王刘彭祖、列侯曹襄等四十三人进行了商议，大家一致认为："淮南王刘安极为大逆不道，谋反的罪行明明白白没有疑问，应判他死罪。"胶西王刘端议论道："淮南王刘安不遵朝廷法令，做出邪恶的事，心思狡诈虚伪，扰乱天下，迷惑百姓，背叛宗室，制造妖言。《春秋》中说'臣下不可以私自聚兵，私自聚兵应该诛杀'。刘安罪行不只是私自聚兵，谋反的事情已是定局。我亲眼见到他伪造的文书、符节、大印、地图等造反工具，其他的不法行为也均验证无疑，极为大逆不道，应当依法受诛。至于淮南国中俸禄二百石及以上的官员，以及与刘安有关系的那些没有卷入此次谋反的宗室与近臣，他们平时没有尽到规劝刘安的责任，所以都应该被罢免官职，废黜爵位，贬为普通士兵，不允许他们做官。对于其他没有官职的罪犯，令其交纳黄金二斤八两赎其死罪。以此来曝光刘安的罪行，让天下人都明白该如何做臣子，不敢再有造反的邪恶念头。"丞相公孙弘、廷尉张汤等人将大家的议论上奏，武帝派遣宗正手持符节去惩办淮南王。宗正还没到淮南国，淮南王刘安即自刎而死。王后荼、太子刘迁及所有参与谋反的人都被灭族。武帝因为伍被口供的文辞华美且多颂扬朝政，不忍心判处他死刑。廷尉张汤说："伍被首先为淮南王策划造反的计谋，不可赦免他的罪行。"伍被于是被杀。淮南国的建置被废除，在其地设立九江郡。

衡山王赐，王后乘舒生子三人，长男爽为太子，次男孝，次女无采。又姬徐来生子男女四人，美人厥姬生子二人。衡山王、淮南王兄弟相责望礼节，间不相能。衡山王闻淮南王作为畔（叛）逆反具，亦心结宾客以应之，恐为所并。

◎**大意** 衡山王刘赐的王后乘舒生了三个孩子，长子刘爽是太子，次子叫刘孝，小女儿叫刘无采。衡山王的姬妾徐来共生了四个孩子，有个叫厥姬的妃子生了两个孩子。衡山王和淮南王兄弟两人互相责怪对方对自己失礼，彼此心生隔阂。衡山王听说淮南王制造谋反的器具，也一心结交宾客作为应对之策，担心自己的封国被淮南王吞并。

元光六年，衡山王入朝，其谒者卫庆有方术①，欲上书事天子，王怒，故劾庆死罪，强榜服之。衡山内史以为非是，却其狱。王使人上书告内史，内史治，言王不直。王又数侵夺人田，坏人冢以为田。有司请逮治衡山王。天子不许，为置吏二百石以上。衡山王以此恚，与奚慈、张广昌谋，求能为兵法候星气者，日夜从（怂）容（恿）王密谋反事。

◎ **注释**　①〔方术〕指炼丹求仙之类，当时武帝正在寻找懂得方术的人。

◎ **大意**　元光六年，衡山王入京朝拜，他的谒者卫庆懂得方术，想要上书奏请离开淮南王去侍奉武帝，衡山王十分生气，故意弹劾卫庆犯有死罪，痛打强逼其认罪。衡山国内史认为衡山王做得不对，所以拒绝接受衡山王对卫庆的指控。衡山王又派人上书控告内史，内史被朝廷查办，说衡山王在卫庆一事中不讲道理。而且衡山王又多次侵夺百姓田产，把别人的墓冢铲平当作自己的田地。朝廷办案官员奏请逮捕衡山王并治罪。武帝不允许，只将衡山国二百石以上的官员改由朝廷委派。衡山王因此怀恨在心，便和奚慈、张广昌谋划，网罗懂兵法和会观测天象的人，这些人时刻都在怂恿衡山王密谋造反。

　　王后乘舒死，立徐来为王后。厥姬俱幸。两人相妒，厥姬乃恶王后徐来于太子曰："徐来使婢蛊道杀太子母。"太子心怨徐来。徐来兄至衡山，太子与饮，以刃刺伤王后兄。王后怨怒，数毁恶太子于王。太子女弟无采，嫁弃归，与奴奸，又与客奸。太子数让无采，无采怒，不与太子通。王后闻之，即善遇无采。无采及中兄孝少失母，附王后，王后以计爱之，与共毁太子，王以故数击笞太子。元朔四年中，人有贼伤王后假母者，王疑太子使人伤之，笞太子。后王病，太子时称病不侍。孝、王后、无采恶太子："太子实不病，自言病，有喜色。"王大怒，欲废太子，立其弟孝。王后知王决废太子，又欲并废孝。王后有侍者，善舞，王幸之，王后欲令侍者与孝乱以污之，欲并废兄弟而立其子广代太子。太子爽知之，念后数恶己无已时，欲与乱以止其口。王后饮，太子前为寿，因据王后股，求与王后卧。王后怒，以告王。王乃召，欲缚而笞之。太子知王常欲废己立其弟孝，乃谓王曰："孝与王御者奸，无采与奴奸，王强食，请上书。"即倍（背）王去。王使人止之，莫能禁，乃自驾追捕太子。太子妄恶言，王械系太子宫中。孝日益亲幸。王奇孝材能，乃佩之王印，号曰将军，令居外宅，多给金钱，招致宾客。宾客来者，微知淮南、衡山有逆计，日夜从（怂）容（恿）劝之。王乃使孝客江都人救赫、陈喜作辒车①镞矢，刻天子玺，将相军吏印。王日夜求壮士如周丘等，数称引吴楚反时计画，以约束。衡山王非敢效淮南王求即天子位，畏淮南起并其国，以为淮南已西，发兵定江淮之间而有之，望如是。

◎**注释** ①〔辒（péng）车〕有望楼的战车。
◎**大意** 王后乘舒去世，衡山王立徐来为王后。厥姬也受到宠幸。两人互相嫉妒，于是厥姬就向太子说王后徐来的坏话："徐来指使婢女用巫蛊之术杀死了您的母亲。"太子从此在内心怨恨徐来。徐来的兄长来到衡山国，太子和他一起饮酒，席间用刀刺伤了徐来的兄长。徐来十分气愤，多次在衡山王面前说太子的坏话。太子的妹妹无采，嫁人后被夫家休弃而归，先与奴仆通奸，又与宾客通奸。太子多次责备无采，无采非常不高兴，就不与太子往来。徐来听说了这个情况，就对无采很好。无采和她的二哥刘孝从小失去母亲，依附徐来，徐来为了利用他们而疼爱他们，和他们共同诽谤太子，衡山王多次听信他们的谗言而鞭打太子。元朔四年中，有人伤害徐来的义母，衡山王怀疑是太子指使人干的，就鞭打了太子。之后衡山王病了，太子以自己生病为借口不去服侍。刘孝、徐来和无采三人一齐向衡山王诽谤太子说："太子实际上没有生病，是他说自己有病，而且面露喜色。"衡山王十分生气，想废掉太子刘爽，改立刘爽的弟弟刘孝为太子。徐来得知衡山王决定废掉太子，下一步就打算让衡山王废掉刘孝。徐来有一个婢女，擅长跳舞，受到衡山王宠爱，徐来想让这个侍女与刘孝私通来败坏刘孝的名声，想要让衡山王一起废掉这两兄弟，而立自己的儿子刘广为太子。太子刘爽知道了徐来的计策，心想徐来不断地诬陷自己，便想与她通奸而使她不能再说自己的坏话。一次徐来饮酒，太子上前敬酒，趁势坐在徐来的大腿上，并请求与她同床而寝。徐来震怒，将此事告诉了衡山王。衡山王召太子前来，想把他捆起来鞭打。太子知道衡山王常想废掉自己而立弟弟刘孝为太子，便对衡山王说："刘孝与王后的侍者有奸情，无采和家奴有奸情，父王努力加餐吧，请让我向朝廷上奏。"说完就转身离去。衡山王派人阻止他，但没人能拦得住，衡山王就亲自驾车去追捕太子。太子说了一些更恶毒的话，衡山王给太子戴上枷锁，把他囚禁在宫中。刘孝越发受到衡山王的宠信。衡山王惊讶于刘孝的才能，让他佩戴王印，称他为将军，让他在宫外的宅第居住，给他很多财物，让他招揽宾客。那些投奔来的宾客，都暗自知道淮南王、衡山王有谋反的打算，就时刻怂恿衡山王行动。衡山王命令刘孝的宾客江都人救赫、陈喜制造战车、弓箭，刻制皇帝玉玺及将军、丞相和军官的印章。衡山王日夜寻找像周丘一样的壮士，多次称赞援引吴、楚造反时的策略，来组织部署自己的人马。衡山王不敢像淮南王那样去争夺皇位，只是害怕淮南王起兵后会吞并他的封国，想要趁着淮南王西进与朝廷作战，起兵平定江淮一带而据为己有，他所希望的就是如此。

元朔五年秋，衡山王当朝，六年，过淮南，淮南王乃昆弟语，除前隙，约束反具。衡山王即上书谢病，上赐书不朝。

◎大意　元朔五年的秋天，衡山王按照规定入京朝拜，元朔六年，经过淮南国，淮南王以亲兄弟的身份与他畅谈，消除了从前的隔阂，相约准备造反的用具。于是衡山王向朝廷上书推说有病，皇帝给予回信，允许他不进京朝拜。

元朔六年中，衡山王使人上书请废太子爽，立孝为太子。爽闻，即使所善白嬴之长安上书，言孝作辒车镞矢，与王御者奸，欲以败孝。白嬴至长安，未及上书，吏捕嬴，以淮南事系。王闻爽使白嬴上书，恐言国阴事，即上书反告太子爽所为不道弃市罪事。事下沛郡①治。元朔七年冬，有司公卿下沛郡求捕所与淮南谋反者未得，得陈喜于衡山王子孝家。吏劾孝首匿喜。孝以为陈喜雅数与王计谋反，恐其发之，闻律先自告除其罪，又疑太子使白嬴上书发其事，即先自告，告所与谋反者救赫、陈喜等。廷尉治验，公卿请逮捕衡山王治之。天子曰："勿捕。"遣中尉安、大行息即问王，王具以情实对。吏皆围王宫而守之。中尉、大行还，以闻，公卿请遣宗正、大行与沛郡杂治王。王闻，即自刭杀。孝先自告反，除其罪；坐与王御婢奸，弃市。王后徐来亦坐蛊杀前王后乘舒，及太子爽坐王告不孝，皆弃市。诸与衡山王谋反者皆族。国除为衡山郡。

◎**注释** ①〔沛郡〕郡治相县，在今安徽濉溪西北。

◎**大意** 元朔六年中，衡山王派人上书奏请废黜太子刘爽，改立刘孝为太子。刘爽听说了，立即派与他交好的白嬴前往长安上书，控告刘孝制造战车、弓箭，与王后的婢女通奸，想以此搞垮刘孝。白嬴到了长安，还没来得及上书，官吏就因他与淮南王谋反的事有关而逮捕囚禁了他。衡山王听说刘爽派白嬴上书，担心刘爽说出衡山国意图谋反的事，就上书反告太子刘爽大逆不道犯了应斩首示众的罪。朝廷将此案交给沛郡审理。元朔七年冬天，朝廷负责审案的公卿到沛郡搜捕参与淮南王谋反的人而一无所得，却在衡山王之子刘孝家抓到了陈喜。官吏控告刘孝领头窝藏陈喜。刘孝认为陈喜平日多次与衡山王谋划造反之事，担心他会把事情说出去，他听说法律规定可以赦免自首者的罪行，又怀疑太子刘爽派白嬴上书已经揭发了谋反之事，便立即自首，告发了参与谋反的救赫、陈喜等人。廷尉查办后，得知确有其事，公卿奏请逮捕衡山王并给予处罚。武帝说："不要逮捕。"派遣中尉司马安、大行令李息前去衡山国查问衡山王，衡山王按实际情况做了回答。朝廷官员便包围了王宫并加以看守。中尉、大行令返回京城，上报武帝，公卿奏请派遣宗正、大行令与沛郡长官共同处置衡山王。衡山王听说后就自杀了。刘孝因自首而免除了谋反之罪；但因与王后徐来的婢女私通，仍被判处斩首示众。王后徐来因用巫蛊谋害前王后乘舒，太子刘爽因衡山王告他不孝，都被判处斩首示众。其他参与衡山王谋反的人一律灭族。撤销衡山国的建置，在其地设立衡山郡。

太史公曰：《诗》之所谓"戎狄是膺，荆舒是惩"，信哉是言也。淮南、衡山亲为骨肉，疆土千里，列为诸侯，不务遵蕃（藩）臣职以承辅天子，而专挟邪僻之计，谋为畔（叛）逆，仍父子再亡国，各不终其身，为天下笑。此非独王过也，亦其俗薄，臣下渐靡使然也。夫荆楚僄勇轻悍，好作乱，乃自古记之矣。

◎**大意**　太史公说：《诗经》中所说的"迎击北方少数民族，惩治南方少数民族"，这话是对的。淮南王、衡山王是皇帝的至亲，疆土广达千里，被封为诸侯，不致力于遵守藩臣的职责来辅佐皇帝，却偏偏做邪恶的打算，妄图造反，父子二人两次招致国家灭亡，不得善终，成为天下的笑柄。这并不全是诸侯王的过错，也是他们封国的民风轻薄不忠厚，臣子逐渐感染了他们的结果。楚地人轻率剽悍，喜欢造反，自古就有记载了。

◎**释疑解惑**

太史公在叙述淮南王刘安谋反过程时，用大量篇幅记录了伍被的言谈，辞令优雅，但伍被的立场前后并不统一。在淮南王刘安第一次召见伍被时，伍被当面谴责刘安的言行会导致亡国，并因此被下狱囚禁。刘安第二次召见伍被，伍被分析了当时的形势，认为刘安企图谋反的行为就像秦始皇苛待百姓、不行仁义之道一样，会导致身死国除的悲惨下场，又令刘安十分不快。刘安第三次召见伍被，询问天下局势。伍被慷慨陈词，赞扬武帝是圣明的君主，卫青是才德兼备的将领，再次动摇了刘安谋反的决心。在这三次谈话中，伍被态度明确，心向朝廷，坚决反对刘安谋反。但在第四次召见中，伍被虽然否定了刘安的起兵计划，但又向刘安提出新的方案，试图使百姓和诸侯贵族怨恨朝廷，为刘安的谋反赢得群众基础。在这次谈话中，伍被的态度发生了巨大的转变，由谋反的反对者转变为支持者。在事情泄露时，作为谋反行动的策划人之一，伍被没有同刘安一道与朝廷抗争，而是马上自首，供出刘安的阴谋。可见，伍被的立场前后并不统一，存在很多矛盾之处。

另外，文章通过伍被之口，对武帝的英明决断、勤政爱民，大将军卫青的才能卓越、礼遇士卒以及当时天下太平、百姓安居乐业的局面多有赞扬，这是在《史记》其他篇章中很少见到的。

◎ **思考辨析题**

1. 淮南王刘安与吴王刘濞同为造反的诸侯，二者的形象有什么异同？

2. 司马迁在赞语中把七国之乱与淮南王、衡山王的叛乱归罪于民风，你对此怎么看？

循吏列传第五十九

　　循吏是指守法循理的官吏，俗称"清官"。循吏的特点是公正廉洁，严格执法，保护良民，惩治奸佞。本篇所载循吏均为汉以前人物，而后面的《酷吏列传》所载酷吏全为汉代人物，形成鲜明对比。该传记叙了春秋战国时期孙叔敖、子产、公仪休、石奢、李离五位贤吏的事迹。这五人中，四位位居国相，一人是法官，他们都是位高权重的社稷之臣。其中，孙叔敖与子产善施教化，行宽政而少严禁，为相期间国家能够按照正常秩序运行，人民安居乐业，故而深得民心，是人们公认的贤相。公仪休、石奢、李离位高权重而能严守法纪，清廉自正，树立了典范。公仪休"弃园葵""出家妇，燔其机"等行为都是站在"农士""工女"的立场上，丝毫没有个人利益的考量。石奢面对情与理的选择，最终自刎谢罪，以明国法。李

> 离"过听"杀人，不诿罪下吏，对上负责，对法负责，最终伏剑而死。太史公以缅怀与崇敬的心情为这几位循吏列传，写出他们的政绩和道德风范，意在阐明一个为政治国的根本道理："奉职循理，亦可以为治，何必威严哉？"而这也道出了作者向往的理想吏治蓝图。

太史公曰：法令所以导民^①也，刑罚所以禁奸也。文武不备^②，良民惧然^③身修者，官未曾乱也。奉职循理，亦可以为治，何必威严哉？

◎**注释** ①〔导民〕引导百姓向善。②〔文武不备〕文指政令，武指刑罚。备，细密，完善。③〔惧然〕敬畏的样子。

◎**大意** 太史公说：法令是引导百姓向善的工具，刑罚是禁止邪恶发生的武器。在政令刑罚不完善的情况下，善良的老百姓如果能够戒惧而修身守法，那是因为官吏没有败坏法纪。只要官吏奉公守法，就可以治理好国家，又何必用严刑峻法呢？

孙叔敖者，楚之处士也。虞丘相进之于楚庄王以自代^①也。三月为楚相，施教导民，上下和合，世俗盛美，政缓禁止^②，吏无奸邪，盗贼不起。秋冬则劝民山采^③，春夏以水，各得其所便，民皆乐其生。

◎**注释** ①〔以自代〕让孙叔敖代替自己。②〔政缓禁止〕政令宽缓，法令所禁没有人触犯。③〔山采〕进山樵采。

◎**大意** 孙叔敖，原是楚国的一位隐士。国相虞丘将他推荐给楚庄王，提出让孙叔敖代替自己。三个月后孙叔敖当上了楚国国相，他教化百姓，使上下同心和睦，风俗淳厚，政治宽松而有禁必止，官吏守法不做邪恶之事，盗窃之事从此不再发生。每逢秋冬之际他便鼓励百姓进山采伐竹木，到了春夏之时利用上涨的河水将木材运出山外，百姓都有了谋生的门路，家家的生活都很安乐。

庄王以为币轻①，更以小为大。百姓不便，皆去其业。市令言之相曰："市乱，民莫安其处，次行②不定。"相曰："如此几何顷③乎？"市令曰："三月顷。"相曰："罢，吾今令之复矣。"后五日，朝，相言之王曰："前日更币，以为轻。今市令来言曰'市乱，民莫安其处，次行之不定'。臣请遂令复如故。"王许之，下令三日而市复如故。

◎**注释** ①〔币轻〕钱币个小、量轻。②〔次行〕秩序。③〔几何顷〕多长时间。顷，短暂的时间，此泛指时间。

◎**大意** 楚庄王认为楚国的货币太轻，下令把小币改铸成大币。老百姓感到携带不方便，于是都放弃了自己原来的职业。管理市场的官吏向国相报告说："市场乱了，没有百姓安心在那里做买卖，秩序极不稳定。"国相说："这种情况持续多长时间了？"管理市场的官吏说："三个月了。"国相说："不必再说了，我很快就要让市场恢复正常。"五天后，百官上朝议政，国相对庄王说："原来改换钱币，是认为钱币太轻。现在管理市场的官员报告说'市场混乱了，百姓没有人安心在那里经商，秩序极不稳定'。我请求立即下令恢复旧的币制。"庄王同意了，命令颁布后只过了三天，市场的秩序便恢复得像过去一样。

楚民俗好庳车①，王以为庳车不便马，欲下令使高之。相曰："令数下，民不知所从，不可。王必欲高车，臣请教闾里使高其梱②。乘车者皆君子，君子不能数下车。"王许之。居半岁，民悉自高其车。

◎**注释** ①〔庳（bì）车〕车轮小、车厢很低的车。②〔高其梱（kǔn）〕高其门槛，使低车不易通过，乘车者自然改高其车。梱，门槛。

◎**大意** 楚国百姓习惯于乘坐矮车。庄王认为矮车不便于用马拉，想下令把矮车改高。国相说："政令频繁地颁布，百姓就会无所适从，不能这样做。大王如果一定要将车子改高，我请求先将乡里人的门槛加高。乘车的人都是些有地位的君子，君子不愿为过门槛经常下车，自然就会将车子改高。"庄王同意了他的请求。半年后，百姓都将自己的车子加高了。

此不教而民从其化，近者视而效之，远者四面望而法之。故三得相而不喜，知其材自得之也；三去相而不悔，知非己之罪也。

◎**大意** 这就是不需要下令而百姓就自然地顺从了他的教化，近在身边的人亲眼看见而向他学习，远方的人从四周观察之后遵守他的政令。所以他三次得到相位而不沾沾自喜，因为他知道这是凭自己的才能得到的；三次离开相位他也不感到遗憾，因为他知道那不是自己的罪过造成的。

子产者，郑之列大夫也。郑昭君之时，以所爱徐挚为相，国乱，上下不亲，父子不和。大宫子期言之君，以子产为相。为相一年，竖子不戏狎①，斑白不提挈②，僮子不犁畔③。二年，市不豫贾（价）④。三年，门不夜关，道不拾遗。四年，田器不归⑤。五年，士无尺籍⑥，丧期不令而治⑦。治郑二十六年而死，丁壮号哭，老人儿啼，曰："子产去我死乎！民将安归？"

◎**注释** ①〔竖子不戏狎〕浪荡子弟不再轻浮。②〔斑白不提挈（qiè）〕白发老人不再操劳。③〔僮子不犁畔〕小孩子不再下地劳作。④〔市不豫贾〕买卖一口价。豫，讨价还价。⑤〔田器不归〕耕田的工具不必天天搬回家。⑥〔士无尺籍〕士人不再应召服役，因为国无外患。⑦〔不令而治〕自觉治丧。

◎**大意** 子产是郑国的大夫。郑昭君在位的时候，任命自己的宠臣徐挚为国相，导致国家混乱，上下不亲近，父子不和睦。公子大宫子期向昭君请求，任子产为国相。子产执政一年，浪荡子弟不再轻浮，老年人不必再劳作，小孩子不用到田间帮助大人耕作。两年之后，买卖一口价。三年之后，夜不闭户，路不拾遗。四年之后，农人不必天天将农具带回家。五年之后，男子无须服兵役，在丧事期间不待下令而自觉治丧。子产治理郑国二十六年后死去了，当时青壮年放声大哭，老年人则像孩子一样悲泣，他们说："子产离开我们死去了！老百姓今后将依靠谁呢？"

公仪休者，鲁博士也。以高弟（第）[①]为鲁相。奉法循理，无所变更，百官自正。使食禄者不得与下民争利，受大者不得取小。

◎**注释** ①〔高弟〕同"高第"，选官考核时成绩优异。

◎**大意** 公仪休是鲁国的博士。他因才学优异被任为鲁国的国相。他遵守法度，按原则办事，丝毫不变更规章制度，而百官的言行自然端正。他命令领取俸禄的官吏不得与老百姓争利，权势强大者不得吞并弱小者。

客有遗相鱼者，相不受。客曰："闻君嗜鱼，遗君鱼，何故不受也？"相曰："以嗜鱼，故不受也。今为相，能自给鱼；今受鱼而免，谁复给我鱼者？吾故不受也。"

◎**大意** 有位客人送鱼给国相公仪休，国相坚辞不受。客人说："听说您喜欢吃鱼，所以送鱼给您，为什么不接受呢？"国相说："正因为我喜欢吃鱼，所以不能接受您的鱼。现在我做国相，买得起鱼吃；如果因接受您的鱼而被罢免，谁还能再给我送鱼呢？所以我不能收下您的鱼。"

食茹①而美，拔其园葵而弃之。见其家织布好，而疾出其家妇，燔②其机，云"欲令农士工女安所雠（售）其货乎"？

◎**注释**　①〔茹〕葵菜。②〔燔〕焚烧。
◎**大意**　公仪休吃到自己园子种的菜，觉得味道鲜美，便将园中的菜拔出来扔掉。他看见自己家织的布好，便立即将织妇赶走，并烧毁织布机。他说"如果我家的菜美、布好，那么让农夫、织女到哪里卖掉他们的货物呢"？

石奢者，楚昭王相也。坚直廉正，无所阿避①。行县，道有杀人者，相追之，乃其父也。纵其父而还自系焉。使人言之王曰："杀人者，臣之父也。夫以父立政②，不孝也；废法纵罪，非忠也；臣罪当死。"王曰："追而不及，不当伏罪，子其治事矣。"石奢曰："不私③其父，非孝子也；不奉主法，非忠臣也。王赦其罪，上惠也；伏诛而死，臣职也。"遂不受令，自刎而死。

◎**注释**　①〔阿避〕阿，徇私情。避，惧怕权势。②〔以父立政〕通过法办父亲来立功。③〔私〕爱。
◎**大意**　石奢是楚昭王的国相，为人刚正廉洁，从不徇私情，避权贵。一次他到县上巡察，路上遇到一个杀人者，追捕凶犯，原来是他的父亲。于是他放走自己的父亲，回到国都将自己捆绑起来。他派人对昭王说："杀人的罪犯，是我的父亲。如果靠惩处父亲立功，是不孝的行为；如果废弃法令放过罪犯，就是对国家不忠；应当判我死罪。"昭王说："您追捕罪犯没有追上，不应判罪伏法。您继续处理政事吧。"石奢说："不偏私自己的父亲，就不是孝子；不奉行君主的法令，就不是忠臣。大王赦免我的罪责，是主上的恩惠；我服罪而死，是臣下应做的事情。"石奢最终没有接受昭王的赦令，拔剑自杀而死。

李离者，晋文公之理①也。过听②杀人，自拘当死③。文公曰："官有贵贱，罚有轻重。下吏有过，非子之罪也。"李离曰："臣居官为长，不与吏让位④；受禄为多，不与下分利。今过听杀人，傅其罪下吏⑤，非所闻也。"辞不受令。文公曰："子则自以为有罪，寡人亦有罪邪？"李离曰："理有法，失刑则刑，失死则死。公以臣能听微决疑⑥，故使为理。今过听杀人，罪当死。"遂不受令，伏剑而死。

◎**注释**　①〔理〕大理，司法之官。②〔过听〕判错案子。③〔自拘当死〕自系于狱以赔偿性命。④〔不与吏让位〕不曾将权力让给下属。⑤〔傅其罪下吏〕诿罪于下级官吏。⑥〔听微决疑〕能断不易查明的疑难案件。

◎**大意**　李离是晋文公的司法之官。他因误断而错杀了人，于是将自己囚禁起来并判处死刑。晋文公对他说："官职有贵贱之分，惩罚有轻重之别。是下级官吏的过错，不是您的罪责。"李离说："我所居之官为长吏，不曾将权力让给下属；我所领的俸禄很多，并没有把俸禄分给下属。现在我判错了案子而误杀人，诿罪于下级官吏，这种道理我还没有听说过。"他坚决推辞，没有接受文公赦免自己的命令。文公说："你如果自以为有罪，那么我不是也有罪吗？"李离说："法官判案有规定，判错刑就要自己受刑，错杀人就要以死抵罪。您因为我明察善断，任我为司法之官。如今我误断而错杀了人，罪当判处死刑。"李离最终没有接受文公的赦令，伏剑自杀而死。

　　太史公曰：孙叔敖出一言，郢市复。子产病死，郑民号哭。公仪子见好布而家妇逐。石奢纵父而死，楚昭名立。李离过杀而伏剑，晋文以正国法。

◎**大意**　太史公说：孙叔敖一言既出，郢都的市场恢复了秩序。子产病死之后，郑国百姓号啕痛哭。公仪休看到自家的布好便赶走了织妇。石奢放走父亲而自杀顶罪，使楚昭王树立了威名。李离误断杀人而伏剑身亡，使晋文公整治了国法。

◎ 释疑解惑

　　文字简净是《循吏列传》极为显著的特色。其篇幅之短，在全书中唯《佞幸列传》与之相当，仅一千二百字左右。其写人多则三事，少则一例，取材与表述皆极为简要，却是精当有力，给人留下了过目难忘的印象。无怪乎古人赞之曰："太史公《循吏传》文简而高，意淡而远，班孟坚《循吏传》不及也。"这种写法，与类传的特性有关。类传和专传不同，它是专题性的，主要表现一类人的共性和作者对本专题的思想见解，人物生平的完整性与系统性并不重要。为此，类传皆有序言，开宗明义阐述作者的观点，然后环绕这一主旨选取恰当的人物事迹予以说明，序言和传文之间，实为纲举目张的关系。所以类传写人叙事很灵活，不求全而求典型，有时甚至不避重出。如子产生平已写入《郑世家》，本传为表现专题思想的需要再作载述，但略去一切具体行事，只列举其非凡政绩，极写百姓的爱戴感激之情。和其他类传相比，本篇在取材上剪裁的幅度是很大的，除孙叔敖事略为完整外，其余四人的事迹皆一鳞半爪，精简之至。作者采用很少的文字把一件典型事例细致写出，使之妥帖传神，有很强的表现力。正是这种写法，使本篇在表现类传的特性方面成为很有代表性的作品。古今学者曾指出，本传与稍后的《酷吏列传》乃是有意为之的姊妹篇：写酷吏，全是当朝人物，这是直接讥刺汉武帝宠用酷吏的时弊；写循吏，全无时人，则是以古讽今，暗藏批评当朝吏治的锋芒。两传对照鲜明，相反相成，作者的政见与好恶之情都可以从中品味出来。这或许可称为另一种意义的"互见法"吧！互见之后，读者再回头看本文开篇那一句"何必威严哉"的话，就会深悟"威严"者，乃酷吏弄权峻法逞威之谓也，作者写本传的深心及其思想锋芒其实在这里就已经显现出来了。

◎ 思考辨析题

　　1. 试将本传与后世其他正史中的循吏列传进行对比，总结其异同。
　　2. 篇首的"太史公曰"反映了司马迁怎样的观念？

汲郑列传

第六十

《汲郑列传》是汲黯和郑当时的合传,以汲黯为主,郑当时为陪衬。这两人都是汉武帝时的名臣,均信奉黄老学说,并列为九卿,都任侠、礼贤下士、居官清廉,所以合为一传。司马迁先用几句话简单介绍了汲黯的出身,接着记叙了他两次擅自违抗皇帝命令的事件,汲黯抗言直谏的正义形象扑面而来。司马迁也在一开始就多次申明了汲黯的黄老之治,既言"其治,责大指而已,不苛小",又言"治务在无为而已,弘大体,不拘文法"。接着司马迁用一段文字评价了汲黯"性倨,少礼,面折"和"好学,游侠,任气节"的性格特点,然后通过犯颜直谏惹众怒,数次与武帝、公孙弘、张汤等当面争执,皇上既礼敬他又忌惮他,正面描写或侧面烘托汲黯的性格。郑当时也好黄老之言,司马迁主要突出了郑当时礼贤下士和居官清廉的品质。司马迁喜欢汲黯的刚直，喜欢郑当时的敬贤下士。当这两个人位列九卿时，门下都宾客如云；而后来一旦失势，宾客便立即四散。司马迁在文章最后引用下邽翟公的话"一死一生，乃知交情。一贫一富，乃知交态。一贵一贱，交情乃见"，表达了自己的愤慨。

汲黯字长孺，濮阳①人也。其先有宠于古之卫君。至黯七世，世为卿大夫。黯以父任，孝景时为太子洗马②，以庄见惮③。孝景帝崩，太子即位，黯为谒者④。东越⑤相攻，上使黯往视之。不至，至吴⑥而还，报曰："越人相攻，固其俗然⑦，不足以辱天子之使。"河内⑧失火，延烧千余家，上使黯往视之。还报曰："家人失火，屋比⑨延烧，不足忧也。臣过河南⑩，河南贫人伤水旱万余家，或父子相食，臣谨以便宜⑪，持节⑫发河南仓粟以振（赈）贫民。臣请归节，伏矫制之罪⑬。"上贤而释之，迁为荥阳⑭令。黯耻为令，病归田里。上闻，乃召拜为中大夫⑮。以数切谏，不得久留内，迁为东海太守⑯。黯学黄老之言，治官理民，好清静，择丞史⑰而任之。其治，责大指而已，不苛小。黯多病，卧闺阁内不出。岁余，东海大治。称之。上闻，召以为主爵都尉⑱，列于九卿。治务在无为而已，弘大体，不拘文法⑲。

◎**注释** ①〔濮（pú）阳〕郡名，今河南濮阳。②〔太子洗（xiǎn）马〕官名，太子官中的属员，为太子外出骑马时的先导。③〔以庄见惮〕庄，庄重严肃。见，表示被动。惮，畏惧。④〔谒者〕官名，掌接待宾客、通报传达之事。⑤〔东越〕今福建和浙江东南的闽越和东瓯。⑥〔吴〕汉县名，县治在今江苏苏州。⑦〔固其俗然〕固，本来。然，这样。⑧〔河内〕郡名，今河南焦作。⑨〔比〕挨着，并列。⑩〔河南〕郡名，今河南洛阳一带。⑪〔便(biàn)宜〕便利,方便,指见机行事。⑫〔节〕符节,作为凭证的东西。⑬〔矫制之罪〕汉代罪名,即假传皇帝命令,依法当处死刑。⑭〔荥(xíng)阳〕县名,在今河南荥阳。⑮〔中大夫〕官名,属郎中令,掌论议。⑯〔东海太守〕东海,郡名,在今山东郯城。太守,官名,一郡的最高行政主管官吏。⑰〔丞史〕丞和史都是太守的助理官吏,此处泛指太守属下的各级官员。⑱〔主爵都尉〕官名,掌封爵之事。⑲〔文法〕法律条文。

◎**大意** 汲黯,字长孺,濮阳县人。他的祖先曾受宠于古卫国的国君。到汲黯为第七代,他家世代都荣任朝廷卿大夫。汲黯靠父亲的保举,在孝景帝时做了太子洗马,因办事严正而令人生畏。景帝死后,武帝继位,汲黯被任命为谒者。当时东越族内部相互攻战,武帝派汲黯前往视察。汲黯未到东越,行至吴县便返回,向武帝报告说:"东越人相互攻战,当地的民俗本来就是这样,不值得让天子的使者屈驾前往。"河内郡发生火灾,火势蔓延烧及千余家,武帝派汲黯前往视察。汲黯回来报告说:"河内平民家不慎起火,因房屋相连而火势蔓延,不值得忧虑。我路过河南郡时,发现当地贫民遭受水旱之灾的多达万余家,有些甚至到了父子相食的地步。我就趁着视察之便,凭所持的符节发放河南郡的储粮,以赈济灾民。现在,我请求交还符节,并受假传圣旨之罪。"武帝认为汲黯贤良而赦免了他,调任他为荥阳令。汲黯以做县令为耻,就托病辞官还乡。武帝闻讯,便召他回朝拜为中大夫。由于他屡次向武帝直言上谏,所以不得久留朝中,被调任为东海郡太守。汲黯学习黄老学说,为官治民喜欢清静无事,就选择任用得力的下属处理政务。他为政只指摘大的方向原则,而不苛求小节。汲黯多病,常卧在内室不出门。一年多时间,东海郡被治理得很好。人们都赞扬他。武帝听闻,便召他回朝任主爵都尉,位列九卿。汲黯为政主张无为而治,弘其大体而不拘于法令条文。

黯为人性倨①,少礼,面折②,不能容人之过。合己者善待之,不合己者不能忍见,士亦以此不附焉。然好学,游侠,任气节,内行修洁,好直谏,数犯主之颜色③,常慕傅柏、袁盎之为人也。善灌夫、郑当时及宗正刘弃。亦以数直谏,不得久居位。

◎注释　①〔性倨〕性格傲慢。②〔面折〕当面批评、指摘别人。③〔颜色〕指颜面、威严。

◎大意　汲黯为人傲慢，很少讲究礼节，有时当面给人难堪，不能容忍他人的过失。与自己合得来就亲善相待，与自己合不来就不想相见，士大夫也因此不愿接近他。但他好学习，豪爽任侠，坚守正义气节，品行高洁，好直言进谏，多次冒犯皇上的威严，时常仰慕傅柏、袁盎的为人。他与朝臣灌夫、郑当时及宗正刘弃关系要好，这些人也因多次直言进谏，不得久居其官位。

当是时，太后弟武安侯蚡为丞相，中二千石来拜谒，蚡不为礼。然黯见蚡未尝拜，常揖之。天子方招文学儒者，上曰吾欲云云，黯对曰："陛下内多欲而外施仁义，奈何欲效唐虞之治乎！"上默然，怒，变色而罢朝。公卿皆为黯惧。上退，谓左右曰："甚矣，汲黯之戆①也！"群臣或数②黯，黯曰："天子置公卿辅弼之臣，宁令从谀承意③，陷主于不义乎？且已在其位，纵爱身，奈辱朝廷何！"

◎注释　①〔戆（zhuàng）〕刚直鲁莽。②〔数〕数落，指责。③〔从谀承意〕阿谀奉承，逢迎。

◎大意　就在这时，太后的弟弟武安侯田蚡做了宰相，俸禄中二千石的官员都来拜访谒见，田蚡不对这些人还礼。但是汲黯见到田蚡从不跪拜，常常行拱手礼。武帝当时正在招选文学之士和儒者，说我想要如何如何，汲黯便回答说："陛下内心有许多欲望，表面上却装作施行仁义，怎么能够效法唐尧、虞舜的政绩呢？"武帝默然不语，心中恼怒，脸色一变而罢朝。公卿都为汲黯担心。武帝退朝后，对身边的近臣说："汲黯太鲁莽刚直了！"众臣中有人责备汲黯，汲黯说："天子设置公卿为辅佐大臣，难道是让他们阿谀奉承而陷君主于不义吗？况且我已身居卿位，纵然爱惜自己的性命，又岂能损害朝廷大事！"

黯多病，病且满三月，上常赐告①者数，终不愈。最后病，庄助为请告。上曰："汲黯何如人哉？"助曰："使黯任职居官，无以逾人。然至其辅少主，守城深坚②，招之不来，麾之不去，虽自谓贲育③亦不能夺之矣。"上曰："然。古有社稷之臣，至如黯，近之矣。"

◎**注释** ①〔告〕休假。②〔守城深坚〕守成保业长久而坚深。城，当作"成"。③〔贲育〕古代勇士孟贲和夏育。

◎**大意** 汲黯多病，已抱病三月之久，武帝多次赐他假期，但始终不能痊愈。最后一次病重时，大臣庄助替他告假。武帝问道："汲黯这个人怎么样？"庄助说："让汲黯任职做官，无过人之处。但是如果让他辅佐年少之主，坚守既成的事业，则沉稳坚定，招揽他他不会来，驱赶他他不会离开，即使有人自称有孟贲、夏育那样的勇力，也不能更夺他的志向。"武帝说："是这样的。古代有身负国家重任的大臣，像汲黯，就很接近了！"

大将军青侍中，上踞厕①而视之。丞相弘燕见②，上或时不冠。至如黯见，上不冠不见也。上尝坐武帐中，黯前奏事，上不冠，望见黯，避帐中，使人可③其奏。其见敬礼如此。

◎**注释** ①〔踞厕〕蹲在厕所。②〔燕见〕非正式的朝会和礼仪场合的会见。③〔可〕认可，同意。

◎**大意** 大将军卫青侍于宫中，武帝蹲在厕所召见他。丞相公孙弘平时拜见武帝，武帝有时连帽子也不戴。至于汲黯觐见，武帝不戴好帽子便不出来接见。武帝曾坐在武帐中，汲黯前来奏事，武帝未及戴帽，一看见汲黯就躲进帐中，派人代为批准他的奏请。武帝对汲黯的尊敬礼遇已到如此程度。

张汤方以更定律令为廷尉，黯数质责汤于上前，曰："公为正卿，上不能褒先帝之功业，下不能抑天下之邪心，安国富民，使囹圄①空虚，二者无一焉。非苦就行，放析就功②，何乃取高皇帝约束纷更③之为？公以此无种矣。"黯时与汤论议，汤辩常在文深小苛④，黯伉厉守高⑤不能屈，忿发⑥骂曰："天下谓刀笔吏⑦不可以为公卿，果然。必汤也，令天下重足而立⑧，侧目而视矣！"

◎**注释** ①〔囹圄（líng yǔ）〕监狱。②〔放析就功〕放析，散乱，破坏。就功，成就功业。③〔约束纷更〕约束，约定的法令。纷更，杂乱地更改。④〔文深小苛〕指法律条文的文字意义与细小烦琐之处。⑤〔伉厉守高〕伉厉，刚直峻厉。守高，指笃守正理。⑥〔忿发〕发怒，愤慨。⑦〔刀笔吏〕指办理文案的官吏。⑧〔重足而立〕叠足而立，不敢迈步，形容恐惧。

◎**大意** 当时张汤刚因改制法令而做了廷尉。汲黯多次在皇上面前质问指责张汤，说："你身为正卿，对上不能弘扬先帝的功业，对下不能抑制天下人的邪念，使国家安定、百姓富裕，或使监狱中没有犯人，两条中你一条都没有做到。而是让别人受苦迁就你的行为，破坏旧律以成就你的功业，你为什么要胡乱更改高祖皇帝所定律令呢？你将因此断绝后代的。"汲黯经常与张汤辩论，张汤辩论时总是纠结条文、苟求细节，汲黯刚直严厉、坚持正理不能屈服，便愤而骂道："天下人都说不可以让舞文弄墨的刀笔小吏做公卿，果然如此。如果推行张汤制定的苛法严刑，就会使天下人并足而立不敢向前迈步，侧目而视不敢正眼看人了。"

是时，汉方征匈奴，招怀①四夷。黯务少事，乘上间，常言与胡和亲，无起兵。上方向儒术，尊公孙弘。及事益多，吏民巧弄②。上分别文法③，汤等数奏决谳④以幸。而黯常毁儒，面触弘等徒怀诈饰智⑤以阿人主取容，而刀笔吏专深文巧诋⑥，陷人于罪，使不得反其真，以胜为功。上愈益贵弘、汤，弘、汤深心疾⑦黯，唯天子亦不说（悦）也，欲诛之以事。弘为丞相，乃言上曰："右内史⑧界部中多贵人宗室，难治,非素重臣不能任,请徙黯为右内史。"为右内史数岁,官事不废。

◎**注释** ①〔招怀〕招揽,安抚。②〔巧弄〕指虚浮不实,欺瞒伪诈。③〔分别文法〕从原有法律条文中分列出许多新的规定。④〔决谳(yàn)〕指判案定罪的办法、条文。⑤〔怀诈饰智〕内怀奸诈而外饰以智。⑥〔深文巧诋〕指玩弄法律条文,巧妙陷害他人。⑦〔疾〕嫉恨。⑧〔右内史〕官名,掌治京师。

◎**大意** 这时,汉朝正在征讨匈奴,招抚怀柔四方少数民族。汲黯务求少事太平,便趁武帝空闲时,常常劝谏武帝与胡人和亲,不要兴兵征伐。武帝那时正崇尚儒学,尊用公孙弘。正赶上事情繁多,官吏和百姓皆欺瞒伪诈以逃避法网,武帝这才分条别律,严明法纪,张汤等人也多次奏请判决以博取武帝宠幸。而汲黯常常诋毁儒学,当面斥责公孙弘等人内怀奸诈而外饰以智,以阿谀奉承博取主上欢心,而刀笔吏专门研究法律条文,罗织罪名陷人入狱,使事情真相不得平反,以整倒别人为自己的功劳。武帝越来越器重公孙弘、张汤,公孙弘、张汤内心嫉恨汲黯,武帝也不喜欢汲黯,想要借故把他杀掉。公孙弘为丞相,便向武帝说:"右内史所辖之地贵族和皇室居住较多,难以治理,不是向来身居要职的大臣难以胜任,请调任汲黯为右内史。"汲黯当了几年右内史,政事从未荒废。

大将军青既益尊,姊为皇后,然黯与亢(抗)礼①。人或说黯曰:"自天子欲群臣下②大将军,大将军尊重益贵,君不可以不拜。"黯曰:"夫以大将军有揖客,反不重邪?"大将军闻,愈贤黯,数请问国家朝廷所疑,遇③黯过于平生。

◎**注释** ①〔亢礼〕即"抗礼",以对等的礼节相见。②〔下〕位居其下。③〔遇〕礼遇。

◎**大意** 大将军卫青愈加尊贵,他的姐姐做了皇后,但是汲黯与卫青见面时仍行平等之礼。有人劝说汲黯:"天子想要让群臣位居大将军之下,大将军受皇上尊敬器重愈加尊贵,你见面时不能不行跪拜礼。"汲黯说:"大将军有拱手行礼的客人，反而不能增加他的尊贵了吗？"大将军听到后，更加认为汲黯贤能，多次向汲黯请教朝廷疑难之事，礼遇汲黯超过了平生所结识的任何人。

　　淮南王谋反，惮黯，曰："好直谏，守节死义①，难惑以非。至如说丞相弘，如发蒙振落②耳。"

◎**注释**　①〔守节死义〕坚守节操，宁为正义而死。②〔发蒙振落〕发蒙，揭开蒙盖着的东西。振落，摇动树木使枯叶飘落。
◎**大意**　淮南王图谋反叛，但是害怕汲黯，说："此人喜好直言进谏，坚守节操，舍身赴义，很难用不轨之事欺骗他。至于说服丞相公孙弘，就像揭开蒙布、摇落树叶那样容易。"

　　天子既数征匈奴有功，黯之言益不用。

◎**大意**　天子征伐匈奴屡获成功，更加不予理睬汲黯的话了。

　　始黯列为九卿，而公孙弘、张汤为小吏。及弘、汤稍益贵，与黯同位，黯又非（诽）毁①弘、汤等。已而弘至丞相，封为侯；汤至御史大夫；故黯时丞相史②皆与黯同列，或尊用过之。黯褊心③，不能无少望④，见上，前言曰："陛下用群臣如积薪耳，后来者居上。"上默然。有间⑤黯罢，上曰："人果不可以无学，观黯之言也日益甚。"

◎**注释**　①〔非毁〕诽谤，诋毁。②〔丞相史〕当作"丞史"，这里指汲黯的僚属。③〔褊（biǎn）心〕心胸狭窄。④〔望〕埋怨，责备。⑤〔有间（jiàn）〕片刻，一会儿。

◎**大意** 当初汲黯位列九卿时，公孙弘、张汤只是一般小吏。等到公孙弘、张汤日渐显贵，与汲黯地位相同时，汲黯又非难诋毁公孙弘、张汤等人。后来公孙弘位至丞相，被封为平津侯；张汤位至御史大夫；以前汲黯的僚属都与汲黯地位同等了，有的甚至得到重用地位超过了他。汲黯心胸狭隘，不能做到毫无怨言，拜见武帝时，上前说道："陛下使用群臣就像堆积柴草一样，后来的都放在上面。"武帝默然不语。不久汲黯退下，武帝说："人果然不可以没有学问，看汲黯的言论也越来越过分了。"

居无何，匈奴浑邪王率众来降，汉发车二万乘。县官无钱，从民贳①马。民或匿马，马不具。上怒，欲斩长安令。黯曰："长安令无罪，独斩黯，民乃肯出马。且匈奴畔（叛）其主而降汉，汉徐以县次传②之，何至令天下骚动，罢（疲）弊中国而以事夷狄之人乎！"上默然。及浑邪至，贾人与市者，坐当死者五百余人。黯请间，见高门③，曰："夫匈奴攻当路塞，绝和亲，中国兴兵诛之，死伤者不可胜计，而费以巨万百数。臣愚以为陛下得胡人皆以为奴婢，以赐从军死事者家；所卤（虏）获，因予之：以谢天下之苦，塞百姓之心。今纵不能，浑邪率数万之众来降，虚府库赏赐，发良民侍养，譬若奉骄子。愚民安知市买长安中物而文吏绳以为阑④出财物于边关乎？陛下纵不能得匈奴之资以谢天下，又以微文⑤杀无知者五百余人，是所谓'庇其叶而伤其枝'者也，臣窃为陛下不取也。"上默然，不许，曰："吾久不闻汲黯之言，今又复妄发矣。"后数月，黯坐小法，会赦免官。于是黯隐于田园。

◎**注释** ①〔贳（shì）〕赊欠。②〔传（zhuàn）〕接送。③〔高门〕宫殿名，在未央宫内。④〔阑〕指没有官方颁发的通行证出入关卡。⑤〔微文〕隐晦而不显明的法律条文。

◎**大意** 时隔不久,匈奴浑邪王率领部众前来投降,汉朝征发两万辆兵车前往接应。官府没钱,便向百姓借马。有的百姓把马匹藏起来,马数不能凑齐。武帝发怒,要斩杀长安县令。汲黯说:"长安县令无罪,只有杀掉我,百姓才会献出马匹。况且匈奴人背叛其主来投降汉朝,汉朝只需慢慢让沿途各县依次接送即可,何至于让天下骚动如此,让国人疲惫不堪而来侍奉这些匈奴人呢?"武帝默然不语。当浑邪王到来,与他们做买卖的商人,被连坐处死的有五百多人。汲黯请武帝抽空接见,在未央宫高门殿相见,说:"匈奴攻打我们设置在道路上的要塞,弃绝和亲,朝廷举兵征伐他们,战死受伤的人数不可胜计,而耗费资财有数百亿之巨。我愚昧无知,以为陛下得到匈奴人会把他们全部作为奴婢,赏赐给从军而死的人家;所获得的财物,也一并赠送给他们;以此慰劳天下劳苦之人,满足百姓的心愿。现在即使做不到这样,也不该在浑邪王率数万人来降之际,竭尽府库来赏赐他们,征调良民去服侍他们,就像侍奉天之骄子一样。无知的老百姓哪里懂得让匈奴人购买长安货物会被法官判罪为将财物走私出关呢?陛下既不能缴获匈奴的物资以慰劳天下之人,又以苛细的法律条文斩杀五百多因无知而获罪的人,是所谓的'为了保护树叶而伤害了树枝'的做法,臣私下以为陛下此举实不可取。"武帝默不作声,不认可汲黯的说法,说:"我好久没有听到汲黯的话了,今天他又妄发议论。"数月后,汲黯犯小罪,恰逢大赦,仅仅免去了官职。于是汲黯归隐田园了。

居数年,会更五铢钱,民多盗铸钱,楚地尤甚。上以为淮阳楚地之郊,乃召拜黯为淮阳太守。黯伏谢①不受印,诏数强予②,然后奉诏。诏召见黯,黯为上泣曰:"臣自以为填沟壑,不复见陛下,不意陛下复收用之。臣常有狗马病③,力不能任郡事,臣愿为中郎,出入禁闼④,补过拾遗,臣之愿也。"上曰:"君薄淮阳邪?吾今召君矣。顾淮阳吏民不相得,吾徒得君之重,卧而治之。"黯既辞行,过大行⑤李息,曰:"黯弃居郡,不得与朝廷议也。然御史大夫张汤智足以拒谏,诈足以饰非,务巧佞⑥之语,辩数⑦之辞,非肯正为天下言,专阿主意。主意所不欲，因而毁之；主意所欲，因而誉之。好兴事，舞文法，内怀诈以御主心，外挟贼吏以为威重。公列九卿，不早言之，公与之俱受其僇（戮）矣。"息畏汤，终不敢言。黯居郡如故治，淮阳政清。后张汤果败，上闻黯与息言，抵息罪⑧。令黯以诸侯相秩⑨居淮阳。七岁而卒。

◎**注释** ①〔伏谢〕伏身谢罪。②〔强予〕强行授予。③〔狗马病〕卑辞，以狗马自况，指小病。④〔禁闼(tà)〕宫廷的门户。⑤〔大行〕官名，掌内附的少数民族事务。⑥〔巧佞〕伪诈而动听。⑦〔辩数〕诡辩数落。⑧〔抵息罪〕将李息判罪。⑨〔秩〕俸禄。

◎**大意** 过了几年，碰上国家改铸五铢钱，百姓中多有人偷铸钱币，楚地的情况尤为严重。武帝认为淮阳国是通往楚地的交通要道，于是任命汲黯为淮阳太守。汲黯伏地推辞不肯接受官印，武帝多次下诏强行授予他，他才接受诏命。武帝下诏召见了汲黯，汲黯哭着说："我自以为会老死乡间身填沟壑，不再能见到陛下了，没有想到陛下又一次起用了我。我常常患有一些疾病，无力胜任郡中事务，我愿做一个中郎官，出入于宫中，提醒陛下纠正过失，这是我的愿望。"武帝说："您嫌弃淮阳太守这个职位吗？我很快就会召您回朝。考虑到目前淮阳的官民关系不睦，我仅仅是借助您的威望，您可以躺在床上治理。"汲黯遂辞别赴任，行前拜访了大行李息，他向李息说道："我被弃置在郡县，不得参与朝廷政议了。但是御史大夫张汤的智谋足以抵制别人的批评，奸诈足以掩饰自己的罪过，他专用机巧谄媚的语言，诡辩刻薄的辞令，不肯真正替天下人说话，专门逢迎主上的心意。主上不满意的，他便诋毁；主上想要做的，他便赞誉。他喜欢无事生非，搬弄法律，在朝廷他心怀奸诈以迎合主上之意，在朝外他挟制官吏以建立自己的威望。您身为九卿，若不及早向主上进言，恐怕日后您会和他一起遭到杀戮。"李息惧怕张汤，终究没敢向武帝进言。汲黯用以前的方式治理，淮阳郡的政治很快清明起来。后来，张汤果然垮台了，武帝听说汲黯与李息的谈话后，将李息判罪。让汲黯领取诸侯王国相的俸禄，继续担任淮阳太守。七年后汲黯逝世。

卒后，上以黯故，官其弟汲仁至九卿，子汲偃至诸侯相。黯姑姊子司马安亦少与黯为太子洗马。安文深，巧善宦①，官四至九卿，以河南太守卒。昆弟以安故，同时至二千石者十人。濮阳段宏始事盖侯信，信任宏，宏亦再至九卿。然卫人仕者皆严惮汲黯，出其下②。

◎**注释** ①〔文深，巧善宦〕文深，用法苛深。巧善宦，为人机巧而善于做官。②〔出其下〕居汲黯之下，尊汲黯为上。
◎**大意** 汲黯死后，武帝为了褒扬他，让他的弟弟汲仁做官而官至九卿，让他的儿子汲偃做官而官至诸侯国相。汲黯姑母的儿子司马安年轻时，也曾与汲黯同为太子洗马。司马安用法苛深，为人机巧而善于做官，曾四次官至九卿，最后死在河南郡太守任上。他的弟兄由于司马安的提携，同时官至二千石俸禄的有十人。濮阳人段宏开始侍奉盖侯王信，王信保举段宏，段宏因此也官至九卿。但是做官的卫人都很敬畏汲黯，甘居其下。

　　郑当时者，字庄，陈人也。其先郑君尝为项籍将；籍死，已而属汉。高祖令诸故项籍臣名籍①，郑君独不奉诏。诏尽拜名籍者为大夫，而逐郑君。郑君死孝文时。

◎**注释** ①〔名籍〕直呼项羽其名，以示不敬。
◎**大意** 郑当时，字庄，陈县人。他的先人郑君曾做过项籍的将领；项籍死后，归附汉朝。高祖下令所有项籍旧臣提到项籍时都要直呼其名，唯独郑君不服从命令，高祖下诏拜所有直呼项籍名的人为大夫，而赶走了郑君。郑君死于文帝之时。

　　郑庄以任侠自喜，脱张羽于厄①，声闻梁、楚之间。孝景时，为太子舍人②。每五日洗沐③，常置驿马长安诸郊，存诸故人，请谢宾客，夜以继日，至其明旦，常恐不遍。庄好黄老之言，其慕长者如恐不见。年少官薄，然其游知交皆其大父行④天下有名之士也。武帝立，庄稍迁为鲁中尉、济南太守、江都⑤相，至九卿为右内史。以武安侯、魏其时议，贬秩为詹事⑥，迁为大农令。

◎**注释**　①〔厄〕困境。②〔太子舍人〕太子太傅的属官，为太子的侍从人员。③〔每五日洗沐〕汉制，官吏五日一次沐浴休息。此处"洗沐"即指休假。④〔大父行（háng）〕祖父一辈的人。⑤〔江都〕诸侯国，在今江苏扬州一带。⑥〔詹事〕官名，掌皇后、太子官中事务。

◎**大意**　郑庄喜好行侠仗义，曾使张羽脱离困境，声名传遍梁、楚地区。孝景帝时，他做了太子舍人。每逢五日一次的休假日，他常常把驿马放在长安郊外，以便骑马看望各位故友，或邀请答谢宾客，通常夜以继日，通宵达旦，尚且担心不够周到。郑庄喜好黄老学说，仰慕有才德的长者，唯恐不能相见。虽然他年少官微，但结交的知己好友都是祖父辈的天下知名人士。武帝即位后，郑庄逐渐升迁为鲁国中尉、济南郡太守、江都国国相，最后官至九卿，任右内史。由于在武安侯与魏其侯的廷辩中议论不当，被贬为詹事，后又调任大农令。

庄为太史，诫门下："客至，无贵贱无留门者。"执宾主之礼，以其贵下人。庄廉，又不治其产业，仰奉赐以给诸公。然其馈遗人，不过算器食①。每朝，候上之间，说未尝不言天下之长者。其推毂②士及官属丞史，诚有味其言之也，常引以为贤于己。未尝名吏，与官属言，若恐伤之。闻人之善言，进之上，唯恐后。山东士诸公以此翕然③称郑庄。

◎**注释**　①〔算器食〕用竹器盛的食物。算，一种装食物的竹器。②〔推毂（gǔ）〕推车轮帮助车子前行，比喻推荐人才。毂，车轮的中心部分，有圆孔，可插轴。这里指车轮。③〔翕（xī）然〕一致的样子。

◎**大意**　郑庄任太史官时，告诫门人："如果有客人拜访，无论贵贱都不要让他们在门前停留等候。"他恭敬地执待客之礼，以其尊贵的身份屈居客人之下。郑庄廉洁，又不添置田产，仅依靠俸禄和赏赐接待宾客。而他赠送别人的，不过是些用竹器盛的食品。每逢上朝，遇到向武帝进谏的机会，他没有一次不称道天下德高望重之人。他推荐士人和丞、史等属官时，总是饶有兴味地称赞他们，常说他们贤能胜过自己。他从不直呼属吏之名，和属下谈话时，语言谦和，唯恐伤害了他们。听到别人有好的主张，他立马向武帝报告，唯恐延迟误事。崤山以东的士人名流一致称颂郑庄。

　　郑庄使视决河，自请治行①五日。上曰："吾闻'郑庄行，千里不赍②粮'，请治行者何也？"然郑庄在朝，常趋和承意，不敢甚引当否。及晚节，汉征匈奴，招四夷，天下费多，财用益匮。庄任人宾客为大农僦人③，多逋负④。司马安为淮阳太守，发其事，庄以此陷罪，赎为庶人。顷之，守⑤长史。上以为老，以庄为汝南太守。数岁，以官卒。

◎**注释**　①〔治行〕整理行装。②〔赍（jī）〕携带。③〔僦（jiù）人〕雇佣载运之人。④〔逋（bū）负〕亏欠款项或物资。⑤〔守〕暂时代理。

◎**大意**　郑庄被派去视察黄河决口的情况，他请求用五天时间准备行装。武帝说："我听说'郑庄出行，千里不带粮'，现在你为什么请假收拾行装？"郑庄在朝廷任职时，常附和顺承武帝之意，不敢明确表达自己的主张。等到晚年，汉朝征伐匈奴，招抚四夷，天下耗费巨多，财用愈加匮乏。郑庄任其宾客作为大农令雇用的搞运输的人。他亏欠的钱款很多，司马安任淮阳太守，揭发了此事，郑庄因此获罪，出钱赎罪后被削职为平民。不久，又代理长史之职。武帝认为郑庄年高，命他担任汝南郡太守。几年后，他在任上去世。

郑庄、汲黯始列为九卿，廉，内行修洁。此两人中废①，家贫，宾客益落。及居郡，卒后家无余赀财②。庄兄弟子孙以庄故，至二千石六七人焉。

◎**注释** ①〔中废〕中途被罢官。②〔赀（zī）财〕钱财。
◎**大意** 郑庄、汲黯开始位列九卿时，为政清廉，品行端正。这两人中途都曾被免官，家境贫寒，宾客日益稀少。后来做郡太守，死后家里无任何余财。郑庄的兄弟子孙因为郑庄，官至二千石俸禄的有六七人。

太史公曰：夫以汲、郑之贤，有势则宾客十倍，无势则否，况众人乎！下邽①翟公有言，始翟公为廷尉，宾客阗②门；及废，门外可设雀罗。翟公复为廷尉，宾客欲往，翟公乃大署其门曰："一死一生，乃知交情。一贫一富，乃知交态。一贵一贱，交情乃见。"汲、郑亦云，悲夫！

◎**注释** ①〔下邽（guī）〕在今陕西渭南下邽镇。②〔阗（tián）〕充塞。
◎**大意** 太史公说：以汲黯、郑庄的贤能，有权势时宾客多至十倍，无权势时则宾客散尽，何况一般人呢？下邽人翟公曾说过，起初翟公做廷尉时，宾客站满门庭；等到罢官，则门可张网罗雀。翟公再次为廷尉时，宾客又想来投靠，翟公便在门上写下这样的话："一死一生，乃知交情。一贫一富，乃知交态。一贵一贱，交情乃见。"汲黯、郑庄的情况也是如此，可悲啊！

◎**释疑解惑**
　　司马迁在《史记》中对汉朝官员有循吏、酷吏之分，有清官、贪官之分，有直臣、佞臣之分。其中佞臣俯拾即是，直臣则凤毛麟角。汲黯就以汉廷第一直臣的光辉形象立于历史长河中。司马迁怀着极其钦敬的心情为汲黯树碑立传，倾力表现了汲黯秉正嫉恶、忠直敢谏的品格。围绕这个中心，本文运用辐辏之法汇集众多零散材料，在多方面的人际关系中反复刻画人物个性，尤其是一再描写汲黯同最高统治者武帝和公孙弘、张汤之间的对立与冲突，使汲黯的形象凸显出来。牛运震在《史记评注》中说："汲黯乃太史公最得意人，故特出色写之。当其时，势焰横赫如田蚡，阿谀固宠怀诈饰智如公孙弘、张汤等，皆太史公所深嫉痛恶而不忍见者，故于灌夫骂坐，汲黯面诋弘、汤之事，皆津津道之，如不容口，此太史公胸中垒块借此一发者也。"汲黯为人倨傲严正，担任过太子洗马、谒者、中大夫、东海太守、主爵都尉、右内史、淮阳太守等职，虽然官小位卑，但是敢于犯颜直谏，常面折廷争，数犯武帝之颜色，不畏权贵，不阿附皇亲国戚，也不卑躬屈膝，是公正廉洁的刚直之臣。在《汲郑列传》的记述中，汲黯两次出使忤逆圣意，四次触怒武帝，三次斥骂丞相公孙弘和御史大夫张汤，言辞尖锐无情，汉廷第一直臣的风采跃然纸上，使读者眼前仿佛闪现出一场又一场汲黯廷争面折和怒斥佞臣的生动画面，耳边仿佛响起他一次又一次发自肺腑的铿锵直言。其中，汲黯那些一针见血、极具个性的言语被大量实录，其言辞之犀利精粹，其感情之激切义愤，皆力透纸背，震撼人心，对展示主人公思想品格起到了至为重要的作用。

吴见思在《史记论文》中说："汲长孺在汉廷是第一流人物，其戆直犯颜处极好铺张，史公偏借武安侯，借庄助，借大将军，借张汤，借公孙弘，借淮南王，借司马安，反从他人身上形容出来，而汲长孺意思情性、气概节谊，无不全现。"司马迁此种写法，不仅是赞扬一两位能够犯颜直谏、敬贤下士的贤臣，而且是通过他们来揭露社会政治的黑暗，表达自己对一系列政治问题的观点，这必然涉及当时的许多贵戚重臣。同时，由于作者有意地把思想性格完全不同的人物放在一起做对比，形成了强烈的反差，也就更加激起了读者的共鸣。文章对武帝时代上流社会的世态炎凉，表现了极大的愤慨。

郑当时是汲黯的好友，在尊黄老、任侠和居官清廉等方面皆与汲黯一致，因而本篇将他连缀于汲黯之后。他历任右内史、詹事、大农令等职，在治理黄河、开凿漕渠、举贤理财等方面颇有政绩，同时他以爱贤、敬贤、荐贤的侠风闻名于世。文中着重表彰了他敬贤下士、竭诚进贤的美德，同时也指出他缺乏汲黯的刚直之气，有趋从迎合权势者的缺点。所以在此文中，汲黯的形象更为突出鲜明。牛运震亦言："汲、郑同学黄老之言，一则抗言直谏，秉正嫉恶，一则恢宏任侠，喜交游，奉宾客，皆太史公所嘉予乐道者也，故同为列传，而述之亹亹不置。"（《史记评注》）

◎ **思考辨析题**

1. 司马迁怎样表现汲黯"性倨"的特点？
2. 汲黯为政时的黄老思想体现在哪些方面？

儒林列传

第六十一

　　《儒林列传》是《史记》中的一篇类传，主要记述了公孙弘、申公、辕固生、伏生、董仲舒等人的事迹，这些儒家学者都对西汉的文化政策和政治形势产生了重要影响。与此同时，司马迁还简要介绍了孔甲、韩生、鲁徐生、胡毋生、瑕丘江生等人的事迹。通过对这些儒家学者的记述，司马迁向读者描绘出一幅西汉前期的儒林群像。

　　与其他篇章不同，司马迁将本篇的"太史公曰"设置在篇首，简略描述了西汉以前儒学发展的脉络和概况，上继《孔子世家》，下开《儒林列传》，起到了引导全文的作用。

　　秦始皇"焚书坑儒"的文化政策引起了儒生的强烈不满，以孔子嫡系第八世孙孔甲为首，这些儒家学者竟然纷纷投靠了农民起义军领袖陈胜。这并非因为孔甲等人认同和尊重陈胜的行为及观念，而仅仅是因为他们要以此来宣泄对秦王朝的不满。西汉初年，战乱频仍，朝廷无暇顾及文化建设。刘邦、吕后当权时期，虽然有一些跟随叔孙通制定礼仪的儒生进入朝廷做官，但朝中重臣多是为西汉开国立下过赫赫战功的武将。文帝时虽略微起用儒生，但是文帝本人对儒家学说并没有特别的热衷。景帝继位之后，窦太后崇尚黄老之学，再加上此时西汉的社会生活还处于休养生息的阶段，因此儒学依然没有得到充分发展。不过辕固生与黄生及窦太后的争论，已说明此时儒学的发展势不可挡，而且具有一定的现实基础，获得了景帝的一定支持。直到武帝继位，儒家学说才因切合社会生产发展的需要而获得极大发展，一举成为西汉的官方思想。

在儒家学说取得统治地位的过程中，第一位起到重大推动作用的儒生当属公孙弘。公孙弘精通《公羊传》，两次应武帝举贤诏来到长安，在太常寺担任博士。十年之内，公孙弘从待诏金马门的博士一路平步青云，官至丞相，封平津侯。公孙弘是西汉开国以来第一位以丞相封侯者，为西汉后来"以丞相褒侯"的制度开了先河。而他第二次来到长安应诏之时，已年届七十了。公孙弘之所以能以老迈之身受到武帝的重用，首先在于他自身的才学，其次也是因为他对于儒学的看法与武帝不谋而合。在公孙弘之后，另一位对西汉儒学发展起到重要作用的学者当属董仲舒。元光元年，武帝下诏征求治国方略，董仲舒在著名的《举贤良对策》一文中把儒家思想与当时的社会需要相结合，并吸收了阴阳五行等其他学派的理论，创建了一个以儒学为核心的新的思想体系，系统地提出了"天人感应""大一统"等学说，深得汉武帝的赞赏。其"罢黜百家，独尊儒术"的主张为汉武帝所采纳，直接促使儒学成为古代中国社会最为正统的思想，其影响长达两千多年。

儒林列传第六十一

司马迁在本篇传记中，以公孙弘和董仲舒为两个比较丰满生动的重点人物，串联起了儒学在西汉复兴的主要过程，辅以赵绾、王臧、申公、胡毋生、辕固生、韩生、伏生、徐生等人的生平或主要事迹，又简洁明了地勾勒出了儒家经典和儒家学说在此时期传播、研习的概况。《儒林列传》实际上可以看作是一篇简要的西汉前期儒学发展史。

太史公曰：余读功令①，至于广厉（砺）学官之路②，未尝不废书而叹也。曰：嗟乎！夫周室衰而《关雎》作，幽厉微而礼乐坏，诸侯恣行，政由强国。故孔子闵（悯）③王路废而邪道兴，于是论次④《诗》《书》，修起礼乐。适齐闻《韶》，三月⑤不知肉味。自卫返鲁，然后乐正，《雅》《颂》各得其所。世以混浊莫能用，是以仲尼干⑥七十余君无所遇，曰"苟有用我者，期月⑦而已矣"。西狩获麟⑧，曰"吾道穷矣。"故因史记作《春秋》⑨，以当王法，其辞微而指博，后世学者多录焉。

◎**注释** ①〔功令〕规定学生考试成绩的法规。②〔广厉学官之路〕厉，通"砺"，勉励。学官，太学里的教官。③〔闵〕同"悯"，哀伤。④〔论次〕论定编次。⑤〔三月〕好几个月。三，泛指多。⑥〔干〕拜见，游说。⑦〔期（jī）月〕一年。⑧〔西狩获麟〕鲁哀公十四年，鲁人在国都的西郊捕获一只麒麟，孔子听说之后叹道："吾道穷矣。"因为麒麟是太平盛世的象征，鲁哀公十四年却是乱世，麒麟的出现是反常现象。⑨〔因史记作《春秋》〕因，凭借。史记，此处指历史资料。

◎**大意** 太史公说：我阅读朝廷考选学官的法规，读到广开勉励学官、兴办教育之路时，未尝不放下书感慨：唉！周朝衰弱的时候，讽刺时政的诗歌《关雎》便出现了，周幽王、周厉王时王室衰微而礼崩乐坏，诸侯各行其是，政令取决于强国。孔子哀伤王道废弃而邪道兴起，于是修订《诗经》《尚书》，整理礼乐。他到达齐国时听到了舜时的《韶》乐，高兴得好几个月尝不出肉味。从卫国返回鲁国后，音乐得到了改良，《雅》《颂》之诗得到了合理的安排。由于当时世道混乱污浊而没有人起用他，所以仲尼游说了七十多位国君却得不到信任和重用，他感慨地说"如果有人使用我的话，只需一年时间就可以把国家治理好"。鲁国有人在西郊捕获了一只麒麟，孔子听说后哀叹"我的理想实现不了了"。所以他便依据鲁史资料撰写了《春秋》，把它当作君王的法典，其文辞精微而意旨博大，后世学者常常传抄学习它。

自孔子卒后，七十子①之徒散游诸侯，大者为师傅卿相，小者友教士大夫，或隐而不见。故子路居卫，子张居陈，澹台子羽居楚，子夏居西河，子贡终于齐。如田子方、段干木、吴起、禽滑釐之属②，皆受业于子夏之伦，为王者师。是时独魏文侯好学。后陵迟③以至于始皇。天下并争于战国，儒术既绌焉，然齐鲁之间，学者独不废也。于威、宣④之际，孟子、荀卿之列，咸遵夫子之业而润色之，以学显于当世。

◎**注释** ①〔七十子〕指孔子的学生中最为优秀者，据《仲尼弟子列传》所载，共七十七人，此处取整数。②〔之属〕与"之伦"同意，即"这些人"。③〔陵迟〕衰败，败坏。④〔威、宣〕齐威王、齐宣王。

◎**大意** 自孔子去世后，他的弟子中最优秀的七十余位四散到各诸侯国游说，成就大的做了诸侯的师傅或卿相，成就小的结交并教导了士大夫，有些则隐居不仕。所以子路在卫国，子张在陈国，澹台子羽在楚国，子夏在西河，子贡终老于齐国。像田子方、段干木、吴起、禽滑釐这些人，都曾受业于子夏之辈，而成为王者之师。当时唯独魏文侯好学。后来儒学衰弱一直持续到秦始皇之时。战国时期天下纷争，儒学受到排斥，然而在齐、鲁之间，学习儒学的人却偏偏没有断绝。在齐威王、齐宣王时期，孟子、荀子等人，都继承孔子的事业而加以发扬光大，凭自己的学识著称于当时。

及至秦之季世①，焚《诗》《书》，坑术士，六艺从此缺焉。陈涉之王也，而鲁诸儒持孔氏之礼器②往归陈王。于是孔甲③为陈涉博士，卒与涉俱死。陈涉起匹夫，驱瓦合④適（谪）戍，旬月以王楚，不满半岁竟灭亡，其事至微浅，然而缙绅先生之徒负孔子礼器往委质为臣者，何也？以秦焚其业，积怨而发愤⑤于陈王也。

◎**注释** ①〔季世〕末世。②〔礼器〕祭祀宗庙用的器具。③〔孔甲〕孔子的第八世孙，名鲋（fù），字甲。④〔瓦合〕即乌合之众。⑤〔发愤〕发泄愤懑。

◎**大意** 到了秦朝末年，秦始皇焚烧《诗》《书》，坑杀儒生，"六经"从此开始残缺。陈涉起义称王后，鲁地的儒生携带孔子家传的祭祀之器投奔陈王。孔子的八世孙孔甲做了陈涉的博士，最后和陈涉一同死去。陈涉由一个普通人起义反秦，组织了一群发配戍边的乌合之众，一月之内就在楚地称王，不满半年却灭亡了。他的事业十分渺小，但是那些有身份的缙绅先生背负孔子的礼器向他称臣，这是为什么呢？是因为秦王朝焚毁了他们的学业，在心里结下了深仇，想通过投奔陈王来发泄他们的怨恨。

及高皇帝诛项籍，举兵围鲁①，鲁中诸儒尚讲诵习礼乐，弦歌之音不绝，岂非圣人之遗化，好礼乐之国哉？故孔子在陈，曰"归与归与！吾党之小子狂简，斐然成章，不知所以裁之"②。夫齐鲁之闲（娴）于文学③，自古以来，其天性也。故汉兴，然后诸儒始得修其经艺，讲习大射乡饮之礼④。叔孙通作汉礼仪，因为太常⑤，诸生弟子共定者，咸为选首⑥，于是喟然叹兴于学。然尚有干戈，平定四海，亦未暇遑庠序之事⑦也。孝惠、吕后时，公卿皆武力有功之臣⑧。孝文时颇征用，然孝文帝本好刑名之言⑨。及至孝景，不任儒者，而窦太后又好黄老之术，故诸博士具官待问，未有进者。

◎**注释** ①〔围鲁〕楚怀王初封项羽为鲁王。因此刘邦围攻的是鲁国的国都曲阜。②〔"归与归与"四句〕见《论语·公冶长》。狂简,志大才疏。斐然,有文采的样子。裁,剪裁,引申为教育,引导。③〔闲于文学〕闲,通"娴"。文学,典章文献之学。④〔大射乡饮之礼〕大射,为祭祀择士而举行的射礼。乡饮,指乡饮酒礼,是古代嘉礼之一。⑤〔太常〕九卿之一,主管宗庙礼仪。博士便隶属于太常。⑥〔选首〕首先被选拔为官。⑦〔庠序之事〕即教育事业。⑧〔武力有功之臣〕指出身行伍、立有战功的大臣。⑨〔刑名之言〕战国时以申不害为代表的学派,主张循名责实,慎赏明罚。

◎**大意** 高祖诛灭项羽后,率兵围攻鲁国国都曲阜,当时鲁地的儒生还在讲诵经书、演习礼乐,弦歌之音不绝于耳,这难道不是具有圣人遗风、喜爱礼乐的地方吗?所以孔子在陈国时,曾说"回去吧!回去吧!我们家乡的青年人志向高远,文采斐然可观,我不知该怎样引导他们"。齐、鲁之地的人们熟习文化典籍,自古如此,这是他们的天性。所以汉朝建立后,儒生开始能够从齐鲁大儒那里学习儒家经典,讲练大射和乡饮的礼仪。叔孙通制定了汉代的官方礼仪,因此被任为太常官,儒生弟子中和他一起制定礼仪的,都成了朝廷优先录用的对象,于是人们对因研究儒学而发迹的事感慨起来。但是,当时尚有战争,需要平定四海,因此无暇考虑建立学校、开展教育事业的事情。到惠帝、吕后的时候,公卿都是出身行伍的重臣。文帝时稍微启用了儒生为官,但是文帝本来喜欢的是刑名之学。到了景帝的时候,干脆不用儒生,而窦太后则喜欢黄老的学说,因此众博士只能以备顾问,没有得到提升的。

及今上即位,赵绾、王臧之属明儒学①,而上亦乡(向)之,于是招方正贤良文学之士。自是之后,言《诗》于鲁则申培公,于齐则辕固生,于燕则韩太傅。言《尚书》自济南伏生。言《礼》自鲁高堂生。言《易》自菑川田生。言《春秋》于齐鲁自胡毋生,于赵自董仲舒。及窦太后崩,武安侯田蚡②为丞相,绌(黜)黄老、刑名百家之言,延文学儒者数百人,而公孙弘以《春秋》白衣为天子三公,封以平津侯。天下之学士靡然乡（向）风③矣。

◎**注释** ①〔赵绾、王臧之属明儒学〕御史大夫赵绾、郎中令王臧等人主张尊儒。②〔田蚡〕汉景帝王皇后的同母弟，封武安侯，崇尚儒学。③〔靡然乡风〕望风响应，闻风而动。

◎**大意** 武帝即位之后，赵绾、王臧等人精通儒学，而武帝也倾向儒学，于是下诏征召方正贤良通晓经学的儒生。从此以后，讲授《诗》的在鲁地有申培公，在齐地有辕固生，在燕地有韩太傅。讲授《尚书》的始于济南的伏生。讲授《易》的始于菑川的田生。讲授《春秋》的在齐鲁之地始于胡毋生，在赵地始于董仲舒。窦太后去世后，武安侯田蚡做了丞相，他贬斥黄老、刑名百家学说，招请治经学的数百儒生入朝，而公孙弘因治《春秋》由平民一举进入三公之列，封为平津侯。于是天下的学士无不闻风而动倾心于儒学。

公孙弘为学官，悼道之郁滞①，乃请曰："丞相御史言②：制曰'盖闻导民以礼，风之以乐。婚姻者，居室之大伦③也。今礼废乐崩，朕甚愍（悯）焉。故详延天下方正博闻之士，咸登诸朝。其令礼官劝学，讲议洽闻，兴礼，以为天下先。太常议，与博士弟子，崇乡里之化，以广贤材焉'。谨与太常臧、博士平等议曰：闻三代之道，乡里有教，夏曰校，殷曰序，周曰庠。其劝善也，显之朝廷；其惩恶也，加之刑罚。故教化之行也，建首善自京师始，由内及外。今陛下昭至德，开大明，配天地，本人伦，劝学修礼，崇化厉贤，以风四方，太平之原也。古者政教未洽，不备其礼，请因旧官而兴焉。为博士官置弟子五十人，复其身④。太常择民年十八已（以）上仪状端正者，补博士弟子。郡国县道邑⑤有好文学，敬长上，肃政教，顺乡里，出入不悖所闻⑥者，令相长丞上属所二千石，二千石谨察可者，当与计偕，诣太常，得受业如弟子。一岁皆辄试⑦，能通一艺⑧以上，补文学掌故缺；其高弟⑨可以为郎中者，太常籍奏⑩。即有秀才异等，辄以名闻⑪。其不事学若下材及不能通一艺，辄罢之，而请诸不称者罚⑫。臣谨按诏书律令下者，明天人分际，通古今之义，文章尔雅，训辞深厚，恩施甚美。小吏浅闻，不能究宣⑬，无以明布谕下。治礼次治掌故，以文学礼义为官，迁留滞。请选择其秩比二百石以上，及吏百石通一艺以上，补左右内史、大行卒史；比百石已（以）下，补郡太守卒史：皆各二人，边郡一人。先用诵多者，若不足，乃择掌故补中二千石属，文学掌故补郡属，备员⑭。请著功令，佗（他）如律令。"制曰："可。"自此以来，则公卿大夫士吏斌斌⑮多文学之士矣。

◎**注释** ①〔悼道之郁滞〕悼，痛惜。郁滞，不能发扬光大。②〔丞相御史言〕指丞相和御史联名上奏。③〔大伦〕最基本的伦理。④〔复其身〕免除赋税和徭役。⑤〔郡国县道邑〕均为西汉的行政单位。西汉的地方区划分郡、县两级。国即诸侯国，与郡平级；道指有少数民族的县，与县平级，邑指封君公主的领地，与县平级。⑥〔出入不悖所闻〕指言行不违背所学。⑦〔皆辄试〕都要参加考试。⑧〔一艺〕一种经书。⑨〔高弟〕成绩好，名次高。⑩〔籍奏〕列成花名册上奏。⑪〔辄以名闻〕指单独列名上奏。⑫〔请诸不称者罚〕博士弟子不成才，则负责举荐和复核的官员要受罚。⑬〔究宣〕原原本本地宣讲。⑭〔备员〕配备足员。⑮〔斌斌〕文采和朴实兼备。

◎**大意** 公孙弘做博士官时，为儒学得不到弘扬而感到忧伤，于是上书请求说："丞相、御史大夫向陛下进言：陛下曾下诏说'听说治理国家要用礼引导人民，用乐进行教化。婚姻体现出来的关系，是家庭关系中最基本的伦理。现在礼崩乐坏，我深感忧虑。所以遍请天下方正博学的人才，都来朝为官。令礼官提倡儒学，讲诵议论，广博见闻，振兴礼仪，以作为天下人的榜样。又使太常议决，给博士配置弟子，推广乡里的教化，以为国家增加贤才'。据此臣谨与太常孔臧、博士平等商议后认为：听说夏、商、周三代的制度，乡里设有教化的组织，夏代叫作校，殷代叫作序，周代叫作庠。其作用在于劝善，使善人进身于朝廷；同时惩治作恶者，对他们要施加刑罚。所以教化的推行，首先要从京城带好头，再向地方推行。如今陛下显示了最高的德行，发出巨大的光明，顺天地之理，以人伦为本，劝学修礼，崇教尚贤，以教化四方，这是太平之治的根本。古代的政治教化尚有不协调的地方，礼仪还不够完备，因此我们请求在原有官职的基础上进行加强。为博士官配置弟子五十人，免除他们的赋税徭役。让太常从百姓中选择十八岁以上仪表端正的人补充博士弟子。郡、国、县、道、邑中有爱好经学、尊敬长上、遵守政教、团结乡邻、言行不违背所学的人，令侯相、县长、县丞向所属郡太守推荐，郡太守慎重考察后认为合格的人选，即让他们与郡国中负责报告政情的官吏一同赴京师在太常那里报到，使他们得到和博士弟子一样的教育。学完一年后都安排接受考试，能够精通一种经书以上的人，可以补文学掌故的官缺；其中成绩突出可以担任郎中者，由太常造册上报。如果有特别优秀的人才，则可以直接把名字上报。若是有不认真学习或者才能低下以及不能精通一种经书的，就要开除他的学籍，同时要惩罚那些不称职的推荐审查者。臣谨认真地研究了诏书律令下达的目的，当在于明确天道和人事的关系，通晓古今变化的道理。其行文雅正，训辞深刻，恩泽无量。只是下级官吏见识浅薄，不能完全领略并原原本本地宣扬，无法使其大义流布天下。现在首先要加强礼制，其次要加强文化典籍的研究。要根据对经学礼义的修养提拔官员，使积压的人才得到选用。请选择那些俸禄二百石以上的官员，以及俸禄为百石并通晓一种以上经书的小吏，补充左右内史及大行令的办事吏员；选择俸禄百石以下的人，补充郡太守的吏员；各郡定员为二人，边郡为一人。优先选用背诵经书多的，如果人数不够，就选用掌故补充中二千石的属吏，将人员配足。请把这些写进考选官员的法令中去。其他方面仍按原法令执行。"武帝批示说："准奏。"从此以后，公卿大夫士吏中德才兼备的经学儒生便多起来了。

申公者，鲁人也。高祖过鲁，申公以弟子从师入见高祖于鲁南宫①。

吕太后时，申公游学长安，与刘郢同师。已而郢为楚王，令申公傅其太子戊。戊不好学，疾申公。及王郢卒，戊立为楚王，胥靡②申公。申公耻之，归鲁，退居家教，终身不出门，复谢绝宾客，独王③命召之乃往。弟子自远方至受业者百余人。申公独以《诗经》为训④以教，无传⑤，疑者则阙不传。

◎**注释** ①〔鲁南宫〕即鲁城内之泮宫。泮宫即学馆。②〔胥靡〕在绳索的束缚下劳动，指做苦工的刑徒。③〔王〕指鲁恭王刘余，景帝子。④〔训〕训诂，解释字意、词意。⑤〔传〕阐释经典的文字。

◎**大意** 申公，是鲁国人。高祖经过鲁国时，申公以学生的身份跟随他老师到鲁国南宫去拜见过高祖。吕太后时，申公到长安游学，和刘郢同在一个老师门下学习。完成学业后刘郢被封为楚王，便让申公做他的太子刘戊的老师。刘戊不喜欢学习，厌恶申公。楚王刘郢死后，刘戊被立为楚王，便用绳索拴住申公让他服劳役。申公感到耻辱，设法回到鲁国，隐居在家中教书，终身不出家门，又谢绝所有的宾客，只有鲁恭王召他时才前去。从远方前来请他授业的弟子有一百多人。申公只向学生讲授《诗》的字意、词意，而没有对经义进行阐述，遇到疑难的地方，则存疑而不强作解释。

兰陵王臧既受《诗》，以事孝景帝为太子少傅，免去。今上初即位，臧乃上书宿卫上，累迁，一岁中为郎中令。及代赵绾亦尝受《诗》申公，绾为御史大夫。绾、臧请天子，欲立明堂以朝诸侯，不能就其事，乃言师申公。于是天子使使束帛加璧安车①驷马迎申公，弟子二人乘轺传②从。至，见天子。天子问治乱之事，申公时已八十余，老，对曰："为治者不在多言，顾力行何如耳。"是时天子方好文词，见申公对，默然。然已招致，则以为太中大夫，舍鲁邸③，议明堂事。太皇窦太后好老子言，不说儒术，得赵绾、王臧之过以让④上，上因废明堂事，尽下⑤赵绾、王臧吏，后皆自杀。申公亦疾免以归，数年卒。

◎**注释** ①〔安车〕以软物包裹车轮的车，是朝廷礼遇退休的高官或征召硕学大儒时使用的车，一般人不得使用。②〔轺传（yáo zhuàn）〕轻便的马车。③〔鲁邸〕鲁国在长安设置的馆舍。④〔让〕责备。⑤〔下〕下狱。

◎**大意** 兰陵人王臧跟申公学完《诗经》后，去做了景帝的太子少傅，后被免职。武帝刚即位，王臧便上书请求入宫值勤保卫武帝，之后多次升迁，一年之内便做了郎中令。代国人赵绾也曾向申公学习《诗经》，结果做了御史大夫。赵绾、王臧向武帝请求，想修建明堂，让诸侯来朝会，但没有成功。随后便向武帝推荐他们的老师申公。于是武帝派使臣带上束帛玉璧，驾上驷马安车去迎接申公，赵绾、王臧弟子二人则坐上轻便的小车随行。申公来到后，拜见了武帝。武帝向申公询问治理国家的大事，申公当时已八十多岁，老了，回答说："治理国家的人不在多说话，只看力行实践如何罢了。"当时武帝正喜欢优美的辞令，见到申公如此回答，便十分扫兴。但已经将他招来了，就让他做了个太中大夫，住在鲁国在长安置办的馆舍中，商议修建明堂的事宜。当时窦太后喜欢老子的学说，讨厌儒术，她找到赵绾、王臧的过失以责备武帝，武帝因此停止了修建明堂的事，将赵绾、王臧下狱，后二人皆自杀。申公也因病被免官而回。几年之后去世。

弟子为博士者十余人：孔安国至临淮太守，周霸至胶西内史，夏宽至城阳内史，砀鲁赐至东海太守，兰陵缪生至长沙内史，徐偃为胶西中尉，邹人阙门庆忌为胶东内史。其治官民皆有廉节，称其好学。学官弟子行虽不备①，而至于大夫、郎中、掌故以百数。言《诗》虽殊，多本于申公。

◎**注释** ①〔不备〕不完美。

◎**大意** 申公的弟子中当博士的有十多人：孔安国官至临淮太守，周霸官至胶西内史，夏宽官至城阳内史，砀人鲁赐官至东海太守，兰陵人缪生官至长沙内史，徐偃官至胶西中尉，邹人阙门庆忌官至胶东内史。他们治理官民都有清廉的美名，人们称赞他们好学。其余的学官弟子品行虽不尽完美，但官至大夫、郎中、掌故者数以百计。他们对《诗经》的解释虽各有不同，但大多本于申公。

清河王太傅辕固生者，齐人也。以治《诗》，孝景时为博士。与黄生争论景帝前。黄生曰："汤武非受命①，乃弑也。"辕固生曰："不然。夫桀纣虐乱，天下之心皆归汤武，汤武与天下之心而诛桀纣，桀纣之民不为之使而归汤武，汤武不得已而立，非受命为何？"黄生曰："冠虽敝，必加于首；履虽新，必关于足②。何者，上下之分也。今桀纣虽失道，然君上也；汤武虽圣，臣下也。夫主有失行，臣下不能正言匡过以尊天子，反因过而诛之，代立践南面③，非弑而何也？"辕固生曰："必若所云，是高帝代秦即天子之位，非邪？"于是景帝曰："食肉不食马肝，不为不知味④；言学者无言汤武受命，不为愚。"遂罢。是后学者莫敢明受命放杀（弑）⑤者。

◎**注释** ①〔受命〕接受天命。②〔关于足〕穿在脚上。③〔践南面〕指登基称帝。④〔食肉不食马肝，不为不知味〕吃肉不吃马肝，不能说是没吃过肉。盖因马肝有毒，不能食用。⑤〔放杀（shì）〕放逐并诛杀君主。

◎**大意** 清河王刘乘的太傅辕固生，是齐国人。由于研究《诗经》，景帝时被拜为博士。曾与黄生在景帝面前争论。黄生说："商汤、周武王并不是秉承天命，而是弑君。"辕固生说："不对。夏桀、商纣暴虐，天下民心都归向商汤、周武王，商汤、周武王在不得已的情况下才登基称帝，这不是秉承天命是什么呢？"黄生说："帽子即使破烂也必须戴在头上，鞋子即使很新也必须穿在脚上。为什么呢？这是上下的分别。夏桀、商纣即使无道，也是君上；商汤、周武王即使圣贤，也是臣下。主上有了过失，臣下不能直言劝谏匡正过失以维护天子的尊严，反而乘其有过失而诛灭之，取代他南面称王，这不是弑君是什么呢？"辕固生说："如果一定按照你说的，则高皇帝代秦取得天子之位，也是不正确的吗？"这时景帝说道："吃肉不吃马肝，不算不知道美味；谈论学问不言商汤、周武是否承受天命，不算愚蠢。"于是结束了争论。此后学者没有人再敢谈论秉承天命与弑君夺位的问题。

窦太后好《老子》书，召辕固生问《老子》书。固曰："此是家人言①耳。"太后怒曰："安得司空城旦书②乎？"乃使固入圈刺豕。景帝知太后怒而固直言无罪，乃假固利兵③，下圈刺豕，正中其心，一刺，豕应手而倒。太后默然，无以复罪，罢之。居顷之，景帝以固为廉直，拜为清河王太傅。久之，病免。

◎**注释** ①〔家人言〕即家常言论，不值一提。②〔司空城旦书〕犯人刑徒之书，此处窦太后是指儒家学说。③〔假固利兵〕假，提供。利兵，锐利的兵器。

◎**大意** 窦太后喜欢《老子》一书，召辕固生来询问《老子》一书的情况。辕固生回答说："这不过是家常言论罢了。"太后大怒道："它哪里赶不上监狱囚徒之书！"遂命辕固生跳入兽栏刺杀野猪。景帝知道太后动怒了而辕固生直言并无罪过，于是赐给辕固生一把快刀，辕固生入栏刺猪，正好刺中猪心，只一刺，野猪便随手而倒。太后默然无语，没有理由再给他加罪，只好作罢。过了不久，景帝认为辕固生廉洁正直，拜他为清河王刘乘的太傅。过了很久，辕固生因病免官。

今上初即位，复以贤良征固。诸谀儒①多疾毁固，曰固老，罢归之。时固已九十余矣。固之征也，薛人公孙弘亦征，侧目而视固。固曰："公孙子，务正学以言，无曲学以阿世②！"自是之后，齐言

《诗》皆本辕固生也。诸齐人以《诗》显贵，皆固之弟子也。

◎**注释** ①〔谀儒〕利用儒术谄媚取宠的儒生。②〔曲学以阿世〕曲解学术迎合世俗权贵。

◎**大意** 武帝即位之初，又因辕固生品德贤良方正而召入朝。那些喜欢阿谀的儒生多嫉妒诋毁辕固生，说辕固生老了，于是他又被免官回家。这时辕固生已九十多岁了。辕固生被征召的时候，薛邑人公孙弘也同时被召，他不敢正视辕固生。辕固生对他说："公孙先生，应努力端正学风以论事，不要歪曲学问去迎合世俗！"从此以后，齐人讲论《诗经》都以辕固生的见解为本。许多齐人因学《诗经》而显贵，他们都是辕固生的弟子。

韩生者，燕人也。孝文帝时为博士，景帝时为常山王太傅。韩生推①《诗》之意而为《内》《外传》②数万言，其语颇与齐鲁间殊，然其归一也。淮南贲生受之。自是之后，而燕赵间言《诗》者由韩生。韩生孙商为今上博士。

◎**注释** ①〔推〕研究。②〔《内》《外传》〕即《韩诗内传》和《韩诗外传》，今仅存《韩诗外传》。

◎**大意** 韩生，是燕国人，文帝时成为博士，景帝时做常山王刘舜的太傅。韩生研究《诗经》之意撰写了《韩诗内传》和《韩诗外传》数万言，内容与齐、鲁两地讲《诗经》的文字颇有不同，但是它们总的旨意是一致的。淮南贲生继承了韩生的学说。从此以后，燕、赵一带解释《诗经》的人都出自韩生门下。韩生之孙韩商是武帝的博士。

伏生者，济南人也。故为秦博士。孝文帝时，欲求能治《尚书》者，天下无有，乃闻伏生能治，欲召之。是时伏生年九十余，老，不能行，于是乃诏太常使掌故朝错①往受之。秦时焚书，伏生壁藏之②。其后兵大起，流亡③，汉定，伏生求其书，亡数十篇，独得二十九篇，即以教于齐鲁之间。学者由是颇能言《尚书》，诸山东大师无不涉《尚书》以教矣。

◎**注释** ①〔朝错〕即晁错。②〔壁藏之〕藏在墙壁中。③〔流亡〕指书籍流散。
◎**大意** 伏生，是济南郡人，原先做过秦朝的博士。孝文帝时，想寻找能够解释《尚书》的人，全国都找不到，后来听说伏生能够讲授《尚书》，便打算召他入朝。当时伏生已九十多岁，老了，不能行走，于是命太常掌故晁错前去向他学习《尚书》。秦始皇时焚书，伏生把《尚书》藏在墙壁内。其后战乱大起，书籍流散，汉朝平定天下后，伏生寻找他所藏的书，丢失了数十篇，只得到二十九篇，于是他就用这些残卷在齐、鲁之间讲授。学者从此大都能解释《尚书》，崤山以东的著名学者无不涉猎《尚书》以教授弟子。

伏生教济南张生及欧阳生，欧阳生教千乘兒宽。兒宽既通《尚书》，以文学应郡举，诣博士受业，受业孔安国。兒宽贫无资用，常为弟子都养①，及时时间行佣赁②，以给衣食。行常带经，止息则诵习之。以试第次，补廷尉史。是时张汤方乡（向）学，以为奏谳掾③，以古法议决疑大狱，而爱幸宽。宽为人温良，有廉智，自持，而善著书、书奏，敏于文，口不能发明也。汤以为长者，数称誉之。及汤为御史大夫，以兒宽为掾，荐之天子。天子见问，说（悦）之。张汤死后六年，兒宽位至御史大夫。九年而以官卒。宽在三公位，以和良承意从容得久④，然无有所匡谏；于官，官属易⑤之，不为尽力。张生亦为博士。而伏生孙以治《尚书》征，不能明也。

◎**注释** ①〔都养〕给博士子弟做饭。②〔间行佣赁〕抽空出卖劳力。③〔奏谳（yàn）掾〕撰写刑狱文书的书办。谳，审判定罪。④〔以和良承意从容得久〕由于性情谦和驯良，能顺从皇上之意，善于调解纠纷，而官运亨通。⑤〔易〕轻慢。

◎**大意** 伏生传授济南张生及欧阳生，欧阳生传授千乘人兒（ní）宽。兒宽精通《尚书》后，凭所学经书得到郡中的推举，到博士官门下学习，师从孔安国。兒宽家贫无钱，常为博士弟子做饭，并利用课余时间打工，以解决衣食困难。他外出时常带着经书，休息时就开始诵读学习。根据考试的名次，他被补充做了廷尉史。当时张汤正倡导儒学，便让兒宽做了自己的办案文书。兒宽根据古法判决疑难大案，甚得张汤的宠爱。兒宽为人温和善良，廉洁聪明，稳重自持，又擅长著书。书写奏章，文思敏捷，但是口拙不善于辞令。张汤认为兒宽是个君子，多次称赞他。张汤升为御史大夫后，让兒宽做了自己的掾史，并向武帝做了推荐。武帝召见兒宽进行询问后，很喜欢他。张汤死后六年，兒宽被升为御史大夫。在职九年后于任上去世。兒宽身居三公之位，因谦和温良顺从旨意而长久在职，但对武帝的过失没有匡正谏诤；居官期间，属下轻慢他，不愿为他尽力。张生也当了博士。伏生的孙子因研究《尚书》曾被征召，但他不能阐明《尚书》的经义。

自此之后，鲁周霸、孔安国，雒阳贾嘉，颇能言①《尚书》事。孔氏有古文《尚书》，而安国以今文读之，因以起其家。逸《书》得十余篇，盖《尚书》滋②多于是矣。

◎**注释** ①〔言〕讲解。②〔滋〕增益。

◎**大意** 从此以后，鲁人周霸、孔安国，雒阳人贾嘉，都很会讲解《尚书》。孔家藏有古文《尚书》，而孔安国能用今文讲读它，因而自成一家。孔安国还得到了十多篇失传的《尚书》，大约从此《尚书》的篇目又增多了。

诸学者多言《礼》，而鲁高堂生最本①。《礼》固自孔子时而其经不具②，及至秦焚书，书散亡益多，于今独有《士礼》，高堂生能言之。

◎**注释** ①〔本〕权威。②〔具〕完备。
◎**大意** 许多学者都解说《礼经》，而鲁国人高堂生的解释最具权威性。《礼经》本自孔子时就不够完整，到秦始皇焚书后，此书散失的部分更多了，如今仅存《士礼》，高堂生能够解释它。

而鲁徐生善为容①。孝文帝时，徐生以容为礼官大夫。传子至孙徐延、徐襄。襄，其天姿善为容，不能通《礼经》；延颇能，未善也。襄以容为汉礼官大夫，至广陵内史。延及徐氏弟子公户满意、桓生、单次，皆尝为汉礼官大夫。而瑕丘萧奋以《礼》为淮阳太守。是后能言《礼》为容者，由徐氏焉。

◎**注释** ①〔容〕礼仪的表现形式和动作形态。
◎**大意** 鲁国的徐生善于演习礼仪。文帝时，徐生靠此当上了礼官大夫。他将礼仪传授给儿子及孙子徐延、徐襄。徐襄天性擅长演习礼仪，但是不懂《礼经》；徐延稍懂《礼经》，但不精通。徐襄因善于演习礼仪当上了汉朝的礼官大夫，官升到广陵内史。徐延及徐门弟子公户满意、桓生、单次，都曾当过汉朝的礼官大夫。瑕丘人萧奋因研究《礼经》被任命为淮阳太守。此后能够解释《礼经》演习礼仪的人，都出自徐氏门下。

自鲁商瞿受《易》孔子，孔子卒，商瞿传《易》，六世①至齐人田何，字子庄，而汉兴。田何传东武人王同子仲，子仲传菑川人杨何。何以《易》，元光元年征，官至中大夫。齐人即墨成以《易》至城阳相。广川人孟但以《易》为太子门大夫。鲁人周霸，莒人衡胡，临菑人主父偃，皆以《易》至二千石。然要言《易》者本于杨何之家。

◎**注释** ①〔六世〕授受了六代。

◎**大意** 鲁国的商瞿师从孔子学习《易经》，孔子死后，商瞿教授《易经》，经六世传至齐国人田何，田何字子庄，而后汉朝建立。田何传授给东武人王同，王同字子仲，子仲传授给菑川人杨何。杨何由于懂《易经》，于武帝元光元年被征召，官至中大夫。齐国人即墨成因懂《易经》官至城阳国相。广川人孟但因懂《易经》被任为太子门大夫。鲁国人周霸、莒人衡胡、临菑人主父偃都因懂得《易经》而官至二千石。但是对于《易经》的精确讲解都源于杨何这一家。

董仲舒，广川人也。以治《春秋》，孝景时为博士。下帷讲诵①，弟子传以久次相受业，或莫见其面。盖三年董仲舒不观于舍园，其精如此。进退容止，非礼不行，学士皆师尊之。今上即位，为江都相。以《春秋》灾异之变推阴阳所以错行②，故求雨闭诸阳，纵诸阴，其止雨反是。行之一国，未尝不得所欲③。中废为中大夫，居舍，著《灾异之记》。是时辽东高庙灾，主父偃疾④之，取其书奏之天子。天子召诸生示其书，有刺讥⑤。董仲舒弟子吕步舒不知其师书，以为下愚。于是下董仲舒吏，当死，诏赦之。于是董仲舒竟不敢复言灾异。

◎**注释** ①〔下帷讲诵〕放下帷幕讲课。②〔错行〕交错运行。③〔得所欲〕达到预期效果。④〔疾〕嫉恨。⑤〔刺讥〕指责讽刺朝廷的内容。

◎**大意** 董仲舒，是广川郡人。因研究《春秋》，景帝时被拜为博士。他放下帷幕讲课，让弟子根据学习时间的长短依次相传授，有的弟子甚至没有见过董仲舒的面。董仲舒曾连续三年不去后园游玩，他治学精勤到了这种程度。他的言谈举止，不合乎礼的就不做，学生们都效法并尊敬他。武帝即位后，他被任为江都国相。他根据《春秋》记载的自然灾害及特异现象的变化来推求阴阳之道交替进行的规律，所以求雨时关闭各种阳气，放出各种阴气，停止下雨的方法则与此相反。在江都国中推行这种方法，无不得到预想的结果。后来他被降职做了中大夫，待在家中时，撰写了《灾异之记》一书。当时辽东高帝庙发生了火灾，主父偃因嫉妒他，将他的书偷偷拿来上奏给武帝。武帝召集众儒生，出示这本书给他们看，发现书中有讽刺朝廷的话。董仲舒的弟子吕步舒不知道这是自己老师的书，认为该书的作者很愚蠢。于是武帝把董仲舒交给法官审判，结果定为死罪，武帝降诏赦免了他。从此董仲舒再也不敢谈论灾异的事情了。

董仲舒为人廉直。是时方外攘四夷，公孙弘治《春秋》不如董仲舒，而弘希世用事①，位至公卿。董仲舒以弘为从谀②。弘疾之，乃言上曰："独董仲舒可使相胶西王。"胶西王素闻董仲舒有行，亦善待之。董仲舒恐久获罪，疾免居家。至卒，终不治产业，以修学著书为事。故汉兴至于五世之间，唯董仲舒名为明于《春秋》，其传《公羊氏》③也。

◎注释　①〔希世用事〕行事迎合世俗。②〔从谀〕阿谀奉承的小人。③〔《公羊氏》〕即《春秋公羊传》，与《穀梁传》《左传》合称"《春秋》三传"。
◎大意　董仲舒为人廉洁正直。当时汉朝正在排除周围少数民族的侵扰，公孙弘研究《春秋》的成就不如董仲舒，但是他善于迎合世俗，位至公卿。董仲舒认为公孙弘为人逢迎阿谀。公孙弘嫉恨他，便对皇上进言说："只有董仲舒可以派去做胶西王的国相。"胶西王向来听说董仲舒有德行，也善待他。董仲舒担心长期这样下去会灾祸临头，遂托病辞官回家。直到去世，他始终没有购置田产，只是一心以著书做学问为业。所以自汉朝建立以来历经五世，唯有董仲舒研究《春秋》最负盛名，他讲解传授的是公羊一家。

胡毋生，齐人也。孝景时为博士，以老归教授。齐之言《春秋》者多受胡毋生，公孙弘亦颇受焉。瑕丘江生为穀梁《春秋》。自公孙弘得用，尝集比①其义，卒用董仲舒。

◎注释　①〔集比〕收集比较。
◎大意　胡毋生，是齐人。景帝时拜为博士，后因年老回家教授学生。齐地研究

《春秋》的人多受业于胡毋生，公孙弘也向他学习过很多知识。瑕丘人江生研究穀梁氏的《春秋传》。自公孙弘受到朝廷的重用后，他曾收集有关《春秋》的解释比较其不同，最后采纳的是董仲舒的说法。

仲舒弟子遂者①：兰陵褚大，广川殷忠，温吕步舒。褚大至梁相。步舒至长史，持节使决淮南狱，于诸侯擅专断②，不报，以《春秋》之义正之，天子皆以为是。弟子通者③，至于命大夫；为郎、谒者、掌故者以百数。而董仲舒子及孙皆以学至大官。

◎**注释** ①〔遂者〕有成就的人。②〔擅专断〕敢于自行决断。③〔通者〕仕途通达的人。

◎**大意** 董仲舒的弟子中有成就的人有：兰陵人褚大、广川人殷忠、温人吕步舒。褚大官至梁王国相。吕步舒官至长史，曾持符节出使淮南国判决淮南王谋反一案，对诸侯王的处理敢于自行决断，而不请示，按照《春秋》的大义去衡量，武帝认为处理得都很对。董仲舒弟子中仕途亨通的，官位到了大夫；做谒者、掌故的有百余人。董仲舒的儿子和孙子也都因研究儒学而做了大官。

◎**释疑解惑**

放置于篇首的"太史公曰"是本文的一大亮点。

司马迁少见地将自己的论述放在篇首，这直接说明了它的重要性。从内容来看，它是一篇优秀的儒学史论。司马迁以自己深沉的感慨发端，自然而然地引出了下文对西汉以前的几百年间儒学兴衰历程的回顾。他简明扼要地讲述自孔子以来儒学所走过的坎坷道路，是为了着重表现儒学虽历经劫难，但在其诞生的齐、鲁一带始终具有深入人心的影响力，齐、鲁之士人对其代代相传，相沿不废。这说明儒家学说作为一种文化传统，一旦形成便具有暴力手段和其他外部干预无法摧毁的坚韧而强大的生命力。这一结论在后文也得到了印证，西汉的儒学大师及其有成就的弟子亦大多为齐、鲁间人。这说明汉代儒学的复兴乃是直接依靠其历史文化传统的遗留，这些宝贵的文化遗产是它在西汉新的社会历史条件下得以恢复和发扬光大的坚实基础。除此之外，促使儒学迅速复兴还需要一定的现实条件。作者不惜笔墨详载丞相公孙弘的奏章，就是为了说明儒学复兴的必要性以及具体的政策、方法和步骤。就这样，司马迁以"通古今之变"的深邃眼光，从历史与现实两方面说明了汉代儒学在武帝朝勃然兴盛的原因。综观本篇"太史公曰"的写法，是寓论于史，亦叙亦议，作者的分析评判就融合在富于感情、要言不烦的叙述文字中，水乳交融，难辨彼此。这和其他篇目中的"太史公曰"往往直接阐发思想观点的写作手法颇为不同。

总的来看，司马迁对于本篇类传中所记叙的儒家学者及其所秉持的儒家学说，其态度是比较客观的。

司马迁的客观态度，首先体现在对公孙弘的评价中。"固之征也，薛人公孙弘亦征，侧目而视固。固曰：'公孙子，务正学以言，无曲学以阿世！'"这一段暗示了公孙弘的道德品质并不像他的学术成就一样令人敬仰。公孙弘在史书、杂传中的形象的确并不全是正面的。比如本篇传记就记载了他排挤董仲舒之事。《西京杂记》中也有载："公孙弘起家徒步，为丞相，故人高贺从之。弘食以脱粟饭，覆以布被。贺怨曰：'何用故人富贵为？脱粟布被，我自有之。'弘大惭。贺告人曰：'公孙弘内服貂蝉，外衣麻枲，内厨五鼎，外膳一肴，岂可以示天下？'于是朝廷疑其矫焉。弘叹曰：'宁逢恶宾，不逢故人。'"这则故事更说明了公孙弘的虚伪矫情，对此恐怕司马迁也有所耳闻。但司马迁并未因此否定公孙弘对于振兴儒学所做出的贡献，而是将他提议复兴儒学的奏疏全文收录，显示出司马迁对他在此事上的所作所为的肯定。

司马迁的客观态度，还体现在对辕固生与黄生的争论以及辕固生事迹的记述中。"君权神授"与"革故鼎新"的是非判断是一个新建立的王朝首先需要解决的问题，这涉及该政权的合法性和正统性。辕固生与黄生的争执正说明了此时期儒家学说自身尚存在的矛盾和欠缺。但司马迁并未因此否定复兴儒学的必要性，更是在下文对辕固生的记述中表达了对他的肯定。

司马迁并不是一味地对儒家学者进行赞美和褒扬，比如他写到了主父偃、公孙弘对董仲舒的排挤和陷害，客观反映了此时期儒林内部的矛盾和斗争。又如"宽在三公位,以和良承意从容得久,然无有所匡谏;于官,官属易之,不为尽力。张生亦为博士。而伏生孙以治《尚书》征,不能明也"之类的记载,写儿宽位至三公却从不匡谏天子,伏生之孙以研究《尚书》位列博士却不能明了经义。这反映了司马迁已经意识到在重用儒生的新政策下潜伏着某些令人担忧的隐患。

◎ **思考辨析题**

1. 儒家的主要经典在西汉经历了怎样的传承过程?
2. 儒学为什么能代替黄老之学成为西汉的官方学说?

酷吏列传第六十二

《酷吏列传》是一篇类传，司马迁将以严刑峻法为工具、以凶狠残暴为特点的十二位酷吏事迹连缀成篇，特别对汉武帝时代的十个酷吏，即宁成、周阳由、赵禹、张汤、义纵、王温舒、尹齐、杨仆、减宣、杜周，做了集中而概括的描写。在此篇文章中，司马迁开篇就以"太史公曰"的形式明确提出了自己对严酷刑罚的看法。司马迁先引用孔子"导之以政，齐之以刑，民免而无耻。导之以德，齐之以礼，有耻且格"之语，再引用老子"上德不德，是以有德；下德不失德，是以无德。法令滋章，盗贼多有"之言，然后在肯定两位先贤之言的基础上，旗帜鲜明地提出让百姓安定的根本在于道德引导而非酷刑胁迫的观点。然后司马迁提到高后之时酷吏独有侯封一家，但其最终被夷全族，下场悲惨。景帝时，郅都为人勇敢，办事公廉，算是一位正直的官吏，虽然因为勇救景帝而得以重用，但最终因行法不避贵戚惹怒窦太后而被斩杀。酷吏仅为权贵者的爪牙这一残酷现实从郅都身上就可以看出。而自汉武帝始，酷吏大行其道。宁成是一个媚上欺下、滑贼任威的小人，他处理政务仿效郅都的方法，虽不如郅都廉洁，但也让皇族豪强人人恐惧不安。宁成也像郅都一样因得罪贵戚而获罪，但他不仅设法逃脱，最终还能够家财万贯，可见严刑酷法也照样禁止不了坏人作奸犯科。周阳由则是把法当作自己玩弄权力的工具，"所爱者，挠法活之；所憎者，曲法诛灭之"，终以暴尸街头为结局。在宁成和周阳由的管制下，朝廷事务日益繁多，百姓却巧于钻法律之空，作奸犯科，政府吏治又效法二人，逐渐造成一个恶性循环。赵禹与张汤更定法令，汉朝法令便日益严酷。张汤是酷吏中最具代表性的人物。他幼时劾鼠掠治，就可见其擅长狱讼之事，后来果然成为滥施刑罚的残酷官吏。与直臣汲黯治政"不苛文"相反，张汤治狱专务深文，舞文巧诋。他虽然为官廉洁，对法治建设做出巨大贡献，但其执法不公造成政法问题的混乱，也使社会动荡不安。义纵和王温舒两人同为酷吏，但义纵忠正廉明、克己奉公，王温舒杀人无度、谄上欺下，两人形象形成鲜明对比。之后所叙尹齐、杨仆、减宣、杜周等人，皆以酷烈出名。司马迁以"酷"名传，指出酷吏"以酷烈为声""以酷为治"，真是入木三分。但酷吏敢于打击豪强贵戚，也有一定的积极作用，司马迁在文后的赞语中也对此给予了肯定。

孔子曰："导之以政，齐①之以刑，民免②而无耻。导之以德，齐之以礼，有耻且格③。"老氏称："上德不德，是以有德；下德不失德，是以无德。法令滋章④，盗贼多有。"太史公曰：信哉是言也！法令者治之具，而非制治清浊之源也。昔天下之网尝密矣，然奸伪萌起，其极也，上下相遁⑤，至于不振。当是之时，吏治若救火扬沸，非武健严酷，恶⑥能胜其任而愉快乎！言道德者，溺其职⑦矣。故曰"听讼，吾犹人也，必也使无讼乎"。"下士闻道大笑之"。非虚言也。汉兴，破觚而为圆⑧，斫雕而为朴⑨，网漏于吞舟之鱼，而吏治烝烝⑩，不至于奸，黎民艾（乂）安⑪。由是观之，在彼不在此。

◎**注释** ①〔齐〕整齐，整顿。②〔免〕免于罪。③〔格〕纠正。指纠正错误，走上正道。④〔滋章〕越来越彰明、严密。⑤〔遁〕掩盖。⑥〔恶（wū）〕怎么。⑦〔溺其职〕失职。⑧〔破觚（gū）而为圆〕削去棱角而成为圆形。觚，棱角。⑨〔斫（zhuó）雕而为朴〕去掉繁缛浮华的装饰，使之归于质朴。⑩〔烝烝〕纯正宽厚的样子。⑪〔艾（yì）安〕安定，太平。艾，通"乂"，安定。

◎**大意** 孔子说："用政令来引导百姓，用刑罚来约束百姓，百姓会免于犯罪，但没有羞耻心。如果用仁德来引导百姓，用礼仪来约束百姓，百姓就会有羞耻之心，且能自我改正。"老子说："道德高尚的人不追求形式上的德，所以才有道德；道德低下的人不离开形式上的德，所以才无德。法令越是彰明，盗贼越是众多。"太史公说：这些话说得很对！法令是政治的工具，而非决定政治清明与黑暗的本源。过去天下的法网很严密，然而奸邪伪诈之事却不断发生，发展到极端时，上下相互掩盖，致使国家衰败不振。在那个时候，官吏的治理就像抱薪救火、扬汤止沸一样，不用强硬严酷的手段，怎么能胜任其职而安然无事呢？空言道德，就会失职误事。所以孔子说"审理案件，我同别人一样，但我一定努力做到不使案件发生"。老子说"下愚之人听到道德之言就会大笑起来"。这些话都不是虚妄之言。汉朝兴起，破除秦朝苛政而使法令变得宽松，消除凋敝之俗而使民风趋向纯朴，法网宽大得可以漏掉吞舟之鱼，但是吏治纯正宽厚，没有人为非作歹，百姓安居乐业。由此看来，国家的治理在于仁政而不在于刑罚。

高后时，酷吏独有侯封，刻轹①宗室，侵辱功臣。吕氏已败，遂禽②侯封之家。孝景时，晁错以刻深颇用术辅其资，而七国之乱，发怒于错，错卒以被戮。其后有郅都、宁成之属。

◎注释　①〔刻轹（lì）〕践踏，欺凌。②〔禽〕梁玉绳《史记志疑》曰："'禽'当作'夷'。"夷，诛灭。
◎大意　吕后时，酷吏只有侯封一人。他欺凌皇族，侮辱功臣。诸吕失败后，朝廷灭了侯封一家。景帝时，晁错因刻薄严酷，多用权术，结果七国之乱时，诸侯王迁怒于晁错，晁错最终因此被杀。其后有郅都、宁成之辈。

郅都者，杨①人也。以郎事孝文帝。孝景时，都为中郎将，敢直谏，面折大臣于朝。尝从入上林，贾姬如厕，野彘②卒（猝）入厕。上目都，都不行。上欲自持兵救贾姬，都伏上前曰："亡一姬复一姬进，天下所少宁贾姬等乎？陛下纵自轻，奈宗庙太后何！"上还，彘亦去。太后闻之，赐都金百斤，由此重郅都。

◎注释　①〔杨〕县名，今山西洪洞。②〔野彘〕野猪。
◎大意　郅都，杨县人，以郎官的身份侍奉文帝。景帝时，郅都任中郎将，敢于直言进谏，在朝廷上当面斥责大臣。郅都曾随景帝游上林苑，贾姬上厕所时，一只野猪突然闯入厕所。景帝目视郅都，让他救贾姬，郅都却没有动。景帝想亲自拿兵器去救贾姬，这时郅都趴在景帝面前说："失去一个姬妾还会有另一个姬妾进宫，天下难道缺少贾姬这样的人吗？陛下纵使看轻自己的生命，但是对国家和太后怎么交代呢？"景帝回转身来，野猪也跑开了。太后听说这件事后，赏赐给郅都黄金一百斤，由此开始重视郅都。

济南瞯氏，宗人三百余家，豪猾①，二千石莫能制，于是景帝乃拜都为济南太守。至则族灭瞯氏首恶，余皆股栗②。居岁余，郡中不拾遗。旁十余郡守畏都如大府③。

◎**注释** ①〔豪猾〕强横奸猾。②〔股栗〕两腿发抖，表示害怕。③〔大府〕上级官府的官员。
◎**大意** 济南郡瞯（xián）氏一族共有三百多家，强横奸猾，官至二千石的官员对他们也没有办法，于是景帝便召拜郅都为济南太守。郅都一到济南郡便将瞯氏一族中首恶的一家灭门，其余各家都吓得两腿发抖。过了一年多的时间，济南郡中路不拾遗。旁边十多个郡的太守畏惧郅都就像畏惧上级官员一样。

都为人勇，有气力，公廉，不发私书，问遗①无所受，请寄②无所听。常自称曰："已倍（背）亲而仕，身固当奉职死节官下，终不顾妻子矣。"

◎**注释** ①〔问遗（wèi）〕指赠送的礼品。②〔请寄〕请托。
◎**大意** 郅都为人勇敢，有气力，公正廉洁，不打开私人求情的信件，概不接受别人问候赠送的礼物，对别人的请求委托一律不听。他常对自己说："已然抛下父母出来做官，就应当敬职守节死于其位，终究顾不上妻子儿女了。"

郅都迁为中尉。丞相条侯至贵倨①也，而都揖丞相。是时民朴，畏罪自重，而都独先严酷，致行法不避贵戚，列侯宗室见都侧目而视，号曰"苍鹰"。

◎**注释** ①〔贵倨〕尊贵倨傲。

◎**大意**　郅都调任为中尉。丞相条侯周亚夫位高而傲慢，郅都对丞相只是拱手作揖。当时民风淳朴，大家都畏惧犯罪而守法自重，唯独郅都首先施行严酷的刑罚，执法不避权贵，连列侯宗室之人见到他都侧目而视，称他为"苍鹰"。

　　临江王征诣中尉府对簿①，临江王欲得刀笔为书谢上，而都禁吏不予。魏其侯使人以间与临江王。临江王既为书谢上，因自杀。窦太后闻之，怒，以危法中②都，都免归家。孝景帝乃使使持节拜都为雁门太守，而便道之官③，得以便宜从事。匈奴素闻郅都节，居边，为引兵去，竟郅都死不近雁门。匈奴至为偶人象郅都，令骑驰射，莫能中，见惮如此。匈奴患之。窦太后乃竟中都以汉法。景帝曰："都忠臣。"欲释之。窦太后曰："临江王独非忠臣邪？"于是遂斩郅都。

◎**注释**　①〔对簿〕指接受审问。簿，指狱辞文书，即起诉状。②〔中〕中伤，诋毁。③〔便道之官〕由近路就便上任，不必先到长安面见皇帝接受指示。

◎**大意**　临江王刘荣被召到中尉府接受审问，他想找书写用具向景帝写信谢罪，而郅都禁止属吏向他提供。魏其侯派人暗中将笔纸送给临江王。临江王给景帝写好谢罪的信后，就自杀了。窦太后听说此事后，非常生气，以危害法律的罪名中伤郅都，郅都因此被罢免回家。景帝便派使者手持符节拜郅都为雁门太守，让他从便道上任，可以根据实际情况自行裁决政务。匈奴素来听闻郅都的事迹，现在他镇守边疆，匈奴就领兵离开了，直到郅都死去都不敢接近雁门。匈奴甚至制作了一个像郅都的木偶人，让士兵骑马射击，没人能够射中，他们害怕郅都已到如此程度。匈奴畏惧郅都，窦太后却以汉朝的法律惩治郅都。景帝说："郅都是忠臣。"想释放他。窦太后说："难道临江王不是忠臣吗？"于是便杀了郅都。

　　宁成者，穰①人也。以郎谒者事景帝。好气②，为人小吏，必陵其长吏；为人上，操下③如束湿薪。滑贼任威。稍迁至济南都尉，而郅都为守。始前数都尉皆步入府,因吏谒守如县令,其畏郅都如此。及成往,直陵④都出其上。都素闻其声,于是善遇,与结欢⑤。久之,郅都死,后长安左右宗室多暴犯法,于是上召宁成为中尉。其治效郅都,其廉弗如,然宗室豪桀皆人人惴恐。

◎**注释** ①〔穰（rǎng）〕县名,在今河南邓州。②〔好气〕好任侠使气。③〔操下〕对待下属。④〔陵〕越过。⑤〔结欢〕结交,交好。

◎**大意** 宁成,穰县人。以郎官和谒者的身份侍奉景帝。他为人好任侠使气,做小官,一定会欺侮他的长官；做了长官,控制下属就像捆绑潮湿的柴薪一样严急。他奸猾凶狠爱耍威风。逐渐升迁为济南郡都尉,当时郅都为济南太守。在此之前数任都尉都步行进入太守府,通过吏员传达进见,就像县令进见太守一样,他们畏惧郅都到这般程度。等到宁成来后,却径直越过郅都走到他的上位。郅都一向听闻他的名声,于是善待他,和他交往甚欢。时间久了,郅都死了,之后长安附近的皇族中有许多人恃强犯法,于是皇上召任宁成为中尉。宁成处理政务仿效郅都的方法,他虽不如郅都廉洁,但皇族豪强人人感到恐惧不安。

武帝即位,徙为内史。外戚多毁成之短,抵罪髡钳①。是时九卿罪死即死,少被刑,而成极刑,自以为不复收②,于是解脱,诈刻传③出关归家。称曰:"仕不至二千石,贾不至千万,安可比人乎！"乃贳贷买陂田千余顷,假贫民,役使数千家。数年,会赦。致产数千金,为任侠,持吏长短④,出从数十骑。其使民威重于郡守。

◎**注释** ①〔髡（kūn）钳〕汉代的刑罚。髡,剃光头发。钳,用铁圈束颈,罚为徒隶。②〔收〕收容启用。③〔传（zhuàn）〕通行证。④〔长短〕是非得失,此处偏指隐私过失。

◎**大意** 武帝即位后,宁成调任内史之职。外戚多攻击宁成的短处,他被处以剃发的髡刑和以铁链束颈的钳刑。当时九卿犯死罪的即处死，很少判处一般刑罚，而宁成受到的却是极重之刑，他自以为不会再被朝廷任用了，于是解脱刑具，伪造出关通行证回到家中。扬言说："当官到不了二千石的官位，经商赚不到千万贯钱，怎么能与人相比呢？"于是借钱买了一千多顷山田，出租给贫民，役使百姓达数千家。过了几年，碰上大赦。他已经有了数千金的家产，平日好见义勇为，找官吏的岔子，出入有数十骑跟随其后。他役使百姓的权威重过郡守。

周阳由者，其父赵兼以淮南王舅父侯周阳①，故因姓周阳氏。由以宗家任为郎，事孝文及景帝。景帝时，由为郡守。武帝即位，吏治尚循谨甚，然由居二千石中，最为暴酷骄恣。所爱者，挠②法活之；所憎者，曲法诛灭之。所居郡，必夷其豪。为守，视都尉如令。为都尉，必陵太守，夺之治。与汲黯俱为忮③，司马安之文恶，俱在二千石列，同车未尝敢均茵伏④。

◎ **注释** ①〔周阳〕城邑名，今山西闻喜东。②〔挠〕弯曲。③〔忮(zhì)〕刚愎，固执。④〔均茵伏〕均分坐垫，同扶车前横木，指与之抗礼。茵，车上的坐垫。伏，此处指车轼，即车厢前用以凭靠的横木。

◎ **大意** 周阳由，他的父亲赵兼以淮南王舅父的身份被封为周阳侯，所以姓周阳氏。周阳由因属宗室外戚而被任为郎官，侍奉文帝和景帝。景帝时，周阳由为郡太守。武帝即位后，官吏办事崇尚遵法谨慎。但是在二千石一级的官员中，周阳由最为残暴骄横。凡是他喜欢的人犯法，就歪曲法律使其活命；凡是他憎恨的人，就枉法将其诛杀。他所在的郡，一定要消灭当地豪强。他当太守，视都尉如同县令一般。他当都尉，则必欺凌太守，侵夺太守权力。他和汲黯都是强狠之人，司马安擅用法律陷害别人，他们同在二千石的官员之列，但一起乘车时，汲黯、司马安不曾敢与周阳由均分坐垫，同扶车栏。

由后为河东①都尉，时与其守胜屠公争权，相告言罪。胜屠公当抵罪，义不受刑，自杀，而由弃市②。

◎**注释** ①〔河东〕郡名，今山西夏县北。②〔弃市〕在闹市执行死刑，并陈尸示众。

◎**大意** 周阳由后来做了河东郡的都尉，经常与太守胜屠公争权，互相告状诋毁。结果胜屠公被判处有罪，他宁死不愿受刑，就自杀了。周阳由则被处死而暴尸街头。

自宁成、周阳由之后，事益多，民巧法，大抵吏之治类多成、由等矣。

◎**大意** 从宁成、周阳由以后，国事日益繁多，百姓巧于钻法律的空子，于是多数官吏处理政事类似于宁成、周阳由等人。

赵禹者，斄①人。以佐史②补中都官③，用廉为令史④，事太尉亚夫。亚夫为丞相，禹为丞相史，府中皆称其廉平。然亚夫弗任，曰："极知禹无害⑤，然文深⑥，不可以居大府。"今上时，禹以刀笔吏积劳，稍迁为御史。上以为能，至太中大夫⑦。与张汤论定诸律令，作见知⑧，吏传得相监司⑨。用法益刻，盖自此始。

◎**注释** ①〔斄（tái）〕县名，今陕西武功。②〔佐史〕官名，地方行政机构中的低级办事人员。③〔中都官〕官名，京都官府中的吏员。④〔令史〕官名，高级官员的一种属吏，掌管文书案牍之事。⑤〔无害〕无枉害。谓公平处事。⑥〔文深〕指执法严酷。⑦〔太中大夫〕官名，掌议论应对。⑧〔见知〕指法令中的"见知故纵"

条款，规定知道有人犯罪而不告发，是纵容罪犯，与犯人同罪。⑨〔监司〕监督伺察。

◎**大意** 赵禹，斄县人。以佐吏的身份补任京都官府的官员，因廉洁而为令史，侍奉太尉周亚夫。周亚夫当丞相后，赵禹为丞相史，丞相府的人都称赞他廉洁公平。但是周亚夫不任用他，说："我非常清楚赵禹处事公平，但是他执法苛刻严酷，不可以在丞相府主管大事。"武帝即位后，赵禹因当刀笔吏有功劳，逐渐升为御史。武帝认为他有才能，将他升为太中大夫。他与张汤制定各种法令，并发明了"见知法"，让官吏互相监督揭发。汉朝的法令越来越严酷，大概就是从这时开始的。

张汤者，杜①人也。其父为长安丞②，出，汤为儿守舍。还而鼠盗肉，其父怒，笞③汤。汤掘窟得盗鼠及余肉，劾鼠掠治④，传爰书⑤，讯鞫论报⑥，并取鼠与肉，具狱⑦，磔⑧堂下。其父见之，视其文辞如老狱吏，大惊，遂使书狱。父死后，汤为长安吏，久之。

◎**注释** ①〔杜〕古县名，在今陕西西安东南。②〔长安丞〕京兆尹的属官。③〔笞（chī）〕用鞭、杖或竹板抽打。④〔劾鼠掠治〕劾，揭发，起诉。掠治，拷打审讯。⑤〔爰书〕审讯记录。⑥〔讯鞫（jū）论报〕鞫，审讯，查问。论报，定罪判决。⑦〔具狱〕案卷齐备，据以定罪。⑧〔磔（zhé）〕分裂肢体。

◎**大意** 张汤，杜县人。张汤的父亲是长安县的县丞，一次有事外出，张汤当时还是个孩子，所以留守家中。父亲回来后发现老鼠偷了肉，便对张汤发怒，用鞭子抽打他。张汤挖洞得到偷肉的老鼠和吃剩下的肉，审理老鼠罪行进行拷打讯问，写下了老鼠的犯罪文书，审讯完毕后定罪判刑，并取来老鼠和肉，案卷齐备，在堂阶下处老鼠以分尸之刑。他父亲见到后，看他的判词行文熟练如同一个老法官，大为惊讶，于是让他学习判案文书。父亲死后，张汤做了很长时间的长安县吏。

周阳侯始为诸卿时，尝系①长安，汤倾身为之。及出为侯，大与汤交，遍见汤贵人。汤给事②内史，为宁成掾，以汤为无害，言大府，调为茂陵③尉，治方中④。

◎**注释** ①〔系〕拘捕囚禁。②〔给（jǐ）事〕供职。③〔茂陵〕汉武帝的陵墓，在今陕西兴平境。④〔方中〕帝陵的墓穴。

◎**大意** 周阳侯田胜起初做九卿时，曾被囚禁在长安，张汤舍身相救。等周阳侯出狱被封为侯，与张汤成为至交，把达官贵人都引荐给张汤。张汤在内史供职，做宁成的副官，宁成认为张汤处事公正，把他推荐给上级官府，调任张汤为茂陵尉，主持修建陵墓。

武安侯为丞相，征汤为史，时荐言之天子，补御史，使按事。治陈皇后蛊狱，深竟党与。于是上以为能，稍迁至太中大夫。与赵禹共定诸律令，务在深文，拘守职之吏。已而赵禹迁为中尉，徙为少府①，而张汤为廷尉，两人交欢，而兄事禹。禹为人廉倨。为吏以来，舍毋食客。公卿相造请②禹，禹终不报谢，务在绝知友宾客之请，孤立行一意而已。见文法辄取，亦不覆按，求官属阴罪。汤为人多诈，舞智以御人。始为小吏，乾没③，与长安富贾田甲、鱼翁叔之属交私。及列九卿，收接天下名士大夫，己心内虽不合，然阳浮慕④之。

◎**注释** ①〔少府〕官名，掌管山海地泽的税收，供皇帝私人享用。②〔造请〕登门拜访。③〔乾（gān）没〕投机图利。④〔阳浮慕〕阳，表面上。浮慕，虚假地表示钦慕。

◎**大意** 武安侯田蚡做丞相时，征调张汤为内史，经常向武帝举荐张汤，张汤于是补任御史，负责处理案件。他办理陈皇后的巫蛊案件时，深入追究有牵连的同党。武帝认为他很能干，逐渐提升他做了太中大夫。他与赵禹共同制定各种法律，务求苛细严峻，以约束在职官吏。不久赵禹升为中尉，调任少府，而张汤则做了廷尉，两人关系密切，张汤以兄长之礼对待赵禹。赵禹为人廉洁而傲慢。做官以来，家中没有门客。公卿来家拜访，他从不回访答谢，旨在拒绝朋友宾客的托请，独立依自己的主张行事。只要法令条款有所规定，他就据之判案，也不复查，以求不放过任何官员隐秘的罪行。张汤为人多奸诈，善用智谋来御使别人。刚开始做小官时，就喜欢投机图利，与长安的富商田甲、鱼翁叔之辈有私交。等到官至九卿后，他结交天下名士大夫，内心虽与这些人不合，但表面上装出仰慕的样子。

是时上方乡（向）文学①，汤决大狱，欲傅②古义，乃请博士弟子治《尚书》《春秋》补廷尉史，亭③疑法。奏谳疑事，必豫先为上分别其原，上所是，受而著谳决法廷尉挈令，扬主之明。奏事即谴，汤应谢，乡（向）上意所便，必引正、监、掾史贤者，曰："固为臣议，如上责臣，臣弗用，愚抵于此。"罪常释。闻即④奏事，上善之，曰："臣非知为此奏，乃正、监、掾史某为之。"其欲荐吏，扬人之善蔽人之过如此。所治即上意所欲罪，予监史深祸者；即上意所欲释，与监史轻平者。所治即豪，必舞文巧诋；即下户羸弱，时口言，虽文致法，上财（裁）察。于是往往释汤所言。汤至于大吏，内行⑤修也。通宾客饮食。于故人子弟为吏及贫昆弟，调护之尤厚。其造请诸公，不避寒暑。是以汤虽文深意忌不专平，然得此声誉。而刻深吏多为爪牙用者，依于文学之士。丞相弘数称其美。及治淮南、衡山、江都反狱，皆穷根本。严助及伍被，上欲释之。汤争曰："伍被本画反谋，而助亲幸出入禁闼爪牙臣，乃交私诸侯，如此弗诛，后不可治。"于是上可论之。其治狱所排大臣自为功，多此类。于是汤益尊任，迁为御史大夫。

◎**注释** ①〔乡文学〕乡,通"向",向往,归向。文学,指文献经典。②〔傅〕附会,比附。③〔亭〕均平。④〔闻即〕王念孙《读书杂志·史记第六》曰:"'闻',当依《汉书》作'间',字之误也。'间即',犹今人言'间或'也。"⑤〔内行〕私德,平时的操行。

◎**大意** 当时武帝正爱好儒学,张汤判决重大案件,想要附会经义,于是便请研究《尚书》《春秋》的博士及其弟子补任廷尉的文职属员,评议狱讼中的疑难问题。向上奏报疑难案件时,必事先向武帝分析案情原委,武帝认为正确的,便领受旨意作为廷尉判案的依据,并记录在判词中,以宣扬武帝的英明。如果奏章受到武帝指责,张汤就应声谢罪,顺着武帝的心意所指,必定举出正、监、掾史中的贤能者所说,说:"他们本来向我提议过,就像武帝责备我的一样,我没有采纳,是我太愚笨了。"因此他的罪常被武帝宽赦。有时呈上奏章,武帝认为好的,他便说:"我不知此奏章,是正、监、掾史中某某写的。"他想要举荐官吏,就是这样宣扬别人的长处并掩盖其过失的。他所处理的案件,如果是武帝想要惩治的,他便交给执法严酷的法吏;如果是武帝想要赦免的,他便交给执法宽大公平的法吏。所审理的如果是豪强,就一定要假借法律巧妙地进行诬陷;如果处理的是老弱平民,则常口头向武帝报告,虽然需依法律量刑,但请武帝审查裁定。结果武帝往往宽释了张汤所说的人。张汤虽位至大官,但注重自身修养。结交宾客,饮食不分彼此。对当了属吏的老朋友的子弟和贫穷的同族兄弟,照顾尤其优厚。他拜访公卿,不避严寒酷暑。因此,张汤虽执法严苛,心怀妒忌,处事不公,但得到了很好的声誉。他以那些执法严酷的官吏作为自己的爪牙,又依附儒学之士。丞相公孙弘屡次称赞他的美德。查办淮南王、衡山王、江都王谋反的案件时,他都追根究底。案犯严助和伍被,武帝本想赦免他们。张汤争辩说:"伍被原本就替淮南王策划谋反,而严助是被皇上信任、可以出入宫中的爪牙之臣,却与诸侯王勾结,这样还不杀,以后就不好整治了。"于是武帝认可执行了他的办法。他审理案件排斥大臣而自己图功,多半如此。于是张汤更加受到尊宠信任,升为御史大夫。

会浑邪等降,汉大兴兵伐匈奴,山东水旱,贫民流徙,皆仰给县官,县官空虚。于是丞(承)上指(旨)①,请造白金及五铢钱,笼天下盐铁，排富商大贾，出告缗令②，锄豪强并兼之家，舞文巧诋以辅法。汤每朝奏事，语国家用，日晏，天子忘食。丞相取充位，天下事皆决于汤。百姓不安其生，骚动，县官所兴，未获其利，奸吏并侵渔③，于是痛绳④以罪。则自公卿以下，至于庶人，咸指汤。汤尝病，天子至自视病，其隆贵如此。

◎**注释** ①〔丞上指〕丞，通"承"，奉迎。指，通"旨"，意向。②〔告缗（mín）令〕鼓励人们告发富户隐匿财产、逃漏税款的法令。缗，古代穿钱用的丝绳。③〔侵渔〕指侵吞公财，鱼肉百姓。④〔绳〕纠正，约束，制裁。

◎**大意** 恰逢匈奴浑邪王率众降汉，汉朝大举兴兵攻伐匈奴，山东地区发生水灾和旱灾，贫苦百姓流离失所，都依靠朝廷供给，致使国库亏空。这时张汤顺承武帝的旨意，请求铸造银币和五铢钱，垄断天下盐铁的经营，打击富商，颁布告缗令，铲除豪强兼并之家，玩弄法律条文巧言诬陷以佐助法令的实施。张汤每上朝奏事，谈及国家的财用状况，一直谈到日色将暮，以致让武帝忘记吃饭。当时丞相只是空有其位，天下大事皆由张汤裁决。百姓不得安居乐业，发生骚动，政府兴办之事没有获得效益，奸商污吏一起侵害百姓，于是张汤便对他们加罪严惩。结果自公卿以下，直到平民百姓，都指责张汤。张汤曾生病，武帝亲自去看望他，他的尊贵达到如此地步。

匈奴来请和亲，群臣议上前。博士狄山曰："和亲便。"上问其便，山曰："兵者凶器，未易数动。高帝欲伐匈奴，大困平城，乃遂结和亲。孝惠、高后时，天下安乐。及孝文帝欲事匈奴，北边萧然①苦兵矣。孝景时，吴楚七国反，景帝往来两宫间，寒心者数月。吴楚已破，竟景帝不言兵，天下富实。今自陛下举兵击匈奴，中国以空虚，边民大困贫。由此观之，不如和亲。"上问汤，汤曰："此愚儒，无知。"狄山曰："臣固愚忠，若御史大夫汤乃诈忠。若汤之治淮南、江都，以深文痛诋诸侯，别疏骨肉，使蕃（藩）臣不自安。臣固知汤之为诈忠。"于是上作色②曰："吾使生③居一郡，能无使虏入盗乎？"曰："不能。"曰："居一县？"对曰："不能。"复曰："居一障④间？"山自度辩穷且下吏⑤，曰："能。"于是上遣山乘鄣（障）。至月余，匈奴斩山头而去。自是以后，群臣震慑。

◎**注释**　①〔萧然〕骚动的样子。②〔作色〕变脸色。③〔生〕秦汉时儒者的专称。④〔障〕边境上的塞堡。⑤〔下吏〕交给法官治罪。

◎**大意**　匈奴来汉朝请求和亲，群臣在武帝面前商议。博士狄山说："和亲有利。"武帝问他有何利，狄山说："军队是凶险的器物，不可轻易多次动用。当年高帝想要征伐匈奴，结果被困平城，于是便和匈奴结成姻亲之好。惠帝、高后时，天下安定康乐。到了文帝想对匈奴发起战争，致使北疆之地骚乱而苦于用兵。景帝时，吴、楚等七国反叛，景帝奔波于未央、长乐两宫之间，提心吊胆了好几个月。吴、楚等七国被击破后，景帝直到去世不再谈论兵事，天下由此富强起来。如今陛下发兵攻打匈奴，国内财用空虚，边疆百姓极为贫困。由此观之，不如和亲为妥。"武帝又问张汤，张汤说："这是愚蠢的儒生，没有见识。"狄山说："我固然是愚忠，而御史大夫张汤则是诈忠。像张汤处理淮南王和江都王，用苛法构陷打击诸侯，离间骨肉之亲，结果使皇室诸侯人人自危。我本来就知道张汤是诈忠。"这时武帝变了脸色，说道："我让你驻守一郡，你能够不让敌寇入境掳掠吗？"狄山回答："不能。"武帝又说："让你驻守一个县呢？"回答说："不能。"武帝继续说："让你驻守一处要塞呢？"狄山自忖如果继续回答终将无言以对，自己也会被交给法官审判，于是回答说："能。"武帝便派狄山去驻守边境塞堡。过了一个多月，匈奴砍去狄山的头而后离开。从此以后，群臣震恐。

汤之客田甲，虽贾人，有贤操。始汤为小吏时，与钱通①；及汤为大吏，甲所以责汤行义过失，亦有烈士风。

◎**注释** ①〔与钱通〕通过利益交往。

◎**大意** 张汤的门客田甲，虽然是商人，但有优良的节操。起初张汤为小官时，他与张汤通过利益交往；等到张汤当上大官，田甲竟敢指责张汤行为道义上的过失，也有忠烈之风。

汤为御史大夫七岁，败。

◎**大意** 张汤担任御史大夫七年后，垮台了。

河东人李文尝与汤有郤（隙）①，已而为御史中丞②，恚③，数从中文书事有可以伤汤者，不能为地④。汤有所爱史鲁谒居，知汤不平，使人上蜚变⑤告文奸事，事下汤，汤治论杀文，而汤心知谒居为之。上问曰："言变事纵（踪）迹安起？"汤详（佯）惊曰："此殆文故人怨之。"谒居病卧闾里主人，汤自往视疾，为谒居摩足。赵国以冶铸为业，王数讼铁官事，汤常排赵王。赵王求汤阴事。谒居尝案赵王，赵王怨之，并上书告："汤，大臣也，史谒居有病，汤至为摩足，疑与为大奸。"事下廷尉。谒居病死，事连其弟，弟系导官⑥。汤亦治他囚导官，见谒居弟，欲阴为之，而详（佯）不省。谒居弟弗知，怨汤，使人上书，告汤与谒居谋共变告李文。事下减宣。宣尝与汤有郤（隙），及得此事，穷竟其事，未奏也。会人有盗发孝文园瘗钱⑦，丞相青翟朝，与汤约俱谢，至前，汤念独丞相以四时行园，当谢，汤无与也，不谢。丞相谢，上使御史按其事。汤欲致其文丞相见知，丞相患之。三长史皆害汤，欲陷之。

◎**注释** ①〔郤（xì）〕通"隙"，间隙，嫌隙。②〔御史中丞〕官名，御史大夫的高级属官。③〔恚（huì）〕气恼，怨恨。④〔地〕余地。⑤〔蜚变〕告发急变的文书。⑥〔导官〕官名，少府属官，掌管御用和祭祀用的食米、干饭等。⑦〔瘗（yì）钱〕在陵区埋藏的陪葬铜钱。

◎**大意** 河东郡人李文曾与张汤有嫌隙，后来当了张汤的副官御史中丞，很气恼，多次从御史台的文书中寻找可以中伤张汤的材料，不留余地。有个受张汤喜欢的下属叫鲁谒居，他知道张汤为此事心中不平，便派人以上奏紧急事件的名义诬告李文违法之事，此案交由张汤审理，张汤便判罪杀了李文，而他内心知道这事是鲁谒居所做。武帝问张汤："匿名上告李文之事的迹象从何而起？"张汤假装吃惊地说："大概是李文的故交怨恨他。"鲁谒居后来病倒在同乡房东的家中，张汤亲自前去看望，甚至替鲁谒居按摩腿脚。赵国人以冶炼铸造为业，赵王刘彭多次和朝廷派来的铁官打官司，张汤时常打击赵王。于是赵王寻找张汤的隐秘之事。鲁谒居曾检举过赵王，赵王对他有怨恨，于是上书告发他们两人："张汤，是朝廷大臣，其属下鲁谒居患病，张汤竟为他按摩脚腿，我怀疑他们有大奸之事。"此事交由廷尉处理。鲁谒居当时已经病死，事情牵连到他的弟弟，他弟弟被关押在导官署。张汤也到官署审理其他囚犯，见到鲁谒居的弟弟，想暗中解救他，但表面上假装不理睬。鲁谒居的弟弟不明白，便怨恨张汤，让人上书，告发张汤与鲁谒居谋划共同诬告李文。此事交由御史中丞减宣处理。减宣曾与张汤有隔阂，接到此案，对案情做了彻底调查，还未来得及上奏。恰逢有人盗挖了文帝陵墓中的殉葬钱，丞相庄青翟上朝，与张汤约定一同向武帝谢罪，到了武帝面前时，张汤心想只有丞相一人负责四季巡察陵园，他应当谢罪，与我无关，就不谢罪。丞相谢罪后，武帝命御史查办此事。张汤想据法律判处丞相知情不报之罪，丞相很是忧心。丞相手下的三个长史都怨恨张汤，想要陷害他。

始，长史朱买臣，会稽人也。读《春秋》。庄助使人言买臣，买臣以《楚辞》与助俱幸，侍中，为太中大夫，用事；而汤乃为小吏，跪伏使买臣等前。已而汤为廷尉，治淮南狱，排挤庄助，买臣固心望。及汤为御史大夫，买臣以会稽守为主爵都尉，列于九卿。数年，坐法废，守长史，见汤，汤坐床上，丞史遇买臣，弗为礼。买臣楚士，深怨，常欲死之。王朝，齐人也。以术至右内史。边通，学长短①，刚暴强人也，官再至济南相。故皆居汤右，已而失官，守长史，诎体②于汤。汤数行丞相事，知此三长史素贵，常凌折③之。以故三长史合谋曰："始汤约与君谢，已而卖君；今欲劾君以宗庙事，此欲代君耳。吾知汤阴事。"使吏捕案汤左④田信等，曰汤且欲奏请，信辄先知之，居物致富，与汤分之，及他奸事。事辞颇闻。上问汤曰："吾所为，贾人辄先知之，益居其物，是类有以吾谋告之者。"汤不谢。汤又详（佯）惊曰："固宜有。"减宣亦奏谒居等事。天子果以汤怀诈面欺，使使八辈簿责⑤汤。汤具自道无此，不服。于是上使赵禹责汤。禹至，让汤曰："君何不知分也。君所治夷灭者几何人矣？今人言君皆有状⑥，天子重致君狱，欲令君自为计⑦，何多以对簿为？"汤乃为书谢曰："汤无尺寸功，起刀笔吏，陛下幸致为三公，无以塞责⑧。然谋陷汤罪者，三长史也。"遂自杀。

◎**注释** ①〔长短〕指战国纵横家论说长短、纵横捭阖的权术。②〔诎（qū）体〕谓跪拜行礼。③〔凌折〕欺凌折辱。④〔汤左〕可以证实张汤有罪的人。左，佐证，证明。⑤〔簿责〕按照文簿所记罪状逐条盘查。⑥〔有状〕指事实清楚。⑦〔自为计〕自行了结，暗示自杀。⑧〔塞责〕塞，报答。责，责望，要求和期望。

◎**大意** 当初，长史朱买臣，是会稽人，学习《春秋》。庄助让人向武帝推荐朱买臣，买臣因通熟《楚辞》与庄助同时得到武帝宠幸，侍奉宫中，任太中大夫，当权；而张汤当时是小官，曾跪伏在朱买臣等人面前听候差遣。不久张汤做了廷尉，办理淮南王的案件，排挤庄助，朱买臣因此心中不快。张汤升为御史大夫时，朱买臣由会稽郡太守升为主爵都尉，位列九卿。几年后，朱买臣因犯法被罢官，在丞相府暂任长史之职，去拜访张汤，张汤坐在床上，把他当作丞相府派来的小办事员而不以礼相待。朱买臣是楚地名士，因此非常怨恨张汤，常想置张汤于死地。王朝，齐国人，凭权术官至右内史。边通，学习纵横家的学说，是一个性格刚烈强暴的人，曾两次任济南国的国相。这些人以前都位居张汤之上，不久丢了官，代理长史，屈居张汤之下。张汤多次兼行丞相职务，知道这三个人素来地位尊贵，便经常凌辱压制他们。因此这三个长史合谋（对丞相庄青翟）说："开始张汤与您相约同向皇上谢罪，过后却出卖了您；如今他打算因文帝陵墓被盗之事弹劾您，这是想要取代您。我们知道张汤的隐秘之事。"于是派法吏逮捕审查可以证明张汤有罪的田信等人，说张汤每次向武帝奏请政事，田信都提前知道，然后囤积物资，以此致富，与张汤一起分赃，并且还有其他一些坏事。此话传扬开来。武帝问张汤："我所要做的事，商人每次事先就知道了，变本加厉地囤积财物，就像有人专门将我的计划通知了他们。"张汤没有谢罪，而故作惊讶地说："一定是有人这样做了。"减宣此时也上奏了鲁谒居和张汤之事。武帝这次果真认为张汤心怀奸诈当面欺君，连派八批使者拿着控罪簿书审问张汤。张汤都说没有此事，不服罪。于是武帝派赵禹审讯张汤。赵禹来到后，批评张汤说："你为什么不懂分寸呢？你所杀戮的人有多少了？如今别人控告你都有证据，皇上不愿将你交给法吏判决，想让你自行了结，你何必多次自我辩护呢？"张汤于是向武帝上书谢罪说："张汤没有多少功劳，出身于文职小吏，陛下信任我，让我官至三公，如今我无法推卸罪责。然而阴谋陷害我的人是三位长史。"然后就自杀了。

汤死，家产直（值）不过五百金，皆所得奉赐，无他业。昆弟诸子欲厚葬汤，汤母曰："汤为天子大臣，被污恶言而死，何厚葬乎！"载以牛车，有棺无椁[①]。天子闻之，曰："非此母不能生此子。"乃尽案诛三长史。丞相青翟自杀。出田信。上惜汤，稍迁其子安世。

◎**注释** [①]〔有棺无椁（guǒ）〕古代身份较高的人所用的棺木有两重，里面一重称棺，外面一重称椁。

◎**大意** 张汤死后，全部家产价值不超过五百金，都是所得的俸禄和武帝的赏赐，没有其他的家业。张汤的兄弟和儿子想要厚葬张汤，张汤的母亲说："张汤作为天子的大臣，遭受诬陷而死，怎么能厚葬呢？"于是用牛车出柩，只有内棺而没有套棺。武帝听闻后，说："不是这样的母亲，不能生出这样的儿子。"于是把三长史按罪诛杀。丞相庄青翟也自杀了。朝廷释放了田信。武帝惋惜张汤之死，于是逐渐提拔了他的儿子张安世。

赵禹中废，已而为廷尉。始条侯以为禹贼深①，弗任。及禹为少府，比九卿。禹酷急②，至晚节，事益多，吏务为严峻，而禹治加缓，而名为平。王温舒等后起，治酷于禹。禹以老，徙为燕相。数岁，乱悖有罪，免归。后汤十余年，以寿卒于家。

◎ **注释**　①〔贼深〕用法狠毒严苛。②〔酷急〕严酷急躁。
◎ **大意**　赵禹中途被免官，不久又当了廷尉。起初条侯周亚夫认为赵禹用法狠毒严苛，没有重用。等赵禹官至少府时，与九卿地位同等。赵禹严酷急躁，到晚年时，国家政事繁多，官吏致力于以严峻的法令办事，而赵禹执法反而宽松起来，得到执法平正的名声。王温舒等人是后起之辈，执法比赵禹严苛。赵禹因年老，被调任为燕王的国相。几年后，因昏乱获罪，被免职回家。张汤死后十余年，赵禹在家中寿终。

义纵者，河东人也。为少年时，尝与张次公俱攻剽①为群盗。纵有姊姁②，以医幸王太后。王太后问："有子兄弟为官者乎？"姊曰："有弟无行，不可。"太后乃告上，拜义姁弟纵为中郎，补上党郡中令。治敢行，少蕴藉③，县无逋事④，举为第一。迁为长陵及长安令，直法行治，不避贵戚。以捕按太后外孙修成君子仲，上以为能，迁为河内都尉。至则族灭其豪穰氏之属，河内道不拾遗。而张次公亦为郎，以勇悍从军，敢深入，有功，为岸头侯。

◎**注释** ①〔攻剽（piāo）〕劫掠。②〔姁（xū）〕人名。③〔蕴藉〕指含蓄宽容。④〔逋事〕积压的公事。

◎**大意** 义纵，河东郡人。少年时代，他曾与张次公一起抢劫掠夺成为盗贼团伙。义纵有个姐姐叫义姁，靠医术受到王太后的宠幸。王太后问义姁："你的儿子或兄弟中有做官的吗？"义姁说："我有个弟弟品行不佳，做官不行。"王太后嘱咐武帝，拜义姁弟义纵为中郎官，后补任上党郡某县的县令。义纵敢于执法，缺少包容宽和的气度，县中没有拖延未办的案件，被推举为全郡第一。于是被先后任命为长陵和长安县的县令，依法治县，不避皇亲贵戚。因为逮捕查办王太后的外孙，即修成君的儿子仲，皇上认为他有能力，提升为河内郡的都尉。义纵一到河内郡就灭了当地的豪强穰氏全族，河内郡由此道不拾遗。张次公后来也当了郎官，因为作战英勇，敢于深入敌军，建立军功，被封为岸头侯。

宁成家居，上欲以为郡守。御史大夫弘曰："臣居山东为小吏时，宁成为济南都尉，其治如狼牧羊。成不可使治民。"上乃拜成为关都尉①。岁余，关东吏隶郡国出入关者，号曰"宁见乳虎，无值宁成之怒"。义纵自河内迁为南阳太守，闻宁成家居南阳，及纵至关，宁成侧行送迎，然纵气盛，弗为礼。至郡，遂案宁氏，尽破碎其家。成坐有罪，及孔、暴之属皆奔亡，南阳吏民重足一迹②。而平氏朱强、杜衍杜周为纵牙爪之吏，任用，迁为廷史。军数出定襄，定襄吏民乱败，于是徙纵为定襄太守。纵至，掩定襄狱中重罪轻系二百余人，及宾客昆弟私入相视亦二百余人。纵一捕鞠（鞫）③，曰"为死罪解脱"。是日皆报杀四百余人。其后郡中不寒而栗，猾民佐吏为治。

◎**注释** ①〔关都尉〕官名，负责守关并稽查出入人员。②〔重足一迹〕重足，叠足而立。一迹，踩着前人的脚印走，不敢有偏离。形容战战兢兢、畏惧恐慌的样子。③〔一捕鞫〕一概逮捕审问。鞠，通"鞫"，审问。

◎ **大意** 宁成在家时，武帝想任他为郡太守。御史大夫公孙弘说："我在山东做小官时，宁成任济南郡都尉，他治郡如同以狼牧羊。宁成不可被派去治理百姓。"武帝便任宁成为关都尉。到任一年多，关东地区检查郡、国出入关口的官员都说："宁可碰见哺乳期间的母虎，也不要碰见宁成发怒。"义纵自河内郡调任南阳郡太守，听说宁成家住南阳，等到义纵到达南阳关口，宁成侧着身子前往迎接，但是义纵盛气凌人，不以礼相待。到了南阳郡，即查办宁氏，彻底毁灭其家族。宁成被牵连有罪，孔姓、暴姓等大族都奔逃流亡，南阳官民惊恐万分，不敢大步走路。平氏县的朱强、杜衍县的杜周都是义纵的得力助手，受到重用，升为廷史。这时朝廷军队多次从定襄郡路过，定襄官吏百姓秩序混乱，朝廷于是改任义纵为定襄郡太守。义纵到任后，将狱中重罪轻押的二百多名囚犯一律打入死牢，到监狱私自探视他们的朋友兄弟二百多人也一并收捕审讯，定为"帮助死囚逃脱"罪。当天就把这四百多人全部处死。自此以后郡中人人不寒而栗，刁民反而帮助官吏治理百姓。

是时赵禹、张汤以深刻①为九卿矣，然其治尚宽，辅法而行，而纵以鹰击毛挚②为治。后会五铢钱白金起，民为奸，京师尤甚，乃以纵为右内史，王温舒为中尉。温舒至恶，其所为不先言纵，纵必以气凌之，败坏其功。其治，所诛杀甚多，然取为小治，奸益不胜，直指③始出矣。吏之治以斩杀缚束为务，阎奉以恶用矣。纵廉，其治放（仿）郅都。上幸鼎湖，病久，已而卒（猝）起幸甘泉，道多不治。上怒曰："纵以我为不复行此道乎？"嗛④之。至冬，杨可方受告缗，纵以为此乱民，部吏捕其为可使者。天子闻，使杜式治，以为废格沮事⑤，弃纵市。后一岁，张汤亦死。

◎ **注释** ①〔深刻〕严苛刻薄。②〔鹰击毛挚〕比喻为政严苛凶猛。毛，指猛兽。挚，搏击。③〔直指〕即直指使者，武帝时设置的由皇帝直接派往某地处理特别事务的使者。④〔嗛（xián）〕怀恨。⑤〔废格沮事〕废格，指搁置皇帝诏书公布的政令。沮事，谓败坏已成之事，即破坏告缗令的实施。

◎**大意**　当时赵禹、张汤因执法严苛而升为九卿，但是他们的治理办法尚算是宽松，以法律判决为辅助手段处理政务，而义纵则是用老鹰猛兽捕猎的方式进行治理。后来当国家发行五铢钱和银币时，百姓中有人铸造伪币，京城尤其严重，朝廷于是任义纵为右内史，王温舒为中尉。温舒非常凶恶，他做事从不先告诉义纵，义纵则一定负气欺辱他，败坏他的功劳。他们施政，杀人很多，但是得到的是小治，坏人坏事越来越多，朝廷因此开始派出直指使臣。官吏的治理以诛杀捕拿为主要事务，阎奉因在这方面表现凶悍而被任用。义纵廉洁，他理政仿效的是郅都。武帝游鼎湖时，病了很长时间，病好以后突然动身去往甘泉宫，所过之处大多治理不善。武帝大怒说："义纵以为我不会再走这条路了吗？"心中对义纵恼火。到了冬季，杨可正受命负责实施告缗令，义纵认为这是骚扰百姓，命令官吏逮捕了杨可派出去的人，武帝听说后，派杜式查理此事，杜式认为义纵阻挠诏令妨碍公务，便判义纵死刑并在闹市处决。过后一年，张汤也死了。

　　王温舒者，阳陵①人也。少时椎埋②为奸。已而试补县亭长，数废。为吏，以治狱至廷史。事张汤，迁为御史。督盗贼，杀伤甚多，稍迁至广平③都尉。择郡中豪敢任吏十余人，以为爪牙，皆把其阴重罪，而纵使督盗贼，快其意所欲得，此人虽有百罪，弗法，即有避，因其事夷之，亦灭宗。以其故齐赵之郊盗贼不敢近广平，广平声为道不拾遗。上闻，迁为河内太守。

◎**注释**　①〔阳陵〕县名，今西安高陵西南。②〔椎埋〕盗掘坟墓。③〔广平〕郡名，今河北鸡泽东南。

◎**大意**　王温舒，阳陵县人。年少时干过盗掘坟墓的坏事。后来被试用补任为阳陵县的亭长，多次被罢免。他担任吏员，因善于审理案件升为廷史。事奉张汤，被提拔为御史。他督捕盗贼，杀人伤人很多，逐渐升到广平郡都尉。他挑选郡中豪横果敢的十多人，做自己的得力帮手，掌握了他们每个人私下所犯的重罪，而放手让他们去捕拿盗贼,结果满意地捕获了所要捕获的对象,这些人中有的即使犯有百种罪行,也不加惩治,如果他们有所逃避,即根据他们的罪行处以死刑,甚至灭掉他们的宗族。因为这个原因齐、赵郊外的盗贼不敢靠近广平郡,广平郡号称道不拾遗。武帝听说后,升王温舒为河内郡太守。

素居广平时,皆知河内豪奸之家,及往,九月而至。令郡具私马五十匹,为驿自河内至长安,部①吏如居广平时方略,捕郡中豪猾,郡中豪猾相连坐千余家。上书请,大者至族,小者乃死,家尽没入偿臧(赃)②。奏行不过二三日,得可事。论报,至流血十余里。河内皆怪其奏,以为神速。尽十二月,郡中毋声,毋敢夜行,野无犬吠之盗。其颇不得,失之旁郡国,黎来,会春,温舒顿足叹曰:"嗟乎,令冬月益展一月,足吾事矣!"其好杀伐行威不爱人如此。天子闻之,以为能,迁为中尉。其治复放河内,徙诸名祸猾吏与从事,河内则杨皆、麻戊,关中杨赣、成信等。义纵为内史,惮未敢恣治。及纵死,张汤败后,徙为廷尉,而尹齐为中尉。

◎**注释** ①〔部〕督率,部署。②〔偿臧〕偿还掠夺霸占的财物。
◎**大意** 王温舒以前在广平郡的时候,很熟悉河内郡豪强奸猾的人家,等到前去任职,九月到任河内太守。他命令郡中准备五十匹私马,从河内到长安建立驿站,部署属下像在广平时那样,逮捕郡中豪强奸猾之人,郡中豪强奸猾及相牵连的共有一千多家。他上书奏请皇上,罪大者被灭族,罪小者被处死,家中财产全部没收以抵偿其所得的赃物。奏书发出不过两三天,便获准执行。判决之日,流血达十多里地。河内郡人都对他的奏书感到奇怪,认为批复太快。直到十二月过完,郡中没人敢大声说话,没人敢在夜间行走,野外没有让狗吠叫的盗贼。有少数罪犯没有抓到,逃到邻近的郡国,等把他们抓获归案,已到来年春天,王温舒跺脚叹息道:"唉!假如冬季再延长一个月,就能够办完我的事了!"其喜好杀戮逞威不惜人命到如此地步。武帝听说后，认为他有能力，提升为中尉。他施政又仿照任河内太守时，调来很多祸害和奸猾的官吏共事，其中有河内人杨皆、麻戊，关中人杨赣、成信等。义纵做内史时，王温舒惧怕他，未敢滥用刑罚。等义纵死去，张汤垮台后，王温舒升为廷尉，尹齐做了中尉。

尹齐者，东郡茌平①人。以刀笔稍迁至御史。事张汤，张汤数称以为廉武，使督盗贼，所斩伐不避贵戚。迁为关内都尉，声甚于宁成。上以为能，迁为中尉，吏民益凋敝。尹齐木强少文②，豪恶吏伏匿而善吏不能为治，以故事多废，抵罪。上复徙温舒为中尉，而杨仆以严酷为主爵都尉。

◎**注释** ①〔东郡茌（chí）平〕东郡，郡名，今河南濮阳西南。茌平，东郡属县，今山东茌平西南。②〔木强少文〕木强，为人质朴死板。少文，指缺乏外露的才能。

◎**大意** 尹齐，东郡茌平人，从文书小吏逐渐升为御史。侍奉张汤，张汤多次称赞他廉洁勇敢，派他督捕盗贼，杀戮的对象不避权贵皇亲。后升为关内都尉，他的名声超过宁成。武帝以为他有能力，提升为中尉，当地官吏和百姓更加困苦不堪。尹齐为人死板强硬、缺少外露的才能，凶悍的官吏躲藏而老实的官员没有能力治理，致使公务多半废弛，被判罪免职。武帝又改任王温舒为中尉，而杨仆因执法严酷当上了主爵都尉。

杨仆者，宜阳①人也。以千夫为吏。河南守案举②以为能，迁为御史，使督盗贼关东。治放（仿）尹齐，以为敢挚③行。稍迁至主爵都尉，列九卿。天子以为能。南越反，拜为楼船将军，有功，封将梁侯。为荀彘所缚。居久之，病死。

◎**注释** ①〔宜阳〕县名，今河南宜阳。②〔案举〕考察举荐。③〔敢挚〕果敢凶猛。

◎ **大意** 杨仆，宜阳人，以千夫的爵位当了小官。河南郡太守经考核认为他有才能而推荐他当了御史，派他到关东督捕盗贼。他处理政务仿效尹齐，被认为办案果敢凶猛。逐渐升至主爵都尉，位列九卿。武帝认为他有能力。南越王反叛时，他被拜为楼船将军，因为有功，封为将梁侯。后被荀彘拘捕。过了很长时间，因病而死。

而温舒复为中尉。为人少文，居廷惛惛①不辩，至于中尉则心开②。督盗贼，素习关中俗，知豪恶吏，豪恶吏尽复为用，为方略。吏苛察，盗贼恶少年投缿③购告言奸，置伯（陌）格（落）④长以牧司⑤奸盗贼。温舒为人谄，善事有势者；即无势者，视之如奴。有势家，虽有奸如山，弗犯；无势者，贵戚必侵辱。舞文巧诋下户之猾，以焄（熏）⑥大豪。其治中尉如此。奸猾穷治，大抵尽靡（糜）烂⑦狱中，行论无出者。其爪牙吏虎而冠⑧。于是中尉部中中猾以下皆伏，有势者为游声誉，称治。治数岁，其吏多以权富。

◎ **注释** ①〔惛惛〕迷糊昏蒙。②〔心开〕指头脑清醒。③〔缿（xiàng）〕古代官府接受告密文书的器具。④〔伯格〕伯，通"陌"，指街陌、街巷。格，通"落"，指村落。⑤〔牧司〕监督，检举。⑥〔焄（xūn）〕同"熏"，引申为以气焰进行威胁。⑦〔靡烂〕指破碎毁灭。⑧〔虎而冠〕谓其人虽着衣冠而凶残如虎。

◎ **大意** 王温舒后来又当了中尉，他为人缺少文才，做廷尉时终日昏沉不辨是非，而做了中尉后头脑就清醒了。他督捕盗贼，向来熟悉关中习俗，了解当地的豪强和贪官污吏，所以豪强及贪官污吏都为他所用，替他出谋划策。官吏严密侦查盗贼和凶恶少年的活动，设置告密箱以收买告发罪犯的情报，设立基层纠察官负责察奸及捕盗事宜。王温舒为人善于谄媚，喜欢巴结有权势的人；对于无权势的人，则像对待奴仆一样。有权有势的人家，即使罪恶如山，他也不去冒犯；无权势的人家，即使是尊贵的国戚也必遭他凌辱，他舞弄法律条款、巧言诬陷打击奸民，以警告威逼豪强大族。他当中尉时处理政事也如此。奸邪狡猾的人经他追究审讯，大多死在狱中，那些被判决有罪的没有能出狱的。他的得力帮手都像戴着帽子的老虎。当时中尉辖区内中等以下的奸民都隐伏起来不敢露面，有权势的人都在宣扬他的名声，称赞他的政绩。治理了几年后，他的属吏多因有权而富起来。

温舒击东越还，议有不中意者，坐小法抵罪免。是时天子方欲作通天台而未有人，温舒请覆①中尉脱卒②，得数万人作。上说（悦），拜为少府。徙为右内史，治如其故，奸邪少（稍）禁。坐法失官。复为右辅，行中尉事。如故操。

◎**注释** ①〔覆〕查对。②〔脱卒〕脱离兵役的士卒。
◎**大意** 王温舒攻破东越返回以后，议事有不合心意的，因犯小法就被判罪免职。当时武帝正想修建通天台而没有人力，王温舒请求查核中尉部下逃避兵役的人，共查出几万人。武帝很高兴，于是拜他为少府。后调任右内史，理政的方法同先前一样，奸邪违法之事稍微禁止。后因犯法丢官。不久又当了右辅，代理中尉之职。执法如故。

岁余，会宛军发，诏征豪吏，温舒匿其吏华成，及人有变告温舒受员骑钱①，他奸利事，罪至族，自杀。其时两弟及两婚家亦各自坐他罪而族。光禄②徐自为曰："悲夫，夫古有三族，而王温舒罪至同时而五族乎！"

◎**注释** ①〔受员骑钱〕指收受员骑的贿赂，使其免于从军。员骑，在册的骑兵。
②〔光禄〕官名，光禄大夫的省称，备皇帝顾问，无具体职守。
◎**大意** 过了一年多，适逢朝廷发兵讨伐大宛，武帝下诏征调豪强官吏，王温舒匿藏了他的属吏华成，又赶上有人告发王温舒接受了逃避从军的骑兵的贿赂，以及其他坏事，论罪应当灭族，他便自杀了。当时他的两个弟弟和两个亲家也各自

因其他罪名而被灭族。光禄大夫徐自为说："可悲啊！古代有灭三族的事，而王温舒的罪竟大到同时灭掉了五族！"

温舒死，家直（值）累千金。后数岁，尹齐亦以淮阳都尉病死，家直（值）不满五十金。所诛灭淮阳甚多，及死，仇家欲烧其尸，尸亡去归葬。

◎**大意** 王温舒死后，家产总计有一千金。过了几年，尹齐也在淮阳都尉任上病死，他的家产总计不满五十金。他所杀的淮阳人太多，等到死后，仇家想烧掉他的尸体，尸体被家人偷运回去安葬了。

自温舒等以恶为治，而郡守、都尉、诸侯二千石欲为治者，其治大抵尽放（仿）温舒，而吏民益轻犯法，盗贼滋起。南阳有梅免、白政，楚有殷中、杜少，齐有徐勃，燕赵之间有坚卢、范生之属。大群至数千人，擅自号，攻城邑，取库兵，释死罪，缚辱郡太守、都尉，杀二千石，为檄告县趣①具食；小群以百数，掠卤（虏）乡里者不可胜数也。于是天子始使御史中丞、丞相长史督之。犹弗能禁也，乃使光禄大夫范昆、诸辅都尉及故九卿张德等衣绣衣，持节，虎符发兵以兴击，斩首大部或至万余级，及以法诛通饮食，坐连诸郡，甚者数千人。数岁，乃颇得其渠率②。散卒失亡，复聚党阻山川者，往往而群居，无可奈何。于是作"沉命法"，曰群盗起不发觉，发觉而捕弗满品③者，二千石以下至小吏主者皆死。其后小吏畏诛，虽有盗不敢发，恐不能得，坐课④累府，府亦使其不言。故盗贼浸⑤多，上下相为匿，以文辞避法焉。

◎**注释** ①〔趣（cù）〕催促。②〔渠率〕首领，头目。③〔品〕规定的数额。④〔课〕考核。⑤〔浸〕逐渐。

◎**大意** 自从王温舒以残暴的手段治理以来，郡太守、都尉及诸侯国二千石的官员想加强治理，方法大都仿效王温舒，但是官吏和百姓更加轻易犯法，盗贼越来越多。南阳郡有梅免、白政，楚地有殷中、杜少，齐地有徐勃，燕、赵一带有坚卢、范生之辈。大的帮伙多达数千人，擅立名号，攻打城池，夺取武库的兵器，释放死囚犯，捆绑侮辱郡太守、都尉，杀戮二千石的官员，发布檄文催促各县为他们准备粮食；小的帮伙有数百人，掠夺乡里的不可胜数。武帝开始派御史中丞、丞相长史督捕。仍然不能禁止，于是派光禄大夫范昆、三辅都尉以及原九卿张德等人穿上绣衣，拿上符节、虎符发兵攻打，大帮伙中被斩首的达到一万多人，同时依法杀死了给盗贼供给衣食的人，诛连各郡，有的多至数千人。几年以后，才抓获几个盗贼首领。那些逃亡后来又在山川中聚集成帮的散兵，往往群居一处，朝廷对他们没有办法。于是制定了"沉命法"，规定盗贼群起而没有发觉，发觉但捕获人数不够的官吏，自二千石以下至负责具体事务的小吏员都得处死。此后小官吏害怕被杀，即使有盗贼也不敢报告，担心捕获不到，自身犯法又连累到官府，官府也让他们不要报告。因此盗贼越来越多，官吏上下互相遮掩，通过虚假的文辞逃避刑罚。

减宣者，杨人也。以佐史无害给事河东守府。卫将军青使买马河东，见宣无害，言上，征为大厩丞①。官事辨，稍迁至御史及中丞。使治主父偃及治淮南反狱，所以微文深诋杀者甚众，称为敢决疑。数废数起，为御史及中丞者几二十岁。王温舒免中尉，而宣为左内史。其治米盐，事大小皆关其手，自部署县名曹实物②，官吏令丞不得擅摇，痛以重法绳之。居官数年，一切郡中为小治辨，然独宣以小致大，能因力行之，难以为经。中废。为右扶风③，坐怨成信，信亡藏上林中，宣使郿令格杀信，吏卒格信时，射中上林苑门，宣下吏诋（抵）罪，以为大逆，当族，自杀。而杜周任用。

◎**注释** ①〔大厩丞〕官名，负责管理皇家的主要马厩。②〔名曹实物〕名曹，曹吏，属吏。实物，实际应用之物。③〔右扶风〕官名，为汉代三辅之一。

◎**大意** 减宣，杨县人，因为当佐史公正而调往河东郡太守府任职。将军卫青派人到河东买马，见到减宣处事公正，回报武帝，召他任京城大厩丞。减宣善于处理公务，逐渐升为御史及中丞。武帝派他审理主父偃和淮南王谋反的案件，他根据苛细的法律条款罗织罪名，杀人很多，被称为决案果断。他多次被罢官又多次被起用，做御史及中丞官近二十年。王温舒被罢免中尉后，减宣当上了左内史。他管理米、盐之类，事无大小都要亲自经手，亲自安排县中主要部门的用物。一般官吏及至县令、县丞都不得擅自更改，甚至用重法约束他们。做官数年，一般郡吏只是能办一些小事，唯独减宣能够通过办小事办成大事，他是根据自己的能力努力去做，一般人难以取法。他中途曾被免官。后来又当上了右扶风，因他怨恨属官成信，成信躲藏到上林苑中，减宣派郿县县令射杀成信，官吏和士卒射杀成信时，射中了上林苑的大门，减宣因此被交给法官判罪，定为大逆不道，法当灭族，减宣自杀身亡。随后杜周受到重用。

杜周者，南阳杜衍人。义纵为南阳守，以为爪牙，举为廷尉史。事张汤，汤数言其无害，至御史。使案边失亡①，所论杀甚众。奏事中上意，任用，与减宣相编②，更为中丞十余岁。

◎**注释** ①〔案边失亡〕指巡视边地，查核因匈奴侵袭而损失的人畜财物，并确定有关官员的罪责。②〔相编〕相互交织，引申为互相替代，交替。

◎**大意** 杜周，南阳郡杜衍人。义纵做南阳郡太守时，把杜周作为得力帮手，推荐他做廷尉史。他侍奉张汤，张汤多次称赞他处事公平，官职被提到御史。朝廷派他巡查边境上人畜财物损失的情况，很多人被他判处杀头。上奏的内容合乎武帝的心意，被重用，与减宣轮流任职中丞十多年。

其治与宣相放（仿），然重迟①，外宽，内深次骨。宣为左内史，周为廷尉,其治大放(仿)张汤而善候伺②。上所欲挤者,因而陷之;上所欲释者,久系待问而微见其冤状。客有让周曰:"君为天子决平,不循三尺法③,专以人主意指为狱。狱者固如是乎?"周曰:"三尺安出哉?前主所是著为律,后主所是疏为令,当时为是,何古之法乎!"

◎**注释** ①〔重迟〕指为人持重从容。②〔候伺〕指察言观色,侦伺人主的意图。③〔三尺法〕古代把法律条文写在三尺长的竹简上,所以称法律为"三尺法",又简称为"三尺"。

◎**大意** 杜周理政的方法与减宣相仿,但慎重从容,外表显得宽松,内心却严酷入骨。减宣做左内史时,杜周做廷尉,他办事多仿效张汤而善于窥测武帝的意图。武帝想要排除的,他就加以陷害;武帝想要宽释的,他就长期囚禁等待武帝审问而很少显露其冤情。门客中有人责备杜周说:"您为皇上公平地判决案件,不依据法律,却专门根据皇上的意图断案。作为法官本该如此吗?"杜周说:"法律是从哪里产生的呢?前代君主认为正确的就写成法律,后代君主认为正确的就著录为法令,合于时宜就是正确的,为何非要遵行古法呢?"

至周为廷尉,诏狱亦益多矣。二千石系者新故相因,不减百余人。郡吏大府举之廷尉,一岁至千余章。章大者连逮证案①数百,小者数十人;远者数千,近者数百里。会狱,吏因责如章告劾,不服,以笞掠定之。于是闻有逮,皆亡匿。狱久者至更数赦十有余岁而相告言,大抵尽诋以不道②,以上廷尉及中都官,诏狱逮至六七万人,吏所增加十万余人。

◎**注释** ①〔证案〕案件的证人。②〔不道〕汉代刑律的一种名目,依法当判死刑。

◎**大意** 杜周当了廷尉后,武帝交办的案件更多了。二千石一级的官员被囚禁的新旧相继,不下百余人。郡国官员和朝廷官府报给廷尉的案件,一年之中多达千余件。一个大案件牵连逮捕的证人有数百人,小案件也要逮捕数十人;范围所及远至数千里,近至数百里。会审案犯时,法官要求犯人按照诉状上的罪行招供,如果不服罪,就用鞭杖抽打直到招供定案。当时人们一听说要逮捕人的消息,都逃亡躲避起来。案件拖得久的,甚至经多次赦免,十多年后还会被起诉捉拿,大都被诬判为大逆不道之罪,以上报廷尉和京师官员,牢狱中关押的钦犯多达六七万人,法吏又抓捕了十多万人。

周中废,后为执金吾①,逐盗,捕治桑弘羊、卫皇后昆弟子刻深,天子以为尽力无私,迁为御史大夫。家两子,夹河为守。其治暴酷皆甚于王温舒等矣。杜周初征为廷史,有一马,且不全;及身久任事,至三公列,子孙尊官,家訾累数巨万矣。

◎**注释** ①〔执金吾〕官名,即中尉。
◎**大意** 杜周中途被罢官,后又当了执金吾,追捕盗贼,逮捕审讯桑弘羊和卫皇后兄弟的儿子,用刑凶狠残酷,武帝认为他尽己之力而无私心,擢升为御史大夫。家有两子,分别做河内郡与河南郡太守。他们理政执法残暴严酷都超过了王温舒等人。杜周起初被召为廷史时,只有一匹马,并且装备不齐全;等到他任职已久,位至三公,子孙做了高官时,家产总计有数万之多。

太史公曰:自郅都、杜周十人者,此皆以酷烈为声。然郅都伉直,引是非,争天下大体。张汤以知阴阳①,人主与俱上下,时数辩当否,国家赖其便。赵禹时据法守正。杜周从谀,以少言为重。自张汤死后,网密,多诋严,官事浸以秏(耗)废。九卿碌碌奉其官,救过不赡②,何暇论绳墨之外乎!然此十人中,其廉者足以为仪表,其污者足以为戒,方略教导,禁奸止邪,一切亦皆彬彬质有其文武焉。虽惨酷,斯称其位矣。至若蜀守冯当暴挫③,广汉李贞擅磔人,东郡弥仆锯项，天水骆璧推（椎）咸④，河东褚广妄杀，京兆无忌、冯翊殷周蝮鸷⑤，水衡阎奉朴（扑）击卖请⑥，何足数哉！何足数哉！

◎**注释** ①〔知阴阳〕指窥察皇帝的心思。②〔赡〕足够，充足。③〔暴挫〕暴烈地折断别人的肢体。④〔推（zhuī）咸〕推，通"椎"。咸，一作"成"，以作"成"为是。"椎成"意谓用椎击人以逼供。⑤〔蝮（fù）鸷〕喻其狠毒凶猛。蝮，毒蛇。鸷，猛禽。⑥〔朴击卖请〕朴，通"扑"，用鞭子、棍子等打人。卖请，收受贿赂，卖法行私。

◎**大意** 太史公说：从郅都到杜周十个人，都以严酷暴烈闻名。但是郅都刚直，明辨是非，顾国家大局。张汤因善于窥察皇上的心思，使得皇上能同意他的意见，当时多次讨论政事的得失，国家靠他得到了好处。赵禹能经常依据法律坚守正道。杜周顺从阿谀皇上，以少说话显示持重。自从张汤死后，法网严密，多诬陷严刑，政事逐渐昏乱废弛。九卿碌碌以求保其官位，他们补救自己的过失都来不及，哪有闲暇去考虑刑法以外的道德教化呢？而这十人当中，廉洁奉公的人足以作为表率，污浊奸邪的人足以引为鉴戒。他们出谋划策教化百姓，禁止奸邪，一切做法都达到了礼刑并用、文武相济的程度。虽然用刑残酷，但这与他们的身份是相称的。至于像蜀郡太守冯当那样暴烈地折断人的肢体，广汉郡李贞那样擅自肢解罪人，东郡弥仆锯人脖子，天水郡骆璧用椎击人以逼供定案，河东郡褚广妄杀无辜，京兆无忌、左冯翊殷周像蝮蛇、鹰隼一样凶狠，水衡阎奉用拷打使人行贿，哪里值得一提呢？哪里值得一提呢？

◎**释疑解惑**

　　从总体上说，司马迁喜欢"德治"，希望能有一种既宽松又有秩序的社会局面，十分厌恶严刑峻法。从文章开始司马迁所引孔子之语，就可看出他的思想倾向。所以《酷吏列传》主要批判汉朝统治者的残暴，揭露统治者对百姓的残酷剥削。但是，司马迁也清醒地认识到，在武帝时期实行严酷法制解决由豪强贵族引起的种种社会问题，有相对的合理性和必然性。正如司马迁在《太史公自序》中所申明的作《酷吏列传》之旨："民倍本多巧，奸轨弄法，善人不能化，唯一切严削为能齐之，作《酷吏列传》。"虽然"酷吏"的共同特点是执法严厉，但是他们的个人行为品质大不相同。司马迁对于那些忠正廉明、克己奉公的酷吏是赞美的、肯定的，如郅都、义纵；对杀人无度、谄上欺下的酷吏则是批判的、否定的，如王温舒。对于《酷吏列传》的中心人物张汤，司马迁的评价也是有褒有贬。张汤为官廉洁，对武帝时代的整个法治建设做出了巨大贡献，但其身上也显示出酷吏的最大问题，即执法不公平。他们专凭个人的爱恶或是君主的脸色办事，谄上欺下。张汤的判案原则就是："所治即上意所欲罪，予监史深祸者；即上意所欲释，与监史轻平者。"这是司马迁所深恶痛绝的。汉武帝之所以实行严刑峻法，以及当时政法问题之所以如此混乱，是和当时对外发动战争、对内大肆搜刮，以致经济凋敝、民不聊生、上下怨气一片、局势动荡不安等严重的现实问题分不开的。这些问题互为因果，造成了一种恶性循环。有关这种恶性循环的详细情景，可以参看《平准书》。对此，清人牛运震认为："《酷吏传》与《平准书》相表里。《平准书》每纪匈奴用兵之事，而见知之法，废格沮诽穷治之狱，直指之使张汤、减宣、杜周、义纵之用事本末，往往及之……《酷吏传》亦著兴兵伐匈奴之事，而造白金、出告缗令，以及征伐徒卒之役事载《平准书》者亦并记之，盖酷刑厚敛未有不相济者，而害国本剥民命，其源俱由于此。此《酷吏传》所以与《平准书》并见，而《刑罚志》可以不作也。"

此文把十几个酷吏的史事集于一篇，以严酷苛暴为线索，使全文结构严谨，前后一贯。封建君主以酷吏为爪牙，打击豪强，抑制商贾，节制权贵，加强中央集权，聚敛财富，老百姓也因此遭受更加严酷的压迫，造成冤狱横生、盗贼滋起的局面。文中对每个人物的叙述各不相同，有主有次，有详有略，如写张汤较详，写晁错较略，"立格用意以短悍为主，奥字句，隐然有肃杀阴修之气。其刻深次骨处，往往如老吏断狱。太史公亦可谓文中之酷吏矣"（牛运震《史记评注》）。文字精练而重点突出，表现了司马迁高超的叙事才能。

◎思考辨析题

1. 试分析司马迁对酷吏的评价。
2. 试结合《史记》其他文本分析酷吏的作用。

大宛列传第六十三

《大宛列传》主要通过撰写张骞两次出使西域开通西域之道、李广利伐大宛这两个核心事件，叙述了当时西汉、西域及匈奴三者，特别是前两者关系的发展历程；同时，借张骞在西域的所见所闻，也略述了当时汉朝视野中西域诸国的风土人情、政治、经济、人文掌故等情况。其中详记大宛、乌孙、康居、奄蔡、大小月氏、安息、条枝、大夏之事，附记扜罙、于窴、楼兰、姑师、黎轩、身毒、骊靬、大益、苏薤之事，偶涉西南夷嶲、冉、徙、邛、僰、筰、嶲、昆明、滇越之事，而以大宛、乌孙事为主，且以大宛事开篇，以大宛事终篇，故名曰《大宛列传》。文中记述了西域诸国的物产风情，着重写了张骞两次出使西域的经过，展示了汉王朝同西域各国的微妙关系，说明中国与西域诸国有悠久的经济和文化交流的历史，存在政治和人员的往来关系。在叙事中，司马迁含蓄地表达了对汉武帝连年用兵和好大喜功的讥讽与感叹。但是，汉武帝坚持派张骞打通西域之路，努力控制河西走廊，对于汉朝和中亚诸国间的经济文化交流，对维护汉朝的统一和强大，都做出了重大贡献，有着积极的历史作用。本文记事详略适宜，叙事与议论相结合，"或以序事带议论，或以议论带序事，纵横错杂而出，其中段落井井，照应楚楚，结构奇绝"（吴见思《史记论文》），确为一篇好文章。

　　大宛之迹①，见（现）自张骞。张骞，汉中人。建元中为郎。是时天子问匈奴降者，皆言匈奴破月氏②王，以其头为饮器，月氏遁逃而常怨仇匈奴，无与共击之。汉方欲事灭胡，闻此言，因欲通使。道必更③匈奴中，乃募能使者。骞以郎应募，使月氏，与堂邑氏胡奴甘父④俱出陇西。经匈奴，匈奴得之，传诣单于⑤。单于留之，曰："月氏在吾北，汉何以得往使？吾欲使越，汉肯听我乎？"留骞十余岁，与妻，有子，然骞持汉节不失。

◎**注释**　①〔大宛（yuān）之迹〕此指大宛国的土地山川。②〔月氏（zhī）〕西域古国名。③〔更〕经过。④〔堂邑氏胡奴甘父〕复姓堂邑的匈奴族奴仆，名为甘父，又称堂邑父。一说堂邑为汉时县名。⑤〔传诣单于〕移送到单于那里。

◎**大意**　大宛的土地，是张骞首先发现的。张骞，是汉中人。汉武帝建元年间做郎官。当时，武帝向投降的匈奴人询问，他们都说匈奴打败了月氏王，用月氏王的头骨做了饮酒的器具，月氏族逃跑了，而对匈奴常怀仇恨，苦于没有哪个国家和他们一起攻打匈奴。汉朝正想攻打匈奴，武帝听了此话，便想派使者前往月氏联络。但是去月氏必须经过匈奴之地，于是朝廷便招募能够出使的人。张骞以郎官的身份应诏,出使月氏,和匈奴族奴仆堂邑父一同从陇西出境。经过匈奴之地时,被匈奴人拘留,押送到单于那里。单于扣留了他们,说道:"月氏在我国的北部,汉朝怎么能够往那里派使者?我们如果派人出使南越,汉朝会允许我们通过吗?"张骞被扣留在匈奴十多年,匈奴给他娶了妻子,并生了孩子,但张骞一直保存着汉朝使者的符节,没有丢失。

居匈奴中,益宽,骞因与其属亡,乡(向)月氏西走数十日,至大宛。大宛闻汉之饶财,欲通不得,见骞,喜,问曰:"若欲何之①?"骞曰:"为汉使月氏,而为匈奴所闭道②。今亡,唯王使人导送我。诚得至,反(返)汉,汉之赂遗③王财物不可胜言。"大宛以为然,遣骞,为发导绎(译)④,抵康居⑤,康居传致⑥大月氏。大月氏王已为胡所杀,立其太子为王。既臣大夏⑦而居,地肥饶,少寇,志安乐,又自以远汉,殊无报胡之心。骞从月氏至大夏,竟不能得月氏要(腰)领⑧。

◎**注释** ①〔若欲何之〕你要到哪里去?若,你。之,到……去。②〔闭道〕阻塞道路。③〔赂遗〕馈赠。④〔发导绎〕派遣向导和翻译。绎,通"译",翻译。⑤〔康居〕西域国名。⑥〔传致〕转送到。⑦〔大夏〕西域国名。⑧〔不能得月氏要领〕谓月氏对与汉共击匈奴之事没有明确态度。要,通"腰",指衣腰。领,衣领。要领,喻指想法、态度。

◎**大意** 张骞留居在匈奴的中部,匈奴对他的看管渐渐宽松,张骞于是乘机和他的随从逃向月氏,向西跑了几十天,到达了大宛。大宛听说汉朝富足,想和汉朝往来而没有实现,现在见到张骞,非常高兴,询问道:"你打算到哪里去?"张骞回答说:"我为汉朝出使月氏,而被匈奴拦住去路。如今逃出匈奴,希望大王能派人引路送我前去。若真能到达月氏,那么我返回汉朝后,汉朝赠送给大王的财物是用言语说不尽的。"大宛认为张骞的话可信,于是放走张骞,并为他派了向导和翻译,先到达康居国。康居又将他们转送到大月氏。大月氏王早已被匈奴所杀，他的太子被立为新王。新王已征服了大夏国并在那里定居下来，其国土地肥沃，少受侵扰，因而过得很安稳愉快，再加上新王觉得远离汉朝，根本没有向匈奴复仇的意思。张骞从月氏到大夏，始终没有得到月氏的明确答复。

　　留岁余，还，并（旁）南山①，欲从羌中归，复为匈奴所得。留岁余，单于死，左谷蠡王攻其太子自立②，国内乱，骞与胡妻③及堂邑父俱亡归汉。汉拜骞为太中大夫，堂邑父为奉使君。

◎**注释**　①〔并南山〕靠近祁连山。并，同"旁"，靠近。南山，指祁连山。②〔左谷蠡（lù lí）王攻其太子自立〕汉武帝元朔三年，匈奴军臣单于死去，其弟弟左谷蠡王伊稚斜自立为单于，太子（军臣之子）於单（dān）投奔汉朝而降，匈奴国内混乱。事见《匈奴列传》。③〔胡妻〕指张骞的匈奴族妻子。

◎**大意**　张骞在月氏待了一年多，动身回国，沿着南山行进，想从羌人居住的地方回到长安，却又被匈奴捉住了。他在匈奴住了一年多，单于死了，匈奴左谷蠡王攻击太子，自立为单于，匈奴大乱，张骞乘机与匈奴妻子和堂邑父一起逃回汉朝。汉朝封张骞为太中大夫，封堂邑父为奉使君。

　　骞为人强力①，宽大信人，蛮夷爱之。堂邑父故胡人，善射，穷急射禽兽给食。初，骞行时百余人，去十三岁，唯二人得还。

◎**注释**　①〔强力〕坚强而有力量。

◎**大意**　张骞为人坚强有力量，心胸宽大，诚实可信，蛮夷之人都喜欢他。堂邑父是匈奴人，善于射箭，每当穷困危急之时，就射杀飞禽走兽食用。最初，张骞出使时有一百多个随从，离开汉朝十三年，只有他和堂邑父两人回到汉朝。

骞身所至者大宛、大月氏、大夏、康居，而传闻其旁大国五六，具（俱）为天子言之。曰：

◎**大意**　张骞所到的国家有大宛、大月氏、大夏、康居，听说这些国家的旁边还有五六个大国，他全部向天子做了汇报。他说：

大宛在匈奴西南，在汉正西，去汉可①万里。其俗土著，耕田，田稻麦②。有蒲陶③酒。多善马，马汗血④，其先天马子也。有城郭屋室。其属邑大小七十余城，众⑤可数十万。其兵弓矛骑射。其北则康居，西则大月氏，西南则大夏，东北则乌孙⑥，东则扜罙⑦、于窴⑧。于窴之西，则水皆西流，注西海⑨；其东水东流，注盐泽⑩。盐泽潜行地下，其南则河源⑪出焉。多玉石，河注中国。而楼兰⑫、姑师⑬邑有城郭，临盐泽。盐泽去长安可五千里。匈奴右方居盐泽以东，至陇西长城，南接羌，鬲（隔）汉道焉。

◎**注释**　①〔可〕大约。②〔田稻麦〕种稻和麦。田，种。③〔蒲陶〕即葡萄。④〔马汗血〕马出汗如血。即人们所称之汗血马。按《汉书音义》："大宛国有高山，其上有马，不可得，因取五色母马置其下，与交，生驹汗血，因号曰天马子。"⑤〔众〕民众，百姓。⑥〔乌孙〕古代国名。⑦〔扜罙（yū mí）〕古代西域国名。⑧〔于窴（tián）〕又作"于阗"，古代西域国名。⑨〔西海〕古代大湖名，即今青海湖。⑩〔盐泽〕或称蒲昌海，即今新疆罗布泊。⑪〔河源〕黄河源头。⑫〔楼兰〕古代西域国名，后称鄯善。⑬〔姑师〕古代西域国名，后称车师。

◎**大意**　大宛在匈奴西南，在汉朝正西面，离汉朝大约一万里。当地的风俗是定居一处，耕种田地，种稻子和麦子。出产葡萄酒。有很多好马，马出汗如血，它的祖先是天马之子。那里有城郭房屋，归它管辖的大小城镇有七十多座，民众有几十万。大宛的兵器是弓和矛，人们骑马射箭。它的北边是康居，西边是大月氏，西南是大夏，东北是乌孙，东边是扞罙、于窴。于窴的西边，河水都西流，注入西海；于窴东边的河水都向东流，注入盐泽。盐泽的水在地下暗中流淌，它的南边就是黄河的源头，黄河水由此流出。那儿盛产玉石，黄河水流入中国。楼兰和姑师的城镇都有城郭，靠近盐泽。盐泽离长安大约五千里。匈奴的右边正处在盐泽以东，直到陇西长城，南边与羌人居住区相接，阻隔了通往汉朝的道路。

乌孙在大宛东北可二千里，行国①，随畜，与匈奴同俗。控弦②者数万，敢战。故服匈奴，及盛，取其羁属③，不肯往朝会焉。

◎**注释** ①〔行国〕百姓不定居的国家，即游牧之国。②〔控弦〕拉弓。此指能拉弓打仗的战士。③〔羁属〕这里指松散的、名义上的臣服。
◎**大意** 乌孙国在大宛东北约两千里处，属于游牧部落，随地放牧，和匈奴的风俗相同。有张弓射箭的军队数万人，勇敢善战。乌孙国原来臣服于匈奴，等它强盛后，便只在名义上服从匈奴，不肯再去朝拜了。

康居在大宛西北可二千里，行国，与月氏大同俗。控弦者八九万人。与大宛邻国。国小，南羁事①月氏，东羁事匈奴。

◎**注释** ①〔羁事〕被迫服从别人。
◎**大意** 康居国在大宛西北约两千里处，属于游牧部落，和月氏的风俗大致相同。有弯弓射箭的军队八九万人。同大宛比邻。国家较小，南面臣服于月氏，东面臣服于匈奴。

奄蔡①在康居西北可二千里，行国，与康居大同俗。控弦者十余万。临大泽，无崖②，盖乃北海③云。

◎**注释** ①〔奄蔡〕古代西域国名。②〔崖〕边。③〔北海〕即今里海。

◎**大意** 奄蔡国在康居西北约两千里处，属于游牧部落，和康居国的风俗大致相同。有十多万弯弓射箭的军队。这个国家靠近一个大水泽，水泽漫无边际，据说那就是北海。

　　大月氏在大宛西可二三千里，居妫水①北。其南则大夏，西则安息②，北则康居。行国也，随畜移徙，与匈奴同俗。控弦者可一二十万。故时强，轻匈奴，及冒顿立，攻破月氏，至匈奴老上单于，杀月氏王，以其头为饮器。始月氏居敦煌、祁连间，及为匈奴所败，乃远去，过宛，西击大夏而臣之，遂都妫水北为王庭③。其余小众④不能去者，保⑤南山羌⑥，号小月氏。

◎**注释** ①〔妫（guī）水〕即今阿姆河。②〔安息〕古代西域国名，其地在今伊朗境内。③〔王庭〕古代北方各族君王设幕立朝之所。④〔小众〕一小部分百姓。⑤〔保〕保全。⑥〔羌〕指羌人居住之地。

◎**大意** 大月氏在大宛西边二三千里，处于妫水之北。它南边是大夏，西边是安息，北边是康居。大月氏也是游牧的国家，人们随着放牧的需要而迁移，同匈奴的风俗一样。有一二十万拉弓打仗的战士。从前强大时，大月氏轻视匈奴，等到冒顿立为匈奴单于，打败了月氏；匈奴老上单于时，杀死了月氏王，用月氏王的头骨做了饮酒的器皿。开始时，月氏居住在敦煌、祁连之间，待到被匈奴打败，大部分人就远远离开这里，经过大宛，向西攻打大夏，并把它打败，令其臣服，于是建都在妫水之北，作为王庭。其余一小部分不能离开的月氏人，投靠了祁连山羌人的居住地而得以保全，称为小月氏。

　　安息在大月氏西可数千里。其俗土著，耕田，田稻麦，蒲陶酒。城邑如大宛。其属小大数百城，地方数千里，最为大国。临妫水，有市①，民商贾用车及船，行旁国或数千里。以银为钱，钱如其王面，王死辄更钱，效王面焉。画革旁行以为书记②。其西则条枝③，北有奄蔡、黎轩④。

◎**注释** ①〔市〕交易场所。②〔画革旁行以为书记〕在皮革上横行书写作为记事的文字。旁行，横行。书记，指文字、书籍、文章等。③〔条枝〕古代国名，其地在今伊拉克境内。④〔黎轩〕古国名，又名大秦国。

◎**大意** 安息国在大月氏以西数千里的地方，属于定居民族，以耕地为生，种植水稻和小麦，产葡萄酒。它的城邑和大宛一样。所属大小城有数百座，面积方圆几千里，是最大的国家。靠近妫水，有集市，百姓及商人用车或船作为交通工具，有时运到邻近的国家甚至几千里远的地方。他们用银子制作货币，钱币铸成国王容貌的样子，国王死后便要更换货币，因为货币要展现新王的面貌。他们在皮革上横行书写以记事。安息的西边是条枝国，北边有奄蔡国和黎轩国。

条枝在安息西数千里，临西海。暑湿。耕田，田稻。有大鸟，卵如瓮。人众甚多，往往有小君长，而安息役属之，以为外国。国善眩①。安息长老传闻条枝有弱水②、西王母③，而未尝见。

◎**注释** ①〔眩〕指魔术之类。②〔弱水〕古代神话中的河名。③〔西王母〕古代传说中的女神。

◎**大意** 条枝国在安息以西几千里的地方，濒临西海。这里的气候炎热潮湿。以耕地为生，种植水稻。产鸵鸟，鸟蛋大如瓮。其国人口众多，城邑往往设置小君长，安息控制着这个国家，把它作为外围国。这个国家的人善于玩魔术。安息国的老人传说条枝国有弱水和西王母，但从未见过。

大夏在大宛西南二千余里妫水南。其俗土著，有城屋，与大宛同俗。无大君长，往往城邑置小长。其兵弱，畏战。善贾市。及大月氏西徙，攻败之，皆臣畜大夏①。大夏民多，可百余万。其都曰蓝市城，有市贩贾诸物。其东南有身毒国。

◎**注释** ①〔臣畜大夏〕对待大夏人像奴仆一样，意即统治了大夏。臣，奴仆。畜，养，这里意为对待。

◎**大意** 大夏国在大宛西南两千多里的妫水南面。属于定居民族，有城墙房屋，和大宛习俗相同。国家没有大君长，往往只是在城邑设置小君长。这个国家的兵力弱小，害怕战争。人民善于做买卖。大月氏向西迁移时，打败了大夏，统治了整个大夏。大夏人口众多，有一百多万。它的国都叫蓝市城，城内有市场贩卖着各种物品。大夏的东南方向有身毒国。

骞曰："臣在大夏时，见邛竹杖、蜀布①。问曰：'安得此？'大夏国人曰：'吾贾人往市之身毒。身毒在大夏东南可数千里。其俗土著，大与大夏同，而卑湿暑热云。其人民乘象以战。其国临大水焉。'以骞度之，大夏去汉万二千里，居汉西南。今身毒国又居大夏东南数千里，有蜀物，此其去蜀不远矣。今使大夏，从羌中，险，羌人恶②之；少北，则为匈奴所得；从蜀宜径③，又无寇。"天子既闻大宛及大夏、安息之属皆大国，多奇物，土著，颇与中国同业，而兵弱，贵汉财物；其北有大月氏、康居之属，兵强，可以赂遗设利朝也④。且诚得而以义属之⑤，则广地万里，重九译⑥，致殊俗，威德遍于四海。天子欣然，以骞言为然，乃令骞因蜀犍为⑦发间使⑧，四道并出：出駹，出冉，出徙，出邛、僰⑨，皆各行一二千里。其北方闭氐、筰⑩，南方闭雟⑪、昆明。昆明之属无君长，善寇盗，辄杀略⑫汉使，终莫得通。然闻其西可千余里有乘象国，名曰滇越⑬，而蜀贾奸出物⑭者或至焉，于是汉以求大夏道始通滇国。初，汉欲通西南夷，费多，道不通，罢之。及张骞言可以通大夏，乃复事西南夷。

◎**注释**　①〔见邛竹杖、蜀布〕见到了邛都出产的手杖和蜀郡出产的布。邛，邛都，西南夷小国名。②〔恶〕讨厌。③〔宜径〕应是直道。④〔可以赂遗（wèi）设利朝也〕意谓可通过利诱、收买的手段使其来朝拜。赂遗，用财物买通他人。设利，施以好处。⑤〔义属之〕用道义使其归属。⑥〔重九译〕多次辗转翻译。按，"九"非实数，表示多次之意。⑦〔犍为〕郡名。⑧〔间使〕秘密行动的使者。⑨〔出駹，出冉，出徙，出邛、僰〕駹、冉、徙、邛、僰，皆为西南夷国名，《西南夷列传》记载较为详细。⑩〔闭氐（dī）筰〕被氐和筰阻拦，无法通过。闭，关闭，不通。氐、筰，西南夷国名。⑪〔巂（xī）〕古代西南夷国名。⑫〔杀略〕斩杀掠夺。略，夺取，掳掠。⑬〔滇越〕西南夷国名。⑭〔奸出物〕偷运物品出境。

◎**大意**　张骞对武帝说："我在大夏的时候，见到过邛都所产的竹杖和蜀郡出产的布。我问他们：'这些物品是从哪里得到的？'大夏国人回答说：'是我们的商人从身毒国买来的。身毒在大夏东南几千里的地方。属于定居民族，习俗大体与大夏相同，而地势低下，气候潮湿炎热。身毒国的人民骑着大象打仗。这个国家靠近大河。'根据我的估计，大夏距汉朝有一万二千里，位于汉朝的西南。如今身毒国又位于大夏东南几千里，有蜀地的产品出现，说明这个国家距蜀地不远。如今出使大夏，要是从羌族地区通过，地势险要，而且羌人厌恶汉人；要是稍微从北边取道，则会被匈奴人抓获；如果从蜀地出发可能是捷径，而且没有外敌的干扰。"武帝听说大宛及大夏、安息等国都是大国，有许多珍奇的物产，人民定居，与汉人的生产方式很接近，而这些国家的兵力弱小，百姓看重汉朝的财物；在它们的北边有大月氏、康居等国，兵力虽然强大，但可以通过赠送礼物给予好处使其来朝拜。要是果真能得到它们并且用大义使其附属于自己，就可以扩大疆土万里，经过辗转翻译，招来不同风俗的人民，使汉朝天子的声威和恩德传遍四海内外。武帝因此很高兴，认为张骞说得对，于是命令张骞从蜀郡、犍为秘密派出使者，分四路同时行动：一路从駹出发，一路从冉出发，一路从徙出发，一路从邛、僰出发，各自行走了一二千里。结果从北边行动的被氐人、筰人所阻拦；从南边行动的被嶲人、昆明人所阻拦。昆明人没有君长，善于抢劫偷盗，经常杀死、抢劫汉朝的使者，汉朝的使者始终没有通过。不过，这次听说昆明夷以西千余里的地方，有一个乘象国，名叫滇越，蜀地偷运货物出境的商人当中有人到过那里，于是汉朝为寻找通往大夏的道路而开始和滇越国来往。起初，汉朝想和西南夷来往，但因费用太多，道路不通，便作罢了。这次听张骞说可以由西南通往大夏，就重新致力于联系西南夷之事。

骞以校尉从大将军①击匈奴，知水草处，军得以不乏，乃封骞为博望侯。是岁元朔六年也。其明年，骞为卫尉，与李将军②俱出右北平击匈奴。匈奴围李将军，军失亡③多；而骞后期当斩④，赎为庶人。是岁汉遣骠骑⑤破匈奴西域数万人，至祁连山。其明年，浑邪王率其民降汉，而金城、河西西并南山至盐泽空无匈奴。匈奴时有候者⑥到，而希（稀）矣。其后二年，汉击走单于于幕（漠）北⑦。

◎**注释**　①〔大将军〕指卫青，当时他担任大将军之职。②〔李将军〕指李广。③〔失亡〕伤亡。④〔后期当斩〕耽误了规定的时间，被判为斩刑。当，判罪。⑤〔骠骑〕即骠骑将军，此指霍去病。⑥〔候者〕侦察兵。⑦〔幕（mò）北〕大沙漠以北。

◎**大意**　张骞以校尉的身份跟随大将军卫青去攻打匈奴，因为他知道有水草的地方，所以军队的供给没有困乏，武帝于是封张骞为博望侯。这一年是元朔六年。第二年，张骞被任为卫尉，与将军李广一同从右北平出发攻打匈奴。匈奴包围了李广，军队伤亡很重。而张骞没有按期到达约定地点，被判死刑，花钱赎罪后被免为平民。这一年，汉朝派遣骠骑将军霍去病出兵西域打败了匈奴几万人，一直攻打到祁连山。第二年，匈奴浑邪王率领他的臣民投降了汉朝，于是从金城、河西以西沿着祁连山一直到盐泽，再也没有匈奴人了。匈奴有时也派侦察兵来到这里，但为数很少。此后两年内，汉朝将单于赶到了大沙漠以北地带。

是后天子数问骞大夏之属。骞既失侯，因言曰："臣居匈奴中，闻乌孙王号昆莫，昆莫之父，匈奴西边小国也。匈奴攻杀其父，而昆莫生，弃于野。乌嗛（衔）肉蜚（飞）其上，狼往乳之。单于怪以为神，而收长之①。及壮，使将兵，数有功，单于复以其父之民予昆莫，令长守于西域。昆莫收养其民，攻旁小邑，控弦数万，习攻战。单于死，昆莫乃率其众远徙，中立②，不肯朝会匈奴。匈奴遣奇兵击，不胜，以为神而远之，因羁属之③，不大攻。今单于新困于汉，而故浑邪地空无人。蛮夷俗贪汉财物，今诚以此时而厚币赂乌孙，招以益东④，居故浑邪之地，与汉结昆弟，其势宜听⑤，听则是断匈奴右臂也。既连乌孙，自其西大夏之属皆可招来而为外臣。"天子以为然，拜骞为中郎将，将三百人，马各二匹，牛羊以万数，赍⑥金币帛直数千巨万⑦，多持节副使，道可使，使遗之他旁国。

◎**注释** ①〔收长之〕收养使他长大。②〔中立〕独立。③〔羁属之〕指采用笼络的手段使之归附。羁，羁縻，笼络。④〔益东〕更向东来。益，更加。⑤〔宜听〕应该听从。⑥〔赍（jī）〕携带。⑦〔直数千巨万〕价值数千亿。巨万，亿。

◎**大意** 从这以后，武帝多次向张骞询问大夏等国的事情。张骞此时已失去了侯爵，于是趁机回答道："我在匈奴时，听说乌孙国王名叫昆莫，昆莫的父亲是匈奴西边一个小国的国王。匈奴攻打并杀了昆莫的父亲，昆莫出生后，被抛弃在草野之中。而乌鸦衔肉飞来在他的身上喂他，狼也赶来给他哺乳。单于感到很奇怪，以为有神灵保佑他，便将他收养。等长大以后，让他率兵作战，屡次建立军功，单于将昆莫父亲的臣民重新交给昆莫统领，命他长期驻守在西域。昆莫收回了他父亲的臣民后，攻打近旁的小城邑，有几万善骑的军队，熟悉攻伐战争的本领。单于死后，昆莫率领他的人马迁移到很远的地方，宣布独立，不肯再去朝拜匈奴。匈奴秘密派遣军队去攻打，没有取胜，以为是神灵在帮助昆莫，于是远远避开他，笼络乌孙使其成为自己的附属国，不再对他发动大规模进攻。如今单于刚被汉朝打败，原来匈奴浑邪王的地方空无人居。蛮夷的特点是贪图汉朝的财物，如果确能在此时用重礼拉拢乌孙，招引他们向东迁移，居住在原浑邪王的地方，和汉朝结为兄弟之国，根据形势估计昆莫是会同意的，如果同意这样做，就相当于砍断了匈奴的右臂。联合乌孙以后，自乌孙以西的大夏等国都可以招来作为我们的臣属国。"天子认为张骞说得对，遂拜他为中郎将，率领三百人出发，每人带两匹马，共带牛羊数万头，同时带着价值数千亿的金钱布帛等礼物，还派了许多拿着符节的副使，如果道路可通，就让他们到近旁的国家去联络。

骞既至乌孙，乌孙王昆莫见汉使如单于礼，骞大惭，知蛮夷贪，乃曰："天子致赐，王不拜则还赐。"昆莫起拜赐，其他如故。骞谕使指（旨）①曰："乌孙能东居浑邪地，则汉遣翁主②为昆莫夫人。"乌孙国分③，王老，而远汉，未知其大小，素服属匈奴日久矣，且又近之，其大臣皆畏胡，不欲移徙，王不能专制④。骞不得其要领。昆莫有十余子，其中子曰大禄，强，善将众，将众别居万余骑。大禄兄为太子，太子有子曰岑娶，而太子蚤（早）死。临死谓其父昆莫曰："必以岑娶为太子，无令他人代之。"昆莫哀而许之，卒以岑娶为太子。大禄怒其不得代太子也，乃收其诸昆弟，将其众畔（叛），谋攻岑娶及昆莫。昆莫老，常恐大禄杀岑娶，予岑娶万余骑别居，而昆莫有万余骑自备，国众分为三，而其大总⑤取羁属昆莫，昆莫亦以此不敢专约⑥于骞。

◎**注释** ①〔骞谕使指〕张骞向昆莫讲明此次出使的目的。谕，上对下告知情况。指，通"旨"，旨意，目的。②〔翁主〕诸侯王的女儿。③〔分〕分成几部分。④〔专制〕独自决定。⑤〔大总〕大体。⑥〔专约〕独自做主定约。

◎**大意** 张骞到达乌孙后，乌孙王昆莫接见汉朝使者，同对待匈奴单于的礼节一样，张骞感到很耻辱。他知道蛮夷贪婪，便说："天子赐赠礼物，大王如果不拜谢，就请把礼物退回。"昆莫遂起身拜谢，其他的礼节照旧。张骞向昆莫说明来意道:"如果乌孙能东迁到浑邪王故地,则汉朝可派诸侯王的女儿做你的夫人。"乌孙国此时已分裂,国王昆莫年老了,又远离汉朝,不知汉朝的大小,附属于匈奴时间长了,并且又靠近匈奴,大臣都畏惧匈奴,不想迁徙,昆莫不能做主。张骞没有得到昆莫的明确答复。昆莫有十几个儿子,中间有一个儿子叫大禄,很强悍,善于领兵,他率领了一万多骑兵驻守在别的地方。大禄的哥哥是太子,太子有个儿子叫岑娶。太子早早就死了。临死前太子对父亲昆莫说:"一定要让岑娶做太子,不能让其他人取而代之。"昆莫哀怜其情而答应了,最终让岑娶做了太子。大禄对昆莫没有让自己做太子这件事非常气愤,于是便纠集了他的兄弟们,率领他的兵众反叛了,谋划攻打岑娶和昆莫。昆莫老了,常担心大禄会杀死岑娶,便拨给岑娶一万多骑兵以自卫。国家的势力就这样被分为三部分,只是在名义上总体归属于昆莫,因此昆莫也不敢独自与张骞商定这件事。

骞因分遣副使使大宛、康居、大月氏、大夏、安息、身毒、于寘、扜罙及诸旁国。乌孙发导译送骞还,骞与乌孙遣使数十人,马数十匹报谢①,因令窥汉,知其广大。

◎**注释** ①〔报谢〕回谢。
◎**大意** 张骞遂分别派遣副使出使大宛、康居、大月氏、大夏、安息、身毒、于寘、扜罙及一些近旁的国家。乌孙派了向导和翻译送张骞返回汉朝。张骞和乌孙国派出的几十名使者,带上几十匹马来到汉朝表示答谢,乌孙顺便让这些使者窥探一下汉朝的情况,了解它有多大。

骞还到,拜为大行,列于九卿。岁余,卒。

◎**大意** 张骞回来后,拜为大行令,位列九卿。过了一年多,他便去世了。

乌孙使既见汉人众富厚，归报其国，其国乃益重汉。其后岁余，骞所遣使通大夏之属者皆颇与其人俱来，于是西北国始通于汉矣。然张骞凿空①，其后使往者皆称博望侯，以为质②于外国，外国由此信之。

◎注释 ①〔凿空（kǒng）〕犹言"凿孔"，开辟孔道，此指开辟通往西域的道路。②〔为质〕作为取得信任的保证。

◎大意 乌孙的使者看到汉朝人口众多、国家富强后，回国报告了国王，乌孙便更加重视汉朝。此后一年多，张骞派往大夏等国的使者多数都和所到之国的使者一起来到汉朝，于是西北各国从这时开始和汉朝有了来往。不过这条道路是张骞开辟的，因此其后派出的使者都称作"博望侯"，以便借张骞的封号取信于外国，外国因此便信任他们。

自博望侯骞死后，匈奴闻汉通乌孙，怒，欲击之。及汉使乌孙，若出其南，抵大宛、大月氏相属，乌孙乃恐，使使献马，愿得尚①汉女翁主，为昆弟。天子问群臣议计，皆曰"必先纳聘②，然后乃遣女"。初，天子发书《易》③，云"神马当从西北来"。得乌孙马好，名曰"天马"。及得大宛汗血马，益壮，更名乌孙马曰"西极"，名大宛马曰"天马"云。而汉始筑④令居以西，初置酒泉郡以通西北国。因益发使抵安息、奄蔡、黎轩、条枝、身毒国。而天子好宛马，使者相望于道。诸使外国一辈⑤大者数百，少者百余人，人所赍操大放（仿）博望侯时⑥。其后益习⑦而衰少⑧焉。汉率一岁中使多者十余，少者五六辈，远者八九岁，近者数岁而反（返）。

◎注释 ①〔尚〕高攀，即"娶"之意。②〔纳聘〕送上聘礼。③〔发书《易》〕翻阅《易经》。④〔筑〕指修建长城亭障。⑤〔一辈〕一批。⑥〔人所赍操大放博望侯时〕使者携带的物品与当初张骞带的相仿。赍操，携带。放，通"仿"，效仿。
⑦〔益习〕愈发习惯。⑧〔衰少〕减少。

◎**大意** 自从博望侯张骞死后，匈奴听说汉朝与乌孙有来往，非常愤怒，想攻打乌孙。等到汉朝派使者到了乌孙，并且经过它的南边，到达大宛、大月氏等国，使者接连不断，乌孙这才感到恐惧，派使者向汉朝献马，希望能够高攀汉朝诸侯王的女儿做夫人，与汉朝结为兄弟之国。武帝征求群臣的看法，群臣都说："一定要先让乌孙送来聘礼，然后再把人嫁过去。"当初，武帝翻阅《易经》，看到"神马当从西北来"这句话。后来得到了乌孙的好马，便给它起名叫"天马"。等得到大宛的汗血马，更为健壮，就改称乌孙马为"西极"，而称大宛马为"天马"。这时汉朝开始在令居县以西修筑长城，初设酒泉郡以便和西北各国来往。于是增派使者前往安息、奄蔡、黎轩、条枝、身毒国。天子喜爱大宛马，派出的使者多得在路上可以前后望见。每批所派的使者多则数百人，少则百余人，使者所带之物与当初博望侯所带的大体相同。此后出使之事习以为常，所派人数就减少了。汉朝一年派出的使者，多的时候有十余批，少的时候有五六批。远的地方，使者八九年才能回来，近的地方，几年就可以返回。

　　是时汉既灭越①，而蜀、西南夷皆震，请吏②入朝。于是置益州、越巂、牂柯、沈黎、汶山郡，欲地接以前通大夏③。乃遣使柏始昌、吕越人等岁十余辈，出此初郡④抵大夏，皆复闭昆明，为所杀，夺币财，终莫能通至大夏焉。于是汉发三辅⑤罪人，因巴蜀士数万人，遣两将军郭昌、卫广等往击昆明之遮汉使者，斩首虏数万人而去。其后遣使，昆明复为寇，竟莫能得通。而北道酒泉抵大夏，使者既多，而外国益厌汉币⑥，不贵其物。

◎**注释** ①〔越〕指南越。汉武帝元鼎六年，南越被灭，"遂为九郡"。②〔请吏〕请求设置官吏统领其地。③〔欲地接以前通大夏〕意谓不断地扩大地盘，直至与大夏地界相连。地接，地界相接。前，向前。通，通往。④〔初郡〕初设之郡，指上文所说的益州等郡。⑤〔三辅〕指长安周围地区。汉武帝太初元年，改右内史为京兆尹，管理长安以东地区，改左内史为左冯翊，治理长陵以北地区，改都尉为右扶风，治理渭城以西地区。这三个职官称三辅，他们所管辖的地区也称三辅。⑥〔汉币〕指汉朝的布帛财物等。

◎**大意**　这时汉朝已经灭掉了南越，蜀地和西南夷都感到震恐，请求汉朝为他们设置官吏并希望来汉朝拜。于是汉朝设置了益州、越嶲、牂柯、沈黎及汶山郡，想从这些地方再向前扩大地界，直通大夏。在一年之中汉朝便派出了使者柏始昌、吕越人等共十余批，从这些新设的郡出发前往大夏，但都又遭到昆明夷阻拦，使者被杀，钱物被抢去，终究没能到达大夏。于是汉朝征调了三辅的罪犯，再加上巴、蜀的士卒数万人，由郭昌、卫广两将军率领去攻打阻拦汉朝使者的昆明夷，杀死和俘虏了数万人后撤军。此后汉朝派遣使者，昆明夷还是进行拦劫，这条道路最终没有打通。而北边的道路由酒泉通往大夏，汉朝的使者越来越多，外国对汉朝的财物逐渐厌烦，不再看重了。

自博望侯开外国道以尊贵，其后从吏卒皆争上书言外国奇怪利害，求使①。天子为其绝远，非人所乐往，听其言，予节②，募吏民毋问所从来，为具备人众遣之，以广其道。来还不能毋侵盗币物，及使失指（旨）③，天子为其习之，辄覆案致重罪，以激怒令赎，复求使④。使端无穷，而轻犯法。其吏卒亦辄复盛推外国所有，言大者予节，言小者为副，故妄言无行之徒皆争效之。其使皆贫人子，私县官赍物，欲贱市以私其利外国。外国亦厌汉使人人有言轻重，度汉兵远不能至，而禁其食物以苦汉使。汉使乏绝积怨，至相攻击。而楼兰、姑师小国耳，当空道⑤，攻劫汉使王恢⑥等尤甚。而匈奴奇兵时时遮击使西国者。使者争遍言外国灾害，皆有城邑，兵弱易击。于是天子以故遣从骠侯破奴将属国骑及郡兵数万，至匈河水，欲以击胡，胡皆去。其明年⑦，击姑师，破奴与轻骑七百余先至，虏楼兰王，遂破姑师。因举兵威以困乌孙、大宛之属。还，封破奴为浞野侯。王恢数使，为楼兰所苦，言天子，天子发兵令恢佐破奴击破之，封恢为浩侯。于是酒泉列亭障至玉门矣。

◎**注释** ①〔求使〕自己请求当使者。②〔予节〕给予使者符节，令其出使。③〔失指〕违背皇上的意图。指，通"旨"。④〔"天子为其习之"四句〕意思是说汉武帝以为这些人熟悉西域的情况，所以就在他们有过失时，重判其罪，以激励他们请求再次出使，以便立功赎罪。习之，指熟悉西域情况。覆案，深究罪行。⑤〔当空（kǒng）道〕处于交通要道之上。空道，又作"孔道"，交通要道。⑥〔王恢〕此指浩侯王恢，与大行王恢非一人。⑦〔明年〕指汉武帝元封三年。

◎**大意** 自从博望侯因开辟通往外国的道路而获得尊贵的地位后，跟随过他的官员和士卒都争相上书谈外国怪异及利害之情，要求出使。武帝认为那些国家太遥远，不是一般人乐意去的地方，就同意了他们的请求，赐给符节，招募官员，不管他们的出身，为他们配备好随行人员后派出去，以求扩大和外国交往的道路。出使归来的人难免有侵占偷拿财物，以及在出使期间违背天子旨意的现象，武帝认为他们熟悉西域和使者的工作，常常深究他们的罪行，以此激励他们为立功赎罪而再次请求充任使者。这样一来出使的事端层出不穷，而他们也就不在意犯法了。那些官吏士卒也常常称赞外国拥有的东西，说大话的人被授予符节当正使，浮夸的小人被任为副使，所以那些胡说而又无德行的人争相效法他们。那些出使者都是穷人的子弟，把官府送给西域各国的礼物占为己有，想用低价卖出，在外国获取私利。外国人也讨厌汉朝的使者个个说话轻重不一，他们估计汉朝的军队驻地遥远不能到达，便断绝汉朝使者的食物使他们受苦。汉朝使者生活困乏，物资被断绝，因而对西域各国产生了积怨，以至于相互攻击。楼兰、姑师不过是小国罢了，因为处于交通要道，故对汉朝使者王恢等的攻打劫掠尤其厉害。而匈奴的快速部队更是常常拦击出使西域的汉朝使者。使者便都争着谈论外国的危害，说他们虽都有城邑，但军队弱小容易攻破。于是武帝派遣从骠侯赵破奴率领属国骑兵及郡中驻军数万人，开赴匈河水，想攻打匈奴，匈奴人见机都撤走了。第二年，攻打姑师国，赵破奴和七百多轻骑兵先到，俘虏了楼兰王，又打败了姑师。

接着乘胜举兵围困乌孙、大宛等国。回到汉朝后，赵破奴被封为浞野侯。王恢多次出使西域，吃尽了楼兰的苦头，他把此事报告了武帝，所以武帝发兵并让他辅助赵破奴打败楼兰，王恢回来后被封为浩侯。从此汉朝从酒泉郡修筑亭障，一直修到了玉门关。

乌孙以千匹马聘汉女，汉遣宗室女江都①翁主往妻乌孙，乌孙王昆莫以为右夫人。匈奴亦遣女妻昆莫，昆莫以为左夫人。昆莫曰"我老"，乃令其孙岑娶妻翁主。乌孙多马，其富人至有四五千匹马。

◎**注释**　①〔江都〕指江都王刘建。
◎**大意**　乌孙用一千匹马作为聘礼迎娶汉朝女子，汉朝将皇族江都王刘建的女儿送去嫁给乌孙王为妻，乌孙王昆莫以她为右夫人。匈奴也将一个女子送去嫁给昆莫，昆莫以她为左夫人。后来昆莫说"我老了"，便命他的孙子岑娶娶了江都王的女儿。乌孙盛产马，有些富人的马竟多达四五千匹。

初，汉使至安息，安息王令将二万骑迎于东界。东界去王都数千里。行比至，过数十城，人民相属①甚多。汉使还，而后发使随汉使来观汉广大，以大鸟卵及黎轩善眩人献于汉。及宛西小国驩潜、大益②，宛东姑师、扞罙、苏薤之属，皆随汉使献见天子。天子大悦。

◎**注释**　①〔属〕连。②〔驩（huān）潜、大益〕与下文的"苏薤（xiè）"均为古代西域小国名。
◎**大意**　起初，汉朝使者将要到达安息的时候，安息王派人率领两万骑兵到东部国境上迎接。东部国境离国都有数千里。从东部国境到国都，要经过数十座城邑，其间居民点相连，人口众多。汉朝使者返回时，安息派使者随汉使一道前来观察汉朝有多大，他们带着鸵鸟蛋和黎轩的魔术师献给汉朝。大宛以西的小国驩潜、大益，大宛以东的姑师、扞罙、苏薤等国，也都随汉使前来献纳礼品朝见武帝。武帝非常高兴。

而汉使穷河源，河源出于寘，其山多玉石，采来，天子案①古图书，名河所出山曰昆仑云。

◎**注释** ①〔案〕考察。
◎**大意** 汉朝使者在出使期间注意探寻黄河的源头，发现黄河源头在于寘国。那里的山上盛产玉石，汉使采运了一些回来。武帝考察古代的地图，将黄河发源的那座山命名为昆仑山。

是时上方数巡狩海上①，乃悉从外国客，大都多人②则过之，散财帛以赏赐，厚具③以饶给之，以览示汉富厚焉。于是大觳抵④，出奇戏诸怪物，多聚观者，行赏赐，酒池肉林⑤，令外国客遍观各仓库府藏之积，见（现）汉之广大，倾骇之。及加其眩者之工，而觳抵奇戏岁增变，甚盛益兴，自此始。

◎**注释** ①〔巡狩海上〕到海边巡视。巡狩，天子视察地方的理政情况。②〔大都多人〕人多的大都邑。③〔厚具〕准备丰厚的物品。④〔大觳（jué）抵〕大规模举行角抵活动。此事出现于汉武帝元封三年。觳抵，即"角抵"，类似今之摔跤。⑤〔酒池肉林〕极言酒肉之多。
◎**大意** 这时，武帝多次到海边巡视，让所有的外国客人作为随从，大凡人多的城镇都要经过。并且散发财物布帛进行赏赐，准备丰厚的礼物多多供给他们，以此展示汉朝的富有。于是大规模地搞角抵活动，演出各种稀奇的节目，展出许多珍奇之物，引来许多人围观，武帝借机进行赏赐，聚酒成池，挂肉成林，让外国客人遍观各地仓库中储藏的物资，以表现汉朝的广大，使他们倾慕惊骇。增加魔术的技巧后，角抵和奇戏每年都能变出新花样了，这些技艺愈发兴盛，就是从这时开始的。

西北外国使，更①来更去。宛以西，皆自以远，尚骄恣晏然②，未可诎以礼羁縻而使也③。自乌孙以西至安息，以近匈奴，匈奴困月氏也，匈奴使持单于一信，则国国传送食，不敢留苦④；及至汉使，非出币帛不得食，不市畜不得骑用。所以然者，远汉，而汉多财物，故必市乃得所欲，然以畏匈奴于汉使焉。宛左右以蒲陶为酒，富人藏酒至万余石，久者数十岁不败。俗嗜酒，马嗜苜蓿⑤。汉使取其实⑥来，于是天子始种苜蓿、蒲陶肥饶地。及天马多，外国使来众，则离宫别观旁尽种蒲萄、苜蓿极望⑦。自大宛以西至安息国，虽颇异言，然大同俗，相知言。其人皆深眼，多须髯，善市贾，争分铢。俗贵女子，女子所言而丈夫乃决正⑧。其地皆无丝漆，不知铸钱器。及汉使亡卒降，教铸作他兵器。得汉黄白金，辄以为器，不用为币。

◎**注释** ①〔更〕换。②〔骄恣晏然〕骄傲放纵，悠闲安逸。③〔未可诎以礼羁縻而使也〕不能以礼约束，予以控制。诎，屈服。羁縻，束缚。④〔留苦〕阻留而使其受苦。⑤〔苜蓿（mù xū）〕草名，原产于伊朗，汉时传入我国。⑥〔实〕种子。⑦〔极望〕极目远望。此极言苜蓿种植之多。⑧〔决正〕绝对不偏离。此言丈夫一定按妻子之意行事。

◎**大意** 从西域来的外国使者，换来换去，络绎不绝。但是大宛以西的使者，都自以为他们的国家远离汉朝，还骄纵安闲，汉朝不能以礼制使他们臣服。从乌孙以西直到安息等国，由于靠近匈奴，而匈奴又整治过月氏，所以匈奴的使者只要拿着单于的一封信，这些国家就会依次给他们供应食品，不敢拘留使他们受苦；而汉朝使者来到，如果不拿出钱币布帛就吃不上饭，不买牲口就不得骑用。之所以会这样，就是因为这些国家远离汉朝，而汉朝财物很多，所以一定要自己购买才能得到所需要的物品，同时也是因为他们害怕匈奴使者甚于汉朝使者。大宛周围那些国家，都用葡萄酿酒，富人储藏的酒有的多达一万多石，保存时间久的长达几十年都不坏。当地习俗喜欢喝酒，马喜欢食苜蓿。汉朝的使者将葡萄、苜蓿种子带回汉朝，于是天子开始让人在肥沃的田地里种植苜蓿和葡萄。当得到的天马多了，外国来的使者也多了，天子的离宫别苑周围便都种上葡萄和苜蓿，一望无际。从大宛以西到安息国，其间各国虽然语言迥异，但风俗大体相同，所以相互能领会对方说话的意思。这些国家的人都是深眼窝、大胡子，很会做买卖，分文不让。他们的风俗把妇女看得很尊贵，妻子说的话丈夫便坚决照办。那里没有丝和漆，不懂得铸造钱币和器物。等到汉朝使者的逃亡士卒投降了他们，就教他们铸造兵器和器物。他们得到汉朝的黄金和白银，就用来铸造器皿，而不用来做钱币。

而汉使者往既多，其少从①率多进熟于天子②，言曰："宛有善马在贰师城③，匿不肯与汉使。"天子既好宛马，闻之甘心，使壮士车令等持千金及金马以请宛王贰师城善马。宛国饶汉物，相与谋曰："汉去我远，而盐水中数败④，出其北有胡寇，出其南乏水草。又且往往而绝邑，乏食者多。汉使数百人为辈来，而常乏食，死者过半，是安能致大军乎？无奈我何。且贰师马，宛宝马也。"遂不肯予汉使。汉使怒，妄言，椎⑤金马而去。宛贵人怒曰："汉使至轻我！"遣汉使去，令其东边郁成遮攻，杀汉使，取其财物。于是天子大怒。诸尝使宛姚定汉等言宛兵弱，诚以汉兵不过三千人，强弩射之，即尽虏破宛矣。天子已尝使浞野侯攻楼兰，以七百骑先至，虏其王，以定汉等言为然，而欲侯宠姬李氏，拜李广利为贰师将军，发属国六千骑，及郡国恶少年数万人，以往伐宛。期⑥至贰师城取善马，故号"贰师将军"。赵始成为军正，故浩侯王恢使导军，而李哆为校尉，制⑦军事。是岁太初元年也。而关东蝗大起，蜚（飞）西至敦煌。

◎**注释** ①〔少从〕少年就随使者出使国外的人。②〔进熟于天子〕指向武帝进言他们所熟悉的有关西域的情况。③〔贰师城〕大宛国的城市名。④〔盐水中数败〕指屡有进入盐泽地区而死亡之事。盐水,指盐泽,即今罗布泊。⑤〔椎〕击打。⑥〔期〕目的。⑦〔制〕掌握。

◎**大意** 汉朝派往西域的使者已有很多,那些从少年时代就随从出使的人多将自己熟知的情况向武帝做了报告。他们说:"大宛有良马,出产于贰师城,他们将马隐藏起来不愿给汉朝使者用。"武帝喜欢上大宛良马后,听到这个消息,心中乐不可支,便选派壮士车令等人带上千金和金马去请求大宛王交换贰师城的良马。大宛国已有了许多汉朝的物品,他们互相商量说:"汉朝离我们遥远,而经过盐泽来我国屡有死亡,从盐泽北面来则有匈奴阻拦,从盐泽南边来则没有水草。而且路上往往见不到城邑,缺乏食物的时候很多。汉朝使者数百人为一批前来,尚且常常缺乏食物,死亡过半,这种情况怎么可能派大军来呢?他们不能把我们怎么样。况且贰师城的马,是大宛国的宝马。"于是不肯将马换给汉朝的使者。汉朝的使者非常恼火,狂言威胁一通,砸碎金马而后离开。大宛国的权贵发怒说:"汉朝使者太轻视我国了!"打发汉朝使者走后,命令其东边的郁成王拦截攻杀了汉朝的使者,夺取了他们的财物。于是武帝大怒。曾经出使过大宛的姚定汉等人都说大宛兵力弱小,若果真能出动不足三千的兵力,用强弓劲弩射击他们就可以完全打败大宛。武帝曾派浞野侯赵破奴攻打过楼兰,赵破奴只带七百骑兵先到,就俘虏了楼兰王,所以武帝认为姚定汉等人的话是对的,而且武帝想封宠姬李夫人的家人为侯,于是拜李夫人之兄李广利为贰师将军,征调了属国的六千骑兵,以及郡国中的无赖子弟数万人,前往讨伐大宛。此次出征目的是要到贰师城夺取良马,所以李广利号称"贰师将军"。任命赵始成做军中执法官,原浩侯王恢做军队的向导,李哆做校尉,掌管军队作战事宜。这一年是武帝太初元年。当时关东地区发生了严重的蝗灾,蝗虫向西直飞到敦煌。

贰师将军军既西过盐水,当道①小国恐,各坚城守,不肯给食。攻之不能下。下者得食,不下者数日则去。比至郁成,士至者不过数千,皆饥罢(疲)。攻郁成,郁成大破之,所杀伤甚众。贰师将军与哆、始成等计："至郁成尚不能举，况至其王都②乎？"引兵而还。往来二岁。还至敦煌，士不过什一二。使使上书言："道远，多乏食；且士卒不患战，患饥。人少，不足以拔宛。愿且罢兵，益发③而复往。"天子闻之，大怒，而使使遮④玉门，曰："军有敢入者辄斩之！"贰师恐，因留敦煌。

◎**注释** ①〔当道〕处于通道之上。②〔王都〕指大宛国的都城。③〔益发〕多派军队。④〔遮〕拦阻。

◎**大意** 贰师将军的军队向西越过盐泽之后，沿途的小国都非常恐惧，各自加固城墙守卫，不肯给汉军供应粮食。汉军攻城又攻不下来。攻下城自然有饭吃，攻不下来则几天内就得离去。等到了郁成城下，士卒剩下不过数千人了，都非常饥饿疲乏。攻打郁成，郁成的军队反而打败了汉军，汉军被杀伤的人很多。贰师将军与李哆、赵始成商议："到了郁成尚且攻打不下来，何况到达大宛国的王都呢？"于是率兵撤回。往来历时两年。走到敦煌时，剩下的士卒不过十分之一二。他们派使者向武帝上书说："道路遥远，粮食非常缺乏；士卒不怕打仗，害怕的是饥饿。军队人数太少，不能够攻取大宛。希望暂且收兵，将来多发兵再去攻打。"武帝听后，大动肝火，遂派使者将他们阻拦在玉门关外，命令说军队中有敢进入玉门关的就杀头！贰师将军害怕了，于是留驻在敦煌。

其夏①，汉亡浞野之兵二万余于匈奴②。公卿及议者皆愿罢击③宛军，专力攻胡。天子已业诛宛④，宛小国而不能下，则大夏之属轻汉，而宛善马绝不来，乌孙、仑头⑤易苦汉使矣，为外国笑。乃案⑥言伐宛尤不便者邓光等，赦囚徒材官⑦，益发恶少年及边骑，岁余而出敦煌者六万人，负私从者⑧不与。牛十万，马三万余匹，驴骡橐它⑨以万数。多赍粮，兵弩⑩甚设，天下骚动，传相⑪奉伐宛，凡五十余校尉。宛王城中无井，皆汲城外流水，于是乃遣水工徙其城下水空⑫以空其城。益发戍甲卒十八万酒泉、张掖北，置居延、休屠以卫酒泉，而发天下七科適（谪）⑬，及载糒⑭给贰师。转车人徒相连属至敦煌。而拜习马者二人为执驱校尉，备破宛择取其善马云。

◎**注释** ①〔其夏〕指太初二年夏天。②〔汉亡浞野之兵二万余于匈奴〕浞野侯赵破奴于太初二年率两万骑兵，从朔方西北出击匈奴，深入匈奴两千余里，杀敌数千，因遇单于八万骑兵的围攻，全军被歼。参见《匈奴列传》。③〔罢击〕停止攻打。④〔已业诛宛〕既已开始讨伐大宛。已业，即业已，已经。诛，攻打，讨伐。⑤〔仑头〕即轮台，西域小国名。⑥〔案〕审问判罪。⑦〔材官〕指勇敢的士卒。一释为武官名。⑧〔负私从者〕背负私人装备而参军的。⑨〔橐它（luò tuó）〕即骆驼。⑩〔兵弩〕此指各种兵器。⑪〔传相〕即相传。⑫〔水空〕水道。⑬〔七科適（zhé）〕七种罪人，即有罪的官吏、逃亡者、赘婿、商人、曾经有"市籍"的、父母有"市籍"的、祖父母有"市籍"的。⑭〔糒（bèi）〕干粮。

◎**大意** 这年夏天，汉朝浞野侯的军队在匈奴损失了两万多人。公卿和议政的官员都希望撤回攻打大宛的军队，而集中力量攻打匈奴。天子则认为既然已经出兵讨伐大宛，大宛是一个小国尚且攻打不下来，那么大夏等国就会轻视汉朝，而且大宛的良马绝对弄不来，乌孙、仑头国更会轻易残害汉朝的使者，这样汉朝必将遭到外国的嘲笑。于是就惩治了说讨伐大宛尤为不利的邓光等，并赦免囚徒和犯了罪的勇敢的士卒，增派品行恶劣的少年和边地骑兵，一年多的时间里就有六万士兵从敦煌出发，这还不包括那些自带衣食装备随军参战的人。这些士兵携带着十万头牛、三万多匹马，还有无数的驴、骡、骆驼等。他们还带了很多粮食，各种兵器都很齐备。当时全国骚动，相传奉命征伐大宛的校尉共有五十余人。大宛国都中没有水井，都要汲取城外流进城内的水，汉朝军队就派遣水工改变城中的水道，使城内无水可用。汉朝还增派了十八万甲兵戍守在酒泉、张掖以北，并设置居延、休屠两个县以护卫酒泉。汉朝还调发全国的七种罪犯，载运干粮供应贰师将军。转运物资的人员络绎不绝，直到敦煌。又任命两个熟悉马匹的人做执驱校尉，准备攻破大宛后选取它的良马。

于是贰师后复行，兵多，而所至小国莫不迎，出食给军。至仑头，仑头不下，攻数日，屠之。自此而西，平行①至宛城，汉兵到者三万人。宛兵迎击汉兵，汉兵射败之，宛走入葆（保）乘其城②。贰师兵欲行攻郁成，恐留行③而令宛益生诈，乃先至宛，决其水源，移之，则宛固已忧困。围其城，攻之四十余日，其外城坏，虏宛贵人勇将煎靡④。宛大恐，走入中城。宛贵人相与谋曰："汉所为攻宛，以王毋寡匿善马而杀汉使。今杀王毋寡而出善马，汉兵宜解⑤；即不解，乃力战而死，未晚也。"宛贵人皆以为然，共杀其王毋寡，持其头遣贵人使贰师，约曰："汉毋攻我。我尽出善马，恣所取，而给汉军食。即⑥不听，我尽杀善马，而康居之救且至。至，我居内，康居居外，与汉军战。汉军熟计⑦之，何从？"是时康居候视汉兵，汉兵尚盛，不敢进。贰师与赵始成、李哆等计："闻宛城中新得秦人，知穿井，而其内食尚多。所为来，诛首恶者毋寡。毋寡头已至，如此而不许解兵，则坚守，而康居候汉罢而来救宛，破汉军必矣。"军吏皆以为然，许宛之约。宛乃出其善马，令汉自择之，而多出食食给汉军⑧。汉军取其善马数十匹，中马以下牡牝三千余匹，而立宛贵人之故待遇汉使善者名昧蔡以为宛王，与盟而罢兵。终不得入中城。乃罢而引归。

◎**注释**　①〔平行〕平安行事。②〔宛走入葆乘其城〕大宛人跑进城内，登城防守。走入，跑进。葆，通"保"，防守。乘，登。③〔留行〕滞留而不能行军。④〔煎靡〕人名。⑤〔宜解〕应当解围而去。⑥〔即〕若，如果。⑦〔熟计〕仔细考虑。⑧〔多出食食（sì）给汉军〕多出粮食供给汉军。第一个"食"字是名词，指粮食。第二个"食"字是动词，意为把食物给别人吃。

◎**大意**　于是贰师将军再次出征，所率兵士很多，所到小国没有不迎接的，都拿出粮食供给汉军。到达仑头国后,仑头国不肯投降,一连攻打了几日,最后血洗了仑头国。由仑头向西进军,很顺利地到达了大宛都城,汉军赶到的有三万人。大宛军迎战汉军,汉军射箭打败了他们,大宛军退入城中,登城守卫。贰师将军的军队本想进军攻打郁成,因担心军队久留会使大宛从容地想出诈谋诡计,便先赶到大宛,断绝他们的水源,改变其流向,使大宛从根本上受到了困扰。汉军接着包围了大宛城,攻打了四十多天,外城被攻破,俘虏了大宛权贵中的勇将煎靡。大宛人因此非常恐惧,都跑入内城。大宛的权贵相互商议说:"汉朝攻打大宛,是因为大宛王毋寡藏匿了良马并杀死了汉朝的使者。如今要是杀死大王毋寡并将良马献出去,汉军可能就会撤退;如果不撤退,那时再拼死一战,也不算晚。"大宛的权贵都认为这样做是对的,于是一起杀死了他们的大王毋寡,派遣权贵带着毋寡的人头去见贰师将军,向汉军提出请求说:"请不要再攻打我们了。我们将把所有的良马交出来,任凭你们挑选,同时供给汉军粮食。如果不答应,我们将杀掉所有的良马,而康居国的救兵将会到达。康居军一到,我军在城内,康居军在城外,共同与汉军一战。请汉军认真考虑,怎么做为好?"这时康居的侦察兵正在窥探汉军的情况,发现汉军还很强大,所以不敢进军。贰师将军和赵始成、李哆等人商议道:"听说大宛中最近得到一个汉人,懂得打井,而城内的粮食还较多。我们到这里来,目的就是诛杀罪魁祸首毋寡。毋寡的头已送到,在这种情况下如果不答应他们撤军的请求,他们就会坚守,而康居国等到汉军疲惫的时候将会来救援大宛,那时必定会打败汉军。"众军官都认为说得对,遂答应了大宛的请求。大宛便交出他们的良马,让汉军自己挑选,而且拿出许多粮食供给汉军。汉军选取了他们的良马数十匹,中等以下的公、母马共三千多匹,又立了大宛贵人中从前对待汉使很好的昧蔡为大宛王,同他们订立盟约后撤兵。汉军始终没有进入大宛城内,就撤军回到汉朝。

初,贰师起敦煌西,以为人多,道上国①不能食,乃分为数军,从南北道。校尉王申生、故鸿胪壶充国等千余人,别到郁成。郁成城守,不肯给食其军。王申生去大军二百里,偩②而轻之,责③郁成。郁成食不肯出，窥知申生军日少，晨用三千人攻，戮杀申生等，军破，数人脱亡，走贰师。贰师令搜粟都尉上官桀往攻破郁成。郁成王亡走康居，桀追至康居。康居闻汉已破宛，乃出郁成王予桀，桀令四骑士缚守诣大将军④。四人相谓曰："郁成王汉国所毒⑤，今生将去⑥，卒（猝）失大事⑦。"欲杀，莫敢先击。上邽骑士赵弟最少，拔剑击之，斩郁成王，赍头。弟、桀等逐及⑧大将军。

◎**注释** ①〔道上国〕路过的国家。②〔倚（fù）〕依仗。③〔责〕求索。④〔大将军〕指李广利。⑤〔毒〕恨。⑥〔生将去〕把郁成王活着押送过去。⑦〔卒（cù）失大事〕若让他突然逃走，事情就大了。卒，通"猝"，突然。⑧〔逐及〕追赶上。

◎**大意** 起初，贰师将军从敦煌以西进军，觉得人数太多，沿途国家无法供给粮食，遂将军队分成几支，从南北两路前进。校尉王申生和原鸿胪壶充国等率领一千余人，从另一条道路到达郁成。郁成人坚守其城，不肯给汉军供给粮食，王申生的军队距贰师的大军有二百里，他依仗大军而轻视郁成，向郁成索要粮食。郁成不肯交出粮食，并窥视汉军，得知王申生的军队日益减少，就在一个早上用三千人攻打他们，杀死了王申生等人，王申生的军队几乎全军覆没，只有几个人脱险逃出，逃到了贰师的军中。贰师将军命令搜粟都尉上官桀率军攻打郁成。郁成王逃到康居，上官桀也追到康居。康居国听说汉军已攻下大宛，遂向上官桀交出了郁成王，上官桀命令四个骑兵将郁成王捆起来押送到贰师将军那里。这四个人商量说："郁成王是汉朝所仇恨的人，如果活着送去，万一突然逃脱，就坏了大事。"他们要杀掉郁成王，又没有人敢先动手。上邽人骑兵赵弟年龄最小，首先拔剑，斩杀了郁成王，将人头带上。赵弟、上官桀等人的队伍接着追上了贰师将军李广利。

初，贰师后行，天子使使告乌孙，大发兵并力击宛。乌孙发二千骑往，持两端①，不肯前。贰师将军之东，诸所过小国闻宛破，皆使其子弟从军入献②，见天子，因以为质焉。贰师之伐宛也，而军正赵始成力战，功最多；及上官桀敢深入，李哆为谋计，军入玉门者万余人，军马千余匹。贰师后行，军非乏食，战死不能多，而将吏贪，多不爱士卒，侵牟③之，以此物故④众。天子为万里而伐宛，不录过，封广利为海西侯。又封身斩郁成王者骑士赵弟为新畤侯。军正赵始成为光禄大夫，上官桀为少府，李哆为上党太守。军官吏为九卿者三人，诸侯相、郡守、二千石者百余人，千石以下千余人。奋行者⑤官过其望，以適（谪）过行者皆绌（黜）其劳⑥。士卒赐直（值）四万金。伐宛再反（返），凡四岁而得罢焉。

◎**注释** ①〔持两端〕抱着观望的态度。②〔入献〕进贡。③〔侵牟〕侵夺。④〔物故〕死亡。⑤〔奋行者〕自愿参军的人。⑥〔以適过行者皆绌其劳〕以罪参军者免除罪罚而不计其功劳。以適过行者，有罪而参军的人。適，同"谪"，罪罚。绌，通"黜"，免除。劳，功劳。

◎**大意** 在贰师将军第二次出兵之初，武帝便派使者告诉乌孙，要求他们多派士兵与汉军联合攻打大宛。乌孙出动两千骑兵前往大宛，却采取观望态度，不肯出击。贰师将军胜利东归，所路过的各个小国听说大宛已被打败，都派他们的子弟随汉军前往汉朝进贡，拜见武帝，顺便留在汉朝做人质。贰师将军攻打大宛，军正赵始成奋力战斗，功劳最大；上官桀勇敢地率兵深入，李哆能够出谋划策，使军队回到玉门关的有一万多人，军马一千多匹。贰师将军第二次出兵，军队并非缺乏食物，战死者也不算多，但他手下将吏贪污，大多不爱士卒，侵夺粮饷，因此而死的士卒很多。武帝因为他们是远行万里讨伐大宛，不记录他们的过失，而封李广利为海西侯。又封亲手斩杀郁成王的骑士赵弟为新畤侯，军正赵始成为光禄大夫，上官桀为少府，李哆为上党太守。军官中被升为九卿的有三人，升任诸侯国相、郡守、二千石一级官员的共有一百多人，升为千石级以下的官员有一千多人。自愿参军者所得到的军职超过了他们的期望，因罪而参军的人都免罪而不计功劳。对士卒的赏赐价值四万金。两次讨伐大宛，总共四年时间才得以结束军事行动。

汉已伐宛，立昧蔡为宛王而去。岁余，宛贵人以为昧蔡善谀，使我国遇屠，乃相与杀昧蔡，立毋寡昆弟曰蝉封为宛王，而遣其子入质于汉。汉因使使赂赐①以镇抚之。

◎**注释** ①〔赂赐〕赏赐。
◎**大意** 汉军打败大宛后，立大宛权贵昧蔡为大宛新王后撤军。一年以后，大宛的权贵认为昧蔡喜欢迎逢汉人，致使大宛国遭到屠杀，于是共同谋杀了昧蔡，而立了原国王毋寡的兄弟蝉封为大宛新王，同时派蝉封的儿子到汉朝去做人质。汉朝因此也派使者给大宛赠送了一些礼物进行安抚。

而汉发使十余辈至宛西诸外国，求奇物，因风（讽）览①以伐宛之威德。而敦煌置酒泉都尉；西至盐水，往往有亭。而仓头有田卒②数百人，因置使者护田积粟，以给使外国者。

◎**注释** ①〔风览〕委婉地展示。风，通"讽"，以委婉的方式暗示。览，展示。②〔田卒〕屯田的士卒。
◎**大意** 后来汉朝又派了十余批使者到大宛以西的各个国家，搜求珍奇的宝物，顺便展示一下汉朝讨伐大宛的声威和功德。同时在敦煌设置了酒泉郡都尉；西到盐泽，一路上大都修建了亭障。仓头国留有屯田士卒数百人，汉朝便在那里派置了使者以保田积粮，供给那些出使外国的使者。

太史公曰：《禹本纪》①言"河出昆仑。昆仑其高二千五百余里，日月所相避隐②为光明也。其上有醴泉、瑶池"。今自张骞使大夏之后也，穷河源③，恶④睹《本纪》所谓昆仑者乎？故言九州⑤山川，《尚书》近之⑥矣。至《禹本纪》《山海经》所有怪物，余不敢言之也。

◎ **注释** ①〔《禹本纪》〕中国最古老的帝王传记。②〔相避隐〕交替隐没。③〔穷河源〕找到了黄河的源头。④〔恶〕何。⑤〔九州〕《尚书·禹贡》把中国分为九州，即冀、兖、青、徐、荆、扬、幽、梁、雍，后遂以九州代称中国。⑥〔近之〕接近真实情况。

◎ **大意** 太史公说：《禹本纪》上记载"黄河发源于昆仑山，昆仑山高两千五百多里，是太阳和月亮交替隐没又放射出光明的地方。山上有醴泉和瑶池"。如今自张骞出使大夏以后，终于找到了黄河的源头，哪里能看到《禹本纪》所说的昆仑山呢？所以谈论九州的山川，《尚书》上的记载是接近于实际情况的。至于《禹本纪》和《山海经》中所记载的那些奇事怪物，我是不敢引用的。

◎ **释疑解惑**

在汉武帝时代，汉朝与匈奴的关系是主要矛盾，这个矛盾制约着汉朝对内、对外的国家大政，所以张骞出使西域的历史背景是汉武帝为了联合月氏攻击匈奴。对此，梁启超在《张博望、班定远合传》中说："冒顿时代，匈奴大强，西域诸国，皆被服属，凭籍深厚，为中国忧，故当时欲弱匈奴，不可不有事匈奴。而发此议而实行之者，自张博望始。"从这篇传文可以看出，司马迁认为张骞出使西域，是因为武帝要实现自己的扩张野心。张骞从大宛回汉后向武帝做的汇报，煽动了武帝贪图西域名马、想威震四海的欲望。张骞又劝说武帝，如果打通了通往西方的道路，对西域诸国采取怀柔政策，诱其入南，那时，汉朝不仅地广万里，无求不得，而且可以扬名天下。恰好这时武帝得到"神马当从西北来"的启发，不断派遣人员前去征求名马。这样频繁的征求，引起大宛国提价争利之心。买马不顺利，又使汉武帝决定对大宛用兵。恰好武帝宠妃李夫人之兄李广利无爵位，武帝"欲侯宠姬李氏"，于是给李广利一个机会，拜为将军，伐大宛。不料李广利无能，溃败而还。武帝又增兵再次伐大宛，李广利勉强得胜而归，但损失相当惨重，二十万以上的军人，三万匹以上的战马，十几万头牲畜，几乎全部耗尽，"军入玉门者万余人，军马千余匹"，以如此惨重的代价换取几十匹大宛善马，得不偿失。司马迁把血淋淋的现实与武帝得名马之后的得意两相对照，融入了温和的批判色彩。同时，写李广利出师伐大宛的这一年"关东蝗大起，蜚西至敦煌"，表明汉武帝为追求扩张和宣扬自己的功威，竟不顾民力和国力。本篇旨在批判汉武帝的穷兵黩武以及倡引裙带关系之风。

◎ **思考辨析题**

1. 如何评价张骞出使西域在历史上的作用？
2. 司马迁对张骞出使西域及武帝征伐大宛持何种态度？

游侠列传

第六十四

《游侠列传》是朱家、剧孟、郭解等几个游侠人物的合传。司马迁在本篇开篇先发表了一大段的议论，对游侠这一群体做出了肯定性评价。司马迁认为游侠虽然有些行为不合乎正轨，但拥有"其言必信，其行必果""不矜其能，羞伐其德"的美好品德，这是值得赞扬的。然后司马迁举例论证了普通人舍生取义的珍贵之处，以推崇侠客的义气。司马迁对古之侠客久久湮没无闻和遭受汉家统治者的残酷镇压表示同情和惋惜，想要世俗能够明察游侠的实情，所以作《游侠列传》。他在《太史公自序》中也明确表达了作《游侠列传》的宗旨，即"救人于厄，振人不赡，仁者有采。不既信，不倍言，义者有取焉"。

朱家是鲁人中的异类。鲁人皆以儒学为教，而朱家独以侠闻名。朱家以一己之力救助数以百计身陷危难中的豪士，但他不以此为傲。他自己家中贫困，还要常常赈济有困难的人，因此获得了很高的名声。剧孟是周地之人中的异类，周地的人都靠经商谋生，剧孟却靠行侠仗义显名于诸侯。剧孟生时任侠仗义，扬名四海，死后却家无余财，说明了他扶危济困的美好品质。郭解年少时快意恩仇，长大了能够约束自己，以德报怨，代表了一种成长后的正义精神。在《游侠列传》中，司马迁把道德分为两类：一类是以权力的窃取和财富的掠夺为标准，另一类是以平等报施和患难恤救为标准。前一类人的行为是"朋党宗强比周，设财役贫，豪暴侵凌孤弱，恣欲自快"，后一类人的行为是"虽时扞当世之文罔，然其私义廉洁退让，有足称者。名不虚立，士不虚附"。这是不同阶级的道德标准。前一类代表豪暴地主阶级的利益，后一类代表下层人民的利益。司马迁揭露前者，而歌颂后者。如他写朱家是"振人不赡，先从贱始"，写郭解是"振人之命，不矜其功"。他所歌颂的这类下层人民的道德，在当时是与豪暴地主阶级的利益对立的，因此有积极意义。这些游侠在乱世中对"侠"之道义的执着追求，赋予他们精神上一种强大的力量，而他们所拥有的"救人于厄，振人不赡"的济世兼爱之心和"不既信，不倍言"的义气，成为后世侠义精神的支柱。这样积极向上的游侠人格和游侠精神被司马迁发现，并记载传扬开来。

　　《韩子》[①]曰："儒以文乱法，而侠以武犯禁。"二者皆讥，而学士多称于世云。至如以术取宰相卿大夫，辅翼其世主，功名俱著于春秋，固无可言者。及若季次、原宪，闾巷人也，读书怀独行君子之德，义不苟合当世，当世亦笑之。故季次、原宪终身空室蓬户[②]，褐衣疏食不厌。死而已四百余年，而弟子志[③]之不倦。今游侠，其行虽不轨于正义，然其言必信，其行必果，已诺必诚，不爱其躯，赴士之厄困④，既已存亡死生矣，而不矜其能，羞伐其德，盖亦有足多者焉。

◎**注释** ①〔《韩子》〕即《韩非子》，战国时法家代表人物韩非子的著作。②〔蓬户〕用蓬草编成的门户。指穷人居住的陋室。③〔志〕记，怀念。④〔厄困〕困境，困苦。

◎**大意** 《韩非子》中说："儒生用经文扰乱法律，而侠客以武力冒犯禁令。"二者都受人讥讽，但儒生大多为世人所称道。那些靠权术取得宰相卿大夫的职位，辅佐当时的君王，功名载入史书的人，固然无可多言。至于像季次、原宪这类居于闾巷之人，饱读诗书，修养高尚的君子之德，保持节操而不苟合于当世，当世也讥笑他们。所以季次、原宪终身居住在简陋的茅屋，布衣粗粮难以得到满足。在他们死后四百多年，他们的弟子至今仍不停地称道他们。如今的游侠，他们的行为虽然不合乎正义，但他们说话必定守信，行动必有结果，已经答应的事必然诚心去做，不惜献出生命，救人于危难之中，经过了出生入死的考验，却不为自己的本领而骄傲，也羞于夸耀自己的功德，这大概是值得称赞的吧。

且缓急①，人之所时有也。太史公曰：昔者虞舜窘于井廪，伊尹负于鼎俎，傅说匿于傅险（岩），吕尚困于棘津，夷吾桎梏②，百里饭牛，仲尼畏匡，菜色③陈、蔡。此皆学士所谓有道仁人也，犹然遭此灾，况以中材而涉乱世之末流乎？其遇害何可胜道哉！

◎**注释** ①〔缓急〕危急之事。②〔桎梏（zhì gù）〕指被囚禁。桎，足械。梏，手械。③〔菜色〕吃野菜充饥的饥饿面容。

◎**大意** 况且危急的事情，人们随时都可能碰上。太史公说：从前虞舜曾在挖井、修仓时遇到危险，伊尹曾背着饭锅菜板当厨师，傅说藏匿在傅险之地，吕尚被困于棘津之地，管仲曾被戴上脚镣手铐，百里奚曾当过喂牛的奴隶，孔子曾困于匡地，在陈、蔡之地挨饿。这些人都是儒生所说的有道德的仁人，尚且遭受这些灾难，何况是中等才德而处在乱世的人呢？他们遇到的灾难怎能说得完呢？

鄙人①有言曰:"何知仁义,已飨(享)其利者为有德。"故伯夷丑周,饿死首阳山,而文武不以其故贬王;跖、蹻②暴戾,其徒诵义无穷。由此观之,"窃钩者诛,窃国者侯,侯之门,仁义存",非虚言也。

◎**注释** ①〔鄙人〕住在郊野的人。②〔跖(zhí)、蹻(jiǎo)〕跖,春秋时大盗。先秦古书称他为盗跖,并说他残暴异常。蹻,庄蹻,亦为先秦时大盗。古代多以二人为凶残人物的代表。

◎**大意** 乡野之人有这样的话:"何必知道什么是仁义,只要能得到好处就是有德。"所以伯夷以吃周粟为耻,饿死在首阳山下,文王、武王却没有因此贬损声誉;盗跖、庄蹻虽然凶暴残忍,但他们的党徒至今称颂他们的道义。由此看来,"偷盗衣带钩的要被杀头,窃取国家的人却成了诸侯,王侯之家,存有仁义",这并非虚假之言。

今拘学或抱咫尺之义①,久孤于世,岂若卑论侪俗②,与世沉浮而取荣名哉!而布衣之徒,设取予然诺③,千里诵义,为死不顾世,此亦有所长,非苟而已也。故士穷窘而得委命,此岂非人之所谓贤豪间者邪?诚使乡曲之侠,予季次、原宪比权量力,效功于当世,不同日而论矣。要以功见言信,侠客之义又曷可少哉!

◎**注释** ①〔咫尺之义〕指短浅的道理。②〔卑论侪(chái)俗〕降低论调,与世俗同列。侪,等同。③〔设取予然诺〕设,假如。取予,收取和给予。然诺,言而有信。

◎**大意** 当今拘泥于学问的学者,有的抱守短浅的道理,长久地孤立于世俗之外,哪能比得上放弃高论迁就世俗,随世沉浮而获取美名呢?而那些平民百姓,假如能够做到取予守诺,不远千里追求大义,为义而死不顾世人的眼光,这也是他们的长处,并非随意就可做到。所以志士在困窘的情况下愿意将性命托付给他们,这难道不是人们所说的贤士豪杰一类的人吗?如果真让民间的游侠与季次、原宪比权量力,比较对于当世的贡献,是不可同日而语的。如果从做事见效果、说话讲信用来看,侠客的义气又怎么可以缺少呢?

古布衣之侠，靡得而闻已。近世延陵、孟尝、春申、平原、信陵之徒，皆因王者亲属，藉于有土卿相之富厚，招天下贤者，显名诸侯，不可谓不贤者矣。比如顺风而呼，声非加疾，其势激也。至如闾巷之侠，修行砥名，声施于天下，莫不称贤，是为难耳。然儒、墨皆排摈①不载。自秦以前，匹夫之侠，湮灭②不见，余甚恨之。以余所闻，汉兴有朱家、田仲、王公、剧孟、郭解之徒，虽时扞③当世之文罔（网）④，然其私义廉洁退让，有足称者。名不虚立，士不虚附。至如朋党宗强比周，设财役贫，豪暴侵凌孤弱，恣欲自快，游侠亦丑之。余悲世俗不察其意，而猥以朱家、郭解等令与暴豪之徒同类而共笑之也。

◎**注释** ①〔排摈〕排斥、摈弃。②〔湮灭〕埋没，磨灭。③〔扞（hàn）〕触犯。④〔文罔〕犹言"法网"。

◎**大意** 古代的平民侠客，已经不得而知了。近世的延陵季子、孟尝君、春申君、平原君、信陵君这类人，都因为是王侯的亲属，凭借有封地和卿相的雄厚资产，招揽天下贤士，声名显扬于诸侯之间，不能说他们不是贤人。就好像顺风呼喊，声音没有加强，但风势使声音传得很远。至于身处街巷中的平民侠客，修炼品行，磨砺名节，声名扬于天下，没有人不称赞他们贤能，这是很难做到的。然而儒家和墨家都排斥而不记载他们的事迹。在秦代以前，平民侠客的事迹隐没不见，我对此甚感遗憾。以我所听闻，汉朝建立以来的侠客有朱家、田仲、王公、剧孟、郭解这些人，虽然经常触犯汉朝的法律，但他们个人品行廉洁而谦让，有值得称道的地方。他们的名声不是凭空而立，志士也不是无故依附于他们。至于依靠豪强的宗族势力结党营私，凭借钱财役使贫苦人家，依仗强暴欺凌孤寡弱者，肆意纵欲以求痛快，游侠也以此为耻。我痛心于世俗不能明察游侠的实情，而侮辱朱家、郭解等人，视之与强暴之徒同类而一起加以讥笑。

鲁朱家者，与高祖同时。鲁人皆以儒教，而朱家用侠闻。所藏活豪士以百数，其余庸人不可胜言。然终不伐其能，歆（欣）其德①，诸所尝施，唯恐见之。振（赈）人不赡②，先从贫贱始。家无余财，衣不完采，食不重味，乘不过䡈牛③。专趋人之急，甚己之私。既阴脱季布将军之厄，及布尊贵，终身不见也。自关以东，莫不延颈④愿交焉。

◎**注释** ①〔歆其德〕指以自己的道德自喜。歆，同"欣"。②〔不赡〕不足，贫困。③〔䡈（qú）牛〕乘坐牛车。④〔延颈〕伸长脖子远望，形容殷切盼望。
◎**大意** 鲁地的朱家，和汉高祖是同时期的人。鲁人都用儒学施教，而朱家却以行侠出名。他所藏匿和救活的豪杰数以百计，被救的其他普通人更是多得说不完。但他始终不夸耀自己的才能，不沾沾自喜于自己的品德，凡是他救助之人，他都尽量避免再见到他们。他赈济有困难的人，首先从贫贱的人开始。家中没有多余的财产，衣服破旧颜色黯淡，吃饭只有一样菜，乘坐的不过是牛车。他专门为他人的危难奔走，超过了对待自己的私事。他曾暗中帮助季布将军脱离困境，等到季布尊贵以后，他终身不肯与季布相见。自函谷关以东，人们没有不伸长脖子希望同他交往的。

楚田仲以侠闻，喜剑，父事朱家，自以为行弗及。田仲已死，而雒阳有剧孟。周人以商贾为资，而剧孟以任侠显诸侯。吴楚反时，条侯为太尉，乘传车将至河南，得剧孟，喜曰："吴楚举大事而不求孟，吾知其无能为已矣。"天下骚动，宰相得之若得一敌国云。剧孟行大类朱家，而好博，多少年之戏。然剧孟母死，自远方送丧盖千乘。及剧孟死，家无余十金之财。而符离①人王孟亦以侠称江淮之间。

◎**注释** ①〔符离〕县名，今安徽宿州东北。
◎**大意** 楚地的田仲以行侠闻名，他喜欢剑术，像服侍父亲一样对待朱家，自认为侠行赶不上朱家。田仲死后，雒阳出了个剧孟。周地的人靠经商谋生，而剧孟却靠行侠显名于诸侯。七国之乱时，条侯周亚夫为太尉，一次他乘坐驿站专车将要到达河南，见到剧孟，高兴地说："吴、楚干这么大的事而不找剧孟，我就知道他们是不会有所作为的。"当时天下动乱，宰相周亚夫得到剧孟就像得到了一个力量相当的国家。剧孟品行很像朱家，但喜欢赌博，爱好年轻人的游戏。但是剧孟的母亲死后，从远方前来送丧的车子差不多有一千辆。等到剧孟死后，家中剩余的财产不足十金。而符离人王孟也以行侠出名于江淮一带。

是时济南瞯氏、陈①周庸亦以豪闻，景帝闻之，使使尽诛此属。其后代②诸白、梁③韩无辟、阳翟④薛兄、陕韩孺纷纷复出焉。

◎**注释** ①〔陈〕县名，今周口淮阳区。②〔代〕郡名，在今河北蔚（yù）县代王城一带。③〔梁〕西汉同姓诸侯国，治所在今河南商丘。④〔阳翟〕县名，今河南禹州。

◎**大意** 当时济南的瞯氏、陈地的周庸也以豪侠出名，汉景帝听说后，派使臣把这类人全都杀死了。此后代地的白姓诸人、梁地的韩无辟、阳翟的薛兄、陕地的韩孺又纷纷出现了。

郭解，轵①人也，字翁伯，善相人者许负外孙也。解父以任侠，孝文时诛死。解为人短小精悍，不饮酒。少时阴贼，慨不快意，身所杀甚众。以躯借交报仇，藏命作奸，剽攻不休，及铸钱掘冢，固不可胜数。适有天幸，窘急常得脱，若遇赦。及解年长，更折节为俭，以德报怨，厚施而薄望。然其自喜为侠益甚。既已振人之命，不矜其功，其阴贼著于心，卒（猝）发于睚眦②如故云。而少年慕其行，亦辄为报仇，不使知也。解姊子负解之势，与人饮，使之嚼③。非其任，强必灌之。人怒，拔刀刺杀解姊子，亡去。解姊怒曰："以翁伯之义，人杀吾子，贼不得。"弃其尸于道，弗葬，欲以辱解。解使人微知贼处。贼窘自归，具以实告解。解曰："公杀之固当，吾儿不直。"遂去其贼，罪其姊子，乃收而葬之。诸公闻之，皆多解之义，益附焉。

◎**注释** ①〔轵〕县名，在今河南济源。②〔睚眦（yá zì）〕发怒时瞪眼睛，借指极小的仇恨。③〔嚼〕饮酒干杯。

◎**大意** 郭解，轵县人，字翁伯，是善于给人相面的许负的外孙。郭解的父亲因为行侠，文帝时被处死。郭解为人短小精悍，不喝酒。年轻时阴狠残忍，愤怒不快时，亲身所杀的人很多。他可以不惜生命替友人报仇，藏匿亡命徒做犯法的勾当，劫掠不休，以及私铸钱币和盗墓，这类事情多得数不清。恰好他很走运，处在险境时常能逃脱，或遇到大赦。郭解长大后，改变了性格，能够约束自己，以德报怨，多施恩惠而少有怨恨。然而他喜欢为侠甚于从前。救了别人的性命，也不因此骄傲，但他阴沉狠毒的禀性仍然没有改变，一旦发怒就会睚眦必报的情况依然如故。而年轻人多仰慕他的行为，也常为他报仇，却不让他知道。郭解姐姐的儿子依仗郭解的威势，与人喝酒时，就要人家一起干杯。那人不胜酒力，他便强行灌酒。那人被激怒，拔刀杀死了他，然后逃走。郭解的姐姐发怒说："凭我弟弟翁伯的义气，人家杀死了我的儿子，竟抓不到凶手。"于是把儿子的尸体丢在大道上，不掩埋，想以此激怒郭解。郭解派人暗中查找凶手的去处。凶手被迫自动回来，把实情都告诉了郭解。郭解说："你杀了他本就应该，是我家的孩子无理。"于是放走了那个凶手，归罪于他姐姐的儿子，于是收尸埋葬了姐姐的儿子。人们听说了这件事后，都称赞郭解的侠义，更加愿意追随他了。

解出入，人皆避之。有一人独箕踞①视之，解遣人问其名姓。客欲杀之。解曰："居邑屋至不见敬，是吾德不修也，彼何罪！"乃阴属尉史曰："是人，吾所急也，至践更②时脱之。"每至践更，数过，吏弗求。怪之，问其故，乃解使脱之。箕踞者乃肉袒③谢罪。少年闻之，愈益慕解之行。

◎**注释** ①〔箕踞〕叉腿坐在地上,是一种不尊重人的姿态。②〔践更〕指贫苦居民受雇代人服兵役。③〔肉袒〕裸露上体。古人谢罪袒露上体,以示悔过或虔敬。

◎**大意** 郭解外出或回家,大家都避开他。唯独有一个人叉腿坐在路上直视他,郭解派人去问他的姓名。门客想把他杀了。郭解说:"居住在自己家乡却不受人尊敬,是我的德行修养不够,他有什么罪过!"于是暗中嘱托县尉属吏说:"这个人,是我急需的人,轮到他服役时请免除。"因此那个人好几次轮到服役了,县吏都没有找他。这个人感到奇怪,询问其中的原因,才知道是郭解使他免于服役的。于是这个叉腿直视郭解的人袒衣露体去向郭解谢罪。年轻人听说后,更加仰慕郭解的行为。

雒阳人有相仇者,邑中贤豪居间者以十数,终不听。客乃见郭解。解夜见仇家,仇家曲听解。解乃谓仇家曰:"吾闻雒阳诸公在此间,多不听者。今子幸而听解,解奈何乃从他县夺人邑中贤大夫权乎!"乃夜去,不使人知,曰:"且无用,待我去,令雒阳豪居其间,乃听之。"

◎**大意** 雒阳有一对仇家,城中有十几位贤士豪杰从中调解,双方始终都听不进去。门客于是拜见郭解。郭解夜晚去见两仇家,仇家委屈听从了郭解的调解。郭解便对仇家说:"我听说雒阳城中多人从中调解,你们多半不肯接受。今天你们幸而听从了我的调解,我怎么能从别的县跑来抢夺城中贤人名士的调解权呢!"于是乘夜离去,不让别人知道,说:"暂时不要按我的话做,等我离开后,让雒阳豪杰继续调解,再按他们的话去做。"

解执恭敬,不敢乘车入其县廷。之旁郡国,为人请求事,事可出,出之;不可者,各厌①其意,然后乃敢尝酒食。诸公以故严重②之,争为用。邑中少年及旁近县贤豪,夜半过门常十余车,请得解客舍养之。

◎**注释** ①〔厌〕满足。②〔严重〕敬重。
◎**大意** 郭解秉持恭敬的态度，不敢乘车进入县衙门。到近旁的郡国去，替人请托办事，事情能办成的，就办成它，办不成的，也要使各方都感到满意，然后才敢吃人家的酒食。大家因此都很尊敬他，争着为他效力。城中的年轻人以及临近县的贤士豪杰，半夜上门拜访的常常有十多辆车子，都请求把郭解的门客接到自己家去供养。

及徙豪富茂陵也，解家贫，不中訾（赀）①，吏恐，不敢不徙。卫将军为言："郭解家贫不中徙。"上曰："布衣权至使将军为言，此其家不贫。"解家遂徙。诸公送者出千余万。轵人杨季主子为县掾②，举徙解。解兄子断杨掾头。由此杨氏与郭氏为仇。

◎**注释** ①〔中訾（zī）〕中，符合。訾，同"赀"，此处引申为资产标准。②〔县掾（yuàn）〕县中各官员的泛称。
◎**大意** 等到朝廷要将全国的富户迁往茂陵居住的时候，郭解家贫，不够迁移的标准，但官吏畏惧他，不敢不让他搬迁。将军卫青替郭解向武帝说："郭解家贫，不够迁移的标准。"皇上说："一个平民的威势竟能使将军替他说话，这说明此人家中不穷。"郭解家于是被迁移。为郭解送行的人成千上万。轵县人杨季主的儿子在县里为吏，提出让郭解迁移。郭解哥哥的儿子为此砍掉了这个县吏的头。从此杨家与郭家结下了怨仇。

解入关，关中贤豪知与不知，闻其声，争交欢解。解为人短小，不饮酒，出未尝有骑。已又杀杨季主。杨季主家上书，人又杀之阙下①。上闻，乃下吏捕解。解亡，置其母家室夏阳，身至临晋②。临晋籍少公素不知解，解冒，因求出关。籍少公已出解，解转入太原，所过辄告主人家。吏逐之，迹至籍少公。少公自杀，口绝。久之，乃得解。穷治所犯，为解所杀，皆在赦前。轵有儒生侍使者坐，客誉郭解，生曰："郭解专以奸犯公法，何谓贤！"解客闻，杀此生，断其舌。吏以此责解，解实不知杀者。杀者亦竟绝，莫知为谁。吏奏解无罪。御史大夫公孙弘议曰："解布衣为任侠行权，以睚眦杀人，解虽弗知，此罪甚于解杀之。当大逆无道。"遂族郭解翁伯。

◎**注释** ①〔阙下〕指官门。②〔临晋〕县名，今陕西大荔。
◎**大意** 郭解迁入关中，关中的贤士豪杰无论从前认识不认识郭解，只要一听到他的名字，便争着和他结交。郭解个头矮小，不饮酒，出门不曾骑马乘车。不久有人杀了杨季主，杨季主家人上书告状，有人又把他们杀死在宫门前。武帝听说后，便命令逮捕郭解。郭解逃跑，将母亲安置在夏阳县，自己逃到临晋关。临晋关的籍少公向来不认识郭解，郭解冒昧求见，请籍少公帮助出关。籍少公帮助郭解出关后，郭解辗转逃入太原，他所过之处总是把自己的情况如实告诉主人家。官吏追捕他，按踪迹直追到籍少公家。少公自杀，断绝了口供。过了很长时间，才捕获郭解。全面追究他所犯的罪行，发现都发生在大赦令之前。轵县有个儒生陪同前来查办郭解的官员闲坐，郭解的门客称赞郭解，儒生说："郭解专门干违法犯罪的事，怎么能说是贤能！"郭解的门客听闻，杀掉了这个儒生，割下了他的舌头。官员拿这件事责问郭解，郭解确实不知道杀人者是谁。这个杀人者最终也没被查出来，没有人知道是谁干的。官吏向武帝奏说郭解无罪。御史大夫公孙弘辩驳说："郭解作为一个平民行侠逞威，因小事杀人，郭解虽然不知情，但此罪行比他自己杀人还严重。应判处郭解大逆不道罪。"于是诛灭了郭解一族。

自是之后，为侠者极众，敖（傲）而无足数者。然关中长安樊仲子，槐里①赵王孙，长陵②高公子，西河③郭公仲，太原卤公孺，临淮④兒长卿，东阳⑤田君孺，虽为侠而逡逡⑥有退让君子之风。至若北道姚氏，西道诸杜，南道仇景，东道赵他、羽公子，南阳⑦赵调之徒，此盗跖居民间者耳，曷足道哉！此乃乡（向）者朱家之羞也。

◎ **注释** ①〔槐里〕县名,在今陕西兴平。②〔长陵〕县名,在今陕西咸阳。③〔西河〕郡名,在今黄河晋陕峡谷两岸。④〔临淮〕郡名,在今江苏宿迁泗洪。⑤〔东阳〕县名,在今山东德州武城。⑥〔逡逡(qūn)〕谦让的样子。⑦〔南阳〕郡名,在今河南南阳。

◎ **大意** 从此以后,行侠的人很多,但大都傲慢而不值得称道。只有关中长安的樊仲子、槐里县的赵王孙、长陵县的高公子、西河郡的郭公仲、太原郡的卤公孺、临淮郡的儿长卿、东阳县的田君孺,虽然仗剑行侠,却有谦让的君子风度。至于北路的姚某、西路的杜姓诸人,南路的仇景,东路的赵他、羽公子,南阳郡的赵调之流,这些是住在民间的盗跖罢了,哪里值得称赞呢!这些人都是以前朱家那样的侠客引以为耻的。

　　太史公曰:吾视郭解,状貌不及中人,言语不足采者。然天下无贤与不肖,知与不知,皆慕其声,言侠者皆引以为名。谚曰:"人貌荣名,岂有既①乎!"於戏②,惜哉!

◎ **注释** ①〔既〕尽。②〔於戏(wū hū)〕感叹语。
◎ **大意** 太史公说:我看郭解,相貌赶不上中等人,言谈也无可取之处。但是天下的人不管贤与不贤,认识还是不认识,都仰慕他的名声,行侠的人都引以为荣。谚语说:"人若能以美名作为自己的容貌,称誉难道会有穷尽吗?"唉,可惜呀!

◎ **释疑解惑**
　　在中国历史上,司马迁最早对游侠这个群体做出全面总结,并给予了肯定性评价。在《游侠列传》中,司马迁为游侠立传,塑造了朱家、剧孟、郭解等具有鲜明特点的游侠形象,赞扬"其言必信,其行必果,已诺必诚,不爱其躯,赴士之厄困,既已存亡死生矣,而不矜其能,羞伐其德"的优秀品德,对他们在历史上因"儒、墨皆排摈不载"而湮没无闻和遭受统治者的残酷镇压表示了同情和惋惜。他把这些勇敢的反抗者从长久的遗忘、诽谤和误解的灰尘中剔抉出来，展示出他们的飒爽英姿，让他们的形象和精神永远在我们民族的历史中绽放异彩。

游侠起于春秋战国时之剑客仗义，四公子养士推波助澜，秦汉之际，社会动乱，于是游侠大兴。《游侠列传》中的朱家、剧孟和郭解，不畏统治者的严刑峻法，以打击强暴、扶助良善为己任，轻生仗义，敢死为名，排难解纷，扶危济困，代表了一种植根于民间的正义精神。从中可以看到他们游侠身份下所具有的一种完整和坚强的人格，一种对道义的坚守。也恰恰是这样积极向上的游侠人格和游侠精神极富恒久与广泛的魅力，在历史上应当占有一席重要的地位，值得后世弘扬和赞颂。

从《游侠列传》全文看，司马迁对游侠并不是盲目地赞扬和宣传，而是辩证地分析了游侠的方方面面。他既看到了游侠身上难能可贵的高尚精神，又看到了游侠风气给社会秩序带来的隐患。

司马迁质疑封建统治阶级所谓的圣贤和仁义道德。他站在平民的角度和立场，肯定了游侠牺牲自己、救人之急的优秀品质。他大胆地歌颂游侠，实际上是歌颂了平民反抗强暴的愿望。汉代自文帝、景帝以来，不断地打击、杀害游侠，到武帝时，随着专制主义的发展，更对游侠采取了彻底消灭的方式。生活在那个时代的司马迁，居然还敢逆着风向歌颂游侠，为他们树碑立传，这需要何等的勇气啊！也正是由于司马迁"不与圣人同是非"的勇敢叛逆精神，才使我们能够从"良史""实录"的华服内里看到一个燃烧着炽烈愤火的不屈的灵魂，在一个严谨的优秀的历史家的内心看到一颗勇敢的具有抗争精神的心灵。司马迁不仅仅是一位历史家，他和那些被他热情称颂的英雄豪侠一样，也是一位伟大的反抗者，也在向黑暗做勇猛的刺击，所不同的是游侠用的是剑，而司马迁用的是笔。这篇作品应该与《儒林列传》《酷吏列传》《平津侯主父列传》等参照阅读。

◎ 思考辨析题

    1. 试比较本文所述的几位游侠形象。

    2. 试分析司马迁的游侠精神。

佞幸列传

第六十五

《佞幸列传》是汉代佞臣邓通、韩嫣、李延年等的合传。王充在《论衡》中说道："佞幸之徒，闳、籍孺之辈，无德薄才，以色称媚，不宜爱而受宠，不当亲而得附，非道理之宜，故太史公为之作传。邪人反道而受恩宠，与此同科，故合其名谓之佞幸。"司马迁在《佞幸列传》开篇便揭示了一个历史事实："非独女以色媚，而士宦亦有之。""昔以色幸者多矣。"他的这一大胆而辛辣的讽刺足以令西汉的历代统治者难堪。司马迁说文帝时宫中的宠臣，士人则数邓通，宦官则数赵同和北宫伯子。赵同靠占星望气受到宠幸，而北宫伯子以爱护别人见长，只有邓通毫无技能，全凭运气得到皇帝召见，然后谄媚事主，甚至不惜丧失人格，吮痈取宠，最终死无葬身之地。武帝时的宠臣，士人则有韩嫣，宦者则有李延年。韩嫣善于骑马射箭，谄媚奉承。李延年善于作曲吟歌，迎合皇上心意。本文通过记述这些汉代佞臣，揭露了他们无才无德，却善于察言观色、阿谀奉承，以及恃宠骄横、奸乱永巷的丑恶行径和肮脏灵魂，进而婉转地讽刺了文、景、武等皇帝任人失当、重用奸佞的弊端。

谚曰"力田不如逢年，善仕不如遇合"，固无虚言。非独女以色媚，而士宦亦有之。

◎**大意** 民谚说"努力种田，不如碰上好年景；善于做官，不如遇到好上级"，确实不是空话。不是只有女子可以用色相谄媚得宠，士人和官宦也有如此行径。

昔以色幸者多矣。至汉兴，高祖至暴抗①也，然籍孺以佞幸②；孝惠时有闳孺。此两人非有材能，徒以婉佞贵幸③，与上卧起，公卿皆因关说④。故孝惠时郎侍中皆冠鵔鸃⑤，贝带⑥，傅脂粉，化⑦闳、籍之属也。两人徙家安陵。

◎**注释** ①〔暴抗〕暴猛伉直。②〔佞幸〕以献媚取宠。③〔婉佞贵幸〕婉佞，柔顺谄媚。贵幸，显贵宠幸。④〔关说〕代人陈说。⑤〔鵔鸃（jùn yí）〕鸟名，即锦鸡。此处是指以锦鸡的羽毛为装饰的帽子。⑥〔贝带〕贝壳装饰的腰带。⑦〔化〕改变，此处指效法。

◎**大意** 从前，以色相而被宠幸的人很多呀！到汉朝兴起，高祖最暴猛伉直，然而籍孺以献媚取宠；汉惠帝时的闳孺也如此。这两人不是有才能，只是靠顺从和花言巧语取得宠幸，和皇上同起居，公卿大臣都要通过他们与皇上沟通。所以惠帝时，左右的郎官都头戴锦鸡毛装饰的帽子，腰缠贝壳装饰的带子，脸涂胭脂水粉，效法闳孺、籍孺之流。两人把家迁到安陵。

孝文时中①宠臣，士人则邓通，宦者则赵同、北宫伯子。北宫伯子以爱人长者；而赵同以星气②幸，常为文帝参乘；邓通无伎能。邓通，蜀郡南安人也，以濯（棹）船③为黄头郎。孝文帝梦欲上天，不能，有一黄头郎从后推之上天，顾见其衣裻带后穿④。觉而之渐台，以梦中阴目求推者郎，即见邓通，其衣后穿，梦中所见也。召问其名姓，姓邓氏，名通，文帝说（悦）焉，尊幸之日异。通亦愿谨，不好外交，虽赐洗沐，不欲出。于是文帝赏赐通巨万以十数，官至上大夫。文帝时时如邓通家游戏。然邓通无他能，不能有所荐士，独自谨其身以媚上而已。上使善相者相通，曰当贫饿死。文帝曰："能富通者在我也。何谓贫乎？"于是赐邓通蜀严道铜山，得自铸钱，"邓氏钱"布天下。其富如此。

◎**注释**　①〔中〕指宫中。②〔星气〕指观星望气推测凶吉的方术。③〔濯（zhào）船〕濯，通"棹"，划船的工具，这里指划船。④〔衣裻（dū）带后穿〕上衣背后的腰带下破了个洞。裻，上衣的背缝。穿，洞。

◎**大意**　文帝时宫中的宠臣，士人则数邓通，宦官则数赵同、北宫伯子。北宫伯子以爱护别人见长；而赵同则靠占星望气受到宠幸，经常做文帝的陪乘；邓通没有技能。邓通是蜀郡南安县人，因会划船而当了管理船只的黄头郎。文帝在梦中想上天，不能上，有个黄头郎从后面把他推上了天，回头看见推他的人上衣背后的腰带下有穿孔。文帝醒后到渐台，按照梦中所见暗中寻找推他上天的黄头郎，后来遇见了邓通，他的衣服后面有孔，是梦中所见的样子。召来问他的姓名，姓邓名通，文帝很高兴，对他的宠幸一日胜过一日。邓通也很忠厚谨慎，不好与人交往，即便文帝赐他休假，也不想出去。于是文帝数十次赏赐邓通亿万钱财，官至上大夫。文帝常常到邓通家玩耍。但邓通没有其他才能，不能推荐士人，只不过是谨小慎微以谄媚文帝罢了。文帝让善于相面的人给邓通相面，说邓通要贫困饿死。文帝说："能使邓通富裕的就是我，怎么能说贫困呢？"于是把蜀地严道的铜山赐给邓通，让邓通自己铸钱，"邓氏钱"流传天下，他富裕到如此地步。

文帝尝病痈①，邓通常为帝啮吮②之。文帝不乐，从容问通曰："天下谁最爱我者乎？"通曰："宜莫如太子。"太子入问病，文帝使啮痈，啮痈而色难之。已而闻邓通常为帝啮吮之，心惭，由此怨通矣。及文帝崩，景帝立，邓通免，家居。居无何，人有告邓通盗出徼外③铸钱。下吏验问，颇有之，遂竟案④，尽没入邓通家，尚负责（债）数巨万。长公主赐邓通，吏辄随没入之，一簪不得著身。于是长公主乃令假衣食。竟不得名一钱⑤，寄死人家。

◎**注释** ①〔痈（yōng）〕毒疮。②〔啮（zé）吮〕吮吸。③〔徼（jiào）外〕边境线之外。④〔竟案〕最终定案。⑤〔不得名一钱〕没有一文钱属于邓通名下。

◎**大意** 文帝曾经得过痈疽病，邓通常常替文帝吮吸脓液。文帝不快乐，平缓地问邓通："天下最爱我的人是谁呢？"邓通说："应该没有谁像太子一样爱您。"太子进来探问病情，文帝让他吸脓液，太子吸吮脓液但面色难堪。不久听说邓通常常替文帝吸吮脓液，心里感到惭愧，由此怨恨邓通。等到文帝逝世，景帝即位，邓通被免职，在家闲居。闲居没有多长时间，有人告邓通偷偷到边界外铸钱。景帝把他下交官吏查审，这种情况很多，因此结案。没收完邓通的家产，还负债数亿元。长公主赏赐邓通，官吏就随即没收入库，连一根簪子都不得留下。于是长公主就令人借给他衣服食物。这时邓通身上一文钱也没有了，最终死于别人家里。

孝景帝时中无宠臣，然独郎中令周文仁，仁宠最过庸，乃不甚笃。

◎**大意** 景帝时宫中没有宠臣，只有郎中令周文仁，他受宠超过一般人，但还不算太厉害。

今天子中宠臣，士人则韩王孙嫣，宦者则李延年。嫣者，弓高侯孽孙①也。今上为胶东王时，嫣与上学书相爱。及上为太子，愈益亲嫣。嫣善骑射，善佞。上即位，欲事伐匈奴，而嫣先习胡兵，以故益尊贵，官至上大夫，赏赐拟于邓通。时嫣常与上卧起。江都王入朝，有诏得从入猎上林中。天子车驾跸道②未行，而先使嫣乘副车，从数十百骑，骛驰视兽。江都王望见，以为天子，辟从者，伏谒道傍。嫣驱不见。既过，江都王怒，为皇太后泣曰："请得归国入宿卫，比韩嫣。"太后由此嗛③嫣。嫣侍上，出入永巷④不禁，以奸闻皇太后。皇太后怒，使使赐嫣死。上为谢，终不能得，嫣遂死。而按道侯韩说，其弟也，亦佞幸。

◎**注释** ①〔孽孙〕非嫡子所生的儿子。②〔跸（bì）道〕帝王出行时，清除道路，禁止行人。③〔嗛（xián）〕怨恨。④〔永巷〕宫廷里的深巷，泛指嫔妃、宫女居住的地方。

◎**大意** 武帝宫中的宠臣，士人有韩王信曾孙韩嫣，宦官则有李延年。韩嫣是弓高侯韩颓当的庶孙。武帝为胶东王时，韩嫣与武帝一起学书法，互相喜爱。等到武帝做了太子，更加亲近韩嫣。韩嫣善于骑马射箭，善于谄媚奉承。武帝即位后，想征伐匈奴，而韩嫣先学习胡人兵法，因此更加尊贵，官至上大夫，赏赐类似于邓通。当时韩嫣经常和武帝一起起居。江都王刘非进入朝廷，有诏书要他跟随武帝到上林苑中狩猎。武帝的车驾因为清道还未出行，就先派韩嫣乘坐副车，带着上百的骑兵，疾驰察看野兽。江都王远远望见，以为是武帝，赶紧让随从避开，跪在道旁拜见。韩嫣驱车视而不见。过去之后，江都王很愤怒，向皇太后哭着说："请求回封国当个宫中警卫，与韩嫣并列。"太后从此怨恨韩嫣。韩嫣侍奉武帝，出入永巷不受禁止，与嫔妃的奸情被皇太后听到。皇太后很生气，派使者赐韩嫣自杀。武帝替韩嫣求情，最终未能被赦免，韩嫣就这样死了。而按道侯韩说，是韩嫣的弟弟，也因谄媚而受宠。

李延年，中山①人也。父母及身兄弟及女，皆故倡②也。延年坐法腐③，给事狗中④。而平阳公主言延年女弟善舞，上见，心说（悦）之，及入永巷，而召贵延年。延年善歌，为变新声，而上方兴天地祠，欲造乐诗歌弦之。延年善承意，弦次初诗。其女弟亦幸，有子男。延年佩二千石印，号协声律。与上卧起，甚贵幸，埒⑤如韩嫣也。久之，浸与中人⑥乱，出入骄恣。及其女弟李夫人卒后，爱弛，则禽诛延年昆弟也。

◎**注释** ①〔中山〕县名，今河北定州。②〔倡〕从事音乐、歌舞等职业的人。③〔腐〕宫刑。④〔狗中〕管理皇帝猎犬的部门。⑤〔埒（liè）〕等同，相等。⑥〔中人〕指嫔妃、宫女等。

◎**大意** 李延年，中山人。他的父母、他自己、他的兄弟姐妹和女儿，原来都是歌舞艺伎。李延年因犯法而被处宫刑，供职于狗中。平阳公主说李延年的妹妹善于跳舞，武帝见后，心里喜欢她，等李延年的妹妹进宫后，武帝召见李延年，并使他显贵。李延年善于歌唱，创作新的乐曲，而武帝正要兴建天地祠，想作乐诗伴唱歌颂。李延年善于迎合武帝的心意，为武帝让人新作的歌词都谱了曲。他的妹妹也受到宠幸，生了儿子。李延年佩有年薪二千石的印绶，号称"协声律"。与武帝同起居，很显贵受宠，堪比韩嫣。时间长了，渐渐与宫女乱来，进出皇宫骄傲放纵，等到他妹妹李夫人死后，武帝对他的宠爱减少，便擒杀了他和他的兄弟。

自是之后，内宠嬖臣大底①外戚之家，然不足数②也。卫青、霍去病亦以外戚贵幸，然颇用材能自进。

◎**注释** ①〔大底〕大抵，大都。②〔数〕称道，论说。

◎**大意** 从此以后，宫内的宠臣大抵是外戚家的人，但都不值一提。卫青、霍去病也因为是外戚而显贵受宠，但他们颇能以自己的才能受到提拔。

太史公曰：甚哉爱憎之时！弥子瑕之行①，足以观后人佞幸矣。虽百世可知也。

◎ **注释**　①〔弥子瑕之行〕《韩非子·说难》记载，弥子瑕受卫灵公宠幸时，曾偷用灵公车驾，还将自己咬过的桃给灵公吃，卫灵公都深感满意。后来失宠，卫灵公以这两桩旧事严惩他。

◎ **大意**　太史公说：皇上的宠爱和憎恨都太过了！弥子瑕的情况，足以看出后代佞幸者的下场。即使百世之后也可预知。

◎ **释疑解惑**

汉代朝廷大臣见风使舵、唯知谄媚的龌龊风气的形成，当然不能说全拜佞幸之徒的影响。但是那些"以色称媚"，骤然富贵，"不宜爱而受宠，不当亲而得附"的佞幸之徒，无疑是他们欣美的对象。而西汉官场谄媚作风的滋长，和当时的皇帝喜好"婉佞"之臣有着难以分割的关系。另一方面，这些佞臣虽因"色"或"信"得幸于皇帝，与其保持着一种畸形关系，却结怨于朝臣和皇室，皆不得善终。邓通得罪了汉文帝的太子，即后来的汉景帝，汉景帝即位后，邓通被免官，最后"竟不得名一钱，寄死人家"。韩嫣得罪了江都王和皇太后，被皇太后赐自杀。李延年则坐奸，落得诛灭全族的下场。作为这种风气的受害者，作为有良知的史学家，司马迁憎恶阿谀奉迎的官吏，憎恶以色侍君的佞幸，鄙夷喜好男色的皇帝，由此生发出对唯以谄媚为能事的官场龌龊风气的义愤。文章虽然短小，但是叙事简洁而有条理，尤其是寓感慨于叙事之中的写法，以及篇末直抒胸臆的写法，使感情跌宕婉转，"通篇一气，直贯到底"（吴见思《史记论文》），很有艺术感染力。

◎ **思考辨析题**

1. 试论司马迁对佞臣的态度。
2. 对比本篇与《酷吏列传》，说一说佞臣与酷吏有何区别。

滑稽列传第六十六

《滑稽列传》是专记滑稽人物的类传。滑稽指言辞流利，正话反说，思维敏捷，后世用作诙谐幽默之意。司马迁所作原文记载了淳于髡、优孟、优旃三人的事迹。这三人中，淳于髡出身于赘婿，优孟、优旃出身于优伶，这两种身份在秦汉时都处于社会底层。司马迁敢于冲破世俗偏见，为他们立传，体现了他的卓越史识。本篇先写淳于髡以大鸟之喻谏言齐王，以"所持者狭而所欲者奢"之语求来十万精兵，以巧言而罢长夜之饮。然后写优孟以一言而谏庄王爱马，以一言而恤故吏之家。最后写优旃以一言而禁暴主之欲。这三人以流利的言辞委婉地规劝帝王，效果良好。《太史公自序》曰："不流世俗，不争势利，上下无所凝滞，人莫之害，以道之用。作《滑稽列传》。"司马迁作此传的宗旨在于颂扬淳于髡、优孟、优旃一类滑稽人物"不流世俗，不争势利"的可贵精神，及其"谈言微中，亦可以解纷"的非凡讽谏才能。他们虽然出身微贱，但机智聪敏，能言多辩，善于缘理设喻，察情取譬，借事托讽，因而其言其行起到了与"六艺于治一也"的重要作用。东郭先生、东方朔、西门豹之事为褚少孙所补。

孔子曰："六艺于治一也。《礼》以节人，《乐》以发和①，《书》以道事，《诗》以达意，《易》以神化②，《春秋》以义③。"太史公曰：天道恢恢，岂不大哉！谈言微中④，亦可以解纷。

◎注释　①〔发和〕促进和谐融洽。②〔神化〕使统治方略神秘化。③〔以义〕用来通晓是非正义。④〔谈言微中〕在谈笑中微妙地说中至理。

◎大意　孔子说："六艺对于治国来说，作用是一样的。《礼》用来节制人，《乐》用来诱导人和睦相处，《书》用来讲述古代的事情，《诗》用来传达古代圣贤的意旨，《易》使统治的方略神秘化，《春秋》用来通晓是非正义。"太史公说：宇宙的规律非常广阔，难道不宏大吗？在谈笑中微妙地说中至理，也可以排解纠纷。

淳于髡者，齐之赘婿①也。长不满七尺，滑稽多辩，数使诸侯，未尝屈辱。齐威王之时喜隐②，好为淫乐长夜之饮，沉湎③不治，委政卿大夫。百官荒乱，诸侯并侵，国且危亡，在于旦暮，左右莫敢谏。淳于髡说之以隐曰："国中有大鸟，止王之庭，三年不蜚（飞）又不鸣，王知此鸟何也？"王曰："此鸟不飞则已，一飞冲天；不鸣则已，一鸣惊人。"于是乃朝诸县令长七十二人，赏一人，诛一人，奋兵而出。诸侯振（震）惊，皆还齐侵地。威行三十六年。语在《田完世家》中。

◎**注释** ①〔赘婿〕上门女婿。②〔隐〕隐语,指不直说本意而借别的词语来暗示的话,类似谜语。③〔沉湎〕指嗜酒无度。

◎**大意** 淳于髡(kūn),齐国人的上门女婿。身高不到七尺,诙谐滑稽善于论辩,多次出使诸侯国,未尝屈尊受辱。齐威王在位时喜欢隐语,又好荒淫作乐,长夜饮酒不眠,沉湎酒色不理朝政,把政事委托给卿大夫办理。文武百官荒淫混乱,诸侯都来侵扰,国家危亡只在早晚之间,身边大臣没人敢劝谏。淳于髡用隐语劝说道:"国中有只大鸟,落在大王的庭院里。三年了,不飞走也不鸣叫,大王可知这鸟是什么鸟?"齐威王说:"这只鸟不飞罢了,一飞就能冲上云天;不鸣罢了,一鸣就能震惊世人。"于是就接见各县县令七十二人,奖赏了一个人,诛杀了一个人,举兵而出。诸侯震惊,都归还了侵占的齐国土地。齐国的威望延续了三十六年。这些话语记载于《田完世家》中。

威王八年,楚大发兵加齐。齐王使淳于髡之赵请救兵,赍①金百斤,车马十驷。淳于髡仰天大笑,冠缨索绝。王曰:"先生少之乎?"髡曰:"何敢!"王曰:"笑岂有说乎?"髡曰:"今者臣从东方来,见道傍有禳田者②,操一豚蹄,酒一盂,祝曰:'瓯窭满篝③,污邪④满车,五谷蕃熟,穰穰⑤满家。'臣见其所持者狭而所欲者奢,故笑之。"于是齐威王乃益赍黄金千溢(镒)⑥,白璧十双,车马百驷。髡辞而行,至赵。赵王与之精兵十万,革车千乘。楚闻之,夜引兵而去。

◎**注释** ①〔赍(jī)〕携带。②〔禳(ráng)田者〕祭田神求丰收的人。③〔瓯窭(ōu lóu)满篝〕高地上生产的谷物盛满筐笼。瓯窭,高地。篝,筐笼之类。④〔污邪〕低洼易涝的田地。⑤〔穰穰〕丰盛、众多的样子。⑥〔溢〕通"镒",古代重量单位。二十两为一镒。

◎**大意** 齐威王八年,楚国大举发兵侵犯齐国。齐王派淳于髡到赵国请求救兵,让他携带百斤黄金,十辆马车作为礼物。淳于髡仰天大笑,把帽带都绷断了。齐威王说:"先生嫌太少吗?"淳于髡说:"哪里敢!"齐威王说:"那你大笑有什么说法吗？"淳于髡说："今天我从东方来，见路边有个向田神祈祷的人，手持一只猪蹄、一杯酒，祝告说：'高旱地上的谷物装满笼筐，低涝地上的粮食装满车辆，茂盛的五谷成熟飘香，尖尖的稻谷堆满粮仓。'我看他拿的东西少，想要的东西却多，所以笑他。"于是齐威王就把礼品加到一千镒黄金、十双白璧、一百辆马车。淳于髡告辞起行，到了赵国。赵王给他十万精兵、战车千乘。楚军听到消息，夜里便撤兵离开了齐国。

威王大说（悦），置酒后宫，召髡赐之酒。问曰："先生能饮几何而醉？"对曰："臣饮一斗亦醉，一石亦醉。"威王曰："先生饮一斗而醉，恶能饮一石哉！其说可得闻乎？"髡曰："赐酒大王之前，执法①在傍，御史②在后，髡恐惧俯伏而饮，不过一斗径醉矣。若亲有严客，髡帣韝鞠䐉（跽）③，侍酒于前，时赐余沥④，奉觞上寿，数起，饮不过二斗径醉矣。若朋友交游，久不相见，卒（猝）然相睹，欢然道故⑤，私情相语，饮可⑥五六斗径醉矣。若乃州闾之会，男女杂坐，行酒稽留⑦，六博投壶⑧，相引为曹⑨，握手无罚，目眙⑩不禁，前有堕珥，后有遗簪，髡窃乐此，饮可八斗而醉二参（三）。日暮酒阑⑪，合尊促坐⑫，男女同席，履舄⑬交错，杯盘狼藉，堂上烛灭，主人留髡而送客，罗襦⑭襟解，微闻芗（香）泽⑮，当此之时，髡心最欢，能饮一石。故曰酒极则乱，乐极则悲；万事尽然。"言不可极，极之而衰，以讽谏焉。齐王曰："善。"乃罢长夜之饮，以髡为诸侯主客。宗室置酒，髡尝在侧。

◎**注释** ①〔执法〕执行法令的官吏。②〔御史〕官名，在君主左右掌管文书档案和记事。③〔帣（juǎn）韝（gōu）鞠（jū）䐉（jì）〕帣，卷束衣袖。韝，皮制的套袖。鞠，弯腰。䐉，同"跽"，长跪。④〔余沥〕剩余的酒。⑤〔道故〕叙旧。⑥〔可〕大约，差不多。⑦〔行酒稽留〕指长时间的宴饮。行酒，给在座的人依次斟酒并劝饮。稽留,逗留。⑧〔六博投壶〕古代的两种游戏。⑨〔曹〕此指伙伴。⑩〔眙(chì)〕直视,瞪着眼看。⑪〔酒阑〕谓酒宴将尽。⑫〔合尊促坐〕合尊,把剩下的酒合盛一樽。促坐,坐得很近。⑬〔舄(xì)〕木底鞋。⑭〔罗襦(rú)〕薄纱制的短上衣。襦,短衣。⑮〔芗(xiāng)泽〕浓浓的香味。芗,通"香"。

◎**大意** 齐威王很高兴,在后宫设酒宴,召请淳于髡,赐他酒喝。齐威王问他:"先生喝多少酒才醉呢?"淳于髡回答说:"我喝一斗也醉,喝一石也醉。"齐威王说:"先生喝一斗就醉了,怎么能喝一石呢?这个道理可以说给我听听吗?"淳于髡说:"在大王面前接受赐酒,有执法官在旁边,御史官在后边,我战战兢兢地趴在地上喝,喝不到一斗就醉了。如果父母有贵宾,我就卷起袖子、戴上套袖,弯腰跪着,侍候陪酒,不时喝点儿客人赐的余酒,举杯祝福,数次起身应酬,喝不到二斗酒就醉了。如果是朋友交游,很久没有见面,突然相逢,高兴地谈说往事,互相倾吐情愫,喝五六斗酒就醉了。至于乡里聚会,男女混坐,长时间地宴饮,并在酒席上玩六博、投壶的游戏,互相介绍朋友,男女握手无拘无束,眼睛直盯着看也不犯禁,前有落地的耳环,后有落地的发簪,我私自以此为乐,大概能喝八斗酒而有二三分醉意。天黑酒残,把剩酒倒在一起,促膝而坐,男女同席,鞋屦错杂,杯子、盘子乱七八糟,屋堂蜡烛已灭,主人送走其他客人而独留下我,薄纱短衣解开衣襟,闻见淡淡的香气,这个时候,我心里最为高兴,能喝一石酒。所以说酒喝得太多就会出乱子,高兴到顶点就会转为悲哀。一切事情都是这样。"这是说任何事都不能到极点,到了极点就会走向衰败,淳于髡用这些话来规劝齐威王。齐威王说:"很好。"就停止了长夜狂饮,任命淳于髡为接待宾客的官员。王族宗室设置酒宴,淳于髡常常在场。

其后百余年,楚有优孟。

◎**大意** 此后一百多年,楚国出了个优孟。

优孟,故楚之乐人也。长八尺,多辩,常以谈笑讽谏。楚庄王之时,有所爱马,衣以文绣,置之华屋之下,席以露床,啖以枣脯。

马病肥死，使群臣丧之，欲以棺椁大夫礼葬之。左右争之，以为不可。王下令曰："有敢以马谏者，罪至死。"优孟闻之，入殿门，仰天大哭。王惊而问其故。优孟曰："马者王之所爱也，以楚国堂堂之大，何求不得，而以大夫礼葬之，薄，请以人君礼葬之。"王曰："何如？"对曰："臣请以雕玉为棺，文梓为椁，楩枫豫章为题凑①，发甲卒为穿圹②，老弱负土，齐赵陪位于前，韩魏翼卫其后，庙食太牢③，奉以万户之邑。诸侯闻之，皆知大王贱人而贵马也。"王曰："寡人之过一至此乎！为之奈何？"优孟曰："请为大王六畜葬之。以垄灶④为椁，铜历（鬲）⑤为棺，赍（剂）⑥以姜枣，荐以木兰，祭以粮稻，衣以火光，葬之于人腹肠。"于是王乃使以马属太官⑦，无令天下久闻也。

◎**注释** ①〔楩（pián）枫豫章为题凑〕楩、枫、豫章都是贵重的木料名。题凑，椁室用大木累积成墙，以保护棺椁。②〔穿圹（kuàng）〕穿凿墓洞。③〔庙食太牢〕指为死马建立祠庙，并用规格最高的太牢之礼祭祀。④〔垄灶〕灶膛、锅台。⑤〔铜历〕铜锅。历，通"鬲"，古代的炊具。⑥〔赍〕通"剂"，调配。⑦〔马属太官〕属，交付。太官，官名，有太官令、丞，掌管国君膳食、宴会。

◎**大意** 优孟，原来是楚国的艺人。他身高八尺，能言善辩，经常用谈笑的方式劝谏。楚庄王在位时，有一匹特别喜爱的马，给马穿锦绣做的衣服，把它安置在华丽的屋子里，以没有帷帐的床做卧席，以枣干做饲料。结果这匹马因过肥而病死，楚庄王让群臣为它吊丧，准备用棺椁装尸，依照大夫的礼仪来埋葬它。楚庄王左右近臣劝阻他，认为这样不行。楚庄王下令说："有敢劝谏葬马之事的，处以死罪。"优孟听说这事，进入宫殿门仰天大哭。楚庄王吃惊地问他原因。优孟说："马是大王所爱之物，以堂堂楚国之大，想要什么得不到呢？而以大夫之礼仪葬马，礼太薄了，请以葬埋君王的礼仪葬埋它。"王说："怎么办？"优孟说："我请求以雕刻花纹的玉石做棺材，用纹理好的梓木做外椁，用贵重的楩、枫、豫章等木料做护棺的题凑，发动士兵给它挖墓穴，年老体弱的人背土修坟，齐国、赵国陪祭于前，韩国、魏国护卫于后，还要给它修建庙宇，用太牢之礼祭祀，拨个万户的大县供奉它。诸侯听了，都知道大王轻视人而重视马。"楚庄王说："我的过失竟然到了如此地步吗？这怎么办呢？"优孟说："我可以替大王以埋葬六畜的方式埋它。以土灶作棺椁，以铜锅作棺材，加上姜枣，放上香料，以粮稻作祭品，以火光为衣服，把它埋葬在人的肚子里。"于是楚庄王就把死马交给太官，不让天下人长久传布这件事。

楚相孙叔敖知其贤人也，善待之。病且死，属（嘱）其子曰："我死，汝必贫困。若往见优孟，言我孙叔敖之子也。"居数年，其子穷困负薪，逢优孟，与言曰："我，孙叔敖子也。父且死时，属（嘱）我贫困往见优孟。"优孟曰："若无远有所之①。"即为孙叔敖衣冠，抵掌谈语②。岁余，像孙叔敖，楚王及左右不能别也。庄王置酒，优孟前为寿。庄王大惊，以为孙叔敖复生也，欲以为相。优孟曰："请归与妇计之，三日而为相。"庄王许之。三日后，优孟复来。王曰："妇言谓何？"孟曰："妇言慎无为，楚相不足为也。如孙叔敖之为楚相，尽忠为廉以治楚，楚王得以霸。今死，其子无立锥之地，贫困负薪以自饮食。必如孙叔敖，不如自杀。"因歌曰："山居耕田苦，难以得食。起而为吏，身贪鄙者余财，不顾耻辱，身死家室富。又恐受赇③枉法，为奸触大罪，身死而家灭。贪吏安可为也！念为廉吏，奉法守职，竟死不敢为非。廉吏安可为也！楚相孙叔敖持廉至死，方今妻子穷困负薪而食，不足为也！"于是庄王谢优孟，乃召孙叔敖子，封之寝丘四百户，以奉其祀。后十世不绝。此知（智）可以言时矣。

◎**注释** ①〔若无远有所之〕你不要离家远出。②〔抵掌谈语〕说话的手势和声音。③〔赇（qiú）〕贿赂。

◎**大意** 楚国宰相孙叔敖知道优孟是个贤人，善待他。孙叔敖病重将死，嘱咐他儿子说："我死后，你必然会穷。如果去见优孟，就说我是孙叔敖的儿子。"过了几年，他的儿子穷困得背柴去卖，碰见了优孟。于是对他说："我是孙叔敖的儿子。我父亲将死时，嘱咐我穷困时前往见你。"优孟说："你不要到远处去。"就做了孙叔敖那样的衣帽，模仿他的言谈举止。一年多后，模仿得很像孙叔敖，楚庄王及其左右近臣都不能分辨。庄王设酒宴，优孟上前祝福。楚庄王大吃一惊，以为孙叔敖又活了，要封他为宰相。优孟说："请让我回去和妻子商量一下，三日后再做宰相。"庄王答应了。三日后，优孟又来了。庄王说："你妻子怎么说？"优孟说："夫人说要我谨慎，不要做宰相，楚国的宰相不值得做。像孙叔敖做楚国宰相，尽忠廉洁来治理楚国，使得楚王称霸。现在死了，他的儿子连立锥之地都没有，穷得背柴卖薪来维持生计。一定要像孙叔敖的话，还不如自杀。"然后唱道："居山耕田苦，难得吃和穿。出山当了官，贪赃有余钱，不顾耻和辱，死后家万贯。又恐受法刑，作奸犯大罪，身死家也灭。怎敢当贪官！实想当清官，奉法守职位，至死不非为。清官安可为！楚相孙叔敖，廉洁而至死，妻儿穷困中，负薪而求食，宰相不足做！"于是楚庄公向优孟认错，召见孙叔敖之子，把寝丘这个四百户之邑封给他，用来供奉孙叔敖的祭祀。后来传到十代香火未绝。优孟的这种智慧，可以说是善于抓住时机了。

其后二百余年，秦有优旃。

◎**大意** 优孟以后二百多年，秦国出了个优旃（zhān）。

优旃者，秦倡侏儒也。善为笑言，然合于大道，秦始皇时，置酒而天雨，陛楯（盾）者①皆沾寒②。优旃见而哀之，谓之曰："汝欲休乎？"陛楯者皆曰："幸甚。"优旃曰："我即呼汝，汝疾应曰诺。"居有顷，殿上上寿呼万岁。优旃临槛③大呼曰："陛楯郎！"郎曰："诺。"优旃曰："汝虽长，何益，幸雨立。我虽短也，幸休居。"于是始皇使陛楯者得半相代④。

◎**注释** ①〔陛楯者〕指在台阶下执盾站岗的武士。陛,台阶。这里指宫殿的台阶。楯,通"盾"。②〔沾寒〕受凉。③〔槛〕殿阶上面的栏杆。④〔半相代〕一半人值班,一半人休息,轮番替换。

◎**大意** 优旃是秦国一个身材矮小的歌舞艺人。他善于讲笑话,但是符合大道理。秦始皇时,有一次设酒宴而天下了雨,台阶下执盾的卫士都被淋受寒。优旃见了同情他们,对他们说:"你们想休息吗?"卫士们都说:"那太好了。"优旃说:"我如果叫你们,你们就很快地回答'到'。"一会儿,殿上祝酒时大呼万岁。优旃走近栏杆大叫道:"卫士们!"卫士答道:"到。"优旃说:"你们虽然个子高,有何益处,只能站在雨中。我虽然很矮,但有幸在这里休息。"于是秦始皇让卫士们减半值班,轮流休息。

始皇尝议欲大苑囿,东至函谷关,西至雍、陈仓。优旃曰:"善。多纵禽兽于其中,寇从东方来,令麋鹿触之足矣。"始皇以故辍止。

◎**大意** 秦始皇曾经和大臣商议扩大园林的范围,东到函谷关,西到雍地、陈仓。优旃说:"好。多在苑中放些禽兽,敌寇从东边打来,派麋鹿用角去顶他们就足够了。"秦始皇因此停止了计划。

二世立,又欲漆其城。优旃曰:"善。主上虽无言,臣固将请之。漆城虽于百姓愁费①,然佳哉!漆城荡荡②,寇来不能上。即欲就之,易为漆耳,顾难为荫室③。"于是二世笑之,以其故止。居无何,二世杀死,优旃归汉,数年而卒。

◎**注释** ①〔愁费〕愁怨耗损。②〔荡荡〕漂亮,阔气。③〔荫室〕遮蔽太阳,晾干漆器的房间。
◎**大意** 秦二世登位,又想用漆涂饰城墙。优旃说:"好。皇上即使不说,我本来也要请您这样做。漆城墙虽然对于百姓而言愁苦而浪费，但是很美呀！涂漆的城墙宏伟光亮，敌寇来了爬不上来。想要成就这件事，涂漆容易，但难以建造如此大的能够晾干涂漆的房子。"于是秦二世笑笑，油漆城墙的事就此停手了。过了不久，秦二世被杀死，优旃归属汉朝，过了几年就死了。

太史公曰：淳于髡仰天大笑，齐威王横行。优孟摇头而歌，负薪者以封。优旃临槛疾呼，陛楯得以半更。岂不亦伟哉！

◎**大意** 太史公说：淳于髡仰天大笑，齐威王得以横行天下。优孟摇头而歌，背柴的人受到封赏。优旃靠近栏杆呼喊，卫士得以轮流休息。难道这还不伟大吗？

褚先生①曰：臣幸得以经术②为郎，而好读外家传语③。窃不逊让，复作故事滑稽之语六章，编之于左。可以览观扬意，以示后世，好事者读之，以游心骇耳④，以附益上方太史公之三章。

◎**注释** ①〔褚先生〕名少孙，西汉元帝、成帝时为博士，是《史记》补纂者之一。②〔经术〕即儒术。③〔外家传语〕"六经"以外的史传杂说。④〔游心骇耳〕愉悦心目。

◎**大意** 褚少孙先生说：我侥幸因精通儒术做了郎官，而且喜欢读史传杂说之书。我也不谦让，又写了诙谐滑稽的故事共六章，编排在后。可供阅览扩大见闻，展示给后世，喜欢这类故事的人阅读后，可以愉悦心目，增附于以上太史公的三章故事之后。

武帝时有所幸倡郭舍人者，发言陈辞虽不合大道，然令人主和说（悦）。武帝少时，东武侯母常养帝，帝壮时，号之曰"大乳母"。率一月再朝。朝奏入，有诏使幸臣马游卿以帛五十匹赐乳母，又奉饮糒飧①养乳母。乳母上书曰："某所有公田，原得假倩②之。"帝曰："乳母欲得之乎？"以赐乳母。乳母所言，未尝不听。有诏得令乳母乘车行驰道中。当此之时，公卿大臣皆敬重乳母。乳母家子孙奴从者横暴长安中，当道掣顿③人车马，夺人衣服。闻于中，不忍致之法。有司请徙乳母家室，处之于边。奏可。乳母当入至前，面见辞。乳母先见郭舍人，为下泣。舍人曰："即入见辞去，疾步数还顾。"乳母如其言，谢去，疾步数还顾。郭舍人疾言骂之曰："咄！老女子！何不疾行！陛下已壮矣，宁尚须汝乳而活邪？尚何还顾！"于是人主怜焉悲之，乃下诏止无徙乳母，罚谪谮④之者。

◎**注释** ①〔饮糒（bèi）飧（sūn）〕饮，酒等饮料。糒，干粮。飧，熟食。②〔假倩〕借用。假、倩都是借的意思。③〔掣（chè）顿〕牵扯，拦阻。④〔谪谮（zèn）〕谪，谴责，惩罚。谮，说坏话诬陷别人。

◎**大意** 武帝时有个被宠幸的歌舞艺人叫郭舍，说话虽然不合大道理，但能让武帝高兴。武帝少年时，东武侯的母亲曾乳养过他，武帝长大后，叫她"大乳母"。大概一月入朝两次。入朝的报告送进去，便有诏令派宠臣马游卿用五十匹丝绸赐给乳母，又准备好吃好喝的奉养乳母。乳母上书说："某处有一块公田，希望能得以借用。"武帝说："乳母想得到这块田吗？"便把它赐给乳母。乳母所说的话未曾不听。有次下诏让乳母坐车子走在帝王行走的道路上。这个时候，朝廷大臣都很敬重乳母。乳母家的子孙奴仆在长安城中横行施暴，在路上抢夺扣押别人的车马，抢夺别人的衣服。这些事传到宫中，武帝不忍心依法惩处他们。主管官吏奏请将乳母家迁徙到边远地方。奏章被批准。乳母应当入朝到武帝跟前当面辞别。乳母先见郭舍人，为这事痛哭流涕。郭舍人说："立即入朝面见武帝辞行，快步退出时要屡屡回头望皇上。"乳母按他的话去做，谢别离去时，快步退出但屡屡回头看武帝。郭舍人大声骂道："呸！老婆子！为何不赶快退下？陛下已经长大了，难道还等你喂奶活命吗？还回头看什么！"因此武帝怜悯她，就下诏停止迁徙乳母，处罚了说乳母坏话的人。

武帝时，齐人有东方生名朔，以好古传书，爱经术，多所博观外家之语。朔初入长安，至公车上书，凡用三千奏牍①。公车令两人共持举其书，仅然能胜之。人主从上方②读之，止，辄乙其处③，读之二月乃尽。诏拜以为郎，常在侧侍中。数召至前谈语，人主未尝不说（悦）也。时诏赐之食于前。饭已，尽怀其余肉持去，衣尽污。数赐缣帛，檐（担）揭④而去。徒用所赐钱帛，取少妇于长安中好女。率取妇一岁所者即弃去，更取妇。所赐钱财尽索之于女子。人主左右诸郎半呼之"狂人"。人主闻之，曰："令朔在事无为是行者，若等安能及之哉！"朔任其子为郎，又为侍谒者，常持节出使。朔行殿中，郎谓之曰："人皆以先生为狂。"朔曰："如朔等，所谓避世于朝廷间者也。古之人，乃避世于深山中。"时坐席中，酒酣，据地歌曰："陆沉⑤于俗，避世金马门。宫殿中可以避世全身，何必深山之中，蒿庐之下。"金马门者，宦者署门也，门傍有铜马，故谓之曰"金马门"。

◎**注释** ①〔奏牍〕上奏言事所用的木片。②〔上方〕指尚方署。③〔乙其处〕在那个地方做记号。乙，指在读书中止处做记号。④〔檐揭〕扛抬。檐，通"担"。揭，高举。⑤〔陆沉〕陆地无水而下沉。喻沦落。

◎**大意** 武帝时，齐地有个姓东方的先生名叫朔，因为喜好古代留下来的书籍，爱好经学儒术，博览了诸子百家的著作。东方朔刚进入长安城，到公车府向武帝上书，共用了三千余片木简。公车令让两个人一起抬他的书，勉强可以胜任。武帝在尚方署读它，停下来时，总是在停的地方画个符号，读了两个月才读完。下诏任命他为郎官，常在宫中听候差遣。多次被召到武帝跟前谈话，武帝从来没有不高兴的时候。时常诏令他在武帝面前吃饭。饭后，他把剩下的肉全都揣在怀里拿走，衣服全被油污弄脏。武帝多次赐他绸绢，他或挑或抱着离开。他用武帝所赐的钱财，在长安城中娶美女做妻子。大致娶个妻子只一年便休弃，另娶新妇。武帝所赐的钱财全部花费在女人身上。武帝身边的诸多郎官有一半把他叫作

"狂人"。武帝听了这种叫法，说："假使东方朔没有这种行为的话，你们怎能比得上他呢！"东方朔举荐自己的儿子做郎官，后来又做侍谒者，常常手持使节出使他国。东方朔在宫殿中经过，郎官对他说："人们都认为先生是'狂人'。"东方朔说："像我这样的人，就是所谓在朝廷上隐居的人。古人乃隐居在深山中。"他时常坐在酒席中，酒喝得尽兴，趴在地上歌唱道："隐居在凡俗中，避世于金马门。宫殿中可以避世，何必居于深山之中、茅屋之下。"金马门是宦者署的门，门旁边有铜马，所以叫作"金马门"。

时会聚宫下博士诸先生与论议，共难之曰："苏秦、张仪一当万乘之主，而都卿相之位，泽及后世。今子大夫修先王之术，慕圣人之义，讽诵《诗》《书》百家之言，不可胜数。著于竹帛，自以为海内无双，即可谓博闻辩智矣。然悉力尽忠以事圣帝，旷日持久，积数十年，官不过侍郎①，位不过执戟②，意者尚有遗行邪？其故何也？"东方生曰："是固非子所能备也。彼一时也，此一时也，岂可同哉！夫张仪、苏秦之时，周室大坏，诸侯不朝，力政争权，相禽以兵，并为十二国，未有雌雄，得士者强，失士者亡，故说听行通，身处尊位，泽及后世，子孙长荣。今非然也。圣帝在上，德流天下，诸侯宾服，威振（震）四夷，连四海之外以为席，安于覆盂，天下平均，合为一家，动发举事，犹如运之掌中。贤与不肖，何以异哉？方今以天下之大，士民之众，竭精驰说，并进辐凑者，不可胜数。悉力慕义，困于衣食，或失门户。使张仪、苏秦与仆并生于今之世，曾不能得掌故③，安敢望常侍侍郎乎！传曰：'天下无害灾，虽有圣人，无所施其才；上下和同，虽有贤者，无所立功。'故曰时异则事异。虽然，安可以不务修身乎？《诗》曰：'鼓钟于宫，声闻于外。鹤鸣九皋，声闻于天。'苟能修身，何患不荣！太公躬行仁义七十二年，逢文王，得行其说，封于齐，七百岁而不绝。此士之所以日夜孜孜，修学行道，不敢止也。今世之处士，时虽不用，崛然④独立，块然⑤独处，上观许由，下察接舆，策同范蠡，忠合子胥，天下和平，与义相扶⑥，寡偶少徒，固其常也。子何疑于余哉！"于是诸先生默然无以应也。

◎**注释** ①〔侍郎〕侍从官员，任职者或以军功，或以学问侍奉皇帝。②〔执戟〕指郎官。执勤时手执戟。③〔掌故〕指掌管礼乐制度等事的官吏。④〔崛然〕高起、突出的样子。⑤〔块然〕孤独而安定的样子。⑥〔与义相扶〕即修身自持。

◎**大意** 当时适逢朝廷聚集博士先生参与议政，共同辩难东方朔说："苏秦、张仪一遇到大国君主，就高居卿相之位，恩泽传及后世。如今您修习先王治国的方法，仰慕圣人的道义，熟读《诗经》《尚书》等百家言论，多得数不清。又著文于竹简锦帛，自以为天下无人能比，可以说是见识广博、论辩聪明了。但是您全力尽忠侍奉圣明的皇帝，旷日持久，已有几十年，官位不过小小侍郎，职位不过小小执戟，应该还有不够妥当的行为吧？这是为什么呢？"东方朔先生说："这本就不是你们所能完全了解的。那是一个时代，这是一个时代，难道可以相提并论吗！张仪、苏秦之时，周王室非常衰败，诸侯不朝拜王室，凭武力争夺权力，互相擒拿，兵戎相见，兼并为十二国，未有胜负，得到士人辅助的就强大，失去士人辅助的就灭亡。所以各国诸侯对他们言听计从，他们因此身处尊位，福泽传及后世，子孙长久地享有荣华富贵。现在不是这样。圣明的皇帝在上理政，恩德普及天下，诸侯都来顺服，威力震慑四方蛮夷，国内国外如一张大席子连在一起，安稳得就像倒放的盘盂，天下齐一，融合为一家，行动办事，如同在手掌上运作那么容易。贤与不贤，有什么区别呢？当今之时，天下这么大，人口这么多，那些竭力游说之士，像辐条凑向车毂一样，多得数不清。即使竭力仰慕道义，仍然往往被衣食所困，有的连做官的门都找不到。假使苏秦、张仪与我一起生在当今之世，他们还不能当个掌管故事的小官呢，怎敢奢望当常侍侍郎呢！古书上说：'天下没有灾害，即使有圣人出现，也没有地方施展才能；君臣和睦同心，即使有贤人，也没有地方建立功业。'所以说时代不同则人事不同。即使如此，怎么能够不以修身养性为务呢？《诗经》说：'鼓钟响于宫内，声音传于宫外。''鹤在沼泽中鸣叫,声音传到天空中。'如果能修养身性,还怕不能得到尊荣吗!姜太公亲身履行仁义七十二年,遇到周文王,得以施行主张,在齐国封为诸侯,传国七百年没有断绝。这就是士人要日夜孜孜不倦地研究学问躬行道义而不敢停止的原因。如今世上的隐士,虽然不能被任用,但他们能巍然独挺,安静独处,效法许由、接舆的清高,有范蠡的智谋和伍子胥的忠心,只是在太平年代无法表现,只好谨守道义,缺朋少友,这是很正常的。你们对我有何疑虑呢?"众博士默然无以回应。

建章宫后阁重栎①中有物出焉,其状似麋。以闻,武帝往临视之。问左右群臣习事通经术者,莫能知。诏东方朔视之。朔曰:"臣知之,愿赐美酒粱饭②大飨臣,臣乃言。"诏曰:"可。"已飨又曰:"某所有公田鱼池蒲苇数顷,陛下以赐臣,臣朔乃言。"诏曰:"可。"于是朔乃肯言,曰:"所谓驺牙③者也。远方当来归义,而驺牙先见。其齿前后若一,齐等无牙④,故谓之驺牙。"其后一岁所,匈奴混邪王果将十万众来降汉。乃复赐东方生钱财甚多。

◎**注释** ①〔重栎(lì)〕双重栏杆。②〔粱饭〕好米饭。③〔驺牙〕古代传说中的义兽。④〔齐等无牙〕前后都是门牙,而无臼齿。

◎**大意** 建章宫后面的双重栏杆中有一只动物出现,它的形状像麋鹿。有人把这个情况报告给武帝,武帝前去看它。问左右群臣中熟悉事物并通晓经学的人,没有人知道。下诏书叫东方朔来看它。东方朔说:"我知道这东西,希望陛下赐我美酒佳肴,臣才说。"武帝说:"可以。"酒饭过后东方朔又说:"某个地方有公田、鱼池和蒲苇地数顷,陛下把它赐给我,我才说。"武帝说:"可以。"这时东方朔才肯说。他说:"这就是所谓的驺牙。远方每当有来归顺的事,驺牙就先出现。它的牙齿前后一样是门牙,没有臼齿,所以叫作驺牙。"此后一年左右,匈奴混邪王果真率领十万人来降汉。于是武帝又赐给东方朔很多钱财。

至老，朔且死时，谏曰："《诗》云'营营青蝇，止于蕃（藩）①。恺悌②君子，无信谗言。谗言罔极，交乱四国'。愿陛下远巧佞，退谗言。"帝曰："今顾东方朔多善言？"怪之。居无几何，朔果病死。传曰："鸟之将死，其鸣也哀；人之将死，其言也善。"此之谓也。

◎**注释** ①〔蕃〕通"藩"。篱笆。②〔恺悌〕和乐平易。
◎**大意** 东方朔老了，将要死的时候，劝谏武帝说："《诗经》说'来来往往的苍蝇，停在篱笆上。和善的君子，不要听信谗言。谗言祸害无边，使国家发生战乱'。愿陛下疏远乖巧谄媚之人，击退谗言。"武帝说："为何现在东方朔说这么正经的话呢？"觉得奇怪。过了没多久，东方朔果真病死。古书中说："鸟要死时，它的鸣叫是悲哀的；人要死时，他说的话是善良精当的。"说的就是这种情况吧。

武帝时，大将军卫青者，卫后兄也，封为长平侯。从军击匈奴，至余吾水上而还，斩首捕虏，有功来归，诏赐金千斤。将军出宫门，齐人东郭先生以方士待诏公车，当道遮卫将军车，拜谒曰："愿白事。"将军止车前，东郭先生旁车言曰："王夫人新得幸于上，家贫。今将军得金千斤，诚以其半赐王夫人之亲，人主闻之必喜。此所谓奇策便计也。"卫将军谢之曰："先生幸告之以便计，请奉教。"于是卫将军乃以五百金为王夫人之亲寿。王夫人以闻武帝。帝曰："大将军不知为此。"问之安所受计策，对曰："受之待诏者东郭先生。"诏召东郭先生，拜以为郡都尉。东郭先生久待诏公车，贫困饥寒，衣敝，履不完。行雪中，履有上无下，足尽践地。道中人笑之，东郭先生应之曰："谁能履行雪中，令人视之，其上履也，其履下处乃似人足者乎？"及其拜为二千石，佩青緺①出宫门，行谢主人。故所以同官待诏者，等比祖道②于都门外。荣华道路，立名当世。此所谓衣褐怀宝者也。当其贫困时，人莫省视；至其贵也，乃争附之。谚曰："相马失之瘦，相士失之贫。"其此之谓邪？

◎注释　①〔青綰（guā）〕青紫色的系印绶带。②〔等比祖道〕等比，依次，排列。祖道，为出行者祭祀路神，并设宴饯行。

◎大意　武帝时，大将军卫青是卫皇后的兄弟，被封为长平侯。他带兵出击匈奴，直到余吾水边才返回。斩首敌军，抓捕俘虏，立功归来，武帝下诏奖赏他千斤黄金。卫青走出宫门，齐地人东郭先生以江湖方士的身份，在公车府等候差事，在路上拦住卫青的车马，拜见说："希望禀告您一件事。"卫青停在车前，东郭先生在车旁说道："王夫人新得宠于皇上，家里贫穷。今日将军得千斤黄金，如果把其中一半赠给王夫人的父母，皇上听到这消息必然高兴。这就是平时所说的巧妙而便捷的计策。"卫青感谢他说："幸亏先生把这便捷的计谋告诉我，一定尊奉指教。"于是卫青就用五百斤黄金给王夫人的父母亲祝寿。王夫人把此事告诉了武帝。武帝说："卫青不会知道这样做。"问卫青从何处得来计谋，卫青说："从等候差事的东郭先生那里得来的。"下诏召见东郭先生，任命他为某郡的都尉。东郭先生久在公车府候差，贫困饥寒，衣服破烂，鞋子也不完好。走在雪上，鞋有面无底，脚全踩在地上。路上的人笑话他，东郭先生回敬他们说："谁能穿鞋在雪中走路，叫人看去，脚上面是鞋，而鞋下面竟然像人的脚么？"等到他被任命为二千石俸禄的官员时，佩带青绶印信走出宫门，去向房东告别。先前那些和他一同在公府等差的人，一字儿排列在都门外送行。一路荣华富贵，显名于当世。这就是所说的穿着粗布衣服而怀揣珍宝的人。当他贫困时，没有人理睬；等他富贵时，就争着依附他。谚语说："相马时因瘦而漏掉好马，相士时因贫穷而漏掉贤士。"大概说的就是这种情况吧？

王夫人病甚，人主至自往问之曰："子当为王，欲安所置之？"对曰："愿居雒阳。"人主曰："不可。雒阳有武库、敖仓①，当关口，天下咽喉。自先帝以来，传②不为置王。然关东国莫大于齐，可以为齐王。"王夫人以手击头，呼"幸甚"。王夫人死，号曰"齐王太后薨"。

◎**注释** ①〔敖仓〕秦汉粮仓名。为当时最重要的粮仓，亦为兵家必争之地。②〔传〕相沿，历来。

◎**大意** 王夫人病得厉害，武帝亲自探望并问她："你的儿子应当封王，你想把他安置在什么地方？"王夫人回答说："想让他住在雒阳。"武帝说："不行。雒阳有兵器库、敖仓，又是关口，是天下的咽喉要道。自先帝以来，从不在此设置王位。但是关东地区的封国，没有比齐国更大的，可以当齐王。"王夫人用手叩头，口呼"太幸运了"。王夫人死后，称为"齐王太后逝世"。

昔者，齐王使淳于髡献鹄于楚。出邑门，道飞其鹄，徒揭空笼，造诈成辞，往见楚王曰："齐王使臣来献鹄，过于水上，不忍鹄之渴，出而饮之，去我飞亡。吾欲刺腹绞颈而死，恐人之议吾王以鸟兽之故令士自伤杀也。鹄，毛物，多相类者，吾欲买而代之，是不信而欺吾王也。欲赴佗（他）国奔亡，痛吾两主使不通。故来服过，叩头受罪大王。"楚王曰："善，齐王有信士若此哉！"厚赐之，财倍鹄在也。

◎**大意** 以前，齐王派淳于髡向楚国献天鹅。出了邑门，在路上天鹅飞了，只剩下个空笼子，淳于髡便编了一套假话，前去拜见楚王说："齐王派我来献天鹅，从水边路过时，我不忍心看到天鹅受渴，把它放出笼子让它喝水，没想到它飞跑了。我想刺破肚子勒紧脖子自杀而死，又怕有人议论大王因鸟兽而使士人自杀。天鹅，不过是个长毛的东西，这类东西很多，我想买一只代替它，但这是不守信而欺骗大王啊。想到其他国家逃亡，又痛惜齐楚两国君主使节不通。所以前来认错，叩头请大王处罚。"楚王说："好啊，齐王竟有这样的诚信之士啊！"于是优厚地赏赐他财物，比送到天鹅所应得的赏赐还要高一倍。

武帝时，征北海太守诣行在所①。有文学卒史②王先生者，自请与太守俱："吾有益于君，君许之。"诸府掾功曹③白云："王先生嗜酒，多言少实，恐不可与俱。"太守曰："先生意欲行，不可逆。"遂与俱。行至宫下，待诏宫府门。王先生徒怀钱沽酒，与卫卒仆射饮，日醉，不视其太守。太守入跪拜。王先生谓户郎曰："幸为我呼吾君至门内遥语。"户郎为呼太守。太守来，望见王先生。王先生曰："天子即问君何以治北海，令无盗贼，君对曰何哉？"对曰："选择贤材，各任之以其能，赏异等，罚不肖。"王先生曰："对如是，是自誉自伐功，不可也。愿君对言'非臣之力，尽陛下神灵威武所变化也'。"太守曰："诺。"召入，至于殿下，有诏问之曰："何于治北海，令盗贼不起？"叩头对言："非臣之力，尽陛下神灵威武之所变化也。"武帝大笑，曰："於呼！安得长者之语而称之！安所受之？"对曰："受之文学卒史。"帝曰："今安在？"对曰："在宫府门外。"有诏召拜王先生为水衡丞④，以北海太守为水衡都尉⑤。传曰："美言可以市，尊行可以加人。君子相送以言，小人相送以财。"

◎**注释** ①〔行在所〕皇帝出游时临时住宿的地方。②〔文学卒史〕掌管文书的小吏。③〔府掾功曹〕皆为太守府中的属吏。④〔水衡丞〕官名，水衡都尉的助手。⑤〔水衡都尉〕官名，原主盐铁，后掌管上林苑。

◎**大意** 汉武帝时，征召北海郡太守到武帝行宫。有个掌管教育的小吏王先生，请求与太守一起去，说："我去对您有益，请您允许。"太守府中的属吏都说："王先生爱喝酒，话多行动少，恐怕不能与他同去。"太守说："他想去，不能违背他的心意。"就与他一同前去。他们走到宫门前，在宫府门前等待召见。王先生只管用钱买酒，和门卫长官喝酒，整天醉醺醺的，也不看望太守。太守入宫跪拜。王先生对门卫的郎官说："请替我叫我的太守到宫门内远远地喊话。"郎官替他叫来太守。太守前来，看见了王先生。王先生说："皇上假使问您用什么办法治理北海,使那里没有盗贼,您回答什么呢?"太守说:"选择有道德有才能的人才,各人按其所能任职,奖赏杰出的,惩罚不好的。"王先生说:"这样回答,是赞誉自己,夸耀自己的功绩,这不行。希望您回答说'这不是我的力量,全是陛下神灵威武所起的作用'。"太守说:"好的。"太守被召入,来到殿前,武帝诏问太守:"用什么方法治理北海,使盗贼不敢出动?"太守叩头回答说:"这不是我的力量,全是陛下神灵威武所起的作用。"武帝大笑,说:"哎呀!这哪是忠厚老实的人说出来的话!你是从哪里学来的?"太守回答说:"是从掌管文书的小吏那里听来的。"武帝说:"他现在在哪里?"回答说:"就在宫府门外。"武帝下诏任命王先生为水衡丞,以北海太守为水衡都尉。古书上说:"美好的言辞可以出卖,尊贵的品行可以超过别人。君子以美言相送,小人以财物相送。"

魏文侯时,西门豹为邺①令。豹往到邺,会长老,问之民所疾苦。长老曰:"苦为河伯娶妇,以故贫。"豹问其故,对曰:"邺三老、廷掾常岁赋敛百姓,收取其钱得数百万,用其二三十万为河伯娶妇,与祝巫②共分其余钱持归。当其时,巫行视小家女好者,云是当为河伯妇,即娉③取(娶)。洗沐之,为治新缯绮縠④衣,间居斋戒;为治斋宫河上,张缇绛帷⑤,女居其中。为具牛酒饭食,行十余日。共粉饰之,如嫁女床席,令女居其上,浮之河中。始浮,行数十里乃没。其人家有好女者,恐大巫祝为河伯取之,以故多持女远逃亡。以故城中益空无人,又困贫,所从来久远矣。民人俗语曰'即不为河伯娶妇,水来漂没,溺⑥其人民'云。"西门豹曰:"至为河伯娶妇时,愿三老、巫祝、父老送女河上,幸来告语之,吾亦往送女。"皆曰:"诺。"

◎**注释** ①〔邺〕魏邑名,在今河北临漳西南、磁县东南。②〔祝巫〕古代以祭祀鬼神、消解灾祸为职业的人。③〔娉(pìn)〕男方遣媒向女方问名求婚。④〔缯(zēng)

绮縠（hú）]缯，古代对丝织品的统称。绮，有花纹或图案的丝织品。縠，有皱纹的纱。⑤〔张缇（tí）绛帷〕张，张挂。缇，橘红色的丝织品。绛，深红色。帷，帐子。⑥〔溺〕淹死。

◎**大意** 魏文侯时，西门豹为邺县县令。西门豹到邺县去，召集年高德劭的人，问他们百姓有何疾苦。那些人说："最苦的是给河神娶媳妇，百姓因此贫苦。"西门豹问原因，老人回答说："邺县的三老、县吏每年向百姓征收苛捐杂税，收取的钱有数百万之多，用其中二三十万为河神娶媳妇，再同巫婆、祭师瓜分其余的钱拿回家。在那时，巫婆四处巡游，见穷人家的女子长得好，说是应该做河神的媳妇，便当即求婚娶走。给她洗澡，给她制作绸缎衣裳，让她独居斋戒；为她在黄河边建个斋戒宫，张挂色彩绚丽的帐子，让她住在其中。给她酒肉饭食，直至十几天后。大家共同装饰乘浮的工具，像置办嫁女的床席，让女子坐在上面，把它漂到黄河中。开始还漂浮在水面上，漂行几十里就淹没了。那些有漂亮女子的人家，害怕巫婆替河神把女儿娶走，所以大多带着女儿逃跑了。所以城中更加空荡无人，更加贫困。这种情况由来已久了。民间俗语说：'如果不给河神娶媳妇，河水就会淹没庄稼，溺死百姓。'"西门豹说："等到为河神娶妻时，请三老、巫婆、父老到河边为新娘送行，希望你们来告诉我，我也要前往送亲。"都说："是。"

至其时，西门豹往会之河上。三老、官属、豪长者、里父老皆会，以人民往观之者三二千人。其巫，老女子也，已年七十。从弟子女十人所，皆衣缯单衣①，立大巫后。西门豹曰："呼河伯妇来，视其好丑。"即将女出帷中，来至前。豹视之，顾谓三老、巫祝、父老曰："是女子不好，烦大巫妪为入报河伯，得更求好女，后日送之。"即使吏卒共抱大巫妪②投之河中。有顷，曰："巫妪何久也？弟子趣③之！"复以弟子一人投河中。有顷，曰："弟子何久也？复使一人趣之！"复投一弟子河中。凡投三弟子。西门豹曰："巫妪、弟子是女子也，不能白事，烦三老为入白之。"复投三老河中。西门豹簪笔磬折④，乡（向）河立待良久。长老、吏傍观者皆惊恐。西门豹顾曰："巫妪、三老不来还，奈之何？"欲复使廷掾与豪长者一人入趣之。皆叩头，叩头且破，额血流地，色如死灰。西门豹曰："诺，且留待之须臾。"须臾，豹曰："廷掾起矣。状⑤河伯留客之久，若皆罢去归矣。"邺吏民大惊恐，从是以后，不敢复言为河伯娶妇。

◎**注释** ①〔缯单衣〕绢制的单衣。②〔妪（yù）〕年老的女人。③〔趣〕催促。④〔簪笔磬折〕帽子上插着类似毛笔的簪子，像石磬那样弯着腰，装出毕恭毕敬的样子。折，弯，这里指弯腰。⑤〔状〕推测。

◎**大意** 到了河神娶亲这一天，西门豹前往河边与人们相会。三老、官员、豪绅、父老乡亲都聚在一起，老百姓前往观看的有两三千人。那个巫婆，是个年老的妇女，已经七十岁了。随从有十多个女徒弟，都穿着绫罗绸缎做的祭祀礼服，站在大巫婆身后。西门豹说："叫河神媳妇来。我看她长得美还是丑。"立即把女子扶出帐帷，送到西门豹跟前。西门豹看了她一眼，回头对三老、巫婆、父老说："这个女子不美，麻烦老巫婆替我入河报告河神，得另找个美女，后日把她送去。"立即让士兵一起抱起大巫婆扔进河里。过了一会儿，西门豹说："巫婆怎么去了这么久？徒弟去催一下她吧！"就把巫婆的一个徒弟投入河中。过了一会，又说："徒弟怎么也去了这么久？再派一个去催一下！"又把一个徒弟扔进河里。一共投了三个徒弟。西门豹说："巫婆和她的徒弟都是女子，不会报告事情，烦请三老替我入河报告。"又把三老投入河中。西门豹毕恭毕敬，面对黄河站了很长时间。在一旁观看的长老、官吏都很害怕。西门豹回头说："巫婆、三老不回来，怎么办呢？"想要再派县吏和一个豪绅入河催促。他们都叩头，头都叩破了，额上的鲜血流到地上，面如死灰。西门豹说："好吧，暂且等待一会儿。"过了片刻，西门豹说："县吏起来吧。看样子河神要久留客人，你们都回去吧。"邺县的官吏百姓都大为惊恐，从此以后，不敢再说给河神娶媳妇的话了。

西门豹即发民凿十二渠，引河水灌民田，田皆溉。当其时，民治

渠少烦苦，不欲也。豹曰："民可以乐成，不可与虑始。今父老子弟虽患苦我，然百岁后期令父老子孙思我言。"至今皆得水利，民人以给足富。十二渠经绝驰道①，到汉之立，而长吏以为十二渠桥绝驰道，相比近，不可。欲合渠水，且至驰道合三渠为一桥。邺民人父老不肯听长吏，以为西门君所为也，贤君之法式不可更也。长吏终听置之。故西门豹为邺令，名闻天下，泽流后世，无绝已时，几（岂）可谓非贤大夫哉！

◎**注释** ①〔经绝驰道〕经绝，横穿。驰道，天子车驾所走的大道。

◎**大意** 西门豹立即征发百姓开凿了十二条河渠，引黄河水灌溉老百姓的田地，田地都得到灌溉。当要开渠之时，百姓稍嫌烦扰劳苦，不想修渠。西门豹说："老百姓，只可与他们安享其成，不可与他们谋划开创新事物。现在父老子弟虽然埋怨我，但是百年以后会让父老子弟想起我所说的话。"直到现在，邺县人都在享受水的益处，人民因此丰衣足食。十二道渠横穿御道，到汉朝建立，县上主官认为十二渠上的桥梁穿过御道，彼此又离得很近，不行。想汇合渠水，把流经御道的那些渠，合三为一，只架一座桥梁。邺县百姓不肯听长官的话，认为这是西门豹所修的，贤良长官推行的制度不可更改。长官最终听从了百姓的话。所以西门豹做邺县县令，名扬天下，德泽流传后世，永无休止之时。难道可以说他不是贤能的长官吗？

传曰："子产治郑，民不能欺；子贱治单父，民不忍欺；西门豹治邺，民不敢欺。"三子之才能谁最贤哉？辨治者当能别之。

◎**大意** 古书上说："子产治理郑国，百姓无法欺骗他；子贱治理单父，百姓不忍欺骗他；西门豹治理邺县，百姓不敢欺骗他。"这三个人的才能谁最高呢？研究政治的人自然能辨别清楚。

◎ 释疑解惑

首先，《滑稽列传》表现了司马迁重视底层人民的可贵品质。他善于挖掘底层人物身上的美好品质，并对他们进行热情的歌颂。这些滑稽人物能够为了国家与百姓的利益仗义执言，能够灵活巧妙地批评残暴荒淫的统治者，能够用巧妙的方式转变统治者荒谬的想法，从而给国家和百姓带来好处。如淳于髡三次用隐语向齐王进谏，表现了其对国家大事的关心。其次，《滑稽列传》记录警语、罗列逸事的叙事方法，给魏晋以后诸如《世说新语》一类的逸事小说开辟了道路。太史公的游戏文字实为唐人小说之祖，这在文学史上也具有开创性。全传貌似写极鄙极亵之事，开篇却从六艺入笔，可谓开宗明义。以下相继写"齐髡以一言而罢长夜之饮""优孟以一言而恤故吏之家""优旃以一言而禁暴主之欲"之事，均紧扣全文主旨，多用赋笔，布局精巧，句法奇秀，妙趣横生，读来令人拍案称奇。李景星评论本篇："赞语若雅若俗，若正若反，若有理若无理，若有情若无情，数句之中，极嬉笑怒骂之致，真是神品。"（《史记评议》）吴见思也说："淳于髡一段，纯用赋笔，句法奇秀，而优孟学孙叔敖一段，亦有珊珊来迟之致，读之令人击节。"（《史记论文》）最后，褚少孙的文笔，相较于司马迁来说虽然稍显蔓弱，但是西门豹一段续写得栩栩如生，可谓深得该传的精髓。

◎ 思考辨析题

1. 如何理解"谈言微中，亦可以解纷"？
2. 试分析淳于髡、优孟、优旃三人的讽谏技巧。

日者列传
第六十七

《日者列传》是褚少孙所补篇目之一,司马迁所作原文已佚。日者,是察日占候的星占家,也是占候卜筮之人的统称。司马迁在《太史公自序》中阐明所述此篇之旨:"齐、楚、秦、赵为日者,各有俗所用。欲循观其大旨,作《日者列传》第六十七。"司马迁原本意在记录齐、楚、秦、赵各地的日者,认为他们各随其俗有所不同,想要纵观其大要。褚少孙所补此文,专记司马季主,而且体例不与前面的《佞幸列传》《滑稽列传》等相同,通篇是赋体而非传体。本文侧重写司马季主与宋忠、贾谊的对话,主要论辩了职业不分高低贵贱的问题。褚少孙在《日者列传》正文之后阐述了此篇的作意:"夫司马季主者,楚贤大夫,游学长安,通《易经》,术黄帝、老子,博闻远见。观其对二大夫贵人之谈言,称引古明王圣人道,固非浅闻小数之能。及卜筮立名声千里者,各往往而在。"

认为司马季主与贾谊、宋忠的言论说明他并非只是学识浅薄、玩弄方术之人，所以记载了下来。宋忠、贾谊身份高贵，一为中大夫，一为博士，他们认为占卜既不能获得尊贵的官职和优厚的俸禄，又不能所言皆真、所行皆验，是地位卑下、污浊的行业。然后司马季主以滔滔不绝之言反驳他们的观点，直说得两人怅然若失、闭口不言。两人最终被司马季主彻底说服。此文突出了日者司马季主的形象，实际上可以说是司马季主传。

自古受命①而王，王者之兴何尝不以卜筮②决于天命哉！其于周尤甚，及秦可见。代王之入，任于卜者。太卜之起，由汉兴而有。

◎**注释** ①〔受命〕承受天命。②〔卜筮〕古人占卜吉凶的两种主要方式。卜，用甲骨焚烧后的裂纹来预测吉凶。筮，根据蓍草的排列情况来预测祸福。
◎**大意** 自古以来凡是承受天命成为帝王的人，他们的兴起哪一个不是以占卜来占测天命呢！这在周朝最为盛行，到了秦朝还可看到。代王刘恒入朝为帝，也是听任占卜者的话。太卜官的设立，就是从汉朝兴建以来开始的。

司马季主者，楚人也。卜于长安东市。

◎**大意** 司马季主，楚地人。在长安东市占卜。

宋忠为中大夫①，贾谊为博士，同日俱出洗沐②，相从论议，诵易先王圣人之道术，究遍人情，相视而叹。贾谊曰："吾闻古之圣人，不居朝廷，必在卜医之中。今吾已见三公九卿朝士大夫，皆可知矣。

试之卜数中以观采。"二人即同舆③而之市，游于卜肆中。天新雨，道少人，司马季主闲坐，弟子三四人侍，方辩天地之道，日月之运，阴阳吉凶之本。二大夫再拜谒。司马季主视其状貌，如类有知者，即礼之，使弟子延之坐。坐定，司马季主复理前语，分别天地之终始，日月星辰之纪，差次仁义之际，列吉凶之符，语数千言，莫不顺理。

◎**注释** ①〔中大夫〕官名，职掌议论。②〔洗沐〕指休假。③〔舆〕车。
◎**大意** 宋忠任中大夫，贾谊任博士，两人同一天一起出朝休假，一边走一边谈论，说着先王圣人的治世之道，广泛探讨人情世故，两人相视而叹。贾谊说："我听说古代的圣人不在朝当官的话，就必然在占卜者和医师之中。现在我已见过三公九卿大小官僚，都已熟知。不妨试着到占卜行看一下。"两人即刻同坐一辆车到街市上，在占卜店铺中游逛。天刚下过雨，路上行人稀少，司马季主闲坐着，有三四个弟子陪侍，正在辩说天地变化的规律、日月运行的道理、阴阳吉凶的根本。二位大夫上前拜见。司马季主看他们的举止容貌，像是有知识的人，当即还礼。指示弟子迎请他二人入座。坐好后，司马季主又重谈前面的话题，分析天地的产生和终结，日月星辰的运行规律，区别仁义的交合关系，排列吉凶祸福的符应，讲了许多话，没有不顺理成章的。

宋忠、贾谊瞿然①而悟，猎缨②正襟危坐，曰："吾望先生之状，听先生之辞，小子窃观于世，未尝见也。今何居之卑，何行之污③？"

◎**注释** ①〔瞿（jù）然〕吃惊的样子。②〔猎缨〕整理好帽子，以示恭敬。③〔行之污〕指从事的行业被人瞧不起。
◎**大意** 宋忠、贾谊大为吃惊而豁然开朗，整理好帽子、衣襟，端正地坐好，说："我看了先生的样子，听了先生的言论，私下里观察当今之世，未曾碰到过您这样的人。现在您为何要处在如此卑下的位置，为何要干如此污浊的事呢？"

司马季主捧腹大笑曰："观大夫类有道术者，今何言之陋也，何辞之野也！今夫子所贤者何也？所高者谁也？今何以卑污长者？"

◎**大意**　司马季主捧腹大笑道："看你们二位大夫像是有道术之人，今日说话为什么这么浅陋，言辞为什么这样粗野呢！现在你们所认为的贤人是谁？所认为高尚的人是谁？今天为何把我当作地位卑下职业污浊的人呢？"

二君曰："尊官厚禄，世之所高也，贤才处之。今所处非其地，故谓之卑。言不信，行不验，取不当，故谓之污。夫卜筮者，世俗之所贱简①也。世皆言曰：'夫卜者多言夸严②以得人情，虚高人禄命③以说（悦）人志，擅言祸灾以伤人心，矫言鬼神以尽人财，厚求拜谢以私于己。'此吾之所耻，故谓之卑污也。"

◎**注释**　①〔贱简〕贱，低贱，下贱。简，简单。意即卜筮是个低贱而又简单的职业。②〔夸严〕夸大其词，荒诞不经。③〔禄命〕官禄与寿命。
◎**大意**　两人说："官职尊贵，俸禄优厚，世人认为这就是崇高，贤能之人才能占有它。现在您所处的不是这样的地位，所以说卑下。所言不真实，所行不灵验，所取不恰当，所以说是污浊的。占卜这一行，是世人所鄙视的。世人都说：'占卜的人多巧言夸张以迎合人情世故，假意抬高别人的命运以讨人喜欢，乱说灾祸以让人忧伤着急，假托鬼神以搜刮财物，贪求别人的谢礼以满足私利。'这是我们认为可耻的行为，所以说卑下污浊。"

司马季主曰："公且安坐。公见夫被（披）发童子①乎？日月照之则行，不照则止，问之日月疵瑕吉凶，则不能理。由是观之，能知别贤与不肖者寡矣。

◎**注释** ①〔被发童子〕古代男子成年要举行冠礼。披发无冠表示不是成年男子，故称"童子"。

◎**大意** 司马季主说："你们暂且好好坐着。二位见过披发的童子吗？日月照着他们就走路，不照就止步，问他们日月的斑痕与人事吉凶之事，他们就不能解释。由此看来，能知道分别贤与不贤的人很少了。

"贤之行也，直道以正谏，三谏不听则退。其誉人也不望其报，恶人也不顾其怨，以便国家利众为务。故官非其任①不处也，禄非其功不受也；见人不正，虽贵不敬也；见人有污，虽尊不下也；得不为喜，去不为恨；非其罪也，虽累辱而不愧也。

◎**注释** ①〔任〕胜任。

◎**大意** "贤者处事，遵循直道而以正言规劝人主，三次劝谏不听就退下。他们称誉别人不指望有所回报，斥责别人也不顾及是否招来怨恨，以利国利民为己任。所以官职不是自己所能胜任的就不居其位；俸禄不是自己功劳所应得到的就不接受；所见之人不正派，即使他显贵也不尊敬他；所见之人有污点，即使他尊贵也不屈居其下；有所得而不为之高兴，有所失也不为之遗憾；不是自己的罪过，即使多次受辱也不感到羞愧。

"今公所谓贤者，皆可为羞矣。卑疵①而前，孅趋②而言；相引以势，相导以利；比周宾（摈）正③，以求尊誉，以受公奉；事私利，枉主法，猎农民；以官为威，以法为机，求利逆暴：譬无异于操白刃劫人者也。初试官时，倍力为巧诈，饰虚功执空文以罔主上，用居上为右④；试官不让贤陈功，见伪增实⑤，以无为有，以少为多，以求便势尊位；食饮驱驰，从姬歌儿⑥，不顾于亲，犯法害民，虚公家：此夫为盗不操矛弧⑦者也，攻而不用弦⑧刃者也，欺父母未有罪而弑君未伐者也。何以为高贤才乎?

◎**注释** ①〔卑疵〕卑，卑下。疵，有缺点。②〔孅（xiān）趋〕孅，细小纤微。趋，迎合，趋向。③〔比周宾正〕比周，结党营私。宾，通“摈”，排挤。④〔用居上为右〕用以达到最尊贵的地位。⑤〔见伪增实〕见到虚假的，也要说成真实的。⑥〔从姬歌儿〕侍从美姬，歌儿舞女。⑦〔弧〕木弓。⑧〔弦〕弓上发箭的弦绳，指箭。

◎**大意** “今天你们所说的贤能之人，都是些可耻的人。他们低声下气地走到主子面前，恭恭敬敬地说话；以权势相勾结，以私利相诱导；结党营私，排斥正直君子，以谋求尊位荣誉，以享受公家俸禄；营取私利，破坏王法，敲诈农民；做官要威风，以法律为工具，谋求私利，横行霸道：这和持刀抢人没有什么区别。刚当官时，加倍努力弄巧要诈，粉饰虚有的功劳，用空话文书来欺骗主上，以便爬上高位；当官不让贤人而吹嘘功劳，弄假成真，以无为有，以少为多，以便求得权势和尊位；美食宴饮，驱车游乐，美姬歌舞，不顾父母，违法害民，挖空公家：这是抢家夺舍而不拿弓矛，攻击他人而不用刀箭，欺凌父母而未被判罪，杀害国君而未被讨伐的人。为什么把他们说成高尚贤能之人呢?

“盗贼发不能禁，夷貊[①]不服不能摄（慑），奸邪起不能塞，官耗乱不能治，四时不和不能调，岁谷不孰（熟）不能适。才贤不为，是不忠也；才不贤而托[②]官位，利上奉，妨[③]贤者处，是窃位也；有人者进，有财者礼，是伪也。子独不见鸱枭[④]之与凤皇翔乎？兰芷芎藭[⑤]弃于广野，蒿萧成林，使君子退而不显众，公等是也。

◎**注释** ①〔夷貊（mò）〕泛指少数民族。夷，古代东南地区的少数民族。貊，古代东北地区的少数民族。②〔托〕处于。③〔妨〕妨碍，妨害。④〔鸱枭（chī xiāo）〕猫头鹰。⑤〔芎藭（xiōng qióng）〕香草名。又称“川芎”。

◎**大意** “盗贼出现不能禁止，蛮夷不服不能威慑，奸邪兴起不能遏制，官员贪赃枉法不能惩治，四季不和不能调节，五谷不熟不能调济。才德贤能而不作为，这是不忠的表现；才德不贤能而占官位，贪图俸禄，妨害贤者，这是偷窃官位；朝中有人则引荐升官，家中有财便以礼相待，这是虚伪。您难道没见过猫头鹰与凤凰一起飞翔吗？兰草、白芷、川芎等香草被遗弃于旷野，青蒿、艾蒿等杂草却茂密如林，使君子隐退而不能显要于众人，正是你们这样的人造成的。

"述而不作，君子义也。今夫卜者，必法天地，象四时，顺于仁义，分策①定卦，旋式（栻）正棋②，然后言天地之利害，事之成败。昔先王之定国家，必先龟策日月③，而后乃敢代；正时日，乃后入家；产子必先占吉凶，后乃有之。自伏羲作八卦，周文王演三百八十四爻而天下治。越王句践放（仿）文王八卦以破敌国，霸天下。由是言之，卜筮有何负哉！

◎**注释**　①〔分策〕分辨蓍草的排列情况，以预测吉凶祸福。②〔旋式正棋〕女旋式，旋转栻盘。式，通"栻"，古代占卜用具。正棋，指占卜作卦。③〔龟策日月〕用龟甲、蓍草占卜，确定良辰吉日。

◎**大意**　"客观陈述而不标新立异，这是君子的德行。现在的占卜者，必定效法天地，以卦爻符号象征四时，顺合仁义，分辨蓍草确定卦象，旋转栻盘占卜卦象，然后讲天地的利害、事情的成败。从前先王建立国家，必先占卜良辰吉日，然后才敢代天行事，取代前朝；选择吉利的时间，然后入朝；家中生子必先占卜吉凶，然后才养育他。自从伏羲制作八卦，周文王推演三百八十四爻后，天下大治。越王句践仿效周文王的八卦来攻破敌国，称霸天下。由此说来，占卜有什么羞耻的呢！

"且夫卜筮者，扫除设坐①，正其冠带，然后乃言事，此有礼也。言而鬼神或以飨，忠臣以事其上，孝子以养其亲，慈父以畜其子，此有德者也。而以义置数十百钱，病者或以愈，且死或以生，患或以免，事或以成，嫁子娶妇或以养生：此之为德，岂直（值）数十百钱哉！此夫《老子》所谓'上德不德，是以有德'。今夫卜筮者利大而谢少，老子之云岂异于是乎？

◎ **注释** ①〔设坐〕摆好座位。

◎ **大意** "况且占卜的人，扫除灰尘、摆好座位，理正帽子腰带，然后才谈论吉凶之事，这是符合礼仪的表现。其言论使鬼神享有祭品，忠臣因此侍奉皇上，孝子因此奉养父母，慈父因此哺育儿子，这是有德行的表现。而求卜者出于道义给卜者几十甚至上百文钱，生病的有的痊愈了，将死的有的活过来了，祸患有的免除了，事情有的成功了，嫁女娶妻有的生儿育女了：这样的功德，难道仅值几十文钱、上百文钱吗？这就是《老子》中说的'有大德行的人，并不以德自居，这才是最有德行'。现在占卜者对人益处大而得到的酬谢少，老子的话难道与此不同吗？

"《庄子》曰：'君子内无饥寒之患，外无劫夺之忧，居上而敬，居下不为害，君子之道也。'今夫卜筮者之为业也，积之无委聚①，藏之不用府库，徙之不用辎车②，负装之不重，止而用之无尽索之时。持不尽索之物，游于无穷之世，虽庄氏之行未能增于是也，子何故而云不可卜哉？天不足西北，星辰西北移；地不足东南，以海为池；日中必移，月满必亏；先王之道，乍存乍亡。公责卜者言必信，不亦惑乎！

◎ **注释** ①〔委聚〕聚集成堆。②〔辎（zī）车〕古代有帷盖的车子。既可载物，又可作为卧车。

◎ **大意** "《庄子》中说：'君子内无受饿挨冻的担忧，外无遭遇抢夺的忧愁，居高位而恭敬，居下位不做坏事，这就是君子之道。'现在占卜者干事业，积蓄的财物没有成堆成垛，要贮藏也用不到仓库，要迁徙也不用车辆，背起来也不重，停下来使用它们却没有穷尽之时。拿着用不完的东西游于无穷之世，即使庄子的德行也不能比这还好。你们为什么说不能从事占卜业呢？天的西北不足，星辰便向西北移动；地的东南不满，便以海为池；太阳过了中午必然西移，月亮圆满以后必定亏损；先王之道，忽存忽亡。你们责求占卜者言必有信，不令人疑惑吗！

"公见夫谈士辩人①乎？虑事定计，必是人也，然不能以一言说（悦）人主意，故言必称先王，语必道上古；虑事定计，饰先王之成功，语其败害，以恐喜人主之志，以求其欲。多言夸严，莫大于此矣。然欲强国成功，尽忠于上，非此不立。今夫卜者，导惑教愚②也。夫愚惑之人，岂能以一言而知之哉！言不厌多③。

◎**注释**　①〔谈士辩人〕能言善辩之士。②〔导惑教愚〕开导迷惑，教育愚昧。③〔言不厌多〕说话不厌其多。

◎**大意**　"你们见过能说会道之士吗？考虑事情，决定计谋，必定是这些人，然而不能以只言片语让皇上喜悦，所以他们言必称先王，语必道上古；考虑事情，确定计谋，夸饰先王的成功之处，谈论他们的败亡祸害，以恐惧和欣喜来影响皇上的心意，以求达到他的要求。夸夸其谈，自吹自擂，没有比这更厉害的了。然而要想使国家强盛成就功业，尽忠于皇上，非这样做不可。现在占卜的人是在教导愚昧迷惑之人。愚昧迷惑之人，怎么能以只言片语使他们聪明呢！所以说话要不厌其多。

"故骐骥①不能与罢（疲）驴为驷②，而凤皇不与燕雀为群，而贤者亦不与不肖者同列。故君子处卑隐以辟众，自匿以辟伦③，微见④德顺以除群害，以明天性，助上养下，多其功利，不求尊誉。公之等喁喁⑤者也，何知长者之道乎！"

◎**注释** ①〔骐骥〕骏马。②〔驷〕四匹马同驾一辆车。③〔伦〕群，众人。④〔微见〕暗中观察。⑤〔喁喁（yú）〕形容低声说话，窃窃私语。

◎**大意** "所以良马不能与疲驴同驾一车，凤凰不能与燕雀混为一群，而贤能者不可与才德低下的人在一起。所以君子甘愿处于卑微隐蔽的地方以避开凡俗之众，自己躲藏起来以避开众人，暗中观察天理人情以解除人们的灾害，以表明天的本性，上助朝廷，下养民众，功多利大而不求尊贵荣誉。你们这些窃窃私语的人，怎么会知道长者的道理呢！"

宋忠、贾谊忽①而自失，芒乎②无色，怅然噤口③不能言。于是摄衣④而起，再拜而辞。行洋洋⑤也，出门仅能自上车，伏轼低头，卒不能出气。

◎**注释** ①〔忽〕恍惚。②〔芒乎〕茫然。③〔噤口〕哑口无言。④〔摄衣〕提起衣服。⑤〔洋洋〕茫然不知所归的样子。

◎**大意** 宋忠、贾谊恍惚而若有所失，茫然而面无人色，怅然不乐，闭口不言。于是两人提着衣摆站起，拜了又拜后告辞。他们茫然地走出门，勉强爬上自己的车子，伏在车前横木上低头纳闷，一直透不过气来。

居三日，宋忠见贾谊于殿门外，乃相引屏语①相谓自叹曰："道高益安，势高益危。居赫赫之势，失身且有日矣。夫卜而有不审②，不见夺糈③；为人主计而不审，身无所处。此相去远矣，犹天冠地屦④也。此《老子》之所谓'无名者万物之始'也。天地旷旷⑤，物之熙熙⑥，或安或危，莫知居之。我与若，何足预彼哉！彼久而愈安，虽曾氏⑦之义，未有以异也。"

◎**注释** ①〔屏语〕避人而语。②〔不审〕不详审，失误。③〔糈（xǔ）〕祭神用的精米，此处指酬金。④〔天冠地屦（jù）〕顶天的帽子，着地的鞋子。比喻天差地别，不能相比。⑤〔旷旷〕空旷无边的样子。⑥〔熙熙〕旺盛生长的样子。⑦〔曾氏〕"曾"当作"庄"，庄氏即庄子。

◎**大意** 过了三天，宋忠在殿门外见到贾谊，就互相打招呼，避开旁人感叹说："道德越高越安全，权势越高越危险。一个人若有显赫的权势，丧身将指日可待。占卜有不周之处，也不会被夺去应得的酬金；可是为皇帝出谋划策若不周全，就无容身之地了。这两种结果相差很大，就像顶天的帽子和着地的鞋子一样。这就是《老子》中说的'无名是天地万物的本源'。天地空旷无边，万物丰盛杂乱，或安或危，不知所处。我与你，哪里能够与司马季主相比呢！他的职业日子愈久就愈安稳，即使是庄子的境界，也与此没有不同。"

久之，宋忠使匈奴，不至而还，抵罪。而贾谊为梁怀王傅，王堕马毙，谊不食，毒恨①而死。此务华绝根②者也。

◎**注释** ①〔毒恨〕痛悔。②〔务华绝根〕追求浮华而丧失性命。
◎**大意** 过了很久，宋忠出使匈奴，没有到达目的地就回来了，因此被判罪。而贾谊担任梁怀王刘胜的太傅，怀王从马上摔下来而死，贾谊悲痛得吃不下饭，最终怀着憾恨而死。这都是追求荣华富贵而绝命的人。

太史公曰：古者卜人所以不载者，多不见于篇。及至司马季主，余志而著之。

◎**大意** 太史公说：古代的占卜之人不被记载，是因为他们的事迹大多没有文献可查。近来有了司马季主，我便将其言行记录下来。

褚先生曰：臣为郎时，游观长安中，见卜筮之贤大夫，观其起居行步，坐起自动，誓正其衣冠而当乡人也，有君子之风。见性好解妇①来卜，对之颜色严振，未尝见齿而笑也。从古以来，贤者避世，有居止舞（芜）泽②者，有居民间闭口不言，有隐居卜筮间以全身者。夫司马季主者，楚贤大夫，游学长安，通《易经》，术黄帝、老子，博闻远见。观其对二大夫贵人之谈言，称引古明王圣人道，固非浅闻小数之能。及卜筮立名声千里者，各往往③而在。传曰："富为上，贵次之；既贵各各学一伎能立其身。"黄直，大夫也；陈君夫，妇人也：以相马立名天下。齐张仲、曲成侯以善击刺学用剑，立名天下。留长孺以相彘立名。荥阳褚氏以相牛立名。能以伎能立名者甚多，皆有高世绝人之风，何可胜言。故曰："非其地，树之不生；非其意，教之不成。"夫家之教子孙，当视其所以好，好含苟生活之道，因而成之。故曰："制宅命子④，足以观士；子有处所，可谓贤人。"

◎**注释**　①〔性好解妇〕性情随和而又善解人意的妇女。②〔舞泽〕荒芜的大泽。③〔往往〕处处。④〔制宅命子〕建造住宅，为子取名。

◎**大意**　褚少孙先生说："我任郎官时，在长安市中游览，看见那些占卜的贤士大夫，观察他们的起居行动，不论坐下还是起来都自然得体，即使面对乡野之人也要整理好衣服帽子，很有君子风度。见到性情随和、善解人意的妇女来占卜，对她们神色严肃，未曾露齿而笑。自古以来，贤能的人避开俗世，有的居住在荒芜的大泽，有的居住在民间闭口不谈政事，有的隐居在占卜者中间以保全性命。司马季主是楚国的贤良大夫，游学于长安，通熟《易经》，研究黄老之术，学问广博，见识深远。看他对宋忠、贾谊两位大夫的言谈，称引古代英明帝王和圣人之道，并非只是学识浅薄玩弄方术之人。靠占卜而扬名千里的人，各处都有。古书上说："富有为上，显贵次之；既已显贵，又各学一技立身于世。"黄直是个大夫，陈君夫是个妇人：他们都以善于相马而名扬天下。齐地的张仲、曲成侯以善于击剑而名扬天下。留长孺以善于相猪而成名。荥阳褚氏以善于相牛而成名。能以技能成名的人非常多，都有超过常人的风范，哪能说得完呢。所以说："不适合生长之地，树就不能生长；不合他的心意，教他什么也不会成功。"家庭教育子孙，应当看他的爱好，爱好如果合于生活之道，就要因势利导而促使他成才。所以说："建怎样的住宅，给孩子取什么名字，足以看清士人的志趣所在；能让自己的孩子有安身立命之所，就可以称得上贤人。"

臣为郎时，与太卜待诏①为郎者同署②，言曰："孝武帝时，聚会占家问之，某日可取妇乎？五行家曰可，堪舆家③曰不可，建除家④曰不吉，丛辰家⑤曰大凶，历家⑥曰小凶，天人家⑦曰小吉，太一家⑧曰大吉。辩讼不决，以状闻⑨。制曰：'避诸死忌，以五行为主。'"人取于五行者也。

◎**注释** ①〔待诏〕以一技之长听候皇帝之命。②〔署〕官署，衙门。③〔堪舆家〕以察勘住宅、坟地风水为业的人。④〔建除家〕以十二地支来判定这一天吉凶的人。⑤〔丛辰家〕分辨十二辰所随属为善神或恶煞的人。⑥〔历家〕研究天时历法与人事吉凶关系的术数家。⑦〔天人家〕研究"天人合一"及天人关系的术数家。⑧〔太一家〕以阴阳变化来预测未来的术数家。⑨〔以状闻〕把有关状况奏闻皇上。

◎**大意** 我做郎官时，与一个以占卜听候皇命的郎官在同一衙门办公，他说："武帝的时候，聚集占卜的专家咨询，某日可以娶亲吗？五行家说可以，堪舆家说不行，建除家说不吉，丛辰家说大凶，历家说小凶，天人家说小吉，太一家说大吉。众人争辩不决，把情况上奏武帝。武帝命令说：'避开各种死凶之忌，以五行家的意见为主。'"看来人们多听信五行家的意见。

◎**释疑解惑**
　　《日者列传》记录司马季主与宋忠、贾谊的对话，旨在讥讽尊官厚禄者"事私利，枉主法，猎农民；以官为威，以法为机，求利逆暴：譬无异于操白刃劫人者也"的丑恶面目,揭露其"盗贼发不能禁,夷貊不服不能摄,奸邪起不能塞,官耗乱不能治,四时不和不能调,岁谷不孰不能适"的腐朽本质,同时颂扬日者隐居卜筮、导惑教愚、有礼有德、不求宠荣的可贵精神。篇中对话词锋犀利,说理透辟,逻辑严密,词意微妙,极富个性。在具体论述中善于运用生动形象的比喻,增加语言的形象性和说服力,深刻地刻画了性格鲜明的日者形象。所以这篇作品虽然不能作为研究司马迁思想与艺术的依据,但是其本身的思想和艺术价值不能被低估。

◎ **思考辨析题**

1. 试对比日者与窃位者的形象。
2. 分析此篇的讽刺意义。

龟策列传
第六十八

《龟策列传》是褚少孙所补篇目之一，司马迁所作原文已佚。《龟策列传》开头部分的"太史公曰"一段，许多人认为是司马迁所写，被称作是该篇的序文。自"褚先生曰"以后的文字被认为是褚少孙所补。在《龟策列传》序文中，司马迁首先记述了有史以来卜筮活动的发展历史，以及这些卜筮活动在不同地区、不同民族所采取的不同手段与方式，并认为圣明的帝王将要建立国家、承受天命、举事兴业的时候都很重视占卜之事。然后分析了卜筮活动所产生的背景和原因在于"战伐攻击，推兵求胜，各信其神，以知来事"，即获得预知战争成败的能力。接着用历史往事证明卜筮活动在组织人力、鼓舞人心等方面的重要性，并记述了武帝时代由卜筮所引起的讨伐四夷的战乱和"巫蛊之祸"，以及由此造成的种种恶劣影响，也申明了虽设占卜之官但不能偏听偏信的道理。最后，司马迁批判了龟策的迷信现象："江傍家人常畜龟饮食之，以为能导引致气，有益于助衰养老，岂不信哉！"这里以正为反，以褒为贬，含有辛辣的讽刺意味。至于褚少孙所补的内容，大体可分为三部分：一是简单介绍用神龟占卜的方式，并记载太卜所得古代占龟之说；二是写宋元王梦见神龟的一系列事情以及元王与卫平之间的精彩论辩；三是写西汉时期卜筮的各种卦体及命兆之辞。

太史公曰：自古圣王将建国受命，兴动事业，何尝不宝卜筮以助善！唐虞以上，不可记已。自三代之兴，各据祯祥①。涂山之兆从而夏启世，飞燕之卜顺故殷兴，百谷之筮吉故周王。王者决定诸疑，参以卜筮，断以蓍龟，不易②之道也。

◎**注释** ①〔祯祥〕吉兆。②〔易〕改变。
◎**大意** 太史公说：自古以来，圣明的帝王将要建立国家，承受天命，举事兴业，怎能不重视占卜以助成好事！唐尧、虞舜以前，已经不能记述了。夏、商、周三代兴起，各有所凭借的祥兆：大禹娶涂山氏之女的卜兆吉利而夏启世袭君位，简狄吞飞燕之卵的卜兆吉利而殷朝兴起，后稷善于种植百谷的卜兆吉利而周室称王天下。做帝王的人决断各种疑难，都要以卜筮作为参照，用蓍草、龟甲进行决断，这是不变的规律。

蛮夷氐羌虽无君臣之序，亦有决疑之卜。或以金石，或以草木，国不同俗。然皆可以战伐攻击，推兵求胜①，各信其神，以知来事。

◎**注释** ①〔推兵求胜〕使军队向前推进，求得胜利。

龟策列传第六十八

◎ **大意** 蛮、夷、氐、羌等民族虽然没有君臣上下的秩序，但也有决疑的占卜。有的用金石，有的用草木，各地风俗不一。但是都以占卜的结果来指导战争，进军求胜，他们各自相信自己的神灵，以预知未来之事。

略闻夏殷欲卜者，乃取蓍龟，已则弃去之，以为龟藏则不灵，蓍久则不神。至周室之卜官，常宝藏蓍龟；又其大小先后，各有所尚，要其归等耳①。或以为圣王遭事无不定，决疑无不见，其设稽神求问之道者，以为后世衰微，愚不师智，人各自安，化分为百室②，道散而无垠，故推归之至微，要絜③于精神也。或以为昆虫之所长，圣人不能与争。其处吉凶，别然否，多中④于人。至高祖时，因⑤秦太卜官。天下始定，兵革未息。及孝惠享国日少⑥，吕后女主，孝文、孝景因袭掌故，未遑⑦讲试，虽父子畴官⑧，世世相传，其精微深妙，多所遗失。至今上即位，博开艺能之路，悉延百端之学，通一伎之士咸得自效⑨，绝伦超奇者为右⑩，无所阿私，数年之间，太卜大集。会上欲击匈奴，西攘大宛，南收百越，卜筮至预见表象⑪，先图其利。及猛将推锋执节⑫，获胜于彼，而蓍龟时日亦有力于此。上尤加意，赏赐至或数千万。如丘子明之属，富溢贵宠，倾于朝廷。至以卜筮射蛊道⑬，巫蛊时或颇中。素有眦睚不快⑭，因⑮公行诛，恣意所伤，以破族灭门者，不可胜数。百僚荡恐，皆曰龟策能言。后事觉奸穷，亦诛三族。

◎ **注释** ①〔要其归等耳〕要，概括，归结。归，归旨，目的。等，同样，相同。②〔百室〕指百家。③〔絜（xié）〕衡量，度量。④〔中（zhòng）〕符合。⑤〔因〕因袭。⑥〔享国日少〕在位时间短。⑦〔遑〕闲暇，空暇。⑧〔畴官〕负责天文历算的官员。⑨〔效〕效力。⑩〔为右〕为上。古人尚右，以右为尊。⑪〔预见表象〕预先表现出胜败的征兆。⑫〔推锋执节〕推锋，即摧锋，摧毁敌锋。执节，掌握节制。⑬〔射蛊道〕射，猜测。蛊道，用巫术诅咒或将木偶人埋于地下借以害人的迷信方法。⑭〔眦睚（zì yá）不快〕小矛盾。眦睚，瞪眼睛，引申为微小的怨仇。⑮〔因〕借助，凭借。

◎**大意** 大略听说夏殷时期想占卜的人，就取蓍草龟甲，占卜完就丢掉它，认为龟甲收藏起来就不灵了，蓍草用久了就不神了。到了周代的占卜官，常常把蓍草龟甲像宝贝一样收藏起来；另外，蓍草和龟甲的大小先后，所崇尚的各有不同，而概括其目的是一样的。有的人认为圣王所遇之事没有不是命里注定的，决疑没有不见征兆的，他们设立拜神求卜的方法，以为后世衰败，愚蠢的人不向聪明的人学习，人们各自安于现状，门户繁多，大道散乱无章，所以推演归纳到最精微的程度，主要以精神衡量。有的人认为龟的长处，圣人也不能与之相争。它处理吉凶，辨别是非，多能符合人事。到汉高祖时，沿袭秦朝的太卜官。天下刚刚安定，战争还未停止。等到孝惠帝执政，在位时间短，吕后又是妇女当权，孝文帝、孝景帝继承旧制，都还未来得及讲试龟策。虽然有的父子担任掌管天文历算卜筮的官员，世代相传，其精微深妙之处，还是多有遗失。到汉武帝即位，大开技艺才能之路，尽迎百家之学，精通一技的人都得到效力的机会，绝伦超奇的人官高位尊，无所偏私，几年时间，聚集了很多太卜官。恰巧碰上武帝想要攻击匈奴，向西夺取大宛，向南收复百越，卜筮能预知事情的迹象，事先谋划出有利的方面。等到猛将摧毁敌锋，控制进退，取胜于敌人，而蓍草龟甲占卜吉利的时日也对此大有帮助。武帝尤其器重卜官，赏赐有时多到几千万钱。如丘子明之类的人，财富盈溢，深受恩宠，势倾朝野。至于使用卜筮来猜测谁用巫蛊害人，有时也颇能猜中。平常与卜官稍有矛盾，卜官便借机公报私仇，肆意伤害他人，因此而遭灭族的，多得数不清。百官惶恐，都说龟甲能说话。后来卜官诬陷人的事情败露，奸谋用尽，也被诛灭三族。

夫摐策定数①，灼龟观兆，变化无穷，是以择贤而用占焉，可谓圣人重事者乎！周公卜三龟，而武王有瘳②。纣为暴虐，而元龟不占。晋文将定襄王之位，卜得黄帝之兆，卒受彤弓之命③。献公贪骊姬之色，卜而兆有口象④，其祸竟流五世。楚灵将背周室，卜而龟逆⑤，终被乾溪之败。兆应信诚于内，而时人明察见之于外，可不谓两合者哉！君子谓夫轻卜筮，无神明者，悖；背人道，信祯祥者，鬼神不得其正。故《书》建稽疑⑥，五谋而卜筮居其二，五占从其多，明有而不专之道也。

◎ **注释** ①〔捧（féng）策定数〕捧，执持，双手托物。策，占卜用的蓍草。捧策，两手分蓍。定数，确定蓍草的阴阳数目，以占吉凶。②〔瘳（chōu）〕病愈。③〔彤弓之命〕彤弓，朱红色的弓。古代诸侯有大功，天子赏赐彤弓，赋予征伐大权。④〔口象〕齿牙为祸之兆。⑤〔龟逆〕龟兆不吉利。⑥〔建稽疑〕建立稽考疑难的方法。

◎ **大意** 排列蓍草来推定吉凶，灼烧龟甲观察裂纹征兆，变化无穷，所以选择贤人而任用为占卜之官，可以说是圣人办事慎重吧！周公占卜了三个龟板，而武王病愈。殷纣王为人凶暴，而用大龟甲也占卜不出吉兆。晋文公将要稳定周襄王的王位，占卜得黄帝战于阪泉的吉兆，最终使周天子赠送彤弓。晋献公贪恋骊姬的美色，占卜得到齿牙为祸的凶兆，那场灾祸竟流延晋国五世诸侯。楚灵王将要背叛周王室，占卜得不吉利之兆，终在乾溪败亡。征兆的内容真实应验，而当时的人从表象就可明察，能不说这是两相符合吗？君子认为那些轻视占卜、不信神明的人，十分荒谬；背离人道，只迷信祥瑞的人，鬼神也得不到正位。所以《尚书》建立解决疑难的原则，在五种商量途径中龟卜、蓍筮占其二；五人占卜，应该听从多数人的判断，表明虽设卜官但不能偏听偏信的道理。

余至江南，观其行事，问其长老，云龟千岁乃游莲叶之上，蓍百茎共一根。又其所生，兽无虎狼，草无毒螫①。江傍家人常畜龟饮食之，以为能导引致气，有益于助衰养老，岂不信哉！

◎ **注释** ①〔螫（zhē）〕有毒腺的虫子。
◎ **大意** 我到江南，看那里的人办事，询问那里德高望重的人，说龟活千年才游动到莲叶上，蓍草一百条茎共有一根。另外它们生活的地方，野兽中没有虎狼，草丛中没有毒虫。江边人家常常养龟而食，认为能调节呼吸补益元气，有益于预防衰老，这难道不可信吗！

褚先生曰：臣以通经术，受业博士，治①《春秋》，以高第②为郎，幸得宿卫，出入宫殿中十有余年。窃好《太史公传》。《太史公之传》曰："三王不同龟，四夷各异卜，然各以决吉凶，略窥其要，故作《龟策列传》。"臣往来长安中，求《龟策列传》不能得，故之大卜官，问掌故文学长老习事者，写取龟策卜事，编于下方。

◎**注释** ①〔治〕研习。②〔高第〕考核成绩优秀。
◎**大意** 褚先生说：我因通熟经术，受业于博士，研究《春秋》，以较高的名次担任郎官，侥幸得到宿卫的机会，出入宫中十多年了。我私下最喜爱《太史公传》（即《史记》）。《太史公传》说："夏、商、周三代君王龟占方法不同，四方蛮夷的占卜习俗各不相同，然而各自都通过占卜决断吉凶。我略观其大要，所以作《龟策列传》。"我来往于长安城中，寻求《龟策列传》而没有得到，所以去太卜官那里，询问熟悉典故、文学的长老中熟知龟策之事的，记下有关龟策占卜的事，编写在下面。

闻古五帝、三王发动举事，必先决蓍龟。传①曰："下有伏灵②，上有兔丝③；上有捣（稠）蓍④，下有神龟。"所谓伏灵者，在兔丝之下，状似飞鸟之形。新雨已，天清静无风，以夜捎⑤兔丝去之，既以篝烛此地。烛之火灭，即记其处，以新布四丈环置之，明即掘取之，入四尺至七尺，得矣，过七尺不可得。伏灵者，千岁松根也，食之不死。闻蓍生满百茎者，其下必有神龟守之，其上常有青云覆之。传曰："天下和平，王道得，而蓍茎长丈，其丛生满百茎。"方今世取蓍者，不能中古法度，不能得满百茎长丈者，取八十茎已上，蓍长八尺，即难得也。人民好用卦者，取满六十茎已上，长满六尺者，既可用矣。记⑥曰："能得名龟者，财物归之，家必大富至千万。"一曰"北斗龟"，二曰"南辰龟"，三曰"五星龟"，四曰"八风龟"，五曰"二十八宿龟"，六曰"日月龟"，七曰"九州龟"，八曰"玉龟"：凡八名龟。龟图各有文在腹下，文云云者，此某之龟也。略记其大指，不写其图。取此龟不必满尺二寸，民人得长七八寸，可宝矣。今夫珠玉宝器，虽有所深藏，必见其光，必出其神明，其此之谓乎！故玉处于山而木润，渊生珠而岸不枯者，润泽之所加也。明月之珠出于江海，藏于蚌中，蚨（蛟）龙伏之。王者得之，长有天下，四夷宾服。能得百茎蓍，并得其下龟以卜者，百言百当，足以决吉凶。

◎**注释** ①〔传〕古书上的占卜之说。②〔伏灵〕即茯苓，也作"伏苓"，一种寄生在松根上的菌。③〔兔丝〕即菟丝子，又名女萝，一种蔓草。④〔捣蓍〕指丛生的蓍草。捣，通"稠"。⑤〔揥〕割除。⑥〔记〕古代记事之书。

◎**大意** 听说上古五帝、三王要办大事，必先用占卜来决断。古书上说："下面有茯苓，上面有菟丝；上面有丛蓍，下面有神龟。"所谓茯苓，在菟丝之下，形状像飞鸟的样子。春雨刚停，天气清净无风，趁夜割去菟丝，用灯笼原地照亮它。烛火一灭，便记住这个地方，用四丈新布围起来，第二天立即去挖它，挖到四尺至七尺深，就能挖到茯苓，如果超过七尺就挖不到了。茯苓是千年的松树根，吃它可以长生不老。据说长满一百根茎的蓍草，它的下面必有神龟守护，它的上面常有青云覆盖。古书上说："天下和平，王道实现，蓍草茎长一丈多，一丛可以长满一百根茎。"当今挖取蓍草的人，不能符合古代的法度，不能得到长够一百根茎、长一丈的蓍草。能得到生八十茎、长八尺的，就很难得了。百姓喜欢占卜的，能得到生六十茎、长六尺的，就可以使用了。古书上记载说："能得到名龟的人，财物便归于他，家里必会有千万之富。"第一种叫"北斗龟"，第二种叫"南辰龟"，第三种叫"五星龟"，第四种叫"八风龟"，第五种叫"二十八宿龟"，第六种叫"日月龟"，第七种叫"九州龟"，第八种叫"玉龟"：总共八种名龟。古书所绘龟图各有文字写在龟腹下方，文字所说是，此为某某龟。我记下其大概，不再照画龟图。寻取这些龟，大小不必满一尺二寸，百姓能得到七八寸大的，就很宝贵了。如今的珠玉宝器，即使埋藏得很深，必会显出光芒，必会显出神灵，大概说的就是这个道理吧！所以美玉处于山中而树木润泽，渊潭生出宝珠而水岸不会干裂，这是因为受到了珠玉的润泽。像明月一样的宝珠出产于江海，隐藏在蚌腹中，蛟龙趴在上面。王者得到它，就能长期拥有天下，四夷归服。能得到百茎蓍草，并得到它下面的神龟用来占卜，就会百说百中，足以决断吉凶。

神龟出于江水中，庐江①郡常岁时生龟长尺二寸者二十枚输②太卜官，太卜官因以吉日剔取其腹下甲。龟千岁乃满尺二寸。王者发军行将，必钻龟庙堂之上，以决吉凶。今高庙中有龟室，藏内以为神宝。

◎**注释** ①〔庐江〕郡名，今安徽庐江。②〔输〕缴纳。
◎**大意** 神龟出产于江水中，庐江郡每年按时向太卜官输送二十只一尺二寸的活龟，太卜官便在吉日剔取活龟腹下的甲。龟活一千岁才长一尺二寸大。王者调兵遣将，一定要在庙堂之上钻龟甲，以决断吉凶。现今高祖庙中有龟室，收藏着这种龟甲，把它当成神宝。

传曰："取前足臑骨①穿佩之，取龟置室西北隅②悬之，以入深山大林中，不惑。"臣为郎时，见万毕《石朱方》③，传曰："有神龟在江南嘉林中。嘉林者，兽无虎狼，鸟无鸱枭，草无毒蝥，野火不及，斧斤不至，是为嘉林。龟在其中，常巢于芳莲之上。左胁④书文曰：'甲子重光，得我者匹夫为人君，有土正⑤，诸侯得我为帝王。'求之于白蛇蟠杅⑥林中者，斋戒以待，譤然⑦，状如有人来告之，因以醮酒佗（拕）发⑧，求之三宿而得。"由是观之，岂不伟哉！故龟可不敬与？

◎注释 ①〔臑(nào)骨〕牲畜的前肢。更确切地说，肩下谓之臂，臂下谓之臑。②〔隅〕角落。③〔万毕《石朱方》〕《史记·索隐》曰"《万毕术》中有《石朱方》"，据此推断，万毕应为方术之士，撰《万毕术》一书。《石朱方》为《万毕术》中的一部分。④〔胁〕胸部的两侧。⑤〔有土正〕占有土地的官长。⑥〔蟠杅(wū)〕盘曲而居。⑦〔譨(yí)然〕庄重的样子。⑧〔醮(jiào)酒佗(tuō)发〕醮酒，祭祀时洒酒于地。佗发，指披散头发。佗，通"拕"，拖曳。

◎大意 古书中说："取龟前足的臂骨穿孔带在身上，把龟放在屋子西北角悬挂起来，这样进入深山大林之中，不会迷路。"我做郎官时，见过万毕的《石朱方》，书中说："有神龟在长江以南秀美的山林中。所谓秀美的山林，就是野兽中没有虎狼一类的凶兽，飞鸟中没有猫头鹰一类的猛禽，草丛中没有蛇蝎一类的毒虫，野火烧不到，刀斧砍不到，这就是秀美山林。神龟居于其中，常筑巢于芳莲之上，左胁下写有文字：'甲子重光，得到我的人，匹夫也能做国君，成为有封土的官长，诸侯得到我就做帝王。'在白蛇盘曲而居的林中寻求这种神龟的人，斋戒等待，恭敬虔诚，就像等候别人来报信，以酒浇地，披头散发，寻求三天三夜才能得到。"由此看来，难道不伟大吗！所以对龟能不敬重吗？

南方老人用龟支床足，行二十余岁，老人死，移床，龟尚生不死。龟能行气导引。问者曰："龟至神若此，然太卜官得生龟，何为辄杀取其甲乎？"近世江上人有得名龟，畜置之，家因大富。与人议，欲遣去。人教杀之勿遣，遣之破人家。龟见梦曰："送我水中，无杀吾也。"其家终杀之。杀之后，身死，家不利。人民与君王者异道。人民得名龟，其状类不宜杀也。以往古故事言之，古明王圣主皆杀而用之。

◎大意 南方有个老人用龟垫床腿，过了二十多年，老人死了，挪动床时，发现龟还活着。龟能调节呼吸，延年益寿。有人问："龟如此神明，然而太卜官得到活龟，为什么总是杀了取它的龟甲呢？"近世长江边上有人得到一只名龟，把它喂养起来，家中因此大富。和别人商议，想放掉它。别人叫他杀死龟不要放掉，放了就会毁灭家族。龟托梦说："送我回水中，不要杀我。"他家里人最终杀了龟。杀了龟之后，他也死掉了，家里也不顺利。百姓与帝王遵循的道不一样。百姓得到名龟，据前所述好像不应杀掉。以古代的旧事来说，古代贤明的帝王、圣德的君主都是杀了龟而用它占卜。

宋元王时得龟，亦杀而用之。谨连其事于左方，令好事者观择其中焉。

◎**大意** 宋元王时得到一只神龟，也杀了用来占卜。请将此事连缀在下方，让那些喜好趣闻逸事的人阅读选择吧。

宋元王二年，江使神龟使于河①，至于泉阳②，渔者豫且举网得而囚之，置之笼中。夜半，龟来见梦于宋元王曰："我为江使于河，而幕网当吾路。泉阳豫且得我，我不能去。身在患中，莫可告语。王有德义，故来告诉。"元王惕然③而悟（寤）。乃召博士卫平而问之曰："今寡人梦见一丈夫，延颈而长头，衣玄绣之衣④而乘辎车，来见梦于寡人曰：'我为江使于河，而幕网当吾路。泉阳豫且得我，我不能去。身在患中，莫可告语。王有德义，故来告诉。'是何物也？"卫平乃援式（栻）而起⑤，仰天而视月之光，观斗所指，定日处乡（向）。规矩⑥为辅，副以权衡⑦。四维⑧已定，八卦相望。视其吉凶，介虫⑨先见。乃对元王曰："今昔壬子，宿在牵牛。河水大会，鬼神相谋。汉⑩正南北，江河固期，南风新至，江使先来。白云壅⑪汉，万物尽留。斗柄指日，使者当囚。玄服而乘辎车，其名为龟。王急使人问而求之。"王曰："善。"

◎**注释** ①〔江使神龟使于河〕长江之神派神龟出使黄河。②〔泉阳〕今地已不可确考,其地当在长江、黄河之间。③〔惕然〕害怕的样子。④〔玄绣之衣〕黑色绣衣。⑤〔援式而起〕拿着星盘站起身来。式,通"栻",占卜用的星盘。⑥〔规矩〕圆规和矩尺。⑦〔权衡〕秤锤和秤杆。⑧〔四维〕东西南北称四方,四方之隅称四维,即指东南、东北、西南、西北。⑨〔介虫〕有甲壳的虫类,这里指龟。⑩〔汉〕天河。⑪〔壅〕壅塞,堵塞。

◎**大意** 宋元王二年,长江神派神龟出使黄河,到了泉阳,一个名叫豫且的渔夫撒网而得此龟,把它关在笼子中。半夜,龟托梦给宋元王说:"我作为江神的大使出使黄河,而渔网挡住了我的去路。泉阳的豫且捉住了我,我不能离开。我身陷灾祸之中,无人可以求告。大王素来有德有义,所以来告诉你。"元王被惊醒,于是召来博士卫平问他说:"今天我梦见一个男人,伸长脖子,长长的脑袋,穿着黑色绣衣,乘着有帷盖的车子,来梦中见到我说:'我为江神出使黄河,而渔网挡住我的去路。泉阳的豫且捉到了我,我不能脱身。我身陷灾祸之中,无人可以求告。大王素来有德有义,所以来告诉你。'这是什么东西?"卫平便拿着星盘起身,仰望天空,观看月亮的光泽,看北斗星斗柄的指向,确定太阳的位置。用圆规和矩尺作为辅助,加上权和衡。四方已经确定,八卦排列就绪。考察元王梦的吉凶,出现了神龟征兆。于是对元王说:"昨夜是壬子日,太阳居于牵牛星。天河水涨,鬼神相谋。天河正当南北方向,江神、河神本有期约,南风刚刚吹到,江神使节先来。白云堵塞了天河,万物都被滞留。北斗星的斗柄正对太阳,江神的使者应当被囚。穿黑服而乘坐有帷盖的马车,它的名字叫龟。请大王赶快派人打听寻求它。"元王说:"好。"

于是王乃使人驰而往问泉阳令曰:"渔者几何家?名谁为豫且?豫且得龟,见梦于王,王故使我求之。"泉阳令乃使吏案籍视图①,水上渔者五十五家,上流之庐,名为豫且。泉阳令曰:"诺。"乃与使者驰而问豫且曰:"今昔汝渔何得?"豫且曰:"夜半时举网得龟。"使者曰:"今龟安在?"曰:"在笼中。"使者曰:"王知子得龟,故使我求之。"豫且曰:"诺。"即系龟而出之笼中,献使者。

◎**注释** ①〔案籍视图〕案，查看，查阅。籍，户籍簿。图，地图，此指居民分布图。

◎**大意** 于是元王派人疾驰而去，问泉阳令说："以打鱼为生的有多少家？谁的名字叫豫且？豫且捕得一只龟，被君王梦到了，君王因此派我来找它。"泉阳县令就派小吏查看户籍和地图：水上渔民五十五家，在上游房舍里住的人叫豫且。阳泉县令说："是。"便和使者急奔到豫且那里问道："昨天晚上你捕到了什么？"豫且说："半夜时撒网捕到一只龟。"使者说："现在龟在哪里？"答："在笼子里。"使者说："君王知道你捉到了龟，特让我来取它。"豫且说："是。"当即把龟系起来从笼中拉出，献给使者。

使者载行，出于泉阳之门。正昼①无见，风雨晦冥。云盖其上，五采青黄；雷雨并起，风将而行。入于端门②，见于东箱（厢）。身如流水，润泽有光。望见元王，延颈而前，三步而止，缩颈而却，复其故处。元王见而怪之，问卫平曰："龟见寡人，延颈而前，以何望也？缩颈而复，是何当也？"卫平对曰："龟在患中，而终昔囚③，王有德义，使人活之。今延颈而前，以当谢也，缩颈而却，欲亟④去也。"元王曰："善哉！神至如此乎，不可久留；趣⑤驾送龟，勿令失期。"

◎**注释** ①〔正昼〕大白天。②〔端门〕宫殿南面正门。③〔终昔囚〕被囚禁了一整夜。④〔亟(jí)〕急切。⑤〔趣〕催促。

◎**大意** 使者载龟而行，从泉阳城门出去。当时正是大白天却什么也看不见，风雨交加，天色昏暗。赤、白、青、黄、黑五彩云朵，遮盖在龟车上空；雷雨并起，风吹着车前行。进了正门，在东厢房见元王。龟身滑如流水，润泽发光。它望见元王，伸出脖子往前走，走了三步便停下来，缩着脖子向后退，又回到原处。元王看见了觉得十分奇怪，问卫平说："龟见了我，伸着脖子向前，有什么目的？又缩脖子回原处，是什么意思？"卫平回答说："龟在患难之中，整夜被囚，大王有德有义，派人救活了它。现在伸脖子向前，应当是表示谢意；而缩脖子退回，是着急离开。"元王说："好啊！神灵到如此地步了吗？不可久留，赶快用车驾送龟回去，不要耽误时间。"

卫平对曰："龟者是天下之宝也，先得此龟者为天子，且十言十当，十战十胜。生于深渊，长于黄土。知天之道，明于上古。游三千岁，不出其域。安平静正，动不用力。寿蔽①天地，莫知其极。与物变化，四时变色。居而自匿，伏而不食。春仓（苍）夏黄，秋白冬黑。明于阴阳，审于刑德②。先知利害，察于祸福，以言而当，以战而胜，王能宝之，诸侯尽服。王勿遣也，以安社稷。"

◎**注释** ①〔蔽〕遮盖。②〔刑德〕刑法和仁德。
◎**大意** 卫平回答说："龟是天下的宝物，先得到这龟的人做天子，并且十说十准，十战十胜。龟生在深渊中，长在黄土上，知道天地变化的规律，通晓上古的人事。游三千年，不出其生长的地域。它安详、心平、气静、中正，动不用力。寿命长过天地，不知其极限。与事物一起变化，根据四季改变颜色。居而自藏其身，伏而不食他物。春天为青色，夏天为黄色，秋天为白色，冬天为黑色。它明白阴阳，知晓刑德，能预知利害，体察祸福。用它占卜则百说百中，打仗则百战百胜，大王若能把它作为国宝，诸侯都会来归服。请大王不要放它走，用它来安邦定国。"

元王曰："龟甚神灵，降于上天，陷于深渊。在患难中，以我为贤。德厚而忠信，故来告寡人。寡人若不遣也，是渔者也。渔者利其肉，寡人贪其力，下为不仁，上为无德。君臣无礼，何从有福？寡人不忍，奈何勿遣！"

◎**大意** 元王说："龟非常神灵，自天而降，陷于深渊。在患难之中，把我看作贤君，认为我德行高而且忠诚守信，所以来告诉我。我若不打发它走，就和渔夫一样了。渔夫用它的肉获利,我贪求它的神力,在下便是不仁,在上便是无德。君臣无礼,从哪里得到福气呢?我不忍心,怎能不放它走!"

卫平对曰:"不然。臣闻盛德不报,重寄①不归;天与不受,天夺之宝。今龟周流天下,还复其所,上至苍天,下薄②泥涂。还遍九州,未尝愧辱,无所稽留。今至泉阳,渔者辱而囚之。王虽遣之,江河必怒,务求报仇。自以为侵,因神与谋。淫雨不霁③,水不可治。若为枯旱,风而扬埃,蝗虫暴④生,百姓失时。王行仁义,其罚必来。此无佗(他)故,其祟在龟。后虽悔之,岂有及哉!王勿遣也。"

◎**注释**　①〔重寄〕贵重的寄存物。②〔薄〕迫近,靠近。③〔淫雨不霁(jì)〕久雨不晴。霁,雨后天晴。④〔暴〕急速,猛然。

◎**大意**　卫平回答说:"不对。我听说大的恩德不必报答,贵重的寄存物不必归还;上天所赐你不接受,上天就会夺去你的宝物。如今神龟周游天下,又回到旧地,上至苍天,下至泥沼,绕遍九州,未曾遭受羞辱,未被阻拦滞留。而现在到了泉阳,渔夫侮辱而又囚禁了它。大王即使放走它,长江神和黄河神也一定会愤怒,必定想办法报仇。神龟自己会来进攻,并凭借神灵谋算我们。那时,雨水连绵,天不放晴,大水泛滥无法救治;或者造成干旱,大风扬起尘埃,蝗虫暴生,百姓误了农时。大王对它施行仁义,那么惩罚必然会到来。这也没有其他原因,是龟在作怪。事后即使后悔,哪能来得及啊!请大王不要放掉它。"

元王慨然而叹曰:"夫逆①人之使,绝②人之谋,是不暴乎?取人之有,以自为宝,是不强乎?寡人闻之,暴得者必暴亡,强取者必后无功。桀纣暴强,身死国亡。今我听子,是无仁义之名而有暴强之道。江河为汤武,我为桀纣。未见其利,恐离(罹)其咎。寡人狐疑,安事此宝,趣驾送龟,勿令久留。"

◎**注释** ①〔逆〕阻挡。②〔绝〕断绝，毁绝。

◎**大意** 元王感慨地叹息说："阻碍别人的使者，毁灭别人的计划，这不是暴戾吗？夺取别人拥有的东西，作为自己的宝物，这不是强横吗？我听说，突然得到的必定会突然丢失，强横夺取别人东西的人后来必定失败。夏桀、殷纣暴戾强横，结果身死国亡。今天我听了你的话，这样便没有仁义的名声而只有暴戾强横的行为。这样江神、河神就成了商汤、周武王，而我则成了夏桀、殷纣王。没有得到它的好处，恐怕要遭遇它带来的灾难。我十分疑惑，怎么能侍奉这个宝物，赶快驾车送走龟，不要让它久留。"

卫平对曰："不然，王其无患。天地之间，累石为山。高而不坏，地得为安。故云物或危而顾安①，或轻而不可迁；人或忠信而不如诞谩②，或丑恶而宜大官，或美好佳丽而为众人患。非神圣人，莫能尽言。春秋冬夏，或暑或寒。寒暑不和，贼气③相奸。同岁异节，其时使然。故令春生夏长，秋收冬藏。或为仁义，或为暴强。暴强有乡（向）④，仁义有时。万物尽然，不可胜治⑤。大王听臣，臣请悉言之。天出五色，以辨白黑。地生五谷，以知善恶。人民莫知辨也，与禽兽相若。谷居而穴处，不知田作。天下祸乱，阴阳相错。匆匆疾疾，通⑥而不相择。妖孽数见，传为单薄⑦。圣人别其生，使无相获。禽兽有牝牡⑧，置之山原；鸟有雌雄，布之林泽；有介之虫，置之溪谷。故牧人民，为之城郭，内经闾术，外为阡陌。夫妻男女，赋之田宅，列其室屋。为之图籍，别其名族。立官置吏，劝以爵禄。衣以桑麻，养以五谷。耕之耰（耰）⑨之，鉏之耨⑩之。口得所嗜，目得所美，身受其利。以是观之，非强不至。故曰田者不强，囷仓⑪不盈；商贾不强，不得其赢；妇女不强，布帛不精；官御⑫不强，其势不成；大将不强，卒不使令；侯王不强，没世无名。故云强者，事之始也，分之理也，物之纪也。所求于强，无不有也。王以为不然，王独不闻玉椟只雉⑬,出于昆山;明月之珠,出于四海;镌石拌(判)蚌⑭,传卖于市:圣人得之,以为大宝。大宝所在,乃为天子。今王自以为暴,不如拌蚌于海也;自以为强,不过镌石于昆山也。取者无咎,宝者无患。今龟使来抵网,而遭渔者得之,见梦自言,是国之宝也,王何忧焉。"

◎**注释** ①〔顾安〕反倒安全。②〔诞谩〕荒诞,欺诈。③〔贼气〕奸邪之气。④〔乡〕方向,对象。⑤〔胜治〕彻底研讨清楚。⑥〔通〕男女相交媾。⑦〔传为单薄〕指繁衍能力薄弱。⑧〔牝(pìn)牡〕牝,鸟兽的雌性。牡,鸟兽的雄性。⑨〔櫌(yōu)〕同"耰",农具,可击碎土块,平整土地。⑩〔耨(nòu)〕用来锄草的小手锄。⑪〔囷(qūn)仓〕储藏粮食的谷仓。细微分别,圆形的为"囷",方形的为"仓"。⑫〔官御〕为官掌权。⑬〔玉椟(dú)只雉(zhì)〕玉椟,玉匣子。雉,野鸡,山鸡。⑭〔镌石拌蚌〕镌,凿,掘。拌,通"判",分割,剖开。

◎**大意** 卫平回答说:"不是这样的,大王不要担心。天地之间,堆石为山,高而不倒,大地得以安稳。所以说有的事物似乎危险但反而安全,有的东西看似轻微却不能搬迁;有的人忠诚守信但不如荒诞放纵,有的人长得丑恶却能做大官,有的人好看却是众人的祸患。不是神和圣人,便不能尽言。春秋冬夏,或热或冷。冷热不和,邪气相扰。同年而不同季节,是时间让其这样。所以让春天生育、夏天成长、秋天收获、冬天储藏。有的仁义,有的强暴,强暴有对象,仁义有时机。万物都是这样,不能彻底弄清。请大王听我把话说完。天生出五彩,用来辨别黑白;地生出五谷,用来分清善恶。百姓不知道辨别,这与禽兽十分相似。在山谷中居住,在洞穴中相处,不知道种地耕田。天下祸乱,阴阳颠倒,忙忙碌碌,男女交媾而不加选择,妖孽屡次出现,人类繁殖能力十分薄弱。圣人区分万物的生存特点,让他们不再互相攻掠。禽兽有公母,把它们放在深山原野;飞鸟有雌雄,把它们放在山林水泽;甲壳昆虫,把它们安放在小溪山谷。然后役使人民,修筑城郭,城内设置街区,城外修田筑路。夫妻男女,分给田宅,排列房屋。把他们登记造册,区别姓名宗族。封官任吏,以爵位俸禄来奖励。穿衣用丝绢麻布,给养用五谷粮食。耕地扒地,锄地除草。嘴里吃喜欢的食物,眼睛看美丽的东西,身受其利。由此看来,不用强力不能如此。所以说:农民不强,仓库就装不满；商人不强，就不能盈利；妇女不强，麻布丝品就不精细；官吏不强，就不能形成权势；大将不强，士兵就不听命令；王侯不强，到死也不能成名。所以说：强是事成的开始，是区分的原理，是万物的规律。以强求取，无所不有。大王以为不是这样，大王难道没有听说过，玉匣野鸡，产于昆山；明月之珠，产于四海；凿石得玉，剖蚌得珠，到市场上贩卖：圣人得到，当作国宝。谁有国宝，谁为天子。现在大王自以为暴戾，不如在海里剖蚌取珠；自以为强横，不过是在昆山凿石取玉。取玉石明珠者无罪，把它们视为珍宝的人无祸。现在神龟使者自来触网，而遇上渔夫捉到它，又托梦自陈，说明这是国家之宝，大王担忧什么呢！"

元王曰："不然。寡人闻之，谏者福也，谀者贼也。人主听谀，是愚惑也。虽然，祸不妄至，福不徒来。天地合气，以生百财。阴阳有分，不离四时，十有二月，日至为期。圣人彻焉，身乃无灾。明王用之，人莫敢欺。故云福之至也，人自生之；祸之至也，人自成之。祸与福同，刑与德双。圣人察之，以知吉凶。桀纣之时，与天争功，拥遏①鬼神，使不得通。是固已无道矣，谀臣有众。桀有谀臣，名曰赵梁。教为无道，劝以贪狼。系汤夏台，杀关龙逢。左右恐死，偷谀于傍。国危于累卵，皆曰无伤。称乐万岁，或曰未央。蔽其耳目，与之诈狂。汤卒伐桀，身死国亡。听其谀臣，身独受殃。《春秋》著之，至今不忘。纣有谀臣，名为左强。夸而目巧②，教为象郎。将至于天，又有玉床。犀玉之器，象箸而羹。圣人剖其心，壮士斩其胻③。箕子恐死，被发佯狂。杀周太子历，囚文王昌。投之石室，将以昔至明。阴兢活之，与之俱亡。入于周地，得太公望。兴卒聚兵，与纣相攻。文王病死，载尸以行。太子发代将，号为武王。战于牧野，破之华山之阳。纣不胜败而还走，围之象郎。自杀宣室，身死不葬。头悬车轸，四马曳行。寡人念其如此，肠如涫汤④。是人皆富有天下而贵至天子，然而大傲。欲无厌时，举事而喜高，贪很而骄。不用忠信，听其谀臣，而为天下笑。今寡人之邦，居诸侯之间，曾不如秋毫。举事不当，又安亡逃！"

◎**注释** ①〔拥遏〕堵塞，阻拦。②〔夸而目巧〕夸夸其谈，目光灵巧。③〔胻（héng）〕小腿。④〔涫（guàn）汤〕滚沸的开水。

◎**大意** 元王说："不是这样。我听说，劝谏是福，奉承是祸。帝王听奉承的话，是愚昧昏庸。但是，祸不随便来，福不凭空降。天地气合，生出百财。阴阳有别，不离四季，一年十二个月，用夏至、冬至定其周期。圣人通晓此规律，则身无灾祸。明君运用此规律，则无人敢欺。所以说，福气到来，是人们自己创造的；灾难的降临，是人们自己酿成的。祸与福相随，刑与德匹配。圣人明察此道理，则可以知吉凶。桀纣之时，与天争功，阻拦鬼神，使其不能沟通。这本就已无道了，又有很多阿谀之臣。桀有谀臣，名叫赵梁，教唆夏桀暴虐无道，劝诱夏桀贪婪凶狠，把汤囚禁在夏台，杀害关龙逢。左右陪臣害怕被杀，便在旁边苟且奉迎。国家危如累卵，都说安然无恙。歌功颂德，寻欢作乐，高呼万岁，或者说国祚无穷。蒙蔽桀的耳目，同他一起狡诈狂妄。汤终于讨伐桀，桀身死国亡。他听信谄谀奸臣，身受其祸。《春秋》中记载了这件事，使人至今不忘。纣有谀臣，名叫左强。夸夸其谈，目光灵巧，教唆纣王，兴修象廊。廊高至天，内有玉床。以犀角美玉做器，用象牙筷子吃饭。剖圣人的心，斩掉壮士的小腿。箕子怕被害死，披头散发装疯。杀了周太子历，囚禁周文王姬昌。将姬昌扔进石屋，昼夜囚禁。阴兢救活了姬昌，与他共同逃亡。回到周地，得到太公望。兴聚士兵，攻伐纣王。姬昌病死，周人载尸而行。太子姬发代替领兵，号为武王。战斗在阴地牧野，破敌于华山之南。纣王不胜，兵败而逃，被围象廊。自杀于宣室，身死不得安葬。头悬挂于车子上，四马拉着往前走。我想到如此情景，肠子如同开水沸腾。这些人都富有天下而贵为天子，但是骄傲自满，欲望无满足之时，办事好高骛远，贪婪狠毒而骄横。他们不用忠信之臣，听信阿谀之臣，而被天下人耻笑。现在我的国家，处在诸侯中间，还不如秋季鸟兽的毫毛。若办事不当，又怎么能逃脱大难呢！"

卫平对曰："不然。河虽神贤，不如昆仑之山；江之源理，不如四海。而人尚夺取其宝，诸侯争之，兵革为起。小国见亡，大国危殆，杀人父兄，虏人妻子，残国灭庙，以争此宝。战攻分争，是暴强也。故云取之以暴强而治以文理，无逆四时，必亲贤士；与阴阳化，鬼神为使；通于天地，与之为友。诸侯宾服，民众殷喜。邦家安宁，与世更始。汤武行之，乃取天子；《春秋》著之，以为经纪。王不自称汤武，而自比桀纣。桀纣为暴强也，固以为常。桀为瓦室，纣为象郎。征丝灼之，务以费民。赋敛无度，杀戮无方。杀人六畜，以韦为囊。囊盛其血，与人县而射之，与天帝争强。逆乱四时，先百鬼尝。谏者辄死，谀者在傍。圣人伏匿，百姓莫行。天数枯旱，国多妖祥。螟虫①岁生，五谷不成。民不安其处，鬼神不享。飘风②日起，正昼晦冥。日月并蚀，灭息无光。列星奔乱，皆绝纪纲。以是观之，安得久长！虽无汤武，时固当亡。故汤伐桀，武王克纣，其时使然。乃为天子，子孙续世；终身无咎，后世称之，至今不已。是皆当时而行，见事而强，乃能成其帝王。今龟，大宝也，为圣人使，传之贤王。不用手足，雷电将之；风雨送之，流水行之。侯王有德，乃得当之。今王有德而当此宝，恐不敢受；王若遣之，宋必有咎。后虽悔之，亦无及已。"

◎**注释** ①〔螟（míng）虫〕一种害虫，蛀食稻心。②〔飘风〕狂暴之风。
◎**大意** 卫平回答说："不是这样。黄河虽然神明，不如昆仑；长江水源通畅，不如四海。而人尚且夺取它们的珠宝，诸侯相互争夺，战争因此而起，小国被灭亡，大国遭危难，杀人父兄，掳人妻子，残灭国家宗庙，来争夺这些宝物。攻战争夺，这就是暴强。所以说，以暴强的手段夺取而以教化的手段治理，不要悖逆四时，定要亲近贤士，与阴阳一起变化，鬼神为己所驱使；与天地相通，与天地交友。诸侯归服，百姓高兴。国家安宁，除旧布新。汤武行此，乃为天子。《春秋》记载，作为准则。大王不自称汤武，而自比桀纣。桀纣横施暴强，本来自以为常。桀建过瓦室，纣筑成象廊。征收丝绢当作木柴焚烧，一心耗费劳民。赋敛无度，杀戮无情。杀人和六畜，用皮做囊，囊内盛血，悬挂而射，与天帝争强。扰乱四时，在祭祀鬼神之前便尝用四时新鲜产品。进谏者都被处死，阿谀者都在近旁。圣人隐居藏匿，百姓寸步难行。天气频频枯旱，国家多有妖异的征兆。害虫年年有，五谷不成熟。百姓不能安居其处，鬼神不能享用祭品。狂风天天大作，白天天昏地暗。日食、月食一起出现，黯淡无光。群星乱窜，全无规律。由此看来，怎能久长！即使没有汤武，当时也该灭亡。所以商汤伐桀，武王伐纣，是时势使其如此。商汤为天子，子孙世代相继；终身无过失，后世称赞他，至今不停止。这都是按势而行，见机行事而强大，然后才能成为帝王。现在，这只龟是个大宝，为圣人所用，把它传给贤王。神龟行动不用手脚，有雷电托运，风雨传送，流水涌行。当今大王有德获得此宝，却因害怕而不敢承受；大王若是放了它，宋国必有灾祸。以后即使悔恨，也来不及了。"

元王大悦而喜。于是元王向日而谢，再拜而受。择日斋戒，甲乙最良。乃刑白雉，及与骊羊；以血灌龟，于坛中央。以刀剥之，身全不伤。脯①酒礼之，横其腹肠。荆支（枝）卜之，必制其创②。理达于理，文相错迎。使工③占之，所言尽当。邦福重宝，闻于傍乡。杀牛取革，被郑之桐④。草木毕分，化为甲兵。战胜攻取，莫如元王。元王之时，卫平相宋，宋国最强，龟之力也。

◎**注释** ①〔脯（fǔ）〕肉干。②〔必制其创〕一定要将龟甲烧出裂纹。创，此指裂纹。③〔工〕卜官。④〔杀牛取革，被郑之桐〕指用牛皮和郑国的桐木做鼓。被，蒙。

◎**大意** 宋元王非常高兴。于是元王向太阳拜谢，拜了两次才肯接受。选择吉日斋戒，甲日乙日最好。于是杀了白雉和黑羊，在祭坛中央，用雉血、羊血浇灌龟。用刀剥开龟，龟身完好无伤。用干肉美酒招待它，剔出腹肠。然后用荆枝烧灼求兆，一定要烧出裂纹。果然兆纹显现，纹理交错。令卜官占卦，所说全都核准。国中藏有重宝，声名闻于外邦。杀牛取其皮，蒙在郑国的桐木上，制成战鼓。草木全都分别开来，变为武器。战必胜，攻必取，没有谁能比得上元王。元王之时，卫平做相，宋国最强，这是神龟的力量。

故云神至能见梦于元王，而不能自出渔者之笼；身能十言尽当，不能通使于河，还报于江；贤能令人战胜攻取，不能自解于刀锋，免剥刺之患；圣能先知亟见，而不能令卫平无言。言事百全，至身而挛①；当时不利，又焉事贤！贤者有恒常，士有适然。是故明有所不见，听有所不闻；人虽贤，不能左画方，右画圆；日月之明，而时蔽于浮云。羿名善射，不如雄渠、蠭门②；禹名为辩智，而不能胜鬼神。地柱折，天故毋椽③，又奈何责人于全？孔子闻之曰："神龟知吉凶，而骨直空枯。日为德而君于天下，辱于三足之乌④。月为刑而相佐，见食于虾蟆⑤。猬辱于鹊，腾蛇之神而殆于即且⑥。竹外有节理，中直空虚；松柏为百木长，而守门闾。日辰不全，故有孤虚⑦。黄金有疵，白玉有瑕。事有所疾，亦有所徐。物有所拘，亦有所据。罔（网）有所数⑧，亦有所疏。人有所贵，亦有所不如。何可而适乎？物安可全乎？天尚不全，故世为屋，不成三瓦而陈之，以应之天。天下有阶，物不全乃生也。"

◎**注释** ①〔挛〕卷曲不能伸直。②〔雄渠、蠭（páng）门〕皆为古代传说中的善射者。③〔椽（chuán）〕放在梁上架着屋顶的木条。④〔辱于三足之乌〕古代传说日中有三足之乌，所以日中有黑点。⑤〔见食于虾（há）蟆〕虾蟆，即蛤蟆，蟾蜍。《淮南子·说林训》："月照天下，食于詹诸（蟾蜍）。"⑥〔即且（jū）〕即蝍蛆，蜈蚣的别名。⑦〔孤虚〕古代方术用语。即计日时，以十天干顺次与十二地支相配为一旬，所余的两地支称为"孤"，与孤相对者为"虚"。⑧〔数（cù）〕细密。

◎**大意**　所以说，龟神明至极，能在宋元王的梦中出现，却不能自己从渔夫的笼子里逃出。用它占卜百发百中，却不能出使到河神那里，再回去向江神汇报。它的才能令人在战争中取胜，自己却不能从刀刃下解脱，免除刀剥锋刺之患。它的圣明能先知预见，却不能使卫平无言可对。它讲事百发百中，自身却被捆绑囚禁；所处时机不利，又怎能侍奉贤者呢？贤者有永恒的操守，士人有合乎事理的言行。所以眼睛明亮也有看不见的东西，耳朵灵敏也有听不见的东西。人虽贤能，但不能左手画方，右手画圆；日月明亮，但有时被浮云遮蔽。羿以善于射箭出名，但不如雄渠、蠭门箭法好；大禹雄辩多智，但不能战胜鬼神。支撑大地的柱子折断了，是天本就无橼，又怎能求全责备呢？孔子听到这件事说："神龟能预知吉凶，但其骨头中间空洞干枯。太阳遍施恩德而统治天下，却被三足乌所侮辱。月亮以刑法辅佐太阳之德，却被蛤蟆食用。刺猬被喜鹊侮辱，有神通的腾蛇却被蜈蚣所害。竹子外面有节有纹，中间直而空虚；松柏是百木之长，却守护大门。日月星辰不全，所以有孤虚之法。黄金有瑕疵，白玉有瑕斑。事有所急，也有所缓。物有所短，也有所长。网有所密，也有所疏。人有所贵，也有所贱。怎样可以适宜呢？万物怎样可以完整呢？天尚且不完全，所以世人建造房屋时少放三块瓦片，以对应天的不足。天下事物有高低之分，万物不完备才能生存。"

褚先生曰：渔者举网而得神龟，龟自见梦宋元王，元王召博士卫平告以梦龟状，平运式（栻），定日月，分衡度，视吉凶，占龟与物色同，平谏王留神龟以为国重宝，美矣。古者筮必称龟者，以其令名，所从来久矣。余述而为传。

◎**大意**　褚先生说：渔夫举网而捕得神龟，神龟自己托梦给宋元王，元王召来博士卫平，把梦见神龟的情形告诉他。卫平旋转星盘，测定日月位置，分辨星辰动向，观测吉凶，占卜得知神龟与元王所梦之龟颜色相同，卫平劝谏元王留下神龟作为国家的重宝，真是太好了。古人占卜一定称赞龟，因为它有好名声，由来已久了。我将其记述下来，写成这篇传记。

三月　二月　正月①　十二月　十一月　中关内高外下②
　　四月首仰③　足开④　胗开⑤　首俯大⑥　五月横吉　首俯大
　　六月　七月　八月　九月　十月
　　卜禁⑦曰：子亥戌不可以卜及杀龟。日中如食已卜。暮昏龟之徼（缴）⑧也，不可以卜。庚辛可以杀，及以钻之。常以月旦祓龟，先以清水澡之，以卵祓之，乃持龟而遂之，若常以为祖。人若已卜不中，皆祓之以卵，东向立，灼以荆若刚木，土卵指之者三，持龟以卵周环之，祝曰："今日吉，谨以梁卵焍黄⑨，祓去玉灵之不祥。"玉灵必信以诚，知万事之情，辩兆皆可占。不信不诚，则烧玉灵，扬其灰，以征（惩）后龟。其卜必北向，龟甲必尺二寸。

◎**注释**　①〔三月　二月　正月〕《正义》曰："言正月、二月、三月右转周环终十二月者，日月之龟，腹下十二黑点为十二月，若二十八宿龟也。"用"日月之龟"占卜时，以龟腹甲下的十二个黑点象征十二个月份，占卜时以黑点附近的兆纹判断吉凶。②〔中关内高外下〕指兆的中关呈内高外低之状。③〔首仰〕指兆的首端呈仰起之状。④〔足开〕指兆的足端呈开放之状。⑤〔胗（qín）开〕或当作"足胗"，指兆的足端呈收敛之状。胗，敛。⑥〔首俯大〕指兆的首端呈下俯而较大之状。⑦〔卜禁〕占卜的禁忌。⑧〔徼（jiǎo）〕通"缴"，缠绕。⑨〔梁卵焍（dì）黄〕梁，米。焍，灼龟的木条。黄，裹米和鸡蛋来祓龟的黄绢。

◎**大意**　三月　二月　正月　十二月　十一月　中关内高外下
四月首仰　足开　胗开　首俯大　五月横吉　首俯大
六月　七月　八月　九月　十月
占卜的禁忌规定：子时、亥时、戌时不可以占卜和杀龟；白天如有日食就停止占卜，黄昏时龟缠绕不明，不能占卜。庚日、辛日可以杀龟，或在龟甲上钻孔。常在每月初一祓除龟的不祥，先用清水洗净，再用鸡蛋摩擦龟并祷祝，然后持龟占卜，把它作为常用之法。人若已经占卜但不灵验，都用鸡蛋祓除龟的不祥，向东站立，用荆条或硬木灼烧，再用土捏成鸡蛋的形状向龟指三次，用土捏的鸡蛋环绕龟三次，祝告说："今天吉利，谨以精米、鸡蛋、烧龟木、黄绢祓除神龟的不祥。"神龟必然信而诚，知道万事的情状，兆纹能被辨别，这样的龟都可以占卜。如果不信不诚，就烧掉神龟，扬弃它的骨灰，以警告后来占卜用的龟。占卜时必须向北站立，所用龟甲必须一尺二寸长。

卜先以造灼钻，钻中已，又灼龟首，各三；又复灼所钻中曰正身，灼首曰正足，各三。即以造三周龟，祝曰："假之玉灵夫子①。夫子玉灵，荆灼而心，令而先知。而上行于天，下行于渊，诸灵数筴（策），莫如汝信。今日良日，行一良贞。某欲卜某，即得而喜，不得而悔。即得，发乡（向）我身长大，首足收人皆上偶②。不得，发乡（向）我身挫折③，中外不相应，首足灭去。"

◎**注释** ①〔假之玉灵夫子〕假，借。玉灵夫子，为神龟取的尊号。②〔首足收人皆上偶〕首足收敛，兆纹呈对称上扬状。上偶，对称上扬。③〔挫折〕弯曲。
◎**大意** 占卜前先在燃烧荆枝的地方钻孔，中间钻完，再烧龟首，三钻三烧；又重新烧所钻中间叫"正身"的部分，烧头叫作"正足"，各三次。接着就拿燃烧的荆枝绕龟三周，祝告说："借助玉灵夫子。夫子玉灵，荆枝灼烧您的心，使您能够先知。上行于天，下行于渊，各种神灵筮策，不如信您。今天吉日，占以好卦，某人欲卜某事，即得吉兆而喜，不得吉兆而悔。如能得到吉兆，请向我显示又长又大的兆身，首足收敛，兆纹成对上扬。如果不能得到吉兆，请向我显示屈曲不直的兆身，中间和外围的兆纹不相对应，首足的兆纹消失。"

灵龟卜祝曰："假之灵龟，五巫五灵，不如神龟之灵，知人死，知人生。某身良贞，某欲求某物。即得也，头见足发，内外相应；即不得也，头仰足肣，内外自垂。可得占。"

◎**大意**　用灵龟占卜时祝告说："借用灵龟，五巫五灵不如神龟灵验。知人死，知人生。某人亲自进行良好的占卜，某人想得到某物。如果能得到，请在兆头兆足显露出来，兆内兆外互相对应；如果不能得到，就请显示兆头仰起兆足收敛之状，兆内兆外显示自垂之状。这样就可以占卜了。"

卜占病者祝曰："今某病困。死，首上开，内外交骇，身节折；不死，首仰足肣。"

◎**大意**　给生病的人占卜时祝告说："现在某人被病痛困扰。如果将死的话，请将兆首上开，兆内兆外交错，兆身关节弯折；如果不死的话，请将兆头仰起兆足收敛。"

卜病者祟曰："今病有祟无，呈无，祟有，呈兆有。中祟有内，外祟有外。"

◎**大意**　给生病的人占卜有无邪祟时，祝告说："现在病人如果没有邪祟作怪，则不呈现兆状；如果有邪祟作怪，请呈现兆征。家中如有邪祟，有内兆；家外如有邪祟，有外兆。"

卜系者出不出。不出，横吉安①；若出，足开首仰有外。

◎**注释**　①〔横吉安〕兆象名。
◎**大意**　占卜被关押的人能否释放：如果不能释放出来，那么兆象为横吉安；如果能释放出来，那么兆足分开，兆首仰起，并有外兆。

卜求财物，其所当得。得，首仰足开，内外相应；即不得，呈兆首仰足肣。

◎**大意** 占卜求得财物之事，其能否得到的征兆。如果能得到，兆首仰起，兆足分开，兆内兆外相应；如果不能得到，就呈现兆首仰起、兆足收敛的征兆。

卜有卖若买臣妾马牛。得之，首仰足开，内外相应；不得，首仰足肣，呈兆若横吉安。

◎**大意** 占卜买卖男女奴隶及牛马之事。若能如愿，兆首仰起，兆足分开，内外相应；若不能如愿，则兆首仰起，兆足收敛，呈现的兆象像横吉安。

卜击盗聚若干人，在某所，今某将卒若干人，往击之。当胜，首仰足开身正，内自桥①，外下；不胜，足肣首仰，身首内下外高。

◎**注释** ①〔桥〕高。
◎**大意** 为追击盗贼的结果占卜，强盗聚集了多少人，在什么地方，现在某某带领若干士卒，前往攻打。若能取胜，兆首仰起，兆足分开，兆身正，兆内高而外低；若不能取胜，则兆足收敛，兆首仰起，龟首内低外高。

卜求当行不行。行，首足开；不行，足肣首仰，若横吉安，安不行。

◎**大意** 占卜是否应当出行。应当外出，兆首兆足都分开；不应外出，则兆足收敛，兆首仰起，兆象像横吉安，安则不宜出行。

卜往击盗，当见不见。见，首仰足肣有外；不见，足开首仰。

◎**大意**　占卜前往打击强盗，能否相遇。能遇到，兆首仰起，兆足收敛，有外兆纹；不能见到，兆足分开，兆首仰起。

卜往候盗，见不见。见，首仰足肣，肣胜①有外；不见，足开首仰。

◎**注释**　①〔肣胜〕此二字应为衍文。
◎**大意**　占卜前往侦察强盗，能不能遇见。若能遇见，兆首仰起，兆足收敛，有外兆纹；若不能遇见，兆足分开，兆首仰起。

卜闻盗来不来。来，外高内下，足肣首仰；不来，足开首仰，若横吉安，期之自次。

◎**大意**　占卜盗贼来不来。如果来，兆纹外高内低，兆足收敛，兆首仰起；如果不来，则兆足分开，兆首仰起，兆象如同横吉安，强盗会在预期的时间之后到来。

卜迁徙去官不去。去，足开有肣①外首仰；不去，自去②，即足肣，呈兆若横吉安。

◎**注释**　①〔肣〕此字疑衍。②〔自去〕二字疑衍。
◎**大意**　占卜迁徙官位是否会丢。若丢掉官位，兆足分开，有外兆纹，兆首仰起；若不丢官位，那么兆足收敛，兆象如同横吉安。

卜居官尚吉不（否）。吉，呈兆身正，若横吉安；不吉，身节折，首仰足开。

◎**大意**　占卜当官是否吉利。如果吉利，呈现的兆身端正，像横吉安；不吉利，则兆身关节屈折，兆首仰起，兆足分开。

卜居室家吉不吉。吉，呈兆身正，若横吉安；不吉，身节折，首仰足开。

◎**大意**　占卜住在家里是否吉利。如果吉利，呈现的兆身端正，像横吉安；如果不吉利，兆身关节屈折，兆首仰起，兆足分开。

卜岁中禾稼孰（熟）不孰（熟）。孰（熟），首仰足开，内外自桥外自垂；不孰（熟），足肣首仰有外。

◎**大意**　占卜今年的庄稼能否成熟。如能成熟，则兆首仰起，兆足分开，内高而外垂；如不能成熟，兆足收敛，兆首仰起，有外兆纹。

卜岁中民疫不疫。疫，首仰足肣，身节有强外；不疫，身正首仰足开。

◎**大意**　占卜今年百姓是否会有瘟疫。如果有瘟疫，兆首仰起，兆足收敛，身节有强外；如果没有瘟疫，兆身端正，兆首仰起，兆足分开。

卜岁中有兵无兵。无兵，呈兆若横吉安；有兵，首仰足开，身作外强情。

◎**大意** 占卜今年会不会有战争。如果没有战争，兆象像横吉安；如果有战争，则兆首仰起，兆足分开，兆身作外强状。

卜见贵人吉不吉。吉，足开首仰，身正，内自桥；不吉，首仰，身节折，足肣有外，若无渔①。

◎**注释** ①〔无渔〕空虚无物的样子。
◎**大意** 占卜去见贵人是否吉利。如果吉利，兆足分开，兆首仰起，兆身端正，兆内高翘；如果不吉利，兆首仰起，兆身关节曲折，兆足收敛，有外兆纹，如空虚无物。

卜请谒于人得不得。得，首仰足开，内自桥；不得，首仰足肣有外。

◎**大意** 占卜求见他人能否成功。如果能成功，则兆首仰起，兆足分开，兆内高翘；如果不能成功，则兆首仰起，兆足收敛，有外兆纹。

卜追亡人当得不得。得，首仰足肣，内外相应；不得，首仰足开，若横吉安。

◎**大意** 占卜追赶逃亡之人能否抓到。如果能抓到，则兆首仰起，兆足收敛，内外相应；如果抓不到，兆首仰起，兆足分开，兆象如同横吉安。

卜渔猎得不得。得，首仰足开，内外相应；不得，足肣首仰，若横吉安。

◎**大意**　占卜捕鱼打猎有无收获。如果有收获，兆首仰起，兆足分开，内外相应；如果没有收获，则兆足收敛，兆首仰起，兆象如同横吉安。

卜行遇盗不遇。遇，首仰足开，身节折，外高内下；不遇，呈兆①。

◎**注释**　①〔呈兆〕兆象名。
◎**大意**　占卜外出是否会遇上强盗。如果会遇到，则兆首仰起，兆足分开，身节曲折，外高内低；如果遇不到，则兆象为呈兆。

卜天雨不雨。雨，首仰有外，外高内下；不雨，首仰足开，若横吉安。

◎**大意**　占卜天是否下雨。如果下雨，兆首仰起，有外兆纹，外高内低；如果不下雨，兆首仰起，兆足分开，兆象像横吉安。

卜天雨霁不霁。霁，呈兆足开首仰；不霁，横吉。

◎**大意**　占卜下雨天是否会晴。如果天晴，则呈现兆足分开兆首仰起之状；如果天不晴，则兆象为横吉安。

命曰横吉安。以占病，病甚者一日不死；不甚者卜日瘳，不死。系者重罪不出，轻罪环（旋）出；过一日不出，久毋伤也。求财物、买臣妾马牛，一日环（旋）得；过一日不得。行者不行。来者环（旋）至；过食时不至，不来。击盗不行，行不遇；闻盗不来。徙官不徙。居官、家室皆吉。岁稼不孰（熟）。民疾疫无疾。岁中无兵。见人行，不行不喜。请谒人不行不得。追亡人、渔猎不得。行不遇盗。雨不雨。霁不霁。

◎**大意** 兆象命名为"横吉安"。用来占病，病重的人一日之内不会死；病轻的人在占卜当天便病愈，不会死。占卜被囚禁的人，罪重的不会被释放，罪轻的立即被释放；过了一日还未放出，即使拘禁时间长也无妨。占求财物、买卖男女奴隶及马牛之事，即日便得；过了一日便不可得。占卜是否该出行，推知不可出行。占卜客人来不来，推知客人即刻便到；如果过了吃饭时间还未到，就不会再来。占卜是否该去打击强盗，推知不该去，去了也遇不到强盗；听说强盗会来，但不会来。占卜官职是否变动，推知不变动。占卜居官、家室之事，推知都吉祥如意。占卜今年庄稼的情况，推知不好。占卜百姓的疾疫情况，推知无疾疫。占卜今年的战事情况，推知无战乱。占卜是否该去见人，推知该去，不去不喜。占卜求见别人是否有所得，推知不去便无所得。占卜追赶逃亡之人、捕鱼打猎是否有收获，推知没有收获。占卜出行的情况，推知出行不会遇盗贼。占卜是否下雨，推知不下雨。占卜天是否放晴，推知天不会放晴。

命曰呈兆。病者不死。系者出。行者行。来者来。市买得。追亡人得，过一日不得。问行者不到。

◎**大意** 兆象命名为"呈兆"。用此兆推算：生病的人不会死。被囚禁的人将要放出。欲出行者能出行。要来的人会来。买东西可以买到。追捕逃亡的人能抓到，过一日就抓不到。卜问行者能否到达目的地，推知不能到达。

命曰柱彻。卜病不死。系者出。行者行。来者来。市买不得。忧者毋忧。追亡人不得。

◎**大意**　兆象命名为"柱彻"。用此兆推算：生病的人不会死。被囚禁的人将要放出。要出行的人能出行。要来的人会来。买东西，不可得。忧患者会无忧无虑。追赶逃亡者，不可得。

命曰首仰足肣有内无外。占病，病甚不死。系者解。求财物、买臣妾马牛不得。行者闻言不行。来者不来。闻盗不来。闻言不至。徒官闻言不徙。居官有忧。居家多灾。岁稼中孰（熟）。民疾疫多病。岁中有兵，闻言不开。见贵人吉。请谒不行，行不得善言。追亡人不得。渔猎不得。行不遇盗。雨不雨甚。霁不霁。故其莫（幕）字①皆为首备。问之曰，备者仰也，故定以为仰。此私记也。

◎**注释**　①〔莫字〕指龟甲上的兆纹。

◎**大意**　兆象命名为"首仰足肣有内无外"。用此兆推算：占卜病情，病重也不会死。被囚禁的人将要放出。求取财物、买男女奴隶及牛马，不得。要出行的人听到某种传言就不会出行。要来的人不会来。听说有盗贼，但盗贼不会来。听说有人要来，但不会来。听说要调动官职，结果不会变动。居官有忧患。居家多灾难。年内庄稼收成中等。老百姓会染疾疫，多病。年内有兵祸，是道听途说，其实不会发生兵祸。见贵人吉祥。求见别人，不能去，去了也听不到好话。追捕逃亡者，不得。捕鱼打猎，不得。出行不会遇强盗。占卜是否下雨，不会下大雨。占卜是否放晴，不会放晴。所以那些龟甲纹理都像"首备"的字形。询问卜官，回答说"备"是仰的意思，所以把它定义为仰。这是我私人所记。

命曰首仰足肣有内无外。占病，病甚不死。系者不出。求财、买臣妾不得。行者不行。来者不来。击盗不见。闻盗来，内自惊，不来。徙官不徙。居官、家室吉。岁稼不孰（熟）。民疾疫有病甚。岁中无兵。见贵人吉。请谒、追亡人不得。亡财物，财物不出得。渔猎不得。行不遇盗。雨不雨。霁不霁。凶。

◎**大意** 兆象命名为"首仰足肣有内无外"。用此兆推算：病情再重也不会死。被囚的人不会放出。求财、买男女奴隶，不得。出行者不宜出行。要来者不会来。去打击强盗却不会遇见强盗。听说强盗要来，自己内心惊恐，其实强盗不会来。官职不会变动。居官、居家皆吉祥如意。年内庄稼不好。老百姓会染疾疫，病很重。年中无兵灾。拜见贵人吉利。求见别人、追捕逃亡者，不得。丢失财物，但财物未被运出，可以追回。捕鱼打猎没有收获。出行不遇强盗。占卜是否下雨，不会下雨。占卜是否放晴，不会放晴。凶。

命曰呈兆首仰足肣。以占病，不死。系者未出。求财物、买臣妾马牛不得。行不行。来不来。击盗不相见。闻盗来不来。徙官不徙。居官久多忧。居家室不吉。岁稼不孰（熟）。民病疫。岁中毋兵。见贵人不吉。请谒不得。渔猎得少。行不遇盗。雨不雨。霁不霁。不吉。

◎**大意** 兆象命名为"呈兆首仰足肣"。用此兆推算：病者不会死。囚者不会被释放。求财物、买男女奴隶及马牛，不得。行者不能出行。来者不会来。要攻打强盗，不得相见。听说强盗要来，其实不会来。官职不会变动。当官时间长了，便多忧愁之事。在家居住不吉利。今年庄稼收成不好。老百姓会得病疫。年内无兵祸。拜见贵人不吉利。求见别人不能成功，捕鱼打猎小有收获。出行不遇强盗。占卜是否下雨，不会下雨。占卜是否放晴，不会放晴。不吉利。

命曰呈兆首仰足开。以占病，病笃死。系囚出。求财物、买臣妾马牛不得。行者行。来者来。击盗不见盗。闻盗来不来。徙官徙。居官不久。居家室不吉。岁稼不孰（熟）。民疾疫有而少。岁中毋兵。见贵人不见吉。请谒、追亡人、渔猎不得。行遇盗。雨不雨。霁小吉。

◎**大意** 兆象命名为"呈兆首仰足开"。用此兆推算：病很重会死亡。被囚禁者会放出。求财物、买奴隶马牛，皆不可得。欲出行者可出行。要来者能来。去打击强盗，不会遇见强盗。听说强盗要来，其实不会来。官职会变化。当官时间不会长久。居家不吉利。年内庄稼收成不好。老百姓中会有疾疫但染病者不多。年内无兵祸。见贵人不好，不见吉利。求见别人、追捕逃亡者、捕鱼打猎皆无所得。出行会遇强盗。占卜是否下雨，不会下雨。放晴小吉。

命曰首仰足肣。以占病，不死。系者久，毋伤也。求财物、买臣妾马牛不得。行者不行。击盗不行。来者来。闻盗来。徙官闻言不徙。居家室不吉。岁稼不孰（熟）。民疾疫少。岁中毋兵。见贵人得见。请谒、追亡人、渔猎不得。行遇盗。雨不雨。霁不霁。吉。

◎**大意** 兆象命名为"首仰足肣"。用此兆推算：病者不会死。囚者被长久拘禁也无伤害。求财物、买男女奴隶及牛马，皆不可得。出行者不宜出行。打击强盗，不宜出行打击。要来者会来。听说强盗要来，会来。听说自己官职要变动，结果不会变。居家不吉利。年内庄稼收成不好。老百姓疾疫少。年内无兵灾。能见到贵人。求见别人、追捕逃亡者、捕鱼打猎，不得。出行会遇盗贼。占卜是否下雨，不下雨。占卜是否放晴，不放晴。吉。

命曰首仰足开有内。以占病者，死。系者出。求财物、买臣妾马牛不得。行者行。来者来。击盗行不见盗。闻盗来不来。徙官徙。居官不久。居家室不吉。岁孰（熟）。民疾疫有而少。岁中毋兵。见贵人不吉。请谒、追亡人、渔猎不得。行不遇盗。雨霁。霁小吉，不霁吉。

◎**大意**　兆象命名为"首仰足开有内"。用此兆推算：病者会死亡。求财物、买男女奴隶及马牛，不得。欲出行者宜出行。要来者会来。打击强盗，去了却不会见强盗。听说强盗要来，但不会来。官职会变化。当官不会久。居家不吉利。本年庄稼丰收。老百姓虽有疾疫但较少。年内无兵祸。见贵人不吉利。求见别人、追逃亡者、捕鱼打猎皆无所得。出行不会遇到强盗。会下雨吗？会转晴吗？天放晴为小吉，天不晴为吉。

命曰横吉内外自桥。以占病，卜日毋瘳死。系者毋罪出。求财物、买臣妾马牛得。行者行。来者来。击盗合交等。闻盗来来。徙官徙。居家室吉。岁孰（熟）。民疫无疾。岁中无兵。见贵人、请谒、追亡人、渔猎得。行遇盗。雨霁，雨霁大吉。

◎**大意**　兆象命名为"横吉内外自桥"。用此兆推算：病者在占卜当天病不会好而会死。被囚禁者无罪释放。求财物、买男女奴隶及马牛，能如愿得到。欲出行者宜出行。要来的会来。打击强盗会交锋，不分胜负。听说强盗要来，就会来。官职有变化。居家吉利。庄稼丰收。老百姓没有疾疫。年内无兵祸。见贵人、求见别人、追捕逃亡者、捕鱼打猎等皆有所得。外出会遇到强盗。天会下雨吗？天会放晴吗？下雨与天晴均为大吉。

命曰横吉内外自吉。以占病，病者死。系不出。求财物、买臣妾马牛、追亡人、渔猎不得。行者不来。击盗不相见。闻盗不来。徙官徙。居官有忧。居家室、见贵人、请谒不吉。岁稼不孰（熟）。民疾疫。岁中无兵。行不遇盗。雨不雨。霁不霁。不吉。

◎ **大意** 兆象命名为"横吉内外自吉"。用此兆推算：病者要死。被囚者不会被放出。求财物、买男女奴隶及马牛、追捕逃亡者、捕鱼打猎皆无所获。行者不来。打击强盗不会遇见。听说强盗要来，不会来。官职会变化。当官会引来忧愁之事。居家、见贵人、求见别人都不吉利。本年庄稼不好。百姓会得疾疫。年内无兵灾。外出不会遇见强盗。占卜是否下雨，不下雨。占卜是否放晴，不放晴。不吉。

命曰渔人。以占病者，病者甚，不死。系者出。求财物、买臣妾马牛、击盗、请谒、追亡人、渔猎得。行者行来①。闻盗来不来。徙官不徙。居家室吉。岁稼不孰（熟）。民疾疫。岁中毋兵。见贵人吉。行不遇盗。雨不雨。霁不霁。吉。

◎ **注释** ①〔行者行来〕当作"行者行。来者来"。一说"来"字衍文。
◎ **大意** 兆象命名叫"渔人"。以此兆推算：病者病情加重，但不会死。被囚禁者被放出。求财物、买男女奴隶及马牛、打击强盗、求见别人、追捕逃亡者、捕鱼打猎皆有所得。欲出行者宜出行。要来者会来。听说强盗要来，其实不会来。官职不会变化。居家吉利。年内收成不好。老百姓会染疾疫。年内无兵灾。见贵人吉利。外行不会遇强盗。占卜是否下雨，不下雨。占卜是否放晴，不放晴。吉。

命曰首仰足肣内高外下。以占病，病者甚，不死。系者不出。求财物、买臣妾马牛、追亡人、渔猎得。行不行。来者来。击盗胜。徙官不徙。居官有忧，无伤也。居家室多忧病。岁大孰（熟）。民疾疫。岁中有兵不至。见贵人、请谒不吉。行遇盗。雨不雨。霁不霁。吉。

◎ **大意** 兆象命名为"首仰足肣内高外下"。用此兆推算：病者病得更厉害，但不会死。被囚禁者不会被释放。求财物、买男女奴隶及马牛、追捕逃亡者、捕鱼打猎等都会有所得。欲出行者不宜出行。要来者会来。打击强盗会取得胜利。官职不会变迁。当官有忧愁，但无伤害。居家多忧愁疾病。本年大丰收。百姓会染疾疫。年内虽有战乱，但不会涉及本地、本人。见贵人、求见别人都不吉利。外出会遇到强盗。占卜是否下雨，不下雨。占卜是否放晴，不放晴。吉。

命曰横吉上有仰下有柱。病久不死。系者不出。求财物、买臣妾马牛、追亡人、渔猎不得。行不行。来不来。击盗不行，行不见。闻盗来不来。徙官不徙。居家室、见贵人吉。岁大孰（熟）。民疾疫。岁中毋兵。行不遇盗。雨不雨。霁不霁。大吉。

◎**大意** 兆象命名为"横吉上有仰下有柱"。用此兆推算：病者久病不死。被囚者不能出牢。求财物、买男女奴隶及马牛、追捕逃亡者、捕鱼打猎都得不到。欲出门者不宜出门。要来的人来不了。打击强盗不宜出行，出去也见不到强盗。听说强盗要来，是不会来的。官职不会变化。居家、求见贵人，吉利。本年庄稼大丰收。百姓有疾疫。年内无兵灾。出门不会遇到强盗。占卜是否下雨，不下雨。占卜是否放晴，不放晴。大吉。

命曰横吉榆仰。以占病，不死。系者不出。求财物、买臣妾马牛至不得①。行不行。来不来。击盗不行，行不见。闻盗来不来。徙官不徙。居官、家室、见贵人吉。岁孰（熟）。岁中有疾疫，毋兵。请谒、追亡人不得。渔猎至不得。行不得。行不遇盗。雨霁不霁。小吉。

◎**注释** ①〔至不得〕"至"字疑衍。下文"渔猎至不得"亦同。
◎**大意** 兆象命名为"横吉榆仰"。用此兆推算：病人不死。被囚者不得出。求财物、买男女奴隶马牛，不能买到。欲出门者不宜出行。要来者不会来。打击强盗不能去，去了也见不到。听说强盗要来，但不会来。官职不会调迁。当官、居家、求见贵人，都吉利。本年是个丰收年。年内有疾疫，无兵灾。求见别人、追捕逃亡者，都得不到。捕鱼打猎都无所得。出行，无所得。出行不会遇到强盗。占卜是否下雨、放晴，不放晴。小吉。

  命曰横吉下有柱。以占病，病甚不环（旋）有瘳无死。系者出。求财物、买臣妾马牛、请谒、追亡人、渔猎不得。行来不来①**。击盗不合。闻盗来来。徙官居官吉，不久。居家室不吉。岁不孰（熟）。民毋疾疫。岁中毋兵。见贵人吉。行不遇盗。雨不雨。霁。小吉。**

◎**注释**　①〔行来不来〕当作"行不行，来不来"。"行"后疑脱"不行"二字。
◎**大意**　兆象命名为"横吉下有柱"。用此兆推算：问病，病重，不会很快痊愈，但也不会死。被囚者会被放出。求财物、买男女奴隶马牛、求见别人、追捕逃亡者、捕鱼打猎，都得不到。想出行的人不宜出行。要来的人不会来。去攻击强盗不会交锋。听说强盗要来，那就会来。调官、当官都吉利，但不会长久。居家不吉利。年成不好。百姓无疾疫。年内无兵祸。见贵人吉利。出行不会遇到强盗。占卜是否下雨，不下雨。天会放晴。小吉。

  命曰载所。以占病，环（旋）有瘳无死。系者出。求财物、买臣妾马牛、请谒、追亡人、渔猎得。行者行。来者来。击盗相见不相合。闻盗来来。徙官徙。居家室忧。见贵人吉。岁孰（熟）。民毋疾疫。岁中毋兵。行不遇盗。雨不雨。霁霁。吉。

◎**大意**　兆象命名为"载所"。用此兆推算：病很快会好，不会死。被囚者会出狱。求财物、买奴隶马牛、求见别人、追捕逃亡者、捕鱼打猎，都能如愿得到。出行者宜出行。要来者会来。打击强盗，能见到强盗却不会交锋。听说强盗要来，那就会来。官职会调迁。居家有忧患。见贵人吉利。年成丰收。百姓无疾疫。年内无兵灾。出行不会遇强盗。占卜是否下雨，不下雨。占卜是否放晴，会放晴。吉。

命曰根格。以占病者，不死。系久毋伤。求财物、买臣妾马牛、请谒、追亡人、渔猎不得。行不行。来不来。击盗盗行不合。闻盗不来。徙官不徙。居家室吉。岁稼中。民疾疫无死。见贵人不得见。行不遇盗。雨不雨。大吉。

◎**大意** 兆象命名为"根格"。用此兆推算：病人不会死。被囚者虽被长时间拘禁却无伤害。求财物、买奴隶马牛、求见别人、追捕逃亡者、捕鱼打猎，都不会如愿。欲出行者不宜出行。要来的不会来。打击强盗，强盗会逃走，不会交锋。听说强盗要来，最终不会来。官职不会调迁。居家室吉利。本年庄稼收成中等。百姓有疾疫但都不会死。求见贵人，不得见面。出行不会遇强盗。占卜是否下雨，不下雨。大吉。

命曰首仰足肣外高内下。卜有忧，无伤也。行者不来。病久死。求财物不得。见贵人者吉。

◎**大意** 兆象命名为"首仰足肣外高内下"。占卜结果：有忧愁，却无伤害。行者不来。得病时间长了就会死。求财物，得不到。见贵人，吉利。

命曰外高内下。卜病不死，有祟。市买不得。居官、家室不吉。行者不行。来者不来。系者久毋伤。吉。

◎**大意** 兆象命名为"外高内下"。占卜结果：病人不会死，有鬼怪作祟。到市场上买不到东西。当官、居家不吉利。出行者不宜出行。要来的不会来。被囚禁者虽然囚禁时间长，但无伤害。吉利。

命曰头见足发有内外相应。以占病者，起。系者出。行者行。来者来。求财物得。吉。

◎**大意** 兆象命名为"头见足发有内外相应"。用此兆推算：病人痊愈。被囚者出牢。出行者宜出行。要来的人会来。求财物可得财物。吉。

命曰呈兆首仰足开。以占病，病甚死。系者出，有忧。求财物、买臣妾马牛、请谒、追亡人、渔猎不得。行不行。来不来。击盗不合。闻盗来来。徙官、居官、家室不吉。岁恶。民疾疫无死。岁中毋兵。见贵人不吉。行不遇盗。雨不雨。霁。不吉。

◎**大意** 兆象命名为"呈兆首仰足开"。用此兆推算：问病，病重死亡。被囚者会出狱，但有忧愁事。求财物、买奴隶牛马、拜见别人、追捕逃亡者、捕鱼打猎皆无所得。出门者不宜出门。要来的不会来。打击强盗，不会交锋。听说强盗要来，就会来。调动官职、当官、居家室皆不吉利。年成很不好。百姓有疾疫，但不会死。年内没有战乱。见贵人不吉利。出行不会遇到强盗。问雨，不下雨。天放晴。不吉。

命曰呈兆首仰足开外高内下。以占病，不死，有外祟。系者出，有忧。求财物、买臣妾马牛，相见不会。行行。来闻言不来。击盗胜。闻盗来不来。徙官、居官、家室、见贵人不吉。岁中民疾疫，有兵。请谒、追亡人、渔猎不得。闻盗遇盗。雨不雨。霁。凶。

◎**大意** 兆象命名为"呈兆首仰足开外高内下"。用此兆推算：病人不会死，担忧外来鬼祟。被囚者会出牢，但有担忧之事。求财物、买奴隶马牛，会当面错过。出行者宜出门。听说有人要来，但不会来。打击强盗会取得胜利。听说强盗要来，却不会来。调动官职、当官、居家室、见贵人都不吉利。年内百姓有疾疫，有兵灾。求见别人、追捕逃亡者、捕鱼打猎都不能称心如意。听说有强盗，就会碰上强盗。问雨，不下雨。天放晴。凶。

命曰首仰足肣身折内外相应。以占病，病甚不死。系者久不出。求财物、买臣妾马牛、渔猎不得。行不行。来不来。击盗有用胜。闻盗来来。徙官不徙。居官、家室不吉。岁不孰（熟）。民疾疫。岁中有兵不至。见贵人喜。请谒、追亡人、不得。遇盗凶。

◎**大意** 兆象命名为"首仰足肣身折内外相应"。用此兆推算：问病，病重但不会死亡。被囚者囚禁时间长而不得出监。求财物、买奴隶马牛、捕鱼打猎都不可得。出行者不宜出行。要来者不会来。打击强盗，有办法取胜。听说强盗要来，就会来。官职不会动迁。当官、居家不吉利。年成不好。百姓有疾疫。年内有兵灾，但不会涉及本地。见贵人，有喜事。拜见别人、追捕逃亡者都不能如愿。出门遇上强盗，凶。

命曰内格外垂。行者不行。来者不来。病者死。系者不出。求财物不得。见人不见。大吉。

◎**大意** 兆象命名为"内格外垂"。出行者不宜出行。要来者不会来。生病的人会死。囚禁的人不会被放出。求财物，不能获得。求见人，见不到。大吉。

命曰横吉内外相应自桥榆仰上柱足肣。以占病，病甚不死。系久，不抵罪。求财物、买臣妾马牛、请谒、追亡人、渔猎不得。行不行。来不来。居官、家室、见贵人吉。徙官不徙。岁不大孰（熟）。民疾疫有兵。有兵不会。行遇盗。闻言不见。雨不雨。霁霁。大吉。

◎**大意** 兆象命名为"横吉内外相应自桥榆仰上柱足肣"。用此兆推算：问病，病重却不会死。被囚者囚禁时间虽长，但不会判罪。求财物、买奴隶马牛、请见别人、追捕逃亡者、捕鱼打猎皆不得。出行者不宜出行。要来者会来。当官、居家室、见贵人都吉利。官职不会调动。收成不太好。民间有疾疫，也有兵祸。但此地不会遇到兵祸。出行会遇强盗。只听到传言而见不到实证。占卜是否下雨，不下雨。占卜是否放晴，放晴。大吉。

命曰头仰足肣内外自垂。卜忧病者甚，不死。居官不得居。行者行。来者不来。求财物不得。求人不得。吉。

◎**大意** 兆象命名为"头仰足肣内外自垂"。占卜结果：问担忧得病的人，病很重但不会死。问官职，当不了官。欲出行者宜出行。要来的不会来。求财物，不得。求人，无所得。吉。

命曰横吉下有柱。卜来者来。卜日即不至，未来。卜病者过一日毋瘳死。行者不行。求财物不得。系者出。

◎**大意** 兆象命名为"横吉下有柱"。占卜结果：应来者会来。占卜当天如果不来，应来者便无来意。占卜生病的人，过一日病不好就会死。出行者不宜出行。求财物，得不到。被囚禁的人会出牢。

命曰横吉内外自举。以占病者，久不死。系者久不出。求财物得而少。行者不行。来者不来。见贵人见。吉。

◎**大意**　兆象命名为"横吉内外自举"。用此兆推算：病人久病不死。被囚者久囚不出。求财物，得到的少。出行者不宜出行。来者不会来。见贵人能见到。吉。

　　命曰内高外下疾轻足发。求财物不得。行者行。病者有瘳。系者不出。来者来。见贵人不见。吉。

◎**大意**　兆象命名为"内高外下疾轻足发"。求财物，得不到。出行者宜出行。生病的人会痊愈。被囚的人不能出牢。要来者会来。见贵人，见不到。吉。

　　命曰外格。求财物不得。行者不行。来者不来。系者不出。不吉。病者死。求财物不得。见贵人见。吉。

◎**大意**　兆象命名为"外格"。求财物，得不到。出门者不宜出行。要来者不会来。被囚禁者出不了狱。不吉。病人死。求财物，得不到。见贵人，能见到。吉。

　　命曰内自举外来正足发。行者行。来者来。求财物得。病者久不死。系者不出。见贵人见。吉。

◎**大意**　兆象命名为"内自举外来正足发"。要出行的人可以出行。要来的人会来。求财物，可得。病人生病时间虽长，但不会死。被囚的人不会被放出。见贵人，能见到。吉。

此横吉上柱外内自举足肣。以卜有求得。病不死。系者毋伤，未出。行不行。来不来。见人不见。百事尽吉。

◎**大意**　这是"横吉上柱外内自举足肣"之兆。用此兆占卜：有求，有得。病人不死。被囚者无伤害，但不得出狱。欲出行者不宜出行。欲来者不会来。欲见人，见不到。百事都吉利。

此横吉上柱外内自举柱足以作。以卜有求得。病死环（旋）起。系留毋伤，环（旋）出。行不行。来不来。见人不见。百事吉。可以举兵。

◎**大意**　这是"横吉上柱外内自举柱足以作"之兆。用此兆占卜：有求，有得。病人看起来将要死，但很快就会痊愈。被拘留的无伤害，很快就会被放出。出行者不宜出行。要来者不会来。要拜见别人，见不到。百事吉利。可以用兵。

此挺诈有外。以卜有求不得。病不死，数起。系祸罪。闻言毋伤。行不行。来不来。

◎**大意**　这是"挺诈有外"之兆。用此兆占卜：有求，不得。病人不会死，时好时坏。被拘留的有祸罪。会听到许多传言，但无伤害。出行者不宜出行。要来的人不会来。

此挺诈有内。以卜有求不得。病不死，数起。系留祸罪无伤出。行不行。来者不来。见人不见。

◎**大意**　这是"挺诈有内"之兆。用此兆占卜：有求，不得。病人不会死，病情时好时坏。被拘留的人有祸罪，但无伤害，会被放出。出行者不宜出行。要来的人不会来。求见别人，见不着。

此挺诈内外自举。以卜有求得。病不死。系毋罪。行行。来来。田、贾市、渔猎尽喜。

◎**大意**　这是"挺诈内外自举"之兆。用此兆占卜：有求，有得。病人不会死。被拘禁者无罪。出行者宜出行。要来者会来。耕田、买卖、渔猎，都会有喜事。

此狐貉。以卜有求不得。病死，难起。系留毋罪难出。可居宅。可娶妇嫁女。行不行。来不来。见人不见。有忧不忧。

◎**大意**　这是"狐貉（hé）"之兆。用此兆占卜：有求，不得。病人会死亡，很难好转。被囚者无罪，但很难出狱。可居于住宅。可以娶媳妇嫁闺女。出行者不宜出行。要来者不会来。求见别人，见不上。问忧愁之事，无忧愁之事。

此狐彻。以卜有求不得。病者死。系留有抵罪。行不行。来不来。见人不见。言语定。百事尽不吉。

◎**大意**　这是"狐彻"之兆。用此兆占卜：有所求，不能得。病人会死。被囚者要判罪。出行者不宜出行。要来者不会来。要求见别人，见不到。传言将被证实。百事都不吉利。

此首俯足肣身节折。以卜有求不得。病者死。系留有罪。望行者不来。行行。来不来。见人不见。

◎**大意** 这是"首俯足肣身节折"之兆。用此兆占卜：有求，不得。病人死。被囚者有罪。盼望出行者却不会来。想出行的人宜出行。要来者不会来。要求见别人，见不到。

此挺内外自垂。以卜有求不晦。病不死，难起。系留毋罪，难出。行不行。来不来。见人不见。不吉。

◎**大意** 这是"挺内外自垂"之兆。用此兆占卜：所求之事不会隐晦不明。病人不会死，但也很难好转。被拘留的人无罪，但难放出。出行者不宜出行。要来者不会来。要求见别人，见不到。不吉。

此横吉榆仰首俯。以卜有求难得。病难起，不死。系难出，毋伤也。可居家室。以娶妇嫁女。

◎**大意** 这是"横吉榆仰首俯"之兆。用此兆占卜：有所求，很难得到。病难好，但不会死。狱难出，但无伤害。可居住在家里。可娶媳妇嫁女儿。

此横吉上柱载正身节折内外自举。以卜病者，卜日不死，其一日乃死。

◎**大意** 这是"横吉上柱载正身节折内外自举"之兆。用此兆占卜：病人在占卜当天不会死，在占卜后一天才死。

此横吉上柱足肣内自举外自垂。以卜病者，卜日不死，其一日乃死。

◎**大意**　这是"横吉上柱足肦内自举外自垂"之兆。用此兆给病人占卜，当天不会死，第二天才死。

　　为人病①首俯足诈有外无内。病者占龟未已，急死。卜轻失大，一日不死。

◎**注释**　①〔为人病〕三字疑衍。
◎**大意**　这是"首俯足诈有外无内"之兆。生病的人用龟占卜还未结束时，就急急死去。卜问的虽是小事，但有大的损失，一日之内不死。

　　首仰足肦。以卜有求不得。以系有罪。人言语恐之毋伤。行不行。见人不见。

◎**大意**　这是"首仰足肦"之兆。用此兆占卜：有求，不得。被拘捕者有罪。有人用大话恐吓，无甚损伤。出行者不宜出行。求见别人，见不到。

　　大论曰：外者人也，内者自我也；外者女也，内者男也。首俯者忧。大者身也，小者枝也。大法，病者，足肦者生，足开者死。行者，足开至，足肦者不至。行者，足肦不行，足开行。有求，足开得，足肦者不得。系者，足肦不出，开出。其卜病也，足开而死者，内高而外下也。

◎**大意**　大体上可以说："外"指他人，"内"指自我；"外"指女性，"内"指男性。"首俯"有忧患之意。"大"指兆身，"小"指兆枝。辨别兆纹的大致方法，卜问病人的情况，兆纹显示"足肦"说明病人能够生存，显示"足开"便会死亡。卜问来人的情况，"足开"就会来到，"足胁"则不来。卜问出行的情况，"足胁"不宜出行，"足开"可以出行。卜问所求的情况，"足开"便可得到，"足胁"则不可得。卜问拘者的情况，"足胁"不能获释，"足开"可以获释。占卜病情，显示"足开"而死亡的，兆纹是内高外下。

◎ 释疑解惑

《龟策列传》和《日者列传》是姊妹篇，《日者列传》记载占卜之人，《龟策列传》记载卜筮之物，所以两传为表里之文，不可分割。两传都是通过寓议论于叙事的手法，借日者之言和神龟之灵揭露和讽刺一些现实社会中的丑恶现象。司马迁在《太史公自序》中说："三王不同龟，四夷各异卜，然各以决吉凶。略窥其要，作《龟策列传》。"指明了写作此篇的动机与缘由。褚少孙并没有按照司马迁的原本意图补写本传，他首先简单介绍了用神龟占卜的方式，并记载了太卜所得古代占龟之说，叙事简洁。然后写宋元王梦见神龟，寻找神龟，欲释神龟，到最终以龟占卜的一系列事情，可谓叙述生动，引人入胜，善于剪裁，详略得当，单独成一篇完整的故事。元王与卫平的对话描写尤其突出：多以四言为句，内容丰富，节奏强烈，一问一答，颇具情理，措辞平易，说服力强，真实地揭示出人物的个性特征。元王的犹豫不决和卫平的坚持不懈形成鲜明对比。最后罗列了西汉时期卜筮的各种卦体及命兆之辞，多达六十七条，具体而详尽，为今人提供了有关的历史资料，其存录之功不可淹没。但这方面的内容十分繁杂，行文又多重复拖沓，有烦芜鄙陋的弊端。

◎ 思考辨析题

1. 试分析卫平的论辩技巧。
2. 如何理解"天下有阶，物不全乃生也"？

货殖列传第六十九

《货殖列传》是一篇记录从事货殖活动的人物的合传。货指财富,殖指增长,"货殖"指谋求"滋生资货财利",即利用货物的生产与交换进行商业活动,以谋求财富。本文记述了从春秋末期至秦汉以来从事货殖活动的杰出人物,如范蠡、子贡、白圭、猗顿、郭纵、卓氏、程郑、孔氏、师氏、任氏等人的事迹,并由此展现出这一历史时期工商业的发展状况及与此相关的天时、地理、人物、民俗等。司马迁在篇首引用老子对于"小国寡民"理想的著名言论,认为在近世实现此理想几乎没有可能,所以"善者因之,其次利道之,其次教诲之,其次整齐之,最下者与之争",并提出农、虞、工、商四业是人民的衣食之源,这四个方面产业的发展对于富国富民具有重要意义。然后引用《管子》"仓廪实而知礼节,衣食足而知荣辱"的名言论证经济发展的重要性,并提出"天下熙熙,皆为利来；天下壤壤，皆为利往"的精彩论断。接着，司马迁列举了一些汉代以前的货殖家，介绍他们所经营的产业以及发家致富的途径。汉兴以后，经济迅速发展，物产丰富，城市繁华，举国上下一派欣欣向荣的气象。司马迁以河东、河内、河南三地为纲，将全国各地的经济形势和著名都会的概况做了简要而精确的描述，九州之大由此贯通。司马迁也对经济发展引发的一些不良社会现象做了评述，并由此决定"略道当世千里之中，贤人所以富者，令后世得以观择焉"。卓氏、程郑、孔氏、师氏、任氏等人身上具有勤俭节约、雍容大方、诚信良善、扶助贫困、重义轻利、遵守法律、关心国事等优点，值得后世商人学习。其中也穿插记述了地理环境和社会风气对商人习气养成的作用。整篇文章议论和叙事穿插进行，夹叙夹议的形式运用熟练，开合自如。晚清郭嵩焘的评价极为中肯："史公传《货殖》，自写其湮郁，而揽括天下大势，上下今古，星罗棋布，惟所指画。前后分立数传，要自一气灌输，是一篇整段文字，中间指数关中、巴、蜀、天水、北地、上郡列郡情形，为一大枢纽。亦见汉世承六国之遗，抚临郡国，相奖势利，尽天下皆然，而能者遂以致富，高掌远跖，睥睨千古。"（《史记札记》）

　　《老子》曰："至治之极，邻国相望，鸡狗之声相闻，民各甘其食，美其服，安其俗，乐其业，至老死不相往来。"必用此为务，輓（晚）近世涂民耳目①，则几②无行矣。

◎**注释**　①〔輓（wǎn）近世涂民耳目〕輓近世，近代。涂，堵塞。②〔几〕近于。

◎**大意** 《老子》中说："太平盛世的极盛时期，相邻国家互相望得见，鸡鸣狗叫的声音彼此听得到，人们各以为所吃的食物最美味，所穿的衣服最漂亮，安于民俗，乐于本业，直到老死也不互相往来。"如果一定以此为理想，挽救近世风气，堵塞人民耳目，那几乎是不可能的。

太史公曰：夫神农以前，吾不知已。至若《诗》《书》所述虞夏以来，耳目欲极声色之好，口欲穷刍豢①之味，身安逸乐，而心夸矜势能②之荣使，俗之渐③民久矣，虽户说④以眇（妙）论，终不能化。故善者因之，其次利道（导）之，其次教诲之，其次整齐之，最下者与之争。

◎**注释** ①〔刍豢（huàn）〕刍指食草的牛羊之类，豢指食谷的犬豕之类。都是供食用的家畜。②〔夸矜势能〕夸矜，夸耀。势能，权势和才能。③〔渐〕渐染，浸润。④〔户说〕挨户劝说。

◎**大意** 太史公说：神农以前的情况，我不知道。至于像《诗经》《尚书》所述虞、夏以来的情况，耳朵要尽情享受最美好的音乐，眼睛要尽情享受最好看的颜色，嘴巴要尽情享受各种肉食的美味，身体安于放纵娱乐，而内心夸耀威势和才能带来的荣华富贵，这种流俗影响百姓已经很久了，即使用精妙的理论去挨家挨户地劝说，最终也不能感化他们。所以最好的办法是顺应自然，其次是以利益引导他们，又其次是教诲他们，再次是整顿他们，最下策是与他们相争。

夫山西饶材、竹、穀①、纑②、旄、玉石，山东多鱼、盐、漆、丝、声色，江南出柟（楠）、梓、姜、桂、金、锡、连③、丹沙、犀、玳瑁④、珠玑、齿革，龙门、碣石北多马、牛、羊、旃裘⑤、筋角，铜、铁则千里往往山出棋置：此其大较也。皆中国人民所喜好，谣俗被服饮食奉生送死⑥之具也。故待农而食之，虞⑦而出之，工而成之，商而通之。此宁有政教发征期会⑧哉？人各任其能，竭其力，以得所欲。故物贱之征贵，贵之征贱，各劝⑨其业，乐其事，若水之趋下，日夜无休时，不召而自来，不求而民出之。岂非道之所符，而自然之验邪？

◎**注释** ①〔榖（gǔ）〕一种乔木，树皮可用来造纸。②〔纑（lú）〕麻类作物，其干茎纤维可用来织布。③〔连〕未炼之铅。④〔玳瑁（dài mào）〕一种海龟，其甲壳可用作装饰品。⑤〔旃（zhān）裘〕厚重的毛织物。⑥〔奉生送死〕奉生，奉养父母于生时。送死，办理父母丧葬之事。⑦〔虞〕原指主管山林薮泽的官吏，此处指经营开发山林薮泽的人。⑧〔发征期会〕征发货物，限期会集。⑨〔劝〕致力于。

◎**大意** 华山以西盛产木材、竹子、榖木、纑、旄牛、玉石，华山以东多产鱼、盐、漆、丝、乐工和美女，长江以南地区出产楠木、梓木、生姜、桂皮、金、锡、铅、朱砂、犀牛角、玳瑁、珍珠、象牙、皮革，龙门和碣石以北多产马、牛、羊、毡毛制成品、动物筋角，铜、铁每隔千里便有分布，像棋盘上的棋子一样：这些只不过是丰富物产的大概情形。这些都是国内百姓所喜好的，也是习俗中衣着、饮食、养生、送葬的用品。所以要靠农民耕作，靠虞人进山和渔夫下水开发出来，靠工匠制成器物，靠商人使其流通开来。难道要靠官府下令、教化征召百姓才能限期会集吗？人们各显其能，竭尽其力，以求得所需要的东西。所以货物价低时追求高价出售，货物价高时追求低价购进，人人都努力经营本业，乐于从事自己的事业，就像水向下流，日夜不停，不用征召而自动前来，不用要求而人们自己就会生产出各种产品。这难道不是与"道"相吻合，是自然的验证吗？

《周书》曰："农不出则乏其食，工不出则乏其事，商不出则三宝绝，虞不出则财匮少。"财匮少而山泽不辟矣。此四者，民所衣食之原（源）也。原（源）大则饶，原（源）小则鲜。上则富国，下则富家。贫富之道，莫之夺予，而巧者有余，拙者不足。故太公望封于营丘，地潟卤①，人民寡，于是太公劝②其女功，极技巧，通鱼盐，则人物归之，繦至而辐凑③。故齐冠带衣履天下，海岱之间敛袂④而往朝焉。其后齐中衰，管子修之，设轻重九府，则桓公以霸，九合诸侯，一匡天下；而管氏亦有三归，位在陪臣，富于列国之君。是以齐富强至于威、宣也。

◎**注释** ①〔潟（xì）卤〕盐碱地。②〔劝〕勉励。③〔繦（qiǎng）至而辐凑〕形容四方来归者多。繦至，像绳索穿连的铜钱那样络绎而来。繦，穿铜钱的绳索。辐凑，像车辐集中于车毂一样聚集。④〔敛袂（mèi）〕整理衣袖。

◎**大意** 《周书》中说："农民不生产则缺乏食物，工匠不生产则缺乏用品，商人不贸易则粮食、日用、财物三宝断绝，虞人不生产则财物短缺。"财物短缺则山林薮泽的资源就不能开发了。这四个方面，是百姓衣食的来源。来源大就富足，来源小就贫乏。上能富国，下能富民。贫穷和富有，没有谁能够夺取或给予，但聪明的人富足有余，愚笨的人贫困不足。所以，姜太公吕望被封于营丘，那里的地是盐碱地，人口又少，于是太公劝勉妇女做针线活，极力提高工艺技巧，贩卖交易鱼盐，使人民和货物归附本地，像串钱一样络绎不绝，像辐条聚于车毂一样汇聚于齐国。所以齐国生产的帽子、腰带、衣服、鞋遍布天下，东海泰山之间的小国都整理衣袖恭敬地到齐国去朝拜。后来齐国中途衰落了，管仲重新修治齐国，设置掌管财务货币的九个官府，齐桓公因此称霸诸侯，多次召集诸侯，使天下政治得到匡正；而管仲家也修了三归台，虽然职位是陪臣，却比各诸侯国的君主还富有。齐国的富强也由此一直延续到齐威王、齐宣王的时代。

故曰："仓廪实而知礼节，衣食足而知荣辱。"礼生于有①而废于无。故君子富，好行其德；小人富，以适其力。渊深而鱼生之，山深而兽往之，人富而仁义附焉。富者得势益彰，失势则客无所之，以而不乐。夷狄益甚。谚曰："千金之子，不死于市。"此非空言也。故曰："天下熙熙②，皆为利来；天下壤壤③，皆为利往。"夫千乘之王，万家之侯，百室之君，尚犹患贫，而况匹夫编户之民乎！

◎**注释** ①〔有〕指有财富。②〔熙熙〕喧嚷嘈杂的样子。③〔壤壤〕往来纷乱的样子。

◎**大意** 所以管仲说："仓库充实百姓才懂得礼节，衣食富足百姓才知道荣辱。"礼节生于富有而废弃于贫穷。所以君子富有了，便爱施行他们的美德；小人富有了，便把力量用在适当的地方。水深了鱼自然会生存繁衍，山深了野兽自然会前往栖息，人富了仁义自然会依附于身。富人得势声名更加显赫，失势则无宾客上门，因而不快乐。这种情形，在夷狄那里表现得更厉害。谚语说："有千金家财的富家儿子，不在街市上受死刑。"这些都不是空话。所以说："天下人纷纷扰扰，都是为利。"拥有千辆兵车的君王、享有万户食邑的列侯、享有百户食邑的大夫尚且怕贫穷，何况编入户册的平民百姓！

昔者越王句践困于会稽之上，乃用范蠡、计然。计然曰："知斗①则修备②，时用③则知物，二者形则万货之情可得而观已。故岁在金，穰④；水，毁；木，饥；火，旱。旱则资⑤舟，水则资车，物之理也。六岁穰，六岁旱，十二岁一大饥。夫籴⑥，二十病农，九十病末⑦。末病则财不出，农病则草不辟矣。上不过八十，下不减三十，则农末俱利，平籴齐物，关市不乏，治国之道也。积著（贮）之理，务完物，无息币。以物相贸，易腐败而食（蚀）⑧之货勿留，无敢居贵。论其有余不足，则知贵贱。贵上极则反贱，贱下极则反贵。贵出如粪土，贱取如珠玉。财币欲其行如流水。"修之十年，国富，厚赂战士，士赴矢石⑨，如渴得饮，遂报强吴，观兵⑩中国，称号"五霸"。

◎**注释** ①〔斗〕指战争。②〔修备〕修整军备。③〔时用〕指符合时世的需求。

④〔穰（ráng）〕丰收。⑤〔资〕预先积蓄。⑥〔粜（tiào）〕出售粮食。⑦〔二十病农，九十病末〕二十、九十，指每斗的粮价。病，伤害。末，商人。⑧〔食〕通"蚀"，损耗。⑨〔矢石〕箭和垒石，古时守城的武器。⑩〔观兵〕检阅军队，炫耀武力。

◎**大意**　从前越王句践被困会稽山下，于是任用范蠡和计然。计然说："知道要打仗就要做好各方面的准备，知道货物何时生产和使用才算了解货物，了解了这两种规律，就可以掌握所有货物的情况。所以年岁在金时就丰收，年岁在水时就歉收，年岁在木时就饥荒，年岁在火时就干旱。天旱时就要预备船只以防水灾，天涝时就要预备车辆以防大旱，这符合事物发展的规律。一般六年一次丰收，六年一次干旱，十二年一次大的饥荒。卖粮食，每斗二十钱则损害农民的利益，每斗九十钱则损害商人的利益。商人的利益被损害就没有钱财流通到社会上，农民的利益被损害就不能辟草种地了。每斗粮价高不过八十，低不下三十，那么农民商人都会获利，平价出售粮食，就能调节物价，关卡的税收和市场的供应就都不会缺乏，这是治国之道。积贮的方法，务必完好保管货物，使资金周转起来。货物贸易，容易腐蚀的货物不要贮藏，不敢囤积等待涨价。研究供需的过剩和不足，就会知道物价的贵贱。价格上涨到极限反而会下跌；价格下降到极限反而会上涨。价高时要把货物当作粪土及时卖出，价低时要把货物当作珠宝及时买进。要让财币像流水一样不断周转。"句践照此治理了十年，国家富裕，用优厚的报酬犒赏战士，战士冒着箭石冲锋陷阵，就像口渴时遇到了水一样，最终灭掉强大的吴国报仇雪恨，然后列兵中原向诸侯示威，号称"五霸"之一。

范蠡既雪会稽之耻，乃喟然而叹曰："计然之策七，越用其五而得意。既已施于国，吾欲用之家。"乃乘扁舟浮于江湖，变名易姓，适齐为鸱夷子皮①，之陶②为朱公。朱公以为陶天下之中，诸侯四通，货物所交易也。乃治产积居。与时逐而不责于人。故善治生③者，能择人而任时。十九年之中三致千金，再分散与贫交疏昆弟。此所谓富好行其德者也。后年衰老而听子孙，子孙修业而息之，遂至巨万。故言富者皆称陶朱公。

◎**注释**　①〔鸱夷子皮〕鸱夷，原指盛酒的皮囊。皮囊多所容纳，又可卷而藏之，范蠡自号"鸱夷子皮"，有与时张弛、进退自如的意思。②〔陶〕地名，在今山东定陶。③〔治生〕经营家业。

◎**大意**　范蠡帮助越王句践洗雪会稽之耻后，长叹道："计然的计策有七条，越国用了其中五条便实现了愿望。既然已经用它治了国，我想用它来治家。"就乘小舟在江湖中漂荡，改名换姓，到齐国自称"鸱夷子皮"，到陶邑后叫"朱公"。朱公认为陶邑是天下的中心，与各诸侯国四通八达，货物的交换非常方便。于是置办产业囤积货物。抓住时机逐利而不责求于人。所以善于经营产业的人，能够选择人才并把握时机。朱公十九年中曾有三次获取了千金财富，又把这些财富分散给贫困的朋友和远房兄弟。这就是富有而好行美德的人。后来他衰老了，就听凭子孙经营，子孙继承他的产业而不断发展，以至财产竟达上亿之多。所以世人一说富豪就都称陶朱公。

　　子赣（贡）既学于仲尼，退而仕于卫，废著（贮）鬻财①于曹、鲁之间，七十子之徒，赐最为饶益。原宪不厌糟糠，匿于穷巷。子贡结驷连骑，束帛之币以聘享诸侯，所至，国君无不分庭与之抗礼②。夫使孔子名布扬于天下者，子贡先后之也。此所谓得势而益彰者乎？

◎**注释**　①〔废著鬻（yù）财〕废著，囤积。鬻财，转运倒卖货物赚钱。鬻，卖。②〔分庭与之抗礼〕指宾主相见，分站在庭的两边，相对行礼。

◎**大意**　子贡曾在孔子那里学习过，离开后在卫国做官，然后囤积货物在曹国、鲁国之间做买卖。孔子七十多位高徒，子贡（名赐）最为富裕。原宪连酒糟谷糠都吃不饱，隐居在穷巷中。子贡却乘坐四马并辔牵引的车子，携带束帛厚礼去出访诸侯，所到之处，国君无不与他行宾主之礼。孔子名扬天下，是由于子贡在他前后辅助支持。这就是所谓的富人得势而名声更加显赫吧？

白圭，周人也。当魏文侯时，李克务尽地力，而白圭乐观时变，故人弃我取，人取我与。夫岁孰（熟）取谷，予之丝漆；茧出取帛絮，予之食。太阴在卯，穰；明岁衰恶。至午，旱；明岁美。至酉，穰；明岁衰恶。至子，大旱；明岁美，有水。至卯，积著（贮）率①岁倍。欲长钱，取下谷；长石斗，取上种。能薄饮食，忍嗜欲，节衣服，与用事僮仆同苦乐，趋时若猛兽鸷鸟之发②。故曰："吾治生产，犹伊尹、吕尚之谋，孙吴用兵，商鞅行法是也。是故其智不足与权变，勇不足以决断，仁不能以取予，强不能有所守，虽欲学吾术，终不告之矣。"盖天下言治生祖白圭。白圭其有所试矣，能试有所长，非苟而已也。

◎**注释** ①〔率〕大概。②〔猛兽鸷鸟之发〕猛兽、凶禽扑食，形容迅速。

◎**大意** 白圭是周国人。在魏文侯的时候，李克致力于精耕细作发挥地力，而白圭善于观察时势变化，所以别人卖他买，别人买他卖。庄稼刚成熟，他就收购，卖出蚕丝和油漆；蚕茧刚抽出薄丝，他就收购丝帛、丝絮，出售粮食。岁星在卯那年，丰收；第二年歉收。岁星在午那年，天大旱；第二年收成好。岁星在酉那年，丰收；第二年歉收。岁星在子那年，天大旱；第二年收成好，但有水涝。岁星在卯那年，他囤积货物大概比往年增加一倍。他想涨钱增加利润，就收购下等谷物；想增加石斗容量，就买上等种子。他不讲究饮食，能控制嗜欲，节约衣服，与办事的僮仆同甘共苦，抓住时机就像猛兽、凶禽扑食一样迅猛。他说："我做生意，就像伊尹、吕尚谋划，像孙武、吴起用兵，像商鞅执法一样。所以智慧不足以通权达变、勇气不足以果断决策、仁义不能正确取舍、强力不足守住本业的人，即使想要学习我的生意经，我都不会告诉他。"因此天下人讲到做生意都效法白圭。白圭所讲的都是尝试过的，通过尝试而施展自己的特长，不是随便就能成功的。

猗顿用盬①盐起。而邯郸郭纵以铁冶成业,与王者埒②富。

◎**注释** ①〔盬(gǔ)〕未经煎炼的盐。②〔埒(liè)〕等同。
◎**大意** 猗顿通过经营池盐起家,而邯郸的郭纵通过冶铁致富,财富可与一国之君相比。

乌氏倮①畜牧,及众,斥卖,求奇绘物②,间③献遗戎王。戎王什倍其偿,与之畜,畜至用谷量马牛。秦始皇帝令倮比封君,以时与列臣朝请④。而巴寡妇清,其先得丹穴⑤,而擅其利数世,家亦不訾⑥。清,寡妇也,能守其业,用财自卫,不见侵犯。秦皇帝以为贞妇而客之,为筑女怀清台。夫倮鄙人⑦牧长,清穷乡寡妇,礼抗万乘,名显天下,岂非以富邪?

◎**注释** ①〔乌氏(zhī)倮(luǒ)〕乌氏,古县名,在今甘肃平凉。倮,人名。②〔绘物〕指纺织品。③〔间〕暗地里。④〔朝请〕诸侯春季朝见君主叫"朝",秋季朝见叫"请"。⑤〔丹穴〕出产朱砂的矿穴。⑥〔訾(zī)〕估量,计量。⑦〔鄙人〕边邑地区的人。
◎**大意** 乌氏倮经营畜牧业,等到牲畜众多之时,全部卖光,买珍奇的纺织品,暗中送给戎王。戎王以十倍价值的牲畜补偿给他,牲畜多得要用谷来计量马牛。秦始皇命令乌氏倮比照封君的身份,按时与众大臣朝见。巴郡的寡妇清,她祖先得到丹砂矿,几代人独享其利,家产不计其数。清是个寡妇,能守住家业,用财产自卫,不被侵犯。秦始皇认为她是有贞节的妇女而以宾客的礼节招待她,为她修筑了一座女怀清台。乌氏倮只不过是个边远地方的畜牧主,清只不过是个穷乡僻壤的寡妇,他们却能受到天子的礼遇,名扬天下,难道不是因为富有吗?

汉兴,海内为一,开关梁,弛①山泽之禁,是以富商大贾周流天下，交易之物莫不通，得其所欲，而徙豪杰诸侯强族于京师。

◎**注释** ①〔弛〕松弛，放松。
◎**大意** 汉朝兴起，海内统一，开放水陆交通要道，放松开采山泽资源的禁令，所以富商大贾走遍天下，交易的货物到处流通，他们的欲望得到满足，然后汉朝又把豪杰、诸侯、望族迁到京城。

关中自汧、雍以东至河、华，膏壤沃野千里，自虞夏之贡以为上田，而公刘适邠（豳），大王、王季在岐，文王作丰，武王治镐，故其民犹有先王之遗风，好稼穑①，殖五谷，地重②，重为邪③。及秦文、德、缪居雍，隙陇蜀④之货物而多贾。献公徙栎邑，栎邑北却戎翟（狄），东通三晋，亦多大贾。孝、昭治咸阳，因以汉都，长安诸陵，四方辐凑并至而会，地小人众，故其民益玩巧而事末也。南则巴蜀。巴蜀亦沃野，地饶卮⑤、姜、丹沙、石、铜、铁、竹、木之器。南御滇僰，僰僮。西近邛笮，笮马、旄牛。然四塞，栈道⑥千里，无所不通，唯襃斜绾毂⑦其口，以所多易所鲜。天水、陇西、北地、上郡与关中同俗，然西有羌中之利，北有戎翟（狄）之畜，畜牧为天下饶。然地亦穷险，唯京师要⑧其道。故关中之地，于天下三分之一，而人众不过什三；然量其富，什居其六。

◎**注释** ①〔稼穑〕播种曰稼，收获曰穑，后泛指农业劳动。②〔地重〕看重土地。③〔重为邪〕不敢作恶。重，看重，不轻易。④〔隙陇蜀〕指地处陇蜀两地货物流通的孔道。⑤〔卮（zhī）〕一种野生植物，花红紫色，可用以提制胭脂。⑥〔栈道〕在峭崖陡壁上凿孔，然后架木铺板连成的道路。⑦〔襃斜（yé）绾毂（wǎn gǔ）〕襃斜，古道路名，因取道襃水、斜水两河谷而得名。绾毂，指控扼道口。⑧〔要（yāo）〕约束，控制。

◎ **大意**　关中从汧县、雍县以东到黄河、华山，土地富饶沃野千里，自虞、夏以来就把这里当作缴纳赋税的上等田计算。而公刘迁到豳地，大王、王季迁居岐山，文王修建丰京，武王营制镐京，所以那里的百姓还存有先王的遗风，喜好农事，耕种五谷，重视土地，不敢作恶。等到秦文公、秦德公、秦穆公都定都雍邑，地处陇蜀货物交流的中心并且商贾很多。秦献公迁徙到栎邑，栎邑北接戎狄，东通韩、赵、魏三国，也多大商贾。秦孝公、秦昭王治理咸阳，汉朝以此为都，加上长安附近皇帝陵墓所在的县，四方之人像辐条聚于车轴一样汇聚而至，地小人多，所以百姓渐渐喜欢玩弄奇巧而从事工商业。南侧是巴蜀。巴蜀也是沃野，土地富饶，盛产卮、生姜、丹砂、矿石、铜、铁和竹木器具。巴蜀南接滇、僰，僰出僮仆。西面与邛、笮相邻，笮出产马和旄牛。然而巴蜀四面高山堵塞，有数千里的栈道，无所不通，只有褒斜道是控扼巴蜀通往关中的道路，巴蜀人常在这条路上用多余的东西交换缺少的东西。天水、陇西、北地、上郡与关中风俗相同，但是西有羌中的便利，北有戎狄的牲畜，畜牧业富饶于天下。但是地势也偏远险恶，只有京师长安控制其出入要道。所以关中的土地，大小只有天下的三分之一，而人口也不过十分之三，但是估量其财富，却占十分之六。

昔唐人都河东①，殷人都河内②，周人都河南③。夫三河在天下之中，若鼎足，王者所更居也，建国各数百千岁，土地小狭，民人众，都国诸侯所聚会，故其俗纤俭习事④。杨⑤、平阳⑥陈西贾秦、翟（狄），北贾种、代⑦。种、代，石⑧北也，地边胡，数被寇。人民矜懻忮⑨，好气，任侠为奸，不事农商。然迫近北夷，师旅亟往，中国委输⑩时有奇羡⑪。其民羯羠不均⑫，自全晋之时固已患其僄悍⑬，而武灵王益厉之，其谣俗犹有赵之风也。故杨、平阳陈掾⑭其间，得所欲。温、轵西贾上党，北贾赵、中山。中山地薄人众，犹有沙丘纣淫地余民，民俗懁急⑮，仰机利⑯而食。丈夫相聚游戏，悲歌忼慨，起则相随椎剽⑰，休则掘冢作巧奸冶⑱，多美物，为倡优。女子则鼓鸣瑟，跕屣⑲，游媚贵富，入后宫，遍诸侯。

◎**注释** ①〔河东〕郡名，今山西夏县北。②〔河内〕郡名，今河南焦作一带。③〔河南〕郡名，今河南洛阳一带。④〔纤俭习事〕纤俭，吝啬节俭。习事，指善于经营。⑤〔杨〕县名，属河东郡，今山西洪洞东南。⑥〔平阳〕县名，属河南郡，与杨县相邻。⑦〔种、代〕种，今河北西北部地区。代，今山西北部地区。⑧〔石〕指常山郡石邑县，今河北石家庄。⑨〔懻忮（jì zhì）〕强直刚愎。⑩〔委输〕运送货物。⑪〔奇（jī）羡〕盈余、积存的货物。⑫〔羯羠（jié yí）不均〕羯羠，本指阉过的羊，阉羊体健，此处用以表示健壮强悍。均，端正，平和。⑬〔僄（piào）悍〕轻捷勇猛。⑭〔陈掾（yuàn）〕经营。⑮〔懁（xuān）急〕性情急躁。⑯〔机利〕以智巧谋利。⑰〔椎剽〕以椎杀人，抢劫财物。⑱〔奸冶〕指盗铸货币。⑲〔跕屣（tiē xǐ）〕谓走路用足尖轻轻着地。

◎**大意** 从前，陶唐氏定都于河东，殷商人定都于河内，东周人定都于河南。三河地区处在天下中部，像大鼎的三足，帝王更替居住于此，所建立的王朝有数百年以至上千年，这里土地狭小，人口众多，都城、诸侯国聚集于此，所以这里风俗节俭，善于经营。杨、平阳两邑居民向西可与秦、狄通商，向北可与种、代通商。种、代在石邑以北，其地毗邻匈奴，多次被匈奴抢掠。当地百姓骄慢强直、任性斗气、任侠为奸，不从事农业和商业。但是靠近北方夷族，军队经常往来，从中原运去的物资常有剩余。这里的百姓桀骜不驯，在晋国全盛时期就民风剽悍，而赵武灵王使剽悍之风更加厉害，当地民俗至今还有赵国的遗风。所以杨、平阳居民经营其间，得其所欲。温、轵两地的人，向西与上党通商，向北与赵、中山通商。中山土地稀少而人口众多，当年纣王在此处建沙丘台以供淫乐，至今其遗民仍在，民俗暴躁，依仗投机取巧过日子。男人相聚游戏、慷慨歌唱。白天干些互相追随杀人越货的事，晚上则干些盗墓、造假、私铸钱币的事，拥有许多玩物，多为倡优。女人则弹琴鼓瑟，跕脚蹑足，游走献媚于富贵之家，或是进入后宫，遍及诸侯之家。

然邯郸亦漳、河之间一都会也。北通燕、涿，南有郑、卫。郑、卫俗与赵相类，然近梁、鲁，微重而矜节①。濮上之邑徙野王，野王好气任侠，卫之风也。

◎**注释**　①〔微重而矜节〕重，厚重朴实。矜节，重操守。
◎**大意**　而邯郸也是漳水、黄河之间的一个都市。北面通往燕国、涿县，南面是郑国、卫国。郑国、卫国的风俗与赵国类似，但是靠近大梁和鲁国，所以百姓稍微庄重而有节操。卫国国都从濮阳迁到野王，野王的人好气节、行侠义，这是卫国的风俗。

夫燕亦勃、碣①之间一都会也。南通齐、赵，东北边胡。上谷至辽东②，地踔远③，人民希（稀），数被寇，大与赵、代俗相类，而民雕捍（悍）少虑，有鱼盐枣栗之饶。北邻乌桓、夫余，东绾④秽貉、朝鲜、真番之利。

◎**注释**　①〔勃、碣〕勃，"渤"的本字，指渤海。碣，指碣石山。②〔上谷至辽东〕上谷，郡名，今河北怀来。辽东，郡名，今辽宁辽阳。③〔踔（zhuō）远〕辽远。④〔绾〕约束，控制。
◎**大意**　燕都蓟也是渤海与碣石山之间的一个都市。南面通往齐国、赵国，东北毗邻匈奴。从上谷到辽东，地方遥远，人口稀少，常被侵犯，大概与赵国、代国的风俗类似，而人民像雕一样强悍，做事少有顾虑，这里盛产鱼、盐、枣、栗。北面与乌桓、夫余相邻，东面处于控制秽貉、朝鲜、真番的有利地位。

雒阳东贾齐、鲁，南贾梁、楚。故泰山之阳则鲁，其阴则齐。

◎**大意**　雒阳向东可与齐国、鲁国通商，向南可与梁国、楚国通商。泰山的南面是鲁国，它的北面是齐国。

齐带山海，膏壤千里，宜桑麻，人民多文采布帛鱼盐。临菑①亦海岱之间一都会也。其俗宽缓阔达，而足智，好议论，地重，难动摇，怯于众斗，勇于持刺，故多劫人者，大国之风也。其中具五民②。

◎**注释** ①〔临菑〕亦作"临淄"，战国时齐国都城，在今山东淄博。②〔五民〕一说指士、农、商、工、贾。一说指东、南、西、北、中五方之民。
◎**大意** 齐国被山海围绕，土地肥沃至千里，适宜种植桑麻，人民拥有许多彩绸、麻布、丝织品、鱼、盐。临菑也是东海、泰山之间的一个都市，那里的民俗宽容豁达，百姓足智多谋，爱好辩论，重视土地，不轻易迁徙，害怕聚众武斗，勇于暗中行刺，所以常有劫持人的事，这是大国的风尚。城中五民俱全。

而邹、鲁滨洙、泗，犹有周公遗风，俗好儒，备于礼，故其民龊龊①。颇有桑麻之业，无林泽之饶。地小人众，俭啬，畏罪远邪。及其衰，好贾趋利，甚于周人。

◎**注释** ①〔龊龊〕谨小慎微的样子。
◎**大意** 而邹国、鲁国滨临洙水、泗水，仍然保留着周公的遗风，俗好儒学，讲究礼节，所以百姓小心谨慎。出产的桑麻很多，林泽资源却稀有。这里地小人多，民风节俭吝啬，害怕犯罪，远离邪恶。等到衰败时，这里的人好经商谋利，比周人还厉害。

夫自鸿沟①以东，芒、砀②以北，属③巨野，此梁、宋也。陶、睢阳④亦一都会也。昔尧作游成阳⑤，舜渔于雷泽⑥，汤止于亳⑦。其俗犹有先王遗风，重厚多君子，好稼穑，虽无山川之饶，能恶衣食⑧，致其蓄藏。

◎**注释** ①〔鸿沟〕古代的一条运河，一端在荥阳（今河南荥阳）北通黄河，一端在项县（今河南沈丘）。②〔芒、砀（dàng）〕皆山名，在今河南永城东北。③〔属〕连接，接近。④〔睢阳〕古都邑名，今河南商丘。⑤〔成阳〕古邑名，在今山东菏泽。⑥〔雷泽〕古湖泊名，即雷夏泽，在成阳西。⑦〔亳（bó）〕古都邑名，今河南商丘东南。⑧〔恶衣食〕指节衣缩食。

◎**大意** 自鸿沟以东，芒、砀以北，直到巨野，这一带是梁国、宋国。定陶、睢阳也是都城。昔日尧兴起于成阳，舜捕鱼于雷泽，汤定都于亳邑。这里的民俗还有这些先王的遗风，宽厚庄重，多有君子，喜爱耕种，虽无富饶的山川，却能节衣缩食，积蓄财物。

越、楚则有三俗。夫自淮北沛①、陈②、汝南③、南郡④，此西楚也。其俗剽轻，易发怒，地薄，寡于积聚。江陵故郢都，西通巫⑤、巴⑥，东有云梦⑦之饶。陈在楚夏之交，通鱼盐之货，其民多贾。徐⑧、僮⑨、取虑⑩，则清刻⑪，矜己诺。

◎**注释** ①〔沛〕郡名，今安徽濉溪。②〔陈〕秦郡名，汉改称淮阳，其中心地区在今河南周口一带。③〔汝南〕郡名，今河南上蔡。④〔南郡〕郡名，今湖北荆州。⑤〔巫〕县名，今四川巫山。⑥〔巴〕指巴郡，辖今天重庆和四川部分区域。⑦〔云梦〕古泽薮名，为大片湖泊沼泽地的总称。⑧〔徐〕县名，今江苏泗洪南。⑨〔僮〕县名，今江苏泗洪西北。⑩〔取虑〕县名，今江苏睢宁。⑪〔清刻〕清廉而苛刻。

◎**大意** 越、楚一带有三种民俗。从淮水以北，沛、陈、汝南、南郡一带，这是西楚。那里的民俗剽悍轻率，容易发怒，土地贫瘠，积蓄很少。江陵是从前楚国的郢都，西边通往巫、巴等地，东边有富饶的云梦泽。陈在楚与夏的交接处，流通鱼盐等货物，那里的人多经商。徐、僮、取虑之地，则民俗清廉苛刻，信守诺言。

彭城①以东，东海②、吴③、广陵④，此东楚也。其俗类徐、僮。朐⑤、缯⑥以北，俗则齐。浙江南则越。夫吴自阖庐、春申、王濞三人招致天下之喜游子弟，东有海盐之饶，章山之铜，三江、五湖之利，亦江东一都会也。

◎**注释** ①〔彭城〕县名，在今江苏徐州。②〔东海〕郡名，治所在今山东郯城北。③〔吴〕指今江苏南部及浙江钱塘江以北太湖流域一带。④〔广陵〕地名，今江苏扬州。⑤〔朐（qú）〕县名，今江苏连云港。⑥〔缯〕县名，属东海郡，今山东枣庄。

◎**大意** 彭城以东，东海、吴、广陵一带，这是东楚。那里的民俗类似于徐、僮地区。朐、缯以北，民俗则类似于齐国。浙江以南，民俗则类似于越。吴王阖庐、楚国春申君、汉吴王刘濞三人先后在吴地招致天下喜好游说的士人，这里东有富饶的海盐，章山的铜矿，三江、五湖的资源，也是江东的一个都市。

衡山①、九江②、江南③、豫章④、长沙，是南楚也，其俗大类西楚。郢⑤之后徙寿春，亦一都会也。而合肥受南北潮⑥，皮革、鲍、木输会也。与闽中⑦、于越杂俗，故南楚好辞，巧说少信。江南卑湿，丈夫早夭。多竹木。豫章出黄金，长沙出连、锡，然堇（仅）堇（仅）物之所有，取之不足以更费。九疑⑧、苍梧⑨以南至儋耳⑩者，与江南大同俗，而杨越多焉。番禺⑪亦其一都会也，珠玑、犀、玳瑁、果、布之凑。

◎**注释** ①〔衡山〕郡名，今湖北黄冈。②〔九江〕郡名，今安徽寿县。③〔江南〕狭义是指江南郡或鄣郡（武帝时更名为丹阳郡），广义则指江、淮以南广大地区。④〔豫章〕郡名，今江西南昌。⑤〔郢〕楚国的都城，今湖北江陵。⑥〔合肥受南北潮〕指合肥南有长江，北有淮河。⑦〔闽中〕郡名，今福建福州。⑧〔九疑〕山名，在今湖南宁远。⑨〔苍梧〕郡名，今广西梧州。⑩〔儋耳〕郡名，今海南儋州。⑪〔番（pān）禺〕县名，在今广东广州。

◎**大意** 衡山、九江、江南、豫章、长沙一带，这是南楚。这里的民俗大致类似于西楚。楚失郢都以后迁至寿春，寿春也是一个都城。而合肥南有长江，北有淮河，皮革、鲍鱼、木材会聚于此。与闽中、于越的风俗相杂，所以南楚民俗喜好言辞，花言巧语而很少讲信用。江南低湿，男人死得早。竹子、木料多。豫章出产黄金，长沙出产铅、锡，但是储量少，不足以开采而且开采成本高。九疑、苍梧以南直到儋耳，与江南大致上同俗，混杂许多杨越风俗。番禺也是这里的一个都市，是珠玑、犀、玳瑁、果子、葛布的集散地。

颖川①、南阳②，夏人之居也。夏人政尚忠朴，犹有先王之遗风。颖川敦愿③。秦末世，迁不轨之民于南阳。南阳西通武关④、郧关⑤，东南受汉、江、淮。宛⑥亦一都会也。俗杂，好事业，多贾。其任侠，交通颖川，故至今谓之"夏人"。

◎**注释** ①〔颖川〕郡名，在今河南禹州。②〔南阳〕郡名，今河南南阳。③〔敦愿〕忠厚淳朴，心地善良。④〔武关〕古关隘名，位于今陕西丹凤东武关河的北岸。⑤〔郧（yún）关〕古关隘名，故址在今湖北郧阳。⑥〔宛〕县名，在今河南南阳。

◎**大意** 颖川、南阳，是夏人居住的地方。夏人理政崇尚忠厚朴实，仍然保留着先王的遗风。颖川人敦厚老实。秦朝末年，把一批不轨之民迁徙到南阳。南阳西方通往武关、郧关，东南面临汉江、长江、淮水。宛也是一个都市。这里民俗混杂，人们好经营事业，多经商。以侠义为己任，与颖川相通，所以这里的人至今还被称为"夏人"。

夫天下物所鲜所多，人民谣俗，山东食海盐，山西食盐卤，领（岭）南、沙北固往往出盐，大体如此矣。

◎**大意** 天下的货物有出产多的，也有出产少的，民俗也有差别，山东人吃海盐，山西人吃池盐，五岭以南、沙漠以北本来也有许多地方产盐，大体上就是这样的情况。

总之，楚越之地，地广人希（稀），饭稻羹鱼，或火耕而水耨，果隋（蓏）蠃（螺）蛤①，不待贾而足，地势饶食，无饥馑之患，以故呰窳②偷生，无积聚而多贫。是故江淮以南，无冻饿之人，亦无千金之家。沂、泗水以北，宜五谷桑麻六畜，地小人众，数被水旱之害，民好畜藏，故秦、夏、梁、鲁好农而重民。三河、宛、陈亦然，加以商贾。齐、赵设智巧，仰机利。燕、代田畜而事蚕。

◎**注释** ①〔果隋（luǒ）蠃（luó）蛤（gé）〕果，指木本植物的果实。隋，通"蓏"，指瓜类及其他草本植物的果实。蠃，通"螺"。蛤，一种有介壳的软体动物。②〔呰窳（zǐ yǔ）〕懒惰，苟且度日。

◎**大意** 总之，楚越一带，地广人稀，吃米饭和鱼，刀耕火种，用水除草。瓜果、田螺、蛤蜊，不用买就足够吃了，地势有利，食物丰足，没有饥馑之患，人民因此苟且懒惰，没有积蓄而多贫困。所以江、淮以南，既没有受冻挨饿的人家，也没有千金家产的富户。沂水、泗水以北，适宜种植五谷、桑麻，蓄养六畜，地少人多，屡遭水旱灾害，百姓好积蓄贮藏，所以秦、夏、梁、鲁等地的人喜好农业生产并重视农民。三河、宛、陈等地也是这样，同时还经营商业。齐、赵等地的人玩弄智巧，靠投机谋利。燕、代等地的人种田、畜牧和养蚕。

由此观之，贤人深谋于廊庙①，论议朝廷，守信死节隐居岩穴之士设为名高者安归乎？归于富厚也。是以廉吏久，久更富，廉贾归富。富者，人之情性，所不学而俱欲者也。故壮士在军，攻城先登，陷阵却敌，斩将搴旗，前蒙矢石，不避汤火之难者，为重赏使也。其在闾巷少年，攻剽椎埋②，劫人作奸，掘冢铸币，任侠并兼，借交报仇③，篡（窜）逐④幽隐，不避法禁，走死地如鹜⑤者，其实皆为财用耳。今夫赵女郑姬，设形容，揳⑥鸣琴，揄⑦长袂，蹑利屣⑧，目挑心招，出不远千里，不择老少者，奔富厚也。游闲公子，饰冠剑，连车骑，亦为富贵容也。弋射渔猎，犯晨夜，冒霜雪，驰坑谷，不避猛兽之害，为得味也。博戏驰逐，斗鸡走狗，作色相矜，必争胜者，重失负也。医方诸食技术之人，焦神极能，为重糈⑨也。吏士舞文弄法，刻章伪书，不避刀锯之诛⑩者，没于赂遗也。农工商贾畜长，固求富益货也。此有知（智）尽能索⑪耳，终不余力而让财矣。

◎**注释** ①〔廊庙〕廊指殿堂四周的廊，庙指太庙，两地都是古代帝王和大臣议政的地方，后为朝廷的代称。②〔椎埋〕以椎杀人，然后埋掉灭迹。③〔借交报仇〕以身许友，不惜性命替朋友报仇。④〔篡逐〕指做了犯法的事以后逃窜躲藏。篡，通"窜"。⑤〔鹜（wù）〕马跑。⑥〔揳（jiá）〕弹奏。⑦〔揄（yú）〕挥扬。⑧〔蹑利屣（xǐ）〕蹑，穿。利屣，舞鞋。⑨〔重糈（xǔ）〕优厚的报酬。⑩〔刀锯之诛〕指重刑。⑪〔索〕竭尽。

◎**大意** 由此看来，贤能的人在朝廷出谋划策，议论争辩，守信尽节的隐居山穴之士自命清高是为什么呢？是为了财富。所以清廉的官吏任职时间长，任职时间长了就更富有，廉价卖货的商人最终还是富有。求富，是人之常情，不用学而都想追求的东西。所以勇士在军中，攻城时奋勇争先，冲锋陷阵击退敌军，斩将夺旗，冒着箭射石击，赴汤蹈火，不避危险，都是为重赏所驱使。住在街巷里的少年，攻击剽夺，杀人埋尸，抢劫财富，盗掘坟墓，私铸钱币，恣意妄为，兼并霸占，不惜性命为朋友报仇，暗中追逐掠夺，不避法律禁令，如马飞驰般奔向死亡，其实都是为了财富与利益。现今赵、郑地方的年轻女子，收拾打扮，弹琴鼓瑟，舞动长袖，轻歌曼舞，眼神挑逗，用心招引，外出献艺，不远万里，不择老少的原因，是奔向富财厚利。游手好闲的公子哥，用珠玉装饰帽子宝剑，把车骑连成队列，也是为了炫耀富贵之容。猎人渔夫，不顾早晚，冒着霜雪，奔向深谷，不避猛兽的危害，为的是得到野味。赌博角逐，斗鸡走狗，拌嘴争论，面红耳赤，非要争胜的原因，是看重输赢，怕输钱。医生、方士和各种靠手艺吃饭的人，费尽心思，用尽技能，为的是得到丰厚的报酬。官吏士人舞文弄法，私刻公章，伪造文书，不怕重刑的原因，是沉溺于收取贿赂和馈赠。农民、工匠、商人、牧人从事劳动的目的，本来就是追求富有，增加货物。如此绞尽脑汁，竭尽所能，谁也不会留着劲头不用，谁也不想把钱财让给别人。

谚曰："百里不贩樵，千里不贩籴①。"居之一岁，种之以谷；十岁，树之以木；百岁，来之以德。德者，人物之谓也。今有无秩禄之奉，爵邑之入，而乐与之比者。命曰"素封②"。封者食租税，岁率户二百。千户之君则二十万，朝觐聘享③出其中。庶民农工商贾，率亦岁万息二千，百万之家则二十万，而更徭租赋出其中。衣食之欲，恣所好美矣。故曰陆地牧马二百蹄④，牛蹄角千⑤，千足羊⑥，泽中千足彘，水居千石鱼陂，山居千章之材。安邑千树枣；燕、秦千树栗；蜀、汉、江陵千树橘；淮北、常山已（以）南，河济之间千树萩（楸）；陈、夏千亩漆；齐、鲁千亩桑麻；渭川千亩竹；及名国万家之城，带郭千亩亩钟之田⑦，若千亩卮茜，千畦姜韭：此其人皆与千户侯等。然是富给之资也，不窥市井，不行异邑，坐而待收，身有处士⑧之义而取给焉。若至家贫亲老，妻子软弱，岁时无以祭祀进醵⑨，饮食被服不足以自通，如此不惭耻，则无所比矣。是以无财作力，少有斗智，既饶争时⑩，此其大经也。今治生不待危身取给，则贤人勉焉。是故本富⑪为上，末富⑫次之，奸富⑬最下。无岩处奇士之行，而长贫贱，好语仁义，亦足羞也。

◎**注释** ①〔籴（dí）〕买入谷物。②〔素封〕指无官爵封邑之空名而有其实利。③〔朝觐聘享〕古时诸侯定期朝见天子，春朝为"朝"，秋朝为"觐"。诸侯国之间的礼节性访问为"聘",招待来访者的宴会为"享"。④〔马二百蹄〕五十匹马。四蹄为一匹马。⑤〔牛蹄角千〕一百六十多头牛。因一头牛有四蹄二角,故蹄角六为一头牛。⑥〔千足羊〕二百五十只羊。四足为一只羊。⑦〔带郭千亩亩钟之田〕带郭,指城市郊区。带,围绕。郭,外城。亩钟之田,亩产一钟的良田。钟,古代计量单位。⑧〔处士〕不外出做官的士人。⑨〔醵(jù)〕乡里亲友凑钱聚饮。⑩〔争时〕争时逐利。⑪〔本富〕指务农致富。⑫〔末富〕指从事工商业致富。⑬〔奸富〕指以不正当手段致富。

◎**大意** 谚语说:"百里之外不卖柴,千里之外不卖粮。"住一年,种五谷;住十年,植树木;住百年,要积德行德。所谓德,说的是有道德的人。现在有些人,没有官职俸禄,没有爵位封地,而生活欢乐富有,可以与有官爵的人相比,被称作"素封"。封就是靠租税吃饭,每年每户为二百钱。有千户封地的人,则每年收入二十万钱,朝见天子、礼聘诸侯、招待来访者的费用都从中支出。百姓、农民、工匠、商人,大致上有万钱成本的每户每年收入利息二千钱,有百万资本的家庭则可得二十万钱,而雇人代役、租赋等费用都从中开支。吃穿皆能随心而欲。所以说,在陆地养马五十匹,养牛一百六十多头,养羊二百五十只,养猪二百五十头,水中养年产千石的鱼,山中有千棵成材的树木。安邑有千棵枣树;燕、秦之地有千棵栗树;蜀、汉、江陵一带有千棵橘树;淮北、常山以南和黄河济水之间有千棵楸树;陈、夏之地有千亩漆树;齐、鲁之地有千亩桑麻;渭川有千亩竹林;到居民万户的大国之城,郊外有千亩亩产一钟的良田,千亩卮草茜草,千畦生姜韭菜:这样的人家都与拥有千户封邑的公侯收入等同。然而拥有这样富足的资本,不用上街交易,不用去往外地,坐在家里等待收入,身有处士的名声而收入丰厚。至于那些家庭贫穷、父母年迈、妻子儿女瘦弱的人家,逢年过节无法祭祀聚餐,饮食被服不足以自我满足,如此还不知道羞愧,那就没有什么可比拟了。所以没有钱财要靠苦力挣钱,财产不多要用智力赚钱,财力雄厚则靠争时逐利发财,这是常理。现在谋求生计不用危害生命就能获取财富,那么贤人也会为之努力。所以靠农业致富为上,靠工商业致富为次,靠作奸犯科投机倒把致富为下。如果没有隐居山野的奇士品行,而长期处于贫贱之境,又好谈论仁义,也是够羞耻了。

凡编户之民，富相什①则卑下之，伯则畏惮之，千则役，万则仆，物之理也。夫用贫求富，农不如工，工不如商，刺绣文不如倚市门②，此言末业贫者之资也。通邑大都，酤一岁千酿③，醯酱④千瓨（缸），浆千甔⑤，屠牛羊彘千皮，贩谷粜千钟，薪稿千车，船长千丈，木千章，竹竿万个，其轺车⑥百乘，牛车千两（辆），木器髹⑦者千枚，铜器千钧，素木铁器若卮茜千石，马蹄躈千⑧，牛千足，羊彘千双，僮手指千⑨，筋角丹沙千斤，其帛絮细布千钧，文采千匹，榻布皮革千石，漆千斗，糵麹盐豉千荅⑩，鲐鮆⑪千斤，鲰⑫千石，鲍⑬千钧，枣栗千石者三之，狐鼦（貂）裘千皮，羔羊裘千石，旃席千具，佗（他）果菜千钟，子贷金钱千贯，节驵会⑭，贪贾三之⑮，廉贾五之，此亦比千乘之家，其大率也。佗（他）杂业不中什二，则非吾财也。

◎**注释** ①〔相什〕相差十倍。②〔倚市门〕指妓女倚门卖笑。③〔酤一岁千酿〕酤，酒。千酿，指酿酒千瓮。④〔醯（xī）酱〕醋。⑤〔浆千甔（dān）〕浆，淡酒。甔，一种口小腹大的陶制容器。⑥〔轺（yáo）车〕一马驾行的轻便马车。⑦〔髹（xiū）〕上漆。⑧〔马蹄躈（qiào）千〕指二百匹马。躈，口。马有四蹄一躈，故蹄躈五为一匹马。⑨〔僮手指千〕指奴仆百人。⑩〔糵麹（niè qū）盐豉（chǐ）千荅（dá）〕糵麹，酿酒或制酱时用的起发酵作用的块状物，即酒曲。盐豉，豆豉，古代用作调味品。荅，或作"台"，通"瓵（yí）"，一种瓦器。⑪〔鲐鮆（tái jì）〕鲐，一种海鱼。鮆，刀鱼。⑫〔鲰（zōu）〕小杂鱼。⑬〔鲍〕盐渍鱼。⑭〔驵会（zǎng kuài）〕市场经纪人，操纵交易的居间人。⑮〔三之〕三分之一。

◎**大意** 凡是编在户籍上的百姓，财富与别人相差十倍则屈服于人家，差百倍就害怕人家，差千倍就被人役使，差万倍则为奴仆，这是事情的常理。要想以贫穷求得富有，务农不如做工，做工不如行商，刺绣不如倚门卖笑，这是说从事商业是穷人变富的手段。在交通发达的大都市里，每年酿酒一千瓮，酱醋一千缸，淡酒一千坛，屠杀一千头牛、羊、猪，贩卖一千钟谷物，柴火一千车，船只累计长一千丈，木材一千株，竹竿一万根，马车一百辆，牛车一千辆，漆木器具一千枚,铜器总重一千钧,未漆木器、铁器与卮草、茜草一千石,马二百匹,牛二百五十头,羊、猪两千只,奴仆一百人,筋角、丹砂一千斤,丝绵细布一千钧,彩色丝织品一千匹,粗布、皮革一千石,漆一千斗,酒曲豆豉一千罐,鲐鱼刀鱼一千斤,小杂鱼一千石,盐渍鱼一千钧,枣栗三千石,狐貂皮衣一千件,羔羊皮衣一千石,毛毡毯子一千条,其他水果蔬菜一千钟,放贷取息的本钱一千贯,减去市场经纪人的佣金,贪心的商人获利三分之一,廉价买进的商人获利五分之一,这些收入也可比得上千乘之家,这是大概情况。其他杂业利润不到十分之二,就不是好的致富行业。

请略道当世千里之中,贤人所以富者,令后世得以观择焉。

◎**大意** 请让我简单说说当世千里之内,贤人用来致富的办法,让后世之人得以阅览选择。

蜀卓氏之先,赵人也,用铁冶富。秦破赵,迁卓氏。卓氏见虏略①,独夫妻推辇,行诣迁处。诸迁虏少有余财,争与吏,求近处,处葭萌②。唯卓氏曰:"此地狭薄。吾闻汶山之下,沃野,下有蹲鸱③,至死不饥。民工于市,易贾。"乃求远迁。致之临邛④,大喜,即铁山鼓铸⑤,运筹策,倾滇蜀之民,富至僮千人。田池射猎之乐,拟于人君。

◎**注释** ①〔见虏略〕被掳掠。②〔葭萌〕县名,今四川广元西南。③〔蹲鸱〕一种大芋,可充粮食。④〔临邛〕今四川邛崃。⑤〔鼓铸〕鼓风扇火,冶炼金属、铸造钱币或器物。

◎**大意** 蜀地卓氏的祖先,是赵国人,通过冶铁致富。秦国攻破赵国后,迁徙卓氏。卓氏被掳掠,只有夫妻二人推着小车,到所迁之地去。诸多被迁徙的赵国人，稍有一点余财，争相送给官吏，以求安排得近一点，住在葭萌一带。只有卓氏说："这地方狭小贫瘠。我听说汶山下面，是肥沃的原野，地下长着山芋，人到死也不会挨饿。百姓善于交易，容易做买卖。"就请求迁到远处。他被送到临邛，非常高兴，在有铁矿的山上鼓风冶铸，运筹策划，财富压倒滇蜀居民，富至家有僮仆千人，所享受的田池射猎之乐，可以与帝王相比。

程郑，山东迁虏也，亦冶铸，贾椎髻之民①，富埒卓氏，俱居临邛。

◎**注释** ①〔椎髻之民〕指当地的少数民族。椎髻，椎状的发髻，指当时少数民族的发式。
◎**大意** 程郑，是从山东迁移的俘虏，也以冶炼铸造为业，把产品卖给当地的少数民族，他的财富与卓氏相当，他们都居住在临邛。

宛孔氏之先，梁人也，用铁冶为业。秦伐魏，迁孔氏南阳。大鼓铸，规陂池，连车骑，游诸侯，因通商贾之利，有游闲公子之赐与①名。然其赢得过当，愈于纤啬，家致富数千金，故南阳行贾尽法孔氏之雍容。

◎**注释** ①〔赐与〕以财物赠人。
◎**大意** 宛县孔氏的祖先，是魏国大梁人，以冶铁为业。秦国攻伐魏国，把孔氏迁到南阳。他大规模冶铁，规划池塘养鱼，排列车骑，结交诸侯，以打通经商的渠道，取得了游闲公子乐善好施的名声。但他所得赢利超过交游的花费，反而胜过那些吝啬的商人，家中的财产多达数千金，所以南阳人经商都效法孔氏雍容大方的手段。

鲁人俗俭啬，而曹邴氏尤甚，以铁冶起，富至巨万。然家自父兄子孙约，俯有拾，仰有取，贳贷①行贾遍郡国。邹、鲁以其故多去文学②而趋利者，以曹邴氏也。

◎**注释** ①〔贳（shì）贷〕借贷。②〔文学〕文献经典之学。
◎**大意** 鲁地民俗节俭吝啬，而曹邴氏尤其如此，以冶铁起家，财富过亿。但是他在家中与父兄子孙相约：俯身看到地面遗弃的东西要有所拾，抬头看到应该收取的物品要有所取，其家族借贷贸易关系遍布郡国。邹、鲁之人因此多抛弃学术而追逐财利，这是受曹邴氏的影响。

齐俗贱奴虏，而刀①间独爱贵之。桀黠②奴，人之所患也，唯刀间收取，使之逐渔盐商贾之利，或连车骑，交守相，然愈益任之。终得其力，起富数千万。故曰"宁爵毋刀"，言其能使豪奴自饶而尽其力。

◎**注释** ①〔刀（diāo）〕姓，后世作"刁"。②〔桀黠〕凶暴狡诈。
◎**大意** 齐地民俗贱视奴仆，而只有刀间喜爱并重视他们。狡黠的奴仆，人们都看作祸患，只有刀间收留他们，让他们去追逐渔、盐、商业上的利益，或让他们连接车马，结交守相，而越来越信任他们。他最终得到这些人的帮助，致富数千万。所以说"宁愿不求取官爵，也不要放弃去刀家为奴"，这是说他能使豪奴富有而尽力为自己卖命。

周人既纤，而师史尤甚，转毂①以百数，贾郡国，无所不至。雒阳街居在齐秦楚赵之中，贫人学事富家，相矜以久贾，数过邑不入门，设任②此等，故师史能致七千万。

◎**注释** ①〔转毂〕指运货的车辆。②〔设任〕设职分任。
◎**大意** 周地之人本就节俭吝啬，而师史尤其如此，他运货的车辆数以百计，在各国行商，无所不至。雒阳道处齐、秦、楚、赵的中间，穷人效法富家，互相夸耀行商时间长，多次经过乡里而不回家，任用这样的人，所以师史能富至七千万。

宣曲^①任氏之先，为督道仓吏。秦之败也，豪杰皆争取金玉，而任氏独窖仓粟。楚汉相距（拒）荥阳也，民不得耕种，米石至万，而豪杰金玉尽归任氏，任氏以此起富。富人争奢侈，而任氏折节^②为俭，力田畜。田畜人争取贱贾，任氏独取贵善。富者数世。然任公家约，非田畜所出弗衣食，公事不毕则身不得饮酒食肉。以此为闾里率，故富而主上重之。

◎**注释** ①〔宣曲〕地名，在长安城外昆明池西。②〔折节〕屈己下人，降低身份。
◎**大意** 宣曲任氏的祖先，是管理督道仓的小吏。秦朝败亡时，豪杰都争夺金银珠玉，唯独任氏窖藏粮食。楚汉相持于荥阳，百姓不能耕种，米价一石达到万钱，而豪杰的金玉珠宝全都转归于任氏，任氏以此致富。富人争相奢侈，而任氏放下架子崇尚节俭，努力耕田畜牧。田地、牲畜，人们都争取买便宜的，唯独任氏都买贵的好的。他家里富裕了好几代。但是按照任公的规定：不是自家耕种蓄养的就不吃不穿，公事不结束就不得饮酒吃肉。就这样他成为闾巷的表率，所以富有而受到国君的敬重。

塞之斥^①也，唯桥姚已致马千匹，牛倍之，羊万头，粟以万钟计。吴楚七国兵起时，长安中列侯封君行从军旅，赍贷子钱^②，子钱家以为侯邑国在关东，关东成败未决，莫肯与。唯无盐氏出捐千金贷，其息什之。三月，吴楚平。一岁之中，则无盐氏之息什倍，用此富埒关中。

◎**注释** ①〔斥〕开拓，开辟。②〔赍（jī）贷子钱〕赍贷，借贷。子钱，出借以求利息的钱。

◎**大意** 边疆开拓之际，只有桥姚已拥有千匹马，牛比马还多一倍，羊有万头，谷物以万钟来计算。吴楚七国起兵的时候，长安城中的列侯封君跟着军队作战，他们要借钱，放债者认为他们的封地都在关东地区，而关东战事胜败未定，没有人愿意借。只有无盐氏拿出一千金放贷，利息为十倍。过了三个月，吴楚之乱被平定。一年之中，无盐氏的利息比本金翻了十倍，由此他的财富可与关中富家相匹敌。

关中富商大贾，大抵尽诸田，田啬、田兰。韦家栗氏，安陵①、杜②杜氏，亦巨万。

◎**注释** ①〔安陵〕县名，在今陕西咸阳东北。②〔杜〕县名，在今陕西西安东南。

◎**大意** 关中的富商大贾，大致上都是姓田的人，如田啬、田兰。韦家的栗氏，安陵、杜县的杜氏，家财也都上亿。

此其章（彰）章（彰）①尤异者也。皆非有爵邑奉（俸）禄弄法犯奸而富，尽椎埋②去就，与时俯仰，获其赢利，以末致财，用本守之，以武一切③，用文④持之，变化有概，故足术也。若至力农畜，工虞商贾，为权利以成富，大者倾郡，中者倾县，下者倾乡里者，不可胜数。

◎**注释** ①〔章章〕通"彰彰"，明白显著的样子。②〔椎埋〕应作"推理"。③〔以武一切〕武，指果敢、强横的手段。一切，权宜，临时。④〔文〕指遵守并依靠法令。

◎**大意** 这些都是显赫的富豪，他们都没有爵位、封邑、俸禄，也非以作奸犯科而致富，都是通过推测事理，正确估量形势，抓住时机，获取利润，凭借经营工商业获取财富，又靠经营农业守住财富，以强力一时获取，又用法令来守护，手段的变化有章可循，所以值得效法。至于尽力于农业、畜牧业、手工业、林业、商业的人，仗财弄权而成为富人，大的富倾一郡，中等的富倾一县，下等的富倾一乡，这种人多得难以计数。

夫纤啬筋力①，治生之正道也，而富者必用奇胜。田农，掘（拙）②业，而秦扬以盖一州。掘冢，奸事也，而田叔以起。博戏，恶业也，而桓发用富。行贾，丈夫贱行也，而雍乐成以饶。贩脂，辱处也，而雍伯千金。卖浆，小业也，而张氏千万。洒削③，薄技也，而郅氏鼎食④。胃脯⑤，简微耳，浊氏连骑。马医，浅方，张里击钟。此皆诚壹⑥之所致。

◎**注释** ①〔纤啬筋力〕纤啬，计较细微，节约。筋力，体力，指能吃苦出力。②〔掘〕通"拙"。愚拙，愚笨。③〔洒削〕洒水打磨刀剑。④〔鼎食〕列鼎而食，这是大贵族的排场。⑤〔胃脯〕以羊肚做成的肉干。⑥〔诚壹〕心志专一。
◎**大意** 勤俭节约，吃苦耐劳，是发财致富的正道，而富人必以奇招制胜。耕田种地，是愚拙的行业，秦扬却以此成了一州的首富。掘墓，是犯法的事，而田叔以此致富。赌博，是恶劣的行当，而桓发靠它致富。挑担贩卖是男子汉不屑的低贱行业，而雍地的乐成靠它致富。贩卖脂粉，是不光彩的事，而雍伯靠它赚得千金。卖薄酒，是小生意，张氏却靠它生财千万。磨刀，是简单的技艺，郅氏却靠它达到列鼎而食的富裕程度。卖熟羊肚，是简单不起眼的生意，浊氏却靠它使家里车马成群。兽医，是浅陋的技术，张里却由此富到如王侯般击钟佐食。这些人都因精诚专一而致富。

由是观之，富无经业①，则货无常主，能者辐凑，不肖者瓦解。千金之家比一都之君，巨万者乃与王者同乐。岂所谓"素封"者邪？非也？

◎ **注释** ①〔经业〕固定的行业。

◎ **大意** 由此看来，致富没有固定的行业，货物也没有固定的主人，有才能的人聚积财富，无才能的人散失财富。千金之家比得上一城之君，亿万富豪可与帝王享受同样的快乐。这难道就是所谓的"素封"吗？难道不是吗？

◎ **释疑解惑**

《太史公自序》中指出作此篇之旨为："布衣匹夫之人，不害于政，不妨百姓，取与以时而息财富，智者有采焉。作《货殖列传》第六十九。"《货殖列传》中也说："略道当世千里之中，贤人所以富者，令后世得以观择焉。"司马迁所指的货殖范围涉猎甚广，包括农、牧、渔、矿山、冶炼以及手工业等多种行业的经营，并且把商业作为人民衣食之源来考察，认为农、工、商、虞四业并重，从而彻底否定了传统的"重农轻商"政策。在《货殖列传》中，司马迁通过介绍这些货殖大家的言论与事迹，指出他们所处的时代与社会经济地位，总结重要经济地区的特产商品、有名的商业城市和商业活动、各地的生产情况以及社会经济发展的特点，展现历代工商业的发展状况，记叙他们的致富之道，由此高度评价商人的正当经营和经商致富行为，肯定了追求物质利益、追求财富是人的本性，也肯定了这种行为是社会发展的动力，并指出经济发展是一个国家强盛的基础。他用经济原因、生产和交换两方面的需要情况来说明社会分工的必然性，并指出社会的发展正是人们为了满足自己的生活欲求而努力经营促成的。这种愿望既出于自然，又符合社会发展的要求，也就是"道"之所在。他希望让私人工商业者自由发展、自由竞争，也总结出了商业活动的若干规律，诸如薄利多销、促进资金周转等，其先进的商业、致富、民生等思想至今犹显伟大。

《货殖列传》用词典雅，精准确切，其中很多的精彩描述成为经典名言，为后世所不断引用，如"天下熙熙，皆为利来；天下壤壤，皆为利往"，"本富为上，末富次之，奸富最下"，"千金之子，不死于市"等。传中人物各具特色，形象生动，以不倡无为、不作奸犯科、能自食其力为原则，融入了司马迁个人的经济思想，是德才兼备的贤者商人代表。篇中叙事行云流水，自然流畅，近二十位商人的事迹顺次记录，有条不紊，内容丰富多样，辞章奇伟雄浑，叙述波澜壮阔，说理鞭辟入里，可谓博大精深，浑然一体。清代恽敬对《货殖列传》在《史记》中的地位和影响做了准确定位和评价："《史记》七十列传各发一义，皆有明于天人古今之数，而十类传为最著。盖三代之后，仕者惟循吏、酷吏、佞幸三途，其余心力异于人者，不归儒林则归游侠，归货殖，天下尽于此矣。其旁出者，为刺客，为滑稽，为日者，为龟策，皆畸零之人。是故货殖者，亦天人古今之大会也。"（《读货殖列传》）此篇可与《平准书》对读。

◎ **思考辨析题**

1. 试分析司马迁的经济思想。
2. 如何理解"千金之子，不死于市"？

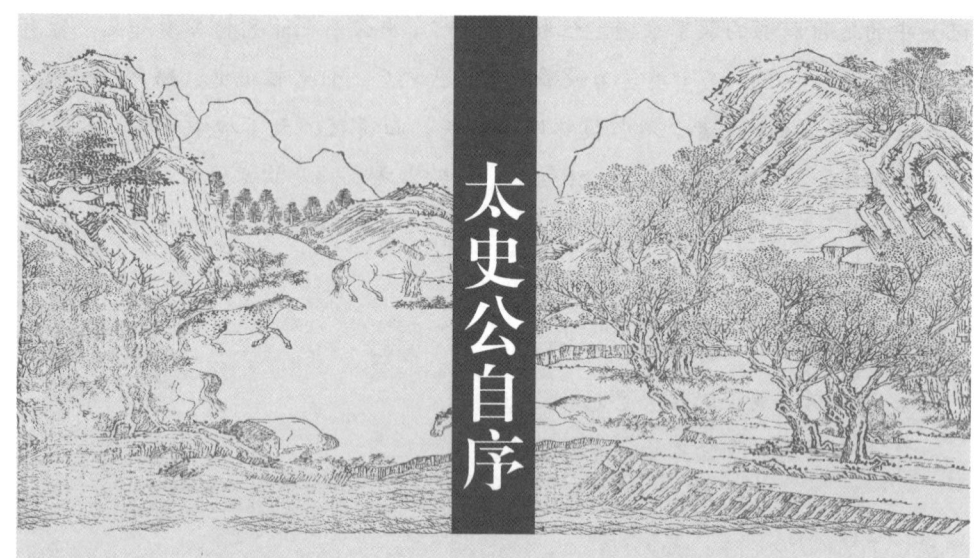

太史公自序

第七十

《太史公自序》既是《史记》一书的总序,讲述了全书的体要,也是七十列传的最后一篇,是司马迁的自传。不仅一部《史记》总括于此,而且司马迁一生本末也备见于此。

全文结构俨然,布局谨严,气势浩茫,意境深远,《史记》全书"体大思精"的特点由此一篇即可看出,所以是研究司马迁与《史记》不可或缺的重要资料。

《自序》首先历述了太史公世家源流。从远古时代的颛顼到司马氏,司马家族掌管过天文、地理、史官与军事等事务,这是令人感到骄傲和光荣的家族世系,对司马迁的知识构成也有重要影响。其中史学是司马氏的家学,司马迁便以继承史官传统为不可推卸的家族责任。司马迁将家族世系远溯到颛顼,即意在强调自己的史官家世。《自序》中接着存录了其父司马谈的《论六家要旨》。这是一篇杰出的历史哲学论文,对儒、墨、道、法、名、阴阳六家的宗旨及优缺点进行了简洁而准确的概括评述。其中前一部分提出对各家得失的简单论断，后一部分对这些论断逐条加以论证。司马谈倾向于用道家的精神统一思想，以无为之治为统治的法宝，所以唯对道家是全面肯定的。全文分析精辟透彻，入木三分，其在学术史上的地位不可忽视。然后《自序》讲述了司马迁十岁诵古文、二十岁壮游天下的成长经历，这成为后世研究司马迁生平及创作情况的重要依据。司马迁既能广泛阅读，又能在壮游天下的过程中了解各地风俗民情和获取更多见闻传说，为创作《史记》打好了基础。由此也可看出司马谈对司马迁在史学才能上的培养和作史述志上的要求。然后叙写司马迁接受父亲临终嘱托的情形，语言恳切，句句感人，这也构成日后司马迁忍辱发愤著写《史记》的动力之一。然后司马迁借与上大夫壶遂的一段对话，阐明自己创作《史记》的目的与意义，接着便记述了著述《史记》的始末，以及草创未就，横被腐刑，而后发愤著书的过程。次序井然的家族世系、磊落倜傥的少年形象、父子执手相泣的凝重场面等，无不叙述得完整详备、错落有致。最后是《史记》全书的叙目。叙目用极简练的文字概括出写作某篇某传的理由，夹叙夹议，集中地反映了司马迁对历史事件和人物的褒贬观点，对《史记》全书做了最有价值的自注和补充。

昔在颛顼，命南正①重以司天，北正②黎以司地。唐虞之际，绍重黎之后，使复典之，至于夏商，故重黎氏世序天地。其在周，程伯休甫③其后也。当周宣王时，失其守而为司马氏。司马氏世典周史。惠襄之间，司马氏去周适晋。晋中军随会奔秦，而司马氏入少梁④。

◎**注释** ①〔南正〕官名，掌管天事。②〔北正〕官名，掌管民事。③〔程伯休甫〕程，国名。伯，爵名。休甫，人名，传说是黎的后裔，封为程伯。④〔少梁〕邑名，在今陕西韩城。

◎**大意** 从前颛顼之时，命令南正重掌管天文，北正黎掌管地理。在唐尧、虞舜之际，让重、黎的后代重操祖业，继续掌管天文地理，一直持续到夏、商之时，所以说重、黎两个家族世代掌管天文地理。在周朝时，程伯休甫是他们的后代。到周宣王时，休甫的后代失去了掌管天文地理的官职而转为司马氏。司马氏世代掌管周史。在周惠王和周襄王之间，司马氏离开周朝去了晋国。晋国中军将领随会逃奔到秦国时，司马氏也转入秦国的少梁邑。

自司马氏去周适晋，分散，或在卫，或在赵，或在秦。其在卫者，相中山。在赵者，以传剑论显，蒯聩其后也。在秦者名错，与张仪争论，于是惠王使错将伐蜀，遂拔，因而守之。错孙靳，事武安君白起。而少梁更名曰夏阳。靳与武安君坑赵长平军，还而与之俱赐死杜邮①，葬于华池②。靳孙昌，昌为秦主铁官，当始皇之时。蒯聩玄孙卬为武信君将而徇朝歌③。诸侯之相王，王卬于殷。汉之伐楚，卬归汉，以其地为河内郡。昌生无泽，无泽为汉市长④。无泽生喜，喜为五大夫，卒，皆葬高门⑤。喜生谈，谈为太史公⑥。

◎**注释** ①〔杜邮〕地名，今陕西咸阳东。②〔华池〕地名，今陕西韩城西南。③〔徇朝歌〕徇，攻占。朝歌，地名，今河南淇县。④〔市长〕掌管市场的官员。⑤〔高门〕地名，今陕西韩城西南。⑥〔太史公〕汉有太史令，秩六百石，是太常的属官。汉称太史令其人为太史公。

◎**大意** 自从司马氏离开周室到晋国，家族便分散了，有的在卫国，有的在赵国，有的在秦国。在卫国的，做了中山国的相。在赵国的，以传授剑术而出名，蒯聩便是其后代。在秦国的名叫司马错，曾与张仪争论伐蜀的问题，于是秦惠王派司马错率军伐蜀，攻城之后，司马错就留下来镇守那里。司马错的孙子司马靳，侍奉武安君白起。这时少梁改名为夏阳。司马靳与武安君白起坑杀了赵国长平之战中的俘虏，回到秦国后与白起一起在杜邮被赐死，埋葬在华池。司马靳的孙子司马昌，做秦国的冶铁官，正是秦始皇当政之时。蒯聩的玄孙司马卬，担任武信君的将领，并领兵攻占了殷都故地朝歌。诸侯争相称王时，司马卬被封为殷王。汉王刘邦攻打楚王项羽时，司马卬归顺刘邦，刘邦将他的封地改置为河内郡。司马昌生司马无泽，司马无泽为汉朝掌管市场的官员。司马无泽生司马喜，司马喜为五大夫，他们死后，都埋葬在高门。司马喜生司马谈，司马谈为太史公。

太史公学天官①于唐都，受《易》于杨何，习道论于黄子。太史公仕于建元、元封之间，愍②学者之不达其意而师悖③，乃论六家之要指（旨）曰：

◎**注释** ①〔天官〕古时天文学。②〔愍（mǐn）〕忧虑。③〔师悖〕以悖为师。固执谬论之意。

◎**大意** 太史公司马谈跟着唐都学习天文，跟着杨何学习《易经》，跟着黄子学习道家学说。太史公司马谈在建元至元封年间做官，他担忧学者不能通晓诸家学说的原旨，而固执谬论，于是论述六家的要旨说：

《易大传》："天下一致而百虑，同归而殊涂（途）。"夫阴阳、儒、墨、名、法、道德，此务为治者也，直所从言之异路，有省不省①耳。尝窃观阴阳之术，大祥而众忌讳，使人拘而多所畏；然其序四时之大顺，不可失也。儒者博而寡要，劳而少功，是以其事难尽从；然其序君臣父子之礼，列夫妇长幼之别，不可易也。墨者俭而难遵，是以其事不可遍循；然其强本节用，不可废也。法家严而少恩；然其正君臣上下之分，不可改矣。名家使人俭（检）而善失真②；然其正名实，不可不察也。道家使人精神专一，动合无形，赡足万物。其为术也，因阴阳之大顺，采儒、墨之善，撮③名、法之要，与时迁移，应物变化，立俗施事，无所不宜，指约而易操，事少而功多。儒者则不然。以为人主天下之仪表也，主倡而臣和，主先而臣随。如此则主劳而臣逸。至于大道之要，去健羡④，绌（黜）聪明⑤，释此而任术。夫神大用则竭，形大劳则敝。形神骚动，欲与天地长久，非所闻也。

◎**注释** ①〔省不省〕犹言"善不善"。②〔使人俭而善失真〕俭，通"检"，拘束，指拘于名分、礼数。失真，指违背真实情感。③〔撮（cuō）〕提取，摘取。④〔健羡〕刚强和贪欲。⑤〔绌聪明〕指不耍花招和滑头。

◎**大意** 《周易·系辞》中说："天下的人追求是一致的，谋虑却是多种多样的，目的相同而途径不同。"阴阳家、儒家、墨家、名家、法家、道德家，这些都是以治世为目的，只不过各家说法不同，有的好有的不好罢了。我曾暗中观察阴阳家之术，他们夸大灾祥而忌讳众多，使人感到拘束而畏惧颇多；然而他们理顺四时运行的顺序，这是不可忽视的。儒家学说博大而缺少纲要，烦劳多而功效少，所以他们的主张难以全部采纳；然而他们制定君臣父子次序的礼仪，排列夫妇长幼的分别，是不可更改的。墨家提倡节约却难以遵循，所以他们的主张不能全部照办；但他们所强调的加强农业生产、节用财物，是不可废弃的。法家严酷而少恩情；但他们明确君臣上下的分别，是不可改变的。名家使人拘于名分而违背真实情感；但是他们辨正名（概念）和实（实际）的关系，却不能不认真考察。道家使人精神专一，行动合乎无形的"道"，使万物富足。道家学说，本着阴阳家的四时大顺，采用儒家、墨家之长，提取名家、法家的要领，与时迁移，适应万物而变，树立风俗，用于人事，无所不宜，主旨简明，容易操作，办事少而功效大。儒家则不这样。它认为君主是天下的楷模，君主倡导而大臣应和，君主先行而大臣随从。如此则君主劳累而大臣闲逸。至于道家学说的要点，是舍去刚强和贪欲，不要花招和滑头，舍弃这些而任用道术。劳神过度则会衰竭，劳力过度则会疲惫。形神不安，而想和天地长久共存，是从未听说过的。

夫阴阳，四时、八位、十二度、二十四节各有教令，顺之者昌，逆之者不死则亡。未必然也，故曰"使人拘而多畏"。夫春生夏长，秋收冬藏，此天道之大经也，弗顺则无以为天下纲纪，故曰"四时之大顺，不可失也"。

◎**大意** 阴阳家认为，四时、八位、十二度、二十四节气各有适宜和禁忌的规定，顺之者昌，逆之者亡。未必是这样，所以说它"使人感到拘束而畏惧颇多"。可是，春生夏长，秋收冬藏，这是自然运行的重要规律，不顺从它就没有什么可以作为天下的纲纪了，所以说"四时运行的顺序，是不可忽视的"。

夫儒者以六艺为法。六艺经传以千万数，累世不能通其学，当年不能究其礼，故曰"博而寡要，劳而少功"。若夫列君臣父子之礼，序夫妇长幼之别，虽百家弗能易也。

◎**大意** 儒家以《礼》《乐》《书》《诗》《易》《春秋》六经为法度。六经的经文和解释文字多达数千万，世代相继都不能通晓这些学问，毕生都不能穷究其礼节，所以说它"学问博大而缺少纲要，烦劳多而功效少"。但是儒家明确君臣父子关系的礼节，排列夫妇长幼之间的差别，即使百家之说也不能更改它。

墨者亦尚尧舜道，言其德行曰："堂高三尺，土阶三等，茅茨①不翦，采椽不刮。食土簋②，啜土刑③，粝粱④之食，藜藿⑤之羹。夏日葛衣，冬日鹿裘。"其送死，桐棺三寸，举音不尽其哀。教丧礼，必以此为万民之率。使天下法若此，则尊卑无别也。夫世异时移，事业不必同，故曰"俭而难遵"。要曰强本节用，则人给家足之道也。此墨子之所长，虽百家弗能废也。

◎**注释** ①〔茅茨〕用茅草盖屋顶。②〔土簋（guǐ）〕古时盛食物的圆口陶器。③〔土刑〕古时盛羹的陶器。④〔粝（lì）粱〕粗劣的食物。⑤〔藜藿（lí huò）〕泛指野菜。藜，一年生草本植物。藿，豆叶。

◎**大意** 墨家也崇尚尧舜之道，谈论尧舜的德行说："殿堂高三尺，土阶只有三层，屋顶的茅草不修剪，伐木做椽连皮也不刮。用土器吃饭，用粗陶喝汤，吃糙米饭，喝野菜汤。夏天穿葛布衣，冬天穿鹿皮裘。"他们送葬死者，桐木棺材厚三寸，哭声不能过于哀恸。教民丧仪，必须以此作为万民的标准。若使天下之法都像这样，那么尊贵者与卑贱者就没有差别了。世道不同了，时代变迁了，事业不一定要和以前相同，所以说它"提倡节俭却难以遵循"。其要旨强本节用，则是人人富裕、家家丰足的途径。这是墨家的长处，即使百家也不能废弃。

法家不别亲疏，不殊贵贱，一断于法，则亲亲尊尊之恩绝矣。可以行一时之计，而不可长用也，故曰"严而少恩"。若尊主卑臣，明分职不得相逾越，虽百家弗能改也。

◎**大意** 法家不区分亲近和疏远，不分别尊贵和卑贱，一律用法来决断，那么爱戴亲人和尊敬长者的恩德就断绝了。可以用它行一时之计，而不可以久用，所以说它"严酷而少恩德"。至于法家尊崇君王，抑制臣下，明确职分不准相互逾越的做法，即使百家也不能更改。

名家苛察缴绕①，使人不得反（返）其意，专决于名而失人情，故曰"使人俭而善失真"。若夫控名责实，参伍②不失，此不可不察也。

◎**注释** ①〔缴绕〕纠缠烦琐。②〔参伍〕指错综比较。参，三。伍，五。
◎**大意** 名家苛刻烦琐，使人不能回归真意，一切取决于概念名称而失去了人之情理，所以说它"使人拘于名分而丧失真实情感"。至于名家以名求实、错综比较验证结论的方法，这些长处是不能不明察的。

道家无为，又曰无不为，其实易行，其辞难知。其术以虚无为本，以因循为用。无成势，无常形，故能究万物之情。不为物先，不为物后，故能为万物主。有法无法，因时为业；有度无度，因物与合。故曰"圣人不朽，时变是守。虚者道之常也，因者君之纲"也。群臣并至，使各自明也。其实中其声者谓之端，实不中其声者谓之窾①。窾言不听，奸乃不生，贤不肖自分，白黑乃形。在所欲用耳，何事不成。乃合大道，混混冥冥。光耀天下，复反（返）无名。凡人所生者神也，所托者形也。神大用则竭，形大劳则敝，形神离则死。死者不可复生，离者不可复反（返），故圣人重之。由是观之，神者生之本也，形者生之具也。不先定其神形，而曰"我有以治天下"，何由哉？

◎**注释**　①〔窾（kuǎn）〕空。

◎**大意**　道家提倡"无为"，又说"无不为"，他们的主张容易施行，但是其语言难以理解。他们的主张以虚无为根本，以因循自然为原则。它没有固定不变的态势和形状，所以能穷尽万事万物的情状。不抢在事物之先，也不落在事物之后，所以能成为万物的主宰。用法不用法，随时而定；限度不限度，随物而合。所以说"圣人不朽，在于坚守顺时变化的规律。虚无是道的规常，因循是君主的总纲"。群臣并至，让他们明白各自的职分。实际情况符合其语言的叫作"端"，实际情况与其语言不符的叫作"窾"。不信"窾"之言论，奸佞就不会产生，贤与不贤就自然分明，白与黑也就自然分明。全在于应用罢了，还有什么事办不成呢？这就符合大道，进入无知无欲的状态。光辉照耀天下，又返回无名的原始状态。大凡人活着是因为有精神，精神寄托在形体上。精神过度使用就会衰竭，身体过于劳累就会疲惫，形体和精神脱离必然死亡。人死不可复生，形神分离便不能再结合起来，所以圣人特别注重形神问题。由此看来，精神是生命的本体，形体是生命的器具。不先安定其精神与形体，而说"我有治理天下的办法"，凭借的是什么呢？

太史公既掌天官，不治民。有子曰迁。

◎**大意**　太史公掌管天文，不治民事。有个儿子名叫司马迁。

迁生龙门①，耕牧河山之阳②。年十岁则诵古文。二十而南游江、淮，上会稽，探禹穴③，窥九疑，浮于沅、湘④；北涉汶、泗，讲业齐、鲁之都，观孔子之遗风，乡射⑤邹、峄⑥；厄困鄱⑦、薛⑧、彭城⑨，过梁、楚⑩以归。于是迁仕为郎中，奉使西征巴、蜀以南，南略邛、笮、昆明，还报命。

◎**注释**　①〔龙门〕山名，在今陕西韩城东北。②〔河山之阳〕河之北，山之南。③〔禹穴〕相传会稽山上有孔，禹曾进去过，名曰禹穴。④〔沅(yuán)、湘〕水名，都在今湖南，流入洞庭湖。⑤〔乡射〕古代的射礼。一指州长于春、秋两季会集士大夫，习射于州序（州的学校）；一指乡老和乡大夫于三年大比贡士之后举行的乡射之礼。⑥〔邹、峄〕邹，县名，今山东邹城。峄，峄山，在今山东邹城。⑦〔鄱〕县名，今山东滕州。⑧〔薛〕县名，在今山东滕州南。⑨〔彭城〕地名，今江苏徐州。⑩〔梁、楚〕汉诸侯国。梁都于睢阳（今河南商丘）。楚都于彭城。

◎**大意**　司马迁出生于龙门，小时候耕地放牧于黄河之北、龙门山之南一带。年仅十岁就能诵习古文。二十岁南游长江、淮河流域，上会稽山，探察禹穴，观察九疑山，坐船浮游于沅江、湘江；往北渡过汶水、泗水，在齐国、鲁国的国都研习学业，观察孔子的遗风，在邹县、峄山行乡射礼；困厄于鄱、薛、彭城等地，经过梁地、楚地后返回。回来后出仕郎中之职，奉命西征巴、蜀以南地区，向南经过邛、笮、昆明等地，回京后向朝廷复命。

是岁①天子始建汉家之封②，而太史公留滞周南，不得与从事，故发愤且卒。而子迁适使反（返），见父于河雒之间。太史公执迁手而泣曰："余先周室之太史也。自上世尝显功名于虞夏，典天官事。后世中衰，绝于予乎？汝复为太史，则续吾祖矣。今天子接千岁之统，封泰山，而余不得从行，是命也夫，命也夫！余死，汝必为太史；为太史，无忘吾所欲论著矣。且夫孝始于事亲，中于事君，终于立身。扬名于后世，以显父母，此孝之大者。夫天下称诵周公，言其能论歌文武之德，宣周邵之风，达太王王季之思虑，爰及公刘，以尊后稷也。幽厉之后，王道缺，礼乐衰，孔子修旧起废，论《诗》《书》，作《春秋》，则学者至今则之。自获麟③以来四百有（又）余岁，而诸侯相兼，史记④放绝。今汉兴，海内一统，明主贤君忠臣死义之士，余为太史而弗论载，废天下之史文，余甚惧焉，汝其念哉！"迁俯首流涕曰："小子不敏，请悉论⑤先人所次旧闻⑥，弗敢阙。"

◎**注释** ①〔是岁〕指元封元年。②〔封〕封禅。帝王祭天地的典礼。③〔获麟〕指鲁哀公十四年西狩获麟。④〔史记〕泛指历史记载。⑤〔论〕引述和编撰之意。⑥〔所次旧闻〕次，顺序记事。旧闻，指历史材料。

◎**大意** 这一年武帝开始建立汉朝的封禅制度，而太史公司马谈滞留在周南，不能参与此事，所以心中愤懑，致病将死。而儿子司马迁恰巧出使返回，在黄河与雒河相交地带见到父亲。太史公拉着司马迁的手哭着说："我们的祖先是周王室的太史官。在舜、禹之时就曾扬显功名，掌管天文之事。后世在中途衰微，难道要断绝在我身上了吗？如果你继承做太史，那就接续上了我们祖上的事业。现在天子接续千年来已经断绝的大典，在泰山封禅，我却不能随行，这是命啊！是命啊！我死后，你必为太史；做了太史，不要忘记我想撰写的论著。况且孝道最开始的层次是侍奉父母亲，中间的层次是侍奉君主，最高的层次是使自己树立声名。扬名于后世，以显扬父母，这是最大的孝道。天下人都称颂周公，说他能论述歌颂周文王、周武王的德行，宣扬自己和邵公的风尚，使人们通晓太王、王季的思想，延及公刘，并尊崇始祖后稷。自周幽王、周厉王之后，王道衰败，礼乐衰微，孔子整理旧典籍，振兴被废弃的礼乐，讲《诗》《书》，著《春秋》，而学者至今把它们作为准则。从获麟至今已有四百多年,而诸侯互相兼并,史书散佚断绝。现在汉朝兴起,海内一统,英明贤能的君主、忠臣和为正义而死的人的事迹很多,我作为太史而不能论述记载他们,断绝了天下的历史文献,我对这事非常惶恐,你要记在心上啊!"司马迁低头流涕说:"儿子虽然愚笨,但一定将您所编列的历史旧闻撰写成书,不敢有缺!"

卒三岁而迁为太史令,绌①史记石室金匮之书。五年而当太初元年,十一月甲子朔旦冬至,天历始改②,建于明堂,诸神受纪③。

◎**注释** ①〔绌(chōu)〕缀辑。②〔天历始改〕指汉朝废秦历而改用太初历。③〔诸神受纪〕诸神,指各地诸侯。受纪,指遵照新历法。
◎**大意** 司马谈逝世三年后,司马迁担任太史令,缀辑史记、石室、金匮的资料。司马迁任太史令五年,正当汉武帝太初元年,十一月初一冬至,汉朝历法更改为太初历,在明堂颁布施行,各地诸侯皆遵照新历法。

太史公曰:"先人有言:'自周公卒五百岁而有孔子。孔子卒后至于今五百岁,有能绍明世,正《易传》,继《春秋》,本《诗》《书》《礼》《乐》之际?'意在斯乎!意在斯乎!小子何敢让焉。"

◎**大意** 太史公说:"先父说过:'自周公死后五百年而有孔子。孔子死后到如今正好五百年,有能接续盛世,匡正《易传》,续写《春秋》,依据《诗》《书》《礼》《乐》之本意来写一部新著作的人吗?'用意就在这里啊!用意就在这里啊!我怎么敢推辞呢?"

上大夫壶遂曰:"昔孔子何为而作《春秋》哉?"太史公曰:"余闻董生曰:'周道衰废,孔子为鲁司寇①,诸侯害之,大夫壅②之。孔子知言之不用，道之不行也，是非二百四十二年之中，以为天下仪表，贬天子，退诸侯，讨大夫，以达王事而已矣。'子曰：'我欲载之空言，不如见之于行事③之深切著明也。'夫《春秋》，上明三王之道，下辨人事之纪，别嫌疑，明是非，定犹豫，善善恶恶，贤贤贱不肖，存亡国，继绝世，补敝起废④，王道之大者也。《易》著天地阴阳四时五行，故长于变；《礼》经纪人伦，故长于行；《书》记先王之事，故长于政；《诗》记山川溪谷禽兽草木牝牡雌雄，故长于风（讽）；《乐》乐所以立，故长于和；《春秋》辩是非，故长于治人。是故《礼》以节人，《乐》以发和，《书》以道事，《诗》以达意，《易》以道化，《春秋》以道义。拨乱世反（返）之正，莫近于《春秋》。《春秋》文成数万，其指（旨）数千。万物之散聚皆在《春秋》。《春秋》之中，弑君三十六，亡国五十二，诸侯奔走不得保其社稷者不可胜数。察其所以，皆失其本已。故《易》曰'失之豪（毫）厘，差以千里'。故曰'臣弑君，子弑父，非一旦一夕之故也，其渐久矣'。故有国者不可以不知《春秋》，前有谗而弗见，后有贼而不知；为人臣者不可以不知《春秋》，守经事⑤而不知其宜，遭变事而不知其权⑥。为人君父而不通于《春秋》之义者，必蒙首恶之名；为人臣子而不通于《春秋》之义者，必陷篡弑之诛，死罪之名。其实皆以为善，为之不知其义，被之空言⑦而不敢辞。夫不通礼义之旨，至于君不君，臣不臣，父不父，子不子。夫君不君则犯，臣不臣则诛，父不父则无道，子不子则不孝。此四行者，天下之大过也。以天下之大过予之，则受而弗敢辞。故《春秋》者，礼义之大宗也。夫礼禁未然之前，法施已然之后；法之所为用者易见，而礼之所为禁者难知。"

◎**注释**　①〔司寇〕官名,掌管刑狱、纠察等事。②〔壅〕压制。③〔行事〕指已发生的具体史事。④〔补敝起废〕补救弊病,振兴废业。⑤〔经事〕经常之事。⑥〔权〕权变,随机应变。⑦〔被之空言〕受到舆论谴责。

◎**大意**　上大夫壶遂说:"从前孔子为什么要作《春秋》呢?"太史公说:"我听董仲舒说:'周王室衰废,孔子担任鲁国的司寇,诸侯陷害他,大夫压制他。孔子知道自己的言论不会被采用,主张无法实行,褒贬二百四十二年中诸侯的得失,把它作为天下的准则,贬斥昏庸无道的天子,斥责为非作歹的诸侯,声讨僭越乱政的大夫,以达成王道而已。'孔子说:'我想载述空洞的言论,不如历史事实让人一目了然。'《春秋》,向上阐明三代圣王之道,向下辨别人事准则,辨明嫌疑,明断是非,确定犹豫不决的事,扬善抑恶,重视贤人,鄙视庸人,振兴将要灭亡的国家,续写断绝了的世系,补救弊病,振兴废业,这是王道中最重要的事。《易》论述天地、阴阳、四时、五行,所以长于变通;《礼》规范人伦,所以长于行事;《书》记述先王之事,所以长于政事;《诗》记述山川溪谷、禽兽草木、公母雌雄,所以长于讽谏;《乐》论述音乐的创立,所以长于和顺;《春秋》辨明是非,所以长于治人。因此《礼》用来节制人的行为,《乐》用来启发人的平和,《书》用来记述政事,《诗》用来表达情意,《易》用来阐明变化,《春秋》用来发挥道义。所以拨乱反正,没有比《春秋》更贴近的了。《春秋》文字有数万,而道理有数千条。万事万物的聚散离合都包含在《春秋》中。《春秋》之中,被杀的国君有三十六个,被灭亡的国家有五十二个,诸侯奔逃不能保守宗庙社稷的不可胜数。探究其丧命亡国的原因,都是丢掉了立国立身的根本。所以《易》中说'失之毫厘,差之千里'。所以说'臣杀君,子杀父,不是一朝一夕形成的,是长时间积累所形成的'。所以享有国家的君主,不能不知《春秋》,否则,前有谗言佞臣而不见,后有乱臣贼子而不知。为人臣的不能不懂《春秋》,否则,遇到常事不能适当处理,遇到事变不能随机应变。做人君、做人父的如果不通晓《春秋》大义,必然会蒙受首恶的坏名声。为人臣、为人子的如果不通晓《春秋》大义,必会陷于篡位夺权、杀父杀君而死有余辜的坏名声。其实他们都自认为是在做好事,但是不知道怎样做才符合道义,受到舆论谴责却不敢推卸罪名。不通礼义的要旨,就会弄到君不像君、臣不像臣、父不像父、子不像子的地步。做国君的不像国君,臣下就会冒犯他;做大臣的不像大臣，国君就会诛杀他；做父亲的不像父亲，那就是无道；做儿子的不像儿子，那就是不孝。这四种行为，是天下最大的过错。把天下最大的过错加在头上，就只能接受而不敢推辞。所以说《春秋》是礼义的根本所在。礼在事情发生之前禁止，法在事情发生之后惩治；用法惩治的效果容易看见，而以礼禁止的结果难以被认识。

壶遂曰："孔子之时，上无明君，下不得任用，故作《春秋》，垂空文以断礼义，当一王之法。今夫子上遇明天子，下得守职，万事既具，咸各序其宜，夫子所论，欲以何明？"

◎**大意** 壶遂说："孔子之时，在上没有英明的君主，在下自己不被任用，所以作《春秋》，留下空洞的史文来决断礼义，当作王者的法典。如今你在上遇到圣明天子，在下又能做官，万事俱备，全都各得其所，你的论说，是想阐明什么呢？"

太史公曰："唯唯，否否，不然。余闻之先人曰：'伏羲至纯厚，作《易》八卦。尧舜之盛，《尚书》载之，礼乐作焉。汤武之隆，诗人歌之。《春秋》采善贬恶，推三代之德，褒周室，非独刺讥而已也。'汉兴以来，至明天子，获符瑞，封禅，改正朔，易服色，受命于穆清①，泽流罔极②，海外殊俗，重译款塞③，请来献见者，不可胜道。臣下百官力诵圣德，犹不能宣尽其意。且士贤能而不用，有国者之耻；主上明圣而德不布闻，有司④之过也。且余尝掌其官，废明圣盛德不载，灭功臣世家贤大夫之业不述，堕先人所言，罪莫大焉。余所谓述故事，整齐其世传，非所谓作也，而君比之于《春秋》，谬矣。"

◎**注释** ①〔穆清〕指天。②〔罔极〕无边无际。③〔重译款塞〕重译，经过几重翻译。款塞，在边塞上叩关而来朝贡。④〔有司〕古代设官分职，各有专司，因称官吏为有司。

◎**大意**　太史公说："也是，也不是，不全是这样。我听先父说：'伏羲最为纯厚，作《易》之八卦。尧舜之时兴盛，《尚书》予以记载，礼乐在那时制定。商汤、周武隆盛，诗人歌颂。《春秋》扬善贬恶，推崇夏、商、周三代的盛德，褒扬周室，并非只是讥讽指斥而已。'汉兴以来，最英明的天子，获得祥瑞，封禅泰山，改革历法，变换服饰颜色，受命于天，恩泽流布无边无际，海外不同风俗的国家经过几重翻译叩关前来进献礼品、谒见皇帝的，不可胜数。大臣百官尽力颂扬圣恩圣德，好像还不能表尽心意。况且贤能的士人若不被任用，是国君的耻辱；国君圣明而恩德不能传扬广大，是官吏的罪过。更何况我执掌太史之官，如果废弃明主圣德而不予记载，埋没功臣、世家、贤大夫的功业不予记述，忘却先父的遗言，没有比这更大的罪过了。我所说的缀述旧事，不过是整理世代所传，并非所谓的创作，而您把它比作《春秋》，就错了。"

于是论次其文。七年而太史公遭李陵之祸，幽于缧绁①。乃喟然而叹曰："是余之罪也夫！是余之罪也夫！身毁不用矣。"退而深惟②曰："夫《诗》《书》隐约③者，欲遂其志之思也。昔西伯④拘羑里，演《周易》；孔子厄陈蔡，作《春秋》；屈原放逐，著《离骚》；左丘失明，厥有《国语》；孙子⑤膑脚，而论兵法；不韦迁蜀，世传《吕览》；韩非囚秦，《说难》《孤愤》；《诗》三百篇，大抵贤圣发愤之所为作也。此人皆意有所郁结，不得通其道也，故述往事，思来者。"于是卒述陶唐以来，至于麟止，自黄帝始。

◎**注释**　①〔缧绁（léi xiè）〕拘禁犯人的绳索，引申为牢狱。②〔惟〕思考。③〔隐约〕义深言简。④〔西伯〕指周文王。⑤〔孙子〕指孙膑。

◎**大意**　于是按次序编写那些材料。过了七年而太史公司马迁遭受李陵之祸，被囚禁在牢狱里。于是他感慨而叹息说："这是我的罪过啊！这是我的罪过啊！

身体被毁伤，无处可用了！"又退一步深思："《诗》《书》等经书语言简洁而意旨隐约，是想表达他们的心志而精心思考的结果。从前周文王被囚禁在羑里，推演出了《周易》；孔子困厄于陈、蔡二国，写出了《春秋》；屈原被放逐江南，创作了《离骚》；左丘明眼睛失明，才有了《国语》；孙子受了膑刑，而写了兵法；吕不韦被迫迁蜀，世传《吕氏春秋》；韩非子被囚于秦国，撰写了《说难》《孤愤》；《诗》三百多篇，大都是圣贤之人发愤创作出来的。这些人心中都有郁闷积结，不能实现其主张，所以记述往事，寄希望于后来者。"于是最终叙写了上起唐尧，下至汉武帝获得麒麟的历史，而自黄帝开始。

维昔黄帝，法天则地，四圣遵序，各成法度；唐尧逊位，虞舜不台①；厥美帝功，万世载之。作《五帝本纪》第一。

◎**注释** ①〔台（yí）〕喜悦。后作"怡"。
◎**大意** 从前黄帝，效法天地，颛顼、帝喾、尧、舜四圣先后传承，各成法度；唐尧禅让，虞舜因自己不堪重任而不悦；这些帝王的丰功美德，流传万世。作《五帝本纪》第一。

维禹之功，九州攸同，光唐虞际，德流苗裔；夏桀淫骄，乃放鸣条①。作《夏本纪》第二。

◎**注释** ①〔鸣条〕古地名。商汤打败夏桀之地。具体地点难以确指。
◎**大意** 大禹治水的丰功伟绩，使九州同享太平，其光耀在尧舜之际，功德流传于后世子孙；夏桀骄奢淫逸，才被放逐到鸣条。作《夏本纪》第二。

维契作商，爰及成汤；太甲居桐，德盛阿衡①；武丁得说，乃称高宗；帝辛湛湎②，诸侯不享③。作《殷本纪》第三。

◎**注释** ①〔阿衡〕指伊尹,商初大臣。②〔湛湎〕沉溺于酒色。③〔享〕朝贡。
◎**大意** 契建立商朝,一直传到成汤;太甲迁居于桐地悔过,其功德隆盛是因为有伊尹的辅佐;武丁得到傅说辅佐,才被称为高宗;纣王沉湎酒色,诸侯不去朝贡。作《殷本纪》第三。

维弃作稷,德盛西伯;武王牧野,实抚天下;幽厉昏乱,既丧酆镐;陵迟^①至赧,洛邑不祀。作《周本纪》第四。

◎**注释** ①〔陵迟〕日益衰落。
◎**大意** 后稷种植稻谷,文王姬昌功德隆盛;武王伐纣于牧野,胜而安抚天下;幽王、厉王昏庸淫乱,丧失了酆、镐二京;日益衰落到周赧王时,宗祀断绝。作《周本纪》第四。

维秦之先,伯翳佐禹;穆公思义,悼豪^①之旅;以人为殉,诗歌《黄鸟》;昭襄业帝。作《秦本纪》第五。

◎**注释** ①〔豪〕梁玉绳曰:"'豪'乃'崤'之讹。"
◎**大意** 秦的祖先伯益,曾佐助大禹治水;秦穆公思念仁义,悼念崤山败亡的将士;他死后用人殉葬,诗人歌《黄鸟》以抒哀伤;昭襄王奠定帝业之基。作《秦本纪》第五。

始皇既立,并兼六国,销锋铸鐻^①,维偃干革^②,尊号称帝,矜武任力;二世受运,子婴降虏。作《始皇本纪》第六。

◎**注释** ①〔鐻(jù)〕乐器名,形似钟。②〔维偃干革〕偃,放倒,收起。干革,兵器与铠甲。

◎**大意**　始皇即位，兼并六国；销毁刀枪，铸成钟镰，欲止干戈，号称"始皇帝"，耀武扬威，倚仗暴力；二世继位，子婴被虏。作《始皇本纪》第六。

　　秦失其道，豪桀并扰；项梁业之，子羽接之；杀庆救赵，诸侯立之；诛婴背怀，天下非之。作《项羽本纪》第七。

◎**大意**　秦失正道，豪杰并起造反；项梁起义，项羽接续；杀宋义救赵国，诸侯立他为王；诛杀子婴，背叛怀王，天下非议。作《项羽本纪》第七。

　　子羽暴虐，汉行功德；愤发蜀汉，还定三秦；诛籍业帝，天下惟宁，改制易俗。作《高祖本纪》第八。

◎**大意**　项羽残暴肆虐，汉王建立功德；在蜀、汉发愤图强，北归平定三秦；灭项羽登帝位，天下安宁，改革旧制，移风易俗。作《高祖本纪》第八。

　　惠之早霣（殒），诸吕不台①；崇强禄、产，诸侯谋之；杀隐幽友，大臣洞（恫）疑，遂及宗祸。作《吕太后本纪》第九。

◎**注释**　①〔不台（yí）〕不为百姓所悦，即不得民心。台，喜悦。
◎**大意**　惠帝早逝，诸吕不得民心；加强吕禄、吕产的权势，诸侯共同图谋铲除他们；杀赵隐王，囚赵幽王，朝中大臣惶恐，最终导致吕氏宗族覆灭之祸。作《吕太后本纪》第九。

　　汉既初兴，继嗣不明，迎王践阼，天下归心；蠲除①肉刑，开通关梁，广恩博施，厥称太宗。作《孝文本纪》第十。

◎**注释**　①〔蠲（juān）除〕免除。
◎**大意**　汉朝初步兴起，继位之人不明，迎接代王登基，天下人心归服；废除肉刑，开通关卡，广施恩德，世称太宗。作《孝文本纪》第十。

　　诸侯骄恣，吴首为乱，京师行诛，七国伏辜，天下翕然①，大安殷富。作《孝景本纪》第十一。

◎**注释**　①〔翕（xī）然〕安宁、和顺的样子。
◎**大意**　诸侯骄横恣意，吴王首先作乱，京师出兵讨伐，七国叛逆伏罪，天下太平，安定富裕。作《孝景本纪》第十一。

　　汉兴五世，隆在建元，外攘夷狄，内修法度，封禅，改正朔，易服色。作《今上本纪》第十二。

◎**大意**　汉朝兴起五代，隆盛于建元，外御夷狄，内修法度，封禅泰山，改革历法，变更服色。作《今上本纪》第十二。

　　维三代尚矣，年纪不可考，盖取之谱牒旧闻，本于兹，于是略推，作《三代世表》第一。

◎**大意**　三代历史久远，年纪不可考究，选取谱牒文献旧闻，以此为本，略做推论，作《三代世表》第一。

　　幽厉之后，周室衰微，诸侯专政，《春秋》有所不纪；而谱牒经略，五霸更盛衰，欲睹周世相先后之意，作《十二诸侯年表》第二。

◎**大意** 幽王、厉王之后，周室渐渐衰落，诸侯各自为政，《春秋》有未记载的；而谱牒只记载大纲，五霸交替盛衰，欲观周世诸侯先后关系，作《十二诸侯年表》第二。

春秋之后，陪臣①秉政，强国相王；以至于秦，卒并诸夏，灭封地，擅其号。作《六国年表》第三。

◎**注释** ①〔陪臣〕诸侯的大夫对天子的自称。也指大夫的家臣。
◎**大意** 春秋之后，陪臣执政，强国称王；到了秦，终于并吞中原各国，消灭各国封地，尊号始称皇帝。作《六国年表》第三。

秦既暴虐，楚人发难①，项氏遂乱，汉乃扶义征伐；八年之间，天下三嬗，事繁变众，故详著《秦楚之际月表》第四。

◎**注释** ①〔楚人发难〕指陈胜等带头起义。
◎**大意** 秦王暴虐，陈胜首先发难，项氏随即动乱，汉王秉持正义进行征伐；八年征战，天下三易其主，事件众多，变动频繁，所以详著《秦楚之际月表》第四。

汉兴已（以）来，至于太初百年，诸侯废立分削，谱纪不明，有司靡踵①，强弱之原云以世。作《汉兴已（以）来诸侯年表》第五。

◎**注释** ①〔靡踵〕不能继续。
◎**大意** 汉朝建立到武帝太初年间，总共一百年，诸侯或废或立，或封或削，谱牒记载不够明确，史官无法续写，世代强弱的原因也许可以推断。作《汉兴已来诸侯年表》第五。

维高祖元功，辅臣股肱，剖符而爵，泽流苗裔，忘其昭穆①，或杀身陨国。作《高祖功臣侯者年表》第六。

◎**注释**　①〔昭穆〕指宗庙里受祭祖先灵位的摆列次序。太祖居中，以下二、四、六世居左，称"昭"；三、五、七世居右，称"穆"。
◎**大意**　高祖创业，辅助他开国的元勋，都得以剖符封爵，子孙也得以荫袭，有的忘其祖先，有的竟至杀身亡国。作《高祖功臣侯者年表》第六。

　　惠景之间，维申功臣宗属爵邑，作《惠景间侯者年表》第七。

◎**大意**　惠帝、景帝年间，封赐功臣和宗室子弟爵邑。作《惠景间侯者年表》第七。

　　北讨强胡，南诛劲越，征伐夷蛮，武功爰列。作《建元以来侯者年表》第八。

◎**大意**　北讨强大的匈奴，南伐强劲的百越，征伐四方蛮夷，列出以军功封侯的人。作《建元以来侯者年表》第八。

　　诸侯既强，七国为从，子弟众多，无爵封邑，推恩行义，其势销弱，德归京师。作《王子侯者年表》第九。

◎**大意**　诸侯已经强大，七国联合作乱，诸侯子弟众多，无爵无邑可封，朝廷推恩行义，诸侯势力削弱，恩德归于朝廷。作《王子侯者年表》第九。

国有贤相良将，民之师表也。维见汉兴以来将相名臣年表，贤者记其治，不贤者彰其事。作《汉兴以来将相名臣年表》第十。

◎**大意**　国有贤相良将，堪作百姓表率。今将汉兴以来将相名臣的事迹列于年表中，贤能者记录其治理的政绩，不贤者也列其所作所为。作《汉兴以来将相名臣年表》第十。

维三代之礼，所损益各殊务，然要以近情性，通王道，故礼因人质为之节文，略协古今之变。作《礼书》第一。

◎**大意**　三代的礼仪，各有所增减，关键是切近人情，通达王道，所以礼根据人情加以节制修饰，大体顺应了古今之变。作《礼书》第一。

乐者，所以移风易俗也。自《雅》《颂》声兴，则已好郑卫之音，郑卫之音所从来久矣。人情之所感，远俗则怀。比《乐书》以述来古，作《乐书》第二。

◎**大意**　音乐，是用来移风易俗的。自《雅》《颂》之声兴起，人们已经喜爱郑、卫的音乐，郑、卫的音乐由来已久。人情被感动，远方异俗之人就会怀德向善。编次《乐书》以述自古以来音乐的情况，作《乐书》第二。

非兵不强，非德不昌。黄帝、汤、武以兴，桀、纣、二世以崩，可不慎欤？《司马法》所从来尚矣，太公、孙、吴、王子能绍而明之，切近世，极人变。作《律书》第三。

◎**大意**　没有军队就不会强大,没有德行就不会昌盛。黄帝、成汤、周武王都因此而兴盛,夏桀、殷纣、秦二世都因此而灭亡,对此能不谨慎吗?《司马法》由来已久,姜太公、孙武、吴起、王子成甫能继承和发扬《司马法》的精神,并切合现实需要,极尽人事变化。作《律书》第三。

律居阴而治阳,历居阳而治阴,律历更相治,间不容翲忽①。五家之文怫(悖)异,维太初之元论。作《历书》第四。

◎**注释**　①〔翲(piāo)忽〕轻微。
◎**大意**　律居于阴而治阳,历居于阳而治阴,律和历交替相治,其间不允许有丝毫差错。黄帝、颛顼、夏、殷、周五家历法各不相同,唯有太初元年颁布的历法最为妥善。作《历书》第四。

星气之书,多杂机祥①,不经;推其文,考其应,不殊。比集论其行事,验于轨度②以次③,作《天官书》第五。

◎**注释**　①〔机(jī)祥〕吉凶祸福。②〔轨度〕天体运行的轨道和度数。③〔以次〕依次。
◎**大意**　谈星象的书,内容多夹杂吉凶祸福之类,荒诞不经;推究其文辞,考究其应验的情况,没有特别之处。比照综合历来所载其行事,依次用轨度加以检验。作《天官书》第五。

受命而王,封禅之符罕用,用则万灵罔不禋祀①。追本诸神名山大川礼,作《封禅书》第六。

◎**注释**　①〔禋(yīn)祀〕泛指祭祀。

◎**大意** 受天命而做帝王的，却很少使用封禅的符瑞，如果举行封禅，那么所有的神灵无不祭祀。追溯诸神名山大川的祭祀礼仪，作《封禅书》第六。

维禹浚川，九州攸宁；爰及宣防，决渎通沟。作《河渠书》第七。

◎**大意** 大禹疏通河川，九州得以安宁；待到修筑宣防宫时，又开凿、疏通了许多沟渠。作《河渠书》第七。

维币之行，以通农商；其极则玩巧，并兼兹殖，争于机利，去本趋末。作《平准书》以观事变，第八。

◎**大意** 货币通行，用以沟通农商；发展到极点则玩弄智巧，兼并更加厉害，争相投机谋利，弃农而事工商。作《平准书》以观世事变化，第八。

太伯避历，江蛮是适；文武攸兴，古公王迹。阖庐弑僚，宾服荆楚；夫差克齐，子胥鸱夷①；信嚭亲越，吴国既灭。嘉伯之让，作《吴世家》第一。

◎**注释** ①〔鸱夷〕革囊。
◎**大意** 太伯避让季历，逃到江南蛮夷之地；文王、武王从此兴起，继承了古公亶父的王迹。阖庐刺杀吴王僚夺位，荆楚一带归服；夫差战胜齐国，伍子胥被用革囊盛尸沉入江中；偏信伯嚭（pǐ）亲近越国，吴国终为越所灭。赞许太伯让国的美德，作《吴世家》第一。

申、吕肖矣，尚父侧微，卒归西伯，文武是师；功冠群公，缪权于幽①；番番②黄发，爰飨营丘。不背柯盟，桓公以昌，九合诸侯，霸功显彰。田、阚争宠，姜姓解亡。嘉父之谋，作《齐太公世家》第二。

◎**注释** ①〔缪（móu）权于幽〕暗中谋划。②〔番番（pó）〕老人头发黄白的样子。

◎**大意** 申国、吕国衰弱，姜太公起初微贱，最终投归文王，文王、武王尊之为国师；功劳盖过诸公，暗中出谋划策；年高德劭，受封于齐，建都营丘。不违背柯地盟约，齐桓公由此兴起，多次召集诸侯会盟，霸业显赫。田常、阚止争宠，姜姓逐渐瓦解。赞许姜尚的谋略，作《齐太公世家》第二。

依之违之，周公绥之；愤发文德，天下和之；辅翼成王，诸侯宗周。隐桓之际，是独何哉？三桓争强，鲁乃不昌。嘉旦《金縢》，作《周公世家》第三。

◎**大意** 诸侯或依或违，周公安抚他们；努力宣扬文德，天下响应附和；辅佐保护成王，诸侯尊崇周室。隐公、桓公之时，为何屡屡争权夺位？后来三桓争强，鲁国于是衰败。赞许周公旦《金縢》之事，作《周公世家》第三。

武王克纣，天下未协而崩。成王既幼，管蔡疑之，淮夷叛之，于是召公率德，安集王室，以宁东土。燕哙之禅，乃成祸乱。嘉《甘棠》之诗，作《燕世家》第四。

◎**大意** 武王攻克纣王，天下还未安定他就死了。成王年幼，周公摄政，管叔、蔡叔怀疑他篡权，淮夷乘机叛乱，于是召公以高尚的德行辅助成王，安抚团结王室，使东方安宁。燕王哙的禅位，造成了祸乱。赞许《甘棠》之诗，作《燕世家》第四。

管蔡相武庚，将宁旧商；及旦摄政，二叔不飨；杀鲜放度，周公为盟；大任十子，周以宗强。嘉仲悔过，作《管蔡世家》第五。

◎**大意** 管叔、蔡叔辅佐纣王之子武庚，想要安抚殷商遗民；等到周公旦摄政，管叔、蔡叔二人不服，伙同武庚叛乱；周公杀管叔，放逐蔡叔，发誓忠于成王；太姒生了十个孩子，周室宗族由此强大。赞许蔡仲能够悔过，作《管蔡世家》第五。

王后不绝，舜禹是说（悦）；维德休明，苗裔蒙烈。百世享祀，爰周陈杞，楚实灭之。齐田既起，舜何人哉？作《陈杞世家》第六。

◎**大意** 先王后裔不绝，舜、禹由此高兴；功德美好清明，后代就会蒙受功业的恩泽。百世享受祭祀，到了周朝时，分封有陈国、杞国，后被楚国灭掉。齐国田姓接续兴起，后世不乏封土，舜是何等圣明啊！作《陈杞世家》第六。

收殷余民，叔封始邑，申以商乱，《酒》《材》是告，及朔之生，卫顷不宁；南子恶蒯聩，子父易名。周德卑微，战国既强，卫以小弱，角独后亡。嘉彼《康诰》，作《卫世家》第七。

◎**大意** 周公收纳殷商遗民，建立卫国，封康叔管理那里。周公因为商朝作乱，以《酒诰》《梓材》予以告诫，等到姬朔出生，卫国倾危不得安宁；南子讨厌太子蒯聩，父子名分颠倒。周室日益衰落，战国七雄强盛，卫国因为弱小，国君姬角反而最后灭亡。赞美《康诰》，作《卫世家》第七。

嗟箕子乎！嗟箕子乎！正言不用，乃反为奴。武庚既死，周封微子。襄公伤于泓，君子孰称。景公谦德，荧惑退行。剔成暴虐，宋乃灭亡。嘉微子问太师，作《宋世家》第八。

◎**大意** 可惜啊箕子！可惜啊箕子！正确意见不被纣王采纳，反而做了奴隶。武庚死后，周朝赐封微子于宋。宋襄公在泓水被伤，又有哪个君子称赞？景公谦虚有德，荧惑星为他移动。剔成暴虐无道，宋国于是灭亡。赞美微子请教太师，作《宋世家》第八。

武王既崩，叔虞邑唐。君子讥名，卒灭武公。骊姬之爱，乱者五世；重耳不得意，乃能成霸。六卿专权，晋国以耗。嘉文公锡珪鬯①，作《晋世家》第九。

◎**注释** ①〔珪鬯（chàng）〕珪，玉璧。鬯，祭神用的香酒。
◎**大意** 武王逝世之后，叔虞受封于唐。君子讥讽晋穆公取名不当，最终为曲沃武公所灭。骊姬受宠，祸乱延及五代；重耳不得意而发愤，才能建立霸业。六卿专权，晋国从此衰亡。赞美晋文公因功受赐珪鬯，作《晋世家》第九。

重黎业之，吴回接之；殷之季世，粥（鬻）子牒之。周用熊绎，熊渠是续。庄王之贤，乃复国陈；既赦郑伯，班师华元。怀王客死，兰咎屈原；好谀信谗，楚并于秦。嘉庄王之义，作《楚世家》第十。

◎**大意** 重黎创业，吴回继承；殷朝末年，鬻熊始入谱牒。周朝任用熊绎，熊渠继承他。庄王贤明，恢复陈国；已经赦免郑伯，因华元说情而从宋国退兵。怀王客死秦国，子兰谗害屈原；喜好阿谀听信谗言，楚国最终被秦兼并。赞美楚庄王的仁义，作《楚世家》第十。

少康之子，实宾南海，文身断发，鼋鳝与处，既守封、禺，奉禹之祀。句践困彼，乃用种、蠡。嘉句践夷蛮能修其德，灭强吴以尊周室，作《越王句践世家》第十一。

◎**大意** 少康的儿子，被分封南海，他们身上刺染着花纹，头发被剪掉，和龟、鳝共处，世代守卫封、禺二山，奉祀大禹。句践受到夫差的困辱，于是任用文种、范蠡。我赞美句践身处蛮夷之地仍能修德，消灭强大的吴国而尊崇周室，作《越王句践世家》第十一。

桓公之东，太史是庸①。及侵周禾，王人是议。祭仲要盟②，郑久不昌。子产之仁，绍世称贤。三晋③侵伐，郑纳于韩。嘉厉公纳惠王，作《郑世家》第十二。

◎**注释** ①〔庸〕用，采用。②〔要盟〕被迫接受盟约。③〔三晋〕这里指韩国。
◎**大意** 郑桓公东迁，是听了太史的话。等到庄公抢收周国的庄稼，受到王室臣民的非议。祭仲被迫乱立国君，郑国长期内乱不昌。子产有仁义之名，世代被称贤者。韩国侵犯郑国，郑国被韩国吞灭。赞美郑厉公护送周惠王回京复位，作《郑世家》第十二。

维骥騄耳①，乃章造父。赵夙事献，衰续厥绪。佐文尊王，卒为晋辅。襄子困辱，乃禽智伯。主父生缚，饿死探爵（雀）。王迁辟淫，良将是斥。嘉鞅讨周乱，作《赵世家》第十三。

◎**注释** ①〔骥騄（lù）耳〕骥、騄耳，均为良马名。
◎**大意** 进献骥、騄耳等宝马，于是彰显了造父的声名。赵夙侍奉献公，赵衰继承其业。辅佐文公尊奉王室，终为晋国辅臣。智伯囚禁侮辱赵襄子，于是韩、魏共擒智伯。赵武灵王被围，捕雀充饥终被饿死。赵王迁邪恶淫乱，贬斥良将。赞美赵鞅讨平周王室内乱，作《赵世家》第十三。

毕万爵魏，卜人知之。及绛戮干，戎翟（狄）和之。文侯慕义，子夏师之。惠王自矜，齐秦攻之。既疑信陵，诸侯罢之。卒亡大梁，王假厮之。嘉武佐晋文申霸道，作《魏世家》第十四。

◎**大意** 毕万封爵于魏，卜人提前预知。等到魏绛羞辱杨干，负罪完成与戎狄媾和的使命。文侯仰慕仁义，拜子夏为师。惠王骄傲自大，齐、秦攻袭魏国。魏王怀疑信陵君，诸侯因此疏远魏国。魏国终被秦国夺取大梁而灭亡，魏王假做了奴仆。赞美魏武子辅佐晋文公成就霸业，作《魏世家》第十四。

韩厥阴德，赵武攸兴。绍绝立废，晋人宗之。昭侯显列，申子庸之。疑非不信，秦人袭之。嘉厥辅晋匡周天子之赋，作《韩世家》第十五。

◎**大意** 韩厥保护赵氏孤儿积下阴德，赵武得以兴起。因他继绝立废，得到晋人的敬仰。昭侯显名于诸侯，因为任用了申不害。后来的韩王怀疑韩非而不任用，终为秦国所灭。赞美韩厥辅佐晋君匡扶周室，作《韩世家》第十五。

完子避难，适齐为援，阴施五世，齐人歌之。成子得政，田和为侯。王建动心，乃迁于共。嘉威、宣能拨浊世而独宗周，作《田敬仲完世家》第十六。

◎**大意** 田完躲避陈乱，到齐国求援，暗中施恩布惠，坚持五世不懈，齐人歌颂田氏。成子夺得齐政，田和成为诸侯。田建听信奸计思想动摇，被秦迁往共邑。赞美齐威王、齐宣王能拨正浊世而独尊周室，作《田敬仲完世家》第十六。

周室既衰，诸侯恣行。仲尼悼礼废乐崩，追修经术，以达王道，匡乱世反（返）之于正，见其文辞，为天下制仪法，垂六艺之统纪于后世。作《孔子世家》第十七。

◎**大意** 周室已经衰落，诸侯恣意横行。孔子感伤礼坏乐崩，追修儒术，以宣扬王道，希望匡正乱世，使之回归正道，其思想体现在文辞上，为天下制定礼仪法则，为后世留下六艺纲纪。作《孔子世家》第十七。

桀、纣失其道而汤、武作，周失其道而《春秋》作。秦失其政，而陈涉发迹，诸侯作难，风起云蒸，卒亡秦族。天下之端，自涉发难。作《陈涉世家》第十八。

◎**大意** 夏桀、殷纣失道，而商汤王、周武王兴起，周室失其王道而《春秋》面世。秦朝丧失其德政，而陈胜首先起义，诸侯纷纷发难，天下风起云涌，终于灭亡秦朝。天下大乱，是由陈涉发难开始。作《陈涉世家》第十八。

成皋之台，薄氏始基。诎意适代，厥崇诸窦。栗姬偩（负）贵，王氏乃遂。陈后太骄，卒尊子夫。嘉夫德若斯，作《外戚世家》第十九。

◎**大意** 汉王登临成皋台，薄姬开始受宠。窦姬委屈自己去了代地，使窦氏家族显贵。栗姬仗势骄横，反使王氏得以立为皇后。陈后骄横失宠，最终尊立卫子夫。赞美卫子夫德行如此美好，作《外戚世家》第十九。

汉既谲谋，禽信于陈；越荆剽轻，乃封弟交为楚王，爰都彭城，以强淮泗，为汉宗藩。戊溺于邪，礼复绍之。嘉游辅祖，作《楚元王世家》第二十。

◎**大意** 汉王巧设计谋，在陈县捉住韩信；越楚民俗彪悍轻狂，于是封弟弟刘交为楚王，建都彭城，以加强淮水、泗水一带的监管，使其成为汉朝的屏藩。楚王刘戊阴谋败露而自杀，刘礼继承其位。赞美刘交辅佐高祖，作《楚元王世家》第二十。

维祖师旅，刘贾是与；为布所袭，丧其荆、吴。营陵激吕，乃王琅邪；怵午信齐，往而不归，遂西入关，遭立孝文，获复王燕。天下未集，贾、泽以族，为汉藩辅。作《荆燕世家》第二十一。

◎**大意** 高祖起兵，刘贾参与；被黥布袭击，丧失荆、吴封地。营陵侯刘泽以言辞打动吕太后，被封为琅邪王；后来受祝午诱惑而轻信齐王，往而不归，于是西行入关，赶上拥立文帝之事，又获封为燕王。天下未定，刘贾、刘泽因为是宗室，做了汉朝的藩辅。作《荆燕世家》第二十一。

天下已平，亲属既寡；悼惠先壮，实镇东土。哀王擅兴，发怒诸吕，驷钧暴戾，京师弗许。厉之内淫，祸成主父。嘉肥股肱，作《齐悼惠王世家》第二十二。

◎**大意** 天下已经平定，刘氏亲属不多；刘肥先成年，被封为齐王，镇守东方。

齐哀王刘襄擅自兴兵，发怒欲诛杀诸吕，因其舅驷钧暴虐，朝廷大臣未拥立他。厉王与其姊私通，因主父偃勘问而酿成杀身之祸。赞美刘肥为高祖的得力助手，作《齐悼惠王世家》第二十二。

楚人围我荥阳，相守三年；萧何填（镇）抚山西，推计踵兵[1]，给粮食不绝，使百姓爱汉，不乐为楚。作《萧相国世家》第二十三。

◎**注释** [1]〔踵兵〕补充兵力。
◎**大意** 楚军围我荥阳，汉王坚守三年；萧何镇守崤山以西，运用计谋不断补充兵力，供应粮食，使百姓心向汉朝，不愿意为楚臣民。作《萧相国世家》第二十三。

与信定魏，破赵拔齐，遂弱楚人。续何相国，不变不革，黎庶攸宁。嘉参不伐功矜能，作《曹相国世家》第二十四。

◎**大意** 曹参与韩信平定魏地，击破赵军，攻下齐城，削弱楚人。接替萧何做相国，不变化不改革，百姓生活安宁。赞美曹参不夸耀自己的功劳和才能，作《曹相国世家》第二十四。

运筹帷幄之中，制胜于无形，子房计谋其事，无知（智）名，无勇功，图难于易，为大于细。作《留侯世家》第二十五。

◎**大意** 运筹于帷幄之中，制胜于无形之中，张良谋划决策，没有智巧之名，没有勇武之功，从容易处下手，从细微处着手。作《留侯世家》第二十五。

六奇既用，诸侯宾从于汉；吕氏之事，平为本谋，终安宗庙，定社稷。作《陈丞相世家》第二十六。

◎**大意** 陈平六出奇计，诸侯臣服于汉；平定吕氏之乱，陈平是主要谋划之人，最终安定宗庙社稷。作《陈丞相世家》第二十六。

诸吕为从，谋弱京师，而勃反经合于权；吴楚之兵，亚夫驻于昌邑，以厄齐赵，而出委以梁。作《绛侯世家》第二十七。

◎**大意** 诸吕结成联盟，图谋削弱朝廷，周勃拨乱反正，其术合于权变；吴楚七国兴兵，周亚夫驻军昌邑，遏制齐、赵军队，而放弃梁国以牵制吴、楚。作《绛侯世家》第二十七。

七国叛逆，蕃（藩）屏京师，唯梁为扞（捍）；偾（负）爱矜功，几获于祸。嘉其能距（拒）吴楚，作《梁孝王世家》第二十八。

◎**大意** 吴楚七国叛逆，作为屏障保卫京师的，只有梁国；梁王恃宠而夸耀功绩，几乎遭到大祸。赞美他能抵御吴楚之乱，作《梁孝王世家》第二十八。

五宗既王，亲属洽和，诸侯大小为藩，爰得其宜，僭拟之事稍衰贬矣。作《五宗世家》第二十九。

◎**大意** 景帝五个后妃的儿子都已封王，亲属之间相处和洽，大小诸侯都为京师的屏藩，各得其宜，僭越本分的事情逐渐减少。作《五宗世家》第二十九。

三子之王，文辞可观。作《三王世家》第三十。

◎**大意** 武帝策封三子为王，文辞典雅可观。作《三王世家》第三十。

末世争利，维彼奔义；让国饿死，天下称之。作《伯夷列传》第一。

◎**大意** 末世人人争权夺利，唯有伯夷、叔齐追求仁义；让位而饿死，天下人称颂他们。作《伯夷列传》第一。

晏子俭矣，夷吾则奢；齐桓以霸，景公以治。作《管晏列传》第二。

◎**大意** 晏子俭朴，管仲奢华；齐桓公因管仲称霸，齐景公因晏子国治。作《管晏列传》第二。

李耳无为自化，清净自正；韩非揣事情，循势理。作《老子韩非列传》第三。

◎**大意** 老子主张无为自化，清净自然；韩非揣度物情，遵循情势事理。作《老子韩非列传》第三。

自古王者而有《司马法》，穰苴能申明之。作《司马穰苴列传》第四。

◎**大意**　古代的君主就有《司马法》，穰苴能够阐明其义。作《司马穰苴列传》第四。

非信廉仁勇不能传兵论剑，与道同符，内可以治身，外可以应变，君子比德焉。作《孙子吴起列传》第五。

◎**大意**　若不诚信、廉正、仁慈、勇武，不能传授兵法讨论剑术。兵法剑术与道相符，内可以修身，外可以随时应变，君子认为近似于德。作《孙子吴起列传》第五。

维建遇谗，爰及子奢，尚既匡父，伍员奔吴。作《伍子胥列传》第六。

◎**大意**　太子建遭遇谗言，祸及伍奢，伍尚匡救其父，伍员奔逃吴国。作《伍子胥列传》第六。

孔氏述文，弟子兴业，咸为师傅，崇仁厉义。作《仲尼弟子列传》第七。

◎**大意**　孔子传述文献，弟子受教传道，都为人师傅，教人崇仁趋义。作《仲尼弟子列传》第七。

鞅去卫适秦，能明其术，强霸孝公，后世遵其法。作《商君列传》第八。

◎**大意** 商鞅离开卫国到秦国，阐明治国之术，孝公因此强大称霸，后世遵循其法。作《商君列传》第八。

天下患衡秦毋餍，而苏子能存诸侯，约从以抑贪强。作《苏秦列传》第九。

◎**大意** 天下害怕与秦国连横而秦国贪得无厌，而苏秦能保存诸侯，六国合纵以抑制贪婪强大的秦国。作《苏秦列传》第九。

六国既从亲，而张仪能明其说，复散解诸侯。作《张仪列传》第十。

◎**大意** 六国已经合纵，而张仪能阐明其说，又离间解散了诸侯之合纵。作《张仪列传》第十。

秦所以东攘雄诸侯，樗里、甘茂之策。作《樗里甘茂列传》第十一。

◎**大意** 秦国之所以能向东侵夺，称雄于诸侯，是用了樗里疾与甘茂的计策。作《樗里甘茂列传》第十一。

苞（包）河山，围大梁，使诸侯敛手而事秦者，魏冉之功。作《穰侯列传》第十二。

◎**大意** 横扫河山，围困大梁，使诸侯拱手而侍奉秦国，是魏冉的功劳。作《穰侯列传》第十二。

南拔鄢郢，北摧长平，遂围邯郸，武安为率；破荆灭赵，王翦之计。作《白起王翦列传》第十三。

◎**大意** 向南拔取楚都鄢郢，向北摧毁长平的赵军，接着包围邯郸，这都是武安侯白起的功绩；最后消灭楚国、赵国，是王翦的计策。作《白起王翦列传》第十三。

猎儒墨之遗文，明礼义之统纪，绝惠王利端，列往世兴衰。作《孟子荀卿列传》第十四。

◎**大意** 广泛涉猎儒墨诸家的著作，阐明礼义的纲纪，断绝梁惠王谋利之心，总结历史兴衰。作《孟子荀卿列传》第十四。

好客喜士，士归于薛，为齐扞楚魏。作《孟尝君列传》第十五。

◎**大意** 孟尝君喜好宾客，士人纷纷来到薛地，为齐国出力，抵御楚、魏。作《孟尝君列传》第十五。

争冯亭以权，如楚以救邯郸之围，使其君复称于诸侯。作《平原君虞卿列传》第十六。

◎**大意** 出于权变争得冯亭所献上党之地，入楚救赵邯郸之围，使其国君得以再次称雄于诸侯。作《平原君虞卿列传》第十六。

能以富贵下贫贱，贤能诎于不肖，唯信陵君为能行之。作《魏公子列传》第十七。

◎**大意** 能以富贵之身礼待贫贱之士，以贤能之才屈就不肖之人，只有信陵君能够这样做。作《魏公子列传》第十七。

以身徇君，遂脱强秦，使驰说之士南乡（向）走楚者，黄歇之义。作《春申君列传》第十八。

◎**大意** 冒着生命危险，让君主终于脱离强秦，使游说之士向南方投奔楚国，这是由于黄歇的忠义。作《春申君列传》第十八。

能忍訽（诟）①于魏齐，而信威于强秦，推贤让位，二子有之。作《范雎蔡泽列传》第十九。

◎**注释** ①〔訽（gòu）〕同"诟"，耻辱。
◎**大意** 忍受魏、齐的屈辱，取信显威于强秦，推荐贤才让出位置，范雎、蔡泽有此才德。作《范雎蔡泽列传》第十九。

率行其谋，连五国兵，为弱燕报强齐之仇，雪其先君之耻。作《乐毅列传》第二十。

◎**大意** 率先实行他的谋略，统帅五国兵马，以弱小的燕国打败强大的齐国，为先君报仇，洗雪了先君的耻辱。作《乐毅列传》第二十。

能信（伸）意强秦，而屈体廉子，用徇其君，俱重于诸侯。作《廉颇蔺相如列传》第二十一。

◎**大意** 能在强秦面前伸张正义，在廉颇面前委屈自身，都是为了忠诚于国君，二人都被诸侯重视。作《廉颇蔺相如列传》第二十一。

湣王既失临淄而奔莒，唯田单用即墨破走骑劫，遂存齐社稷。作《田单列传》第二十二。

◎**大意** 齐湣王失守临淄而奔逃到莒，只有田单以即墨为据点打败骑劫，因此保全了齐国社稷。作《田单列传》第二十二。

能设诡说解患于围城，轻爵禄，乐肆志。作《鲁仲连邹阳列传》第二十三。

◎**大意** 能用巧妙的说辞解除邯郸之围，轻视官爵利禄，以舒展志向为乐。作《鲁仲连邹阳列传》第二十三。

作辞以讽谏，连类以争义，《离骚》有之。作《屈原贾生列传》第二十四。

◎**大意** 作辞赋以讽谏楚王，连类比附以彰显自己的深意，《离骚》有这样的特色。作《屈原贾生列传》第二十四。

结子楚亲，使诸侯之士斐然争入事秦。作《吕不韦列传》第二十五。

◎**大意**　结交子楚之亲，使列国人士翩然争入秦国效力。作《吕不韦列传》第二十五。

曹子匕首，鲁获其田，齐明其信；豫让义不为二心。作《刺客列传》第二十六。

◎**大意**　曹沫用匕首迫使齐国订立盟约，鲁国因曹沫而收复失地，齐国讲信用名传天下；豫让一心为主，守义不生二心。作《刺客列传》第二十六。

能明其画，因时推秦，遂得意于海内，斯为谋首。作《李斯列传》第二十七。

◎**大意**　能阐明重大计划，抓住时机促进秦国发展，最终统一天下，李斯是主要谋划者。作《李斯列传》第二十七。

为秦开地益众，北靡匈奴，据河为塞，因山为固，建榆中。作《蒙恬列传》第二十八。

◎**大意**　为秦开疆拓土，北破匈奴，依据黄河要塞，凭借山岭修筑长城，加固边防，建立榆中关塞。作《蒙恬列传》第二十八。

填（镇）赵塞常山以广河内，弱楚权，明汉王之信于天下。作《张耳陈馀列传》第二十九。

◎**大意**　镇守赵国，保卫常山，拓展至河内，削弱西楚，向天下宣扬汉王的信义。作《张耳陈馀列传》第二十九。

　　收西河、上党之兵，从至彭城；越之侵掠梁地以苦项羽。作《魏豹彭越列传》第三十。

◎**大意**　魏豹收取西河、上党的士兵，跟随汉王到彭城；彭越侵占梁地，以困扰项羽。作《魏豹彭越列传》第三十。

　　以淮南叛楚归汉，汉用得大司马殷，卒破子羽于垓下。作《黥布列传》第三十一。

◎**大意**　黥布以淮南之地叛楚归汉，汉因他得到大司马周殷，最终在垓下击破项羽。作《黥布列传》第三十一。

　　楚人迫我京索，而信拔魏赵，定燕齐，使汉三分天下有其二，以灭项籍。作《淮阴侯列传》第三十二。

◎**大意**　楚军将我方逼迫至京索一带，而韩信攻取魏、赵，平定燕、齐，使汉有天下三分之二，因而消灭了项羽。作《淮阴侯列传》第三十二。

楚汉相距（拒）巩雒，而韩信①为填（镇）颍川，卢绾绝籍粮饷。作《韩信卢绾列传》第三十三。

◎**注释** ①〔韩信〕指韩王信，与淮阴侯韩信不是一人。
◎**大意** 楚汉对峙于巩、雒，韩信镇守颍川，卢绾绝楚粮饷。作《韩信卢绾列传》第三十三。

诸侯畔（叛）项王，唯齐连子羽城阳，汉得以间遂入彭城。作《田儋列传》第三十四。

◎**大意** 诸侯纷纷背叛项羽，只有齐国在城阳牵制项羽，汉王得以趁机攻入彭城。作《田儋列传》第三十四。

攻城野战，获功归报，哙、商有力焉，非独鞭策，又与之脱难。作《樊郦列传》第三十五。

◎**大意** 攻城野战，屡立战功，樊哙、郦商有功劳，他们不只是为汉王执鞭策马，也与之共脱患难。作《樊郦列传》第三十五。

汉既初定，文理未明，苍为主计，整齐度量，序律历。作《张丞相列传》第三十六。

◎**大意** 汉朝初定天下，各种法规制度不齐备，张苍担任主计官，统一度量衡，调整律历。作《张丞相列传》第三十六。

结言通使，约怀诸侯；诸侯咸亲，归汉为藩辅。作《郦生陆贾列传》第三十七。

◎**大意** 游说出使，笼络诸侯；诸侯亲善，归于汉朝，成为汉之藩辅。作《郦生陆贾列传》第三十七。

欲详知秦楚之事，维周緤常从高祖，平定诸侯。作《傅靳蒯成列传》第三十八。

◎**大意** 想要详细了解秦楚之事，只有找周緤，他常伴随高祖，平定诸侯。作《傅靳蒯成列传》第三十八。

徙强族，都关中，和约匈奴；明朝廷礼，次宗庙仪法。作《刘敬叔孙通列传》第三十九。

◎**大意** 迁徙豪门大族，定都关中，与匈奴和亲；明确朝廷礼节，排列宗庙仪序。作《刘敬叔孙通列传》第三十九。

能摧刚作柔，卒为列臣；栾公不劫于势而倍（背）死。作《季布栾布列传》第四十。

◎**大意** 季布能化刚为柔，终为汉臣；栾布不因受到权势威胁而背叛死去的旧主。作《季布栾布列传》第四十。

敢犯颜色，以达主义；不顾其身，为国家树长画。作《袁盎朝错^①列传》第四十一。

◎**注释** ①〔朝错〕即晁错。
◎**大意** 敢于犯颜直谏，使君主达到道义；不顾自身安危，为国筹划长远方策。作《袁盎朝错列传》第四十一。

守法不失大理，言古贤人，增主之明。作《张释之冯唐列传》第四十二。

◎**大意** 严守法度，不失大道，称道古代贤人，为主增光。作《张释之冯唐列传》第四十二。

敦厚慈孝，讷于言，敏于行，务在鞠躬，君子长者。作《万石张叔列传》第四十三。

◎**大意** 敦厚慈爱孝敬，不善言辞，行事勤敏，恭敬谨慎，有君子之风、长者之德。作《万石张叔列传》第四十三。

守节切直，义足以言廉，行足以厉贤，任重权不可以非理挠。作《田叔列传》第四十四。

◎**大意** 坚守节操，恳切正直，坚持正义足以称为廉洁，行为高尚足以激励贤者，身担重任而不能用非理的手段使之屈服。作《田叔列传》第四十四。

扁鹊言医，为方者①宗，守数②精明；后世循序，弗能易也，而仓公可谓近之矣。作《扁鹊仓公列传》第四十五。

◎**注释** ①〔方者〕研习方药者，即医者。②〔数〕技术，此指医术。
◎**大意** 扁鹊论医，为医家宗师，医术精明；后世只能因循其法，不能改进，而仓公的医术可以说接近扁鹊。作《扁鹊仓公列传》第四十五。

维仲之省①，厥濞王吴，遭汉初定，以填（镇）抚江淮之间。作《吴王濞列传》第四十六。

◎**注释** ①〔省〕贬抑。
◎**大意** 刘仲被贬，刘濞被封为吴王，在汉室初定天下之时，镇抚江、淮一带。作《吴王濞列传》第四十六。

吴楚为乱，宗属唯婴贤而喜士，士乡（向）之，率师抗山东荥阳。作《魏其武安列传》第四十七。

◎**大意** 吴楚七国作乱，宗属中唯有窦婴最为贤能而爱士，士人投奔他，他带领大军驻守荥阳以抗拒山东诸侯。作《魏其武安列传》第四十七。

智足以应近世之变，宽足用得人。作《韩长孺列传》第四十八。

◎**大意** 智谋足以应付世变，宽厚足以广揽人才。作《韩长孺列传》第四十八。

勇于当敌,仁爱士卒,号令不烦,师徒乡(向)之。作《李将军列传》第四十九。

◎**大意** 抵御敌人表现勇敢,对待士兵态度仁爱,号令简易不烦琐,军士衷心服从他。作《李将军列传》第四十九。

自三代以来,匈奴常为中国患害;欲知强弱之时,设备征讨,作《匈奴列传》第五十。

◎**大意** 自三代以来,匈奴经常成为中原的祸患;想要知道它强弱的时势,设法防备或出兵征讨,作《匈奴列传》第五十。

直曲塞,广河南,破祁连,通西国,靡北胡。作《卫将军骠骑列传》第五十一。

◎**大意** 卫将军整治边塞,拓广河南,霍去病于祁连山大破匈奴,从此汉与西域相通,匈奴一蹶不振。作《卫将军骠骑列传》第五十一。

大臣宗室以侈靡相高,唯弘用节衣食为百吏先。作《平津侯列传》第五十二。

◎**大意** 大臣宗室相互攀比奢侈,唯有平津侯公孙弘节衣缩食,为群吏楷模。作《平津侯列传》第五十二。

汉既平中国，而佗能集杨越以保南藩，纳贡职。作《南越列传》第五十三。

◎**大意** 汉朝已经平定中国，而赵佗能够镇抚南越，为汉南面之屏藩，纳贡尽职尽责。作《南越列传》第五十三。

吴之叛逆，瓯人斩濞，葆守封、禺为臣。作《东越列传》第五十四。

◎**大意** 吴国叛乱，东瓯人诛杀了吴王刘濞，守卫封、禺，始为汉朝臣民。作《东越列传》第五十四。

燕丹散乱辽间，满收其亡民，厥聚海东，以集真藩，葆塞为外臣。作《朝鲜列传》第五十五。

◎**大意** 燕太子丹的部众逃到辽东避难，卫满收容难民，于是他们汇聚在海东，联合真藩等部落，保卫远疆要塞，作为汉朝外臣。作《朝鲜列传》第五十五。

唐蒙使略通①夜郎，而邛笮之君请为内臣受吏。作《西南夷列传》第五十六。

◎**注释** ①〔略通〕经略开通。
◎**大意** 唐蒙奉命经略开通夜郎，而邛、笮之君请求为汉朝内臣，并接受朝廷所派官吏。作《西南夷列传》第五十六。

《子虚》之事,《大人》赋说,靡丽多夸,然其指(旨)风(讽)谏,归于无为。作《司马相如列传》第五十七。

◎**大意** 《子虚赋》中的事,《大人赋》中的话,辞藻华丽较多夸张,但是其宗旨在于讽谏,最后落脚到劝皇帝不要劳民伤财上。作《司马相如列传》第五十七。

黥布叛逆,子长国之,以填(镇)江淮之南,安剽楚庶民。作《淮南衡山列传》第五十八。

◎**大意** 黥布叛逆,刘长被封为淮南王,镇抚江、淮以南,安抚剽悍的楚民。作《淮南衡山列传》第五十八。

奉法循理之吏,不伐功矜能,百姓无称,亦无过行。作《循吏列传》第五十九。

◎**大意** 奉行法律遵循事理的官吏,不夸功逞能,虽无百姓赞誉,也无过失的行为。作《循吏列传》第五十九。

正衣冠立于朝廷,而群臣莫敢言浮说,长孺矜焉;好荐人,称长者,壮有溉(概)①。作《汲郑列传》第六十。

◎**注释** ①〔壮有溉〕壮,应作"庄",指郑当时(字庄)。溉,通"概",气节。
◎**大意** 理正衣冠站在朝廷上,而众大臣不敢乱说,汲长孺刚直庄重;喜欢推荐人才,称誉赞美长者,郑庄有气节。作《汲郑列传》第六十。

自孔子卒，京师莫崇庠序，唯建元、元狩之间，文辞粲如也。作《儒林列传》第六十一。

◎**大意** 自孔子逝世后，朝廷无人关心学校教育，只有建元、元狩年间，文辞兴盛，儒学振兴。作《儒林列传》第六十一。

民倍（背）本多巧，奸轨（宄）弄法，善人不能化，唯一切严削为能齐之。作《酷吏列传》第六十二。

◎**大意** 百姓不务农桑而投机取巧，作奸犯科，戏弄法规，善人不能感化他们，唯有一律严刑才能治理。作《酷吏列传》第六十二。

汉既通使大夏，而西极远蛮，引领内乡（向），欲观中国。作《大宛列传》第六十三。

◎**大意** 汉朝通使大夏之后，西方极远的蛮夷，都伸长脖子争相内附，欲效法中原文明。作《大宛列传》第六十三。

救人于厄，振（赈）人不赡，仁者有乎；不既信，不倍（背）言，义者有取焉。作《游侠列传》第六十四。

◎**大意** 拯救人于危难之际，赈济人于贫困之中，仁者有此德行；不失信用，不背诺言，义者有可取之处。作《游侠列传》第六十四。

夫事人君能说（悦）主耳目，和主颜色，而获亲近，非独色爱，能亦各有所长。作《佞幸列传》第六十五。

◎**大意** 侍奉帝王，能使帝王喜悦，能使帝王脸色温和，从而获得亲近宠爱，不只以色取宠，技能也各有所长。作《佞幸列传》第六十五。

不流世俗，不争势利，上下无所凝滞，人莫之害，以道之用。作《滑稽列传》第六十六。

◎**大意** 不随世俗，不争势利，上下无阻，无人能害，因善用其道。作《滑稽列传》第六十六。

齐、楚、秦、赵为日者，各有俗所用。欲循观其大旨，作《日者列传》第六十七。

◎**大意** 齐、楚、秦、赵等国的占卜者，各随其俗有所不同。想要纵观其大要，作《日者列传》第六十七。

三王不同龟，四夷各异卜，然各以决吉凶。略窥其要，作《龟策列传》第六十八。

◎**大意** 三代用不同的龟卜方法，四方占卜的方式也不一样，然而都能判断吉凶。粗略考察其大概情况，作《龟策列传》第六十八。

布衣匹夫之人，不害于政，不妨百姓，取与以时而息财富，智者有采焉。作《货殖列传》第六十九。

◎**大意** 平民百姓，不危害政治，不妨碍百姓，把握时机做买卖增加财富，有智慧的人可以从他们身上得到借鉴。作《货殖列传》第六十九。

维我汉继五帝末流，接三代绝业。周道废，秦拨去古文，焚灭《诗》《书》，故明堂石室金匮玉版图籍散乱。于是汉兴，萧何次律令，韩信申军法，张苍为章程，叔孙通定礼仪，则文学彬彬稍进，《诗》《书》往往间出矣。自曹参荐盖公言黄老，而贾生、晁错明申、商，公孙弘以儒显，百年之间，天下遗文古事靡不毕集太史公。太史公仍父子相续纂其职。曰："於戏！余维先人尝掌斯事，显于唐虞，至于周，复典之，故司马氏世主天官。至于余乎，钦念哉！钦念哉！"罔（网）罗天下放失（佚）旧闻，王迹所兴，原始察终，见盛观衰，论考之行事，略推三代，录秦汉，上记轩辕，下至于兹，著十二本纪，既科条之矣。并时异世，年差不明，作十表。礼乐损益，律历改易，兵权山川鬼神，天人之际，承敝通变，作八书。二十八宿环北辰，三十辐共一毂，运行无穷，辅拂（弼）股肱之臣配焉，忠信行道，以奉主上，作三十世家。扶义俶傥，不令己失时，立功名于天下，作七十列传。凡百三十篇，五十二万六千五百字，为《太史公书》。序略，以拾遗补艺，成一家之言，厥协六经异传，整齐百家杂语，藏之名山，副在京师，俟后世圣人君子。第七十。

◎**大意** 我们汉朝继承五帝的遗绪，承接三代中断的事业。周道衰落，秦朝废除古代文化典籍，焚灭《诗》《书》等经典，所以明堂、石室、金匮、玉版等处图书散乱。汉朝兴起后，萧何整理法律条文，韩信申明军法，张苍制定规章制度，叔孙通制定礼仪，从此社会的文化、秩序有了一些进步，《诗》《书》等被埋没的经典不断地重新出现。自从曹参推荐盖公专讲黄老之说，贾谊、晁错阐明申不害、商鞅等法家学说，公孙弘因擅长儒术而出名，百年之中，天下遗闻旧事无不集中于太史公这里。太史公父子相续担任这个职务。先父司马谈说："哎呀！我们的祖先曾掌管这项职务，显名于尧舜时代，到了周代，又掌管这一职务，所以说司马家族世代掌管文史星历之事。现在到了我这里，要谨记啊！要谨记啊！"所以司马迁收集天下遗失的旧闻，对帝王兴起的迹象，追根溯源，探究终始，由盛观衰，论辩考证他们的事迹，简略地推考三代，记录秦汉，往上记录至轩辕黄帝，向下记到现在，作十二本纪，已经科别条分、具备纲目了。同一时期而不同世系，年代先后不大明白，作十表。为了论述礼乐减增，律历改变，兵家权谋、山川形势、鬼神祭祀，天人关系，各种事物的发展演变，作八书。二十八宿环绕北极星，三十根辐条集中于一个车轴，运行无穷，肱股之臣辅佐配合，忠信不渝，坚守臣道，以侍奉君主，作三十世家。匡扶正义、卓越洒脱，不让自己失去时机，立功名于天下，作七十列传。共一百三十篇，五十二万六千五百字，为《太史公书》。编述大略，以收集遗文，弥补缺漏，成一家之言，调和六经的不同传述，整齐百家的不同说法，正本藏在名山，副本留在京师，等待后世圣人君子评断。因此作了列传的第七十篇《太史公自序》。

太史公曰：余述历黄帝以来至太初而讫，百三十篇。

◎**大意**　太史公说：我记述的历史自黄帝开始，到太初年间结束，共一百三十篇。

◎**释疑解惑**

　　《太史公自序》全文气势滔滔，源远流长。司马迁从远古的祖先颛顼写起，依次介绍了家世源流、六家要旨、受命作史、作史志意、全书叙目等五个方面的内容，这五段内容文气各异，如长江黄河奔涌而下，一路蜿蜒起伏，流经各地而气势各异。司马迁叙写千余年家世，不过数百字，而次序井然。耕牧壮游、磊落奇迈的倜傥少年形象跃然纸上。父子执手流涕，以史相托付，场面又何其凝重！借与壶遂对话表达作史志意则娓娓道来，错落有致。草创未就，横被腐刑，愤懑不平之辞，又使读者不禁掩卷叹息。特别是作者用相当篇幅载录父亲司马谈对六家要旨的评论，分析精辟透彻、入木三分，指陈得失有若断案，虽历百世而无可比拟，充分而深刻地反映了司马父子的学术思想。全书叙目又层层收束，庄重结尾，无头重脚轻之弊。司马迁在收束全篇时，三次提出"史自黄帝始"的观点："于是卒述陶唐以来，至于麟止，自黄帝始。""上记轩辕，下至于兹，著十二本纪，既科条之矣。""余述历黄帝以来至太初而讫，百三十篇。"认为中国历史的上限至少应起自黄帝。司马迁不厌其烦再三申说，强调了黄帝在中国历史上的重要地位。由《太史公自序》可见司马迁追溯远古的目光、融贯诸家的学识、遍布全国的足迹、根底忠孝的信念、渊源周孔的志向，以及"究天人之际，通古今之变，成一家之言"的著史理想。清人吴见思评论说："《史记》自《黄帝本纪》起，一百三十，合而论之，总是一篇，篇终必须收束得尽，承载得起，方无虎头鼠尾之病。此篇以自序世系，逐层御下。而中载两论，气势已极崇隆。后乃排出一百三十段，行行列列，整整齐齐，而中间复错综变化作一层，后又提自序一段，总序一百三十篇总目，作一层，后又总结一句，作一层，无往不收，无微不尽。作书至此，无遗憾矣。"（《史记论文》）清人牛运震也称赞说："《自序》高古庄重，其中精理微者，更奥衍宏深，一部《史记》精神命脉，俱见于此太史公出格文字。"（《史记评注》）

◎ 思考辨析题

1. 试分析司马迁对《春秋》的看法。
2. 谈谈本篇在全书中的作用。

后 记

应济南出版社·汉唐书局冀瑞雪总经理的热情邀约，我和赵望秦教授承担了《史记》全注全译本的编纂工作。多年来，我和赵望秦教授以《史记》为研究对象，先后主持国家社科基金重大招标项目、一般项目以及省级项目等，出版了一系列著作，并整理点校有影响的《史记》研究著作。这次合作主编《史记》读本，进一步加深了对《史记》的理解，也进一步提高了对《史记》价值的认识。

我们确定《史记》读本的基本体例和样稿后，组织有关人员参与撰稿，分工如下：

本纪第一至第十二：刘彦青

表第一至第十：王璐

书第一至第八：赵望秦、张海燕

世家第一至第三十：张焕玲、李云飞、赵望秦、张海燕

列传第一至第七十：蔡丹、赵望秦、张海燕、张焕玲、曹祎黎、汪雯雯、袁方愚、李月辰、马倩、蔡亚玮。

初稿完成后，我和赵望秦教授进行了统稿，对一些问题进行了适当的修

改。在这期间，冀瑞雪总经理予以多方面的指导和支持。

衷心感谢所有为此书付出辛勤劳动的作者和编辑，感谢济南出版社·汉唐书局的大力支持和帮助。热忱欢迎读者对本书进行批评指正。

张新科
2021年7月26日于古城西安